四书五经

（大儒注本）

1

四书集注

【宋】朱熹 注 王华宝 整理

周易本义

【宋】朱熹 注 王玉德 朱志先 整理

凤凰出版社

图书在版编目（CIP）数据

四书五经 : 大儒注本 / 钱宗武等整理. -- 南京 : 凤凰出版社, 2015.6（2019.10重印）
ISBN 978-7-5506-2168-8

Ⅰ. ①四… Ⅱ. ①钱… Ⅲ. ①儒家②四书—注释③五经—注释 Ⅳ. ①B222.1②Z126.1

中国版本图书馆CIP数据核字(2015)第104309号

书　　名	四书五经(大儒注本)
整 理 者	王华宝　王玉德　朱志先　钱宗武 钱忠弼　万久富　李梦生
责任编辑	韩凤冉　卞岐　郭馨馨　樊昕　林日波
出版发行	凤凰出版社(原江苏古籍出版社) 发行部电话025-83223462
出版社地址	南京市中央路165号,邮编:210009
出版社网址	http://www.fhcbs.com
照　　排	南京凯建图文制作有限公司
印　　刷	江苏凤凰通达印刷有限公司 南京市六合区冶山镇,邮编:211523
开　　本	880×1230毫米　1/32
印　　张	81.25
字　　数	2495千字
版　　次	2015年6月第1版　2019年10月第2次印刷
标准书号	ISBN 978-7-5506-2168-8
定　　价	450.00元（全四册）

(本书凡印装错误可向承印厂调换,电话:025-57572508)

四书集注

目　录

孟子集注

附　录

前　言

彭　林

南宋光宗绍熙四年(1190),正在漳州任上的朱熹刊行了他编注的《四子书》,也就是后人所说的《四书章句集注》,包括《大学章句》一卷、《中庸章句》一卷、《论语集注》十卷、《孟子集注》七卷。大概连朱熹本人也始料未及的是,这部文字浅近、篇帙并不浩繁的著作面世之后,势头甚至盖过了《诗》、《书》、《礼》、《易》、《春秋》等《五经》,成为此后七百多年中最具影响力的文献。

一　三教并立格局下的儒学隐忧

春秋末期,孔子首创私学,以《诗》、《书》、《礼》、《乐》、《易》、《春秋》教授弟子,从此,经书就成了儒家的经典。秦火之后,《乐》经失传,《六经》变成了《五经》。汉兴,《五经》被列入学官,每一经都有专门的教授,负责指导博士弟子。经学变成官学之后,借助于行政的力量,流传更为广泛,这似乎是一件令人欣喜的好事。但是,进入官府之后的经学,性质和作用也在悄然发生变化。

孔子将济世救民的理念渗透在《六经》中,希冀以此教化学生,推动社会进步,实现他的政治理想。可是,作为官学的经学并非完全如此。教师出于教学的需要,关心的是如何从文字、训诂的角度来说解这批古奥难懂的先秦文献。不少学者皓首穷经,用毕生的精力来注解经文,从学术层面来说,这固然是推进经学研究所不可或缺的工作。而一个不争的事实是，这些原本充满人文精神的经书，已经慢慢地淡出读书人的精神境界，变成了纯粹的学术问题，甚至成为读书人谋求功名利禄的工具。这不能不说是儒学的悲哀。

正当儒学成为学者高头讲章之时，佛教和道教悄然走进了中国人的凡俗世界。东汉以后，佛教开始传入中国，不久道教也开始兴起。唐、宋政府都将佛教、道教与儒学并立，作为基本国教。佛教和道教有玄妙而生动的心性理论，无论地位高下、文化深浅，都可以轻松进入它的堂奥。它们有彼岸世界，可以许诺实现信徒的种种愿望，解脱他们现世的诸多烦恼，走向极乐世界，所以很快风靡于世，从帝王将相到寻常百姓，趋之若鹜。

相形见绌的是儒家，它除了没有佛道的上述优势之外，还有文献本身的诸多问题，处境最为窘迫。孔子整理的《六经》，都是用先秦的语汇体系撰写的，中古时代的学者读起来已经感到处处隔膜，不易亲近，一般学者初读，不容易触摸到明晰的脉络。《论语》和《孟子》是先秦两位圣贤的言论汇编，由于是语录体，章节之间缺乏明快的衔接，也给人以吉光片羽，不成体系之感。这些正是它不能像佛道经典那样在世俗社会广泛传播、生存空间日益缩小的重要原因。

二　韩愈、李翱、二程对《大学》《中庸》的提倡

如何应对佛道两家的挑战，找出某些能够明快地彰显儒家思想体系的文献，是唐宋儒者最为迫切的任务。唐代学者韩愈和李翱最早注意到，《大学》和《中庸》是足以与佛道心性理论相抗衡，并且能够梳理出儒家理论体系的最佳文献。

《大学》、《中庸》原本是《礼记》中的两篇。《礼记》是孔门七十子论礼的文集，共有四十九篇，作者多数不甚清楚。相传《大学》是曾子所作，《中庸》是子思所作。东汉经学大师郑玄为《礼记》作注时，并没有对《大学》、《中庸》作特别的提示。《中庸》主要讲天道与人道关系，阐述天命与性的关系，《汉书·艺文志》有《中庸说》二篇，《隋书·经

籍志》有戴颙《中庸传》二卷、梁武帝《中庸讲疏》一卷，似乎有个别人做过单独的研究；《大学》在唐以前无单行本传世。凡此都表明它们没有引起人们特别的关注。

韩愈一方面写下了著名的《论佛骨表》，痛斥佛教的妄佞；另一方面，写下了著名的《原道》，提出了从尧舜禹汤、文武周公，传到孔孟的“道统”，以抗衡佛家的“法统”。指出佛道两家虽然也讲道德，但那是缺乏灵魂的空洞名词，这灵魂正是儒家道德学说中反复提倡的仁义。

李翱是唐代第一位比较集中地提出儒家心性理论的学者。李翱依据《中庸》作《复性书》三篇，指出《中庸》就是论性命之道之书，可叹“学者莫能明是”，所以都“入于庄列老释”求之。李翱说，性为“天之命”，情为“性之动”，性原本寂然不动，感物而起，流为喜怒哀惧爱恶欲之情。人之所以不同于万物，是因为人有道德之性，人应该努力修德，恢复本善性，进于圣人之域。

在韩愈、李翱的影响下，构建儒家的心性学说和修身理论，成为宋儒孜孜以求的目标。宋儒表彰《中庸》者很多，从张载的《正蒙》、司马光的《大学广义》、王安石的《礼乐论》、程颢的《定性书》、程颐的《与吕大临论中书》等，都紧扣《中庸》来讨论性命之道。张载早年就留意《中庸》，其学“以《易》为宗，以《中庸》为体，以孔孟为法”（《宋史·张载传》），他的代表作《正蒙》，将人性区分为天地之性与气质之性，提出了人的本性、心知、道德修养等性理学中的一系列问题。二程将《大学》作为“初学入德之门”；将《中庸》看作“孔门传授心法”之书，最为玄妙，认为“其书始言一理，中散为万事，末复合为一理”，“放之则弥六合，卷之则退藏于密”（《中庸章句》注引语）。“首明道之本原出于天而不可易，其实体备于己而不可离，次言存养省察之要，终言圣神功化之极”（《中庸章句》注）。但是，他们所做的工作都比较粗浅，远远没有达到可以迅速在天下推行的程度。真正达到这一目标的是南宋的朱熹。

三 朱熹的《四书集注》

朱熹，字元晦、仲晦，号晦庵、晦翁，晚号遁翁，别号考亭、紫阳，又号云谷老人、沧州病叟。祖籍徽州婺源（今江西婺源）。高宗建炎四年（1130），生于福建南剑（今福建南平）尤溪。

朱熹出入经史，学术赅博，是南宋最著名的学者。可是朱熹的仕途相当坎坷，终其一生，历经高宗、孝宗、光宗、宁宗四朝，“仕于外者仅九考，立于朝者四十日”（黄干《行状》），仅仅在同安、南康、漳州等地做过九年的地方官；宁宗时虽然成为帝王之师，却只有短短的四十天。庆元元年（1195），韩侂胄党人攻击道学为“伪学”、指责朱熹是“伪学罪首”，朱熹因此而落职罢祠。这对于胸怀经天纬地之材、匡时救世之志的朱熹而言，实在是一种可悲而又无奈的现实。庆元六年（1200），朱熹溘然长逝。

朱熹平生主要是一位学者，他的主要精力是在教学和学术研究上。他与吕祖谦、陆九龄、陆九渊等的鹅湖之辩，是传颂千古的美谈；他兴复白鹿洞书院、讲道武夷精舍、修复岳麓书院等等，也是文化史上的佳话。不过，最为学者所称道的，还是他的《四书章句集注》。

朱熹编注《四书章句集注》，是把它作为一项重大的文化工程，在漫长的岁月中，千锤百炼而成就的。

朱熹从三十岁时就措手于《论语》、《孟子》，到孝宗八年（1172）他四十三岁时，才完成了《论孟精义》（此书后名《论孟要义》，又改名《论孟集议》），可谓浸透了心血。此书将二程说解《论语》、《孟子》的文字“蒐辑条疏，以附本章之次”，又兼采张载、范氏、二吕氏、谢氏、游氏、杨氏、侯氏、尹氏等九家之说，以佐证二程之说。之后，朱熹以《论孟集议》为基础，“约其精粹、妙得本旨者”，提炼出《论语集注》和《孟子集注》，在每条之下先注音，次释字义，次释大旨，次引诸家论说，次列己见。朱熹对《论语》、《孟子》的注解，旨在融会诸家之说，所以称为“集注”。淳熙四年（1177），朱熹将他取舍的原则，以及与学生的问答编成《论语或问》、《孟子或问》。需要说明的是，由于朱熹日后的主要精力放在了《论孟集注》的修改上，《论语或问》、《孟子或问》已无暇顾及，其中的问题也不复厘正，所以《论语或问》与《孟子或问》二书始终没有付梓刊行，仅仅在学者中私下流传。

《大学》、《中庸》都是朱熹幼年时代诵读、成年之后深思的经典，他在《中庸章句序》中说，《中庸》一书，自己"蚤岁即尝受读"，其后有过多年的"沉潜反复"，"然后乃敢会众说而折其衷"，可见他的慎重。淳熙十六年(1189)，朱熹六十岁，感到所作《大学章句》和《中庸章句》已经比较成熟，"稳洽于心"，方才为之作序。

朱熹认为《大学》有阙遗之处，而且次序有颠倒错乱之处；《中庸》论述性理、天道，是圣人心传的要诀，学理深奥，虽然没有残缺，但是章句浑沌，条理不清。因此，需要对二书的文本进行处理。文本的分节，没有照搬郑玄的成说，而是根据二程等学者的意见和自己的研究，重新调整了的次序，分别章节，并作出了自己的解释，所以称为"章句"。他认为，《大学》开头的"大学之道"以下二百零五字是"经"，是曾子记述的孔子之言；后面的文字，杂引经传之说，略显散乱，但朱熹认为"文理接续，血脉贯通，深浅始终，至为精密"，当是曾子门人记述的曾子之意，其性质属于解经的"传"。《大学》的章次，二程认为有错简，为此重新作了编定。朱熹的编次，或从程本，或从旧本，间出己见。此外，他还依据上下文意和自己的理解，增写了"格物致知"章的一百三十四字。他认为，如此一来，就显得"序次有伦，义理通贯，似得其真"。《中庸》的文本也作了调整，分为三十三章。每条之下先注音，再释文义，然后引证串讲，发挥义理。经过朱熹的处理，二书神明焕然，面貌一新。

朱熹在《四书》的每篇之前，都有一篇序，提示该书的性质、由来，作者的生平与学行等，文字洗练，钩玄提要，非常方便读者。正文之前，又有一段简明的文字，介绍二程对此书的评价。《大学》每章之后，都有提示章节大旨的说明，如"右传之首章，释'明明德'；""右传之二章，释'新民'；""右传之三章，释'止于至善'"等等，全篇之末，又总括全篇结构，并叮嘱读者需要注意的事项：“凡传十章”前四章统论纲领指趣，后六章细论条目功夫。其第五章乃明善之要，第六章乃诚身之本，在初学尤为当务之急，读者不可以其近而忽之也。”

对《四书》的注释，朱熹一改汉儒的繁琐之风，务求简捷明快。汉儒重考证，宋儒重义理，彼此各为营垒。朱熹是宋儒中既重义理、又重考据的少数学者之一，他十分尊重汉儒，对郑玄等学者的学术成就评价很高，但是，他的《四书》注却没有汉儒诸经的生硬面孔，他在尽行吸收前人的考证之后，用近乎口语化的文字来表述，举重若轻，足见功力。注文尽可能使用常用字，对原文中较为偏僻或者有异读的文字，则尽量用直音法注音，帮助读者消除阅读上的困难。与宋代学者轻改经文的习气迥异的是，朱熹在变动文本的次序时，都会在章节之后加以说明，使读者了解原文在何处，以便案复，表现了朱熹对历史文献的尊重，以及他为学的严谨和慎重。

《四书集注》经过朱熹的覃思精研、反复修改，他说：“某《语孟集注》，添一字不得，减一字不得”，“如秤上称来无异，不高些，不低些。”直到临死前三天，他还在修改《大学·诚意章》。因此，称为中国古代学术史上的精品佳作，《四书集注》是当之无愧的。

四　读《四书集注》要注意什么

朱熹的《四书集注》体大思精，宏纤毕贯，百般读之，犹不能尽其奥蕴。那么对于初读者来说，以下三点是需要留意的。

1. 读《四书》的次序。

儒家的经籍文献相当之浩繁，学者应该遵从怎样的次序去学习，才能收到事半功倍的效果？二程早就谈及这一问题：“河南程夫子之教人，必先使之用力乎《大学》、《论语》、《中庸》、《孟子》之言，然后及乎《六经》。盖其难易、远近、大小之序，故如此而不可乱也。”(《书临漳所刊四子后》)。二程的这段论述对朱熹影响很大，他不仅主张《四书》是学习“《六经》之阶梯”，(《朱子语类》卷105)而且主张读《四书》

要有次序，但他提出的次序与二程略有差别："某要人先读《大学》，以定其规模。次读《论语》，以立其根本。次读《孟子》，以观其发越。次读《中庸》，以求古人之微妙处。《大学》一篇，有等级次第，总作一处易晓，宜先看。《论语》却实，但言语散见，初看亦难。《孟子》有感激兴发人心处。《中庸》亦难读，看三书后，方宜读之。"（《朱子语类》卷14）。这种阅读顺序，既是从《四书》的难易来考虑的，也是从《四书》之间的有机联系考虑的。

《大学》既有"规模之大"，又有"节目之详"，其中的三纲领（大学之道在明明德，在新民，在止于至善）、八条目（格物、致知、诚意、正心、修身、齐家、治国、平天下），是讲学习目的、学习内容、学习步骤和最终的功效，是为学的"间架"和"修身治人底规模"。《论语》讲日常修德从政，《孟子》谈心论性，内容浩瀚广博，情理兼茂，正可以尽其蕴奥，充实《大学》的间架。《中庸》是谈玄说妙之书，讲"上达处多"，是形而上的学问，最后会归于此，可以"求古人之微妙处"，进入理论探讨的层面。"尺度权衡之既当，由是以穷诸经、订群史，以及百氏之书，则将无理之不可精，无事之不可处矣。"（《四书或问》李方子引朱熹语）

我们今天所见到的《四书集注》的本子，大多不是朱熹提出的《大学》、《论语》、《孟子》、《中庸》的顺序，而是《大学》、《中庸》、《论语》、《孟子》，这是不明就里之人所为，违背了朱子的本意，殊不可取。

2. 读书与修身不可偏废。

我们读《论语》，可以看到孔子对修身的重视。孔子说："修己以安人"，"修己以安百姓"（《宪问》），又说"其身正，不令而行，其身不正，虽令不从"（《子路》），把修身当作治人的基础。孔子把修身进德看作是君子的日课："德之不修，学之不讲，闻义不能徙，不善不能改，是吾忧也。"（《述而》）

《大学》发展了孔子修身为本的思想，提出"正心"、"诚意"、"致知"、"格物"等修身方法，认为"自天子以至于庶人，壹是皆以修身为本"，修身关系到治国平天下。《中庸》强调诚为修身之本，提出："唯天下至诚，为能尽其性。”而要做到“诚”则又强调“反求诸其身”，提出“君子必慎其独”的自我修养的重要方法。

但是，后世儒者读《论语》、《孟子》等经典，大多把它当作射取名利的工具，很少与修身相结合，因而人心浇薄，世道浸衰。朱熹主张体用合一，要求学生虔心涵泳，真实履践孔孟之道，他说：“《论语》之言，无所不包，而其所以示人者，莫非操存涵养之要。七篇之指，无所不究，而其所以示人者，类多体验充扩之多。”(《论孟精义序》)又说：“圣人作经，以诏后世，将使读者诵其文，思其义，有以知事理之当然，见道义之全体，而身力行之，以入圣贤之域也”，“欲求道以入德者，舍此为无所用其心矣。”(《书临漳所刊四子后》他在《论语序说》中引程子的话说：“今人不会读书。如读《论语》，未读时是此等人，读了后又只是此等人，便是不曾读。”可见，朱熹非常强调读书与做人是一致的，不能做成两张皮。朱熹的这一思想，至今依然是我们读《四书》时应该遵循的原则。

3. 建立了理学的理论体系。

《四书章句集注》是朱熹学术思想的结晶，它的特点，是通过注释阐发理学的哲学世界观和心性学说，构建了以天理论为最高范畴的、包括天理论、人性论、格致论、道统论、教育论、政治论等在内的完整的理学思想体系，这是它与传统经注的不同之处。注文大多是朱熹自己所写，所引诸家之说，主要是二程及其门人的文章和语录，显现了极其浓郁的学派色彩。

朱熹继承韩愈以来的“道统”说，把伪古文《尚书·大禹谟》中“人心惟危，道心惟微，惟精惟一，允执其中”十六字坐实为尧舜以来传授的“心法”。十六字中包含了“人心”、“道心”、“精”、“一”、“中”等最重要的哲学范畴，以此阐发《中庸》的“纲维”和“蕴奥”。他从理本论出发，认为天以阴阳五行化生万物，当气化成形体时，理也赋于其中，这就是性。人物各循其性的自然，日用之间皆有当行之路，这就是道。人类的性道虽然相同，但气禀有差异，所以有过或不及之差，圣人用礼、乐、刑、政来品节人性，使之复归于中正。人应该不断完善自我修养，“以去夫外诱之私，而充其本然之善”。天理论的核心，是“理”或“天理”是宇宙的根本。在“性论”中，朱熹承继“天命之性”和“气质之性”的区分，并加以发挥，提出“道心”、“人心”等概念，从而将《中庸》理学化、本体化了。朱熹为《大学》补写的“格物致知”章，堪称程朱理学“格物致知”论的精髓。类似的例子在书中在在多有，读者可以仔细寻觅和体味。

五　《四书集注》的影响

《四书集注》是朱熹倾尽平生精力而作，所以学者给予很高评价，认为其学术成就远在他的《易本义》、《诗集传》之上。

赵顺孙说：“文公一生精力多在此书，一章之旨、一字之义，或数年更易而后定，或终夜思索而未安。”（《四书纂疏》自序）杨载说：“《四书》者，王道之骨髓，五经之根柢也。”（程复心《四书章图纂释》序）汪克宽：“《四书》者，六经之阶梯，东鲁圣师以及颜、曾、思、孟传心之要，舍是无以他求也。孟子没，圣经湮晦千五百年，迨濂洛诸儒先抽关发蒙，以启不传之秘，而我紫阳子朱子且复集诸儒之大成，扩往圣之遗蕴，作为《集注章句》、《或问》，以惠后学，昭至理于皦白，盖皜皜乎不可商矣。”（倪士毅《四书辑释》序）刁包说：“尚论诸儒，必以《四书》为标准，《四书》无所得，虽经史淹贯，不可以为学也。”（蔡清《四书蒙引》序）王义山说：“晦翁《四书》与《六经》并行于天地间，为天地立心，为生民立命，为前圣继绝业，为万世开太平，此书也。”（周焱《四书衍义》）

学术界有许多名儒都将《四书集注》奉为圭臬，将诵读《四书集注》作为每天必修的日课，成为一时风气，如真德秀“每晨起坐堂上，炷香开卷，必点校一章，从而演说其义，子侄皆立侍焉”。宋明理学传入朝鲜后，《四书集注》风靡于世。在历史上，朝鲜是儒家化相当彻底的国度，但平心而论，朝鲜的儒学主要是朱子学，而朝鲜的朱子学主要是四书学。这种传统一直影响到今天的韩国学术界。

《四书集注》中的许多词语，成为全社会最为熟知的名词，最典型的如“格物致知”一词。《四书集注》问世后，一时之间，许多学者开始将医学、数学、生物学等称为“格物致知学”，如朱震亨的《格致余论》，曹昭的《格致要论》，胡文焕的《格致丛书》等。明清时代，中国学者普遍用格致学来称呼西学，如熊明遇的《格致草》，高一志的《空际格致》、汤若望的《坤舆格致》，陈元龙的《格致镜源》等书，都冠以“格致”的名目，就连牛顿的《自然哲学的数学原理》最初的中译本也题名为《数理格致》。京师大学堂同文馆设“格物馆”，徐寿与傅兰雅在上海开设“格致书院”等，也都属于此类。乃至留日的章鸿钊、留英的丁文江在归国后被授予“格致科进士”。

《大学》的“三纲领”也作为传统教育思想的理念被广泛传播，例如，清华大学旧有的学生宿舍楼的“明斋”、“新斋”和“善斋”，就是依据“三纲领”来命名的，要求学生时刻铭记大学之道。类似的例子，不胜枚举，想必读者诸君都很熟悉。

元延祐年间恢复科举，鉴于《四书集注》文字浅近，说理深刻，加之在学术界得到的充分肯定，元仁宗皇庆二年(1313)，政府决定将《四书集注》定为科举用书，明、清二朝承袭了这一制度，一直到清朝末年，《四书集注》都是天下学子必须首先诵读的经典，其影响之大、之深，可想而知。

不无遗憾的是，当《四书集注》成为科举用书之后，也进入了官学的行列，在某种意义上重蹈了汉代经学的老路，成为天下学子追求功名利禄的敲门砖，违背了朱熹的著作本义，这是朱熹所不曾想见、也不愿意见到的结局，其间的责任是不应该由朱熹来承担的。

整理说明

由孔子创立的儒家学说，自汉武帝“废黜百家，独尊儒术”之后，长期居于正统地位，体现儒家思想的经典，也就成为人们修身治世的思想准则和行为规范。“四书五经”为儒家经典的象征，是了解和研究儒家思想乃至中国传统文化不可或缺的著作。而朱熹的《四书集注》，是宋代理学的代表作之一，是宋代以来封建科举考试的教科书，其思想影响我国有数百年之久。可以认为，《四书集注》是人们学习和研究中国传统文化的基本著作，也是我们普及中国传统文化的最好读物之一。

朱熹，字元晦，一字仲晦，号晦庵，又号晦翁，晚号遁翁，别称考亭、紫阳等。祖籍徽州婺源(今属江西)，出生于南剑州尤溪(今属福建)。生于南宋高宗建炎四年(1130)，卒于南宋宁宗庆元六年(1200)。绍兴十八年进士，官至焕章阁待制。去世数年后赐谥为“文”，世人尊称“朱文公”。朱熹是我国古代最博学的大学者之一，他在哲学、经学、教育、语言、文学、地理、考古、自然科学等方面均有重大贡献；朱熹又是我国古代继孔子之后影响最为深远的思想家、教育家之一，其思想体系在中国思想史上以“致广大、尽精微、综罗百代”(见清全祖望《宋元学案》)著称。他在理论上以孔孟之道为本，又继承并改造了两宋期间的主要流派，包括周敦颐、程颢、程颐、张载等各家之说，成为宋代理学的集大成者。

朱熹的思想学术内容丰富，这里不多介绍，只简要探讨一下其经学特色。尽管《四书集注》重视阐发义理，是以义理解经的代表作，但朱熹也重视汉唐注疏。其注经方法如其在《论语训蒙口义》中所说："本之注疏以通训诂，参之释文以正其音读，然后会之于诸老先生之说，以发其精微。"自义理之学兴起，宋代学者多以为得孔孟不传之统，对汉儒注疏颇为鄙薄，而朱熹未受此局限。他在注解《四书》时，字斟句酌，反复修改，力求通达和洗练。而有意识地将训诂与义理结合起来，可以说是朱熹对中国经学的一大贡献。钱穆先生评价说："朱子于经学，虽主以汉唐古注疏为主，亦采北宋诸儒，又采及理学家言，并又采及南宋与朱子同时之人。其意实欲融贯古今，汇纳群流，采撷英华，酿制新实。此其气魄之伟大，局度之宽宏，在儒学传统中，惟郑玄堪在伯仲之列。惟两人时代不同，朱子又后郑玄一千年，学术思想之递衍，积愈厚而变益新。朱子不仅欲创造出一番新经学，实欲发展出一番新理学。经学与理学相结合，又增之以百家文史之学。"(《朱子新学案》)这较好地揭示了朱熹注经的特点。

朱熹一生著述极为丰富，是中国历史上著作最多的儒家学者之一，《宋史·艺文志》中著录者有四十余种，未著录者尚有二十余种，另外由其弟子或后人编纂的著作也有二十余种。最重要、最有影响的，当推《四书集注》、《朱文公文集》、《朱子语类》、《朱子家礼》等。

朱子学说对后世影响深远。宋代嘉定五年(1212)，朱熹《四书集注》被列为国学必读教本；淳祐元年(1241)，理宗下诏学官将朱熹从祀庙堂。元代至元元年(1335)，惠宗下诏建朱熹文庙，次年封为齐国公。明代永乐十三年(1415)，由成祖作序的《四书五经大全》颁行于天下，为科举取士的必读书；景泰、嘉靖二朝，朝廷推行祭朱制度，与祭孔相同，每年享春、秋二祀。清代康熙五十一年(1712)，下诏升朱熹配祀孔庙"十哲"之列，入大成殿立牌，康熙又命李光地等编撰《朱子全书》、《性理精义》，并亲自作序，颁行全国。朱熹学说，不仅成为中国的国学，而且自14世纪开始，就已相继传布于日本、朝鲜等国，日本从德川幕府时代起，就以朱熹学说为官学；朝鲜的朱子学更以四书学为主。如今，朱熹学说已为国际学者所重视，"朱子学"成为国际学术界所关注的课题。

《四书集注》是《四书章句集注》的简称，是宋代理学的代表作之一，包括《大学章句》1卷、《中庸章句》1卷、《论语集注》10卷、《孟子集注》14卷(或分为7卷)。朱熹编撰《四书集注》，前后凡40年，直至去世前仍在修改，可见用力之深。《大学》与《中庸》原是《礼记》中的篇章，至宋代时为理学家所重，被单独抽出。朱熹对二书加以注释，前加“序”，每章之后又进行总括。尤其是《大学》一书，朱熹以程颐的《改正大学》为底本，将《大学》分为“经”1章，“传”10章，重新编排了章节。为了阐释理学思想，还按照自己的观点编撰了一篇“格物传”补入《大学》中。朱熹对《大学》、《中庸》的注释以直抒己见为主，故称为《大学章句》和《中庸章句》。《大学章句》内容丰富，有“大学之道，在明明德，在亲民，在止于至善”三纲领，有“格物、致知、诚意、正心、修身、齐家、治国、平天下”八条目，是理学之伦理、政治、哲学的基本纲领，包含了理学的主要内容，所以朱熹认为《大学》是“初学入德之门”。《中庸》是“孔门传授心法”的重要著作，含有儒家相传的思想原则，“中庸”是道德行为的最高标准，《中庸》所提出的“博学之，审问之，慎思之，明辨之”的学习过程和认识方法亦为朱熹所推重。《大学》和《中庸》在朱熹的思想体系中，占有很高的地位。《论语》、《孟子》二书，分别记述孔子、孟子及其弟子的言语行事，是反映孔、孟儒家思想的基本著作，在中国思想史上占有重要地位。因为在注释《论语》、《孟子》时，朱熹大量引用了程颢、程颐及他人的说法，所以二书以《集注》命名。

关于四书次序及读法，《四库全书总目》称：“定著四书之名则自朱子始耳。原本首《大学》、次《论语》、次《孟子》、次《中庸》。书肆刊本以《大学》、《中庸》篇页无多，并为一册，遂移《中庸》于《论语》前。明代科举命题，又以作者先后移《中庸》于《孟子》前。然非宏旨所关，不必定复其旧也。……大抵朱子平生精力殚于《四书》。其剖析疑似、辨别毫釐，实远在《易本义》、《诗集传》上，读其书者要当于大义微言求其根本。”可以参考。

《四书集注》体现了朱熹的“道统”观。朱熹继承二程的观点，非常尊崇《孟子》和《礼记》中的《大学》、《中庸》，以此三者与已成为经典的《论语》并列。他在《大学章句》中推论说，《大学》中“经”是“孔子之言而曾子述之”，而 10 章“传”是“曾子之意而门人记之”；在《中庸章句》中认为，《中庸》是“孔门传授心法，子思恐其久而差也，故笔之于书，以授孟子”。朱熹认为，儒家之道由孔子创立，再经曾参、子思传至孟子，形成儒家道统。而其后道统中断了。直至宋代，才出现程氏两夫子程颢、程颐“有以接乎孟氏之传”，再加上朱熹本人，道统才得以继续。这样就将程朱理学与儒家经典紧密联系起来，从而抬高了程朱理学的地位。《宋史》卷 427“道学”传序称：“迄宋南渡，新安朱熹得程氏正传，其学加亲切焉。大抵以格物致知为先，明善诚身为要，凡《诗》、《书》六艺之文，与夫孔、孟之遗言，颠错于秦火，支离于汉儒，幽沉于魏、晋、六朝者，至是皆焕然而大明，秩然而各得其所。此宋儒之学所以度越诸子，而上接孟氏者欤。其于世代之污隆，气化之荣悴，有所关系也甚大。”由此可见，《四书集注》在中国理学史和中国思想史上占有重要地位。

《四书集注》于朱熹在世时曾多次修改，其最早刻本、最后定本现在均不可见，后世翻刻本不计其数。清嘉庆十六年（1811）所出吴县吴英、吴志忠父子刊印本，以多种古本和宋元人所作注释本相校，是现存较好的校订本。中华书局曾以此为底本出版过繁体竖排本。本书以吴氏校订本为底本，加以整理。全书简体字横排。经文部分，依照原书先后次序按章节单独排列，《论语集注》和《孟子集注》的每章节前加上序号；朱熹的双行注解，按其在文中出现的位置分别编出对应的数码，排在该章节正文之后。《论语集注》和《孟子集注》原分卷次，因无实际意义，今皆删去。清康熙时内府仿宋刻大字本《论语序说》后有《读论语孟子法》一文，全系引用二程之说，可以参考；底本原附吴志忠《四书章句附考》四卷、吴英《四书家塾读本句读》一卷，因参考价值不大，均予以删去，而吴英《附考序》及《四书章句集注定本辨》二文，对《四书集注》版本的论述等可以参考，予以保留。书中的讹衍脱倒，校点整理时参照众本，予以改正，不出校记。繁体字一般改为简体字，异体字等也尽量规范化，可能引起歧义的则不改；涉及注音的，如“辟”音“闢”、“舍”音“捨”，则保留“闢”、“捨”。本次整理，我们参考了中华书局版《十三经注疏》、《四书章句集注》，以及多种新旧《四书集注》本、相关《四书》与经学研究成果等，清华大学博士生导师彭林教授为新整理本撰写导读前言，在此一并谨致谢忱。

本次整理力求文字正确，标点准确，篇章条理清晰，版式疏朗醒目，便于阅读了解。限于学识和时间，体例或未完善，校点或有不当，谨祈广大读者批评指正，以便再版时修订。

王华宝

于龙江滨江公寓

大学章句

大学章句序

大学之书，古之大学所以教人之法也。盖自天降生民，则既莫不与之以仁义礼智之性矣。然其气质之禀，或不能齐，是以不能皆有以知其性之所有而全之也。一有聪明睿智能尽其性者出于其间，则天必命之以为亿兆之君师，使之治而教之，以复其性。此伏羲、神农、黄帝、尧、舜所以继天立极，而司徒之职、典乐之官所由设也。

三代之隆，其法寖备，然后王宫、国都以及闾巷，莫不有学。人生八岁，则自王公以下，至于庶人之子弟，皆入小学，而教之以洒扫、应对、进退之节，礼乐、射御、书数之文。及其十有五年，则自天子之元子、众子，以至公、卿、大夫、元士之适子，与凡民之俊秀，皆入大学，而教之以穷理、正心、修己、治人之道。此又学校之教、大小之节所以分也。

夫以学校之设，其广如此，教之之术，其次第节目之详又如此，而其所以为教，则又皆本之人君躬行心得之馀，不待求之民生日用彝伦之外，是以当世之人无不学。其学焉者，无不有以知其性分之所固有、职分之所当为，而各俯焉以尽其力。此古昔盛时所以治隆于上，俗美于下，而非后世之所能及也。

及周之衰，贤圣之君不作，学校之政不修，教化陵夷，风俗颓败。时则有若孔子之圣，而不得君师之位以行其政教，于是独取先王之法，诵而传之，以诏后世。若《曲礼》、《少仪》、《内则》、《弟子职》诸篇，固小学之支流馀裔；而此篇者，则因小学之成功，以著大学之明法，外有以极其规模之大，而内有以尽其节目之详者也。三千之徒，盖莫不闻其说，而曾氏之传独得其宗，于是作为传义，以发其意。及孟子没而其传泯焉，则其书虽存，而知者鲜矣。

自是以来，俗儒记诵词章之习，其功倍于小学而无用；异端虚无寂灭之教，其高过于大学而无实；其他权谋术数，一切以就功名之说，与夫百家众技之流，所以惑世诬民、充塞仁义者，又纷然杂出乎其间。使其君子不幸而不得闻大道之要，其小人不幸而不得蒙至治之泽，晦盲否塞，反覆沉痼，以及五季之衰，而坏乱极矣。

天运循环，无往不复；宋德隆盛，治教休明。于是河南程氏两夫子出，而有以接乎孟氏之传，实始尊信此篇而表章之，既又为之次其简编，发其归趣，然后古者大学教人之法、圣经贤传之指，粲然复明于世。虽以熹之不敏，亦幸私淑而与有闻焉。顾其为书，犹颇放失，是以忘其固陋，采而辑之，间亦窃附己意，补其阙略，以俟后之君子。极知僭逾，无所逃罪，然于国家化民成俗之意、学者修己治人之方，则未必无小补云。

淳熙己酉二月甲子，新安朱熹序。

大学章句

大，旧音泰，今读如字。

子程子曰："《大学》，孔氏之遗书，而初学入德之门也。"于今可见古人为学次第者，独赖此篇之存，而《论》、《孟》次之。学者必由是而学焉，则庶乎其不差矣。

大学之道，在明明德，在亲民，在止于至善。① 知止而后有定，定而后能静，静而后能安，安而后能虑，虑而后能得。② 物有本末，事有终始，知所先后，则近道矣。③ 古之欲明明德于天下者，先治其国；欲治其国者，先齐其家；欲齐其家者，先修其身；欲修其身者，先正其心；欲正其心者，先诚其意；欲诚其意者，先致其知；致知在格物。④ 物格而后知至，知至而后意诚，意诚而后心正，心正而后身修，身修而后家齐，家齐而后国治，国治而后天下平。⑤ 自天子以至于庶人，壹是皆以修身为本。⑥ 其本乱而末治者否矣。其所厚者薄，而其所薄者厚，未之有也。⑦

① 程子曰："亲，当作新。" 大学者，大人之学也。明，明之也。明德者，人之所得乎天，而虚灵不昧，以具众理而应万事者也。但为气禀所拘，人欲所蔽，则有时而昏。然其本体之明，则有未尝息者。故学者当因其所发而遂明之，以复其初也。新者，革其旧之谓也。言既自明其明德，又当推以及人，使之亦有以去其旧染之污也。止者，必至于是而不迁之意。至善，则事理当然之极也。言明明

德、新民，皆当至于至善之地而不迁。盖必其有以尽夫天理之极，而无一毫人欲之私也。此三者，《大学》之纲领也。 ② 后，与後同，后仿此。 止者，所当止之地，即至善之所在也。知之则志有定向。静，谓心不妄动。安，谓所处而安。虑，谓处事精详。得，谓得其所止。 ③ 明德为本，新民为末。知止为始，能得为终。本、始，所先。末、终，所后。此结上文两节之意。 ④ 治，平声，后仿此。 明明德于天下者，使天下之人皆有以明其明德也。心者，身之所主也。诚，实也。意者，心之所发也。实其心之所发，欲其一于善而无自欺也。致，推极也。知，犹识也。推极吾之知识，欲其所知无不尽也。格，至也。物，犹事也。穷至事物之理，欲其极处无不到也。此八者，《大学》之条目也。 ⑤ 治，去声，后仿此。 物格者，物理之极处无不到也。知至者，吾心之所知无不尽也。知既尽，则意可得而实矣。意既实，则心可得而正矣。"修身"以上，明明德之事也。"齐家"以下，新民之事也。物格知至，则知所止矣。"意诚"以下，则皆得所止之序也。 ⑥ 壹是，一切也。"正心"以上，皆所以修身也。"齐家"以下，则举此而措之耳。 ⑦ 本，谓身也。所厚，谓家也。此两节结上文两节之意。

右经一章，盖孔子之言，而曾子述之。[①] **其传十章，则曾子之意而门人记之也。旧本颇有错简，今因程子所定而更考经文，别为序次如左。**[②]

① 凡二百五字。 ② 凡千五百四十六字。 凡传文，杂引经传，若无统纪，然文理接续，血脉贯通，深浅始终，至为精密。熟读详味，久当见之，今不尽释也。

《康诰》曰："克明德。"[①]《大甲》曰："顾諟天之明命。"[②]《帝典》曰："克明峻德。"[③] 皆自明也。[④]

①《康诰》，《周书》。克，能也。 ② 大，读作泰。諟，古是字。 《太甲》，《商书》。顾，谓常目在之也。諟，犹此也，或曰审也。天之明命，即天之所以与我，而我之所以为德者也。常目在之，则无时不明矣。 ③ 峻，《书》作俊。《帝典》，《尧典》，《虞书》。峻，大也。 ④ 结所引书，皆言自明己德之意。

右传之首章，释"明明德"。[①]

① 此通下三章至"止于信"，旧本误在"没世不忘"之下。

汤之盘铭曰："苟日新，日日新，又日新。"[①]《康诰》曰：

"作新民。"②《诗》云:"周虽旧邦,其命维新。"③是故君子无所不用其极。④

① 盘,沐浴之盘也。铭,名其器以自警之辞也。苟,诚也。汤以人之洗濯其心以去恶,如沐浴其身以去垢。故铭其盘,言诚能一日有以涤其旧染之污而自新,则当因其已新者,而日日新之,又日新之,不可略有间断也。 ② 鼓之舞之之谓作。言振起其自新之民也。 ③《诗》,《大雅·文王》之篇。言周国虽旧,至于文王,能新其德以及于民,而始受天命也。 ④ 自新、新民,皆欲止于至善也。

右传之二章,释"新民"。

《诗》云:"邦畿千里,惟民所止。"①《诗》云:"缗蛮黄鸟,止于丘隅。"子曰:"于止,知其所止,可以人而不如鸟乎?"②《诗》云:"穆穆文王,於缉熙敬止。"为人君,止于仁;为人臣,止于敬;为人子,止于孝;为人父,止于慈;与国人交,止于信。③《诗》云:"瞻彼淇澳,菉竹猗猗。有斐君子,如切如磋,如琢如磨。瑟兮僩兮,赫兮喧兮。有斐君子,终不可諠兮!""如切如磋"者,道学也。"如琢如磨"者,自修也。"瑟兮僩兮"者,恂慄也。"赫兮喧兮"者,威仪也。"有斐君子,终不可諠兮"者,道盛德至善,民之不能忘也。④《诗》云:"於戏,前王不忘!"君子贤其贤而亲其亲,小人乐其乐而利其利,此以没世不忘也。⑤

①《诗》,《商颂·玄鸟》之篇。邦畿,王者之都也。止,居也,言物各有所当止之处也。 ② 缗,《诗》作绵。《诗》,《小雅·缗蛮》之篇。缗蛮,鸟声。丘隅,岑蔚之处。"子曰"以下,孔子说《诗》之辞。言人当知所当止之处也。
③"於缉"之於,音乌。《诗》,《文王》之篇。穆穆,深远之意。於,叹美辞。缉,继续也。熙,光明也。敬止,言其无不敬而安所止也。引此而言圣人之止无非至善。五者乃其目之大者也。学者于此究其精微之蕴,而又推类以尽其馀,则于天下之事,皆有以知其所止而无疑矣。 ④ 澳,於六反。菉,《诗》作绿。猗,叶韵音阿。僩,下版反。喧,《诗》作咺;諠,《诗》作谖;并况晚反。恂,郑氏读作峻。

《诗》,《卫风·淇澳》之篇。淇,水名。澳,隈也。猗猗,美盛貌;兴也。斐,文貌。切以刀锯,琢以椎凿,皆裁物使成形质也。磋以镳钖,磨以沙石,皆治物使其滑泽也。治骨角者,既切而复磋之。治玉石者,既琢而复磨之。皆言其治之有绪,而益致其精也。瑟,严密之貌。僩,武毅之貌。赫喧,宣著盛大之貌。諠,忘也。道,言也。学,谓讲习讨论之事。自修者,省察克治之功。恂慄,战惧也。威,可畏也。仪,可象也。引《诗》而释之,以明"明明德"者之"止于至善"。道学、自修,言其所以得之之由。恂慄、威仪,言其德容表里之盛。卒乃指其实而叹美之也。　⑤ 於戏,音呜呼。乐,音洛。《诗》,《周颂·烈文》之篇。於戏,叹辞。前王,谓文、武也。君子,谓其后贤后王。小人,谓后民也。此言前王所以新民者,止于至善,能使天下后世无一物不得其所,所以既没世而人思慕之,愈久而不忘也。此两节咏叹淫泆,其味深长,当熟玩之。

右传之三章,释"止于至善"。①

① 此章内自引《淇澳》诗以下,旧本误在"诚意"章下。

子曰:"听讼,吾犹人也。必也使无讼乎?"无情者不得尽其辞,大畏民志,此谓知本。①

① 犹人,不异于人也。情,实也。引夫子之言,而言圣人能使无实之人不敢尽其虚诞之辞。盖我之明德既明,自然有以畏服民之心志,故讼不待听而自无也。观于此言,可以知本末之先后矣。

右传之四章,释"本末"。①

① 此章旧本误在"止于信"下。

此谓知本,①此谓知之至也。②

① 程子曰:"衍文也。"　② 此句之上别有阙文,此特其结语耳。

右传之五章,盖释"格物"、"致知"之义,而今亡矣。①间尝窃取程子之意以补之,曰:"所谓致知在格物者,言欲致吾之知,在即物而穷其理也。盖人心之灵莫不有知,而天下之物莫不有理,惟于理有未穷,故其知有不尽也。是以大学始教,必使学者即凡天下之物,莫不因其已知之理而益穷之,以求致乎其极。至于用力之久,而一旦豁然贯通焉,则众物之表里精粗无不到,而吾心之全体大用无不明矣。此

谓物格，此谓知之至也。”

① 此章旧本通下章，误在经文之下。

所谓诚其意者，毋自欺也。如恶恶臭，如好好色，此之谓自谦。故君子必慎其独也。[①]小人閒居为不善，无所不至，见君子而后厌然，掩其不善，而著其善。人之视己，如见其肺肝然，则何益矣。此谓诚于中，形于外，故君子必慎其独也。[②]曾子曰："十目所视，十手所指，其严乎！"[③]富润屋，德润身，心广体胖，故君子必诚其意。[④]

① 恶、好上字，皆去声。谦，读为慊，苦劫反。　诚其意者，自修之首也。毋者，禁止之辞。自欺云者，知为善以去恶，而心之所发有未实也。慊，快也，足也。独者，人所不知而己所独知之地也。言欲自修者，知为善以去其恶，则当实用其力，而禁止其自欺，使其恶恶则如恶恶臭，好善则如好好色，皆务决去而求必得之，以自快足于己，不可徒苟且以徇外而为人也。然其实与不实，盖有他人所不及知而己独知之者，故必谨之于此，以审其几焉。　② 閒，音闲。厌，郑氏读为黡。　閒居，独处也。厌然，消沮闭藏之貌。此言小人阴为不善，而阳欲掩之，则是非不知善之当为与恶之当去也；但不能实用其力以至此耳。然欲掩其恶而卒不可掩，欲诈为善而卒不可诈，则亦何益之有哉！此君子所以重以为戒，而必谨其独也。　③ 引此以明上文之意。言虽幽独之中，而其善恶之不可掩如此，可畏之甚也。　④ 胖，步丹反。　胖，安舒也。言富则能润屋矣，德则能润身矣，故心无愧怍，则广大宽平，而体常舒泰，德之润身者然也。盖善之实于中而形于外者如此，故又言此以结之。

右传之六章，释“诚意”。[①]

① 经曰："欲诚其意，先致其知。"又曰："知至而后意诚。"盖心体之明有所未尽，则其所发必有不能实用其力，而苟焉以自欺者。然或已明而不谨乎此，则其所明又非己有，而无以为进德之基。故此章之指，必承上章而通考之，然后有以见其用力之始终，其序不可乱而功不可阙如此云。

所谓修身在正其心者，身有所忿懥，则不得其正；有所恐惧，则不得其正；有所好乐，则不得其正；有所忧患，则不得其正。[1]心不在焉，视而不见，听而不闻，食而不知其味。[2]此谓修身在正其心。

① 程子曰："'身有'之'身'当作心。"忿，弗粉反。懥，敕直反。好、乐，并去声。 忿懥，怒也。盖是四者，皆心之用，而人所不能无者。然一有之而不能察，则欲动情胜，而其用之所行，或不能不失其正矣。 ② 心有不存，则无以检其身，是以君子必察乎此而敬以直之，然后此心常存而身无不修也。

右传之七章，释"正心"、"修身"。[1]

① 此亦承上章以起下章。盖意诚则真无恶而实有善矣，所以能存是心以检其身。然或但知诚意，而不能密察此心之存否，则又无以直内而修身也。自此以下，并以旧文为正。

所谓齐其家在修其身者，人之其所亲爱而辟焉，之其所贱恶而辟焉，之其所畏敬而辟焉，之其所哀矜而辟焉，之其所敖惰而辟焉。故好而知其恶、恶而知其美者，天下鲜矣。[1]故谚有之曰："人莫知其子之恶，莫知其苗之硕。"[2]此谓身不修不可以齐其家。

① 辟，读为僻。"恶而"之恶、敖、好，并去声。鲜，上声。 人，谓众人。之，犹于也。辟，犹偏也。五者在人本有当然之则，然常人之情惟其所向而不加审焉，则必陷于一偏而身不修矣。 ② 谚，音彦。硕，叶韵，时若反。 谚，俗语也。溺爱者不明，贪得者无厌，是则偏之为害，而家之所以不齐也。

右传之八章，释"修身"、"齐家"。

所谓治国必先齐其家者，其家不可教而能教人者，无之。故君子不出家而成教于国。孝者，所以事君也；弟者，所以事长也；慈者，所以使众也。[1]《康诰》曰："如保赤子。"心诚求之，虽不中，不远矣。未有学养子而后嫁者也。[2]一家仁，一国兴仁；一家让，一国兴让；一人贪戾，一国作乱。其机如此。此谓一言偾事，一人定国。[3]尧、舜帅天下以仁，而民从之。桀、纣帅天下以暴，而民从之。其所令反其所好，而民不从。是故君子有诸己而后求诸人，无诸己而后非诸人。所藏乎身不恕，而能喻诸人者，未之有也。④故治国在齐其家。⑤《诗》云："桃之夭夭，其叶蓁蓁。之子于归，宜其家人。"宜其家人，而后可以教国人。⑥《诗》云："宜兄宜弟。"宜兄宜弟，而后可以教国人。⑦《诗》云："其仪不忒，正是四国。"其为父子兄弟足法，而后民法之也。⑧此谓治国在齐其家。⑨

① 弟，去声。长，上声。　身修，则家可教矣。孝、弟、慈，所以修身而教于家者也。然而国之所以事君、事长、使众之道不外乎此，此所以家齐于上而教成于下也。　② 中，去声。　此引《书》而释之，又明立教之本，不假强为，在识其端而推广之耳。　③ 偾，音奋。　一人，谓君也。机，发动所由也。偾，覆败也。此言教成于国之效。　④ 好，去声。　此又承上文"一人定国"而言。有善于己，然后可以责人之善。无恶于己，然后可以正人之恶。皆推己以及人，所谓恕也。不如是，则所令反其所好，而民不从矣。喻，晓也。　⑤ 通结上文。　⑥ 夭，平声。蓁，音臻。　《诗》，《周南·桃夭》之篇。夭夭，少好貌。蓁蓁，美盛貌；兴也。之子，犹言是子，此指女子之嫁者而言也。妇人谓嫁曰归。宜，犹善也。　⑦《诗》，《小雅·蓼萧》篇。　⑧《诗》，《曹风·鸤鸠》篇。忒，差也。　⑨ 此三引《诗》，皆以咏叹上文之事，而又结之如此。其味深长，最宜潜玩。

右传之九章，释"齐家"、"治国"。

所谓平天下在治其国者，上老老而民兴孝，上长长而民兴弟，上恤孤而民不倍，是以君子有絜矩之道也。①所恶于上，毋以使下；所恶于下，毋以事上；所恶于前，毋以先后；所恶于后，毋以从前；所恶于右，毋以交于左；所恶于左，毋以交于右。此之谓絜矩之道。②《诗》云："乐只君子，民之父母。"民之所好好之，民之所恶恶之，此之谓民之父母。③《诗》云："节彼南山，维石岩岩。赫赫师尹，民具尔瞻。"有国者不可以不慎，辟则为天下僇矣。④《诗》云："殷之未丧师，克配上帝。仪监于殷，峻命不易。"道得众则得国，失众则失国。⑤是故君子先慎乎德。有德此有人,有人此有土,有土此有财,有财此有用。⑥德者,本也;财者,末也。⑦外本内末,争民施夺。⑧是故财聚则民散,财散则民聚。⑨是故言悖而出者,亦悖而入;货悖而入者,亦悖而出。⑩《康诰》曰:"惟命不于常。"道善则得之,不善则失之矣。⑪《楚书》曰:"楚国无以为宝,惟善以为宝。"⑫舅犯曰:"亡人无以为宝,仁亲以为宝。"⑬《秦誓》曰:"若有一个臣,断断兮无他技,其心休休焉,其如有容焉。人之有技,若己有之,人之彦圣,其心好之,不啻若自其口出,寔能容之,以能保我子孙黎民,尚亦有利哉!人之有技,媢疾以恶之,人之彦圣,而违之俾不通,寔不能容,以不能保我子孙黎民,亦曰殆哉!"⑭唯仁人放流之,迸诸四夷,不与同中国。此谓唯仁人为能爱人,能恶人。⑮见贤而不能举,举而不能先,命也;见不善而不能退,退而不能远,过也。⑯好人之所恶,恶人之所好,是谓拂人之性,菑必逮夫身。⑰是故君子有大道,必忠信以得之,骄泰以失之。⑱生财有大道,生之者众,食之者寡,为之者疾,用之者舒,则财恒足矣。⑲仁者以财发身,不仁者以身发财。⑳未有上好仁而下不好义者也,未有好义其事不终者也,未有府库财非其财者也。㉑孟献子曰:"畜马乘,不察于鸡豚;伐冰之家,不畜牛羊;百乘之家,不畜聚敛之臣。与其有聚敛之臣,宁有盗臣。"此谓国不以利为利,以义为利也。㉒长国家而务财用者,必自小人矣。彼为善之,小人之使为国家,菑害并至。虽有善者,亦无如之何矣!此谓国不以利为利,以义为利也。㉓

① 长,上声。弟,去声。倍,与背同。絜,胡结反。　老老,所谓"老吾老"也。兴,谓有所感发而兴起也。孤者,幼而无父之称。絜,度也。矩,所以为方也。言此三者,上行下效,捷于影响,所谓家齐而国治也。亦可以见人心之所同,而不可使有一夫之不获矣。是以君子必当因其所同,推以度物,使彼我之间各得

分愿，则上下四旁均齐方正，而天下平矣。　②恶、先，并去声。　此覆解上文“絜矩”二字之义。如不欲上之无礼于我，则必以此度下之心，而亦不敢以此无礼使之。不欲下之不忠于我，则必以此度上之心，而亦不敢以此不忠事之。至于前后左右无不皆然，则身之所处，上下、四方、长短、广狭，彼此如一，而无不方矣。彼同有是心而兴起焉者，又岂有一夫之不获哉？所操者约，而所及者广，此平天下之要道也。故章内之意，皆自此而推之。　③乐，音洛。只，音纸。好、恶，并去声，下并同。　《诗》，《小雅·南山有台》之篇。只，语助辞。言能絜矩而以民心为己心，则是爱民如子，而民爱之如父母矣。　④节，读为截。辟，读为僻。僇，与戮同。　《诗》，《小雅·节南山》之篇。节，截然高大貌。师尹，周太师尹氏也。具，俱也。辟，偏也。言在上者人所瞻仰，不可不谨。若不能絜矩而好恶徇于一己之偏，则身弑国亡，为天下之大戮矣。　⑤丧，去声。仪，《诗》作宜。峻，《诗》作骏。易，去声。　《诗》，《文王》篇。师，众也。配，对也。配上帝，言其为天下君而对乎上帝也。监，视也。峻，大也。不易，言难保也。道，言也。引《诗》而言此，以结上文两节之意。有天下者能存此心而不失，则所以絜矩而与民同欲者，自不能已矣。　⑥先慎乎德，承上文“不可不慎”而言。德，即所谓明德。有人，谓得众。有土，谓得国。有国则不患无财用矣。　⑦本上文而言。　⑧人君以德为外，以财为内，则是争斗其民，而施之以劫夺之教也。盖财者，人之所同欲，不能絜矩而欲专之，则民亦起而争夺矣。　⑨外本内末故财聚，争民施夺故民散。反是，则有德而有人矣。　⑩悖，布内反。　悖，逆也。此以言之出入，明货之出入也。自“先慎乎德”以下至此，又因财货以明能絜矩与不能者之得失也。　⑪道，言也。因上文引《文王》诗之意而申言之。其丁宁反覆之意益深切矣。　⑫《楚书》，《楚语》。言不宝金玉而宝善人也。

⑬舅犯，晋文公舅狐偃，字子犯。亡人，文公时为公子，出亡在外也。仁，爱也。事见《檀弓》。此两节，又明不外本而内末之意。　⑭个，古贺反，《书》作介。断，丁乱反。媢，音冒。　《秦誓》，周书。断断，诚一之貌。彦，美士也。圣，通明也。尚，庶几也。媢，忌也。违，拂戾也，殆，危也。　⑮迸，读为屏，古字通用。　迸，犹逐也。言有此媢疾之人，妨贤而病国，则仁人必深恶而痛绝之。以其至公无私，故能得好恶之正如此也。　⑯命，郑氏云：“当作慢。”程子云：“当作怠。”未详孰是。远，去声。　若此者，知所爱恶矣，而未能尽爱恶之道，盖君子而未仁者也。　⑰菑，古灾字。夫，音扶。　拂，逆也。好善而恶恶，人之性也。至于拂人之性，则不仁之甚者也。自“《秦誓》”至此，又皆以申言好恶公私之极，以明上文所引《南山有台》、《节南山》之意。　⑱君子，以位言之。

道，谓居其位而修己治人之术。发己自尽为忠，循物无违谓信。骄者矜高，泰者侈肆。此因上所引《文王》、《康诰》之意而言。章内三言得失，而语益加切，盖至此而天理存亡之几决矣。 ⑲ 恒，胡登反。 吕氏曰："国无游民，则生者众矣；朝无幸位，则食者寡矣；不夺农时，则为之疾矣；量入为出，则用之舒矣。"愚按，此因"有土"、"有财"而言，以明足国之道在乎务本而节用，非必外本内末而后财可聚也。自此以至终篇，皆一意也。 ⑳ 发，犹起也。仁者散财以得民，不仁者亡身以殖货。 ㉑ 上好仁以爱其下，则下好义以忠其上。所以事必有终，而府库之财无悖出之患也。 ㉒ 畜，许六反。乘、敛，并去声。 孟献子，鲁之贤大夫，仲孙蔑也。畜马乘，士初试为大夫者也。伐冰之家，卿大夫以上，丧祭用冰者也。百乘之家，有采地者也。君子宁亡己之财，而不忍伤民之力，故宁有盗臣，而不畜聚敛之臣。"此谓"以下，释献子之言也。 ㉓ 长，上声。"彼为善之"，此句上下，疑有阙文误字。 自，由也。言由小人导之也。此一节，深明以利为利之害。而重言以结之，其丁宁之意切矣。

右传之十章，释"治国"、"平天下"。①

① 此章之义，务在与民同好恶而不专其利，皆推广絜矩之意也。能如是，则亲贤乐利各得其所，而天下平矣。

凡传十章：前四章统论纲领指趣，后六章细论条目工夫。其第五章乃明善之要，第六章乃诚身之本，在初学尤为当务之急，读者不可以其近而忽之也。

中庸章句

中庸章句序

《中庸》何为而作也？子思子忧道学之失其传而作也。盖自上古圣神继天立极，而道统之传有自来矣。其见于经，则“允执厥中”者，尧之所以授舜也；“人心惟危，道心惟微，惟精惟一，允执厥中”者，舜之所以授禹也。尧之一言，至矣，尽矣！而舜复益之以三言者，则所以明夫尧之一言，必如是而后可庶几也。

盖尝论之，心之虚灵知觉，一而已矣，而以为有人心、道心之异者，则以其或生于形气之私，或原于性命之正，而所以为知觉者不同，是以或危殆而不安，或微妙而难见耳。然人莫不有是形，故虽上智，不能无人心，亦莫不有是性，故虽下愚，不能无道心。二者杂于方寸之间，而不知所以治之，则危者愈危，微者愈微，而天理之公卒无以胜夫人欲之私矣。精则察夫二者之间而不杂也，一则守其本心之正而不离也。从事于斯，无少间断，必使道心常为一身之主，而人心每听命焉，则危者安、微者著，而动静云为自无过不及之差矣。

夫尧、舜、禹，天下之大圣也。以天下相传，天下之大事也。以天下之大圣，行天下之大事，而其授受之际，丁宁告戒，不过如此。则天下之理，岂有以加于此哉？自是以来，圣圣相承，若成汤、文、武之为君，皋陶、伊、傅、周、召之为臣，既皆以此而接夫道统之传，若吾夫子，则虽不得其位，而所以继往圣、开来学，其功反有贤于尧、舜者。然当是时，见而知之者，惟颜氏、曾氏之传得其宗。及曾氏之再传，而复得夫子之孙子思，则去圣远而异端起矣。子思惧夫愈久而愈失其真也，于是推本尧、舜以来相传之意，质以平日所闻父师之言，更互演绎，作为此书，以诏后之学者。盖其忧之也深，故其言之也切；其虑之也远，故其说之也详。其曰"天命率性"，则道心之谓也；其曰"择善固执"，则精一之谓也；其曰"君子时中"，则执中之谓也。世之相后，千有馀年，而其言之不异，如合符节。历选前圣之书，所以提挈纲维、开示蕴奥，未有若是之明且尽者也。自是而又再传以得孟氏，为能推明是书，以承先圣之统，及其没而遂失其传焉。则吾道之所寄，不越乎言语文字之间，而异端之说日新月盛，以至于老、佛之徒出，则弥近理而大乱真矣。然而尚幸此书之不泯，故程夫子兄弟者出，得有所考，以续夫千载不传之绪；得有所据，以斥夫二家似是之非。盖子思之功，于是为大，而微程夫子，则亦莫能因其语而得其心也。惜乎！其所以为说者不传，而凡石氏之所辑录，仅出于其门人之所记，是以大义虽明，而微言未析。至其门人所自为说，则虽颇详尽而多所发明，然倍其师说而淫于老、佛者，亦有之矣。

熹自蚤岁即尝受读，而窃疑之，沉潜反复，盖亦有年，一旦恍然似有以得其要领者，然后乃敢会众说而折其中，既为定著章句一篇，以俟后之君子。而一二同志复取石氏书，删其繁乱，名以《辑略》，且记所尝论辩取舍之意，别为《或问》，以附其后。然后此书之旨，支分节解，脉络贯通，详略相因，巨细毕举，而凡诸说之同异得失，亦得以曲畅旁通而各极其趣。虽于道统之传不敢妄议，然初学之士或有取焉，则亦庶乎行远升高之一助云尔。

淳熙己酉春三月戊申，新安朱熹序。

中庸章句

中者,不偏不倚、无过不及之名。庸,平常也。

子程子曰:"不偏之谓中,不易之谓庸。中者,天下之正道。庸者,天下之定理。"此篇乃孔门传授心法,子思恐其久而差也,故笔之于书,以授孟子。其书始言一理,中散为万事,末复合为一理。"放之则弥六合,卷之则退藏于密",其味无穷,皆实学也。善读者玩索而有得焉,则终身用之,有不能尽者矣。

天命之谓性,率性之谓道,修道之谓教。① 道也者,不可须臾离也,可离非道也。是故君子戒慎乎其所不睹,恐惧乎其所不闻。② 莫见乎隐,莫显乎微,故君子慎其独也。③ 喜怒哀乐之未发,谓之中;发而皆中节,谓之和。中也者,天下之大本也;和也者,天下之达道也。④ 致中和,天地位焉,万物育焉。⑤

① 命,犹令也。性,即理也。天以阴阳五行化生万物,气以成形,而理亦赋焉,犹命令也。于是人物之生,因各得其所赋之理,以为健顺五常之德,所谓性也。率,循也。道,犹路也。人物各循其性之自然,则其日用事物之间,莫不各有当行之路,是则所谓道也。修,品节之也。性道虽同,而气禀或异,故不能无过不及之差。圣人因人物之所当行者而品节之,以为法于天下,则谓之教,若礼、乐、刑、政之属是也。盖人之所以为人,道之所以为道,圣人之所以为教,原其所自,无一不本于天而备于我。学者知之,则其于学知所用力而自不能已矣。故子思于此首发明之,读者所宜深体而默识也。 ② 离,去声。 道者,日用事物当

行之理，皆性之德而具于心，无物不有，无时不然，所以不可须臾离也。若其可离，则为外物而非道矣。是以君子之心常存敬畏，虽不见闻，亦不敢忽，所以存天理之本然，而不使离于须臾之顷也。　③ 见，音现。　隐，暗处也。微，细事也。独者，人所不知而己所独知之地也。言幽暗之中，细微之事，迹虽未形而几则已动，人虽不知而己独知之，则是天下之事无有著见明显而过于此者。是以君子既常戒惧，而于此尤加谨焉，所以遏人欲于将萌，而不使其潜滋暗长于隐微之中以至离道之远也。　④ 乐，音洛。"中节"之中，去声。　喜、怒、哀、乐，情也。其未发，则性也。无所偏倚，故谓之中。发皆中节，情之正也。无所乖戾，故谓之和。大本者，天命之性，天下之理，皆由此出，道之体也。达道者，循性之谓，天下古今之所共由，道之用也。此言性情之德，以明道不可离之意。　⑤ 致，推而极之也。位者，安其所也。育者，遂其生也。自戒惧而约之，以至于至静之中无少偏倚，而其守不失，则极其中而天地位矣。自谨独而精之，以至于应物之处无少差谬，而无适不然，则极其和而万物育矣。盖天地万物本吾一体，吾之心正，则天地之心亦正矣；吾之气顺，则天地之气亦顺矣。故其效验至于如此。此学问之极功、圣人之能事，初非有待于外，而修道之教亦在其中矣。是其一体一用虽有动静之殊，然必其体立而后用有以行，则其实亦非有两事也。故于此合而言之，以结上文之意。

右第一章。子思述所传之意以立言。首明道之本原出于天而不可易，其实体备于己而不可离；次言存养省察之要；终言圣神功化之极。盖欲学者于此反求诸身而自得之，以去夫外诱之私，而充其本然之善，杨氏所谓一篇之体要是也。其下十章，盖子思引夫子之言，以终此章之义。

仲尼曰："君子中庸，小人反中庸。①君子之中庸也，君子而时中；小人之中庸也，小人而无忌惮也。"②

① 中庸者，不偏不倚、无过不及，而平常之理，乃天命所当然，精微之极致也。唯君子为能体之，小人反是。　② 王肃本作"小人之反中庸也"，程子亦以为然。今从之。　君子之所以为中庸者，以其有君子之德，而又能随时以处中也。小人之所以反中庸者，以其有小人之心，而又无所忌惮也。盖中无定体，随时而在，是乃平常之理也。君子知其在我，故能戒谨不睹、恐惧不闻，而无时不中。小人不知有此，则肆欲妄行，而无所忌惮矣。

右第二章。[1]

① 此下十章，皆论中庸以释首章之义。文虽不属，而意实相承也。变“和”言“庸”者，游氏曰“以性情言之，则曰中和；以德行言之，则曰中庸”是也。然“中庸”之“中”，实兼“中和”之义。

子曰：“中庸其至矣乎！民鲜能久矣。”[1]

① 鲜，上声，下同。　过则失中，不及则未至，故惟中庸之德为至。然亦人所同得，初无难事；但世教衰，民不兴行，故鲜能之，今已久矣。《论语》无“能”字。

右第三章。

子曰：“道之不行也，我知之矣：知者过之，愚者不及也。道之不明也，我知之矣：贤者过之，不肖者不及也。[1]人莫不饮食也，鲜能知味也。”[2]

① “知者”之知，去声。　道者，天理之当然，中而已矣。知、愚、贤、不肖之过不及，则生禀之异而失其中也。知者知之过，既以道为不足行；愚者不及知，又不知所以行：此道之所以常不行也。贤者行之过，既以道为不足知；不肖者不及行，又不求所以知：此道之所以常不明也。　② 道不可离，人自不察，是以有过不及之弊。

右第四章。

子曰：“道其不行矣夫！”[1]

① 夫，音扶。　由不明，故不行。

右第五章。[1]

① 此章承上章而举其不行之端，以起下章之意。

子曰：“舜其大知也与！舜好问而好察迩言，隐恶而扬善，执其两端，用其中于民，其斯以为舜乎！”[1]

① 知，去声。与，平声。　好，去声。　舜之所以为大知者，以其不自用而取诸人也。迩言者，浅近之言，犹必察焉，其无遗善可知。然于其言之未善者则隐而不宣，其善者则播而不匿，其广大光明又如此，则人孰不乐告以善哉？两端，

谓众论不同之极致。盖凡物皆有两端，如小大、厚薄之类。于善之中，又执其两端，而量度以取中，然后用之，则其择之审而行之至矣。然非在我之权度精切不差，何以与此？此知之所以无过不及，而道之所以行也。

右第六章。

子曰："人皆曰'予知'，驱而纳诸罟擭陷阱之中，而莫之知辟也。人皆曰'予知'，择乎中庸，而不能期月守也。"①

①"予知"之知，去声。罟，音古。擭，胡化反。阱，才性反。辟，与避同。期，居之反。　罟，网也。擭，机槛也。陷阱，坑坎也。皆所以掩取禽兽者也。择乎中庸，辨别众理，以求所谓中庸，即上章"好问"、"用中"之事也。期月，匝一月也。言知祸而不知辟，以况能择而不能守，皆不得为知也。

右第七章。①

① 承上章"大知"而言，又举不明之端，以起下章也。

子曰："回之为人也，择乎中庸，得一善，则拳拳服膺，而弗失之矣。"①

① 回，孔子弟子颜渊名。拳拳，奉持之貌。服，犹著也。膺，胸也。奉持而著之心胸之间，言能守也。颜子盖真知之，故能择能守如此，此行之所以无过不及，而道之所以明也。

右第八章。

子曰："天下国家可均也，爵禄可辞也，白刃可蹈也，中庸不可能也。"①

① 均，平治也。三者亦知、仁、勇之事，天下之至难也。然不必其合于中庸，则质之近似者皆能以力为之。若中庸，则虽不必皆如三者之难，然非义精仁熟而无一毫人欲之私者，不能及也。三者难而易，中庸易而难，此民之所以鲜能也。

右第九章。①

① 亦承上章以起下章。

子路问强。①子曰："南方之强与？北方之强与？抑而强与？[2]宽柔以教，不报无道，南方之强也，君子居之。[3]衽金革，死而不厌，北方之强也，而强者居之。[4]故君子和而不流，强哉矫！中立而不倚，强哉矫！国有道，不变塞焉，强哉矫！国无道，至死不变，强哉矫！”[5]

① 子路，孔子弟子仲由也。子路好勇，故问强。 ② 与，平声。 抑，语辞。而，汝也。 ③ 宽柔以教，谓含容巽顺以诲人之不及也。不报无道，谓横逆之来，直受之而不报也。南方风气柔弱，故以含忍之力胜人为强，君子之道也。 ④ 衽，席也。金，戈兵之属。革，甲胄之属。北方风气刚劲，故以果敢之力胜人为强，强者之事也。 ⑤ 此四者，汝之所当强也。矫，强貌。《诗》曰“矫矫虎臣”是也。倚，偏著也。塞，未达也。国有道，不变未达之所守；国无道，不变平生之所守也。此则所谓中庸之不可能者，非有以自胜其人欲之私，不能择而守也。君子之强，孰大于是？夫子以是告子路者，所以抑其血气之刚，而进之以德义之勇也。

右第十章。

子曰：“素隐行怪，后世有述焉，吾弗为之矣[1]。君子遵道而行，半涂而废，吾弗能已矣。[2]君子依乎中庸，遁世不见知而不悔，唯圣者能之。”[3]

① 素，按《汉书》当作索，盖字之误也。索隐行怪，言深求隐僻之理，而过为诡异之行也。然以其足以欺世而盗名，故后世或有称述之者。此知之过而不择乎善，行之过而不用其中，不当强而强者也，圣人岂为之哉！ ② 遵道而行，则能择乎善矣；半涂而废，则力之不足也。此其知虽足以及之，而行有不逮，当强而不强者也。已，止也。圣人于此，非勉焉而不敢废，盖至诚无息，自有所不能止也。 ③ 不为索隐行怪，则依乎中庸而已。不能半涂而废，是以遁世不见知而不悔也。此中庸之成德，知之尽、仁之至、不赖勇而裕如者，正吾夫子之事，而犹不自居也。故曰“唯圣者能之”而已。

右第十一章。[1]

① 子思所引夫子之言，以明首章之义者止此。盖此篇大旨，以知、仁、勇三达德为入道之门。故于篇首，即以大舜、颜渊、子路之事明之。舜，知也；颜渊，仁也；子路，勇也。三者废其一，则无以造道而成德矣。馀见第二十章。

君子之道费而隐。① 夫妇之愚,可以与知焉;及其至也,虽圣人亦有所不知焉。夫妇之不肖,可以能行焉;及其至也,虽圣人亦有所不能焉。天地之大也,人犹有所憾。故君子语大,天下莫能载焉;语小,天下莫能破焉。②《诗》云:"鸢飞戾天,鱼跃于渊。"言其上下察也。③ 君子之道,造端乎夫妇,及其至也,察乎天地。④

① 费,符味反。 费,用之广也。隐,体之微也。 ② 与,去声。 君子之道,近自夫妇居室之间,远而至于圣人天地之所不能尽,其大无外,其小无内,可谓费矣。然其理之所以然,则隐而莫之见也。盖可知、可能者,道中之一事,及其至而圣人不知、不能;则举全体而言,圣人固有所不能尽也。侯氏曰:"圣人所不知,如孔子问礼、问官之类;所不能,如孔子不得位、尧舜病博施之类。"愚谓人所憾于天地,如覆载生成之偏,及寒暑灾祥之不得其正者。 ③ 鸢,余专反。《诗》,《大雅·旱麓》之篇。鸢,鸱类。戾,至也。察,著也。子思引此诗以明化育流行,上下昭著,莫非此理之用,所谓费也。然其所以然者,则非见闻所及,所谓隐也。故程子曰:"此一节子思吃紧为人处,活泼泼地,读者宜致思焉。" ④ 结上文。

右第十二章。子思之言,盖以申明首章道不可离之意也。其下八章,杂引孔子之言以明之。

子曰:"道不远人。人之为道而远人,不可以为道。①《诗》云:'伐柯伐柯,其则不远。'执柯以伐柯,睨而视之,犹以为远。故君子以人治人,改而止。② 忠恕违道不远,施诸己而不愿,亦勿施于人。③ 君子之道四,丘未能一焉:所求乎子,以事父,未能也;所求乎臣,以事君,未能也;所求乎弟,以事兄,未能也;所求乎朋友,先施之,未能也。庸德之行,庸言之谨,有所不足,不敢不勉,有馀不敢尽,言顾行,行顾言,君子胡不慥慥尔!"④

① 道者,率性而已,固众人之所能知能行者也,故常不远于人。若为道者,厌其卑近,以为不足为,而反务为高远难行之事,则非所以为道矣。 ② 睨,

研计反。《诗》,《豳风·伐柯》之篇。柯,斧柄。则,法也。睨,邪视也。言人执柯伐木以为柯者,彼柯长短之法,在此柯耳。然犹有彼此之别,故伐者视之犹以为远也。若以人治人,则所以为人之道,各在当人之身,初无彼此之别。故君子之治人也,即以其人之道,还治其人之身。其人能改,即止不治。盖责之以其所能知能行,非欲其远人以为道也。张子所谓"以众人望人,则易从"是也。
③ 尽己之心为忠,推己及人为恕。违,去也。如《春秋传》齐师"违谷七里"之违。言自此至彼,相去不远,非背而去之之谓也。道,即其不远人者是也。"施诸己而不愿,亦勿施于人",忠恕之事也。以己之心度人之心,未尝不同,则道之不远于人者可见。故己之所不欲,则勿以施之于人,亦不远人以为道之事。张子所谓"以爱己之心爱人,则尽仁"是也。 ④ 子、臣、弟、友,四字绝句。 求,犹责也。道不远人,凡己之所以责人者,皆道之所当然也,故反之以自责而自修焉。庸,平常也。行者,践其实。谨者,择其可。德不足而勉,则行益力;言有馀而讱,则谨益至。谨之至则言顾行矣;行之力则行顾言矣。慥慥,笃实貌。言君子之言行如此,岂不慥慥乎?赞美之也。凡此皆不远人以为道之事。张子所谓"以责人之心责己,则尽道"是也。

右第十三章。①

① "道不远人"者,夫妇所能,"丘未能一"者,圣人所不能,皆费也。而其所以然者,则至隐存焉。下章放此。

君子素其位而行,不愿乎其外。①素富贵,行乎富贵;素贫贱,行乎贫贱;素夷狄,行乎夷狄;素患难,行乎患难:君子无入而不自得焉。②在上位不陵下,在下位不援上,正己而不求于人,则无怨。上不怨天,下不尤人。③故君子居易以俟命,小人行险以徼幸。④子曰:"射有似乎君子;失诸正鹄,反求诸其身。"⑤

① 素,犹见在也。言君子但因见在所居之位而为其所当为,无慕乎其外之心也。 ② 难,去声。 此言素其位而行也。 ③ 援,平声。 此言不愿乎其外也。 ④ 易,去声。 易,平地也。居易,素位而行也。俟命,不愿乎外也。徼,求也。幸,谓所不当得而得者。 ⑤ 正,音征。鹄,工毒反。 画布曰正,栖皮曰鹄,皆侯之中、射之的也。子思引此孔子之言,以结上文之意。

右第十四章。①

① 子思之言也。凡章首无"子曰"字者放此。

君子之道，辟如行远必自迩，辟如登高必自卑。[①]《诗》曰："妻子好合，如鼓瑟琴。兄弟既翕，和乐且耽。宜尔室家，乐尔妻帑。"[②]子曰："父母其顺矣乎。"[③]

① 辟，譬同。 ② 好，去声。耽，《诗》作湛，亦音耽。乐，音洛。 《诗》，《小雅·常棣》之篇。鼓瑟琴，和也。翕，亦合也。耽，亦乐也。帑，子孙也。 ③ 夫子诵此诗而赞之曰：人能和于妻子、宜于兄弟如此，则父母其安乐之矣。子思引《诗》及此语，以明行远自迩、登高自卑之意。

右第十五章。

子曰："鬼神之为德，其盛矣乎！[①]视之而弗见，听之而弗闻，体物而不可遗。[②]使天下之人齐明盛服，以承祭祀。洋洋乎如在其上，如在其左右。[③]《诗》曰：'神之格思，不可度思，矧可射思。'[④]夫微之显，诚之不可掩如此夫！"[⑤]

① 程子曰："鬼神，天地之功用，而造化之迹也。"张子曰："鬼神者，二气之良能也。"愚谓，以二气言，则鬼者阴之灵也，神者阳之灵也。以一气言，则至而伸者为神，反而归者为鬼，其实一物而已。为德，犹言性情功效。 ② 鬼神无形与声。然物之终始，莫非阴阳合散之所为，是其为物之体，而物之所不能遗也。其言体物，犹《易》所谓"干事"。 ③ 齐，侧皆反。 齐之为言齐也，所以齐不齐而致其齐也。明，犹洁也。洋洋，流动充满之意。能使人畏敬奉承而发见昭著如此，乃其"体物而不可遗"之验也。孔子曰："其气发扬于上为昭明，焄蒿凄怆，此百物之精也，神之著也。"正谓此尔。 ④ 度，待洛反。射，音亦，《诗》作斁。《诗》，《大雅·抑》之篇。格，来也。矧，况也。射，厌也，言厌怠而不敬也。思，语辞。 ⑤ 夫，音扶。 诚者，真实无妄之谓。阴阳合散，无非实者。故其发见之不可掩如此。

右第十六章。[①]

① 不见、不闻，隐也。体物如在，则亦费矣。此前三章，以其费之小者而言。此后三章，以其费之大者而言。此一章，兼费隐、包小大而言。

子曰："舜其大孝也与！德为圣人，尊为天子，富有四海之内，宗庙飨之，子孙保之。①故大德，必得其位，必得其禄，必得其名，必得其寿。②故天之生物，必因其材而笃焉，故栽者培之，倾者覆之。③《诗》曰：'嘉乐君子，宪宪令德。宜民宜人，受禄于天。保佑命之，自天申之。'④故大德者必受命。"⑤

① 与，平声。　子孙，谓虞思、陈胡公之属。　② 舜年百有十岁。③ 材，质也。笃，厚也。栽，植也。气至而滋息为培，气反而游散则覆。④《诗》，《大雅·假乐》之篇。假，当依此作嘉。宪，当依《诗》作显。申，重也。⑤ 受命者，受天命为天子也。

右第十七章。①

① 此由庸行之常，推之以极其至，见道之用广也。而其所以然者，则为体微矣。后二章亦此意。

子曰："无忧者，其惟文王乎！以王季为父，以武王为子，父作之，子述之。①武王缵大王、王季、文王之绪，壹戎衣而有天下，身不失天下之显名，尊为天子，富有四海之内，宗庙飨之，子孙保之。②武王末受命，周公成文、武之德，追王大王、王季，上祀先公以天子之礼。斯礼也，达乎诸侯大夫，及士、庶人。父为大夫，子为士，葬以大夫，祭以士。父为士，子为大夫，葬以士，祭以大夫。期之丧，达乎大夫。三年之丧，达乎天子。父母之丧，无贵贱，一也。"③

① 此言文王之事。《书》言"王季其勤王家"，盖其所作，亦积功累仁之事也。

② 大，音泰，下同。　此言武王之事。缵，继也。大王，王季之父也。《书》云："大王肇基王迹。"《诗》云："至于大王，实始翦商。"绪，业也。戎衣，甲胄之属。"壹戎衣"，《武成》文，言一著戎衣以伐纣也。　③"追王"之王，去声。　此言周公之事。末，犹老也。追王，盖推文、武之意，以及乎王迹之所起也。先公，组绀以上至后稷也。上祀先公以天子之礼，又推大王、王季之意，以及于无穷也。制为礼法，以及天下，使葬用死者之爵，祭用生者之禄。丧服自期以下，诸侯绝，

大夫降；而父母之丧，上下同之，推己以及人也。

右第十八章。

子曰："武王、周公，其达孝矣乎！①夫孝者，善继人之志，善述人之事者也。②春秋修其祖庙，陈其宗器，设其裳衣，荐其时食。③宗庙之礼，所以序昭穆也。序爵，所以辨贵贱也。序事，所以辨贤也。旅酬下为上，所以逮贱也。燕毛，所以序齿也。④践其位，行其礼，奏其乐，敬其所尊，爱其所亲，事死如事生，事亡如事存，孝之至也。⑤郊社之礼，所以事上帝也。宗庙之礼，所以祀乎其先也。明乎郊社之礼、禘尝之义，治国其如示诸掌乎！"⑥

① 达，通也。承上章而言武王、周公之孝，乃天下之人通谓之孝，犹孟子之言达尊也。　② 上章言武王缵大王、王季、文王之绪以有天下，而周公成文、武之德以追崇其先祖，此继志、述事之大者也。下文又以其所制祭祀之礼，通于上下者言之。　③ 祖庙：天子七，诸侯五，大夫三，适士二，官师一。宗器，先世所藏之重器，若周之赤刀、大训、天球、河图之属也。裳衣，先祖之遗衣服，祭则设之以授尸也。时食，四时之食，各有其物，如春行羔、豚、膳、膏、香之类是也。

④ 昭，如字。为，去声。　宗庙之次：左为昭，右为穆，而子孙亦以为序。有事于太庙，则子姓兄弟群昭群穆咸在，而不失其伦焉。爵，公、侯、卿、大夫也。事，宗祝有司之职事也。旅，众也。酬，导饮也。旅酬之礼，宾弟子、兄弟之子，各举觯于其长而众相酬。盖宗庙之中以有事为荣，故逮及贱者，使亦得以申其敬也。燕毛，祭毕而燕，则以毛发之色别长幼为坐次也。齿，年数也。　⑤ 践，犹履也。其，指先王也。所尊、所亲，先王之祖考、子孙、臣庶也。始死谓之死，既葬则曰反而亡焉，皆指先王也。此结上文两节，皆继志、述事之意也。

⑥ 郊，祭天。社，祭地。不言后土者，省文也。禘，天子宗庙之大祭，追祭太祖之所自出于太庙，而以太祖配之也。尝，秋祭也。四时皆祭，举其一耳。礼必有义，对举之，互文也。示，与视同。视诸掌，言易见也。此与《论语》文意大同小异，记有详略耳。

右第十九章。

哀公问政。①子曰："文武之政，布在方策。其人存，则其政举；其人亡，则其政息。②人道敏政，地道敏树。夫政也者，蒲卢也。③故为政在人，取人以身，修身以道，修道以仁。④仁者，人也，亲亲为大；义者，宜也，尊贤为大。亲亲之杀，尊贤之等，礼所生也。⑤在下位不获乎上，民不可得而治矣。⑥故君子不可以不修身；思修身，不可以不事亲；思事亲，不可以不知人；思知人，不可以不知天。⑦天下之达道五，所以行之者三。曰：君臣也，父子也，夫妇也，昆弟也，朋友之交也，五者天下之达道也。知、仁、勇，三者天下之达德也，所以行之者一也。⑧或生而知之，或学而知之，或困而知之，及其知之，一也。或安而行之，或利而行之，或勉强而行之，及其成功，一也。"⑨子曰："好学近乎知，力行近乎仁，知耻近乎勇。⑩知斯三者，则知所以修身；知所以修身，则知所以治人；知所以治人，则知所以治天下国家矣。⑪凡为天下国家有九经，曰：修身也，尊贤也，亲亲也，敬大臣也，体群臣也，子庶民也，来百工也，柔远人也，怀诸侯也。⑫修身则道立，尊贤则不惑，亲亲则诸父昆弟不怨，敬大臣则不眩，体群臣则士之报礼重，子庶民则百姓劝，来百工则财用足，柔远人则四方归之，怀诸侯则天下畏之。⑬齐明盛服，非礼不动，所以修身也；去谗远色，贱货而贵德，所以劝贤也；尊其位，重其禄，同其好恶，所以劝亲亲也；官盛任使，所以劝大臣也；忠信重禄，所以劝士也；时使薄敛，所以劝百姓也；日省月试，既禀称事，所以劝百工也；送往迎来，嘉善而矜不能，所以柔远人也；继绝世，举废国，治乱持危，朝聘以时，厚往而薄来，所以怀诸侯也。⑭凡为天下国家有九经，所以行之者一也。⑮凡事豫则立，不豫则废。言前定则不跲，事前定则不困，行前定则不疚，道前定则不穷。[16]在下位不获乎上，民不可得而治矣；获乎上有道，不信乎朋友，不获乎上矣；信乎朋友有道，不顺乎亲，不信乎朋友矣；顺乎亲有道，反诸身不诚，不顺乎亲矣；诚身有道，不明乎善，不诚乎身矣。[17]诚者，天之道也；诚之者，人之道也。诚者不勉而中，不思而得，从容中道，圣人也。诚之者，择善而固执之者也。[18]博学之，审问之，慎思之，明辨之，笃行之。[19]有弗学，学之弗能弗措也；有弗问，问之弗知弗措也；有弗思，思之弗得弗措也；有弗辨，辨之弗明弗措也；有弗行，行之弗笃弗措也。人一能之己百之，人十能之己千之。[20]果能此道矣，虽愚必明，虽柔必强。"[21]

① 哀公，鲁君，名蒋。　② 方，版也。策，简也。息，犹灭也。有是君，有是臣，则有是政矣。　③ 夫，音扶。　敏，速也。蒲卢，沈括以为"蒲苇"是也。以人立政，犹以地种树，其成速矣，而蒲苇又易生之物，其成尤速也。言人存政举，其易如此。　④ 此承上文"人道敏政"而言也。"为政在人"，《家语》作"为政在于得人"，语意尤备。人，谓贤臣。身，指君身。道者，天下之达道。仁者，天地生物之心，而人得以生者，所谓"元者善之长"也。言人君为政在于得人，而取人之则又在修身。能修其身，则有君有臣，而政无不举矣。　⑤ 杀，去声。人，指人身而言。具此生理，自然便有恻怛慈爱之意，深体味之可见。宜者，分别事理，各有所宜也。礼，则节文斯二者而已。　⑥ 郑氏曰："此句在下，误重在此。"　⑦ "为政在人，取人以身"，故不可以不修身。"修身以道，修道以仁"，故思修身，不可以不事亲。欲尽亲亲之仁，必由尊贤之义，故又当知人。亲亲之杀，尊贤之等，皆天理也，故又当知天。　⑧ 知，去声。　达道者，天下古今所共由之路，即《书》所谓五典，孟子所谓"父子有亲，君臣有义，夫妇有别，长幼有序，朋友有信"是也。知，所以知此也；仁，所以体此也；勇，所以强此也。谓之达德者，天下古今所同得之理也。一，则诚而已矣。达道虽人所共由，然无是三德，则无以行之。达德虽人所同得，然一有不诚，则人欲间之，而德非其德矣。程子曰："所谓诚者，止是诚实此三者，三者之外更别无诚。"　⑨ 强，上声。　知之者之所知，行之者之所行，谓达道也。以其分而言：则所以知者，知也；所以行者，仁也；所以至于知之、成功而一者，勇也。以其等而言：则生知、安行者，知也；学知、利行者，仁也；困知、勉行者，勇也。盖人性虽无不善，而气禀有不同者，故闻

道有蚤莫，行道有难易，然能自强不息，则其至一也。吕氏曰："所入之涂虽异，而所至之域则同，此所以为中庸。若乃企生知、安行之资为不可几及，轻困知、勉行，谓不能有成，此道之所以不明不行也。" ⑩"子曰"二字，衍文。好、"近乎知"之知，并去声。 此言未及乎达德而求以入德之事。通上文三知为知，三行为仁，则此三近者，勇之次也。吕氏曰："愚者自是而不求，自私者徇人欲而忘返，懦者甘为人下而不辞。故好学非知，然足以破愚；力行非仁，然足以忘私；知耻非勇，然足以起懦。" ⑪"斯三者"，指三近而言。人者，对己之称。"天下国家"，则尽乎人矣。言此以结上文"修身"之意，起下文"九经"之端也。 ⑫经，常也。体，谓设以身处其地而察其心也。子，如父母之爱其子也。柔远人，所谓无忘宾旅者也。此列九经之目也。吕氏曰："天下国家之本在身，故修身为九经之本。然必亲师取友，然后修身之道进，故尊贤次之。道之所进，莫先其家，故亲亲次之。由家以及朝廷，故敬大臣、体群臣次之。由朝廷以及其国，故子庶民、来百工次之。由其国以及天下，故柔远人、怀诸侯次之。此九经之序也。"视群臣犹吾四体，视百姓犹吾子，此视臣视民之别也。 ⑬此言九经之效也。道立，谓道成于己而可为民表，所谓"皇建其有极"是也。不惑，谓不疑于理。不眩，谓不迷于事。敬大臣则信任专，而小臣不得以间之，故临事而不眩也。来百工，则通功易事。农末相资，故财用足。柔远人，则天下之旅皆悦而愿出于其涂，故四方归。怀诸侯，则德之所施者博，而威之所制者广矣，故曰"天下畏之"。 ⑭齐，侧皆反。去，上声。远、好、恶、敛，并去声。既，许气反。禀，彼锦、力锦二反。称，去声。朝，音潮。 此言九经之事也。官盛任使，谓官属众盛，足任使令也，盖大臣不当亲细事，故所以优之者如此。忠信重禄，谓待之诚而养之厚，盖以身体之，而知其所赖乎上者如此也。既，读曰饩。饩禀，稍食也。称事，如《周礼》稾人职曰"考其弓弩，以上下其食"是也。往，则为之授节以送之；来，则丰其委积以迎之。朝，谓诸侯见于天子。聘，谓诸侯使大夫来献。《王制》："比年一小聘，三年一大聘，五年一朝。"厚往薄来，谓燕赐厚而纳贡薄。 ⑮一者，诚也。一有不诚，则是九者皆为虚文矣。此九经之实也。 ⑯跲，其劫反。行，去声。

凡事，指达道、达德、九经之属。豫，素定也。跲，踬也。疚，病也。此承上文，言凡事皆欲先立乎诚，如下文所推是也。 ⑰此又以在下位者推言素定之意。"反诸身不诚"，谓反求诸身，而所存所发未能真实而无妄也。"不明乎善"，谓未能察于人心天命之本然，而真知至善之所在也。 ⑱中，并去声。从，七容反。

此承上文"诚身"而言。诚者，真实无妄之谓，天理之本然也。诚之者，未能真实无妄而欲其真实无妄之谓，人事之当然也。圣人之德，浑然天理，真实无妄，不待思勉而从容中道，则亦天之道也。未至于圣，则不能无人欲之私，而其为德，不能皆实。故未能不思而得，则必择善，然后可以明善；未能不勉而中，则必固执，然后可以诚身，此则所谓人之道也。不思而得，“生知”也。不勉而中，“安行”也。择善，“学知”以下之事。固执，“利行”以下之事也。　⑲ 此“诚之”之目也。学、问、思、辨，所以择善而为知，“学而知”也。笃行，所以固执而为仁，“利而行”也。程子曰：“五者废其一，非学也。”　⑳ 君子之学，不为则已，为则必要其成，故常百倍其功。此“困而知”、“勉而行”者也，勇之事也。　㉑ 明者，择善之功；强者，固执之效。吕氏曰：“君子所以学者，为能变化气质而已。德胜气质，则愚者可进于明，柔者可进于强。不能胜之，则虽有志于学，亦愚不能明，柔不能立而已矣。盖均善而无恶者，性也，人所同也；昏明强弱之禀不齐者，才也，人所异也。诚之者所以反其同而变其异也。夫以不美之质，求变而美，非百倍其功，不足以致之。今以卤莽灭裂之学，或作或辍，以变其不美之质；及不能变，则曰天质不美，非学所能变。是果于自弃，其为不仁甚矣。”

右第二十章。①

① 此引孔子之言，以继大舜、文、武、周公之绪，明其所传之一致。举而措之，亦犹是耳。盖包费隐、兼小大，以终十二章之意。章内语诚始详，而所谓诚者，实此篇之枢纽也。又按：《孔子家语》亦载此章，而其文尤详。“成功一也”之下，有“公曰：子之言美矣！至矣！寡人实固，不足以成之也。”故其下复以“子曰”起答辞。今无此问辞，而犹有“子曰”二字，盖子思删其繁文以附于篇，而所删有不尽者，今当为衍文也。“博学之”以下，《家语》无之，意彼有阙文，抑此或子思所补也欤？

自诚明，谓之性；自明诚，谓之教。诚则明矣，明则诚矣。①

① 自，由也。德无不实而明无不照者，圣人之德，所性而有者也，天道也。先明乎善，而后能实其善者，贤人之学，由教而入者也，人道也。诚则无不明矣，明则可以至于诚矣。

右第二十一章。子思承上章夫子天道、人道之意而立言也。自此以下十二章，皆子思之言，以反复推明此章之意。

唯天下至诚，为能尽其性；能尽其性，则能尽人之性；能尽人之性，则能尽物之性；能尽物之性，则可以赞天地之化育；可以赞天地之化育，则可以与天地参矣。①

①“天下至诚”，谓圣人之德之实，天下莫能加也。“尽其性”者，德无不实，故无人欲之私，而天命之在我者察之由之，巨细精粗无毫发之不尽也。人、物之性，亦我之性，但以所赋形气不同而有异耳，能尽之者，谓知之无不明而处之无不当也。赞，犹助也。“与天地参”，谓与天地并立为三也。此自诚而明者之事也。

右第二十二章。①

① 言天道也。

其次致曲。曲能有诚，诚则形，形则著，著则明，明则动，动则变，变则化。唯天下至诚为能化。①

①“其次”，通大贤以下凡诚有未至者而言也。致，推致也。曲，一偏也。形者，积中而发外。著，则又加显矣。明，则又有光辉发越之盛也。动者，诚能动物。变者，物从而变。化，则有不知其所以然者。盖人之性无不同，而气则有异，故惟圣人能举其性之全体而尽之。其次，则必自其善端发见之偏而悉推致之，以各造其极也。曲无不致，则德无不实，而形、著、动、变之功自不能已。积而至于能化，则其至诚之妙，亦不异于圣人矣。

右第二十三章。①

① 言人道也。

至诚之道，可以前知。国家将兴，必有祯祥；国家将亡，必有妖孽。见乎蓍龟，动乎四体。祸福将至，善，必先知之；不善，必先知之。故至诚如神。①

① 见，音现。　祯祥者，福之兆。妖孽者，祸之萌。蓍，所以筮。龟，所以卜。四体，谓动作威仪之间，如执玉高卑，其容俯仰之类。凡此皆理之先见者也。然惟诚之至极，而无一毫私伪留于心目之间者，乃能有以察其几焉。神，谓鬼神。

右第二十四章。①

① 言天道也。

诚者自成也，而道自道也。①诚者物之终始，不诚无物。

是故君子诚之为贵。[②]诚者非自成己而已也，所以成物也。成己，仁也；成物，知也。性之德也，合外内之道也，故时措之宜也。[③]

①“道也”之道，音导。　言诚者物之所以自成，而道者人之所当自行也。诚，以心言，本也；道，以理言，用也。　② 天下之物，皆实理之所为，故必得是理，然后有是物。所得之理既尽，则是物亦尽而无有矣。故人之心，一有不实，则虽有所为亦如无有，而君子必以诚为贵也。盖人之心能无不实，乃为有以自成，而道之在我者亦无不行矣。　③ 知，去声。　诚虽所以成己，然既有以自成，则自然及物，而道亦行于彼矣。仁者体之存，知者用之发，是皆吾性之固有，而无内外之殊。既得于己，则见于事者以时措之，而皆得其宜也。

右第二十五章。[①]

① 言人道也。

故至诚无息。[①]不息则久，久则征。[②]征则悠远，悠远则博厚，博厚则高明。[③]博厚，所以载物也；高明，所以覆物也；悠久，所以成物也。[④]博厚配地，高明配天，悠久无疆。[⑤]如此者，不见而章，不动而变，无为而成。[⑥]天地之道，可一言而尽也，其为物不贰，则其生物不测。[⑦]天地之道，博也，厚也，高也，明也，悠也，久也。[⑧]今夫天，斯昭昭之多，及其无穷也，日月星辰系焉，万物覆焉。今夫地，一撮土之多，及其广厚，载华岳而不重，振河海而不泄，万物载焉。今夫山，一卷石之多，及其广大，草木生之，禽兽居之，宝藏兴焉。今夫水，一勺之多，及其不测，鼋鼍、蛟龙、鱼鳖生焉，货财殖焉。[⑨]《诗》云：“维天之命，於穆不已！”盖曰天之所以为天也。“於乎不显！文王之德之纯。”盖曰文王之所以为文也，纯亦不已。[⑩]

① 既无虚假，自无间断。　② 久，常于中也。征，验于外也。　③ 此皆以其验于外者言之。郑氏所谓“至诚之德，著于四方”者是也。存诸中者既久，则验于外者益悠远而无穷矣。悠远，故其积也广博而深厚。博厚，故其发也高大而光明。　④ 悠久，即悠远，兼内外而言之也。本以悠远致高厚，而高厚又悠

久也。此言圣人与天地同用。 ⑤ 此言圣人与天地同体。 ⑥ 见,音现。 见,犹示也。不见而章,以配地而言也。不动而变,以配天而言也。无为而成,以无疆而言也。 ⑦ 此以下,复以天地明至诚无息之功用。天地之道,可一言而尽,不过曰"诚"而已。不贰,所以诚也。诚故不息,而生物之多,有莫知其所以然者。 ⑧ 言天地之道,诚一不贰,故能各极其盛,而有下文生物之功。 ⑨ 夫,音扶。华、藏,并去声。卷,平声。勺,市若反。 昭昭,犹耿耿,小明也。此指其一处而言之。"及其无穷",犹十二章"及其至也"之意,盖举全体而言也。振,收也。卷,区也。此四条,皆以发明由其不贰、不息以致盛大而能生物之意。然天、地、山、川,实非由积累而后大,读者不以辞害意可也。 ⑩ 於,音乌。乎,音呼。 《诗》,《周颂·维天之命》篇。於,叹辞。穆,深远也。不显,犹言岂不显也。纯,纯一不杂也。引此以明至诚无息之意。程子曰:"天道不已,文王纯于天道,亦不已。纯则无二无杂,不已则无间断先后。"

右第二十六章。①

① 言天道也。

大哉圣人之道!①洋洋乎发育万物,峻极于天。②优优大哉!礼仪三百,威仪三千。③待其人而后行。④故曰苟不至德,至道不凝焉。⑤故君子尊德性而道问学,致广大而尽精微,极高明而道中庸。温故而知新,敦厚以崇礼。⑥是故居上不骄,为下不倍;国有道,其言足以兴;国无道,其默足以容。《诗》曰:"既明且哲,以保其身。"其此之谓与!⑦

① 包下文两节而言。 ② 峻,高大也。此言道之极于至大而无外也。 ③ 优优,充足有馀之意。礼仪,经礼也。威仪,曲礼也。此言道之入于至小而无间也。 ④ 总结上两节。 ⑤ 至德,谓其人。至道,指上两节而言也。凝,聚也,成也。 ⑥ 尊者,恭敬奉持之意。德性者,吾所受于天之正理。道,由也。温,犹燖温之温,谓故学之矣,复时习之也。敦,加厚也。尊德性,所以存心而极乎道体之大也。道问学,所以致知而尽乎道体之细也。二者修德凝道之大端也。不以一毫私意自蔽,不以一毫私欲自累,涵泳乎其所已知,敦笃乎其所已能,此皆存心之属也。析理则不使有毫厘之差,处事则不使有过不及之谬,理义则日知其所未知,节文则日谨其所未谨,此皆致知之属也。盖非存心无以致知,而存心者又不可以不致知。故此五句,大小相资,首尾相应,圣贤所示入德之

方，莫详于此，学者宜尽心焉。　⑦ 倍，与背同。与，平声。　兴，谓兴起在位也。《诗》，《大雅·烝民》之篇。

右第二十七章。①

① 言天道也。

子曰："愚而好自用，贱而好自专，生乎今之世，反古之道。如此者，烖及其身者也。"①非天子，不议礼，不制度，不考文。②今天下车同轨，书同文，行同伦。③虽有其位，苟无其德，不敢作礼乐焉；虽有其德，苟无其位，亦不敢作礼乐焉。④子曰："吾说夏礼，杞不足征也。吾学殷礼，有宋存焉。吾学周礼，今用之，吾从周。"⑤

① 好，去声。烖，古灾字。　以上孔子之言，子思引之。反，复也。② 此以下，子思之言。礼，亲疏贵贱相接之体也。度，品制。文，书名。③ 行，去声。　今，子思自谓当时也。轨，辙迹之度。伦，次序之体。三者皆同，言天下一统也。　④ 郑氏曰："言作礼乐者，必圣人在天子之位。"　⑤ 此又引孔子之言。杞，夏之后。征，证也。宋，殷之后。三代之礼，孔子皆尝学之而能言其意。但夏礼既不可考证，殷礼虽存，又非当世之法。惟周礼乃时王之制，今日所用。孔子既不得位，则从周而已。

右第二十八章。①

① 承上章"为下不倍"而言，亦人道也。

王天下有三重焉，其寡过矣乎！①上焉者虽善无征，无征不信，不信民弗从；下焉者虽善不尊，不尊不信，不信民弗从。②故君子之道，本诸身，征诸庶民，考诸三王而不缪，建诸天地而不悖，质诸鬼神而无疑，百世以俟圣人而不惑。③质诸鬼神而无疑，知天也；百世以俟圣人而不惑，知人也。④是故君子动而世为天下道，行而世为天下法，言而世为天下则。远之则有望，近之则不厌。⑤《诗》曰："在彼无恶，在此无射。庶几夙夜，以永终誉。"君子未有不如此而蚤有誉于天下者也。⑥

① 王，去声。 吕氏曰："三重，谓议礼、制度、考文。惟天子得以行之，则国不异政，家不殊俗，而人得寡过矣。" ② 上焉者，谓时王以前，如夏、商之礼虽善，而皆不可考。下焉者，谓圣人在下，如孔子虽善于礼，而不在尊位也。 ③ 此君子，指王天下者而言。其道，即议礼、制度、考文之事也。本诸身，有其德也。征诸庶民，验其所信从也。建，立也，立于此而参于彼也。天地者，道也。鬼神者，造化之迹也。百世以俟圣人而不惑，所谓"圣人复起，不易吾言"者也。 ④ 知天、知人，知其理也。 ⑤ 动，兼言、行而言。道，兼法、则而言。法，法度也。则，准则也。 ⑥ 恶，去声。射，音妒，《诗》作斁。 《诗》，《周颂·振鹭》之篇，射，厌也。所谓"此"者，指"本诸身"以下六事而言。

右第二十九章。①

① 承上章"居上不骄"而言，亦人道也。

仲尼祖述尧舜，宪章文武；上律天时，下袭水土。①辟如天地之无不持载，无不覆帱；辟如四时之错行，如日月之代明。②万物并育而不相害，道并行而不相悖，小德川流，大德敦化，此天地之所以为大也。③

① 祖述者，远宗其道。宪章者，近守其法。律天时者，法其自然之运。袭水土者，因其一定之理。皆兼内外、该本末而言也。 ② 辟，音譬。帱，徒报反。 错，犹迭也。此言圣人之德。 ③ 悖，犹背也。天覆地载，万物并育于其间而不相害；四时日月，错行代明而不相悖。所以不害不悖者，小德之川流；所以并育并行者，大德之敦化。小德者，全体之分；大德者，万殊之本。川流者，如川之流，脉络分明而往不息也。敦化者，敦厚其化，根本盛大而出无穷也。此言天地之道，以见上文取辟之意也。

右第三十章。①

① 言天道也。

唯天下至圣，为能聪明睿知，足以有临也；宽裕温柔，足以有容也；发强刚毅，足以有执也；齐庄中正，足以有敬也；文理密察，足以有别也。①溥博渊泉，而时出之。②溥博如天，渊泉如渊。见而民莫不敬，言而民莫不信，行而民莫不说。③是以声名洋溢乎中国，施及蛮貊。舟车所至，人力所通，天之所覆，地之所载，日月所照，霜露所队，凡有血气者，莫不尊亲，故曰配天。④

① 知，去声。齐，侧皆反。别，彼列反。　聪明睿知，生知之质。临，谓居上而临下也。其下四者，乃仁义礼知之德。文，文章也。理，条理也。密，详细也。察，明辨也。　② 溥博，周遍而广阔也。渊泉，静深而有本也。出，发见也。言五者之德，充积于中，而以时发见于外也。　③ 见，音现。说，音悦。　言其充积极其盛，而发见当其可也。　④ 施，去声。队，音坠。　“舟车所至”以下，盖极言之。配天，言其德之所及，广大如天也。

右第三十一章。①

① 承上章而言小德之川流，亦天道也。

唯天下至诚，为能经纶天下之大经，立天下之大本，知天地之化育。夫焉有所倚！①肫肫其仁，渊渊其渊，浩浩其天。②苟不固聪明圣知达天德者，其孰能知之？③

① 夫，音扶。焉，於虔反。　经、纶，皆治丝之事。经者，理其绪而分之。纶者，比其类而合之也。经，常也。大经者，五品之人伦。大本者，所性之全体也。惟圣人之德极诚无妄，故于人伦各尽其当然之实，而皆可以为天下后世法，所谓经纶之也。其于所性之全体，无一毫人欲之伪以杂之，而天下之道千变万化皆由此出，所谓立之也。其于天地之化育，则亦其极诚无妄者，有默契焉，非但闻见之知而已。此皆至诚无妄，自然之功用，夫岂有所倚著于物而后能哉！　② 肫，之纯反。　肫肫，恳至貌，以经纶而言也。渊渊，静深貌，以立本而言也。浩浩，广大貌，以知化而言也。“其渊”、“其天”，则非特如之而已。　③ “圣知”之知。去声。　固，犹实也。郑氏曰：“唯圣人能知圣人也。”

右第三十二章。①

① 承上章而言大德之敦化，亦天道也。前章言至圣之德，此章言至诚之道。然至诚之道，非至圣不能知；至圣之德，非至诚不能为：则亦非二物矣。此篇言圣人天道之极致，至此而无以加矣。

《诗》曰"衣锦尚䌹",恶其文之著也。故君子之道,闇然而日章;小人之道,的然而日亡。君子之道,淡而不厌,简而文,温而理,知远之近,知风之自,知微之显,可与入德矣。①《诗》云:"潜虽伏矣,亦孔之昭。"故君子内省不疚,无恶于志。君子之所不可及者,其唯人之所不见乎!②《诗》云:"相在尔室,尚不愧于屋漏。"故君子不动而敬,不言而信。③《诗》曰:"奏假无言,时靡有争。"是故君子不赏而民劝,不怒而民威于𫓧钺。④《诗》曰:"不显惟德,百辟其刑之。"是故君子笃恭而天下平。⑤《诗》云:"予怀明德,不大声以色。"子曰:"声色之于以化民,末也。"《诗》曰:"德輶如毛",毛犹有伦;"上天之载,无声无臭",至矣!⑥

① 衣,去声。䌹,口迥反。恶,去声。闇,於感反。 前章言圣人之德,极其盛矣。此复自下学立心之始言之,而下文又推之以至其极也。《诗》,国风《卫·硕人》、《郑》之《丰》皆作"衣锦褧衣"。褧、䌹同,襌衣也。尚,加也。古之学者为己,故其立心如此。尚䌹故闇然,衣锦故有日章之实。淡、简、温,䌹之袭于外也,不厌而文且理焉,锦之美在中也。小人反是,则暴于外而无实以继之,是以的然而日亡也。远之近,见于彼者由于此也。风之自,著乎外者本乎内也。微之显,有诸内者形诸外也。有为己之心,而又知此三者,则知所谨而可入德矣。故下文引《诗》言谨独之事。 ② 恶,去声。 《诗》,《小雅·正月》之篇。承上文言"莫见乎隐,莫显乎微"也。疚,病也。无恶于志,犹言无愧于心。此君子谨独之事也。 ③ 相,去声。 《诗》,《大雅·抑》之篇。相,视也。屋漏,室西北隅也。承上文又言君子之戒谨恐惧,无时不然,不待言动而后敬信,则其为己之功益加密矣。故下文引《诗》并言其效。 ④ 假,格同。𫓧,音夫。 《诗》,《商颂·烈祖》之篇。奏,进也。承上文而遂及其效,言进而感格于神明之际,极其诚敬,无有言说而人自化之也。威,畏也。𫓧,莝斫刀也。钺,斧也。 ⑤《诗》,《周颂·烈文》之篇。不显,说见二十六章。此借引以为幽深玄远之意。承上文言天子有不显之德,而诸侯法之,则其德愈深而效愈远矣。笃,厚也。笃恭,言不显其敬也。笃恭而天下平,乃圣人至德渊微,自然之应,中庸之极功也。
⑥ 輶,由、酉二音。 《诗》,《大雅·皇矣》之篇。引之以明上文所谓不显之德者,正以其不大声与色也。又引孔子之言,以为声色乃化民之末务。今但言"不

大”之而已，则犹有声色者存，是未足以形容“不显”之妙。不若《烝民》之诗所言“德輶如毛”，则庶乎可以形容矣；而又自以为谓之毛，则犹有可比者，是亦未尽其妙。不若《文王》之诗所言“上天之载，无声无臭”。然后乃为“不显”之至耳。盖声臭有气无形，在物最为微妙，而犹曰“无”之，故惟此可以形容“不显”、“笃恭”之妙。非此德之外，又别有是三等然后为至也。

右第三十三章。子思因前章极致之言，反求其本，复自下学为己谨独之事，推而言之，以驯致乎笃恭而天下平之盛。又赞其妙，至于无声无臭而后已焉。盖举一篇之要而约言之，其反复丁宁示人之意，至深切矣，学者其可不尽心乎！

论语集注

论 语 序 说

《史记·世家》曰：孔子名丘，字仲尼。其先宋人。父叔梁纥，母颜氏。以鲁襄公二十二年庚戌之岁十一月庚子，生孔子于鲁昌平乡陬邑。为儿嬉戏，常陈俎豆，设礼容。及长，为委吏，料量平；①为司职吏，畜蕃息。②适周，问礼于老子。既反，而弟子益进。昭公二十五年甲申，孔子年三十五，而昭公奔齐，鲁乱。于是适齐，为高昭子家臣，以通乎景公。③公欲封以尼谿之田，晏婴不可，公惑之。④孔子遂行，反乎鲁。定公元年壬辰，孔子年四十三，而季氏强僭，其臣阳虎作乱专政。故孔子不仕，而退修《诗》、《书》、《礼》、《乐》，弟子弥众。九年庚子，孔子年五十一。公山不狃以费畔季氏，召孔子，欲往，而卒不行。⑤定公以孔子为中都宰，一年，四方则之，遂为司空，又为大司寇。十年辛丑，相定公会齐侯于夹谷，齐人归鲁侵地。十二年癸卯，使仲由为季氏宰，堕三都，收其甲兵，孟氏不肯堕成，围之不克。十四年乙巳，孔子年五十六，摄行相事，诛少正卯，与闻国政三月，鲁国大治。齐人归女乐以沮之，季桓子受之。郊又不致膰俎于大夫，孔子行。⑥适卫，主于子路妻兄颜浊邹家。⑦适陈，过匡，匡人以为阳虎而拘之。⑧既解，还卫，主蘧伯玉家，见南子。⑨去，适宋，司马桓魋欲杀之。⑩又去，适陈，主司城贞子家。居三岁而反于卫，灵公不能用。⑪晋赵氏家臣佛肸以中牟畔，召孔子。孔子欲往，亦不果。⑫将西见赵简子，至河而反，又主蘧伯玉家。灵公问陈，不对而行，复如陈。⑬季桓子卒，遗言谓康子必召孔子，其臣止之，康子乃召冉求。⑭孔子如蔡及叶。⑮楚昭王将以书社地封孔子，令尹子西不可，乃止。⑯又反乎卫，时灵公已卒，卫君辄欲得孔子为政。⑰而冉求为季氏将，与齐战有功。康子乃召孔子，而孔子归鲁，实哀公之十一年丁巳，而孔子年六十八矣。⑱然鲁终不能用孔子，孔子亦不求仕，乃叙《书传》、《礼记》，⑲删《诗》正《乐》，⑳序《易》、《彖》、《系》、《象》、《说卦》、《文言》。㉑弟子盖三千焉，身通六艺者七十二人。㉒十四年庚申，鲁西狩获麟，㉓孔子作《春秋》。㉔明年辛酉，子路死于卫。十六年壬戌，四月己丑，孔子卒，年七十三，葬鲁城北泗上。弟子皆服心丧三年而去，惟子贡庐于冢上，凡六年。孔子生鲤，字伯鱼，先卒。伯鱼生伋，字子思，作《中庸》。㉕

① 委吏，本作"季氏史"。《索隐》云："一本作委吏。"与《孟子》合，今从之。

② 职，见《周礼·牛人》，读为樴，义与杙同，盖系养牺牲之所。此官即《孟子》所谓"乘田"。　③ 有闻《韶》、问政二事。　④ 有"季孟""吾老"之语。

⑤ 有答子路"东周"语。　⑥《鲁世家》以此以上皆为十二年事。

⑦《孟子》作颜雠由。 ⑧有“颜渊后”及“文王既没”之语。 ⑨有“矢子路”及“未见好德”之语。 ⑩有“天生德”语及微服过宋事。 ⑪有“三年有成”之语。 ⑫有答子路“坚白”语及荷蒉过门事。 ⑬据《论语》，则绝粮当在此时。 ⑭《史记》以《论语》“归与”之叹为在此时，又以《孟子》所记叹辞为主司城贞子时语，疑不然。盖《语》、《孟》所记，本皆此一时语，而所记有异同耳。 ⑮有叶公问答，子路不对，沮、溺耦耕，荷蓧丈人等事。《史记》云：“于是楚昭王使人聘孔子，孔子将往拜礼，而陈、蔡大夫发徒围之，故孔子绝粮于陈、蔡之间。”有“愠见”及告子贡“一贯”之语。按，是时陈、蔡臣服于楚，若楚王来聘孔子，陈、蔡大夫安敢围之？且据《论语》，绝粮当在去卫如陈之时。 ⑯《史记》云“书社地七百里”，恐无此理，时则有接舆之歌。 ⑰有“鲁、卫兄弟”及答子贡“夷齐”、子路“正名”之语。 ⑱有对哀公及康子语。 ⑲有“杞宋”、“损益”、“从周”等语。 ⑳有语太师及乐正之语。 ㉑有“假我数年”之语。 ㉒弟子颜回最贤，蚤死；后惟曾参得传孔子之道。 ㉓有“莫我知”之叹。 ㉔有“知我”、“罪我”等语。《论语》请讨陈恒事，亦在是年。 ㉕子思学于曾子，而孟子受业子思之门人。

何氏曰：“《鲁论语》二十篇。《齐论语》别有《问王》、《知道》，凡二十二篇。其二十篇中，章句颇多于《鲁论》。《古论》出孔氏壁中，分《尧曰》下章‘子张问’以为一篇，有两《子张》，凡二十一篇，篇次不与《齐》、《鲁论》同。”

程子曰：“《论语》之书，成于有子、曾子之门人，故其书独二子以子称。”

程子曰：“读《论语》，有读了全然无事者；有读了后，其中得一两句喜者；有读了后，知好之者；有读了后，直有不知手之舞之、足之蹈之者。”

程子曰:“今人不会读书。如读《论语》,未读时是此等人,读了后又只是此等人,便是不曾读。”

程子曰:“颐自十七八读《论语》,当时已晓文义。读之愈久,但觉意味深长。”

读《论语》《孟子》法

据清康熙仿宋大字本补。

程子曰："学者当以《论语》、《孟子》为本。《论语》、《孟子》既治，则《六经》可不治而明矣。读书者当观圣人所以作经之意，与圣人所以用心，圣人之所以至于圣人，而吾之所以未至者，所以未得者。句句而求之，昼诵而味之，中夜而思之，平其心，易其气，阙其疑，则圣人之意可见矣。"

程子曰："凡看文字，须先晓其文义，然后可以求其意。未有不晓文义而见意者也。"

程子曰："学者须将《论语》中诸弟子问处便作自己问，圣人答处便作今日耳闻，自然有得。虽孔、孟复生，不过以此教人。若能于《语》、《孟》中深求玩味，将来涵养成甚生气质！"

程子曰："凡看《语》、《孟》，且须熟读玩味。须将圣人言语切己，不可只作一场话说。人只看得二书切己，终身尽多也。"

程子曰："《论》、《孟》只剩读着，便自意足。学者须是玩味。若以语言解着，意便不足。"

或问："且将《论》、《孟》紧要处看，如何？"程子曰："固是好，但终是不浃洽耳。"

程子曰:“孔子言语句句是自然,孟子言语句句是事实。”

程子曰:“学者先读《论语》、《孟子》,如尺度权衡相似,以此去量度事物,自然见得长短轻重。”

程子曰:“读《论语》、《孟子》而不知道,所谓‘虽多,亦奚以为’。”

学而第一

此为书之首篇，故所记多务本之意，乃入道之门、积德之基、学者之先务也。凡十六章。

1·1　子曰："学而时习之，不亦说乎？[①]有朋自远方来，不亦乐乎？[②]人不知而不愠，不亦君子乎？"[③]

① 说，悦同。　学之为言效也。人性皆善，而觉有先后，后觉者必效先觉之所为，乃可以明善而复其初也。习，鸟数飞也。学之不已，如鸟数飞也。说，喜意也。既学而又时时习之，则所学者熟，而中心喜说，其进自不能已矣。程子曰："习，重习也。时复思绎，浃洽于中，则说也。"又曰："学者，将以行之也。时习之，则所学者在我，故说。"谢氏曰："时习者，无时而不习。坐如尸，坐时习也。立如齐，立时习也。"　② 乐，音洛。　朋，同类也。自远方来，则近者可知。程子曰："以善及人，而信从者众，故可乐。"又曰："说在心，乐主发散在外。"③ 愠，纡问反。　愠，含怒意。君子，成德之名。尹氏曰："学在己，知不知在人，何愠之有！"程子曰："虽乐于及人，不见是而无闷，乃所谓君子。"愚谓，及人而乐者顺而易，不知而不愠者逆而难，故惟成德者能之。然德之所以成，亦曰学之正、习之熟、说之深而不已焉耳。　程子曰："乐由说而后得，非乐不足以语君子。"

1·2　有子曰："其为人也孝弟，而好犯上者，鲜矣；不好犯上，而好作乱者，未之有也。[①]君子务本，本立而道生。孝弟也者，其为人之本与！"[②]

① 弟、好，皆去声。鲜，上声。下同。　有子，孔子弟子，名若。善事父母为孝，善事兄长为弟。犯上，谓干犯在上之人。鲜，少也。作乱，则为悖逆争斗之事矣。此言人能孝弟，则其心和顺，少好犯上，必不好作乱也。　② 与，平声。

务,专力也。本,犹根也。仁者,爱之理,心之德也。为仁,犹曰行仁。与者,疑辞,谦退不敢质言也。言君子凡事专用力于根本,根本既立,则其道自生。若上文所谓孝弟,乃是为仁之本,学者务此,则仁道自此而生也。　程子曰:“孝弟,顺德也,故不好犯上,岂复有逆理乱常之事?德有本,本立则其道充大。孝弟行于家,而后仁爱及于物,所谓亲亲而仁民也。故为仁以孝弟为本。论性,则以仁为孝弟之本。”或问:“孝弟为仁之本,此是由孝弟可以至仁否?”曰:“非也。谓行仁自孝弟始,孝弟是仁之一事。谓之行仁之本则可,谓是仁之本则不可。盖仁是性也,孝弟是用也,性中只有个仁、义、礼、智四者而已,曷尝有孝弟来?然仁主于爱,爱莫大于爱亲,故曰:‘孝弟也者,其为仁之本与!’”

1·3　子曰:“巧言令色,鲜矣仁!”①

① 巧,好。令,善也。好其言,善其色,致饰于外,务以悦人,则人欲肆,而本心之德亡矣。圣人辞不迫切,专言鲜,则绝无可知。学者所当深戒也。　程子曰:“知巧言令色之非仁,则知仁矣。”

1·4　曾子曰:“吾日三省吾身:为人谋而不忠乎?与朋友交而不信乎?传不习乎?”①

① 省,悉井反。为,去声。传,平声。　曾子,孔子弟子,名参,字子舆。尽己之谓忠。以实之谓信。传,谓受之于师。习,谓熟之于己。曾子以此三者日省其身,有则改之,无则加勉,其自治诚切如此,可谓得为学之本矣。而三者之序,则又以忠、信为传习之本也。　尹氏曰:“曾子守约,故动必求诸身。”谢氏曰:“诸子之学,皆出于圣人,其后愈远而愈失其真。独曾子之学,专用心于内,故传之无弊,观于子思、孟子可见矣。惜乎,其嘉言善行不尽传于世也!其幸存而未泯者,学者其可不尽心乎!”

1·5　子曰:“道千乘之国:敬事而信,节用而爱人,使民以时。”①

① 道、乘,皆去声。　道,治也。马氏云:“八百家出车一乘。”千乘,诸侯之国,其地可出兵车千乘者也。敬者,主一无适之谓。敬事而信者,敬其事而信于民也。时,谓农隙之时,言治国之要在此五者,亦务本之意也。　程子曰:“此言至浅,然当时诸侯果能此,亦足以治其国矣。圣人言虽至近,上下皆通。此三言

者，若推其极，尧、舜之治亦不过此。若常人之言近，则浅近而已矣。”杨氏曰：“上不敬则下慢，不信则下疑，下慢而疑，事不立矣。敬事而信，以身先之也。《易》曰：‘节以制度，不伤财，不害民。’盖侈用则伤财，伤财必至于害民，故爱民必先于节用。然使之不以其时，则力本者不获自尽，虽有爱人之心，而人不被其泽矣。然此特论其所存而已，未及为政也。苟无是心，则虽有政，不行焉。”胡氏曰：“凡此数者，又皆以敬为主。”愚谓，五者反复相因，各有次第，读者宜细推之。

1·6　子曰：“弟子，入则孝，出则弟，谨而信，泛爱众，而亲仁。行有馀力，则以学文。”①

①“弟子”之弟，上声；“则弟”之弟，去声。　谨者，行之有常也。信者，言之有实也。泛，广也。众，谓众人。亲，近也。仁，谓仁者。馀力，犹言暇日。以，用也。文，谓《诗》、《书》六艺之文。　程子曰：“为弟子之职，力有馀则学文，不修其职而先文，非为己之学也。”尹氏曰：“德行，本也。文艺，末也。穷其本末，知所先后，可以入德矣。”洪氏曰：“未有馀力而学文，则文灭其质；有馀力而不学文，则质胜而野。”愚谓，力行而不学文，则无以考圣贤之成法，识事理之当然，而所行或出于私意，非但失之于野而已。

1·7　子夏曰：“贤贤易色；事父母，能竭其力；事君，能致其身；与朋友交，言而有信。虽曰未学，吾必谓之学矣。”①

① 子夏，孔子弟子，姓卜，名商。贤人之贤，而易其好色之心，好善有诚也。致，犹委也。委致其身，谓不有其身也。四者皆人伦之大者，而行之必尽其诚，学求如是而已。故子夏言有能如是之人，苟非生质之美，必其务学之至。虽或以为未尝为学，我必谓之已学也。　游氏曰：“三代之学，皆所以明人伦也。能是四者，则于人伦厚矣。学之为道，何以加此？子夏以文学名，而其言如此，则古人之所谓学者可知矣。故《学而》一篇，大抵皆在于务本。”吴氏曰：“子夏之言，其意善矣。然辞气之间，抑扬太过，其流之弊，将或至于废学。必若上章夫子之言，然后为无弊也。”

1·8　子曰：“君子不重则不威，学则不固。①主忠信。②无友不如己者。③过则勿惮改。”④

① 重，厚重。威，威严。固，坚固也。轻乎外者，必不能坚乎内，故不厚重则

无威严，而所学亦不坚固也。 ② 人不忠信，则事皆无实，为恶则易，为善则难，故学者必以是为主焉。程子曰："人道惟在忠信，不诚则无物。且出入无时，莫知其乡者，人心也。若无忠信，岂复有物乎？" ③ 无，毋通，禁止辞也。友所以辅仁，不如己，则无益而有损。 ④ 勿，亦禁止之辞。惮，畏难也。自治不勇，则恶日长，故有过则当速改，不可畏难而苟安也。程子曰："学问之道无他也，知其不善，则速改以从善而已。" 程子曰："君子自修之道当如是也。"游氏曰："君子之道，以威重为质，而学以成之。学之道，必以忠信为主，而以胜己者辅之，然或吝于改过，则终无以入德，而贤者亦未必乐告以善道，故以'过勿惮改'终焉。"

1·9 曾子曰："慎终追远，民德归厚矣。"①

① 慎终者，丧尽其礼。追远者，祭尽其诚。民德归厚，谓下民化之，其德亦归于厚。盖终者，人之所易忽也，而能谨之；远者，人之所易忘也，而能追之：厚之道也。故以此自为，则己之德厚；下民化之，则其德亦归于厚也。

1·10 子禽问于子贡曰："夫子至于是邦也，必闻其政，求之与？抑与之与？"① 子贡曰："夫子温、良、恭、俭、让以得之。夫子之求之也，其诸异乎人之求之与？"②

① "之与"之与，平声，下同。 子禽，姓陈，名亢。子贡，姓端木，名赐。皆孔子弟子。或曰："亢，子贡弟子。"未知孰是。抑，反语辞。 ② 温，和厚也。良，易直也。恭，庄敬也。俭，节制也。让，谦逊也。五者，夫子之盛德光辉接于人者也。其诸，语辞也。人，他人也。言夫子未尝求之，但其德容如是，故时君敬信，自以其政就而问之耳，非若他人必求之而后得也。圣人过化存神之妙，未易窥测，然即此而观，则其德盛礼恭而不愿乎外，亦可见矣。学者所当潜心而勉学也。 谢氏曰："学者观于圣人威仪之间，亦可以进德矣。若子贡亦可谓善观圣人矣，亦可谓善言德行矣。今去圣人千五百年，以此五者想见其形容，尚能使人兴起，而况于亲炙之者乎？"张敬夫曰："夫子至是邦必闻其政，而未有能委国而授之以政者。盖见圣人之仪刑而乐告之者，秉彝好德之良心也；而私欲害之，是以终不能用耳。"

1·11 子曰："父在，观其志；父没，观其行；三年无改于

父之道，可谓孝矣。”①

① 行，去声。 父在，子不得自专，而志则可知。父没，然后其行可见。故观此足以知其人之善恶。然又必能三年无改于父之道，乃见其孝；不然，则所行虽善，亦不得为孝矣。 尹氏曰：“如其道，虽终身无改可也。如其非道，何待三年？然则三年无改者，孝子之心有所不忍故也。”游氏曰：“三年无改，亦谓在所当改而可以未改者耳。”

1·12 有子曰：“礼之用，和为贵。先王之道，斯为美，小大由之。①有所不行，知和而和，不以礼节之，亦不可行也。”②

① 礼者，天理之节文，人事之仪则也。和者，从容不迫之意。盖礼之为体虽严，然皆出于自然之理，故其为用，必从容而不迫，乃为可贵。先王之道，此其所以为美，而小事大事无不由之也。 ② 承上文而言，如此而复有所不行者，以其徒知和之为贵而一于和，不复以礼节之，则亦非复理之本然矣，所以流荡忘反，而亦不可行也。 程子曰：“礼胜则离，故礼之用，和为贵，先王之道，以斯为美，而小大由之。乐胜则流，故有所不行者，知和而和，不以礼节之，亦不可行。”范氏曰：“凡礼之体主于敬，而其用则以和为贵。敬者，礼之所以立也；和者，乐之所由生也。若有子可谓达礼乐之本矣。”愚谓，严而泰，和而节，此理之自然、礼之全体也。毫厘有差，则失其中正，而各倚于一偏，其不可行均矣。

1·13 有子曰：“信近于义，言可复也；恭近于礼，远耻辱也；因不失其亲，亦可宗也。”①

① 近、远，皆去声。 信，约信也。义者，事之宜也。复，践言也。恭，致敬也。礼，节文也。因，犹依也。宗，犹主也。言约信而合其宜，则言必可践矣。致恭而中其节，则能远耻辱矣。所依者不失其可亲之人，则亦可以宗而主之矣。此言人之言行交际，皆当谨之于始而虑其所终，不然，则因仍苟且之间，将有不胜其自失之悔者矣。

1·14 子曰：“君子食无求饱，居无求安，敏于事而慎于言，就有道而正焉，可谓好学也已。”①

① 好，去声。　不求安饱者，志有在而不暇及也。敏于事者，勉其所不足；慎于言者，不敢尽其所有馀也。然犹不敢自是，而必就有道之人，以正其是非，则可谓好学矣。凡言道者，皆谓事物当然之理，人之所共由者也。　尹氏曰："君子之学，能是四者，可谓笃志力行者矣。然不取正于有道，未免有差，如杨、墨学仁义而差者也，其流至于无父无君，谓之好学，可乎？"

1·15　子贡曰："贫而无谄，富而无骄，何如？"子曰："可也。未若贫而乐，富而好礼者也。"① 子贡曰："《诗》云：'如切如磋，如琢如磨。'其斯之谓与？"② 子曰："赐也，始可与言《诗》已矣！告诸往而知来者。"③

① 乐，音洛。好，去声。　谄，卑屈也。骄，矜肆也。常人溺于贫富之中，而不知所以自守，故必有二者之病。无谄无骄，则知自守矣，而未能超乎贫富之外也。凡曰"可"者，仅可而有所未尽之辞也。乐则心广体胖而忘其贫，好礼则安处善，乐循理，亦不自知其富矣。子贡货殖，盖先贫后富，而尝用力于自守者，故以此为问。而夫子答之如此，盖许其所已能，而勉其所未至也。　② 磋，七多反。与，平声。　《诗》，《卫风·淇澳》之篇。言治骨角者，既切之而复磋之；治玉石者，既琢之而复磨之：治之已精，而益求其精也。子贡自以无谄无骄为至矣，闻夫子之言，又知义理之无穷；虽有得焉，而未可遽自足也，故引是《诗》以明之。　③ 往者，其所已言者。来者，其所未言者。　愚按：此章问答，其浅深高下，固不待辩说而明矣。然不切则磋无所施，不琢则磨无所措。故学者虽不可安于小成而不求造道之极致，亦不可骛于虚远而不察切己之实病也。

1·16　子曰："不患人之不己知，患不知人也。"①

① 尹氏曰："君子求在我者，故不患人之不己知。不知人，则是非邪正或不能辨，故以为患也。"

为政第二

凡二十四章。

2·1 子曰："为政以德，譬如北辰，居其所而众星共之。"①

① 共，音拱，亦作拱。 政之为言正也，所以正人之不正也。德之为言得也，得于心而不失也。北辰，北极，天之枢也。居其所，不动也。共，向也。言众星四面旋绕而归向之也。为政以德，则无为而天下归之，其象如此。 程子曰："为政以德，然后无为。"范氏曰："为政以德，则不动而化、不言而信、无为而成。所守者至简而能御烦，所处者至静而能制动，所务者至寡而能服众。"

2·2 子曰："《诗》三百，一言以蔽之，曰'思无邪'。"①

①《诗》三百十一篇，言三百者，举大数也。蔽，犹盖也。"思无邪"，《鲁颂·驷篇》之辞。凡《诗》之言，善者可以感发人之善心，恶者可以惩创人之逸志，其用归于使人得其情性之正而已。然其言微婉，且或各因一事而发，求其直指全体，则未有若此之明且尽者。故夫子言《诗》三百篇，而惟此一言足以尽盖其义，其示人之意亦深切矣。 程子曰："'思无邪'者，诚也。"范氏曰："学者必务知要，知要则能守约，守约则足以尽博矣。经礼三百，曲礼三千，亦可以一言以蔽之，曰'毋不敬'。"

2·3 子曰："道之以政，齐之以刑，民免而无耻；①道之以德，齐之以礼，有耻且格。"②

① 道，音导。下同。 道，犹引导，谓先之也。政，谓法制禁令也。齐，所以一之也。道之而不从者，有刑以一之也。免而无耻，谓苟免刑罚而无所羞愧，盖

虽不敢为恶，而为恶之心未尝忘也。　② 礼，谓制度品节也。格，至也。言躬行以率之，则民固有所观感而兴起矣，而其浅深厚薄之不一者，又有礼以一之，则民耻于不善，而又有以至于善也。一说：格，正也。《书》曰："格其非心。"　愚谓，政者为治之具，刑者辅治之法，德、礼则所以出治之本，而德又礼之本也。此其相为终始，虽不可以偏废，然政、刑能使民远罪而已，德、礼之效，则有以使民日迁善而不自知。故治民者不可徒恃其末，又当深探其本也。

2·4　子曰："吾十有五而志于学，①三十而立，②四十而不惑，③五十而知天命，④六十而耳顺，⑤七十而从心所欲，不逾矩。"⑥

① 古者十五而入大学。心之所之谓之志。此所谓学，即大学之道也。志乎此，则念念在此而为之不厌矣。　② 有以自立，则守之固而无所事志矣。　③ 于事物之所当然，皆无所疑，则知之明而无所事守矣。　④ 天命，即天道之流行而赋于物者，乃事物所以当然之故也。知此则知极其精，而不惑又不足言矣。　⑤ 声入心通，无所违逆。知之之至，不思而得也。　⑥ 从，如字。从，随也。矩，法度之器，所以为方者也。随其心之所欲，而自不过于法度，安而行之，不勉而中也。　程子曰："孔子生而知之者也。言亦由学而至，所以勉进后人也。立，能自立于斯道也。不惑，则无所疑矣。知天命，穷理尽性也。耳顺，所闻皆通也。从心所欲不逾矩，则不勉而中矣。"又曰："孔子自言其进德之序如此者，圣人未必然，但为学者立法，使之盈科而后进，成章而后达耳。"胡氏曰："圣人之教亦多术，然其要，使人不失其本心而已。欲得此心者，惟志乎圣人所示之学，循其序而进焉。至于一疵不存、万理明尽之后，则其日用之间，本心莹然，随所意欲，莫非至理。盖心即体，欲即用，体即道，用即义，声为律而身为度矣。"又曰："圣人言此，一以示学者当优游涵泳，不可躐等而进；二以示学者当日就月将，不可半途而废也。"愚谓，圣人生知安行，固无积累之渐，然其心未尝自谓已至此也。是其日用之间，必有独觉其进而人不及知者。故因其近似以自名，欲学者以是为则而自勉，非心实自圣而姑为是退托也。后凡言谦辞之属，意皆放此。

2·5　孟懿子问孝。子曰："无违。"①樊迟御，子告之曰："孟孙问孝于我，我对曰'无违'。"②樊迟曰："何谓也？"子曰："生，事之以礼；死，葬之以礼，祭之以礼。"③

① 孟懿子，鲁大夫仲孙氏，名何忌。无违，谓不背于理。　② 樊迟，孔子弟子，名须。御，为孔子御车也。孟孙，即仲孙也。夫子以懿子未达而不能问，恐其失指而以从亲之令为孝，故语樊迟以发之。　③ 生事、葬、祭，事亲之始终具矣。礼，即理之节文也。人之事亲，自始至终，一于礼而不苟，其尊亲也至矣。是时三家僭礼，故夫子以是警之，然语意浑然，又若不专为三家发者，所以为圣人之言也。　胡氏曰："人之欲孝其亲，心虽无穷，而分则有限。得为而不为，与不得为而为之，均于不孝。所谓'以礼'者，为其所得为者而已矣。"

2·6　孟武伯问孝。子曰："父母惟其疾之忧。"①

① 武伯，懿子之子，名彘。言父母爱子之心，无所不至，惟恐其有疾病，常以为忧也。人子体此，而以父母之心为心，则凡所以守其身者，自不容于不谨矣，岂不可以为孝乎？旧说：人子能使父母不以其陷于不义为忧，而独以其疾为忧，乃可谓孝。亦通。

2·7　子游问孝。子曰："今之孝者，是谓能养。至于犬马，皆能有养；不敬，何以别乎？"①

① 养，去声。别，彼列反。　子游，孔子弟子，姓言，名偃。养，谓饮食供奉也。犬马待人而食，亦若养然。言人畜犬马，皆能有以养之；若能养其亲而敬不至，则与养犬马者何异？甚言不敬之罪，所以深警之也。　胡氏曰："世俗事亲，能养足矣。狎恩恃爱，而不知其渐流于不敬，则非小失也。子游圣门高弟，未必至此，圣人直恐其爱逾于敬，故以是深警发之也。"

2·8　子夏问孝。子曰："色难。有事，弟子服其劳；有酒食，先生馔，曾是以为孝乎？"①

① 食，音嗣。　色难，谓事亲之际，惟色为难也。食，饭也。先生，父兄也。馔，饮食之也。曾，犹尝也。盖孝子之有深爱者，必有和气；有和气者，必有愉色；有愉色者，必有婉容。故事亲之际，惟色为难耳，服劳奉养未足为孝也。旧说：承顺父母之色为难。亦通。　程子曰："告懿子，告众人者也。告武伯者，以其人多可忧之事。子游能养而或失于敬，子夏能直义而或少温润之色。各因其材之高下与其所失而告之，故不同也。"

2·9 子曰："吾与回言终日，不违如愚。退而省其私，亦足以发。回也不愚。"①

① 回，孔子弟子，姓颜，字子渊。不违者，意不相背，有听受而无问难也。私，谓燕居独处，非进见请问之时。发，谓发明所言之理。愚闻之师曰："颜子深潜纯粹，其于圣人体段已具。其闻夫子之言，默识心融，触处洞然，自有条理。故终日言，但见其不违如愚人而已。及退省其私，则见其日用动静语默之间，皆足以发明夫子之道，坦然由之而无疑，然后知其不愚也。"

2·10 子曰："视其所以，①观其所由，②察其所安。③人焉廋哉？人焉廋哉？"④

① 以，为也。为善者为君子，为恶者为小人。 ② 观，比视为详矣。由，从也。事虽为善，而意之所从来者有未善焉，则亦不得为君子矣。或曰："由，行也。谓所以行其所为者也。" ③ 察，则又加详矣。安，所乐也。所由虽善，而心之所乐者不在于是，则亦伪耳，岂能久而不变哉！ ④ 焉，於虔反。廋，所留反。 焉，何也。廋，匿也。重言以深明之。 程子曰："在己者能知言穷理，则能以此察人如圣人也。"

2·11 子曰："温故而知新，可以为师矣。"①

① 温，寻绎也。故者，旧所闻。新者，今所得。言学能时习旧闻，而每有新得，则所学在我，而其应不穷，故可以为人师。若夫记问之学，则无得于心，而所知有限，故《学记》讥其"不足以为人师"，正与此意互相发也。

2·12 子曰："君子不器。"①

① 器者，各适其用，而不能相通。成德之士，体无不具，故用无不周，非特为一才一艺而已。

2·13 子贡问君子。子曰："先行其言，而后从之。"①

① 周氏曰："先行其言者，行之于未言之前。而后从之者，言之于既行之后。" 范氏曰："子贡之患，非言之艰，而行之艰，故告之以此。"

2·14 子曰："君子周而不比，小人比而不周。"①

① 比，必二反。 周，普遍也。比，偏党也。皆与人亲厚之意，但周公而比私耳。 君子、小人所为不同，如阴阳昼夜，每每相反。然究其所以分，则在公私之际，毫厘之差耳。故圣人于周比、和同、骄泰之属，常对举而互言之，欲学者察乎两间，而审其取舍之几也。

2·15 子曰："学而不思则罔，思而不学则殆。"①

① 不求诸心，故昏而无得。不习其事，故危而不安。 程子曰："博学、审问、慎思、明辨、笃行，五者废其一，非学也。"

2·16 子曰："攻乎异端，斯害也已。"①

① 范氏曰："攻，专治也。故治木石金玉之工曰攻。异端，非圣人之道，而别为一端，如杨、墨是也。其率天下至于无父无君，专治而欲精之，为害甚矣。" 程子曰："佛氏之言，比之杨、墨，尤为近理，所以其害为尤甚。学者当如淫声美色以远之，不尔，则骎骎然入于其中矣。"

2·17 子曰："由，诲女知之乎！知之为知之，不知为不知，是知也。"①

① 女，音汝。 由，孔子弟子，姓仲，字子路。子路好勇，盖有强其所不知以为知者，故夫子告之曰：我教女以知之之道乎！但所知者则以为知，所不知者则以为不知。如此，则虽或不能尽知，而无自欺之蔽，亦不害其为知矣。况由此而求之，又有可知之理矣！

2·18 子张学干禄。①子曰："多闻阙疑，慎言其馀，则寡尤；多见阙殆，慎行其馀，则寡悔。言寡尤，行寡悔，禄在其中矣。"②

① 子张，孔子弟子，姓颛孙，名师。干，求也。禄，仕者之奉也。 ②"行寡"之行，去声。 吕氏曰："疑者所未信，殆者所未安。"程子曰："尤，罪自外至者也。悔，理自内出者也。"愚谓，多闻见者学之博，阙疑殆者择之精，慎言行者守之约。凡言"在其中"者，皆不求而自至之辞。言此以救子张之失而进之也。 程

子曰:“修天爵则人爵至,君子言行能谨,得禄之道也。子张学干禄,故告之以此,使定其心而不为利禄动,若颜、闵则无此问矣。或疑如此亦有不得禄者,孔子盖曰‘耕也,馁在其中’,惟理可为者为之而已矣。”

2·19　哀公问曰:“何为则民服?”孔子对曰:“举直错诸枉,则民服;举枉错诸直,则民不服。”①

① 哀公,鲁君,名蒋。凡君问,皆称“孔子对曰”者,尊君也。错,舍置也。诸,众也。程子曰:“举错得宜,则人心服。”　谢氏曰:“好直而恶枉,天下之至情也。顺之则服,逆之则去,必然之理也。然或无道以照之,则以直为枉、以枉为直者多矣,是以君子大居敬而贵穷理也。”

2·20　季康子问:“使民敬、忠以劝,如之何?”子曰:“临之以庄则敬,孝慈则忠,举善而教不能则劝。”①

① 季康子,鲁大夫季孙氏,名肥。庄,谓容貌端严也。临民以庄,则民敬于己。孝于亲,慈于众,则民忠于己。善者举之,而不能者教之,则民有所劝而乐于为善。　张敬夫曰:“此皆在我所当为,非为欲使民敬忠以劝而为之也。然能如是,则其应盖有不期然而然者矣。”

2·21　或谓孔子曰:“子奚不为政?”①子曰:“《书》云:‘孝乎惟孝,友于兄弟,施于有政。’是亦为政,奚其为为政?”②

① 定公初年,孔子不仕,故或人疑其不为政也。　②《书》,《周书·君陈篇》。《书》云“孝乎”者,言《书》之言孝如此也。善兄弟曰友。《书》言君陈,能孝于亲、友于兄弟,又能推广此心,以为一家之政。孔子引之,言如此则是亦为政矣,何必居位乃为为政乎?盖孔子之不仕,有难以语或人者,故托此以告之,要之至理亦不外是。

2·22　子曰:“人而无信,不知其可也。大车无輗,小车无軏,其何以行之哉?”①

① 輗,五兮反。軏,音月。　大车,谓平地任载之车。輗,辕端横木,缚轭以

驾牛者。小车，谓田车、兵车、乘车。軏，辕端上曲，钩衡以驾马者。车无此二者，则不可以行。人而无信，亦犹是也。

2·23 子张问："十世可知也？"① 子曰："殷因于夏礼，所损益，可知也；周因于殷礼，所损益，可知也。其或继周者，虽百世可知也。"②

① 陆氏曰："也，一作乎。" 王者易姓受命为一世。子张问自此以后十世之事，可前知乎？ ② 马氏曰："所因，谓三纲五常。所损益，谓文质三统。愚按，三纲，谓君为臣纲，父为子纲，夫为妻纲。五常，谓仁、义、礼、智、信。文质，谓夏尚忠，商尚质，周尚文。三统，谓夏正建寅为人统，商正建丑为地统，周正建子为天统。三纲五常，礼之大体，三代相继，皆因之而不能变。其所损益，不过文章制度小过不及之间，而其已然之迹，今皆可见。则自今以往，或有继周而王者，虽百世之远，所因所革，亦不过此，岂但十世而已乎！圣人所以知来者盖如此，非若后世谶纬术数之学也。 胡氏曰："子张之问，盖欲知来，而圣人言其既往者以明之也。夫自修身以至于为天下，不可一日而无礼。天叙天秩，人所共由，礼之本也。商不能改乎夏，周不能改乎商，所谓天地之常经也。若乃制度文为，或太过则当损，或不足则当益。益之损之，与时宜之，而所因者不坏，是古今之通义也。因往推来，虽百世之远，不过如此而已矣。"

2·24 子曰："非其鬼而祭之，谄也。① 见义不为，无勇也。"②

① 非其鬼，谓非其所当祭之鬼。谄，求媚也。 ② 知而不为，是无勇也。

八佾第三

凡二十六章。通前篇末二章，皆论礼乐之事。

3·1　孔子谓季氏："八佾舞于庭，是可忍也，孰不可忍也？"①

① 佾，音逸。　季氏，鲁大夫季孙氏也。佾，舞列也。天子八，诸侯六，大夫四，士二。每佾人数，如其佾数。或曰："每佾八人。"未详孰是。季氏以大夫而僭用天子之礼乐，孔子言其此事尚忍为之，则何事不可忍为？或曰："忍，容忍也。"盖深疾之之辞。　范氏曰："乐舞之数，自上而下，降杀以两而已，故两之间不可以毫发僭差也。孔子为政，先正礼乐，则季氏之罪不容诛矣。"谢氏曰："君子于其所不当为，不敢须臾处，不忍故也。而季氏忍此矣，则虽弑父与君，亦何所惮而不为乎？"

3·2　三家者以《雍》彻。子曰："'相维辟公，天子穆穆'，奚取于三家之堂？"①

① 彻，直列反。相，去声。　三家，鲁大夫孟孙、叔孙、季孙之家也。《雍》，《周颂》篇名。彻，祭毕而收其俎也。天子宗庙之祭，则歌《雍》以彻，是时三家僭而用之。相，助也。辟公，诸侯也。穆穆，深远之意，天子之容也。此《雍》诗之辞，孔子引之，言三家之堂，非有此事，亦何取于此义而歌之乎？讥其无知妄作，以取僭窃之罪。　程子曰："周公之功固大矣，皆臣子之分所当为，鲁安得独用天子礼乐哉？成王之赐，伯禽之受，皆非也。其因袭之弊，遂使季氏僭八佾，三家僭《雍》彻，故仲尼讥之。"

3·3　子曰："人而不仁，如礼何？人而不仁，如乐何？"①

① 游氏曰："人而不仁，则人心亡矣，其如礼乐何哉？言虽欲用之，而礼乐不为之用也。"　程子曰："仁者，天下之正理。失正理，则无序而不和。"李氏曰："礼乐待人而后行，苟非其人，则虽玉帛交错，钟鼓铿锵，亦将如之何哉？然记者序此于'八佾'《雍》彻之后，疑其为僭礼乐者发也。"

3·4　林放问礼之本。[①]子曰："大哉问！[②]礼，与其奢也，宁俭；丧，与其易也，宁戚。"[③]

① 林放，鲁人。见世之为礼者专事繁文，而疑其本之不在是也，故以为问。

② 孔子以时方逐末，而放独有志于本，故大其问。盖得其本，则礼之全体无不在其中矣。　③ 易，去声。　易，治也。孟子曰："易其田畴。"在丧礼，则节文习熟，而无哀痛惨怛之实者也。戚则一于哀，而文不足耳。礼贵得中，奢、易则过于文，俭、戚则不及而质，二者皆未合礼。然凡物之理，必先有质而后有文，则质乃礼之本也。　范氏曰："夫祭，与其敬不足而礼有馀也，不若礼不足而敬有馀也；丧，与其哀不足而礼有馀也，不若礼不足而哀有馀也。礼失之奢，丧失之易，皆不能反本而随其末故也。礼奢而备，不若俭而不备之愈也；丧易而文，不若戚而不文之愈也。俭者物之质，戚者心之诚，故为礼之本。"杨氏曰："礼始诸饮食，故汙尊而抔饮，为之簠、簋、笾、豆、罍、爵之饰，所以文之也，则其本俭而已。丧不可以径情而直行，为之衰麻哭踊之数，所以节之也，则其本戚而已。周衰，世方以文灭质，而林放独能问礼之本，故夫子大之，而告之以此。"

3·5　子曰："夷狄之有君，不如诸夏之亡也。"[①]

① 吴氏曰："亡，古无字，通用。"程子曰："夷狄且有君长，不如诸夏之僭乱，反无上下之分也。"　尹氏曰："孔子伤时之乱而叹之也。亡，非实亡也，虽有之，不能尽其道尔。"

3·6　季氏旅于泰山。子谓冉有曰："女弗能救与？"对曰："不能。"子曰："呜呼！曾谓泰山不如林放乎？"[①]

① 女，音汝。与，平声。　旅，祭名。泰山，山名，在鲁地。礼，诸侯祭封内山川。季氏祭之，僭也。冉有，孔子弟子，名求，时为季氏宰。救，谓救其陷于僭窃之罪。呜呼，叹辞。言神不享非礼，欲季氏知其无益而自止，又进林放以厉冉有也。　范氏曰："冉有从季氏，夫子岂不知其不可告也？然而圣人不轻绝人，尽

己之心，安知冉有之不能救、季氏之不可谏也？既不能正，则美林放以明泰山之不可诬，是亦教诲之道也。”

3·7　子曰：“君子无所争。必也射乎！揖让而升，下而饮，其争也君子。”①

① 饮，去声。　揖让而升者，《大射》之礼，耦进三揖而后升堂也。下而饮，谓射毕揖降，以俟众耦皆降，胜者乃揖不胜者升，取觯立饮也。言君子恭逊，不与人争，惟于射而后有争。然其争也，雍容揖逊。乃如此，则其争也君子，而非若小人之争矣。

3·8　子夏问曰：“‘巧笑倩兮，美目盼兮，素以为绚兮。’何谓也？”①子曰：“绘事后素。”②曰：“礼后乎？”子曰：“起予者商也！始可与言《诗》已矣。”③

① 倩，七练反。盼，普苋反。绚，呼县反。　此逸诗也。倩，好口辅也。盼，目黑白分也。素，粉地，画之质也。绚，采色，画之饰也。言人有此倩盼之美质，而又加以华采之饰，如有素地而加采色也。子夏疑其反谓以素为饰，故问之。

② 绘，胡对反。　绘事，绘画之事也。后素，后于素也。《考工记》曰：“绘画之事后素功。”谓先以粉地为质，而后施五采，犹人有美质，然后可加文饰。

③ 礼必以忠信为质，犹绘事必以粉素为先。起，犹发也。起予，言能起发我之志意。谢氏曰：“子贡因论学而知《诗》，子夏因论《诗》而知学，故皆可与言《诗》。”杨氏曰：“‘甘受和，白受采。忠信之人，可以学礼。苟无其质，礼不虚行。’此‘绘事后素’之说也。孔子曰‘绘事后素’，而子夏曰‘礼后乎’，可谓能继其志矣。非得之言意之表者能之乎？商、赐可与言《诗》者以此。若夫玩心于章句之末，则其为《诗》也固而已矣。所谓‘起予’，则亦相长之义也。”

3·9　子曰：“夏礼吾能言之，杞不足征也；殷礼吾能言之，宋不足征也。文献不足故也，足，则吾能征之矣。”①

① 杞，夏之后。宋，殷之后。征，证也。文，典籍也。献，贤也。言二代之礼，我能言之，而二国不足取以为证，以其文献不足故也。文献若足，则我能取之以证吾言矣。

3·10 子曰:“禘,自既灌而往者,吾不欲观之矣。”①

① 禘,大计反。 赵伯循曰:“禘,王者之大祭也。王者既立始祖之庙,又推始祖所自出之帝,祀之于始祖之庙,而以始祖配之也。成王以周公有大勋劳,赐鲁重祭,故得禘于周公之庙,以文王为所出之帝,而周公配之,然非礼矣。”灌者,方祭之始,用郁鬯之酒,灌地以降神也。鲁之君臣,当此之时,诚意未散,犹有可观,自此以后,则浸以懈怠而无足观矣。盖鲁祭非礼,孔子本不欲观,至此而失礼之中,又失礼焉,故发此叹也。 谢氏曰:“夫子尝曰:‘我欲观夏道,是故之杞,而不足征也。我欲观商道,是故之宋,而不足征也。’又曰:‘我观周道,幽、厉伤之,吾舍鲁何适矣?鲁之郊禘非礼也,周公其衰矣!’考之杞、宋已如彼,考之当今又如此,孔子所以深叹也。”

3·11 或问禘之说。子曰:“不知也。知其说者之于天下也,其如示诸斯乎!”指其掌。①

① 先王报本追远之意,莫深于禘。非仁孝诚敬之至,不足以与此,非或人之所及也。而不王不禘之法,又鲁之所当讳者,故以“不知”答之。示,与视同。指其掌,弟子记夫子言此而自指其掌,言其明且易也。盖知禘之说,则理无不明,诚无不格,而治天下不难矣。圣人于此,岂真有所不知也哉?

3·12 祭如在,祭神如神在。①子曰:“吾不与祭,如不祭。”②

① 程子曰:“祭,祭先祖也。祭神,祭外神也。祭先主于孝,祭神主于敬。愚谓,此门人记孔子祭祀之诚意。 ② 与,去声。 又记孔子之言以明之。言己当祭之时,或有故不得与,而使他人摄之,则不得致其“如在”之诚。故虽已祭,而此心缺然,如未尝祭也。 范氏曰:“君子之祭,七日戒,三日齐,必见所祭者,诚之至也。是故郊则天神格,庙则人鬼享,皆由己以致之也。有其诚则有其神,无其诚则无其神,可不谨乎?‘吾不与祭,如不祭’,诚为实,礼为虚也。”

3·13 王孙贾问曰:“‘与其媚于奥,宁媚于灶’,何谓也?”①子曰:“不然,获罪于天,无所祷也。”②

① 王孙贾,卫大夫。媚,亲顺也。室西南隅为奥。灶者,五祀之一,夏所祭

也。凡祭五祀，皆先设主而祭于其所，然后迎尸而祭于奥，略如祭宗庙之仪。如祀灶，则设主于灶陉，祭毕，而更设馔于奥，以迎尸也。故时俗之语，因以奥有常尊而非祭之主，灶虽卑贱而当时用事，喻自结于君不如阿附权臣也。贾，卫之权臣，故以此讽孔子。　② 天，即理也。其尊无对，非奥、灶之可比也。逆理，则获罪于天矣，岂媚于奥、灶所能祷而免乎？言但当顺理，非特不当媚灶，亦不可媚于奥也。　谢氏曰："圣人之言，逊而不迫。使王孙贾而知此意，不为无益；使其不知，亦非所以取祸。"

3·14　子曰："周监于二代，郁郁乎文哉！吾从周。"①

① 郁，於六反。　监，视也。二代，夏、商也。言其视二代之礼而损益之。郁郁，文盛貌。　尹氏曰："三代之礼，至周大备，夫子美其文而从之。"

3·15　子入大庙，每事问。或曰："孰谓鄹人之子知礼乎？入大庙，每事问。"子闻之，曰："是礼也。"①

① 大，音泰。鄹，侧留反。　大庙，鲁周公庙。此盖孔子始仕之时，入而助祭也。鄹，鲁邑名。孔子父叔梁纥，尝为其邑大夫。孔子自少以知礼闻，故或人因此而讥之。孔子言"是礼"者，敬谨之至，乃所以为礼也。　尹氏曰："礼者，敬而已矣。虽知亦问，谨之至也，其为敬莫大于此。谓之不知礼者，岂足以知孔子哉？"

3·16　子曰："射不主皮，为力不同科，古之道也。"①

① 为，去声。　"射不主皮"，《乡射礼》文。"为力不同科"，孔子解礼之意如此也。皮，革也。布侯而栖革于其中以为的，所谓鹄也。科，等也。古者射以观德，但主于中，而不主于贯革，盖以人之力有强弱，不同等也。《记》曰："武王克商，散军郊射，而贯革之射息。"正谓此也。周衰礼废，列国兵争，复尚贯革，故孔子叹之。　杨氏曰："中可以学而能，力不可以强而至。圣人言古之道，所以正今之失。"

3·17　子贡欲去告朔之饩羊。①子曰："赐也！尔爱其羊，我爱其礼。"②

① 去，起吕反。告，古笃反。饩，许气反。　告朔之礼，古者天子常以季冬

颁来岁十二月之朔于诸侯，诸侯受而藏之祖庙。月朔，则以特羊告庙，请而行之。饩，生牲也。鲁自文公始不视朔，而有司犹供此羊，故子贡欲去之。 ② 爱，犹惜也。子贡盖惜其无实而妄费。然礼虽废，羊存，犹得以识之而可复焉。若并去其羊，则此礼遂亡矣，孔子所以惜之。 杨氏曰："告朔，诸侯所以禀命于君亲，礼之大者。鲁不视朔矣，然羊存，则告朔之名未泯，而其实因可举。此夫子所以惜之也。"

3·18 子曰："事君尽礼，人以为谄也。"①

① 黄氏曰："孔子于事君之礼，非有所加也，如是而后尽尔。时人不能，反以为谄，故孔子言之，以明理之当然也。" 程子曰："圣人事君尽礼，当时以为谄。若他人言之，必曰'我事君尽礼，小人以为谄'。而孔子之言止于如此，圣人道大德宏，此亦可见。"

3·19 定公问："君使臣，臣事君，如之何？"孔子对曰："君使臣以礼，臣事君以忠。"①

① 定公，鲁君，名宋。二者皆理之当然，各欲自尽而已。 吕氏曰："使臣不患其不忠，患礼之不至；事君不患其无礼，患忠之不足。"尹氏曰："君臣以义合者也。故君使臣以礼，则臣事君以忠。"

3·20 子曰："《关雎》，乐而不淫，哀而不伤。"①

① 乐，音洛。 《关雎》，《周南》《国风》《诗》之首篇也。淫者，乐之过而失其正者也。伤者，哀之过而害于和者也。《关雎》之诗，言后妃之德，宜配君子。求之未得，则不能无寤寐反侧之忧；求而得之，则宜其有琴瑟钟鼓之乐。盖其忧虽深，而不害于和，其乐虽盛，而不失其正，故夫子称之如此。欲学者玩其辞，审其音，而有以识其性情之正也。

3·21 哀公问社于宰我。宰我对曰："夏后氏以松，殷人以柏，周人以栗，曰使民战栗。"①子闻之，曰："成事不说，遂事不谏，既往不咎。"②

① 宰我，孔子弟子，名予。三代之社不同者，古者立社，各树其土之所宜木

以为主也。战栗,恐惧貌。宰我又言周所以用栗之意如此。岂以古者戮人于社,故附会其说与?　②遂事,谓事虽未成,而势不能已者。孔子以宰我所对,非立社之本意,又启时君杀伐之心;而其言已出,不可复救,故历言此以深责之,欲使谨其后也。　尹氏曰:"古者各以所宜木名其社,非取义于木也。宰我不知而妄对,故夫子责之。"

3·22　子曰:"管仲之器小哉!"①或曰:"管仲俭乎?"曰:"管氏有三归,官事不摄,焉得俭?"②"然则管仲知礼乎?"曰:"邦君树塞门,管氏亦树塞门。邦君为两君之好,有反坫,管氏亦有反坫。管氏而知礼,孰不知礼?"③

①管仲,齐大夫,名夷吾,相桓公霸诸侯。器小,言其不知圣贤大学之道,故局量褊浅、规模卑狭,不能正身修德以致主于王道。　②焉,於虔反。　或人盖疑器小之为俭。三归,台名。事见《说苑》。摄,兼也。家臣不能具官,一人常兼数事,管仲不然。皆言其侈。　③好,去声。坫,丁念反。　或人又疑不俭为知礼。屏谓之树。塞,犹蔽也。设屏于门,以蔽内外也。好,谓好会。坫,在两楹之间,献酬饮毕,则反爵于其上。此皆诸侯之礼,而管仲僭之,不知礼也。　愚谓,孔子讥管仲之器小,其旨深矣。或人不知而疑其俭,故斥其奢,以明其非俭;或又疑其知礼,故又斥其僭,以明其不知礼。盖虽不复明言器小之所以然,而其所以小者,于此亦可见矣。故程子曰:"奢而犯礼,其器之小可知。"盖器大,则自知礼而无此失矣。此言当深味也。苏氏曰:"自修身正家以及于国,则其本深,其及者远,是谓大器。扬雄所谓'大器犹规矩准绳,先自治而后治人'者是也。管仲三归、反坫,桓公内嬖六人,而霸天下,其本固已浅矣。管仲死,桓公薨,天下不复宗齐。"杨氏曰:"夫子大管仲之功而小其器,盖非王佐之才,虽能合诸侯、正天下,其器不足称也。道学不明,而王霸之略混为一途,故闻管仲之器小,则疑其为俭;以不俭告之,则又疑其知礼。盖世方以诡遇为功,而不知为之范,则不悟其小,宜矣。"

3·23　子语鲁大师乐,曰:"乐其可知也:始作,翕如也;从之,纯如也,皦如也,绎如也,以成。"①

①语,去声。大,音泰。从,音纵。　语,告也。大师,乐官名。时音乐废缺,故孔子教之。翕,合也。从,放也。纯,和也。皦,明也。绎,相续不绝也。

成，乐之一终也。　谢氏曰："五音六律不具，不足以为乐。翕如，言其合也。五音合矣，清浊高下，如五味之相济而后和，故曰纯如。合而和矣，欲其无相夺伦，故曰皦如。然岂宫自宫而商自商乎？不相反而相连，如贯珠可也，故曰'绎如也，以成'。"

3·24　仪封人请见，曰："君子之至于斯也，吾未尝不得见也。"从者见之。出，曰："二三子何患于丧乎？天下之无道也久矣，天将以夫子为木铎。"①

①"请见"、"见之"之见，贤遍反。从、丧，皆去声。　仪，卫邑。封人，掌封疆之官，盖贤而隐于下位者也。君子，谓当时贤者。至此皆得见之，自言其平日不见绝于贤者，而求以自通也。见之，谓通使得见。丧，谓失位去国，《礼》曰："丧欲速贫"是也。木铎，金口木舌，施政教时所振以警众者也。言乱极当治，天必将使夫子得位设教，不久失位也。封人一见夫子而遽以是称之，其所得于观感之间者深矣。或曰：木铎所以徇于道路，言天使夫子失位，周流四方以行其教，如木铎之徇于道路也。

3·25　子谓《韶》："尽美矣，又尽善也。"谓《武》："尽美矣，未尽善也。"①

①《韶》，舜乐。《武》，武王乐。美者，声容之盛。善者，美之实也。舜绍尧致治，武王伐纣救民，其功一也，故其乐皆尽美。然舜之德，性之也，又以揖逊而有天下；武王之德，反之也，又以征诛而得天下。故其实有不同者。　程子曰："成汤放桀，惟有惭德，武王亦然，故未尽善。尧、舜、汤、武，其揆一也。征伐非其所欲，所遇之时然尔。"

3·26　子曰："居上不宽，为礼不敬，临丧不哀，吾何以观之哉？"①

①居上主于爱人，故以宽为本。为礼以敬为本，临丧以哀为本。既无其本，则以何者而观其所行之得失哉？

里仁第四

凡二十六章。

4·1　子曰："里仁为美。择不处仁，焉得知？"①

① 处，上声。焉，於虔反。知，去声。　里有仁厚之俗为美，择里而不居于是焉，则失其是非之本心，而不得为知矣。

4·2　子曰："不仁者不可以久处约，不可以长处乐。仁者安仁，知者利仁。"①

① 乐，音洛。知，去声。　约，穷困也。利，犹贪也。盖深知笃好而必欲得之也。不仁之人，失其本心，久约必滥，久乐必淫。惟仁者则安其仁而无适不然，知者则利于仁而不易所守。盖虽深浅之不同，然皆非外物所能夺矣。　谢氏曰："仁者心无内外远近精粗之间，非有所存而自不亡，非有所理而自不乱，如目视而耳听，手持而足行也。知者谓之有所见则可，谓之有所得则未可。有所存斯不亡，有所理斯不乱，未能无意也。安仁则一，利仁则二。安仁者非颜、闵以上，去圣人为不远，不知此味也。诸子虽有卓越之才，谓之见道不惑则可，然未免于利之也。"

4·3　子曰："唯仁者能好人，能恶人。"①

① 好、恶，皆去声。　唯之为言独也。盖无私心，然后好恶当于理，程子所谓"得其公正"是也。　游氏曰："好善而恶恶，天下之同情，然人每失其正者，心有所系而不能自克也。唯仁者无私心，所以能好恶也。"

4·4　子曰："苟志于仁矣，无恶也。"①

① 恶，如字。　苟，诚也。志者，心之所之也。其心诚在于仁，则必无为恶之事矣。　杨氏曰："苟志于仁，未必无过举也，然而为恶则无矣。"

4·5　子曰："富与贵，是人之所欲也；不以其道得之，不处也。贫与贱，是人之所恶也；不以其道得之，不去也。①君子去仁，恶乎成名？②君子无终食之间违仁，造次必于是，颠沛必于是。"③

① 恶，去声。　"不以其道得之"，谓不当得而得之。然于富贵则不处，于贫贱则不去，君子之审富贵而安贫贱也如此。　② 恶，平声。　言君子所以为君子，以其仁也。若贪富贵而厌贫贱，则是自离其仁，而无君子之实矣，何所成其名乎？　③ 造，七到反。沛，音贝。　终食者，一饭之顷。造次，急遽苟且之时。颠沛，倾覆流离之际。盖君子之不去乎仁如此，不但富贵、贫贱取舍之间而已也。　言君子为仁，自富贵、贫贱取舍之间，以至于终食、造次、颠沛之顷，无时无处而不用其力也。然取舍之分明，然后存养之功密；存养之功密，则其取舍之分益明矣。

4·6　子曰："我未见好仁者、恶不仁者。好仁者，无以尚之；恶不仁者，其为仁矣，不使不仁者加乎其身。①有能一日用其力于仁矣乎？我未见力不足者。②盖有之矣，我未之见也。"③

① 好、恶，皆去声。　夫子自言未见好仁者、恶不仁者。盖好仁者真知仁之可好，故天下之物无以加之；恶不仁者真知不仁之可恶，故其所以为仁者，必能绝去不仁之事，而不使少有及于其身。此皆成德之事，故难得而见之也。
② 言好仁、恶不仁者，虽不可见，然或有人果能一旦奋然用力于仁，则我又未见其力有不足者。盖为仁在己，欲之则是，而志之所至，气必至焉。故仁虽难能，而至之亦易也。　③ 盖，疑辞。有之，谓有用力而力不足者。盖人之气质不同，故疑亦容或有此昏弱之甚、欲进而不能者，但我偶未之见耳。盖不敢终以为易，而又叹人之莫肯用力于仁也。　此章言仁之成德，虽难其人，然学者苟能实用其力，则亦无不可至之理。但用力而不至者，今亦未见其人焉。此夫子所以反复而叹息之也。

4·7　子曰："人之过也，各于其党。观过，斯知仁矣。"①

① 党，类也。程子曰："人之过也，各于其类。君子常失于厚，小人常失于薄；君子过于爱，小人过于忍。"尹氏曰："于此观之，则人之仁不仁可知矣。"　吴氏曰："后汉吴祐谓'掾以亲故，受汙辱之名，所谓观过知仁'是也。"愚按，此亦但言人虽有过，犹可即此而知其厚薄，非谓必俟其有过，而后贤否可知也。

4·8　子曰："朝闻道，夕死可矣。"①

① 道者，事物当然之理。苟得闻之，则生顺死安，无复遗恨矣。朝夕，所以甚言其时之近。　程子曰："言人不可以不知道，苟得闻道，虽死可也。"又曰："皆实理也，人知而信者为难。死生亦大矣！非诚有所得，岂以夕死为可乎？"

4·9　子曰："士志于道，而耻恶衣恶食者，未足与议也。"①

① 心欲求道，而以口体之奉不若人为耻，其识趣之卑陋甚矣，何足与议于道哉？　程子曰："志于道而心役乎外，何足与议也？"

4·10　子曰："君子之于天下也，无适也，无莫也，义之与比。"①

① 适，丁历反。比，必二反。　适，专主也。《春秋传》曰"吾谁适从"是也。莫，不肯也。比，从也。　谢氏曰："适，可也。莫，不可也。无可无不可，苟无道以主之，不几于猖狂自恣乎？此老、佛之学，所以自谓心无所住而能应变，而卒得罪于圣人也。圣人之学不然，于无可无不可之间，有义存焉。然则君子之心，果有所倚乎？"

4·11　子曰："君子怀德，小人怀土。君子怀刑，小人怀惠。"①

① 怀，思念也。怀德，谓存其固有之善。怀土，谓溺其所处之安。怀刑，谓畏法。怀惠，谓贪利。君子、小人趣向不同，公私之间而已矣。　尹氏曰："乐善恶不善，所以为君子；苟安务得，所以为小人。"

4·12 子曰："放于利而行，多怨。"①

① 放，上声。 孔氏曰："放，依也。多怨，谓多取怨。" 程子曰："欲利于己，必害于人，故多怨。"

4·13 子曰："能以礼让为国乎？何有？不能以礼让为国，如礼何？"①

① 让者，礼之实也。何有，言不难也。言有礼之实以为国，则何难之有？不然，则其礼文虽具，亦且无如之何矣，而况于为国乎？

4·14 子曰："不患无位，患所以立；不患莫己知，求为可知也。"①

① 所以立，谓所以立乎其位者。可知，谓可以见知之实。 程子曰："君子求其在己者而已矣。"

4·15 子曰："参乎！吾道一以贯之。"曾子曰："唯。"① 子出。门人问曰："何谓也？"曾子曰："夫子之道，忠恕而已矣。"②

① 参，所金反。唯，上声。 参乎者，呼曾子之名而告之。贯，通也。唯者，应之速而无疑者也。圣人之心，浑然一理，而泛应曲当，用各不同。曾子于其用处，盖已随事精察而力行之，但未知其体之一尔。夫子知其真积力久，将有所得，是以呼而告之。曾子果能默契其指，即应之速而无疑也。 ② 尽己之谓忠，推己之谓恕。而已矣者，竭尽而无馀之辞也。夫子之一理浑然而泛应曲当，譬则天地之至诚无息，而万物各得其所也。自此之外固无馀法，而亦无待于推矣。曾子有见于此而难言之，故借学者尽己、推己之目以著明之，欲人之易晓也。盖至诚无息者，道之体也。万殊之所以一本也；万物各得其所者，道之用也，一本之所以万殊也。以此观之，"一以贯之"之实可见矣。或曰："中心为忠，如心为恕。"于义亦通。 程子曰："以己及物，仁也；推己及物，恕也。'违道不远'是也。忠恕一以贯之：忠者天道，恕者人道；忠者无妄，恕者所以行乎忠也；忠者体，恕者用，大本达道也。此与'违道不远'异者，动以天尔。"又曰："'维天之命，於穆不已'，忠也；'乾道变化，各正性命'，恕也。"又曰："圣人教人，各因其才，'吾道一以贯

之’，唯曾子为能达此，孔子所以告之也。曾子告门人曰：‘夫子之道，忠恕而已矣。’亦犹夫子之告曾子也。《中庸》所谓‘忠恕违道不远’，斯乃下学上达之义。”

4·16　子曰：“君子喻于义，小人喻于利。”①

① 喻，犹晓也。义者，天理之所宜。利者，人情之所欲。　程子曰：“君子之于义，犹小人之于利也。唯其深喻，是以笃好。”杨氏曰：“君子有舍生而取义者。以利言之，则人之所欲无甚于生，所恶无甚于死，孰肯舍生而取义哉？其所喻者义而已，不知利之为利故也。小人反是。”

4·17　子曰：“见贤思齐焉，见不贤而内自省也。”①

① 省，悉井反。　思齐者，冀己亦有是善。内自省者，恐己亦有是恶。　胡氏曰：“见人之善恶不同，而无不反诸身者，则不徒羡人而甘自弃，不徒责人而忘自责矣。”

4·18　子曰：“事父母几谏，见志不从，又敬不违，劳而不怨。”①

① 此章与《内则》之言相表里。几，微也。微谏，所谓“父母有过，下气怡色，柔声以谏”也。见志不从，又敬不违，所谓“谏若不入，起敬起孝，悦则复谏”也。劳而不怨，所谓“与其得罪于乡、党、州、闾，宁熟谏。父母怒不悦，而挞之流血，不敢疾怨，起敬起孝”也。

4·19　子曰：“父母在，不远游。游必有方。”①

① 远游，则去亲远而为日久，定省旷而音问疏；不惟己之思亲不置，亦恐亲之念我不忘也。游必有方，如已告云之东，则不敢更适西，欲亲必知己所在而无忧，召己则必至而无失也。范氏曰：“子能以父母之心为心，则孝矣。”

4·20　子曰：“三年无改于父之道，可谓孝矣。”①

① 胡氏曰：“已见首篇，此盖复出而逸其半也。”

4·21　子曰：“父母之年，不可不知也。一则以喜，一则

以惧。”①

① 知，犹记忆也。常知父母之年，则既喜其寿，又惧其衰，而于爱日之诚，自有不能已者。

4·22 子曰：“古者言之不出，耻躬之不逮也。”①

① 言古者，以见今之不然。逮，及也。行不及言，可耻之甚。古者所以不出其言，为此故也。 范氏曰：“君子之于言也，不得已而后出之，非言之难，而行之难也。人惟其不行也，是以轻言之。言之如其所行，行之如其所言，则出诸其口必不易矣。”

4·23 子曰：“以约失之者鲜矣。”①

① 鲜，上声。 谢氏曰：“不侈然以自放之谓约。”尹氏曰：“凡事约则鲜失，非止谓俭约也。”

4·24 子曰：“君子欲讷于言而敏于行。”①

① 行，去声。 谢氏曰：“放言易，故欲讷；力行难，故欲敏。”胡氏曰：“自‘吾道一贯’至此十章，疑皆曾子门人所记也。”

4·25 子曰：“德不孤，必有邻。”①

① 邻，犹亲也。德不孤立，必以类应。故有德者必有其类从之，如居之有邻也。

4·26 子游曰：“事君数，斯辱矣；朋友数，斯疏矣。”①

① 数，色角反。 程子曰：“数，烦数也。”胡氏曰：“事君，谏不行，则当去；导友，善不纳，则当止。至于烦渎，则言者轻，听者厌矣。是以求荣而反辱，求亲而反疏也。”范氏曰：“君臣朋友，皆以义合，故其事同也。”

公冶长第五

此篇皆论古今人物贤否得失，盖格物穷理之一端也。凡二十七章。胡氏以为“疑多子贡之徒所记”云。

5·1 子谓公冶长，“可妻也。虽在缧绁之中，非其罪也。”以其子妻之。①子谓南容，“邦有道，不废；邦无道，免于刑戮”。以其兄之子妻之。②

① 妻，去声，下同。缧，力追反。绁，息列反。　公冶长，孔子弟子。妻，为之妻也。缧，黑索也。绁，挛也。古者狱中以黑索拘挛罪人。长之为人无所考，而夫子称其“可妻”，其必有以取之矣。又言其人虽尝陷于缧绁之中，而非其罪，则固无害于可妻也。夫有罪无罪，在我而已，岂以自外至者为荣辱哉？　② 南容，孔子弟子，居南宫，名绍，又名适，字子容，谥敬叔，孟懿子之兄也。不废，言必见用也。以其谨于言行，故能见用于治朝，免祸于乱世也。事又见第十一篇。　或曰：“公冶长之贤不及南容，故圣人以其子妻长，而以兄子妻容，盖厚于兄而薄于己也。”程子曰：“此以己之私心窥圣人也。凡人避嫌者，皆内不足也。圣人自至公，何避嫌之有？况嫁女必量其才而求配，尤不当有所避也。若孔子之事，则其年之长幼、时之先后皆不可知，唯以为避嫌，则大不可。避嫌之事，贤者且不为，况圣人乎？”

5·2 子谓子贱，“君子哉若人！鲁无君子者，斯焉取斯？”①

① 焉，於虔反。　子贱，孔子弟子，姓宓，名不齐。上“斯”，斯此人，下“斯”，斯此德。子贱盖能尊贤取友以成其德者，故夫子既叹其贤，而又言：若鲁无君子，则此人何所取以成此德乎？因以见鲁之多贤也。　苏氏曰：“称人之善，必本其父兄师友，厚之至也。”

5·3　子贡问曰："赐也何如？"子曰："女，器也。"曰："何器也？"曰："瑚琏也。"[1]

①女，音汝。瑚，音胡。琏，力展反。　器者，有用之成材。夏曰瑚，商曰琏，周曰簠簋，皆宗庙盛黍稷之器而饰以玉，器之贵重而华美者也。子贡见孔子以君子许子贱，故以己为问，而孔子告之以此。然则子贡虽未至于"不器"，其亦器之贵者欤？

5·4　或曰："雍也仁而不佞。"[1]子曰："焉用佞？御人以口给，屡憎于人。不知其仁，焉用佞？"[2]

①雍，孔子弟子，姓冉，字仲弓。佞，口才也，仲弓为人重厚简默，而时人以佞为贤，故美其优于德，而病其短于才也。　②焉，於虔反。　御，当也，犹应答也。给，辨也。憎，恶也。言何用佞乎？佞人所以应答人者，但以口取辨而无情实，徒多为人所憎恶尔。我虽未知仲弓之仁，然其不佞乃所以为贤，不足以为病也。再言"焉用佞"，所以深晓之。　或疑仲弓之贤而夫子不许其仁，何也？曰：仁道至大，非全体而不息者，不足以当之。如颜子亚圣，犹不能无违于三月之后；况仲弓虽贤，未及颜子，圣人固不得而轻许之也。

5·5　子使漆雕开仕。对曰："吾斯之未能信。"子说。[1]

①说，音悦。　漆雕开，孔子弟子，字子若。斯，指此理而言。信，谓真知其如此，而无毫发之疑也。开自言未能如此，未可以治人，故夫子说其笃志。　程子曰："漆雕开已见大意，故夫子说之。"又曰："古人见道分明，故其言如此。"谢氏曰："开之学无可考。然圣人使之仕，必其材可以仕矣。至于心术之微，则一毫不自得，不害其为未信。此圣人所不能知，而开自知之。其材可以仕，而其器不安于小成，他日所就，其可量乎？夫子所以说之也。"

5·6　子曰："道不行，乘桴浮于海。从我者，其由与？"子路闻之喜。子曰："由也好勇过我，无所取材。"[1]

①桴，音孚。从、好，并去声。与，平声。材，与裁同，古字借用。　桴，筏也。程子曰："浮海之叹，伤天下之无贤君也。子路勇于义，故谓其能从己，皆假设之言耳。子路以为实然，而喜夫子之与己，故夫子美其勇，而讥其不能裁度事

理以适于义也。”

5·7 孟武伯问:“子路仁乎?”子曰:“不知也。”① 又问。子曰:“由也,千乘之国,可使治其赋也。不知其仁也。”②“求也何如?”子曰:“求也,千室之邑,百乘之家,可使为之宰也。不知其仁也。”③“赤也何如?”子曰:“赤也,束带立于朝,可使与宾客言也。不知其仁也。”④

① 子路之于仁,盖“日月至焉”者,或在或亡,不能必其有无,故以不知答之。 ② 乘,去声。 赋,兵也。古者以田赋出兵,故谓兵为赋,《春秋传》所谓“悉索敝赋”是也。言子路之才,可见者如此,仁则不能知也。 ③ 千室,大邑。百乘,卿大夫之家。宰,邑长、家臣之通号。 ④ 朝,音潮。 赤,孔子弟子,姓公西,字子华。

5·8 子谓子贡曰:“女与回也孰愈?”① 对曰:“赐也何敢望回? 回也闻一以知十,赐也闻一以知二。”② 子曰:“弗如也! 吾与女弗如也。”③

① 女,音汝,下同。 愈,胜也。 ② 一,数之始。十,数之终。二者,一之对也。颜子明睿所照,即始而见终;子贡推测而知,因此而识彼。“无所不说,告往知来”,是其验矣。 ③ 与,许也。 胡氏曰:“子贡方人,夫子既语以‘不暇’,又问其与回孰愈,以观其自知之如何。闻一知十,上知之资,生知之亚也。闻一知二,中人以上之资,学而知之之才也。子贡平日以己方回,见其不可企及,故喻之如此。夫子以其自知之明,而又不难于自屈,故既然之又重许之。此其所以终闻性与天道,不特闻一知二而已也。”

5·9 宰予昼寝。子曰:“朽木不可雕也,粪土之墙不可杇也。于予与何诛!”① 子曰:“始吾于人也,听其言而信其行;今吾于人也,听其言而观其行。于予与改是。”②

① 朽,许久反。杇,音污。与,平声。下同。 昼寝,谓当昼而寐。朽,腐也。雕,刻画也。杇,镘也。言其志气昏惰,教无所施也。与,语辞。诛,责也。言不足责,乃所以深责之。 ② 行,去声。 宰予能言而行不逮,故孔子自言

于予之事而改此失，亦以重警之也。胡氏曰：“‘子曰’疑衍文。不然，则非一日之言也。” 范氏曰：“君子之于学，惟日孜孜，毙而后已，惟恐其不及也。宰予昼寝，自弃孰甚焉？故夫子责之。”胡氏曰：“宰予不能以志帅气，居然而倦，是宴安之气胜，儆戒之志惰也。古之圣贤未尝不以懈惰荒宁为惧，勤励不息自强，此孔子所以深责宰予也。听言观行，圣人不待是而后能，亦非缘此而尽疑学者，特因此立教，以警群弟子，使谨于言而敏于行耳。”

5·10 子曰：“吾未见刚者。”或对曰：“申枨。”子曰：“枨也欲，焉得刚？”①

① 焉，於虔反。 刚，坚强不屈之意，最人所难能者，故夫子叹其未见。申枨，弟子姓名。欲，多嗜欲也。多嗜欲，则不得为刚矣。 程子曰：“人有欲则无刚，刚则不屈于欲。”谢氏曰：“刚与欲正相反。能胜物之谓刚，故常伸于万物之上；为物掩之谓欲，故常屈于万物之下。自古有志者少，无志者多，宜夫子之未见也。枨之欲不可知，其为人得非悻悻自好者乎？故或者疑以为刚，然不知此其所以为欲尔。”

5·11 子贡曰：“我不欲人之加诸我也，吾亦欲无加诸人。”子曰：“赐也，非尔所及也。”①

① 子贡言我所不欲人加于我之事，我亦不欲以此加之于人。此仁者之事，不待勉强，故夫子以为非子贡所及。 程子曰：“‘我不欲人之加诸我，吾亦欲无加诸人’，仁也。‘施诸己而不愿，亦勿施于人’，恕也。恕则子贡或能勉之，仁则非所及矣。”愚谓，“无”者，自然而然，“勿”者，禁止之谓，此所以为仁、恕之别。

5·12 子贡曰：“夫子之文章，可得而闻也；夫子之言性与天道，不可得而闻也。”①

① 文章，德之见乎外者，威仪、文辞皆是也。性者，人所受之天理。天道者，天理自然之本体。其实一理也。言夫子之文章日见乎外，固学者所共闻；至于性与天道，则夫子罕言之，而学者有不得闻者。盖圣门教不躐等，子贡至是始得闻之，而叹其美也。 程子曰：“此子贡闻夫子之至论而叹美之言也。”

5·13 子路有闻，未之能行，唯恐有闻。①

① 前所闻者既未及行，故恐复有所闻而行之不给也。 范氏曰："子路闻善，勇于必行，门人自以为弗及也，故著之。若子路，可谓能用其勇矣。"

5·14 子贡问曰："孔文子何以谓之'文'也？"子曰："敏而好学，不耻下问，是以谓之'文'也。"①

① 好，去声。 孔文子，卫大夫，名圉。凡人，性敏者多不好学，位高者多耻下问。故谥法有以"勤学好问"为"文"者，盖亦人所难也。孔圉得谥为"文"，以此而已。 苏氏曰："孔文子使太叔疾出其妻而妻之，疾通于初妻之娣，文子怒，将攻之。访于仲尼，仲尼不对，命驾而行。疾奔宋，文子使疾弟遗室孔姞。其为人如此而谥曰'文'，此子贡之所以疑而问也。孔子不没其善，言能如此，亦足以为'文'矣，非经天纬地之'文'也。"

5·15 子谓子产，"有君子之道四焉：其行己也恭，其事上也敬，其养民也惠，其使民也义。"①

① 子产，郑大夫公孙侨。恭，谦逊也。敬，谨恪也。惠，爱利也。使民义，如都鄙有章、上下有服、田有封洫、庐井有伍之类。 吴氏曰："数其事而责之者，其所善者多也，'臧文仲不仁者三、不知者三'是也。数其事而称之者，犹有所未至也，'子产有君子之道四焉'是也。今或以一言盖一人、一事盖一时，皆非也。"

5·16 子曰："晏平仲善与人交，久而敬之。"①

① 晏平仲，齐大夫，名婴。程子曰："人交久则敬衰。久而能敬，所以为善。"

5·17 子曰："臧文仲居蔡，山节藻棁，何如其知也？"①

① 棁，章悦反。知，去声。 臧文仲，鲁大夫臧孙氏，名辰。居，犹藏也。蔡，大龟也。节，柱头斗栱也。藻，水草名。棁，梁上短柱也。盖为藏龟之室，而刻山于节、画藻于棁也。当时以文仲为知，孔子言其不务民义，而谄渎鬼神如此，安得为知？《春秋传》所谓作虚器，即此事也。 张子曰："山节藻棁，为藏龟之室，祀爰居之义，同归于不知，宜矣。"

5·18 子张问曰："令尹子文三仕为令尹，无喜色；三已之，无愠色。旧令尹之政，必以告新令尹。何如？”子曰：“忠矣。”曰：“仁矣乎？”曰：“未知。焉得仁？”① “崔子弑齐君，陈文子有马十乘，弃而违之。至于他邦，则曰：‘犹吾大夫崔子也。’违之。之一邦，则又曰：‘犹吾大夫崔子也。’违之。何如？”子曰：“清矣。”曰：“仁矣乎？”曰：“未知。焉得仁？”②

① 知，如字。焉，於虔反。 令尹，官名，楚上卿执政者也。子文，姓鬬，名穀於菟。其为人也，喜怒不形，物我无间，知有其国而不知有其身，其忠盛矣，故子张疑其仁。然其所以三仕三已而告新令尹者，未知其皆出于天理而无人欲之私也。是以夫子但许其忠，而未许其仁也。 ② 乘，去声。 崔子，齐大夫，名杼。齐君，庄公，名光。陈文子，亦齐大夫，名须无。十乘，四十匹也。违，去也。文子洁身去乱，可谓清矣，然未知其心果见义理之当然，而能脱然无所累乎？抑不得已于利害之私，而犹未免于怨悔也。故夫子特许其清，而不许其仁。 愚闻之师曰：“当理而无私心，则仁矣。今以是而观二子之事，虽其制行之高若不可及，然皆未有以见其必当于理而真无私心也。子张未识仁体，而悦于苟难，遂以小者信其大者，夫子之不许也宜哉！”读者于此，更以上章“不知其仁”、后篇“仁则吾不知”之语并与三仁、夷齐之事观之，则彼此交尽，而仁之为义可识矣。今以他书考之，子文之相楚，所谋者无非僭王猾夏之事；文子之仕齐，既失正君讨贼之义，又不数岁而复反于齐焉，则其不仁亦可见矣。

5·19 季文子三思而后行。子闻之，曰：“再，斯可矣。”①

① 三，去声。 季文子，鲁大夫，名行父。每事必三思而后行，若使晋而求遭丧之礼以行，亦其一事也。斯，语辞。程子曰：“为恶之人，未尝知有思，有思则为善矣。然至于再则已审，三则私意起而反惑矣，故夫子讥之。 愚按，季文子虑事如此，可谓详审，而宜无过举矣。而宣公篡立，文子乃不能讨，反为之使齐而纳赂焉，岂非程子所谓“私意起而反惑”之验与？是以君子务穷理，而贵果断，不徒多思之为尚。

5·20 子曰：“宁武子邦有道则知，邦无道则愚。其知可及也，其愚不可及也。”①

① 知，去声。 宁武子，卫大夫，名俞。按《春秋传》，武子仕卫，当文公、成公之时。文公有道，而武子无事可见，此其知之可及也。成公无道，至于失国，而

武子周旋其间，尽心竭力，不避艰险，凡其所处，皆智巧之士所深避而不肯为者，而能卒保其身以济其君，此其愚之不可及也。　程子曰：“邦无道，能沉晦以免患，故曰不可及也。亦有不当愚者，比干是也。”

5·21　子在陈，曰：“归与！归与！吾党之小子狂简，斐然成章，不知所以裁之。”①

① 与，平声。斐，音匪。　此孔子周流四方，道不行而思归之叹也。吾党小子，指门人之在鲁者。狂简，志大而略于事也。斐，文貌。成章，言其文理成就，有可观者。裁，割正也。夫子初心，欲行其道于天下，至是而知其终不用也。于是始欲成就后学，以传道于来世。又不得中行之士，而思其次，以为狂士志意高远，犹或可与进于道也。但恐其过中失正，而或陷于异端耳，故欲归而裁之也。

5·22　子曰：“伯夷、叔齐不念旧恶，怨是用希。”①

① 伯夷、叔齐，孤竹君之二子。孟子称其“不立于恶人之朝，不与恶人言”，“与乡人立，其冠不正，望望然去之，若将浼焉”。其介如此，宜若无所容矣；然其所恶之人，能改即止，故人亦不甚怨之也。　程子曰：“不念旧恶，此清者之量。”又曰：“二子之心，非夫子孰能知之？”

5·23　子曰：“孰谓微生高直？或乞醯焉，乞诸其邻而与之。”①

① 醯，呼西反。　微生，姓；高，名；鲁人，素有直名者。醯，醋也。人来乞时，其家无有，故乞诸邻家以与之。夫子言此，讥其曲意徇物，掠美市恩，不得为直也。　程子曰：“微生高所枉虽小，害直为大。”范氏曰：“是曰是，非曰非，有谓有，无谓无，曰直。圣人观人，于其一介之取予，而千驷万钟从可知焉。故以微事断之，所以教人不可不谨也。”

5·24　子曰：“巧言、令色、足恭，左丘明耻之，丘亦耻之。匿怨而友其人，左丘明耻之，丘亦耻之。”①

① 足，将树反。　足，过也。程子曰：“左丘明，古之闻人也。”谢氏曰：“二者之可耻，有甚于穿窬也。左丘明耻之，其所养可知矣。夫子自言‘丘亦耻之’，盖

‘窃比老彭’之意。又以深戒学者，使察乎此而立心以直也。”

5·25 颜渊、季路侍。子曰：“盍各言尔志？”① 子路曰：“愿车马衣轻裘，与朋友共，敝之而无憾。”② 颜渊曰：“愿无伐善，无施劳。”③ 子路曰：“愿闻子之志。”子曰：“老者安之，朋友信之，少者怀之。”④

① 盍，音合。 盍，何不也。 ② 衣，去声。 衣，服之也。裘，皮服。敝，坏也。憾，恨也。 ③ 伐，夸也。善，谓有能。施，亦张大之意。劳，谓有功。《易》曰“劳而不伐”是也。或曰：“劳，劳事也。劳事非己所欲，故亦不欲施之于人。”亦通。 ④ 老者养之以安，朋友与之以信，少者怀之以恩。一说：“安之，安我也；信之，信我也；怀之，怀我也。”亦通。 程子曰：“夫子安仁，颜渊不违仁，子路求仁。”又曰：“子路、颜渊、孔子之志，皆与物共者也，但有小大之差尔。”又曰：“子路勇于义者，观其志，岂可以势利拘之哉？亚于浴沂者也。颜子不自私己，故无伐善；知同于人，故无施劳。其志可谓大矣。然未免出于有意也。至于夫子，则如天地之化工，付与万物而己不劳焉。此圣人之所为也。今夫羁靮以御马而不以制牛，人皆知羁靮之作在乎人，而不知羁靮之生由于马。圣人之化，亦犹是也。先观二子之言，后观圣人之言，分明天地气象。凡看《论语》，非但欲理会文字，须要识得圣贤气象。”

5·26 子曰：“已矣乎！吾未见能见其过而内自讼者也。”①

① “已矣乎”者，恐其终不得见而叹之也。“内自讼”者，口不言而心自咎也。人有过而能自知者鲜矣，知过而能内自讼者为尤鲜。能内自讼，则其悔悟深切而能改，必矣。夫子自恐终不得见而叹之。其警学者深矣！

5·27 子曰：“十室之邑，必有忠信如丘者焉，不如丘之好学也。”①

① 焉，如字，属上句。好，去声。 十室，小邑也。忠信如圣人，生质之美者也。夫子生知，而未尝不好学，故言此以勉人。言美质易得，至道难闻。学之至则可以为圣人，不学则不免为乡人而已。可不勉哉！”

雍也第六

凡二十八章。篇内第十四章以前，大意与前篇同。

6·1　子曰："雍也可使南面。"① 仲弓问子桑伯子。子曰："可也简。"② 仲弓曰："居敬而行简，以临其民，不亦可乎？居简而行简，无乃大简乎？"③ 子曰："雍之言然。"④

① 南面者，人君听治之位。言仲弓宽洪简重，有人君之度也。　② 子桑伯子，鲁人，胡氏以为疑即庄周所称子桑户者是也。仲弓以夫子许己南面，故问伯子如何。可者，仅可而有所未尽之辞。简者，不烦之谓。　③ 大，音泰。言自处以敬，则中有主而自治严，如是而行简以临民，则事不烦而民不扰，所以为可。若先自处以简，则中无主而自治疏矣，而所行又简，岂不失之太简，而无法度之可守乎？《家语》记伯子不衣冠而处，夫子讥其欲同人道于牛马。然则伯子盖大简者，而仲弓疑夫子之过许与？　④ 仲弓盖未喻夫子"可"字之意，而其所言之理有默契焉者，故夫子然之。　程子曰："子桑伯子之简，虽可取而未尽善，故夫子云'可'也。仲弓因言内主于敬而简，则为要直；内存乎简而简，则为疏略。可谓得其旨矣。"又曰："居敬则心中无物，故所行自简。居简则先有心于简，而多一'简'字矣，故曰'太简'。"

6·2　哀公问："弟子孰为好学？"孔子对曰："有颜回者好学，不迁怒，不贰过。不幸短命死矣！今也则亡，未闻好学者也。"①

① 好，去声。亡，与无同。　迁，移也。贰，复也。怒于甲者，不移于乙；过于前者，不复于后。颜子克己之功至于如此，可谓真好学矣。短命者，颜子三十二而卒也。既云"今也则亡"，又言"未闻好学者"，盖深惜之，又以见真好学者之

难得也。 程子曰:“颜子之怒,在物不在己,故不迁。有不善,未尝不知,知之未尝复行,不贰过也。”又曰:“喜怒在事,则理之当喜怒者也,不在血气则不迁。若舜之诛四凶也,可怒在彼,己何与焉?如鉴之照物,妍媸在彼,随物应之而已,何迁之有?”又曰:“如颜子地位,岂有不善?所谓不善,只是微有差失。才差失便能知之,才知之,便更不萌作。”张子曰:“慊于己者,不使萌于再。”或曰:“《诗》、《书》六艺,七十子非不习而通也,而夫子独称颜子为好学。颜子之所好,果何学欤?”程子曰:“学以至乎圣人之道也。”“学之道奈何?”曰:“天地储精,得五行之秀者为人。其本也真而静,其未发也,五性具焉,曰:仁、义、礼、智、信。形既生矣,外物触其形而动于中矣。其中动而七情出焉,曰:喜、怒、哀、惧、爱、恶、欲。情既炽而益荡,其性凿矣。故学者约其情使合于中,正其心,养其性而已。然必先明诸心,知所往,然后力行以求至焉。若颜子之非礼勿视、听、言、动,不迁怒贰过者,则其好之笃而学之得其道也。然其未至于圣人者,守之也,非化之也。假之以年,则不日而化矣。今人乃谓圣本生知,非学可至,而所以为学者不过记诵文辞之间,其亦异乎颜子之学矣。”

6·3 子华使于齐,冉子为其母请粟。子曰:“与之釜。”请益。曰:“与之庾。”冉子与之粟五秉。① 子曰:“赤之适齐也,乘肥马,衣轻裘。吾闻之也:君子周急不继富。”② 原思为之宰,与之粟九百,辞。③ 子曰:“毋!以与尔邻里乡党乎!”④

① 使、为,并去声。 子华,公西赤也。使,为孔子使也。釜,六斗四升。庾,十六斗。秉,十六斛。 ② 衣,去声。 乘肥马、衣轻裘,言其富也。急,穷迫也。周者,补不足。继者,续有馀。 ③ 原思,孔子弟子,名宪。孔子为鲁司寇时,以思为宰。粟,宰之禄也。“九百”不言其量,不可考。 ④ 毋,禁止辞。五家为邻,二十五家为里,万二千五百家为乡。五百家为党。言常禄不当辞,有馀自可推之以周贫乏。盖邻、里、乡、党有相周之义。 程子曰:“夫子之使子华,子华之为夫子使,义也。而冉子乃为之请。圣人宽容,不欲直拒人,故与之少,所以示不当与也;请益而与之亦少,所以示不当益也。求未达而自与之多,则已过矣,故夫子非之。盖赤苟至乏,则夫子必自周之,不待请矣。原思为宰,则有常禄。思辞其多,故又教以分诸邻里之贫者,盖亦莫非义也。”张子曰:“于斯二者,可见圣人之用财矣。”

6·4　子谓仲弓，曰："犁牛之子骍且角，虽欲勿用，山川其舍诸？"①

① 犁，利之反。骍，息营反。舍，上声。　犁，杂文。骍，赤色。周人尚赤，牲用骍。角，角周正，中牺牲也。用，用以祭也。山川，山川之神也。言人虽不用，神必不舍也。仲弓父贱而行恶，故夫子以此譬之。言父之恶，不能废其子之善，如仲弓之贤，自当见用于世也。然此论仲弓云尔，非与仲弓言也。　范氏曰："以瞽瞍为父而有舜，以鲧为父而有禹。古之圣贤，不系于世类，尚矣。子能改父之过，变恶以为美，则可谓孝矣。"

6·5　子曰："回也，其心三月不违仁。其馀则日月至焉而已矣。"①

① 三月，言其久。仁者，心之德。心不违仁者，无私欲而有其德也。日月至焉者，或日一至焉，或月一至焉，能造其域而不能久也。　程子曰："三月，天道小变之节，言其久也，过此则圣人矣。不违仁，只是无纤毫私欲。少有私欲，便是不仁。"尹氏曰："此颜子于圣人，未达一间者也，若圣人则浑然无间断矣。"张子曰："始学之要，当知'三月不违'与'日月至焉'内外宾主之辨。使心意勉勉循循而不能已，过此几非在我者。"

6·6　季康子问："仲由可使从政也与？"子曰："由也果，于从政乎何有？"曰："赐也可使从政也与？"曰："赐也达，于从政乎何有？"曰："求也可使从政也与？"曰："求也艺，于从政乎何有？"①

① 与，平声。　从政，谓为大夫。果，有决断。达，通事理。艺，多才能。程子曰："季康子问三子之才可以从政乎？夫子答以各有所长。非惟三子，人各有所长。能取其长，皆可用也。"

6·7　季氏使闵子骞为费宰。闵子骞曰："善为我辞焉！如有复我者，则吾必在汶上矣。"①

① 费，音秘。为，去声。汶，音问。　闵子骞，孔子弟子，名损。费，季氏邑。汶，水名，在齐南鲁北境上。闵子不欲臣季氏，令使者善为己辞，言若再来召我，

则当去之齐。 程子曰:“仲尼之门,能不仕大夫之家者,闵子、曾子数人而已。”谢氏曰:“学者能少知内外之分,皆可以乐道而忘人之势。况闵子得圣人为之依归,彼其视季氏不义之富贵,不啻犬彘;又从而臣之,岂其心哉! 在圣人则有不然者,盖居乱邦、见恶人,在圣人则可;自圣人以下,刚则必取祸,柔则必取辱。闵子岂不能早见而豫待之乎? 如由也不得其死,求也为季氏附益,夫岂其本心哉! 盖既无先见之知,又无克乱之才故也。然则闵子其贤乎?”

6·8 伯牛有疾,子问之,自牖执其手,曰:“亡之,命矣夫! 斯人也而有斯疾也! 斯人也而有斯疾也!”①

① 夫,音扶。 伯牛,孔子弟子,姓冉,名耕。有疾,先儒以为癞也。牖,南牖也。礼,病者居北牖下,君视之,则迁于南牖下,使君得以南面视己。时伯牛家以此礼尊孔子,孔子不敢当,故不入其室,而自牖执其手,盖与之永诀也。命,谓天命。言此人不应有此疾,而今乃有之,是乃天之所命也。然则非其不能谨疾,而有以致之,亦可见矣。 侯氏曰:“伯牛以德行称,亚于颜、闵。故其将死也,孔子尤痛惜之。”

6·9 子曰:“贤哉,回也! 一箪食,一瓢饮,在陋巷,人不堪其忧,回也不改其乐。贤哉,回也!”①

① 食,音嗣。乐,音洛。 箪,竹器。食,饭也。瓢,瓠也。颜子之贫如此,而处之泰然,不以害其乐,故夫子再言“贤哉回也”,以深叹美之。 程子曰:“颜回之乐,非乐箪瓢、陋巷也,不以贫窭累其心而改其所乐也,故夫子称其贤。”又曰:“箪瓢陋巷非可乐,盖自有其乐尔。‘其’字当玩味,自有深意。”又曰:“昔受学于周茂叔,每令寻仲尼、颜子乐处,所乐何事。”愚按,程子之言,引而不发,盖欲学者深思而自得之。今亦不敢妄为之说。学者但当从事于“博文”、“约礼”之诲,以至于“欲罢不能而竭其才”,则庶乎有以得之矣。

6·10 冉求曰:“非不说子之道,力不足也。”子曰:“力不足者,中道而废。今女画。”①

① 说,音悦。女,音汝。 力不足者,欲进而不能。画者,能进而不欲。谓之画者,如画地以自限也。 胡氏曰:“夫子称颜回不改其乐,冉求闻之,故有是言。然使求说夫子之道,诚如口之说刍豢,则必将尽力以求之,何患力之不足哉!

画而不进，则日退而已矣。此冉求之所以局于艺也。”

6·11　子谓子夏曰：“女为君子儒，无为小人儒。”①

① 儒，学者之称。程子曰：“君子儒为己，小人儒为人。”　谢氏曰：“君子、小人之分，义与利之间而已。然所谓利者，岂必殖货财之谓？以私灭公，适己自便，凡可以害天理者皆利也。子夏文学虽有馀，然意其远者大者或昧焉，故夫子语之以此。”

6·12　子游为武城宰。子曰：“女得人焉尔乎？”曰：“有澹台灭明者，行不由径；非公事，未尝至于偃之室也。”①

① 女，音汝。澹，徒甘反。　武城，鲁下邑。澹台，姓；灭明，名；字子羽。径，路之小而捷者。公事，如饮射读法之类。不由径，则动必以正，而无见小、欲速之意可知。非公事不见邑宰，则其有以自守，而无枉己徇人之私可见矣。　杨氏曰：“为政以人才为先，故孔子以得人为问。如灭明者，观其二事之小，而其正大之情可见矣。后世有不由径者，人必以为迂；不至其室，人必以为简。非孔氏之徒，其孰能知而取之？”愚谓，持身以灭明为法，则无苟贱之羞；取人以子游为法，则无邪媚之惑。

6·13　子曰：“孟之反不伐，奔而殿。将入门，策其马，曰：‘非敢后也，马不进也。’”①

① 殿，去声。　孟之反，鲁大夫，名侧。胡氏曰；“反，即庄周所称孟子反者是也。”伐，夸功也。奔，败走也。军后曰殿。策，鞭也。战败而还，以后为功。反奔而殿，故以此言自掩其功也。事在哀公十一年。　谢氏曰：“人能操无欲上人之心，则人欲日消、天理日明，而凡可以矜己夸人者，皆无足道矣。然不知学者，欲上人之心无时而忘也，若孟之反，可以为法矣。”

6·14　子曰：“不有祝鮀之佞，而有宋朝之美，难乎免于今之世矣。”①

① 鮀，徒河反。　祝，宗庙之官。鮀，卫大夫，字子鱼，有口才。朝，宋公子，有美色。言衰世好谀悦色，非此难免，盖伤之也。

6·15 子曰："谁能出不由户？何莫由斯道也？"①

① 言人不能出不由户，何故乃不由此道邪？怪而叹之之辞。 洪氏曰："人知出必由户，而不知行必由道。非道远人，人自远尔。"

6·16 子曰："质胜文则野，文胜质则史。文质彬彬，然后君子。"①

① 野，野人，言鄙略也。史，掌文书，多闻习事，而诚或不足也。彬彬，犹班班，物相杂而适均之貌。言学者当损有馀，补不足，至于成德，则不期然而然矣。 杨氏曰："文质不可以相胜。然质之胜文，犹之甘可以受和，白可以受采也。文胜而至于灭质，则其本亡矣。虽有文，将安施乎？然则与其史也，宁野。"

6·17 子曰："人之生也直，罔之生也幸而免。"①

① 程子曰："生理本直。罔，不直也；而亦生者，幸而免尔。"

6·18 子曰："知之者不如好之者，好之者不如乐之者。"①

① 好，去声。乐，音洛。 尹氏曰："知之者，知有此道也。好之者，好而未得也。乐之者，有所得而乐之也。" 张敬夫曰："譬之五谷，知者知其可食者也，好者食而嗜之者也，乐者嗜之而饱者也。知而不能好，则是知之未至也；好之而未及于乐，则是好之未至也。此古之学者所以自强而不息者与？"

6·19 子曰："中人以上，可以语上也；中人以下，不可以语上也。"①

① "以上"之上，上声。语，去声。 语，告也。言教人者，当随其高下而告语之，则其言易入，而无躐等之弊也。 张敬夫曰："圣人之道，精粗虽无二致，但其施教，则必因其材而笃焉。盖中人以下之质，骤而语之太高，非惟不能以入，且将妄意躐等，而有不切于身之弊，亦终于下而已矣。故就其所及而语之，是乃所以使之切问近思，而渐近于高远也。"

6·20 樊迟问知。子曰："务民之义，敬鬼神而远之，可谓知矣。"问仁。曰:"仁者先难而后获,可谓仁矣。"①

① 知、远,皆去声。 民,亦人也。获,谓得也。专用力于人道之所宜,而不惑于鬼神之不可知,知者之事也。先其事之所难,而后其效之所得,仁者之心也。此必因樊迟之失而告之。 程子曰:"人多信鬼神,惑也。而不信者又不能敬。能敬能远,可谓知矣。"又曰:"先难,克己也。以所难为先,而不计所获,仁也。"吕氏曰:"当务为急,不求所难知;力行所知,不惮所难为。"

6·21 子曰:"知者乐水,仁者乐山。知者动,仁者静。知者乐,仁者寿。"①

① 知,去声。乐,上二字并五教反,下一字音洛。 乐,喜好也。知者达于事理而周流无滞,有似于水,故乐水;仁者安于义理而厚重不迁,有似于山,故乐山。动、静以体言,乐、寿以效言也。动而不括故乐,静而有常故寿。 程子曰:"非体仁、知之深者,不能如此形容之。"

6·22 子曰:"齐一变,至于鲁;鲁一变,至于道。"①

① 孔子之时,齐俗急功利,喜夸诈,乃霸政之馀习。鲁则重礼教,崇信义,犹有先王之遗风焉;但人亡政息,不能无废坠尔。道,则先王之道也。言二国之政俗有美恶,故其变而之道有难易。 程子曰:"夫子之时,齐强鲁弱,孰不以为齐胜鲁也? 然鲁犹存周公之法制。齐由桓公之霸,为从简尚功之治,太公之遗法变易尽矣,故一变乃能至鲁。鲁则修举废坠而已,一变则至于先王之道也。"愚谓,二国之俗,唯夫子为能变之,而不得试。然因其言以考之,则其施为缓急之序,亦略可见矣。

6·23 子曰:"觚不觚,觚哉! 觚哉!"①

① 觚,音孤。 觚,棱也。或曰酒器,或曰木简,皆器之有棱者也。不觚者,盖当时失其制而不为棱也。"觚哉觚哉",言不得为觚也。 程子曰:"觚而失其形制,则非觚也。举一器,而天下之物莫不皆然。故君而失其君之道,则为不君;臣而失其臣之职,则为虚位。"范氏曰:"人而不仁非人,国而不治则不国矣。"

6·24 宰我问曰:"仁者,虽告之曰'井有仁焉',其从之也?"子曰:"何为其然也? 君子可逝也,不可陷也;可欺也,不可罔也。”①

① 刘聘君曰：“‘有仁’之仁当作人。”今从之。从，谓随之于井而救之也。宰我信道不笃，而忧为仁之陷害，故有此问。逝，谓使之往救。陷，谓陷之于井。欺，谓诳之以理之所有。罔，谓昧之以理之所无。盖身在井上，乃可以救井中之人；若从之于井，则不复能救之矣。此理甚明，人所易晓，仁者虽切于救人而不私其身，然不应如此之愚也。

6·25 子曰：“君子博学于文，约之以礼，亦可以弗畔矣夫！”①

① 夫，音扶。 约，要也。畔，背也。君子学欲其博，故于文无不考；守欲其要，故其动必以礼。如此，则可以不背于道矣。 程子曰：“博学于文而不约之以礼，必至于汗漫。博学矣，又能守礼而由于规矩，则亦可以不畔道矣。”

6·26 子见南子，子路不说。夫子矢之曰：“予所否者，天厌之！天厌之！”①

① 说，音悦。否，方九反。 南子，卫灵公之夫人，有淫行。孔子至卫，南子请见。孔子辞谢，不得已而见之。盖古者仕于其国，有见其小君之礼。而子路以夫子见此淫乱之人为辱，故不悦。矢，誓也。所，誓辞也，如云“所不与崔、庆者”之类。否，谓不合于礼，不由其道也。厌，弃绝也。圣人道大德全，无可不可。其见恶人，固谓在我有可见之礼，则彼之不善，我何与焉？然此岂子路所能测哉！故重言以誓之，欲其姑信此，而深思以得之也。

6·27 子曰：“中庸之为德也，其至矣乎！民鲜久矣。”①

① 鲜，上声。 中者，无过、无不及之名也。庸，平常也。至，极也。鲜，少也。言民少此德，今已久矣。 程子曰：“不偏之谓中，不易之谓庸。中者天下之正道，庸者天下之定理。自世教衰，民不兴于行，少有此德久矣。”

6·28 子贡曰：“如有博施于民而能济众，何如？可谓仁乎？”子曰：“何事于仁，必也圣乎！尧、舜其犹病诸！①夫仁者，己欲立而立人，己欲达而达人。②能近取譬，可谓仁之方也已。”③

① 施，去声。　博，广也。仁以理言，通乎上下；圣以地言，则造其极之名也。乎者，疑而未定之辞。病，心有所不足也。言此何止于仁，必也圣人能之乎！则虽尧、舜之圣，其心犹有所不足于此也。以是求仁，愈难而愈远矣。② 夫，音扶。　以己及人，仁者之心也。于此观之，可以见天理之周流而无间矣。状仁之体，莫切于此。　③ 譬，喻也。方，术也。近取诸身，以己所欲譬之他人，知其所欲亦犹是也。然后推其所欲以及于人，则恕之事而仁之术也。于此勉焉，则有以胜其人欲之私，而全其天理之公矣。　程子曰：“医书以手足痿痹为不仁，此言最善名状。仁者以天地万物为一体，莫非己也。认得为己，何所不至？若不属己，自与己不相干，如手足之不仁，气已不贯，皆不属己。故博施济众，乃圣人之功用。仁至难言，故止曰：‘己欲立而立人，己欲达而达人。能近取譬，可谓仁之方也已。’欲令如是观仁，可以得仁之体。”又曰：“《论语》言‘尧、舜其犹病诸，者二。夫博施者，岂非圣人之所欲？然必五十乃衣帛，七十乃食肉。圣人之心，非不欲少者亦衣帛食肉也，顾其养有所不赡尔。此病其施之不博也。济众者，岂非圣人之所欲？然治不过九州。圣人非不欲四海之外亦兼济也，顾其治有所不及尔。此病其济之不众也。推此以求，修己以安百姓，则为病可知。苟以吾治已足，则便不是圣人。”吕氏曰：“子贡有志于仁，徒事高远，未知其方。孔子教以于己取之，庶近而可入。是乃为仁之方，虽博施济众，亦由此进。”

述而第七

此章多记圣人谦己诲人之辞及其容貌行事之实。凡三十七章。

7·1 子曰："述而不作，信而好古，窃比于我老彭。"①

① 好，去声。 述，传旧而已。作，则创始也。故作非圣人不能，而述则贤者可及。窃比，尊之之辞。我，亲之之辞。老彭，商贤大夫，见《大戴礼》，盖信古而传述者也。孔子删《诗》、《书》，定《礼》、《乐》，赞《周易》，修《春秋》，皆传先王之旧，而未尝有所作也。故其自言如此。盖不唯不敢当作者之圣，而亦不敢显然自附于古之贤人，盖其德愈盛而心愈下，不自知其辞之谦也。然当是时，作者略备，夫子盖集群圣之大成而折衷之。其事虽述，而功则倍于作矣，此又不可不知也。

7·2 子曰："默而识之，学而不厌，诲人不倦，何有于我哉？"①

① 识，音志，又如字。 识，记也。默识，谓不言而存诸心也。一说：识，知也，不言而心解也。前说近是。何有于我，言何者能有于我也。三者已非圣人之极至，而犹不敢当，则谦而又谦之辞也。

7·3 子曰："德之不修，学之不讲，闻义不能徙，不善不能改，是吾忧也。"①

① 尹氏曰："德必修而后成，学必讲而后明，见善能徙，改过不吝，此四者，日新之要也。苟未能之，圣人犹忧，况学者乎？"

7·4 子之燕居，申申如也，夭夭如也。①

① 燕居，闲暇无事之时。杨氏曰："申申，其容舒也。夭夭，其色愉也。" 程

子曰："此弟子善形容圣人处也，为'申申'字说不尽，故更著'夭夭'字。今人燕居之时，不怠惰放肆，必太严厉。严厉时著此四字不得，怠惰放肆时亦著此四字不得，惟圣人便自有中和之气。"

7·5 子曰："甚矣吾衰也！久矣吾不复梦见周公。"①

① 复，扶又反。　孔子盛时，志欲行周公之道，故梦寐之间，如或见之。至其老而不能行也，则无复是心，而亦无复是梦矣，故因此而自叹其衰之甚也。　程子曰："孔子盛时，寤寐常存行周公之道；及其老也，则志虑衰而不可以有为矣。盖存道者心，无老少之异；而行道者身，老则衰也。"

7·6 子曰："志于道，①据于德，②依于仁，③游于艺。"④

① 志者，心之所之之谓。道，则人伦日用之间所当行者是也。知此而心必之焉，则所适者正，而无他歧之惑矣。　② 据，音倨。　据者，执守之意。德者，得也。得其道于心而不失之谓也。得之于心而守之不失，则终始惟一，而有日新之功矣。　③ 依者，不违之谓。仁，则私欲尽去而心德之全也。功夫至此而无终食之违，则存养之熟，无适而非天理之流行矣。　④ 游者，玩物适情之谓。艺，则礼乐之文，射、御、书、数之法，皆至理所寓，而日用之不可阙者也。朝夕游焉，以博其义理之趣，则应务有馀，而心亦无所放矣。　此章言人之为学当如是也。盖学莫先于立志，志道，则心存于正而不他；据德，则道得于心而不失；依仁，则德性常用而物欲不行；游艺，则小物不遗而动息有养。学者于此，有以不失其先后之序、轻重之伦焉，则本末兼该，内外交养，日用之间，无少间隙，而涵泳从容，忽不自知其入于圣贤之域矣。

7·7 子曰："自行束脩以上，吾未尝无诲焉。"①

① 脩，脯也。十脡为束。古者相见，必执贽以为礼；束脩，其至薄者。盖人之有生，同具此理，故圣人之于人，无不欲其入于善。但不知来学，则无往教之礼，故苟以礼来，则无不有以教之也。

7·8 子曰："不愤不启，不悱不发，举一隅不以三隅反，则不复也。"①

① 愤，房粉反。悱，芳匪反。复，扶又反。　愤者，心求通而未得之意。悱

者,口欲言而未能之貌。启,谓开其意。发,谓达其辞。物之有四隅者,举一可知其三。反者,还以相证之义。复,再告也。上章已言圣人诲人不倦之意,因并记此,欲学者勉于用力,以为受教之地也。　程子曰:“愤、悱,诚意之见于色辞者也。待其诚至而后告之。既告之,又必待其自得,乃复告尔。”又曰:“不待愤、悱而发,则知之不能坚固;待其愤、悱而后发,则沛然矣。”

7·9　子食于有丧者之侧,未尝饱也。① 子于是日哭,则不歌。②

① 临丧哀,不能甘也。　② 哭,谓吊哭。一日之内,馀哀未忘,自不能歌也。　谢氏曰:“学者于此二者,可见圣人情性之正也。能识圣人之情性,然后可以学道。”

7·10　子谓颜渊曰:“用之则行,舍之则藏,惟我与尔有是夫!”① 子路曰:“子行三军,则谁与?”② 子曰:“暴虎冯河,死而无悔者,吾不与也。必也临事而惧,好谋而成者也。”③

① 舍,上声。夫,音扶。　尹氏曰:“用舍无与于己,行藏安于所遇,命不足道也。颜子几于圣人,故亦能之。”　② 万二千五百人为军,大国三军。子路见孔子独美颜渊,自负其勇,意夫子若行三军,必与己同。　③ 冯,皮冰反。好,去声。　暴虎,徒搏。冯河,徒涉。惧,谓敬其事。成,谓成其谋。言此皆以抑其勇而教之,然行师之要实不外此,子路盖不知也。　谢氏曰:“圣人于行藏之间,无意无必。其行非贪位,其藏非独善也。若有欲心,则不用而求行,舍之而不藏矣,是以惟颜子为可以与于此。子路虽非有欲心者,然未能无固必也;至以行三军为问,则其论益卑矣。夫子之言,盖因其失而救之。夫不谋无成,不惧必败,小事尚然,而况于行三军乎?”

7·11　子曰:“富而可求也,虽执鞭之士,吾亦为之。如不可求,从吾所好。”①

① 好,去声。　执鞭,贱者之事。设言富若可求,则虽身为贱役以求之,亦所不辞。然有命焉,非求之可得也,则安于义理而已矣,何必徒取辱哉?　苏氏曰:“圣人未尝有意于求富也,岂问其可不可哉?为此语者,特以明其决不可求

尔。"杨氏曰："君子非恶富贵而不求，以其在天，无可求之道也。"

7·12 子之所慎：齐，战，疾。①

① 齐，侧皆反。 齐之为言齐也，将祭而齐其思虑之不齐者，以交于神明也。诚之至与不至，神之飨与不飨，皆决于此。战，则众之死生、国之存亡系焉。疾，又吾身之所以死生存亡者。皆不可以不谨也。 尹氏曰："夫子无所不谨，弟子记其大者耳。"

7·13 子在齐闻《韶》，三月不知肉味，曰："不图为乐之至于斯也！"①

①《史记》"三月"上有"学之"二字。不知肉味，盖心一于是而不及乎他也。曰不意舜之作乐至于如此之美，则有以极其情文之备，而不觉其叹息之深也，盖非圣人不足以及此。 范氏曰："《韶》尽美，又尽善，乐之无以加此也。故学之三月，不知肉味，而叹美之如此，诚之至，感之深也。"

7·14 冉有曰："夫子为卫君乎？"子贡曰："诺。吾将问之。"①入，曰："伯夷、叔齐何人也？"曰："古之贤人也。"曰："怨乎？"曰："求仁而得仁，又何怨？"出，曰："夫子不为也。"②

① 为，去声。 为，犹助也。卫君，出公辄也。灵公逐其世子蒯聩。公薨，而国人立蒯聩之子辄。于是晋纳蒯聩而辄拒之。时孔子居卫，卫人以蒯聩得罪于父，而辄嫡孙当立，故冉有疑而问之。诺，应辞也。 ② 伯夷、叔齐，孤竹君之二子。其父将死，遗命立叔齐。父卒，叔齐逊伯夷。伯夷曰："父命也。"遂逃去。叔齐亦不立而逃之，国人立其中子。其后武王伐纣，夷、齐扣马而谏。武王灭商，夷、齐耻食周粟，去，隐于首阳山，遂饿而死。怨，犹悔也。君子居是邦，不非其大夫，况其君乎？故子贡不斥卫君，而以夷、齐为问。夫子告之如此，则其不为卫君可知矣。盖伯夷以父命为尊，叔齐以天伦为重。其逊国也，皆求所以合乎天理之正，而即乎人心之安。既而各得其志焉，则视弃其国犹敝蹝尔，何怨之有？若卫辄之据国拒父，而惟恐失之，其不可同年而语明矣。 程子曰："伯夷、叔齐逊国而逃，谏伐而饿，终无怨悔。夫子以为贤，故知其不与辄也。"

7·15 子曰："饭疏食饮水，曲肱而枕之，乐亦在其中矣。不义而富且贵，于我如浮云。”①

① 饭，符晚反。食，音嗣。枕，去声。乐，音洛。　饭，食之也。疏食，粗饭也。圣人之心，浑然天理，虽处困极，而乐亦无不在焉。其视不义之富贵，如浮云之无有，漠然无所动于其中也。　程子曰：“非乐疏食饮水也，虽疏食饮水，不能改其乐也。不义之富贵，视之轻如浮云然。”又曰：“须知所乐者何事。”

7·16　子曰：“加我数年，五十以学《易》，可以无大过矣。”①

① 刘聘君见元城刘忠定公，自言尝读他《论》，“加”作“假”，“五十”作“卒”，盖“加”、“假”声相近而误读，“卒”与“五十”字相似而误分也。愚按，此章之言，《史记》作“假我数年，若是我于《易》，则彬彬矣”。“加”正作“假”，而无“五十”字。盖是时孔子年已几七十矣，“五十”字误无疑也。学《易》则明乎吉凶消长之理、进退存亡之道，故可以无大过。盖圣人深见《易》道之无穷，而言此以教人，使知其不可不学，而又不可以易而学也。

7·17　子所雅言，《诗》、《书》、执礼，皆雅言也。①

① 雅，常也。执，守也。《诗》以理情性，《书》以道政事，礼以谨节文，皆切于日用之实，故常言之。礼独言执者，以人所执守而言，非徒诵说而已也。　程子曰：“孔子雅素之言，止于如此。若性与天道，则有不可得而闻者，要在默而识之也。”谢氏曰：“此因学《易》之语而类记之。”

7·18　叶公问孔子于子路，子路不对。①子曰：“女奚不曰：其为人也，发愤忘食，乐以忘忧，不知老之将至云尔。”②

① 叶，舒涉反。　叶公，楚叶县尹沈诸梁，字子高，僭称公也。叶公不知孔子，必有非所问而问者，故子路不对。抑亦以圣人之德，实有未易名言者与？

② 未得，则发愤而忘食；已得，则乐之而忘忧。以是二者，俛焉日有孳孳，而不知年数之不足，但自言其好学之笃耳。然深味之，则见其全体至极、纯亦不已之妙，有非圣人不能及者。盖凡夫子之自言类如此，学者宜致思焉。

7·19　子曰：“我非生而知之者，好古，敏以求之者也。”[①]

① 好，去声。　生而知之者，气质清明，义理昭著，不待学而知也。敏，速也，谓汲汲也。　尹氏曰：“孔子以生知之圣，每云好学者，非惟勉人也，盖生而可知者义理尔，若夫礼乐名物、古今事变，亦必待学而后有以验其实也。”

7·20　子不语：怪、力、乱、神。[①]

① 怪异、勇力、悖乱之事，非理之正，固圣人所不语。鬼神造化之迹，虽非不正，然非穷理之至，有未易明者，故亦不轻以语人也。　谢氏曰：“圣人语常而不语怪，语德而不语力，语治而不语乱，语人而不语神。”

7·21　子曰：“三人行，必有我师焉：择其善者而从之，其不善者而改之。”[①]

① 三人同行，其一我也。彼二人者，一善一恶，则我从其善而改其恶焉。是二人者，皆我师也。　尹氏曰：“见贤思齐，见不贤而内自省，则善恶皆我之师，进善其有穷乎？”

7·22　子曰：“天生德于予，桓魋其如予何？”[①]

① 魋，徒雷反。　桓魋，宋司马向魋也。出于桓公，故又称桓氏。魋欲害孔子，孔子言天既赋我以如是之德，则桓魋其奈我何？言必不能违天害己。

7·23　子曰：“二三子以我为隐乎？吾无隐乎尔。吾无行而不与二三子者，是丘也。”[①]

① 诸弟子以夫子之道高深不可几及，故疑其有隐，而不知圣人作、止、语、默无非教也，故夫子以此言晓之。与，犹示也。　程子曰：“圣人之道犹天然，门弟子亲炙而冀及之，然后知其高且远也。使诚以为不可及，则趋向之心不几于怠乎？故圣人之教，常俯而就之如此，非独使资质庸下者勉思企及，而才气高迈者亦不敢躐易而进也。”吕氏曰：“圣人体道无隐，与天象昭然，莫非至教。常以示人，而人自不察。”

7·24　子以四教：文、行、忠、信。[①]

① 行,去声。　程子曰:"教人以学文、修行而存忠、信也。"忠、信,本也。

7·25　子曰:"圣人,吾不得而见之矣;得见君子者,斯可矣。"① 子曰:"善人,吾不得而见之矣;得见有恒者,斯可矣。② 亡而为有,虚而为盈,约而为泰,难乎有恒矣。"③

① 圣人,神明不测之号。君子,才德出众之名。　② 恒,胡登反。　"子曰"字,疑衍文。恒,常久之意。张子曰:"有恒者,不贰其心。善人者,志于仁而无恶。"　③ 亡,读为无。　三者皆虚夸之事,凡若此者,必不能守其常也。张敬夫曰:"圣人、君子以学言,善人、有恒者以质言。"愚谓,有恒者之与圣人,高下固悬绝矣,然未有不自有恒而能至于圣者也。故章末申言有恒之义,其示人入德之门,可谓深切而著明矣。

7·26　子钓而不纲,弋不射宿。①

① 射,食亦反。　纲,以大绳属网,绝流而渔者也。弋,以生丝系矢而射也。宿,宿鸟。　洪氏曰:"孔子少贫贱,为养与祭,或不得已而钓弋,如猎较是也。然尽物取之,出其不意,亦不为也。此可见仁人之本心矣。待物如此,待人可知;小者如此,大者可知。"

7·27　子曰:"盖有不知而作之者,我无是也。多闻择其善者而从之,多见而识之。知之次也。"①

① 识,音志。　不知而作,不知其理而妄作也。孔子自言未尝妄作,盖亦谦辞,然亦可见其无所不知也。识,记也。所从不可不择,记则善恶皆当存之,以备参考。如此者虽未能实知其理,亦可以次于知之者也。

7·28　互乡难与言。童子见,门人惑。① 子曰:"与其进也,不与其退也,唯何甚?人洁己以进,与其洁也,不保其往也。"②

① 见,贤遍反。　互乡,乡名。其人习于不善,难与言善。惑者,疑夫子不当见之也。　② 疑此章有错简。"人洁"至"往也"十四字,当在"与其进也"之前。洁,修治也。与,许也。往,前日也。言人洁己而来,但许其能自洁耳,固不

能保其前日所为之善恶也；但许其进而来见耳，非许其既退而为不善也。盖不追其既往，不逆其将来，以是心至，斯受之耳。“唯”字上下，疑又有阙文，大抵亦不为已甚之意。　程子曰：“圣人待物之洪如此。”

7·29　子曰：“仁远乎哉？我欲仁，斯仁至矣。”①

① 仁者，心之德，非在外也。放而不求，故有以为远者；反而求之，则即此而在矣，夫岂远哉？　程子曰：“为仁由己，欲之则至，何远之有？”

7·30　陈司败问：“昭公知礼乎？”孔子曰：“知礼。”①孔子退，揖巫马期而进之，曰：“吾闻君子不党，君子亦党乎？君取于吴为同姓，谓之吴孟子。君而知礼，孰不知礼？”②巫马期以告。子曰：“丘也幸，苟有过，人必知之。”③

① 陈，国名。司败，官名，即司寇也。昭公，鲁君，名裯。习于威仪之节，当时以为知礼，故司败以为问，而孔子答之如此。　② 取，七住反。　巫马，姓；期，字；孔子弟子，名施。司败揖而进之也。相助匿非曰党。礼不娶同姓，而鲁与吴皆姬姓。谓之吴孟子者，讳之，使若宋女子姓者然。　③ 孔子不可自谓讳君之恶，又不可以娶同姓为知礼，故受以为过而不辞。　吴氏曰：“鲁盖夫子父母之国。昭公，鲁之先君也。司败又未尝显言其事，而遽以‘知礼’为问，其对之宜如此也。及司败以为有党，而夫子受以为过，盖夫子之盛德，无所不可也。然其受以为过也，亦不正言其所以过，初若不知孟子之事者，可以为万事之法矣。”

7·31　子与人歌而善，必使反之，而后和之。①

① 和，去声。　反，复也。必使复歌者，欲得其详而取其善也。而后和之者，喜得其详而与其善也。此见圣人气象从容，诚意恳至，而其谦逊审密，不掩人善又如此。盖一事之微，而众善之集，有不可胜既者焉。读者宜详味之。

7·32　子曰：“文，莫吾犹人也。躬行君子，则吾未之有得。”①

① 莫，疑辞。犹人，言不能过人，而尚可以及人。未之有得，则全未有得。皆自谦之辞，而足以见言行之难易缓急，欲人之勉其实也。　谢氏曰：“文，虽圣

人，无不与人同，故不逊；能躬行君子，斯可以入圣，故不居。犹言‘君子道者三，我无能焉’。”

7·33　子曰：“若圣与仁，则吾岂敢？抑为之不厌，诲人不倦，则可谓云尔已矣。”公西华曰：“正唯弟子不能学也。”①

① 此亦夫子之谦辞也。圣者，大而化之。仁，则心德之全而人道之备也。为之，谓为仁圣之道。诲人，亦谓以此教人也。然不厌不倦，非己有之则不能，所以弟子不能学也。　晁氏曰：“当时有称夫子圣且仁者，以故夫子辞之。苟辞之而已焉，则无以进天下之材，率天下之善，将使圣与仁为虚器，而人终莫能至矣。故夫子虽不居仁圣，而必以为之不厌、诲人不倦自处也。‘可谓云尔已矣’者，无他之辞也。公西华仰而叹之，其亦深知夫子之意矣。”

7·34　子疾病，子路请祷。子曰：“有诸？”子路对曰：“有之。《诔》曰：‘祷尔于上下神祇。’”子曰：“丘之祷久矣。”①

① 诔，力轨反。　祷，谓祷于鬼神。有诸，问有此理否。诔者，哀死而述其行之辞也。上下，谓天地。天曰神，地曰祇。祷者，悔过迁善以祈神之佑也。无其理则不必祷。既曰有之，则圣人未尝有过，无善可迁，其素行固已合于神明，故曰：“丘之祷久矣。”又《士丧礼》，疾病行祷五祀，盖臣子迫切之至情有不能自已者，初不请于病者而后祷也。故孔子之于子路，不直拒之，而但告以无所事祷之意。

7·35　子曰：“奢则不孙，俭则固。与其不孙也，宁固。”①

① 孙，去声。　孙，顺也。固，陋也。奢、俭俱失中，而奢之害大。　晁氏曰：“不得已而救时之弊也。”

7·36　子曰：“君子坦荡荡，小人长戚戚。”①

① 坦，平也。荡荡，宽广貌。程子曰：“君子循理，故常舒泰；小人役于物，故多忧戚。”　程子曰：“君子坦荡荡，心广体胖。”

7·37　子温而厉，威而不猛，恭而安。①

① 厉，严肃也。人之德性，本无不备，而气质所赋，鲜有不偏。惟圣人全体浑然，阴阳合德，故其中和之气见于容貌之间者如此。门人熟察而详记之，亦可见其用心之密矣。抑非知足以知圣人而善言德行者不能记，故程子以为曾子之言。学者所宜反复而玩心也。

泰伯第八

凡二十一章。

8·1　子曰："泰伯，其可谓至德也已矣！三以天下让，民无得而称焉。"①

① 泰伯，周大王之长子。至德，谓德之至极，无以复加者也。三让，谓固逊也。无得而称，其逊隐微，无迹可见也。盖大王三子：长泰伯，次仲雍，次季历。大王之时，商道寖衰，而周日强大。季历又生子昌，有圣德。大王因有翦商之志，而泰伯不从，大王遂欲传位季历以及昌。泰伯知之，即与仲雍逃之荆蛮。于是大王乃立季历，传国至昌，而三分天下有其二，是为文王。文王崩，子发立，遂克商而有天下，是为武王。夫以泰伯之德，当商、周之际，固足以朝诸侯、有天下矣，乃弃不取而又泯其迹焉，则其德之至极为何如哉！盖其心即夷、齐扣马之心，而事之难处有甚焉者，宜夫子之叹息而赞美之也。泰伯不从，事见《春秋传》。

8·2　子曰："恭而无礼则劳，慎而无礼则葸，勇而无礼则乱，直而无礼则绞。①君子笃于亲，则民兴于仁；故旧不遗，则民不偷。"②

① 葸，丝里反。绞，古卯反。　葸，畏惧貌。绞，急切也。无礼则无节文，故有四者之弊。　② 君子，谓在上之人也。兴，起也。偷，薄也。　张子曰："人道知所先后，则恭不劳、慎不葸、勇不乱、直不绞，民化而德厚矣。"　吴氏曰："'君子'以下，当自为一章，乃曾子之言也。"愚按，此一节与上文不相蒙，而与首篇"慎终追远"之意相类。吴说近是。

8·3　曾子有疾，召门弟子曰："启予足！启予手！《诗》

云：'战战兢兢，如临深渊，如履薄冰。'而今而后，吾知免夫！小子！"①

① 夫，音扶。　启，开也。曾子平日以为身体受于父母，不敢毁伤，故于此使弟子开其衾而视之。《诗》，《小旻》之篇。战战，恐惧。兢兢，戒谨。临渊，恐坠；履冰，恐陷也。曾子以其所保之全示门人，而言其所以保之之难如此；至于将死，而后知其得免于毁伤也。小子，门人也。语毕而又呼之，以致反复丁宁之意，其警之也深矣。　程子曰："君子曰终，小人曰死。君子保其身以没，为终其事也，故曾子以全归为免矣。"尹氏曰："父母全而生之，子全而归之。曾子临终而启手足，为是故也。非有得于道，能如是乎？"范氏曰："身体犹不可亏也，况亏其行以辱其亲乎？"

8·4　曾子有疾，孟敬子问之。①曾子言曰："鸟之将死，其鸣也哀；人之将死，其言也善。②君子所贵乎道者三：动容貌，斯远暴慢矣；正颜色，斯近信矣；出辞气，斯远鄙倍矣。笾豆之事，则有司存。"③

① 孟敬子，鲁大夫仲孙氏，名捷。问之者，问其疾也。　② 言，自言也。鸟畏死，故鸣哀。人穷反本，故言善。此曾子之谦辞，欲敬子知其所言之善而识之也。　③ 远、近，并去声。　贵，犹重也。容貌，举一身而言，暴，粗厉也。慢，放肆也。信，实也。正颜色而近信，则非色庄也。辞，言语。气，声气也。鄙，凡陋也。倍，与背同，谓背理也。笾，竹豆。豆，木豆。言道虽无所不在，然君子所重者，在此三事而已。是皆修身之要、为政之本，学者所当操存省察，而不可有造次、颠沛之违者也。若夫笾豆之事，器数之末，道之全体固无不该，然其分则有司之守，而非君子之所重矣。　程子曰："动容貌，举一身而言也。周旋中礼，暴慢斯远矣。正颜色则不妄，斯近信矣。出辞气，正由中出，斯远鄙倍。三者正身而不外求，故曰'笾豆之事则有司存'。"尹氏曰："养于中则见于外，曾子盖以修己为为政之本。若乃器用事物之细，则有司存焉。"

8·5　曾子曰："以能问于不能，以多问于寡；有若无，实若虚，犯而不校：昔者吾友尝从事于斯矣。"①

① 校，计校也。友，马氏以为颜渊是也。颜子之心，惟知义理之无穷，不见

物我之有间，故能如此。　谢氏曰："不知有馀在己，不足在人，不必得为在己，失为在人。非几于无我者不能也。"

8·6　曾子曰："可以托六尺之孤，可以寄百里之命，临大节而不可夺也。君子人与？君子人也。"①

① 与，平声。　其才可以辅幼君、摄国政，其节至于死生之际而不可夺，可谓君子矣。与，疑辞。也，决辞。设为问答，所以深著其必然也。　程子曰："节操如是，可谓君子矣。"

8·7　曾子曰："士不可以不弘毅，任重而道远。①仁以为己任，不亦重乎？死而后已，不亦远乎？"②

① 弘，宽广也。毅，强忍也。非弘不能胜其重，非毅无以致其远。　② 仁者，人心之全德。而必欲以身体而力行之，可谓重矣。一息尚存，此志不容少懈，可谓远矣。　程子曰："弘而不毅，则无规矩而难立；毅而不弘，则隘陋而无以居之。"又曰："弘大刚毅，然后能胜重任而远到。"

8·8　子曰："兴于《诗》，①立于礼，②成于乐。"③

① 兴，起也。《诗》本性情，有邪有正，其为言既易知，而吟咏之间，抑扬反复，其感人又易入。故学者之初，所以兴起其好善恶恶之心而不能自已者，必于此而得之。　② 礼以恭敬辞逊为本，而有节文度数之详，可以固人肌肤之会、筋骸之束。故学者之中，所以能卓然自立，而不为事物之所摇夺者，必于此而得之。　③ 乐有五声十二律，更唱迭和，以为歌舞八音之节，可以养人之性情，而荡涤其邪秽，消融其渣滓。故学者之终，所以至于义精仁熟而自和顺于道德者，必于此而得之。是学之成也。　按《内则》，十岁学幼仪，十三学乐诵《诗》，二十而后学礼。则此三者，非小学传授之次，乃大学终身所得之难易、先后、浅深也。程子曰："天下之英才不为少矣，特以道学不明，故不得有所成就。夫古人之诗，如今之歌曲，虽闾里童稚，皆习闻之而知其说，故能兴起。今虽老师宿儒，尚不能晓其义，况学者乎？是不得兴于《诗》也。古人自洒扫应对，以至冠、昏、丧、祭，莫不有礼。今皆废坏，是以人伦不明，治家无法。是不得立于礼也。古人之乐，声音所以养其耳，采色所以养其目，歌咏所以养其性情，舞蹈所以养其血脉。今皆无之，是不得成于乐也。是以古之成材也易，今之成材也难。"

8·9　子曰："民可使由之，不可使知之。"①

① 民可使之由于是理之当然，而不能使之知其所以然也。　程子曰："圣人设教，非不欲人家喻而户晓也，然不能使之知，但能使之由之尔。若曰圣人不使民知，则是后世朝四暮三之术也，岂圣人之心乎？"

8·10　子曰："好勇疾贫，乱也。人而不仁，疾之已甚，乱也。"①

① 好，去声。　好勇而不安分，则必作乱。恶不仁之人而使之无所容，则必致乱。二者之心，善恶虽殊，然其生乱则一也。

8·11　子曰："如有周公之才之美，使骄且吝，其馀不足观也已。"①

① 才美，谓智能技艺之美。骄，矜夸。吝，鄙啬也。　程子曰："此甚言骄、吝之不可也。盖有周公之德，则自无骄、吝；若但有周公之才而骄、吝焉，亦不足观矣。"又曰："骄，气盈。吝，气歉。"愚谓，骄、吝虽有盈歉之殊，然其势常相因。盖骄者吝之枝叶，吝者骄之本根。故尝验之天下之人，未有骄而不吝，吝而不骄者也。

8·12　子曰："三年学，不至于谷，不易得也。"①

① 易，去声。　谷，禄也。至，疑当作志。为学之久，而不求禄，如此之人，不易得也。　杨氏曰："虽子张之贤，犹以干禄为问，况其下者乎？然则三年学而不至于谷，宜不易得也。"

8·13　子曰："笃信好学，守死善道。①危邦不入，乱邦不居。天下有道则见，无道则隐。②邦有道，贫且贱焉，耻也；邦无道，富且贵焉，耻也。"③

① 好，去声。　笃，厚而力也。不笃信，则不能好学，然笃信而不好学，则所信或非其正。不守死，则不能以善其道；然守死而不足以善其道，则亦徒死而已。盖守死者笃信之效，善道者好学之功。　② 见，贤遍反。　君子见危授命，则仕危邦者无可去之义，在外则不入可也。乱邦未危，而刑政纪纲紊矣，故洁其身

而去之。天下，举一世而言。无道，则隐其身而不见也。此惟笃信好学、守死善道者能之。 ③ 世治而无可行之道，世乱而无能守之节，碌碌庸人，不足以为士矣，可耻之甚也。 晁氏曰："有学有守，而去就之义洁，出处之分明，然后为君子之全德也。"

8·14 子曰："不在其位，不谋其政。"①

① 程子曰："不在其位，则不任其事也。若君大夫问而告者，则有矣。"

8·15 子曰："师挚之始，《关雎》之乱，洋洋乎盈耳哉！"①

① 挚，音至。雎，七余反。 师挚，鲁乐师，名挚也。乱，乐之卒章也。《史记》曰："《关雎》之乱以为风始。"洋洋，美盛意。孔子自卫反鲁而正乐，适师挚在官之初，故乐之美盛如此。

8·16 子曰："狂而不直，侗而不愿，悾悾而不信，吾不知之矣。"①

① 侗，音通。悾，音空。 侗，无知貌。愿，谨厚也。悾悾，无能貌。"吾不知之"者，甚绝之之辞，亦不屑之教诲也。 苏氏曰："天之生物，气质不齐，其中材以下，有是德则有是病。有是病必有是德，故马之蹄啮者必善走，其不善者必驯。有是病而无是德，则天下之弃才也。"

8·17 子曰："学如不及，犹恐失之。"①

① 言人之为学，既如有所不及矣，而其心犹竦然，惟恐其或失之，警学者当如是也。 程子曰："学如不及，犹恐失之，不得放过，才说姑待明日，便不可也。"

8·18 子曰："巍巍乎！舜、禹之有天下也，而不与焉。"①

① 与，去声。 巍巍，高大之貌。不与，犹言不相关。言其不以位为乐也。

8·19 子曰："大哉尧之为君也！巍巍乎！唯天为大，唯尧则之。荡荡乎，民无能名焉。①巍巍乎其有成功也，焕乎其有文章！"②

① 唯，犹独也。则，犹准也。荡荡，广远之称也。言物之高大，莫有过于天者，而独尧之德能与之准。故其德之广远，亦如天之不可以言语形容也。
② 成功，事业也。焕，光明之貌。文章，礼乐法度也。尧之德不可名，其可见者此尔。　尹氏曰："天道之大，无为而成。唯尧则之以治天下，故民无得而名焉。所可名者，其功业文章巍然焕然而已。"

8·20　舜有臣五人而天下治。① 武王曰："予有乱臣十人。"② 孔子曰："才难，不其然乎？唐、虞之际，于斯为盛。有妇人焉，九人而已。③ 三分天下有其二，以服事殷，周之德，其可谓至德也已矣。"④

① 治，去声。　五人，禹、稷、契、皋陶、伯益。　②《书·泰誓》之辞。马氏曰："乱，治也。"十人，谓周公旦、召公奭、太公望、毕公、荣公、太颠、闳夭、散宜生、南宫适，其一人谓文母。刘侍读以为子无臣母之义，盖邑姜也。九人治外，邑姜治内。或曰："乱，本作𤔔，古治字也。"　③ 称孔子者，上系武王君臣之际，记者谨之。才难，盖古语，而孔子然之也。才者，德之用也。唐、虞，尧、舜有天下之号。际，交会之间。言周室人才之多，惟唐、虞之际乃盛于此。降自夏、商，皆不能及，然犹但有此数人尔，是才之难得也。　④《春秋传》曰："文王率商之畔国以事纣。"盖天下归文王者六州，荆、梁、雍、豫、徐、扬也。惟青、兖、冀尚属纣耳。范氏曰："文王之德，足以代商。天与之，人归之，乃不取而服事焉，所以为至德也。孔子因武王之言而及文王之德，且与泰伯皆以'至德'称之，其指微矣。"或曰："宜断'三分'以下，别以'孔子曰'起之，而自为一章。"

8·21　子曰："禹，吾无间然矣。菲饮食而致孝乎鬼神，恶衣服而致美乎黻冕，卑宫室而尽力乎沟洫。禹，吾无间然矣！"①

① 间，去声。菲，音匪。黻，音弗。洫，呼域反。　间，罅隙也，谓指其罅隙而非议之也。菲，薄也。致孝鬼神，谓享祀丰洁。衣服，常服。黻，蔽膝也，以韦为之。冕，冠也。皆祭服也。沟洫，田间水道，以正疆界、备旱潦者也。或丰或俭，各适其宜，所以无罅隙之可议也，故再言以深美之。　杨氏曰："薄于自奉，而所勤者民之事，所致饰者宗庙朝廷之礼，所谓'有天下而不与'也。夫何间然之有？"

子罕第九

凡三十章。

9·1　子罕言利与命与仁。①

① 罕，少也。程子曰："计利则害义，命之理微，仁之道大，皆夫子所罕言也。"

9·2　达巷党人曰："大哉，孔子！博学而无所成名。"①子闻之，谓门弟子曰："吾何执？执御乎？执射乎？吾执御矣。"②

① 达巷，党名。其人姓名不传。博学无所成名，盖美其学之博而惜其不成一艺之名也。　② 执，专执也。射、御皆一艺，而御为人仆，所执尤卑。言欲使我何所执以成名乎？然则吾将执御矣。闻人誉己，承之以谦也。　尹氏曰："圣人道全而德备，不可以偏长目之也。达巷党人见孔子之大，意其所学者博，而惜其不以一善得名于世，盖慕圣人而不知者也。故孔子曰：'欲使我何所执而得为名乎？然则吾将执御矣。'"

9·3　子曰："麻冕，礼也；今也纯，俭。吾从众。①拜下，礼也；今拜乎上，泰也。虽违众，吾从下。"②

① 麻冕，缁布冠也。纯，丝也。俭，谓省约。缁布冠，以三十升布为之，升八十缕，则其经二千四百缕矣。细密难成，不如用丝之省约。　② 臣与君行礼，当拜于堂下。君辞之，乃升成拜。泰，骄慢也。　程子曰："君子处世，事之无害于义者，从俗可也；害于义，则不可从也。"

9·4　子绝四：毋意，毋必，毋固，毋我。①

① 绝，无之尽者。毋，《史记》作"无"是也。意，私意也。必，期必也。固，执滞也。我，私己也。四者相为终始，起于意，遂于必，留于固，而成于我也。盖意、必常在事前，固、我常在事后，至于我又生意，则物欲牵引，循环不穷矣。　程子曰："此'毋'字，非禁止之辞。圣人绝此四者，何用禁止？"张子曰："四者有一焉，则与天地不相似。"杨氏曰："非知足以知圣人，详视而默识之，不足以记此。"

9·5　子畏于匡，①曰："文王既没，文不在兹乎？②天之将丧斯文也，后死者不得与于斯文也；天之未丧斯文也，匡人其如予何？"③

① 畏者，有戒心之谓。匡，地名。《史记》云："阳虎曾暴于匡，夫子貌似阳虎，故匡人围之。"　② 道之显者谓之文，盖礼乐制度之谓。不曰道而曰文，亦谦辞也。兹，此也，孔子自谓。　③ 丧、与，并去声。　马氏曰："文王既没，故孔子自谓后死者。言天若欲丧此文，则必不使我得与于此文；今我既得与于此文，则是天未欲丧此文也。天既未欲丧此文，则匡人其奈我何？言必不能违天害己也。"

9·6　大宰问于子贡曰："夫子圣者与？何其多能也？"①子贡曰："固天纵之将圣，又多能也。"②子闻之，曰："大宰知我乎！吾少也贱，故多能鄙事。君子多乎哉？不多也。"③牢曰："子云：'吾不试，故艺。'"④

① 大，音泰。与，平声。　孔氏曰："大宰，官名。或吴或宋，未可知也。"与者，疑辞。大宰盖以多能为圣也。　② 纵，犹肆也，言不为限量也。将，殆也，谦若不敢知之辞。圣无不通，多能乃其馀事，故言"又"以兼之。　③ 言由少贱故多能，而所能者鄙事尔，非以圣而无不通也。且多能非所以率人，故又言君子不必多能以晓之。　④ 牢，孔子弟子，姓琴，字子开，一字子张。试，用也。言由不为世用，故得以习于艺而通之。　吴氏曰："弟子记夫子此言之时，子牢因言昔之所闻有如此者。其意相近，故并记之。"

9·7　子曰："吾有知乎哉？无知也。有鄙夫问于我，空空如也，我叩其两端而竭焉。”①

① 叩，音口。　孔子谦言己无知识，但其告人，虽于至愚，不敢不尽耳。叩，发动也。两端，犹言两头。言终始、本末、上下、精粗，无所不尽。　程子曰：“圣人之教人，俯就之若此，犹恐众人以为高远而不亲也。圣人之道，必降而自卑，不如此则人不亲。贤人之言，则引而自高，不如此则道不尊。观于孔子、孟子，则可见矣。”尹氏曰：“圣人之言，上下兼尽。即其近，众人皆可与知；极其至，则虽圣人亦无以加焉。是之谓两端。如答樊迟之问仁、知，两端竭尽，无馀蕴矣。若夫语上而遗下，语理而遗物，则岂圣人之言哉？”

9·8　子曰：“凤鸟不至，河不出图，吾已矣夫！”①

① 夫，音扶。　凤，灵鸟，舜时来仪，文王时鸣于岐山。河图，河中龙马负图，伏羲时出。皆圣王之瑞也。已，止也。　张子曰：“凤至图出，文明之祥。伏羲、舜、文之瑞不至，则夫子之文章，知其已矣。”

9·9　子见齐衰者、冕衣裳者与瞽者，见之，虽少，必作；过之，必趋。①

① 齐，音咨。衰，七雷反。少，去声。　齐衰，丧服。冕，冠也。衣，上服。裳，下服。冕而衣裳，贵者之盛服也。瞽，无目者。作，起也。趋，疾行也。或曰：“少，当作坐。”　范氏曰：“圣人之心，哀有丧，尊有爵，矜不成人。其作与趋，盖有不期然而然者。”尹氏曰：“此圣人之诚心，内外一者也。”

9·10　颜渊喟然叹曰：“仰之弥高，钻之弥坚。瞻之在前，忽焉在后。①夫子循循然善诱人，博我以文，约我以礼，②欲罢不能。既竭吾才，如有所立卓尔。虽欲从之，末由也已。”③

① 喟，苦位反。钻，祖官反。　喟，叹声。仰弥高，不可及。钻弥坚，不可入。在前在后，恍惚不可为象。此颜渊深知夫子之道无穷尽、无方体，而叹之也。

② 循循，有次序貌。诱，引进也。博文、约礼，教之序也。言夫子道虽高妙，而教人有序也。侯氏曰：“博我以文，致知格物也。约我以礼，克己复礼也。”程子曰：“此颜子称圣人最切当处。圣人教人，惟此二事而已。”　③ 卓，立貌。末，

无也。此颜子自言其学之所至也。盖悦之深而力之尽，所见益亲，而又无所用其力也。吴氏曰："所谓卓尔，亦在乎日用行事之间，非所谓窈冥昏默者。"程子曰："到此地位，功夫尤难，直是峻绝，又大段著力不得。"杨氏曰："自可欲之为谓善，充而至于大，力行之积也。大而化之，则非力行所及矣。此颜子所以未达一间也。"　程子曰："此颜子所以为深知孔子而善学之者也。"胡氏曰："无上事而喟然叹，此颜子学既有得，故述其先难之故、后得之由，而归功于圣人也。高、坚、前、后，语道体也。仰、钻、瞻、忽，未领其要也。惟夫子循循善诱，先博我以文，使我知古今，达事变；然后约我以礼，使我尊所闻，行所知。如行者之赴家、食者之求饱，是以欲罢而不能，尽心尽力，不少休废。然后见夫子所立之卓然，虽欲从之，末由也已。是盖不怠所从，必欲至乎卓立之地也。抑斯叹也，其在'请事斯语'之后，'三月不违'之时乎？"

9·11　子疾病，子路使门人为臣。①病间，曰："久矣哉，由之行诈也！无臣而为有臣，吾谁欺？欺天乎？②且予与其死于臣之手也，无宁死于二三子之手乎？且予纵不得大葬，予死于道路乎？"③

① 夫子时已去位，无家臣。子路欲以家臣治其丧，其意实尊圣人，而未知所以尊也。　② 间，如字。　病间，少差也。病时不知，既差乃知其事，故言我之不当有家臣，人皆知之，不可欺也。而为有臣，则是欺天而已。人而欺天，莫大之罪。引以自归，其责子路深矣。　③ 无宁，宁也。大葬，谓君臣礼葬。死于道路，谓弃而不葬。又晓之以不必然之故。　范氏曰："曾子将死，起而易箦，曰：'吾得正而毙焉，斯已矣。'子路欲尊夫子，而不知无臣之不可为有臣，是以陷于行诈，罪至欺天。君子之于言动，虽微不可不谨。夫子深惩子路，所以警学者也。"杨氏曰："非知至而意诚，则用智自私，不知行其所无事，往往自陷于行诈欺天而莫之知也。其子路之谓乎？"

9·12　子贡曰："有美玉于斯，韫椟而藏诸？求善贾而沽诸？"子曰："沽之哉！沽之哉！我待贾者也。"①

① 韫，纡粉反。椟，徒木反。贾，音嫁。　韫，藏也。椟，匮也。沽，卖也。子贡以孔子有道不仕，故设此二端以问也。孔子言固当卖之，但当待贾，而不当求之耳。　范氏曰："君子未尝不欲仕也，又恶不由其道。士之待礼，犹玉之待贾

也。若伊尹之耕于野，伯夷太公之居于海滨，世无成汤、文王，则终焉而已，必不枉道以从人，衒玉而求售也。”

9·13　子欲居九夷。[①] 或曰：“陋，如之何？”子曰：“君子居之，何陋之有？”[②]

① 东方之夷有九种。欲居之者，亦“乘桴浮海”之意。　② 君子所居则化，何陋之有？

9·14　子曰：“吾自卫反鲁，然后乐正，《雅》、《颂》各得其所。”[①]

① 鲁哀公十一年冬，孔子自卫反鲁。是时周礼在鲁，然《诗》乐亦颇残缺失次。孔子周流四方，参互考订，以知其说。晚知道终不行，故归而正之。

9·15　子曰：“出则事公卿，入则事父兄，丧事不敢不勉，不为酒困，何有于我哉？”[①]

① 说见第七篇，然此则其事愈卑而意愈切矣。

9·16　子在川上，曰：“逝者如斯夫！不舍昼夜。”[①]

① 夫，音扶。舍，上声。　天地之化，往者过，来者续，无一息之停，乃道体之本然也。然其可指而易见者，莫如川流。故于此发以示人，欲学者时时省察，而无毫发之间断也。　程子曰：“此道体也，天运而不已，日往则月来，寒往则暑来，水流而不息，物生而不穷，皆与道为体，运乎昼夜，未尝已也。是以君子法之，自强不息。及其至也，纯亦不已焉。”又曰：“自汉以来，儒者皆不识此义。此见圣人之心，纯亦不已也。纯亦不已，乃天德也。有天德，便可语王道，其要只在谨独。”愚按，自此至终篇，皆勉人进学不已之辞。

9·17　子曰：“吾未见好德如好色者也。”[①]

① 好，去声。　谢氏曰：“好好色，恶恶臭，诚也。好德如好色，斯诚好德矣，然民鲜能之。”《史记》：“孔子居卫，灵公与夫人同车，使孔子为次乘，招摇市过之。”孔子丑之，故有是言。

9·18　子曰："譬如为山，未成一篑，止，吾止也。譬如平地，虽覆一篑，进，吾往也。"①

① 篑，求位反。覆，芳服反。　篑，土笼也。《书》曰："为山九仞，功亏一篑。"夫子之言，盖出于此。言山成而但少一篑，其止者，吾自止耳；平地而方覆一篑，其进者，吾自往耳。盖学者自强不息，则积少成多；中道而止，则前功尽弃。其止其往，皆在我而不在人也。

9·19　子曰："语之而不惰者，其回也与！"①

① 语，去声。与，平声。　惰，懈怠也。范氏曰："颜子闻夫子之言，而心解力行，造次、颠沛未尝违之。如万物得时雨之润，发荣滋长，何有于惰？此群弟子所不及也。"

9·20　子谓颜渊，曰："惜乎！吾见其进也，未见其止也。"①

① 进、止二字，说见上章。颜子既死而孔子惜之，言其方进而未已也。

9·21　子曰："苗而不秀者有矣夫！秀而不实者有矣夫！"①

① 夫，音扶。　谷之始生曰苗，吐华曰秀，成谷曰实。盖学而不至于成，有如此者，是以君子贵自勉也。

9·22　子曰："后生可畏，焉知来者之不如今也？四十、五十而无闻焉，斯亦不足畏也已。"①

① "焉知"之焉，於虔反。　孔子言后生年富力强，足以积学而有待，其势可畏，安知其将来不如我之今日乎？然或不能自勉，至于老而无闻，则不足畏矣。言此以警人，使及时勉学也。曾子曰："五十而不以善闻，则不闻矣。"盖述此意。　尹氏曰："少而不勉，老而无闻，则亦已矣。自少而进者，安知其不至于极乎？是可畏也。"

9·23　子曰："法语之言，能无从乎？改之为贵。巽与之言，能无说乎？绎之为贵。说而不绎，从而不改，吾末如之何也已矣。”①

① 法语者，正言之也。巽言者，婉而导之也。绎，寻其绪也。法言人所敬惮，故必从；然不改，则面从而已。巽言无所乘忤，故必说；然不绎，则又不足以知其微意之所在也。　杨氏曰：“法言，若孟子论行王政之类是也。巽言，若其论好货、好色之类是也。语之而不达，拒之而不受，犹之可也。其或喻焉，则尚庶几其能改、绎矣。从且说矣，而不改、绎焉，则是终不改、绎也已，虽圣人其如之何哉？”

9·24　子曰：“主忠信，毋友不如己者，过则勿惮改。”①

① 重出而逸其半。

9·25　子曰：“三军可夺帅也，匹夫不可夺志也。”①

① 侯氏曰：“三军之勇在人，匹夫之志在己。故帅可夺而志不可夺，如可夺，则亦不足谓之志矣。”

9·26　子曰：“衣敝缊袍，与衣狐貉者立，而不耻者，其由也与？①‘不忮不求，何用不臧？’”②子路终身诵之。子曰：“是道也，何足以臧？”③

① 衣，去声。缊，纡粉反。貉，胡各反。与，平声。　敝，坏也。缊，枲著也。袍，衣有著者也，盖衣之贱者。衣狐貉，以狐貉之皮为裘，衣之贵者。子路之志如此，则能不以贫富动其心，而可以进于道矣，故夫子称之。　② 忮，之豉反。忮，害也。求，贪也。臧，善也。言能不忮不求，则何为不善乎？此《卫风·雄雉》之诗，孔子引之，以美子路也。吕氏曰：“贫与富交，强者必忮，弱者必求。”　③ 终身诵之，则自喜其能，而不复求进于道矣，故夫子复言此以警之。　谢氏曰：“耻恶衣恶食，学者之大病。善心不存，盖由于此。子路之志如此，其过人远矣。然以众人而能此，则可以为善矣；子路之贤，宜不止此。而终身诵之，则非所以进于日新也，故激而进之。”

9·27　子曰：“岁寒，然后知松柏之后凋也。”①

① 范氏曰：“小人之在治世，或与君子无异。惟临利害、遇事变，然后君子之

所守可见也。” 谢氏曰：“士穷见节义，世乱识忠臣。欲学者必周于德。”

9·28 子曰：“知者不惑，仁者不忧，勇者不惧。”①

① 明足以烛理，故不惑；理足以胜私，故不忧；气足以配道义，故不惧。此学之序也。

9·29 子曰：“可与共学，未可与适道；可与适道，未可与立；可与立，未可与权。”①

① 可与者，言其可与共为此事也。程子曰：“可与共学，知所以求之也。可与适道，知所往也。可与立者，笃志固执而不变也。权，秤锤也，所以称物而知轻重者也。可与权，谓能权轻重、使合义也。 杨氏曰：“知为己，则可与共学矣。学足以明善，然后可与适道。信道笃，然后可与立。知时措之宜，然后可与权。”洪氏曰：“《易》九卦，终于《巽》以行权，权者，圣人之大用。未能立而言权，犹人未能立而欲行，鲜不仆矣。”程子曰：“汉儒以反经合道为权，故有‘权变’、‘权术’之论，皆非也。权只是经也。自汉以下，无人识权字。”愚按，先儒误以此章连下文“偏其反而”为一章，故有反经合道之说。程子非之，是矣。然以《孟子》“嫂溺，援之以手”之义推之，则权与经，亦当有辨。

9·30 “唐棣之华，偏其反而。岂不尔思？室是远而。”①子曰：“未之思也。夫何远之有？”②

① 棣，大计反。 唐棣，郁李也。偏，《晋书》作翩。然则反亦当与翻同，言华之摇动也。而，语助也。此逸诗也。于六义属兴。上两句无意义，但以起下两句之辞耳。其所谓“尔”，亦不知其何所指也。 ② 夫，音扶。 夫子借其言而反之，盖前篇“仁远乎哉”之意。 程子曰：“圣人未尝言易以骄人之志，亦未尝言难以阻人之进。但曰：‘未之思也，夫何远之有？’此言极有涵蓄，意思深远。”

乡党第十

杨氏曰："圣人之所谓道者，不离乎日用之间也。故夫子之平日，一动一静，门人皆审视而详记之。"尹氏曰："甚矣，孔门诸子之嗜学也！于圣人之容色言动，无不谨书而备录之，以贻后世。今读其书，即其事，宛然如圣人之在目也。虽然，圣人岂拘拘而为之者哉？盖盛德之至，动容周旋，自中乎礼耳。学者欲潜心于圣人，宜于此求焉。"旧说凡一章，今分为十七节（按：实为十八节，有人认为其中"入太庙，每事问"一节，朱熹认为与《八佾篇》重出，故称十七节）。

10·1　孔子于乡党，恂恂如也，似不能言者。①其在宗庙朝廷，便便言，唯谨尔。②

① 恂，相伦反。　恂恂，信实之貌。似不能言者，谦卑逊顺，不以贤知先人也。乡党，父兄宗族之所在，故孔子居之，其容貌辞气如此。　② 朝，直遥反，下同。便，旁连反。　便便，辩也。宗庙，礼法之所在。朝廷，政事之所出。言不可以不明辨，故必详问而极言之，但谨而不放尔。　此一节，记孔子在乡党、宗庙、朝廷言貌之不同。

10·2　朝，与下大夫言，侃侃如也；与上大夫言，訚訚如也。①君在，踧踖如也，与与如也。②

① 侃，苦旦反。訚，鱼巾反。　此君未视朝时也。《王制》：诸侯上大夫卿，下大夫五人。许氏《说文》："侃侃，刚直也"。"訚訚，和悦而诤也。"　② 踧，子六反。踖，子亦反。与，平声，或如字。　君在，视朝也。踧踖，恭敬不宁之貌。与与，威仪中适之貌。张子曰："与与，不忘向君也。"亦通。　此一节，记孔子在朝廷事上接下之不同也。

10·3 君召使摈，色勃如也，足躩如也。[①]揖所与立，左右手。衣前后，襜如也。[②]趋进，翼如也。[③]宾退，必复命曰："宾不顾矣。"[④]

① 摈，必刃反。躩，驱若反。 摈，主国之君所使出接宾者。勃，变色貌。躩，盘辟貌。皆敬君命故也。 ② 襜，赤占反。 所与立，谓同为摈者也。摈用命数之半，如上公九命，则用五人以次传命。揖左人，则左其手；揖右人，则右其手。襜，整貌。 ③ 疾趋而进，张拱端好，如鸟舒翼。 ④ 纾君敬也。此一节，记孔子为君摈相之容。

10·4 入公门，鞠躬如也，如不容。[①]立不中门，行不履阈。[②]过位，色勃如也，足躩如也，其言似不足者。[③]摄齐升堂，鞠躬如也，屏气似不息者。[④]出，降一等，逞颜色，怡怡如也。没阶，趋，翼如也。复其位，踧踖如也。[⑤]

① 鞠躬，曲身也。公门高大而若不容，敬之至也。 ② 阈，于逼反。 中门，中于门也。谓当枨阑之间，君出入处也。阈，门限也。礼：士大夫出入君门，由阑右，不践阈。谢氏曰："立中门则当尊，行履阈则不恪。" ③ 位，君之虚位。谓门屏之间，人君宁立之处，所谓宁也，君虽不在，过之必敬，不敢以虚位而慢之也。言似不足，不敢肆也。 ④ 齐，音咨。 摄，抠也。齐，衣下缝也。礼：将升堂，两手抠衣，使去地尺，恐蹑之而倾跌失容也。屏，藏也。息，鼻息出入者也。近至尊，气容肃也。 ⑤ 陆氏曰："'趋'下本无'进'字。俗本有之，误也。" 等，阶之级也。逞，放也。渐远所尊，舒气解颜。怡怡，和悦也。没阶，下尽阶也。趋，走就位也。复位踧踖，敬之馀也。 此一节，记孔子在朝之容。

10·5 执圭，鞠躬如也，如不胜。上如揖，下如授。勃如战色，足蹜蹜，如有循。[①]享礼，有容色。[②]私觌，愉愉如也。[③]

① 胜，平声。蹜，色六反。 圭，诸侯命圭。聘问邻国，则使大夫执以通信。如不胜，执主器，执轻如不克，敬谨之至也。"上如揖，下如授"，谓执圭平衡，手与心齐，高不过揖，卑不过授也。战色，战而色惧也。蹜蹜，举足促狭也。如有循，《记》所谓举前曳踵，言行不离地，如缘物也。 ② 享，献也。既聘而享，用圭璧，为庭实，有容色，和也。《仪礼》曰："发气满容。" ③ 私觌，以私礼见也。

愉愉，则又和矣。 此一节，记孔子为君聘于邻国之礼也。晁氏曰："孔子，定公九年仕鲁，至十三年适齐，其间绝无朝聘往来之事。疑'使摈'、'执圭'两条，但孔子尝言其礼当如此尔。"

10·6 君子不以绀緅饰。① 红紫不以为亵服。② 当暑，袗絺绤，必表而出之。③ 缁衣羔裘，素衣麑裘，黄衣狐裘。④ 亵裘长。短右袂。⑤ 必有寝衣，长一身有半。⑥ 狐貉之厚以居。⑦ 去丧，无所不佩。⑧ 非帷裳，必杀之。⑨ 羔裘玄冠不以吊。⑩ 吉月，必朝服而朝。⑪

① 绀，古暗反。緅，侧由反。 君子，谓孔子。绀，深青扬赤色，齐服也。緅，绛色。三年之丧，以饰练服也。饰，领缘也。 ② 红紫，间色不正，且近于妇人女子之服也。亵服，私居服也。言此则不以为朝祭之服可知。 ③ 袗，单也。葛之精者曰絺，粗者曰绤。表而出之，谓先著里衣，表絺绤而出之于外，欲其不见体也。《诗》所谓"蒙彼绉絺"是也。 ④ 麑，研奚反。 缁，黑色。羔裘，用黑羊皮。麑，鹿子，色白。狐，色黄。衣以裼裘，欲其相称。 ⑤ 长，欲其温。短右袂，所以便作事。 ⑥ 长，去声。 齐主于敬。不可解衣而寝，又不可著明衣而寝，故别有寝衣，其半盖以覆足。程子曰："此错简，当在'齐必有明衣布'之下。"愚谓，如此则此条与"明衣"、"变食"既得以类相从；而"亵裘"、"狐貉"亦得以类相从矣。 ⑦ 狐貉，毛深温厚，私居取其适体。 ⑧ 去，上声。君子无故，玉不去身。觿砺之属，亦皆佩也。 ⑨ 杀，去声。 朝祭之服，裳用正幅如帷，要有襞积，而旁无杀缝。其馀若深衣，要半下，齐倍要，则无襞积而有杀缝矣。 ⑩ 丧主素，吉主玄。吊必变服，所以哀死。 ⑪ 吉月，月朔也。孔子在鲁致仕时如此。 此一节，记孔子衣服之制。苏氏曰："此孔氏遗书，杂记曲礼，非特孔子事也。"

10·7 齐，必有明衣，布。① 齐，必变食，居必迁坐。②

① 齐，侧皆反。 齐，必沐浴；浴竟，即著明衣，所以明洁其体也。以布为之。此下脱前章"寝衣"一简。 ② 变食，谓不饮酒、不茹荤。迁坐，易常处也。 此一节，记孔子谨齐之事。杨氏曰："齐所以交神，故致洁变常以尽敬。"

10·8 食不厌精，脍不厌细。① 食饐而餲，鱼馁而肉败，

不食。色恶，不食。臭恶，不食。失饪，不食。不时，不食。② 割不正，不食。不得其酱，不食。③ 肉虽多，不使胜食气。惟酒无量，不及乱。④ 沽酒市脯，不食。⑤ 不撤姜食，⑥ 不多食。⑦ 祭于公，不宿肉。祭肉不出三日。出三日，不食之矣。⑧ 食不语，寝不言。⑨ 虽疏食菜羹，瓜祭，必齐如也。⑩

① 食，音嗣。　食，饭也。精，凿也。牛羊与鱼之腥，聂而切之为脍。食精则能养人，脍粗则能害人。不厌，言以是为善，非谓必欲如是也。　② "食饐"之食，音嗣。饐，於冀反。餲，乌迈反。饪，而甚反。　饐，饭伤热湿也。餲，味变也。鱼烂曰馁。肉腐曰败。色恶、臭恶，未败而色、臭变也。饪，烹调生熟之节也。不时，五谷不成、果实未熟之类。此数者皆足以伤人，故不食。　③ 割肉不方正者不食，造次不离于正也。汉陆续之母，切肉未尝不方，断葱以寸为度，盖其质美，与此暗合也。食肉用酱，各有所宜，不得则不食，恶其不备也。此二者，无害于人，但不以嗜味而苟食耳。　④ 食，音嗣。量，去声。　食以谷为主，故不使肉胜食气。酒以为人合欢，故不为量，但以醉为节，而不及乱耳。程子曰："不及乱者，非惟不使乱志，虽血气亦不可使乱，但浃洽而已可也。"　⑤ 沽、市，皆买也。恐不精洁，或伤人也。与不尝康子之药同意。　⑥ 姜，通神明，去秽恶，故不撤。　⑦ 适可而止，无贪心也。　⑧ 助祭于公，所得胙肉，归即颁赐。不俟经宿者，不留神惠也。家之祭肉，则不过三日，皆以分赐。盖过三日，则肉必败，而人不食之，是亵鬼神之馀也。但比君所赐胙，可少缓耳。⑨ 答述曰语。自言曰言。范氏曰："圣人存心不他，当食而食，当寝而寝，言语非其时也。"杨氏曰："肺为气主而声出焉，寝、食则气窒而不通，语、言恐伤之也。"亦通。　⑩ 食，音嗣。陆氏曰："《鲁论》'瓜'作'必'。"　古人饮食，每种各出少许，置之豆间之地，以祭先代始为饮食之人。不忘本也。齐，严敬貌。孔子虽薄物必祭，其祭必敬，圣人之诚也。　此一节，记孔子饮食之节。谢氏曰："圣人饮食如此，非极口腹之欲，盖养气、体，不以伤生，当如此。然圣人之所不食，穷口腹者或反食之，欲心胜而不暇择也。"

10·9　席不正，不坐。①

① 谢氏曰："圣人心安于正，故于位之不正者，虽小不处。"

10·10　乡人饮酒，杖者出，斯出矣。① 乡人傩，朝服而立于阼阶。②

① 杖者，老人也。“六十杖于乡。”未出不敢先，既出不敢后。 ② 傩，乃多反。 傩，所以逐疫，《周礼》方相氏掌之。阼阶，东阶也。傩虽古礼，而近于戏，亦必朝服而临之者，无所不用其诚敬也。或曰：“恐其惊先祖五祀之神，欲其依己而安也。” 此一节，记孔子居乡之事。

10·11 问人于他邦，再拜而送之。①康子馈药，拜而受之。曰：“丘未达，不敢尝。”②

① 拜送使者，如亲见之，敬也。 ② 范氏曰：“凡赐食，必尝以拜。药未达，则不敢尝。受而不饮，则虚人之赐，故告之如此。然则可饮而饮，不可饮而不饮，皆在其中矣。”杨氏曰：“大夫有赐，拜而受之，礼也。未达不敢尝，谨疾也。必告之，直也。” 此一节，记孔子与人交之诚意。

10·12 厩焚。子退朝，曰：“伤人乎？”不问马。①

① 非不爱马，然恐伤人之意多，故未暇问。盖贵人贱畜，理当如此。

10·13 君赐食，必正席先尝之。君赐腥，必熟而荐之。君赐生，必畜之。①侍食于君，君祭，先饭。②疾，君视之，东首，加朝服，拖绅。③君命召，不俟驾行矣。④

① 食恐或馂馀，故不以荐。正席先尝，如对君也。言先尝，则馀当以颁赐矣。腥，生肉。熟而荐之祖考，荣君赐也。畜之者，仁君之惠，无故不敢杀也。 ② 饭，扶晚反。 《周礼》：“王日一举。膳夫授祭品尝食，王乃食。”故侍食者，君祭，则己不祭而先饭，若为君尝食然，不敢当客礼也。 ③ 首，去声。拖，徒我反。 东首，以受生气也。病卧不能著衣束带，又不可以亵服见君，故加朝服于身，又引大带于上也。 ④ 急趋君命，行出而驾车随之。 此一节，记孔子事君之礼。

10·14 入太庙，每事问。①

① 重出。

10·15 朋友死，无所归，曰：“于我殡。”①朋友之馈，虽车马，非祭肉，不拜。②

① 朋友以义合，死无所归，不得不殡。　② 朋友有通财之义，故虽车马之重，不拜。祭肉则拜者，敬其祖考，同于己亲也。　此一节，记孔子交朋友之义。

10·16　寝不尸，居不容。①见齐衰者，虽狎，必变，见冕者与瞽者，虽亵，必以貌。②凶服者，式之。式负版者。③有盛馔，必变色而作。④迅雷风烈，必变。⑤

① 尸，谓偃卧似死人也。居，居家。容，容仪。范氏曰："寝不尸，非恶其类于死也，惰慢之气不设于身体，虽舒布其四体，而亦未尝肆耳。居不容，非惰也，但不若奉祭祀、见宾客而已。'申申'、'夭夭'是也。"　② 狎，谓素亲狎。亵，谓燕见。貌，谓礼貌。馀见前篇。　③ 式，车前横木。有所敬，则俯而凭之。负版，持邦国图籍者。式此二者，哀有丧，重民数也。人惟万物之灵，而王者之所天也，故《周礼》"献民数于王，王拜受之"。况其下者，敢不敬乎？　④ 敬主人之礼，非以其馔也。　⑤ 迅，疾也。烈，猛也。必变者，所以敬天之怒。《记》曰："若有疾风、迅雷、甚雨，则必变，虽夜必兴，衣服冠而坐。"　此一节，记孔子容貌之变。

10·17　升车，必正立，执绥。①车中，不内顾，不疾言，不亲指。②

① 绥，挽以上车之索也。范氏曰："正立执绥，则心体无不正，而诚意肃恭矣。盖君子庄敬无所不在，升车则见于此也。"　② 内顾，回视也。《礼》曰："顾不过毂。"三者皆失容，且惑人。　此一节，记孔子升车之容。

10·18　色斯举矣，翔而后集。①曰："山梁雌雉，时哉！时哉！"子路共之。三嗅而作。②

① 言鸟见人之颜色不善，则飞去，回翔审视而后下止。人之见几而作，审择所处，亦当如此。然此上下必有阙文矣。　② 共，九用反；又居勇反。嗅，许又反。　邢氏曰："梁，桥也。时哉，言雉之饮啄得其时。子路不达，以为时物而共具之，孔子不食，三嗅其气而起。"晁氏曰："《石经》'嗅'作戛，谓雉鸣也。"刘聘君曰："嗅，当作狊，古阒反。张两翅也。见《尔雅》。"愚按，如后两说，则"共"字当为拱执之义。然此必有阙文，不可强为之说。姑记所闻，以俟知者。

先进第十一

此篇多评弟子贤否，凡二十五章。胡氏曰："此篇记闵子骞言行者四，而其一直称闵子，疑闵氏门人所记也。"

11•1　子曰："先进于礼乐，野人也；后进于礼乐，君子也。①如用之，则吾从先进。"②

① 先进、后进，犹言前辈、后辈。野人，谓郊外之民。君子，谓贤士大夫也。程子曰："先进于礼乐，文质得宜，今反谓之质朴，而以为野人。后进之于礼乐，文过其质，今反谓之彬彬，而以为君子。盖周末文胜，故时人之言如此，不自知其过于文也。"　② 用之，谓用礼乐。孔子既述时人之言，又自言其如此，盖欲损过以就中也。

11•2　子曰："从我于陈、蔡者，皆不及门也。①德行：颜渊、闵子骞、冉伯牛、仲弓。言语：宰我、子贡。政事：冉有、季路。文学：子游、子夏。"②

① 从，去声。　孔子尝厄于陈、蔡之间，弟子多从之者，此时皆不在门。故孔子思之，盖不忘其相从于患难之中也。　② 行，去声。　弟子因孔子之言，记此十人，而并目其所长，分为四科。孔子教人各因其材，于此可见。　程子曰："四科乃从夫子于陈、蔡者尔，门人之贤者固不止此。曾子传道而不与焉。故知十哲，世俗论也。"

11•3　子曰："回也非助我者也，于吾言无所不说。"①

① 说，音悦。　助我，若子夏之"起予"，因疑问而有以相长也。颜子于圣人之言，默识心通，无所疑问，故夫子云然，其辞若有憾焉，其实乃深喜之。　胡氏

曰："夫子之于回，岂真以'助我'望之？盖圣人之谦德，又以深赞颜氏云尔。"

11·4 子曰："孝哉闵子骞！人不间于其父母昆弟之言。"①

① 间，去声。 胡氏曰："父母兄弟称其孝友，人皆信之无异辞者，盖其孝友之实，有以积于中而著于外，故夫子叹而美之。"

11·5 南容三复白圭，孔子以其兄之子妻之。①

① 三、妻，并去声。 《诗·大雅·抑》之篇曰："白圭之玷，尚可磨也；斯言之玷，不可为也。"南容一日三复此言，事见《家语》，盖深有意于谨言也。此邦有道所以不废，邦无道所以免祸，故孔子以兄子妻之。 范氏曰："言者行之表，行者言之实，未有易其言而能谨于行者。南容欲谨其言如此，则必能谨其行矣。"

11·6 季康子问："弟子孰为好学？"孔子对曰："有颜回者好学，不幸短命死矣！今也则亡。"①

① 好，去声。 范氏曰："哀公、康子问同而对有详略者，臣之告君，不可不尽。若康子者，必待其能问乃告之。此教诲之道也。"

11·7 颜渊死，颜路请子之车以为之椁。①子曰："才不才，亦各言其子也。鲤也死，有棺而无椁。吾不徒行以为之椁。以吾从大夫之后，不可徒行也。"②

① 颜路，渊之父，名无繇。少孔子六岁。孔子始教而受学焉。椁，外棺也。请为椁，欲卖车以买椁也。 ② 鲤，孔子之子伯鱼也。先孔子卒。言鲤之才虽不及颜渊，然己与颜路，以父视之，则皆子也。孔子时已致仕，尚从大夫之列，言"后"，谦辞。胡氏曰："孔子遇旧馆人之丧，尝脱骖以赙之矣。今乃不许颜路之请，何邪？葬可以无椁，骖可以脱而复求，大夫不可以徒行，命车不可以与人而鬻诸市也。且为所识穷乏者得我，而勉强以副其意，岂诚心与直道哉？或者以为君子行礼，视吾之有无而已。夫君子之用财，视义之可否，岂独视有无而已哉？"

11·8 颜渊死。子曰："噫！天丧予！天丧予！"①

① 丧，去声。　噫，伤痛声。悼道无传，若天丧己也。

11·9　颜渊死，子哭之恸。从者曰："子恸矣。"①曰："有恸乎？②非夫人之为恸而谁为！"③

① 从，去声。　恸，哀过也。　② 哀伤之至，不自知也。　③ 夫，音扶。为，去声。　夫人，谓颜渊。言其死可惜，哭之宜恸，非他人之比也。　胡氏曰："痛惜之至，施当其可，皆情性之正也。"

11·10　颜渊死，门人欲厚葬之。子曰："不可。"①门人厚葬之。②子曰："回也视予犹父也，予不得视犹子也。非我也，夫二三子也。"③

① 丧具称家之有无。贫而厚葬，不循理也，故夫子止之。　② 盖颜路听之。　③ 叹不得如葬鲤之得宜，以责门人也。

11·11　季路问事鬼神。子曰："未能事人，焉能事鬼？""敢问死。"曰："未知生，焉知死？"①

① 焉，於虔反。　问事鬼神，盖求所以奉祭祀之意。而死者人之所必有，不可不知。皆切问也。然非诚敬足以事人，则必不能事神；非原始而知所以生，则必不能反终而知所以死。盖幽明始终，初无二理，但学之有序，不可躐等，故夫子告之如此。　程子曰："昼夜者，死生之道也。知生之道，则知死之道；尽事人之道，则尽事鬼之道。死、生，人、鬼，一而二，二而一者也。或言夫子不告子路，不知此乃所以深告之也。"

11·12　闵子侍侧，訚訚如也；子路，行行如也；冉有、子贡，侃侃如也。子乐。①"若由也，不得其死然。"②

① 訚、侃，音义见前篇。行，胡浪反。乐，音洛。　行行，刚强之貌。子乐者，乐得英才而教育之。　② 尹氏曰："子路刚强，有不得其死之理，故因以戒之。其后子路卒死于卫孔悝之难。"洪氏曰："《汉书》引此句，上有'曰'字。"或云："上文'乐'字，即'曰'字之误。"

11·13　鲁人为长府。①闵子骞曰："仍旧贯，如之何？何必改作？"②子曰："夫人不言，言必有中。"③

① 长府，藏名。藏货财曰府。为，盖改作之。　② 仍，因也。贯，事也。王氏曰："改作，劳民伤财。在于得已，则不如仍旧贯之善。"　③ 夫，音扶。中，去声。　言不妄发，发必当理，惟有德者能之。

11·14　子曰："由之瑟，奚为于丘之门？"①门人不敬子路。子曰："由也升堂矣，未入于室也。"②

① 程子曰："言其声之不和，与己不同也。"《家语》云："子路鼓瑟，有北鄙杀伐之声。"盖其气质刚勇，而不足于中和，故其发于声者如此。　② 门人以夫子之言，遂不敬子路，故夫子释之。升堂、入室，喻入道之次第。言子路之学，已造乎正大高明之域，特未深入精微之奥耳，未可以一事之失而遽忽之也。

11·15　子贡问："师与商也孰贤？"子曰："师也过，商也不及。"①曰："然则师愈与？"②子曰："过犹不及。"③

① 子张才高意广，而好为苟难，故常过中。子夏笃信谨守，而规模狭隘，故常不及。　② 与，平声。　愈，犹胜也。　③ 道以中庸为至。贤知之过，虽若胜于愚不肖之不及，然其失中则一也。　尹氏曰："中庸之为德也，其至矣乎！夫过与不及，均也。差之毫厘，缪以千里。故圣人之教，抑其过，引其不及，归于中道而已。"

11·16　季氏富于周公，而求也为之聚敛而附益之。①子曰："非吾徒也。小子鸣鼓而攻之，可也。"②

① 为，去声。　周公以王室至亲，有大功，位冢宰，其富宜矣。季氏以诸侯之卿，而富过之，非攘夺其君，刻剥其民，何以得此？冉有为季氏宰，又为之急赋税以益其富。　② "非吾徒"，绝之也。"小子鸣鼓而攻之"，使门人声其罪以责之也。圣人之恶党恶而害民也如此。然师严而友亲，故已绝之，而犹使门人正之，又见其爱人之无已也。　范氏曰："冉有以政事之才，施于季氏，故为不善至于如此。由其心术不明，不能反求诸身，而以仕为急故也。"

11·17　柴也愚，[1]参也鲁，[2]师也辟，[3]由也喭。[4]

① 柴，孔子弟子，姓高，字子羔。愚者，知不足而厚有馀。《家语》记其"足不履影，启蛰不杀，方长不折。执亲之丧，泣血三年，未尝见齿。避难而行，不径不窦"，可以见其为人矣。　② 鲁，钝也。程子曰："参也竟以鲁得之。"又曰："曾子之学，诚笃而已。圣门学者，聪明才辩，不为不多，而卒传其道，乃质鲁之人尔。故学以诚实为贵也。"尹氏曰："曾子之才鲁，故其学也确，所以能深造乎道也。"　③ 辟，婢亦反。　辟，便辟也。谓习于容止，少诚实也。　④ 喭，五旦反。　喭，粗俗也。传称喭者，谓俗论也。　杨氏曰："四者性之偏，语之，使知自励也。"吴氏曰："此章之首，脱'子曰'二字。或疑下章'子曰'当在此章之首，而通为一章。"

11·18　子曰："回也其庶乎！屡空。[1]赐不受命，而货殖焉，亿则屡中。"[2]

① 庶，近也，言近道也，屡空，数至空匮也。不以贫窭动心而求富，故屡至于空匮也。言其近道，又能安贫也。　② 中，去声。　命，谓天命。货殖，货财生殖也。亿，意度也。言子贡不如颜子之安贫乐道，然其才识之明，亦能料事而多中也。程子曰："子贡之货殖，非若后人之丰财，但此心未忘耳。然此亦子贡少时事，至闻性与天道，则不为此矣。"　范氏曰："屡空者，箪食瓢饮屡绝而不改其乐也。天下之物，岂有可动其中者哉？贫富在天，而子贡以货殖为心，则是不能安受天命矣。其言而多中者，亿而已，非穷理乐天者也。夫子尝曰：'赐不幸言而中，是使赐多言也。'圣人之不贵言也如是。"

11·19　子张问善人之道。子曰："不践迹，亦不入于室。"[1]

① 善人，质美而未学者也。程子曰："践迹，如言循途守辙。善人虽不必践旧迹而自不为恶，然亦不能入圣人之室也。"　张子曰："善人，欲仁而未志于学者也。欲仁，故虽不践成法，亦不蹈于恶，有诸己也。由不学，故无自而入圣人之室也。"

11·20　子曰："论笃是与，君子者乎？色庄者乎？"[1]

① 与，如字。　言但以其言论笃实而与之，则未知其为君子者乎？为色庄

者乎？言不可以言貌取人也。

11·21 子路问："闻斯行诸？"子曰："有父兄在，如之何其闻斯行之？"冉有问："闻斯行诸？"子曰："闻斯行之。"公西华曰："由也问'闻斯行诸'，子曰'有父兄在'；求也问'闻斯行诸'，子曰'闻斯行之'。赤也惑，敢问。"子曰："求也退，故进之；由也兼人，故退之。"①

① 兼人，谓胜人也。张敬夫曰："闻义固当勇为，然有父兄在，则有不可得而专者。若不禀命而行，则反伤于义矣。'子路有闻，未之能行，唯恐有闻。'则于所当为，不患其不能为矣；特患为之之意或过，而于所当禀命者有阙耳。若冉求之资禀失之弱，不患其不禀命也，患其于所当为者逡巡畏缩，而为之不勇耳。圣人一进之，一退之，所以约之于义理之中，而使之无过不及之患也。"

11·22 子畏于匡，颜渊后。子曰："吾以女为死矣。"曰："子在，回何敢死？"①

① 女，音汝。 后，谓相失在后。何敢死，谓不赴斗而必死也。胡氏曰："先王之制，民生于三，事之如一。惟其所在，则致死焉。况颜渊之于孔子，恩义兼尽，又非他人之为师弟子者而已。即夫子不幸而遇难，回必捐生以赴之矣。捐生以赴之，幸而不死，则必上告天子，下告方伯，请讨以复仇，不但已也。夫子而在，则回何为而不爱其死，以犯匡人之锋乎？"

11·23 季子然问："仲由、冉求可谓大臣与？"①子曰：吾以子为异之问，曾由与求之问！②所谓大臣者：以道事君，不可则止。③今由与求也，可谓具臣矣。④曰："然则从之者与？"⑤子曰："弑父与君，亦不从也。"⑥

① 与，平声。 子然，季氏子弟。自多其家得臣二子，故问之。 ② 异，非常也。曾，犹乃也。轻二子以抑季然也。 ③"以道事君"者，不从君之欲。"不可则止"者，必行己之志。 ④ 具臣，谓备臣数而已。 ⑤ 与，平声。意二子既非大臣，则从季氏之所为而已。 ⑥ 言二子虽不足于大臣之道，然君臣之义则闻之熟矣，弑逆大故必不从之。盖深许二子以死难不可夺之节，而又

以阴折季氏不臣之心也。　尹氏曰："季氏专权僭窃，二子仕其家而不能正也，知其不可而不能止也，可谓具臣矣。是时季氏已有无君之心，故自多其得人，意其可使从己也。故曰：'弑父与君，亦不从也。'其庶乎二子可免矣。"

11·24　子路使子羔为费宰。① 子曰："贼夫人之子。"② 子路曰："有民人焉，有社稷焉，何必读书，然后为学？"③ 子曰："是故恶夫佞者。"④

① 子路为季氏宰而举之也。　② 夫，音扶。下同。　贼，害也。言子羔质美而未学，遽使治民，适以害之。　③ 言治民、事神皆所以为学。　④ 恶，去声。　治民、事神，固学者事，然必学之已成，然后可仕以行其学。若初未尝学，而使之即仕以为学，其不至于慢神而虐民者几希矣。子路之言，非其本意，但理屈辞穷，而取辩于口以御人耳。故夫子不斥其非，而特恶其佞也。　范氏曰："古者学而后入政，未闻以政学者也。盖道之本在于修身，而后及于治人。其说具于方册，读而知之，然后能行，何可以不读书也？子路乃欲使子羔以政为学，失先后本末之序矣。不知其过而以口给御人，故夫子恶其佞也。"

11·25　子路、曾皙、冉有、公西华侍坐。① 子曰："以吾一日长乎尔，毋吾以也。② 居则曰：'不吾知也！'如或知尔，则何以哉？"③ 子路率尔而对曰："千乘之国，摄乎大国之间，加之以师旅，因之以饥馑；由也为之，比及三年，可使有勇，且知方也。"夫子哂之。④"求！尔何如？"对曰："方六七十，如五六十，求也为之，比及三年，可使足民，如其礼乐，以俟君子。"⑤"赤！尔何如？"对曰："非曰能之，愿学焉。宗庙之事，如会同，端章甫，愿为小相焉。"⑥"点！尔何如？"鼓瑟希，铿尔，舍瑟而作。对曰："异乎三子者之撰。"子曰："何伤乎？亦各言其志也。"曰："莫春者，春服既成。冠者五六人，童子六七人，浴乎沂，风乎舞雩，咏而归。"夫子喟然叹曰："吾与点也！"⑦ 三子者出，曾皙后。曾皙曰："夫三子者之言何如？"子曰："亦各言其志也已矣。"⑧ 曰："夫子何哂由也？"⑨ 曰："为国以礼，其言不让，是故哂之。”⑩“唯求则非邦也与？”“安见方六七十如五六十而非邦也者？”⑪“唯赤则非邦也与？”“宗庙会同，非诸侯而何？赤也为之小，孰能为之大？”⑫

①坐，才卧反。　哲，曾参父，名点。　②长，上声。　言我虽年少长于女，然女勿以我长而难言。盖诱之尽言以观其志，而圣人和气谦德，于此亦可见矣。　③言女平居，则言“人不知我”。如或有人知女，则女将何以为用也？

④乘，去声。饥，音机。馑，音仅。比，必二反，下同。哂，诗忍反。　率尔，轻遽之貌。摄，管束也。二千五百人为师，五百人为旅。因，仍也。谷不熟曰饥，菜不熟曰馑。方，向也，谓向义也。民向义，则能亲其上、死其长矣。哂，微笑也。

⑤“求，尔何如”，孔子问也，下放此。方六七十里，小国也。如，犹或也。五六十里，则又小矣。足，富足也。俟君子，言非己所能。冉有谦退，又以子路见哂，故其辞益逊。　⑥相，去声。　公西华志于礼乐之事，嫌以君子自居，故将言己志而先为逊辞，言未能而愿学也。宗庙之事，谓祭祀。诸侯时见曰会，众頫曰同。端，玄端服。章甫，礼冠。相，赞君之礼者。言“小”，亦谦辞。

⑦铿，苦耕反。舍，上声。撰，士免反。莫、冠，并去声。沂，鱼依反。雩，音于。　四子侍坐，以齿为序，则点当次对。以方鼓瑟，故孔子先问求、赤，而后及点也。希，间歇也。作，起也。撰，具也。莫春，和煦之时。春服，单袷之衣。浴，盥濯也，今上巳祓除是也。沂，水名，在鲁城南，地志以为有温泉焉，理或然也。风，乘凉也。舞雩，祭天祷雨之处，有坛埠树木也。咏，歌也。曾点之学，盖有以见夫人欲尽处，天理流行，随处充满，无少欠阙，故其动静之际，从容如此。而其言志，则又不过即其所居之位，乐其日用之常，初无舍己为人之意。而其胸次悠然，直与天地万物上下同流、各得其所之妙，隐然自见于言外。视三子之规规于事为之末者，其气象不侔矣，故夫子叹息而深许之。而门人记其本末独加详焉，盖亦有以识此矣。　⑧夫，音扶。　⑨点以子路之志乃所优为，而夫子哂之，故请其说。　⑩夫子盖许其能，特哂其不逊。　⑪与，平声，下同。　曾点以冉求亦欲为国而不见哂，故微问之。而夫子之答无贬词，盖亦许之。　⑫此亦曾皙问而夫子答也。“孰能为之大”，言无能出其右者，亦许之之词。　程子曰：“古之学者，优柔厌饫，有先后之序。如子路、冉有、公西赤言志如此，夫子许之亦以此，自是实事。后之学者好高，如人游心千里之外，然自身却只如此。”又曰：“孔子与点，盖与圣人之志同，便是尧、舜气象也。诚异三子者之撰，特行有不掩焉耳。此所谓狂也。子路等所见者小。子路只为不达为国以礼道理，是以哂之。

若达，却便是这气象也。”又曰：“三子皆欲得国而治之，故夫子不取。曾点，狂者也，未必能为圣人之事，而能知夫子之志，故曰‘浴乎沂，风乎舞雩，咏而归’，言乐而得其所也。孔子之志，在于‘老者安之，朋友信之，少者怀之’，使万物莫不遂其性。曾点知之，故孔子喟然叹曰：‘吾与点也。’”又曰：“曾点、漆雕开，已见大意。”

颜渊第十二

凡二十四章。

12·1　颜渊问仁。子曰:“克己复礼为仁。一日克己复礼,天下归仁焉。为仁由己,而由人乎哉?”① 颜渊曰:“请问其目。”子曰:“非礼勿视,非礼勿听,非礼勿言,非礼勿动。”颜渊曰:“回虽不敏,请事斯语矣。”②

① 仁者,本心之全德。克,胜也。己,谓身之私欲也。复,反也。礼者,天理之节文也。为仁者,所以全其心之德也。盖心之全德,莫非天理,而亦不能不坏于人欲。故为仁者必有以胜私欲而复于礼,则事皆天理,而本心之德复全于我矣。归,犹与也。又言一日克己复礼,则天下之人皆与其仁,极言其效之甚速而至大也。又言为仁由己,而非他人所能预,又见其机之在我而无难也。日日克之,不以为难,则私欲净尽,天理流行,而仁不可胜用矣。程子曰:“非礼处便是私意。既是私意,如何得仁?须是克尽己私,皆归于礼,方始是仁。”又曰:“克己复礼,则事事皆仁,故曰天下归仁。”谢氏曰:“克己,须从性偏难克处克将去。”

② 目,条件也。颜渊闻夫子之言,则于天理人欲之际,已判然矣,故不复有所疑问,而直请其条目也。非礼者,己之私也。勿者,禁止之辞。是人心之所以为主,而胜私复礼之机也。胜私,则动容周旋无不中礼,而日用之间,莫非天理之流行矣。事,如“事事”之事。“请事斯语”,颜子默识其理。又自知其力有以胜之,故直以为己任而不疑也。　程子曰:“颜渊问克己复礼之目,子曰:‘非礼勿视,非礼勿听,非礼勿言,非礼勿动。’四者身之用也,由乎中而应乎外。制于外,所以养其中也。颜渊事斯语,所以进于圣人。后之学圣人者,宜服膺而勿失也。因箴以自警,其《视箴》曰:‘心兮本虚,应物无迹。操之有要,视为之则。蔽交于前,其中则迁。制之于外,以安其内。克己复礼,久而诚矣。’其《听箴》曰:‘人有秉彝,本乎

天性。知诱物化,遂亡其正。卓彼先觉,知止有定。闲邪存诚,非礼勿听。'其《言箴》曰:'人心之动,因言以宣。发禁躁妄,内斯静专。矧是枢机,兴戎出好。吉凶荣辱,惟其所召。伤易则诞,伤烦则支。己肆物忤,出悖来违。非法不道,钦哉训辞!'其《动箴》曰:'哲人知几,诚之于思。志士励行,守之于为。顺理则裕,从欲惟危。造次克念,战兢自持。习与性成,圣贤同归。'"愚按,此章问答,乃传授心法切要之言。非至明不能察其几,非至健不能致其决。故惟颜子得闻之,而凡学者亦不可以不勉也。程子之箴,发明亲切,学者尤宜深玩。

12·2 仲弓问仁。子曰:"出门如见大宾,使民如承大祭。己所不欲,勿施于人。在邦无怨,在家无怨。"仲弓曰:"雍虽不敏,请事斯语矣。"①

① 敬以持己,恕以及物,则私意无所容而心德全矣。内外无怨,亦以其效言之,使以自考也。程子曰:"孔子言仁,只说'出门如见大宾,使民如承大祭',看其气象,便须心广体胖,动容周旋中礼。唯谨独,便是守之之法。"或问:"出门使民之时,如此可也;未出门、使民之时,如之何?"曰:"此俨若思时也,有诸中而后见于外。观其出门、使民之时,其敬如此,则前乎此者敬可知矣。非因出门、使民然后有此敬也。"愚按,克己复礼,乾道也;主敬行恕,坤道也。颜、冉之学,其高下浅深,于此可见。然学者诚能从事于敬恕之间而有得焉,亦将无己之可克矣。

12·3 司马牛问仁。①子曰:"仁者其言也讱。"②曰:"其言也讱,斯谓之仁已乎?"子曰:"为之难,言之得无讱乎?"③

① 司马牛,孔子弟子,名犁,向魋之弟。 ② 讱,音刃。 讱,忍也,难也。仁者心存而不放,故其言若有所忍而不易发,盖其德之一端也。夫子以牛多言而躁,故告之以此。使其于此而谨之,则所以为仁之方,不外是矣。 ③ 牛意仁道至大,不但如夫子之所言,故夫子又告之以此。盖心常存,故事不苟;事不苟,故其言自有不得而易者,非强闭之而不出也。杨氏曰:"观此及下章再问之语,牛之易其言可知。" 程子曰:"虽为司马牛多言故及此,然圣人之言,亦止此为是。"愚谓,牛之为人如此,若不告之以其病之所切,而泛以为仁之大概语之,则以彼之躁,必不能深思以去其病,而终无自以入德矣。故其告之如此。盖圣人之言,虽有高下大小之不同,然其切于学者之身,而皆为入德之要,则又初不异也。读者其致思焉。

12·4 司马牛问君子。子曰："君子不忧不惧。"① 曰："不忧不惧，斯谓之君子已乎？"子曰："内省不疚，夫何忧何惧？"②

① 向魋作乱，牛常忧惧。故夫子告之以此。 ② 夫，音扶。 牛之再问，犹前章之意，故复告之以此。疚，病也。言由其平日所为，无愧于心，故能内省不疚，而自无忧惧，未可遽以为易而忽之也。 晁氏曰："不忧不惧，由乎德全而无疵。故无入而不自得，非实有忧惧而强排遣之也。"

12·5 司马牛忧曰："人皆有兄弟，我独亡。"① 子夏曰："商闻之矣：② 死生有命，富贵在天。③ 君子敬而无失，与人恭而有礼，四海之内，皆兄弟也。君子何患乎无兄弟也？"④

① 牛有兄弟而云然者，忧其为乱而将死也。 ② 盖闻之夫子。 ③ 命禀于有生之初，非今所能移。天莫之为而为，非我所能必，但当顺受而已。 ④ 既安于命，又当修其在己者。故又言苟能持己以敬而不间断，接人以恭而有节文，则天下之人皆爱敬之如兄弟矣。盖子夏欲以宽牛之忧，故为是不得已之辞。读者不以辞害意可也。 胡氏曰："子夏'四海皆兄弟'之言特以广司马牛之意，意圆而语滞者也。惟圣人则无此病矣。且子夏知此而以哭子丧明，则以蔽于爱而昧于理，是以不能践其言尔。"

12·6 子张问明。子曰："浸润之谮，肤受之愬，不行焉，可谓明也已矣。浸润之谮，肤受之愬，不行焉，可谓远也已矣。"①

① 谮，庄荫反。愬，苏路反。 浸润，如水之浸灌滋润，渐渍而不骤也。谮，毁人之行也。肤受，谓肌肤所受，利害切身，如《易》所谓'剥床以肤，切近灾'者也。愬，愬己之冤也。毁人者渐渍而不骤，则听者不觉其入而信之深矣。愬冤者急迫而切身，则听者不及致详而发之暴矣。二者难察而能察之，则可见其心之明而不蔽于近矣。此亦必因子张之失而告之，故其辞繁而不杀，以致丁宁之意云。 杨氏曰："骤而语之，与利害不切于身者，不行焉，有不待明者能之也。故浸润之谮、肤受之愬不行，然后谓之明。而又谓之远，远则明之至也。《书》曰：'视远惟明。'"

12·7 子贡问政。子曰："足食，足兵，民信之矣。"① 子贡曰："必不得已而去，于斯三者何先？"曰："去兵。"② 子贡曰："必不得已而去，于斯二者何先？"曰："去食。自古皆有死，民无信不立。"③

① 言仓廪实而武备修，然后教化行，而民信于我，不离叛也。 ② 去，上声，下同。 言食足而信孚，则无兵而守固矣。 ③ 民无食必死，然死者人之所必不免，无信，则虽生而无以自立，不若死之为安。故宁死而不失信于民，使民亦宁死而不失信于我也。 程子曰："孔门弟子善问，直穷到底。如此章者，非子贡不能问，非圣人不能答也。"愚谓，以人情而言，则兵食足而后吾之信可以孚于民；以民德而言，则信本人之所固有，非兵食所得而先也。是以为政者，当身率其民而以死守之，不以危急而可弃也。

12·8 棘子成曰："君子质而已矣，何以文为？"① 子贡曰："惜乎！夫子之说，君子也。驷不及舌。② 文犹质也，质犹文也。虎豹之鞟，犹犬羊之鞟。"③

① 棘子成，卫大夫。疾时人文胜，故为此言。 ② 言子成之言，乃君子之意。然言出于舌，则驷马不能追之，又惜其失言也。 ③ 鞟，其郭反。 鞟，皮去毛者也。言文质等耳，不可相无。若必尽去其文而独存其质，则君子小人无以辨矣。夫棘子成矫当时之弊，固失之过；而子贡矫子成之弊，又无本末轻重之差，胥失之矣。

12·9 哀公问于有若曰："年饥，用不足，如之何？"① 有若对曰："盍彻乎？"② 曰："二，吾犹不足，如之何其彻也？"③ 对曰："百姓足，君孰与不足？百姓不足，君孰与足？"④

① 称有若者，君臣之辞。用，谓国用。公意盖欲加赋以足用也。 ② 彻，通也，均也。周制：一夫受田百亩，而与同沟共井之人通力合作，计亩均收。大率民得其九，公取其一，故谓之彻。鲁自宣公税亩，又逐亩什取其一，则为什而取二矣。故有若请但专行彻法，欲公节用以厚民也。 ③ 二，即所谓什二也。公以有若不喻其旨，故言此以示加赋之意。 ④ 民富，则君不至独贫；民贫，则君不能独富。有若深言君民一体之意，以止公之厚敛。为人上者所宜深念也。

杨氏曰："仁政必自经界始。经界正，而后井地均、谷禄平，而军国之需皆量是以为出焉。故一彻而百度举矣，上下宁忧不足乎？以二犹不足，而教之彻，疑若迂矣。然什一，天下之中正，多则桀，寡则貉，不可改也。后世不究其本而惟末之图，故征敛无艺，费出无经，而上下困矣，又恶知'盍彻'之当务而不为迂乎？"

12·10 子张问崇德、辨惑。子曰："主忠信，徙义，崇德也。①爱之欲其生，恶之欲其死。既欲其生，又欲其死，是惑也。②'诚不以富，亦祇以异。'"③

① 主忠信，则本立。徙义，则日新。 ② 恶，去声。 爱、恶，人之常情也。然人之生死有命，非可得而欲也。以爱恶而欲其生死，则惑矣。既欲其生，又欲其死，则惑之甚也。 ③ 此《诗·小雅·我行其野》之辞也。旧说：夫子引之，以明欲其生死者不能使之生死，如此诗所言，不足以致富而适足以取异也。程子曰："此错简，当在第十六篇'齐景公有马千驷'之上，因此下文亦有'齐景公'字而误也。" 杨氏曰："堂堂乎张也，难与并为仁矣。则非诚善补过、不蔽于私者，故告之如此。"

12·11 齐景公问政于孔子。①孔子对曰："君君，臣臣，父父，子子。"②公曰："善哉！信如君不君，臣不臣，父不父，子不子，虽有粟，吾得而食诸？"③

① 齐景公，名杵臼。鲁昭公末年，孔子适齐。 ② 此人道之大经，政事之根本也。是时景公失政，而大夫陈氏厚施于国；景公又多内嬖，而不立太子。其君臣父子之间，皆失其道，故夫子告之以此。 ③ 景公善孔子之言而不能用，其后果以继嗣不定，启陈氏弑君篡国之祸。 杨氏曰："君之所以君，臣之所以臣，父之所以父，子之所以子，是必有道矣。景公知善夫子之言，而不知反求其所以然，盖悦而不绎者，齐之所以卒于乱也。"

12·12 子曰："片言可以折狱者，其由也与？"①子路无宿诺。②

① 折，之舌反。与，平声。 片言，半言。折，断也。子路忠信明决，故言出而人信服之，不待其辞之毕也。 ② 宿，留也，犹宿怨之宿。急于践言，不留

其诸也。记者因夫子之言而记此，以见子路之所以取信于人者，由其养之有素也。 尹氏曰："小邾射以句绎奔鲁，曰：'使季路要我，吾无盟矣。'千乘之国，不信其盟，而信子路之一言，其见信于人可知矣。一言而折狱者，信在言前，人自信之故也。不留诺，所以全其信也。"

12・13 子曰："听讼，吾犹人也。必也使无讼乎！"①

① 范氏曰："听讼者，治其末，塞其流也。正其本，清其源，则无讼矣。" 杨氏曰："子路片言可以折狱，而不知以礼逊为国，则未能使民无讼者也。故又记孔子之言，以见圣人不以听讼为难，而以使民无讼为贵。"

12・14 子张问政。子曰："居之无倦，行之以忠。"①

① 居，谓存诸心。无倦，则始终如一。行，谓发于事。以忠，则表里如一。 程子曰："子张少仁，无诚心爱民，则必倦而不尽心，故告之以此。"

12・15 子曰："博学于文，约之以礼，亦可以弗畔矣夫！"①

① 重出。

12・16 子曰："君子成人之美，不成人之恶。小人反是。"①

① 成者，诱掖奖劝以成其事也。君子、小人，所存既有厚薄之殊，而其所好又有善恶之异，故其用心不同如此。

12・17 季康子问政于孔子。孔子对曰："政者，正也。子帅以正，孰敢不正？"①

① 范氏曰："未有己不正而能正人者。" 胡氏曰："鲁自中叶，政由大夫，家臣效尤。据邑背叛，不正甚矣。故孔子以是告之，欲康子以正自克，而改三家之故。惜乎康子之溺于利欲而不能也。"

12・18 季康子患盗，问于孔子。孔子对曰："苟子之不欲，虽赏之不窃。”①

① 言子不贪欲，则虽赏民使之为盗，民亦知耻而不窃。　胡氏曰：“季氏窃柄，康子夺嫡，民之为盗，固其所也。盖亦反其本耶？孔子以‘不欲’启之，其旨深矣。”夺嫡事，见《春秋传》。

12·19　季康子问政于孔子，曰：“如杀无道，以就有道，何如？”孔子对曰：“子为政，焉用杀？子欲善，而民善矣。君子之德，风；小人之德，草。草上之风，必偃。”①

① 焉，於虔反。　为政者，民所视效，何以杀为？欲善则民善矣。上，一作尚，加也。偃，仆也。　尹氏曰：“杀之为言，岂为人上之语哉？以身教者从，以言教者讼，而况于杀乎？”

12·20　子张问：“士何如斯可谓之达矣？”① 子曰：“何哉，尔所谓达者？”② 子张对曰：“在邦必闻，在家必闻。”③ 子曰：“是闻也，非达也。④ 夫达也者，质直而好义，察言而观色，虑以下人。在邦必达，在家必达。⑤ 夫闻也者，色取仁而行违，居之不疑。在邦必闻，在家必闻。”⑥

① 达者，德孚于人而行无不得之谓。　② 子张务外，夫子盖已知其发问之意，故反诘之，将以发其病而药之也。　③ 言名誉著闻也。　④“闻”与“达”相似而不同，乃诚伪之所以分，学者不可不审也。故夫子既明辨之，下文又详言之。　⑤ 夫，音扶，下同。好、下，皆去声。　内主忠信，而所行合宜，审于接物而卑以自牧。皆自修于内，不求人知之事。然德修于己而人信之，则所行自无窒碍也。　⑥ 行，去声。　善其颜色以取于仁，而行实背之，又自以为是而无所忌惮。此不务实而专务求名者。故虚誉虽隆，而实德则病矣。　程子曰：“学者须是务实，不要近名。有意近名，大本已失，更学何事？为名而学，则是伪也。今之学者，大抵为名。为名与为利，虽清浊不同，然其利心则一也。”尹氏曰：“子张之学，病在乎不务实。故孔子告之皆笃实之事，充乎内而发乎外者也。当时门人亲受圣人之教，而差失有如此者，况后世乎？”

12·21　樊迟从游于舞雩之下，曰：“敢问崇德、修慝、辨惑。”[1]子曰:“善哉问![2]先事后得,非崇德与?攻其恶,无攻人之恶,非修慝与?一朝之忿,忘其身,以及其亲,非惑与?”[3]

①慝,吐得反。 胡氏曰:“慝之字从心从匿,盖恶之匿于心者。修者,治而去之。 ②善其切于为己。 ③与,平声。 先事后得,犹言先难后获也。为所当为而不计其功,则德日积而不自知矣。专于治己而不责人,则己之恶无所匿矣。知一朝之忿为甚微,而祸及其亲为甚大,则有以辨惑而惩其忿矣。樊迟粗鄙近利,故告之以此。三者皆所以救其失也。 范氏曰:“先事后得,上义而下利也。人惟有利欲之心,故德不崇。惟不自省己过而知人之过,故慝不修。感物而易动者莫如忿,忘其身以及其亲,惑之甚者也。惑之甚者必起于细微,能辨之于早,则不至于大惑矣。故惩忿所以辨惑也。

12·22 樊迟问仁。子曰:“爱人。”问知。子曰:“知人。”[1]樊迟未达。[2]子曰:“举直错诸枉,能使枉者直。”[3]樊迟退,见子夏,曰:“乡也吾见于夫子而问‘知’,子曰‘举直错诸枉,能使枉者直。’何谓也?”[4]子夏曰:“富哉言乎![5]舜有天下,选于众,举皋陶,不仁者远矣。汤有天下,选于众,举伊尹,不仁者远矣。”[6]

①上“知”,去声,下如字。 爱人,仁之施。知人,知之务。 ②曾氏曰:“迟之意,盖以爱欲其周,而知有所择,故疑二者之相悖尔。” ③举直错枉者,知也。使枉者直,则仁矣。如此,则二者不惟不相悖,而反相为用矣。
④乡,去声。见,贤遍反。 迟以夫子之言,专为知者之事,又未达所以能使枉者直之理。 ⑤叹其所包者广,不止言“知”。 ⑥选,息恋反。陶,音遥。远,如字。 伊尹,汤之相也。不仁者远,言人皆化而为仁,不见有不仁者,若其远去尔,所谓使枉者直也。子夏盖有以知夫子之兼仁、知而言矣。 程子曰:“圣人之语,因人而变化。虽若有浅近者,而其包含无所不尽,观于此章可见矣。非若他人之言,语近则遗远,语远则不知近也。”尹氏曰:“学者之问也,不独欲闻其说,又必欲知其方;不独欲知其方,又必欲为其事。如樊迟之问仁、知也,夫子告之尽矣。樊迟未达,故又问焉,而犹未知其何以为之也。及退而问诸子夏,然后有以知之。使其未喻,则必将复问矣。既问于师,又辨诸友,当

时学者之务实也如是。”

12·23 子贡问友。子曰："忠告而善道之，不可则止，无自辱焉。"①

① 告，工毒反。道，去声。 友所以辅仁，故尽其心以告之，善其说以道之。然以义合者也，故不可则止，若以数而见疏，则自辱矣。

12·24 曾子曰："君子以文会友，以友辅仁。"①

① 讲学以会友，则道益明；取善以辅仁，则德日进。

子路第十三

凡三十章。

13·1 子路问政。子曰："先之，劳之。"① 请益。曰："无倦。"②

① 劳，如字。 苏氏曰："凡民之行，以身先之，则不令而行。凡民之事，以身劳之，则虽勤不怨。 ② 无，古本作毋。 吴氏曰："勇者喜于有为而不能持久，故以此告之。" 程子曰："子路问政，孔子既告之矣。及请益，则曰'无倦'而已。未尝复有所告，姑使之深思也。"

13·2 仲弓为季氏宰，问政。子曰："先有司，赦小过，举贤才。"① 曰："焉知贤才而举之？"曰："举尔所知。尔所不知，人其舍诸？"②

① 有司，众职也。宰兼众职，然事必先之于彼，而后考其成功，则己不劳而事毕举矣。过，失误也。大者于事或有所害，不得不惩；小者赦之，则刑不滥而人心悦矣。贤，有德者。才，有能者。举而用之，则有司皆得其人而政益修矣。 ② 焉，於虔反。舍，上声。 仲弓虑无以尽知一时之贤才，故孔子告之以此。程子曰："人各亲其亲，然后不独亲其亲。仲弓曰'焉知贤才而举之'，子曰'举尔所知。尔所不知，人其舍诸'，便见圣人与仲弓用心之大小。推此义，则一心可以兴邦，一心可以丧邦，只在公私之间尔。" 范氏曰："不先有司，则君行臣职矣；不赦小过，则下无全人矣；不举贤才，则百职废矣。失此三者，不可以为季氏宰，况天下乎？"

13·3 子路曰："卫君待子而为政，子将奚先？"① 子曰：

"必也正名乎!"② 子路曰:"有是哉,子之迂也!奚其正?"③ 子曰:"野哉由也!君子于其所不知,盖阙如也。④ 名不正,则言不顺;言不顺,则事不成;⑤ 事不成,则礼乐不兴;礼乐不兴,则刑罚不中;刑罚不中,则民无所措手足。⑥ 故君子名之必可言也,言之必可行也。君子于其言,无所苟而已矣。"⑦

① 卫君,谓出公辄也。是时鲁哀公之十年,孔子自楚反乎卫。 ② 是时出公不父其父而祢其祖,名实紊矣,故孔子以正名为先。谢氏曰:"正名虽为卫君而言,然为政之道,皆当以此为先。" ③ 迂,谓远于事情,言非今日之急务也。 ④ 野,谓鄙俗。责其不能阙疑而率尔妄对也。 ⑤ 杨氏曰:"名不当其实,则言不顺。言不顺,则无以考实而事不成。" ⑥ 中,去声。 范氏曰:"事得其序之谓礼,物得其和之谓乐,事不成则无序而不和,故礼乐不兴。礼乐不兴,则施之政事皆失其道,故刑罚不中。" ⑦ 程子曰:"名实相须,一事苟,则其馀皆苟矣。" 胡氏曰:"卫世子蒯聩耻其母南子之淫乱,欲杀之,不果而出奔。灵公欲立公子郢,郢辞。公卒,夫人立之,又辞。乃立蒯聩之子辄,以拒蒯聩。夫蒯聩欲杀母,得罪于父,而辄据国以拒父:皆无父之人也。其不可有国也明矣。夫子为政,而以正名为先。必将具其事之本末,告诸天王,请于方伯,命公子郢而立之,则人伦正,天理得,名正言顺而事成矣。夫子告之之详如此,而子路终不喻也,故事辄不去,卒死其难。徒知食焉不避其难之为义,而不知食辄之食为非义也。"

13·4 樊迟请学稼。子曰:"吾不如老农。"请学为圃。曰:"吾不如老圃。"① 樊迟出。子曰:"小人哉,樊须也!② 上好礼,则民莫敢不敬;上好义,则民莫敢不服;上好信,则民莫敢不用情。夫如是,则四方之民襁负其子而至矣,焉用稼?"③

① 种五谷曰稼。种蔬菜曰圃。 ② 小人,谓细民。孟子所谓小人之事者也。 ③ 好,去声。夫,音扶。襁,居丈反。焉,於虔反。礼、义、信,大人之事也。好义,则事合宜。情,诚实也。敬、服、用情,盖各以其类而应也。襁,织缕为之,以约小儿于背者。 杨氏曰:"樊须游圣人之门而问稼圃,志则陋矣,辞而辟之可也。待其出而后言其非,何也?盖于其问也,自谓农圃之不如,则拒之者至

矣。须之学疑不及此，而不能问。不能以三隅反矣，故不复。及其既出，则惧其终不喻也，求老农、老圃而学焉，则其失愈远矣，故复言之，使知前所言者，意有在也。”

13·5　子曰：“诵《诗》三百，授之以政，不达；使于四方，不能专对；虽多，亦奚以为？”①

① 使，去声。　专，独也。《诗》本人情，该物理，可以验风俗之盛衰，见政治之得失。其言温厚和平，长于风谕。故诵之者，必达于政而能言也。　程子曰：“穷经将以致用也。世之诵《诗》者，果能从政而专对乎？然则其所学者，章句之末耳。此学者之大患也。”

13·6　子曰：“其身正，不令而行；其身不正，虽令不从。”

13·7　子曰：“鲁卫之政，兄弟也。”①

① 鲁，周公之后。卫，康叔之后。本兄弟之国，而是时衰乱，政亦相似，故孔子叹之。

13·8　子谓卫公子荆，“善居室。始有，曰：‘苟合矣。’少有，曰：‘苟完矣。’富有，曰：‘苟美矣。’”①

① 公子荆，卫大夫。苟，聊且粗略之意。合，聚也。完，备也。言其循序而有节，不以欲速、尽美累其心。　杨氏曰：“务为全美，则累物而骄吝之心生。公子荆皆曰‘苟’而已，则不以外物为心，其欲易足故也。”

13·9　子适卫，冉有仆。①子曰：“庶矣哉！”②冉有曰：“既庶矣，又何加焉？”曰：“富之。”③曰：“既富矣，又何加焉？”曰：“教之。”④

① 仆，御车也。　② 庶，众也。　③ 庶而不富，则民生不遂，故制田里、薄赋敛以富之。　④ 富而不教，则近于禽兽。故必立学校、明礼义以教之。　胡氏曰：“天生斯民，立之司牧，而寄以三事。然自三代之后，能举此职者，

百无一二。汉之文、明，唐之太宗，亦云庶且富矣。西京之教无闻焉。明帝尊师重傅，临雍拜老，宗戚子弟莫不受学；唐太宗大召名儒，增广生员，教亦至矣；然而未知所以教也。三代之教，天子公卿躬行于上，言行政事皆可师法。彼二君者，其能然乎？”

13·10　子曰：“苟有用我者，期月而已可也，三年有成。”①

① 期月，谓周一岁之月也。可者，仅辞，言纲纪布也。有成，治功成也。尹氏曰：“孔子叹当时莫能用己也，故云然。”愚按《史记》，此盖为卫灵公不能用而发。

13·11　子曰：“善人为邦百年，亦可以胜残去杀矣。诚哉是言也！”①

① 胜，平声。去，上声。　为邦百年，言相继而久也。胜残，化残暴之人，使不为恶也。去杀，谓民化于善，可以不用刑杀也。盖古有是言，而夫子称之。程子曰：“汉自高、惠至于文、景，黎民醇厚，几致刑措，庶乎其近之矣。”　尹氏曰：“胜残去杀，不为恶而已，善人之功如是。若夫圣人，则不待百年，其化亦不止此。”

13·12　子曰：“如有王者，必世而后仁。”①

① 王者，谓圣人受命而兴也。三十年为一世。仁，谓教化浃也。程子曰：“周自文、武至于成王，而后礼乐兴，即其效也。”　或问：“‘三年’、‘必世’，迟速不同，何也？”程子曰：“‘三年有成’，谓法度纪纲有成而化行也。渐民以仁，摩民以义，使之浃于肌肤，沦于骨髓，而礼乐可兴，所谓仁也。此非积久，何以能致？”

13·13　子曰：“苟正其身矣，于从政乎何有？不能正其身，如正人何？”

13·14　冉子退朝。子曰：“何晏也？”对曰：“有政。”子曰：“其事也。如有政，虽不吾以，吾其与闻之。”①

① 朝,音潮。与,去声。 冉有时为季氏宰。朝,季氏之私朝也。晏,晚也。政,国政。事,家事。以,用也。礼:大夫虽不治事,犹得与闻国政。是时季氏专鲁,其于国政,盖有不与同列议于公朝,而独与家臣谋于私室者。故夫子为不知者而言,此必季氏之家事耳。若是国政,我尝为大夫,虽不见用,犹当与闻。今既不闻,则是非国政也。语意与魏徵献陵之对略相似。其所以正名分,抑季氏,而教冉有之意深矣。

13·15 定公问:"一言而可以兴邦,有诸?"孔子对曰:"言不可以若是其幾也。①人之言曰:'为君难,为臣不易。'②如知为君之难也,不幾乎一言而兴邦乎?"③曰:"一言而丧邦,有诸?"孔子对曰:"言不可以若是其幾也。人之言曰:'予无乐乎为君,唯其言而莫予违也。'④如其善而莫之违也,不亦善乎? 如不善而莫之违也,不幾乎一言而丧邦乎?"⑤

① 幾,期也。《诗》曰"如幾如式。"言一言之间,未可以如此而必期其效。 ② 易,去声。 当时有此言也。 ③ 因此言而知为君之难,则必战战兢兢,临深履薄,而无一事之敢忽。然则此言也,岂不可以必期于兴邦乎? 为定公言,故不及臣也。 ④ 丧,去声,下同。乐,音洛。 言他无所乐,惟乐此耳。 ⑤ 范氏曰:"言不善而莫之违,则忠言不至于耳,君日骄而臣日谄,未有不丧邦者也。" 谢氏曰:"知为君之难,则必敬谨以持之。惟其言而莫予违,则谗谄面谀之人至矣。邦未必遽兴丧也,而兴丧之源分于此。然此非识微之君子,何足以知之?"

13·16 叶公问政。①子曰:"近者说,远者来。"②

① 音义并见第七篇。 ② 说,音悦。 被其泽则说,闻其风则来。然必近者悦,而后远者来也。

13·17 子夏为莒父宰,问政。子曰:"无欲速,无见小利。欲速,则不达;见小利,则大事不成。"①

① 父,音甫。 莒父,鲁邑名。欲事之速成,则急遽无序,而反不达。见小者之为利,则所就者小,而所失者大矣。 程子曰:"子张问政。子曰:'居之无

倦，行之以忠。'子夏问政。子曰：'无欲速，无见小利。'子张常过高而未仁，子夏之病常在近小，故各以切己之事告之。"

13·18 叶公语孔子曰："吾党有直躬者，其父攘羊，而子证之。"①孔子曰："吾党之直者异于是。父为子隐，子为父隐，直在其中矣。"②

① 语，去声。 直躬，直身而行者。有因而盗曰攘。 ② 为，去声。 父子相隐，天理人情之至也。故不求为直，而直在其中。 谢氏曰："顺理为直，父不为子隐，子不为父隐，于理顺邪？瞽瞍杀人，舜窃负而逃，遵海滨而处。当是时，爱亲之心胜，其于直不直，何暇计哉？"

13·19 樊迟问仁。子曰："居处恭，执事敬，与人忠。虽之夷狄，不可弃也。"①

① 恭主容，敬主事。恭见于外，敬主乎中。"之夷狄不可弃"，勉其固守而勿失也。 程子曰："此是彻上彻下语。圣人初无二语也，充之则睟面盎背；推而达之，则笃恭而天下平矣。"胡氏曰："樊迟问仁者三，此最先，'先难'次之，'爱人'其最后乎？"

13·20 子贡问曰："何如斯可谓之士矣？"子曰："行己有耻，使于四方不辱君命，可谓士矣。"①曰："敢问其次。"曰："宗族称孝焉，乡党称弟焉。"②曰："敢问其次。"曰："言必信，行必果，硁硁然小人哉！抑亦可以为次矣。"③曰："今之从政者何如？"子曰："噫！斗筲之人，何足算也！"④

① 使，去声。 此其志有所不为，而其材足以有为者也。子贡能言，故以使事告之。盖为使之难，不独贵于能言而已。 ② 弟，去声。 此本立而材不足者，故为其次。 ③ 行，去声。硁，苦耕反。 果，必行也。硁，小石之坚确者。小人。言其识量之浅狭也。此其本末皆无足观，然亦不害其为自守也，故圣人犹有取焉。下此则市井之人，不复可为士矣。 ④ 筲，所交反。算，亦作筭，悉乱反。 今之从政者，盖如鲁三家之属。噫，心不平声。斗，量名，容十升。筲，竹器，容斗二升。斗筲之人，言鄙细也。算，数也。子贡之问每下，故夫子以

是警之。 程子曰:“子贡之意,盖欲为皎皎之行,闻于人者。夫子告之,皆笃实自得之事。”

13·21 子曰:“不得中行而与之,必也狂狷乎!狂者进取,狷者有所不为也。”①

① 狷,音绢。 行,道也。狂者,志极高而行不掩。狷者,知未及而守有馀。盖圣人本欲得中道之人而教之,然既不可得,而徒得谨厚之人,则未必能自振拔而有为也。故不若得此狂狷之人,犹可因其志节而激厉裁抑之,以进于道,非与其终于此而已也。 孟子曰:“孔子岂不欲中道哉?不可必得,故思其次也。如琴张、曾皙、牧皮者,孔子之所谓狂也。其志嘐嘐然,曰:‘古之人!古之人!’夷考其行而不掩焉者也。狂者又不可得,欲得不屑不洁之士而与之,是狷也,是又其次也。”

13·22 子曰:“南人有言曰:‘人而无恒,不可以作巫医。’善夫!”①“不恒其德,或承之羞。”②子曰:“不占而已矣。”③

① 恒,胡登反。夫,音扶。 南人,南国之人。恒,常久也。巫,所以交鬼神。医,所以寄死生。故虽贱役,而尤不可以无常。孔子称其言而善之。
② 此《易·恒卦》九三爻辞。承,进也。 ③ 复加“子曰”,以别《易》文也。其义未详。杨氏曰:“君子于《易》,苟玩其占,则知无常之取羞矣。其于无常也,盖亦不占而已矣。”意亦略通。

13·23 子曰:“君子和而不同,小人同而不和。”①

① 和者,无乖戾之心。同者,有阿比之意。 尹氏曰:“君子尚义,故有不同。小人尚利,安得而和?”

13·24 子贡问曰:“乡人皆好之,何如?”子曰:“未可也。”“乡人皆恶之,何如?”子曰:“未可也。不如乡人之善者好之,其不善者恶之。”①

① 好、恶,并去声。 一乡之人,宜有公论矣,然其间亦各以类自为好恶也。

故善者好之而恶者不恶，则必其有苟合之行，恶者恶之而善者不好，则必其无可好之实。

13·25 子曰："君子易事而难说也：说之不以道，不说也；及其使人也，器之。小人难事而易说也：说之虽不以道，说也；及其使人也，求备焉。"①

① 易，去声。说，音悦。 器之，谓随其材器而使之也。君子之心公而恕，小人之心私而刻。天理人欲之间，每相反而已矣。

13·26 子曰："君子泰而不骄，小人骄而不泰。"①

① 君子循理，故安舒而不矜肆。小人逞欲，故反是。

13·27 子曰："刚、毅、木、讷，近仁。"①

① 程子曰："木者，质朴。讷者，迟钝。四者质之近乎仁者也。"杨氏曰："刚毅则不屈于物欲，木讷则不至于外驰，故近仁。"

13·28 子路问曰："何如斯可谓之士矣？"子曰："切切、偲偲、怡怡如也，可谓士矣。朋友切切、偲偲，兄弟怡怡。"①

① 胡氏曰："切切，恳到也。偲偲，详勉也。怡怡，和悦也。皆子路所不足，故告之。又恐其混于所施，则兄弟有贼恩之祸，朋友有善柔之损，故又别而言之。"

13·29 子曰："善人教民七年，亦可以即戎矣。"①

① 教民者，教之孝悌忠信之行、务农讲武之法。即，就也。戎，兵也。民知亲其上，死其长，故可以即戎。 程子曰："'七年'云者，圣人度其时可矣。如云'期月'、'三年'、'百年'、'一世'、'大国五年'、'小国七年'之类，皆当思其作为如何乃有益。"

13·30 子曰："以不教民战，是谓弃之。"①

① 以，用也。言用不教之民以战，必有败亡之祸，是弃其民也。

宪问第十四

胡氏曰："此篇疑原宪所记。"凡四十七章。

14·1 宪问耻。子曰："邦有道，谷；邦无道，谷，耻也。"①

① 宪，原思名。谷，禄也。邦有道不能有为，邦无道不能独善，而但知食禄；皆可耻也。宪之狷介，其于"邦无道，谷"之可耻，固知之矣；至于"邦有道，谷"之可耻，则未必知也。故夫子因其问而并言之，以广其志，使知所以自勉而进于有为也。

14·2 "克、伐、怨、欲不行焉，可以为仁矣？"①子曰："可以为难矣，仁则吾不知也。"②

① 此亦原宪以其所能而问也。克，好胜。伐，自矜。怨，忿恨。欲，贪欲。

② 有是四者而能制之，使不得行，可谓难矣。仁则天理浑然，自无四者之累，"不行"，不足以言之也。　程子曰："人而无克、伐、怨、欲，惟仁者能之。有之而能制其情，使不行，斯亦难能也，谓之仁则未也。此圣人开示之深，惜乎宪之不能再问也。"或曰："四者不行，固不得为仁矣。然亦岂非所谓克己之事，求仁之方乎？"曰："克去己私以复乎礼，则私欲不留，而天理之本然者得矣。若但制而不行，则是未有拔去病根之意，而容其潜藏隐伏于胸中也。岂克己求仁之谓哉？学者察于二者之间，则其所以求仁之功，益亲切而无渗漏矣。"

14·3 子曰："士而怀居，不足以为士矣。"①

① 居，谓意所便安处也。

14·4　子曰："邦有道，危言危行；邦无道，危行言孙。"①

① 行、孙，并去声。　危，高峻也。孙，卑顺也。尹氏曰："君子之持身不可变也，至于言则有时而不敢尽，以避祸也。然则为国者使士言孙，岂不殆哉？"

14·5　子曰："有德者必有言，有言者不必有德；仁者必有勇，勇者不必有仁。"①

① 有德者，和顺积中，英华发外。能言者，或便佞口给而已。仁者，心无私累，见义必为。勇者，或血气之强而已。　尹氏曰："有德者必有言，徒能言者未必有德也。仁者志必勇，徒能勇者未必有仁也。"

14·6　南宫适问于孔子曰："羿善射，奡荡舟，俱不得其死然。禹稷躬稼，而有天下。"夫子不答，南宫适出。子曰："君子哉若人！尚德哉若人！"①

① 适，古活反。羿，音诣。奡，五报反。荡，土浪反。　南宫适，即南容也。羿，有穷之君。善射，灭夏后相而篡其位。其臣寒浞又杀羿而代之。奡，《春秋传》作"浇"，浞之子也，力能陆地行舟，后为夏后少康所诛。禹平水土暨稷播种，身亲稼穑之事。禹受舜禅而有天下，稷之后至周武王亦有天下。适之意，盖以羿、奡比当世之有权力者，而以禹、稷比孔子也，故孔子不答。然适之言如此，可谓君子之人，而有尚德之心矣，不可以不与，故俟其出而赞美之。

14·7　子曰："君子而不仁者有矣夫，未有小人而仁者也。"①

① 夫，音扶。　谢氏曰："君子志于仁矣，然毫忽之间，心不在焉，则未免为不仁也。"

14·8　子曰："爱之，能勿劳乎？忠焉，能勿诲乎？"①

① 苏氏曰："爱而勿劳，禽犊之爱也。忠而勿诲，妇寺之忠也。爱而知劳之，则其为爱也深矣。忠而知诲之，则其为忠也大矣。"

14·9　子曰："为命，裨谌草创之，世叔讨论之，行人子羽修饰之，东里子产润色之。”①

① 裨，婢之反。谌，时林反。　裨谌以下四人，皆郑大夫。草，略也。创，造也。谓造为草稿也。世叔，游吉也，《春秋传》作子太叔。讨，寻究也。论，讲议也。行人，掌使之官。子羽，公孙挥也。修饰，谓增损之。东里，地名，子产所居也。润色，谓加以文采也。郑国之为辞命，必更此四贤之手而成，详审精密，各尽所长。是以应对诸侯，鲜有败事。孔子言此，盖善之也。

14·10　或问子产。子曰：“惠人也。”①问子西。曰：“彼哉！彼哉！”②问管仲。曰：“人也。夺伯氏骈邑三百，饭疏食，没齿无怨言。”③

① 子产之政，不专于宽，然其心则一以爱人为主。故孔子以为惠人，盖举其重而言也。　② 子西，楚公子申。能逊楚国，立昭王，而改纪其政，亦贤大夫也。然不能革其僭王之号。昭王欲用孔子，又沮止之。其后卒召白公以致祸乱，则其为人可知矣。“彼哉”者，外之之辞。　③ 人也，犹言此人也。伯氏，齐大夫。骈邑，地名。齿，年也。盖桓公夺伯氏之邑以与管仲，伯氏自知己罪，而心服管仲之功，故穷约以终身而无怨言。荀卿所谓“与之书社三百，而富人莫之敢拒”者，即此事也。　或问：“管仲、子产孰优？”曰：“管仲之德，不胜其才；子产之才，不胜其德。然于圣人之学，则概乎其未有闻也。”

14·11　子曰：“贫而无怨难，富而无骄易。”①

① 易，去声。　处贫难，处富易，人之常情。然人当勉其难，而不可忽其易也。

14·12　子曰：“孟公绰为赵、魏老则优，不可以为滕、薛大夫。”①

① 公绰，鲁大夫。赵、魏，晋卿之家。老，家臣之长。大家势重，而无诸侯之事；家老望尊，而无官守之责。优，有馀也。滕、薛，二国名。大夫，任国政者。滕、薛国小政繁，大夫位高责重。然则公绰盖廉静寡欲而短于才者也。　杨氏曰：“知之弗豫，枉其才而用之，则为弃人矣。此君子所以患不知人也。言此，则孔子之用人可知矣。”

14·13 子路问成人。子曰："若臧武仲之知，公绰之不欲，卞庄子之勇，冉求之艺，文之以礼乐，亦可以为成人矣。"① 曰："今之成人者何必然？见利思义，见危授命，久要不忘平生之言，亦可以为成人矣。"②

① 知，去声。 成人，犹言全人。武仲，鲁大夫，名纥。庄子，鲁卞邑大夫。言兼此四子之长，则知足以穷理，廉足以养心，勇足以力行，艺足以泛应。而又节之以礼，和之以乐，使德成于内，而文见乎外，则材全德备，浑然不见一善成名之迹；中正和乐，粹然无复偏倚驳杂之蔽，而其为人也亦成矣。然"亦"之为言，非其至者，盖就子路之所可及而语之也。若论其至，则非圣人之尽人道，不足以语此。

② 复加"曰"字者，既答而复言也。授命，言不爱其生，持以与人也。久要，旧约也。平生，平日也。有是忠信之实，则虽其才知礼乐有所未备，亦可以为成人之次也。 程子曰："知之明，信之笃，行之果，天下之达德也。若孔子所谓'成人'，亦不出此三者。武仲，知也；公绰，仁也；卞庄子，勇也；冉求，艺也。须是合此四人之能，文之以礼乐，亦可以为成人矣。然而论其大成，则不止于此。若今之成人，有忠信而不及于礼乐，则又其次者也。"又曰："臧武仲之知，非正也。若文之以礼乐，则无不正矣。"又曰："语成人之名，非圣人孰能之？孟子曰：'惟圣人然后可以践形。'如此方可以称成人之名。"胡氏曰："'今之成人'以下，乃子路之言。盖不复'闻斯行之'之勇，而有'终身诵之'之固矣。"未详是否？

14·14 子问公叔文子于公明贾，曰："信乎，夫子不言、不笑、不取乎？"① 公明贾对曰："以告者过也。夫子时然后言，人不厌其言；乐然后笑，人不厌其笑；义然后取，人不厌其取。"子曰："其然，岂其然乎？"②

① 公叔文子，卫大夫公孙拔也。公明，姓；贾，名；亦卫人。文子为人，其详不可知，然必廉静之士，故当时以三者称之。 ② 厌者，苦其多而恶之之辞。事适其可，则人不厌，而不觉其有是矣，是以称之或过，而以为不言、不笑、不取也。然此言也，非礼义充溢于中、得时措之宜者不能。文子虽贤，疑未及此。但君子与人为善，不欲正言其非也，故曰："其然，岂其然乎？"盖疑之也。

14·15 子曰："臧武仲以防求为后于鲁，虽曰不要君，吾不信也。”①

①要，平声。　防，地名，武仲所封邑也。要，有挟而求也。武仲得罪奔邾，自邾如防，使请立后而避邑。以示若不得请，则将据邑以叛，是要君也。范氏曰：“要君者无上，罪之大者也。武仲之邑，受之于君。得罪出奔，则立后在君，非己所得专也。而据邑以请，由其好知而不好学也。”杨氏曰：“武仲卑辞请后，其迹非要君者，而意实要之。夫子之言，亦《春秋》诛意之法也。”

14·16　子曰：“晋文公谲而不正，齐桓公正而不谲。”①

①谲，古穴反。　晋文公，名重耳。齐桓公，名小白。谲，诡也。二公皆诸侯盟主，攘夷狄以尊周室者也。虽其以力假仁，心皆不正，然桓公伐楚，仗义执言，不由诡道，犹为彼善于此。文公则伐卫以致楚，而阴谋以取胜，其谲甚矣。二君他事亦多类此，故夫子言此以发其隐。

14·17　子路曰：“桓公杀公子纠，召忽死之，管仲不死。”曰：“未仁乎？”①子曰：“桓公九合诸侯，不以兵车，管仲之力也。如其仁！如其仁！”②

①纠，居黝反。召，音邵。　按《春秋传》，齐襄公无道，鲍叔牙奉公子小白奔莒。及无知弑襄公，管夷吾、召忽奉公子纠奔鲁。鲁人纳之，未克，而小白入，是为桓公。使鲁杀子纠而请管、召，召忽死之，管仲请囚。鲍叔牙言于桓公以为相。子路疑管仲忘君事仇，忍心害理，不得为仁也。　②九，《春秋传》作“纠”，督也，古字通用。“不以兵车”，言不假威力也。“如其仁”，言谁如其仁者，又再言以深许之。盖管仲虽未得为仁人，而其利泽及人，则有仁之功矣。

14·18　子贡曰：“管仲非仁者与？桓公杀公子纠，不能死，又相之。”①子曰：“管仲相桓公，霸诸侯，一匡天下，民到于今受其赐。微管仲，吾其被发左衽矣。②岂若匹夫匹妇之为谅也，自经于沟渎而莫之知也。”③

①与，平声。相，去声。　子贡意：不死犹可，相之则已甚矣。　②被，皮寄反。衽，而审反。　霸，与伯同，长也。匡，正也。尊周室，攘夷狄，皆所以正天下也。微，无也。衽，衣衿也。被发左衽，夷狄之俗也。　③谅，小信也。经，

缢也。莫之知,人不知也。《后汉书》引此文,“莫”字上有“人”字。　程子曰:“桓公,兄也。子纠,弟也。仲私于所事,辅之以争国,非义也。桓公杀之虽过,而纠之死实当。仲始与之同谋,遂与之同死,可也;知辅之争为不义,将自免以图后功,亦可也。故圣人不责其死而称其功。若使桓弟而纠兄,管仲所辅者正,桓夺其国而杀之,则管仲之与桓,不可同世之仇也;若计其后功而与其事桓,圣人之言,无乃害义之甚,启万世反覆不忠之乱乎?如唐之王珪、魏徵,不死建成之难,而从太宗,可谓害于义矣;后虽有功,何足赎哉?”愚谓,管仲有功而无罪,故圣人独称其功;王、魏先有罪而后有功,则不以相掩可也。

14·19　公叔文子之臣大夫僎,与文子同升诸公。① 子闻之曰:“可以为文矣。”②

① 僎,士免反。　臣,家臣。公,公朝。谓荐之与己同进为公朝之臣也。

② 文者,顺理而成章之谓。谥法亦有所谓“锡民爵位曰文”者。　洪氏曰:“家臣之贱而引之使与己并,有三善焉:知人,一也;忘己,二也;事君,三也。”

14·20　子言卫灵公之无道也,康子曰:“夫如是,奚而不丧?”① 孔子曰:“仲叔圉治宾客,祝鮀治宗庙,王孙贾治军旅。夫如是,奚其丧?”②

① 夫,音扶。丧,去声。　丧,失位也。　② 仲叔圉,即孔文子也。三人皆卫臣,虽未必贤,而其才可用。灵公用之,又各当其才。　尹氏曰:“卫灵公之无道,宜丧也;而能用此三人,犹足以保其国。而况有道之君,能用天下之贤才者乎?《诗》曰:‘无竞维人,四方其训之。’”

14·21　子曰:“其言之不怍,则为之也难。”①

① 大言不惭,则无必为之志,而不自度其能否矣。欲践其言,岂不难哉?

14·22　陈成子弑简公。① 孔子沐浴而朝,告于哀公曰:“陈恒弑其君,请讨之。”② 公曰:“告夫三子!”③ 孔子曰:“以吾从大夫之后,不敢不告也。君曰‘告夫三子’者?”④ 之三子告,不可。孔子曰:“以吾从大夫之后,不敢不告也。”⑤

① 成子，齐大夫，名恒。简公，齐君，名壬。事在《春秋》哀公十四年。② 朝，音潮。 是时孔子致仕居鲁，沐浴斋戒以告君，重其事而不敢忽也。臣弑其君，人伦之大变，天理所不容，人人得而诛之，况邻国乎？故夫子虽已告老，而犹请哀公讨之。 ③ 夫，音扶，下"告夫"同。 三子，三家也。时政在三家，哀公不得自专，故使孔子告之。 ④ 孔子出而自言如此，意谓：弑君之贼，法所必讨。大夫谋国，义所当告。君乃不能自命三子，而使我告之邪？ ⑤ 以君命往告，而三子鲁之强臣，素有无君之心，实与陈氏声势相倚，故沮其谋。而夫子复以此应之，其所以警之者深矣。 程子曰："左氏记孔子之言曰：'陈恒弑其君，民之不予者半。以鲁之众，加齐之半，可克也。'此非孔子之言。诚若此言，是以力不以义也。若孔子之志，必将正名其罪，上告天子，下告方伯，而率与国以讨之。至于所以胜齐者，孔子之馀事也，岂计鲁人之众寡哉？当是时，天下之乱极矣，因是足以正之，周室其复兴乎？鲁之君臣，终不从之，可胜惜哉！"胡氏曰："《春秋》之法：弑君之贼，人得而讨之。仲尼此举，先发后闻可也。"

14·23 子路问事君。子曰："勿欺也，而犯之。"①

① 犯，谓犯颜谏争。 范氏曰："犯非子路之所难也，而以不欺为难。故夫子告以先勿欺而后犯也。"

14·24 子曰："君子上达，小人下达。"①

① 君子循天理，故日进乎高明。小人徇人欲，故日究乎汙下。

14·25 子曰："古之学者为己，今之学者为人。"①

① 为，去声。 程子曰："为己，欲得之于己也。为人，欲见知于人也。" 程子曰："古之学者为己，其终至于成物。今之学者为人，其终至于丧己。"愚按，圣贤论学者用心得失之际，其说多矣，然未有如此言之切而要者。于此明辨而日省之，则庶乎其不昧于所从矣。

14·26 蘧伯玉使人于孔子。①孔子与之坐而问焉，曰："夫子何为？"对曰："夫子欲寡其过而未能也。"使者出。子曰："使乎！使乎！"②

① 使，去声，下同。 蘧伯玉，卫大夫，名瑗。孔子居卫，尝主于其家，既而

反鲁，故伯玉使人来也。 ② 与之坐，敬其主以及其使也。夫子，指伯玉也。言其但欲寡过而犹未能，则其省身克己、常若不及之意可见矣。使者之言愈自卑约，而其主之贤益彰，亦可谓深知君子之心而善于辞令者矣，故夫子再言"使乎"以重美之。按，庄周称"伯玉行年五十而知四十九年之非"，又曰："伯玉行年六十而六十化。"盖其进德之功，老而不倦，是以践履笃实，光辉宣著，不惟使者知之，而夫子亦信之也。

14·27 子曰："不在其位，不谋其政。"①

① 重出。

14·28 曾子曰："君子思不出其位。"①

① 此《艮卦》之象辞也。曾子盖尝称之，记者因上章之语而类记之也。 范氏曰："物各止其所，而天下之理得矣。故君子所思不出其位，而君臣、上下、大小皆得其职也。"

14·29 子曰："君子耻其言而过其行。"①

① 行，去声。 耻者，不敢尽之意。过者，欲有馀之辞。

14·30 子曰："君子道者三，我无能焉：仁者不忧，知者不惑，勇者不惧。"① 子贡曰："夫子自道也。"②

① 知，去声。 自责以勉人也。 ② 道，言也。自道，犹云谦辞。 尹氏曰："成德以仁为先，进学以知为先，故夫子之言，其序有不同者以此"

14·31 子贡方人。子曰："赐也贤乎哉？夫我则不暇。"①

① 夫，音扶。 方，比也。乎哉，疑辞。比方人物而较其短长，虽亦穷理之事，然专务为此，则心驰于外，而所以自治者疏矣。故褒之而疑其辞，复自贬以深抑之。 谢氏曰："圣人责人，辞不迫切而意已独至如此。"

14·32 子曰："不患人之不己知，患其不能也。"①

① 凡章指同而文不异者,一言而重出也;文小异者,屡言而各出也。此章凡四见,而文皆有异,则圣人于此一事,盖屡言之,其丁宁之意亦可见矣。

14·33 子曰:"不逆诈,不亿不信。抑亦先觉者,是贤乎!"①

① 逆,未至而迎之也。亿,未见而意之也。诈,谓人欺己。不信,谓人疑己。抑,反语辞。言虽不逆不亿,而于人之情伪,自然先觉,乃为贤也。 杨氏曰:"君子一于诚而已,然未有诚而不明者。故虽不逆诈、不亿不信,而常先觉也。若夫不逆不亿而卒为小人所罔焉,斯亦不足观也已。"

14·34 微生亩谓孔子曰:"丘何为是栖栖者与?无乃为佞乎?"①孔子曰:"非敢为佞也,疾固也。"②

① 与,平声。 微生,姓;亩,名也。亩名呼夫子而辞甚倨,盖有齿德而隐者。栖栖,依依也。为佞,言其务为口给以悦人也。 ② 疾,恶也。固,执一而不通也。圣人之于达尊,礼恭而言直如此,其警之亦深矣。

14·35 子曰:"骥不称其力,称其德也。"①

① 骥,善马之名。德,谓调良也。 尹氏曰:"骥虽有力,其称在德。人有才而无德,则亦奚足尚哉?"

14·36 或曰:"以德报怨,何如?"①子曰:"何以报德?②以直报怨,以德报德。"③

① 或人所称,今见《老子》书。德,谓恩惠也。 ② 言于其所怨,既以德报之矣;则人之有德于我者,又将何以报之乎? ③ 于其所怨者,爱憎取舍,一以至公而无私,所谓直也。于其所德者,则必以德报之,不可忘也。 或人之言,可谓厚矣。然以圣人之言观之,则见其出于有意之私,而怨德之报皆不得其平也。必如夫子之言,然后二者之报各得其所。然怨有不仇,而德无不报,则又未尝不厚也。此章之言,明白简约,而其指意曲折反复,如造化之简易易知,而微妙无穷,学者所宜详玩也。

14·37 子曰:“莫我知也夫!”① 子贡曰:“何为其莫知子也?”子曰:“不怨天,不尤人。下学而上达。知我者其天乎!”②

① 夫,音扶。 夫子自叹,以发子贡之问也。 ② 不得于天而不怨天,不合于人而不尤人,但知下学而自然上达。此但自言其反己自修,循序渐进耳,无以甚异于人而致其知也。然深味其语意,则见其中自有人不及知而天独知之之妙。盖在孔门,惟子贡之智几足以及此,故特语以发之。惜乎其犹有所未达也。 程子曰:“不怨天,不尤人,在理当如此。”又曰:“下学上达,意在言表。”又曰:“学者须守下学上达之语,乃学之要。盖凡下学人事,便是上达天理。然习而不察,则亦不能以上达矣。”

14·38 公伯寮愬子路于季孙。子服景伯以告,曰:“夫子固有惑志于公伯寮,吾力犹能肆诸市朝。”① 子曰:“道之将行也与?命也;道之将废也与?命也。公伯寮其如命何!”②

① 朝,音潮。 公伯寮,鲁人。子服,氏;景,谥;伯,字。鲁大夫子服何也。夫子,指季孙。言其有疑于寮之言也。肆,陈尸也。言欲诛寮。 ② 与,平声。 谢氏曰:“虽寮之愬行,亦命也。其实寮无如之何。”愚谓,言此以晓景伯,安子路,而警伯寮耳。圣人于利害之际,则不待决于命而后泰然也。

14·39 子曰:“贤者辟世,① 其次辟地,② 其次辟色,③ 其次辟言。”④

① 辟,去声,下同。 天下无道而隐,若伯夷、太公是也。 ② 去乱国,适治邦。 ③ 礼貌衰而去。 ④ 有违言而后去也。 程子曰:“四者虽以大小次第言之,然非有优劣也,所遇不同耳。”

14·40 子曰:“作者七人矣。”①

① 李氏曰:“作,起也。言起而隐去者,今七人矣。不可知其谁何。必求其人以实之,则凿矣。”

14·41 子路宿于石门。晨门曰:“奚自?”子路曰:“自孔氏。”曰：“是知其不可而为之者与？”①

① 与，平声。 石门，地名。晨门，掌晨启门，盖贤人隐于抱关者也。自，从也。问其何所从来也。胡氏曰：“晨门知世之不可而不为，故以是讥孔子。然不知圣人之视天下，无不可为之时也。”

14·42 子击磬于卫。有荷蒉而过孔氏之门者，曰：“有心哉，击磬乎！”①既而曰：“鄙哉，硁硁乎！莫己知也，斯己而已矣。深则厉，浅则揭。”②子曰：“果哉！末之难矣。”③

① 荷，去声。 磬，乐器。荷，担也。蒉，草器也。此荷蒉者，亦隐士也。圣人之心未尝忘天下，此人闻其磬声而知之，则亦非常人矣。 ② 硁，苦耕反。“莫己”之己，音纪，馀音以。揭，起例反。 硁硁，石声，亦专确之意。以衣涉水曰厉，摄衣涉水曰揭。此两句，《卫风·匏有苦叶》之诗也。讥孔子人不知己而不止，不能适浅深之宜。 ③ 果哉，叹其果于忘世也。末，无也。圣人心同天地，视天下犹一家，中国犹一人，不能一日忘也。故闻荷蒉之言，而叹其果于忘世；且言人之出处若但如此，则亦无所难矣。

14·43 子张曰：“《书》云：‘高宗谅阴，三年不言。’何谓也？”①子曰：“何必高宗？古之人皆然。君薨，百官总己以听于冢宰三年。”②

① 高宗，商王武丁也。谅阴，天子居丧之名。未详其义。 ② 言君薨，则诸侯亦然。总己，谓总摄己职。冢宰，太宰也。百官听于冢宰，故君得以三年不言也。 胡氏曰：“位有贵贱，而生于父母无以异者。故三年之丧，自天子达于庶人。子张非疑此也，殆以为人君三年不言，则臣下无所禀令，祸乱或由以起也。孔子告以听于冢宰，则祸乱非所忧矣。”

14·44 子曰：“上好礼，则民易使也。”①

① 好、易，皆去声。 谢氏曰：“礼达而分定，故民易使。”

14·45 子路问君子。子曰：“修己以敬。”曰：“如斯而已乎？”曰：“修己以安人。”曰：“如斯而已乎？”曰：“修己以安百姓。修己以安百姓，尧、舜其犹病诸！”①

① “修己以敬”，夫子之言至矣尽矣，而子路少之。故再以其充积之盛、自然及物者告之，无他道也。“人”者，对“己”而言。“百姓”，则尽乎人矣。“尧、舜犹病”，言不可以有加于此，以抑子路，使反求诸近也。盖圣人之心无穷，世虽极治，然岂能必知四海之内果无一物不得其所哉？故尧、舜犹以安百姓为病，若曰“吾治已足”，则非所以为圣人矣。　程子曰：“君子修己以安百姓，笃恭而天下平。唯上下一于恭敬，则天地自位，万物自育，气无不和，而四灵毕至矣。此体信达顺之道，聪明睿知，皆由是出，以此事天飨帝。”

14·46　原壤夷俟。子曰：“幼而不孙弟，长而无述焉，老而不死，是为贼！”以杖叩其胫。①

① 孙、弟，并去声。长，上声。叩，音口。胫，其定反。　原壤，孔子之故人。母死而歌，盖老氏之流，自放于礼法之外者。夷，蹲踞也。俟，待也。言见孔子来而蹲踞以待之也。述，犹称也。贼者，害人之名。以其自幼至长，无一善状，而久生于世，徒足以败常乱俗，则是贼而已矣。胫，足骨也。孔子既责之，而因以所曳之杖，微击其胫，若使勿蹲踞然。

14·47　阙党童子将命。或问之曰：“益者与？”①子曰：“吾见其居于位也，见其与先生并行也，非求益者也，欲速成者也。”②

① 与，平声。　阙党，党名。童子，未冠者之称。将命，谓传宾主之言。或人疑此童子学有进益，故孔子使之传命以宠异之也。　② 礼，童子当隅坐，随行。孔子言，吾见此童子不循此礼，非能求益，但欲速成尔。故使之给使令之役，观长少之序，习揖逊之容。盖所以抑而教之，非宠而异之也。

卫灵公第十五

凡四十一章。

15·1 卫灵公问陈于孔子。孔子对曰:“俎豆之事,则尝闻之矣;军旅之事,未之学也。”明日遂行。[①]在陈绝粮,从者病,莫能兴。[②]子路愠见,曰:“君子亦有穷乎?”子曰:“君子固穷,小人穷斯滥矣。”[③]

① 陈,去声。　陈,谓军师行伍之列。俎豆,礼器。尹氏曰:“卫灵公,无道之君也,复有志于战伐之事。故答以未学而去之。”　② 从,去声。　孔子去卫适陈。兴,起也。　③ 见,贤遍反。　何氏曰:“滥,溢也。言君子固有穷时,不若小人穷则放溢为非。”程子曰:“固穷者,固守其穷。”亦通。　愚谓,圣人当行而行,无所顾虑,处困而亨,无所怨悔,于此可见。学者宜深味之。

15·2 子曰:“赐也,女以予为多学而识之者与?”[①]对曰:“然。非与?”[②]曰:“非也。予一以贯之。”[③]

① 女,音汝。识,音志。与,平声,下同。　子贡之学,多而能识矣。夫子欲其知所本也,故问以发之。　② 方信而忽疑,盖其积学功至,而亦将有得也。

③ 说见第四篇。然彼以行言,而此以知言也。　谢氏曰:“圣人之道大矣,人不能遍观而尽识,宜其以为多学而识之也。然圣人岂务博者哉?如天之于众形,匪物物刻而雕之也。故曰:‘予一以贯之。’‘德輶如毛,毛犹有伦。上天之载,无声无臭。至矣!’”尹氏曰:“孔子之于曾子,不待其问而直告之以此,曾子复深谕之曰‘唯’。若子贡,则先发其疑而后告之,而子贡终亦不能如曾子之‘唯’也。二子所学之浅深,于此可见。”愚按,夫子之于子贡,屡有以发之,而他人不与焉。则颜、曾以下诸子所学之浅深,又可见矣。

15·3　子曰："由！知德者鲜矣。"①

① 鲜，上声。　由，呼子路之名而告之也。德，谓义理之得于己者。非己有之，不能知其意味之实也。　自第一章到此，疑皆一时之言，此章盖为"愠见"发也。

15·4　子曰："无为而治者，其舜也与？夫何为哉？恭己正南面而已矣。"①

① 与，平声。夫，音扶。　无为而治者，圣人德盛而民化，不待其有所作为也。独称舜者，绍尧之后，而又得人以任众职，故尤不见其有为之迹也。恭己者，圣人敬德之容。既无所为，则人之所见如此而已。

15·5　子张问行。①子曰："言忠信，行笃敬，虽蛮貊之邦行矣；言不忠信，行不笃敬，虽州里行乎哉？②立，则见其参于前也；在舆，则见其倚于衡也。夫然后行。"③子张书诸绅。④

① 犹"问达"之意也。　② "行笃"、"行不"之行，去声。貊，芒百反。　子张意在得行于外，故夫子反于身而言之，犹答"干禄"、"问达"之意也。笃，厚也。蛮，南蛮。貊，北狄。二千五百家为州。　③ 参，七南反。夫，音扶。　"其"者，指忠信、笃敬而言。参，读如"毋往参焉"之参，言与我相参也。衡，轭也。言其于忠信、笃敬念念不忘，随其所在，常若有见，虽欲顷刻离之而不可得；然后一言一行，自然不离于忠信、笃敬，而蛮貊可行也。　④ 绅，大带之垂者。书之，欲其不忘也。　程子曰："学要鞭辟近里，著己而已。博学而笃志，切问而近思；言忠信，行笃敬；立则见其参于前，在舆则见其倚于衡。只此是学。质美者明得尽，渣滓便浑化，却与天地同体。其次惟庄敬以持养之，及其至则一也。"

15·6　子曰："直哉史鱼！邦有道，如矢；邦无道，如矢。①君子哉蘧伯玉！邦有道，则仕；邦无道，则可卷而怀之。"②

① 史，官名。鱼，卫大夫，名鳝。如矢，言直也。史鱼自以不能进贤、退不肖，既死犹以尸谏，故夫子称其直。事见《家语》。　② 伯玉出处，合于圣人之道，故曰君子。卷，收也。怀，藏也。如于孙林父、宁殖放弑之谋，不对而出，亦其

事也。　杨氏曰:“史鱼之直,未尽君子之道。若蘧伯玉,然后可免于乱世。若史鱼之如矢,则虽欲卷而怀之,有不可得也。”

15·7　子曰:“可与言而不与之言,失人;不可与言而与之言,失言。知者不失人,亦不失言。”①

① 知,去声。

15·8　子曰:“志士仁人,无求生以害仁,有杀身以成仁。”①

① 志士,有志之士。仁人,则成德之人也。理当死而求生,则于其心有不安矣,是害其心之德也。当死而死,则心安而德全矣。　程子曰:“实理得之于心自别。实理者,实见得是,实见得非也。古人有捐躯陨命者,若不实见得,恶能如此?须是实见得生不重于义、生不安于死也,故有杀身以成仁者,只是成就一个‘是’而已。”

15·9　子贡问为仁。子曰:“工欲善其事,必先利其器。居是邦也,事其大夫之贤者,友其士之仁者。”①

① 贤以事言,仁以德言。夫子尝谓子贡悦不若己者,故以是告之,欲其有所严惮切磋以成其德也。　程子曰:“子贡问‘为仁’,非问‘仁’也,故夫子告之以为仁之资而已。”

15·10　颜渊问为邦。①子曰:“行夏之时,②乘殷之辂,③服周之冕,④乐则《韶》、《舞》。⑤放郑声,远佞人。郑声淫,佞人殆。”⑥

① 颜子王佐之才,故问治天下之道。曰“为邦”者,谦辞。　② 夏时,谓以斗柄初昏建寅之月为岁首也。天开于子,地辟于丑,人生于寅,故斗柄建此三辰之月,皆可以为岁首。而三代迭用之,夏以寅为人正,商以丑为地正,周以子为天正也。然时以作事,则岁月自当以人为纪,故孔子尝曰:“吾得夏时焉。”而说者以为谓《夏小正》之属。盖取其时之正与其令之善,而于此又以告颜子也。
③ 辂,音路,亦作路。　商辂,木辂也。辂者,大车之名。古者以木为车而已,至

商而有辂之名，盖始异其制也。周人饰以金玉，则过侈而易败，不若商辂之朴素浑坚而等威已辨，为质而得其中也。 ④ 周冕有五，祭服之冠也。冠上有覆，前后有旒。黄帝以来，盖已有之，而制度仪等，至周始备。然其为物小，而加于众体之上，故虽华而不为靡，虽费而不及奢。夫子取之，盖亦以为文而得其中也。

⑤ 取其尽善尽美。 ⑥ 远，去声。 放，谓禁绝之。郑声，郑国之音。佞人，卑谄辩给之人。殆，危也。 程子曰："问政多矣，惟颜渊告之以此。盖三代之制，皆因时损益，及其久也，不能无弊。周衰，圣人不作，故孔子斟酌先王之礼，立万世常行之道，发此以为之兆尔。由是求之，则馀皆可考也。"张子曰："礼乐，治之法也。放郑声，远佞人，法外意也。一日不谨，则法坏矣。虞夏君臣更相饬戒，意盖如此。"又曰："法立而能守，则德可久，业可大。郑声、佞人，能使人丧其所守，故放远之。"尹氏曰："此所谓百王不易之大法。孔子之作《春秋》，盖此意也。孔、颜虽不得行之于时，然其为治之法，可得而见矣。"

15·11 子曰："人无远虑，必有近忧。"①

① 苏氏曰："人之所履者，容足之外，皆为无用之地，而不可废也。故虑不在千里之外，则患在几席之下矣。"

15·12 子曰："已矣乎！吾未见好德如好色者也。"①

① 好，去声。 已矣乎，叹其终不得而见之也。

15·13 子曰："臧文仲其窃位者与？知柳下惠之贤，而不与立也。"①

① "者与"之与，平声。 窃位，言不称其位而有愧于心，如盗得而阴据之也。柳下惠，鲁大夫展获，字禽，食邑柳下，谥曰惠。与立，谓与之并立于朝。范氏曰："臧文仲为政于鲁，若不知贤，是不明也；知而不举，是蔽贤也。不明之罪小，蔽贤之罪大。故孔子以为不仁，又以为窃位。"

15·14 子曰："躬自厚而薄责于人，则远怨矣。"①

① 远，去声。 责己厚，故身益修；责人薄，故人易从。所以人不得而怨之。

15·15 子曰："不曰'如之何，如之何'者，吾末如之何也已矣。”①

①“如之何，如之何”者，熟思而审处之辞也。不如是而妄行，虽圣人亦无如之何矣。

15·16　子曰：“群居终日，言不及义，好行小慧，难矣哉！”①

① 好，去声。　小慧，私智也。言不及义，则放辟邪侈之心滋；好行小慧，则行险侥幸之机熟。“难矣哉”者，言其无以入德，而将有患害也。

15·17　子曰：“君子义以为质，礼以行之，孙以出之，信以成之。君子哉！”①

① 孙，去声。　义者，制事之本，故以为质干，而行之必有节文，出之必以退逊，成之必在诚实，乃君子之道也。　程子曰：“义以为质，如质干然；礼行此，孙出此，信成此。此四句只是一事，以义为本。”又曰：“敬以直内，则义以方外。义以为质，则礼以行之，孙以出之，信以成之。”

15·18　子曰：“君子病无能焉，不病人之不己知也。”

15·19　子曰：“君子疾没世而名不称焉。”①

① 范氏曰：“君子学以为己，不求人知。然没世而名不称焉，则无为善之实可知矣。”

15·20　子曰：“君子求诸己，小人求诸人。”①

① 谢氏曰：“君子无不反求诸己，小人反是。此君子小人所以分也。”　杨氏曰：“君子虽不病人之不己知，然亦疾没世而名不称也。虽疾没世而名不称，然所以求者，亦反诸己而已。小人求诸人，故违道干誉，无所不至。三者文不相蒙，而义实相足，亦记言者之意。”

15·21　子曰：“君子矜而不争，群而不党。”①

① 庄以持己曰矜。然无乖戾之心，故不争。和以处众曰群，然无阿比之意，

故不党。

15·22 子曰："君子不以言举人，不以人废言。"

15·23 子贡问曰："有一言而可以终身行之者乎？"子曰："其恕乎！己所不欲，勿施于人。"①

① 推己及物，其施不穷，故可以终身行之。 尹氏曰："学贵于知要。子贡之问，可谓知要矣。孔子告以求仁之方也。推而极之，虽圣人之无我，不出乎此。终身行之，不亦宜乎？"

15·24 子曰："吾之于人也，谁毁谁誉？如有所誉者，其有所试矣。①斯民也，三代之所以直道而行也。"②

① 誉，平声。 毁者，称人之恶而损其真；誉者，扬人之善而过其实。夫子无是也。然或有所誉者，则必尝有以试之，而知其将然矣。圣人善善之速，而无所苟如此。若其恶恶，则已缓矣。是以虽有以前知其恶，而终无所毁也。

② 斯民者，今此之人也。三代，夏、商、周也。直道，无私曲也。言吾之所以无所毁誉者，盖以此民，即三代之时所以善其善、恶其恶而无所私曲之民，故我今亦不得而枉其是非之实也。 尹氏曰："孔子之于人也，岂有意于毁誉之哉？其所以誉之者，盖试而知其美故也。斯民也，三代所以直道而行，岂得容私于其间哉？"

15·25 子曰："吾犹及史之阙文也，有马者借人乘之。今亡矣夫！"①

① 夫，音扶。 杨氏曰："'史阙文'、'马借人'，此二事孔子犹及见之。'今亡矣夫'，悼时之益偷也。"愚谓，此必有为而言。盖虽细故，而时变之大者可知矣。 胡氏曰："此章义疑，不可强解。"

15·26 子曰："巧言乱德。小不忍，则乱大谋。"①

① 巧言，变乱是非，听之使人丧其所守。小不忍，如妇人之仁、匹夫之勇皆是。

15·27 子曰："众恶之，必察焉；众好之，必察焉。"①

① 好、恶，并去声。 杨氏曰："惟仁者能好恶人。众好恶之而不察，则或蔽于私矣。"

15·28 子曰："人能弘道，非道弘人。"①

① 弘，廓而大之也。人外无道，道外无人。然人心有觉，而道体无为，故人能大其道，道不能大其人也。 张子曰："心能尽性，人能弘道也。性不知检其心，非道弘人也。"

15·29 子曰："过而不改，是谓过矣。"①

① 过而能改，则复于无过。惟不改，则其过遂成，而将不及改矣。

15·30 子曰："吾尝终日不食，终夜不寝，以思，①无益，②不如学也。"③

① 句。 ② 句。 ③ 此为"思而不学"者言之。盖劳心以必求，不如逊志而自得也。李氏曰："夫子非思而不学者，特垂语以教人尔。"

15·31 子曰："君子谋道不谋食。耕也，馁在其中矣；学也，禄在其中矣。君子忧道不忧贫。"①

① 馁，奴罪反。 耕所以谋食，而未必得食。学所以谋道，而禄在其中。然其学也，忧不得乎道而已，非为忧贫之故而欲为是以得禄也。 尹氏曰："君子治其本而不恤其末，岂以在外者为忧乐哉？"

15·32 子曰："知及之，仁不能守之，虽得之，必失之。①知及之，仁能守之，不庄以莅之，则民不敬。②知及之，仁能守之，庄以莅之，动之不以礼，未善也。"④

① 知，去声。 知足以知此理，而私欲间之，则无以有之于身矣。 ② 莅，临也。谓临民也。知此理而无私欲以间之，则所知者在我而不失矣。然犹有不庄者，盖气习之偏，或有厚于内而不严于外者，是以民不见其可畏而慢易之。下句放此。 ③ 动之，动民也。犹曰鼓舞而作兴之云尔。礼，谓义理之

节文。　愚谓，学至于仁，则善有诸己，而大本立矣。莅之不庄，动之不以礼，乃其气禀学问之小疵，然亦非尽善之道也。故夫子历言之，使知德愈全则责愈备，不可以为小节而忽之也。

15•33　子曰："君子不可小知，而可大受也；小人不可大受，而可小知也。"①

① 此言观人之法。知，我知之也。受，彼所受也。盖君子于细事未必可观，而材德足以任重；小人虽器量浅狭，而未必无一长可取。

15•34　子曰："民之于仁也，甚于水火。水火，吾见蹈而死者矣，未见蹈仁而死者也。"①

① 民之于水火，所赖以生，不可一日无。其于仁也亦然。但水火外物，而仁在己。无水火，不过害人之身，而不仁则失其心。是仁有甚于水火，而尤不可以一日无也。况水火或有时而杀人，仁则未尝杀人，亦何惮而不为哉？李氏曰："此夫子勉人为仁之语。"下章放此。

15•35　子曰："当仁，不让于师。"①

① 当仁，以仁为己任也。虽师亦无所逊，言当勇往而必为也。盖仁者，人所自有而自为之，非有争也，何逊之有？　程子曰："为仁在己，无所与逊。若善名在外，则不可不逊。"

15•36　子曰："君子贞而不谅。"①

① 贞，正而固也。谅，则不择是非而必于信。

15•37　子曰："事君，敬其事而后其食。"①

① 后，与"后获"之"后"同。食，禄也。君子之仕也，有官守者修其职，有言责者尽其忠。皆以敬吾之事而已，不可先有求禄之心也。

15•38　子曰："有教无类。"①

① 人性皆善，而其类有善恶之殊者，气习之染也。故君子有教，则人皆可以

复于善，而不当复论其类之恶矣。

15·39　子曰："道不同，不相为谋。"①

① 为，去声。　不同，如善恶邪正之类。

15·40　子曰："辞达而已矣。"①

① 辞取达意而止，不以富丽为工。

15·41　师冕见，及阶，子曰："阶也。"及席，子曰："席也。"皆坐，子告之曰："某在斯，某在斯。"①师冕出。子张问曰："与师言之道与？"②子曰："然。固相师之道也。"③

① 见，贤遍反。　师，乐师，瞽者。冕，名。再言"某在斯"，历举在坐之人以诏之。　② 与，平声。　圣门学者，于夫子之一言一动，无不存心省察如此。

③ 相，去声。　相，助也。古者瞽必有相，其道如此。盖圣人于此，非作意而为之，但尽其道而已。　尹氏曰："圣人处己为人，其心一致，无不尽其诚故也。有志于学者，求圣人之心，于斯亦可见矣。"范氏曰："圣人不侮鳏寡，不虐无告，可见于此。推之天下，无一物不得其所矣。"

季氏第十六

洪氏曰："此篇或以为《齐论》。"凡十四章。

16·1　季氏将伐颛臾。[1]冉有、季路见于孔子，曰："季氏将有事于颛臾。"[2]孔子曰："求！无乃尔是过与？[3]夫颛臾，昔者先王以为东蒙主，且在邦域之中矣，是社稷之臣也。何以伐为？"[4]冉有曰："夫子欲之，吾二臣者皆不欲也。"[5]孔子曰："求！周任有言曰：'陈力就列，不能者止。'危而不持，颠而不扶，则将焉用彼相矣？[6]且尔言过矣。虎兕出于柙，龟玉毁于椟中，是谁之过与？"[7]冉有曰："今夫颛臾，固而近于费。今不取，后世必为子孙忧。"[8]孔子曰："求！君子疾夫舍曰'欲之'，而必为之辞。[9]丘也闻：有国有家者，不患寡而患不均，不患贫而患不安。盖均无贫，和无寡，安无倾。[10]夫如是，故远人不服，则修文德以来之。既来之，则安之。[11]今由与求也，相夫子，远人不服而不能来也，邦分崩离析而不能守也，[12]而谋动干戈于邦内。吾恐季孙之忧，不在颛臾，而在萧墙之内也。"[13]

①颛，音专。臾，音俞。　颛臾，国名，鲁附庸也。　②见，贤遍反。　按《左传》、《史记》，二子仕季氏不同时。此云尔者，疑子路尝从孔子自卫反鲁，再仕季氏，不久而复之卫也　③与，平声。　冉求为季氏聚敛，尤用事。故夫子独责之。　④夫，音扶。　东蒙，山名。先王封颛臾于此山之下，使主其祭。在鲁地七百里之中。社稷，犹云公家。是时四分鲁国，季氏取其二，孟孙、叔孙各有

其一。独附庸之国尚为公臣，季氏又欲取以自益。故孔子言颛臾乃先王封国，则不可伐；在邦域之中，则不必伐；是社稷之臣，则非季氏所当伐也。此事理之至当，不易之定体，而一言尽其曲折如此，非圣人不能也。　⑤ 夫子，指季孙。冉有实与谋，以孔子非之，故归咎于季氏。　⑥ 任，平声。焉，於虔反。相，去声，下同。　周任，古之良史。陈，布也。列，位也。相，瞽者之相也。言二子不欲则当谏，谏而不听，则当去也。　⑦ 兕，徐履反。柙，户甲反。椟，音独。与，平声。　兕，野牛也。柙，槛也。椟，匮也。言在柙而逸，在椟而毁，典守者不得辞其过。明二子居其位而不去，则季氏之恶，己不得不任其责也。　⑧ 夫，音扶。　固，谓城郭完固。费，季氏之私邑。此则冉求之饰辞，然亦可见其实与季氏之谋矣。　⑨ 夫，音扶。舍，上声。　欲之，谓贪其利。　⑩ 寡，谓民少。贫，谓财乏。均，谓各得其分。安，谓上下相安。季氏之欲取颛臾，患寡与贫耳。然是时季氏据国，而鲁公无民，则不均矣；君弱臣强，互生嫌隙，则不安矣。均则不患于贫而和，和则不患于寡而安，安则不相疑忌，而无倾覆之患。　⑪ 夫，音扶。　内治修，然后远人服。有不服，则修德以来之，亦不当勤兵于远。⑫ 子路虽不与谋，而素不能辅之以义，亦不得为无罪，故并责之。远人，谓颛臾。分崩离析，谓四分公室，家臣屡叛。　⑬ 干，楯也。戈，戟也。萧墙，屏也。言不均不和，内变将作。其后哀公果欲以越伐鲁而去季氏。　谢氏曰："当是时，三家强，公室弱，冉求又欲伐颛臾以附益之。夫子所以深罪之，为其瘠鲁以肥三家也。"洪氏曰："二子仕于季氏，凡季氏所欲为，必以告于夫子。则因夫子之言而救止者，宜亦多矣。伐颛臾之事，不见于经传，其以夫子之言而止也与？"

16·2　孔子曰："天下有道，则礼乐征伐自天子出；天下无道，则礼乐征伐自诸侯出。自诸侯出，盖十世希不失矣；自大夫出，五世希不失矣；陪臣执国命，三世希不失矣。①天下有道，则政不在大夫。②天下有道，则庶人不议。"③

① 先王之制，诸侯不得变礼乐、专征伐。陪臣，家臣也。逆理愈甚，则其失之愈速。大约世数不过如此。　② 言不得专政。　③ 上无失政，则下无私议，非箝其口使不敢言也。　此章通论天下之势。

16·3　孔子曰："禄之去公室，五世矣。政逮于大夫，四世矣。故夫三桓之子孙，微矣。"①

①夫，音扶。　鲁自文公薨，公子遂杀子赤，立宣公，而君失其政，历成、襄、昭、定，凡五公。逮，及也。自季武子始专国政，历悼、平、桓子，凡四世，而为家臣阳虎所执。三桓，三家，皆桓公之后。此以前章之说推之，而知其当然也。　此章专论鲁事，疑与前章皆定公时语。苏氏曰："礼乐征伐自诸侯出，宜诸侯之强也，而鲁以失政。政逮于大夫，宜大夫之强也，而三桓以微。何也？强生于安，安生于上下之分定。今诸侯、大夫皆陵其上，则无以令其下矣，故皆不久而失之也。"

16·4　孔子曰："益者三友，损者三友。友直，友谅，友多闻，益矣。友便辟，友善柔，友便佞，损矣。"①

①便，平声。辟，婢亦反。　友直，则闻其过。友谅，则进于诚。友多闻，则进于明。便，习熟也。便辟，谓习于威仪而不直。善柔，谓工于媚悦而不谅。便佞，谓习于口语而无闻见之实。三者损益正相反也。　尹氏曰："自天子至于庶人，未有不须友以成者，而其损益有如是者，可不谨哉！"

16·5　孔子曰："益者三乐，损者三乐。乐节礼乐，乐道人之善，乐多贤友，益矣。乐骄乐，乐佚游，乐宴乐，损矣。"①

①乐，五教反。"礼乐"之乐，音岳。"骄乐"、"宴乐"之乐，音洛。　节，谓辨其制度声容之节。骄乐，则侈肆而不知节。佚游，则惰慢而恶闻善。宴乐，则淫溺而狎小人。三者损益，亦相反也。　尹氏曰："君子之于好乐，可不谨哉！"

16·6　孔子曰："侍于君子有三愆：言未及之而言，谓之躁；言及之而不言，谓之隐；未见颜色而言，谓之瞽。"①

①君子，有德位之通称。愆，过也。瞽，无目，不能察言观色。　尹氏曰："时然后言，则无三者之过也。"

16·7　孔子曰："君子有三戒：少之时，血气未定，戒之在色；及其壮也，血气方刚，戒之在斗；及其老也，血气既衰，戒之在得。"①

①血气，形之所待以生者，血阴而气阳也。得，贪得也。随时知戒，以理胜

之，则不为血气所使也。　范氏曰："圣人同于人者血气也，异于人者志气也。血气有时而衰，志气则无时而衰也。少未定、壮而刚、老而衰者，血气也。戒于色、戒于斗、戒于得者，志气也。君子养其志气，故不为血气所动，是以年弥高而德弥邵也。"

16·8　孔子曰："君子有三畏：畏天命，畏大人，畏圣人之言。①小人不知天命而不畏也，狎大人，侮圣人之言。"②

① 畏者，严惮之意也。天命者，天所赋之正理也。知其可畏，则其戒谨恐惧，自有不能已者，而付畀之重可以不失矣。大人、圣言，皆天命所当畏。知畏天命，则不得不畏之矣。　② 侮，戏玩也。不知天命，故不识义理，而无所忌惮如此。　尹氏曰："三畏者，修己之诚当然也。小人不务修身诚己，则何畏之有？"

16·9　孔子曰："生而知之者，上也；学而知之者，次也；困而学之，又其次也；困而不学，民斯为下矣。"①

① 困，谓有所不通。言人之气质不同，大约有此四等。　杨氏曰："生知、学知以至困学，虽其质不同，然及其知之，一也。故君子惟学之为贵 。困而不学，然后为下。"

16·10　孔子曰："君子有九思：视思明，听思聪，色思温，貌思恭，言思忠，事思敬，疑思问，忿思难，见得思义。"①

① 难，去声。　视无所蔽，则明无不见。听无所壅，则聪无不闻。色，见于面者。貌，举身而言。思问，则疑不蓄。思难，则忿必惩。思义，则得不苟。　程子曰："九思各专其一。"谢氏曰："未至于从容中道，无时而不自省察也，虽有不存焉者，寡矣。此之谓思诚。"

16·11　孔子曰："见善如不及，见不善如探汤。吾见其人矣，吾闻其语矣。①隐居以求其志，行义以达其道。吾闻其语矣，未见其人也。"②

① 探，吐南反。　真知善恶而诚好恶之，颜、曾、闵、冉之徒，盖能之矣。语，盖古语也。　② 求其志，守其所达之道也。达其道，行其所求之志也。盖惟

伊尹、太公之流，可以当之。当时若颜子，亦庶乎此，然隐而未见，又不幸而蚤死，故夫子云然。

16·12　齐景公有马千驷，死之日，民无德而称焉。伯夷、叔齐饿于首阳之下，民到于今称之。① 其斯之谓与？②

① 驷，四马也。首阳，山名。　② 与，平声。　胡氏曰："程子以为第十二篇错简'诚不以富，亦祇以异'，当在此章之首。今详文势，似当在此句之上。言人之所称，不在于富，而在于异也。"愚谓，此说近是，而章首当有"孔子曰"字，盖阙文耳。大抵此书后十篇多阙误。

16·13　陈亢问于伯鱼曰："子亦有异闻乎？"① 对曰："未也。尝独立，鲤趋而过庭。曰：'学诗乎？'对曰：'未也。''不学诗，无以言。'鲤退而学诗。② 他日又独立，鲤趋而过庭。曰：'学礼乎？'对曰：'未也。''不学礼，无以立。'鲤退而学礼。③ 闻斯二者。"④ 陈亢退而喜曰："问一得三：闻诗，闻礼，又闻君子之远其子也。"⑤

① 亢，音刚。　亢以私意窥圣人，疑必阴厚其子。　② 事理通达，而心气和平，故能言。　③ 品节详明，而德性坚定，故能立。　④ 当独立之时，所闻不过如此，其无异闻可知。　⑤ 远，去声。　尹氏曰："孔子之教其子，无异于门人，故陈亢以为'远其子'。"

16·14　邦君之妻，君称之曰夫人，夫人自称曰小童；邦人称之曰君夫人，称诸异邦曰寡小君；异邦人称之，亦曰君夫人。①

① 寡，寡德，谦辞。　吴氏曰："凡《语》中所载如此类者，不知何谓。或古有之，或夫子尝言之，不可考也。"

阳货第十七

凡二十六章。

17·1　阳货欲见孔子，孔子不见，归孔子豚。孔子时其亡也，而往拜之，遇诸涂。[①]谓孔子曰："来！予与尔言。"曰："怀其宝而迷其邦，可谓仁乎？"曰："不可。""好从事而亟失时，可谓知乎？"曰："不可。""日月逝矣，岁不我与。"孔子曰："诺。吾将仕矣。"[②]

① 归，如字，一作馈。　阳货，季氏家臣，名虎。尝囚季桓子而专国政。欲令孔子来见己，而孔子不往。货以礼"大夫有赐于士，不得受于其家"，则往拜其门。故瞰孔子之亡而归之豚，欲令孔子来拜而见之也。　② 好、亟、知，并去声。　怀宝迷邦，谓怀藏道德，不救国之迷乱。亟，数也。失时，谓不及事几之会。将者，且然而未必之辞。货语皆讥孔子，而讽使速仕。孔子固未尝如此，而亦非不欲仕也，但不仕于货耳，故直据理答之，不复与辩，若不谕其意者。　阳货之欲见孔子，虽其善意，然不过欲使助己为乱耳。故孔子不见者，义也。其往拜者，礼也。必时其亡而往者，欲其称也。遇诸涂而不避者，不终绝也。随问而对者，理之直也。对而不辩者，言之孙而亦无所诎也。杨氏曰："扬雄谓：'孔子于阳货也，敬所不敬，为诎身以信道。'非知孔子者。盖道外无身，身外无道。身诎矣而可以信道，吾未之信也。"

17·2　子曰："性相近也，习相远也。"[①]

① 此所谓性，兼气质而言者也。气质之性，固有美恶之不同矣。然以其初而言，则皆不甚相远也。但习于善则善，习于恶则恶，于是始相远耳。　程子曰："此言气质之性，非言性之本也。若言其本，则性即是理，理无不善，孟子之言'性

善'是也。何相近之有哉?"

17·3　子曰:"唯上知与下愚不移。"①

① 知,去声。　此承上章而言。人之气质,相近之中,又有美恶一定,而非习之所能移者。　程子曰:"人性本善,有不可移者。何也?语其性则皆善也,语其才则有下愚之不移。所谓'下愚'有二焉:自暴、自弃也。人苟以善自治,则无不可移,虽昏愚之至,皆可渐磨而进也。惟自暴者拒之以不信,自弃者绝之以不为,虽圣人与居,不能化而入也:仲尼之所谓'下愚'也。然其质非必昏且愚也,往往强戾而才力有过人者,商辛是也。圣人以其自绝于善,谓之'下愚',然考其归,则诚愚也。"或曰:"此与上章当合为一,'子曰'二字,盖衍文耳。"

17·4　子之武城,闻弦歌之声。①夫子莞尔而笑,曰:"割鸡焉用牛刀?"②子游对曰:"昔者偃也闻诸夫子曰:'君子学道则爱人,小人学道则易使也。'"③子曰:"二三子!偃之言是也。前言戏之耳。"④

① 弦,琴瑟也。时子游为武城宰,以礼乐为教,故邑人皆弦歌也。　② 莞,华版反。焉,於虔反。　莞尔,小笑貌,盖喜之也。因言其治小邑,何必用此大道也?　③ 易,去声。　君子、小人,以位言之。子游所称,盖夫子之常言。言君子、小人,皆不可以不学。故武城虽小,亦必教以礼乐。　④ 嘉子游之笃信,又以解门人之惑也。　治有大小,而其治之必用礼乐,则其为道一也。但众人多不能用,而子游独行之,故夫子骤闻而深喜之,因反其言以戏之。而子游以正对,故复是其言,而自实其戏也。

17·5　公山弗扰以费畔,召,子欲往。①子路不说,曰:"末之也已,何必公山氏之之也。"②子曰:"夫召我者而岂徒哉?如有用我者,吾其为东周乎?"③

① 弗扰,季氏宰。与阳货共执桓子,据邑以叛。　② 说,音悦。　末,无也。言道既不行,无所往矣。何必公山氏之往乎?　③ 夫,音扶。　"岂徒哉",言必用我也。"为东周",言兴周道于东方。　程子曰:"圣人以天下无不可有为之人,亦无不可改过之人,故欲往。然而终不往者,知其必不能改故也。"

17·6 子张问仁于孔子。孔子曰:“能行五者于天下,为仁矣。”请问之。曰:“恭,宽,信,敏,惠。恭则不侮,宽则得众,信则人任焉,敏则有功,惠则足以使人。”①

① 行是五者,则心存而理得矣。“于天下”,言无适而不然,犹所谓虽之夷狄不可弃者,五者之目,盖因子张所不足而言耳。任,倚仗也。又言其效如此。张敬夫曰:“能行此五者于天下,则其心公平而周遍可知矣。然恭其本与?”李氏曰:“此章与六言、六蔽、五美、四恶之类,皆与前后文体大不相似。”

17·7 佛肸召,子欲往。①子路曰:“昔者由也闻诸夫子曰:‘亲于其身为不善者,君子不入也。’佛肸以中牟畔,子之往也,如之何?”②子曰:“然。有是言也。不曰坚乎,磨而不磷;不曰白乎,涅而不缁。③吾岂匏瓜也哉?焉能系而不食?”④

① 佛,音弼。肸,许密反。 佛肸,晋大夫赵氏之中牟宰也。 ② 子路恐佛肸之浼夫子,故问此以止夫子之行。亲,犹自也。不入,不入其党也。③ 磷,力刃反。涅,乃结反。 磷,薄也。涅,染皂物。言人之不善,不能浼己。杨氏曰:“磨不磷,涅不缁,而后无可无不可。坚白不足,而欲自试于磨涅,其不磷缁也者几希。” ④ 焉,於虔反。 匏,瓠也,匏瓜系于一处而不能饮食,人则不如是也。 张敬夫曰:“子路昔者之所闻,君子守身之常法。夫子今日之所言,圣人体道之大权也。然夫子于公山佛肸之召皆欲往者,以天下无不可变之人,无不可为之事也。其卒不往者,知其人终不可变而事之终不可为耳。一则生物之仁,一则知人之智也。”

17·8 子曰:“由也,女闻六言六蔽矣乎?”对曰:“未也。”①“居!吾语女。②好仁不好学,其蔽也愚;好知不好学,其蔽也荡;好信不好学,其蔽也贼;好直不好学,其蔽也绞;好勇不好学,其蔽也乱;好刚不好学,其蔽也狂。”③

① 女,音汝,下同。 蔽,遮掩也。 ② 语,去声。 礼,君子问更端,则起而对。故孔子谕子路,使还坐而告之。 ③ 好、知,并去声。 六言皆美

德，然徒好之而不学以明其理，则各有所蔽。愚，若可陷可罔之类。荡，谓穷高极广而无所止。贼，谓伤害于物。勇者，刚之发。刚者，勇之体。狂，躁率也。　范氏曰："子路勇于为善，其失之者，未能好学以明之也。故告之以此。曰勇，曰刚，曰信，曰直，又皆所以救其偏也。"

17·9　子曰："小子！何莫学夫《诗》？①《诗》，可以兴，②可以观，③可以群，④可以怨。⑤迩之事父，远之事君。⑥多识于鸟兽草木之名。"⑦

①夫，音扶。　小子，弟子也。　②感发志意。　③考见得失。　④和而不流。　⑤怨而不怒。　⑥人伦之道，《诗》无不备，二者举重而言。　⑦其绪馀又足以资多识。　学《诗》之法，此章尽之。读是经者，所宜尽心也。

17·10　子谓伯鱼曰："女为《周南》、《召南》矣乎？人而不为《周南》、《召南》，其犹正墙面而立也与？"①

①女，音汝。与，平声。　为，犹学也。《周南》、《召南》，《诗》首篇名。所言皆修身齐家之事。正墙面而立，言即其至近之地，而一物无所见，一步不可行。

17·11　子曰："礼云礼云，玉帛云乎哉？乐云乐云，钟鼓云乎哉？"①

①敬而将之以玉帛，则为礼；和而发之以钟鼓，则为乐。遗其本而专事其末，则岂礼乐之谓哉？　程子曰："礼只是一个'序'，乐只是一个'和'。只此两字，含蓄多少义理。天下无一物无礼乐。且如置此两椅，一不正，便是无序。无序便乖，乖便不和。又如盗贼至为不道，然亦有礼乐。盖必有总属，必相听顺，乃能为盗。不然，则叛乱无统，不能一日相聚而为盗也。礼乐无处无之，学者须要识得。"

17·12　子曰："色厉而内荏，譬诸小人，其犹穿窬之盗也与！"①

①荏，而审反。与，平声。　厉，威严也。荏，柔弱也。小人，细民也。穿，

穿壁。窬，逾墙。言其无实盗名，而常畏人知也。

17·13 子曰："乡原，德之贼也。"①

① 乡者，鄙俗之意。原，与愿同。《荀子》"原悫"，《注》读作"愿"，是也。乡原，乡人之愿者也。盖其同流合污以媚于世，故在乡人之中独以愿称，夫子以其似德非德，而反乱乎德，故以为德之贼而深恶之。详见《孟子》末篇。

17·14 子曰："道听而涂说，德之弃也。"①

① 虽闻善言，不为己有，是自弃其德也。 王氏曰："君子多识前言往行以畜其德，道听涂说，则弃之矣。

17·15 子曰："鄙夫可与事君也与哉？①其未得之也，患得之；既得之，患失之。②苟患失之，无所不至矣。"③

① 与，平声。 鄙夫，庸恶陋劣之称。 ② 何氏曰："患得之，谓患不能得之。" ③ 小则吮痈舐痔，大则弑父与君，皆生于患失而已。 胡氏曰："许昌靳裁之有言曰：'士之品大概有三：志于道德者，功名不足以累其心；志于功名者，富贵不足以累其心；志于富贵而已者，则亦无所不至矣。'志于富贵，即孔子所谓鄙夫也。"

17·16 子曰："古者民有三疾，今也或是之亡也。①古之狂也肆，今之狂也荡；古之矜也廉，今之矜也忿戾；古之愚也直，今之愚也诈而已矣。"②

① 气失其平则为疾，故气禀之偏者亦谓之疾。昔所谓疾，今亦亡之，伤俗之益衰也。 ② 狂者，志愿太高。肆，谓不拘小节。荡，则逾大闲矣。矜者，持守太严。廉，谓棱角陗厉。忿戾，则至于争矣。愚者，暗昧不明。直，谓径行自遂。诈，则挟私妄作矣。 范氏曰："末世滋伪，岂惟贤者不如古哉？民性之蔽，亦与古人异矣。"

17·17 子曰："巧言令色，鲜矣仁。"①

① 重出。

17·18 子曰:“恶紫之夺朱也,恶郑声之乱雅乐也,恶利口之覆邦家者。”①

① 恶,去声。覆,芳服反。 朱,正色。紫,间色。雅,正也。利口,捷给。覆,倾败也。 范氏曰:“天下之理,正而胜者常少,不正而胜者常多,圣人所以恶之也。利口之人,以是为非,以非为是,以贤为不肖,以不肖为贤。人君苟悦而信之,则国家之覆也不难矣。”

17·19 子曰:“予欲无言。”① 子贡曰:“子如不言,则小子何述焉?”② 子曰:“天何言哉? 四时行焉,百物生焉;天何言哉?”③

① 学者多以语言观圣人,而不察其天理流行之实,有不待言而著者,是以徒得其言,而不得其所以言。故夫子发此以警之。 ② 子贡正以言语观圣人者,故疑而问之。 ③ 四时行,百物生,莫非天理发见流行之实,不待言而可见。圣人一动一静,莫非妙道精义之发,亦天而已,岂待言而显哉? 此亦开示子贡之切,惜乎其终不喻也。 程子曰:“孔子之道,譬如日星之明,犹患门人未能尽晓,故曰‘予欲无言’。若颜子则便默识,其他则未免疑问,故曰‘小子何述’。”又曰:“‘天何言哉? 四时行焉,百物生焉’,则可谓至明白矣。”愚按,此与前篇“无隐”之意相发,学者详之。

17·20 孺悲欲见孔子,孔子辞以疾。将命者出户,取瑟而歌,使之闻之。①

① 孺悲,鲁人,尝学士丧礼于孔子。当是时必有以得罪者,故辞以疾,而又使知其非疾,以警教之也。程子曰:“此孟子所谓‘不屑之教诲’,所以深教之也。”

17·21 宰我问:“三年之丧,期已久矣。① 君子三年不为礼,礼必坏;三年不为乐,乐必崩。② 旧谷既没,新谷既升,钻燧改火,期可已矣。”③ 子曰:“食夫稻,衣夫锦,于女安乎?”曰:“安。”④“女安则为之! 夫君子之居丧,食旨不甘,闻乐不乐,居处不安,故不为也。今女安,则为之!”⑤ 宰我出。子曰:“予之不仁也！子生三年,然后免于父母之怀。夫三年之丧,天下之通丧也。予也有三年之爱于其父母乎?”⑥

① 期,音基,下同。　期,周年也。　② 恐居丧不习而崩坏也。　③ 钻,祖官反。　没,尽也。升,登也。燧,取火之木也。改火,春取榆柳之火,夏取枣杏之火,夏季取桑柘之火,秋取柞楢之火,冬取槐檀之火,亦一年而周也。已,止也。言期年则天运一周,时物皆变,丧至此可止也。尹氏曰:“短丧之说,下愚且耻言之。宰我亲学圣人之门,而以是为问者,有所疑于心而不敢强焉尔。”　④ 夫,音扶,下同。衣,去声。女,音汝,下同。　礼:父母之丧,既殡,食粥、粗衰。既葬,疏食、水饮,受以成布。期而小祥,始食菜果,练冠,縓缘,要绖不除。无食稻、衣锦之理。夫子欲宰我反求诸心,自得其所以不忍者,故问之以此,而宰我不察也。　⑤ 乐,上如字,下音洛。　此夫子之言也。旨,亦甘也。初言“女安则为之”,绝之之辞,又发其不忍之端,以警其不察,而再言“女安则为之”以深责之。　⑥ 宰我既出,夫子惧其真以为可安而遂行之,故深探其本而斥之。言由其不仁,故爱亲之薄如此也。怀,抱也。又言君子所以不忍于亲而丧必三年之故,使之闻之,或能反求而终得其本心也。　范氏曰:“丧虽止于三年,然贤者之情则无穷也。特以圣人为之中制而不敢过,故必俯而就之,非以三年之丧为足以报其亲也。所谓三年然后免于父母之怀,特以责宰我之无恩,欲其有以跂而及之尔。”

17·22　子曰:“饱食终日,无所用心,难矣哉！不有博弈者乎？为之犹贤乎已。”①

① 博,局戏也。弈,围棋也。已,止也。李氏曰:“圣人非教人博弈也,所以甚言无所用心之不可尔。”

17·23　子路曰:“君子尚勇乎?”子曰:“君子义以为上。君子有勇而无义为乱,小人有勇而无义为盗。”①

① 尚,上之也。君子为乱,小人为盗,皆以位而言者也。尹氏曰:“义以为尚,则其勇也大矣。子路好勇,故夫子以此救其失也。”胡氏曰:“疑此子路初见孔子时问答也。”

17·24　子贡曰:“君子亦有恶乎?”子曰:“有恶:恶称人

之恶者，恶居下流而讪上者，恶勇而无礼者，恶果敢而窒者。”① 曰：“赐也亦有恶乎？”“恶徼以为知者，恶不孙以为勇者，恶讦以为直者。”②

① 恶，去声，下同。惟“恶者”之恶如字。讪，所谏反。　讪，谤毁也。窒，不通也。称人恶，则无仁厚之意。下讪上，则无忠敬之心。勇无礼，则为乱。果而窒，则妄作。故夫子恶之。　② 徼，古尧反。知、孙，并去声。讦，居谒反。“恶徼”以下，子贡之言也。徼，伺察也。讦，谓攻发人之隐私。　杨氏曰：“仁者无不爱，则君子疑若无恶矣。子贡之有是心也，故问焉以质其是非。”侯氏曰：“圣人之所恶如此，所谓‘唯仁者能恶人’也。”

17·25　子曰：“唯女子与小人为难养也，近之则不孙，远之则怨。”①

① 近、孙、远，并去声。　此小人，亦谓仆隶下人也。君子之于臣妾，庄以莅之，慈以畜之，则无二者之患矣。

17·26　子曰：“年四十而见恶焉，其终也已。”①

① 恶，去声。　四十，成德之时。见恶于人，则止于此而已。勉人及时迁善改过也。苏氏曰：“此亦有为而言，不知其为谁也。”

微子第十八

此篇多记圣贤之出处。凡十一章。

18·1 微子去之，箕子为之奴，比干谏而死。① 孔子曰：“殷有三仁焉。”②

① 微、箕，二国名。子，爵也。微子，纣庶兄。箕子、比干，纣诸父。微子见纣无道，去之以存宗祀。箕子、比干皆谏，纣杀比干，囚箕子以为奴，箕子因佯狂而受辱。 ② 三人之行不同，而同出于至诚恻怛之意，故不咈乎爱之理，而有以全其心之德也。杨氏曰：“此三人者，各得其本心，故同谓之仁。”

18·2 柳下惠为士师，三黜。人曰：“子未可以去乎？”曰：“直道而事人，焉往而不三黜？枉道而事人，何必去父母之邦？”①

① 三，去声。焉，於虔反。 士师，狱官。黜，退也。柳下惠三黜不去，而其辞气雍容如此，可谓和矣。然其不能枉道之意，则有确乎其不可拔者。是则所谓必以其道，而不自失焉者也。 胡氏曰：“此必有孔子断之之言，而亡之矣。”

18·3 齐景公待孔子，曰：“若季氏，则吾不能；以季、孟之间待之。”曰：“吾老矣，不能用也。”孔子行。①

① 鲁三卿，季氏最贵，孟氏为下卿。孔子去之，事见《世家》。然此言必非面语孔子，盖自以告其臣，而孔子闻之尔。 程子曰：“季氏强臣，君待之之礼极隆，然非所以待孔子也。以季、孟之间待之，则礼亦至矣。然复曰‘吾老矣，不能用也’，故孔子去之。盖不系待之轻重，特以不用而去尔。”

18·4　齐人归女乐。季桓子受之，三日不朝。孔子行。①

① 归，如字，或作馈。朝，音潮。　季桓子，鲁大夫，名斯。按《史记》："定公十四年，孔子为鲁司寇，摄行相事。齐人惧，归女乐以沮之。"尹氏曰："受女乐而怠于政事如此，其简贤弃礼、不足与有为可知矣，夫子所以行也。所谓'见几而作，不俟终日'者与？"　范氏曰："此篇记仁贤之出处，而折中以圣人之行，所以明中庸之道也。"

18·5　楚狂接舆歌而过孔子，曰："凤兮！凤兮！何德之衰？往者不可谏，来者犹可追。已而，已而！今之从政者殆而！"①孔子下，欲与之言。趋而辟之，不得与之言。②

① 接舆，楚人，佯狂辟世。夫子时将适楚，故接舆歌而过其车前也。凤，有道则见，无道则隐。接舆以比孔子，而讥其不能隐，为"德衰"也。"来者可追"，言及今尚可隐去。已，止也。而，语助辞。殆，危也。接舆盖知尊孔子而趋不同者也。　② 辟，去声。　孔子下车，盖欲告之以出处之意。接舆自以为是，故不欲闻而避之也。

18·6　长沮、桀溺耦而耕，孔子过之，使子路问津焉。①长沮曰："夫执舆者为谁？"子路曰："为孔丘。"曰："是鲁孔丘与？"曰："是也。"曰："是知津矣。"②问于桀溺，桀溺曰："子为谁？"曰："为仲由。"曰："是鲁孔丘之徒与？"对曰："然。"曰："滔滔者天下皆是也，而谁以易之？且而与其从辟人之士也，岂若从辟世之士哉？"耰而不辍。③子路行以告。夫子怃然曰："鸟兽不可与同群，吾非斯人之徒与而谁与？天下有道，丘不与易也。"④

① 沮，七馀反。溺，乃历反。　二人，隐者。耦，并耕也。时孔子自楚反乎蔡。津，济渡处。　② 夫，音扶。与，平声。　执舆，执辔在车也。盖本子路御而执辔，今下问津，故夫子代之也。知津，言数周流，自知津处。　③"徒与"之与，平声。滔，吐刀反。辟，去声。耰，音忧。　滔滔，流而不反之意。以，

犹与也。言天下皆乱，将谁与变易之？而，汝也。辟人，谓孔子。辟世，桀溺自谓。耰，覆种也。亦不告以津处。 ④怃，音武。与，如字。 怃然，犹怅然，惜其不喻己意也。言所当与同群者，斯人而已，岂可绝人逃世以为洁哉？天下若已平治，则我无用变易之。正为天下无道，故欲以道易之耳。 程子曰："圣人不敢有忘天下之心，故其言如此也。"张子曰："圣人之仁，不以无道必天下而弃之也。"

18·7 子路从而后，遇丈人，以杖荷蓧。子路问曰："子见夫子乎？"丈人曰："四体不勤，五谷不分，孰为夫子？"植其杖而芸。① 子路拱而立。② 止子路宿，杀鸡为黍而食之，见其二子焉。③ 明日，子路行以告。子曰："隐者也。"使子路反见之。至则行矣。④ 子路曰："不仕无义。长幼之节，不可废也；君臣之义，如之何其废之？欲洁其身，而乱大伦？君子之仕也，行其义也。道之不行，已知之矣。"⑤

①蓧，徒吊反。植，音值。 丈人，亦隐者。蓧，竹器。分，辨也。五谷不分，犹言不辨菽麦尔，责其不事农业而从师远游也。植，立之也。芸，去草也。 ②知其隐者，敬之也。 ③食，音嗣。见，贤遍反。 ④孔子使子路反见之，盖欲告之以君臣之义。而丈人意子路必将复来，故先去之以灭其迹，亦接舆之意也。 ⑤长，上声。 子路述夫子之意如此。盖丈人之接子路甚倨，而子路益恭，丈人因见其二子焉，则于长幼之节，固知其不可废矣。故因其所明以晓之。伦，序也。人之大伦有五：父子有亲，君臣有义，夫妇有别，长幼有序，朋友有信是也。仕所以行君臣之义，故虽知道之不行而不可废。然谓之义，则事之可否，身之去就，亦自有不可苟者。是以虽不洁身以乱伦，亦非忘义以殉禄也。福州有国初时写本，"路"下有"反子"二字，以此为子路反而夫子言之也。未知是否？ 范氏曰："隐者为高，故往而不返。仕者为通，故溺而不止。不与鸟兽同群，则决性命之情以饕富贵。此二者皆惑也。是以依乎中庸者为难。唯圣人不废君臣之义，而必以其正，所以或出或处而终不离于道也。"

18·8 逸民：伯夷、叔齐、虞仲、夷逸、朱张、柳下惠、少连。① 子曰："不降其志，不辱其身，伯夷、叔齐与！"② 谓："柳下惠、少连，降志辱身矣。言中伦，行中虑，其斯而已矣。”③谓：“虞仲、夷逸，隐居放言，身中清，废中权。④我则异于是，无可无不可。”⑤

① 少，去声，下同。　逸，遗逸。民者，无位之称。虞仲，即仲雍，与大伯同窜荆蛮者。夷逸、朱张，不见经传。少连，东夷人。　② 与，平声。　③ 中，去声，下同。　柳下惠，事见上。伦，义理之次第也。虑，思虑也。中虑，言有意义合人心。少连事不可考。然《记》称其“善居丧，三日不怠，三月不解。期悲哀，三年忧”，则行之中虑，亦可见矣。　④ 仲雍居吴，断发文身，裸以为饰。隐居独善，合乎道之清。放言自废，合乎道之权。　⑤ 孟子曰：“孔子可以仕则仕，可以止则止，可以久则久，可以速则速。”所谓无可无不可也。　谢氏曰：“七人隐遁不污则同，其立心造行则异。伯夷、叔齐，天子不得臣，诸侯不得友，盖已遁世离群矣。下圣人一等，此其最高与！柳下惠、少连，虽降志而不枉己，虽辱身而不求合，其心有不屑也，故言能中伦，行能中虑。虞仲、夷逸，隐居放言，则言不合先王之法者多矣。然清而不污也，权而适宜也，与方外之士害义伤教而乱大伦者殊科。是以均谓之逸民。”尹氏曰：“七人各守其一节，而孔子则无可无不可，此所以常适其可，而异于逸民之徒也。”扬雄曰：“观乎圣人则见贤人。是以孟子语夷、惠，亦必以孔子断之。”

18·9　大师挚适齐，①亚饭干适楚，三饭缭适蔡，四饭缺适秦。②鼓方叔入于河，③播鼗武入于汉，④少师阳、击磬襄入于海。⑤

① 大，音泰。　大师，鲁乐官之长。挚，其名也。　② 饭，扶晚反。缭，音了。　“亚饭”以下，以乐侑食之官。干、缭、缺，皆名也。　③ 鼓，击鼓者。方叔，名。河，河内。　④ 鼗，徒刀反。　播，摇也。鼗，小鼓，两旁有耳，持其柄而摇之，则旁耳还自击。武，名也。汉，汉中。　⑤ 少，去声。　少师，乐官之佐。阳、襄，二人名。襄即孔子所从学琴者。海，海岛也。　此记贤人之隐遁以附前章，然未必夫子之言也。末章放此。张子曰：“周衰乐废，夫子自卫反鲁，一尝治之，其后伶人贱工识乐之正。及鲁益衰，三桓僭妄，自大师以下，皆知散之四方、逾河蹈海以去乱。圣人俄顷之助，功化如此。‘如有用我，期月而可。’岂虚语哉？”

18·10 周公谓鲁公曰："君子不施其亲，不使大臣怨乎不以。故旧无大故，则不弃也。无求备于一人！"①

① 施，陆氏本作弛，诗纸反。福本同。 鲁公，周公子伯禽也。弛，遗弃也。以，用也。大臣非其人则去之，在其位则不可不用。大故，谓恶逆。李氏曰："四者皆君子之事，忠厚之至也。" 胡氏曰："此伯禽受封之国，周公训戒之辞。鲁人传诵，久而不忘也。其或夫子尝与门弟子言之欤？"

18·11 周有八士：伯达、伯适、仲突、仲忽、叔夜、叔夏、季随、季騧。①

① 騧，乌瓜反。 或曰"成王时人"，或曰"宣王时人"。盖一母四乳而生八子也，然不可考矣。 张子曰："记善人之多也。" 愚按，此篇孔子于三仁、逸民、师挚、八士，既皆称赞而品列之；于接舆、沮、溺、丈人，又每有惓惓接引之意。皆衰世之志也，其所感者深矣！在陈之叹，盖亦如此。三仁则无间然矣。其馀数君子者，亦皆一世之高士。若使得闻圣人之道，以裁其所过而勉其所不及，则其所立，岂止于此而已哉？

子张第十九

此篇皆记弟子之言，而子夏为多，子贡次之。盖孔门自颜子以下，颖悟莫若子贡；自曾子以下，笃实无若子夏。故特记之详焉。凡二十五章。

19·1　子张曰："士见危致命，见得思义，祭思敬，丧思哀，其可已矣。"①

① 致命，谓委致其命，犹言授命也。四者立身之大节，一有不至，则馀无足观。故言士能如此，则庶乎其可矣。

19·2　子张曰："执德不弘，信道不笃，焉能为有？焉能为亡？"①

① 焉，於虔反。亡，读作无，下同。　有所得而守之太狭，则德孤；有所闻而信之不笃，则道废。焉能为有亡，犹言不足为轻重。

19·3　子夏之门人问交于子张。子张曰："子夏云何？"对曰："子夏曰：'可者与之，其不可者拒之。'"子张曰："异乎吾所闻：君子尊贤而容众，嘉善而矜不能。我之大贤与，于人何所不容？我之不贤与，人将拒我，如之何其拒人也？"①

① "贤与"之与，平声。　子夏之言迫狭，子张讥之，是也。但其所言亦有过高之弊，盖大贤虽无所不容，然大故亦所当绝；不贤固不可以拒人，然损友亦所当远。学者不可不察。

19·4　子夏曰："虽小道，必有可观者焉；致远恐泥，是以君子不为也。”①

① 泥，去声。　小道，如农圃医卜之属。泥，不通也。　杨氏曰：“百家众技，犹耳目鼻舌，皆有所明而不能相通。非无可观也，致远则泥矣，故君子不为也。”

19·5　子夏曰：“日知其所亡，月无忘其所能，可谓好学也已矣。”①

① 亡，读作无。好，去声。　亡，无也。谓己之所未有。　尹氏曰：“好学者日新而不失。”

19·6　子夏曰：“博学而笃志，切问而近思，仁在其中矣。”①

① 四者皆学问思辨之事耳，未及乎力行而为仁也。然从事于此，则心不外驰，而所存自熟，故曰“仁在其中矣”。　程子曰：“博学而笃志，切问而近思，何以言‘仁在其中矣’？学者要思得之。了此，便是彻上彻下之道。”又曰：“学不博则不能守约，志不笃则不能力行。切问近思在己者，则仁在其中矣。”又曰：“近思者以类而推。”苏氏曰：“博学而志不笃，则大而无成；泛问远思，则劳而无功。”

19·7　子夏曰：“百工居肆以成其事，君子学以致其道。”①

① 肆，谓官府造作之处。致，极也。工不居肆，则迁于异物而业不精。君子不学，则夺于外诱而志不笃。尹氏曰：“学所以致其道也。百工居肆，必务成其事。君子之于学，可不知所务哉？”愚按，二说相须，其义始备。

19·8　子夏曰：“小人之过也必文。”①

① 文，去声。　文，饰之也。小人惮于改过，而不惮于自欺，故必文以重其过。

19·9　子夏曰：“君子有三变：望之俨然，即之也温，听其言也厉。”①

① 俨然者，貌之庄。温者，色之和。厉者，辞之确。　程子曰："他人俨然则不温，温则不厉，惟孔子全之。"谢氏曰："此非有意于变，盖并行而不相悖也，如良玉温润而栗然。"

19·10　子夏曰："君子信而后劳其民，未信则以为厉己也；信而后谏，未信则以为谤己也。"①

① 信，谓诚意恻怛而人信之也。厉，犹病也。事上使下，皆必诚意交孚，而后可以有为。

19·11　子夏曰："大德不逾闲，小德出入可也。"①

① 大德、小德，犹言大节、小节。闲，阑也，所以止物之出入。言人能先立乎其大者，则小节虽或未尽合理，亦无害也。　吴氏曰："此章之言，不能无弊。学者详之。"

19·12　子游曰："子夏之门人小子，当洒扫、应对、进退，则可矣。抑末也，本之则无。如之何？"①子夏闻之，曰："噫！言游过矣！君子之道，孰先传焉？孰后倦焉？譬诸草木，区以别矣。君子之道，焉可诬也？有始有卒者，其惟圣人乎！"②

① 洒，色卖反。扫，素报反。　子游讥子夏弟子：于威仪容节之间则可矣，然此小学之末耳，推其本如《大学》"正心"、"诚意"之事，则无有。　② 别，必列反。焉，於虔反。　倦，如"诲人不倦"之倦。区，犹类也。言君子之道，非以其末为先而传之，非以其本为后而倦教。但学者所至，自有浅深，如草木之有大小，其类固有别矣。若不量其浅深，不问其生熟，而概以高且远者强而语之，则是诬之而已。君子之道，岂可如此？若夫始终本末一以贯之，则惟圣人为然，岂可责之门人小子乎？　程子曰："君子教人有序，先传以小者近者，而后教以大者远者。非先传以近、小，而后不教以远、大也。"又曰："洒扫、应对，便是形而上者，理无大小故也。故君子只在慎独。"又曰："圣人之道，更无精粗。从洒扫、应对，与精义入神贯通只一理。虽洒扫、应对，只看所以然如何。"又曰："凡物有本末，不可分本末为两段事。洒扫、应对是其然，必有所以然。"又曰："自洒扫、应对上，便

可到圣人事。”愚按，程子第一条，说此章文意最为详尽。其后四条，皆以明精粗本末，其分虽殊，而理则一；学者当循序而渐进，不可厌末而求本。盖与第一条之意，实相表里；非谓末即是本，但学其末而本便在此也。

19·13　子夏曰："仕而优则学，学而优则仕。"①

① 优，有馀力也。仕与学，理同而事异。故当其事者，必先有以尽其事，而后可及其馀。然仕而学，则所以资其仕者益深；学而仕，则所以验其学者益广。

19·14　子游曰："丧致乎哀而止。"①

① 致极其哀，不尚文饰也。杨氏曰："'丧，与其易也宁戚'，不若礼不足而哀有馀之意。"愚按，"而止"二字，亦微有过于高远而简略细微之弊，学者详之。

19·15　子游曰："吾友张也，为难能也。然而未仁。"①

① 子张行过高，而少诚实恻怛之意。

19·16　曾子曰："堂堂乎张也，难与并为仁矣。"①

① 堂堂，容貌之盛。言其务外自高，不可辅而为仁，亦不能有以辅人之仁也。　范氏曰："子张外有馀而内不足，故门人皆不与其为仁。子曰：'刚、毅、木、讷，近仁。'宁外不足而内有馀，庶可以为仁矣。"

19·17　曾子曰："吾闻诸夫子：人未有自致者也，必也亲丧乎！"①

① 致，尽其极也。盖人之真情所不能自已者。　尹氏曰："亲丧固所自尽也，于此不用其诚，恶乎用其诚？"

19·18　曾子曰："吾闻诸夫子：孟庄子之孝也，其他可能也；其不改父之臣，与父之政，是难能也。"①

① 孟庄子，鲁大夫，名速。其父献子，名蔑。献子有贤德，而庄子能用其臣，守其政。故其他孝行虽有可称，而皆不若此事之为难。

19·19　孟氏使阳肤为士师，问于曾子。曾子曰："上失其道，民散久矣。如得其情，则哀矜而勿喜。"①

① 阳肤，曾子弟子。民散，谓情义乖离，不相维系。谢氏曰："民之散也，以使之无道，教之无素。故其犯法也，非迫于不得已，则陷于不知也。故得其情，则哀矜而勿喜。"

19·20　子贡曰："纣之不善，不如是之甚也。是以君子恶居下流，天下之恶皆归焉。"①

① "恶居"之恶，去声。　下流，地形卑下之处，众流之所归。喻人身有污贱之实，亦恶名之所聚也。子贡言此，欲人常自警省，不可一置其身于不善之地；非谓纣本无罪而虚被恶名也。

19·21　子贡曰："君子之过也，如日月之食焉：过也，人皆见之；更也，人皆仰之。"①

① 更，平声。

19·22　卫公孙朝问于子贡曰："仲尼焉学？"①子贡曰："文、武之道，未坠于地，在人。贤者识其大者，不贤者识其小者，莫不有文、武之道焉。夫子焉不学？而亦何常师之有？"②

① 朝，音潮。焉，於虔反。　公孙朝，卫大夫。　② 识，音志。下"焉"字，於虔反。　文、武之道，谓文王、武王之谟训功烈与凡周之礼乐文章，皆是也。在人，言人有能记之者。识，记也。

19·23　叔孙武叔语大夫于朝，曰："子贡贤于仲尼。"①子服景伯以告子贡。子贡曰："譬之宫墙，赐之墙也及肩，窥见室家之好。②夫子之墙数仞，不得其门而入，不见宗庙之美、百官之富。③得其门者或寡矣。夫子之云，不亦宜乎！"④

① 语，去声。朝，音潮。　武叔，鲁大夫，名州仇。　② 墙卑室浅。

③ 七尺曰仞。不入其门，则不见其中之所有。言墙高而宫广也。 ④ 此“夫子”指武叔。

19·24 叔孙武叔毁仲尼。子贡曰：“无以为也，仲尼不可毁也。他人之贤者，丘陵也，犹可逾也。仲尼，日月也，无得而逾焉。人虽欲自绝，其何伤于日月乎？多见其不知量也！”①

① 量，去声。 无以为，犹言无用为此。土高曰丘，大阜曰陵。日月，喻其至高。自绝，谓以谤毁自绝于孔子。多，与祇同，适也。不知量，谓不自知其分量。

19·25 陈子禽谓子贡曰：“子为恭也，仲尼岂贤于子乎？”①子贡曰：“君子一言以为知，一言以为不知，言不可不慎也。②夫子之不可及也，犹天之不可阶而升也。③夫子之得邦家者，所谓立之斯立，道之斯行，绥之斯来，动之斯和。其生也荣，其死也哀。如之何其可及也！”④

① 为恭，谓为恭敬推逊其师也。 ② 知，去声。 责子禽不谨言。 ③ 阶，梯也。大可为也，化不可为也，故曰：“不可阶而升也。” ④ 道，去声。 立之，谓植其生也。道，引也，谓教之也。行，从也。绥，安也。来，归附也。动，谓鼓舞之也。和，所谓“於变时雍”。言其感应之妙，神速如此。荣，谓莫不尊亲。哀，则如丧考妣。程子曰：“此圣人之神化，上下与天地同流者也。” 谢氏曰：“观子贡称圣人语，乃知晚年进德，盖极于高远也。夫子之得邦家者，其鼓舞群动，捷于桴鼓影响。人虽见其变化，而莫窥其所以变化也。盖不离于圣，而有不可知者存焉。此殆难以思勉及也。”

尧曰第二十

凡三章。

20·1　尧曰："咨！尔舜！天之历数在尔躬，允执其中。四海困穷，天禄永终。"①舜亦以命禹。②曰："予小子履，敢用玄牡，敢昭告于皇皇后帝：有罪不敢赦。帝臣不蔽，简在帝心。朕躬有罪，无以万方；万方有罪，罪在朕躬。"③周有大赉，善人是富。④"虽有周亲，不如仁人。百姓有过，在予一人。"⑤谨权量，审法度，修废官，四方之政行焉。⑥兴灭国，继绝世，举逸民，天下之民归心焉。⑦所重：民、食、丧、祭。⑧宽则得众，信则民任焉，敏则有功，公则说。⑨

① 此尧命舜，而禅以帝位之辞。咨，嗟叹声。历数，帝王相继之次第，犹岁时气节之先后也。允，信也。中者，无过不及之名。四海之人困穷，则君禄亦永绝矣。戒之也。　② 舜后逊位于禹，亦以此辞命之。今见于《虞书·大禹谟》，比此加详。　③ 此引《商书·汤诰》之辞，盖汤既放桀而告诸侯也。与《书》文大同小异。"曰"上当有"汤"字。履，盖汤名。"用玄牡"，夏尚黑，未变其礼也。简，阅也。言桀有罪，己不敢赦。而天下贤人，皆上帝之臣，己不敢蔽。简在帝心，惟帝所命。此述其初请命而伐桀之辞也。又言君有罪非民所致，民有罪实君所为，见其厚于责己、薄于责人之意。此其告诸侯之辞也。　④ 赉，来代反。此以下述武王事。赉，予也。武王克商，大赉于四海，见《周书·武成篇》。此言其所富者，皆善人也。《诗序》云"赉，所以锡予善人"，盖本于此　⑤ 此《周书·太誓》之辞。孔氏曰："周，至也。言纣至亲虽多，不如周家之多仁人。"⑥ 权，称锤也。量，斗斛也。法度，礼乐制度皆是也。　⑦ 兴灭继绝，谓封黄帝、

尧、舜、夏、商之后。举逸民，谓释箕子之囚，复商容之位。三者皆人心之所欲也。

⑧《武成》曰："重民五教，惟食丧祭。" ⑨说，音悦。 此于武王之事无所见，恐或泛言帝王之道也。 杨氏曰："《论语》之书，皆圣人微言，而其徒传守之，以明斯道者也。故于终篇，具载尧、舜咨命之言，汤、武誓师之意，与夫施诸政事者。以明圣学之所传者，一于是而已，所以著明二十篇之大旨也。《孟子》于终篇，亦历叙尧、舜、汤、文、孔子相承之次，皆此意也。"

20·2 子张问于孔子曰："何如斯可以从政矣？"子曰："尊五美，屏四恶，斯可以从政矣。"子张曰："何谓五美？"子曰："君子惠而不费，劳而不怨，欲而不贪，泰而不骄，威而不猛。"① 子张曰："何谓惠而不费？"子曰："因民之所利而利之，斯不亦惠而不费乎？择可劳而劳之，又谁怨？欲仁而得仁，又焉贪？君子无众寡，无小大，无敢慢，斯不亦泰而不骄乎？君子正其衣冠，尊其瞻视，俨然人望而畏之，斯不亦威而不猛乎？"② 子张曰："何谓四恶？"子曰："不教而杀谓之虐；不戒视成谓之暴；慢令致期谓之贼；犹之与人也，出纳之吝，谓之有司。"③

① 费，芳味反。 ② 焉，於虔反。 ③ 出，去声。 虐，谓残酷不仁。暴，谓卒遽无渐。致期，刻期也。贼者，切害之意。缓于前而急于后，以误其民，而必刑之，是贼害之也。犹之，犹言均之也。均之以物与人，而于其出纳之际，乃或吝而不果；则是有司之事，而非为政之体。所与虽多，人亦不怀其惠矣。项羽使人，有功当封，刻印刓，忍弗能予，卒以取败，亦其验也。 尹氏曰："告问政者多矣，未有如此之备者也。故记之以继帝王之治，则夫子之为政可知也。"

20·3 子曰："不知命，无以为君子也。① 不知礼，无以立也。② 不知言，无以知人也。"③

① 程子曰："知命者，知有命而信之也。人不知命，则见害必避，见利必趋，何以为君子？" ② 不知礼，则耳目无所加，手足无所措。 ③ 言之得失，可以知人之邪正。 尹氏曰："知斯三者，则君子之事备矣。弟子记此以终篇，得无意乎？学者少而读之，老而不知一言为可用，不几于侮圣言者乎？夫子之罪人也，可不念哉？"

孟子集注

孟子序说

《史记·列传》曰："孟轲，[1]驺人也。[2]受业子思之门人。[3]道既通，[4]游事齐宣王，宣王不能用。适梁，梁惠王不果所言，则见以为迂远而阔于事情。[5]当是之时，秦用商鞅，楚、魏用吴起，齐用孙子、田忌。天下方务于合从连衡，以攻伐为贤。而孟轲乃述唐、虞、三代之德，是以所如者不合。退而与万章之徒序《诗》、《书》，述仲尼之意，作《孟子》七篇。"[6]

① 赵氏曰："孟子，鲁公族孟孙之后。"《汉书》注云："字子车。"一说："字子舆。"　② 驺，亦作邹，本邾国也。　③ 子思，孔子之孙，名伋。《索隐》云："王劭以'人'为衍字。"而赵氏注及《孔丛子》等书，亦皆云孟子亲受业于子思，未知是否。　④ 赵氏曰："孟子通五经，尤长于《诗》、《书》。"程子曰："孟子曰：'可以仕则仕，可以止则止，可以久则久，可以速则速。''孔子，圣之时者也。'故知《易》者莫如孟子。又曰：'王者之迹熄而《诗》亡，《诗》亡然后《春秋》作。'又曰：'《春秋》无义战。'又曰：'《春秋》，天子之事。'故知《春秋》者莫如孟子。"尹氏曰："以此而言，则赵氏谓孟子长于《诗》、《书》而已，岂知孟子者哉？"　⑤ 按《史记》："梁惠王之三十五年乙酉，孟子始至梁。其后二十三年，当齐湣王之十年丁未，齐人伐燕，而孟子在齐。"故《古史》谓"孟子先事齐宣王，后乃见梁惠王、襄王、齐湣王"。独《孟子》以伐燕为宣王时事，与《史记》、《荀子》等书皆不合。而《通

鉴》以伐燕之岁为宣王十九年，则是孟子先游梁而后至齐见宣王矣。然《考异》亦无他据，又未知孰是也。　⑥ 赵氏曰："凡二百六十一章，三万四千六百八十五字。"韩子曰："孟轲之书，非轲自著。轲既没，其徒万章、公孙丑相与记轲所言焉耳。"愚按，二说不同，《史记》近是。

韩子曰："尧以是传之舜，舜以是传之禹，禹以是传之汤，汤以是传之文、武、周公，文、武、周公传之孔子，孔子传之孟轲。轲之死，不得其传焉。荀与扬也，择焉而不精，语焉而不详。"①

① 程子曰："韩子此语，非是蹈袭前人，又非凿空撰得出，必有所见。若无所见，不知言所传者何事。"

又曰："孟氏，醇乎醇者也。荀与扬，大醇而小疵。"①

① 程子曰："韩子论孟子，甚善。非见得《孟子》意，亦道不到。其论荀、扬则非也。荀子极偏驳，只一句'性恶'，大本已失。扬子虽少过，然亦不识性，更说甚道？"

又曰："孔子之道，大而能博。门弟子不能遍观而尽识也，故学焉而皆得其性之所近。其后离散，分处诸侯之国，又各以其所能授弟子，源远而末益分。惟孟轲师子思，而子思之学出于曾子。自孔子没，独孟轲氏之传得其宗。故求观圣人之道者，必自《孟子》始。"①

① 程子曰："孔子言'参也鲁'，然颜子没后，终得圣人之道者，曾子也。观其启手足时之言，可以见矣。所传者子思、孟子，皆其学也。"

又曰："扬子云曰：'古者杨、墨塞路，孟子辞而辟之，廓如也。'夫杨、墨行，正道废。孟子虽贤圣，不得位，空言无施，虽切何补。然赖其言，而今之学者尚知宗孔氏，崇仁义，贵王贱霸而已。其大经大法，皆亡灭而不救，坏烂而不收。

所谓存十一于千百,安在其能廓如也? 然向无孟氏,则皆服左衽而言侏离矣。故愈尝推尊孟氏,以为功不在禹下者,为此也。"

或问于程子曰:"孟子还可为圣人否?"程子曰:"未敢便道他是圣人,然学已到至处。"①

① 愚按,"至"字恐当作"圣"字。

程子又曰:"孟子有功于圣门,不可胜言,仲尼只说一个'仁'字,孟子开口便说'仁义'。仲尼只说一个'志',孟子便说许多'养气'出来。只此二字,其功甚多。"

又曰:"孟子有大功于世,以其言性善也。"

又曰:"孟子'性善'、'养气'之论,皆前圣所未发。"

又曰:"学者全要识时。若不识时,不足以言学。颜子陋巷自乐,以有孔子在焉。若孟子之时,世既无人,安可不以道自任?"

又曰:"孟子有些英气。才有英气,便有圭角。英气甚害事。如颜子,便浑厚不同。颜子去圣人只毫发间。孟子大贤,亚圣之次也。"或曰:"英气见于甚处?"曰:"但以孔子之言比之,便可见。且如冰与水精非不光,比之玉,自是有温润含蓄气象,无许多光耀也。"

杨氏曰:"《孟子》一书,只是要正人心,教人存心养性,收其放心。至论仁义礼智,则以恻隐、羞恶、辞让、是非之心为之端。论邪说之害,则曰'生于其心,害于其政'。论事君，则曰'格君心之非'，'一正君而国定'。千变万化，只说从心上来。人能正心，则事无足为者矣。《大学》之'修身、齐家、治国、平天下'，其本只是正心、诚意而已。心得其正，然后知性之善，故孟子遇人便道'性善'。欧阳永叔却言'圣人之教人，性非所先'，可谓误矣。人性上不可添一物。尧、舜所以为万世法，亦是率性而已。所谓率性，循天理是也。外边用计用数，假饶立得功业，只是人欲之私。与圣贤作处，天地悬隔。"

梁惠王章句上

凡七章。

1上·1　孟子见梁惠王。[①]王曰："叟，不远千里而来，亦将有以利吾国乎？"[②]孟子对曰："王，何必曰利？亦有仁义而已矣。[③]王曰：'何以利吾国？'大夫曰：'何以利吾家？'士庶人曰：'何以利吾身？'上下交征利，而国危矣。万乘之国，弑其君者必千乘之家；千乘之国，弑其君者必百乘之家。万取千焉，千取百焉，不为不多矣。苟为后义而先利，不夺不餍。[④]未有仁而遗其亲者也，未有义而后其君者也。[⑤]王亦曰仁义而已矣，何必曰利？"[⑥]

① 梁惠王，魏侯罃也。都大梁，僭称王，谥曰惠。《史记》："惠王三十五年，卑礼厚币以招贤者，而孟轲至梁。"　② 叟，长老之称。王所谓利，盖富国强兵之类。　③ 仁者，心之德、爱之理。义者，心之制、事之宜也。此二句乃一章之大指，下文乃详言之。后多放此。　④ 乘，去声。餍，於艳反。　此言求利之害，以明上文"何必曰利"之意也。征，取也。上取乎下，下取乎上，故曰"交征"。国危，谓将有弑夺之祸。乘，车数也。万乘之国者，天子畿内地方千里，出车万乘。千乘之家者，天子之公卿采地方百里，出车千乘也。千乘之国，诸侯之国。百乘之家，诸侯之大夫也。弑，下杀上也。餍，足也。言臣之于君，每十分而取其一分，亦已多矣。若又以义为后，而以利为先，则不弑其君而尽夺之，其心未肯以为足也。　⑤ 此言仁义未尝不利，以明上文"亦有仁义而已"之意也。遗，犹弃也。后，不急也。言仁者必爱其亲，义者必急其君。故人君躬行仁义而无求利之心，则其下化之，自亲戴于己也。　⑥ 重言之，以结上文两节之意。

此章言仁义根于人心之固有，天理之公也；利心生于物我之相形，人欲之私也。循天理，则不求利而自无不利；徇人欲，则求利未得而害已随之。所谓毫厘之差，千里之缪。此《孟子》之书所以造端托始之深意，学者所宜精察而明辨也。　太史公曰："余读孟子书，至梁惠王问'何以利吾国'，未尝不废书而叹也。曰：嗟乎！利，诚乱之始也。夫子罕言利，常防其源也。故曰：'放于利而行，多怨。'自天子以至于庶人，好利之弊何以异哉！"程子曰："君子未尝不欲利，但专以利为心则有害。惟仁义则不求利而未尝不利也。当是之时，天下之人惟利是求，而不复知有仁义。故孟子言仁义而不言利，所以拔本塞源而救其弊，此圣贤之心也。"

1上·2　孟子见梁惠王。王立于沼上，顾鸿雁麋鹿，曰："贤者亦乐此乎？"①孟子对曰："贤者而后乐此。不贤者虽有此，不乐也。②《诗》云：'经始灵台，经之营之。庶民攻之，不日成之。经始勿亟，庶民子来。王在灵囿，麀鹿攸伏。麀鹿濯濯，白鸟鹤鹤。王在灵沼，於牣鱼跃 。'文王以民力为台为沼，而民欢乐之，谓其台曰灵台，谓其沼曰灵沼，乐其有麋鹿鱼鳖。古之人与民偕乐，故能乐也。③《汤誓》曰：'时日害丧？予及女偕亡！'民欲与之偕亡，虽有台池鸟兽，岂能独乐哉？"④

① 乐，音洛。篇内同。　沼，池也。鸿，雁之大者。麋，鹿之大者。② 此一章之大指。　③ 亟，音棘。麀，音忧。鹤，《诗》作翯，户角反。於，音乌。　此引《诗》而释之，以明"贤者而后乐此"之意。《诗》，《大雅·灵台》之篇。经，量度也。灵台，文王台名也。营，谋为也。攻，治也。不日，不终日也。亟，速也。言文王戒以勿亟也。子来，如子来趋父事也。灵囿、灵沼，台下有囿，囿中有沼也。麀，牝鹿也。伏，安其所，不惊动也。濯濯，肥泽貌。鹤鹤，洁白貌。於，叹美辞。牣，满也。孟子言文王虽用民力，而民反欢乐之，既加以美名，而又乐其所有。盖由文王能爱其民，故民乐其乐，而文王亦得以享其乐也。　④ 害，音曷。丧，去声。女，音汝。　此引《书》而释之，以明"不贤者虽有此，不乐"之意也。《汤誓》，《商书》篇名。时，是也。日，指夏桀。害，何也。桀尝自言："吾有天下，如天之有日，日亡，吾乃亡耳。"民怨其虐，故因其自言而目之曰："此日何时亡乎？若亡，则我宁与之俱亡。"盖欲其亡之甚也。孟子引此，以明君独乐而不恤

其民，则民怨之，而不能保其乐也。

1上·3 梁惠王曰："寡人之于国也，尽心焉耳矣。河内凶，则移其民于河东，移其粟于河内。河东凶亦然。察邻国之政，无如寡人之用心者。邻国之民不加少，寡人之民不加多，何也？"① 孟子对曰："王好战，请以战喻。填然鼓之，兵刃既接，弃甲曳兵而走，或百步而后止，或五十而后止。以五十步笑百步，则何如？"曰："不可。直不百步耳，是亦走也。"曰："王如知此，则无望民之多于邻国也。② 不违农时，谷不可胜食也。数罟不入洿池，鱼鳖不可胜食也。斧斤以时入山林，材木不可胜用也。谷与鱼鳖不可胜食，材木不可胜用，是使民养生丧死无憾也。养生丧死无憾，王道之始也。③ 五亩之宅，树之以桑，五十者可以衣帛矣。鸡豚狗彘之畜，无失其时，七十者可以食肉矣。百亩之田，勿夺其时，数口之家可以无饥矣。谨庠序之教，申之以孝悌之养，颁白者不负戴于道路矣。七十者衣帛食肉，黎民不饥不寒，然而不王者，未之有也。④ 狗彘食人食而不知检，涂有饿莩而不知发；人死，则曰：'非我也，岁也。'是何异于刺人而杀之，曰：'非我也，兵也。'王无罪岁，斯天下之民至焉。"⑤

① 寡人，诸侯自称，言寡德之人也。河内、河东，皆魏地。凶，岁不熟也。移民以就食，移粟以给其老稚之不能移者。 ② 好，去声。填，音田。 填，鼓音也。兵以鼓进，以金退。直，犹但也。言此以譬邻国不恤其民，惠王能行小惠，然皆不能行王道以养其民，不可以此而笑彼也。杨氏曰："移民移粟，荒政之所不废也。然不能行先王之道，而徒以是为尽心焉，则末矣。" ③ 胜，音升。数，音促。罟，音古。洿，音乌。 农时，谓春耕、夏耘、秋收之时。凡有兴作，不违此时，至冬乃役之也。不可胜食，言多也。数，密也。罟，网也。洿，窊下之地，水所聚也。古者网罟，必用四寸之目。鱼不满尺，市不得粥，人不得食。山林川泽，与民共之，而有厉禁。草木零落，然后斧斤入焉。此皆为治之初，法制未备，且因天

地自然之利，而撙节爱养之事也。然饮食宫室所以养生，祭祀棺椁所以送死，皆民所急而不可无者。今皆有以资之，则人无所恨矣。王道以得民心为本，故以此为王道之始。　④衣，去声。畜，敕六反。数，去声。王，去声。凡有天下者，人称之曰王，则平声；据其身临天下而言曰王，则去声。后皆放此。　五亩之宅，一夫所受，二亩半在田，二亩半在邑。田中不得有木，恐妨五谷，故于墙下植桑，以供蚕事。五十始衰，非帛不暖；未五十者不得衣也。畜，养也。时，谓孕字之时，如孟春"牺牲毋用牝"之类也。七十非肉不饱，未七十者不得食也。百亩之田，亦一夫所受。至此则经界正，井地均，无不受田之家矣。庠、序，皆学名也。申，重也，丁宁反覆之意。善事父母为孝，善事兄长为悌。颁，与斑同，老人头半白黑者也。负，任在背；戴，任在首。夫民衣食不足，则不暇治礼义；而饱暖无教，则又近于禽兽。故既富而教以孝悌，则人知爱亲敬长而代其劳，不使之负戴于道路矣。"衣帛食肉"但言七十，举重以见轻也。黎，黑也。黎民，黑发之人，犹秦言黔首也。少壮之人，虽不得衣帛食肉，然亦不至于饥寒也。此言尽法制品节之详，极财成辅相之道，以左右民，是王道之成也。　⑤莩，平表反。刺，七亦反。　检，制也。莩，饿死人也。发，发仓廪以赈贷也。岁，谓岁之丰凶也。惠王不能制民之产，又使狗彘得以食人之食，则与先王制度品节之意异矣。至于民饥而死，犹不知发，则其所移特民间之粟而已。乃以民不加多归罪于岁凶，是知刃之杀人而不知操刀者之杀人也。不罪岁，则必能自反而益修其政，天下之民至焉，则不但多于邻国而已。　程子曰："孟子之论王道，不过如此，可谓实矣。"又曰："孔子之时，周室虽微，天下犹知尊周之为义，故《春秋》以尊周为本。至孟子时，七国争雄，天下不复知有周，而生民之涂炭已极。当是时，诸侯能行王道，则可以王矣。此孟子所以劝齐、梁之君也。盖王者，天下之义主也。圣贤亦何心哉？视天命之改与未改耳。"

1上·4　梁惠王曰："寡人愿安承教。"①孟子对曰："杀人以梃与刃，有以异乎？"曰："无以异也。"②"以刃与政，有以异乎？"曰："无以异也。"③曰："庖有肥肉，厩有肥马，民有饥色，野有饿莩，此率兽而食人也。④兽相食，且人恶之，为民父母，行政不免于率兽而食人，恶在其为民父母也？⑤仲尼曰：'始作俑者，其无后乎！'为其象人而用之也。如之何其使斯民饥而死也？"⑥

① 承上章言愿安意以受教。 ② 梃，徒顶反。 梃，杖也。 ③ 孟子又问而王答也。 ④ 厚敛于民以养禽兽，而使民饥以死，则无异于驱兽以食人矣。 ⑤“恶之”之恶，去声。“恶在”之恶，平声。 君者，民之父母也。恶在，犹言何在也。 ⑥ 俑，音勇。为，去声。 俑，从葬木偶人也。古之葬者，束草为人，以为从卫，谓之刍灵，略似人形而已。中古易之以俑，则有面目机发而大似人矣，故孔子恶其不仁，而言其必无后也。孟子言：此作俑者，但用象人以葬，孔子犹恶之，况实使民饥而死乎？ 李氏曰：“为人君者固未尝有率兽食人之心，然殉一己之欲而不恤其民，则其流必至于此。故以为民父母告之。夫父母之于子，为之就利避害，未尝顷刻而忘于怀，何至视之不如犬马乎？”

1上·5 梁惠王曰：“晋国，天下莫强焉，叟之所知也。及寡人之身，东败于齐，长子死焉；西丧地于秦七百里；南辱于楚。寡人耻之，愿比死者一洒之。如之何则可？”① 孟子对曰：“地方百里而可以王。② 王如施仁政于民，省刑罚，薄税敛，深耕易耨，壮者以暇日修其孝悌忠信，入以事其父兄，出以事其长上，可使制梃以挞秦、楚之坚甲利兵矣。③ 彼夺其民时，使不得耕耨以养其父母，父母冻饿，兄弟妻子离散。④ 彼陷溺其民，王往而征之，夫谁与王敌？⑤ 故曰：‘仁者无敌。’王请勿疑。”⑥

① 长，上声。丧，去声。比，必二反。洒，与洗同。 魏本晋大夫魏斯，与韩氏、赵氏共分晋地，号曰“三晋”，故惠王犹自谓晋国。惠王三十年，齐击魏，破其军，虏太子申。十七年，秦取魏少梁。后魏又数献地于秦。又与楚将昭阳战，败，亡其七邑。比，犹为也。言欲为死者雪其耻也。 ② 百里，小国也。然能行仁政，则天下之民归之矣 ③省，所梗反。敛、易，皆去声。耨，奴豆反。长，上声。 省刑罚，薄税敛，此二者仁政之大目也。易，治也。耨，耘也。尽己之谓忠，以实之谓信。君行仁政，则民得尽力于农亩，而又有暇日以修礼义，是以尊君亲上而乐于效死也。 ④ 养，去声。 彼，谓敌国也。 ⑤ 夫，音扶。 陷，陷于阱；溺，溺于水：暴虐之意。征，正也。以彼暴虐其民，而率吾尊君亲上之民往正其罪，彼民方怨其上而乐归于我，则谁与我为敌哉？ ⑥“仁者无敌”，盖古语也。百里可王，以此而已。恐王疑其迂阔，故勉使勿疑也。 孔氏曰：“惠

王之志，在于报怨。孟子之论，在于救民。所谓‘惟天吏则可以伐之’，盖孟子之本意。”

1上·6　孟子见梁襄王。①出，语人曰：“望之不似人君，就之而不见所畏焉。卒然问曰：‘天下恶乎定？’吾对曰：‘定于一。’②‘孰能一之？’③对曰：‘不嗜杀人者能一之。’④‘孰能与之？’⑤对曰：‘天下莫不与也。王知夫苗乎？七、八月之间旱，则苗槁矣。天油然作云，沛然下雨，则苗浡然兴之矣。其如是，孰能御之？今夫天下之人牧，未有不嗜杀人者也。如有不嗜杀人者，则天下之民皆引领而望之矣！诚如是也，民归之，由水之就下，沛然谁能御之？’”⑥

① 襄王，惠王子，名赫。　② 语，去声。卒，七没反。恶，平声。　语，告也。不似人君，不见所畏，言其无威仪也。卒然，急遽之貌。盖容貌辞气，乃德之符。其外如此，则其中之所存者可知。王问列国分争，天下当何所定？孟子对以必合于一，然后定也。　③ 王问也。　④ 嗜，甘也。　⑤ 王复问也。与，犹归也。　⑥ 夫，音扶。浡，音勃。由，当作犹，古字借用，后多放此。周七、八月，夏五、六月也。油然，云盛貌。沛然，雨盛貌。浡然，兴起貌。御，禁止也。人牧，谓牧民之君也。领，颈也。盖好生恶死，人心所同，故人君不嗜杀人，则天下悦而归之。　苏氏曰：“孟子之言，非苟为大而已。然不深原其意而详究其实，未有不以为迂者矣。予观孟子以来，自汉高祖及光武，及唐太宗，及我太祖皇帝，能一天下者四君，皆以不嗜杀人致之；其馀杀人愈多，而天下愈乱。秦、晋及隋，力能合之，而好杀不已，故或合而复分，或遂以亡国。孟子之言，岂偶然而已哉！”

1上·7　齐宣王问曰：“齐桓、晋文之事，可得闻乎？”①孟子对曰：“仲尼之徒，无道桓、文之事者，是以后世无传焉，臣未之闻也。无以，则王乎？”②曰：“德何如，则可以王矣？”曰：“保民而王，莫之能御也。”③曰：“若寡人者，可以保民乎哉？”曰：“可。”曰：“何由知吾可也？”曰：“臣闻之胡龁曰：王坐于堂上，有牵牛而过堂下者，王见之，曰：‘牛何之？’对曰：‘将以衅钟。’王曰：‘舍之！吾不忍其觳觫，若无罪而就死地。’对曰：‘然则废衅钟与？’曰：‘何可废也？以羊易之。’不识有诸？”④曰：“有之。”曰：“是心足以王矣。百姓皆以王为爱也，臣固知王之不忍也。”⑤王曰：“然。诚有百姓者。齐国虽褊小，吾何爱一牛？即不忍其觳觫，若无罪而就死地，故以羊易之也。”⑥曰：“王无异于百姓之以王为爱也，以小易大，彼恶知之？王若隐其无罪而就死地，则牛羊何择焉？”王笑曰：“是诚何心哉？我非爱其财而易之以羊也。宜乎百姓之谓我爱也。”⑦曰：“无伤也。是乃仁术也，见牛未见羊也。君子之于禽兽也，见其生，不忍见其死；闻其声，不忍食其肉。是以君子远庖厨也。”⑧王说，曰：“《诗》云：‘他人有心，予忖度之。’夫子之谓也。夫我乃行之，反而求之，不得吾心。夫子言之，于我心有戚戚焉。此心之所以合于王者，何也？”⑨曰：“有复于王者，曰‘吾力足以举百钧’，而不足以举一羽；‘明足以察秋毫之末’，而不见舆薪。则王许之乎？”曰：“否。”“今恩足以及禽兽，而功不致于百姓者，独何与？然则一羽之不举，为不用力焉；舆薪之不见，为不用明焉；百姓之不见保，为不用恩焉。故王之不王，不为也，非不能也。”⑩曰：“不为者与不能者之形何以异？”曰：“挟泰山以超北海，语人曰：‘我不能。’是诚不能也。为长者折枝，语人曰：‘我不能。’是不为也，非不能也。故王之不王，非挟太山以超北海之类也；王之不王，是折枝之类也。⑪老吾老，以及人之老；幼吾幼，以及人之幼。天下可运于掌。《诗》云：‘刑于寡妻，至于兄弟，以御于家邦。’言举斯心加诸彼而已。故推恩足以保四海，不推恩无以保妻子。古之人所以大过人者无他焉，善推其所为而已矣。今恩足以及禽兽,而功不至于百姓者,独何与?⑫权,然后知轻重;度,然后知长短。物皆然,心为甚。王请度之。⑬抑王兴甲兵、危士臣,构怨于诸侯,然后快于心与?"⑭王曰:"否。吾何快于是?将以求吾所大欲也。"⑮曰:"王之所大欲,可得闻与?"王笑而不言。曰:"为肥甘不足于口与?轻暖不足于体与?抑为采色不足视于目与?声音不足听于耳与?便嬖不足使令于前与?王之诸臣,皆足以供之,而王岂为是哉?"曰:"否。吾不为是也。"曰:"然则王之所以大欲可知已。欲辟土地,朝秦、楚,莅中国而抚四夷也。以若所为,求若所欲,犹缘木而求鱼也。"⑯王曰:"若是其甚与?"曰:"殆有甚焉。缘木求鱼,虽不得鱼,无后灾;以若所为,求若所欲,尽心力而为之,后必有灾。"曰:"可得闻与?"曰:"邹人与楚人战,则王以为孰胜?"曰:"楚人胜。"曰:"然则小固不可以敌大,寡固不可以敌众,弱固不可以敌强。海内之地,方千里者九,齐集有其一。以一服八,何以异于邹敌楚哉?盖亦反其本矣。⑰今王发政施仁,使天下仕者皆欲立于王之朝,耕者皆欲耕于王之野,商贾皆欲藏于王之市,行旅皆欲出于王之涂,天下之欲疾其君者皆欲赴愬于王,其如是,孰能御之?"⑱王曰:"吾惛,不能进于是矣。愿夫子辅吾志,明以教我。我虽不敏,请尝试之。"⑲曰:"无恒产而有恒心者,惟士为能。若民则无恒产,因无恒心。苟无恒心,放辟邪侈,无不为已。及陷于罪,然后从而刑之,是罔民也。焉有仁人在位,罔民而可为也?⑳是故明君制民之产,必使仰足以事父母,俯足以畜妻子,乐岁终身饱,凶年免于死亡。然后驱而之善,故民之从之也轻。㉑今也制民之产,仰不足以事父母,俯不足以畜妻子,乐岁终身苦,凶年不免于死亡。

此惟救死而恐不赡，奚暇治礼义哉？㉒王欲行之，则盍反其本矣。㉓五亩之宅，树之以桑，五十者可以衣帛矣。鸡豚狗彘之畜，无失其时，七十者可以食肉矣。百亩之田，勿夺其时，八口之家可以无饥矣。谨庠序之教，申之以孝悌之义，颁白者不负戴于道路矣。老者衣帛食肉，黎民不饥不寒，然而不王者，未之有也。"㉔

①齐宣王，姓田氏，名辟彊，诸侯僭称王也。齐桓公、晋文公，皆霸诸侯者。

②道，言也。董子曰："仲尼之门，五尺童子羞称五霸，为其先诈力而后仁义也。"亦此意也。以、已通用。无已，必欲言之而不止也。王，谓王天下之道。

③保，爱护也。　④龁，音核。舍，上声。觳，音斛。觫，音速。与，平声。胡龁，齐臣也。衅钟，新铸钟成，而杀牲取血以涂其衅郄也。觳觫，恐惧貌。孟子述所闻胡龁之语而问王，不知果有此事否？　⑤王见牛之觳觫而不忍杀，即所谓"恻隐之心，仁之端也"。扩而充之，则可以保四海矣。或孟子指而言之，欲王察识于此而扩充之也。爱，犹吝也。　⑥言以羊易牛，其迹似吝，实有如百姓所讥者，然我之心不如是也。　⑦恶，平声。　异，怪也。隐，痛也。择，犹分也。言牛羊皆无罪而死，何所分别而以羊易牛乎？孟子故设此难，欲王反求而得其本心。王不能然，故卒无以自解于百姓之言也。　⑧远，去声。　无伤，言虽有百姓之言，不为害也。术，谓法之巧者。盖杀牛既所不忍，衅钟又不可废，于此无以处之，则此心虽发，而终不得施矣。然见牛则此心已发而不可遏，未见羊，则其理未形而无所妨，故以羊易牛，则二者得以两全而无害，此所以为仁之术也。声，谓将死而哀鸣也。盖人之于禽兽，同生而异类，故用之以礼，而不忍之心施于见闻之所及。其所以必远庖厨者，亦以预养是心而广为仁之术也。

⑨说，音悦。忖，七本反。度，待洛反。"夫我"之夫，音扶。　《诗》，《小雅·巧言》之篇。戚戚，心动貌。王因孟子之言，而前日之心复萌，乃知此心不从外得，然犹未知所以反其本而推之也。　⑩与，平声。"为不"之为，去声。　复，白也。钧，三十斤。百钧，至重难举也。羽，鸟羽。一羽，至轻易举也。秋毫之末，毛至秋而末锐，小而难见也。舆薪，以车载薪，大而易见也。许，犹可也。"今恩"以下，又孟子之言也。盖天地之性，人为贵，故人之与人又为同类而相亲。是以恻隐之发，则于民切而于物缓；推广仁术，则仁民易而爱物难。今王此心能及物矣，则其保民而王，非不能也，但自不肯为耳。　⑪语，去声。"为长"之为，去声。长，上声。折，之舌反。　形，状也。挟，以腋持物也。超，跃而过也。"为长

者折枝”，以长者之命，折草木之枝，言不难也。是心固有，不待外求，扩而充之，在我而已，何难之有？　⑫与，平声。　老，以老事之也，吾老，谓吾之父兄。人之老，谓人之父兄。幼，以幼畜之也。吾幼，谓吾之子弟。人之幼，谓人之子弟。运于掌，言易也。《诗》，《大雅·思齐》之篇。刑，法也。寡妻，寡德之妻，谦辞也。御，治也。不能推恩，则众叛亲离，故无以保妻子。盖骨肉之亲，本同一气，又非但若人之同类而已，故古人必由亲亲推之，然后及于仁民，又推其馀，然后及于爱物。皆由近以及远，自易以及难。今王反之，则必有故矣。故复推本而再问之。　⑬“度之”之度，待洛反。　权，称锤也。度，丈尺也。度之，谓称量之也。言物之轻重长短，人所难齐，必以权、度度之而后可见。若心之应物，则其轻重长短之难齐，而不可不度以本然之权度，又有甚于物者。今王恩及禽兽而功不至于百姓，是其爱物之心重且长，而仁民之心轻且短，失其当然之序而不自知也。故上文既发其端，而于此请王度之也。　⑭与，平声。　抑，发语辞。士，战士也。构，结也。孟子以王爱民之心所以轻且短者，必其以是三者为快也。然三事实非人心之所快，有甚于杀觳觫之牛者，故指以问王，欲其以此而度之也。

⑮不快于此者，心之正也。而必为此者，欲诱之也。欲之所诱者独在于是，是以其心尚明于他而独暗于此，此其爱民之心所以轻、短，而功不至于百姓也。

⑯与，平声。“为肥”、“抑为”、“岂为”、“不为”之为，皆去声。便、令，皆平声。辟，与闢同。朝，音潮。　便嬖，近习嬖幸之人也。已，语助辞，辟，开广也。朝，致其来朝也。秦、楚，皆大国。莅，临也。若，如此也。所为，指兴兵、结怨之事。缘木求鱼，言必不可得。　⑰“甚与”、“闻与”之与，平声。　殆、盖，皆发语辞。邹，小国。楚，大国。齐集有其一，言集合齐地，其方千里，是有天下九分之一也。以一服八，必不能胜，所谓后灾也。反本，说见下文。　⑱朝，音潮。贾，音古。愬，与诉同。　行货曰商，居货曰贾。发政施仁，所以王天下之本也。近者悦，远者来，则大小强弱非所论矣。盖力求所欲，则所欲者反不可得；能反其本，则所欲者不求而至。与首章意同。　⑲惛，与昏同。　⑳恒，胡登反。辟，与僻同。焉，於虔反。　恒，常也。产，生业也。恒产，可常生之业也。恒心，人所常有之善心也。士尝学问，知义理，故虽无常产而有常心，民则不能然矣。罔，犹罗网，欺其不见而取之也。　㉑畜，许六反，下同。　轻，犹易也。此言民有常产而有常心也。　㉒治，平声。凡治字，为理物之义者，平声；为己理之义者，去声。后皆放此。　赡，足也。此所谓无常产而无常心者也。

㉓盍，何不也，使民有常产者，又发政施仁之本也。说具下文。　㉔音见前篇。　此言制民之产之法也。赵氏曰：“八口之家，次上农夫也。此王政之本，常

生之道，故孟子为齐、梁之君各陈之也。”杨氏曰：“为天下者，举斯心加诸彼而已。然虽有仁心仁闻而民不被其泽者，不行先王之道故也。故以制民之产告之。”此章言人君当黜霸功、行王道，而王道之要，不过推其不忍之心，以行不忍之政而已。齐王非无此心，而夺于功利之私，不能扩充以行仁政。虽以孟子反复晓告，精切如此，而蔽固已深，终不能悟，是可叹也。

梁惠王章句下

凡十六章。

1下·1　庄暴见孟子，曰："暴见于王，王语暴以好乐，暴未有以对也。"曰："好乐何如？"孟子曰："王之好乐甚，则齐国其庶几乎！"① 他日见于王，曰："王尝语庄子以好乐，有诸？"王变乎色，曰："寡人非能好先王之乐也，直好世俗之乐耳。"②曰："王之好乐甚，则齐其庶几乎！今之乐犹古之乐也。"③曰："可得闻与？"曰："独乐乐，与人乐乐，孰乐？"曰："不若与人。"曰："与少乐乐，与众乐乐，孰乐？"曰："不若与众。"④"臣请为王言乐。⑤今王鼓乐于此，百姓闻王钟鼓之声、管籥之音，举疾首蹙頞而相告曰：'吾王之好鼓乐，夫何使我至于此极也？父子不相见，兄弟妻子离散。'今王田猎于此，百姓闻王车马之音，见羽旄之美，举疾首蹙頞而相告曰：'吾王之好田猎，夫何使我至于此极也？父子不相见，兄弟妻子离散。'此无他，不与民同乐也。⑥今王鼓乐于此，百姓闻王钟鼓之声、管籥之音，举欣欣然有喜色而相告曰：'吾王庶几无疾病与？何以能鼓乐也？'今王田猎于此，百姓闻王车马之音，见羽旄之美，举欣欣然有喜色而相告曰：'吾王庶几无疾病与？何以能田猎也？'此无他，与民同乐也。⑦今王与百姓同乐，则王矣。"⑧

① "见于"之见，音现，下"见于"同。语，去声，下同。好，去声，篇内并同。庄暴，齐臣也。庶几，近辞也，言近于治。 ② 变色者，惭其好之不正也。③ 今乐，世俗之乐。古乐，先王之乐。 ④ "闻与"之与，平声。"乐乐"，下字音洛。"孰乐"，亦音洛。 独乐不若与人，与少乐不若与众，亦人之常情也。⑤ 为，去声。 此以下皆孟子之言也。 ⑥ 蹙，子六反。頞，音遏。夫，音扶。"同乐"之乐，音洛。 钟、鼓、管、籥，皆乐器也。举，皆也。疾首，头痛也。蹙，聚也。頞，额也。人忧戚则蹙其额。极，穷也。羽旄，旌属。不与民同乐，谓独乐其身而不恤其民，使之穷困也。 ⑦ "病与"之与，平声。"同乐"之乐，音洛。 与民同乐者，推好乐之心以行仁政，使民各得其所也。 ⑧ 好乐而能与百姓同之，则天下之民归之矣。所谓"齐其庶几"者如此。 范氏曰："战国之时，民穷财尽，人君独以南面之乐自奉其身。孟子切于救民，故因齐王之好乐，开导其善心，深劝其与民同乐，而谓今乐犹古乐。其实今乐、古乐何可同也？但与民同乐之意，则无古今之异耳。若必欲以礼乐治天下，当如孔子之言，必用《韶》舞，必放郑声。盖孔子之言，为邦之正道；孟子之言，救时之急务，所以不同。"杨氏曰："乐以和为主。使人闻钟鼓管弦之音，而疾首蹙頞，则虽奏以《咸》、《英》、《韶》、《濩》，无补于治也。故孟子告齐王以此，姑正其本而已。"

1下·2 齐宣王问曰："文王之囿方七十里，有诸？"孟子对曰："于传有之。"① 曰："若是其大乎？"曰："民犹以为小也。"曰："寡人之囿方四十里，民犹以为大，何也？"曰："文王之囿方七十里，刍荛者往焉，雉兔者往焉，与民同之。民以为小，不亦宜乎？② 臣始至于境，问国之大禁，然后敢入。臣闻郊关之内，有囿方四十里，杀其麋鹿者如杀人之罪，则是方四十里为阱于国中，民以为大，不亦宜乎？"③

① 囿，音又。传，直恋反。 囿者，蕃育鸟兽之所。古者四时之田，皆于农隙以讲武事，然不欲驰骛于稼穑场圃之中，故度闲旷之地以为囿。然文王七十里之囿，其亦三分天下有其二之后也与？传，谓古书 ② 刍，音初。荛，音饶。刍，草也。荛，薪也。 ③ 阱，才性反。 礼，入国而问禁。国外百里为郊，郊外有关。阱，坎地以陷兽者，言陷民于死也。

1下·3 齐宣王问曰："交邻国有道乎？"孟子对曰："有。惟仁者为能以大事小，是故汤事葛，文王事昆夷。惟智者为能以小事大，故大王事獯鬻，句践事吴。[①]以大事小者，乐天者也。以小事大者，畏天者也。乐天者保天下，畏天者保其国。[②]《诗》云：'畏天之威，于时保之。'"[③]王曰："大哉言矣！寡人有疾，寡人好勇。"[④]对曰："王请无好小勇。夫抚剑疾视，曰：'彼恶敢当我哉！'此匹夫之勇，敌一人者也。王请大之。[⑤]《诗》云：'王赫斯怒，爰整其旅。以遏徂莒，以笃周祜，以对于天下。'此文王之勇也。文王一怒而安天下之民。[⑥]《书》云：'天降下民，作之君，作之师。惟曰其助上帝，宠之四方。有罪无罪，惟我在。天下曷敢有越厥志？'一人衡行于天下，武王耻之。此武王之勇也。而武王亦一怒而安天下之民。[⑦]今王亦一怒而安天下之民，民惟恐王之不好勇也。"[⑧]

① 獯，音熏。鬻，音育。句，音钩。 仁人之心宽洪恻怛，而无较计大小强弱之私，故小国虽或不恭，而吾所以字之之心自不能已。智者明义理，识时势，故大国虽见侵陵，而吾所以事之之礼尤不敢废。汤事见后篇。文王事见《诗·大雅》。大王事见后章。所谓狄人，即獯鬻也。句践，越王名。事见《国语》、《史记》。 ② 乐，音洛。 天者，理而已矣。大之字小，小之事大，皆理之当然也。自然合理，故曰乐天。不敢违理，故曰畏天。包含遍覆，无不周遍，保天下之气象也。制节谨度，不敢纵逸，保一国之规模也。 ③《诗》，《周颂·我将》之篇。时，是也。 ④ 言以好勇，故不能事大而恤小也。 ⑤"夫抚"之夫，音扶。恶，平声。 疾视，怒目而视也。小勇，血气所为。大勇，义理所发。⑥《诗》，《大雅·皇矣》篇。赫，赫然怒貌。爰，於也。旅，众也。遏，《诗》作按，止也。徂，往也。莒，《诗》作旅。徂旅，谓密人侵阮徂共之众也。笃，厚也。祜，福也。对，答也。以答天下仰望之心也。此文王之大勇也。 ⑦ 衡，与横同。《书》，《周书·大誓》之篇也。然所引与今书文小异，今且依此解之。"宠之四方"，宠异之于四方也。有罪者，我得而诛之；无罪者，我得而安之。我既在此，则天下何敢有过越其心志而作乱者乎？衡行，谓作乱也。孟子释《书》意如此，而言武王

亦大勇也。　⑧ 王若能如文、武之为，则天下之民望其一怒以除暴乱，而拯己于水火之中，惟恐王之不好勇耳。　此章言人君能惩小忿，则能恤小事大，以交邻国；能养大勇，则能除暴救民，以安天下。张敬夫曰："小勇者，血气之怒也；大勇者，理义之怒也。血气之怒不可有，理义之怒不可无。知此，则可以见性情之正，而识天理、人欲之分矣。"

1下·4　齐宣王见孟子于雪宫。王曰："贤者亦有此乐乎？"孟子对曰："有。人不得，则非其上矣。①不得而非其上者，非也；为民上而不与民同乐者，亦非也。②乐民之乐者，民亦乐其乐；忧民之忧者，民亦忧其忧。乐以天下，忧以天下，然而不王者，未之有也。③昔者齐景公问于晏子曰：'吾欲观于转附、朝儛，遵海而南，放于琅邪，吾何修而可以比于先王观也？'④晏子对曰：'善哉问也！天子适诸侯曰巡狩，巡狩者，巡所守也。诸侯朝于天子曰述职，述职者，述所职也。无非事者。春省耕而补不足，秋省敛而助不给。夏谚曰：'吾王不游，吾何以休？吾王不豫，吾何以助？'一游一豫，为诸侯度。⑤今也不然，师行而粮食，饥者弗食，劳者弗息。睊睊胥谗，民乃作慝。方命虐民，饮食若流，流连荒亡，为诸侯忧。⑥从流下而忘反谓之流，从流上而忘反谓之连，从兽无厌谓之荒，乐酒无厌谓之亡。⑦先王无流连之乐，荒亡之行。⑧惟君所行也。'⑨景公说，大戒于国，出舍于郊。于是始兴发补不足。召大师曰：'为我作君臣相说之乐。'盖《徵招》、《角招》是也。其诗曰：'畜君何尤？'畜君者，好君也。"⑩

① 乐，音洛，下同。　雪宫，离宫名。言人君能与民同乐，则人皆有此乐；不然，则下之不得此乐者，必有非其君上之心。明人君当与民同乐，不可使人有不得者，非但当与贤者共之而已也。　② 下不安分，上不恤民，皆非理也。　③ 乐民之乐，而民乐其乐，则乐以天下矣。忧民之忧，而民忧其忧，则忧以天下矣。　④朝，音潮。放，上声。　晏子，齐臣，名婴。转附、朝儛，皆山名也。

遵,循也。放,至也。琅邪,齐东南境上邑名。观,游也。 ⑤ 狩,舒救反。省,悉井反。 述,陈也。省,视也。敛,收获也。给,亦足也。夏谚,夏时之俗语也。豫,乐也。巡所守,巡行诸侯所守之土也。述所职,陈其所受之职也。皆无有无事而空行者,而又春秋循行郊野,察民之所不足而补助之。故夏谚以为王者一游一豫,皆有恩惠以及民,而诸侯皆取法焉,不敢无事慢游以病其民也。 ⑥ 睊,古县反。 今,谓晏子时也。师,众也。二千五百人为师。《春秋传》曰:"君行师从。"粮,谓糗糒之属。睊睊,侧目貌。胥,相也。谗,谤也。慝,怨恶也。言民不胜其劳而起谤怨也。方,逆也。命,王命也。若流,如水之流,无穷极也。流、连、荒、亡,解见下文。诸侯,谓附庸之国,县邑之长。 ⑦ 厌,平声。 此释上文之义也。从流下,谓放舟随水而下。从流上,谓挽舟逆水而上。从兽,田猎也。荒,废也。乐酒,以饮酒为乐也。亡,犹失也,言废时失事也。 ⑧ 行,去声。 ⑨ 言先王之法,今时之弊,二者惟在君所行耳。 ⑩ 说,音悦。为,去声。乐,如字。徵,徙里反。招,与韶同。畜,敕六反。 戒,告命也。出舍,自责以省民也。兴发,发仓廪也。大师,乐官也。君臣,己与晏子也。乐有五声,三曰角为民,四曰徵为事。《招》,舜乐也。其诗,《徵招》、《角招》之诗也。尤,过也,言晏子能畜止其君之欲,宜为君之所尤,然其心则何过哉?孟子释之,以为臣能畜止其君之欲,乃是爱其君者也。尹氏曰:"君之与民,贵贱虽不同,然其心未始有异也。孟子之言可谓深切矣,齐王不能推而用之,惜哉!"

1下·5 齐宣王问曰:"人皆谓我毁明堂,毁诸?已乎?"① 孟子对曰:"夫明堂者,王者之堂也。王欲行王政,则勿毁之矣。"② 王曰:"王政可得闻与?"对曰:"昔者文王之治岐也,耕者九一,仕者世禄,关市讥而不征,泽梁无禁,罪人不孥。老而无妻曰鳏,老而无夫曰寡,老而无子曰独,幼而无父曰孤。此四者,天下之穷民而无告者。文王发政施仁,必先斯四者。《诗》云:'哿矣富人,哀此茕独'"③ 王曰:"善哉言乎!"曰:"王如善之,则何为不行?"王曰:"寡人有疾,寡人好货。"对曰:"昔者公刘好货,《诗》云:'乃积乃仓,乃裹餱粮。于橐于囊,思戢用光。弓矢斯张,干戈戚扬,爰方启行。'故居者有积仓,行者有裹粮也,然后可以爰方启行。王如好货，与百姓同之，于王何有？”④王曰：“寡人有疾，寡人好色。”对曰：“昔者大王好色，爱厥妃。《诗》云：‘古公亶甫，来朝走马。率西水浒，至于岐下。爰及姜女，聿来胥宇。’当是时也，内无怨女，外无旷夫。王如好色，与百姓同之，于王何有？”⑤

① 赵氏曰：“明堂，太山明堂，周天子东巡狩朝诸侯之处。汉时遗址尚在。人欲毁之者，盖以天子不复巡狩，诸侯又不当居之也。王问：‘当毁之乎？且止乎？’” ② 夫，音扶。 明堂，王者所居以出政令之所也。能行王政，则亦可以王矣，何必毁哉？ ③ 与，平声。孥，音奴。鳏，姑顽反。哿，工可反。茕，音琼。 岐，周之旧国也。九一者，井田之制也。方一里为一井，其田九百亩，中画井字，界为九区。一区之中为田百亩。中百亩为公田，外八百亩为私田。八家各受私田百亩，而同养公田，是九分而税其一也。世禄者，先王之世，仕者之子孙皆教之，教之而成材则官之；如不足用，亦使之不失其禄。盖其先世尝有功德于民，故报之如此，忠厚之至也。关，谓道路之关。市，谓都邑之市。讥，察也。征，税也。关市之吏，察异服异言之人，而不征商贾之税也。泽，谓潴水。梁，谓鱼梁。与民同利，不设禁也。孥，妻子也。恶恶止其身，不及妻子也。先王养民之政，导其妻子，使之养其老而恤其幼。不幸而有鳏寡孤独之人，无父母妻子之养，则尤宜怜恤，故必以为先也。《诗》，《小雅·正月》之篇。哿，可也。茕，困悴貌。

④ 糇，音侯。橐，音托。戢，《诗》作辑，音集。 王自以为好货，故取民无制，而不能行此王政。公刘，后稷之曾孙也。《诗》，《大雅·公刘》之篇。积，露积也。糇，乾粮也。无底曰橐，有底曰囊，皆所以盛糇粮也。戢，安集也。言思安集其民人，以光大其国家也。戚，斧也。扬，钺也。爰，於也。启行，言往迁于豳也。何有，言不难也。孟子言公刘之民富足如此，是公刘好货，而能推己之心以及民也。今王好货亦能如此，则其于王天下也何难之有？ ⑤ 大，音泰。 王又言此者，好色则心志蛊惑，用度奢侈，而不能行王政也。大王，公刘九世孙。《诗》，《大雅·绵》之篇也。古公，大王之本号，后乃追尊为大王也。亶甫，大王名也。来朝走马，避狄人之难也。率，循也。浒，水涯也。岐下，岐山之下也。姜女，大王之妃也。胥，相也。宇，居也。旷，空也。无怨旷者，是大王好色，而能推己之心以及民也。 杨氏曰：“孟子与人君言，皆所以扩充其善心而格其非心，不止就事论事。若使为人臣者论事每如此，岂不能尧、舜其君乎？”愚谓，此篇自首章至此，大意皆同。盖钟鼓、苑囿、游观之乐，与夫好勇、好货、好色之心，皆天理

之所有而人情之所不能无者。然天理、人欲,同行异情。循理而公于天下者,圣人之所以尽其性也。纵欲而私于一己者,众人之所以灭其天也。二者之间不能以发,而其是非得失之归,相去远矣。故孟子因时君之问,而剖析于几微之际,皆所以遏人欲而存天理。其法似疏而实密,其事似易而实难。学者以身体之,则有以识其非曲学阿世之言,而知所以克己复礼之端矣。

1下·6　孟子谓齐宣王曰:"王之臣有托其妻子于其友而之楚游者。比其反也,则冻馁其妻子。则如之何?"王曰:"弃之。"①曰:"士师不能治士,则如之何?"王曰:"已之。"②曰:"四境之内不治,则如之何"王顾左右而言他。③

① 比,必二反。　托,寄也。比,及也。弃,绝也。　② 士师,狱官也。其属有乡士、遂士之官,士师皆当治之。已,罢去也。　③ 治,去声。　孟子将问此,而先设上二事以发之,及此而王不能答也。其惮于自责、耻于下问如此,不足与有为,可知矣。　赵氏曰:"言君臣上下各勤其任,无堕其职,乃安其身。"

1下·7　孟子见齐宣王,曰:"所谓故国者,非谓有乔木之谓也,有世臣之谓也。王无亲臣矣,昔者所进,今日不知其亡也。"①王曰:"吾何以识其不才而舍之?"②曰:"国君进贤,如不得已,将使卑逾尊,疏逾戚,可不慎与?③左右皆曰贤,未可也。诸大夫皆曰贤,未可也。国人皆曰贤,然后察之;见贤焉,然后用之。左右皆曰不可,勿听。诸大夫皆曰不可,勿听。国人皆曰不可,然后察之;见不可焉,然后去之。④左右皆曰可杀,勿听。诸大夫皆曰可杀,勿听。国人皆曰可杀,然后察之;见可杀焉,然后杀之。故曰国人杀之也。⑤如此,然后可以为民父母。"⑥

① 世臣,累世勋旧之臣,与国同休戚者也。亲臣,君所亲信之臣,与君同休戚者也。此言乔木、世臣,皆故国所宜有,然所以为故国者,则在此而不在彼也。昨日所进用之人,今日有亡去而不知者,则无亲臣矣,况世臣乎?　② 舍,上声。　王意以为,此亡去者皆不才之人,我初不知而误用之,故今不以其去为意

耳。因问:何以先识其不才而舍之邪? ③ 与,平声。 如不得已,言谨之至也。盖尊尊亲亲,礼之常也。然或尊者亲者未必贤,则必进疏远之贤而用之。是使卑者逾尊,疏者逾戚,非礼之常,故不可不谨也。 ④ 去,上声。 左右,近臣,其言固未可信。诸大夫之言,宜可信矣,然犹恐其蔽于私也。至于国人,则其论公矣;然犹必察之者,盖人有同俗而为众所悦者,亦有特立而为俗所憎者,故必自察之而亲见其贤否之实,然后从而用、舍之,则于贤者知之深、任之重,而不才者不得以幸进矣。所谓"进贤如不得已"者如此。 ⑤ 此言非独以此进退人才,至于用刑亦以此道。盖所谓天命天讨,皆非人君之所得私也。 ⑥ 传曰:"民之所好好之,民之所恶恶之,此之谓民之父母。"

1下·8　齐宣王问曰:"汤放桀,武王伐纣,有诸?"孟子对曰:"于传有之。"① 曰:"臣弑其君可乎?"② 曰:"贼仁者谓之贼,贼义者谓之残,残贼之人谓之一夫。闻诛一夫纣矣,未闻弑君也。"③

① 传,直恋反。 放,置也。《书》曰:"成汤放桀于南巢。" ② 桀、纣,天子。汤、武,诸侯。 ③ 贼,害也。残,伤也。害仁者,凶暴淫虐,灭绝天理,故谓之贼。害义者,颠倒错乱,伤败彝伦,故谓之残。一夫,言众叛亲离,不复以为君也。《书》曰:"独夫纣。"盖四海归之则为天子,天下叛之则为独夫。所以深警齐王,垂戒后世也。 王勉曰:"斯言也,惟在下者有汤、武之仁,而在上者有桀、纣之暴,则可。不然,是未免于篡弑之罪也。"

1下·9　孟子见齐宣王,曰:"为巨室,则必使工师求大木。工师得大木则王喜,以为能胜其任也。匠人斫而小之,则王怒,以为不胜其任矣。夫人幼而学之,壮而欲行之,王曰'姑舍女所学而从我',则何如?① 今有璞玉于此,虽万镒,必使玉人雕琢之。至于治国家,则曰'姑舍女所学而从我',则何以异于教玉人雕琢玉哉?"②

① 胜,平声。夫,音扶。舍,上声。女,音汝,下同。 巨室,大宫也。工师,匠人之长。匠人,众工人也。姑,且也。言贤人所学者大,而王欲小之也。
② 镒,音溢。 璞,玉之在石中者。镒,二十两也。玉人,玉工也。不敢自治而

付之能者，爱之甚也。治国家则殉私欲而不任贤，是爱国家不如爱玉也。　范氏曰：“古之贤者，常患人君不能行其所学。而世之庸君，亦常患贤者不能从其所好。是以君臣相遇，自古以为难。孔、孟终身而不遇，盖以此耳。”

1下·10　齐人伐燕，胜之。[①] 宣王问曰：“或谓寡人勿取，或谓寡人取之。以万乘之国伐万乘之国，五旬而举之，人力不至于此。不取必有天殃，取之何如？”[②] 孟子对曰：“取之而燕民悦，则取之。古之人有行之者，武王是也。取之而燕民不悦，则勿取。古之人有行之者，文王是也。[③] 以万乘之国伐万乘之国，箪食壶浆，以迎王师。岂有他哉？避水火也。如水益深，如火益热，亦运而已矣。”[④]

① 按《史记》，燕王哙让国于其相子之，而国大乱。齐因伐之，燕士卒不战，城门不闭，遂大胜燕。　② 乘，去声，下同。　以伐燕为宣王事，与《史记》诸书不同，已见《序说》。　③ 商纣之世，文王三分天下有其二，以服事殷。至武王十三年，乃伐纣而有天下。张子曰：“此事间不容发。一日之间，天命未绝，则是君臣；当日命绝，则为独夫。然命之绝否，何以知之？人情而已。诸侯不期而会者八百，武王安得而止之哉？”　④ 箪，音丹。食，音嗣。　箪，竹器。食，饭也。运，转也。言齐若更为暴虐，则民将转而望救于他人矣。　赵氏曰：“征伐之道，当顺民心。民心悦，则天意得矣。”

1下·11　齐人伐燕，取之。诸侯将谋救燕。宣王曰：“诸侯多谋伐寡人者，何以待之？”孟子对曰：“臣闻七十里为政于天下者，汤是也。未闻以千里畏人者也。[①]《书》曰：‘汤一征，自葛始。’天下信之。东面而征，西夷怨。南面而征，北狄怨。曰：‘奚为后我？’民望之，若大旱之望云霓也。归市者不止，耕者不变。诛其君而吊其民，若时雨降，民大悦。《书》曰：‘徯我后，后来其苏！’[②] 今燕虐其民，王往而征之，民以为将拯己于水火之中也，箪食壶浆，以迎王师。若杀其父兄，系累其子弟，毁其宗庙，迁其重器，如之何其可也？天下固畏齐之强也，今又倍地而不行仁政，是动天下之兵也。③王速出令，反其旄倪，止其重器，谋于燕众，置君而后去之，则犹可及止也。”④

① 千里畏人，指齐王也。 ② 霓，五稽反。徯，胡礼反。 两引《书》，皆《商书·仲虺之诰》文也，与今《书》文亦小异。一征，初征也。天下信之，信其志在救民，不为暴也。奚为后我，言汤何为不先来征我之国也。霓，虹也。云合则雨，虹见则止。变，动也。徯，待也。后，君也。苏，复生也。他国之民，皆以汤为我君而待其来，使己得苏息也。此言汤之所以七十里而为政于天下也。 ③ 累，力追反。 拯，救也。系累，絷缚也。重器，宝器也。畏，忌也。倍地，并燕而增一倍之地也。齐之取燕，若能如汤之征葛，则燕人悦之，而齐可为政于天下矣。今乃不行仁政而肆为残虐，则无以慰燕民之望而服诸侯之心，是以不免乎以千里而畏人也。 ④ 旄，与耄同。倪，五稽反。 反，还也。旄，老人也。倪，小儿也。谓所虏略之老小也。犹，尚也。及止，及其未发而止之也。 范氏曰：“孟子事齐、梁之君，论道德则必称尧、舜，论征伐则必称汤、武。盖治民不法尧、舜，则是为暴；行师不法汤、武，则是为乱。岂可谓吾君不能而舍所学以徇之哉？”

1下·12 邹与鲁哄。穆公问曰：“吾有司死者三十三人，而民莫之死也。诛之则不可胜诛，不诛则疾视其长上之死而不救。如之何则可也？”①孟子对曰：“凶年饥岁，君之民老弱转乎沟壑，壮者散而之四方者，几千人矣；而君之仓廪实、府库充，有司莫以告，是上慢而残下也。曾子曰：‘戒之，戒之！出乎尔者，反乎尔者也。’夫民今而后得反之也，君无尤焉！②君行仁政，斯民亲其上、死其长矣。③

① 哄，胡弄反。胜，平声。长，上声，下同。 哄，斗声也。穆公，邹君也。不可胜诛，言人众不可尽诛也。长上，谓有司也。民怨其上，故疾视其死而不救也。 ② 几，上声。夫，音扶。 转，饥饿辗转而死也。充，满也。上，谓君及有司也。尤，过也。 ③ 君不仁而求富，是以有司知重敛而不知恤民。故君行仁政，则有司皆爱其民，而民亦爱之矣。 范氏曰：“《书》曰：‘民惟邦本，本固邦宁。’有仓廪府库，所以为民也。丰年则敛之，凶年则散之，恤其饥寒，救其疾苦，是以民亲爱其上，有危难则赴救之，如子弟之卫父兄，手足之捍头目也。穆公

不能反己，犹欲归罪于民，岂不误哉！”

1下·13　滕文公问曰：“滕，小国也，间于齐、楚。事齐乎？事楚乎？”① 孟子对曰：“是谋非吾所能及也。无已，则有一焉：凿斯池也，筑斯城也，与民守之。效死而民弗去，则是可为也。”②

① 间，去声。　滕，国名。　② 无已，见前篇。一，谓一说也。效，犹致也。国君死社稷，故致死以守国。至于民亦为之死守而不去，则非有以深得其心者不能也。　此章言有国者当守义而爱民，不可侥幸而苟免。

1下·14　滕文公问曰：“齐人将筑薛，吾甚恐。如之何则可？”① 孟子对曰：“昔者大王居邠，狄人侵之。去之岐山之下居焉。非择而取之，不得已也。② 苟为善，后世子孙必有王者矣。君子创业垂统，为可继也。若夫成功，则天也。君如彼何哉？强为善而已矣。”③

① 薛，国名，近滕。齐取其地而城之，故文公以其逼己而恐也。　② 邠，与豳同。　邠，地名。言大王非以岐下为善，择取而居之也。详见下章。③ 夫，音扶。强，上声。　创，造。统，绪也。言能为善，则如大王虽失其地，而其后世遂有天下，乃天理也。然君子造基业于前，而垂统绪于后，但能不失其正，令后世可继续而行耳。若夫成功，则岂可必乎？彼，齐也。君之力既无如之何，则但强于为善，使其可继而俟命于天耳。　此章言人君但当竭力于其所当为，不可徼幸于其所难必。

1下·15　滕文公问曰：“滕，小国也。竭力以事大国，则不得免焉。如之何则可？”孟子对曰：“昔者大王居邠，狄人侵之。事之以皮币，不得免焉；事之以犬马，不得免焉；事之以珠玉，不得免焉。乃属其耆老而告之曰：‘狄人之所欲者，吾土地也。吾闻之也：君子不以其所以养人者害人。二三子何患乎无君，我将去之。’去邠，逾梁山，邑于岐山之下居焉。邠人曰:'仁人也,不可失也。'从之者如归市。[①] 或曰:'世守也,非身之所能为也,效死勿去。'[②] 君请择于斯二者。"

① 属,音烛。 皮,谓虎、豹、麋、鹿之皮也。币,帛也。属,会集也。土地本生物以养人,今争地而杀人,是以其所以养人者害人也。邑,作邑也。归市,人众而争先也。 ② 又言:或谓土地乃先人所受而世守之者,非己所能专,但当致死守之,不可舍去。此国君死社稷之常法。《传》所谓"国灭,君死之,正也",正谓此也。 ③ 能如大王则避之,不能则谨守常法。盖迁国以图存者,权也;守正而俟死者,义也。审己量力,择而处之可也。 杨氏曰:"孟子之于文公,始告之以效死而已,礼之正也。至其甚恐,则以大王之事告之,非得已也。然无大王之德而去,则民或不从,而遂至于亡,则又不若效死之为愈。故又请择于斯二者。"又曰:"孟子所论,自世俗观之,则可谓无谋矣。然理之可为者,不过如此。舍此则必为仪、秦之为矣。凡事求可,功求成,取必于智谋之末而不循天理之正者,非圣贤之道也。"

1下·16 鲁平公将出,嬖人臧仓者请曰:"他日君出,则必命有司所之。今乘舆已驾矣,有司未知所之,敢请。"公曰:"将见孟子。"曰:"何哉,君所为轻身以先于匹夫者?以为贤乎?礼义由贤者出,而孟子之后丧逾前丧。君无见焉。"公曰:"诺。"[①] 乐正子入见,曰:"君奚为不见孟轲也?"曰:"或告寡人曰:'孟子之后丧逾前丧。'是以不往见也。"曰:"何哉,君所谓逾者?前以士,后以大夫;前以三鼎,而后以五鼎与?"曰:"否。谓棺椁衣衾之美也。"曰:"非所谓逾也,贫富不同也。"[②] 乐正子见孟子,曰:"克告于君,君为来见也。嬖人有臧仓者沮君,君是以不果来也。"曰:"行或使之,止或尼之。行、止,非人所能也。吾之不遇鲁侯,天也。臧氏之子焉能使予不遇哉?"[③]

① 乘,去声。 乘舆,君车也。驾,驾马也。孟子前丧父,后丧母。逾,过也。言其厚母薄父也。诺,应辞也。 ② "入见"之见,音现。与,平声。 乐

正子，孟子弟子也，仕于鲁。三鼎，士祭礼。五鼎，大夫祭礼。　③ 为，去声。沮，慈吕反。尼，女乙反。焉，於虔反。　克，乐正子名。沮、尼，皆止之之意也。言人之行，必有人使之者！其止，必有人尼之者。然其所以行、所以止，则固有天命，而非此人所能使，亦非此人所能尼也。然则我之不遇，岂臧仓之所能为哉？

此章言圣贤之出处，关时运之盛衰，乃天命之所为，非人力之可及。

公孙丑章句上

凡九章。

2上·1 公孙丑问曰："夫子当路于齐，管仲、晏子之功，可复许乎？"[①]孟子曰："子诚齐人也，知管仲、晏子而已矣。[②]或问乎曾西曰：'吾子与子路孰贤？'曾西蹵然曰：'吾先子之所畏也。'曰：'然则吾子与管仲孰贤？'曾西艴然不悦，曰：'尔何曾比予于管仲？管仲得君如彼其专也，行乎国政如彼其久也，功烈如彼其卑也，尔何曾比予于是！'"[③]曰："管仲，曾西之所不为也，而子为我愿之乎？"[④]曰："管仲以其君霸，晏子以其君显。管仲、晏子犹不足为与？"[⑤]曰："以齐王，由反手也。"[⑥]曰："若是，则弟子之惑滋甚。且以文王之德，百年而后崩，犹未洽于天下；武王、周公继之，然后大行。今言王若易然，则文王不足法与？"[⑦]曰："文王何可当也！由汤至于武丁，贤圣之君六七作。天下归殷久矣，久则难变也。武丁朝诸侯、有天下，犹运之掌也。纣之去武丁未久也，其故家遗俗，流风善政，犹有存者；又有微子、微仲、王子比干、箕子、胶鬲，皆贤人也，相与辅相之。故久而后失之也。尺地莫非其有也，一民莫非其臣也，然而文王犹方百里起，是以难也。[⑧]齐人有言曰：'虽有智慧，不如乘势。虽有镃基，不如待时。'今时则易然也。[⑨]夏后、殷、周之盛，地未有过千里者也，而齐有其地矣；鸡鸣狗吠相闻，而达乎四境，而齐有其民矣。地不改辟矣，民不改聚矣，行仁政而王，莫之能御也。⑩且王者之不作，未有疏于此时者也；民之憔悴于虐政，未有甚于此时者也。饥者易为食，渴者易为饮。⑪孔子曰：'德之流行，速于置邮而传命。'⑫当今之时，万乘之国行仁政，民之悦之，犹解倒悬也。故事半古之人，功必倍之，惟此时为然。"⑬

① 复，扶又反。 公孙丑，孟子弟子，齐人也。当路，居要地也。管仲，齐大夫，名夷吾，相桓公霸诸侯。许，犹期也。孟子未尝得政，丑盖设辞以问也。② 齐人但知其国有二子而已，不复知有圣贤之事。 ③ 蹵，子六反。艴，音拂，又音勃。曾，并音增。 孟子引曾西与或人问答如此。曾西，曾子之孙。蹵，不安貌。先子，曾子也。艴，怒色也。曾之言则也。烈，犹光也。桓公独任管仲四十余年，是专且久也。管仲不知王道而行霸术，故言功烈之卑也。杨氏曰："孔子言子路之才，曰：'千乘之国，可使治其赋也。'使其见于施为，如是而已，其于九合诸侯、一匡天下，固有所不逮也。然则曾西推尊子路如此，而羞比管仲者，何哉？譬之御者，子路则范我驰驱而不获者也；管仲之功，诡遇而获禽耳。曾西，仲尼之徒也，故不道管仲之事。" ④"子为"之为，去声。 曰，孟子言也。愿，望也。 ⑤ 与，平声。 显，显名也。 ⑥ 王，去声。由，犹，通。 反手，言易也。 ⑦ 易，去声，下同。与，平声。 滋，益也。文王九十七而崩，言"百年"，举成数也。文王三分天下才有其二，武王克商乃有天下。周公相成王，制礼作乐，然后教化大行。 ⑧ 朝，音潮。鬲，音隔，又音历。"辅相"之相，去声。"犹方"之犹，与由通。当，犹敌也。商自成汤至于武丁，中间大甲、大戊、祖乙、盘庚，皆贤圣之君。作，起也。自武丁至纣凡七世。故家，旧臣之家也。⑨ 镃，音兹。 镃基，田器也。时，谓耕种之时。 ⑩ 辟，与闢同。 此言其势之易也。三代盛时，王畿不过千里，今齐已有之，异于文王之百里。又鸡犬之声相闻，自国都以至于四境，言民居稠密也。 ⑪ 此言其时之易也。自文王至此七百余年，异于商之贤圣继作；民苦虐政之甚，异于纣之犹有善政。易为饮、食，言饥渴之甚，不待甘美也。 ⑫ 邮，音尤。 置，驿也。邮，驲也。所以传命也。孟子引孔子之言如此。 ⑬ 乘，去声。 倒悬，喻困苦也。所施之事半于古人，而功倍于古人，由时势易而德行速也。

2上·2　公孙丑问曰："夫子加齐之卿相，得行道焉，虽由此霸王，不异矣。如此，则动心否乎？"孟子曰："否。吾四十不动心。"[①]曰："若是，则夫子过孟贲远矣。"曰："是不难。告子先我不动心。"[②]曰："不动心，有道乎？"曰："有。[③]北宫黝之养勇也，不肤挠，不目逃。思以一毫挫于人，若挞之于市朝。不受于褐宽博，亦不受于万乘之君。视刺万乘之君，若刺褐夫。无严诸侯。恶声至，必反之。[④]孟施舍之所养勇也，曰：'视不胜犹胜也。量敌而后进，虑胜而后会，是畏三军者也。舍岂能为必胜哉？能无惧而已矣。'[⑤]孟施舍似曾子，北宫黝似子夏。夫二子之勇，未知其孰贤，然而孟施舍守约也。[⑥]昔者曾子谓子襄曰：'子好勇乎？吾尝闻大勇于夫子矣：自反而不缩，虽褐宽博，吾不惴焉；自反而缩，虽千万人，吾往矣。'[⑦]孟施舍之守气，又不如曾子之守约也。"[⑧]曰："敢问夫子之不动心，与告子之不动心，可得闻与？""告子曰：'不得于言，勿求于心。不得于心，勿求于气。'不得于心，勿求于气，可；不得于言，勿求于心，不可。夫志，气之帅也；气，体之充也。夫志，至焉；气，次焉。故曰：'持其志，无暴其气。'"[⑨]"既曰'志，至焉；气，次焉'，又曰'持其志，无暴其气'者，何也？"曰："志壹则动气，气壹则动志也。今夫蹶者趋者，是气也，而反动其心。"[⑩]"敢问夫子恶乎长？"曰："我知言，我善养吾浩然之气。"[⑪]"敢问何谓浩然之气？"曰："难言也。[⑫]其为气也，至大至刚，以直养而无害，则塞于天地之间。[⑬]其为气也，配义与道；无是，馁也。[⑭]是集义所生者，非义袭而取之也。行有不慊于心，则馁矣。我故曰告子未尝知义，以其外之也。[⑮]必有事焉而勿正，心勿忘，勿助长也。无若宋人然。宋人有闵其苗之不长而揠之者，芒芒然归，谓其人曰:‘今日病矣,予助苗长矣。’其子趋而往视之,苗则槁矣。天下之不助苗长者寡矣。以为无益而舍之者,不耘苗者也。助之长者,揠苗者也,非徒无益,而又害之。”⑯“何谓知言?”曰:“诐辞知其所蔽,淫辞知其所陷,邪辞知其所离,遁辞知其所穷。生于其心,害于其政;发于其政,害于其事。圣人复起,必从吾言矣。”⑰“宰我、子贡善为说辞,冉牛、闵子、颜渊善言德行。孔子兼之,曰:‘我于辞命,则不能也。’然则夫子既圣矣乎?”⑱曰:“恶!是何言也!昔者子贡问于孔子,曰:‘夫子圣矣乎?’孔子曰:‘圣则吾不能,我学不厌而教不倦也。’子贡曰:‘学不厌,智也;教不倦,仁也。仁且智,夫子既圣矣。’夫圣,孔子不居,是何言也?”⑲“昔者窃闻之:子夏、子游、子张,皆有圣人之一体;冉牛、闵子、颜渊,则具体而微。敢问所安?”⑳曰:“姑舍是。”㉑曰:“伯夷、伊尹何如?”曰:“不同道。非其君不事,非其民不使;治则进,乱则退:伯夷也。何事非君,何使非民;治亦进,乱亦进:伊尹也。可以仕则仕,可以止则止,可以久则久,可以速则速:孔子也。皆古圣人也。吾未能有行焉,乃所愿,则学孔子也。”㉒“伯夷、伊尹于孔子,若是班乎?”曰:“否。自有生民以来,未有孔子也。”㉓曰:“然则有同与?”曰:“有。得百里之地而君之,皆能以朝诸侯,有天下。行一不义、杀一不辜而得天下,皆不为也。是则同。”㉔曰:“敢问其所以异?”曰:“宰我、子贡、有若,智足以知圣人;汙,不至阿其所好。㉕宰我曰:‘以予观于夫子,贤于尧、舜远矣。’㉖子贡曰:‘见其礼而知其政,闻其乐而知其德,由百世之后,等百世之王,莫之能违也。自生民以来,未有夫子也。’㉗有若曰:‘岂惟民哉!麒麟之于走兽,凤凰之于飞鸟,太山之于丘垤,河海之于行潦,类也。圣

人之于民，亦类也。出于其类，拔乎其萃。自生民以来，未有盛于孔子也。'"㉘

① 相，去声。　此承上章，又设问孟子：若得位而行道，则虽由此而成霸王之业，亦不足怪。任大责重如此，亦有所恐惧疑惑而动其心乎？四十强仕，君子道明德立之时。孔子四十而不惑，亦不动心之谓。　② 贲，音奔。　孟贲，勇士。告子，名不害。孟贲血气之勇，丑盖借之以赞孟子"不动心"之难。孟子言告子未为知道，乃能先我不动心，则此亦未足为难也。　③ 程子曰："心有主，则能不动矣。"　④ 黝，伊纠反。挠，奴效反。朝，音潮。乘，去声。　北宫，姓。黝，名。肤挠，肌肤被刺而挠屈也。目逃，目被刺而转睛逃避也。挫，犹辱也。褐，毛布。宽博，宽大之衣，贱者之服也。不受者，不受其挫也。刺，杀也。严，畏惮也。言无可畏惮之诸侯也。黝盖刺客之流，以必胜为主，而不动心者也。⑤ 舍，去声，下同。　孟，姓。施，发语声。舍，名也。会，合战也。舍自言其战虽不胜，亦无所惧。若量敌虑胜而后进战，则是无勇而畏三军矣。舍盖力战之士，以无惧为主而不动心者也。　⑥ 夫，音扶。　黝，务敌人。舍，专守己。子夏笃信圣人，曾子反求诸己。故二子之与曾子、子夏，虽非等伦，然论其气象，则各有所似。贤，犹胜也。约，要也。言论二子之勇，则未知谁胜；论其所守，则舍比于黝为得其要也。　⑦ 好，去声。惴，之瑞反。　此言曾子之勇也。子襄，曾子弟子也。夫子，孔子也。缩，直也。《檀弓》曰："古者冠缩缝，今也衡缝。"又曰："棺束缩二衡三。"惴，恐惧之也。往，往而敌之也。　⑧ 言孟施舍虽似曾子，然其所守乃一身之气，又不如曾子之反身循理，所守尤得其要也。孟子之不动心，其原盖出于此，下文详之。　⑨ "闻与"之与，平声。"夫志"之夫，音扶。　此一节，公孙丑之问，孟子诵告子之言，又断以己意而告之也。告子谓：于言有所不达，则当舍置其言，而不必反求其理于心；于心有所不安，则当力制其心，而不必更求其助于气。此所以固守其心而不动之速也。孟子既诵其言而断之曰："彼谓不得于心而求诸气者，急于本而缓其末，犹之可也；谓不得于言而不求诸心，则既失于外，而遂遗其内，其不可也必矣。"然凡曰"可"者，亦仅可而有所未尽之辞耳。若论其极，则志固心之所之，而为气之将帅；然气亦人之所以充满于身，而为志之卒徒者也。故志固为至极，而气即次之。人固当敬守其志，然亦不可不致养其气。盖其内外本末交相培养，此则孟子之心所以未尝必其不动，而自然不动之大略也。　⑩ 夫，音扶。　公孙丑见孟子言志至而气次，故问：如此，则专持其志可矣，又言"无暴其气"，何也？壹，专一也。蹶，颠踬也。趋，走也。孟子言志之所向专一，则气固从之；然气之所在专一，则志亦反为之动。如

人颠蹶趋走，则气专在是而反动其心焉。所以既持其志，而又必无暴其气也。程子曰："志动气者什九，气动志者什一。" ⑪ 恶，平声。 公孙丑复问孟子之不动心所以异于告子如此者，有何所长而能然，而孟子又详告之以其故也。知言者，尽心知性，于凡天下之言，无不有以究极其理，而识其是非得失之所以然也。浩然，盛大流行之貌。气，即所谓体之充者。本自浩然，失养故馁，惟孟子为善养之以复其初也。盖惟知言，则有以明夫道义，而于天下之事无所疑；养气，则有以配夫道义，而于天下之事无所惧。此其所以当大任而不动心也。告子之学，与此正相反，其不动心，殆亦冥然无觉、悍然不顾而已尔。 ⑫ 孟子先言"知言"，而丑先问气者，承上文方论志气而言也。难言者，盖其心所独得，而无形声之验，有未易以言语形容者。故程子曰："观此一言，则孟子之实有是气可知矣。" ⑬ 至大，初无限量。至刚，不可屈挠。盖天地之正气，而人得以生者，其体段本如是也。惟其自反而缩，则得其所养，而又无所作为以害之，则其本体不亏而充塞无间矣。 程子曰："天人一也，更不分别。浩然之气，乃吾气也。养而无害，则塞乎天地。一为私意所蔽，则欿然而馁，却甚小也。"谢氏曰："浩然之气，须于心得其正时识取。"又曰："浩然，是无亏欠时。" ⑭ 馁，奴罪反。 配者，合而有助之意。义者，人心之裁制。道者，天理之自然。馁，饥乏而气不充体也。言人能养成此气，则其气合乎道义而为之助，使其行之勇决，无所疑惮。若无此气，则其一时所为虽未必不出于道义，然其体有所不充，则亦不免于疑惧，而不足以有为矣。 ⑮ 慊，口簟反，又口劫反。 集义，犹言积善。盖欲事事皆合于义也。袭，掩取也，如齐侯袭莒之袭。言气虽可以配乎道义，而其养之之始，乃由事皆合义，自反常直，是以无所愧怍，而此气自然发生于中。非由只行一事，偶合于义，便可掩袭于外而得之也。慊，快也，足也。言所行一有不合于义，而自反不直，则不足于心，而其体有所不充矣。然则义岂在外哉？告子不知此理，乃曰仁内义外，而不复以义为事，则必不能集义以生浩然之气矣。上文"不得于言，勿求于心"，即外义之意。详见《告子》上篇。 ⑯ 长，上声。揠，乌八反。舍，上声。 "必有事焉而勿正"，赵氏、程子以七字为句。近世或并下文"心"字读之者，亦通。必有事焉，有所事也，如"有事于颛臾"之"有事"。正，预期也。《春秋传》曰"战不正胜"是也。如作"正心"，义亦同。此与《大学》之所谓"正心"者，语意自不同也。此言养气者必以集义为事，而勿预期其效。其或未充，则但当勿忘其所有事，而不可作为以助其长，乃集义养气之节度也。闵，忧也。揠。拔也。芒芒，无知之貌。其人，家人也。病，疲倦也。舍之而不耘者，忘其所有事。揠而助之长者，正之不得而妄有作为者也。然不耘则失养而已，揠则反以害之。无是二者，则气得其养而无所害矣。如告子不能集义，而欲强制其心，则必不能免于正助之病。其于所谓浩然者，盖不惟不善养，而又反害之矣。　⑰ 诐，彼寄反。复，扶又反。　此公孙丑复问而孟子答之也。诐，偏陂也。淫，放荡也。邪，邪僻也。遁，逃避也。四者相因，言之病也。蔽，遮隔也。陷，沉溺也。离，叛去也。穷，困屈也。四者亦相因，则心之失也。人之有言，皆本于心。其心明乎正理而无蔽，然后其言平正通达而无病。苟为不然，则必有是四者之病矣。即其言之病，而知其心之失，又知其害于政事之决然而不可易者如此，非心通于道而无疑于天下之理，其孰能之？彼告子者，不得于言而不肯求之于心，至为义外之说，则自不免于四者之病，其何以知天下之言而无所疑哉？　程子曰："心通乎道，然后能辨是非，如持权衡以较轻重，孟子所谓'知言'是也。"又曰："孟子知言，正如人在堂上，方能辨堂下人曲直。若犹未免杂于堂下众人之中，则不能辨决矣。"

⑱ 行，去声。　此一节，林氏以为皆公孙丑之问，是也。说辞，言语也。德行，得于心而见于行事者也。三子善言德行者，身有之，故言之亲切而有味也。公孙丑言数子各有所长，而孔子兼之，然犹自谓不能于辞命；今孟子乃自谓"我能知言，又善养气"，则是兼言语、德行而有之，然则岂不既圣乎？此"夫子"，指孟子也。　程子曰："孔子自谓不能于辞命者，欲使学者务本而已。"　⑲ 恶，平声。"夫圣"之夫，音扶。　恶，惊叹辞也。"昔者"以下，孟子不敢当丑之言，而引孔子、子贡问答之辞以告之也。此"夫子"，指孔子也。学不厌者，智之所以自明；教不倦者，仁之所以及物。再言"是何言也"，以深拒之。　⑳ 此一节，林氏亦以为皆公孙丑之问，是也。一体，犹一肢也。具体而微，谓其有全体，但未广大耳。安，处也。公孙丑复问孟子："既不敢比孔子，则于此数子欲何所处也？"

㉑ 舍，上声。　孟子言且置是者，不欲以数子所至者自处也。　㉒ 治，去声。

伯夷，孤竹君之长子。兄弟逊国，避纣隐居，闻文王之德而归之，及武王伐纣，去而饿死。伊尹，有莘之处士，汤聘而用之。使之就桀，桀不能用，复归于汤。如是者五，乃相汤而伐桀也。三圣人事，详见此篇之末及《万章》下篇。　㉓ 班，齐等之貌。公孙丑问，而孟子答之以不同也。　㉔ 与，平声。朝，音潮。

有，言有同也。以百里而王天下，德之盛也。行一不义、杀一不辜而得天下，有所不为，心之正也。圣人之所以为圣人，其根本节目之大者，惟在于此。于此不同，则亦不足以为圣人矣。　㉕ 汙，音蛙。好，去声。　汙，下也。三子智足以知夫子之道，假使汙下，必不阿私所好而空誉之，明其言之可信也。　㉖ 程子曰："语圣则不异，事功则有异。'夫子贤于尧、舜'，语事功也。盖尧、舜治天下，夫子又推其道以垂教万事，尧、舜之道，非得孔子，则后世亦何所据哉？"　㉗ 言大凡见人之礼，则可以知其政；闻人之乐，则可以知其德。是以我从百世之后，差等百世之王，无有能遁其情者，而见其皆莫若夫子之盛也。　㉘ 垤，大结反。潦，音老。　麒麟，毛虫之长。凤凰，羽虫之长。垤，蚁封也。行潦，道上无源之水也。出，高出也。拔，特起也。萃，聚也。言自古圣人固皆异于众人，然未有如孔子之尤盛者也。　程子曰："《孟子》此章扩前圣所未发，学者所宜潜心而玩索也。"

2上·3　孟子曰："以力假仁者霸，霸必有大国。以德行仁者王，王不待大。汤以七十里，文王以百里。①以力服人者，非心服也，力不赡也。以德服人者，中心悦而诚服也，如七十子之服孔子也。《诗》云：'自西自东，自南自北，无思不服。'此之谓也。"②

① 力，谓土地甲兵之力。假仁者，本无是心，而借其事以为功者也。霸，若齐桓、晋文是也。以德行仁，则自吾之得于心者推之，无适而非仁也。
② 赡，足也。《诗》，《大雅·文王有声》之篇。王、霸之心，诚伪不同，故人所以应之者，其不同亦如此。　邹氏曰："以力服人者有意于服人，而人不敢不服。以德服人者无意于服人，而人不能不服。从古以来论王霸者多矣，未有若此章之深切而著明也。"

2上·4　孟子曰："仁则荣，不仁则辱。今恶辱而居不仁，是犹恶湿而居下也。①如恶之，莫如贵德而尊士，贤者在位，能者在职。国家閒暇，及是时明其政刑。虽大国，必畏之矣。②《诗》云：'迨天之未阴雨，彻彼桑土，绸缪牖户。今此下民，或敢侮予？'孔子曰：'为此诗者，其知道乎！能治其国家，谁敢侮之！'③今国家閒暇，及是时般乐怠敖，是自求祸也。④祸福无不自己求之者。⑤《诗》云：'永言配命，自求多福。'《太甲》曰：'天作孽，犹可违。自作孽，不可活。'此之谓也。"⑥

① 恶，去声，下同。　好荣恶辱，人之常情。然徒恶之而不去其得之之道，

不能免也。　② 閒，音闲。　此因其恶辱之情而进之以强仁之事也。贵德，犹尚德也。士，则指其人而言之。贤，有德者，使之在位，则足以正君而善俗。能，有才者，使之在职，则足以修政而立事。国家闲暇，可以有为之时也。详味"及"字，则惟日不足之意可见矣。　③ 彻，直列反。土，音杜。绸，音稠。缪，武彪反。《诗》，《豳风·鸱鸮》之篇，周公之所作也。迨，及也。彻，取也。桑土，桑根之皮也。绸缪，缠绵补葺也。牖户，巢之通气出入处也。予，鸟自谓也。言我之备患详密如此，今此在下之人，或敢有侮予者乎？周公以鸟之为巢如此，比君之为国亦当思患而预防之。孔子读而赞之，以为知道也。　④ 般，音盘。乐，音洛。敖，音傲。　言其纵欲偷安，亦惟日不足也。　⑤ 结上文之意。　⑥ 孽，鱼列反。　《诗》，《大雅·文王》之篇。永，长也。言，犹念也。配，合也。命，天命也。此言福之自己求者。《太甲》，《商书》篇名。孽，祸也。违，避也。活，生也；《书》作逭，逭犹缓也。此言祸之自己求者。

2上·5　孟子曰："尊贤使能，俊杰在位，则天下之士皆悦而愿立于其朝矣。① 市，廛而不征，法而不廛，则天下之商皆悦而愿藏于其市矣。② 关，讥而不征，则天下之旅皆悦而愿出于其路矣。③ 耕者助而不税，则天下之农皆悦而愿耕于其野矣。④ 廛，无夫、里之布，则天下之民皆悦而愿为之氓矣。⑤ 信能行此五者，则邻国之民仰之若父母矣。率其子弟，攻其父母，自生民以来未有能济者也。如此，则无敌于天下。无敌于天下者，天吏也。然而不王者，未之有也。"⑥

① 朝，音潮。　俊杰，才德之异于众者。　② 廛，市宅也。张子曰："或赋其市地之廛，而不征其货。或治之以市官之法，而不赋其廛。盖逐末者多则廛以抑之，少则不必廛也。"　③ 解见前篇。　④ 但使出力以助耕公田，而不税其私田也。　⑤ 氓，音盲。　《周礼》："宅不毛者有里布。民无职事者，出夫家之征。"郑氏谓："宅不种桑麻者罚之，使出一里二十五家之布。民无常业者罚之，使出一夫百亩之税、一家力役之征也。"今战国时，一切取之。市宅之民，已赋其廛，又令出此夫、里之布，非先王之法也。氓，民也。　⑥ 吕氏曰："奉行天命，谓之天吏。废兴存亡，惟天所命，不敢不从，若汤、武是也。"　此章言能行王政，则寇戎为父子；不行王政，则赤子为仇雠。

2上·6　孟子曰："人皆有不忍人之心。①先王有不忍人之心，斯有不忍人之政矣。以不忍人之心，行不忍人之政，治天下可运之掌上。②所以谓'人皆有不忍人之心'者，今人乍见孺子将入于井，皆有怵惕恻隐之心，非所以内交于孺子之父母也，非所以要誉于乡党朋友也，非恶其声而然也。③由是观之，无恻隐之心，非人也；无羞恶之心，非人也；无辞让之心，非人也；无是非之心，非人也。④恻隐之心，仁之端也；羞恶之心，义之端也；辞让之心，礼之端也；是非之心，智之端也。⑤人之有是四端也，犹其有四体也。有是四端而自谓不能者，自贼者也。谓其君不能者，贼其君者也。⑥凡有四端于我者，知皆扩而充之矣，若火之始然，泉之始达。苟能充之，足以保四海；苟不充之，不足以事父母。"⑦

① 天地以生物为心，而所生之物因各得夫天地生物之心以为心，所以人皆有不忍人之心也。　② 言众人虽有不忍人之心，然物欲害之，存焉者寡，故不能察识而推之政事之间。惟圣人全体此心，随感而应，故其所行无非不忍人之政也。　③ 怵，音黜。内，读为纳。要，平声。恶，去声，下同。　乍，犹忽也。怵惕，惊动貌。恻，伤之切也。隐，痛之深也。此即所谓不忍人之心也。内，结。要，求。声，名也。言乍见之时，便有此心，随见而发，非由此三者而然也。程子曰："满腔子是恻隐之心。"谢氏曰："人须自识其真心。方乍见孺子入井之时，其心怵惕，乃真心也。非思而得，非勉而中，天理之自然也。内交、要誉、恶其声而然，即人欲之私矣。"　④ 恶，去声，下同。　羞，耻己之不善也。恶，憎人之不善也。辞，解使去己也。让，推以与人也。是，知其善而以为是也。非，知其恶而以为非也。人之所以为心，不外乎是四者，故因论恻隐而悉数之。言人若无此，则不得谓之人，所以明其必有也。　⑤ 恻隐、羞恶、辞让、是非，情也。仁、义、礼、智，性也。心，统性情者也。端，绪也。因其情之发，而性之本然可得而见，犹有物在中而绪见于外也。　⑥ 四体、四肢，人之所必有者也。自谓不能者，物欲蔽之耳。　⑦ 扩，音廓。　扩，推广之意。充，满也。四端在我，随处发见。知皆即此推广而充满其本然之量，则其日新又新，将有不能自已者矣。能由此而遂充之，则四海虽远，亦吾度内，无难保者。不能充之，则虽事之至近而不能矣。

此章所论人之性情、心之体用，本然全具，而各有条理如此。学者于此反求默识而扩充之，则天之所以与我者可以无不尽矣。　程子曰："人皆有是心，惟君子为能扩而充之。不能然者，皆自弃也。然其充与不充，亦在我而已矣。"又曰："四端不言信者，既有诚心为四端，则信在其中矣。"愚按，四端之信，犹五行之土，无定位，无成名，无专气，而水、火、金、木无不待是以生者，故土于四行无不在，于四时则寄王焉。其理亦犹是也。

2上·7　孟子曰："矢人岂不仁于函人哉？矢人惟恐不伤人，函人惟恐伤人。巫、匠亦然。故术不可不慎也。①孔子曰：'里仁为美。择不处仁，焉得智？'夫仁，天之尊爵也，人之安宅也。莫之御而不仁，是不智也。②不仁、不智、无礼、无义，人役也。人役而耻为役，由弓人而耻为弓，矢人而耻为矢也。③如耻之，莫如为仁。④仁者如射，射者正己而后发，发而不中，不怨胜己者，反求诸己而已矣。"⑤

① 函，音含。　函，甲也。恻隐之心，人皆有之，是矢人之心本非不如函人之仁也。巫者为人祈祝，利人之生。匠者作为棺椁，利人之死。　② 焉，於虔反。夫，音扶。　里有仁厚之俗者，犹以为美。人择所以自处而不于仁，安得为智乎？此孔子之言也。仁、义、礼、智，皆天所与之良贵。而仁者，天地生物之心得之最先而兼统四者，所谓"元者善之长也"，故曰尊爵。在人则为本心全体之德，有天理自然之安，无人欲陷溺之危。人当常在其中，而不可须臾离者也，故曰安宅。此又孟子释孔子之意，以为仁道之大如此，而自不为之，岂非不智之甚乎？　③ 由，与犹通。　以不仁，故不智。不智，故不知礼义之所在。　④ 此亦因人愧耻之心而引之，使志于仁也。不言智、礼、义者，仁该全体，能为仁，则三者在其中矣。　⑤ 中，去声。　为仁由己，而由人乎哉？

2上·8　孟子曰："子路，人告之以有过，则喜。①禹闻善言，则拜。②大舜有大焉：善与人同，舍己从人，乐取于人以为善；③自耕稼、陶、渔，以至为帝，无非取于人者。④取诸人以为善，是与人为善者也，故君子莫大乎与人为善。"⑤

① 喜其得闻而改之，其勇于自修如此。周子曰："仲由喜闻过，令名无穷焉。

今人有过，不喜人规，如讳疾而忌医，宁灭其身而无悟也。噫！”程子曰：“子路，人告之以有过则喜，亦可谓百世之师矣。” ②《书》曰：“禹拜昌言。”盖不待有过，而能屈己以受天下之善也。 ③ 舍，上声。乐，音洛。 言舜之所为，又有大于禹与子路者。善与人同，公天下之善而不为私也。己未善，则无所系吝而舍己从人。人有善，则不待勉强而取之于己。此“善与人同”之目也。 ④ 舜之侧微，耕于历山，陶于河滨，渔于雷泽。 ⑤ 与，犹许也，助也。取彼之善而为之于我，则彼益劝于为善矣，是我助其为善也。能使天下之人皆劝于为善，君子之善，孰大于此！ 此章言圣贤乐善之诚，初无彼此之间，故其在人者有以裕于己，在己者有以及于人。

2上·9 孟子曰：“伯夷，非其君不事，非其友不友，不立于恶人之朝，不与恶人言。立于恶人之朝，与恶人言，如以朝衣朝冠坐于涂炭。推恶恶之心，思与乡人立，其冠不正，望望然去之，若将浼焉。是故诸侯虽有善其辞命而至者，不受也。不受也者，是亦不屑就已。①柳下惠，不羞汙君，不卑小官，进不隐贤，必以其道。遗佚而不怨，阨穷而不悯，故曰：‘尔为尔，我为我。虽袒裼裸裎于我侧，尔焉能浼我哉！’故由由然与之偕而不自失焉，援而止之而止。援而止之而止者，是亦不屑去已。”②孟子曰：“伯夷隘，柳下惠不恭。隘与不恭，君子不由也。”③

① 朝，音潮。恶恶，上去声，下如字。浼，莫罪反。 涂，泥也。乡人，乡里之常人也。望望，去而不顾之貌。浼，污也。屑，赵氏曰：“洁也。”《说文》曰：“动作切切也。”不屑就，言不以就之为洁，而切切于是也。已，语助辞。 ② 佚，音逸。袒，音但。裼，音锡。裸，鲁果反。裎，音程。“焉能”之焉，於虔反。 柳下惠，鲁大夫展禽，居柳下而谥惠也。不隐贤，不枉道也。遗佚，放弃也。阨，困也。悯，忧也。“尔为尔”至“焉能浼我哉”，惠之言也。袒裼，露臂也。裸裎，露身也。由由，自得之貌。偕，并处也。不自失，不失其正也。“援而止之而止”者，言欲去而可留也。 ③ 隘，狭窄也。不恭，简慢也。夷、惠之行，固皆造乎至极之地。然既有所偏，则不能无弊，故不可由也。

公孙丑章句下

凡十四章。自第二章以下，记孟子出处、行实为详。

2下·1　孟子曰："天时不如地利，地利不如人和。①三里之城，七里之郭，环而攻之而不胜。夫环而攻之，必有得天时者矣；然而不胜者，是天时不如地利也。②城非不高也，池非不深也，兵革非不坚利也，米粟非不多也，委而去之，是地利不如人和也。③故曰：域民不以封疆之界，固国不以山溪之险，威天下不以兵革之利。得道者多助，失道者寡助。寡助之至，亲戚畔之；多助之至，天下顺之。④以天下之所顺攻亲戚之所畔，故君子有不战，战必胜矣。"⑤

① 天时，谓时日支干、孤虚、王相之属也。地利，险阻、城池之固也。人和，得民心之和也。　② 夫，音扶。　三里、七里，城郭之小者。郭，外城。环，围也。言四面攻围，旷日持久，必有值天时之善者。　③ 革，甲也。粟，谷也。委，弃也。言不得民心，民不为守也。　④ 域，界限也。　⑤ 言不战则已，战则必胜。　尹氏曰："言得天下者，凡以得民心而已。"

2下·2　孟子将朝王，王使人来曰："寡人如就见者也，有寒疾，不可以风。朝将视朝，不识可使寡人得见乎？"对曰："不幸而有疾，不能造朝。"①明日，出吊于东郭氏。公孙丑曰："昔者辞以病，今日吊，或者不可乎？"曰："昔者疾，今日愈，如之何不吊？"②王使人问疾，医来，孟仲子对曰："昔者有王命，有采薪之忧，不能造朝。今病小愈，趋造于朝，我不识能至否乎？”使数人要于路，曰：“请必无归而造于朝。”③不得已而之景丑氏宿焉。景子曰：“内则父子，外则君臣，人之大伦也。父子主恩，君臣主敬。丑见王之敬子也，未见所以敬王也。”曰：“恶！是何言也！齐人无以仁义与王言者，岂以仁义为不美也？其心曰‘是何足与言仁义也’云尔，则不敬莫大乎是。我非尧、舜之道不敢以陈于王前，故齐人莫如我敬王也。”④景子曰：“否，非此之谓也。《礼》曰：‘父召，无诺。’‘君命召，不俟驾。’固将朝也，闻王命而遂不果，宜与夫礼若不相似然。”⑤曰：“岂谓是与？曾子曰：‘晋、楚之富，不可及也。彼以其富，我以吾仁，彼以其爵，我以吾义。吾何慊乎哉？’夫岂不义而曾子言之？是或一道也。天下有达尊三：爵一，齿一，德一。朝廷莫如爵，乡党莫如齿，辅世长民莫如德。恶得有其一以慢其二哉？⑥故将大有为之君，必有所不召之臣；欲有谋焉，则就之。其尊德乐道，不如是不足与有为也。⑦故汤之于伊尹，学焉而后臣之，故不劳而王。桓公之于管仲，学焉而后臣之，故不劳而霸。⑧今天下地丑德齐，莫能相尚，无他，好臣其所教，而不好臣其所受教。⑨汤之于伊尹，桓公之于管仲，则不敢召。管仲且犹不可召，而况不为管仲者乎？”⑩

①章内“朝”，并音潮，惟“朝将”之“朝”如字。造，七到反，下同。　王，齐王也。孟子本将朝王，王不知而托疾以召孟子，故孟子亦以疾辞也。　②东郭氏，齐大夫家也。昔者，昨日也。或者，疑辞。辞疾而出吊，与孔子不见孺悲、取瑟而歌同意。　③要，平声。　孟仲子，赵氏以为孟子之从昆弟，学于孟子者也。采薪之忧，言病不能采薪，谦辞也。仲子权辞以对，又使人要孟子，令勿归而造朝，以实己言。　④恶，平声，下同。　景丑氏，齐大夫家也。景子，景丑也。恶，叹辞也。景丑所言，敬之小者也。孟子所言，敬之大者也。　⑤夫，音扶，下同。　《礼》曰：“父命呼，唯而不诺。”又曰：“君命召，在官不俟屦，在外不

俟车。"言孟子本欲朝王而闻命中止，似与此礼之意不同也。　⑥ 与，平声。慊，口簟反。长，上声。　慊，恨也，少也。或作嗛，字书以为口衔物也。然则慊亦但为心有所衔之义，其为"快"、为"足"、为"恨"、为"少"，则因其事而所衔有不同耳。孟子言："我之意，非如景子之所言者。"因引曾子之言，而云："夫此岂是不义？而曾子肯以为言，是或别有一种道理也。"达，通也。盖通天下之所尊，有此三者。曾子之说，盖以德言之也。今齐王但有爵耳，安得以此慢于齿、德乎？　⑦ 乐，音洛。　大有为之君，大有作为，非常之君也。程子曰："古之人所以必待人君致敬尽礼而后往者，非欲自为尊大也，为是故耳。"　⑧ 先从受学，师之也。后以为臣，任之也。　⑨ 好，去声。　丑，类也。尚，过也。所教，谓听从于己，可役使者也。所受教，谓己之所从学者也。　⑩ "不为管仲"，孟子自谓也。范氏曰："孟子之于齐，处宾师之位，非当仕有官职者，故其言如此。"　此章见宾师不以趋走承顺为恭，而以责难陈善为敬；人君不以崇高富贵为重，而以贵德尊士为贤：则上下交而德业成矣。

2下·3　陈臻问曰："前日于齐，王馈兼金一百而不受；于宋，馈七十镒而受；于薛，馈五十镒而受。前日之不受是，则今日之受非也；今日之受是，则前日之不受非也。夫子必居一于此矣。"① 孟子曰："皆是也。② 当在宋也，予将有远行。行者必以赆，辞曰'馈赆'，予何为不受？③ 当在薛也，予有戒心。辞曰：'闻戒，故为兵馈之。'予何为不受？④ 若于齐，则未有处也。无处而馈之，是货之也。焉有君子而可以货取乎？"⑤

① 陈臻，孟子弟子。兼金，好金也，其价兼倍于常者。一百，百镒也。　② 皆适于义也。　③ 赆，徐刃反。　赆，送行者之礼也。　④ "为兵"之为，去声。　时人有欲害孟子者，孟子设兵以戒备之。薛君以金馈孟子为兵备，辞曰："闻子之有戒心也。"　⑤ 焉，於虔反。　无远行、戒心之事，是未有所处也。取，犹致也。　尹氏曰："言君子之辞受取予，惟当于理而已。"

2下·4　孟子之平陆，谓其大夫曰："子之持戟之士，一日而三失伍，则去之否乎？"曰："不待三。"① "然则子之失伍也亦多矣。凶年饥岁，子之民，老羸转于沟壑，壮者散而之四方者，几千人矣。”曰：“此非距心之所得为也。”② 曰：“今有受人之牛羊而为之牧之者，则必为之求牧与刍矣。求牧与刍而不得，则反诸其人乎？抑亦立而视其死与？”曰：“此则距心之罪也。”③ 他日，见于王，曰：“王之为都者，臣知五人焉。知其罪者，惟孔距心。为王诵之。”王曰：“此则寡人之罪也。”④

① 去，上声。 平陆，齐下邑也。大夫，邑宰也。戟，有枝兵也。士，战士也。伍，行列也。去之，杀之也。 ②几，上声。 子之失伍，言其失职，犹士之失伍也。距心，大夫名。对言此乃王之失政使然，非我所得专为也。③ 为，去声。“死与”之与，平声。 牧之，养之也。牧，牧地也。刍，草也。孟子言：“若不得自专，何不致其事而去？” ④ 见，音现。“为王”之为，去声。 为都，治邑也。邑有先君之庙曰都。孔，大夫姓也。为王诵其语，欲以讽晓王也。陈氏曰：“孟子一言，而齐之君臣举知其罪，固足以兴邦矣。然而齐卒不得为善国者，岂非说而不绎、从而不改故邪？”

2下·5 孟子谓蚳蛙曰：“子之辞灵丘而请士师，似也，为其可以言也。今既数月矣，未可以言与？”① 蚳蛙谏于王而不用，致为臣而去。② 齐人曰：“所以为蚳蛙，则善矣，所以自为，则吾不知也。”③ 公都子以告。④ 曰：“吾闻之也：有官守者，不得其职则去；有言责者，不得其言则去。我无官守，我无言责也，则吾进退岂不绰绰然有馀裕哉？”⑤

① 蚳，音迟。蛙，乌花反。为，去声。与，平声。 蚳蛙，齐大夫也。灵丘，齐下邑。似也，言所为近似有理。可以言，谓士师近王，得以谏刑罚之不中者。 ② 致，犹还也。 ③ 为，去声。 讥孟子道不行而不能去也。 ④ 公都子，孟子弟子也。 ⑤ 官守，以官为守者。言责，以言为责者。绰绰，宽貌。裕，宽意也。孟子居宾师之位，未尝受禄，故其进退之际宽裕如此。尹氏曰：“进退久速，当于理而已。”

2下·6　孟子为卿于齐，出吊于滕。王使盖大夫王驩为辅行。王驩朝暮见，反齐、滕之路，未尝与之言行事也。[①]公孙丑曰："齐卿之位，不为小矣。齐、滕之路，不为近矣。反之而未尝与言行事，何也？"曰："夫既或治之，予何言哉？"[②]

① 盖，古盍反，见，音现。　盖，齐下邑也。王驩，王嬖臣也。辅行，副使也。反，往而还也。行事，使事也。　② 夫，音扶。　王驩盖摄卿以行，故曰齐卿。"夫既或治之"，言有司已治之矣。孟子之待小人，不恶而严如此。

2下·7　孟子自齐葬于鲁。反于齐，止于嬴。充虞请曰："前日不知虞之不肖，使虞敦匠事，严，虞不敢请。今愿窃有请也，木若以美然。"[①]曰："古者棺椁无度。中古棺七寸，椁称之，自天子达于庶人。非直为观美也，然后尽于人心。[②]不得，不可以为悦；无财，不可以为悦。得之为有财，古之人皆用之，吾何为独不然？[③]且比化者，无使土亲肤，于人心独无恔乎？[④]吾闻之也：君子不以天下俭其亲。"[⑤]

① 孟子仕于齐，丧母，归葬于鲁。嬴，齐南邑。充虞，孟子弟子，尝董治作棺之事者也。严，急也。木，棺木也。以，已，通。以美，太美也。　② 称，去声。度，厚薄尺寸也。中古，周公制礼时也。椁称之，与棺相称也。欲其坚厚久远，非特为人观视之美而已。　③ 不得，谓法制所不当得。得之为有财，言得之而又为有财也。或曰："为"当作"而"。　④ 比，必二反。恔，音效。　比，犹为也。化者，死者也。恔，快也。言为死者不使土近其肌肤，于人子之心岂不快然无所恨乎？　⑤ 送终之礼，所当得为而不自尽，是为天下爱惜此物而薄于吾亲也。

2下·8　沈同以其私问曰："燕可伐与？"孟子曰："可。子哙不得与人燕，子之不得受燕于子哙。有仕于此，而子悦之，不告于王而私与之吾子之禄爵。夫士也，亦无王命而私受之于子，则可乎？何以异于是？"[①]齐人伐燕。或问曰："劝齐伐燕，有诸？"曰："未也。沈同问'燕可伐与？'吾应之曰：

‘可。’彼然而伐之也。彼如曰：‘孰可以伐之？’则将应之曰：‘为天吏，则可以伐之。’今有杀人者，或问之曰：‘人可杀与？’则将应之曰：‘可。’彼如曰：‘孰可以杀之？’则将应之曰：‘为士师，则可以杀之。’今以燕伐燕，何为劝之哉？”②

①“伐与”之与，平声，下“伐与”、“杀与”同。夫，音扶。 沈同，齐臣。以私问，非王命也。子哙、子之，事见前篇。诸侯、土地、人民，受之天子，传之先君。私以与人，则与者、受者皆有罪也。仕，为官也。士，即从仕之人也。 ② 天吏，解见上篇。言齐无道，与燕无异，如以燕伐燕也。《史记》亦谓孟子劝齐伐燕，盖传闻此说之误。 杨氏曰：“燕固可伐矣，故孟子曰‘可’。使齐王能诛其君、吊其民，何不可之有？乃杀其父兄，虏其子弟，而后燕人畔之。乃以是归咎孟子之言，则误矣。”

2下·9 燕人畔。王曰：“吾甚惭于孟子。”① 陈贾曰：“王无患焉。王自以为与周公，孰仁且智？”王曰：“恶！是何言也！”曰：“周公使管叔监殷，管叔以殷畔。知而使之，是不仁也；不知而使之，是不智也。仁、智，周公未之尽也，而况于王乎？贾请见而解之。”② 见孟子，问曰：“周公何人也？”曰：“古圣人也。”曰：“使管叔监殷，管叔以殷畔也。有诸？”曰：“然。”曰：“周公知其将畔而使之与？”曰：“不知也。”“然则圣人且有过与？”曰：“周公，弟也。管叔，兄也。周公之过，不亦宜乎！③ 且古之君子，过则改之；今之君子，过则顺之。古之君子，其过也如日月之食，民皆见之；及其更也，民皆仰之。今之君子，岂徒顺之，又从为之辞。”④

① 齐破燕后二年，燕人共立太子平为王。 ② 恶、监，皆平声。 陈贾，齐大夫也。管叔，名鲜，武王弟，周公兄也。武王胜商杀纣，立纣子武庚，而使管叔与弟蔡叔、霍叔监其国。武王崩，成王幼，周公摄政。管叔与武庚畔，周公讨而诛之。 ③ 与，平声。 言周公乃管叔之弟，管叔乃周公之兄，然则周公不知管叔之将畔而使之，其过有所不免矣。或曰：“周公之处管叔，不如舜之处象，何也？”游氏曰：“象之恶已著，而其志不过富贵而已，故舜得以是而全之。若管叔之

恶则未著，而其志、其才皆非象比也，周公讵忍逆探其兄之恶而弃之耶？周公爱兄，宜无不尽者。管叔之事，圣人之不幸也。舜诚信而喜象，周公诚信而任管叔，此天理人伦之至，其用心一也。”　④ 更，平声。　顺，犹遂也。更，改也。辞，辩也。更之则无损于明，故民仰之。顺而为之辞，则其过愈深矣。责贾不能勉其君以迁善改过，而教之以遂非文过也。　林氏曰：“齐王惭于孟子，盖羞恶之心有不能自已者。使其臣有能因是心而将顺之，则义不可胜用矣。而陈贾鄙夫，方且为之曲为辩说，而沮其迁善改过之心，长其饰非拒谏之恶，故孟子深责之。然此书记事，散出而无先后之次，故其说必参考而后通。若以第二篇十章、十一章置之前章之后、此章之前，则孟子之意不待论说而自明矣。”

2下·10　孟子致为臣而归。①王就见孟子，曰：“前日愿见而不可得，得侍，同朝甚喜。今又弃寡人而归，不识可以继此而得见乎？”对曰：“不敢请耳，固所愿也。”②他日，王谓时子曰：“我欲中国而授孟子室，养弟子以万钟，使诸大夫国人皆有所矜式，子盍为我言之？”③时子因陈子而以告孟子。陈子以时子之言告孟子。④孟子曰：“然。夫时子恶知其不可也？如使予欲富，辞十万而受万，是为欲富乎？⑤季孙曰：‘异哉子叔疑！使己为政，不用，则亦已矣，又使其子弟为卿。人亦孰不欲富贵？而独于富贵之中，有私龙断焉。’⑥古之为市者，以其所有易其所无者，有司者治之耳。有贱丈夫焉，必求龙断而登之，以左右望而罔市利。人皆以为贱，故从而征之。征商，自此贱丈夫始矣。”⑦

① 孟子久于齐而道不行，故去也。　② 朝，音潮。　③为，去声。　时子，齐臣也。中国，当国之中也。万钟，谷禄之数也。钟，量名，受六斛四斗。矜，敬也。式，法也。盍，何不也。　④ 陈子，即陈臻也。　⑤ 夫，音扶。恶，平声。　孟子既以道不行而去，则其义不可以复留；而时子不知，则又有难显言者。故但言：“设使我欲富，则我前日为卿，尝辞十万之禄；今乃受此万钟之馈？是我虽欲富，亦不为此也。”　⑥ 龙，音垄。　此孟子引季孙之语也。季孙、子叔疑，不知何时人。龙断，冈垄之断而高也，义见下文。盖子叔疑者尝不用，而使其

子弟为卿。季孙讥其既不得于此，而又欲求得于彼，如下文贱丈夫登龙断者之所为也。孟子引此以明道既不行，复受其禄，则无以异此矣。 ⑦孟子释龙断之说如此。治之，谓治其争讼。左右望者，欲得此而又取彼也。罔，谓罔罗取之也。从而征之，谓人恶其专利，故就征其税，后世缘此遂征商人也。 程子曰："齐王所以处孟子者，未为不可。孟子亦非不肯为国人矜式者。但齐王实非欲尊孟子，乃欲以利诱之，故孟子拒而不受。"

2下·11 孟子去齐，宿于昼。①有欲为王留行者，坐而言。不应，隐几而卧。②客不悦，曰："弟子齐宿而后敢言，夫子卧而不听，请勿复敢见矣。"曰："坐。我明语子。昔者鲁缪公无人乎子思之侧，则不能安子思。泄柳、申详，无人乎缪公之侧，则不能安其身。③子为长者虑，而不及子思。子绝长者乎？长者绝子乎？"④

①昼，如字，或曰："当作画，音获。"下同。 昼，齐西南近邑也。 ②为，去声，下同。隐，於靳反。 隐，凭也。客坐而言，孟子不应而卧也。 ③齐，侧皆反。复，扶又反。语，去声。 齐宿，齐戒越宿也。缪公尊礼子思，常使人候伺道达诚意于其侧，乃能安而留之也。泄柳，鲁人。申详，子张之子也。缪公尊之不如子思，然二子义不苟容，非有贤者在其君之左右维持调护之，则亦不能安其身矣。 ④长，上声。 长者，孟子自称也。言齐王不使子来，而子自欲为王留我，是所以为我谋者不及缪公留子思之事，而先绝我也。我之卧而不应，岂为先绝子乎？"

2下·12 孟子去齐，尹士语人曰："不识王之不可以为汤、武，则是不明也。识其不可，然且至，则是干泽也。千里而见王，不遇故去，三宿而后出昼，是何濡滞也？士则兹不悦。"①高子以告。②曰："夫尹士恶知予哉？千里而见王，是予所欲也。不遇故去，岂予所欲哉？予不得已也。③予三宿而出昼，于予心犹以为速，王庶几改之；王如改诸，则必反予。④夫出昼而王不予追也，予然后浩然有归志。予虽然，岂舍王哉？王由足用为善。王如用予，则岂徒齐民安，天下之民举安。王庶几改之，予日望之。[⑤]予岂若是小丈夫然哉？谏于其君而不受，则怒，悻悻然见于其面，去则穷日之力而后宿哉？"[⑥]尹士闻之，曰："士诚小人也。"[⑦]

① 语，去声。　尹士，齐人也。干，求也。泽，恩泽也。濡滞，迟留也。　② 高子，亦齐人，孟子弟子也。　③ 夫，音扶，下同。恶，平声。　见王，欲以行道也。今道不行，故不得已而去，非本欲如此也。　④ 所改必指一事而言，然今不可考矣。　⑤ 浩然，如水之流，不可止也。　杨氏曰："齐王天资朴实，如好勇、好货、好色、好世俗之乐，皆以直告而不隐于孟子，故足以为善。若乃其心不然，而谬为大言以欺人，是人终不可与入尧舜之道矣，何善之能为？"　⑥ 悻，形顶反。见，音现。　悻悻，怒意也。穷，尽也。　⑦ 此章见圣贤行道济时，汲汲之本心；爱君泽民，惓惓之馀意。李氏曰："于此见君子忧则违之之情，而荷蒉者所以为果也。"

2下·13　孟子去齐，充虞路问曰："夫子若有不豫色然。前日虞闻诸夫子曰：'君子不怨天，不尤人。'"[①]曰："彼一时，此一时也。[②]五百年必有王者兴，其间必有名世者。[③]由周而来，七百有馀岁矣。以其数，则过矣；以其时考之，则可矣。[④]夫天未欲平治天下也，如欲平治天下，当今之世，舍我其谁也？吾何为不豫哉！"[⑤]

① 路问，于路中问也。豫，悦也。尤，过也。此二句实孔子之言，盖孟子尝称之以教人耳。　② 彼，前日。此，今日。　③ 自尧、舜至汤，自汤至文、武，皆五百馀年而圣人出。名世，谓其人德业闻望可名于一世者，为之辅佐，若皋陶、稷、契、伊尹、莱朱、太公望、散宜生之属。　④ 周，谓文、武之间。数，谓五百年之期。时，谓乱极思治可以有为之日。于是而不得一有所为，此孟子所以不能无不豫也。　⑤ 夫，音扶。舍，上声。　言当此之时，而使我不遇于齐，是天未欲平治天下也。然天意未可知，而其具又在我，我何为不豫哉？然则孟子虽若有不豫然者，而实未尝不豫也。盖圣贤忧世之志，乐天之诚，有并行而不悖者，于此见矣。

2下·14　孟子去齐，居休。①公孙丑问曰："仕而不受禄，古之道乎？"曰："非也。于崇，吾得见王。退而有去志，不欲变，故不受也。②继而有师命，不可以请。久于齐，非我志也。"③

①休，地名。　②崇，亦地名。孟子始见齐王，必有所不合，故有去志。变，谓变其去志。　③师命，师旅之命也。国既被兵，难请去也。　孔氏曰："仕而受禄，礼也。不受齐禄，义也。义之所在，礼有时而变。公孙丑欲以一端裁之，不亦误乎！"

滕文公章句上

凡五章。

3上·1　滕文公为世子，将之楚，过宋而见孟子。① 孟子道性善，言必称尧、舜。② 世子自楚反，复见孟子。孟子曰："世子疑吾言乎？夫道一而已矣。③ 成覸谓齐景公曰：'彼丈夫也，我丈夫也，吾何畏彼哉？'颜渊曰：'舜何人也？予何人也？有为者亦若是！'公明仪曰：'文王，我师也。周公岂欺我哉？'④ 今滕绝长补短，将五十里也，犹可以为善国。《书》曰：'若药不瞑眩，厥疾不瘳。'"⑤

① 世子，太子也。　② 道，言也。性者，人所禀于天以生之理也。浑然至善，未尝有恶。人与尧、舜初无少异，但众人汩于私欲而失之，尧、舜则无私欲之蔽而能充其性尔。故孟子与世子言，每道性善而必称尧、舜以实之，欲其知仁义不假外求，圣人可学而至，而不懈于用力也。门人不能悉记其辞，而撮其大旨如此。程子曰："性即理也。天下之理，原其所自，未有不善。喜怒哀乐未发，何尝不善？发而中节，即无往而不善；发不中节，然后为不善。故凡言善恶，皆先善而后恶；言吉凶，皆先吉而后凶；言是非，皆先是而后非。"　③ 复，扶又反。夫，音扶。　时人不知性之本善，而以圣贤为不可企及。故世子于孟子之言不能无疑，而复来求见，盖恐别有卑近易行之说也。孟子知之，故但告之如此，以明古今圣愚本同一性，前言已尽，无复有他说也。　④ 覸，古苋反。　成覸，人姓名。彼，谓圣贤也。"有为者亦若是"，言人能有为，则皆如舜也。公明，姓；仪，名。鲁贤人也。"文王我师也"，盖周公之言。公明仪亦以文王为必可师，故诵周公之言而叹其不我欺也。孟子既告世子以道无二致，而复引此三言以明之，欲世子笃信力行以师圣贤，不当复求他说也。　⑤ 瞑，莫甸反。眩，音县。　绝，犹截也。

《书》,《商书·说命篇》。瞑眩,愦乱。言滕国虽小,犹足为治,但恐安于卑近不能自克,则不足以去恶而为善也。愚按,孟子之言性善,始见于此,而详具于《告子》之篇。然默识而旁通之,则七篇之中无非此理。其所以扩前圣之未发,而有功于圣人之门,程子之言信矣。

3上·2　滕定公薨。世子谓然友曰:"昔者孟子尝与我言于宋,于心终不忘。今也不幸至于大故,吾欲使子问于孟子,然后行事。"① 然友之邹,问于孟子。孟子曰:"不亦善乎!亲丧固所自尽也。曾子曰:'生,事之以礼;死,葬之以礼,祭之以礼:可谓孝矣。'诸侯之礼,吾未之学也。虽然,吾尝闻之矣:三年之丧,齐、疏之服,饘粥之食,自天子达于庶人,三代共之。"② 然友反命,定为三年之丧。父兄百官皆不欲,曰:"吾宗国鲁先君莫之行,吾先君亦莫之行也。至于子之身而反之,不可。且《志》曰:'丧祭从先祖。'曰:'吾有所受之也'。"③ 谓然友曰:"吾他日未尝学问,好驰马试剑。今也父兄百官不我足也,恐其不能尽于大事,子为我问孟子。"然友复之邹,问孟子。孟子曰:"然。不可以他求者也。孔子曰:'君薨,听于冢宰,歠粥,面深墨,即位而哭。百官有司,莫敢不哀,先之也。上有好者,下必有甚焉者矣。君子之德,风也;小人之德,草也。草尚之风必偃。'是在世子。"④ 然友反命。世子曰:"然。是诚在我。"五月居庐,未有命戒。百官族人,可谓曰知。及至葬,四方来观之,颜色之戚,哭泣之哀,吊者大悦。⑤

① 定公,文公父也。然友,世子之傅也。大故,大丧也。事,谓丧礼。

② 齐,音资。疏,所居反。饘,诸延反。　当时诸侯莫能行古丧礼,而文公独能以此为问,故孟子善之。又言父母之丧,固人子之心所自尽者,盖悲哀之情、痛疾之意,非自外至,宜乎文公于此有所不能自已也。但所引曾子之言,本孔子告樊迟者,岂曾子尝诵之以告其门人欤?三年之丧者,子生三年,然后免于父母之怀,

故父母之丧必以三年也。齐，衣下缝也。不缉曰斩衰，缉之曰齐衰。疏，粗也，粗布也。饦，糜也。丧礼：三日始食粥，既葬乃疏食。此古今贵贱通行之礼也。

③ 父兄，同姓老臣也。滕与鲁俱文王之后，而鲁祖周公为长，兄弟宗之，故滕谓鲁为宗国也。然谓二国不行三年之丧者，乃其后世之失，非周公之法本然也。《志》，《记》也。引《志》之言而释其意，以为所以如此者，盖为上世以来有所传授，虽或不同，不可改也。然《志》所言，本谓先王之世旧俗所传，礼文小异而可以通行者耳，不谓后世失礼之甚者也。　④ 好、为，皆去声。复，扶又反。歠，川悦反。　不我足，谓不以我满足其意也。然者，然其"不我足"之言。不可他求者，言当责之于己。冢宰，六卿之长也。歠，饮也。深墨，甚黑色也。即，就也。尚，加也，《论语》作上，古字通也。偃，伏也。孟子言但在世子自尽其哀而已。

⑤ 诸侯五月而葬。未葬，君倚庐于中门之外。居丧不言，故未有命令教戒也。"可谓曰知"，疑有阙误。或曰：皆谓世子之知礼也。　林氏曰："孟子之时，丧礼既坏，然三年之丧，恻隐之心、痛疾之意，出于人心之所固有者，初未尝亡也。惟其溺于流俗之弊，是以丧其良心而不自知耳。文公见孟子而闻'性善'、'尧、舜'之说，则固有以启发其良心矣，是以至此而哀痛之诚心发焉。及其父兄百官皆不欲行，则亦反躬自责，悼其前行之不足以取信，而不敢有非其父兄百官之心。虽其资质有过人者，而学问之力亦不可诬也。及其断然行之，而远近见闻无不悦服，则以人心之所同然者自我发之，而彼之心悦诚服亦有所不期然而然者。人性之善，岂不信哉！"

3上·3　滕文公问为国。① 孟子曰："民事不可缓也。《诗》云：'昼尔于茅，宵尔索绹。亟其乘屋，其始播百谷。'② 民之为道也，有恒产者有恒心，无恒产者无恒心。苟无恒心，放辟邪侈，无不为已。及陷乎罪，然后从而刑之，是罔民也。焉有仁人在位，罔民而可为也？③ 是故贤君必恭俭、礼下，取于民有制。④ 阳虎曰：'为富不仁矣，为仁不富矣。'⑤ 夏后氏五十而贡，殷人七十而助，周人百亩而彻，其实皆什一也。彻者彻也，助者藉也。⑥ 龙子曰：'治地莫善于助，莫不善于贡。'贡者，校数岁之中以为常。乐岁，粒米狼戾，多取之而不为虐，则寡取之；凶年，粪其田而不足，则必取盈焉。为民父母，使民盻盻然，将终岁勤动，不得以养其父母，又称贷而益之，使老稚转乎沟壑，恶在其为民父母也？[7] 夫世禄，滕固行之矣。[8]《诗》云：'雨我公田，遂及我私。'惟助为有公田。由此观之，虽周亦助也。[9] 设为庠序学校以教之：庠者养也，校者教也，序者射也。夏曰校，殷曰序，周曰庠，学则三代共之，皆所以明人伦也。人伦明于上，小民亲于下。[10] 有王者起，必来取法，是为王者师也。[11]《诗》云：'周虽旧邦，其命维新。'文王之谓也。子力行之，亦以新子之国。"[12] 使毕战问井地。孟子曰："子之君将行仁政，选择而使子，子必勉之！夫仁政，必自经界始。经界不正，井地不均，谷禄不平。是故暴君汙吏必慢其经界。经界既正，分田制禄，可坐而定也。[13] 夫滕，壤地褊小，将为君子焉，将为野人焉。无君子莫治野人，无野人莫养君子。[14] 请野九一而助，国中什一使自赋。[15] 卿以下必有圭田，圭田五十亩。[16] 馀夫二十五亩。[17] 死徙无出乡，乡田同井，出入相友，守望相助，疾病相扶持，则百姓亲睦。[18] 方里而井，井九百亩，其中为公田。八家皆私百亩，同养公田，公事毕，然后敢治私事，所以别野人也。[19] 此其大略也。若夫润泽之，则在君与子矣。"[20]

① 文公以礼聘孟子，故孟子至滕，而文公问之。　② 绹，音陶。亟，纪力反。　民事，谓农事。《诗》，《豳风·七月》之篇。于，往取也。绹，绞也。亟，急也。乘，升也。播，布也。言农事至重，人君不可以为缓而忽之，故引《诗》言：治屋之急如此者，盖以来春将复始播百谷，而不暇为此也。　③ 音、义并见前篇。　④ 恭则能以礼接下，俭则能取民以制。　⑤ 阳虎，阳货，鲁季氏家臣也。天理人欲不容并立，虎之言此，恐为仁之害于富也。孟子引之，恐为富之害于仁也。君子小人，每相反而已矣。　⑥ 彻，敕列反。藉，子夜反。　此以下，乃言制民常产与其取之之制也。夏时，一夫授田五十亩，而每夫计其五亩之入以为贡。商人始为井田之制，以六百三十亩之地画为九区，区七十亩，中为公田，其外八家各授一区，但借其力以助耕公田而不复税其私田。周时一夫授田百

亩，乡遂用贡法，十夫有沟，都鄙用助法，八家同井，耕则通力而作，收则计亩而分，故谓之彻。“其实皆什一”者，贡法固以十分之一为常数，惟助法乃是九一，而商制不可考。周制则公田百亩，中以二十亩为庐舍，一夫所耕公田实计十亩，通私田百亩，为十一分而取其一，盖又轻于什一矣。窃料商制亦当似此，而以十四亩为庐舍，一夫实耕公田七田，是亦不过什一也。彻，通也，均也。藉，借也。

⑦ 乐，音洛。盻，五礼反，从目从兮；或音普苋反者，非。养，去声。恶，平声。龙子，古贤人。狼戾，犹狼藉，言多也。粪，壅也。盈，满也。盻，恨视也。勤动，劳苦也。称，举也。贷，借也，取物于人而出息以偿之也。益之，以足取盈之数也。稚，幼子也。 ⑧ 夫，音扶。 孟子尝言：文王治岐，耕者九一，仕者世禄，二者王政之本也。今世禄滕已行之，惟助法未行，故取于民者无制耳。盖世禄者，授之土田，使之食其公田之人，实与助法相为表里，所以使君子、野人各有定业而上下相安者也。故下文遂言助法。 ⑨ 雨，于付反。《诗》，《小雅·大田》之篇。雨，降雨也。言愿天雨于公田，而遂及私田，先公而后私也。当时助法尽废，典籍不存，惟有此诗，可见周亦用助，故引之也。 ⑩ 庠以养老为义，校以教民为义，序以习射为义，皆乡学也。学，国学也。共之，无异名也。伦，序也。父子有亲，君臣有义，夫妇有别，长幼有序，朋友有信，此人之大伦也。庠、序、学、校，皆以明此而已。 ⑪ 滕国褊小，虽行仁政，未必能兴王业。然为王者师，则虽不有天下，而其泽亦足以及天下矣。圣贤至公无我之心，于此可见。

⑫《诗》，《大雅·文王》之篇。言周虽后稷以来旧为诸侯，其受天命而有天下，则自文王始也。子，指文公，诸侯未逾年之称也。 ⑬ 夫，音扶。 毕战，滕臣。文公因孟子之言而使毕战主为井地之事，故又使之来问其详也。井地，即井田也。经界，谓治地分田，经画其沟涂封植之界也。此法不修，则田无定分而豪强得以兼并，故井地有不均；赋无定法而贪暴得以多取，故谷禄有不平。此欲行仁政者之所以必从此始，而暴君汙吏则必欲慢而废之也。有以正之，则分田制禄，可不劳而定矣。 ⑭ 夫，音扶。养，去声。 言滕地虽小，然其间亦必有为君子而仕者，亦必有为野人而耕者，是以分田制禄之法不可偏废也。

⑮ 此分田制禄之常法，所以治野人使养君子也。野，郊外都鄙之地也。九一而助，为公田而行助法也。国中，郊门之内，乡遂之地也。田不井授，但为沟洫，使什而自赋其一，盖用贡法也。周所谓彻法者盖如此。以此推之，当时非惟助法不行，其贡亦不止什一矣。 ⑯ 此世禄常制之外，又有圭田，所以厚君子也。圭，洁也，所以奉祭祀也。不言世禄者，滕已行之，但此未备耳。 ⑰ 程子曰：“一夫上父母、下妻子，以五口、八口为率，受田百亩。如有弟，是馀夫也，年十六，别受

田二十五亩。俟其壮而有室,然后更受百亩之田。"愚按,此百亩常制之外,又有馀夫之田,以厚野人也。 ⑱死,谓葬也。徙,谓徙其居也。同井者,八家也。友,犹伴也。守望,防寇盗也。 ⑲养,去声。别,彼列反。 此详言井田形体之制,乃周之助法也。公田以为君子之禄,而私田野人之所受。先公后私,所以别君子野人之分也。不言君子,据野人而言,省文耳。上言野及国中二法,此独详于治野者,国中贡法,当时已行,但取之过于什一尔。 ⑳夫,音扶。井地之法,诸侯皆去其籍,此特其大略而已。润泽,谓因时制宜,使合于人情,宜于土俗,而不失乎先王之意也。 吕氏曰:"子张子慨然有意三代之治,论治人先务,未始不以经界为急;讲求法制,粲然备具。要之可以行于今,如有用我者,举而措之耳。尝曰:'仁政必自经界始。贫富不均,教养无法,虽欲言治,皆苟而已。世之病难行者,未始不以亟夺富人之田为辞。然兹法之行,悦之者众,苟处之有术,期以数年,不刑一人而可复,所病者特上之未行耳。'乃言曰:'纵不能行之天下,犹可验之一乡。'方与学者议古之法:买田一方,画为数井。上不失公家之赋役,退以其私,正经界,分宅里,立敛法,广储蓄,兴学校,成礼俗,救灾恤患,厚本抑末。足以推先王之遗法,明当今之可行。有志未就而卒。" 愚按,丧礼、经界两章,见孟子之学,识其大者。是以虽当礼法废坏之后,制度节文不可复考,而能因略以致详,推旧而为新,不屑屑于既往之迹,而能合乎先王之意,真可谓命世亚圣之才矣。

3上·4 有为神农之言者许行,自楚之滕,踵门而告文公曰:"远方之人闻君行仁政,愿受一廛而为氓。"文公与之处。其徒数十人,皆衣褐,捆屦、织席以为食。① 陈良之徒陈相与其弟辛,负耒耜而自宋之滕,曰:"闻君行圣人之政,是亦圣人也。愿为圣人氓。"② 陈相见许行而大悦,尽弃其学而学焉。陈相见孟子,道许行之言曰:"滕君则诚贤君也,虽然,未闻道也。贤者与民并耕而食,饔飧而治。今也滕有仓廪府库,则是厉民而以自养也,恶得贤?"③ 孟子曰:"许子必种粟而后食乎?"曰:"然。""许子必织布而后衣乎?"曰:"否。许子衣褐。""许子冠乎?"曰:"冠。"曰:"奚冠?"曰:"冠素。"曰:"自织之与?"曰:"否。以粟易之。"曰:"许子奚为不自织?”曰:“害于耕。”曰:“许子以釜甑爨,以铁耕乎?”曰:“然。”“自为之与?”曰:“否。以粟易之。”④“以粟易械器者,不为厉陶冶。陶冶亦以其械器易粟者,岂为厉农夫哉?且许子何不为陶冶,舍皆取诸其宫中而用之?何为纷纷然与百工交易?何许子之不惮烦?”曰:“百工之事,固不可耕且为也。”⑤“然则治天下独可耕且为与?有大人之事,有小人之事。且一人之身,而百工之所为备,如必自为而后用之,是率天下而路也。故曰:或劳心,或劳力。‘劳心者治人,劳力者治于人。治于人者食人,治人者食于人。’天下之通义也。”⑥“当尧之时,天下犹未平。洪水横流,氾滥于天下;草木畅茂,禽兽繁殖,五谷不登;禽兽逼人,兽蹄鸟迹之道交于中国。尧独忧之,举舜而敷治焉。舜使益掌火,益烈山泽而焚之,禽兽逃匿。禹疏九河,瀹济、漯,而注诸海;决汝、汉,排淮、泗,而注之江。然后中国可得而食也。当是时也,禹八年于外,三过其门而不入;虽欲耕,得乎?⑦后稷教民稼穑,树艺五谷,五谷熟而民人育。人之有道也,饱食、暖衣,逸居而无教,则近于禽兽。圣人有忧之,使契为司徒,教以人伦;父子有亲,君臣有义,夫妇有别,长幼有序,朋友有信。放勋曰:‘劳之来之,匡之直之,辅之翼之,使自得之,又从而振德之。’圣人之忧民如此,而暇耕乎?⑧尧以不得舜为己忧,舜以不得禹、皋陶为己忧。夫以百亩之不易为己忧者,农夫也。⑨分人以财谓之惠,教人以善谓之忠,为天下得人者谓之仁。是故以天下与人易,为天下得人难。⑩孔子曰:‘大哉尧之为君!惟天为大,惟尧则之。荡荡乎,民无能名焉。君哉舜也!巍巍乎,有天下而不与焉。’尧、舜之治天下,岂无所用其心哉?亦不用于耕耳。⑪吾闻用夏变夷者,未闻变于夷者也。陈良，楚产也，悦周公、仲尼之道，北学于中国。北方之学者，未能或之先也。彼所谓豪杰之士也，子之兄弟事之数十年，师死而遂倍之。⑫昔者孔子没，三年之外，门人治任将归，入揖于子贡，相向而哭，皆失声，然后归。子贡反，筑室于场，独居三年，然后归。他日子夏、子张、子游以有若似圣人，欲以所事孔子事之，强曾子。曾子曰：'不可。江汉以濯之，秋阳以暴之，皜皜乎不可尚已！'⑬今也南蛮鴃舌之人非先王之道，子倍子之师而学之，亦异于曾子矣。⑬吾闻出于幽谷迁于乔木者，未闻下乔木而入于幽谷者。⑮《鲁颂》曰：'戎狄是膺，荆舒是惩。'周公方且膺之，子是之学，亦为不善变矣。"⑯"从许子之道，则市贾不贰，国中无伪。虽使五尺之童适市，莫之或欺。布帛长短同，则贾相若。麻缕丝絮轻重同，则贾相若。五谷多寡同，则贾相若。屦大小同，则贾相若。"⑰曰："夫物之不齐，物之情也。或相倍蓰，或相什伯，或相千万。子比而同之，是乱天下也。巨屦小屦同贾，人岂为之哉？从许子之道，相率而为伪者也，恶能治国家？"⑱

① 衣，去声。捆，音阃。　神农，炎帝神农氏，始为耒耜、教民稼穑者也。为其言者，史迁所谓农家者流也。许，姓；行，名也。踵门，足至门也。仁政，上章所言井地之法也。廛，民所居也。氓，野人之称。褐，毛布，贱者之服也。捆，扣椓之欲其坚也。以为食，卖以供食也。程子曰："许行所谓神农之言，乃后世称述上古之事，失其义理者耳，犹阴阳、医方称黄帝之说也。"　② 陈良，楚之儒者。耜，所以起土。耒，其柄也。　③ 饔，音雍。飧，音孙。恶，平声。　饔飧，熟食也。朝曰饔，夕曰飧。言当自炊爨以为食，而兼治民事也。厉，病也。许行此言，盖欲阴坏孟子分别君子野人之法。　④ 衣，去声。与，平声。　釜，所以煮。甑，所以炊。爨，然火也。铁，耜属也。此语八反，皆孟子问而陈相对也。

⑤ 舍，去声。　此孟子言而陈相对也。械器，釜甑之属也。陶，为甑者。冶，为釜铁者。舍，止也。或读属上句。舍，谓作陶冶之处也。　⑥ 与，平声。食，音嗣。　此以下皆孟子言也。路，谓奔走道路，无时休息也。治于人者，见治

于人也。食人者，出赋税以给公上也。食于人者，见食于人也。此四句皆古语，而孟子引之也。君子无小人则饥，小人无君子则乱，以此相易，正犹农夫、陶冶以粟与械器相易，乃所以相济，而非所以相病也。治天下者，岂必耕且为哉？

⑦ 瀹，音药。济，子礼反。漯，他合反。　天下犹未平者，洪荒之世，生民之害多矣。圣人迭兴，渐次除治，至此尚未尽平也。洪，大也。横流，不由其道而散溢妄行也。氾滥，横流之貌。畅茂，长盛也。繁殖，众多也。五谷，稻、黍、稷、麦、菽也。登，成熟也。道，路也。兽蹄鸟迹交于中国，言禽兽多也。敷，布也。益，舜臣名。烈，炽也。禽兽逃匿，然后禹得施治水之功。疏，通也，分也。九河，曰徒骇，曰太史，曰马颊，曰覆釜，曰胡苏，曰简，曰洁，曰钩盘，曰鬲津。瀹，亦疏通之意。济、漯，二水名。决、排，皆去其壅塞也。汝、汉、淮、泗，亦皆水名也。据《禹贡》及今水路，惟汉水入江耳，汝、泗则入淮，而淮自入海。此谓四水皆入于江，记者之误也。　⑧ 契，音薛。别，彼列反。长、放，皆上声。劳、来，皆去声。言水土平，然后得以教稼穑；衣食足，然后得以施教化。后稷，官名，弃为之。然言“教民”，则亦非并耕也。树，亦种也。艺，殖也。契，亦舜臣名也。司徒，官名也。人之有道，言其皆有秉彝之性也，然无教，则亦放逸怠惰而失之，故圣人设官而教以人伦，亦因其固有者而道之耳。《书》曰：“天叙有典，敕我五典五惇哉！”此之谓也。放勋，本史臣赞尧之辞，孟子因以为尧号也。德，犹惠也。尧言：“劳者劳之，来者来之，邪者正之，枉者直之，辅以立之，翼以行之。使自得其性矣，又从而提撕警觉以加惠焉，不使其放逸怠惰而或失之。”盖命契之辞也。　⑨ 夫，音扶。易，去声。　易，治也。尧、舜之忧民，非事事而忧之也，急先务而已，所以忧民者其大如此，则不惟不暇耕，而亦不必耕矣。　⑩ 为、易，并去声。　分人以财，小惠而已。教人以善，虽有爱民之实，然其所及，亦有限而难久。惟若尧之得舜，舜之得禹、皋陶，乃所谓为天下得人者，而其恩惠广大，教化无穷矣，此其所以为仁也。　⑪ 与，去声。　则，法也。荡荡，广大之貌。君哉，言尽君道也。巍巍，高大之貌。不与，犹言不相关，言其不以位为乐也。　⑫ 此以下，责陈相倍师而学许行也。夏，诸夏礼义之教也。变夷，变化蛮夷之人也。变于夷，反见变化于蛮夷之人也。产，生也。陈良生于楚，在中国之南，故北游而学于中国也。先，过也。豪杰，才德出众之称，言其能自拔于流俗也。倍，与背同。言陈良用夏变夷，陈相变于夷也。　⑬ 任，平声。强，上声。暴，蒲木反。皜，音杲。　三年，古者为师心丧三年，若丧父而无服也。任，担也。场，冢上之坛场也。有若似圣人，盖其言行气象有似之者，如《檀弓》所记子游谓“有若之言似夫子”之类是也。所事孔子，所以事夫子之礼也。江汉水多，言濯之洁也。秋日燥

烈，言暴之乾也。皜皜，洁白貌。尚，加也。言夫子道德明著，光辉洁白，非有若所能仿佛也。或曰：此三语者，孟子赞美曾子之辞也。　⑭ 鴃，亦作鵙，古役反。　鴃，博劳也，恶声之鸟。南蛮之声似之，指许行也。　⑮《小雅·伐木》之诗云："伐木丁丁，鸟鸣嘤嘤。出自幽谷，迁于乔木。"　⑯《鲁颂》，《閟宫》之篇也。膺，击也。荆，楚本号也。舒，国名，近楚者也。惩，艾也。按，今此诗为僖公之颂，而孟子以周公言之，亦断章取义也。　⑰ 贾，音价，下同。　陈相又言许子之道如此。盖神农始为市井，故许行又托于神农而有是说也。五尺之童，言幼小无知也。许行欲使市中所粥之物皆不论精粗美恶，但以长短、轻重、多寡、大小为价也。　⑱ 夫，音扶。蓰，音师，又山绮反。比，必二反。恶，平声。倍，一倍也。蓰，五倍也。什、伯、千、万，皆倍数也。比，次也。孟子言物之不齐，乃其自然之理。其有精粗，犹其有大小也。若大屦小屦同价，则人岂肯为其大者哉？今不论精粗，使之同价，是使天下之人皆不肯为其精者，而竞为滥恶之物以相欺耳。

3上·5　墨者夷之因徐辟而求见孟子。孟子曰："吾固愿见。今吾尚病，病愈，我且往见。夷子不来！"①他日，又求见孟子。孟子曰："吾今则可以见矣。不直，则道不见；我且直之。吾闻夷子墨者，墨之治丧也，以薄为其道也。夷子思以易天下，岂以为非是而不贵也？然而夷子葬其亲厚，则是以所贱事亲也。"②徐子以告夷子。夷子曰："儒者之道，古之人'若保赤子'，此言何谓也？之则以为爱无差等，施由亲始。"徐子以告孟子。孟子曰："夫夷子，信以为人之亲其兄之子，为若亲其邻之赤子乎？彼有取尔也。赤子匍匐将入井，非赤子之罪也。且天之生物也，使之一本，而夷子二本故也。③盖上世尝有不葬其亲者。其亲死，则举而委之于壑。他日过之，狐狸食之，蝇蚋姑嘬之。其颡有泚，睨而不视。夫泚也，非为人泚，中心达于面目。盖归反虆梩而掩之，掩之诚是也，则孝子仁人之掩其亲，亦必有道矣。"④徐子以告夷子。夷子怃然为间，曰："命之矣！"⑤

① 辟，音璧，又音闢。　墨者，治墨翟之道者。夷，姓；之，名。徐辟，孟子弟子。孟子称疾，疑亦托辞以观其意之诚否。　② “不见”之见，音现。　又求见，则其意已诚矣。故因徐辟以质之如此。直，尽言以相正也。《庄子》曰：“墨子生不歌，死无服，桐棺三寸而无椁。”是墨之治丧，以薄为道也。易天下，谓移易天下之风俗也。夷子学于墨氏而不从其教，其心必有所不安者，故孟子因以诘之。

③ 夫，音扶，下同。匍，音蒲。匐，蒲北反。　“若保赤子”，《周书·康诰篇》文，此儒者之言也。夷子引之，盖欲援儒而入于墨，以拒孟子之非己。又曰：“爱无差等，施由亲始”，则推墨而附于儒，以释己所以厚葬其亲之意。皆所谓遁辞也。孟子言人之爱其兄子与邻之子，本有差等。《书》之取譬，本为小民无知而犯法，如赤子无知而入井耳。且人物之生，必各本于父母而无二，乃自然之理，若天使之然也。故其爱由此立，而推以及人，自有差等。今如夷子之言，则是视其父母本无异于路人，但其施之之序，姑自此始耳，非二本而何哉？然其于先后之间犹知所择，则又其本心之明有终不得而息者，此其所以卒能受命而自觉其非也。

④ 蚋，音汭。嘬，楚怪反。泚，七礼反。睨，音诣。为，去声。蔂，力追反。梩，力知反。　因夷子厚葬其亲而言此，以深明一本之意。上世，谓太古也。委，弃也。壑，山水所趋也。蚋，蚊属。姑，语助声，或曰蝼蛄也。嘬，攒共食之也。颡，额也。泚，泚然汗出之貌。睨，邪视也。视，正视也。不能不视，而又不忍正视，哀痛迫切，不能为心之甚也。非为人泚，言非为他人见之而然也。所谓一本者于此见之，尤为亲切。盖惟至亲故如此，在他人，则虽有不忍之心，而其哀痛迫切不至若此之甚矣。反，覆也。蔂，土笼也。梩，土舆也。于是归而掩覆其亲之尸，此葬埋之礼所由起也。此掩其亲者，若所当然，则孝子仁人所以掩其亲者，必有其道，而不以薄为贵也。　⑤ 怃，音武。间，如字。怃然，茫然自失之貌。为间者，有顷之间也。命，犹教也。言孟子已教我矣。盖因其本心之明，以攻其所学之蔽，是以吾之言易入而彼之惑易解也。

滕文公章句下

凡十章。

3下·1 陈代曰："不见诸侯，宜若小然。今一见之，大则以王，小则以霸。且《志》曰'枉尺而直寻'，宜若可为也。"① 孟子曰："昔齐景公田，招虞人以旌。不至，将杀之。'志士不忘在沟壑，勇士不忘丧其元。'孔子奚取焉？取非其招不往也。如不待其招而往，何哉？② 且夫枉尺而直寻者，以利言也。如以利，则枉寻直尺而利，亦可为与？③ 昔者赵简子使王良与嬖奚乘，终日而不获一禽。嬖奚反命曰：'天下之贱工也。'或以告王良。良曰：'请复之。'强而后可。一朝而获十禽。嬖奚反命曰：'天下之良工也。'简子曰：'我使掌与女乘。'谓王良，良不可，曰：'吾为之范我驰驱，终日不获一；为之诡遇，一朝而获十。《诗》云："不失其驰，舍矢如破。"我不贯与小人乘，请辞。'④ 御者且羞与射者比，比而得禽兽，虽若丘陵，弗为也。如枉道而从彼，何也？且子过矣，枉己者，未有能直人者也。"⑤

① 王，去声。 陈代，孟子弟子也。小，谓小节也。枉，屈也。直，伸也。八尺曰寻。枉尺直寻，犹屈己一见诸侯而可以致王霸，所屈者小，所伸者大也。

② 丧，去声。 田，猎也。虞人，守苑囿之吏也。招大夫以旌，招虞人以皮冠。元，首也。志士固穷，常念死无棺椁，弃沟壑而不恨。勇士轻生，常念战斗而死，丧其首而不顾也。此二句，乃孔子叹美虞人之言。夫虞人，招之不以其物，尚守

死而不往，况君子，岂可不待其招而自往见之邪？此以上，告之以不可往见之意。

③ 夫，音扶。与，平声。　此以下，正其所称"枉尺直寻"之非。夫所谓枉小而所伸者大则为之者，计其利耳。一有计利之心，则虽枉多伸少而有利，亦将为之邪？甚言其不可也。　④ 乘，去声。强，上声。女，音汝。为，去声。舍，上声。　赵简子，晋大夫赵鞅也。王良，善御者也。嬖奚，简子幸臣。与之乘，为之御也。復之，再乘也。"强而后可"，嬖奚不肯，强之而后肯也。一朝，自晨至食时也。掌，专主也。范，法度也。诡遇，不正而与禽遇也。言奚不善射，以法驰驱则不获，废法诡遇而后中也。《诗》，《小雅·车攻》之篇。言御者不失其驰驱之法，而射者发矢皆中其节。今嬖奚不能也。贯，习也。　⑤ 比，必二反。　比，阿党也。若丘陵，言多也。　或曰："居今之世，出处去就，不必一一中节。欲其一一中节，则道不得行矣。"杨氏曰："何其不自重也？枉己其能直人乎？古之人宁道之不行，而不轻其去就，是以孔、孟虽在春秋、战国之时，而进必以正，以至终不得行而死也。使不恤其去就而可以行道，孔、孟当先为之矣。孔、孟岂不欲道之行哉？"

3下·2　景春曰："公孙衍、张仪岂不诚大丈夫哉？一怒而诸侯惧，安居而天下熄。"① 孟子曰："是焉得为大丈夫乎？子未学礼乎？丈夫之冠也，父命之。女子之嫁也，母命之，往送之门，戒之曰：'往之女家，必敬必戒，无违夫子。'以顺为正者，妾妇之道也。② 居天下之广居，立天下之正位，行天下之大道。得志，与民由之；不得志，独行其道。富贵不能淫，贫贱不能移，威武不能屈。此之谓大丈夫。"③

① 景春，人姓名。公孙衍、张仪，皆魏人。怒则说诸侯使相攻伐，故诸侯惧也。　② 焉，於虔反。冠，去声。"女家"之女，音汝。　加冠于首曰冠。女家，夫家也。妇人内夫家，以嫁为归也。夫子，夫也。女子从人，以顺为正道也。盖言二子阿谀苟容，窃取权势，乃妾妇顺从之道耳，非丈夫之事也。　③ 广居，仁也。正位，礼也。大道，义也。与民由之，推其所得于人也。独行其道，守其所得于己也。淫，荡其心也。移，变其节也。屈，挫其志也。　何叔京曰："战国之时，圣贤道否，天下不复见其德业之盛；但见奸巧之徒得志横行，气焰可畏，遂以为大丈夫。不知由君子观之，是乃妾妇之道耳，何足道哉？"

3下·3 周霄问曰："古之君子仕乎？"孟子曰："仕。《传》曰：'孔子三月无君，则皇皇如也。出疆必载质。'公明仪曰：'古之人三月无君则吊。'"[①]"三月无君则吊，不以急乎？"[②]曰："士之失位也，犹诸侯之失国家也。《礼》曰：'诸侯耕助，以供粢盛。夫人蚕缫，以为衣服。牺牲不成，粢盛不洁，衣服不备，不敢以祭。惟士无田，则亦不祭。'牲杀、器皿、衣服不备，不敢以祭，则不敢以宴，亦不足吊乎？"[③]"出疆必载质，何也？"[④]曰："士之仕也，犹农夫之耕也。农夫岂为出疆舍其耒耜哉？"[⑤]曰："晋国亦仕国也，未尝闻仕如此其急。仕如此其急也，君子之难仕。何也？"曰："丈夫生而愿为之有室，女子生而愿为之有家。父母之心，人皆有之。不待父母之命、媒妁之言，钻穴隙相窥，逾墙相从，则父母国人皆贱之。古之人未尝不欲仕也，又恶不由其道。不由其道而往者，与钻穴隙之类也。"[⑥]

① 传，直恋反。质，与贽同，下同。　周霄，魏人。无君，谓不得仕而事君也。皇皇如，有求而弗得之意。出疆，谓失位而去国也。质，所执以见人者，如士则执雉也。出疆载之者，将以见所适国之君而事之也。　② 周霄问也。以，已，通；太也。后章放此。　③ 盛，音成。缫，素刀反。皿，武永反。　《礼》曰："诸侯为藉百亩，冕而青纮，躬秉耒以耕，而庶人助以终亩。收而藏之御廪，以供宗庙之粢盛。使世妇蚕于公桑蚕室，奉茧以示于君，遂献于夫人。夫人副袆受之，缫三盆手，遂布于三宫世妇，使缫以为黼黻文章，而服以祀先王先公。"又曰："士有田则祭，无田则荐。"黍稷曰粢，在器曰盛。牲杀，牲必特杀也。皿，所以覆器者。　④ 周霄问也。　⑤ 为，去声。舍，上声。　⑥ 为，去声。妁，音酌。隙，去逆反。恶，去声。　晋国，解见首篇。仕国，谓君子游宦之国。霄意以孟子不见诸侯为难仕，故先问古之君子仕否，然后言此以风切之也。男以女为室。女以男为家。妁，亦媒也。言为父母者，非不愿其男女之有室家，而亦恶其不由道。盖君子虽不洁身以乱伦，而亦不殉利而忘义也。

3下·4 彭更问曰："后车数十乘，从者数百人，以传食于诸侯，不以泰乎？”孟子曰：“非其道，则一箪食不可受于人。如其道，则舜受尧之天下，不以为泰。子以为泰乎？”①曰：“否。士无事而食，不可也。”②曰：“子不通功易事，以羡补不足，则农有馀粟，女有馀布。子如通之，则梓、匠、轮、舆皆得食于子。于此有人焉，入则孝，出则悌，守先王之道，以待后之学者，而不得食于子。子何尊梓、匠、轮、舆，而轻为仁义者哉？”③曰：“梓、匠、轮、舆，其志将以求食也。君子之为道也，其志亦将以求食与？”曰：“子何以其志为哉？其有功于子，可食而食之矣。且子食志乎？食功乎？”曰：“食志。”④曰：“有人于此，毁瓦画墁，其志将以求食也，则子食之乎？”曰：“否。”曰：“然则子非食志也，食功也。”⑤

① 更，平声。乘、从，皆去声。传，直恋反。箪，音丹。食，音嗣。　彭更，孟子弟子也。泰，侈也　② 言不以舜为泰，但谓今之士无功而食人之食，则不可也。　③ 羡，延面反。　通功易事，谓通人之功而交易其事。羡，馀也。有馀，言无所贸易而积于无用也。梓人、匠人，木工也。轮人、舆人，车工也。④ 与，平声。“可食而食”、“食志”，“食功”之食，皆音嗣，下同。　孟子言：自我而言，固不求食；自彼而言，凡有功者则当食之。　⑤ 墁，武安反。“子食”之食，亦音嗣。　墁，墙壁之饰也。毁瓦画墁，言无功而有害也。既曰“食功”，则以士为“无事而食”者，真尊梓、匠、轮、舆而轻为仁义者矣。

3下·5　万章问曰：“宋，小国也。今将行王政，齐、楚恶而伐之，则如之何？”①孟子曰：“汤居亳，与葛为邻。葛伯放而不祀，汤使人问之曰：‘何为不祀？’曰：‘无以供牺牲也。’汤使遗之牛羊。葛伯食之，又不以祀。汤又使人问之曰：‘何为不祀？’曰：‘无以供粢盛也。’汤使亳众往为之耕，老弱馈食。葛伯率其民，要其有酒食黍稻者夺之，不授者杀之。有童子以黍肉饷，杀而夺之。《书》曰：‘葛伯仇饷。’此之谓也。②为其杀是童子而征之，四海之内皆曰：‘非富天下也，为匹夫匹妇复雠也。'[③]汤始征，自葛载。十一征而无敌于天下。东面而征，西夷怨；南面而征，北狄怨。曰：'奚为后我？'民之望之，若大旱之望雨也。归市者弗止，芸者不变。诛其君，吊其民，如时雨降，民大悦。《书》曰：'徯我后，后来其无罚。'[④]'有攸不惟臣，东征，绥厥士女。匪厥玄黄，绍我周王见休，惟臣附于大邑周。'其君子实玄黄于匪，以迎其君子；其小人箪食壶浆，以迎其小人。救民于水火之中，取其残而已矣。[⑤]《太誓》曰：'我武惟扬，侵于之疆，则取于残，杀伐用张，于汤有光。'[⑥]不行王政云尔；苟行王政，四海之内皆举首而望之，欲以为君。齐、楚虽大，何畏焉？"[⑦]

① 恶，去声。 万章，孟子弟子。宋王偃尝灭滕伐薛，败齐、楚、魏之兵，欲霸天下，疑即此时也。 ② 遗，唯季反。盛，音成。"往为"之为，去声。"馈食"、"酒食"之食，音嗣。要，平声。饷，式亮反。 葛，国名。伯，爵也。放而不祀，放纵无道，不祀先祖也。亳众，汤之民。其民，葛民也。授，与也。饷，亦馈也。《书》，《商书·仲虺之诰》也。仇饷，言与饷者为仇也。 ③ 为，去声。非富天下，言汤之心非以天下为富而欲得之也。 ④ 载，亦始也。十一征，所征十一国也。馀已见前篇。 ⑤ 食，音嗣。 按《周书·武成篇》载武王之言，孟子约其文如此。然其辞时与今《书》文不类，今姑依此文解之。有所不惟臣，谓助纣为恶而不为周臣者。匪，与篚同。玄黄，币也。绍，继也，犹言事也。言其士女以篚盛玄黄之币，迎武王而事之也。商人而曰"我周王"，犹《商书》所谓"我后"也。休，美也。言武王能顺天休命，而事之者皆见休也。臣附，归服也。孟子又释其意，言商人闻周师之来，各以其类相迎者，以武王能救民于水火之中，取其残民者诛之，而不为暴虐耳。君子，谓在位之人。小人，谓细民也。 ⑥《太誓》，《周书》也。今《书》文亦小异。言武王威武奋扬，侵彼纣之疆界，取其残贼，而杀伐之功因以张大，比于汤之伐桀，又有光焉。引此以证上文"取其残"之义。 ⑦ 宋实不能行王政，后果为齐所灭，王偃走死。 尹氏曰："为国者能自治而得民心，则天下皆将归往之，恨其征伐之不早也。尚何强国之足畏哉？苟不自治，而以强弱之势言之，是可畏而已矣。"

3下·6 孟子谓戴不胜曰："子欲子之王之善与？我明

告子。有楚大夫于此，欲其子之齐语也，则使齐人傅诸？使楚人傅诸？”曰：“使齐人傅之。”曰：“一齐人傅之，众楚人咻之，虽日挞而求其齐也，不可得矣。引而置之庄岳之间数年，虽日挞而求其楚，亦不可得矣。①子谓薛居州，善士也，使之居于王所。在于王所者，长幼卑尊皆薛居州也，王谁与为不善？在王所者，长幼卑尊皆非薛居州也，王谁与为善？一薛居州独如宋王何？”②

① 与，平声。咻，音休。　戴不胜，宋臣也。齐语，齐人语也。傅，教也。咻，讙也。齐，齐语也。庄岳，齐街里名也。楚，楚语也。此先设譬以晓之也。

② 长，上声。　居州，亦宋臣。言小人众而君子独，无以成正君之功。

3下·7　公孙丑问曰：“不见诸侯，何义？”孟子曰：“古者不为臣不见。①段干木逾垣而辟之，泄柳闭门而不内，是皆已甚。迫，斯可以见矣。②阳货欲见孔子，而恶无礼。大夫有赐于士，不得受于其家，则往拜其门。阳货瞰孔子之亡也，而馈孔子蒸豚。孔子亦瞰其亡也，而往拜之。当是时，阳货先，岂得不见？③曾子曰：‘胁肩谄笑，病于夏畦。’子路曰：‘未同而言，观其色赧赧然，非由之所知也。’由是观之，则君子之所养可知已矣。”④

① 不为臣，谓未仕于其国者也。此不见诸侯之义也。　② 辟，去声。内，与纳同。　段干木，魏文侯时人。泄柳，鲁缪公时人。文侯、缪公欲见此二人，而二人不肯见之，盖未为臣也。已甚，过甚也。迫，谓求见之切也。　③ “欲见”之见，音现。恶，去声。瞰，音勘。　此又引孔子之事，以明可见之节也。欲见孔子，欲召孔子来见己也。恶无礼，畏人以己为无礼也。受于其家，对使人拜受于家也。其门，大夫之门也。瞰，窥也。阳货于鲁为大夫，孔子为士，故以此物及其不在而馈之，欲其来拜而见之也。先，谓先来加礼也。　④ 胁，虚业反。赧，奴简反。　胁肩，竦体。谄笑，强笑。皆小人侧媚之态也。病，劳也。夏畦，夏月治畦之人也。言为此者，其劳过于夏畦之人也。未同而言，与人未合而强与之言也。赧赧，惭而面赤之貌。由，子路名。言非己所知，甚恶之之辞也。孟

子言由此二言观之，则二子之所养可知，必不肯不俟其礼之至而辄往见之也。

此章言圣人礼义之中正，过之者伤于迫切而不洪，不及者沦于汙贱而可耻。

3下·8　戴盈之曰："什一，去关市之征，今兹未能。请轻之，以待来年然后已，何如？"①孟子曰："今有人日攘其邻之鸡者，或告之曰：'是非君子之道。'曰：'请损之，月攘一鸡，以待来年然后已。'②如知其非义，斯速已矣，何待来年？"③

① 去，上声。　盈之，亦宋大夫也。什一，井田之法也。关市之征，商贾之税也。已，止也。　② 攘，如羊反。　攘，物自来而取之也。损，减也。③ 知义理之不可，而不能速改，与月攘一鸡何以异哉？

3下·9　公都子曰："外人皆称夫子好辩，敢问何也？"孟子曰："予岂好辩哉！予不得已也。①天下之生久矣，一治一乱。②当尧之时，水逆行，氾滥于中国，蛇龙居之。民无所定，下者为巢，上者为营窟。《书》曰：'洚水警余。'洚水者，洪水也。③使禹治之。禹掘地而注之海，驱蛇龙而放之菹。水由地中行，江、淮、河、汉是也。险阻既远，鸟兽之害人者消，然后人得平土而居之。④尧、舜既没，圣人之道衰，暴君代作。坏宫室以为汙池，民无所安息。弃田以为园囿，使民不得衣食。邪说暴行又作，园囿、汙池、沛泽多而禽兽至。及纣之身，天下又大乱。⑤周公相武王，诛纣伐奄，三年讨其君，驱飞廉于海隅而戮之；灭国者五十；驱虎、豹、犀、象而远之。天下大悦。《书》曰："丕显哉！文王谟。丕承哉！武王烈。佑启我后人，咸以正无缺。'⑥世衰道微，邪说暴行有作，臣弑其君者有之，子弑其父者有之。⑦孔子惧，作《春秋》。《春秋》，天子之事也。是故孔子曰：'知我者其惟《春秋》乎！罪我者其惟《春秋》乎！'⑧圣王不作，诸侯放恣，处士横议。杨朱、墨翟之言盈天下。天下之言，不归杨，则归墨。杨氏为我，是无君也。墨氏兼爱，是无父也。无父无君，是禽兽也。公明仪曰：'庖有肥肉，厩有肥马，民有饥色，野有饿莩。此率兽而食人也。'杨、墨之道不息，孔子之道不著，是邪说诬民，充塞仁义也。仁义充塞，则率兽食人，人将相食。⑨吾为此惧，闲先圣之道，距杨、墨，放淫辞，邪说者不得作。作于其心，害于其事；作于其事，害于其政。圣人复起，不易吾言矣。⑩昔者禹抑洪水而天下平，周公兼夷狄、驱猛兽而百姓宁，孔子成《春秋》而乱臣贼子惧。⑪《诗》云：'戎狄是膺，荆舒是惩。则莫我敢承。'无父无君，是周公所膺也。⑫我亦欲正人心，息邪说，距诐行，放淫辞，以承三圣者。岂好辩哉？予不得已也。⑬能言距杨、墨者，圣人之徒也。"⑭

① 好，去声，下同。　② 治，去声。　生，谓生民也。一治一乱，气化盛衰，人事得失，反复相寻，理之常也。　③ 洚，音降，又胡贡、胡工二反。　"水逆行"，下流壅塞，故水倒流而旁溢也。下，下地。上，高地也。营窟，穴处也。《书》，《虞书·大禹谟》也。洚水，洚洞无涯之水也。警，戒也。此一乱也。④ 菹，侧鱼反。　掘地，掘去壅塞也。菹，泽生草者也。地中，两涯之间也。险阻，谓水之氾滥也。远，去也。消，除也。此一治也。　⑤ 坏，音怪。行，去声，下同。沛，蒲内反。　暴君，谓夏太康、孔甲、履癸、商武乙之类也。宫室，民居也。沛，草木之所生也。泽，水所钟也。自"尧、舜没"至此，治乱非一，及纣而又一大乱也。　⑥ 相，去声。奄，平声。　奄，东方之国，助纣为虐者也。飞廉，纣幸臣也。五十国，皆纣党虐民者也。《书》，《周书·君牙》之篇。丕，大也。显，明也。谟，谋也。承，继也。烈，光也。佑，助也。启，开也。缺，坏也。此一治也。　⑦ "有作"之有，读为又，古字通用。　此周室东迁之后又一乱也。

⑧ 胡氏曰："仲尼作《春秋》以寓王法，惇典、庸礼、命德、讨罪，其大要皆天子之事也。知孔子者，谓此书之作，遏人欲于横流，存天理于既灭，为后世虑至深远也。罪孔子者，以谓无其位而托二百四十二年南面之权，使乱臣贼子禁其欲而不得肆，则戚矣。"愚谓，孔子作《春秋》以讨乱贼，则致治之法垂于万世，是亦一治

也。　⑨ 横、为，皆去声。莩，皮表反。　杨朱但知爱身，而不复知有致身之义，故无君。墨子爱无差等，而视其至亲无异众人，故无父。无父无君，则人道灭绝，是亦禽兽而已。公明仪之言义见首篇。充塞仁义，谓邪说遍满，妨于仁义也。孟子引仪之言，以明杨、墨道行则人皆无父无君，以陷于禽兽，而大乱将起，是亦率兽食人而人又相食也。此又一乱也。　⑩ 为，去声。复，扶又反。　闲，卫也。放，驱而远之也。作，起也。事，所行。政，大体也。孟子虽不得志于时，然杨、墨之害自是灭息，而君臣父子之道赖以不坠，是亦一治也。程子曰："杨、墨之害甚于申、韩，佛氏之害甚于杨、墨。盖杨氏为我疑于义，墨氏兼爱疑于仁，申、韩则浅陋易见，故孟子止辟杨、墨，为其惑世之甚也。佛氏之言近理，又非杨、墨之比，所以为害尤甚。"　⑪ 抑，止也。兼，并之也。总结上文也。　⑫ 说见上篇。承，当也。　⑬ 行、好，皆去声。　诐、淫，解见前篇。辞者，说之详也。承，继也。三圣，禹、周公、孔子也。盖邪说横流，坏人心术，甚于洪水猛兽之灾，惨于夷狄篡弑之祸，故孟子深惧而力救之。再言"岂好辩哉，予不得已也"，所以深致意焉。然非知道之君子，孰能真知其所以不得已之故哉！　⑭ 言苟有能为此距杨、墨之说者，则其所趋正矣，虽未必知道，是亦圣人之徒也。孟子既答公都子之问，而意有未尽，故复言此。盖邪说害正，人人得而攻之，不必圣贤；如《春秋》之法，乱臣贼子人人得而讨之，不必士师也。圣人救世立法之意，其切如此。若以此意推之，则不能攻讨，而又倡为"不必攻讨"之说者，其为邪诐之徒、乱贼之党可知矣。　尹氏曰："学者于是非之原，毫厘有差，则害流于生民，祸及于后世。故孟子辨邪说如是之严，而自以为承三圣之功也。当是时，方且以'好辩'目之，是以常人之心而度圣贤之心也。"

3下·10　匡章曰："陈仲子岂不诚廉士哉？居於陵，三日不食，耳无闻，目无见也。井上有李，螬食实者过半矣。匍匐往将食之，三咽，然后耳有闻，目有见。"① 孟子曰："于齐国之士，吾必以仲子为巨擘焉，虽然，仲子恶能廉？充仲子之操，则蚓而后可者也。② 夫蚓，上食槁壤，下饮黄泉。仲子所居之室，伯夷之所筑与？抑亦盗跖之所筑与？所食之粟，伯夷之所树与？抑亦盗跖之所树与？是未可知也。"③ 曰："是何伤哉？彼身织屦，妻辟纑，以易之也。"④ 曰："仲子，齐之世家也。兄戴，盖禄万钟。以兄之禄为不义之禄而不食也，以兄之室为不义之室而不居也，辟兄离母，处于於陵。他日归，则有馈其兄生鹅者，己频顣曰：'恶用是鶂鶂者为哉？'他日，其母杀是鹅也，与之食之。其兄自外至，曰：'是鶂鶂之肉也。'出而哇之。⑤以母则不食，以妻则食之；以兄之室则弗居，以於陵则居之：是尚为能充其类也乎？若仲子者，蚓而后充其操者也。"⑥

① 於，音乌，下"於陵"同。螬，音曹。咽，音宴。匡章、陈仲子，皆齐人。廉，有分辨，不苟取也。於陵，地名。螬，蛴螬虫也。匍匐，言无力不能行也。咽，吞也。　② 擘，博厄反。恶，平声。蚓，音引。　巨擘，大指也。言齐人中有仲子，如众小指中有大指也。充，推而满之也。操，所守也。蚓，丘蚓也。言仲子未得为廉也。必若满其所守之志，则惟丘蚓之无求于世，然后可以为廉耳。

③ 夫，音扶。与，平声。　槁壤，乾土也。黄泉，浊水也。抑，发语辞也。言蚓无求于人而自足，而仲子未免居室食粟，若所从来或有非义，则是未能如蚓之廉也。

④ 辟，音壁。纑，音卢。辟，绩也。纑，练麻也。　⑤ 盖，音閤。辟，音避。频，与颦同。顣，与蹙同，子六反。恶，平声。鶂，鱼一反。哇，音蛙。　世家，世卿之家。兄名戴，食采于盖，其入万钟也。归，自於陵归也。己，仲子也。鶂鶂，鹅声也。频顣而言，以其兄受馈为不义也。哇，吐之也。　⑥ 言仲子以母之食、兄之室为不义，而不食不居，其操守如此。至于妻所易之粟、於陵所居之室，既未必伯夷之所为，则亦不义之类耳。今仲子于此则不食不居，于彼则食之居之，岂为能充满其操守之类者乎？必其无求自足如丘蚓然，乃为能满其志而得为廉耳。然岂人之所可为哉？　范氏曰："天之所生，地之所养，惟人为大。人之所以为大者，以其有人伦也。仲子避兄离母，无亲戚君臣上下，是无人伦也。岂有无人伦而可以为廉哉？"

离娄章句上

凡二十八章。

4上·1　孟子曰："离娄之明，公输子之巧，不以规矩，不能成方员。师旷之聪，不以六律，不能正五音。尧、舜之道，不以仁政，不能平治天下。[①]今有仁心仁闻，而民不被其泽、不可法于后世者，不行先王之道也。[②]故曰：徒善不足以为政，徒法不能以自行。[③]《诗》云：'不愆不忘，率由旧章。'遵先王之法而过者，未之有也。[④]圣人既竭目力焉，继之以规矩准绳，以为方员平直，不可胜用也；既竭耳力焉，继之以六律，正五音，不可胜用也；既竭心思焉，继之以不忍人之政，而仁覆天下矣。[⑤]故曰：为高必因丘陵，为下必因川泽。为政不因先王之道，可谓智乎？[⑥]是以惟仁者宜在高位，不仁而在高位，是播其恶于众也。[⑦]上无道揆也，下无法守也，朝不信道，工不信度，君子犯义，小人犯刑，国之所存者幸也。[⑧]故曰：城郭不完，兵甲不多，非国之灾也；田野不辟，货财不聚，非国之害也；上无礼，下无学，贼民兴，丧无日矣。[⑨]《诗》曰：'天之方蹶，无然泄泄。'[⑩]泄泄，犹沓沓也。[⑪]事君无义，进退无礼，言则非先生之道者，犹沓沓也。[⑫]故曰：责难于君谓之恭，陈善闭邪谓之敬，吾君不能谓之贼。"[⑬]

① 离娄，古之明目者。公输子，名班，鲁之巧人也。规，所以为员之器也。矩，所以为方之器也。师旷，晋之乐师，知音者也。六律，截竹为筩，阴阳各六，以

节五音之上下。黄钟、太族、姑洗、蕤宾、夷则、无射,为阳。大吕、夹钟、仲吕、林钟、南吕、应钟,为阴也。五音,宫、商、角,徵、羽也。范氏曰:"此言治天下不可无法度。仁政者,治天下之法度也。" ② 闻,去声。 仁心,爱人之心也。仁闻者,有爱人之声闻于人也。先王之道,仁政是也。范氏曰:"齐宣王不忍一牛之死,以羊易之,可谓有仁心。梁武帝终日一食蔬素,宗庙以麪为牺牲,断死刑必为之涕泣,天下知其慈仁,可谓有仁闻。然而宣王之时齐国不治,武帝之末江南大乱,其故何哉?有仁心仁闻而不行先王之道故也。" ③ 徒,犹空也。有其心,无其政,是谓徒善。有其政,无其心,是谓徒法。程子尝言"为政须要有纲纪文章,谨权、审量、读法、平价,皆不可阙",而又曰"必有《关雎》、《麟趾》之意,然后可以行《周官》之法度",正谓此也。 ④《诗》,《大雅·假乐》之篇。愆,过也。率,循也。章,典法也。所行不过差、不遗忘者,以其循用旧典故也。 ⑤ 胜,平声。 准,所以为平。绳,所以为直。覆,被也。此言古之圣人,既竭耳目心思之力,然犹以为未足以遍天下、及后世,故制为法度以继续之,则其用不穷,而仁之所被者广矣。 ⑥ 丘陵本高,川泽本下,为高下者因之,则用力少而成功多矣。邹氏曰:"自章首至此,论以仁心仁闻行先王之道。" ⑦ 仁者,有仁心仁闻而能扩而充之,以行先王之道者也。播恶于众,谓贻患于下也 ⑧ 朝,音潮。 此言不仁而在高位之祸也。道,义理也。揆,度也。法,制度也。道揆,谓以义理度量事物而制其宜。法守,谓以法度自守。工,官也。度,即法也。君子、小人,以位而言也。由上无道揆,故下无法守。无道揆,则朝不信道,而君子犯义;无法守,则工不信度,而小人犯刑。有此六者,其国必亡。其不亡者,侥幸而已。 ⑨ 辟与闢同。丧,去声。 上不知礼,则无以教民;下不知学,则易与为乱。邹氏曰:"自'是以惟仁者'至此,所以责其君。" ⑩ 蹶,居卫反。泄,弋制反。 《诗》,《大雅·板》之篇。蹶,颠覆之意。泄泄,怠缓悦从之貌。言天欲颠覆周室,群臣无得泄泄然不急救正之。 ⑪ 沓,徒合反。 沓沓,即泄泄之意。盖孟子时人语如此。 ⑫ 非,诋毁也。 ⑬ 范氏曰:"人臣以难事责于君,使其君为尧、舜之君者,尊君之大也。开陈善道,以禁闭君之邪心,惟恐其君或陷于有过之地者,敬君之至也。谓其君不能行善道而不以告者,贼害其君之甚也。"邹氏曰:"自'《诗》云"天之方蹶"'至此,所以责其臣。" 邹氏曰:"此章言为治者,当有仁心仁闻,以行先王之政,而君臣又当各任其责也。"

4上·2 孟子曰:"规矩,方员之至也;圣人,人伦之至也。①欲为君尽君道,欲为臣尽臣道,二者皆法尧、舜而已矣。

不以舜之所以事尧事君，不敬其君者也。不以尧之所以治民治民，贼其民者也。②孔子曰：'道二，仁与不仁而已矣。'③暴其民甚，则身弑国亡；不甚，则身危国削。名之曰'幽'、'厉'，虽孝子慈孙，百世不能改也。④《诗》云：'殷鉴不远，在夏后之世。'此之谓也。"

① 至，极也。人伦，说见前篇。规矩尽所以为方员之理，犹圣人尽所以为人之道。 ② 法尧、舜以尽君臣之道，犹用规矩以尽方员之极，此孟子所以道性善而称尧、舜也。 ③ 法尧、舜，则尽君臣之道而仁矣。不法尧、舜，则慢君贼民而不仁矣。二端之外，更无他道，出乎此，则入乎彼矣，可不谨哉？ ④ 幽，暗。厉，虐。皆恶谥也。苟得其实，则虽有孝子慈孙，爱其祖考之甚者，亦不得废公义而改之。言不仁之祸必至于此，可惧之甚也。 ⑤《诗》，《大雅·荡》之篇。言商纣之所当鉴者，近在夏桀之世。而孟子引之，又欲后人以幽、厉为鉴也。

4上·3 孟子曰："三代之得天下也以仁，其失天下也以不仁。①国之所以废兴存亡者亦然。②天子不仁，不保四海。诸侯不仁，不保社稷。卿大夫不仁，不保宗庙。士庶人不仁，不保四体。③今恶死亡而乐不仁，是犹恶醉而强酒。"④

① 三代，谓夏、商、周也。禹、汤、文、武，以仁得之。桀、纣、幽、厉，以不仁失之。 ② 国，谓诸侯之国。 ③ 言必死亡。 ④ 恶，去声。乐，音洛。强，上声。 此承上章之意而推言之也。

4上·4 孟子曰："爱人不亲，反其仁。治人不治，反其智。礼人不答，反其敬。①行有不得者，皆反求诸己，其身正而天下归之。②《诗》云：'永言配命，自求多福。'"③

① "治人"之治，平声。"不治"之治，去声。 我爱人而人不亲我，则反求诸己。恐我之仁未至也。"智"、"敬"放此。 ② 不得，谓不得其所欲，如"不亲"、"不治"、"不答"是也。反求诸己，谓"反其仁"、"反其智"、"反其敬"也。如此，则其自治益详，而身无不正矣。天下归之，极言其效也。 ③ 解见前篇。亦承上章而言。

4上·5　孟子曰："人有恒言，皆曰'天下国家'。天下之本在国，国之本在家，家之本在身。"①

① 恒，胡登反。　恒，常也。虽常言之，而未必知其言之有序也。故推言之，而又以家本乎身也。此亦承上章而言之。《大学》所谓"自天子至于庶人，壹是皆以修身为本"，为是故也。

4上·6　孟子曰："为政不难，不得罪于巨室。巨室之所慕，一国慕之；一国之所慕，天下慕之。故沛然德教溢乎四海。"

① 巨室，世臣大家也。得罪，谓身不正而取怨怒也。麦丘邑人祝齐桓公曰："愿主君无得罪于群臣百姓。"意盖如此。慕，向也，心悦诚服之谓也。沛然，盛大流行之貌。溢，充满也。盖巨室之心难以力服，而国人素所取信；今既悦服，则国人皆服，而吾德教之所施可以无远而不至矣。此亦承上章而言。盖君子不患人心之不服，而患吾身之不修。吾身既修，则人心之难服者先服，而无一人之不服矣。　林氏曰："战国之世，诸侯失德，巨室擅权，为患甚矣。然或者不修其本而遽欲胜之，则未必能胜，而适以取祸。故孟子推本而言：惟务修德以服其心。彼既悦服，则吾之德教无所留碍，可以及乎天下矣。裴度所谓'韩洪舆疾讨贼，承宗敛手削地，非朝廷之力能制其死命，特以处置得宜，能服其心故耳'，正此类也。"

4上·7　孟子曰："天下有道，小德役大德，小贤役大贤。天下无道，小役大，弱役强。斯二者天也，顺天者存，逆天者亡。①齐景公曰：'既不能令，又不受命，是绝物也。'涕出而女于吴。②今也小国师大国而耻受命焉，是犹弟子而耻受命于先师也。③如耻之，莫若师文王。师文王，大国五年，小国七年，必为政于天下矣。④《诗》云：'商之孙子，其丽不亿。上帝既命，侯于周服。侯服于周，天命靡常。殷士肤敏，祼将于京。'孔子曰：'仁不可为众也。夫国君好仁，天下无敌。'⑤今也欲无敌于天下而不以仁，是犹执热而不以濯也。《诗》云：'谁能执热，逝不以濯？'"⑥

①有道之世，人皆修德，而位必称其德之大小。天下无道，人不修德，则但以力相役而已。天者，理势之当然也。　②女，去声。　引此以言小役大、弱役强之事也。令，出令以使人也。受命，听命于人也。物，犹人也。女，以女与人也。吴，蛮夷之国也。景公羞与为昏而畏其强，故涕泣而以女与之。　③言小国不修德以自强，其般乐怠敖皆若效大国之所为者，而独耻受其教命，不可得也。　④此因其愧耻之心而勉以修德也。“文王之政，布在方策”，举而行之，所谓师文王也。五年、七年，以其所乘之势不同为差。盖天下虽无道，然修德之至，则道自我行，而大国反为吾役矣。程子曰：“五年、七年，圣人度其时则可矣。然凡此类，学者皆当思其作为如何，乃有益耳。”　⑤裸，音灌。夫，音扶。好，去声。　《诗》，《大雅·文王》之篇。孟子引此诗及孔子之言，以言文王之事。丽，数也。十万曰亿。侯，维也。商士，商孙子之臣也。肤，大也。敏，达也。裸，宗庙之祭，以鬱鬯之酒灌地而降神也。将，助也。言商之孙子众多，其数不但十万而已。上帝既命周以天下，则凡此商之孙子皆臣服于周矣。所以然者，以天命不常，归于有德故也。是以商士之肤大而敏达者，皆执裸献之礼，助王祭事于周之京师也。孔子因读此诗而言：有仁者，则虽有十万之众，不能当之。故国君好仁，则必无敌于天下也。不可为众，犹所谓“难为兄，难为弟”云耳。　⑥耻受命于大国，是欲无敌于天下也。乃师大国而不师文王，是不以仁也。《诗》，《大雅·桑柔》之篇。逝，语辞也。言谁能执持热物，而不以水自濯其手乎。　此章言不能自强，则听天所命；修德行仁，则天命在我。

4上·8　孟子曰：“不仁者可与言哉？安其危而利其菑，乐其所以亡者。不仁而可与言，则何亡国败家之有！[①]有孺子歌曰：‘沧浪之水清兮，可以濯我缨。沧浪之水浊兮，可以濯我足。’[②]孔子曰：‘小子听之：清斯濯缨，浊斯濯足矣。自取之也。’[③]夫人必自侮，然后人侮之；家必自毁，而后人毁之；国必自伐，而后人伐之。[④]《太甲》曰：‘天作孽，犹可违；自作孽，不可活。’此之谓也。”[⑤]

①菑，与灾同。乐，音洛。　安其危、利其菑者，不知其为危、菑而反以为安、利也。所以亡者，谓荒淫暴虐，所以致亡之道也。不仁之人，私欲固蔽，失其本心，故其颠倒错乱至于如此，所以不可告以忠言，而卒至于败亡也。

② 浪，音郎。　沧浪，水名。缨，冠系也。　③ 言水之清浊，有以自取之也。圣人声入心通，无非至理，此类可见。　④ 夫，音扶。　所谓自取之者。⑤ 解见前篇。　此章言心存则有以审夫得失之几，不存则无以辨于存亡之著。祸福之来，皆其自取。

4上·9　孟子曰："桀纣之失天下也，失其民也。失其民者，失其心也。得天下有道：得其民，斯得天下矣。得其民有道：得其心，斯得民矣。得其心有道：所欲与之聚之，所恶勿施尔也。①民之归仁也，犹水之就下、兽之走圹也。②故为渊驱鱼者獭也，为丛驱爵者鹯也，为汤、武驱民者桀与纣也。③今天下之君有好仁者，则诸侯皆为之驱矣，虽欲无王，不可得已。④今之欲王者，犹七年之病求三年之艾也。苟为不畜，终身不得。苟不志于仁，终身忧辱，以陷于死亡。⑤《诗》云：'其何能淑？载胥及溺。'此之谓也。"⑥

① 恶，去声。　民之所欲，皆为致之，如聚敛然。民之所恶，则勿施于民。晁错所谓"人情莫不欲寿，三王生之而不伤；人情莫不欲富，三王厚之而不困；人情莫不欲安，三王扶之而不危；人情莫不欲逸，三王节其力而不尽"，此类之谓也。

② 走，音奏。　圹，广野也。言民之所以归乎此，以其所欲之在乎此也。

③ 为，去声。驱，与驱同。獭，音闼。爵，与雀同。鹯，诸延反。　渊，深水也。獭，食鱼者也。丛，茂林也。鹯，食雀者也。言民之所以去此，以其所欲在彼而所畏在此也。　④ 好、为、王，皆去声。　⑤ 王，去声。　艾，草名，所以灸者，干久益善。夫病已深，而欲求干久之艾，固难卒办；然自今畜之，则犹或可及。不然，则病日益深，死日益迫，而艾终不可得矣。　⑥《诗》，《大雅·桑柔》之篇。淑，善也。载，则也。胥，相也。言今之所为，其何能善，则相引以陷于乱亡而已。

4上·10　孟子曰："自暴者，不可与有言也；自弃者，不可与有为也。言非礼义，谓之自暴也。'吾身不能居仁由义'，谓之自弃也。①仁，人之安宅也。义，人之正路也。②旷安宅而弗居，舍正路而不由，哀哉！”③

① 暴，犹害也。非，犹毁也。自害其身者，不知礼义之为美而非毁之；虽与之言，必不见信也。自弃其身者，犹知仁义之为美，但溺于怠惰，自谓必不能行；与之有为，必不能勉也。程子曰：“人苟以善自治，则无不可移者。虽昏愚之至，皆可渐磨而进也。惟自暴者拒之以不信，自弃者绝之以不为，虽圣人与居，不能化而入也。此所谓下愚之不移也。” ② 仁宅，已见前篇。义者，宜也。乃天理之当行，无人欲之邪曲，故曰正路。③ 舍，上声。 旷，空也。由，行也。 此章言道本固有而人自绝之，是可哀也。此圣贤之深戒，学者所当猛省也。

4上·11 孟子曰：“道在尔而求诸远，事在易而求诸难。人人亲其亲、长其长而天下平。”①

① 尔、迩，古字通用。易，去声。长，上声。 亲、长在人为甚迩，亲之、长之在人为甚易，而道初不外是也。舍此而他求，则远且难而反失之，但人人各亲其亲，各长其长，则天下自平矣。

4上·12 孟子曰：“居下位而不获乎上，民不可得而治也。获于上有道：不信于友，弗获于上矣。信于友有道：事亲弗悦，弗信于友矣。悦亲有道：反身不诚，不悦于亲矣。诚身有道：不明乎善，不诚其身矣。①是故诚者，天之道也。思诚者，人之道也。②至诚而不动者，未之有也。不诚，未有能动者也。”

① “获于上”，得其上之信任也。诚，实也。“反身不诚”，反求诸身，而其所以为善之心有不实也。“不明乎善”，不能即事以穷理，无以真知善之所在也。游氏曰：“欲诚其意，先致其知。不明乎善，不诚乎身矣。学至于诚身，则安往而不致其极哉？以内则顺乎亲，以外则信乎友，以上则可以得君，以下则可以得民矣。” ② 诚者，理之在我者皆实而无伪，天道之本然也。思诚者，欲此理之在我者皆实而无伪，人道之当然也。 ③ 至，极也。杨氏曰：“动，便是验处，若获乎上、信乎友、悦于亲之类是也。” 此章述《中庸》孔子之言，见思诚为修身之本，而明善又为思诚之本，乃子思所闻于曾子、而孟子所受乎子思者，亦与《大学》相表里，学者宜潜心焉。

4上·13 孟子曰："伯夷辟纣，居北海之滨，闻文王作，兴曰：'盍归乎来！吾闻西伯善养老者。'太公辟纣，居东海之滨，闻文王作，兴曰：'盍归乎来！吾闻西伯善养老者。'① 二老者，天下之大老也，而归之，是天下之父归之也。天下之父归之，其子焉往？② 诸侯有行文王之政者，七年之内，必为政于天下矣。"③

① 辟，去声。 作、兴，皆起也。盍，何不也。西伯，即文王也。纣命为西方诸侯之长，得专征伐，故称西伯。太公，姜姓，吕氏，名尚。文王发政，必先鳏寡孤独。庶人之老，皆无冻馁。故伯夷、太公来就其养，非求仕也。 ② 焉，於虔反。 二老，伯夷、太公也。大老，言非常人之老者。天下之父，言齿德皆尊，如众父然。既得其心，则天下之心不能外矣。萧何所谓"养民致贤，以图天下"者，暗与此合。但其意则有公私之辨，学者又不可以不察也。 ③ 七年，以小国而言也。大国五年，在其中矣。

4上·14 孟子曰："求也为季氏宰，无能改于其德，而赋粟倍他日。孔子曰：'求非我徒也。小子鸣鼓而攻之可也。'① 由此观之，君不行仁政而富之，皆弃于孔子者也。况于为之强战？争地以战，杀人盈野；争城以战，杀人盈城。此所谓率土地而食人肉，罪不容于死。② 故善战者服上刑，连诸侯者次之，辟草莱、任土地者次之。"③

① 求，孔子弟子冉求。季氏，鲁卿。宰，家臣。赋，犹取也。取民之粟倍于他日也。小子，弟子也。鸣鼓而攻之，声其罪而责之也。 ② 为，去声。 林氏曰："富其君者，夺民之财耳，而夫子犹恶之，况为土地之故而杀人，使其肝脑涂地？则是率土地而食人之肉；其罪之大，虽至于死，犹不足以容之也。" ③ 辟，与闢同。善战，如孙膑、吴起之徒。连结诸侯，如苏秦、张仪之类。辟，开垦也。任土地，谓分土授民，使任耕稼之责，如李悝尽地力、商鞅开阡陌之类也。

4上·15 孟子曰："存乎人者，莫良于眸子。眸子不能掩其恶。胸中正，则眸子瞭焉；胸中不正，则眸子眊焉。① 听其言也，观其眸子，人焉廋哉？”②

① 眸，音牟。瞭，音了。眊，音耄。　良，善也。眸子，目瞳子也。瞭，明也。眊者，蒙蒙目不明之貌。盖人与物接之时，其神在目，故胸中正则神精而明，不正则神散而昏。　② 焉，於虔反。廋，音搜。　廋，匿也。言亦心之所发，故并此以观，则人之邪正不可匿矣。然言犹可以伪为，眸子则有不容伪者。

4上·16　孟子曰：“恭者不侮人，俭者不夺人。侮夺人之君，惟恐不顺焉，恶得为恭俭？恭俭岂可以声音笑貌为哉？”①

① 恶，平声。　惟恐不顺，言恐人之不顺己。声音笑貌，伪为于外也。

4上·17　淳于髡曰：“男女授受不亲，礼与？”孟子曰：“礼也。”曰：“嫂溺，则援之以手乎？”曰：“嫂溺不援，是豺狼也。男女授受不亲，礼也。嫂溺援之以手者，权也。”①曰：“今天下溺矣，夫子之不援，何也？”②曰：“天下溺，援之以道。嫂溺，援之以手。子欲手援天下乎？”③

① 与，平声。援，音爰。　淳于，姓；髡，名。齐之辩士。授，与也。受，取也。古礼：男女不亲授受，以远别也。援，救之也。权，称锤也，称物轻重而往来以取中者也。权而得中，是乃礼也。　② 言今天下大乱，民遭陷溺，亦当从权以援之，不可守先王之正道也。　③ 言天下溺，惟道可以救之，非若嫂溺可手援也。今子欲援天下，乃欲使我枉道求合，则先失其所以援之之具矣，是欲使我以手援天下乎？　此章言直己守道，所以济时；枉道殉人，徒为失己。

4上·18　公孙丑曰：“君子之不教子，何也？”①孟子曰：“势不行也。教者必以正。以正不行，继之以怒。继之以怒，则反夷矣。‘夫子教我以正，夫子未出于正也。’则是父子相夷也。父子相夷，则恶矣。②古者易子而教之，③父子之间不责善。责善则离，离则不祥莫大焉。”④

① 不亲教也。　② 夷，伤也。教子者，本为爱其子也。继之以怒，则反伤

其子矣。父既伤其子，子之心又责其父曰：“夫子教我以正道，而夫子之身未必自行正道。”则是子又伤其父也。　③ 易子而教，所以全父子之恩，而亦不失其为教。　④ 责善，朋友之道也。　王氏曰：“父有争子，何也？所谓争者，非责善也，当不义则争之而已矣。父之于子也如何？曰：当不义，则亦戒之而已矣。”

4上·19　孟子曰：“事孰为大？事亲为大。守孰为大？守身为大。不失其身而能事其亲者，吾闻之矣。失其身而能事其亲者，吾未之闻也。[①]孰不为事？事亲，事之本也。孰不为守？守身，守之本也。[②]曾子养曾皙，必有酒肉。将彻，必请‘所与’。问：‘有馀？’必曰：‘有。’曾皙死，曾元养曾子，必有酒肉。将彻，不请‘所与’。问：‘有馀？’曰：‘亡矣。’将以复进也。此所谓养口体者也。若曾子，则可谓养志也。[③]事亲若曾子者，可也。”[④]

① 守身，持守其身，使不陷于不义也。一失其身，则亏体辱亲，虽日用三牲之养，亦不足以为孝矣。　② 事亲孝，则忠可移于君，顺可移于长。身正，则家齐、国治而天下平。　③ 养，去声。复，扶又反。　此承上文“事亲”言之。曾皙，名点，曾子父也。曾元，曾子子也。曾子养其父，每食必有酒肉，食毕将彻去，必请于父曰：“此馀者与谁？”或父问：“此物尚有馀否？”必曰：“有。”恐亲意更欲与人也。曾元不请所与，虽有言无，其意将以复进于亲，不欲其与人也，此但能养父母之口体而已。曾子则能承顺父母之志，而不忍伤之也。　④ 言当如曾子之养志，不可如曾元但养口体。程子曰：“子之身所能为者，皆所当为，无过分之事也。故事亲若曾子，可谓至矣。而孟子止曰‘可也’，岂以曾子之孝为有馀哉？”

4上·20　孟子曰：“人不足与适也，政不足间也。惟大人为能格君心之非。君仁，莫不仁。君义，莫不义。君正，莫不正。一正君而国定矣。”[①]

① 适，音谪。间，去声。　赵氏曰：“适，过也。间，非也。格，正也。”徐氏曰：“格者，物之所取正也。《书》曰：‘格其非心。’”愚谓，“间”字上亦当有“与”字。言人君用人之非，不足过谪；行政之失，不足非间。惟有大人之德，则能格其君心

之不正以归于正,而国无不治矣。大人者,大德之人,正己而物正者也。 程子曰:"天下之治乱,系乎人君之仁与不仁耳。心之非,即害于政,不待乎发之于外也。昔者孟子三见齐王而不言事,门人疑之。孟子曰:'我先攻其邪心。心既正,而后天下之事可从而理也。'夫政事之失,用人之非,知者能更之,直者能谏之。然非心存焉,则事事而更之,后复有其事,将不胜其更矣;人人而去之,后复用其人,将不胜其去矣。是以辅相之职,必在乎格君心之非,然后无所不正。而欲格君心之非者,非有大人之德,则亦莫之能也。"

4上·21 孟子曰:"有不虞之誉,有求全之毁。"①

① 虞,度也。吕氏曰:"行不足以致誉而偶得誉,是谓不虞之誉。求免于毁而反致毁,是谓求全之毁。言毁誉之言未必皆实,修己者不可以是遽为忧喜,观人者不可以是轻为进退。"

4上·22 孟子曰:"人之易其言也,无责耳矣。"①

① 易,去声。 人之所以轻易其言者,以其未遭失言之责故耳。盖常人之情,无所惩于前,则无所警于后。非以为君子之学,必俟有责而后不敢易其言也。然此岂亦有为而言之与?

4上·23 孟子曰:"人之患,在好为人师。"①

① 好,去声。 王勉曰:"学问有馀,人资于己,不得已而应之可也。若好为人师,则自足而不复有进矣,此人之大患也。"

4上·24 乐正子从于子敖之齐。①乐正子见孟子。孟子曰:"子亦来见我乎?"曰:"先生何为出此言也?"曰:"子来几日矣?"曰:"昔者。"曰"'昔者',则我出此言也,不亦宜乎?"曰:"舍馆未定。"曰:"子闻之也,'舍馆定,然后求见长者'乎?"②曰:"克有罪。"③

① 子敖,王驩字。 ② 长,上声。昔者,前日也。馆,客舍也。王驩,孟子所不与言者,则其人可知矣。乐正子乃从之行,其失身之罪大矣。又不早见长者,则其罪又有甚者焉。故孟子姑以此责之。 ③ 陈氏曰:"乐正子固不能无

罪矣。然其勇于受责如此，非好善而笃信之，其能若是乎？世有强辩饰非、闻谏愈甚者，又乐正子之罪人也。”

4上·25　孟子谓乐正子曰：“子之从于子敖来，徒餔啜也。我不意子学古之道，而以餔啜也！”①

① 餔，博孤反。啜，昌悦反。　徒，但也。餔，食也。啜，饮也。言其不择所从，但求食耳。此乃正其罪而切责之。

4上·26　孟子曰：“不孝有三，无后为大。①舜不告而娶，为无后也，君子以为犹告也。”②

① 赵氏曰：“于礼有不孝者三事，谓：阿意曲从，陷亲不义，一也。家贫亲老，不为禄仕，二也。不娶无子，绝先祖祀，三也。三者之中，无后为大。”　② “为无”之为，去声。　舜告焉，则不得娶而终于无后矣。告者礼也，不告者权也。“犹告”，言与告同也。盖权而得中，则不离于正矣。　范氏曰：“天下之道，有正有权。正者万世之常，权者一时之用。常道人皆可守，权非体道者不能用也。盖权出于不得已者也。若父非瞽瞍，子非大舜，而欲不告而娶，则天下之罪人也。”

4上·27　孟子曰：“仁之实，事亲是也；义之实，从兄是也。①智之实，知斯二者弗去是也；礼之实，节文斯二者是也；乐之实，乐斯二者，乐则生矣；生则恶可已也，恶可已，则不知足之蹈之、手之舞之。”②

① 仁主于爱，而爱莫切于事亲。义主于敬，而敬莫先于从兄。故仁义之道，其用至广，而其实不越于事亲从兄之间，盖良心之发，最为切近而精实者。有子以孝弟为为仁之本，其意亦犹此也。　② “乐斯”、“乐则”之乐，音洛。恶，平声。　“斯二者”，指事亲、从兄而言。知而弗去，则见之明而守之固矣。节文，谓品节文章。乐则生矣，谓和顺从容，无所勉强，事亲、从兄之意油然自生，如草木之有生意也。既有生意，则其畅茂条达自有不可遏者，所谓“恶可已”也。其又盛，则至于手舞足蹈而不自知矣。　此章言事亲、从兄，良心真切，天下之道皆原于此。然必知之明而守之固，然后节之密而乐之深也。

4上·28 孟子曰："天下大悦而将归己。视天下悦而归己，犹草芥也，惟舜为然。不得乎亲，不可以为人；不顺乎亲，不可以为子。①舜尽事亲之道，而瞽瞍厎豫。瞽瞍厎豫，而天下化。瞽瞍厎豫，而天下之为父子者定。此之谓大孝。"②

① 言舜视天下之归己如草芥，而惟欲得其亲而顺之也。得者，曲为承顺，以得其心之悦而已。顺则有以谕之于道，心与之一而未始有违，尤人所难也。"为人"盖泛言之，"为子"则愈密矣。 ② 厎，之尔反。 瞽瞍，舜父名。厎，致也。豫，悦乐也。瞽瞍至顽，尝欲杀舜，至是而厎豫焉。《书》所谓"不格奸，亦允若"是也。盖舜至此而有以顺乎亲矣。是以天下之为子者，知天下无不可事之亲，顾吾所以事之者未若舜耳；于是莫不勉而为孝，至于其亲亦厎豫焉，则天下之为父者亦莫不慈，所谓"化"也。子孝父慈，各止其所，而无不安其位之意，所谓"定"也。为法于天下，可传于后世，非止一身一家之孝而已，此所以为大孝也。

李氏曰："舜之所以能使瞽瞍厎豫者，尽事亲之道，其为子职，不见父母之非而已。昔罗仲素语此云：'只为天下无不是底父母。'了翁闻而善之，曰：'惟如此而后天下之为父子者定。彼臣弑其君、子弑其父者，常始于见其有不是处耳。'"

离娄章句下

凡三十三章。

4下·1 孟子曰："舜生于诸冯，迁于负夏，卒于鸣条，东夷之人也。①文王生于岐周，卒于毕郢，西夷之人也。②地之相去也千有馀里，世之相后也千有馀岁，得志行乎中国，若合符节。③先圣后圣，其揆一也。"④

① 诸冯、负夏、鸣条，皆地名，在东方夷服之地。 ② 岐周，岐山下，周旧邑，近畎夷。毕郢，近丰镐。今有文王墓。 ③ 得志行乎中国，谓舜为天子，文王为方伯，得行其道于天下也。符节，以玉为之，篆刻文字而中分之，彼此各藏其半，有故则左右相合以为信也。若合符节，言其同也。 ④ 揆，度也。"其揆一"者，言度之而其道无不同也。 范氏曰："言圣人之生，虽有先后远近之不同，然其道则一也。"

4下·2 子产听郑国之政，以其乘舆济人于溱、洧。①孟子曰："惠而不知为政。②岁十一月徒杠成，十二月舆梁成，民未病涉也。③君子平其政，行辟人可也，焉得人人而济之？④故为政者每人而悦之，日亦不足矣。"⑤

① 乘，去声。溱，音臻。洧，荣美反。 子产，郑大夫公孙侨也。溱、洧，二水名也。子产见人有徒涉此水者，以其所乘之车载而渡之。 ② 惠，谓私恩小利。政，则有公平正大之体，纲纪法度之施焉。 ③ 杠，音江。 杠，方桥也。徒杠，可通徒行者。梁，亦桥也。舆梁，可通车舆者。周十一月，夏九月也。周十二月，夏十月也。《夏令》曰："十月成梁。"盖农功已毕，可用民力。又时将寒

沍，水有桥梁，则民不患于徒涉，亦王政之一事也。 ④辟，与闢同。焉，於虔反。 辟，辟除也。如《周礼·阍人》"为之辟"之辟。言能平其政，则出行之际辟除行人，使之避己，亦不为过。况国中之水，当涉者众，岂能悉以乘舆济之哉？ ⑤言每人皆欲致私恩以悦其意，则人多日少，亦不足于用矣。诸葛武侯尝言"治世以大德，不以小惠"，得孟子之意矣。

4下·3 孟子告齐宣王曰："君之视臣如手足，则臣视君如腹心。君之视臣如犬马，则臣视君如国人。君之视臣如土芥，则臣视君如寇雠。"①王曰："礼，为旧君有服。何如斯可为服矣？"②曰："谏行言听，膏泽下于民；有故而去，则君使人导之出疆，又先于其所往；去三年不反，然后收其田里。此之谓三有礼焉。如此，则为之服矣。③今也为臣，谏则不行，言则不听，膏泽不下于民；有故而去，则君搏执之，又极之于其所往；去之日，遂收其田里。此之谓寇雠。寇雠何服之有？"④

①孔氏曰："宣王之遇臣下，恩礼衰薄，至于昔者所进，今日不知其亡，则其于群臣可谓邈然无敬矣。故孟子告之以此。'手足'、'腹心'，相待一体，恩义之至也。'如犬马'，则轻贱之，然犹有豢养之恩焉。国人，犹言路人，言无怨无德也。土芥，则践踏之而已矣，斩艾之而已矣，其贱恶之又甚矣；'寇雠'之报，不亦宜乎！" ②为，去声。下"为之"同。 《仪礼》曰："以道去君而未绝者，服齐衰三月。"王疑孟子之言太甚，故以此礼为问。 ③导之出疆，防剽掠也。先于其所往，称道其贤，欲其收用之也。三年而后收其田禄里居，前此犹望其归也。 ④极，穷也。穷之于其所往之国，如晋锢栾盈也。 潘兴嗣曰："孟子告齐王之言，犹孔子对定公之意也。而其言有迹，不若孔子之浑然也。盖圣贤之别如此。"杨氏曰："君臣以义合者也。故孟子为齐王深言报施之道，使知为君者不可不以礼遇其臣耳。若君子之自处，则岂处其薄乎？孟子曰：'王庶几改之，予日望之。'君子之言盖如此。"

4下·4 孟子曰："无罪而杀士，则大夫可以去；无罪而戮民，则士可以徙。"①

① 言君子当见几而作，祸已迫则不能去矣。

4下·5　孟子曰：“君仁，莫不仁；君义，莫不义。”①

① 张氏曰：“此章重出。然上篇主言人臣当以正君为急，此章直戒人君，义亦小异耳。”

4下·6　孟子曰：“非礼之礼，非义之义，大人弗为。”①

① 察理不精，故有二者之蔽。大人则随事而顺理，因时而处宜，岂为是哉？

4下·7　孟子曰：“中也养不中，才也养不才，故人乐有贤父兄也。如中也弃不中，才也弃不才，则贤不肖之相去，其间不能以寸。”①

① 乐，音洛。　无过不及之谓中，足以有为之谓才。养，谓涵育薰陶，俟其自化也。贤，谓中而才者也。乐有贤父兄者，乐其终能成己也。为父兄者，若以子弟之不贤，遂遽绝之而不能教，则吾亦过中而不才矣，其相去之间能几何哉？

4下·8　孟子曰：“人有不为也，而后可以有为。”①

① 程子曰：“有不为，知所择也。惟能有不为，是以可以有为。无所不为者，安能有所为邪？”

4下·9　孟子曰：“言人之不善，当如后患何！”①

① 此亦有为而言。

4下·10　孟子曰：“仲尼不为已甚者。”①

① 已，犹太也。杨氏曰：“言圣人所为，本分之外，不加毫末。非孟子真知孔子，不能以是称之。”

4下·11　孟子曰：“大人者，言不必信，行不必果，惟义所在。”①

① 行，去声。　必，犹期也。大人言行，不先期于信、果，但义之所在，则必

从之，卒亦未尝不信、果也。　尹氏曰："主于义，则信、果在其中矣。主于信、果，则未必合义。"王勉曰："若不合于义而不信、不果，则妄人尔。"

4下·12　孟子曰："大人者，不失其赤子之心者也。"①

① 大人之心，通达万变；赤子之心，则纯一无伪而已。然大人之所以为大人，正以其不为物诱，而有以全其纯一无伪之本然；是以扩而充之，则无所不知，无所不能，而极其大也。

4下·13　孟子曰："养生者不足以当大事，惟送死可以当大事。"①

① 养，去声。　事生固当爱敬，然亦人道之常耳。至于送死，则人道之大变。孝子之事亲，舍是无以用其力矣，故尤以为大事而必诚必信，不使少有后日之悔也。

4下·14　孟子曰："君子深造之以道，欲其自得之也。自得之，则居之安。居之安，则资之深。资之深，则取之左右逢其原。故君子欲其自得之也。"①

① 造，七到反。　造，诣也。深造之者，进而不已之意。道，则其进为之方也。资，犹藉也。左右，身之两旁，言至近而非一处也。逢，犹值也。原，本也，水之来处也。言君子务于深造而必以其道者，欲其有所持循，以俟夫默识心通，自然而得之于己也。自得于己，则所以处之者安固而不摇。处之安固，则所藉者深远而无尽。所藉者深，则日用之间，取之至近，无所往而不值其所资之本也。程子曰："学不言而自得者，乃自得也。有安排布置者，皆非自得也。"然必潜心积虑，优游厌饫于其间，然后可以有得。若急迫求之，则是私己而已，终不足以得之也。

4下·15　孟子曰："博学而详说之，将以反说约也。"①

① 言所以博学于文而详说其理者，非欲以夸多而斗靡也；欲其融会贯通，有以反而说到至约之地耳。盖承上章之意而言，学非欲其徒博，而亦不可以径约也。

4下·16　孟子曰："以善服人者，未有能服人者也。以善养人，然后能服天下。天下不心服而王者，未之有也。"①

① 王，去声。　服人者欲以取胜于人。养人者欲其同归于善。盖心之公私小异，而人之向背顿殊。学者于此不可以不审也。

4下·17　孟子曰："言无实不祥。不祥之实，蔽贤者当之。"①

① 或曰："天下之言无有实不祥者，惟蔽贤为不祥之实。"或曰："言而无实者不祥，故蔽贤为不祥之实。"二说不同，未知孰是。疑或有阙文焉。

4下·18　徐子曰："仲尼亟称于水，曰：'水哉，水哉！'何取于水也？"①孟子曰："原泉混混，不舍昼夜，盈科而后进，放乎四海。有本者如是，是之取尔。②苟为无本，七八月之间雨集，沟浍皆盈；其涸也，可立而待也。故声闻过情，君子耻之。"③

① 亟，去吏反。　亟，数也。"水哉，水哉"，叹美之辞。　② 舍、放，皆上声。　原泉，有原之水也。混混，涌出之貌。不舍昼夜，言常出不竭也。盈，满也。科，坎也。言其进以渐也。放，至也。言水有原本，不已而渐进以至于海，如人有实行，则亦不已而渐进以至于极也。　③ 浍，古外反。涸，下各反。闻，去声。　集，聚也。浍，田间水道也。涸，干也。如人无实行，而暴得虚誉，不能长久也。声闻，名誉也。情，实也。耻者，耻其无实而将不继也。林氏曰："徐子之为人，必有躐等干誉之病，故孟子以是答之。"　邹氏曰："孔子之称水，其旨微矣。孟子独取此者，自徐子之所急者言之也。孔子尝以'闻'、'达'告子张矣：达者，有本之谓也，闻则无本之谓也。然则学者其可以不务本乎？"

4下·19　孟子曰："人之所以异于禽兽者几希，庶民去之，君子存之。①舜明于庶物，察于人伦，由仁义行，非行仁义也。"②

① 几希，少也。庶，众也。人、物之生，同得天地之理以为性，同得天地之气

以为形。其不同者，独人于其间得形气之正，而能有以全其性，为少异耳。虽曰少异，然人、物之所以分，实在于此。众人不知此而去之，则名虽为人，而实无以异于禽兽。君子知此而存之，是以战兢惕厉，而卒能有以全其所受之理也。

② 物，事物也。明，则有以识其理也。人伦，说见前篇。察，则有以尽其理之详也。物理固非度外，而人伦尤切于身，故其知之有详略之异。在舜则皆生而知之也。由仁义行，非行仁义，则仁义已根于心，而所行皆从此出，非以仁义为美而后勉强行之，所谓安而行之也。此则圣人之事，不待存之而无不存矣。 尹氏曰："存之者，君子也。存者，圣人也。君子所存，存天理也。由仁义行，存者能之。"

4下·20 孟子曰："禹恶旨酒而好善言。①汤执中，立贤无方。②文王视民如伤，望道而未之见。③武王不泄迩，不忘远。④周公思兼三王，以施四事；其有不合者，仰而思之，夜以继日；幸而得之，坐以待旦。"⑤

① 恶、好，皆去声。 《战国策》曰："仪狄作酒，禹饮而甘之，曰：'后世必有以酒亡其国者。'遂疏仪狄而绝旨酒。"《书》曰："禹拜昌言。" ② 执，谓守而不失。中者，无过不及之名。方，犹类也。立贤无方，惟贤则立之于位，不问其类也。 ③ 而，读为如，古字通用。 民已安矣，而视之犹若有伤；道已至矣，而望之犹若未见。圣人之爱民深而求道切如此。不自满足，终日乾乾之心也。

④ 泄，狎也。迩者，人所易狎而不泄。远者，人所易忘而不忘，德之盛，仁之至也。 ⑤ 三王，禹也，汤也，文、武也。四事，上四条之事也。时异势殊，故其事或有所不合。思而得之，则其理初不异矣。坐以待旦，急于行也。 此承上章言舜，因历叙群圣以继之，而各举其一事，以见其忧勤惕厉之意。盖天理之所以常存而人心之所以不死也。 程子曰："孟子所称，各因其一事而言，非谓武王不能执中立贤、汤却泄迩忘远也。人谓各举其盛，亦非也，圣人亦无不盛。"

4下·21 孟子曰："王者之迹熄而《诗》亡，《诗》亡然后《春秋》作。①晋之《乘》，楚之《梼杌》，鲁之《春秋》，一也。②其事则齐桓、晋文，其文则史。孔子曰：'其义则丘窃取之矣。'"③

① 王者之迹熄，谓平王东迁。而政教号令不及于天下也。《诗》亡，谓《黍

离》降为《国风》而《雅》亡也。《春秋》，鲁史记之名，孔子因而笔削之。始于鲁隐公之元年，实平王之四十九年也。 ② 乘，去声。梼，音逃。杌，音兀。 乘，义未详。赵氏以为兴于田赋乘马之事。或曰："取记载当时行事而名之也。"梼杌，恶兽名。古者因以为凶人之号，取记恶垂戒之义也。《春秋》者，记事者必表年以首事，年有四时，故错举以为所记之名也。古者列国皆有史官，掌记时事。此三者皆其所记册书之名也。 ③ 春秋之时，五霸迭兴，而桓、文为盛。史，史官也。窃取者，谦辞也。《公羊传》作"其辞则丘有罪焉尔"，意亦如此。盖言断之在己，所谓"笔则笔，削则削，游、夏不能赞一辞"者也。尹氏曰："言孔子作《春秋》，亦以史之文载当时之事也，而其义则定天下之邪正，为百王之大法。" 此又承上章历叙群圣，因以孔子之事继之。而孔子之事莫大于《春秋》，故特言之。

4下·22 孟子曰："君子之泽，五世而斩。小人之泽，五世而斩。①予未得为孔子徒也，予私淑诸人也。"②

① 泽，犹言流风馀韵也。父子相继为一世，三十年亦为一世。斩，绝也。大约君子、小人之泽，五世而绝也。杨氏曰："四世而缌，服之穷也。五世袒免，杀同姓也。六世亲属竭矣。服穷则遗泽寖微，故五世而斩。" ② 私，犹窃也。淑，善也。李氏以为方言，是也。人，谓子思之徒也。自孔子卒，至孟子游梁时，方百四十馀年，而孟子已老。然则孟子之生，去孔子未百年也。故孟子言：予虽未得亲受业于孔子之门，然圣人之泽尚存，犹有能传其学者，故我得闻孔子之道于人，而私窃以善其身。盖推尊孔子而自谦之辞也。 此又承上三章，历叙舜、禹至于周、孔，而以是终之。其辞虽谦，然其所以自任之重，亦有不得而辞者矣。

4下·23 孟子曰："可以取，可以无取，取伤廉。可以与，可以无与，与伤惠。可以死，可以无死，死伤勇。"①

① 先言"可以"者，略见而自许之辞也。后言"可以无"者，深察而自疑之辞也。过取固害于廉，然过与亦反害其惠，过死亦反害其勇，盖过犹不及之意也。林氏曰："公西华受五秉之粟，是伤廉也。冉子与之，是伤惠也。子路之死于卫，是伤勇也。"

4下·24 逄蒙学射于羿，尽羿之道，思天下惟羿为愈已，于是杀羿。孟子曰："是亦羿有罪焉。"公明仪曰："宜若无罪焉。"曰:"薄乎云尔,恶得无罪?①郑人使子濯孺子侵卫,卫使庾公之斯追之。子濯孺子曰:'今日我疾作,不可以执弓。吾死矣夫!'问其仆曰:'追我者谁也?'其仆曰:'庾公之斯也。'曰:'吾生矣。'其仆曰:'庾公之斯,卫之善射者也。夫子曰"吾生",何谓也?'曰:'庾公之斯学射于尹公之他,尹公之他学射于我。夫尹公之他,端人也,其取友必端矣。'庾公之斯至,曰:'夫子何为不执弓?'曰:'今日我疾作,不可以执弓。'曰:'小人学射于尹公之他,尹公之他学射于夫子。我不忍以夫子之道反害夫子。虽然,今日之事君事也,我不敢废。'抽矢扣轮,去其金,发乘矢而后反。"②

① 逢,薄江反。恶,平声。 羿,有穷后羿也。逢蒙,羿之家众也。羿善射,篡夏自立,后为家众所杀。愈,犹胜也。薄,言其罪差薄耳。 ② 他,徒何反。"矣夫"、"夫尹"之夫,并音扶。去,上声。乘,去声 之,语助也。仆,御也。尹公他,亦卫人也。端,正也。孺子以尹公正人,知其取友必正,故度庾公必不害己。小人,庾公自称也。金,镞也。扣轮出镞,令不害人,乃以射也。乘矢,四矢也。孟子言:使羿如子濯孺子,得尹公他而教之,则必无逢蒙之祸。然夷羿篡弑之贼,蒙乃逆俦,庾斯虽全私恩,亦废公义,其事皆无足论者。孟子盖特以取友而言耳。

4下·25 孟子曰:"西子蒙不洁,则人皆掩鼻而过之。①虽有恶人,齐戒沐浴,则可以祀上帝。"②

① 西子,美妇人。蒙,犹冒也。不洁,污秽之物也。掩鼻,恶其臭也。 ② 齐,侧皆反。 恶人,丑貌者也。 尹氏曰:"此章戒人之丧善,而勉人以自新也。"

4下·26 孟子曰:"天下之言性也,则故而已矣。故者以利为本。①所恶于智者,为其凿也。如智者若禹之行水也,则无恶于智矣。禹之行水也,行其所无事也。如智者亦行其所无事,则智亦大矣。②天之高也,星辰之远也,苟求其故,千岁之日至，可坐而致也。”[3]

① 性者，人、物所得以生之理也。故者，其已然之迹，若所谓天下之故者也。利，犹顺也，语其自然之势也。言事物之理，虽若无形而难知，然其发见之已然，则必有迹而易见。故天下之言性者，但言其故而理自明，犹所谓善言天者必有验于人也。然其所谓故者，又必本其自然之势，如人之善、水之下，非有所矫揉造作而然者也；若人之为恶、水之在山，则非自然之故矣。　② 恶、为，皆去声。天下之理，本皆顺利。小智之人务为穿凿，所以失之。禹之行水则因其自然之势而导之，未尝以私智穿凿而有所事，是以水得其润下之性而不为害也。③ 天虽高，星辰虽远，然求其已然之迹，则其运有常；虽千岁之久，其日至之度可坐而得。况于事物之近，若因其故而求之，岂有不得其理者，而何以穿凿为哉？必言“日至”者，造历者以上古十一月甲子朔夜半冬至为历元也。　程子曰：“此章专为智而发。”愚谓，事物之理莫非自然，顺而循之，则为大智；若用小智而凿以自私，则害于性而反为不智。程子之言，可谓深得此章之旨矣。

4下•27　公行子有子之丧。右师往吊，入门，有进而与右师言者，有就右师之位而与右师言者。[1]孟子不与右师言，右师不悦，曰：“诸君子皆与驩言，孟子独不与驩言，是简驩也。”[2]孟子闻之，曰：“礼：朝廷不历位而相与言，不逾阶而相揖也。我欲行礼，子敖以我为简，不亦异乎？”[3]

① 公行子，齐大夫。右师，王驩也。　② 简，略也。③ 朝，音潮。　是时齐卿大夫以君命吊，各有位次，若《周礼》“凡有爵者之丧礼，则职丧涖其禁令，序其事”，故云朝廷也。历，更涉也。位，他人之位也。右师未就位而进与之言，则右师历己之位矣。右师已就位而就与之言，则己历右师之位矣。孟子、右师之位又不同阶，孟子不敢失此礼，故不与右师言也。

4下•28　孟子曰：“君子所以异于人者，以其存心也。君子以仁存心，以礼存心。[1]仁者爱人，有礼者敬人。[2]爱人者人恒爱之，敬人者人恒敬之。[3]有人于此，其待我以横逆，则君子必自反也：‘我必不仁也，必无礼也，此物奚宜至哉？’[4]其自反而仁矣，自反而有礼矣，其横逆由是也，君子必自反也：'我必不忠。'⑤自反而忠矣，其横逆由是也，君子曰：'此亦妄人也已矣。如此，则与禽兽奚择哉？于禽兽又何难焉！'⑥是故君子有终身之忧，无一朝之患也。乃若所忧则有之：舜，人也；我，亦人也。舜为法于天下，可传于后世，我由未免为乡人也，是则可忧也。忧之如何？如舜而已矣。若夫君子所患，则亡矣。非仁无为也，非礼无行也。如有一朝之患，则君子不患矣。"⑦

①以仁、礼存心，言以是存于心而不忘也。 ②此仁、礼之施。 ③恒，胡登反。 此仁、礼之验。 ④横，去声，下同。 横逆，谓强暴不顺理也。物，事也。 ⑤由，与犹同，下放此。 忠者，尽己之谓。"我必不忠"，恐所以爱敬人者有所不尽其心也。 ⑥难，去声。 奚择，何异也。"又何难焉"，言不足与之校也。 ⑦夫，音扶。 乡人，乡里之常人也。君子存心不苟，故无后忧。

4下·29 禹、稷当平世，三过其门而不入，孔子贤之。①颜子当乱世，居于陋巷，一箪食，一瓢饮；人不堪其忧，颜子不改其乐，孔子贤之。②孟子曰："禹、稷、颜回同道。③禹思天下有溺者，由己溺之也。稷思天下有饥者，由己饥之也。是以如是其急也。④禹、稷、颜子，易地则皆然。⑤今有同室之人斗者，救之，虽被发缨冠而救之可也。⑥乡邻有斗者，被发缨冠而往救之，则惑也，虽闭户可也。"⑦

①事见前篇。 ②食，音嗣。乐，音洛。 ③圣贤之道，进则救民，退则修己，其心一而已矣。 ④由，与犹同。禹、稷身任其职，故以为己责而救之急也。 ⑤圣贤之心，无所偏倚，随感而应，各尽其道。故使禹、稷居颜子之地，则亦能乐颜子之乐；使颜子居禹、稷之任，亦能忧禹、稷之忧也。 ⑥不暇束发而结缨往救，言急也。以喻禹、稷。 ⑦喻颜子也。 此章言圣贤心无不同，事则所遭或异，然处之各当其理，是乃所以为同也。尹氏曰："当其可之谓时，前圣后圣，其心一也，故所遇皆尽善。"

4下·30　公都子曰："匡章，通国皆称不孝焉。夫子与之游，又从而礼貌之，敢问何也？"① 孟子曰："世俗所谓不孝者五：惰其四支，不顾父母之养，一不孝也。博弈好饮酒，不顾父母之养，二不孝也。好财货，私妻子，不顾父母之养，三不孝也。从耳目之欲，以为父母戮，四不孝也。好勇斗很，以危父母，五不孝也。章子有一于是乎？② 夫章子，子父责善而不相遇也。③ 责善，朋友之道也。父子责善，贼恩之大者。④ 夫章子岂不欲有夫妻子母之属哉？为得罪于父，不得近，出妻屏子，终身不养焉。其设心以为不若是，是则罪之大者。是则章子已矣。"⑤

① 匡章，齐人。通国，尽一国之人也。礼貌，敬之也。　② 好、养、从，皆去声。很，胡恳反。　戮，羞辱也。很，忿戾也。　③ 夫，音扶。　遇，合也。相责以善而不相合，故为父所逐也。　④ 贼，害也。朋友当相责以善，父子行之，则害天性之恩也。　⑤"夫章"之夫，音扶。为，去声。屏，必井反。养，去声。　言章子非不欲身有夫妻之配、子有子母之属，但为身不得近于父，故不敢受妻子之养，以自责罚。其心以为不如此，则其罪益大也。　此章之旨，于众所恶而必察焉，可以见圣贤至公至仁之心矣。杨氏曰："章子之行，孟子非取之也，特哀其志而不与之绝耳。"

4下·31　曾子居武城，有越寇。或曰："寇至，盍去诸？"曰："无寓人与我室，毁伤其薪木。"寇退，则曰："修我墙屋，我将反。"寇退，曾子反，左右曰："待先生如此其忠且敬也，寇至则先去以为民望，寇退则反，殆于不可。"沈犹行曰："是非汝所知也。昔沈犹有负刍之祸，从先生者七十人，未有与焉。"① 子思居于卫，有齐寇。或曰："寇至，盍去诸？"子思曰："如伋去，君谁与守？"② 孟子曰："曾子、子思同道。曾子，师也，父兄也。子思，臣也，微也。曾子、子思易地则皆然。"③

① 与，去声。　武城，鲁邑名。盍，何不也。左右，曾子之门人也。忠、敬，

言武城之大夫事曾子忠诚恭敬也。为民望，言使民望而效之，沈犹行，弟子姓名也。言曾子尝舍于沈犹氏，时有负刍者作乱，来攻沈犹氏，曾子率其弟子去之，不与其难。言师宾不与臣同。　② 言所以不去之意如此。　③ 微，犹贱也。尹氏曰："或远害，或死难，其事不同者，所处之地不同也。君子之心，不系于利害，惟其是而已，故易地则皆能为之。"　孔氏曰："古之圣贤，言行不同，事业亦异，而其道未始不同也。学者如此，则因所遇而应之，若权衡之称物，低昂屡变，而不害其为同也。"

4下·32　储子曰："王使人瞯夫子，果有以异于人乎？"孟子曰："何以异于人哉？尧、舜与人同耳。"①

① 瞯，古苋反。　储子，齐人也。瞯，窥视也。圣人亦人耳，岂有异于人哉？

4下·33　齐人有一妻一妾而处室者，其良人出，则必餍酒肉而后反。其妻问所与饮食者，则尽富贵也。其妻告其妾曰："良人出，则必餍酒肉而后反。问其与饮食者，尽富贵也，而未尝有显者来。吾将瞯良人之所之也。"蚤起，施从良人之所之，遍国中无与立谈者。卒之东郭墦间，之祭者乞其馀；不足，又顾而之他：此其为餍足之道也。其妻归，告其妾曰："良人者，所仰望而终身也。今若此！"与其妾讪其良人，而相泣于中庭。而良人未之知也，施施从外来，骄其妻妾。①由君子观之，则人之所以求富贵利达者，其妻妾不羞也，而不相泣者，几希矣。②

① 施，音迤，又音易。墦，音燔。施施，如字。　章首当有"孟子曰"字，阙文也。良人，夫也。餍，饱也。显者，富贵人也。施，邪施而行，不使良人知也。墦，冢也。顾，望也。讪，怨詈也。施施，喜悦自得之貌。　② 孟子言：自君子而观，今之求富贵者，皆若此人耳。使其妻妾见之，不羞而泣者少矣。言可羞之甚也。　赵氏曰："言今之求富贵者，皆以枉曲之道，昏夜乞哀以求之，而以骄人于白日，与斯人何以异哉！"

万章章句上

凡九章。

5上·1　万章问曰："舜往于田，号泣于旻天。何为其号泣也？"孟子曰："怨慕也。"① 万章曰："父母爱之，喜而不忘；父母恶之，劳而不怨。然则舜怨乎？"曰："长息问于公明高曰：'舜往于田，则吾既得闻命矣。号泣于旻天、于父母，则吾不知也。'公明高曰：'是非尔所知也。'夫公明高以孝子之心为不若是恝。我竭力耕田，共为子职而已矣。父母之不我爱，于我何哉？② 帝使其子九男二女，百官牛羊仓廪备，以事舜于畎亩之中。天下之士多就之者，帝将胥天下而迁之焉。为不顺于父母，如穷人无所归。③ 天下之士悦之，人之所欲也，而不足以解忧。好色，人之所欲；妻帝之二女，而不足以解忧。富，人之所欲；富有天下，而不足以解忧。贵，人之所欲；贵为天子，而不足以解忧。人悦之、好色、富、贵，无足以解忧者，惟顺于父母可以解忧。④ 人少，则慕父母；知好色，则慕少艾；有妻子，则慕妻子；仕则慕君，不得于君则热中。大孝，终身慕父母。五十而慕者，予于大舜见之矣。"⑤

① 号，平声。　舜往于田，耕历山时也。仁覆闵下，谓之旻天。号泣于旻天，呼天而泣也。事见《虞书·大禹谟》篇。怨慕，怨己之不得其亲而思慕也。

② 恶，去声。夫，音扶。恝，苦八反。共，平声。　长息，公明高弟子。公明高，曾子弟子。"于父母"，亦《书》辞，言呼父母而泣也。恝，无愁之貌。"于我何

哉”，自责不知己有何罪耳，非怨父母也。杨氏曰：“非孟子深知舜之心，不能为此言。盖舜惟恐不顺于父母，未尝自以为孝也。若自以为孝，则非孝矣。”
③ 为，去声。　帝，尧也。《史记》云：“二女妻之，以观其内。九男事之，以观其外。”又言：“一年所居成聚，二年成邑，三年成都。”是天下之士就之也。胥，相视也。迁之，移以与之也。“如穷人之无所归”，言其怨慕迫切之甚也。　④ 孟子推舜之心如此，以解上文之意。极天下之欲，不足以解忧，而惟顺于父母可以解忧。孟子真知舜之心哉！　⑤ 少、好，皆去声。　言常人之情，因物有迁，惟圣人为能不失其本心也。艾，美好也。《楚辞》、《战国策》所谓幼艾，义与此同。不得，失意也。热中，躁急心热也。言“五十”者，舜摄政时年五十也。“五十而慕”，则其终身慕可知矣。　此章言舜不以得众人之所欲为己乐，而以不顺乎亲之心为己忧。非圣人之尽性，其孰能之？

5上·2　万章问曰：“《诗》云：‘娶妻如之何？必告父母。’信斯言也，宜莫如舜。舜之不告而娶，何也？”孟子曰：“告则不得娶。男女居室，人之大伦也。如告，则废人之大伦，以怼父母，是以不告也。”①万章曰：“舜之不告而娶，则吾既得闻命矣。帝之妻舜而不告，何也？”曰：“帝亦知告焉则不得妻也。”②万章曰：“父母使舜完廪，捐阶，瞽瞍焚廪。使浚井，出，从而掩之。象曰：‘谟盖都君咸我绩。牛羊，父母。仓廪，父母。干戈，朕。琴，朕。弤，朕。二嫂，使治朕栖。’象往入舜宫，舜在床琴。象曰：‘鬱陶思君耳。’忸怩。舜曰：‘惟兹臣庶，汝其于予治。’不识舜不知象之将杀己与？”曰：“奚而不知也？象忧亦忧，象喜亦喜。”③曰：“然则舜伪喜者与？”曰“否。昔者有馈生鱼于郑子产，子产使校人畜之池。校人烹之，反命曰：‘始舍之圉圉焉，少则洋洋焉，攸然而逝。’子产曰：‘得其所哉！得其所哉！’校人出，曰：‘孰谓子产智？予既烹而食之，曰：“得其所哉！得其所哉！”’故君子可欺以其方，难罔以非其道。彼以爱兄之道来，故诚信而喜之，奚伪焉？”④

① 怼，直类反。《诗》，《齐国风·南山》之篇也。信，诚也。诚如此诗之言也。怼，雠怨也。舜父顽母嚚，尝欲害舜。告则不听其娶，是废人之大伦，以雠怨于父母也。 ② 妻，去声。以女为人妻曰妻。程子曰：“尧妻舜而不告者，以君治之而已。如今之官府治民之私者亦多。” ③ 弤，都礼反。忸，女六反。怩，音尼。与，平声。完，治也。捐，去也。阶，梯也。掩，盖也。按《史记》曰：“使舜上涂廪，瞽瞍从下纵火焚廪，舜乃以两笠自捍而下，去，得不死。后又使舜穿井，舜穿井为匿空旁出。舜既入深，瞽瞍与象共下土实井。舜从匿空中出，去。”即其事也。象，舜异母弟也。谟，谋也。盖，盖井也。舜所居三年成都，故谓之都君。咸，皆也。绩，功也。舜既入井，象不知舜已出，欲以杀舜为己功也。干，盾也。戈，戟也。琴，舜所弹五弦琴也。弤，琱弓也。象欲以舜之牛羊、仓廪与父母，而自取此物也。二嫂，尧二女也。栖，床也。象欲使为己妻也。象往舜宫，欲分取所有，见舜生在床弹琴，盖既出即潜归其宫也。郁陶，思之甚而气不得伸也。象言己思君之甚，故来见尔。忸怩，惭色也。臣庶，谓其百官也。象素憎舜，不至其宫，故舜见其来而喜，使之治其臣庶也。孟子言舜非不知其将杀己，但见其忧则忧，见其喜则喜，兄弟之情自有所不能已耳。万章所言，其有无不可知；然舜之心，则孟子有以知之矣。他亦不足辨也。程子曰：“象忧亦忧，象喜亦喜，人情天理，于是为至。” ④ 与，平声。校，音效，又音教。畜，许六反。校人，主池沼小吏也。圉圉，困而未舒之貌。洋洋，则稍纵矣。攸然而逝者，自得而远去也。方，亦道也。罔，蒙蔽也。欺以其方，谓诳之以理之所有。罔以非其道，谓昧之以理之所无。象以爱兄之道来，所谓欺之以其方也。舜本不知其伪，故实喜之，何伪之有？ 此章又言舜遭人伦之变，而不失天理之常也。

5上·3 万章问曰：“象日以杀舜为事。立为天子，则放之，何也？”孟子曰：“封之也。或曰放焉。”①万章曰：“舜流共工于幽州，放驩兜于崇山，杀三苗于三危，殛鲧于羽山：四罪而天下咸服，诛不仁也。象至不仁，封之有庳。有庳之人奚罪焉？仁人固如是乎？在他人则诛之，在弟则封之。”曰：“仁人之于弟也，不藏怒焉，不宿怨焉，亲爱之而已矣。亲之欲其贵也，爱之欲其富也。封之有庳，富贵之也。身为天子，弟为匹夫，可谓亲爱之乎？”[2]“敢问‘或曰放’者，何谓也？”曰：“象不得有为于其国，天子使吏治其国而纳其贡税焉，故谓之‘放’。岂得暴彼民哉？虽然，欲常常而见之，故源源而来，‘不及贡，以政接于有庳。’此之谓也。”[3]

① 放，犹置也。置之于此，使不得去也。万章疑舜何不诛之。孟子言舜实封之，而或者误以为放也。 ② 庳，音鼻。 流，徙也。共工，官名。驩兜，人名。二人比周，相与为党。三苗，国名，负固不服。杀，杀其君也。殛，诛也。鲧，禹父名，方命圮族，治水无功，皆不仁之人也。幽州、崇山、三危、羽山、有庳，皆地名也。或曰：“今道州鼻亭，即有庳之地也。”未知是否。万章疑舜不当封象，使彼有庳之民无罪而遭象之虐，非仁人之心也。藏怒，谓藏匿其怒。宿怨，谓留蓄其怨。 ③ 孟子言象虽封为有庳之君，然不得治其国，天子使吏代之治，而纳其所收之贡税于象，有似于放，故或者以为放也。盖象至不仁，处之如此，则既不失吾亲爱之心，而彼亦不得虐有庳之民也。源源，若水之相继也。来，谓来朝觐也。“不及贡，以政接于有庳”，谓不待及诸侯朝贡之期，而以政事接见有庳之君。盖古书之辞，而孟子引以证“源源而来”之意，见其亲爱之无已如此也。 吴氏曰：“言圣人不以公义废私恩，亦不以私恩害公义。舜之于象，仁之至，义之尽也。”

5上·4 咸丘蒙问曰：“语云：‘盛德之士，君不得而臣，父不得而子。’舜南面而立，尧帅诸侯北面而朝之，瞽瞍亦北面而朝之。舜见瞽瞍，其容有蹙。孔子曰：‘于斯时也，天下殆哉！岌岌乎！’不识此语诚然乎哉？”孟子曰：“否。此非君子之言，齐东野人之语也。尧老而舜摄也。《尧典》曰：‘二十有八载，放勋乃徂落。百姓如丧考妣。三年，四海遏密八音。’孔子曰：‘天无二日，民无二王。’舜既为天子矣，又帅天下诸侯以为尧三年丧，是二天子矣。”[1]咸丘蒙曰：“舜之不臣尧，则吾既得闻命矣。《诗》云：‘普天之下，莫非王土。率土之滨，莫非王臣。’而舜既为天子矣，敢问瞽瞍之非臣，如何？”曰：“是诗也，非是之谓也。劳于王事，而不得养父母也。曰：‘此莫非王事，我独贤劳也。’故说《诗》者，不以文害辞，不以辞害志；以意逆志，是为得之。如以辞而已矣，《云汉》之诗曰：'周馀黎民，靡有孑遗。'信斯言也，是周无遗民也。②孝子之至，莫大乎尊亲。尊亲之至，莫大乎以天下养。为天子父，尊之至也。以天下养，养之至也。《诗》曰：'永言孝思，孝思维则。'此之谓也。③《书》曰：'祗载见瞽瞍，夔夔齐栗，瞽瞍亦允若。'是为父不得而子也。"④

① 朝，音潮。岌，鱼及反。　咸丘蒙，孟子弟子。语者，古语也。蹙，颦蹙不自安也。岌岌，不安貌也。言人伦乖乱，天下将危也。齐东，齐国之东鄙也。孟子言尧但老不治事，而舜摄天子之事耳。尧在时，舜未尝即天子位，尧何由北面而朝乎？又引《书》及孔子之言以明之。《尧典》，《虞书》篇名。今此文乃见于《舜典》，盖古书二篇，或合为一耳。言舜摄位二十八年而尧死也。徂，升也。落，降也。人死则魂升而魄降，故古者谓死为徂落。遏，止也。密，静也。八音，金、石、丝、竹、匏、土、革、木，乐器之音也。　② 不臣尧，不以尧为臣、使北面而朝也。《诗》，《小雅·北山》之篇也。普，遍也。率，循也。此诗今毛氏序云："役使不均，已劳于王事而不得养其父母焉。"其诗下文亦云："大夫不均，我从事独贤。"乃作诗者自言："天下皆王臣，何为独使我以贤才而劳苦乎？"非谓天子可臣其父也。文，字也。辞，语也。逆，迎也。《云汉》，《大雅》篇名也。孑，独立之貌。遗，脱也。言说《诗》之法，不可以一字而害一句之义，不可以一句而害设辞之志，当以己意迎取作者之志，乃可得之。若但以其辞而已，则如《云汉》所言，是周之民真无遗种矣。惟以意逆之，则知作诗者之志在于忧旱，而非真无遗民也。

③ 养，去声。　言瞽瞍既为天子之父，则当享天下之养，此舜之所以为尊亲、养亲之至也，岂有使之北面而朝之理乎？《诗》，《大雅·下武》之篇。言人能长言孝思而不忘，则可以为天下法则也。　④ 见，音现。齐，侧皆反。　《书》，《大禹谟》篇也。祗，敬也。载，事也。夔夔齐栗，敬谨恐惧之貌。允，信也。若，顺也。言舜敬事瞽瞍，往而见之，敬谨如此。瞽瞍亦信而顺之也。孟子引此而言瞽瞍不能以不善及其子，而反见化于其子，则是所谓"父不得而子"者，而非如咸丘蒙之说也。

5上·5　万章曰："尧以天下与舜，有诸？"孟子曰："否。天子不能以天下与人。"①"然则舜有天下也。孰与之？"曰：

"天与之。"② "天与之者,谆谆然命之乎?"③ 曰:"否。天不言,以行与事示之而已矣。"④ 曰:"以行与事示之者如之何?"曰:"天子能荐人于天,不能使天与之天下。诸侯能荐人于天子,不能使天子与之诸侯。大夫能荐人于诸侯,不能使诸侯与之大夫。昔者尧荐舜于天而天受之,暴之于民而民受之,故曰:'天不言,以行与事示之而已矣。'"⑤ 曰:"敢问荐之于天而天受之,暴之于民而民受之,如何?"曰:"使之主祭而百神享之,是天受之。使之主事而事治,百姓安之,是民受之也。天与之,人与之,故曰:'天子不能以天下与人。'⑥ 舜相尧,二十有八载,非人之所能为也,天也。尧崩,三年之丧毕,舜避尧之子于南河之南。天下诸侯朝觐者,不之尧之子而之舜;讼狱者,不之尧之子而之舜;讴歌者,不讴歌尧之子而讴歌舜。故曰:'天也。'夫然后之中国,践天子位焉。而居尧之宫,逼尧之子,是篡也,非天与也。⑦《太誓》曰:'天视自我民视,天听自我民听。'此之谓也。"⑧

① 天下者,天下之天下,非一人之私有故也。 ② 万章问而孟子答也。 ③ 谆,之淳反。 万章问也。谆谆,详语之貌。 ④ 行,去声,下同。行之于身谓之行,措诸天下谓之事。言但因舜之行、事,而示以与之之意耳。 ⑤ 暴,步卜反,下同。 暴,显也。言下能荐人于上,不能令上必用之。舜为天人所受,是因舜之行与事而示之以与之之意也。 ⑥ 治,去声。 ⑦ 相,去声。朝,音潮。夫,音扶。 南河,在冀州之南。其南即豫州也。讼狱,谓狱不决而讼之也。 ⑧ 自,从也。天无形,其视听皆从于民之视听。民之归舜如此,则天与之可知矣。

5上·6 万章问曰:"人有言'至于禹而德衰,不传于贤而传于子',有诸?"孟子曰:"否,不然也。天与贤,则与贤;天与子,则与子。昔者舜荐禹于天。十有七年,舜崩。三年之丧毕,禹避舜之子于阳城。天下之民从之,若尧崩之后不从尧之子而从舜也。禹荐益于天。七年,禹崩。三年之丧毕,益避禹之子于箕山之阴。朝觐讼狱者不之益而之启,曰:'吾君之子也。'讴歌者不讴歌益而讴歌启,曰:'吾君之子也。'①丹朱之不肖,舜之子亦不肖;舜之相尧、禹之相舜也,历年多,施泽于民久。启贤,能敬承继禹之道;益之相禹也,历年少,施泽于民未久。舜、禹、益,相去久远。其子之贤不肖,皆天也,非人之所能为也。莫之为而为者,天也。莫之致而至者,命也。②匹夫而有天下者,德必若舜、禹,而又有天子荐之者,故仲尼不有天下。③继世以有天下,天之所废,必若桀、纣者也,故益、伊尹、周公不有天下。④伊尹相汤以王于天下。汤崩,太丁未立,外丙二年,仲壬四年。太甲颠覆汤之典刑,伊尹放之于桐三年。太甲悔过,自怨自艾,于桐处仁迁义三年,以听伊尹之训己也,复归于亳。⑤周公之不有天下,犹益之于夏、伊尹之于殷也。⑥孔子曰:"'唐、虞禅,夏后、殷、周继,其义一也。'"⑦

① 朝,音潮。　阳城、箕山之阴,皆嵩山下深谷中可藏处。启,禹之子也。杨氏曰:"此语孟子必有所受,然不可考矣。但云'天与贤则与贤,天与子则与子',可以见尧、舜、禹之心,皆无一毫私意也。"　② "之相"之相,去声。"相去"之相,如字。　尧、舜之子皆不肖,而舜、禹之为相久,此尧、舜之子所以不有天下,而舜、禹有天下也。禹之子贤,而益相不久,此启所以有天下,而益不有天下也。然此皆非人力所为而自为,非人力所致而自至者。盖以理言之谓之天,自人言之谓之命,其实则一而已。　③ 孟子因禹、益之事,历举此下两条以推明之,言仲尼之德,虽不愧于舜、禹,而无天子荐之者,故不有天下。　④ 继世而有天下者,其先世皆有大功德于民,故必有大恶如桀、纣,则天乃废之。如启及太甲、成王,虽不及益、伊尹、周公之贤圣,但能嗣守先业,则天亦不废之。故益、伊尹、周公虽有舜、禹之德,而亦不有天下。　⑤ 相、王,皆去声。艾,音乂。此承上文言伊尹不有天下之事。赵氏曰:"太丁,汤之太子,未立而死。外丙立二年,仲壬立四年,皆太丁弟也。太甲,太丁子也。"程子曰:"古人谓岁为年。汤崩时外丙方二岁,仲壬方四岁,惟太甲差长,故立之也。"二说未知孰是。颠覆,坏乱

也。典刑，常法也。桐，汤墓所在。艾，治也。《说文》云："芟草也。"盖斩绝自新之意。亳，商所都也。 ⑥ 此复言周公所以不有天下之意。 ⑦ 禅，音擅。 禅，授也。或禅或继，皆天命也。圣人岂有私意于其间哉？ 尹氏曰："孔子曰：'唐、虞禅，夏后、殷、周继，其义一也。'"孟子曰："'天与贤，则与贤。天与子，则与子。'知前圣之心者，无如孔子。继孔子者，孟子而已矣。"

5上·7 万章问曰："人有言'伊尹以割烹要汤'，有诸？"① 孟子曰："否，不然。伊尹耕于有莘之野，而乐尧、舜之道焉。非其义也，非其道也，禄之以天下弗顾也，系马千驷弗视也。非其义也，非其道也，一介不以与人，一介不以取诸人。② 汤使人以币聘之。嚣嚣然曰：'我何以汤之聘币为哉？我岂若处畎亩之中，由是以乐尧、舜之道哉？'③ 汤三使往聘之。既而幡然改曰：'与我处畎亩之中，由是以乐尧、舜之道，吾岂若使是君为尧、舜之君哉？吾岂若使是民为尧、舜之民哉？吾岂若于吾身亲见之哉？④ 天之生此民也，使先知觉后知，使先觉觉后觉也。予，天民之先觉者也。予将以斯道觉斯民也，非予觉之而谁也？'⑤ 思天下之民，匹夫匹妇有不被尧、舜之泽者，若己推而内之沟中，其自任以天下之重如此，故就汤而说之以伐夏救民。⑥ 吾未闻枉己而正人者也，况辱己以正天下者乎？圣人之行不同也，或远或近，或去或不去，归洁其身而已矣。⑦ 吾闻其以尧、舜之道要汤，未闻以割烹也。⑧《伊训》曰：'天诛造攻自牧宫，朕载自亳。'"⑨

① 要，平声，下同。 要，求也。按《史记》："伊尹欲行道，以致君而无由，乃为有莘氏之媵臣，负鼎俎，以滋味说汤，致于王道。"盖战国时有为此说者。 ② 乐，音洛。 莘，国名。"乐尧、舜之道"者，诵其诗，读其书，而欣慕爱乐之也。驷，四匹也。介，与"草芥"之芥同。言其辞受取与，无大无细，一以道义而不苟也。 ③ 嚣，五高反，又户骄反。 嚣嚣，无欲自得之貌。 ④ 幡然，变动之貌。于吾身亲见之，言于我之身亲见其道之行，不徒诵说向慕之而已也。

⑤ 此亦伊尹之言也。知,谓识其事之所当然。觉,谓悟其理之所以然。觉后知后觉,如呼寐者而使之寤也。言天使者,天理当然,若使之也。程子曰:"'予,天民之先觉',谓我乃天生此民中尽得民道而先觉者也。既为先觉之民,岂可不觉其未觉者?乃彼之觉,亦非分我所有以予之也,皆彼自有此理,我但能觉之而已。" ⑥ 推,吐回反。内,音纳。说,音税。《书》曰:"昔先正保衡作我先王,曰:'予弗克俾厥后惟尧、舜。'其心愧耻,若挞于市。一夫不获,则曰'时予之辜'。"孟子之言,盖取诸此。是时夏桀无道,暴虐其民,故欲使汤伐夏以救之。徐氏曰:"伊尹乐尧、舜之道。尧、舜揖逊,而伊尹说汤以伐夏者,时之不同,义则一也。" ⑦ 行,去声。 辱己甚于枉己,正天下难于正人。若伊尹以割烹要汤,辱己甚矣,何以正天下乎?远,谓隐遁也。近,谓仕近君也。言圣人之行虽不必同,然其要归在洁其身而已,伊尹岂肯以割烹要汤哉? ⑧ 林氏曰:"以尧、舜之道要汤者,非实以是要之也,道在此而汤之聘自来耳,犹子贡言'夫子之求之,异乎人之求之'也。"愚谓,此语亦犹前章所论"父不得而子"之意。 ⑨《伊训》,《商书》篇名。孟子引以证伐夏救民之事也。今《书》"牧宫"作"鸣条"。造、载,皆始也。伊尹言始攻桀无道,由我始其事于亳也。

5上·8 万章问曰:"或谓孔子于卫主痈疽,于齐主侍人瘠环,有诸乎?"孟子曰:"否,不然也。好事者为之也。①于卫主颜雠由。弥子之妻与子路之妻,兄弟也。弥子谓子路曰:'孔子主我,卫卿可得也。'子路以告。孔子曰:'有命。'孔子进以礼,退以义,得之不得曰'有命'。而主痈疽与侍人瘠环,是无义无命也。②孔子不悦于鲁、卫。遭宋桓司马,将要而杀之。微服而过宋。是时孔子当阨,主司城贞子,为陈侯周臣。③吾闻观近臣,以其所为主;观远臣,以其所主。若孔子主痈疽与侍人瘠环,何以为孔子?"④

① 痈,於容反。疽,七余反。好,去声。 主,谓舍于其家,以之为主人也。痈疽,疡医也。侍人,奄人也。瘠,姓;环,名。皆时君所近狎之人也。好事,谓喜造言生事之人也。 ② 雠,如字,又音犨。 颜雠由,卫之贤大夫也。《史记》作颜浊邹。弥子,卫灵公幸臣弥子瑕也。徐氏曰:"礼主于辞逊,故进以礼。义主于制断,故退以义。难进而易退者也。在我者,有礼义而已。得之不得,则有命

存焉。” ③ 要，平声。 不悦，不乐居其国也。桓司马，宋大夫向魋也。司城贞子，亦宋大夫之贤者也。陈侯，名周。按《史记》：“孔子为鲁司寇，齐人馈女乐以间之，孔子遂行。适卫月余，去卫适宋。司马魋欲杀孔子，孔子去，至陈，主于司城贞子。”孟子言孔子虽当阨难，然犹择所主，况在齐、卫无事之时，岂有主痈疽、侍人之事乎？ ④ 近臣，在朝之臣。远臣，远方来仕者。君子、小人，各从其类，故观其所为主与其所主者，而其人可知。

5上·9　万章问曰：“或曰：‘百里奚自鬻于秦养牲者，五羊之皮，食牛，以要秦穆公。’信乎？”孟子曰：“否，不然。好事者为之也。①百里奚，虞人也。晋人以垂棘之璧与屈产之乘，假道于虞以伐虢。宫之奇谏。百里奚不谏，②知虞公之不可谏而去，之秦，年已七十矣。曾不知以食牛干秦穆公之为汙也，可谓智乎？不可谏而不谏，可谓不智乎？知虞公之将亡而先去之，不可谓不智也。时举于秦，知穆公之可与有行也而相之，可谓不智乎？相秦而显其君于天下，可传于后世，不贤而能之乎？自鬻以成其君，乡党自好者不为，而谓贤者为之乎？”③

① 食，音嗣。好，去声，下同。 百里奚，虞之贤臣。人言其自卖于秦养牲者之家，得五羊之皮，而为之食牛，因以干秦穆公也。 ② 屈，求勿反。乘，去声。 虞、虢，皆国名。垂棘之璧，垂棘之地所出之璧也。屈产之乘，屈地所生之良马也。乘，四匹也。晋欲伐虢，道经于虞，故以此物借道，其实欲并取虞。宫之奇，亦虞之贤臣，谏虞公令勿许。虞公不用，遂为晋所灭。百里奚知其不可谏，故不谏而去之。 ③ 相，去声。 自好，自爱其身之人也。孟子言：百里奚之智如此，必知食牛以干主之为汙；其贤又如此，必不肯自鬻以成其君也。然此事当孟子时已无所据，孟子直以事理反覆推之而知其必不然耳。 范氏曰：“古之圣贤未遇之时，鄙贱之事不耻为之，如百里奚为人养牛，无足怪也。惟是人君不致敬尽礼，则不可得而见，岂有先自汙辱以要其君哉？庄周曰：‘百里奚爵禄不入于心，故饭牛而牛肥，使穆公忘其贱而与之政。’亦可谓知百里奚矣。伊尹、百里奚之事，皆圣贤出处之大节，故孟子不得不辩。”尹氏曰：“当时好事者之论，大率类此，盖以其不正之心度圣贤也。”

万章章句下

凡九章。

5下·1　孟子曰："伯夷目不视恶色，耳不听恶声。非其君不事，非其民不使。治则进，乱则退。横政之所出，横民之所止，不忍居也。思与乡人处，如以朝衣朝冠坐于涂炭也。当纣之时，居北海之滨，以待天下之清也。故闻伯夷之风者，顽夫廉，懦夫有立志。①伊尹曰：'何事非君？何使非民？'治亦进，乱亦进。曰：'天之生斯民也，使先知觉后知，使先觉觉后觉。予，天民之先觉者也。予将以此道觉此民也。'思天下之民匹夫匹妇有不与被尧、舜之泽者，若己推而内之沟中，其自任以天下之重也。②柳下惠不羞汙君，不辞小官；进不隐贤，必以其道，遗佚而不怨，阨穷而不悯。与乡人处，由由然不忍去也：'尔为尔，我为我，虽袒裼裸裎于我侧，尔焉能浼我哉？'故闻柳下惠之风者，鄙夫宽，薄夫敦。③孔子之去齐，接淅而行。去鲁，曰：'迟迟吾行也。'去父母国之道也。可以速而速，可以久而久，可以处而处，可以仕而仕，孔子也。"④孟子曰："伯夷，圣之清者也。伊尹，圣之任者也。柳下惠，圣之和者也。孔子，圣之时者也。⑤孔子之谓集大成。集大成也者，金声而玉振之也。金声也者，始条理也；玉振之也者，终条理也。始条理者，智之事也；终条理者，圣之事也。[6]智，譬则巧也；圣，譬则力也。由射于百步之外也，其至，尔力也；其中，非尔力也。”[7]

①治，去声，下同。横，去声。朝，音潮。　横，谓不循法度。顽者，无知觉。廉者，有分辨。懦，柔弱也。馀并见前篇。　②与，音预。　“何事非君”，言所事即君。“何使非民”，言所使即民。无不可事之君，无不可使之民也。馀见前篇。　③鄙，狭陋也。敦，厚也。馀见前篇。　④淅，先历反。　接，犹承也。淅，渍米水也。渍米将炊，而欲去之速，故以手承水取米而行，不及炊也。举此一端，以见其久、速、仕、止，各当其可也。或曰：“孔子去鲁，不税冕而行，岂得为迟？”杨氏曰：“孔子欲去之意久矣。不欲苟去，故迟迟其行也。膰肉不至，则得以微罪行矣。故不税冕而行，非速也。”　⑤张子曰：“无所杂者清之极，无所异者和之极。勉而清，非圣人之清；勉而和，非圣人之和。所谓圣者，不勉不思而至焉者也。”孔氏曰：“任者，以天下为己责也。”愚谓，孔子仕、止、久、速，各当其可，盖兼三子之所以圣者而时出之，非如三子之可以一德名也。或疑伊尹出处合乎孔子，而不得为圣之时，何也？程子曰：“终是‘任’底意思在。”　⑥此言孔子集三圣之事而为一大圣之事，犹作乐者集众音之小成而为一大成也。成者，乐之一终，《书》所谓“箫韶九成”是也。金，钟属。声，宣也，如“声罪致讨”之声。玉，磬也。振，收也，如“振河海而不洩”之振。始，始之也。终，终之也。条理，犹言脉络，指众音而言也。智者，知之所及。圣者，德之所就也。盖乐有八音：金、石、丝、竹、匏、土、革、木。若独奏一音，则其一音自为始终，而为一小成；犹三子之所知偏于一，而其所就亦偏于一也。八音之中，金、石为重，故特为众音之纲纪。又金始震而玉终诎然也，故并奏八音，则于其未作而先击镈钟以宣其声，俟其既阕而后击特磬以收其韵。宣以始之，收以终之，二者之间脉络通贯，无所不备，则合众小成而为一大成，犹孔子之知无不尽而德无不全也。“金声玉振”，“始终条理”，疑古《乐经》之言。故兒宽云：“惟天子建中和之极，兼总条贯，金声而玉振之。”亦此意也。　⑦中，去声。　此复以射之巧、力，发明智、圣二字之义，见孔子巧、力俱全，而圣、智兼备。三子则力有馀而巧不足，是以一节虽至于圣，而智不足以及乎“时”、“中”也。　此章言三子之行各极其一偏，孔子之道兼全于众理。所以偏者，由其蔽于始，是以缺于终。所以全者，由其知之至，是以行之尽。三子犹春、夏、秋、冬之各一其时，孔子则大和元气之流行于四时也。

5下·2　北宫锜问曰：“周室班爵禄也，如之何？”[1]孟子曰："其详不可得闻也。诸侯恶其害己也，而皆去其籍。然而轲也，尝闻其略也。②天子一位，公一位，侯一位，伯一位，子、男同一位，凡五等也。君一位，卿一位，大夫一位，上士一位，中士一位，下士一位，凡六等。③天子之制，地方千里，公、侯皆方百里，伯七十里，子、男五十里，凡四等。不能五十里，不达于天子，附于诸侯，曰附庸。④天子之卿受地视侯，大夫受地视伯，元士受地视子、男。⑤大国地方百里，君十卿禄，卿禄四大夫，大夫倍上士，上士倍中士，中士倍下士，下士与庶人在官者同禄，禄足以代其耕也。⑥次国地方七十里，君十卿禄，卿禄三大夫，大夫倍上士，上士倍中士，中士倍下士，下士与庶人在官者同禄，禄足以代其耕也。⑦小国地方五十里，君十卿禄，卿禄二大夫，大夫倍上士，上士倍中士，中士倍下士，下士与庶人在官者同禄，禄足以代其耕也。⑧耕者之所获，一夫百亩，百亩之粪，上农夫食九人，上次食八人，中食七人，中次食六人，下食五人。庶人在官者，其禄以是为差。"⑨

① 锜，鱼绮反。　北宫，姓；锜，名；卫人。班，列也。　② 恶，去声。去，上声。　当时诸侯兼并僭窃，故恶周制妨害己之所为也。　③ 此班爵之制也，五等通于天下，六等施于国中。　④ 此以下，班禄之制也。不能，犹不足也。小国之地不足五十里者，不能自达于天子，因大国以姓名通，谓之附庸，若春秋郳仪父之类是也。　⑤ 视，比也。徐氏曰："王畿之内，亦制都鄙受地也。"元士，上士也。　⑥ 十，十倍之也。四，四倍之也。倍，加一倍也。徐氏曰："大国：君田三万二千亩，其入可食二千八百八十人。卿田三千二百亩，可食二百八十八人。大夫田八百亩，可食七十二人。上士田四百亩，可食三十六人。中士田二百亩，可食十八人。下士与庶人在官者田百亩，可食九人至五人。庶人在官，府史胥徒也。"愚按，君以下所食之禄，皆助法之公田，藉农夫之力以耕而收其租。士之无田与庶人在官者，则但受禄于官，如田之入而已。　⑦ 三，谓三倍之也。徐氏曰："次国君田二万四千亩，可食二千一百六十人。卿田二千四百亩，

可食二百十六人。" ⑧ 二,即倍也。徐氏曰:"小国君田一万六千亩,可食千四百四十人。卿田一千六百亩,可食百四十四人。" ⑨ 食,音嗣。 获,得也。一夫一妇,佃田百亩,加之以粪。粪多而力勤者为上农,其所收可共九人。其次用力不齐,故有此五等。庶人在官者,其受禄不同,亦有此五等也。 愚按,此章之说与《周礼》、《王制》不同,盖不可考,阙之可也。程子曰:"孟子之时,去先王未远,载籍未经秦火,然而班爵禄之制已不闻其详。今之礼书,皆掇拾于煨烬之馀,而多出于汉儒一时之傅会,奈何欲尽信而句为之解乎? 然则其事固不可一一追复矣。"

5下·3 万章问曰:"敢问友。"孟子曰:"不挟长,不挟贵,不挟兄弟而友。友也者,友其德也,不可以有挟也。①孟献子,百乘之家也,有友五人焉:乐正裘、牧仲,其三人则予忘之矣。献子之与此五人者友也,无献子之家者也。此五人者亦有献子之家,则不与之友矣。②非惟百乘之家为然也,虽小国之君亦有之。费惠公曰:'吾于子思,则师之矣。吾于颜般,则友之矣。王顺、长息,则事我者也。'③非惟小国之君为然也,虽大国之君亦有之。晋平公之于亥唐也,入云则入,坐云则坐,食云则食。虽疏食菜羹,未尝不饱,盖不敢不饱也。然终于此而已矣,弗与共天位也,弗与治天职也,弗与食天禄也。士之尊贤者也,非王公之尊贤也。④舜尚见帝。帝馆甥于贰室,亦飨舜,迭为宾主,是天子而友匹夫也。⑤用下敬上,谓之贵贵。用上敬下,谓之尊贤。贵贵、尊贤,其义一也。"⑥

① 挟者,兼有而恃之之称。 ② 乘,去声,下同。 孟献子,鲁之贤大夫仲孙蔑也。张子曰:"献子忘其势,五人者忘人之势。不资其势而利其有,然后能忘人之势。若五人者有献子之家,则反为献子之所贱矣。" ③ 费,音秘。般,音班。 惠公,费邑之君也。师,所尊也。友,所敬也。事我者,所使也。 ④ "疏食"之食,音嗣。"平公"、"王公"下,诸本多无"之"字,疑阙文也。 亥唐,晋贤人也。平公造之,唐言"入",公乃入;言"坐",乃坐;言"食",乃食也。疏食,

粝饭也。不敢不饱，敬贤者之命也。范氏曰：“位曰‘天位’，职曰‘天职’，禄曰‘天禄’，言天所以待贤人，使治天民，非人君所得专者也。” ⑤ 尚，上也。舜上而见于帝尧也。馆，舍也。《礼》：“妻父曰外舅。”“谓我舅者，吾谓之甥。”尧以女妻舜，故谓之甥。贰室，副宫也。尧舍舜于副宫而就飨其食。 ⑥ 贵贵、尊贤，皆事之宜者。然当时但知贵贵而不知尊贤，故孟子曰“其义一也”。 此言朋友人伦之一，所以辅仁，故以天子友匹夫而不为诎，以匹夫友天子而不为僭。此尧、舜所以为人伦之至，而孟子言必称之也。

5下·4 万章问曰：“敢问交际何心也？”孟子曰：“恭也。”①曰：“‘却之却之为不恭’，何哉？”曰：“尊者赐之，曰：‘其所取之者，义乎？不义乎？’而后受之，以是为不恭，故弗却也。”②曰：“请无以辞却之，以心却之，曰：‘其取诸民之不义也。’而以他辞无受，不可乎？”曰：“其交也以道，其接也以礼，斯孔子受之矣。”③万章曰：“今有御人于国门之外者，其交也以道，其馈也以礼，斯可受御与？”曰：“不可。《康诰》曰：‘杀越人于货，闵不畏死，凡民罔不譈。’是不待教而诛者也。殷受夏，周受殷，所不辞也。于今为烈，如之何其受之？”④曰：“今之诸侯取之于民也，犹御也。苟善其礼际矣，斯君子受之。敢问何说也？”曰：“子以为有王者作，将比今之诸侯而诛之乎？其教之不改而后诛之乎？夫谓非其有而取之者盗也，充类至义之尽也。孔子之仕于鲁也，鲁人猎较，孔子亦猎较；猎较犹可，而况受其赐乎？”⑤曰：“然则孔子之仕也，非事道与？”曰：“事道也。”“事道奚猎较也？”曰：“孔子先簿正祭器，不以四方之食供簿正。”曰：“奚不去也？”曰：“为之兆也。兆足以行矣，而不行而后去，是以未尝有所终三年淹也。”⑥孔子有见行可之仕，有际可之仕，有公养之仕。于季桓子，见行可之仕也；于卫灵公，际可之仕也；于卫孝公，公养之仕也。”⑦

① 际，接也。交际，谓人以礼仪币帛相交接也。 ② 却，不受而还之也。再言之，未详。万章疑交际之间有所却者，人便以为不恭，何哉？孟子言：尊者之赐，而心窃计其所以得此物者未知合义与否；必其合义，然后可受；不然则却之矣。所以却之为不恭也。 ③ 万章以为彼既得之不义，则其馈不可受，但无以言语间而却之，直以心度其不义，而托于他辞以却之，如此可否邪？交以道，如馈赆、闻戒、周其饥饿之类。接以礼，谓辞命恭敬之节。孔子受之，如受阳货烝豚之类也。 ④ 与，平声。譈，《书》作"憝"，徒对反。 御，止也。止人而杀之，且夺其货也。国门之外，无人之处也。万章以为苟不问其物之所从来，而但观其交接之礼，则设有御人者用其御得之货以礼馈我，则可受之乎？《康诰》，《周书》篇名。越，颠越也。今《书》"闵"作"愍"，无"凡民"二字。譈，怨也。言杀人而颠越之，因取其货，闵然不知畏死，凡民无不怨之。孟子言此乃不待教戒而当即诛者也，如何而可受之乎？"殷受"至"为烈"十四字，语意不伦。李氏以为此必有断简或阙文者，近之。而愚意其直为衍字耳。然不可考，姑阙之可也。 ⑤ 比，去声。夫，音扶。较，音角。 比，连也。言今诸侯之取于民，固多不义，然有王者起，必不连合而尽诛之，必教之不改而后诛之，则其与御人之盗不待教而诛者不同矣。夫御人于国门之外，与非其有而取之，二者固皆不义之类，然必御人，乃为真盗。其谓非有而取为盗者，乃推其类，至于义之至精至密之处而极言之耳，非便以为真盗也。然则今之诸侯，虽曰取非其有，而岂可遽以同于御人之盗也哉？又引孔子之事，以明世俗所尚犹或可从，况受其赐，何为不可乎？猎较，未详。赵氏以为田猎相较，夺禽兽以祭，孔子不违，所以小同于俗也。张氏以为猎而较所获之多少也。二说未知孰是。 ⑥ 与，平声。 此因孔子事而反复辩论也。事道者，以行道为事也。"事道奚猎较也"，万章问也。"先簿正祭器"，未详。徐氏曰："先以簿书正其祭器，使有定数，而不以四方难继之物实之。夫器有常数，实有常品，则其本正矣。彼猎较者，将久而自废矣。"未知是否也。兆，犹卜之兆，盖事之端也。孔子所以不去者，亦欲小试行道之端，以示于人，使知吾道之果可行也。若其端既可行，而人不能遂行之，然后不得已而必去之。盖其去虽不轻，而亦未尝不决，是以未尝终三年留于一国也。 ⑦ 见行可，见其道之可行也。际可，接遇以礼也。公养，国君养贤之礼也。季桓子，鲁卿季孙斯也。卫灵公，卫侯元也。孝公，《春秋》、《史记》皆无之，疑出公辄也。因孔子仕鲁，而言其仕有此三者。故于鲁，则兆足以行矣，而不行，然后去；而于卫之事，则又受其交际问馈而不却之一验也。 尹氏曰："不闻孟子之义，则自好者为於陵仲子而已。圣贤辞受进退，惟义所在。"愚按，此章文义多不可晓，不必强为之说。

5下·5　孟子曰："仕非为贫也，而有时乎为贫。娶妻非为养也，而有时乎为养。①为贫者，辞尊居卑，辞富居贫。②辞尊居卑，辞富居贫，恶乎宜乎？抱关击柝。③孔子尝为委吏矣，曰：'会计当而已矣。'尝为乘田矣，曰：'牛羊茁壮长而已矣。'④位卑而言高，罪也；立乎人之本朝而道不行，耻也。"⑤

① 为、养，并去声，下同。　仕本为行道，而亦有家贫亲老，或道与时违，而但为禄仕者。如娶妻本为继嗣，而亦有为不能亲操井臼，而欲资其馈养者。② 贫、富，谓禄之厚薄。盖仕不为道，已非出处之正，故其所处但当如此。③ 恶，平声。柝，音託。　柝，行夜所击木也。盖为贫者，虽不主于行道，而亦不可以苟禄，故惟抱关击柝之吏位卑禄薄，其职易称，为所宜居也。李氏曰："道不行矣，为贫而仕者，此其律令也。若不能然，则是贪位慕禄而已矣。"　④ 委，乌伪反。会，工外反。当，丁浪反。乘，去声。茁，阻刮反。长，上声。　此孔子之为贫而仕者也。委吏，主委积之吏也。乘田，主苑囿刍牧之吏也。茁，肥貌。言以孔子大圣而尝为贱官，不以为辱者，所谓为贫而仕，官卑禄薄而职易称也。

⑤ 朝，音潮。　以出位为罪，则无行道之责；以废道为耻，则非窃禄之官，此为贫者之所以必辞尊、富而宁处贫、贱也。　尹氏曰："言为贫者不可以居尊，居尊者必欲以行道。"

5下·6　万章曰："士之不托诸侯，何也？"孟子曰："不敢也。诸侯失国而后托于诸侯，礼也。士之托于诸侯，非礼也。"①万章曰："君馈之粟，则受之乎？"曰："受之。""受之何义也？"曰："君之于氓也，固周之。"②曰："周之则受，赐之则不受，何也？"曰："不敢也。"曰："敢问其不敢，何也？"曰："抱关击柝者，皆有常职以食于上。无常职而赐于上者，以为不恭也。"③曰："君馈之，则受之，不识可常继乎？"曰："缪公之于子思也，亟问，亟馈鼎肉。子思不悦，于卒也摽使者出诸大门之外，北面稽首再拜而不受，曰：'今而后知君之犬马畜伋！'盖自是台无馈也。悦贤不能举，又不能养也，可谓悦贤乎？"④曰："敢问国君欲养君子，如何斯可谓养矣？"曰："以君命将之，再拜稽首而受。其后廪人继粟，庖人继肉，不以君命将之。子思以为鼎肉使己仆仆尔亟拜也，非养君子之道也。⑤尧之于舜也，使其子九男事之，二女女焉，百官牛羊仓廪备，以养舜于畎亩之中，后举而加诸上位，故曰王公之尊贤者也。”⑥

① 托，寄也。谓不仕而食其禄也。古者诸侯出奔他国，食其廪饩，谓之寄公。士无爵土，不得比诸侯，不仕而食禄则非礼也。 ② 周，救也。视其空乏，则周恤之，无常数，君待民之礼也。 ③ 赐，谓予之禄，有常数，君所以待臣之礼也。 ④ 亟，去声，下同。摽，音杓。使，去声。 亟，数也。鼎肉，熟肉也。卒，末也。摽，麾也。数以君命来馈，当拜受之，非养贤之礼，故不悦，而于其末后复来馈时，麾使者出，拜而辞之。犬马畜伋，言不以人礼待己也。台，贱官，主使令者。盖缪公愧悟，自此不复令台来致馈也。举，用也。能养者未必能用，况又不能养乎？ ⑤ 初以君命来馈，则当拜受。其后有司各以其职继续所无，不以君命来馈，不使贤者有亟拜之劳也。仆仆，烦猥貌。 ⑥ 女下字，去声。 能养能举，悦贤之至也。惟尧、舜为能尽之，而后世之所当法也。

5下·7 万章曰：“敢问不见诸侯，何义也？”孟子曰：“在国曰市井之臣，在野曰草莽之臣，皆谓庶人。庶人不传质为臣，不敢见于诸侯，礼也。”①万章曰：“庶人，召之役，则往役；君欲见之，召之，则不往见之。何也？”曰：“往役，义也；往见，不义也。②且君之欲见之也，何为也哉？”曰：“为其多闻也，为其贤也。”曰：“为其多闻也，则天子不召师，而况诸侯乎？为其贤也，则吾未闻欲见贤而召之也。③缪公亟见于子思，曰：‘古千乘之国以友士，何如？’子思不悦，曰：‘古之人有言曰，事之云乎？岂曰友之云乎？’子思之不悦也，岂不曰：‘以位，则子君也，我臣也，何敢与君友也？以德，则子事我者也，奚可以与我友？’千乘之君，求与之友而不可得也，而况可召与？④齐景公田，招虞人以旌，不至，将杀之。‘志士不忘在沟壑，勇士不忘丧其元。’孔子奚取焉？取非其招不往也。”⑤曰：“敢问招虞人何以？”曰：“以皮冠。庶人以旃，士以旂，大夫以旌。⑥以大夫之招招虞人，虞人死不敢往。以士之招招庶人，庶人岂敢往哉？况乎以不贤人之招招贤人乎？⑦欲见贤人而不以其道，犹欲其入而闭之门也。夫义，路也；礼，门也。惟君子能由是路，出入是门也。《诗》云：‘周道如底，其直如矢。君子所履，小人所视。’”⑧万章曰：“孔子‘君命召，不俟驾而行’。然则孔子非与？”曰：“孔子当仕有官职，而以其官召之也。”⑨

① 质，与贽同。　传，通也。质者，士执雉，庶人执鹜，相见以自通者也。国内莫非君臣，但未仕者与执贽在位之臣不同，故不敢见也。　② 往役者，庶人之职。不往见者，士之礼。　③ 为，并去声。　④ 亟、乘，皆去声。“召与”之与，平声。　孟子引子思之言而释之，以明不可召之意。　⑤ 丧，息浪反。说见前篇。　⑥ 皮冠，田猎之冠也。事见《春秋传》。然则皮冠者，虞人之所有事也，或以是招之。庶人，未仕之臣。通帛曰旃。士，谓已仕者。交龙为旂。析羽而注于旂干之首曰旌。　⑦ 欲见而招之，是不贤人之招也。以士之招招庶人，则不敢往。以不贤人之招招贤人，则不可往矣。　⑧ 夫，音扶。底，《诗》作砥，之履反。　《诗》，《小雅·大东》之篇。底，与砥同，砺石也，言其平也。矢，言其直也。视，视以为法也。引此以证上文“能由是路”之义。　⑨ 与，平声。　孔子方仕而任职，君以其官名召之，故不俟驾而行。徐氏曰：“孔子、孟子，易地则皆然。”　此章言不见诸侯之义，最为详悉。更合陈氏、公孙丑所问者而观之，其说乃尽。

5下·8　孟子谓万章曰：“一乡之善士，斯友一乡之善士；一国之善士，斯友一国之善士；天下之善士，斯友天下之善士。①以友天下之善士为未足，又尚论古之人。颂其诗，读其书，不知其人，可乎？是以论其世也，是尚友也。”②

① 言己之善盖于一乡，然后能尽友一乡之善士。推而至于一国、天下皆然，随其高下以为广狭也。　② 尚，上，同。言进而上也。颂，诵，通。论其世，论

其当世行事之迹也。言既观其言，则不可以不知其为人之实，是以又考其行也。夫能友天下之善士，其所友众矣。犹以为未足，又进而取于古人，是能进其取友之道，而非止为一世之士矣。

5下·9 齐宣王问卿。孟子曰："王何卿之问也？"王曰："卿不同乎？"曰："不同。有贵戚之卿，有异姓之卿。"王曰："请问贵戚之卿。"曰："君有大过则谏，反覆之而不听，则易位。"① 王勃然变乎色。② 曰："王勿异也。王问臣，臣不敢不以正对。"③ 王色定，然后请问异姓之卿。曰："君有过则谏，反覆之而不听，则去。"④

① 大过，谓足以亡其国者。易位，易君之位，更立亲戚之贤者。盖与君有亲亲之恩，无可去之义；以宗庙为重，不忍坐视其亡，故不得已而至于此也。② 勃然，变色貌。 ③ 孟子言也。 ④ 君臣义合，不合则去。 此章言大臣之义，亲疏不同，守经行权，各有其分。贵戚之卿，小过非不谏也，但必大过而不听，乃可易位。异姓之卿，大过非不谏也，虽小过而不听，已可去矣。然三仁贵戚，不能行之于纣；而霍光异姓，乃能行之于昌邑。此又委任权力之不同，不可以执一论也。

告子章句上

凡二十章。

6上·1　告子曰："性，犹杞柳也；义，犹桮棬也。以人性为仁义，犹以杞柳为桮棬。"[①]孟子曰："子能顺杞柳之性而以为桮棬乎？将戕贼杞柳而后以为桮棬也？如将戕贼杞柳而以为桮棬，则亦将戕贼人以为仁义与？率天下之人而祸仁义者，必子之言夫！"[②]

① 桮，音杯。棬，丘圆反。　性者，人生所禀之天理也。杞柳，柜柳。桮棬，屈木所为，若卮匜之属。告子言人性本无仁义，必待矫揉而后成，如荀子"性恶"之说也。　② 戕，音墙。与，平声。夫，音扶。　言如此，则天下之人皆以仁义为害性而不肯为，是因子之言而为仁义之祸也。

6上·2　告子曰："性犹湍水也，决诸东方则东流，决诸西方则西流。人性之无分于善不善也，犹水之无分于东西也。"[①]孟子曰："水信无分于东西，无分于上下乎？人性之善也，犹水之就下也。人无有不善，水无有不下。[②]今夫水，搏而跃之，可使过颡；激而行之，可使在山。是岂水之性哉？其势则然也。人之可使为不善，其性亦犹是也。"[③]

① 湍，他端反。　湍，波流潆回之貌也。告子因前说而小变之，近于扬子"善恶混"之说。　② 言水诚不分东西矣，然岂不分上下乎？性即天理，未有不善者也。　③ 夫，音扶。搏，补各反。　搏，击也。跃，跳也。颡，额也。水之过颡、在山，皆不就下也。然其本性未尝不就下，但为搏、激所使而逆其性耳。

此章言性本善，故顺之而无不善；本无恶，故反之而后为恶。非本无定礼而可以无所不为也。

6上·3　告子曰："生之谓性。"① 孟子曰："生之谓性也，犹白之谓白与？"曰："然。""白羽之白也，犹白雪之白；白雪之白，犹白玉之白与？"曰："然。"②"然则犬之性犹牛之性，牛之性犹人之性与？"③

① 生，指人、物之所以知觉、运动者而言。告子论性，前后四章语虽不同，然其大指不外乎此，与近世佛氏所谓"作用是性"者略相似。　② 与，平声，下同。　白之谓白，犹言凡物之白者同谓之白，更无差别也。"白羽"以下，孟子再问，而告子曰"然"，则是谓凡有生者同是一性矣。　③ 孟子又言：若果如此，则犬牛与人皆有知觉，皆能运动，其性皆无以异矣。于是告子自知其说之非而不能对也。　愚按，性者，人之所得于天之理也；生者，人之所得于天之气也。性，形而上者也；气，形而下者也。人、物之生，莫不有是性，亦莫不有是气。然以气言之，则知觉、运动，人与物若不异也；以理言之，则仁、义、礼、智之禀，岂物之所得而全哉？此人之性所以无不善，而为万物之灵也。告子不知性之为理，而以所谓气者当之，是以"杞柳"、"湍水"之喻，食、色"无善无不善"之说，纵横缪戾，纷纭舛错，而此章之误乃其本根。所以然者，盖徒知知觉、运动之蠢然者人与物同，而不知仁、义、礼、智之粹然者人与物异也。孟子以是折之，其义精矣。

6上·4　告子曰："食、色，性也。仁，内也，非外也。义，外也，非内也。"① 孟子曰："何以谓仁内义外也？"曰："彼长而我长之，非有长于我也。犹彼白而我白之，从其白于外也，故谓之外也。"② 曰："异于白马之白也，无以异于白人之白也。不识长马之长也，无以异于长人之长与？且谓长者义乎？长之者义乎？"③ 曰："吾弟则爱之，秦人之弟则不爱也。是以我为悦者也，故谓之内。长楚人之长，亦长吾之长，是以长为悦者也，故谓之外也。"④ 曰："耆秦人之炙，无以异于耆吾炙。夫物则亦有然者也，然则耆炙亦有外与？"⑤

① 告子以人之知觉、运动者为性，故言人之甘食、悦色者即其性。故仁爱之心生于内，而事物之宜由乎外；学者但当用力于仁，而不必求合于义也。　② 长，上声，下同。　我长之，我以彼为长也。我白之，我以彼为白也。　③ 与，平声，下同。　张氏曰："上'异于'二字疑衍。"李氏曰："或有阙文焉。"愚按，"白马"、"白人"，所谓"彼白而我白之"也。"长马"、"长人"，所谓"彼长而我长之"也。"白马"、"白人"不异，而"长马"、"长人"不同，是乃所谓义也。义不在彼之长，而在我长之之心，则义之非外，明矣。　④ 言爱主于我，故仁在内；敬主于长，故义在外。　⑤ 耆，与嗜同。夫，音扶。　言长之、耆之，皆出于心也。林氏曰："告子以食、色为性，故因其所明者而通之。"　自篇首至此四章，告子之辩屡屈，而屡变其说以求胜，卒不闻其能自反而有所疑也。此正其所谓"不得于言，勿求于心"者，所以卒于卤莽而不得其正也。

6上·5　孟季子问公都子曰："何以谓义内也？"① 曰："行吾敬，故谓之内也。"②"乡人长于伯兄一岁，则谁敬？"曰："敬兄。""酌则谁先？"曰："先酌乡人。""所敬在此，所长在彼，果在外，非由内也。"③ 公都子不能答，以告孟子。孟子曰："敬叔父乎？敬弟乎？彼将曰：'敬叔父。'曰：'弟为尸，则谁敬？'彼将曰：'敬弟。'子曰：'恶在其敬叔父也？'彼将曰：'在位故也。'子亦曰：'在位故也。庸敬在兄，斯须之敬在乡人。'"④ 季子闻之，曰："敬叔父则敬，敬弟则敬，果在外，非由内也。"公都子曰："冬日则饮汤，夏日则饮水，然则饮食亦在外也？"⑤

① 孟季子，疑孟仲子之弟也。盖闻孟子之言而未达，故私论之。　② 所敬之人虽在外，然知其当敬，而行吾心之敬以敬之，则不在外也。　③ 长，上声。　伯，长也。酌，酌酒也。此皆季子问，公都子答。而季子又言：如此，则敬长之心果不由中出也。　④ 恶，平声。　尸，祭祀所主以象神。虽子弟为之，然敬之当如祖考也。在位，弟在尸位，乡人在宾客之位也。庸，常也。斯须，暂时也。言因时制宜，皆由中出也。　⑤ 此亦上章耆炙之意。　范氏曰："二章问答，大指略同。皆反复譬喻以晓当世，使明仁义之在内，则知人之性善，而皆可以为尧、舜矣。"

6上·6　公都子曰："告子曰：'性无善无不善也。'①或曰：'性可以为善，可以为不善。是故文、武兴则民好善，幽、厉兴则民好暴。'②或曰：'有性善，有性不善。是故以尧为君而有象，以瞽瞍为父而有舜，以纣为兄之子且以为君，而有微子启、王子比干。'③今曰'性善'，然则彼皆非与？"④孟子曰："乃若其情，则可以为善矣，乃所谓善也。⑤若夫为不善，非才之罪也。⑥恻隐之心，人皆有之。羞恶之心，人皆有之。恭敬之心，人皆有之。是非之心，人皆有之。恻隐之心，仁也。羞恶之心，义也。恭敬之心，礼也。是非之心，智也。仁、义、礼、智，非由外铄我也，我固有之也，弗思耳矣。故曰：求则得之，舍则失之。或相倍蓰而无算者，不能尽其才者也。⑦《诗》云：'天生蒸民，有物有则。民之秉夷，好是懿德。'孔子曰：'为此诗者，其知道乎！故有物必有则，民之秉夷也，故好是懿德。'"⑧

① 此亦"生之谓性"、"食、色，性也"之意。近世苏氏、胡氏之说盖如此。　② 好，去声。　此即"湍水"之说也。　③ 韩子"性有三品"之说盖如此。按此文，则微子、比干皆纣之叔父，而《书》称微子为商王元子，疑此或有误字。　④ 与，平声。　⑤ 乃若，发语辞。情者，性之动也。人之情，本但可以为善而不可以为恶，则性之本善可知矣。　⑥ 夫，音扶。才，犹材质，人之能也。人有是性，则有是才。性既善则才亦善。人之为不善，乃物欲陷溺而然，非其才之罪也。　⑦ 恶，去声。舍，上声。蓰，音师。　恭者，敬之发于外者也。敬者，恭之主于中者也。铄，以火销金之名，自外以至内也。算，数也。言四者之心，人所固有，但人自不思而求之耳。所以善恶相去之远，由不思不求而不能扩充以尽其才也。前篇言是四者为仁、义、礼、智之端，而此不言端者，彼欲其扩而充之，此直因用以著其本体，故言有不同耳。　⑧ 好，去声。　《诗》，《大雅·蒸民》之篇。蒸，《诗》作烝，众也。物，事也。则，法也。夷，《诗》作彝，常也。懿，美也。有物必有法，如有耳目，则有聪明之德；有父子，则有慈孝之心。是民所秉执之常性也，故人之情无不好此懿德者。以此观之，则人性之善可见，而公都子所问之三说皆不辩而自明矣。　程子曰："性即理也，理则尧、舜至于涂人一也。才禀于

气，气有清浊。禀其清者为贤，禀其浊者为愚。学而知之，则气无清浊，皆可至于善而复性之本，汤、武身之是也。孔子所言'下愚不移'者，则自暴自弃之人也。"又曰："论性不论气，不备。论气不论性，不明。二之则不是。"张子曰："形而后有气质之性，善反之则天地之性存焉。故气质之性，君子有弗性者焉。"愚按，程子此说"才"字，与孟子本文小异。盖孟子专指其发于性者言之，故以为才无不善；程子兼指其禀于气者言之，则人之才固有昏、明、强、弱之不同矣，张子所谓气质之性是也。二说虽殊，各有所当，然以事理考之，程子为密。盖气质所禀虽有不善，而不害性之本善；性虽本善，而不可以无省察矫揉之功。学者所当深玩也。

6上·7　孟子曰："富岁子弟多赖，凶岁子弟多暴。非天之降才尔殊也，其所以陷溺其心者然也。①今夫麰麦，播种而耰之，其地同，树之时又同，浡然而生，至于日至之时，皆熟矣。虽有不同，则地有肥硗，雨露之养、人事之不齐也。②故凡同类者，举相似也，何独至于人而疑之？圣人与我同类者。③故龙子曰：'不知足而为屦，我知其不为蒉也。'屦之相似，天下之足同也。④口之于味，有同耆也。易牙，先得我口之所耆者也。如使口之于味也，其性与人殊，若犬、马之与我不同类也，则天下何耆皆从易牙之于味也？至于味，天下期于易牙，是天下之口相似也。⑤惟耳亦然。至于声，天下期于师旷，是天下之耳相似也。⑥惟目亦然。至于子都，天下莫不知其姣也。不知子都之姣者，无目者也。⑦故曰：口之于味也，有同耆焉；耳之于声也，有同听焉；目之于色也，有同美焉。至于心，独无所同然乎？心之所同然者何也？谓理也，义也。圣人先得我心之所同然耳。故理、义之悦我心，犹刍豢之悦我口。"⑧

① 富岁，丰年也。赖，藉也。丰年衣食饶足，故有所顾藉而为善。凶年衣食不足，故有以陷溺其心而为暴。　② 夫，音扶。麰，音牟。耰，音忧。硗，苦交反。　麰，大麦也。耰，覆种也。日至之时，谓当成熟之期也。硗，瘠薄也。

③ 圣人亦人耳。其性之善,无不同也。 ④ 蒉,音匮。 蒉,草器也。不知人足之大小而为之屦,虽未必适中,然必似足形,不至成蒉也。 ⑤ 耆,与嗜同,下同。 易牙,古之知味者。言易牙所调之味,则天下皆以为美也。 ⑥ 师旷,能审音者也。言师旷所和之音,则天下皆以为美也。 ⑦ 姣,古卯反。 子都,古之美人也。姣,好也。 ⑧ 然,犹可也。草食曰刍,牛羊是也。谷食曰豢,犬豕是也。程子曰:"在物为理,处物为义,体用之谓也。孟子言人心无不悦理义者,但圣人则先知先觉乎此耳,非有以异于人也。"程子又曰:"'理义之悦我心,犹刍豢之悦我口。'此语亲切有味。须实体察得理义之悦心,真犹刍豢之悦口,始得。"

6上·8 孟子曰:"牛山之木尝美矣,以其郊于大国也,斧斤伐之,可以为美乎?是其日夜之所息,雨露之所润,非无萌蘖之生焉,牛羊又从而牧之,是以若彼濯濯也,人见其濯濯也,以为未尝有材焉,此岂山之性也哉?①虽存乎人者,岂无仁义之心哉?其所以放其良心者,亦犹斧斤之于木也,旦旦而伐之,可以为美乎?其日夜之所息,平旦之气,其好恶与人相近也者几希,则其旦昼之所为,有梏亡之矣。梏之反复,则其夜气不足以存。夜气不足以存,则其违禽兽不远矣。人见其禽兽也,而以为未尝有才焉者,是岂人之情也哉?②故苟得其养,无物不长;苟失其养,无物不消。③孔子曰:'操则存,舍则亡;出入无时,莫知其乡。'惟心之谓与!"④

① 蘖,五割反。 牛山,齐之东南山也。邑外谓之郊。言牛山之木,前此固尝美矣;今为大国之郊,伐之者众,故失其美耳。息,生长也。日夜之所息,谓气化流行,未尝间断,故日夜之间,凡物皆有所生长也。萌,芽也。蘖,芽之旁出者也。濯濯,光洁之貌。材,材木也。言山木虽伐,犹有萌蘖,而牛羊又从而害之,是以至于光洁而无草木也。 ② 好、恶,并去声。 良心者,本然之善心,即所谓仁义之心也。平旦之气,谓未与物接之时清明之气也。好恶与人相近,言得人心之所同然也。几希,不多也。梏,械也。反复,展转也。言人之良心虽已放失,然其日夜之间犹必有所生长,故平旦未与物接,其气清明之际,良心犹必有发见者。但其发见至微,而旦昼所为之不善,又已随而梏亡之,如山木既伐,犹有萌

蘖，而牛羊又牧之也。昼之所为，既有以害其夜之所息；夜之所息，又不能胜其昼之所为。是以展转相害，至于夜气之生日以寖薄，而不足以存其仁义之良心；则平旦之气亦不能清，而所好恶遂与人远矣。　③ 长，上声。山木、人心，其理一也。　④ 舍，音捨。与，平声。　孔子言心，操之则在此，舍之则失去，其出入无定时亦无定处如此。孟子引之，以明心之神明不测，得失之易而保守之难，不可顷刻失其养。学者当无时而不用其力，使神清气定常如平旦之时，则此心常存，无适而非仁义矣。程子曰："心岂有出入？亦以操舍而言耳。操之之道，敬以直内而已。"　愚闻之师曰："人，理义之心未尝无，惟持守之即在尔。若于旦昼之间不至梏亡，则夜气愈清。夜气清，则平旦未与物接之时，湛然虚明气象自可见矣。"孟子发此夜气之说，于学者极有力，宜熟玩而深省之也。

6上·9　孟子曰："无或乎王之不智也。①虽有天下易生之物也，一日暴之，十日寒之，未有能生者也。吾见亦罕矣，吾退而寒之者至矣，吾如有萌焉何哉？②今夫弈之为数，小数也。不专心致志，则不得也。弈秋，通国之善弈者也。使弈秋诲二人弈。其一人专心致志，惟弈秋之为听。一人虽听之，一心以为有鸿鹄将至，思援弓缴而射之。虽与之俱学，弗若之矣。为是其智弗若与？曰：非然也。"③

① 或，与惑同，疑怪也。王，疑指齐王。　② 易，去声。暴，步卜反。见，音现。　暴，温之也。我见王之时少，犹"一日暴之"也。我退则谄谀杂进之日多，是"十日寒之"也。虽有萌蘖之生，我亦安能如之何哉？　③ 夫，音扶。缴，音灼。射，食亦反。"为是"之为，去声。"若与"之与，平声。　弈，围棋也。数，技也。致，极也。弈秋，善弈者，名秋也。缴，以绳系矢而射也。　程子为讲官，言于上曰："人主一日之间，接贤士大夫之时多，亲宦官宫妾之时少，则可以涵养气质而熏陶德性。"时不能用，识者恨之。范氏曰："人君之心，惟在所养。君子养之以善则智，小人养之以恶则愚。然贤人易疏，小人易亲，是以寡不能胜众，正不能胜邪。自古国家治日常少，而乱日常多，盖以此也。"

6上·10　孟子曰："鱼，我所欲也；熊掌，亦我所欲也。二者不可得兼，舍鱼而取熊掌者也。生，亦我所欲也；义，亦我所欲也。二者不可得兼，舍生而取义者也。[①]生亦我所欲，所欲有甚于生者，故不为苟得也。死亦我所恶，所恶有甚于死者，故患有所不辟也。[②]如使人之所欲莫甚于生，则凡可以得生者，何不用也？使人之所恶莫甚于死者，则凡可以辟患者，何不为也？[③]由是则生而有不用也，由是则可以辟患而有不为也。[④]是故所欲有甚于生者，所恶有甚于死者。非独贤者有是心也，人皆有之，贤者能勿丧耳。[⑤]一箪食，一豆羹，得之则生，弗得则死。嘑尔而与之，行道之人弗受；蹴尔而与之，乞人不屑也。[⑥]万钟则不辨礼义而受之，万钟于我何加焉？为宫室之美、妻妾之奉、所识穷乏者得我与？[⑦]乡为身死而不受，今为宫室之美为之；乡为身死而不受，今为妻妾之奉为之；乡为身死而不受，今为所识穷乏者得我而为之：是亦不可以已乎！此之谓失其本心。”[⑧]

① 舍，上声。　鱼与熊掌皆美味，而熊掌尤美也。　② 恶、辟，皆去声，下同。　释所以舍生取义之意。得，得生也。欲生恶死者，虽众人利害之常情，而欲、恶有甚于生、死者，乃秉彝、义理之良心，是以欲生而不为苟得，恶死而有所不避也。　③ 设使人无秉彝之良心，而但有利害之私情，则凡可以偷生免死者，皆将不顾礼义而为之矣。　④ 由其必有秉彝之良心，是以其能舍生取义如此。　⑤ 丧，去声。　羞恶之心，人皆有之。但众人汩于利欲而忘之，惟贤者能存之而不丧耳。　⑥ 食，音嗣。嘑，呼故反。蹴，子六反。　豆，木器也。嘑，咄啐之貌。行道之人，路中凡人也。蹴，践踏也。乞人，丐乞之人也。不屑，不以为洁也。言虽欲食之急，而犹恶无礼，有宁死而不食者。是其羞恶之本心，欲、恶有甚于生、死者，人皆有之也。　⑦ 为，去声。与，平声。　万钟于我何加，言于我身无所增益也。所识穷乏者得我，谓所知识之穷乏者感我之惠也。上言人皆有羞、恶之心，此言众人所以丧之。由此三者，盖理义之心，虽曰固有，而物欲之蔽，亦人所易昏也。　⑧ 乡、为，并去声。“为之”之为，并如字。　言三者身外之物，其得失比生、死为甚轻。乡为身死犹不肯受嘑蹴之食，今乃为此三者而受无礼义之万钟，是岂不可以止乎？本心，谓羞、恶之心。　此章言羞、恶之心，人所固有，或能决死生于危迫之际，而不免计丰约于晏安之时，是以君子不

可顷刻而不省察于斯焉。

6上·11　孟子曰："仁，人心也。义，人路也。①舍其路而弗由，放其心而不知求，哀哉！②人有鸡犬放，则知求之；有放心，而不知求。③学问之道无他，求其放心而已矣。"④

① 仁者，心之德，程子所谓"心如谷种，仁则其生之性"是也。然但谓之仁，则人不知其切于己，故反而名之曰"人心"，则可以见其为此身酬酢万变之主，而不可须臾失矣。义者，行事之宜。谓之"人路"，则可以见其为出入往来必由之道，而不可须臾舍矣。　② 舍，上声。"哀哉"二字，最宜详味，令人惕然有深省处。　③ 程子曰："心至重，鸡犬至轻。鸡犬放则知求之，心放而不知求，岂爱其至轻而忘其至重哉？弗思而已矣。"愚谓，上兼言仁义，而此下专论求放心者，能求放心，则不违于仁而义在其中矣。　④ 学问之事，固非一端，然其道则在于求其放心而已。盖能如是，则志气清明，义理昭著，而可以上达；不然，则昏昧放逸，虽曰从事于学，而终不能有所发明矣。故程子曰："圣贤千言万语，只是欲人将已放之心约之，使反复入身来，自能寻向上去，下学而上达也。"此乃孟子开示切要之言，程子又发明之，曲尽其指，学者宜服膺而勿失也。

6上·12　孟子曰："今有无名之指，屈而不信，非疾痛害事也。如有能信之者，则不远秦、楚之路，为指之不若人也。①指不若人，则知恶之；心不若人，则不知恶：此之谓不知类也。"②

① 信，与伸同。为，去声。　无名指，手之第四指也。　② 恶，去声。不知类，言其不知轻重之等也。

6上·13　孟子曰："拱把之桐、梓，人苟欲生之，皆知所以养之者。至于身，而不知所以养之者。岂爱身不若桐、梓哉？弗思甚也！"①

① 拱，两手所围也。把，一手所握也。桐、梓，二木名。

6上·14　孟子曰："人之于身也，兼所爱。兼所爱，则兼所养也。无尺寸之肤不爱焉,则无尺寸之肤不养也。所以考其善不善者,岂有他哉?于己取之而已矣。①体有贵贱,有小大。无以小害大,无以贱害贵。养其小者为小人,养其大者为大人。②今有场师,舍其梧槚,养其樲棘,则为贱场师焉。③养其一指,而失其肩背而不知也,则为狼疾人也。④饮食之人,则人贱之矣,为其养小以失大也。⑤饮食之人无有失也,则口腹岂适为尺寸之肤哉?"⑥

① 人于一身,固当兼养。然欲考其所养之善否者,惟在反之于身,以审其轻重而已矣。 ② 贱而小者,口腹也。贵而大者,心志也。 ③ 舍,上声。槚,音贾。樲,音贰。 场师,治场圃者。梧,桐也。槚,梓也。皆美材也。樲棘,小枣,非美材也。 ④ 狼善顾,疾则不能,故以为失肩背之喻。 ⑤ 为,去声。 饮食之人,专养口腹者也。 ⑥ 此言若使专养口腹,而能不失其大体,则口腹之养,躯命所关,不但为尺寸之肤而已。但养小之人,无不失其大者,故口腹虽所当养,而终不可以小害大、贱害贵也。

6上·15 公都子问曰:"钧是人也,或为大人,或为小人,何也?"孟子曰:"从其大体为大人,从其小体为小人。"①曰:"钧是人也,或从其大体,或从其小体,何也?"曰:"耳目之官不思,而蔽于物,物交物,则引之而已矣。心之官则思,思则得之,不思则不得也。此天之所与我者,先立乎其大者,则其小者不能夺也。此为大人而已矣。"②

① 钧,同也。从,随也。大体,心也。小体,耳目之类也。 ② 官之为言司也。耳司听,目司视,各有所职而不能思,是以蔽于外物。既不能思而蔽于外物,则亦一物而已。又以外物交于此物,其引之而去不难矣。心则能思,而以思为职。凡事物之来,心得其职,则得其理,而物不能蔽;失其职,则不得其理,而物来蔽之。此三者,皆天之所以与我者,而心为大。若能有以立之,则事无不思,而耳目之欲不能夺之矣。此所以为大人也。然"此天"之此,旧本多作比,而赵注亦以"比方"释之。今本既多作"此",而注亦作"此",乃未详孰是。但作"比"字,于义为短,故且从今本云。 范浚《心箴》曰:"茫茫堪舆,俯仰无垠。人于其间,眇

然有身。是身之微，大仓稊米。参为三才，曰惟心耳。往古来今，孰无此心？心为形役，乃兽乃禽。惟口耳目，手足动静。投间抵隙，为厥心病。一心之微，众欲攻之。其与存者，呜呼几希！君子存诚，克念克敬。天君泰然，百体从令。”

6上·16 孟子曰："有天爵者，有人爵者。仁、义、忠、信，乐善不倦，此天爵也。公卿大夫，此人爵也。①古之人修其天爵，而人爵从之。②今之人修其天爵，以要人爵；既得人爵，而弃其天爵，则惑之甚者也，终亦必亡而已矣。"③

① 乐，音洛。天爵者，德义可尊，自然之贵也。 ② 修其天爵，以为吾分之所当然者耳。人爵从之，盖不待求之而自至也。 ③ 要，音邀。 要，求也。修天爵以要人爵，其心固已惑矣。得人爵而弃天爵，则其惑又甚焉，终必并其所得之人爵而亡之也。

6上·17 孟子曰："欲贵者，人之同心也。人人有贵于己者，弗思耳。①人之所贵者，非良贵也。赵孟之所贵，赵孟能贱之。②《诗》云：'既醉以酒，既饱以德。'言饱乎仁义也，所以不愿人之膏粱之味也。令闻广誉施于身，所以不愿人之文绣也。"③

① 贵于己者，谓天爵也。 ② 人之所贵，谓人以爵位加己而后贵也。良者，本然之善也。赵孟，晋卿也。能以爵禄与人而使之贵，则亦能夺之而使之贱矣。若良贵，则人安得而贱之哉？ ③ 闻，去声。《诗》，《大雅·既醉》之篇。饱，充足也。愿，欲也。膏，肥肉。粱，美谷。令，善也。闻，亦誉也。文绣，衣之美者也。仁义充足而闻誉彰著，皆所谓良贵也。 尹氏曰："言在我者重，则外物轻。"

6上·18 孟子曰："仁之胜不仁也，犹水胜火。今之为仁者，犹以一杯水救一车薪之火也；不熄，则谓之水不胜火，此又与于不仁之甚者也。①亦终必亡而已矣！"②

① 与，犹助也。仁之能胜不仁，必然之理也。但为之不力，则无以胜不仁，

而人遂以为真不能胜;是我之所为,有以深助于不仁者也。 ② 言此人之心,亦且自怠于为仁,终必并与其所为而亡之。 赵氏曰:"言为仁不至,而不反诸己也。"

6上·19 孟子曰:"五谷者,种之美者也。苟为不熟,不如荑稗。夫仁,亦在乎熟之而已矣。"①

① 荑,音蹄。稗,蒲卖反。夫,音扶。 荑稗,草之似谷者,其实亦可食,然不能如五谷之美也。但五谷不熟,则反不如荑稗之熟,犹为仁而不熟,则反不如为他道之有成。是以为仁必贵乎熟,而不可徒恃其种之美,又不可以仁之难熟而甘为他道之有成也。 尹氏曰:"日新而不已,则熟。"

6上·20 孟子曰:"羿之教人射,必志于彀;学者亦必志于彀。①大匠诲人,必以规矩;学者亦必以规矩。"②

① 彀,古候反。 羿,善射者也。志,犹期也。彀,弓满也。满而后发,射之法也。学,谓学射。 ② 大匠,工师也。规矩,匠之法也。 此章言事必有法,然后可成。师舍是则无以教,弟子舍是则无以学。曲艺且然,况圣人之道乎?

告子章句下

凡十六章。

6下·1　任人有问屋庐子曰："礼与食孰重？"曰："礼重。"①"色与礼孰重？"②曰："礼重。"曰："以礼食，则饥而死；不以礼食，则得食，必以礼乎？亲迎，则不得妻；不亲迎，则得妻，必亲迎乎？"③屋庐子不能对，明日之邹，以告孟子。孟子曰："于答是也何有？④不揣其本而齐其末，方寸之木可使高于岑楼。⑤金重于羽者，岂谓一钩金与一舆羽之谓哉？⑥取食之重者与礼之轻者而比之，奚翅食重？取色之重者与礼之轻者而比之，奚翅色重？⑦往应之曰：'紾兄之臂而夺之食，则得食；不紾则不得食，则将紾之乎？逾东家墙而搂其处子，则得妻；不搂则不得妻，则将搂之乎？'"⑧

① 任，平声。　任，国名。屋庐子，名连，孟子弟子也。　② 任人复问也。　③ 迎，去声。　④ 于，如字。　何有，不难也。　⑤ 揣，初委反。　本，谓下。末，谓上。方寸之木，至卑，喻食、色。岑楼，楼之高锐似山者，至高，喻礼。若不取其下之平，而升寸木于岑楼之上，则寸木反高，岑楼反卑矣。　⑥ 钩，带钩也。金本重，而带钩小，故轻。喻礼有轻于食、色者。羽本轻，而一舆多，故重。喻食、色有重于礼者。　⑦ 翅，与啻同，古字通用，施智反。　礼食、亲迎，礼之轻者也。饥而死以灭其性，不得妻而废人伦，食、色之重者也。奚翅，犹言何但。言其相去悬绝，不但有轻重之差而已。　⑧ 紾，音轸。搂，音娄。　紾，戾也。搂，牵也。处子，处女也。此二者，礼与食、色皆其重者，而以之相较，则礼为尤重也。　此章言义理事物，其轻重固有大分。然于其中，又各自有轻重

之别。圣贤于此错综斟酌，毫发不差，固不肯枉尺而直寻，亦未尝胶柱而调瑟。所以断之，一视于理之当然而已矣。

6下·2 曹交问曰："人皆可以为尧、舜，有诸？"孟子曰："然。"①"交闻文王十尺，汤九尺，今交九尺四寸以长，食粟而已，如何则可？"②曰："奚有于是？亦为之而已矣。有人于此，力不能胜一匹雏，则为无力人矣。今曰举百钧，则为有力人矣。然则举乌获之任，是亦为乌获而已矣。夫人岂以不胜为患哉？弗为耳。③徐行后长者谓之弟，疾行先长者谓之不弟。夫徐行者，岂人所不能哉？所不为也。尧、舜之道，孝弟而已矣。④子服尧之服，诵尧之言，行尧之行，是尧而已矣。子服桀之服，诵桀之言，行桀之行，是桀而已矣。"⑤曰："交得见于邹君，可以假馆，愿留而受业于门。"⑥曰："夫道，若大路然，岂难知哉？人病不求耳。子归而求之，有馀师。"⑦

① 赵氏曰："曹交，曹君之弟也。""人皆可以为尧、舜"，疑古语，或孟子所尝言也。 ② 曹交问也。食粟而已，言无他材能也。 ③ 胜，平声。 匹，字本作鴄，鸭也。从省作匹。《礼记》说'匹为鹜'，是也。乌获，古之有力人也，能举移千钧。 ④ 后，去声。长，上声。先，去声。夫，音扶。 陈氏曰："孝弟者，人之良知良能，自然之性也。尧、舜，人伦之至，亦率是性而已，岂能加毫末于是哉？"杨氏曰："尧、舜之道大矣，而所以为之，乃在夫行止疾徐之间，非有甚高难行之事也。百姓盖日用而不知耳。" ⑤ 之、行，并去声。 言为善为恶，皆在我而已。详曹交之问，浅陋粗率，必其进见之时，礼貌、衣冠、言动之间多不循礼，故孟子告之如此两节云。 ⑥ 见，音现。 假馆而后受业，又可见其求道之不笃。 ⑦ 夫，音扶。 言道不难知，若归而求之事亲敬长之间，则性分之内万理皆备，随处发见，无不可师，不必留此而受业也。 曹交事长之礼既不至，求道之心不笃，故孟子教之以孝弟，而不容其受业。盖孔子"馀力学文"之意，亦不屑之教诲也。

6下·3　公孙丑问曰："高子曰：'《小弁》，小人之诗也。'"孟子曰："何以言之？"曰："怨。"[①]曰："固哉，高叟之为《诗》也！有人于此，越人关弓而射之，则己谈笑而道之；无他，疏之也。其兄关弓而射之，则己垂涕泣而道之；无他，戚之也。《小弁》之怨，亲亲也。亲亲，仁也。固矣夫，高叟之为《诗》也！"[②]曰："《凯风》何以不怨？"[③]曰："《凯风》，亲之过小者也。《小弁》，亲之过大者也。亲之过大而不怨，是愈疏也。亲之过小而怨，是不可矶也。愈疏，不孝也。不可矶，亦不孝也。[④]孔子曰：'舜其至孝矣！五十而慕。'"[⑤]

①弁，音盘。　高子，齐人也。《小弁》，《小雅》篇名。周幽王娶申后，生太子宜臼。又得褒姒，生伯服，而黜申后，废宜臼。于是宜臼之傅为作此诗，以叙其哀痛迫切之情也。　②关，与弯同。射，食亦反。夫，音扶。　固，谓执滞不通也。为，犹治也。越，蛮夷国名。道，语也。亲亲之心，仁之发也。　③《凯风》，《邶风》篇名。卫有七子之母，不能安其室，七子作此以自责也。　④矶，音机。　矶，水激石也。不可矶，言微激之而遽怒也。　⑤言舜犹怨慕，《小弁》之怨不为不孝也。　赵氏曰："生之膝下，一体而分。喘息呼吸，气通于亲。当亲而疏，怨慕号天。是以《小弁》之怨，未足为愆也。"

6下·4　宋牼将之楚，孟子遇于石丘，[①]曰："先生将何之？"[②]曰："吾闻秦、楚构兵，我将见楚王说而罢之；楚王不悦，我将见秦王说而罢之。二王我将有所遇焉。"[③]曰："轲也请无问其详，愿闻其指。说之将何如？"曰："我将言其不利也。"曰："先生之志则大矣，先生之号则不可。[④]先生以利说秦、楚之王，秦、楚之王悦于利，以罢三军之师，是三军之士乐罢而悦于利也。为人臣者，怀利以事其君；为人子者，怀利以事其父；为人弟者，怀利以事其兄：是君臣、父子、兄弟终去仁义，怀利以相接；然而不亡者，未之有也。[⑤]先生以仁义说秦、楚之王，秦、楚之王悦于仁义而罢三军之师，是三军之士乐罢悦于仁义也。为人臣者,怀仁义以事其君;为人子者,怀仁义以事其父;为人弟者,怀仁义以事其兄:是君臣、父子、兄弟去利,怀仁义以相接也;然而不王者,未之有也。何必曰利?"⑥

① 轻,口茎反。 宋,姓。轻,名。石丘,地名。 ② 赵氏曰:"学士年长者,故谓之先生。" ③ 说,音税。 时宋轻方欲见楚王,恐其不悦,则将见秦王也。遇,合也。按《庄子》书"有宋钘者,禁攻寝兵,救世之战,上说下教,强聒不舍。"《疏》云:"齐宣王时人。"以事考之,疑即此人也。 ④ 徐氏曰:"能于战国扰攘之中,而以罢兵息民为说,其志可谓大矣。然以利为名,则不可也。" ⑤ 乐,音洛,下同。 ⑥ 王,去声。 此章言休兵息民,为事则一,然其心有义利之殊,而其效有兴亡之异,学者所当深察而明辨之也。

6下·5 孟子居邹,季任为任处守,以币交,受之而不报。处于平陆,储子为相,以币交,受之而不报。①他日由邹之任,见季子;由平陆之齐,不见储子。屋庐子喜曰:"连得间矣。"②问曰:"夫子之任见季子,之齐不见储子,为其为相与?"③曰:"非也。《书》曰:'享多仪,仪不及物,曰不享,惟不役志于享。'④为其不成享也。"⑤屋庐子悦。或问之,屋庐子曰:"季子不得之邹,储子得之平陆。"⑥

① 任,平声。相,去声,下同。 赵氏曰:"季任,任君之弟。任君朝会于邻国,季任为之居守其国也。储子,齐相也。"不报者,来见则当报之,但以币交,则不必报也。 ② 屋庐子知孟子之处此必有义理,故喜得其间隙而问之。 ③ "为其"之为,去声,下同。与,平声。 言储子但为齐相,不若季子摄守君位,故轻之邪? ④《书》,《周书·洛诰》之篇。享,奉上也。仪,礼也。物,币也。役,用也。言虽享而礼意不及其币,则是不享矣,以其不用志于享故也。 ⑤ 孟子释《书》意如此。 ⑥ 徐氏曰:"季子为君居守,不得往他国以见孟子,则以币交而礼意已备。储子为齐相,可以至齐之境内,而不来见;则虽以币交,而礼意不及其物也。"

6下·6 淳于髡曰："先名实者，为人也。后名实者，自为也。夫子在三卿之中，名实未加于上下而去之，仁者固如此乎？"① 孟子曰："居下位，不以贤事不肖者，伯夷也。五就汤，五就桀者，伊尹也。不恶汙君，不辞小官者，柳下惠也。三子者不同道，其趋一也。一者何也？曰：仁也。君子亦仁而已矣，何必同？"② 曰："鲁缪公之时，公仪子为政，子柳、子思为臣，鲁之削也滋甚。若是乎贤者之无益于国也！"③ 曰："虞不用百里奚而亡，秦穆公用之而霸。不用贤则亡，削何可得与？"④ 曰："昔者王豹处于淇，而河西善讴。绵驹处于高唐，而齐右善歌。华周、杞梁之妻善哭其夫，而变国俗。有诸内，必形诸外。为其事而无其功者，髡未尝睹之也，是故无贤者也，有则髡必识之。"⑤ 曰："孔子为鲁司寇，不用；从而祭，燔肉不至。不税冕而行。不知者以为为肉也，其知者以为为无礼也。乃孔子则欲以微罪行，不欲为苟去。君子之所为，众人固不识也。"⑥

① 先、后、为，皆去声。 名，声誉也。实，事功也。言以名实为先而为之者，是有志于救民者也。以名实为后而不为者，是欲独善其身者也。名实未加于上下，言上未能正其君，下未能济其民也， ② 恶、趋，并去声。 仁者，无私心而合天理之谓。杨氏曰："伊尹之就汤，以三聘之勤也。其就桀也，汤进之也。汤岂有伐桀之意哉？其进伊尹以事之也，欲其悔过迁善而已。伊尹既就汤，而以汤之心为心矣。及其终也，人归之，天命之，不得已而伐之耳。若汤初求伊尹，即有伐桀之心，而伊尹遂相之以伐桀，是以取天下为心也。以取天下为心，岂圣人之心哉？" ③ 公仪子，名休，为鲁相。子柳，泄柳也。削，地见侵夺也。髡讥孟子虽不去，亦未必能有为也。 ④ 与，平声。 百里奚事见前篇。
⑤ 华，去声。 王豹，卫人，善讴。淇，水名。绵驹，齐人，善歌。高唐，齐西邑。华周、杞梁，二人皆齐臣，战死于莒。其妻哭之哀，国俗化之，皆善哭。髡以此讥孟子仕齐无功，未足为贤也。 ⑥ 税，音脱。"为肉"、"为无"之为，并去声。
按《史记》："孔子为鲁司寇，摄行相事。齐人闻而惧，于是以女乐遗鲁君。季桓子与鲁君往观之，怠于政事。子路曰：'夫子可以行矣。'孔子曰：'鲁今且郊，如致

膰于大夫，则吾犹可以止。’桓子卒受齐女乐，郊又不致膰俎于大夫。孔子遂行。”孟子言以为为肉者固不足道，以为为无礼，则亦未为深知孔子者。盖圣人于父母之国，不欲显其君相之失，又不欲为无故而苟去，故不以女乐去，而以膰肉行。其见几明决而用意忠厚，固非众人所能识也。然则孟子之所为，岂髡之所能识哉？尹氏曰：“淳于髡未尝知仁，亦未尝识贤也。宜乎其言若是。”

6下·7 孟子曰：“五霸者，三王之罪人也。今之诸侯，五霸之罪人也。今之大夫，今之诸侯之罪人也。①天子适诸侯曰巡狩，诸侯朝于天子曰述职。春省耕而补不足，秋省敛而助不给。入其疆，土地辟，田野治，养老尊贤，俊杰在位，则有庆，庆以地。入其疆，土地荒芜，遗老失贤，掊克在位，则有让。一不朝则贬其爵，再不朝则削其地，三不朝则六师移之。是故天子讨而不伐，诸侯伐而不讨。五霸者，搂诸侯以伐诸侯者也。故曰：五霸者，三王之罪人也。②五霸，桓公为盛。葵丘之会诸侯，束牲、载书而不歃血。初命曰：‘诛不孝，无易树子，无以妾为妻。’再命曰：‘尊贤育才，以彰有德。’三命曰：‘敬老慈幼，无忘宾旅。’四命曰：‘士无世官，官事无摄，取士必得，无专杀大夫。’五命曰：‘无曲防，无遏籴，无有封而不告。’曰：‘凡我同盟之人，既盟之后，言归于好。’今之诸侯皆犯此五禁，故曰：今之诸侯，五霸之罪人也。③长君之恶，其罪小；逢君之恶，其罪大。今之大夫，皆逢君之恶。故曰：今之大夫，今之诸侯之罪人也。”④

① 赵氏曰：“五霸，齐桓、晋文、秦穆、宋襄、楚庄也。三王，夏禹，商汤，周文、武也。”丁氏曰：“夏昆吾，商大彭、豕韦，周齐桓、晋文，谓之五霸。” ② 朝，音潮。辟，与闢同，治，去声。 庆，赏也。益其地以赏之也。掊克，聚敛也。让，责也。移之者，诛其人而变置之也。讨者，出命以讨其罪，而使方伯、连帅帅诸侯以伐之也。伐者，奉天子之命，声其罪而伐之也。搂，牵也。五霸牵诸侯以伐诸侯，不用天子之命也。自“入其疆”至“则有让”，言巡狩之事。自“一不朝”至“六师移

之"，言述职之事。　③ 歃，所洽反。粜，音狄。好，去声。　按《春秋传》："僖公九年，葵丘之会，陈牲而不杀，读书加于牲上，壹明天子之禁。"树，立也。已立世子，不得擅易。初命三事，所以修身正家之要也。宾，宾客也。旅，行旅也。皆当有以待之，不可忽忘也。士世禄而不世官，恐其未必贤也。"官事无摄"，当广求贤才以充之，不可以阙人废事也。"取士必得"，必得其人也。"无专杀大夫"，有罪则请命于天子而后杀之也。"无曲防"，不得曲为堤防、壅泉激水，以专小利，病邻国也。"无遏粜"，邻国凶荒，不得闭粜也。"无有封而不告"者，不得专封国邑而不告天子也。　④ 长，上声。　君有过不能谏，又顺之者，长君之恶也。君之过未萌，而先意导之者，逢君之恶也。　林氏曰："邵子有言：'治《春秋》者，不先治五霸之功罪，则事无统理，而不得圣人之心。春秋之间，有功者未有大于五霸，有过者亦未有大于五霸。故五霸者，功之首、罪之魁也。'孟子此章之义，其亦若此也与？然五霸得罪于三王，今之诸侯得罪于五霸，皆出于异世，故得以逃其罪。至于今之大夫，其得罪于今之诸侯，则同时矣；而诸侯非惟莫之罪也，乃反以为良臣而厚礼之，不以为罪而反以为功，何其谬哉！"

6下·8　鲁欲使慎子为将军。① 孟子曰："不教民而用之，谓之殃民。殃民者，不容于尧、舜之世。② 一战胜齐，遂有南阳，然且不可。"③ 慎子勃然不悦，曰："此则滑厘所不识也。"④ 曰："吾明告子：天子之地方千里；不千里，不足以待诸侯。诸侯之地方百里；不百里，不足以守宗庙之典籍。⑤ 周公之封于鲁，为方百里也；地非不足，而俭于百里。太公之封于齐也，亦为方百里也；地非不足也，而俭于百里。⑥ 今鲁方百里者五，子以为有王者作，则鲁在所损乎？在所益乎？⑦ 徒取诸彼以与此，然且仁者不为，况于杀人以求之乎？⑧ 君子之事君也，务引其君以当道，志于仁而已。"⑨

① 慎子，鲁臣。　② 教民者，教之礼义，使知入事父兄、出事长上也。用之，使之战也。　③ 是时鲁盖欲使慎子伐齐取南阳也，故孟子言：就使慎子善战、有功如此，且犹不可。　④ 滑，音骨。　滑厘，慎子名。　⑤ 待诸侯，谓待其朝觐聘问之礼。宗庙典籍，祭祀会同之常制也。　⑥ 二公有大勋劳于天下，而其封国不过百里。俭，止而不过之意也。　⑦ 鲁地之大，皆并吞小国而

得之。有王者作，则必在所损矣。 ⑧ 徒，空也。言不杀人而取之也。 ⑨ 当道，谓事合于理。志仁，谓心在于仁。

6下·9 孟子曰："今之事君者曰：'我能为君辟土地，充府库。'今之所谓良臣，古之所谓民贼也。君不乡道，不志于仁，而求富之，是富桀也。①'我能为君约与国，战必克。'今之所谓良臣，古之所谓民贼也。君不乡道，不志于仁，而求为之强战，是辅桀也。②由今之道，无变今之俗，虽与之天下，不能一朝居也。"③

① 为，去声。辟，与闢同。乡，与向同，下皆同。 辟，开垦也。 ② 约，要结也。与国，和好相与之国也。 ③ 言必争夺而至于危亡也。

6下·10 白圭曰："吾欲二十而取一，何如？"①孟子曰："子之道，貉道也。②万室之国，一人陶，则可乎？"曰："不可。器不足用也。"③曰："夫貉，五谷不生，惟黍生之。无城郭、宫室、宗庙、祭祀之礼，无诸侯币帛饔飧，无百官有司，故二十取一而足也。④今居中国，去人伦，无君子，如之何其可也？⑤陶以寡，且不可以为国，况无君子乎？⑥欲轻之于尧、舜之道者，大貉、小貉也。欲重之于尧、舜之道者，大桀、小桀也。"⑦

① 白圭，名丹，周人也。欲更税法，二十分而取其一分。林氏曰："按《史记》：白圭能薄饮食，忍耆欲，与童仆同苦乐；乐观时变，人弃我取，人取我与。以此居积致富。其为此论，盖欲以其术施之国家也。" ② 貉，音陌。 貉，北方夷狄之国名也。 ③ 孟子设喻以诘圭，而圭亦知其不可也。 ④ 夫，音扶。北方地寒，不生五谷。黍早熟，故生之。饔飧，以饮食馈客之礼也。 ⑤ 无君臣、祭祀、交际之礼，是去人伦。无百官有司，是无君子。 ⑥ 因其辞以折之。 ⑦ 什一而税，尧、舜之道也。多则桀，寡则貉。今欲轻重之，则是小貉、小桀而已。

6下·11 白圭曰："丹之治水也，愈于禹。"①孟子曰：

"子过矣。禹之治水，水之道也，[②]是故禹以四海为壑。今吾子以邻国为壑。[③]水逆行，谓之洚水。洚水者，洪水也，仁人之所恶也。吾子过矣。"[④]

① 赵氏曰："当时诸侯有小水，白圭为之筑堤，壅而注之他国。" ② 顺水之性也。 ③ 壑，受水处也。 ④ 恶，去声。 水逆行者，下流壅塞，故水逆流。今乃壅水以害人，则与洪水之灾无异矣。

6下·12　孟子曰："君子不亮，恶乎执？"[①]

① 恶，平声。 亮，信也，与谅同。恶乎执，言凡事苟且，无所执持也。

6下·13　鲁欲使乐正子为政。孟子曰："吾闻之，喜而不寐。"[①]公孙丑曰："乐正子强乎？"曰："否。""有知虑乎？"曰："否。""多闻识乎？"曰："否。"[②]"然则奚为喜而不寐？"[③]曰："其为人也好善。"[④]"好善足乎？"[⑤]曰："好善优于天下，而况鲁国乎？[⑥]夫苟好善，则四海之内，皆将轻千里而来告之以善。[⑦]夫苟不好善，则人将曰：'訑訑，予既已知之矣。'訑訑之声音颜色，距人于千里之外。士止于千里之外，则谗谄面谀之人至矣。与谗谄面谀之人居，国欲治，可得乎？"[⑧]

① 喜其道之得行。 ② 知，去声。 此三者，皆当世之所尚，而乐正子之所短，故丑疑而历问之。 ③ 丑问也。 ④ 好，去声，下同。 ⑤ 丑问也。 ⑥ 优，有馀裕也。言虽治天下，尚有馀力也。 ⑦ 夫，音扶，下同。 轻，易也。言不以千里为难也。 ⑧ 訑，音移。治，去声。 訑訑，自足其智，不嗜善言之貌。君子小人，迭为消长。直谅多闻之士远，则谗谄面谀之人至，理势然也。 此章言为政不在于用一己之长，而贵于有以来天下之善。

6下·14　陈子曰："古之君子何如则仕？"孟子曰："所就三，所去三。[①]迎之致敬以有礼，言将行其言也，则就之；礼貌未衰，言弗行也，则去之。[②]其次，虽未行其言也，迎之致敬以有礼，则就之；礼貌衰，则去之。[③]其下，朝不食，夕不食，饥饿不能出门户。君闻之,曰:'吾大者不能行其道,又不能从其言也。使饥饿于我土地,吾耻之。'周之,亦可受也,免死而已矣。"④

① 其目在下。 ② 所谓"见行可"之仕,若孔子于季桓子是也。受女乐而不朝,则去之矣。 ③ 所谓"际可"之仕,若孔子于卫灵公是也。故与公游于囿,公仰视蜚雁,而后去之。 ④ 所谓"公养"之仕也。君之于民,固有周之之义,况此又有悔过之言,所以可受,然未至于饥饿不能出门户,则犹不受也。其曰"免死而已",则其所受亦有节矣。

6下·15 孟子曰:"舜发于畎亩之中,傅说举于版筑之间,胶鬲举于鱼盐之中,管夷吾举于士,孙叔敖举于海,百里奚举于市。①故天将降大任于是人也,必先苦其心志,劳其筋骨,饿其体肤,空乏其身,行拂乱其所为,所以动心忍性,曾益其所不能。②人恒过,然后能改。困于心,衡于虑,而后作。征于色,发于声,而后喻。③入则无法家拂士,出则无敌国外患者,国恒亡。④然后知生于忧患,而死于安乐也。"⑤

① 说,音悦。 舜耕历山,三十登庸。说筑傅岩,武丁举之。胶鬲遭乱,鬻贩鱼盐,文王举之。管仲囚于士官,桓公举以相国。孙叔敖隐处海滨,楚庄王举之为令尹。百里奚事见前篇。 ② 曾,与增同。 降大任,使之任大事也,若舜以下是也。空,穷也。乏,绝也。拂,戾也。言使之所为不遂,多背戾也。动心忍性,谓竦动其心,坚忍其性也。然所谓性,亦指气禀食色而言耳。程子曰:"若要熟,也须从这里过。" ③ 衡,与横同。 恒,常也,犹言大率也。横,不顺也。作,奋起也。征,验也。喻,晓也。此又言中人之性,常必有过,然后能改。盖不能谨于平日,故必事势穷蹙,以至困于心、横于虑,然后能奋发而兴起;不能烛于几微,故必事理暴著,以至验于人之色、发于人之声,然后能警悟而通晓也。

④ 拂,与弼同。 此言国亦然也。法家,法度之世臣也。拂士,辅弼之贤士也。 ⑤ 乐,音洛。 以上文观之,则知人之生全出于忧患,而死亡由于安乐矣。 尹氏曰:"言困穷拂郁,能坚人之志,而熟人之仁,以安乐失之者多矣。"

6下·16 孟子曰:"教亦多术矣。予不屑之教诲也者,是亦教诲之而已矣。”①

① 多术，言非一端。屑，洁也。不以其人为洁而拒绝之，所谓不屑之教诲也。其人若能感此，退自修省，则是亦我教诲之也。　尹氏曰：“言或抑或扬，或与或不与，各因其材而笃之，无非教也。”

尽心章句上

凡四十六章。

7上·1　孟子曰："尽其心者，知其性也。知其性，则知天矣。①存其心，养其性，所以事天也。②殀寿不贰，修身以俟之，所以立命也。"③

① 心者，人之神明，所以具众理而应万事者也。性则心之所具之理，而天又理之所从以出者也。人有是心，莫非全体。然不穷理，则有所蔽而无以尽乎此心之量。故能极其心之全体而无不尽者，必其能穷夫理而无不知者也。既知其理，则其所从出亦不外是矣。以《大学》之序言之，知性则"物格"之谓，尽心则"知至"之谓也。　② 存，谓操而不舍。养，谓顺而不害。事，则奉承而不违也。③ 殀寿，命之短长也。贰，疑也。不贰者，知天之至，修身以俟死，则事天以终身也。立命，谓全其天之所赋，不以人为害之。　程子曰："心也，性也、天也，一理也。自理而言谓之天，自禀受而言谓之性，自存诸人而言谓之心。"张子曰："由太虚有天之名，由气化有道之名，合虚与气有性之名，合性与知觉有心之名。"愚谓，尽心知性而知天，所以造其理也。存心养性以事天，所以履其事也。不知其理，固不能履其事，然徒造其理而不履其事，则亦无以有诸己矣。知天而不以殀寿贰其心，智之尽也。事天而能修身以俟死，仁之至也。智有不尽，固不知所以为仁；然智而不仁，则亦将流荡不法，而不足以为智矣。

7上·2　孟子曰："莫非命也，顺受其正。①是故知命者不立乎岩墙之下。②尽其道而死者，正命也。③桎梏死者，非正命也。"④

① 人物之生，吉凶祸福，皆天所命。然惟莫之致而至者，乃为正命。故君子

修身以俟之，所以顺受乎此也。　②命，谓正命。岩墙，墙之将覆者。知正命，则不处危地以取覆压之祸。　③尽其道，则所值之吉凶皆莫之致而至者矣。　④桎梏，所以拘罪人者。言犯罪而死，与立岩墙之下者同。皆人所取，非天所为也。　此章与上章盖一时之言，所以发其末句未尽之意。

7上·3　孟子曰："求则得之，舍则失之，是求有益于得也，求在我者也。①求之有道，得之有命，是求无益于得也，求在外者也。"②

①舍，上声。在我者，谓仁、义、礼、智，凡性之所有者。　②有道，言不可妄求。有命，则不可必得。在外者，谓富、贵、利、达，凡外物皆是。　赵氏曰："言为仁由己，富贵在天，如不可求，从吾所好。"

7上·4　孟子曰："万物皆备于我矣。①反身而诚，乐莫大焉。②强恕而行，求仁莫近焉。"③

①此言理之本然也。大则君臣父子，小则事物细微，其当然之理，无一不具于性分之内也。　②乐，音洛。诚，实也。言反诸身，而所备之理皆如恶恶臭、好好色之实然，则其行之不待勉强而无不利矣。其为乐，孰大于是？　③强，上声。　强，勉强也。恕，推己以及人也。反身而诚，则仁矣。其有未诚，则是犹有私意之隔而理未纯也。故当凡事勉强，推己及人，庶几心公理得而仁不远也。　此章言万物之理具于吾身，体之而实，则道在我而乐有馀；行之以恕，则私不容而仁可得。

7上·5　孟子曰："行之而不著焉，习矣而不察焉，终身由之而不知其道者，众也。"①

①著者，知之明。察者，识之精。言方行之而不能明其所当然，既习矣而犹不识其所以然，所以终身由之而不知其道者多也。

7上·6　孟子曰："人不可以无耻。无耻之耻，无耻矣。"①

①赵氏曰："人能耻己之无所耻，是能改行从善之人，终身无复有耻辱之累矣。"

7上·7　孟子曰："耻之于人大矣。[①]为机变之巧者，无所用耻焉。[②]不耻不若人，何若人有？"[③]

① 耻者，吾所固有羞恶之心也。存之则进于圣贤，失之则入于禽兽，故所系为甚大。　② 为机械变诈之巧者，所为之事，皆人所深耻，而彼方且自以为得计，故无所用其愧耻之心也。　③ 但无耻一事不如人，则事事不如人矣。或曰："不耻其不如人，则何能有如人之事？"其义亦通。　或问："人有耻不能之心，如何？"程子曰："耻其不能而为之，可也。耻其不能而掩藏之，不可也。"

7上·8　孟子曰："古之贤王好善而忘势，古之贤士何独不然？乐其道而忘人之势，故王公不致敬尽礼，则不得亟见之。见且由不得亟，而况得而臣之乎？"[①]

① 好，去声。乐，音洛。亟，去吏反。　言君当屈己以下贤，士不枉道而求利，二者势若相反而实则相成，盖亦各尽其道而已。

7上·9　孟子谓宋句践曰："子好游乎？吾语子游。[①]人知之，亦嚣嚣；人不知，亦嚣嚣。"[②]曰："何如斯可以嚣嚣矣？"曰："尊德乐义，则可以嚣嚣矣。[③]故士穷不失义，达不离道。[④]穷不失义，故士得己焉；达不离道，故民不失望焉。[⑤]古之人，得志，泽加于民；不得志，修身见于世。穷则独善其身，达则兼善天下。"[⑥]

① 句，音钩。好、语，皆去声。　宋，姓；句践，名。游，游说也。　② 赵氏曰："嚣嚣，自得无欲之貌。"　③ 乐，音洛。　德，谓所得之善。尊之，则有以自重，而不慕乎人爵之荣。义，谓所守之正。乐之，则有以自安，而不殉乎外物之诱矣。　④ 离，力智反。　言不以贫贱而移，不以富贵而淫，此尊德乐义见于行事之实也。　⑤ 得己，言不失己也。民不失望，言人素望其兴道致治，而今果如所望也。　⑥ 见，音现。　见，谓名实之显著也。此又言士得己、民不失望之实。　此章言内重而外轻，则无往而不善。

7上·10　孟子曰："待文王而后兴者，凡民也。若夫豪杰之士，虽无文王犹兴。”①

① 夫，音扶。　兴者，感动奋发之意。凡民，庸常之人也。豪杰，有过人之才智者也。盖降衷秉彝，人所同得，惟上智之资无物欲之蔽，为能无待于教，而自然感发以有为也。

7上·11　孟子曰：“附之以韩、魏之家，如其自视欿然，则过人远矣。”①

① 欿，音坎。　附，益也。韩、魏，晋卿富家也。欿然，不自满之意。尹氏曰：“言有过人之识，则不以富贵为事。”

7上·12　孟子曰：“以佚道使民，虽劳不怨。以生道杀民，虽死不怨杀者。”①

① 程子曰：“以佚道使民，谓本欲佚之也，播谷、乘屋之类是也。以生道杀民，谓本欲生之也，除害去恶之类是也。盖不得已而为其所当为，则虽咈民之欲而民不怨。其不然者反是。”

7上·13　孟子曰：“霸者之民，驩虞如也；王者之民，皞皞如也。①杀之而不怨，利之而不庸，民日迁善而不知为之者。②夫君子所过者化，所存者神，上下与天地同流，岂曰小补之哉！”③

① 皞，胡老反。　驩虞，与欢娱同。皞皞，广大自得之貌。程子曰：“驩虞，有所造为而然，岂能久也？耕田凿井，帝力何有于我？如天之自然，乃王者之政。”杨氏曰：“所以致人驩虞，必有违道干誉之事。若王者则如天，亦不令人喜，亦不令人怒。”　② 此所谓皞皞如也。庸，功也。丰氏曰：“因民之所恶而去之，非有心于杀之也，何怨之有？因民之所利而利之，非有心于利之也，何庸之有？辅其性之自然，使自得之，故民日迁善而不知谁之所为也。　③ 夫，音扶。　君子，圣人之通称也。“所过者化”，身所经历之处，即人无不化，如舜之耕历山而田者逊畔，陶河滨而器不苦窳也。“所存者神”，心所存主处，便神妙不测，如孔子之“立斯立，道斯行，绥斯来，动斯和”，莫知其所以然而然也。是其德业之盛，乃与天地之化同运并行，举一世而甄陶之，非如霸者，但小小补塞其罅漏而

已。此则王道之所以为大,而学者所当尽心也。

7上·14　孟子曰:"仁言不如仁声之入人深也,①善政不如善教之得民也。②善政民畏之;善教民爱之。善政得民财,善教得民心。"③

① 程子曰:"仁言,谓以仁厚之言加于民。仁声,谓仁闻,谓有仁之实,而为众所称道者也。此尤见仁德之昭著,故其感人尤深也。"　② 政,谓法度禁令,所以制其外也。教,谓道德齐礼,所以格其心也。　③ 得民财者,百姓足而君无不足也。得民心者,不遗其亲,不后其君也。

7上·15　孟子曰:"人之所不学而能者,其良能也。所不虑而知者,其良知也。①孩提之童,无不知爱其亲也;及其长也,无不知敬其兄也。②亲亲,仁也。敬长,义也。无他,达之天下也。"③

① 良者,本然之善也。程子曰:"良知、良能,皆无所由。乃出于天,不系于人。"　② 长,上声,下同。　孩提,二、三岁之间,知孩笑、可提抱者也。爱亲敬长,所谓良知良能者也。　③ 言亲亲敬长,虽一人之私,然达之天下无不同者,所以为仁义也。

7上·16　孟子曰:"舜之居深山之中,与木石居,与鹿豕游,其所以异于深山之野人者几希。及其闻一善言,见一善行,若决江河,沛然莫之能御也。"①

① 行,去声。　居深山,谓耕历山时也。盖圣人之心,至虚至明,浑然之中,万理毕具。一有感触,则其应甚速而无所不通。非孟子造道之深,不能形容至此也。

7上·17　孟子曰:"无为其所不为,无欲其所不欲,如此而已矣。"①

① 李氏曰:"有所不为、不欲,人皆有是心也。至于私意一萌,而不能以礼义

制之，则为所不为、欲所不欲者多矣。能反是心，则所谓扩充其羞恶之心者，而义不可胜用矣。故曰‘如此而已矣’。”

7上·18　孟子曰：“人之有德慧术知者，恒存乎疢疾。①独孤臣孽子，其操心也危，其虑患也深，故达。”②

① 知，去声。疢，丑刃反。　德慧者，德之慧。术知者，术之知。疢疾，犹灾患也。言人必有疢疾，则能动心忍性，增益其所不能也。　② 孤臣，远臣。孽子，庶子。皆不得于君亲而常有疢疾者也。达，谓达于事理，即所谓德慧术知也。

7上·19　孟子曰：“有事君人者，事是君则为容悦者也。①有安社稷臣者，以安社稷为悦者也。②有天民者，达可行于天下而后行之者也。③有大人者，正己而物正者也。”④

① 阿殉以为容，逢迎以为悦，此鄙夫之事、妾妇之道也。　② 言大臣之计安社稷，如小人之务悦其君，眷眷于此而不忘也。　③ 民者，无位之称。以其全尽天理，乃天之民，故谓之天民。必其道可行于天下，然后行之。不然，则宁没世不见知而不悔，不肯小用其道以殉于人也。张子曰：“必功覆斯民然后出，如伊、吕之徒。”　④ 大人，德盛而上下化之，所谓“见龙在田，天下文明”者。此章言人品不同，略有四等。容悦佞臣不足言。安社稷则忠矣，然犹一国之士也。天民，则非一国之士矣，然犹有意也。无意无必，惟其所在而物无不化，惟圣者能之。

7上·20　孟子曰：“君子有三乐，而王天下不与存焉。①父母俱存，兄弟无故，一乐也。②仰不愧于天，俯不怍于人，二乐也。③得天下英才而教育之，三乐也。④君子有三乐，而王天下不与存焉。”⑤

① 乐，音洛。王、与，皆去声，下并同。　② 此人所深愿而不可必得者，今既得之，其乐可知。　③ 程子曰：“人能克己，则仰不愧，俯不怍，心广体胖，其乐可知。有息则馁矣。”　④ 尽得一世明睿之才，而以所乐乎己者教而养之，则斯道之传得之者众，而天下后世将无不被其泽矣。圣人之心所愿欲者，莫大于此。今既得之，其乐为何如哉！　⑤ 林氏曰：“此三乐者，一系于天，一系于

人。其可以自致者，惟不愧不怍而已。学者可不勉哉?”

7上·21 孟子曰:“广土众民，君子欲之，所乐不存焉。[1]中天下而立，定四海之民，君子乐之，所性不存焉。[2]君子所性，虽大行不加焉，虽穷居不损焉，分定故也。[3]君子所性，仁、义、礼、智根于心。其生色也，睟然见于面、盎于背、施于四体，四体不言而喻。”[4]

① 乐，音洛，下同。 地辟民聚，泽可远施，故君子欲之，然未足以为乐也。

② 其道大行，无一夫不被其泽，故君子乐之。然其所得于天者，则不在是也。 ③ 分，去声。 分者，所得于天之全体，故不以穷达而有异。

④ 睟，音粹。见，音现。盎，乌浪反。 上言所性之分，与所欲、所乐不同，此乃言其蕴也。仁、义、礼、智，性之四德也。根，本也。生，发见也。睟然，清和润泽之貌。盎，丰厚盈溢之意。施于四体，谓见于动作威仪之间也。喻，晓也。四体不言而喻，言四体不待吾言而自能晓吾意也。盖气禀清明，无物欲之累，则性之四德，根本于心；其积之盛，则发而著见于外者，不待言而无不顺也。程子曰:“睟面盎背，皆积盛致然。四体不言而喻，惟有德者能之。” 此章言君子固欲其道之大行，然其所得于天者，则不以是而有所加损也。

7上·22 孟子曰:“伯夷辟纣，居北海之滨，闻文王作，兴曰:‘盍归乎来?吾闻西伯善养老者。’太公辟纣，居东海之滨，闻文王作，兴曰:‘盍归乎来?吾闻西伯善养老者。’天下有善养老，则仁人以为己归矣。[1]五亩之宅，树墙下以桑，匹妇蚕之，则老者足以衣帛矣。五母鸡，二母彘，无失其时，老者足以无失肉矣。百亩之田，匹夫耕之，八口之家足以无饥矣。[2]所谓西伯善养老者，制其田里，教之树、畜，导其妻子，使养其老。五十非帛不暖，七十非肉不饱。不暖不饱，谓之冻馁。文王之民，无冻馁之老者，此之谓也。”[3]

① 辟，去声，下同。大，他盖反。 己归，谓己之所归。馀见前篇。

② 衣，去声。 此文王之政也。一家养母鸡五、母彘二也。馀见前篇。

③ 田，谓百亩之田。里，谓五亩之宅。树，谓耕桑。畜，谓鸡、彘也。赵氏曰："善养老者，教导之，使可以养其老耳。非家赐而人益之也。"

7上·23 孟子曰："易其田畴，薄其税敛，民可使富也。[1]食之以时，用之以礼，财不可胜用也。[2]民非水火不生活。昏暮叩人之门户，求水火，无弗与者，至足矣。圣人治天下，使有菽粟如水火。菽粟如水火，而民焉有不仁者乎？"[3]

① 易、敛，皆去声。 易，治也。畴，耕治之田也。 ② 胜，音升。 教民节俭，则财用足也。 ③ 焉，於虔反。 水火，民之所急，宜其爱之。而反不爱者，多故也。尹氏曰："言礼义生于富足，民无常产，则无常心矣。"

7上·24 孟子曰："孔子登东山而小鲁，登太山而小天下。故观于海者难为水，游于圣人之门者难为言。[1]观水有术，必观其澜。日月有明，容光必照焉。[2]流水之为物也，不盈科不行；君子之志于道也，不成章不达。"[3]

① 此言圣人之道大也。东山，盖鲁城东之高山。而太山则又高矣。此言所处益高，则其视下益小；所见既大，则其小者不足观也。"难为水"、"难为言"，犹"仁不可为众"之意。 ② 此言道之有本也。澜，水之湍急处也。明者，光之体；光者，明之用也。观水之澜，则知其源之有本矣。观日月于容光之隙无不照，则知其明之有本矣。 ③ 言学当以渐，乃能至也。成章，所积者厚，而文章外见也。达者，足于此而通于彼也。 此章言圣人之道大而有本，学之者必以其渐乃能至也。

7上·25 孟子曰："鸡鸣而起，孳孳为善者，舜之徒也。[1]鸡鸣而起，孳孳为利者，蹠之徒也。[2]欲知舜与蹠之分，无他，利与善之间也。"[3]

① 孳孳，勤勉之意。言虽未至于圣人，亦是圣人之徒也。 ② 蹠，盗蹠也。 ③ 程子曰："言间者，谓相去不远，所争毫末耳。善与利，公私而已矣。

才出于善，便以利言也。” 杨氏曰：“舜、蹠之相去远矣，而其分乃在利、善之间而已。是岂可以不谨？然讲之不熟，见之不明，未有不以利为义者，又学者所当深察也。”或问：“鸡鸣而起，若未接物，如何为善？”程子曰：“只主于敬，便是为善。”

7上·26 孟子曰：“杨子取为我，拔一毛而利天下，不为也。①墨子兼爱，摩顶放踵利天下，为之。②子莫执中，执中为近之。执中无权，犹执一也。③所恶执一者，为其贼道也，举一而废百也。”④

① “为我”之为，去声。 杨子，名朱。取者，仅足之意。“取为我”者，仅足于为我而已，不及为人也。《列子》称其言曰“伯成子高不以一毫利物”是也。 ② 放，上声。 墨子，名翟。兼爱，无所不爱也。摩顶，摩突其顶也。放，至也。 ③ 子莫，鲁之贤人也。知杨、墨之失中也，故度于二者之间而执其中。近，近道也。权，称锤也，所以称物之轻重而取中也。执中而无权，则胶于一定之中而不知变，是亦执一而已矣。程子曰：“中字最难识，须是默识心通。且试言一厅，则中央为中；一家，则厅非中而堂为中；一国，则堂非中而国之中为中。推此类可见矣。”又曰：“中不可执也。识得，则事事物物皆有自然之中，不待安排，安排著则不中矣。” ④ 恶、为，皆去声。 贼，害也。“为我”害仁，“兼爱”害义，“执中”者害于时中，皆举一而废百者也。 此章言道之所贵者中，中之所贵者权。杨氏曰：“禹、稷三过其门而不入，苟不当其可，则与墨子无异。颜子在陋巷，不改其乐，苟不当其可，则与杨氏无异。子莫执‘为我’、‘兼爱’之中而无权，乡邻有斗而不知闭户，同室有斗而不知救之，是亦犹执一耳。故孟子以为贼道。禹、稷、颜回，易地则皆然，以其有权也；不然，则是亦杨、墨而已矣。”

7上·27 孟子曰：“饥者甘食，渴者甘饮，是未得饮食之正也，饥渴害之也。岂惟口腹有饥渴之害？人心亦皆有害。①人能无以饥渴之害为心害，则不及人不为忧矣。”②

① 口腹为饥渴所害，故于饮食不暇择而失其正味。人心为贫贱所害，故于富贵不暇择而失其正理。 ② 人能不以贫贱之故而动其心，则过人远矣。

7上·28 孟子曰：“柳下惠不以三公易其介。”①

① 介，有分辨之意。柳下惠进不隐贤，必以其道，遗佚不怨，阨穷不悯，直道事人，至于三黜，是其介也。　此章言柳下惠和而不流，与孔子论夷、齐不念旧恶，意正相类，皆圣贤微显阐幽之意也。

7上·29　孟子曰："有为者辟若掘井，掘井九轫而不及泉，犹为弃井也。"①

① 辟，读作譬。轫，音刃，与仞同。　八尺曰仞。言凿井虽深，然未及泉而止，犹为自弃其井也。　吕侍讲曰："仁不如尧，孝不如舜，学不如孔子，终未入于圣人之域，终未至于天道，未免为半涂而废、自弃前功也。"

7上·30　孟子曰："尧、舜，性之也。汤、武，身之也。五霸，假之也。①久假而不归，恶知其非有也？"②

① 尧、舜天性浑全，不假修习。汤、武修身体道，以复其性。五霸则假借仁义之名，以求济其贪欲之私耳。　② 恶，平声。　归，还也。有，实有也。言窃其名以终身，而不自知其非真有。或曰："盖叹世人莫觉其伪者。"亦通。旧说"久假不归，即为真有"，则误矣。　尹氏曰："'性之'者，与道一也。'身之'者，履之也。及其成功，则一也。五霸则假之而已，是以功烈如彼其卑也。"

7上·31　公孙丑曰："伊尹曰：'予不狎于不顺。'放太甲于桐，民大悦。太甲贤，又反之，民大悦。①贤者之为人臣也，其君不贤，则固可放与？"②孟子曰："有伊尹之志，则可；无伊尹之志，则篡也。"③

① "予不狎于不顺"，《商书·太甲》篇文。狎，习见也。不顺，言太甲所为不顺义理也。馀见前篇。　② 与，平声。　③ 伊尹之志，公天下以为心，而无一毫之私者也。

7上·32　公孙丑曰："《诗》曰：'不素餐兮。'君子之不耕而食，何也？"孟子曰："君子居是国也，其君用之，则安富尊荣；其子弟从之，则孝弟忠信。'不素餐兮'，孰大于是？"①

① 餐，七丹反。　《诗》，《魏国风·伐檀》之篇。素，空也。无功而食禄，谓之

素餐。此与告陈相、彭更之意同。

7 上·33 王子垫问曰："士何事？"① 孟子曰："尚志。"② 曰："何谓尚志？"曰："仁义而已矣。杀一无罪，非仁也。非其有而取之，非义也。居恶在？仁是也。路恶在？义是也。居仁由义，大人之事备矣。"③

① 垫，丁念反。 垫，齐王之子也。上则公卿大夫，下则农工商贾，皆有所事。而士居其间，独无所事，故王子问之也。 ② 尚，高尚也。志者，心之所之也。士既未得行公卿大夫之道，又不当为农工商贾之业，则高尚其志而已。 ③ 恶，平声。 非仁非义之事，虽小不为，而所居所由，无不在于仁义，此士所以尚其志也。大人，谓公卿大夫。言士虽未得大人之位，而其志如此，则大人之事体用已全。若小人之事，则固非所当为也。

7 上·34 孟子曰："仲子，不义与之齐国而弗受，人皆信之。是舍箪食豆羹之义也。人莫大焉亡亲戚、君臣、上下。以其小者信其大者，奚可哉？"①

① 舍，音捨。食，音嗣。 仲子，陈仲子也。言仲子设若非义而与之齐国，必不肯受。齐人皆信其贤，然此但小廉耳。其辟兄离母，不食君禄，无人道之大伦，罪莫大焉。岂可以小廉信其大节，而遂以为贤哉？

7 上·35 桃应问曰："舜为天子，皋陶为士，瞽瞍杀人，则如之何？"① 孟子曰："执之而已矣。"② "然则舜不禁与？"③ 曰："夫舜恶得而禁之？夫有所受之也。"④ "然则舜如之何？"⑤ 曰："舜视弃天下，犹弃敝屣也。窃负而逃，遵海滨而处，终身䜣然，乐而忘天下。"⑥

① 桃应，孟子弟子也。其意以为舜虽爱父，而不可以私害公；皋陶虽执法，而不可以刑天子之父。故设此问，以观圣贤用心之所极，非以为真有此事也。 ② 言皋陶之心，知有法而已，不知有天子之父也。 ③ 与，平声。 桃应问也。 ④ 夫，音扶。恶，平声。 言皋陶之法，有所传受，非所敢私，虽天子之

命，亦不得而废之也。　⑤ 桃应问也。　⑥ 屣，音徙。䜣，与欣同。乐，音洛。　屣，草履也。遵，循也。言舜之心，知有父而已，不知有天下也。孟子尝言舜视天下犹草芥，而惟顺于父母可以解忧，与此意互相发。　此章言为士者但知有法，而不知天子父之为尊；为子者但知有父，而不知天下之为大。盖其所以为心者，莫非天理之极、人伦之至。学者察此而有得焉，则不待较计论量，而天下无难处之事矣。

7上·36　孟子自范之齐，望见齐王之子，喟然叹曰："居移气，养移体，大哉居乎！夫非尽人之子与！"① 孟子曰：② "王子宫室、车马、衣服，多与人同，而王子若彼者，其居使之然也。况居天下之广居者乎？③ 鲁君之宋，呼于垤泽之门。守者曰：'此非吾君也，何其声之似我君也？'此无他，居相似也。"④

① 夫，音扶。与，平声。　范，齐邑。居，谓所处之位。养，奉养也。言人之居处所系甚大。王子亦人子耳，特以所居不同，故所养不同，而其气体有异也。　② 张、邹皆云："羡文也。"　③ 广居，见前篇。尹氏曰："'睟然见于面，盎于背'，居天下之广居者然也。"　④ 呼，去声。　垤泽，宋城门名也。孟子又引此事为证。

7上·37　孟子曰："食而弗爱，豕交之也。爱而不敬，兽畜之也。① 恭敬者，币之未将者也。② 恭敬而无实，君子不可虚拘。"③

① 食，音嗣。畜，许六反。　交，接也。畜，养也。兽，谓犬马之属。　② 将，犹奉也。《诗》曰："承筐是将。"程子曰："恭敬虽因威仪币帛而后发见，然币之未将时，已有此恭敬之心，非因币帛而后有也。"　③ 此言当时诸侯之待贤者，特以币帛为恭敬，而无其实也。拘，留也。

7上·38　孟子曰："形色，天性也。惟圣人然后可以践形。"①

① 人之有形有色，无不各有自然之理，所谓天性也。践，如"践言"之践。盖

众人有是形，而不能尽其理，故无以践其形。惟圣人有是形，而又能尽其理，然后可以践其形而无歉也。　程子曰："此言圣人尽得人道而能充其形也。盖人得天地之正气而生，与万物不同。既为人，须尽得人理，然后称其名。众人有之而不知，贤人践之而未尽。能充其形，惟圣人也。"杨氏曰："天生烝民，有物有则。物者，形、色也。则者，性也。各尽其则，则可以践形矣。"

7上·39　齐宣王欲短丧。公孙丑曰："为期之丧，犹愈于已乎？"①孟子曰："是犹或紾其兄之臂，子谓之姑徐徐云尔，亦教之孝弟而已矣。"②王子有其母死者，其傅为之请数月之丧。公孙丑曰："若此者，何如也？"③曰："是欲终之而不可得也，虽加一日愈于已。谓夫莫之禁而弗为者也。"④

①已，犹止也。　②紾，之忍反。　紾，戾也。教之以孝弟之道，则彼当自知兄之不可戾，而丧之不可短矣。孔子曰："子生三年，然后免于父母之怀。予也有三年之爱于其父母乎？"所谓教之以孝弟者如此，盖示之以至情之不能已者，非强之也。　③为，去声。　陈氏曰："王子所生之母死，厌于嫡母而不敢终丧。其傅为请于王，欲使得行数月之丧也。时又适有此事，丑问：'如此者，是非何如？'按《仪礼》：'公子为其母，练冠，麻衣縓缘，既葬除之。'疑当时此礼已废，或既葬而未忍即除，故请之也。"　④夫，音扶。　言王子欲终丧而不可得，其傅为请，虽止得加一日，犹胜不加。我前所讥，乃谓夫莫之禁而自不为者耳。　此章言三年通丧，天经地义，不容私意有所短长。示之至情，则不肖者有以企而及之矣。

7上·40　孟子曰："君子之所以教者五。①有如时雨化之者，②有成德者，有达财者，③有答问者，④有私淑艾者。⑤此五者，君子之所以教也。"⑥

①下文五者，盖因人品高下或相去远近、先后之不同。　②时雨，及时之雨也。草木之生，播种封植，人力已至而未能自化，所少者，雨露之滋耳。及此时而雨之，则其化速矣。教人之妙，亦犹是也，若孔子之于颜、曾是也。　③财，与材同。此各因其所长而教之者也。成德，如孔子之于冉、闵。达财，如孔子之于由、赐。　④就所问而答之，若孔、孟之于樊迟、万章也。　⑤艾，音义。

私，窃也。淑，善也。艾，治也。人或不能及门受业，但闻君子之道于人。而窃以善治其身，是亦君子教诲之所及，若孔、孟之于陈亢、夷之是也。孟子亦曰："予未得为孔子徒也，予私淑诸人也。" ⑥ 圣贤施教，各因其材，小以成小，大以成大，无弃人也。

7上·41 公孙丑曰："道则高矣，美矣，宜若登天然，似不可及也。何不使彼为可几及而日孳孳也？"① 孟子曰："大匠不为拙工改废绳墨，羿不为拙射变其彀率。② 君子引而不发，跃如也。中道而立，能者从之。"③

① 几，音机。 ② 为，去声。彀，古候反。率，音律。 彀率，弯弓之限也。言教人者皆有不可易之法，不容自贬以殉学者之不能也。 ③ 引，引弓也。发，发矢也。跃如，如踊跃而出也。因上文"彀率"而言君子教人，但授以学之之法，而不告以得之之妙，如射者之引弓而不发矢。然其所不告者，已如踊跃而见于前矣。中者，无过不及之谓。中道而立，言其非难非易。能者从之，言学者当自勉也。 此章言道有定体，教有成法；卑不可抗，高不可贬；语不能显，默不能藏。

7上·42 孟子曰："天下有道，以道殉身。天下无道，以身殉道。① 未闻以道殉乎人者也。"②

① 殉，如"殉葬"之殉，以死随物之名也。身出则道在必行，道屈则身在必退，以死相从而不离也。 ② 以道从人，妾妇之道。

7上·43 公都子曰："滕更之在门也，若在所礼，而不答，何也？"① 孟子曰："挟贵而问，挟贤而问，挟长而问，挟有勋劳而问，挟故而问，皆所不答也。滕更有二焉。"②

① 更，平声。 赵氏曰："滕更，滕君之弟，来学者也。" ② 长，上声。赵氏曰："二，谓挟贵、挟贤也。"尹氏曰："有所挟，则受道之心不专，所以不答也。" 此言君子虽诲人不倦，又恶夫意之不诚者。

7上·44 孟子曰："于不可已而已者，无所不已。于所厚者薄，无所不薄也。[①]其进锐者，其退速。”[②]

① 已，止也。不可止，谓所不得不为者也。所厚，所当厚者也。此言不及者之弊。　② 进锐者，用心太过，其气易衰，故退速。　三者之弊，理势必然。虽过、不及之不同，然卒同归于废弛。

7上·45　孟子曰："君子之于物也，爱之而弗仁。于民也，仁之而弗亲。亲亲而仁民，仁民而爱物。”[①]

① 物，谓禽兽草木。爱，谓取之有时，用之有节。程子曰："仁，推己及人，如'老吾老，以及人之老'。于民则可，于物则不可。统而言之则皆仁，分而言之则有序。”杨氏曰："其分不同，故所施不能无差等，所谓理一而分殊者也。”尹氏曰："何以有是差等？一本故也，无伪也。”

7上·46　孟子曰："知者无不知也，当务之为急；仁者无不爱也，急亲贤之为务。尧、舜之知而不遍物，急先务也；尧、舜之仁不遍爱人，急亲贤也。[①]不能三年之丧，而缌、小功之察；放饭流歠，而问无齿决：是之谓不知务。”[②]

① "知者"之知，并去声。　知者固无不知，然常以所当务者为急，则事无不治，而其为知也大矣。仁者固无不爱，然常急于亲贤，则恩无不洽，而其为仁也博矣。　② 饭，扶晚反。歠，昌悦反。　三年之丧，服之重者也。缌麻，三月；小功，五月：服之轻者也。察，致详也。放饭，大饭；流歠，长歠：不敬之大者也。齿决，啮断干肉：不敬之小者也。问，讲求之意。　此章言君子之于道，识其全体则心不狭，知所先后则事有序。丰氏曰："智不急于先务，虽遍知人之所知、遍能人之所能，徒弊精神而无益于天下之治矣。仁不急于亲贤，虽有仁民爱物之心，小人在位，无由下达，聪明日蔽于上，而恶政日加于下，此孟子所谓不知务也。”

尽心章句下

凡三十八章。

7下·1　孟子曰："不仁哉，梁惠王也！仁者以其所爱，及其所不爱。不仁者，以其所不爱，及其所爱。"[①]公孙丑曰："何谓也？""梁惠王以土地之故，糜烂其民而战之，大败；将复之，恐不能胜，故驱其所爱子弟以殉之。是之谓以其所不爱及其所爱也。"[②]

① 亲亲而仁民，仁民而爱物，所谓"以其所爱，及其所不爱"也。　② "梁惠王"以下，孟子答辞也。糜烂其民，使之战斗，糜烂其血肉也。复之，复战也。子弟，谓太子申也。以土地之故及其民，以民之故及其子，皆以其所不爱及其所爱也。　此承前篇之末三章之意，言仁人之恩自内及外，不仁之祸由疏逮亲。

7下·2　孟子曰："《春秋》无义战。彼善于此，则有之矣。[①]征者，上伐下也，敌国不相征也。"[②]

① 《春秋》每书诸侯战伐之事，必加讥贬，以著其擅兴之罪，无有以为合于义而许之者。但就中"彼善于此"者则有之，如召陵之师之类是也。　② 征，所以正人也。诸侯有罪，则天子讨而正之。此《春秋》所以无义战也。

7下·3　孟子曰："尽信书，则不如无书。[①]吾于《武成》，取二三策而已矣。[②]仁人无敌于天下。以至仁伐至不仁，而何其血之流杵也？"[③]

① 程子曰："载事之辞，容有重称而过其实者，学者当识其义而已。苟执于

辞，则时或有害于义，不如无书之愈也。” ②《武成》，《周书》篇名，武王伐纣，归而记事之书也。策，竹简也。取其二三策之言，其馀不可尽信也。程子曰：“取其奉天伐暴之意、反政施仁之法而已。” ③ 杵，舂杵也。或作卤，楯也。《武成》言武王伐纣，纣之“前徒倒戈，攻于后以北，血流漂杵”。孟子言此，则其不可信者。然《书》本意乃谓商人自相杀，非谓武王杀之也。孟子之设是言，惧后世之惑且长不仁之心耳。

7下·4 孟子曰：“有人曰：‘我善为陈，我善为战。’大罪也。①国君好仁，天下无敌焉。②南面而征，北狄怨；东面而征，西夷怨。曰：‘奚为后我？’③武王之伐殷也，革车三百两，虎贲三千人。④王曰：‘无畏！宁尔也，非敌百姓也。’若崩厥角稽首。⑤征之为言正也，各欲正己也，焉用战？”⑥

① 陈，去声。 制行伍曰陈，交兵曰战。 ② 好，去声。 ③ 此引汤之事以明之。解见前篇。 ④ 两，去声。贲，音奔。 又以武王之事明之也。两，车数，一车两轮也。“千”，《书序》作“百”。 ⑤《书·泰誓》文与此小异。孟子之意当云：王谓商人曰：无畏我也。我来伐纣，本为安宁汝，非敌商之百姓也。于是商人稽首至地，如角之崩也。 ⑥ 焉，於虔反。 民为暴君所虐，皆欲仁者来正己之国也。

7下·5 孟子曰：“梓匠轮舆，能与人规矩，不能使人巧。”①

① 尹氏曰：“规矩，法度可告者也。巧则在其人，虽大匠亦末如之何也已。盖下学可以言传，上达必由心悟。庄周所论斫轮之意盖如此。”

7下·6 孟子曰：“舜之饭糗茹草也，若将终身焉。及其为天子也，被袗衣，鼓琴，二女果，若固有之。”①

① 饭，上声。糗，去久反。茹，音汝。袗，之忍反。果，《说文》作婐，乌果反。饭，食也。糗，干糒也。茹，亦食也。袗，画衣也。二女，尧二女也。果，女侍也。言圣人之心，不以贫贱而有慕于外，不以富贵而有动于中，随遇而安，无预于己，所性分定故也。

7下·7　孟子曰："吾今而后知杀人亲之重也。杀人之父，人亦杀其父。杀人之兄，人亦杀其兄。然则非自杀之也，一间耳。"

① 间，去声。　言"吾今而后知"者，必有所为而感发也。一间者，我往彼来，间一人耳。其实与自害其亲无异也。范氏曰："知此则爱敬人之亲，人亦爱敬其亲矣。"

7下·8　孟子曰："古之为关也，将以御暴。①今之为关也，将以为暴。"②

① 讥察非常。　② 征税出入。　范氏曰："古之耕者什一。后世或收大半之税，此以赋敛为暴也。文王之囿，与民同之。齐宣王之囿，为阱国中，此以园囿为暴也。后世为暴，不止于关。若使孟子用于诸侯，必行文王之政，凡此之类，皆不终日而改也。"

7下·9　孟子曰："身不行道，不行于妻子。使人不以道，不能行于妻子。"①

① 身不行道者，以行言之。不行者，道不行也。使人不以道者，以事言之。不能行者，令不行也。

7下·10　孟子曰："周于利者，凶年不能杀。周于德者，邪世不能乱。"①

① 周，足也。言积之厚，则用有馀。

7下·11　孟子曰："好名之人能让千乘之国。苟非其人，箪食豆羹见于色。"①

① 好、乘、食，皆去声。见，音现。　好名之人，矫情干誉，是以能让千乘之国。然若本非能轻富贵之人，则于得失之小者，反不觉其真情之发见矣。盖观人不于其所勉，而于其所忽，然后可以见其所安之实也。

7下·12 孟子曰："不信仁贤，则国空虚。① 无礼义，则上下乱。② 无政事，则财用不足。"③

① 空虚，言若无人然。 ② 礼义，所以辨上下，定民志。 ③ 生之无道，取之无度，用之无节故也。 尹氏曰："三者以仁贤为本。无仁贤，则礼义、政事，处之皆不以其道矣。"

7下·13 孟子曰："不仁而得国者有之矣。不仁而得天下，未之有也。"①

① 言不仁之人骋其私智，可以盗千乘之国，而不可以得丘民之心。邹氏曰："自秦以来，不仁而得天下者有矣；然皆一再传而失之，犹不得也。所谓得天下者，必如三代而后可。"

7下·14 孟子曰："民为贵，社稷次之，君为轻。① 是故得乎丘民而为天子，得乎天子为诸侯，得乎诸侯为大夫。② 诸侯危社稷，则变置。③ 牺牲既成，粢盛既洁，祭祀以时，然而旱干水溢，则变置社稷。"④

① 社，土神。稷，谷神。建国则立坛壝以祀之。盖国以民为本，社稷亦为民而立，而君之尊又系于二者之存亡，故其轻重如此。 ② 丘民，田野之民，至微贱也；然得其心，则天下归之。天子，至尊贵也，而得其心者不过为诸侯耳。是民为重也。 ③ 诸侯无道，将使社稷为人所灭，则当更立贤君。是君轻于社稷也。 ④ 盛，音成。 祭祀不失礼，而土谷之神不能为民御灾捍患，则毁其坛壝而更置之，亦"年不顺成，八蜡不通"之意。是社稷虽重于君而轻于民也。

7下·15 孟子曰："圣人，百世之师也，伯夷、柳下惠是也。故闻伯夷之风者，顽夫廉，懦夫有立志；闻柳下惠之风者，薄夫敦，鄙夫宽。奋乎百世之上。百世之下，闻者莫不兴起也。非圣人而能若是乎？而况于亲炙之者乎？"①

①兴起，感动奋发也。亲炙，亲近而熏炙之也。馀见前篇。

7下·16 孟子曰："仁也者，人也。合而言之，道也。"①

① 仁者，人之所以为人之理也。然仁，理也；人，物也。以仁之理，合于人之身而言之，乃所谓道者也。程子曰："《中庸》所谓'率性之谓道'是也。" 或曰："外国本'人也'之下，有'义也者，宜也。礼也者，履也。智也者，知也。信也者，实也'凡二十字。"今按，如此则理极分明，然未详其是否也。

7下·17 孟子曰："孔子之去鲁，曰：'迟迟吾行也。'去父母国之道也。去齐，接淅而行，去他国之道也。"①

① 重出。

7下·18 孟子曰："君子之戹于陈、蔡之间，无上下之交也。"①

① 君子，孔子也。戹，与厄同。君臣皆恶，无所与交也。

7下·19 貉稽曰："稽大不理于口。"① 孟子曰："无伤也。士憎兹多口。②《诗》云：'忧心悄悄，愠于群小。'孔子也。'肆不殄厥愠，亦不陨厥问。'文王也。"③

① 貉，音陌。 赵氏曰："貉，姓。稽，名。为众口所讪。理，赖也。"今按，《汉书》无"俚"，《方言》亦训赖。 ② 赵氏曰："为士者益多为众口所讪。"按，此则"憎"当从土，今本皆从心，盖传写之误。 ③《诗》，《邶风·柏舟》及《大雅·绵》之篇也。悄悄，忧貌。愠，怒也。本言卫之仁人见怒于群小，孟子以为孔子之事可以当之。肆，发语辞。陨，坠也。问，声问也。本言太王事昆夷，虽不能殄绝其愠怒，亦不自坠其声问之美。孟子以为文王之事可以当之。 尹氏曰："言人顾自处如何，尽其在我者而已。"

7下·20 孟子曰："贤者以其昭昭，使人昭昭。今以其昏昏，使人昭昭。"①

① 昭昭，明也。昏昏，暗也。尹氏曰："大学之道，在自昭明德而施于天下国家，其有不顺者寡矣。"

7下·21　孟子谓高子曰："山径之蹊间，介然用之而成路。为间不用，则茅塞之矣。今茅塞子之心矣。"①

① 介，音戛。　径，小路也。蹊，人行处也。介然，倏然之顷也。用，由也。路，大路也。为间，少顷也。茅塞，茅草生而塞之也。言理义之心，不可少有间断也。

7下·22　高子曰："禹之声，尚文王之声。"①孟子曰："何以言之？"曰："以追蠡。"②曰："是奚足哉？城门之轨，两马之力与？"③

① 尚，加尚也。丰氏曰："言禹之乐过于文王之乐。"　② 追，音堆。蠡，音礼。　丰氏曰："追，钟纽也，《周礼》所谓旋虫是也。蠡者，啮木虫也。言禹时钟在者，钟纽如虫啮而欲绝，盖用之者多；而文王之钟不然。是以知禹之乐过于文王之乐也。"　③ 与，平声。　丰氏曰："奚足，言此何足以知之也。轨，车辙迹也。两马，一车所驾也。城中之涂容九轨，车可散行，故其辙迹浅。城门惟容一车，车皆由之，故其辙迹深；盖日久车多所致，非一车两马之力能使之然也。言禹在文王前千馀年，故钟久而纽绝；文王之钟，则未久而纽全。不可以此而议优劣也。"　此章文义本不可晓，旧说相承如此，而丰氏差明白，故今存之，亦未知其是否也。

7下·23　齐饥。陈臻曰："国人皆以夫子将复为发棠，殆不可复。"①孟子曰："是为冯妇也。晋人有冯妇者，善搏虎，卒为善士。则之野，有众逐虎。虎负嵎，莫之敢撄。望见冯妇，趋而迎之。冯妇攘臂下车，众皆悦之。其为士者笑之。"②

① 复，扶又反。　先时齐国尝饥，孟子劝王发棠邑之仓，以赈贫穷。至此又饥，陈臻问，言齐人望孟子复劝王发棠；而又自言恐其不可也。　② 手执曰搏。卒为善士，后能改行为善也。之，适也。负，依也。山曲曰嵎。撄，触也。笑之，笑其不知止也。疑此时齐王已不能用孟子，而孟子亦将去矣，故其言如此。

7下·24　孟子曰："口之于味也，目之于色也，耳之于声也，鼻之于臭也，四肢之于安佚也，性也。有命焉，君子不谓性也。①仁之于父子也，义之于君臣也，礼之于宾主也，智之于贤者也，圣人之于天道也，命也。有性焉，君子不谓命也。”②

① 程子曰：“五者之欲，性也。然有分，不能皆如其愿，则是命也。不可谓‘我性之所有’而求必得之也。”愚按，“不能皆如其愿”，不止为贫贱。盖虽富贵之极，亦有品节限制，则是亦有命也。　② 程子曰：“仁、义、礼、智、天道，在人则赋于命者，所禀有厚、薄、清、浊。然而性善可学而尽，故不谓之命也。”张子曰：“晏婴智矣，而不知仲尼，是非命邪？”愚按，所禀者厚而清，则其仁之于父子也至，义之于君臣也尽，礼之于宾主也恭，智之于贤否也哲，圣人之于天道也无不吻合，而纯亦不已焉。薄而浊，则反是。是皆所谓命也。或曰：“者”当作“否”；“人”，衍字。更详之。　愚闻之师曰：此二条者，皆性之所有而命于天者也。然世之人以前五者为性，虽有不得，而必欲求之；以后五者为命，一有不至，则不复致力。故孟子各就其重处言之，以伸此而抑彼也。张子所谓“养则付命于天，道则责成于己”，其言约而尽矣。

7下·25　浩生不害问曰：“乐正子，何人也？”孟子曰：“善人也，信人也。”①“何谓善？何谓信？”②曰：“可欲之谓善。③有诸己之谓信。④充实之谓美。⑤充实而有光辉之谓大。⑥大而化之之谓圣。⑦圣而不可知之之谓神。⑧乐正子，二之中，四之下也。”⑨

① 赵氏曰：“浩生，姓；不害，名。齐人也。”　② 不害问也。　③ 天下之理，其善者必可欲，其恶者必可恶。其为人也，可欲而不可恶，则可谓善人矣。

④ 凡所谓善，皆实有之，如恶恶臭，如好好色，是则可谓信人矣。　张子曰：“志仁无恶之谓善，诚善于身之谓信。”　⑤ 力行其善，至于充满而积实，则美在其中而无待于外矣。　⑥ 和顺积中而英华发外，美在其中而畅于四支，发于事业，则德业至盛而不可加矣。　⑦ 大而能化，使其大者泯然无复可见之迹，则不思不勉，从容中道，而非人力之所能为矣。张子曰：“大可为也，化不可为也，在熟之而已矣。”　⑧ 程子曰：“圣不可知，谓圣之至妙，人所不能测。非圣人之上又有一等神人也。”　⑨ 盖在“善”、“信”之间。观其从于子敖，则其有

诸己者或未实也。张子曰:“颜渊、乐正子皆知好仁矣。乐正子志仁无恶,而不致于学,所以但为善人、信人而已。颜子好学不倦,合仁与智,具体圣人,独未至圣人之止耳。” 程子曰:“士之所难者,在有诸己而已。能有诸己,则居之安、资之深,而美且大可以驯致矣。徒知可欲之善而若存若亡而已,则能不受变于俗者鲜矣。”尹氏曰:“自‘可欲之善’,至于‘圣而不可知之神’,上下一理。扩充之至于神,则不可得而名矣。”

7下·26 孟子曰:“逃墨必归于杨,逃杨必归于儒。归,斯受之而已矣。[①]今之与杨、墨辩者,如追放豚,既入其苙,又从而招之。”[②]

① 墨氏务外而不情,杨氏太简而近实,故其反正之渐,大略如此。“归,斯受之”者,悯其陷溺之久,而取其悔悟之新也。 ② 放豚,放逸之豕豚也。苙,阑也。招,罥也,羁其足也。言彼既来归,而又追咎其既往之失也。 此章见圣贤之于异端,距之甚严;而于其来归,待之甚恕。距之严,故人知彼说之为邪。待之恕,故人知此道之可反。仁之至,义之尽也。

7下·27 孟子曰:“有布缕之征,粟米之征,力役之征。君子用其一,缓其二。用其二而民有殍,用其三而父子离。”[①]

① 征赋之法,岁有常数。然布缕取之于夏,粟米取之于秋,力役取之于冬,当各以其时。若并取之,则民力有所不堪矣。今两税三限之法,亦此意也。尹氏曰:“言民为邦本,取之无度,则其国危矣。”

7下·28 孟子曰:“诸侯之宝三:土地,人民,政事。宝珠玉者,殃必及身。”[①]

① 尹氏曰:“言宝得其宝者安,宝失其宝者危。”

7下·29 盆成括仕于齐。孟子曰:“死矣盆成括!”盆成括见杀,门人问曰:“夫子何以知其将见杀?”曰:“其为人也小有才,未闻君子之大道也,则足以杀其躯而已矣。”[①]

① 盆成，姓；括，名也。恃才妄作，所以取祸。徐氏曰："君子道其常而已。括有死之道焉，设使幸而获免，孟子之言犹信也。"

7下·30 孟子之滕，馆于上宫。有业屦于牖上，馆人求之弗得。①或问之曰："若是乎从者之廋也？"曰："子以是为窃屦来与？"曰："殆非也。夫子之设科也，往者不追，来者不拒。苟以是心至。斯受之而已矣。"②

① 馆，舍也。上宫，别宫名。业屦，织之有次业而未成者。盖馆人所作，置之牖上而失之也。 ② 从、为，去声。与，平声。"夫子"，如字。旧读为扶余者，非。 "或问之"者，问于孟子也。廋，匿也。言子之从者乃匿人之物如此乎？孟子答之，而或人自悟其失，因言："此从者固不为窃屦而来。但夫子设置科条以待学者，苟以向道之心而来，则受之耳，虽夫子亦不能保其往也。"门人取其言有合于圣贤之指，故记之。

7下·31 孟子曰："人皆有所不忍，达之于其所忍，仁也；人皆有所不为，达之于其所为，义也。①人能充无欲害人之心，而仁不可胜用也；人能充无穿逾之心，而义不可胜用也。②人能充无受尔汝之实，无所往而不为义也。③士未可以言而言，是以言餂之也；可以言而不言，是以不言餂之也。是皆穿逾之类也。"④

① 恻隐羞恶之心，人皆有之，故莫不有所不忍、不为，此仁、义之端也。然以气质之偏，物欲之蔽，则于他事或有不能者；但推所能，达之于所不能，则无非仁、义矣。 ② 胜，平声。 充，满也。穿，穿穴；逾，逾墙：皆为盗之事也。能推所不忍，以达于所忍，则能满其无欲害人之心，而无不仁矣。能推其所不为，以达于所为，则能满其无穿逾之心，而无不义矣。 ③ 此申说上文"充无穿逾之心"之意也。盖"尔"、"汝"，人所轻贱之称，人虽或有所贪昧隐忍而甘受之者，然其中心必有惭忿而不肯受之之实。人能即此而推之，使其充满，无所亏缺，则无适而非义矣。 ④ 餂，音忝。 餂，探取之也。今人以舌取物曰餂，即此意也。便佞隐默，皆有意探取于人，是亦穿逾之类。然其事隐微，人所易忽，故特举以见例。明必推无穿逾之心，以达于此而悉去之，然后为能充其无穿逾之心也。

7下·32　孟子曰："言近而指远者，善言也；守约而施博者，善道也。君子之言也，不下带而道存焉。①君子之守，修其身而天下平。②人病舍其田而芸人之田，所求于人者重，而所以自任者轻。"③

① 施，去声。　古人视不下于带，则带之上乃目前常见至近之处也。举目前之近事，而至理存焉，所以为"言近而指远"也。　② 此所谓"守约而施博"也。　③ 舍，音捨。　此言不守约而务博施之病。

7下·33　孟子曰："尧、舜，性者也。汤、武，反之也。①动容周旋中礼者，盛德之至也。哭死而哀，非为生者也。经德不回，非以干禄也。言语必信，非以正行也。②君子行法以俟命而已矣。"③

① 性者，得全于天，无所污坏，不假修为，圣之至也。反之者，修为以复其性而至于圣人也。程子曰："'性之'、'反之'，古未有此语，盖自孟子发之。"吕氏曰："无意而安行，性者也。有意利行而至于无意，复性者也。尧、舜不失其性，汤、武善反其性，及其成功则一也。"　② 中、为、行，并去声。　细微曲折，无不中礼，乃其盛德之至，自然而中，而非有意于中也。经，常也。回，曲也。三者亦皆自然而然，非有意而为之也；皆圣人之事，"性之"之德也。　③ 法者，天理之当然者也。君子行之，而吉凶祸福有所不计，盖虽未至于自然，而已非有所为而为矣。此"反之"之事，董子所谓"正其义不谋其利，明其道不计其功"，正此意也。程子曰："'动容周旋中礼'者，盛德之至。'行法以俟命'者，'朝闻道，夕死可矣'之意也。"吕氏曰："法由此立，命由此出，圣人也。行法以俟命，君子也。圣人性之，君子所以复其性也。"

7下·34　孟子曰："说大人则藐之，勿视其巍巍然。①堂高数仞，榱题数尺，我得志弗为也；食前方丈，侍妾数百人，我得志弗为也；般乐饮酒，驱骋田猎，后车千乘，我得志弗为也。在彼者皆我所不为也，在我者皆古之制也，吾何畏彼哉？"②

① 说，音税。藐，音眇。　赵氏曰："大人，当时尊贵者也。藐，轻之也。巍巍，富贵高显之貌。藐焉而不畏之，则志意舒展，言语得尽也。"　② 榱，楚危反。般，音盤。乐，音洛。乘，去声。　榱，桷也。题，头也。食前方丈，馔食列于前者，方一丈也。此皆其所谓巍巍然者，我虽得志，有所不为；而所守者皆古圣贤之法，则彼之巍巍者何足道哉？　杨氏曰："孟子此章，以己之长，方人之短，犹有此等气象；在孔子则无此矣。"

7 下·35　孟子曰："养心莫善于寡欲。其为人也寡欲，虽有不存焉者，寡矣；其为人也多欲，虽有存焉者，寡矣。"①

① 欲，如口、鼻、耳、目、四支之欲，虽人之所不能无，然多而不节，未有不失其本心者，学者所当深戒也。程子曰："所欲不必沉溺，只有所向便是欲。"

7 下·36　曾晳嗜羊枣，而曾子不忍食羊枣。①公孙丑问曰："脍炙与羊枣孰美？"孟子曰："脍炙哉！"公孙丑曰："然则曾子何为食脍炙而不食羊枣？"曰："脍炙所同也，羊枣所独也。讳名不讳姓，姓所同也，名所独也。"②

① 羊枣，实小黑而圆，又谓之羊矢枣。曾子以父嗜之，父殁之后，食必思亲，故不忍食也。　② 肉聂而切之为脍。炙，炙肉也。

7 下·37　万章问曰："孔子在陈，曰：'盍归乎来？吾党之士狂简，进取，不忘其初。'孔子在陈，何思鲁之狂士？"①孟子曰："孔子：'不得中道而与之，必也狂獧乎？狂者进取，獧者有所不为也。'孔子岂不欲中道哉？不可必得，故思其次也。"②"敢问何如斯可谓狂矣？"③曰："如琴张、曾皙、牧皮者，孔子之所谓狂矣。"④"何以谓之狂也？"⑤曰："其志嘐嘐然，曰：'古之人，古之人！'夷考其行，而不掩焉者也。⑥狂者又不可得，欲得不屑不洁之士而与之，是獧也，是又其次也。"⑦孔子曰："'过我门而不入我室，我不憾焉者，其惟乡原乎！乡原，德之贼也。'"曰："何如斯可谓之乡原矣？"⑧曰：

"'何以是嘐嘐也？言不顾行，行不顾言，则曰，古之人，古之人。行何为踽踽凉凉？生斯世也，为斯世也，善斯可矣。'阉然媚于世也者，是乡原也。"⑨万章曰："一乡皆称原人焉，无所往而不为原人，孔子以为德之贼，何哉？"⑩曰："非之无举也，刺之无刺也。同乎流俗，合乎污世。居之似忠信，行之似廉洁。众皆悦之，自以为是。而不可与入尧、舜之道，故曰'德之贼'也。⑪孔子曰：'恶似而非者：恶莠，恐其乱苗也；恶佞，恐其乱义也；恶利口，恐其乱信也；恶郑声，恐其乱乐也；恶紫，恐其乱朱也；恶乡原，恐其乱德也。'⑫君子反经而已矣。经正，则庶民兴；庶民兴，斯无邪慝矣。"⑬

① 盍，何不也。狂简，谓志大而略于事。进取，谓求望高远。不忘其初，谓不能改其旧也。此语与《论语》小异。　② 獧，音绢。"不得中道"至"有所不为"，据《论语》亦孔子之言。然则"孔子"字下当有"曰"字。《论语》"道"作"行"，"獧"作"狷"。"有所不为"者，知耻自好，不为不善之人也。"孔子岂不欲中道"以下，孟子言也。　③ 万章问。　④ 琴张，名牢，字子张。子桑户死，琴张临其丧而歌，事见《庄子》。虽未必尽然，要必有近似者。曾晳，见前篇。季武子死，曾晳倚其门而歌，事见《檀弓》。又，言志"异乎三子者之撰"，事见《论语》。牧皮，未详。　⑤ 万章问。　⑥ 嘐，火交反。行，去声。　嘐嘐，志大言大也。重言"古之人"，见其动辄称之，不一称而已也。夷，平也。掩，覆也。言平考其行，则不能覆其言也。程子曰："曾晳言志，而夫子与之，盖与圣人之志同，便是尧、舜气象也。特行有不掩焉耳，此所谓狂也。"　⑦ 此因上文所引，遂解所以思得獧者之意。狂，有志者也。獧，有守者也。有志者能进于道，有守者不失其身。屑，洁也。　⑧ 乡原，非有识者。原，与愿同。《荀子》"原悫"，字皆读作愿，谓谨愿之人也。故乡里所谓愿人，谓之乡原。孔子以其似德而非德，故以为"德之贼"。过门不入而不恨之，以其不见亲就为幸，深恶而痛绝之也。万章又引孔子之言而问也。　⑨ 行，去声。踽，其禹反。阉，音奄。　踽踽，独行不进之貌。凉凉，薄也，不见亲厚于人也。乡原讥狂者曰："何用如此嘐嘐然，行不掩其言，而徒每事必称'古人'邪？"又讥狷者曰："何必如此踽踽凉凉，无所亲厚哉？人既生于此世，则但当为此世之人，使当世之人皆以为善，则可矣。"此乡原之志也。阉，如奄人之奄，闭藏之意也。媚，求悦于人也。孟子言：此深自闭藏，以求

亲媚于世，是乡原之行也。　⑩ 原，亦谨厚之称，而孔子以为“德之贼”，故万章疑之。　⑪ 吕氏讲曰：“言此等之人，欲非之则无可举，欲刺之则无可刺也。”流俗者，风俗颓靡，如水之下流，众莫不然也。污，浊也。非忠信而似忠信，非廉洁而似廉洁。　⑫ 恶，去声。莠，音有。　孟子又引孔子之言以明之。莠，似苗之草也。佞，才智之称。其言似义而非义也。利口，多言而不实者也。郑声，淫乐也。乐，正乐也。紫，间色。朱，正色也。乡原不狂不獧，人皆以为善，有似乎中道而实非也，故恐其乱德。　⑬ 反，复也。经，常也，万世不易之常道也。兴，兴起于善也。邪慝，如乡原之属是也。世衰道微，大经不正，故人人得为异说以济其私，而邪慝并起，不可胜正。君子于此，亦复其常道而已。常道既复，则民兴于善，而是非明白，无所回互；虽有邪慝，不足以惑之矣。　尹氏曰：“君子取夫狂獧者，盖以狂者志大而可与进道，獧者有所不为而可与有为也。所恶于乡原而欲痛绝之者，为其似是而非，惑人之深也。绝之之术无他焉，亦曰反经而已矣。”

7下·38　孟子曰：“由尧、舜至于汤，五百有馀岁。若禹、皋陶，则见而知之。若汤，则闻而知之①。由汤至于文王，五百有馀岁。若伊尹、莱朱，则见而知之。若文王，则闻而知之。②由文王至于孔子，五百有馀岁。若太公望、散宜生，则见而知之。若孔子，则闻而知之。③由孔子而来，至于今，百有馀岁。去圣人之世，若此其未远也。近圣人之居，若此其甚也。然而无有乎尔，则亦无有乎尔！”④

① 赵氏曰：“五百岁而圣人出，天道之常。然亦有迟速，不能正五百年，故言‘有馀’也。”尹氏曰：“知，谓知其道也。”　② 赵氏曰：“莱朱，汤贤臣。”或曰：“即仲虺也。为汤左相。”　③ 散，素亶反。　散，氏；宜生，名。文王贤臣也。子贡曰：“文、武之道，未坠于地，在人。贤者识其大者，不贤者识其小者，莫不有文武之道焉。夫子焉不学？”此所谓闻而知之也。　④ 林氏曰：“孟子言孔子至今时未远，邹鲁相去又近，然而已无有见而知之者矣；则五百馀岁之后，又岂复有闻而知之者乎？”愚按，此言虽若不敢自谓已得其传，而忧后世遂失其传，然乃所以自见其有不得辞者，而又以见夫天理民彝不可泯灭，百世之下，必将有神会而心得之者耳。故于篇终历序群圣之统，而终之以此，所以明其传之有在，而又

以俟后圣于无穷也。其指深哉！ 有宋元丰八年，河南程颢伯淳卒。潞公文彦博题其墓曰“明道先生”。而其弟颐正叔序之曰：“周公殁，圣人之道不行。孟轲死，圣人之学不传。道不行，百世无善治；学不传，千载无真儒。无善治，士犹得以明夫善治之道，以淑诸人，以传诸后；无真儒，则天下贸贸焉莫知所之，人欲肆而天理灭矣。先生生乎千四百年之后，得不传之学于遗经，以兴起斯文为己任，辨异端，辟邪说，使圣人之道涣然复明于世。盖自孟子之后，一人而已。然学者于道不知所向，则孰知斯人之为功？不知所至，则孰知斯名之称情也哉？”

附　录

四书章句附考序

朱子之注《四书》也，毕生心力于斯，临没前数日，犹有改笔。但其本行世早，而世之得其定本者鲜，此注本所以有异也。又有因传写而异者，亦未免焉。定本如《大学》“欲其必自慊”，后为“欲其一于善”而定也；《论语》“行道而有得于心”，后为“得于心而不失”而定也；此类是也。传写而异，如《论语》“卫大夫公孙拔”，误为公孙枝；《孟子》“自武丁至纣凡九世”，误为“七世”之类耳。传写之误，固注疏家之常事，若夫注是书而毕生心力于斯，没前有改笔，则朱子之注《四书》也，其用心良苦，其用力独瘁矣。

夫朱子之意，必欲精之又精，以造乎其极，亦何为也哉？立志于为圣贤，在自得躬行，而不在于注之有定本也；用以治国平天下，在体诸身，施于政，亦不在于注之有定本也；即以讲论《四书》经文，亦在于大本大源，而不在于一句一字之间也。然则我子朱子之苦心瘁力于斯者，何为也哉？盖以四子之书为两间至精之理，为孔门至精之文。为之注者，必至当而不可易，乃与斯文为无所负焉耳，此子朱子之意也。况有非朱子原文，为传写所误者耶？况不惟注也，经文历汉以来，授受既远，亦不免有传写之误者耶！

英自癸卯而后，困于棘闱者二十馀年。此二三十年间，颇亦手不释卷，而于朱子注之异同处，不暇详也。未尝不研摩于《朱子文集》及朱门诸子集中《语录》，然于其自论注处，则置之。未尝不涉历于朱子《仪礼经传通解》、东发《黄氏日钞》，然于其中《学》、《庸》注，则置之。

何也？以为通经致用之学不系此也。《十三经》经义之未通而求通者，汲汲不暇，而奚暇于此也！

慨自丁卯，英与儿志忠偕入省，未数日，母病信至，与儿偕返，已抱恨终天。自是每闻人言乡试，则心痛，尽弃所业，而就业名山。忠儿感予心之摧伤，亦不乐习帖括。今岁，忠遍觅借古本《四书》及疏释《四书》之书，以求朱子《章句集注》最后改定本及传写未误者，别录一部，而私记《考证》附于后。有疑则折衷于予，然不能多得善本，予惧其折衷之犹未当，命付梓以广其就正有道之帙。斯役也，固幼学壮行者所不屑为之之事也。乡使英于屡蹶场屋之年，即得所愿，则儿当亦相从于青云之路，求所谓通经致用之学而学焉，又奚暇为此学？乃今而英之所遇可谓穷矣，穷况及于家人，非听儿之不自量而为此迂远也。四方诸君子见其书而教正其中之缪讹，尚其哀英之遇，而谅忠之情也夫！

嘉庆辛未重阳日，吴邑吴英序。

四书章句集注定本辨

吴邑吴英伯和氏撰

辛未夏，儿志忠学辑《四书》朱子注之定本，句考之而有所疑，折衷于予。此非易事也，得不尽心焉！定本句有不待辨者，有犹待辨者，有不可不辨者。

不待辨者维何？如《大学·诚意章》“故必谨之于此，以审其几焉”，为定本；其初本则曰：“慊与不慊，其几甚微。”如此之类是也。犹待辨者维何？如《大学·圣经章》“欲其必自慊”，此初本，非定本；其定本则曰：“欲其一于善。”《论语·为政章》“行道而有得于心也”，此初本，非定本；其定本则曰：“得于心而不失也。”如此之类是也。不可不辨者维何？如《中庸》首章“盖人知己之有性，而不知其出于天；知事之有道，而不知其由于性；知圣人之有教，而不知其因我之所固有者裁之也。故子思于此首发明之，而董子所谓道之大原出于天，亦此意也。”此实非定本，其定本则曰：“盖人之所以为人，道之所以为道，圣人之所以为教，原其所自，无一不本于天而备于我。学者知之，则其于学知所用力而自不能已矣。故子思于此首发明之，读者所宜深体而默识也。”如此之类是也。

所以一为不待辨，一为犹待辨，一为不可不辨，何哉？吾苏坊间所行之本，多从永乐《大全》本。相习既久，人情每安于所习，而先入者常为主。《诚意章》“故必谨之于此，以审其几焉”，凡所习坊本既与之相合矣，久而安之矣，此固宜不待辨矣。若夫《圣经章》“一于善”句、《为政章》“得于心”句，二者虽有善本可证，又有朱子及先儒之说，然皆与坊本不合，所以犹待辨也。“盖人之所以为人”一段，既与所习熟之坊本不合，为见闻所骇异，而善本及先儒疏释本又但从定本而无所辨说，而又为小儒之所訾，得毋益甚其骇异？所以不可不辨也。

今试辨之：所以知“人之所以”一段之为定论者，我朝所橅刻宋淳祐版大字本原自如此，即此可知其为定本而无疑矣。朱子《仪礼经传通解》全载《学》、《庸》注，其于此段，亦原自如此。朱子之子敬止跋云：“先公晚岁所亲定，为绝笔之书，未脱稿者八篇。”则殁后而书始出也。殁而始出，则《学》、《庸》注岂非所改定者乎？于此又可知其为定本而无疑矣。是则此段之为定本，得斯二者，正可以决然从焉而不必有旁求矣；而况又下及纳兰氏翻刻西山真氏《四书集编》亦如是。集编惟《学》、《庸》为真氏所手定。真氏亲受业于朱子，而得其精微者也，则其手定《学庸集编》，安有不从最后定本而遽取未定本以苟且从事者乎？于此又益可知其为定本而无疑也。格菴赵氏《四书纂疏》亦如是。赵氏，其父受业于朱子之门人，故以所得于家庭者溯求朱门之源委而作《纂疏》，又岂有不从最后定本者？于此又益可知其为定本而无疑也。东发黄氏所著《日钞》，亦全载《学》、《庸》注，而此段亦如是。黄氏亦渊源朱子而深有得者，《日钞》皆其著作，而乃载《章句》，岂苟然哉？此其为定本又益可无疑也。云峰胡氏《四书通》，此段亦如是。自南宋至前明，为朱子注作疏解者多矣，若《四书通》，可谓最善，而《通》于此段亦如是，但惜无辨说。然以他处有辨者推之，此其为定本又益可无疑也。旁求之，复有如此，何不可决之坚矣，而坊本则皆作“知己之有性”云云。考其缘由，则惟《辑释》之故；而穷究其源，则自《四书附录》始也。《辑释》者，元新安倪氏士毅所作也；《附录》者，宋建安祝氏洙所作也。今坊本《四书注》，皆仍明胡氏广永乐《大全》本。《大全》只剿袭《辑释》，《学》、《庸》尤无增减，虽谓永乐《大全》即倪氏之书可耳，其于胡氏又何责焉？故论坊本所从之缘由，不谓《大全》而谓《辑释》也。倪氏之师，定宇陈氏栎也。陈氏著《四书发明》，惟主祝氏《附录》而已。倪氏惟师是从，亦惟主《附录》而已。故穷究坊本所从之源，则惟在祝氏之《附录》也。诸儒或多从祝氏者，只以其父讳穆，字和父，为朱子母党，尝受业于朱子。然迹和父所著《方舆胜览》一书，则其人近于风华淹雅，未必内专性学者。今祝氏《四书附录》虽未见其全书，而即《辑释》所载引诸说以观之，是直不知有定本，已为《四书通》道之矣。《四书通》曰："如《为政章》祝本作'有得于心'，则于改作'得于心而不失'，祝未之见也。"《通》之说有如此，仍倪氏后生不能择善以从，而因阿其师以及祝氏。至颠倒是非，即朱子口讲指画之言，而亦弗之信焉，何其无识欤？而祝本之为非定本可以决然矣。然犹可委者，曰"源略远，派亦分矣"；乃祝本之为非定本，更有即出于朱子后嗣之人之言为祝氏微辨者，即出于信从祝氏之人自呈破绽者。倪氏《辑释》引陈氏《四书发明》之言曰："文公適孙鉴书祝氏《附录》本卷端云：'《四书》元本，则以鉴向得先公晚年绝笔所更定而刊之兴国者为据。'"按此语：曰"元"，宗之也；曰"则以"、曰"所"、曰"者"，别有指之辞也；曰"得"，则已失也。子明题祝本也如是，则是明明谓祝本与子明所得之本不合矣，明明谓祝本非刊之兴国之本矣，明明谓祝本非绝笔更定之本矣。朱子之家犹自失之而觅得之，况祝氏何从得乎？其不直告以此非定本，必自有故，不可考矣。然其辞其意则显然也，而祝氏不达。陈氏信祝本而载之于《发明》，而倪氏又述之于《辑释》，皆引之以为祝本重，亦未达也。又何其并皆出于卤莽耶？而祝本之为非定本更可以决然矣。祝本如此，则其相传以至于《辑释》，亦如此矣；《辑释》如此，则其脱胎于此之《大全》，亦如此矣；《大全》如此，则从《大全》之坊本，亦如此矣。总之，不知朱子改笔之所以然尔。

今取此段而细绎之，熟玩之，即其所以必改之旨有可得而窥见者。"人之所以为人，道之所以为道"二句，浑括"天命之谓性，率性之谓道"二句，不复分贴，以首节三句，原非三平列也。道从性命而来，性命从天而来。"修道之谓教"，即道中之事，即天命中之事也。其不曰"性之所以为性"者，以经义系于明吾人之有道，而不系于明性也。"人之所以为人，道之所以为道，圣人之所以为教"三句，一气追出"原其所自，无一不本于天而备于我"二句来，方才略顿，使下文"学者知之，则其于学知所用力而自不能已矣"二句，直腾而上接也。"本于天而备于我"，与此章总注"本原出于天，实体备于己"恰相针对，虽总注多"不可易"、"不可离"两层，然"不可易"即"出于天"足言之耳，"不可离”即“备于己”足言之耳,非有添出也。即此“无一不本于天而备于我”一句之中,亦已具有“不可易”、“不可离”之意。性、道、教无一非不可易,无一非不可离也。次节经文,特从首节三句中所蕴含之意抽出而显言之,使首、次二节筋络相联耳。“学者知之,则其于学知所用力而自不能已矣”,此二句正为此节经文推原立言之所以然处,正得子思吃紧启发后学心胸之旨。此节注要义在此,故下文“子思于此首发明之”二句,十分有力。一部《中庸》,其使学者知所用力自不能已之意居其半也。“读者所宜深体而默识也”,乃是勉励之辞。改本之精妙如此。若初本“知己之有性”云云,尚觉粗浅而未及精深,况三平列,亦依文而失旨,虽似整齐,而仍于第一句遗“命”字,于第三句遗“道”字,文亦未能尽依。董子所谓“道之大原”云云,为知言则可矣;若引来证《中庸》此节,则为偏重“本于天”意,而未及“备于我”意,则是仍未免遗却亲切一边意矣。定本与未定本相较,虽皆朱子之笔,而尽善与未尽善县殊。朱子岂徒为好劳?岂乐人之取其所舍而舍其所取耶?乃《辑释》反为引陈氏之言曰:“元本含蓄未尽,至定本则尽发无馀蕴。”是粗浅则得解而以为尽发,精深则不得解而以为含蓄,似为无学。又引史氏之言曰:“‘学者知之,则其于学知所用力而自不能已矣’,不过称赞子思勉励学者之言,不复有所发明于经。”是以钩深致远之言,仅视为称赞而勉励,似为无见。又引陈氏之言曰:“‘知己有性’六句,义理贯通,造语莹洁,‘所以为人’三句,未见贯通之妙。至‘无一不本于天而备于我’,其义方始贯耳。”是讨寻章句而仅乃用其批评帖括之笔,似为无知。此所以缪从祝本,而致令圣经贤传传授心法之文,大儒毕生尽心力而为之以成其至粹者,千百阙其一二,故曰不可不辨也。

“欲其一于善而无自欺也”一句,《四书通》曰:“初本‘必自慊’,后改作‘一于善’。朱子尝曰:‘只是一个心,便是诚;才有两,便自欺。’愚谓《易》以阳为君子,阴为小人,阳一而阴二也。一则诚,二则不诚。改‘一于善’,旨哉!”《通》之说如此,则“一于善”为定本无疑也。诚其意者,自修之首,故提善字,以下文“致其知”句方有知为善以去恶之义，而此节后言致知先言诚意，不比下节及第六章皆承致知来也。“一于”二字，有用其力之意，正与第六章注“知为善以去其恶，则当实用其力”，恰相针对也。若作“必自慊”，则终不如“一于善”之显豁而缜密也。改本之胜于初本又如此，而《辑释》顾乃又引陈氏之言曰：“‘一于善’，不若‘必自慊’对‘毋自欺’，只以传语释经文，尤为痛快该备。”夫传本释经，何劳挹注？以用传释经为快，不如不注，而但读传文矣。圣经三纲领犹必言善，若注自修之首而不提善字，何以反谓该备耶？“得于心而不失也”一句，《四书通》曰：“初改本云：‘行道而有得于心。’后改本云：‘得于心而不失。’门人胡泳尝侍坐武夷亭，文公手执扇一柄，谓泳曰：‘便如此扇，既得之而复失之，如无此扇一般。’所以解‘德’字用‘不失’字。”《通》之所引如此，则“不失”为最后定本无疑也。政者，正也；德者，得也。得字承上“为政”二字来。得于心者，心正也。心正而后身正，身正而后朝廷正，朝廷正而后天下正，所谓“正人之不正”者，此也。不失者，兢兢业业，敬戒无虞，罔失法度也。不失，便是不已无息也。若作“行道”，则上文既言“政之为言正也，德之为言得也”，则“得于心”句正宜直接，而于此复加以“行道”二字，岂不赘乎？初本是“行道而有得于身”，次改“身”作“心”而仍未去“行道”二字者，沿古注而未能尽消镕耳。况不失，则道之行也自在其中而不待言矣。行道，则虽有得于心而未见其必不失也。最后改本之胜于初次二本又如此，而《辑释》顾乃又引陈氏之言曰：“此必非末后定本，终不如‘行道而有得于心’之精当。‘得于心而不失’，得于心者何物乎？方解德字，未到持守处，不必遽云不失。‘据于德’注‘得之于心而守之不失’，道得于心而不失，乃是自‘据’字上说来。况上文先云德，则行道而有得于心者也；若遽云不失，则失之急。《大学序》谓‘本之躬行心得’，躬行即行道，心得即有得于心，参观之而祝氏定本为尤信。”是又皆缪证。夫《大学序》之言躬行也，上有“自王公以下至于庶人之子弟，自天子之元子、众子，以至公、卿、大夫、元士之适子，与凡民之俊秀”之文，下有“当世之人”之文，故其间不得不言躬行也。若为政以德，则其所为者即其所以。所为所以，非有异时，何得多添“行道”二字于其间乎？“据于德”注之言行道也，经文上有“志于道”之文。“据于德”德字原根道字来，故注德字不得不言行道也。若为政以德，德字即承政字来，何必增“行道”二字，反似政在行道之外乎？《中庸》说到“不显惟德”，亦此德字，何得谓方解德字，未到持守处耶？又引史氏之言曰：“定宇谓得于心者何物？此说极是。《大学》释明德曰：‘所得乎天。’便见所得实处。今但曰得于心，而不言所得之实，可乎？况不失为进德者言，为政以德是盛德，不失不足以言之。”是又缪议。不失二字即得字而足言之也。《为邦章》注曰：“一日不谨则法坏矣。”故必言不失以足之。岂盛德不可言不失耶？《大学》注谓“人之所得乎天”，以见德非大人所独有；此节注不言行道，以见圣人之德所性而有，而乃妄以为罅漏也而议之耶？故曰犹待辨也。

若夫《诚意章》注，坊本与定本合，固不待辨矣。然祝本有诸处不合定本，而独于最后所改之《诚意章》“故必谨之于此，以审其几焉”无殊。夫此，以《年谱》考之，是在没前三日所改者也，何以祝本反得与之合耶？陈氏信祝本为定本，以他本为未定本，而惟此无殊，陈氏亦自不解。即倪氏从陈氏，而倪氏亦自不解。然此亦易解也。子明之题祝本也，即曰“向得先公晚年绝笔所更定”，则晚年所更必不能缕述，而绝笔所更必为之述于此，以扬先人之精勤。祝氏得此语，潜为改正，而秘其因题得改之由。自谓此本今而后人之见之者，皆以为晚年绝笔所更定之本矣，于是但述所云“《四书》元本”以下二十六字，示人谓此最后定本之证也。况朱子之疾，来问者众，殁前有改笔，及门必述传一时，祝氏因得闻而窃改。若其馀诸处，安得尽闻之而改之乎？此所以他处多未定本，此处反得定本也。陈氏既不得其解，易《年谱》以就之。《辑释》引陈氏之言曰：“‘欲其必自慊而无自欺也’一句，惟祝氏《附录》本如此，他本皆作‘欲其一于善’。《年谱》谓：‘庆元庚申四月辛酉，公改《诚意章》句。甲子，公易箦。’今观《诚意章》，则祝本与诸本无一字殊，惟此处有‘一于善’三字异，是其绝笔改定在此三字也。”倪氏又不得其解，亦疑《年谱》。于《辑释》摘录《年谱》而附其说于后曰：“鉴有晚年改本之说，愚考之《年谱》，无一语及晚年改本之论，似为可疑。"信如陈氏、倪氏之言，是《年谱》有讹文也。夫惟知信祝本，而于其罅隙可疑之处，不能因疑生悟，而强断《年谱》之文为有讹，抑何愚乎！不待辨者，窃更有所解如此，若不可不辨者甚多，不能尽记。

予有健忘之疾，恐尽忘而无以请正于先生朋友也，故姑取其尤要者记焉。忠所学《附考》粗就，因命忠刻此以弁于卷首。

周易本义

目　　录

卷二 周易下经

前　　言

《周易本义》是朱熹(1130—1200)的一部重要著作。此书作于南宋淳熙初年,一直到庆元四年(1198)成稿,持续二十余年。目前传于世的《周易本义》有十二卷本和四卷本。

汉代以降,学者对《周易》的研究各从其途,纷纷根据自己的理解对《周易》进行注解、诠释。有的着眼于卦气、象数,有的深究于义理。这使得易学愈来愈趋向狭隘,很难理解《周易》之本义。针对此种现象,朱熹认为“此书(《易》)本为卜筮而作,其言皆依象数以断吉凶,今其法已不传。诸儒之言象数者,例皆穿凿,言义理者又太汗漫,故其书为难读”①。再者,“《易》之有象,其取之有所从,其推之有所用,非苟为寓言也。然两汉诸儒,必欲究其所从,则既滞泥而不通。王弼以来,直欲推其所用,则又疏略而无据。二者皆失之一偏,而不能阙其所疑之过也。”②朱熹分析了象数、义理和卜筮的关系,指出“《易》本是卜筮之书”,但又具有义理的涵义。朱熹还分析了治《易》的路径:“今人读易,当自分为三等。伏羲自是伏羲之易,文王自是文王之易,孔子自是孔子之易。读伏羲之易,如未有许多《彖》、《象》、《文言》说话,方思得易之本意,只是要作卜筮用也。”③朱熹认为在治《易》时,应“先通得《易》本指后,道理尽无穷,推说不妨。若便以所推说者去

---

① 朱熹:《晦庵集》卷六十《答刘君房》,影印文渊阁《四库全书》本。

② 朱熹:《晦庵集》卷六十七《易象说》,影印文渊阁《四库全书》本。

③ 朱鉴:《文公易说》卷十八《作易》,影印文渊阁《四库全书》本。

解《易》，则失《易》之本指矣”[①]，朱熹正是鉴于历代治《易》之弊病，认为应当同情理解圣人作《易》目的，强调要注重《易》之本源性，博采众家，兼顾象数与义理，独树一帜，撰写了《周易本义》。

时值宋代理学勃兴，易学研究日臻繁盛，朱熹“站在理学派的立场，对北宋以来的易学及其哲学的发展进行了一次大总结。他继承了程氏易学的传统，对周敦颐、邵雍、张载、朱震等人的易学哲学观点皆有吸收和扬弃，从而形成一个庞大的易学哲学体系，对以后几个世纪的易学哲学的发展都起了深刻的影响。”[②]从明代永乐帝敕令修订《周易大全》，延至清代，《周易本义》已成为士子考试的必读之书。另外，大量官刻、坊刻《周易本义》的产生，皆有力推动了易学研究的进一步发展。

一 《周易本义》成书时间

朱熹《周易本义》的成书，经过一个漫长曲折的过程。有关《周易本义》开始创作及成稿时间，学界论之甚多。清代王懋竑《朱熹年谱》认为《周易本义》作于朱熹四十八岁时；白寿彝和朱伯崑两先生认为《周易本义》定稿于朱熹晚年；束景南先生作《朱熹年谱长编》认为朱熹四十八岁成《易传》，五十九岁成《周易本义》；张立文先生认为“《周易本义》淳熙四年(1177)撰成”[③]；王风认为朱熹曾长期修改《周易本义》注文部分的底稿，最后大致封笔于庆元四年(1198)即朱熹六十九岁那一年[④]。

对于如何理清朱熹《周易本义》的成书状况，应该首先梳理好朱

---

① 朱鉴:《文公易说》卷三《上经》，影印文渊阁《四库全书》本。

② 朱伯崑:《易学哲学史》第二卷，华夏出版社 1995 年版，第 325 页。

③ 张立文:《朱熹评传》，南京大学出版社 1998 年版，第 41 页。

④ 王风:《从〈朱子语类〉看〈周易本义〉的成稿过程》，《中国哲学史》2003 年第 4 期。

熹易学的相关研究。这就要涉及到《易传》、《易学启蒙》的成书时间。白寿彝先生指出:“《周易本义》底初稿,大概在淳熙二年朱熹四十六岁时开始起草。这时还没有《周易本义》底名称,而称作《易传》。”白寿彝先生还提出:“从淳熙二年属稿起,到庆元年间成书止,《本义》著作的时间,连中间间断的时候也算在内,要经过二十年以上的岁月。”[①]可见,白寿彝先生是把朱熹最初撰写的《易传》与《周易本义》作为一书。束景南根据朱熹《周易本义》是以吕祖谦《古周易》十二篇为底本,而“吕祖谦定《古易》十二篇是在淳熙八年五月,到淳熙九年六月朱熹才得见吕氏定本《古易》,作跋刻于婺州,因此他根据吕氏《古易》本而始作《周易本义》最早也应在淳熙八年五月以后,淳熙四年他完成的《易》学著作只可能是根据王弼《易》本写成的《易传》”。[②]即淳熙四年,朱熹完成了《易传》。

据宋代李幼武纂集《宋名臣言行录外集》卷十二“朱熹”条,朱熹在淳熙四年作《周易本义》,在淳熙十三年,“《易学启蒙》成。先生初作《易本义》,惧学者未明厥旨,乃作《启蒙》四篇。以为言《易》不本象数,既支离散漫而无所根著。其本象数者,又不知法象之自然,未免穿凿附会,故其篇目以本图书原卦画明蓍策考变占为次,凡挂揲及变爻,皆尽破古今诸儒之失”。另外,朱熹在《答刘君房》中亦指出“所喻读《易》甚善,此书本为卜筮而作,其言皆依象数以断吉凶。今其法已不传,诸儒之言象数者,例皆穿凿。言义理者,又太汗漫。故其书为难读,此《本义》、《启蒙》所以作也。然《本义》未能成书,而为人窃出,再行模印,有误观览。《启蒙》本欲学者且就大传所言卦画蓍数推寻,不须过为浮说”[③]。由上可见,《易学启蒙》是成于淳熙十三年,是书是为士子更好了解《周易本义》之内涵而作,那么《周易本义》应该在淳熙八年五月以后和淳熙十三年之间,已经开始撰写了。直到朱熹

---

① 白寿彝:《〈周易本义〉考》,《史学集刊》1936 年第 1 期。

② 束景南:《朱子大传》,福建教育出版社 1992 年版,第 388 页。

③ 朱熹:《晦庵集》卷六十《答刘君房》,影印文渊阁《四库全书》本。

晚年,“近觉衰耄,不能复有所进,颇欲传之于人,而私居无人写得。只有一本,不敢远寄。俟旦夕抄得却,附便奉寄。但近缘伪学禁严,不敢从人借书史,故颇费力耳”①。即在朱熹晚年时,《周易本义》才最终定稿。

因此,白寿彝、朱伯崑先生皆言《周易本义》的撰写是经过一个漫长的过程。大体上始于淳熙八年(1181),而成于庆元四年(1198)。

二 《周易本义》十二卷本与四卷本

朱熹《周易本义》十二卷,依吕祖谦古《周易》为底本。而程子《易传》是以王弼本为底本。其内容原本不同,但是从宋代董楷撰写《周易传义附录》十四卷至明代成矩刊印《周易本义》四卷,使《周易本义》的流播发生很大变化。如四库馆臣在评价董楷《周易传义附录》时指出:

> 惟程子《传》用王弼本,而朱子《本义》则用吕祖谦所定古本。楷以程子在前,遂割裂朱子之书,附程《传》之后;沿及明永乐中,胡广等纂《周易大全》亦仍其误;至成矩专刻《本义》,亦用程《传》之次序。乡塾之士遂不复知有古经,则楷肇其端也。然楷本以经文平书,而《十翼》之文,则下一格书之,其本义无所附丽者,则仿诸经疏文某句至某句之例,朱书其目以明之,犹为有别,今本经传一例平书,而本义亦意为割缀,则愈失愈远,又非楷所及料矣。②

朱彝尊《经义考》卷三十一云:

① 朱熹:《晦庵集》卷六十三《答孙敬甫》,影印文渊阁《四库全书》本。

② 《四库全书总目》卷三《经部三·易类三·周易传义附录》,影印文渊阁《四库全书》本。

程子《易传》依王辅嗣本，朱子《本义》用吕伯恭本，原不相同，自克斋董氏合之，移朱子本以就程子之书。明初兼用之取士。其后学者多置程《传》，专主朱《义》。于是姑苏成矩叔度，为奉化教谕，削去程《传》，乃不更正，以从朱子之旧。当新锓时，杨文懿守陈序之，有云：是编异朱子元本，亦以便士也，好事者何容喙哉！文懿盖心非之而不能夺也。今用之三百年，习《易》者茫然不知《本义》元本，若矩者岂非朱子之罪人与！①

朱彝尊《曝书亭集》卷四十二《书〈周易本义〉后》云：

于是乡贡进士吴人成矩叔度，署奉化儒学教谕，削去程《传》，乃不从《本义》原本，更正其义，则朱子之辞，其文则仍依程《传》次序，此何说哉！沿至于今科举试题，爻象并发，其亦悖乎朱子之旨矣。予初求原书不得，今睹此本附东莱吕氏《音训》末有朱子后序，是为完书，宜亟开雕颁诸学官，第恐下士见之，翻大笑尔。②

孙葆田《校经室文集》卷一《新校周易本义跋》云：

盖自辅嗣《易》行，而先圣之古经为后儒所乱者千有余年。虽大儒如程子，犹未能遽正其失，及晁氏、吕氏，先后继起，推考益精，朱子《本义》从之。乃一乱于董正叔之《传义附录》，再乱于永乐之撰辑《大全》，割《本义》以附程《传》，使古经已正而复乱。至成化时姑苏成氏削去程《传》，专梓《本义》，为坊本所祖行之，至今且五六百年，学者茫然不知有朱子元本，此顾亭林、朱竹垞

① 朱彝尊：《经义考》卷三十一，影印文渊阁《四库全书》本。

② 朱彝尊：《曝书亭集》卷四十二《书〈周易本义〉后》，影印文渊阁《四库全书》本。

诸君子所为愤慨而增叹也。[1]

有上述四则材料，可以看出十二卷本和四卷本《周易本义》产生的过程，即南宋咸淳丙寅，董楷以程颐《易传》为主，割裂《周易本义》，以类相从，撰成《周易传义附录》。明初，胡广等则以董《周易传义附录》为基本，撰成《周易传义大全》，沿袭董楷之误，故“割裂《本义》以附程《传》，自宋董楷已然，不始于永乐也”[2]。明代中叶，士子们厌烦程颐《易传》太长，但《周易传义大全》系官本不敢改动，所以“奉化邑庠教谕成君矩，谓世之读《易》者，先《本义》而后《传》，故独刻《本义》行于世，读者便之”[3]。经过成矩的变通处理，使朱熹的《周易本义》出现十二卷本与四卷本的同时存在[4]。

对于十二卷本与四卷本《周易本义》的区别，白寿彝先生在《〈周易本义〉考》中论之甚详。具体表现在：其一，篇章次第的差异。十二卷本是以吕祖谦的古《周易》为底本，“四卷本底次第，是又回到郑玄王弼所变乱的形态中，把《彖上下传》、《象上下传》分别合于各卦之内，把《文言传》合于乾坤二卦之内，合《上下经》文，共为二卷；同时又合《系辞上下传》为一卷，合《说卦》、《序卦》、《杂卦》传为一卷，共成了四卷。后者，正是朱熹所攻击的形式；后人拿来变更十二卷原书，是

---

① 孙葆田：《校经室文集》，《丛书集成续编》第198册，新文丰出版公司1988年版，第258页。

② 《四库全书总目》卷三《经部三·易类三·原本周易本义》，影印文渊阁《四库全书》本。

③ 沈津著：《美国哈佛大学哈佛燕京图书馆中文善本书志》，上海辞书出版社1999年版，第11页。

④ 《四库全书简明目录》中指出《周易本义》十二卷本与四卷本并存的原因：“《别本周易本义》四卷（谨案：《总目》此处不存）明成矩撰。割裂朱子《易本义》，以附程《传》之后，始元董楷，而明永乐《大全》因之。后场屋专用《本义》，而《大全》以官本不敢改。矩因刊为是本，以调停其间，相沿日久，今亦姑与原本存焉。”（清永瑢等：《四库全书简明目录》，上海古籍出版社1986年版，第8页）

原作者所梦想不到的"[①];其二,变更原本的经文和注文。"这种变乱,有时竟使读者对于原文底意义,无从理解。所谓'后凡言传',所谓'此篇',在四卷本里,是无著落的。"[②]其三,四卷本中有反切和注音,卷前有卦歌四首,而十二卷本中则没有。

随着成矩四卷本《周易本义》刊成后,由于便于阅读及士子考试所用,在社会上颇为流行,明清时期刊行的《周易本义》主要以四卷本为主[③]。

但是成矩四卷本是经过删节而成,既不能体现朱子作《本义》的原意,亦不能使后世学者窥见《周易本义》之原貌。相比而言,十二卷本的优点在于:第一,在底本方面,以吕祖谦古本《周易》为底本,采取经传分离,便于理解经传文辞的本意;在注释方面,注重经文与传文的差异;第二,在《周易》的本义理解上,注意到经传的卜筮功能;第三,在文字诠释方面,力求简短明了;在注释体例上,朱熹"注经文的体例主要重于卦体、卦变与卦德,其次为卦象";[④]第四,从版本学的角度看,四卷本的意义不大,且淆乱了朱子之本意[⑤]。由此,此次点校,我们采用十二卷本为底本进行点校整理。

三　《周易本义》的影响

朱熹《周易本义》产生以后,改变了"经""传"合一的现象,使学者从盲目尊信《易传》之定说中解脱出来。陈淳指出,"今晦庵先生《本义》之书,发挥邵《图》之法象,申明程《传》之旨趣,本末兼该,精粗具

①② 白寿彝:《〈周易本义〉考》,《史学集刊》1936年第1期。

③ 参见王铁《周易本义·点校说明》、廖明春《周易本义·前言》及刘建国编《中国哲学史史料学概要》中对《周易本义》版本的介绍。

④ 参见萧汉明《周易本义导读》,齐鲁书社2003年版,第59—61页。

⑤ 参见廖明春《周易本义·点校前言》。

举，推本四圣，所以作述，本然之义，而《易》道之盛至是无余蕴矣”[①]。《周易本义》对以后易学之发展，贡献甚大。

第一，纠正了易学研究的混乱局面，使学者了解到《易》之本义。如熊良辅所言，“古今《易》说传千有余家，据所见闻，由宋以前何啻百家，由宋以来亦二百家矣，或见其书而取之，或见其书而未暇遍览，或见其姓名而不及见其书，或有其姓名而亡其书，是何学易者之多也？虽然天地之间理一而已，《易》自朱子而本义大明，象、占、义理殆无余蕴，则夫千有余家之说，纵或有之，徒蔓辞耳，虽多亦奚以为”[②]。在纷繁芜杂的《易》学研究中，“主一先生之言，以尽废诸家，虽未免于太狭，然宋儒说《易》，其途至杂，言数者或失之巧，言理者或失之凿，求其平正通达，显有门径可循者，终以朱子为得中”[③]。

第二，拓展了后人研究《易》学的范围。《周易本义》刊行后，“《易》道大明，久为天下学士所服习”[④]。自宋迄清，出现了很多《周易本义》之类产品。宋元年间，对于“朱子《易本义》一书，疏明其义者，有董楷之《正书》，蔡渊之《训解》，胡炳文之《通释》，胡一桂之《附录纂注》，董真卿之《会通》。而熊良辅之《集成》，亦其一也”[⑤]。明清时期，随着朱子学说的流播，对《周易本义》的研究已经达到一个很高的层次。明人张谦“潜心《易》学，笃信朱子《本义》，反复研究，盖亦有年。尝以明经举大学正，讲授之暇，遂取诸家之说而去取焉，剪其繁芜，撮其精要，间或附以己意，融会贯通，自成一家”，撰成《周易本义集说》[⑥]。蔡清亦是“专以发明朱子《本义》为主”，其《易经蒙引》“实多

---

① 朱彝尊：《经义考》卷三十一。

② 朱彝尊：《周易本义》卷三十一。

③ 《四库全书总目·周易本义通释》，影印文渊阁《四库全书》本。

④ 纳兰性德：《通志堂集》卷十，海南国际新闻出版中心1996年版，第45页。

⑤ 纳兰性德：《通志堂集》卷十一，海南国际新闻出版中心1996年版，第48页。

⑥ （明）王瓒、（明）蔡芳编，胡珠生校注：《弘治温州府志》，上海社会科学院出版社2006年版，第634—635页。

与《本义》异同……朱子不全从程《传》，而能发明程《传》者莫若朱子；清不全从《本义》，而能发明《本义》者，莫若清。”[①]清人惠栋的《周易本义辩证》五卷，“则据古本返朱子易之旧，先经二卷，次传十卷。并采《古易音训》附之，且据《说文》、《玉篇》、《广韵》以补《音训》之未备，且据李公传、胡一桂、董楷、胡炳文之说改正坊刻之讹字，间以朱子《语类》、程《传》、《汉儒之易说》，补《本义》之未备。亦有功于《易本义》云。”[②]

第三，强调《周易》乃卜筮之书，驳正学界对《周易》的误读。朱熹提出“上古之时，民心昧然，不知吉凶所在，故圣人作《易》教之。卜筮吉则行之，凶则避之，此是开物成务之道”（《周易传义附录·朱子易纲领》）。正是朱熹对《周易》卦爻辞的合理阐释，故“朱子《本义》，辞益简严深，探古圣因卜筮教人之本意，而不堕于诸儒术数之末流”。（董楷《周易传义附录原序》）朱熹“《易》本卜筮之书”的论断，“可以说是企图恢复《周易》的本来面貌，不仅对当时的义理学派，对象数学派的《周易》观也是一大冲击，在经学史上是值得大书特书的”[③]。

正是缘于朱熹《周易本义》的影响之大，后人以《本义》为对象予以探究的著作甚多，如宋元时期的主要著述有：董楷《周易传易附录》、元胡一桂《易本义附录纂疏》、胡炳文《周易本义通释》、熊良辅《周易本义集成》、董养性《周易订疑》、张子清《周易本义附录集注》；明清时期的主要著述有：明人蔡清《易经蒙引》、张谦《易本义集说》、成矩编《别本周易本义》、胡广等《周易大全》，清人朱轼《周易传义合订》、姜兆锡《周易本义述蕴》、胡良显《周易本义》、李文炤《周易本义拾遗》、王宏《周易筮述》、王又仆《易翼述信》、李鸣盛《周易本义直讲》、吴曰慎《周易本义翼》《周易本义爻徵》、潘元懋《周易广义》、纪磊

① 《四库全书总目》卷五《经部五·易类五·易经蒙引》，影印文渊阁《四库全书》本。

② （中国台湾）徐芹庭著：《易经源流：中国易经学史》下册，中国书店 2008 年版，第 882—883 页。

③ 朱伯崑：《易学哲学史》，华夏出版社 1995 年版，第 418 页。

《周易本义辨证补订》、蔡绍江《周易本义补说》、丁鼎时和吴瑞麟撰《周易本义正解》、胡方《周易本义注》、《周易本义阐旨》、姚章《周易本义引蒙》、苏了心《增订周易本义补》。

四 点校凡例

1. 在校勘底本上，以中国书店 1987 年版的《周易本义》(此本是影印商务印书馆 1922 年版)为底本，属于十二卷宋椠本[①]。同时参校书目有:《原本周易本义》(文渊阁《四库全书》本)简称“四库本”、清明善堂刻本(天津古籍出版社 1986 年放大影印)简称“清明善堂刻本”、《周易传义附录》十四卷(文渊阁《四库全书》本)等。另外，在点校时还参考了苏勇校注《周易本义》十二卷(北京大学出版社 1992 版)，简称“苏本”;王铁校点《周易本义》十二卷(安徽教育出版社 2002 年版)，简称“王本”;廖明春点校《周易本义》四卷(中华书局 2009 年版)，简称“廖本”。

2. 在点校基本原则上，力图保证不改动原文本貌。但对缺笔的字，诸如“恒”字作了更正。在点校过程中，诸本间有所异义的，不改动原文，皆在注中予以说明。

3. 在文后所附内容上，主要摘录有关《周易本义》的序跋、对《周易本义》版本的介绍及其相关著录和研究，便于学界更好了解《周易本义》传播史及其研究史。

《周易》是一门博大精深的学问，我们在点校中难免出现一些问题，敬请学者批评指正。在点校中，我们参考了一些学者的成果，特表示谢意!

点校者

2010 年 6 月于华中师范大学

---

① 按:文中所有“恒”字皆为缺笔，应该是避宋真宗赵恒讳。

吴革序

象、占，《易》本义也。伏羲画卦，文王系彖，周公系爻，皆以象与占决吉凶悔吝，各指其所之。孔子《十翼》专以义理发挥经言，岂有异旨哉？体用一源，显微无间，互相发而不相悖也。程子以义理为之传，朱子以象、占本其义，革每合而读之，心融体验，将终身玩索，庶几寡过。昨刊程《传》于章贡郡斋，今敬刊《本义》于朱子故里，与同志共之。抑朱子有言，顺理则吉，逆理则凶。悔自凶而趋吉，吝自吉而向凶，必然之应也。夫子曰："不占而已矣。"咸淳乙丑立秋日，后学九江吴革谨书。

易图　朱熹集录

河　图

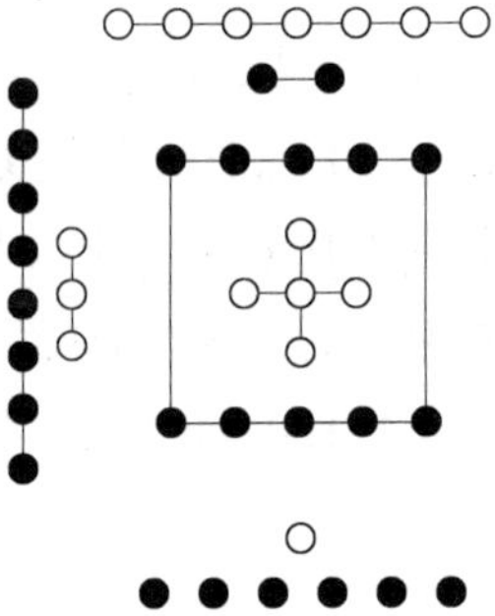

洛　书

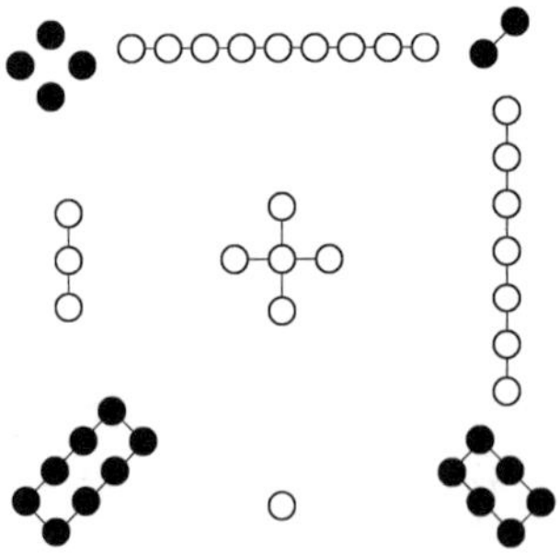

右《系辞传》曰："河出图，洛出书，圣人则之。"又曰："天一、地二，天三、地四，天五、地六，天七、地八，天九、地十。天数五，地数五，五位相得而各有合。天数二十有五，地数三十，凡天地之数五十有五。此所以成变化而行鬼神也。"此河图之数也。《洛书》盖取龟象，故其数戴九履一，左三右七，二四为肩，六八为足。

蔡元定曰：《图》、《书》之象，自汉孔安国、刘歆，魏关朗子明，有宋康节先生、邵雍尧夫，皆谓如此。至刘牧始两易其名，而诸家因之。故今复之，悉从其旧。

伏羲八卦次序

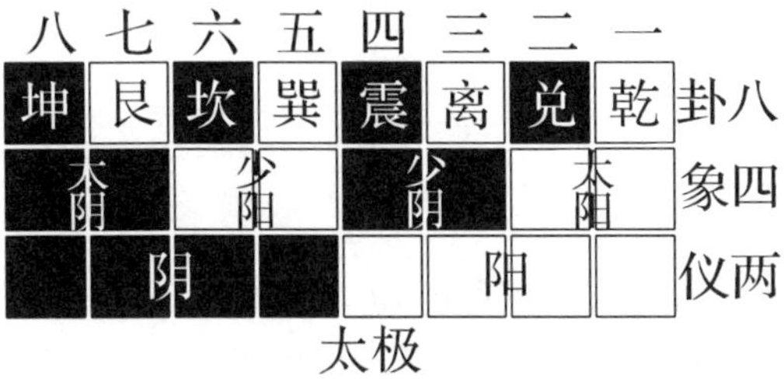

右《系辞传》曰："易有太极，是生两仪，两仪生四象，四象生八卦。"邵子曰："一分为二，二分为四，四分为八也。"《说卦传》曰："易，逆数也。"邵子曰："乾一、兑二、离三、震四、巽五、坎六、艮七、坤八，自乾至坤，皆得未生之卦，若逆推四时之比也。后六十四卦次序放此。"

伏羲八卦方位

右《说卦传》曰:“天地定位,山泽通气,雷风相薄,水火不相射。八卦相错,数往者顺,知来者逆。”邵子曰:“乾南坤北、离东坎西、震东北、兑东南、巽西南、艮西北。自震至乾为顺,自巽至坤为逆。后六十四卦方位放此。”

伏羲六十四卦次序

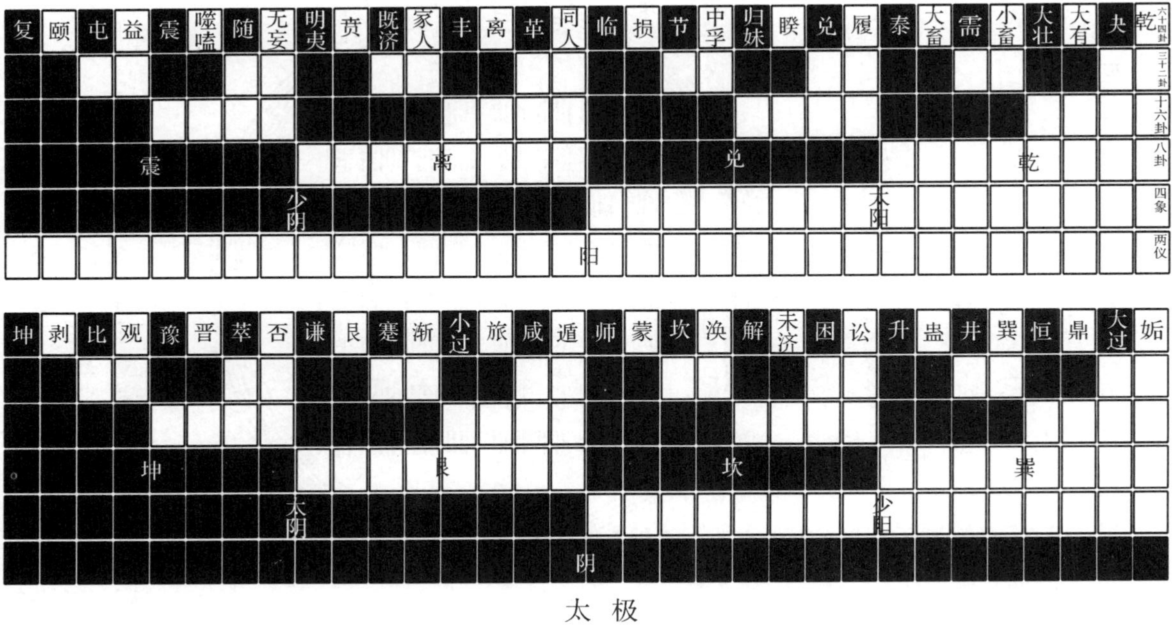
复 颐 屯 益 震 噬嗑 随 无妄 明夷 贲 既济 家人 丰 离 革 同人 临 损 节 中孚 归妹 睽 兑 履 泰 大畜 需 小畜 大壮 大有 夬 乾
六十四卦
三十二卦
十六卦
八卦
四象
两仪
震 离 兑 乾
少阴 太阳
阳
坤 剥 比 观 豫 晋 萃 否 谦 艮 蹇 渐 小过 旅 咸 遁 师 蒙 坎 涣 解 未济 困 讼 升 蛊 井 巽 恒 鼎 大过 姤
坤 艮 坎 巽
太阴 少阳
阴
太极

右前《八卦次序》图，即《系辞传》所谓“八卦成列”者。此图即所谓“因而重之”者也，故下三画即前图之八卦，上三画则各以其序重之，而下卦因亦各衍而为八也。若逐爻渐生，则邵子所谓八分为十六，十六分为三十二，三十二分为六十四者，尤见法象自然之妙也。

伏羲六十四卦方位

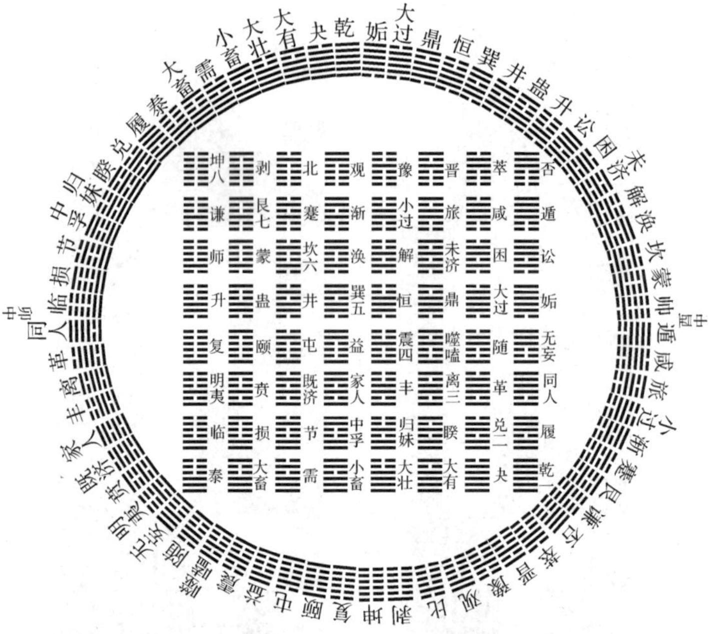

右伏羲四图，其说皆出邵氏。盖邵氏得之李之才挺之，挺之得之穆修伯长，伯长得之华山希夷先生陈抟图南者，所谓先天之学也。此图圆布者，乾尽午中，坤尽子中，离尽卯中，坎尽酉中。阳生于子中，极于午中；阴生于午中，极于子

中。其阳在南，其阴在北。方布者，乾始于西北，坤尽于东南。其阳在北，其阴在南。此二者，阴阳对待之数。圆于外者为阳，方于中者为阴。圆者动而为天，方者静而为地者也。

文王八卦次序

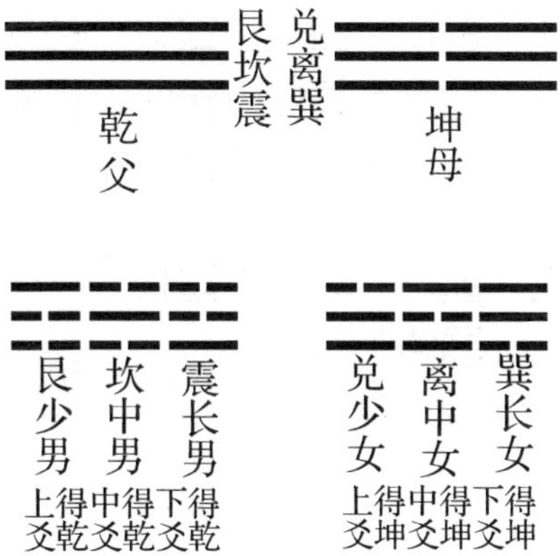

文王八卦方位

右见《说卦》。邵子曰："此文王八卦，乃入用之位，后天之学也。"

卦变图《彖传》或以卦变为说，今作此图以明之。盖《易》中之一义，非画卦作《易》之本指也。

凡一阴一阳之卦各六，皆自复、姤而来。五阴五阳，卦同图异。

䷖剥　䷇比　䷏豫　䷎谦　䷆师　䷗复

䷪夬　䷍大有䷈小畜䷉履　䷌同人䷫姤

凡二阴二阳之卦各十有五，皆自临、遁而来。四阴四阳，卦同图异。

䷚颐　䷂屯　䷲震　䷣明夷䷒临

䷃蒙　䷜坎　䷧解　䷭升

䷳艮　䷦蹇　䷽小过

䷢晋　䷬萃

䷓观

䷛大过䷱鼎　䷸巽　䷅讼　䷠遁

䷰革　䷝离　䷤家人䷘无妄

䷹兑　䷥睽　䷼中孚

䷄需　䷙大畜

䷡大壮

凡三阴三阳之卦各二十，皆自泰、否而来。

䷨损　䷻节　䷵归妹䷊泰

䷕贲　䷾既济䷶丰

䷔噬嗑䷐随

䷩益

䷑蛊　䷯井　䷟恒

䷿未济䷮困

䷺涣

䷷旅　䷞咸

䷴渐

䷋否

䷞咸　䷷旅　䷴渐　䷋否

䷮困　䷿未济䷺涣

䷯井　䷑蛊

䷟恒

䷐随　䷔噬嗑䷩益

䷾既济䷕贲

䷶丰

䷻节　䷨损

䷵归妹

䷊泰

凡四阴四阳之卦各十有五，皆自大壮、观而来。二阴二阳，图已见前。

䷙大畜䷄需　䷡大壮

䷥睽　䷹兑

䷼中孚

䷝离　䷰革

䷤家人

䷘无妄

䷱鼎　䷛大过

䷸巽

䷅讼

䷠遁

䷬萃　䷢晋　䷓观

䷦蹇　䷳艮

䷽小过

䷜坎　䷃蒙

䷧解

䷭升

䷂屯　䷚颐

䷲震

䷣明夷

䷒临

凡五阴五阳之卦各六，皆自夬、剥而来。一阴一阳，图已见前。

䷍大有䷪夬

䷈小畜

䷉履

䷌同人

䷫姤

䷇比　䷖剥

䷏豫

䷎谦

䷆师

䷗复

右《易》之图九：有天地自然之《易》，有伏羲之《易》，有文王周公之《易》，有孔子之《易》。自伏羲以上，皆无文字，只有图书，最宜深玩，可见作《易》本原精微之意。文王以下，方有文字，即今之《周易》。然读者亦宜各就本文消息，不可便以孔子之说为文王之说也。

卷一

周易上经

周，代名也；《易》，书名也。其卦本伏羲所画，有交易变易之义，故谓之易。其辞则文王、周公所系，故系之周。以其简帙重大，故分为上下两篇。经则伏羲之画，文王、周公之辞也。并孔子所作之传十篇，凡十二篇。中间颇为诸儒所乱，近世晁氏始正其失，而未能尽合古文。吕氏又更定，著为《经》二卷、《传》十卷，乃复孔氏之旧云。

䷀（乾下乾上）乾：元亨，利贞。六画者，伏羲所画之卦也。⚊者，奇也，阳之数也。乾者，健也，阳之性也。本注“乾”字，三画卦之名也。下者，内卦也；上者，外卦也。经文“乾”字，六画卦之名也。伏羲仰观俯察，见阴阳有奇耦之数，故画一奇以象阳，画一耦以象阴。见一阴一阳，有各生一阴一阳之象，故自下而上，再倍而三，以成八卦。见阳之性健，而其成形之大者为天，故三奇之卦名之曰乾，而拟之于天也。三画已具，八卦已成，则又三倍其画，以成六画，而为①八卦之上，各加八卦，以成六十四卦也。此卦六画皆奇，上下皆乾，则阳之纯而健之至也。故乾之名，天之象，皆不易焉。“元亨，利贞”，文王所系之辞，以断一卦之吉凶，所谓彖辞者也。元，大也；亨，通也；利，宜也；贞，正而固也。文王以为乾道大通而至正，故于筮得此卦，而六爻皆不变者，言其占当得大通，而必利在正固，然后可以保其终也。此圣人所以作《易》教人卜筮，而可以开物成

① “为”字，四库四卷本、清明善堂刻本、廖本，此处为“于”字。

务之精意。余卦放此。**初九:潜龙,勿用。**初九者,卦下阳爻之名。凡画卦者,自下而上,故以下爻为初。阳数,九为老,七为少,老变而少不变,故谓阳爻为九。“潜龙勿用”,周公所系之辞,以断一爻之吉凶,所谓爻辞者也。潜,藏也;龙,阳物也。初阳在下,未可施用,故其象为潜龙,其占曰勿用。凡遇乾而此爻变者,当观此象而玩其占也。余爻放此。**九二:见龙在田,利见大人。**二,谓自下而上,第二爻也。后放此。九二:刚健中正,出潜离隐,泽及于物,物所利见。故其象为“见龙在田”,其占为“利见大人”。九二:虽未得位,而大人之德已著,常人不足以当之。故值此爻之变者,但为利见此人而已,盖亦谓在下之大人也。此以爻与占者相为主宾,自为一例。若有见龙之德,则为利见九五在上之大人矣。**九三:君子终日乾乾,夕惕若,厉无咎。**九,阳爻;三,阳位。重刚不中,居下之上,乃危地也。然性体刚健,有能乾乾惕厉之象,故其占如此。君子,指占者而言。言能忧惧如是,则虽处危地而无咎也。**九四:或跃在渊,无咎。**“或”者,疑而未定之辞;“跃”者,无所缘而绝于地,特未飞耳;“渊”者,上空下洞,深昧不测之所,龙之在是。若下于田,或跃而起,则向乎天矣。九阳四阴,居上之下,改革之际,进退未定之时也,故其象如此。其占能随时进退,则无咎也。**九五:飞龙在天,利见大人。**刚健中正,以居尊位,如以圣人之德,居圣人之位,故其象如此,而占法与九二同,特所利见者,在上之大人耳①。若有其位,则为利见九二在下之大人也。**上九:亢龙有悔。**上者,最上一爻之名;亢者,过于上而不能下之意也。阳极于上,动必有悔,故其象占如此。**用九:见群龙无首,吉。**用九:言凡筮得阳爻者,皆用九而不用七,盖诸卦百九十二阳爻之通例也。以此卦纯阳而居首,故于此发之。而圣人因系之辞,使遇此卦而六爻皆变者,即此占之。盖六阳皆变,刚而能柔,吉之道也,故为群龙无首之象,而其占为如是则吉也。《春秋传》曰:乾之坤,曰“见群龙无首,吉”。盖即纯坤卦辞,“牝马之贞”、“先迷后得”、“东北丧朋”之意。

䷁(坤下坤上)**坤:元亨,利牝马之贞。君子有攸往,先迷后得,主利。西南得朋,东北丧朋。安贞吉。**- -者,耦也,阴之数

---

① “耳”字,清明善堂刻本、苏本、廖本皆为“尔”字。

也。坤者，顺也，阴之性也。注中者，三画卦之名也；经中者，六画卦之名也。阴之成形，莫大于地。此卦三画皆耦，故名坤而象地，重之又得坤焉。则是阴之纯、顺之至，故其名与象皆不易也。牝马，顺而健行者。阳先阴后。阳主义，阴主利。西南，阴方；东北，阳方。安，顺之为也；贞，健之守也。遇此卦者，其占为大亨，而利以顺健为正。如有所往，则先迷后得，而主于利。往西南则得朋，往东北则丧朋。大抵能安于正则吉也。**初六：履霜，坚冰至。**六，阴爻之名。阴数六老而八少，故谓阴爻为六也。霜，阴气所结，盛则水冻而为冰。此爻阴始生于下，其端甚微，而其势必盛，故其象如履霜，则知坚冰之将至也。夫阴阳者，造化之本，不能相无，而消长有常，亦非人所能损益也。然阳主生，阴主杀，则其类有淑慝之分焉。故圣人作《易》，于其不能相无者，既以健顺、仁义之属明之，而无所偏主。至其消长之际，淑慝之分，则未尝不致其扶阳抑阴之意焉。盖所以赞化育而参天地者，其旨深矣。不言其占者，谨微之意，已可见于象中矣。**六二：直方大，不习无不利。**柔顺正固，坤之直也。赋形有定，坤之方也。德合无疆，坤之大也。六二柔顺而中正，又得坤道之纯者，故其德内直外方，而又盛大，不待学习而无不利。占者有其德，则其占如是也。**六三：含章可贞，或从王事，无成有终。**六阴三阳，内含章美，可贞以守。然居下之上，不终含藏。故或时出而从上之事，则始虽无成，而后必有终。爻有此象，故戒占者有此德，则如此占也。**六四：括囊，无咎无誉。**括囊，言结囊口而不出也；誉者，过实之名。谨密如是，则无咎而亦无誉矣。六四重阴不中，故其象、占如此。盖或事当谨密，或时当隐遁也。**六五：黄裳，元吉。**黄，中色；裳，下饰。六五以阴居尊，中顺之德，充诸内而见于外，故其象如此，而其占为大善之吉也。占者德必如是，则其占亦如是矣。《春秋传》：南蒯将叛，筮得此爻，以为大吉。子服惠伯曰："忠信之事则可，不然必败。外强内温，忠也；和以率贞，信也。故曰：'黄裳，元吉。'黄，中之色也；裳，下之饰也；元，善之长也。中不忠，不得其色。下不共，不得其饰。事不善，不得其极。且夫易不可以占险。二者①有阙，筮虽当②，未也。"后蒯果败，此可以见占法矣。**上六：龙**

① 四库本为"二者"，据清明善堂刻本、苏本、廖本、王本，此处应为"三者"。

② 据清明善堂刻本、苏本，此处应为"筮虽吉"。

战于野，其血玄黄。阴盛之极，至与阳争，两败俱伤，其象如此。占者如是，其凶可知。**用六：利永贞。**用六，言凡得阴爻者，皆用六而不用八，亦通例也。以此卦纯阴而居首，故发之。遇此卦而六爻俱变者，其占如此辞。盖阴柔不能固守，变而为阳，则能永贞矣。故戒占者以利永贞，即乾之利贞也。自坤而变，故不足于大①亨云。

䷂（震下坎上）**屯：元亨，利贞，勿用有攸往。利建侯。**震、坎，皆三画卦之名。震，一阳动于二阴之下，故其德为动，其象为雷。坎，一阳陷于二阴之间，故其德为陷、为险，其象为云、为雨、为水。屯，六画卦之名也，难也，物始生而未通之意，故其为字，象草穿地始出而未申也。其卦以震遇坎，乾坤始交而遇险、陷，故其名为屯。震动在下，坎险在上，是能动乎险中。能动虽可以亨，而在险则宜守正，而未可遽进。故筮得之者，其占为大亨而利于正，但未可遽有所往耳。又初九，阳居阴下，而为成卦之主，是能以贤下人，得民而可君之象，故筮立君者，遇之则吉也。**初九：磐恒，利居贞，利建侯。**磐恒，难进之貌。屯难之初，以阳在下，又居动体，而上应阴柔险陷之爻，故有磐恒之象。然居得其正，故其占利于居贞。又本成卦之主，以阳下阴，为民所归，侯之象也，故其象又如此。而占者如是，则利建以为侯也。**六二：屯如邅如，乘马班如，匪寇婚媾。女子贞不字，十年乃字。**班，分布不进之貌；字，许嫁也。《礼》曰："女子许嫁，笄而字。"六二：阴柔中正，有应于上，而乘初刚，故为所难，而邅回不进。然初非为寇也，乃求与己为婚媾耳。但己守正，故不之许，至于十年。数穷理极，则妄求者去，正应者合，而可许矣。爻有此象，故因以戒占者。**六三：即鹿无虞，惟入于林中。君子几，不如舍。往吝。**阴柔居下，不中不正，上无正应，妄行取困，为逐鹿无虞陷入林中之象。君子见几，不如舍去。若往逐不舍，必致羞吝，戒占者宜如是也。**六四：乘马班如，求婚媾。往吉，无不利。**阴柔居屯，不能上进，故为"乘马班如"之象。然初九守正居下，以应于己，故其占为下"求婚媾"则吉也。**九五：屯其膏。小贞吉，大贞凶。**九五虽以阳刚中正居尊位，然当屯

① "大"字，据清明善堂刻本、苏本、廖本、王本，应为"元"字。

之时，陷于险中，虽有六二正应，而阴柔才弱，不足以济。初九得民于下，众皆归之。九五坎体，有膏润而不得施，为屯其膏之象。占者以处小事，则守正犹可获吉；以处大事，则虽正①而不免于凶。上六：乘马班如，泣血涟如。阴柔无应，处屯之终。进无所之，忧惧而已，故其象如此。

䷃(坎下艮上)蒙：亨。匪我求童蒙，童蒙求我。初筮告，再三渎，渎则不告。利贞。艮，亦三画卦名，一阳止于二阴之上，故其德为止，其象为山。蒙，昧也，物生之初，蒙昧未明也。其卦以坎遇艮，山下有险，蒙之地也；内险外止，蒙之意也，故其名为蒙。亨以下，占辞也。九二内卦之主，以刚居中，能发人之蒙者，而与六五阴阳相应，故遇此卦者，有亨道也。我，二也。童蒙，幼稚而蒙昧，谓五也。筮者明，则人当求我，而其亨在人；筮者暗，则我当求人，而亨在我。人求我者，当视其可否而应之；我求人者，当致其精一而扣之。而明者之养蒙，与蒙者之自养，又皆利于以正也。初六：发蒙，利用刑人，用说桎梏。以往吝。以阴居下，蒙之甚也。占者遇此，当发其蒙。然发之之道，当痛惩而暂舍之，以观其后。若遂往而不舍，则致羞吝矣。戒占者当如是也。九二：包蒙，吉。纳妇，吉。子克家。九二以刚阳②为内卦之主，统治群阴，当发蒙之任也。然所治既广，物性不齐，不可一概取必。而爻之德刚而不过，为能有所包容之象。又以阳受阴，为纳妇之象。又居下位而能任上事，为子克家之象。故占者有其德而当其事，则如是而吉也。六三：勿用取女，见金夫，不有躬，无攸利。六三阴柔，不中不正，女之见金夫而不能有其身之象也。占者遇之，则其取女必得如是之人，无所利矣。金夫，盖以金赂己而挑之，若鲁秋胡之为者。六四：困蒙，吝。既远于阳，又无正应，为困于蒙之象。占者如是，可羞吝也。能求刚明之德而亲近之，则可免矣。六五：童蒙，吉。柔中居尊，下应九二，纯一未发，以听于人，故其象为童蒙，而其占为如是则吉也。上九：击蒙，不利为寇，利御寇。以刚居上，治蒙过刚，故为击蒙之象。然取必太过，攻治太深，则必反为之害。惟捍其

---

① 据四库本可知，“虽正”二字中间脱“守”字。

② 四库本、王本作“刚阳”字，清明善堂刻本、苏本、廖本皆为“阳刚”字。

外诱以全其真纯，则虽过于严密，乃为得宜。故戒占者如此。凡事皆然，不止为诲人也。

䷄(乾下坎上)**需：有孚，光亨，贞吉，利涉大川。**需，待也。以乾遇坎，乾健坎险，以刚遇险，而不遽进以陷于险，待之义也；孚，信之在中者也。其卦九五，以坎体中实，阳刚中正而居尊位，为有孚得正之象。坎水在前，乾健临之，将涉水而不轻进之象。故占者为有所待，而能有信，则“光亨”矣。若又得正，则吉，而“利涉大川”。正固无所不利，而涉川尤贵于能待，则不欲速而犯难也。**初九：需于郊，利用恒，无咎。**郊，旷远之地，未近于险之象也。而初九阳刚，又有能常于其所之象。故戒占者能如是，则无咎也。**九二：需于沙，小有言，终吉。**沙，则近于险矣。言语之伤，亦灾害之小者，渐进近坎，故有此象。刚中能需，故得终吉。戒占者当如是也。**九三：需于泥，致寇至。**泥，将陷于险矣；寇，则害之大者。九三去险愈近，而过刚不中，故其象如此。**六四：需于血，出自穴。**血者，杀伤之地；穴者，险陷之所。四交坎体，入乎险矣，故为“需于血”之象。然柔得其正，需而不进，故又为“出自穴”之象。占者如是，则虽在伤地而终得出也。**九五：需于酒食，贞吉。**酒食，宴乐之具，言安以待之。九五阳刚中正，需于尊位，故有此象。占者如是而正固①，则得吉也。**上六：入于穴，有不速之客三人来，敬之，终吉。**阴居险极，无复有需，有陷而入穴之象。下应九三，九三与下二阳，需极并进，为不速客三人之象。柔不能御，而能顺之，有敬之之象。占者当陷险中，然于非意之来，敬以待之，则得“终吉”也。

䷅(坎下乾上)**讼：有孚，窒惕，中吉；终凶。利见大人，不利涉大川。**讼，争辨也。上乾下坎，乾刚坎险，上刚以制其下，下险以伺其上。又为内险而外健，又为己险而彼健，皆讼之道也。九二中实，上无应与，又为加忧，且于卦变自遁而来，为刚来居二，而当下卦之中，有“有孚”而见窒，能惧而得中之象。上九过刚，居讼之极，有终极其讼之象。九五刚健中正，以居尊位，有

---

① 四库本、王本为“正固”，据清明善堂刻本、苏本、廖本，应为“贞固”。

"大人"之象。以刚乘险，以实履陷，有"不利涉大川"之象。故戒占者必有争辨之事，而随其所处为吉凶也。初六：不永所事，小有言，终吉。阴柔居下，不能终讼，故其象占如此。九二：不克讼，归而逋，其邑人三百户，无眚。九二阳刚，为险之主，本欲讼者也。然以刚居柔，得下之中，而上应九五，阳刚居尊，势不可敌，故其象占如此。"邑人三百户"，邑之小者，言自处卑约以免灾患，占者如是则"无眚"矣。六三：食旧德，贞厉，终吉。或从王事，无成。食，犹食邑之食，言所享也。六三阴柔，非能讼者，故守旧居正，则虽危而终吉。然或出而从上之事，则亦必无成功，占者守常而不出，则善也。九四：不克讼，复即命，渝，安贞，吉。即，就也。命，正理也。渝，变也。九四刚而不中，故有讼象。以其居柔，故又为不克，而复就正理，渝变其心，安处于正之象，占者如是则吉也。九五：讼，元吉。阳刚中正，以居尊位，听讼而得其平者也。占者遇之，讼而有理，必获申矣。上九：或锡之鞶带，终朝三褫之。鞶带，命服之饰。褫，夺也。以刚居讼极，终讼而能胜之，故有锡命受服之象。然以讼得之，岂能安久？故又有"终朝三褫"之象。其占为终讼无理而或取胜，然其所得，终必失之，圣人为戒之意深矣。

䷆(坎下坤上)师：贞丈人吉，无咎。师，兵众也。下坎上坤，坎险坤顺，坎水坤地，古者寓兵于农，伏至险于大顺，藏不测于至静之中。又卦惟九二一阳，居下卦之中，为将之象。上下五阴顺而从之，为众之象。九二以刚居下而用事，六五以柔居上而任之，为人君命将出师之象，故其卦之名曰师。"丈人"，长老之称。用师之道，利于得正，而任老成之人，乃得吉而无咎。戒占者亦必如是也。初六：师出以律，否臧凶。律，法也。否臧，谓不善也。晁氏曰："否字，先儒多作不。"是也。在卦之初，为师之始，出师之道，当谨其始，以律则吉，不臧则凶。戒占者当谨始而守法也。九二：在师中，吉，无咎。王三锡命。九二在下，为众阴所归，而有刚中之德，上应于五，而为所宠任，故其象、占如此。六三：师或舆尸，凶。舆尸，谓师徒挠败，舆尸而归也。以阴居阳，才弱志刚，不中不正，而犯非其分，故其象占如此。六四：师左次，无咎。左次，谓退舍也。阴柔不中，而居阴得正，故其象如此。全师以退，贤于六三远矣，故其占如此。**六五：田有禽，利执言，无咎。长子帅师，弟子舆尸，贞凶。**六五，用师之主，柔顺而中，不为兵端者也。敌加于己，不得已而应之，故为“田有禽”之象，而其占利以抟执而无咎也。言语，辞也。长子，九二也。弟子，三四也。又戒占者，专于委任。若使君子任事，而又使小人参之，则是使之舆尸而归，故虽正①而亦不免于凶也。**上六：大君有命，开国承家，小人勿用。**师之终，顺之极，论功行赏之时也。坤为土，故有开国承家之象。然小人则虽有功，亦不可使之得有爵土，但优以金帛可也。戒行赏之人，于小人则不可用此占，而小人遇之，亦不得用此爻也。

䷇(坤下坎上)**比：吉。原筮，元永贞，无咎。不宁方来，后夫凶。**比，亲辅也。九五以阳刚居上之中而得其正，上下五阴，比而从之，以一人而抚万邦，以四海而仰一人之象。故筮者得之，则当为人所亲辅。然必再筮以自审，有元善长永正固之德，然后可以当众之归而无咎。其未比而有所不安者，亦将皆来归之。若又迟而后至，则此交已固，彼来已晚，而得凶矣。若欲比人，则亦以是而反观之耳。**初六：有孚比之，无咎。有孚盈缶，终来有它，吉。**比之初，贵乎有信，则可以无咎矣。若其充实，则又有它吉也。**六二：比之自内，贞吉。**柔顺中正，上应九五。自内比外而得其正②，吉之道也。占者如是，则正而吉矣。**六三：比之匪人。**阴柔不中正，承乘应皆阴，所比皆非其人之象。其占大凶，不言可知。**六四：外比之，贞吉。**以柔居柔，外比九五，为得其正，吉之道也。占者如是，则正而吉矣。**九五：显比，王用三驱，失前禽，邑人不诫，吉。**一阳居尊，刚健中正，卦之群阴皆来比己。显其比而无私，如天子不合围，开一面之网，来者不拒，去者不追，故为“用三驱，失前禽”而“邑人不诫”之象。盖虽私属，亦喻上意，不相警备以求必得也。凡此皆吉之道，占者如是则吉也。**上六：比之无首，凶。**阴柔居上，无以比下，凶之道也，故为无首之象，而其占则凶也。

---

①② 四库本、王本此处为“正”字，而清明善堂本、苏本、廖本为“贞”字。

☰(乾下巽上)小畜：亨。密云不雨，自我西郊。巽，亦三画卦之名，一阴伏于二阳之下，故其德为巽、为入，其象为风、为木。小，阴也；畜，止之之义也。上巽下乾，以阴畜阳。又卦唯六四一阴，上下五阳皆为所畜，故为"小畜"。又以阴畜阳，能系而不能固，亦为所畜者小之象。内健外巽，二五皆阳，各居一卦之中，而用事有刚而能中，其志得行之象，故其占当得亨通。然畜未极而施未行，故有"密云不雨，自我西郊"之象。盖"密云"，阴物；"西郊"，阴方；"我"者，文王自我也。文王演《易》于羑里，视岐周为西方，正"小畜"之时也。筮者得之，则占亦如其象云。初九：复自道，何其咎？吉。下卦乾体，本皆在上之物，志欲上进，而为阴所畜。然初九体乾，居下得正，前远于阴，虽与四为正应，而能自守以正，不为所畜，故有进复自道之象。占者如是，则无咎而吉也。九二：牵复，吉。三阳志同，而九二渐近于阴，以其刚中，故能与初九牵连而复，亦吉道也。占者如是，则吉矣。九三：舆说辐，夫妻反目。九三亦欲上进，然刚而不中，迫近于阴，而又非正应，但以阴阳相说，而为所系畜，不能自进，故有"舆说辐"之象。然以志刚，故又不能平而与之争，故又为"夫妻反目"之象。戒占者如是，则不得进而有所争也。六四：有孚，血去惕出，无咎。以一阴畜众阳，本有伤害忧惧，以其柔顺得正，虚中巽体，二阳助之，是"有孚"，而"血去惕出"之象也，"无咎"宜矣。故戒占者亦有其德，则无咎也。九五：有孚挛如，富以其邻。巽体三爻，同力畜乾，邻之象也。而九五居中处尊，势能有为以兼乎上下，故为"有孚挛固"，用富厚之力而以其邻之象。以，犹《春秋》"以某师"之"以"，言能左右之也。占者"有孚"，则能如是也。上九：既雨既处，尚德载。妇贞厉，月几望，君子征凶。畜极而成，阴阳和矣，故为"既雨既止"①之象。盖尊尚阴德，至于积满而然也。阴加于阳，故虽正亦厉。然阴既盛而亢阳，则君子亦不可以有行矣。其占如此，为戒深矣。

☰(兑下乾上)履：虎尾，不咥人，亨。兑，亦三画卦之名，一阴见于二阳之上，故其德为说，其象为泽。履，有所蹑而进之意也。以兑遇乾，和说以蹑刚强之后，有履虎尾而不见伤之象。故其卦为履，而占如是也。人能如是，则

① 四库本、王本作"既雨既止"，清明善堂刻本、苏本、廖本作"既雨既处"。

处危而不伤矣。**初九：素履，往，无咎。**以阳在下，居履之初，未为物迁，率其素履者也。占者如是，则“往”而“无咎”也。**九二：履道坦坦，幽人贞吉。**刚中在下，无应于上，故为“履道”平坦，幽独守贞之象。“幽人”“履道”而遇其占，则正[①]而吉矣。**六三：眇能视，跛能履，履虎尾，咥人，凶。武人为于大君。**六三不中不正，柔而志刚，以此履乾，必见伤害，故其象如此。而占者凶，又为刚武之人得志而肆暴之象，如秦政、项籍，岂能久也。**九四：履虎尾，诉诉，终吉。**九四亦以不中不正，履九五之刚，然以刚居柔，故能戒惧而得终吉。**九五：夬履，贞厉。**九五以刚中正履帝位，而下以兑说应之，凡事必行，无所疑碍，故其象为夬。决其履，虽使得正，亦危道也。故其占为虽正而危，为戒深矣。**上九：视履考祥，其旋元吉。**“视履”之终，以考其祥，周旋无亏，则得“元吉”。占者祸福，视其所履而未定也。

䷊(乾下坤上)**泰：小往大来，吉亨。**泰，通也。为卦天地交而二气通，故为泰，正月之卦也。小，谓阴；大，为[②]阳。言坤往居外，乾来居内。又自归妹来，则六往居四，九来居三也。占者有刚阳之德，则“吉”而“亨”矣。**初九：拔茅茹，以其汇，征吉。**三阳在下，相连而进，“拔茅”连“茹”之象，征行之吉也。占者阳刚，则其征吉矣。郭璞《洞林》读至“汇”字绝句。下卦放此。**九二：包荒，用冯河，不遐遗。朋亡，得尚于中行。**九二以刚居柔，在下之中，上有六五之应，主乎泰而得中道者也。占者能包容荒秽，而果断刚决，不遗遐远，而不昵朋比，则合乎此爻中行之道矣。**九三：无平不陂，无往不复，艰贞无咎，勿恤其孚，于食有福。**将过乎中，泰将极而否欲来之时也。恤，忧也；孚，所期之信也。戒占者艰难守正[③]，则无咎而有福。**六四：翩翩，不富以其邻，不戒以孚。**已过乎中，泰已极矣。故三阴翩然而下复，不待富而其类从之，不待戒令而信也。其占为有小人合交以害正道，君

① 四库本、王本作“正”字，清明善堂刻本、苏本、廖本作“贞”字。

② 据四库本、清明善堂刻本、苏本等，“为”字应为“谓”字。

③④ 四库本、王本作“正”字，清明善堂刻本、苏本、廖本作“贞”字。

子所当戒也。阴虚阳实，故凡言不富者，皆阴爻也。六五：帝乙归妹，以祉元吉。以阴居尊，为泰之主，柔中虚已，下应九二，吉之道也。而"帝乙归妹"之时，亦尝占得此爻。占者如是，则有祉而元吉矣。凡经以古人为言，如高宗、箕子之类者，皆放此。上六：城复于隍，勿用师，自邑告命，贞吝。泰极而否，"城复于隍"之象。戒占者不可力争，但可自守。虽得其正[3]，亦不免于羞吝也。

䷋（坤下乾上）否之匪人，不利君子贞，大往小来。否，闭塞也，七月之卦也。正与泰反，故曰"匪人"，谓非人道也，其占不利于君子之正道。盖乾往居外，坤来居内，又自渐卦而来，则九往居四，六来居三也。或疑"之匪人"三字衍文，由比六三而误也，《传》不特解，其义亦可见。初六：拔茅茹，以其汇，贞吉亨。三阴在下，当否之时，小人连类而进之象。而初之恶则未形也，故戒其贞则吉而亨。盖能如是，则变而为君子矣。六二：包承，小人吉。大人否，亨。阴柔而中正，小人而能包容承顺乎君子之象，小人之吉道也。故占者，小人如是则吉，大人则当安守其否而后道亨。盖不可以彼"包承"于我，而自失其守也。六三：包羞。以阴居阳而不中正，小人志于伤善而未能也，故为包羞之象。然以其未发，故无凶咎之戒。九四：有命无咎，畴离祉。否，过中矣，将济之时也。九四以阳居阴，不极其刚，故其占为"有命无咎"。而畴类三阳，皆获其福也。命，谓天命。九五：休否，大人吉。其亡其亡，系于苞桑。阳刚中正以居尊位，能休时之。否，大人之事也。故此爻之占，大人遇之则吉。然又当戒惧，如《系辞传》所云也。上九：倾否，先否后喜。以阳刚居否极，能倾时之否者也。其占为"先否后喜"。

䷌（离下乾上）同人于野，亨，利涉大川，利君子贞。离，亦三画卦之名。一阴丽于二阳之间，故其德为丽、为文明，其象为火、为日、为电。同人，与人同也。以离遇乾，火上同于天。六二得位得中，而上应九五。又卦唯一阴，而五阳同与之，故为同人。于野，谓旷远而无私也。有亨道矣，以健而行，故能涉川。为卦内文明而外刚健，六二中正而有应，则君子之道也。占者能如是，则亨而又可涉险，然必其所同合于君子之道，乃为利也。**初九：同人于门，无咎。**同人之初，未有私主。以刚在下，上无系应，可以无咎，故其象、占如此。**六二：同人于宗，吝。**宗，党也。六二虽中且正，然有应于上，不能大同，而系于私，吝之道也，故其象占如此。**九三：伏戎于莽，升其高陵，三岁不兴。**刚而不中，上无正应，欲同于二而非其正。惧九五之见攻，故有此象。**九四：乘其墉，弗克攻，吉。**刚不中正，又无应与，亦欲同于六二，而为三所隔，故为"乘墉"以攻之象。然以居柔①，故有自反而不克攻之象。占者如是，则是能改过而得吉也。**九五：同人，先号咷而后笑，大师克相遇。**五刚中正，二以柔中正，相应于下，同心者也。而为三四所隔，不得其同。然义理所同，物不得而间之，故有此象。然六二柔弱，而三四刚强，故必用大师以胜之，然后得相遇也。**上九：同人于郊，无悔。**居外无应，物莫与同，然亦可以无悔，故其象占如此。郊，在野之内，未至于旷远，但荒僻无与同耳。

䷍(乾下离上)**大有：元亨。**大有，所有之大也。离居乾上，火在天上，无所不照。又六五一阴，居尊得中，而五阳应之，故为"大有"。乾健离明，居尊应天，有亨之道。占者有其德，则大善而亨也。**初九：无交害，匪咎，艰则无咎。**虽当大有之时，然以阳居下，上无系应，而在事初，未涉乎害者也，何咎之有？然亦必艰以处之，则无咎。戒占者宜如是也。**九二：大车以载，有攸往，无咎。**刚中在下，得应乎上，为"大车以载"之象。有所往而如是，可无咎矣。占者必有此德，乃应其占也。**九三：公用亨于天子，小人弗克。**亨，《春秋传》作"享"，朝献也②。古者"亨通"之"亨"、"享献"之"享"、"烹饪"之"烹"，皆作"亨"字。九三居下之上，公侯之象。刚而得正，上有六五之君，虚中下贤，故为享于天子之象。占者有其德，则其占如是。小人无刚正之德，则虽得此爻，不能当也。**九四：匪其彭，无咎。**"彭"字，音义未详。程《传》

① 四库本作"然以其居柔"，据清明善堂刻本、苏本、王本等，此处应作"然以刚居柔"。

② "朝献也"，据清明善堂刻本、苏本、王本、廖本，此处脱一"谓"字。

曰"盛貌"，理或当然。六五柔中之君，九四以刚近之，有僭偪之嫌。然以其处柔也，故有不极其盛之象，而得无咎。戒占者宜如是也。六五：厥孚交如，威如，吉。大有之世，柔顺而中，以处尊位。虚己以应九二之贤，而上下归之，是其孚信之交也。然君道贵刚，太柔则废，当以威济之则吉，故其象、占如此。此亦戒辞也。上九：自天祐之，吉，无不利。大有之世，以刚居上，而能下从六五，是能履信思顺而尚贤也，满而不溢，故其占如此。

䷎（艮下坤上）谦：亨，君子有终。谦者，有而不居之义。止乎内而顺乎外，谦之意也。山至高而地至卑，乃屈而止于其下，谦之象也。占者如是，则亨通而有终矣。有终，谓先屈而后伸也。初六：谦谦君子，用涉大川，吉。以柔处下，谦之至也，君子之行也。以此涉难，何往不济。故占者如是，则利以涉川也。六二：鸣谦，贞吉。柔顺中正，以谦有闻，正而且吉者也，故其占如此。九三：劳谦，君子有终，吉。卦唯一阳，居下之上，刚而得正，上下所归，有功劳而能谦，尤人所难，故有终而吉。占者如是，则如其应矣。六四：无不利，撝谦。柔而得正，上而能下，其占无不利矣。然居九三之上，故戒以更当发挥其谦，以示不敢自安之意也。六五：不富以其邻，利用侵伐，无不利。以柔居尊，在上而能谦者也，故为不富而能以其邻之象。盖从之者众矣。犹有未服者，则利以征之，而于它事亦无不利。人有是德，则如其占也。上六：鸣谦，利用行师，征邑国。谦极有闻，人之所与，故可用行师。然以其质柔而无位，故可以征己之邑国而已。

䷏（坤下震上）豫：利建侯，行师。豫，和乐也，人心和乐以应其上也。九四一阳，上下应之。其志得行，又以坤遇震，为顺以动，故其卦为豫，而其占利以立君、用师也。初六：鸣豫，凶。阴柔小人，上有强援，得时主事，故不胜其豫，而以自鸣，凶之道也，故其占如此。卦之得名，本为和乐，然卦辞为众乐之义。爻辞除九四与卦同外，皆为自乐，所以有吉凶之异。六二：介于石，不终日，贞吉。豫虽主乐，然易以溺人，溺则反而忧矣。卦独此爻中而得正，是上下皆溺于豫，而独能以中正自守，其介如石也。其德安静而坚确，故其思虑明审，不俟终日而见凡事之几微也。《大学》曰："安而后能虑，虑而后能得。"意正如此。占者如是，则正而吉矣。**六三：盱豫，悔，迟有悔。**盱，上视也。阴不中正而近于四，四为卦主，故六三上视于四而下溺于豫，宜有悔者也，故其象如此。而其占为事当速悔，若悔之迟，则必有悔也。**九四：由豫，大有得。勿疑，朋盍簪。**九四，卦之所由以为豫者也，故其象如此，而其占为"大有得"。然又当至诚不疑，则朋类合而从之矣，故又因而戒之。簪，聚也，又速也。**六五：贞疾，恒不死。**当豫之时，以柔居尊，沉溺于豫。又乘九四之刚，众不附而处势危，故为"贞疾"之象。然以其得中，故又为"常①不死"之象。即象而观，占在其中矣。**上六：冥豫，成有渝，无咎。**以阴柔居豫极，为昏冥于豫之象。以其动体，故又为其事虽成而能有渝之象。戒占者如是，则能补过而无咎，所以广迁善之门也。

䷐(震下兑上)**随：元亨，利贞，无咎。**随，从也。以卦变言之，本自困卦，九来居初；又自噬嗑，九来居五；而自未济来者，兼此二变，皆刚来随柔之义。以二体言之，为此动而彼说，亦随之义，故为随。己能随物，物来随己，彼此相从，其通易矣，故其占为"元亨"。然必利于正，乃得"无咎"。若所随不正，则虽大亨而不免于有咎矣。《春秋传》穆姜曰："有是四德，随而无咎。我皆无之，岂随也哉"！今按四德虽非本义，然其下云云，深得占法之意。**初九：官有渝，贞吉。出门交有功。**卦以物随为义，爻以随物为义。初九以阳居下，为震之主，卦之所以为随者也。既有所随，则有所偏主而变其常矣，惟得其正则吉。又当出门以交，不私其随，则有功也。故其象、占如此，亦因以戒之。**六二：系小子，失丈夫。**初阳在下而近，五阳正应而远。二阴柔不能自守，以须正应，故其象如此。凶吝可知，不假言矣。**六三：系丈夫，失小子。随有求得，利居贞。**丈夫，谓九四；小子，亦谓初也。三近系四而失于初，其象与六二正相反。四阳当任而己随之，有求必得，然非正应，故有不正而为邪媚之嫌，故其占如此，而又戒以居贞也。**九四：随有获，贞凶。有**

① 四库本、王本作"常不死"，清明善堂刻本、苏本、廖本作"恒不死"，此处应为"恒不死"。

孚在道以明，何咎？九四以刚居上之下，与五同德，故其占“随”而“有获”。然势凌①于五，故虽正而凶。惟有孚在道而明，则上安而下从之，可以无咎也。占者当时之任，宜审此戒。九五：孚于嘉，吉。阳刚中正，下应中正，是信于善也。占者如是，其吉宜矣。上六：拘系之，乃从维之；王用亨于西山。居随之极，随之固结而不可解者也。诚意之极，可通神明，故其占为“王用亨于西山”。“亨”，亦当作祭享之“享”。自周而言，岐山在西。凡筮祭山川者得之，其诚意如是则吉也。

䷑(巽下艮上)蛊：元亨，利涉大川。先甲三日，后甲三日。蛊，坏极而有事也。其卦艮刚居上，巽柔居下，上下不交，下卑巽而上苟止，故其卦为蛊。或曰刚上柔下，谓卦变自贲来者，初上二下；自井来者，五上上下；自既济来者兼之，亦刚上而柔下，皆所以为蛊也。蛊坏之极，乱当复治，故其占为“元亨”，而“利涉大川”。甲，日之始，事之端也。“先甲三日”，辛也；“后甲三日”，丁也。前事过中而将坏，则可自新，为后事之端②，而不使至于大坏。后事方始而尚新，然便③当致其丁宁之意，以监前事之失，而不使至于速坏。圣人之深戒也。初六：干父之蛊，有子，考无咎，厉，终吉。干，如木之干，枝叶之所附而立者也。蛊者，前人已坏之绪，故诸爻皆有父母之象。子能干之，则饬治而振起矣。初六蛊未深而事易济，故其占为有子，则能治蛊，而考得“无咎”，然亦危矣。戒占者宜如是。又知危而能戒，则终吉也。九二：干母之蛊，不可贞。九二刚中，上应六五，子干母蛊而得中之象。以刚承柔而治其坏，故又戒以不可坚正④，言当巽以入之也。九三：干父之蛊，小有悔，无大咎。过刚不中，故“小有悔”。巽体得正，故“无大咎”。六四：裕父之蛊，往见吝。以阴居阴，不能有为，宽裕以治，蛊之象也。如是，则蛊将日深，故“往”则“见吝”，戒占者不可如是也。六五：干父之蛊，用誉。柔中居尊，

---

① 四库本、王本作“凌”字，清明善堂刻本、苏本、廖本作“陵”字。
② 据清明善堂刻本、苏本、王本、廖本，可知“为”字前脱一“以”字。
③ 据清明善堂刻本、苏本、王本、廖本，“便”字当为“更”字。
④ 四库本、王本作“正”字，清明善堂刻本、苏本、廖本作“贞”字。

而九二承之以德，以此干蛊，可致闻誉，故其象占如此。上九：不事王侯，高尚其事。刚阳居上，在事之外，故为此象。而占与戒皆在其中矣。

䷒（兑下坤上）临：元亨，利贞。至于八月，有凶。临，进而凌逼于物也。二阳浸长以逼于阴，故为临，十二月之卦也。又其为卦，下兑说，上坤顺，九二以刚居中，上应六五，故占者大亨而利于正。然至于八月当有凶也。八月，谓自复卦一阳之月，至于遁卦二阴之月，阴长阳遁之时也。或曰：八月，谓夏正八月，于卦为观，亦临之反对也。又因占而戒之。初九：咸临，贞吉。卦唯二阳，遍临四阴，故二爻皆有“咸临”之象。初九刚而得正，故其占为“贞吉”。九二：咸临，吉，无不利。刚得中而势上进，故其占“吉”而“无不利”也。六三：甘临，无攸利。既忧之，无咎。阴柔不中正，而居下之上，为以甘说临人之象。其占固无所利，然能忧而改之，则“无咎”也。勉人迁善，为教深矣。六四：至临，无咎。处得其位，下应初九，相临之至，宜无咎者也。六五：知临，大君之宜，吉。以柔居中，下应九二，不自用而任人，乃知之事，而“大君之宜”，“吉”之道也。上六：敦临，吉，无咎。居卦之上，处临之终。“敦”厚于“临”，“吉”而“无咎”之道也，故其象占如此。

䷓（坤下巽上）观：盥而不荐，有孚颙若。观者，有以示人①，而为人所仰也。九五居上，四阴仰之，又内顺外巽，而九五以中正示天下，所以为观。盥，将祭而洁手也；荐，奉酒食以祭也。颙然，尊严之貌。言致其洁清而不轻自用，则其孚信在中，而颙然可仰。戒占者宜如是也。或曰：“有孚颙若，谓在下之人，信而仰之也。”此卦四阴长而二阳消，正为八月之卦，而名卦系辞更取它义，亦扶阳抑阴之意。初六：童观，小人无咎，君子吝。卦以观示为义，据九五为主也；爻以观瞻为义，皆观乎九五也。初六阴柔在下，不能远见。童观之象，小人之道，君子之羞也。故其占，在小人则无咎，君子得之，则可羞矣。六二：窥观，利女贞。阴柔居内而观乎外，窥观之象，女子之正也，故

① 四库本、廖本作“有以示人”，清明善堂刻本作“有以中正示人”。

其占如此。丈夫得之，则非所利矣。**六三：观我生进退。**六三居下之上①，可进可退，故不观九五，而独观己所行之通塞以为进退，占者宜自审也。**六四：观国之光，利用宾于王。**六四最近于五，故有此象。其占为利于朝觐、进仕也。**九五：观我生，君子无咎。**九五阳刚中正，以居尊位，其下四阴，仰而观之，君子之象也。故戒居此位，得此占者，当观己所行，必其阳刚中正亦如是焉，则得无咎也。**上九：观其生，君子无咎。**上九阳刚，居尊位之上，虽不当事任，而亦为下所观，故其戒辞略与五同，但以我为其，小有主宾之异耳。

䷔(震下离上)**噬嗑：亨，利用狱。**噬，啮也；嗑，合也。物有间者，啮而合之也。为卦上下两阳而中虚，颐口之象。九四一阳间于其中，必啮之而后合，故为噬嗑。其占当得亨通者，有间故不通，啮之而合，则亨通矣。又三阴三阳，刚柔中半，下动上明，下雷上电，本自益卦六四之柔。上行以至于五而得其中，是以以阴居阳②，虽不当位而“利用狱”。盖治狱之道，惟威与明而得其中之为贵。故筮得之者，有其德，则应其占也。**初九：屦校灭趾，无咎。**初上无位，为受刑之象。中四爻为用刑之象。初在卦始，罪薄过小，又在卦下，故为“屦校灭趾”之象。止恶于初，故得“无咎”。占者小伤而“无咎”也。**六二：噬肤灭鼻，无咎。**祭有肤鼎，盖肉之柔脆，噬而易嗑者。六二中正，故其所治如噬肤之易。然以柔乘刚，故虽甚易，亦不免于伤灭其鼻。占者虽伤而终“无咎”也。**六三：噬腊肉，遇毒，小吝，无咎。**腊肉，谓兽腊。全体骨而为之者，坚韧之物也。阴柔不中正，治人而人不服，为噬腊遇毒之象。占虽小吝，然时当噬嗑，于义为“无咎”也。**九四：噬干胏，得金矢。利艰贞，吉。**胏，肉之带骨者，与“胾”通。《周礼》：狱讼入钧金、束矢而后听之。九四以刚居柔，得用刑之道，故有此象。言所噬愈坚，而得听讼之宜也。然必利于艰难正固

① 据清明善堂刻本注、苏本、廖本，可知“六三居下之上”一句前面脱“我生，我之所行也”一句。

② 四库本、王本作“是以以阴居阳”，清明善堂刻本作“是知以阴居阳”，廖本作“是以阴居阳”。

则吉。戒占者宜如是也。六五：噬干肉，得黄金。贞厉，无咎。噬干肉，难于肤而易于腊胏者也。黄，中色；金，亦谓钧金。六五柔顺而中，以居尊位，用刑于人，人无不服，故有此象。然必“贞厉”乃得“无咎”。亦戒占者之辞①。上九：何校灭耳，凶。何，负也。过极之阳，在卦之上，恶极罪大，“凶”之道也。故其象占如此。

䷕（离下艮上）贲：亨，小利有攸往。贲，饰也。卦自损来者，柔自三来而文二，刚自二上而文三。自既济而来者，柔自上来而文五，刚自五上而文上。又内离而外艮，有文明而各得其分之象，故为“贲”。占者以其柔来文刚，阳得阴助，而离明于内，故为“亨”。以其刚上文柔，而艮止于外，故小利有攸往。初九：贲其趾，舍车而徒。刚德明体，自贲于下，为舍非道之车，而安于徒步之象。占者自处当如是也。六二：贲其须。二以阴柔居中正，三以阳刚而得正，皆无应与，故二附三而动，有贲须之象。占者宜从上之阳刚而动也。九三：贲如，濡如，永贞吉。一阳居二阴之间，得其贲而润泽者也。然不可溺于所安，故有永贞之戒。六四：贲如，皤如，白马翰如。匪寇，婚媾。皤，白也；马，人所乘。人白则马亦白矣。四与初相贲者，乃为九三所隔，而不得遂，故“皤如”。而其往求之心，如飞翰之疾也。然九三刚正，非为寇者也，乃求“婚媾”耳，故其象如此。六五：贲于丘园，束帛戋戋。吝，终吉。六五柔中，为贲之主，敦本尚实，得贲之道，故有“丘园”之象。然阴性吝啬，故有“束帛戋戋”之象。束帛，薄物；戋戋，浅小之意。人而如此，虽可羞吝，然礼奢宁俭，故得终吉。上九：白贲，无咎。贲极反本，复于无色，善补过矣，故其象、占如此。

䷖（坤下艮上）剥：不利有攸往。剥，落也。五阴在下而方生，一阳在上而将尽。阴盛长而阳消落，九月之卦也。阴盛阳衰，小人壮而君子病。又

---

① 四库本、王本作“亦戒占者之辞”，清明善堂刻本、苏本、廖本作“亦戒占者之辞也”。

内坤外艮[1]，有顺时而止之象。故占得之者，不可以有所往也[2]。初六：剥床以足，蔑贞凶。剥自下起，灭正则凶，故其占如此。蔑，灭也。六二：剥床以辨，蔑贞凶。辨，床干也，进而上矣。六三：剥之，无咎。众阴方剥阳，而己独应之。去其党而从正，无咎之道也。占者如是，则得无咎。六四：剥床以肤，凶。阴祸切身，故不复言"蔑贞"，而直言"凶"也。六五：贯鱼以宫人宠，无不利。鱼，阴物；宫人，阴之美而受制于阳者也。五为众阴之长，当率其类受制于阳，故有此象。而占者如是，则无不利也。上九：硕果不食，君子得舆，小人剥庐。一阳在上，剥未尽而能复生。君子在上，则为众阴所载；小人居之，则剥极于上，自失所覆，而无复硕果得舆之象矣。取象既明，而君子小人其占不同，圣人之情益可见矣。

䷗(震下坤上)复：亨。出入无疾，朋来无咎。反复其道，七日来复。利有攸往。复，阳复生于下也。剥尽则为纯坤，十月之卦，而阳气已生于下矣。积之逾月，然后一阳之体始成而来复，故十有一月，其卦为复，以其阳既往而复反，故有亨道。又内震外坤，有阳动于下，而以顺上行之象。故其占又为已之出入，既得无疾，朋类之来，亦得无咎。又自五月姤卦一阴始生，至此七爻，而一阳来复，乃天运之自然，故其占又为"反复其道"。至于七日，当得来复。又以刚德方长，故其占又为"利有攸往"也。"反复其道"，往而复来，来而复往之意。七日者，所占来复之期也。初九：不远复，无只悔，元吉。一阳复生于下，复之主也。只，抵也。又居事初，失之未远，能复于善，不抵于悔，大善而吉之道也。故其象占如此。六二：休复，吉。柔顺中正，近于初九而能下之。复之休美，吉之道也。六三：频复，厉，无咎。以阴居阳，不中不正，又处动极，复而不固，屡失屡复之象。屡失故危，复则无咎，故其占又如此。六四：中行独复。四处群阴之中，而独与初应，为与众俱行，而独能从

---

① 四库本、王本作"又内坤外艮"，清明善堂刻本、苏本、廖本作"又内坤而外艮"。

② 据四库本、清明善堂刻本、廖本等，"不可以有所往也"衍"以"字。

善之象。当此之时，阳气甚微，未足以有为，故不言吉。然理所当然，吉凶非所论也。董子曰："仁人者，正其义①，不谋其利；明其道，不计其功。"于剥之六三及此爻见之。六五：敦复，无悔。以中顺居尊，而当复之时，"敦复"之象，"无悔"之道也。上六：迷复，凶，有灾眚。用行师，终有大败。以其国，君凶。至于十年不克征。以阴柔居复终，终迷不复之象，凶之道也，故其占如此。以，犹及也。

䷘(震下乾上)无妄：元亨，利贞。其匪正有眚，不利有攸往。无妄，实理自然之谓。《史记》作"无望"，谓无所期望而有得焉者，其义亦通。为卦自讼而变，九自二来而居于初，又为震主，动而不妄者也，故为无妄。又二体震动而乾健，九五刚中而应六二，故其占大亨而利于正。若其不正，则有眚而不利有所往也。初九：无妄，往吉。以刚在内，诚之主也。如是而往，其吉可知，故其象占如此。六二：不耕获，不菑畬，则利有攸往。柔顺中正，因时顺理，而无私意期望之心，故有"不耕获，不菑畬"之象。言其无所为于前，无所冀于后也。占者如是，则利有所往矣。六三：无妄之灾，或系之牛，行人之得，邑人之灾。卦之六爻，皆无妄者也。六三处不得正，故遇其占者，无故而有灾，如行人牵牛以去，而居者反遭诘捕之扰也。九四：可贞，无咎。阳刚乾体，下无应与，可固守而无咎，不可以有为之占也。九五：无妄之疾，勿药有喜。乾刚中正以居尊②，而下应亦中正，无妄之至也。如是而有疾，"勿药"而自愈矣，故其象、占如此。上九：无妄，行有眚，无攸利。上九非有妄也，但以穷极不可行耳。故其象、占如此。

䷙(乾下艮上)大畜：利贞，不家食，吉。利涉大川。大，阳也。

---

① 四库本、王本作"正其义"，但据清明善堂刻本、廖本及《汉书·董仲舒传》，此处应为"正其谊"。

② 四库本、王本作"乾刚中正以居尊"，清明善堂刻本、苏本、廖本作"乾刚中正以居尊位"。

以艮畜乾，又畜之大者也。又以内乾刚健，外艮笃实辉光，是以能日新其德，而为畜之大也。以卦变言，此卦自需而来，九自五而上；以卦体言，六五尊而尚之；以卦德言，又能止健。皆非大正不能，故其占为利正①，而“不家食，吉”也。又六五下应于乾，为应乎天，故其占又为“利涉大川”也。“不家食”，谓食禄于朝，不食于家也。**初九：有厉，利已**。乾之三阳，为艮所止，故内外之卦，各取其义。初九为六四所止，故其占往则有危，而利于止也。**九二：舆说輹**。九二亦为六五所畜，以其处中，故能自止而不进，有此象也。**九三：良马逐，利艰贞。日②闲舆卫，利有攸往**。三以阳居健极，上以阳居畜极，极而通之时也。又皆阳爻，故不相畜而俱进，有“良马逐”之象焉。然过刚锐进，故其占必戒以艰贞。闲习，乃利于有往也。日③，当为日月之“日”。**六四：童牛之牿，元吉**。童者，未角之称；牿，施横木于牛角，以防其触，《诗》所谓“楅衡”者也。止之于未角之时，为力则易，大善之吉也，故其象、占如此。《学记》曰：“禁于未发之谓豫”，正此意也。**六五：豮豕之牙，吉**。阳已进而止之，不若初之易矣。然以柔居中而当尊位，是以得其机会而可制，故其象如此。占虽吉而不言元也。**上九：何天之衢，亨**。何天之衢，言何其通达之甚也。畜极而通，豁达无碍，故其象占如此。

䷚(震下艮上)**颐：贞吉。观颐，自求口实**。颐，口旁也。口食物以自养，故为养义。为卦上下二阳，内含四阴，外实内虚，上止下动，为颐之象、养之义④。“贞吉”者，占者得正则吉。“观颐”，谓观其所养之道。“自求口实”，谓观其所以养身之术。皆得正则吉也。**初九：舍尔灵龟，观我朵颐，凶**。灵龟，不食之物。朵，乘也。朵颐，欲食之貌。初九阳刚在下，足以不食，乃上应六四之阴，而动于欲，凶之道也。故其象、占如此。**六二：颠颐，拂**

---

① 四库本、王本作“故其占为利正”，但据清明善堂刻本、苏本、廖本及上下文意，应为“故其占为利贞”。

②③ 四库本作“日”字，据清明善堂刻本、苏本、王本、廖本，此处应为“曰”字。

④ 据清明善堂刻本、苏本、廖本，“养之义”后脱一“也”字。

经。于丘颐，征凶。求养于初，则颠倒而违于常理；求养于上，则往而得凶。丘，土之高者，上之象也。六三：拂颐，贞凶。十年勿用，无攸利。阴柔不中正，以处动极，拂于颐矣。既拂于颐，虽正亦凶。故其象占如此。六四：颠颐，吉。虎视耽耽，其欲逐逐，无咎。柔居上而得正，所应又正，而赖其养以施于下，故虽颠而吉。虎视耽耽，下而专也；其欲逐逐，求而继也。又能如是，则无咎矣。六五：拂经。居贞吉，不可涉大川。六五阴柔不正，居尊位而不能养人，反赖上九之养，故其象占如此。上九：由颐。厉吉，利涉大川。六五赖上九之养以养人，是物由上九以养也。位高任重，故厉而吉。阳刚在上，故利涉川。

䷛(巽下兑上)大过：栋桡。利有攸往，亨。大，阳也。四阳居中过盛，故为大过。上下二阴不胜其重，故有栋桡之象。又以四阳虽过，而二五得中，内巽外说，有可行之道，故利有所往而得亨也。初六：藉用白茅，无咎。当大过之时，以阴柔居巽下，过于畏惧而无咎者也。故其象占如此。白茅，物之洁者。九二：枯杨生稊，老夫得其女妻。无不利。阳过之始，而比初阴，故其象占如此。稊，根也，荣于下者也。荣于下，则生于上矣。夫虽老而得女妻，犹能成生育之功也。九三：栋桡，凶。三四二爻，居卦之中，栋之象也。九三以刚居刚，不胜其重，故象桡而占凶。九四：栋隆，吉。有它，吝。以阳居阴，过而不过，故其象隆而占吉。然下应初六，以柔济之，则过于柔矣。故又戒以有它则吝也。九五：枯杨生华，老妇得其士夫。无咎无誉。九五阳过之极，又比过极之阴，故其象占皆与二反。上六：过涉灭顶。凶，无咎。处过极之地，才弱不足以济，然于义为无咎矣，盖杀身成仁之事，故其象、占如此。

䷜(坎下坎上)习坎：有孚，维心亨，行有尚。习，重习也；坎，险陷也。其象为水，阳陷阴中，外虚而中实也。此卦上下皆坎，是为重险。中实为有孚心亨之象，以是而行，必有功矣，故其占如此。初六：习坎，入于坎窞，凶。以阴柔居重险之下，其陷益深，故其象占如此。九二：坎有险，求小得。处重险之中，未能自出，故为有险之象。然刚而得中，故其占可以求小得也。六三：来之坎坎，险且枕，入于坎窞。勿用。以阴柔不中正，而履重险之间，来往皆险。前险而后枕，其陷益深，不可用也。故其象占如此。枕，倚着①未安之意。六四：樽酒簋，贰用缶。纳约自牖，终无咎。晁氏云，先儒读"樽酒簋"为一句，"贰用缶"为一句。今从之。贰，益之也。《周礼》："大祭三贰。"《弟子职》"左执虚豆，右执挟匕，周旋而贰"是也。九五尊位，六四近之，在险之时，刚柔相际，故有但用薄礼，益以诚心，进结自牖之象。牖非所由之正，而室之所以受明也。始虽艰阻，终得无咎，故其占如此。九五：坎不盈，祇既平，无咎。九五虽在坎中，然以阳刚中正居尊位，而时亦将出矣。故其象占如此。上六：系用徽纆，寘于丛棘，三岁不得，凶。以阴柔居险极，故其象占如此。

䷝（离下离上）离：利贞，亨。畜牝牛，吉。离，丽也。阴丽于阳，其象为火，体阴而用阳也。物之所丽，贵乎得正。牝牛，柔顺之物也。故占者能正则亨，而畜牝牛则吉也。初九：履错然，敬之，无咎。以刚居下而处明体②，志欲上进，故有"履错然"之象，"敬之"则"无咎"矣。戒占者宜如是也。六二：黄离，元吉。黄，中色。柔丽乎中而得其正，故其象占如此。九三：日昃之离，不鼓缶而歌，则大耋之嗟，凶。重离之间，前明将尽，故有日昃之象。不安常以自乐，则不能自处而凶矣。戒占者宜如是也。九四：突如其来如，焚如，死如，弃如。后明将继之时，而九四以刚迫之，故其象如此。六五：出涕沱若，戚嗟若，吉。以阴居尊，柔丽乎中，然不得其正，而迫于上下之阳，故忧惧如此，然后得吉。戒占者宜如是也。上九：王用出征，有嘉折首，获匪其丑，无咎。刚明及远，威振③而刑不滥，无咎之道也。故其象占如此。

---

① 四库本、王本作"倚着"，清明善堂刻本、苏本、廖本作"倚著"。

② 四库本、王本作"明体"，清明善堂刻本、苏本、廖本作"初体"。

③ 四库本、王本作"威振"，清明善堂刻本、苏本、廖本作"威震"。

卷二

周易下经

䷞(艮下兑上)咸：亨，利贞。取女吉。咸，交感也。兑柔在上，艮刚在下，而交相感应。又艮止则感之专，兑说则应之至。又艮以少男下于兑之少女，男先于女，得男女之正，婚姻之时，故其卦为咸。其占亨而利正[①]，取女则吉，盖感有必通之理。然不以正[②]，则失其亨，而所为皆凶矣。初六：咸其拇。拇，足大指也。咸以人身取象，感于最下，咸拇之象也。感之尚浅，欲进未能，故不言吉凶。此卦虽主于感，然六爻皆宜静而不宜动也。六二：咸其腓，凶，居吉。腓，足肚也。欲行则先自动，躁妄而不能固守者也。二当其处，又以阴柔不能固守，故取其象。然有中正之德，能居其所，故其占动凶而静吉也。九三：咸其股，执其随，往吝。股，随足而动，不能自专者也。执者，主当持守之意。下二爻皆欲动者，三亦不能自守而随之，往则吝矣。故其象占如此。九四：贞吉，悔亡。憧憧往来，朋从尔思。九四居股之上、脢之下，又当三阳之中，心之象，咸之主也。心之感物，当正而固，乃得其理。今九四乃以阳居阴，为失其正而不能固。故因占设戒，以为能正而固，则吉而悔

---

① 四库本、王本作“利正”，据清明善堂刻本、苏本、廖本，应作“利贞”。

② 四库本、王本作“正”字，据清明善堂刻本、苏本、廖本，应作“贞”字。

亡；若憧憧往来，不能正固，而累于私感，则但其朋类从之，不复能及远矣。**九五：咸其脢，无悔。**脢，背肉，在心上而相背，不能感物而无私系。九五适当其处，故取其象，而戒占者以能如是，则虽不能感物，而亦可以无悔也。**上六：咸其辅颊舌。**辅颊舌，皆所以言者，而在身之上。上六以阴居说之终，处感之极，[①]感人以言而无其实。又兑为口舌，故其如此[②]，凶咎可知。

䷟(巽下震上)**恒：亨，无咎，利贞。利有攸往。**恒，常久也。为卦震刚在上，巽柔在下。震雷巽风，二物相与，巽顺震动，为巽而动。二体六爻，阴阳相应。四者皆理之常，故为恒。其占为能久于其道，则亨而无咎。然又必利于守正[③]，则乃为得所常久之道，而利有所往也。**初六：浚恒，贞凶，无攸利。**初与四为正应，理之常也。然初居下而在初，未可以深有所求，四震体而阳性，上而不下，又为二三所隔，应初之意，异乎常矣。初之柔暗，不能度势，又以阴居巽下，为巽之主，其性务入，故深以常理求之，浚恒之象也。占者如此，则虽正[④]亦凶，而无所利矣。**九二：悔亡。**以阳居阴，本当有悔，以其久中，故得亡也。**九三：不恒其德，或承之羞。贞吝。**位虽得正，然过刚不中，志从于上，不能久于其所，故为"不恒其德，或承之羞之象"。"或"者，不知其何人之辞。承，奉也。言人皆得奉而进之，不知其所自来也。"贞吝"者，正而不恒，为可羞吝，申戒占者之辞。**九四：田无禽。**以阳居阴，久非其位，故为此象。占者田无所获，而凡事亦不得其所求也。**六五：恒其德，贞妇。人吉，夫子凶。**以柔中而应刚中，常久不易，正而固矣。然乃妇人之道，非夫子之宜也。故其象占如此。**上六：振恒，凶。**振者，动之速也。上六居恒之极，处震之终。恒极则不常，震终则过动。又阴柔不能固守，居上非其所安，故

---

① 四库本、王本作"处感之极"，据清明善堂刻本、苏本、廖本，应作"处咸之极"。

② 四库本、王本作"故其如此"，据清明善堂刻本、苏本、廖本，应作"故其象如此"，脱一"象"字。

③ 四库本、王本作"正"字，据清明善堂刻本、苏本、廖本，应作"贞"字。

④ 四库本、王本作"正"字，据清明善堂刻本、廖本等，应作"贞"字。

有“振恒”之象，而其占则凶也。

䷠(艮下乾上)**遁：亨，小利贞**。遁，退避也。为卦二阴浸长，阳当退避，故为遁，六月之卦也。阳虽当遁，然九五当位，而下有六二之应，若犹可以有为；但二阴浸长于下，则其势不可以不遁。故其占为君子能遁，则身虽退而道亨，小人则利于守正，不可以浸长之故，而遂侵迫于阳也。小，谓阴柔小人也。此卦之占，与否之初二两爻相类。**初六：遁尾，厉，勿用有攸往**。遁而在后，尾之象，危之道也。占者不可以有所往，但晦处静俟，可免灾耳。**六二：执之用黄牛之革，莫之胜说**。以中顺自守，人莫能解，必遁之志也。占者固守，亦当如是。**九三：系遁，有疾厉。畜臣妾，吉**。下比二阴[1]，当遁而有所系之象，有疾而危之道也。然以畜臣妾则吉，盖君子之于小人，惟臣妾则不必其贤而可畜耳。故其占如此。**九四：好遁，君子吉，小人否**。下应初六，而乾体刚健，有情[2]好而能绝之以遁之象也。惟自克之君子能之，而小人不能，故占者君子则吉，而小人否也。**九五：嘉遁，贞吉**。刚阳中正，下应六二，亦柔顺而中正，遁之嘉美者也。占者如是，而正则吉矣。**上九：肥遁，无不利**。以刚阳居卦外，下无系应，遁之远而处之裕者也，故其象、占如此。肥者，宽裕自得之意。

䷡(乾下震上)**大壮：利贞**。大，谓阳也。四阳盛长，故为大壮，二月之卦也。阳壮，则占者吉亨不假言，但利在正固而已。**初九：壮于趾，征凶。有孚**。趾，在下而进动之物也。刚阳处下而当壮时，壮于进者也，故有此象。居下而壮于进，其凶必矣。故其占又如此。**九二贞吉**。以阳居阴，已不得其正矣。然所处得中，则犹可因以不失其正。故戒占者使因中以求正，然后可以得吉也。**九三：小人用壮，君子用罔。贞厉，羝羊触藩，羸其角**。过刚不中，当壮之时，是小人用壮，而君子则用罔也。罔，无也。视有如

---

① 四库本、清明善堂刻本、王本作“下比二阴”，廖本作“下此二阴”。

② 四库本作“有情”，清明善堂刻本、廖本作“有所”。

无，君子之过于勇者也，如此则虽正亦危矣。羝羊，刚壮喜触之物。藩，篱也。羸，困也。“贞厉”之占，其象如此。**九四：贞吉，悔亡。藩决不羸，壮于大舆之輹。**贞吉悔亡，与咸九四同占。藩决不羸，承上文而言也。决，开也，三前有四，犹有藩焉；四前三阴[①]，则藩决矣。壮于大舆之輹，亦可进之象也。以阳居阴，不极其刚，故其象如此。**六五：丧羊于易，无悔。**卦体似兑，有羊象焉，外柔而内刚者也。独六五以柔居中，不能抵触，虽失其壮，然亦无所悔矣。故其象、占如此[②]。易，容易之意，言忽然不觉其亡也。或作“疆埸”之埸，亦通。《汉·食货志》“埸”作“易”。**上六：羝羊触藩，不能退，不能遂，无攸利。艰则吉。**壮终动极，故触藩而不能退。然其质本柔，故又不能遂其进也。其象如此，其占可知。然犹幸其不刚，故能艰以处，则尚可以得吉也。

䷢(坤下离上)**晋：康侯用锡马蕃庶，昼日三接。**晋，进也；康侯安国之侯也；锡马蕃庶，昼日三接，言多受大赐，而显被亲礼也。盖其为卦上离下坤，有日出地上之象，顺而丽乎大明之德。又其变自观而来，为六四之柔进而上行，以至于五，占者有是三者，则亦当有是宠也。**初六：晋如摧如，贞吉。罔孚，裕无咎。**以阴居下，应不中正，欲[③]进见摧之象。占者如是，而能守正则吉。设不为人所信，亦当处以宽裕，则无咎也。**六二：晋如愁如，贞吉。受兹介福，于其王母。**六二中正，上无应援，故欲进而愁。占者如是，而能守正则吉，而受福于王母也。王母，指六五。盖享先妣之吉占，而凡以阴居尊者，皆其类也。**六三：众允，悔亡。**三不中正，宜有悔者，以其与下二阴皆欲上进，是以为众所信而悔亡也。**九四：晋如鼫鼠，贞厉。**不中不正，以窃高位，贪而畏人，盖危道也，故为鼫鼠之象。占者如是，虽正亦危

---

① 四库本、王本作“四前三阴”，清明善堂刻本、廖本作“四前二阴”。

② 四库本、王本作“故其象、占如此”，据清明善堂刻本、廖本等，应作“故其象如此，而占亦与咸九五同”。

③ 四库本“欲”字前有一“正”字，清明善堂刻本、廖本“欲”字前有一“有”字。

也。六五：悔亡，失得勿恤。往吉，无不利。以阴居阳，宜有悔矣。以大明在上，而下皆顺从。故占者得之，则其悔亡。又一切去其计功谋利之心，则往吉而无不利也。然亦必有其德，乃应其占耳。上九：晋其角，维用伐邑，厉吉，无咎，贞吝。角，刚而居上，上九刚进之极，有其象矣。占者得之而以伐其私邑，则虽危而吉且无咎。然以极刚治小邑，虽得其正，亦可吝矣。

䷣(离下坤上)明夷：利艰贞。夷，伤也。为卦下离上坤，日入地中，明而见伤之象，故为明夷。又其上六为暗之主，六五近之，故占者利于艰难以守正，而自晦其明也。初九：明夷于飞，垂其翼。君子于行，三日不食。有攸往，主人有言。飞而垂翼，见伤之象。占者行而不食，所如不合，时义当然，不得而避也。六二：明夷。夷于左股，用拯马壮，吉。伤而未切，救之速则免矣，故其象、占如此。九三：明夷于南狩，得其大首。不可疾贞。以刚居刚，又在明体之上，而屈于至暗之下，正与上六暗主为应，故有向明除害，得其首恶之象。然不可以亟也，故有不可疾贞之戒。成汤起于夏台，文王兴于羑里，正合此爻之义，而小事亦有然者。六四：入于左腹，获明夷之心，于出门庭。此爻之义未详。窃疑左腹者，幽隐之处。"获明夷之心，于出门庭"者，得意于远去之义。言筮而得此者，其自处当如是也。盖离体为至明之德，坤体为至暗之地。下三爻明在暗外，故随其远近高下而处之不同。六四以柔正居暗地而尚浅，故犹可以得意于远去。五以柔中居暗地而已迫，故为内难正志以晦其明之象。上则极乎暗矣，故为自伤其明以至于暗，而又足以伤人之明。盖下五爻皆为君子，独上一爻为暗君也。六五：箕子之明夷，利贞。居至暗之地，近至暗之君，而能正其志，箕子之象也，贞之至也。利贞，以戒占者。上六：不明晦。初登于天，后入于地。以阴居坤之极，不明其德，以至于晦。始则处高位以伤人之明，终必至于自伤而坠厥命。故其象如此，而占亦在其中矣。

䷤(离下巽上)家人：利女贞。家人者，一家之人。卦之九五、六二，外内各得其正，故为家人。“利女贞”者，欲先正乎内也，内正则外无不正矣。**初九：闲有家，悔亡。**初九以刚阳处有家之始，能防闲之，其悔亡矣。戒占者当如是也。**六二：无攸遂，在中馈，贞吉。**六二柔顺中正，女之正位乎内者也，故其象、占如此。**九三：家人嗃嗃，悔厉，吉。妇子嘻嘻，终吝。**以刚居刚而不中，过乎刚者也，故有嗃嗃严厉之象。如是，则虽有悔厉而吉也。嘻嘻者，嗃嗃之反，吝之道也。占者各以其德为应，故两言之。**六四：富家，大吉。**阳主义，阴主利，以阴居阴而在上位，能富其家者也。**九五：王假有家，勿恤，吉。**假，至也，如假于太庙之假；有家，言言[①]有国也。九五刚健中正，下应六二之柔顺中正，王者以是至于其家，则勿用忧恤，而吉可必矣。盖聘纳后妃之吉占，而凡有是德者遇之，皆吉也。**上九：有孚威如，终吉。**上九以刚居上，在卦之终，故言正家久远之道。占者必有诚信严威，则终吉也。

䷥(兑下离上)**睽：小事吉。**睽，乖异也。为卦上火下泽，性相违异，中女少女，志不同归，故为睽。然以卦德言之，内说而外明；以卦变言之，则自离来者，柔进居三。自中孚来者，柔进居五。自家人来者，兼之；以卦体言之，则六五得中而下应九二之刚。是以其占不可大事，而小事尚有吉之道也。**初九：悔亡。丧马勿逐，自复。见恶人，无咎。**上无正应，有悔也。而居睽之时，同德相应，其悔亡矣。故有“丧马勿逐”而“自复”之象。然亦必见恶人，然后可以辟咎，如孔子之于阳货也。**九二：遇主于巷，无咎。**二五阴阳正应，居睽之时，乖戾不合，必委曲相求而得会遇，乃为无咎，故其象占如此。**六三：见舆曳，其牛掣。其人天且劓，无初有终。**六三、上九正应，而三居二阳之间，后为二所曳，前为四所掣，而当睽之时，上九猜狠方深，故又有髡劓之伤。然邪不胜正，终必得合，故其象、占如此。**九四：睽孤。遇元夫，交孚，厉无咎。**睽孤，谓无应；遇元夫，谓得初九；交孚，谓同德相信。然当

---

① 四库本作“言言”，据清明善堂刻本、王本、廖本，应“犹言”。

睽时，故必危厉乃得无咎。占者亦如是也。六五：悔亡。厥宗噬肤，往何咎？以阴居阳，悔也。居中得应，故能亡之。厥宗，指九二。噬肤，言易合。六五有柔中之德，故其象占如是。上九：睽孤，见豕负涂，载鬼一车。先张之弧，后说之弧。匪寇婚媾，往遇雨则吉。睽孤，谓六三为二阳所制，而已以刚处明极睽极之地，又自猜狠而乖离也。见豕负涂，见其污也。载鬼一车，以无为有也。张弧，欲射之也。说弧，疑稍释也。匪寇婚媾，知其非寇而实亲也。往遇雨则吉，疑尽释而睽合也。上九之与六三，先睽后合，故其象占如此。

䷦(艮下坎上)蹇：利西南，不利东北。利见大人，贞吉。蹇，难也，足不能进，行之难也。为卦艮下坎上，见险而止，故为蹇。西南平易，东北险阻。又艮，方也。方在蹇中，不宜走险。又卦自小过而来，阳进则往居五而得中，退则入于艮而不进，故其占曰“利西南，不利东北”①。当蹇之时，必见大人，然后可以济难。又必守正，然后得吉。而卦之九五，刚健中正，有大人之象。自二以上，五爻皆得正位，则又贞之义也，故其占又曰：“利见大人，贞吉。”盖见险者贵于能止，而又不可终于止，处险者利于进，而不可失其正也。初六：往蹇，来誉。往遇险，来得誉。六二：王臣蹇蹇，匪躬之故。柔顺中正，正应在上，而在险中，故蹇而又蹇，以求济之，非以其身之故也。不言吉凶者，占者但当鞠躬尽力而已。至于成败利钝，则非所论也。九三：往蹇，来反。反就二阴，得其所安。六四：往蹇，来连。连于九三，合力以济。九五：大蹇，朋来。大蹇者，非常之蹇。九五居尊，而有刚健中正之德，必有朋来而助之者。占者有是德，则有是助矣。上六：往蹇，来硕。吉，利见大人。已在卦极，往无所之，益以蹇耳。来就九五，与之济蹇，则有硕大之功。大人，指九五。晓占者宜如是也。

---

① 四库本、廖本作“利西南，不利东北”，清明善堂刻本、王本作“利西南，而不利东北”。

䷧(坎下震上)解：利西南。无所往，其来复，吉。有攸往，夙吉。解，难之散也。居险能动，则出于险之外矣，解之象也。难之既解，利于平易安静，不欲久为烦扰。且其卦自升来，三往居四，入于坤体，二居其所而又得中，故利于西南平易之地。若无所往，则宜来复其所而安静；若尚有所往，则宜早往早复，不可久烦扰也。初六：无咎。难既解矣。以柔在下，上有正应，何咎之有，故其占如此。九二：田获三狐，得黄矢。贞吉。此爻取象之意未详。或曰：卦凡四阴，除六五君位，余三阴，即三狐之象也。大抵此爻为卜田之吉占，亦为去邪媚而得中直之象，能守其正，则无不吉矣。六三：负且乘，致寇至。贞吝。《系辞》备矣。贞吝，言虽以正得之，亦可羞也。唯避而去之为可免耳。九四：解而拇，朋至斯孚。拇，指初。初与四皆不得其位而相应，应之不以正者也。然四阳初阴[①]，其类不同[②]，若能解而去之，则君子之朋至而相信矣。六五：君子维有解，吉。有孚于小人。卦凡四阴，而六五当君位，与三阴同类者，必解而去之则吉也。孚，验也。君子有解，以小人之退为验也。上六：公用射隼于高墉之上，获之，无不利。《系辞传》[③]备矣。

䷨(兑下艮上)损：有孚，元吉，无咎，可贞，利有攸往。曷之用？二簋可用享。损，减省也。为卦，损下卦上画之阳，益上卦上画之阴。损兑泽之深，益艮山之高，损下益上，损内益外，剥民奉君之象，所以为损也。损所当损，而有孚信，则其占当有此下四者之应矣。“曷用之？二簋可用享”，言当损时，则至薄无害。初九：已事遄往，无咎。酌损之。初九当损下益上之时，上应六四之阴，辍所为之事而速往以益之，无咎之道也，故其象、占如此。然居下而益上，亦当斟酌其浅深也。九二：利贞，征凶。弗损益之。九二刚中，志在自守，不肯妄进。故占者利贞，而征则凶也。弗损益之，言

---

① 四库本、廖本作“然四阳初阴”，清明善堂刻本、王本作“然四阳而初阴”。

② 四库本、廖本作“其类不同”，清明善堂刻本、王本作“则其类不同矣”。

③ 四库本作“《系辞传》”，清明善堂刻本、苏本、廖本作“《系辞》”。

不变其所守，乃所以益上也。六三：三人行，则损一人。一人行，则得其友。下卦本乾，而损上爻以益坤，“三人行”而“损一人”也。一阳上而一阴下，“一人行”而“得其友”也。两相与则专，参则杂而乱。卦有此象，故戒占者当致一也。六四：损其疾，使遄有喜，无咎。以初九之阳刚益己，而损其阴柔之疾，惟速则善。戒占者如是则无咎也。六五：或益之十朋之龟，弗克违，元吉。柔顺虚中，以居尊位，当损之时，受天下之益者也。两龟为朋，十朋之龟，大宝也。或以此益之而不能辞，其吉可知。占者有是德，则获其应也。上九：弗损益之，无咎。贞吉，利有攸往，得臣无家。上九当损下益上之时，居卦之上，受益之极，而欲自损以益人也。然居上而益下，有所谓惠而不费者，不待损己然后可以益人也。能如是则无咎。然亦必以正则吉，而利有所往，惠而不费，其惠广矣。故又曰“得臣无家”。

䷩(震下巽上)益：利有攸往，利涉大川。益，增益也。为卦，损上卦初画之阳，益下卦初画之阴，自上卦而下于下卦之下，故为益。卦之九五、六二，皆得中正。下震、上巽，皆木之象，故其占利有所往而“利涉大川”也。初九：利用为大作，元吉，无咎。初虽居下，然当益下之时，受上之益者也，不可徒然无所报效，故利用为大作，必元吉，然后得无咎。六二：或益之十朋之龟，弗克违。永贞吉。王用享于帝，吉。六二当益下之时，虚中处下，故其象、占与损九五同①。然爻位皆阴，故以永贞为戒。以其居下而受上之益，故又为卜郊之吉占。六三：益之用凶事，无咎。有孚中行，告公用圭。六三阴柔，不中不正，不当得益者也。然当益下之时，居下之上，故有益之以凶事者。盖警戒震动，乃所以益之也。占者如此，然后可以无咎。又戒以“有孚中行”，而“告公用圭”也。用圭，所以通信。六四：中行告公从，利用为依迁国。三四皆不得中，故皆以中行为戒。此言以益下为心，而合于中行，则告公而见从矣。《传》曰：“周之东迁，晋、郑焉依。”盖古者迁国以益下，必有所依，然后能立。此爻又为迁国之吉占也。九五：有孚惠

① 四库本、王本作“九五同”，清明善堂刻本、苏本、廖本作“六五同”。

心，勿问元吉。有孚惠我德。上有信以惠于下，则下亦有信以惠于上矣。不问而元吉可知。上九：莫益之，或击之。立心勿恒，凶。以阳居益之极，求益不已，故莫益而或击之，"立心勿恒"，戒之也。

䷪(乾下兑上)夬：扬于王庭，孚号有厉。告自邑，不利即戎，利有攸往。夬，决也。阳决阴也，三月之卦也。以五阳去一阴，决之而已。然其决之也，必正名其罪，而尽诚以呼号其众，相与合力。然亦尚有危厉，不可安肆。又当先治其私，而不可专尚威武，则利有所往也。皆戒之之辞。初九：壮于前趾，往不胜为咎。前，犹进也。当决之时，居下任壮，不胜宜矣，故其象、占如此。九二：惕号，莫夜有戎，勿恤。九二当决之时，刚而居柔，又得中道，故能忧惕号呼以自戒备，而"莫夜有戎"，亦可无患也。九三：壮于頄，有凶。君子夬夬，独行遇雨，若濡有愠，无咎。頄，颧也。九三当夬①之时，以刚而过乎中，是欲决小人而刚壮见于面目也。如是则有凶道矣。然在众阳之中，独与上六为应，若能果决其决，不系私爱，则虽合于上六，如"独行遇雨"，至于若濡，而为君子所愠。然终必能决，去小人而无所咎也。温峤之于王敦，其事类此。九四：臀无肤，其行次且。牵羊悔亡，闻言不信。以阳居阴，不中不正，居则不安，行则不进，若不与众阳竞进，而安出其后，则可以亡其悔。然当决之时，志在上进，必不能也。占者闻言而信②，则转凶而吉矣。牵羊者，当其前则不进，纵之使前而随其后，则可以行矣。九五：苋陆夬夬，中行无咎。苋陆，今马齿苋，感阴气之多者。九五当决之时，为决之主，而切近上六之阴，如苋陆然。若决而决之，而又不为过暴，合于中行，则无咎矣。戒占者当如是也。上六：无号，终有凶。阴柔小人，居穷极之时，党类已尽，无所号呼，终必有凶也。占者有君子之德，则其敌当之，不然反是。

---

① 四库本作"夬"字，据清明善堂刻本、王本、廖本及上下文意，应作"决"字。

② 四库本、廖本作"占者闻言而信"，清明善堂刻本、王本作"占者闻其言而信"。

☰☴(巽下乾上)姤:女壮,勿用取女。姤,遇也。决尽则为纯乾,四月之卦;至姤然后一阴可见,而为五月之卦。以其本非所望,而卒然值之,如不期而遇者,故为遇。遇已非正,又一阴而遇五阳,则女德不贞而壮之甚也。取以自配必害乎阳,故其象占如此。初六:系于金柅,贞吉。有攸往,见凶。羸豕孚蹢躅。柅,所以止车。以金为之,其刚可知。一阴始生,静正则吉,往进则凶,故以二义戒小人,使不害于君子,则有吉而无凶。然其势不可止也,故以"羸豕""蹢躅"晓君子,使深为之备云。九二:包有鱼,无咎。不利宾。鱼,阴物。二与初遇,为包有鱼之象。然制之在己,故犹可以无咎。若不制而使遇于众,则其为害广矣。故其象、占如此。九三:臀无肤,其行次且。厉,无大咎。九三过刚不中,下不遇于初,上无应于上,居则不安,行则不进,故其象、占如此。然既无所遇,则无阴邪之伤。故虽危厉,而无大咎也。九四:包无鱼,起凶。初六正应,已遇于二,而不及于己,故其象占如此。九五:以杞包瓜。含章,有陨自天。瓜,阴物之在下者,甘美而善溃。杞,高大坚实之木也。五以刚阳①中正,主卦于上,而下防始生必溃之阴,其象如此。然阴阳迭胜,时运之常,若能含晦章美,静以制之,则可以回造化矣。有陨自天,本无而倏有之象也。上九:姤其角。吝,无咎。角,刚乎上者也。上九以刚居上而无位,不得其遇,故其象、占与九三类。

☷☱(坤下兑上)萃:亨,王假有庙。利见大人,亨,利贞。用大牲吉,利有攸往。萃,聚也。坤顺兑说,九五刚中而二应之,又为泽上于地,万物萃聚之象,故为萃。"亨"字衍文。王假有庙,言王者可以至乎②宗庙之中,王者卜祭之吉占也。《祭义》曰:"公假于太庙"是也。庙所以聚祖考之精神,又人必能聚己之精神,则可以至于庙而承祖考也。物既聚,则必见大人,而后可以得亨。然又必利于正,所聚不正,则亦不能亨也。大牲必聚而后有,聚则可以有所往,皆占吉而有戒之辞。初六:有孚不终,乃乱乃萃。若号,一

① 四库本、王本作"刚阳",清明善堂刻本、苏本、廖本作"阳刚"。
② 四库本、王本作"乎"字,清明善堂刻本、苏本、廖本作"于"字。

握为笑，勿恤，往无咎。初六上应九四，而隔于二阴，当萃之时，不能自守，是有孚而不终，志乱而妄聚也。若呼号正应，则众以为笑，但勿恤而往从正应，则无咎矣。戒占者当如是也。六二：引吉，无咎。孚乃利用禴。二应五而杂于二阴之间，必牵引以萃，乃吉而无咎。又二中正柔顺，虚中以上应。九五刚健中正，诚实而下交，故卜祭者有其孚诚，则虽薄物亦可以祭矣。六三：萃如嗟如，无攸利。往无咎，小吝。六三阴柔，不中不正，上无应与，欲求萃于近而不得，故嗟如而无所利，唯往从于上，可以无咎。然不得其萃，困然后往，复得阴极无位之爻，亦小可羞矣。戒占者当近舍不正之强援，而远结正应之穷交，则无咎也。九四：大吉，无咎。上比九五，下比众阴，得其萃矣。然以阳居阴不正，故戒占者必大吉，然后得无咎也。九五：萃有位，无咎。匪孚，元永贞，悔亡。九五刚阳中正，当萃之时而居尊，固无咎矣。若有未信，则亦脩其"元永贞"之德，而"悔亡"矣。戒占者当如是也。上六：赍咨涕洟，无咎。处萃之终，阴柔无位，求萃不得，故戒占者必如此，然[①]后可以"无咎"也。

䷭(巽下坤上)升：元亨，用见大人，勿恤。南征吉。升，进而上也。卦自解来，柔上居四，内巽外顺，九二刚中而五应之，是以其占如此。南征，前进也。初六：允升，大吉。初以柔顺居下，巽之主也。当升之时，巽于二阳，占者如之，则信能升而大吉矣。九二：孚乃利用禴，无咎。义见萃卦。九三：升虚邑。阳实阴虚，而坤有国邑之象。九三以阳刚当升时，而进临于坤，故其象占如此。六四：王用亨于岐山，吉，无咎。义见随卦。六五：贞吉，升阶。以阴居阳，当升而居尊位，必能正固，则可以得吉而升阶矣。阶，升之易者。上六：冥升，利于不息之贞。以阴居升极，昏冥不已者也。占者遇此，无适而利，但可反其不已于[②]外之心，施之于不息之正而已。

---

① 四库本、王本作"然"字，清明善堂刻本、苏本、廖本作"而"字。

② 清明善堂刻本脱"已于"二字。

䷮(坎下兑上)困：亨。贞，大人吉，无咎。有言不信。困者，穷而不能自振之义。坎刚为兑柔所掩，九二为二阴所掩，四五为上六所掩，所以为困。坎险兑说，处险而说，是身虽困而道则亨也。二五刚中，又有大人之象，占者处困能亨，则得其正矣。非大人其孰能之？故曰“贞”。又曰“大人”者，明不正之小人不能当也。“有言不信”，又戒以当务晦默，不可尚口，益取穷困。初六：臀困于株木，入于幽谷，三岁不觌。臀，物之底也。困于株木，伤而不能安也。初六以阴柔处困之底，居暗之甚，故其象占如此。九二：困于酒食，朱绂方来，利用享祀。征凶，无咎。困于酒食，厌饫苦恼之意。酒食，人之所欲，然醉饱过宜，则是反为所困矣。朱绂方来，上应之也。九二有刚中之德，以处困时，虽无凶害，而反困于得其所欲之多，故其象如此，而其占利以亨祀。若征行则非其时，故凶，而于义为“无咎”也。六三：困于石，据于蒺藜，入于其宫，不见其妻，凶。阴柔而不中正，故有此象，二[①]其占则凶。石，指四；蒺藜，指二；宫，谓三；而妻则六也。其义则《系辞》备矣。九四：来徐徐，困于金车，吝，有终。初六，九四之正应。九四处位不当，不能济物。而初六方困于下，又为九二所隔，故其象如此。然邪不胜正，故其占虽为可吝，而必有终也。金车，为九二，象未详，疑坎有轮象也。九五：劓刖，困于赤绂，乃徐有说。利用祭祀。劓刖者，伤于上下。下既伤[②]，则“赤绂”无所用，而反为困矣。九五当困之时，上为阴掩，下则乘刚，故有此象。然刚中而说体，故能迟久而有说也。占其象中，又利祭祀[③]，久当获福。上六：困于葛藟，于臲卼，曰动悔。有悔，征吉。以阴柔处困极，故有“困于葛藟，于臲卼，曰动悔”之象。然物穷则变，故其占曰：若能有悔，则可以征而吉矣。

---

① 四库本作“二”字，清明善堂刻本、苏本、王本、廖本皆作“而”字。

② 四库本、王本作“下既伤”，据清明善堂刻本、苏本、廖本，应作“上下既伤”。

③ 四库本，王本作“又利祭祀”，据清明善堂刻本、苏本、廖本，应作“又利用祭祀”。

䷯(巽下坎上)井：改邑不改井，无丧无得，往来井井。汔至，亦未繘井，羸其瓶，凶。井者，穴地出水之处。以巽[①]入乎坎水之下，而上出其水，故为井。改邑不改井，故无丧无得，而往者、来者，皆井其井也。汔，几也；繘，绠也；羸，败也。汲井几至，未尽绠而败其瓶，则凶也。其占为事仍旧无得丧，而又当敬勉，不可几成而败也。初六：井泥不食，旧井无禽。井以阳刚为泉，上出为功，初六以阴居下，故为此象。盖井不泉而泥，则人所不食，而禽鸟亦莫之顾矣[②]。九二：井谷射鲋，瓮敝漏。九二刚中，有泉之象。然上无正应，下比初六，功不上行，故其象如此。九三：井渫不食，为我心恻。可用汲，王明并受其福。渫，不停污也。井渫不食而使人心恻，可用汲矣。王明则汲井以及物，而施者、受者并受其福也。九三以阳居阳，在下之上，而未为时用，故其象占如此。六四：井甃，无咎。以六居四，虽得其正，然阴柔不泉，则但能脩治而无及物之功，故其象为"井甃"，而占则"无咎"。占者能自脩治，则虽无及物之功，而亦可以无咎矣。九五：井冽，寒泉食。冽，洁也。阳刚中正，功及于物，故为此象。占者有其德，则契其象也。上六：井收勿幕，有孚元吉。收，汲取也。晁氏云："收，辘轳收繘者也。"亦通。幕，蔽覆也。有孚，谓其出有原[③]而不穷也。井以上出为功，而兑口[④]不掩，故上六虽非阳刚，而其象如此。然占者应之，则[⑤]必有孚乃元吉也。

䷰(离下兑上)革：巳日乃孚，元亨，利贞，悔亡。革，变革也。兑泽在上，离火在下，火然则水干，水决则火灭。中少二女，合为一卦，而少上中下，志不相得，故其卦为革也。变革之初，人未之信，故必巳日而后信。又以其内有文明之德，而外有和说之气，故其占为有所更革，皆大亨而得其正，所革皆当，而所革之悔亡也。一有不正，则所革不信不通，而反有悔矣。初九：巩用

---

① 据清明善堂刻本、苏本、王本、廖本，"巽"字下面脱一"木"字。
② 四库本、王本作"矣"字，清明善堂刻本、苏本、廖本作"也"字。
③ 四库本、王本作"原"，清明善堂刻本、苏本、廖本作"源"字。
④ 四库本作"兑口"，据清明善堂刻本、苏本、王本、廖本，应作"坎口"。
⑤ 四库本、王本有"则"字，清明善堂刻本、苏本、廖本无"则"字。

黄牛之革。虽当革时，居初无应，未可有为，故为此象。巩，固也。黄，中色。牛，顺物。革，所以固物，亦取卦名而义不同也。其占为当坚确固守，而不可以有为，圣人之于变革，其谨如此。六二：巳日乃革之，征吉，无咎。六二柔顺中正，而为文明之主，有应于上，于是可以革矣。然必巳日，然后革之，则征吉而无咎。戒占者犹未可遽变也。九三：征凶，贞厉。革言三就，有孚。过刚不中，居离之极，躁动于革者也，故其占有征凶贞厉之戒。然其时则当革，故至于“革言三就”，则亦“有孚”而可革也。九四悔亡，有孚，改命吉。以阳居阴，故有悔。然卦已过中，水火之际，乃革之时，而刚柔不偏，又革之用也，是以悔亡。然又必有孚，然后革乃可获吉。明占者有其德而当其时，又必有信，乃悔亡而得吉也。九五：大人虎变，未占有孚。虎，大人之象。变，谓希革而毛毨也。在大人则自新新民之极，顺天应人之时也。九五以阳刚中正为革之主，故有此象。占而得此，则有此应。然亦必自其未占之时，人已信其如此，乃足以当之耳。上六：君子豹变，小人革面。征凶，居贞吉。革道已成，君子如豹之变，小人亦革面以听从矣。不可以往，而居正则吉。变革之事，非得已者，不可以过，而上六之才，亦不可以有行也，故占者如之。

䷱（巽下离上）鼎：元吉，亨。鼎，亨饪之器。为卦下阴为足，二三四阳为腹，五阴为耳，上阳为铉，有鼎之象。又以巽木入离火而致亨饪①，鼎之用也，故其卦为鼎。下巽，巽也，上离为目，而五为耳，有内巽顺而外聪明之象。卦自巽来，阴进居五，而下应九二之阳，故其占曰元亨。“吉”，衍文也。初六：鼎颠趾，利出否。得妾以其子，无咎。居鼎之下，鼎趾之象也。上应九四则颠矣，然当卦初，鼎未有实，而旧有否恶之积焉，因其颠而出之，则为利矣。得妾而因得其子，亦由②是也。此爻之象如此，而其占无咎，盖因败以为功，因贱以致贵也。九二：鼎有实。我仇有疾，不我能即，吉。以

---

① 四库本、王本作“亨饪”，据清明善堂刻本、苏本、廖本，应作“烹饪”。

② 四库本、王本作“由”字，清明善堂刻本、苏本、廖本作“犹”字。“由”通“犹”。

刚居中，鼎有实之象也。我仇，谓初，阴阳相求而非正，则相陷于恶而为仇矣。二能以刚中自守，则初虽近不能以就之，是以其象如此，而其占为如是，则吉也。**九三：鼎耳革，其行塞。雉膏不食。方雨亏悔，终吉。**以阳居鼎腹之中，本有美实者也。然以过刚失中，越五应上，又居下之极，为变革之时，故为鼎耳方革，而不可举移。虽承上卦文明之腴，有雉膏之美，而不得以为人之食。然以阳居阳，为得其正，苟能自守，则阴阳将和而失其悔矣。占者如是，则初虽不利而终得吉也。**九四：鼎折足，覆公　，其形渥，凶。**晁氏曰："形渥"，诸本作刑剭，谓重刑也。今从之。九四居上，任重者也，而下应初六之阴，则不胜其任矣。故其象如此，而其占凶也。**六五：鼎黄耳，金铉，利贞。**五于象为耳，而有中德，故云黄耳。金，坚刚之物；铉，贯耳以举鼎者也。五虚中以应九二之坚刚，故其象如此。而其占则利在贞固而已。或曰，金铉以上九而言，更详之。**上九：鼎玉铉，大吉，无不利。**上以①象为铉，而以阳居阴，刚而能温，故有玉铉之象。而其占为"大吉，无不利"，盖有是德，则如其占也。

䷲(震下震上)**震：亨。震来虩虩，笑言哑哑。震惊百里，不丧匕鬯。**震，动也。一阳始生于二阴之下，震而动也。其象为雷，其属为长子，震有亨道。震来，当震之来时也；虩虩，恐惧惊顾之貌。震惊百里，以雷言。匕，所以举鼎实。鬯，以秬黍酒和郁金，所以灌地降神者也。不丧匕鬯，以长子言也。此卦之占，为能恐惧则致福，而不失其所主之重。**初九：震来虩虩，后笑言哑哑，吉。**成震之主，处震之初，故其占如此。**六二：震来厉，亿丧贝，跻于九陵，勿逐，七日得。**六二乘初九之刚，故当震之来而危厉也。"亿"字未详。又当丧其货贝而升于九陵之上。然柔顺中正，足以自守，故不求而自获也。此爻占具象中。但九陵、七日之象，则未详耳。**六三：震苏苏，震行无眚。**苏苏，缓散自失之状。以阴居阳，当震时而居不正，是以如此。占者若因惧而能行，以去其不正，则可以无眚矣。**九四：震遂泥。**以

① 四库本作"以"字，清明善堂刻本、苏本、王本、廖本皆作"于"字。

刚处柔，不中不正，陷于二阴之间，不能自震也。遂者，无反之意；泥，滞溺也。六五：震往来厉。亿无丧，有事。以六居五而处震时，无时而不危也。以其得中，故无所丧而能有事也。占者不失其中，则虽危无丧矣。上六：震索索，视矍矍，征凶。震不于其躬，于其邻，无咎，婚媾有言。以阴柔处震极，故为索索矍矍之象。以是而行，其凶必矣。然能及其震未及①身之时，恐惧脩省，则可以无咎，而亦不能免于婚媾之有言。戒占者当如是也。

䷳(艮下艮上)艮其背，不获其身。行其庭，不见其人，无咎。艮，止也。一阳止于二阴之上，阳自下升，极上而止也。其象为山，取坤地而隆其上之状，亦止于极而不进之意也。其占则必能止于背，而不有其身，行其庭而不见其人，乃无咎也。盖身，动物也。唯背为止，艮其背，则止于所当止也。止于所当止，则不随身而动矣，是不有其身也。如是，则虽行于庭除有人之地，而亦不见其人矣。盖“艮其背”而“不获其身”者，止而止也；“行其庭”而“不见其人”者，行而止也。动静各止其所，而皆主夫静焉，所以得无咎也。初六：艮其趾，无咎，利永贞。以阴柔居艮初，为艮趾之象。占者如之，则无咎。而又以其阴柔，故又戒其“利永贞”也。六二：艮其腓，不拯其随，其心不快。六二居中得正，既止其腓矣。三为限，则腓所随也。而过刚不中以止乎上，二虽中正而体柔弱，不能往而拯之，是以其心不快也。此爻占在象中，下爻放此。九三：艮其限，列其夤，厉薰心。限，身上下之际，即腰胯也。夤，膂也。止于腓，则不进而已。九三以过刚不中，当限之处，而艮其限，则不得屈伸，而上下判隔如列其夤矣。危厉薰心，不安之甚也。六四：艮其身，无咎。以阴居阴，时止而止，故为艮其身之象，而占得无咎也。六五：艮其辅，言有序，悔亡。六五当辅之处，故其象如此，而其占悔亡也。悔，谓以阴居阳。上九：敦艮吉。以阳刚居止之极，敦厚于止者也。

---

① 四库本此处脱字甚多，据清明善堂刻本、苏本、廖本，“及”字下脱一“其”字。

䷴(艮下巽上)**渐：女归吉，利贞。**渐，渐进也。为卦止于下而巽于上，为不遽进之义，有女归之象焉。又自二至五，位皆得正，故其占为女归吉。而又戒以利贞也。**初六：鸿渐于干。小子厉，有言，无咎。**鸿之行有序，而进有渐。干，水涯也。始进于下，未得所安，而上复无应，故其象如此。而其占则为“小子厉”，虽有言，而于义则无咎也。**六二：鸿渐于磐，饮食衎衎，吉。**磐，大石也。渐远于水，进于磐而益安矣。衎衎，和乐意。六二柔顺中正，进以其渐，而上有九五之应，故其象如此，而占则吉也。**九三：鸿渐于陆，夫征不复，妇孕不育，凶。利御寇。**鸿，水鸟，陆非所安也。九三过刚不中而无应，故其象如此，而其占夫征则不复。妇孕则不育，凶莫甚焉。然以其过刚也，故利御寇。**六四：鸿渐于木，或得其桷，无咎。**鸿不木栖，桷，平柯也，或得平柯，则可以安矣。六四乘刚而顺巽，故其象如此，占者如之，则无咎也。**九五：鸿渐于陵，妇三岁不孕，终莫之胜，吉。**陵，高阜也。九五居尊，六二正应在下，而为三四所隔，然终不能夺其正也。故其象如此，而占者如是则吉也。**上九：鸿渐于陆，其羽可用为仪，吉。**胡氏、程氏皆云，“陆”当作“逵”，谓云路也。今以韵读之，良是。仪，羽旄旌纛之饰也。上九至高，出乎人位之外，而其羽毛可用以为仪饰，盖①虽极高而不为无用之象。故其占为如是则吉也。

䷵(兑下震上)**归妹：征凶，无攸利。**妇人谓嫁曰归。妹，少女以②。兑以少女而从震之长男，而其情又为以说而动，皆非正也，故卦为归妹。而卦之诸爻，自二至五，皆不得正。三五又皆以柔乘刚，故其占征凶而无所利也。**初九：归妹以娣，跛能履，征吉。**初九居下而无正应，故为娣象。然阳刚在女子为贤正之德，但为娣之贱，仅能承助其君而已，故又为“跛能履”之象，而其占则征吉也。**九二：眇能视，利幽人之贞。**眇能视，承上爻而言。九二阳刚得中，女之贤也。上有正应，而反阴柔不正，乃女贤而配不良，不能大成

---

① 四库本、王本作“盖”字，据清明善堂刻本、苏本、廖本，应作“位”字。

② 四库本作“以”字，据清明善堂刻本、苏本、王本、廖本，应作“也”字。

内助之功，故为“眇能视”之象，而其占则“利幽人之贞也”。幽人，亦抱道守正而不偶者也。六三：归妹以须，反归以娣。六三阴柔而不中正，又为说之主。女之不正，人莫之取者也，故为未得所适而反归为娣之象。或曰，须，女之贱者。九四：归妹愆期，迟归有时。九四以阳居上体而无正应，贤女不轻从人，而愆期以待所归之象，正与六三相反。六五：帝乙归妹，其君之袂，不如其娣之袂良。月几望，吉。六五柔中居尊，下应九二，尚德而不贵饰，故为帝女下嫁而服不盛之象。然女德之盛，无以加此，故又为“月几望”之象。而占者如之则吉也。上六：女承筐，无实。士刲羊，无血。无攸利。上六以阴柔居归妹之终而无应，约婚而不终者也。故其象如此，而于占为无所利也。

䷶(离下震上)丰：亨，王假之。勿忧，宜日中。丰，大也。以明而动，盛大之势也，故其占有亨道焉。然王者至此，盛极当衰，则又有忧道焉。圣人以为徒忧无益，但能守常，不至于过盛则可矣。故戒以勿忧，宜日中也。初九：遇其配主，虽旬无咎，往有尚。配主，谓四。旬，均也，谓皆阳也。当丰之时，明动相资，故初九之遇九四，虽皆阳刚，而其占如此也。六二：丰其蔀，日中见斗，往得疑疾，有孚发若，吉。六二居丰之时，为离之主，至明者也。而上应六五之柔暗，故为丰蔀见斗之象。蔀，障蔽也。大其障蔽，故日中而昏也。往而从之，则昏暗之主必反见疑，惟在积其诚意以感发之则吉。戒占者宜如是也。虚中，有孚之象。九三：丰其沛，日中见沬。折其右肱，无咎。“沛”一作“旆”，谓幡幔也，其蔽甚于蔀矣。沬，小星也。三处明极而应上六，虽不可用而非咎也。故其象占如此。九四：丰其蔀，日中见斗，遇其夷主，吉。象与六二同。夷，等夷也，谓初九也。其占为当丰而遇暗主，下就同德则吉也。六五：来章，有庆誉，吉。质虽柔暗，若能来致天下之明，则有庆誉而吉矣。盖因其柔暗而设此以开之。占者能如是，则如其占矣。上六：丰其屋，蔀其家，窥其户，阒其无人，三岁不觌，凶。以阴柔居丰极，处动终明极而反暗者也，故为丰大其屋而反以自蔽之象。无人，不觌，亦言障蔽之深，其凶甚矣。

䷷(艮下离上)旅:小亨,旅贞吉。旅,羁旅也。山止于下,火炎于上,为去其所止而不处之象,故为旅。以六五得中于外,而顺乎上下之二阳,艮止而离丽于明,故其占可以小亨,而能守其旅之正①则吉。旅非常居,若可苟者,然道无不在,故自有其正,而不可须臾离也。初六:旅琐琐,斯其所取灾。当旅之时,以阴柔居下位,故其象占如此。六二:旅即次,怀其资,得童仆贞。即次则安,怀资则裕,得其童仆之正②信,则无欺而有赖,旅之最吉者也。二有柔顺中正之德,故其象占如此。九三:旅焚其次,丧其童仆,贞厉。过刚不中,居下之上,故其象、占如此。丧其童仆,则不止于失其心矣。故"贞"字连下句为义。九四:旅于处,得其资斧,我心不快。以阳居阴,处上之下,用柔能下,故其象、占如此。然非其正位,又上无刚阳③之与,下唯阴柔之应,故其心有所不快也。六五:射雉,一矢亡,终以誉命。雉,文明之物,离之象也。六五柔顺文明,又得中道,为离之主,故得此爻者,为射雉之象。虽不无亡矢之费,而所丧不多,终有誉命也。上九:鸟焚其巢,旅人先笑后号咷。丧牛于易,凶。上九过刚,处旅之上,离之极,骄而不顺,凶之道也。故其象,占如此。

䷸(巽下巽上)巽:小亨,利有攸往,利见大人。巽,入也。一阴伏于二阳之下,其性能巽以入也。其象为风,亦取入义。阴为主,故其占为小亨。以阴从阳,故又利有所往。然必知所从,乃得其正,故又曰"利见大人"也。初六:进退,利武人之贞。初以阴居下④,为巽之主,卑巽之过,故为进退不果之象。若以武人之正⑤处之,则有以济其所不及,而得所宜矣。九二:巽在床下,用史巫纷若,吉,无咎。二以阳处阴而居下,有不安之意。

---

①② 四库本、王本作"正"字,据清明善堂刻本、苏本、廖本,应作"贞"字。

③ 四库本、苏本、王本、廖本作"刚阳",清明善堂刻本作"阳刚"。

④ 四库本、苏本,王本、廖本作"初以阴居下"字,清明善堂刻本作"初六以阴居下"。

⑤ 四库本、王本作"正"字,据清明善堂刻本、苏本、廖本,应作"贞"字。

然当巽之时，不厌其卑，而二又居中，不至已甚，故其占为能过于巽，而丁宁烦悉其辞以自道达，则可以吉而无咎，亦竭诚意以祭祀之吉占也。九三：频巽，吝。过刚不中，居下之上，非能巽者，勉为屡失，吝之道也，故其象占如此。六四：悔亡，田获三品。阴柔无应，承乘皆刚，宜有悔也。而以阴居阴，处上之下，故得悔亡，而又为卜田之吉占也。三品者，一为干豆，一为宾客，一以充庖。九五：贞吉，悔亡，无不利，无初有终。先庚三日，后庚三日，吉。九五刚健中正，而居巽体，故有悔。以有贞而吉也，故得亡其悔而无不利。有悔，是无初也；亡之，是有终也；庚，更也，事之变也；先庚三日，丁也；后庚三日，癸也。丁，所以丁宁于其变之前。癸，所以揆度于其变之后。有所变更而得此占者，如是则吉也。上九：巽在床下，丧其资斧，贞凶。巽在床下，过于巽者也；丧其资斧，失所以断也。如是，则虽正[①]亦凶矣。居巽之极，失其刚阳[②]之德，故其象占如此。

䷹(兑下兑上)兑：亨。利贞。兑，说也。一阴进乎二阳之上，喜之见乎外也。其象为泽，取其说万物，又取坎水而塞其下流之象。卦体刚中而柔外。刚中故说而亨，柔外故利于正[③]。盖说有亨道，而其妄说不可以不戒，故其占如此。又柔外故为说亨，刚中故能利正[④]，亦一义也。初九：和兑，吉。以阳爻居说体而处最下，又无系应，故其象占如此。九二：孚兑，吉，悔亡。刚中为孚，居阴为悔。占者以孚而说，则吉而悔亡矣。六三：来兑，凶。阴柔不中正，为兑之主。上无所应，而反来就二阳以求其说，凶之道也。九四：商兑未宁，介疾有喜。四上承九五之中正，而下比六三之柔邪，故不能决而商度，所说未能有定。然质本阳刚，故能介然守正，而疾恶柔邪也。如此则有喜矣。象、占如此，为戒深矣。九五：孚于剥，有厉。剥，谓阴能剥阳者也。

---

① 四库本、王本作“正”字，据清明善堂刻本、苏本、廖本，应作“贞”字。

② 据四库本、清明善堂刻本、苏本、廖本，“刚阳”应作“阳刚”。

③ 四库本作“正”字，据清明善堂刻本、苏本、廖本，应作“贞”字。

④ 四库本作“刚中故能利正”，据清明善堂刻本、苏本、廖本，应作“刚中故利于贞”。

九五阳刚中正，然当说之时，而居尊位，密近上六。上六阴柔，为说之主，处说之极，能妄说以剥阳者也。故其占但戒以信于上六，则有危也。**上六：引兑。**上六成说之主，以阴居说之极。引下二阳相与为说，而不能必其从也。故九五当戒，而此爻不言其吉凶。

䷺(坎下巽上)**涣：亨，王假有庙。利涉大川，利贞。**涣，散也。为卦，下坎上巽，风行水上，离披解散之象，故为涣。其变则本自渐卦，九来居二而得中，六往居三得九之位，而上同于四，故其占可亨。又以祖考之精神既散，故王者当至于庙以聚之。又以巽木坎水，舟楫之象，故利涉大川。其曰利贞，则占者之深戒也。**初六：用拯，马壮，吉。**居卦之初，涣之始也。始涣而拯之，为力既易，又有壮马，其吉可知。初六非有济涣之才，但能顺乎九二，故其象占如此。**九二：涣奔其机，悔亡。**九而居二，宜有悔也。然当涣之时，来而不穷，能亡其悔者也。故其象、占如此，盖九奔而二机也。**六三：涣其躬，无悔。**阴柔而不中正，有私于己之象也。然居得阳位，志在济时，能散其私以得无悔，故其占如此。大率此上四爻，皆因涣以济涣者也。**六四：涣其群，元吉。涣有丘，匪夷所思。**居阴得正，上承九五，当济涣之任者也。下无应与，为能散其朋党之象，占者如是，则大善而吉。又言能散其小群以成大群，使所散者聚而若丘，则非常人思虑之所及也。**九五：涣汗其大号，涣王居，无咎。**阳刚中正，以居尊位，当涣之时，能散其号令，与其居积，则可以济涣而无咎矣。故其象、占如此。九五巽体，有号令之象。汗，谓如汗之出而不反也。涣王居，如陆贽所谓散小储而成大储之意。**上九：涣其血去，逖出，无咎。**上九以阳居涣极，能出乎涣，故其象、占如此。血，谓伤害；逖，当作惕，与小畜六四同。言涣其血则去，涣其惕则出也。

䷻(兑下坎上)**节：亨。苦节，不可贞。**节，有限而止也。为卦，下兑上坎，泽上有水，其容有限，故为节。节固自有亨道矣。又其体阴阳各半，而二五皆阳，故其占得亨。然至于太甚则苦矣，故又戒以不可守以为正[①]也。**初九：不出户庭，无咎。**户庭，户外之庭也。阳刚得正，居节之初，未可以行，能节而止者也。故其象、占如此。**九二：不出门庭，凶。**门庭，门内之庭也。九二当可行之时，而失刚不正，上无应与，知节而不知通，故其象、占如此。**六三：不节若，则嗟若，无咎。**阴柔而不中正，以当节时，非能节者，故其象、占如此。**六四：安节，亨。**柔顺得正，上承九五，自然有节者也，故其象、占如此。**九五：甘节，吉，往有尚。**所谓当位以节，中正以通者也，故其象、占如此。**上六：苦节。贞凶，悔亡。**居节之极，故为苦节。既处过极，故虽得正而不免于凶。然礼奢宁俭，故虽有悔，而终得亡之也。

䷼（兑下巽上）**中孚：豚鱼吉，利涉大川，利贞。**孚，信也。为卦，二阴在内，四阳在外，而二五之阳皆得其中，以一卦言之为中虚，以二体言之为中实，皆孚信之象也。又下说以应上，上巽以顺下，亦为孚义。豚鱼，无知之物。又木在泽上，外实内虚，皆舟楫之象。至信可感，豚鱼涉险难，而不可以失其正[②]，故占者能致豚鱼之应，则吉而利涉大川，又必利于正[③]也。**初九：虞吉，有它不燕。**当中孚之初，上应六四，能度其可信而信之则吉。复有他焉，则失其所以度之之正，而不得其所安[④]，戒占者之辞也。**九二：鸣鹤在阴，其子和之。我有好爵，吾与尔靡之。**九二中孚之实，而九五亦以中孚之实应之，故有"鹤鸣"、"子和"我爵"尔靡"之象。鹤在阴，谓九居二。好爵，谓得中。"靡"与"縻"同。言懿德人之所好，故好爵虽我之所独有，而彼亦系恋之也。**六三：得敌，或鼓或罢，或泣或歌。**敌，谓上九，信之穷者。六三阴柔不中正，亦[⑤]居说极而与之为应，故不能自主，而其象如此。**六四：月几望，马匹亡，无咎。**六四居阴得正，位近于君，为"月几望"之象。马

---

① 四库本作"正"字，据清明善堂刻本、苏本、廖本，应作"贞"字。

②③ 四库本、王本作"正"字，据清明善堂刻本、苏本、廖本，应作"贞"字。

④ 据清明善堂刻本、苏本、王本、廖本，"安"字下脱一"矣"字。

⑤ 四库本作"亦"字，据清明善堂刻本、苏本、王本、廖本，应作"以"字。

匹，谓初与己为匹，四乃绝之，而上以信于五，故为“马匹亡”之象。占者如是，则无咎也。九五：有孚挛如，无咎。九五刚健中正，中孚之实，而居尊位，为孚之主者也。下应九二，与之同德，故其象、占如此。上九：翰音登于天，贞凶。居信之极而不知变，虽得其正，①亦凶道也。故其象、占如此。鸡曰翰音，乃巽之象。居巽之极，为登于天。鸡非登天之物，而欲登天，信非所信而不知变，亦犹是也。

䷽（艮下震上）小过：亨，利贞。可小事，不可大事。飞鸟遗之音，不宜上，宜下，大吉。小，谓阴也。为卦，四阴在外，二阳在内，阴多于阳，小者过也。既过于阳，可以亨矣。然必利于守正②，则又不可以不戒也。卦之二五，皆以柔而得中，故可小事。三四皆以刚失位而不中，故不可大事。卦体内实外虚，如鸟之飞，其声下而不上，故能致飞鸟遗音之应，则宜下而大吉，亦不可大事之类也。初六：飞鸟以凶。初六阴柔，上应九四，又居过时，上而不下者也。飞鸟遗音，不宜上宜下，故其象、占如此。郭璞《洞林》：占得此者，或致羽虫之孽。六二：过其祖，遇其妣。不及其君，遇其臣，无咎。六二柔顺中正，进则过三四而遇六五，是过阳而反遇阴也。如此，则不及六五而自得其分，是不及君而适遇其臣也。皆过而不过，守正得中之意，无咎之道也。故其象、占如此。九三：弗过防之，从或戕之凶。小过之时，事每当过然后得中。九三以刚居正，众阴所欲害者也。而自恃其刚，不肯过为之备，故其象、占如此。若占者能过防之，则可以免矣。九四：无咎。弗过遇之，往厉，必戒。勿用永贞。当过之时，以刚处柔，过乎恭矣，无咎之道也。弗过遇之，言弗过于刚而适合其宜也。往则过矣，故有厉而当戒。阳性坚刚，故又戒以“勿用永贞”。言当随时之宜，不可固守也。或曰：弗过遇之，若依③六二爻例，则当如此说；若依九三爻例，则过遇当如过防之义。未详孰是，当阙以俟知者。六五：密云不雨，自我西郊。公弋取彼在穴。以阴居尊，又当阴过之时，不能有为，而弋取六二以为助，故有此象。在穴，阴物

①② 四库本、王本作“正”字，据清明善堂刻本、苏本、廖本，应作“贞”字。

③ 四库本、王本作“依”字，清明善堂刻本、苏本、廖本作“以”字。

也。两阴相得，其不能济大事可知。**上六：弗遇过之。飞鸟离之，凶，是谓灾眚。**六以阴居动体之上，处阴过之极，过之已高而甚远者也，故其象、占如此。或曰："遇过"，恐亦只当作"过遇"，义同九三①，未知是否。

䷾(离下坎上)**既济：亨小，利贞。初吉，终乱。**既济，事之既成也。为卦，水火相交，各得其用。六爻之位，各得其正，故为既济。"亨小"，当为"小亨"。大抵此卦及六爻占辞，皆有警戒之意，时当然也。**初九：曳其轮，濡其尾，无咎。**轮在下，尾在后，初之象也。曳轮则车不前，濡尾则狐不济。既济之初，谨戒如是，无咎之道。占者如是，则无咎也②。**六二：妇丧其茀，勿逐，七日得。**二以文明中正之德，上应九五刚阳中正之君，宜得行志③。而九五居既济之时，不能下贤以行其道，故二有"妇丧其茀"之象。茀，妇车之蔽，言失其所以行也。然中正之道，不可终废，时过则行矣。故又有勿逐而自得之戒。**九三：高宗伐鬼方，三年克之。小人勿用。**既济之时，以刚居刚，"高宗伐鬼方"之象也。三年克之，言其久而后克，戒占者不可轻动之意。小人勿用，占法与师上六同。**六四：𦈡有衣袽，终日戒。**既济之时，以柔居柔，能预备而戒惧者也。故其象如此。程子曰："𦈡"当作"濡"。衣袽，所以塞舟之罅漏。**九五：东邻杀牛，不如西邻之禴祭，实受其福。**东阳西阴，言九五居尊而时已过，不如六二之在下，而始得时也。又当文王与纣之事，故其象、占如此。《彖辞》"初吉终乱"，亦此意也。**上六：濡其首，厉。**既济之极，险体之上，而以阴柔处之，为狐涉水而濡其首之象。占者不戒，危之道也。

䷿(坎下离上)**未济：亨。小狐汔济，濡其尾，无攸利。**未济，事未成之时也。水火不交，不相为用，卦之六爻，皆失其位，故为未济。汔，几

---

① 四库本作"九三"，据清明善堂刻本、苏本、王本、廖本，应作"九四"字。

② 四库本作"也"字，据清明善堂刻本、苏本、王本、廖本，应作"矣"字。

③ 四库本作"宜得行志"，据清明善堂刻本、苏本、王本、廖本，应作"宜得行其志"。

也。几济而濡尾，犹未济也。占者如此，何所利哉！初六：濡其尾，吝。以阴居下，当未济之初，未能自进，故其象、占如此。九二：曳其轮，贞吉。以九二应六五，而居柔得中，为能自止而不进，得为下之正也。故其象、占如此。六三：未济，征凶。利涉大川。阴柔不中正，居未济之时，以征则凶。然以柔乘刚，将出乎坎，有“利涉”之象。故其占如此。盖行者可以水浮，而不可以陆走也。或疑“利”字上当有“不”字。九四：贞吉，悔亡。震用伐鬼方，三年有赏于大国。以九居四，不正而有悔也，能勉而正①，则悔亡矣。然以不正②之资，欲勉而正③，非极其阳刚用力之久不能也。故为“伐鬼方”，三年而受赏之象。六五：贞吉，无悔。君子之光，有孚，吉。以六居五，亦非正也。然文明之主，居中应刚，虚心以求下之助，故得正④而吉且无悔。又有光辉之盛，信实而不妄，吉而又吉也。上九：有孚于饮酒，无咎。濡其首，有孚失是。以刚明居未济之极，时将可以有为，而自信自养以俟命，无咎之道也。若纵而不反，如狐之涉水而濡其首，则过于自信而失其义矣。

---

①②③④ 四库本、王本作“正”字，据清明善堂刻本、苏本、廖本，应作“贞”字。

卷三

周易彖上传

《彖》，即文王所系之辞。上者，经之上篇；《传》者，孔子所以释经之辞也。后凡言《传》者，放此。

大哉乾元，万物资始，乃统天。此专以天道明乾义，又析"元亨利贞"为四德以发明之。而此一节，首释"元"义也。大哉，叹辞。元，大也，始也。乾元，天德之大①始，故万物之生皆资之以为始也。又为四德之首，而贯乎天德之始终，故曰统天。云行雨施，品物流形。此释乾之"亨"也。大明终始，六位时成，时乘六龙以御天。始，即元也。终，谓贞也。不终则无始，不贞则无以为元也。此言圣人大明乾道之终始，则见卦之六位各以时成，而乘此六阳以行天道，是乃圣人之元亨也。乾道变化，各正性命，保合大②和，乃利贞。变者，化之渐。化者，变之成。物所受为性，天所赋为命。大和，阴阳会合中和之气也。各正者，得于有生之初。保合者，全于已生之后。此言乾道变化，无所不利，而万物各得其性命以自全，以释"利贞"之义也。首出庶物，万国咸宁。圣人在上，高出于物，犹乾道之变化也。万国

---

① 四库本、王本有"大"字，苏本无"大"字。

② 四库本、王本作"大"字，苏本作"太"字。"大"与"太"通。

各得其所而咸宁，犹万物之各正性命，而保合大[1]和也。此言圣人之利贞也。盖尝统而论之。元者，物之始生；亨者，物之畅茂；利，则向于实也；贞，则实之成也。实之既成，则其根蒂脱落，可复种而生矣。此四德之所以循环而无端也。然而四者之间，生气流行，初无间断，此元之所以包四德而统天也。其以圣人而言，则孔子之意，盖以此卦为圣人得天位、行天道，而致太平之占也。虽其文义有非文王之旧者，然读者各以其意求之，则并行而不悖也。坤卦放此。　至哉坤元，万物资生，乃顺承天。此以地道明坤之义，而首言元也。至，极也，比大义差缓。始者，气之始。生者，形之始。顺承天施，地之道也。坤厚载物，德合无疆，含弘光大，品物咸亨。言亨也。德合无疆，谓配乾也。牝马地类，行地无疆，柔顺利贞，君子攸行。言利贞也。马，乾之象，而以为地类者。牝，阴物，而马又行地之物也。行地无疆，则顺而健矣。柔顺利贞，坤之德也。君子攸行，人之所行如坤之德也。所行如此[2]，则其占如下文所云也。先迷失道，后顺得常；西南得朋，乃与类行；东北丧朋，乃终有庆。阳大阴小，阳得兼阴，阴不得兼阳，故坤之德，常减于乾之半也。东北虽丧朋，然反之西南则终有庆矣。安贞之吉，应地无疆。安而且贞，地之德也。　屯，刚柔始交而难生。以二体释卦名义。始交，谓震。难生，谓坎。动乎险中，大亨贞。以二体之德释卦辞。动，震之为也。险，坎之地也。自此以下释“元亨利贞”，乃用文王本意。雷雨之动满盈，天造草昧；宜建侯而不宁。以二体之象释卦辞。雷，震象。雨，坎象。天造，犹言天运。草，杂乱。昧，冥晦也。阴阳交而雷雨作，杂乱冥晦，[3]塞乎两间。天下未定，名分未明，宜立君以统治，而未可遽谓安宁之时也。不取初九爻义者，取义多端，姑举其一也。　蒙，山下有险；险而止，蒙。以卦象、卦德释卦名，有两义。蒙亨，以亨行，时中也；匪我求童，蒙童蒙求我，志应也；初筮告，以刚中也；再三渎，渎则不告，渎蒙

① 四库本、王本作“大”字，苏本作“太”字。“大”与“太”通。
② 四库本、王本作“此”字，苏本作“是”字。
③ 四库本、王本作“冥晦”，苏本作“晦冥”。

也；蒙以养正，圣功也。以卦体释卦辞也。九二以可亨之道，发人之蒙，而又得其时之中，谓如下文所指之事，皆以亨行而当其可也。志应者，二刚明，五柔暗，故二不求五而五求二，其志自相应也；以刚中者，以刚而中，故能告而有节也；渎筮者二三，则问者固渎，而告者亦渎矣。蒙以养正，乃作圣之功，所以释利贞之义也。 需，须也，险在前也；刚健而不陷，其义不困穷矣。此以卦德释卦名义。需，“有孚，光亨，贞吉”；位乎天位，以正中也；“利涉大川”，往有功也。以卦体及两象释卦辞。 讼，上刚下险；险而健讼。以卦德释卦名义。讼，有孚，窒惕，中吉，刚来而得中也。终凶，讼不可成也。“利见大人”，尚中正也。“不利涉大川”，入于渊也。以卦变、卦体、卦象释卦辞。 师，众也；贞，正也。能以众正，可以王矣。此以卦体释“师贞”之义。以，谓能左右之也。一阳在下之中，而五阴皆为所以也。能以众正，则王者之师矣。刚中而应，行险而顺，以此毒天下而民从之，吉，又何咎矣。又以卦体、卦德释“丈人，吉无咎”之义。刚中，谓九二；应，谓六五应之；行险，谓行危道；顺，谓顺人心。此非有老成之德者不能也。毒，害也。师旅之兴，不无害于天下。然以其有是才德，是以民悦而从之也。 比，吉也。此三字，疑衍文。比，辅也，下顺从也。此以卦体释卦名义。“原筮，元永贞，无咎”，以刚中也；不宁方来，上下应也；后夫凶，其道穷也。亦以卦体释卦辞。刚中，谓五。上下，谓五阴。 小畜，柔得位而上下应之，曰小畜。以卦体释卦名义。柔得位，指六居四；上下，谓五阳。健而巽，刚中而志行，乃亨。以卦德、卦体而言，阳犹可亨也。密云不雨，尚往也；自我西郊，施未行也。尚往，言畜之未极，其气犹上进也。 履，柔履刚也。以二体释卦名义。说而应乎乾，是以“履虎尾，不咥人，亨”。以卦德释彖辞。刚中正，履帝位而不疚，光明也。又以卦体明之，指九五也。 泰，小往大来；吉亨，则是天地交而万物通也，上下交而其志同也。内阳而外阴，内健而外顺，内君子而外小人，君子道长，小人道消也。 “否之匪人，不利君子贞，大往小来"，则是天地不交而万物不通也，上下不交而天下无邦也。内阴而外阳，内柔而外刚，内小人而外君子，小人道长，君子道消也。　同人，柔得位得中而应乎乾，曰同人。以卦体释卦名义。柔，谓六二；乾，谓九五。同人曰，衍文。"同人于野，亨，利涉大川"，乾行也；文明以健，中正而应，君子正也；唯君子为能通天下之志。以卦德、卦体释卦辞。通天下之志乃为大同，不然则是私情之合而已，何以致亨而利涉哉！　大有，柔得尊位大中，而上下应之，曰大有。以卦体释卦名义。柔，谓六五。上下，谓五阳。其德刚健而文明，应乎天而时行，是以元亨。以卦德、卦体释卦辞。应天，指六五也。　谦亨，天道下济而光明，地道卑而上行。言谦之必亨。天道亏盈而益谦，地道变盈而流谦，鬼神害盈而福谦，人道恶盈而好谦。谦尊而光，卑而不可逾，君子之终也。变，谓倾坏；流，谓聚而归之；人能谦，则其居尊者其德愈光，其居卑者人亦莫能过，此君子所以有终也。　豫，刚应而志行。顺以动，豫。以卦体、卦德释卦名义。豫顺以动，故天地如之。而况建侯、行师乎？以卦德释卦辞。天地以顺动，故日月不过，而四时不忒；圣人以顺动，则刑罚清而民服。豫之时义大矣哉。极言之，而赞其大也。　随，刚来而下。柔动而说，随。以卦变、卦德释卦名义。大亨，贞，无咎。而天下随时。王肃本"时"作"之"。今当从之。释卦辞言能如是，则天下之所从也。随时之义大矣哉。王肃本"时"字在"之"字下。今当从之。　蛊，刚上而柔下。巽而止，蛊。以卦体、卦变、卦德释卦名义。盖如此，则积弊而至于蛊矣。蛊元亨，而天下治也；"利涉大川"，往有事也；"先甲三日，后甲三日"，终则有始，天行也。释卦辞。治蛊至于元亨，则乱而复治之象也。乱之终，治之始，天运然也。　临，刚浸而长。以卦体释卦名。说而顺，刚中而应。又以卦德、卦体言卦之善。大亨以正，天之道也。当刚长之时，又有此善，故其占如此也。“至于八月，有凶”，消不久也。言虽天运之当然，然君子宜知所戒。　大观在上，顺而巽，中正以观天下。以卦体、卦德释卦名义。观，“盥而不荐，有孚颙若”，下观而化也。释卦辞。观天之神道，而四时不忒，圣人以神道设教，而天下服矣。极言观之道也。四时不忒，天之所以为观也；神道设教，圣人之所以为观也。　颐中有物，曰噬嗑。以卦体释卦名义。噬嗑而亨，刚柔分，动而明，雷电合而章。柔得中而上行，虽不当位，利用狱也。又以卦名、卦体、卦德、二象、卦变释卦辞。　贲，亨。“亨”字疑衍。柔来而文刚，故亨；分刚上而文柔，故小利有攸往，天文也。以卦变释卦辞。刚柔之交，自然之象，故曰天文。先儒说天文，上当有“刚柔交错”四字，理或然也。文明以止，人文也。又以卦德言之。止，谓各得其分。观乎天文，以察时变；观乎人文，以化成天下。极言贲道之大也。　剥，剥也；柔，变刚也。以卦体释卦名义。言柔进于阳，变刚为柔也。不利有攸往，小人长也；顺而止之，观象也；君子尚消息盈虚，天行也。以卦体、卦德释卦辞。　复，亨，刚反。刚反则亨。动而以顺行，是以出入无疾，朋来无咎。以卦德而言。反复其道，七日来复，天行也。阴阳消息，天运然也。利有攸往，刚长也。以卦体而言，既生则渐长矣。复其见天地之心乎。积阴之下，一阳复生，天地生物之心几于灭息，而至此乃复可见。在人则为静极而动，恶极而善，本心几息而复见之端也。程子论之详矣。而邵子之诗亦曰：“冬至子之半，天心无改移。一阳初动处，万物未生时。玄酒味方淡，大①音声正希。此言如不信，更请问包牺。”至哉，言也，学者宜尽心焉。　无妄，刚自外来，而为主于内，动而健，刚中而应；大亨以正，天之命也。“其匪正，有眚。不利有攸往”，无妄之往何之矣？天命不佑，行矣哉。以卦变、卦德、卦体言卦之善如此，故其占当获大亨而利于正，乃天命

---

① 四库本、王本作“大”字，苏本作“太”字。“大”与“太”通。

之当然也。其有不正，则不利有所往，欲何往哉？盖其逆天之命，而天不佑之，故不可以有行也。　大畜，刚健笃实辉光，日新其德。以卦德释卦名义。刚上而尚贤，能止健，大正也。以卦变、卦体释卦辞。不家食，吉，养贤也。亦取尚贤之象。利涉大川，应乎天也。亦以卦体而言。　颐，贞吉，养正则吉也；观颐，观其所养也；自求口实，观其自养也。释卦辞。天地养万物，圣人养贤以及万民。颐之时，大矣哉。极言养道而赞之。　大过，大者过也。以卦体释卦名义。栋桡，本末弱也。复以卦体释卦辞。本，谓初；末，谓上；弱，谓阴柔。刚过而中，巽而说，行。利有攸往，乃亨。又以卦体、卦德释卦辞。大过之时，大矣哉。大过之时，非有大过人之材，不能济也，故叹其大。　习坎，重险也。释卦名义。水流而不盈，行险而不失其信。以卦象释"有孚"之义，言内实而行有常也。维心亨，乃以刚中也；行有尚，往有功也。以刚在中，心亨之象。如是而往，必有功也。天险，不可升也；地险，山川丘陵也。王公设险，以守其国。险之时用，大矣哉。极言之而赞其大也。　离，丽也。日月丽乎天，百谷草木丽乎土；重明以丽乎正，乃化成天下。释卦名义。柔丽乎中正，故亨。是以"畜牝牛，吉"也。以卦体释卦辞。

卷四

周易彖下传

咸，感也。释卦名义。柔上而刚下，二气感应以相与。止而说，男下女，是以亨，利贞，取女吉也。以卦体、卦德、卦象释卦辞，或以卦变言柔上刚下之义，曰咸自旅来，柔上居六，刚下居五也。亦通。天地感而万物化生，圣人感人心而天下和平。观其所感，而天地万物之情可见矣。极言感通之理。　恒，久也。刚上而柔下，雷风相与，巽而动，刚柔皆应恒。以卦体、卦象、卦德释卦名义，或以卦变言刚上柔下之义，曰恒自丰来，刚上居二，柔下居初也。亦通。恒，"亨，无咎，利贞"，久于其道也；天地之道，恒，久而不已也。恒，固能亨且无咎矣。然必利于正，乃为久于其道，不正则久非其道矣。天地之道，所以长久亦以正而已矣。利有攸往，终则有始也。久于其道，终也；利有攸往，始也。动静相生，循环之理，然必静为主也。日月得天而能久照，四时变化而能久成；圣人久于其道，而天下化成。观其所恒，而天地万物之情可见矣。极言恒久之道。　遁亨，遁而亨也。刚当位而应，与时行也。以九五一爻释亨义。小利贞，浸而长也。以下二阴释"小利贞"。遁之时，义大矣哉。阴方浸长，处之为难,故其时义为尤大。 大壮,大者壮也。刚以动,故壮。释卦名义。以卦体言,则阳长过中,大者壮也;以卦德言,则乾刚震动,所以壮也。大壮利贞,大者正也;正大而天地之情可见矣。释"利贞"之义而极言之。 晋,进也。释卦名义。明出地上,顺而丽乎大明。柔进而上行,是以康侯用"锡马蕃庶,昼日三接"也。以卦象、卦德、卦变释卦辞。 明入地中,明夷。以卦象释卦名。内文明而外柔顺,以蒙大难,文王以之。以卦德释卦义。蒙大难,谓遭纣之乱而见囚也。利艰贞,晦其明也;内难而能正其志,箕子以之。以六五一爻之义释卦辞。内难,谓为纣近亲,在其国内,如六五之近于上六也。 家人,女正位乎内,男正位乎外;男女正,天地之大义也。以卦体九五、六二释"利女贞"之义。家人有严君焉,父母之谓也。亦谓二五。父父、子子、兄兄、弟弟,夫夫、妇妇,而家道正;正家而天下定矣。上父初子,五三夫,四二妇,五兄,三弟,以卦画推之,又有此象。 暌,火动而上,泽动而下;二女同居,其志不同行。以卦象释卦名义。说而丽乎明,柔进而上行,得中而应乎刚,是以小事吉。以卦德、卦变、卦体释卦辞。天地暌而其事同也,男女暌而其志通也,万物暌而其事类也。暌之时用大矣哉。极言其理而赞之。

蹇,难也,险在前也。见险而能止,知矣哉。以卦德释卦名义,而赞其美。蹇利西南,往得中也;不利东北,其道穷也。利见大人,往有功也。当位贞吉,以正邦也。蹇之时用大矣哉。以卦变卦体释卦辞,而赞其时用之大也。 解,险以动。动而免乎险,解。以卦德释卦名义。解,利西南,往得众也。其来复吉,乃得中也。有攸往,夙吉,往有功也。以卦变释卦辞。坤为众,得众谓九四入坤体。得中有功,皆指九二。天地解而雷雨作,雷雨作而百果草木皆甲坼。解之时大矣哉。极言而赞其大也。 损,损下益上,其道上行。以卦体释卦名义。损而"有孚,元吉,无咎。可贞，利有攸往。曷之用，二簋可用享”。二簋应有时。损刚益柔有时，损益盈虚，与时偕行。此释卦辞。时，谓当损之时。益，损上益下，民说无疆；自上下下，其道大光。以卦体释卦名义。利有攸往，中正有庆；利涉大川，木道乃行。以卦体卦象释卦辞。益动而巽，日进无疆。天施地生，其益无方。凡益之道，与时偕行。动巽，二卦之德。乾下施，坤上生，亦上文卦体之义。又以此极言赞益之大。　夬，决也，刚决柔也。健而说，决而和。释卦名义而赞其德。扬于王庭，柔乘五刚也；孚号有厉，其危乃光也。告自邑，不利即戎，所尚乃穷也。利有攸往，刚长乃终也。此释卦辞。柔乘五刚，以卦体言，谓以一小人加于众君子之上，是其罪也。刚长乃终，谓一变即为纯乾。　姤遇也，柔遇刚也。释卦名。勿用取女，不可与长也。释卦辞。天地相遇，品物咸章也。以卦体言。刚遇中正，天下大行也。指九五。姤之时义大矣哉。几微之际，圣人所谨。　萃，聚也，顺以说，刚中而应，故聚也。以卦德、卦体释卦名义。王假有庙，致孝亨也；利见大人，亨，聚以正也；用大牲吉，利有攸往，顺天命也。释卦辞。观其所聚，而天地万物之情可见矣。①　柔以时升，以卦变释卦名。巽而顺，刚中而应，是以大亨。以卦德、卦体释卦辞。用见大人，勿恤，有庆也；南征吉，志行也。　困，刚掩也。以卦体释卦名。险以说，困而不失其所；亨，其唯君子乎。贞大人吉，以刚中也；有言不信，尚口乃穷也。以卦德、卦体释卦辞。　巽乎水而上水，井；井养而不穷也。以卦象释卦名义。改邑不改井，乃以刚中也；汔至亦未繘井，未有功也；羸其瓶，是以凶也。以卦体释卦辞。“无丧无得，往来井井”，两句意与不改井同，故不复出。刚中，以二五而言。未有功而败其瓶，所

① 据苏本、王本，“而天地万物之情可见矣”一句下脱注文“极言其理而赞之”。

以凶也。 革，水火相息。二女同居，其志不相得，曰革。以卦象释卦名义。大略与睽相似，然以相违而为睽，相息而为革也。息，灭息也，又为生息之义，灭息而后生息也。已日乃孚，革而信之；文明以说，大亨以正，革而当，其悔乃亡。以卦德释卦辞。天地革而四时成，汤武革命，顺乎天而应乎人。革之时大矣哉。极言而赞其大。 鼎，象也。以木巽火，亨饪也。圣人亨以享上帝，而大亨以养圣贤。以卦体、二象释卦名义。因极其大而言之，享帝贵诚，用犊而已；养贤则饔飧牢礼，当极其盛，故曰大亨。巽而耳目聪明，柔进而上行，得中而应乎刚，是以元亨。以卦象、卦变、卦体释卦辞。 震，亨。震有亨道，不待言也。震来 ，恐致福也；笑言哑哑，后有则也。恐致福，恐惧以致福也。则，法也。震惊百里，惊远而惧迩也。出可以守宗庙社稷，以为祭主也。程子以为“迩也”下脱“不丧匕鬯”四字。今从之。出，谓继世而主祭也。或云“出”即“鬯”字之误。 艮，止也。时止则止，时行则行，动静不失其时，其道光明。此释卦名。艮之义则止也。然行止各有其时，故时止而止，止也；时行而行，亦止也。艮体笃实，故又有光明之义。大畜于艮，亦以“辉光”言之。艮其止，止其所也；上下敌应，不相与也。是以不获其身，行其庭不见其人，无咎也。此释卦辞。易背为止，以明背即止也。背者，止之所也。以卦体言，内外之卦，阴阳敌应而不相与也。不相与，则内不见己，外不见人，而无咎矣。晁氏云，“艮其止”当依卦辞作“背”。 渐之进也，女归吉也。“之”字疑衍，或是“渐”字。进得位，往有功也；进以正，可以正邦也。以卦变释“利贞”之意。盖此卦之变，自涣而来，九进居三；自旅而来，九进居五，皆为得位之正。其位刚得中也。以卦体言，谓九五。止而巽，动不穷也。以卦德言，渐进之义。 归妹，天地之大义也；天地不交，而万物不兴；归妹，人之终始也。释卦名义也。归者，女之终；生育者，人之始。说以动，所归妹也。又以卦德言之。征凶，位不当也；无攸利，柔乘刚也。又以卦体释卦辞。男女之交，本皆正理。惟若此卦，则不得其正也。　丰，大也。明以动，故丰。以卦德释卦名义。王假之，尚大也；勿忧，宜日中，宜照天下也。释卦辞。日中则昃，月盈则食；天地盈虚，与时消息，而况于人乎？况于鬼神乎？此又发明卦辞外意，言不可过中也。　旅，小亨。柔得中乎外而顺乎刚，止而丽乎明，是以小亨，旅贞吉也。以卦体、卦德释卦辞。旅之时义大矣哉。旅之时为难处。　重巽以申命。释卦义也。巽顺而入，必究乎下，命令之象。重巽，故为"申命"也。刚巽乎中正而志行，柔皆顺乎刚。是以"小亨，利有攸往，利见大人"。以卦体释卦辞。刚巽乎中正而志行，指九五。柔，谓初四。　兑，说也。释卦名义。刚中而柔外，说以利贞，是以顺乎天而应乎人；说以先民，民忘其劳；说以犯难，民忘其死。说之大，民劝矣哉。以卦体释卦辞，而极言之。　涣亨，刚来而不穷。柔得位乎外而上同。以卦变释卦辞。王假有庙，王乃在中也。中，谓庙中。"利涉大川"，乘木有功也。　节，亨，刚柔分而刚得中。以卦体释卦辞。苦节，不可贞，其道穷也。又以理言。说以行险，当位以节，中正以通。又以卦德、卦体言之。当位中正，指五。又坎为通。天地节而四时成，节以制度，不伤财，不害民。极言节道。　中孚，柔在内而刚得中。说而巽，孚乃化邦也。以卦体、卦德释卦名义。豚鱼吉，信及豚鱼也；利涉大川，乘木舟虚也。以卦象言。中孚以利贞，乃应乎天也。信而正，则应乎天矣。　小过，小者过而亨也。以卦体释卦名义与其辞。过以利贞，与时行也；柔得中，是以小事吉也。以二五言。刚失位而不中，是以不可大事也。以三四言。有飞鸟之象焉。"飞鸟遗之音，不宜上，宜下，大吉"，上逆而下顺也。以卦体言。　既济，亨，小者亨也。"济"下疑脱"小"字。利贞，刚柔正而位当也。以卦体言。初吉，柔得中也。指六二。终止则乱，其道穷也。 未济，亨，柔得中也。指九五[①]言。小狐汔济，未出中也。濡其尾，无攸利，不续终也。虽不当位，刚柔应也。

① 四库本作“九五”，据苏本、王本，应作“六五”。

卷五

周易象上传

象者，卦之上下两象，及两象之六爻，周公所系之辞也。

天行健，君子以自强不息。天，乾卦之象也。凡重卦皆取重义，此独不然者，天一而已。但言天行，则见其一日一周，而明日又一周，若重复之象，非至健不能也。君子法之，不以人欲害其天德之刚，则自强而不息矣。潜龙勿用，阳在下也[①]；见龙在田，德施普也。终日乾乾，反复道也。反复，重复践行之意。或跃在渊，进无咎也。可以进，而不必进也。飞龙在天，大人造也。造，犹作也。亢龙有悔，盈不可久也；用九天德，不可为首也。言阳刚不可为物先，故六阳皆变而吉。　天行以下，先儒谓之大象；潜龙以下，先儒谓之小象。后放此。　地势坤，君子以厚德载物。地，坤之象，亦一而已，故不言重而言其势之顺，则见其高下相因之无穷。至顺极厚而无所不载也。履霜坚冰，阴始凝也；驯致其道，至坚冰也。按《魏志》作"初六履霜"。今当从之。驯，顺习也。六二之动，直以方也；不习无不利，地道光也；含章可贞，以时发也；或从王事，知光大也；括囊无咎，慎不害也；黄裳元吉，文

---

① 据苏本、王本，"阳在下也"句下脱注文"阳谓九，下谓潜"。

在中也。文在中，而见于外也。龙战于野，其道穷也。用六永贞，以大终也。初阴后阳，故曰大终。　云雷，屯。君子以经纶。坎不言水，而言云者，未通之意。经纶，治丝之事，经引之，纶理之也。屯难之世，君子有为之时也。虽盘桓，志行正也。以贵下贱，大得民也。六二之难，乘刚也。十年乃字，反常也。即鹿无虞，以从禽也。君子舍之，往吝穷也。求而往，明也。屯其膏，施未光也。泣血涟如，何可长也。　山下出泉，蒙。君子以果行育德。泉，水之始出者，必行而有渐也。利用刑人，以正法也。发蒙之初，法不可不正，惩戒所以正法也。子克家，刚柔接也。指二五之应。勿用取女，行不顺也。困蒙之吝，独远实也。"顺"当作"慎"，盖"顺"、"慎"古字通用。《荀子》"顺墨"作"慎墨"，且"行不慎"于经意尤亲切①。实，协韵去声。童蒙之吉，顺以巽也；利用御寇，上下顺也。御寇以刚，上下皆得其道。　云上于天，需。君子以饮食宴乐。云上于天，无所复为，待其阴阳之和而自雨耳。② 事之当需者，亦不容更有所为。但饮食宴乐，俟其自至而已，一有所为，则非需也。需于郊，不犯难行也。利用恒，无咎，未失常也；需于沙，衍在中也；虽小有言，以吉终也。衍，宽意。以宽居中，不急进也。需于泥，灾在外也；自我致寇，敬慎不败也。外，谓外卦。敬慎不败，发明占外之占，圣人示人之意切矣。需于血，顺以听也；酒食贞吉，以中正也。不速之客来，敬之终吉。虽不当位，未大失也。以阴居上，是为当位，言不当位。未详。

天与水违行，讼；君子以作事谋始。天上水下，其行相违。作事谋始，讼端绝矣。不永所事，讼不可长也。虽小有言，其辩明也；不克讼，归逋窜也。自下讼上，患至掇也。掇，自取也。食旧德，从上吉也。从上吉，谓随人则吉。明自主事，则无成功也。复即命

① 据苏本、王本，"于经意尤亲切"句下脱"今当从之"。

② 四库本、王本作"耳"字，苏本作"尔"字。

渝，安贞不失也。讼，元吉，以中正也。中，则听不偏。正，则断合理。以讼受服，亦不足敬也。　地中有水，师，君子以容民畜众。水不外于地，兵不外于民，故能养民，则可以得众矣。　师出以律，失律凶也；在师中吉，承天宠也；王三锡命，怀万邦也；师或舆尸，大无功也；左次无咎，未失常也。知难而退，师之常也。长子帅师，以中行也；弟子舆尸，使不当也。大君有命，以正功也；小人勿用，必乱邦也。圣人之戒深矣。　地上有水，比，先王以建万国，亲诸侯。地上有水，水比于地，不容有间。建国亲侯，亦先王所以比于天下而无间者也。彖意人来比我，此取我往比人。比之初六，有它吉也；比之自内，不自失也。得正则不自失矣。比之匪人，不亦伤乎；外比于贤，以从上也；显比之吉，位正中也。舍逆取顺，失前禽也。邑人不诫，上使中也。由上之德使不偏也。比之无首，无所终也。以上下之象言之，则为无首；以始终之象言之，则为无终。无首，则无终矣。　风行天上，小畜。君子以懿文德。风有气而无质，能畜而不能久，故为小畜之象。懿文德，言未能厚积而远施也。复自道，其义吉也。牵复在中，亦不自失也。亦者，承上爻义。夫妻反目，不能正室也。程子曰："说辐反目，三自为也"。有孚惕出，上合志也；有孚挛如，不独富也。既雨既处，德积载也。君子征凶，有所疑也。　上天下泽，履。君子以辨上下，定民志。程《传》备矣。素履之往，独行愿也。幽人贞吉，中不自乱也。眇能视，不足以有明也；跛能履，不足以与行也。咥人之凶，位不当也；武人为于大君，志刚也。诉诉终吉，志行也。夬履贞厉，位正当也。伤于所恃。元吉在上，大有庆也。若得①元吉，则大有福庆也。　天地交，泰。后以财成天地之道，辅相天

---

① 苏本作"待"字，王本作"得"字。

地之宜，以左右民。财成以制其过，辅相以补其不及。拔茅征吉，志在外也；包荒，得尚于中行，以光大也。无往不复，天地际也；翩翩不富，皆失实也。不戒以孚，中心愿也。阴本居下，在上为失实。以祉元吉，中以行愿也。城复于隍，其命乱也。命乱，故复否。告命，所以治之也。　天地不交，否。君子以俭德辟难，不可荣以禄。收敛其德，不形于外，以辟①小人之难，人不得以禄位荣之。拔茅贞吉，志在君也。小人而变为君子，则能以爱君为念，而不计其私矣。大人否亨，不乱群也。言不乱于小人之群。包羞，位不当也。有命无咎，志行也。大人之吉，位正当也。否，终则倾，何可长也。　天与火，同人。君子以类族辨物。天在上而火炎上，其性同也。类族辨物，所以审异而致同也。出门同人，又谁咎也。同人于宗，吝道也；伏戎于莽，敌刚也；三岁不兴，安行也。言不能行。乘其墉，义弗克也。其吉，则困而反则也。乘其墉矣，则非其力之不足也。特以义之弗克，而不攻耳。能以义断，困而反于法则，故吉也。同人之先，以中直也；大师相遇，言相克也。直，谓理直。同人于郊，志未得也。　火在天上，大有。君子以遏恶扬善，顺天休命。火在天上，所照者广，为“大有”之象。所有既大，无以治之，则衅孽萌于其间矣。天命有善而无恶，故遏恶扬善，所以顺天。反之于身，亦若是而已矣。大有初九，无交害也。大车以载，积中不败也。公用亨于天子，小人害也。匪其彭，无咎，明辨晰也。晰，明貌。厥孚交如，信以发志也。一人之信，足以发上下之志也。威如之吉，易而无备也。太柔则人将易之，而无畏备之心。大有上吉，自天祐也。　地中有山，谦。君子以裒多益寡，称物平施。以卑蕴高，谦之象也。裒多益寡，所以称物之宜而平其施，损高增卑以趣于平，亦谦之意也。谦谦君子，卑以自牧也。鸣谦贞吉，中心得也；劳谦君

---

① 四库本、王本作“辟”字，苏本作“避”字。

子，万民服也。无不利，㧑谦，不违则也。言不为过。利用侵伐，征不服也。鸣谦，志未得也。可用行师，征邑国也。阴柔无位，才力不足，故其志未得而至于行师，然亦适足，以治其私邑而已。　雷出地奋，豫，先王以作乐崇德，殷荐之上帝，以配祖考。雷出地奋，和之至也。先王作乐，既象其声，又取其义。殷，盛也。初六鸣豫，志穷凶也。穷，谓满极。不终日，贞吉，以中正也；盱豫有悔，位不当也；由豫，大有得，志大行也；六五贞疾，乘刚也；恒不死，中未亡也；冥豫在上，何可长也。　泽中有雷，随，君子以向晦入宴息。雷藏泽中，随时休息。官有渝，从正吉也。出门交有功，不失也。系小子，弗兼与也；系丈夫，志舍下也。随有获，其义凶也；有孚在道，明功也。孚于嘉，吉，位正中也；拘系之，上穷也。穷，极也。　山下有风，蛊。君子以振民育德。山下有风，物坏而有事矣。而事莫大于二者，乃治己治人之道也。干父之蛊，意承考也；干母之蛊，得中道也。干父之蛊，终无咎也；裕父之蛊，往未得也；干父用誉，承以德也。不事王侯，志可则也。　泽上有地，临。君子以教思无穷，容保民无疆。地临于泽，上临下也。二者皆临下之事。教之无穷者，兑也；容之无疆者，坤也。咸临贞吉，志行正也。咸临，吉，无不利，未顺命也。未详。甘临，位不当也。既忧之，咎不长也。至临，无咎，位当也。大君之宜，行中之谓也；敦临之吉，志在内也。　风行地上，观。先王以省方，观民设教。省方以观民，设教以为观。初六童观，小人道也。窥观女贞，亦可丑也。在丈夫则为丑也。观我生进退，未失道也；观国之光，尚宾也；观我生，观民也。此夫子以义言之，明人君观己所行，不但一身之得失，又当观民德之善否，以自省察也。观其生，志未平也。志未平，言虽不得位，未可忘戒惧也。　雷电，噬嗑。先王以明罚敕法。"雷电"，当作"电雷"。屦校灭趾，不行也。灭趾，又有不进于恶之象。噬肤灭鼻，乘刚也。遇毒，位不当也。

利艰贞,吉,未光也。贞厉无咎,得当也。何校灭耳,聪不明也。灭耳,盖罪其听之不聪也。若能审听而早图之,则无此凶矣。 山下有火,贲。君子以明庶政,无敢折狱。山下有火,明不及远。明庶政,事之小者;折狱,事之大者。内离明而外艮止,故取象如此。舍车而徒,义弗乘也。君子之取舍,决于义而已。贲其须,与上兴也。永贞之吉,终莫之陵也。六四当位,疑也。匪寇婚媾,终无尤也。当位疑,谓所当之位可疑也;终无尤,谓若守正而不与,亦无它患也。六五之吉,有喜也。白贲,无咎,上得志也。 山附于地,剥。上以厚下安宅。剥床以足,以灭下也;剥床以辨,未有与也。言未大盛。剥之无咎,失上下也。上下,谓四阴。剥床以肤,切近灾也。以宫人宠,终无尤也。君子得舆,民所载也;小人剥庐,终不可用也。 雷在地中,复。先王以至日闭关,商旅不行,后不省方。安静以养微阳也。《月令》,是月斋戒掩身,以待阴阳之所定。不远之复,以修身也;休复之吉,以下仁也。频复之厉,义无咎也。中行独复,以从道也。敦复无悔,中以自考也。考,成也。迷复之凶,反君道也。 天下雷行,物与无妄,先王以茂对时育万物。天下雷行,震动发生,万物各正其性命,是物物而与之以无妄也。先王法此以对时育物,因其所性而不为私焉。无妄之往,得志也;不耕获,未富也。富如非富天下之富,言非计其利而为之也。行人得牛,邑人灾也。可贞,无咎,固有之也。有,犹守也。无妄之药,不可试也。既已无妄而复药之,则反为妄而生疾矣。试,谓少尝之也。无妄之行,穷之灾也。 天在山中,大畜。君子以多识前言往行,以畜其德。天在山中,不必实有是事,但以其象言之耳。有厉利已,不犯灾也。舆说輹,中无尤也;利有攸往,上合志也。六四元吉,有喜也;六五之吉,有庆也。何天之衢,道大行也。 山下有雷,颐。君子以慎言语,节饮食。二者养德、养身之切务。观我朵颐，亦不足贵也。六二征凶，行失类也。初上皆非其类也。十年勿用，道大悖也；颠颐之吉，上施光也。居贞之吉，顺以从上也。由颐，厉吉，大有庆也。　泽灭木，大过。君子以独立不惧，遁世无闷。泽灭于木，大过之象也；不惧无闷，大过之行也。藉用白茅，柔在下也。老夫女妻，过以相与也。栋桡之凶，不可以有辅也；栋隆之吉，不桡乎下也。枯杨生华，何可久也。老妇士夫，亦可丑也。过涉之凶，不可咎也。　水洊至，习坎。君子以常德行，习教事。治己治人，皆必重习，然后熟而安之。习坎入坎，失道凶也。求小得，未出中也；来之坎坎，终无功也。樽酒簋，刚柔际也。陆氏《释文》本无“贰”字。今从之。坎不盈，中未大也。有中德而未大。上六失道，凶三岁也。　明两作，离。大人以继明照于四方。作，起也。履错之敬，以辟咎也。黄离元吉，得中道也。日昃之离，何可久也。突如其来如，无所容也。无所容，言焚死弃也。六五之吉，离王公也。王用出征，以正邦也。

卷六

周易象下传

山上有泽，咸。君子以虚受人。山上有泽，以虚而通也。咸其拇，志未外也。虽凶居吉，顺不害也。咸其股，亦不处也。志在随人，所执下也。言“亦”者，因前二爻皆欲动而云也。二爻阴躁，其动也宜。九三阳刚，居止之极，宜静而动，可吝之甚也。贞吉，悔亡，未感害也。憧憧往来，未光大也。感害，言不正而感，则有害也。咸其脢，志末也。志末，谓不能感物。咸其辅颊舌，滕口说也。“滕”、“腾”通用。

雷风，恒。君子以立不易方。浚恒之凶，始求深也。九二悔亡，能久中也。不恒其德，无所容也。久非其位，安得禽也。妇人贞吉，从一而终也。夫子制义，从妇凶也。振恒在上，大无功也。　天下有山，遁。君子以远小人，不恶而严。天体无穷，山高有限，遁之象也。严者，君子自守之常，而小人自不能近。遁尾之厉，不往何灾也？执用黄牛，固志也；系遁之厉，有疾惫也。畜臣妾，吉，不可大事也。君子好遁，小人否也。嘉遁，贞吉，以正志也；肥遁，无不利，无所疑也。　雷在天上，大壮。君子以非礼弗履。自胜者强。壮于趾，其孚穷也。言必穷困。九二贞吉，以中也。小人用壮，君子罔也。小人以壮败，君子以罔困。

藩决不羸，尚往也。丧羊于易，位不当也。不能退，不能遂，不详也。艰则吉，咎不长也。 明出地上，晋。君子以自昭明德。昭，明之也。晋如摧如，独行正也。裕无咎，未受命也。初居下位，未有官守之命。受兹介福，以中正也；众允之志，上行也。鼫鼠贞厉，位不当也。失得勿恤，往有庆也。维用伐邑，道未光也。 明入地中，明夷。君子以莅众，用晦而明。君子于行，义不食也。唯义所在，不食可也。六二之吉，顺以则也。南狩之志，乃大得也。入于左腹，获心意也；箕子之贞，明不可息也。初登于天，照四国也；照四国，以位言。后入于地，失则也。 风自火出，家人。君子以言有物而行有恒。身修则家治矣。闲有家，志未变也。志未变而预防之。六二之吉，顺以巽也。家人嗃嗃，未失也；妇子嘻嘻，失家节也。富家大吉，顺在位也；王假有家，交相爱也。程子曰："夫爱其内助，妇爱其刑家"。威如之吉，反身之谓也。谓非作威也，反身自治，则人畏服之矣。 上火下泽，睽。君子以同而异。二卦合体，而性不同。见恶人，以辟咎也；遇主于巷，未失道也。本其正应，非有邪也。见舆曳，位不当也。无初有终，遇刚也。交孚无咎，志行也。厥宗噬肤，往有庆也。遇雨之吉，群疑亡也。 山上有水，蹇。君子以反身修德。往蹇来誉，宜待也。王臣蹇蹇，终无尤也。事虽不济，亦无可尤。往蹇来反，内喜之也；往蹇来连，当位实也。大蹇朋来，以中节也。往蹇来硕，志在内也。利见大人，以从贵也。 雷雨作，解。君子以赦过宥罪。刚柔之际，义无咎也。九二贞吉，得中道也。负且乘，亦可丑也。自我致戎，又谁咎也。解而拇，未当位也。君子有解，小人退也。公用射隼，以解悖也。 山下有泽，损。君子以惩忿窒欲。君子修身，所当损者，莫切于此。已事遄往，尚合志也。"尚"、

“上”通。九二利贞，中以为志也。一人行，三则疑也。损其疾，亦可喜也。六五元吉，自上祐也。弗损益之，大得志也。　风雷，益。君子以见善则迁，有过则改。风雷之势，交相助益。迁善改过，益之大者，而其相益，亦犹是也。元吉无咎，下不厚事也。下本不当任厚事，故不如是，不足以塞咎也。或益之，自外来也。或者，众无定主之辞。益用凶事，固有之也。益用凶事，欲其困心衡虑，而固有之也。告公从，以益志也。有孚惠心，勿问之矣。惠我德，大得志也。莫益之，偏辞也；或击之，自外来也。莫益之者，犹从其求益之偏辞而言也。若究而言之，则又有击之者矣。　泽上于天，夬。君子以施禄及下，居德则忌。泽上于天，溃决之势也；施禄及下，溃决之意也。居德则忌，未详。不胜而往，咎也。有戎勿恤，得中道也。君子夬夬，终无咎也。其行次且，位不当也；闻言不信，聪不明也。中行无咎，中未光也。程《传》备矣。无号之凶，终不可长也。　天下有风，姤。后以施命诰四方。系于金柅，柔道牵也。牵，进也。以其进，故止之。包有鱼，义不及宾也。其行次且，行未牵也。无鱼之凶，远民也。民之去己，由①己远之。九五含章，中正也；有陨自天，志不舍命也。姤其角，上穷吝也。　泽上于地，萃。君子以除戎器，戒不虞。除者，修而聚之之谓。乃乱乃萃，其志乱也。引吉无咎，中未变也。往无咎，上巽也。大吉无咎，位不当也。萃有位，志未光也。未光，谓匪孚。赍咨涕洟，未安上也。　地中生木，升。君子以顺德，积小以高大。王肃本，“顺”作“慎”。今按它书引此，亦多作“慎”，意尤明白，盖古字通用也。说见上篇蒙卦。允升大吉，上合志也。九二之孚，有喜也。升虚邑，无所疑也。王用亨于岐山，顺事也。以顺而升，

① 四库本、王本作“由”字，苏本作“犹”字。“由”与“犹”通。

登祭于山之象。贞吉升阶，大得志也。冥升在上，消不富也。　泽无水，困。君子以致命遂志。水下漏，则泽上枯，故曰“泽无水”。致命，犹言授命，言持以与人而不之有也。能如是，则虽困而亨矣。入于幽谷，幽不明也；困于酒食，中有庆也。据于蒺藜，乘刚也。入于其宫，不见其妻，不祥也。来徐徐，志在下也。虽不当位，有与也。劓刖，志未得也；乃徐有说，以中直也；利用祭祀，受福也。困于葛藟，未当也；动悔有悔，吉行也。

木上有水，井。君子以劳民劝相。木上有水，津润上行，井之象也。劳民者，以君养民劝相者。使民相养，皆①取井养之义。井泥不食，下也；旧井无禽，时舍也。言为时所弃。井谷射鲋，无与也。井渫不食，行恻也。求王明，受福也。行恻者，行道之人，皆以为恻。井甃，无咎，修井也。寒泉之食，中正也。元吉在上，大成也。　泽中有火，革。君子以治历明时。四时之变，革之大者。巩用黄牛，不可以有为也。已日革之，行有嘉也。革言三就，又何之矣？言已审。改命之吉，信志也。大人虎变，其文炳也。君子豹变，其文蔚也；小人革面，顺以从君也。　木上有火，鼎。君子以正位凝命。鼎，重器也，故有正位凝命之意。凝，犹至道不凝焉之凝。《传》所谓协于上下，以承天休者也。鼎颠趾，未悖也。利出否以从贵也。鼎而颠趾，悖道也。而因可出否以从贵，则未为悖也。从贵，谓应四，亦为取新之意。鼎有实，慎所之也。我仇有疾，终无尤也。有实而不谨其所往，②则为仇所即而陷于恶矣。鼎耳革，失其义也。覆公餗，信如何也？言失信也。鼎黄耳，中以为实也。玉铉在上，刚柔节也。　洊雷，震。君子以恐惧修省。震来虩虩，恐致福也；笑言哑哑，后有则也。震来厉，乘刚也。震苏苏，位不当也。震遂泥，

① 四库本、王本作“皆”字，苏本作“省”字。

② 四库本、王本作“有实而不谨其所往”，苏本作“有实而不慎其往”。

未光也。震往来厉，危行也。其事在中，大无丧也。震索索，中未得也。虽凶无咎，畏邻戒也。中，谓中心。　兼山，艮。君子以思不出其位。艮其趾，未失正也；不拯其随，未退听也。三止乎上，亦不肯退而听乎二也。艮其限，危熏心也；艮其身，止诸躬也；艮其辅，以中正也。“正”字羡文，协韵可见①。敦艮之吉，以厚终也。　山上有木，渐。君子以居贤德善俗。二者皆当以渐而进。疑“贤”字衍，或“善”下有脱字。小子之厉，义无咎也。饮食衎衎，不素饱也。素饱，如诗言素飧，得之以道，则不为徒饱而处之安矣。夫征不复，离群丑也；妇孕不育，失其道也。利用御寇，顺相保也。或得其桷，顺以巽也。终莫之胜，吉，得所愿也。其羽可用为仪，吉，不可乱也。渐进愈高而不为无用，其志卓然，岂可得而乱哉？　泽上有雷，归妹。君子以永终知敝。雷动泽随，归妹之象。君子观其合之不正，知其终之有敝也。推之事物，莫不皆然。归妹以娣，以恒也；跛能履吉，相承也。恒，谓有常久之德。利幽人之贞，未变常也。归妹以须，未当也。愆期之志，有待而行也。帝乙归妹，不如其娣之袂良也。其位在中，以贵行也。以其有中德之贵而行，故不尚饰。上六无实，承虚筐也。　雷电皆至，丰。君子以折狱致刑。取其威照并行之象。虽旬无咎，过旬灾也。戒占者不可求胜其配，亦爻辞外意。有孚发若，信以发志也。丰其沛，不可大事也；折其右肱，终不可用也。丰其蔀，位不当也；日中见斗，幽不明也；遇其夷主，吉行也。六五之吉，有庆也。丰其屋，天际翔也。窥其户，阒其无人，自藏也。藏，谓障蔽。　山下有火，旅。君子以明慎用刑，而不留狱。谨②刑如

① 四库本作“协韵可见”，苏本作“叶韵可见”。

② 四库本、王本作“谨”字，苏本作“慎”字。

山，不留如火。旅琐琐，志穷灾也。得童仆贞，终无尤也。旅焚其次，亦已伤矣。以旅与下，其义丧也。以旅之时，而与下之道如此，义当丧也。旅于处，未得位也。得其资斧，心未快也。终以誉命，上逮也。上逮，言其誉命闻于上也。以旅在上，其义焚也。丧牛于易，终莫之闻也。　随风，巽。君子以申命行事。随，相继之义。进退，志疑也；利武人之贞，志治也。纷若之吉，得中也；频巽之吝，志穷也。田获三品，有功也。九五之吉，位正中也。巽在床下，上穷也。丧其资斧，正乎凶也。正乎凶，言必凶。　丽泽，兑。君子以朋友讲习。两泽相丽，互相滋益，朋友讲习，其象如此。和兑之吉，行未疑也。居卦之初，其说也正，未有所疑也。孚兑之吉，信志也。来兑之凶，位不当也；九四之喜，有庆也。孚于剥，位正当也。与履九五同。上六引兑，未光也。

风行水上，涣。先王以享于帝立庙。皆所以合其散。初六之吉，顺也。涣奔其机，得愿也。涣其躬，志在外也。涣其群，元吉，光大也。王居无咎，正位也。涣其血，远害也。　泽上有水，节。君子以制数度，议德行。不出户庭，知通塞也；不出门庭，凶，失时极也。不节之嗟，又谁咎也。此无咎与诸爻异，言无所归咎也。安节之亨，承上道也；甘节之吉，居位中也；苦节贞凶，其道穷也。　泽上有风，中孚。君子以议狱缓死。风感水受，中孚之象。议狱缓死，中孚之意。初九虞吉，志未变也。其子和之，中心愿也。或鼓或罢，位不当也；马匹亡，绝类上也。有孚挛如，位正当也。翰音登于天，何可长也。　山上有雷，小过。君子以行过乎恭，丧过乎哀，用过乎俭。山上有雷，其声小过。三者之过，皆小者之过。可过于小而不可过于大，可以小过而不可甚过。《彖》所谓可小事而宜下者也。飞鸟以凶，不可如何也。不及其君，臣不可过也。所以不及君而还遇臣者，以臣不可过故也。从或戕之，凶，如何也。弗过遇之，位不当也。往厉必戒，终不可长也。爻义未明，此亦当阙。密云不雨，已上也。已上太高也。弗遇过之，已亢也。　水在火上，既济。君子以思患而预防之。曳其轮，义无咎也。七日得，以中道也。三年克之，惫也。终日戒，有所疑也。东邻杀牛，不如西邻之时也。实受其福，吉大来也。濡其首，厉，何可久也。　火在水上，未济。君子以慎辨物居方。水火异物，各居其所，故君子观象而审辨之。濡其尾，亦不知极也。"极"字未详。考上下韵亦不叶，或恐是"敬"字。今且阙之。九二贞吉，中以行正也。九居二，本非正以中，故得正也。未济，征凶，位不当也。贞吉，悔亡，志行也。君子之光，其晖吉也。晖者，光之散也。饮酒濡首，亦不知节也。

卷七

周易系辞上传

系辞，本谓文王、周公所作之辞，系于卦爻之下者，即今经文。此篇乃孔子所述系辞之传也。以其通论一经之大体凡例，故无经可附，而自分上下云。

天尊地卑，乾坤定矣。卑高以陈，贵贱位矣。动静有常，刚柔断矣。方以类聚，物以群分，吉凶生矣；在天成象，在地成形，变化见矣。天地者，阴阳形气之实体；乾坤者，易中纯阴纯阳之卦名也。卑高者，天地万物上下之位；贵贱者，易中卦爻上下之位也。动者，阳之常；静者，阴之常。刚柔者，易中卦爻阴阳之称也。方，谓事情所向，言事物善恶各以类分；而吉凶者，易中卦爻占决之辞也。象者，日月星辰之属；形者，山川动植之属；变化者，易中蓍策卦爻，阴变为阳、阳化为阴者也。此言圣人作《易》，因阴阳之实体，为卦爻之法象。庄周所谓"《易》以道阴阳"，此之谓也。是故刚柔相摩，八卦相荡。此言易卦之变化也。六十四卦之初，刚柔两画而已。两相摩而为四，四相摩而为八，八相荡而为六十四。鼓之以雷霆，润之以风雨。日月运行，一寒一暑。此变化之成象者。乾道成男，坤道成女。此变化之成形者。此两节又明易之见于实体者，与上文相发明也。乾知大始，坤作成物。知，犹主也。乾主始物而坤作成之。承上文男女而言乾坤之理，盖凡物之属乎阴阳者，莫不如此。大抵阳先阴后，阳施阴受。阳之轻清未形，而阴之重浊有迹。乾以易知，坤以简能。乾健而动,即其所知,便能始物而无所难,故为以易而知太始;坤顺而静,凡其所能,皆从乎阳而不自作,故为以简而能成物。易则易知,简则易从;易知则有亲,易从则有功;有亲则可久,有功则可大;可久则贤人之德,可大则贤人之业。人之所为,如乾之易,则其心明白,而人易知。如坤之简,则其事要约而人易从。易知,则与之同心者多,故有亲。易从,则与之协力者众,故有功。有亲则一于内,故可久;有功则兼于外,故可大。德,谓得于已者;业,谓成于事者。上言乾坤之德不同,此言人法乾坤之道,至此则可以为贤矣。易简,而天下之理得矣。天下之理得,而成位乎其中矣。成位,谓成人之位;其中,谓天地之中至此则体道之极功,圣人之能事,可以与天地参矣。　此第一章,以造化之实,明作经之理。又言乾坤之理,分见于天地,而人兼体之也。　圣人设卦观象,系辞焉而明吉凶。象者,物之似也。此言圣人作《易》,观卦爻之象,而系以辞也。刚柔相推,而生变化。言卦爻阴阳迭相推荡,而阴或变阳,阳或化阴,圣人所以观象而系辞,众人所以因蓍以求卦者也。是故,吉凶者,失得之象也;悔吝者,忧虞之象也。吉凶悔吝者,易之辞也;失得忧虞者,事之变也。得则吉,失则凶,忧虞虽未至凶,然已足以致悔而取羞矣。盖吉凶相对,而悔吝居其中间,悔自凶而趋吉,吝自吉而向凶也。故圣人观卦爻之中,或有此象,即系之以此辞也。变化者,进退之象也;刚柔者,昼夜之象也。六爻之动,三极之道也。柔变而趋于刚者,退极而进也;刚化而趋于柔者,进极而退也。既变而刚,则昼而阳矣;既化而柔,则夜而阴矣。六爻,初二为地,三四为人,五上为天。动,即变化也。极,至也。三极,天地人之至理,三才各一太极也。此明刚柔相推以生变化,而变化之极复为刚柔。流行于一卦六爻之间,而占者得因所值以断吉凶也。是故,君子所居而安者,《易》之序也;所乐而玩者,爻之辞也。《易》之序,谓卦爻所著事理当然之次第。玩者,观之详。是故,君子居则观其象而玩其辞,动则观其变而玩其占。是以自天祐之,吉无不利。象辞变已见。上凡单言变者,化在其中。占谓其所值吉凶之决也。　此第二章,言圣人作《易》,君子学《易》之事。　彖者,言乎象者也;爻者,言乎变者也。彖,谓卦辞,文王所作者。爻,谓爻辞，周公所作者。象，指全体而言。变，指一节而言。吉凶者，言乎其失得也；悔吝者，言乎其小疵也；无咎者，善补过也。此卦爻辞之通例。是故，列贵贱者存乎位，齐小大者存乎卦，辨吉凶者存乎辞。位，谓六爻之位。齐，犹定也。小，谓阴。大，谓阳。忧悔吝者存乎介，震无咎者存乎悔。介，谓辨别之端。盖善恶已动而未形之时也，于此忧之，则不至于悔吝矣。震，动也。知悔则有以动其补过之心，而可以无咎矣。是故卦有小大，辞有险易。辞也者，各指其所之。小险大易，各随所向。　此第三章，释卦爻辞之通例。　《易》与天地准，故能弥纶天地之道。《易》书卦爻，具有天地之道，与之齐准。弥，如弥缝之弥，有终竟联合之意；纶，有选择条理之意。仰以观于天文，俯以察于地理，是故知幽明之故。原始反终，故知死生之说。精气为物，游魂为变，是故知鬼神之情状。此穷理之事。以者，圣人以《易》之书也。易者，阴阳而已。幽明、死生、鬼神，皆阴阳之变，天地之道也。天文则有昼夜上下，地理则有南北高深。原者，推之于前；反者，要之于后。阴精阳气，聚而成物，神之申也；魂游魄降，散而为变，鬼之归也。与天地相似，故不违；知周乎万物而道济天下，故不过；旁行而不流，乐天知命，故不忧。安土敦乎仁，故能爱。此圣人尽性之事也。天地之道，知仁而已。知周万物者，天也；道济天下者，地也。知且仁，则知而不过矣。旁行者，行权之知也；不流者，守正之仁也。既乐天理，而又知天命，故能无忧，而其知益深；随处皆安，而无一息之不仁，故能不忘其济物之心而仁益笃。盖仁者爱之理，爱者仁之用，故其相为表里如此。范围天地之化而不过，曲成万物而不遗，通乎昼夜之道而知，故神无方而易无体。此圣人至命之事也。范，如铸金之有模范。围，匡郭也。天地之化无穷，而圣人为之范围，不使过于中道，所谓裁成者也。通，犹兼也。昼夜，即幽明死生神鬼①之谓。如此，然后可见至神之妙，无有方所，易之变化，无有形体也。　此第四章，言易道之大，圣人用之如此。　一阴一阳之谓道。阴阳迭运者，气也。其理

① 据四库本、清明善堂刻本、苏本、廖本，“神鬼”应作“鬼神”。

则所谓道。继之者善也，成之者性也。道具于阴而行乎阳。继，言其发也。善，谓化育之功，阳之事也。成，言其具也。性，谓物之所受，言物生则有性，而各具是道也，阴之事也。周子、程子之书，言之备矣。仁者见之谓之仁，知者见之谓之知。百姓日用而不知，故君子之道鲜矣。仁阳知阴，各得是道之一隅，故随其所见而目为全体也。日用不知，则莫不饮食，鲜能知味者。又其每下者也，然亦莫不有是道焉。或曰：上章以知属乎天，仁属乎地，与此不同，何也？曰：彼以清浊言，此以动静言。显诸仁，藏诸用，鼓万物而不与圣人同忧，盛德大业，至矣哉！显，自内而外也；仁，谓造化之功，德之发也；藏，自外而内也；用，谓机缄之妙，业之本也。程子曰："天地无心而成化，圣人有心而无为。"富有之谓大业，日新之谓盛德。张子曰："富有者，大无外；日新者，久无穷。"[①]生生之谓易。阴生阳，阳生阴，其变无穷，理与书皆然也。成象之谓乾，效法之谓坤。效，呈也。法，谓造化之详密而可见者。极数知来之谓占，通变之谓事。占，筮也。事之未定者，属乎阳也。事，行事也。占之已决者，属乎阴也。极数知来，所以通事之变。张忠定公言：公事有阴阳，意盖如此。阴阳不测之谓神。张子曰："两在，故不测。" 此第五章，言道之体用，不外乎阴阳，而其所以然者，则未尝倚于阴阳也。 夫易，广矣，大矣。以言乎远，则不御；以言乎迩，则静而正；以言乎天地之间，则备矣。不御，言无尽。静而正，言即物而理存。备，言无所不有。夫乾，其静也专，其动也直，是以大生焉；夫坤，其静也翕，其动也辟，是以广生焉。乾坤各有动静，于其四德见之。静体而动用，静别而动交也。乾一而实，故以质言而曰大；坤二而虚，故以量言而曰广。盖天之形虽包于地之外，而其气常行乎地之中也。易之所以广大者以此。广大配天地，变通配四时。阴阳之义配日月，易简之善配至德。易之广大变通，与其所言阴阳之说、易简之德，配之天道人事则如此。 此第六章。 子曰：《易》其至矣乎！

---

① 据清明善堂刻本、苏本、廖本，此句应作"张子曰：'富有者，大而无外；日新者，久而无穷'。"

夫《易》，圣人所以崇德而广业也。知崇，礼卑，崇效天，卑法地。《十翼》皆夫子所作，不应自著“子曰”字，疑皆后人所加也。穷理，则知崇如天而德崇。循理，则礼卑如地而业广。此其取类，又以清浊言也。天地设位，而易行乎其中矣。成性存存，道义之门。天地设位而变化行，犹知礼存性而道义出也。成性，本成之性也；存存，谓存而又存，不已之意也。 此第七章。 圣人有以见天下之赜，而拟诸其形容，象其物宜，是故谓之象。赜，杂乱也。象，卦之象，如《说卦》所列者。圣人有以见天下之动，而观其会通，以行其典礼，系辞焉以断其吉凶，是故谓之爻。会，谓理之所聚，而不可遗处；通，谓理之可行，而无所碍处。如庖丁解牛，会则其族，而通则其虚也。言天下之至赜，而不可恶也。言天下之至动，而不可乱也。恶，犹厌也。拟之而后言，议之而后动，拟议以成其变化。观象玩辞，观变玩占，而法行之。此下七爻，则其例也。“鸣鹤在阴，其子和之。我有好爵，吾与尔靡之”。子曰：“君子居其室，出其言善，则千里之外应之，况其迩者乎？居其室，出其言不善，则千里之外违之，况其迩者乎？言出乎身，加乎民；行发乎迩，见乎远。言行，君子之枢机。枢机之发，荣辱之主也。言行，君子之所以动天地也，可不慎乎。”释中孚九二爻义。“同人先号咷而后笑”。子曰：“君子之道，或出或处，或默或语。二人同心，其利断金。同心之言，其臭如兰。”释同人九五爻义。言君子之道，初若不同，而后实无间。断金、如兰，言物莫能间，而其言有味也。“初六，藉用白茅，无咎”。子曰：“苟错诸地而可矣。藉之用茅，何咎之有？慎之至也。夫茅之为物薄，而用可重也。慎斯术也以往，其无所失矣。”释大过初六爻义。“劳谦，君子有终，吉”。子曰：“劳而不伐，有功而不德，厚之至也。语以其功下人者也。德言盛，礼言恭。谦也者，致恭以存其位者也。”释谦九三爻义。德言盛，礼言恭，言德欲其盛，礼欲其恭也。“亢龙有悔”。子曰：“贵而无位，高而无民，贤人在下，位而无辅，是以动而有悔也。”释乾上九爻义。当属《文言》，此盖重出。“不出户庭，无咎”。子曰：“乱之所生也，则言语以为阶。君不密，则失臣。臣不密，则失身。几事不密，则害成。是以君子慎密而不出也。”释节初九爻义。子曰：“作《易》者其知盗乎？《易》曰：‘负且乘，致寇至。’负也者，小人之事也；乘也者，君子之器也。小人而乘君子之器，盗思夺之矣。上慢下暴，盗思伐之矣。慢藏诲盗，冶容诲淫。《易》曰：‘负且乘，致寇至。’盗之招也。”释解六三爻义。 此第八章，言卦爻之用。 天一，地二；天三，地四；天五，地六；天七，地八；天九，地十。此简本在第十章之首。程子曰宜在此。今从之。此言天地之数，阳奇阴耦，即所谓河图者也。其位一六居下，二七居上，三八居左，四九居右，五十居中。就此章而言之，则中五为衍母，次十为衍子，次一二三四为四象之位，次六七八九为四象之数，二老位于西北，二少位于东南，其数则各以其类交错于外也。天数五，地数五，五位相得而各有合。天数二十有五，地数三十。凡天地之数五十有五，此所以成变化而行鬼神也。此简本在大衍之后，今按宜在此。天数五者，一三五七九，皆奇也；地数五者，二四六八十，皆耦也。相得，谓一与二，三与四，五与六，七与八，九与十，各以奇耦为类而自相得；有合，谓一与六，二与七，三与八，四与九，五与十，皆两相合。二十有五者，五奇之积也；三十者，五耦之积也。变化，谓一变生水而六化成之，二化生火而七变成之，三变生木而八化成之，四化生金而九变成之，五变生土而十化成之。鬼神，谓凡奇耦生成之屈伸往来者。大衍之数五十，其用四十有九。分而为二以象两，挂一以象三，揲之以四以象四时，归奇于扐以象闰，五岁再闰，故再扐而后挂。大衍之数五十，盖以河图中宫天五乘地十而得之。至用以筮，则又止用四十有九，盖皆出于理势之自然，而非人之知力所能损益也。两，谓天地也。挂，悬其一于左手小指之间也。三，三才也。揲，间而数之也。奇，所揲四数之余也。扐，勒于左手中三指之两间也。闰，积月之余日而成月者也。五岁之间，再积日而再成月。故五岁之中，凡有再闰，然后别起积分，如一挂之后，左右各一揲而一扐，故五者之中，凡有再扐，然后别起一挂也。**乾之策二百一十有六，坤之策百四十有四，凡三百有六十，当期之日。**凡此策数生于四象。盖河图四面，太阳居一而连九，少阴居二而连八，少阳居三而连七，太阴居四而连六。揲蓍之法，则通计三变之余，去其初挂之一，凡四为奇，凡八为耦，奇圆围三，耦方围四，三用其全，四用其半，积而数之，则为六七八九。而第三变揲数、策数，亦皆符会。盖余三奇则九，而其揲亦九，策亦四九三十六，是为居一之太阳。余二奇一耦则八，而其揲亦八，策亦四八三十二，是为居二之少阴，二耦一奇则七，而其揲亦七，策亦四七二十八，是为居三之少阳。三耦则六，而其揲亦六，策亦四六二十四，是为居四之老阴。是其变化往来进退离合之妙，皆出自然，非人之所能为也。少阴退而未极乎虚，少阳进而未极乎盈，故此独以老阳、老阴计乾坤六爻之策数，余可推而知也。期，周一岁也。凡三百六十五日四分日之一，此特举成数而概言之耳。**二篇之策，万有一千五百二十，当万物之数也。**二篇，谓上下经。凡阳爻百九十二，得六千九百一十二策；阴爻百九十二，得四千六百八策，合之得此数。**是故四营而成易，十有八变而成卦。**四营，谓分二、挂一、揲四归奇也。易，变[①]也，谓一变也。三变成爻，十八变则成六爻也。**八卦而小成。**谓九变而成三画，得内卦也。**引而伸之，触类而长之，天下之能事毕矣。**谓已成六爻，而视其爻之变与不变以为动静，则一卦可变而为六十四卦以定吉凶，凡四千九十六卦也。**显道神德行，是故可与酬酢，可与祐神矣。**道因辞显，行以数神。酬酢，谓应对。祐神，谓助神化之功。**子曰："知变化之道者，其知神之所为乎？"**变化之道，即上文数法是也。皆非人之所能为，故夫子叹之，而门人加"子曰"以别上文也。　此第九章。言天地、大衍之数，揲蓍求卦之法，然亦略矣。意其详具于太卜筮人之官，而今不可考耳。其可推者，《启蒙》备言之。　**《易》有圣人之道四焉：以言者尚其辞，以动者尚其变，以制器者尚其象，以卜筮者尚其占。**四者皆变化之道，神之所为者也。**是以君子将有为也，将有行也。问焉而以言，其受命也如**

---

① 据清明善堂刻本、苏本、廖本，"变"字下脱一"易"字。

响,无有远近幽深,遂知来物。非天下之至精,其孰能与于此。此尚辞尚占之事。言人以蓍问《易》,求其卦爻之辞,而以之发言处事,则《易》受人之命而有以告之,如响之应声,以决其未来之吉凶也。以言,与"以言者尚其辞"之以言义同。命,则将筮而告蓍之语。《冠礼》,筮日宰自有赞命是也。参伍以变,错综其数。通其变,遂成天地之文;极其数,遂定天下之象。非天下之至变,其孰能与于此。此尚象之事,变则象之未定者也。参者,三数之也。伍者,五数之也。既参以变,又伍以变,一先一后,更相考核,以审其多寡之实也。错者,交而互之,一左一右之谓也;综者,总而挈之,一低一昂之谓也。此亦皆谓揲蓍求卦之事。盖通三揲两手入策,以成阴阳老少之画,究七八九六之数,以定卦爻动静之象也。"参伍"、"错综"皆古语,而"参伍"尤难晓。按《荀子》云:"窥敌制变,欲伍以参。"韩非曰:"省同异之言,以知朋党之分。偶参伍之验,以责陈言之实。"又曰:"参之以比①物,伍之以合参。"《史记》曰:"必参而伍之。"又曰:"参伍不失。"《汉书》曰:"参伍其贾,以类相准。"此足以相发明矣。易,无思也,无为也,寂然不动,感而遂通天下之故。非天下之至神,其孰能与于此。此四者,之②体所以立,而用所以行者也。易,指蓍卦。无思无为,言其无心也。寂然者,感之体。感通者,寂之用。人心之妙,其动静亦如此。夫《易》,圣人之所以极深而研几也。研,犹审也。几,微也。所以极深者,至精也;所以研几者,至变也。唯深也,故能通天下之志;唯几也,故能成天下之务;唯神也,故不疾而速,不行而至。所以通志而成务者,神之所为也。子曰:"《易》有圣人之道四焉,"此之谓也。　此第十章。承上章之意,言易之用有此四者。　子曰:"夫《易》,何为者也?夫《易》,开物成务,冒天下之道,如斯而已者也。"是故,圣人以通天下之志,以定天下之业,以断天下之疑。开物成务,谓使人卜筮以知吉凶而成事业。冒天下之道,谓卦爻既设,而天下之道皆在其中。是故,蓍之

---

① 四库本作"比"字,据清明善堂刻本、苏本、廖本,应作"此"字。

② 据清明善堂刻本、苏本、廖本,"之"字前脱一"易"字。

德圆而神，卦之德方以知，六爻之义易以贡。圣人以此洗心，退藏于密，吉凶与民同患。神以知来，知以藏往，其孰能与于此哉？古之聪明睿知，神武而不杀者夫！圆神，谓变化无方；方知，谓事有定理；易以贡，谓变易以告人。圣人体具三者之德，而无一尘之累。无事，则其心寂然，人莫能窥；有事，则神知之用，随感而应，所谓无卜筮而知吉凶也。神武不杀，得其理而不假其物之谓。是以明于天之道，而察于民之故，是兴神物以前民用。圣人以此齐戒，以神明其德夫。神物，谓蓍龟。湛然纯一之谓齐，肃然警惕之谓戒。明天道，故知神物之可兴；察民故，故知其用之不可不有以开其先。是以作为卜筮以教人于此焉。斋戒以考其占，使其心神明不测，如鬼神之能知来也。是故，阖户谓之坤，辟户谓之乾。一阖一辟谓之变，往来不穷谓之通。见乃谓之象，形乃谓之器，制而用之谓之法，利用出入，民咸用之谓之神。阖辟，动静之机也。先言坤者，由静而动也。乾坤变通者，化育之功也；见象形器者，生物之序也。法者，圣人修道之所为；而神者，百姓自然之日用也。是故，易有大极，是生两仪，两仪生四象，四象生八卦。一每生二，自然之理也。易者，阴阳之变。大极者，其理也。两仪者，始为一画以分阴阳。四象者，次为二画以分太少。八卦者，次为三画而三才之象始备。此数言者，实圣人作易，自然之次第，有不假丝毫智力而成者。画卦揲蓍，其序皆然。详见序例《启蒙》。八卦定吉凶，吉凶生大业。有吉有凶，是生大业。是故，法象莫大乎天地，变通莫大乎四时，县象著明莫大乎日月，崇高莫大乎富贵。备物致用，立成器以为天下利莫大乎圣人。探赜索隐，钩深致远，定天下之吉凶。成天下之亹亹者，莫大乎蓍龟。富贵，谓有天下履帝位。“立”下疑有阙文。亹亹，犹勉勉也。疑则怠，决故勉。是故，天生神物，圣人则之；天地变化，圣人效之。天垂象，见吉凶，圣人象之；河出图，洛出书，圣人则之。此四者，圣人作《易》之所由也。河图、洛书，说见《启蒙》。易有四象，所以示也。系辞焉，所以告也。定之以吉凶，所以断也。四象，谓阴阳老少。示，谓示人以所值之卦爻。 此第十一章，专言卜筮。 《易》曰："自天祐之，吉，无不利。"子曰："祐者助也。天之所助者，顺也；之所助者，信也。履信思乎顺，又以尚贤也。是以'自天祐之，吉，无不利。'"释大有上九爻义。然在此无所属，或恐是错简，宜在第七章[1]之末。 子曰："书不尽言，言不尽意。"然则圣人之意，其不可见乎？子曰："圣人立象以尽意，设卦以尽情伪，系辞焉以尽其言，变而通之以尽利，鼓之舞之以尽神。"言之所传者浅，象之所示者深。观奇耦二画，包含变化，无有穷尽，则可见矣。变通、鼓舞，以事而言。两"子曰"字，宜[2]衍其一。盖"子曰"字，皆后人所加，故有此误。如近世《通书》，乃周子所自作，亦为后人每章加以"周子曰"字，其设问答处，正如此也。乾坤其易之缊耶？乾坤成列，而易立乎其中矣。乾坤毁，则无以见易，易不可见，则乾坤或几乎息矣。缊，所包蓄者，犹衣之著也。易之所有，阴阳而已。凡阳皆乾，凡阴皆坤，画卦定位，则二者成列而易之体立矣。乾坤毁，谓卦画不立；乾坤息，谓变化不行。是故，形而上者谓之道，形而下者谓之器，化而裁之谓之变，推而行之谓之通，举而错之天下之民谓之事业。卦爻阴阳，皆形而下者，其理则道也。因其自然之化而裁制之，变之义也[3]。"变通"二字，上章以天言，此章以人言。是故，夫象，圣人有以见天下之赜，而拟诸其形容，象其物宜，是故谓之象；圣人有以见天下之动，而观其会通，以行其典礼，系辞焉以断其吉凶，是故谓之爻。重出以起下文。极天下之赜者存乎卦，鼓天下之动者存乎辞。卦，即象也；辞，即爻也。化而裁之存乎变。推而行之存乎通。神而明之存乎其人。默而成之，不言而信，存乎德行。卦爻所以变通者在人，人之所以能神而明之者在德。 此第十二章。

---

① 四库本作"第七章"，据清明善堂刻本、苏本、廖本，应作"第八章"。

② 四库本作"宜"字，据清明善堂刻本、苏本、廖本，应作"疑"字。

③ 四库本、清明善堂刻本、王本作"变之义也"，苏本、廖本作"变化之义也"。

卷八

周易系辞下传

八卦成列，象在其中矣。因而重之，爻在其中矣。成列，谓乾一、兑二、离三、震四、巽五、坎六、艮七、坤八之类。象，谓卦之形体也。因而重之，谓各因一卦而以八卦次第加之，为六十四也。爻，六爻也。既重而后卦有六爻也。刚柔相推，变在其中矣。系辞焉而命之，动在其中矣。刚柔相推，而卦爻之变，往来交错，无不可见。圣人因其如此，而皆系之辞以命其吉凶，则占者所值当动之爻象，亦不出乎此矣。吉凶悔吝者，生乎动者也。吉凶悔吝，皆辞之所命也。然必因卦爻之动而后见。刚柔者，立本者也；变通者，趣时者也。一刚一柔，各有定位。自此而后，变以从时。吉凶者，贞胜者也。贞，正也，常也，物以其所正为常者也。天下之事，非吉则凶，非凶则吉，常相胜而不已也。天地之道，贞观者也；日月之道，贞明者也；天下之动，贞夫一者也。观，示也。天下之动，其变无穷。然顺理则吉，逆理则凶，则其所正而常者，亦一理而已矣。夫乾，确然示人易矣；夫坤，隤然示人简矣。确然，健貌。隤然，顺貌，所谓贞观者也。爻也者，效此者也；象也者，像此者也。此谓上文乾、坤所示之理，爻之奇耦，卦之消息，所以效而象之。爻象动乎内，吉凶见乎外。功业见乎变，圣人之情见乎辞。内，谓蓍卦之中；外，谓蓍卦之外。变，即动乎内之变；辞，即见乎外之辞。天地之大德曰生，圣人之大宝曰位。何以守位？曰人；何以聚人？曰财。理财正辞，禁民为非曰义。“曰人”之“人”，今本作“仁”。吕氏从古，盖所谓非众罔与守邦。　此第一章，言卦爻吉凶，造化功业。　古者包牺氏之王天下也，仰则观象于天，俯则观法于地，观鸟兽之文，与地之宜，近取诸身，远取诸物，于是始作八卦，以通神明之德，以类万物之情。王昭素曰：“与地”之间，诸本多有“天”字。俯仰远近，所取不一，然不过以验阴阳消息两端而已。神明之德，如健顺动止之性；万物之情，如雷风山泽之象。作结绳而为罔罟，以佃以渔，盖取诸离。两目相承，而物丽焉。包牺氏没，神农氏作，斲木为耜，揉木为耒，耒耨之利，以教天下，盖取诸益。二体皆木，上入下动，天下之益莫大于此。日中为市，致天下之民，聚天下之货，交易而退，各得其所，盖取诸噬嗑。日中为市，上明而下动。又借噬为市，嗑为合也。神农氏没，黄帝、尧、舜氏作，通其变，使民不倦。神而化之，使民宜之。易穷则变，变则通，通则久。是以“自天祐之，吉，无不利”。黄帝、尧、舜垂衣裳而天下治，盖取诸乾、坤。乾、坤变化而无为。刳木为舟，剡木为楫，舟楫之利，以济不通，致远以利天下，盖取诸涣。木在水上也。“致远以利天下”，疑衍。服牛乘马，引重致远，以利天下，盖取诸随。下动上说。重门击柝，以待暴客，盖取诸豫。豫备之意。断木为杵，掘地为臼，臼杵之利，万民以济，盖取诸小过。下止上动。弦木为弧，剡木为矢，弧矢之利，以威天下，盖取诸睽。睽，乖然后威以服之。上古穴居而野处，后世圣人易之以宫室，上栋下宇，以待风雨，盖取诸大壮。壮，固之意。古之葬者，厚衣之以薪，葬之中野，不封不树，丧期无数。后世圣人易之以棺椁，盖取诸大过。送死大事，而过于厚。上古结绳而治，后世圣人易之以书契，百官以治，万民以察，盖取诸夬。明决之意。　此第二章，言圣人制器尚象之事。　是故，《易》者，象也。象也者，像也。易卦之形，理之似也。彖者，材也。彖言一卦之材。爻也者，效天下之动者也。效，放也。是故，吉凶生而悔吝著也。悔吝本微，因此而著。　此第三章。　阳卦多阴，阴卦多阳。震、坎、艮为阳卦，皆一阳二阴；巽、离、兑为阴卦，皆一阴二阳。其故何也？阳卦奇，阴卦耦。凡阳卦皆五画，凡阴卦皆四画。其德行何也？阳一君而二民，君子之道也。阴二君而一民，小人之道也。君，谓阳；民，谓阴。　此第四章。　《易》曰："憧憧往来，朋从尔思。"子曰："天下何思何虑？天下同归而殊途，一致而百虑，天下何思何虑？"引咸九四爻词而释之。言理本无二，而殊途百虑，莫非自然，何以思虑为哉？必思而从，则所从者亦狭矣。日往则月来，月往则日来，日月相推而明生焉；寒往则暑来，暑往则寒来，寒暑相推而岁成焉。往者，屈也；来者，信也。屈信相感，而利生焉。言往来、屈信，皆感应自然之常理，加憧憧焉，则入于私矣，所以必思而后有从也。尺蠖之屈，以求信也；龙蛇之蛰，以存身也；精义入神，以致用也；利用安身，以崇德也。因言屈伸[①]往来之理，而又推以言学，亦有自然之机也。精研其义，至于入神，屈之至也；然乃所以为出而致用之本，利其施用，无适不安，伸[②]之极也；然乃所以为入而崇德之资，内外交相养，互相发也。过此以往，未之或知也。穷神知化，德之盛也。下学之事，尽力于精义、利用，而交养互发之机，自不能已。自是以上，则亦无所用其力矣。至于穷神知化，乃德盛仁熟而自致耳。然不知者，往而屈也。自致者，来而信也。是亦感应自然之理而已。张子曰："气有阴阳，推行有渐为化，合一不测为神。"此上四节，皆以释咸九四爻义。《易》曰："困于石，据于蒺藜，入于其宫，不见其妻，凶。"子曰："非所困而困焉，名必辱；非所据而据焉，身必危。既辱且危，死期将

①② 四库本作"伸"字，据清明善堂刻本、苏本、廖本，应作"信"字。

至，妻其可得见邪？”释困六三爻义。《易》曰：“公用射隼于高墉之上，获之，无不利。”子曰：“隼者，禽也。弓矢者，器也。射之者，人也。君子藏器于身，待时而动，何不利之有？动而不括，是以出而有获，语成器而动者也。”括，结碍也。此释解上六爻义。子曰：“小人不耻不仁，不畏不义，不见利不劝，不威不惩。小惩而大诫，此小人之福也。”《易》曰：“屦校灭趾，无咎。”此之谓也。此释噬嗑初九爻义。善不积，不足以成名；恶不积，不足以灭身。小人以小善为无益，而弗为也；以小恶为无伤，而弗去也。故恶积而不可掩，罪大而不可解。《易》曰：“何校灭耳，凶。”此释噬嗑上九爻义。子曰：“危者，安其位者也；亡者，保其存者也；乱者，有其治者也。是故，君子安而不忘危，存而不忘亡，治而不忘乱，是以身安而国家可保也。”《易》曰：“其亡其亡，系于苞桑。”此释否九五爻义。子曰：“德薄而位尊，知小而谋大，力小而任重，鲜不及矣。《易》曰：‘鼎折足，覆公𫗧，其形渥，凶。’言不胜其任也。”此释鼎九四爻义。子曰：“知几其神乎？君子上交不谄，下交不渎，其知几乎。几者，动之微，吉之先见者也。君子见几而作，不俟终日。《易》曰：‘介于石，不终日，贞吉。’介如石焉，宁用终日，断可识矣。君子知微知彰，知柔知刚，万夫之望。”此释豫六二爻义。《汉书》“吉之”之间有“凶”字。子曰：“颜氏之子，其殆庶几乎？有不善，未尝不知。知之，未尝复行也。《易》曰：‘不远复，无祇悔，元吉。’”殆，危也。庶几，近意，言近道也。此释复初九爻义。天地絪缊，万物化醇；男女构精，万物化生。《易》曰：“三人行，则损一人。一人行，则得其友。”言致一也。絪缊，交密之状。醇，谓厚而凝也，言气化者也。化生，形化者也。此释损六三爻义。子曰：“君子安其身而后动，易其心而后语，定其交而后求。君子修此三者，故全也。危以动，则民不与也；惧以语，则民不应也。无交而求，则民不与也。莫之与，则伤之者至矣。《易》曰：'莫益之，或击之，立心勿恒，凶。'"此释益上九爻义。 此第五章。 子曰："乾、坤，其易之门邪？乾，阳物也。坤，阴物也。阴阳合德，而刚柔有体，以体天地之撰，以通神明之德。"诸卦刚柔之体，皆以乾、坤合德而成。故曰："乾、坤，《易》之门。"撰，犹事也。其称名也，杂而不越。于稽其类，其衰世之意邪。万物虽多，无不出于阴阳之变。故卦爻之义，虽杂出而不差缪，然非上古淳质之时思虑所及也。故以为衰世之意，盖指文王与纣之时也。夫《易》，彰往而察来，而微显阐幽。开而当名辨物，正言断辞，则备矣。"而微显"恐当作"微显而"。"开而"之"而"，亦疑有误。其称名也小，其取类也大；其旨远，其辞文；其言曲而中，其事肆而隐。因贰以济民行，以明失得之报。肆，陈也。贰，疑也。 此第六章。多阙文疑字，不可尽通，后皆放此。 《易》之兴也，其于中古乎？作《易》者，其有忧患乎？夏、商之末，易道中微，文王拘于羑里而系彖辞，易道复兴。是故，《履》，德之基也；《谦》德之柄也；《复》，德之本也；《恒》，德之固也；《损》，德之修也；《益》，德之裕也；《困》，德之辩也；《井》，德之地也；《巽》，德之制也。履，礼也。上天下泽，定分不易，必谨乎此，然后其德有以为基而立也。谦者，自卑而尊人，又为礼者之所当执持而不可失者也。九卦皆反身修德以处忧患之事也，而有序焉。基，所以立；柄，所以持。复者，心不外而善端存；恒者，守不变而常且久。惩忿窒欲以修身，迁善改过以长善；困以自验其力，井以不变其所。然后能巽顺于理，以制事变也。履，和而至。谦，尊而光。复，小而辨于物。恒，杂而不厌。损，先难而后易。益，长裕而不设。困，穷而通。井，居其所而迁。巽，称而隐。此如《书》之九德。礼非强世，然事皆至极。谦，以自卑而尊且光；复，阳微而不乱于群阴；恒，处杂而常德不厌；损，欲先难，习熟则易；益，但充长而不造作；困，身困而道亨；井，不动而及物；巽，称物之宜而潜隐不露。履以和行，谦以制礼，复以自知，恒以一德，损以远害，益以兴利，困以寡怨，井以辨义，巽以行权。寡怨，谓少所怨尤；辨义，谓安而能虑。 此第七章。三陈九卦，以明处忧患之道。 《易》之为书也，不可远；为道也，屡迁。变动不居，周流六虚，上下无常，刚柔相易，不可为典要，唯变所适。远，犹忘也。周流六虚，谓阴阳流行于卦之六位。其出入以度，外内使知惧。此句未详，疑有脱误。又明于忧患与故，无有师保，如临父母。虽无师保，而常若父母临之，戒惧之至。初率其辞，而揆其方，既有典常，苟非其人，道不虚行。方，道也。始由辞以度其理，则见其有典常矣。然神而明之，则存乎其人也。 此第八章。《易》之为书也，原始要终，以为质也。六爻相杂，唯其时物也。质，谓卦体。卦必举其始终而后成体，爻则唯其时物而已。其初难知，其上易知，本末也。初辞拟之，卒成之终。此言初上二爻。若夫杂物撰德，辨是与非，则非其中爻不备。此谓卦中四爻。噫！亦要存亡吉凶，则居可知矣。知者观其《彖辞》，则思过半矣。彖，统论一卦六爻之体。二与四同功而异位，其善不同。二多誉，四多惧，近也。柔之为道，不利远者。其要无咎，其用柔中也。此以下论中爻。同功，谓皆阴位。异位，谓远近不同。四近君，故多惧。柔不利远，而二多誉者，以其柔中也。三与五同功而异位，三多凶，五多功，贵贱之等也。其柔危，其刚胜邪。三、五同阳位，而贵贱不同。然以柔居之则危，惟刚则能胜之。 此第九章。 《易》之为书也，广大悉备。有天道焉，有人道焉，有地道焉，兼三材①而两之，故六。六者非它也，三材②之道也。三画已具三材③，重之故六。而以上二爻为天，中二爻为人，下二爻为地。道有变动，故曰爻。爻有等，故曰物。物相杂，故曰文。文不

①②③ 四库本作“材”字，据清明善堂刻、苏本、廖本，应作“才”字。

当，故吉凶生焉。道有变动，谓卦之一体。等，谓远近贵贱之差。相杂，谓刚柔之位相间。不当，谓爻不当位。　此第十章。　《易》之兴也，其当殷之末世，周之盛德邪？当文王与纣之事邪？是故，其辞危。危者使平，易者使倾。其道甚大，百物不废。惧以终始，其要无咎。此之谓《易》之道也。危惧故得平安，慢易则必倾覆，《易》之道也。　此第十一章。　夫乾，天下之至健也，德行恒易以知险；夫坤，天下之至顺也，德行恒简以知阻。至健则所行无难，故易；至顺则所行不烦，故简。然其于事皆有以知其难，而不敢易以处之①。是以其有忧患，则健者如自高临下而知其险，顺者如自下趋上而知其阻。盖虽易而能知险，则不陷于险矣。既简而又知阻，则不困于阻矣。所以能危能惧，而无易者之倾也。能说诸心，能研诸侯之虑，定天下之吉凶，成天下之亹亹者。"侯之"二字衍。说诸心者，心与理会，乾之事也；研诸虑者，理因虑审，坤之事也。说诸心，故有以定吉凶；研诸虑，故有以成亹亹。是故，变化云为，吉事有祥。象事知器，占事知来。变化云为，故象事可以知器；吉事有祥，故占事可以知来。天地设位，圣人成能。人谋鬼谋，百姓与能。天地设位，而圣人作《易》以成其功。于是人谋鬼谋，虽百姓之愚，皆得以与其能。八卦以象告，爻彖以情言。刚柔杂居，而吉凶可见矣。象，谓卦画。爻彖，谓卦爻辞。变动以利言，吉凶以情迁。是故，爱恶相攻，而吉凶生；远近相取，而悔吝生；情伪相感，而利害生。凡《易》之情，近而不相得则凶。或害之，悔且吝。不相得，谓相恶也。凶害悔吝，皆由此生。将叛者，其辞惭；中心疑者，其辞枝。吉人之辞寡，躁人之辞多。诬善之人，其辞游；失其守者，其辞屈。卦爻之辞，亦犹是也。　此第十二章。

---

① 据清明善堂刻本、苏本、廖本，"之"字下脱一"也"字。

卷九

周易文言传

此篇申《彖传》、《象传》之意，以尽乾、坤二卦之蕴，而余卦之说，因可以例推云。

元者，善之长也；亨者，嘉之会也；利者，义之和也；贞者，事之干也。元者，生物之始，天地之德，莫先于此，故于时为春，于人则为仁，而众善之长也；亨者，生物之通，物至于此，莫不嘉美，故于时为夏，于人则为礼，而众美之会也；利者，生物之遂，物各得宜，不相妨害，故于时为秋，于人则为义，而得其分之和；贞者，生物之成，实理具备，随在各足，故于时为冬，于人则为知[①]，而为众事之干。干，木之身，枝叶所依以立者也。君子体仁足以长人，嘉会足以合礼，利物足以和义，贞固足以干事。以仁为体，则无一物不在所爱之中，故足以长人；嘉其所会，则无不合礼；使物各得其利，则义无不和；贞固者，知正之所在而固守之，所谓知而弗去者也，故足以为事之干。君子行此四德者，故曰："乾，元亨利贞。"非君子之至健，无以行此，故曰："乾，元亨利贞。" 此第一节，申《彖传》之意，与《春秋传》所载穆姜之言不异。疑古者已有此语，穆姜称之，而夫子亦有取焉。故下文别以"子曰"表孔子之词，盖传者欲以明此章之为古语也。初九曰："潜龙勿用。"

---

① 四库本作"知"字，苏本作"智"字。"知"与"智"通。

何谓也？子曰："龙德而隐者也。不易乎世，不成乎名。遁世无闷，不见是而无闷。乐则行之，忧则违之。确乎其不可拔，潜龙也"。龙德，圣人之德也。在下故隐。易，谓变其所守。大抵乾卦六爻，文言皆以圣人明之，有隐显而无浅深也。九二曰："见龙在田，利见大人"。何谓也？子曰："龙德而正中者也。庸言之信，庸行之谨，闲邪存其诚，善世而不伐，德博而化。《易》曰：'见龙在田，利见大人'。君德也"。正中，不潜而未跃之时也。常言亦信，常行亦谨，盛德之至也。闲邪存其诚，无斁亦保之意，言君德也者。释大人之为九二也。九三曰："君子终日乾乾，夕惕若，厉无咎。"何谓也？子曰："君子进德修业。忠信，所以进德也；修辞立其诚，所以居业也。知至至之，可与几也；知终终之，可与存义也。是故，居上位而不骄，在下位而不忧，故乾乾因其时而惕，虽危无咎矣"。忠信，主于心者，无一念之不诚也；修辞，见于事者，无一言之不实也。虽有忠信之心，然非修辞立诚，则无以居之。知至至之，进德之事；知终终之，居业之事。所以终日乾乾而夕犹惕若者，以此故也。可上可下，不骄不忧，所以无咎也。九四曰："或跃在渊，无咎。"何谓也？子曰："上下无常，非为邪也；进退无恒，非离群也。君子进德修业，欲及时也。故无咎。"内卦以德学言，外卦以时位言。进德修业，九三备矣，此则欲其及时而进也。九五曰："飞龙在天，利见大人。"何谓也？子曰："同声相应，同气相求；水流湿，火就燥；云从龙，风从虎。圣人作而万物睹。本乎天者亲上，本乎地者亲下，则各从其类也。"作，起也。物，犹人也。睹，释利见之意也。"本乎天"者，谓动物；"本乎地"者，谓植物。物各从其类。圣人，人类之首也，故兴起于上，则人皆见之。上九曰："亢龙有悔。"何谓也？子曰："贵而无位，高而无民。贤人在下位而无辅，是以动而有悔也。"贤人在下位，谓九五以下。无辅，以上九过高志满，不来辅助之也。　此第二节，申《象传》之意。"潜龙勿用"，下也；"见龙在田"，时舍也。言未为时用也。“终日乾乾”，行事也。“或跃在渊”，自试也。未遽有为，姑试其可。“飞龙在天”，上治也。居上以治下。“亢龙有悔”，穷之灾也。乾元用九，天下治也。言“乾元用九”，见与它卦不同。君道刚而能柔，天下无不治矣。 此第三节再申前意。“潜龙勿用”，阳气潜藏。“见龙在田”，天下文明。虽不在上位，然天下已被其化。“终日乾乾”，与时偕行。时，当然也。“或跃在渊”，乾道乃革。离下而上，变革之时。“飞龙在天”，乃位乎天德。天德，即天位也。盖唯有是德，乃宜居是位，故以名之。“亢龙有悔”，与时偕极。乾元用九，乃见天则。刚而能柔，天之法也。 此第四节又申前意。乾元者，始而亨者也。始则必亨，理势然矣。“利贞”者，性情也。收敛归藏，乃见性情之实。乾始能以美利利天下，不言所利，大矣哉！始者，元而亨也。“利天下”者，利也；“不言所利”者，贞也。或曰：坤利牝马，则言所利矣。大哉乾乎！刚健中正，纯粹精也。刚以体言，健兼用言。中者，其行无过不及；正者，其立不偏。四者乾之德也。纯者，不杂于阴柔；粹者，不杂于邪恶。盖刚健中正之至极，而精者又纯粹之至极也。或疑乾刚无柔，不得言中正者，不然也。天地之间，本一气之流行而有动静耳①。以其流行之统体而言，则但谓之乾而无所不包矣；以其动静分之，然后有阴阳刚柔之别也。六爻发挥，旁通情也。旁通，犹言曲尽。时乘六龙，以御天也。云行雨施，天下平也。言圣人时乘六龙以御天，则如天之云行雨施，而天下平也。 此第五节复申首章之意。君子以成德为行，日可见之行也。潜之为言也，隐而未见行而未成，是以君子弗用也。成德，已成之德也。初九固成德，但其行未可见耳②。君子，学以聚之，问以辨之，宽以居之，仁以行之。《易》曰：“见龙在田，利见大人。”君德也。盖由四者以成大人之德。再言君德，以深明九二之为大人也。九三：重刚而不中，上不在天，下不在田，故乾乾因其时而惕，

①② 四库本、王本作“耳”字，苏本作“尔”字。

虽危无咎矣。重刚，谓阳爻阳位。九四：重刚而不中，上不在天，下不在田，中不在人，故或之。或之者，疑之也，故无咎。九四非重刚，“重”字疑衍。在人，谓三。或者，随时而未定也。夫大人者，与天地合其德，与日月合其明，与四时合其序，与鬼神合其吉凶。先天而天弗违，后天而奉天时。天且弗违，而况于人乎？况于鬼神乎？大人，即释爻释所“利见”之“大人”也。有是德而当其位，乃可当之①。人与天地鬼神，本无二理。特蔽于有我之私，是以梏于形体而不能相通。大人无私，以道为体，曾何彼此先后之可言哉。先天不违，谓意之所为，默与道契；后天奉天，谓知理如是，奉而行之。回纥谓郭子仪曰：“卜者言此行当见一大人而还”。其占盖与此合。若子仪者，虽未及乎夫子之所论，然其至公无我，亦可谓当时之大人矣。亢之为言也，知进而不知退，知存而不知亡，知得而不知丧。所以“动而有悔”也。其唯圣人乎？知进退、存亡而不失其正者，其唯圣人乎？知其理势如是，而处之以道，则不至于有悔矣。固非计私以避害者也。再言“其唯圣人乎”？始若设问，而卒自应之也。　此第六节，复申第二、第三、第四节之意。　坤，至柔而动也刚，至静而德方。刚、方，释牝马之贞也。方，谓生物有常。后得主而有常。程《传》曰：“主”下当有“利”字。含万物而化光。复明亨义。坤道其顺乎！承天而时行。复明顺承天之义。　此以上申《彖传》之意。积善之家，必有余庆；积不善之家，必有余殃。臣弑其君，子弑其父，非一朝一夕之故，其所由来者渐矣。由辨之不早辨也。《易》曰：“履霜，坚冰至。”盖言顺也。古字“顺”、“慎”通用。按此当作“慎”，言当辨之于微也。直其正也，方其义也。君子，敬以直内，义以方外，敬义立而德不孤。“直方大，不习无不利”，则不疑其所行也。此以学言之也。正，谓本体；义，谓裁制；敬，则本体之守也；直内方外，程《传》备矣；不孤，言大也。疑故习而后利，不疑则何假于习。

---

① 四库本、王本作“乃可当之”，苏本作“乃可以当之”。

阴虽有美，含之以从王事，弗敢成也。地道也，妻道也，臣道也。地道无成，而代有终也。天地变化，草木蕃，天地闭，贤人隐。《易》曰："括囊，无咎无誉。"盖言谨也。君子黄中通理。黄中，言中德在内。释"黄"字之义也。正位居体。虽在尊位，而居下体。释"裳"字之义也。美在其中，而畅于四支，发于事业，美之至也。美中其中，复释黄中，畅于四支，复释居体。阴疑于阳必战，为其嫌于无阳也，故称龙焉。犹未离其类也，故称血焉。夫玄黄者，天地之杂也，天玄而地黄。疑，谓钧敌无小大之差也。坤虽无阳，然阳未尝无也。血，阴属，盖气阳而血阴也。玄、黄，天地之正色，言阴阳皆伤也。　此以上申《象传》之意。

卷十

周易说卦传

昔者圣人之作《易》也，幽赞于神明而生蓍。幽赞神明，犹言赞化育。《龟策传》曰："天下和平，王道得，而蓍茎长丈，其丛生满百茎。"参天两地而倚数，天圆地方，圆者一而围三，三各一奇，故参天而为三；方者一而围四，四合二耦，故两地而为二。数皆倚此而起，故揲蓍三变之末，其余三奇，则三三而九。三耦，则三二而六，两二一三则为七，两三一二则为八。观变于阴阳而立卦，发挥于刚柔而生爻，和顺于道德而理于义，穷理尽性以至于命。和顺，从容无所乖逆，统言之也。理，谓随事得其条理，析言之也。穷天下之理，尽人物之性，而合于天道，此圣人作《易》之极功也。此第一章。　昔者圣人之作《易》也，将以顺性命之理。是以立天之道，曰阴与阳；立地之道，曰柔与刚；立人之道，曰仁与义。兼三才而两之，故《易》六画而成卦。分阴分阳，迭用柔刚，故《易》六位而成章。兼三才而两之，总言六画。又细分之，则阴阳之位，间杂而成文章也。　此第二章。　天地定位，山泽通气。雷风相薄，水火不相射，八卦相错。邵子曰：此伏羲八卦之位，乾南、坤北、离东、坎西，兑居东南、震居东北、巽居西南、艮居西北。于是八卦相交而成六十四卦，所谓先天之学也。数往者顺，知来者逆，是故《易》，逆数也。起震而历离、兑以至于乾，数已生之卦也。自巽而历坎、艮以至于坤，推未生之卦也。《易》之生卦，则以乾、兑、离、震、巽、坎、艮、坤为次，故皆逆数也。此第三章。 雷以动之，风以散之，雨以润之，日以烜之，艮以止之，兑以说之，乾以君之，坤以藏之。此卦位相对，与上章同。此第四章。 帝出乎震，齐乎巽，相见乎离，致役乎坤，说言乎兑，战乎乾，劳乎坎，成言乎艮。帝者，天之主宰。邵子曰：此卦位乃文王所定，所谓后天之学也。万物出乎震，震，东方也；齐乎巽，巽，东南也。齐也者，言万物之洁齐也；离也者，明也，万物皆相见，南方之卦也。圣人南面而听天下，向明而治，盖取诸此也。坤也者，地也，万物皆致养焉，故曰：致役乎坤。兑，正秋也，万物之所说也，故曰：说言乎兑。战乎乾，乾，西北之卦也，言阴阳相薄也。坎者，水也，正北方之卦也，劳卦也，万物之所归也，故曰：劳乎坎；艮，东北之卦也，万物之所成终，而所成始也，故曰：成言乎艮。上言帝，此言万物之随帝以出入也。 此第五章。所推卦位之说，多未详者。 神也者，妙万物而为言者也。动万物者，莫疾乎雷；桡万物者，莫疾乎风；燥万物者，莫熯乎火；说万物者，莫说乎泽；润万物者，莫润乎水。终万物、始万物者，莫盛乎艮。故水火相逮，雷风不相悖，山泽通气，然后能变化，既成万物也。此去乾、坤而专言六子，以见神之所为，然其位序亦用上章之说，未详其义。 此第六章。 乾，健也；坤，顺也；震，动也；巽，入也；坎，陷也；离，丽也；艮，止也；兑，说也。此言八卦之性情。 此第七章。 乾为马。坤为牛。震为龙。巽为鸡。坎为豕。离为雉。艮为狗。兑为羊。远取诸物如此。 此第八章。 乾为首。坤为腹。震为足。巽为股。坎为耳。离为目。艮为手。兑为口。近取诸身如此。 此第九章。 乾，天也，故称乎父；坤，地也，故称乎母。震一索而得男，故谓之长男；巽一索而得女，故谓之长女。坎再索而得男，故谓之中男；离再索而得女，故谓之中女。艮三索而得男，故谓之少男；兑三索而得女，故谓之少女。索，求也，谓揲蓍以求爻也。男女，指卦中一阴一阳之爻而言。　此第十章。　乾为天，为圜，为君，为父，为玉，为金，为寒，为冰，为大赤，为良马，为老马，为瘠马，为驳马，为木果。《荀九家》此下有为龙，为直，为衣，为言。坤为地，为母，为布，为釜，为吝啬，为均，为子母牛，为大舆，为文，为众，为柄。其于地也，为黑。《荀九家》有为牝，为迷，为方，为囊，为裳，为黄，为帛，为浆。震为雷，为龙，为玄黄，为旉，为大涂，为长子，为决躁，为苍筤竹，为萑苇。其于马也，为善鸣，为馵足，为作足，为的颡。其于稼也，为反生。其究为健，为蕃鲜。《荀九家》有为五①、为鹄、为鼓。巽为木，为风，为长女，为绳直，为工，为白，为长，为高，为进退，为不果，为臭。其于人也，为寡发，为广颡，为多白眼，为近利市三倍，其究为躁卦。《荀九家》有为杨，为鹳。坎为水，为沟渎，为隐伏，为矫揉，为弓轮。其于人也，为加忧，为心病，为耳痛，为血卦，为赤。其于马也，为美脊，为亟心，为下首，为薄蹄，为曳。其于舆也，为多眚，为通，为月，为盗。其于木也，为坚多心。《荀九家》有为宫，为律，为可，为栋，为丛棘，为狐，为蒺藜，为桎梏。离为火，为日，为电，为中女，为甲胄，为戈兵。其于人也，为大腹，为乾卦，为鳖，为蟹，为蠃，为蚌，为龟。其于木也，为科上槁。《荀九家》有为牝牛。艮为山，为径路，为小石，为门阙，为果蓏，为阍寺，为指，为狗，为鼠，为黔喙之属。其于木也，为坚多节。《旬九家》有为鼻，为虎，为狐。兑为泽，为少女，为巫，为口舌，为毁折，为

---

① 据清明善堂刻本、苏本、廖本，“五”字应作“玉”字。

附决。其于地也，为刚卤，为妾，为羊。《荀九家》有为常，为辅颊。 此第十一章，广八卦之象，其间多不可晓者。求之于经，亦不尽合也。

卷十一

周易序卦传

有天地，然后万物生焉。盈天地之间者唯万物，故受之以屯。屯者，盈也；屯者，物之始生也。物生必蒙，故受之以蒙；蒙者，蒙也，物之稚也。物稚不可不养也，故受之以需；需者，饮食之道也。饮食必有讼，故受之以讼。讼必有众起，故受之以师；师者，众也。众必有所比，故受之以比；比者，比也。比必有所畜，故受之以小畜。物畜然后有礼，故受之以履。履而泰，晁氏云，郑[①]无"而泰"二字。然后安，故受之以泰；泰者，通也。物不可以终通，故受之以否；物不可以终否，故受之以同人。与人同者，物必归焉，故受之以大有。有大者，不可以盈，故受之以谦。有大而能谦必豫，故受之以豫。豫必有随，故受之以随。以喜随人者必有事，故受之以蛊；蛊者，事也。有事而后可大，故受之以临；临者，大也。物大然后可以观，故受之以观。可观而后有所合，故受之以

① 据清明善堂刻本、苏本、廖本，"郑"字下脱一"本"字。

噬嗑;嗑者,合也。物不可以苟合而已,故受之以贲;贲者,饰也。致饰然后亨则尽矣,故受之以剥;剥者,剥也。物不可以终尽剥,穷上反下,故受之以复。复则不妄矣,故受之以无妄。有无妄,然后可畜,故受之以大畜。物畜然后可养,故受之以颐;颐者,养也。不养则不可动,故受之以大过。物不可以终过,故受之以坎;坎者,陷也。陷必有所丽,故受之以离;离者,丽也。

有天地,然后有万物。有万物,然后有男女。有男女,然后有夫妇。有夫妇,然后有父子。有父子,然后有君臣。有君臣,然后有上下。有上下,然后礼义有所错。夫妇之道不可以不久也,故受之以恒;恒者,久也。物不可以久居其所,故受之以遁;遁者,退也。物不可以终遁,故受之以大壮。物不可以终壮,故受之以晋;晋者,进也。进必有所伤,故受之以明夷;夷者,伤也。伤于外者必反于家,故受之以家人。家道穷必乖,故受之以睽;睽者,乖也。乖必有难,故受之以蹇;蹇者,难也。物不可以终难,故受之以解;解者,缓也。缓必有所失,故受之以损。损而不已必益,故受之以益。益而不已必决,故受之以夬;夬者,决也。决必有遇,故受之以姤;姤者,遇也。物相遇而后聚,故受之以萃;萃者,聚也。聚而上者谓之升,故受之以升。升而不已必困,故受之以困。困乎上者必反下,故受之以井。井道不可不革,故受之以革。革物者莫若鼎,故受之以鼎。主器者莫若长子,故受之以震;震者,动也。物不可以终动止之,故受之以艮;艮者,止也。物不可以终止,故受之以渐;渐者,进也。进必有所归,故受之以归妹。得其所归者必大,故受之以丰;丰者,大也。穷大者必失其居,故受之以旅。旅而无所容,故受之以巽;巽者,入也。入而后说之,故受之以兑;兑者,说也。说而后散之,故受之以涣;涣者,离也。物不可以终离,故受之以节。节而信之,故受之以中孚。有其信者必行之,故受之以小过。有过物者必济,故受之以既济。物不可穷也,故受之以未济。终焉。

卷十二

周易杂卦传

乾刚坤柔，比乐师忧。临观之义，或与或求。以我临物曰“与”，物来观我曰“求”。或曰二卦互有与求之义。屯见而不失其居。蒙杂而著。屯，震遇坎，震动故见坎险不行也；蒙，坎遇艮，坎幽昧，艮光明也。或曰：屯以初言，蒙以二言。震，起也；艮，止也。损、益，盛衰之始也。大畜，时也。无妄，灾也。止健者时有适然。无妄而灾自外至。萃聚，而升不来也；谦轻，而豫怠也。噬嗑，食也。贲，无色也。白受采。兑见，而巽伏也。兑，阴外见；巽，阴内伏。随，无故也；蛊，则饬也。随前无故，蛊后当饬。剥，烂也；复，反也。晋，昼也；明夷，诛也。诛，伤也。井通，而困相遇也。刚柔相遇，而刚见掩也。咸，速也；恒，久也。感速常久。涣，离也；节，止也。解，缓也；蹇，难也。睽，外也；家人，内也。否、泰，反其类也。大壮则止，遁则退也。止，谓不退。大有，众也；同人，亲也。革，去故也；鼎，取新也。小过，过也。中孚，信也。丰，多故也；亲寡，旅也。既明且动，其故多矣。离上而坎下也。火炎上，水润下。小畜，寡也。履，不处也。不处，行进之义。需，不进也；讼，不亲也。大过，颠也。遘，遇也，柔遇刚也。渐，女归待男行也。颐，养正也。既济，定也。归妹，女之终也；未济，男之穷也。夬，决也，刚决柔也。君子道长，小人道忧也。自遘以下，卦不反对，或疑其错简，今以韵协之，又似非误，未详何义。

卷末上

周易五赞

原象

太一肇判，阴降阳升。阳一以施，阴两而承。惟皇昊羲，仰观俯察。奇偶既陈，两仪斯设。既干乃支，一各生两。阴阳交错，以立四象。奇加以奇，曰阳之阳。奇而加偶，阳阴以章。偶而加奇，阴内阳外。偶复加偶，阴与阴会。两一既分，一复生两。三才在目，八卦指掌。奇奇而奇，初一曰乾。奇奇而偶，兑次二焉。奇偶而奇，次三曰离。奇偶而偶，四震以随。偶奇而奇，巽居次五。偶奇而偶，坎六斯睹。偶偶而奇，艮居次七。偶偶而偶，八坤以毕。初画为仪，中画为象。上画卦成，人文斯朗。因而重之，一贞八悔。六十四卦，由内达外。交易为体，往此来彼。变易为用，时静时动。降帝而王，传夏历商。有占无文，民用弗章。文王系彖，周公系爻。视此八卦，二纯六交。乃乾斯父，乃坤斯母。震坎艮男，巽离兑女。离南坎北，震东兑西。乾坤艮巽，位以四维。建官立师，命曰《周易》。孔圣赞之，是为《十翼》。

遭秦弗烬，及宋而明。邵传羲画，程演周经。象陈数列，言尽理得。弥亿万年，永著常式。

述旨

昔在上古，世质民淳。是非莫别，利害不分。风气既开，乃生圣人。聪明睿智，出类超群。仰观俯察，始画奇偶。教之卜筮，以断可否。作为君师，开凿户牖。民用不迷，以有常守。降及中古，世变风移。淳浇质丧，民伪日滋。穆穆文王，身蒙大难。安土乐天，惟世之患。乃本卦义，系此彖辞。爰及周公，六爻是资。因事设教，丁宁详密。必中必正，乃亨乃吉。语子惟孝，语臣则忠。钩深阐微，如日之中。爰暨末流，淫于术数。偻句成欺，黄裳亦误。大哉孔子，晚好是书。韦编既绝，八索以祛。乃作《彖象》，《十翼》之篇。专用义理，发挥经言。居省象辞，动察变占。存亡进退，陟降飞潜。曰豪曰氂，匪差匪缪。假我数年，庶无大咎。恭惟三古，四圣一心。垂象炳明，千载是临。惟是学者，不本其初。文辞象数，或肆或拘。嗟予小子，既微且陋。钻仰没身，奚测奚究。匪警滋荒，匪识滋漏。维用存疑，敢曰垂后。

明筮

倚数之元，参天两地。衍而极之，五十乃备。是曰大衍，虚一无为。其为用者，四十九蓍。信手平分，置右于几。取右一蓍，挂左小指。乃以右手，揲左之策。四四之馀，归之于扐。初扐左手，无名指间。右策左揲，将指是安。再扐之奇，通挂之筭。不五则九，是谓一变。置此挂扐，再用存策。分挂揲归，复准前式。三亦如之，奇皆四八。三变既备，数斯可察。数之可察，其辨伊何。四五为少，八九为多。三少为九，是曰老阳。三多为六，老阴是当。一少两多，少阳之七。孰八少阴，少两多一。既得初爻，复合前蓍。四十有九，如前之为。三变一爻，通十八变。六爻发挥，卦体可见。老极而变，少守其常。六爻皆守，彖辞是当。变视其爻，两兼首尾。变及三爻，占两卦体。或四或五，视彼所存。四二五一，二分一专。皆变而他，新成旧毁。消息盈虚，舍此视彼。乾占用九，坤占用六。泰愕匪人，姤喜来复。

稽类

八卦之象，《说卦》详焉。考之于经，其用弗专。彖以情言，象以象告。惟是之求，斯得其要。乾健天行，坤顺地从。震动为雷，巽入木风。坎险水泉，亦云亦雨。离丽文明，电日而火。艮止为山，兑说为泽。以是举之，其要斯得。凡卦六虚，奇偶殊位。奇阳偶阴，各以其类。得位为正，二五为中。二臣五君，初始上终。贞悔体分，爻以位应。阴阳相求，乃得其正。凡阳斯淑，君子居之。凡阴斯慝，小人是为。常可类求，变非例测。非常曷变，谨此为则。

警学

读《易》之法，先正其心。肃容端席，有翼有临。于卦于爻，如筮斯得。假彼象辞，为我仪则。字从其训，句逆其情。事因其理，意适其平。曰否曰臧，如目斯见。曰止曰行，如足斯践。毋宽以略，毋密以穷。毋固而可，毋必而通。平易从容，自表而里。及其贯之，万事一理。理定既实，事来尚虚。用应始有，体该本无。稽实待虚，存体应用。执古御会，由静制动。洁静精微，是之谓《易》。体之在我，动有常吉。在昔程氏，继周绍孔。奥指宏纲，星陈极拱。惟斯未启，以俟后人。小子狂简，敢述而申之。

卷末下

筮　仪

择地洁处为蓍室，南户，置床于室中央。床大约长五尺，广三尺，毋太近壁。蓍五十茎，韬以纁帛，贮以皂囊，纳之椟中，置于床北。椟以竹筒，或坚木，或布漆为之，圆径三寸，如蓍之长，半为底，半为盖。下别为台函之，使不偃仆。设木格于椟南，居床二分之北。格以横木版为之，高一尺，长竟床。当中为两大刻，相距一尺。大刻之西，为三小刻，相距各五寸许。下施横足，侧立案上。置香炉一于格南，香合一于炉南，日炷香致敬。将筮，则洒扫拂拭，涤研一，注水，及笔一、墨一、黄漆版一，于炉东，东上。筮者斋洁衣冠，北向，盥手，焚香致敬。筮者北向，见《仪礼》。若使人筮，则主人焚香毕，少退，北向立。筮者进立于床前少西，南向受命。主人直述所占之事，筮者许诺。主人右还西向立，筮者右还北向立。两手奉椟盖，置于格南炉北，出蓍于椟，去囊解韬，置于椟东。合五十策，两手执之，熏于炉上。此后所用蓍策之数，其说并见《启蒙》。命之曰："假尔泰筮有常，假尔泰筮有常。其官姓名，今以某事云云，未知可否。爰质所疑于神于灵，吉凶得失，悔吝忧虞，惟尔有神，尚明告之。"乃以右手取其一策，反于椟中，而以左右手中分四中九策，置格之左右两大刻。此第一营,所谓分而为二,以象两者也。次以左手取左大刻之策,执之而以右手取右大刻之一策,挂于左手之小指间。此第二营,所谓挂一以象三者也。次以右手四揲左手之策。此第三营之半,所谓揲之以四,以象四时者也。次归其所余之策,或一,或二,或三,或四,而扐之左手无名指间。此第四营之半,所谓归奇于扐,以象闰者也。次以右手反过揲之策于左大刻,遂取右大刻之策执之,而以左手四揲之。此第三营之半。次归其所余之策如前,而扐之左手中指之间。此第四营之半,所谓再扐以象,再闰者也。一变所余之策,左一则右必三,左二则右亦二,左三则右必一,左四则右亦四。通挂一之策,不五则九,五以一其四而为奇,九以两其四而为偶,奇者三而偶者一也。次以右手反过揲之策于右大刻,而合左手一挂二扐之策,置于格上第一小刻。以东为上,后放此。是为一变。再以两手取左右大刻之蓍合之。或四十四策,或四十策。复四营如第一变之仪,而置其挂扐之策于格上第二小刻,是为二变。二变所馀之策,左一则右必二,左二则右必一,左三则右必四,左四则右必三。通挂一之策,不四则八,四以一其四而为奇,八以两其四而为偶,奇偶各得四之二焉。又再取左右大刻之蓍合之。或四十策,或三十六策,或三十二策。复四营如第二变之仪,而置其挂扐之策于格上第三小刻,是为三变。三变余策与二变同。三变既毕,乃视其三变所得挂扐过揲之策,而画其爻于版。挂扐之数,五四为奇,九八为偶。挂扐三奇,合十三策,则过揲三十六策而为老阳,其画为□,所谓重也;挂扐两奇一偶合十七策,则过揲三十二策而为少阴,其画为- -,所谓拆也;挂扐两偶一奇合二十一策,则过揲二十八策,所谓少阳,其画为—,所谓单也;挂扐三偶合二十五策,则过揲二十四策而为老阴,其画为×,所谓交也。如是每三变而成爻。第一、第四、第七、第十、第十三、第十六,凡六变并同。但第二变以下不命,而但用四十九蓍耳。第二、第五、第八、第十一、第十四、第十七,凡六变亦同;第三、第六、第九、第十二、第十五、第十八,凡六变亦同。凡十有八变而成卦,乃考其卦之变,而占其事之吉凶。卦变别有图说,见《启蒙》。礼毕,韬蓍袭之以囊，入椟加盖。敛笔、研、墨版，再焚香，致敬而退。如使人筮，则主人焚香，揖筮者而退。

附录一　序跋

新锓《周易本义》后序（杨守陈）

奉化文学成君矩新锓《周易本义》于梓，既自题于篇端，而复属某识其末。辞不获，为之言曰：夫《易》，四圣之心，百事之鉴，而天地万物之秘藏也。自尼父授商瞿子木，一传而桥子庸，再传而馯子弓，五传而田子装，犹未离本真也。其后学有理数之别，而经有古今之异。今经则始于康成，卒于辅嗣。或谓长翁始变者，非也。古经则二吕氏复之，盖得于《汉·艺文志》焉。尚数学者，若孟、焦诸家皆泥于术数；尚理学者，若王、韩诸家，皆沦于空寂。而于圣人开物成务之旨，尽性至命之道，茫乎失之矣。惟濂溪之“太极”，康节之“先天”，独得理数之正原，而伊川、考亭宗之。伊川宗濂溪，因今经而作《传》，其说主义理；考亭宗康节，因古经而作《本义》，其说主象、占。所谓并行而不悖者，盖义理、象占，致本一也。谈义理而不沦于空寂，推象占而不泥于术数，一洗群儒之陋，而大阐四圣之微，二子之功茂矣。《易》之有二子也，犹天之有二曜，焕乎发其光烛万世矣。然古作《易》者，皆因占以寓理，故今读《易》者，或先《本义》而后《传》，亦不为无谓。成君为锓梓者，此也。

守陈童时，即读四圣经，茫然不知所谓。后取《传》、《义》味之，而参以诸家之说，质以友师父祖之言，缅思而力探之。逾二十载，始若嚥枯柟，继若睇流霆而索奔骏，卒若登天府见百宝充斥。虽不能取，然爱悦把玩而不能舍也。窃尝谓易有三非，太卜所掌者，两仪之造化，一易也；天下之万事，一易也；古今之人心，一易也。得心易，则思过半矣。然心易不求诸书，卒未得也。求书必鉴《传》、《义》，而诸家之说，亦不可废。盖易道由一而万，得其一则伏羲之一画亦赘也。负苓者有见乎是矣。求其万则虽稗官虞初之说，亦可资也。呜呼，安得会万于一者，与之共言易乎。成君矩，苏人也。厥考教授公以文著，厥兄御史公以直名。君累掾文学，士皆德之。其锓是编，异朱子元本亦以便士也。好事者，何容喙哉！①

跋《周易本义》咸淳本（钱大昕）

曩有客读朱文公《本义》毕，谓予曰："《杂卦》传'咸，速也。恒，久也。'《注》但云'咸，速。恒，久'而不加一字，得毋有脱字句乎？"蒙无以应也。今视咸淳乙丑九江吴革刊本，乃是"咸速，常久"，始叹《本义》之简而明。盖感故速，常故久，俗本讹两字，而注文遂成附赘矣。又《杂卦》"遘，遇也"不作"姤"，与唐《石经》、岳倦翁本正同，可证文公《本义》犹未误，或据流俗本以訾考亭，岂其然乎！②

清江南书局刊十二卷本跋（李鸿章）

《易》宗程、朱，自宋元以来已知遵守，于是有合刻《传》、《义》以便诵习者。夫程《传》经文从王辅嗣本，朱子《本义》经文从吕伯恭考定古本，二者不可得而合也。合刻者以程先朱后，割裂《本义》以次程《传》，后人日趋简便，又刊程《传》专存《本义》，仍以程子序文冠其首，今之通行本是也。其颠倒错乱盖有不可胜诘有矣。朱子原书近世既不得见，乾隆间宝应刘氏参考众说，复朱子十二卷之旧，附以吕氏《音训》，《本义》之善者也。近浦城祝氏合刻本援宋吴氏革所刊《本义》，前列九图，后附《五赞》、《筮仪》，原书卷帙首尾略具，而刘刻但存《五赞》，尚非朱子完书，今据以补入刘刻。又以《音训》著之眉端，字小多误，今以附各卷之后。其有合于朱子原书与否未可悬揣，而读《本义》

---

① (明)杨守陈《杨文懿公文集》卷五，《四库未收书辑刊》五辑 17 册，北京出版社 2000 年版，第 442 页。

② (清)钱大昕撰，吕友仁校点：《潜研堂集》卷二十七，上海古籍出版社 2009 年版，第 456—457 页。

者牴牾可以差少矣。至朱子既从古本，经文字句多有与通行本异者，后人不知，改窜略尽。

今惟《系辞》"何以守位曰人"之"人"字，以注有明文，未经改去。其散见他书尚可考而知者，如吴刻比卦、中孚卦"有它"不作"有他"，《序卦》"必反于家"不作"其家"，"决必有遇"无"所"字，"遘遇也"不作"姤"，董氏真卿称《泰・象传》"无往不复"《本义》作"无平不陂"，《杂卦传》"丰多故也"《本义》无"也"字，李氏心传称《系辞》"为易者其知盗乎"诸本多云"作易"，"以全身也"诸本多作"存身"，惠氏定宇称革《象传》"志未光也"《语类》引无"志"字，《说卦传》"水火相逮"《会通》作"不相逮"之类，今亦未敢辄改，致滋点窜经文之弊，附识于此，俾读者知其异同。若《本义》原文《彖上传》注"上者经之上篇"六字，各本脱去，《杂卦传》注"感速"、"常久"，各本讹"咸速"、"恒久"，其《系辞》、《说卦》注"此第几章"，各本误提行作"右第几章"，《易图》下题"朱熹集录"字，《易赞》下题"朱熹系述"字，各本所无，皆从祝氏补正。《系辞上传》注引韩非曰"参之以比物，伍之以合参"，各本"比"误作"此"，惟胡双湖本作"比"，与《韩子》合，今据改。"合参"今《韩子》作"合虚"，或朱子所见本不同，今仍其就。他刻之异于通行本而义属至当者从之，义可两存则不尽改。《音训》久无专刻，今据《释文》、《会通》暨祝刻校正。江南兵燹之后，藏书散尽，今经籍善本庶几学者童而习之，端其蒙养之基，亦圣功之一助云。合肥李鸿章谨跋。①

《文公易说》序

自《文公本义》出，而《易》道大明，久为天下学士所服习。然而公论《易》之精义微言，见于同时之论难与及门弟子之辨说者，不一而足。又或著为文章，发之歌咏，间有可以阐义文之秘，抉周孔之奥者，虽《文集》《语录》各有成编，然以简帙重大，学者或未能周览。且丛见杂出，非汇而归于一，亦无由得其要领也。公孙子明绍承家学，取《文

---

① (宋)朱熹撰，朱杰人、严佐人、刘永翔主编：《朱子全书》第1册，安徽教育出版社2002年版，第175—176页。

集》《语类》汇而葺之，首之以河洛、太极、两仪、四象、八卦，重卦与乾坤之要指，次取论上、下二篇之策与《十冀》之言，而终之以卜筮与著卦考误，正郭子和之失者。及凡注疏，欧、苏参同及麻衣心法之类，靡不著其得失，明其归趣，使学者知所从违而不惑于群言之淆乱。信如杨东里所云："学《易》之士，不可无之书也。"其后董正叔、胡庭芳、董真卿亦缘子明之意而各为《附录》，《纂注》诸书，然或不专取朱子之言。若自为一书，且采之博而择之精，惟是书为优。子明名鉴，文公长子塾之子，以荫补迪功郎，官至奉直大夫、湖广总领，居建安紫霞洲。文公子孙居建安者，自子明始。①

董氏《周易程朱氏说》序

宋哲宗元符己卯，程伊川先生序《易传》十卷。后七十九年，为孝宗淳熙丁酉，晦庵先生《本义》成。自有两书，而四圣人之精义微旨益著。又八十九年，为咸淳丙寅，实度宗即位之二年，天台董正叔取二先生之书合而一之，为《周易程朱氏说》，盖始终百七十年矣。尝观程先生之《传》主于言理，而朱子《本义》则推本圣人因卜筮教人之意，第明其为卦象、卦变、卦体、卦德而不费于辞说。

夫以二先生学之渊源有本，而论《易》若是不同，何也？盖尝征之程先生之言曰："有理而后有气，有气而后有数，《易》因象以知数，得其义则象在其中。"又曰："理无形也，因象以明理。理见乎辞者也，则可由辞以观象。"是程先生虽专言理，实兼包乎象数也。朱子曰："《易》只是卜筮之书，今人说得来太精了，然却入粗不得。某之说虽粗，然隙入得精，精义皆在其中，良以卜筮象数原未尝外于义理，盖有此理则有此象、有此数，即卜筮所谓趣吉避凶、惠迪吉、从逆凶者，未尝外义理而得，是理与数岂歧而二之物乎！"正叔有见于此，故辑为成书，依程《传》之文，而录《本义》于后。凡程之《遗书》、朱之《文集》《语类》有稗于《传》《义》者，咸取而附之《系辞》以后，程子无《传》，则取程

---

① (清)纳兰性德：《通志堂集》卷十一"经解序二·董氏《周易程朱氏说》序"，海南国际新闻出版中心 1996 年版，第 46—47 页。

子平日论说补之，而附录如上、下经之例，于以明两夫子之同有功于四圣而非有所异也。其后董真卿之《辑录》《纂注》，与明永乐之《大全》，实权舆于此。正叔之有功于两夫子不亦大乎！正叔名楷，台之临海人。中文天祥榜进士，知洪州，有惠政。后官吏部郎中，从潜室陈器之游，得朱子再传之学者也。[①]

新校《周易本义》跋（孙葆田）

朱子《周易本义》，用吕伯恭氏所定经传次第，复先圣之旧文，为书十有二卷。国初有内府摹雕宋椠本，字大悦目，顾世多不觏。乾隆时，宝应刘氏校刊《本义》，附列吕氏《音训》于眉端，用便学者诵习，顾其书行世，亦不甚远。盖自辅嗣《易》行，而先圣之古经为后儒所乱者千有余年。虽大儒如程子，犹未能遽正其失，及晁氏、吕氏，先后继起，推考益精，朱子《本义》从之。乃一乱于董正叔之《传义附录》，再乱于永乐之撰辑《大全》，割《本义》以附程传，使古经已正而复乱。至成化时姑苏成氏削去程《传》，专梓《本义》，为坊本所祖行之，至今且五六百年，学者茫然不知有朱子元本，此顾亭林、朱竹垞诸君子所为愤慨而增叹也。

近岁江南书局于程子《易传》、朱子《本义》各为梓行，足正俗本之失。第所据乃浦城祝氏合刻《传义音训》本，承校之士似尚未见。内府仿宋刻，如《象上传》下注有“从王肃本”四字。《四库全书提要》辨证甚明。今并未能补正，而于每卷标题前列《易经》并卷数一行，盖尤失之，其他经文内府仿宋本与开成石经合者，江南本亦皆未及审订，又淮南局复刻刘氏错误亦多。欲复古而反不足取信乎今，斯亦校雠之一弊也。山东书局所刊经书读本，纯杂不齐，颇为通人所诟病。予既承宫保张公延司校订，与书局陆君、张君先取《诗》、《书》二经，用宋本校正。于《诗集传》后补《小序辨说》二卷。而朱子本书二十卷之旧，犹未能遽复也。书则补刻《小序》一卷，《问答》一卷，以符元本。

---

① （清）纳兰性德：《通志堂集》卷十一“经解序二 · 董氏《周易程朱氏说》序”，海南国际新闻出版中心 1996 年版，第 46—47 页。

今更以《周易本义》付梓，谨遵内府仿宋本与《御纂周易折中》，校定参考传注，择善而从，兼附吕氏《音训》于后。《本义》既从通行本，悉加句读与江南本同。其间点画错讹，仍恐不免。《音训》旧分二卷，今误刻一卷，视江南本各附十二卷之后，亦为小异云。光绪十七年夏六月。[1]

宋本《周易本义》跋（陈鳣）

吴中顾氏素多藏书，顷得其宋本《周易本义》十二卷，以上下经为二卷，《十翼》为十卷；每页十四行，行十五字；前有《易图》，后附《筮仪》、《五赞》；与今本作四卷者不同。《彖》上传标题下注“从王肃本”四字，今本删之。《杂卦》传：“咸，速也；恒，久也”，注：“感速常久”，今本注：“咸速恒久”。书中“恒”“贞”“畜”“真”等字，皆缺笔，因思经文“恒”字既缺笔，注中自宜避字，而曷为复述“咸速恒久”乎？是本与近时摹雕咸淳乙丑九江吴革刊本，行款悉合。惟吴本《杂卦》传：“遘，遇也”，此“遘”作“垢”，为异。又无年月题识。然纸墨精良，其为宋椠无疑。至今本割裂淆乱，详见《日知录》，不复赘云。嘉庆九年冬月。（选自光绪十四年刻本《简庄文抄》卷三）[2]

宋咸淳本《周易本义》跋（陈鳣）

向从吴中顾氏得宋版《周易本义》十二卷，精美无比，有跋刻于缀文。又从吴中袁氏得幡宋刊《周易本义》，其卷帙次序悉同宋版，惟字样较大，每叶十二行，行十五字。其经文，如比初六“终来有它吉”不作“有他”，否九五“系于苞桑”不作“包桑”，井九五“井冽寒泉食”不作“井洌”。坤《彖传》“应地无疆”不作“無疆”；颐《彖传》“自求口实”不作“口食”；《系辞传》“失得之象也”不作“得失”；“其受命如乡”不作“如向”，“何以守位曰人”不作“曰仁”，“男女構精”不作“搆精”，“兼三

① （清）孙葆田：《校经室文集》卷一，《丛书集成续编》198 文学类，新文丰出版公司 1988 年版，第 258—259 页。

② 王达津主编，南开大学古籍整理研究所选编：《清代经部序跋选》，天津古籍出版社 1991 年版，第 9 页。

材而两之故六”不作“三才”，下句同；《序卦传》“伤于外者必反于家”不作“其家”，“决必有遇”，“有”下无“所”字；《杂卦传》“丰多故”下无“也”字。俱与宋版相合，而可以证俗间通行本之误。至于《杂卦传》“遘，遇也”不作“姤则”，则此本遇尤胜。考《说文》无“姤”字，徐铉新附乃有之。《尔雅释诂》：“遘，遇也。”《易》“姤”，释文：“古豆反。薛云：古文作‘遘’。郑同。”冯椅《易辑》云“古文‘姤’作‘遘’，遇也，亦婚媾也。王注《易》改为今文，为‘姤’，《杂卦》犹是古文，郑本同。”盖《杂卦》以无王《注》，故未及改。《唐石经》及宋相台岳氏本皆作“遘”。流俗相承尽改为“姤”，遂不复知《本义》原本矣。若夫注之胜今本处，已见前跋。钱詹事《潜研堂集》“宋咸淳本周易本义跋”亦详言之。是本为九江吴革刊，敷原刘宓校。前有革《序》，称咸淳乙丑立秋日。按乙丑为度宗咸淳元年也。宋有三吴革。一字义夫，华州华阳人，宋初勋臣廷祚七世孙，官至武功大夫、阁门宣赞舍人，死宣和之难，详见《宋史·忠义传》。一绍兴初江西运制，见《系年录》。一江州人，景定四年四月以权发遣户部判官兼知临安府事，六月转朝奉大夫，九月除司农少卿，仍兼，十一月兼敕令所删修官，五年七月罢，见咸淳《临安志》。革曾于淳祐中为钱唐令，寻通判临安府，见嘉靖《浙江通志》。咸淳元年与景定五年，仅越一年耳。《序》云“昨刻程《传》于章贡郡斋，今敬刊《本义》于朱子故里”，盖亦穷经好古之士。或谓即宣和殉难之吴革，大非。是本虽系幡雕，而字画工致，纸墨精良，洵堪悦目。又曹寅刻于扬州者，即此本而改其行款，缩为小字密格，与之相较，不已悬殊乎！①

跋仿宋本朱子《周易本义》（钱泰吉）

宋咸淳间，九江吴革既刊程《传》于章贡君斋，有刊《本义》于朱子故里。更敷原刘宓为之校正，每卷尾皆有宓名，卷前无《序》、无《卦歌》，卷后有《五赞》，殿以《筮仪》，正文下无《音训》（朱子本无《音训》，以东莱有成书也）。皆与今本不同。盖自董楷《附录》、程《传》、成矩

① （清）陈鳣：《经籍跋文》，中华书局 1985 年版，第 4—5 页。

别刊《本义》而后，不独经文之变乱矣。嘉庆庚辰得内府重刊本于琉璃厂肆。道光癸巳，海昌管茂才庭芬又以康熙五十年曹通政寅属黄山巴锦刊本见赠，板式与所刊字书相类，纸墨颇精。然不若内府之影写元本也。每卷尾"敷原后学刘宓校正"一行，曹本无之。吴革序文"抑朱子有言"，曹本以曹书字形疑似作"于朱子有言"，恐不然也。(翁氏《经义考补正》录吴序文所"抑")通政刊字书。竹垞翁力赞而成此本开雕，时翁已下世，故曝书亭所跋本卷后附东莱《音训》及朱子《后序》，与此不同。而吴革本、《经义考》不之及，则竹垞翁亦未见也。暇当合两本校其异同，并访求善本东莱《音训》以校正俗刻，附释音之讹，惜吴氏所刊程《传》不可得矣。

《音训》宋君咸熙有刻本，详见《曝书杂记》警石识。[①]

宋本《周易本义》十二卷八册二函(杨绍和)

和幼时读《周易》，先公论曰："此非朱子之旧也。"检顾氏《日知录》示和。而访求《本义》旧本不可得，所藏者，乃内府摹刻宋吴革本也。昨岁入都，于厂肆见此本。楮墨绝精，色香俱古，洵吴氏原椠，爱玩不忍释手。而索直昂，议再三未就，比归，始致书友人购之。谨案：《四库全书总目》云："是书以《上》《下经》经为二卷，《十翼》自为十卷。《日知录》曰：洪武初，颁《五经》天下儒学，《易》兼用程朱，二氏亦各自为书。永乐中修《大全》，乃取朱子卷次，割裂附程《传》之后，(《天禄琳琅书目》云：'考董楷《周易传义附录》，割朱《义》以附程《传》，宋时亦然，不昉于永乐《大全》也。'而朱子所定之古文，仍复淆乱。如'《彖》即文王所系之词，《传》是孔子所以释经之词，后凡言《传》仿此'，乃'《彖》上传'条下义，今削去'彖上传'三字，而附于'大哉乾元'之下。'《象》者，卦之上下两象及两象之六爻，周公所系之词也'，乃'象上传'条下义，今乃削去'象上传'三字，而附于'天行健'之下。'此篇申《彖传》、《象传》之义，以尽《乾》、《坤》二卦之义，而余卦之说，因可例推'，乃'文言'条下义，今乃削去'文言'二字，而附于'元者，善

① (清)钱泰吉：《甘泉乡人稿》卷四，文海出版社，第161—162页。

之长也’之下。其‘《彖》曰’、‘《象》曰’、‘《文言》曰’，皆朱子本所无，复依程《传》添入。后来士子厌弃程《传》繁多，专用《本义》。而《大全》之本，乃朝廷所敛，不敢辄改，遂即监板《传义》之本，削去程《传》，而以程之次序为朱之次序。其辨最为明晰。此为咸淳乙丑九江吴革所刊、内府以宋椠摹雕者。前有革序，每卷之末题‘敷原后学刘宓校正文字’。行款用《彖传》、《履》、《夬》二卦不载程《传》，一一与炎武所言合。卷端列九图，卷末系以《易赞》五首、《筮仪》一篇，与今俗本升《筮仪》于前，而增列《卦歌》之类者，亦迥乎不同。《彖上传》标题之下，注‘从王肃本’四字，今本删之。又《杂卦传》，‘咸，速也；恒，久也’下，今惟注‘咸速恒久’四字，读者恒以为疑。考验此本，乃是‘感速常久’，经后人传刻而讹，实为善本。”又海宁简庄陈先生跋是书云：“向从吴中顾氏得宋版《周易本义》，又从袁氏得幡宋刊，卷帙次序悉同，惟字样较大。经文如《比·初六》‘终来有它吉’不作‘有他否’，《九王》‘系于苞桑’不作‘包桑’，《井·九五》‘井洌寒泉食’，不作‘井冽’。《坤象传》‘应地无疆’，不作‘無疆’。《颐象传》‘自求口实’，不作‘口食’。《系辞传》‘失得之象也’，不作‘得失’；‘其受命也如乡’，不作‘如向’；‘何以守位曰人’，不作‘曰仁’；‘男女構精’，不作‘搆精’；‘兼三材而两之故六’，不作‘三才’。下句同。《序卦传》‘伤于外者必反于家’，不作‘其家’；‘决必有遇’，‘有’下无‘所’字；《杂卦传》‘丰多故’下无‘也’字。俱与宋版合，而可以证俗本之误。至《杂卦传》‘遘，遇也’，不作‘姤遇’，则此本尤胜。考《说文》无‘姤’字，徐铉新附乃有之。《尔雅·释诂》：‘遘，遇也。’《易·姤释文》：‘古豆反。薛云：古文作遘。郑同。’冯椅《易辑》云：‘古文姤作遘，遇也，亦婚媾也。王注《易》改为今文，为姤。《杂卦》犹是古文，郑本同。盖《杂卦》以无王《注》，故未及改。唐《石经》及宋相台岳氏本皆作遘。流俗相承，尽改为姤，遂不复知《本义》原本矣。’若夫注之胜今本处，已见前跋。”钱詹事亦详言之。

是本为咸淳乙丑九江吴革刊。按：乙丑，咸淳元年也。宋有三吴革。一字义夫，华州华阳人，宋初勋臣廷祚七世孙，官至武功大夫、阁门宣赞舍人，死宣和之难，详见《宋史·忠义传》。一绍兴初江西运制，见《系年录》。一江州人，景定四年四月以权发遣户部判官兼知临安府事，六月转朝奉大夫，九月除司农少卿，十一月兼敕令所删修官，五年七月罢，见咸淳《临安志》。革曾于淳祐中为钱唐令，寻通判临安府，见嘉靖《浙江通志》。咸淳元年与景定五年，仅越一年耳。或谓即宣和之吴革，非也。”考辨极为详确，故并著之，足征此本之宝贵矣。

至简庄所称顾氏本，缩改每叶为十四行，又“遘”误作“姤”，即属宋刊，决非原椠。惟《钦定天禄琳琅书目后编》所载，与此正同。沧华、健庵、栎园、楝亭、椒园诸先生历经鉴藏，固经蹰之秘笈也，因敬钤先公印章于卷之首末，俾子孙世守勿替云。时同治甲子春孟十九日，杨绍和彦合谨识。

每半叶六行，行十五字。有“高丙家藏”、“武林高瑞南家藏书画印”、“振宜之印”、“季振宜藏书”、“崐山徐氏家藏”、“徐健菴”、“乾学之印”、“栎园周氏藏书”、“是书曾藏周元亮家”、“曹寅之印”、“颍川”“颍川陈衎”、“陈衎之印”、“磐生”、“邓氏汝高”、“元冰”、“沈廷芳印”各印。又朱文长方木记一，其文云“澧记官书”(一)，则元时印也。

【校记】(一)周叔弢鉴别，原文为“礼部官书”。又批：沅丈藏此书半部，亦有“礼部官书”印。(《楹书偶录》批校)

【补】此本散出后周叔弢曾经眼，去向不明。周叔弢《楹书偶录》题识云：“戊寅九月见《周易》本义，只饱眼福而已，伤哉。老弢记。”又批：“白麻纸，装潢极精。”《北京图书馆善本书目》著录宋咸淳元年吴革刻本《周易本义》十二卷，《易图》一卷，《五赞》一卷，《筮仪》一卷，两部均非海源阁书。其中一部为朱氏结一庐旧藏，与海源阁所藏为同一版本，《中国版刻图录》有书影。爰将《叙录》移录于后，以资参证。

《中国版刻图录》云：匡高二四厘米，广一五·五厘米。六行，行十五字。注文双行，行字同。白口，左右双边。首咸淳元年九江吴革《序》：昨刊程《传》于章贡郡斋，今刊《本义》于朱子故里。据《建宁府志》，吴革，咸淳中任知府，知此书为建宁府官版。朱熹少依父友刘子羽寓崇安，后徙建阳之考亭，与《序》称朱子故里正合。刻工邓生、吴

文、阮生又刻福建漕治本《龟山》、《张子》两语录。清武英殿刻本，即据此本影刻。(《叙录》第四一页，《图版》二二)①

元刊本《周易本义》跋(朱彝尊)

朱子《易本义》析为十二卷，以存《汉志》篇目之旧，较之程子《易传》，依王辅嗣本，原不相同。惟因临海董氏楷辑《周易传义附录》一书，乃强合之，移《易本义》次序以就程传。明初兼用以取士，故不复分。其后习举子业者，专主《本义》，渐置《程传》不讲。于是乡贡进士吴人成矩叔度署奉化儒家教谕，削去《程传》乃不从《本义》原本，更正其义，则朱子之辞，其文则仍依《程传》次序，此何说哉！沿至于今科举试题，爻象并发，其亦悖乎朱子之旨矣！予尝初求原书不可得，今睹此，秩然不紊，中附东莱吕氏《音训》，末有朱子后序是为完书，宜亟开雕颁诸学官，第恐下士见之，翻大笑尔。康熙丁亥夏六月小长庐朱彝尊跋，时年七十有九，书于家衎斋之道古堂。(按此文亦载《曝书亭集》卷四十二，字句略有异同)

又(顾广誉)

《周易本义》经二卷传十卷，冠以《九图》，殿以《五赞》、《筮仪》，而《筮仪》已阙。前有秀水朱氏跋文见于《曝书亭集》者是也。此书不著何人所刻与开雕年月，蒙意大较出明初人手。观其不用永乐《大全》与成矩叔度次序可见矣。跋文称中附东莱《吕氏音训》，末有朱子后序，是为全书则蒙有疑焉。吕氏援据详博，《本义》专采具釐为十二卷者，以还孔氏古文之旧，至于训释要为，各不相谋。今取以分隶《经》、《传》之下，则于朱子书有如方枘员凿之不可合者。窃谓不如联刻而仍各自为首尾，乃尽善耳。宝应王氏予中尝斥今行《本义》卷端诸图非朱子所宜有，蒙观是书，所谓《九图》者，《河图》、《洛书》也，伏羲、文王诸图也，卦变图也。凡皆朱子所尝言，固不足深怪，惟《卦歌》(今本有)鄙俚最可疑，而是书无之。然则是书自《音训》外，犹存《本义》旧

① 王绍曾、崔国光等整理订补：《订补海源阁书目五种》，《楹书偶录》卷一，齐鲁书社 2002 年版，第 32—35 页。

观，而通行坊本率为庸妄子变乱矣。跋文谓宜亟以斿诸学官，信矣。钱唐丁君丙嘉鱼好学有志著述，出此见示，且曰：我祖掌六君，考洛书。君两世业贾，皆喜蓄书，筑八千卷楼庋之，往年为粤匪一炬焚尽，此其烬余也。蒙以其有足感者，因并著之。同治三年季春中旬，后学顾广誉谨跋。①

跋《周易本义》（汪由敦）

《汉·艺文志》易经十二篇，颜师古谓上下经及《十翼》为十二篇，此东汉以前之旧也。以《文言》八卦中者，自费直始至郑康成，王辅嗣遂合彖、象、文言于经，程《传》所从本是也。吕成公得嵩山晁氏所编《古周易》复定为十二篇，朱子《本义》从之。明初《传》、《义》兼行，遂析《本义》而合于程《传》。今监本耑行《本义》，乃篇次仍依程《传》，非朱子之旧矣，此刻仿宋椠，一依《本义》成书，高曾矩矱于焉，足徵良可重也。于潜徐君潜昭得是书属司业，晋江陈先生为定音句，予复加审校，因书以纪时日，壬子三月既望。②

《周易本义》跋（彭元瑞）

曩读朱子《本义》于《杂卦传》“咸，速也；恒，久也”之下，注“咸速，恒久”，直钞本文，不得所以注之意。及得宋本观之，乃“感速，常久”，了然明白，乃知传刻之讹耳。宋本无八卦取象歌，分宫卦象次序、上下经卦名次序歌。上下经卦变歌，不知何时羼入，并《彖上传·履卦》、《象下传·夬卦》、《文言传·坤卦》，三处所引程《传》亦宋本所无，盖后人所附益多矣。③

---

① 《近代著名图书馆馆刊荟萃三编·中央大学国学图书馆第一年刊》，北京图书馆出版社 2006 年版，第 133—134 页。

② （清）汪由敦：《松泉集》卷十五“跋周易本义”，影印文渊阁《四库全书》本。

③ （清）彭元瑞：《知圣道斋读书跋尾》卷一“周易本义跋”，四库未收书辑刊第十辑 22 册，北京出版社 2000 年版，第 765 页。

《周易本义序》（曹寅）

《周易》经传，自商瞿亲受圣言，历西汉，家承师说，梁丘、施、孟，源流井然。暨乎京、费别兴东都，马、郑诸儒皆宗费氏。魏代王弼，因为之注，盛行隋唐间，今所有注疏本是也。班固云：费直治《易》，“亡章句，徒以《彖》、《象》、《系辞》十篇文言，解说上下经”。是割裂古经编简自费氏始。宋伊川程子作《传》，仍主费氏本。紫阳作《本义》，则从东莱吕氏，考订古本，于是古《易》复行于世。明初以经义取士，《易》注兼用程朱。故刊本经文主程传，而朱子《本义》附焉。流及中叶，帖括之士日趋简便，祧程而祢朱。乃坊本虽名《本义》，次序则仍遵程传，简端题词又列朱子之语，铸错亦甚矣。数百年来，塾师所授，经生所诵，无有起而厘正者。夫六经在世，如日月经天，江河行地，而首经谬误如此，亦学士大夫之过也。

余宦游江左，奉命于扬州置书局，偶借得花溪徐氏宋椠《本义》善本，属门人重付开雕，以广其传，俾后学得以目见古经，而不终汩没于俗学，是亦盛代右文之一助云尔。时康熙五十年，岁在重光单阏嘉平月，书于淮南使院。①

跋《周易本义》（陆子传录本）

陆子传手录《周易本义》全部，凡五册，自署“甲申”，为嘉靖三年，是其中年所作，正师承文氏隶法时也。时衡山方官京师，未筑玉罄山房，而隐退之机已兆，读《易》者其见微而知著与？后十四五年，而休承题识于后，则为和州学博亦将垂老矣。小楷亦恬谈无俗气，皆可宝也。此书今为述庵先生所藏，因获观而书其后。乾隆己酉三月五日，北平翁方纲。（注：见《文集》影印本第八册 2128 页）②

重刊《周易本义》原本序（段玉裁）

《汉・艺文志》：“《易经》十二篇，施、孟、梁丘、费所同也。”或问

---

① （清）曹寅著：《楝亭集笺注》，北京图书馆出版社 2007 年版，第 574 页。

② （清）翁方纲撰，沈津辑：《翁方纲题跋手札集录》，广西师范大学出版社 2002 年版，第 5 页。

曰:宋晁说之之言曰:“费氏始以《彖》、《象》、《文言》参入卦中”,然与?曰:非也。闻诸东原师曰:《儒林传》:“费直治《易》,无章句,徒以《彖》、《象》、《系辞》十篇之言解说上、下经。”盖谓费氏《易》不自立训诂章句,其解说经即用十篇之言。如《左氏传》初出,学者徒摘取其古字古言,至刘子骏始用以释《春秋经》也。且刘向以中古文《易经》校施、孟、梁丘经,或脱去“无咎”、“悔亡”,惟费氏经与古文同。孰谓费氏之书早改窜十二篇,如王氏辅嗣之书也哉!

然则改窜十二篇,放于辅嗣乎?曰:放于郑后司农。何以证之?《魏志》:淳于俊对帝曰:“郑玄合《彖》、《象》于经,欲使学者寻省易了”可证也。

然则郑之书与辅嗣同乎?曰:不同。郑之书,《彖》、《大象》、《文言》附于卦辞后,王所同也;六爻《象辞》总附于六爻经文后,王所异也。何以证之?孔氏冲远正义于《坤》初六曰:“辅嗣之意,以为《象》者本释经文,宜相附近;其义易了,故分爻之《象辞》,各附其当爻下。”不言辅嗣以前已各附当爻下也。

然则朱子云:“王弼注本之《乾》卦,盖存郑氏所附之例,《坤》以下六十三卦,又弼之所自分。”说不然乎?曰:不然也。何以证之?《魏志》:魏帝问博士淳于俊曰:“孔子作《彖》、《象》,郑玄作注,其释经义一也;今《彖》不与经文相连,而注连之,何也?”云今“《彖》不与经文相连”者,盖谓汉石经之属自若十二篇也,云“注连之”者,谓郑注本则《彖》与经文相连,(《彖传》在六爻爻辞之后,亦是相连,非独《彖辞》是经文也。)如今本“至哉坤元”属于“东北丧朋,安贞吉”也。然则郑本可知矣。且孔冲远于《坤》卦不言“《彖》、《大象》、《文言》本在六爻经辞后,而王移之”,然则郑本逾可知矣。然则郑本之《乾》卦同于辅嗣乎?曰:以魏君臣问答求之,郑之《乾》同于辅嗣,《坤》以下惟《小象》不析为六耳。

然则辅嗣何以于《乾》独不从郑也?曰:以存古也。三圣之辞,每卦中依其时代,不倒乱其先后。晋汲县所得《周易》上、下篇无《彖》、《象》、《文言》、《系辞》是也。

然则宋吕氏伯恭因晁氏嵩山古《易》八篇，参考传记，订为十二篇，朱子《本义》从之，其不戾于郑乎？曰：不戾郑。欲使学者寻省易了，故分附之，如就《礼经》为注，分《小序》、《故训传》散附《毛诗》之比，假令学者不惮烦劳，分三圣之辞先后讽诵，乃后博观注说，固郑所深取也，方喜之不暇，而又何尤焉？

朱子《本义》一书自明时为妄庸人割附程子《易传》，不独变紊十二篇，抑使朱子文义多有不可通之处，宝应刘君余斋有忧之，爰取宋本附载吕氏《音训》重刊行世。尊功令也，尊朱子也。玉裁以谓此非宋《易》，而真汉施、孟、梁丘、费之《易》也。执十二篇之旧，以寻求汉《易》学于已坠，余斋之功，岂浅鲜哉。

如此剖析，似得其实，端临以为何如也？（自识）

今按：疑不能明，此序未敢自信也。[①]

① （清）段玉裁撰，钟敬华校点：《经韵楼集》卷一“重刊周易本义原本序”，上海古籍出版社 2007 年版，第 3—4 页。

附录二　版本

《周易本义》九卷

《发例》缺。《图》缺。《启蒙》上存者十八面，《启蒙》下存者六面。《上经》存者十一面，《下经》存者二十面。《彖上》、《下传》缺。《象上传》存二面，《象下传》存二面。《系辞上传》存者十面，《系辞下转》缺。《文言传》缺。《说卦》存二面。《序卦传》存者二面。《杂卦传》缺。《筮仪》缺。晦庵朱熹撰。谨按：《汉书·艺文志》云："《易经》十二篇。"颜师古曰："上、下二经及《十翼》十篇，故曰十二篇。"汉费直初以《彖》、《象》释经，附近卦后，今乾、坤二卦是也。王弼又分诸卦爻辞之下，而增入《文言》，于是始加"彖曰"、"象曰"、"文言曰"以别之，而《系辞》以后则仍其旧，是为今《易》。中山晁说之以古者竹简重大，故篇分上下，后人误有上、下经之辨，故考订古经，厘为八卷：卦爻一，《彖》二，《象》三，《文言》四，《系辞》五，《说卦》六，《序卦》七，《杂卦》八。吕氏曰：《系辞》明言"二篇之策"，是文王定《周易》之时，已有上、下经之分，晁氏之说何其考之不详哉！乃定为《经》二卷，《传》十卷；《上经》一，《下经》二，《彖上传》一，《彖下传》二，《象上传》三，《象下传》四，《系辞上传》五，《系辞下转》六，《文言传》七，《说卦传》八，《序卦传》九，《杂卦传》十。是为古《易》。加《十翼》各以十"传"字始此。盖由《史记·论六家指要》引咸卦九四文言称"易大传"故也。朱子从之。

然天下学者惟诵今《易》，甚至科试合周公、孔子之辞以为题目云。[①]

《周易》大字《本义》九卷

《发例》七板，完三，四半损。《图》存者十三面，余缺。《启蒙》上、下存者二十四面。《上》、《下》经存者四十四面。《彖上》、《下传》存者十面。《象上》、《下传》止存八面。《系辞上》、《下传》存者十七面。《文言传》存者六面。《说卦》存二面。上、下《序卦》存二面。《杂卦传》俱缺。《筮仪》四板完一，二损坏。[②]

按朱子《周易本义》本十二卷，经二卷、传十卷。尽复孔氏之旧，乃为永乐中辑《大全》者所殽乱，后又从《大全》提出《本义》单行，仍是王弼次序，非朱子书。顾炎武宁人告予，当觅宋版翻刻，以颁示学官，甚盛心也。[③]

《周易本义》十二卷，宋朱熹撰，坊刻此书，皆改从程传之次第，此本以经为二卷，十翼为十卷，犹朱子之原本也。(《总目》既载十二卷本，又附重刻四卷本，殊嫌蛇足。)内府仿宋咸淳乙丑吴革刊本；又康熙五十年曹寅属黄山巴锦刊本，前列九图，后附五赞筮仪；刘端临翻刻宋吴革本，附音训；天禄后目有宋刊本，宋板亦大字，但较仿宋板稍小耳，行款同，宋本每叶十四行，行十五字。(附录)陆有明覆宋本十卷，每卷后有敷原后学刘宓校正一行。[④]

《周易本义》十二卷(元刊本，朱竹垞藏书)

朱子《本义》。右书《上经》一，《下经》二，《彖上传》三，《彖下传》四，《象上传》五，《象下传》六，《系辞上传》七，《系辞下传》八，《文言传》九，《说卦传》十，《序卦传》十一，《杂卦传》十二。前有《九图》，后

---

① 《南雍志经籍考》下篇，见朱熹撰，朱杰人等主编《朱子全书》，安徽教育出版社 2002 年版，第 180 页。

② 《南雍志经籍考》下篇，见朱熹撰，朱杰人等主编《朱子全书》，安徽教育出版社 2002 年版，第 180—181 页。

③ 清人阎若璩《尚书古文疏证》卷五上第六十九条。

④ (清)邵懿辰撰，邵章续录：《增订四库简明目录标注》，上海古籍出版社 1959 年版，第 13 页。

有《五赞》。朱彝尊手跋云:"朱子易《本义》析为十二卷,以存《汉志》篇目之旧,较之程子《易传》依王辅嗣本原不相同。惟因董氏楷辑《周易传义》附录一书,乃强合之,移《易本义》次第以就《程傅》。明初兼用以取士,故不复分,其后习举业者专主《本义》,渐置《程传》于不讲。于是吴人成矩叔度削去程《传》,乃不从《本义》原本更正其义。则朱子之辞,其文则依程《传》次序,此何说哉!沿至于今,科举试题爻象并发,其亦悖乎朱子之旨矣。

余尝求原书不可得,今观此帙秩然不紊,中附东莱吕氏《音训》,宜亟开雕敓诸学官。第恐下士见之,翻大笑尔。"后鲁良甫元龙录《敏求记》一则,惟此不著何人所刊与开雕年月。观其不用永乐《大全》与成矩叔度次序,当出于元人之手。按经文如比初六"终来有它吉",不作"他吉";《颐象传》"自求口实",不作"口食";《系辞》"構精",不作"搆精";《杂卦传》"丰多故"下元"也"字。俱与宋咸淳本合。有"小长庐朱彝尊印"、"红药山房收藏私印"、"吴舆则氏"、"游好在六经"、"香草山房藏本"、"马玉堂"、"笏斋"诸印。彝尊,字锡鬯,号竹垞,晚号小长庐钓鱼师,秀水人,康熙己未以布衣荐博学鸿词,授检讨。藏书之室曰潜采堂,凡八万卷,见李香子《鹤征后录》。红药山房者,海宁马思赞寒中藏书之所也。寒中为扬州推官麟翔子,工书精学,家有道古楼,插架多宋元精椠。朱竹垞时从借钞,亦吾杭藏书家之烜赫者也。玉堂字留斋,海盐人,道光辛巳副贡,性耽书籍,筑汉唐斋,储藏秘册甚多,杜门校雠,著《读书敏求续记》。①

《周易》十二卷(明正德王氏钞本,张氏正谊堂藏书)

朱子《本义》。右书分《上经》、《下经》、《彖上传》、《彖下传》、《象上传》、《象下传》、《文言》、《系辞上下》、《说卦》、《序卦》、《杂卦》,为十二卷,末有"正德三年余姚王守仁手录"十一字,书法端正,无一苟笔,卷端钤"仪封大宗伯赐礼乐名臣加太子太保谥清恪张公正谊堂藏书"

① (清)丁丙:《善本书室藏书志》卷一,《续修四库全书》927 册,上海古籍出版社 1996 年版,第 160 页。

方印。以“马曰璐”、“南斋”、“秘笈玲珑”、“马氏丛书楼珍藏图记”、“小玲珑山馆”、“马佩兮家珍藏”诸印佐证之。则其书固珍且重矣。清恪名伯行，字孝先，号恕庵，河南仪封人，康熙二十四年进士，历官礼部侍郎从祀孔子庙廷。佩兮名曰璐，号半槎，又号南斋，祁门人，家于扬，其藏书之所有丛书楼、小玲珑山馆，储藏十余万卷，著有《南斋集》。①

《周易》十卷（日本刊本）

朱子《本义》。右《彖》、《象》、《文言》各自分卷，不依王弼本，与《提要》所载宋本合。首有序例一卷，所载《九图》及《易》象、《筮仪》，及履、夬、彖不载程《传》，当依宋刻重雕。每叶之上刻“倭版周易”四字，末有“延宝三年三月，寿文堂旧版烧亡。宽政改元己酉年九月再刻成”两条。倭国自维新以前，颇重文教，近数十年，改师西彝，穷兵黩武，海波汹汹，安得化以经术，识事大之义哉！书此慨然。②

《周易》十卷（明正德司礼监刊本）

程颐《传》朱子《本义》。前有宋元符二年己卯正月庚申，河南程颐正叔序，次易图，次易说，次纲领，次程子《易传》序，次《传义》十卷。末为上下篇义，次《筮仪》，次《五赞》。经文大字，每节提行，大字顶格，《传》及《本义》夹行低一格，每半叶八行，每行经文十四字，注十七字。明正统间英宗谕旨，以五经四书经注书坊刊本讹误者多，命司礼监誊写重刊，以取便于观览。其版行宽，字大，框印颇精，嘉惠艺林，亦盛典也，此即其一。③

《周易程朱传义》二十四卷（明刊本）

前有程子《易传序》、朱子《本义序》，次上下篇义，次经传总目，次图说，次《五赞》，次《筮仪》，次上下经二十一卷。次《系辞》上下传二

①② （清）丁丙:《善本书室藏书志》卷一，《续修四库全书》927 册，上海古籍出版社 1996 年版，第 160 页。

③ （清）丁丙:《善本书室藏书志》卷一，《续修四库全书》927 册，上海古籍出版社 1996 年版，第 160—161 页。

卷，次《说卦传》、《序卦传》、《杂卦传》其一卷。《传》及《本义》均方规，白文标《传》、《本义》，字每半叶九行，每行十七字，《传》、《本义》夹行，字数同。每卷末均有“巡按福建监察御史吉澄校刊”长方木记。①

《周易程朱二先生传义》十九卷（元刊本，晋府藏书）

前有宋元符二年正月庚申河南程颐正叔序，次程子上下篇义，次朱子《周易》五赞、筮仪，每叶二十行，行二十二字，上下经传义十五卷，系辞传义二卷，说卦传义一卷，序卦传义一卷。字大悦目，有“晋府图书”之印，又有库记半印。晋府者，明嗣晋王朱钟铉也，晋惠王之子。正统七年以榆林王进封今爵。②

《周易经传》二十四卷（明刊本）

程朱《传义》。此书卷帙次序悉同明吉澄刊本，惟经文传及《本义》均接刻不提行，《传》则圆规，标白文传字。《本义》则椭圆，标白文《本义》。字每半叶九行，《传》、《本义》夹行，每行均十七字。③

《原本周易本义》十二卷，宋朱熹撰。坊刻此书，皆改从程传之次第。此本以经为二卷，《十翼》为十卷，犹朱子之原本也。④

《周易本义》十二卷

宋本。咸淳乙丑九江吴革校刊。每叶十二行，行十五字，首原序缺，次吴氏《序》，次《九图》。朱子《易传》凡二稿，初稿已佚，此其次稿。末为《五赞》，终以《筮仪》。吴本末题敷原后学刘空⑤校正，翻本无之。曹寅刻《本义》于扬州，即吴本，而改其行款，缩为小字，与此悬殊矣。宋本与今本绝不相同。其异文并诸家论说已详著于《目录学》，兹不复出。按朱考朱子《易传》，《宋志》十一卷，佚；《周易本义》十二卷，存；《易学启蒙》三卷，存，有朱子《自序》；《古易音训》二卷，未

①②③ （清）丁丙：《善本书室藏书志》卷一，《续修四库全书》927 册，上海古籍出版社 1996 年版，第 161 页。

④ （清）清永瑢等：《四库全书简明目录》，上海古籍出版社 1986 年版，第 8 页。

⑤ 注：“空”字为误，应为“空”字。

见;《蓍卦考误》一卷,存,有朱子《自序》。朱子初为《易传》用王弼本,复以吕氏《古易》为《本义》,大指略同,而加详焉。郭雍著《蓍卦辨疑》三卷,朱子谓说愈多,法愈乱,因为考误。[1]

《别本周易本义》四卷

(谨案:《总目》此处不存),明成矩撰。割裂朱子《易本义》,以附《程传》之后,始元董楷,而明永乐《大全》因之。后场屋专用《本义》,而《大全》以官本不敢改。矩因刊为是本,以调停其间,相沿日久,今亦姑与原本存焉。[2]

咸淳本《周易本义》杨协卿有一部,刻工纸墨绝佳。[3]

《周易本义》十二卷,宋朱熹撰,宋临安刻本。半叶七行,行十五字,注双行;白口;版心上计大小字数,下计刊工姓名。(吴炎、张元彧、周嵩、王华、蔡友刊、马良、蔡明、贾端仁、蔡仁、何彬、游熙。)首《本义图》十九叶,卷末附《五赞》七叶,《筮仪》五叶。王士钟依宋补钞《彖》上、下及卷中十余叶。夹板刻"宋椠《周易本义》",右角上刊一"费"字。附俞氏刊题,曰:旧藏陈仲鱼先生向山阁,后归艺芸精舍,玘怀太史荡口蔡氏。古雅可爱,中有钞补诸叶,亦甚精。光绪丙申仲春,俞樾记。[4]

《周易本义》(大字注本)

盖元末明初刻,曝书亭旧藏,今归钱塘丁氏。其经、翼次第一依朱子,而以吕氏《古易音训》双行随条散附经下。昔宋小茗咸熙从董氏《会通》中摘出《音训》以行,此本所载尤完整,惜其未之见也。卷首

---

① (清)耿文光:《万卷精华楼藏书记》第1册,卷二"经部一·易类二",北京图书馆出版社1997年版,第109页。

② (清)永瑢等:《四库全书简明目录》,上海古籍出版社1986年版,第8页。

③ (清)钱大昕撰,窦水勇校点:《竹汀先生日记钞　附八喜斋随笔》,辽宁教育出版社1998年版,第46页。

④ (清)王文进撰,柳向春校点:《文禄堂访书记》卷一,上海古籍出版社2006年版,第6页。

有“汉唐斋”(白文)、“游好在六经”(朱文)、“吴舆则氏”(白文)、“红药山房藏私印”(朱文)、“玉堂”(白文)、“笏斋”(朱文)六印。

朱检讨跋云:“朱子《易本义》析为十二卷,以存《汉志》篇目之旧,较之程子《易传》依王辅嗣本原不相同。惟因临海董氏楷辑《周易传义附录》一书,乃强合之,移《易本义》次序以就《程传》。明初兼用以取士,故不复分,其后习举子业者专主《本义》,渐置《程传》不讲。于是乡贡进士吴人成矩叔度署奉化儒学教谕,削去《程传》,乃不从《本义》原本,更正其义,则朱子之辞其文则仍依《程传》次序。此何说哉?沿至于今,科举试题爻象并发,其亦悖乎朱子之旨矣。予尝初求原书不可得,今睹此秩然不紊,中附东莱吕氏《音训》,末有朱子《后序》,是为完书,宜亟开雕颁诸学官。第恐下士见之,翻大笑尔。康熙丁亥夏六月,小长庐朱彝尊跋,时年七十有九,书于家衎斋之道古堂”。后有“小长庐”(朱分)印。[①]

《周易本义》一函,八本

宋朱熹《本义》。《依古周易经》二卷,《传》十卷。前《易》图九,后《周易·五赞》、《筮仪》。

顾炎武《日知录》:洪武初颁《五经》,天下儒学《易》兼用程、朱二氏,亦各自为书。永乐中,修《大全》,乃取朱子卷次割裂附程传之后,而朱子所定之古文仍复淆乱。如彖即文王所系之词,传者孔子所以释经之义,后凡言传仿此,乃彖上传条下义。今乃削去“彖上传”三字,而附于“大哉乾元”之下。象者卦之上下两象及两家之六爻,周公所系之辞也。今乃削去“象上传”三字,而附于“天行健”之下。此篇中彖传、象传之义,以尽乾、坤二卦之蕴,而余卦说因可例推云。乃“文言”条下义,今乃削“文言”二字而附于“元者善之长也”之下,其彖曰、象曰、文言曰,皆朱子本所无,复依程传添入。后来士子厌程传繁多,弃去不读,专用《本义》,而《大全》之本乃朝廷所颁,不敢辄改,遂

① (清)莫友芝:《宋元旧本书经眼录》卷二“《周易本义》(大字注本)”,中华书局 2008 年版,第 72—73 页。

即监版传义之本刊去程传，而以程之次序为朱之次序，凡本中言程传备矣者，又添一传曰而引其文，皆明代人所为云云。考董楷《周易传义附录》，割朱义以附程传，宋时已然，不昉于《永乐大全》也。《易》自汉费直、郑康成、王弼，递有更移。唐孔颖达因之，作《正义》，《古易》遂不复存。宋吕大防作《周易古经》二卷，晁说之作《录古周易》八卷，薛季宣作《古文周易》十二卷，程迥作《古周易考》一卷，李焘作《周易古经》八卷，吴仁杰作《古周易》十二卷，至吕祖谦作《古周易》，分十二篇，朱熹跋之，《本义》即用其本，开卷《周易》条下明云"定著为《经》二卷、《传》十卷"，乃复孔氏之旧。若今通行本，经注不相应，数百年沿袭，几不知朱义本来面目。至《御纂周易折中》用朱义本，而始大定。此本象上传履卦、象下传夬卦，及文言传坤卦，不录程传。杂卦注"咸速恒久"作"感速常久"，《筮仪》列后。彖上传下注"从王肃本"四字，无《八卦取象歌》、《分宫卦象次序》、《上下经卦名次序歌》、《上下经卦变歌》，皆与后来本不同，不独宋讳阙笔为验也。

秀水项氏藏本，后归毛氏汲古阁，两家印记甚多。项笃寿，字子长，嘉靖壬戌进士，入翰林。万卷楼，其舍北藏书处。毛氏所藏，用"宋本"印，更著"甲"字印，乃其最佳者。[①]

《周易本义》十二卷《五赞》一卷《筮仪》一卷

宋朱熹撰，宋刻本。半叶七行十五字，小字双行同，白口，左右双边，双黑鱼尾。框 18.9 厘米×13.8 厘米。有刻工"祖"、"黄熙"、"杲"等。存半卷：下经第二。钤"项笃寿印"、"子长"、"项氏万卷堂图籍印"、"少溪主人"、"毛晋私印"、"汲古主人"、"毛氏子晋"、"紫玉玄居宝刻"、"云墟子"、"吴氏中孚"及天禄继鉴藏书印全套。[②]

① (清)于敏中、彭元瑞等：《天禄琳琅书目后编》卷二，上海古籍出版社 2007 年版，第 399—400 页。

② 王筱雯主编：《辽宁省图书馆藏古籍精品图录》，沈阳出版社 2008 年版，第 19 页。

仿宋本《周易本义》十二卷

曹寅扬州诗局刻本，武英殿重刻宋大字本。[补]巴陵方功惠重刻殿本，贵池刘世珩玉海堂覆宋大字本。

重刻宋本周易本义十二卷，附吕氏音训。宝应刘氏校刻本。宋吕祖谦音训。音训别有金华丛书本。①

《周易本义》经二卷传十卷（宋朱熹撰，彖上下传二卷影钞补完，各卷亦有钞叶）

宋刊本，半叶七行，每行十五字，注双行同，白口，左右双阑，版心上记字数，下记刻工姓名，有：吴炎、张元彧、黄野、蔡明、蔡友、蔡仁、□恭、游熙、周嵩、王烨、王华、何彬、马良、贾端仁、祖、杲等。宋讳恒、贞、桓、构皆缺末笔，字体方严厚重，似浙杭刊本。前有本义图，卷末附筮仪五赞。

收藏印记有："升庵"（朱）、"王文琛印"（白）、"平阳汪氏藏书印"（朱）、"王士钟读书"（朱）、"金匮蔡氏醉经堂考藏章"（朱）、"伯卿甫"（朱）、"廷相"（白）、"宋本"（椭圆朱文）、"翰墨缘"（白）、"蔡廷相藏"（白）、"济阳蔡氏"（朱）、"蔡廷桢印"（白）、"卓如心赏"（朱）、"金匮蔡廷桢藏"（朱）、陈鳣考藏（朱）"鳣读"（白）。（文奎堂送阅，壬午三月六日）②

《周易本义》上下经二卷传十卷（宋朱熹撰）

宋咸淳元年吴革刊本，半叶六行，行十五字，注双行同，白口，左右双阑，版心上记大小字数，下记刊工人名，有蔡庆、邓生、吴文、阮□、□青、□仁、蓝、光、阮生、吴清诸人。每卷后有"敷原后学刘容校正一行。"有咸淳乙丑立秋日九江吴革序。

彖上下传、象上下传各二卷抄配。

钤有"礼部官书"大长方朱印。（癸亥）③

① （清）张之洞撰，（清）范希曾编：《书目答问补正》，江苏古籍出版社 2000 年版，第 6 页。

② 傅增湘：《藏园群书经眼录》卷一，中华书局 1983 年版，第 12 页。

③ 傅增湘：《藏园群书经眼录》卷一，中华书局 1983 年版，第 12—13 页。

《周易本义》五卷图说一卷五赞一卷(宋朱熹撰)

明正德刊巾箱本,十一行二十二字,白口,四周单阑,版心题"周易本义"四字。卷末牌子如下:正德辛巳季秋刊行于袁州府之仰韩堂。

首程颐易序,次易传序(元符二年程正叔序),次图说,次易五赞,次凡例七则,为重刊此书而作也。其分卷本义上下为卷一二,系传上下为卷三四,说卦以下为卷五,盖已改易旧第矣。

按凡例,经上下篇从程传元本,系辞以下则从本义,系辞以后无传,以东莱吕氏所集经说补之,字句脱误合诸本雠校。程朱二家之说有及于易者,合天台董氏、鄱阳董氏附录二本分注之,又采双湖胡氏、云峰胡氏之说附着焉。音注取吕氏音训附于下。据此观之,则此本已大非晦庵之旧观矣。钤印如下:"洞门石鼓"(白文,大约二寸方)。"雪苑宋氏兰挥藏书记"(朱)、"己丑进士太史图书"(白文方)、"鱼麦堂"(朱文方)、"朱筠"(朱)、"兰挥"(白)、"酥松庵"(白)。

按:此本写刻精雅,虽改易旧式,然极罕见也。(辛巳元月见,已收)①

宋椠《周易本义》跋(曹元忠)

宋椠《周易本义》十二卷。每半叶七行,行十五字。前列九图,后附《五赞》及《筮仪》。卷首有朱文"鳣读",尾有白文"简庄审定"诸印。疑即陈仲鱼《经籍跋文》所谓"向从吴中顾氏得宋版《周易本义》,精美无比"者也。按《本义》为朱子毕力钻研之书,屡经改易而定。尝见《系辞》手稿于归安吴广涵年丈承潞家。"如齐小大者存乎卦"云:"乾大坤小、泰大否小之类。"与此作"小谓阴,大谓阳"异。"忧悔吝者存乎介,震无咎者存乎悔"云:"介谓几微之际。震,动也。"与此作"介谓辨别之端"四十八字异……益幸《本义》有此六十行手稿之流传,得以参互考订,知定本之精益求精。而定本之前尚有刻本,朱子自谓"《本义》未能成书,为人窃出模印,有误观览,今虽追毁,而流布已多"者,

---

① 傅增湘:《藏园群书经眼录》卷一,中华书局1983年版,第13页。

七百年来绝无闻见，不知与此手稿其异同又复何如。悠忽至今，莫可告语。因葱石同年景刊此宋椠《周易本义》，特规缕言之。时己未五月辛丑，吴县曹元忠书于锡福堂（录自玉海堂影宋本）。①

《周易本义》四卷《图说》一卷《卦歌》一卷《筮仪》一卷

宋朱喜撰，清康熙十年（1671）崇道堂刻本；二册；匡高十九点八公分，宽十四点三公分；十一行二十三字；白口，单鱼尾，左右双边，眉端刻“御案”；内卦题“御案，崇道堂易经，遵依一定字样较正，点画无讹”；卷端署“朱熹本义”；前有康熙十六年九月“告示”；卷末刻“康熙辛亥仲冬文公十七世孙朱锡旂敬镌”。按：是为崇道堂翻刻内府本。《告示》云：“朝廷特放监本经书，发各省布政司，令试官、举子一体式从随。有杭州朱子后裔生员锡旂等请于浙省各台，有崇道堂模刻监本四书五经，其校正详细，点画无讹。”钤有“萧艾室藏害”、“随斋”、“禺山人”印。②

《周易本义》四卷

明末刻本，二册；匡高二十一点四公分，宽十二点二公分；上下二栏：上栏版心题“易经宙合集注”，十九行二十九字；下栏版心题“周易本义”，十一行二十三字；白口，无鱼尾卷端署“临川陈际泰大士父著，东乡艾南英千子父参”；钤有“清原”、“贤老”印。按：陈际泰，字大士，明江西临川人，崇祯进士，与艾南英等以时文名天下。是书“玄”、“弘”等字皆不避讳，疑为明末书林刻本。《中国古籍善本书目》未见著录。③

---

① 参见王铁点校《周易本义》附录二“著录”，安徽教育出版社 2002 年版，第 197—198 页。

② 香港中文大学图书馆编：《香港中文大学图书馆古籍善本书录》，香港中文大学出版社 1999 年版，第 4 页。

③ 香港中文大学图书馆编：《香港中文大学图书馆古籍善本书录》，香港中文大学出版社 1999 年版，第 8 页。

《周易本义》四卷卷首一卷

一册(《四库总目》卷三)(国会)

明嘉靖间刻本[十一行二十三字(16.8×11.4)]

明成矩编。矩字叔度,长洲人,永乐十八年举人,官奉化教谕。其书即编于是时,为明代士子所习用。《四库全书》于朱子《本义》,既依宋刻十二卷本著录,复附矩书四卷于后,则以清代仍沿用故也。已详《提要》。文溯阁于成氏《本义》另撰一提要,次朱本后。朱彝尊《经义考》卷三十一云:"程子《易传》依王辅嗣本,朱子《本义》用吕伯恭本,原不相同,自克斋董氏合之,移朱子本以就程子之书。明初兼用之取士。其后学者多置程《传》,专主朱《义》,于是姑苏成矩叔度,为奉化教谕,削去程《传》,乃不更正,以从朱子之旧。当心锓时,杨文懿守陈序之,有云:是编异朱子元本,亦以便士也,好事者何容喙哉!文懿盖心非之而不能夺也。今用之三百年,习《易》者茫然不知《本义》元本,若矩者岂非朱子之罪人与!"然则康熙至乾隆间,矩书犹有影响,后遂无闻。今是书原刻本久佚,即明刻亦已不易得。此本卷末有:"嘉靖甲午孟冬崇仁书堂新刊"牌记,卷端有洪常序,盖即从洪序本出也。兹录洪序于后:《周易》序次,有古经、今经之异,程子因今经作《传》,朱子因古经作《本义》,后世以《本义》附于《传》而一之,故今《本义》之序,亦今经也。奉化邑庠教谕成君矩谓世之读《易》者,先《本义》而后《传》,故独刻《本义》行于世,读者便之。今成君致政,还姑苏,板随以行,学者不易得。宁波郡庠胡生侍与其弟信,乃以成君本重加校正,一遵圣朝颁降《大全》,捐己赀以刻诸梓,其嘉惠学者之意可尚也。刻既成,属常识其始末如此云。成化己丑冬十二月既望,四明后学洪常识。①

《周易本义》十二卷

宋朱熹撰。宋咸淳间刻大字本,前有咸淳乙丑九江吴革序。元刻黑口本,明刻本、题为《周易程朱传义》。明覆宋本。明阳明手抄

① 王重民撰:《中国善本书提要》,上海古籍出版社 1983 年版,第 3 页。

本。清康熙八年己酉(1669)紫阳朱氏崇道堂刻《五经》四卷本。清康熙五十年辛卯(1711)黄宣扬使院刻本。乾隆七年壬戌(1742)怡府明善堂刻《五经四书》四卷本。清嘉庆十年乙酉(1805)扬州鲍氏樗园刻《五经四书读本》四卷本。清恕堂重刻《五经四书》四卷本。清嘉庆十六年辛未(1811)扬州十笏堂刻清圣祖御案《五经》四卷本。同治十一年壬申(1872)山东书局刻丁宝帧校《十三经读本附校刊记》四卷本。清光绪七年辛巳(1881)江苏书局刻四卷本。清光绪十二年丙戌(1886)书坊重刻四卷监本。清光绪十三年丁亥(1887)京都聚珍堂仿殿本,题为《周易读本》。清光绪十九年癸巳(1893)江南书局刻本,为八卷,另有卷首一卷,卷末一卷。清光绪二十六年庚子(1900)书坊重刻四卷监本。此外尚有宝应刘氏获古斋重刻宋本。内府仿宋刻本。明覆宋本。日本刻本等。

在这些版本中,宋、明刻本为善本,清康熙、乾隆本亦可称善,而清同治间丁宝帧校为佳。①

明叶继轩南松书堂刻本新刊大字《周易本义》

《新刊大字周易本义》四卷《图说》一卷《筮仪》一卷《卦歌》一卷,宋朱熹撰。明叶继轩南松书堂刻本。六册。半页十一行二十三字,四周双边,白口,双鱼尾。框高 12 厘米,宽 10.3 厘米。前有成化五年(1460)洪常序。卷四末有牌记,刊"南松书堂叶继轩刊"。

是书乃朱熹以"理"、"气"说《易》,对经文之训释颇多新意。明代以来,为读书士子常用之读本。有十二卷、五卷、四卷本之别。四卷本,明代所刻即有近二十种之多,此南松书堂叶继轩刻本,不见《中国古籍善本书目》及台湾《中央图书馆善本书目》著录。

洪常序云:"《周易本义》有古经、今经之异,程子因今经作《传》,朱子因古经作《本义》,后世以《本义》附于《传》而一之,故今《本义》之序亦今经也。奉化邑庠教谕成君矩,谓世之读《易》者,先《本义》而后《传》,

① 刘建国主编:《中国哲学史史料学概要》,吉林人民出版社 1983 年版,第 471—472 页。

故独刻《本义》行于世，读者便之。今成君致政，还姑苏，板随以行，学者不易得。宁波郡庠胡生传与其弟信，乃以成君本重加校正，一遵圣朝颁降《大全》，捐己赀以刻诸梓，其嘉惠学者之意可尚也。刻既成，属常识其始末如此云。”序中所云成矩者，字叔度，长洲人。永乐十八年举人，官奉化教谕。清朱彝尊《经义考》于成矩刻是书述之甚详。

案美国国会图书馆藏有明嘉靖十三年崇仁书堂刻本，也有洪常序，盖此本及国会本均从洪序本出也。

钤印有“高桥氏藏书记”、“内藤虎印”、“湖南”。内藤虎，字炳卿，号湖南，日本著名汉学字，本世纪初“日本中国学”主要创始者之一。[1]

① 沈律著：《美国哈佛大学哈佛燕京图书馆中文善本书志》，上海辞书出版社 1999 年版，第 11 页。

附录三　著录

易本义大旨

昔者伏羲氏仰观俯察，有以见乎阴阳奇偶之相生，交换变易自然而然其势，若不容已，于是作《易》以配之。始之为八卦，一乾二兑，三离四震，五巽六坎，七艮八坤，加倍而重之，为六十四，而布之为圆图，则乾南尽于午中而姤生焉，坤北尽于子中而复生焉，与天地造化自然者相吻合，因教人占筮以断吉凶。是时，虽未有文字，而开物成务之道具矣。逮文王系《彖》，周公系爻，而随事叮咛之意，始为详密。及孔子（缺）释经，乃专以义理明之，使人居则观其象，而玩其辞；动则观其变，而玩其占，以求免于大咎。虽因时（缺）为心者，并行而不相悖，虽其所发多因，（缺）所以为图象之妙者已具见于《系辞》、《说卦》二传中矣。

自秦以来，书幸全于遗烬，而道则晦而不彰。其溺于象数者，既牵合傅会而失其源流；其泥于文义者，又支离散漫而无所根著。至我宋康节邵子之图出，于是乎伏羲之精画卦以示者，始可得而见；伊川程子之传出，于是乎文王周孔之蕴因卦以发者，始可得而明。今晦翁先生《本义》之书，盖又发挥邵图之法象，而申明《程》传之旨趣，本末兼该，精粗具举，推本四圣，所以作述本然之义，而易道之盛至是无余蕴矣。其纲领备于《五赞》，未可直以占法视之也。抑程子昔以《传》示门人曰只说得七分，后人更自体究。若晦翁是书，其补程子之三分，而上以达于四圣之心也欤。[①]

本义

《语录》云其作《易本义》，欲将文王卦辞只大纲依文王本义，略说至其所以然之故，故此乃不失文王本意。于孔子彖辞中发之，但未暇整顿耳。向见老儒括苍叶大庆云："晦庵此语，似乎不满孔子彖词之意，别欲与文王重作彖辞，无奈何孔子已作了，故不得已言，却于孔子彖辞发之耳。晦庵聪明至当，古人说话无一个中他意，虽孔子彖易之辞，亦不然之也。"可笑此语已闻之五十年(志雅堂杂抄)。[②]

古经今经

《易》，程子因今经作《传》，朱子因古经作《本义》。今之刊本，乃程子所因以作《传》者，而以《本义》系之，失其旨矣。如《乾卦》"《彖》曰"下，《本义》："《彖》，即文王所系之辞，《传》者，孔子所以释经之辞。"古经原有"《彖传》上"三字故耳。今既无知而附注若此，其说有不能推者矣。[③]

古易

古人欲发明圣贤经传，皆自为一书，不以相附。如孔子作《十翼》以赞《易》，子思、孟子作《学》、《庸》、《七篇》明《论语》，庄周作《庄子》以明《老》是也。自王弼乃以《十翼》杂于经文，不知《易》文有韵，不可以他语间之。且伏羲有伏羲之《易》，文、周有文、周之《易》，孔子有孔子之《易》，又有难强同者，故朱子作《本义》，以其还阳。成化间一俗儒复分散如王弼本，业举者便之，至今遂不复见《易》之原文，良可叹也。宋人云：晁说之作《古易彖象》，别异于卦爻，欲学者不执象以论

---

① (宋)陈淳：《北溪大全集》卷十六"杂著·易本义大旨"，影印文渊阁《四库本书》本。

② (明)陈耀文：《经典稽疑》卷下"本义"，影印文渊阁《四库全书》本。

③ (明)吴廷翰著，容肇祖点校：《吴廷翰集》卷上，中华书局 1984 年版，第 135 页。

卦，不执象以论爻，语为得之。然谓《古易》作于说之，甚谬。[1]

朱子本义

朱子《周易》上经本义云：周，代名也；易，书名也。其卦本伏羲所画，有交易、变易之义，故谓之易。其辞则文王、周公所系，故系之周。简裹重大，故分为上下两篇。经则伏羲之画，文王、周公之辞也，并孔子所作之传十篇，凡十二篇。中间颇为诸儒所乱，近世晁氏始正其失，而未能尽合古文，吕氏又更定著为经二卷，传十卷，乃复孔子之旧云。……昌（丁寿昌）案余家藏有吴革刊本，如“他”作“它”，“皙”作“晳”，“昃”作“昊”，“姤”，作“遘”，文字款式与《提要》、《养新录》所言悉同。惠氏谓宋本《本义》不可见，盖偶未得也。同治癸亥孟春，余于琉璃厂庙市又得武英殿重刊宋本，前有吴革《序》，后附《五赞》、《筮仪》，校雠精审，不减原书，若得好事者广为摹刻，以复朱子之旧，正坊刻之谬，亦右文之一助也。至《本义》前列九图，后附《筮仪》，自宋时刊本已然。又宋本有《五赞》，而今无之，足见其为后人随意附入。宝应王白田懋竑杂著，决为非朱子之作，可谓有识，备录于左……案王氏此论，参考《启蒙》，定九图为作伪，实与震川之《易图论》，卓越前人，非惟以辩俗本之诬，亦可以雪紫阳之谤矣。因叹经学之废也。瞀儒小生，茫昧句读，而贾人坊肆，得以窜乱于其间，朱子复古《周易》而今本改从程《传》，冠以程序，诗书集传皆附古序，而今本悉无。至于陈云庄之说《礼记》，林尧叟之注《左氏》，则又程朱之所不及料者，今乃不察本末，率以咎宋。呜呼！是岂宋儒之过哉！道光丁酉孟冬书。[2]

朱文公本义

《贲彖传本义》云：“先儒说‘天文’上当有‘刚柔交错’四字。”不云

---

① (明)焦竑撰，李建雄点校：《焦氏笔乘续集》卷四“古易”条，中华书局2008年版，第359页。

② (清)丁寿昌：《易经会通》卷一，中州古籍出版社1992年版，第87—95页。

“先儒”何人。案王辅嗣注：“刚柔交错以成文，天文也。”《释文》、《正义》俱不言经有脱文，唯李衡《义海撮要》载徐氏说“天文也”上脱“刚柔交错”四字。《本义》所称“先儒”即其人也，名字未详。（或云郭京《周易举正》先有此说。然《举正》系宋人托名。自言曾见王辅嗣、韩康伯手写真本，其诞妄可知。）“《既济》‘亨小’当为‘小亨’”，此胡瑗说也；“‘能研诸侯之虑’，‘侯之’二字衍”，此朱震说也。（朱引王弼《略例》“能研诸虑”句为证。）皆见《义海撮要》。

咸淳乙丑九江吴革所刻《正义》大字本极精审。《杂卦》“遘遇也”，不作“姤”，与唐石经同。案《说文》无“姤”字，徐铉新附乃有之。古《易》卦名本作“遘”，王辅嗣始改为“姤”。后儒皆尊王本，唯《杂卦传》以无王注偶未及改。宋本犹存此古字，明人撰《大全》者尽改为“姤”，自后坊本相承皆用《大全》本，村夫子不复知有文公元本矣。《大有·象传》“明辨晰也”，亦与石经同。①

《周易本义集成附录》序

朱子《易本义》一书，疏明其义者，有董楷之《正书》，蔡渊之《训解》，胡炳文之《通释》，胡一桂之《附录纂注》，董真卿之《会通》。而熊良辅之《集成》，亦其一也。良辅字季重，别号梅边，南昌人。举元延祐丁巳乡试。早师遥溪熊凯学《易》，复得《易》传于凯之友泉峰龚焕。试礼部不第，归，训徒乡塾，研究《易》旨，乃为是书。采摭诸家之说，与《本义》合者录之，即不合而有得于经旨者，亦备录以相发，末则折衷以己意。盖本朱子之书而不泥焉者也。始朱子《本义》一遵吕成公所订古文为主，以六十四卦为彖、爻之辞为上、下经，而孔子所释彖、象、文言及上下系、说卦、序卦、杂卦为“十翼”。明永乐时编次《大全》，乃以朱子《本义》附程传以行，而初本遂淆。

良辅是书，犹仍旧本上下经二卷，谓之《集成》，十翼十卷，谓之附录，总为十二卷，统名之曰《周易本义集成附录》。《授经图》但录《集

① （清）钱大昕：《十驾斋养新录》卷一，江苏古籍出版社 2000 年版，第 9—10 页。

成》二卷，盖未见全书也。嗟乎！自《周易传义大全》行，而世无知朱子《易》之为古文也久矣。故科试者往往合周公、孔子之辞以命题，割裂纰缪，良可怪叹。得是书，庶可一正之乎！良辅所采摭，自唐迄元凡八十四家中姓氏多不著者。于以见《易》书之多，后世不可得尽见，犹赖是书以传，亦可尚也。①

原本《周易本义》十二卷附重刻《周易本义》四卷（并内府刊本）

宋朱子撰。是书以上、下经为二卷，《十翼》自为十卷。顾炎武《日知录》曰："洪武初，颁五经天下儒学，而《易》兼用程朱二氏，亦各自为书。永乐中修《大全》，乃取朱子卷次割裂附程传之后，而朱子所定之古文，仍复淆乱。如：'《彖》即文王所系之辞，传者孔子所以释经之辞，后凡言传仿此'，乃《彖上传》条下义，今乃削去'彖上传'三字，而附于'大哉乾元'之下。象者，卦之上下两象及两象之六爻，周公所系之辞也，乃《象上传》条下义，今乃削去'象上传'三字，而附于'天行健'之下。此篇申《彖传》、《象传》之义，以尽乾、坤二卦之义，而余卦之说因可例推云。乃《文言》条下义，今乃削'文言'二字，而附于'元者善之长也'之下，其'彖曰'、'象曰'、'文言曰'，皆朱子本所无，复依程《传》添入，后来士子厌程《传》繁多，弃去不读，专用《本义》，而《大全》之本乃朝廷所颁，不敢辄改，遂即监板传、义之本刊去程《传》，而以程之次序为朱之次序。"又曰："今四书坊本，每张十八行，每行十七字，而注皆小字，《书》、《诗》、《礼记》并同。惟《易》每张二十二行，每行二十三字，而《本义》皆作大字，与各经不同，凡《本义》中言'程《传》备矣'者，又添一'传曰'而引其文，皆今代人所为"云云，其辨最为明晰。然割裂《本义》以附程传，自宋董楷已然，不始于永乐也。（详董楷《周易传义附录》条）

此为咸淳乙丑九江吴革所刊，内府以宋椠摹雕者，前有革序，每卷之末题"敷原后学刘宓校正文字"行款，及《象传》、《履》、《夬》二卦

---

① （清）纳兰性德：《通志堂集》卷十一"经解序二·《周易本义集成附录》序"，海南国际新闻出版中心 1996 年版，第 48 页。

不载程《传》,一一与炎武所言合。卷端惟列九图,卷末系以“易赞”五首,《筮仪》一篇,与今本升《筮仪》于前,而增列《卦歌》之类者亦迥乎不同。《彖上传》标题之下注“从王肃本”四字,今本删之。又《杂卦传》“咸,速也。恒,久也”下,今本惟注“咸速,恒久”四字,读者恒以为疑。考验此本,乃是“感速,常久”,经后人传刻而讹,实为善本。故我圣祖仁皇帝《御纂周易折中》即用此本之次序,复先圣之旧文,破俗儒之陋见,洵读《易》之家所宜奉为彝训者矣。至成矩重刻之本,自明代以来,士子童而习之,历年已久,骤令改易,虑烦扰难行。且其本虽因永乐《大全》,实亦王、韩之旧本,唐用之以作《正义》者,是以国朝试士,惟除其爻象之合题,而命题次序则仍其旧。内府所刊《袖珍五经》,亦复因仍。考汉代《论语》凡有三本,梁皇侃《论语义疏·序》称:“《古论》分《尧曰》下章《子张问》更为一篇,合二十一篇。篇次以《乡党》为第二篇,《雍也》为第三篇,《齐论》题目,长《问王》、《知道》二篇,合二十二篇。《鲁论》有二十篇,即今所讲是也”云云。是自古以来,经师授受,不妨各有异同,即秘府储藏,亦各兼存众本。苟其微言大义,本不相乖,则篇章分合,未为大害于宏旨。故今但著其割裂《本义》之失,而仍附于原本之后,以备参考焉。①

朱子《周易本义》

《周易》自伏羲画卦,文王作《彖辞》,周公作《爻辞》,谓之经。经分上下二篇。孔子作《十翼》,谓之传。传分十篇,《彖传》上下二篇,《象传》上下二篇,《系辞传》上下二篇,《文言》、《说卦传》、《序卦传》、《杂卦传》各一篇。自汉以来,为费直、郑玄、王弼所乱,取孔子之言逐条附于卦爻之下。程正叔《传》因之,及朱元晦《本义》,始依古文,故于《周易上经》条下云:“中间颇为诸儒所乱,近世晁氏始正其失,而未能尽合古文。吕氏又更定,著为经二卷,传十卷,乃复孔氏之旧云。”洪武初,颁《五经》天下儒学,而《易》兼用程、朱二氏,亦各自为书。永

---

① 《四库全书总目》卷三,“经部三·易类三·原本周易本义十二卷附重刻周易本义四卷”,影印文渊阁《四库全书》本。

乐中修《大全》，乃取朱子卷次割裂，附之程传之后，而朱子所定之古文仍复淆乱。“《彖》即文王所系之辞，《传》者孔子所以释经之辞也。后凡言‘传’放此。”此乃《彖上传》条下义，今乃削“彖上传”三字，而附于“大哉乾元”之下。“象者，卦之上下两象乃两象之六爻，周公所系之辞也。”乃《象上传》条下义，今乃削‘象上传’三字，而附于“天行健”之下。此篇申《彖传》、《象传》之意，以尽《乾》、《坤》二卦之蕴，而余卦之说因可以例推云。”乃《文言》条下义，今乃削“文言”二字，而附于“元者善之长也”之下。其“彖曰”、“象曰”、“文言曰”字皆朱子本所无，复依程《传》添入。后来士子厌程《传》之多，弃去不读，专用《本义》。而《大全》之本乃朝廷所颁，不敢辄改，遂即监版《传》、《义》之本刊去程传，而以程之次序为朱之次序。相传且二百年矣。惜乎，朱子定正之书竟不得见于世，岂非此经之不幸也失?

朱子《记嵩山晁氏卦爻彖象说》谓:“古经始变于费氏，而卒大乱于王弼。”此据孔氏《正义》，曰:“夫子所作《象辞》，元在六爻经辞之后，以自卑退，不敢干乱先圣正经之辞。”王嗣辅之意，以为《象》者本释经文，宜相附近，其义易了，故分爻之《象辞》各附其当爻下，如杜元凯注《左传》，分经之年与《传》相附。”故谓连合经、传始于辅嗣，不知其实本于康成也。《魏志》:“高贵乡公幸太学，问博士淳于后曰:‘孔子作《彖》、《象》，郑玄作注，其释经义一也。今《彖》、《象》不与经文相连，而注连也，何也?’俊对曰:‘郑玄合《彖》、《象》于经者，欲使学者寻省易了也。’帝曰:‘若合之于学诚便，则孔子曷为不合以了学者乎?’俊对曰:‘孔子恐其与文王相乱，是以不合。此圣人以不合为谦。’帝曰:‘若圣人以不合为谦，则郑玄何独不谦邪?’俊对曰:‘古义宏深，圣问奥远，非臣所能详尽。’”是则康成之书已先合之，不自辅嗣始矣。乃《汉书·儒林传》云:“费直治《易》，无章句，徒以《彖》、《象》、《系辞》、《文言》解说《上下经》。”则以传附经又不自康成始。朱子《记晁氏说》谓:“初乱古制时犹若今之《乾》卦。”盖自《坤》以下皆依此，后人又散之各爻之下，而独存《乾》一卦，以见旧本相传之样式耳。愚尝以其说推之，今《乾》卦“彖曰”为一条，“象曰”为一条，疑此费直所附之元本也。《坤》卦以小象散于各爻之下，其为“象曰”者八，余卦则为“象曰”者七，此郑玄所连，高贵乡公所见之本也。

程《传》虽用辅嗣本，亦言其非《古易》。《咸·九三》：“咸其股，亦不处也。”《传》曰：“云‘亦’者，盖象辞，本不与《易》相比，自作一处，故诸爻之象辞意有相续者。此言‘亦’者，承上爻辞也。”

秦以焚书而五经亡，本朝以取士而五经亡。今之为科举之学者，大率皆帖括熟烂之言，不能通知大义者也。而《易》、《春秋》尤为缪戾。以《彖传》合大象，以大象合爻，以爻合小象，二必臣，五必君，阴卦必云小人，阳卦必云君子，于是此一经者为拾渖之书，而《易》亡矣。取胡氏《传》一句、两句为旨，而以经事之相类者合以为题，《传》为主，经为客，有以彼经证此经之题，有用彼经而隐此经之题，于是此一经者为射覆之书，而《春秋》亡矣。复程、朱之书以存《易》，备《三传》、啖、赵诸家之说以存《春秋》，必有待于后之兴文教者。[①]

周易本义成

按《年谱》诗、传成，据《传》序成于丁酉十月，《易本义》则不知所据也。李微之序言成于乙巳、丙午之间，当以李序为正。又马氏《文献通考》易传十一卷本义十二卷，陈氏曰：晦庵初为《易传》用王弼本，复以吕氏《古易》为《本义》，其大指略同，而加详焉。首列九图，末列揲法，今考之《文集》、《语录》，皆未尝言有《易传》、《本义》之异。后来纂辑诸书，亦未有言及此者，不知陈氏何据而云然也。前列九图，末列揲法，则诸书所同，然实非朱子之旧，《通考》说盖朱可言，今姑载于此，而俟考焉。按《文集·答孙敬甫书》云“《易传》初以未成书，故不敢出，近觉衰耄，不能复有所进，颇欲传之于人，而私居无人写得，只有一本，不敢远寄，其书在丙辰后，则《易本义》久已刊行，不当云不敢出。又书名《本义》，不名《易传》，且其语与程子《答张闳中》语略同。以《别集》答孙季和杨伯起书考之，殊不相类，今不载。按《古易》经二

① （清）顾炎武著，黄汝成集释：《日知录集释》，上海古籍出版社 2006 年版，第 3—9 页。

篇传十篇，后为王辅嗣、郑康成所乱，至宋晁、吕始正其失。朱子《本义》从吕氏，其见于论说者详矣。乃朱子殁未几，而门人节斋蔡氏已变其例，至度宗咸淳时，天台董氏乃合程《传》、《本义》为一书。元文宗天历时，鄱阳董氏从其说，而小有不同。至明永乐《大全》依两董氏例，而又一以程《传》为主，反以《本义》附焉。坊刻则去程《传》，而改《本义》从程《传》本，于是朱子已正之《古易》遂淆乱，而不复可见矣。果斋作谱时，节斋本亦未出，后来改订，至永乐《大全》而极，若坊刻之妄亦不足置辨也。

又按朱子自不满于《易本义》，以答孙季和、刘君房、杨伯起诸书考之，则沉庄仲所录是也，但自以其未及修补改订，如《章句》、《集注》之精当耳。谓其说道理太多，翻却窠臼不尽，则亦恐未然。《周易会通》载朱子辨吕氏、晁氏语，不知所从出，朱子明《文公易说》第十九卷“论古易”，今刻前阙二板，当是书临漳所刊，易后及此篇而已，不可考。按《会通》载书临漳所刊易附后。朱子明《吕氏音训跋》云：《嵩山古易跋》语先公尝折衷晁、吕之说于其后，据此则此篇乃《书嵩山古易跋》后，而《文集》竟无之，则《文集》之遗逸亦多矣。《易本义》所附《九图》、《筮仪》，皆非朱子之作，乃后人误增入者。如程子易序、上下篇义，不见于程子《文集》，考其辞意，断断非程子作，而天台董氏则附上下篇义于程《传》。鄱阳董氏又并以易序附焉，皆据所传而不考其真伪，其附《九图》、《筮仪》于《本义》，亦其类也。尝有辨说极详，今系于后，附《周易本义》九图论《易本义》九图，非朱子之作也，后之人以《启蒙》依放为之，又杂以己意，而尽失其本指者也。

朱子于《易》有《本义》、有《启蒙》，其见于《文集》、《语录》讲论者甚详，而此九图未尝有一语及之，九图之不合于《本义》、《启蒙》者多矣，门人岂不见此九图者，何以绝不致疑也。朱子于《本义》叙画卦约略大传之文，故云自下而上，再倍而三，以成八卦，三画已具，八卦已成，则又三倍其画，以成六画，而于八卦之上，各加八卦，以成六十四卦，而不敢参以邵子之说。至《启蒙》则一本邵子，而邵子所传止有先天图，其伏羲八卦图、文王八卦图，则以经世演易图推而得之。同州

王氏汉上朱氏易，皆载伏羲八卦图、文王八卦图，《启蒙》因之。至朱子所自作横图六则注……①

王应麟曰：淳熙四年文公《易本义》成，十二卷，又为诸图冠首，为《原象》、《述旨》、《明筮》、《稽类》、《警学》五赞及《筮仪》附于末，《音义》二卷。十三年三月，《易学启蒙》成，四篇，以本图书原卦画，明蓍策考变占为次，又有蓍卦考误揲蓍之法，见于大传。郭雍为《蓍卦辨疑》三卷，熹谓疏家小失其指，而辨之者又大失焉。说愈多而法愈乱，因为考误。②

周密曰：朱子《语录》云某作《易本义》，欲将文王卦辞，只大纲依文王，卦辞略说至其所以然之，故于孔子彖辞中发之。如此乃不失文王本意，但未暇整顿尔。向见老人括苍叶大庆云：晦庵此语似乎不满孔子彖辞之意，别欲与文王重作彖辞，无奈何孔子已作了，故不得已言，却于孔子彖辞发之尔。晦庵聪明过当，古人说话无一个中他意，虽孔子彖易之辞，亦不然之也。③

熊良辅曰：古今易说传千有余家，据所见闻，由宋以前何啻百家，由宋以来，亦二百家矣。或见其书而取之，或见其书而未暇遍览，或见其姓名而不及见其书，或有其姓名而亡其书，是何学易者之多也？虽然天地之间理一而已，易自朱子而《本义》，大明象占义理，殆无余蕴，则夫千有余家之说，纵或有之，徒蔓辞耳，虽多亦奚以为。④

董真卿曰：朱子《周易本义》上下经二篇，《十翼》十篇，前述九图后附《五赞》、《筮仪》。其书以淳熙四年丁酉岁成，凡分经异传尽从东莱吕氏所定，非但取其章句之近，至若正文亦多从《古易》，《系辞》诸篇分章，亦不尽从吕氏也。⑤

按：朱彝尊《经义考》卷三十一录有朱熹自序及陈振孙、陈淳、王

---

① (清)王懋竑：《朱子年谱考异》卷二“周易本义成”，影印文渊阁《四库全书》本。

②③④⑤ (清)朱彝尊：《经义考》卷三十一，影印文渊阁《四库全书》本。

应麟、王希旦、周密、胡一桂、王皓翁、董鸿、熊良辅、董真卿、吴师道、朱升、薛瑄、洪常、郝敬、吴肃公、顾炎武、陈廷敬对朱熹《周易本义》的研讨，可谓是《周易本义》的研究史。

又后序曰：《易本义》一书，阐象数理义之原，示开物成务之教，可谓深切著明矣。《启蒙》又何为作也？朱子尝言《易》最难读，以开卷之初，先有一重象数，必明象数而后易可读。《启蒙》四篇，其殆专明象数，以为读《本义》者设，与象非卦不立，数非蓍不行，象出于图书，而形于卦画，则上足以该太极之理，而易非沦于无体数，衍于蓍策而达于变，占则下足以济生人之事，而易非荒于无用，且其文多发造化，尊阳贱阴之义。易之纲领，孰有大于是者哉！明本乎此，则《本义》一书，如指诸掌矣。然《启蒙》固为读《本义》设，而读《启蒙》者，又未可以易而视之也。①

校《周易本义》，乾隆中宝应刘世谠依朱子元本刊者，不用九图、筮仪，眉上附刊吕伯恭音训。然刻手不佳，又多伪(讹)字。时李宫保欲重刻五经、四书以为童子读本，故分校之。②

校《周易本义》竟。朱子于《易》所得实不深，至不可解处，辄云占者当如此则吉，或云戒占者当如此，数见不鲜，殊无意义，不如程传多矣。所作五赞尤肤浅，以功令所重，不能不刻。缦老欲另刻程传，以广学者之识，甚是。③

武英殿总监造和素等奏刻完之《周易本义》一部两本装订成套折。

康熙五十三年十二月初六日

---

① (清)朱彝尊：《经义考》卷四十，"易余间记·方平自序"，影印文渊《四库全书》本。

② (清)张文虎著，陈大康整理：《张文虎日记》，上海书店出版社，2001年版，第52页。

③ (清)张文虎著，陈大康整理：《张文虎日记》，上海书店出版社，2001年版，第53页。

和素、李国屏谨奏：刻完《周易本义》一部两本，粗略合装一套。谨奏。

朱批：知道了。[1]

① 王小虹等编译：中国第一历史档案馆编：《康熙朝满文朱批奏折全译》，中国社会科学出版社 1996 年版，第 989 页。

附录四　相关研究

1. 宋元明清相关研究成果

宋代董楷《周易传易附录》十四卷
宋代朱鉴《朱文公易说》二十二卷
元代胡一桂《易本义附录纂疏》十五卷
元代胡炳文《周易本义通释》十二卷
元代熊良辅《周易本义集成》十二卷
元代董养性《周易订疑》十五卷
明代蔡清《易经蒙引》十二卷
明代张谦《易本义集说》
明代成矩编《别本周易本义》四卷
明代胡广等《周易大全》二十四卷
清人朱轼《周易传义合订》十二卷
清人姜兆锡《周易本义述蕴》四卷
清人胡良显《周易本义晰》无卷数
清人李文炤《周易本义拾遗》六卷
清人王宏撰《周易筮述》八卷
清人王又仆《易翼述信》十二卷
清人吴曰慎《周易本义爻徵》二卷
清人潘元懋《周易广义》六卷
清人纪磊《周易本义辨证补订》四卷
清人蔡绍江《周易本义补说》五卷

清人丁鼎时、吴瑞麟《周易本义正解》二十二卷(康熙癸酉赐书堂刊本)

清人胡方《周易本义注》六卷(粤雅堂本)

清人胡方《周易本义阐旨》八卷(嘉庆十七年兰桂堂刻本)

清人姚章《周易本义引蒙》十二卷(康熙刊本)

清人苏了心《增订周易本义补》不分卷(康熙间刊本)

2.《周易本义》校点本及相关研究

《周易本义》四卷本,天津市古籍书店出版社 1986 年版(影印清明善堂刻本)

《新刊四书五经·周易本义》四卷本,中国书店 1994 年版

《周易本义》四卷本,廖明春点校,广州出版社 1994 年版

《周易本义》四卷本,廖明春点校,中华书局 2009 年版

《新刻官板周易本义》四卷本,海南出版社 2000 年版

《周易本义》,王昭洲点校,三秦出版社 1989 年版(据覆宋版本影印)

《原本周易本义朱文公易说》十二卷本,上海古籍出版社 1989 年版(影印《四库全书》本《原本周易本义》)

《周易本义》十二卷本,中国书店 1987 年版(影印 1922 年商务印书馆本)

《周易本义》十二卷本,苏勇校注,北京大学出版社 1992 年版(以《四库全书》本《原本周易本义》为底本)

《周易本义导读》十二卷本,萧汉明校点,齐鲁书社 2003 年版(以《四库全书》本《原本周易本义》为底本)

《周易本义》十二卷本,王铁点校,安徽教育出版社 2002 年版(以北京图书馆所藏南宋吴革刻本为底本)

《周易本义》十二卷本,李一忻点校,九州出版社 2004 年版(以《四库全书》本《原本周易本义》为底本)

《宋刊周易本义》十二卷本,福建人民出版社 2008 年版(影印宋咸淳元年吴革刻本)

陈鹏、宋卿译:《朱熹讲〈周易〉:白话〈周易本义〉》,长春出版社2010年版

白寿彝:《〈周易本义〉考》,《史学集刊》1936年第1期

潘雨延:《〈周易本义〉提要》,《周易研究》1988年第2期

朱熹:《〈周易本义〉与〈易九图〉、〈筮仪〉真伪考》(见束景南编:《朱熹佚文辑考》),江苏古籍出版社1991年版

彭忠德:《四库全书之“原本〈周易本义〉”勘误》,《文献》1998年第4期

余敦康:《朱熹〈周易本义〉卷首九图与〈易学启蒙〉解读》,《中国哲学史》2001年第4期

李申:《朱熹与〈周易本义〉》,载朱伯崑主编《国际易学研究》第6辑,华夏出版社2001年版

徐儒宗:《〈周易本义〉的原本与别本考释》,载武夷山朱熹研究中心编《朱子学与21世纪国际学术研讨会论文集》,三秦出版社2001年版

徐儒宗:《吕氏〈古周易〉与朱子〈周易本义〉简论》,见 http://www.zdxs.zju.edu.cn/news/2008/0628/article_6_1.html

张善文:《〈周易本义〉阙疑衍论》,载朱伯昆主编《国际易学研究》第6辑,北京:华夏出版社2001年版

束景南:《朱熹作〈周易本义〉与〈易传〉考》,载《论庄子哲学体系的骨架》,广西师范大学出版社2003年版

王风:《〈周易本义〉的“阙疑”方法》,《承德石油高等专科学报》2003年第3期

王风:《从〈朱子语类〉看〈周易本义〉成稿过程》,《中国哲学史》2003年第4期

王风:《论〈本义〉注文与卷首〈卦变图〉之相合》,《周易研究》2004年第2期

程林:《易序作者略考》,《周易研究》2004年第3期

蔡方鹿:《朱熹〈周易本义〉与程颐周〈易程氏传〉之区别》,载《朱

熹经学与中国经学》,人民出版社 2004 年版

刘元春、李伟:《整理本〈周易正义〉和点校本〈周易本义〉疏失举隅》,《广西大学学报》2008 年第 1 期

向世陵:《蔡清对朱熹〈本义〉的折中修正:以“保合太和”与“继善成性”的注解为例》,《周易研究》2009 年第 2 期

黎馨平:《论蔡清〈易经蒙引〉对〈周易本义〉的注疏价值》,《周易研究》2009 年第 4 期

郭振香:《论胡炳文对朱熹〈周易本义〉的推明与发挥》,《安徽大学学报》2010 年第 2 期

四书五经（大儒注本）

2

诗集传

【宋】朱熹 注 王华宝 整理

书集传

【宋】蔡沈 注 钱宗武 钱忠弼 整理

凤凰出版社

诗集传

目　　录

诗卷第三

诗卷第四

诗卷第五

诗卷第六

诗卷第七

诗卷第八

诗卷第九

诗卷第十

诗卷第十一

诗卷第十二

诗卷第十三

诗卷第十四

诗卷第十五

诗卷第十六

诗卷第十七

诗卷第十八

诗卷第十九

诗卷第二十

整理说明

一　关于《诗经》

《诗经》是我国第一部诗歌总集，原名《诗》，或称“诗三百”，有305篇，另有6篇笙诗，有目无辞。《诗经》主要收集了周初至春秋中叶五百多年间的作品。最后编定成书，大约在公元前6世纪。传为孔子删订。《诗经》分为风、雅、颂三类。“风”即音乐曲调，十五国风即这些地区的地方土乐。十五国风共160篇，包括周南、召南、邶、鄘、卫、王、郑、齐、魏、唐、秦、陈、桧、曹、豳，大部分是黄河流域的民歌，小部分是贵族加工的作品。“雅”即正，指朝廷正乐，西周王畿的乐调。雅共105篇，分为大雅31篇和小雅74篇，基本上是贵族的作品，只有小雅的一部分来自民间。“颂”是宗庙祭祀的乐歌，许多是舞曲。颂共40篇，分为周颂31篇、鲁颂4篇、商颂5篇。“诗”最初都是乐歌，只是由于古乐失传，后人已无法了解风、雅、颂各自在音乐上的特色。

爱情与农事、怨刺与燕飨、风俗与婚姻、战争与徭役、祭祖与赞颂英雄等，为《诗经》的主要内容，深刻反映了西周初至春秋中叶社会生活的各个方面。《诗经》可以说是一轴巨幅社会画卷，是周代社会的一面镜子，当时的政治、宗教、经济、军事、文化以及世态人情、民俗风习等等，在其中都有形象的表现。

《诗经》具有很高的艺术特色。无论是在创作态度、艺术形象、形式体裁，还是在语言技巧、表现手法上，都显示出我国最早的诗歌作品在艺术上的巨大成就。赋、比、兴的运用，既是《诗经》艺术特征的重要标志，也开启了我国古代诗歌创作的基本手法。《诗经》表现出的关注现实的热情、强烈的政治和道德意识、真诚积极的人生态度，后人称之为“风雅”精神，直接影响了后世诗人的创作。《诗经》中有众多的抒情诗篇，对后世的诗歌创作也产生了重大影响，抒情诗成为我国诗歌的主要形式之一。《诗经》的句式以四言为主，四句独立成章，其间杂有二言至八言不等，节奏鲜明，押韵方式多种多样，音律和谐生动，并且词汇丰富。《诗经》的语言优美朴素，形象生动，丰富多彩，往往能“以少总多”、“情貌无遗”(《文心雕龙·物色》)。而《诗经》的语言也是研究公元前 11 世纪到公元前 6 世纪汉语概貌的最重要的资料。

总之，《诗经》以其艺术魄力，在中国文学史上具有崇高的地位和深远的影响，奠定了我国诗歌的优良传统，不愧为中国古代诗歌的光辉起点。

二　关于《诗集传》的基本内容及注释特点

《诗经》所收作品，最初主要用于典礼、讽谏和娱乐等，是古代礼乐文化的重要组成部分，是实行教化的重要工具。编辑成书后，广泛运用于祭祀、朝聘、宴饮、外交等各种场合，在当时的社会生活中具有实用价值，受到人们的普遍重视。孔子很重视《诗》，曾以“诗”教授弟子，指出“兴于诗”；“不学诗，无以言”；“小子何莫学夫诗？诗可以兴，可以观，可以群，可以怨；迩之事父，远之事君；多识于鸟兽草木之名”。对学“诗”的重要意义和社会功用有多方面的阐述。

汉代《诗经》流传甚广，出现了今文的鲁、齐、韩三家诗。三家诗在西汉被立为博士，成为官学，兴盛一时。鲁人毛亨和赵人毛苌的古文“毛诗”晚出，最终压倒了三家诗，盛行于世。今本《诗经》，就是流传下来的“毛诗”。汉儒传《诗》，使《诗》经学化，形成诗教传统和说诗体系。从汉至唐，《诗经》形成了较为完备的“传”、“序”、“笺”、“疏”四位一体的汉学体系。也就是毛亨作《传》、毛亨与子夏共同作《序》、郑玄作《笺》、孔颖达作《疏》，最后成就了《毛诗正义》，产生了深远的影响。

宋代《诗经》学研究兴盛，涌现出了诸如欧阳修《诗本义》、王安石《诗义》、郑樵《诗传辨妄》、吕祖谦《吕氏家塾读诗记》、朱熹《诗集传》、王柏《诗疑》、杨简《慈湖诗传》等诠释《诗经》的代表性著作，仅据《四库全书总目》，宋代《诗经》诠释学著作就达 46 种之多。朱熹是其中最杰出的代表。朱熹关于《诗经》的学说，除《诗集传》外，还见于《诗传纲领》、《诗序辨说》、《朱子语类》和《〈吕氏家塾读诗记〉后序》等。

朱熹是八百年来对中国文化有重大影响的思想家，他的《诗集传》集古文今文、汉学宋学之大成，在《诗经》学史上是继《毛诗郑笺》、《毛诗正义》之后的第三座里程碑（见夏传才《诗经研究史概要》）。《诗集传》曾是元、明、清三个朝代科举制义的标准，举子必读的教科书，至今也仍不失为较好的《诗经》注本。其影响之所以如此之大，是因为《诗集传》具有破除“诗序”、确立新的解经原则，兼收并蓄、打破汉宋界限，注释简明、方便易学等许多特点。

首先是打破了盛行千余年的“诗序”的束缚，而从诗篇本身中探求本意，确立了新的解经方法论原则。“诗序”（分为大序、小序）

是附列在《诗经》每篇前面解说诗篇意旨的一种解说，为毛诗中所独有。“诗序”列在诗篇之前，本身就会造成“未读经文先读诗序，序乃有似诗人所命之题，而诗文反若因序而作”(《经义考》吴澂语)的误解，再加上经师们把“诗序”说成是孔子、子夏等圣贤所作，是解诗的依据，更加重了“诗序”对读者的束缚。宋代郑樵首先剥除“诗序”的神秘色彩，指出它不过是经师们的一种解说。朱熹进一步考证辨析“诗序”得失，在历史上第一个摈弃“诗序”解诗的传统，只从诗篇之中探求本意，打破了“诗序”的束缚。

其次是打破汉宋界限，兼采众说，以反对传统解经的泥守成说。每篇述其主旨，每章言其大意，常多新解。篇章方面，纠正了前人划分诗篇章节的一些错误。文义方面，则杂采毛、郑，间用齐、鲁、韩三家，以己意为取舍，也吸收当代学者的见解，汉宋兼收并蓄。注音方面，是采用吴棫的叶韵说，为《诗经》注音。叶韵说认为古人作诗也要求押韵，只是可以把一个字读作另一个音以求合韵。《诗集传》中有的正文下注“叶某某反”，就是注明这个字应该改读作某音。其对古音学的研究和叶音实践，代表了当时古音学研究的最高水平，有开拓之功。

第三是释义简洁，明白易晓。朱熹以前的《诗经》注本都过于烦琐，西汉时，曾经达到“说五字之文，至于二三万言”(《汉书·艺文志》)，后来虽加删削，到唐代《毛诗正义》仍然很烦琐。朱熹把“简约易读”作为修《诗集传》的目的之一。他删除了繁杂的转相疏解，只保留一个简单明确的注释，使文字大大简省。朱熹还表现出谨严的学风，于所不知，则明说“未详”，既不迷信前人成说，又不自以为是，而是力求言之有据。

《诗集传》也存在一些缺点，如把理学思想加了进来；叶音说不科学；另外此注本题为“集传”，但没有广为集录各家之说，也不尽合集传体例。

三 《诗集传》的版本及整理

根据有关专家的研究，我们知道，朱熹解《诗》，历时数十年，过程复杂，大体分为宗《毛序》作《诗集解》与黜《毛序》作《诗集传》两大阶段。束景南以对朱熹《诗集传》成书之考辨为突破口，认为朱熹《诗经》诠释学经历了三次大的变化："朱熹作《诗集传》，乃积四十年心血精力而成是编。以其《诗经》学思想演变而言，则由主《毛序》而辑集众家之解至删去诸儒之说，为一变；由删诸儒之说进而悟《毛序》之非，又为一变；由悟《毛序》之非再进而明雅郑邪正之辨，是为三变。以其《诗》说之书演变而言，则由辑众家解说之书，三次修改删订，由繁趋简而成《诗集解》；又经三次修改删订，由博返约而成《诗集传》；再经二次雠校五次刊刻，乃成今本《诗集传》之貌。"

所谓三次修改删订，即淳熙五年黜《毛序》、弃旧说而成《诗集传》草稿；淳熙七年至十一年，再次修改《诗集传》；淳熙十三年，最后删定《诗集传》，并作《诗序辨说》附后，是为定本。所谓二次雠校五次刊刻，即淳熙十四年首次刊刻于建安，世称建安本；淳熙十六年二刻于豫章，世称豫章本；绍熙五年三刻于长沙，世称长沙本；庆元二年，修改校定《诗集传》，庆元四年四刻于江西，世称江西本；庆元五年，再次雠校，五刻于后山，世称后山本。后山本校雠最精，即今本《诗集传》所从出。

《诗集传》最初成书刊刻时为二十卷，末附《诗序辨说》，但《诗序辨说》不知何时被删去，历代著录及今传宋刊本均未载。至清修《四库全书》，则只有八卷本，"盖坊刻所并"（《总目提要》），讹误改易之处很多，四库本作了一些校勘。《诗集传》二十卷本与八卷本是两种明显不同的版本系统。包丽虹通过对《诗集传》历代版本注音的比较研究，考察朱熹注音的原貌及其依据，认为在传世刻本中，以《四部丛刊三编》影宋本《诗集传》二十卷的学术价值为最高，但其卷十二至卷十七缺损，应与北京图书馆旧藏宋刻明印本配合使用；《诗集传》八卷本的注音是经过历代篡改而致，非朱熹原注；二十卷本注音的主要依据为陆德明《经典释文》和吴棫《毛诗补音》。解放后，文学古籍刊行社影印了宋二十卷本《诗集传》，后来中华书局上海编辑所据此本排印，这是较易见到的本子，但排印本中有一些讹误。其他一些排印本多为通行的八卷本，新生的排印之误不说，八卷本本身内容方面及刊刻方面的问题甚多。

本书以《四部丛刊三编》本《诗集传》为底本，参以北京图书馆旧藏宋刻明印本加以整理。全书简体字横排。经文部分，依照原书先后次序分章节排列，注音以小字夹排于正文中，朱熹的注解，排在该章节正文之后。书中的讹误，校点整理时参照众本，予以改正，不出校记。繁体字一般改为简体字，异体字等也尽量规范化，可能引起歧义的则不改；涉及注音的，如“辟”音“闢”、“舍”音“捨”，则保留“闢”、“捨”。本次整理，我们参考了中华书局版《十三经注疏》、多种新旧《诗集传》整理本及相关诗经学研究成果等，在此一并谨致谢忱。

本次整理力求文字正确，标点准确，篇章条理清晰，版式疏朗醒目，便于阅读了解。限于学识和时间，体例或未完善，校点或有不当，谨祈广大读者批评指正，以便再版时修订。

诗集传序

或有问于余曰："《诗》何为而作也？"余应之曰："人生而静，天之性也；感于物而动，性之欲也。夫既有欲矣，则不能无思；既有思矣，则不能无言；既有言矣，则言之所不能尽而发于咨嗟咏叹之余者，必有自然之音响节族而不能已焉。此《诗》之所以作也。"

曰："然则其所以教者何也？"曰："《诗》者，人心之感物而形于言之余也。心之所感有邪正，故言之所形有是非。惟圣人在上，则其所感者无不正，而其言皆足以为教。其或感之之杂，而所发不能无可择者，则上之人必思所以自反，而因有以劝惩之。是亦所以为教也。昔周盛时，上自郊庙朝廷，而下达于乡党闾巷，其言粹然无不出于正者，圣人固已协之声律，而用之乡人，用之邦国，以化天下。至于列国之诗，则天子巡狩，亦必陈而观之，以行黜陟之典。降自昭穆而后，寖以陵夷。至于东迁，而遂废不讲矣。孔子生于其时，既不得位，无以行帝王劝惩黜陟之政，于是特举其籍而讨论之，去其重复，正其纷乱，而其善之不足以为法，恶之不足以为戒者，则亦刊而去之，以从简约，示久远，使夫学者即是而有以考其得失，善者师之而恶者改焉。是以其政虽不足以行于一时，而其教实被于万世,是则诗之所以为教者然也。”

曰:“然则《国风》、《雅》、《颂》之体,其不同若是,何也?”曰:“吾闻之,凡《诗》之所谓风者,多出于里巷歌谣之作,所谓男女相与咏歌,各言其情者也。惟《周南》、《召南》亲被文王之化以成德,而人皆有以得其性情之正,故其发于言者,乐而不过于淫,哀而不及于伤,是以二篇独为风诗之正经。自邶而下,则其国之治乱不同,人之贤否亦异,其所感而发者,有邪正是非之不齐,而所谓先王之风者,于此焉变矣。若夫《雅》、《颂》之篇,则皆成周之世,朝廷郊庙乐歌之辞,其语和而庄,其义宽而密,其作者往往圣人之徒,固所以为万世法程而不可易者也。至于《雅》之变者,亦皆一时贤人君子,闵时病俗之所为。而圣人取之,其忠厚恻怛之心,陈善闭邪之意,尤非后世能言之士所能及之,此诗之为经,所以人事浃于下,天道备于上,而无一理之不具也。”

曰:“然则其学之也当奈何?”曰:“本之二《南》以求其端,参之列国以尽其变,正之于《雅》以大其规,和之于《颂》以要其止,此学《诗》之大旨也。于是乎章句以纲之,训诂以纪之,讽咏以昌之,涵濡以体之,察之情性隐微之间,审之言行枢机之始,则修身及家,平均天下之道,其亦不待他求而得之于此矣。”

问者唯唯而退。余时方辑《诗传》,因悉次是语以冠其篇云。

淳熙四年丁酉冬十月戊子新安朱熹序

诗卷第一

国风一

“国”者，诸侯所封之域，而“风”者，民俗歌谣之诗也。谓之风者，以其被上之化以有言，而其言又足以感人，如物因风之动以有声，而其声又足以动物也。是以诸侯采之以贡于天子，天子受之而列于乐官，于以考其俗尚之美恶，而知其政治之得失焉。旧说二南为正风，所以用之闺门、乡党、邦国而化天下也。十三国为变风，则亦领在乐官，以时存肄，备观省而垂监戒耳。合之凡十五国云。

周南一之一

周，国名。南，南方诸侯之国也。周国本在《禹贡》雍州境内岐山之阳，后稷十三世孙古公亶父始居其地。传子王季历，至孙文王昌，辟国寖广。于是徙都于丰，而分岐周故地以为周公旦、召公奭之采邑，且使周公为政于国中，而召公宣布于诸侯。于是德化大成于内，而南方诸侯之国，江沱汝汉之间，莫不从化。盖三分天下而有其二焉。至子武王发，又迁于镐，遂克商而有天下。武王崩，子成王诵立。周公相之，制作礼乐，乃采文王之世风化所及民俗之诗，被之管弦，以为房中之乐，而又推之以及于乡党、邦国，所以著明先王风俗之盛，而使天下后世之修身、齐家、治国、平天下者，皆得以取法焉。盖其得之国中者，杂以南国之诗，而谓之《周南》。言自天子之国而被于诸侯，不但国中而已也。其得之南国者，则直谓之《召南》。言自方伯之国被于南方，而不敢以系于天子也。岐周，在今凤翔府岐山县。丰，在今京兆府鄠县终南山北。南方之国，即今兴元府京西湖北等路诸州。镐，在丰东二十五里。《小序》曰："《关雎》、《麟趾》之化，王者之风，故系之周公。南，言化自北而南也。《鹊巢》、《驺虞》之德，诸侯之风也，先王之所以教，故系之召公。"斯言得之矣。

关关雎七余反鸠，在河之洲。窈乌了反窕徒了反淑女，君子好逑音求。

兴也。关关，雌雄相应之和声也。雎鸠，水鸟，一名王雎，状类凫鹥，今江淮间有之。生有定耦而不相乱，耦常并游而不相狎，故《毛传》以为挚而有别，《列女传》以为人未尝见其乘居而匹处者，盖其性然也。河，北方流水之通名。洲，水中可居之地也。窈窕，幽闲之意。淑，善也。女者，未嫁之称，盖指文王之妃大姒为处子时而言也。君子，则指文王也。好，亦善也。逑，匹也。《毛传》云："挚字与至通，言其情意深至也。"　兴者，先言他物以引起所咏之辞也。周之文王，生有圣德，又得圣女姒氏以为之配。宫中之人，于其始至，见其有幽闲贞静之德，故作是诗。言彼关关然之雎鸠，则相与和鸣于河洲之上矣，此窈窕之淑女，则岂非君子之善匹乎？言其相与和乐而恭敬，亦若雎鸠之情挚而有别也。后凡言兴者，其文意皆放此云。汉匡衡曰："窈窕淑女，君子好逑，言能致其贞淑，不贰其操；情欲之感，无介乎容仪；宴私之意，不形乎动静。夫然后可以配至尊而为宗庙主。此纲纪之首，王教之端也。"可谓善说诗矣。

参初金反差初宜反荇行孟反菜，左右流之。窈窕淑女，寤寐求之。求之不得，寤寐思服叶蒲北反。悠哉悠哉，辗哲善反转反侧。

兴也。参差，长短不齐之貌。荇，接余也。根生水底，茎如钗股，上青下白，叶紫赤，圆径寸余，浮在水面。或左或右，言无方也。流，顺水之流而取之也。或寤或寐，言无时也。服，犹怀也。悠，长也。辗者，转之半。转者，辗之周。反者，辗之过。侧者，转之留。皆卧不安席之意。　此章本其未得而言，彼参差之荇菜，则当左右无方以流之矣。此窈窕之淑女，则当寤寐不忘以求之矣。盖此人此德,世不常有,求之不得,则无以配君子而成其内治之美,故其忧思之深不能自已,至于如此也。

参差荇菜,左右采叶此履反之。窈窕淑女,琴瑟友叶羽已反之。参差荇菜,左右芼莫报反,叶音邈之。窈窕淑女,钟鼓乐音洛之。

兴也。采,取而择之也。芼,熟而荐之也。琴,五弦,或七弦。瑟,二十五弦。皆丝属,乐之小者也。友者,亲爱之意也。钟,金属。鼓,革属。乐之大者也。乐则和平之极也。　此章据今始得而言,彼参差之荇菜,既得之,则当采择而亨芼之矣。此窈窕之淑女,既得之,则当亲爱而娱乐之矣。盖此人此德,世不常有,幸而得之,则有以配君子而成内治,故其喜乐尊奉之意不能自已,又如此云。

《关雎》三章,一章四句,二章章八句。

孔子曰:"《关雎》乐而不淫,哀而不伤。"愚谓此言为此诗者,得其性情之正,声气之和也。盖德如雎鸠,挚而有别,则后妃性情之正,固可以见其一端矣。至于寤寐反侧,琴瑟钟鼓,极其哀乐而皆不过其则焉。则诗人性情之正,又可以见其全体也。独其声气之和,有不可得而闻者,虽若可恨,然学者姑即其辞而玩其理以养心焉,则亦可以得学诗之本矣。　匡衡曰:"妃匹之际,生民之始,万福之原。婚姻之礼正,然后品物遂而天命全。孔子论诗以《关雎》为始,言大上者民之父母,后夫人之行,不侔乎天地,则无以奉神灵之统而理万物之宜。自上世以来,三代兴废,未有不由此者也。"

葛之覃兮,施以豉反于中谷,维叶萋萋。黄鸟于飞,集于灌木,其鸣喈喈叶居奚反。

赋也。葛,草名,蔓生,可为絺绤者。覃,延;施,移也。中谷,谷中也。萋萋,盛貌。黄鸟,鹂也。灌木,丛木也。喈喈,和声之远闻也。　赋者,敷陈其事而直言之者也。盖后妃既成絺绤而赋其事,追叙初夏之时,葛叶方盛,而有黄鸟鸣于其上也。后凡言赋者放此。

葛之覃兮,施于中谷,维叶莫莫。是刈鱼废反是濩胡郭反,为絺耻知反为绤去逆反,叶去略反,服之无斁音亦,叶弋灼反。

赋也。莫莫，茂密貌。刈，斩；濩，煮也。精曰絺，粗曰绤。斁，厌也。此言盛夏之时，葛既成矣，于是治以为布，而服之无厌。盖亲执其劳，而知其成之不易，所以心诚爱之，虽极垢弊而不忍厌弃也。

言告师氏，言告言归。薄污我私，薄浣户管反我衣。害户葛反浣害否方九反？归宁父母莫后反。

赋也。言，辞也。师，女师也。薄，犹少也。污，烦撋之以去其污，犹治乱而曰乱也。浣，则濯之而已。私，燕服也。衣，礼服也。害，何也。宁，安也，谓问安也。　上章既成絺绤之服矣，此章遂告其师氏，使告于君子以将归宁之意，且曰盍治其私服之污，而浣其礼服之衣乎？何者当浣，而何者可以未浣乎？我将服之以归宁于父母矣。

《葛覃》三章，章六句。

此诗后妃所自作，故无赞美之辞。然于此可以见其已贵而能勤，已富而能俭，已长而敬不弛于师傅，已嫁而孝不衰于父母。是皆德之厚而人所难也。《小序》以为后妃之本，庶几近之。

采采上声卷耳，不盈顷音倾筐。嗟我怀人，寘彼周行叶户郎反。

赋也。采采，非一采也。卷耳，枲耳，叶如鼠耳，丛生如盘。顷，欹也。筐，竹器。怀，思也。人，盖谓文王也。寘，舍也。周行，大道也。　后妃以君子不在而思念之，故赋此诗，托言方采卷耳，未满顷筐，而心适念其君子，故不能复采，而寘之大道之旁也。

陟彼崔徂回反嵬五回反，我马虺呼回反隤徒回反。我姑酌彼金罍，维以不永怀叶胡隈反。

赋也。陟，升也。崔嵬，上山之戴石者。虺隤，马罢不能升高之病。姑，且也。罍，酒器，刻为云雷之象，以黄金饰之。永，长也。　此又托言欲登此崔嵬之山，以望所怀之人而往从之，则马罢病而不能进，于是且酌金罍之酒，而欲其不至于长以为念也。

陟彼高冈，我马玄黄。我姑酌彼兕徐履反觥古横反，叶古黄反，维以不永伤。

赋也。山脊曰冈。玄黄，玄马而黄，病极而变色也。兕，野牛，一角，青色，重千斤。觥，爵也，以兕角为爵也。

陟彼砠七余反矣，我马瘏音涂矣，我仆痡音敷矣，云何吁矣！

赋也。石山戴土曰砠。瘏，马病不能进也。痡，人病不能行也。吁，忧叹也。《尔雅注》引此作盱，张目望远也。详见《何人斯》篇。

《卷耳》四章，章四句。

此亦后妃所自作，可以见其贞静专一之至矣。岂当文王朝会征伐之时，羑里拘幽之日而作欤？然不可考矣。

南有樛居虯反木，葛藟力轨反累力追反之。乐音洛只之氏反君子，福履绥之。

兴也。南，南山也。木下曲曰樛。藟，葛类。累，犹系也。只，语助辞。君子，自众妾而指后妃，犹言小君内子也。履，禄；绥，安也。　后妃能逮下而无嫉妒之心，故众妾乐其德而称愿之曰：南有樛木，则葛藟累之矣；乐只君子，则福履绥之矣。

南有樛木，葛藟荒之。乐只君子，福履将之。

兴也。荒，奄也。将，犹扶助也。

南有樛木，葛藟萦乌营反之。乐只君子，福履成之。

兴也。萦，旋；成，就也。

《樛木》三章，章四句。

螽音终斯羽，诜诜所巾反兮。宜尔子孙，振振音真兮。

比也。螽斯，蝗属，长而青，长角长股，能以股相切作声，一生九十九子。诜诜，和集貌。尔，指螽斯也。振振，盛貌。　比者，以彼物比此物也。后妃不妒忌而子孙众多，故众妾以螽斯之群处和集，而子孙众多比之，言其有是德而宜有是福也。后凡言比者放此。

螽斯羽，薨薨兮。宜尔子孙，绳绳兮。

比也。薨薨，群飞声。绳绳，不绝貌。

螽斯羽，揖揖音缉兮。宜尔子孙，蛰蛰兮。

比也。揖揖，会聚也。蛰蛰，亦多意。

《螽斯》三章，章四句。

桃之夭夭於骄反，灼灼其华芳无、呼瓜二反。之子于归，宜其室家古胡、古牙二反。

兴也。桃，木名，华红，实可食。夭夭，少好之貌。灼灼，华之盛也。木少则华盛。之子，是子也，此指嫁者而言也。妇人谓嫁曰归。周礼仲春令会男女。然则桃之有华，正婚姻之时也。宜者，和顺之意。室，谓夫妇所居。家，谓一门之内。　文王之化，自家而国，男女以正，婚姻以时。故诗人因所见以起兴，而叹其女子之贤，知其必有以宜其室家也。

桃之夭夭，有蕡浮云反其实。之子于归，宜其家室。

兴也。蕡，实之盛也。家室，犹室家也。

桃之夭夭，其叶蓁蓁侧巾反。之子于归，宜其家人。

兴也。蓁蓁，叶之盛也。家人，一家之人也。

《桃夭》三章，章四句。

肃肃兔罝子斜反，又子余反，与夫叶，椓之丁丁陟耕反。赳赳武夫，公侯干城。

兴也。肃肃，整饬貌。罝，罟也。丁丁，椓杙声也。赳赳，武貌。干，盾也。干城，皆所以扞外而卫内者。　化行俗美，贤才众多，虽罝兔之野人，而其才之可用犹如此，故诗人因其所事以起兴而美之，而文王德化之盛，因可见矣。

肃肃兔罝，施于中逵。赳赳武夫，公侯好仇叶渠之反。

兴也。逵，九达之道。仇，与逑同。匡衡引《关雎》亦作仇字。公侯善匹，犹曰圣人之耦，则非特干城而已，叹美之无已也。下章放此。

肃肃兔罝，施于中林。赳赳武夫，公侯腹心。

兴也。中林，林中。腹心，同心同德之谓，则又非特好仇而已也。

《兔罝》三章，章四句。

采采芣音浮苢音以，薄言采叶此履反之。采采芣苢，薄言有叶羽已反之。

赋也。芣苢，车前也，大叶长穗，好生道旁。采，始求之也。有，既得之也。　化行俗美，家室和平，妇人无事，相与采此芣苢，而赋其事以相乐也。采之未详何用。或曰：其子治产难。

采采芣苢，薄言掇都夺反之。采采芣苢，薄言捋力活反之。

赋也。掇，拾也。捋，取其子也。

采采芣苢，薄言袺音结之。采采芣苢，薄言襭户结反之。

赋也。袺，以衣贮之而执其衽也。襭，以衣贮之而扱其衽于带间也。

《芣苢》三章，章四句。

南有乔木，不可休息吴氏曰：《韩诗》作"思"。汉有游女，不可求思。汉之广叶古旷反矣，不可泳叶于诳反思。江之永叶弋亮反矣，不可方叶甫妄反思。

兴而比也。上竦无枝曰乔。思，语辞也，篇内同。汉水，出兴元府嶓冢山，至汉阳军大别山入江。江汉之俗，其女好游，汉魏以后犹然，如大堤之曲可见也。泳，潜行也。江水出永康军岷山，东流与汉水合，东北入海。永，长也。方，桴也。　文王之化，自近而远，先及于江汉之间，而有以变其淫乱之俗。故其出游之女，人望见之，而知其端庄静一，非复前日之可求矣。因以乔木起兴，江汉为比，而反复咏叹之也。

翘翘祈遥反错薪，言刈其楚。之子于归，言秣其马叶满补反。汉之广矣，不可泳思。江之永矣，不可方思。

兴而比也。翘翘，秀起之貌。错，杂也。楚，木名，荆属。之子，指游女也。秣，饲也。　以错薪起兴而欲秣其马，则悦之至；以江汉为比而叹其终不可求，则敬之深。

翘翘错薪，言刈其蒌力俱反。之子于归，言秣其驹。汉之广矣，不可泳思。江之永矣，不可方思。

兴而比也。蒌，蒌蒿也，叶似艾，青白色，长数寸，生水泽中。驹，马之小者。

《汉广》三章，章八句。

遵彼汝坟，伐其条枚叶莫悲切。未见君子，惄乃历反如调张留反饥。

赋也。遵，循也。汝水出汝州天息山，径蔡颍州入淮。坟，大防也。枝曰条，干曰枚。惄，饥意也。调，一作輖，重也。　汝旁之国，亦先被文王之化者，故妇人喜其君子行役而归，因记其未归之时思望之情如此，而追赋之也。

遵彼汝坟，伐其条肄以自反。既见君子，不我遐弃。

赋也。斩而复生曰肄。遐，远也。　伐其枚而又伐其肄，则逾年矣。至是乃见其君子之归，而喜其不远弃我也。

鲂符方反鱼赪敕贞反尾，王室如燬音毁，下同。虽则如燬，父母孔迩。

比也。鲂，鱼名，身广而薄，少力细鳞。赪，赤也。鱼劳则尾赤。鲂尾本白而今赤，则劳甚矣。王室，指纣所都也。燬，焚也。父母，指文王也。孔，甚；迩，近也。　是时文王三分天下有其二，而率商之叛国以事纣，故汝坟之人，犹以文王之命供纣之役。其家人见其勤苦而劳之曰：汝之劳既如此，而王室之政方酷烈而未已。虽其酷烈而未已，然文王之德如父母然，望之甚近，亦可以忘其劳矣。此序所谓妇人能闵其君子，犹勉之以正者。盖曰虽其别离之久，思念之深，而其所以相告语者，犹有尊君亲上之意，而无情爱狎昵之私，则其德泽之深，风化之美，皆可见矣。一说，父母甚近，不可以懈于王事而贻其忧。亦通。

《汝坟》三章，章四句。

麟之趾，振振音真公子叶奖履反。于音吁，下同嗟麟兮！

兴也。麟，麕身，牛尾，马蹄，毛虫之长也。趾，足也。麟之足，不践生草，不履生虫。振振，仁厚貌。于嗟，叹辞。　文王后妃德修于身，而子孙宗族皆化于善，故诗人以麟之趾兴公之子，言麟性仁厚，故其趾亦仁厚；文王后妃仁厚，故其子亦仁厚。然言之不足，故又嗟叹之。言是乃麟也，何必麕身牛尾而马蹄，然后为王者之瑞哉！

麟之定都佞反，振振公姓。于嗟麟兮！

兴也。定，额也。麟之额未闻。或曰：有额而不以抵也。公姓，公孙也。姓之为言生也。

麟之角叶卢谷反，振振公族。于嗟麟兮！

兴也。麟一角，角端有肉。公族，公同高祖，祖庙未毁，有服之亲。

《麟之趾》三章，章三句。

《序》以为《关雎》之应，得之。

周南之国十一篇，三十四章，百五十九句。

按此篇首五诗，皆言后妃之德。《关雎》，举其全体而言也；《葛覃》、《卷耳》，言其志行之在己；《樛木》、《螽斯》，美其德惠之及人。皆指其一事而言也。其辞虽主于后妃，然其实则皆所以著明文王身修家齐之效也。至于《桃夭》、《兔罝》、《芣苢》，则家齐而国治之效。《汉广》、《汝坟》，则以南国之诗附焉，而见天下已有可平之渐矣。若《麟之趾》，则又王者之瑞，有非人力所致而自至者，故复以是终焉，而序者以为《关雎》之应也。夫其所以至此，后妃之德，固不为无所助矣。然妻道无成，则亦岂得而专之哉？今言诗者，或乃专美后妃，而不本于文王，其亦误矣。

召南一之二

召，地名，召公奭之采邑也。旧说扶风雍县南有召亭，即其地。今雍县析为岐山、天兴二县，未知召亭的在何县。馀已见《周南》篇。

维鹊有巢，维鸠居叶姬御反之。之子于归，百两如字，又音亮御五嫁反，叶鱼据反之。

兴也。鹊，鸠，皆鸟名。鹊善为巢，其巢最为完固。鸠性拙不能为巢，或有居鹊之成巢者。之子，指夫人也。两，一车也，一车两轮，故谓之两。御，迎也。诸侯之子嫁于诸侯,送御皆百两也。　　南国诸侯被文王之化,能正心修身以齐其家,其女子亦被后妃之化,而有专静纯一之德。故嫁于诸侯,而其家人美之曰:维鹊有巢,则鸠来居之,是以之子于归,而百两迎之也。此诗之意,犹《周南》之有《关雎》也。

维鹊有巢,维鸠方之。之子于归,百两将之。

兴也。方,有之也。将,送也。

鹊维有巢,维鸠盈之。之子于归,百两成之。

兴也。盈,满也。谓众媵侄娣之多。成,成其礼也。

《鹊巢》三章,章四句。

于以采蘩?于沼于沚。于以用之?公侯之事叶上止反。

赋也。于,於也。蘩,白蒿也。沼,池也。沚,渚也。事,祭事也。　　南国被文王之化,诸侯夫人能尽诚敬以奉祭祀,而其家人叙其事以美之也。或曰:蘩所以生蚕。盖古者后夫人有亲蚕之礼。此诗亦犹《周南》之有《葛覃》也。

于以采蘩?于涧之中。于以用之?公侯之宫。

赋也。山夹水曰涧。宫,庙也。或曰:即《记》所谓公桑蚕室也。

被皮寄反之僮僮音同,夙夜在公。被之祁祁,薄言还音旋归。

赋也。被,首饰也,编发为之。僮僮,竦敬也。夙,早也。公,公所也。祁祁,舒迟貌,去事有仪也。《祭义》曰:"及祭之后,陶陶遂遂,如将复入然,不欲遽去,爱敬之无已也。"或曰:公,即所谓公桑也。

《采蘩》三章,章四句。

喓喓於遥反草虫,趯趯托历反阜螽。未见君子,忧心忡忡敕中反。亦既见止,亦既觏止,我心则降户江反,叶乎攻反。

赋也。喓喓,声也。草虫,蝗属,奇音,青色。趯趯,跃貌。阜螽,蠜也。忡忡,犹冲冲也。止,语辞。觏,遇;降,下也。　　南国被文王之化,诸侯大夫行役在外,其妻独居,感时物之变,而思其君子如此。亦若《周南》之《卷耳》也。

陟彼南山，言采其蕨。未见君子，忧心惙惙张劣反。亦既见止，亦既觏止，我心则说音悦。

赋也。登山盖托以望君子。蕨，鳖也，初生无叶时可食。亦感时物之变也。惙，忧貌。

陟彼南山，言采其薇。未见君子，我心伤悲。亦既见止，亦既觏止，我心则夷。

赋也。薇，似蕨而差大，有芒而味苦，山间人食之，谓之迷蕨。胡氏曰："疑即庄子所谓迷阳者。"夷，平也。

《草虫》三章，章七句。

于以采蘋？南涧之滨。于以采藻？于彼行潦音老。

赋也。蘋，水上浮萍也。江东人谓之薸。滨，厓也。藻，聚藻也，生水底，茎如钗股，叶如蓬蒿。行潦，流潦也。　南国被文王之化，大夫妻能奉祭祀，而其家人叙其事以美之也。

于以盛音成之？维筐及筥居吕反。于以湘之？维锜宜绮反及釜符甫反。

赋也。方曰筐，圆曰筥。湘，烹也。盖粗熟而淹以为菹也。锜，釜属。有足曰锜，无足曰釜。　此足以见其循序有常、严敬整饬之意。

于以奠之？宗室牖下叶后五反。谁其尸之？有齐侧皆反季女。

赋也。奠，置也。宗室，大宗之庙也。大夫、士祭于宗室。牖下，室西南隅，所谓奥也。尸，主也。齐，敬貌。季，少也。祭祀之礼，主妇主荐豆，实以菹醢。少而能敬，尤见其质之美，而化之所从来者远矣。

《采蘋》三章，章四句。

蔽芾非贵反甘棠，勿剪勿伐，召伯所茇蒲曷反。

赋也。蔽芾，盛貌。甘棠，杜梨也。白者为棠，赤者为杜。剪，剪其枝叶也。伐，伐其条干也。伯，方伯也。茇，草舍也。　召伯循行南国以布文王之政，或舍甘棠之下。其后人思其德，故爱其树而不忍伤也。

蔽芾甘棠，勿剪勿败叶蒲寐反，召伯所憩起例反。

赋也。败，折；憩，息也。勿败，则非特勿伐而已，爱之愈久而愈深也。下章放此。

蔽芾甘棠，勿剪勿拜叶变制反，召伯所说始锐反。

赋也。拜，屈；说，舍也。勿拜，则非特勿败而已。

《甘棠》三章，章三句。

厌於叶反浥於及反行露，岂不夙夜叶羊茹反，谓行多露。

赋也。厌浥，湿意。行，道；夙，早也。　南国之人，遵召伯之教，服文王之化，有以革其前日淫乱之俗。故女子有能以礼自守，而不为强暴所污者，自述己志，作此诗以绝其人。言道间之露方湿，我岂不欲早夜而行乎？畏多露之沾濡而不敢尔。盖以女子早夜独行，或有强暴侵陵之患，故托以行多露而畏其沾濡也。

谁谓雀无角叶卢谷反，何以穿我屋？谁谓女音汝无家叶音谷，何以速我狱？虽速我狱，室家不足！

兴也。家，谓以媒聘求为室家之礼也。速，召致也。　贞女之自守如此，然犹或见讼而召致于狱。因自诉而言，人皆谓雀有角，故能穿我屋，以兴人皆谓汝于我，尝有求为室家之礼，故能致我于狱。然不知汝虽能致我于狱，而求为室家之礼，初未尝备，如雀虽能穿屋，而实未尝有角也。

谁谓鼠无牙叶五红反，何以穿我墉？谁谓女无家叶各空反，何以速我讼叶祥容反？虽速我讼，亦不女从！

兴也。牙，牡齿也。墉，墙也。言汝虽能致我于讼，然其求为室家之礼，有所不足，则我亦终不汝从矣。

《行露》三章，一章三句，二章章六句。

羔羊之皮叶蒲何反，素丝五纶徒何反。退食自公，委於危反蛇音移，叶唐何反委蛇。

赋也。小曰羔，大曰羊。皮，所以为裘，大夫燕居之服。素，白也。纶，未详，盖以丝饰裘之名也。退食，退朝而食于家也。自公，从公门而出也。委蛇，自得之貌。　南国化文王之政，在位皆节俭正直，故诗人美其衣服有常，而从容自得如此也。

羔羊之革叶讫力反，素丝五緎音域。委蛇委蛇，自公退食。

赋也。革，犹皮也。緎，裘之缝界也。

羔羊之缝符龙反，素丝五总子公反。委蛇委蛇，退食自公。

赋也。缝，缝皮合之以为裘也。总，亦未详。

《羔羊》三章，章四句。

殷音隐其雷，在南山之阳。何斯违斯？莫敢或遑。振振音真君子，归哉归哉！

兴也。殷，雷声也。山南曰阳。何斯，斯此人也。违斯，斯此所也。遑，暇也。振振，信厚也。　南国被文王之化，妇人以其君子从役在外而思念之，故作此诗。言殷殷然雷声，则在南山之阳矣，何此君子独去此而不敢少暇乎？于是又美其德，且冀其早毕事而还归也。

殷其雷，在南山之侧叶庄力反。何斯违斯？莫敢遑息。振振君子，归哉归哉！

兴也。息，止也。

殷其雷，在南山之下叶后五反。何斯违斯？莫或遑处尺煮反。振振君子，归哉归哉！

兴也。

《殷其雷》三章，章六句。

摽婢小反有梅，其实七兮。求我庶士，迨其吉兮！

赋也。摽，落也。梅，木名，花白，实似杏而酢。庶，众；迨，及也。吉，吉日也。　南国被文王之化，女子知以贞信自守，惧其嫁不及时，而有强暴之辱也。故言梅落而在树者少，以见时过而太晚矣，求我之众士，其必有及此吉日而来者乎？

摽有梅，其实三叶疏簪反兮。求我庶士，迨其今兮！

赋也。梅在树者三，则落者又多矣。今，今日也。盖不待吉矣。

摽有梅，顷音倾筐塈许器反之。求我庶士，迨其谓之！

赋也。塈，取也。顷筐取之，则落之尽矣。谓之，则但相告语而约可定矣。

《摽有梅》三章，章四句。

嘒呼惠反彼小星，三五在东。肃肃宵征，夙夜在公。寔命不同。

兴也。嘒，微貌。三五，言其稀，盖初昏或将旦时也。肃肃，齐遬貌。宵，夜；征，行也。寔，与实同。命，谓天所赋之分也。　南国夫人承后妃之化，能不妒忌以惠其下，故其众妾美之如此。盖众妾进御于君，不敢当夕，见星而往，见星而还，故因所见以起兴。其于义无所取，特取在东、在公两字之相应耳。遂言其所以如此者，由其所赋之分，不同于贵者，是以深以得御于君，为夫人之惠，而不敢致怨于往来之勤也。

嘒彼小星，维参所森反与昴叶力求反。肃肃宵征，抱衾与裯直留反。寔命不犹。

兴也。参、昴，西方二宿之名。衾，被也。裯，禅被也。兴亦取与昴、与裯二字相应。犹，亦同也。

《小星》二章，章五句。

吕氏曰："夫人无妒忌之行，而贱妾安于其命，所谓上好仁而下必好义者也。"

江有汜音祀。叶羊里反，之子归，不我以。不我以，其后也悔叶虎洧反！

兴也。水决复入为汜。今江陵汉阳安复之间，盖多有之。之子，媵妾，指嫡妻而言也。妇人谓嫁曰归。我，媵自我也。能左右之曰以，谓挟己而偕行也。　是时汜水之旁，媵有待年于国，而嫡不与之偕行者，其后嫡被后妃夫人之化，乃能自悔而迎之。故媵见江水之有汜，而因以起兴，言江犹有汜，而之子之归，乃不我以，虽不我以，然其后也亦悔矣。

江有渚，之子归，不我与。不我与，其后也处！

兴也。渚，小洲也。水岐成渚。与，犹以也。处，安也，得其所安也。

江有沱徒何反，之子归，不我过音戈。不我过，其啸也歌！

兴也。沱，江之别者。过，谓过我而与俱也。啸，蹙口出声以舒愤懑之气，言其悔时也。歌，则得其所处而乐也。

《江有汜》三章，章五句。

陈氏曰："《小星》之夫人，惠及媵妾，而媵妾尽其心。江沱之嫡，惠不及媵妾，而媵妾不怨。盖父虽不慈，子不可以不孝，各尽其道而已矣。"

野有死麇俱伦反，与春叶，白茅包叶补苟反之。有女怀春，吉士诱之。

兴也。麇，獐也，鹿属，无角。怀春，当春而有怀也。吉士，犹美士也。南国被文王之化，女子有贞洁自守，不为强暴所污者，故诗人因所见以兴其事而美之。或曰赋也。言美士以白茅包其死麇，而诱怀春之女也。

林有朴蒲木反樕音速，野有死鹿。白茅纯徒尊反束，有女如玉。

兴也。朴樕，小木也。鹿，兽名，有角。纯束，犹包之也。如玉者，美其色也。上三句兴下一句也。或曰赋也。言以朴樕藉死鹿，束以白茅，而诱此如玉之女也。

舒而脱脱勑外反兮，无感我帨始锐反兮，无使尨美邦反也吠符废反！

赋也。舒，迟缓也。脱脱，舒缓貌。感，动；帨，巾；尨，犬也。　此章乃述女子拒之之辞，言姑徐徐而来，毋动我之帨，毋惊我之犬，以甚言其不能相及也。其凛然不可犯之意，盖可见矣。

《野有死麇》三章，二章章四句，一章三句。

何彼襛如容反，与雝叶矣？唐棣徒帝反之华芳无、胡瓜二反。曷不肃雝？王姬之车斤於、尺奢二反。

兴也。襛，盛也，犹曰戎戎也。唐棣，移也，似白杨。肃，敬；雝，和也。周王之女姬姓，故曰王姬。　　王姬下嫁于诸侯，车服之盛如此，而不敢挟贵以骄其夫家。故见其车者，知其能敬且和以执妇道，于是作诗以美之曰：何彼戎戎而盛乎？乃唐棣之华也。此何不肃肃而敬，雍雍而和乎？乃王姬之车也。此乃武王以后之诗，不可的知其何王之世。然文王大姒之教，久而不衰，亦可见矣。

何彼襛矣？华如桃李。平王之孙，齐侯之子叶奖履反。

兴也。李，木名，华白，实可食。旧说，平，正也。武王女，文王孙，适齐侯之子。或曰：平王，即平王宜臼。齐侯，即襄公诸儿。事见《春秋》。未知孰是。　　以桃李二物，兴男女二人也。

其钓维何？维丝伊缗。齐侯之子，平王之孙叶须伦反。

兴也。伊，亦维也。缗，纶也。丝之合而为纶，犹男女之合而为昏也。

《何彼襛矣》三章，章四句。

彼茁则劣反者葭音加。壹发五豝百加反。于音吁，下同嗟乎驺虞叶音牙！

赋也。茁，生出壮盛之貌。葭，芦也，亦名苇。发，发矢。豝，牡豕也。一发五豝，犹言中必叠双也。驺虞，兽名，白虎黑文，不食生物者也。　　南国诸侯承文王之化，修身齐家以治其国，而其仁民之余恩，又有以及于庶类。故其春田之际，草木之茂，禽兽之多，至于如此。而诗人述其事以美之，且叹之曰：此其仁心自然，不由勉强，是即真所谓驺虞矣。

彼茁者蓬。壹发五豵子公反。于嗟乎驺虞叶五红反！

赋也。蓬，草名。一岁曰豵，亦小豕也。

《驺虞》二章，章三句。

文王之化，始于《关雎》，而至于《麟趾》，则其化之入人者深矣。形于《鹊巢》，而及于《驺虞》，则其泽之及物者广矣。盖意诚心正之功，不息而久，则其熏蒸透彻，融液周遍，自有不能已者，非智力之私所能及也。故序以《驺虞》为《鹊巢》之应，而见王道之成，其必有所传矣。

召南之国十四篇，四十章，百七十七句。

愚按《鹊巢》至《采蘋》，言夫人大夫妻，以见当时国君大夫被文王之化，而能修身以正其家也。《甘棠》以下，又见由方伯能布文王之化，而国君能修之家以及其国也。其辞虽无及于文王者，然文王明德新民之功，至是而其所施者溥矣。抑所谓其民皞皞而不知为之者与！唯《何彼秾矣》之诗，为不可晓，当阙所疑耳。　《周南》、《召南》二国，凡二十五篇，先儒以为正风，今姑从之。　孔子谓伯鱼曰："女为《周南》、《召南》矣乎？人而不为《周南》、《召南》，其犹正墙面而立也与！"　《仪礼·乡饮酒》、《乡射》、《燕礼》，皆合乐《周南·关雎》、《葛覃》、《卷耳》，《召南·鹊巢》、《采蘩》、《采蘋》。《燕礼》又有房中之乐。郑氏注曰："弦歌《周南》、《召南》之诗，而不用钟磬。云房中者，后夫人之所讽诵以事其君子。"

程子曰："天下之治，正家为先。天下之家正，则天下治矣。二南，正家之道也。陈后妃、夫人、大夫妻之德，推之士庶人之家一也。故使邦国至于乡党皆用之。自朝廷至于委巷，莫不讴吟讽诵，所以风化天下。"

诗卷第二

邶一之三

邶、鄘、卫，三国名，在《禹贡》冀州，西阻太行，北逾衡漳，东南跨河，以及兖州桑土之野。及商之季，而纣都焉。武王克商，分自纣城，朝歌而北谓之邶，南谓之鄘，东谓之卫，以封诸侯。邶、鄘不详其始封。卫则武王弟康叔之国也。卫本都河北，朝歌之东，淇水之北，百泉之南。其后不知何时并得邶、鄘之地。至懿公为狄所灭，戴公东徙渡河，野处漕邑，文公又徙居于楚丘。朝歌故城，在今卫州卫县西二十二里，所谓殷墟。卫故都，即今卫县。漕，楚丘，皆在滑州。大抵今怀、卫、澶、相、滑、濮等州，开封大名府界，皆卫境也。但邶、鄘地既入卫，其诗皆为卫事，而犹系其故国之名，则不可晓。而旧说以此下十三国，皆为变风焉。

汎芳剑反彼柏舟，亦汎其流。耿耿古幸反不寐，如有隐忧。微我无酒，以敖五羔反以游。

比也。汎，流貌。柏，木名。耿耿，小明，忧之貌也。隐，痛也。微，犹非也。　妇人不得于其夫，故以柏舟自比，言以柏为舟，坚致牢实，而不以乘载，无所依薄，但汎然于水中而已。故其隐忧之深如此，非为无酒可以敖游而解之也。《列女传》以此为妇人之诗。今考其辞气卑顺柔弱，且居变风之首，而与下篇相类，岂亦庄姜之诗也欤？

我心匪鉴，不可以茹如预反。亦有兄弟，不可以据。薄言往愬，逢彼之怒。

赋也。鉴,镜;茹,度;据,依;愬,告也。　　言我心既匪鉴而不能度物,虽有兄弟,而又不可依以为重,故往告之而反遭其怒也。

我心匪石,不可转也。我心匪席,不可卷眷勉反也。威仪棣棣,不可选也。

赋也。棣棣,富而闲习之貌。选,简择也。　　言石可转,而我心不可转。席可卷,而我心不可卷。威仪无一不善,又不可得而简择取舍,皆自反而无阙之意。

忧心悄悄七小反,愠于群小。觏古豆反闵既多,受侮不少。静言思之,寤辟避亦反有摽婢小反。

赋也。悄悄,忧貌。愠,怒意。群小,众妾也。言见怒于众妾也。觏,见;闵,病也。辟,拊心也。摽,拊心貌。

日居月诸,胡迭待结反而微?心之忧矣,如匪浣户管反衣。静言思之,不能奋飞!

比也。居、诸,语辞。迭,更;微,亏也。匪浣衣,谓垢污不濯之衣。奋飞,如鸟奋翼而飞去也。　　言日当常明,月则有时而亏,犹正嫡当尊,众妾当卑。今众妾反胜正嫡,是日月更迭而亏。是以忧之至于烦冤愦眊,如衣不浣之衣,恨不能奋起而飞去也。

《柏舟》五章,章六句。

绿兮衣兮,绿衣黄里。心之忧矣,曷维其已!

比也。绿,苍胜黄之间色。黄,中央土之正色。间色贱而以为衣,正色贵而以为里,言皆失其所也。已,止也。　　庄公惑于嬖妾,夫人庄姜贤而失位,故作此诗。言绿衣黄里,以比贱妾尊显而正嫡幽微,使我忧之不能自已也。

绿兮衣兮,绿衣黄裳。心之忧矣,曷维其亡!

比也。上曰衣,下曰裳。记曰:衣正色,裳间色。今以绿为衣,而黄者自里转而为裳,其失所益甚矣。亡之为言忘也。

绿兮丝兮,女音汝所治平声兮。我思古人,俾无訧音尤,叶于其反兮。

比也。女，指其君子而言也。治，谓理而织之也。俾，使；訧，过也。言绿方为丝，而女又治之，以比妾方少艾，而女又嬖之也。然则我将如之何哉？亦思古人有尝遭此而善处之者以自励焉，使不至于有过而已。

絺兮绤兮，凄七西反其以风叶孚愔反。我思古人，实获我心。

比也。凄，寒风也。　　絺绤而遇寒风，犹己之过时而见弃也。故思古人之善处此者，真能先得我心之所求也。

《绿衣》四章，章四句。

庄姜事见《春秋传》。此诗无所考，姑从序说。下三篇同。

燕燕于飞，差初宜反池其羽。之子于归，远送于野叶上与反。瞻望弗及，泣涕如雨。

兴也。燕，鳦也。谓之燕燕者，重言之也。差池，不齐之貌。之子，指戴妫也。归，大归也。　　庄姜无子，以陈女戴妫之子完为己子。庄公卒，完即位，嬖人之子州吁弑之。故戴妫大归于陈，而庄姜送之，作此诗也。

燕燕于飞，颉户结反之颃户郎反之。之子于归，远于将之。瞻望弗及，伫立以泣。

兴也。飞而上曰颉，飞而下曰颃。将，送也。伫立，久立也。

燕燕于飞，下上时掌反其音。之子于归，远送于南叶尼心反。瞻望弗及，实劳我心。

兴也。鸣而上曰上音，鸣而下曰下音。送于南者，陈在卫南。

仲氏任而今反只音纸，其心塞渊叶一均反。终温且惠，淑慎其身。先君之思，以勖凶肉反寡人。

赋也。仲氏，戴妫字也。以恩相信曰任。只，语辞。塞，实；渊，深；终，竟；温，和；惠，顺；淑，善也。先君，谓庄公也。勖，勉也。寡人，寡德之人，庄姜自称也。　　言戴妫之贤如此，又以先君之思勉我，使我常念之而不失其守也。杨氏曰："州吁之暴，桓公之死，戴妫之去，皆夫人失位不见答于先君所致也。而戴妫犹以先君之思勉其夫人，真可谓温且惠矣。"

《燕燕》四章，章六句。

日居月诸，照临下土。乃如之人兮，逝不古处昌吕反。胡能有定，宁不我顾叶果五反？

赋也。日居月诸，呼而诉之也。之人，指庄公也。逝，发语辞。古处，未详。或云，以古道相处也。胡、宁，皆何也。　庄姜不见答于庄公，故呼日月而诉之。言日月之照临下土久矣，今乃有如是之人，而不以古道相处，是其心志回惑，亦何能有定哉？而何为其独不我顾也。见弃如此，而犹有望之之意焉。此诗之所以为厚也。

日居月诸，下土是冒。乃如之人兮，逝不相好呼报反。胡能有定，宁不我报？

赋也。冒，覆也。报，答也。

日居月诸，出自东方。乃如之人兮，德音无良。胡能有定，俾也可忘。

赋也。日旦必出东方，月望亦出东方。德音，美其辞；无良，丑其实也。俾也可忘，言何独使我为可忘者邪？

日居月诸，东方自出。父兮母兮，畜我不卒。胡能有定，报我不述。

赋也。畜，养；卒，终也。不得其夫，而叹父母养我之不终，盖忧患疾痛之极，嗟呼父母，人之至情也。述，循也。言不循义理也。

《日月》四章，章六句。

此诗当在《燕燕》之前。下篇放此。

终风且暴，顾我则笑叶音燥。谑许约反浪笑敖五报反，中心是悼。

比也。终风，终日风也。暴，疾也。谑，戏言也。浪，放荡也。悼，伤也。

庄公之为人，狂荡暴疾，庄姜盖不忍斥言之，故但以终风且暴为比。言虽其狂暴如此，然亦有顾我而笑之时。但皆出于戏慢之意，而无爱敬之诚，则又使我不敢言，而心独伤之耳。盖庄公暴慢无常，而庄姜正静自守，所以忤其意而不见答也。

终风且霾亡皆反,叶音貍,惠然肯来叶如字,又陵之反。莫往莫来,悠悠我思叶新才、新赍二反。

比也。霾,雨土蒙霧也。惠,顺也。悠悠,思之长也。　终风且霾,以比庄公之狂惑也。虽云狂惑,然亦或惠然而肯来。但又有莫往莫来之时,则使我悠悠而思之。望其君子之深,厚之至也。

终风且曀於计反,不日有曀。寤言不寐,愿言则嚏都丽反。

比也。阴而风曰曀。有,又也。不日有曀,言既曀矣,不旋日而又曀也。亦比人之狂惑暂开而复蔽也。愿,思也。嚏,鼽嚏也。人气感伤闭郁,又为风雾所袭,则有是疾也。

曀曀其阴,虺虺虚鬼反其雷。寤言不寐,愿言则怀叶胡隈反。

比也。曀曀,阴貌。虺虺,雷将发而未震之声。以比人之狂惑愈深而未已也。怀,思也。

《终风》四章,章四句。

说见上。

击鼓其镗吐当反,踊跃用兵叶晡芒反。土国城漕,我独南行叶户郎反。

赋也。镗,击鼓声也。踊跃,坐作击刺之状也。兵,谓戈戟之属。土,土功也。国,国中也。漕,卫邑名。　卫人从军者自言其所为,因言卫国之民,或役土功于国,或筑城于漕,而我独南行,有锋镝死亡之忧,危苦尤甚也。

从孙子仲,平陈与宋。不我以归,忧心有忡敕中反,叶敕众反。

赋也。孙,氏;子仲,字;时军帅也。平,和也,合二国之好也。旧说以此为春秋隐公四年,州吁自立之时,宋、卫、陈、蔡伐郑之事。恐或然也。以,犹与也。言不与我而归也。

爰居爰处,爰丧息浪反其马叶满补反。于以求之?于林之下叶后五反。

赋也。爰,于也。于是居,于是处,于是丧其马,而求之于林下,见其失伍离次,无斗志也。

死生契苦结反阔叶苦劣反，与子成说。执子之手，与子偕老叶鲁吼反。

赋也。契阔，隔远之意。成说，谓成其约誓之言。　从役者念其室家，因言始为室家之时，期以死生契阔，不相忘弃，又相与执手，而期以偕老也。

于音吁，下同嗟阔叶苦劣反兮，不我活叶户劣反兮！于嗟洵音荀兮，不我信师人反兮！

赋也。于嗟，叹辞也。阔，契阔也。活，生；洵，信也。信，与申同。言昔者契阔之约如此，而今不得活。偕老之信如此，而今不得伸。意必死亡，不复得与其室家遂前约之信也。

《击鼓》五章，章四句。

凯风自南叶尼心反，吹彼棘心。棘心夭夭於骄反，母氏劬劳叶音僚。

比也。南风谓之凯风，长养万物者也。棘，小木，丛生，多刺，难长，而心又其稚弱而未成者也。夭夭，少好貌。劬劳，病苦也。　卫之淫风流行，虽有七子之母，犹不能安其室。故其子作此诗，以凯风比母，棘心比子之幼时。盖曰：母生众子，幼而育之，其劬劳甚矣。本其始而言，以起自责之端也。

凯风自南，吹彼棘薪。母氏圣善，我无令人。

兴也。圣，睿；令，善也。　棘可以为薪，则成矣。然非美材，故以兴子之壮大而无善也。复以圣善称其母，而自谓无令人，其自责也深矣。

爰有寒泉，在浚之下叶后五反。有子七人，母氏劳苦。

兴也。浚，卫邑。　诸子自责，言寒泉在浚之下，犹能有所滋益于浚。而有子七人，反不能事母，而使母至于劳苦乎？于是乃若微指其事，而痛自刻责，以感动其母心也。母以淫风流行，不能自守，而诸子自责，但以不能事母，使母劳苦为辞。婉辞几谏，不显其亲之恶，可谓孝矣。下章放此。

睍胡显反睆华板反黄鸟，载好其音。有子七人，莫慰母心。

兴也。睍睆，清和圆转之意。　言黄鸟犹能好其音以悦人，而我七子，独不能慰悦母心哉？

《凯风》四章，章四句。

雄雉于飞，泄泄移世反其羽。我之怀矣，自诒伊阻。

兴也。雉，野鸡。雄者有冠，长尾，身有文采，善斗。泄泄，飞之缓也。怀，思；诒，遗；阻，隔也。　妇人以其君子从役于外，故言雄雉之飞，舒缓自得如此，而我之所思者，乃从役于外，而自遗阻隔也。

雄雉于飞，下上时掌反其音。展矣君子，实劳我心。

兴也。下上其音，言其飞鸣自得也。展，诚也。言诚又言实，所以甚言此君子之劳我心也。

瞻彼日月，悠悠我思叶新赍反。道之云远，曷云能来叶陵之反？

赋也。悠悠，思之长也。见日月之往来，而思其君子从役之久也。

百尔君子，不知德行下孟反，叶户郎反。不忮之豉反不求，何用不臧？

赋也。百，犹凡也。忮，害；求，贪；臧，善也。　言凡尔君子，岂不知德行乎？若能不忮害，又不贪求，则何所为而不善哉？忧其远行之犯患，冀其善处而得全也。

《雄雉》四章，章四句

匏有苦叶，济有深涉。深则厉，浅则揭苦例反。

比也。匏，瓠也。匏之苦者不可食，特可佩以渡水而已。然今尚有叶，则亦未可用之时也。济，渡处也。行渡水曰涉。以衣而涉曰厉。褰衣而涉曰揭。　此刺淫乱之诗。言匏未可用，而渡处方深，行者当量其浅深而后可渡。以比男女之际，亦当量度礼义而行也。

有瀰弥尔反济盈，有鷕以小反雉鸣。济盈不濡轨居美反，叶居有反，雉鸣求其牡。

比也。瀰，水满貌。鷕，雌雉声。轨，车辙也。飞曰雌雄，走曰牝牡。　夫济盈必濡其辙，雉鸣当求其雄，此常理也。今济盈而曰不濡轨，雉鸣而反求其牡，以比淫乱之人，不度礼义，非其配耦，而犯礼以相求也。

雝雝鸣雁叶鱼旰反，旭许玉反日始旦。士如归妻，迨冰未泮。

赋也。雝雝,声之和也。雁,鸟名,似鹅,畏寒,秋南春北。旭,日初出貌。昏礼,纳采用雁。亲迎以昏,而纳采请期以旦。归妻以冰泮,而纳采请期,迨冰未泮之时。　言古人之于婚姻,其求之不暴,而节之以礼如此,以深刺淫乱之人也。

招招照遥反舟子叶奖履反,人涉卬五郎反否叶补美反。人涉卬否,卬须我友叶羽轨反。

比也。招招,号召之貌。舟子,舟人主济渡者。卬,我也。　舟人招人以渡,人皆从之。而我独否者,待我友之招而后从之也。以比男女必待其配耦而相从,而刺此人之不然也。

《匏有苦叶》四章,章四句。

习习谷风,以阴以雨。黾勉同心,不宜有怒叶暖五反。采葑孚容反采菲妃鬼反,无以下体。德音莫违,及尔同死叶想止反。

比也。习习,和舒也。东风谓之谷风。葑,蔓菁也。菲,似葍,茎粗叶厚而长,有毛。下体,根也。葑菲根茎皆可食,而其根则有时而美恶。德音,美誉也。　妇人为夫所弃,故作此诗,以叙其悲怨之情。言阴阳和而后雨泽降,如夫妇和而后家道成。故为夫妇者,当黾勉以同心,而不宜至于有怒。又言采葑菲者,不可以其根之恶,而弃其茎之美。如为夫妇者,不可以其颜色之衰,而弃其德音之善。但德音之不违,则可以与尔同死矣。

行道迟迟,中心有违。不远伊迩,薄送我畿音祈。谁谓荼音徒苦?其甘如荠齐礼反。宴尔新昏,如兄如弟待礼反。

赋而比也。迟迟,舒行貌。违,相背也。畿,门内也。荼,苦菜,蓼属也,详见《良耜》。荠,甘菜。宴,乐也。新昏,夫所更娶之妻也。　言我之被弃,行于道路,迟迟不进。盖其足欲前,而心有所不忍,如相背然。而故夫之送我,乃不远而甚迩,亦至其门内而止耳。又言荼虽甚苦,反甘如荠,以比己之见弃,其苦有甚于荼,而其夫方且宴乐其新昏,如兄如弟而不见恤。盖妇人从一而终,今虽见弃,犹有望夫之情,厚之至也。

泾以渭浊,湜湜音殖其沚音止。宴尔新昏,不我屑以。

毋逝我梁，毋发我笱古口反。我躬不阅，遑恤我后胡口反！

比也。泾、渭，二水名。泾水出今原州百泉县笄头山东南，至永兴军高陵入渭。渭水出渭州渭源县鸟鼠山，至同州冯翊县入河。湜湜，清貌。沚，水渚也。屑，洁；以，与；逝，之也。梁，堰石障水，而空其中以通鱼之往来者也。笱，以竹为器，而承梁之空以取鱼者也。阅，容也。　泾浊渭清，然泾未属渭之时，虽浊而未甚见，由二水既合而清浊益分。然其别出之渚，流或稍缓，则犹有清处。妇人以自比其容貌之衰久矣，又以新昏形之，益见憔悴，然其心则固犹有可取者。但以故夫之安于新昏，故不以我为洁而与之耳。又言毋逝我之梁，毋发我之笱，以比欲戒新昏，毋居我之处，毋行我之事。而又自思我身且不见容，何暇恤我已去之后哉！知不能禁，而绝意之辞也。

就其深矣，方之舟之；就其浅矣，泳之游之。何有何亡？黾勉求之。凡民有丧，匍音蒲匐蒲北反救叶居尤反之。

兴也。方，桴；舟，船也。潜行曰泳，浮水曰游。匍匐，手足并行，急遽之甚也。　妇人自陈其治家勤劳之事，言我随事尽其心力而为之，深则方舟，浅则泳游，不计其有与亡，而勉强以求之。又周睦其邻里乡党，莫不尽其道也。

不我能慉许六反，反以我为雠。既阻我德，贾音古用不售市救反，叶市周反。昔育恐育鞠居六反，及尔颠覆芳服反。既生既育，比予于毒。

赋也。慉，养；阻，却；鞠，穷也。　承上章言我于女家勤劳如此，而女既不我养，而反以我为仇雠。惟其心既拒却我之善，故虽勤劳如此而不见取，如贾之不见售也。因念其昔时相与为生，惟恐其生理穷尽，而及尔皆至于颠覆。今既遂其生矣，乃反比我于毒而弃之乎？张子曰：“育恐，谓生于恐惧之中。育鞠，谓生于闲穷之际。”亦通。

我有旨蓄敕六反，亦以御鱼吕反，下同冬。宴尔新昏，以我御穷。有洸音光有溃户对反，既诒我肄以世反。不念昔者，伊余来塈许器反。

兴也。旨，美；蓄，聚；御，当也。洸，武貌；溃，怒色也。肄，劳；塈，息也。　又言我之所以蓄聚美菜者，盖欲以御冬月乏无之时，至于春夏，则不食之矣。今君子安于新昏而厌弃我，是但使我御其穷苦之时，至于安乐则弃之也。又言于我极其武怒，而尽遗我以勤劳之事，曾不念昔者我之来息时也。追言其始见君子之时，接礼之厚，怨之深也。

《谷风》六章，章八句。

式微式微，胡不归？微君之故，胡为乎中露？

赋也。式，发语辞。微，犹衰也。再言之者，言衰之甚也。微，犹非也。中露，露中也。言有沾濡之辱，而无所芘覆也。　旧说以为黎侯失国而寓于卫，其臣劝之曰：衰微甚矣，何不归哉！我若非以君之故，则亦胡为而辱于此哉！

式微式微，胡不归？微君之躬，胡为乎泥中？

赋也。泥中，言有陷溺之难，而不见拯救也。

《式微》二章，章四句。

此无所考，姑从序说。

旄丘之葛叶居谒反兮，何诞音惮之节兮！叔兮伯叶音逼兮，何多日也？

兴也。前高后下曰旄丘。诞，阔也。叔伯，卫之诸臣也。　旧说，黎之臣子自言久寓于卫，时物变矣，故登旄丘之上，见其葛长大而节疏阔，因托以起兴曰：旄丘之葛，何其节之阔也；卫之诸臣，何其多日而不见救也。此诗本责卫君，而但斥其臣，可见其优柔而不迫也。

何其处也？必有与也！何其久叶举里反也？必有以也！

赋也。处，安处也。与，与国也。以，他故也。　因上章"何多日也"而言，何其安处而不来？意必有与国相俟而俱来耳。又言何其久而不来？意其或有他故而不得来耳。诗之曲尽人情如此。

狐裘蒙戎，匪车不东。叔兮伯兮，靡所与同。

赋也。大夫狐苍裘。蒙戎，乱貌，言弊也。　又自言客久而裘弊矣，岂我之车不东告于女乎？但叔兮伯兮，不与我同心，虽往告之而不肯来耳。至是始微讽切之。或曰"狐裘蒙戎"，指卫大夫而讥其愦乱之意。"匪车不东"，言非其车不肯东来救我也，但其人不肯与俱来耳。今按黎国在卫西，前说近是。

琐素果反兮尾兮，流离之子叶奖履反。叔兮伯兮，褎由救反如充耳。

赋也。琐，细；尾，末也。流离，漂散也。褎，多笑貌。充耳，塞耳也。耳聋之人恒多笑。　　言黎之君臣，流离琐尾，若此其可怜也。而卫之诸臣，褎然如塞耳而无闻，何哉？至是然后尽其辞焉。流离患难之余，而其言之有序而不迫如此，其人亦可知矣。

《旄丘》四章，章四句。

说同上篇。

简兮简兮，方将万舞。日之方中，在前上处。

赋也。简，简易不恭之意。万者，舞之总名，武用干戚，文用羽籥也。"日之方中，在前上处"，言当明显之处。　　贤者不得志而仕于伶官，有轻世肆志之心焉，故其言如此，若自誉而实自嘲也。

硕人俣俣疑矩反，公庭万舞。有力如虎，执辔如组音祖。

赋也。硕，大也。俣俣，大貌。辔，今之缰也。组，织丝为之，言其柔也。御能使马，则辔柔如组矣。　　又自誉其才之无所不备，亦上章之意也。

左手执籥余若反，右手秉翟亭历反，叶直角反。赫如渥於角反赭音者，叶陟略反，公言锡爵。

赋也。执籥、秉翟者，文舞也。籥，如笛而六孔。或曰三孔。翟，雉羽也。赫，赤貌。渥，厚渍也。赭，赤色也。言其颜色之充盛也。"公言锡爵"，即《仪礼》燕饮而献工之礼也。以硕人而得此，则亦辱矣，乃反以其赉予之亲洽为荣而夸美之，亦玩世不恭之意也。

山有榛侧巾反，隰有苓音零。云谁之思？西方美人。彼美人兮，西方之人兮！

兴也。榛，似栗而小。下湿曰隰。苓，一名大苦，叶似地黄，即今甘草也。"西方美人"，托言以指西周之盛王，如《离骚》亦以美人目其君也。又曰，西方之人者，叹其远而不得见之辞也。　　贤者不得志于衰世之下国，而思盛际之显王,故其言如此,而意远矣。

《简兮》四章,三章章四句,一章六句。

旧三章章六句,今改定。　　张子曰:"为禄仕而抱关击柝,则犹恭其职也。为伶官,则杂于侏儒俳优之间,不恭甚矣,其得谓之贤者?虽其迹如此,而其中固有以过人,又能卷而怀之,是亦可以为贤矣。东方朔似之。"

毖悲位反彼泉水,亦流于淇。有怀于卫,靡日不思叶新赍反。娈力转反彼诸姬,聊与之谋叶谟悲反。

兴也。毖,泉始出之貌。泉水,即今卫州共城之百泉也。淇水出相州林虑县东流,泉水自西北而东南来注之。娈,好貌。诸姬,谓侄娣也。　　卫女嫁于诸侯,父母终,思归宁而不得,故作此诗。言毖然之泉水,亦流于淇矣,我之有怀于卫,则亦无日而不思矣。是以即诸姬而与之谋,为归卫之计,如下两章之云也。

出宿于泲子礼反,饮饯音践于祢乃礼反。女子有行,远于万反父母兄弟待礼反。问我诸姑,遂及伯姊叶奖礼反。

赋也。泲,地名。饮饯者,古之行者,必有祖道之祭,祭毕,处者送之,饮于其侧而后行也。祢,亦地名,皆自卫来时所经之处也。诸姑、伯姊,即所谓诸姬也。　　言始嫁来时,则固已远其父母兄弟矣,况今父母既终,而复可归哉?是以问于诸姑伯姊,而谋其可否云耳。郑氏曰:"国君夫人,父母在则归宁,没则使大夫宁于兄弟。"

出宿于干叶居焉反,饮饯于言。载脂载舝胡瞎反,叶下介反,还音旋车言迈。遄市专反臻于卫此字本与迈、害叶,今读误,不瑕有害?

赋也。干,言,地名,适卫所经之地也。脂,以脂膏涂其舝,使滑泽也。舝,车轴也,不驾则脱之,设之而后行也。还,回旋也,旋其嫁来之车也。遄,疾;臻,至也。瑕,何,古音相近,通用。　　言如是,则其至卫疾矣,然岂不害于义理乎?疑之而不敢遂之辞也。

我思肥泉,兹之永叹叶它涓反。思须与漕叶徂侯反,我心悠悠。驾言出游,以写我忧。

赋也。肥泉,水名。须、漕,卫邑也。悠悠,思之长也。写,除也。　　既不敢归,然其思卫地不能忘也,安得出游于彼,而写其忧哉?

《泉水》四章,章六句。

杨氏曰:"卫女思归,发乎情也。其卒也不归,止乎礼义也。圣人著之于《经》,以示后世,使知适异国者,父母终,无归宁之义,则能自克者知所处矣。"

出自北门叶眉贫反,忧心殷殷。终窭其矩反且贫,莫知我艰叶居银反。已焉哉叶将其反,下同!天实为之,谓之何哉!

比也。北门,背阳向阴。殷殷,忧也。窭者,贫而无以为礼也。　卫之贤者,处乱世,事暗君,不得其志,故因出北门而赋以自比。又叹其贫窭,人莫知之,而归之于天也。

王事适我,政事一埤避支反益我。我入自外,室人交遍谪知革反,叶竹棘反我。已焉哉!天实为之,谓之何哉!

赋也。王事,王命使为之事也。适,之也。政事,其国之政事也。一,犹皆也。埤,厚;室,家;谪,责也。　王事既适我矣,政事又一切以埤益我,其劳如此,而窭贫又甚,室人至无以自安,而交遍谪我,则其困于内外极矣。

王事敦叶都回反我,政事一埤遗唯季反,叶夷回反我。我入自外,室人交遍摧徂回反我。已焉哉!天实为之,谓之何哉!

赋也。敦,犹投掷也。遗,加;摧,沮也。

《北门》三章,章七句。

杨氏曰:"忠信重禄,所以劝士也。卫之忠臣,至于窭贫而莫知其艰,则无劝士之道矣。仕之所以不得志也。先王视臣如手足,岂有以事投遗之而不知其艰哉?然不择事而安之,无怼憾之辞,知其无可奈何而归之于天,所以为忠臣也。"

北风其凉,雨于付反雪其雱普康反。惠而好呼报反,下同我,携手同行叶户郎反。其虚其邪音徐,下同,既亟只音纸,下同且子余反,下同!

比也。北风,寒凉之风也。凉,寒气也。雱,雪盛貌。惠,爱;行,去也。虚,宽貌。邪,一作徐,缓也。亟,急也。只且,语助辞。　言北风雨雪,以比国家危乱将至,而气象愁惨也。故欲与其相好之人,去而避之。且曰:是尚可以宽徐乎?彼其祸乱之迫已甚,而去不可不速矣。

北风其喈音皆,叶居奚反,雨雪其霏芳非反。惠而好我,携手同归。其虚其邪,既亟只且!

比也。喈,疾声也。霏,雨雪分散之状。归者,去而不反之辞也。

莫赤匪狐,莫黑匪乌。惠而好我,携手同车。其虚其邪,既亟只且!

比也。狐,兽名,似犬,黄赤色。乌,鸦,黑色。皆不祥之物,人所恶见者也。所见无非此物,则国将危乱可知。同行同归,犹贱者也。同车,则贵者亦去矣。

《北风》三章,章六句。

静女其姝赤朱反,俟我于城隅。爱而不见,搔苏刀反首踟直知反蹰直诛反。

赋也。静者,闲雅之意。姝,美色也。城隅,幽僻之处。不见者,期而不至也。踟蹰,犹踯躅也。此淫奔期会之诗也。

静女其娈,贻我彤徒冬反管叶古克反。彤管有炜于鬼反,说音悦怿音亦女美。

赋也。娈,好貌。于是则见之矣。彤管,未详何物,盖相赠以结殷勤之意耳。炜,赤貌。言既得此物,而又悦怿此女之美也。

自牧归荑徒兮、徒计二反,洵美且异夷、曳二音。匪女音汝之为美,美人之贻与异同!

赋也。牧,外野也。归,亦贻也。荑,茅之始生者。洵,信也。女,指荑而言也。　　言静女又赠我以荑,而其荑亦美且异,然非此荑之为美,特以美人之所赠,故其物亦美耳。

《静女》三章,章四句。

新台有泚此礼反,河水㳽㳽莫迩反。燕婉之求,籧音渠篨音除不鲜期践反,叶想止反。

赋也。泚,鲜明也。㳽㳽,盛也。燕,安;婉,顺也。籧篨,不能俯,疾之丑者也。盖籧篨本竹席之名,人或编以为囷,其状如人之拥肿而不能俯者,故又因以名此疾也。鲜,少也。　　旧说以为卫宣公为其子伋娶于齐,而闻其美,欲自娶之,乃作新台于河上而要之。国人恶之,而作此诗以刺之。言齐女本求与伋为燕婉之好,而反得宣公丑恶之人也。

新台有洒七罪反,叶先典反,河水浼浼每罪反,叶美辩反。燕婉之求,籧篨不殄。

赋也。洒,高峻也。浼浼,平也。殄,绝也。言其病不已也。

鱼网之设,鸿则离之。燕婉之求,得此戚施。

兴也。鸿,雁之大者。离,丽也。戚施,不能仰,亦丑疾也。　　言设鱼网而反得鸿,以兴求燕婉而反得丑疾之人,所得非所求也。

《新台》三章,章四句。

凡宣姜事,首末见《春秋传》。然于诗则皆未有考也。诸篇放此。

二子乘舟,汎汎芳剑反其景叶举两反。愿言思子,中心养养以两反。

赋也。二子,谓伋、寿也。乘舟,渡河如齐也。景,古影字。养养,犹漾漾,忧不知所定之貌。　　旧说以为宣公纳伋之妻,是为宣姜,生寿及朔。朔与宣姜,愬伋于公。公令伋之齐,使贼先待于隘而杀之。寿知之,以告伋。伋曰:"君命也,不可以逃。"寿窃其节而先往,贼杀之。伋至,曰:"君命杀我,寿有何罪?"贼又杀之。国人伤之,而作是诗也。

二子乘舟,汎汎其逝此字本与害叶,今读误。愿言思子,不瑕有害?

赋也。逝,往也。不瑕,疑辞,义见《泉水》。此则见其不归而疑之也。

《二子乘舟》二章,章四句。

太史公曰:"余读世家言,至于宣公之子,以妇见诛,弟寿争死以相让,此与晋太子申生不敢明骊姬之过同,俱恶伤父之志。然卒死亡,何其悲也!或父子相杀,兄弟相戮,亦独何哉!"

邶十九篇,七十二章,三百六十三句。

诗卷第三

鄘一之四

说见上篇。

汎彼柏舟，在彼中河。髧徒坎反彼两髦音毛，实维我仪叶牛何反。之死矢靡他汤河反。母也天叶铁因反只音纸，下同！不谅人只！

兴也。中河，中于河也。髧，发垂貌。两髦者，剪发夹囟，子事父母之饰，亲死然后去之。此盖指共伯也。我，共姜自我也。仪，匹；之，至；矢，誓；靡，无也。只，语助辞。谅，信也。　旧说以为卫世子共伯蚤死，其妻共姜守义，父母欲夺而嫁之，故共姜作此以自誓。言柏舟则在彼中河，两髦则实我之匹，虽至于死，誓无它心。母之于我，覆育之恩，如天罔极，而何其不谅我之心乎？不及父者，疑时独母在，或非父意耳。

汎彼柏舟，在彼河侧。髧彼两髦，实维我特。之死矢靡慝他得反。母也天只！不谅人只！

兴也。特，亦匹也。慝，邪也。以是为慝，则其绝之甚矣。

《柏舟》二章，章七句。

墙有茨，不可埽叶苏后反也。中冓古候反之言，不可道叶徒厚反也。所可道也，言之丑也。

兴也。茨，蒺藜也，蔓生，细叶，子有三角刺人。中冓，谓舍之交积材木也。道，言；丑，恶也。　旧说以为宣公卒，惠公幼，其庶兄顽烝于宣姜。故诗人作此诗以刺之，言其闺中之事，皆丑恶而不可言。理或然也。

墙有茨，不可襄也。中冓之言，不可详也。所可详也，言之长也。

兴也。襄，除也。详，详言之也。言之长者，不欲言而托以语长难竟也。

墙有茨，不可束也。中冓之言，不可读也。所可读也，言之辱也。

兴也。束，束而去之也。读，诵言也。辱，犹丑也。

《墙有茨》三章，章六句。

杨氏曰："公子顽通乎君母，闺中之言，至不可读，其污甚矣。圣人何取焉而著之于经也？盖自古淫乱之君，自以为密于闺门之中，世无得而知者，故自肆而不反。圣人所以著之于经，使后世为恶者，知虽闺门之言，亦无隐而不彰也。其为训戒深矣。"

君子偕老，副笄六珈音加，叶居河反。委委於危反佗佗待何反，如山如河。象服是宜叶牛何反，子之不淑，云如之何？

赋也。君子，夫也。偕老，言偕生而偕死也。女子之生，以身事人，则当与之同生，与之同死。故夫死称未亡人，言亦待死而已，不当复有他适之志也。副，祭服之首饰，编发为之。笄，衡笄也，垂于副之两旁当耳，其下以紞悬瑱。珈之言加也，以玉加于笄而为饰也。委委佗佗，雍容自得之貌。如山，安重也。如河，弘广也。象服，法度之服也。淑，善也。　言夫人当与君子偕老，故其服饰之盛如此，而雍容自得，安重宽广，又有以宜其象服。今宣姜之不善乃如此，虽有是服，亦将如之何哉？言不称也。

玼音此兮玼兮，其之翟叶去声也。鬒真忍反发如云，不屑苏节反髢徒帝反也。玉之瑱吐殿反也，象之揥敕帝反也，扬且子余反之皙星历反，叶征例反也。胡然而天也！胡然而帝也！

赋也。玼，鲜盛貌。翟衣，祭服，刻绘为翟雉之形，而彩画之以为饰也。鬒，黑也。如云，言多而美也。屑，洁也。髢，髲髢也。人少发，则以髢益之，发自美，则不洁于髢而用之也。瑱，塞耳也。象，象骨也。揥，所以摘发也。扬，眉上广也。且，助语辞。皙，白也。胡然而天，胡然而帝，言其服饰容貌之美,见者惊犹鬼神也。

瑳七我反兮瑳兮,其之展陟战反,叶诸延反也。蒙彼绉侧救反絺,是绁息列反袢薄慢反,叶汾乾反也。子之清扬,扬且之颜叶鱼坚反也。展如之人兮,邦之媛于眷反,叶于权反也。

赋也。瑳,亦鲜盛貌。展衣者,以礼见于君,及见宾客之服也。蒙,覆也。绉絺,絺之蹙蹙者,当暑之服也。绁袢,束缚意。以展衣蒙絺绤而为之绁袢,所以自敛饬也。或曰:蒙,谓加絺绤于亵衣之上,所谓表而出之也。清,视清明也。扬,眉上广也。颜,额角丰满也。展,诚也。美女曰媛。见其徒有美色,而无人君之德也。

《君子偕老》三章,一章七句,一章九句,一章八句。

东莱吕氏曰:"首章之末云,'子之不淑,云如之何',责之也。二章之末云,'胡然而天也,胡然而帝也',问之也。三章之末云,'展如之人兮,邦之媛也',惜之也。辞益婉而意益深矣。"

爰采唐矣?沬音妹之乡矣。云谁之思?美孟姜矣。期我乎桑中叶诸良反,要於遥反我乎上宫叶居王反,送我乎淇之上叶辰羊反矣。

赋也。唐,蒙菜也,一名兔丝。沬,卫邑也,《书》所谓妹邦者也。孟,长也。姜,齐女,言贵族也。桑中、上宫、淇上,又沬乡之中小地名也。要,犹迎也。　卫俗淫乱,世族在位,相窃妻妾。故此人自言将采唐于沬,而与其所思之人,相期会迎送如此也。

爰采麦叶讫力反矣?沬之北矣。云谁之思?美孟弋矣。期我乎桑中,要我乎上宫,送我乎淇之上矣。

赋也。麦,谷名,秋种夏熟者。弋,《春秋》或作姒。盖杞女,夏后氏之后,亦贵族也。

爰采葑矣?沬之东矣。云谁之思?美孟庸矣。期我乎桑中,要我乎上宫,送我乎淇之上矣。

赋也。葑,蔓菁也。庸,未闻,疑亦贵族也。

《桑中》三章，章七句。

《乐记》曰："郑卫之音，乱世之音也，比于慢矣。桑间濮上之音，亡国之音也。其政散，其民流，诬上行私而不可止也。"按桑间即此篇，故《小序》亦用《乐记》之语。

鹑音纯之奔奔，鹊之彊彊音姜。人之无良，我以为兄叶虚王反。

兴也。鹑，鹌属。奔奔、彊彊，居有常匹，飞则相随之貌。人，谓公子顽。良，善也。　卫人刺宣姜与顽，非匹耦而相从也。故为惠公之言以刺之曰：人之无良，鹑鹊之不若，而我反以为兄，何哉？

鹊之彊彊，鹑之奔奔叶逋珉反。人之无良，我以为君。

兴也。人，谓宣姜。君，小君也。

《鹑之奔奔》二章，章四句。

范氏曰："宣姜之恶，不可胜道也。国人疾而刺之，或远言焉，或切言焉。远言之者，《君子偕老》是也。切言之者，《鹑之奔奔》是也。卫诗至此，而人道尽，天理灭矣。中国无以异于夷狄，人类无以异于禽兽，而国随以亡矣。"胡氏曰："杨时有言，诗载此篇，以见卫为狄所灭之因也，故在《定之方中》之前。因以是说考于历代，凡淫乱者，未有不至于杀身败国而亡其家者，然后知古诗垂戒之大。而近世有献议，乞于经筵不以《国风》进讲者，殊失圣经之旨矣。"

定丁佞反之方中，作于楚宫。揆之以日，作于楚室。树之榛栗，椅於宜反桐梓漆，爰伐琴瑟。

赋也。定，北方之宿，营室星也。此星昏而正中，夏正十月也。于是时可以营制宫室，故谓之营室。楚宫，楚丘之宫也。揆，度也。树八尺之臬，而度其日之出入之景，以定东西。又参日中之景，以正南北也。楚室，犹楚宫，互文以协韵耳。榛、栗，二木，其实榛小栗大，皆可供笾实。椅，梓实桐皮。桐，梧桐也。梓，楸之疏理白色而生子者。漆，木有液黏黑，可饰器物。四木皆琴瑟之材也。爰，于也。　卫为狄所灭，文公徙居楚丘，营立宫室，国人悦之而作是诗以美之。苏氏曰："种木者，求用于十年之后，其不求近功，凡此类也。"

升彼虚起居反,叶起吕反矣,以望楚矣。望楚与堂,景山与京叶居良反。降观于桑,卜云其吉,终焉允臧。

赋也。虚,故城也。楚,楚丘也。堂,楚丘之旁邑也。景,测景以正方面也,与"既景乃冈"之景同。或曰:景,山名,见《商颂》。京,高丘也。桑,木名,叶可饲蚕者。观之以察其土宜也。允,信;臧,善也。　此章本其始之望景观卜而言,以至于终,而果获其善也。

灵雨既零,命彼倌音官人。星言夙驾,说始锐反于桑田叶徒因反。匪直也人,秉心塞渊叶一均反,騋音来牝三千叶仓新反。

赋也。灵,善;零,落也。倌人,主驾者也。星,见星也。说,舍止也。秉,操;塞,实;渊,深也。马七尺以上为騋。　言方春时雨既降,而农桑之务作。文公于是命主驾者晨起驾车,亟往而劳劝之。然非独此人所以操其心者,诚实而渊深也。盖其所畜之马,七尺而牝者,亦已至于三千之众矣。盖人操心诚实而渊深,则无所为而不成,其致此富盛宜矣。记曰:问国君之富,数马以对。今言騋牝之众如此,则生息之蕃可见,而卫国之富亦可知矣。此章又要其终而言也。

《定之方中》三章,章七句。

按《春秋传》,卫懿公九年冬,狄入卫,懿公及狄人战于荧泽而败,死焉。宋桓公迎卫之遗民渡河而南,立宣姜子申以庐于漕,是为戴公。是年卒,立其弟燬,是为文公。于是齐桓公合诸侯以城楚丘而迁卫焉。文公大布之衣,大帛之冠,务材训农,通商惠工,敬教劝学,授方任能。元年革车三十乘,季年乃三百乘。

蝃丁计反蝀都动反在东,莫之敢指。女子有行,远于万反父母兄弟叶待里反。

比也。蝃蝀,虹也。日与雨交,倏然成质,似有血气之类,乃阴阳之气不当交而交者,盖天地之淫气也。在东者,莫虹也。虹随日所映,故朝西而莫东也。　此刺淫奔之诗。言蝃蝀在东,而人不敢指,以比淫奔之恶,人不可道。况女子有行,又当远其父母兄弟,岂可不顾此而冒行乎?

朝隮子西反于西,崇朝其雨。女子有行,远兄弟父母叶满补反。

比也。隮，升也。《周礼》十辉，九曰隮，注以为虹，盖忽然而见，如自下而升也。崇，终也。从旦至食时为终朝。言方雨而虹见，则其雨终朝而止矣。盖淫慝之气，有害于阴阳之和也。今俗谓虹能截雨，信然。

乃如之人也，怀昏姻也！大无信叶斯人反也，不知命叶弥并反也！

赋也。乃如之人，指淫奔者而言，昏姻，谓男女之欲。程子曰："女子以不自失为信。"命，正理也。　言此淫奔之人，但知思念男女之欲，是不能自守其贞信之节，而不知天理之正也。程子曰："人虽不能无欲，然当有以制之。无以制之，而惟欲之从，则人道废而入于禽兽矣。以道制欲，则能顺命。"

《蝃蝀》三章，章四句。

相息亮反鼠有皮叶蒲何反，人而无仪叶牛何反。人而无仪，不死何为叶吾禾反？

兴也。相，视也。鼠，虫之可贱恶者。　言视彼鼠而犹必有皮，可以人而无仪乎？人而无仪，则其不死亦何为哉！

相鼠有齿，人而无止。人而无止，不死何俟叶羽已反，又音始？

兴也。止，容止也。俟，待也。

相鼠有体，人而无礼。人而无礼，胡不遄死叶想止反？

兴也。体，支体也。遄，速也。

《相鼠》三章，章四句。

孑孑居热反干旄，在浚苏俊反之郊叶音高。素丝纰符至反之，良马四之。彼姝赤朱反者子，何以畀必寐反之？

赋也。孑孑，特出之貌。干旄，以旄牛尾注于旗干之首而建之车后也。浚，卫邑名。邑外谓之郊。纰，织组也。盖以素丝织组而维之也。四之，两服两骖，凡四马以载之也。姝，美也。子，指所见之人也。畀，与也。　言卫大夫乘此车马，建此旌旄，以见贤者。彼其所见之贤者，将何以畀之，而答其礼意之勤乎?

孑孑干旟,在浚之都。素丝组音祖之,良马五之。彼姝者子,何以予音与之?

赋也。旟,州里所建鸟隼之旗也。上设旌旄,其下系斿,斿下属縿,皆画鸟隼也。下邑曰都。五之,五马,言其盛也。

孑孑干旌,在浚之城。素丝祝之,良马六之。彼姝者子,何以告姑沃反之?

赋也。析羽为旌。干旌,盖析翟羽设于旗干之首也。城,都城也。祝,属也。六之,六马,极其盛而言也。

《干旄》三章,章六句。

此上三诗,《小序》皆以为文公时诗,盖见其列于《定中》、《载驰》之间故尔,他无所考也。然卫本以淫乱无礼、不乐善道而亡其国,今破灭之余,人心危惧,正其有以惩创往事,而兴起善端之时也。故其为诗如此,盖所谓生于忧患、死于安乐者。《小序》之言,疑亦有所本云。

载驰载驱叶袪尤反,归唁卫侯。驱马悠悠,言至于漕叶徂侯反。大夫跋蒲末反涉,我心则忧。

赋也。载,则也。吊失国曰唁。悠悠,远而未至之貌。草行曰跋,水行曰涉。　宣姜之女为许穆公夫人,闵卫之亡,驰驱而归,将以唁卫侯于漕邑。未至,而许之大夫,有奔走跋涉而来者。夫人知其必将以不可归之义来告,故心以为忧也。既而终不果归,乃作此诗以自言其意尔。

既不我嘉,不能旋反。视尔不臧,我思不远?既不我嘉,不能旋济。视尔不臧,我思不閟?

赋也。嘉、臧,皆善也。远,犹忘也。济,渡也。自许归卫,必有所渡之水也。閟,闭也,止也。言思之不止也。　言大夫既至,而果不以我归为善,则我亦不能旋反而济,以至于卫矣。虽视尔不以我为善,然我之所思,终不能自已也。

陟彼阿丘,言采其蝱音盲,叶谟郎反。女子善怀,亦各有行叶户郎反。许人尤之，众稚直吏反且狂。

赋也。偏高曰阿丘。蝱，贝母也，主疗郁结之疾。善怀，多忧思也，犹《汉书》云岸善崩也。行，道；尤，过也。　又言以其既不适卫而思终不止也，故其在塗，或升高以舒忧想之情，或采蝱以疗郁结之疾。盖女子所以善怀者，亦各有道。而许国之众人以为过，则亦少不更事而狂妄之人尔。许人守礼，非稚且狂也。但以其不知己情之切至，而言若是尔。然而卒不敢违焉，则亦岂真以为稚且狂哉！

我行其野，芃芃蒲红反其麦叶讫力反。控苦贡反于大邦，谁因谁极？大夫君子，无我有尤叶于其反。百尔所思叶新赍反，不如我所之。

赋也。芃芃，麦盛长貌。控，持而告之也。因，如"因魏庄子"之因。极，至也。大夫，即跋涉之大夫。君子，谓许国之众人也。　又言归塗在野，而涉芃芃之麦，又自伤许国之小而力不能救，故思欲为之控告于大邦，而又未知其将何所因而何所至乎。大夫君子，无以我为有过，虽尔所以处此百方，然不如使我得自尽其心之为愈也。

《载驰》四章，二章章六句，二章章八句。

事见《春秋传》。旧说此诗五章，一章六句，二章、三章四句，四章六句，五章八句。苏氏合二章、三章以为一章。按《春秋传》，叔孙豹赋《载驰》之四章，而取其"控于大邦，谁因谁极"之意，与苏说合，今从之。范氏曰："先王制礼，父母没则不得归宁者，义也。虽国灭君死，不得往赴焉，义重于亡故也。"

鄘国十篇，二十九章，百七十六句。

卫一之五

瞻彼淇奥於六反，绿竹猗猗於宜反，叶於何反。有匪君子，如切如磋七河反，如琢如磨。瑟兮僩遐版反，下同兮！赫兮咺况晚反，下同兮！有匪君子，终不可谖况元反，叶况远反，下并同兮！

兴也。淇，水名。奥，隈也。绿，色也。淇上多竹，汉世犹然，所谓淇园之竹是也。猗猗，始生柔弱而美盛也。匪，斐通，文章著见之貌也。君子，指武公也。治骨角者，既切以刀斧而复磋以鑢锡。治玉石者，既琢以槌凿而复磨以沙石。言其德之修饬，有进而无已也。瑟，矜庄貌。僩，威严貌。咺，宣著貌。谖，忘也。　卫人美武公之德，而以绿竹始生之美盛，兴其学问自修之进益也。《大学传》曰："如切如磋者，道学也；如琢如磨者，自修也；瑟兮僩兮者，恂慄也；赫兮咺兮者，威仪也；有斐君子，终不可谖兮者，道盛德至善，民之不能忘也。"

瞻彼淇奥，绿竹青青子丁反。有匪君子，充耳琇莹音营，会古外反弁如星。瑟兮僩兮！赫兮咺兮！有匪君子，终不可谖兮！

兴也。青青，坚刚茂盛之貌。充耳，瑱也。琇莹，美石也。天子玉瑱，诸侯以石。会，缝也。弁，皮弁也。以玉饰皮弁之缝中，如星之明也。　以竹之坚刚茂盛，兴其服饰之尊严，而见其德之称也。

瞻彼淇奥，绿竹如箦音责，叶侧历反。有匪君子，如金如锡，如圭如璧。宽兮绰兮！猗於绮反重直恭反较古岳反兮！善戏谑兮，不为虐兮！

兴也。箦，栈也。竹之密比似之，则盛之至也。金，锡，言其锻炼之精纯。圭，璧，言其生质之温润。宽，宏裕也。绰，开大也。猗，叹辞也。重较，卿士之车也。较，两輢上出轼者，谓车两旁也。善戏谑、不为虐者，言其乐易而有节也。　以竹之至盛，兴其德之成就，而又言其宽广而自如，和易而中节也。盖宽绰，无敛束之意；戏谑，非庄厉之时，皆常情所忽，而易致过差之地也。然犹可观而必有节焉，则其动容周旋之间，无适而非礼，亦可见矣。《礼》曰："张而不弛，文武不能也；弛而不张，文武不为也；一张一弛，文武之道也。"此之谓也。

《淇奥》三章，章九句。

按《国语》，武公年九十有五，犹箴儆于国曰："自卿以下，至于师长士，苟在朝者，无谓我老耄而舍我，必恪恭于朝，以交戒我。"遂作《懿戒》之诗以自警，而《宾之初筵》，亦武公悔过之作。则其有文章而能听规谏，以礼自防也可知矣。卫之他君，盖无足以及此者。故《序》以此诗为美武公，而今从之也。

考槃在涧叶居贤反，硕人之宽叶区权反。独寐寤言，永矢弗谖况元反。

赋也。考，成也。槃，盘桓之意。言成其隐处之室也。陈氏曰："考，扣也。槃，器名。盖扣之以节歌，如鼓盆拊缶之为乐也。"二说未知孰是。山夹水曰涧。硕，大；宽，广；永，长；矢，誓；谖，忘也。　　诗人美贤者隐处涧谷之间，而硕大宽广，无戚戚之意，虽独寐而寤言，犹自誓其不忘此乐也。

考槃在阿，硕人之薖苦禾反。独寐寤歌，永矢弗过古禾反。

赋也。曲陵曰阿。薖，义未详。或云，亦宽大之意也。永矢弗过，自誓所愿不逾于此，若将终身之意也。

考槃在陆，硕人之轴。独寐寤宿，永矢弗告姑沃反。

赋也。高平曰陆。轴，盘桓不行之意。寤宿，已觉而犹卧也。弗告者，不以此乐告人也。

《考槃》三章，章四句。

硕人其颀其机反，衣於既反锦䌹苦迥反衣。齐侯之子，卫侯之妻，东宫之妹，邢侯之姨，谭公维私息夷反。

赋也。硕人，指庄姜也。颀，长貌。锦，文衣也。䌹，禅也。锦衣而加䌹焉，为其文之太著也。东宫，太子所居之宫，齐太子得臣也。系太子言之者，明与同母，言所生之贵也。女子后生曰妹，妻之姊妹曰姨，姊妹之夫曰私。邢侯、谭公，皆庄姜姊妹之夫，互言之也。诸侯之女嫁于诸侯，则尊同，故历言之。　　庄姜事见《邶风·绿衣》等篇。《春秋传》曰："庄姜美而无子，卫人为之赋《硕人》。"即谓此诗。而其首章极称其族类之贵，以见其为正嫡小君，所宜亲厚，而重叹庄公之昏惑也。

手如柔荑徒奚反，肤如凝脂，领如蝤似修反蛴音齐，齿如瓠户故反犀。螓音秦首蛾我波反眉，巧笑倩七荐反兮，美目盼叶匹苋反兮。

赋也。茅之始生曰荑，言柔而白也。凝脂，脂寒而凝者，亦言白也。领，颈也。蝤蛴，木虫之白而长者。瓠犀，瓠中之子，方正洁白，而比次整齐也。螓，如蝉而小，其额广而方正。蛾，蚕蛾也，其眉细而长曲。倩，口辅之美也。

盼,黑白分明也。　　此章言其容貌之美,犹前章之意也。

硕人敖敖五刀反,说始锐反于农郊叶音高。四牡有骄起桥反,叶音高,朱幩符云反镳镳表骄反,叶音褒,翟茀音弗以朝直遥反,叶直豪反。大夫夙退,无使君劳。

赋也。敖敖,长貌。说,舍也。农郊,近郊也。四牡,车之四马。骄,壮貌。幩,镳饰也。镳者,马衔外铁,人君以朱缠之也。镳镳,盛也。翟,翟车也。夫人以翟羽饰车。茀,蔽也。妇人之车,前后设蔽。夙,早也。《玉藻》曰:"君日出而视朝,退适路寝听政,使人视大夫,大夫退,然后适小寝释服。"此言庄姜自齐来嫁,舍止近郊,乘是车马之盛,以入君之朝。国人乐得以为庄公之配,故谓诸大夫朝于君者宜早退,无使君劳于政事,不得与夫人相亲,而叹今之不然也。

河水洋洋,北流活活古阔反,叶户劣反。施罛音孤濊濊呼活反,叶许月反,鳣陟连反鲔于轨反发发补末反,叶方月反。葭音加菼他览反揭揭居谒反,庶姜孽孽鱼竭反,庶士有朅欺列反。

赋也。河在齐西卫东,北流入海。洋洋,盛大貌。活活,流貌。施,设也。罛,鱼罟也。濊濊,罟入水声也。鳣鱼,似龙,黄色,锐头,口在颔下,背上腰下皆有甲,大者千余斤。鲔,似鳣而小,色青黑。发发,盛貌。菼,薍也,亦谓之荻。揭揭,长也。庶姜,谓侄娣。孽孽,盛饰也。庶士,谓媵臣。朅,武貌。　言齐地广饶,而夫人之来,士女佼好,礼仪盛备如此,亦首章之意也。

《硕人》四章,章七句。

氓之蚩蚩尺之反,抱布贸莫豆反丝叶新赍反。匪来贸丝,来即我谋叶谟悲反。送子涉淇,至于顿丘叶祛奇反。匪我愆期,子无良媒叶谟悲反。将七羊反子无怒,秋以为期。

赋也。氓,民也。盖男子而不知其谁何之称也。蚩蚩,无知之貌,盖怨而鄙之也。布,币;贸,买也。贸丝,盖初夏之时也。顿丘,地名。愆,过也。将,愿也,请也。　　此淫妇为人所弃,而自叙其事以道其悔恨之意也。夫既与之谋而不遂往,又责所无以难其事,再为之约以坚其志,此其计亦狡矣。以御蚩蚩之氓,宜其有余,而不免于见弃。盖一失其身,人所贱恶,始虽以欲而迷,后必以时而悟，是以无往而不困耳。士君子立身一败，而万事瓦裂者，何以异此？可不戒哉！

乘彼垝俱毁反垣音袁，以望复关叶圭员反。不见复关，泣涕涟涟音连；既见复关，载笑载言。尔卜尔筮，体无咎言。以尔车来，以我贿呼罪反迁。

赋也。垝，毁；垣，墙也。复关，男子之所居也。不敢显言其人，故托言之耳。龟曰卜，蓍曰筮。体，兆卦之体也。贿，财；迁，徙也。　与之期矣，故及期而乘垝垣以望之；既见之矣，于是问其卜筮所得卦兆之体。若无凶咎之言，则以尔之车来迎，当以我之贿往迁也。

桑之未落，其叶沃若。于音吁，下同嗟鸠兮，无食桑葚音甚，叶知林反！于嗟女兮，无与士耽叶持林反！士之耽兮，犹可说也；女之耽兮，不可说也。

比而兴也。沃若，润泽貌。鸠，鹘鸠也，似山雀而小，短尾，青黑色，多声。葚，桑实也。鸠食葚多则致醉。耽，相乐也。说，解也。　言桑之润泽，以比己之容色光丽。然又念其不可恃此而从欲忘反，故遂戒鸠无食桑葚，以兴下句戒女无与士耽也。士犹可说，而女不可说者，妇人被弃之后，深自愧悔之辞。主言妇人无外事，唯以贞信为节，一失其正，则馀无足观尔。不可便谓士之耽惑，实无所妨也。

桑之落矣，其黄而陨叶于贫反。自我徂尔，三岁食贫。淇水汤汤音伤，渐子廉反车帷裳。女也不爽叶师庄反，士贰其行下孟反，叶户郎反。士也罔极，二三其德。

比也。陨，落；徂，往也。汤汤，水盛貌。渐，渍也。帷裳，车饰，亦名童容，妇人之车则有之。爽，差；极，至也　言桑之黄落，以比己之容色凋谢，遂言自我往之尔家，而值尔之贫，于是见弃，复乘车而渡水以归。复自言其过不在此而在彼也。

三岁为妇，靡室劳矣；夙兴夜寐，靡有朝叶直豪反矣！言既遂矣，至于暴矣。兄弟不知，咥许意反其笑叶音燥矣。静言思之，躬自悼矣。

赋也。靡，不；夙，早；兴，起也。咥，笑貌。　　言我三岁为妇，尽心竭力，不以室家之务为劳，早起夜卧，无有朝旦之暇。与尔始相谋约之言既遂，而尔遽以暴戾加我。兄弟见我之归，不知其然，但咥然其笑而已。盖淫奔从人，不为兄弟所齿，故其见弃而归，亦不为兄弟所恤，理固有必然者，亦何所归咎哉？但自痛悼而已。

及尔偕老，老使我怨。淇则有岸叶鱼战反，隰则有泮音畔，叶匹见反。总角之宴，言笑晏晏叶伊佃反；信誓旦旦叶得绢反，不思其反叶孚绚反。反是不思叶新赍反，亦已焉哉叶将黎反！

赋而兴也。及，与也。泮，涯也，高下之判也。总角，女子未许嫁，则未笄，但结发为饰也。晏晏，和柔也。旦旦，明也。　　言我与汝本期偕老，不知老而见弃如此，徒使我怨也。淇则有岸矣，隰则有泮矣。而我总角之时，与尔宴乐言笑，成此信誓，曾不思其反复以至于此也。此则兴也。既不思其反复而至此矣，则亦如之何哉？亦已而已矣。传曰："思其终也，思其复也，思其反之谓也。"

《氓》六章，章十句。

籊籊他历反竹竿，以钓于淇。岂不尔思？远莫致之。

赋也。籊籊，长而杀也。竹，卫物。淇，卫地也。　　卫女嫁于诸侯，思归宁而不可得，故作此诗。言思以竹竿钓于淇水，而远不可致也。

泉源在左，淇水在右叶羽轨反。女子有行，远于万反父母兄弟叶满彼反。

赋也。泉源，即百泉也。在卫之西北，而东南流入淇，故曰在左。淇，在卫之西南，而东流与泉源合，故曰在右。　　思二水之在卫，而自叹其不如也。

淇水在右，泉源在左。巧笑之瑳七可反，佩玉之傩乃可反。

赋也。瑳，鲜白色。笑而见齿，其色瑳然，犹所谓粲然皆笑也。傩，行有度也。　　承上章言二水在卫，而自恨其不得笑语游戏于其间也。

淇水滺滺音由，桧楫松舟。驾言出游，以写我忧。

赋也。滺滺，流貌。桧，木名，似柏。楫，所以行舟也。　　与《泉水》之卒章同意。

《竹竿》四章，章四句。

芄音丸兰之支，童子佩觿许规反。虽则佩觿，能不我知。容兮遂兮，垂带悸其季反兮。

兴也。芄兰，草，一名萝摩，蔓生，断之有白汁，可啖。支，枝同。觿，锥也。以象骨为之，所以解结，成人之佩，非童子之饰也。知，犹智也，言其才能不足以知于我也。容、遂，舒缓放肆之貌。悸，带下垂之貌。

芄兰之叶，童子佩韘失涉反。虽则佩韘，能不我甲叶古协反。容兮遂兮，垂带悸兮。

兴也。韘，决也，以象骨为之，著右手大指，所以钩弦闿体。郑氏曰："沓也，即《大射》所谓"朱极三"是也。以朱韦为之，用以彄沓右手食指将指无名指也。"甲，长也，言其才能不足以长于我也。

《芄兰》二章，章六句。

此诗不知所谓，不敢强解。

谁谓河广？一苇韦鬼反杭户郎反之。谁谓宋远？跂丘豉反予望叶武方反之。

赋也。苇，蒹葭之属。杭，度也。卫在河北，宋在河南。　　宣姜之女，为宋桓公夫人，生襄公而出归于卫。襄公即位，夫人思之，而义不可往。盖嗣君承父之重，与祖为体，母出与庙绝，不可以私反，故作此诗。言谁谓河广乎？但以一苇加之，则可以渡矣。谁谓宋国远乎？但一跂足而望，则可以见矣。明非宋远而不可至也，乃义不可而不得往耳。

谁谓河广？曾不容刀。谁谓宋远？曾不崇朝。

赋也。小船曰刀。不容刀，言小也。崇，终也。行不终朝而至，言近也。

《河广》二章，章四句。

范氏曰："夫人之不往，义也。天下岂有无母之人欤？有千乘之国而不得养其母，则人之不幸也。为襄公者，将若之何？生则致其孝，没则尽其礼而已。卫有妇人之诗，自共姜至于襄公之母六人焉，皆止于礼义而不敢过也。

夫以卫之政教淫僻，风俗伤败，然而女子乃有知礼而畏义如此者，则以先王之化，犹有存焉故也。”

伯兮朅丘列反兮，邦之桀兮。伯也执殳市朱反，为于伪反王前驱。

赋也。伯，妇人目其夫之字也。朅，武貌。桀，才过人也。殳，长丈二而无刃。　妇人以夫久从征役而作是诗，言其君子之才之美如是，今方执殳而为王前驱也。

自伯之东，首如飞蓬。岂无膏沐？谁适都历反为容！

赋也。蓬，草名，其华如柳絮，聚而飞，如乱发也。膏，所以泽发者。沐，涤首去垢也。适，主也。　言我发乱如此，非无膏沐可以为容，所以不为者，君子行役，无所主而为之故也。传曰：“女为说己容。”

其雨其雨，杲杲古老反出日。愿言思伯，甘心首疾。

比也。其者，冀其将然之辞。　冀其将雨，而杲然日出，以比望其君子之归而不归也。是以不堪忧思之苦，而宁甘心于首疾也。

焉於虔反得谖况袁反草，言树之背音佩。愿言思伯，使我心痗呼内反。

赋也。谖，忘也。谖草合欢，食之令人忘忧者。背，北堂也。痗，病也。言焉得忘忧之草，树之北堂以忘吾忧乎？然终不忍忘也。是以宁不求此草，而但愿言思伯，虽至于心痗而不辞尔。心痗则其病益深，非特首疾而已也。

《伯兮》四章，章四句。

范氏曰：“居而相离则思，期而不至则忧，此人之情也。文王之遣戍役，周公之劳归士，皆叙其室家之情、男女之思以闵之，故其民悦而忘死。圣人能通天下之志，是以能成天下之务。兵者，毒民于死者也。孤人之子，寡人之妻，伤天地之和，召水旱之灾，故圣王重之。如不得已而行，则告以归期，念其勤劳，哀伤惨怛，不啻在己。是以治世之诗，则言其君上闵恤之情，乱世之诗，则录其室家怨思之苦，以为人情不出乎此也。”

有狐绥绥，在彼淇梁。心之忧矣，之子无裳。

比也。狐者，妖媚之兽。绥绥，独行求匹之貌。石绝水曰梁。在梁，则可以裳矣。 国乱民散，丧其妃耦，有寡妇见鳏夫而欲嫁之，故托言有狐独行，而忧其无裳也。

有狐绥绥，在彼淇厉。心之忧矣，之子无带叶丁计反。

比也。厉，深水可涉处也。带，所以申束衣也。在厉，则可以带矣。

有狐绥绥，在彼淇侧。心之忧矣，之子无服叶蒲北反。

比也。济乎水，则可以服矣。

《有狐》三章，章四句。

投我以木瓜叶攻乎反，报之以琼琚音居。匪报也，永以为好呼报反也。

比也。木瓜，楙木也，实如小瓜，酢可食。琼，玉之美者。琚，佩玉名。 言人有赠我以微物，我当报之以重宝。而犹未足以为报也，但欲其长以为好而不忘耳。疑亦男女相赠答之辞，如《静女》之类。

投我以木桃，报之以琼瑶。匪报也，永以为好也。

比也。瑶，美玉也。

投我以木李，报之以琼玖音久，叶举里反。匪报也，永以为好也。

比也。玖，亦玉名也

《木瓜》三章，章四句。

卫国十篇，三十四章，二百三句。

张子曰："卫国地滨大河，其地土薄，故其人气轻浮；其地平下，故其人质柔弱；其地肥饶，不费耕耨，故其人心怠惰。其人情性如此，则其声音亦淫靡。故闻其乐，使人懈慢而有邪僻之心也。郑诗放此。"

诗卷第四

王一之六

王，谓周东都洛邑，王城畿内，方六百里之地，在《禹贡》豫州大华外方之间，北得河阳，渐冀州之南也。周室之初，文王居丰，武王居镐，至成王，周公始营洛邑，为时会诸侯之所。以其土中，四方来者道里均故也。自是谓丰镐为西都，而洛邑为东都。至幽王嬖褒姒，生伯服，废申后及太子宜臼，宜臼奔申。申侯怒，与犬戎攻宗周，弑幽王于戏。晋文侯、郑武公迎宜臼于申而立之，是为平王，徙居东都王城。于是王室遂卑，与诸侯无异，故其诗不为雅而为风。然其王号未替也，故不曰周而曰王。其地，则今河南府及怀孟等州是也。

彼黍离离，彼稷之苗。行迈靡靡，中心摇摇。知我者，谓我心忧，不知我者，谓我何求。悠悠苍天叶铁因反，下同，此何人哉？

赋而兴也。黍，谷名，苗似芦，高丈余，穗黑色，实圆重。离离，垂貌。稷，亦谷也，一名穄，似黍而小。或曰：粟也。迈，行也。靡靡，犹迟迟也。摇摇，无所定也。悠悠，远貌。苍天者，据远而视之，苍苍然也。　周既东迁，大夫行役至于宗周，过故宗庙宫室，尽为禾黍。闵周室之颠覆，彷徨不忍去，故赋其所见黍之离离，与稷之苗，以兴行之靡靡，心之摇摇。既叹时人莫识己意，又伤所以至此者，果何人哉？追怨之深也。

彼黍离离，彼稷之穗音遂。行迈靡靡，中心如醉。知我者，谓我心忧，不知我者，谓我何求。悠悠苍天，此何人哉？

赋而兴也。穗，秀也。稷穗下垂，如心之醉，故以起兴。

彼黍离离，彼稷之实。行迈靡靡，中心如噎於结反，叶於悉反。知我者，谓我心忧，不知我者，谓我何求。悠悠苍天，此何人哉？

赋而兴也。噎，忧深不能喘息，如噎之然。稷之实，如心之噎，故以起兴。

《黍离》三章，章十句。

元城刘氏曰："常人之情，于忧乐之事，初遇之，则其心变焉。次遇之，则其变少衰。三遇之，则其心如常矣。至于君子忠厚之情则不然，其行役往来，固非一见也。初见稷之苗矣，又见稷之穗矣，又见稷之实矣，而所感之心，终始如一，不少变而愈深，此则诗人之意也。"

君子于役，不知其期。曷至哉叶将黎反？鸡栖音西于埘音时，日之夕矣，羊牛下来叶陵之反。君子于役，如之何勿思叶新齎反？

赋也。君子，妇人目其夫之辞。凿墙而栖曰埘。日夕则羊先归而牛次之。　大夫久役于外，其室家思而赋之曰：君子行役，不知其反还之期，且今亦何所至哉。鸡则栖于埘矣，日则夕矣，牛羊则下来矣。是则畜产出入，尚有旦暮之节，而行役之君子，乃无休息之时，使我如何而不思也哉？

君子于役，不日不月。曷其有佸户括反，叶户劣反？鸡栖于桀，日之夕矣，羊牛下括古活反，叶古劣反。君子于役，苟无饥渴叶巨列反！

赋也。佸，会；桀，杙；括，至；苟，且也。　君子行役之久，不可计以日月，而又不知其何时可以来会也。亦庶几其免于饥渴而已矣。此忧之深而思之切也。

《君子于役》二章，章八句。

君子阳阳，左执簧音黄，右招我由房。其乐音洛只音止且子徐反！

赋也。阳阳，得志之貌。簧，笙竽管中金叶也。盖笙竽皆以竹管植于匏中，而窍其管底之侧，以薄金叶障之，吹则鼓之而出声，所谓簧也。故笙竽皆谓之簧。笙十三簧，或十九簧。竽十六簧也。由，从也。房，东房也。只且，语助辞。　此诗疑亦前篇妇人所作。盖其夫既归，不以行役为劳，而安于贫贱以自乐，其家人又识其意而深叹美之，皆可谓贤矣。岂非先王之泽哉？或曰：序说亦通。宜更详之。

君子陶陶，左执翿徒刀反，右招我由敖五刀反。其乐只且！

赋也。陶陶，和乐之貌。翿，舞者所持羽旄之属。敖，舞位也。

《君子阳阳》二章，章四句。

扬之水，不流束薪。彼其音记之子，不与我戍申。怀叶胡威反，下同哉怀哉，曷月予还音旋，下同归哉？

兴也。扬，悠扬也，水缓流之貌。彼其之子，戍人指其室家而言也。戍，屯兵以守也。申，姜姓之国，平王之母家也，在今邓州信阳军之境。怀，思；曷，何也。　平王以申国近楚，数被侵伐，故遣畿内之民戍之，而戍者怨思，作此诗也。兴取之不二字，如《小星》之例。

扬之水，不流束楚。彼其之子，不与我戍甫。怀哉怀哉，曷月予还归哉？

兴也。楚，木也。甫，即吕也，亦姜姓。《书·吕刑》、《礼记》作《甫刑》，而孔氏以为“吕侯”，后为“甫侯”，是也。当时盖以申故而并戍之。今未知其国之所在，计亦不远于申、许也。

扬之水，不流束蒲叶滂古反。彼其之子，不与我戍许。怀哉怀哉，曷月予还归哉？

兴也。蒲，蒲柳。《春秋传》云：“董泽之蒲。”杜氏云：“蒲，杨柳可以为箭者。”是也。许，国名，亦姜姓，今颍昌府许昌县是也。

《扬之水》三章，章六句。

申侯与犬戎攻宗周而弑幽王，则申侯者，王法必诛，不赦之贼，而平王与其臣庶不共戴天之仇也。今平王知有母而不知有父，知其立己为有德，而不知其弑父为可怨，至使复仇讨贼之师，反为报施酬恩之举，则其忘亲逆理，而得罪于天已甚矣。又况先王之制，诸侯有故，则方伯连帅以诸侯之师讨之。王室有故，则方伯连帅以诸侯之师救之。天子乡遂之民，供贡赋，卫王室而已。今平王不能行其威令于天下，无以保其母家，乃劳天下之民，远为诸侯戍守，故周人之戍申者，又以非其职而怨思焉。则其衰懦微弱，而得罪于民，又可见矣。呜呼！《诗》亡而后《春秋》作，其不以此也哉！

中谷有蓷吐雷反，暵呼但反其干矣。有女仳匹指反离，嘅口爱反其叹土丹反矣。嘅其叹矣，遇人之艰难矣！

兴也。蓷，鵻也，叶似萑，方茎白华，华生节间，即今益母草也。暵，燥；仳，别也。嘅，叹声。艰难，穷厄也。　凶年饥馑，室家相弃，妇人览物起兴，而自述其悲叹之辞也。

中谷有蓷，暵其修叶先竹反矣。有女仳离，条其歗叶息六反矣。条其歗矣，遇人之不淑矣！

兴也。修，长也。或曰干也，如脯之谓修也。条，条然歗貌。歗，蹙口出声也。悲恨之深，不止于叹矣。淑，善也。古者谓死丧饥馑，皆曰不淑。盖以吉庆为善事，凶祸为不善事，虽今人语犹然也。　曾氏曰："凶年而遽相弃背，盖衰薄之甚者。而诗人乃曰遇斯人之艰难，遇斯人之不淑，而无怨怼过甚之辞焉，厚之至也。"

中谷有蓷，暵其湿矣。有女仳离，啜张劣反其泣矣。啜其泣矣，何嗟及矣！

兴也。暵湿者，旱甚，则草之生于湿者亦不免也。啜，泣貌。何嗟及矣，言事已至此，末如之何，穷之甚也。

《中谷有蓷》三章，章六句。

范氏曰："世治则室家相保者，上之所养也；世乱则室家相弃者，上之所残也。其使之也勤，其取之也厚，则夫妇日以衰薄，而凶年不免于离散矣。伊尹曰：'匹夫匹妇不获自尽，民主罔与成厥功。'故读诗者，于一物失所，而知王政之恶；一女见弃，而知人民之困。周之政荒民散，而将无以为国，于此亦可见矣。”

有兔爰爰，雉离于罗。我生之初，尚无为叶吾禾反，我生之后，逢此百罹叶良何反。尚寐无吪。

比也。兔性阴狡。爰爰，缓意。雉性耿介。离，丽；罗，网；尚，犹；罹，忧也。尚，庶几也。吪，动也。　周室衰微，诸侯背叛，君子不乐其生，而作此诗。言张罗本以取兔，今兔狡得脱，而雉以耿介反离于罗。以比小人致乱，而以巧计幸免，君子无辜，而以忠直受祸也。为此诗者，盖犹及见西周之盛，故曰方我生之初，天下尚无事，及我生之后，而逢时之多难如此。然既无如之何，则但庶几寐而不动以死耳。或曰：兴也。以兔爰兴无为，以雉离兴百罹也。下章放此。

有兔爰爰，雉离于罦音孚，叶步庙反。我生之初，尚无造，我生之后，逢此百忧叶一笑反。尚寐无觉居孝反，叶居笑反。

比也。罦，覆车也，可以掩兔。造，亦为也。觉，寤也。

有兔爰爰，雉离于罿昌钟反。我生之初，尚无庸，我生之后，逢此百凶。尚寐无聪。

比也。罿，罬也，即罦也。或曰：施罗于车上也。庸，用；聪，闻也。无所闻，则亦死耳。

《兔爰》三章，章七句。

绵绵葛藟力轨反，在河之浒呼五反。终远于万反兄弟，谓他人父叶夫矩反。谓他人父，亦莫我顾叶公五反。

兴也。绵绵，长而不绝之貌。岸上曰浒。　世衰民散，有去其乡里家族而流离失所者，作此诗以自叹。言绵绵葛藟，则在河之浒矣。今乃终远兄弟，而谓他人为己父。己虽谓彼为父，而彼亦不我顾，则其穷也甚矣。

绵绵葛藟，在河之涘音俟，叶矣、始二音。终远兄弟，谓他人母叶满彼反。谓他人母，亦莫我有叶羽已反。

兴也。水涯曰涘。谓他人父者，其妻则母也。有，识有也。《春秋传》曰：

"不有寡君。"

绵绵葛藟，在河之漘顺春反。终远兄弟，谓他人昆叶古匀反。谓他人昆，亦莫我闻叶微匀反。

兴也。夷上洒下曰漘。漘之为言唇也。昆，兄也。闻，相闻也。

《葛藟》三章，章六句

彼采葛叶居谒反兮，一日不见，如三月兮！

赋也。采葛所以为絺绤，盖淫奔者托以行也。故因以指其人，而言思念之深，未久而似久也。

彼采萧叶疏鸠反兮，一日不见，如三秋兮！

赋也。萧，荻也，白叶，茎粗，科生，有香气。祭则焫以报气，故采之。曰三秋，则不止三月矣。

彼采艾兮，一日不见，如三岁本与艾叶兮！

赋也。艾，蒿属。干之可灸，故采之。曰三岁，则不止三秋矣。

《采葛》三章，章三句。

大车槛槛，毳尺锐反衣如菼吐敢反。岂不尔思？畏子不敢。

赋也。大车，大夫车。槛槛，车行声也。毳衣，天子大夫之服。菼，芦之始生也。毳衣之属，衣绘而裳绣，五色皆备，其青者如菼尔。淫奔者相命之辞也。子，大夫也。不敢，不敢奔也。　　周衰，大夫犹有能以刑政治其私邑者，故淫奔者畏而歌之如此。然其去二南之化则远矣！此可以观世变也。

大车哼哼他敦反，毳衣如璊音门。岂不尔思？畏子不奔。

赋也。哼哼，重迟之貌。璊，玉赤色。五色备，则有赤。

谷则异室，死则同穴叶户橘反。谓予不信，有如皦古了反日。

赋也。谷，生；穴，圹；皦，白也。　　民之欲相奔者，畏其大夫，自以终身不得如其志也。故曰：生不得相奔以同室，庶几死得合葬以同穴而已。"谓予不信，有如皦日"，约誓之辞也。

《大车》三章,章四句。

丘中有麻,彼留子嗟。彼留子嗟,将七羊反其来施施叶时遮反。

赋也。麻,谷名,子可食,皮可绩为布者。子嗟,男子之字也。将,愿也。施施,喜悦之意。　妇人望其所与私者而不来,故疑丘中有麻之处,复有与之私而留之者,今安得其施施然而来乎?

丘中有麦,彼留子国。彼留子国,将其来食。

赋也。子国,亦男子字也。来食,就我而食也。

丘中有李,彼留之子叶奖履反。彼留之子,贻我佩玖叶举里反。

赋也。之子,并指前二人也。贻我佩玖,冀其有以赠己也。

《丘中有麻》三章,章四句。

王国十篇,二十八章,百六十二句。

郑一之七

郑,邑名,本在西都畿内咸林之地。宣王以封其弟友为采地,后为幽王司徒,而死于犬戎之难,是为桓公。其子武公掘突,定平王于东都,亦为司徒。又得虢桧之地,乃徙其封而施旧号于新邑,是为新郑。咸林,在今华州郑县。新郑,即今之郑州是也。其封域山川,详见《桧风》。

缁衣之宜兮,敝予又改为兮。适子之馆叶古玩反兮,还予授子之粲兮。

赋也。缁,黑色。缁衣,卿大夫居私朝之服也。宜,称;改,更;适,之;馆,舍;粲,餐也。或曰:粲,粟之精凿者。　旧说郑桓公、武公相继为周司徒,善于其职，周人爱之，故作是诗。言子之服缁衣也甚宜，敝则我将为子更为之，且将适子之馆，既还而又授子以粲，言好之无已也。

缁衣之好兮，敝予又改造叶在早反兮。适子之馆兮，还予授子之粲兮。

赋也。好，犹宜也。

缁衣之蓆叶祥籥反兮，敝予又改作兮。适子之馆兮，还予授子之粲兮。

赋也。蓆，大也。程子曰："蓆有安舒之义。服称其德，则安舒也。"

《缁衣》三章，章四句。

记曰："好贤如《缁衣》。"又曰："于《缁衣》见好贤之至。"

将七羊反仲子兮，无逾我里，无折之舌反我树杞。岂敢爱之？畏我父母叶满彼反。仲可怀叶胡威反，下同也，父母之言，亦可畏叶於非反也。

赋也。将，请也。仲子，男子之字也。我，女子自我也。里，二十五家所居也。杞，柳属也，生水旁，树如柳，叶粗而白，色理微赤。盖里之地域沟树也。　莆田郑氏曰："此淫奔者之辞。"

将仲子兮，无逾我墙，无折我树桑。岂敢爱之？畏我诸兄叶虚王反。仲可怀也，诸兄之言，亦可畏也。

赋也。墙，垣也。古者树墙下以桑。

将仲子兮，无逾我园，无折我树檀叶徒沿反。岂敢爱之？畏人之多言。仲可怀也，人之多言，亦可畏也。

赋也。园者，圃之藩，其内可种木也。檀，皮青，滑泽，材强韧可为车。

《将仲子》三章，章八句。

叔于田叶地因反，巷无居人。岂无居人？不如叔也，洵美且仁。

赋也。叔，庄公弟共叔段也。事见《春秋》。田，取禽也。巷，里涂也。

洵，信；美，好也。仁，爱人也。　段不义而得众，国人爱之，故作此诗。言叔出而田，则所居之巷若无居人矣。非实无居人也，虽有而不如叔之美且仁，是以若无人耳。或疑此亦民间男女相悦之辞也。

叔于狩叶始九反，巷无饮酒。岂无饮酒？不如叔也，洵美且好叶许厚反。

赋也。冬猎曰狩。

叔适野叶上与反，巷无服马叶满补反。岂无服马？不如叔也，洵美且武。

赋也。适，之也。郊外曰野。服，乘也。

《叔于田》三章，章五句。

叔于田，乘乘下绳证反马叶满补反。执辔如组音祖，两骖如舞。叔在薮素口反，叶素苦反，火烈具举。襢音但裼素历反暴虎，献于公所。将七羊反叔无狃女九反，叶女古反，戒其伤女音汝。

赋也。叔，亦段也。车衡外两马曰骖。如舞，谓谐和中节。皆言御之善也。薮，泽也。火，焚而射也。烈，炽盛貌。具，俱也。襢裼，肉袒也。暴，空手搏兽也。公，庄公也。狃，习也。国人戒之曰：请叔无习此事，恐其或伤汝也。盖叔多材好勇，而郑人爱之如此。

叔于田，乘乘黄。两服上襄，两骖雁行户郎反。叔在薮，火烈具扬。叔善射忌音记，又良御叶鱼驾反忌。抑磬苦丁反控口贡反忌，抑纵送忌。

赋也。乘黄，四马皆黄也。衡下夹辕两马曰服。襄，驾也。马之上者为上驾，犹言上驷也。雁行者，骖少次服后，如雁行也。扬，起也。忌、抑，皆语助辞。骋马曰磬。止马曰控。舍拔曰纵。覆箭曰送。

叔于田，乘乘鸨音保，叶补苟反。两服齐首，两骖如手。叔在薮，火烈具阜符有反。叔马慢叶黄半反忌，叔发罕叶虚旰反忌。抑释掤音冰忌，抑鬯敕亮反弓叶姑弘反忌。

赋也。骊白杂毛曰鸨，今所谓乌骢也。齐首，如手，两服并首在前，而两骖在旁,稍次其后,如人之两手也。阜,盛;慢,迟也。发,发矢也。罕,希;释,解也。掤,矢筒盖。《春秋传》作冰。鬯,弓囊也,与韔同。言其田事将毕,而从容整暇如此,亦喜其无伤之辞也。

《大叔于田》三章,章十句。

陆氏曰:"首章作大叔于田者误。"苏氏曰:"二诗皆曰叔于田,故加大以别之。不知者乃以段有大叔之号而读曰泰,又加大于首章,失之矣。"

清人在彭叶普郎反,驷介旁旁补彭反,叶补冈反,二矛重直龙反英叶於良反,河上乎翱翔。

赋也。清,邑名。清人,清邑之人也。彭,河上地名。驷介,四马而被甲也。旁旁,驰驱不息之貌。二矛,酋矛、夷矛也。英,以朱羽为矛饰也。酋矛长二丈,夷矛长二丈四尺,并建于车上,则其英重累而见。翱翔,游戏之貌。

郑文公恶高克,使将清邑之兵,御狄于河上,久而不召,师散而归。郑人为之赋此诗,言其师出之久,无事而不得归,但相与游戏如此,其势必至于溃败而后已尔。

清人在消,驷介麃麃表骄反,二矛重乔,河上乎逍遥。

赋也。消,亦河上地名。麃麃,武貌。矛上之勾曰乔,所以悬英也。英弊而尽,所存者乔而已。

清人在轴叶音胄,驷介陶陶徒报反,叶徒候反,左旋右抽叶敕救反,中军作好呼报反,叶许候反。

赋也。轴,亦河上地名。陶陶,乐而自适之貌。左,谓御在将车之左,执辔而御马者也。旋,还车也。右,谓勇力之士,在将车之右,执兵以击刺者也。抽,拔刃也。中军,谓将在鼓下,居车之中,即高克也。好,谓容好也。 东莱吕氏曰:"言师久而不归,无所聊赖,姑游戏以自乐,必溃之势也。不言已溃而言将溃,其词深,其情危矣。"

《清人》三章,章四句。

事见《春秋》。 胡氏曰:"人君擅一国之名宠,生杀予夺,惟我所制耳。使高克不臣之罪已著,按而诛之可也。情状未明,黜而退之可也。爱惜其才,以礼驭之亦可也。乌可假以兵权,委诸竟上,坐视其离散而莫之恤乎?《春秋》书曰:'郑弃其师。'其责之深矣。"

羔裘如濡叶而朱、而由二反,洵直且侯叶洪姑、洪钩二反。彼其音记之子,舍音赦命不渝叶容朱、容周二反。

赋也。羔裘,大夫服也。如濡,润泽也。洵,信;直,顺;侯,美也。其,语助辞。舍,处;渝,变也。　言此羔裘润泽,毛顺而美,彼服此者,当生死之际,又能以身居其所受之理,而不可夺。盖美其大夫之辞,然不知其所指矣。

羔裘豹饰,孔武有力。彼其之子,邦之司直。

赋也。饰,缘袖也。礼,君用纯物,臣下之,故羔裘而以豹皮为饰也。孔,甚也。豹甚武而有力,故服其所饰之裘者如之。司,主也。

羔裘晏兮,三英粲兮。彼其之子,邦之彦叶鱼旰反兮。

赋也。晏,鲜盛也。三英,裘饰也。未详其制。粲,光明也。彦者,士之美称。

《羔裘》三章,章四句。

遵大路兮,掺所览反执子之祛叶起据反兮。无我恶乌路反兮,不寁市坎反故也。

赋也。遵,循;掺,揽;祛,袂;寁,速;故,旧也。　淫妇为人所弃,故于其去也,揽其祛而留之曰:子无恶我而不留,故旧不可以遽绝也。宋玉赋有"遵大路兮揽子祛"之句,亦男女相说之辞也。

遵大路兮,掺执子之手兮。无我䰡市由反,叶齿九反兮,不寁好叶许口反也。

赋也。䰡,与醜同。欲其不以己为醜而弃之也。好,情好也。

《遵大路》二章,章四句。

女曰"鸡鸣",士曰"昧旦"。"子兴视夜。""明星有烂,将翱将翔,弋凫音符与雁。"

赋也。昧,晦;旦,明也。昧旦,天欲旦,昧晦未辨之际也。明星,启明之星,先日而出者也。弋,缴射,谓以生丝系矢而射也。凫,水鸟,如鸭,青色,背上有文。　　此诗人述贤夫妇相警戒之词。言女曰鸡鸣,以警其夫,而士曰昧旦,则不止于鸡鸣矣。妇人又语其夫曰:若是则子可以起而视夜之如何,意者明星已出而烂然,则当翱翔而往,弋取凫雁而归矣。其相与警戒之言如此,则不留于宴昵之私可知矣。

"弋言加叶居之、居何二反之,与子宜叶鱼奇、鱼何二反之。宜言饮酒,与子偕老叶鲁吼反。琴瑟在御,莫不静好叶许厚反。"

赋也。加,中也。《史记》所谓"以弱弓微缴加诸凫雁之上"是也。宜,和其所宜也。《内则》所谓"雁宜麦"之属是也。　　射者,男子之事,而中馈,妇人之职。故妇谓其夫既得凫雁以归,则我当为子和其滋味之所宜,以之饮酒相乐,期于偕老。而琴瑟之在御者,亦莫不安静而和好。其和乐而不淫可见矣。

"知子之来叶六直反之,杂佩以赠叶音则之。知子之顺之,杂佩以问之。知子之好呼报反之,杂佩以报之。"

赋也。来之,致其来者,如所谓修文德以来之。杂佩者,左右佩玉也。上横曰珩,下系三组,贯以蠙珠。中组之半,贯一大珠曰瑀。末悬一玉,两端皆锐曰冲牙。两旁组半,各悬一玉,长博而方曰琚。其末各悬一玉,如半璧而内向曰璜。又以两组贯珠,上系珩两端,下交贯于瑀,而下系于两璜,行则冲牙触璜而有声也。吕氏曰:"非独玉也,觿燧箴管,凡可佩者皆是也。"赠,送;顺,爱;问,遗也。　　妇又语其夫曰:我苟知子之所致而来,及所亲爱者,则当解此杂佩以送遗报答之。盖不惟治其门内之职,又欲其君子亲贤友善,结其欢心,而无所爱于服饰之玩也。

《女曰鸡鸣》三章,章六句。

有女同车,颜如舜华叶芳无反。将翱将翔,佩玉琼琚。彼美孟姜,洵美且都。

赋也。舜,木槿也,树如李,其华朝生暮落。孟,字;姜,姓;洵,信;都,闲雅也。　　此疑亦淫奔之诗。言所与同车之女,其美如此,而又叹之曰:彼美色之孟姜,信美矣而又都也。

有女同行叶户郎反，颜如舜英叶於良反。将翱将翔，佩玉将将七羊反。彼美孟姜，德音不忘。

赋也。英，犹华也。将将，声也。德音不忘，言其贤也。

《有女同车》二章，章六句。

山有扶苏，隰有荷华叶芳无反。不见子都，乃见狂且子余反！

兴也。扶苏，扶胥，小木也。荷华，芙蕖也。子都，男子之美者也。狂，狂人也。且，语辞也。　　淫女戏其所私者曰：山则有扶苏矣，隰则有荷华矣，今乃不见子都，而见此狂人，何哉？

山有桥松，隰有游龙。不见子充，乃见狡童。

兴也。上竦无枝曰桥，亦作乔。游，枝叶放纵也。龙，红草也，一名马蓼，叶大而色白，生水泽中，高丈余。子充，犹子都也。狡童，狡狯之小儿也。

《山有扶苏》二章，章四句。

萚他落反兮萚兮，风其吹女音汝。叔兮伯兮，倡昌亮反予和胡卧反，叶户圭反女。

兴也。萚，木槁而将落者也。女，指萚而言也。叔、伯，男子之字也。予，女子自予也。女，叔伯也。　　此淫女之辞，言萚兮萚兮，则风将吹女矣。叔兮伯兮，则盍倡予而予将和女矣。

萚兮萚兮，风其漂女。叔兮伯兮，倡予要於遥反女。

兴也。漂，飘同。要，成也。

《萚兮》二章，章四句。

彼狡童兮，不与我言兮。维子之故，使我不能餐七丹反，叶七宣反兮。

赋也。此亦淫女见绝而戏其人之词。言悦己者众，子虽见绝，未至于使我不能餐也。

彼狡童兮，不与我食兮。维子之故，使我不能息兮。

赋也。息，安也。

《狡童》二章，章四句。

子惠思我，褰裳涉溱侧巾反。子不我思，岂无他人？狂童之狂也且子余反！

赋也。惠，爱也。溱，郑水名。狂童，犹狂且狡童也。且，语辞也。淫女语其所私者曰：子惠然而思我，则将褰裳而涉溱以从子。子不我思，则岂无他人之可从，而必于子哉？"狂童之狂也且"，亦谑之之辞。

子惠思我，褰裳涉洧叶于已反。子不我思，岂无他士钼里反？狂童之狂也且！

赋也。洧，亦郑水名。士，未娶者之称。

《褰裳》二章，章五句。

子之丰芳容反，叶芳用反兮，俟我乎巷叶胡贡反兮。悔予不送兮！

赋也。丰，丰满也。巷，门外也。　　妇人所期之男子，已俟乎巷，而妇人以有异志不从。既则悔之，而作是诗也。

子之昌兮，俟我乎堂兮。悔予不将兮！

赋也。昌，盛壮貌。将，亦送也。

衣於既反锦褧苦迥反衣，裳锦褧裳。叔兮伯兮，驾予与行叶户郎反。

赋也，褧，禅也。叔伯，或人之字也。　　妇人既悔其始之不送而失此人也，则曰我之服饰既盛备矣，岂无驾车以迎我而偕行者乎？

裳锦褧裳，衣锦褧衣。叔兮伯兮，驾予与归。

赋也。妇人谓嫁曰归。

《丰》四章，二章章三句，二章章四句。

东门之墠音善,叶上演反,茹音如藘力於反在阪音反,叶孚脔反。其室则迩,其人甚远。

赋也。东门,城东门也。墠,除地町町者。茹藘,茅蒐也,一名茜,可以染绛。陂者曰阪。门之旁有墠,墠之外有阪,阪之上有草,识其所与淫者之居也。室迩人远者,思之而未得见之辞也。

东门之栗,有践家室。岂不尔思?子不我即。

赋也。践,行列貌。门之旁有栗,栗之下有成行列之家室,亦识其处也。即,就也。

《东门之墠》二章,章四句。

风雨凄凄子西反,鸡鸣喈喈音皆,叶居奚反。既见君子,云胡不夷!

赋也。凄凄,寒凉之气。喈喈,鸡鸣之声。风雨晦冥,盖淫奔之时。君子指外期之男子也。夷,平也。　淫奔之女,言当此之时,见其所期之人而心悦也。

风雨潇潇,鸡鸣胶胶叶音骄。既见君子,云胡不瘳叶怜萧反。

赋也。潇潇,风雨之声。胶胶,犹喈喈也。瘳,病愈也。言积思之病,至此而愈也。

风雨如晦叶呼洧反,鸡鸣不已。既见君子,云胡不喜!

赋也。晦,昏;已,止也。

《风雨》三章,章四句。

青青子衿音金,悠悠我心。纵我不往,子宁不嗣音!

赋也。青青,纯绿之色。具父母,衣纯以青。子,男子也。衿,领也。悠悠,思之长也。我,女子自我也。嗣音,继续其声问也。此亦淫奔之诗。

青青子佩叶蒲眉反,悠悠我思叶新赍反。纵我不往,子宁不来叶陵之反!

赋也。青青，组绶之色。佩，佩玉也。

挑他刀反兮达他末反，叶他悦反兮，在城阙兮。一日不见，如三月兮！

赋也。挑，轻儇跳跃之貌。达，放恣也。

《子衿》三章，章四句。

扬之水，不流束楚。终鲜息浅反兄弟，维予与女女、汝同。无信人之言，人实迋居望反女。

兴也。兄弟，婚姻之称，《礼》所谓"不得嗣为兄弟"是也。予、女，男女自相谓也。人，他人也。迋，与诳同。　淫者相谓，言扬之水则不流束楚矣，终鲜兄弟，则维予与女矣。岂可以他人离间之言而疑之哉？彼人之言，特诳女耳。

扬之水，不流束薪。终鲜兄弟，维予二人。无信人之言，人实不信叶斯人反。

兴也。

《扬之水》二章，章六句。

出其东门，有女如云。虽则如云，匪我思存。缟古老反衣綦巨基反巾，聊乐音洛我员于云反。

赋也。如云，美且众也。缟，白色。綦，苍艾色。缟衣綦巾，女服之贫陋者，此人自目其室家也。员，与云同，语辞也。　人见淫奔之女而作此诗。以为此女虽美且众，而非我思之所存，不如己之室家，虽贫且陋，而聊可以自乐也。是时淫风大行，而其间乃有如此之人，亦可谓能自好而不为习俗所移矣。羞恶之心，人皆有之，岂不信哉！

出其闉音因阇音都，有女如荼音徒。虽则如荼，匪我思且子余反。缟衣茹藘，聊可与娱。

赋也。闉，曲城也。阇，城台也。荼，茅华，轻白可爱者也。且，语助辞。茹藘，可以染绛，故以名衣服之色。娱，乐也。

《出其东门》二章，章六句。

野有蔓草，零露漙徒端反，叶上兖反兮。有美一人，清扬婉兮。邂逅相遇，适我愿叶五远反兮。

赋而兴也。蔓，延也。漙，露多貌。清扬，眉目之间，婉然美也。邂逅，不期而会也。　男女相遇于野田草露之间，故赋其所在以起兴。言野有蔓草，则零露漙矣；有美一人，则清扬婉矣；邂逅相遇，则得以适我愿矣。

野有蔓草，零露瀼瀼。有美一人，婉如清扬。邂逅相遇，与子偕臧。

赋而兴也。瀼瀼，亦露多貌。臧，美也。与子偕臧，言各得其所欲也。

《野有蔓草》二章，章六句。

溱与洧，方涣涣叶于元反兮。士与女，方秉蕑古颜反，叶古贤反兮。女曰"观乎?"士曰"既且子余反。""且往观乎? 洧之外，洵訏况于反且乐音洛。"维士与女，伊其相谑，赠之以勺药。

赋而兴也。涣涣，春水盛貌。盖冰解而水散之时也。蕑，兰也，其茎叶似泽兰广而长节，节中赤，高四五尺。且，语辞。洵，信；訏，大也。勺药，亦香草也，三月开花，芳色可爱。　郑国之俗，三月上巳之辰，采兰水上以祓除不祥。故其女问于士曰：盍往观乎? 士曰：吾既往矣。女复要之曰：且往观乎? 盖洧水之外，其地信宽大而可乐也。于是士女相与戏谑，且以勺药为赠而结恩情之厚也。此诗淫奔者自叙之辞。

溱与洧，浏音留其清矣。士与女，殷其盈矣。女曰"观乎?"士曰"既且。""且往观乎? 洧之外，洵訏且乐。"维士与女，伊其将谑，赠之以勺药。

赋而兴也。浏，深貌。殷，众也。将，当作相，声之误也。

《溱洧》二章，章十二句。

郑国二十一篇，五十三章，二百八十三句。

郑卫之乐，皆为淫声。然以《诗》考之，卫诗三十有九，而淫奔之诗才四之一。郑诗二十有一，而淫奔之诗已不翅七之五。卫犹为男悦女之辞，而郑皆为女惑男之语。卫人犹多刺讥惩创之意，而郑人几于荡然无复羞愧悔悟之萌。是则郑声之淫，有甚于卫矣。故夫子论为邦，独以郑声为戒而不及卫，盖举重而言，固自有次第也。《诗》可以观，岂不信哉！

诗卷第五

齐一之八

齐，国名，本少昊时爽鸠氏所居之地，在《禹贡》为青州之域。周武王以封太公望，东至于海，西至于河，南至于穆陵，北至于无棣。太公姜姓，本四岳之后，既封于齐，通工商之业，便鱼盐之利，民多归之，故为大国。今青、齐、淄、潍、德、棣等州，是其地也。

“鸡既鸣矣，朝音潮既盈矣。”“匪鸡则鸣，苍蝇之声。”

赋也。言古之贤妃御于君所，至于将旦之时，必告君曰：鸡既鸣矣，会朝之臣既已盈矣。欲令君早起而视朝也。然其实非鸡之鸣也，乃苍蝇之声也。盖贤妃当夙兴之时，心常恐晚，故闻其似者而以为真，非其心存警畏，而不留于逸欲，何以能此。故诗人叙其事而美之也。

“东方明叶谟郎反矣，朝既昌矣。”“匪东方则明，月出之光。”

赋也。东方明，则日将出矣。昌，盛也。此再告也。

“虫飞薨薨，甘与子同梦叶莫滕反。”“会且归矣，无庶予子憎。”

赋也。虫飞，夜将旦而百虫作也。甘，乐；会，朝也。　此三告也。言当此时，我岂不乐与子同寝而梦哉？然群臣之会于朝者，俟君不出，将散而归矣。无乃以我之故，而并以子为憎乎？

《鸡鸣》三章，章四句。

子之还音旋兮，遭我乎峱乃刀反之间叶居贤反兮。并驱从两肩兮，揖我谓我儇许全反兮。

赋也。还，便捷之貌。峱，山名也。从，逐也。兽三岁曰肩。儇，利也。猎者交错于道路，且以便捷轻利相称誉如此，而不自知其非也。则其俗之不美可见，而其来亦必有所自矣。

子之茂叶莫口反兮，遭我乎峱之道叶徒厚反兮。并驱从两牡兮，揖我谓我好叶许厚反兮。

赋也。茂，美也。

子之昌兮，遭我乎峱之阳兮。并驱从两狼兮，揖我谓我臧兮。

赋也。昌，盛也。山南曰阳。狼，似犬，锐头白颊，高前广后。臧，善也。

《还》三章，章四句。

俟我于著直据反，叶直居反乎而，充耳以素叶孙租反乎而，尚之以琼华叶芳无反乎而。

赋也。俟，待也。我，嫁者自谓也。著，门屏之间也。充耳，以纩悬瑱，所谓纮也。尚，加也。琼华，美石似玉者，即所以为瑱也。　东莱吕氏曰："《昏礼》，婿往妇家亲迎，既奠雁，御轮而先归，俟于门外，妇至则揖以入。时齐俗不亲迎，故女至婿门，始见其俟己也。"

俟我于庭乎而，充耳以青乎而，尚之以琼莹音荣乎而。

赋也。庭，在大门之内，寝门之外。琼莹，亦美石似玉者。　吕氏曰："此《昏礼》所谓婿道妇'及寝门，揖入'之时也。"

俟我于堂乎而，充耳以黄乎而，尚之以琼英叶於良反乎而。

赋也。琼英，亦美石似玉者。　吕氏曰："升阶而后至堂，此《昏礼》所谓'升自西阶'之时也。"

《著》三章，章三句。

东方之日兮，彼姝赤朱反者子，在我室兮。在我室兮，履我即兮。

兴也。履，蹑；即，就也。言此女蹑我之迹而相就也。

东方之月兮，彼姝者子，在我闼叶它悦反兮。在我闼兮，履我发叶方月反兮。

兴也。闼，门内也。发，行去也。言蹑我而行去也。

《东方之日》二章，章五句。

东方未明叶谟郎反，颠倒都老反衣裳。颠之倒叶都妙反之，自公召之。

赋也。自，从也。群臣之朝，别色始入。　此诗人刺其君兴居无节，号令不时。言东方未明而颠倒其衣裳，则既早矣，而又已有从君所而来召之者焉，盖犹以为晚也。或曰：所以然者，以有自公所而召之者故也。

东方未晞，颠倒裳衣。倒之颠叶典因反之，自公令力证反，叶力呈反之。

赋也。晞，明之始升也。令，号令也。

折音哲柳樊圃叶博故反，狂夫瞿瞿俱具反。不能辰夜叶羊茹反，不夙则莫音慕。

比也。柳，杨之下垂者，柔脆之木也。樊，藩也。圃，菜园也。瞿瞿，惊顾之貌。夙，早也。　折柳樊圃，虽不足恃，然狂夫见之，犹惊顾而不敢越。以比辰夜之限甚明，人所易知，今乃不能知，而不失之早，则失之莫也。

《东方未明》三章，章四句。

南山崔崔子虽反，雄狐绥绥。鲁道有荡，齐子由归。既曰归止，曷又怀叶胡威反止？

比也。南山，齐南山也。崔崔，高大貌。狐，邪媚之兽。绥绥，求匹之貌。鲁道，适鲁之道也。荡，平易也。齐子，襄公之妹，鲁桓公夫人文姜，襄公通焉者也。由，从也。妇人谓嫁曰归。怀，思也。止，语辞。　言南山有狐，以比襄公居高位而行邪行。且文姜既从此道归于鲁矣，襄公何为而复思之乎？

葛屦五两如字，又音亮，冠緌加谁反双叶所终反止。鲁道有荡，齐子庸止。既曰庸止，曷又从止？

比也。两，二屦也。緌，冠上饰也。屦必两，緌必双，物各有偶，不可乱也。庸，用也，用此道以嫁于鲁也。从，相从也。

蓺麻如之何？衡音横从子容反其亩莫后反。取七喻反妻如之何？必告工毒反父母莫后反。既曰告同上止，曷又鞠居六反止？

兴也。蓺，树；鞠，穷也。　　欲树麻者，必先纵横耕治其田亩。欲娶妻者，必先告其父母。今鲁桓公既告父母而娶矣，又曷为使之得穷其欲而至此哉？

析薪如之何？匪斧不克。取妻如之何？匪媒不得。既曰得止，曷又极止？

兴也。克，能也。极，亦穷也。

《南山》四章，章六句。

《春秋》，桓公十八年，公与夫人姜氏如齐，公薨于齐。《传》曰："公将有行，遂与姜氏如齐。申繻曰：'女有家，男有室，无相渎也，谓之有礼。易此必败。'公会齐侯于泺，遂及文姜如齐，齐侯通焉。公谪之，以告。夏四月，享公，使公子彭生乘公，公薨于车。"此诗前二章刺齐襄，后二章刺鲁桓也。

无田音佃甫田，维莠羊九反骄骄叶音高。无思远人，劳心忉忉音刀。

比也。田，谓耕治之也。甫，大也。莠，害苗之草也。骄骄，张王之意。忉忉，忧劳也。　　言无田甫田也，田甫田而力不给，则草盛矣。无思远人也，思远人而人不至，则心劳矣。以戒时人厌小而务大，忽近而图远，将徒劳而无功也。

无田甫田，维莠桀桀。无思远人，劳心怛怛叶旦悦反。

比也。桀桀，犹骄骄也。怛怛，犹忉忉也。

婉兮娈叶龙眷反兮，总角丱古患反，叶古县反兮。未几居岂反见兮，突而弁兮。

比也。婉娈，少好貌。丱，两角貌。未几，未多时也。突，忽然高出之貌。弁，冠名。　　言总角之童，见之未久，而忽然戴弁以出者，非其腊等而强求之也，盖循其序而势有必至耳。此又以明小之可大，迩之可远，能循其序而修之，则可以忽然而至其极。若腊等而欲速，则反有所不达矣。

《甫田》三章，章四句。

卢令令音零，其人美且仁。

赋也。卢，田犬也。令令，犬颔下环声。　　此诗大意与《还》略同。

卢重直龙反环，其人美且鬈音权。

赋也。重环，子母环也。鬈，须鬓好貌。

卢重镅音梅，其人美且偲七才反。

赋也。镅，一环贯二也。偲，多须之貌。《春秋传》所谓于思，即此字，古通用耳。

《卢令》三章，章二句。

敝笱在梁，其鱼鲂鳏古顽反，叶古伦反。齐子归止，其从才用反如云。

比也。敝，坏；笱，罟也。鲂鳏，大鱼也。归，归齐也。如云，言众也。　齐人以敝笱不能制大鱼，比鲁庄公不能防闲文姜，故归齐而从之者众也。

敝笱在梁，其鱼鲂鱮才吕反。齐子归止，其从如雨。

比也。鱮，似鲂厚而头大，或谓之鲢。如雨，亦多也。

敝笱在梁，其鱼唯唯唯癸反。齐子归止，其从如水。

比也。唯唯，行出入之貌。如水，亦多也。

《敝笱》三章，章四句。

按《春秋》，鲁庄公二年，夫人姜氏会齐侯于禚。四年，夫人姜氏享齐侯于祝丘。五年，夫人姜氏如齐师。七年，夫人姜氏会齐侯于防。又会齐侯于穀。

载驱薄薄普各反，簟茀朱鞹苦郭反。鲁道有荡，齐子发夕叶祥龠反。

赋也。薄薄,疾驱声。簟,方文席也。茀,车后户也。朱,朱漆也。鞹,兽皮之去毛者。盖车革质而朱漆也。夕,犹宿也。发夕,谓离于所宿之舍。

齐人刺文姜乘此车而来会襄公也。

四骊力驰反济济子礼反,垂辔泥泥乃礼反。鲁道有荡,齐子岂开改反,后同弟叶待礼反。

赋也。骊,马黑色也。济济,美貌。泥泥,柔貌。岂弟,乐易也。言无忌惮羞耻之意也。

汶音问水汤汤失章反,行人彭彭必亡反。鲁道有荡,齐子翱翔。

赋也。汶,水名,在齐南鲁北二国之竟。汤汤,水盛貌。彭彭,多貌。言行人之多,亦以见其无耻也。

汶水滔滔吐刀反,行人儦儦表骄反,叶音褒。鲁道有荡,齐子游敖。

赋也。滔滔,流貌。儦儦,众貌。游敖,犹翱翔也。

《载驱》四章,章四句。

猗嗟昌兮,颀音祈而长兮,抑若扬兮,美目扬兮。巧趋跄兮,射则臧兮。

赋也。猗嗟,叹辞。昌,盛也。颀,长貌。抑而若扬,美之盛也。扬,目之动也。跄,趋翼如也。臧,善也。　齐人极道鲁庄公威仪技艺之美如此,所以刺其不能以礼防闲其母,若曰惜乎其独少此耳。

猗嗟名兮,美目清兮。仪既成兮,终日射食亦反侯。不出正音征兮,展我甥叶桑经反兮。

赋也。名,犹称也。言其威仪技艺之可名也。清,目清明也。仪既成,言其终事而礼无违也。侯,张布而射之者也。正,设的于侯中而射之者也。大射,则张皮侯而设鹄。宾射,则张布侯而设正。展,诚也。姊妹之子曰甥。言称其为齐之甥,而又以明非齐侯之子,此诗人之微辞也。按《春秋》,桓公三年，夫人姜氏至自齐。六年九月，子同生，即庄公也。十八年，桓公乃与夫人如齐。则庄公诚非齐侯之子矣。

猗嗟娈叶龙眷反兮，清扬婉叶纡愿反兮。舞则选雪恋反兮，射则贯叶扁县反兮。四矢反叶孚绚反兮，以御乱叶灵眷反兮。

赋也。娈，好貌。清，目之美也。扬，眉之美也。婉，亦好貌。选，异于众也。或曰：齐于乐节也。贯，中而贯革也。四矢，礼，射每发四矢。反，复也，中皆得其故处也。言庄公射艺之精，可以御乱。如以金仆姑射南宫长万可见。

《猗嗟》三章，章六句。

或曰："子可以制母乎？"赵子曰："夫死从子，通乎其下，况国君乎？君者，人神之主，风教之本也。不能正家，如正国何？若庄公者哀痛以思父，诚敬以事母，威刑以驭下，车马仆从，莫不俟命，夫人徒往乎？夫人之往也，则公哀敬之不至，威命之不行耳。"东莱吕氏曰："此诗三章，讥刺之意，皆在言外。嗟叹再三，则庄公所大阙者，不言可见矣。"

齐国十一篇，三十四章，一百四十三句。

魏一之九

魏，国名，本舜禹故都，在《禹贡》冀州雷首之北析城之西，南枕河曲，北涉汾水。其地陿隘，而民贫俗俭，盖有圣贤之遗风焉。周初以封同姓，后为晋献公所灭而取其地。今河中府解州，即其地也。苏氏曰："魏地入晋久矣，其诗疑皆为晋而作，故列于唐风之前，犹邶、鄘之于卫也。"今按篇中公行、公路、公族，皆晋官，疑实晋诗。又恐魏亦尝有此官，盖不可考矣。

纠纠吉黝反葛屦，可以履霜。掺掺所衔反女手，可以缝裳。要於遥反之襋纪力反之，好人服叶蒲北反之。

兴也。纠纠，缭戾寒凉之意。夏葛屦，冬皮屦。掺掺，犹纤纤也。女，妇未庙见之称也。娶妇三月庙见，然后执妇功。要，裳要。襋，衣领。好人，犹大人也。　　魏地陿隘，其俗俭啬而褊急，故以葛屦、履霜起兴，而刺其使女缝裳，又使治其要襋而遂服之也。此诗疑即缝裳之女所作。

好人提提徒兮反，宛於阮反然左辟音避，佩其象揥勑帝反。维是褊心，是以为刺叶音砌。

赋也。提提，安舒之意。宛然，让之貌也。让而辟者必左。揥，所以摘发，用象为之，贵者之饰也。其人如此，若无有可刺矣，所以刺之者，以其褊迫急促，如前章之云耳。

《葛屦》二章，一章六句，一章五句。

广汉张氏曰："夫子谓与其奢也宁俭，则俭虽失中，本非恶德。然而俭之过，则至于吝啬迫隘，计较分毫之间，而谋利之心始急矣。《葛屦》、《汾沮洳》、《园有桃》三诗，皆言其急迫琐碎之意。"

彼汾沮洳，言采其莫音慕。彼其音记之子，美无度。美无度，殊异乎公路。

兴也。汾，水名，出太原府晋阳山，西南入河。沮洳，水浸处下湿之地。莫，菜也，似柳叶厚而长，有毛刺，可为羹。无度，言不可以尺寸量也。公路者，掌公之路车，晋以卿大夫之庶子为之。　　此亦刺俭不中礼之诗。言若此人者，美则美矣，然其俭啬褊急之态，殊不似贵人也。

彼汾一方，言采其桑。彼其之子，美如英叶於良反。美如英，殊异乎公行户郎反。

兴也。一方，彼一方也。《史记》扁鹊视见垣一方人。英，华也。公行，即公路也。以其主兵车之行列，故谓之公行也。

彼汾一曲，言采其蕒音续。彼其之子，美如玉。美如玉，殊异乎公族。

兴也。一曲，谓水曲流处。蕒，水舄也，叶如车前草。公族，掌公之宗族，晋以卿大夫之適子为之。

《汾沮洳》三章，章六句。

园有桃，其实之殽。心之忧矣，我歌且谣音遥。不知我者，谓我士也骄。彼人是哉叶将黎反，子曰何其音基？心之忧矣，其谁知之？其谁知之，盖亦勿思叶新赍反。

兴也。殽，食也。合曲曰歌。徒歌曰谣。其，语辞。　诗人忧其国小而无政，故作是诗。言园有桃，则其实之殽矣。心有忧，则我歌且谣矣。然不知我之心者，见其歌谣而反以为骄。且曰彼之所为已是矣，而子之言，独何为哉？盖举国之人，莫觉其非，而反以忧之者为骄也。于是忧者重嗟叹之，以为此之可忧，初不难知，彼之非我，特未之思耳。诚思之，则将不暇非我而自忧矣。

园有棘，其实之食。心之忧矣，聊以行国叶于逼反。不知我者，谓我士也罔极。彼人是哉，子曰何其？心之忧矣，其谁知之？其谁知之，盖亦勿思。

兴也。棘，枣之短者。聊，且略之辞也。歌谣之不足，则出游于国中而写忧也。极，至也。罔极，言其心纵恣无所至极。

《园有桃》二章，章十二句。

陟彼岵音户兮，瞻望父兮。父曰："嗟予子行役，夙夜无已。上慎旃哉，犹来无止。"

赋也。山无草木曰岵。上，犹尚也。　孝子行役不忘其亲，故登山以望其父之所在。因想像其父念己之言曰：嗟乎！我之子行役，夙夜勤劳，不得止息。又祝之曰：庶几慎之哉，犹可以来归，无止于彼而不来也。盖生则必归，死则止而不来矣。或曰：止，获也。言无为人所获也。

陟彼屺音起兮，瞻望母叶满彼反兮。母曰："嗟予季行役，夙夜无寐。上慎旃哉，犹来无弃。"

赋也。山有草木曰屺。季，少子也。尤怜爱少子者，妇人之情也。无寐，亦言其劳之甚也。弃，谓死而弃其尸也。

陟彼冈兮，瞻望兄叶虚王反兮。兄曰："嗟予弟行役，夙夜必偕叶举里反。上慎旃哉，犹来无死叶想止反。"

赋也。山脊曰冈。必偕，言与其侪同作同止，不得自如也。

《陟岵》三章，章六句。

十亩之间叶居贤反兮，桑者闲闲叶胡田反兮，行与子还叶音旋兮。

赋也。十亩之间，郊外所受场圃之地也。闲闲，往来者自得之貌。行，犹将也。还，犹归也。　政乱国危，贤者不乐仕于朝，而思与其友归于农圃，故其辞如此。

十亩之外叶五坠反兮，桑者泄泄以世反兮，行与子逝兮。

赋也。十亩之外，邻圃也。泄泄，犹闲闲也。逝，往也。

《十亩之间》二章，章三句。

坎坎伐檀叶徒沿反兮，寘之河之干叶居焉反兮，河水清且涟力廛反猗於宜反。不稼不穑，胡取禾三百廛直连反兮？不狩不猎，胡瞻尔庭有县音玄貆音暄兮？彼君子兮，不素餐七丹反，叶七宣反兮！

比也。坎坎，用力之声。檀，木可为车者。寘与置同。干，厓也。涟，风行水成文也。猗，与兮同，语辞也。《书》"断断猗"，《大学》作兮，《庄子》亦云"而我犹为人猗"是也。种之曰稼。敛之曰穑。胡，何也。一夫所居曰廛。狩，亦猎也。貆，貉类。素，空；餐，食也。　诗人言有人于此，用力伐檀，将以为车而行陆也。今乃寘之河干，则河水清涟而无所用，虽欲自食其力而不可得矣。然其志则自以为不耕，则不可以得禾，不猎，则不可以得兽，是以甘心穷饿而不悔也。诗人述其事而叹之，以为是真能不空食者。后世若徐穉之流，非其力不食，其厉志盖如此。

坎坎伐辐音福，叶笔力反兮，寘之河之侧叶庄力反兮，河水清且直猗。不稼不穑，胡取禾三百亿兮？不狩不猎，胡瞻尔庭有县特兮？彼君子兮，不素食兮！

比也。辐，车辐也。伐木以为辐兮。直，波文之直也。十万曰亿，盖言禾秉之数也。兽三岁曰特。

坎坎伐轮兮，寘之河之漘顺伦反兮，河水清且沦猗。不稼不穑，胡取禾三百囷丘伦反兮？不狩不猎，胡瞻尔庭有县鹑音纯兮？彼君子兮，不素飧素门反，叶素伦反兮！

比也。轮，车轮也。伐木以为轮也。沦，小风水成文，转如轮也。囷，圆仓也。鹑，鹌属。熟食曰飧。

《伐檀》三章，章九句。

硕鼠硕鼠，无食我黍。三岁贯古乱反女音汝，莫我肯顾叶公五反。逝将去女，适彼乐音洛，下同土。乐土乐土，爰得我所。

比也。硕，大也。三岁，言其久也。贯，习；顾，念；逝，往也。乐土，有道之国也。爰，於也。　　民困于贪残之政，故托言大鼠害己而去之也。

硕鼠硕鼠，无食我麦叶讫力反。三岁贯女，莫我肯德。逝将去女，适彼乐国叶于逼反。乐国乐国，爰得我直。

比也。德，归恩也。直，犹宜也。

硕鼠硕鼠，无食我苗叶音毛。三岁贯女，莫我肯劳。逝将去女，适彼乐郊叶音高。乐郊乐郊，谁之永号户毛反。

比也。劳，勤苦也。谓不以我为勤劳也。永号，长呼也。言既往乐郊，则无复有害己者，当复为谁而永号乎？

《硕鼠》三章，章八句。

魏国七篇，十八章，一百二十八句。

诗卷第六

唐一之十

唐，国名，本帝尧旧都，在《禹贡》冀州之域，大行、恒山之西，大原、大岳之野。周成王以封帝叔虞为唐侯。南有晋水。至子燮，乃改国号曰晋。后徙曲沃，又徙居绛。其地土瘠民贫，勤俭质朴，忧深思远，有尧之遗风焉。其诗不谓之晋而谓之唐，盖仍其始封之旧号耳。唐叔所都，在今大原府。曲沃及绛，皆在今绛州。

蟋蟀在堂，岁聿允橘反其莫音慕。今我不乐音洛，下同，日月其除直虑反。无已大音泰康，职思其居叶音据。好呼报反乐无荒，良士瞿瞿俱具反。

赋也。蟋蟀，虫名，似蝗而小，正黑有光泽如漆，有角翅，或谓之促织。九月在堂。聿，遂；莫，晚；除，去也。大康，过于乐也。职，主也。瞿瞿，却顾之貌。　唐俗勤俭，故其民间终岁劳苦，不敢少休。及其岁晚务闲之时，乃敢相与燕饮为乐。而言今蟋蟀在堂，而岁忽已晚矣。当此之时而不为乐，则日月将舍我而去矣。然其忧深而思远也，故方燕乐，而又遽相戒曰：今虽不可以不为乐，然不已过于乐乎？盍亦顾念其职之所居者，使其虽好乐而无荒，若彼良士之长虑而却顾焉，则可以不至于危亡也。盖其民俗之厚，而前圣遗风之远如此。

蟋蟀在堂，岁聿其逝。今我不乐，日月其迈叶力制反。无已大康，职思其外叶五队反。好乐无荒，良士蹶蹶俱卫反。

赋也。逝、迈，皆去也。外，馀也。其所治之事，固当思之，而所治之馀，亦不敢忽。盖其事变或出于平常思虑之所不及，故当过而备之也。蹶蹶，动而敏于事也。

蟋蟀在堂，役车其休。今我不乐，日月其慆吐刀反，叶佗候反。无已大康，职思其忧。好乐无荒，良士休休。

赋也。庶人乘役车。岁晚则百工皆休矣。慆，过也。休休，安闲之貌。乐而有节，不至于淫，所以安也。

《蟋蟀》三章，章八句。

山有枢乌侯、昌朱二反，隰有榆夷周、以朱二反。子有衣裳，弗曳弗娄力侯、力俱二反。子有车马，弗驰弗驱祛尤、亏于二反。宛於阮反其死矣，他人是愉他侯、以朱二反。

兴也。枢，荎也，今刺榆也。榆，白枌也。娄，亦曳也。驰，走；驱，策也。宛，坐见貌。愉，乐也。　此诗盖亦答前篇之意而解其忧，故言山则有枢矣，隰则有榆矣，子有衣裳车马，而不服不乘，则一旦宛然以死，而他人取之以为己乐矣。盖言不可不及时为乐，然其忧愈深而意愈蹙矣。

山有栲音考，叶去九反，隰有杻女九反。子有廷内，弗洒弗埽叶苏后反。子有钟鼓，弗鼓弗考叶去九反。宛其死矣，他人是保叶补苟反。

兴也。栲，山樗也，似樗，色小白，叶差狭。杻，檍也，叶似杏而尖，白色，皮正赤，其理多曲少直，材可为弓弩干者也。考，击也。保，居有也。

山有漆音七，隰有栗。子有酒食，何不日鼓瑟，且以喜乐音洛，且以永日？宛其死矣，他人入室。

兴也。君子无故，琴瑟不离于侧。永，长也。人多忧，则觉日短，饮食作乐，可以永长此日也。

《山有枢》三章，章八句。

扬之水，白石凿凿子洛反。素衣朱襮音博，从子于沃叶郁镈反。既见君子，云何不乐音洛！

比也。凿凿，巉岩貌。襮，领也。诸侯之服，绣黼领而丹朱纯也。子，指桓叔也。沃，曲沃也。　晋昭侯封其叔父成师于曲沃，是为桓叔。其后沃盛强而晋微弱，国人将叛而归之，故作此诗。言水缓弱而石巉岩，以比晋衰而沃盛，故欲以诸侯之服，从桓叔于曲沃，且自喜其见君子而无不乐也。

扬之水，白石皓皓古老反，叶胡暴反。素衣朱绣叶先妙反，从子于鹄叶居号反。既见君子，云何其忧叶一笑反！

比也。朱绣，即朱襮也。鹄，曲沃邑也。

扬之水，白石粼粼利新反。我闻有命叶弥宾反，不敢以告人。

比也。粼粼，水清石见之貌。闻其命而不敢以告人者，为之隐也。桓叔将以倾晋，而民为之隐，盖欲其成矣。　李氏曰："古者不轨之臣，欲行其志，必先施小惠以收众情，然后民翕然从之。田氏之于齐亦犹是也。故其召公子阳生于鲁国，人皆知其已至而不言，所谓'我闻有命，不敢以告人'也。"

《扬之水》三章，二章章六句，一章四句。

椒聊之实，蕃衍盈升。彼其音记之子，硕大无朋。椒聊且子余反！远条且！

兴而比也。椒，树似茱萸，有针刺，其实味辛而香烈。聊，语助也。朋，比也。且，叹辞。远条，长枝也。　椒之蕃盛，则采之盈升矣；彼其之子，则硕大而无朋矣。椒聊且，远条且，叹其枝远而实益蕃也。此不知其所指，序亦以为沃也。

椒聊之实，蕃衍盈匊九六反。彼其之子，硕大且笃。椒聊且！远条且！

兴而比也。两手曰匊。笃，厚也。

《椒聊》二章，章六句。

绸直留反缪芒侯反束薪，三星在天叶铁因反。今夕何夕？见此良人。子兮子兮！如此良人何！

兴也。绸缪，犹缠绵也。三星，心也。在天，昏始见于东方，建辰之月也。良人，夫称也。　国乱民贫，男女有失其时而后得遂其婚姻之礼者。诗人叙其妇语夫之辞曰：方绸缪以束薪也，而仰见三星之在天；今夕不知其何夕也，而忽见良人之在此。既又自谓曰：子兮子兮！其将奈此良人何哉？喜之甚而自庆之辞也。

绸缪束刍叶侧九反，三星在隅叶语口反。今夕何夕？见此邂户懈反逅胡豆反，叶很口反。子兮子兮！如此邂逅何！

兴也。隅，东南隅也。昏见之星至此，则夜久矣。邂逅，相遇之意。此为夫妇相语之辞也。

绸缪束楚，三星在户。今夕何夕？见此粲采旦反者叶章与反。子兮子兮！如此粲者何！

兴也。户，室户也。户必南出，昏见之星至此，则夜分矣。粲，美也。此为夫语妇之辞也。或曰：女三为粲，一妻二妾也。

《绸缪》三章，章六句。

有杕音第之杜，其叶湑湑私叙反。独行踽踽俱禹反，岂无他人？不如我同父扶雨反。嗟行之人，胡不比毗志反焉？人无兄弟，胡不佽七利反焉？

兴也。杕，特也。杜，赤棠也。湑湑，盛貌。踽踽，无所亲之貌。同父，兄弟也。比，辅；佽，助也。　此无兄弟者，自伤其孤特，而求助于人之辞。言杕然之杜，其叶犹湑湑然；人无兄弟，则独行踽踽，曾杜之不如矣。然岂无他人之可与同行也哉？特以其不如我兄弟，是以不免于踽踽耳。于是嗟叹行路之人，何不闵我之独行而见亲，怜我之无兄弟而见助乎？

有杕之杜，其叶菁菁子零反。独行睘睘求萤反，岂无他人？不如我同姓叶桑经反。嗟行之人，胡不比焉？人无兄弟，胡不佽焉？

兴也。菁菁，亦盛貌。睘睘，无所依貌。

《杕杜》二章，章九句。

羔裘豹祛起居、起据二反，自我人居居斤於、斤御二反。岂无他人？维子之故攻乎、古慕二反。

赋也。羔裘，君纯羔，大夫以豹饰。祛，袂也。居居，未详。

羔裘豹褎徐救反，自我人究究。岂无他人？维子之好。呼报反，叶呼候反。

赋也。褎，犹祛也。究究，亦未详。

《羔裘》二章，章四句。

此诗不知所谓，不敢强解。

肃肃鸨羽，集于苞栩况禹反。王事靡盬音古，不能蓺稷黍。父母何怙候古反？悠悠苍天！曷其有所？

比也。肃肃，羽声。鸨，鸟名，似雁而大，无后趾。集，止也。苞，丛生也。栩，柞栎也，其子为皂斗，壳可以染皂者是也。盬，不攻致也。蓺，树；怙，恃也。　民从征役而不得养其父母，故作此诗。言鸨之性不树止，而今乃飞集于苞栩之上；如民之性本不便于劳苦，今乃久从征役，而不得耕田以供子职也。悠悠苍天，何时使我得其所乎？

肃肃鸨翼，集于苞棘。王事靡盬，不能蓺黍稷。父母何食？悠悠苍天！曷其有极？

比也。极，已也。

肃肃鸨行音杭，集于苞桑。王事靡盬，不能蓺稻粱。父母何尝？悠悠苍天！曷其有常？

比也。行，列也。稻，即今南方所食稻米，水生而色白者也。粱，粟类也，有数色。尝，食也。常，复其常也。

《鸨羽》三章，章七句。

岂曰无衣七兮？不如子之衣，安且吉兮。

赋也。侯伯七命,其车旗衣服,皆以七为节。子,天子也。　《史记》,曲沃桓叔之孙武公,伐晋,灭之,尽以其宝器赂周釐王。王以武公为晋君,列于诸侯。此诗盖述其请命之意,言我非无是七章之衣也,而必请命者,盖以不如天子之命服之为安且吉也。盖当是时,周室虽衰,典刑犹在。武公既负弑君篡国之罪,则人得讨之,而无以自立于天地之间,故赂王请命,而为说如此。然其倨慢无礼,亦已甚矣。釐王贪其宝玩,而不思天理民彝之不可废,是以诛讨不加,而爵命行焉。则王纲于是乎不振,而人纪或几乎绝矣。呜呼痛哉!

岂曰无衣六兮?不如子之衣,安且燠於六反兮。

赋也。天子之卿六命,变七言六者,谦也。不敢以当侯伯之命,得受六命之服,比于天子之卿亦幸矣。燠,暖也。言其可以久也。

《无衣》二章,章三句。

有杕之杜,生于道左。彼君子兮,噬《韩诗》作"逝"肯适我?中心好呼报反之,曷饮於鸩反食音嗣之?

比也。左,东也。噬,发语词也。曷,何也。　此人好贤而恐不足以致之,故言此杕然之杜,生于道左,其荫不足以休息;如己之寡弱,不足恃赖,则彼君子者,亦安肯顾而适我哉?然其中心好之,则不已也,但无自而得饮食之耳。夫以好贤之心如此,则贤者安有不至,而何寡弱之足患哉?

有杕之杜,生于道周。彼君子兮,噬肯来游?中心好之,曷饮食之?

比也。周,曲也。

《有杕之杜》二章,章六句。

葛生蒙楚,蔹音廉蔓于野叶上与反。予美亡此,谁与独处?

兴也。蔹,草名,似栝楼,叶盛而细。蔓,延也。予美,妇人指其夫也。　妇人以其夫久从征役而不归,故言葛生而蒙于楚,蔹生而蔓于野,各有所依托;而予之所美者,独不在是,则谁与而独处于此乎?

葛生蒙棘，蔹蔓于域。予美亡此，谁与独息？

兴也。域，茔域也。息，止也。

角枕粲兮，锦衾烂兮。予美亡此，谁与独旦？

赋也。粲、烂，华美鲜明之貌。独旦，独处至旦也。

夏之日，冬之夜叶羊茹反，百岁之后，归于其居叶姬御反。

赋也。夏日永。冬夜永。居，坟墓也。　夏日冬夜，独居忧思，于是为切。然君子之归无期，亦可得而见矣，要死而相从耳。郑氏曰："言此者，妇人专一，义之至，情之尽。"苏氏曰："思之深而无异心，此唐风之厚也。"

冬之夜同上，夏之日，百岁之后叶胡故反，归于其室。

赋也。室，圹也。

《葛生》五章，章四句。

采苓采苓，首阳之巅叶典因反。人之为言，苟亦无信叶斯人反。舍音捨，下同旃之然反舍旃，苟亦无然。人之为言，胡得焉？

比也。首阳，首山之南也。巅，山顶也。旃，之也。　此刺听谗之诗。言子欲采苓于首阳之巅乎？然人之为是言以告子者，未可遽以为信也。姑舍置之，而无遽以为然，徐察而审听之，则造言者无所得，而谗止矣。或曰：兴也。下章放此。

采苦采苦，首阳之下叶后五反。人之为言，苟亦无与。舍旃舍旃，苟亦无然。人之为言，胡得焉？

比也。苦，苦菜也，生山田及泽中，得霜甜脆而美。与，许也。

采葑采葑，首阳之东。人之为言，苟亦无从。舍旃舍旃，苟亦无然。人之为言，胡得焉？

比也。从，听也。

《采苓》三章，章八句。

唐国十二篇，三十三章，二百三句。

秦一之十一

秦，国名，其地在《禹贡》雍州之域，近鸟鼠山。初伯益佐禹治水有功，赐姓嬴氏。其后，中潏居西戎以保西垂，六世孙大骆生成及非子，非子事周孝王，养马于汧、渭之间，马大繁息，孝王封为附庸而邑之秦。至宣王时，犬戎灭成之族。宣王遂命非子曾孙秦仲为大夫，诛西戎不克，见杀。及幽王为西戎犬戎所杀，平王东迁，秦仲孙襄公以兵送之。王封襄公为诸侯，曰能逐犬戎，即有岐丰之地。襄公遂有周西都畿内八百里之地。至玄孙德公，又徙于雍。秦，即今之秦州。雍，今京兆府兴平县是也。

有车邻邻，有马白颠都田反，叶典因反。未见君子，寺人之令力呈反。

赋也。邻邻，众车之声。白颠，额有白毛，今谓之的颡。君子，指秦君。寺人，内小臣也。令，使也。　是时秦君始有车马，及此寺人之官，将见者必先使寺人通之。故国人创见而夸美之也。

阪音反有漆，隰有栗。既见君子，并坐鼓瑟。今者不乐音洛，逝者其耋田节反，叶地一反。

兴也。八十曰耋。　阪则有漆矣，隰则有栗矣；既见君子，则并坐鼓瑟矣；失今不乐，则逝者其耋矣。

阪有桑，隰有杨。既见君子，并坐鼓簧。今者不乐，逝者其亡。

兴也。簧，笙中金叶，吹笙则鼓动之以出声者也。

《车邻》三章，一章四句，二章章六句。

驷驖田结反孔阜符有反，六辔在手。公之媚眉冀反子，从公于狩叶始九反。

赋也。驷驖，四马皆黑色如铁也。孔，甚也。阜，肥大也。六辔者，两服两骖各两辔，而骖马内两辔，纳之于觖，故惟六辔在手也。媚子，所亲爱之人也。此亦前篇之意也。

奉时辰牡，辰牡孔硕叶常灼反。公曰左之，舍音捨拔蒲末反则获叶黄郭反。

赋也。时，是；辰，时也。牡，兽之牡者也。辰牡者，冬献狼，夏献麋，春秋献鹿豕之类。奉之者，虞人翼以待射也。硕，肥大也。公曰左之者，命御者使左其车以射兽之左也。盖射必中其左，乃为中杀。五御所谓逐禽左者，为是故也。拔，矢括也。曰左之而舍拔无不获者，言兽之多而射御之善也。

游于北园，四马既闲叶胡田反。輶音由车鸾镳彼骄反，载猃力验反歇许竭反骄许乔反。

赋也。田事已毕，故游于北园。闲，调习也。輶，轻也。鸾，铃也，效鸾鸟之声。镳，马衔也。驱逆之车，置鸾于马衔之两旁，乘车则鸾在衡，和在轼也。猃、歇骄，皆田犬名，长喙曰猃，短喙曰歇骄。以车载犬，盖以休其足力也。韩愈画记，有骑拥田犬者，亦此类。

《驷驖》三章，章四句。

小戎俴钱浅反收，五楘音木梁辀陟留反。游环胁驱叶居惧反，又居录反，阴靷音胤鋈音沃续叶辞屡反，又如字。文茵音因畅敕亮反毂叶又，去声，驾我骐音其异之树反，又之录反。言念君子，温其如玉。在其板屋，乱我心曲。

赋也。小戎，兵车也。俴，浅也。收，轸也，谓车前后两端横木，所以收敛所载者也。凡车之制，广皆六尺六寸。其平地任载者为大车，则轸深八尺。兵车，则轸深四尺四寸，故曰小戎俴收也。五，五束也。楘，历录然文章之貌也。梁辀，从前轸以前稍曲而上，至衡则向下钩之，衡横于辀下，而辀形穹隆上曲如屋之梁，又以皮革五处束之，其文章历录然也。游环，靷环也。以皮为环，当两服马之背上，游移前却无定处，引两骖马之外辔，贯其中而执之，所以制骖马使不得外出。《左传》曰"如骖之有靳"是也。胁驱，亦以皮为之，前系于衡之两端，后系于轸之两端，当服马胁之外，所以驱骖马使不得内入也。

阴,掩轨也。轨在轼前,而以板横侧掩之,以其阴暎此轨,故谓之阴也。靷,以皮二条前系骖马之颈,后系阴版之上也。鋈续,阴版之上有续靷之处,消白金沃灌其环以为饰也。盖车衡之长六尺六寸,止容二服,骖马之颈不当于衡,故别为二靷以引车,亦谓之靳。《左传》曰“两靷将绝”是也。文茵,车中所坐虎皮褥也。畅,长也。毂者,车轮之中,外持辐、内受轴者也。大车之毂一尺有半,兵车之毂长三尺二寸,故兵车曰畅毂。骐,骐文也。马左足白曰馵。君子,妇人目其夫也。温其如玉,美之之辞也。板屋者,西戎之俗以版为屋。心曲,心中委曲之处也。　西戎者,秦之臣子所与不共戴天之仇也。襄公上承天子之命,率其国人往而征之,故其从役者之家人,先夸车甲之盛如此,而后及其私情。盖以义兴师,则虽妇人亦知勇于赴敌而无所怨矣。

四牡孔阜扶有反,六辔在手。骐骝音留是中叶诸仍反,騧古花反骊是骖叶疏簪反。龙盾顺允反之合,鋈以觼古穴反軜音纳。言念君子,温其在邑叶乌合反。方何为期,胡然我念之。

赋也。赤马黑鬣曰骝。中,两服马也。黄马黑喙曰騧。骊,黑色也。盾,干也。画龙于盾,合而载之以为车上之卫。必载二者,备破毁也。觼,环之有舌者。軜,骖内辔也。置觼于轼前以系軜,故谓之觼軜,亦消沃白金以为饰也。邑,西鄙之邑也。方,将也。将以何时为归期乎?何为使我思念之极也。

俴驷孔群,厹音求矛鋈錞徒对反,叶朱伦反。蒙伐有苑叶音氲,虎韔敕亮反镂音漏膺。交韔二弓叶姑宏反,竹闭绲古本反縢直登反。言念君子,载寝载兴。厌厌於盐反良人,秩秩德音叶一陵反。

赋也。俴驷,四马皆以浅薄之金为甲,欲其轻而易于马之旋习也。孔,甚;群,和也。厹矛,三隅矛也。鋈錞,以白金沃矛之下端平底者也。蒙,杂也。伐,中干也,盾之别名。苑,文貌。画杂羽之文于盾上也。虎韔,以虎皮为弓室也。镂膺,镂金以饰马当胸带也。交韔,交二弓于韔中,谓颠倒安置之。必二弓,以备坏也。闭,弓檠也。《仪礼》作柲。绲,绳;縢,约也。以竹为闭,而以绳约之于弛弓之里,檠弓体使正也。载寝载兴,言思之深而起居不宁也。厌厌,安也。秩秩,有序也。

《小戎》三章,章十句。

蒹古恬反葭音加苍苍，白露为霜。所谓伊人，在水一方。溯苏路反洄音回从之，道阻且长。溯游从之，宛在水中央。

赋也。蒹，似萑而细，高数尺，又谓之薕。葭，芦也。蒹葭未败，而露始为霜，秋水时至，百川灌河之时也。伊人，犹言彼人也。一方，彼一方也。溯洄，逆流而上也。溯游，顺流而下也。宛然，坐见貌。在水之中央，言近而不可至也。　言秋水方盛之时，所谓彼人者，乃在水之一方，上下求之而皆不可得。然不知其何所指也。

蒹葭凄凄，白露未晞。所谓伊人，在水之湄。溯洄从之，道阻且跻。溯游从之，宛在水中坻直尸反。

赋也。凄凄，犹苍苍也。晞，干也。湄，水草之交也。跻，升也。言难至也。小渚曰坻。

蒹葭采采叶此履反，白露未已。所谓伊人，在水之涘叶以、始二音。溯洄从之，道阻且右叶羽轨反。溯游从之，宛在水中沚。

赋也。采采，言其盛而可采也。已，止也。右，不相直而出其右也。小渚曰沚。

《蒹葭》三章，章八句。

终南何有？有条有梅叶莫悲反。君子至止，锦衣狐裘叶渠之反。颜如渥於角反丹，其君也哉叶将黎反！

兴也。终南，山名，在今京兆府南。条，山楸也，皮叶白，色亦白，材理好，宜为车版。君子，指其君也。至止，至终南之下也。锦衣狐裘，诸侯之服也。《玉藻》曰："君衣狐白裘，锦衣以裼之。"渥，渍也。其君也哉，言容貌衣服，称其为君也。此秦人美其君之辞，亦《车邻》、《驷驖》之意也。

终南何有？有纪有堂。君子至止，黻音弗衣绣裳。佩玉将将七羊反，寿考不忘。

兴也。纪，山之廉角也。堂，山之宽平处也。黻之状亚，两已相戾也。绣，刺绣也。将将，佩玉声也。寿考不忘者，欲其居此位，服此服，长久而安宁也。

《终南》二章，章六句。

交交黄鸟，止于棘。谁从穆公？子车奄息。维此奄息，百夫之特。临其穴叶户橘反，惴惴其慄。彼苍者天叶铁因反，歼子廉反我良人。如可赎兮，人百其身。

兴也。交交，飞而往来之貌。从穆公，从死也。子车，氏。奄息，名。特，杰出之称。穴，圹也。惴惴，惧貌。慄，惧；歼，尽；良，善；赎，贸也。　秦穆公卒，以子车氏之三子为殉，皆秦之良也。国人哀之，为之赋《黄鸟》。事见《春秋传》，即此诗也。言交交黄鸟，则止于棘矣；谁从穆公，则子车奄息也。盖以所见起兴也。临穴而惴慄，盖生纳之圹中也。三子皆国之良，而一旦杀之，若可贸以他人，则人皆愿百其身以易之矣。

交交黄鸟，止于桑。谁从穆公？子车仲行户郎反。维此仲行，百夫之防。临其穴，惴惴其慄。彼苍者天，歼我良人。如可赎兮，人百其身。

兴也。防，当也，言一人可以当百夫也。

交交黄鸟，止于楚。谁从穆公？子车鍼虎。维此鍼虎，百夫之御。临其穴，惴惴其慄。彼苍者天，歼我良人。如可赎兮，人百其身。

兴也。御，犹当也。

《黄鸟》三章，章十二句。

《春秋传》曰："君子曰：'秦穆之不为盟主也宜哉！死而弃民。先王违世，犹诒之法，而况夺之善人乎？今纵无法以遗后嗣，而又收其良以死，难以在上矣。'君子是以知秦之不复东征也。"愚按穆公于此，其罪不可逃矣。但或以为穆公遗命如此，而三子自杀以从之，则三子亦不得为无罪。今观临穴惴慄之言，则是康公从父之乱命，迫而纳之于圹，其罪有所归矣。又按《史记》，秦武公卒，初以人从死，死者六十六人。至穆公遂用百七十七人，而三良与焉。盖其初特出于戎翟之俗，而无明王贤伯以讨其罪，于是习以为常，则虽以穆公之贤而不免。论其事者，亦徒闵三良之不幸，而叹秦之衰。至于王政不纲，诸侯擅命，杀人不忌，至于如此，则莫知其为非也。呜呼！俗之弊也久矣！其后始皇之葬，后宫皆令从死，工匠生闭墓中，尚何怪哉？

鴥伊橘反彼晨风叶孚愔反，郁彼北林。未见君子，忧心钦钦。如何如何，忘我实多！

兴也。鴥，疾飞貌。晨风，鹯也。郁，茂盛貌。君子，指其夫也。钦钦，忧而不忘之貌。　妇人以夫不在，而言鴥彼晨风，则归于郁然之北林矣，故我未见君子，而忧心钦钦也。彼君子者，如之何而忘我之多乎？此与扊扅之歌同意，盖秦俗也。

山有苞栎卢狄反，叶历各反，隰有六驳邦角反。未见君子，忧心靡乐音洛。如何如何，忘我实多！

兴也。驳，梓榆也，其皮青白如驳。　山则有苞栎矣，隰则有六驳矣，未见君子，则忧心靡乐矣。靡乐，则忧之甚也。

山有苞棣，隰有树檖。未见君子，忧心如醉。如何如何，忘我实多！

兴也。棣，唐棣也。檖，赤罗也，实似梨而小，酢可食。如醉，则忧又甚矣。

《晨风》三章，章六句。

岂曰无衣，与子同袍抱毛反，叶步谋反。王于兴师，修我戈矛，与子同仇。

赋也。袍，襺也。戈，长六尺六寸。矛，长二丈。王于兴师，以天子之命而兴师也。　秦俗强悍，乐于战斗，故其人平居而相谓曰：岂以子之无衣，而与子同袍乎？盖以王于兴师，则将修我戈矛，而与子同仇也。其欢爱之心，足以相死如此。苏氏曰："秦本周地，故其民犹思周之盛时而称先王焉。"或曰兴也。取与子同三字为义。后章放此。

岂曰无衣，与子同泽叶徒洛反。王于兴师，修我矛戟叶讫约反，与子偕作。

赋也。泽，里衣也。以其亲肤近于垢泽，故谓之泽。戟，车戟也，长丈六尺。

岂曰无衣，与子同裳。王于兴师，修我甲兵叶蒲芒反，与子偕行叶户郎反。

赋也。行,往也。

《无衣》三章,章五句。

秦人之俗,大抵尚气概,先勇力,忘生轻死,故其见于诗如此。然本其初而论之,岐丰之地,文王用之以兴二南之化,如彼其忠且厚也。秦人用之未几,而一变其俗至于如此,则已悍然有招八州而朝同列之气矣。何哉?雍州土厚水深,其民厚重质直,无郑、卫骄惰淫靡之习。以善导之,则易以兴起而笃于仁义;以猛驱之,则其强毅果敢之资,亦足以强兵力农而成富强之业,非山东诸国所及也。呜呼!后世欲为定都立国之计者,诚不可不监乎此。而凡为国者,其于导民之路,尤不可不审其所之也。

我送舅氏,曰至渭阳。何以赠之?路车乘成证反黄。

赋也。舅氏,秦康公之舅,晋公子重耳也。出亡在外,穆公召而纳之。时康公为太子,送之渭阳而作此诗。渭,水名。秦时都雍,至渭阳者,盖东行送之于咸阳之地也。路车,诸侯之车也。乘黄,四马皆黄也。

我送舅氏,悠悠我思叶新赍反。何以赠之?琼瑰古回反玉佩叶蒲眉反。

赋也。悠悠,长也。序以为时康公之母穆姬已卒,故康公送其舅,而念母之不见也。或曰:穆姬之卒不可考,此但别其舅而怀思耳。琼瑰,石而次玉。

《渭阳》二章,章四句。

按《春秋传》,晋献公烝于齐姜,生秦穆夫人、太子申生。娶犬戎胡姬,生重耳。小戎子生夷吾。骊姬生奚齐,其娣生卓子。骊姬谮申生,申生自杀。又谮二公子,二公子皆出奔。献公卒,奚齐、卓子继位,皆为大夫里克所弑。秦穆公纳夷吾,是为惠公。卒,子圉立,是为怀公。立之明年,秦穆公又召重耳而纳之,是为文公。王氏曰:"至渭阳者,送之远也。悠悠我思者,思之长也。路车乘黄、琼瑰玉佩者,赠之厚也。"广汉张氏曰:"康公为太子,送舅氏而念母之不见,是固良心也。而卒不能自克于令狐之役,怨欲害乎良心也。使康公知循是心,养其端而充之,则怨欲可消矣。"

於我乎!夏屋渠渠,今也每食无余。于音吁嗟乎!不承权舆。

赋也。夏，大也。渠渠，深广貌。承，继也。权舆，始也。　此言其君始有渠渠之夏屋以待贤者，而其后礼意寖衰，供亿寖薄，至于贤者每食而无余，于是叹之，言不能继其始也。

於我乎！每食四簋叶已有反，今也每食不饱叶补苟反。于嗟乎！不承权舆。

赋也。簋，瓦器，容斗二升。方曰簠，圆曰簋。簠盛稻粱，簋盛黍稷。四簋，礼食之盛也。

《权舆》二章，章五句。

汉楚元王敬礼申公、白公、穆生。穆生不嗜酒，元王每置酒，尝为穆生设醴。及王戊即位，常设，后忘设焉。穆生退曰："可以逝矣！醴酒不设，王之意怠。不去，楚人将钳我于市。"遂称疾。申公、白公强起之，曰："独不念先王之德欤？今王一旦失小礼，何足至此？"穆生曰："先王之所以礼吾三人者，为道之存故也。今而忽之，是忘道也。忘道之人，胡可与久处？岂为区区之礼哉？"遂谢病去。亦此诗之意也。

秦国十篇，二十七章，一百八十一句。

诗卷第七

陈一之十二

陈，国名，大皞伏羲氏之墟，在《禹贡》豫州之东。其地广平，无名山大川，西望外方，东不及孟诸。周武王时，帝舜之胄有虞阏父，为周陶正。武王赖其利器用，与其神明之后，以元女大姬妻其子满，而封之于陈。都于宛丘之侧，与黄帝、帝尧之后，共为三恪，是为胡公。大姬妇人尊贵，好乐巫觋歌舞之事，其民化之。今之陈州，即其地也。

子之汤他郎、他浪二反兮，宛丘之上辰羊、辰亮二反兮。洵音荀有情兮，而无望武方、武放二反兮。

赋也。子，指游荡之人也。汤，荡也。四方高，中央下，曰宛丘。洵，信也。望，人所瞻望也。　国人见此人常游荡于宛丘之上，故叙其事以刺之。言虽信有情思而可乐矣，然无威仪可瞻望也。

坎其击鼓，宛丘之下叶后五反。无冬无夏叶与下同，值直置反其鹭羽。

赋也。坎，击鼓声。值，植也。鹭，舂鉏，今鹭鸶，好而洁白，头上有长毛十数枚。羽，以其羽为翳，舞者持以指麾也。言无时不出游，而鼓舞于是也。

坎其击缶方有反，宛丘之道叶徒厚反。无冬无夏，值其鹭翿音导。叶殖有反。

赋也。缶，瓦器，可以节乐。翿，翳也。

《宛丘》三章，章四句。

东门之枌符云反，宛丘之栩况浦反。子仲之子，婆娑素何反其下。叶后五反。

赋也。枌，白榆也，先生叶，却著荚，皮色白。子仲之子，子仲氏之女也。婆娑，舞貌。　此男女聚会歌舞，而赋其事以相乐也。

穀旦于差初佳反，叶七何反，南方之原无韵，不详。不绩其麻叶谟婆反，市也婆娑。

赋也。穀，善；差，择也。　既差择善旦以会于南方之原，于是弃其业以舞于市而往会也。

穀旦于逝，越以鬷子公反迈叶力制反。视尔如荍祁饶反，贻我握椒。

赋也。逝，往；越，于；鬷，众也。迈，行也。荍，芘芣也，又名荆葵，紫色。椒，芬芳之物也。　言又以善旦而往，于是以其众行，而男女相与道其慕悦之辞曰：我视尔颜色之美，如芘芣之华。于是遗我以一握之椒，而交情好也。

《东门之枌》三章，章四句。

衡门之下，可以栖音西迟。泌悲位反之洋洋，可以乐音洛饥。

赋也。衡门，横木为门也。门之深者，有阿塾堂宇，此惟横木为之。栖迟，游息也。泌，泉水也。洋洋，水流貌。　此隐居自乐而无求者之辞。言衡门虽浅陋，然亦可以游息；泌水虽不可饱，然亦可以玩乐而忘饥也。

岂其食鱼，必河之鲂音房？岂其取音娶妻，必齐之姜？

赋也。姜，齐姓。

岂其食鱼，必河之鲤？岂其取妻，必宋之子叶奖履反？

赋也。子，宋姓。

《衡门》三章，章四句。

东门之池，可以沤乌豆反麻叶谟婆反。彼美淑姬，可与晤五故反歌。

兴也。池，城池也。沤，渍也。治麻者，必先以水渍之。晤，犹解也。此亦男女会遇之辞。盖因其会遇之地，所见之物，以起兴也。

东门之池，可以沤纻直吕反。彼美淑姬，可与晤语。

兴也。纻，麻属。

东门之池，可以沤菅。古颜反，叶居贤反。彼美淑姬，可与晤言。

兴也。菅，叶似茅而滑泽，茎有白粉，柔韧宜为索也。

《东门之池》三章，章四句。

东门之杨，其叶牂牂子桑反。昏以为期，明星煌煌。

兴也。东门，相期之地也。杨，柳之扬起者也。牂牂，盛貌。明星，启明也。煌煌，大明貌。　此亦男女期会而有负约不至者，故因其所见以起兴也。

东门之杨，其叶肺肺普计反。昏以为期，明星晢晢之世反。

兴也。肺肺，犹牂牂也。晢晢，犹煌煌也。

《东门之杨》二章，章四句。

墓门有棘，斧以斯所宜反之。夫也不良，国人知之。知而不已，谁昔然矣。

兴也。墓门，凶僻之地，多生荆棘。斯，析也。夫，指所刺之人也。谁昔，昔也，犹言畴昔也。　言墓门有棘，则斧以斯之矣；此人不良，则国人知之矣；国人知之犹不自改，则自畴昔而已然，非一日之积矣。所谓不良之人，亦不知其何所指也。

墓门有梅，有鸮萃止。夫也不良，歌以讯叶息悴反之。讯予不顾叶果五反，颠倒思予叶演女反。

兴也。鸮鸮，恶声之鸟也。萃，集；讯，告也。颠倒，狼狈之状。　墓门有梅，则有鸮萃之矣；夫也不良，则有歌其恶以讯之者矣；讯之而不予顾，至于颠倒，然后思予，则岂有所及哉？或曰：讯予之予，疑当依前章作而字。

《墓门》二章，章六句。

防有鹊巢，邛其恭反有旨苕徒雕反，叶徒刀反。谁侜陟留反予美？心焉忉忉都劳反。

兴也。防，人所筑以捍水者。邛，丘；旨，美也。苕，苕饶也，茎如劳豆而细，叶似蒺藜而青，其茎叶绿色，可生食，如小豆藿也。侜，侜张也，犹《郑风》之所谓迂也。予美，指所与私者也。忉忉，忧貌。　　此男女之有私，而忧或间之之辞。故曰防则有鹊巢矣，邛则有旨苕矣；今此何人，而侜张予之所美，使我忧之而至于忉忉乎？

中唐有甓蒲历反，邛有旨鹝五历反。谁侜予美？心焉惕惕吐历反。

兴也。庙中路谓之唐。甓，瓴甋也。鹝，小草，杂色如绶。惕惕，犹忉忉也。

《防有鹊巢》二章，章四句。

月出皎兮，佼古卯反人僚音了兮。舒窈乌了反纠己小反兮，劳心悄七小反兮。

兴也。皎，月光也。佼人，美人也。僚，好貌。窈，幽远也。纠，愁结也。悄，忧也。　　此亦男女相悦而相念之辞。言月出则皎然矣，佼人则僚然矣，安得见之而舒窈纠之情乎？是以为之劳心而悄然也。

月出皓胡老反兮，佼人懰力久反，叶朗老反兮。舒忧於久反受叶时倒反兮，劳心慅七老反兮。

兴也。懰，好貌。忧受，忧思也。慅，犹悄也。

月出照兮，佼人燎力召反兮。舒夭於表反绍实照反兮，劳心惨当作懆，七吊反兮。

兴也。燎，明也。夭绍，纠紧之意。惨，忧也。

《月出》三章，章四句。

胡为乎株林？从夏户雅反南叶尼心反，下同。匪适株林，从夏南。

赋也。株林，夏氏邑也。夏南，徵舒字也。　　灵公淫于夏徵舒之母，朝夕而往夏氏之邑，故其民相与语曰：君胡为乎株林乎？曰：从夏南耳。然则非适株林也，特以从夏南故耳。盖淫乎夏姬，不可言也，故以从其子言之。诗人之忠厚如此。

驾我乘绳证反马叶满补反，说音税于株野叶上与反。乘平声我乘驹，朝食于株。

赋也。说，舍也。马六尺以下曰驹。

《株林》二章，章四句。

《春秋传》："夏姬，郑穆公之女也，嫁于陈大夫夏御叔。灵公与其大夫孔宁、仪行父通焉。泄冶谏不听而杀之，后卒为其子徵舒所弑。而徵舒复为楚庄王所诛。"

彼泽之陂叶音波，有蒲与荷音何。有美一人，伤如之何？寤寐无为，涕他弟反泗音四滂普光反沱徒何反。

兴也。陂，泽障也。蒲，水草，可为席者。荷，芙蕖也。自目曰涕，自鼻曰泗。　　此诗大旨，与《月出》相类。言彼泽之陂，则有蒲与荷矣。有美一人而不可见，则虽忧伤而如之何哉？寤寐无为，涕泗滂沱而已矣。

彼泽之陂，有蒲与蕑古颜反，叶居贤反。有美一人，硕大且卷其员反。寤寐无为，中心悁悁乌玄反。

兴也。蕑，兰也。卷，鬓发之美也。悁悁，犹悒悒也。

彼泽之陂，有蒲菡户感反萏大感反，叶待检反。有美一人，硕大且俨鱼检反。寤寐无为，辗转伏枕叶知险反。

兴也。菡萏，荷华也。俨，矜庄貌。辗转伏枕，卧而不寐，思之深且久也。

《泽陂》三章，章六句。

陈国十篇，二十六章，一百一十四句。

东莱吕氏曰："变风终于陈灵，其间男女夫妇之诗一何多邪？曰：有天地，然后有万物；有万物，然后有男女；有男女，然后有夫妇；有夫妇，然后有父子；有父子，然后有君臣；有君臣，然后有上下；有上下，然后礼义有所错。男女者，三纲之本，万事之先也。正风之所以为正者，举其正者以劝之也；变风之所以为变者，举其不正者以戒之也。道之升降，时之治乱，俗之污隆，民之死生，于是乎在。录之烦悉，篇之重复，亦何疑哉？"

桧一之十三

桧，国名，高辛氏火正祝融之墟，在《禹贡》豫州外方之北，荥波之南，居溱、洧之间。其君妘姓，祝融之后。周衰，为郑桓公所灭而迁国焉。今之郑州，即其地也。苏氏以为桧诗皆为郑作，如邶、鄘之于卫也，未知是否。

羔裘逍遥，狐裘以朝直遥反，叶直劳反。岂不尔思？劳心忉忉音刀。

赋也。缁衣羔裘，诸侯之朝服。锦衣狐裘，其朝天子之服也。旧说桧君好洁其衣服，逍遥游宴，而不能自强于政治，故诗人忧之。

羔裘翱翔，狐裘在堂。岂不尔思？我心忧伤。

赋也。翱翔，犹逍遥也。堂，公堂也。

羔裘如膏古报反，日出有曜羊照反，叶羊号反。岂不尔思？中心是悼。

赋也。膏，脂所渍也。日出有曜，日照之则有光也。

《羔裘》三章，章四句。

庶见素冠兮，棘人栾栾力端反兮，劳心慱慱徒端反兮。

赋也。庶，幸也。缟冠素纰，既祥之冠也。黑经白纬曰缟，缘边曰纰。

棘,急也。丧事欲其总总尔哀遽之状也。栾栾,瘠貌。传传,忧劳之貌。祥冠,祥则冠之,禫则除之。今人皆不能行三年之丧矣,安得见此服乎?当时贤者庶几见之,至于忧劳也。

庶见素衣兮,我心伤悲兮,聊与子同归兮。

赋也。素冠则素衣矣。与子同归,爱慕之词也。

庶见素韠音毕兮,我心蕴於粉反结叶讫力反兮,聊与子如一兮。

赋也。韠,蔽膝也,以韦为之。冕服谓之韨,其余曰韠。韠从裳色,素衣素裳则素韠矣。蕴结,思之不解也。与子如一,甚于同归矣。

《素冠》三章,章三句。

按丧礼:为父为君,斩衰三年。昔宰予欲短丧,夫子曰:"子生三年,然后免于父母之怀,予也有三年之爱于其父母乎?""三年之丧,天下之通丧也。"《传》曰:"子夏三年之丧毕,见于夫子,援琴而弦,衎衎而乐,作而曰:'先王制礼,不敢不及。'夫子曰:'君子也。'闵子骞三年之丧毕,见于夫子,援琴而弦,切切而哀,作而曰:'先王制礼,不敢过也。'夫子曰:'君子也。'子路曰:'敢问何谓也?'夫子曰:'子夏哀已尽,能引而致之于礼,故曰君子也。闵子骞哀未尽,能自割以礼,故曰君子也。'"夫三年之丧,贤者之所轻,不肖者之所勉。

隰有苌丈羊反楚,猗於可反傩乃可反其枝。夭於骄反之沃沃乌毒反,乐音洛子之无知。

赋也。苌楚,铫弋,今羊桃也,子如小麦,亦似桃。猗傩,柔顺也。夭,少好貌。沃沃,光泽貌。子,指苌楚也。　政烦赋重,人不堪其苦,叹其不如草木之无知而无忧也。

隰有苌楚,猗傩其华芳无、胡瓜二反。夭之沃沃,乐子之无家古胡、古牙二反。

赋也。无家,言无累也。

隰有苌楚,猗傩其实。夭之沃沃,乐子之无室。

赋也。无室,犹无家也。

《隰有苌楚》三章,章四句。

匪风发叶方月反兮，匪车偈起竭反兮。顾瞻周道，中心怛都达反，叶旦悦反兮。

赋也。发，飘扬貌。偈，疾驱貌。周道，适周之路也。怛，伤也。周室衰微，贤人忧叹而作此诗。言常时风发而车偈，则中心怛然；今非风发也，非车偈也，特顾瞻周道而思王室之陵迟，故中心为之怛然耳。

匪风飘符遥反，叶匹妙反兮，匪车嘌匹遥反，叶匹妙反兮。顾瞻周道，中心吊兮。

赋也。回风曰飘。嘌，漂摇不安之貌。吊，亦伤也。

谁能亨普庚反鱼？溉古爱反之釜鬵音寻。谁将西归？怀之好音。

兴也。溉，涤也。鬵，釜属。西归，归于周也。 谁能亨鱼乎？有则我愿为之溉其釜鬵。谁将西归乎？有则我愿慰之以好音。以见思之之甚，但有西归之人，即思有以厚之也。

《匪风》三章，章四句。

桧国四篇，十二章，四十五句。

曹一之十四

曹，国名，其地在《禹贡》兖州陶丘之北，雷夏菏泽之野，周武王以封其弟振铎。今之曹州，即其地也。

蜉蝣之羽，衣裳楚楚叶创举反。心之忧矣，于我归处。

比也。蜉蝣，渠略也，似蛣蜣，身狭而长角，黄黑色，朝生暮死。楚楚，鲜明貌。 此诗盖以时人有玩细娱而忘远虑者，故以蜉蝣为比而刺之。言蜉蝣之羽翼，犹衣裳之楚楚可爱也，然其朝生暮死，不能久存，故我心忧之，而欲其于我归处耳。序以为刺其君，或然而未有考也。

蜉蝣之翼，采采衣服叶蒲北反。心之忧矣，于我归息。

比也。采采,华饰也。息,止也。

蜉蝣掘求勿反阅,麻衣如雪。心之忧矣,于我归说音税,叶输爇反。

比也。掘阅,未详。说,舍息也。

《蜉蝣》三章,章四句。

彼候人兮,何上声戈与祋都律、都外二反。彼其音记之子,三百赤芾芳勿、蒲昧二反。

兴也。候人,道路迎送宾客之官。何,揭;祋,殳也。之子,指小人。芾,冕服之韠也。一命,缊芾黝珩;再命,赤芾黝珩;三命,赤芾葱珩;大夫以上,赤芾乘轩。　此刺其君远君子而近小人之辞。言彼候人而何戈与祋者,宜也。彼其之子,而三百赤芾,何哉?晋文公入曹,数其不用僖负羁,而乘轩者三百人,其谓是欤?

维鹈徒低反在梁,不濡其翼。彼其之子,不称尺证反其服叶蒲北反。

兴也。鹈,洿泽水鸟,俗所谓淘河也。

维鹈在梁,不濡其咮陟救反。彼其之子,不遂其媾古豆反。

兴也。咮,喙;遂,称;媾,宠也。遂之为称,犹今人谓遂意为称意。

荟乌会反兮蔚於贵反兮,南山朝脐子兮反。婉於阮反兮娈力转反兮,季女斯饥。

比也。荟、蔚,草木盛多之貌。朝脐,云气升腾也。婉,少貌。娈,好貌。荟蔚朝脐,言小人众多而气焰盛也。季女婉娈自保,不妄从人,而反饥困,言贤者守道而反贫贱也。

《候人》四章,章四句。

鸤鸠在桑,其子七兮。淑人君子,其仪一兮。其仪一兮,心如结叶讫力反兮。

兴也。鸤鸠,秸鞠也,亦名戴胜,今之布谷也。饲子朝从上下,暮从下上,平均如一也。如结,如物之固结而不散也。　　诗人美君子之用心,均平专一,故言鸤鸠在桑,则其子七矣,淑人君子,则其仪一矣,其仪一,则心如结矣,然不知其何所指也。陈氏曰:“君子动容貌,斯远暴慢;正颜色,斯近信;出辞气,斯远鄙倍。其见于威仪动作之间者,有常度矣,岂固为是拘拘者哉?盖和顺积中,而英华发外,是以由其威仪一于外,而心如结于内者,从可知也。”

鸤鸠在桑,其子在梅叶莫悲反。淑人君子,其带伊丝叶新赍反。其带伊丝,其弁伊骐音其。

兴也。鸤鸠常言在桑,其子每章异木,子自飞去,母常不移也。带,大带也,大带用素丝,有杂色饰焉。弁,皮弁也。骐,马青黑色者。弁之色亦如此也。《书》云“四人骐弁”,今作綦。　　言鸤鸠在桑,则其子在梅矣;淑人君子,则其带伊丝矣;其带伊丝,则其弁伊骐矣。言有常度,不差忒也。

鸤鸠在桑,其子在棘。淑人君子,其仪不忒它得反。其仪不忒,正是四国叶于逼反。

兴也。有常度而其心一,故仪不忒;仪不忒,则足以正四国矣。《大学传》曰:“其为父子兄弟足法而后民法之也。”

鸤鸠在桑,其子在榛侧巾反。淑人君子,正是国人。正是国人,胡不万年叶尼因反?

兴也。仪不忒,故能正国人。胡不万年,愿其寿考之辞也。

《鸤鸠》四章,章六句。

洌音列彼下泉,浸彼苞稂音郎。忾苦爱反我寤叹,念彼周京叶居良反。

比而兴也。洌,寒也。下泉,泉下流者也。苞,草丛生也。稂,童粱,莠属也。忾,叹息之声也。周京,天子所居也。　　王室陵夷,而小国困弊,故以寒泉下流而苞稂见伤为比,遂兴其忾然以念周京也。

洌彼下泉,浸彼苞萧叶疏鸠反。忾我寤叹,念彼京周。

比而兴也。萧,蒿也。京周,犹周京也。

冽彼下泉，浸彼苞蓍音尸。忾我寤叹，念彼京师叶霜夷反。

比而兴也。蓍，筮草也。京师，犹京周也。详见《大雅·公刘》篇。

芃芃薄工反黍苗，阴雨膏古报反之。四国有王，郇音荀伯劳力报反之。

比而兴也。芃芃，美貌。郇伯，郇侯，文王之后，尝为州伯，治诸侯有功。言黍苗既芃芃然矣，又有阴雨以膏之；四国既有王矣，而又有郇伯以劳之。伤今之不然也。

《下泉》四章，章四句。

程子曰："《易·剥》之为卦也，诸阳消剥已尽，独有上九一爻尚存，如硕大之果不见食，将有复生之理。上九亦变，则纯阴矣。然阳无可尽之理，变于上，则生于下，无间可容息也。阴道极盛之时，其乱可知，乱极则自当思治。故众心愿戴于君子，君子得舆也。《诗》《匪风》、《下泉》，所以居变风之终也。"

陈氏曰："乱极而不治，变极而不正，则天理灭矣，人道绝矣。圣人于变风之极，则系之以思治之诗，以示循环之理，以言乱之可治，变之可正也。"

曹国四篇，十五章，六十八句。

诗卷第八

豳一之十五

豳，国名，在《禹贡》雍州岐山之北，原隰之野。虞夏之际，弃为后稷而封于邰。及夏之衰，弃稷不务，弃子不窋失其官守，而自窜于戎狄之间。不窋生鞠陶，鞠陶生公刘，能复修后稷之业，民以富实，乃相土地之宜，而立国于豳之谷焉。十世而大王徙居岐山之阳，十二世而文王始受天命，十三世而武王遂为天子。武王崩，成王立，年幼不能莅阼，周公旦以冢宰摄政，乃述后稷公刘之化，作诗一篇以戒成王，谓之《豳风》。而后人又取周公所作，及凡为周公而作之诗以附焉。豳，在今邠州三水县。邰，在今京兆府武功县。

七月流火叶虎委反，九月授衣叶上声。一之日觱音必发叶芳吠反，二之日栗烈叶力制反。无衣无褐，音曷，叶许例反。何以卒岁或曰发、烈、褐皆如字，而岁读如雪？三之日于耜叶羊里反，四之日举趾。同我妇子叶奖履反，馌炎辄反彼南亩叶满彼反，田畯音俊至喜。

赋也。七月，斗建申之月，夏之七月也。后凡言月者放此。流，下也。火，大火，心星也。此六月之昏，加于地之南方，至七月之昏，则下而西流矣。九月霜降始寒，而蚕绩之功亦成，故授人以衣，使御寒也。一之日，谓斗建子，一阳之月。二之日，谓斗建丑，二阳之月也。变月言日，言是月之日也。后凡言日者放此。盖周之先公，已用此以纪候，故周有天下，遂以为一代之正朔也。觱发，风寒也。栗烈，气寒也。褐，毛布也。岁，夏正之岁也。于，往也。耜，田器也。于耜，言往修田器也。举趾，举足而耕也。我，家长自我也。馌，馌田也。田畯，田大夫，劝农之官也。　周公以成王未知稼穑之艰难，故陈后稷公刘风化之所由，使瞽矇朝夕讽诵以教之。此章首言七月暑退将寒，故九月而授衣以御之，盖十一月以后，风气日寒，不如是则无以卒岁也。正月则往修田器，二月则举趾而耕，少者既皆出而在田，故老者率妇子而饷之，治田早而用力齐，是以田畯至而喜之也。此章前段言衣之始，后段言食之始，二章至五章，终前段之意，六章至八章，终后段之意。

七月流火，九月授衣。春日载阳，有鸣仓庚叶古郎反。女执懿筐，遵彼微行叶户郎反，爰求柔桑。春日迟迟，采蘩祁祁巨之反。女心伤悲，殆及公子同归。

赋也。载，始也。阳，温和也。仓庚，黄鹂也。懿，深美也。遵，循也。微行，小径也。柔桑，稚桑也。迟迟，日长而暄也。蘩，白蒿也，所以生蚕，今人犹用之。盖蚕生未齐，未可食桑，故以此啖之也。祁祁，众多也，或曰徐也。公子，豳公之子也。　再言流火授衣者，将言女功之始，故又本于此，遂言春日始和，有鸣仓庚之时，而蚕始生，则执深筐以求稚桑。然又有生而未齐者，则采蘩者众，而此治蚕之女，感时而伤悲。盖是时公子犹娶于国中，而贵家大族连姻公室者，亦无不力于蚕桑之务，故其许嫁之女，预以将及公子同归，而远其父母为悲也。其风俗之厚，而上下之情，交相忠爱如此。后章凡言公子者放此。

七月流火，八月萑户官反苇韦鬼反。蚕月条它彫反桑，取彼斧斨七羊反，以伐远扬，猗於宜反彼女桑。七月鸣鵙圭觅反，八月载绩。载玄载黄，我朱孔阳，为公子裳。

赋也。萑苇，即蒹葭也。蚕月，治蚕之月。条桑，枝落之采其叶也。斧，隋銎。斨，方銎。远扬，远枝扬起者也。取叶存条曰猗。女桑，小桑也。小桑不可条取，故取其叶而存其条，猗猗然耳。鵙，伯劳也。绩，缉也。玄，黑而有赤之色。朱，赤色。阳，明也。　言七月暑退将寒，而是岁御冬之备，亦庶几其成矣，又当预拟来岁治桑之用，故于八月萑苇既成之际而收蓄之，将以为曲薄。至来岁治蚕之月，则采桑以供蚕食，而大小毕取，见蚕盛而人力至也。蚕事既备，又于鸣鵙之后，麻熟而可绩之时，则绩其麻以为布。而凡此蚕绩之所成者，皆染之，或玄或黄，而其朱者犹为鲜明，皆以供上而为公子之裳。言劳于其事而不自爱,以奉其上,盖至诚惨怛之意,上以是施之,下以是报之也。以上二章,专言蚕绩之事,以终首章前段无衣之意。

四月秀葽於遥反,五月鸣蜩徒彫反。八月其获户郭反,十月陨于敏反萚音托。一之日于貉户各反,取彼狐狸力之反,为公子裘叶渠之反。二之日其同,载缵子管反武功。言私其豵子公反,献豜古年反于公。

赋也。不荣而实曰秀。葽,草名。蜩,蝉也。获,禾之早者可获也。陨,坠;萚,落也,谓草木陨落也。貉,狐狸也。于貉,犹言于耜,谓往取狐狸也。同,竭作以狩也。缵,习而继之也。豵,一岁豕。豜,三岁豕。　言自四月纯阳,而历一阴四阴以至纯阴之月,则大寒之候将至。虽蚕桑之功无所不备,犹恐其不足以御寒,故于貉而取狐狸之皮,以为公子之裘也。兽之小者私之以为己有,而大者则献之于上,亦爱其上之无已也。此章专言狩猎,以终首章前段无褐之意。

五月斯螽音终动股,六月莎素和反鸡振羽。七月在野叶上与反,八月在宇,九月在户后五反,十月蟋蟀入我床下叶后五反,八字一句。穹起弓反窒珍悉反熏许云反鼠,塞入声向墐音觐户同上。嗟我妇子叶兹五反,曰为改岁,入此室处。

赋也。斯螽、莎鸡、蟋蟀,一物随时变化而异其名。动股,始跃而以股鸣也。振羽,能飞而以翅鸣也。宇,檐下也。暑则在野,寒则依人。穹,空隙也。窒,塞也。向,北出牖也。墐,涂也。庶人荜户,冬则涂之。东莱吕氏曰:“十月而曰改岁,三正之通于民俗尚矣,周特举而迭用之耳。”　言睹蟋蟀之依人,则知寒之将至矣。于是室中空隙者塞之,熏鼠使不得穴于其中,塞向以当北风,墐户以御寒气。而语其妇子曰:岁将改矣,天既寒而事亦已,可以入此室处矣。此见老者之爱也。此章亦以终首章前段御寒之意。

六月食郁及薁於六反,七月亨普庚反葵及菽音叔。七月剥普卜反枣叶音走,十月获稻叶徒苟反。为此春酒,以介眉寿叶殖酉反。七月食瓜叶音孤,八月断壶,九月叔苴七余反。采荼音徒薪樗敕书反,食音嗣我农夫。

赋也。鬱,棣属。薁,蘡薁也。葵,菜名。菽,豆也。剥,击也。获稻以酿酒也。介,助也。介眉寿者,颂祷之辞也。壶,瓠也。食瓜断壶,亦去圃为场之渐也。叔,拾也。苴,麻子也。荼,苦菜也。樗,恶木也。　自此至卒章,皆言农圃、饮食、祭祀、燕乐,以终首章后段之意。而此章果酒嘉蔬,以供老疾,奉宾祭;瓜瓠苴荼,以为常食。少长之义,丰俭之节然也。

九月筑场圃博故反,十月纳禾稼叶古护反;黍稷重直容反穋音六,叶六直反,禾麻菽麦叶讫力反。嗟我农夫,我稼既同,上入执宫功。昼尔于茅,宵尔索绹徒刀反。亟纪力反其乘屋,其始播百谷。

赋也。场圃同地,物生之时,则耕治以为圃而种菜茹;物成之际,则筑坚之以为场而纳禾稼。盖自田而纳之于场也。禾者,谷连藁秸之总名。禾之秀实而在野曰稼。先种后熟曰重,后种先熟曰穋。再言禾者,稻秫苽粱之属皆禾也。同,聚也。宫,邑居之宅也。古者民受五亩之宅,二亩半为庐在田,春夏居之;二亩半为宅在邑,秋冬居之。功,葺治之事也。或曰:公室官府之役也。古者用民之力,岁不过三日,是也。索,绞也。绹,索也。乘,升也。
言纳于场者无所不备,则我稼同矣,可以上入都邑,而执治宫室之事矣。故昼往取茅,夜而绞索,亟升其屋而治之。盖以来岁将复始播百谷,而不暇于此故也。不待督责而自相警戒,不敢休息如此。吕氏曰:“此章终始农事,以极忧勤艰难之意。”

二之日凿冰冲冲,三之日纳于凌力证反阴叶於容反。四之日其蚤音早,献羔祭韭音九,叶己小反。九月肃霜,十月涤徒刀反场。朋酒斯飨叶虚良反,曰杀羔羊。跻子奚反彼公堂,称彼兕觥虢彭反,叶古黄反:“万寿无疆!”

赋也。凿冰,谓取冰于山也。冲冲,凿冰之意。周礼:正岁十二月令斩冰,是也。纳,藏也。藏冰,所以备暑也。凌阴,冰室也。豳土寒多,正月风未解冻,故冰犹可藏也。蚤,蚤朝也。韭,菜名。献羔祭韭而后启之。《月令》仲春献羔开冰,先荐寝庙是也。苏氏曰:“古者藏冰发冰,以节阳气之盛。夫阳气之在天地,譬犹火之著于物也,故常有以解之。十二月阳气蕴伏,锢而未发,其盛在下,则纳冰于地中。至于二月四阳作,蛰虫起,阳始用事,则亦始启冰而庙荐之。至于四月,阳气毕达,阴气将绝,则冰于是大发。食肉之禄,老病丧浴,冰无不及。是以冬无愆阳,夏无伏阴,春无凄风,秋无苦雨,雷出不震,无灾霜雹,疠疾不降,民不夭札也。”胡氏曰:“藏冰开冰,亦圣人辅相燮调之一事耳,不专恃此以为治也。”肃霜,气肃而霜降也。涤场者,农事毕而扫场地也。两尊曰朋,乡饮酒之礼,两尊壶于房户间,是也。跻,升也。公堂,君子之堂也。称,举也。疆,竟也。　张子曰:“此章见民忠爱其君之甚。既劝趋其藏冰之役,又相戒速毕场功,杀羊以献于公,举酒而祝其寿也。”

《七月》八章,章十一句。

《周礼》籥章:中春昼击土鼓龡《豳》诗以逆暑,中秋夜迎寒亦如之。即谓此诗也。王氏曰:“仰观星日霜露之变,俯察昆虫草木之化,以知天时,以授民事。女服事乎内,男服事乎外,上以诚爱下,下以忠利上。父父子子,夫夫妇妇,养老而慈幼,食力而助弱,其祭祀也时,其燕飨也节,此《七月》之义也。”

鸱鸮鸱鸮,既取我子又叶入声,无毁我室又叶上声。恩斯勤斯,鬻由六反子之闵叶眉贫反斯。

比也。为鸟言以自比也。鸱鸮,鸺鹠,恶鸟,攫鸟子而食者也。室,鸟自名其巢也。恩,情爱也。勤,笃厚也。鬻,养。闵,忧也。　武王克商,使弟管叔鲜、蔡叔度监于纣子武庚之国,武王崩,成王立,周公相之,而二叔以武庚叛,且流言于国曰:“周公将不利于孺子。”故周公东征,二年,乃得管叔、武庚而诛之。而成王犹未知周公之意也,公乃作此诗以贻王。托为鸟之爱巢者,呼鸱鸮而谓之曰:鸱鸮鸱鸮,尔既取我之子矣,无更毁我之室也。以我情爱之心,笃厚之意,鬻养此子,诚可怜悯。今既取之,其毒甚矣,况又毁我室乎?以比武庚既败管、蔡,不可更毁我王室也。

迨天之未阴雨,彻彼桑土音杜,徒古反,绸直留反缪莫侯反牖户叶后五反。今女音汝下民,或敢侮予叶演女反。

比也。迨,及;彻,取也。桑土,桑根也。绸缪,缠绵也。牖,巢之通气处。户,其出入处也。　亦为鸟言:我及天未阴雨之时,而往取桑根以缠绵巢之隙穴,使之坚固以备阴雨之患,则此下土之民,谁敢有侮予者?亦以比己深爱王室,而预防其患难之意。故孔子赞之曰:为此诗者,其知道乎?能治其国家,谁敢侮之?

予手拮音吉据音居，予所捋力活反荼。予所蓄租子胡反，予口卒瘏音徒，曰予未有室家叶古胡反。

比也。拮据，手口共作之貌。捋，取也。荼，萑苕，可藉巢者也。蓄，积；租，聚；卒，尽；瘏，病也。室家，巢也。　亦为鸟言：作巢之始，所以拮据以捋荼蓄租，劳苦而至于尽病者，以巢之未成也。以比己之前日所以勤劳如此者，以王室之新造而未集故也。

予羽谯谯在消反，予尾翛翛素彫反。予室翘翘，风雨所漂摇。予维音哓哓呼尧反。

比也。谯谯，杀也。翛翛，敝也。翘翘，危也。哓哓，急也。　亦为鸟言：羽杀尾敝以成其室，而未定也，风雨又从而漂摇之，则我之哀鸣安得而不急哉？以比己既劳悴，王室又未安，而多难乘之，则其作诗以喻王，亦不得而不汲汲也。

《鸱鸮》四章，章五句。

事见《书·金縢》篇。

我徂东山，慆慆吐刀反不归无韵，未详。我来自东，零雨其濛。我东曰归，我心西悲。制彼裳衣，勿士行户郎反枚叶谟悲反。蜎蜎乌玄反者蠋音蜀，烝在桑野叶上与反。敦都回反彼独宿，亦在车下。叶后五反。

赋也。东山，所征之地也。慆慆，言久也。零，落也。濛，雨貌。裳衣，平居之服也。勿士行枚，未详其义。郑氏曰："士，事也。行，阵也。枚，如箸衔之，有繣结项中，以止语也。"蜎蜎，动貌。蠋，桑虫如蚕者也。烝，发语辞。敦，独处不移之貌。此则兴也。　成王既得《鸱鸮》之诗，又感雷风之变，始悟而迎周公。于是周公东征已三年矣，既归，因作此诗以劳归士。盖为之述其意而言曰：我之东征既久，而归途又有遇雨之劳，因追言其在东而言归之时，心已西向而悲。于是制其平居之服，而以为自今可以勿为行阵衔枚之事矣。及其在途，则又睹物起兴而自叹曰：彼蜎蜎者蠋，则在彼桑野矣，此敦然而独宿者，则亦在此车下矣。

我徂东山，慆慆不归。我来自东，零雨其濛。果裸力果反之实，亦施羊豉反于宇。伊威在室，蠨音萧蛸所交反在户后五反。町他顶反畽他短反鹿场，熠以执反耀以照反宵行叶户郎反。不可畏叶於非反也，伊可怀叶胡威反也。

赋也。果裸，栝楼也。施，延也。蔓生延施于宇下也。伊威，鼠妇也。室不扫则有之。蠨蛸，小蜘蛛也。户无人出入，则结网当之。町畽，舍旁隙地也。无人焉，故鹿以为场也。熠耀，明不定貌。宵行，虫名，如蚕，夜行喉下有光如萤也。　章首四句，言其往来之劳，在外之久，故每章重言，见其感念之深。遂言已东征而室庐荒废，至于如此，亦可畏矣。然岂可畏而不归哉？亦可怀思而已。此则述其归未至而思家之情也。

我徂东山，慆慆不归。我来自东，零雨其濛。鹳古玩反鸣于垤田节反，叶地一反，妇叹于室。洒埽穹窒，我征聿至叶入声。有敦都回反瓜苦，烝在栗薪。自我不见，于今三年叶尼因反。

赋也。鹳，水鸟似鹤者也。垤，蚁冢也。穹窒，见《七月》。　将阴雨，则穴处者先知，故蚁出垤而鹳就食之，遂鸣于其上也。行者之妻，亦思其夫之劳苦而叹息于家，于是洒扫穹窒以待其归，而其夫之行，忽已至矣。因见苦瓜系于栗薪之上，而曰：自我之不见此，亦已三年矣。栗，周土所宜木，与苦瓜皆微物也，见之而喜，则其行久而感深可知矣。

我徂东山，慆慆不归。我来自东，零雨其濛。仓庚于飞，熠耀其羽。之子于归，皇驳邦角反其马叶满补反。亲结其缡叶离、罗二音，九十其仪叶宜、俄二音。其新孔嘉叶居宜、居何二反，其旧如之何叶奚、何二音？

赋而兴也。仓庚飞，昏姻时也。熠耀，鲜明也。黄白曰皇，骝白曰驳。缡，妇人之袆也。母戒女而为之施衿结帨也。九其仪、十其仪，言其仪之多也。　赋时物以起兴，而言东征之归士，未有室家者，及时而昏姻，既甚美矣，其旧有室家者，相见而喜，当如何邪？

《东山》四章，章十二句。

序曰："一章言其完也，二章言其思也，三章言其室家之望女也，四章乐男女之得及时也。君子之于人，序其情而闵其劳，所以说也。说以使民，民忘其死，其惟《东山》乎?”愚谓完谓全师而归，无死伤之苦；思谓未至而思，有怆恨之怀。至于室家望女，男女及时，亦皆其心之所愿而不敢言者。上之人乃先其未发而歌咏以劳苦之，则其欢欣感激之情为如何哉？盖古之劳诗皆如此，其上下之际，情志交孚，虽家人父子之相语，无以过之，此其所以维持巩固数十百年，而无一旦土崩之患也。

既破我斧，又缺我斨七羊反。周公东征，四国是皇。哀我人斯，亦孔之将！

赋也。隋銎曰斧，方銎曰斨，征伐之用也。四国，四方之国也。皇，匡也。将，大也。　从军之士以前篇周公劳己之勤，故言此以答其意曰：东征之役，既破我斧而缺我斨，其劳甚矣。然周公之为此举，盖将使四方莫敢不一于正而后已，其哀我人也，岂不大哉！然则虽有破斧缺斨之劳，而义有所不得辞矣。夫管、蔡流言以谤周公，而公以六军之众往而征之，使其心一有出于自私，而不在于天下，则抚之虽勤，劳之虽至，而从役之士岂能不怨也哉？今观此诗，固足以见周公之心大公至正，天下信其无有一毫自爱之私。抑又以见当是之时，虽被坚执锐之人，亦皆能以周公之心为心，而不自为一身一家之计，盖亦莫非圣人之徒也。学者于此熟玩而有得焉，则其心正大，而天地之情真可见矣。

既破我斧，又缺我锜巨宜反，叶巨何反。周公东征，四国是吪五戈反。哀我人斯，亦孔之嘉叶居何反！

赋也。锜，凿属。吪，化；嘉，善也。

既破我斧，又缺我銶音求。周公东征，四国是遒在羞反。哀我人斯，亦孔之休！

赋也。銶，木属。遒，敛而固之也。休，美也。

《破斧》三章，章六句。

范氏曰：“象日以杀舜为事，舜为天子也则封之；管、蔡启商以叛，周公之为相也则诛之。迹虽不同，其道则一也。盖象之祸及于舜而已，故舜封之；管、蔡流言，将危周公以间王室，得罪于天下，故周公诛之。非周公诛之，天下之所当诛也，周公岂得而私之哉?”

伐柯如何？匪斧不克。取七喻反妻如何？匪媒不得。

比也。柯，斧柄也。克，能也。媒，通二姓之言者也。　周公居东之时，东人言此，以比平日欲见周公之难。

伐柯伐柯，其则不远。我觏古豆反之子，笾豆有践贱浅反。

比也。则，法也。我，东人自我也。之子，指其妻而言也。笾，竹豆也。豆，木豆也。践，行列之貌。　言伐柯而有斧，则不过即此旧斧之柯，而得其新柯之法。娶妻而有媒，则亦不过即此见之，而成其同牢之礼矣。东人言此，以比今日得见周公之易，深喜之之辞也。

《伐柯》二章，章四句。

九罭于逼反之鱼，鳟才损反鲂。我觏之子，衮古本反衣绣裳。

兴也。九罭，九囊之网也。鳟，似鲜而鳞细眼赤。鲂，已见上。皆鱼之美者也。我，东人自我也。之子，指周公也。衮衣裳九章：一曰龙；二曰山；三曰华虫，雉也；四曰火；五曰宗彝，虎蜼也，皆缋于衣。六曰藻；七曰粉米；八曰黼；九曰黻，皆绣于裳。天子之龙，一升一降；上公但有降龙。以龙首卷然，故谓之衮也。　此亦周公居东之时，东人喜得见之，而言九罭之网，则有鳟鲂之鱼矣；我觏之子，则见其衮衣绣裳之服矣。

鸿飞遵渚，公归无所？于女音汝，下同信处。

兴也。遵，循也。渚，小洲也。女，东人自相女也。再宿曰信。　东人闻成王将迎周公，又自相谓而言：鸿飞则遵渚矣，公归岂无所乎？今特于女信处而已。

鸿飞遵陆，公归不复，于女信宿。

兴也。高平曰陆。不复，言将留相王室而不复来东也。

是以有衮衣兮，无以我公归兮，无使我心悲兮！

赋也。承上二章，言周公信处信宿于此，是以东方有此服衮衣之人。又愿其且留于此，无遽迎公以归，归则将不复来，而使我心悲也。

《九罭》四章，一章四句，三章章三句。

狼跋蒲末反其胡，载疐丁四反其尾。公孙音逊硕肤，赤舄音昔几几。

兴也。跋，躐也。胡，颔下悬肉也。载，则；疐，跲也。老狼有胡，进而躐其胡，则退而跲其尾。公，周公也。孙，让；硕，大；肤，美也。赤舄，冕服之舄也。几几，安重貌。　周公虽遭疑谤，然所以处之不失其常，故诗人美之。言狼跋其胡，则疐其尾矣；公遭流言之变，而其安肆自得乃如此，盖其道隆德盛，而安土乐天有不足言者，所以遭大变而不失其常也。夫公之被毁，以管、蔡之流言也，而诗人以为此非四国之所为，乃公自让其大美而不居耳。盖不使谗邪之口，得以加乎公之忠圣，此可见其爱公之深，敬公之至，而其立言亦有法矣。

狼疐其尾，载跋其胡。公孙硕肤，德音不瑕叶洪孤反。

兴也。德音，犹令闻也。瑕，疵病也。　程子曰："周公之处已也，夔夔然存恭畏之心；其存诚也，荡荡然无顾虑之意。所以不失其圣，而德音不瑕也。"

《狼跋》二章，章四句。

范氏曰："神龙或潜或飞，能大能小，其变化不测，然得而畜之，若犬羊然，有欲故也。唯其可以畜之，是以亦得醢而食之。凡有欲之类，莫不可制焉。唯圣人无欲，故天地万物不能易也。富贵贫贱死生，如寒暑昼夜相代乎前，吾岂有二其心乎哉？亦顺受之而已矣。舜受尧之天下不以为泰，孔子厄于陈蔡而不以为戚，周公远则四国流言，近则王不知，而赤舄几几，德音不瑕，其致一也。"

豳国七篇，二十七章，二百三句。

程元问于文中子曰："敢问《豳风》何风也？"曰："变风也。"元曰："周公之际，亦有变风乎？"曰："君臣相诮，其能正乎？成王终疑周公，则风遂变矣。非周公至诚，其孰卒正之哉？"元曰："居变风之末，何也？"曰："夷王以下，变风不复正矣。夫子盖伤之也，故终之以《豳风》。言变之可正也，惟周公能之，故系之以正。变而克正，危而克扶，始终不失其本，其惟周公乎？系之豳，远矣哉！"　籥章龡豳诗以逆暑迎寒，已见于《七月》之篇矣。又曰：祈年于田祖，则龡豳雅以乐田畯；祭蜡，则龡豳颂以息老物。则考之于诗，未见其篇章之所在，故郑氏三分《七月》之诗以当之，其道情思者为风，正礼节者为雅，乐成功者为颂。然一篇之诗，首尾相应，乃剟取其一节而偏用之，恐无此理，故王氏不取，而但谓本有是诗而亡之，其说近是。或者又疑但以《七月》全篇，随事而变其音节，或以为风，或以为雅，或以为颂，则于理为通而事亦可行。如又不然，则雅颂之中，凡为农事而作者，皆可冠以豳号。其说具于《大田》、《良耜》诸篇，读者择焉可也。

诗卷第九

小雅二

雅者，正也，正乐之歌也。其篇本有大小之殊，而先儒说又各有正变之别。以今考之，正小雅，燕飨之乐也；正大雅，会朝之乐，受厘陈戒之辞也。故或欢欣和说，以尽群下之情；或恭敬齐庄，以发先王之德。辞气不同，音节亦异，多周公制作时所定也。及其变也，则事未必同，而各以其声附之。其次序时世，则有不可考者矣。

鹿鸣之什二之一

雅颂无诸国别，故以十篇为一卷，而谓之什，犹军法以十人为什也。

呦呦音幽鹿鸣叶音芒，食野之苹叶音旁。我有嘉宾，鼓瑟吹笙叶师庄反。吹笙鼓簧音黄，承筐是将。人之好呼报反我，示我周行叶户郎反。

兴也。呦呦，声之和也。苹，藾萧也，青色，白茎如箸。我，主人也。宾，所燕之客，或本国之臣，或诸侯之使也。瑟、笙，燕礼所用之乐也。簧，笙中之簧也。承，奉也。筐，所以盛币帛者也。将，行也。奉筐而行币帛，饮则以酬宾送酒，食则以侑宾劝饱也。周行，大道也。古者于旅也语，故欲于此闻其言也。　此燕飨宾客之诗也。盖君臣之分，以严为主；朝廷之礼，以敬为主。然一于严敬，则情或不通，而无以尽其忠告之益，故先王因其饮食聚会，而制为燕飨之礼，以通上下之情。而其乐歌又以《鹿鸣》起兴，而言其礼意之厚如此，庶乎人之好我，而示我以大道也。《记》曰："私惠不归德，君子不自留焉。"盖其所望于群臣嘉宾者，唯在于示我以大道，则必不以私惠为德而自留矣。呜呼！此其所以和乐而不淫也与？

呦呦鹿鸣，食野之蒿。我有嘉宾，德音孔昭叶侧豪反。视民不恌他彫反，叶音洮，君子是则是傚胡教反，叶胡高反。我有旨酒，嘉宾式燕以敖牛刀反。

兴也。蒿，菣也，即青蒿也。孔，甚；昭，明也。视，与示同。恌，偷薄也。敖，游也。　言嘉宾之德音甚明，足以示民使不偷薄，而君子所当则效，则亦不待言语之间，而其所以示我者深矣。

呦呦鹿鸣，食野之芩其今反。我有嘉宾，鼓瑟鼓琴。鼓瑟鼓琴，和乐音洛且湛都南反，叶持林反。我有旨酒，以燕乐嘉宾之心。

兴也。芩，草名，茎如钗股，叶如竹，蔓生。湛，乐之久也。燕，安也。　言安乐其心，则非止养其体，娱其外而已。盖所以致其殷勤之厚，而欲其教示之无已也。

《鹿鸣》三章，章八句。

按《序》以此为燕群臣嘉宾之诗，而《燕礼》亦云：工歌《鹿鸣》、《四牡》、《皇皇者华》，即谓此也。乡饮酒用乐亦然。而《学记》言大学始教宵雅肄三，亦谓此三诗，然则又为上下通用之乐矣，岂本为燕群臣嘉宾而作，其后乃推而用之乡人也与？然于朝曰君臣焉，于燕曰宾主焉，先王以礼使臣之厚，于此见矣。

范氏曰："食之以礼，乐之以乐，将之以实，求之以诚，此所以得其心也。贤者岂以饮食币帛为悦哉？夫婚姻不备，则贞女不行也；礼乐不备，则贤者不处也；贤者不处，则岂得乐而尽其心乎？"

四牡騑騑芳非反，周道倭於危反迟。岂不怀归？王事靡盬音古，我心伤悲。

赋也。騑騑，行不止之貌。周道，大路也。倭迟，回远之貌。盬，不坚固也。　此劳使臣之诗也。夫君之使臣，臣之事君，礼也。故为臣者，奔走于王事，特以尽其职分之所当为而已，何敢自以为劳哉？然君之心，则不敢以是而自安也，故燕飨之际，叙其情以闵其劳。言驾此四牡而出使于外，其道路之回远如此，当是时岂不思归乎？特以王事不可以不坚固，不敢循私以废公，是以内顾而伤悲也。臣劳于事而不自言，君探其情而代之言，上下之间可谓各尽其道矣。《传》曰："思归者，私恩也；靡盬者，公义也；伤悲者，情思也。无私恩，非孝子也；无公义，非忠臣也。君子不以私害公，不以家事辞王事。"范氏曰："臣之事上也，必先公而后私；君之劳臣也，必先恩而后义。"

四牡騑騑，啴啴他丹反骆音洛马叶满补反。岂不怀归？王事靡盬，不遑启处。

赋也。啴啴，众盛之貌。白马黑鬣曰骆。遑，暇；启，跪；处，居也。

翩翩音篇者鵻当作隹，朱惟反，载飞载下叶后五反，集于苞栩况甫反。王事靡盬，不遑将父扶雨反。

兴也。翩翩，飞貌。鵻，夫不也，今鹁鸠也。凡鸟之短尾者皆隹属。将，养也。　翩翩者鵻，犹或飞或下，而集于所安之处。今使人乃劳苦于外，而不遑养其父，此君人者所以不能自安，而深以为忧也。范氏曰："忠臣孝子之行役，未尝不念其亲。君之使臣，岂待其劳苦而自伤哉？亦忧其忧如己而已矣，此圣人所以感人心也。"

翩翩者鵻，载飞载止，集于苞杞音起。王事靡盬，不遑将母叶满彼反。

兴也。杞，枸檵也。

驾彼四骆，载骤助救反骎骎侵、寝二音。岂不怀归？是用作歌，将母来谂深、审二音。

赋也。骎骎，骤貌。谂，告也。以其不获养父母之情，而来告于君也。非使人作是歌也，设言其情以劳之耳。独言将母者，因上章之文也。

《四牡》五章，章五句。

按《序》，言此诗所以劳使臣之来，甚协诗意，故《春秋传》亦云，而《外传》以为章使臣之勤。所谓使臣，虽叔孙之自称，亦正合其本事也。但《仪礼》又以为上下通用之乐，疑亦本为劳使臣而作，其后乃移以他用耳。

皇皇者华芳无反，与夫叶，于彼原隰。駪駪所巾反征夫，每怀靡及。

兴也。皇皇，犹煌煌也。华，草木之华也。高平曰原，下湿曰隰。駪駪，众多疾行之貌。征夫，使臣与其属也。怀，思也。　此遣使臣之诗也。君之使臣，固欲其宣上德而达下情；而臣之受命，亦惟恐其无以副君之意也。故先王之遣使臣也，美其行道之勤，而述其心之所怀曰：彼煌煌之华，则于彼原隰矣。此駪駪然之征夫，则其所怀思，常若有所不及矣。盖亦因以为戒，然其辞之婉而不迫如此，诗之忠厚，亦可见矣。

我马维驹恭于、恭侯二反，六辔如濡如朱、如由二反。载驰载驱亏于、亏由二反，周爰咨诹子须、子侯二反。

赋也。如濡，鲜泽也。周，遍；爰，于也。咨诹，访问也。　使臣自以每怀靡及，故广询博访，以补其不及而尽其职也。程子曰："咨访，使臣之大务。"

我马维骐音其，六辔如丝叶新赍反。载驰载驱，周爰咨谋叶莫悲反。

赋也。如丝，调忍也。谋，犹诹也。变文以协韵耳。下章放此。

我马维骆，六辔沃乌毒反若。载驰载驱，周爰咨度待洛反。

赋也。沃若，犹如濡也。度，犹谋也。

我马维骃音因，六辔既均。载驰载驱，周爰咨询。

赋也。阴白杂毛曰骃。均，调也。询，犹度也。

《皇皇者华》五章，章四句。

按《序》，以此诗为君遣使臣，《春秋》内外传皆云君教使臣，其说已见前篇，《仪礼》亦见《鹿鸣》。疑亦本为遣使臣而作，其后乃移以他用也。然叔孙穆子所谓君教使臣曰：每怀靡及，诹谋度询，必咨于周，敢不拜教，可谓得诗之意矣。范氏曰："王者遣使于四方，教之以咨诹善道，将以广聪明也。夫臣欲助其君之德，必求贤以自助。故臣能从善，则可以善君矣；臣能听谏，则可以谏君矣。未有不自治而能正君者也。"

常棣之华，鄂五各反不韡韡韦鬼反。凡今之人，莫如兄弟待礼反。

兴也。常棣,棣也,子如樱桃,可食。鄂,鄂然外见之貌。不,犹岂不也。韡韡,光明貌。　此燕兄弟之乐歌。故言常棣之华,则其鄂然而外见者,岂不韡韡乎?凡今之人,则岂有如兄弟者乎?

死丧之威,兄弟孔怀叶胡威反。原隰裒薄侯反矣,兄弟求矣。

赋也。威,畏;怀,思;裒,聚也。　言死丧之祸,他人所畏恶,惟兄弟为相恤耳。至于积尸裒聚于原野之间,亦惟兄弟为相求也。此诗盖周公既诛管、蔡而作,故此章以下,专以死丧急难斗阋之事为言。其志切,其情哀,乃处兄弟之变,如孟子所谓"其兄关弓而射之,则己垂涕泣而道之"者。《序》以为闵管、蔡之失道者得之,而又以为文、武之诗则误矣。大抵旧说诗之时世,皆不足信。举此自相矛盾者,以见其一端,后不能悉辨也。

脊井益反令音零在原,兄弟急难叶泥沿反。每有良朋,况也永叹吐丹反,叶它涓反。

兴也。脊令,雝渠,水鸟也。况,发语辞。或曰:当作怳。　脊令飞则鸣,行则摇,有急难之意,故以起兴。而言当此之时,虽有良朋,不过为之长叹息而已,力或不能相及也。东莱吕氏曰:"疏其所亲,而亲其所疏,此失其本心者也。故此诗反复言朋友之不如兄弟,盖示之以亲疏之分,使之反循其本也。本心既得,则由亲及疏,秩然有序。兄弟之亲既笃,朋友之义亦敦矣,初非薄于朋友也。苟杂施而不孙,虽曰厚于朋友,如无源之水,朝满夕除,胡可保哉?或曰:人之在难,朋友亦可以坐视与?曰:每有良朋,况也永叹,则非不忧悯,但视兄弟急难为有差等耳。诗人之辞,容有抑扬,然《常棣》周公作也,圣人之言,小大高下皆宜,而前后左右不相悖。"

兄弟阋许历反于墙,外御其务《春秋传》作"侮",罔甫反。每有良朋,烝之承反也无戎叶而主反。

赋也。阋,斗狠也。御,禁也。烝,发语声。戎,助也。　言兄弟设有不幸斗狠于内,然有外侮,则同心御之矣。虽有良朋,岂能有所助乎?富辰曰:"兄弟虽有小忿,不废懿亲。"

丧乱既平,既安且宁。虽有兄弟,不如友生叶桑经反。

赋也。上章言患难之时,兄弟相救,非朋友可比;此章遂言安宁之后,乃有视兄弟不如友生者，悖理之甚也。

傧宾胤反尔笾豆，饮酒之饫於虑反。兄弟既具，和乐音洛且孺。

赋也。傧，陈；饫，餍；具，俱也。孺，小儿之慕父母也。　言陈笾豆以醉饱，而兄弟有不具焉，则无与共享其乐矣。

妻子好呼报反合，如鼓瑟琴。兄弟既翕许及反，和乐且湛答南反，叶持林反。

赋也。翕，合也。　言妻子好合，如琴瑟之和；而兄弟有不合焉，则无以久其乐矣。

宜尔室家叶古胡反，乐尔妻帑音奴。是究是图，亶其然乎就用"乎"字为韵？

赋也。帑，子；究，穷；图，谋；亶，信也。　宜尔室家者，兄弟具而后乐且孺也；乐尔妻帑者，兄弟翕而后乐且湛也。兄弟于人，其重如此，试以是究而图之，岂不信其然乎？东莱吕氏曰："告人以兄弟之当亲，未有不以为然者也。苟非是究是图，实从事于此，则亦未有诚知其然者也。不诚知其然，则所知者，特其名而已矣。凡学盖莫不然。"

《常棣》八章，章四句。

此诗首章略言至亲莫如兄弟之意，次章乃以意外不测之事言之，以明兄弟之情，其切如此。三章但言急难，则浅于死丧矣。至于四章，则又以其情义之甚薄，而犹有所不能已者言之。其序若曰：不待死丧，然后相救，但有急难，便当相助。言又不幸而至于或有小忿，犹必共御外侮。其所以言之者，虽若益轻以约，而所以著夫兄弟之义者，益深且切矣。至于五章，遂言安宁之后，乃谓兄弟不如友生，则是至亲反为路人，而人道或几乎息矣。故下两章，乃复极言兄弟之恩，异形同气，死生苦乐，无适而不相须之意。卒章又申告之，使反复穷极而验其信然。可谓委曲渐次，说尽人情矣，读者宜深味之。

伐木丁丁陟耕反，鸟鸣嘤嘤於耕反。出自幽谷，迁于乔木。嘤其鸣矣，求其友声。相息亮反彼鸟矣，犹求友声；矧伊人矣，不求友生叶桑经反？神之听之，终和且平。

兴也。丁丁,伐木声。嘤嘤,鸟声之和也。幽,深;迁,升;乔,高;相,视;矧,况也。　此燕朋友故旧之乐歌。故以伐木之丁丁,兴鸟鸣之嘤嘤,而言鸟之求友。遂以鸟之求友,喻人之不可无友也。人能笃朋友之好,则神之听之,终和且平矣。

伐木许许呼古反,酾所宜反酒有芎象吕反。既有肥羜直吕反,以速诸父扶雨反。宁适不来,微我弗顾叶居五反。於音乌粲洒所懈反埽苏报反,叶苏吼反,陈馈八簋叶已有反。既有肥牡,以速诸舅其久反。宁适不来,微我有咎其久反。

兴也。许许,众人共力之声。《淮南子》曰:"举大木者呼邪许,盖举重劝力之歌也。"酾酒者,或以筐,或以草,泲之而去其糟也,《礼》所谓"缩酌用茅"是也。芎,美貌。羜,未成羊也。速,召也。诸父,朋友之同姓而尊者也。微,无;顾,念也。於,叹辞。粲,鲜明貌。八簋,器之盛也。诸舅,朋友之异姓而尊者也。先诸父而后诸舅者,亲疏之杀也。咎,过也。　言具酒食以乐朋友如此,宁使彼适有故而不来,而无使我恩意之不至也。孔子曰:"所求乎朋友,先施之未能也。"此可谓能先施矣。

伐木于阪叶孚脔反,酾酒有衍。笾豆有践在演反,兄弟无远。民之失德,乾糇音侯以愆叶起浅反。有酒湑思吕反我,无酒酤音古我。坎坎鼓我,蹲蹲七旬反舞我。迨音待我暇叶后五反矣,饮此湑矣。

兴也。衍,多也。践,陈列貌。兄弟,朋友之同侪者。无远,皆在也。先诸舅而后兄弟者,尊卑之等也。乾糇,食之薄者也。愆,过也。湑,亦酾也。酤,买也。坎坎,击鼓声。蹲蹲,舞貌。迨,及也。　言人之所以至于失朋友之义者,非必有大故,或但以乾糇之薄,不以分人,而至于有愆耳。故我于朋友,不计有无,但及闲暇,则饮酒以相乐也。

《伐木》三章,章十二句。

刘氏曰:"此诗每章首辄云伐木,凡三云伐木,故知当为三章。旧作六章,误矣。"今从其说正之。

天保定尔,亦孔之固。俾尔单音丹厚,何福不除直虑反?俾尔多益,以莫不庶。

赋也。保,安也。尔,指君也。固,坚;单,尽也。除,除旧而生新也。庶,众也。　人君以《鹿鸣》以下五诗燕其臣,臣受赐者,歌此诗以答其君。言天下之安定我君,使之获福如此也。

天保定尔,俾尔戬子浅反穀。罄无不宜,受天百禄。降尔遐福,维日不足。

赋也。闻人氏曰:"戬,与剪同,尽也。穀,善也。尽善云者,犹其曰单厚多益也。"罄,尽;遐,远也。尔有以受天之禄矣,而又降尔以福,言天人之际,交相与也。《书》所谓"昭受上帝,天其申命用休",语意正如此。

天保定尔,以莫不兴。如山如阜,如冈如陵。如川之方至,以莫不增。

赋也。兴,盛也。高平曰陆,大陆曰阜,大阜曰陵,皆高大之意。川之方至,言其盛长之未可量也。

吉蠲古玄反为饎尺志反,是用孝享叶虚良反。禴余若反祠烝尝,于公先王。君曰卜尔,万寿无疆。

赋也。吉,言诹日择士之善。蠲,言齐戒涤濯之洁。饎,酒食也。享,献也。宗庙之祭,春曰祠,夏曰禴,秋曰尝,冬曰烝。公,先公也,谓后稷以下至公叔祖类也。先王,大王以下也。君,通谓先公先王也。卜,犹期也。此尸传神意以嘏主人之辞。文王时,周未有曰先王者,此必武王以后所作也。

神之吊都历反矣,诒以之反尔多福叶笔力反。民之质矣,日用饮食。群黎百姓,遍为尔德。

赋也。吊,至也。神之至矣,犹言"祖考来格"也。诒,遗;质,实也。言其质实无伪,日用饮食而已。群,众也;黎,黑也;犹秦言"黔首"也。百姓,庶民也。为尔德者,言则而象之,犹助尔而为德也。

如月之恒古登反,如日之升。如南山之寿,不骞起虔反不崩。如松柏之茂,无不尔或承。

赋也。恒,弦;升,出也。月上弦而就盈,日始出而就明。骞,亏也。承,继也。言旧叶将落,而新叶已生,相继而长茂也。

《天保》六章,章六句。

采薇采薇,薇亦作叶则故反止。曰归曰归,岁亦莫音暮止。靡室靡家叶古乎反,猃音险狁音允之故。不遑启居,猃狁之故。

兴也。薇,菜名。作,生出地也。莫,晚;靡,无也。猃狁,北狄也。遑,暇;启,跪也。　此遣戍役之诗。以其出戍之时采薇以食,而念归期之远也,故为其自言,而以采薇起兴曰:采薇采薇,则薇亦作止矣。曰归曰归,则岁亦莫止矣。然凡此所以使我舍其室家而不暇启居者,非上之人故为是以苦我也,直以猃狁侵陵之故,有所不得已而然耳。盖叙其勤苦悲伤之情,而又风以义也。程子曰:"毒民不由其上,则人怀敌忾之心矣。"又曰:"古者戍役,两期而还。今年春莫行,明年夏代者至,复留备秋,至过十一月而归。又明年中春至,春莫遣次戍者。每秋与冬初,两番戍者皆在疆圉,如今之防秋也。"

采薇采薇,薇亦柔止。曰归曰归,心亦忧止。忧心烈烈,载饥载渴叶巨烈反。我戍未定,靡使归聘。

兴也。柔,始生而弱也。烈烈,忧貌。载,则也。定,止;聘,问也。　言戍人念归期之远,而忧劳之甚,然戍事未已,则无人可使归而问其室家之安否也。

采薇采薇,薇亦刚止。曰归曰归,岁亦阳止。王事靡盬,不遑启处。忧心孔疚叶讫力反,我行不来叶六直反。

兴也。刚,既成而刚也。阳,十月也。时纯阴用事,嫌于无阳,故名之曰阳月也。孔,甚;疚,病也。来,归也。此见士之竭力致死无还心也。

彼尔维何,维常之华芳无、胡瓜二反。彼路斯何?君子之车斤於、尺奢二反。戎车既驾,四牡业业。岂敢定居,一月三捷。

兴也。尔,华盛貌。常,常棣也。路,戎车也。君子,谓将帅也。业业,壮也。捷,胜也。彼尔然而盛者,常棣之华也;彼路车者,君子之车也。戎车既驾,而四牡盛矣,则何敢以定居乎?庶乎一月之间,三战而三捷尔。

驾彼四牡,四牡骙骙求龟反。君子所依,小人所腓符非反。四牡翼翼,象弭弥氏反鱼服叶蒲北反。岂不日戒叶讫力反,猃狁孔棘。

赋也。骙骙,强也。依,犹乘也。腓,犹芘也。程子曰:"腓,随动也。如足之腓,足动则随而动也。”翼翼,行列整治之状。象弭,以象骨饰弓弰也。鱼,兽名,似猪,东海有之,其皮背上斑文,腹下纯青,可为弓鞬矢服也。戒,警;棘,急也。 言戎车者,将帅之所依乘,戍役之所芘倚,且其行列整治而器械精好如此,岂不日相警戒乎?猃狁之难甚急,诚不可以忘备也。

昔我往矣,杨柳依依。今我来思,雨于付反雪霏霏芳非反。行道迟迟,载渴载饥。我心伤悲,莫如我哀叶於希反。

赋也。杨柳,蒲柳也。霏霏,雪甚貌。迟迟,长远也。 此章又设为役人预自道其归时之事,以见其勤劳之甚也。程子曰:“此皆极道其劳苦忧伤之情也。上能察其情,则虽劳而不怨,虽忧而能励矣。”范氏曰:“予于《采薇》,见先王以人道使人,后世则牛羊而已矣。”

《采薇》六章,章八句。

我出我车,于彼牧叶莫狄反矣。自天子所,谓我来叶六直反矣。召彼仆夫,谓之载叶节力反矣。王事多难乃旦反,维其棘矣。

赋也。牧,郊外也。自,从也。天子,周王也。仆夫,御夫也。 此劳还率之诗。追言其始受命出征之时,出车于郊外而语其人曰:我受命于天子之所而来,于是乎召仆夫,使之载其车以行,而戒之曰:王事多难,是行也,不可以缓矣。

我出我车,于彼郊叶音高矣。设此旐音兆矣,建彼旄音毛矣。彼旟音余旐斯,胡不旆旆叶蒲寐反。忧心悄悄,仆夫况瘁似醉反。

赋也。郊在牧内,盖前军已至牧,而后军犹在郊也。设,陈也。龟蛇曰旐。建,立也。旄,注旄于旗干之首也。鸟隼曰旟。鸟隼龟蛇,《曲礼》所谓“前朱雀而后玄武”也。杨氏曰:“师行之法,四方之星,各随其方以为左右前后,进退有度,各司其局,则士无失伍离次矣。”旆旆,飞扬之貌。悄悄,忧貌。况,兹也。或云当作怳。 言出车在郊,建设旗帜,彼旗帜者,岂不旆旆而飞扬乎?但将帅方以任大责重为忧,而仆夫亦为之恐惧而憔悴耳。东莱吕氏曰:“古者出师,以丧礼处之,命下之日,士皆泣涕。夫子之言行三军,亦曰‘临事而惧',皆此意也。"

王命南仲,往城于方。出车彭彭叶铺郎反,旂旐央央於良反。天子命我,城彼朔方。赫赫南仲,玁狁于襄。

赋也。王,周王也。南仲,此时大将也。方,朔方,今灵夏等州之地。彭彭,众盛貌。交龙为旂,此所谓左青龙也。央央,鲜明也。赫赫,威名光显也。襄,除也。或曰上也,与"怀山襄陵"之襄同,言胜之也。　东莱吕氏曰:"大将传天子之命以令军众,于是车马众盛,旂旐鲜明,威灵气焰,赫然动人矣。兵事以哀敬为本,而所尚则威,二章之戒惧,三章之奋扬,并行而不相悖也。"程子曰:"城朔方而玁狁之难除,御戎狄之道,守备为本,不以攻战为先也。"

昔我往矣,黍稷方华叶芳无反。今我来思,雨于付反雪载涂。王事多难,不遑启居。岂不怀归?畏此简书。

赋也。华,盛也。涂,冻释而泥涂也。简书,戒命也。邻国有急,则以简书相戒命也。或曰:简书,策命临遣之辞也。　此言其既归在涂,而本其往时所见,与今还时所遭,以见其出之久也。东莱吕氏曰:"《采薇》之所谓往,遣戍时也;此诗之所谓往,在道时也。《采薇》之所谓来,戍毕时也;此诗之所谓来,归而在道时也。"

喓喓於遥反草虫,趯趯他历反阜螽。未见君子,忧心忡忡敕中反。既见君子,我心则降户江反,叶胡攻反。赫赫南仲,薄伐西戎。

赋也。此言将帅之出征也,其室家感时物之变而念之,以为未见而忧之如此,必既见然后心可降耳。然此南仲今何在乎?方往伐西戎而未归也,岂既却玁狁而还师以伐昆夷也与?薄之为言聊也,盖不劳馀力矣。

春日迟迟,卉许贵反木萋萋七西反。仓庚喈喈音皆,叶居奚反,采蘩祁祁巨移反。执讯音信获丑,薄言还音旋归。赫赫南仲,玁狁于夷。

赋也。卉,草也。萋萋,盛貌。仓庚,黄鹂也。喈喈,声之和也。讯,其魁首当讯问者也。丑,徒众也。夷,平也。　欧阳氏曰:"述其归时,春日暄妍,草木荣茂,而禽鸟和鸣。于此之时,执讯获丑而归,岂不乐哉!"郑氏曰:

“此诗亦伐西戎,独言平猃狁者,猃狁大,故以为始,以为终。”

《出车》六章,章八句。

有杕大计反之杜,有睆华版反其实。王事靡盬,继嗣我日。日月阳止,女心伤止,征夫遑止。

赋也。睆,实貌。嗣,续也。阳,十月也。遑,暇也。　此劳还役之诗。故追述其未还之时,室家感于时物之变而思之曰:特生之杜,有睆其实,则秋冬之交矣。而征夫以王事出,乃以日继日,而无休息之期,至于十月,可以归而犹不至。故女心悲伤,而曰征夫亦可以暇矣,曷为而不归哉?或曰:兴也。下章放此。

有杕之杜,其叶萋萋。王事靡盬,我心伤悲。卉木萋止,女心悲止。征夫归止。

赋也。萋萋,盛貌。春将暮之时也。归止,可以归也。

陟彼北山,言采其杞。王事靡盬,忧我父母叶满洧反。檀车幝幝尺善反,四牡痯痯古缓反,叶古转反,征夫不远。

赋也。檀木坚,宜为车。幝幝,敝貌。痯痯,罢貌。　登山采杞,则春已暮而杞可食矣。盖托以望其君子,而念其以王事诒父母之忧也。然檀车之坚而敝矣,四牡之壮而罢矣,则征夫之归,亦不远矣。

匪载匪来叶六直反,忧心孔疚叶讫力反。期逝不至叶朱力反,而多为恤。卜筮偕叶举里反止,会言近叶渠纪反止,征夫迩止。

赋也。载,装;疚,病;逝,往;恤,忧;偕,俱;会,合也。　言征夫不装载而来归,固已使我念之而甚病矣。况归期已过而犹不至,则使我多为忧恤,宜如何哉?故且卜且筮,相袭俱作,合言于繇而皆曰近矣,则征夫其亦迩而将至矣。范氏曰:“以卜筮终之,言思之切而无所不为也。”

《杕杜》四章,章七句。

郑氏曰:“遣将帅及戍役,同歌同时,欲其同心也;反而劳之,异歌异日,殊尊卑也。《记》曰:‘赐君子小人不同日’,此其义也。”王氏曰:“出而用兵,则均服同食,一众心也;入而振旅,则殊尊卑,辨贵贱,定众志也。”范氏曰:“《出车》劳率,故美其功;《杕杜》劳众,故极其情。先王以己之心为人之心,故能曲尽其情，使民忘其死以忠于上也。"

《南陔》

此笙诗也，有声无辞，旧在《鱼丽》之后。以《仪礼》考之，其篇次当在此，今正之。说见《华黍》。

鹿鸣之什十篇，一篇无辞，凡四十六章，二百九十七句。

白华之什二之二

毛公以《南陔》以下三篇无辞，故升《鱼丽》以足《鹿鸣》什数，而附笙诗二篇于其后，因以《南有嘉鱼》为次什之首。今悉依《仪礼》正之。

《白华》

笙诗也。说见上下篇。

《华黍》

亦笙诗也。乡饮酒礼，鼓瑟而歌《鹿鸣》、《四牡》、《皇皇者华》，然后笙入堂下，磬南北面立，乐《南陔》、《白华》、《华黍》。燕礼亦鼓瑟而歌《鹿鸣》、《四牡》、《皇华》，然后笙入立于县中，奏《南陔》、《白华》、《华黍》。《南陔》以下，今无以考其名篇之义。然曰笙，曰乐，曰奏，而不言歌，则有声而无辞明矣。所以知其篇第在此者，意古经篇题之下必有谱焉，如投壶、鲁鼓、薛鼓之节而亡之耳。

鱼丽力驰反于罶音柳，与酒叶，鲿音常鲨音沙，叶苏何反。君子有酒，旨且多。

兴也。丽，历也。罶，以曲薄为笱，而承梁之空者也。鲿，扬也，今黄颊鱼是也，似燕头，鱼身，形厚而长大，颊骨正黄，鱼之大而有力解飞者。鲨，鮀也，鱼狭而小，常张口吹沙，故又名吹沙。君子，指主人。旨且多，旨而又多也。

此燕飨通用之乐歌。即燕飨所荐之羞，而极道其美且多，见主人礼意之勤，以优宾也。或曰赋也。下二章放此。

鱼丽于罶，鲂鳢音礼。君子有酒，多且旨。

兴也。鳢，鲖也，又曰鲩也。

鱼丽于罶，鰋音偃鲤。君子有酒，旨且有叶羽已反。

兴也。鰋，鲇也。有，犹多也。

物其多矣，维其嘉叶居何反矣。

赋也。

物其旨矣，维其偕叶举里反矣。

赋也。

物其有叶羽已反矣，维其时叶上纸反矣。

赋也。苏氏曰："多则患其不嘉，旨则患其不齐，有则患其不时；今多而能嘉，旨而能齐，有而能时，言曲全也。"

《鱼丽》六章，三章章四句，三章章二句。

按《仪礼》：乡饮酒及燕礼，前乐既毕，皆间歌《鱼丽》，笙《由庚》；歌《南有嘉鱼》，笙《崇丘》；歌《南山有台》，笙《由仪》。间，代也，言一歌一吹也。然则此六者，尽一时之诗，而皆为燕飨宾客上下通用之乐。毛公分《鱼丽》以足前什，而说者不察，遂分《鱼丽》以上为文武诗，《嘉鱼》以下为成王诗，其失甚矣。

《由庚》

此亦笙诗。说见《鱼丽》。

南有嘉鱼，烝之承反然罩罩张教、竹卓二反。君子有酒，嘉宾式燕以乐五教、历各二反。

兴也。南，谓江汉之间。嘉鱼，鲤质，鳟鲫肌，出于沔南之丙穴。烝然，发语声也。罩，篧也，编细竹以罩鱼者也。重言罩罩，非一之辞也。　此亦燕飨通用之乐。故其辞曰：南有嘉鱼，则必烝然而罩罩之矣；君子有酒，则必与嘉宾共之，而式燕以乐矣。此亦因所荐之物，而道达主人乐宾之意也。

南有嘉鱼，烝然汕汕所谏反。君子有酒，嘉宾式燕以衎苦旦反。

兴也。汕,樔也,以薄汕鱼也。衎,乐也。

南有樛居虬反木,甘瓠音护累力追反之。君子有酒,嘉宾式燕绥之。

兴也。　东莱吕氏曰:"瓠有甘有苦,甘瓠则可食者也。樛木下垂而美食累之,固结而不可解也。"愚谓此兴之取义者,似比而实兴也。

翩翩者鵻之谁反,烝然来叶六直、陵之二反思。君子有酒,嘉宾式燕又叶夷昔反,或如字思。

兴也。此兴之全不取义者也。思,语辞也。又,既燕而又燕,以见其至诚有加而无已也。或曰:又思,言其又思念而不忘也。

《南有嘉鱼》四章,章四句。

说见《鱼丽》。

《崇丘》

说见《鱼丽》。

南山有台叶田饴反,北山有莱叶陵之反。乐音洛只音纸君子,邦家之基。乐只君子,万寿无期。

兴也。台,夫须,即莎草也。莱,草名,叶香可食者也。君子,指宾客也。此亦燕飨通用之乐。故其辞曰:南山则有台矣,北山则有莱矣。乐只君子,则邦家之基矣。乐只君子,则万寿无期矣。所以道达主人尊宾之意,美其德而祝其寿也。

南山有桑,北山有杨。乐只君子,邦家之光。乐只君子,万寿无疆。

兴也。

南山有杞,北山有李。乐只君子,民之父母叶满彼反。乐只君子,德音不已。

兴也。杞,树如樗,一名狗骨。

南山有栲音考，叶音口，北山有杻女久反。乐只君子，遐不眉寿叶直酉反。乐只君子，德音是茂叶莫口反。

兴也。栲，山樗。杻，檍也。遐、何通。眉寿，秀眉也。

南山有枸俱甫反，北山有楰音庾。乐只君子，遐不黄耇音苟，叶果五反。乐只君子，保艾五盖反尔后叶下五反。

兴也。枸，枳枸，树高大似白杨，有子著枝端，大如指，长数寸，啖之甘美如饴，八月熟，亦名木蜜。楰，鼠梓，树叶木理如楸，亦名苦楸。黄，老人发复黄也。耇，老人面冻梨色如浮垢也。保，安；艾，养也。

《南山有台》五章，章六句。

说见《鱼丽》。

《由仪》

说见《鱼丽》。

蓼音六彼萧斯，零露湑息吕反兮。既见君子，我心写叶想羽反兮。燕笑语兮，是以有誉处兮。

兴也。蓼，长大貌。萧，蒿也。湑，湑然萧上露貌。君子，指诸侯也。写，输写也。燕，谓燕饮。誉，善声也。处，安乐也。苏氏曰："誉、豫通。凡诗之誉，皆言乐也。"亦通。　　诸侯朝于天子，天子与之燕以示慈惠，故歌此诗。言蓼彼萧斯，则零露湑然矣；既见君子，则我心输写而无留恨矣。是以燕笑语而有誉处也。其曰既见，盖于其初燕而歌之也。

蓼彼萧斯，零落瀼瀼如羊反。既见君子，为龙为光。其德不爽叶师庄反，寿考不忘。

兴也。瀼瀼，露蕃貌。龙，宠也。为龙为光，喜其德之辞也。爽，差也。其德不爽，则寿考不忘矣。褒美而祝颂之，又因以劝戒之也。

蓼彼萧斯，零露泥泥乃礼反。既见君子，孔燕岂弟。宜兄宜弟待礼反，令德寿岂开改反，叶去礼反。

兴也。泥泥，露濡貌。孔，甚；岂，乐；弟，易也。宜兄宜弟，犹曰宜其家人。盖诸侯继世而立，多疑忌其兄弟，如晋诅无畜群公子，秦鍼惧选之类，故以宜兄宜弟美之，亦所以警戒之也。寿岂，寿而且乐也。

蓼彼萧斯，零露浓浓奴同反。既见君子，鞗徒彫反革冲冲敕弓反。和鸾雝雝，万福攸同。

兴也。浓浓，厚貌。鞗，辔也。革，辔首也。马辔所把之外，有余而垂者也。冲冲，垂貌。和、鸾，皆铃也。在轼曰和，在镳曰鸾，皆诸侯车马之饰也。《庭燎》亦以君子目诸侯，而称其鸾旂之美，正此类也。攸，所；同，聚也。

《蓼萧》四章，章六句。

湛湛直减反露斯，匪阳不晞音希。厌厌於盐反夜饮，不醉无归。

兴也。湛湛，露盛貌。阳，日；晞，干也。厌厌，安也，亦久也，足也。夜饮，私燕也。燕礼宵则两阶及庭门皆设大烛焉。　此亦天子燕诸侯之诗。言湛湛露斯，非日则不晞，以兴厌厌夜饮，不醉则不归。盖于其夜饮之终而歌之也。

湛湛露斯，在彼丰草。厌厌夜饮，在宗载考。

兴也。丰，茂也。夜饮必于宗室，盖路寝之属也。考，成也。

湛湛露斯，在彼杞棘。显允君子，莫不令德。

兴也。显，明；允，信也。君子，指诸侯为宾者也。令，善也。令德，谓其饮多而不乱，德足以将之也。

其桐其椅於宜反，其实离离。岂弟君子，莫不令仪。

兴也。离离，垂也。令仪，言醉而不丧其威仪也。

《湛露》四章，章四句。

《春秋传》："宁武子曰：'诸侯朝正于王，王宴乐之，于是赋《湛露》。'"曾氏曰："前两章言厌厌夜饮，后两章言令德令仪，虽过三爵，亦可谓不断以淫矣。"

白华之什十篇，五篇无辞，凡二十三章，一百四句。

诗卷第十

彤弓之什二之三

彤弓弨尺昭反兮，受言藏之。我有嘉宾，中心贶叶虚王反之。钟鼓既设，一朝飨叶虚良反之。

赋也。彤弓，朱弓也。弨，弛貌。贶，与也。大饮宾曰飨。　　此天子燕有功诸侯，而锡以弓矢之乐歌也。东莱吕氏曰："受言藏之，言其重也。受弓人所献，藏之王府以待有功，不敢轻与人也。中心贶之，言其诚也。中心实欲贶之，非由外也。一朝飨之，言其速也。以王府宝藏之弓，一朝举以畀人，未尝有迟留顾惜之意也。后世视府藏为己私分，至有以武库兵赐弄臣者，则与受言藏之者异矣；赏赐非出于利诱，则迫于事势，至有朝赐铁券而暮屠戮者，则与中心贶之者异矣；屯膏吝赏，功臣解体，至有印刓而不忍予者，则与一朝飨之者异矣。"

彤弓弨兮，受言载叶子利反之。我有嘉宾，中心喜叶去声之。钟鼓既设，一朝右音又，叶于记反之。

赋也。载，抗之也。喜，乐也。右，劝也，尊也。

彤弓弨兮，受言櫜古刀反，叶古号反之。我有嘉宾，中心好呼报反之。钟鼓既设，一朝酬市由反，叶大到反之。

赋也。櫜，韬；好，说；酬，报也。饮酒之礼：主人献宾，宾酢主人，主人又酌自饮，而遂酌以饮宾，谓之酬。酬，犹厚也，劝也。

《彤弓》三章，章六句。

《春秋传》："宁武子曰：'诸侯敌王所忾，而献其功，于是乎赐之彤弓一，彤矢百，玈弓矢千，以觉报宴。'"《注》曰："忾，恨怒也。觉，明也。谓诸侯有四夷之功，王赐之弓矢，又为歌《彤弓》，以明报功宴乐。”郑氏曰：“凡诸侯赐弓矢，然后专征伐。”东莱吕氏曰：“所谓专征者，如四夷入边，臣子篡弑，不容待报者。其它则九伐之法，乃大司马所职，非诸侯所专也。与后世强臣拜表辄行者异矣。”

菁菁子丁反者莪五何反，在彼中阿。既见君子，乐音洛且有仪叶五何反。

兴也。菁菁，盛貌。莪，萝蒿也。中阿，阿中也。大陵曰阿。君子，指宾客也。　此亦燕饮宾客之诗。言菁菁者莪，则在彼中阿矣；既见君子，则我心喜乐而有礼仪矣。或曰：以菁菁者莪，比君子容貌威仪之盛也。下章放此。

菁菁者莪，在彼中沚音止。既见君子，我心则喜。

兴也。中沚，沚中也。喜，乐也。

菁菁者莪，在彼中陵。既见君子，锡我百朋。

兴也。中陵，陵中也。古者货贝，五贝为朋。锡我百朋者，见之而喜，如得重货之多也。

汎汎芳剑反杨舟，载沉载浮。既见君子，我心则休。

比也。杨舟，杨木为舟也。载，则也。载沉载浮，犹言“载清载浊，载驰载驱”之类，以比未见君子而心不定也。休者，休休然，言安定也。

《青青者莪》四章，章四句。

六月栖栖音西，戎车既饬音敕。四牡骙骙求龟反，载是常服叶蒲北反。猃狁孔炽尺志反，我是用急叶音棘。王于出征，以匡王国叶于逼反。

赋也。六月，建未之月也。栖栖，犹遑遑，不安之貌。戎车，兵车也。饬，整也。骙骙，强貌。常服，戎事之常服，以韎韦为弁，又以为衣，而素裳白舄也。猃狁，即猃狁，北狄也。孔，甚；炽，盛；匡，正也。　成康既没，周室寖衰，八世而厉王胡暴虐，周人逐之，出居于彘。猃狁内侵，逼近京邑，王崩，子宣王靖即位，命尹吉甫帅师伐之，有功而归。诗人作歌，以序其事如此。司马法：冬夏不兴师，今乃六月而出师者，以猃狁甚炽，其事危急，故不得已而王命于是出征，以正王国也。

比毗志反物四骊，闲之维则。维此六月，既成我服叶蒲北反。我服既成，于三十里。王于出征，以佐天子叶奖履反。

赋也。比物，齐其力也。凡大事：祭祀、朝觐、会同，毛马而颁之；凡军事，物马而颁之。毛马齐其色，物马齐其力；吉事尚文，武事尚强也。则，法也。服，戎服也。三十里，一舍也。古者吉行日五十里，师行日三十里。　既比其物，而曰四骊，则其色又齐，可以见马之有余矣。闲习之而皆中法则，又可以见教之有素矣。于是此月之中，既成我服；既成我服，即日引道，不徐不疾，尽舍而止，又见其应变之速，从事之敏，而不失其常度也。王命于此而出征，欲其有以敌王所忾而佐天子耳。

四牡修广，其大有颙玉容反。薄伐猃狁，以奏肤公。有严有翼，共音恭武之服叶蒲北反。共武之服，以定王国叶于逼反。

赋也。修，长；广，大也。颙，大貌。奏，荐；肤，大；公，功；严，威；翼，敬也。共，与供同。服，事也。言将帅皆严敬以共武事也。

猃狁匪茹如豫反，整居焦获音护。侵镐胡老反及方，至于泾阳。织音志文鸟章，白旆央央於良反。元戎十乘绳证反，以先启行叶户郎反。

赋也。茹，度；整，齐也。焦、获、镐、方，皆地名。焦，未详所在。获，郭璞以为瓠中，则今在耀州三原县也。镐，刘向以为千里之镐，则非镐京之镐矣，亦未详其所在也。方，疑即朔方也。泾阳，泾水之北，在丰镐之西北。言其深入为寇也。织、帜字同。鸟章，鸟隼之章也。白旆，继旐者也。央央，鲜明貌。元，大也。戎，戎车也，军之前锋也。启，开；行，道也；犹言发程也。　言猃狁不自度量，深入为寇如此，是以建此旐旗，选锋锐进，声其罪而致讨焉。直而壮，律而臧，有所不战，战必胜矣。

戎车既安叶於连反，如轾竹二反如轩。四牡既佶其乙反，既佶且闲叶胡田反。薄伐猃狁，至于大音泰原。文武吉甫，万邦为宪叶许言反。

赋也。轾，车之覆而前也。轩，车之却而后也。凡车从后视之如轾，从前视之如轩，然后适调也。佶，壮健貌。大原，地名，亦曰大卤，今在大原府阳曲县。至于大原，言逐出之而已，不穷追也，先王治戎狄之法如此。吉甫，尹吉甫，此时大将也。宪，法也。非文无以附众，非武无以威敌，能文能武，则万邦以之为法矣。

吉甫燕喜，既多受祉。来归自镐，我行永久叶举里反。饮於鸩反御诸友叶羽已反，炰白交反鳖脍鲤。侯谁在矣，张仲孝友叶羽已反。

赋也。祉，福；御，进；侯，维也。张仲，吉甫之友也。善父母曰孝，善兄弟曰友。　此言吉甫燕饮喜乐，多受福祉，盖以其归自镐而行永久也。是以饮酒进馔于朋友，而孝友之张仲在焉。言其所与宴者之贤，所以贤吉甫而善是燕也。

《六月》六章，章八句。

薄言采芑音起，于彼新田，于此菑侧其反亩叶每彼反。方叔莅音利止，其车三千，师干之试叶诗止反，下同。方叔率止，乘其四骐，四骐翼翼。路车有奭许力反，簟笰音弗鱼服叶蒲北反，钩膺鞗音条革叶讫力反。

兴也。芑，苦菜也，青白色，摘其叶有白汁出，肥可生食，亦可蒸为茹，即今苦荬菜。宜马食，军行采之，人马皆可食也。田一岁曰菑，二岁曰新田，三岁曰畬。方叔，宣王卿士，受命为将者也。莅，临也。其车三千，法当用三十万众。盖兵车一乘，甲士三人，步卒七十二人，又二十五人，将重车在后，凡百人也。然此亦极其盛而言，未必实有此数也。师，众。干，扞也。试，肄习也。言众且练也。率，总率之也。翼翼，顺序貌。路车，戎路也。奭，赤貌。簟笰，以方文竹簟为车蔽也。钩膺，马娄颔有钩，而在膺有樊有缨也。樊，马大带。缨，鞅也。鞗革，见《蓼萧》篇。　宣王之时，蛮荆背叛，王命方叔南征。军行采芑而食，故赋其事以起兴曰：薄言采芑，则于彼新田，于此菑亩矣。方叔莅止，则其车三千，师干之试矣。又遂言其车马之美，以见军容之盛也。

薄言采芑，于彼新田，于此中乡。方叔莅止，其车三千，旂旐央央。方叔率止，约軝祈支反错衡叶户郎反，八鸾玱玱七羊反。服其命服，朱芾音弗斯皇，有玱葱珩音衡，叶户郎反。

兴也。中乡，民居，其田尤治。约，束；軧，毂也，以皮缠束兵车之毂而朱之也。错，文也。铃在镳曰鸾，马口两旁各一，四马故八也。玱玱，声也。命服，天子所命之服也。朱芾，黄朱之芾也。皇，犹煌煌也。玱，玉声。葱，苍色如葱者也。珩，佩首横玉也。礼：三命赤芾葱珩。

鴥惟必反彼飞隼息允反，其飞戾天，亦集爰止。方叔莅止，其车三千，师干之试。方叔率止，钲音征人伐鼓，陈师鞠居六反旅。显允方叔，伐鼓渊渊叶於巾反，振旅阗阗徒颠反，叶徒邻反。

兴也。隼，鹞属，急疾之鸟也。戾，至；爰，于也。钲，铙也，镯也。伐，击也。钲以静之，鼓以动之，钲鼓各有人，而言钲人伐鼓，互文也。鞠，告也。二千五百人为师，五百人为旅。此言将战，陈其师旅而誓告之也。陈师鞠旅，亦互文耳。渊渊，鼓声，平和不暴怒也。谓战时进士众也。振，止；旅，众也。言战罢而止其众以入也。《春秋传》曰"出曰治兵，入曰振旅"是也。阗阗，亦鼓声也，或曰盛貌。程子曰："振旅亦以鼓行金止。"　言隼飞戾天，而亦集于所止，以兴师众之盛，而进退有节，如下文所云也。

蠢尺允反尔蛮荆，大邦为仇。方叔元老，克壮其犹。方叔率止，执讯音信获丑叶尺由反。戎车啴啴吐丹反，啴啴焞焞吐雷反，如霆如雷。显允方叔，征伐玁狁，蛮荆来威叶音隈。

赋也。蠢者，动而无知之貌。蛮荆，荆州之蛮也。大邦，犹言中国也。元，大；犹，谋也。言方叔虽老，而谋则壮也。啴啴，众也。焞焞，盛也。霆，疾雷也。方叔盖尝与于北伐之功者，是以蛮荆闻其名而皆来畏服。

《采芑》四章，章十二句。

我车既攻，我马既同。四牡庞庞鹿同反，驾言徂东。

赋也。攻，坚；同，齐也。《传》曰："宗庙齐豪，尚纯也；戎事齐力，尚强也；田猎齐足，尚疾也。"庞庞，充实也。东，东都洛邑也。　周公相成王，营洛邑为东都，以朝诸侯。周室既衰，久废其礼，至于宣王，内修政事，外攘夷狄，复文武之竟土。修车马，备器械，复会诸侯于东都，因田猎而选车徒焉，故诗人作此以美之。首章泛言将往东都也。

田车既好叶许厚反，四牡孔阜符有反。东有甫草叶此苟反，驾言行狩叶始九反。

赋也。田车，田猎之车。好，善也。阜，盛大也。甫草，甫田也，后为郑地，今开封府中牟县西圃田泽是也。宣王之时，未有郑国，圃田属东都畿内，故往田也。　此章指言将往狩于圃田也。

之子于苗叶音毛，选徒嚣嚣五刀反。建旐设旄，搏音博兽于敖。

赋也。之子，有司也。苗，狩猎之通名也。选，数也。嚣嚣，声众盛也。数车徒者，其声嚣嚣，则车徒之众可知。且车徒不哗，而惟数者有声，又见其静治也。敖，近荥阳，地名也。　此章言至东都而选徒以猎也。

驾彼四牡，四牡奕奕，赤芾金舄，会同有绎。

赋也。奕奕，连络布散之貌。赤芾，诸侯之服。金舄，赤舄而加金饰，亦诸侯之服也。时见曰会，殷见曰同。绎，陈列联属之貌也。　此章言诸侯来会朝于东都也。

决拾既佽音次，与柴叶，弓矢既调读如同，与同叶。射夫既同，助我举柴子智反。

赋也。决，以象骨为之，著于右手大指，所以钩弦开体。拾，以皮为之，著于左臂以遂弦，故亦名遂。佽，比也。调，谓弓强弱与矢轻重相得也。射夫，盖诸侯来会者。同，协也。柴，《说文》作𢊁，谓积禽也。使诸侯之人，助而举之，言获多也。　此章言既会同而田猎也。

四黄既驾，两骖不猗於寄、於箇二反。不失其驰叶徒卧反，舍音舍矢如破彼寄、普过二反。

赋也。猗，偏倚不正也。驰，驰驱之法也。舍矢如破，巧而力也。苏氏曰："不善射御者诡遇则获，不然不能也。今御者不失其驰驱之法，而射者舍矢如破，则可谓善射御矣。"　此章言田猎而见其射御之善也。

萧萧马鸣，悠悠旆旌。徒御不惊，大庖蒲交不盈。

赋也。萧萧、悠悠，皆闲暇之貌。徒，步卒也。御，车御也。惊，如《汉书》"夜军中惊"之惊。不惊，言比卒事，不喧哗也。大庖，君庖也。不盈，言取之有度，不极欲也。盖古者田猎获禽，面伤不献，践毛不献，不成禽不献。择取三等：自左膘而射之，达于右腢，为上杀，以为乾豆，奉宗庙；达右耳本者次之，以为宾客。射左髀达于右髃为下杀,以充君庖。每禽取三十焉,每等得十,其余以与士大夫习射于泽宫,中者取之,是以获虽多而君庖不盈也。张子曰:“馔虽多而无余者,均及于众而有法耳。凡事有法,则何患乎不均也。”旧说:不惊,惊也;不盈,盈也。亦通。　　此章言其终事严而颁禽均也。

之子于征,有闻音问无声。允矣君子,展也大成。

赋也。允,信;展,诚也。闻师之行而不闻其声,言至肃也。信矣其君子也,诚哉其大成也。　　此章总叙其事之始终而深美之也。

《车攻》八章,章四句。

以五章以下考之,恐当作四章,章八句。

吉日维戊叶莫吼反,既伯既祷叶丁口反。田车既好叶许口反,四牡孔阜符有反。升彼大阜,从其群丑。

赋也。戊,刚日也。伯,马祖也。谓天驷房星之神也。丑,众也,谓禽兽之群众也。　　此亦宣王之诗。言田猎将用马力,故以吉日祭马祖而祷之。既祭而车牢马健,于是可以历险而从禽也。以下章推之,是日也,其戊辰与?

吉日庚午,既差我马叶满补反。兽之所同,麀音忧鹿麌麌愚甫反。漆沮七徐反之从,天子之所。

赋也。庚午,亦刚日也。差,择,齐其足也。同,聚也。鹿牝曰麀。麌麌,众多也。漆沮,水名,在西都畿内泾渭之北,所谓洛水,今自延韦流入鄜坊,至同州入河也。　　戊辰之日既祷矣,越三日庚午,遂择其马而乘之。视兽之所聚,麀鹿最多之处而从之。于漆沮之旁为盛,宜为天子田猎之所也。

瞻彼中原,其祁孔有叶羽已反。儦儦表骄反俟俟叶于纪反,或群或友叶羽已反。悉率左右叶羽已反,以燕天子叶奖履反。

赋也。中原,原中也。祁,大也。望则儦儦,行则俟俟。兽三曰群,二曰友。燕,乐也。　　言从王者视彼禽兽之多,于是率其同事之人,各共其事以乐天子也。

既张我弓,既挟子洽反我矢。发彼小豝音巴,殪於计反此大兕徐履反。以御宾客,且以酌醴。

赋也。发,发矢也。豕牝曰豝。一矢而死曰殪。兕,野牛也。言能中微而制大也。御,进也。醴,酒名。周官五齐,二曰醴齐。《注》曰:"醴成而汁滓相将,如今甜酒也。" 言射而获禽以为俎实,进于宾客而酌醴也。

《吉日》四章,章六句。

东莱吕氏曰:"《车攻》、《吉日》,所以为复古者,何也?盖蒐狩之礼,可以见王赋之复焉,可以见军实之盛焉,可以见师律之严焉,可以见上下之情焉,可以见综理之周焉。欲明文武之业者,此亦足以观矣。"

鸿雁于飞,肃肃其羽。之子于征,劬其俱反劳于野叶上与反。爰及矜棘冰反人,哀此鳏寡叶果五反。

兴也。大曰鸿,小曰雁。肃肃,羽声也。之子,流民自相谓也。征,行也。劬劳,病苦也。矜,怜也。老而无妻曰鳏,老而无夫曰寡。 旧说:周室中衰,万民离散,而宣王能劳来还定安集之,故流民喜之而作此诗。追叙其始而言曰:鸿雁于飞,则肃肃其羽矣。之子于征,则劬劳于野矣。且其劬劳者,皆鳏寡可哀怜之人也。然今亦未有以见其为宣王之诗。后三篇放此。

鸿雁于飞,集于中泽叶徒洛反。之子于垣音袁,百堵丁古反皆作。虽则劬劳,其究安宅叶达各反。

兴也。中泽,泽中也。一丈为板,五板为堵。究,终也。 流民自言:鸿雁集于中泽,以兴己之得其所止而筑室以居,今虽劳苦而终获安定也。

鸿雁于飞,哀鸣嗷嗷五刀反。维此哲人,谓我劬劳。维彼愚人,谓我宣骄叶音高。

比也。流民以鸿雁哀鸣自比而作此歌也。哲,知;宣,示也。知者闻我歌,知其出于劬劳,不知者谓我闲暇而宣骄也。《韩诗》云:"劳者歌其事。"《魏风》亦云:"我歌且谣,不知我者,谓我士也骄。"大抵歌多出于劳苦,而不知者常以为骄也。

《鸿雁》三章,章六句。

夜如何其音基?夜未央,庭燎之光。君子至止,鸾声将将七羊反。

赋也。其,语辞。央,中也。庭燎,大烛也。诸侯将朝,则司烜以物百枚,并而束之,设于门内也。君子,诸侯也。将将,鸾镳声。　王将起视朝,不安于寝,而问夜之早晚曰:夜如何哉?夜虽未央,而庭燎光矣。朝者至而闻其鸾声矣。

夜如何其?夜未艾音乂,叶如字,庭燎晣晣之世反,与艾叶。君子至止,鸾声哕哕呼会反。

赋也。艾,尽也。晣晣,小明也。哕哕,近而闻其徐行声有节也。

夜如何其?夜乡许亮反晨,庭燎有辉许云反。君子至止,言观其旂叶渠斤反。

赋也。乡晨,近晓也。辉,火气也。天欲明而见其烟光相杂也。既至而观其旂,则辨色矣。

《庭燎》三章,章五句。

沔绵善反彼流水,朝直遥反宗于海叶虎洧反。鴥惟必反彼飞隼息允反,载飞载止。嗟我兄弟,邦人诸友叶羽轨反。莫肯念乱,谁无父母叶满洧反?

兴也。沔,水流满也。诸侯春见天子曰朝,夏见曰宗。　此忧乱之诗。言流水犹朝宗于海,飞隼犹或有所止,而我之兄弟诸友乃无肯念乱者,谁独无父母乎?乱则忧或及之,是岂可以不念哉?

沔彼流水,其流汤汤失羊反。鴥彼飞隼,载飞载扬。念彼不蹟并亦反,载起载行叶户郎反。心之忧矣,不可弥忘。

兴也。汤汤,波流盛貌。不蹟,不循道也。载起载行,言忧念之深,不遑宁处也。弥,止也。水盛隼扬,以兴忧念之不能忘也。

鴥彼飞隼,率彼中陵。民之讹言,宁莫之惩。我友敬矣,谗言其兴!

兴也。率,循;讹,伪;惩,止也。　隼之高飞,犹循彼中陵,而民之讹言,乃无惩止之者。然我之友诚能敬以自持矣,则谗言何自而兴乎?始忧于人,而卒反诸己也。

《沔水》三章,二章章八句,一章六句。

疑当作三章,章八句。卒章脱前两句耳。

鹤鸣于九皋，声闻音问于野叶上与反。鱼潜在渊，或在于渚。乐音洛彼之园，爰有树檀叶徒沿反，下同，其下维萚音托。他山之石，可以为错七落反。

比也。鹤，鸟名。长颈，竦身，高脚，顶赤，身白，颈尾黑，其鸣高亮，闻八九里。皋，泽中水溢出所为坎，从外数至九，喻深远也。萚，落也。错，砺石也。　此诗之作，不可知其所由，然必陈善纳诲之辞也。盖鹤鸣于九皋，而声闻于野，言诚之不可掩也；鱼潜在渊，而或在于渚，言理之无定在也；园有树檀，而其下维萚，言爱当知其恶也；他山之石，而可以为错，言憎当知其善也。由是四者引而伸之，触类而长之，天下之理，其庶几乎？

鹤鸣于九泉，声闻于天叶铁因反。鱼在于渚，或潜在渊叶一均反。乐彼之园，爰有树檀，其下维榖。他山之石，可以攻玉。

比也。榖，一名楮，恶木也。攻，错也。　程子曰："玉之温润，天下之至美也；石之粗厉，天下之至恶也。然两玉相磨，不可以成器，以石磨之，然后玉之为器得以成焉。犹君子之与小人处也，横逆侵加，然后修省畏避，动心忍性，增益预防，而义理生焉，道德成焉。吾闻诸邵子云。"

《鹤鸣》二章，章九句。

彤弓之什十篇，四十章，二百五十九句。

疑脱两句，当为二百六十一句。

诗卷第十一

祈父之什二之四

祈勤衣反父音甫！予王之爪牙叶五胡反。胡转予于恤，靡所止居？

赋也。祈父，司马也，职掌封圻之兵甲，故以为号。《康诰》曰“圻父薄违”，是也。予，六军之士也。或曰：司右虎贲之属也。爪牙，鸟兽所用以为威者也。恤，忧也。　　军士怨于久役，故呼祈父而告之曰：予乃王之爪牙，汝何转我于忧恤之地，使我无所止居乎？

祈父！予王之爪士钼里反。胡转予于恤，靡所底之履反止？

赋也。爪士，爪牙之士也。底，至也。

祈父！亶不聪。胡转予于恤，有母之尸饔？

赋也。亶，诚；尸，主也。饔，熟食也。言不得奉养，而使母反主劳苦之事也。　　东莱吕氏曰：“越句践伐吴，有父母者老而无昆弟者，皆遣归；魏公子无忌救赵，亦令独子无兄弟者归养。则古者有亲老而无兄弟，其当免征役，必有成法。故责司马之不聪，其意谓此法人皆闻之，汝独不闻乎？乃驱吾从戎，使吾亲不免薪水之劳也。责司马者，不敢斥王也。”

《祈父》三章，章四句。

序以为刺宣王之诗。说者又以为宣王三十九年，战于千亩，王师败绩于姜氏之戎，故军士怨而作此诗。东莱吕氏曰：“太子晋谏灵王之辞曰：‘自我先王厉、宣、幽、平而贪天祸，至于今未弥。’宣王，中兴之主也。至与幽、厉并数之，其辞虽过，观是诗所刺，则子晋之言岂无所自欤？但今考之诗文，未有以见其必为宣王耳。”下章放此。

皎皎古了反白驹，食我场苗。絷陟立反之维之，以永今朝。所谓伊人，于焉逍遥。

赋也。皎皎，洁白也。驹，马之未壮者，谓贤者所乘也。场，圃也。絷，绊其足。维，系其靷也。永，久也。伊人，指贤者也。逍遥，游息也。　为此诗者以贤者之去而不可留也，故托以其所乘之驹，食我场苗，而絷维之，庶几以永今朝，使其人得以于此逍遥而不去，若后人留客而投其辖于井中也。

皎皎白驹，食我场藿火郭反。絷之维之，以永今夕叶祥龠反。所谓伊人，于焉嘉客叶克各反。

赋也。藿，犹苗也。夕，犹朝也。嘉客，犹逍遥也。

皎皎白驹，贲彼义反，又音奔然来叶陵之反思。尔公尔侯叶洪孤反，逸豫无期。慎尔优游叶云俱反，勉尔遁思叶新赍反。

赋也。贲然，光采之貌也。或以为来之疾也。思，语辞也。尔，指乘驹之贤人也。慎，勿过也。勉，毋决也。遁思，犹言去意也。　言此乘白驹者，若其肯来，则以尔为公，以尔为侯，而逸乐无期矣，犹言横来，大者王，小者侯也。岂可以过于优游，决于遁思，而终不我顾哉。盖爱之切而不知好爵之不足縻，留之苦而不恤其志之不得遂也。

皎皎白驹，在彼空谷。生刍楚俱反一束，其人如玉。毋金玉尔音，而有遐心。

赋也。贤者必去而不可留矣，于是叹其乘白驹入空谷，束生刍以秣之。而其人之德美如玉也，盖已邈乎其不可亲矣，然犹冀其相闻而无绝也。故语之曰：毋贵重尔之音声，而有远我之心也。

《白驹》四章，章六句。

黄鸟黄鸟，无集于榖，无啄陟角反我粟。此邦之人，不我肯穀。言旋言归，复我邦族。

比也。榖，木名。穀，善；旋，回；复，反也。　民适异国，不得其所，故作此诗。托为呼其黄鸟而告之曰：尔无集于榖，而啄我之粟；苟此邦之人，不以善道相与，则我亦不久于此而将归矣。

黄鸟黄鸟，无集于桑，无啄我粱。此邦之人，不可与明叶谟郎反。言旋言归，复我诸兄叶虚王反。

比也。

黄鸟黄鸟，无集于栩况甫反，无啄我黍。此邦之人，不可与处。言旋言归，复我诸父扶雨反。

比也。

《黄鸟》三章，章七句。

东莱吕氏曰："宣王之末，民有失所者，意他国之可居也，及其至彼，则又不若故乡焉，故思而欲归。使民如此，亦异于还定安集之时矣。"今按诗文，未见其为宣王之世，下篇亦然。

我行其野，蔽必制反芾方味反其樗敕雩反。昏姻之故，言就尔居。尔不我畜，复我邦家叶古胡反。

赋也。樗，恶木也。婿之父，妇之父，相谓曰昏姻。畜，养也。　民适异国，依其昏姻而不见收恤，故作此诗。言我行于野中，依恶木以自蔽。于是思昏姻之故而就尔居，而尔不我畜也，则将复我之邦家矣。

我行其野，言采其蓫敕六反。昏姻之故，言就尔宿。尔不我畜，言归思复。

赋也。蓫，牛颓，恶菜也，今人谓之羊蹄菜。

我行其野，言采其葍音福，叶笔力反。不思旧姻，求尔新特。成《论语》作"诚"不以富，亦祇音支以异叶逸织反。

赋也。葍，蓄，恶菜也。特，匹也。　言尔之不思旧姻而求新匹也，虽实不以彼之富，而厌我之贫，亦只以其新而异于故耳。此诗人责人忠厚之意。

《我行其野》三章，章六句。

王氏曰："先王躬行仁义以道民，厚矣，犹以为未也，又建官置师，以孝友睦姻任恤六行教民。为其有父母也，故教以孝；为其有兄弟也，故教以友；为其有同姓也，故教以睦；为其有异姓也，故教以姻；为邻里乡党相保相爱也，故教以任；相赒相救也，故教以恤。以为徒教之或不率也，故使官师以时书其德行而劝之；以为徒劝之或不率也，于是乎有不孝不睦不姻不弟不任不恤之刑焉。方是时也，安有如此诗所刺之民乎?”

秩秩斯干叶居焉反，幽幽南山叶所旃反。如竹苞叶补苟反矣，如松茂叶莫口反矣。兄及弟矣，式相好呼报反，叶许厚反矣，无相犹叶余久反矣。

赋也。秩秩，有序也。斯，此也。干，水涯也。南山，终南之山也。苞，丛生而固也。犹，谋也。　此筑室既成，而燕饮以落之，因歌其事。言此室临水而面山，其下之固，如竹之苞；其上之密，如松之茂。又言居是室者，兄弟相好而无相谋，则颂祷之辞，犹所谓聚国族于斯者也。张子曰:“犹，似也。人情大抵施之不报则辍，故恩不能终。兄弟之间，各尽己之所宜施者，无学其不相报而废恩也。君臣父子朋友之间，亦莫不用此道，尽己而已。”愚按此于文义或未必然，然意则善矣。或曰:犹，当作尤。

似续妣必履反祖，筑室百堵，西南其户胡五反。爰居爰处，爰笑爰语。

赋也。似，嗣也。妣先于祖者，协下韵尔。或曰:谓姜嫄后稷也。西南其户，天子之宫，其室非一，在东者西其户，在北者南其户，犹言南东其亩也。爰，于也。

约之阁阁，椓陟角反之橐橐音托。风雨攸除直虑反，鸟鼠攸去，君子攸芋香于反，叶王遇反。

赋也。约，束板也。阁阁，上下相乘也。椓，筑也。橐橐，杵声也。除，亦去也。无风雨鸟鼠之害，言其上下四旁皆牢密也。芋，尊大也。君子之所居，以为尊且大也。

如跂音企斯翼，如矢斯棘；如鸟斯革叶讫力反，如翚音辉斯飞。君子攸跻子西反。

赋也。跂，竦立也。翼，敬也。棘，急也。矢行缓则枉，急则直也。革，变；翚，雉；跻，升也。　言其大势严正，如人之竦立，而其恭翼翼也。其廉隅整饬，如矢之急而直也；其栋宇峻起，如鸟之警而革也；其檐阿华采而轩翔，如翚之飞而矫其翼也。盖其堂之美如此，而君子之所升以听事也。

殖殖市力反其庭，有觉其楹。哙哙音快其正叶音征，哕哕呼会反其冥。君子攸宁。

赋也。殖殖，平正也。庭，宫寝之前庭也。觉，高大而直也。楹，柱也，哙哙，犹快快也。正，向明之处也。哕哕，深广之貌。冥，奥窔之间也。言其室之美如此，而君子之所休息以安身也。

下莞音官上簟叶徒检、徒锦二反，乃安斯寝叶千检、千锦二反。乃寝乃兴，乃占我梦叶弥登反。吉梦维何？维熊维罴彼宜反，叶彼何反，维虺许鬼反维蛇市奢反，叶于其、土何二反。

赋也。莞，蒲席也。竹苇曰簟。罴，似熊而长头高脚，猛憨多力，能拔树。虺，蛇属，细颈大头，色如文绶，大者长七八尺。　祝其君安其室居，梦兆而有祥，亦颂祷之辞也。下章放此。

大音泰人占之：维熊维罴，男子之祥；维虺维蛇，女子之祥。

赋也。大人，大卜之属，占梦之官也。熊罴，阳物在山，强力壮毅，男子之祥也；虺蛇，阴物穴处，柔弱隐伏，女子之祥也。　或曰：梦之有占，何也？曰：人之精神，与天地阴阳流通，故昼之所为，夜之所梦，其善恶吉凶，各以类至。是以先王建官设属，使之观天地之会，辨阴阳之气，以日月星辰占六梦之吉凶，献吉梦，赠恶梦。其于天人相与之际，察之详而敬之至矣。故曰：王前巫而后史，宗祝瞽侑，皆在左右，王中心无为也，以守至正。

乃生男子，载寝之床，载衣於既反之裳，载弄之璋。其泣喤喤华彭反，叶胡光反，朱芾音沸斯皇，室家君王。

赋也。半圭曰璋。喤，大声也。芾，天子纯朱，诸侯黄朱。皇，犹煌煌也。君，诸侯也。　寝之于床，尊之也；衣之以裳，服之盛也；弄之以璋，尚其德也。言男子之生于是室者，皆将服朱芾煌煌然，有室有家，为君为王矣。

乃生女子，载寝之地，载衣之裼他计反，载弄之瓦叶鱼位反。无非无仪叶音义，唯酒食是议，无父母贻以之反罹叶音丽。

赋也。裼，褓也。瓦，纺砖也。仪，善；罹，忧也。　寝之于地，卑之也；衣之以褓，即其用而无加也；弄之以瓦，习其所有事也。有非，非妇人也；有善，非妇人也。盖女子以顺为正，无非足矣，有善则亦非其吉祥可愿之事也。唯酒食是议，而无遗父母之忧，则可矣。《易》曰：“无攸遂，在中馈，贞吉。”而孟子之母亦曰：“妇人之礼，精五饭，幂酒浆，养舅姑，缝衣裳而已矣。故有闺门之修，而无境外之志。”此之谓也。

《斯干》九章，四章章七句，五章章五句。

旧说：厉王既流于彘，宫室圮坏，故宣王即位，更作宫室，既成而落之。今亦未有以见其必为是时之诗也。或曰：《仪礼》下管新宫，《春秋传》宋元公赋新宫，恐即此诗，然亦未有明证。

谁谓尔无羊？三百维群。谁谓尔无牛？九十其犉而纯反。尔羊来思，其角濈濈庄立反。尔牛来思，其耳湿湿始立反。

赋也。黄牛黑唇，曰犉。羊以三百为群，其群不可数也。牛之犉者九十，非犉者尚多也。聚其角而息，濈濈然；呞而动其耳，湿湿然。王氏曰：“濈濈，和也。羊以善触为患，故言其和，谓聚而不相触也。湿湿，润泽也。牛病则耳燥，安则润泽也。”　此诗言牧事有成，而牛羊众多也。

或降于阿，或饮于池叶唐何反，或寝或讹。尔牧来思，何河可反蓑素多反何笠音立，或负其餱音侯。三十维物叶微律反，尔牲则具叶居律反。

赋也。讹，动；何，揭也。蓑、笠，所以备雨。三十维物，齐其色而别之，凡为色三十也。　言牛羊无惊畏，而牧人持雨具，赍饮食，从其所适，以顺其性。是以生养蕃息，至于其色无所不备，而于用无所不有也。

尔牧来思，以薪以蒸之承反，以雌以雄叶于陵反。尔羊来思，矜矜兢兢，不骞不崩。麾之以肱，毕来既升。

赋也。粗曰薪，细曰蒸。雌、雄，禽兽也。矜矜兢兢，坚强也。骞，亏也。崩，群疾也。肱，臂也。既，尽也。升，入牢也。　言牧人有馀力，则出取薪蒸，搏禽兽，其羊亦驯扰从人，不假箠楚，但以手麾之，使来则毕来，使升则既升也。

牧人乃梦：众维鱼矣，旐音兆维旟音馀矣。大人占之：众维鱼矣，实维丰年叶尼因反；旐维旟矣，室家溱溱侧巾反。

赋也。占梦之说未详。溱溱，众也。或曰：众，谓人也。旐，郊野所建，统人少；旟，州里所建，统人多。盖人不如鱼之多，旐所统不如旟所统之众，故梦人乃是鱼，则为丰年，旐乃是旟，则为人众。

《无羊》四章，章八句。

节音截，下同彼南山，维石岩岩。赫赫师尹，民具尔瞻叶侧衔反。忧心如惔徒蓝反，不敢戏谈。国既卒子律反斩叶侧衔反，何用不监右衔反。

兴也。节，高峻貌。岩岩，积石貌。赫赫，显盛貌。师尹，大师尹氏也。大师，三公。尹氏，盖吉甫之后。《春秋》书尹氏卒，公羊子以为讥世卿者，即此也。具，俱；瞻，视；惔，燔；卒，终；斩，绝；监，视也。　此诗家父所作，刺王用尹氏以致乱。言节彼南山，则维石岩岩矣；赫赫师尹，则民具尔瞻矣。而其所为不善，使人忧心如火燔灼，又畏其威而不敢言也。然则国既终斩绝矣，汝何用而不察哉？

节彼南山，有实其猗於宜反，叶於何反。赫赫师尹，不平谓何？天方荐徂殿反瘥才何反，丧息浪反乱弘多。民言无嘉叶居何反，憯七感反莫惩嗟叶遭哥反。

兴也。有实其猗，未详其义。《传》曰："实，满。猗，长也。"《笺》云："猗，倚也。言草木满其旁，倚之畎谷也。"或以为草木之实猗猗然，皆不甚通。荐、荐通，重也。瘥，病；弘，大；憯，曾；惩，创也。　节彼南山，则有实其猗矣；赫赫师尹而不平其心，则谓之何哉？苏氏曰："为政者不平其心，则下之荣瘁劳佚，有大相绝者矣。是以神怒而重之以丧乱，人怨而谤讟其上。然尹氏曾不惩创咨嗟，求所以自改也。"

尹氏大音泰师，维周之氐丁礼反，叶都黎反。秉国之均，四方是维，天子是毗婢尸反，俾民不迷。不吊昊天，不宜空我师叶霜夷反。

赋也。氐，本；均，平；维，持；毗，辅；吊，愍；空，穷；师，众也。　言尹氏大师，维周之氐，而秉国之均，则是宜有以维持四方，毗辅天子，而使民不迷，乃其职也。今乃不平其心，而既不见愍吊于昊天矣，则不宜久在其位，使天降祸乱，而我众并及空穷也。

弗躬弗亲，庶民弗信叶斯人反。弗问弗仕钮里反，下同，勿罔君子叶奖履反。式夷式已，无小人殆叶养里反。琐琐素火反姻亚，则无朊音武仕。

赋也。仕，事；罔，欺也。君子，指王也。夷，平；已，止；殆，危也。琐琐，小貌。婿之父曰姻，两婿相谓曰亚。朊，厚也。　言王委政于尹氏，尹氏又委政于姻亚之小人，而以其未尝问未尝事者，欺其君也。故戒之曰：汝之弗躬弗亲，庶民已不信矣。其所弗问弗事，则岂可以罔君子哉？当平其心，视所任之人，有不当者则已之。无以小人之故，而至于危殆其国也。琐琐姻亚，而必皆朊仕，则小人进矣。

昊天不傭敕龙反，降此鞠九六反讻音凶。昊天不惠，降此大戾。君子如届音戒，叶居例反，俾民心阕古穴反，叶苦桂反，君子如夷，恶乌路反怒是讳。

赋也。傭，均；鞠，穷；讻，乱；戾，乖；届，至；阕，息；违，远也。　言昊天不均，而降此穷极之乱；昊天不顺，而降此乖戾之变。然所以靖之者，亦在夫人而已，君子无所苟而用其至，则必躬必亲，而民之乱心息矣；君子无所偏而平其心，则式夷式已，而民之恶怒远矣。伤王与尹氏之不能也。夫为政不平以召祸乱者，人也。而诗人以为天实为之者，盖无所归咎而归之天也。抑有以见君臣隐讳之义焉，有以见天人合一之理焉。后皆放此。

不吊昊天叶铁因反，乱靡有定叶唐丁反。式月斯生叶桑经反，俾民不宁。忧心如酲音呈，谁秉国成？不自为政叶诸盈反，卒劳百姓叶桑经反。

赋也。酒病曰酲。成，平；卒，终也。　苏氏曰："天不之恤，故乱未有所止，而祸患与岁月增长。君子忧之曰：谁秉国成者，乃不自为政，而以付之姻亚之小人，其卒使民为之受其劳弊以至此也。"

驾彼四牡，四牡项领。我瞻四方，蹙蹙子六反靡所骋敕领反。

赋也。项，大也。蹙蹙，缩小之貌。　言驾四牡而四牡项领，可以骋矣。而视四方则皆昏乱，蹙蹙然无可往之所，亦将何所骋哉？东莱吕氏曰："本根病则枝叶皆瘁，是以无可往之地也。"

方茂尔恶，相息亮反尔矛矣。既夷既怿，如相酬市由反矣。

赋也。茂，盛；相，视；怿，悦也。　言方盛其恶以相加，则视其矛戟，如欲战斗。及既夷平悦怿，则相与欢然如宾主而相酬酢，不以为怪也。盖小人之性无常，而习于斗乱，其喜怒之不可期如此，是以君子无所适而可也。

昊天不平，我王不宁。不惩其心，覆芳服反怨其正叶诸盈反。

赋也。尹氏之不平，若天使之，故曰："昊天不平。"若是，则我王亦不得宁矣。然尹氏犹不自惩创其心，乃反怨人之正己者，则其为恶何时而已哉？

家父音甫作诵叶疾容反，以究王讻。式讹尔心，以畜许六反万邦叶卜工反。

赋也。家，氏；父，字，周大夫也。究，穷；讹，化；畜，养也。　家父自言作为此诵，以穷究王政昏乱之所由，冀其改心易虑，以畜养万邦也。陈氏曰："尹氏厉威，使人不得戏谈，而家父作诗，乃复自表其出于己，以身当尹氏之怒而不辞者，盖家父周之世臣，义与国俱存亡故也。"东莱吕氏曰："篇终矣，故穷其乱本，而归之王心焉。致乱者虽尹氏，而用尹氏者，则王心之蔽也。"李氏曰："孟子曰：'人不足与适也，政不足与间也，惟大人为能格君心之非。'盖用人之失，政事之过，虽皆君之非，然不必先论也。惟格君心之非，则政事无不善矣，用人皆得其当矣。"

《节南山》十章，六章章八句，四章章四句。

序以此为幽王之诗。而《春秋》桓十五年，有家父来聘于周，为桓王之世，上距幽王之终已七十五年，不知其人之同异。大抵序之时世皆不足信，今姑阙焉可也。

正音政月繁霜，我心忧伤。民之讹言，亦孔之将！念我独兮，忧心京京叶居良反。哀我小心，癙音鼠忧以痒音羊。

赋也。正月，夏之四月。谓之正月者，以纯阳用事，为正阳之月也。繁，多；讹，伪；将，大也。京京，亦大也。癙忧，幽忧也。痒，病也。　此诗亦大夫所作。言霜降失节，不以其时，既使我心忧伤矣，而造为奸伪之言，以惑群听者,又方甚大。然众人莫以为忧,故我独忧之,以至于病也。

父母生我,胡俾我瘉音庾!不自我先,不自我后叶下五反。好言自口叶孔五反,下同,莠余久反言自口。忧心愈愈,是以有侮。

赋也。愈,病;自,从;莠,丑也。愈愈,益甚之意。 疾痛故呼父母,而伤己适丁是时也。讹言之人,虚伪反复,言之好丑,皆不出于心而但出于口,是以我之忧心益甚,而反见侵侮也。

忧心惸惸其营反,念我无禄。民之无辜,并必政反其臣仆。哀我人斯,于何从禄?瞻乌爰止,于谁之屋。

赋也。惸惸,忧意也。无禄,犹言不幸尔。辜,罪;并,俱也。古者以罪人为臣仆,亡国所虏,亦以为臣仆。箕子所谓"商其沦丧,我罔为臣仆"是也。 言不幸而遭国之将亡,与此无罪之民,将俱被囚虏而同为臣仆。未知将复从何人而受禄,如视乌之飞,不知其将止于谁之屋也。

瞻彼中林,侯薪侯蒸之丞反。民今方殆,视天梦梦莫工反,叶莫登反。既克有定,靡人弗胜音升。有皇上帝,伊谁云憎。

兴也。中林,林中也。侯,维;殆,危也。梦梦,不明也。皇,大也。上帝,天之神也。程子曰:"以其形体谓之天,以其主宰谓之帝。" 言瞻彼中林,则维薪维蒸,分明可见也。民今方危殆疾痛,号诉于天,而视天反梦梦然,若无意于分别善恶者。然此特值其未定之时尔,及其既定,则未有不为天所胜者也。夫天岂有所憎而祸之乎?福善祸淫,亦自然之理而已。申包胥曰:"人众则胜天,天定亦能胜人。"疑出于此。

谓山盖卑,为冈为陵。民之讹言,宁莫之惩。召彼故老,讯音信之占梦叶莫登反。具曰"予圣",谁知乌之雌雄叶胡陵反?

赋也。山脊曰冈,广平曰陵。惩,止也。故老,旧臣也。讯,问也。占梦,官名,掌占梦者也。具,俱也。乌之雌雄,相似而难辨者也。 谓山盖卑,而其实则冈陵之崇也。今民之讹言如此矣,而王犹安然莫之止也。及其询之故老,讯之占梦,则又皆自以为圣人,亦谁能别其言之是非乎?子思言于卫侯曰:"君之国事,将日非矣。"公曰:"何故?"对曰:"有由然焉。君出言自以为是，而卿大夫莫敢矫其非；卿大夫出言亦自以为是，而士庶人莫敢矫其非。君臣既自贤矣，而群下同声贤之，贤之则顺而有福，矫之则逆而有祸，如此则善安从生？《诗》曰：‘具曰予圣，谁知乌之雌雄。’抑亦似君之君臣乎？”

谓天盖高，不敢不局叶居亦反。谓地盖厚，不敢不蹐井亦反。维号音豪斯言，有伦有脊。哀今之人，胡为虺吁鬼反蜴星历反！

赋也。局，曲也。蹐，累足也。号，长言之也。脊，理；蜴，螈也。虺、蜴，皆毒螫之虫也。　言遭世之乱，天虽高而不敢不局，地虽厚而不敢不蹐。其所号呼而为此言者，又皆有伦理而可考也。哀今之人，胡为肆毒以害人，而使之至此乎？

瞻彼阪音反田，有菀音郁其特。天之扤五忽反我，如不我克。彼求我则，如不我得。执我仇仇，亦不我力。

兴也。阪田，崎岖墝埆之处。菀，茂盛之貌。特，特生之苗也。扤，动也。力，谓用力。　瞻彼阪田，犹有菀然之特，而天之扤我，如恐其不我克，何哉？亦无所归咎之辞也。夫始而求之以为法则，惟恐不我得也。及其得之，则又执我坚固如仇雠然，然终亦莫能用也。求之甚艰，而弃之甚易，其无常如此。

心之忧矣，如或结之。今兹之正，胡然厉叶力桀反矣！燎力诏反之方扬，宁或灭之。赫赫宗周，褒姒音似威呼悦反之。

赋也。正，政也。厉，暴恶也。火田为燎。扬，盛也。宗周，镐京也。褒姒，幽王之嬖妾，褒国女，姒姓也。威，亦灭也。　言我心之忧如结者，为国政之暴恶故也。燎之方盛之时，则宁有能扑而灭之者乎？然赫赫然之宗周，而一褒姒足以灭之，盖伤之也。时宗周未灭，以褒姒淫妒谗谄而王惑之，知其必灭周也。或曰：此东迁后诗也，时宗周已灭矣。其言褒姒灭之，有监戒之意，而无忧惧之情，似亦道已然之事，而非虑其将然之辞。今亦未能必其然否也。

终其永怀，又窘求陨反阴雨。其车既载才再反，乃弃尔辅扶雨反。载如字输尔载才再反，将七羊反伯助予叶演汝反。

比也。阴雨则泥泞而车易以陷也。载，车所载也。辅，如今人缚杖于辐，以防辅车也。输，堕也。将，请也。伯，或者之字也。　苏氏曰：“王为淫虐，譬如行险而不知止。君子永思其终，知其必有大难，故曰‘终其永怀，又窘阴雨’。王又不虞难之将至，而弃贤臣焉，故曰‘乃弃尔辅’。君子求助于未危，故难不至，苟其载之既堕而后号伯以助予，则无及矣。”

无弃尔辅，员音云于尔辐方六反，叶笔力反。屡顾尔仆，不输尔载叶节力反。终逾绝险，曾是不意叶乙力反。

比也。员，益也。辅，所以益辐也。屡，数；顾，视也。仆，将车者也。此承上章，言若能无弃尔辅，以益其辐，而又数数顾视其仆，则不堕尔所载，而逾于绝险，若初不以为意者。盖能谨其初，则厥终无难也。一说：王曾不以是为意乎？

鱼在于沼之绍反，叶音灼，亦匪克乐音洛。潜虽伏矣，亦孔之炤音灼。忧心惨惨七感反，当作懆，七各反，念国之为虐。

比也。沼，池也。炤明，易见也。　鱼在于沼，其为生已蹙矣。其潜虽深，然亦炤然而易见。言祸乱之及，无所逃也。

彼有旨酒，又有嘉殽户交反，无韵，未详。洽比毗志反其邻，昏姻孔云。念我独兮，忧心慇慇。

赋也。洽、比，皆合也。云，旋也。慇慇，疾痛也。　言小人得志，有旨酒嘉殽以合比其邻里，怡怿其昏姻，而我独忧心至于疾痛也。昔人有言：燕雀处堂，母子相安，自以为乐也，突决栋焚，而怡然不知祸之将及，其此之谓乎？

佌佌音此彼有屋，蔌蔌音速方有穀。民今之无禄，天夭於遥反是椓陟角反，叶都木反。哿哥我反矣富人，哀此惸独。

赋也。佌佌，小貌。蔌蔌，窭陋貌，指王所用之小人也。穀，禄；夭，祸；椓，害；哿，可；独，单也。　佌佌然之小人，既已有屋矣，蔌蔌窭陋者，又将有穀矣，而民今独无禄者，是天祸椓丧之耳。亦无所归怨之辞也。乱至于此，富人犹或可胜，惸独甚矣。此孟子所以言文王发政施仁，必先鳏寡孤独也。

《正月》十三章，八章章八句，五章章六句。

十月之交，朔日辛卯叶莫后反。日有食之，亦孔之醜。彼月而微，此日而微。今此下民，亦孔之哀叶於希反。

赋也。十月，以夏正言之，建亥之月也。交，日月交会，谓晦朔之间也。

历法:周天三百六十五度四分度之一。左旋于地,一昼一夜,则其行一周而又过一度。日月皆右行于天,一昼一夜,则日行一度,月行十三度十九分度之七。故日一岁而一周天,月二十九日有奇而一周天,又逐及于日而与之会,一岁凡十二会。方会,则月光都尽而为晦。已会,则月光复苏而为朔。朔后晦前各十五日。日月相对,则月光正满而为望。晦朔而日月之合,东西同度,南北同道,则月掩日而日为之食。望而日月之对,同度同道,则月亢日而月为之食。是皆有常度矣。然王者修德行政,用贤去奸,能使阳盛足以胜阴,阴衰不能侵阳,则日月之行,虽或当食,而月常避日,故其迟速高下,必有参差而不正相合,不正相对者,所以当食而不食也。若国无政,不用善,使臣子背君父,妾妇乘其夫,小人陵君子,夷狄侵中国,则阴盛阳微,当食必食,虽曰行有常度,而实为非常之变矣。苏氏曰:"日食,天变之大者也。然正阳之月,古尤忌之。夏之四月为纯阳,故谓之正月。十月纯阴,疑其无阳,故谓之阳月。纯阳而食,阳弱之甚也;纯阴而食,阴壮之甚也。微,亏也。彼月则宜有时而亏矣,此日不宜亏而今亦亏,是乱亡之兆也。"

日月告凶,不用其行叶户郎反。四国无政,不用其良。彼月而食,则维其常;此日而食,于何不臧!

赋也。行,道也。　　凡日月之食,皆有常度矣。而以为不用其行者,月不避日,失其道也。然其所以然者,则以四国无政,不用善人故也。如此,则日月之食,皆非常矣。而以月食为其常,日食为不臧者,阴亢阳而不胜,犹可言也,阴胜阳而掩之,不可言也。故《春秋》日食必书,而月食则无纪焉,亦以此尔。

烨烨丁辄反震电,不宁不令叶卢经反。百川沸腾,山冢崒徂恤反崩。高岸为谷,深谷为陵。哀今之人,胡憯七感反莫惩!

赋也。烨烨,电光貌。震,雷也。宁,安徐也。令,善;沸,出;腾,乘也。山顶曰冢。崒,崔嵬也。高岸崩陷,故为谷;深谷填塞,故为陵。憯,曾也。　　言非但日食而已,十月而雷电,山崩水溢,亦灾异之甚者。是宜恐惧修省,改纪其政,而幽王曾莫之惩也。董子曰:"国家将有失道之败,而天乃先出灾异以谴告之。不知自省,又出怪异以警惧之。尚不知变,而伤败乃至。此见天心仁爱人君,而欲止其乱也。"

皇父音甫卿士,番维司徒,家伯冢宰,仲允膳夫,聚侧留反子内史，蹶俱卫反维趣七走反马叶满补反，楀音矩维师氏，艳馀赡反妻煽音扇方处。

赋也。皇父、家伯、仲允，皆字也。番、聚、蹶、楀，皆氏也。卿士，六卿之外，更为都官，以总六官之事也。或曰：卿士，盖卿之士。《周礼》太宰之属有上、中、下士，《公羊》所谓宰士，《左氏》所谓"周公以蔡仲为己卿士"是也。盖以宰属而兼总六官，位卑而权重也。司徒，掌邦教；冢宰，常邦治；皆卿也。膳夫，上士，掌王之饮食膳羞者也。内史，中大夫，掌爵禄废置杀生予夺之法者也。趣马，中士，掌王马之政者也。师氏，亦中大夫，掌司朝得失之事者也。美色曰艳。艳妻，即褒姒也。煽，炽也。方处，方居其所，未变徙也。　言所以致变异者，由小人用事于外，而嬖妾蛊惑王心于内，以为之主故也。

抑此皇父，岂曰不时？胡为我作，不即我谋叶谟悲反？彻我墙屋，田卒汙音乌莱叶陵之反。曰予不戕在良反，礼则然矣叶於姬反。

赋也。抑，发语辞。时，农隙之时也。作，动；即，就；卒，尽也。汙，停水也。莱，草秽也，戕，害也。　言皇父不自以为不时，欲动我以徙，而不与我谋，乃遽彻我墙屋，使我田不获治，卑者汙而高者莱。又曰非我戕汝，乃下供上役之常礼耳。

皇父孔圣，作都于向式亮反，下同，择三有事，亶侯多藏才浪反。不憖鱼觐反遗一老，俾守我王叶于放反。择有车马，以居徂向。

赋也。孔，甚也。圣，通明也。都，大邑也。《周礼》：畿内大都方百里，小都方五十里，皆天子公卿所封也。向，地名，在东都畿内，今孟州河阳县是也。三有事，三卿也。亶，信；侯，维；藏，蓄也。憖者，心不欲而自强之辞。有车马者，亦富民也。徂，往也。　言皇父自以为圣，而作都则不求贤，而但取富人以为卿。又不自强留一人以卫天子，但有车马者，则悉与俱往，不忠于上，而但知贪利以自私也。

黾民允反勉从事，不敢告劳。无罪无辜，谗口嚣嚣五刀反。下民之孽鱼列反，匪降自天叶铁因反。噂子损反沓徒合反背蒲昧反憎，职竞由人。

赋也。噂，众多貌。孽，灾害也。噂，聚也。沓，重复也。职，主；竞，力也。　言黾勉从皇父之役，未尝敢告劳也，犹且无罪而遭谗。然下民之孽，非天之所为也。噂噂沓沓，多言以相说，而背则相憎，专力为此者，皆由谗口之人耳。

悠悠我里，亦孔之痗莫背反，叶呼洧反。四方有羡徐面反，我独居忧。民莫不逸，我独不敢休。天命不彻叶直质反，我不敢效，我友自逸。

赋也。悠悠，忧也。里，居；痗，病；羡，馀；逸，乐；彻，均也。　当是之时，天下病矣，而独忧我里之甚病。且以为四方皆有馀而我独忧，众人皆得逸豫而我独劳者，以皇父病之，而被祸尤甚故也。然此乃天命之不均，吾岂敢不安于所遇，而必效我友之自逸哉！

《十月之交》八章，章八句。

浩浩昊天，不骏其德。降丧息浪反饥馑其靳反，斩伐四国叶于逼反。旻密巾反天疾威，弗虑弗图。舍音赦彼有罪，既伏其辜；若此无罪，沦胥以铺普乌反。

赋也。浩浩，广大也。昊，亦广大之意。骏，大；德，惠也。谷不熟曰饥，蔬不熟曰馑。疾威，犹暴虐也。虑、图，皆谋也。舍，置；沦，陷；胥，相；铺，遍也。　此时饥馑之后，群臣离散，其不去者，作诗以责去者。故推本而言，昊天不大其惠，降此饥馑，而杀伐四国之人，如何旻天曾不思虑图谋而遽为此乎？彼有罪而饥死，则是既伏其辜矣，舍之可也。此无罪者，亦相与而陷于死亡，则如之何哉？

周宗既灭，靡所止戾。正大夫离居，莫知我勚夷世反。三事大夫，莫肯夙夜叶弋灼反。邦君诸侯，莫肯朝夕叶祥龠反。庶曰式臧，覆芳服反出为恶。

赋也。宗，族姓也。戾，定也。正，长也。周官八职，一曰正，谓六官之长，皆上大夫也。离居，盖以饥馑散去，而因以避谗谮之祸也。我，不去者自我也。勚,劳也。三事,三公也。大夫,六卿及中下大夫也。臧,善;覆,反也。

言将有易姓之祸,其兆已见,而天变人离又如此。庶几曰王改而为善,乃覆出为恶而不悛也。或曰:疑此亦东迁后诗也。

如何昊天叶铁因反,下同,辟言不信叶斯人反。如彼行迈,则靡所臻。凡百君子,各敬尔身。胡不相畏,不畏于天?

赋也。如何昊天,呼天而诉之也。辟,法;臻,至也。凡百君子,指群臣也。　言如何乎昊天也?法度之言而不听信,则如彼行往而无所底至也。然凡百君子,岂可以王之为恶,而不敬其身哉?不敬尔身,不相畏也;不相畏,不畏天也。

戎成不退叶吐类反,下同,饥成不遂。曾在登反我暬思列反御,憯憯千感反日瘁徂醉反。凡百君子,莫肯用讯叶息悴反。听言则答,谮言则退。

赋也。戎,兵。遂,进也。《易》曰"不能退,不能遂"是也。暬御,近侍也。《国语》曰"居寝有暬御之箴",盖如汉侍中之官也。憯憯,忧貌;瘁,病;讯,告也。　言兵寇已成,而王之为恶不退;饥馑已成,而王之迁善不遂,使我暬御之臣,忧之而惨惨日瘁也。凡百君子,莫肯以是告王者,虽王有问而欲听其言,则亦答之而已,不敢尽言也。一有谮言及己,则皆退而离居,莫肯夙夜朝夕于王矣。其意若曰:王虽不善,而君臣之义,岂可以若是恝乎?

哀哉不能言!匪舌是出尺遂反,维躬是瘁。哿音可矣能言!巧言如流,俾躬处休。

赋也。出,出之也。瘁,病;哿,可也。　言之忠者,当世之所谓不能言者也,故非但出诸口,而适以瘁其躬;佞人之言,当世所谓能言者也,故巧好其言,如水之流,无所凝滞,而使其身处于安乐之地。盖乱世昏主,恶忠直而好谀佞类如此,诗人所以深叹之也。

维曰于仕鉏里反,孔棘且殆叶养里反。云不可使,得罪于天子叶奖履反。亦云可使,怨及朋友叶羽已反。

赋也。于,往;棘,急;殆,危也。　苏氏曰:"人皆曰往仕耳,曾不知仕之急且危也。当是之时,直道者,王之所谓不可使;而枉道者,王之所谓可使也。直道者得罪于君,而枉道者见怨于友,此仕之所以难也。"

谓尔迁于王都，曰予未有家室叶古胡反。鼠思息嗣反泣血叶虚屈反，无言不疾。昔尔出居，谁从作尔室？

赋也。尔，谓离居者。鼠思，犹言癙忧也。　　当是时，言之难能而仕之多患如此，故群臣有去者，有居者。居者不忍王之无臣，已之无徒，则告去者使复还于王都。去者不听，而托于无家以拒之，至于忧思泣血，有无言而不痛疾者，盖其惧祸之深至于如此。然所谓无家者，则非其情也，故诘之曰：昔尔之去也，谁为尔作室者，而今以是辞我哉。

《雨无正》七章，二章章十句，二章章八句，三章章六句。

欧阳公曰："古之人于诗多不命题，而篇名往往无义例。其或有命名者，则必述诗之意，如《巷伯》、《常武》之类是也。今《雨无正》之名，据《序》所言，与诗绝异，当阙其所疑。"元城刘氏曰："尝读《韩诗》有《雨无极》篇，序云'《雨无极》，正大夫刺幽王也'。至其诗之文，则比《毛诗》篇首多'雨无其极伤我稼穑'八字。"愚按刘说似有理。然第一二章，本皆十句，今遽增之，则长短不齐，非诗之例。又此诗实正大夫离居之后，暬御之臣所作。其曰"正大夫刺幽王"者，亦非是。且其为幽王诗，亦未有所考也。

祈父之什十篇，六十四章，四百二十六句。

诗卷第十二

小旻之什二之五

旻天疾威，敷于下土。谋犹回遹音聿，何日斯沮在吕反？谋臧不从，不臧覆用叶于封反。我视谋犹，亦孔之邛其凶反。

赋也。旻，幽远之意。敷，布；犹，谋；回，邪；遹，辟；沮，止；臧，善；覆，反；邛，病也。　大夫以王惑于邪谋，不能断以从善，而作此诗。言旻天之疾威，布于下土，使王之谋犹邪辟，无日而止。谋之善者则不从，而其不善者反用之，故我视其谋犹，亦甚病也。

潝潝许急反訿訿音紫，亦孔之哀叶於希反。谋之其臧，则具是违；谋之不臧，则具是依。我视谋犹，伊于胡底之履反，叶都黎反！

赋也。潝潝，相和也。訿訿，相诋也。具，俱；底，至也。　言小人同而不和，其虑深矣。然于谋之善者则违之，其不善者则从之，亦何能有所定乎？

我龟既厌，不我告犹叶于救反。谋夫孔多，是用不集《韩诗》作“就”，叶疾救反。发言盈庭，谁敢执其咎叶巨又反？如匪行迈谋，是用不得于道叶徒候反。

赋也。集，成也。　卜筮数，则渎而龟厌之，故不复告其所图之吉凶；谋夫众，则是非相夺而莫适所从，故所谋终亦不成。盖发言盈庭，各是其是，无肯任其责而决之者。犹不行不迈，而坐谋所适，谋之虽审，而亦何得于道路哉？

哀哉为犹，匪先民是程，匪大犹是经。维迩言是听叶平声，维迩言是争叶侧陉反。如彼筑室于道谋，是用不溃于成。

赋也。先民，古之圣贤也。程，法；犹，道；经，常；溃，遂也。　言哀哉今之为谋，不以先民为法，不以大道为常，其所听而争者，皆浅末之言。以是相持，如将筑室而与行道之人谋之，人人得为异论，其能有成也哉？古语曰“作舍道边，三年不成”，盖出于此。

国虽靡止，或圣或否方九反，叶补美反。民虽靡朊火吴反，或哲或谋叶莫徒反，或肃或艾音乂。如彼泉流，无沦胥以败叶蒲寐反。

赋也。止，定也。圣，通明也。朊，大也，多也。艾，与乂同，治也。沦，陷；胥，相也。　言国论虽不定，然有圣者焉，有否者焉。民虽不多，然有哲者焉，有谋者焉，有肃者焉，有艾者焉。但王不用善，则虽有善者不能自存，将如泉流之不反，而沦胥以至于败矣。圣、哲、谋、肃、艾，即《洪范》五事之德。岂作此诗者，亦传箕子之学也与？

不敢暴虎，不敢冯皮冰反河。人知其一，莫知其它汤何反。战战兢兢，如临深渊叶一均反，如履薄冰。

赋也。徒搏曰暴。徒涉曰冯，如冯几然也。战战，恐也。兢兢，戒也。如临深渊，恐坠也。如履薄冰，恐陷也。　众人之虑，不能及远，暴虎冯河之患，近而易见，则知避之；丧国亡家之祸，隐于无形，则不知以为忧也。故曰：“战战兢兢，如临深渊，如履薄冰”，惧及其祸之辞也。

《小旻》六章，三章章八句，三章章七句。

苏氏曰：“《小旻》、《小宛》、《小弁》、《小明》四诗皆以小名篇，所以别其为小雅也。其在《小雅》者谓之小，故其在《大雅》者谓之《召旻》、《大明》，独《宛》、《弁》阙焉，意者孔子删之矣。虽去其大而其小者犹谓之小，盖即用其旧也。”

宛於阮反彼鸣鸠，翰胡旦反飞戾天叶铁因反。我心忧伤，念昔先人。明发不寐，有怀二人。

兴也。宛，小貌。鸣鸠，斑鸠也。翰，羽；戾，至也。明发，谓将旦而光明开发也。二人，父母也。　此大夫遭时之乱，而兄弟相戒以免祸之诗。故言彼宛然之小鸟，亦翰飞而至于天矣；则我心之忧伤，岂能不念昔之先人哉？是以明发不寐，而有怀乎父母也。言此以为相戒之端。

人之齐圣，饮酒温克。彼昏不知，壹醉日富叶笔力反。各敬尔仪，天命不又叶夷益反。

赋也。齐,肃也。圣,通明也。克,胜也。富,犹甚也。又,复也。　言齐圣之人虽醉,犹温恭自持以胜,所谓不为酒困也。彼昏然而不知者,则一于醉而日甚矣。于是言各敬谨尔之威仪,天命已去,将不复来,不可以不恐惧也。时王以酒败德,臣下化之,故此兄弟相戒,首以为说。

中原有菽音叔,庶民采叶此履反之。螟亡丁反蛉音零有子,蜾音果蠃力果反负叶蒲美反之。教诲尔子,式榖似叶养里反之。

兴也。中原,原中也。菽,大豆也。螟蛉,桑上小青虫也,似步屈。蜾蠃,土蜂也,似蜂而小腰,取桑虫负之于木空中,七日而化为其子。式,用;榖,善也。　中原有菽,则庶民采之矣,以兴善道人皆可行也。螟蛉有子,则蜾蠃负之,以兴不似者可教而似也。教诲尔子,则用善而似之可也。善也、似也,终上文两句所兴而言也。戒之以不惟独善其身,又当教其子使为善也。

题大计反彼脊令音零,载飞载鸣。我日斯迈,而月斯征。夙兴夜寐,无忝尔所生叶桑经反。

兴也。题,视也。脊令,飞则鸣,行则摇。载,则;而,汝;忝,辱也。　视彼脊令,则且飞而且鸣矣;我既日斯迈,则汝亦月斯征矣。言当各务努力,不可暇逸取祸,恐不及相救恤也。夙兴夜寐,各求无辱于父母而已。

交交桑扈音户,率场啄粟。哀我填都田反寡,宜岸宜狱。握粟出卜,自何能榖?

兴也。交交,往来之貌。桑扈,窃脂也,俗呼青觜,肉食不食粟。填,与瘨同,病也。岸,亦狱也,《韩诗》作犴。乡亭之系曰犴,朝廷曰狱。　扈不食粟,而今则率场啄粟矣;病寡不宜岸狱,今则宜岸宜狱矣。言王不恤鳏寡,喜陷之于刑辟也。然不可不求所以自善之道,故握持其粟,出而卜之曰:何自而能善乎?言握粟,以见其贫窭之甚。

温温恭人,如集于木。惴惴之瑞反小心,如临于谷;战战兢兢,如履薄冰。

赋也。温温,和柔貌。如集于木,恐队也。如临于谷,恐陨也。

《小宛》六章,章六句。

此诗之辞最为明白,而意极恳至。说者必欲为刺王之言,故其说穿凿破碎,无理尤甚。今悉改定,读者详之。

弁薄干反彼鸒音豫斯叶先赍反，归飞提提是移反。民莫不穀，我独于罹。何辜于天，我罪伊何？心之忧矣，云如之何？

兴也。弁，飞拊翼貌。鸒，雅乌也，小而多群，腹下白，江东呼为鸭乌。斯，语辞也。提提，群飞安闲之貌。穀，善；罹，忧也。　旧说幽王太子宜臼被废而作此诗。言弁彼鸒斯，则归飞提提矣；民莫不善，而我独于忧，则鸒斯之不如也。何辜于天，我罪伊何者，怨而慕也。舜号泣于旻天曰："父母之不我爱，于我何哉？"盖如此矣。心之忧矣，云如之何，则知其无可奈何而安之之辞也。

踧踧徒历反周道叶徒苟反，鞫九六反为茂草叶此苟反。我心忧伤，惄乃历反焉如捣丁老反，叶丁口反。假寐永叹，维忧用老叶鲁口反。心之忧矣，疢丑觐反如疾首。

兴也。踧踧，平易也。周道，大道也。鞫，穷；惄，思；捣，舂也。不脱衣冠而寐曰假寐。疢，犹疾也。　踧踧周道，则将鞫为茂草矣；我心忧伤，则惄焉如捣矣。精神愦眊，至于假寐之中而不忘永叹。忧之之深，是以未老而老也。疢如疾首，则又忧之甚矣。

维桑与梓叶奖履反，必恭敬止。靡瞻匪父，靡依匪母叶满彼反；不属音烛于毛，不离于里。天之生我，我辰安在叶此里反？

兴也。桑、梓，二木，古者五亩之宅，树之墙下，以遗子孙、给蚕食、具器用者也。瞻者，尊而仰之；依者，亲而倚之。属，连也。毛，肤体之余气末属也。离，丽也。里，心腹也。辰，犹时也。　言桑梓父母所植，尚且必加恭敬，况父母至尊至亲，宜莫不瞻依也。然父母之不我爱，岂我不属于父母之毛乎？岂我不离于父母之里乎？无所归咎，则推之于天，曰：岂我生时不善哉？何不祥至是也？

菀音郁彼柳斯，鸣蜩音条嘒嘒呼惠反。有漼千罪反者渊，萑音丸苇韦鬼反淠淠孚计反。譬彼舟流，不知所届音戒，叶居气反。心之忧矣，不遑假寐。

兴也。菀，茂盛貌。蜩，蝉也。嘒嘒，声也。漼，深貌。淠淠，众也。届，至；遑，暇也。　菀彼柳斯，则鸣蜩嘒嘒矣；有漼者渊，则萑苇淠淠矣。今我独见弃逐，如舟之流于水中，不知其何所至乎？是以忧之之深，昔犹假寐而今不暇也。

鹿斯之奔，维足伎伎其宜反。雉之朝雊古豆反。尚求其雌叶千西反。譬彼坏胡罪反木，疾用无枝。心之忧矣，宁莫之知！

兴也。伎伎，舒貌。宜疾而舒，留其群也。雊，雉鸣也。坏，伤病也。宁，犹何也。　鹿斯之奔，则足伎伎然。雉之朝雊，亦知求其妃匹。今我独见弃逐，如伤病之木，憔悴而无枝，是以忧之而人莫之知也。

相息亮反彼投兔，尚或先苏荐反，叶苏晋反之。行有死人，尚或墐音觐之。君子秉心，维其忍之。心之忧矣，涕既陨音蕴之。

兴也。相，视；投，奔；行，道；墐，埋；秉，执；陨，坠也。　相彼被逐而投人之兔，尚或有哀其穷而先脱之者；道有死人，尚或有哀其暴露而埋藏之者。盖皆有不忍之心焉。今王信谗弃逐其子，曾视投兔死人之不如，则其秉心变忍矣。是以心忧而涕陨也。

君子信谗，如或酬市由反，叶市救反之。君子不惠，不舒究之。伐木掎寄彼反，叶居何反矣，析薪杝敕氏反，叶汤何反矣。舍音捨彼有罪，予之佗吐贺反，叶汤何反矣！

赋而兴也。酬，报；惠，爱；舒，缓；究，察也。掎，倚也，以物倚其巅也。杝，随其理也。佗，加也。　言王惟谗是听，如受酬爵，得即饮之，曾不加惠爱，舒缓而究察之。夫苟舒缓而究察之，则谗者之情得矣。伐木者尚倚其巅，析薪者尚随其理，皆不妄挫折之。今乃舍彼有罪之谮人，而加我以非其罪，曾伐木析薪之不若也。此则兴也。

莫高匪山叶所旃反，莫浚苏俊反匪泉。君子无易夷豉反由言，耳属音烛于垣。无逝我梁，无发我笱。我躬不阅，遑恤我后！

赋而比也。山极高矣，而或陟其巅；泉极深矣，而或入其底。故君子不可易于其言，恐耳属于垣者，有所观望左右而生谗谮也。王于是卒以褒姒为后，伯服为太子，故告之曰：毋逝我梁，毋发我笱，我躬不阅，遑恤我后。盖比辞也。东莱吕氏曰："唐德宗将废太子而立舒王，李泌谏之，且曰：'愿陛下还宫勿露此意，左右闻之，将树功于舒王，太子危矣。'此正'君子无易由言，耳属于垣'之谓也。《小弁》之作，太子既废矣，而犹云尔者，盖推本乱之所由生，言语以为阶也。"

《小弁》八章，章八句。

幽王娶于申，生太子宜臼，后得褒姒而惑之，生子伯服。信其谗，黜申后，逐宜臼，而宜臼作此以自怨也。序以为太子之傅，述太子之情，以为是诗，不知其何所据也。《传》曰："高子曰：'《小弁》，小人之诗也。'孟子曰：'何以言之。'曰：'怨。'曰：'固哉，高叟之为诗也。有人于此，越人关弓而射之，则己谈笑而道之，无他，疏之也；其兄关弓而射之，则己垂涕泣而道之，无他，戚之也。《小弁》之怨，亲亲也；亲亲，仁也。固矣夫高叟之为诗也。'曰：'《凯风》何以怨？'曰：'《凯风》，亲之过小者也；《小弁》，亲之过大者也。亲之过大而不怨，是愈疏也；亲之过小而怨，是不可矶也。愈疏，不孝也；不可矶，亦不孝也。孔子曰：舜其至孝矣，五十而慕。'"

悠悠昊天，曰父母且七余反。无罪无辜，乱如此怃火吴反！昊天已威叶纡胃反，予慎无罪叶音悴。昊天泰怃，予慎无辜。

赋也。悠悠，远大之貌。且，语辞。怃，大也。已、泰，皆甚也。慎，审也。大夫伤于谗，无所控告，而诉之于天曰：悠悠昊天，为人之父母，胡为使无罪之人，遭乱如此其大也？昊天之威已甚矣，我审无罪也；昊天之威甚大矣，我审无辜也。此诉而求免之辞也。

乱之初生，僭侧荫反始既涵音含；乱之又生，君子信谗。君子如怒叶奴五反，乱庶遄市专反沮慈吕反，君子如祉音耻，乱庶遄已。

赋也。僭始，不信之端也。涵，容受也。君子，指王也。遄，疾；沮，止也。祉，犹喜也。　言乱之所以生者，由谗人以不信之言始入，而王涵容不察其真伪也。乱之又生者，则既信其谗言而用之矣。君子见谗人之言，若怒而责之，则乱庶几遄沮矣；见贤者之言，若喜而纳之，则乱庶几遄已矣。今涵容不断，谗信不分，是以谗者益胜，而君子益病也。苏氏曰："小人为谗于其君，必以渐入之。其始也进而尝之，君容之而不拒，知言之无忌，于是复进。既而君信之，然后乱成。"

君子屡盟叶谟郎反，乱是用长丁丈反，叶直良反；君子信盗，乱是用暴。盗言孔甘，乱是用餤音谈；匪其止共音恭，维王之邛其恭反。

赋也。屡，数也。盟，邦国有疑，则杀牲歃血，告神以相要束也。盗，指谗人也。餤，进；邛，病也。　　言君子不能已乱，而屡盟以相要，则乱是用长矣；君子不能圣谗，而信盗以为虐，则乱是用暴矣。谗言之美，如食之甘，使人嗜之而不厌，则乱是用进矣。然此谗人不能供其职事，徒以为王之病而已。夫良药苦口而利于病，忠言逆耳而利于行，维其言之甘而悦焉，则其国岂不殆哉？

奕奕寝庙，君子作之，秩秩大猷，圣人莫之。他人有心，予忖七损反度待洛反之，跃跃他历反毚士咸反兔，遇犬获叶黄郭反之。

兴而比也。奕奕，大也。秩秩，序也。猷，道；莫，定也。跃跃，跳疾貌。毚，狡也。　　奕奕寝庙，则君子作之；秩秩大猷，则圣人莫之。以兴他人有心，则予得而忖度之。而又以跃跃毚兔，遇犬获之比焉。反复兴比，以见谗人之心，我皆得之，不能隐其情也。

荏而甚反染柔木，君子树叶上主反之。往来行言，心焉数所主反之。蛇蛇以支反硕言，出自口叶孔五反矣；巧言如簧，颜之厚叶胡五反矣！

兴也。荏染，柔貌。柔木，桐梓之属，可用者也。行言，行道之言也。数，辨也。蛇蛇，安舒貌。硕，大也。谓善言也。颜厚者，顽不知耻也。　　荏染柔木，则君子树之矣；往来行言，则心能辨之矣。若善言出于口者，宜也；巧言如簧，则岂可出于口哉？言之徒可羞愧，而彼颜之厚，不知以为耻也。孟子曰："为机变之巧者，无所用耻焉。"其斯人之谓与？

彼何人斯，居河之麋音眉？无拳音权无勇，职为乱阶叶居奚反。既微且尰市勇反，尔勇伊何？为犹将多，尔居徒几音纪，叶居希反何？

赋也。何人，斥谗人也。此必有所指矣，贱而恶之，故为不知其姓名，而曰"何人"也。斯，语辞也。水草交谓之麋。拳，力；阶，梯也。骭疡为微，肿足为尰。犹，谋；将，大也。　　言此谗人居下湿之地，虽无拳勇可以为乱，而谗口交斗，专为乱之阶梯。又有微尰之疾，亦何能勇哉？而为谗谋，则大且多如此，是必有助之者矣。然其所与居之徒众，几何人哉？言亦不能甚多也。

《巧言》六章，章八句。

以五章“巧言”二字名篇。

彼何人斯？其心孔艰叶居银反。胡逝我梁，不入我门叶眉贫反？伊谁云从？维暴之云。

赋也。何人，亦若不知其姓名也。孔，甚；艰，险也。我，旧说以为苏公也。暴，暴公也。皆畿内诸侯也。　旧说：暴公为卿士而谮苏公，故苏公作诗以绝之。然不欲直斥暴公，故但指其从行者而言：彼何人者，其心甚险，胡为往我之梁，而不入我之门乎？既而问其所从，则暴公也。夫以从暴公而不入我门，则暴公之谮已也明矣。但旧说于诗无明文可考，未敢信其必然耳。

二人从行，谁为此祸胡果反？胡逝我梁，不入唁我？始者不如今，云不我可。

赋也。二人，暴公与其徒也。唁，吊失位也。　言二人相从而行，不知谁谮已而祸之乎？既使我得罪矣，而其逝我梁也，又不入而唁我。汝始者与我亲厚之时，岂尝如今不以我为可乎？

彼何人斯，胡逝我陈？我闻其声，不见其身。不愧于人，不畏于天叶铁因反。

赋也。陈，堂涂也，堂下至门之径也。　在我之陈，则又近矣。闻其声而不见其身，言其踪迹之诡秘也。不愧于人，则以人为可欺也。天不可欺，女独不畏于天乎？奈何其谮我也？

彼何人斯，其为飘风叶孚愔反？胡不自北？胡不自南叶尼心反？胡逝我梁？祇音支搅交卯反我心。

赋也。飘风，暴风也。搅，扰乱也。　言其往来之疾，若飘风然，自北自南，则与我不相值也。今则逝我之梁，则适所以搅乱我心而已。

尔之安行，亦不遑舍叶商居反。尔之亟纪力反行，遑脂尔车？壹者之来，去何其盱况于反！

赋也。安，徐；遑，暇；舍，息；亟，疾；盱，望也。《字林》云“盱，张目也”，《易》曰“盱豫悔”，《三都赋》云“盱衡而语”，是也。　言尔平时徐行，犹不暇息,而况亟行,则何暇脂其车哉?今脂其车,则非亟也,乃托以亟行而不入见我,则非其情矣。何不一来见我,如何使我望女之切乎?

尔还而入,我心易以豉反,叶以支反也。还而不入,否难知也。壹者之来,俾我祇也。

赋也。还,反;易,说;祇,安也。　言尔之往也,既不入我门矣;傥还而入,则我心犹庶乎其说也;还而不入,则尔之心,我不可得而知矣。何不一来见我,而使我心安乎?董氏曰:"是诗至此其辞益缓,若不知其为谮矣。"

伯氏吹壎况袁反,伏氏吹篪音池。及尔如贯,谅不我知。出此三物,以诅侧助反尔斯叶先赍反!

赋也。伯仲,兄弟也。俱为王臣,则有兄弟之义矣。乐器:土曰壎,大如鹅子,锐上平底,似称锤,六孔。竹曰篪,长尺四寸,围三寸,七孔,一孔上出,径三分,凡八孔,横吹之。如贯,如绳之贯物也,言相连属也。谅,诚也。三物,犬、豕、鸡也,刺其血以诅盟也。　伯氏吹壎,而仲氏吹篪,言其心相亲爱,而声相应和也。与汝如物之在贯,岂诚不我知而谮我哉?苟曰诚不我知,则出此三物以诅之可也。

为鬼为蜮音域,则不可得;有靦土典反面目,视人罔极。作此好歌,以极反侧。

赋也。蜮,短狐也。江淮水皆有之,能含沙以射水中人影,其人辄病,而不见其形也。靦面,见人之貌也。好,善也。反侧,反复不正直也。　言汝为鬼为蜮,则不可得而见矣;女乃人也,靦然有面目与人相视,无穷极之时,岂其情终不可测哉?是以作此好歌,以究极尔反侧之心也。

《何人斯》八章,章六句。

此诗与上篇文意相似,疑出一手。但上篇先刺听者,此篇专责谗人耳。王氏曰:"暴公不忠于君,不义于友,所谓大故也,故苏公绝之。然其绝之也,不斥暴公,言其从行而已。不著其谮也,示以所疑而已。既绝之矣,而犹告以壹者之来,俾我祇也。盖君子之处己也忠,其遇人也恕,使其由此悔悟,更以善意从我,固所愿也。虽其不能如此,我固不为已甚,岂若小丈夫然哉?一与人绝,则丑诋固拒,唯恐其复合也。"

萋七西反兮斐孚匪反兮，成是贝锦。彼谮人者，亦已大音泰甚食荏反！

比也。萋斐，小文之貌。贝，水中介虫也，有文彩似锦。 时有遭谗而被宫刑为巷伯者，作此诗。言因萋斐之形，而文致之以成贝锦，以比谗人者，因人之小过，而饰成大罪也。彼为是者，亦已大甚矣。

哆昌者反兮侈尺是反兮，成是南箕。彼谮人者，谁適丁历反，下同与谋叶谟悲反！

比也。哆侈，微张之貌。南箕，四星，二为踵，二为舌，其踵狭而舌广，则大张矣。適，主也。谁適与谋，言其谋之阏也。

缉缉七立反翩翩音篇，叶批宾反，谋欲谮人。慎尔言也，谓尔不信叶斯人反。

赋也。缉缉，口舌声。或曰：缉缉，人之罪。或曰：有条理貌。皆通。翩翩，往来貌。谮人者自以为得意矣，然不慎尔言，听者有时而悟，且将以尔为不信矣。

捷捷幡幡芳烦反，叶芬邅反，谋欲谮言。岂不尔受？既其女音汝迁！

赋也。捷捷，儇利貌。幡幡，反覆貌。王氏曰："上好谮，则固将受女；然好谮不已，则遇谮之祸，亦既迁而及女矣。"曾氏曰："上章及此，皆忠告之辞。"

骄人好好，劳人草草。苍天苍天叶铁因反，视彼骄人，矜此劳人。

赋也。好好，乐也。草草，忧也。骄人谮行而得意，劳人遇谮而失度，其状如此。

彼谮人者叶掌与反，谁適与谋叶满补反！取彼谮人，投畀豺士皆反虎。豺虎不食，投畀有北。有北不受叶承呪反，投畀有昊叶许候反。

赋也。再言彼谮人者，谁適与谋者，甚嫉之，故重言之也。或曰：衍文也。投，弃也。北，北方寒凉不毛之地也。不食、不受，言谗谮之人，物所共恶也。昊，昊天也。投畀昊天，使制其罪。 此皆设言以见欲其死亡之甚也。故曰:好贤如《缁衣》,恶恶如《巷伯》。

杨园之道,猗於绮反于亩丘叶祛奇反。寺人孟子,作为此诗。凡百君子,敬而听之。

兴也。杨园,下地也。猗,加也。亩丘,高地也。寺人,内小臣。盖以谗被宫而为此官也。孟子,其字也。　杨园之道,而猗于亩丘,以兴贱者之言,或有补于君子也。盖谮始于微者,而其渐将及于大臣,故作诗使听而谨之也。刘氏曰:"其后王后太子及大夫,果多以谗废者。"

《巷伯》七章,四章章四句,一章五句,一章八句,一章六句。

巷,是宫内道名,秦汉所谓永巷是也。伯,长也,主宫内道官之长,即寺人也。故以名篇。班固《司马迁赞》云:"迹其所以自伤悼,《小雅·巷伯》之伦",其意亦谓《巷伯》本以被谮而遭刑也。而杨氏曰:"寺人,内侍之微者,出入于王之左右,亲近于王而日见之,宜无间之可伺矣。今也亦伤于谗,则疏远者可知。故其诗曰'凡百君子,敬而听之',使在位知戒也。"其说不同,然亦有理,姑存于此云。

习习谷风,维风及雨。将恐丘勇反将惧,维予与女音汝;将安将乐音洛,女转弃予叶演女反。

兴也。习习,和调貌。谷风,东风也。将,且也。恐惧,谓危难忧患之时也。　此朋友相怨之诗。故言习习谷风,则维风及雨矣;将恐将惧之时,则维予与女矣。奈何将安将乐,而女转弃予哉?

习习谷风,维风及颓徒雷反。将恐将惧,寘之豉反予于怀叶胡隈反;将安将乐,弃予如遗叶乌回反。

兴也。颓,风之焚轮者也。寘,与置同。置于怀,亲之也。如遗,忘去而不复存省也。

习习谷风,维山崔徂回反嵬五回反。无草不死,无木不萎叶於回反。忘我大德,思我小怨叶韵,未详。

比也。崔嵬,山巅也。　习习谷风,维山崔嵬,则风之所被者广矣。然犹无不死之草,无不萎之木。况于朋友,岂可以忘大德而思小怨乎?或曰:兴也。

《谷风》三章，章六句。

蓼蓼音六者莪五河反，匪莪伊蒿呼毛反。哀哀父母，生我劬劳。

比也。蓼蓼，长大貌。莪，美菜也。蒿，贱草也。　人民劳苦，孝子不得终养而作此诗。言昔谓之莪，而今非莪也，特蒿而已。以比父母生我以为美材，可赖以终其身，而今乃不得其养以死。于是乃言父母生我之劬劳，而重自哀伤也。

蓼蓼者莪，匪莪伊蔚音尉。哀哀父母，生我劳瘁似醉反。

比也。蔚，牡菣也，三月始生，七月始华，如胡麻华而紫赤，八月为角，似小豆，角锐而长。瘁，病也。

瓶之罄矣，维罍之耻。鲜息浅反民之生，不如死之久叶举里反矣。无父何怙？无母何恃？出则衔恤，入则靡至。

比也。瓶小罍大，皆酒器也。罄，尽；鲜，寡；恤，忧；靡，无也。　言瓶资于罍而罍资瓶，犹父母与子相依为命也。故瓶罄矣，乃罍之耻，犹父母不得其所，乃子之责。所以穷独之民，生不如死也。盖无父则无所怙，无母则无所恃，是以出则中心衔恤，入则如无所归也。

父兮生我，母兮鞠我，拊音抚我畜喜六反我，长丁丈反我育我，顾我复我，出入腹我。欲报之德，昊天罔极。

赋也。生者，本其气也。鞠、畜，皆养也。拊，拊循也。育，覆育也。顾，旋视也。复，反覆也。腹，怀抱也。罔，无；极，穷也。　言父母之恩如此，欲报之以德，而其恩之大，如天无穷，不知所以为报也。

南山烈烈，飘风发发，民莫不穀，我独何害叶音曷！

兴也。烈烈，高大貌。发发，疾貌。穀，善也。　南山烈烈，则飘风发发矣；民莫不善，而我独何为遭此害也哉？

南山律律，飘风弗弗叶分聿反。民莫不穀，我独不卒。

兴也。律律，犹烈烈也。弗弗，犹发发也。卒，终也，言终养也。

《蓼莪》六章，四章章四句，二章章八句。

晋王褒以父死非罪，每读《诗》至“哀哀父母，生我劬劳”，未尝不三复流涕，受业者为废此篇，诗之感人如此。

有饛音蒙簋音轨飧音孙，有捄音求棘匕必履反。周道如砥之履反，其直如矢。君子所履，小人所视叶善止反。睠音眷言顾之，潸所奸反焉出涕音体。

兴也。饛，满簋貌。飧，熟食也。捄，曲貌。棘匕，以棘为匕，所以载鼎肉而升之于俎也。砥，砺石，言平也。矢，言直也。君子，在位。履，行。小人，下民也。睠，反顾也。潸，涕下貌。　序以为东国困于役而伤于财，谭大夫作此以告病。言有饛簋飧，则有捄棘匕。周道如砥，则其直如矢。是以君子履之，而小人视焉。今乃顾之而出涕者，则以东方之赋役，莫不由是而西输于周也。

小东大东叶都郎反，杼直吕反柚音逐其空叶枯郎反。纠纠葛屦，可以履霜。佻佻徒彫反公子，行彼周行叶户郎反。既往既来叶六直反，使我心疚叶讫力反。

赋也。小东大东，东方小大之国也。自周视之，则诸侯之国皆在东方。杼，持纬者也。柚，受经者也。空，尽也。佻，轻薄不奈劳苦之貌。公子，诸侯之贵臣也。周行，大路也。疚，病也。　言东方小大之国，杼柚皆已空矣，至于以葛屦履霜。而其贵戚之臣，奔走往来，不胜其劳，使我心忧而病也。

有洌音列氿音轨泉叶才匀反，无浸获薪。契契苦计反寤叹，哀我惮丁佐反人。薪是获薪，尚可载叶节力反也。哀我惮人，亦可息也。

兴也。洌，寒意也。侧出曰氿泉。获，艾也。契契，忧苦也。惮，劳也。尚，庶几也。载，载以归也。　苏氏曰：“薪已获矣，而复渍之，则腐；民已劳矣，而复事之，则病。故已艾，则庶其载而畜之；已劳，则庶其息而安之。”

东人之子，职劳不来音赉，叶六直反；西人之子，粲粲衣服叶蒲北反。舟人之子，熊罴是裘叶渠之反；私人之子，百僚是试叶申之反。

赋也。东人，诸侯之人也。职，专主也。来，慰抚也。西人，京师人也。粲粲，鲜盛貌。舟人，舟楫之人也。熊罴是裘，言富也。私人，私家皂隶之属也。僚，官；试，用也。舟人、私人，皆西人也。　此言赋役不均，群小得志也。

或以其酒，不以其浆；鞙鞙胡犬反佩璲音遂，不以其长。维天有汉，监古暂反亦有光。跂丘跂反彼织女，终日七襄。

赋也。鞙鞙，长貌。璲，瑞也。汉，天河也。跂，隅貌。织女，星名，在汉旁，三星跂然如隅也。七襄，未详。《传》曰："反也。"《笺》云："驾也。"驾，谓更其肆也。盖天有十二次，日月所止舍，所谓肆也。经星一昼一夜，左旋一周而有余，则终日之间，自卯至酉，当更七次也。　言东人或馈之以酒，而西人曾不以为浆；东人或与之以鞙然之佩，而西人曾不以为长。维天之有汉，则庶乎其有以监我。而织女之七襄，则庶乎其能成文章以报我矣。无所赴愬，而言维天庶乎其恤我耳。

虽则七襄，不成报章。睆华板反彼牵牛，不以服箱。东有启明叶谟郎反，西有长庚叶古郎反，有捄天毕，载施之行户郎反。

赋也。睆，明星貌。牵牛，星名。服，驾也。箱，车箱也。启明、长庚，皆金星也。以其先日而出，故谓之启明；以其后日而入，故谓之长庚。盖金、水二星常附日行，而或先或后，但金大水小，故独以金星为言也。天毕，毕星也，状如掩兔之毕。行，行列也。　言彼织女不能成报我之章，牵牛不可以服我之箱，而启明、长庚、天毕者，亦无实用，但施之行列而已。至是则知天亦无若我何矣。

维南有箕，不可以簸波我反扬；维北有斗，不可以挹音揖酒浆。维南有箕，载翕许急反其舌；维北有斗，西柄之揭音讦。

赋也。箕、斗二星，以夏秋之间见于南方。云北斗者，以其在箕之北也。或曰：北斗常见不隐者也。翕，引也。舌，下二星也。南斗柄固指西，若北斗而西柄，则亦秋时也。　言南箕既不可以簸扬糠粃，北斗既不可以挹酌酒浆，而箕引其舌，反若有所吞噬；斗西揭其柄，反若有所挹取于东，是天非徒无若我何，乃亦若助西人而见困。甚怨之辞也。

《大东》七章，章八句。

四月维夏叶后五反，六月徂暑。先祖匪人？胡宁忍予叶演女反！

兴也。徂，往也。四月、六月，亦以夏正数之，建巳、建未之月也。　此亦遭乱自伤之诗。言四月维夏，则六月徂暑矣；我先祖岂非人乎，何忍使我遭此祸也？无所归咎之辞也。

秋日凄凄七西反，百卉许贵反具腓芳非反。乱离瘼音莫矣，爰《家语》作“奚”其适归？

兴也。凄凄，凉风也。卉，草；腓，病；离，忧；瘼，病；奚，何；适，之也。　秋日凄凄，则百卉俱腓矣；乱离瘼矣，则我将何所适归乎哉？

冬日烈烈，飘风发发。民莫不穀，我独何害叶音曷？

兴也。烈烈，犹栗烈也。发发，疾貌。穀，善也。　夏则暑，秋则病，冬则烈，言祸乱日进，无时而息也。

山有嘉卉，侯栗侯梅叶莫悲反。废为残贼，莫知其尤叶于其反。

兴也。嘉，善；侯，维；废，变；尤，过也。　山有嘉卉，则维栗与梅矣；在位者变为残贼，则谁之过哉？

相息亮反彼泉水，载清载浊叶殊玉反。我日构祸，曷云能穀？

兴也。相，视；载，则；构，合也。　相彼泉水，犹有时而清，有时而浊；而我乃日日遭害，则曷云能善乎？

滔滔吐刀反江汉，南国之纪。尽瘁以仕，宁莫我有叶羽已反。

兴也。滔滔，大水貌。江、汉，二水名。纪，纲纪也，谓经带包络之也。瘁，病也。有，识有也。　滔滔江汉，犹为南国之纪；今也尽瘁以仕，而王何其不我有哉？

匪鹑徒丸反匪鸢以专反，叶以旬反，翰飞戾天叶铁因反；匪鳣张连反匪鲔于轨反，潜逃于渊叶一均反。

赋也。鹑，雕也。鸢，亦鸷鸟也，其飞上薄云汉。鳣、鲔，大鱼也。　鹑鸢则能翰飞戾天，鳣鲔则能潜逃于渊，我非是四者，则亦无所逃矣。

山有蕨薇，隰有杞桋音夷。君子作歌，维以告哀叶於希反。

兴也。杞，枸檵也。楰，赤楝也，树叶细而岐锐，皮理错戾，好从生山中，可为车辋。　山则有蕨薇，隰则有杞楰；君子作歌，则维以告哀而已。

《四月》八章，章四句。

小旻之什十篇，六十五章，四百十四句。

诗卷第十三

北山之什二之六

陟彼北山，言采其杞。偕偕士子叶奖里反，朝夕从事叶上止反。王事靡盬，忧我父母叶满彼反。

赋也。偕偕，强壮貌。士子，诗人自谓也。　大夫行役而作此诗。自言陟北山而采杞以食者，皆强壮之人，而朝夕从事者也。盖以王事不可以不勤，是以贻我父母之忧耳。

溥音普天之下叶后五反，莫非王土；率土之滨，莫非王臣。大夫不均，我从事独贤叶下珍反。

赋也。溥，大；率，循；滨，涯也。　言土之广，臣之众，而王不均平，使我从事独劳也。不斥王而曰大夫，不言独劳而曰独贤，诗人之忠厚如此。

四牡彭彭叶铺郎反，王事傍傍布彭反，叶布光反。嘉我未老，鲜息浅反我方将，旅力方刚，经营四方。

赋也。彭彭然，不得息也；傍傍然，不得已也。嘉，善；鲜，少也，以为少而难得也。将，壮也。旅，与膂同。　言王之所以使我者，善我之未老而方壮，旅力可以经营四方耳。犹上章之言独贤也。

或燕燕居息，或尽瘁事国叶越逼反。或息偃在床，或不已于行叶户郎反。

赋也。燕燕，安息貌。瘁，病；已，止也。　言役使之不均也。下章放此。

或不知叫号户刀反，或惨惨七感反劬劳。或栖音西迟偃仰，或王事鞅於两反掌。

赋也。不知叫号，深居安逸，不闻人声也。鞅掌，失容也。言事烦劳，不暇为仪容也。

或湛都南反乐饮酒，或惨惨畏咎巨九反。或出入风音讽议叶鱼羁反，或靡事不为。

赋也。咎，犹罪过也。出入风议，言亲信而从容也。

《北山》六章，三章章六句，三章章四句。

无将大车，祇音支自尘兮。无思百忧，祇自疷刘氏曰当作痻，与痻同，眉贫反兮。

兴也。将，扶进也。大车，平地任载之车，驾牛者也。祇，适；疷，病也。此亦行役劳苦而忧思者之作。言将大车，则尘污之；思百忧，则病及之也。

无将大车，维尘冥冥叶莫迥反。无思百忧，不出于颎古迥反。

兴也。冥冥，昏晦也。颎，与耿同，小明也。在忧中耿耿然不能出也。

无将大车，维尘雝於勇、於容二反兮。无思百忧，祇自重直勇、直龙二反兮。

兴也。雝，犹蔽也。重，犹累也。

《无将大车》三章，章四句。

明明上天，照临下土。我征徂西，至于艽音求野叶上与反。二月初吉，载离寒暑。心之忧矣，其毒大音泰苦。念彼共音恭人，涕零如雨。岂不怀归？畏此罪罟音古。

赋也。征，行；徂，往也。艽野，地名，盖远荒之地也。二月，亦以夏正数之，建卯月也。初吉，朔日也。毒，言心中如有药毒也。共人，僚友之处者也。怀，思；罟，网也。　大夫以二月西征，至于岁暮而未得归，故呼天而诉之。复念其僚友之处者，且自言其畏罪而不敢归也。

昔我往矣，日月方除去声。曷云其还？岁聿云莫。念我独兮，我事孔庶。心之忧矣，惮丁佐反我不暇叶胡故反。念彼共人，睠睠音卷怀顾。岂不怀归？畏此谴怒。

赋也。除，除旧生新也，谓二月初吉也。庶，众；惮，劳也。睠睠，勤厚之意。谴怒，罪责也。　　言昔以是时往，今未知何时可还，而岁已暮矣。盖身独而事众，是以勤劳而不暇也。

昔我往矣，日月方奥於六反。曷云其还，政事愈蹙子六反。岁聿云莫，采萧获菽。心之忧矣，自诒伊戚叶子六反。念彼共人，兴言出宿。岂不怀归？畏此反覆芳福反。

赋也。奥，暖；蹙，急；诒，遗；戚，忧；兴，起也。反覆，倾侧无常之意也。言以政事愈急，是以至此岁暮而犹不得归。又自咎其不能见幾远去，而自遗此忧，至于不能安寝，而出宿于外也。

嗟尔君子，无恒安处。靖共尔位，正直是与。神之听之，式穀以女音汝。

赋也。君子，亦指其僚友也。恒，常也。靖，与静同。与，犹助也。穀，禄也。以，犹与也。　　上章既自伤悼，此章又戒其僚友曰：嗟尔君子，无以安处为常，言当有劳时勿怀安也。当靖共尔位，惟正直之人是助，则神之听之，而以穀禄与女矣。

嗟尔君子，无恒安息。靖共尔位，好呼报反是正直。神之听之，介尔景福叶笔力反。

赋也。息，犹处也。好是正直，爱此正直之人也。介、景，皆大也。

《小明》五章，三章章十二句，二章章六句。

鼓钟将将七羊反，淮水汤汤音伤，忧心且伤。淑人君子，怀允不忘。

赋也。将将，声也。淮水出信阳军桐柏山，至楚州涟水军入海。汤汤，沸腾之貌。淑，善；怀，思；允，信也。　　此诗之义未详。王氏曰："幽王鼓钟淮水之上，为流连之乐，久而忘反。闻者忧伤，而思古之君子不能忘也。"

鼓钟喈喈音皆，叶居奚反，淮水湝湝户皆反，叶鸡贤反，忧心且悲。淑人君子，其德不回叶乎为反。

赋也。喈喈，犹将将。湝湝，犹汤汤。悲，犹伤也。回，邪也。

鼓钟伐鼛古毛反，叶居尤反，淮有三洲，忧心且妯敕留反。淑人君子，其德不犹。

赋也。鼛，大鼓也。《周礼》作皋，云皋鼓寻有四尺。三洲，淮上地。苏氏曰："始言汤汤，水盛也；中言湝湝，水流也；终言三洲，水落而洲见也。言幽王之久于淮上也。"妯，动；犹，若也。言不若今王之荒乱也。

鼓钟钦钦，鼓瑟鼓琴，笙磬同音。以雅以南叶尼心反，以籥以灼反不僭子念反，叶七心反。

赋也。钦钦，亦声也。磬，乐器，以石为之。琴瑟在堂，笙磬在下。同音，言其和也。雅，二雅也。南，二南也。籥，籥舞也。僭，乱也。言三者皆不僭也。　　苏氏也："言幽王之不德，岂其乐非古欤？乐则是而人则非也。"

《鼓钟》四章，章五句。

此诗之义，有不可知者，今姑释其训诂名物，而略以王氏、苏氏之说解之，未敢信其必然也。

楚楚者茨，言抽敕留反其棘。自昔何为？我蓺鱼世反黍稷。我黍与与音余，我稷翼翼。我仓既盈，我庾维亿。以为酒食，以飨以祀叶逸织反。以妥汤果反以侑音又，叶夷益反，以介景福叶笔力反。

赋也。楚楚，盛密貌。茨，蒺藜也。抽，除也。我，为有田禄而奉祭祀者之自称也。与与、翼翼，皆蕃盛貌。露积曰庾。十万曰亿。飨，献也。妥，安坐也。《礼》曰"诏妥尸"，盖祭祀筮族人之子为尸，既奠，迎之使处神坐，而拜以安之也。侑，劝也。恐尸或未饱，祝侑之曰：皇尸未实也。介，大也。景，亦大也。　　此诗述公卿有田禄者，力于农事，以奉其宗庙之祭。故言蒺藜之地，有抽除其棘者，古人何乃为此事乎？盖将使我于此蓺黍稷也。故我之黍稷既盛，仓庾既实，则为酒食以飨祀妥侑，而介大福也。

济济子礼反跄跄七羊反，絜尔牛羊，以往烝尝。或剥或亨普庚反，叶铺郎反，或肆或将。祝祭于祊补彭反，叶补光反："祀事孔明叶谟郎反。先祖是皇，神保是飨叶虚良反。孝孙有庆叶祛羊反，报以介福，万寿无疆。”

赋也。济济跄跄，言有容也。冬祭曰烝，秋祭曰尝。剥，解剥其皮也。亨，煮熟之也。肆，陈之也。将，奉持而进之也。祊，庙门内也。孝子不知神之所在，故使祝博求之于门内待宾客之处也。孔，甚也。明，犹备也，著也。皇，大也，君也。保，安也。神保，盖尸之嘉号，《楚辞》所谓“灵保”，亦以巫降神之称也。孝孙，主祭之人也。庆，犹福也。

执爨七乱反踖踖七亦反，叶七略反，为俎孔硕叶常约反，或燔音烦或炙之敕反，叶陟略反。君妇莫莫音麦，叶木各反，为豆孔庶叶陟略反。为宾为客叶克各反，献酬市由反交错。礼仪卒度叶徒洛反，笑语卒获叶黄郭反。神保是格叶刚鹤反，报以介福，万寿攸酢。

赋也。爨，灶也。踖踖，敬也。俎，所以载牲体也。硕，大也。燔，烧肉也。炙，炙肝也。皆所以从献也。特牲：主人献尸，宾长以肝从，主妇献尸，兄弟以燔从是也。君妇，主妇也。莫莫，清静而敬至也。豆，所以盛内羞、庶羞，主妇荐之也。庶，多也。宾客，筮而戒之，使助祭者，既献尸而遂与之相献酬也。主人酌宾曰献，宾饮主人曰酢，主人又自饮而复饮宾曰酬。宾受之，奠于席前而不举，至旅而后少长相劝，而交错以遍也。卒，尽也。度，法度也。获，得其宜也。格，来；酢，报也。

我孔熯而善反矣，式礼莫愆叶起巾反。工祝致告，徂赉孝孙叶须伦反。“苾蒲必反芬孝祀叶逸织反，神嗜饮食。卜尔百福叶笔力反，如幾音机如式。既齐既稷，既匡既敕。永锡尔极，时万时亿。”

赋也。熯，竭也。善其事曰工。苾芬，香也。卜，予也。幾，期也，《春秋传》曰“易幾而哭”是也。式，法；齐，整；稷，疾；匡，正；敕，戒；极，至也。礼行既久，筋力竭矣，而式礼莫愆，敬之至也。于是祝致神意以嘏主人曰：尔饮食芳洁，故报尔以福禄，使其来如幾，其多如法。尔礼容庄敬，故报尔以众善之极，使尔无一事而不得乎此。各随其事而报之以其类也。少牢嘏词曰：皇尸命工祝，承致多福无疆于女孝孙，来女孝孙，使女受禄于天，宜稼于田，眉寿万年，勿替引之。此大夫之礼也。

礼仪既备叶蒲北反，钟鼓既戒叶讫力反。孝孙徂位叶力入反，工祝致告叶古得反。神具醉止，皇尸载起。鼓钟送尸，神保聿归。诸宰君妇，废彻直列反不迟。诸父兄弟，备言燕私叶息夷反。

赋也。戒，告也。徂位，祭事既毕，主人往阼阶下西面之位也。致告，祝传尸意，告利成于主人，言孝子之利养成毕也。于是神醉而尸起，送尸而神归矣。曰皇尸者，尊称之也。鼓钟者，尸出入奏肆夏也。鬼神无形，言其醉而归者，诚敬之至，如见之也。诸宰，家宰，非一人之称也。废，去也。不迟，以疾为敬，亦不留神惠之意也。祭毕既归宾客之俎，同姓则留与之燕，以尽私恩，所以尊宾客、亲骨肉也。

乐具入奏叶音族，以绥后禄。尔殽既将，莫怨具庆叶祛羊反。既醉既饱叶补苟反，小大稽首。神嗜饮食，使君寿考叶去九反。孔惠孔时，维其尽叶子忍反之。子子孙孙，勿替天帝反引之。

赋也。凡庙之制：前庙以奉神，后寝以藏衣冠。祭于庙而燕于寝，故于此将燕，而祭时之乐，皆入奏于寝也。且于祭既受禄矣，故以燕为将受后禄而绥之也。尔殽既进，与燕之人无有怨者，而皆欢庆醉饱，稽首而言曰：向者之祭，神既嗜君之饮食矣，是以使君寿考也。又言君之祭祀，甚顺甚时，无所不尽，子子孙孙当不废而引长之也。

《楚茨》六章，章十二句。

吕氏曰："《楚茨》极言祭祀所以事神受福之节，致详致备，所以推明先王致力于民者尽，则致力于神者详。观其威仪之盛，物品之丰，所以交神明，逮群下，至于受福无疆者，非德盛政修，何以致之？"

信彼南山，维禹甸田见反，叶徒邻反之。畇畇音匀原隰，曾孙田叶地因反之。我疆我理，南东其亩叶满彼反。

赋也。南山，终南山也。甸，治也。畇畇，垦辟貌。曾孙，主祭者之称。曾，重也。自曾祖以至无穷，皆得称之也。疆者，为之大界也。理者，定其沟塗也。亩，垄也。长乐刘氏曰："其遂东入于沟，则其亩南矣；其遂南入于沟，则其亩东矣。"　此诗大指与《楚茨》略同。此即其篇首四句之意也，言信乎此南山者，本禹之所治，故其原隰垦辟，而我得田之。于是为之疆理，而顺其地势水势之所宜，或南其亩，或东其亩也。

上天同云，雨于付反雪雰雰敷云反。益之以霡亡革反霂音木，既优既渥叶乌谷反，既沾既足，生我百谷。

赋也。同云，云一色也，将雪之候如此。雰雰，雪貌。霡霂，小雨貌。优、渥、沾、足，皆饶洽之意也。冬有积雪，春而益之以小雨润泽，则饶洽矣。

疆埸音亦翼翼，黍稷彧彧於六反，叶於逼反。曾孙之穑，以为酒食。畀必寐反我尸宾，寿考万年叶泥因反。

赋也。埸，畔也。翼翼，整饬貌。彧彧，茂盛貌。畀，与也。　言其田整饬而谷茂盛者，皆曾孙之穑也。于是以为酒食，而献之于尸及宾客也。阴阳和，万物遂，而人心欢悦以奉宗庙，则神降之福，故寿考万年也。

中田有庐，疆埸有瓜叶攻乎反。是剥是菹侧居反，献之皇祖。曾孙寿考叶孔五反，受天之祜侯古反。

赋也。中田，田中也。菹，酢菜也。祜，福也。　一井之田，其中百亩为公田。内以二十亩，分八家为庐舍，以便田事。于畔上种瓜以尽地利，瓜成，剥削淹渍以为菹而献皇祖。贵四时之异物，顺孝子之心也。

祭以清酒，从以骍息营反牡，享于祖考叶去久反。执其鸾刀，以启其毛，取其血膋音聊，叶音劳。

赋也。清酒，清洁之酒，郁鬯之属也。骍，赤色，周所尚也。祭礼：先以郁鬯灌地，求神于阴，然后迎牲。执者，主人亲执也。鸾刀，刀有铃也。膋，脂膏也。启其毛，以告纯也；取其血，以告杀也；取其膋，以升臭也。合之黍稷，实之于萧而燔之，以求神于阳也。《记》曰："周人尚臭，灌用鬯臭，郁合鬯，臭阴达于渊泉。灌以圭璋，用玉气也。既灌，然后迎牲，致阴气也。萧合黍稷，臭阳达于墙屋。故既奠，然后焫萧合羶芗。凡祭慎诸此。魂气归于天，形魄归于地，故祭求诸阴阳之义也。"

是烝是享叶虚良反，苾苾芬芬，祀事孔明叶谟郎反。先祖是皇，报以介福，万寿无疆。

赋也。烝，进也。或曰：冬祭名。

《信南山》六章，章六句。

倬陟角反彼甫田叶地因反，岁取十千叶仓新反。我取其陈，食音嗣我农人。自古有年叶泥因反。今适南亩叶满彼反，或耘或耔音子，叶奖里反，黍稷薿薿鱼起反。攸介攸止，烝我髦音毛士钼里反。

赋也。倬，明貌。甫，大地。十千，谓一成之田，地方十里，为田九万亩，而以其万亩为公田，盖九一之法也。我，食禄主祭之人也。陈，旧粟也。农人，私百亩而养公田者也。有年，丰年也。适，往也。耘，除草也。耔，雝本也。盖后稷为田，一亩三甽，广尺深尺，而播种于其中。苗叶以上，稍耨垅草，因壝其土以附苗根。垅尽甽平，则根深而能风与旱也。薿，茂盛貌。介，大；烝，进；髦，俊也。俊士，秀民也。古者士出于农，而工商不与焉。管仲曰："农之子恒为农，野处而不暱，其秀民之能为士者，必足赖也。"即谓此也。　此诗述公卿有田禄者，力于农事，以奉方社田祖之祭。故言于此大田，岁取万亩之入以为禄食。及其积之久而有余，则又存其新，而散其旧以食农人，补不足，助不给也。盖以自古有年，是以陈陈相因，所积如此。然其用之之节，又合宜而有序如此，所以粟虽甚多，而无红腐不可食之患也。又言自古既有年矣，今适南亩，农人方且或耘或耔，而其黍稷又已茂盛，则是又将复有年矣。故于其所美大止息之处，进我髦士而劳之也。

以我齐音咨明叶谟郎反，与我牺羊，以社以方。我田既臧，农夫之庆叶祛羊反。琴瑟击鼓，以御牙嫁反田祖，以祈甘雨。以介我稷黍，以穀我士女。

赋也。齐，与粢同。《曲礼》曰："稷曰明粢。"此言齐明，便文以协韵耳。牺羊，纯色之羊也。社，后土也，以句龙氏配。方，秋祭四方，报成万物，《周礼》所谓"罗弊献禽以祀祊"是也。臧，善；庆，福；御，迎也。田祖，先啬也，谓始耕田者，即神农也。《周礼·籥章》"凡国祈年于田祖，则吹《豳》、《雅》，击土鼓，以乐田畯"是也。穀，养也。又曰：善也。言仓廪实而知礼节也。　言奉其齐盛牺牲以祭方社，而曰我田之所以善者，非我之所能致也，乃赖农夫之福而致之耳。又作乐以祭田祖而祈雨，庶有以大其稷黍而养其民人也。

曾孙来止，以其妇子叶奖里反；馌于辄反彼南亩叶满彼反，田畯音俊至喜。攘如羊反其左右叶羽已反，尝其旨否叶补美反。禾易以豉反长亩同上，终善且有叶羽已反。曾孙不怒，农夫克敏叶母鄙反。

赋也。曾孙,主祭者之称,非独宗庙为然。《曲礼》:"外事曰曾孙某侯某。"武王祷名山大川,曰"有道曾孙周王发"是也。馌,饷;攘,取;旨,美;易,治;长,竟;有,多;敏,疾也。　曾孙之来,适见农夫之妇子来馌耘者,于是与之偕至其所,而田畯亦至而喜之。乃取其左右之馈,而尝其旨否,言其上下相亲之甚也。既又见其禾之易治,竟亩如一,而知其终当善而且多。是以曾孙不怒,而其农夫益以敏于其事也。

曾孙之稼,如茨才私反如梁。曾孙之庾羊主反,如坻直基反如京叶居良反。乃求千斯仓,乃求万斯箱。黍稷稻粱,农夫之庆叶祛羊反。报以介福,万寿无疆。

赋也。茨,屋盖,言其密比也。梁,车梁,言其穹隆也。坻,水中之高地也。京,高丘也。箱,车箱也。　此言收成之后,禾稼既多,则求仓以处之,求车以载之。而言凡此黍稷稻粱,皆赖农夫之庆而得之,是宜报以大福,使之万寿无疆也。其归美于下,而欲厚报之如此。

《甫田》四章,章十句。

大田多稼,既种章勇反既戒,既备乃事叶上止反。以我覃以冉反耜叶养里反,俶载南亩叶满彼反,播厥百谷叶工洛反。既庭且硕叶常约反,曾孙是若。

赋也。种,择其种也。戒,饬其具也。覃,利;俶,始;载,事;庭,直;硕,大;若,顺也。　苏氏曰:"田大而种多,故于今岁之冬,具来岁之种,戒来岁之事。凡既备矣,然后事之。取其利耜而始事于南亩,既耕而播之。其耕之也勤,而种之也时,故其生者,皆直而大,以顺曾孙之所欲。"此诗为农夫之词,以颂美其上,若以答前篇之意也。

既方既皂叶子苟反,既坚既好叶许苟反,不稂音郎不莠余久反。去起吕反其螟莫廷反螣音特,及其蟊莫侯反贼,无害我田稺音稚。田祖有神,秉畀炎火叶虎委反。

赋也。方,房也,谓孚甲始生而未合时也。实未坚者曰皂。稂,童粱。

莠，似苗。皆害苗之草也。食心曰螟，食叶曰螣，食根曰蟊，食节曰贼，皆害苗之虫也。穉，幼禾也。　言其苗既盛矣，又必去此四虫，然后可以无害田中之禾。然非人力所及也，故愿田祖之神，为我持此四虫，而付之炎火之中也。姚崇遣使捕蝗，引此为证，夜中设火，火边掘坑，且焚且瘗，盖古之遗法如此。

有渰於检反萋萋七西反，兴雨祁祁。雨于付反我公田，遂及我私叶息夷反。彼有不获穉，此有不敛力检反穧才计反；彼有遗秉，此有滞穗，伊寡妇之利。

赋也。渰，云兴貌。萋萋，盛貌。祁祁，徐也。云欲盛，盛则多雨；雨欲徐，徐则入土。公田者，方里而井，井九百亩，其中为公田，八家皆私百亩，而同养公田也。穧，束；秉，把也。滞，亦遗弃之意也。　言农夫之心，先公后私，故望此云雨而曰：天其雨我公田，而遂及我之私田乎？冀怙君德，而蒙其余惠，使收成之际，彼有不及获之稚禾，此有不及敛之穧束，彼有遗弃之禾把，此有滞漏之禾穗，而寡妇尚得取之以为利也。此见其丰成有余，而不尽取，又与鳏寡共之，既足以为不费之惠，而亦不弃于地也。不然则粒米狼戾，不殆于轻视天物而慢弃之乎？

曾孙来止，以其妇子，馌彼南亩子、亩并见前篇，田畯至喜。来方禋音因祀叶逸织反，以其骍黑，与其黍稷，以享以祀同上，以介景福叶笔力反。

赋也。精意以享谓之禋。　农夫告曰：曾孙来矣。于是与其妇子，馌彼南亩之获者，而田畯亦至而喜之也。曾孙之来，又禋祀四方之神而赛祷焉。四方各用其方色之牲，此言骍黑，举南北以见其余也。以介景福，农夫欲曾孙之受福也。

《大田》四章，二章章八句，二章章九句。

前篇有击鼓以御田祖之文，故或疑此《楚茨》、《信南山》、《甫田》、《大田》四篇，即为《豳雅》。其详见于《豳风》之末，亦未知其是否也。然前篇上之人以“我田既臧”为农夫之庆，而欲报之以介福，此篇农夫以“雨我公田，遂及我私”，而欲其享祀以介景福，上下之情，所以相赖而相报者如此。非盛德，其孰能之。

瞻彼洛矣，维水泱泱於良反，无韵，未详。君子至止，福禄如茨。韎音昧韐音合有奭许力反，以作六师。

赋也。洛，水名，在东都会诸侯之处也。泱泱，深广也。君子，指天子也。茨，积也。韎，茅蒐所染色也。韐，韠也，合韦为之，《周官》所谓“韦弁”，兵事之服也。奭，赤貌。作，犹起也。六师，六军也。天子六军。　此天子会诸侯于东都以讲武事，而诸侯美天子之诗。言天子至此洛水之上，御戎服而起六师也。

瞻彼洛矣，维水泱泱。君子至止，鞞补顶反琫必孔反有珌宾一反。君子万年，保其家室。

赋也。鞞，容刀之鞞，今刀鞘也。琫，上饰。珌，下饰。亦戎服也。

瞻彼洛矣，维水泱泱。君子至止，福禄既同。君子万年，保其家邦叶卜工反。

赋也。同，犹聚也。

《瞻彼洛矣》三章，章六句。

裳裳者华，其叶湑思吕反兮。我觏之子，我心写叶想与反兮。我心写兮，是以有誉处兮。

兴也。裳裳，犹堂堂。董氏曰：“古本作常，常棣也。”湑，盛貌。觏，见；处，安也。　此天子美诸侯之辞，盖以答《瞻彼洛矣》也。言裳裳者华，则其叶湑然而美盛矣；我觏之子，则其心倾写而悦乐之矣。夫能使见者悦乐之如此，则其有誉处宜矣。此章与《蓼萧》首章文势全相似。

裳裳者华，芸其黄矣。我觏之子，维其有章矣。维其有章矣，是以有庆叶墟羊反矣。

兴也。芸，黄盛也。章，文章也。有文章，斯有福庆矣。

裳裳者华，或黄或白叶仆各反。我觏之子，乘其四骆。乘其四骆，六辔沃若。

兴也。言其车马威仪之盛。

左叶祖戈反之左同上之，君子宜叶牛何反之。右叶羽已反之右同上之，君子有叶羽己反之。维其有同上之，是以似叶养里反之。

赋也。言其才全德备，以左之，则无所不宜；以右之，则无所不有。维其有之于内，是以形之于外者，无不似其所有也。

《裳裳者华》四章，章六句。

北山之什十篇，四十六章，三百三十四句。

诗卷第十四

桑扈之什二之七

交交桑扈侯古反，有莺其羽。君子乐音洛胥叶思吕反，受天之祜侯古反。

兴也。交交，飞往来之貌。桑扈，窃脂也。莺然，有文章也。君子，指诸侯。胥，语词。祜，福也。　　此亦天子燕诸侯之诗。言交交桑扈，则有莺其羽矣；君子乐胥，则受天之祜矣。颂祷之辞也。

交交桑扈，有莺其领。君子乐胥，万邦之屏卑郢反。

兴也。领，颈；屏，蔽也。言其能为小国之藩卫，盖任方伯连帅之职者也。

之屏之翰叶胡见反，百辟音璧为宪。不戢庄立反不难叶乃多反，受福不那？

赋也。翰，干也，所以当墙两边障土者也。辟，君；宪，法也。言其所统之诸侯，皆以之为法也。戢，敛；难，慎；那，多也。不戢，戢也。不难，难也。不那，那也。盖曰岂不敛乎？岂不慎乎？其受福岂不多乎？古语声急而然也。后放此。

兕徐履反觥古横反其觩音求，旨酒思柔。彼交匪敖五报反，万福来求。

赋也。兕觥，爵也。觩，角上曲貌。旨，美也。思，语词也。敖、傲通。交际之间，无所傲慢，则我无事于求福，而福反来求我也。

《桑扈》四章，章四句。

鸳鸯于飞，毕之罗之。君子万年，福禄宜叶牛何反之。

兴也。鸳鸯，匹鸟也。毕，小罔长柄者也。罗，罔也。君子，指天子也。此诸侯所以答《桑扈》也。鸳鸯于飞，则毕之罗之矣；君子万年，则福禄宜之矣。亦颂祷之辞也。

鸳鸯在梁，戢其左翼。君子万年，宜其遐福叶笔力反。

兴也。石绝水为梁。戢，敛也。张子曰："禽鸟并栖，一正一倒。戢其左翼，以相依于内；舒其右翼，以防患于外。盖左不用而右便故也。"遐，远也，久也。

乘绳证反马在厩音救，摧采卧反之秣音末，叶莫佩反之。君子万年，福禄艾鱼盖反，叶鱼肺反之。

兴也。摧，莝；秣，粟；艾，养也。苏氏曰："艾，老也。言以福禄终其身也。"亦通。　乘马在厩，则摧之秣之矣；君子万年，则福禄艾之矣。

乘马在厩，秣之摧叶徂为、采卧二反之。君子万年，福禄绥叶宣隹、土果二反之。

兴也。绥，安也。

《鸳鸯》四章，章四句。

"有頍缺婢反者弁，实维伊何？""尔酒既旨，尔殽既嘉叶居何反。岂伊异人？兄弟匪他汤何反。""茑音鸟与女萝力多反，施以豉反于松柏叶逋莫反。未见君子，忧心弈弈叶弋灼反。既见君子，庶几说音悦怿叶弋灼反。"

赋而兴又比也。頍，弁貌，或曰举首貌。弁，皮弁。嘉、旨，皆美也。匪他，非他人也。茑，寄生也，叶似当卢，子如覆盆子，赤黑甜美。女萝，兔丝也，蔓连草上，黄赤如金。此则比也。君子，兄弟为宾者也。弈弈，忧心无所薄也。　此未燕兄弟亲戚之诗。故言有頍者弁，实维伊何乎？尔酒既旨，尔殽既嘉，则岂伊异人乎？乃兄弟而非他也。又言茑萝施于木上，以比兄弟亲戚，缠绵依附之意。是以未见而忧，既见而喜也。

"有頍者弁，实维何期？""尔酒既旨，尔殽既时。岂伊异人？兄弟具来叶陵之反。""茑与女萝，施于松上叶时亮反。未见君子，忧心怲怲兵命反，叶兵旺反。既见君子，庶几有臧叶才浪反。"

赋而兴又比也。何期，犹伊何也。时，善；具，俱也。怲怲，忧盛满也。臧，善也。

“有頍者弁，实维在首。”“尔酒既旨，尔殽既阜方九反。岂伊异人？兄弟甥舅巨九反。”“如彼雨于付反雪，先集维霰苏荐反。死丧去声无日，无几居岂反相见。乐音洛酒今夕，君子维宴。”

赋而兴又比也。阜，犹多也。甥舅，谓母姑姊妹妻族也。霰，雪之始凝者也。将大雨雪，必先微温，雪自上下，遇温气而搏谓之霰，久而寒胜，则大雪矣。言霰集则将雪之候，以比老至则将死之征也。故卒言死丧无日，不能久相见矣，但当乐饮以尽今夕之欢。笃亲亲之意也。

《頍弁》三章，章十二句。

间关车之舝胡瞎、下介二反兮，思娈力兖季女逝石列、石例二反矣。匪饥匪渴，德音来括。虽无好友叶羽已反，式燕且喜。

赋也。间关，设舝声也。舝，车轴头铁也，无事则脱，行则设之。昏礼亲迎者乘车。娈，美貌。逝，往；括，会也。　此燕乐其新昏之诗。故言间关然设此车舝者，盖思彼娈然之季女，故乘此车往而迎之也。匪饥也，匪渴也，望其德音来括，而心如饥渴耳。虽无他人，亦当燕饮以相喜乐也。

依依平林，有集维鷮音骄。辰彼硕女，令德来教叶居爻反。式燕且誉，好呼报反尔无射音亦，叶都故反。

兴也。依，茂木貌。鷮，雉也，微小于翟，走而且鸣，其尾长，肉甚美。辰，时；硕，大也。尔，即季女也。射，厌也。　依彼平林，则有集维鷮。辰彼硕女，则以令德来配己而教诲之。是以式燕且誉，而悦慕之无厌也。

虽无旨酒，式饮庶几。虽无嘉殽，式食庶几。虽无德与女音汝，式歌且舞。

赋也。旨、嘉，皆美也。女，亦指季女也。　言我虽无旨酒嘉殽美德以与女，女亦当饮食歌舞以相乐也。

陟彼高冈，析星历反其柞才落反薪叶音襄。析其柞薪，其叶湑思吕反兮。鲜息浅反我觏尔，我心写叶想羽反兮。

兴也。陟，登；柞，栎；湑，盛；鲜，少；觏，见也。　陟冈而析薪，则其叶湑兮矣；我得见尔，则我心写兮矣。

高山仰叶五刚反止，景行行叶户郎反止。四牡騑騑孚非反，六辔如琴。觏尔新昏，以慰我心。

兴也。仰，瞻望也。景行，大道也。如琴，谓六辔调和如琴瑟也。慰，安也。　高山则可仰，景行则可行，马服御良，则可以迎季女而慰我心也。此又举其始终而言也。《表记》曰："《小雅》曰：'高山仰止，景行行止。'子曰：'诗之好仁如此。乡道而行，中道而废，忘身之老也，不知年数之不足也。俯焉日有孳孳，毙而后已。'"

《车舝》五章，章六句。

营营青蝇，止于樊音烦，叶汾乾反。岂弟君子，无信谗言。

比也。营营，往来飞声，乱人听也。青蝇，污秽能变白黑。樊，藩也。君子，谓王也。　诗人以王好听谗言，故以青蝇飞声比之，而戒王以勿听也。

营营青蝇，止于棘。谗人罔极，交乱四国叶越逼反。

兴也。棘，所以为藩也。极，犹已也。

营营青蝇，止于榛士巾反。谗人罔极，构古豆反我二人。

兴也。构，合也，犹交乱也。己与听者为二人。

《青蝇》三章，章四句。

宾之初筵，左右秩秩无韵，未详。后三、四章放此。笾豆有楚，殽户交反核户革反维旅。酒既和旨，饮酒孔偕音皆，叶举里反。钟鼓既设叶书质反，举酬市由反逸逸。大侯既抗叶居郎反，弓矢斯张。射夫既同，献尔发功。发彼有的叶丁药反，以祈尔爵。

赋也。初筵，初即席也。左右，筵之左右也。秩秩，有序也。楚，列貌。殽，豆实也。核，笾实也。旅，陈也。和旨，调美也。孔，甚也。偕，齐一也。设，宿设而又迁于下也。大射，乐人宿县，厥明将射，乃迁乐于下，以避射位是也。举醻,举所奠之醻爵也。逸逸,往来有序也。大侯,君侯也。天子熊侯,白质;诸侯麋侯,赤质;大夫布侯,画以虎豹;士布侯,画以鹿豕。天子侯身一丈,其中三分居一,白质画熊,其外则丹地,画以云气。抗,张也。凡射,张侯而不系左下纲,中掩束之。至将射,司马命张侯,弟子脱束,遂系下纲也。大侯张而弓矢亦张,节也。射夫既同,比其耦也。射礼:选群臣为三耦,三耦之外,其余各自取匹,谓之众耦。献,犹奏也。发,发矢也。的,质也。祈,求也。爵,射不中者,饮丰上之觯也。 卫武公饮酒悔过而作此诗。此章言因射而饮者,初筵礼仪之盛。酒既调美,而饮者齐一,至于设钟鼓,举醻爵,抗大侯,张弓矢,而众耦拾发,各心竞云:我以此求爵汝也。

籥舞笙鼓,乐既和奏叶宗五反,烝衎若旦反烈祖,以洽百礼。百礼既至,有壬有林。锡尔纯嘏,子孙其湛都南反,叶持林反。其湛曰乐音洛,各奏尔能叶奴金反。宾载手仇音拘,叶求、其二音,室人入又叶由、怡二音。酌彼康爵,以奏尔时叶酬、时二音。

赋也。籥舞,文舞也。烝,进;衎,乐;烈,业;洽,合也。百礼,言其备也。壬,大;林,盛也。言礼之盛大也。锡,神锡之也。尔,主祭者也。嘏,福;湛,乐也。各奏尔能,谓子孙各酌献尸,尸酢而卒爵也。仇,读曰𪯲。室人,有室中之事者,谓佐食也。又,复也。宾手挹酒,室人复酌,为加爵也。康,安也。酒所以安体也。或曰:康,读曰抗。《记》曰“崇坫康圭”,此亦谓坫上之爵也。时,时祭也。苏氏曰:“时物也。” 此言因祭而饮者,始时礼乐之盛如此也。

宾之初筵,温温其恭;其未醉止,威仪反反叶分遭反;曰既醉止,威仪幡幡叶分遭反,舍音捨其坐迁,屡舞仙仙。其未醉止,威仪抑抑;曰既醉止,威仪怭怭毗必反,是曰既醉,不知其秩。

赋也。反反,顾礼也。幡幡,轻数也。迁,徙;屡,数也。仙仙,轩举之状。抑抑,慎密也。怭怭,媟嫚也。秩,常也。 此言凡饮酒者,常始乎治而卒乎乱也。

宾既醉止,载号乎毛反载呶女交反;乱我笾豆,屡舞僛僛起其反。是曰既醉,不知其邮叶于其反。侧弁之俄,屡舞傞傞素多反。既醉而出，并受其福叶笔力反；醉而不出，是谓伐德。饮酒孔嘉叶居何反，维其令仪叶牛何反。

赋也。号，呼；呶，讙也。僛僛，倾侧之状。邮与尤同，过也。侧，倾也。俄，倾貌。傞傞，不止也。出，去；伐，害；孔，甚；令，善也。　此章极言醉者之状，因言宾醉而出，则与主人俱有美誉，醉至若此，是害其德也。饮酒之所以甚美者，以其有令仪尔，今若此，则无复有仪矣。

凡此饮酒，或醉或否叶补美反。既立之监，或佐之史。彼醉不臧，不醉反耻。式勿从谓，无俾大音泰怠叶养里反。匪言勿言，匪由勿语。由醉之言，俾出童羖音古。三爵不识叶失、志二音，矧失引反多敢又叶夷益、夷豉二反。

赋也。监，史，司正之属。燕礼乡射，恐有懈倦失礼者，立司正以监之，察仪法也。谓，告；由，从也。童羖，无角之羖羊，必无之物也。识，记也。　言饮酒者，或醉或不醉，故既立监而佐之以史，则彼醉者所为不善而不自知，使不醉者反为之羞愧也。安得从而告之，使勿至于大怠乎？告之若曰：所不当言者勿言，所不当从者勿语，醉而妄言，则将罚女使出童羖矣。设言必无之物以恐之也。女饮至三爵，已昏然无所记矣，况敢又多饮乎？又丁宁以戒之。

《宾之初筵》五章，章十四句。

《毛氏序》曰："卫武公刺幽王也。"《韩氏序》曰："卫武公饮酒悔过也。"今按此诗意，与《大雅·抑》戒相类，必武公自悔之作，当从韩义。

鱼在在藻，有颁符云反其首。王在在镐，岂若在反乐音洛饮酒。

兴也。藻，水草也。颁，大首貌。岂，亦乐也。　此天子燕诸侯，而诸侯美天子之诗也。言鱼何在乎？在乎藻也，则有颁其首矣；王何在乎？在乎镐京也，则岂乐饮酒矣。

鱼在在藻，有莘所巾反其尾。王在在镐，饮酒乐岂叶去几反。

兴也。莘，长也。

鱼在在藻，依于其蒲。王在在镐，有那乃多反其居。

兴也。那，安；居，处也。

《鱼藻》三章，章四句。

采菽采菽，筐音匡之筥音举之。君子来朝音潮，何锡予音与之？虽无予之，路车乘绳证反马叶满补反。又何予之？玄衮古本反及黼音甫。

兴也。菽，大豆也。君子，诸侯也。路车，金路以赐同姓，象路以赐异姓也。玄衮，玄衣而画以卷龙也。黼，如斧形，刺之于裳也。周制：诸公衮冕九章，已见《九罭》篇；侯伯鷩冕七章，则自华虫以下；子男毳冕五章，衣自宗彝以下，而裳黼黻；孤卿绨冕三章，则衣粉米，而裳黼黻；大夫玄冕，则玄衣黻裳而已。　此天子所以答《鱼藻》也。采菽采菽，则必以筐筥盛之；君子来朝，则必有以锡予之。又言今虽无以予之，然已有路车乘马，玄衮及黼之赐矣。其言如此者，好之无已，意犹以为薄也。

觱音必沸音弗槛胡览反泉叶才匀反，言采其芹巨斤反。君子来朝，言观其旂巨依反，叶巨斤反。其旂淠淠匹弊反，鸾声嘒嘒呼惠反。载骖七南反载驷，君子所届叶居气反。

兴也。觱沸，泉出貌。槛泉，正出也。芹，水草，可食。淠淠，动貌。嘒嘒，声也。届，至也。　觱沸槛泉，则言采其芹；诸侯来朝，则言观其旂。见其旂，闻其鸾声，又见其马，则知君子之至于是也。

赤芾音弗在股，邪幅在下叶后五反，彼交匪纾音舒叶上与反，天子所予音与。乐只音止君子，天子命叶弥并反之。乐只君子，福禄申之。

赋也。胫本曰股。邪幅，偪也。邪缠于足，如今行縢，所以束胫在股下也。交，交际也。纾，缓也。　言诸侯服此芾偪，见于天子，恭敬齐遬，不敢纾缓，则为天子所与，而申之以福禄也。

维柞之枝，其叶蓬蓬。乐只君子，殿多见反天子之邦叶卜工反。乐只君子，万福攸同。平平婢延反左右，亦是率从。

兴也。柞，见《车舝》篇。蓬蓬，盛貌。殿，镇也。平平，辩治也。左右，诸侯之臣也。率，循也。　维柞之枝，则其叶蓬蓬然；乐只君子，则宜殿天子之邦，而为万福之所聚。又言其左右之臣，亦从之而至此也。

汎汎芳剑反杨舟，绋音弗缅力驰反维之。乐只君子，天子葵之。乐只君子，福禄膍频尸反之。优哉游哉，亦是戾叶郎之反矣。

兴也。绋，縴也。缅、维，皆系也。言以大索缅其舟而系之也。葵，揆也，揆犹度也。膍，厚；戾，至也。　汎汎杨舟，则必以绋缅维之；乐只君子，则天子必葵之，福禄必膍之。于是又叹其优游而至于此也。

《采菽》五章，章八句。

骍骍息营反角弓，翩匹然反其反叶分邅反矣！兄弟昏姻，无胥远叶於圆反矣！

兴也。骍骍，弓调和貌。角弓，以角饰弓也。翩，反貌。弓之为物，张之则内向而来，弛之则外反而去。有似兄弟昏姻，亲疏远近之意。胥，相也。此刺王不亲九族而好谗佞，使宗族相怨之诗。言骍骍角弓，既翩然而反矣，兄弟昏姻，则岂可以相远哉？

尔之远叶於圆反矣，民胥然矣。尔之教矣，民胥效矣。

赋也。尔，王也。上之所为，下必有甚者。

此令兄弟，绰绰有裕预、与二音；不令兄弟，交相为瘉同上。

赋也。令，善；绰，宽；裕，饶；瘉，病也。　言虽王化之不善，然此善兄弟，则绰绰有裕而不变。彼不善之兄弟，则由此而交相病矣。盖指谗己之人而言也。

民之无良，相怨一方；受爵不让叶如羊反，至于已斯亡。

赋也。一方，彼一方也。　相怨者各据其一方耳。若以责人之心责己，爱己之心爱人，使彼己之间，交见而无蔽，则岂有相怨者哉？况兄弟相怨相谗以取爵位，而不知逊让，终亦必亡而已矣。

老马反为驹叶去声，不顾其后叶下故反；如食音嗣宜饇於据反，如酌孔取叶音娶。

比也。饇，饱；孔，甚也。　言其但知谗害人以取爵位，而不知其不胜任。如老马惫矣，而反自以为驹，不顾其后，将有不胜任之患也。又如食之已多而宜饱矣，酌之所取亦已甚矣。

毋教猱升木，如涂涂附；君子有徽猷，小人与属音蜀，叶殊遇反。

比也。猱，猕猴也，性善升木，不待教而能也。涂，泥；附，著；徽，美；猷，道；属，附也。　言小人骨肉之恩本薄，王又好谗佞以来之，是犹教猱升木。又如于泥涂之上加以泥涂附之也。苟王有美道，则小人将反为善以附之，不至于如此矣。

雨于付反雪瀌瀌符骄反，见晛乃见反曰音越，韩诗、刘向作聿。下章放此消；莫肯下遐稼反遗，式居娄力住反，《荀子》作屡骄。

比也。瀌瀌，盛貌。晛，日气也。张子曰："谗言遇明者当自止，而王甘信之，不肯贬下而遗弃之，更益以长慢也。"

雨雪浮浮，见晛曰流；如蛮如髦叶莫侯反，我是用忧。

比也。浮浮，犹瀌瀌也。流，流而去也。蛮，南蛮也。髦，夷髦也。《书》作髳。言其无礼义而相残贼也。

《角弓》八章，章四句。

有菀音郁者柳，不尚息焉？上帝甚蹈《战国策》作"上天甚神"，无自暱焉。俾予靖之，后予极焉。

比也。柳，茂木也。尚，庶几也。上帝，指王也。蹈，当作神，言威灵可畏也。暱，近；靖，安也。极，求之尽也。　王者暴虐，诸侯不朝，而作此诗。言彼有菀然茂盛之柳，行路之人，岂不庶几欲就止息乎？以比人谁不欲朝事王者，而王甚威神，使人畏之而不敢近耳。使我朝而事之以靖王室，后必将极其所欲以求于我。盖诸侯皆不朝而己独至，则王必责之无已，如齐威王朝周而后反为所辱也。或曰兴也。下章放此。

有菀者柳，不尚愒欺例反焉？上帝甚蹈见上，无自瘵侧界反，叶子例反焉《战国策》作也。俾予靖之，后予迈叶力制反焉。

比也。愒，息；瘵，病也。迈，过也，求之过其分也。

有鸟高飞，亦傅音附于天叶铁因反。彼人之心，于何其臻？曷予靖之，居以凶矜。

兴也。傅、臻，皆至也。彼人，斥王也。居，犹徒然也。凶矜，遭凶祸而可怜也。　鸟之高飞，极至于天耳。彼王之心，于何所极乎？言其贪纵无极，求责无已，人不知其所至也。如此，则岂予能靖之乎？乃徒然自取凶矜耳。

《菀柳》三章，章六句。

桑扈之什十篇，四十三章，二百八十二句。

诗卷第十五

都人士之什二之八

彼都人士，狐裘黄黄。其容不改，出言有章。行归于周，万民所望叶音亡。

赋也。都，王都也。黄黄，狐裘色也。不改，有常也。章，文章也。周，镐京也。　乱离之后，人不复见昔日都邑之盛，人物仪容之美，而作此诗，以叹惜之也。

彼都人士，台笠缁撮七活反，叶租悦反。彼君子女，绸直留反直如发叶方月反。我不见兮，我心不说音悦！

赋也。台，夫须也。缁撮，缁布冠也，其制小，仅可撮其髻也。君子女，都人贵家之女也。绸直如发，未详其义，然以四章五章推之，亦言其发之美耳。

彼都人士，充耳琇音秀实；彼君子女，谓之尹吉。我不见兮，我心苑於粉反结叶缴质反！

赋也。琇，美石也，以美石为瑱。尹吉，未详。郑氏曰："吉，读为姞。尹氏，姞氏，周之昏姻旧姓也。人见都人之女，咸谓尹氏姞氏之女，言其有礼法也。"李氏曰："所谓尹吉，犹晋言王谢，唐言崔卢也。"苑，犹屈也，积也。

彼都人士，垂带而厉叶落盖反；彼君子女，卷音权发如虿初迈反。我不见兮，言从之迈！

赋也。厉，垂带之貌。卷发，鬓旁短发不可敛者，曲上卷然以为饰也。虿，螫虫也，尾末揵然，似发之曲上者。迈，行也。盖曰：是不可得见矣，得见则我从之迈矣。思之甚也。

匪伊垂之，带则有余；匪伊卷之，发则有旟。我不见兮，云何盱喜俱反矣？

赋也。旟，扬也。盱，望也。说见《何人斯》篇　此言士之带，非故垂之也，带自有余耳；女之发，非故卷之也，发自有旟耳。言其自然闲美，不假修饰也。然不可得而见矣，则如何而不望之乎？

《都人士》五章，章六句。

终朝采绿，不盈一匊弓六反；予发曲局，薄言归沐。

赋也。自旦及食时为终朝。绿，王刍也。两手曰匊。局，卷也，犹言首如飞蓬也。　妇人思其君子，而言终朝采绿而不盈一匊者，思念之深，不专于事也。又念其发之曲局，于是舍之而归沐，以待其君子之还也。

终朝采蓝卢谈反，不盈一襜尺占反，叶都甘反；五日为期，六日不詹音占，叶多甘反。

赋也。蓝，染草也。衣蔽前谓之襜，即蔽膝也。詹，与瞻同。五日为期，去时之约也；六日不詹，过期而不见也。

之子于狩尺救反，言韔敕亮反其弓叶姑弘反。之子于钓，言纶之绳。

赋也。之子，谓其君子也。理丝曰纶。　言君子若归而欲往狩耶？我则为之韔其弓；欲往钓耶？我则为之纶其绳。望之切，思之深，欲无往而不与之俱也。

其钓维何？维鲂音房及鱮音叙，叶音湑；维鲂及鱮，薄言观者叶掌与反。

赋也。于其钓而有获也，又将从而观之。亦上章之意也。

《采绿》四章，章四句。

芃芃蒲东反黍苗，阴雨膏古报反之；悠悠南行，召伯劳力报反之。

兴也。芃芃，长大貌。悠悠，远行之意。　宣王封申伯于谢，命召穆公往营城邑，故将徒役南行。而行者作此，言芃芃黍苗，则唯阴雨能膏之；悠悠南行，则唯召伯能劳之也。

我任音壬我辇力展反，我车我牛叶鱼其反；我行既集，盖云归哉叶将黎反！

赋也。任，负任者也。辇，人挽车也。牛，所以驾大车也。集，成也。营谢之役，既成而归也。

我徒我御，我师我旅；我行既集，盖云归处。

赋也。徒，步行者。御，乘车者。五百人为旅，五旅为师。《春秋传》曰："君行师从，卿行旅从。"

肃肃谢功，召伯营之；烈烈征师，召伯成之。

赋也。肃肃，严正之貌。谢，邑名，申伯所封国也，今在邓州信阳军。功，工役之事也。营，治也。烈烈，威武貌。征，行也。

原隰既平，泉流既清；召伯有成，王心则宁。

赋也。土治曰平，水治曰清。　言召伯营谢邑，相其原隰之宜，通其水泉之利。此功既成，宣王之心则安也。

《黍苗》五章，章四句。

此宣王时诗，与《大雅·崧高》相表里。

隰桑有阿，其叶有难乃多反；既见君子，其乐音洛，下同如何？

兴也。隰，下湿之处，宜桑者也。阿，美貌；难，盛貌；皆言枝叶条垂之状。此喜见君子之诗。言隰桑有阿，则其叶有难矣。既见君子，则其乐如何哉？词意大概与《菁莪》相类，然所谓君子，则不知其何所指矣。或曰比也。下章放此。

隰桑有阿，其叶有沃乌酷反，叶郁缚反；既见君子，云何不乐？

兴也。沃，光泽貌。

隰桑有阿，其叶有幽叶於交反；既见君子，德音孔胶音交。

兴也。幽，黑色也。胶，固也。

心乎爱叶许既反矣！遐不谓矣！中心藏之，何日忘之？

赋也。遐，与何同。《表记》作瑕。郑氏注曰："瑕之言胡也。"谓，犹告也。言我中心诚爱君子，而既见之则何不遂以告之？而但中心藏之，将使何日而忘之耶？《楚辞》所谓“思公子兮未敢言”，意盖如此。爱之根于中者深，故发之迟而存之久也。

《隰桑》四章，章四句。

白华音花菅音奸兮，白茅束兮！之子之远，俾我独兮！

比也。白华，野菅也，已沤为菅。之子，斥幽王也。俾，使也。我，申后自我也。　幽王娶申女以为后，又得褒姒而黜申后，故申后作此诗。言白华为菅，则白茅为束，二物至微，犹必相须为用，何之子之远，而俾我独耶？

英英白云，露彼菅茅叶莫侯反；天步艰难，之子不犹。

比也。英英，轻明之貌。白云，水土轻清之气，当夜而上腾者也；露，即其散而下降者也。步，行也。天步，犹言时运也。犹，图也。或曰，犹，如也。言云之泽物，无微不被。今时运艰难，而之子不图，不如白云之露菅茅也。

滮符彪反池北流，浸彼稻田叶地因反；啸歌伤怀，念彼硕人。

比也。滮，流貌。北流，丰镐之间水多北流。硕人，尊大之称，亦谓幽王也。　言小水微流，尚能浸灌，王之尊大，而反不能通其宠泽，所以使我啸歌伤怀而念之也。

樵徂焦反彼桑薪，卬五纲反烘火东反于煁市林反；维彼硕人，实劳我心。

比也。樵，采也。桑薪，薪之善者也。卬，我；烘，燎也。煁，无釜之灶，可燎而不可烹饪者也。　桑薪宜以烹饪，而但为燎烛，以比嫡后之尊，而反见卑贱也。

鼓钟于宫，声闻音问于外。念子懆懆七到反，视我迈迈。

比也。懆懆，忧貌。迈迈，不顾也。　鼓钟于宫，则声闻于外矣。念子懆懆，而反视我迈迈，何哉？

有鹙音秋在梁，有鹤在林。维彼硕人，实劳我心。

比也。鹙，秃鹙也。梁，鱼梁也。　苏氏曰：“鹙鹤皆以鱼为食，然鹤之于鹙，清浊则有间矣。今鹙在梁而鹤在林，鹙则饱而鹤则饥矣。幽王进褒姒而黜申后，譬之养鹙而弃鹤也。”

鸳鸯在梁，戢其左翼。之子无良，二三其德。

比也。戢其左翼，言不失其常也。良，善也。二三其德，则鸳鸯之不如也。

有扁步典反斯石，履之卑兮！之子之远，俾我疧都礼反，叶乔移反兮！

比也。扁，卑貌。俾，使；疧，病也。　有扁然而卑之石，则履之者亦卑矣。如妾之贱，则宠之者亦贱矣。是以之子之远，而俾我疧也。

《白华》八章，章四句。

绵蛮黄鸟，止于丘阿。道之云远，我劳如何！饮於鸩反之食音嗣之，教之诲之；命彼后车，谓之载之。

比也。绵蛮，鸟声。阿，曲阿也。后车，副车也。　此微贱劳苦，而思有所托者，为鸟言以自比也。盖曰绵蛮之黄鸟，自言止于丘阿而不能前，盖道远而劳甚矣。当是时也，有能饮之食之，教之诲之，又命后车以载之者乎？

绵蛮黄鸟，止于丘隅。岂敢惮行？畏不能趋。饮之食之，教之诲之；命彼后车，谓之载之。

比也。隅，角；惮，畏也。趋，疾行也。

绵蛮黄鸟，止于丘侧。岂敢惮行？畏不能极。饮之食之，教之诲之；命彼后车，谓之载之。

比也。侧，旁；极，至也。《国语》云："齐朝驾，则夕极于鲁国。"

《绵蛮》三章，章八句。

幡幡孚烦反瓠叶，采之亨叶铺郎反之；君子有酒，酌言尝之。

赋也。幡幡，瓠叶貌。　此亦燕饮之诗。言幡幡瓠叶，采之亨之，至薄也。然君子有酒，则亦以是酌而尝之。盖述主人之谦辞，言物虽薄，而必与宾客共之也。

有兔它故反斯首，炮百交反之燔音烦，叶汾乾反之；君子有酒，酌言献叶虚言反之。

赋也。有兔斯首，一兔也，犹数鱼以尾也。毛曰炮，加火曰燔，亦薄物也。

献，献之于宾也。

有兔斯首，燔之炙音只，叶陟略反之；君子有酒，酌言酢才洛反之。

赋也。炕火曰炙，谓以物贯之而举于火上以炙之。酢，报也。宾既卒爵而酌主人也。

有兔斯首，燔之炮叶蒲侯反之；君子有酒，酌言酬市周反之。

赋也。酬，导饮也。

《瓠叶》四章，章四句。

渐渐并士衔反，下同之石，维其高矣！山川悠远，维其劳矣！武人东征，不遑朝叶直高反矣！

赋也。渐渐，高峻之貌。武人，将帅也。遑，暇也，言无朝旦之暇也。将帅出征，经历险远，不堪劳苦而作此诗也。

渐渐之石，维其卒在律反矣！山川悠远，曷其没叶莫笔反矣？武人东征，不遑出矣！

赋也。卒，崔嵬也，谓山巅之末也。曷，何；没，尽也。言所登历，何时而可尽也？不遑出，谓但知深入，不暇谋出也。

有豕白蹢音的，烝涉波矣！月离于毕，俾滂普郎反沱徒何反矣！武人东征，不遑他汤何反矣！

赋也。蹢，蹄；烝，众也。离，月所宿也。毕，星名。豕陟波，月离毕，将雨之验也。　张子曰："豕之负涂曳泥，其常性也。今其足皆白，众与涉波而去，水患之多可知矣。"此言久役，又逢大雨，甚劳苦而不暇及他事也。

《渐渐之石》三章，章六句。

苕音条之华音花，芸音云其黄矣！心之忧矣，维其伤矣！

比也。苕，陵苕也。《本草》云："即今之紫葳，蔓生附于乔木之上，其华黄赤色，亦名凌霄。"诗人自以身逢周室之衰，如苕附物而生，虽荣不久，故以为比，而自言其心之忧伤也。

苕之华，其叶青青子零反；知我如此，不如无生叶桑经反。

比也。青青，盛貌，然亦何能久哉？

牂子桑反羊坟扶云反首，三星在罶音柳；人可以食，鲜息浅反可以饱叶补苟反。

赋也。牂羊，牝羊也。坟，大也，羊瘠则首大也。罶，笱也。罶中无鱼而水静，但见三星之光而已。言饥馑之余，百物彫耗如此，苟且得食足矣，岂可望其饱哉？

《苕之华》三章，章四句。

陈氏曰："此诗其辞简，其情哀。周室将亡，不可救矣，诗人伤之而已。"

何草不黄，何日不行叶户郎反？何人不将？经营四方。

兴也。草衰则黄。将，亦行也。　　周室将亡，征役不息，行者苦之，故作此诗。言何草而不黄？何日而不行？何人而不将，以经营于四方也哉？

何草不玄叶胡匀反？何人不矜古顽反，韩诗作鳏，叶居陵反？哀我征夫，独为匪民。

兴也。玄，赤黑色也，既黄而玄也。无妻曰矜。言从役过时而不得归，失其室家之乐也。哀我征夫，岂独为匪民哉？

匪兕徐履反匪虎，率彼旷野叶上与反。哀我征夫，朝夕不暇叶后五反。

赋也。率，循也。旷，空也。　　言征夫非兕非虎，何为使之循旷野，而朝夕不得闲暇也？

有芃薄工反者狐与车叶，率彼幽草；有栈士板反之车，行彼周道。

兴也。芃，尾长貌。栈车，役车也。周道，大道也。言不得休息也。

《何草不黄》四章，章四句。

都人士之什十篇，四十三章，二百句。

诗卷第十六

大雅三

说见《小雅》。

文王之什三之一

文王在上，於音乌，下同昭于天叶铁因反！周虽旧邦，其命维新。有周不显，帝命不时叶上纸反？文王陟降，在帝左右叶羽已反。

赋也。於，叹辞。昭，明也。命，天命也。不显，犹言岂不显也。帝，上帝也。不时，犹言岂不时也。左右，旁侧也。　　周公追述文王之德，明周家所以受命而代商者，皆由于此，以戒成王。此章言文王既没，而其神在上，昭明于天。是以周邦虽自后稷始封，千有余年，而其受天命，则自今始也。夫文王在上而昭于天，则其德显矣。周虽旧邦，而命则新则其命时矣，故又曰有周岂不显乎？帝命岂不时乎？盖以文王之神在天，一升一降，无时不在上帝之左右，是以子孙蒙其福泽，而君有天下也。《春秋传》，天王追命诸侯之词曰："叔父陟恪，在我先王之左右，以佐事上帝。"语意与此正相似。或疑恪亦降字之误，理或然也。

亹亹音尾文王，令闻音问不已；陈锡哉周，侯文王孙子叶奖里反。文王孙子，本支百世。凡周之士，不显亦世。

赋也。亹亹，强勉之貌。令闻，善誉也。陈，犹敷也。哉，语辞。侯，维也。本，宗子也。支，庶子也。　　文王非有所勉也，纯亦不已，而人见其若有所勉耳。其德不已，故今既没，而其令闻犹不已也。令闻不已，是以上帝敷锡于周，维文王孙子，则使之本宗百世为天子，支庶百世为诸侯。而又及其臣子，使凡周之士，亦世世修德，与周匹休焉。

世之不显，厥犹翼翼。思皇多士，生此王国叶于逼反。王国克生，维周之桢音贞。济济子礼反多士，文王以宁。

赋也。犹，谋；翼翼，勉敬也。思，语辞。皇，美；桢，干也。济济，多貌。此承上章而言其传世岂不显乎？而其谋犹皆能勉敬如此也。美哉此众多之贤士，而生于此文王之国也！文王之国，能生此众多之士，则足以为国之干，而文王亦赖以为安矣。盖言文王得人之盛，而宜其传世之显也。

穆穆文王，於缉七入反熙敬止！假古雅哉天命，有商孙子。商之孙子，其丽不亿。上帝既命，侯于周服叶蒲北反。

赋也。穆穆，深远之意。缉，续；熙，明；亦不已之意。止，语辞。假，大；丽，数也。不亿，不止于亿也。侯，维也。　言穆穆然文王之德，不已其敬如此，是以天命集焉。以有商孙子观之，则可见矣。盖商之孙子，其数不止于亿，然以上帝之命集于文王，而今皆维服于周矣。

侯服于周，天命靡常。殷士肤敏，裸古乱反将于京叶居良反。厥作裸将，常服黼音甫冔况甫反。王之荩才刃反臣，无念尔祖？

赋也。诸侯之大夫，入天子之国曰某士，则殷士者，商孙子之臣属也。肤，美；敏，疾也。裸，灌鬯也。将，行也，酌而送之也。京，周之京师也。黼，黼裳也。冔，殷冠也。盖先代之后，统承先王，修其礼物，作宾于王家，时王不敢变焉，而亦所以为戒也。王，指成王也。荩，进也。言其忠爱之笃，进进无已也。无念，犹言岂得无念也。尔祖，文王也。　言商之孙子而侯服于周，以天命之不可常也。故殷之士，助祭于周京，而服商之服也。于是呼王之荩臣而告之曰：得无念尔祖文王之德乎？盖以戒王而不敢斥言，犹所谓敢告仆夫云尔。刘向曰："孔子论《诗》，至于'殷士肤敏，裸将于京'，喟然叹曰：'大哉天命！善不可不传于后嗣。'是以富贵无常，盖伤微子之事周，而痛殷之亡也。"

无念尔祖？聿于笔反修厥德。永言配命，自求多福叶笔力反。殷之未丧息浪反师，克配上帝。宜鉴于殷，骏音峻命不易以豉反。

赋也。聿，发语辞。永，长；配，合也。命，天理也。师，众也。上帝，天之主宰也。骏，大也。不易，言其难也。　　言欲念尔祖，在于自修其德，而又常自省察，使之其所行无不合于天理，则盛大之福，自我致之，有不外求而得矣。又言殷未失天下之时，其德足以配乎上帝矣。今其子孙乃如此，宜以为鉴而自省焉，则知天命之难保矣。《大学》传曰："得众则得国，失众则失国。"此之谓也。

命之不易，无遏尔躬叶姑弘反。宣昭义问，有虞殷自天叶铁因反。上天之载，无声无臭叶初尤反。仪刑文王，万邦作孚叶房尤反。

赋也。遏，绝；宣，布；昭，明；义，善也。问、闻通。有、又通。虞，度；载，事；仪，象；刑，法；孚，信也。　　言天命之不易保，故告之使无若纣之自绝于天，而布明其善誉于天下。又度殷之所以废兴者，而折之于天。然上天之事，无声无臭，不可得而度也。惟取法于文王，则万邦作而信之矣。子思子曰："维天之命，於穆不已。"盖曰天之所以为天也，於乎不显。文王之德之纯，盖曰文王之所以为文也，纯亦不已，夫知天之所以为天，又知文王之所以为文，则夫与天同德者，可得而言矣。是诗首言文王在上，于昭于天，文王陟降，在帝左右。而终之以此，其旨深矣。

《文王》七章，章八句。

东莱吕氏曰："《吕氏春秋》引此诗，以为周公所作。味其词意，信非周公不能作也。"今案此诗，一章言文王有显德，而上帝有成命也。二章言天命集于文王，则不唯尊荣其身，又使其子孙而世为天子诸侯也。三章言命周之福，不唯及其子孙，而又及其群臣之后嗣也。四章言天命既绝于商，则不唯诛罚其身，又使其子孙亦来臣服于周也。五章言绝商之祸，不唯及其子孙，而又及其群臣之后嗣也。六章言周之子孙臣庶，当以文王为法，而以商为监也。七章又言当以商为监，而以文王为法也。其于天人之际，兴亡之理，丁宁反覆，至深切矣。故立之乐官，而因以为天子诸侯朝会之乐，盖将以戒乎后世之君臣，而又以昭先王之德于天下也。《国语》以为两君相见之乐，特举其一端而言耳。然此诗之首章，言文王之昭于天，而不言其所以昭；次章言其令闻不已，而不言其所以闻。至于四章然后所以昭明而不已者，乃可得而见焉。然亦多咏叹之言，而语其所以为德之实，则不越乎敬之一字而已。然则后章所谓修厥德而仪刑之者，岂可以他求哉？亦勉于此而已矣。

明明在下，赫赫在上叶辰羊反；天难忱市林反斯，不易以豉反维王。天位殷適音的，使不挟子燮反四方。

赋也。明明，德之明也。赫赫，命之显也。忱，信也。不易，难也。天位，天子之位也。殷適，殷之適嗣也。挟，有也。　此亦周公戒成王之诗。将陈文武受命，故先言在下者有明明之德，则在上者有赫赫之命。达于上下，去就无常，此天之所以难忱，而为君之所以不易也。纣居天位，为殷嗣，乃使之不得挟四方而有之，盖以此尔。

挚音至仲氏任音壬，自彼殷商，来嫁于周，曰嫔毗申反于京叶居良反。乃及王季，维德之行叶户郎反。大音泰任有身叶户羊反，生此文王。

赋也。挚，国名。仲，中女也。任，挚国姓也。殷商，商之诸侯也。嫔，妇也。京，周京也。曰嫔于京，叠言以释上句之意，犹曰厘降二女于妫汭嫔于虞也。王季，文王父也。身，怀孕也。　将言文王之圣，而追本其所从来者如此，盖曰自其父母而已然矣。

维此文王，小心翼翼，昭事上帝。聿怀多福叶笔力反，厥德不回，以受方国叶越逼反。

赋也。小心翼翼，恭慎之貌。即前篇之所谓敬也。文王之德，于此为盛。昭，明；怀，来；回，邪也。方国，四方来附之国也。

天监在下，有命既集叶昨合反。文王初载，天作之合。在洽之阳，在渭之涘音士，叶羽已反，文王嘉止，大邦有子叶奖礼反。

赋也。监，视；集，就；载，年；合，配也。洽，水名，本在今同州郃阳夏阳县，今流已绝，故去水而加邑。渭水亦径此入河也。嘉，昏礼也。大邦，莘国也。子，大姒也。　将言武王伐商之事，故此又推其本，而言天之监照，实在于下，其命既集于周矣。故于文王之初年，而默定其配，所以洽阳渭涘，为文王将昏之期，而大邦有子也。盖曰非人之所能为矣。

大邦有子，伣牵遍反天之妹；文定厥祥，亲迎鱼敬反于渭。造舟为梁，不显其光。

赋也。俔，磬也。《韩诗》作磬。《说文》云："俔，譬也。"孔氏曰："如今俗语譬喻物，曰磬作然也。"文，礼；祥，吉也。言卜得吉而以纳币之礼，定其祥也。造，作；梁，桥也。作船于水，比之而加版于其上，以通行者，即今之浮桥也。传曰："天子造舟，诸侯维舟，大夫方舟，士特舟。"张子曰："造舟为梁，文王所制，而周世遂以为天子之礼也。"不显，显也。

有命自天，命此文王；于周于京叶居良反，缵子管反女维莘所巾反，长丁丈反子维行叶户郎反，笃生武王。保右音祐命尔，燮伐大商。

赋也。缵，继也。莘，国名。长子，长女，大姒也。行，嫁；笃，厚也。言既生文王而又生武王也。右，助；燮，和也。　言天既命文王于周之京矣，而克缵大任之女事者，维此莘国，以其长女来嫁于我也。天又笃厚之，使生武王，保之、助之、命之，而使之顺天命以伐商也。

殷商之旅，其会如林；矢于牧野，维予侯兴叶音歆。上帝临女音汝，无贰尔心。

赋也。如林，言众也。《书》曰："受率其旅若林。"矢，陈也。牧野，在朝歌南七十里。侯，维；贰，疑也。尔，武王也。　此章言武王伐纣之时，纣众会集如林，以拒武王，而皆陈于牧野。则维我之师，为有兴起之势耳。然众心犹恐武王以众寡之不敌，而有所疑也，故勉之曰，上帝临汝，毋贰尔心。盖知天命之必然，而赞其决也。然武王非必有所疑也，设言以见众心之同，非武王之得已耳。

牧野洋洋，檀车煌煌，驷騵音元彭彭叶铺郎反，维师尚父，时维鹰扬，凉音亮彼武王，肆伐大商，会朝清明叶谟郎反。

赋也。洋洋，广大之貌。檀，坚木，宜为车者也。煌煌，鲜明貌。骝马白腹曰騵。彭彭，强盛貌。师尚父，太公望为太师而号尚父也。鹰扬，如鹰之飞扬而将击，言其猛也。凉，《汉书》作亮，佐助也。肆，纵兵也。会朝，会战之旦也。此章言武王师众之盛，将师之贤，伐商以除秽浊，不崇朝而天下清明，所以终首章之意也。

《大明》八章，四章章六句，四章章八句。

名义见《小旻》篇。一章言天命无常，惟德是与；二章言王季太任之德，以及文王；三章言文王之德；四章、五章、六章言文王太姒之德，以及武王；七章言武王伐纣；八章言武王克商，以终首章之意。其章以六句八句相间。又《国语》以此及下篇，皆为两君相见之乐，说见上篇。

绵绵瓜瓞田节反，民之初生，自土沮七余反漆音七；古公亶都但反父音甫，陶音桃复音福陶穴叶户橘反，未有家室。

比也。绵绵，不绝貌。大曰瓜，小曰瓞，瓜之近本初生者常小，其蔓不绝，至末而后大也。民，周人也。自，从；土，地也。沮、漆，二水名，在豳地。古公，号也；亶父，名也，或曰字也，后乃追称太王焉。陶，窑灶也。复，重窑也。穴，土室也。家，门内之通名也。豳地近西戎而苦寒，故其俗如此。　此亦周公戒成王之诗，追述太王始迁岐周以开王业，而文王因之以受天命也。此其首章，言瓜之先小后大，以比周人始生于漆、沮之上。而古公之时，居于窑灶土室之中，其国甚小，至文王而后大也。

古公亶父，来朝走马叶满补反；率西水浒呼五反，至于岐下叶后五反。爰及姜女，聿来胥宇。

赋也。朝，早也。走马，避狄难也。浒，水厓也，漆、沮之侧也。岐下，岐山之下也。姜女，太王妃也。胥，相；宇，宅也。《孟子》曰："太王居邠，狄人侵之。事之以皮币珠玉犬马，而不得免，乃属其耆老而告之曰：'狄人之所欲者，吾土地也。吾闻之也，君子不以其所以养人者害人，二三子何患乎无君？我将去之。'去邠，逾梁山，邑于岐山之下居焉。邠人曰：'仁人也，不可失也。'从之者如归市。"

周原朊朊音武，堇音谨荼如饴音移；爰始爰谋叶谟悲反，爰契苦计反我龟。曰止曰时，筑室于兹叶津之反。

赋也。周，地名，在岐山之南。广平曰原。朊朊，肥美貌。堇，乌头也。荼，苦菜，蓼属也。饴，饧也。契，所以然火而灼龟者也，《仪礼》所谓楚焞是也。或曰以刀刻龟甲欲钻之处也。　言周原土地之美，虽物之苦者亦甘。于是大王始与豳人之从己者谋居之，又契龟而卜之。既得吉兆，乃告其民曰："可以止于是而筑室矣。"或曰：时，谓土功之时也。

乃慰乃止，乃左乃右叶羽已反，乃疆乃理，乃宣乃亩叶满彼反。自西徂东,周爰执事叶上止反。

赋也。慰,安;止,居也。左右,东西列之也。疆,谓画其大界;理,谓别其条理也。宣,布散而居也,或曰导其沟洫也。亩,治其田畴也。自西徂东,自西水浒而徂东也。周,遍也,言靡事不为也。

乃召司空,乃召司徒;俾立室家叶古反胡,其绳则直。缩色六反版以载叶节力反,作庙翼翼。

赋也。司空,掌营国邑;司徒,掌徒役之事。绳,所以为直,凡营度、位处,皆先以绳正之。既正,则束版而筑也。缩,束也。载,上下相承也。言以索束版,投土筑讫,则升下而上以相承载也。君子将营宫室,宗庙为先,厩库为次,居室为后。翼翼,严正也。

捄音俱之陾陾耳升反,度待洛反之薨薨,筑之登登,削屡冯冯扶冰反。百堵丁古反皆兴,鼛音皋鼓弗胜音升。

赋也。捄,盛土于器也。陾陾,众也。度,投土于版也。薨薨,众声也。登登,相应声。削屡,墙成而削,治重复也。冯冯,墙坚声。五版为堵。兴,起也。此言治宫室也。鼛鼓,长一丈二尺,以鼓役事,弗胜者,言其乐事劝功,鼓不能止也。

乃立皋门,皋门有伉苦浪反,叶苦郎反;乃立应门,应门将将七羊反;乃立冢土,戎丑攸行叶户郎反。

赋也。传曰:"王之郭门曰皋门。"伉,高貌。王之正门曰应门。将将,严正也。大王之时,未有制度,特作二门,其名如此。及周有天下,遂尊以为天子之门,而诸侯不得立焉。冢土,大社也,亦大王所立,而后因以为天子之制也。戎丑,大众也。起大事,动大众,必有事乎社而后出谓之宜。

肆不殄田典反厥愠纡问反,亦不陨韵敏反厥问,柞子洛反棫音域拔蒲贝反矣,行道兑吐外反矣!混音昆夷駾徒对反矣,维其喙吁贵反矣!

赋也。肆,故今也,犹言遂也,承上起下之辞。殄,绝;愠,怒;陨,坠也。问、闻通,谓声誉也。柞,栎也,枝长叶盛,丛生有刺。棫,白桵也。小木,亦丛生有刺。拔,挺拔而上,不拳曲蒙蔽也。兑,通也,始通道于柞棫之间也。駾,突;喙,息也。　言大王虽不能殄绝混夷之愠怒,亦不陨坠己之声闻,盖虽圣贤,不能必人之不怒己,但不废其自修之实耳。然大王始至此岐山之时,林木深阻,人物鲜少。至于其后,生齿渐繁,归附日众,则木拔道通,混夷畏之,而奔突窜伏,维其喙息而已。言德盛而混夷自服也,盖已为文王之时矣。

虞芮如锐反质厥成,文王蹶居卫反厥生叶桑经反。予曰有疏附叶上声,予曰有先息荐反后胡豆反,叶下五反;予曰有奔奏与走通,叶宗五反,予曰有御侮。

赋也。虞、芮,二国名。质,正;成,平也。传曰:"虞芮之君,相与争田,久而不平,乃相与朝周。入其境,则耕者让畔,行者让路;入其邑,男女异路,斑白者不提挈;入其朝,士让为大夫,大夫让为卿。二国之君,感而相谓曰:'我等小人,不可以履君子之境。'乃相让以其所争田为间田而退。天下闻之而归者四十余国。"苏氏曰:"虞在陕之平陆,芮在同之冯翊,平陆有闲原焉,则虞芮之所让也。"蹶生,未详其义,或曰:"蹶,动而疾也。"生,犹起也。予,诗人自予也。率下亲上曰疏附,相道前后曰先后,喻德宣誉曰奔奏,武臣折冲曰御侮。

言混夷既服,而虞芮来质其讼之成,于是诸侯归服者众。而文王由此动其兴起之势,是虽其德之盛,然亦由有此四臣之助而然。故各以予曰起之,其辞繁而不杀者,所以深叹其得人之盛也。

《绵》九章,章六句。

一章言在豳,二章言至岐,三章言定宅,四章言授田居民,五章言作宗庙,六章言治宫室,七章言作门社,八章言至文王而服混夷,九章遂言文王受命之事。余说见上篇。

芃芃薄红反棫雨逼反朴音卜,薪之槱音酉之;济济子礼反辟音壁王,左右趣叶此苟反之。

兴也。芃芃,木盛貌;朴,丛生也;言根枝迫迮相附著也。槱,积也。济济,容貌之美也。辟,君也。君王,谓文王也。　此亦以咏歌文王之德。言芃芃棫朴,则薪之槱之矣;济济辟王,则左右趣之矣。盖德盛而人心归附趣向之也。

济济辟王,左右奉璋;奉璋峨峨五歌反,髦士攸宜叶牛何反。

赋也。半珪曰璋。祭祀之礼，王祼以圭瓒，诸臣助之。亚祼以璋瓒，左右奉之。其判在内，亦有趣向之意。峨峨，盛壮也。髦，俊也。

淠匹世反彼泾音经舟，烝徒楫音接，叶接入反之；周王于迈，六师及之。

兴也。淠，舟行貌。泾，水名。烝，众；楫，櫂；于，往；迈，行也。六师，六军也。　言淠彼泾舟，则舟中之人，无不楫之；周王于迈，则六师之众，追而及之。盖众归其德，不令而从也。

倬陟角反彼云汉，为章于天叶铁因反；周王寿考，遐不作人。

兴也。倬，大也。云汉，天河也，在箕、斗二星之间，其长竟天。章，文章也。文王九十七乃终，故言寿考。遐，与何同。作人，谓变化鼓舞之也。

追对回反琢陟角反其章，金玉其相；勉勉我王，纲纪四方。

兴也。追，雕也，金曰雕，玉曰琢。相，质也。勉勉，犹言不已也。凡网罟张之为纲，理之为纪。　追之琢之，则所以美其文者至矣。金之玉之，则所以美其质者至矣。勉勉我王，则所以纲纪乎四方者至矣。

《棫朴》五章，章四句。

此诗前三章言文王之德，为人所归。后二章言文王之德，有以振作纲纪天下之人，而人归之。自此以下至《假乐》，皆不知何人所作，疑多出于周公也。

瞻彼旱麓音鹿，榛楛音户济济子礼反；岂弟君子，干禄岂弟。

兴也。旱，山名；麓，山足也。榛，似栗而小；楛，似荆而赤。济济，众多也。岂弟，乐易也。君子，指文王也。　此亦以咏歌文王之德。言旱山之麓，则榛楛济济然矣。岂弟君子，则其干禄也岂弟矣。干禄岂弟，言其干禄之有道，犹曰其争也君子云尔。

瑟所乙反彼玉瓒才旱反，黄流在中；岂弟君子，福禄攸降叶呼攻反。

兴也。瑟，缜密貌。玉瓒，圭瓒也，以圭为柄，黄金为勺，青金为外，而朱其中也。黄流，郁鬯也。酿秬黍为酒，筑郁金煮而和之，使芬芳条鬯，以瓒酌而祼之也。攸，所；降，下也。　言瑟然之玉瓒，则必有黄流在其中；岂弟之君子，则必有福禄下其躬。明宝器不荐于亵味，而黄流不注于瓦缶。则知盛德必享于禄寿，而福泽不降于淫人矣。

鸢弋专反飞戾天叶铁因反，鱼跃于渊叶一均反，岂弟君子，遐不作人。

兴也。鸢，鸱类。戾，至也。李氏曰："《抱朴子》曰：'鸢之在下无力，及至乎上，耸身直翅而已。盖鸢之飞，全不用力，亦如鱼跃，怡然自得，而不知其所以然也。'"遐、何通。　言鸢之飞，则戾于天矣；鱼之跃，则出于渊矣。岂弟君子，而何不作人乎？言其必作人也。

清酒既载叶节力反，骍息营反牡既备叶蒲北反；以享以祀叶逸织反，以介景福叶笔力反。

赋也。载，在尊也。备，全具也。承上章言有岂弟之德，则祭必受福也。

瑟彼柞棫，民所燎力召反矣；岂弟君子，神所劳力报反矣。

兴也。瑟，茂密貌。燎，爨也。或曰炽燎除其旁草，使木茂也。劳，慰抚也。

莫莫葛藟力轨反，施以豉反于条枚莫回反。岂弟君子，求福不回。

兴也。莫莫，盛貌。回，邪也。

《旱麓》六章，章四句。

思齐侧皆反大音泰任，文王之母莫后反；思媚美记反周姜，京室之妇房九反。大同上姒嗣徽音，则百斯男叶尼心反。

赋也。思，语辞。齐，庄；媚，爱也。周姜，大王之妃大姜也。京，周也。大姒，文王之妃也。徽，美也。百男，举成数而言其多也。　此诗亦歌文王之德，而推本言之。曰，此庄敬之大任，乃文王之母，实能媚于周姜，而称其为周室之妇。至于大姒，又能继其美德之音，而子孙众多。上有圣母，所以成之者远；内有贤妃，所以助之者深也。

惠于宗公，神罔时怨，神罔时恫音通；刑于寡妻，至于兄弟，以御牙嫁反于家邦叶卜工反。

赋也。惠，顺也。宗公，宗庙先公也。恫，痛也。刑，仪法也。寡妻，犹言寡小君也。御，迎也。　　言文王顺于先公，而鬼神歆之无怨恫者，其仪法内施于闺门而至于兄弟，以御于家邦也。孔子曰："家齐而后国治。"孟子曰："言举斯心加诸彼而已。"张子曰："言接神人，各得其道也。"

雝雝於容反在宫，肃肃在庙叶音貌；不显亦临，无射音亦亦保叶音鲍。

赋也。雝雝，和之至也。肃肃，敬之至也。不显，幽隐之处也。射，与斁同，厌也。保，犹守也。　　言文王在闺门之内，则极其和；在宗庙之中，则极其敬。虽居幽隐亦常若有临之者，虽无厌射，亦常有所守焉，其纯亦不已盖如是。

肆戎疾不殄，烈假古雅反不瑕；不闻亦式，不谏亦入此与下章用韵未详。

赋也。肆，故今也。戎，大也。疾，犹难也。大难，如羑里之囚，及昆夷猃狁之属也。殄，绝；烈，光；假，大；瑕，过也。此两句，与不殄厥愠、不陨厥问相表里。闻，前闻也。式，法也。　　承上章言文王之德如此，故其大难虽不殄绝，而光大亦无玷缺。虽事之无所前闻者，而亦无不合于法度；虽无谏诤之者，而亦未尝不入于善，传所谓性与天合，是也。

肆成人有德，小子有造；古之人无斁音亦，誉髦斯士。

赋也。冠以上为成人。小子，童子也。造，为也。古之人，指文王也。誉，名；髦，俊也。　　承上章言文王之德。见于事者如此，故一时人材，皆得其所成就。盖由其德纯亦不已，故令此士皆有誉于天下，而成其俊乂之美也。

《思齐》五章，二章章六句，三章章四句。

皇矣上帝，临下有赫叶黑各反！监观四方，求民之莫。维此二国，其政不获叶胡郭反；维彼四国，爰究爰度待洛反。上帝耆之，憎其式廓，乃眷西顾，此维与宅叶达各反。

赋也。皇，大；临，视也。赫，威明也。监，亦视也。莫，定也。二国，夏、商也。不获，谓失其道也。四国，四方之国也。究，寻；度，谋也。耆、憎、式廓，未详其义。或曰：耆，致也；憎，当作增；式廓，犹言规模也。此谓岐周之地也。　　此诗叙大王大伯王季之德，以及文王伐密伐崇之事也。此其首章，先言天之临下甚明,但求民之安定而已。彼夏商之政,既不得矣,故求于四方之国。苟上帝之所欲致者,则增大其疆境之规模,于是乃眷然顾视西土,以此岐周之地,与大王为居宅也。

作之屏必领反之,其菑庄持反其翳一计反;修之平之,其灌其栵音例。启之辟婢亦反之,其柽丑贞反其椐羌居反,叶纪庶反;攘之剔它历反之,其檿乌剑反其柘章夜反,叶都故反。帝迁明德,串古患反夷载路;天立厥配,受命既固。

赋也。作,拔起也。屏,去之也。菑,木立死者也。翳,自毙者也,或曰,小木蒙密蔽翳者也。修、平,皆治之使疏密正直得宜也。灌,丛生者也。栵,行生者也。启、辟,芟除也。柽,河柳也,似杨,赤色,生河边。椐,樻也,肿节,似扶老,可为杖者也。攘、剔,谓穿剔去其繁冗,使成长也。檿,山桑也,与柘皆美材,可为弓干,又可蚕也。明德,谓明德之君,即大王也。串夷载路,未详。或曰:串夷,即昆夷;载路,谓满路而去,所谓昆夷駾矣者也。配,贤妃也,谓大姜。　　此章言大王迁于岐周之事。盖岐周之地,本皆山林险阻无人之境,而近于昆夷。大王居之,人物渐盛,然后渐次开辟。如此乃上帝迁此明德之君,使居其地,而昆夷远遁。天又为之立贤妃以助之,是以受命坚固,而卒成王业也。

帝省息井反其山,柞棫斯拔蒲贝反,松柏斯兑徒外反;帝作邦作对,自大音泰伯王季。维此王季,因心则友叶羽已反;则友其兄叶虚王反,则笃其庆叶祛羊反。载锡之光,受禄无丧息浪反,叶平声,奄有四方。

赋也。拔、兑,见《绵》篇。此亦言其山林之间,道路通也。对,犹当也,作对言择其可当此国者以君之也。大伯,大王之长子。王季,大王之少子也。因心,非勉强也。善兄弟曰友。兄,谓大伯也。笃,厚;载,则也。奄字之义,在忽遂之间。　　言帝省其山,而见其木拔道通,则知民之归之者益众矣。于是既作之邦,又与之贤君以嗣其业,盖自其初生大伯王季之时而已定矣。于是大伯见王季生文王,又知天命之有在,故适吴不反。大王没而国传于王季,及文王而周道大兴也。然以大伯而避王季,则王季疑于不友,故又特言王季所以友其兄者,乃因其心之自然,而无待于勉强。既受大伯之让,则益修其德以厚周家之庆。而与其兄以让德之光，犹曰彰其知人之明，不为徒让耳。其德如是，故能受天禄而不失，至于文武而奄有四方也。

维此王季，帝度待洛反其心；貊武伯反其德音，其德克明。克明克类，克长丁丈反克君，王如字，或于况反此大邦；克顺克比必里反，比毗至反于文王。其德靡悔叶虎洧反，既受帝祉音耻，施以豉反于孙子叶奖里反。

赋也。度，能度物制义也。貊，《春秋传》、《乐记》皆作莫，谓其莫然清静也。克明，能察是非也。克类，能分善恶也。克长，教诲不倦也。克君，赏庆刑威也。言其赏不僭，故人以为庆；刑不滥，故人以为威也。顺，慈和遍服也。比，上下相亲也。比于，至于也。悔，遗恨也。　言上帝制王季之心，使有尺寸，能度义，又清静其德音，使无非间之言，是以王季之德，能此六者。至于文王，而其德尤无遗恨，是以既受上帝之福，而延及于子孙也。

帝谓文王，无然畔援于愿反，无然歆羡钱面反；诞先登于岸叶鱼战反，密人不恭，敢距大邦叶卜攻反，侵阮鱼宛反徂共音恭。王赫思怒叶暖五反，爰整其旅，以按音遏徂旅，以笃于周祜候五反，以对于天下叶后五反。

赋也。帝谓文王，设为天命文王之词，如下所言也。无然，犹言不可如此也。畔，离畔也。援，攀援也。言舍此而取彼也。歆，欲之动也。羡，爱慕也，言肆情以徇物也。岸，道之极至处也。密，密须氏也，姞姓之国，在今宁州。阮，国名，在今泾州。徂，往也。共，阮国之地名，今泾州之共池是也。其旅，周师也。按，遏也。徂旅，密师之往共者也。祜，福；对，答也。　人心有所畔援，有所歆羡，则溺于人欲之流，而不能以自济。文王无是二者，故独能先知先觉以造道之极至。盖天实命之，而非人力之所及也。是以密人不恭，敢违其命，而擅兴师旅以侵阮，而往至于共，则赫怒整兵，而往遏其众，以厚周家之福，而答天下之心，盖亦因其可怒而怒之，初未尝有所畔援歆羡也。此文王征伐之始也。

依其在京叶居良反，侵自阮疆，陟我高冈，无矢我陵；我陵我阿，无饮我泉；我泉我池叶徒何反，度待洛反其鲜息浅反原。

居岐之阳，在渭之将；万邦之方，下民之王。

赋也。依，安貌。京，周京也。矢，陈；鲜，善；将，侧；方，乡也。　言文王安然在周之京，而所整之兵，既遏密人，遂从阮疆而出以侵密。所陟之冈，即为我冈，而人无敢陈兵于陵、饮水于泉以拒我也。于是相其高原而徙都焉，所谓程邑也，其地于汉为扶风安陵，今在京兆府咸阳县。

帝谓文王，予怀明德，不大声以色，不长丁丈反夏以革。不识不知，顺帝之则。帝谓文王，询尔仇方，同尔兄弟；以尔钩援音爰，与尔临冲，以伐崇墉。

赋也。予，设为上帝之自称也。怀，眷念也。明德，文王之明德也。以，犹与也。夏、革，未详。则，法也。仇方，雠国也。兄弟，与国也。钩援，钩梯也，所以钩引上城，所谓云梯者也；临，临车也，在上临下者也；冲，冲车也，从旁冲突者也：皆攻城之具也。崇，国名，在今京兆府鄠县。墉，城也，《史记》：崇侯虎谮西伯于纣，纣囚西伯于羑里。西伯之臣，闳夭之徒，求美女奇物善马以献纣。纣乃赦西伯，赐之弓矢鈇钺，得专征伐。曰："谮西伯者，崇侯虎也。"西伯归，三年，伐崇侯虎而作丰邑。　言上帝眷念文王，而言其德之深微，不暴著其形迹。又能不作聪明以循天理，故又命之以伐崇也。吕氏曰："此言文王德不形而功无迹，与天同体而已。虽兴兵以伐崇，莫非顺帝之则而非我也。"

临冲闲闲叶胡员反，崇墉言言；执讯音信连连，攸馘古获反安安叶於肩反。是类是祃马嫁反，叶满补反，是致是附叶上声，四方以无侮。临冲茀茀音弗，叶分聿反，崇墉仡仡鱼乞反；是伐是肆，是绝是忽叶虚屈反，四方以无拂叶分聿反。

赋也。闲闲，徐缓也。言言，高大也。连连，属续状。馘，割耳也。军法获者不服，则杀而献其左耳。安安，不轻暴也。类，将出师祭上帝也。祃，至所征之地而祭始造军法者，谓黄帝及蚩尤也。致，致其至也。附，使之来附也。茀茀，强盛貌。仡仡，坚壮貌。肆，纵兵也。忽，灭；拂，戾也。《春秋传》曰："文王伐崇，三旬不降，退修教而复伐之，因垒而降。"　言文王伐崇之初，缓攻徐战，告祀群神，以致附来者，而四方无不畏服。及终不服，则纵兵以灭之，而四方无不顺从也。夫始攻之缓、战之徐也，非力不足也，非示之弱也，将以致附而全之也。及其终不下而肆之也，则天诛不可以留，而罪人不可以不得故也。此所谓文王之师也。

《皇矣》八章，章十二句。

一章二章，言天命大王；三章四章，言天命王季；五章六章，言天命文王伐密；七章八章，言天命文王伐崇。

经始灵台叶田饴反，经之营之；庶民攻之，不日成之。经始勿亟居力反，庶民子来叶六直反。

赋也。经，度也。灵台，文王所作。谓之灵者，言其倏然而成，如神灵之所为也。营，表；攻，作也。不日，不终日也。亟，急也。　国之有台，所以望氛祲、察灾祥、时观游、节劳佚也。文王之台，方其经度营表之际，而庶民已来作之，所以不终日而成也。虽文王心恐烦民，戒令勿亟，而民心乐之，如子趣父事，不召自来也。孟子曰："文王以民力为台为沼，而民欢乐之。谓其台曰灵台，谓其沼曰灵沼。"此之谓也。

王在灵囿叶音郁，麀音忧鹿攸伏；麀鹿濯濯直角反，白乌翯翯户角反。王在灵沼叶音灼，於音乌牣音刃鱼跃。

赋也。灵囿，台之下有囿，所以域养禽兽也。麀，牝鹿也。伏，言安其所处，不惊扰也。濯濯，肥泽貌。翯翯，洁白貌。灵沼，囿之中有沼也。牣，满也，鱼满而跃，言多而得其所也。

虡音巨业维枞七凶反，贲扶云反鼓维镛音庸；於论卢门反鼓钟，於乐音洛辟音璧廱。

赋也。虡，植木以悬钟磬，其横者曰栒。业，栒上大版，刻之捷业如锯齿者也。枞，业上悬钟磬处，以彩色为崇牙，其状枞枞然者也。贲，大鼓也，长八尺，鼓四尺，中围加三之一。镛，大钟也。论，伦也，言得其伦理也。辟、璧通。廱，泽也。辟廱，天子之学，大射行礼之处也。水旋丘如璧，以节观者，故曰辟廱。

於论鼓钟，於乐辟廱；鼍徒河反鼓逢逢薄红反，矇音蒙瞍音叟奏公。

赋也。鼍，似蜥蜴，长丈余，皮可冒鼓。逢逢，和也。有眸子而无见曰矇，无眸子曰瞍。古者乐师，皆以瞽者为之，以其善听而审于音也。公，事也。闻鼍鼓之声，而知矇瞍方奏其事也。

《灵台》四章，二章章六句，二章章四句。

东莱吕氏曰："前二章，乐文王有台池鸟兽之乐也；后二章，乐文王有钟鼓之乐也。皆述民乐之词也。"

下武维周，世有哲王；三后在天，王配于京叶居良反。

赋也。下，义未详，或曰字当作文，言文王武王实造周也。哲王，通言大王、王季也。三后，大王、王季、文王也。在天，既没而其精神上与天合也。王，武王也。配，对也，谓继其位以对三后也。京，镐京也。　此章美武王能缵大王、王季、文王之绪而有天下也。

王配于京，世德作求；永言配命，成王之孚叶孚尤反。

赋也。言武王能继先王之德，而长言合于天理，故能成王者之信于天下也。若暂合而遽离，暂得而遽失，则不足以成其信矣。

成王之孚，下土之式；永言孝思，孝思维则。

赋也。式、则，皆法也。　言武王所以能成王者之信而为四方之法者，以其长言孝思而不忘，是以其孝可为法耳。若有时而忘之，则其孝者伪耳，何足法哉？

媚兹一人，应侯顺德；永言孝思，昭哉嗣服叶蒲北反！

赋也。媚，爱也。一人，谓武王。应，如"丕应徯志"之应。侯，维；服，事也。　言天下之人，皆爱戴武王以为天子。而所以应之，维以顺德，是武王能长言孝思，而明哉其嗣先王之事也。

昭兹来许，绳其祖武；於万斯年，受天之祜候古反！

赋也。昭兹，承上句而言。兹、哉声相近，古盖通用也。来，后世也。许，犹所也。绳，继；武，迹也。　言武王之道，昭明如此，来世能继其迹，则久荷天禄而不替矣。

受天之祜，四方来贺；於万斯年，不遐有佐。

赋也。贺，朝贺也。周末秦强，天子致胙，诸侯皆贺。遐、何通。佐，助也。盖曰岂不有助乎云尔。

《下武》六章，章四句。

或疑此诗有成王字，当为康王以后之诗，然考寻文意，恐当只如旧说。且其文体，亦与上下篇血脉通贯，非有误也。

文王有声，遹尹橘反骏音峻有声；遹求厥宁，遹观厥成。文王烝哉！

赋也。遹，义未详，疑与聿同，发语辞。骏，大；烝，君也。　此诗言文王迁丰、武王迁镐之事。而首章推本之曰文王之有声也，甚大乎其有声也。盖以求天下之安宁，而观其成功耳。文王之德如是，信乎其克君也哉！

文王受命，有此武功；既伐于崇，作邑于丰。文王烝哉！

赋也。伐崇，事见《皇矣》篇。作邑，徙都也。丰，即崇国之地，在今鄠县杜陵西南。

筑城伊淢况域反，作丰伊匹，匪棘居力反其欲《礼记》作犹，遹追来孝叶许六反，或呼侯反。王后烝哉！

赋也。淢，成沟也。方十里为成，成间有沟，深广各八尺。匹，称；棘，急也。王后，亦指文王也。　言文王营丰邑之城，因旧沟为限而筑之，其作邑居，亦称其城而不侈大，皆非急成己之所欲也。特追先人之志，而来致其孝耳。

王公伊濯直角反，维丰之垣音袁，四方攸同，王后维翰叶胡田反。王后烝哉！

赋也。公，功也。濯，著明也。　王之功所以著明者，以其能筑此丰之垣故尔。四方于是来归，而以文王为桢干也。

丰水东注，维禹之绩，四方攸同，皇王维辟。皇王烝哉！

赋也。丰水东北流，径丰邑之东，入渭而注于河。绩，功也。皇王，有天下之号，指武王也。辟，君也。　言丰水东注，由禹之功，故四方得以来同于此，而以武王为君。此武王未作镐京时也。

镐京辟廱，自西自东；自南自北，无思不服叶蒲北反。皇王烝哉！

赋也。镐京，武王所营也，在丰水东，去丰邑二十五里。张子曰："周家自后稷居邰，公刘居豳，大王邑岐，而文王则迁于丰，至武王又居于镐。当是时，民之归者日众，其地有不能容，不得不迁也。”辟廱，说见前篇。张子曰：“灵台辟廱，文王之学也；镐京辟廱，武王之学也；至此始为天子之学矣。”无思不服，心服也。孟子曰：“天下不心服而王者未之有也。”此言武王徙居镐京，讲学行礼，而天下自服也。

考卜维王，宅是镐京叶居良反，维龟正叶诸盈反之，武王成之。武王烝哉！

赋也。考，稽；宅，居；正，决也。成之，作邑居也。张子曰：“此举谥者，追述其事之言也。”

丰水有芑，武王岂不仕鉏里反？诒厥孙谋，以燕翼子叶奖里反。武王烝哉！

兴也。芑，草名。仕，事；诒，遗；燕，安；翼，敬也。子，成王也。　镐京犹在丰水下流，故取以起兴，言丰水犹有芑，武王岂无所事乎？诒厥孙谋，以燕翼子，则武王之事也。谋及其孙，则子可以无事矣。或曰：赋也。言丰水之旁，生物繁茂，武王岂不欲有事于此哉？但以欲遗孙谋以安翼子，故不得而不迁耳。

《文王有声》八章，章五句。

此诗以武功称文王，至于武王，则言“皇王维辟，无思不服”而已。盖文王既造其始，则武王续而终之，无难也。又以见文王之文，非不足于武；而武王之有天下，非以力取之也。

文王之什十篇，六十六章，四百一十四句。

郑谱，此以上为文武时诗，以下为成王周公时诗。今案《文王》首句，即云文王在上，则非文王之诗矣。又曰无念尔祖，则非武王之诗矣。大明有声，并言文武者非一，安得为文武之时所作乎？盖正雅皆成王周公以后之诗，但此什皆为追述文武之德，故谱因此而误耳。

诗卷第十七

生民之什三之二

厥初生民，时维姜嫄音原，叶鱼伦反。生民如何？克禋音因克祀叶养里反。以弗无子叶奖里反，履帝武敏叶母鄙反，歆攸介攸止。载震载夙叶相即反，载生载育叶日逼反，时维后稷。

赋也。民，人也，谓周人也。时，是也。姜嫄，炎帝后，姜姓，有邰氏女，名嫄，为高辛之世妃。精意以享谓之禋。祀，祀郊禖也。弗之言祓也。祓无子，求有子也。古者立郊禖，盖祭天于郊，而以先媒配也。变媒言禖者，神之也。其礼以玄鸟至之日，用大牢祀之，天子亲往，后率九嫔御，乃礼天子所御带以弓韣，授以弓矢，于郊禖之前也。履，践也。帝，上帝也。武，迹；敏，拇；歆，动也，犹惊异也。介，大也。震，娠也。夙，肃也。生子者，及月辰居侧室也。育，养也。　　姜嫄出祀郊禖，见大人迹而履其拇，遂歆歆然如有人道之感，于是即其所大所止之处，而震动有娠，乃周人所由以生之始也。周公制礼，尊后稷以配天，故作此诗。以推本其始生之祥，明其受命于天，固有以异于常人也。然巨迹之说，先儒或颇疑之，而张子曰："天地之始，固未尝先有人也，则人固有化而生者矣，盖天地之气生之也。"苏氏亦曰："凡物之异于常物者，其取天地之气常多，故其生也或异。麒麟之生，异于犬羊；蛟龙之生，异于鱼鳖。物固有然者矣。神人之生而有以异于人，何足怪哉？"斯言得之矣。

诞弥厥月，先生如达他末反；不坼敕宅反不副孚逼反，叶孚迫反，无菑音灾无害叶音曷，以赫厥灵。上帝不宁，不康禋祀叶养里反，居然生子叶奖里反。

赋也。诞，发语辞。弥，终也，终十月之期也。先生，首生也。达，小羊也。羊子易生，无留难也。坼、副，皆裂也。赫，显也。不宁，宁也。不康，康也。居然，犹徒然也。　凡人之生，必坼副灾害其母，而首生之子尤难。今姜嫄首生后稷，如羊子之易，无坼副灾害之苦，是显其灵异也。上帝岂不宁乎？岂不康我之禋祀乎？而使我无人道而徒然生是子也。

诞置之隘於懈反巷，牛羊腓符非反字之；诞置之平林，会伐平林；诞置之寒冰，鸟覆敷救反翼叶音异之。鸟乃去矣，后稷呱叶去声矣；实覃实讦叶去声，厥声载路。

赋也。隘，狭；腓，芘；字，爱；会，值也，值人伐木而收之。覆，盖；翼，藉也，以一翼覆之，以一翼藉之也。呱，啼声也。覃，长；讦，大；载，满也。满路，言其声之大也。　无人道而生子，或者以为不祥，故弃之。而有此异也，于是始收而养之。

诞实匍音蒲匐蒲北反，克岐克嶷鱼极反，以就口食；蓺之荏而甚反菽，荏菽旆旆，禾役穟穟音遂，麻麦幪幪莫孔反，瓜瓞唪唪布孔反。

赋也。匍匐，手足并行也。岐嶷，峻茂之状。就，向也。口食，自能食也，盖六七岁时也。蓺，树也。荏菽，大豆也。旆旆，枝旟扬起也。役，列也。穟穟，苗美好之貌也。幪幪然，茂密也。唪唪然，多实也。　言后稷能食时，已有种殖之志，盖其天性然也。《史记》曰：弃为儿时，其游戏好种殖麻麦，麻麦美。及为成人，遂好耕农。尧举以为农师。

诞后稷之穑，有相息亮反之道叶徒口反。茀音弗厥丰草叶此苟反，种去声之黄茂叶莫口反。实方实苞叶蒲苟反，实种上声实褎叶徐久反，实发实秀叶思久反，实坚实好叶讦口反，实颖营井反实栗，即有邰他来反家室。

赋也。相，助也，言尽人力之助也。茀，治也。种，布之也。黄茂，嘉谷也。方，房也。苞，甲而未拆也，此渍其种也。种，甲拆而可为种也。褎，渐长也。发，尽发也。秀，始穟也。坚，其实坚也。好，形味好也。颖，实繁硕而垂末也。栗，不秕也，既收成，见其实皆栗栗然不秕也。邰，后稷之母家也，岂其或灭或迁而遂以其地封后稷与？　言后稷之穑如此，故尧以其有功于民，封于邰，使即其母家而居之，以主姜嫄之祀。故周人亦世祀姜嫄焉。

诞降嘉种，维秬音巨维秠孚鄙反，维穈音门维芑音起。恒古邓反之秬秠，是获是亩叶满洧反；恒之穈芑，是任音壬是负叶扶委反，以归肇祀叶养里反。

赋也。降，降是种于民也。《书》曰“稷降播种”是也。秬，黑黍也。秠，黑黍一稃二米者也。穈，赤粱粟也。芑，白粱粟也。恒，遍也，谓遍种之也。任，肩任也。负，背负也。既成则获而栖之于亩，任负而归，以供祭祀也。秬秠言获亩，穈芑言任负，互文耳。肇，始也。稷始受国为祭主，故曰肇祀。

诞我祀如何？或舂伤容反或揄音由，或簸波我反或蹂音柔；释之叟叟所留反，烝之浮浮；载谋载惟，取萧祭脂。取羝都礼反以軷蒲末反，叶蒲昧反，载燔载烈如字，叶力制反，以兴嗣岁叶音雪，又如字。

赋也。我祀，承上章而言后稷之祀也。揄，抒臼也。簸，扬去糠也。蹂，蹂禾取谷以继之也。释，淅米也。叟叟，声也。浮浮，气也。谋，卜日择士也。惟，斋戒具修也。萧，蒿也。脂，膟膋也。宗庙之祭，取萧合膟膋爇之，使臭达墙屋也。羝，牡羊也。軷，祭行道之神也。燔，傅诸火也。烈，贯之而加于火也。四者皆祭祀之事，所以兴来岁而继往岁也。

卬五郎反盛音成于豆，于豆于登，其香始升；上帝居歆下与今叶，胡臭亶时叶上止反？后稷肇祀叶养里反，庶无罪悔叶呼委反，以迄许乙反于今上与韵叶。

赋也。卬，我也。木曰豆，以荐菹醢也。瓦曰登，以荐大羹也。居，安也。鬼神食气曰歆。胡，何；臭，香；亶，诚也。时，言得其时也。庶，近；迄，至也。

此章言其尊祖配天之祭，其香始升而上帝已安而飨之，言应之疾也。此何但芳臭之荐，信得其时哉，盖自后稷之肇祀，则庶无罪悔而至于今矣。曾氏曰：“自后稷肇祀以来，前后相承，兢兢业业，惟恐一有罪悔，获戾于天。阅数百年，而此心不易，故曰‘庶无罪悔，以迄于今’，言周人世世用心如此也。”

《生民》八章，四章章十句，四章章八句。

此诗未详所用，岂郊祀之后，亦有受厘颁胙之礼也欤？旧说：第三章八句，第四章十句。今按第三章当为十句，第四章当为八句，则去呱讦路，音韵谐协；呱声载路，文势通贯。而此诗八章，皆以十句八句相间为次。又二章以后，七章以前，每章章之首，皆有诞字。

敦徒端反彼行苇，牛羊勿践履；方苞方体，维叶泥泥乃礼反。戚戚兄弟待礼反，莫远具尔；或肆之筵，或授之几。

兴也。敦，聚貌，勾萌之时也。行，道也。勿，戒止之词也。苞，甲而未拆也。体，成形也。泥泥，柔泽貌。戚戚，亲也。莫，犹勿也。具，俱也。尔，与迩同。肆，陈也。　　疑此祭毕而燕父兄耆老之诗，故言敦彼行苇，而牛羊勿践履，则方苞方体，而叶泥泥矣。戚戚兄弟而莫远具尔，则或肆之筵，而或授之几矣。此方言其开燕设席之初，而殷勤笃厚之意，蔼然已见于言语之外矣。读者详之。

肆筵设席叶祥勺反，授几有缉御叶鱼驾反。或献或酢才洛反，洗爵奠斝古雅反，叶居讶反；醓他感反醢以荐叶即略反，或燔或炙叶陟略反。嘉殽脾婢支反臄渠略反，或歌或咢五洛反。

赋也。设席，重席也。缉，续；御，侍也。有相续代而侍者，言不乏使也。进酒于客曰献，客答之曰酢。主人又洗爵酬客，客受而奠之，不举也。斝，爵也。夏曰琖，殷曰斝，周曰爵。醓，醢之多汁者也。燔，用肉；炙，用肝。臄，口上肉也。歌者，比于琴瑟也。徒击鼓曰咢。　　言侍御献酬饮食歌乐之盛也。

敦音雕，下同弓既坚叶吉因反，四鍭音侯既钧；舍音捨矢既均，序宾以贤叶下珍反。敦弓既句古候反，叶古侯反，既挟子协反四鍭；四鍭如树叶上主反，序宾以不侮。

赋也。敦，通画也，天子雕弓。坚，犹劲也。鍭，金镞翦羽矢也。钧，参亭也。谓三分之，一在前，二在后。三订之而平者，前有铁重也。舍，释也，谓发矢也。均，皆中也，贤射多中也。投壶曰，某贤于某若干纯，奇则曰奇，均则曰左右均是也。句、彀通，谓引满也。射礼，搢三挟一，既挟四鍭，则遍释矣。如树，如手就树之，言贯革而坚正也。不侮，敬也，令弟子辞。所谓无怃、无敖、无偝立、无逾言者也。或曰不以中，病不中者也。射以中多为隽，以不侮为德。　　言既燕而射，以为乐也。

曾孙维主如字，或叶当口反，酒醴维醹如主反，或叶奴口反，酌以大斗叶肿庾反，或如字，以祈黄耇叶果五反，或如字。黄耇台汤来反背叶必墨反，以引以翼；寿考维祺音其，以介景福叶笔力反。

赋也。曾孙，主祭者之称。今祭毕而燕，故因而称之也。醹，厚也。大斗，柄长三尺。祈，求也。黄耇，老人之称。以祈黄耇，犹曰"以介眉寿"云耳。古器物款识云，"用蕲万寿"，"用蕲眉寿"，"永命多福"，"用蕲眉寿"，"万年无疆"，皆此类也。台，鲐也，大老则背有鲐文。引，导；翼，辅；祺，吉也。　　此颂祷之辞，欲其饮此酒而得老寿。又相引导辅翼，以享寿祺，介景福也。

《行苇》四章，章八句。

毛七章，二章章六句，五章章四句。郑八章，章四句。毛首章以四句兴二句，不成文理，二章又不协韵。郑首章有起兴而无所兴，皆误，今正之如此。

既醉以酒，既饱以德；君子万年，介尔景福叶笔力反。

赋也。德，恩惠也。君子，谓王也。尔，亦指王也。　　此父兄所以答《行苇》之诗，言享其饮食恩意之厚，而愿其受福如此也。

既醉以酒，尔殽既将；君子万年，介尔昭明叶谟郎反。

赋也。殽，俎实也。将，行也，亦奉持而进之意。昭明，犹光大也。

昭明有融，高朗令终；令终有俶尺六反，公尸嘉告叶姑沃反。

赋也。融，明之盛也。《春秋传》曰："明而未融。"朗，虚明也。令终，善终也。《洪范》所谓考终命，古器物铭所谓令终、令命是也。俶，始也。公尸，君尸也。周称王，而尸但曰公尸，盖因其旧。如秦已称皇帝，而其男女犹称公子公主也。嘉告，以善言告之，谓嘏辞也。盖欲善其终者必善其始，今固未终也，而既有其始矣，于是公尸以此告之。

其告维何？笾豆静嘉叶居何反；朋友攸摄，摄以威仪叶牛何反。

赋也。静嘉，清洁而美也。朋友，指宾客助祭者，说见《楚茨》篇。摄，检也。　　公尸告以汝之祭祀，笾豆之荐，既静嘉矣，而朋友相摄佐者，又皆有威仪，当神意也。自此至终篇，皆述尸告之辞。

威仪孔时叶上止反，君子有孝子叶奖里反；孝子不匮求位反，永锡尔类。

赋也。孝子，主人之嗣子也。《仪礼》祭祀之终，有嗣举奠。匮，竭；类，善也。　　言汝之威仪既得其宜，又有孝子以举奠。孝子之孝，诚而不竭，则宜永锡尔以善矣。东莱吕氏曰："君子既孝而嗣子又孝，其孝可谓源源不竭矣。"

其类维何？室家之壸苦本反，叶苦俊反；君子万年，永锡祚才故反胤羊刃反。

赋也。壸，宫中之巷也，言深远而严肃也。祚，福禄也。胤，子孙也。锡之以善，莫大于此。

其胤维何？天被皮寄反尔禄；君子万年，景命有仆。

赋也。仆，附也。　　言将使尔有子孙者，先当使尔被天禄，而为天命之所附属。下章乃言子孙之事。

其仆维何？厘力之反尔女士钼里反；厘尔女士，从以孙子叶奖里反。

赋也。厘，予也。女士，女之有士行者，谓生淑媛使为之妃也。从，随也，谓又生贤子孙也。

《既醉》八章，章四句。

凫音扶鹥於鸡反在泾，公尸来燕来宁；尔酒既清，尔殽既馨，公尸燕饮，福禄来成。

兴也。凫，水鸟如鸭者。鹥，鸥也。泾，水名。尔，自歌工而指主人也。馨，香之远闻也。　　此祭之明日，绎而宾尸之乐，故言凫鹥则在泾矣，公尸则来燕来宁矣。酒清殽馨，则公尸燕饮，而福禄来成矣。

凫鹥在沙叶桑何反，公尸来燕来宜叶牛何反；尔酒既多，尔殽既嘉叶居何反，公尸燕饮，福禄来为叶吾禾反。

兴也。为，犹助也。

凫鹥在渚，公尸来燕来处；尔酒既湑息汝反，尔殽伊脯，公尸燕饮，福禄来下叶后五反。

兴也。渚，水中高地也。湑，酒之泲者也。

凫鹥在潨在公反，公尸来燕来宗；既燕于宗，福禄攸降叶乎攻反，公尸燕饮，福禄来崇。

兴也。潨，水会也。来宗之宗，尊也。于宗之宗，庙也。崇，积而高大也。

凫鹥在亹音门，公尸来止熏熏叶眉贫反；旨酒欣欣，燔炙芬芬叶丰匀反，公尸燕饮，无有后艰叶居银反。

兴也。亹，水流峡中，两岸如门也。熏熏，和说也。欣欣，乐也。芬芬，香也。

《凫鹥》五章，章六句。

假《中庸》、《春秋传》皆作嘉，今当作嘉乐音洛君子叶音则，显显令德，宜民宜人；受禄于天叶铁因反，保右音又命叶弥并反之，自天申之。

赋也。嘉，美也。君子，指王也。民，庶民也。人，在位者也。申，重也。言王之德，既宜民人而受天禄矣，而天之于王，犹反覆眷顾之不厌，既保之右之命之，而又申重之也。疑此即公尸之所以答《凫鹥》者也。

干禄百福叶笔力反，子孙千亿；穆穆皇皇，宜君宜王。不愆不忘，率由旧章。

赋也。穆穆，敬也；皇皇，美也。君，诸侯也。王，天子也。愆，过；率，循也。旧章，先王之礼乐政刑也。　言王者干禄而得百福，故其子孙之蕃，至于千亿，适为天子，庶为诸侯，无不穆穆皇皇，以遵先王之法者。

威仪抑抑，德音秩秩；无怨无恶乌路反，率由群匹。受福无疆，四方之纲。

赋也。抑抑，密也。秩秩，有常也。匹，类也。　言有威仪声誉之美，又能无私怨恶，以任众贤，是以能受无疆之福，为四方之纲。此与下章，皆称愿其子孙之辞也。或曰：无怨无恶，不为人所怨恶也。

之纲之纪，燕及朋友叶羽已反；百辟卿士钽里反，媚眉备反于天子叶奖里反。不解佳卖反于位，民之攸塈许既反。

赋也。燕，安也。朋友，亦谓诸臣也。解，惰；塈，息也。　言人君能纲纪四方，而臣下赖之以安，则百辟卿士，媚而爱之，维欲其不解于位，而为民所安息也。东莱吕氏曰："君燕其臣，臣媚其君，此上下交而为泰之时也。泰之时，所忧者怠荒而已。此诗所以终于'不解于位，民之攸塈'也，方嘉之，又规之者，盖皋陶赓歌之意也。民之劳逸在下，而枢机在上。上逸则下劳矣，上劳则下逸矣。不解于位，乃民之所由休息也。”

《假乐》四章，章六句。

笃公刘！匪居匪康，乃埸音易乃疆，乃积乃仓；乃裹音果糇音侯粮音良，于橐他洛反于囊乃郎反，思辑音集用光。弓矢斯张，干戈戚扬，爰方启行叶户郎反。

赋也。笃，厚也。公刘，后稷之曾孙也，事见《豳风》。居，安；康，宁也。埸，疆，田畔也。积，露积也。糇，食；粮，糗也。无底曰橐，有底曰囊。辑，和；戚，斧；扬，钺；方，始也。　旧说：召康公以成王将莅政，当戒以民事，故咏公刘之事以告之曰：“厚哉，公刘之于民也！其在西戎，不敢宁居，治其田畴，实其仓廪，既富且强，于是裹其糇粮，思以辑和其民人，而光显其国家，然后以其弓矢斧钺之备，爰始启行，而迁都于豳焉。”盖亦不出其封内也。

笃公刘！于胥斯原，既庶既繁叶纷乾反，既顺乃宣，而无永叹他安反。陟则在巘鱼辇反，叶鱼轩反，复降在原，何以舟叶之遥反之？维玉及瑶音遥，鞞必顶反琫必孔反容刀叶徒招反。

赋也。胥，相也。庶、繁，谓居之者众也。顺，安；宣，遍也，言居之遍也。无永叹，得其所，不思旧也。巘，山顶也。舟，带也。鞞，刀鞘也。琫，刀上饰也。容刀，容饰之刀也。或曰：“容刀，如言容臭，谓鞞琫之中，容此刀耳。”　言公刘至豳，欲相土以居，而带此剑佩，以上下于山原也。东莱吕氏曰：“以如是之佩服，而亲如是之劳苦，斯其所以为厚于民也欤？”

笃公刘！逝彼百泉，瞻彼溥音普原；乃陟南冈，乃觏于京叶居良反。京师之野叶上与反，于时处处；于时庐旅；于时言言，于时语语。

赋也。溥，大；觏，见也。京，高丘也；师，众也；京师，高山而众居也。董氏曰：“所谓京师者，盖起于此，其后世因以所都为京师也。”时，是也。处处，居室也。庐，寄也。旅，宾旅也。直言曰言，论难曰语。　此章言营度邑居也。自下观之，则往百泉而望广原；自上观之，则陟南冈而觏于京，于是为之居室，于是庐其宾旅，于是言其所言，于是语其所语，无不于斯焉。

笃公刘！于京斯依叶於岂反，跄跄七羊反济济子礼反；俾筵俾几，既登乃依同上。乃造七到反其曹，执豕于牢，酌之用匏步交反。食音嗣之饮於鸠反之，君之宗之就用之字为韵。

赋也。依，安也。跄跄济济，群臣有威仪貌。俾，使也，使人为之设筵几也。登，登筵也。依，依几也。曹，群牧之处也。以豕为殽，用匏为爵，俭以质也。宗，尊也，主也。嫡子孙主祭祀，而族人奠之以为主也。　此章言宫室既成而落之，既以饮食劳其群臣，而又为之君，为之宗焉。东莱吕氏曰："既飨燕而定经制，以整属其民，上则皆统于君，下则名统于宗。盖古者建国立宗，其事相须。楚执戎蛮子，而致邑立宗，以诱其遗民，即其事也。"

笃公刘！既溥既长，既景乃冈。相息亮反其阴阳，观其流泉。其军三单音丹，叶多涓反，度待洛反其隰原，彻田为粮。度同上其夕阳，豳居允荒。

赋也。溥，广也，言其芟夷垦辟，土地既广而且长也。景，考日景以正四方也。冈，登高以望也。相，视也。阴阳，向背寒暖之宜也。流泉，水泉灌溉之利也。三单，未详。彻，通也。一井之田九百亩，八家皆私百亩，同养公田，耕则通力而作，收则计亩而分也。周之彻法自此始，其后周公盖因而修之耳。山西曰夕阳。允，信；荒，大也。　此言辨土宜以授所徙之民，定其军赋，与其税法，又度山西之田以广之，而豳人之居，于此益大矣。

笃公刘！于豳斯馆叶古玩反，涉渭为乱，取厉取锻丁乱反。止基乃理，爰众爰有叶羽已反。夹其皇涧，遡其过古禾反涧。止旅乃密，芮鞫居六反之即。

赋也。馆，客舍也。乱，舟之截流横渡者也。厉，砥；锻，铁；止，居；基，定也。理，疆理也。众，人多也。有，财足也。遡，乡也。皇、过，二涧名。芮，水名，出吴山西北，东入泾，《周礼·职方》作汭。鞫，水外也。　此章又总叙其始终。言其始来未定居之时，涉渭取材，而为舟以来往，取厉取锻而成宫室。既止基于此矣，乃疆理其田野，则日益繁庶富足。其居有夹涧者，有溯涧者。其止居之众，日以益密，乃复即芮鞫而居之，而豳地日以广矣。

《公刘》六章，章十句。

泂音迥酌彼行潦音老，挹音揖彼注兹，可以餴甫云反饎尺志反，叶昌里反。岂弟君子，民之父母叶满彼反。

兴也。泂，远也。行潦，流潦也。餴，烝米一熟，而以水沃之，乃再烝也。饎，酒食也。君子，指王也。　旧说以为召康公戒成王，言远酌彼行潦，挹之于彼而注之于此，尚可以餴饎，况岂弟之君子，岂不为民之父母乎？传曰："岂以强教之，弟以悦安之，民皆有父之尊，有母之亲。"又曰："民之所好好之，民之恶恶之，此之谓民之父母。"

泂酌彼行潦，挹彼注兹，可以濯罍音雷。岂弟君子，民之攸归叶古回反。

兴也。濯，涤也。

泂酌彼行潦，挹彼注兹，可以濯溉古爱反，叶古气反。岂弟君子，民之攸塈许既反。

兴也。溉，亦涤也。塈，息也。

《泂酌》三章，章五句。

有卷音权者阿与歌叶，飘风自南叶尼心反。岂弟君子，来游来歌与阿叶，以矢其音。

赋也。卷，曲也。阿，大陵也。岂弟君子，指王也。矢，陈也。　此诗旧说亦召康公作，疑公从成王游歌于卷阿之上，因王之歌，而作此以为戒。此章总叙以发端也。

伴音判奂音唤尔游矣，优游尔休矣。岂弟君子，俾尔弥尔性，似先公酋在由反矣。

赋也。伴奂、优游，闲暇之意。尔、君子，皆指王也。弥，终也。性，犹命也。酋，终也。　言尔既伴奂优游矣，又呼而告之，言使尔终其寿命，似先君善始而善终也。自此至第四章，皆极言寿考福禄之盛，以广王心而歆动之。五章以后，乃告以所以致此之由也。

尔土宇昄符版反章，亦孔之厚叶狠口、下主二反矣。岂弟君子，俾尔弥尔性，百神尔主叶当口、肿庚二反矣。

赋也。昄章，大明也。或曰："昄，当作版；版章，犹版图也。"　言尔土宇昄章，既甚厚矣，又使尔终其身，常为天地山川鬼神之主也。

尔受命长矣，茀芳弗反禄尔康矣。岂弟君子，俾尔弥尔性，纯嘏尔常矣。

赋也。茀、嘏，皆福也。常，常享之也。

有冯符冰反有翼，有孝有德，以引以翼。岂弟君子，四方为则。

赋也。冯，谓可为依者。翼，谓可为辅者。孝，谓能事亲者。德，谓得于己者。引，导其前也。翼，相其左右也。东莱吕氏曰："贤者之行非一端，必曰有孝有德。何也？盖人主常与慈祥笃实之人处，其所以兴起善端，涵养德性，镇其躁而消其邪，日改月化，有不在言语之间者矣。"　言得贤以自辅如此，则其德日修，而四方以为则矣。自此章以下，乃言所以致上章福禄之由也。

颙颙卬卬，如圭如璋，令闻音问令望叶无方反。岂弟君子，四方为纲。

赋也。颙颙卬卬，尊严也；如圭如璋，纯洁也。令闻，善誉也；令望，威仪可望法也。　承上章言得冯翼孝德之助，则能如此，而四方以为纲矣。

凤凰于飞，翙翙呼会反其羽，亦集爰止。蔼蔼王多吉士钽里反，维君子使，媚于天子。

兴也。凤凰，灵鸟也；雄曰凤，雌曰凰。翙翙，羽声也。郑氏以为因时凤凰至，故以为喻，理或然也。蔼蔼，众多也。媚，顺爱也。　凤凰于飞则翙翙其羽，而集于其所止矣。蔼蔼王多吉士，则维王之所使，而皆媚于天子矣。既曰君子，又曰天子，犹曰"王于出征，以佐天子"云尔。

凤凰于飞，翙翙其羽，亦傅音附于天叶铁因反。蔼蔼王多吉人，维君子命叶弥并反，媚于庶人。

兴也。媚于庶人，顺爱于民也。

凤凰鸣矣，于彼高冈。梧桐生矣，于彼朝阳。菶菶布孔反萋萋七西反，雝雝喈喈叶居奚反。

比也，又以兴下章之事也。山之东曰朝阳。凤凰之性，非梧桐不栖，非竹实不食。菶菶萋萋，梧桐生之盛也。雝雝喈喈，凤凰鸣之和也。

君子之车，既庶且多。君子之马，既闲且驰叶唐何反。矢诗不多，维以遂歌。

赋也，承上章之兴也。菶菶萋萋，则雝雝喈喈矣。君子之车马，则既众多而闲习矣。其意若曰，是亦足以待天下之贤者，而不厌其多矣。遂歌，盖继王之声而遂歌之，犹《书》所谓赓载歌也。

《卷阿》十章，六章章五句，四章章六句。

民亦劳止，汔许乙反可小康。惠此中国，以绥四方。无纵诡居毁反随，以谨无良。式遏寇虐，憯七感反不畏明叶谟郎反。柔远能迩，以定我王。

赋也。汔，几也。中国，京师也；四方，诸夏也；京师，诸夏之根本也。诡随，不顾是非而妄随人也。谨，敛束之意。憯，曾也。明，天之明命也。柔，安也。能，顺习也。　　序说以此为召穆公刺厉王之诗，以今考之，乃同列相戒之辞耳，未必专为刺王而发，然其忧时感事之意，亦可见矣。苏氏曰："人未有无故而妄从人者，维无良之人，将悦其君而窃其权以为寇虐，则为之。故无纵诡随，则无良之人肃，而寇虐无畏之人止，然后柔远能迩，而王室定矣。"穆公名虎，康公之后。厉王名胡，成王七世孙也。

民亦劳止，汔可小休。惠此中国，以为民逑。无纵诡随，以谨惛怓女交反，叶尼犹反。式遏寇虐，无俾民忧。无弃尔劳，以为王休。

赋也。逑，聚也。惛怓，犹讙哗也。劳，犹功也，言无弃尔之前功也。休，美也。

民亦劳止，汔可小息。惠此京师，以绥四国叶于逼反。无纵诡随，以谨罔极。式遏寇虐，无俾作慝吐得反。敬慎威仪，以近有德。

赋也。罔极，为恶无穷极之人也。有德，有德之人也。

民亦劳止，汔可小愒起例反。惠此中国，俾民忧泄以世反。无纵诡随，以谨丑厉。式遏寇虐，无俾正败叶蒲寐反。戎虽小子，而式弘大叶特计反。

赋也。愒，息；泄，去；厉，恶也。正败，正道败坏也。戎，汝也，言汝虽小子，而其所为甚广大，不可不谨也。

民亦劳止，汔可小安。惠此中国，国无有残。无纵诡随，以谨缱绻。式遏寇虐，无俾正反。王欲玉女，是用大谏《春秋传》、《荀子书》并作简，音简。

赋也。缱绻，小人之固结其君者也。正反，反于正也。玉，宝爱之意，言王欲以女为玉而宝爱之，故我用王之意，大谏正于女。盖托为王意以相戒也。

《民劳》五章，章十句。

上帝板板，下民卒瘅当简反。出话不然，为犹不远。靡圣管管，不实于亶。犹之未远，是用大谏叶音简。

赋也。板板，反也。卒，尽；瘅，病；犹，谋也。管管，无所依也。亶，诚也。序以此为凡伯刺厉王之诗，今考其意，亦与前篇相类，但责之益深切耳。此章首言天反其常道，而使民尽病矣。而女之出言，皆不合理，为谋又不久远，其心以为无复圣人。但恣己妄行，而无所依据，又不实之于诚信，岂其谋之未远而然乎？世乱乃人所为，而曰上帝板板者，无所归咎之辞也。

天之方难叶泥涓反，无然宪宪叶虚言反。天之方蹶俱卫反，无然泄泄以世反。辞之辑音集，叶祖合反矣，民之洽矣。辞之怿叶弋灼反矣，民之莫矣。

赋也。宪宪，欣欣也。蹶，动也。泄泄，犹沓沓也，盖弛缓之意。孟子曰："事君无义，进退无礼，言则非先王之道者，犹沓沓也。"辑，和；洽，合；怿，悦；莫，定也。辞辑而怿，则言必以先王之道矣。所以民无不合，无不定也。

我虽异事，及尔同僚。我即而谋，听我嚣嚣许骄反。我言维服，勿以为笑叶思邀反。先民有言："询于刍初俱反荛如谣反。"

赋也。异事，不同职也。同僚，同为王臣也。《春秋传》曰："同官为僚。"即，就也。嚣嚣，自得不肯受言之貌。服，事也，犹曰：我所言者，乃今之急事也。先民，古之贤人也。刍荛，采薪者。古人尚询及刍荛，况其僚友乎？

天之方虐，无然谑谑虚虐反。老夫灌灌，小子蹻蹻其略反。匪我言耄莫报反，叶毛博反，尔用忧谑。多将熇熇叶许各反，不可救药。

赋也。谑，戏侮也。老夫，诗人自称。灌灌，款款也。蹻蹻，骄貌。耄，老而昏也。熇熇，炽盛也。 苏氏曰："老者知其不可，而尽其款诚以告之，少者不信而骄之，故曰：非我老耄而妄言，乃汝以忧为戏也。夫忧未至而救之，犹可为也；苟俟其益多，则如火之盛，不可复救矣。"

天之方㤓音癠，叶笺西反，尤为夸苦花反毗。威仪卒迷，善人载尸。民之方殿屎许伊反，则莫我敢葵。丧息浪反乱蔑资叶笺西反，曾莫惠我师叶霜夷反。

赋也。㤓，怒；夸，大；毗，附也。小人之于人，不以大言夸之，则以谀言毗之也。尸，则不言不为，饮食而已者也。殿屎，呻吟也。葵，揆也。蔑，犹灭也。资，与咨同，嗟叹声也。惠，顺；师，众也。 戒小人毋得夸毗，使威仪迷乱，而善人不得有所为也。又言民方愁苦呻吟，而莫敢揆度其所以然者，是以至于散乱灭亡，而卒无能惠我师者也。

天之牖民，如壎许元反如篪音池，如璋如圭，如取如携。携无曰益，牖民孔易以豉反，叶夷益反。民之多辟匹亦反，下同，无自立辟。

赋也。牖，开明也。犹言天启其心也。壎唱而篪和，璋判而圭合，取求携得而无所费，皆言易也。辟，邪也。 言天之开民，其易如此，以明上之化下，其易亦然。今民既多邪辟矣，岂可又自立邪辟以道之邪？

价音介人维藩叶分邅反，大师维垣。大邦维屏，大宗维翰叶胡田反。怀德维宁，宗子维城。无俾城坏叶胡罪、胡威二反，无独斯畏叶纡会、於非二反。

赋也。价，大也，大德之人也。藩，篱；师，众；垣，墙也。大邦，强国也。屏，树也，所以为蔽也。大宗，强族也。翰，干也。宗子，同姓也。 言是六者，皆君之所恃以安，而德其本也。有德，则得是五者之助；不然，则亲戚叛之而城坏；城坏，则藩垣屏翰皆坏而独居；独居，而所可畏者至矣。

敬天之怒，无敢戏豫。敬天之渝用朱反，无敢驰驱。昊天曰明叶谟郎反，及尔出王音往，叶如字。昊天曰旦叶得绢反，及尔游衍叶怡战反。

赋也。渝，变也。王、往通，言出而有所往也。旦，亦明也。衍，宽纵之意。　言天之聪明无所不及，不可以不敬也。板板也，难也，蹶也，虐也，懠也，其怒而变也，甚矣而不之敬也，亦知其有日监在兹者乎？张子曰："天体物而不遗，犹仁体事而无不在也。礼仪三百，威仪三千，无一事而非仁也。'昊天曰明，及尔出王，昊天曰旦，及尔游衍'，无一物之不体也。"

《板》八章，章八句。

生民之什十篇，六十一章，四百三十三句。

诗卷第十八

荡之什三之三

荡荡上帝，下民之辟必亦反。疾威上帝，其命多辟匹亦反。天生烝民，其命匪谌市林反，或叶市隆反。靡不有初，鲜克有终叶诸深反，或如字。

赋也。荡荡，广大貌。辟，君也。疾威，犹暴虐也。多辟，多邪辟也。烝，众。谌，信也。　言此荡荡之上帝，乃下民之君也。今此暴虐之上帝，其命乃多邪僻者，何哉？盖天生众民，其命有不可信者。盖其降命之初，无有不善，而人少能以善道自终，是以致此大乱，使天命亦罔克终，如疾威而多僻也。盖始为怨天之辞，而卒自解之如此。刘康公曰："民受天地之中以生，所谓命也。能者养之以福，不能者败以取祸，此之谓也。"

文王曰：咨，咨女音汝殷商！曾是强御，曾是掊蒲侯反克；曾是在位，曾是在服叶蒲北反。天降慆他刀反德，女兴是力。

赋也。此设为文王之言也。咨，嗟也。殷商，纣也。强御，暴虐之臣也。掊克，聚敛之臣也。服，事也。慆，慢；兴，起也。力，如力行之力。　诗人知厉王之将亡，故为此诗。托于文王所以嗟叹殷纣者，言此暴虐聚敛之臣，在位用事，乃天降慆慢之德而害民，然非其自为之也，乃汝兴起此人而力为之耳。

文王曰：咨，咨女殷商！而秉义类，强御多怼直类反。流言以对，冠攘式内。侯作侧虑反侯祝周救反，靡届靡究。

赋也。而，亦女也。义，善；怼，怨也。流言，浮浪不根之言也。侯，维也。作，读为诅；诅祝，怨谤也。　言汝当用善类，而反任此暴虐多怨之人，使用流言以应对，则是为寇盗攘窃而反居内矣，是以致怨谤之无极也。

文王曰：咨，咨女殷商！女炰自交反烋火交反于中国叶于逼反，敛怨以为德。不明尔德，时无背布内反无侧。尔德不明，以无陪蒲回反无卿。

赋也。炰烋，气健貌。敛怨以为德，多为可怨之事，而反自以为德也。背，后；侧，旁；陪，贰也。言前后左右公卿之臣，皆不称其官，如无人也。

文王曰：咨，咨女殷商！天不湎面善反尔以酒，不义从式叶式吏反。既愆尔止，靡明靡晦叶呼洧反。式号式呼火故反，俾昼作夜叶羊茹反。

赋也。湎，饮酒变色也。式，用也。言天不使尔沈湎于酒，而惟不义是从是用也。止，容止也。

文王曰：咨，咨女殷商！如蜩如螗音唐，如沸如羹叶卢当反。小大近丧息浪反，呼平声，人尚乎由行叶户郎反。内奰皮器反于中国，覃及鬼方。

赋也。蜩、螗，皆蝉也；如蝉鸣，如沸羹，皆乱意也。小者大者几于丧亡矣，尚且由此而行，不知变也。奰，怒；覃，延也。鬼方，远夷之国也。言自近及远，无不怨怒也。

文王曰：咨，咨女殷商！匪上帝不时叶上止反，殷不用旧叶巨已反。虽无老成人，尚有典刑。曾是莫听汤经反，大命以倾！

赋也。老成人，旧臣也。典刑，旧法也。　言非上帝为此不善之时，但以殷不用旧，致此祸尔。虽无老成人与图先王旧政，然典刑尚在，可以循守。乃无听用之者，是以大命倾覆而不可救也。

文王曰：咨，咨女殷商！人亦有言：颠沛之揭纪竭、去例二反，枝叶未有害许曷、瑕憩二反，本实先拨蒲末反，叶方吠、笔烈二反。殷鉴不远，在夏后之世叶始制、私列二反！

赋也。颠沛，仆拔也。揭，本根蹶起之貌。拨，犹绝也。鉴，视也。夏后，桀也。　言大木揭然将蹶，枝叶未有折伤，而其根本之实已先绝，然后此木乃相随而颠拔尔。苏氏曰："商周之衰，典刑未废，诸侯未畔，四夷未起，而其君先为不义以自绝于天,莫可救止。"正犹此尔。殷鉴在夏,盖为文王叹纣之辞。然周鉴之在殷,亦可知矣。

《荡》八章,章八句。

抑抑威仪,维德之隅。人亦有言:靡哲不愚。庶人之愚,亦职维疾叶集二反;哲人之愚,亦维斯戾。

赋也。抑抑,密也。隅,廉角也。郑氏曰:"人密审于威仪者,是其德必严正也。故古之贤者,道行心平,可外占而知内。如宫室之制,内有绳直,则外有廉隅也。"哲,知;庶,众;职,主;戾,反也。　卫武公作此诗,使人日诵于其侧以自警。言抑抑威仪,乃德之隅,则有哲人之德者,固必有哲人之威仪矣。而今之所谓哲者,未尝有其威仪,则是无哲而不愚矣。夫众人之愚,盖有禀赋之偏,宜有是疾,不足为怪;哲人而愚,则反戾其常矣。

无竞维人,四方其训之。有觉德行下孟反,四国顺之。讦况于反谟定命,远犹辰告叶古得反。敬慎威仪,维民之则。

赋也。竞,强也。觉,直大也。讦,大;谟,谋也。大谋,谓不为一身之谋,而有天下之虑也。定,审定不改易也。命,号令也。犹,图也。远谋,谓不为一时之计,而为长久之规也。辰,时;告,戒也。辰告,谓以时播告也。则,法也。　言天地之性人为贵,故能尽人道,则四方皆以为训;有觉德行,则四国皆顺从之。故必大其谋,定其命,远图时告,敬其威仪,然后可以为天下法也。

其在于今叶音经,兴迷乱于政叶音征。颠覆厥德,荒湛都南反,下同于酒叶子小反。女音汝虽湛乐音洛从,弗念厥绍市沼反。罔敷求先王,克共九勇反明刑叶胡光反。

赋也。今武公自言己今日之所为也。兴,尚也。女,武公使人诵诗而命己之辞也。后凡言女、言尔、言小子者,放此。湛乐从,言惟湛乐之从也。绍,谓所承之绪也。敷求先王,广求先王所行之道也。共,执;刑,法也。

肆皇天弗尚叶平声,如彼泉流,无沦胥以亡。夙兴夜寐,洒埽廷内,维民之章。修尔车马,弓矢戎兵叶晡亡反;用戒戎作,用逷他历反蛮方。

赋也。弗尚，厌弃之也。沦，陷；胥，相；章，表；戒，备；戎，兵；作，起；逷，远也。　　言天所不尚，则无乃沦陷相与而亡，如泉流之易乎？是以内自庭除之近，外及蛮方之远，细而寤兴洒埽之常，大而车马戎兵之变，虑无不周，备无不饬也。上章所谓“讦谟定命，远犹辰告”者，于此见矣。

质尔人民，谨尔侯度，用戒不虞叶元具反。慎尔出话，敬尔威仪叶牛何反，无不柔嘉叶居何反。白圭之玷丁簟反，尚可磨也；斯言之玷，不可为叶吾禾反也。

赋也。质，成也，定也。侯度，诸侯所守之法度也。虞，虑；话，言；柔，安；嘉，善；玷，缺也。　　言既治民守法，防意外之患矣，又当谨其言语。盖玉之玷缺，尚可磨鑢使平；言语一失，莫能救之，其戒深切矣。故南容一日三复此章，而孔子以其兄之子妻之。

无易以豉反由言，无曰苟矣此二句不用韵。莫扪音门朕舌，言不可逝叶音折，与舌叶矣。无言不仇叶市又反，无德不报叶蒲救反。惠于朋友叶羽已反，庶民小子叶奖履反。子孙绳绳，万民靡不承。

赋也。易，轻；扪，持；逝，去；仇，答；承，奉也。　　言不可轻易其言。盖无人为我持其舌者，故言语由己，易致差失，常当执持不可放去也。且天下之理，无有言而不仇，无有德而不报者。若尔能惠于朋友庶民小子，则子孙绳绳，而万民靡不承矣，皆谨言之效也。

视尔友君子，辑音集柔尔颜叶鱼坚反，不遐有愆。相息亮反在尔室，尚不愧于屋漏。无曰不显，莫予云觏。神之格叶刚鹤反思，不可度待洛反思，矧可射音亦，叶弋灼反思！

赋也。辑，和也。遐、何通。愆，过也。尚，庶几也。屋漏，室西北隅也。觏，见也。格，至；度，测；矧，况也。射、斁通，厌也。　　言视尔友于君子之时，和柔尔之颜色，其戒惧之意，常若自省。曰：岂不至于有过乎？盖常人之情，其修于显者，无不如此。然视尔独居于室之时，亦当庶几不愧于屋漏，然后可尔。无曰此非显明之处，而莫予见也。当知鬼神之妙，无物不体，其至于是，有不可得而测者。不显亦临，犹惧有失，况可厌射而不敬乎？此言不但修之于外，又当戒谨恐惧乎其所不睹不闻也。子思子曰：“君子不动而敬，不言而信。”又曰：“夫微之显，诚之不可掩如此。”此正心诚意之极功，而武公及之，则亦圣贤之徒矣。

辟尔为德，俾臧俾嘉叶居何反。淑慎尔止，不愆于仪叶牛何反。不僭不贼，鲜息浅反不为则。投我以桃，报之以李。彼童而角，实虹户公反小子叶奖履反。

赋也。辟，君也，指武公也。止，容止也。僭，差；贼，害；则，法也。无角曰童。虹，溃乱也。　既戒以修德之事，而又言为德而人法之，犹投桃报李之必然也。彼谓不必修德而可以服人者，是牛羊之童者而求其角也，亦徒溃乱汝而已，岂可得哉？

荏而甚反染而渐反柔木，言缗之丝叶新夷反。温温恭人，维德之基。其维哲人，告之话言，顺德之行与言叶。其维愚人，覆谓我僭叶七寻反，民各有心。

兴也。荏染，柔貌。柔木，柔忍之木也。缗，纶也，被之纶以为弓也。话言，古之善言也。覆，犹反也。僭，不信也。民各有心，言人心不同，愚智相越之远也。

於音乌乎音呼小子叶奖履反，未知臧否音鄙。匪手携之，言示之事叶上止反。匪面命之，言提其耳。借曰未知，亦既抱子同上。民之靡盈，谁夙知而莫音慕成？

赋也。非徒手携之也，而又示之以事；非徒面命之也，而又提其耳，所以喻之者详且切矣。假令言汝未有知识，则汝既长大而抱子，宜有知矣。人若不自盈满，能受教戒，则岂有既早知而反晚成者乎？

昊天孔昭叶音灼，我生靡乐音洛。视尔梦梦莫公反，我心惨惨当作懆，七到反，叶七各反。诲尔谆谆之纯反，听我藐藐美角反。匪用为教叶入声，覆用为虐。借曰未知，亦聿既耄叶音莫。

赋也。梦梦，不明，乱意也。惨惨，忧貌。谆谆，详熟也。藐藐，忽略貌。耄，老也，八十九十曰耄。左史所谓年九十有五时也。

於乎小子见上章，告尔旧止。听用我谋，庶无大悔叶虎委反。天方艰难，曰丧息浪反厥国叶于逼反。取譬不远，昊天不忒他得反。回遹于橘反其德，俾民大棘。

赋也。旧,旧章也,或曰久也。止,语辞。庶,幸;悔,恨;忒,差;遹,僻;棘,急也。　　言天运方此艰难,将丧厥国矣。我之取譬,夫岂远哉?观天道祸福之不差忒,则知之矣。今女乃回遹其德,而使民至于困急,则丧厥国也必矣。

《抑》十二章,三章章八句,九章章十句。

《楚语》左史倚相曰:"昔卫武公年数九十五矣,犹箴儆于国曰:'自卿以下,至于师长士,苟在朝者,无谓我老耄而舍我。必恭恪于朝夕,以交戒我。'在舆有旅贲之规,位宁有官师之典,倚几有诵训之谏,居寝有暬御之箴,临事有瞽史之道,宴居有师工之诵。史不失书,矇不失诵,以训御之。于是作懿戒以自儆。及其没也,谓之睿圣武公。"韦昭曰:"懿,读为抑,即此篇也。"董氏曰:"侯包言武公行年九十有五,犹使人日诵是诗而不离于其侧。然则序说为刺厉王者误矣。"

菀音郁彼桑柔与刘、忧叶,篇内多仿此,其下侯旬。捋力活反采其刘,瘼音莫此下民。不殄心忧,仓初亮反兄与怳同填旧说古尘字兮!倬彼昊天叶铁因反,宁不我矜。

比也。菀,茂;旬,遍;刘,残;殄,绝也。仓兄,与怆怳同,悲闵之意也。填,未详。旧说与尘、陈同,盖言久也。或疑与瘨字同,为病之义,但《召旻》篇内二字并出,又恐未然。今姑阙之。倬,明貌。　　旧说此为芮伯刺厉王而作,《春秋传》亦曰"芮良夫之诗",则其说是也。以桑为比者,桑之为物,其叶最盛,然及其采之也,一朝而尽,无黄落之渐。故取以比周之盛时,如叶之茂,其阴无所不遍。至于厉王肆行暴虐,以败其成业,王室忽焉凋弊,如桑之既采,民失其荫而受其病。故君子忧之不绝于心,悲闵之甚而至于病,遂号天而诉之也。

四牡骙骙,旟旐有翩叶批宾反。乱生不夷,靡国不泯叶弥邻反。民靡有黎,具祸以烬叶咨辛反。於音乌乎音呼有哀叶音依,国步斯频!

赋也。夷,平;泯,灭;黎,黑也,谓黑首也。具,俱也。烬,灰烬也。步,犹运也。频,急蹙也。　　厉王之乱,天下征役不息,故其民见其车马旌旗而厌苦之。自此至第四章,皆征役者之怨辞也。

国步蔑资，天不我将叶子两反。靡所止疑鱼乞反，叶如字，云徂何往？君子实维，秉心无竞叶其两反。谁生厉阶叶居奚反，至今为梗古杏反，叶古党反？

赋也。蔑，灭；资，咨；将，养也。疑，读如《仪礼》疑立之疑，定也。徂，亦往也。竞，争；厉，怨；梗，病也。　言国将危亡，天不我养，居无所定，徂无所往。然非君子之有争心也，谁实为此祸阶，使至今为病乎？盖曰祸有根原，其所从来也远矣。

忧心慇慇，念我土宇。我生不辰，逢天僤都但反怒叶暖五反。自西徂东叶音丁，靡所定处。多我覯痻武巾反，孔棘我圉。

赋也。土，乡；宇，居；辰，时；僤，厚；覯，见；痻，病；棘，急；圉，边也，或曰御也。多矣我之见病也，急矣我之在边也。

为谋为毖叶音必，乱况斯削。告尔忧恤，诲尔序爵。谁能执热，逝不以濯？其何能淑，载胥及溺叶奴学反。

赋也。毖，慎；况，滋也。序爵，辨别贤否之道也。执热，手持热物也。　苏氏曰："王岂不谋且慎哉？然而不得其道，适所以长乱而自削耳。故告之以其所当忧，而诲之以序爵。且曰：谁能执热而不濯者？贤者之能已乱，犹濯之能解热耳。不然，则其何能善哉？相与入于陷溺而已。"

如彼遡风叶孚音反，亦孔之僾音爱。民有肃心，荓普耕反云不逮。好呼报反是稼穑，力民代食。稼穑维宝，代食维好。

赋也。遡，乡；僾，唈；肃，进；荓，使也。　苏氏曰："君子视厉王之乱，闷然如遡风之人，唈而不能息，虽有欲进之心，皆使之曰世乱矣，非吾所能及也。于是退而稼穑，尽其筋力，与民同事，以代禄食而已。当是时也，仕进之忧，甚于稼穑之劳，故曰'稼穑维宝，代食维好'，言虽劳而无患也。"

天降丧息浪反乱，灭我立王。降此蟊贼，稼穑卒痒音羊。哀恫音通中国，具赘之芮反卒荒！靡有旅力，以念穹苍。

赋也。恫，痛；具，俱也。赘，属也，言危也。《春秋传》曰"君若缀旒然"，与此"赘"同。卒，尽；荒，虚也。旅，与膂同。穹苍，天也，穹言其形，苍言其色。　言天降丧乱，固已灭我所立之王矣，又降此蟊贼，则我之稼穑又病，而不得以代食矣。哀此中国，皆危尽荒，是以危困之极，无力以念天祸也。此诗之作，不知的在何时，其言灭我立王，则疑其共和之后也。

维此惠君，民人所瞻叶侧姜反。秉心宣犹，考慎其相息亮反，叶平声。维彼不顺，自独俾臧。自有肺肠，俾民卒狂。

赋也。惠，顺也，顺于义理也。宣，遍；犹，谋；相，辅；狂，惑也。　言彼顺理之君，所以为民所尊仰者，以其能秉持其心，周遍谋度，考择其辅相，必众以为贤而后用之。彼不顺理之君，则自以为善，而不考众谋，自有私见，而不通众志。所以使民眩惑，至于狂乱也。

瞻彼中林，甡甡所巾反其鹿。朋友已谮子念反，叶子林反，不胥以穀。人亦有言：进退维谷。

兴也。甡甡，众多并行之貌。谮，不信也。胥，相；穀，善；谷，穷也。言朋友相谮，不能相善，曾鹿之不如也。　言上无明君，下有恶俗，是以进退皆穷也。

维此圣人，瞻言百里。维彼愚人，覆狂以喜。匪言不能，胡斯畏忌叶巨已反。

赋也。圣人炳于几先，所视而言者，无远而不察。愚人不知祸之将至，而反狂以喜。今用事者盖如此。我非不能言也，如此畏忌何哉？言王暴虐，人不敢谏也。

维此良人，弗求弗迪叶徒沃反。维彼忍心，是顾是复房六反。民之贪乱，宁为荼毒。

赋也。迪，进也。忍，残忍也。顾，念；复，重也。荼，苦菜也，味苦气辛，能杀物，故谓之荼毒也。　言不求善人而进用之，其所顾念重复而不已者，乃忍心不仁之人。民不堪命，所以肆行贪乱，而安为荼毒也。

大风有隧音遂，有空大谷。维此良人，作为式穀。维彼不顺，征以中垢古口反，叶居六反。

兴也，隧，道；式，用；穀，善也。征以中垢，未详其义，或曰：征，行也；中，隐暗也；垢，污秽也。　大风之行有隧，盖多出于空谷之中，以兴下文君子小人所行，亦各有道耳。

大风有隧，贪人败类。听言则对，诵言如醉。匪用其良，覆俾我悖叶蒲寐反。

兴也。败类，犹言圮族也。王使贪人为政，我以其或能听我之言而对之，然亦知其不能听也。故诵言而中心如醉，由王不用善人，而反使我至此悖眊也。厉王说荣夷公、芮良夫曰："王室其将卑乎？夫荣公好专利而不备大难。夫利，百物之所生也，天地之所载也。而或专之，其害多矣。此《诗》所谓'贪人'，其荣公也与？芮伯之忧，非一日矣。"

嗟尔朋友，予岂不知而作？如彼飞虫，时亦弋获叶胡郭反。既之阴於鸩反女音汝，反予来赫叶黑各反！

赋也。如彼飞虫，时亦弋获。言已之所言，或亦有中，犹曰千虑而一得也。之，往；阴，覆也。赫，威怒之貌。我以言告女，是往阴覆于女，女反来加赫然之怒于己也。张子曰："既往密告于女，反谓我来恐动也。"亦通。

民之罔极，职凉善背叶必墨反。为民不利，如云不克。民之回遹，职竞用力。

赋也。职，专也。凉意未详。传曰："凉，薄也。"郑读作谅，信也。疑郑说为得之。善背，工为反覆也。克，胜也。回遹，邪避也。　　言民之所以贪乱而不知所止者，专由此人名为直谅，而实善背，又为民所不利之事，如恐不胜而力为之也。又言民之所以邪僻者，亦由此辈专竞用力而然也。反覆其言，所以深恶之也。

民之未戾，职盗为寇。凉曰不可，覆背善詈力智反。虽曰匪予，既作尔歌叶韵未详。

赋也。戾，定也。民之所以未定者，由有盗臣为之寇也。盖其为信也，亦以小人为不可矣。及其反背也，则又工为恶言以詈君子，是其色厉内荏，真可谓穿窬之盗矣。然其人又自文饰，以为此非我言也，则我已作尔歌矣。言得其情，且事已著明，不可掩覆也。

《桑柔》十六章，八章章八句，八章章六句。

倬彼云汉，昭回于天叶铁因反。王曰：於音乌乎音呼！何辜今之人？天降丧息浪反乱，饥馑荐在甸反臻。靡神不举，靡爱斯牲叶桑经反，圭璧既卒，宁莫我听吐丁反。

赋也。云汉，天河也。昭，光；回，转也。言其光随天而转也。荐、荐通，重也。臻，至也。靡神不举，所谓国有凶荒，则索鬼神而祭之也。圭璧，礼神之玉也。卒，尽；宁，犹何也。　旧说以为宣王承厉王之烈，内有拨乱之志，遇灾而惧，侧身修行，欲销去之。天下喜于王化复行，百姓见忧，故仍叔作此诗以美之。言云汉者，夜晴则天河明，故述王仰诉于天之词如此也。

旱既大音泰甚，蕴隆虫虫。不殄禋祀，自郊徂宫。上下奠瘗，靡神不宗。后稷不克，上帝不临叶力中反。耗斁丁故反下土，宁丁我躬！

赋也。蕴，蓄；隆，盛也。虫虫，热气也。殄，绝也。郊，祀天地也。宫，宗庙也。上祭天，下祭地，奠其礼，瘗其物。宗，尊也。克，胜也；言后稷欲救此旱灾而不能胜也。临，享也。稷以亲言，帝以尊言也。斁，败；丁，当也；何以当我之身而有是灾也。或曰："与其耗斁下土，宁使灾害当我身也。"亦通。

旱既大甚，则不可推吐雷反。兢兢业业，如霆如雷。周余黎民，靡有孑遗叶夷回反，下同。昊天上帝，则不我遗。胡不相畏？先祖于摧在雷反！

赋也。推，去也。兢兢，恐也。业业，危也。如霆如雷，言畏之甚也。孑，无右臂貌。遗，余也。言大乱之后，周之余民，无复有半身之遗者，而上天又降旱灾，使我亦不见遗也。摧，灭也，言先祖之祀，将自此而灭也。

旱既大甚，则不可沮在吕反。赫赫炎炎，云我无所。大命近止，靡瞻靡顾叶果五反。群公先正，则不我助叶床所反。父母先祖，胡宁忍予叶演女反？

赋也。沮，止也。赫赫，旱气也。炎炎，热气也。无所，无所容也。大命近止，死将至也。瞻，仰；顾，望也。群公先正，《月令》所谓雩祀百辟卿士之有益于民者，以祈谷实者也。于群公先正，但言其不见助，至父母先祖，则以恩望之矣。所谓垂涕泣而道之也。

旱既大甚，涤涤徒历反山川叶枢伦反。旱魃蒲末反为虐，如惔音谈如焚叶符匀反。我心惮暑，忧心如熏！群公先正，则不我闻叶微匀反。昊天上帝，宁俾我遁叶徒匀反？

赋也。涤涤，言山无木，川无水，如涤而除之也。魃，旱神也。惔，燎之也。惮，劳也，畏也。熏，灼；遁，逃也。言天又不肯使我得逃遁而去也。

旱既大甚，黾勉畏去。胡宁瘨都田反我以旱，憯七感反不知其故。祈年孔夙，方社不莫音慕。昊天上帝，则不我虞叶元具反。敬恭明神，宜无悔怒？

赋也。黾勉畏去，出无所之也。瘨，病；憯，曾也。祈年，孟春祈谷于上帝，孟冬祈来年于天宗是也。方，祭四方也。社，祭土神也。虞，度；悔，恨也。言天曾不度我之心，如我之敬事明神，宜可以无恨怒也。

旱既大甚，散无友纪。鞫居六反哉庶正，疚哉冢宰叶奖里反！趣七口反马师氏，膳夫左右叶羽已反。靡人不周，无不能止。瞻卬音仰昊天，云如何里！

赋也。友纪，犹言纲纪也；或曰："友，疑作有。"鞫，穷也。庶正，众官之长也。疚，病也。冢宰，又众长之长也。趣马，掌马之官。师氏，掌以兵守王门者。膳夫，掌食之官也。岁凶年谷不登，则趣马不秣，师氏弛其兵，驰道不除，祭事不县，膳夫彻膳，左右布而不修，大夫不食粱，士饮酒不乐。周，救也。无不能止，言诸臣无有一人不周救百姓者，无有自言不能，而遂止不为也。里，忧也，与《汉书》无俚之俚同，聊赖之意也。

瞻卬昊天，有嘒呼惠反其星。大夫君子，昭假音格无赢音盈。大命近止，无弃尔成。何求为于伪反我，以戾庶正叶诸盈反？瞻卬昊天，曷惠其宁？

赋也。嘒，明貌。昭，明；假，至也。　　久旱而仰天以望雨，则有嘒然之明星，未有雨征也。然群臣竭其精诚，而助王以昭假于天者，已无余矣。虽今死亡将近，而不可以弃其前功，当益求所以昭假者而修之。固非求为我之一身而已，乃所以定众正也。于是语终，又仰天而诉之曰：果何时而惠我以安宁乎？张子曰："不敢斥言雨者，畏惧之甚，且不敢必云尔。"

《云汉》八章，章十句。

崧息中反高维岳，骏音峻极于天叶铁因反。维岳降神，生甫及申，维申及甫，维周之翰叶胡干反。四国于蕃叶分邅反，四方于宣。

赋也。山大而高曰崧。岳，山之尊者，东岱、南霍、西华、北恒是也。骏，大也。甫，甫侯也，即穆王时作《吕刑》者。或曰："此是宣王时人，而作《吕刑》者之子孙也。"申，申伯也，皆姜姓之国也。翰，干；蕃，蔽也。　宣王之舅申伯，出封于谢，而尹吉甫作诗以送之，言岳山高大，而降其神灵和气，以生甫侯申伯，实能为周之桢干屏蔽，而宣其德泽于天下也。盖申伯之先，神农之后，为唐虞四岳，总领方岳诸侯，而奉岳神之祭，能修其职，岳神享之。故此诗推本申伯之所以生，以为岳降神而为之也。

亹亹申伯，王缵祖管反之事。于邑于谢，南国是式叶失吏反。王命召伯叶逋莫反，定申伯之宅叶达各反；登是南邦叶卜工反，世执其功。

赋也。亹亹，强勉之貌。缵，继也，使之继其先世之事也。邑，国都之处也。谢，在今邓州南阳县，周之南土也。式，使诸侯以为法也。召伯，召穆公虎也。登，成也。世执其功，言使申伯后世常守其功也。或曰："大封之礼，召公之世职也。"

王命申伯：式是南邦叶卜功反，因是谢人，以作尔庸。王命召伯：彻申伯土田叶地因反。王命傅御：迁其私人。

赋也。庸，城也，言因谢邑之人而为国也。郑氏曰："庸，功也，为国以起其功也。"彻定其经界，正其赋税也。傅御，申伯家臣之长也。私人，家人。迁，使就国也。汉明帝送侯印与东平王苍诸子，而以手诏赐其国中傅，盖古制如此。

申伯之功，召伯是营。有俶尺叔反其城，寝庙既成。既成藐藐，王锡申伯叶逋各反：四牡蹻蹻渠略反，钩膺濯濯。

赋也。俶，始作也。藐藐，深貌。蹻蹻，壮貌。濯濯，光明貌。

王遣申伯：路车乘绳证反马叶满补反。我图尔居，莫如南土。锡尔介圭，以作尔宝叶音补。往近郑音记。按：《说文》：从辵从丌。

今从斤,误王舅,南土是保叶音补。

赋也。介圭,诸侯之封圭也。近,辞也。

申伯信迈,王饯贱浅反于郿芒悲反。申伯还南,谢于诚归。王命召伯:彻申伯土疆,以峙直里反其粻音张,式遄市专反其行叶户郎反。

赋也。郿,在今凤翔府郿县,在镐京之西,岐周之东,而申在镐京之东南。时王在岐周,故饯于郿也。言信迈诚归,以见王之数留,疑于行之不果故也。峙,积;粻,粮;遄,速也。召伯之营谢也,则已敛其税赋,积成糇粮,使庐市有止宿之委积,故能使申伯无留行也。

申伯番番音波,叶分邅反,既入于谢,徒御啴啴吐丹反。周邦咸喜:戎有良翰叶胡干反!不显申伯,王之元舅,文武是宪叶虚言反。

赋也。番番,武勇貌。啴啴,众盛也。戎,女也。申伯既入于谢,周人皆以为喜,而相谓云:“汝今有良翰矣!”元,长;宪,法也。言文武之士,皆以申伯为法也。或曰:“申伯能以文王武王为法也。”

申伯之德,柔惠且直。揉汝又反此万邦,闻音问于四国叶于逼反。吉甫作诵,其诗孔硕,其风肆好,以赠申伯。

赋也。揉,治也。吉甫,尹吉甫,周之卿士。诵,工师所诵之词也。硕,大;风,声;肆,遂也。

《嵩高》八章,章八句。

天生烝民,有物有则。民之秉彝音夷,好呼报反是懿德。天监有周,昭假音格于下叶后五反。保兹天子,生仲山甫。

赋也。烝,众;则,法;秉,执;彝,常;懿,美;监,视;昭,明;假,至;保,祐也。仲山甫,樊侯之字也。　宣王命樊侯仲山甫筑城于齐,而尹吉甫作诗以送之。言天生众民,有是物必有是则。盖自百骸九窍五脏,而达之君臣、父子、夫妇、长幼、朋友,无非物也,而莫不有法焉。如视之明,听之聪,貌之恭,言之顺,君臣有义,父子有亲之类是也。是乃民所执之常性,故其情无不好此美德者，而况天之监视有周。能以昭明之德，感格于下，故保祐之。而为之生此贤佐曰仲山甫焉。则所以钟其秀气而全其美德者，又非特如凡民而已也。昔孔子读《诗》至此，而赞之曰："为此诗者，其知道乎？"故有物必有则，民之秉彝也。故好是懿德，而孟子引之以证性善之说，其指深矣。读者其致思焉。

仲山甫之德，柔嘉维则。令仪令色，小心翼翼。古训是式，威仪是力。天子是若，明命使赋叶韵，若、赋未详。

赋也。嘉，美；令，善也。仪，威仪也。色，颜色也。翼翼，恭敬貌。古训，先王之遗典也。式，法；力，勉；若，顺；赋，布也。　　东莱吕氏曰："柔嘉维则，不过其则也。过其则，斯为弱，不得谓之柔嘉矣。令仪令色，小心翼翼，言其表里柔嘉也。古训是式，威仪是力，言其学问进修也。天子是若，明命使赋，言其发而措之事业也。此章盖备举仲山甫之德。"

王命仲山甫：式是百辟音璧，无韵，未详，缵戎祖考，王躬是保。出纳王命，王之喉舌。赋政于外，四方爰发叶方月反。

赋也。式，法；戎，女也。王躬是保，所谓保其身体者也。然则仲山甫，盖以冢宰兼大保，而大保抑其世官也与？出，承而布之也。纳，行而复之也。喉舌，所以出言也。发，发而应之也。　　东莱吕氏曰："仲山甫之职，外则总领诸侯，内则辅养君德，入则典司政本，出则经营四方。此章盖备举仲山甫之职。"

肃肃王命，仲山甫将之。邦国若否音鄙，仲山甫明叶谟郎反之。既明且哲，以保其身。夙夜匪解佳卖反，以事一人。

赋也。肃肃，严也。将，奉行也。若，顺也。顺否，犹臧否也。明，谓明于理。哲，谓察于事。保身，盖顺理以守身，非趋利避害，而偷以全躯之谓也。解，怠也。一人，天子也。

人亦有言：柔则茹忍与反之，刚则吐之。维仲山甫，柔亦不茹，刚亦不吐。不侮矜古顽反寡叶果五反，不畏强御。

赋也。人亦有言，世俗之言也。茹，纳也。　　不茹柔，故不侮矜寡；不吐刚，故不畏强御。以此观之，则仲山甫之柔嘉，非软美之谓。而其保身，未尝枉道以徇人可知矣。

人亦有言：德輶羊久反如毛，民鲜息浅反克举之，我仪图叶丁五反之。维仲山甫举之，爱莫助叶床五反之。衮职有阙，维仲山甫补之。

赋也。𬨎，轻；仪，度；图，谋也。衮职，王职也。天子龙衮，不敢斥言王阙，故曰衮职有阙也。　　言人皆言德甚轻而易举，然人莫能举也。我于是谋度其能举之者，则惟仲山甫而已。是以心诚爱之，而恨其不能有以助之。盖爱之者，秉彝好德之性也；而不能助者，能举与否，在彼而已，固无待于人之助，而亦非人之所能助也。至于王职有阙失，亦惟仲山甫独能补之。盖惟大人然后能格君心之非，未有不能自举其德，而能补君之阙者也。

仲山甫出祖，四牡业业。征夫捷捷在接反，每怀靡及叶极业反。四牡彭彭叶铺郎反，八鸾锵锵七羊反。王命仲山甫，城彼东方。

赋也。祖，行祭也。业业，健貌。捷捷，疾貌。东方，齐也。传曰："古者诸侯之居逼隘，则王者迁其邑而定其居，盖去薄姑而迁于临菑也。"孔氏曰："史记齐献公元年，徙薄姑都治临菑。计献公当夷王之时，与此传不合。岂徙于夷王之时，至是而始备其城郭之守欤？"

四牡骙骙求龟反，八鸾喈喈音皆，叶居奚反。仲山甫徂齐，式遄其归。吉甫作诵，穆如清风叶孚愔反。仲山甫永怀，以慰其心。

赋也。式遄其归，不欲其久于外也。穆，深长也。清风，清微之风，化养万物者也。以其远行而有所怀思，故以此诗慰其心焉。曾氏曰："赋政于外，虽仲山甫之职，然保王躬，补王阙，尤其所急。城彼东方，其心永怀，盖有所不安者，尹吉甫深知之，作诵而告以遄归，所以安其心也。"

《烝民》八章，章八句。

奕奕梁山，维禹甸之。有倬其道下与考叶，韩侯受命。王亲命之：缵戎祖考上与道叶，无废朕命，夙夜匪解音懈，叶讫力反。虔共尔位，朕命不易。干古旦反不庭方，以佐戎辟音壁。

赋也。奕奕，大也。梁山，韩之镇也，今在同州韩城县。甸，治也。倬，明貌。韩，国名。侯，爵，武王之后也。受命，盖即位除丧，以士服入见天子而听命也。缵，继；戎，汝也。言王锡命之，使继世而为诸侯也。虔，敬；易，改；干，正也。不庭方，不来庭之国也。辟，君也。此又戒之以修其职业之词也。

韩侯初立来朝，始受王命而归，诗人作此以送之。序亦以为尹吉甫作，今未有据。下篇云召穆公凡伯者，放此。

四牡奕奕，孔修且张。韩侯入觐，以其介圭，入觐于王。王锡韩侯：淑旂绥章，簟茀错衡叶户郎反。玄衮赤舄，钩膺镂音漏锡音羊；鞹苦郭反鞃苦弘反浅幭莫历反，鞗音条革金厄叶於栗反。

赋也。修，长；张，大也。介圭，封圭，执之为贽，以合瑞于王也。淑，善也。交龙曰旂。绥章，染鸟羽，或旄牛尾为之，注于旂竿之首，为表章者也。镂，刻金也。马眉上饰曰锡，今当卢也。鞹，去毛之革也。鞃，式中也，谓两较之间，横木可凭者，以鞹持之，使牢固也。浅，虎皮也。幭，覆式也，字一作幦，又作幎。以有毛之皮覆式上也。鞗革，辔首也。金厄，以金为环，缠搤辔首也。

韩侯出祖，出宿于屠。显父音甫饯之，清酒百壶。其殽维何？炰白交反鳖鲜鱼。其蔌音速维何？维笋恤尹反及蒲。其赠维何？乘绳证反马路车。笾豆有且子余反，侯氏燕胥。

赋也。既觐而反国，必祖者，尊其所往，去则如始行焉。屠，地名，或曰即杜也。显父，周之卿士也。蔌，菜殽也。笋，竹萌也。蒲，蒲蒻也。且，多貌。侯氏，觐礼诸侯来朝者之称。胥，相也，或曰语辞。

韩侯取七住反妻，汾符云反王之甥，蹶俱卫反父音甫之子叶奖履反。韩侯迎鱼觐反止，于蹶之里。百两音亮，又如字彭彭叶蒲郎反，八鸾锵锵，不显其光。诸娣大计反从之，祁祁巨移反如云。韩侯顾之，烂其盈门叶眉贫反。

赋也。此言韩侯既觐而还，遂以亲迎也。汾王，厉王也。厉王流于彘，在汾水之上，故时人以目王焉，犹言莒郊公、黎比公也。蹶父，周之卿士，姞姓也。诸娣，诸侯一娶九女，二国媵之，皆有娣侄也。祁祁，徐靓也。如云，众多也。

蹶父孔武，靡国不到。为于伪反韩姞其一反相息亮反攸，莫如韩乐音洛，叶力告反。孔乐韩土：川泽讦讦况甫反，鲂鲊甫甫，麀鹿噳噳愚甫反，有熊有羆，有猫苗、茅二音有虎。庆既令居叶斤御、斤於二反，韓姞燕誉叶羊茹、羊诸二反。

赋也。韩姞，蹶父之子，韩侯妻也。相攸，择可嫁之所也。讦讦、甫甫，大也。噳噳，众也。猫，似虎而浅毛。庆，喜；令，善也；喜其有此善居也。燕，安；誉，乐也。

溥彼韩城，燕因肩反师所完。以先祖受命，因时百蛮。王锡韩侯：其追其貊母伯反，奄受北国，因以其伯。实墉实壑，实亩实籍。献其貔音毗皮，赤豹黄羆。

赋也。溥，大也。燕，召公之国也。师，众也。追、貊，夷狄之国也。墉，城；壑，池；籍，税也。貔，猛兽名。　韩初封时，召公为司空，王命以其众为筑此城，如召伯营谢，山甫城齐，春秋诸侯城邢城、楚丘之类也。王以韩侯之先，因是百蛮而长之，故锡之追、貊，使为之伯，以修其城池，治其田亩，正其税法，而贡其所有于王也。

《韩奕》六章，章十二句。

江汉浮浮，武夫滔滔叶他侯反。匪安匪游，淮夷来求。既出我车，既设我旟。匪安匪舒，淮夷来铺。

赋也。浮浮，水盛貌。滔滔，顺流貌。淮夷，夷之在淮上者也。铺，陈也，陈师以伐之也。　宣王命召穆公平淮南之夷，诗人美之。此章总序其事，言行者皆莫敢安徐，而曰吾之来也惟淮夷是求是伐耳。

江汉汤汤书羊反，武夫洸洸音光。经营四方，告成于王。四方既平，王国庶定叶唐丁反。时靡有争叶甾陉反，王心载宁。

赋也。洸洸，武貌。庶，幸也。此章言既伐而成功也。

江汉之浒音虎，王命召虎：式辟音闢四方，彻我疆土。匪疚匪棘，王国来极。于疆于理，至于南海叶虎委反。

赋也。虎，召穆公名也。辟，与闢同。彻，井其田也。疚，病；棘，急也。极，中之表也，居中而为四方所取正也。　言江汉既平，王又命召公辟四方之侵地，而治其疆界。非以病之，非以急之也，但使其来取正于王国而已。于是遂疆理之，尽南海而止也。

王命召虎：来旬来宣。文武受命，召公为翰叶胡干反。无曰予小子叶奖履反，召公是似叶养里反。肇敏戎公，用锡尔祉。

赋也。旬，遍；宣，布也。自江汉之浒言之，故曰来。召公，召康公奭也。翰，干也。予小子，王自称也。肇，开；戎，女；公，功也。　又言王命召虎来此江汉之浒，遍治其事，以布王命。而曰昔文武受命，惟召公为桢干。今女无曰以予小子之故也，但自为嗣女召公之事耳。能开敏女功，则我当锡女以祉福。如下章所云也。

厘力之反尔圭瓒才旱反，秬音巨鬯初亮反一卣音酉，无韵，未详；告于文人，锡山土田叶地因反。于周受命叶满并反，下同，自召祖命。虎拜稽首，天子万年叶祢因反。

赋也。厘，赐；卣，尊也。文人，先祖之有文德者，谓文王也。周，岐周也。召祖，穆公之祖康公也。　此序王赐召公策命之词。言锡尔圭瓒秬鬯者，使之以祀其先祖。又告于文人，而锡之山川土田，以广其封邑。盖古者爵人必于祖庙，示不敢专也。又使往受命于岐周，从其祖康公受命于文王之所，以宠异之，而召公拜稽首，以受王命之策书也。人臣受恩，无可以报谢者，但言使君寿考而已。

虎拜稽首，对扬王休叶虚久反，作召公考叶去久反，天子万寿叶殖酉反。明明天子叶奖履反，令闻音问不已。矢其文德，洽此四国叶越逼反。

赋也。对，答；扬，称；休，美；考，成；矢，陈也。　言穆公既受赐，遂答称天子之美命，作康公之庙器，而勒王策命之辞，以考其成，且祝天子以万寿也。古器物铭云："郲拜稽首，敢对扬天子休命，用作朕皇考龚伯尊敦，郲其眉寿，万年无疆。"语正相类。但彼自祝其寿，而此祝君寿耳。既又美其君之令闻，而进之以不已。劝其君以文德，而不欲其极意于武功，古人爱君之心，于此可见矣。

《江汉》六章，章八句。

赫赫明明，王命卿士叶音所，南仲大音泰，下同祖，大师皇父音甫。整我六师，以修我戎叶音汝；既敬既戒叶讫力反，惠此南国叶越偪反。

赋也。卿士，即皇父之官也。南仲，见《出车》篇。大祖，始祖也。大师，皇父之兼官也。我，为宣王之自我也。戎，兵器也。　宣王自将以伐淮北之夷，而命卿士之谓南仲为大祖兼大师而字皇父者，整治其从行之六军，修其戎事，以除淮夷之乱，而惠此南方之国，诗人作此以美之。必言南仲大祖者，称其世功以美大之也。

王谓尹氏，命程伯休父：左右陈行户郎反，戒我师旅。率彼淮浦，省此徐土。不留不处，三事就绪象吕反。

赋也。尹氏，吉甫也，盖为内史掌策命卿大夫也。程伯休父，周大夫。三事，未详，或曰三农之事也。　言王诏尹氏，策命程伯林父为司马，使之左右陈其行列，循淮浦而省徐州之土，盖伐淮北徐州之夷也。上章既命皇父，而此章又命程伯休父者，盖王亲命大师以三公治其军事，而使内史命司马以六卿副之耳。

赫赫业业叶宜却反，有严天子。王舒保作，匪绍匪游，徐方绎骚叶苏侯反。震惊徐方，如雷如霆，徐方震惊。

赋也。赫赫，显也。业业，大也。严，威也。天子自将，其威可畏也。王舒保作，未详其义。或曰：舒，徐；保，安；作，行也；言王师舒徐而安行也。绍，纠紧也。游，遨游也。绎，连络也。骚，扰动也。　夷厉以来，周室衰弱，至是而天子自将以征不庭。其师始出，不疾不徐，而徐方之人，皆已震动，如雷霆作于其上，不遑安矣。

王奋厥武，如震如怒叶暖五反。进厥虎臣，阚呼槛反如虓火交反虎。铺普吴反敦淮濆符云反，仍执丑虏。截彼淮浦，王师之所。

赋也。进，鼓而进之也。阚，奋怒之貌。虓，虎之自怒也。铺，布也，布其师旅也。敦，厚也，厚集其陈也。仍，就也，老子曰：“攘臂而仍之。”截，截然不可犯之貌。

王旅啴啴吐丹反，如飞如翰，如江如汉，如山之苞叶补钩反，如川之流。绵绵翼翼，不测不克，濯征徐国叶越逼反。

赋也。啴啴，众盈貌。翰，羽；苞，本也。如飞如翰，疾也。如江如汉，众也。如山，不可动也。如川，不可御也。绵绵，不可绝也。翼翼，不可乱也。不测，不可知也。不克，不可胜也。濯，大也。

王犹允塞，徐方既来叶六直反。徐方既同，天子之功。四方既平，徐方来庭。徐方不回，王曰还归叶古回反。

赋也。犹，道；允，信；塞，实；庭，朝；回，违也。还归，班师而归也。前篇召公帅师以出，归告成功，故备载其褒赏之词。此篇王实亲行，故于卒章，反复其辞，以归功于天子。言王道甚大，而远方怀之，非独兵威然也。序所谓因以为戒者是也。

《常武》六章，章八句。

瞻卬昊天，则不我惠。孔填旧说古尘字不宁，降此大厉。邦靡有定，士民其瘵侧界反，叶侧例反。蟊音牟贼蟊疾，靡有夷届音戒，叶居气反。罪罟不收，靡有夷瘳敕留反。

赋也。填，久；厉，乱；瘵，病也。蟊贼，害苗之虫也。疾，害；夷，平；届，极；罟，网也。　此刺幽王嬖褒姒任奄人以致乱之诗。首言昊天不惠而降乱，无所归咎之词也。苏氏曰："国有所定，则民受其福；无所定，则受其病。于是有小人为之蟊贼，刑罪为之网罟。凡此皆民之所以病也。"

人有土田，女音汝反有酉、由二音之。人有民人，女覆夺徒活反之。此宜无罪，女反收殖酉、殖由二反之。彼宜有罪，女覆说音脱之。

赋也。反，覆；收，拘；说，赦也。

哲夫成城，哲妇倾城。懿厥哲妇，为枭古尧反为鸱处之反。妇有长舌，维厉之阶叶居奚反。乱匪降自天叶铁因反，生自妇人。匪教匪诲叶呼位反，时维妇寺。

赋也。哲，知也。城，犹国也。哲妇，盖指褒姒也。倾，覆；懿，美也。枭、鸮，恶声之鸟也。长舌，能多言者也。阶，梯也。寺，奄人也。　　言男子正位乎外，为国家之主，故有知则能立国。妇人以无非无仪为善，无所事哲，哲则适以覆国而已。故此懿美之哲妇，而反为枭鸮，盖以其多言而能为祸乱之梯也。若是，则乱岂真自天降，如首章之说哉？特由此妇人而已。盖其言虽多，而非有教诲之益者，是惟妇人与奄人耳，岂可近哉？上文但言妇人之祸，末句兼以奄人为言，益二者常相倚而为奸，不可不并以为戒也。欧阳公常言宦者之祸甚于女宠，其言尤为深切。有国家者，可不戒哉！

鞫人忮之豉反忒，谮子念反始竟背音佩，叶必墨反。岂曰不极，伊胡为慝？如贾音古三倍，君子是识。妇无公事，休其蚕织。

赋也。鞫，穷；忮，害；忒，变也。谮，不信也。竟，终；背，反；极，已；慝，恶也。贾，居货者也。三倍，获利之多也。公事，朝廷之事。蚕织，妇人之业。

言妇寺能以其智辩穷人之言，其心忮害，而变诈无常。既以谮妄唱始于前，而终或不验于后，则亦不复自谓其言之放恣无所极已，而反曰是何足为慝乎？夫商贾之利，非君子之所宜识，如朝廷之事，非妇人之所宜与也。今贾三倍，而君子识其所以然。妇人无朝廷之事，而舍其蚕织以图之，则岂不为慝哉？

天何以刺叶音砌？何神不富叶方未反？舍音捨尔介狄，维予胥忌。不吊不祥，威仪不类。人之云亡，邦国殄瘁。

赋也。刺，责；介，大；胥，相；吊，闵也。　　言天何用责王，神何用不富王哉？凡以王信用妇人之故也。是必将有夷狄之大患，今王舍之不忌，而反以我之正言不讳为忌，何哉？夫天之降不祥，庶几王惧而自修。今王遇灾而不恤，又不谨其威仪，又无善人以辅之，则国之殄瘁宜矣。或曰："介狄，即指妇寺，犹所谓女戎者也。"

天之降罔，维其优矣。人之云亡，心之忧矣！天之降罔，维其几矣！人之云亡，心之悲矣！

赋也。罔，罟；优，多；几，近也。盖承上章之意而重言之，以警王也。

觱音必沸音弗槛胡览反泉，维其深矣。心之忧矣，宁自今矣？不自我先，不自我后叶下五反。藐藐昊天，无不克巩叶音古。无忝皇祖，式救尔后同上。

兴也。觱沸，泉涌貌。槛泉，泉正出者。藐藐，高远貌。巩，固也。

言泉之濮涌上出，其源深矣。我心之忧，亦非适今日然也。然而祸乱之极，适当此时，盖已无可为者。惟天高远，虽若无意于物，然其功用，神明不测，虽危乱之极，亦无不能巩固之者。幽王苟能改过自新，而不忝其祖，则天意可回，来者犹必可救，而子孙亦蒙其福矣。

《瞻卬》七章，三章章十句，四章章八句。

昊天疾威，天笃降丧息浪反，叶桑郎反。瘨都田反我饥馑，民卒流亡。我居圉鱼吕反卒荒！

赋也。笃，厚；瘨，病；卒，尽也。居，国中也。圉，边陲也。　　此刺幽王任用小人以致饥馑侵削之诗也。

天降罪罟，蟊贼内讧户工反。昏椓丁角反靡共音恭，溃溃回遹，实靖夷我邦叶卜功反。

赋也。讧，溃也。昏椓，昏乱椓丧之人也。共，与恭同，一说与供通，谓供其职也。溃溃，乱也。回遹，邪僻也。靖，治；夷，平也。　　言此蟊贼昏椓者，皆溃乱邪僻之人，而王乃使之治平我邦，所以致乱也。

皋皋訿訿音紫，曾不知其玷丁险反。兢兢业业，孔填已见上篇不宁，我位孔贬。

赋也。皋皋，顽慢之意。訿訿，务为谤毁也。玷，缺也。填，久也。　　言小人在位所为如此，而王不知其缺；至于戒敬恐惧，甚久而不宁者，其位乃更见贬黜。其颠倒错乱之甚如此。

如彼岁旱，草不溃集注作遂茂，如彼栖音西苴七如反。我相息亮反此邦，无不溃止叶韵未详。

赋也。溃，遂也。栖苴，水中浮草栖于木上者，言枯槁无润泽也。相，视；溃，乱也。

维昔之富，不如时。维今之疚，不如兹。彼疏斯粺薄卖反，胡不自替，职兄音怳，下同斯引叶韵未详？

赋也。时，是；疚，病也。疏，粝也。粺，则精矣。替，废也。兄、怳同。

引，长也。　言昔之富，未尝若是之疚也；而今之疚，又未有若此之甚也。彼小人之与君子，如疏与粺，其分审矣，而曷不自替以避君子乎？而使我心专为此故至于怆怳引长，而不能自已也。

池之竭矣，不云自频。泉之竭矣，不云自中叶诸仍反。溥斯害矣，职兄斯弘，不灾我躬叶姑弘反。

赋也。频，厓；溥，广；弘，大也。　池，水之钟也。泉，水之发也。故池之竭，由外之不入；泉之竭，由内之不出。言祸乱有所从起，而今不云然也，此其为害，亦已广矣。是使我心专为此故，至于怆怳日益弘大，而忧之曰：是岂不灾及我躬也乎？

昔先王受命，有如召公，日辟音阘国百里。今也日蹙子六反国百里。於音乌乎音呼哀哉！维之今人，不尚有旧叶巨已反。

赋也。先王，文武也。召公，康公也。辟，开；蹙，促也。　文王之世，周公治内，召公治外，故周人之诗，谓之《周南》，诸侯之诗，谓之《召南》。所谓“日辟国百里”云者，言文王之化，自北而南，至于江汉之间。服从之国，日以益众。及虞芮质成，而其旁诸侯闻之，相帅归周者四十余国焉。今谓幽王之时，蹙国，盖犬戎内侵，诸侯外畔也。又叹息哀痛而言，今世虽乱，岂不犹有旧德可用之人哉？言有之而不用耳。

《召旻》七章，四章章五句，三章章七句。

因其首章称旻天，卒章称召公，故谓之《召旻》，以别《小旻》也。

荡之什十一篇，九十二章，七百六十九句。

诗卷第十九

颂　四

颂者，宗庙之乐歌。大序所谓美盛德之形容，以其成功，告于神明者也。盖颂与容，古字通用，故序以此言之。《周颂》三十一篇，多周公所定，而亦或有康王以后之诗。《鲁颂》四篇，《商颂》五篇，因亦以类附焉。凡五卷。

周颂清庙之什四之一

於音乌穆清庙，肃雝显相息亮反。济济子礼反多士，秉文之德。对越在天，骏奔走在庙。不显不承，无射音亦，与斁同于人斯周颂多不叶韵，未详其说！

赋也。於，叹辞。穆，深远也。清，清静也。肃，敬；雝，和；显，明；相，助也，谓助祭之公卿诸侯也。济济，众也。多士，与祭执事之人也。越，於也。骏，大而疾也。承，尊奉也。斯，语词。　此周公既成洛邑而朝诸侯，因率之以祀文王之乐歌。言於穆哉此清静之庙，其助祭之公侯，皆敬且和；而其执事之人，又无不执行文王之德。既对越其在天之神，而又骏奔走其在庙之主。如此，则是文王之德，岂不显乎？岂不承乎？信乎其无有厌斁于人也！

《清庙》一章，八句。

《书》称王在新邑，烝祭岁文王骍牛一，武王骍牛一。实周公摄政之七年，而此其升歌之辞也。《书大传》曰："周公升歌清庙，苟在庙中，尝见文王者，愀然如复见文王焉。"《乐记》曰："清庙之瑟，朱弦而疏越，壹倡而三叹，有遗音者矣。"郑氏曰："朱弦，练朱弦，练则声浊。越，瑟底孔也，疏之使声迟也。倡，发歌句也。三叹，三人从叹之耳。汉因秦乐，乾豆上，奏登歌，独上歌不以管弦乱人声，欲在位者遍闻之，犹古清庙之歌也。"

维天之命，於音乌穆不已。於同上乎音呼不显，文王之德之纯！

赋也。天命，即天道也。不已，言无穷也。纯，不杂也。　　此亦祭文王之诗。言天道无穷，而文王之德，纯一不杂，与天无间，以赞文王之德之盛也。子思子曰："'维天之命，於穆不已'，盖曰天之所以为天也。'於乎不显，文王之德之纯'，盖曰文王之所以为文也纯亦不已。"程子曰："天道不已，文王纯于天道亦不已。纯则无二无杂，不已则无间断先后。"

假《春秋传》作何以溢《春秋传》作恤我，我其收之。骏惠我文王，曾孙笃之。

何之为假，声之转也；恤之为溢，字之讹也。收，受；骏，大；惠，顺也。曾孙，后王也。笃，厚也。　　言文王之神，将何以恤我乎？有则我当受之以大顺文王之道，后王又当笃厚之而不忘也。

《维天之命》一章，八句。

维清缉熙，文王之典，肇禋音因迄许乞反用有成，维周之祯。

赋也。清，清明也。缉，续；熙，明；肇，始；禋，祀；迄，至也。　　此亦祭文王之诗。言所当清明而缉熙者，文王之典也。故自始祀至今有成，实维周之祯祥也。然此诗疑有阙文焉。

《维清》一章，五句。

烈文辟音壁，下同公，锡兹祉福。惠我无疆，子孙保之。

赋也。烈，光也。辟公，诸侯也。　　此祭于宗庙，而献助祭诸侯之乐歌。言诸侯助祭使我获福，则是诸侯锡此祉福，而惠我以无疆，使我子孙保之也。

无封靡于尔邦，维王其崇之。念兹戎功，继序其皇之。

封靡之义未详。或曰:“封,专利以自封殖也。靡,汰侈也。”崇,尊尚也。戎,大;皇,大也。　　言汝能无封靡于尔邦,则王当尊汝。又念汝有此助祭锡福之大功,则使汝之子孙继序而益大之也。

无竞维人,四方其训之。不显维德,百辟其刑之。於音乌乎音呼前王不忘!

又言莫强于人,莫显于德。先王之德,所以人不能忘者,用此道也。此戒饬而劝勉之也。《中庸》引“不显惟德,百辟其刑之”,而曰“故君子笃恭而天下平”;《大学》引“於乎前王不忘”,而曰“君子贤其贤而亲其亲,小人乐其乐而利其利,此以没世不忘也”。

《烈文》一章,十三句。

此篇以公、疆两韵相叶,未详当从何读,意亦可互用也。

天作高山,大音泰王荒之。彼作矣,文王康之。彼徂矣岐沈括曰:“《后汉书·西南夷传》作‘彼岨者岐’,今按彼书,岨但作徂,而引韩诗薛君章句,亦但训为往,独矣字正作者。”如沈氏说,然其注末复云,“岐虽阻僻”,则似又有岨意,《韩子》亦云“彼岐有岨”,疑别有所据,故今从之而定读岐字绝句,有夷之行叶户郎反,子孙保之。

赋也。高山,谓岐山也。荒,治;康,安也。岨,险僻之意也。夷,平;行,路也。　　此祭大王之诗。言天作岐山,而大王始治之。大王既作,而文王又安之,于是彼险僻之岐山,人归者众,而有平易之道路,子孙当世世保守而不失也。

《天作》一章,七句。

昊天有成命,二后受之。成王不敢康,夙夜基命宥密。於音乌缉熙,单厥心,肆其靖之。

赋也。二后,文武也。成王,名诵,武王之子也。基,积累于下,以承藉乎上者也。宥,宏深也。密,静密也。於,叹辞。靖,安也。　　此诗多道成王之德,疑祀成王之诗也。言天祚周以天下,既有定命,而文武受之矣。成王继之,又能不敢康宁,而其夙夜积德以承藉天命者,又宏深而静密,是能继续光明文武之业而尽其心。故今能安静天下,而保其所受之命也。《国语》叔向引此诗而言曰:"是道成王之德也。成王能明文昭、定武烈者也。"以此证之,则其为祀成王之诗无疑矣。

《昊天有成命》一章,七句。

此康王以后之诗。

我将我享,维羊维牛,维天其右叶音由之。

赋也。将,奉;享,献;右,尊也。神坐东向,在馔之右,所以尊之也。此宗祀文王于明堂,以配上帝之乐歌。言奉其牛羊以享上帝,而曰天庶其降而在此牛羊之右乎?盖不敢必也。

仪式刑文王之典,日靖四方。伊嘏古雅反文王,既右享叶虚良反之。

仪、式、刑,皆法也。嘏,锡福也。　言我仪式刑文王之典以靖天下,则此能锡福之文王。既降而在此之右,以享我祭,若有以见其必然矣。

我其夙夜,畏天之威,于时保之。

又言天与文王,既皆右享我矣,则我其敢不夙夜畏天之威,以保天与文王所以降鉴之意乎?

《我将》一章,十句。

程子曰:"万物本乎天,人本乎祖,故冬至祭天而以祖配之。以冬至,气之始也。万物成形于帝,而人成形于父,故季秋享帝而以父配之。以季秋,成物之时也。"陈氏曰:"古者祭天于圜丘,扫地而行事。器用陶匏,牲用犊,其礼极简。圣人之意,以为未足以尽其意之委曲,故于季秋之月,有大享之礼焉。天,即帝也。郊而曰天,所以尊之也,故以后稷配焉。后稷远矣,配稷于郊,亦以尊稷也。明堂而曰帝,所以亲之也。以文王配焉,文王亲也。配文王于明堂,亦以亲文王也。尊尊而亲亲,周道备矣。然则郊者古礼,而明堂者周制也,周公以义起之也。"东莱吕氏曰:"于天维庶其飨之,不敢加一辞焉。于文王则言仪式其典,日靖四方,天不待赞。法文王,所以法天也。卒章惟言畏天之威,而不及文王者,统于尊也。畏天,所以畏文王也。天与文王一也。"

时迈其邦,昊天其子之?

赋也。迈,行也。邦,诸侯之国也。周制,十有二年,王巡守殷国,柴望祭告,诸侯毕朝。　此巡守而朝会祭告之乐歌也。言我之以时巡行诸侯也。天其子我乎哉?盖不敢必也。

实右序有周,薄言震之,莫不震叠,怀柔百神,及河乔岳。允王维后!

右,尊;序,次;震,动;叠,惧;怀,来;柔,安;允,信也。　既而曰:天实右序有周矣。是以使我薄言震之,而四方诸侯,莫不震惧。又能怀柔百神,以至于河之深广,岳之崇高,而莫不感格。则是信乎周王之为天下君矣!

明昭有周,式序在位。载戢侧立反干戈,载櫜古刀反弓矢。我求懿德,肆于时夏户雅反,允王保之!

戢,聚;櫜,韬;肆,陈也。夏,中国也。　又言明昭乎我周也,既以庆让黜陟之典,式序在位之诸侯,又收敛其干戈弓矢,而益求懿美之德,以布陈于中国,则信乎王之能保天命也。或曰:"此诗即所谓《肆夏》,以其有'肆于时夏'之语而命之也。"

《时迈》一章,十五句。

《春秋传》曰:"昔武王克商,作颂曰'载戢干戈。'"而《外传》又以为周文王之颂。则此诗乃武王之世,周公所作也。《外传》又曰:"金奏《肆夏》、《繁遏》、《渠》,天子以飨元侯也。"韦昭注云:"《肆夏》一名《樊》,《韶夏》一名《遏》,《纳夏》一名《渠》,即周礼九夏之三也。"吕叔玉云:"《肆夏》,《时迈》也。《繁遏》,《执竞》也。《渠》,《思文》也。"

执竞武王,无竞维烈。不显成康,上帝是皇。

赋也。此祭武王、成王、康王之诗。竞,强也。言武王持其自强不息之心,故其功烈之盛,天下莫得而竞,岂不显哉?成王、康王之德,亦上帝之所君也。

自彼成康,奄有四方,斤斤纪觐其明叶谟郎反。

斤斤,明之察也。言成康之德,明著如此也。

钟鼓喤喤华彭反,叶胡光反,磬筦音管将将七羊反,降福穰穰如羊反。

喤喤，和也。将将，集也。穰穰，多也。言今作乐以祭而受福也。

降福简简，威仪反反。既醉既饱，福禄来反。

简简，大也。反反，谨重也。反，复也。言受福之多，而愈益谨重，是以既醉既饱，而福禄之来，反复而不厌也。

《执竞》一章，十四句。

此昭王以后之诗。《国语》说见前篇。

思文后稷，克配彼天。立我烝民，莫匪尔极。贻我来牟，帝命率育叶日逼反。无此疆尔界叶讫力反，陈常于时夏。

赋也。思，语辞。文，言有文德也。立、粒通。极，至也，德之至也。贻，遗也。来，小麦；牟，大麦也。率，遍；育，养也。　言后稷之德，真可配天。盖使我烝民得以粒食者，莫非其德之至也。且其贻我民以来牟之种，乃上帝之命。以此遍养下民者，是以无有远近彼此之殊，而得以陈其君臣父子之常道于中国也。或曰："此诗即所谓《纳夏》者，亦以其有时夏之语而命之也。"

《思文》一章，八句。

《国语》说见《时迈》篇。

清庙之什十篇，十章，九十五句。

周颂臣工之什四之二

嗟嗟臣工，敬尔在公。王厘力之反尔成，来咨来茹如预反。

赋也。嗟嗟，重叹以深敕之也。臣工，群臣百官也。公，公家也。厘，赐也。成，成法也。茹，度也。　此戒农官之诗。先言王有成法以赐女，女当来咨度也。

嗟嗟保介，维莫音慕之春，亦又何求？如何新畬音余？於音乌皇来牟，将受厥明。明昭上帝，迄用康年。命我众人，庤持耻反乃钱子浅反镈音博，奄观铚珍栗反艾音刈。

保介，见《月令》、《吕览》。其说不同，然皆为籍田而言。盖农官之副也。莫春，斗柄建辰，夏正之三月也。畬，二岁田也。於皇，叹美之辞。来牟，麦也。明，上帝之明赐也，言麦将熟也。迄，至也。康年，犹丰年也。众人，甸徒也。庤、具、钱、铫、镈、钽，皆田器也。铚，获禾短镰也。艾，获也。　此乃言所戒之事。言三月则当治其新畬矣，今如何哉？然麦亦将熟，则可以受上帝之明赐。而此明昭之上帝，又将赐我新畬以丰年也。于是命甸徒具农器以治其新畬，而又将忽见其收成也。

《臣工》一章，十五句。

噫嘻成王！既昭假音格尔；率时农夫，播厥百谷。骏音峻发尔私，终三十里；亦服尔耕，十千维耦叶音拟。

赋也。噫嘻，亦叹辞也。昭，明；假，格也。尔，田官也。时，是；骏，大；发，耕也。私，私田也。三十里，万夫之地，四旁有川，内方三十二里有奇。言三十里，举成数也。耦，二人并耕也。　此连上篇亦戒农官之辞。昭假尔，犹言格汝众庶。盖成王始置田官，而尝戒命之也："尔当率是农夫播其百谷，使之大发其私田，皆服其耕事。万人为耦而并耕也。"盖耕本以二人为耦，今合一川之众为言，故云万人毕出，并力齐心，如合一耦也。此必乡遂之官，司稼之属，其职以万夫为界者。沟洫用贡法，无公田，故皆谓之私。苏氏曰："民曰'雨我公田，遂及我私'；而君曰'骏发尔私，终三十里'，其上下之间，交相忠爱如此。"

《噫嘻》一章，八句。

振鹭于飞，于彼西雝。我客戾止，亦有斯容。

赋也。振，群飞貌。鹭，白鸟。雝，泽也。客，谓二王之后，夏之后杞，商之后宋，于周为客，天子有事膰焉，有丧拜焉者也。　此二王之后来助祭之诗。言鹭飞于西雝之水，而我客来助祭者，其容貌修整，亦如鹭之洁白也。或曰兴也。

在彼无恶乌路反，在此无斁叶丁故反。庶几夙夜叶羊茹反，以永终誉。

彼，其国也。在国无恶之者，在此无厌之者，如是，则庶几其能夙夜以永终此誉矣。陈氏曰："在彼不以我革其命而有恶于我，知天命无常，惟德是与，其心服也。在我不以彼坠其命而有厌于彼，崇德象贤，统承先王，忠厚之至也。"

《振鹭》一章，八句。

丰年多黍多稌音杜，亦有高廪力锦反，万亿及秭咨履反。为酒为醴，烝畀祖妣，以洽百礼，降福孔皆叶举里反。

赋也，稌，稻也。黍宜高燥而寒，稌宜下湿而暑。黍、稌皆熟，则百谷无不熟矣。亦，助语辞。数万至万曰亿，数亿至亿曰秭。烝，进；畀，予；洽，备；皆，遍也。此秋冬报赛田事之乐歌，盖祀田祖先农方社之属也。言其收入之多，至于可以供祭祀，备百礼，而神降之福，将甚遍也。

《丰年》一章，七句。

有瞽有瞽，在周之庭。

赋也。瞽，乐官无目者也。　　序以此为始作乐而合乎祖之诗，两句总序其事也。

设业设虡音巨，崇牙树羽，应田县鼓，鞉音桃磬柷尺叔反圉鱼女反。既备乃奏叶音祖，箫管备举以上叶瞽字。

业、虡、崇牙，见《灵台》篇。树羽，置五采之羽于崇牙之上也。应，小鞞；田，大鼓也。郑氏曰："田，当作𩏶，小鼓也。"县鼓，周制也。夏后氏足鼓，殷楹鼓，周县鼓。鞉，如鼓而小，有柄，两耳，持其柄摇之，则旁耳还自击。磬，石磬也。柷，状如漆桶，以木为之，中有椎连底挏之，令左右击，以起乐者也。圉，亦作敔，状如伏虎，背上有二十七鉏铻刻，以木长尺栎之，以止乐者也。箫，编小竹管为之。管，如篴，并两而吹之者也。

喤喤音横厥声，肃雝和鸣，先祖是听。我客戾止，永观厥成以上叶庭字。

我客，二王后也。观，视也。成，乐阕也，如箫韶九成之成。独言二王后者，犹言虞宾在位，我有嘉客，盖尤以是为盛耳。

《有瞽》一章，十三句。

猗於宜反与音余漆沮七余反！潜有多鱼：有鳣张连反有鲔叶于轨反，鲦音条鲿音常鰋音偃鲤。以享以祀叶逸织反，以介景福叶笔力反。

赋也。猗与，叹辞。潜，槮也，盖积柴养鱼，使得藏隐避寒，因以薄围取之也。或曰："藏之深也。"鲦，白鲦也。《月令》，季冬命渔师始渔，天子亲往，乃尝鱼。先荐寝庙，季春荐鲔于寝庙。此其乐歌也。

《潜》一章，六句。

有来雝雝与公叶，篇内同，至止肃肃。相息亮反维辟音璧公，天子穆穆。

赋也。雝雝，和也。肃肃，敬也。相，助祭也。辟公，诸侯也。穆穆，天子之容也。　此武王祭文王之诗。言诸侯之来，皆和且敬，以助我之祭事，而天子有穆穆之容也。

於音乌荐广牡，相同上予肆祀叶养里反。假古雅反哉皇考叶音口！绥予孝子叶奖履反。

於，叹辞也。广牡，大牲也。肆，陈；假，大也。皇考，文王也。绥，安也。孝子，武王自称也。　言此和敬之诸侯，荐大牲以助我之祭事。而大哉之文王，庶其享之，以安我孝子之心也。

宣哲维人，文武维后。燕及皇天叶铁因反，克昌厥后。

宣，通；哲，知；燕，安也。　此美文王之德。宣哲则尽人之道，文武则备君之德，故能安人以及于天，而克昌其后嗣也。苏氏曰："周人以讳事神，文王名昌，而此诗曰'克昌厥后'何也？曰周之所谓讳，不以其名号之耳，不遂废其文也。讳其名而废其文者，周礼之末失也。"

绥我眉寿叶殖酉反，介以繁祉。既右音又烈考叶音口，亦右文母叶满彼反。

右，尊也，《周礼》所谓"享右祭祀"是也。烈考，犹皇考也。文母，大姒也。言文王昌厥后，而安之以眉寿，助之以多福，使我得以右于烈考文母也。

《雝》一章，十六句。

《周礼》："大师及彻，帅学士而歌《彻》。"说者以为即此诗。《论语》亦曰"以雝彻"。然则此盖彻祭所歌，而亦名为《彻》也。

载见贤遍反，下同辟音壁王，曰求厥章。龙旂阳阳，和铃央央於良反。鞗音条革有鸧七羊反，休有烈光。

赋也。载，则也，发语辞也。章，法度也。交龙曰旂。阳，明也。轼前曰和，旗上曰铃。央央、有鸧，皆声和也。休，美也。　此诸侯助祭于武王庙之诗。先言其来朝，禀受法度，其车服之盛如此。

率见昭考，以孝以享叶虚良反，昭考，武王也。庙制，太祖居中，左昭右穆。周庙文王当穆，武王当昭，故《书》称"穆考文王"，而此诗及《访落》皆谓武王为昭考。此乃言王率诸侯以祭武王庙也。以介眉寿。永言保之，思皇多祜后五反。烈文辟公，绥以多福，俾缉熙于纯嘏叶音古。

思，语辞。皇，大也，美也。　又言孝享以介眉寿，而受多福。是皆诸侯助祭有以致之，使我得继而明之，以至于纯嘏也。盖归德于诸侯之辞，犹烈文之意也。

《载见》一章，十四句。

有客有客，亦白其马叶满补反。有萋有且七序反，敦都回反琢其旅。

赋也。客，微子也。周既灭商，封微子于宋，以祀其先王，而以客礼待之，不敢臣也。亦，语辞也。殷尚白，修其礼物，仍殷之旧也。萋、且，未详。传曰："敬慎貌。"敦琢，选择也。旅，其卿大夫从行者也。　此微子来见祖庙之诗，而此一节，言其始至也。

有客宿宿，有客信信。言授之絷陟立反，以絷其马同上。

一宿曰宿，再宿曰信。絷其马，爱之不欲其去也。此一节，言其将去也。

薄言追之，左右绥之。既有淫威，降福孔夷。

追之,已去而复还之,爱之无已也。左右绥之,言所以安而留之者无方也。淫威,未详。旧说:"淫,大也。统承先王,用天子礼乐,所谓淫威也。"夷,易也,大也。此一节,言其留之也。

《有客》一章,十二句。

於音乌皇武王!无竞维烈。允文文王!克开厥后,嗣武受之。胜殷遏刘,耆音指定尔功。

赋也。於,叹辞。皇,大;遏,止;刘,杀;耆,致也。 周公象武王之功,为《大武》之乐,言武王无竞之功,实文王开之,而武王嗣而受之,胜殷止杀,以致定其功也。

《武》一章,七句。

《春秋传》以此为《大武》之首章也。《大武》,周公象武王武功之舞,歌此诗以奏之。《礼》曰:"朱干玉戚冕而舞《大武》。"然传以此诗为武王所作,则篇内已有武王之谥,而其说误矣。

臣工之什十篇,十章,一百六句。

周颂闵予小子之什四之三

闵予小子,遭家不造叶徂候反,嬛嬛其倾反在疚音救。於音乌乎音呼皇考叶祛候反!永世克孝叶呼候反。

赋也。成王免丧,始朝于先王之庙,而作此诗也。闵,病也。予小子,成王自称也。造,成也。嬛,与茕同,无所依怙之意。疚,哀病也。匡衡曰:"茕茕在疚,言成王丧毕思慕,意气未能平也。盖所以就文武之业,崇大化之本也。"皇考,武王也,叹武王之终身能孝也。

念兹皇祖,陟降庭叶去声止。维予小子,夙夜敬止。

皇祖,文王也。承上文言武王之孝,思念文王,常若见其陟降于庭,犹所谓见尧于墙,见尧于羹也。《楚辞》云"三公揖让,登降堂只",与此文势正相似。而康衡引此句,颜注亦云:"若神明临其朝廷是也。"

於乎二字同上皇王，继序思不忘！

皇王，兼指文武也。承上文言我之所以夙夜敬止者，思继此序而不忘耳。

《闵予小子》一章，十一句。

此成王除丧朝庙所作，疑后世遂以为嗣王朝庙之乐。后三篇放此。

访予落止，率时昭考。於音乌乎呼悠哉！朕未有艾五盖反。将予就之，继犹判涣。维予小子，未堪家多难乃旦反。绍庭上下，陟降厥家。休矣皇考！以保明其身。

赋也。访，问；落，始；悠，远也。艾，如夜未艾之艾。判，分；涣，散；保，安；明，显也。　成王既朝于庙，因此作诗，以道延访群臣之意。言我将谋之于始，以循我昭考武王之道。然而其道远矣，予不能及也。将使予勉强以就之，而所以继之者，犹恐其判涣而不合也。则亦继其上下于庭，陟降于家，庶几赖皇考之休，有以保明吾身而已矣。

《访落》一章，十二句。

说同上篇。

敬之敬之！天维显思叶新夷反，命不易以豉反哉叶奖黎反！无曰高高在上，陟降厥士，日监在兹叶津之反。

赋也。显，明也。思，语辞也。士，事也。　成王受群臣之戒而述其言，曰："敬之哉！敬之哉！天道甚明，其命不易保也。无谓其高而不吾察，当知其聪明明畏，常若陟降于吾之所为，而无日不临监于此者，不可以不敬也。"

维予小子叶奖履反，不聪敬止；日就月将，学有缉熙于光明叶谟郎反。佛符弗反，又音弼时仔音兹肩，示我显德行下孟反，叶户郎反。

将，进也。佛、弼通。仔肩，任也。　此乃自为答之之言。曰："我不聪而未能敬也，然愿学焉。庶几日有所就，月有所进，续而明之，以至于光明。又赖群臣辅助我所负荷之任，而示我以显明之德行，则庶乎其可及尔。"

《敬之》一章，十二句。

予其惩直升反，而毖后患。莫予荓普经反蜂，自求辛螫施只反；肇允彼桃虫，拚芳烦反飞维鸟。未堪家多难乃旦反，予又集于蓼音了。

赋也。惩，有所伤而知戒也。毖，慎；荓，使也。蜂，小物而有毒。肇，始；允，信也。桃虫，鷦鷯，小鸟也。拚，飞貌。鸟，大鸟也。鷦鷯之雏，化而为雕，故古语曰“鷦鷯生雕”，言始小而终大也。蓼，辛苦之物也。　此亦《访落》之意。成王自言，予何所惩而谨后患乎？荓蜂而得辛螫，信桃虫而不知其能为大鸟，此其所当惩者。盖指管、蔡之事也。然我方幼冲，未堪多难，而又集于辛苦之地，群臣奈何舍我而弗助哉？

《小毖》一章，八句。

苏氏曰：“小毖者，谨之于小也；谨之于小，则大患无由至矣。”

载芟载柞侧百反，叶疾各反，其耕泽泽音释，叶徒洛反；

赋也。除草曰芟，除木曰柞。《秋官》“柞氏掌攻草木”是也。泽泽，解散也。

千耦其耘，徂隰徂畛音真。

耘，去苗间草也。隰，为田之处也。畛，田畔也。

侯主侯伯，侯亚侯旅，侯彊侯以。有嗿它感反其馌于辄反，思媚其妇，有依其士与以叶。有略其耜叶养里反，俶载南亩叶满委反。

主，家长也。伯，长子也。亚，仲叔也。旅，众子弟也。彊，民之有余力而来助者，遂人所谓以彊予任甿者也。能左右之曰以。太宰，所谓闲民转移执事者，若今时佣力之人，随主人所左右者也。嗿，众饮食声也。媚，顺；依，爱；士，夫也；言饷妇与耕夫相慰劳也。略，利；俶，始；载，事也。

播厥百谷，实函斯活叶呼酷反。

函，含；活，生也；既播之，其实含气而生也。

驿驿其达叶佗悦反，有厌其杰。

驿驿，苗生貌。达，出土也。厌，受气足也。杰，先长者也。

厌厌其苗，绵绵其麃表骄反。

绵绵，详密也。穮，耘也。

载获济济子礼反，有实其积子赐反，叶上声，万亿及秭。为酒为醴，烝畀祖妣，以洽百礼。

济济，人众貌。实，积之实也。积，露积也。

有飶蒲即反其香，邦家之光。有椒其馨，胡考之宁。

飶，芬香也，未详何物。胡，寿也。以燕享宾客，则邦家之所以光也。以共养耆老，则胡考之所以安也。

匪且有且，匪今斯今叶音经，振古如兹无韵，未详。

且，此；振，极也。言非独此处有此稼穑之事，非独今时有今丰年之庆，盖自极古以来已如此矣。犹言自古有年也。

《载芟》一章，三十一句。

此诗未详所用，然辞意与丰年相似，其用应亦不殊。

畟畟楚侧反良耜叶养里反，俶尺叔反载南亩叶蒲委反。

赋也。畟畟，严利也。

播厥百谷，实函斯活叶呼酷反。说见前篇。

或来瞻女音汝，载筐及筥，其饷式亮反伊黍。

或来瞻女，妇子之来馌者也。筐筥，饷具也。

其笠伊纠叶其了反，其镈音博斯赵直了反，以薅呼毛反荼蓼。

纠然，笠之轻举也。赵，刺；薅，去也。荼，陆草；蓼，水草；一物而有水陆之异也。今南方人犹谓蓼为辣荼，或用以毒溪取鱼，即所谓荼毒也。

荼蓼朽止，黍稷茂叶莫口反止。

毒草朽，则土熟而苗盛。

获之挃挃珍栗反，积之栗栗；其崇如墉，其比毗志反如栉侧瑟反；以开百室。

挃挃，获声也。栗栗，积之密也。栉，理发器，言密也。百室，一族之人也。五家为比，五比为闾，四闾为族。族人辈作相助，故同时入谷也。

百室盈止，妇子宁止。

盈，满；宁，安也。

杀时犉如纯反牡，有捄音求其角叶卢谷反；以似以续，续古之人无韵，未详。

黄牛黑唇曰犉。捄，曲貌。续，谓续先祖以奉祭祀。

《良耜》一章，二十三句。

或疑《思文》、《臣工》、《噫嘻》、《丰年》、《载芟》、《良耜》等篇，即所谓《豳颂》者。其详见于《豳风》及《大田》篇之末，亦未知其是否也。

丝衣其纮孚浮反，载弁俅俅音求。自堂徂基，自羊徂牛。鼐乃代反鼎及鼒叶津之反，兕觥其觩音求。旨酒思柔，不吴音话不敖音傲，胡考之休。

赋也。丝衣，祭服也。纮，洁貌。载，戴也。弁，爵弁也，士祭于王之服。俅俅，恭顺貌。基，门塾之基。鼐，大鼎，鼒，小鼎也。思，语辞。柔，和也。吴，哗也。　　此亦祭而饮酒之诗。言此服丝衣爵弁之人，升门堂，视壶濯笾豆之属，降往于基，告濯具；又视牲，从羊至牛，反告充；已乃举鼎幂告洁，礼之次也。又能谨其威仪，不喧哗，不怠傲，故能得寿考之福。

《丝衣》一章，九句。

此诗或纮、俅、牛、觩、柔、休并叶基韵，或基、鼒并叶纮韵。

於音乌铄式灼反王师！遵养时晦。时纯熙矣，是用大介。我龙受之，蹻蹻居表反王之造叶祖候反。载用有嗣叶音祠，实维尔公允师。

赋也。於，叹辞。铄，盛；遵，循；熙，光；介，甲也，所谓一戎衣也。龙，宠也。蹻蹻，武貌。造，为；载，则；公，事；允，信也。　　此亦颂武王之诗。言其初有于铄之师而不用，退自循养，与时皆晦。既纯光矣，然后一戎衣而天下大定，后人于是宠而受此蹻蹻然王者之功。其所以嗣之者，亦惟武王之事是师尔。

《酌》一章，八句。

酌，即勺也。《内则》十三"舞"、"勺"，即以此诗为节而舞也。然此诗与《赉》、《般》，皆不用诗中字名篇，疑取乐节之名，如曰《武》、《宿》、《夜》云尔。

绥万邦，屡力注反丰年，天命匪解佳卖反。桓桓武王，保有厥士。于以四方，克定厥家。於音乌昭于天，皇以间之。

赋也。绥，安也。桓桓，武貌。大军之后，必有凶年，而武王克商，则除害以安天下，故屡获丰年之祥，《传》所谓"周饥克殷而年丰"是也。然天命之于周，久而不厌也，故此桓桓之武王，保有其士，而用之于四方，以定其家，其德上昭于天也。间字之义未详。传曰："间，代也，言君天下以代商也。"此亦颂武王之功。

《桓》一章，九句。

《春秋传》以此为《大武》之六章，则今之篇次，盖已失其旧矣。又篇内已有武王之谥，则其谓武王时作者，亦误矣。序以为讲武类祃之诗，岂后世取其义而用之于其事也欤？

文王既勤止，我应受之，敷时绎思。我徂维求定，时周之命，於音乌绎思。

赋也。应，当也。敷，布；时，是也。绎，寻绎也。於，叹辞。绎思，寻绎而思念也。　　此颂文武之功，而言其大封功臣之意也。言文王之勤劳天下至矣，其子孙受而有之，然而不敢专也。布此文王功德之在人而可绎思者，以赉有功，而往求天下之安定。又以为凡此皆周之命，而非复商之旧矣，遂叹美之。而欲诸臣受封赏者，绎思文王之德而不忘也。

《赉》一章，六句。

《春秋传》以此为《大武》之三章，而序以为大封于庙之诗，说同上篇。

於音乌皇时周！陟其高山，嶞吐果反山乔岳，允犹翕许及反河。敷天之下，裒蒲侯反时之对，时周之命。

赋也。高山，泛言山耳。嶞，则其狭而长者。乔，高也。岳，则其高而大者。允犹，未详，或曰："允，信也。犹，与由同。"翕河，河善泛溢，今得其性，故翕而不为暴也。裒,聚也。对,答也。言美哉此周也,其巡守而登此山以柴望,又道于河以周四岳。凡以敷天之下,莫不有望于我,故聚而朝之方岳之下,以答其意耳。

《般》一章,七句。

《般》义未详。

闵予小子之什十一篇,十一章,一百三十六句。

诗卷第二十

鲁颂四之四

鲁，少皞之墟，在《禹贡》徐州蒙羽之野。成王以封周公长子伯禽，今袭庆东平府沂、密、海等州即其地也。成王以周公有大勋劳于天下，故赐伯禽以天子之礼乐，鲁于是乎有颂，以为庙乐。其后又自作诗以美其君，亦谓之颂。旧说，皆以为伯禽十九世孙僖公申之时，今无所考。独《閟宫》一篇，为僖公之诗无疑耳。夫以其诗之僭如此，然夫子犹录之者，盖其体固列国之风，而所歌者，乃当时之事，则犹未纯于天子之颂。若其所歌之事，又皆有先王礼乐教化之遗意焉，则其文疑若犹可予也。况夫子鲁人，亦安得而削之哉？然因其实而著之，而其是非得失，自有不可掩者，亦《春秋》之法也。或曰鲁之无风，何也？先儒以为时王褒周公之后，比于先代，故巡守不陈其诗；而其篇第不列于大师之职，是以宋、鲁无风，其或然欤？或谓夫子有所讳而削之，则左氏所记当时列国大夫赋诗，及吴季子观周乐，皆无曰鲁风者。其说不得通矣。

駉駉古荣反牡马叶满补反，在坰古荣反之野叶上与反。薄言駉者叶章与反，有驈户橘反有皇，有骊力知反有黄。以车彭彭叶铺郎反。思无疆，思马斯臧。

赋也。駉駉，腹干肥张貌。邑外谓之郊，郊外谓之牧，牧外谓之野，野外谓之林，林外谓之坰。骊马白跨曰驈，黄白曰皇，纯黑曰骊，黄骍曰黄。彭彭，盛貌。思无疆，言其思之深广无穷也。臧，善也。　此诗言僖公牧马之盛。

由其立心之远，故美之曰：思无疆，则思马斯臧矣。卫文公秉心塞渊，而騋牝三千，亦此意也。

駉駉牡马，在坰之野。薄言駉者，有骓音隹有駓符悲反，有骍有骐。以车伾伾符丕反。思无期，思马斯才叶前西反。

赋也。仓白杂毛曰骓，黄白杂毛曰駓，赤黄曰骍，青黑曰骐。伾伾，有力也。无期，犹无疆也。才，材力也。

駉駉牡马，在坰之野。薄言駉者，有驒徒河反有骆，有駵有雒。以车绎绎。思无斁，思马斯作。

赋也。青骊驎曰驒，色有深浅，斑驳如鱼鳞，今之连钱骢也；白马黑鬣曰骆，赤身黑鬣曰駵，黑身白鬣曰雒。绎绎，不绝貌。斁，厌也。作，奋起也。

駉駉牡马，在坰之野。薄言駉者，有骃音因有騢音遐，叶洪孤反，有驔音簟有鱼。以车祛祛起居反。思无邪叶祥余反，思马斯徂。

赋也。阴白杂毛曰骃。阴，浅黑色，今泥骢也。彤白杂毛曰騢；豪骭曰驔，毫在骭而白也，二目白曰鱼，似鱼目也。祛祛，强健也。徂，行也。孔子曰："《诗》三百，一言以蔽之，曰思无邪。"盖诗之言，美恶不同，或劝或惩，皆有以使人得其情性之正。然其明白简切，通于上下，未有若此言者，故特称之，以为可当三百篇之义，以其要为不过乎此也。学者诚能深味其言，而审于念虑之间，必使无所思而不出于正，则日用云为，莫非天理之流行矣。苏氏曰："昔之为《诗》者，未必知此也。孔子读《诗》至此，而有合于其心焉，是以取之，盖断章云尔。"

《駉》四章，章八句。

有駜蒲必反有駜，駜彼乘绳证反黄。夙夜在公，在公明明叶谟郎反。振振鹭，鹭于下叶后五反。鼓咽咽乌玄反，醉言舞。于胥乐音洛兮！

兴也。駜，马肥强貌。明明，辨治也。振振，群飞貌。鹭，鹭羽，舞者所持，或坐或伏，如鹭之下也。咽，与渊同，鼓声之深长也。或曰："鹭亦兴也。"

胥，相也，醉而起舞以相乐也。此燕饮而颂祷之辞也。

有駜有駜，駜彼乘牡。夙夜在公，在公饮酒。振振鹭，鹭于飞。鼓咽咽，醉言归。于胥乐兮！

兴也。鹭于飞，舞者振作鹭羽如飞也。

有駜有駜，駜彼乘駽呼县反。夙夜在公，在公载燕。自今以始，岁其有叶羽己反。君子有穀，诒孙子叶奖履反。于胥乐兮！

兴也。青骊曰駽，今铁骢也。载，则也。有，有年也。穀，善也，或曰禄也。诒，遗也。颂祷之辞也。

《有駜》三章，章九句。

思乐音洛泮普半反水，薄采其芹其斤反。鲁侯戾止，言观其旂叶其斤反。其旂茷茷蒲害反，鸾声哕哕呼会反。无小无大，从公于迈。

赋其事以起兴也。思，发语辞也。泮水，泮宫之水也。诸侯之学，乡射之宫，谓之泮宫。其东西南方有水，形如半璧，以其半于辟雍，故曰泮水，而宫亦以名也。芹，水菜也。戾，至也。茷茷，飞扬也。哕哕，和也。此饮于泮宫，而颂祷之辞也。

思乐泮水，薄采其藻。鲁侯戾止，其马蹻蹻居表反。其马蹻蹻，其音昭昭叶之绕反。载色载笑，匪怒伊教。

赋其事以起兴也。蹻蹻，盛貌。色，和颜色也。

思乐泮水，薄采其茆叶谟九反。鲁侯戾止，在泮饮酒。既饮旨酒，永锡难老叶鲁吼反。顺彼长道叶徒吼反，屈此群丑。

赋其事以起兴也。茆，凫葵也，叶大如手，赤圆而滑，江南人谓之莼菜者也。长道，犹大道也。屈，服；丑，众也。此章以下，皆颂祷之辞也。

穆穆鲁侯，敬明其德。敬慎威仪，维民之则。允文允武，昭假音格烈祖。靡有不孝，自求伊祜候五反。

赋也。昭，明也。假，与格同。烈祖，周公鲁公也。

明明鲁侯，克明其德。既作泮宫，淮夷攸服叶蒲北反。

矫矫虎臣，在泮献馘古获反，叶况璧反。淑问如皋陶叶夷周反，在泮献囚。

赋也。矫矫，武貌。馘，所格者之左耳也。淑，善也。问，讯囚也。囚，所虏获者。盖古者出兵，受成于学；及其反也，释奠于学，而以讯馘告。故诗人因鲁侯在泮，而愿其有是功也。

济济子礼反多士，克广德心。桓桓于征，狄他历反彼东南叶尼心反。烝烝皇皇，不吴音话不扬。不告于讻音凶，在泮献功。

赋也。广，推而大之也。德心，善意也。狄，犹遏也。东南，谓淮夷也。烝烝皇皇，盛也。不吴不扬，肃也。不告于讻，师克而和，不争功也。

角弓其觩音求，束矢其搜色留反。戎车孔博，徒御无斁叶弋灼反。既克淮夷，孔淑不逆叶宜脚反。式固尔犹，淮夷卒获叶黄郭反。

赋也。觩，弓健貌。五十矢为束，或曰百矢也。搜，矢疾声也。博，广大也。无斁，言竞劝也。逆，违命也。盖能审固其谋犹，则淮夷终无不获矣。

翩彼飞鸮吁骄反，集于泮林。食我桑黮尸荏反，怀我好音。憬九永反彼淮夷，来献其琛敕金反。元龟象齿，大赂南金。

兴也。鸮，恶声之鸟也。黮，桑实也。憬，觉悟也。琛，宝也。元龟，尺二寸。赂，遗也。南金，荆扬之金也。此章前四句兴后四句，如《行苇》首章之例。

《泮水》八章，章八句。

閟笔位反宫有侐况域反，实实枚枚；赫赫姜嫄音元，其德不回。上帝是依叶音隈，无灾无害，弥月不迟叶陈回反。是生后稷，降之百福叶笔力反。黍稷重直龙反穋音六，叶六直反，稙徵力反稚菽麦叶讫力反。奄有下国叶于逼反，俾民稼穑，有稷有黍，有稻有秬求许反。奄有下土，缵禹之绪象吕反。

赋也。閟,深闭也。宫,庙也。侐,清静也。实实,巩固也。枚枚,砻密也。时盖修之故诗人歌咏其事,以为颂祷之词,而推本后稷之生,而下及于僖公耳。回,邪也。依,犹眷顾也,说见《生民》篇。先种曰稙,后种曰稚。奄有下国,封于邰也。绪,业也。禹治洪水既平,后稷乃播种百谷。

后稷之孙,实维大音泰王。居岐之阳,实始翦商。至于文武,缵大王之绪。致天之届,于牧之野叶上与反。无贰无虞,上帝临女音汝。敦都回反商之旅,克咸厥功叶居古反。王曰:"叔父扶雨反!建尔元子叶子古反,俾侯于鲁。大启尔宇,为周室辅扶雨反。"

赋也。翦,断也。大王自豳徙居岐阳,四方之民,咸归往之,于是而王迹始著,盖有翦商之渐矣。届,极也,犹言穷极也。虞,虑也。无贰无虞,上帝临女,犹《大明》云:"上帝临女,无贰尔心"也。敦,治之也。咸,同也。言辅佐之臣,同有其功,而周公亦与焉也。王,成王也。叔父,周公也。元子,鲁公伯禽也。启,开;宇,居也。

乃命鲁公,俾侯于东;锡之山川,土田附庸。周公之孙,庄公之子叶奖履反。龙旂承祀叶养里反,六辔耳耳。春秋匪解音懈,叶讫力反,享祀不忒。皇皇后帝,皇祖后稷。享以骍牺虚宜、虚何二反,是飨是宜牛奇、牛何二反。降福既多章移、当何二反,周公皇祖,亦其福女音汝。

赋也。附庸,犹属城也。小国不能自达于天子,而附于大国也。上章既告周公以封伯禽之意,此乃言其命鲁公而封之也。庄公之子,其一闵公,其一僖公。知此是僖公者,闵公在位不久,未有可颂,此必是僖公也。耳耳,柔从也。春秋,错举四时也。忒,过差也。成王以周公有大功于王室,故命鲁公以夏正孟春郊祀上帝,配以后稷,牲用骍牡。皇祖,谓群公。此章以后,皆言僖公致敬郊庙,而神降之福,国人称愿之如此也。

秋而载尝,夏而楅衡叶户郎反。白牡骍刚,牺尊将将七羊反。毛炰薄交反胾侧吏反羹叶卢当反,笾豆大房此下当脱一句,如"钟鼓喤喤"之类。万舞洋洋,孝孙有庆叶祛羊反。俾尔炽而昌,俾尔寿而臧。保彼东方，鲁邦是常。不亏不崩，不震不腾。三寿作朋，如冈如陵。

赋也。尝，秋祭名。楅衡，施于牛角，所以止触也。《周礼·封人》云"凡祭饰其牛牲，设其楅衡"是也。秋将尝而夏楅衡其牛，言夙戒也。白牡，周公之牲也。骍刚，鲁公之牲也。白牡，殷牲也。周公有王礼，故不敢与文武同，鲁公则无所嫌，故用骍刚。牺尊，画牛于尊腹也。或曰"尊作牛形，凿其背以受酒也"。毛炰，《周礼·封人》"祭祀有毛炰之豚"，注云"爓去其毛而炰之也"。胾，切肉也。羹，大羹，铏羹也。大羹，大古之羹湆煮肉汁不和，盛之以登，贵其质也。铏羹，肉汁之有菜和者也，盛之铏器，故曰铏羹。大房，半体之俎，足下有跗如堂房也。万，舞名。震、腾，惊动也。三寿，未详。郑氏曰："三卿也。"或曰："愿公寿与冈、陵等而为三也。"

公车千乘绳证反，叶神陵反，朱英绿縢徒登反，二矛重直龙反弓叶姑弘反。公徒三万，贝胄朱綅息廉反，叶息稜反，烝徒增增。戎狄是膺，荆舒是惩，则莫我敢承。俾尔昌而炽，俾而寿而富叶方未反。黄发台背叶蒲寐反，寿胥与试。俾尔昌而大叶特计反，俾尔耆而艾五盖反，叶五计反。万有千岁，眉寿无有害叶暇憩反。

赋也。千乘，大国之赋也。成方十里，出革车一乘，甲士三人，左持弓，右持矛，中人御。步卒七十二人，将重车者二十五人。千乘之地则三百十六里有奇也。朱英，所以饰矛；绿縢，所以约弓也。二矛，夷矛、酋矛也。重弓，备折坏也。徒，步卒也。三万，举成数也。车千乘，法当用十万人，而为步卒者七万二千人。然大国之赋，适满千乘，苟尽用之，是举国而行也，故其用之，大国三军而已。三军，为车三百七十五乘，三万七千五百人，其为步卒不过二万七千人，举其中而以成数言，故曰三万也。贝胄，贝饰胄也。朱綅，所以缀也。增增，众也。戎，西戎；狄，北狄。膺，当也。荆，楚之别号。舒，其与国也。惩，艾；承，御也。僖公尝从齐桓公伐楚，故以此美之，而祝其昌大寿考也。寿胥与试之义未详，王氏曰："寿考者，相与为公用也。"苏氏曰："愿其寿而相与试其才力以为用也。"

泰山岩岩叶鱼枚反，鲁邦所詹。奄有龟蒙，遂荒大东。

至于海邦叶卜工反，淮夷来同。莫不率从，鲁侯之功。

赋也。泰山，鲁之望也。詹，与瞻同。龟、蒙，二山名。荒，奄也。大东，极东也。海邦，近海之国也。

保有凫绎叶弋灼反，遂荒徐宅叶达各反。至于海邦，淮夷蛮貊叶莫博反。及彼南夷，莫不率从。莫敢不诺，鲁侯是若。

赋也。凫、绎，二山名。宅，居也，谓徐国也。诺，应辞。若，顺也。泰山、龟、蒙、凫、绎，鲁之所有，其余则国之东南，势相联属，可以服从之国也。

天锡公纯嘏叶果五反，眉寿保鲁。居常与许，复周公之宇。鲁侯燕喜，令妻寿母叶满委反。宜大夫庶士钼里反，邦国是有叶羽己反。既多受祉，黄发儿齿。

赋也。常，或作尝，在薛之旁。许，许田也，鲁朝宿之邑也。皆鲁之故地，见侵于诸侯而未复者，故鲁人以是愿僖公也。令妻，令善之妻，声姜也。寿母，寿考之母，成风也。闵公八岁被弑，必是未娶，其母叔姜，亦应未老。此言令妻寿母，又可见公为僖公无疑也。有，常有也。儿齿，齿落更生细者，亦寿征也。

徂来之松，新甫之柏叶通莫反。是断音短是度待各反，是寻是尺叶尺约反。松桷音角有舄叶七约反，路寝孔硕叶常约反。新庙奕奕叶弋灼反，奚斯所作。孔曼音万且硕同上，万民是若。

赋也。徂来、新甫，二山名。八尺曰寻。舄，大貌。路寝，正寝也。新庙，僖公所修之庙。奚斯，公子鱼也。作者，教护属功课章程也。曼，长；硕，大也。万民是若，顺万民之望也。

《閟宫》九章，五章章十七句，内第四章脱一句。二章章八句，二章章十句。旧说八章，二章章十七句，一章十二句，一章三十八句，二章章八句，二章章十句。多寡不均，杂乱无次，盖不知第四章有脱句而然，今正其误。

鲁颂四篇，二十四章，二百四十三句。

商颂四之五

契为舜司徒而封于商，传十四世而汤有天下。其后三宗迭兴，及纣无道，为武王所灭，封其庶兄微子启于宋，修其礼乐以奉商后。其地在《禹贡》徐州泗滨，西及豫州盟猪之野。其后政衰，商之礼乐日以放失。七世至戴公时，大夫正考甫得商颂十二篇于周太师，归以祀其先王。至孔子编《诗》而又亡其七篇，然其存者亦多阙文疑义，今不敢强通也。商都亳，宋都商丘，皆在今应天府亳州界。

猗於宜反与音余那与！置我鞉音桃鼓。奏鼓简简，衎我烈祖。

赋也。猗，叹辞。那，多；置，陈也。简简，和大也。衎，乐也。烈祖，汤也。《记》曰："商人尚声，臭味未成，涤荡其声。乐三阕，然后出迎牲。"即此是也。旧说以此为祀成汤之乐也。

汤孙奏假音格，绥我思成。鞉鼓渊渊叶於巾反，嘒嘒管声。既和且平，依我磬声。於音乌赫汤孙叶思伦反，穆穆厥声。

汤孙，主祀之时王也。假，与格同，言奏乐以格于祖考也。绥，安也。思成，未详。郑氏曰："安我以所思而成之人，谓神明来格也。"《礼记》曰："齐之日，思其居处，思其笑语，思其志意，思其所乐，思其所嗜。齐三日，乃见其所为齐者。祭之日，入室，僾然必有见乎其位。周旋出户，肃然必有闻乎其容声。出户而听，忾然必有闻乎其叹息之声。此之谓思成。"苏氏曰："其所见闻，本非有也，生于思耳。"此二说近是。盖齐而思之，祭而如有见闻，则成此人矣。郑注颇有脱误，今正之。渊渊，深远也。嘒嘒，清亮也。磬，玉磬也。堂上升歌之乐，非石磬也。穆穆，美也。

庸鼓有斁，万舞有奕。我有嘉客，亦不夷怿。

庸、镛通。斁，斁然盛也。奕，奕然有次序也。盖上文言鞉鼓管籥作于堂下，其声依堂上之玉磬，无相夺伦者。至于此，则九献之后，钟鼓交作，万舞陈于庭，而祀事毕矣。嘉客，先代之后，来助祭者也。夷，悦也。亦不夷怿者，言皆悦怿也。

自古在昔，先民有作。温恭朝夕，执事有恪。

恪，敬也。言恭敬之道，古人所行，不可忘也。闵马父曰：“先圣王之传恭，犹不敢专，称曰自古。古曰在昔，昔曰先民。”

顾予烝尝，汤孙之将！

将，奉也。言汤其尚顾我烝尝哉！此汤孙之所奉者，致其丁宁之意，庶几其顾之也。

《那》一章，二十二句。

闵马父曰：“正考父校商之名颂以《那》为首。其辑之乱曰”云云，即此诗也。

嗟嗟烈祖，有秩斯祜候五反。申锡无疆，及尔斯所。

赋也。烈祖，汤也。秩，常；申，重也。尔，主祭之君，盖自歌者指之也。斯所，犹言此处也。　此亦祀成汤之乐。言嗟嗟烈祖，有秩秩无穷之福，可以申锡于无疆，是以及于尔今王之所，而修其祭祀，如下所云也。

既载清酤叶候五反，赉我思成叶音常。亦有和羹叶音郎，既戒既平叶音旁。鬷《中庸》作奏，今从之假音格无言叶音昂，时靡有争叶音章。绥我眉寿，黄耇无疆。

酤，酒；赉，与也。思成，义见上篇。和羹，味之调节也。戒，夙戒也。平，犹和也。《仪礼》于祭祀燕享之始，每言羹定，盖以羹熟为节，然后行礼。定，即戒平之谓也。鬷，《中庸》作奏，正与上篇义同。盖古声奏族相近，族声转平而为鬷耳。无言，无争肃敬而齐一也。言其载清酤而既与我以思成矣，及进和羹，而肃敬之至，则又绥我以眉寿黄耇之福也。

约軧祈支反错衡叶户郎反，八鸾鸧鸧七羊反，以假音格以享叶虚良反。我受命溥将，自天降康，丰年穰穰。来假音格来飨叶虚良反，降福无疆。

约軧错衡、八鸾，见《采芑》篇。鸧，见《载见》篇。言助祭之诸侯，乘是车以假以享于祖宗之庙也。溥，广；将，大也。穰穰，多也。言我受命既广大，而天降以丰年黍稷之多，使得以祭也。假之而祖考来假，享之而祖考来飨，则降福无疆矣。

顾予烝尝,汤孙之将!

说见前篇。

《烈祖》一章,二十二句。

天命玄鸟,降而生商,宅殷土芒芒。古帝命武汤,正域彼四方。

赋也。玄鸟,鳦也,春分玄鸟降。高辛氏之妃,有娀氏女简狄,祈于郊禖,鳦遗卵,简狄吞之而生契,其后世遂为有商氏以有天下。事见《史记》。宅,居也。殷,地名。芒芒,大貌。古,犹昔也。帝,上帝也。武汤,以其有武德号之也。正,治也。域,封境也。　此亦祭祀宗庙之乐,而追叙商人之所由生,以及其有天下之初也。

方命厥后,奄有九有叶羽己反。商之先后,受命不殆叶养里反,在武丁孙子叶奖履反。

方命厥后,四方诸侯无不受命也。九有,九州也。武丁,高宗也。言商之先后,受天命不危殆,故今武丁孙子,犹赖其福。

武丁孙子,武王靡不胜音升。龙旂十乘绳证反,大糦尺志反是承。

武王,汤号,而其后世亦以自称也。龙旂,诸侯所建交龙之旂也。大糦,黍稷也。承,奉也。　言武丁孙子,今袭汤号者,其武无所不胜,于是诸侯无不奉黍稷以来助祭也。

邦畿千里,维民所止,肇域彼四海叶虎洧反。

止,居;肇,开也。言王畿之内,民之所止,不过千里,而其封域则极乎四海之广也。

四海来假音格,下同,来假祁祁。景员维河,殷受命咸宜叶牛何反,百禄是何音荷,叶如字。

假,与格同。祁祁,众多貌。景员维河之义未详,或曰:"景,山名,商所都也。"见《殷武》卒章。《春秋传》亦曰"商汤有景亳之命"是也。员,与下篇幅陨义同,盖言周也。河,大河也。言景山四周,皆大河也。何,任也,《春秋传》作荷。

《玄鸟》一章，二十二句。

浚哲维商，长发其祥。洪水芒芒，禹敷下土方绝句，《楚辞·天问》“禹降省下土方”，盖用此语。外大国是疆，幅陨音员既长。有娀息容反方将，帝立子生商。

赋也。浚，深；哲，知；长，久也。方，四方也。外大国，远诸侯也。幅，犹言边幅也。陨，读作员，谓周也。有娀，契之母家也。将，大也。　言商世世有浚哲之君，其受命之祥，发见也久矣。方禹治洪水，以外大国为中国之竟，而幅员广大之时，有娀氏始大，故帝立其女之子而造商室也。盖契于是时始为舜司徒，掌布五教于四方。而商之受命，实基于此。

玄王桓拨叶必烈反，受小国是达叶他悦反，受大国是达。率履不越，遂视既发叶方月反。相息亮反土烈烈，海外有截。

赋也。玄王，契也。玄者，深微之称。或曰以玄鸟降而生也。王者，追尊之号。桓，武；拨，治；达，通也。受小国大国无所不达，言其无所不宜也。率，循；履，礼；越，过；发，应也。言契能循礼不过越，遂视其民，则既发以应之矣。相土，契之孙也。截，整齐也。至是而商益大，四方诸侯归之，截然整齐矣。其后汤以七十里起，岂尝中衰也与？

帝命不违，至于汤齐，汤降不迟，圣敬日跻。昭假音格迟迟，上帝是祗。帝命式于九围。

赋也。汤齐之义未详。苏氏曰：“至汤而王业成，与天命会也。”降，犹生也。迟迟，久也。祗，敬；式，法也。九围，九州也。　商之先祖，既有明德，天命未尝去之，以至于汤。汤之生也，应期而降，适当其时。其圣敬又日跻升，以至昭假于天，久而不息，惟上帝是敬。故帝命之，使为法于九州也。

受小球音求大球，为下国缀张卫反旒音流，何音贺天之休；不竞不絿音求，不刚不柔，敷政优优，百禄是遒子由反。

赋也。小球大球之义未详。或曰：“小国大国所贽之玉也。”郑氏曰：“小球，镇圭，尺有二寸；大球，大圭，三尺也。皆天子之所执也。”下国，诸侯也。缀，犹结也。旒，旗之垂者也。言为天子而为诸侯所系属，如旗之縿为旒所缀著也。何，荷；竞，强；絿，缓也。优优，宽裕之意。遒，聚也。

受小共音恭，叶居勇反大共，为下国骏音峻厖莫邦反，叶莫孔反。何天之龙叶丑勇反。敷奏其勇，不震不动叶德总反，不戁奴版反不竦小勇反；百禄是总子孔反。

赋也。小共大共、骏厖之义未详。或曰："小国大国所共之贡也。"郑氏曰："共，执也，犹小球大球也。"苏氏曰："共、珙通，合珙之玉也。"传曰："骏，大也。厖，厚也。"董氏曰："《齐诗》作骏駹，谓马也。"龙，宠也。敷奏其勇，犹言大进其武功也。戁、竦，惧也。

武王载旆，有虔秉钺音越。如火烈烈，则莫我敢曷《汉书》作遏，阿葛反，叶阿竭反。苞有三蘖五葛反，叶五竭反，莫遂莫达音陀悦反，九有有截。韦顾既伐叶房越反，昆吾夏桀。

赋也。武王，汤也。虔，敬也。言恭行天讨也。曷、遏通。或曰："曷，谁何也。"苞，本也。蘖，旁生萌蘖也。言一本生三蘖也。本则夏桀，蘖则韦也，顾也，昆吾也，皆桀之党也。郑氏曰："韦，彭姓。顾、昆吾，己姓。"　言汤既受命，载旆秉钺，以征不义。桀与三蘖，皆不能遂其恶，而天下截然归商矣。初伐韦，次伐顾，次伐昆吾，乃伐夏桀。当时用师之序如此。

昔在中叶，有震有业。允也天子叶奖履反，降于卿士鉏里反。实维阿衡叶户郎反，实左音佐右音又商王。

赋也。叶，世；震，惧；业，危也。承上文而言。昔在，则前乎此矣，岂谓汤之前世中衰时与？允也天子，指汤也。降，言天赐之也。卿士，则伊尹也。言至于汤，得伊尹而有天下也。阿衡，伊尹官号也。

《长发》七章，一章八句，四章章七句，一章九句，一章六句。

序以此为大禘之诗。盖祭其祖之所出，而以其祖配也。苏氏曰："大禘之祭，所及者远，故其诗历言商之先后，又及其卿士伊尹，盖与祭于禘者也。《商书》曰：'兹予大享于先王，尔祖其从与享之。'是礼也，岂其起于商之世欤？"今按大禘不及群庙之主，此宜为祫祭之诗。然经无明文，不可考也。

挞他达反彼殷武，奋伐荆楚。罙面规反入其阻，裒蒲侯反荆之旅。有截其所，汤孙之绪象吕反。

赋也。挞，疾貌。殷武，殷王之武也。罙，冒；裒，聚也。汤孙，谓高宗。旧说以此为祀高宗之乐。盖自盘庚没而殷道衰，楚人叛之。高宗挞然用武以伐其国，入其险阻，以致其众，尽平其地，使截然齐一，皆高宗之功也。《易》曰“高宗伐鬼方，三年克之”，盖谓此欤？

维女音汝荆楚，居国南乡。昔有成汤，自彼氐都啼反羌，莫敢不来享叶虚良反，莫敢不来王。曰商是常！

赋也。氐羌，夷狄国，在西方。享，献也。世见曰王。　苏氏曰：“既克之，则告之曰：尔虽远，亦居吾国之南耳。昔成汤之世，虽氐羌之远，犹莫敢不来朝。曰此商之常礼也，况汝荆楚，曷敢不至哉？”

天命多辟音壁，设都于禹之绩。岁事来辟，勿予祸适直革反，稼穑匪解音懈，叶讫力反。

赋也。多辟，诸侯也。来辟，来王也。适、谪通。　言天命诸侯，各建都邑于禹所治之地，而皆以岁事来至于商，以祈王之不谴。曰：我之稼穑，不敢解也，庶可以免咎矣。言荆楚既平，而诸侯畏服也。

天命降监下与滥叶，下民有严叶五刚反。不僭不滥，不敢怠遑。命于下国叶越逼反，封建厥福叶笔力反。

赋也。监，视；严，威也。僭，赏之差也。滥，刑之过也。遑，暇；封，大也。言天命降监不在乎他，皆在民之视听，则下民亦有严矣。惟赏不僭，刑不滥，而不敢怠遑，则天命之以天下，而大建其福。此高宗所以受命而中兴也。

商邑翼翼，四方之极。赫赫厥声，濯濯厥灵。寿考且宁，以保我后生叶桑经反。

赋也。商邑，王都也。翼翼，整敕貌。极，表也。赫赫，显盛也。濯濯，光明也。言高宗中兴之盛如此。“寿考且宁”云者，盖高宗之享国五十有九年。我后生，谓后嗣子孙也。

陟彼景山叶所旃反，松柏丸丸叶胡员反。是断音短是迁，方斲陟角反是虔。松桷音角有梴丑连反，旅楹有闲叶胡田反，寝成孔安叶於连反。

赋也。景，山名，商所都也。丸丸，直也。迁，徙；方，正也。虔，亦截也。

梴,长貌。旅,众也。闲,闲然而大也。寝,庙中之寝也。安,所以安高宗之神也。此盖特为百世不迁之庙,不在三昭三穆之数,既成始祔而祭之之诗也。然此章与《閟宫》之卒章,文意略同,未详何谓。

《殷武》六章,三章章六句,二章章七句,一章五句。

商颂五篇,十六章,一百五十四句。

书集传

目　　录

卷四 周书

卷五　周书

卷六　周书

前　言

《书集传》或称《书经集传》，或称《书经集注》，也有称为《书传》或别的书名。《书集传》代表宋代《尚书》学研究的最高学术成就，元代仁宗皇庆二年(1313)议行科举，立于学官，试士亦定为标准注本，是《尚书》诠释的正统，也是中国封建社会后期最有影响的学术经典。中国传统文化具有极强的承继性，作为赵宋以降儒家的重要著作，研究《书集传》对于当代中国的思想文化建设具有重要的理论价值。

《书集传》的作者是南宋著名学者蔡沈。根据《宋史》卷四百三十四、《宋元学案》卷六十七以及大量相关资料记载：蔡沈(1167—1230)，“沈”音“沉”，或作“沉”，号九峰，建阳(今福建建阳市)人。其父南宋大儒蔡元定，字季通，学者尊称西山先生，“于书无所不读，于事无所不究。义理洞见大原，下至图书、礼乐、制度，无不精妙。古书奇辞奥义，人所不能晓者，一过目辄解。”[①]南宋高宗绍兴二十九年(1159)，往师朱熹，“熹扣其学，大惊曰：‘此吾老友也，不当在弟子列。’遂与对榻讲论诸经奥义，每至夜分。”[②]朱熹“疏释《四书》及为《易》、《诗》传、《通鉴纲目》，皆与元定往复参订”。[③] 朱熹与《刘公度》

---

① (元)脱脱等，《宋史》卷四百三十四，中华书局1977年版，页12876。

② 同上，页12875。

③ 同上，页12875。

书曰：与蔡元定“交游四十年，于学无所不讲，所赖以祛蒙蔽者为多”。[①] 可见朱、蔡二人亦师亦友，情好日密，后来更易子而教。蔡沈既得家学于其父，又能师承于朱熹，一生不求科举之业，一心唯读圣贤之书，后隐居九峰山，专习《尚书》。“《洪范》之数，学者久失其传，(蔡)元定独心得之，然未及论著，曰：‘成吾书者沈也。”[②]朱熹晚年训传诸经略备，独缺《书经》，临终前郑重嘱托蔡沈。《书集传·序》云：“庆元己未冬，先生文公令沈作《书集传》，明年先生殁，又十年始克成编，总若干万言。”[③]蔡沈参考众说，融会贯通，折衷微辞奥旨，发明先儒之所未及，“阐幽发微，至于如此，真不愧父师之托哉”。[④]《书集传》是其毕生呕心沥血之作，是朱熹、蔡元定《书》说及宋代《书》学之集大成者。周学健序《蔡氏九儒书》云：“学圣必从朱子始，则学朱子又必从读季通、仲默诸先生之书始。”[⑤]此成学者共识。南宋理宗绍定三年(1230)蔡沈去世，谥“文正”。蔡沈另有《洪范皇极内篇》，见于文渊阁《四库全书》；诗文合辑《蔡九峰集》一卷，见于蔡沈十四世孙明代蔡鹍所辑《蔡氏九儒书》。[⑥]

阅读《书集传》，我们必须了解《书集传》的学术大背景，了解《书经》在宋代的传播特点和宋学的基本特征。

---

① (南宋)朱熹，《晦庵集·别集》卷一，文渊阁《四库全书》1146 册，上海古籍出版社 1987 年版，页 558。

② (元)脱脱等，《宋史》37 册卷四百三十四，中华书局 1977 年版，页 12876。

③ (南宋)蔡沈，《书集传·序》，文渊阁《四库全书》58 册，上海古籍出版社 1987 年版，页 3。

④ (南宋)真德秀，《西山文集》卷四十二，文渊阁《四库全书》1174 册，上海古籍出版社 1987 年版，页 662。

⑤ (清)周学健，《蔡氏九儒书·序》，《四库全书存目丛书·集部》，齐鲁书社 1991 年版，页 346—571。

⑥ (清)周学健，《蔡氏九儒书·序》，《四库全书存目丛书·集部》，齐鲁书社 1991 年版，页 567。

宋代是中国传统文化发展的巅峰期，陈寅恪先生曾盛赞"华夏文明历数千载演进，盛极于赵宋之世"。① 宋代也是中国学术研究的转型期，"儒家之学，从魏、晋直至唐代，经过释、道的渲染，也就哲学化了。"②儒学研究的哲学化催生了宋代理学，理学对经学的解读产生了全新的诠释理念和诠释方法。新的哲学思潮、新的学术研究理念和新的学术研究方法必然引发学术争鸣，赵宋是继先秦诸子时代以后又一个学派蜂起、学术勃兴的时代。

宋人特别重视《书经》的研究，宋末学者成申之著《四百家〈尚书〉集解》，所集解的绝大多数是宋人《书》说。据《崇文总目》、《郡斋读书志》、《直斋书录解题》、《文献通考》、《经义考》、《中国丛书综录》及各种书目的历代补编、宋以降各史的艺文志或经籍志、中外各大图书馆藏古籍目录书等资料统计，宋代《书》学著述有四百余种，有学者研究认为有五百余种③，数倍于宋前《书》学著述的总和。

分析宋代《书》学著述，主要是围绕王安石《书》学和朱子《书》学的论争展开的。当然社会史和学术史不是同步的，北宋初年的学术研究还是在汉唐学术思维影响下作惯性运动，北宋初年的《书》学与王、朱《书》学还是不同的。粗略的划分，宋代的《书》学研究可分三个阶段。

第一阶段为北宋前期即太祖、太宗和真宗三朝，《书》学研究主流的理念和方法一承汉唐旧制，专于章句训诂，坚持注不破经、疏不破注的解经原则。皮锡瑞评述中肯："经学自唐至宋代，已陵夷衰落矣，然笃守古义，无取新奇，各承师传，不凭胸臆，犹汉唐注疏之遗也。"④这一阶段《书》学著述传世者仅为胡瑗《洪范口义》和曾巩《书经说》，

① 陈寅恪、邓方铭，《〈宋史·职官志〉考证·序》，《金明馆丛稿二编》，上海古籍出版社 1982 年版，页 245。

② 杨东莼，《中国学术史讲话》，江苏教育出版社 2005 年版，页 152。

③ 王小红，《宋代〈尚书〉学文献及其特点》，《图书与情报》2007 年第 6 期。

④ (清)皮锡瑞，《经学历史》，中华书局 1959 年版，页 49。

余皆亡佚。

第二阶段为北宋仁宗至南宋高宗朝,《书》学研究伴随宋学的形成发展,新风日盛。在彻底颠覆了疏不破注汉学传统的基础上,怀疑传注,甚或怀疑经典本身,诉求回归原典,完善经典,弃传求经,义理解经。先是庆历学人非前人所及,疑经惑传,标新立异;后继以荆公新学,主张以义理之学取代注疏之学,不囿成说,自由解经,发明经旨,以经术辅翼变法。宋末学者王应麟曾指出:"自汉儒至庆历间,谈经者守故训而不凿,《七经小传》出而稍尚新奇矣。至《三经新义》行,视汉儒之学若土梗。"①《七经小传》是庆历学人刘敞撰著,《三经新义》为王安石主持编写。《三经新义》中的《尚书新义》就是宋学对《尚书》新的解读,也是"熙宁变法"的理论依据之一,因而也成为争论的焦点,支持者多,反对者也很多,《书》学著述为一时之盛。这一阶段《书》学研究的明显缺点是历史虚无主义思潮泛滥,忽视汉唐古注,解经不重训诂。

第三阶段为南宋孝宗朝至理宗朝,《书》学研究的主流开始注重汉学宋学的结合,既注重章句注疏又注重义理阐发。这一阶段《书》学研究可谓千帆竞发,百舸争流:晦庵理学、东莱史学、象山心学、永嘉功利学,各家各派,驰骋己说,辩论相激,蔚为大观。当然,也有无家无派汇集经说性质的著述。"六经注我,我注六经"是各派《书》说共同的诠释宗旨和价值取向。晦庵《尚书》学解读《尚书》的学理依据是自濂溪、康节、横渠、明道、伊川阐释的理学体系,故得理学《书》学正统,是这一阶段《尚书》研究的主流。在文本方面,朱熹怀疑《孔传》,也怀疑《书》大序和《书》小序,宗古文亦重今文。在治《书》理念方面,以《书》为二帝三王治天下之大经大法,治《书》求圣君贤臣德仁敬诚之心以修齐治平。在治《书》方法方面,重汉唐典章制度,考据训诂;亦重宋儒申疑辨伪,阐释义理。不存成见,宁缺不凿。蔡沈是朱子《书》学的衣钵真传,《书集传》则又是朱子《尚书》学的代表著作。

---

① (宋)王应麟,《困学纪闻》卷八《经说》,商务印书馆1959年版,页774。

从宋末到晚清，拥蔡和反蔡、补订和诘难，围绕《书集传》展开的论争一直是《尚书》研究的主要内容。

阅读《书集传》，我们必须了解《书集传》的大致内容和特点。

蔡沈大约在南宋嘉定二年(1209)撰成《书集传》，不久斯书即成《书》学尊主，学者宗之，“诸家言《尚书》者不复行于世”。[①] 南宋理宗淳祐七年(1247)八月，蔡沈的儿子蔡杭(《宋史》作“抗”)向朝廷进呈《书集传》，已有坊刻本和蜀刻本行世。[②] 数百年来，出过各种本子，大同小异，蔡杭的进呈本是最早最正统的本子，由三部分内容构成：“集传六卷，小序一卷，朱熹问答一卷。”[③]没有孔安国《书》大序。后来，《小序》和《朱熹问答》或有增删，书肆多删削不刊。今常见的传世版本仅由蔡沈的自序和六卷集传构成。

《书集传》比较全面地反映了朱熹的治《书》理念、方法和成就。当然，蔡沈并不墨守师说，博考通人，择善而从，下笔亦多新识。时人黄震云：“经解惟《书》最多，至蔡九峰参合诸儒要说，尝经朱文公订正，其释文义既视汉唐为精，其发指趣又视诸家为的，《书经》至是而大明如揭日月矣。”[④]概而言之，《书集传》在诠释方面有下述特点。

(一) 严守师道又不泥于师说，博采众长，敢创新识。

《书集传》的“二典禹谟”曾经朱熹生前手定，借此，朱熹拟订了治《书》的基本纲领、解经方法以及体例范式。朱熹强调治《书》之要在知“圣人之心”，蔡沈反复申论圣人之心就是德仁敬诚。圣人之心是二帝三王治道之本，二帝三王之道又是修齐治平、存亡治乱、学术道德之源。蔡沈明辨“治”“道”“心”“书”四者关系，强调“圣人之心”存

---

① (南宋)黄度《尚书说·吕光询序》，朱彝尊《经义考》卷八十一，文渊阁《四库全书》678册，上海古籍出版社1987年版，页127。

②③ (南宋)蔡沈，《书集传·序》，文渊阁《四库全书》58册，上海古籍出版社1987年版，页1。

④ (南宋)黄震，《黄氏日抄》卷五，文渊阁《四库全书》707册，上海古籍出版社1987年版，页64。

于《尚书》，指明“有志于二帝三王之治，不可不求其道；有志于二帝三王之道，不可不求其心。求心之要，舍是书何以哉？”[①]《书集传》严守朱熹释《书》理念，坚持对《尚书》的考辨训诂，旨在发明义理，探求圣人之心。

朱熹论及《尚书》主要集中于《晦庵集》卷六十五，《朱子语类》卷七十八、七十九以及与亲旧的书札中。《书集传》每每援师说释《书》。例如，《周书·洛诰》：“朕复子明辟。”“先儒谓成王幼，周公代王为辟，至是反政成王，故曰复子明辟。”蔡沈认为先儒之说有失，“武王崩，成王立，未尝一日不居君位，何复之有哉？”更引王莽乱政以明先儒之非，“王莽居摄，几倾汉鼎，皆儒者有以启之，是不可以不辨。”蔡沈认为：“复，如‘逆复’之‘复’。成王命周公往营成周，周公得卜，复命于王也。谓成王为子者，亲之也；谓成王为‘明辟’者，尊之也。周公相成王，尊，则君；亲，则兄之子也。‘明辟’者，明君之谓。”[②]蔡沈的训解正是严守师说，根据纲常伦理，阐释“二帝三王之心”。

《书集传》还时或补正朱子训解。《舜典》：“月正元日，舜格于文祖。”朱熹训解：“孔氏曰：舜服丧三年毕，将即政，故复至文祖庙告。”[③]蔡沈传曰：“月正，正月也。元日，朔日也。汉孔氏曰：舜服尧丧三年毕，将即政，故复至文祖庙告。”[④]蔡沈补注更加完整准确，“孔氏”前加“汉”以明“汉孔安国”而非“唐孔颖达”。《书集传》全书引《书》传《书》疏“孔氏”前皆加“汉”“唐”以别之。《尧典》：“浩浩滔天，

---

① (南宋)蔡沈，《书集传·序》，文渊阁《四库全书》58册，上海古籍出版社1987年版，页4。

② (南宋)蔡沈，《书经集传》卷五，文渊阁《四库全书》58册，上海古籍出版社1987年版，页99。

③ (南宋)朱熹，《晦庵集》卷六十五，文渊阁《四库全书》1146册，上海古籍出版社1987年版，页259。

④ (南宋)蔡沈，《书经集传》卷一，文渊阁《四库全书》58册，上海古籍出版社1987年版，页11。

下民其咨。”朱熹训解：“极言下民其咨，其大势若漫天也。”[①]朱熹以为“下民其咨”若水之“浩浩滔天”，极言民怨之大。蔡沈传曰：“浩浩，大貌。滔，漫也。极言其大势若漫天也。”[②]蔡沈则认为“浩浩滔天”是极言水势之大。朱误蔡确。

《书集传》还注重总结宋代《尚书》研究成就，“参考众说，融会贯通”，“微辞奥旨，多述旧闻”，[③]读来胜义缤纷。《舜典》：“纳于大麓，烈风雷雨弗迷。”蔡沈传曰：“麓，山足也。烈，迅。迷，错也。《史记》曰：尧使舜入山林川泽，暴风雷雨，舜行不迷。”又引东坡《书传》，阐释义理：“苏氏曰：洪水为害，尧使舜入山林，相视原隰，雷雨大至，众惧失常而舜不迷，其度量有绝人者，而天地鬼神亦或有以相之欤?”紧接着进一步申述东坡《书》说：“愚谓遇烈风雷雨，非常之变，而不震惧失常，非固聪明诚智确乎不乱者，不能也。”[④]

（二）析分古文今文而又不拘今古文《书》说，坚持以义理说《书》。

蔡沈时代的《尚书》文本虽然仅有《孔传古文尚书》，《书集传》诠释的底本也只能是《孔传古文尚书》，然而，《书集传》的每篇题解都明确析分今文古文。以二典三谟（《尧典》、《舜典》、《大禹谟》、《皋陶谟》、《益稷》）为例。《尧典》，蔡沈解题：“今文古文皆有。”《舜典》，蔡沈解题：“今文古文皆有，今文合于《尧典》而无篇首二十八字。”《大禹谟》，蔡沈解题：“今文无，古文有。”《皋陶谟》，蔡沈解题：“今文古文皆有。”《益稷》，蔡沈解题：“今文古文皆有，但今文合于《皋陶谟》。”在

① （南宋）朱熹，《晦庵集》卷六十五，文渊阁《四库全书》1145册，上海古籍出版社1987年版，页255。

② （南宋）蔡沈，《书经集传》卷一，文渊阁《四库全书》58册，上海古籍出版社1987年版，页7。

③ （南宋）蔡沈，《书经集传·序》，文渊阁《四库全书》58册，上海古籍出版社1987年版，页4。

④ （南宋）蔡沈，《书经集传》卷一，文渊阁《四库全书》58册，上海古籍出版社1987版，页8。

《尚书》学史上，蔡沈是第一位明确标识每篇今文古文的学者。这对于研究《尚书》源流、文本状态和学思演变都具有重要的学术价值。

《书集传》虽每篇析分今文古文，但一尊师说，以义理为宗，今文古文皆重。朱熹认为："二典三谟等篇，义理明白，句句是实理。尧之所以为君，舜之所以为臣，皋陶、稷、契、伊、傅辈所言所行，最好绎玩味，体贴向自家身上来，其味自别。"①朱熹的意思是说对于二典三谟无论今文古文，都要反求诸己，仔细揣摩，发明出蕴含的义理来。蔡沈亦多申述师说。《大禹谟》载虞廷"十六字诀"："人心惟危，道心惟微，惟精惟一，允执厥中。"蔡沈曰："精一执中，尧舜禹相授之心法也；建中建极，商汤周武相传之心法也。"②"心者，人之知觉主于中而应于外者也。指其发于形气者而言，则谓之人心；指其发于义理者而言，则谓之道心。人心易私而难公，故危；道心难明而易昧，故微。惟能精以察之而不杂形气之私，一以守之而纯乎义理之正道。心常为之主，而人心听命焉，则危者安，微者著。动静云为，自无过不及之差，而信能执其中矣。尧之告舜，但曰'允执其中'。今舜命禹，又推其所以而详言之。盖古之圣人将以天下与人，未尝不以其治之之法并而传之。其见于经者如此，后之人君其可不深思而敬守之哉？"③

朱熹对古文疑之甚切，然朱熹又虑疑之太过，恐倒六经，④言及古文义理多有发挥，然对今文诸篇，朱熹认为文辞既难通读，义理则无从言说。蔡沈能补证师说，尤其注重今文诸篇的义理阐释。例如《周书》中的《大诰》一篇，朱熹曾认为："不过说周家辛苦做得这基业在此，我后人不可不有以成就之而已。其后又却专归在卜上，其意思

① (南宋)朱熹，《朱子语类》卷七十八，中华书局 1986 年版，页 1982。

② (南宋)蔡沈，《书经集传·序》，文渊阁《四库全书》58 册，上海古籍出版社 1987 年版，页 3。

③ (南宋)蔡沈，《书经集传》卷一，文渊阁《四库全书》58 册，上海古籍出版社 1987 年版，页 17。

④ (南宋)朱熹，《朱子语类》卷七十九，中华书局 1986 年版，页 2052。

缓而不切，殊不可晓。”[①]朱熹认为《大诰》文虚辞耸又多占卜，难申义理。蔡沈则以为三监叛乱，周公东征，事关周家危亡，周公借成王口吻劝导诸侯邦君周室大臣同心同德，东征平叛。反复申述，语气恳切，至于神卜云云亦为反复申明天命所在。蔡沈传曰：“此篇诰语多主卜言，如曰‘宁王遗我大宝龟’，曰‘朕卜并吉’，曰‘予得吉卜’，曰‘王害不违卜’，曰‘宁王惟卜用’，曰‘矧亦惟卜用’，曰‘予曷其极卜’，曰‘矧今卜并吉’，至于篇终，又曰‘卜陈惟若兹’，意邦君御事有曰‘艰大’，‘不可征’，欲王违卜。故周公以讨叛卜吉之义，与天命人事之不可违者，反复诰谕之也。”[②]蔡说正确，符合史实。“大诰”题意即为普遍诰谕。当时，反对“东征”的力量十分强大，既有各个诸侯国的君王，也有王室成员和大臣，周公只能不惮辞费，反复诰谕。多主卜言，也是为了反复申述天意人事。

（三）重视汉宋注疏传统又不囿于成式，传语易简畅达。

何乔新曾曰：“自汉以来，《书传》非一，安国之注类多穿凿，颖达之疏惟详制度。朱子所取四家，而王安石伤于凿，吕祖谦伤于巧，苏轼伤于略，林之奇伤于繁。至蔡氏《集传》出，别今古文之有无，辨《大序》《小序》之讹舛，而后二帝三王之大经大法灿然于世焉。”[③]蔡沈《书》说重视汉宋注疏传统，斟酌王、吕、苏、林诸家得失，既重义理阐释，又重训诂辨伪；既反对仅重传注疏释而不问经旨的汉唐积习，又反对仅重义理而忽视训诂的宋学时弊。大致字词训诂，典章制度，考镜源流，多从汉唐；申疑辨伪，探幽发微，阐释义理，多从宋儒。经解最显著的特点是只期明事达理，不繁琐考据，不旁征博引，要言不烦，

① （南宋）朱熹，《朱子语类》卷七十九，中华书局 1986 年版，页 2053。

② （南宋）蔡沈，《书经集传》卷四，文渊阁《四库全书》58 册，上海古籍出版社 1987 年版，页 84。

③ （明）何乔新，《椒邱文集》卷一，文渊阁《四库全书》1249 册，上海古籍出版社 1987 年版，页 5。

易简理得。四库馆臣评价《书集传》亦有“疏通证明，较为简易”之语。①

朱熹曾叮嘱蔡沈：“《尚书》有不必解者，有须着意解者，有略须解者，有不可解者。”②“《尚书》收拾于残阙之余，却必要句句义理相通，必至穿凿。不若且看他分明处，其他难晓者姑阙之可也。”③朱熹强调：“解经不必做文字，只合解释得文义通，则理自明，意自足。今多去做文字，少间说来说去，只说得他自己一片道理，经意却碴过了。尝见一僧云：今人解书，如一盏酒，本是好，被这一人来添些水，那一人来又添些水，次第添来添去，都淡了。”④蔡沈深谙师道，独得心传，不因经作文，注经成文，少至三言两语，只要把经文解释得文通、理明、意足就可以了。现分析《尚书》开篇《尧典》第一小节的蔡沈传语，考察蔡沈训释语词，发凡条例，引用书证，发挥义理，知其如何惜字如金。

曰若稽古。

蔡沈传曰：“曰，粤、越通。古文作粤。曰若者，发语词。周书‘越若来三月’，亦此例也。稽，考也。史臣将叙尧事，故先言考古之帝。”

经文四个字，解经文字四十一个字，经文与解经文字之比约一比十。四十一个字说明六件事。1. 曰，与“粤、越”是通假字。2. “粤”是古文。3. “曰若”是个复音词。4. 指明“曰若”没有词汇意义，仅有语法意义，作“发语词”，现在称为“句首语气助词”。5. 举证“越若来三月”，曰，与“越”通假，“曰若”“越若”是复音词，也是“发语词”。6. 发凡史家体例：“稽，考也。史臣将叙尧事，故先言考古之帝。”说

---

① (清)永瑢，《书经集传提要》，《四库全书总目》卷十一，中华书局1965年版，页93。

② (南宋)朱熹，《晦庵集·续集》卷三，文渊阁《四库全书》1146册，上海古籍出版社1987年版，页474。

③ (南宋)朱熹，《朱子语类》卷七十八，中华书局1986年版，页1982。

④ (南宋)朱熹，《朱子语类》卷一百三，中华书局1986年版，页2607。

明《尧典》不是史家实录，而是史家整理。“曰若稽古”为此类史籍惯用语。

帝尧曰放勋。

蔡沈传曰：“放，至也。犹孟子言‘放乎四海’是也。勋，功也，言尧之功大而无所不至也。”

《书集传》考证“放勋”之名源，训“放”引朱熹《孟子集注》“至也”。文例出《孟子·离娄下》第十八章：徐子曰：“仲尼亟称于水，曰：‘水哉，水哉！’何取于水也？”孟子曰：“原泉混混，不舍昼夜。盈科而后进，放乎四海，有本者如是，是之取尔。苟为无本，七八月之间雨集，沟浍皆盈；其涸也，可立而待也！故声闻过情，君子耻之。”《书集传》引用书证仅取其中四字短句，可谓至简。

钦明文思安安，允恭克让，光被四表，格于上下。

蔡沈传曰：“钦，恭敬也。”“首以‘钦’之一字为言，此书中开卷第一义也。读者深味而有得焉，则一经之全体不外是矣。其可忽哉？”可见蔡沈发挥义理可谓言简意赅。

《书集传》不仅具有重要的诠释学价值，还具有重要的文献学价值。《书集传》保存了许多亦已失传的重要《书》说。例如，“荆公新学”曾是北宋显学，《三经新义》中的《尚书新义》曾在《尚书》研究理念方面别开生面，也曾一度颁立学官。但伴随新学旧学彼此力量消长，《尚书新义》也成为王朝政治角斗的牺牲品，早已湮灭不闻，《书集传》却引用了不少荆公《书》说，是我们今天研究北宋“熙宁变法”、“庆历新政”和王安石《书》学的重要资料。

当然，《书集传》也不是完美无瑕的，历代反蔡的著述中亦多有诘责，不少批评也是正确的，读者阅读时亦可参见相关著述。但是，瑕不掩瑜，《书集传》因为具有上述特点，取得了巨大的成功。虽然在当时未为独尊，但是到元、明两代随着程朱理学声誉日隆而日益被尊崇。明洪武时，与夏僎《尚书详解》并为科试用书，到了明代永乐年间更规定为王朝的唯一《尚书》经解本。“永乐中《经书大全》出，始独用

《蔡传》。”[①]

《书集传》通行的传世本是清代的武英殿本和四库全书文渊阁本。文渊阁本底本是抄本，多俗字，多缺笔字，多手写异体字，没有句读。武英殿本是刻本，字迹规整，有句读，版式清晰，1936 年曾经世界书局影印，影响较大。专家和读者都以武英殿本优于文渊阁本。这次整理即以武英殿本为工作底本，以文渊阁本逐字对校，参校以日本京都大学附属图书馆藏德川常宪院版音注本，三者之异，则仔细斟酌，决定从违，订正讹误。这次整理在版式上也做了一些改动，改竖排为横排，改繁体为简体；析分经文和传文为一个经注和阅读单元；篇章分段，段与段之间以空行隔开。在文字整理方面，避讳字、俗字和手写体异体字一律改用正字，通假字则根据古籍整理尊重文本历史状态的原则一律保留，也不用括号注明本字。在标点方面，武英殿本的句读只有一种符号，仅仅起到断句作用，而且亦多讹误。这次整理重新标点全书。有些断句讹误，大家已成共识，但考虑到蔡沈的传语是根据经文断句展开的，经文断句仍依蔡沈。例如，《盘庚中》：“呜呼！古我前后，罔不惟民之承，保后胥戚，鲜以不浮于天时。”正确的断句应该是“保”“鲜”后分别断句，但蔡沈引林氏曰：“‘忧民’之‘忧’者，民亦忧其忧。罔不惟民之承，忧民之忧也；保后胥戚，民亦忧其忧也。”倘以“保”“鲜”断句，则与引文不协。《书集传》的所有引文我们也逐一校对过原文，完全一致的比较少，衍脱讹误一两个字的，仍作为直接引语；出入较多的，我们就只好作为间接引语来处理；相异者，则依据标点本的体例一仍其旧。详细的校正，请参考我的另一部小书《〈书集传〉校正》。古籍标点要尽量尊重历史，为历史存真。我们运用现代的一些技术手段整理，只是便于读者阅读和理解原典。实际上，这个标点本是《尚书》学史上第一个《书集传》的标点普及读本。

大概是今年六月末一个闷热的下午，突然接到王华宝先生一个

---

① （清）永瑢，《尚书详解提要》，《四库全书总目》卷十一，中华书局 1965 年版，页 92。

电话，邀请整理《书集传》。暑假里原有两个项目在手上做，一个是古委会的重点项目《阮元全集》的整理工作，一个是中国科学院的重点项目《中国科技史》的部分译注工作，本来无缘接手。然而，华宝是老朋友，难拒雅意；凤凰社的计划很有意义，义不容辞。时间紧，任务急，只好邀请东台钱忠弼先生出山，他做了大部分工作。扬州大学研究生钱玉蓉和吴凯帮助收集和分析相关研究材料，完成全部计算机录入工作。我的博士后重庆师范大学的陈良中副教授是宋代《尚书》文献的研究专家，清稿以后，他也认真检校一过。而后我们再三校阅，虽然竭尽全力，但绠短汲深，心有余而力不足之处定所难免，惟祈方家正之。

钱宗武

己丑年桂月于广陵瘦西湖畔

书集传序

庆元(宋宁宗年号)己未冬,先生文公令(平声)沈作《书集传(去声)》。明年,先生殁。又十年,始克成编,总若干万言。

呜呼!《书》岂易(音异)言哉?二帝(尧、舜)三王(禹、汤、文、武)治(平声,澄之反。邹氏季友曰:治字本平声,借用乃为去声。故陆氏于诸经中平声者并无音,去声者乃音直吏反。而读者不察,乃或皆作去声读之。今二声并音以矫其弊。平声者,修理其事,方用其力也。去声者,事有条理,已见其效也。诸篇中有不及尽音者,以此推之,皆可见矣。)天下之大经大法,皆载此书,而浅见薄识岂足以尽发蕴奥?且生于数千载之下,而欲讲明于数千载之前,亦已难矣。然二帝三王之治(去声,下同)本于道,二帝三王之道本于心。得其心,则道与治固可得而言矣。何者?精一执中,尧、舜、禹相授之心法也。建中建极,商汤、周武相传之心法也。曰德曰仁,曰敬曰诚,言虽殊而理则一,无非所以明此心之妙也。至于言天,则严其心之所自出;言民,则谨其心之所由施。礼乐教化,心之发也;典章文物,心之著也;家齐国治而天下平，心之推也。心之德，其盛矣乎！二帝三王，存此心者也；夏桀、商受，亡此心者也；太甲、成王，困而存此心者也。存则治，亡则乱。治乱之分，顾其心之存不存如何耳。后世人主有志于二帝三王之治，不可不求其道；有志于二帝三王之道，不可不求其心。求心之要，舍（音捨）是书何以哉？

沈自受读以来，沉潜其义，参考众说，融会贯通，乃敢折衷（音中）。微辞奥旨，多述旧闻。二典三谟，先生盖尝是正，手泽尚新。呜呼，惜哉！（先生改本已附文集中。其间亦有经承先生口授指画而未及尽改者，今悉更定，见本篇。）集传（去声）本先生所命，故凡引用师说，不复（扶又反）识（音志）别（彼列反）。四代（虞、夏、商、周）之书分为六卷。（虞一卷、夏一卷、商一卷、周三卷。书凡百篇，遭秦火后，今所存者仅五十八篇。）文以时异，治以道同。圣人之心见（音现）于书，犹化工之妙著于物，非精深不能识也。是传（去声）也，于尧、舜、禹、汤、文、武、周公之心，虽未必能造（七到反）其微；于尧、舜、禹、汤、文、武、周公之书，因是训诂（果五、古篡二切，通古今之言也），亦可得其指意之大略矣。

嘉定（亦宁宗年号）**己巳三月既望，武夷蔡沈序**。（沈，俗作“沉”，非“沈”，音澄。沈，字仲默，建宁府建阳县人，西山先生之仲子，从学于朱文公。隐居不仕，自号九峰先生。）

卷一

虞　　书

虞舜氏因以为有天下之号也。书凡五篇,《尧典》虽纪唐尧之事,然本虞史所作,故曰“虞书”。其《舜典》以下,夏史所作,当曰“夏书”。《春秋传》亦多引为“夏书”。此云“虞书”,或以为孔子所定也。

尧　　典

尧,唐帝名。《说文》曰:“典,从册,在丌上,尊阁之也。”此篇以简册载尧之事,故名曰“尧典”。后世以其所载之事可为常法,故又训为常也。今文、古文皆有。

曰若稽古,帝尧曰放勋,钦明文思安安,允恭克让,光被四表,格于上下。

曰、粤、越通。古文作粤。“曰若”者,发语辞。《周书》“越若来三月”,亦此例也。稽,考也。史臣将叙尧事,故先言考古之帝。尧者,其德如下文所云也。曰者,犹言其说如此也。放,至也,犹孟子言“放乎四海”是也。勋,功也,言尧之功大而无所不至也。钦,恭敬也。明,通明也。敬体而明用也。文,文章也。

思,意思也。文著见而思深远也。安安,无所勉强也,言其德性之美皆出于自然,而非勉强,所谓"性之"者也。允,信。克,能也。常人德非性有,物欲害之,故有强为恭而不实、欲为让而不能者。惟尧性之,是以信恭而能让也。光,显。被,及。表,外。格,至。上,天。下,地也。言其德之盛如此,故其所及之远如此也。盖放勋者,总言尧之德业也。钦明文思安安,本其德性而言也。允恭克让,以其行实而言也。至于被四表、格上下,则放勋之所极也。孔子曰:"惟天为大,惟尧则之。"故《书》叙帝王之德莫盛于尧,而其赞尧之德莫备于此。且又首以"钦"之一字为言,此《书》中开卷第一义也。读者深味而有得焉。则一经之全体不外是矣。其可忽哉?

克明俊德,以亲九族。九族既睦,平章百姓。百姓昭明,协和万邦。黎民於变时雍。

於,音乌。　明,明之也。俊,大也。尧之大德,上文所称是也。九族,高祖至玄孙之亲,举近以该远。五服异姓之亲亦在其中也。睦,亲而和也。平,均。章,明也。百姓,畿内民庶也。昭明,皆能自明其德也。万邦,天下诸侯之国也。黎,黑也。民首皆黑,故曰黎民。於,叹美辞。变,变恶为善也。时,是。雍,和也。此言尧推其德,自身而家、而国、而天下,所谓放勋者也。

乃命羲和,钦若昊天,历象日月星辰,敬授人时。

昊,下老反。　乃者,继事之辞。羲氏、和氏主历象授时之官。若,顺也。昊,广大之意。历,所以纪数之书。象,所以观天之器,如下篇玑衡之属是也。日,阳精,一日而绕地一周;月,阴精,一月而与日一会。星,二十八宿,众星为经,金、木、水、火、土五星为纬,皆是也。辰,以日月所会分周天之度为十二次也。人时,谓耕获之候,凡民事早晚之所关也,其说详见下文。

分命羲仲,宅嵎夷,曰旸谷。寅宾出日,平秩东作。日中,星鸟,以殷仲春。厥民析,鸟兽孳尾。

嵎,音隅。孳,音字。　此下四节,言历既成,而分职以颁布,且考验之,恐其推步之或差也。或曰:上文所命,盖羲伯、和伯,此乃分命其仲叔,未详是否也。宅,居也。嵎夷,即《禹贡》"嵎夷既略"者也。"曰旸谷"者,取日出之义,羲仲所以官次之名。盖官在国都,而测候之所则在于嵎夷东表之地也。寅,敬也。宾,礼接之如宾客也,亦帝喾历日月而迎送之意。出日,方出之日。盖以春分之旦，朝方出之日而识其初出之景也。平，均。秩，序。作，起也。东作，春月岁功方兴，所当作起之事也。盖以历之节气早晚，均次其先后之宜以授有司也。日中者，春分之刻于夏永冬短为适中也。昼夜皆五十刻，举昼以见夜，故曰日。星鸟，南方朱鸟七宿。唐一行推以鹑火为春分昏之中星也。殷，中也。春分，阳之中也。析，分散也。先时冬寒，民聚于隩。至是则以民之散处而验其气之温也。乳化曰孳，交接曰尾，以物之生育而验其气之和也。

申命羲叔，宅南交，平秩南讹，敬致。日永，星火，以正仲夏。厥民因，鸟兽希革。

申，重也。南交，南方交址之地。陈氏曰："南交"下当有"曰明都"三字。讹，化也，谓夏月时物长盛，所当变化之事也。《史记索隐》作"南为"，谓所当为之事也。敬致，《周礼》所谓"冬夏致日"。盖以夏至之日中，祠日而识其景。如所谓日至之景，尺有五寸，谓之地中者也。永，长也。日永，昼六十刻也。星火，东方苍龙七宿。火，谓大火，夏至昏之中星也。正者，夏至，阳之极，午为正阳位也。因，析而又析，以气愈热而民愈散处也。希革，鸟兽毛希而革易也。

分命和仲，宅西，曰昧谷。寅饯纳日，平秩西成。宵中，星虚，以殷仲秋。厥民夷，鸟兽毛毨。

毨，苏典反。　西，谓西极之地也。"曰昧谷"者，以日所入而名也。饯，礼送行者之名。纳日，方纳之日也。盖以秋分之莫，夕方纳之日而识其景也。西成，秋月物成之时，所当成就之事也。宵，夜也。宵中者，秋分夜之刻于夏冬为适中也。昼夜亦各五十刻，举夜以见日，故曰宵。星虚，北方玄武七宿之虚星，秋分昏之中星也。亦曰"殷"者，秋分，阴之中也。夷，平也，暑退而人气平也。毛毨，鸟兽毛落更生，润泽鲜好也。

申命和叔，宅朔方，曰幽都。平在朔易。日短，星昴，以正仲冬。厥民隩，鸟兽氄毛。

隩，于到反。氄，而陇反。　朔方，北荒之地。谓之"朔"者，朔之为言苏也，万物至此死而复苏，犹月之晦而有朔也。日行至是则沦于地中，万象幽暗，故曰幽都。在，察也。朔易，冬月岁事已毕，除旧更新，所当改易之事也。日短，昼四十刻也。星昴，西方白虎七宿之昴宿，冬至昏之中星也。亦曰"正"者，冬至，阴之极，子为正阴之位也。隩，室之内也。气寒而民聚于内也。氄毛，鸟兽生软毳细毛以自温也。盖既命羲、和造历制器，而又分方与时，使各验其实，以审夫推步之差。圣人之敬天勤民，其谨如是。是以术不违天而政不失时也。又按：此冬至日在虚，昏中昴。今冬至日在斗，昏中璧。中星不同者，盖天有三百六十五度四分度之一，岁有三百六十五日四分日之一。天度四分之一而有余，岁日四分之一而不足。故天度常平运而舒，日道常内转而缩。天渐差而西，岁渐差而东，此岁差之由。唐一行所谓“岁差”者，是也。古历简易，未立差法，但随时占候修改以与天合。至东晋虞喜始以天为天，以岁为岁，乃立差以追其变，约以五十年退一度。何承天以为太过，乃倍其年而又反不及。至隋刘焯取二家中数七十五年，为近之。然亦未为精密也。因附著于此。

帝曰：“咨！汝羲暨和，朞三百有六旬有六日，以闰月定四时，成岁，允厘百工，庶绩咸熙。”

咨，嗟也，嗟叹而告之也。暨，及也。朞，犹周也。允，信。厘，治。工，官。庶，众。绩，功。咸，皆。熙，广也。天体至圆，周围三百六十五度四分度之一。绕地左旋，常一日一周而过一度。日丽天而少迟，故日行一日亦绕地一周，而在天为不及一度。积三百六十五日九百四十分日之二百三十五，而与天会。是一岁日行之数也。月丽天而尤迟。一日常不及天十三度十九分度之七。积二十九日九百四十分日之四百九十九，而与日会。十二会，得全日三百四十八。余分之积，又五千九百八十八。如日法九百四十而一得六，不尽三百四十八，通计得三百五十四日九百四十分日之三百四十八。是一岁月行之数也。岁有十二月，月有三十日，三百六十者，一岁之常数也。故日与天会而多五日九百四十分日之二百三十五者为气盈。月与日会而少五日九百四十分日之五百九十二者为朔虚。合气盈、朔虚而闰生焉。故一岁闰，率则十日九百四十分日之八百二十七。三岁一闰，则三十二日九百四十分日之六百单一。五岁再闰，则五十四日九百四十分日之三百七十五。十有九岁七闰，则气朔分齐，是为一章也。故三年而不置闰，则春之一月入于夏，而时渐不定矣。子之一月入于丑，而岁渐不成矣。积之之久，至于三失闰，则春皆入夏，而时全不定矣。十二失闰，子皆入丑，岁全不成矣。其名实乖戾，寒暑反易，农桑庶务皆失其时。故必以此余日置闰月于其间。然后四时不差而岁功得成，以此信治百官，而众功皆广也。

帝曰：“畴咨若时登庸？”

放齐曰：“胤子朱启明。”

帝曰："吁！嚚讼可乎？"

放，甫两反。胤，羊进反。嚚，鱼巾反。　此下至鲧"绩用弗成"，皆为禅舜张本也。畴，谁。咨，访问也。若，顺。庸，用也。尧言谁为我访问能顺时为治之人，而登用之乎？放齐，臣名。胤，嗣也。胤子朱，尧之嗣子，丹朱也。启，开也，言其性开明可登用也。吁者，叹其不然之辞。嚚，谓口不道忠信之言。讼，争辩也。朱盖以其开明之才用之于不善，故嚚讼，禹所谓"傲虐"是也。此见尧之至公至明，深知其子之恶，而不以一人病天下也。或曰胤，国子爵，尧时诸侯也。《夏书》有"胤侯"，《周书》有"胤之舞衣"。今亦未见其必不然，姑存于此云。

帝曰："畴咨若予采？"

欢兜曰："都！共工方鸠僝功。"

帝曰："吁！静言庸违，象恭滔天。"

欢，呼官反。兜，当侯反。共，音恭。僝，仕限反。　采，事也。都，叹美之辞也。欢兜，臣名。共工，官名，盖古之世官族也。方，且。鸠，聚。僝，见也。言共工方且鸠聚而见其功也。"静言庸违"者，静则能言，用则违背也。象恭，貌恭而心不然也。"滔天"二字未详，与下文相似，疑有舛误。上章言"顺时"，此言"顺事"，职任大小可见。

帝曰："咨！四岳，汤汤洪水方割，荡荡怀山襄陵，浩浩滔天。下民其咨，有能俾乂？"

佥曰："於！鲧哉。"

帝曰："吁！咈哉，方命圮族。"

岳曰："异哉！试可乃已。"

帝曰："往，钦哉！"

九载，绩用弗成。

汤，音伤。於，音乌。鲧，古本反。咈，符勿反。圮，部鄙反。异，音异。　四岳，官名，一人而总四岳诸侯之事也。汤汤，水盛貌。洪，大也。孟子曰："水逆行谓之洚水。"洚水者，洪水也。盖水涌出而未泄，故泛滥而逆流也。割，害也。荡荡，广貌，怀包其四面也。襄，驾出其上也。大阜曰陵。浩浩，大貌，滔漫也，极言其大势若漫天也。俾，使。乂，治也。言有能任此责者，使之治水也。佥，众共之辞。四岳与其所领诸侯之在朝者，同辞而对也。於，叹美辞。鲧，崇伯名。叹其美而荐之也。咈者，甚不然之之辞。“方命”者，逆命而不行也。王氏曰：圆则行，方则止。方命，犹今言废阁诏令也。盖鲧之为人悻戾，自用不从上令也。圮，败族类也。言与众不和，伤人害物，鲧之不可用者以此也。《楚辞》言鲧“婞直”，是其“方命圮族”之证也。岳曰，四岳之独言也。异，义未详，疑是已废而复强举之之意。“试可乃已”者，盖廷臣未有能于鲧者，不若姑试用之，取其可以治水而已。言无预他事，不必求其备也。尧于是遣之往治水，而戒以“钦哉”。盖任大事不可以不敬。圣人之戒，辞约而意尽也。载，年也。九载，三考功用不成，故黜之。

帝曰：“咨！四岳。朕在位七十载，汝能庸命，巽朕位？”

岳曰：“否德忝帝位。”曰：“明明扬侧陋。”

师锡帝曰：“有鳏在下，曰虞舜。”

帝曰：“俞！予闻，如何？”

岳曰：“瞽子，父顽，母嚚，象傲，克谐。以孝烝烝，乂不格奸。”

帝曰：“我其试哉！女于时，观厥刑于二女。”

厘降二女于妫汭，嫔于虞。

帝曰：“钦哉！”

妫，俱为反。汭，如税反。嫔，音并。　朕，古人自称之通号。吴氏曰：“巽、逊古通用。言汝四岳能用我之命，而可逊以此位乎？盖丹朱既不肖，群臣又多不称，故欲举以授人，而先之四岳也。”否，不通。忝，辱也。明明，上“明”谓明显之，下“明”谓已在显位者。扬，举也。侧陋，微贱之人也。言惟德是举，不拘贵贱也。师，众。锡，与也。四岳群臣诸侯同辞以对也。鳏，无妻之名。虞氏，舜名也。俞，应许之辞。“予闻”者，我亦尝闻是人也。“如何”者，复问其德之详也。岳曰，四岳独对也。瞽，无目之名，言舜乃瞽者之子也。舜父号瞽叟。心不则德义之经为顽。母，舜后母也。象，舜异母弟名。傲，骄慢也。谐，和。烝，进也。言舜不幸遭此，而能和以孝，使之进进以善自治，而不至于大为奸恶也。女，以女与人也。时，是。刑，法也。二女，尧二女娥皇、女英也。此尧言其将试舜之意也。庄子所谓二女事之以观其内是也。盖夫妇之间，隐微之际。正始之道，所系尤重。故观人者，于此为尤切也。厘，理。降，下也。妫，水名，在今河中府河东县，出历山入河。《尔雅》曰："水北曰汭，亦小水入大水之名。"盖两水合流之内也。故从水，从内。盖舜所居之地。嫔，妇也。虞，舜氏也。史言尧治装下嫁二女于妫水之北，使为舜妇于虞氏之家也。钦哉，尧戒二女之辞，即礼所谓往之女家，必敬必戒者。况以天子之女嫁于匹夫，尤不可不深戒之也。

舜 典

今文、古文皆有。今文合于《尧典》,而无篇首二十八字。　唐孔氏曰:“东晋梅赜上《孔传》,缺《舜典》。自‘乃命以位’以上二十八字,世所不传,多用王、范之注补之。而皆以‘慎徽五典’以下为《舜典》之初。至齐萧鸾建武四年,姚方兴于大航头得孔氏传古文《舜典》,乃上之。事未施行,而方兴以罪致戮。至隋开皇初,购求遗典,始得之。”今按:古文孔传《尚书》有“曰若稽古”以下二十八字。伏生以《舜典》合于《尧典》,只以“慎徽五典”以上接“帝曰钦哉”之下,而无此二十八字。梅赜既失孔传《舜典》,故亦不知有此二十八字。而“慎徽五典”以下,则固具于伏生之书。故传者用王、范之注以补之。至姚方兴乃得古文《孔传》《舜典》,于是始知有此二十八字。或者由此乃谓古文《舜典》一篇皆尽亡失。至是方全得之。遂疑其伪,盖过论也。

曰若稽古,帝舜曰重华,协于帝。濬哲文明,温恭允塞,玄德升闻,乃命以位。

濬,音浚。　华,光华也。协,合也。帝,谓尧也。濬,深。哲,智也。温,和粹也。塞,实也。玄,幽潜也。升,上也。言尧既有光华,而舜又有光华,可合于尧。因言其目,则深沉而有智,文理而光明,和粹而恭敬,诚信而笃实。有此四者幽潜之德,上闻于尧,尧乃命之以职位也。

慎徽五典,五典克从。纳于百揆,百揆时叙。宾于四门,四门穆穆。纳于大麓,烈风雷雨弗迷。

徽,美也。五典,五常也。父子有亲,君臣有义,夫妇有别,长幼有序,朋友有信,是也。从,顺也,左氏所谓无违教也。此盖使为司徒之官也。揆,度也。“百揆”者,揆度庶政之官。惟唐虞有之,犹周之冢宰也。时叙,以时而叙,左氏所谓“无废事”也。四门,四方之门。古者以宾礼亲邦国,诸侯各以方至,而使主焉,故曰宾。穆穆,和之至也,左氏所谓“无凶人”也。此盖又兼四岳之官也。麓,山足也。烈,迅。迷,错也。《史记》曰:“尧使舜入山林川泽,暴风雷雨,舜行不迷。”苏氏曰:“洪水为害,尧使舜入山林。相视原隰,雷雨大至,众惧失常,而舜不迷。其度量有绝人者，而天地鬼神亦或有以相之欤。”愚谓遇烈风雷雨非常之变而不震惧失常，非固聪明诚智确乎不乱者，不能也。《易》：“震惊百里，不丧匕鬯。”意为近之。

帝曰：“格！汝舜。询事考言，乃言底可绩，三载。汝陟帝位。”舜让于德，弗嗣。

格，来。询，谋。乃，汝。底，致。陟，升也。尧言询舜所行之事而考其言，则见汝之言致可有功，于今三年矣。汝宜升帝位也。让于德，让于有德之人也。或曰谦逊，自以其德不足为嗣也。

正月上日，受终于文祖。

上日，朔日也。叶氏曰：上旬之日。曾氏曰：如上戊、上辛、上丁之类。未详孰是。“受终”者，尧于是终帝位之事，而舜受之也。“文祖”者，尧始祖之庙。未详所指为何人也。

在璇玑玉衡，以齐七政。

璇，音旋。　在，察也。美珠谓之璇。玑，机也。以璇饰玑，所以象天体之转运也。衡，横也，谓衡箫也。以玉为管，横而设之，所以窥玑而齐七政之运行，犹今之浑天仪也。七政，日月五星也。七者运行于天，有迟有速，有顺有逆，犹人君之有政事也。此言舜初摄位，整理庶务，首察玑衡以齐七政。盖历象授时所当先也。　按：浑天仪者，《天文志》云：“言天体者三家：一曰《周髀》，二曰《宣夜》，三曰《浑天》。《宣夜》绝无师说，不知其状如何。《周髀》之术以为天似覆盆，盖以斗极为中，中高而四边下，日月旁行绕之。日近而见之为昼，日远而不见为夜。”蔡邕以为考验天象多所违失。《浑天说》曰：“天之形状似鸟卵，地居其中，天包地外，犹卵之裹黄，圆如弹丸，故曰浑天。言其形体浑浑然也。其术以为天半覆地上，半在地下。其天居地上见者，一百八十二度半强，地下亦然。北极出地上三十六度，南极入地下亦三十六度。而嵩高正当天之中极。南五十五度当嵩高之上，又其南十二度为夏至之日道，又其南二十四度为春秋分之日道，又其南二十四度为冬至之日道。南下去地三十一度而已。是夏至日北去极六十七度，春秋分去极九十一度，冬至去极一百一十五度，此其大率也。其南、北极特其两端，其天与日、月、星宿斜而回转。”此必古有其法，遭秦而灭。至汉武帝时，落下闳始经营之，鲜于妄人又量度之。至宣帝时，耿寿昌始铸铜而为之象。宋钱乐又铸铜作浑天仪。衡长八尺，孔径一寸，玑径八尺，圆周二丈五尺强。转而望之,以知日月星辰之所在,即璇玑玉衡之遗法也。历代以来,其法渐密。本朝因之为仪三重。其在外者曰六合仪。平置黑单环,上刻十二辰、八干、四隅在地之位,以准地面而定四方。侧立黑双环,背刻去极度数,以中分天脊,直跨地平,使其半入地下,而结于其子午,以为天经。斜倚赤单环,背刻赤道度数,以平分天腹,横绕天经,亦使半出地上,半入地下,而结于其卯酉,以为天纬。三环表里相结不动,其天经之环,则南北二极,皆为圆轴,虚中而内向,以挈三辰四游之环。以其上下四方,于是可考,故曰六合。次其内曰三辰仪。侧立黑双环,亦刻去极度数,外贯天经之轴,内挈黄赤二道。其赤道则为赤单环,外依天纬,亦刻宿度,而结于黑双环之卯酉。其黄道则为黄单环,亦刻宿度,而又斜倚于赤道之腹,以交结于卯酉。而半入其内,以为春分后之日轨。半出其外,以为秋分后之日轨。又为白单环,以承其交,使不倾垫。下设机轮,以水激之,使其日夜随天东西运转,以象天行。以其日月星辰,于是可考,故曰三辰。其最在内者曰四游仪,亦为黑双环,如三辰仪之制,以贯天经之轴。其环之内,则两面当中,各施直距,外指两轴。而当其要中之内面,又为小窾,以受玉衡要中之小轴。使衡既得随环东西运转,又可随处南北低昂,以待占候者之仰窥焉。以其东西南北,无不周遍,故曰四游。此其法之大略也。沈括曰:"旧法:规环,一面刻周天度,一面加银丁。盖以夜候天晦不可目察,则以手切之也。"古人以璇饰玑,疑亦为此。今太史局秘书省铜仪制极精致,亦以铜丁为之。历家之说又以北斗魁四星为玑,杓三星为衡。今详经文简质,不应"北斗"二字乃用寓名,恐未必然。姑存其说,以广异闻。

肆类于上帝,禋于六宗,望于山川,遍于群神。

禋,音因。 肆,遂也。类、禋、望,皆祭名。《周礼·肆师》:"类造于上帝。"注云:"郊祀者,祭昊天之常祭。非常祀而祭告于天,其礼依郊祀为之。故曰类。"如《泰誓》武王伐商,《王制》言天子将出,皆云"类于上帝"是也。禋,精意以享之谓。宗,尊也。所尊祭者,其祀有六。《祭法》曰:"埋少牢于泰昭,祭时也;相近于坎坛,祭寒暑也;王宫,祭日也;夜明,祭月也;幽宗,祭星也;雩宗,祭水旱也。"山川,名山大川、五岳四渎之属。望而祭之故曰望。遍,周遍也。群神,谓丘陵坟衍、古昔圣贤之类。言受终观象之后,即祭祀上下神祇,以摄位告也。

辑五瑞。既月乃日,觐四岳群牧,班瑞于群后。

辑,敛。瑞,信也。公执桓圭,侯执信圭,伯执躬圭,子执谷璧,男执蒲璧。五等诸侯执之以合符于天子,而验其信否也。《周礼》:"天子执冒以朝诸侯。"郑氏注云："名玉以冒，以德覆冒天下也。"诸侯始受命，天子锡以圭。圭头斜锐，其冒下斜刻。小大、长短、广狭如之。诸侯来朝，天子以刻处冒其圭头。有不同者，则辨其伪也。既，尽。覲，见。四岳，四方之诸侯。群牧，九州之牧伯也。程子曰："辑五瑞，征五等之诸侯也。此已上皆正月事，至尽此月，则四方之诸侯有至者矣。远近不同，来有先后，故日日见之。不如他朝会之同期于一日。盖欲以少接之，则得尽其询察礼意也。"班、颁同。群后即侯牧也。既见之后，审知非伪。则又颁还其瑞，以与天下正始也。

岁二月，东巡守，至于岱宗，柴。望秩于山川，肆覲东后。协时月正日，同律度量衡。修五礼、五玉、三帛、二生、一死贽。如五器，卒乃复。五月南巡守，至于南岳，如岱礼。八月西巡守，至于西岳，如初。十有一月朔巡守，至于北岳，如西礼。归，格于艺祖，用特。

孟子曰："天子适诸侯曰巡守。巡守者，巡所守也。"岁二月，当巡守之年二月也。岱宗，泰山也。柴，燔柴以祀天也。望，望秩以祀山川也。秩者，其牲币祝号之次第。如五岳视三公，四渎视诸侯，其余视伯子男者也。东后，东方之诸侯也。时谓四时。月谓月之大小。日谓日之甲乙。其法略见上篇。诸侯之国，其有不齐者，则协而正之也。律谓十二律，黄钟、大簇、姑洗、蕤宾、夷则、无射、大吕、夹钟、仲吕、林钟、南吕、应钟也。六为律，六为吕，凡十二管，皆径三分有奇，空围九分。而黄钟之长九寸，大吕以下律吕相间以次，而短至应钟而极焉。以之制乐而节声音，则长者声下，短者声高。下者则重浊而舒迟，上者则轻清而剽疾。以之审度而度长短，则九十分黄钟之长，一为一分，而十分为寸，十寸为尺，十尺为丈，十丈为引。以之审量而量多少，则黄钟之管，其容子谷秬黍中者，一千二百以为龠，而十龠为合，十合为升，十升为斗，十斗为斛。以之平衡而权轻重，则黄钟之龠所容千二百黍，其重十二铢，两龠则二十四铢为两，十六两为斤，三十斤为钧，四钧为石。此黄钟所以为万事根本。诸侯之国其有不一者，则审而同之也。时月之差由积日而成，其法则先粗而后精，度量衡受法于律。其法则先本而后末。故言"正日"在"协时月"之后，"同律"在"度量衡"之先。立言之叙盖如此也。五礼，吉、凶、军、宾、嘉也。修之所以同天下之风俗。五玉，五等诸侯所执者，即五瑞也。三帛，诸侯世子执纁，公之孤执玄，附庸之君执黄。二生，卿执羔，大夫执雁。一死士执雉。五玉、三帛、二生、一死，所以为贽而见者，此九字当在"肆覲东后"之下、"协时月正日"之上，误脱在此。言东后之觐，皆执此贽也。如五器，刘侍讲曰：“如，同也。五器即五礼之器也。”《周礼》“六器”、“六贽”即舜之遗法也。“卒乃复”者，举祀礼，觐诸侯，一正朔，同制度，修五礼，如五器。数事皆毕，则不复东行，而遂西向，且转而南行也，故曰“卒乃复”。南岳衡山，西岳华山，北岳恒山。二月东，五月南，八月西，十一月北，各以其时也。格，至也。言至于其庙而祭告也。艺祖，疑即文祖。或曰文祖，艺祖之所自出，未有所考也。特，特牲也，谓一牛也。古者君将出，必告于祖祢。归，又至其庙而告之。孝子不忍死其亲，出告反面之义也。《王制》曰：“归，格于祖祢。”《郑注》曰：“祖下及祢皆一牛。”程子以为但言艺祖，举尊尔，实皆告也。但止就祖庙共享一牛，不如时祭各设主于其庙也。二说未知孰是，今两存之。

五载一巡守，群后四朝。敷奏以言，明试以功，车服以庸。

五载之内，天子巡守者一，诸侯来朝者四。盖巡守之明年，则东方诸侯来朝于天子之国。又明年，则南方之诸侯来朝。又明年，则西方之诸侯来朝。又明年，则北方之诸侯来朝。又明年，则天子复巡守。是则天子诸侯虽有尊卑，而一往一来礼无不答。是以上下交通而远近洽和也。敷，陈。奏，进也。《周礼》曰：“民功曰庸。”程子曰：“敷奏以言”者，使各陈其为治之说。言之善者，则从而明考其功。有功则赐车服以旌异之；其言不善，则亦有以告饬之也。林氏曰：天子巡守，则有“协时月(正)日”以下等事。诸侯来朝，则有“敷奏以言”以下等事。

肇十有二州，封十有二山，浚川。

肇，始也。十二州，冀、兖、青、徐、荆、扬、豫、梁、雍、幽、并、营也。中古之地，但为九州，曰冀、兖、青、徐、荆、扬、豫、梁、雍。禹治水作贡，亦因其旧。及舜即位，以冀、青地广，始分冀东恒山之地为并州，其东北医无闾之地为幽州。又分青之东北辽东等处为营州。而冀州止有河内之地，今河东一路是也。封，表也。封十二山者，每州封表一山以为一州之镇。如《职方氏》言“扬州，其山镇曰会稽”之类。浚川，浚导十二州之川也。然舜既分十有二州，而至商时又但言九围、九有。《周礼·职方氏》亦止列为九州，有扬、荆、豫、青、兖、雍、幽、冀、并，而无徐、梁、营也。则是为十二州盖不甚久。不知其自何时复合为九也。吴氏曰：此一节在禹治水之后，其次序不当在四罪之先。盖史官泛记舜所行之大事，初不记先后之序也。

象以典刑，流宥五刑，鞭作官刑，扑作教刑，金作赎刑。

眚灾肆赦，怙终贼刑。钦哉，钦哉，惟刑之恤哉！

宥，音又。眚，音省。 象，如天之垂象以示人。而典者，常也，示人以常刑。所谓墨、劓、剕、宫、大辟，五刑之正也，所以待夫元恶大憝、杀人伤人、穿窬淫放，凡罪之不可宥者也。“流宥五刑”者，流遣之，使远去，如下文流放窜殛之类也。宥，宽也，所以待夫罪之稍轻。虽入于五刑，而情可矜，法可疑，与夫亲贵勋劳而不可加以刑者，则以此而宽之也。“鞭作官刑”者，木末垂革，官府之刑也。“扑作教刑”者，夏楚二物，学校之刑也。皆以待夫罪之轻者。“金作赎刑”者，金，黄金；赎，赎其罪也。盖罪之极轻，虽入于鞭扑之刑，而情法犹有可议者也。此五句者从重入轻，各有条理，法之正也。肆，纵也。“眚灾肆赦”者，眚谓过误，灾谓不幸。若人有如此而入于刑，则又不待流宥金赎而直赦之也。贼，杀也。“怙终贼刑”者，怙谓有恃，终谓再犯。若人有如此而入于刑，则虽当宥当赎，亦不许其宥，不听其赎，而必刑之也。此二句者，或由重而即轻，或由轻而即重，盖用法之权衡。所谓法外意也。圣人立法制刑之本末。此七言者，大略尽之矣。虽其轻重取舍、阳舒阴惨之不同，然“钦哉钦哉，惟刑之恤”之意，则未始不行乎其间也。盖其轻重毫厘之间，各有攸当者，乃天讨不易之定理。而钦恤之意，行乎其间，则可以见圣人好生之本心也。据此经文，则五刑有流宥而无金赎。《周礼·秋官》亦无其文。至《吕刑》乃有五等之罚，疑穆王始制之，非法之正也。盖当刑而赎，则失之轻。疑赦而赎，则失之重。且使富者幸免，贫者受刑，又非所以为平也。

流共工于幽州，放欢兜于崇山，窜三苗于三危，殛鲧于羽山，四罪而天下咸服。

流，遣之远去，如水之流也。放，置之于此，不得他适也。窜则驱逐禁锢之。殛则拘囚困苦之。随其罪之轻重而异法也。共工、欢兜、鲧事见上篇。三苗，国名，在江南荆扬之间，恃险为乱者也。幽州，北裔之地。水中可居曰州。崇山，南裔之山，在今澧州。三危，西裔之地，即雍之所谓“三危既宅”者。羽山，东裔之山，即徐之“蒙羽其艺”者。服者，天下皆服其用刑之当罪也。程子曰：“舜之诛四凶，怒在四凶，舜何与焉？”盖因是人有可怒之事而怒之，圣人之心本无怒也。圣人以天下之怒为怒，故天下咸服之。《春秋传》所记四凶之名与此不同。说者以穷奇为共工，浑敦为欢兜，饕餮为三苗，梼杌为鲧。不知其果然否也。

二十有八载，帝乃殂落。百姓如丧考妣，三载，四海遏密八音。

殂落，死也。死者魂气归于天，故曰殂；体魄归于地，故曰落。丧，为之服也。遏，绝。密，静也。八音，金、石、丝、竹、匏、土、革、木也。言尧圣德广大，恩泽隆厚，故四海之民思慕之深至于如此也。《仪礼》圻内之民为天子齐衰三月，圻外之民无服。今应服三月者，如丧考妣；应无服者，遏密八音。尧十六即位，在位七十载。又试舜三载。老不听政，二十八载乃崩。在位通计百单一年。

月正元日，舜格于文祖，

月正，正月也。元日，朔日也。汉孔氏曰："舜服尧丧三年毕，将即政，故复至文祖庙告。"苏氏曰："受终告摄，此告即位也。"然春秋国君，皆以遭丧之明年正月，即位于庙而改元。孔氏云：丧毕之明年。不知何所据也。

询于四岳，辟四门，明四目，达四聪。

询，谋。辟，开也。舜既告庙即位，乃谋治于四岳之官；开四方之门，以来天下之贤俊；广四方之视听，以决天下之壅蔽。

"咨，十有二牧！"曰，"食哉惟时！柔远能迩，惇德允元，而难任人，蛮夷率服。"

牧，养民之官。十二牧，十二州之牧也。王政以食为首，农事以时为先。舜言足食之道，惟在于不违农时也。柔者，宽而抚之也。能者，扰而习之也。远近之势如此，先其略而后其详也。惇，厚。允，信也。德，有德之人也。元，仁厚之人也。难，拒绝也。任，古文作"壬"，包藏凶恶之人也。言当厚有德，信仁人，而拒奸恶也。凡此五者，处之各得其宜，则不特中国顺治，虽蛮夷之国亦相率而服从矣。

舜曰："咨，四岳！有能奋庸熙帝之载，使宅百揆亮采，惠畴？"

佥曰："伯禹作司空。"

帝曰："俞，咨！禹，汝平水土，惟时懋哉！"禹拜稽首，让于稷、契暨皋陶。

帝曰："俞，汝往哉！"

契，音泄。陶，音遥。　奋，起。熙，广。载，事。亮，明。惠，顺。畴，类也。一说，亮，相也。舜言有能奋起事功以广帝尧之事者，使居百揆之位，以明亮庶事，而顺成庶类也。佥，众也。四岳所领四方诸侯有在朝者也。禹，姒姓，崇伯鲧之子也。“平水土”者，司空之职。时，是。懋，勉也，指百揆之事以勉之也。盖四岳及诸侯言伯禹见作司空，可宅百揆。帝然其举，而咨禹使仍作司空而兼行百揆之事。录其旧绩而勉其新功也。以司空兼百揆，如周以六卿兼三公，后世以他官平章事知政事，亦此类也。稽首，首至地。稷，田正官。稷，名弃，姓姬氏，封于邰。契，臣名，姓子氏，封于商。稷、契皆帝喾之子。暨，及也。皋陶亦臣名。俞者，然其举也。“汝往哉”者，不听其让也。此章称“舜曰”，此下方称“帝曰”者，以见尧老舜摄。尧在时，舜未尝称帝。此后，舜方真即帝位而称帝也。

帝曰：“弃，黎民阻饥，汝后稷，播时百谷。”

阻，厄。后，君也，有爵土之称。播，布也。谷非一种，故曰“百谷”。此因禹之让而申命之，使仍旧职以终其事也。

帝曰：“契，百姓不亲，五品不逊。汝作司徒，敬敷五教，在宽。”

亲，相亲睦也。五品，父子、君臣、夫妇、长幼、朋友五者之名位等级也。逊，顺也。司徒，掌教之官。敷，布也。五教，父子有亲，君臣有义，夫妇有别，长幼有序，朋友有信。以五者当然之理而为教令也。敬，敬其事也。圣贤之于事，虽无所不敬，而此又事之大者，故特以敬言之，宽裕以待之也。盖五者之理出于人心之本然，非有强而后能者。自其拘于气质之偏，溺于物欲之蔽，始有昧于其理而不相亲爱、不相逊顺者。于是因禹之让，又申命契仍为司徒。使之敬以敷教，而又宽裕以待之。使之优柔浸渍以渐而入。则其天性之真自然呈露，不能自已，而无无耻之患矣。孟子所引尧言劳、来、匡、直、辅、翼，“使自得之，又从而振德之”，亦此意也。

帝曰：“皋陶，蛮夷猾夏，寇贼奸宄。汝作士，五刑有服，五服三就。五流有宅，五宅三居。惟明克允！”

宄，音轨。　猾，乱。夏，明而大也。曾氏曰：“中国，文明之地，故曰华夏。”四时之夏，疑亦取此义也。劫人曰寇，杀人曰贼，在外曰奸，在内曰宄。士，理官也。服，服其罪也。《吕刑》所谓“上服”、“下服”是也。三就，孔氏以为大罪于原野，大夫于朝，士于市，不知何据。窃恐惟大辟弃之于市，宫辟则下蚕室，余刑亦就屏处。盖非死刑，不欲使风中其疮，误而至死，圣人之仁也。五流，五等象刑之当宥者也。“五宅三居”者，流虽有五。而宅之但为三等之居。如“列爵惟五，分土惟三”也。孔氏以为大罪居于四裔，次则九州之外，次则千里之外。虽亦未见其所据，然大概当略近之。此亦因禹之让而申命之，又戒以必当致其明察，乃能使刑当其罪，而人无不信服也。

帝曰：“畴若予工？”

佥曰：“垂哉！”

帝曰：“俞，咨！垂，汝共工。”垂拜稽首，让于殳、斨暨伯与。

帝曰：“俞，往哉！汝谐。”

殳，音殊。斨，千羊反。与，音余。　若，顺其理而治之也。《曲礼》“六工”有土工、金工、石工、木工、兽工、草工。《周礼》有攻木之工、攻金之工、攻皮之工、设色之工、抟埴之工，皆是也。帝问谁能顺治于百工之事者。垂，臣名，有巧思。庄子曰：“攦工倕之指。”即此也。殳、斨、伯与，三臣名也。殳，以积竹为兵，建兵车者。斨，方銎斧也。古者多以其所能为名。殳、斨岂能为二器者欤？“往哉汝谐”者，往哉，汝和其职也。

帝曰：“畴若予上下草木鸟兽？”

佥曰：“益哉！”

帝曰：“俞，咨！益，汝作朕虞。”益拜稽首，让于朱、虎、熊、罴。

帝曰：“俞，往哉！汝谐。”

熊，回弓反。罴，班縻反。　上下，山林泽薮也。虞，掌山泽之官。《周礼》分为虞、衡，属于夏官。朱、虎、熊、罴，四臣名也。高辛氏之子有曰仲虎、仲熊，意以兽为名者，亦以其能服是兽而得名欤。《史记》曰朱、虎、熊、罴为伯益之佐，前殳、斨、伯与当亦为垂之佐也。

帝曰：“咨！四岳，有能典朕三礼？”

佥曰：“伯夷！”

帝曰：“俞，咨！伯，汝作秩宗。夙夜惟寅，直哉惟清。”伯拜稽首，让于夔、龙。

帝曰："俞，往，钦哉！"

夔，音逵。 典，主也。三礼，祀天神、享人鬼、祭地祇之礼也。伯夷，臣名，姜姓。秩，序也。宗，祖庙也。秩宗，主叙次百神之官，而专以"秩宗"名之者，盖以宗庙为主也。《周礼》亦谓之宗伯，而都家皆有宗人之官以掌祭祀之事，亦此意也。夙，早。寅，敬畏也。直者，心无私曲之谓。人能敬以直内，不使少有私曲，则其心洁清而无物欲之污，可以交于神明矣。夔、龙，二臣名。

帝曰："夔！命汝典乐，教胄子，直而温，宽而栗，刚而无虐，简而无傲。诗言志，歌永言，声依永，律和声。八音克谐，无相夺伦，神人以和。"

夔曰："於！予击石拊石，百兽率舞。"

胄，直又反。 胄，长也，自天子至卿大夫之适子也。栗，庄敬也。上二"无"字，与"毋"同。凡人直者必不足于温，故欲其温；宽者必不足于栗，故欲其栗。所以虑其偏而辅翼之也。刚者必至于虐，故欲其无虐。简者必至于傲，故欲其无傲。所以防其过而戒禁之也。"教胄子"者，欲其如此，而其所以教之之具则又专在于乐。如《周礼·大司乐》掌成均之法以教国子弟。而孔子亦曰：兴于诗，成于乐。盖所以荡涤邪秽，斟酌饱满，动荡血脉，流通精神，养其中和之德而救其气质之偏者也。心之所之谓之志，心有所之必形于言，故曰"诗言志"。既形于言，则必有长短之节，故曰"歌永言"。既有长短，则必有高下清浊之殊，故曰"声依永"。声者，宫、商、角、徵、羽也。大抵歌声长而浊者为宫，以渐而清且短则为商、为角、为徵、为羽，所谓"声依永"也。既有长短清浊，则又必以十二律和之，乃能成文而不乱。假令黄钟为宫，则太簇为商，姑洗为角，林锺为徵，南吕为羽。盖以三分损益，隔八相生而得之，余律皆然。即《礼运》所谓："五声、六律、十二管还相为宫。"所谓"律和声"也。人声既和，乃以其声被之八音而为乐。则无不谐协，而不相侵乱、失其伦次，可以奏之朝廷，荐之郊庙，而神人以和矣。圣人作乐以养情性，育人材，事神祇，和上下。其体用功效广大深切乃如此。今皆不复见矣。可胜叹哉！"夔曰"以下，苏氏曰：舜方命九官，济济相让，无缘夔于此独言其功。此《益稷》之文，简编脱误，复见于此。

帝曰："龙，朕堲谗说殄行，震惊朕师。命汝作纳言，夙夜出纳朕命，惟允！”

堲，疾力反。谗，音慚。　堲，疾。殄，绝也。“殄行”者，谓伤绝善人之事也。师，众也，谓其言之不正而能变乱黑白以骇众听也。纳言，官名。命令政教，必使审之，既允而后出，则谗说不得行，而矫伪无所托矣。敷奏复逆，必使审之，既允而后入，则邪僻无自进，而功绪有所稽矣。周之内史，汉之尚书，魏晋以来所谓中书、门下者，皆此职也。

帝曰：“咨！汝二十有二人，钦哉！惟时亮天功。”

二十二人，四岳、九官、十二牧也。《周官》言内有百揆、四岳，外有州牧、侯伯。盖百揆者，所以统庶官。而四岳者，所以统十二牧也。既分命之，又总告之。使之各敬其职，以相天事也。曾氏曰：“舜命九官。新命者六人。命伯禹，命伯夷，咨四岳而命者也；命垂，命益，泛咨而命者也；命夔，命龙，因人之让，不咨而命者也。夫知道而后可宅百揆，知礼而后可典三礼。知道、知礼，非人人所能也。故必咨于四岳。‘若予工’、‘若上下草木鸟兽’，则非此之比。故泛咨而已。礼乐命令，其体虽不若百揆之大，然其事理精微亦非百工庶物之可比。伯夷既以四岳之举而当秩宗之任，则其所让之人，必其中于典乐、纳言之选可知。故不咨而命之也。若稷、契、皋陶之不咨者，申命其旧职而已。”又按：“此以平水土、若百工各为一官，而周制同领于司空。此以士一官兼兵刑之事，而《周礼》分为夏、秋两官。盖帝王之法，随时制宜。所谓损益可知者如此。”

三载考绩，三考，黜陟幽明，庶绩咸熙。分北三苗。

北，如字，又音佩。　考，核实也。三考，九载也。九载，则人之贤否、事之得失可见。于是陟其明而黜其幽。赏罚明信，人人力于事功。此所以“庶绩咸熙”也。北，犹背也。其善者留，其不善者窜徙之，使分背而去也。此言舜命二十二人之后，立此考绩黜陟之法，以时举行，而卒言其效如此也。按：三苗见于经者，如《典》、《谟》、《益稷》、《禹贡》、《吕刑》详矣。盖其负固不服，乍臣乍叛，舜摄位而窜逐之。禹治水之时，三危已宅，而旧都犹顽不即工。禹摄位之后，帝命徂征而犹逆命。及禹班师而后来格，于是乃得考其善恶而分北之也。《吕刑》之言“遏绝”，则通其本末而言，不可以先后论也。

舜生三十征，庸三十，在位五十载，陟方乃死。

征，知陵反。　征，召也。陟方，犹言升遐也。韩子曰：“《竹书纪年》帝王之没皆曰‘陟’。陟，升也，谓升天也。《书》曰：‘殷礼陟配天。’言以道终，其德协天也。故《书》纪舜之没云‘陟’。”“其下言‘方乃死’者，所以释陟为死也。地之势东南下，如言舜巡守而死，宜言‘下方’，不得言‘陟方’也。”按此得之，但不当以“陟”为句绝耳。方，犹云“徂乎方”之“方”。陟方乃死，犹言殂落而死也。舜生三十年，尧方召用。历试三年，居摄二十八年。通三十年，乃即帝位。又五十年而崩。盖于篇末总叙其始终也。《史记》言舜巡守崩于苍梧之野，孟子言舜卒于鸣条。未知孰是。今零陵九嶷有舜冢云。

大 禹 谟

谟，谋也。林氏曰："虞史既述二典，其所载有未备者，于是又叙其君臣之间嘉言善政，以为《大禹》、《皋陶谟》、《益稷》三篇。所以备二典之未备者。"今文无，古文有。

曰若稽古。大禹曰："文命敷于四海，祗承于帝。"

命，教。祗，敬也。帝，谓舜也。"文命敷于四海"者，即《禹贡》所谓"东渐"、"西被"、"朔南暨声教讫于四海"者是也。史臣言禹既已布其文教于四海矣，于是陈其谟以敬承于舜，如下文所云也。文命，《史记》以为禹名。苏氏曰："以文命为禹名，则'敷于四海'者为何事邪？"

曰："后克艰厥后，臣克艰厥臣，政乃乂，黎民敏德。"

"曰"以下即禹祗承于帝之言也。艰，难也。孔子曰："为君难，为臣不易。"即此意也。乃者，难辞也。敏，速也。禹言君而不敢易其为君之道，臣而不敢易其为臣之职，夙夜祗惧，各务尽其所当为者，则其政事乃能修治而无邪慝。下民自然观感速化于善，而有不容已者矣。

帝曰："俞！允若兹，嘉言罔攸伏，野无遗贤，万邦咸宁。稽于众，舍己从人，不虐无告，不废困穷，惟帝时克。"

嘉，善。攸，所也。舜然禹之言，以为信能如此，则必有以广延众论，悉致群贤，而天下之民咸被其泽，无不得其所矣。然非忘私顺理、爱民好士之至，无以及此。而惟尧能之，非常人所及也。盖为谦辞以对，而不能自谓其必能。舜之克艰，于此亦可见矣。程子曰："舍己从人，最为难事。己者，我之所有。虽痛舍之，尤惧守己者固，而从人者轻也。"

益曰："都，帝德广运，乃圣乃神，乃武乃文。皇天眷命，奄有四海为天下君。"

广者，大而无外。运者，行之不息。大而能运，则变化不测。故自其大而化之而言，则谓之圣；自其圣而不可知而言，则谓之神；自其威之可畏而言，则谓之武；自其英华发外而言，则谓之文。眷，顾。奄，尽也。尧之初起不见于经，

《传》称其自唐侯特起为帝。观益之言，理或然也。或曰舜之所谓帝者，尧也；群臣之言帝者，舜也。如“帝德罔愆”、“帝其念哉”之类，皆谓舜也。盖益因舜尊尧，而遂美舜之德以劝之，言不特尧能如此，帝亦当然也。今按：此说所引，比类固为甚明，但益之语接连上句“惟帝时克”之下，未应遽舍尧而誉舜，又徒极口以称其美，而不见其有劝勉规戒之意，恐唐虞之际未遽有此谀佞之风也。依旧说，赞尧为是。

禹曰：“惠迪吉。从逆凶。惟影响。”

惠，顺。迪，道也。逆，反道者也。惠迪、从逆，犹言顺善从恶也。禹言天道可畏，吉凶之应于善恶，犹影响之出于形声也，以见不可不艰者。以此而终上文之意。

益曰：“吁！戒哉！儆戒无虞，罔失法度。罔游于逸，罔淫于乐。任贤勿贰，去邪勿疑。疑谋勿成，百志惟熙。罔违道以干百姓之誉，罔咈百姓以从己之欲。无怠无荒，四夷来王。

乐，音洛。咈，符勿反。　先吁后戒，欲使听者精审也。儆，与“警”同。虞，度。罔，勿也。法度，法则、制度也。淫，过也。当四方无可虞度之时，法度易至废弛，故戒其失坠；逸、乐易至纵恣，故戒其游淫。言此三者，所当谨畏也。任贤以小人间之谓之贰，去邪不能果断谓之疑。谋，图为也。有所图为，揆之于理而未安者，则不复成就之也。百志，犹《易》所谓“百虑”也。咈，逆也。九州之外，世一见曰王。帝于是八者，朝夕戒惧，无怠于心，无荒于事，则治道益隆。四夷之远，莫不归往；中土之民，服从可知。今按：益言八者，亦有次第。盖人君能守法度，不纵逸乐，则心正身修，义理昭著。而于人之贤否，孰为可任，孰为可去；事之是非，孰为可疑，孰为不可疑，皆有以审其几微，绝其蔽惑。故方寸之间，光辉明白。而于天下之事，孰为道义之正而不可违，孰为民心之公而不可咈，皆有以处之，不失其理，而毫发私意不入于其间。此其惩戒之深旨，所以推广大禹“克艰”、“惠迪”之谟也。苟无其本，而是非取舍，决于一己之私，乃欲断而行之，无所疑惑，则其为害，反有不可胜言者矣。可不戒哉？

禹曰：“於！帝念哉！德惟善政，政在养民。水火金木土谷惟修，正德利用厚生惟和，九功惟叙，九叙惟歌。戒之用休，董之用威，劝之以九歌，俾勿坏。”

於，音乌。　益言儆戒之道，禹叹而美之，谓帝当深念益之所言也。且德非徒善而已，惟当有以善其政；政非徒法而已，在乎有以养其民。下文“六府”、“三事”即养民之政也。“水火金木土谷惟修”者，水克火，火克金，金克木，木克土，而生五谷。或相制以泄其过，或相助以补其不足，而六者无不修矣。“正德”者，父慈、子孝、兄友、弟恭、夫义、妇听，所以正民之德也。“利用”者，工作什器、商通货财之类，所以利民之用也。“厚生”者，衣帛食肉、不饥不寒之类，所以厚民之生也。六者既修，民生始遂。不可以逸居而无教，故为之惇典敷教以正其德，通功易事以利其用，制节谨度以厚其生。使皆当其理而无所乖，则无不和矣。九功，合六与三也。叙者，言九者各顺其理，而不汩陈以乱其常也。歌者，以九功之叙而咏之歌也。言九者既已修和，各由其理。民享其利，莫不歌咏而乐其生也。然始勤终怠者，人情之常。恐赡养既久，怠心必生，则已成之功不能保其久而不废，故当有以激励之。如下文所云也。董，督也。威，古文作“畏”。其勤于是者，则戒喻而休美之；其怠于是者，则督责而惩戒之。然又以事之出于勉强者不能久，故复即其前日歌咏之言，协之律吕，播之声音，用之乡人，用之邦国，以劝相之，使其欢欣鼓舞，趋事赴功，不能自已。而前日之成功得以久存而不坏。此《周礼》所谓“九德之歌，九韶之舞”，而太史公所谓“佚能思初，安能惟始，沐浴膏泽而歌咏勤苦”者也。葛氏曰：“《洪范》五行，水火木金土而已。谷本在木行之数。禹以其为民食之急，故别而附之也。”

帝曰：“俞！地平天成，六府、三事允治，万世永赖，时乃功。”

治，去声。　水土治曰平，言水土既平而万物得以成遂也。六府，即水、火、金、木、土、谷也。六者，财用之所自出，故曰府。三事，正德、利用、厚生也。三者，人事之所当为，故曰事。舜因禹言养民之政，而推其功以美之也。

帝曰：“格，汝禹！朕宅帝位三十有三载，耄期倦于勤。汝惟不怠，总朕师。”

耄，莫报反。　九十曰耄，百年曰期。舜至是年已九十三矣。总，率也。舜自言既老，血气已衰，故倦于勤劳之事。汝当勉力不怠，而总率我众也。盖命之摄位之事。尧命舜曰“陟帝位”、舜命禹曰“总朕师”者，盖尧欲使舜真宅帝位，舜让弗嗣，后惟居摄，亦若是而已。

禹曰：“朕德罔克，民不依。皋陶迈种德，德乃降，黎民怀之。帝念哉！念兹在兹，释兹在兹，名言兹在兹，允出兹在兹。惟帝念功。”

迈，勇往力行之意。种，布。降，下也。禹自言其德不能胜任，民不依归。惟皋陶勇往力行以布其德，德下及于民，而民怀服之。帝当思念之而不忘也。兹，指皋陶也。禹遂言念之而不忘，固在于皋陶；舍之而他求，亦惟在于皋陶；名言于口，固在于皋陶；诚发于心，亦惟在于皋陶也。盖反覆思之而卒无有易于皋陶者，惟帝深念其功而使之摄位也。

帝曰："皋陶，惟兹臣庶，罔或干予正。汝作士，明于五刑，以弼五教。期于予治，刑期于无刑，民协于中，时乃功，懋哉！"

干，犯。正，政。弼，辅也。圣人之治，以德为化民之本，而刑特以辅其所不及而已。期者，先事取必之谓。舜言惟此臣庶，无或有干犯我之政者，以尔为士师之官，能明五刑以辅五品之教，而期我以至于治。其始虽不免于用刑，而实所以期至于无刑之地，故民亦皆能协于中道；初无有过不及之差，则刑果无所施矣。凡此皆汝之功也。懋，勉也。盖不听禹之让，而称皋陶之美以劝勉之也。

皋陶曰："帝德罔愆，临下以简，御众以宽。罚弗及嗣，赏延于世。宥过无大，刑故无小。罪疑惟轻，功疑惟重。与其杀不辜，宁失不经。好生之德，洽于民心。兹用不犯于有司。"

愆，过也。简者，不烦之谓。上烦密，则下无所容。御者急促，则众扰乱。嗣、世皆谓子孙，然嗣亲而世疏也。延，远及也。父子罪不相及，而赏则远延于世。其善善长，而恶恶短如此。过者，不识而误犯也。故者，知之而故犯也。过误所犯，虽大必宥；不忌故犯，虽小必刑。即上篇所谓"眚灾肆赦，怙终贼刑"者也。罪已定矣，而于法之中，有疑其可重、可轻者，则从轻以罚之。功已定矣，而于法之中，有疑其可轻、可重者，则从重以赏之。辜，罪。经，常也。谓法可以杀，可以无杀。杀之则恐陷于非辜，不杀之恐失于轻纵。二者皆非圣人至公至平之意。而杀不辜者，尤圣人之所不忍也。故与其杀之而害彼之生，宁姑全之而自受失刑之责。此其仁爱忠厚之至，皆所谓"好生之德"也。盖圣人之法有尽，而心则无穷。故其用刑行赏，或有所疑，则常屈法以申恩，而不使执法之意有以胜其好生之德。此其本心所以无所壅遏，而得行于常法之外。及其流衍洋溢，渐涵浸渍，有以入于民心，则天下之人无不爱慕感悦，兴起于善，而自不犯于有司也。皋陶以舜美其功，故言此以归功于其上。盖不敢当其褒美之意而自谓己功也。

帝曰："俾予从欲以治，四方风动，惟乃之休。"

民不犯法而上不用刑者，舜之所欲也。汝能使我如所愿欲以治，教化四达，如风鼓动，莫不靡然。是乃汝之美也。舜又申言以重叹美之。

帝曰："来，禹！洚水儆予，成允成功，惟汝贤。克勤于邦，克俭于家，不自满假，惟汝贤。汝惟不矜，天下莫与汝争能。汝惟不伐，天下莫与汝争功。予懋乃德，嘉乃丕绩，天之历数在汝躬，汝终陟元后。

洚水，洪水也，古文作"降"。孟子曰："水逆行谓之洚水。"盖山崩水浑，下流淤塞。故其逝者辄复反流，而泛滥决溢，洚洞无涯也。其灾所起，虽在尧时，然舜既摄位，害犹未息，故舜以为天警惧于己，不敢以为非己之责而自宽也。允，信也。禹奏言而能践其言，试功而能有其功，所谓"成允成功"也。禹能如此，则既贤于人矣，而又能勤于王事，俭于私养，此又禹之贤也。有此二美，而又能不矜其能，不伐其功。然其功能之实，则自有不可掩者。故舜于此复申命之，必使摄位也。懋、楙古通用。楙，盛大之意。丕，大。绩，功也。"懋乃德"者，禹有是德，而我以为盛大。"嘉乃丕绩"者，禹有是功，而我以为嘉美也。"历数"者，帝王相继之次第，犹岁时气节之先后。汝有盛德大功，故知历数当归于汝，汝终当升此大君之位，不可辞也。是时，舜方命禹以居摄，未即天位，故以"终陟"言也。

"人心惟危，道心惟微，惟精惟一，允执厥中。

心者，人之知觉主于中而应于外者也。指其发于形气者而言，则谓之人心；指其发于义理者而言，则谓之道心。人心易私而难公，故危；道心难明而易昧，故微。惟能精以察之，而不杂形气之私，一以守之，而纯乎义理之正道。心常为之主，而人心听命焉。则危者安，微者著。动静云为，自无过不及之差，而信能执其中矣。尧之告舜，但曰"允执其中"，今舜命禹，又推其所以而详言之。盖古之圣人将以天下与人，未尝不以其治之之法并而传之。其见于经者如此。后之人君其可不深思而敬守之哉？

“无稽之言勿听，弗询之谋勿庸。

“无稽”者，不考于古。“弗询”者，不咨于众。言之无据，谋之自专，是皆一人之私心，必非天下之公论，皆妨政害治之大者也。“言”谓泛言，勿听可矣。“谋”谓计事，故又戒其勿用也。上文既言存心出治之本，此又告之以听言处事之要，内外相资而治道备矣。

“可爱非君？可畏非民？众非元后，何戴？后非众，罔与守邦？钦哉！慎乃有位，敬修其可愿，四海困穷，天禄永终。惟口出好兴戎，朕言不再。”

可爱非君乎？可畏非民乎？众非君，则何所奉戴？君非民，则谁与守邦？钦哉，言不可不敬也。可愿，犹《孟子》所谓“可欲”。凡可愿欲者皆善也。大君当谨其所居之位，敬修其所可愿欲者。苟有一毫之不善，生于心，害于政，则民不得其所者多矣。四海之民至于困穷，则君之天禄，一绝而不复续。岂不深可畏哉？此又极言安危存亡之戒，以深警之。虽知其功德之盛必不至此，然犹欲其战战兢兢，无敢逸豫而谨之于毫厘之间。此其所以为圣人之心也。好，善也。戎，兵也。言发于口，则有二者之分，利害之几，可畏如此。吾之命汝，盖已审矣，岂复更有他说？盖欲禹受命而不复辞避也。

禹曰：“枚卜功臣，惟吉之从。”

帝曰：“禹！官占惟先蔽志，昆命于元龟。朕志先定，询谋佥同，鬼神其依，龟筮协从。卜不习吉。”禹拜稽首固辞。

帝曰：“毋！惟汝谐。”

枚卜，历卜之也。帝之所言，人事已尽。禹不容复辞，但请历卜有功之臣而从其吉，冀自有以当之者，而己得遂其辞也。官占，掌占卜之官也。蔽，断。昆，后。龟，卜。筮，蓍。习，重也。帝言官占之法，先断其志之所向，然后令之于龟。今我志既先定而众谋皆同，鬼神依顺，而龟筮已协从矣。又何用更枚卜乎？况占卜之法，不待重吉也。固辞，再辞也。毋者，禁止之辞。言惟汝可以谐此元后之位也。

正月朔旦，受命于神宗。率百官，若帝之初。

神宗，尧庙也。苏氏曰：“尧之所从受天下者曰文祖，舜之所从受天下者曰神宗。受天下于人，必告于其人之所从受者。”《礼》曰：“有虞氏禘黄帝而郊喾，祖颛顼而宗尧。"则神宗为尧明矣。正月朔旦,禹受摄帝之命于神宗之庙。总率百官,其礼一如帝舜受终之初等事也。

帝曰:"咨,禹!惟时有苗弗率,汝徂征。"

禹乃会群后,誓于师曰:"济济有众,咸听朕命。蠢兹有苗,昏迷不恭,侮慢自贤,反道败德。君子在野,小人在位,民弃不保,天降之咎,肆予以尔众士,奉辞伐罪。尔尚一乃心力,其克有勋。"

蠢,尺尹反。　徂,往也。舜咨嗟,言今天下惟是有苗之君不循教命,汝往征之。征,正也,往正其罪也。会,征会也。誓,戒也,军旅曰誓。有会有誓,自唐虞时已然。《礼》言商作誓,周作会,非也。禹会诸侯之师,而戒誓以征讨之意。济济,和整众盛之貌。蠢,动也,蠢蠢然无知之貌。昏,暗。迷,惑也。不恭,不敬也。言苗民昏迷不敬,侮慢于人,妄自尊大,反戾正道,败坏常德,用舍颠倒,民怨天怒。故我以尔众士奉帝之辞,罚苗之罪尔。众士庶几同心同力,乃能有功。此上,禹誓众之辞也。林氏曰:尧老而舜摄者,二十有八年。舜老而禹摄者,十有七年。其居摄也,代总万几之政。而尧、舜之为天子,盖自若也。故国有大事,犹禀命焉。禹征有苗,盖在夫居摄之后。而禀命于舜,禹不敢专也。以征有苗推之,则知舜之诛四凶,亦必禀尧之命无疑。

三旬苗民逆命。益赞于禹曰:"惟德动天,无远弗届。满招损,谦受益,时乃天道。帝初于历山,往于田,日号泣于旻天,于父母,负罪引慝。祗载见瞽瞍,夔夔齐栗,瞽亦允若。至諴感神,矧兹有苗。"

禹拜昌言曰:"俞!班师振旅。帝乃诞敷文德,舞干羽于两阶,七旬有苗格。"

届,音介。旻,音民。諴,音咸。慝,惕德反。矧,音哂。羽,王遇反。　三旬,三十日也。以师临之阅月,苗顽犹不听服也。赞,佐。届,至也。是时益盖从禹出征,以苗负固恃强,未可威服。故赞佐于禹,以为惟德可以动天。其感通之妙,无远不至。盖欲禹还兵而增修其德也。"满损谦益"即《易》所谓"天道亏盈而益谦"者。帝,舜也。历山,在河中府河东县。仁覆闵下谓之旻。日,非一日也。言舜耕历山，往于田之时，以不获顺于父母之故，而日号呼于旻天，于其父母，盖怨慕之深也。负罪，自负其罪，不敢以为父母之罪。引慝，自引其慝，不敢以为父母之慝也。祗，敬。载，事也。瞍，长者之称。言舜敬其子职之事以见瞽瞍也。齐，庄敬也。栗，战栗也。夔夔，庄敬战栗之容也。舜之敬畏小心而尽于事亲者如此。允，信。若，顺也。言舜以诚孝感格，虽瞽瞍顽愚，亦且信顺之。即孟子所谓"厎豫"也。诚感物曰諴。益又推极至诚之道，以为神明亦且感格，而况于苗民乎？昌言，盛德之言。拜，所以敬其言也。班，还。振，整也，谓整旅以归也。或谓出曰班师，入曰振旅，谓班师于有苗之国而振旅于京师也。诞，大也。文德，文命德教也。干，楯；羽，翳也，皆舞者所执也。两阶，宾主之阶也。七旬，七十日也。格，至也。言班师七旬而有苗来格也。舜之文德非自禹班师而始敷，苗之来格非以舞干羽而后至。史臣以禹班师而归，弛其威武，专尚德教，干羽之舞，雍容不迫，有苗之至，适当其时。故作史者，因即其实以形容有虞之德。数千载之下，犹可以是而想其一时气象也。

皋 陶 谟

今文、古文皆有。

曰若稽古。皋陶曰："允迪厥德，谟明弼谐。"

禹曰："俞，如何？"

皋陶曰："都！慎厥身修，思永。惇叙九族，庶明励翼，迩可远，在兹。"

禹拜昌言曰："俞！"

"稽古"之下即记皋陶之言者，谓考古皋陶之言如此也。皋陶言为君而信蹈其德，则臣之所谋者无不明，所弼者无不谐也。"俞，如何"者，禹然其言而复问其详也。都者，皋陶美其问也。慎者，言不可不致其谨也。身修则无言行之失，思永则非浅近之谋。厚叙九族，则亲亲恩笃而家齐矣。庶明励翼，则群哲勉辅而国治矣。迩，近。兹，此也。言近而可推之远者，在此道也。盖身修，家齐，国治，而天下平矣。皋陶此言，所以推广"允迪"、"谟明"之义。故禹复俞而然之也。　又按：典谟皆称"稽古"，而下文所记则异。典主记事，故尧、舜皆载其实；谟主记言，故禹、皋陶则载其谟。"后克艰厥后，臣克艰厥臣"，禹之谟也。"允迪厥德，谟明弼谐"，皋陶之谟也。然禹谟之上增"文命敷于四海，祗承于帝"者，禹受舜天下，非尽皋陶比例。立言轻重，于此可见。

皋陶曰："都！在知人，在安民。"

禹曰："吁！咸若时，惟帝其难之。知人则哲，能官人。安民则惠，黎民怀之。能哲而惠，何忧乎欢兜？何迁乎有苗？何畏乎巧言令色孔壬？"

皋陶因禹之"俞"而复推广其未尽之旨，叹美其言，谓在于知人，在于安民，二者而已。知人，智之事；安民，仁之事也。"禹曰吁"者，叹而未深然之辞也。时，是也。帝，谓尧也。言既在知人，又在安民，二者兼举，虽帝尧亦难能之。哲，智之明也；惠，仁之爱也。能哲而惠，犹言能知人而安民也。迁，窜。巧，好。

令,善。孔,大也。好其言,善其色,而大包藏凶恶之人也。言“能哲而惠”,则智仁两尽。虽党恶如欢兜者,不足忧;昏迷如有苗者,不足迁;与夫好言、善色、大包藏奸恶者,不足畏。是三者,举不足害吾之治。极言仁智功用如此其大也。或曰巧言令色孔壬,共工也。禹言三凶而不及鲧者,为亲者讳也。 杨氏曰:知人、安民,此皋陶一篇之体要也。“九德”而下,知人之事也;“天叙有典”而下,安民之道也。非知人而能安民者,未之有也。

皋陶曰:“都!亦行有九德。亦言,其人有德,乃言曰,载采采。”

禹曰:“何?”

皋陶曰:“宽而栗,柔而立,愿而恭,乱而敬,扰而毅,直而温,简而廉,刚而塞,强而义。彰厥有常吉哉!”

亦,总也。“亦行有九德”者,总言德之见于行者,其凡有九也。“亦言,其人有德”者,总言其人之有德也。载,行。采,事也。总言其人有德,必言其行某事,某事为可信验也。“禹曰何”者,问其九德之目也。“宽而栗”者,宽弘而庄栗也。“柔而立”者,柔顺而植立也。“愿而恭”者,谨愿而恭恪也。乱,治也。“乱而敬”者,有治才而敬畏也。扰,驯也。“扰而毅”者,驯扰而果毅也。“直而温”者,径直而温和也。“简而廉”者,简易而廉隅也。“刚而塞”者,刚健而笃实也。“强而义”者,强勇而好义也。而,转语辞也。正言而反应者,所以明其德之不偏,皆指其成德之自然,非以彼济此之谓也。彰,著也。成德著之于身,而又始终有常,其吉士矣哉!

“日宣三德,夙夜浚明有家;日严祗敬六德,亮采有邦。翕受敷施,九德咸事,俊乂在官。百僚师师,百工惟时,抚于五辰,庶绩其凝。”

浚,音峻。 宣,明也。“三德、六德”者,九德之中有其三、有其六也。浚,治也。亮,亦明也。有家,大夫也。有邦,诸侯也。浚明、亮采皆言家、邦政事明治之义,气象则有大小之不同。三德而为大夫,六德而为诸侯。以德之多寡、职之大小概言之也。夫九德有其三,必日宣而充广之,而使之益以著;九德有其六,尤必日严而祗敬之,而使之益以谨也。翕,合也。德之多寡虽不同,人君惟能合而受之,布而用之。如此,则九德之人咸事其事。大而千人之“俊”,小而百人之“乂”，皆在官，使以天下之才任天下之治。唐虞之朝下无遗才，而上无废事者，良以此也。师师，相师法也。言百僚皆相师法，而百工皆及时以趋事也。百僚、百工，皆谓百官。言其人之相师则曰“百僚”，言其人之趋事则曰“百工”，其实一也。抚，顺也。五辰，四时也。木、火、金、水旺于四时，而土则寄旺于四季也。《礼运》曰“播五行于四时”者是也。凝，成也。言百工趋时，而众功皆成也。

“无教逸欲，有邦兢兢业业，一日二日万几。无旷庶官，天工，人其代之。

无，与“毋”通，禁止之辞。教，非必教令，谓上行而下效也。言天子当以勤俭率诸侯，不可以逸欲导之也。兢兢，戒谨也。业业，危惧也。几，微也。《易》曰：“惟，几也。故能成天下之务。”盖祸患之几藏于细微，而非常人之所豫见。及其著也，则虽智者不能善其后。故圣人于几，则兢业以图之。所谓图难于其易、为大于其细者，此也。一日、二日者，言其日之至浅。“万几”者，言其几事之至多也。盖一日、二日之间，事几之来且至万焉，是可一日而纵欲乎？旷，废也。言不可用非才而使庶官旷废厥职也。天工，天之工也。人君代天理物，庶官所治，无非天事。苟一职之或旷，则天工废矣，可不深戒哉？

“天叙有典，敕我五典五惇哉！天秩有礼，自我五礼有庸哉！同寅协恭和衷哉！天命有德，五服五章哉！天讨有罪，五刑五用哉！政事懋哉懋哉！”

衷，音中。　叙者，君臣、父子、兄弟、夫妇、朋友之伦叙也。秩者，尊卑、贵贱、等级、隆杀之品秩也。敕，正。惇，厚。庸，常也。有庸，马本作“五庸”。衷，“降衷”之“衷”，即所谓典礼也。典礼虽天所叙秩，然正之使叙伦而益厚，用之使品秩而有常，则在我而已。故君臣当同其寅畏，协其恭敬，诚一无间，融会流通，而民彝物则各得其正，所谓“和衷”也。章，显也。五服，五等之服。自九章以至一章是也。言天命有德之人，则五等之服以彰显之。天讨有罪之人，则五等之刑以惩戒之。盖爵赏刑罚乃人君之政事，君主之臣用之，当勉勉而不可怠者也。杨氏曰：“典礼自天子出。故言‘敕我’、‘自我’，若夫爵人于朝，与众共之；刑人于市，与众弃之。天子不得而私焉。”此其立言之异也。

“天聪明，自我民聪明，天明畏，自我民明威。达于上下，敬哉有土！”

威，古文作“畏”，二字通用。明者显其善，畏者威其恶。天之聪明非有视听也，因民之视听以为聪明。天之明畏非有好恶也，因民之好恶以为明畏。上下，上天下民也。敬，心无所慢也。有土，有民社也。言天人一理，通达无间。民心所存即天理之所在，而吾心之敬，是又合天民而一之者也。有天下者，可不知所以敬之哉？

皋陶曰：“朕言惠可厎行？”

禹曰：“俞！乃言厎可绩。”

皋陶曰：“予未有知，思曰赞赞襄哉！”

“思曰”之“曰”当作“日”。襄，成也。皋陶谓我所言顺于理，可致之于行。禹然其言，以为致之于行，信可有功。皋陶谦辞“我未有所知”，言不敢计功也，惟思日赞助于帝以成其治而已。

益　稷

今文、古文皆有，但今文合于《皋陶谟》。“帝曰：‘来！禹，汝亦昌言。’”正与上篇末文势接续。古者简册以竹为之，而所编之简不可以多，故厘而二之，非有意于其间也。以下文禹称益、稷二人佐其成功，因以名篇。

帝曰：“来，禹！汝亦昌言。”

禹拜曰：“都！帝，予何言？予思日孜孜。”

皋陶曰：“吁！如何？”禹曰：“洪水滔天，浩浩怀山襄陵，下民昏垫。予乘四载，随山刊木，暨益奏庶鲜食。予决九川距四海，浚畎浍距川。暨稷播，奏庶艰食鲜食。懋迁有无，化居。烝民乃粒，万邦作乂。”

皋陶曰：“俞！师汝昌言。”

孜，音兹。垫，都念反。畎，古泫反。　“孜孜”者，勉力不怠之谓。帝以皋陶既陈“知人”、“安民”之谟，因呼禹使陈其言。禹拜而叹美，谓皋陶之谟至矣，我更何所言？惟思日勉勉以务事功而已。观此，则上篇禹、皋陶答问者，盖相与言于帝舜之前也。“如何”者，皋陶问其孜孜者何如也。禹言往者洪水泛溢，上漫于天，浩浩盛大，包山上陵，下民昏瞀垫溺，困于水灾，如此之甚也。四载，水乘舟，陆乘车，泥乘輴，山乘樏也。輴，《史记》作“橇”，《汉书》作“毳”。以板为之，其状如箕，擿行泥上。樏，《史记》作“桥”，《汉书》作“梮”。以铁为之，其形似锥，长半寸，施之履下以上山，不蹉跌也。盖禹治水之时，乘此四载以跋履山川、践行险阻者。随，循。刊，除也。《左传》云：“井堙木刊。”刊，除木之义也。盖水涌不泄，泛滥弥漫。地之平者无非水也，其可见者山耳。故必循山伐木，通蔽障，开道路，而后水工可兴也。奏，进也。血食曰鲜。水土未平，民未粒食。与益进众鸟兽鱼鳖之肉于民，使食以充饱也。九川，九州之川也。距，至。浚，深也。《周礼》：一亩之间，广尺深尺曰畎；一同之间，广二寻深二仞曰浍。畎、浍之间，有遂、有沟、有洫，皆通田间水道，以小注大。言畎浍而不及遂、沟、洫者，举小大以包其余也。先决九川之水，使各通于海；次浚畎浍之水，使各通于川也。

播，布也，谓布种五谷也。艰，难也。水平播种之初，民尚艰食也。懋，勉也。懋勉其民徙有于无，交易变化其所居积之货也。烝，众也。米食曰粒。盖水患悉平，民得播种之利，而山林川泽之货又有无相通以济匮乏。然后庶民粒食，万邦兴起治功也。禹因孜孜之义，述其治水本末先后之详。而警戒之意，实存于其间。盖欲君臣上下相与勉力不怠，以保其治于无穷而已。师，法也。皋陶以其言为可师法也。

禹曰："都！帝。慎乃在位。"

帝曰："俞！"

禹曰："安汝止，惟几惟康。其弼直，惟动丕应。徯志以昭受上帝，天其申命用休。"

禹既叹美，又特称帝以告之，所以起其听也。"慎乃在位"者，谨其在天子之位也。天位惟艰，一念不谨，或以贻四海之忧；一日不谨，或以致千百年之患。帝深然之。而禹又推其所以谨在位之意，如下文所云也。止者，心之所止也。人心之灵，事事物物，莫不各有至善之所而不可迁者。人惟私欲之念动摇其中，始有昧于理而不得其所止者。安之云者，顺适乎道心之正，而不陷于人欲之危。动静云为，各得其当，而无有止而不得其止者。惟几，所以审其事之发；惟康，所以省其事之安。即下文"庶事康哉"之义。至于左右辅弼之臣，又皆尽其绳愆纠缪之职。内外交修，无有不至。若是，则是惟无作，作则天下无不丕应。固有先意而徯我者，以是昭受于天，天岂不重命而用休美乎？

帝曰："吁！臣哉邻哉！邻哉臣哉！"

禹曰："俞！"

邻，左右辅弼也。臣以人言，邻以职言。帝深感上文"弼直"之语，故曰："吁！臣哉邻哉！邻哉臣哉！"反复叹咏以见"弼直"之义。如此其重而不可忽，禹即俞而然之也。

帝曰："臣作朕股肱耳目。予欲左右有民，汝翼。予欲宣力四方，汝为。予欲观古人之象，日、月、星辰、山、龙、华虫，作会；宗彝、藻、火、粉米、黼、黻、絺绣，以五采彰施于五色，作服，汝明。予欲闻六律五声八音，在治忽，以出纳五言，汝听。

黼，音甫。黻，音弗。出，尺类反。　此言臣所以为邻之义也。君，元首也。君资臣以为助，犹元首须股肱耳目以为用也。下文"翼"为明听，即作股肱耳目之义。"左右"者，辅翼也，犹《孟子》所谓"辅之翼之，使自得之"也。"宣力"者，宣布其力也。言我欲左右有民，则资汝以为助；欲宣力四方，则资汝以有为也。象，像也，"日月"以下物象是也。《易》曰："黄帝、尧、舜垂衣裳而天下治。"盖取诸乾坤，则上衣下裳之制创自黄帝，而成于尧、舜也。日、月、星、辰，取其照临也；山，取其镇也；龙，取其变也；华虫，雉，取其文也。会，绘也。宗彝，虎蜼，取其孝也；藻，水草，取其洁也；火，取其明也；粉米，白米，取其养也；黼若斧形，取其断也；黻为两己相背，取其辨也。绨，郑氏读为黹，紩也。紩以为绣也。日也、月也、星辰也、山也、龙也、华虫也，六者绘之于衣。宗彝也、藻也、火也、粉米也、黼也、黻也，六者绣之于裳。所谓十二章也。衣之六章，其序自上而下；裳之六章，其序自下而上。采者，青、黄、赤、白、黑也。色者，言施之于绘帛也。绘于衣，绣于裳，皆杂施五采，以为五色也。"汝明"者，汝当明其大小、尊卑之差等也。又按：《周礼》以日月星辰画于旗，冕服九章，登龙于山，登火于宗彝。以龙、山、华虫、火、宗彝五者绘于衣，以藻、粉、黼、黻四者绣于裳。衮冕九章，以龙为首。鷩冕七章，以华虫为首。毳冕五章，以虎蜼为首。盖亦增损有虞之制而为之耳。六律，阳律也。不言六吕者，阳统阴也。有律而后有声，有声而后八音得以依据。故六律、五声、八音，言之叙如此也。在，察也。忽，治之反也。声音之道与政通。故审音以知乐，审乐以知政，而治之得失可知也。"五言"者，诗歌之协于五声者也。自上达下谓之出，自下达上谓之纳。"汝听"者，言汝当审乐而察政治之得失者也。

"予违，汝弼，汝无面从，退有后言。钦四邻！

违，戾也。言我有违戾于道，尔当弼正其失。尔无面谀以为是，而背毁以为非。不可不敬尔邻之职也。申结上文"弼直"、"邻哉"之义，而深责之禹者如此。

"庶顽谗说，若不在时，侯以明之，挞以记之，书用识哉，欲并生哉！工以纳言，时而飏之，格则承之庸之，否则威之。"

识，音志。飏，音扬。否，俯久反。　此因上文而虑庶顽谗说之不忠不直也。谗说，即舜所堲者。时，是也。在是，指忠直为言。侯，射侯也。明者，欲明其果顽愚谗说与否也。盖射所以观德。顽愚谗说之人，其心不正，则形乎四体，布乎动静。其容体必不能比于礼，其节奏必不能比于乐，其中必不能多。审如是，则其为顽愚谗说也必矣。《周礼》：王大射，则供虎侯、熊侯、豹侯，诸侯供熊侯、豹侯，卿大夫供麋侯，皆设其鹄。又“梓人为侯，广与崇方，三分其广而鹄居一焉”。应古制亦不相远也。挞，扑也，即“扑作教刑”者。盖惩之，使记而不忘也。识，志也。录其过恶以识于册。如周制，乡党之官以时书民之孝悌睦姻有学者也。圣人不忍以顽愚谗说而遽弃之。用此三者之教，启其愤，发其悱，使之迁善改过，欲其并生于天地之间也。工，掌乐之官也。格，“有耻且格”之“格”，谓改过也。承，荐也。圣人于庶顽谗说之人，既有以启发其愤悱迁善之心，而又命掌乐之官以其所纳之言，时而飏之，以观其改过与否。如其改也，则进之用之；如其不改，然后刑以威之。以见圣人之教无所不极其至。必不得已焉，而后威之。其不忍轻于弃人也如此。此即龙之所典，而此命伯禹总之也。

禹曰：“俞哉！帝，光天之下，至于海隅苍生，万邦黎献，共惟帝臣，惟帝时举。敷纳以言，明庶以功，车服以庸。谁敢不让，敢不敬应？帝不时，敷同，日奏罔功。

“俞哉”者，苏氏曰：与《春秋传》公曰“诺哉”意同，口然而心不然之辞也。隅，角也。“苍生”者，苍苍然而生，视远之义也。献，贤也。“黎献”者，黎民之贤者也。共，同。时，是也。“敷纳”者，下陈而上纳也。“明庶”者，明其众庶也。禹虽俞帝之言，而有未尽然之意。谓庶顽谗说加之以威，不若明之以德。使帝德光辉达于天下，海隅苍生之地莫不昭灼。德之远著如此，则万邦黎民之贤，孰不感慕兴起而皆有帝臣之愿。“惟帝时举”而用之尔，“敷纳以言”而观其蕴，“明庶以功”而考其成，旌能命德以厚其报。如此，则谁敢不让于善，敢不精白一心、敬应其上？而庶顽谗说岂足虑乎？帝不如是，则今任用之臣，远近敷同，率为诞慢，日进于无功矣。岂特庶顽谗说为可虑哉？

“无若丹朱傲，惟慢游是好，傲虐是作。罔昼夜頟頟，罔水行舟。朋淫于家，用殄厥世。予创若时，娶于涂山，辛壬癸甲。启呱呱而泣，予弗子，惟荒度土功。弼成五服，至于五千。州十有二师，外薄四海，咸建五长，各迪有功，苗顽弗即工，帝其念哉！”

帝曰：“迪朕德，时乃功，惟叙。皋陶方祗厥叙，方施象刑，惟明。”

额，鄂格反。呱，音孤。《汉志》尧处子朱于丹渊为诸侯。丹，朱之国名也。额额，不休息之状。罔水行舟，如奡荡舟之类。“朋淫”者，朋比小人而淫乱于家也。殄，绝也。世者，世尧之天下也。丹朱不肖，尧以天下与舜而不与朱，故曰“殄世”。程子曰：夫圣莫圣于舜，而禹之戒舜，至曰无若丹朱好慢游，作傲虐。且舜之不为慢游傲虐，虽愚者亦当知之，岂以禹而不知乎？盖处崇高之位，所以儆戒者当如是也。创，惩也。禹自言惩丹朱之恶而不敢以慢游也。涂山，国名，在今寿春县东北。禹娶涂山氏之女也。辛、壬、癸、甲，四日也。禹娶涂山，甫及四日即往治水也。启，禹之子。呱呱，泣声。荒，大也。言娶妻生子，皆有所不暇顾念，惟以大相度平治水土之功为急也。《孟子》言“禹八年于外，三过其门而不入”是也。五服，甸、侯、绥、要、荒也。言非特平治水土，又因地域之远近，以辅成五服之制也。疆理宇内乃人君之事，非人臣之所当专者，故曰“弼成”也。“五千”者，每服五百里。五服之地，东西南北相距五千里也。十二师者，每州立十二诸侯以为之师，使之相牧以纠群后也。薄，迫也。九州之外迫于四海，每方各建五人以为之长而统率之也。圣人经理之制，其详内略外者如此。即，就也。谓十二师、五长，内而侯牧，外而蕃夷，皆蹈行有功。惟三苗顽慢不率，不肯就工，帝当忧念之也。帝言四海之内，蹈行我之德教者，是汝功惟叙之故；其顽而弗率者，则皋陶方敬承汝之功叙，方施象刑惟明矣。曰明者，言其刑罚当罪，可以畏服乎人也。上文禹之意，欲舜弛其鞭扑之威，益广其文教之及，而帝以禹之功叙既已如此，而犹有顽不即工如苗民者，是岂刑法之所可废哉？或者乃谓苗之凶顽，六师征之犹且逆命，岂皋陶象刑之所能致？是未知圣人兵刑之叙与帝舜治苗之本末也。帝之此言乃在禹未摄位之前，非徂征后事。盖威以象刑而苗犹不服，然后命禹征之。征之不服，以益之谏而又增修德教。及其来格，然后分背之。舜之此言虽在三谟之末，而实则禹未摄位之前也。

夔曰：“戛击鸣球、搏拊、琴、瑟，以咏。”祖考来格，虞宾在位，群后德让。下管鼗鼓，合止柷敔，笙镛以间。鸟兽跄跄，箫韶九成，凤凰来仪。

戛，讫黠反。鼗，音桃。柷，昌六反。敔，偶许反。 戛击，考击也。鸣球，玉磬名也。搏，至。拊，循也。乐之始作，升歌于堂上。则堂上之乐，惟取其声之轻清者。与人声相比，故曰“以咏”。盖戛击鸣球、搏拊、琴、瑟以合咏歌之声也。格，“神之格思”之“格”。虞宾，丹朱也。尧之后为宾于虞，犹微子作宾于周也。丹朱在位，与助祭群后以德相让，则人无不和，可知矣。下，堂下之乐也。管，犹《周礼》所谓阴竹之管、孤竹之管、丝竹之管也。鼗鼓，如鼓而小，有柄。持而摇之，则旁耳自击。柷敔，郭璞云：“柷如漆桶，方二尺四寸，深一尺八寸，中有椎柄。连底撞之，令左右击。”“敔，状如伏虎。背上有二十七鉏铻刻，以籈栎之。籈长一尺，以木为之。”始作也，击柷以合之；及其将终也，则栎敔以止之。盖节乐之器也。笙以匏为之，列管于匏中，又施簧于管端。镛，大钟也。叶氏曰：钟与笙相应者曰笙钟，与歌相应者曰颂钟。颂，或谓之镛。《诗》“贲鼓维镛”是也。《大射礼》：“乐人宿县于阼阶东，笙磬西面，其南笙钟。”“西阶之西，颂磬东面，其南颂钟。”颂钟即镛钟也。上言“以咏”，此言“以间”，相对而言。盖与咏歌迭奏也。《乡饮酒礼》云“歌鹿鸣”、“笙南陔”、“间歌鱼丽，笙由庚”或其遗制也。跄跄，行动之貌。言乐音不独感神人，至于鸟兽无知，亦且相率而舞跄跄然也。箫，古文作“箾”，舞者所执之物。《说文》云：“乐名《箾韶》。”季札观周乐，见舞《韶箾》者，则“箾韶”盖舜乐之总名也。今文作“箫”。故先儒误以箫管释之。“九成”者，乐之九成也。功以九叙，故乐以九成。九成犹《周礼》所谓“九变”也。孔子曰：“乐者，象成者也。”故曰“成”。凤凰，羽族之灵者，其雄为凤，其雌为凰。“来仪”者，来舞而有容仪也。“戛击鸣球、搏拊、琴、瑟，以咏”，堂上之乐也。“下管鼗鼓、合止柷敔、笙镛以间”，堂下之乐也。唐孔氏曰：“乐之作也，依上下而递奏，间合而后曲成。”祖考，尊神，故言于堂上之乐；鸟兽，微物，故言于堂下之乐。九成致凤，尊异灵瑞，故别言之。非堂上之乐独致神格，堂下之乐偏能舞兽也。或曰笙之形如鸟翼，镛之虡为兽形，故于“笙镛以间”言“鸟兽跄跄”。《风俗通》曰：舜作箫笙以象凤。盖因其形声之似，以状其声乐之和，岂真有鸟兽凤凰而跄跄来仪者乎？曰是未知声乐感通之妙也。瓠巴鼓瑟而游鱼出听，伯牙鼓琴而六马仰秣。声之致祥召物，见于传者多矣，况舜之德致和于上，夔之乐召和于下，其格神人，舞兽凤，岂足疑哉？今按：季札观周乐见舞《韶箾》者，曰德至矣尽矣。如天之无不覆，如地之无不载。虽甚盛德，蔑以加矣。夫韶乐之奏，幽而感神，则祖考来格；明而感人，则群后德让；微而感物，则凤仪兽舞。原其所以能感召如此者，皆由舜之德如天地之无不覆焘也。其乐之传历千余载，孔子闻之，于齐尚且三月不知肉味，曰：“不图为乐之至于斯。”则当时感召，从可知矣。又按：此章言作乐之效，其文自为一段，不与上下文势相属。盖舜之在位五十余年，其与禹、皋陶、益相与答问者多矣，史官取其尤彰明者以诏后世。则是其所言者自有先后史官集而记之，非其一日之言也。诸儒之说，自《皋陶谟》至此篇末，皆谓文势相属，故其说牵合不通，今皆不取。

夔曰："於！予击石拊石，百兽率舞，庶尹允谐。"

重击曰击，轻击曰拊。石，磬也。有大磬，有编磬，有歌磬。磬有大小，故击有轻重。八音独言石者，盖石音属角，最难谐和。《记》曰："磬以立辨。"夫乐以合为主，而石声独立辨者，以其难和也。石声既和，则金、丝、竹、匏、土、革、木之声无不和者矣。《诗》曰："既和且平，依我磬声。"则知言石者，总乐之和而言之也。或曰"玉，振之也者，终条理"之事，故举磬以终焉。上言"鸟兽"，此言"百兽"者，《考工记》曰："天下大兽五：脂者、膏者、臝者、羽者、鳞者。"羽鳞总可谓之兽也，百兽舞，则物无不和可知矣。尹，正也。"庶尹"者，众百官府之长也。"允谐"者，信皆和谐也。庶尹谐，则人无不和可知矣。

帝庸作歌。曰："敕天之命，惟时惟几。"乃歌曰："股肱喜哉！元首起哉！百工熙哉！"

皋陶拜手稽首飏言曰："念哉！率作兴事，慎乃宪，钦哉！屡省乃成，钦哉！"乃赓载歌曰："元首明哉！股肱良哉！庶事康哉！"又歌曰："元首丛脞哉！股肱惰哉！万事堕哉！"

帝拜曰："俞，往钦哉！"

明，音芒。脞，取果反。　庸，用也。歌，诗歌也。敕，戒敕也。几，事之微也。"惟时"者，无时而不敕也。"惟几"者，无事而不戒敕也。盖天命无常，理乱安危相为倚伏。今虽治定功成，礼备乐和，然顷刻谨畏之不存，则怠荒之所自起；毫发几微之不察，则祸患之所自生。不可不戒也。此舜将欲作歌，而先述其所以歌之意也。股肱，臣也。元首，君也。人臣乐于趋事赴功，则人君之治为之兴起，而百官之功皆广也。"拜手稽首"者，首至手又至地也。大言而疾曰飏。率，总率也。皋陶言人君当总率群臣以起事功，又必谨其所守之法度。盖乐于兴事者易至于纷更，故深戒之也。屡，数也。兴事而数考其成，则有课功核实之效，而无诞慢欺蔽之失。两言"钦哉"者，兴事、考成二者皆所当深敬而不可忽者也。此皋陶将欲赓歌而先述其所以歌之意也。赓，续。载，成也。续帝歌以成其义也。皋陶言君明则臣良，而众事皆安，所以劝之也。丛脞，烦碎也。惰，懈怠也。堕，倾圮也。言君行臣职，烦琐细碎，则臣下懈怠，不肯任事，而万事废坏，所以戒之也。舜作歌而责难于臣，皋陶赓歌而责难于君。君臣之相责难者如此，有虞之治，兹所以为不可及也欤。"帝拜"者，重其礼也。重其礼，然其言，而曰汝等往治其职，不可以不敬也。林氏曰："舜与皋陶之赓歌，三百篇之权舆也。"学《诗》者当自此始。

卷二

夏　　书

夏，禹有天下之号也。书凡四篇，《禹贡》作于虞时而系之《夏书》者，禹之王以是功也。

禹　　贡

上之所取，谓之赋；下之所供，谓之贡。是篇有贡、有赋而独以“贡”名篇者，《孟子》曰：“夏后氏五十而贡。”贡者，较数岁之中以为常，则贡又夏后氏田赋之总名。今文、古文皆有。

禹敷土，随山刊木，奠高山大川。

敷，分也，分别土地以为九州也。奠，定也，定高山大川以别州境也。若兖之济、河，青之海、岱，扬之淮、海，雍之黑水、西河，荆之荆、衡，徐之海、岱、淮，豫之荆、河，梁之华阳、黑水是也。方洪水横流，不辨区域，禹分九州之地，随山之势，相其便宜，斩木通道以治之。又定其山之高者与其川之大者，以为之纪纲。此三者，禹治水之要，故作书者首述之。　曾氏曰：禹别九州，非用其私智。天文地理，区域各定。故星土之法，则有九野。而在地者，必有高山大川为之限隔。风气为之不通，民生其间亦各异俗。故禹因高山大川之所限者，别为九州，又定其山之高峻、水之深大者，为其州之镇。秩其祭而使其国主之也。

冀州：

冀州，帝都之地，三面距河。兖河之西，雍河之东，豫河之北。《周礼·职方》："河内曰冀州。"是也。八州皆言疆界，而冀不言者，以余州所至可见。晁氏曰：亦所以尊京师，示王者无外之意。

既载壶口，

经始治之谓之载。壶口，山名。《汉地志》在河东郡北屈县东南，今隰州吉乡县也。　今按："既载"云者，冀州帝都之地，禹受命治水，所始在所当先。经始壶口等处以杀河势，故曰"既载"。然禹治水施功之序，则皆自下流始，故次兖、次青、次徐、次扬、次荆、次豫、次梁、次雍。兖最下，故所先；雍最高，故独后。禹言"予决九川，距四海，浚畎浍距川"即其用功之本末。先决九川之水以距海，则水之大者有所归；又浚畎浍以距川，则水之小者有所泄。皆自下流以疏杀其势。读《禹贡》之书，求禹功之序，当于此详之。

治梁及岐。

梁、岐皆冀州山。梁山，吕梁山也。在今石州离石县东北。《尔雅》云："梁山晋望。"即冀州吕梁也。吕不韦曰："龙门未辟，吕梁未凿，河出孟门之上。"又《春秋》："梁山崩。"左氏、谷梁皆以为晋山，则亦指吕梁矣。郦道元谓，吕梁之石崇竦，河流激荡，震动天地。此禹既事壶口，乃即治梁也。岐山，在今汾州介休县。狐岐之山，胜水所出，东北流注于汾。郦道元云：后魏于胡岐置六壁，防离石诸胡，因为大镇。今六壁城在胜水之侧，实古河径之险阨。二山河水所经，治之所以开河道也。先儒以为雍州梁岐者，非是。

既修太原，至于岳阳。

修，因鲧之功而修之也。广平曰原，今河东路太原府也。岳，太岳也。周《职方》："冀州，其山镇曰霍山。"《地志》谓霍太山即太岳，在河东郡彘县东，今晋州霍邑也。山南曰阳，即今岳阳县地也，尧之所都。扬子云《冀州箴》曰："岳阳是都。"是也。盖汾水出于太原，经于太岳，东入于河，此则导汾水也。

覃怀厎绩，至于衡漳。

覃怀，地名。《地志》"河内郡"有怀县，今怀州也。曾氏曰："覃怀，平地也。当在孟津之东，太行之西。涞水出乎其西，淇水出乎其东。方洪水怀山襄陵之时，而平地致功为难，故曰'厎绩'。"衡漳，水名。衡，古"横"字。《地志》"漳水"

二：一出上党沾县大黾谷，今平定军乐平县少山也，名为清漳；一出上党长子县鹿谷山，今潞州长子县发鸠山也，名为浊漳。郦道元谓之衡水，又谓之横水。东至邺合清漳，东北至阜城入北河。邺，今潞州涉县也。阜城，今定远军东光县也。　又按：桑钦云：二漳异源而下流相合，同归于海。唐人亦言漳水能独达于海。请以为渎而不云入河者，盖禹之导河自洚水、大陆，至碣石入于海，本随西山下东北去。周定王五年，河徙砱砾，则渐迁而东。汉初漳犹入河。其后河徙日东，而取漳水益远。至钦时，河自大伾而下，已非故道，而漳自入海矣。故钦与唐人所言者如此。

厥土惟白壤。

汉孔氏曰："无块曰壤。"颜氏曰："柔土曰壤。"夏氏曰：《周官·大司徒》："辨十有二壤之物，而知其种，以教稼穑、树艺。以土均之法辨五物九等，制天下之地征。"则夫教民树艺与因地制贡，固不可不先于辨土也。然辨土之宜有二：白以辨其色，壤以辨其性也。盖草人粪壤之法，骍刚用牛，赤缇用羊，坟壤用麋，渴泽用鹿，粪治田畴，各因色性而辨其所当用也。曾氏曰："冀州之土岂皆白壤？云然者，土会之法从其多者论也。"

厥赋惟上上，错，厥田惟中中。

赋，田所出谷米兵车之类。错，杂也。赋第一等，而错出第二等也，田第五等也。赋高于田四等者，地广而人稠也。林氏曰：冀州先赋后田者，冀，王畿之地，天子所自治，并与场圃、园田、漆林之类而征之。如《周官·载师》所载，赋非尽出于田也，故以赋属于厥土之下。余州皆田之赋也，故先田而后赋。又按：九州九等之赋，皆每州岁入总数，以九州多寡相较而为九等。非以是等田而责其出是等赋也。冀独不言贡篚者，冀，天子封内之地，无所事于贡篚也。

恒、卫既从，大陆既作。

恒、卫，二水名。恒水，《地志》出常山郡上曲阳县恒山北谷，在今定州曲阳县西北恒山也，东入滱水。薛氏曰：东流合滱水，至瀛州高阳县入易水。晁氏曰：今之恒水，西南流至真定府行唐县，东流入于滋水，又南流入于衡水，非古径矣。卫水，《地志》出常山郡灵寿县东北，即今真定府灵寿县也。东入滹沱河。薛氏曰：东北合滹沱河，过信安军入易水。从，从其道也。大陆，孙炎曰："钜鹿北广阿泽，河所经也。"程氏曰：钜鹿去古河绝远，河未尝径邢以行钜鹿之广阿，非是。按：《尔雅》："高平曰陆。"大陆云者，四无山阜，旷然平地。盖禹河自澶相以北，皆行西山之麓。故班、马、王横皆谓："载之高地。"则古河之在贝冀以及枯泽之南，率皆穿西山踵趾以行，及其已过信泽之北，则西山势断，旷然四平。盖以此地谓之大陆，乃与下文"北至大陆"者合。故隋改赵之昭庆以为大陆县，唐又割鹿城置陆浑县，皆疑钜鹿之大陆不与河应，而亦求之向北之地。杜佑、李吉甫以为邢、赵、深三州为大陆者得之。作者，言可耕治。水患既息，而平地之广衍者亦可耕治也。恒、卫水小而地远，大陆地平而近河，故其成功于田赋之后。

岛夷皮服，

海曲曰岛。海岛之夷，以皮服来贡也。

夹右碣石，入于河。

碣石，《地志》在北平郡骊城县西南河口之地，今平州之南也。冀州北方贡赋之来，自北海入河，南向西转，而碣石在其右转屈之间。故曰"夹右"也。程氏曰：冀为帝都，东西南三面距河，他州贡赋皆以达河为至，故此三方亦不必书。而其北境则汉辽东，西右北平、渔阳、上谷之地，其水如辽、濡、滹、易皆中高不与河通，故必自北海然后能达河也。"又按：郦道元言："骊城枕海有石如甬道数十里，当山顶有大石如柱形。"韦昭以为碣石其山昔在河口海滨，故以志其入贡河道。历世既久，为水所渐，沦入于海，已去岸五百余里矣。《战国策》以碣石在常山郡九门县者，恐名偶同，而郑氏以为九门无此山也。

济、河惟兖州：

兖州之域，东南据济，西北距河。济、河见"导水"。苏氏曰：河、济之间，相去不远。兖州之境，东南跨济，非止于济也。愚谓河昔北流兖州之境，北尽碣石河右之地。后碣石之地沦入于海，河益徙而南，济、河之间始相去不远。苏氏之说未必然也。　林氏曰：济，古文作"泲"。《说文》注云："此兖州之济也。"其从水从齐者，《说文》注云："出常山房子县赞皇山。"则此二字音同义异，当以古文为正。

九河既道。

九河，《尔雅》一曰徒骇，二曰太史，三曰马颊，四曰覆鬴，五曰胡苏，六曰简洁，七曰钩盘，八曰鬲津。其一则河之经流也。先儒不知河之经流，遂分"简洁"为二。"既道"者，既顺其道也。按：徒骇河，《地志》云：滹沱河。《寰宇记》云：在沧州清池南。许商云：在平城。马颊河，《元和志》在德州安德平原南东。《寰宇记》云：在棣州滴河北。《舆地记》云：即笃马河也。覆鬴河，《通典》云：在德州安德。胡苏河，《寰宇记》云：在沧之饶安、无棣、临津三县。许商云：在东光。简洁河,《舆地记》云:在临津。钩盘河,《寰宇记》云:在乐陵东南,从德州平昌来。《舆地记》云:在乐陵。鬲津河,《寰宇记》云:在乐陵东,西北流入饶安。许商云:在鬲县。《舆地记》云:在无棣。太史河不知所在。自汉以来,讲求九河者甚详。汉世近古只得其三,唐人集累世积传之语遂得其六,欧阳忞《舆地记》又得其一。或新河而载以旧名,或一地而互为两说。要之,皆似是而非,无所依据。至其显然谬误者,则班固以滹沱为徒骇,而不知滹沱不与古河相涉;乐史马颊乃以汉笃马河当之;郑氏求之不得,又以为九河,齐桓塞其八流以自广。夫曲防,齐之所禁,塞河宜非桓公之所为也。河水可塞,而河道果能尽平乎?皆无稽考之言也。惟程氏以为九河之地已沦于海,引碣石为九河之证,以谓今沧州之地,北与平州接境,相去五百余里。禹之九河当在其地。后为海水沦没,故其迹不存。方九河未没于海之时,从今海岸东北,更五百里平地,河播为九,在此五百里中。又上文言"夹右碣石",则九河入海之处,有碣石在其西北岸。九河水道变迁难于推考,而碣石通趾顶皆石,不应仆没。今兖、冀之地既无此石,而平州正南有山而名碣石者尚在海中,去岸五百余里,卓立可见。则是古河自今以为海处向北斜行,始分为九,其河道已沦入于海明矣。汉王横言:昔天常连雨,东北风,海水溢西南出浸数百里,九河之地已为海水所渐。郦道元亦谓九河碣石苞沦于海。后世儒者知求九河于平地,而不知求碣石有无以为之证。故前后异说竟无归宿。盖非九河之地而强凿求之,宜其支离而不能得也。

雷夏既泽,

泽者,水之钟也。雷夏,《地志》在济阴郡城阳县西北,今濮州雷泽县西北也。《山海经》云:泽中有雷神,龙身而人颊,鼓其腹则雷。然则本夏泽也,因其神名之曰雷夏也。洪水横流而入于泽,泽不能受则亦泛滥奔溃,故水治而后雷夏为泽。

灉、沮会同。

灉、沮,二水名。灉水,曾氏曰:《尔雅》:"水自河出为灉。"许慎云:"河灉水在宋。"又曰:"汳水,受陈留浚仪阴沟,至蒙为灉水,东入于泗。"《水经》:汳水出阴沟,东至蒙为狙獾。则灉水即汳水也。灉之下流,入于睢水、沮水。《地志》睢水出沛国芒县。睢水其沮水欤?晁氏曰:《尔雅》云:"自河出为灉,济出为濋。"求之于韵,沮有楚音,二水河、济之别也。二说未详孰是。会者,水之合也;同者,合而一也。

桑土既蚕,是降丘宅土。

桑土，宜桑之土。“既蚕”者，可以蚕桑也。蚕性恶湿，故水退而后可蚕。然九州皆赖其利，而独于兖言之者，兖地宜桑。后世之“濮上桑间”犹可验也。地高曰丘。兖地多在卑下，水害尤甚，民皆依丘陵以居，至是始得下居平地也。

厥土黑坟，厥草惟繇，厥木惟条。

坟，土脉坟起也。如左氏所谓“祭之地，地坟”是也。繇，茂。条，长也。林氏曰：“九州之势，西北多山，东南多水。多山则草木为宜，不待书也。兖、徐、扬三州最居东南下流，其地卑湿沮洳，洪水为患，草木不得其生。至是或繇、或条、或夭、或乔，而或渐包，故于三州特言之，以见水土平，草木亦得遂其性也。”

厥田惟中下。厥赋贞。作十有三载，乃同。

田第六等，赋第九等。贞，正也。兖赋最薄，言君天下者以薄赋为正也。“作十有三载，乃同”者，兖当河下流之冲，水激而湍悍，地平而土疏，被害尤剧。今水患虽平，而卑湿沮洳未必尽去，土旷人稀，生理鲜少，必作治十有三载，然后赋法同于他州。此为田赋而言，故其文属于“厥赋”之下。先儒以为禹治水所历之年，且谓此州治水最在后毕，州为第九成功。因以上文“厥赋贞”者谓赋亦第九，与州正为相当。殊无意义，其说非是。

厥贡漆丝，厥篚织文。

贡者，下献其土所有于上也。兖地宜漆、宜桑，故贡漆丝也。篚，竹器，筐属也。古者币帛之属则盛之以筐篚而贡焉，经曰“篚厥玄黄”是也。“织文”者，织而有文，锦绮之属也。以非一色，故以织文总之。林氏曰：“有贡又有篚者，所贡之物入于篚也。”

浮于济、漯，达于河。

舟行水曰浮。漯者，河之枝流也。兖之贡赋，浮济、浮漯以达于河也。帝都冀州三面距河，达河则达帝都矣。又按：《地志》曰：漯水出东郡东武阳，至千乘入海。程氏以为此乃汉河，与漯殊异，然亦不能明言漯河所在，未详其地也。

海、岱惟青州：

青州之域，东北至海，西南距岱。岱，泰山也。今在袭庆府奉符县西北三十里。

嵎夷既略，

嵎夷，薛氏曰：“今登州之地。”略，经略，为之封畛也，即《尧典》之“嵎夷”。

潍、淄其道。

潍、淄，二水名。潍水，《地志》云：出琅琊郡箕县。今密州莒县东北潍山也。北至都昌入海，今潍州昌邑也。淄水，《地志》云：出泰山郡莱芜县原山。今淄州淄川县东南七十里原山也。东至博昌县入济，今青州寿光县也。“其道”者，水循其道也。上文言“既道”者，禹为之道也；此言“其道”者，泛滥既去，水得其故道也。林氏曰：河、济下流，兖受之；淮下流，徐受之；江、汉下流，兖受之。青虽近海，然不当众流之冲。但潍、淄二水顺其故道，则其功毕矣。比之他州，用力最省者也。

厥土白坟，海滨广斥。

滨，涯也。海涯之地广漠而斥卤。许慎曰：“东方谓之斥，西方谓之卤。”斥卤醎地，可煮为盐者也。

厥田惟上下，厥赋中上。

田第三，赋第四也。

厥贡盐絺，海物惟错。岱畎丝、枲、铅、松、怪石。莱夷作牧。厥篚檿丝。

盐，斥地所出。絺，细葛也。错，杂也。海物非一种，故曰错。林氏曰：既总谓之海物，则固非一物矣。此与扬州“齿、革、羽、毛惟木”文势正同。错，盖别为一物，如“锡贡磬错”之“错”。理或然也。畎，谷也。岱，山之谷也。枲，麻也。怪石，怪异之石也。林氏曰：怪石之贡，诚为可疑。意其必须以为器用之饰而有不可缺者，非特贡其怪异之石以为玩好也。莱夷，颜师古曰“莱山之夷”，齐有莱侯莱人，即今莱州之地。“作牧”者，言可牧放。夷人以畜牧为生也。檿，山桑也。山桑之丝，其韧中琴瑟之弦。苏氏曰：惟东莱为有此丝，以之为缯，其坚韧异常，莱人谓之山茧。

浮于汶，达于济。

汶水，出泰山郡莱芜县原山，今袭庆府莱芜县也。西南入济，在今郓州中都县也。盖淄水出莱芜原山之阴，东北而入海；汶水出莱芜原山之阳，西南而入济。不言“达河”者，因于兖也。

海、岱及淮，惟徐州：

徐州之域，东至海，南至淮，北至岱。而西不言济者，岱之阳，济东为徐；岱之北，济东为青。言济不足以辨，故略之也。《尔雅》"济东曰徐州"者，商无青，并青于徐也。《周礼》"正东曰青州"者，周无徐，并徐于青也。林氏曰：一州之境必有四至。七州皆止二至，盖以邻州互见。至此州独载其三边者，止言海、岱，则嫌于青；止言淮、海，则嫌于扬。故必曰"海、岱及淮"，而后徐州之疆境始别也。

淮、沂其乂，

淮、沂，二水名。淮，见"导水"。曾氏曰："淮之源出于豫之境，至扬、徐之间始大。其泛滥为患尤在于徐，故淮之治于徐言之也。"沂水，《地志》云：出泰山郡盖县艾山。今沂州沂水县也。南至于下邳，西南而入于泗。曾氏曰：徐州水以沂名者非一。郦道元谓水出尼丘山西北，径鲁之雩门，亦谓之沂水；水出太山武阳之冠石山，亦谓之沂水；而沂水之大，则出于泰山也。又按：徐之水，有泗有汶，有汴有滁，而独以淮、沂言者，周《职方氏》："青州，其川淮、泗，其浸沂、沭。"周无徐州，俨之于青，周之青即禹之徐。则徐之川莫大于淮，淮乂，则自泗而下，凡为川者可知矣；徐之浸莫大于沂，沂乂，则自沭而下，凡为浸者可知矣。

蒙、羽其艺，

蒙、羽，二山名。蒙山，《地志》在泰山郡蒙阴县西南，今沂州费县也。羽山，《地志》在东海郡祝其县南，今海州朐山县也。艺者，言可种艺也。

大野既猪，

大野，泽名。《地志》在山阳郡巨野县北，今济州巨野县也。巨，即大也。水蓄而复流者谓之猪。按《水经》，济水至乘氏县分为二：南为菏，北为济。郦道元谓："一水东南流，一水东北流，入巨野泽。"则大野为济之所绝，其所聚也大矣。何承天曰：巨野广大，南导洙、泗，北连清、济。徐之有济，于是乎见。又郓州中都西南亦有大野陂，或皆大野之地也。

东原厎平。

东原，汉之东平国，今之郓州也。晁氏曰：东平自古多水患，数徙其城，咸平中又徙城于东南，则其下湿可知。"厎平"者，水患已去而厎于平也。后人以其地之平，故谓之东平。又按：东原在徐之西北而谓之东者，以在济东故也。东平国在景帝亦谓济东国云。益知大野、东原所以志济也。

厥土赤埴坟，草木渐包。

土黏曰埴。埴，腻也。黏，泥如脂之腻也。周有抟埴之工。老氏言："埏埴以为器。"惟土性黏腻细密，故可抟、可埏也。渐，进长也。如《易》所谓"木渐"，言其日进于茂而不已也。包，丛生也。如《诗》所谓"如竹包矣"，言其丛生而积也。

厥田惟上中，厥赋中中。

田第二等，赋第五等也。

厥贡惟土五色，羽畎夏翟，峄阳孤桐，泗滨浮磬，淮夷玭珠暨鱼。厥篚玄纤缟。

徐州之土虽赤，而五色之土亦间有之，故制以为贡。《周书·作雒》曰："诸侯受命于周，乃建大社于国中。其壝东青土，南赤土，西白土，北骊土，中央亹以黄土。将建诸侯，凿取其方面之土，苞以黄土，苴以白茅，以为土封。故曰'受削土于周室'。"此贡土五色，意亦为是用也。羽畎，羽山之谷也。夏翟，雉具五色，其羽中旌旄者也。染人之职"秋染夏"，郑氏曰："染夏者，染五色也。"林氏曰："古之车服器用以雉为饰者多，不但旌旄也。"曾氏曰："山雉具五色，出于羽山之畎，则其名山以羽者以此欤?"峄，山名。《地志》云："东海郡下邳县西，有葛峄山。"古文以为峄山。下邳，今淮阳军下邳县也。阳者，山南也。孤桐，特生之桐，其材中琴瑟。《诗》曰："梧桐生矣，于彼朝阳。"盖草木之生以向日为贵也。泗，水名，出鲁国卞县桃墟西北陪尾山，源有泉四，四泉俱导，因以为名。西南过彭城，又东南过下邳入淮。卞县，今袭庆府泗水县也。滨，水旁也。浮磬，石露水滨，若浮于水然。或曰非也，泗滨非必水中。泗水之旁近浮者，石浮生土中，不根著者也。今下邳有石磬山，或以为古取磬之地。曾氏曰："不谓之石者，成磬而后贡也。"淮夷，淮之夷也。玭，蚌之别名也。暨，及也。珠为服饰，鱼用祭祀。今濠、泗、楚皆贡淮白鱼，亦古之遗制欤？夏翟之出于羽畎，孤桐之生于峄阳，浮磬之出于泗滨，珠鱼之出于淮夷。各有所产之地，非他处所有，故详其地而使贡也。玄，赤黑色币也。《武成》曰："篚厥玄黄。"纤、缟皆缯也。《礼》曰："及期而大祥，素缟麻衣。中月而禫，禫而纤。"《记》曰："有虞氏缟衣而养老。"则知纤、缟皆缯之名也。曾氏曰：玄，赤而有黑色。以之为衮，所以祭也；以之为端，所以齐也；以之为冠，以为首服也。黑经白纬曰纤。纤也，缟也，皆去凶即吉之所服也。

浮于淮、泗，达于河。

许慎曰："汳水，受陈留浚仪阴沟，至蒙为灉水，东入于泗。"则淮、泗之可以达于河者，以灉至于泗也。许慎又曰："泗，受泲水东入淮。"盖泗水至大野而合沛,然则泗之上源自沛亦可以通河也。

淮、海惟扬州,

扬州之域,北至淮东,南至于海。

彭蠡既猪,

彭蠡,《地志》在豫章郡彭泽县东。合江西、江东诸水,跨豫章、饶州、南康军三州之地,所谓鄱阳湖者是也。详见"导水"。

阳鸟攸居。

阳鸟,随阳之鸟,谓雁也。今惟彭蠡洲渚之间千百为群。记阳鸟所居,犹《夏小正》记"雁北乡"也。言泽水既猪,洲渚既平,而禽鸟亦得其居止而遂其性也。

三江既入,

庾仲初《吴都赋注》:"松江下七十里分流,东北入海者为娄江,东南流者为东江,并松江为三江。"其地今亦名三江口。《吴越春秋》所谓范蠡乘舟"出三江之口"者是也。　又按:苏氏谓岷山之江为中江,嶓冢之江为北江,豫章之江为南江。即"导水"所谓"东为北江"、"东为中江"者。既有中、北二江,则豫章之江为南江可知。今按:此为三江,若可依据,然江、汉会于汉阳,合流数百里,至湖口而后与豫章江会。又合流千余里而后入海,不复可指为三矣。苏氏知其说不通,遂有味别之说。禹之治水,本为民去害,岂如陆羽辈辨味烹茶为口腹计邪?亦可见其说之穷矣。以其说易以惑人,故并及之。或曰,江、汉之水,扬州巨浸,何以不书?曰《禹贡》书法,费疏凿者,虽小必记;无施劳者,虽大亦略。江、汉荆州而下,安于故道,无俟浚治,故在不书。况朝宗于海,荆州固备言之。是亦可以互见矣。此正《禹贡》之书法也。

震泽厎定。

震泽,太湖也。周《职方》:"扬州,薮曰具区。"《地志》在吴县西南五十里,今苏州吴县也。曾氏曰:震,如"三川震"之"震"。若今湖翻是也。具区之水多震而难定,故谓之"震泽"。"厎定"者,言厎于定而不震荡也。

篠簜既敷,厥草惟夭。厥木惟乔。厥土惟涂泥。

篠,箭竹。簜,大竹。郭璞曰:"竹阔节曰簜。"敷,布也。水去,竹已布生也。少长曰夭。乔,高也。涂,泥水泉湿也。下地多水,其土淖。

厥田惟下下，厥赋下上，上错。

田第九等，赋第七等，杂出第六等也。言“下上，上错”者，以本设赋九等，分为三品，下上与中下异品，故变文言“下上，上错”也。

厥贡惟金三品，瑶、琨、筿、簜、齿、革、羽、毛惟木。岛夷卉服。厥篚织贝，厥包橘柚，锡贡。

三品，金、银、铜也。瑶、琨，玉石名。《诗》曰：“何以舟之，惟玉及瑶。”琨，《说文》云：石之美似玉者。取之可以为礼器。筿之材，中于矢之笴。簜之材，中于乐之管，簜亦可为符节。《周官》掌节有“英簜”。象有齿，犀兕有革，鸟有羽，兽有毛。木，楩、梓、豫章之属。齿、革可以成车甲，羽、毛可以为旌旄，木可以备栋宇器械之用也。岛夷，东南海岛之夷。卉，草也。葛越、木绵之属。织贝，锦名，织为贝文，《诗》曰“贝锦”是也。今南夷木绵之精好者，亦谓之吉贝。海岛之夷，以卉服来贡。而织贝之精者，则入篚焉。包，裹也。小曰橘，大曰柚。锡者，必待锡命而后贡，非岁贡之常也。张氏曰：“必锡命乃贡者，供祭祀，燕宾客，则诏之。口腹之欲，则难于出令也。”

沿于江、海，达于淮、泗。

顺流而下曰沿，沿江入海，自海而入淮、泗。不言“达于河”者，因于徐也。禹时江、淮未通，故沿于海。至吴始开邗沟，隋人广之，而江、淮舟船始通也。《孟子》言“排淮、泗而注之江”，记者之误也。

荆及衡阳，惟荆州：

荆州之域，北距南条荆山，南尽衡山之阳。荆、衡，各见“导山”。唐孔氏曰：荆州以衡山之阳为至者，盖南方惟衡山为大。以衡阳言之，见其地不止此山，而犹包其南也。

江、汉朝宗于海，

江、汉，见“导水”。春见曰朝，夏见曰宗。朝宗，诸侯见天子之名也。江汉合流于荆，去海尚远，然水道已安，而无有壅塞横决之患。虽未至海，而其势已奔趋于海，犹诸侯之朝宗于王也。

九江孔殷，

九江，即今之洞庭也。《水经》言九江在长沙下隽西北。《楚地记》曰：巴陵潇湘之渊在九江之间。今岳州巴陵县，即楚之巴陵，汉之下隽也。洞庭正在其西北，则洞庭之为九江审矣。今沅水、渐水、元水、辰水、叙水、酉水、澧水、资水、湘水皆合于洞庭，意以是名九江也。孔，甚。殷，正也。九江水道甚得其正也。

按《汉志》，九江在庐江郡之寻阳县。《寻阳记》九江之名：一曰乌江，二曰蜯江，三曰乌白江，四曰嘉靡江，五曰畎江，六曰源江，七曰廪江，八曰提江，九曰箘江。今详汉九江郡之寻阳，乃《禹贡》扬州之境。而唐孔氏又以为九江之名起于近代，未足为据。且九江派别取之邪，亦必首尾短长大略均布，然后可目之为九。然其一水之间当有一洲，九江之间沙水相间，乃为十有七道。而今寻阳之地，将无所容，况沙洲出没，其势不常，果可以为地理之定名乎？设使派别为九，则当曰"九江既道"，不应曰"孔殷"。于"导江"当曰"播九江"，不应曰"过九江"。反复参考，则九江非寻阳明甚。本朝胡氏以洞庭为九江者得之。曾氏亦谓"导江"曰"过九江，至于东陵"。东陵，今之巴陵。今巴陵之上即洞庭也。因九水所合，遂名九江。故下文"导水"曰"过九江"。经之例，大水合小水谓之过。则洞庭之为九江益以明矣。

沱、潜既道，

《尔雅》曰：水自江出为沱，自汉出为潜。凡水之出于江、汉者皆有此名。此则荆州江、汉之出者也。今按：南郡枝江县有沱水，然其流入江，而非出于江也；华容县有夏水，首出于江，尾入于沔，亦谓之沱。若潜水则未有见也。

云土、梦作乂。

云梦，泽名。《周官·职方》："荆州其泽薮曰云梦。"方八九百里，跨江南北，华容、枝江、江夏、安陆皆其地也。《左传》："楚子济江入于云中。"又楚子"以郑伯田于江南之梦"。合而言之则为一，别而言之则二泽也。"云土"者，云之地土见而已。"梦作乂"者，梦之地已可耕治也。盖云梦之泽，地势有高卑，故水落有先后，人工有早晚也。

厥土惟涂泥，厥田惟下中，厥赋上下。

荆州之土与扬州同，故田比扬只加一等，而赋为第三等者，地阔而人工修也。

厥贡羽、毛、齿、革惟金三品，杶、干、栝、柏，砺、砥、砮、丹惟箘簵、楛，三邦厎贡厥名。包匭菁茅，厥篚玄纁玑组，九江纳锡大龟。

荆之贡与扬州大抵多同，然荆先言羽、毛者，汉孔氏所谓"善者为先"也。

按《职方氏》，扬州其利金锡，荆州其利丹、银、齿、革。则荆、扬所产不无优劣矣。杶、栝、柏，三木名也。杶木似樗而可为弓干。栝木，柏叶松身。砺、砥皆磨石。砥以细密为名，砺以粗粝为称。砮者，中矢镞之用，肃慎氏"贡石砮"者是也。丹，丹砂也。箘簬，竹名。楛，木名。皆可以为矢。董安于之治晋阳也，公宫之垣皆以荻蒿、苫楚廧之，其高丈余。赵襄子发而试之，其坚则箘簬不能过也。则箘簬盖竹之坚者，其材中矢之笴。楛，肃慎氏"贡楛矢"者是也。三邦，未详其地。厎，致也。致贡箘簬、楛之有名者也。匭，匣也。菁茅，有刺而三脊，所以供祭祀缩酒之用。既包而又匣之，所以示敬也。齐桓公责楚："贡包茅不入，王祭不供，无以缩酒。"又管子云：江淮之间，一茅而三脊名曰菁茅。菁、茅一物也。孔氏谓菁以为菹者，非是。今辰州麻阳县苞茅山出苞茅，有刺而三脊。纁，《周礼》染人"夏纁玄"。纁，绛色币也。玑，珠不圆者。组，绶类。大龟，尺有二寸。所谓"国之守龟"，非可常得，故不为常贡。若偶得之，则使之纳锡于上。谓之"纳锡"者，下与上之辞，重其事也。

浮于江、沱、潜、汉，逾于洛，至于南河。

江、沱、潜、汉，其水道之出入不可详，而大势则自江、沱而入潜、汉也。逾，越也。汉与洛不通，故舍舟而陆以达于洛，自洛而至于南河也。程氏曰："不径'浮江、汉'，兼用沱、潜者，随其贡物所出之便，或由经流，或循枝派，期于便事而已。"

荆、河惟豫州：

豫州之域，西南至南条荆山，北距大河。

伊、洛、瀍、涧既入于河，

伊水，《山海经》曰：熊耳之山，伊水出焉。东北至洛阳县，南北入于洛。郭璞云，熊耳"在上洛县南"。今商州上洛县也。《地志》言伊水出弘农卢氏之熊耳者，非是。洛水，《地志》云："出弘农郡上洛县冢领山。"《水经》谓之"讙举山"，今商州洛南县冢领山也。至巩县入河，今河南府巩县也。瀍水，《地志》云："出河南郡谷成县替亭北。"今河南府河南县西北有古穀城县，其北山实瀍水所出也。至偃师县入洛，今河南府偃师县也。涧水，《地志》云："出弘农郡新安县东，南入于洛。"新安在今河南府新安、渑池之间，今渑池县东二十三里新安城是也。城东北有白石山，即涧水所出。郦道元云：世谓之广阳山。然则涧水出今之渑池，至新安入洛也。伊、瀍、涧水入于洛，而洛水入于河。此言伊、洛、瀍、涧"入于河”，若四水不相合而各入河者，犹汉入江，江入海，而荆州言“江、汉朝宗于海”意同。盖四水并流，小大相敌故也。详见下文。

荥、波既猪。

荥、波，二水名。济水自今孟州温县入河，潜行绝河，南溢为荥，在今郑州荥泽县西五里敖仓东南。敖仓者，古之敖山也。按：今济水但入河，不复过河之南，荥渎水受河水，有石门，谓之荥口石门也。郑康成谓荥：“今塞为平地，荥阳民犹谓其处为荥泽。”郦道元曰：“禹塞淫水于荥阳，下引河东南以通淮、泗、济水，分河东南流。”汉明帝使王景即荥水故渎，东注浚仪，谓之浚仪渠。《汉志》谓荥阳县有狼荡渠，首受济者，是也。南曰狼荡，北曰浚仪，其实一也。波水，周《职方》：“豫州其川荥、雒，其浸波、溠。”《尔雅》云：水自洛出为波。《山海经》曰：娄涿之山，波水出其阴，北流注于榖。二说不同，未详孰是。孔氏以“荥波”为一水者，非也。

导菏泽，被孟猪。

菏泽，《地志》在济阴郡定陶县东，今兴仁府济阴县南三里。其地有菏山，故名其泽为菏泽也。盖济水所经。《水经》谓南济“东过冤句县南，又东过定陶县南”，“又东北菏水东出焉”是也。被，及也。孟猪，《尔雅》作“孟诸”。《地志》在梁国睢阳县东北，今南京虞城县西北孟诸泽是也。曾氏曰：“被，覆也。菏水衍溢，导其余波入于孟猪，不常入也，故曰被。”

厥土惟壤，下土坟垆。

土不言色者，其色杂也。垆，疏也。颜氏曰：“玄而疏者谓之垆。其土有高下之不同，故别言之。”

厥田惟中上，厥赋错上中。

田第四等，赋第二等，杂出第一等也。

厥贡漆、枲、絺、纻，厥篚纤、纩，锡贡磬错。

林氏曰：“《周官·载师》：‘漆林之征二十有五。’周以为征，而此乃贡者，盖豫州在周为畿内，故载师掌其征而不制贡。禹时豫在畿外，故有贡也。推此义，则冀不言贡者可知。”颜师古曰：织纻以为布及练。然经但言贡枲与纻，成布与未成布不可详也。纩，细绵也。磬错，治磬之错也，非所常用之物，故非常贡，必待锡命而后纳也。与扬州“橘柚”同。然扬州先言“橘柚”，而此先言“锡贡”者，“橘柚”言包，则于“厥篚”之文无嫌，故言“锡贡”在后；“磬错”则与“厥篚”之文嫌于相属，故言“锡贡”在先。盖立言之法也。

浮于洛，达于河。

豫州去帝都最近，豫之东境径自入河，豫之西境则浮于洛而后至河也。

华阳、黑水惟梁州：

梁州之境，东距华山之南，西据黑水。华山即太华，见“导山”。黑水，见“导水”。

岷、嶓既艺，

岷、嶓，二山名。岷山，《地志》在蜀郡湔氏道西徼外，在今茂州汶山县，江水所出也。晁氏曰：蜀以山近江源者通为岷山，连峰接岫，重迭险阻，不详远近。青城、天彭诸山之所环绕，皆古之岷山。青城乃其第一峰也。嶓冢山，《地志》云：在陇西郡氐道县，漾水所出。又云在西县，今兴元府西县三泉县也。盖嶓冢一山跨于两县云。川源既涤，水去不滞，而无泛溢之患，其山已可种艺也。

沱、潜既道。

此江、汉别流之在梁州者。沱水，《地志》蜀郡郫县江沱在东，西入大江。郫县，今成都府郫县也。又《地志》云，蜀郡汶江县江、沱在西南，东入江。汶江县，今永康军导江县也。潜水，《地志》云，巴郡宕渠县潜水，西南入江。宕渠，今渠州流江县也。郦道元谓宕渠县有大穴，潜水入焉。通罡山下，西南潜出，南入于江。又《地志》“汉中郡”安阳县灊谷水，出西南入汉。灊，音潜。安阳县，今洋州真符县也。　又按：梁州乃江汉之原，此不志者，岷之艺，导江也；嶓之艺，导漾也。道沱，则江悉矣；道潜，则汉悉矣。上志岷、嶓，下志沱、潜，江、汉源流于是而见。

蔡、蒙旅平，

蔡、蒙，二山名。蔡山，《舆地记》在今雅州严道县。蒙山，《地志》“蜀郡”青衣县，今雅州名山县也。郦道元谓：山上合下开，沫水径其间，溷崖水脉漂疾，历代为患，蜀郡太守李冰发卒凿平溷崖。则此二山在禹为用功多也。祭山曰旅，“旅平”者，治功毕而旅祭也。

和夷底绩。

和夷，地名。严道以西有和川，有夷道，或其地也。又按晁氏曰：“和、夷，二水名。和水，今雅州荥经县北和川，水自蛮界罗岩州东西来径蒙山。所谓青衣水而入岷江者也。夷水出巴郡鱼复县东，南过佷山县南，又东过夷道县北，东入于江。”今详二说皆未可必。但经言“厎绩”者三，覃怀、原隰既皆地名，则此恐为地名，或地名因水，亦不可知也。

厥土青黎，

黎，黑也。

厥田惟下上，厥赋下中、三错。

田第七等，赋第八等，杂出第七、第九等也。按：赋杂出他等者，或以为岁有丰凶，或以为户有增减，皆非也。意者地力有上下、年分不同，如《周官》田“一易”、“再易”之类。故赋之等第亦有上下、年分。冀之正赋第一等，而间岁第二等也；扬之正赋第七等，而间岁第六等也；豫之正赋第二等，而间岁第一等也；梁之正赋第八等，而间岁出第七、第九等也。当时必有条目详具，今不存矣。《书》之所载，特凡例也。若谓岁之丰凶，户之增减，则九州皆然，何独于冀、扬、豫、梁四州言哉？

厥贡璆、铁、银、镂、砮、磬、熊、罴、狐、狸、织皮。

璆，玉磬。铁，柔铁也。镂，刚铁可以刻镂者也。磬，石磬也。言铁而先于银者，铁之利多于银也。后世蜀之卓氏、程氏以铁冶富拟封君，则梁之利尤在于铁也。“织皮”者，梁州之地，山林为多，兽之所走。熊、罴、狐、狸四兽之皮制之可以为裘，其毳毛织之可以为罽也。　林氏曰：徐州贡浮磬，此州既贡玉磬又贡石磬，豫州又贡磬错。以此观之，则知当时乐器磬最为重。岂非以其声角，而在清浊大小之间，最难得其和者哉。

西倾因桓是来。浮于潜，逾于沔。入于渭，乱于河。

西倾，山名。《地志》在陇西郡临洮县西，今洮州临潭县西南。桓，水名。《水经》曰：“西倾之南，桓水出焉。”苏氏曰：“汉始出为漾，东南流为沔，至汉中东行为汉沔。”郦道元曰：“自西倾而至葭萌，浮于西汉。”西汉即潜水也，自西汉溯流而届于晋寿界，阻漾枝津，南历冈北迤逦接汉、沔。历汉川，至于褒水，逾褒而暨于衙岭之南溪，灌于斜川，届于武功，而北以入于渭。汉武帝时人有上书，欲通褒斜道及漕，事下张汤问之。云：“褒水通沔，斜水通渭，皆可以漕。从南阳上沔入褒，褒绝水至斜间百余里。以车转从斜下渭，如此则汉中谷可致。”经言沔、渭而不言褒、斜者，因大以见小也。褒、斜之间绝水百余里，故曰逾。然于经文则当曰“逾于渭”，今曰“逾于沔”，此又未可晓也。绝河而渡曰乱。

黑水、西河惟雍州：

雍州之域，西据黑水，东距西河，谓之西河者，主冀都而言也。

弱水既西，

柳宗元曰："西海之山有水焉，散涣无力，不能负芥。投之则委靡垫没，及底而后止，故名曰弱。""既西"者，导之西流也。《地志》云，在张掖郡删丹县。薛氏曰：弱水出吐谷浑界穷石山，自删丹西至合黎山，与张掖县河合。又按《通鉴》，魏太武击柔然，至栗水西行至菟园水分军收讨，又循弱水西行至涿邪山。则弱水在菟园水之西，涿邪山之东矣。《北史》载太武至菟园水分军搜讨，东至瀚海，西接张掖水，北渡燕然山。与《通鉴》小异，岂瀚海、张掖水于弱水为近乎？程氏据《西域传》以弱水为在条支，援引甚悉。然长安西行一万二千二百里，又百余日方至条支，其去雍州如此之远，禹岂应穷荒而导其流也哉？其说非是。

泾属渭、汭，

泾、渭、汭，三水名。泾水，《地志》出安定郡泾阳县西，今原州百泉县岍头山也。东南至冯翊阳陵县入渭，今永兴军高陵县也。渭水，《地志》出陇西郡首阳县西南，今渭州渭源县鸟鼠山西北南谷山也。东至京兆，船司空县入河，今华州华阴县也。汭水，《地志》作"芮"，扶风汧县弦蒲薮，芮水出其西北，东入泾。今陇州汧源县弦蒲薮有汭水焉。周《职方》："雍州其川泾、汭。"《诗》曰："汭鞫之即。"皆谓是也。属，连属也。泾水连属渭、汭二水也。

漆、沮既从，

漆、沮，二水名。漆水，《寰宇记》："自耀州同官县东北界来，经华原县合沮水。"沮水，《地志》出北地郡直路县东，今坊州宜君县西北境也。《寰宇记》：沮水自坊州升平县北子午岭出，俗号子午水。下合榆谷、慈马等川，遂为沮水。至耀州华原县合漆水，至同州朝邑县东南入渭。二水相敌，故并言之。"既从"者，从于渭也。又按：《地志》谓漆水出扶风县。晁氏曰：此豳之漆也，《水经》漆水出扶风杜阳县。程氏曰："杜阳，今岐山普润县之地，亦汉漆县之境。其水入渭，在沣水之上，与经序渭水节次不合，非《禹贡》之漆水也。"

沣水攸同。

沣水，《地志》作"酆"，出扶风鄠县终南山，今永兴军鄠县山也。东至咸阳县入渭。同者，同于渭也。渭水自鸟鼠而东，沣水南注之，泾水北注之，漆、沮东北注之。曰属，曰从，曰同，皆主渭而言也。

荆、岐既旅，终南、惇物，至于鸟鼠。

荆、岐，二山名。荆山，即北条之荆。《地志》在冯翊怀德县南，今耀州富平县掘陵原也。岐山，《地志》在扶风美阳县西北，今凤翔府岐山县东北十里也。终南、惇物、鸟鼠，亦皆山名。终南，《地志》古文以太一山为终南山，在扶风武功县，今永兴军万年县南五十里也。惇物，《地志》古文以垂山为惇物，在扶风武功县，今永兴军武功县也。鸟鼠，《地志》在陇西郡首阳县西南，今渭州渭源县西也，俗呼为青雀山。举三山而不言所治者，蒙上"既旅"之文也。

原隰厎绩，至于猪野。

广平曰原，下湿曰隰。《诗》曰"度其隰原"，即指此也。郑氏曰"其地在豳"，今邠州也。猪野，《地志》云："武威县东北有休屠泽，古文以为猪野。"今凉州姑臧县也。治水成功，自高而下，故先言山，次原隰，次陂泽也。

三危既宅，三苗丕叙。

三危，即舜窜三苗之地。或以为敦煌。未详其地。三苗之窜在洪水未平之前，及是三危已既可居，三苗于是大有功叙。今按：舜窜三苗，以其恶之尤甚者迁之，而立其次者于旧都。今既窜者已丕叙，而居于旧都者尚桀骜不服。盖三苗旧都，山川险阻，气习使然。今湖南猺洞时犹窃发，俘而询之，多为猫姓，岂其遗种欤？

厥土惟黄壤，

黄者，土之正色。林氏曰："物得其常性者最贵。雍州之土黄壤，故其田非他州所及。"

厥田惟上上，厥赋中下。

田第一等，而赋第六等者，地狭而人功少也。

厥贡惟球、琳、琅玕。

球、琳，美玉也。琅玕，石之似珠者。《尔雅》曰："西北之美者，有昆仑虚之球、琳、琅玕。"今南海有青琅玕，珊瑚属也。

浮于积石，至于龙门、西河，会于渭、汭。

积石，《地志》在金城郡河关县西南羌中，今鄯州龙支县界也。龙门山，《地志》在冯翊夏阳县，今河中府龙门县也。西河，冀之西河也。雍之贡道有二，其东北境则自积石至于西河，其西南境则会于渭、汭。言渭、汭不言河者，蒙梁州之文也。他州贡赋亦当不止一道，发此例以互见耳。　按：邢恕奏乞下熙河路打造船五百只，于黄河顺流放下，至会州西小河内藏放。熙河路漕使李复奏："窃知邢恕欲用此船载兵，顺流而下，去取兴州。契勘会州之西小河咸水，其阔不及一丈，深止于一二尺，岂能藏船？黄河过会州入韦精山，石峡险窄，自上垂流，直下高数十丈，船岂可过？至西安州之东，大河分为六七道，散流渭之南山，逆流数十里方再合。逆溜水浅，滩碛不胜舟载。此声若出，必为夏国侮笑。"事遂寝，邢恕之策如李复之言，可谓谬矣。然此言贡赋之路，亦曰"浮于积石，至于龙门、西河"，则古来此处河道固通舟楫矣，而复之言乃如此，何也？姑录之以备参考云。

织皮昆仑、析支、渠搜，西戎即叙。

昆仑，即河源所出，在临羌。析支，在河关西千余里。渠搜，《水经》曰："河自朔方东转，经渠搜县故城北。"盖近朔方之地也。三国皆贡皮衣，故以"织皮"冠之。皆西方戎落，故以"西戎"总之。即，就也。雍州水土既平，而余功及于西戎，故附于末。　苏氏曰："青、徐、扬三州皆莱夷、淮夷、岛夷所篚。此三国亦篚织皮，但古语有颠倒详略尔。其文当在'厥贡惟球、琳、琅玕'之下，'浮于积石'之上，简编脱误，不可不正。"愚谓梁州亦篚织皮，恐苏氏之说为然。

导岍及岐，至于荆山，逾于河。壶口、雷首至于太岳。厎柱、析城至于王屋。太行、恒山至于碣石，入于海。

此下随山也。岍、岐、荆三山，皆雍州山。岍山，《地志》：扶风岍县西吴山，古文以为汧山。今陇州吴山县吴岳山也。《周礼》："雍州山镇曰岳山。"又按《寰宇记》：陇州汧源有岍山，汧水所出。《禹贡》所谓"岍山"也。晁氏以为今之陇山、天井、金门、秦岭山者，皆古之岍也。岐、荆，见"雍州"。壶口、雷首、太岳、厎柱、析城、王屋、太行、恒山皆冀州山。壶口，太岳、碣石见"冀州"。雷首，《地志》在河东郡蒲坂县南，今河中府河东县也。厎柱，石在大河中流，其形如柱。今陕州陕县三门山是也。析城，《地志》在河东郡濩泽县西，今泽州阳城县也。晁氏曰：山峰四面如城。王屋，《地志》在河东郡垣县东北，今绛州垣曲县也。晁氏曰：山状如屋。太行山，《地志》在河内郡山阳县西北，今怀州河内也。恒山，《地志》在常山郡上曲阳县西北，今定州曲阳也。逾者，禹自荆山而过于河也。孔氏以为荆山之脉逾河而为壶口、雷首者，非是。盖禹之治水，随山刊木，其所表识诸山之名，必其高大可以辨疆域，广博可以奠民居，故谨而书之，以见其施功之次第。初非有意推其脉络之所自来，若今之葬法所言也。若必实以山脉言之，则尤见其说之谬妄。盖河北诸山，根本脊脉皆自代北、寰武、岚宪诸州乘高而来。其脊以西之水，则西流以入龙门、西河之上流；其脊以东之水，则东流而为桑干、幽、冀以入于海。其西一支为壶口、太岳，次一支包汾、晋之源，而南出以为析城、王屋，而又西折以为雷首。又次一支乃为太行，又次一支乃为恒山。其间各隔沁潞诸川，不相连属，岂自汧、岐跨河而为是诸山哉？山之经理者，已附于逐州之下，于此又条列而详记之，而山之经纬皆可见矣。王、郑有三条四列之名，皆为未当。今据“导”字分之，以为南北二条，而江、河以为之纪，于二之中又分为二焉。此北条大河北境之山也。

西倾、朱圉、鸟鼠至于太华。熊耳、外方、桐柏至于陪尾。

西倾、朱圉、鸟鼠、太华，雍州山也。熊耳、外方、桐柏、陪尾，豫州山也。西倾，见“梁州”。朱圉，《地志》在天水郡冀县南，今秦州大潭县也，俗呼为白岩山。鸟鼠，见“雍州”。太华，《地志》在京兆华阴县南，今华州华阴县二十里也。熊耳，在商州上洛县，详见“豫州”。外方，《地志》：颍川郡密高县有密高山，古文以为外方在今西京登封县也。桐柏，《地志》在南阳郡平氏县东南，今唐州桐柏县也。陪尾，《地志》：江夏郡安陆县东北有横尾山，古文以为陪尾。今安州安陆也。西倾不言“导”者，蒙“导岍”之文也。此北条大河南境之山也。

导嶓冢至于荆山。内方至于大别。

嶓冢，即梁州之嶓也。山形如冢，故谓之嶓冢。详见“梁州”。荆山，南条荆山，《地志》在南郡临沮县北，今襄阳府南章县也。内方、大别，亦山名。内方，《地志》：章山，古文以为内方山。在江夏郡竟陵县东北。今荆门军长林县也。《左传》吴与楚战，楚济汉而陈，自小别至于大别，盖近汉之山。今汉阳军汉阳县北大别山是也。《地志》、《水经》云“在安丰”者非是。此南条江汉，北境之山也。

岷山之阳，至于衡山，过九江，至于敷浅原。

岷山，见“梁州”。衡山，南岳也，《地志》在长沙国湘南县，今潭州衡山县也。九江，见“荆州”。敷浅原，《地志》云：“豫章郡历陵县南有傅易山，古文以为敷浅原。”今江州德安县博阳山也。晁氏以为在鄱阳者非是。今按晁氏以鄱阳有博阳山，又有历陵山，为应《地志》历陵县之名。然鄱阳汉旧县地，不应又为历陵县。山名偶同，不足据也。江州德安虽为近之，然所谓“敷浅原”者，其山甚小而卑，亦未见其为在所表见者。惟庐阜在大江、彭蠡之交，最高且大，宜所当纪志者而皆无考据。恐山川之名，古今或异，而传者未必得其真也，姑俟知者。过，经过也。与“导岍逾于河”之义同。孔氏以为衡山之脉连延而为敷浅原者，亦非是。盖岷山之脉，其北一支为衡山，而尽于洞庭之西；其南一支度桂岭，北经袁、筠之地至德安。所谓"敷浅原"者，二支之间，湘水间断，衡山在湘水西南，敷浅原在湘水东北。其非衡山之脉连延过九江而为敷浅原者明甚。且其山川冈脊源流具在眼前，而古今异说如此，况残山断港，历数千百年者，尚何自取信哉？岷山不言导者，蒙"导嶓冢"之文也，此南条江汉，南境之山也。

导弱水至于合黎，余波入于流沙。

此下浚川也。弱水，见"雍州"。合黎，山名。《隋地志》在张掖县西北，亦名羌谷。流沙，杜佑云："在沙州西八十里，其沙随风流行，故曰流沙。"水之疏导者，已附于逐州之下，于此又派别而详记之，而水之经纬皆可见矣。浚川之功自随山始，故导水次于导山也。又按：山水皆原于西北，故禹叙山、叙水皆自西北而东南，导山则先岍、岐，导水则先弱水也。

导黑水至于三危，入于南海。

黑水，《地志》出犍为郡南广县汾关山。《水经》出张掖鸡山，南至燉煌，过三危山，南流入于南海。唐樊绰云：西夷之水，南流入于南海者凡四：曰区江，曰西珥河，曰丽水，曰瀰渃江，皆入于南海。其曰丽水者，即古之黑水也，三危山临峙其上。按梁、雍二州西边皆以黑水为界，是黑水自雍之西北而直出梁之西南也。中国山势冈脊大抵皆自西北而来，积石、西倾、岷山，冈脊以东之水既入于河、汉、岷、江。其冈脊以西之水即为黑水，而入于南海。《地志》、《水经》、樊氏之说虽未详的实，要是其地也。程氏曰：樊绰以丽水为黑水者，恐其狭小不足为界。其所称"西珥河"者，却与《汉志》叶榆泽相贯。广处可二十里，既足以界别二州，其流又正趋南海。又汉滇池即叶榆之地。武帝初开滇嶲时，其地古有黑水旧祠，夷人不知载籍，必不能附会。而绰及道元皆谓此泽以榆叶所积得名，则其水之黑似榆叶积渍所成，且其地乃在蜀之正西，又东北距宕昌不远。宕昌，即三苗种裔。与三苗之叙于三危者，又为相应，其证验莫此之明也。

导河，积石，至于龙门；南至于华阴；东至于厎柱；又东至于孟津；东过洛汭，至于大伾；北过洚水，至于大陆；又北，播为九河，同为逆河，入于海。

积石、龙门，见"雍州"。华阴，华山之北也。厎柱，见"导山"。孟，地名；津，渡处也。杜预云：在河内郡河阳县南。今孟州河阳县也，武王"师渡孟津"者即此。今亦名富平津。洛汭，洛水交流之内，在今河南府巩县之东。洛之入河，实在东南，河则自西而东过之，故曰“东过洛汭”。大伾，孔氏曰：“山再成曰伾。”张揖以为在成皋。郑玄以为在修武武德。臣瓒以为修武武德无此山，成皋山又不再成，今通利军黎阳县临河有山，盖大伾也。按：黎阳山在大河垂欲趋北之地，故禹记之。若成皋之山，既非从东折北之地，又无险碍如龙门、厎柱之须疏凿。西去洛汭既已大近，东距洚水、大陆又为绝远，当以黎阳者为是。洚水，《地志》在信都县，今冀州信都县枯洚渠也。程氏曰：周时河徙砱砾，至汉又改向顿丘东南流，与禹河迹大相背戾。《地志》“魏郡”邺县有故大河在东北，直达于泾，疑即禹之故河。孟康以为王莽河，非也。古洚渎自唐贝州经城北入南宫，贯穿信都，大抵北向而入故河，于信都之北为合。“北过洚水”之文当以信都者为是。大陆，见“冀州”。九河，见“兖州”。逆河，意以海水逆潮而得名。九河既沦于海，则逆河在其下流，固不复有矣。河上播而为九，下同而为一，其分播合同，皆水势之自然。禹特顺而导之耳。今按：《汉西域传》张骞所穷河源，云河有两源，一出葱岭，一出于阗。于阗在南山下，其河北流，与葱岭河合，东注蒲昌海。蒲昌海一名盐泽，去玉门阳关三百余里。其水亭居，冬夏不增减，潜行地中，南出积石。又唐长庆中，薛元鼎使吐蕃，自陇西成纪县西南出塞二千余里，得河源于莫贺延积尾，曰闷磨黎山。其山中高四下，所谓昆仑也。东北流与积石河相连，河源澄莹，冬春可涉，下稍合流，色赤。益远，他水并注，遂浊。吐蕃亦自言昆仑在其国西南。二说恐薛氏为是。河自积石三千里，而后至于龙门，经但一书“积石”，不言方向，荒远在所略也。龙门而下，因其所经，记其自北而南，则曰“南至华阴”；记其自南而东，则曰“东至厎柱”；又详记其东向所经之地，则曰“孟津”，曰“洛汭”，曰“大伾”；又记其自东而北，则曰“北过洚水”；又详记其北向所经之地，则曰“大陆”，曰“九河”；又记其入海之处，则曰“逆河”。自洛汭而上，河行于山，其地皆可考。自大伾而下，垠岸高于平地，故决啮流移，水陆变迁，而洚水、大陆、九河、逆河皆难指实。然上求大伾，下得碣石，因其方向，辨其故迹，则犹可考也。其详悉见上文。　又按李复云：“同州韩城北有安国岭，东西四十余里，东临大河。濒河有禹庙在山断河出处。禹凿龙门，起于唐张仁愿所筑东受降城之东，自北而南至此山尽。两岸石壁峭立，大河盘束于山峡间千数百里。至此，山开岸阔，豁然奔放，怒气喷风，声如万雷。”今按：旧说禹凿龙门，而不详其所以凿。诵说相传，但谓因旧修辟，去其龃龉，以决水势而已。今详此说，则谓受降以东，至于龙门，皆是禹新开凿。若果如此，则禹未凿时河之故道不知却在何处。而李氏之学极博，不知此说又何所考也。

嶓冢导漾，东流为汉；又东，为沧浪之水；过三澨，至于大别，南入于江。东，汇泽为彭蠡；东，为北江，入于海。

漾，水名。《水经》曰："漾水出陇西郡氐道县嶓冢山，东至武都。"常璩曰：汉水有两源，此东源也，即《禹贡》所谓"嶓冢导漾"者。其西源出陇西嶓冢山会泉，始源曰沔，径葭萌入汉。东源在今西县之西，西源在今三泉县之东也，郦道元谓"东西两川俱出嶓冢，而同为汉水者"是也。水源发于嶓冢为漾，至武都为汉，又东流为沧浪之水。郦道元云：武当县北四十里，汉水中有洲曰沧浪洲，水曰沧浪水，是也。盖水之经历随地得名，谓之"为"者，明非他水也。三澨，水名，今郢州长寿县磨石山发源。东南流者名澨水，至复州景陵县界来，又名汉水。疑即三澨之一。然据《左传》"漳澨"、"薳澨"则为水际。未可晓也。大别，见"导山"。入江在今汉阳军汉阳县。汇，回也。彭蠡，见"扬州"。北江，未详，入海在今通州静海县。　今按：彭蠡，古今记载皆谓今之番阳，然其泽在江之南，去汉水入江之处已七百余里，所蓄之水则合饶、信、徽、抚、吉、赣、南安、建昌、临江、袁、筠、隆兴、南康数州之流，非自汉入而为汇者。又其入江之处西则庐阜，东则湖口，皆石山峙立，水道狭甚。不应汉水入江之后七百余里，乃横截而南入于番阳，又横截而北流为北江。且番阳合数州之流，猪而为泽，泛溢壅遏，初无仰于江、汉之汇而后成也。不惟无所仰于江、汉，而众流之积，日遏月高，势亦不复容江、汉之来入矣。今湖口横渡之处，其北则江、汉之浊流，其南则番阳之清涨，不见所谓汉水汇泽而为彭蠡者。番阳之水既出湖口，则依南岸与大江相持以东，又不见所谓横截而为北江者。又以经文考之，则今之彭蠡既在大江之南，于经则宜曰"南汇彭蠡"，不应曰"东汇"。于"导江"，则宜曰南会于汇，不应曰北会于汇。汇既在南，于经则宜曰"北，为北江"，不应曰"东，为北江"。以今地望参校，绝为反戾。今庐江之北有所谓巢湖者，湖大而源浅。每岁四五月间，蜀岭雪消，大江泛溢之时，水淤入湖。至七八月，大江水落，湖水方泄，随江以东。为合东汇、北汇之文。然番阳之湖，方五六百里，不应舍此而录彼，记其小而遗其大也。盖尝以事理情势考之，洪水之患，惟河为甚。意当时龙门、九河等处事急民困，势重役烦，禹亲莅而身督之。若江淮则地偏水急，不待疏凿，固已通行，或分遣官属往视亦可。况洞庭、彭蠡之间乃三苗所居，水泽山林深昧不测，彼方负其险阻顽不即工，则宫属之往者亦未必遽敢深入。是以但知彭蠡之为泽，而不知其非汉水所汇；但意如巢湖江水之淤，而不知彭蠡之源为甚众也。以此致误。谓之为汇、谓之北江，无足怪者，然则番阳之为彭蠡信矣。

岷山导江，东别为沱；又东至于澧；过九江，至于东陵；东迤北，会于汇；东为中江，入于海。

沱，江之别流于梁者也。澧，水名，《水经》："出武陵充县西。""至长沙下隽县西北，入江。"郑氏云：经言"过"、言"会"者，水也；言"至"者，或山或泽也。澧，宜山泽之名。按下文"九江"，澧水既与其一，则非水明矣。九江，见"荆州"。东陵，巴陵也。今岳州巴陵县也。《地志》在庐江西北者，非是。会、汇、中江，见上章。

导沇水，东流为济，入于河，溢为荥；东出于陶丘北，又东至于菏；又东北，会于汶；又北东，入于海。

沇水，济水也。发源为沇，既东为济。《地志》云：济水出河东郡垣曲县王屋山东南。今绛州垣曲县山也。始发源王屋山顶崖下曰沇水，既见而伏，东出于今孟州济源县。二源，东源周迴七百步，其深不测；西源周回六百八十五步，其深一丈。合流至温县，是为济水。历虢公台西南入于河。溢，满也。复出河之南，溢而为荥。荥即"荥波"之"荥"，见"豫州"。又"东出于陶丘北"，陶丘，地名。再成曰陶。在今广济军西。又"东至于菏"，菏即菏泽，亦见"豫州"。谓之至者，济阴县自有菏派济流至其地尔。汶，北汶也，见"青州"。又东北至于东平府寿张县安民亭，合汶水，至今青州博兴县入海。唐李贤谓济自郑以东，贯滑、曹、郓、济、齐、青以入于海。本朝乐史谓今东平济南、淄川、北海界中有水流入海，谓之清河。郦道元谓："济水当王莽之世川渎枯竭，其后水流径通津渠，势改寻梁脉，水不与昔同。"然则荥泽济河虽枯，而济水未尝绝流也。程氏曰：荥水之为济本无他义，济之入河，适会河满，溢出南岸。溢出者非济水，因济而溢，故禹还以元名命之。按程氏言"溢"之一字，固为有理，然出于河南者，既非济水，则禹不应以河支流而冒称为济。盖溢者指荥而言，非指河也。且河浊而荥清，则荥之水非河之溢明矣。况经所书单立"导沇"条例，若断若续，而实有源流；或见或伏，而脉络可考。先儒皆以济水性下劲疾，故能入河穴地，流注显伏。南丰曾氏《齐州二堂记》云："泰山之北与齐之东南诸谷之水，西北汇于黑水之湾，又西北汇于柏崖之湾，而至于渴马之崖。盖水之来也众，其北折而西也，悍疾尤甚，及至于崖下，则泊然而止。而自崖以北至于历城之西，盖五十里而有泉涌出，高或致数尺，其旁之人名之曰'趵突之泉'。齐人皆谓，尝有弃糠于黑水之湾者而见之于此。盖泉自渴马之崖潜流地中，而至此复出也。""其注而北，则谓之泺水，达于清河，以入于海。舟之通于济者，皆于是乎达也。齐多甘泉，其显名者十数，而色味皆同。以余验之，盖皆泺水之旁出者也。”然则水之伏流地中，固多有之。奚独于荥泽，疑哉？吴兴沈氏亦言：古说济水伏流地中，今历下凡发地，皆是流水。世谓济水经过其下，东阿亦济所经。取其井水煮胶，谓之阿胶。用搅浊水，则清；人服之，下膈疏痰。盖其水性趋下，清而重故也。济水伏流绝河，乃其物性之常，事理之著者，程氏非之，顾弗深考耳。

导淮自桐柏，东会于泗、沂，东入于海。

《水经》云：“淮水出南阳平氏县胎簪山。”禹只自桐柏导之耳。桐柏，见“导山”。泗、沂，见“徐州”。沂入于泗，泗入于淮，此言会者，以二水相敌故也，入海在今淮浦。

导渭自鸟鼠同穴，东会于沣，又东会于泾；又东过漆、沮，入于河。

同穴，山名。《地志》云：“鸟鼠山者，同穴之枝山也。”余并见“雍州”。孔氏曰：“鸟、鼠共为雌雄，同穴而处。”其说怪诞不经，不足信也。郦道元云：渭水出南谷山，在鸟鼠山西北。禹只自鸟鼠同穴导之耳。

导洛自熊耳，东北，会于涧、瀍；又东，会于伊；又东北，入于河。

熊耳，卢氏之熊耳也。余并见“豫州”。洛水出冢岭山，禹只自熊耳导之耳。　按：经言“嶓冢导漾”、“岷山导江”者，漾之源出于嶓，江之源出于岷，故先言山而后言水也；言“导河积石”、“导淮自桐柏”、“导渭自鸟鼠同穴”、“导洛自熊耳”皆非出于其山，特自其山以导之耳，故先言水而后言山也。河不言“自”者，河源多伏流，积石其见处，故言“积石”而不言“自”也。沇水不言山者，沇水伏流，其出非一，故不志其源也。弱水、黑水不言山者，九州之外盖略之也。小水合大水谓之入，大水合小水谓之过，二水势均相入谓之会。天下之水莫大于河，故于河不言会。此《禹贡》立言之法也。

九州攸同：四隩既宅，九山刊旅，九川涤源，九泽既陂，四海会同。

隩，隈也。李氏曰：“涯内近水为隩。”陂，障也。会同，与“灉沮会同”同义。四海之隩，水涯之地已可奠居；九州之山，槎木通道已可祭告；九州之川，浚涤泉源而无壅遏；九州之泽，已有陂障而无决溃；四海之水，无不会同而各有所归。

此盖总结上文言九州、四海水土无不平治也。

六府孔修，庶土交正，厎慎财赋，咸则三壤，成赋中邦。

孔，大也。水、火、金、木、土、谷皆大修治也。土者，财之自生。谓之“庶土”，则非特谷土也。庶土有等，当以肥瘠高下，名物交相正焉，以任土事。厎，致也。因庶土所出之财而致谨其财赋之入，如周大司徒“以土宜之法，辨十有二土之名物，以任土事”之类。咸，皆也。则，品节之也。九州谷土又皆品节之以上、中、下三等，如周大司徒“辨十有二壤之名物以致稼穑”之类。中邦，中国也。盖土赋或及于四夷，而田赋则止于中国而已，故曰“成赋中邦”。

锡土姓，

“锡土姓”者，言锡之土以立国，锡之姓以立宗。《左传》所谓“天子建德，因生以赐姓，胙之土，而命之氏”者也。

祗台德先，不距朕行。

台，我。距，违也。禹平水土，定土赋，建诸侯，治已定，功已成矣。当此之时，惟敬德以先天下，则天下自不能违越我之所行也。

五百里甸服。百里赋纳总，二百里纳铚，三百里纳秸服，四百里粟，五百里米。

甸服，畿内之地也。甸，田服事也。以皆田赋之事，故谓之“甸服”。五百里者，王城之外，四面皆五百里也。禾本全曰总。刈禾曰铚，半稿也。半稿去皮曰秸。谓之服者，三百里内去王城为近，非惟纳、总、铚、秸，而又使之服输将之事也。独于秸言之者，总前二者而言也。粟，谷也。内百里为最近，故并禾本总赋之；外百里次之，只刈禾半稿纳也；外百里又次之，去稿粗皮纳也；外百里为远，去其穗而纳谷；外百里为尤远，去其谷而纳米。盖量其地之远近而为纳赋之轻重、精粗也。此分甸服五百里而为五等者也。

五百里侯服。百里采，二百里男邦，三百里诸侯。

“侯服”者，侯国之服。甸服外，四面又各五百里也。采者，卿大夫邑地。男邦，男爵小国也。诸侯，诸侯之爵，大国次国也。先小国而后大国者，大可以御外侮，小得以安内附也。此分侯服五百里而为三等也。

五百里绥服。三百里揆文教，二百里奋武卫。

绥，安也。谓之绥者，渐远王畿而取抚安之义。侯服外，四面又各五百里也。揆，度也。绥服内取王城千里，外取荒服千里，介于内外之间，故以内“三百里揆文教”，外“二百里奋武卫”。文以治内，武以治外，圣人所以严华夏之辨者如此。此分绥服五百里而为二等也。

五百里要服。三百里夷，二百里蔡。

要服，去王畿已远，皆夷狄之地，其文法略于中国。谓之要者，取要约之义，特羁縻之而已。绥服外，四面又各五百里也。蔡，放也，《左传》云“蔡蔡叔”是也。流放罪人于此也。此分要服五百里而为二等也。

五百里荒服。三百里蛮，二百里流。

荒服，去王畿益远，而经略之者，视要服为尤略也。以其荒野，故谓之“荒服”，要服外，四面又各五百里也。流，流放罪人之地。蔡与流皆所以处罪人，而罪有轻重，故地有远近之别也。此分荒服五百里而为二等也。　今按：每服五百里，五服则二千五百里，南北东西相距五千里。故《益稷》篇言：“弼成五服，至于五千。”然尧都冀州，冀之北境并云中、涿、易亦恐无二千五百里，藉使有之，亦皆沙漠不毛之地。而东南财赋所出，则反弃于要、荒，以地势考之，殊未可晓。但意古今土地盛衰不同，当舜之时冀北之地未必荒落如后世耳。亦犹闽浙之间，旧为蛮夷渊薮，而今富庶繁衍，遂为上国。土地兴废，不可以一时概也。周制九畿，曰侯、甸、男、采、卫、蛮、夷、镇、藩，每畿亦五百里，而王畿又不在其中。并之则一方五千里，四方相距为万里，盖倍禹服之数也。《汉地志》亦言：东西九千里，南北一万三千里。先儒皆疑禹服之狭而周汉地广，或以周服里数皆以方言，或以古今尺有长短，或以禹直方计。而后世以人迹屈曲取之。要之，皆非的论。盖禹声教所及，则地尽四海，而其疆理则止以五服为制，至荒服之外，又别为区画。如所谓“咸建五长”是已。若周汉，则尽其地之所至而疆画之也。

东渐于海，西被于流沙，朔南暨声教讫于四海。禹锡玄圭，告厥成功。

渐，渍。被，覆。暨，及也。地有远近，故言有浅深也。声谓风声，教谓教化。林氏曰：振举于此，而远者闻焉，故谓之声；轨范于此，而远者效焉，故谓之教。上言五服之制，此言声教所及，盖法制有限而教化无穷也。锡，与“师锡”之“锡”同。水土既平，禹以玄圭为贽而告成功于舜也。水色黑，故圭以玄云。

甘　誓

甘，地名，有扈氏国之南郊也，在扶风鄠县。誓，与禹征苗之誓同义，言其讨叛伐罪之意。严其坐作进退之节，所以一众志而起其怠也。誓师于甘，故以“甘誓”名篇。《书》有六体，誓，其一也。今文、古文皆有。　按：有扈，夏同姓之国。《史记》曰：启立，有扈不服，遂灭之。唐孔氏因谓尧、舜受禅，启独继父，以是不服。亦臆度之耳。《左传·昭公元年》赵孟曰：“虞有三苗，夏有观扈，商有姺邳，周有徐奄。”则有扈亦三苗、徐奄之类也。

大战于甘，乃召六卿。

六卿，六乡之卿也。按《周礼》，乡大夫，每乡卿一人，六乡六卿。平居无事，则各掌其乡之政教禁令，而属于大司徒；有事出征，则各率其乡之一万二千五百人，而属于大司马。所谓军将皆卿者是也。意夏制亦如此。古者四方有变，专责之方伯。方伯不能讨，然后天子亲征之。天子之兵，有征无战。今启既亲率六军以出，而又书“大战于甘”，则有扈之怙强稔恶，敢与天子抗衡。岂特《孟子》所谓“六师移之”者？《书》曰“大战”，盖所以深著有扈不臣之罪而为天下后世诸侯之戒也。

王曰：“嗟！六事之人。予誓告汝：

重其事，故嗟叹而告之。“六事”者，非但六卿，有事于六军者皆是也。

“有扈氏威侮五行，怠弃三正，天用剿绝其命。今予惟恭行天之罚。

威，暴殄之也。侮，轻忽之也。鲧汨五行而殛死，况于威侮之者乎？三正，子、丑、寅之正也。夏正建寅。“怠弃”者，不用正朔也。有扈氏暴殄天物，轻忽不敬，废弃正朔，虐下背上，获罪于天。天用剿绝其命，今我伐之，惟敬行天之罚而已。今按此章，则三正迭建，其来久矣。舜协时月正日，亦所以一正朔也。子丑之建，唐虞之前当已有之。

“左不攻于左，汝不恭命；右不攻于右，汝不恭命；御非其马之正，汝不恭命。

左，车左。右，车右也。攻，治也。古者车战之法，甲士三人，一居左，以主射；一居右，以主击；刺御者居中，以主马之驰驱也。《左传·宣公十二年》楚许伯御乐伯，摄叔为右，以致晋师。乐伯曰："吾闻致师者，左射以菆。"是车左主射也。摄叔曰："吾闻致师者，右入垒，折馘、执俘而还。"是车右主击刺也。御非其马之正，犹王良所谓"诡遇"也。盖左右不治其事与御非其马之正，皆足以致败。故各指其人以责其事，而欲各尽其职而不敢忽也。

"用命，赏于祖；不用命，戮于社，予则孥戮汝。"

戮，杀也。《礼》曰："天子巡狩，以迁庙主行。"《左传》："军行祓社衅鼓。"然则天子亲征，必载其迁庙之主与其社主以行，以示赏戮之不敢专也。祖，左，阳也，故赏于祖。社，右，阴也，故戮于社。孥，子也，"孥戮"与上"戮"字同义。言若不用命，不但戮及汝身，将并汝妻子而戮之。战，危事也。不重其法，则无以整肃其众而使赴功也。或曰，戮，辱也。孥戮，犹《秋官》司厉孥男子以为罪隶之孥。古人以辱为戮，谓戮辱之以为孥耳。古者罚弗及嗣，孥戮之刑，非三代之所宜有也。按此说固为有理，然以上句考之，不应一戮而二义。盖罚弗及嗣者，常刑也；"予则孥戮"者，非常刑也。常刑则"爱克厥威"，非常刑则"威克厥爱"。盘庚迁都，尚有"劓殄灭之，无遗育"之语，则启之誓师，岂为过哉？

五子之歌

五子，太康之弟也。歌，与“帝舜作歌”之“歌”同义。今文无，古文有。

太康尸位，以逸豫灭厥德，黎民咸贰。乃盘游无度。畋于有洛之表，十旬弗反。

太康，启之子。尸，如祭祀之尸。谓居其位而不为其事，如古人所谓“尸禄”、“尸官”者也。豫，乐也。夏谚曰：“吾王不游，吾何以休？吾王不豫，吾何以助？一游一豫，为诸侯度。”夏之先王非不游豫，盖有其节，皆所以为民。非若太康以逸豫而灭其德也。民咸贰心，而太康犹不知悔，乃安于游畋之无度。言其远，则至于洛水之南；言其久，则十旬而弗反。是则太康自弃其国矣。

有穷后羿，因民弗忍，距于河。

穷，国名。羿，穷国君之名也。或曰，羿，善射者之名。贾逵、《说文》：“羿，帝喾射官。”故其后善射者皆谓之羿。有穷之君亦善射，故以“羿”目之也。羿因民不堪命，距太康于河北，使不得返，遂废之。

厥弟五人御其母以从，徯于洛之汭。五子咸怨，述大禹之戒以作歌。

御，侍也。怨，如孟子所谓“小弁之怨，亲亲也”。《小弁》之诗，父子之怨。五子之歌，兄弟之怨。亲之过大而不怨，是愈疏也。五子知宗庙社稷危亡之不可救，母子兄弟离散之不可保，忧愁郁悒，慷慨感厉，情不自已，发为诗歌。推其亡国败家之由，皆原于荒弃皇祖之训。虽其五章之间非尽述皇祖之戒，然其先后终始，互相发明。史臣以其作歌之意，序于五章之首。后世序诗者，每篇皆有小序以言其作诗之义，其原盖出诸此。

其一曰：“皇祖有训，民可近，不可下，民惟邦本，本固邦宁。

此禹之训也。皇，大也。君之与民，以势而言，则尊卑之分，如霄壤之不侔;以情而言,则相须以安,犹身体之相资以生也。故势疏则离,情亲则合。以其亲,故谓之近;以其疏,故谓之下。言其可亲而不可疏之也。且民者,国之本,本固而后国安。本既不固,则虽强如秦,富如隋,终亦灭亡而已矣。其一、其二,或长幼之序,或作歌之序,不可知也。

"予视天下愚夫愚妇一能胜予,一人三失,怨岂在明,不见是图。予临兆民,懔乎若朽索之驭六马,为人上者,奈何不敬?"

索,昔各反。驭,音御。　予,五子自称也。君失人心,则为独夫。独夫,即愚夫愚妇一能胜我矣。"三失"者,言所失众也。民心怨背,岂待其彰著而后知之?当于事几未形之时而图之也。朽,腐也。朽索易绝,六马易惊。朽索固非可以驭马也,以喻其危惧可畏之甚。为人上者,奈何而不敬乎?前既引禹之训言,此则以己之不足恃,民之可畏者,申结其义也。

其二曰:"训有之:内作色荒,外作禽荒。甘酒嗜音,峻宇雕墙。有一于此,未或不亡。"

此亦禹之训也。色荒,惑嬖宠也。禽荒,耽游畋也。荒者,迷乱之谓。甘、嗜,皆无厌也。峻,高大也。宇,栋宇也。雕,绘饰也。言六者有其一,皆足以致灭亡也。禹之训昭明如此,而太康独不念之乎。此章首尾意义已明,故不复申结之也。

其三曰:"惟彼陶唐,有此冀方。今失厥道,乱其纪纲。乃底灭亡。"

尧初为唐侯,后为天子,都陶,故曰陶唐。尧授舜,舜授禹,皆都冀州。言"冀方"者,举中以包外也。大者为纲,小者为纪。底,致也。尧、舜、禹相授一道以有天下,今太康失其道而紊乱其纪纲,以致灭亡也。　又按左氏所引,"惟彼陶唐"之下,有"帅彼天常"一语。"厥道"作"其行","乃底灭亡"作"乃灭而亡"。

其四曰:"明明我祖,万邦之君。有典有则,贻厥子孙。关石和钧,王府则有。荒坠厥绪,覆宗绝祀!"

明明,明而又明也。我祖,禹也。典,犹周之"六典"。则,犹周之"八则"。

所以治天下之典章法度也。贻，遗。关，通。和，平也。百二十斤为石，三十斤为钧。钧与石，五权之最重者也。关通，以见彼此通同，无折阅之意；和平，以见人情两平，无乖争之意。言禹以明明之德君临天下。典则、法度，所以贻后世者如此。至于钧石之设，所以一天下之轻重而立民信者，王府亦有之。其为子孙后世虑，可谓详且远矣。奈何太康荒坠其绪，覆其宗而绝其祀乎？　又按：法度之制始于权，权与物钧而生衡，衡运生规，规圆生矩，矩方生绳，绳直生准。是权衡者，又法度之所自出也。故以"钧石"言之。

其五曰："呜呼曷归？予怀之悲。万姓仇予，予将畴依？郁陶乎予心，颜厚有忸怩。弗慎厥德，虽悔可追？"

忸，女六反。怩，女夷反。　曷，何也。呜呼曷归，叹息无地之可归也。予将畴依，彷徨无人之可依也。为君至此，亦可哀矣。"仇予"之"予"，指太康也。指太康而谓之"予"者，不忍斥言，忠厚之至也。郁陶，哀思也。颜厚，愧之见于色也。忸怩，愧之发于心也。可追，言不可追也。

胤　征

胤，国名。孟子曰："征者，上伐下也。"此以征名，实即誓也。仲康丁有夏中衰之运，羿执国政，社稷安危，在其掌握。而仲康能命胤侯以掌六师，胤侯能承仲康以讨有罪。是虽未能行羿不道之诛，明羲和党恶之罪，然当国命中绝之际而能举师伐罪，犹为礼乐征伐之自天子出也。夫子所以录其书者以是欤？今文无，古文有。　或曰，苏氏以为，羲和贰于羿忠于夏者，故羿假仲康之命，命胤侯征之。今按篇首言"仲康肇位四海，胤侯命掌六师"，又曰"胤侯承王命徂征"，详其文意，盖史臣善仲康能命将遣师，胤侯能承命致讨，未见贬仲康不能制命，而罪胤侯之为专征也。若果为篡羿之书，则乱臣贼子所为，孔子亦取之为后世法乎？

惟仲康肇位四海，胤侯命掌六师。羲和废厥职，酒荒于厥邑。胤后承王命徂征。

仲康，太康之弟。胤侯，胤国之侯。命掌六师，命为大司马也。仲康始即位，即命胤侯以掌六师，次年方有征羲和之命。必本始而言者，盖史臣善仲康肇位之时，已能收其兵权，故羲和之征，犹能自天子出也。林氏曰：羿废太康而立仲康。然其篡也，乃在相之世，仲康不为羿所篡。至其子相，然后见篡。是则仲康犹有以制之也。羿之立仲康也，方将执其礼乐征伐之权以号令天下。而仲康即位之始，即能命胤侯掌六师以收其兵权。如汉文帝入自代邸，即皇帝位，夜拜宋昌为卫将军，镇抚南北军之类。羲和之罪，虽曰沉乱于酒，然党恶于羿，同恶相济。故胤侯承王命往征之，以翦羿羽翼。故终仲康之世，羿不得以逞。使仲康尽失其权，则羿之篡夏，岂待相而后敢邪？羲氏和氏，夏合为一官。曰"胤后"者，诸侯入为王朝公卿，如禹、稷、伯夷谓之后也。

告于众曰："嗟予有众，圣有谟训，明征定保，先王克谨天戒，臣人克有常宪，百官修辅，厥后惟明明。

征，音澄。　征，验。保，安也。圣人谟训，明有征验，可以定安邦国也。

下文即谟训之语。天戒，日蚀之类。谨者，恐惧修省以消变异也。“常宪”者，奉法修职以供乃事也。君能谨天戒于上，臣能有常宪于下，百官之众各修其职以辅其君。故君内无失德，外无失政。此其所以为明明后也。又按：日蚀者，君弱臣强之象，后羿专政之戒也。羲和掌日月之官，党羿而不言，是可赦乎？

“每岁孟春，遒人以木铎徇于路。官师相规，工执艺事以谏。其或不恭，邦有常刑。

遒，慈秋反。铎，达各反。　遒人，宣令之官。木铎，金口木舌，施政教时振以警众也。《周礼》小宰之职：“正岁帅治官之属”，“徇以木铎曰：不用法者，国有常刑”，亦此意也。官以职言，师以道言。规，正也。“相规”云者，胥教诲也。工，百工也。百工技艺之事，至理存焉。理无往而不在，故言无微而可略也。《孟子》曰：“责难于君谓之恭。”官师百工不能规谏，是谓“不恭”。不恭之罪，犹有常刑，而况于畔官离次，俶扰天纪者乎？

“惟时羲和，颠覆厥德，沉乱于酒，畔官离次，俶扰天纪，遐弃厥司。乃季秋月朔，辰弗集于房。瞽奏鼓，啬夫驰，庶人走。羲和尸厥官，罔闻知，昏迷于天象，以干先王之诛。政典曰：‘先时者杀无赦，不及时者杀无赦。’”

次，位也。官以职言，次以位言。畔官，则乱其所治之职。离次，则舍其所居之位。俶，始。扰，乱也。天纪，则《洪范》所谓“岁、月、日、星辰、历数”是也。盖自尧、舜命羲和历象日月星辰之后，为羲和者世守其职，未尝紊乱，至是始乱其天纪焉。遐，远也。远弃其所司之事也。辰，日月会次之名。房，所次之宿也。集，《汉书》作“辑”。集、辑通用。言日月会次不相和辑，而掩蚀于房宿也。按《唐志》，日蚀在仲康即位之五年。瞽，乐官。以其无目而审于音也。奏，进也。古者日蚀则伐鼓用币以救之。《春秋传》曰：惟正阳之月则然，余则否。今季秋而行此礼，夏礼与周异也。啬夫，小臣也。汉有上林啬夫。庶人，庶人之其官者，《周礼·庭氏》：“救日之弓矢。”啬夫、庶人盖供救日之百役者。曰驰，曰走者，以见日蚀之变，天子恐惧于上，啬夫、庶人奔走于下，以助救日如此其急。羲和为历象之官，尸居其位，若无闻知。则其昏迷天象，以干先王之诛，岂特不恭之刑而已哉？政典，先王政治之典籍也。先时后时，皆违制失时，当诛而不赦者也。今日蚀之变如此，而羲和罔闻知，是固干先王后时之诛矣。

"今予以尔有众，奉将天罚。尔众士同力王室，尚弼予钦承天子威命。

将，行也。我以尔众士奉行天罚，尔其同力王室，庶几辅我以敬承天子之威命也。盖天子讨而不伐，诸侯伐而不讨。仲康之命胤侯，得天子讨罪之权。胤侯之征羲和，得诸侯敌忾之义，其辞直，其义明。非若五霸，搂诸侯以伐诸侯，其辞曲，其义迂也。

"火炎昆冈，玉石俱焚。天吏逸德，烈于猛火。歼厥渠魁，胁从罔治，旧染污俗，咸与惟新。

歼，将廉反。　昆，出玉山名。冈，山脊也。逸，过。渠，大也。言火炎昆冈，不辨玉石之美恶而焚之。苟为天吏而有过逸之德，不择人之善恶而戮之，其害有甚于猛火不辨玉石也。今我但诛首恶之魁而已。胁从之党，则罔治之。旧染污习之人，亦皆赦而新之。其诛恶宥善，是犹王者之师也。今按胤征始称羲和之罪，止以其"畔官离次，俶扰天纪"，至是有"胁从"、"旧染"之语，则知羲和之罪当不止于废时乱日。是必聚不逞之人，崇饮私邑，以为乱党，助羿为恶者也。胤后徂征，隐其叛逆而不言者，盖正名其罪，则必锄根除源。而仲康之势，有未足以制后羿者，故止责其旷职之罪，而实诛其不臣之心也。

"呜呼！威克厥爱，允济；爱克厥威，允罔功。其尔众士，懋戒哉！"

威者，严明之谓；爱者，姑息之谓。《记》曰：军旅主威。盖军法不可以不严。严明胜，则信其事之必济；姑息胜，则信其功之无成。誓师之末而复嗟叹，以是深警之，欲其勉力戒惧而用命也。

卷三

商书

契始封商，汤因以为有天下之号。书凡十七篇。

汤誓

汤，号也，或曰谥。汤名履，姓子氏。夏桀暴虐，汤往征之。亳众惮于征役，故汤谕以吊伐之意。盖师兴之时而誓于亳都者也。今文、古文皆有。

王曰："格尔众庶，悉听朕言。非台小子，敢行称乱！有夏多罪，天命殛之。

台，音怡，后同。 "王曰"者，史臣追述之称也。格，至。台，我。称，举也。以人事言之，则臣伐君可谓乱矣；以天命言之，则所谓天吏，非称乱也。

"今尔有众，汝曰：'我后不恤我众，舍我穑事，而割正夏？'予惟闻汝众言，夏氏有罪，予畏上帝，不敢不正。

穑，刈获也。割，断也。亳邑之民安于汤之德政，桀之虐焰所不及。故不知夏氏之罪而惮伐桀之劳，反谓汤不恤亳邑之众，舍我刈获之事而断正有夏。汤言我亦闻汝众论如此，然夏桀暴虐，天命殛之。我畏上帝，不敢不往正其罪也。

“今汝其曰：‘夏罪其如台？’夏王率遏众力，率割夏邑。有众率怠弗协，曰：‘时日曷丧？予及汝皆亡。’夏德若兹，今朕必往。

遏，绝也。割，“劓割夏邑”之“割”。时，是也。汤又举商众言：桀虽暴虐，其如我何？汤又应之曰：夏王率为重役以穷民力，严刑以残民生。民厌夏德，亦率皆怠于奉上，不和于国。疾视其君，指日而曰：是日何时而亡乎？若亡，则吾宁与之俱亡。盖苦桀之虐而欲其亡之甚也。桀之恶德如此，今我之所以必往也。桀尝自言：“吾有天下，如天之有日。日亡，吾乃亡耳。”故民因以日目之。

“尔尚辅予一人，致天之罚。予其大赉汝！尔无不信，朕不食言。尔不从誓言，予则孥戮汝，罔有攸赦。”

赉，与也。食言，言已出而反吞之也。禹之征苗止曰：“尔尚一乃心力，其克有勋。”至启则曰：“用命，赏于祖；不用命，戮于社，予则孥戮汝。”此又益以“朕不食言”、“罔有攸赦”，亦可以观世变矣。

仲虺之诰

虺，许伟反。 仲虺，臣名，奚仲之后。为汤左相。诰，告也。《周礼·士师》以五戒先后刑罚。一曰誓，用之于军旅。二曰诰，用之于会同，以喻众也。此但告汤而亦谓之诰者，唐孔氏谓仲虺亦必对众而言。盖非特释汤之惭，而且以晓其臣民众庶也。古文有，今文无。

成汤放桀于南巢，惟有惭德。曰："予恐来世以台为口实。"

武功成，故曰成汤。南巢，地名。庐江六县有居巢城，桀奔于此，因以放之也。汤之伐桀，虽顺天应人，然承尧舜禹授受之后，于心终有所不安。故愧其德之不古若，而又恐天下后世藉以为口实也。 陈氏曰："尧舜以天下让，后世好名之士，犹有不知而慕之者。汤武征伐而得天下，后世嗜利之人，安得不以为口实哉？此汤之所以恐也欤。"

仲虺乃作诰，曰："呜呼！惟天生民有欲，无主乃乱，惟天生聪明时乂。有夏昏德，民坠涂炭，天乃锡王勇智，表正万邦，缵禹旧服，兹率厥典，奉若天命。

仲虺恐汤忧愧不已，乃作诰以解释其意。叹息言民生有耳目口鼻爱恶之欲，无主则争且乱矣。天生聪明，所以为之主而治其争乱者也。坠，陷也。涂，泥。炭，火也。桀为民主而反行昏乱，陷民于涂炭，既失其所以为主矣。然民不可以无主也，故天锡汤以勇智之德。勇足以有为，智足以有谋。非勇智，则不能成天下之大业也。"表正"者，表正于此而影直于彼也。天锡汤以勇智者，所以使其表正万邦，而继禹旧所服行也。此但率循其典常以奉顺乎天而已。天者，典常之理所自出，而典常者，禹之所服行者也。汤革夏而缵旧服，武革商而政由旧。孔子所谓"百世可知"者，正以是也。林氏曰："齐宣王问孟子曰：'汤放桀，武王伐纣，有诸？'孟子曰：'贼仁者谓之贼，贼义者谓之残，残贼之人谓之一夫。闻诛一夫纣矣，未闻弑君也。'夫立之君者，惧民之残贼而无以主之。为之主而自残贼焉，则君之实丧矣。非一夫而何？孟子之言，则仲虺之意也。"

“夏王有罪，矫诬上天，以布命于下。帝用不臧，式商受命，用爽厥师。

矫，与“矫制”之“矫”同。诬，罔。臧，善。式，用。爽，明。师，众也。天以形体言，帝以主宰言。桀知民心不从，矫诈诬罔，托天以惑其众。天用不善其所为，用使有商受命，用使昭明其众庶也。　王氏曰：夏有昏德，则众从而昏；商有明德，则众从而明。　吴氏曰：“用爽厥师”续下文“简贤附势”，意不相贯，疑有脱误。

“简贤附势，寔繁有徒。肇我邦于有夏，若苗之有莠，若粟之有秕。小大战战，罔不惧于非辜。矧予之德，言足听闻。

秕，卑履反。　简，略。繁，多。肇，始也。战战，恐惧貌。言简贤附势之人，同恶相济，寔多徒众。肇我邦于有夏，为桀所恶。欲见翦除，如苗之有莠，如粟之有秕，锄治簸扬，有必不相容之势。商众小大震恐，无不惧陷于非罪。况汤之德，言则足人之听闻，尤桀所忌疾者乎。以苗、粟喻桀，以莠、秕喻汤，特言其不容于桀，而迹之危如此。《史记》言桀囚汤于夏台，汤之危屡矣。无道而恶有道，势之必至也。

“惟王不迩声色，不殖货利。德懋懋官，功懋懋赏。用人惟己，改过不吝。克宽克仁，彰信兆民。

懋，与“茂”同。　迩，近。殖，聚也。不近声色，不聚货利，若未足以尽汤之德。然此本原之地，非纯乎天德，而无一毫人欲之私者，不能也。本原澄澈，然后用人处己，而莫不各得其当。懋，茂也。繁多之意。与“时乃功，懋哉”之义同。言人之懋于德者，则懋之以官；人之懋于功者，则懋之以赏。用人惟己，而人之有善者无不容；改过不吝，而己之不善者无不改。不忌能于人，不吝过于己，合并为公，私意不立，非圣人其孰能之？汤之用人处己者如此。而于临民之际，是以能宽能仁。谓之能者，宽而不失于纵，仁而不失于柔。《易》曰：“宽以居之，仁以行之。”君德也。君德昭著而孚信于天下矣。汤之德，足人听闻者如此。

“乃葛伯仇饷，初征自葛。东征西夷怨，南征北狄怨。曰：‘奚独后予？’攸徂之民，室家相庆。曰：‘徯予后，后来其苏。’民之戴商，厥惟旧哉！

葛，国名。伯，爵也。饷，馈也。仇饷，与饷者为仇也。葛伯不祀，汤使问之，曰："无以供粢盛。"汤使亳众往耕。老弱馈饷，葛伯杀其童子。汤遂征之。汤征自葛始也。奚，何。徯，待也。苏，复生也。西夷、北狄，言远者如此，则近者可知也。汤师之未加者，则怨望其来，曰："何独后予？"其所往伐者，则妻孥相庆，曰："待我后久矣，后来我其复生乎。"他国之民，皆以汤为我君，而望其来者如此。天下之爱戴归往于商者，非一日矣。商业之兴，盖不在于鸣条之役也。

吕氏曰："夏商之际，君臣易位，天下之大变。然观其征伐之时，唐虞'都'、'俞'揖逊气象，依然若存。盖尧、舜、禹、汤以道相传，世虽降而道不降也。"

"佑贤辅德，显忠遂良；兼弱攻昧，取乱侮亡。推亡固存，邦乃其昌。

前既释汤之惭，此下因以劝勉之也。诸侯之贤德者，佑之辅之；忠良者，显之遂之，所以善善也。侮，《说文》曰："伤也。"诸侯之弱者兼之，昧者攻之，乱者取之，亡者伤之，所以恶恶也。言善则由大以及小，言恶则由小以及大。"推亡"者，兼、攻、取、侮也。"固存"者，佑、辅、显、遂也。推彼之所以亡，固我之所以存，邦国乃其昌矣。

"德日新，万邦惟怀；志自满，九族乃离。王懋昭大德，建中于民，以义制事，以礼制心，垂裕后昆。予闻曰：'能自得师者王，谓人莫己若者亡。好问则裕，自用则小。

"德日新"者，日新其德而不自已也，"志自满"者反是。汤之《盘铭》曰："苟日新，日日新，又日新。"其广"日新"之义欤。德日新，则万邦虽广而无不怀；志自满，则九族虽亲而亦离。万邦，举远以见近也。九族，举亲以见疏也。王其勉明大德，立中道于天下。中者，天下之所同有也。然非君建之，则民不能以自中。而礼义者，所以建中者也。义者，心之裁制；礼者，理之节文。以义制事，则事得其宜；以礼制心，则心得其正。内外合德而中道立矣。如此，非特有以建中于民，而垂诸后世者，亦绰乎有余裕矣。然是道也，必学焉而后至。故又举古人之言，以为隆师好问，则德尊而业广。自贤自用者反是。谓之"自得师"者，真知己之不足，人之有余，委心听顺，而无拂逆之谓也。《孟子》曰："汤之于伊尹，学焉而后臣之。故不劳而王。"其汤之所以自得者欤。仲虺言怀诸侯之道，推而至于修德检身，又推而至于能自得师。夫自天子至于庶人，未有舍师而能成者。

虽生知之圣，亦必有师焉。后世之不如古，非特世道之降，抑亦师道之不明也。仲虺之论，遡流而源，要其极而归诸“能自得师”之一语。其可为帝王之大法也欤！

“呜呼！慎厥终，惟其始。殖有礼，覆昏暴。钦崇天道，永保天命。”

上文既劝勉之，于是叹息言谨其终之道，惟于其始图之。始之不谨而能谨终者，未之有也。伊尹亦言谨终于始事，虽不同而理则一也。“钦崇”者，敬畏尊奉之意。“有礼”者，封殖之；“昏暴”者，覆亡之，天之道也。钦崇乎天道，则永保其天命矣。按仲虺之诰，其大意有三。先言天立君之意：桀逆天命，而天之命汤者不可辞。次言汤德足以得民，而民之归汤者非一日。末言为君艰难之道。人心离合之机、天道福善祸淫之可畏。以明今之受夏，非以利己，乃有无穷之恤，以深慰汤而释其惭。仲虺之忠爱，可谓至矣。然汤之所惭，恐来世以为口实者，仲虺终不敢谓无也。君臣之分，其可畏如此哉。

汤　诰

汤伐夏归亳，诸侯率职来朝，汤作诰以与天下更始。今文无，古文有。

王归自克夏，至于亳，诞告万方。

诞，大也。亳，汤所都。在宋州穀熟县。

王曰："嗟！尔万方有众，明听予一人诰。惟皇上帝，降衷于下民。若有恒性，克绥厥猷惟后。

皇，大。衷，中。若，顺也。天之降命，而具仁义礼智信之理，无所偏倚，所谓衷也；人之禀命，而得仁义礼智信之理，与心俱生，所谓性也。猷，道也。由其理之自然，而有仁义礼智信之行，所谓道也。以降衷而言，则无有偏倚，顺其自然，固有常性矣；以禀受而言，则不无清浊纯杂之异。故必待君师之职，而后能使之安于其道也。故曰："克绥厥猷惟后。"夫天生民有欲，以情言也；上帝降衷于下民，以性言也。仲虺即情以言人之欲，成汤原性以明人之善。圣贤之论，互相发明，然其意则皆言君道之系于天下者，如此之重也。

"夏王灭德作威，以敷虐于尔万方百姓。尔万方百姓，罹其凶害，弗忍荼毒，并告无辜于上下神祇。天道福善祸淫，降灾于夏，以彰厥罪。

罹，邻知反。荼，音徒。　言桀无有仁爱，但为杀戮。天下被其凶害，如荼之苦，如毒之螫，不可堪忍。称冤于天地鬼神，以冀其拯己。屈原曰："人穷则反本，故劳苦倦极，未尝不呼天也。"天之道，善者福之，淫者祸之。桀既淫虐，故天降灾以明其罪。意当时必有灾异之事。如《周语》所谓"伊洛竭而夏亡"之类。

"肆台小子，将天命明威，不敢赦。敢用玄牡，敢昭告于上天神后，请罪有夏。聿求元圣，与之戮力，以与尔有众请命。

戮，当作"勠"。　肆，故也。故我小子，奉将天命明威，不敢赦桀之罪也。

玄牡，夏尚黑，未变其礼也。神后，后土也。聿，遂也。元圣，伊尹也。

“上天孚佑下民，罪人黜伏。天命弗僭，贲若草木，兆民允殖。

孚、允，皆信也。僭，差也。贲，文之著也。殖，生也。上天信佑下民，故夏桀窜亡而屈服。天命无所僭差，灿然若草木之敷荣，兆民信乎其生殖矣。

“俾予一人辑宁尔邦家，兹朕未知获戾于上下，栗栗危惧，若将陨于深渊。

辑，和。戾，罪。陨，坠也。天使我辑宁尔邦家，其付予之重，恐不足以当之。未知己得罪于天地与否，惊恐忧畏，若将坠于深渊。盖责愈重，则忧愈大也。

“凡我造邦，无从匪彝，无即慆淫，各守尔典，以承天休。

夏命已黜，汤命维新。侯邦虽旧，悉与更始。故曰“造邦”。彝，法。即，就。慆，慢也。匪彝，指法度言。慆淫，指逸乐言。典，常也。各守其典常之道，以承天之休命也。

“尔有善，朕弗敢蔽；罪当朕躬，弗敢自赦，惟简在上帝之心。其尔万方有罪，在予一人；予一人有罪，无以尔万方。

简，阅也。人有善，不敢以不达；己有罪，不敢以自恕，简阅一听于天。然天以天下付之我，则民之有罪，实君所为；君之有罪，非民所致。非特圣人厚于责己而薄于责人，是乃理之所在，君道当然也。

“呜呼！尚克时忱，乃亦有终。”

忱，时壬反。　忱，信也。叹息言庶几能于是而忱信焉，乃亦有终也。吴氏曰：“此兼人己而言。”

伊　训

训，导也。太甲嗣位，伊尹作书训导之，史录为篇。今文无，古文有。

惟元祀十有二月乙丑，伊尹祠于先王。奉嗣王祇见厥祖，侯甸群后咸在，百官总己以听冢宰。伊尹乃明言烈祖之成德，以训于王。

见，形甸反。　夏曰岁，商曰祀，周曰年，一也。“元祀”者，太甲即位之元年。“十二月”者，商以建丑为正，故以十二月为正也。乙丑，日也。不系以朔者，非朔日也。三代虽正朔不同，然皆以寅月起数。盖朝觐会同，颁历授时，则以正朔行事。至于纪月之数，则皆以寅为首也。伊，姓。尹，字也。伊尹名挚。祠者，告祭于庙也。先王，汤也。冢，长也。《礼》有“冢子”、“冢妇”之名，周人亦谓之冢宰。古者王宅忧，祠祭则冢宰摄而告庙，又摄而临群臣。太甲服仲壬之丧，伊尹祠于先王，奉太甲以即位改元之事。祇见厥祖，则摄而告庙也；侯服甸服之群后咸在，百官总己之职以听冢宰，则摄而临群臣也。烈，功也。《商颂》曰：“衎我烈祖。”太甲即位改元，伊尹于祠告先王之际，明言汤之成德，以训太甲。此史官叙事之始辞也。或曰，孔氏言“汤崩逾月，太甲即位”，则十二月者，汤崩之年，建子之月也。岂改正朔而不改月数乎？曰，此孔氏惑于《书序》之文也。太甲继仲壬之后，服仲壬之丧，而孔氏曰“汤崩，奠殡而告”固已误矣。至于改正朔而不改月数，则于经史尤可考。周建子矣，而《诗》言“四月维夏，六月徂暑”，则寅月起数，周未尝改也。秦建亥矣，而《史记》：“（始皇）三十一年十二月，更名腊曰‘嘉平’。”夫腊必建丑月也。秦以亥正，则腊为三月。云“十二月”者，则寅月起数，秦未尝改也。至三十七年，书“十月癸丑，始皇出游”，“十一月行至云梦”，继书“七月丙寅始皇崩”，“九月葬郦山”。先书十月、十一月，而继书七月、九月者，知其以十月为正朔，而寅月起数，未尝改也。且秦史制书，谓改年始，朝贺皆自十月朔。夫秦继周者也。若改月数，则周之十月为建酉月矣。安在其为建亥乎？汉初史氏所书旧例也。汉仍秦正，亦书曰“元年冬十月”，则正朔改而月数不改，亦已明矣。且经曰“元祀十有二月乙丑”，则以十二月为正朔，而改元何疑乎？惟其以正朔行事也。故后乎此者，复正厥辟，亦以十二月朔。

奉嗣王归于亳，盖祠告复政，皆重事也。故皆以正朔行之。孔氏不得其说，而意汤崩逾月，太甲即位奠殡而告，是以崩年改元矣。苏氏曰："崩年改元，乱世事也。不容在伊尹而有之，不可以不辩。"又按：孔氏以为汤崩。吴氏曰："殡有朝夕之奠，何为而致祠？主丧者不离于殡侧，何待于祗见？盖太甲之为嗣王，嗣仲壬而王也。"太甲，太丁之子。仲壬，其叔父也。嗣叔父而王，而为之服三年之丧。为之后者，为之子也。太甲既即位于仲壬之柩前，方居忧于仲壬之殡侧，伊尹乃至商之祖庙，遍祀商之先王，而以立太甲告之。不言太甲祠而言伊尹，丧三年不祭也。奉太甲遍见商之先王，而独言"祗见厥祖"者，虽遍见先王，而尤致意于汤也。亦犹周公《金縢》之册，虽遍告三王，而独眷眷于文王也。汤既已祔于庙，则是此书初不废外丙、仲壬之事。但此书本为伊尹称汤以训太甲，故不及外丙、仲壬之事尔。余见《书序》。

曰："呜呼！古有夏先后方懋厥德，罔有天灾。山川鬼神，亦莫不宁，暨鸟兽鱼鳖咸若。于其子孙弗率，皇天降灾，假手于我有命，造攻自鸣条，朕哉自亳。

《诗》曰："殷监不远，在夏后之世。"商之所宜监者，莫近于夏，故首以夏事告之也。率，循也。假，借也。有命，有天命者，谓汤也。桀不率循先王之道，故天降灾，借手于我成汤以诛之。夏之先后，方其懋德，则天之眷命如此。及其子孙弗率，而覆亡之祸又如此。太甲不知率循成汤之德，则夏桀覆亡之祸，亦可监矣。哉，始也。鸣条，夏所宅也。亳，汤所宅也。言造可攻之衅者，由桀积恶于鸣条。而汤德之修，则始于亳都也。

"惟我商王，布昭圣武，代虐以宽，兆民允怀。

布昭，敷著也。圣武，犹《易》所谓"神武而不杀者"。汤之德威敷著于天下，代桀之虐以吾之宽，故天下之民信而怀之也。

"今王嗣厥德，罔不在初！立爱惟亲，立敬惟长，始于家邦，终于四海。

初，即位之初。言始不可以不谨也。谨始之道，孝悌而已。孝悌者，人心之所同，非必人人教诏之。立，植也。立爱敬于此，而形爱敬于彼。亲吾亲以及人之亲，长吾长以及人之长，始于家，达于国，终而措之天下矣。孔子曰："立爱自亲始，教民睦也。立敬自长始，教民顺也。"

“呜呼！先王肇修人纪，从谏弗咈，先民时若；居上克明，为下克忠；与人不求备，检身若不及。以至于有万邦，兹惟艰哉！

人纪，三纲五常，孝敬之实也。上文欲太甲立其爱敬，故此言成汤之所修人纪者，如下文所云也。纲常之理未尝泯没，桀废弃之而汤始修复之也。咈，逆也。先民，犹前辈旧德也。从谏不逆，先民是顺，非诚于乐善者不能也。居上克明，言能尽临下之道；为下克忠，言能尽事上之心。　吕氏曰：“汤之克忠，最为难看。汤放桀，以臣易君，岂可为忠？不知汤之心最忠者也。天命未去，人心未离，事桀之心曷尝斯须替哉？与人之善，不求其备；检身之诚，有若不及，其处上下人己之间又如此。是以德日以盛，业日以广，天命归之，人心戴之。由七十里而至于有万邦也。积累之勤，兹亦难矣。伊尹前既言夏失天下之易，此又言汤得天下之难。太甲可不思所以继之哉？”

“敷求哲人，俾辅于尔后嗣。

敷，广也。广求贤哲，使辅尔后嗣也。

“制官刑，儆于有位。曰：‘敢有恒舞于宫，酣歌于室，时谓巫风。敢有殉于货色，恒于游畋，时谓淫风。敢有侮圣言，逆忠直，远耆德，比顽童，时谓乱风。惟兹三风十愆，卿士有一于身，家必丧；邦君有一于身，国必亡。臣下不匡，其刑墨。具训于蒙士。

殉，松润反。远，于愿反。　官刑，官府之刑也。“巫风”者，常歌常舞，若巫觋然也。淫，过也，过而无度也。比，昵也。倒置悖理曰乱。好人之所恶，恶人之所好也。风，风化也。三风，愆之纲也。十愆，风之目也。卿士诸侯十有其一，已丧其家，亡其国矣。墨，墨刑也。臣下而不能匡正其君，则以墨刑加之。具，详悉也。童蒙始学之士，则详悉以是训之，欲其入官而知所以正谏也。当时太甲欲败度，纵败礼，伊尹先见其微，故拳拳及此。刘侍讲曰：“墨，即叔向所谓《夏书》‘昏墨贼杀，皋陶之刑’。贪以败官为墨。”

“呜呼！嗣王祗厥身，念哉！圣谟洋洋，嘉言孔彰。惟上帝不常，作善降之百祥，作不善降之百殃。尔惟德罔小，万邦惟庆；尔惟不德罔大，坠厥宗。”

叹息言太甲当以三风、十愆之训，敬之于身，念而勿忘也。谟，谓其谋；言，谓其训。洋，大。孔，甚也。言其谋训大明，不可忽也。“不常”者，去就无定也。为善则降之百祥，为恶则降之百殃，各以类应也。勿以小善而不为，万邦之庆积于小；勿以小恶而为之，厥宗之坠不在大。盖善必积而后成，恶虽小而可惧。此总结上文，而又以天命人事祸福申戒之也。

太 甲 上

商史录伊尹告戒节次，及太甲往复之辞。故三篇相属成文，其间或附史臣之语以贯篇意，若史家纪传之所载也。唐孔氏曰：《伊训》、《肆命》、《徂后》、《太甲》、《咸有一德》皆是告戒太甲，不可皆名《伊训》，故随事立称也。林氏曰："此篇亦训体。"今文无，古文有。

惟嗣王不惠于阿衡。

惠，顺也。阿，倚。衡，平也。阿衡，商之官名。言天下之所倚平也。亦曰保衡。或曰，伊尹之号。史氏录伊尹之书，先此以发之。

伊尹作书曰："先王顾諟天之明命，以承上下神祇。社稷宗庙，罔不祗肃。天监厥德，用集大命，抚绥万方。惟尹躬克左右厥辟宅师，肆嗣王丕承基绪。

监，音鉴。左，音佐。　顾，常目在之也。諟，古"是"字。"明命"者，上天显然之理而命之我者。在天为明命，在人为明德。伊尹言成汤常目在是天之明命以奉天地神祇，社稷宗庙无不敬肃。故天视其德，用集大命以有天下，抚安万邦。我又身能左右成汤以居民众，故嗣王得以大承其基业也。

"惟尹躬先见于西邑夏，自周有终，相亦惟终；其后嗣王，罔克有终，相亦罔终，嗣王戒哉！祗尔厥辟，辟不辟，忝厥祖。"

先、见，如字。相，去声，下同。　夏都安邑，在亳之西，故曰"西邑夏"。周，忠信也。《国语》曰："忠信为周。"　施氏曰："作伪心劳日拙，则缺露而不周。忠信则无伪，故能周而无缺。夏之先王以忠信有终，故其辅相者亦能有终。其后夏桀不能有终，故其辅相者亦不能有终。嗣王其以夏桀为戒哉，当敬尔所以为君之道。君而不君，则忝辱成汤矣。太甲之意，必谓伊尹足以任天下之重，我虽纵欲，未必遽至危亡。故伊尹以'相亦罔终'之言，深折其私而破其所恃也。"

王惟庸罔念闻。

庸，常也。太甲惟若寻常，于伊尹之言无所念听。此史氏之言。

伊尹乃言曰："先王昧爽丕显，坐以待旦。旁求俊彦，启迪后人，无越厥命以自覆。

昧，晦。爽，明也。"昧爽"云者，欲明未明之时也。丕，大也。显，亦明也。先王于昧爽之时，洗濯澡雪，大明其德，坐以待旦而行之也。"旁求"者，求之非一方也。彦，美士也。言汤孜孜为善，不遑宁处如此，而又旁求俊彦之士以开导子孙。太甲毋颠越其命，以自取覆亡也。

"慎乃俭德，惟怀永图。

太甲欲败度，纵败礼。盖奢侈失之，而无长远之虑者。伊尹言当谨其俭约之德，惟怀永久之谋，以约失之者鲜矣。此太甲受病之处，故伊尹特言之。

"若虞机张，往省括于度则释。钦厥止，率乃祖攸行，惟朕以怿，万世有辞。"

虞，虞人也。机，弩牙也。括，矢括也。度，法度，射者之所准望者也。释，发也。言若虞人之射，弩机既张，必往察其括之合于法度，然后发之，则发无不中矣。钦者，肃恭收敛。止，见《虞书》。率，循也。"钦厥止"者，所以立本；"率乃祖"者，所以致用，所谓"省括于度则释"也。王能如是，则动无过举。近可以慰悦尹心，远可以有誉于后世矣。"安汝止"者，圣君之事，生而知者也；"钦厥止"者，贤君之事，学而知者也。

王未克变。

不能变其旧习也。此亦史氏之言。

伊尹曰："兹乃不义，习与性成。予弗狎于弗顺，营于桐宫，密迩先王其训，无俾世迷。

狎，习也。"弗顺"者，不顺义理之人也。桐，成汤墓陵之地。伊尹指太甲所为，乃不义之事，习恶而性成者也。我不可使其狎习不顺义理之人，于是营宫于桐，使亲近成汤之墓，朝夕哀思，兴起其善，以是训之，无使终身迷惑而不悟也。

王徂桐宫居忧，克终允德。"

徂，往也。允，信也。有诸己之谓信，实有其德于身也。凡人之不善，必有从臾以导其为非者。太甲桐宫之居，伊尹既使其密迩先王陵墓，兴发其善心，又绝其比昵之党而革其污染。此其所以“克终允德”也。次篇伊尹言“嗣王克终厥德”，又曰“允德协于下”，故史氏言“克终允德”，结此篇以发次篇之意。

太甲中

惟三祀十有二月朔，伊尹以冕服奉嗣王归于亳，

太甲终丧，明年之正朔也。冕，冠也。唐孔氏曰：周礼天子六冕，备物尽文，惟衮冕耳，此盖衮冕之服。义或然也。奉，迎也。丧既除，以衮冕吉服奉迎以归也。

作书曰："民非后，罔克胥匡以生；后非民，罔以辟四方。皇天眷佑有商，俾嗣王克终厥德，实万世无疆之休。"

民非君，则不能相正以生；君非民，则谁与为君者。言民固不可无君，而君尤不可失民也。太甲改过之初，伊尹首发此义，其喜惧之意深矣。夫太甲不义，有若性成。一旦幡然改悟，是岂人力所至？盖天命眷商，阴诱其衷，故嗣王能终其德也。向也汤绪几坠，今其自是有永。岂不为万世无疆之休乎？

王拜手稽首，曰："予小子不明于德，自厎不类。欲败度，纵败礼，以速戾于厥躬。天作孽，犹可违；自作孽，不可逭。既往背师保之训，弗克于厥初，尚赖匡救之德，图惟厥终。"

逭，胡玩反。　拜手，首至手也。稽首，首至地也。太甲致敬于师保，其礼如此。不类，犹不肖也。多欲，则兴作而乱法度；纵肆，则放荡而隳礼仪。度，就事言之也。礼，就身言之也。速，召之急也。戾，罪。孽，灾。逭，逃也。既往，已往也。已往既不信伊尹之言，不能谨之于始，庶几正救之力，以图惟其终也。当太甲不惠阿衡之时，伊尹之言，惟恐太甲不听；及太甲改过之后，太甲之心，惟恐伊尹不言。夫太甲固困而知之者。然昔之迷，今之复；昔之晦，今之明。如日月昏蚀，一复其旧而光采炫耀，万景俱新。汤武不可及已。岂居成王之下乎？

伊尹拜手稽首，曰："修厥身，允德协于下，惟明后。

伊尹致敬以复太甲也。修身，则无败度败礼之事；允德，则有诚身诚意之实。德诚于上，协和于下，惟明后然也。

"先王子惠困穷，民服厥命，罔有不悦。并其有邦厥邻，乃曰：'徯我后，后来无罚。'

此言汤德所以协下者。困穷之民，若己子而惠爱之。惠之若子，则心之爱者诚矣，未有诚而不动者也。故民服其命，无有不得其欢心。当时诸侯并汤而有国者，其邻国之民乃以汤为我君，曰："待我君，我君来其无罚乎？"言除其邪虐，汤之得民心也如此。即仲虺后来其苏之事。

"王懋乃德，视乃烈祖，无时豫怠。

汤之《盘铭》曰："苟日新，日日新，又日新。"汤之所以懋其德者如此，太甲亦当勉于其德。视烈祖之所为，不可顷刻而逸豫怠惰也。

"奉先思孝，接下思恭。视远惟明，听德惟聪。朕承王之休无斁。"

思孝，则不敢违其祖；思恭，则不敢忽其臣。惟，亦思也。思明，则所视者远，而不蔽于浅近；思聪，则所听者德，而不惑于憸邪。此懋德之所从事者。太甲能是，则我承王之美而无所厌斁也。

太 甲 下

伊尹申诰于王曰："呜呼！惟天无亲，克敬惟亲。民罔常怀，怀于有仁。鬼神无常享，享于克诚。天位艰哉！

申诰，重诰也。天之所亲，民之所怀，鬼神之所享，皆不常也。惟克敬、有仁、克诚，而后天亲之，民怀之，鬼神享之也。曰敬、曰仁、曰诚者，各因所主而言。天谓之敬者，天者，理之所在，动静语默，不可有一毫之慢。民谓之仁者，民非元后何戴？鳏寡孤独，皆人君所当恤。鬼神谓之诚者，不诚无物，诚立于此，而后神格于彼。三者所当尽如此。人君居天之位，其可易而为之哉？分而言之则三，合而言之，一德而已。太甲迁善未几，而伊尹以是告之，其才固有大过人者欤。

"德惟治，否德乱。与治同道，罔不兴；与乱同事，罔不亡。终始慎厥与，惟明明后。

治，去声。否，俯久反。 德者，合敬、仁、诚之称也。有是德则治，无是德则乱。治固古人有行之者矣，乱亦古人有行之者也。与古之治者同道，则无不兴；与古之乱者同事，则无不亡。治而谓之道者，盖治因时制宜。或损或益，事未必同，而道则同也。乱而谓之事者，亡国丧家，不过货色游畋、作威杀戮等事，事同，道无不同也。治乱之分，顾所与如何耳？始而与治，固可以兴；终而与乱，则亡亦至矣。谨其所与，终始如一，惟明明之君为然也。上篇言"惟明后"，此篇言"惟明明后"，盖明其所已明，而进乎前者矣。

"先王惟时懋敬厥德，克配上帝。今王嗣有令绪，尚监兹哉。

敬，即"克敬惟亲"之"敬"。举其一以包其二也。成汤勉敬其德，德与天合，故克配上帝。今王嗣有令绪，庶几其监视此也。

"若升高，必自下；若陟遐，必自迩。

此告以进德之序也。《中庸》论君子之道亦谓："譬如行远，必自迩；譬如登高，必自卑。”进德修业之喻，未有如此之切者。吕氏曰：“自此乃伊尹画一以告太甲也。”

“无轻民事，惟难；无安厥位，惟危。

无、毋通。毋轻民事，而思其难；毋安君位，而思其危。

“慎终于始。

人情孰不欲善终者，特安于纵欲。以为今日姑若是，而他日固改之也。然始而不善，而能善其终者寡矣。桐宫之事往已，今其即政临民，亦事之一初也。

“有言逆于汝心，必求诸道；有言逊于汝志，必求诸非道。

鲠直之言，人所难受；巽顺之言，人所易从。于其所难受者，必求诸道，不可遽以逆于心而拒之；于其所易从者，必求诸非道，不可遽以逊于志而听之。以上五事，盖欲太甲矫乎情之偏也。

“呜呼！弗虑胡获？弗为胡成？一人元良，万邦以贞。

胡，何也。弗虑何得，欲其谨思之也；弗为何成，欲其笃行之也。元，大。良，善。贞，正也。“一人”者，万邦之仪表。一人元良，则万邦以正矣。

“君罔以辩言乱旧政，臣罔以宠利居成功，邦其永孚于休。”

弗思弗为，安于纵弛，先王之法废矣；能思能为，作其聪明，先王之法乱矣，乱之为害甚于废也。成功非宠利之所可居者。至是太甲德已进，伊尹有退休之志矣，此《咸有一德》之所以继作也。君臣各尽其道，邦家永信其休美也。 吴氏曰：“上篇称嗣王不惠于阿衡，必其言有与伊尹背违者。辩言乱政，或太甲所失在此。罔以宠利居成功，己之所自处者已素定矣。下语既非泛论，则上语必有为而发也。”

咸有一德

伊尹致仕而去，恐太甲德不纯一，及任用非人，故作此篇。亦训体也。史氏取其篇中“咸有一德”四字，以为篇目。今文无，古文有。

伊尹既复政厥辟，将告归，乃陈戒于德。

伊尹已还政太甲，将告老而归私邑，以一德陈戒其君。此史氏本序。

曰：“呜呼！天难谌，命靡常。常厥德，保厥位；厥德匪常，九有以亡。

谌，信也。天之难信，以其命之不常也。然天命虽不常，而常于有德者。君德有常，则天命亦常，而保厥位矣；君德不常，则天命亦不常，而九有以亡矣。九有，九州也。

“夏王弗克庸德，慢神虐民。皇天弗保，监于万方，启迪有命，眷求一德，俾作神主。惟尹躬暨汤，咸有一德，克享天心，受天明命，以有九有之师，爰革夏正。

上文言天命无常，惟有德则可常。于是引桀之所以失天命，汤之所以得天命者证之。一德，纯一之德，不杂不息之义。即上文所谓常德也。神主，百神之主。享，当也。汤之君臣皆有一德，故能上当天心，受天明命，而有天下。于是改夏建寅之正，而为建丑正也。

“非天私我有商，惟天佑于一德；非商求于下民，惟民归于一德。

上言一德，故得天得民。此言天佑、民归，皆以一德之故。盖反复言之。

“德惟一，动罔不吉；德二三，动罔不凶。惟吉凶不僭在人，惟天降灾祥在德。

二三，则杂矣。德之纯，则无往而不吉；德而杂，则无往而不凶。僭，差也。惟吉凶不差在人者，惟天之降灾祥在德故也。

“今嗣王新服厥命，惟新厥德。终始惟一，时乃日新。

太甲新服天子之命，德亦当新。然新德之要，在于有常而已。终始有常而无间断，是乃所以日新也。

“任官惟贤才，左右惟其人。臣为上为德，为下为民。其难其慎，惟和惟一。

贤者，有德之称。才者，能也。“左右”者，辅弼大臣，非贤才之称可尽，故曰“惟其人”。夫人臣之职，为上为德，左右厥辟也；为下为民，所以宅师也。不曰君而曰德者，兼君道而言也。臣职所系，其重如此，是必其难其慎。难者，难于任用；慎者，慎于听察，所以防小人也。惟和惟一，和者，可否相济；一者，终始如一。所以任君子也。

“德无常师，主善为师；善无常主，协于克一。

上文言用人，因推取人为善之要。“无常”者，不可执一之谓。师，法。协，合也。德者，善之总称。善者，德之实行。一者，其本原统会者也。德兼众善，不主于善，则无以得一本万殊之理；善原于一，不协于一，则无以达万殊一本之妙。谓之“克一”者，能一之谓也。博而求之于不一之善，约而会之于至一之理，此圣学始终条理之序，与夫子所谓“一贯者”几矣。太甲至是而得与闻焉，亦异乎常人之改过者欤。张氏曰：《虞书》精一数语之外，惟此为精密。

“俾万姓咸曰：‘大哉！王言。’又曰：‘一哉！王心。’克绥先王之禄，永底烝民之生。

人君惟其心之一，故其发诸言也大。万姓见其言之大，故能知其心之一。感应之理，自然而然。以见人心之不可欺，而诚之不可掩也。禄者，先王所守之天禄也。烝，众也。天禄安，民生厚，一德之效验也。

“呜呼！七世之庙，可以观德。万夫之长，可以观政。

长，上声。 天子七庙，三昭三穆，与太祖之庙七。七庙亲尽则迁，必有德之主，则不祧毁。故曰“七世之庙，可以观德”。天子居万民之上，必政教有以深服乎人，而后万民悦服，故曰“万夫之长，可以观政”。伊尹叹息言德政修否，见于后世，服乎当时，有不可掩者如此。

“后非民罔使，民非后罔事。无自广以狭人，匹夫匹妇，不获自尽，民主罔与成厥功。”

尽，子忍、在忍二反。　罔使罔事，即上篇“民非后，罔克胥匡以生；后非民，罔以辟四方”之意。申言君民之相须者如此，欲太甲不敢忽也。无、毋同。伊尹又言君民之使事，虽有贵贱不同，至于取人为善，则初无贵贱之间。盖天以一理赋之于人，散为万善。人君合天下之万善，而后理之一者可全也。苟自大而狭人，匹夫匹妇有一不得自尽于上，则一善不备，而民主亦无与成厥功矣。伊尹于篇终致其警戒之意，而言外之旨，则又推广其所谓一者如此。盖道体之纯全，圣功之极致也。尝因是言之，以为精粹无杂者，一也；终始无间者，一也；该括万善者，一也。一者，通古今，达上下，万化之原，万事之干。语其理，则无二；语其运，则无息；语其体，则并包而无所遗也，《咸有一德》之书，而三者之义悉备。前乎伏羲、尧、舜、禹、汤，后乎文、武、周公、孔子，同一揆也。

盘　庚　上

盘庚，阳甲之弟。自祖乙都耿，圮于河水。盘庚欲迁于殷，而大家世族，安土重迁，胥动浮言。小民虽荡析离居，亦惑于利害，不适有居。盘庚喻以迁都之利，不迁之害。上、中二篇未迁时言，下篇既迁后言。王氏曰："上篇告群臣，中篇告庶民，下篇告百官族姓。《左传》谓'盘庚之诰'，实诰体也。"三篇今文、古文皆有，但今文三篇合为一。

盘庚迁于殷。民不适有居，率吁众戚出，矢言。

吁，音喻。　殷在河南偃师。适，往。吁，呼。矢，誓也。史臣言盘庚欲迁于殷，民不肯往适有居，盘庚率呼众忧之人，出誓言以喻之，如下文所云也。周氏曰："商人称殷自盘庚始，自此以前惟称商。自盘庚迁都之后，于是殷商兼称，或只称殷也。"

曰："我王来，既爰宅于兹，重我民，无尽刘。不能胥匡以生，卜稽，曰其如台？

尽，子忍反。　曰，盘庚之言也。刘，杀也。盘庚言我先王祖乙来都于耿，固重我民之生，非欲尽致之死也。民适不幸，荡析离居，不能相救以生。稽之于卜，亦曰此地无若我何。言耿不可居，决当迁也。

"先王有服，恪谨天命。兹犹不常宁。不常厥邑，于今五邦！今不承于古，罔知天之断命，矧曰其克从先王之烈？

服，事也。先王有事，恪谨天命，不敢违越。先王犹不敢常安，不常其邑，于今五迁厥邦矣。今不承先王而迁，且不知上天之断绝我命，况谓其能从先王之大烈乎？详此言，则先王迁徙，亦必有稽卜之事。《仲丁》、《河亶甲》篇，逸不可考矣。五邦，汉孔氏谓汤迁亳，仲丁迁嚣，河亶甲居相，祖乙居耿，并盘庚迁殷为五邦。然以下文"今不承于古"文势考之，则盘庚之前当自有五迁。《史记》言祖乙迁邢，或祖乙两迁也。

"若颠木之有由蘖，天其永我命于兹新邑，绍复先王之大业，厎绥四方。"

蘖，牙葛反，又鱼列反。 颠，仆也。由，古文作“甹”，木生条也。颠木譬耿，由蘖譬殷也。言今自耿迁殷，若已仆之木而复生也。天其将永我国家之命于殷，以继复先王之大业，而致安四方乎。

盘庚敩于民，由乃在位以常旧服，正法度。曰：“无或敢伏小人之攸箴！”王命众悉至于庭。

敩，胡教反。 敩，教。服，事。箴，规也。耿地潟卤垫隘，而有沃饶之利，故小民苦于荡析离居，而巨室则总于货宝。惟不利于小民，而利于巨室。故巨室不悦而胥动浮言，小民眩于利害亦相与咨怨。间有能审利害之实而欲迁者，则又往往为在位者之所排击阻难，不能自达于上。盘庚知其然，故其教民必自在位始。而其所以教在位者，亦非作为一切之法以整齐之。惟举先王旧常迁都之事，以正其法度而已。然所以正法度者，亦非有他焉，惟曰使在位之臣，无或敢伏小人之所箴规焉耳。盖以民患潟卤垫隘，有欲迁而以言箴规其上者，汝毋得遏绝，而使不得自达也。众者，臣民咸在也。史氏将述下文盘庚之训语，故先发此。

王若曰：“格汝众，予告汝训，汝猷黜乃心，无傲从康。

“若曰”者，非尽当时之言，大意若此也。“汝猷黜乃心”者，谋去汝之私心也。“无”与“毋”同。毋得傲上之命，从己之安。盖傲上则不肯迁，从康则不能迁，二者所当黜之私心也。此虽盘庚对众之辞，实为群臣而发，以教民由在位故也。

“古我先王，亦惟图任旧人共政。王播告之修，不匿厥指，王用丕钦。罔有逸言，民用丕变，今汝聒聒，起信险肤，予弗知乃所讼。

逸，过也。盘庚言先王亦惟谋任旧人共政。王播告之修，则奉承于内，而能不隐匿其指意，故王用大敬之。宣化于外，又无过言以惑众听，故民用大变。今尔在内，则伏小人之攸箴；在外，则不和吉言于百姓。哓哓多言，凡起信于民者皆险陂肤浅之说，我不晓汝所言果何谓也。详此所谓“旧人”者，世臣旧家之人，非谓老成人也。盖沮迁都者，皆世臣旧家之人，下文“人惟求旧”一章可见。

“非予自荒兹德，惟汝含德，不惕予一人。予若观火，予亦拙谋作，乃逸。

荒，废也。逸，过失也。盘庚言非我轻易迁徙，自荒废此德。惟汝不宣布德意，不畏惧于我。我视汝情，明若观火。我亦拙谋，不能制命，而成汝过失也。

“若网在纲，有条而不紊；若农服田力穑，乃亦有秋。

紊，乱也。纲举则目张。喻下从上、小从大，申前“无傲”之戒。勤于田亩，则有秋成之望。喻今虽迁徙劳苦，而有永建乃家之利，申前“从康”之戒。

“汝克黜乃心，施实德于民，至于婚友，丕乃敢大言汝有积德。

苏氏曰：“商之世家大族，造言以害迁者，欲以苟悦小民为德也。故告之曰：‘是何德之有？汝曷不去汝私心，施实德于民，与汝婚姻僚友乎？’劳而有功，此实德也。汝能劳而有功，则汝乃敢大言曰：‘我有积德。’曰‘积德’云者，亦指世家大族而言，申前‘汝猷黜乃心’之戒。”

“乃不畏戎毒于远迩，惰农自安，不昏作劳，不服田亩，越其罔有黍稷。

戎，大。昏，强也。汝不畏沉溺大害于远近，而惮劳不迁，如怠惰之农，不强力为劳苦之事，不事田亩，安有黍稷之可望乎？此章再以农喻，申言“从康”之害。

“汝不和吉言于百姓，惟汝自生毒，乃败祸奸宄，以自灾于厥身。乃既先恶于民，乃奉其恫。汝悔身何及？相时憸民，犹胥顾于箴言，其发有逸口，矧予制乃短长之命？汝曷弗告朕，而胥动以浮言，恐沈于众？若火之燎于原，不可向迩，其犹可扑灭？则惟尔众自作弗靖，非予有咎。

恫，音通。燎，卢皎反。扑，普卜反。　吉，好也。先恶，谓恶之先也。奉，承。恫，痛。相，视也。憸民，小民也。逸口，过言也。逸口尚可畏，况我制尔生杀之命，可不畏乎？恐，谓恐动之以祸患。沈，谓沉陷之于罪恶。“不可向迩，其犹可扑灭”者，言其势焰虽盛，而殄灭之不难也。靖，安。咎，过也。则惟尔众自为不安，非我有过也。此章反复辩论，申言傲上之害。

“迟任有言曰：‘人惟求旧，器非求旧，惟新。’

任，如林反。　迟任，古之贤人。苏氏曰：“人旧则习，器旧则敝。当常使旧人用新器也。今按盘庚所引，其意在‘人惟求旧’一句。而所谓‘求旧’者，非谓老人，但谓求人于世臣旧家云耳。详下文意可见。若以旧人为老人，又何‘侮老成人’之有？”

“古我先王暨乃祖乃父胥及逸勤，予敢动用非罚？世选尔劳，予不掩尔善。兹予大享于先王，尔祖其从与享之。作福作灾，予亦不敢动用非德。

选，须绢反。与，去声。　胥，相也。敢，不敢也。非罚，非所当罚也。世，非一世也。劳，劳于王家也。掩，蔽也。言先王及乃祖乃父，相与同其劳逸，我岂敢动用非罚以加汝乎？世简尔劳，不蔽尔善。兹我大享于先王，尔祖亦以功而配食于庙。先王与尔祖父，临之在上，质之在旁。作福作灾，皆简在先王与尔祖父之心，我亦岂敢动用非德以加汝乎？

“予告汝于难，若射之有志。汝无侮老成人，无弱孤有幼。各长于厥居，勉出乃力，听予一人之作猷。

难，言谋迁徙之难也。盖迁都固非易事，而又当时臣民傲上从康，不肯迁徙。然我志决迁，若射者之必于中，有不容但已者。弱，少之也。意当时老成孤幼，皆有言当迁者。故戒其老成者不可侮，孤幼者不可少之也。尔臣各谋长远其居，勉出汝力，以听我一人迁徙之谋也。

“无有远迩，用罪伐厥死，用德彰厥善。邦之臧，惟汝众；邦之不臧，惟予一人有佚罚。

用罪，犹言为恶。用德，犹言为善也。伐，犹诛也。言无有远近亲疏，凡伐死彰善，惟视汝为恶为善如何尔。邦之善，惟汝众用德之故；邦之不善，惟我一人失罚其所当罚也。

“凡尔众，其惟致告：自今至于后日，各恭尔事，齐乃位，度乃口。罚及尔身，弗可悔。”

“致告”者，使各相告戒也。自今以往，各敬汝事，整齐汝位，法度汝言。不然，罚及汝身，不可悔也。

盘　庚　中

盘庚作，惟涉河以民迁。乃话民之弗率，诞告用亶。其有众咸造，勿亵在王庭。盘庚乃登进厥民。

亶，当旱反。造，七到反。　作，起而将迁之辞。殷在河南，故涉河。诞，大。亶，诚也。咸造，皆至也。勿亵，戒其毋得亵慢也，此史氏之言。苏氏曰："民之弗率，不以政令齐之，而以话言晓之，盘庚之仁也。"

曰："明听朕言，无荒失朕命！

荒，废也。

"呜呼！古我前后，罔不惟民之承，保后胥慼，鲜以不浮于天时。

承，敬也。苏氏曰："古谓过为浮。浮之言胜也。后既无不惟民之敬，故民亦保后，相与忧其忧。虽有天时之灾，鲜不以人力胜之也。"林氏曰："'忧民'之'忧'者，民亦忧其忧。罔不惟民之承，忧民之忧也；保后胥慼，民亦忧其忧也。"

"殷降大虐，先王不怀厥攸作，视民利用迁。汝曷弗念我古后之闻？承汝俾汝惟喜康共，非汝有咎比于罚。

比，毗至反。　先王以天降大虐，不敢安居，其所兴作，视民利当迁而已。尔民何不念我以所闻先王之事？凡我所以敬汝使汝者，惟喜与汝同安尔。非为汝有罪，比于罚而谪迁汝也。

"予若吁怀兹新邑，亦惟汝故，以丕从厥志。

我所以招呼怀来于此新邑者，亦惟以尔民荡析离居之故，欲承汝俾汝康共，以大从尔志也。或曰，盘庚迁都，民咨胥怨，而此以为"丕从厥志"，何也？苏氏曰：古之所谓从众者，非从其口之所不乐，而从其心之所不言而同然者。夫趋利而避害，舍危而就安，民心同然也。殷亳之迁，实斯民所利。特其一时为浮言摇动，怨咨不乐，使其即安危利害之实，而反求其心，则固其所大欲者矣。

"今予将试以汝迁，安定厥邦。汝不忧朕心之攸困，乃咸大不宣乃心，钦念以忱动予一人。尔惟自鞠自苦，若乘舟，汝弗济，臭厥载。尔忱不属，惟胥以沈。不其或稽，自怒曷瘳？

忱，时任反。乘，平声。瘳，丑鸠反。　上文言先王惟民之承，而民亦“保后胥慼”，今我亦惟汝故，安定厥邦。而汝乃不忧我心之所困，乃皆不宣布腹心，钦念以诚感动于我。尔徒为此纷纷自取穷苦，譬乘舟，不以时济，必败坏其所资。今汝从上之诚，间断不属，安能有济？惟相与以及沈溺而已。《诗》曰：“其何能淑？载胥及溺。”正此意也。利害若此，尔民而罔或稽察焉，是虽怨疾忿怒，何损于困苦乎？

“汝不谋长以思乃灾，汝诞劝忧。今其有今罔后，汝何生在上？

汝不为长久之谋，以思其不迁之灾，是汝大以忧而自劝也。孟子曰：“安其危而利其灾，乐其所以亡。”劝忧之谓也。有今，犹言有今日也。罔后，犹言无后日也。上，天也。今其有今罔后，是天断弃汝命，汝有何生理于天乎？下文言“迓续乃命于天”，盖相首尾之辞。

“今予命汝一，无起秽以自臭，恐人倚乃身，迂乃心。

迂，云居反。　尔民当一心以听上，无起秽恶以自臭败。恐浮言之人倚汝之身，迂汝之心，使汝邪僻而无中正之见也。

“予迓续乃命于天，予岂汝威，用奉畜汝众。

畜，许六反。　我之所以迁都者，正以迎续汝命于天。予岂以威胁汝哉？用以奉养汝众而已。

“予念我先神后之劳尔先，予丕克羞尔用怀尔然。

神后，先王也。羞，养也，即上文畜养之意。言我思念我先神后之劳尔先人，我大克羞养尔者，用怀念尔故也。

“失于政，陈于兹，高后丕乃崇降罪疾，曰，‘曷虐朕民？’

陈，久。崇，大也。耿圮而不迁，以病我民，是失政而久于此也。高后，汤也。汤必大降罪疾于我，曰：“何为而虐害我民？”盖人君不能为民图安，是亦虐之也。

“汝万民乃不生生，暨予一人猷同心，先后丕降与汝罪疾，曰：‘曷不暨朕幼孙有比?’故有爽德，自上其罚汝，汝罔能迪。

比，毗至反。　乐生兴事，则其生也厚，是谓“生生”。先后，泛言商之先王也。幼孙，盘庚自称之辞。比，同事也。爽，失也。言汝民不能乐生兴事，与我同心以迁，我先后大降罪疾于汝，曰：“汝何不与朕幼小之孙同迁乎?”故汝有失德，自上其罚汝，汝无道以自免也。

“古我先后既劳乃祖乃父，汝共作我畜民，汝有戕则在乃心！我先后绥乃祖乃父，乃祖乃父乃断弃汝，不救乃死。

戕，慈良反。断，都管反。　“既劳乃祖乃父”者，申言劳尔先也。“汝共作我畜民”者，汝皆为我所畜之民也。戕，害也。绥，怀来之意。谓汝有戕害在汝之心，我先后固已知之，怀来汝祖汝父。汝祖汝父亦断弃汝，不救汝死也。

“兹予有乱政同位，具乃贝玉。乃祖乃父丕乃告我高后曰：‘作丕刑于朕孙！’迪高后丕乃崇降弗祥。

乱，治也。具，多取而兼有之谓。言若我治政之臣，所与共天位者，不以民生为念，而务富贝玉者，其祖父亦告我成汤，作丕刑于其子孙。启成汤丕乃崇降弗祥而不赦也。此章先儒皆以为责臣之辞，然详其文势，曰“兹予有乱政同位”，则亦对民庶责臣之辞，非直为群臣言也。按上四章，言君有罪，民有罪，臣有罪，我高后与尔民臣祖父，一以义断之，无所赦也。王氏曰：“先王设教，因俗之善而导之，反俗之恶而禁之。方盘庚时，商俗衰，士大夫弃义即利，故盘庚以具贝玉为戒。此反其俗之恶而禁之者也。自成周以上，莫不事死如事生，事亡如事存，故其俗皆严鬼神。以经考之，商俗为甚，故盘庚特称先后与臣民之祖父崇降罪疾为告。此因其俗之善而导之者也。”

“呜呼！今予告汝：不易！永敬大恤，无胥绝远！汝分猷念以相从，各设中于乃心。

告汝不易，即上篇“告汝于难”之意。大恤，大忧也。今我告汝以迁都之难，汝当永敬我之所大忧念者。君民一心，然后可以有济。苟相绝远而诚不属，则殆矣。“分猷”者，分君之所图而共图之；“分念”者，分君之所念而共念之。相从，相与也。中者，极至之理。各以极至之理存于心，则知迁徙之议为不可易，而不为浮言横议之所动摇也。

“乃有不吉不迪，颠越不恭，暂遇奸宄，我乃劓殄灭之，无遗育，无俾易种于兹新邑。

易，夷益反。种，之勇反。 乃有不善不道之人，颠陨逾越，不恭上命者，及暂时所遇，为奸为宄，劫掠行道者，我小则加以劓，大则殄灭之，无有遗育，毋使移其种于此新邑也。迁徙道路艰关，恐奸人乘隙生变，故严明号令以告敕之。

“往哉生生！今予将试以汝迁，永建乃家。”

往哉，往新邑也。方迁徙之时，人怀旧土之念，而未见新居之乐。故再以“生生”勉之，振起其怠惰，而作其趋事也。试，用也。今我将用汝迁，永立乃家，为子孙无穷之业也。

盘　庚　下

盘庚既迁，奠厥攸居，乃正厥位，绥爰有众。

盘庚既迁新邑，定其所居，正君臣上下之位，慰劳臣民迁徙之劳，以安有众之情也。此史氏之言。

曰：“无戏怠，懋建大命！

曰，盘庚之言也。大命，非常之命也。迁国之初，臣民上下，正当勤劳尽瘁，趋事赴功，以为国家无穷之计。故盘庚以“无戏怠”戒之，以“建大命”勉之。

“今予其敷心腹肾肠，历告尔百姓于朕志。罔罪尔众，尔无共怒，协比谗言予一人。

肾，是忍反。比，毗至反。　历，尽也。百姓，畿内民庶，百官族姓亦在其中。

“古我先王将多于前功，适于山。用降我凶德，嘉绩于朕邦。

古我先王，汤也。适于山，往于亳也。契始居亳，其后屡迁。成汤欲多于前人之功，故复往居亳。按《立政》“三亳”，郑氏曰：“东成皋，南轘辕，西降谷。”以亳依山，故曰“适于山”也。降，下也。依山地高水下而无河圮之患，故曰用下我凶德。嘉绩，美功也。

“今我民用荡析离居，罔有定极，尔谓朕曷震动万民以迁？

今耿为河水圮坏，沈溺垫隘。民用荡析离居，无有定止，将陷于凶德而莫之救。尔谓我何故震动万民以迁也。

“肆上帝将复我高祖之德，乱越我家。朕及笃敬，恭承民命，用永地于新邑。

乃上天将复我成汤之德，而治及我国家。我与一二笃敬之臣，敬承民命，用长居于此新邑也。

“肆予冲人，非废厥谋，吊由灵各；非敢违卜，用宏兹贲。

冲，童。吊，至。由，用。灵，善也。宏、贲，皆大也。言我非废尔众谋，乃至用尔众谋之善者，指当时臣民有审利害之实以为当迁者言也。尔众亦非敢固违我卜，亦惟欲宏大此大业尔。言尔众亦非有他意也。盖盘庚于既迁之后，申彼此之情，释疑惧之意，明吾前日之用谋，略彼既往之傲惰。委曲忠厚之意，蔼然于言辞之表。大事以定，大业以兴，成汤之泽于是而益永。盘庚其贤矣哉！

“呜呼！邦伯师长百执事之人，尚皆隐哉！

隐，痛也。盘庚复叹息言尔诸侯公卿、百执事之人，庶几皆有所隐痛于心哉！

“予其懋简相尔念敬我众。

相，《尔雅》曰：“导也。”我懋勉简择导汝，以念敬我之民众也。

“朕不肩好货，敢恭生生。鞠人谋人之保居，叙钦。

肩，任。敢，勇也。鞠人谋人未详。或曰，鞠，养也。我不任好贿之人，惟勇于敬民，以其生生为念。使鞠人谋人之保居者，吾则叙而用之，钦而礼之也。

“今我既羞告尔于朕志若否，罔有弗钦！

否，俯九反。　羞，进也。若者，如我之意，即“敢恭生生”之谓；否者，非我之意，即“不肩好货”之谓。二者尔当深念，无有不敬我所言也。

“无总于货宝，生生自庸！

无、毋同。总，聚也。庸，民功也。此则直戒其所不可为，勉其所当为也。

“式敷民德，永肩一心！”

式，敬也。敬布为民之德，永任一心，欲其久而不替也。《盘庚》篇终戒勉之意，一节严于一节，而终以无穷期之。盘庚其贤矣哉！苏氏曰：“民不悦而犹为之，先王未之有也。祖乙圮于耿，盘庚不得不迁。然使先王处之，则动民而民不惧，劳民而民不怨。盘庚德之衰也，其所以信于民者未至，故纷纷如此。然民怨诽逆命，而盘庚终不怒，引咎自责，益开众言。反复告谕，以口舌代斧钺，忠厚之至。此殷之所以不亡而复兴也。后之君子，厉民以自用者，皆以盘庚借口，予不可以不论。”

说 命 上

说命，记高宗命傅说之言，“命之曰”以下是也。犹《蔡仲之命》，《微子之命》。后世命官制词，其原盖出于此。上篇记得说命相之辞，中篇记说为相进戒之辞，下篇记说论学之辞。总谓之命者，高宗命说，实三篇之纲领，故总称之。今文无，古文有。

王宅忧，亮阴三祀。既免丧，其惟弗言，群臣咸谏于王曰：“呜呼！知之曰明哲，明哲实作则。天子惟君万邦，百官承式，王言惟作命，不言臣下罔攸禀令。”

亮，龙张反。阴，乌含反。　亮，亦作“谅”。阴，古作“闇”。按《丧服四制》：“高宗谅阴三年。”郑氏注云：“谅，古作‘梁’，楣谓之梁。闇，读如‘鹑鹌’之‘鹌’。闇，谓庐也，即‘倚庐’之‘庐’。”《仪礼》“翦屏柱楣”，郑氏谓柱楣，所谓梁闇是也。宅忧亮阴，言宅忧于梁闇也。先儒以“亮阴”为信默不言，则于“谅阴三年不言”为语复而不可解矣。君薨，百官总已听于冢宰。居忧亮阴不言，礼之常也。高宗丧父小乙，惟既免丧，而犹弗言，群臣以其过于礼也，故咸谏之。叹息言有先知之德者，谓之明哲。明哲实为法于天下，今天子君临万邦，百官皆奉承法令，王言则为命，不言则臣下无所禀令矣。

王庸作书以诰曰：“以台正于四方，台恐德弗类，兹故弗言。恭默思道，梦帝赉予良弼，其代予言。”

庸，用也。高宗用作书告喻群臣以不言之意。言以我表正四方，任大责重，恐德不类于前人，故不敢轻易发言。惟恭敬渊默以思治道，梦帝与我贤辅，其将代我言矣。盖高宗恭默思道之心，纯一不二，与天无间，故梦寐之间，帝赉良弼。其念虑所孚，精神所格，非偶然而得者也。

乃审厥象，俾以形旁求于天下。说筑傅岩之野，惟肖。

审，详也。详所梦之人，绘其形象，旁求于天下。“旁求”者，求之非一方也。筑，居也。今言所居，犹谓之卜筑。傅岩，在虞虢之间。肖，似也，与所梦之形相似。

爰立作相，王置诸其左右。

于是立以为相。按《史记》高宗得说，与之语，果圣人，乃举以为相。《书》不言，省文也。未接语而遽命相，亦无此理。置诸左右，盖以冢宰兼师保也。荀卿曰：“学莫便乎近其人。”置诸左右者，近其人以学也。史臣将记高宗命说之辞，先叙事始如此。

命之曰：“朝夕纳诲，以辅台德。

此下命说之辞。“朝夕纳诲”者，无时不进善言也。孟子曰：“人不足与适也，政不足与间也，惟大人为能格君心之非。”高宗既相说，处之以师傅之职，而又命之朝夕纳诲，以辅台德，可谓知所本矣。吕氏曰：“高宗见道明，故知顷刻不可无贤人之言。”

“若金，用汝作砺；若济巨川，用汝作舟楫；若岁大旱，用汝作霖雨。

三日雨为霖。高宗托物以喻，望说纳诲之切。三语虽若一意，然一节深一节也。

“启乃心，沃朕心。

启，开也。沃，灌溉也。“启乃心”者，开其心而无隐；“沃朕心”者，溉我心而厌饫也。

“若药弗瞑眩，厥疾弗瘳；若跣弗视地，厥足用伤。

瞑，眠见反。眩，荧绢反。跣，苏典反。《方言》：“饮药而毒，海岱之间谓之瞑眩。”瘳，愈也。弗瞑眩，喻臣之言不苦口也；弗视地，喻我之行无所见也。

“惟暨乃僚，罔不同心，以匡乃辟。俾率先王，迪我高后，以康兆民。

辟，必益反。匡，正。率，循也。先王，商先哲王也。说既作相总百官，则卿士而下皆其僚属。高宗欲傅说暨其僚属同心正救，使循先王之道，蹈成汤之迹，以安天下之民也。

“呜呼！钦予时命，其惟有终。”

敬我是命，其思有终也。是命，上文所命者。

说复于王曰:“惟木从绳则正,后从谏则圣。后克圣,臣不命其承,畴敢不祗若王之休命?”

答“钦予时命”之语。木从绳,喻后从谏,明谏之决不可不受也。然高宗当求受言于己,不必责进言于臣。君果从谏,臣虽不命,犹且承之,况命之如此,谁敢不敬顺其美命乎?

说 命 中

惟说命总百官，

说受命总百官，冢宰之职也。

乃进于王曰："呜呼！明王奉若天道，建邦设都，树后王君公，承以大夫师长，不惟逸豫，惟以乱民。

后王，天子也。君公，诸侯也。治乱曰乱。明王奉顺天道，建邦设都，立天子诸侯，承以大夫师长，制为君臣上下之礼，以尊临卑，以下奉上，非为一人逸豫之计而已也，惟欲以治民焉耳。

"惟天聪明，惟圣时宪，惟臣钦若，惟民从乂。

天之聪明，无所不闻，无所不见。无他，公而已矣。人君法天之聪明，一出于公，则臣敬顺，而民亦从治矣。

"惟口起羞，惟甲胄起戎，惟衣裳在笥，惟干戈省厥躬。王惟戒兹，允兹克明，乃罔不休。

胄，直又反。　言语，所以文身也，轻出则有起羞之患；甲胄，所以卫身也，轻动则有起戎之忧。二者所以为己，当虑其患于人也。衣裳，所以命有德，必谨于在笥者，戒其有所轻予；干戈，所以讨有罪，必严于省躬者，戒其有所轻动。二者所以加人，当审其用于己也。王惟戒此四者，信此而能明焉，则政治无不休美矣。

"惟治乱在庶官。官不及私昵，惟其能；爵罔及恶德，惟其贤。

昵，尼亦反。　庶官，治乱之原也。庶官得其人则治，不得其人则乱。《王制》曰："论定而后官之，任官而后爵之。"六卿百执事，所谓官也。公卿大夫士，所谓爵也。官以任事，故曰能；爵以命德，故曰贤。惟贤惟能，所以治也；私昵恶德，所以乱也。　按古者公侯伯子男，爵之于侯国；公卿大夫士，爵之于朝廷，此言"庶官"，则爵为公卿大夫士也。　吴氏曰："恶德犹凶德也。人君当用吉士，凶德之人虽有过人之才，爵亦不可及。”

“虑善以动，动惟厥时。

善，当乎理也。时，时措之宜也。虑固欲其当乎理，然动非其时，犹无益也。圣人酬酢斯世，亦其时而已。

“有其善，丧厥善；矜其能，丧厥功。

自有其善，则己不加勉而德亏矣；自矜其能，则人不效力而功隳矣。

“惟事事，乃其有备，有备无患。

惟事其事，乃其有备，有备故无患也。张氏曰：“修车马，备器械，事乎兵事，则兵有其备，故外侮不能为之忧；简稼器，修稼政，事乎农事，则农有其备，故水旱不能为之害。所谓事事有备无患者如此。”

“无启宠纳侮，无急过作非。

毋开宠幸而纳人之侮，毋耻过误而遂己之非。过误出于偶然，作非出于有意。

“惟厥攸居，政事惟醇。

居，止而安之义，安于义理之所止也。义理出于勉强，则犹二也；义理安于自然，则一矣。一，故政事醇而不杂也。

“黩于祭祀，时谓弗钦。礼烦则乱，事神则难。”

黩，徒谷反。　祭不欲黩，黩则不敬；礼不欲烦，烦则扰乱。皆非所以交鬼神之道也。商俗尚鬼，高宗或未能脱于流俗，事神之礼，必有过焉。祖己戒其祀无丰昵，傅说盖因其失而正之也。

王曰：“旨哉！说。乃言惟服。乃不良于言，予罔闻于行。”

旨，美也。古人于饮食之美者，必以旨言之，盖有味其言也。服，行也。高宗赞美说之所言，谓可服行。使汝不善于言，则我无所闻而行之也。苏氏曰：“说之言，譬如药石，虽散而不一，然一言一药，皆足以治天下之公患，所谓古之立言者。”

说拜稽首曰：“非知之艰，行之惟艰。王忱不艰，允协于先王成德，惟说不言有厥咎。”

高宗方味说之所言，而说以为得于耳者非难，行于身者为难。王忱信之，亦不为难。信可合成汤之成德，说于是而犹有所不言，则有其罪矣。上篇言“后克圣，臣不命其承”，所以广其从谏之量，而将告以为治之要也；此篇言“允协先王成德，惟说不言有厥咎”，所以责其躬行之实，将进其为学之说也。皆引而不发之义。

说 命 下

王曰："来！汝说。台小子旧学于甘盘，既乃遯于荒野，入宅于河。自河徂亳，暨厥终罔显。

甘盘，臣名，《君奭》言："在武丁，时则有若甘盘。"遯，退也。高宗言我小子旧学于甘盘，已而退于荒野，后又入居于河。自河徂亳，迁徙不常。历叙其废学之因，而叹其学终无所显明也。《无逸》言高宗"旧劳于外，爰暨小人"，与此相应。《国语》亦谓武丁入于河，自河徂亳。唐孔氏曰，高宗为王子时，其父小乙欲其知民之艰苦，故使居民间也。苏氏谓甘盘遯于荒野，以"台小子"语脉推之，非是。

"尔惟训于朕志，若作酒醴，尔惟曲糵；若作和羹，尔惟盐梅。尔交修予，罔予弃，予惟克迈乃训。"

心之所之谓之志。迈，行也。范氏曰："酒非曲糵不成，羹非盐梅不和。人君虽有美质，必得贤人辅导，乃能成德。作酒者，曲多则太苦，糵多则太甘。曲糵得中，然后成酒。作羹者，盐过则咸，梅过则酸。盐梅得中，然后成羹。臣之于君，当以柔济刚。可济否？左右规正以成其德，故曰'尔交修予'，尔无我弃，我能行尔之言也。"孔氏曰："交者，非一之义。"

说曰："王，人求多闻，时惟建事，学于古训乃有获。事不师古，以克永世，匪说攸闻。

求多闻者，资之人。学古训者，反之己。"古训"者，古先圣王之训，载修身治天下之道，"二典三谟"之类是也。说称王而告之曰："人求多闻者，是惟立事，然必学古训，深识义理，然后有得。不师古训，而能长治久安者，非说所闻，甚言无此理也。" 林氏曰："傅说称王而告之，与禹称舜曰'帝光天之下'文势正同。"

惟学逊志，务时敏，厥修乃来。允怀于兹，道积于厥躬。

逊，谦抑也。务，专力也。"时敏"者，无时而不敏也。逊其志，如有所不能；敏于学，如有所不及。虚以受人，勤以励己，则其所修，如泉始达，源源乎其来矣。兹，此也。笃信而深念乎此，则道积于身，不可以一二计矣。夫修之来，来之积，其学之得于己者如此。

“惟敩学半，念终始典于学，厥德修罔觉。

敩，胡教反。　敩，教也，言教人居学之半。盖道积厥躬者，体之立；敩学于人者，用之行。兼体用，合内外，而后圣学可全也。始之自学，学也；终之教人，亦学也。一念终始，常在于学，无少间断。则德之所修，有不知其然而然者矣。或曰，受教亦曰敩，敩于为学之道半之，半须自得。此说极为新巧，但古人论学，语皆平正的实，此章句数非一，不应中间一语独尔巧险。此盖后世释教机权，而误以论圣贤之学也。

“监于先王成宪，其永无愆。

宪，法。愆，过也。言德虽造于罔觉，而法必监于先王。先王成法者，子孙之所当守者也。《孟子》言“遵先王之法而过者，未之有也”，亦此意。

“惟说式克钦承，旁招俊乂，列于庶位。”

式，用也。言高宗之德，苟至于无愆，则说用能敬承其意，广求俊乂，列于众职。盖进贤虽大臣之责，然高宗之德未至，则虽欲进贤，有不可得者。

王曰：“呜呼！说，四海之内咸仰朕德，时乃风。

风，教也。天下皆仰我德，是汝之教也。

“股肱惟人，良臣惟圣。

手足备而成人，良臣辅而君圣。高宗初以舟楫、霖雨为喻，继以曲糵、盐梅为喻，至此又以“股肱惟人”为喻，其所造益深，所望益切矣。

“昔先正保衡作我先王，乃曰：‘予弗克俾厥后惟尧舜，其心愧耻，若挞于市。’一夫不获，则曰时予之辜。佑我烈祖，格于皇天。尔尚明保予，罔俾阿衡专美有商。

先正，先世长官之臣。保，安也。保衡，犹阿衡。作，兴起也。挞于市，耻之甚也。不获，不得其所也。高宗举伊尹之言，谓其自任如此，故能辅我成汤，功格于皇天。尔庶几明以辅我，无使伊尹专美于我商家也。傅说以成汤望高宗，故曰“协于先王成德”、“监于先王成宪”；高宗以伊尹望傅说，故曰“罔俾阿衡专美有商”。

“惟后非贤不乂，惟贤非后不食。其尔克绍乃辟于先王，永绥民。”

说拜稽首曰：“敢对扬天子之休命！”

君非贤臣，不与共治；贤非其君，不与共食。言君臣相遇之难如此。克者，责望必能之辞。敢者，自信无慊之辞。对者，对以己。扬者，扬于众。休命，上文高宗所命也。至是高宗以成汤自期，傅说以伊尹自任，君臣相勉励如此。异时高宗为商令王，傅说为商贤佐，果无愧于成汤、伊尹也。宜哉！

高宗肜日

高宗肜祭，有雊雉之异，祖己训王。史氏以为篇亦训体也，不言训者，以既有《高宗之训》，故只以篇首四字为题。今文、古文皆有。

高宗肜日，越有雊雉。

肜，音融。雊，居候反。　肜祭，明日又祭之名。殷曰肜，周曰绎。雊，鸣也。于肜日有雊雉之异，盖祭祢庙也。《序》言汤庙者，非是。

祖己曰："惟先格王，正厥事。"

格，正也，犹"格其非心"之"格"。详下文。高宗祀丰于昵，昵者，祢庙也。丰于昵，失礼之正，故有雊雉之异。祖己自言当先格王之非心，然后正其所失之事。"惟天监民"以下，格王之言；"王司敬民以下"，正事之言也。

乃训于王。曰："惟天监下民，典厥义。降年有永有不永，非天夭民，民中绝命。

监，音鉴。夭，於兆反。　典，主也。义者，理之当然，行而宜之之谓。言天监视下民，其祸福予夺，惟主义如何尔。"降年有永有不永"者，义则永，不义则不永。非天夭折其民，民自以非义而中绝其命也。意高宗之祀，必有祈年请命之事。如汉武帝五畤祀之类。祖己言永年之道，不在祷祠，在于所行义与不义而已，祷祠非永年之道也。言民而不言君者，不敢斥也。

"民有不若德，不听罪。天既孚命正厥德，乃曰：'其如台？'"

不若德，不顺于德；不听罪，不服其罪。谓不改过也。"孚命"者，以妖孽为符信而谴告之也。言民不顺德，不服罪，天既以妖孽为符信而谴告之，欲其恐惧修省以正德。民乃曰："妖孽，其如我何？"则天必诛绝之矣。祖己意谓高宗当因雊雉以自省，不可谓适然而自恕。夫数祭丰昵，徼福于神，不若德也；黩于祭祀，傅说尝以进戒，意或吝改，不听罪也。雊雉之异，是"天既孚命正厥德"矣，其可谓妖孽其如我何邪？

“呜呼！王司敬民，罔非天胤，典祀无丰于昵！”

司，主。胤，嗣也。王之职，主于敬民而已，徼福于神非王之事也。况祖宗莫非天之嗣，主祀其可独丰于昵庙乎？

西伯戡黎

戡,音堪。　西伯,文王也。名昌,姓姬氏。戡,胜也。黎,国名,在上党壶关之地。按《史记》文王脱羑里之囚,献洛西之地,纣赐弓矢𫓧钺,使得专征伐,为西伯。文王既受命,黎为不道,于是举兵伐而胜之。祖伊知周德日盛,既已戡黎,纣恶不悛,势必及殷,故恐惧奔告于王,庶几王之改之也。史录其言,以为此篇。诰体也。今文、古文皆有。　或曰,西伯,武王也。《史记》尝载纣使胶鬲观兵,胶鬲问之曰:"西伯曷为而来?"则武王亦继文王为西伯矣。

西伯既戡黎,祖伊恐,奔告于王。

下文无及戡黎之事,史氏特标此篇首,以见祖伊告王之因也。祖,姓。伊,名。祖己后也。奔告,自其邑奔走来告纣也。

曰:"天子!天既讫我殷命。格人元龟,罔敢知吉。非先王不相我后人,惟王淫戏用自绝。

祖伊将言天讫殷命,故特呼天子以感动之。讫,绝也。格人,犹言至人也。格人、元龟,皆能先知吉凶者。言天既已绝我殷命,格人、元龟皆无敢知其吉者,甚言凶祸之必至也。非先王在天之灵不佑我后人,我后人淫戏用自绝于天耳。

"故天弃我,不有康食。不虞天性,不迪率典。

康,安。虞,度也。典,常法也。纣自绝于天,故天弃殷不有康食,饥馑荐臻也。不虞天性,民失常心也。不迪率典,废坏常法也。

"今我民罔弗欲丧,曰:'天曷不降威?'大命不挚,今王其如台?"

大命,非常之命。挚,至也。《史记》云:"大命胡不至?"民苦纣虐,无不欲殷之亡,曰:"天何不降威于殷?"而受大命者何不至乎,今王其无如我何?言纣不复能君长我也。上章言天弃殷,此章言民弃殷,祖伊之言可谓痛切明著矣。

王曰："呜呼！我生不有命在天？"

纣叹息谓："民虽欲亡我，我之生独不有命在天乎？"

祖伊反曰："呜呼！乃罪多，参在上，乃能责命于天？

参，仓含反。　纣既无改过之意。祖伊退而言曰："尔罪众多，参列在上。乃能责其命于天邪？"吕氏曰："责命于天，惟与天同德者方可。"

"殷之即丧，指乃功，不无戮于尔邦！"

功，事也。言殷即丧亡矣，指汝所为之事，其能免戮于商邦乎？苏氏曰："祖伊之谏，尽言不讳，汉唐中主所不能容者。纣虽不改，而终不怒，祖伊得全，则后世人主，有不如纣者多矣。愚读是篇而知周德之至也。祖伊以西伯戡黎不利于殷，故奔告于纣。意必及西伯戡黎不利于殷之语，而入以告后，出以语人，未尝有一毫及周者。是知周家初无利天下之心。其戡黎也，义之所当伐也。使纣迁善改过，则周将终守臣节矣。祖伊，殷之贤臣也。知周之兴，必不利于殷，又知殷之亡，初无与于周，故因戡黎告纣。反覆乎天命民情之可畏，而略无及周者。文、武公天下之心，于是可见。"

微 子

微，国名。子，爵也。微子，名启。帝乙长子，纣之庶母兄也。微子痛殷之将亡，谋于箕子、比干，史录其问答之语。亦诰体也。以篇首有“微子”二字，因以名篇。今文、古文皆有。

微子若曰：“父师、少师！殷其弗或乱正四方。我祖厎遂陈于上，我用沈酗于酒，用乱败厥德于下。

酗，吁句反。　父师，太师，三公，箕子也。少师，孤卿，比干也。“弗或”者，不能或如此也。乱，治也。言纣无道，无望其能治正天下也。厎，致。陈，列也。我祖成汤致功陈列于上，而子孙沈酗于酒，败乱其德于下。“沈酗”言我而不言纣者，过则归己，犹不忍斥言之也。

“殷罔不小大好草窃奸宄，卿士师师非度。凡有辜罪，乃罔恒获，小民方兴，相为敌雠。今殷其沦丧，若涉大水，其无津涯。殷遂丧，越至于今！”

殷之人民，无小无大，皆好草窃奸宄。上而卿士，亦皆相师非法，上下容隐。凡有冒法之人，无有得其罪者。小民无所畏惧，强凌弱，众暴寡，方起雠怨，争斗侵夺。纲纪荡然，沦丧之形，茫无畔岸，若涉大水无有津涯。殷之丧亡，乃至于今日乎。微子上陈祖烈，下述丧乱，哀怨痛切，言有尽而意无穷。数千载之下，犹使人伤感悲愤。后世人主观此，亦可深监矣。

曰：“父师、少师。我其发出狂？吾家耄逊于荒？今尔无指，告予颠隮，若之何其？”

出，尺类反。隮，笺西反。　曰者，微子更端之辞也。何其，语辞。言纣发出颠狂，暴虐无道，我家老成之人，皆逃遁于荒野，危亡之势如此。今尔无所指示，告我以颠陨隮堕之事，将若之何哉？盖微子忧危之甚，特更端以问救乱之策。言我而不言纣者，亦上章“我用沈酗”之义。

父师若曰："王子！天毒降灾荒殷邦，方兴沈酗于酒。

此下箕子之答也。王子，微子也。自纣言之，则纣无道，故天降灾；自天下言之，则纣之无道，亦天之数。箕子归之天者，以见其忠厚敬君之意，与《小旻》诗言"旻天疾威，敷于下土"意同。"方兴"者，言其方兴而未艾也。此答微子"沈酗于酒"之语，而有甚之之意。下同。

"乃罔畏畏，咈其耇长旧有位人。

"乃罔畏畏"者，不畏其所当畏也。孔子曰："君子有三畏：畏天命，畏大人，畏圣人之言。"咈，逆也。耇长，老成之人也。纣惟不畏其所当畏，故老成旧有位者，纣皆咈逆而弃逐之，即武王所谓"播弃黎老"者。此答微子"发狂"、"耄逊"之语。以上文特发问端，故此先答之。

"今殷民乃攘窃神祇之牺牷牲用以容，将食无灾。

攘，如羊反。牷，音全。　色纯曰牺，体完曰牷，牛、羊、豕曰牲。牺、牷、牲，祭祀天地之物，礼之最重者。犹为商民攘窃而去，有司用相容隐，将而食之，且无灾祸。岂特"草窃奸宄"而已哉？此答微子"草窃奸宄"之语。

"降监殷民，用乂雠敛，召敌雠不怠。罪合于一，多瘠罔诏。

雠敛，若仇敌掊敛之也。不怠，力行而不息也。诏，告也。下视殷民，凡上所用以治之者，无非雠敛之事。夫上以雠而敛下，则下必为敌以雠上。下之敌雠，实上之雠敛以召之，而纣方且召敌雠不怠。君臣上下，同恶相济，合而为一，故民多饥殍而无所告也。此答微子"小民相为敌雠"之语。

"商今其有灾，我兴受其败；商其沦丧，我罔为臣仆。诏王子出迪。我旧云刻子，王子弗出，我乃颠隮。

商今其有灾，我出当其祸败。商若沦丧，我断无臣仆他人之理。诏，告也。告微子以去为道。盖商祀不可无人，微子去，则可以存商祀也。刻，害也。箕子旧以微子长且贤，劝帝乙立之。帝乙不从，卒立纣，纣必忌之。是我前日所言，适以害子。子若不去，则祸必不免，我商家宗祀，始陨坠而无所托矣。箕子自言其义，决不可去；而微子之义，决不可不去也。此答微子"沦丧颠隮"之语。

"自靖！人自献于先王，我不顾行遯。"

上文既答微子所言，至此则告以彼此去就之义。靖，安也。各安其义之所当尽，以自达其志于先王，使无愧于神明而已，如我则不复顾行遯也。按此篇，微子谋于箕子、比干，箕子答如上文，而比干独无所言者，得非比干安于义之当死而无复言欤？孔子曰："殷有三仁焉。"三仁之行虽不同，而皆出乎天理之正，各得其心之所安。故孔子皆许之以仁。而所谓"自靖"者即此也。　又按《左传》，楚克许，许男面缚衔璧衰绖舆榇以见楚子。楚子问诸逢伯，逢伯曰："昔武王克商，微子启如是。武王亲释其缚，受其璧而祓之，焚其榇，礼而命之。"然则微子适周，乃在克商之后，而此所谓去者，特去其位而逃遯于外耳。论微子之去者，当详于是。

卷四

周　　书

周，文王国号，后武王因以为有天下之号。书凡三十二篇。

泰　誓　上

泰、大同。《国语》作"太"。武王伐殷，史录其誓师之言。以其大会孟津，编书者因以"泰誓"名之。上篇未渡河作，后二篇既渡河作。今文无，古文有。　按伏生二十八篇，本无《泰誓》。武帝时伪《泰誓》出，与伏生今文《书》合为二十九篇。孔壁《书》虽出而未传于世，故汉儒所引，皆用伪《泰誓》。如曰白鱼入于王舟，有火复于王屋，流为乌，太史公记《周本纪》亦载其语。然伪《泰誓》虽知剽窃经传所引，而古书亦不能尽见。故后汉马融得疑其伪，谓《泰誓》按其文若浅露，吾又见书传多矣，所引《泰誓》而不在《泰誓》者甚多。至晋孔壁古文《书》行，而伪《泰誓》始废。　吴氏曰："汤武皆以兵受命。然汤之辞裕，武王之辞迫；汤之数桀也恭，武之数纣也傲。学者不能无憾。疑其书之晚出，或非尽当时之本文也。"

惟十有三年春，大会于孟津。

十三年者，武王即位之十三年也。春者，孟春建寅之月也。孟津，见《禹贡》。　按汉孔氏言虞芮质成，为文王受命改元之年，凡九年而文王崩。武王立，二年而观兵，三年而伐纣。合为十有三年。此皆惑于伪书《泰誓》之文，而误解“九年大统未集”、与夫“观政于商”之语也。古者人君即位，则称元年，以计其在位之久近，常事也。自秦惠文始改十四年为后元年，汉文帝亦改十七年为后元年。自后说春秋因以改元为重。欧阳氏曰：“果重事欤？西伯即位，已改元年。中间不宜改元而又改元。至武王即位，宜改元而反不改元：乃上冒先君之元年，并其居丧称十一年；及其灭商而得天下，其事大于听讼远矣，而又不改元。”由是言之，谓文王受命改元，武王冒文王之元年者，皆妄也。欧阳氏之辨，极为明著。但其曰“十一年”者，亦惑于《书序》十一年之误也。详见《序》篇。又按汉孔氏以春为建子之月。盖谓三代改正朔，必改月数，改月数，必以其正为四时之首。《序》言“一月戊午”，既以一月为建子之月，而经又系之以春，故遂以建子之月为春。夫改正朔，不改月数，于《太甲》辨之详矣。而四时改易，尤为无义。冬不可以为春，寒不可以为暖，固不待辨而明也。或曰，郑氏笺《诗》“维暮之春”，亦言周之季春，于夏为孟春。曰，此汉儒承袭之误耳。且《臣工》诗言：“维暮之春，亦又何求？如何新畬。于皇来牟，将受厥明。”盖言暮春，则当治其新畬矣，今如何哉？然牟麦将熟，可以受上帝之明赐。夫牟麦将熟，则建辰之月，夏正季春审矣。郑氏于《诗》且不得其义，则其考之固不审也。不然，则商以季冬为春，周以仲冬为春，四时反逆，皆不得其正。岂三代圣人奉天之政乎？

王曰：“嗟，我友邦冢君越我御事庶士，明听誓。

“王曰”者，史臣追称之也。友邦，亲之也；冢君，尊之也。越，及也。御事，治事者。庶士，众士也。告以伐商之意，且欲其听之审也。

“惟天地万物父母，惟人万物之灵。亶聪明，作元后，元后作民父母。

亶，诚实无妄之谓。言聪明出于天性然也。大哉乾元，万物资始；至哉坤元，万物资生。“天地”者，万物之父母也。万物之生，惟人得其秀而灵。具四端，备万善，知觉独异于物。而圣人又得其最秀而最灵者。天性聪明，无待勉强，其知先知，其觉先觉，首出庶物，故能为大君于天下。而天下之疲癃残疾得其生，鳏寡孤独得其养，举万民之众，无一而不得其所焉，则“元后”者，又所以为民之父母也。夫天地生物而厚于人，天地生人而厚于圣人。其所以厚于圣人者，亦惟欲其君长乎民，而推天地父母斯民之心而已。天之为民如此，则任元后之责者，可不知所以作民父母之义乎？商纣失君民之道，故武王发此。是虽一时誓师之言，而实万世人君之所当体念也。

“今商王受，弗敬上天，降灾下民。

受，纣名也。言纣慢天虐民，不知所以作民父母也。慢天虐民之实，即下文所云也。

“沈湎冒色，敢行暴虐。罪人以族，官人以世。惟宫室、台榭、陂池、侈服，以残害于尔万姓。焚炙忠良，刳剔孕妇。皇天震怒，命我文考，肃将天威，大勋未集。

湎，弥兖反。陂，班縻反。刳，空胡反。　沈湎，溺于酒也。冒色，冒乱女色也。族，亲族也。一人有罪，刑及亲族也。世，子弟也。官使不择贤才，惟因父兄而宠任子弟也。土高曰台，有木曰榭，泽障曰陂，停水曰池。侈，奢也。焚炙，炮烙刑之类。刳剔，割剥也。皇甫谧云："纣剖比干妻以视其胎。"未知何据。纣虐害无道如此，故皇天震怒，命我文王，敬将天威，以除邪虐。大功未集，而文王崩。愚谓大勋在文王时，未尝有意。至纣恶贯盈，武王伐之，叙文王之辞，不得不尔。学者当言外得之。

“肆予小子发，以尔友邦冢君，观政于商。惟受罔有悛心，乃夷居，弗事上帝神祇，遗厥先宗庙弗祀。牺牲粢盛，既于凶盗。乃曰：‘吾有民有命！’罔惩其侮。

悛，且缘反。　肆，故也。观政，犹伊尹所谓“万夫之长可以观政”。八百诸侯背商归周，则商政可知。先儒以观政为观兵，误矣。悛，改也。夷，蹲踞也。武王言故我小子，以尔诸侯之向背，观政之失得于商。今诸侯背叛，既已如此，而纣无有悔悟改过之心，夷踞而居，废上帝百神宗庙之祀。牺牲粢盛以为祭祀之备者，皆尽于凶恶盗贼之人。即箕子所谓“攘窃神祇之牺牷牲”者也。受之慢神如此，乃谓我有民社，我有天命。而无有惩戒其侮慢之意。

“天佑下民，作之君，作之师，惟其克相上帝，宠绥四方。有罪无罪，予曷敢有越厥志？

佑，助。宠，爱也。天助下民，为之君以长之，为之师以教之。君、师者，惟其能左右上帝，以宠安天下。则夫有罪之当讨，无罪之当赦，我何敢有过用其心乎？言一听于天而已。

“同力度德，同德度义。受有臣亿万，惟亿万心；予有臣三千，惟一心。

度，量度也。德，得也。行道有得于心也。义，宜也。制事达时之宜也。同力度德，同德度义，意古者兵志之词。武王举以明伐商之必克也。林氏曰："《左传·襄三十一年》鲁穆叔曰：'年钧择贤，义钧以卜。'《昭二十六年》王子朝曰：'年钧以德，德钧以卜。'盖亦举古人之语，文势正与此同。"百万曰亿。纣虽有亿万臣，而有亿万心，众叛亲离，寡助之至。力且不同，况德与义乎？

"商罪贯盈，天命诛之。予弗顺天，厥罪惟钧。

贯，通。盈，满也。言纣积恶如此，天命诛之。今不诛纣，是长恶也，其罪岂不与纣钧乎？如律故纵者，与同罪也。

"予小子夙夜祗惧，受命文考，类于上帝，宜于冢土，以尔有众，底天之罚。

底，致也。冢土，大社也。祭社曰宜。上文言纵纣不诛，则罪与纣钧，故此言予小子畏天之威，早夜敬惧，不敢自宁，受命于文王之庙，告于天神地祇，以尔有众，致天之罚于商也。《王制》曰："天子将出，类乎上帝，宜乎社，造乎祢。"受命文考，即"造乎祢"也。《王制》以神尊卑为序，此先言"受命文考"者，以伐纣之举，天本命之文王，武王特禀文王之命，以卒其伐功而已。

"天矜于民，民之所欲，天必从之。尔尚弼予一人，永清四海。时哉弗可失！"

天矜怜于民，民有所欲，天必从之。今民欲亡纣如此，则天意可知。尔庶几辅我一人，除其邪秽，永清四海。是乃天人合应之时，不可失也。

泰　誓　中

惟戊午，王次于河朔。群后以师毕会，王乃徇师而誓。

戊，音茂。　次，止。徇，循也。河朔，河北也。戊午，以《武成》考之，是一月二十八日。

曰："呜呼！西土有众，咸听朕言。

周都丰镐，其地在西。从武王渡河者，皆西方诸侯，故曰："西土有众。"

"我闻吉人为善，惟日不足；凶人为不善，亦惟日不足。今商王受，力行无度，播弃犂老，昵比罪人。淫酗肆虐，臣下化之，朋家作仇，胁权相灭。无辜吁天，秽德彰闻。

"惟日不足"者，言终日为之，而犹为不足也。将言纣力行无度，故以古人语发之。"无度"者，无法度之事。播，放也。犂、黧通，黑而黄也。微子所谓"耄逊于荒"是也。老成之臣，所当亲近者，纣乃放弃之；罪恶之人，所当斥逐者，纣乃亲比之。酗，醉怒也。肆，纵也。臣下亦化纣恶，各立朋党，相为仇雠，胁上权命，以相诛灭，流毒天下。无辜之人，呼天告冤，腥秽之德，显闻于上。吕氏曰："为善至极，则至治馨香；为恶至极，则秽德彰闻。"

"惟天惠民，惟辟奉天。有夏桀弗克若天，流毒下国。天乃佑命成汤，降黜夏命。

言天惠爱斯民，君当奉承天意。昔桀不能顺天，流毒下国，故天命成汤，降黜夏命。

"惟受罪浮于桀。剥丧元良，贼虐谏辅。谓己有天命，谓敬不足行，谓祭无益，谓暴无伤。厥鉴惟不远，在彼夏王。天其以予乂民，朕梦协朕卜，袭于休祥，戎商必克。

浮，过。剥，落。丧，去也，古者去国为丧。元良，微子也。谏辅，比干也。谓己有天命，如答祖伊"我生不有命在天"之类。下三句亦纣所尝言者。鉴，视也。其所鉴视，初不在远。有夏多罪，天既命汤黜其命矣。今纣多罪，天其以我乂民乎。袭，重也。言我之梦，协我之卜，重有休祥之应，知伐商而必胜之也。此言天意有必克之理。

“受有亿兆夷人，离心离德；予有乱臣十人，同心同德。虽有周亲，不如仁人。

夷，平也。夷人，言其智识不相上下也。治乱曰乱。十人，周公旦、召公奭、太公望、毕公、荣公、太颠、闳夭、散宜生、南宫括，其一文母。孔子曰：“有妇人焉，九人而已。”刘侍读以为子无臣母之义。盖邑姜也。九臣治外，邑姜治内。言纣虽有夷人之多，不如周治臣之少而尽忠也。周，至也。纣虽有至亲之臣，不如周仁人之贤而可恃也。此言人事有必克之理。

“天视自我民视，天听自我民听。百姓有过，在予一人。今朕必往。

过，《广韵》：“责也。”武王言天之视听，皆自乎民。今民皆有责于我，谓我不正商罪。以民心而察天意，则我之伐商，断必往矣。盖百姓畏纣之虐，望周之深，而责武王不即拯己于水火也。如汤东面而征西夷怨，南面而征北狄怨之意。

“我武惟扬，侵于之疆，取彼凶残。我伐用张，于汤有光。

扬，举。侵，入也。凶残，纣也，犹孟子谓之“残贼”。武王吊民伐罪，于汤之心，为益明白于天下也。自世俗观之，武王伐汤之子孙，覆汤之宗社，谓之汤雠可也。然汤放桀，武王伐纣，皆公天下为心，非有私于己者。武之事，质之汤而无愧；汤之心，验之武而益显。是则伐商之举，岂不于汤为有光也哉？

“勖哉，夫子！罔或无畏，宁执非敌。百姓懔懔，若崩厥角。呜呼！乃一德一心，立定厥功，惟克永世。”

勖，勉也。夫子，将士也。勉哉！将士。无或以纣为不足畏，宁执心以为非我所敌也。商民畏纣之虐，懔懔若崩摧其头角然。言人心危惧如此，汝当一德一心，立定厥功，以克永世也。

泰 誓 下

时厥明，王乃大巡六师，明誓众士。

厥明，戊午之明日也。古者天子六军，大国三军。是时武王未备六军，《牧誓》叙“三卿”可见。此曰“六师”者，史臣之词也。

王曰：“呜呼！我西土君子，天有显道，厥类惟彰。今商王受，狎侮五常，荒怠弗敬。自绝于天，结怨于民。

天有至显之理，其义类甚明。至显之理，即典常之理也。纣于君臣、父子、兄弟、夫妇典常之道，亵狎侮慢，荒弃怠惰，无所敬畏。上自绝于天，下结怨于民。结怨者，非一之谓。下文“自绝”、“结怨”之实也。

“斮朝涉之胫，剖贤人之心，作威杀戮，毒痡四海。崇信奸回，放黜师保，屏弃典刑，囚奴正士，郊社不修，宗庙不享，作奇技淫巧以悦妇人。上帝弗顺，祝降时丧。尔其孜孜，奉予一人，恭行天罚。”

斮，侧略反。痡，音铺。　斮，斫也。孔氏曰：“冬月见朝涉水者，谓其胫耐寒，斫而视之。”《史记》云：“比干强谏，纣怒曰：‘吾闻圣人心有七窍。’遂剖比干，观其心。”痡，病也。作刑威以杀戮为事，毒病四海之人，言其祸之所及者远也。回，邪也。正士，箕子也。郊，所以祭天；社，所以祭地。奇技，谓奇异技能。淫巧，为过度之巧。《列女传》：纣膏铜柱下加炭，命有罪者行。辄堕炭中，妲己乃笑。夫欲妲己之笑，至为炮烙之刑，则其奇技淫巧以悦之者，宜无所不至矣。祝，断也。言纣于奸邪则尊信之，师保则放逐之。屏弃先王之法，囚奴中正之士，轻废奉祀之礼，专意污亵之行，悖乱天常。故天弗顺而断然降是丧亡也。尔众士其勉力不怠，奉我一人，而敬行天罚乎。

“古人有言曰：‘抚我则后，虐我则雠。’独夫受洪惟作威，乃汝世雠。树德务滋，除恶务本，肆予小子诞以尔众士殄歼乃雠。尔众士其尚迪果毅，以登乃辟。功多有厚赏，不迪有显戮。”

洪，大也。独夫，言天命已绝，人心已去，但一独夫耳。孟子曰：“残贼之人，谓之一夫。”武王引古人之言，谓抚我则我之君也，虐我则我之雠也。今独夫受大作威虐以残害于尔百姓，是乃尔之世雠也。务，专力也。植德则务其滋长，去恶则务绝根本。两句意亦古语，喻纣为众恶之本，在所当去。故我小子大以尔众士，而殄绝歼灭汝之世雠也。迪，蹈。登，成也。杀敌为果，致果为毅。尔众士其庶几蹈行果毅，以成汝君。若功多则有厚赏，非特一爵一级而已。不迪果毅，则有显戮。谓之“显戮”，则必肆诸市朝以示众庶。

“呜呼！惟我文考若日月之照临，光于四方，显于西土。惟我有周诞受多方。

若日月照临，言其德之辉光也；光于四方，言其德之远被也；显于西土，言其德尤著于所发之地也。文王之地，止于百里；文王之德，达于天下。多方之受，非周其谁受之？文王之德，实天命人心之所归。故武王于誓师之末，叹息而言之。

“予克受，非予武，惟朕文考无罪；受克予，非朕文考有罪，惟予小子无良。”

无罪，犹言无过也。无良，犹言无善也。商、周之不敌久矣，武王犹有胜负之虑，恐为文王羞者。圣人临事而惧也如此。

牧 誓

牧，地名，在朝歌南。即今卫州治之南也。武王军于牧野，临战誓众。前既有《泰誓》三篇，因以地名别之。今文、古文皆有。

时甲子昧爽，王朝至于商郊牧野，乃誓。王左杖黄钺，右秉白旄以麾，曰："逖矣，西土之人！"

甲子，二月四日也。昧，冥。爽，明也。昧爽，将明未明之时也。钺，斧也，以黄金为饰。王无自用钺之理，左杖以为仪耳。旄，军中指麾，白则见远。麾非右手不能，故"右秉白旄"也。按《武成》言"癸亥陈于商郊"，则癸亥之日，周师已陈牧野矣。甲子昧爽，武王始至而誓师焉。曰者，武王之言也。逖，远也。以其行役之远，而慰劳之也。

王曰："嗟！我友邦冢君御事，司徒、司马、司空，亚旅、师氏，千夫长、百夫长，

司徒、司马、司空，三卿也。武王是时尚为诸侯，故未备六卿。唐孔氏曰："司徒主民，治徒庶之政令；司马主兵，治军旅之誓戒；司空主土，治垒壁以营军。"亚，次。旅，众也。大国三卿，下大夫五人，士二十七人。亚者，卿之贰，大夫是也。旅者，卿之属，士是也。师氏，以兵守门者，犹《周礼·师氏》"王举则从"者也。千夫长，统千人之帅。百夫长，统百人之帅也。

"及庸、蜀、羌、髳、微、卢、彭、濮人。

羌，驱羊反。髳，莫侯反。《左传》庸与百濮伐楚。庸、濮在江汉之南，羌在西蜀，髳、微在巴蜀，卢、彭在西北。武王伐纣，不期会者八百国。今誓师独称八国者，盖八国近周西都，素所服役，乃受约束以战者。若上文所言"友邦冢君"，则泛指诸侯而誓者也。

"称尔戈，比尔干，立尔矛，予其誓。"

称，举。戈，戟。干，楯。矛，亦戟之属，长二丈。唐孔氏曰："戈短，人执以举之，故言'称'。楯则并以扞敌，故言'比'。矛长，立之于地，故言'立'"。器械严整，则士气精明，然后能听誓命。

王曰："古人有言曰：'牝鸡无晨；牝鸡之晨，惟家之索。'

索，萧索也。牝鸡而晨，则阴阳反常，是为妖孽，而家道索矣。将言纣"惟妇言是用"，故先发此。

"今商王受惟妇言是用，昏弃厥肆祀弗答，昏弃厥遗王父母弟不迪，乃惟四方之多罪逋逃，是崇是长，是信是使，是以为大夫卿士。俾暴虐于百姓，以奸宄于商邑。

妇，房缶反。 肆，陈。答，报也。妇，妲己也。《列女传》云："纣好酒淫乐，不离妲己。妲己所举者贵之，所憎者诛之。"惟妲己之言是用，故颠倒昏乱。祭，所以报本也。纣以昏乱弃其所当陈之祭祀而不报。昆弟，先王之胤也。纣以昏乱，弃其王父母弟而不以道遇之，废宗庙之礼，无宗族之义，乃惟四方多罪逃亡之人，尊崇而信使之，以为大夫卿士。使暴虐于百姓，奸宄于商邑。盖纣惑于妲己之嬖，背常乱理，遂至流毒如此也。

"今予发惟恭行天之罚。今日之事，不愆于六步七步，乃止齐焉。夫子勖哉！

愆，过。勖，勉也。步，进趋也。齐，齐整也。今日之战，不过六步七步，乃止而齐。此告之以坐作进退之法，所以戒其轻进也。

"不愆于四伐、五伐、六伐、七伐，乃止齐焉。勖哉夫子！

伐，击刺也。少不下四五，多不过六七而齐。此告之以攻杀击刺之法，所以戒其贪杀也。上言"夫子勖哉"，此言"勖哉夫子"者，反复成文，以致丁宁劝勉之意。下仿此。

"尚桓桓，如虎如貔，如熊如罴，于商郊。弗迓克奔，以役西土，勖哉夫子！

桓，胡官反。貔，频脂反。 桓桓，威武貌。貔，执夷也，虎属。欲将士如四兽之猛，而奋击于商郊也。迓，迎也。能奔来降者，勿迎击之，以劳役我西土之人。此勉其武勇，而戒其杀降也。

"尔所弗勖，其于尔躬有戮！"

弗勖，谓不勉于前三者。愚按此篇严肃而温厚，与汤誓、诰相表里，真圣人之言也。《泰誓》、《武成》，一篇之中，似非尽出于一人之口，岂独此为全书乎？读者其味之。

武 成

史氏记武王往伐，归兽，祀群神，告群后，与其政事，共为一书。篇中有"武成"二字，遂以名篇。今文无，古文有。

惟一月壬辰，旁死魄。越翼日癸巳，王朝步自周，于征伐商。

一月，建寅之月。不曰"正"而曰"一"者，商建丑，以十二月为正朔，故曰"一月"也。详见《太甲》、《泰誓》篇。壬辰，以《泰誓》"戊午"推之，当是一月二日。死魄，朔也。二日，故曰"旁死魄"。翼，明也。先记壬辰旁死魄，然后言癸巳伐商者，犹后世言某日必先言某朔也。周，镐京也，在京兆鄠县上林。即今长安县昆明池北镐陂是也。

厥四月，哉生明，王来自商，至于丰。乃偃武修文，归马于华山之阳，放牛于桃林之野，示天下弗服。

哉，始也。始生明，月三日也。丰，文王旧都也，在京兆鄠县。即今长安县西北灵台丰水之上，周先王庙在焉。山南曰阳。桃林，今华阴县潼关也。《乐记》曰：武王胜商，渡河而西。马散之华山之阳而弗复乘，牛放之桃林之野而弗复服，车甲衅而藏之府库，倒载干戈，包以虎皮。天下知武王之不复用兵也。

此当在"万姓悦服"之下。

丁未，祀于周庙，邦甸、侯、卫，骏奔走，执豆、笾。越三日庚戌，柴、望，大告武成。

骏，《尔雅》曰："速也。"周庙，周祖庙也。武王以克商之事祭告祖庙。近而邦甸，远而侯卫，皆骏奔走执事以助祭祀。豆，木豆；笾，竹豆。祭器也。既告祖庙，燔柴祭天，望祀山川，以告武功之成。由近而远，由亲而尊也。 此当在"百工受命于周"之下。

既生魄，庶邦冢君暨百工，受命于周。

生魄，望后也。四方诸侯及百官，皆于周受命。盖武王新即位，诸侯百官皆朝见新君，所以正始也。　此当在“示天下弗服”之下。

王若曰：“呜呼，群后！惟先王建邦启土，公刘克笃前烈，至于大王肇基王迹，王季其勤王家。我文考文王，克成厥勋，诞膺天命，以抚方夏。大邦畏其力，小邦怀其德。惟九年，大统未集，予小子其承厥志。

群后，诸侯也。先王，后稷，武王追尊之也。后稷始封于邰，故曰“建邦启土”。公刘，后稷之曾孙。《史记》云：“能修后稷之业。”大王，古公亶父也。避狄去邠，居岐，邠人仁之，从之者如归市。《诗》曰：“居岐之阳，实始翦商。”大王虽未始有翦商之志，然大王始得民心，王业之成，实基于此。王季能勤以继其业。至于文王，克成厥功，大受天命，以抚安方夏。大邦畏其威而不敢肆，小邦怀其德而得自立。自为西伯专征，而威德益著于天下。凡九年崩。“大统未集”者，非文王之德不足以受天下，是时纣之恶未至于亡天下也。文王以安天下为心，故予小子亦以安天下为心。　此当在“大告武成”之下。

“厎商之罪，告于皇天后土、所过名山大川，曰：‘惟有道曾孙周王发，将有大正于商。’今商王受无道，暴殄天物，害虐烝民，为天下逋逃主，萃渊薮。予小子既获仁人，敢祇承上帝，以遏乱略。华夏蛮貊，罔不率俾。

厎，至也。后土，社也。勾龙为后土。《周礼·大祝》云：“王过大山川，则用事焉。”孔氏曰：“名山谓华，大川谓河。”盖自丰镐往朝歌，必道华涉河也。曰者，举武王告神之语。有道，指其父祖而言。“周王”二字，史臣追增之也。正，即《汤誓》“不敢不正”之“正”。萃，聚也。纣殄物害民，为天下逋逃罪人之主，如鱼之聚渊，如兽之聚薮也。仁人，孔氏曰：“太公、周、召之徒。”略，谋略也。俾，《广韵》曰：“从也。”仁人既得，则可以敬承上帝，而遏绝乱谋。内而华夏，外而蛮貊，无不率从矣。或曰，太公归周，在文王之世，周、召，周之懿亲，不可谓之获，此盖仁人自商而来者。愚谓获者，得之云尔，即《泰誓》之所谓“仁人”，非必自外来也。不然，经《传》岂无传乎？　此当在于“征伐商”之下。

“恭天成命，肆予东征，绥厥士女。惟其士女，篚厥玄黄，昭我周王。天休震动，用附我大邑周。

成命，黜商之定命也。篚，竹器。玄黄，色币也。敬奉天之定命，故我东征，安其士女。士女喜周之来，筐篚盛其玄黄之币，明我周王之德者。是盖天休之所震动，故民用归附我大邑周也。或曰，玄黄，天地之色，“篚厥玄黄”者，明我周王有天地之德也。　此当在“其承厥志”之下。

“惟尔有神，尚克相予，以济兆民，无作神羞！”

“既戊午，师逾孟津。癸亥，陈于商郊，俟天休命。甲子昧爽，受率其旅若林，会于牧野。罔有敌于我师，前徒倒戈，攻于后以北，血流漂杵。”

“一戎衣，天下大定。乃反商政，政由旧。释箕子囚，封比干墓，式商容闾。散鹿台之财，发钜桥之粟。大赉于四海，而万姓悦服。”

散，先谏反。　休命，胜商之命也。武王顿兵商郊，雍容不迫，以待纣师之至而克之。史臣谓之“俟天休命”，可谓善形容者矣。若林，即《诗》所谓“其会如林”者。纣众虽有如林之盛，然皆无有肯敌我师之志。纣之前徒倒戈，反攻其在后之众以走，自相屠戮，遂至血流漂杵。史臣指其实而言之。盖纣众离心离德，特劫于势而未敢动耳。一旦因武王吊伐之师，始乘机投隙，奋其怨怒，反戈相戮，其酷烈遂至如此。亦足以见纣积怨于民，若是其甚。而武王之兵，则盖不待血刃也。此所以一被兵甲，而天下遂大定乎。乃者，继事之辞。反纣之虐政，由商先王之旧政也。式，车前横木。有所敬，则俯而凭之。商容，商之贤人。闾，族居里门也。赉，予也。武王除残去暴，显忠遂良，赈穷赒乏，泽及天下，天下之人，皆心悦而诚服之。《帝王世纪》云：“殷民言王之于仁人也，死者犹封其墓，况生者乎？王之于贤人也，亡者犹表其闾，况存者乎？王之于财也，聚者犹散之，况其复籍之乎？”唐孔氏曰：是为“悦服”之事。　此当在“罔不率俾”之下。

列爵惟五，分土惟三。建官惟贤，位事惟能。重民五教，惟食丧祭。惇信明义，崇德报功。垂拱而天下治。

列爵惟五，公、侯、伯、子、男也。分土惟三，公侯百里，伯七十里，子男五十里之三等也。建官惟贤，不肖者不得进。位事惟能，不才者不得任。五教，君臣、父子、夫妇、兄弟、长幼，五典之教也。食以养生，丧以送死，祭以追远。五教三事，所以立人纪而厚风俗，圣人之所甚重焉者。惇，厚也。厚其信，明其义，信义立而天下无不励之俗;有德者尊之以官,有功者报之以赏,官赏行而天下无不劝之善。夫分封有法,官使有要,五教修而三事举,信义立而官赏行。武王于此复何为哉?垂衣拱手而天下自治矣。史臣述武王政治之本末,言约而事博也如此哉。　此当在"大邑周"之下,而上犹有缺文。按此篇编简错乱,先后失序,今考正其文于后。

今考定武成

惟一月壬辰，旁死魄。越翼日癸巳，王朝步自周，于征伐商。

一月，建寅之月。不曰“正”而曰“一”者，商建丑，以十二月为正朔。故曰“一月”也。详见《太甲》、《泰誓》篇。壬辰，以《泰誓》“戊午”推之，当是一月二日。死魄，朔也。二日，故曰“旁死魄”。翼，明也。先记壬辰旁死魄，然后言癸巳伐商者，犹后世言某日必先言某朔也。周，镐京也，在京兆鄠县上林。即今长安县昆明池北镐陂是也。

厎商之罪，告于皇天后土、所过名山大川，曰：“惟有道曾孙周王发，将有大正于商。今商王受无道，暴殄天物，害虐烝民，为天下逋逃主，萃渊薮。予小子既获仁人，敢祗承上帝，以遏乱略。华夏蛮貊，罔不率俾。

厎，至也。后土，社也。勾龙为后土。《周礼·大祝》云：“王过大山川，则用事焉。”孔氏曰：“名山谓华，大川谓河。”盖自丰镐往朝歌，必道华涉河也。曰者，举武王告神之语。有道，指其父祖而言。“周王”二字，史臣追增之也。正，即《汤誓》“不敢不正”之“正”。萃，聚也。纣殄物害民，为天下逋逃罪人之主，如鱼之聚渊，如兽之聚薮也。仁人，孔氏曰：“太公、周、召之徒。”略，谋略也。俾，《广韵》曰：“从也。”仁人既得，则可以敬承上帝，而遏绝乱谋。内而华夏，外而蛮貊，无不率从矣。或曰，太公归周，在文王之世，周、召，周之懿亲，不可谓之获，此盖仁人自商而来者。愚谓获者，得之云尔，即《泰誓》之所谓“仁人”，非必自外来也。不然，经《传》岂无传乎？　正当在于“征伐商”之下也。

“惟尔有神，尚克相予，以济兆民，无作神羞。

“既戊午，师逾孟津。癸亥，陈于商郊，俟天休命。甲子昧爽，受率其旅若林，会于牧野。罔有敌于我师。前徒倒戈，攻于后以北。血流漂杵。

“一戎衣，天下大定。乃反商政，政由旧。释箕子囚，封比干墓，式商容闾。散鹿台之财，发钜桥之粟。大赉于四海，而万姓悦服。”

散，先谏反。 休命，胜商之命也。武王顿兵商郊，雍容不迫，以待纣师之至而克之。史臣谓之“俟天休命”，可谓善形容者矣。若林，即《诗》所谓“其会如林”者。纣众虽有如林之盛，然皆无有肯敌我师之志。纣之前徒倒戈，反攻其在后之众以走，自相屠戮，遂至血流漂杵。史臣指其实而言之。盖纣众离心离德，特劫于势而未敢动耳。一旦因武王吊伐之师，始乘机投隙，奋其怨怒，反戈相戮，其酷烈遂至如此。亦足以见纣积怨于民，若是其甚。而武王之兵，则盖不待血刃也。此所以一被兵甲，而天下遂大定乎。乃者，继事之辞。反纣之虐政，由商先王之旧政也。式，车前横木，有所敬则俯而凭之。商容，商之贤人。闾，族居里门也。赉，予也。武王除残去暴，显忠遂良，赈穷赒乏，泽及天下，天下之人，皆心悦而诚服之。《帝王世纪》云：“殷民言王之于仁人也，死者犹封其墓，况生者乎？王之于贤人也，亡者犹表其闾，况存者乎？王之于财也，聚者犹散之，况其复籍之乎？”唐孔氏曰：是为“悦服”之事。 正当在“罔不率俾”之下。

厥四月，哉生明，王来自商，至于丰。乃偃武修文，归马于华山之阳，放牛于桃林之野，示天下弗服。

哉，始也。始生明，月三日也。丰，文王旧都也，在京兆鄠县。即今长安县西北灵台丰水之上，周先王庙在焉。山南曰阳。桃林，今华阴县潼关也。《乐记》曰：武王胜商，渡河而西，马散之华山之阳而弗复乘，牛放之桃林之野而弗复服。车甲衅而藏之府库，倒载干戈，包以虎皮。天下知武王之不复用兵也。
正当在“万姓悦服”之下。

既生魄，庶邦冢君暨百工，受命于周。

生魄，望后也。四方诸侯及百官，皆于周受命。盖武王新即位，诸侯百官皆朝见新君，所以正始也。 正当在“示天下弗服”之下。

丁未，祀于周庙，邦甸、侯、卫，骏奔走，执豆、笾。越三日庚戌，柴、望，大告武成。

骏，《尔雅》曰：“速也。”周庙，周祖庙也。武王以克商之事祭告祖庙。近而邦甸，远而侯卫，皆骏奔走执事以助祭祀。豆，木豆；笾，竹豆。祭器也。既告祖庙，燔柴祭天，望祀山川，以告武功之成。由近而远，由亲而尊也。 正当在“百工受命于周”之下。

王若曰：“呜呼，群后！惟先王建邦启土，公刘克笃前烈，至于大王，肇基王迹，王季其勤王家。我文考文王，克成厥勋，诞膺天命，以抚方夏。大邦畏其力，小邦怀其德。惟九年，大统未集，予小子其承厥志。

群后，诸侯也。先王，后稷，武王追尊之也。后稷始封于邰，故曰“建邦启土”。公刘，后稷之曾孙。《史记》云：“能修后稷之业。”大王，古公亶父也。避狄去邠，居岐，邠人仁之，从之者如归市。《诗》曰：“居岐之阳，实始翦商。”大王虽未始有翦商之志，然大王始得民心，王业之成，实基于此。王季能勤以继其业。至于文王，克成厥功，大受天命，以抚安方夏。大邦畏其威而不敢肆，小邦怀其德而得自立。自为西伯专征，而威德益著于天下。凡九年崩。“大统未集”者，非文王之德不足以受天下，是时纣之恶未至于亡天下也。文王以安天下为心，故予小子亦以安天下为心。　正当在“大告武成”之下。

“恭天成命，肆予东征，绥厥士女。惟其士女，篚厥玄黄，昭我周王。天休震动，用附我大邑周。”

成命，黜商之定命也。篚，竹器。玄黄，色币也。敬奉天之定命，故我东征，安其士女。士女喜周之来，筐篚盛其玄黄之币，明我周王之德者。是盖天休之所震动，故民用归附我大邑周也。或曰，玄黄，天地之色，“篚厥玄黄”者，明我周王有天地之德也。　正当在“其承厥志”之下。

列爵惟五，分土惟三。建官惟贤，位事惟能。重民五教，惟食丧祭。惇信明义，崇德报功。垂拱而天下治。

列爵惟五，公、侯、伯、子、男也。分土惟三，公、侯百里，伯七十里，子、男五十里之三等也。建官惟贤，不肖者不得进。位事惟能，不才者不得任。五教，君臣、父子、夫妇、兄弟、长幼，五典之教也。食以养生，丧以送死，祭以追远。五教三事，所以立人纪而厚风俗，圣人之所甚重焉者。惇，厚也。厚其信，明其义，信义立而天下无不励之俗；有德者尊之以官，有功者报之以赏，官赏行而天下无不劝之善。夫分封有法，官使有要，五教修而三事举，信义立而官赏行。武王于此复何为哉？垂衣拱手而天下自治矣。史臣述武王政治之本末，言约而事博也如此哉。　正当在“大邑周”之下，而上犹有缺文。按此篇编简错乱，先后失序，刘氏、王氏、程子皆有改正次序，今参考定如右。独“既生魄”、“丁未”二节，以上文及《汉志》日辰推之，其序当如此耳。疑先儒以“王若曰”宜系“受命于周”下，故以“生魄”在“丁未”之后。不知生魄之日，诸侯百工，虽来请命，武王以未祭祖宗、未告天地，未敢发命。乃以丁未庚戌，祀于郊庙、大告武成之后，始告诸侯。上下之交，神人之序，固如此也。读者详之。

洪 范

《汉志》曰:“禹治洪水,锡《洛书》,法而陈之,《洪范》是也。”《史记》:武王克殷,访问箕子以天道,箕子以《洪范》陈之。按:篇内曰“而”、曰“汝”者,箕子告武王之辞,意《洪范》发之于禹,箕子推衍增益以成篇欤。今文、古文皆有。

惟十有三祀,王访于箕子。

商曰祀,周曰年。此曰祀者,因箕子之辞也。箕子尝言“商其沦丧,我罔为臣仆”,《史记》亦载箕子陈《洪范》之后,武王封于朝鲜而不臣也。盖箕子不可臣,武王亦遂其志而不臣之也。访,就而问之也。箕,国名。子,爵也。 苏氏曰:箕子之不臣周也,而“曷为为武王陈《洪范》也?天以是道畀之禹,传至于我,不可使自我而绝。以武王而不传,则天下无可传者矣。故为箕子之道者,传道则可,仕则不可”。

王乃言曰:“呜呼!箕子,惟天阴骘下民,相协厥居,我不知其彝伦攸叙。”

骘,职日反。相,去声。 “乃言”者,难辞,重其问也。箕子称旧邑爵者,方归自商,未新封爵也。骘,定。协,合。彝,常。伦,理也。所谓“秉彝”,人伦也。武王之问,盖曰:天于冥冥之中,默有以安定其民,辅相保合其居止,而我不知其彝伦之所以叙者如何也。

箕子乃言曰:“我闻在昔,鲧陻洪水,汨陈其五行。帝乃震怒,不畀洪范九畴,彝伦攸斁。鲧则殛死,禹乃嗣兴,天乃锡禹洪范九畴,彝伦攸叙。

陻,音殷。汨,音骨。斁,音妒。 “乃言”者,重其答也。陻,塞。汨,乱。陈,列。畀,与。洪,大。范,法。畴,类。斁,败。锡,赐也。帝以主宰言,天以理言也。洪范九畴,治天下之大法,其类有九,即下文“初一”至“次九”者。箕子之答,盖曰:洪范九畴原出于天,鲧逆水性,汨陈五行。故帝震怒,不以与之。此彝伦之所以败也。禹顺水之性,地平天成,故天出书于洛。禹别之以为洪范九畴,此彝伦之所以叙也。彝伦之叙,即九畴之所叙者也。 按孔氏曰:天与禹,

“神龟负文而出，列于背，有数至九。禹遂因而第之，以成九类。”《易》言：“河出图，洛出书，圣人则之。”盖治水功成，洛龟呈瑞。如《箫韶》奏而凤仪，《春秋》作而麟至，亦其理也。世传戴九履一，左三右七，二四为肩，六八为足，即《洛书》之数也。

“初一曰五行，次二曰敬用五事，次三曰农用八政，次四曰协用五纪，次五曰建用皇极，次六曰乂用三德，次七曰明用稽疑，次八曰念用庶征，次九曰向用五福，威用六极。

此九畴之纲也。在天惟五行，在人惟五事。以五事参五行，天人合矣。“八政”者，人之所以因乎天。“五纪”者，天之所以示乎人。“皇极”者，君之所以建极也。“三德”者，治之所以应变也。“稽疑”者，以人而听于天也。“庶征”者，推天而征之人也。福极者，人感而天应也。五事曰敬，所以诚身也。八政曰农，所以厚生也。五纪曰协，所以合天也。皇极曰建，所以立极也。三德曰乂，所以治民也。稽疑曰明，所以辨惑也。庶征曰念，所以省验也。五福曰向，所以劝也。六极曰威，所以惩也。五行不言用，无适而非用也。皇极不言数，非可以数明也。本之以五行，敬之以五事，厚之以八政，协之以五纪，皇极之所以建也；乂之以三德，明之以稽疑，验之以庶征，劝惩之以福极，皇极之所以行也。人君治天下之法，是孰有加于此哉？

“一、五行：一曰水，二曰火，三曰木，四曰金，五曰土。水曰润下，火曰炎上，木曰曲直，金曰从革，土爰稼穑。润下作咸，炎上作苦，曲直作酸，从革作辛，稼穑作甘。

此下九畴之目也。水、火、木、金、土者，五行之生序也。天一生水，地二生火，天三生木，地四生金，天五生土。唐孔氏曰：万物成形，以微著为渐。“五行先后，亦以微著为次。五行之体，水最微，为一；火渐著，为二；木形实，为三；金体固，为四；土质大，为五。”润下、炎上、曲直、从革，以性言也。稼穑，以德言也。“润下”者，润而又下也。“炎上”者，炎而又上也。“曲直”者，曲而又直也。“从革”者，从而又革也。“稼穑”者，稼而又穑也。稼穑独以德言者，土兼五行，无正位，无成性，而其生之德，莫盛于稼穑，故以稼穑言也。稼穑不可以为性也，故不曰“曰”而曰“爰”。爰，于也。于是稼穑而已，非所以名也。作，为也。咸、苦、酸、辛、甘者，五行之味也。五行有声、色、气、味，而独言味者，以其切于民用也。

“二、五事：一曰貌，二曰言，三曰视，四曰听，五曰思。貌曰恭，言曰从，视曰明，听曰聪，思曰睿。恭作肃，从作乂，明作哲，聪作谋，睿作圣。

睿，俞芮反。　貌、言、视、听、思者，五事之叙也。貌泽，水也。言扬，火也。视散，木也。听收，金也。思通，土也。亦人事发见先后之叙。人始生，则形色具矣；既生，则声音发矣；既乂而后能视，而后能听，而后能思也。恭、从、明、聪、睿者，五事之德也。恭者，敬也。从者，顺也。明者，无不见也。聪者，无不闻也。睿者，通乎微也。肃、乂、谋、圣者，五德之用也。肃者，严整也。乂者，条理也。哲者，智也。谋者，度也。圣者，无不通也。

“三、八政：一曰食，二曰货，三曰祀，四曰司空，五曰司徒，六曰司寇，七曰宾，八曰师。

食者，民之所急；货者，民之所资。故食为首，而货次之。食货，所以养生也；祭祀，所以报本也；司空掌土，所以安其居也；司徒掌教，所以成其性也；司寇掌禁，所以治其奸也；宾者，礼诸侯远人，所以往来交际也；师者，除残禁暴也。兵非圣人之得已，故居末也。

“四、五纪：一曰岁，二曰月，三曰日，四曰星辰，五曰历数。

岁者，序四时也。月者，定晦朔也。日者，正躔度也。星，经星、纬星也。辰，日月所会十二次也。历数者，占步之法。所以纪岁、月、日、星辰也。

“五、皇极：皇建其有极。敛时五福，用敷锡厥庶民，惟时厥庶民于汝极。锡汝保极：

皇，君。建，立也。极，犹“北极”之“极”。至极之义，标准之名，中立而四方之所取正焉者也。言人君当尽人伦之至。语父子，则极其亲，而天下之为父子者，于此取则焉；语夫妇，则极其别，而天下之为夫妇者，于此取则焉；语兄弟，则极其爱，而天下之为兄弟者，于此取则焉。以至一事一物之接，一言一动之发，无不极其义理之当然，而无一毫过不及之差，则极建矣。极者，福之本；福者，极之效。极之所建，福之所集也。人君集福于上，非厚其身而已，用敷其福以与庶民，使人人观感而化，所谓“敷锡”也。当时之民，亦皆于君之极，与之保守，不敢失坠，所谓“锡保”也。言皇极君民，所以相与者如此也。

"凡厥庶民，无有淫朋，人无有比德，惟皇作极。

淫朋，邪党也。人，有位之人。比德，私相比附也。言庶民与有位之人，而无淫朋比德者，惟君为之极，而使之有所取正耳。重言君不可以不建极也。

"凡厥庶民，有猷有为有守，汝则念之。不协于极，不罹于咎，皇则受之。而康而色，曰：'予攸好德。'汝则锡之福。时人斯其惟皇之极。

此言庶民也。有猷，有谋虑者。有为，有施设者。有守，有操守者。是三者，君之所当念也。"念之"者，不忘之也，"帝念哉"之"念"。不协于极，未合于善也；不罹于咎，不陷于恶也。未合于善，不陷于恶，所谓中人也。进之则可与为善，弃之则流于恶，君之所当受也。"受之"者，不拒之也，"归斯受之"之"受"。念之受之，随其才而轻重以成就之也。见于外而有安和之色，发于中而有好德之言，汝于是则锡之以福。而是人斯其惟皇之极矣。福者，爵禄之谓。或曰，"锡福"即上文"敛福锡民"之福，非自外来也。曰禄，亦福也，上文指福之全体而言，此则为福之一端而发。苟谓非禄之福，则于下文"于其无好德，汝虽锡之福，其作汝用咎"，为不通矣。

"无虐茕独而畏高明，

茕独，庶民之至微者也；高明，有位之尊显者也。各指其甚者而言。庶民之至微者，有善则当劝勉之；有位之尊显者，有不善则当惩戒之。此结上章而起下章之义。

"人之有能有为，使羞其行，而邦其昌。凡厥正人，既富方谷，汝弗能使有好于而家，时人斯其辜。于其无好德，汝虽锡之福，其作汝用咎。

此言有位者也。有能，有才智者。羞，进也。使进其行，则官使者皆贤才，而邦国昌盛矣。"正人"者，在官之人，如《康诰》所谓"惟厥正人"者。富，禄之也。谷，善也。在官之人，有禄可仰，然后可责其为善。廪禄不继，衣食不给，不能使其和好于而家，则是人将陷于罪戾矣。于其不好德之人，而与之以禄，则为汝用咎恶之人也。此言禄以与贤，不可及恶德也。必富之而后责其善者，圣人设教，欲中人以上，皆可能也。

"无偏无陂，遵王之义；无有作好，遵王之道；无有作恶，遵王之路。无偏无党，王道荡荡；无党无偏，王道平平；无反无侧，王道正直。会其有极，归其有极。

偏，不中也。陂，不平也。作好、作恶，好恶加之意也。党，不公也。反，倍常也。侧，不正也。偏、陂、好、恶，己私之生于心也；偏、党、反、侧，己私之见于事也。王之义、王之道、王之路，皇极之所由行也。荡荡，广远也。平平，平易也。正直，不偏邪也。皇极正大之体也。遵义、遵道、遵路，会其极也；荡荡、平平、正直，归其极也。会者，合而来也。归者，来而至也。此章盖《诗》之体，所以使人吟咏而得其情性者也。夫歌咏以协其音，反复以致其意。戒之以私，而惩创其邪思；训之以极，而感发其善性。讽咏之间，恍然而悟，悠然而得，忘其倾斜狭小之念，达乎公平广大之理。人欲消熄，天理流行，会极归极，有不知其所以然而然者。其功用深切，与《周礼》大师教以六诗者，同一机而尤要者也。后世此意不传，皇极之道，其不明于天下也宜哉！

"曰：皇极之敷言，是彝是训，于帝其训。

曰，起语辞。敷言，上文敷衍之言也。言人君以极之理，而反复推衍为言者，是天下之常理，是天下之大训，非君之训也，天之训也。盖理出乎天，言纯乎天，则天之言矣。此赞敷言之妙如此。

"凡厥庶民，极之敷言，是训是行，以近天子之光。曰：天子作民父母，以为天下王。

光者，道德之光华也。天子之于庶民，性一而已。庶民于极之敷言，是训是行，则可以近天子道德之光华也。曰者，民之辞也。谓之"父母"者，指其恩育而言，亲之之意；谓之"王"者，指其君长而言，尊之之意。言天子恩育君长乎我者，如此其至也。言民而不言人者，举小以见大也。

"六、三德：一曰正直，二曰刚克，三曰柔克。平康正直，强弗友刚克，燮友柔克。沈潜刚克，高明柔克。

克，治。友，顺。燮，和也。正直、刚、柔，三德也。正者无邪，直者无曲。"刚克"、"柔克"者，威福予夺，抑扬进退之用也。"强弗友"者，强梗弗顺者也。"燮友"者，和柔委顺者也。"沈潜"者，沉深潜退，不及中者也。"高明"者，高亢明爽，过乎中者也。盖习俗之偏，气禀之过者也。故平康正直，无所事乎矫拂，无为而治是也。强弗友刚克，以刚克刚也；燮友柔克，以柔克柔也；沉潜刚克，以刚克柔也；高明柔克，以柔克刚也。正直之用一，而刚柔之用四也。圣人抚世酬物，因时制宜，三德乂用。阳以舒之，阴以敛之，执其两端，用其中于民，所以纳天下民俗于皇极者盖如此。

“惟辟作福，惟辟作威，惟辟玉食。臣无有作福作威玉食。

“福威”者，上之所以御下；“玉食”者，下之所以奉上也。曰“惟辟”者，戒其权不可下移。曰“无有”者，戒其臣不可上僭也。

“臣之有作福作威玉食，其害于而家，凶于而国。人用侧颇僻，民用僭忒。

忒，惕德反。 颇，不平也。僻，不公也。僭，逾。忒，过也。臣而僭上之权，则大夫必害于而家，诸侯必凶于而国。有位者，固侧颇僻而不安其分；小民者，亦僭忒而逾越其常。甚言人臣僭上之患如此。

“七、稽疑：择建立卜筮人，乃命卜筮。

稽，考也。有所疑，则卜筮以考之。龟曰卜，蓍曰筮。蓍龟者，至公无私，故能绍天之明。“卜筮”者，亦必至公无私，而后能传蓍龟之意。必择是人而建立之，然后使之卜筮也。

“曰雨，曰霁，曰蒙，曰驿，曰克，

此卜兆也。雨者，如雨，其兆为水；霁者，开霁，其兆为火；蒙者，蒙昧，其兆为木；驿者，络绎不属，其兆为金；克者，交错有相胜之意，其兆为土。

“曰贞，曰悔，

此占卦也。内卦为贞，外卦为悔。《左传》“蛊之贞风，其悔山”，是也。又有以遇卦为贞，之卦为悔；《国语》“贞屯悔豫，皆八”，是也。

“凡七。卜五，占用二，衍忒。

凡七，雨、霁、蒙、驿、克、贞、悔也。卜五，雨、霁、蒙、驿、克也。占二，贞、悔也。衍，推。忒，过也。所以推人事之过差也。

“立时人作卜筮。三人占，则从二人之言。

凡卜筮必立三人，以相参考。旧说卜有玉兆、瓦兆、原兆，筮有《连山》、《归藏》、《周易》者，非是。谓之三人，非三卜筮也。

“汝则有大疑，谋及乃心，谋及卿士，谋及庶人，谋及卜筮。汝则从，龟从，筮从，卿士从，庶民从，是之谓大同。身其康强，子孙其逢，吉。汝则从，龟从，筮从，卿士逆，庶民逆，吉。卿士从，龟从，筮从，汝则逆，庶民逆，吉。庶民从，龟从，筮从，汝则逆，卿士逆，吉。汝则从，龟从，筮逆，卿士逆，庶民逆，作内吉，作外凶。龟筮共违于人，用静吉，用作凶。

稽疑以龟筮为重。人与龟筮皆从，是之谓大同，固吉也。人一从而龟筮不违者，亦吉。龟从筮逆，则可作内，不可作外。内谓祭祀等事，外谓征伐等事。龟筮共违，则可静，不可作。静谓守常，作谓动作也。然有龟从筮逆，而无筮从龟逆者，龟尤圣人所重也。故《礼记》"大事卜，小事筮"，《传》谓"筮短龟长"，是也。自夫子赞《易》，极著蓍卦之德，蓍重而龟书不传云。

"八、庶征：曰雨，曰旸，曰燠，曰寒，曰风。曰时五者来备，各以其叙，庶草蕃庑。

征，验也。庑，丰茂。所验者非一，故谓之"庶征"。雨、旸、燠、寒、风，各以时至，故曰时也。备者，无缺少也。叙者，应节侯也。五者备而不失其叙，庶草且蕃庑矣，则其他可知也。雨属水，旸属火，燠属木，寒属金，风属土。吴仁杰曰："《易》以坎为水，北方之卦也。"又曰："雨以润之，则雨为水矣。离为火。南方之卦也。"又曰："日以烜之，则旸为火矣。"《小明》之诗首章云："我征徂西，二月初吉。"三章云："昔我往矣，日月方燠。"夫以二月为燠，则燠之为春为木，明矣。《汉志》引狐突"金寒"之言，颜师古谓："金行在西，故谓之寒。"则寒之为秋为金，明矣。又按："稽疑"以雨属水，以霁属火。霁，旸也。则庶征雨之为水，旸之为火，类例抑又甚明。盖五行乃生数自然之叙，五事则本于五行，庶征则本于五事。其条理次第，相为贯通，有秩然而不可紊乱者也。

"一极备，凶；一极无，凶。

极备，过多也。极无，过少也。唐孔氏曰："雨多则涝，雨少则旱。是极备亦凶，极无亦凶。"余准是。

"曰休征：曰肃，时雨若；曰乂，时旸若；曰哲，时燠若；曰谋，时寒若；曰圣，时风若。曰咎征：曰狂，恒雨若；曰僭，恒旸若；曰豫，恒燠若；曰急，恒寒若；曰蒙，恒风若。

狂，妄。僭，差。豫，怠。急，迫。蒙，昧也。在天为五行，在人为五事。五事修，则休征各以类应之；五事失，则咎征各以类应之。自然之理也。然必曰某事得，则某休征应；某事失，则某咎征应。则亦胶固不通，而不足与语造化之妙矣。天人之际，未易言也。失得之几，应感之微，非知道者，孰能识之哉？

“曰王省惟岁，卿士惟月，师尹惟日。

岁、月、日，以尊卑为征也。王者之失得，其征以岁；卿士之失得，其征以月；师尹之失得，其征以日。盖雨、旸、燠、寒、风，五者之休咎，有系一岁之利害，有系一月之利害，有系一日之利害。各以其大小言也。

“岁月日时无易，百谷用成，乂用明，俊民用章，家用平康。

岁、月、日三者，雨、旸、燠、寒、风不失其时，则其效如此，休征所感也。

“日月岁时既易，百谷用不成，乂用昏不明，俊民用微，家用不宁。

日、月、岁三者，雨、旸、燠、寒、风既失其时，则其害如此，咎征所致也。“休征”言岁、月、日者，总于大也；“咎征”言日、月、岁者，著其小也。

“庶民惟星，星有好风，星有好雨。日月之行，则有冬有夏。月之从星，则以风雨。

民之丽乎土，犹星之丽乎天也。好风者箕星，好雨者毕星。《汉志》言轸星亦好雨，意者星宿皆有所好也。日有中道，月有九行。中道者，黄道也。北至东井，去极近；南至牵牛，去极远；东至角，西至娄，去极中，是也。九行者，黑道二，出黄道北；赤道二，出黄道南；白道二，出黄道西；青道二，出黄道东。并黄道为九行也。日极南至于牵牛则为冬至，极北至于东井则为夏至。南北中，东至角，西至娄，则为春秋分月。立春、春分从青道，立秋、秋分从白道，立冬、冬至从黑道，立夏、夏至从赤道。所谓“日月之行，则有冬有夏”也。月行东北入于箕，则多风；月行西南入于毕，则多雨。所谓“月之从星，则以风雨”也。民不言省者，庶民之休咎，系乎上人之得失。故但以“月之从星”，以见所以从民之欲者如何尔。夫民生之众，寒者欲衣，饥者欲食，鳏寡孤独者之欲得其所。此王政之所先，而卿士师尹近民者之责也。然星虽有好风好雨之异，而日月之行，则有冬有夏之常。以月之常行而从星之异好，以卿士师尹之常职而从民之异欲，则其从民者，非所以徇民矣。言日月而不言岁者，有冬有夏，所以成岁功也。言月而不言日者，从星惟月为可见耳。

“九、五福：一曰寿，二曰富，三曰康宁，四曰攸好德，五曰考终命。

人有寿而后能享诸福，故寿先之。富者，有廪禄也；“康宁”者，无患难也；“攸好德”者，乐其道也；“考终命”者，顺受其正也。以福之急缓为先后。

“六极：一曰凶短折，二曰疾，三曰忧，四曰贫，五曰恶，六曰弱。”

凶者，不得其死也。“短折”者，横夭也。祸莫大于凶、短折，故先言之。疾者，身不安也；忧者，心不宁也；贫者，用不足也；恶者，刚之过也；弱者，柔之过也。以极下重轻为先后。五福六极，在君则系于极之建不建，在民人则由于训之行不行。感应之理微矣。

旅 獒

西旅贡獒，召公以为非所当受，作书以戒武王。亦训体也。因以“旅獒”名篇。今文无，古文有。

惟克商，遂通道于九夷八蛮。西旅底贡厥獒。太保乃作《旅獒》，用训于王。

獒，牛刀反。　九夷八蛮，多之称也。《职方》言“四夷八蛮”，《尔雅》言“九夷八蛮”，但言其非一而已。武王克商之后，威德广被九州之外，蛮夷戎狄莫不梯山航海而至。曰“通道”云者，盖蛮夷来王，则道路自通，非武王有意于开四夷，而斥大境土也。西旅，西方蛮夷国名。犬高四尺曰獒。按：《说文》曰：“犬知人心可使者。”《公羊传》曰：晋灵公欲杀赵盾，盾躇阶而走。灵公呼獒而属之，獒亦躇阶而从之。则獒能晓解人意，猛而善搏人者，异于常犬，非特以其高大也。太保，召公奭也。《史记》云：“与周同姓，姬氏。”此《旅獒》之本序。

曰：“呜呼！明王慎德，四夷咸宾，无有远迩，毕献方物，惟服食器用。”

谨德，盖一篇之纲领也。方物，方土所生之物。明王谨德，四夷咸宾，其所贡献，惟服食器用而已。言无异物也。

“王乃昭德之致于异姓之邦，无替厥服；分宝玉于伯叔之国，时庸展亲。人不易物，惟德其物。

昭，示也。德之致，谓上文所贡方物也。昭示方物于异姓之诸侯，使之无废其职；分宝玉于同姓之诸侯，使之益厚其亲。如分陈以肃慎氏之矢，分鲁以夏后氏之璜之类。王者以其德所致方物，分赐诸侯，故诸侯亦不敢轻易其物，而以德视其物也。

“德盛不狎侮。狎侮君子，罔以尽人心。狎侮小人，罔以尽其力。

尽，子忍反。　德盛，则动容周旋皆中礼，然后能无狎侮之心。言谨德不可不极其至也。德而未至，则未免有狎侮之心。狎侮君子，则色斯举矣，彼必高蹈远引，望望然而去，安能尽其心？狎侮小人，虽其微贱畏威易役，然至愚而神，亦安能尽其力哉？

“不役耳目，百度惟贞。

贞，正也。不役于耳目之所好，百为之度，惟其正而已。

“玩人丧德，玩物丧志。

玩人，即上文“狎侮君子”之事。玩物，即上文“不役耳目”之事。德者，己之所得。志者，心之所之。

“志以道宁，言以道接。

道者，所当由之理也。己之志以道而宁，则不至于妄发；人之言以道而接，则不至于妄受。存乎中者，所以应乎外；制乎外者，所以养其中。古昔圣贤相授心法也。

“不作无益害有益，功乃成；不贵异物贱用物，民乃足。犬马非其土性不畜，珍禽奇兽不育于国。不宝远物，则远人格；所宝惟贤，则迩人安。

孔氏曰：“游观为无益，奇巧为异物。”苏氏曰：周穆王得白狐白鹿，而荒服因以不至。此章凡三节，至“所宝惟贤”则益切至矣。

“呜呼！夙夜罔或不勤，不矜细行，终累大德。为山九仞，功亏一篑。

或，犹言万一也。吕氏曰：此即谨德工夫。“或”之一字，最有意味。一暂止息，则非谨德矣。矜，“矜持”之“矜”。八尺曰仞。细行、一篑，指受獒而言也。

“允迪兹，生民保厥居，惟乃世王。”

信能行此，则生民保其居，而王业可永也。盖人主一身，实万化之原。苟于理有毫发之不尽，即遗生民无穷之害，而非创业垂统可继之道矣。以武王之圣，召公所以警戒之者如此，后之人君，可不深思而加念之哉？

金 縢

縢，徒登反。 武王有疾，周公以王室未安，殷民未服，根本易摇，故请命三王，欲以身代武王之死。史录其册祝之文，并叙其事之始末，合为一篇。以其藏于金縢之匮，编书者因以"金縢"名篇。今文、古文皆有。 唐孔氏曰："发首至'王季、文王'，史叙将告神之事也。'史乃册祝'至'屏璧与珪'，记告神之辞也。自'乃卜'至'乃瘳'，记卜吉及王病瘳之事也。自'武王既丧'已下，记周公流言居东，及成王迎归之事也。"

既克商二年，王有疾，弗豫。

记年，见其克商之未久也。弗豫，不悦豫也。

二公曰："我其为王穆卜。"

二公，太公、召公也。李氏曰：穆者，敬而有和意。穆卜，犹言共卜也。愚谓古者国有大事卜，则公卿、百执事皆在。诚一而和同，以听卜筮，故名其卜曰"穆卜"。下文成王因风雷之变，王与大夫尽弁，启金縢之书以卜者，是也。先儒专以穆为敬，而于所谓"其勿穆卜"，则义不通矣。

周公曰："未可以戚我先王。"

戚，忧恼之意。未可以武王之疾而忧恼我先王也，盖却二公之卜。

公乃自以为功，为三坛同墠。为坛于南方，北面，周公立焉。植璧秉珪，乃告太王、王季、文王。

墠，上演、时战二反。 功，事也。筑土曰坛，除地曰墠。三坛，三王之位，皆南向。三坛之南，别为一坛北向，周公所立之地也。植，置也。珪璧，所以礼神。《诗》言"圭璧既卒"，《周礼》：裸圭以祀先王。周公却二公之卜，而乃自以为功者，盖二公不过卜武王之安否尔，而周公爱兄之切，危国之至，忠诚恳恳于祖父之前。如下文所云者，有不得尽焉。此其所以自以为功也。又二公穆卜，则必祷于宗庙，用朝廷卜筮之礼。如此则上下喧腾而人心摇动，故周公不于宗庙，而特为坛墠以自祷也。

史乃册祝，曰："惟尔元孙某，遘厉虐疾。若尔三王是有丕子之责于天，以旦代某之身。

遘，居候反。 史，太史也。册祝，如今祝版之类。元孙某，武王也。遘，遇。厉，恶。虐，暴也。丕子，元子也。旦，周公名也。言武王遇恶暴之疾，若尔三王，是有元子之责于天。盖武王为天元子，三王当任其保护之责于天，不可令其死也。如欲其死，则请以旦代武王之身。“于天”之下，疑有缺文。旧说谓天责取武王者，非是。详下文“予仁若考”、“能事鬼神”等语，皆主祖父人鬼为言，至于“乃命帝庭”、“无坠天之降宝命”，则言天命武王如此之大，而三王不可坠天之宝命文意可见。又按：死生有命，周公乃欲以身代武王之死，或者疑之。盖方是时，天下未安，王业未固，使武王死，则宗社倾危，生民涂炭，变故有不可胜言者。周公忠诚切至，欲代其死以输危急，其精神感动，故卒得命于三王。今世之匹夫匹妇，一念诚孝，犹足以感格鬼神，显有应验，而况于周公之元圣乎？是固不可谓无此理也。

“予仁若考能，多材多艺，能事鬼神。乃元孙不若旦多材多艺，不能事鬼神。

周公言我仁顺祖考，多材干，多艺能，可任役使，能事鬼神。武王不如旦多材多艺，不任役使，不能事鬼神。材艺，但指服事、役使而言。

“乃命于帝庭，敷佑四方，用能定尔子孙于下地。四方之民罔不祗畏。呜呼！无坠天之降宝命，我先王亦永有依归。

言武王乃受命于上帝之庭，布文德以佑助四方，用能定尔子孙于下地，使四方之民无不敬畏。其任大，其责重，未可以死，故又叹息申言三王不可坠失天降之宝命。庶先王之祀，亦永有所赖以存也。宝命，即帝庭之命也。谓之宝者，重其事也。

“今我即命于元龟，尔之许我，我其以璧与珪归俟尔命；尔不许我，我乃屏璧与珪。”

即，就也。归俟尔命，俟武王之安也。屏，藏也。屏璧与珪，言不得事神也。盖武王丧，则周之基业必坠。虽欲事神，不可得也。其称尔、称我，无异人子之在膝下以语其亲者。此亦终身慕父母，与不死其亲之意，以见公之达孝也。

乃卜三龟，一习吉。启籥见书，乃并是吉。

籥，与“钥”通。 卜筮必立三人以相参考。“三龟”者，三人所卜之龟也。习，重也，谓三龟之兆一同。开籥见卜兆之书，乃并是吉。

公曰："体！王其罔害。予小子新命于三王，惟永终是图；兹攸俟，能念予一人。"

体，兆之体也。言视其卜兆之吉，王疾其无所害。我新受三王之命，而永终是图矣。"兹攸俟"者，即上文所谓"归俟"也。一人，武王也。言三王能念我武王使之安也。详此言"新命于三王"，不言新命于天，以见果非谓天责取武王也。

公归，乃纳册于金縢之匮中。王翼日乃瘳。

册，祝册也。匮，藏卜书之匮。金縢，以金缄之也。翼日，公归之明日也。瘳，愈也。按：金縢之匮，乃周家藏卜筮书之物，每卜，则以告神之辞书于册；既卜，则纳册于匮而藏之。前后卜皆如此。故前周公"乃卜三龟，一习吉，启籥见书"者，启此匮也。后成王遇风雷之变，欲卜启金縢者，亦启此匮也。盖卜筮之物，先王不敢亵，故金縢其匮而藏之，非周公始为此匮。藏此册祝，为后来自解计也。

武王既丧，管叔及其群弟乃流言于国，曰："公将不利于孺子。"

管叔名鲜，武王弟，周公兄也。群弟，蔡叔度、霍叔处也。流言，无根之言，如水之流，自彼而至此也。孺子，成王也。商人兄死弟立者多。武王崩，成王幼，周公摄政，商人固已疑之。又管叔于周公为兄，尤所觊觎。故武庚、管、蔡流言于国，以危惧成王，而动摇周公也。史氏言管叔及其群弟而不及武庚者，所以深著三叔之罪也。

周公乃告二公曰："我之弗辟，我无以告我先王。"

辟，读为避。郑氏《诗》传言周公以管、蔡流言，辟居东都，是也。汉孔氏以为"致辟于管叔"之"辟"，谓诛杀之也。夫三叔流言，以公将不利于成王，周公岂容遽兴兵以诛之邪？且是时王方疑公，公将请王而诛之邪？将自诛之也。请之固未必从，不请自诛之，亦非所以为周公矣。"我之弗辟，我无以告我先王"，言我不辟则于义有所不尽，无以告先王于地下也。公岂自为身计哉？亦尽其忠诚而已矣。

周公居东二年，则罪人斯得。

居东，居国之东也。郑氏谓避居东都，未知何据。孔氏以居东为东征，非也。方流言之起，成王未知罪人为谁。二年之后，王始知流言之为管、蔡。“斯得”者，迟之之辞也。

于后，公乃为诗以贻王，名之曰《鸱鸮》。王亦未敢诮公。

鸱鸮，恶鸟也。以其破巢取卵，比武庚之败管、蔡及王室也。诮，让也。上文言“罪人斯得”，则是时成王之疑，十已去其四五矣。

秋，大熟，未获，天大雷电以风，禾尽偃，大木斯拔，邦人大恐。王与大夫尽弁以启金縢之书，乃得周公所自以为功代武王之说。

获，胡郭反。弁，皮变反。 王与大夫尽弁以发金縢之书，将卜天变，而偶得周公册祝请命之说也。孔氏谓“二公倡王启之”者，非是。按：“秋，大熟”系于二年之后，则成王迎周公之归，盖二年秋也。《东山》之诗言“自我不见，于今三年”，则“居东”之非东征明矣。盖周公居东二年，成王因风雷之变，既亲迎以归，三叔怀流言之罪，遂胁武庚以叛。成王命周公征之，其东征往反，首尾又自三年也。

二公及王乃问诸史与百执事。

对曰：“信。噫！公命。

句。

“我勿敢言。”

周公卜武王之疾，二公未必不知之。周公册祝之文，二公盖不知也。诸史、百执事，盖卜筮执事之人。成王使卜天变者，即前日周公使卜武王疾之人也。二公及成王得周公自以为功之说，因以问之。故皆谓信有此事。已而叹息，言此实周公之命，而我勿敢言尔。孔氏谓“周公使之勿道”者，非是。

王执书以泣，曰：“其勿穆卜！昔公勤劳王家，惟予冲人弗及知。今天动威以彰周公之德，惟朕小子其新迎，我国家礼亦宜之。”

新，当作“亲”。成王启金縢之书，欲卜天变。既得公册祝之文，遂感悟执书以泣，言不必更卜。昔周公勤劳王室，我幼不及知。今天动威以明周公之德，我小子其亲迎公以归，于国家礼亦宜也。按：郑氏《诗》传：“成王既得金縢之书，亲迎周公。"郑氏学出于伏生，而此篇则伏生所传，当以"亲"为正。"亲"误作"新"，正犹《大学》"新"误作"亲"也。

王出郊，天乃雨，反风，禾则尽起。二公命邦人凡大木所偃，尽起而筑之。岁则大熟。

国外曰郊。"王出郊"者，成王自往迎公，即上文所谓"亲迎"者也。天乃反风，感应如此之速，《洪范》庶征，孰谓其不可信哉？又按：武王疾瘳，四年而崩。群叔流言，周公居东二年，罪人既得，成王迎周公以归。凡六年事也。编书者附于《金縢》之末，以见请命事之首末，《金縢》书之显晦也。

大　诰

武王克殷，以殷余民封受子武庚，命三叔监殷。武王崩，成王立，周公相之。三叔流言："公将不利于孺子。"周公避位居东。后成王悟，迎周公归。三叔惧，遂与武庚叛。成王命周公东征以讨之，大诰天下。《书》言武庚而不言管叔者，为亲者讳也。篇首有"大诰"二字，编书者因以名篇。今文、古文皆有。

按：此篇诰语，多主卜言。如曰"宁王遗我大宝龟"、曰"朕卜并吉"、曰"予得吉卜"、曰"王害不违卜"、曰"宁王惟卜用"、曰"矧亦惟卜用"、曰"予曷其极卜"、曰"矧今卜并吉"，至于篇终，又曰"卜陈惟若兹"，意邦君御事有曰"艰大"、"不可征"，欲王违卜。故周公以讨叛卜吉之义，与天命人事之不可违者，反复诰谕之也。

王若曰："猷！大诰尔多邦越尔御事。弗吊！天降割于我家，不少延。洪惟我幼冲人，嗣无疆大历服。弗造哲，迪民康，矧曰其有能格知天命？

猷，发语辞也，犹《虞书》"咨"、"嗟"之例。按《尔雅》"猷"训最多，曰谋、曰言、曰已、曰图，未知此何训也。吊，恤也，犹《诗》言"不吊昊天"之"吊"。言我不为天所恤，降害于我周家，武王遂丧而不少待也。冲人，成王也。历，历数也。服，五服也。哲，明哲也。格，"格物"之"格"。言大思我幼冲之君，嗣守无疆之大业，弗能造明哲以导民于安康。是人事且有所未至，而况言其能格知天命乎？

"已！予惟小子，若涉渊水，予惟往求朕攸济。敷贲，敷前人受命，兹不忘大功。予不敢闭于天降威用。

已，承上语辞，已而有不能已之意。"若涉渊水"者，喻其心之忧惧。"求朕攸济"者，冀其事之必成。敷，布。贲，饰也。"敷贲"者，修明其典章法度。"敷前人受命"者，增益开大前王之基业。若此者，所以不忘武王安天下之大功也。今武庚不靖，天固诛之，予岂敢闭抑天之威用而不用行讨乎？

"宁王遗我大宝龟，绍天明。即命曰：有大艰于西土，西土人亦不静，越兹蠢。

宁王，武王也，下文又曰“宁考”。苏氏曰：“当时谓武王为宁王，以其克殷而安天下也。”蠢，动而无知之貌。“宁王遗我大宝龟”者，以其可以绍介天命，以定吉凶。曩尝即龟所命，而其兆谓将有大艰难之事于西土，西土之人亦不安静。是武庚未叛之时，而龟之兆盖已预告矣。及此果蠢蠢然而动，其卜可验如此。将言下文伐殷卜吉之事，故先发此，以见卜之不可违也。

“殷小腆诞敢纪其叙。天降威，知我国有疵，民不康，曰：予复！反鄙我周邦。

腆，他典反。疵，才支反。　腆，厚。诞，大。叙，绪。疵，病也。言武庚以小厚之国，乃敢大纪其既亡之绪。是虽天降威于殷，然亦武庚知我国有三叔疵隙，民心不安。故敢言我将复殷业，而欲反鄙邑我周邦也。

“今蠢，今翼日，民献有十夫，予翼以于，敉宁武图功。我有大事休，朕卜，并吉。”

敉，音弭。　于，往。敉，抚。武，继也。谓今武庚蠢动，今之明日，民之贤者十夫，辅我以往抚定商邦，而继嗣武王所图之功也。大事，戎事。《左传》云：“国之大事，在祀与戎。”休，美也。言知我有戎事休美者，以朕卜三龟而并吉也。按：上文“即命曰‘有大艰于西土’”，盖卜于武王方崩之时。此云“朕卜，并吉”，乃卜于将伐武庚之日。先儒合以为一，误矣。

“肆予告我友邦君越尹氏、庶士、御事，曰：‘予得吉卜，予惟以尔庶邦于伐殷逋播臣。’

此举尝以卜吉之故，告邦君御事往伐武庚之辞也。肆，故也。尹氏，庶官之正也。“殷逋播臣”者，谓武庚及其群臣，本逋亡播迁之臣也。

“尔庶邦君越庶士、御事，罔不反曰：‘艰大，民不静，亦惟在王宫邦君室。越予小子考翼不可征，王害不违卜？’

此举邦君、御事不欲征，欲王违卜之言也。邦君、御事无不反曰，艰难重大，不可轻举。且民不静，虽由武庚，然亦在于王之宫、邦君之室。谓三叔不睦之故，实兆衅端，不可不自反。害，曷也。越我小子与父老敬事者皆谓不可征，王曷不违卜而勿征乎？

“肆予冲人永思艰曰，呜呼！允蠢鳏寡，哀哉！予造天役，遗大投艰于朕身，越予冲人，不卬自恤。义尔邦君越尔

多士、尹氏、御事，绥予曰：‘无毖于恤，不可不成乃宁考图功！’

卬，五刚反。毖，音秘。 造，为。卬，我也。故我冲人亦永思其事之艰大，叹息言，信四国蠢动，害及鳏寡，深可哀也。然我之所为，皆天之所役使。今日之事，天实以其甚大者，遗于我之身；以其甚艰者，投于我之身。于我冲人，固不暇自恤矣。然以义言之，于尔邦君、于尔多士及官正治事之臣，当安我曰：无劳于忧，诚不可不成武王所图之功，相与戮力致讨可也。此章深责邦君、御事之避事。

“已！予惟小子，不敢替上帝命。天休于宁王，兴我小邦周，宁王惟卜用，克绥受兹命。今天其相民，矧亦惟卜用。呜呼！天明畏，弼我丕丕基！”

卜伐武庚而吉，是上帝命伐之也。上帝之命，其敢废乎？昔天眷武王，由百里而有天下，亦惟卜用。所谓“朕梦协朕卜，袭于休祥”是也。今天相佑斯民，避凶趋吉，况亦惟卜是用。是上而先王，下而小民，莫不用卜，而我独可废卜乎？故又叹息言天之明命可畏如此，是盖辅成我丕丕基业，其可违也？天明，即上文所谓“绍天明”者。

王曰：“尔惟旧人，尔丕克远省，尔知宁王若勤哉！天閟毖我成功所，予不敢不极卒宁王图事。肆予大化诱我友邦君，天棐忱辞，其考我民，予曷其不于前宁人图功攸终？天亦惟用勤毖我民，若有疾，予曷敢不于前宁人攸受休毕？”

閟，音秘。 当时邦君、御事，有武王之旧臣者，亦惮征役。上文“考翼不可征”是也。故周公专呼旧臣而告之曰：尔惟武王之旧人，尔大能远省前日之事，尔岂不知武王若此之勤劳哉？閟者，否闭而不通。毖者，艰难而不易。言天之所以否闭艰难、国家多难者，乃我成功之所在。我不敢不极卒武王所图之事也。化者，化其固滞。诱者，诱其顺从。棐，辅也。宁人，武王之大臣。当时谓武王为宁王，因谓武王之大臣为宁人也。民献十夫以为可伐，是天辅以诚信之辞，考之民而可见矣。我曷其不于前宁人而图功所终乎？“勤毖我民，若有疾”者，四国勤毖我民，如人有疾，必速攻治之。我曷其不于前宁人所受休美而毕之乎？按：此三节，谓不可不卒终毕宁王宁人事功休美之意。言“宁人”，则旧人之不欲征者，亦可愧矣。

王曰："若昔朕其逝，朕言艰日思。若考作室，既厎法，厥子乃弗肯堂，矧肯构？厥父菑，厥子乃弗肯播，矧肯获？厥考翼其肯曰：予有后弗弃基？肆予曷敢不越卬敉宁王大命？

昔，前日也，犹《孟子》"昔者"之"昔"。若昔我之欲往，我亦谓其事之难，而日思之矣，非轻举也。以作室喻之，父既厎定广狭高下，其子不肯为之堂基，况肯为之造屋乎？以耕田喻之，父既反土而菑矣，其子乃不肯为之播种，况肯俟其成而刈获之乎？考翼，父敬事者也。为其子者如此，则考翼其肯曰：我有后嗣弗弃我之基业乎？盖武王定天下，立经陈纪，如作室之厎法，如治田之既菑。今三监叛乱，不能讨平以终武王之业，则是不肯堂、不肯播，况望其肯构、肯获，而延绵国祚于无穷乎？武王在天之灵，亦必不肯自谓其有后嗣而不弃坠其基业矣。故我何敢不及我身之存以抚存武王之大命乎？按：此三节，申喻不可不终武功之意。

"若兄考，乃有友伐厥子，民养其劝弗救？"

民养，未详。苏氏曰："养，厮养也。"谓人之臣仆。大意言若父兄有友攻伐其子，为之臣仆者，其可劝其攻伐而不救乎？父兄以喻武王，友以喻四国，子以喻百姓，民养以喻邦君、御事。今王之四国毒害百姓，而邦君臣仆乃惮于征役。是长其患而不救，其可哉？此言民被四国之害，不可不救援之意。

王曰："呜呼！肆哉，尔庶邦君越尔御事。爽邦由哲，亦惟十人迪知上帝命，越天棐忱，尔时罔敢易法，矧今天降戾于周邦？惟大艰人诞邻胥伐于厥室，尔亦不知天命不易？

肆，放也，欲其舒放而不畏缩也。爽，明也，"爽厥师"之"爽"。桀昏德，汤伐之，故言爽师；受昏德，武王伐之，故言爽邦。言昔武王之明大命于邦，皆由明智之士，亦惟乱臣十人，蹈知天命，及天辅武王之诚，以克商受。尔于是时，不敢违越武王法制，惮于征役。矧今武王死，天降祸于周。首大难之四国，大近相攻于其室，事危势迫如此。尔乃以为不可征，尔亦不知天命之不可违越矣。此以今昔互言，责邦君、御事之不知天命。按：先儒皆以十人为十夫。然十夫，民之贤者尔，恐未可以为"迪知帝命"，未可以为"越天棐忱"。所谓"迪知"者，蹈行真知之词也。越天棐忱，天命已归之词也。非乱臣昭武王以受天命者，不足以当之。况《君奭》之书，周公历举虢叔、闳夭之徒亦曰“迪知天威”，于受殷命，亦曰“若天棐忱”。详周公前后所言，则十人之为乱臣，又何疑哉？

“予永念曰：天惟丧殷，若穑夫，予曷敢不终朕亩？天亦惟休于前宁人。

天之丧殷，若农夫之去草，必绝其根本，我何敢不终我之田亩乎？我之所以终亩者，是天亦惟欲休美于前宁人也。

“予曷其极卜？敢弗于从？率宁人有指疆土。矧今卜，并吉。肆朕诞以尔东征。天命不僭，卜陈惟若兹！”

我何敢尽欲用卜？敢不从尔勿征？盖率循宁人之功，当有指定先王疆土之理。卜而不吉，固将伐之，况今卜而并吉乎？故我大以尔东征。天命断不僭差，卜之所陈盖如此。按：此篇专主卜言。然其上原天命，下述得人，往推宁王、宁人不可不成之功，近指成王、邦君、御事不可不终之责。谆谆乎民生之休戚、家国之兴丧。恳恻切至，不能自已。而反复终始乎卜之一说，以通天下之志，以断天下之疑，以定天下之业。非聪明睿知，神武而不杀者，孰能与于此哉？

微子之命

微，国名。子，爵也。成王既杀武庚，封微子于宋以奉汤祀。史录其诰命以为此篇。今文无，古文有。

王若曰："猷！殷王元子。惟稽古，崇德象贤。统承先王，修其礼物，作宾于王家，与国咸休，永世无穷。

元子，长子也。微子，帝乙之长子，纣之庶兄也。崇德，谓先圣王之有德者，则尊崇而奉祀之也。象贤，谓其后嗣子孙有象先圣王之贤者，则命之以主祀也。言考古制，尊崇成汤之德，以微子象贤而奉其祀也。礼，典礼。物，文物也。修其典礼文物，不使废坏，以备一王之法也。孔子曰："夏礼吾能言之，杞不足征也；殷礼吾能言之，宋不足征也。文献不足故也。"殷之典礼，微子修之。至孔子时，已不足征矣，故夫子惜之。宾，以客礼遇之也，《振鹭》言"我客戾止"。《左传》谓宋先代之后，"天子有事膰焉，有丧拜焉"者也。吕氏曰：先王之心，公平广大，"非若后世灭人之国，惟恐苗裔之存，为子孙害。成王命微子，方且抚助爱养，欲其与国咸休，永世无穷。公平广大气象，于此可见。"

"呜呼！乃祖成汤，克齐、圣、广、渊，皇天眷佑，诞受厥命。抚民以宽，除其邪虐，功加于时，德垂后裔。

齐，肃也。齐则无不敬，圣则无不通。广，言其大。渊，言其深也。诞，大也。皇天眷佑，诞受厥命，即伊尹所谓"天监厥德，用集大命"者。抚民以宽，除其邪虐，即伊尹所谓"代虐以宽，兆民允怀"者。功加于时，言其所及者众。德垂后裔，言其所传者远也。后裔，即微子也。此崇德之意。

"尔惟践修厥猷，旧有令闻。恪慎克孝，肃恭神人。予嘉乃德，曰笃不忘。上帝时歆，下民祗协，庸建尔于上公，尹兹东夏。

猷，道。令，善。闻，誉也。微子践履修举成汤之道，旧有善誉，非一日也。恪，敬也。恪谨克孝，肃恭神人，指微子实德而言。抱祭器归周，亦其一也。笃，厚也。我善汝德，曰厚而不忘也。歆，飨。庸，用也。王者之后称公，故曰上公。尹，治也。宋亳在东，故曰“东夏”。此象贤之意。

“钦哉！往敷乃训，慎乃服命，率由典常，以蕃王室。弘乃烈祖，律乃有民，永绥厥位，毗予一人。世世享德，万邦作式，俾我有周无斁。

斁，音亦。　此因戒勉之也。服命，上公服命也。宋，王者之后。成汤之庙，当有天子礼乐。虑有僭拟之失，故曰谨其服命，率由典常，以戒之也。弘，大。律，范。毗，辅。式，法。斁，厌也，即《诗》言“在此无斁”之意。　林氏曰：偪生于僭，僭生于疑。非疑无僭，非僭无偪。谨其服命，遵守典常，安有偪僭之过哉？鲁实侯爵，乃以天子礼乐祀周公，亦既不谨矣。其后遂用于群公之庙，甚至季氏僭八佾，三家僭雍彻。其原一开，末流无所不至。成王于宋，谨慎如此，必无赐周公以天子礼乐之事。岂周室既衰，鲁窃僭用，托为成王之赐，伯禽之受乎？

“呜呼！往哉！惟休无替朕命。”

叹息言，汝往之国，当休美其政，而无废弃我所命汝之言也。

康 诰

康叔，文王之子，武王之弟。武王诰命为卫侯。今文、古文皆有。 按：《书序》以《康诰》为成王之书。今详本篇，康叔于成王为叔父，成王不应以弟称之。说者谓周公以成王命诰，故曰弟。然既谓之"王若曰"，则为成王之言，周公何遽自以弟称之也？且《康诰》、《酒诰》、《梓材》三篇，言文王者非一，而略无一语以及武王，何邪？说者又谓"寡兄勖"为称武王，尤为非义。"寡兄"云者，自谦之辞，寡德之称。苟语他人，犹之可也？武王，康叔之兄，家人相语，周公安得以武王为寡兄而告其弟乎？或又谓康叔在武王时尚幼，故不得封。然康叔，武王同母弟，武王分封之时年已九十，安有九十之兄同母弟尚幼不可封乎？且康叔，文王之子；叔虞，成王之弟。周公东征，叔虞已封于唐。岂有康叔得封，反在叔虞之后？必无是理也。又按：《汲冢周书·克殷篇》言王即位于社南，群臣毕从，毛叔郑奉明水，卫叔封传礼，召公奭赞采，师尚父牵牲。《史记》亦言"卫康叔封布兹"，与《汲书》大同小异。康叔在武王时非幼，亦明矣。特序《书》者，不知《康诰》篇首四十八字为《洛诰》脱简，遂因误为成王之书。是知《书序》果非孔子所作也。《康诰》、《酒诰》、《梓材》篇次当在《金縢》之前。

惟三月哉生魄，周公初基作新大邑于东国洛，四方民大和会。侯甸男邦、采卫百工、播民和见，士于周。周公咸勤，乃洪大诰治。

三月，周公摄政七年之三月也。始生魄，十六日也。百工，百官也。士，《说文》曰："事也。"《诗》曰："勿士行枚。"吕氏曰：斧斤版筑之事，亦甚劳矣。而"民大和会"，悉来赴役，即文王作灵台，庶民子来之意。苏氏曰："此《洛诰》之文，当在'周公拜手稽首'之上。"

王若曰："孟侯，朕其弟，小子封。

王，武王也。孟，长也。言为诸侯之长也。封，康叔名，旧说周公以成王命诰康叔者，非是。

"惟乃丕显考文王，克明德慎罚；

左氏曰："明德谨罚，文王所以造周也。明德，务崇之之谓。谨罚，务去之之谓。"明德谨罚，一篇之纲领。"不敢侮鳏寡"以下，文王明德谨罚也；"汝念哉"以下，欲康叔明德也；"敬明乃罚"以下，欲康叔谨罚也；"爽惟民"以下，欲其以德行罚也；"封敬哉"以下，欲其不用罚而用德也，终则以天命殷民结之。

"不敢侮鳏寡，庸庸，祗祗，威威，显民，用肇造我区夏，越我一、二邦以修。我西土惟时怙冒，闻于上帝，帝休，天乃大命文王，殪戎殷，诞受厥命。越厥邦厥民，惟时叙，乃寡兄勖。肆汝小子封，在兹东土。"

殪，壹计反。　鳏寡，人所易忽也。于人易忽者而不忽焉，以见圣人无所不敬畏也，即尧"不虐无告"之意。论文王之德而首发此，非圣人不能也。庸，用也。用其所当用，敬其所当敬，威其所当威，言文王用能敬贤讨罪，一听于理，而己无与焉。故德著于民，用始造我区夏，及我一二友邦，渐以修治。至罄西土之人，怙之如父，冒之如天。明德昭升，闻于上帝，帝用休美，乃大命文王，殪灭大殷，大受其命。万邦万民，各得其理，莫不时叙，汝寡德之兄，亦勉力不怠。故尔小子封，得以在此东土也。吴氏曰：殪戎殷，武王之事也。此称文王者，武王不敢以为己之功也。　又按："东土"云者，武王克商，分纣城朝歌，以北为邶，南为墉，东为卫。意邶、墉为武庚之封，而卫即康叔也。《汉书》言周公善康叔不从管、蔡之乱，似地相比近之辞，然不可考矣。

王曰："呜呼！封，汝念哉！今民将在祗遹乃文考，绍闻衣德言。往敷求于殷先哲王，用保乂民，汝丕远惟商耉成人，宅心知训。别求闻由古先哲王，用康保民。弘于天，若德裕乃身，不废在王命！"

遹，音聿、音述。　此下明德也。遹，述。衣，服也。今治民将在敬述文考之事，继其所闻，而服行文王之德言也。往，之国也。宅心，处心也，安汝止之意。知训，知所以训民也。由，行也。曰"保乂"、曰"知训"、曰"康保"，经纬以成文尔。武王既欲康叔祗遹文考，又欲敷求商先哲王，又丕远惟商耉成人，又别闻由古先哲王。近述诸今，远稽诸古，不一而足，以见义理之无尽。《易》曰："君子多识前言往行以蓄其德。"弘者，廓而大之也。天者，理之所从出也。康叔博学以聚之，集义以生之，真积力久，众理该通。此心之天理之所从出者，始恢廓而有余用矣。若是,则心广体胖,动无违礼,斯能不废在王之命也。 吕氏曰:康叔力求圣贤问学,至于弘于天,德裕身,可谓盛矣。止能不废王命,才可免过而已,此见人臣职分之难尽。若欲为子,必须如舜与曾、闵,方能不废父命;若欲为臣,必须如舜与周公,方能不废君命。

王曰:"呜呼!小子封,恫瘝乃身,敬哉!天畏棐忱;民情大可见,小人难保。往尽乃心,无康好逸豫,乃其乂民。我闻曰:'怨不在大,亦不在小;惠不惠,懋不懋。'

恫,音通。瘝,姑还反。 恫,痛。瘝,病也。视民之不安,如疾痛之在乃身,不可不敬之也。天命不常,虽甚可畏,然诚则辅之;民情好恶,虽大可见,而小民至为难保。汝往之国所以治之者非他,惟尽汝心,无自安而好逸豫,乃其所以治民也。古人言:"怨不在大,亦不在小,惟在顺不顺、勉不勉耳。"顺者,顺于理;勉者,勉于行。即上文所谓"往尽乃心,无康好逸豫"者也。

"已!汝惟小子,乃服惟弘王应保殷民,亦惟助王宅天命,作新民。"

服,事。应,和也。汝之事,惟在广上德意,和保殷民,使之不失其所,以助王安定天命,而作新斯民也。此言"明德"之终也。《大学》言"明德",亦举"新民"终之。

王曰:"呜呼!封,敬明乃罚。人有小罪,非眚,乃惟终自作不典,式尔,有厥罪小,乃不可不杀。乃有大罪,非终,乃惟眚灾,适尔,既道极厥辜,时乃不可杀。"

此下"谨罚"也。式,用。适,偶也。人有小罪,非过误,乃其固为乱常之事,用意如此,其罪虽小,乃不可不杀。即《舜典》所谓"刑故无小"也。人有大罪,非是故犯,乃其过误,出于不幸,偶尔如此,既自称道尽输其情,不敢隐匿,罪虽大,时乃不可杀。即《舜典》所谓"宥过无大"也。诸葛孔明治蜀服罪输情者,虽重必释,其"既道极厥辜,时乃不可杀"之意欤?

王曰:"呜呼!封,有叙时,乃大明服,惟民其敕懋和。若有疾,惟民其毕弃咎。若保赤子,惟民其康乂。

"有叙"者,刑罚有次序也。明者,明其罚。服者,服其民也。左氏曰:"乃大明服，已则不明，而杀人以逞，不亦难乎？”敕，戒敕也。民其戒敕而勉于和顺也。若有疾者，以去疾之心去恶也，故民皆弃咎。若保赤子者，以保子之心保善也，故民其安治。

“非汝封刑人杀人，无或刑人杀人。非汝封又曰劓刵人，无或劓刵人。”

刑杀者，天之所以讨有罪，非汝封得以刑之杀之也，汝无或以己而刑杀之。刵，截耳也。刑杀，刑之大者；劓刵，刑之小者。兼举小大以申戒之也。又曰，当在“无或刑人杀人之下”。又按：刵，《周官》“五刑”所无，《吕刑》以为苗民所制。

王曰：“外事，汝陈时臬，司师兹殷罚有伦。”

外事，未详。陈氏曰：外事，有司之事也。臬，法也，为准限之义。言汝于外事，但陈列是法，使有司师此殷罚之有伦者用之尔。　吕氏曰：“外事，卫国事也。《史记》言康叔为周司寇。司寇，王朝之官，职任内事，故以卫国对，言为外事。今按篇中言‘往敷求’、‘往尽乃心’，篇终曰‘往哉！封’，皆令其之国之辞，而未见其留王朝之意。但详此篇，康叔盖深于法者。异时成王或举以任司寇之职，而此则未必然也。”

又曰：“要囚，服念五、六日至于旬时，丕蔽要囚。”

要囚，狱词之要者也。服念，服膺而念之。旬，十日。时，三月。为囚求生道也。蔽，断也。

王曰：“汝陈时臬事，罚蔽殷彝，用其义刑义杀，勿庸以次汝封。乃汝尽逊曰时叙，惟曰未有逊事。

义，宜也。次，“次舍”之“次”。逊，顺也。申言敷陈是法与事，罚断以殷之常法矣。又虑其泥古而不通，又谓其刑其杀，必察其宜于时者而后用之。既又虑其趋时而徇己，又谓刑杀不可以就汝封之意。既又虑其刑杀虽已当罪，而矜喜之心乘之，又谓使汝刑杀尽顺于义，虽曰是有次叙，汝当惟谓未有顺义之事。盖矜喜之心生，乃怠惰之心起，刑杀之所由不中也。可不戒哉？

“已！汝惟小子，未其有若汝封之心。朕心朕德，惟乃知。

已者，语辞之不能已也。小子，幼小之称。言年虽少，而心独善也。尔心之善，固朕知之。朕心朕德，亦惟尔知之。将言用罚之事，故先发其良心焉。

“凡民自得罪：寇攘奸宄，杀越人于货，暋不畏死，罔弗憝。”

暋，音敏。憝，徒対反。　越，颠越也，《盘庚》云“颠越不恭”。暋，强。憝，恶也。自得罪，非为人诱陷以得罪也。凡民自犯罪，为盗贼奸宄，杀人颠越人以取财货强很亡命者，人无不憎恶之也。用罚而加是人，则人无不服。以其出乎人之同恶，而非即乎吾之私心也。特举此以明用罚之当罪。

王曰：“封，元恶大憝，矧惟不孝不友。子弗祗服厥父事，大伤厥考心；于父不能字厥子，乃疾厥子；于弟弗念天显，乃弗克恭厥兄；兄亦不念鞠子哀，大不友于弟。惟吊兹，不于我政人得罪，天惟与我民彝大泯乱。曰：乃其速由文王作罚，刑兹无赦。

吊，音的。　大憝，即上文之“罔弗憝”。言寇攘奸宄，固为大恶而大可恶矣，况不孝不友之人，而尤为可恶者。当商之季，礼义不明，人纪废坏。子不敬事其父，大伤父心；父不能爱子，乃疾恶其子。是父子相夷也。天显，犹《孝经》所谓“天明”，尊卑显然之序也。弟不念尊卑之序，而不能敬其兄；兄亦不念父母鞠养之劳，而大不友其弟，是兄弟相贼也。父子兄弟至于如此，苟不于我为政之人而得罪焉？则天之与我民彝，必大泯灭而紊乱矣。曰者，言如此，则汝其速由文王作罚，刑此无赦，而惩戒之不可缓也。

“不率大戛，矧惟外庶子、训人惟厥正人越小臣、诸节，乃别播敷，造民大誉，弗念弗庸，瘝厥君。时乃引恶，惟朕憝。已！汝乃其速由兹义率杀。

戛，讫黠反。　戛，法也。言民之不率教者，固可大寘之法矣。况外庶子以训人为职，与庶官之长及小臣之有符节者，乃别布条教，违道干誉，弗念其君，弗用其法，以病君上。是乃长恶于下，我之所深恶也。臣之不忠如此，刑其可已乎？汝其速由此义，而率以诛戮之，可也。　按：上言民不孝不友，则“速由文王作罚，刑兹无赦”。此言外庶子、正人小臣背上立私，则“速由兹义率杀”。其曰刑曰杀，若用法峻急者，盖殷之臣民化纣之恶，父子兄弟之无其亲，君臣上下之无其义，非绳之以法，示之以威，殷民孰知不孝、不义之不可干哉？《周礼》所谓“刑乱国，用重典”者是也。然曰“速由文王”、曰“速由兹义”，则其刑、其罚，亦仁厚而已矣。

“亦惟君惟长,不能厥家人越厥小臣、外正,惟威惟虐,大放王命,乃非德用乂。

君长,指康叔而言也。康叔而不能齐其家,不能训其臣,惟威惟虐,大废弃天子之命,乃欲以非德用治。是康叔且不能用上命矣。亦何以责其臣之瘝厥君也哉?

“汝亦罔不克敬典,乃由裕民,惟文王之敬忌。乃裕民曰:‘我惟有及。’则予一人以怿。”

汝罔不能敬守国之常法,由是而求裕民之道。惟文王之敬忌,敬则有所不忽,忌则有所不敢。期裕其民曰:“我惟有及于文王。”则予一人以悦怿矣。此言“谨罚”之终也。穆王训刑亦曰“敬忌”云。

王曰:“封,爽惟民,迪吉康,我时其惟殷先哲王德,用康乂民,作求。矧今民罔迪不适,不迪,则罔政在厥邦。”

此下欲其以德用罚也。求,等也,《诗》曰“世德作求”。言明思夫民,当开导之以吉康。我亦时其惟殷先哲王之德,用以安治其民,为等匹于商先王也。迪,即“迪吉康”之“迪”。况今民无导之而不从者,苟不有以导之,则惟无政于国矣。迪言德而政言刑也。前既严之民,又严之臣,又严之康叔,此则武王之自严畏也。

王曰:“封,予惟不可不监,告汝德之说于罚之行。今惟民不静,未戾厥心,迪屡未同。爽惟天其罚殛我,我其不怨。惟厥罪,无在大亦无在多,矧曰其尚显闻于天。”

戾,止也。又言民不安静,未能止其心之很疾。迪之者虽屡,而未能使之上同乎治。明思天其殛罚我,我何敢怨乎?惟民之罪不在大,亦不在多。苟为有罪,即在朕躬。况曰今庶群腥秽之德,其尚显闻于天乎?

王曰:“呜呼!封,敬哉!无作怨,勿用非谋非彝。蔽时忱,丕则敏德,用康乃心,顾乃德,远乃猷。裕乃以民宁,不汝瑕殄。”

此欲其不用罚而用德也。叹息言汝敬哉,毋作可怨之事,勿用非善之谋、非常之法。惟断以是诚,大法古人之敏德,用以安汝之心,省汝之德,远汝之谋。宽裕不迫,以待民之自安。若是,则不汝瑕疵而弃绝矣。

王曰:"呜呼!肆汝小子封。惟命不于常,汝念哉!无我殄享,明乃服命,高乃听,用康乂民。"

肆,未详。惟命不于常,善则得之,不善则失之,汝其念哉!毋我殄绝所享之国也。明汝侯国服命,高其听,不可卑忽我言,用安治尔民也。

王若曰:"往哉!封,勿替敬,典听朕告,汝乃以殷民世享。"

勿废其所敬之常法,听我所命而服行之,乃能以殷民而世享其国也。世享,对上文"殄享"而言。

酒　诰

商受酗酒，天下化之。妹土，商之都邑，其染恶尤甚。武王以其地封康叔，故作书诰教之云。今文、古文皆有。　按吴氏曰：《酒诰》一书，本是两书，以其皆为酒而诰，故误合而为一。自“王若曰，明大命于妹邦”以下，武王告受故都之书也。自“王曰，封我西土棐徂邦君”以下，武王告康叔之书也。书之体，为一人而作，则首称其人；为众人而作，则首称其众；为一方而作，则首称一方；为天下而作，则首称天下。《君奭》书首称“君奭”，《君陈》书首称“君陈”，为一人而作也；《甘誓》首称“六事之人”，《汤誓》首称“格汝众”，此为众人而作也；《汤诰》首称“万方有众”，《大诰》首称“大诰多邦”，此为天下而作也；《多方》书为四国而作，则首称“四国”，《多士》书为多士而作，则首称“多士”。今《酒诰》为妹邦而作，故首言“明大命于妹邦”，其自为一书无疑。按：吴氏分篇引证，固为明甚。但既谓专诰毖妹邦，不应有“乃穆考文王”之语。意《酒诰》专为妹邦而作，而妹邦在康叔封圻之内，则明大命之责，康叔实任之。故篇首专以妹邦为称，至中篇始名“康叔”以致诰。其曰“尚克用文王教”者，亦申言首章文王诰毖之意。其事则主于妹邦，其书则付之康叔。虽若二篇，而实为一书。虽若二事，而实相首尾。反复参究，盖自为书之一体也。

王若曰：“明大命于妹邦。

妹邦，即《诗》所谓“沬乡”。篇首称“妹邦”者，诰命专为妹邦发也。

“乃穆考文王，肇国在西土。厥诰毖庶邦庶士越少正御事朝夕曰：‘祀兹酒。’惟天降命，肇我民，惟元祀。

穆，敬也，《诗》曰“穆穆文王”是也。上篇言文王明德，则曰“显考”；此篇言文王诰毖，则曰“穆考”，言各有当也。或曰，文王世次为穆，亦通。毖，戒谨也。少正，官之副贰也。文王朝夕敕戒之曰：惟祭祀则用此酒。天始令民作酒者，为大祭祀而已。西土庶邦，远去商邑，文王诰毖，亦谆谆以酒为戒，则商邑可知矣。文王为西伯，故得诰毖庶邦云。

“天降威，我民用大乱丧德，亦罔非酒惟行；越小大邦用丧，亦罔非酒惟辜。

酒之祸人也，而以为天降威者，祸乱之成，是亦天尔。箕子言受酗酒，亦曰“天毒降灾”，正此意也。民之丧德，君之丧邦，皆由于酒。丧德故言“行”，丧邦故言“辜”。

“文王诰教小子有正有事：无彝酒。越庶国：饮惟祀，德将无醉。

小子，少子之称。以其血气未定，尤易纵酒丧德，故文王专诰教之。有正，有官守者。有事，有职业者。无、毋同。彝，常也。毋常于酒，其饮惟于祭祀之时。然亦必以德将之，无至于醉也。

“惟曰我民迪小子，惟土物爱，厥心臧。聪听祖考之彝训，越小大德，小子惟一。

文王言我民亦常训导其子孙，惟土物之爱，勤稼穑，服田亩，无外慕，则心之所守者正，而善日生。为子孙者，亦当聪听其祖父之常训，不可以谨酒为小德。小德、大德，小子惟一视之可也。

“妹土，嗣尔股肱，纯其艺黍稷，奔走事厥考厥长。肇牵车牛，远服贾，用孝养厥父母。厥父母庆，自洗腆，致用酒。

此武王教妹土之民也。嗣，续。纯，大。肇，敏。服，事也。言妹土民当嗣续汝四肢之力，无有怠惰，大修农功，服劳田亩，奔走以事其父兄。或敏于贸易，牵车牛，远事贾，以孝养其父母。父母喜庆，然后可自洗腆致用酒。洗以致其洁，腆以致其厚也。薛氏曰：或大修农功，或远服商贾，以养父母。父母庆，则汝可以用酒也。

“庶士有正越庶伯君子，其尔典听朕教！尔大克羞耇惟君，尔乃饮食醉饱。丕惟曰：尔克永观省，作稽中德。尔尚克羞馈祀，尔乃自介用逸。兹乃允惟王正事之臣，兹亦惟天若元德，永不忘在王家。”

此武王教妹土之臣也。伯，长也。曰“君子”者，贤之也。典，常也。羞，养也。言其大能养老也。惟君，未详。“丕惟曰”者，大言也。介，助也。“用逸”者，用以宴乐也。言尔能常常反观内省，使念虑之发、营为之际，悉稽乎中正之德，而无过不及之差，则德全于身，而可以交于神明矣。如是，则庶几能进馈祀，尔亦可自副而用宴乐也。如此则信为王治事之臣，如此亦惟天顺元德，而永不忘在王家矣。按：上文父母庆则可饮酒，克羞耇则可饮酒，羞馈祀则可饮酒。本欲禁绝其饮，今乃反开其端者，不禁之禁也。圣人之教，不迫而民从者，此也。孝养、羞耇、馈祀，皆因其良心之发而利导之。人果能尽此三者，且为成德之士矣，而何忧其湎酒也哉？

王曰："封，我西土棐徂邦君御事小子，尚克用文王教，不腆于酒，故我至于今，克受殷之命。"

徂，往也。辅佐文王往日之邦君御事小子也。言文王毖酒之教，其大如此。

王曰："封，我闻惟曰：'在昔殷先哲王迪畏天显小民，经德秉哲。自成汤咸至于帝乙，成王畏相。惟御事厥棐有恭，不敢自暇自逸，矧曰其敢崇饮？

以商君臣之不暇逸者，告康叔也。殷先哲王，汤也。"迪畏"者，畏之而见于行也。畏天之明命，畏小民之难保。经其德而不变，所以处己也；秉其哲而不惑，所以用人也。汤之垂统如此。故自汤至于帝乙，贤圣之君六七作。虽世代不同，而皆能成就君德，敬畏辅相。故当时御事之臣，亦皆尽忠辅翼，而有责难之恭，自暇自逸犹且不敢，况曰其敢尚饮乎？

"越在外服，侯、甸、男、卫、邦伯；越在内服，百僚、庶尹、惟亚、惟服、宗工越百姓、里居，罔敢湎于酒。不惟不敢，亦不暇，惟助成王德显越，尹人祗辟。

自御事而下，在外服则有侯、甸、男、卫诸侯与其长伯，在内服则有百僚、庶尹、惟亚、惟服、宗工、国中百姓与夫里居者，亦皆不敢沈湎于酒。"不惟不敢，亦不暇"，"不敢"者，有所畏；"不暇"者，有所勉。惟欲上以助成君德而使之昭著，下以助尹人祗辟而使之益不怠耳。成王，顾上文"成王"而言。祗辟，顾上文"有恭"而言。吕氏曰："尹人者，百官诸侯之长也。"指上文"御事"而言。

"我闻亦惟曰：'在今后嗣王酣身，厥命罔显于民，祗保越怨不易。诞惟厥纵淫泆于非彝，用燕丧威仪，民罔不衋伤心。惟荒腆于酒，不惟自息乃逸。厥心疾很，不克畏死。辜在商邑，越殷国灭无罹。弗惟德馨香祀，登闻于天；诞惟民怨，庶群自酒，腥闻在上。故天降丧于殷，罔爱于殷，惟逸。天非虐，惟民自速辜。'"

衋，乞力反。很，下垦反。罹，邻知反。　以商受荒腆于酒者，告康叔也。后嗣王，受也。受沉酣其身，昏迷于政，命令不著于民。其所祗保者，惟在于作怨之事，不肯悛改。大惟纵淫泆于非彝，《泰誓》所谓"奇技淫巧"也。燕，安也。用安逸而丧其威仪。《史记》：受为酒池肉林，使男女裸而相逐。其威仪之丧如此，此民所以无不痛伤其心，悼国之将亡也。而受方且荒怠，益厚于酒，不思自息其逸，力行无度。其心疾很，虽杀身而不畏也。辜在商邑，虽灭国而不忧也。弗事上帝，无馨香之德以格天；大惟民怨，惟群酗腥秽之德以闻于上。故上天降丧于殷，无有眷爱之意者，亦惟受纵逸故也。天岂虐殷？惟殷人酗酒，自速其辜尔。曰民者，犹曰先民，君臣之通称也。

王曰："封，予不惟若兹多诰。古人有言曰：'人无于水监，当于民监。'今惟殷坠厥命，我其可不大监抚于时！

我不惟如此多言，所以言汤言受如此其详者。古人谓人无于水监，水能见人之妍丑而已，当于民监，则其得失可知。今殷民自速辜，既坠厥命矣，我其可不以殷民之失为大监戒，以抚安斯时乎！

"予惟曰汝劼毖殷献臣，侯、甸、男、卫，矧太史友、内史友、越献臣百宗工，矧惟尔事、服休、服采，矧惟若畴，圻父薄违、农父若保、宏父定辟，矧汝刚制于酒！

劼，丘八反。圻，与"畿"同。　劼，用力也。汝当用力戒谨殷之贤臣与邻国之侯、甸、男、卫，使之不湎于酒也。"毖殷献臣，侯、甸、男、卫"，与文王"毖庶邦、庶士"同义。殷之贤臣、诸侯，固欲知所谨矣。况太史掌六典、八法、八则，内史掌八柄之法，汝之所友者，及其贤臣、百僚、大臣，可不谨于酒乎？太史、内史、献臣、百宗工，固欲知所谨矣。况尔之所事，服休坐而论道之臣，服采起而作事之臣，可不谨于酒乎？曰友、曰事者，国君有所友有所事也。然盛德有不可友者。故《孟子》曰："古之人曰：'事之云乎，岂曰友之云乎？'"服休、服采，固欲知所谨矣。况尔之畴匹而位三卿者，若圻父迫逐违命者乎，若农父之顺保万民者乎，若宏父之制其经界以定法者乎，皆不可不谨于酒也。圻父，政官，司马也，主封圻。农父,教官,司徒也,主农。宏父,事官,司空也,主廓地居民。谓之父者,尊之也。先言圻父者,制殷人湎酒,以政为急也。圻父、农父、宏父,固欲知所谨矣。况汝之身,所以为一国之视效者,可不谨于酒乎?故曰“矧汝刚制于酒”。刚制,亦劼毖之意,刚果用力以制之也。此章自远而近,自卑而尊。等而上之,则欲其自康叔之身始。以是为治,孰能御之?而况毖于酒德也哉?

“厥或诰曰:‘群饮。’汝勿佚,尽执拘以归于周,予其杀。

“群饮”者,商民群聚而饮,为奸恶者也。佚,失也。其者,未定辞也。苏氏曰:“予其杀者,未必杀也。犹今法曰当斩者,皆具狱以待命,不必死也。然必立法者,欲人畏而不敢犯也。群饮,盖亦当时之法。有群聚饮酒,谋为大奸者。其详不可得而闻矣。如今之法,有日夜聚晓散者皆死罪,盖聚而为妖逆者也。使后世不知其详,而徒闻其名。凡民夜相过者,辄杀之可乎?”

“又惟殷之迪诸臣百工,乃湎于酒,勿庸杀之,姑惟教之。

殷受导迪为恶之诸臣、百工,虽湎于酒,未能遽革,而非群聚为奸恶者,无庸杀之,且惟教之。

“有斯明享,乃不用我教辞,惟我一人弗恤,弗蠲乃事,时同于杀。”

有者,不忘之也。斯,此也,指教辞而言。享,“上享下”之“享”。言殷诸臣、百工,不忘教辞,不湎于酒,我则明享之。其不用我教辞,惟我一人不恤于汝,弗洁汝事,时则同汝于群饮诛杀之罪矣。

王曰:“封,汝典听朕毖,勿辩乃司民湎于酒。”

辩,治也。乃司,有司也,即上文诸臣、百工之类。言康叔不治其诸臣、百工之湎酒,则民之湎酒者,不可禁矣。

梓 材

亦武王诰康叔之书。谕以治国之理,欲其通上下之情,宽刑辟之用。而篇中有"梓材"二字,比稽田作室为雅,故以为简编之别,非有他义也。今文、古文皆有。 按此篇文多不类。自"今王惟曰"以下,若人臣进戒之辞。以《书》例推之,曰"今王惟曰"者,犹《洛诰》之"今王即命曰"也;"肆王惟德用"者,犹《召诰》之"肆惟王其疾敬德,王其德之用"也;"已若兹监"者,犹《无逸》"嗣王其监于兹"也;"惟王子子孙孙永保民"者,犹《召诰》"惟王受命,无疆惟休也"。反覆参考,与周公、召公进戒之言,若出一口。意者此篇得于简编断烂之中,文既不全,而进戒烂简,有用明德之语。编书者以与"罔厉杀人"等意合。又武王之诰,有曰"王"、曰"监"云者,而进戒之书,亦有曰"王"、曰"监"云者,遂以为文意相属,编次其后。而不知前之所谓王者,指先王而言,非若今王之为自称也。后之所谓监者,乃"监视"之"监",而非"启监"之"监"也。其非命康叔之书,亦明矣。读书者,优游涵泳,沉潜反复,绎其文义,审其语脉,一篇之中,前则尊谕卑之辞,后则臣告君之语,盖有不可得而强合者矣。

王曰:"封,以厥庶民暨厥臣达大家,以厥臣达王,惟邦君。

大家,巨室也。孟子曰:"为政不难,不得罪于巨室。"孔氏曰:卿大夫及都家也。以厥庶民暨厥臣达大家,则下之情无不通矣;以厥臣达王,则上之情无不通矣。王言臣而不言民者,率土之滨,莫非王臣也。邦君上有天子,下有大家,能通上下之情,而使之无间者,惟邦君也。

"汝若恒。

"越曰我有师师、司徒、司马、司空、尹旅。曰:'予罔厉杀人。'亦厥君先敬劳,肆徂厥敬劳。

"肆往,奸宄、杀人、历人,宥;肆亦见厥君事、戕败人,宥。

恒,常也。师师,以官师为师也。尹,正官之长。旅,众大夫也。敬劳,恭敬劳来也。徂,往也。"历人"者,罪人所过,律所谓知情藏匿资给也。"戕败"

者，毁伤四肢面目，汉律所谓“痏”也。此章文多未详。

“王启监，厥乱为民。曰：‘无胥戕，无胥虐，至于敬寡，至于属妇，合由以容。’王其效邦君越御事，厥命曷以？‘引养引恬。’自古王若兹，监罔攸辟！

监，“三监”之“监”，康叔所封，亦受畿内之民，当时亦谓之监。故武王以先王启监意而告之也。言王者所以开置监国者，其治本为民而已。其命监之辞盖曰：无相与戕杀其民，无相与虐害其民。人之寡弱者，则哀敬之，使不失其所；妇之穷独者，则联属之，使有所归。保合其民，率由是而容蓄之也。且王所以责效邦君御事者，其命何以哉？亦惟欲其引掖斯民于生养安全之地而已。自古王者之命监若此。汝今为监，其无所用乎刑辟以戕虐人可也。

“惟曰：若稽田，既勤敷菑，惟其陈修，为厥疆畎。若作室家，既勤垣墉，惟其涂塈茨。若作梓材，既勤朴斲，惟其涂丹雘。

塈，奇寄反。雘，屋郭反。　稽，治也。敷菑，广去草棘也。疆，畔也。畎，通水渠也。涂塈，泥饰也。茨，盖也。梓，良材，可为器者。雘，采色之名。敷菑以喻除恶，垣墉以喻立国，朴斲以喻制度，武王之所已为也。疆畎、塈茨、丹雘，则望康叔以成终云尔。

“今王惟曰：先王既勤用明德，怀为夹。庶邦享作，兄弟方来，亦既用明德。后式典集，庶邦丕享。

夹，音协。　先王，文王、武王也。夹，近也。怀远为近也。兄弟，言友爱也，《泰誓》曰“友邦冢君”。“方来”者，方方而来也。既，尽也。先王尽勤用明德，而怀来于上。诸侯亦尽用明德，而视效于下也。后，后王也。式，用也。典，旧典也。集，和辑也。此章以后，若臣下进戒之辞，疑简脱误于此。

“皇天既付中国民越厥疆土于先王，

越，及也。皇天既付中国民及其疆土于先王也。

“肆王惟德用，和怿先后迷民，用怿先王受命。

肆，今也。德用，用明德也。和怿，和悦之也。先后，劳来之也。迷民，迷惑染恶之民也。命，天命也。用慰悦先王之克受天命者也。

“已！若兹监，惟曰欲至于万年，惟王子子孙孙永保民。”

已，语辞。监，视也。此人臣祈君永命之辞也。按《梓材》有“自古王若兹监罔攸辟”之言，而编书者误以“监”为句读，而烂简适有“已！若兹监”之语，以为语意相类，合为一篇，而不知其句读之本不同，文义之本不类也。孔氏依阿其说，于篇意无所发明。王氏谓成王自言必称王者，以《觐礼》考之，天子以正遏诸侯则称王，亦强释难通。独吴氏以为误简者为得之。但谓“王启监”以下，即非武王之诰，则未必然也。

卷五

周　书

召　诰

《左传》曰："武王克商，迁九鼎于洛邑。"《史记》载武王言："我南望三途，北望岳鄙，顾瞻有河，粤瞻洛、伊，毋远天室。"营周居于洛邑而后去。则宅洛者，武王之志，周公、成王成之，召公实先经理之。洛邑既成，成王始政。召公因周公之归，作书致告，达之于王。其书拳拳于历年之久近，反复乎夏商之废兴。究其归，则以諴小民为祈天命之本，以疾敬德为諴小民之本。一篇之中，屡致意焉。古之大臣，其为国家长远虑盖如此。以召公之书，因以"召诰"名篇。今文、古文皆有。

惟二月既望，越六日乙未，王朝步自周，则至于丰。

日月相望谓之望。既望，十六日也。乙未，二十一日也。周，镐京也，去丰二十五里，文王庙在焉。成王至丰，以宅洛之事告庙也。

惟太保先周公相宅。越若来三月，惟丙午朏。越三日戊申，太保朝至于洛，卜宅。厥既得卜，则经营。

朏，敷尾反。戊，音茂。　成王在丰，使召公先周公行，相视洛邑。越若来，古语辞，言召公于丰迤逦而来也。朏，孟康曰："月出也。三日，明生之名。"戊申，三月五日也。"卜宅"者，用龟卜宅都之地。既得吉卜，则经营规度其城郭、宗庙、郊社、朝市之位。

越三日庚戌，太保乃以庶殷攻位于洛汭。越五日甲寅，位成。

庶殷，殷之众庶也。用"庶殷"者，意是时殷民已迁于洛，故就役之也。"位成"者，左祖、右社、前朝、后市之位成也。

若翼日乙卯，周公朝至于洛，则达观于新邑营。

周公至，则遍观新邑所经营之位。

越三日丁巳，用牲于郊，牛二。越翼日戊午，乃社于新邑，牛一，羊一，豕一。

郊，祭天地也，故用二牛。社祭用太牢，礼也。皆告以营洛之事。

越七日甲子，周公乃朝用书，命庶殷侯甸男邦伯。

书，役书也。《春秋传》曰："士弥牟营成周，计丈数，揣高低，度厚薄，仞沟洫，物土方，议远迩，量事期，计徒庸，虑材用，书糇粮，以令役于诸侯。"亦此意。王氏曰：邦伯者，侯、甸、男服之邦伯也。庶邦冢君咸在，而独命邦伯者，公以书命邦伯，而邦伯以公命命诸侯也。

厥既命殷庶，庶殷丕作。

"丕作"者，言皆趋事赴功也。殷之顽民，若未易役使者，然召公率以攻位而位成，周公用以书命而丕作。殷民之难化者犹且如此，则其悦以使民可知也。

太保乃以庶邦冢君出取币，乃复入锡周公。曰："拜手稽首，旅王若公。诰告庶殷，越自乃御事。

吕氏曰："洛邑事毕，周公将归宗周。召公因陈戒成王，乃取诸侯贽见币物以与周公。且言其拜手稽首，所以陈王及公之意。盖召公虽与周公言，乃欲周公联诸侯之币，与召公之诰，并达之王。谓洛邑已定，欲诰告殷民，其根本乃自尔御事。不敢指言成王，谓之'御事'，犹今称人为执事也。"

"呜呼！皇天上帝改厥元子，兹大国殷之命。惟王受命，无疆惟休，亦无疆惟恤。呜呼！曷其奈何弗敬？

此下皆告成王之辞，托周公达之王也。曷，何也。其，语辞。商受嗣天位为元子矣，元子不可改而天改之，大国未易亡而天亡之。皇天上帝，其命之不可恃如此。今王受命，固有无穷之美，然亦有无穷之忧，于是叹息言王"曷其奈何弗敬"乎？盖深言不可以弗敬也。又按：此篇专主敬，言敬则诚实无妄，视听言动一循乎理，好恶用舍不违乎天，与天同德，固能受天明命也。人君保有天命，其有要于此哉。伊尹亦言："皇天无亲，克敬惟亲。"敬则天与我一矣，尚何疏之有？

"天既遐终大邦殷之命，兹殷多先哲王在天，越厥后王后民，兹服厥命。厥终，智藏瘝在。夫知保抱携持厥妇子，以哀吁天，徂厥亡，出执。呜呼！天亦哀于四方民，其眷命用懋。王其疾敬德！

后王后民，指受也。此章语多难解。大意谓天既欲远绝大邦殷之命矣，而此殷先哲王，其精爽在天，宜若可恃者。而商纣受命，卒致贤智者退藏，病民者在位。民困虐政，保抱携持其妻子，哀号呼天，往而逃亡，出见拘执，无地自容。故天亦哀民，而眷命用归于勉德者。天命不常如此，今王其可不疾敬德乎？

"相古先民有夏，天迪从子保；面稽天若，今时既坠厥命。今相有殷，天迪格保；面稽天若，今时既坠厥命。

"从子保"者，从其子而保之，谓禹传之子也。面，乡也。视古先民有夏，天固启迪之，又从其子而保佑之。禹亦面考天心，敬顺无违，宜若可为后世凭藉者，今时已坠厥命矣。今视有殷，天固启迪之，又使其格正夏命而保佑之；汤亦面考天心，敬顺无违，宜亦可为后世凭藉者，今时已坠厥命矣。以此知天命诚不可恃以为安也。

"今冲子嗣，则无遗寿耇，曰其稽我古人之德，矧曰其有能稽谋自天？

稽，考。矧，况也。幼冲之主于老成之臣，尤易疏远，故召公言今王以童子嗣位，不可遗弃老成。言其能稽古人之德，是固不可遗也，况言其能稽谋自天，是尤不可遗也。稽古人之德，则于事有所证；稽谋自天，则于理无所遗。无遗寿耇，盖君天下者之要务，故召公特首言之。

“呜呼！有王虽小，元子哉。其丕能諴于小民，今休。王不敢后，用顾畏于民喦。

召公叹息言王虽幼冲，乃天之元子哉。谓其年虽小，其任则大也。其者，期之辞也。諴，和。喦，险也。王其大能諴和小民，为今之休美乎。小民虽至微，而至为可畏，王当不敢缓于敬德，用顾畏于民之喦险可也。

“王来绍上帝，自服于土中。

“旦曰：‘其作大邑，其自时配皇天，毖祀于上下，其自时中乂，王厥有成命治民。’今休。

洛邑，天地之中，故谓之“土中”。王来洛邑，继天出治，当自服行于土中。是时洛邑告成，成王始政，故召公以自服土中为言。又举周公尝言作此大邑，自是可以对越上天，可以飨答神祇，自是可以宅中图治。“成命”者，天之成命也。成王而能绍上帝，服土中，则庶几天有成命，治民今即休美矣。　王氏曰：成王欲宅洛邑者，以天事言，则日东景夕多风，日西景朝多阴，日南景短多暑，日北景长多寒。洛，天地之中，风雨之所会，阴阳之所和也。以人事言，则四方朝聘、贡赋、道里均焉。故谓之“土中”。

“王先服殷御事，比介于我有周御事，节性惟日其迈。

言治人当先服乎臣也。王先服殷之御事，以亲近副贰我周之御事，使其渐染陶成，相观为善，以节其骄淫之性，则日进于善而不已矣。

“王敬作所，不可不敬德。

言化臣必谨乎身也。所，处所也，犹“所其无逸”之“所”。王能以敬为所，则动静语默，出入起居，无往而不居敬矣。“不可不敬德”者，甚言德之不可不敬也。

“我不可不监于有夏，亦不可不监于有殷。我不敢知曰：有夏服天命，惟有历年；我不敢知曰：不其延。惟不敬厥德，乃早坠厥命。

“我不敢知曰：有殷受天命，惟有历年；我不敢知曰：不其延。惟不敬厥德，乃早坠厥命。

夏、商历年长短，所不敢知。我所知者，惟不敬厥德，即坠其命也，与上章

“相古先民”之意相为出入。但上章主言天眷之不足恃，此则直言不敬德，则“坠厥命”尔。

“今王嗣受厥命，我亦惟兹二国命，嗣若功。

“王乃初服。

今王继受天命，我谓亦惟此夏、商之命，当嗣其有功者。谓继其能敬德而历年者也。况王乃新邑初政，服行教化之始乎？

“呜呼！若生子，罔不在厥初生，自贻哲命。今天其命哲、命吉凶、命历年，知今我初服。

叹息言王之初服，若生子，无不在于初生，习为善则善矣。自贻其哲命，为政之道，亦犹是也。今天其命王以哲乎？命以吉凶乎？命以历年乎？皆不可知。所可知者，今我初服如何尔。初服而敬德，则亦自贻哲命而吉与历年矣。

“宅新邑，肆惟王其疾敬德？王其德之用，祈天永命。

宅新邑，所谓初服也。王其疾敬德，容可缓乎？王其德之用，而祈天以历年也。

“其惟王勿以小民淫用非彝，亦敢殄戮用乂民，若有功。

刑者，德之反。疾于敬德，则当缓于用刑，勿以小民过用非法之故，亦敢于殄戮用治之也。惟顺导民，则可有功。民犹水也，水泛滥横流，失其性矣。然壅而遏之，则害愈甚。惟顺而导之，则可以成功。

“其惟王位在德元，小民乃惟刑用于天下，越王显。

元，首也。居天下之上，必有首天下之德。王位在德元，则小民皆仪刑用德于下，于王之德益以显矣。

“上下勤恤，其曰我受天命，丕若有夏历年，式勿替有殷历年。欲王以小民受天永命。”

其，亦期之辞也。君臣勤劳，期曰我受天命，大如有夏历年，用勿替有殷历年。欲兼夏、殷历年之永也。召公又继以“欲王以小民受天永命”，盖“以小民”者，勤恤之实；“受天永命”者，历年之实也。苏氏曰：“君臣一心，以勤恤民。庶几王受命历年如夏商，且以民心为天命也。”

拜手稽首，曰：“予小臣敢以王之雠民百君子越友民，保受王威命明德。王末有成命,王亦显。我非敢勤,惟恭奉币,用供王能祈天永命。”

雠民,殷之顽民,与三监叛者。百君子,殷之御事庶士也。友民,周之友顺民也。保者,保而不失。受者,受而无拒。“威命明德”者,德威德明也。末,终也。召公于篇终致敬言予小臣,敢以殷周臣民,保受王威命明德。王当终有天之成命,以显于后世。我非敢以此为勤,惟恭奉币帛,用供王能祈天永命而已。盖奉币之礼,臣职之所当恭。而祈天之实,则在王之所自尽也。又按“恭奉币”意,即上文取币以锡周公而旅王者。盖当时成王将举新邑之祀,故召公奉以助祭云。

洛　诰

洛邑既定，周公遣使告卜。史氏录之以为《洛诰》，又并记其君臣答问，及成王命周公留治洛之事。今文、古文皆有。　按："周公拜手稽首"以下，周公授使者告卜之辞也；"王拜手稽首"以下，成王授使者复公之辞也；"王肇称殷礼"以下，周公教成王宅洛之事也；"公明保予冲子"以下，成王命公留后治洛之事也；"王命予来"以下，周公许成王留洛，君臣各尽其责难之辞也；"伻来"以下，成王锡命毖殷命宁之事也；"戊辰"以下，史又记其祭祀册诰等事，及周公居洛岁月久近以附之，以见周公作洛之始终。而成王举祀发政之后，即归于周，而未尝都洛也。

周公拜手稽首曰："朕复子明辟。

此下周公授使者告卜之辞也。"拜手稽首"者，史记周公遣使之礼也。复，如"逆复"之"复"。成王命周公往营成周，周公得卜，复命于王也。谓成王为"子"者，亲之也；谓成王为"明辟"者，尊之也。周公相成王，尊则君，亲则兄之子也。"明辟"者，明君之谓。先儒谓成王幼，周公代王为辟，至是反政成王，故曰"复子明辟"。夫有失，然后有复。武王崩，成王立，未尝一日不居君位，何复之有哉？《蔡仲之命》言"周公位冢宰，正百工"，则周公以冢宰总百工而已，岂不彰彰明甚矣乎？王莽居摄，几倾汉鼎，皆儒者有以启之。是不可以不辨。苏氏曰："此上有脱简，在《康诰》自'惟三月哉生魄'至'洪大诰治'四十八字。"

"王如弗敢及天基命定命，予乃胤保大相东土，其基作民明辟。

凡有造，基之而后成，成之而后定。基命，所以成始也；定命，所以成终也。言成王幼冲退托，如不敢及知天之基命定命，予乃继太保而往，夫相洛邑，其庶几为王始作民明辟之地也。洛邑在镐京东，故曰"东土"。

"予惟乙卯，朝至于洛师，我卜河朔黎水。我乃卜涧水东、瀍水西，惟洛食；我又卜瀍水东，亦惟洛食。伻来以图及献卜。"

瀍，音廛。伻，补耕反。　乙卯，即《召诰》之“乙卯”也。洛师，犹言京师也。河朔黎水，河北黎水交流之内也。涧水东、瀍水西，王城也，朝会之地。瀍水东，下都也，处商民之地。王城在涧、瀍之间，下都在瀍水之外，其地皆近洛水，故两云“惟洛食”也。食者，史先定墨，而灼龟之兆，正食其墨也。伻，使也。图，洛之地图也。献卜，献其卜之兆辞也。

王拜手稽首曰：“公不敢不敬天之休，来相宅，其作周匹休。公既定宅，伻来，来，视予卜休恒吉。我二人共贞。公其以予万亿年敬天之休。拜手稽首诲言。”

此王授使者复公之辞也。“王拜手稽首”者，成王尊异周公而重其礼也。匹，配也。公不敢不敬天之休命，来相宅，为周匹休之地。言卜洛以配周命于无穷也。视，示也。示我以卜之休美而常吉者也。二人，成王、周公也。贞，犹当也。十万曰亿。言周公宅洛，规模宏远，以我万亿年敬天休命。故又拜手稽首，以谢周公告卜之诲言。

周公曰：“王肇称殷礼，祀于新邑，咸秩无文。

此下周公告成王宅洛之事也。殷，盛也，与“五年再殷祭”之“殷”同。秩，序也。无文，祀典不载也。言王始举盛礼，祀于洛邑，皆序其所当祭者。虽祀典不载，而义当祀者，亦序而祭之也。吕氏曰：“定都之初，肇举盛礼，大飨群祀。虽祀典不载者，咸秩序而祭之。有告焉，有报焉，有祈焉。始建新都，昭假上下，告成事也；雨旸时若，大役以成，报神赐也；自今以始，永奠中土，祈鸿休也。后世不知祭祀之义，鬼神之德，观周公首以‘祀于新邑’为言，若阔于事情者。抑不知人主临镇新都之始，齐祓一心，对越天地，达此精明之德，放诸四海，无所不准。而助祭诸侯，下逮胞翟之贱，亦皆有孚颙若，收其放而合其离。盖格君心，萃天下之道，莫要于此。宜周公以为首务也。”

“予齐百工，伻从王于周，予惟曰：‘庶有事。’

周公言予整齐百官，使从成王于周，谓将适洛时也。予惟谓之曰：“庶几其有所事乎？”公但微示其意，以待成王自教诏之也。

“今王即命曰：‘记功宗，以功作元祀。’惟命曰：‘汝受命笃弼，

功宗，功之尊显者。《祭法》曰：“圣王之制祭祀也，法施于民则祀之，以死

勤事则祀之，以劳定国则祀之，能御大灾则祀之，能捍大患则祀之。"盖功臣皆祭于大烝，而勋劳之最尊显者，则为之冠，故谓之"元祀"。周公告成王即命曰："记功之尊显者，以功作元祀矣。"又惟命之曰："汝功臣受此褒赏之命，当益厚辅王室。"盖作元祀，既以慰答功臣，而又勉其左右王室，益图久大之业也。

丕视功载，乃汝其悉自教工。'

丕，大。视，示也。"功载"者，记功之载籍也。大视功载而无不公，则百工效之，亦皆公也；大视功载而或出于私，则百工效之，亦皆私也。其公其私，悉自汝教之。所谓"乃汝其悉自教工"也。上章告以褒赏功臣，故戒其大视功载者如此。

"孺子其朋，孺子其朋，其往！无若火始焰焰；厥攸灼，叙弗其绝。

孺子，稚子也。朋，比也。上文百工之视效如此，则论功行赏，孺子其可少徇比党之私乎？孺子其少徇比党之私，则自是而往，有若火然，始虽焰焰尚微，而其灼烁，将次第延爇，不可得而扑灭矣。言论功行赏，徇私之害，其初甚微，其终至于不可遏绝，所以严其辞而禁之于未然也。

"厥若彝及抚事如予，惟以在周工往新邑。伻向，即有僚，明作有功，惇大成裕，汝永有辞。"

其顺常道，及抚国事，常如我为政之时，惟用见在周官，勿参以私人往新邑。使百工知上意向，各就有僚，明白奋扬而赴功，惇厚博大以裕俗，则王之休闻，亦永有辞于后世矣。

公曰："已！汝惟冲子，惟终。

周之王业，文、武始之，成王当终之也。此上详于记功教工，内治之事，此下则统御诸侯，教养万民之道也。

"汝其敬识百辟享，亦识其有不享。享多仪，仪不及物，惟曰不享。惟不役志于享，凡民惟曰不享，惟事其爽侮。

此御诸侯之道也。百辟，诸侯也。享，朝享也。仪，礼。物，币也。诸侯享上，有诚有伪，惟人君克敬者能识之。识其诚于享者，亦识其不诚于享者。享不在币而在于礼，币有余而礼不足，亦所谓不享也。诸侯惟不用志于享，则国人化之，亦皆谓上不必享矣。举国无享上之诚，则政事安得不至于差爽僭侮，隳王度而为叛乱哉？人君可不以敬存心，辨之于早，察之于微乎？

“乃惟孺子，颁朕不暇，听朕教汝于棐民彝，汝乃是不蘉，乃时惟不永哉！笃叙乃正父罔不若予，不敢废乃命。汝往敬哉！兹予其明农哉！彼裕我民，无远用戾。”

蘉，莫郎反。　此教养万民之道也。颁朕不暇，未详。或曰，成王当颁布我汲汲不暇者，听我教汝所以辅民常性之道。汝于是而不勉焉，则民彝泯乱，而非所以长久之道矣。正父，武王也，犹今称先正云者。笃者，笃厚而不忘。叙者，先后之不紊。言笃叙武王之道，无不如我，则人不敢废汝之命矣。吕氏曰：“武王没，周公如武王，故天下不废周公之命；周公去，成王如周公，则天下不废成王之命。”戾，至也。王往洛邑，其敬之哉！我其退休田野，惟明农事。盖公有归老之志矣。彼谓洛邑也。王于洛邑和裕其民，则民将无远而至焉。

王若曰：“公！明保予冲子。公称丕显德，以予小子扬文武烈，奉答天命，和恒四方民，居师；

此下成王答周公及留公也，大抵与上章参错相应。明，显明之也。保，保佑之也。称，举也。和者，使不乖也。恒者，使可久也。“居师”者，宅其众也。言周公明保成王，举大明德，使其上之不忝于文武，仰不愧天，俯不怍人也。

“惇宗将礼，称秩元祀，咸秩无文。

宗，“功宗”之“宗”也。下文“宗礼”同。将，大也。

“惟公德明光于上下，勤施于四方，旁作穆穆迓衡，不迷文武勤教。予冲子夙夜毖祀。”

旁，无方所也，因上下四方为言。穆穆，和敬也。迓，迎也。言周公之德，昭著于上下，勤施于四方，旁作穆穆以迎治平，不迷失文武所勤之教于天下。公之德教加于时者如此，予冲子夫何为哉？惟早夜以谨祭祀而已。盖成王知周公有退休之志，故示其所以留之之意也。

王曰：“公功棐迪笃，罔不若时。”

言周公之功，所以辅我、启我者厚矣。当常如是，未可以言去也。

王曰：“公！予小子其退，即辟于周，命公后。

此下成王留周公治洛也。成王言我退即居于周，命公留后治洛。盖洛邑之作，周公本欲成王迁都以宅天下之中，而成王之意，则未欲舍镐京而废祖宗之旧。故于洛邑举祀发政之后，即欲归居于周，而留周公治洛。谓之“后”者，先成王之辞，犹后世留守、留后之义。先儒谓封伯禽以为鲁后者非是。考之《费誓》“东郊不开”，乃在周公东征之时，则伯禽就国，盖已久矣。下文“惟告周公其后”，“其”字之义，益可见其为周公，不为伯禽也。

“四方迪乱，未定于宗礼，亦未克敉公功。

宗礼，即功宗之礼也。乱，治也。四方开治，公之功也。未定功宗之礼，故未能敉公功也。敉功者，安定其功之谓，即下文“命宁”者也。

“迪将其后，监我士师工，诞保文武受民，乱为四辅。”

将，大也。周公居洛，启大其后，使我士师工有所监视，大保文、武所受于天之民，而治为宗周之四辅也。汉三辅盖本诸此。今按先言启大其后，而继以“乱为四辅”，则命周公留后于洛明矣。

王曰：“公定，予往已。公功肃将祗欢，公无困哉！我惟无斁其康事，公勿替刑，四方其世享。”

斁，音亦。　定，《尔雅》曰：“止也。”成王欲周公止洛，而自归往宗周。言周公之功，人皆肃而将之，钦而悦之，宜镇抚洛邑以慰怿人心，毋求去以困我也。我惟无厌其安民之事，公勿替所以监我士、师、工者，四方得以世世享公之德也。吴氏曰：《前汉书》两引“公无困哉”，皆以“哉”作“我”，当以“我”为正。

周公拜手稽首曰：“王命予来，承保乃文祖受命民，越乃光烈考武王，弘朕恭。

此下周公许成王留等事也。来者，来洛邑也。“承保乃文祖受命民”及“光烈考武王”者，答“诞保文武受民”之言也。责难于君谓之恭，“弘朕恭”者，大其责难之义也。

“孺子来相宅，其大惇典殷献民，乱为四方新辟，作周恭先。曰：‘其自时中乂，万邦咸休，惟王有成绩。’

典，典章也。殷献民，殷之贤者也。言当大厚其典章及殷之献民。盖文献者，为治之大要也。乱，治也。言成王于新邑致治，为四方新主也。“作周恭先”者，人君恭以接下，以恭而倡后王也。公又言其自是宅中图治，万邦咸底休美，则王其有成绩矣。此周公以治洛之效望之成王也。

"'予旦以多子越御事笃前人成烈,答其师,作周孚先。'考朕昭子刑,乃单文祖德。

"多子"者,众卿大夫也。唐孔氏曰:"子者,有德之称,大夫皆称子。"师,众也。周公言我以众卿大夫及治事之臣,笃厚文、武成功,以答天下之众也。孚,信也。"作周孚先"者,人臣信以事上,以信而倡后人也。考,成也。昭子,犹所谓"明辟"也,亲之故曰子。刑,仪刑也。单,殚也。言成我明子仪刑,而殚尽文王之德。盖周公与群臣笃前人成烈者,所以成成王之刑,乃殚文祖德也。此周公以治洛之事自效也。

"伻来毖殷,乃命宁予。

绝句。

"以秬鬯二卣,曰:'明禋,拜手稽首休享。'

秬,臼许反。鬯,丑亮反。卣,音由。禋,音因。　此谨毖殷民,而命宁周公也。秬,黑黍也,一稃二米,和气所生。鬯,郁金香草也。卣,中尊也。明,洁。禋,敬也。以事神之礼事公也。苏氏曰:"以黑黍为酒,合以郁鬯,所以裸也。宗庙之礼,莫盛于裸。王使人来戒敕庶殷,且以秬鬯二卣,绥宁周公。""曰'明禋'、曰'休享'者,何也?事周公如事神明也。古者有大宾客,以享礼礼之。酒清人渴而不饮,肉干人饥而不食也,故享有体荐。岂非敬之至者,则其礼如祭也欤。"

"予不敢宿,则禋于文王、武王。

宿,与《顾命》"三宿"之"宿"同。禋,祭名。周公不敢受此礼,而祭于文武也。

"'惠笃叙,无有遘自疾,万年厌于乃德,殷乃引考。'

遘,居候反。厌,于艳反。　此祭之祝辞,周公为成王祷也。惠,顺也。笃叙,与"笃叙乃正父"同。顺笃叙文、武之道,身其康强,无有遘遇自罹疾害者,子孙万年厌饱乃德,殷人亦永寿考也。

'王伻殷乃承叙万年,其永观朕子怀德。'"

承,听受也。叙,教条次第也。王使殷人承叙万年,其永观法我孺子而怀其德也。盖周公虽许成王留洛,然且谓"王伻殷"者,若曰:"迁洛之民我固任之,至于使其承叙万年,则实系于王也。"亦责难之意。与《召诰》末"用供王能祈天永命"语脉相类。

戊辰，王在新邑烝祭岁，文王骍牛一，武王骍牛一。王命作册，逸祝册，惟告周公其后。王宾杀禋咸格，王入太室，祼。

戊，音茂。祼，古玩反。　此下史官记祭祀册诰等事，以附篇末也。戊辰，十二月之戊辰日也。是日，成王在洛举烝祭之礼。曰"岁"云者，岁举之祭也。周尚赤，故用骍。宗庙礼太牢，此用特牛者，命周公留后于洛，故举盛礼也。逸，史佚也。"作册"者，册书也。"逸祝册"者，史逸为祝册以告神也。"惟告周公其后"者，祝册所载，更不他及，惟告周公留守其后之意，重其事也。王宾，犹"虞宾"，杞、宋之属，助祭诸侯也。诸侯以王杀牲，禋祭祖庙，故咸至也。太室，清庙中央室也。祼，灌也。以圭瓒酌秬鬯，灌地以降神也。

王命周公后，作册逸诰，在十有二月。

"逸诰"者，史逸诰周公治洛留后也。"在十有二月"者，明戊辰为十二月日也。

惟周公诞保文武受命，惟七年。

吴氏曰：周公自留洛之后，凡七年而薨也。成王之留公也，言"诞保文武受民"；公之复成王也，亦言"承保乃文祖受命民，越乃光烈考武王"，故史臣于其终计其年曰"惟周公诞保文武受命，惟七年"。盖始终公之辞云。

多 士

商民迁洛者，亦有有位之士，故周公洛邑初政，以王命总呼“多士”而告之。编书者因以名篇。亦诰体也。今文、古文皆有。 吴氏曰：方迁商民于洛之时，成周未作。其后王与周公患四方之远，鉴三监之叛，于是始作洛邑，欲徙周而居之。其曰：“昔朕来自奄，大降尔四国民命。我乃明致天罚，移尔遐逖，比事臣我宗多逊”者，述迁民之初也；曰：“今朕作大邑于兹洛，予惟四方罔攸宾，亦惟尔多士攸服奔走臣我多逊”者，言迁民而后作洛也。故《洛诰》一篇终始皆无欲迁商民之意，惟周公既诰成王留治于洛之后，乃曰“伻来毖殷”，又曰“王伻殷乃承叙”。当时商民已迁于洛，故其言如此。愚谓武王已有都洛之志，故周公黜殷之后，以殷民反覆难制，即迁于洛。至是建成周，造庐舍，定疆埸，乃告命与之更始焉尔。此《多士》之所以作也。由是而推，则《召诰》攻位之“庶殷”，其已迁洛之民欤。不然，则受都，今卫州也，洛邑，今西京也，相去四百余里。召公安得舍近之友民，而役远之雠民哉？《书序》以为成周既成，迁殷顽民者，谬矣。吾固以为非孔子所作也。

惟三月，周公初于新邑洛，用告商王士。

此《多士》之本序也。三月，成王祀洛次年之三月也。周公至洛久矣，此言初者，成王既不果迁，留公治洛，至是公始行治洛之事，故谓之初也。曰“商王士”者，贵之也。

王若曰：“尔殷遗多士！弗吊旻天大降丧于殷，我有周佑命，将天明威，致王罚，敕殷命终于帝。

弗吊，未详。意其为叹悯之辞，当时方言尔也。旻天，秋天也。主肃杀而言。叹悯言旻天大降灾害而丧殷，我周受眷佑之命，奉将天之明威，致王罚之公，敕正殷命而革之，以终上帝之事。盖推革命之公以开谕之也。

“肆尔多士！非我小国敢弋殷命。惟天不畀，允罔固乱，弼我，我其敢求位？

肆，与《康诰》“肆汝小子封”同。弋，取也，“弋鸟”之“弋”。言有心于取之也。呼多士诰之，谓以势而言，我小国，亦岂敢弋取殷命。盖栽者培之，倾者覆之，固其治而不固其乱者，天之道也。惟天不与殷，信其不固殷之乱矣。惟天不固殷之乱，故辅我周之治。而天位自有所不容辞者，我其敢有求位之心哉？

“惟帝不畀，惟我下民秉为，惟天明畏。

秉，持也。言天命之所不与，即民心之所秉为；民心之所秉为，即天威之所明畏者也。反覆天民相因之理，以见天之果不外乎民，民之果不外乎天也。《诗》言“秉彝”，此言“秉为”者，彝以理言，为以用言也。

“我闻曰：‘上帝引逸。’有夏不适逸，则惟帝降格，向于时夏。弗克庸帝，大淫泆有辞。惟时天罔念闻，厥惟废元命，降致罚；

引，导。逸，安也。降格，与《吕刑》“降格”同。吕氏曰：“上帝引逸”者，非有形声之接也。人心得其安，则亹亹而不能已，斯则上帝引之也。是理坦然，亦何间于桀？第桀丧其良心，自不适于安耳。帝实引之，桀实避之。帝犹未遽绝也，乃降格灾异以示意向于桀。桀犹不知警惧，不能敬用帝命，乃大肆淫逸。虽有矫诬之辞，而天罔念闻之，仲虺所谓“帝用不臧”是也。废其大命，降致其罚，而夏祚终矣。

“乃命尔先祖成汤革夏，俊民甸四方。

甸，治也。伊尹称汤“旁求俊彦”，孟子称汤“立贤无方”。盖明扬俊民，分布远迩，甸治区画，成汤立政之大经也。周公反复以夏商为言者，盖夏之亡，即殷之亡；汤之兴，即武王之兴也。商民观是，亦可以自反矣。

“自成汤至于帝乙，罔不明德恤祀。

“明德”者，所以修其身。“恤祀”者，所以敬乎神也。

“亦惟天丕建，保乂有殷。殷王亦罔敢失帝，罔不配天其泽。

亦惟天大建立，保治有殷。殷之先王，亦皆操存此心，无敢失帝之则，无不配天以泽民也。

“在今后嗣王，诞罔显于天，矧曰其有听念于先王勤家？诞淫厥泆，罔顾于天显民祇，

后嗣王，纣也。纣大不明于天道，况曰能听念商先王之勤劳于邦家者乎？

大肆淫佚，无复顾念天之显道，民之敬畏者也。

“惟时上帝不保，降若兹大丧。

“大丧”者，国亡而身戮也。

“惟天不畀不明厥德，

商先王以明德而天丕建，则商后王不明德而天不畀矣。

“凡四方小大邦丧，罔非有辞于罚。”

凡四方小大邦国丧亡，其致罚皆有可言者。况商罪贯盈，而周奉辞以伐之者乎？

王若曰：“尔殷多士，今惟我周王丕灵承帝事。

灵，善也。大善承天之所为也。《武成》言“祗承上帝，以遏乱略”是也。

“有命曰：割殷，告敕于帝。

帝有命曰割殷，则不得不戡定翦除，告其敕正之事于帝也。《武成》言“告于皇天后土”、“将有大正于商”者是也。

“惟我事不贰适，惟尔王家我适。

上帝临汝，毋贰尔心，“惟我事不贰适”之谓。上帝既命，侯于周服，“惟尔王家我适”之谓。言“割殷”之事，非有私心。一于从帝而无贰适，则尔殷王家自不容不我适矣。周不贰于帝，殷其能贰于周乎？盖示以确然不可动摇之意，而潜消顽民反侧之情尔。然圣贤事不贰适，日用饮食，莫不皆然。盖所以事天也。岂特“割殷”之事而已哉。

“予其曰惟尔洪无度，我不尔动，自乃邑。

三监倡乱，予其曰：乃汝大为非法，非我尔动，变自尔邑。犹《伊训》所谓“造攻自鸣条”也。

“予亦念天即于殷大戾，肆不正。”

予亦念天就殷邦屡降大戾，纣既死，武庚又死，故邪慝不正。言当迁徙也。

王曰：“猷！告尔多士，予惟时其迁居西尔。非我一人奉德不康宁，时惟天命。无违，朕不敢有后，无我怨。

时，是也。指上文“殷大戾”而言。谓惟是之故，所以迁居西尔。非我一人乐如是之迁徙震动也，是惟天命如此，汝毋违越。我不敢有后命，谓有他罚，尔无我怨也。

“惟尔知,惟殷先人有册有典,殷革夏命。

即其旧闻以开谕之也。殷之先世,有册书典籍,载殷改夏命之事,正如是耳。尔何独疑于今乎?

“今尔又曰:‘夏迪简在王庭,有服在百僚。’予一人惟听用德,肆予敢求尔于天邑商,予惟率肆矜尔。非予罪,时惟天命。”

周公既举商革夏事以谕顽民,顽民复以商革夏事责周。谓商革夏命之初,凡夏之士,皆启迪简拔在商王之庭,有服列于百僚之间;今周于商士,未闻有所简拔也。周公举其言以大义折之,言尔顽民虽有是言,然予一人所听用者,惟以德而已,故予敢求尔于天邑商。而迁之于洛者,以冀率德改行焉。予惟循商故事,矜恤于尔而已。其不尔用者,非我之罪也,是惟天命如此。盖章德者,天之命,今顽民灭德,而欲求用得乎?

王曰:“多士,昔朕来自奄,予大降尔四国民命。我乃明致天罚,移尔遐逖,比事臣我宗多逊。”

降,犹今法“降等”云者。言昔我来自商奄之时,汝四国之民,罪皆应死,我大降尔命,不忍诛戮。乃止明致天罚,移尔远居于洛,以亲比臣我宗周有多逊之美。其罚盖亦甚轻,其恩固已甚厚。今乃犹有所怨望乎?详此章,则商民之迁,固已久矣。

王曰:“告尔殷多士,今予惟不尔杀,予惟时命有申。今朕作大邑于兹洛,予惟四方罔攸宾,亦惟尔多士攸服奔走臣我多逊。

以自奄之命为初命,则此命为申命也。言我惟不忍尔杀,故申明此命。且我所以营洛者,以四方诸侯无所宾礼之地,亦惟尔等服事奔走臣我多逊,而无所处故也。详此章,则迁民在营洛之先矣。吴氏曰:“来自奄”称昔者,远日之辞也;“作大邑”称今者,近日之辞也。“移尔遐逖,比臣事我宗多逊”者,期之之辞也;“攸服奔走臣我多逊”者,果能之辞也。以此又知迁民在前,而作洛在后也。

“尔乃尚有尔土,尔乃尚宁干止。

干,事。止,居也。尔乃庶几有尔田业,庶几安尔所事,安尔所居也。详此章所言,皆仍旧有土田居止之辞,信商民之迁旧矣。孔氏不得其说,而以得"反所生"释之,于文义似矣,而事则非也。

"尔克敬,天惟畀矜尔;尔不克敬,尔不啻不有尔土,予亦致天之罚于尔躬!

敬,则言动无不循理。天之所福,吉祥所集也。不敬,则言动莫不违悖。天之所祸,刑戮所加也。岂特窜徙不有尔土而已哉,身亦有所不能保矣。

"今尔惟时宅尔邑,继尔居;尔厥有干有年于兹洛。尔小子乃兴,从尔迁。"

邑,"四井为邑"之"邑"。继者,承续安居之谓。有营为,有寿考,皆于兹洛焉。尔之子孙乃兴,自尔迁始也。夫自亡国之末裔,为起家之始祖,顽民虽愚,亦知所择矣。

王曰:"又曰时予,乃或言尔攸居。"

"王曰"之下,当有缺文。以《多方》篇末"王曰"、"又曰"推之,可见时我或有所言,皆以尔之所居止为念也。申结上文"尔居"之意。

无 逸

逸者，人君之大戒。自古有国家者，未有不以勤而兴，以逸而废也。益戒舜曰："罔游于逸，罔淫于乐。"舜，大圣也，益犹以是戒之，则时君世主，其可忽哉？成王初政，周公惧其知逸而不知无逸也，故作是书以训之。言则古昔必称商王者，时之近也；必称先王者，王之亲也。举三宗者，继世之君也；详文祖者，耳目之所逮也。上自天命精微，下至畎亩艰难，闾里怨诅，无不具载。岂独成王之所当知哉？实天下万世人主之龟鉴也。是篇凡七更端，周公皆以"呜呼"发之，深嗟永叹，其意深远矣。亦训体也。今文、古文皆有。

周公曰："呜呼！君子所其无逸。

所，犹处所也。君子以无逸为所，动静食息，无不在是焉，作辍，则非所谓"所"矣。

"先知稼穑之艰难，乃逸，则知小人之依。

"先知稼穑之艰难，乃逸"者，以勤居逸也。依者，指稼穑而言，小民所恃以为生者也。农之依田，犹鱼之依水，木之依土，鱼无水则死，木无土则枯。民非稼穑，则无以生也。故舜自耕稼以至为帝，禹稷躬稼以有天下。文、武之基，起于后稷。四民之事，莫劳于稼穑；生民之功，莫盛于稼穑。周公发无逸之训，而首及乎此，有以哉。

"相小人，厥父母勤劳稼穑，厥子乃不知稼穑之艰难，乃逸，乃谚，既诞。否则侮厥父母曰：'昔之人无闻知。'"

谚，疑战反。 "不知稼穑之艰难，乃逸"者，以逸为逸也。俚语曰谚。言视小民，其父母勤劳稼穑，其子乃生于豢养，不知稼穑之艰难，乃纵逸自恣，乃习俚巷鄙语，既又诞妄无所不至。不然，则又讪侮其父母曰："古老之人，无闻无知，徒自劳苦，而不知所以自逸也。"昔刘裕奋农亩而取江左，一再传后，子孙见其服用，反笑曰："田舍翁得此亦过矣。"此正所谓"昔之人无闻知"也。使成王非周公之训，安知其不以公刘、后稷为田舍翁也？

周公曰:“呜呼!我闻曰:昔在殷王中宗,严恭寅畏,天命自度。治民祗惧,不敢荒宁。肆中宗之享国七十有五年。

中宗,太戊也。严则庄重,恭则谦抑,寅则钦肃,畏则戒惧。天命,即天理也。中宗严恭寅畏,以天理而自检律其身。至于治民之际,亦祗敬恐惧,而不敢怠荒安宁。中宗无逸之实如此,故能有享国永年之效也。按《书序》,太戊有《原命》、《咸乂》等篇,意述其当时敬天治民之事。今无所考矣。

“其在高宗时,旧劳于外,爰暨小人。作其即位,乃或亮阴,三年不言。其惟不言,言乃雍。不敢荒宁,嘉靖殷邦。至于小大,无时或怨。肆高宗之享国五十有九年。

亮,音梁。阴,音庵。　高宗,武丁也。未即位之时,其父小乙,使久居民间,与小民出入同事。故于小民稼穑艰难,备尝知之也。雍,和也。发言和顺,当于理也。嘉,美。靖,安也。“嘉靖”者,礼乐教化,蔚然于安居乐业之中也。汉文帝与民休息,谓之靖则可,谓之嘉则不可。“小大无时或怨”者,万民咸和也。“乃雍”者,和之发于身。“嘉靖”者,和之达于政。无怨者,和之著于民也。余见《说命》。高宗无逸之实如此,故亦有享国永年之效也。

“其在祖甲,不义惟王,旧为小人。作其即位,爰知小人之依,能保惠于庶民。不敢侮鳏寡。肆祖甲之享国三十有三年。

《史记》:高宗崩,子祖庚立;祖庚崩,弟祖甲立。则祖甲,高宗之子,祖庚之弟也。郑玄曰:高宗欲废祖庚,立祖甲。祖甲以为不义,逃于民间,故云“不义惟王”。　按:汉孔氏以祖甲为太甲,盖以《国语》称“帝甲乱之,七世而殒”。孔氏见此等记载,意为帝甲必非周公所称者。又以“不义惟王”与《太甲》“此乃不义”文似,遂以此称“祖甲”者为太甲。然详此章,“旧为小人,作其即位”与上章“爰暨小人,作其即位”,文势正类。所谓小人者,皆指微贱而言,非谓憸小之人也。作其即位,亦不见太甲复政思庸之意。又按:邵子《经世书》:高宗五十九年,祖庚七年,祖甲三十三年。世次历年皆与《书》合,亦不以太甲为祖甲。况殷世二十有九,以甲名者五帝,以太、以小、以沃、以阳、以祖别之,不应二人俱称“祖甲”。《国语》传讹承谬,旁记曲说,不足尽信,要以周公之言为正。又下文周公言“自殷王中宗、及高宗、及祖甲、及我周文王”,及云者,因其先后次第而枚举之辞也。则“祖甲”之为祖甲而非太甲,明矣。

“自时厥后,立王生则逸,生则逸,不知稼穑之艰难,不闻小人之劳，惟耽乐之从。自时厥后，亦罔或克寿。或十年，或七、八年，或五、六年，或四、三年。"

过乐谓之耽。泛言自三宗之后，即君位者，生则逸豫不知稼穑之艰难，不闻小人之劳，惟耽乐之从，伐性丧生。故自三宗之后，亦无能寿考。远者不过十年、七、八年，近者五、六年、三、四年尔。耽乐愈甚，则享年愈促也。凡人莫不欲寿而恶夭，此篇专以享年永不永为言，所以开其所欲，而禁其所当戒也。

周公曰："呜呼！厥亦惟我周太王、王季，克自抑畏。

商，犹异世也。故又即我周先王告之。言太王、王季，能自谦抑谨畏者。盖将论文王之无逸，故先述其源流之深长也。大抵抑畏者，无逸之本。纵肆怠荒，皆矜夸无忌惮者之为。故下文言文王，曰"柔"、曰"恭"、曰"不敢"，皆原太王、王季抑畏之心发之耳。

"文王卑服，即康功田功。

卑服，犹禹所谓恶衣服也。康功，安民之功；田功，养民之功。言文王于衣服之奉，所性不存，而专意于安养斯民也。卑服，盖举一端而言。宫室、饮食、自奉之薄，皆可类推。

"徽柔懿恭，怀保小民，惠鲜鳏寡。自朝至于日中昃，不遑暇食，用咸和万民。

徽、懿，皆美也。昃，日昳也。柔谓之徽，则非"柔懦"之"柔"。恭谓之懿，则非"足恭"之"恭"。文王有柔恭之德，而极其徽懿之盛，和易近民。于小民则怀保之，于鳏寡则惠鲜之。"惠鲜"云者，鳏寡之人，垂首丧气，赍予赒给之，使之有生意也。自朝至于日之中，自中至于日之昃，一食之顷，有不遑暇，欲咸和万民，使无一不得其所也。文王心在乎民，自不知其勤劳如此。岂秦始皇衡石程书，隋文帝卫士传餐，代有司之任者之为哉？《立政》言"罔攸兼于庶言，庶狱庶慎"，则文王又若无所事事者。不读《无逸》，则无以知文王之勤；不读《立政》，则无以知文王之逸。合二书观之，则文王之所从事可知矣。

"文王不敢盘于游田，以庶邦惟正之供。文王受命惟中身，厥享国五十年。"

游田，国有常制，文王不敢盘游无度。上不滥费，故下无过取，而能以庶邦惟正之供，于常贡正数之外，无横敛也。言庶邦，则民可知。文王为西伯，所统庶邦，皆有常供。春秋贡于霸主者，班班可见。至唐犹有送使之制，则诸侯之供方伯旧矣。受命，言为诸侯也。“中身”者，汉孔氏曰：“文王九十七而终，即位时年四十七，言‘中身’，举全数也。”上文崇素俭，恤孤独，勤政事，戒游佚，皆文王无逸之实，故其享国有历年之永。

周公曰：“呜呼！继自今嗣王，则其无淫于观、于逸、于游、于田，以万民惟正之供。

则，法也。其，指文王而言。淫，过也。言自今日以往，嗣王其法文王，无过于观逸游田，以万民惟正赋之供。上文言“游田”，而不言观逸，以大而包小也；言“庶邦”，而不言“万民”，以远而见近也。

“无皇曰：‘今日耽乐。’乃非民攸训，非天攸若。时人丕则有愆。无若殷王受之迷乱，酗于酒德哉！”

无，与“毋”通。皇，与“遑”通。训，法。若，顺。则，法也。毋自宽假曰：“今日姑为是耽乐也。”一日耽乐，固若未害。然下非民之所法，上非天之所顺。时人大法其过逸之行，犹商人化受而崇饮之类。故继之曰：毋若商王受之沉迷酗于酒德哉。酗酒谓之德者，德有凶有吉，韩子所谓“道与德为虚位”是也。

周公曰：“呜呼！我闻曰：‘古之人犹胥训告，胥保惠，胥教诲。民无或胥诪张为幻。’

诪，张流反。幻，音患。　胥，相。训，诫。惠，顺。诪，诳。张，诞也。变名易实以眩观者曰幻。叹息言古人德业已盛，其臣犹且相与诫告之，相与保惠之，相与教诲之。“保惠”者，保养而将顺之，非特诫告而已也；教诲，则有规正成就之意，又非特保惠而已也。惟其若是，是以视听思虑，无所蔽塞，好恶取予，明而不悖。故当时之民，无或敢诳诞为幻也。

“此厥不听，人乃训之，乃变乱先王之正刑，至于小大。民否则厥心违怨，否则厥口诅祝。”

否，俯久反。诅，庄助反。祝，音呪。　正刑，正法也。言成王于上文古人胥训告、保惠、教诲之事，而不听信，则人乃法则之。君臣上下，师师非度，必变乱先王之正法，无小无大，莫不尽取而纷更之。盖先王之法甚便于民，甚不便于纵侈之君。如省刑罚以重民命，民之所便也，而君之残酷者，则必变乱之；如薄赋敛以厚民生，民之所便也，而君之贪侈者，则必变乱之。“厥心违怨”者，怨之蓄于中也；“厥口诅祝”者，怨之形于外也。为人上而使民心口交怨，其国不危者，未之有也。此盖治乱存亡之机，故周公恳恳言之。

周公曰："呜呼！自殷王中宗、及高宗、及祖甲、及我周文王，兹四人迪哲。

迪，蹈。哲，智也。孟子以知而弗去为智之实。迪云者，所谓"弗去"是也。人主知小人之依，而或忿戾之者，是不能蹈其知者也。惟中宗、高宗、祖甲、文王，允蹈其知，故周公以"迪哲"称之。

"厥或告之曰：'小人怨汝詈汝！'则皇自敬德。厥愆，曰：'朕之愆。'允若时，不啻不敢含怒。

詈，力智反。　詈，骂言也。其或有告之曰："小人怨汝詈汝。"汝则皇自敬德，反诸其身，不尤其人。其所诬毁之愆，安而受之曰："是我之愆。""允若时"者，诚实若是，非止隐忍不敢藏怒也。盖三宗、文王，于小民之依，心诚知之，故不暇责小人之过言。且因以察吾身之未至，怨詈之语，乃所乐闻，是岂特止于隐忍含怒不发而已哉？

"此厥不听，人乃或诪张为幻。曰小人怨汝詈汝，则信之，则若时：不永念厥辟，不宽绰厥心，乱罚无罪，杀无辜。怨有同，是丛于厥身。"

绰，尺约反。　绰，大丛聚也。言成王于上文三宗、文王迪哲之事，不肯听信，则小人乃或诳诞变置虚实，曰：小民怨汝詈汝。汝则听信之。则如是，不能永念其为君之道，不能宽大其心以诳诞无实之言，罗织疑似，乱罚无罪，杀戮无辜。天下之人，受祸不同而同于怨，皆丛于人君之一身，亦何便于此哉。大抵《无逸》之书，以"知小人之依"为一篇纲领。而此章则申言，既知小人之依，则当蹈其知也。三宗、文王能蹈其知，故其胸次宽平，人之怨詈，不足以芥蒂其心。如天地之于万物，一于长育而已。其悍疾愤戾，天岂私怒于其间哉？天地以万物为心，人君以万民为心。故君人者，要当以民之怨詈为己责，不当以民之怨詈为己怒。以为己责，则民安而君亦安；以为己怒，则民危而君亦危矣。吁！可不戒哉！

周公曰："呜呼！嗣王其监于兹。"

兹者，指上文而言也。《无逸》一篇七章，章首皆先致其咨嗟咏叹之意，然后及其所言之事。至此章，则于嗟叹之外更无他语，惟以"嗣王其监于兹"结之。所谓言有尽而意则无穷，成王得无深警于此哉？

君奭

召公告老而去，周公留之，史氏录其告语为篇。亦诰体也。以周公首呼君奭，因以“君奭”名篇。篇中语多未详。今文、古文皆有。　按：此篇之作，《史记》谓召公疑周公当国践祚；唐孔氏谓召公以周公尝摄王政，今复在臣位；葛氏谓召公未免常人之情，以爵位先后介意，故周公作是篇以谕之。陋哉斯言！要皆为《序》文所误。独苏氏谓召公之意，欲周公告老而归为近之。然详本篇旨意，乃召公自以盛满难居，欲避权位，退老厥邑，周公反复告谕以留之尔。熟复而详味之，其义固可见也。

周公若曰：“君奭！

君者，尊之之称。奭，召公名也。古人尚质，相与语，多名之。

“弗吊，天降丧于殷，殷既坠厥命，我有周既受。我不敢知曰：厥基永孚于休。若天棐忱，我亦不敢知曰：其终出于不祥。

“不祥”者，休之反也。天既下丧亡于殷，殷既失天命，我有周既受之矣。我不敢知曰：其基业长信于休美乎。如天果辅我之诚耶，我亦不敢知曰：其终果出于不祥乎。　按：此篇周公留召公而作，此其言天命吉凶，虽曰“我不敢知”，然其恳恻危惧之意，天命吉凶之决，实主于召公留不留如何也。

“呜呼！君已曰：‘时我。’我亦不敢宁于上帝命，弗永远念天威，越我民罔尤违，惟人。在我后嗣子孙，大弗克恭上下，遏佚前人光，在家不知。

尤，怨。违，背也。周公叹息言召公已尝曰：“是在我而已。”周公谓我亦不敢苟安天命，而不永远念天之威，于我民无尤怨背违之时也。天命民心，去就无常，实惟在人而已。今召公乃忘前日之言，翻然求去，使在我后嗣子孙，大不能敬天敬民，骄慢肆侈，遏绝佚坠文武光显，可得谓在家而不知乎。

“天命不易，天难谌，乃其坠命，弗克经历。嗣前人，恭明德。

谌，时壬反。　天命不易，犹《诗》曰“命不易哉”。命不易保，天难谌信，乃其坠失天命者，以不能经历继嗣前人之恭明德也。吴氏曰：弗克恭，故不能嗣前人之恭德；遏佚前人光，故不能嗣前人之明德。

“在今予小子旦非克有正，迪惟前人光施于我冲子。

吴氏曰：小子，自谦之辞也。非克有正，亦自谦之辞也。言在今我小子旦，非能有所正也，凡所开导，惟以前人光大之德使益焜耀，而付于冲子而已。以前言后嗣子孙“遏佚前人光”而言也。

“又曰：‘天不可信。’我道惟宁王德延，天不庸释于文王受命。”

“又曰”者，以上文言“天命不易”、“天难谌”，此又申言“天不可信”，故曰“又曰”。天固不可信，然在我之道。惟以延长武王之德，使天不容舍文王所受之命也。

公曰：“君奭！我闻在昔成汤既受命，时则有若伊尹，格于皇天。在太甲，时则有若保衡。在太戊，时则有若伊陟、臣扈，格于上帝；巫咸乂王家。在祖乙，时则有若巫贤。在武丁，时则有若甘盘。

“时则有若”者，言当其时有如此人也。保衡，即伊尹也，见《说命》。太戊，太甲之孙。伊陟，伊尹之子。臣扈，与汤时臣扈二人而同名者也。巫，氏。咸，名。祖乙，太戊之孙。巫贤，巫咸之子也。武丁，高宗也。甘盘，见《说命》。吕氏曰：此章序商六臣之烈，盖勉召公匹休于前人也。伊尹佐汤，以圣辅圣，其治化与天无间；伊陟、臣扈之佐太戊，以贤辅贤，其治化克厌天心。自其遍覆言之谓之天，自其主宰言之谓之帝。《书》或称天或称帝，各随所指，非有重轻。至此章对言之，则圣贤之分而深浅见矣。巫贤止言“其乂王家”者，咸之为治，功在王室，精微之蕴，犹有愧于二臣也。亡《书》有《咸乂》四篇，其乂王家之实欤。巫贤、甘盘而无指言者，意必又次于巫咸也。　苏氏曰：“殷有圣贤之君七，此独言五。下文云‘殷礼陟配天’，岂配祀于天者，止此五王，而其臣偕配食于庙乎？在武丁时不言傅说，岂傅说不配食于配天之王乎？其详不得而闻矣。”

“率惟兹有陈，保乂有殷，故殷礼陟配天，多历年所。

陟，升遐也。言六臣循惟此道，有陈列之功，以保乂有殷。故殷先王终以德配天，而享国长久也。

“天惟纯佑命，则商实。百姓王人，罔不秉德明恤，小臣屏侯甸，矧咸奔走。惟兹惟德称，用乂厥辟，故一人有事于四方，若卜筮，罔不是孚。”

佑，助也。实，“虚实”之“实”。国有人则实，孟子言“不信仁贤，则国空虚”是也。称，举也，亦秉持之义。事，征伐会同之类。承上章六臣辅君，格天致治，遂言天佑命有商，纯一而不杂，故商国有人而实。内之百官著姓与夫王臣之微者，无不秉持其德，明致其忧。外之小臣与夫藩屏侯、甸，矧皆奔走服役。惟此之故，惟德是举，用乂其君。故君有事于四方，如龟之卜，如蓍之筮，天下无不敬信之也。

公曰：“君奭！天寿平格，保乂有殷，有殷嗣，天灭威。今汝永念，则有固命，厥乱明我新造邦。”

吕氏曰：坦然无私之谓平。格者，通彻三极而无间者也。天无私寿，惟至平通格于天者则寿之。伊尹而下六臣，能尽平格之实，故能保乂有殷，多历年所。至于殷纣亦嗣天位，乃骤罹灭亡之威，天曾不私寿之也。“固命”者，不坠之天命也。今召公勉为周家久永之念，则有天之固命，其治效亦赫然明著于我新造之邦，而身与国俱显矣。

公曰：“君奭！在昔上帝割，申劝宁王之德，其集大命于厥躬。

申，重。劝，勉也。在昔上帝降割于殷，申劝武王之德，而集大命于其身，使有天下也。

“惟文王尚克修和我有夏，亦惟有若虢叔，有若闳夭，有若散宜生，有若泰颠，有若南宫括。”

虢叔，文王弟。闳、散、泰、南宫，皆氏。夭、宜生、颠、括，皆名。言文王庶几能修治燮和我所有诸夏者，亦惟有虢叔等五臣为之辅也。《康诰》言“一二邦以修”，《无逸》言“用咸和万民”，即文王修和之实也。

又曰：“无能往来，兹迪彝教，文王蔑德降于国人。

蔑，莫结反。　蔑，无也。夏氏曰：周公前既言文王之兴本此五臣，故又反前意而言曰，若此五臣者不能为文王往来奔走，于此导迪其常教，则文王亦无德降及于国人矣。周公反复以明其意，故以“又曰”更端发之。

“亦惟纯佑秉德，迪知天威，乃惟时昭文王迪见冒，闻于上帝。惟时受有殷命哉。

言文王有此五臣者，故亦如殷为天纯佑命，百姓王人，罔不秉德也。上既反言文王若无此五臣为迪彝教，则亦无德下及国人，故此又正言亦惟天乃纯佑文王。盖以如是秉德之臣，蹈履至到，实知天威，以是昭明文王，启迪其德，使著见于上，覆冒于下，而升闻于上帝。惟是之故，遂能受有殷之天命也。

“武王惟兹四人尚迪有禄。后暨武王诞将天威，咸刘厥敌。惟兹四人昭武王惟冒，丕单称德。

单，与“殚”通。称，平声。　虢叔先死，故曰四人。刘，杀也。单，尽也。武王惟此四人，庶几迪有天禄。其后暨武王尽杀其敌，惟此四人能昭武王，遂覆冒天下，天下大尽称武王之德。谓其达声教于四海也。文王冒西土而已，丕单称德，惟武王为然。于文王言命，于武王言禄者，文王但受天命，至武王方富有天下也。吕氏曰：“师尚父之事文、武，烈莫盛焉，不与五臣之列。盖一时议论，或详或略，随意而言。主于留召公，而非欲为人物评也。”

“今在予小子旦，若游大川，予往暨汝奭其济。小子同未在位，诞无我责，收罔勖不及。耇造德不降，我则鸣鸟不闻，矧曰其有能格？”

小子旦，自谦之称也。浮水曰游。周公言承文、武之业，惧不克济。若浮大川，罔知津涯，岂能独济哉？予往与汝召公其共济可也。小子，成王也。成王幼冲，虽已即位，与未即位同。诞，大也。“大无我责”上疑有缺文。收罔勖不及，未详。耇造德不降，言召公去，则耇老成人之德不下于民，在郊之凤将不复得闻其鸣矣，况敢言进此而有感格乎？是时周方隆盛，鸣凤在郊。《卷阿》“鸣于高冈”者，乃咏其实。故周公云尔也。

公曰：“呜呼！君肆其监于兹！我受命无疆惟休，亦大惟艰。告君乃猷裕，我不以后人迷。”

肆，大。猷，谋也。兹，指上文所言。周公叹息欲召公大监视上文所陈也。

我文武受命，固有无疆之美矣，然迹其积累缔造，盖亦艰难之大者，不可不相与竭力保守之也。告君谋所以宽裕之道，勿狭隘求去，我不欲后人迷惑而失道也。吕氏曰：大臣甘燥湿，欲其调齐。盘错棼结，欲其解纾。黯暗之位，百贵所萃。震撼击撞，欲其镇定。辛污浊，欲其茹纳。自非旷度洪量，与夫患失乾没者，未尝无翩然舍去之意。况召公亲遭大变，破斧缺斨之时，屈折调护，心劳力瘁，又非平时大臣之比。顾以成王未亲政，不敢乞身尔。一旦政柄有归，浩然去志，固人情之所必至。然思文武王业之艰难，念成王守成之无助，则召公义未可去也。今乃汲汲然求去之不暇，其迫切已甚矣。盍谋所以宽裕之道，图功攸终，展布四体，为久大规模，使君德开明，未可舍去，而听后人之迷惑也。

公曰："前人敷乃心，乃悉命汝，作汝民极。曰：'汝明勖偶王，在亶乘兹大命，惟文王德丕承无疆之恤！'"

偶，配也。苏氏曰："周公与召公，同受武王顾命辅成王，故周公言前人敷乃心腹，以命汝召公位三公以为民极。且曰：'汝当明勉辅孺子，如耕之有偶也；在于相信，如车之有驭也，并力一心以载天命。念文考之旧德，以丕承无疆之忧。'武王之言如此，而可以去乎？"

公曰："君！告汝，朕允保奭。其汝克敬以予，监于殷丧大否，肆念我天威。

大否，大乱也。告汝以我之诚，呼其官而名之。言汝能敬以我所言，监视殷之丧亡大乱，可不大念我天威之可畏乎？

"予不允惟若兹诰，予惟曰：'襄我二人，汝有合哉？'言曰：'在时二人。'天休滋至，惟时二人弗戡。其汝克敬德，明我俊民，在让后人于丕时。

戡，胜也。戡、堪，古通用。周公言我不信于人而若此告语乎，予惟曰："王业之成，在我与汝而已，汝闻我言而有合哉？"亦曰："在是二人。"但天休滋至，惟是我二人将不堪胜。汝若以盈满为惧，则当能自敬德，益加寅畏，明扬俊民，布列庶位，以尽大臣之职业，以答滋至之天休，毋徒惴惴而欲去为也。他日在汝推逊后人于大盛之时，超然肥遯，谁复汝禁？今岂汝辞位之时乎？

"呜呼！笃棐时二人，我式克至于今日休。我咸成文王功于不怠，丕冒，海隅出日，罔不率俾。"

周公复叹息言笃于辅君者，是我二人，我用能至于今日休盛。然我欲与召公共成文王功业于不怠，大覆冒斯民，使海隅日出之地，无不臣服，然后可也。周都西土，去东为远，故以“日出”言。吴氏曰：周公未尝有其功，以其留召公，故言之。盖叙其所已然，而勉其所未至。亦人所说而从者也。

公曰：“君！予不惠若兹多诰，予惟用闵于天越民。”

周公言我不顺于理，而若兹谆复之多诰耶。予惟用忧天命之不终，及斯民之无赖也。韩子言“畏天命而悲人穷”亦此意。前言“若兹诰”，故此言“若兹多诰”。周公之告召公，其言语之际，亦可悲矣。

公曰：“呜呼！君！惟乃知民德，亦罔不能厥初，惟其终。祗若兹，往敬用治！”

上章言天命民心，而民心又天命之本也，故卒章专言民德以终之。周公叹息谓召公践历谙练之久，惟汝知民之德。民德，谓民心之向顺，亦罔不能其初。今日固罔尤违矣，当思其终，则民之难保者，尤可畏也。其祗顺此诰，往敬用治，不可忽也。此召公已留，周公饬遣就职之辞。厥后召公既相成王，又相康王，再世犹未释其政，有味于周公之言也夫？

蔡仲之命

蔡，国名。仲，字。蔡叔之子也。叔没，周公以仲贤，命诸成王复封之蔡。此其诰命之辞也。今文无，古文有。　按：此篇次叙，当在《洛诰》之前。

惟周公位冢宰，正百工，群叔流言。乃致辟管叔于商；囚蔡叔于郭邻，以车七乘；降霍叔于庶人，三年不齿。蔡仲克庸祗德，周公以为卿士。叔卒，乃命诸王邦之蔡。

周公位冢宰，正百工，武王崩时也。郭邻，孔氏曰："中国之外地名。"苏氏曰："郭，虢也。《周礼》六遂五家为邻。"管、霍，国名。武王崩，成王幼。周公居冢宰，百官总己以听者，古今之通道也。当是时，三叔以主少国疑，乘商人之不靖，谓可惑以非义，遂相与流言倡乱以摇之。是岂周公一身之利害？乃欲颠覆社稷，涂炭生灵，天讨所加，非周公所得已也。故致辟管叔于商，致辟云者，诛戮之也；囚蔡叔于郭邻，以车七乘，囚云者，制其出入，而犹从以七乘之车也；降霍叔于庶人，三年不齿，三年之后，方齿录以复其国也。三叔刑罚之轻重，因其罪之大小而已。仲，叔之子。克常敬德，周公以为卿士。叔卒，乃命之成王，而封之蔡也。周公留佐成王食邑于圻内，圻内诸侯，孟、仲二卿。故周公用仲为卿，非鲁之卿也。蔡，《左传》在淮汝之间。仲不别封而命邦之蔡者，所以不绝叔于蔡也。封仲以他国，则绝叔于蔡矣。吕氏曰：象欲杀舜，舜在侧微，其害止于一身。故舜得遂其友爱之心。周公之位则系于天下国家，虽欲遂友爱于三叔，不可得也。舜与周公，易地皆然。史臣先书"惟周公位冢宰，正百工"，而继以群叔流言，所以结正三叔之罪也。后言"蔡仲克庸祗德，周公以为卿士"，叔卒，即命之王，以为诸侯。以见周公蹙然于三叔之刑，幸仲克庸祗德，则亟擢用分封之也。吴氏曰：此所谓冢宰、正百工，与《诗》所谓"摄政"，皆在成王谅暗之时，非以幼冲而摄。而其摄也，不过位冢宰之位而已，亦非如荀卿所谓"摄天子位"之事也。三年之丧，二十五月而毕。方其毕时，周公固未尝摄，亦非有七年而后还政之事也。百官总已以听冢宰，未知其所从始。如殷之高宗已然，不特周公行之。此皆论周公者，所当先知也。

王若曰："小子胡，惟尔率德改行，克慎厥猷，肆予命尔侯于东土。往即乃封，敬哉！"

胡，仲名。言仲循祖文王之德，改父蔡叔之行，能谨其道，故我命汝为侯于东土。往就汝所封之国，其敬之哉。吕氏曰："'敬哉'者，欲其无失此心也。"命书之辞，虽称成王，实周公之意。

"尔尚盖前人之愆，惟忠惟孝。尔乃迈迹自身，克勤无怠，以垂宪乃后，率乃祖文王之彝训，无若尔考之违王命。

蔡叔之罪，在于不忠不孝。故仲能掩前人之愆者，惟在于忠孝而已。叔违王命，仲无所因，故曰"迈迹自身，克勤无怠"。所谓"自身"也，垂宪乃后；所谓"迈迹"也，率乃祖文王之彝训。无若尔考之违王命。上文所谓"率德改行"也。

"皇天无亲，惟德是辅。民心无常，惟惠之怀。为善不同，同归于治；为恶不同，同归于乱。尔其戒哉！

此章与伊尹申诰太甲之言相类，而有深浅不同者，太甲、蔡仲之有间也。善固不一端，而无不可行之善；恶亦不一端，而无可为之恶。尔其可不戒之哉。

"慎厥初，惟厥终，终以不困。不惟厥终，终以困穷。

惟，思也。穷，困之极也。思其终者，所以谨其初也。

"懋乃攸绩，睦乃四邻，以蕃王室，以和兄弟，康济小民。

勉汝所立之功，亲汝四邻之国，蕃屏王家，和协同姓，康济小民。五者，诸侯职之所当尽也。

"率自中，无作聪明乱旧章。详乃视听，罔以侧言改厥度。则予一人汝嘉。"

率，循也。无、毋同。详，审也。中者，心之理，而无过不及之差者也。"旧章"者，先王之成法；"厥度"者，吾身之法度。皆中之所出者。作聪明，则喜怒好恶，皆出于私而非中矣。其能不乱先王之旧章乎？戒其本于己者然也。侧言，一偏之言也。视听不审，惑于一偏之说，则非中矣。其能不改吾身之法度乎？戒其徇于人者然也。仲能戒是，则我一人汝嘉矣。吕氏曰：作聪明者，非天之聪明，特沾沾小智耳。作与不作而天人判焉。

王曰："呜呼！小子胡，汝往哉！无荒弃朕命！"

饬往就国，戒其毋废弃我命汝所言也。

多 方

成王即政，奄与淮夷又叛。成王灭奄，归作此篇。按：《费誓》言“徂兹淮夷，徐戎并兴”，即其事也。疑当时扇乱，不特殷人，如徐戎、淮夷，四方容或有之，故及多方。亦诰体也。今文、古文皆有。 苏氏曰：“《大诰》、《康诰》、《酒诰》、《梓材》、《召诰》、《洛诰》、《多士》、《多方》八篇，虽所诰不一，然大略以殷人心不服周而作也。予读《泰誓》、《武成》，常怪周取殷之易。及读此八篇，又怪周安殷之难也。《多方》所诰，不止殷人，乃及四方之士。是纷纷焉不心服者，非独殷人也。予乃今知汤已下七王之德深矣。方殷之虐人，如在膏火中，归周如流，不暇念先王之德。及天下粗定，人自膏火中出，即念殷先七王如父母。虽以武王、周公之圣，相继抚之而莫能御也。夫以西汉道德比之殷，犹碱砆之与美玉。然王莽、公孙述、隗嚣之流，终不能使人忘汉。光武成功若建瓴然，使周无周公，则亦殆矣。此周公之所以畏而不敢去也。”

惟五月丁亥，王来自奄，至于宗周。

成王即政之明年，商奄又叛，成王征灭之。杜预云：奄不知所在。宗周，镐京也。吕氏曰：“王者定都，天下之所宗也。东迁之后，定都于洛，则洛亦谓之宗周。卫孔悝之鼎铭曰：‘随难于汉阳，即宫于宗周。’是时镐已封秦，宗周盖指洛也。然则宗周初无定名，随王者所都而名耳。”

周公曰：“王若曰：猷！告尔四国多方惟尔殷侯尹民。我惟大降尔命，尔罔不知。

吕氏曰：“先曰‘周公曰’，而复曰‘王若曰’，何也？明周公传王命，而非周公之命也。周公之命诰终于此篇，故发例于此，以见《大诰》诸篇，凡称‘王曰’者，无非周公传成王之命也。”成王灭奄之后，告谕四国殷民，而因以晓天下也。所主殷民，故又专提殷侯之正民者告之。言殷民罪应诛戮，我大降宥尔命，尔宜无不知也。

“洪惟图天之命，弗永寅念于祀，

图，谋也。言商奄大惟私意图谋天命，自底灭亡，不深长敬念以保其祭祀。

吕氏曰："天命可受而不可图，图则人谋之私，而非天命之公矣。此盖深示以天命不可妄干，乃《多方》一篇之纲领也。"下文引夏商所以失天命、受天命者，以明示之。"

"惟帝降格于夏。有夏诞厥逸，不肯慼言于民，乃大淫昏，不克终日劝于帝之迪，乃尔攸闻。

言帝降灾异以谴告桀，桀不知戒惧，乃大肆逸豫，忧民之言，尚不肯出诸口，况望其有忧民之实乎？劝，勉也。迪，启迪也。视听动息日用之间，洋洋乎皆上帝所以启迪开导斯人者。桀乃大肆淫昏，终日之间，不能少勉，于是天理或几乎息矣。况望有惠迪而不违乎？此乃尔之所闻，欲其因桀而知纣也。厥逸，与《多士》"引逸"不同者，犹乱之为乱、为治耳。逸豫以民言，淫昏以帝言，各以其义也。此章上疑有缺文。

"厥图帝之命，不克开于民之丽，乃大降罚，崇乱有夏。因甲于内乱，不克灵承于旅。罔丕惟进之恭，洪舒于民。亦惟有夏之民叨懫日钦，劓割夏邑。

叨，他刀反。懫，陟利反。　此章文多未详。丽，犹"日月丽乎天"之"丽"，谓民之所依以生者也。依于土、依于衣食之类。甲，始也。言桀矫诬上天，图度帝命，不能开民衣食之原。于民依恃以生者，一皆抑塞遏绝之。犹乃大降威虐于民，以增乱其国。其所因则始于内嬖，蛊其心，败其家，不能善承其众，不能大进于恭，而大宽裕其民。亦惟夏邑之民贪叨忿懫者，则日钦崇而尊用之，以戕害于其国也。

"天惟时求民主，乃大降显休命于成汤，刑殄有夏。

言天惟是为民求主耳，桀既不能为民之主，天乃大降显休命于成汤，使为民主，而伐夏殄灭之也。　吕氏曰："曰求、曰降，岂真有求之、降之者哉？天下无统，涣散漫流，势不得不归其所聚。而汤之一德，乃所谓'显休命'之实，一众离而聚之者也。民不得不聚于汤，汤不得不受斯民之聚，是岂人为之私哉？故曰天求之、天降之也。"

"惟天不畀纯，乃惟以尔多方之义民，不克永于多享；惟夏之恭多士，大不克明保享于民，乃胥惟虐于民，至于百为，大不克开。

纯，大也。义民，贤者也。言天不与桀者大，乃以尔多方贤者，不克永于多享，以至于亡也。言桀于义民不能用，其所敬之多士，率皆不义之民。上文所谓“叨懫日钦”者。同恶相济，大不能明保享于民，乃相与播虐于民，民无所措其手足。凡百所为，无一能达。上文所谓“不克开于民之丽”者。政暴民穷，所以速其亡也。此虽指桀多士，尔殷侯尹民尝逮事纣者，宁不惕然内愧乎？

“乃惟成汤克以尔多方简，代夏作民主。

简，择也。民择汤而归之。

“慎厥丽，乃劝；厥民刑，用劝；

汤深谨其所依，以劝勉其民，故民皆仪刑而用劝勉也。人君之于天下，仁而已矣。仁者，君之所依也，君仁则莫不仁矣。

“以至于帝乙，罔不明德慎罚，亦克用劝；

明德，则民爱慕之；谨罚，则民畏服之。自成汤至于帝乙，虽历世不同，而皆知明其德，谨其罚，故亦能用以劝勉其民也。明德谨罚，所以谨厥丽也。明德，仁之本也；谨罚，仁之政也。

“要囚殄戮多罪，亦克用劝；开释无辜，亦克用劝。

德，明之而已。罚，有辟焉，有宥焉。故再言辟而当罪，亦能用以劝勉；宥而赦过，亦能用以劝勉。言辟与宥，皆足以使人勉于善也。

“今至于尔辟，弗克以尔多方享天之命。

吕氏曰：“尔辟，谓纣也。商先哲王，世传家法，积累维持如此。今一旦至于汝君，乃以尔全盛之多方，不克坐享天命而亡之。是诚可闵也。天命至公，操则存，舍则亡。以商先王之多，基图之大，纣曾不得席其余荫，其亡忽焉。危微操舍之几，周公所以示天下深矣！岂徒曰慰解之而已哉？”

“呜呼！”王若曰：“诰告尔多方，非天庸释有夏，非天庸释有殷。

先言“呜呼”而后言“王若曰”者，唐孔氏曰：周公先自叹息，而后称王命以诰之也。庸，用也，有心之谓。释，去之也。上文言夏殷之亡，因言非天有心于去夏，亦非天有心于去殷，下文遂言乃惟桀纣自取灭亡也。 吕氏曰：“周公先自叹息，而始宣布成王之诰告，以见周公未尝称王也。又此篇之始，周公曰‘王若曰’，复语相承，《书》无此体也；至于此章，先‘呜呼’而后‘王若曰’，《书》亦无此体也。周公居圣人之变，史官豫忧来世传疑袭误，盖有窃之为口实矣。故于周公诰命终篇，发新例二，著周公实未尝称王。所以别嫌明微，而谨万世之防也。”

“乃惟尔辟以尔多方大淫，图天之命屑有辞。

纣以多方之富，大肆淫泆，图度天命，琐屑有辞。与《多士》言桀“大淫泆有辞”义同。殷之亡非自取乎？以下二章推之，此章之上当有缺文。

“乃惟有夏图厥政，不集于享，天降时丧，有邦间之。

集，萃也。享，“享有”之“享”。桀图其政，不集于享，而集于亡，故天降是丧乱，而俾有殷代之。夏之亡非自取乎？

“乃惟尔商后王逸厥逸，图厥政不蠲烝，天惟降时丧。

蠲，洁。烝，进也。纣以逸居逸，淫湎无度，故其为政，不蠲洁而秽恶，不烝进而怠惰，天以是降丧亡于殷。殷之亡非自取乎？此上三节，皆应上文“非天庸释”之语。

“惟圣罔念作狂，惟狂克念作圣。天惟五年须暇之子孙，诞作民主，罔可念听。

圣，通明之称。言圣而罔念，则为狂矣；愚而能念，则为圣矣。纣虽昏愚，亦有可改过迁善之理。故天又未忍遽绝之，犹五年之久，须待暇宽于纣，觊其克念，大为民主，而纣无可念、可听者。五年，必有指实而言。孔氏牵合岁月者非是。或曰，狂而克念，果可为圣乎？曰：圣固未易为也。狂而克念，则作圣之功，知所向方。太甲其庶几矣。圣而罔念，果至于狂乎？曰：圣固无所谓罔念也，禹戒舜曰：“无若丹朱傲，惟慢游是好。”一念之差虽未至于狂，而狂之理亦在是矣。此人心惟危，圣人拳拳告戒，岂无意哉！

“天惟求尔多方，大动以威，开厥顾天。惟尔多方罔堪顾之。

纣既罔可念听，天于是求民主于尔多方，大警动以祲祥谴告之威，以开发其能受眷顾之命者。而尔多方之众，皆不足以堪眷顾之命也。

“惟我周王灵承于旅，克堪用德，惟典神天。天惟式教我用休，简畀殷命，尹尔多方。

典，主。式，用也。“克堪”者，能胜之谓也。德輶如毛，民鲜克举之。言德举者，莫能胜也。文武善承其众，克堪用德，是诚可以为神天之主矣。故天式教文武，用以休美，简择畀付殷命，以正尔多方也。吕氏曰："式教用休者，如之何而教之也？文武既得乎天，天德日新，左右逢原。其思也，若或起之；其行也，若或翼之。乃天之所以教而用以昌大休明者也，非谆谆然而教之也。此章深论天下。向者天命未定，眷求民主之时，能者则得之。孰有遏汝者，乃无一能当天之眷。今天既命我周而定于一矣，尔犹汹汹不靖，欲何为耶？明指天命，而詟服四海奸雄之心者，莫切于是。"

"今我曷敢多诰。我惟大降尔四国民命。

言今我何敢如此多诰。我惟大降宥尔四国民命。举其宥过之恩，而责其迁善之实也。

"尔曷不忱裕之于尔多方？尔曷不夹介乂我周王享天之命？今尔尚宅尔宅，畋尔田，尔曷不惠王熙天之命？

夹，讫洽反。　夹，"夹辅"之"夹"。介，"宾介"之"介"。尔何不诚信宽裕于尔之多方乎？尔何不夹辅介助我周王享天之命乎？尔之叛乱，据法定罪，则潴其宅，收其田可也，今尔犹得居尔宅，耕尔田，尔何不顺我王室，各守尔典以广天命乎？此三节责其何不如此也。

"尔乃迪屡不静，尔心未爱。尔乃不大宅天命，尔乃屑播天命，尔乃自作不典，图忱于正。

尔乃屡蹈不靖，自取亡灭。尔心其未知所以自爱耶！尔乃大不安天命耶！尔乃轻弃天命耶！尔乃自为不法，欲图见信于正者，以为当然耶！此四节，责其不可如此也。

"我惟时其教告之，我惟时其战要囚之，至于再，至于三。乃有不用我降尔命，我乃其大罚殛之！非我有周秉德不康宁，乃惟尔自速辜！"

我惟是教告而诲谕之，我惟是戒惧而要囚之。今至于再，至于三矣。尔不用我降宥尔命，而犹狃于叛乱反覆，我乃其大罚殛杀之。非我有周持德不安静，乃惟尔自为凶逆以速其罪尔。

王曰："呜呼！猷！告尔有方多士暨殷多士，今尔奔走臣我监五祀。

监，监洛邑之迁民者也。犹诸侯之分民，有君道焉，所以谓之“臣我监”也。言商士迁洛，奔走臣服我监，于今五年矣。不曰年而曰祀者，因商俗而言也。又按：成周既成，而成王即政；成王即政，而商奄继叛，事皆相因，才一二年耳。今言五祀，则商民之迁，固在作洛之前矣，尤为明验。

“越惟有胥伯小大多正，尔罔不克臬。

臬，事也。《周官》多以胥、以伯、以正为名。胥、伯、小大众多之正，盖殷多士授职于洛、共长治迁民者也。其奔走臣我监亦久矣，宜相体悉，竭力其职，无或反侧偷惰而不能事也。

“自作不和，尔惟和哉！尔室不睦，尔惟和哉！尔邑克明，尔惟克勤乃事。

心不安静，则身不和顺矣；身不安静，则家不和顺矣。言“尔惟和哉”者，所以劝勉之也。和其身，睦其家，而后能协于其邑。欢然有恩以相爱，粲然有文以相接，尔邑克明，始为不负其职，而可谓“克勤乃事”矣。前既戒以“罔不克臬”，故以“克勤乃事”期之也。

“尔尚不忌于凶德，亦则以穆穆在乃位，克阅于乃邑谋介。

忌，畏也。穆穆，和敬貌。顽民诚可畏矣，然如上文所言，尔多士庶几不至畏忌顽民凶德，亦则以穆穆和敬，端处尔位，以潜消其悍逆悖戾之气，又能简阅尔邑之贤者，以谋其助，则民之顽者，且革而化矣。尚何可畏之有哉？成王诱掖商士之善，以化服商民之恶。其转移感动之机，微矣哉！

“尔乃自时洛邑，尚永力畋尔田，天惟畀矜尔，我有周惟其大介赉尔，迪简在王庭。尚尔事，有服在大僚。”

尔乃自时洛邑，庶几可以保有其业，力畋尔田。天亦将畀予矜怜于尔，我有周亦将大介助赉锡于尔，启迪简拔，置之王朝矣。其庶几勉尔之事，有服在大僚，不难至也。《多士》篇，商民尝以“夏迪简在王庭，有服在百僚”为言，故此因以劝励之也。

王曰：“呜呼！多士，尔不克劝忱我命，尔亦则惟不克享，凡民惟曰不享。尔乃惟逸惟颇，大远王命，则惟尔多方探天之威，我则致天之罚，离逖尔土。”

诰告将终，乃叹息言尔多士，如不能相劝信我之诰命，尔亦则惟不能享上。凡尔之民，亦惟曰上不必享矣。尔乃放逸颇僻，大违我命，则惟尔多士自取天威，我亦致天之罚，播流荡析，俾尔离远尔土矣。尔虽欲宅尔宅，畋尔田，尚可得哉？“多方”疑当作“多士”。上章既劝之以休，此章则董之以威。商民不惟有所慕而不敢违越，且有所畏，而不敢违越矣。

王曰：“我不惟多诰，我惟祇告尔命。”

我岂若是多言哉？我惟敬告尔以上文劝勉之命而已。

又曰：“时惟尔初，不克敬于和，则无我怨。”

与之更始。故曰“时惟尔初”也。尔民至此，苟又不能敬于和，犹复乖乱，则自底诛戮，毋我怨尤矣。开其为善，禁其为恶。周家忠厚之意，于是篇尤为可见。　吕氏曰：“‘又曰’二字，所以形容周公之倦倦斯民，会已毕而犹有余情，诰已终而犹有余语。顾盼之光，犹晔然溢于简册也。”

立　政

吴氏曰：此书戒成王以任用贤才之道，而其旨意，则又上戒成王专择百官、有司之长，如所谓"常伯"、"常任"、"准人"等云者。盖古者外之诸侯，一卿已命于君，内之卿大夫，则亦自择其属。如周公以蔡仲为卿士，伯冏谨简乃僚之类。其长既贤，则其所举用无不贤者矣。葛氏曰：诰体也。今文、古文皆有。

周公若曰："拜手稽首，告嗣天子王矣。"用咸戒于王曰："王左右常伯、常任、准人、缀衣、虎贲。"

周公曰："呜呼！休兹知恤，鲜哉！

缀，朱卫、丁劣二反。贲，音奔。　此篇周公所作，而记之者周史也，故称"若曰"。言周公帅群臣进戒于王，赞之曰："拜手稽首，告嗣天子王矣。"群臣用皆进戒曰："王左右之臣，有牧民之长曰常伯，有任事之公卿曰常任，有守法之有司曰准人。三事之外，掌服器者曰缀衣，执射御者曰虎贲。皆任用之所当谨者。"周公于是叹息言曰："美矣此官！然知忧恤者鲜矣。"言五等官职之美，而知忧其得人者少也。吴氏曰：缀衣、虎贲，近臣之长也。葛氏曰：缀衣，《周礼》"司服"之类。虎贲，《周礼》之"虎贲氏"也。

"古之人迪惟有夏，乃有室大竞，吁俊尊上帝，迪知忱恂于九德之行。乃敢告教厥后曰：'拜手稽首后矣！'曰：'宅乃事，宅乃牧，宅乃准，兹惟后矣。谋面，用丕训德，则乃宅人，兹乃三宅无义民。'

恂，音荀。　古之人有行此道者，惟有夏之君。当王室大强之时，而求贤以为事天之实也。"迪知"者，蹈知而非苟知也。"忱恂"者，诚信而非轻信也。言夏之臣，蹈知诚信于九德之行。乃敢告教其君曰"拜手稽首后矣"云者，致敬以尊其为君之名也。曰"宅乃事，宅乃牧，宅乃准，兹惟后矣"云者，致告以叙其为君之实也。兹者，此也。言如此而后可以为君也，即皋陶与禹言"九德"之事。"谋面"者，谋人之面貌也。言非迪知忱恂于九德之行，而徒谋之面貌，用以为大顺于德，乃宅而任之。如此，则三宅之人，岂复有贤者乎？苏氏曰："事，则向所谓'常任'也；牧，则向所谓'常伯'也；准，则向所谓'准人'也。一篇之中，所论宅俊者，参差不齐。然大要不出是三者，其余则皆小臣百执事也。"吴氏曰：古者凡以善言语人皆谓之教，不必自上教下而后谓之教也。

"桀德，惟乃弗作往任，是惟暴德，罔后。

夏桀恶德，弗作往昔先王任用三宅，而所任者，乃惟暴德之人，故桀以丧亡无后。

"亦越成汤陟，丕厘上帝之耿命，乃用三有宅，克即宅，曰三有俊，克即俊。严惟丕式，克用三宅三俊，其在商邑，用协于厥邑，其在四方，用丕式见德。

"亦越"者，继前之辞也。耿，光也。汤自七十里升为天子，典礼命讨，昭著于天下，所谓陟丕厘上帝之光命也。三宅，谓居常伯、常任、准人之位者。三俊，谓有常伯、常任、准人之才者。"克即"者，言汤所用三宅，实能就是位而不旷其职；所称三俊，实能就是德而不浮其名也。三俊，说者谓他日次补三宅者，详宅以位言，俊以德言，意其储养待用。或如说者所云也。惟，思。式，法也。汤于三宅、三俊，严思而丕法之，故能尽其宅俊之用，而宅者得以效其职，俊者得以著其才。贤智奋庸，登于至治。其在商邑，用协于厥邑，近者察之详，其情未易齐。畿甸之协，则纯之至也。其在四方，用丕式见德，远者及之难，其德未易遍。观法之同，则大之至也。至纯至大，治道无余蕴矣。曰"邑"、曰"四方"者，各极其远近而言耳。

"呜呼！其在受德暋，惟羞刑暴德之人，同于厥邦；乃惟庶习逸德之人，同于厥政。帝钦罚之，乃伻我有夏，式商受命，奄甸万姓。

暋，音敏。奄，衣检反。 羞刑，进任刑戮者也。庶习，备诸众丑者也。言纣德强暴，又所与共国者，惟羞刑暴德之诸侯；所与共政者，惟庶习逸德之臣下。上帝敬致其罚，乃使我周有此诸夏，用商所受之命，而奄甸万姓焉。甸者，井牧其地，什伍其民也。

"亦越文王、武王，克知三有宅心，灼见三有俊心，以敬事上帝，立民长伯。

三宅、三俊，文武克知、灼见，皆曰心者，即所谓"迪知忱恂"而非"谋面"也。

三宅已授之位，故曰“克知”；三俊未任以事，故曰“灼见”。以是敬事上帝，则天职修而上有所承，以是立民长伯，则体统立而下有所寄。人君位天人之两间，而俯仰无怍者以是也。夏之尊帝，商之丕厘，周之敬事，其义一也。长，如《王制》所谓“五国以为属，属有长”。伯，如《王制》所谓“二百一十国以为州，州有伯”是也。

“立政：任人、准夫、牧作三事；

言文武立政三宅之官也。任人，常任也；准夫，准人也；牧，常伯也。以职言，故曰事。

“虎贲，缀衣，趣马、小尹、左右携仆、百司庶府；

此侍御之官也。趣马，掌马之官。小尹，小官之长。携仆，携持仆御之人。百司，若司裘、司服。庶府，若内府、太府之属也。

“大都小伯、艺人、表臣百司；太史、尹伯、庶常吉士；

此都邑之官也。吕氏曰：“‘大都小伯’者，谓大都之伯、小都之伯也。大都言都不言伯，小伯言伯不言都，互见之也。‘艺人’者，卜祝巫匠，执技以事上者。”表臣百司，“表，外也。表，对里之词。上文‘百司’，盖内百司，若内府内司服之属，所谓‘里臣’也。此百司，盖外百司，若外府外司服之属，所谓‘表臣’也。‘太史’者，史官也。‘尹伯’者，有司之长。如庖人、内饔、膳夫，则是数尹之伯也；钟师尹钟，磬师尹磬，大师司乐，则是数尹之伯也。凡所谓官吏，莫不在内外百司之中。至于特见其名者，则皆有意焉。虎贲、缀衣、趣马、小尹、左右携仆，以扈卫亲近而见；庶府，以冗贱人所易忽而见；艺人，恐其或兴淫巧机诈，以荡上心而见；太史，以奉讳恶，公天下后世之是非而见；尹伯，以大小相维，体统所系而见。若大都小伯，则分治郊畿，不预百司之数者，既条陈历数文武之众职，而总结之曰‘庶常吉士’。庶，众也。言在文武之廷，无非常德吉士也。”

“司徒、司马、司空、亚旅；

此诸侯之官也。司徒主邦教，司马主邦政，司空主邦土，余见《牧誓》。言诸侯之官，莫不得人也。诸侯之官独举此者，以其名位通于天子欤。

“夷、微、卢烝，三亳，阪尹。

此王官之监于诸侯四夷者也。微、卢，见经。亳，见史。三亳：蒙为北亳，穀熟为南亳，偃师为西亳。烝，或以为众，或以为夷名。阪，未详。古者险危之地，封疆之守，或不以封，而使王官治之，参错于五服之间，是之谓尹。《地志》载王官所治非一，此特举其重者耳。自诸侯三卿以降，惟列官名而无他语，承上“庶常吉士”之文，以内见外也。夫上自王朝，内而都邑，外而诸侯，远而夷狄，莫不皆得人以为官使。何其盛欤！

“文王惟克厥宅心，乃克立兹常事司牧人，以克俊有德。

文王惟能其三宅之心。能者，能之也。知之至、信之笃之谓。故能立此常任、常伯，用能俊有德也。不言“准人”者，因上章言文王用人，而申“克知三有宅心”之说，故略之也。

“文王罔攸兼于庶言；庶狱庶慎，惟有司之牧夫是训用违；

庶言，号令也。庶狱，狱讼也。庶慎，国之禁戒储备也。有司，有职主者。牧夫，牧人也。文王不敢下侵庶职，惟于有司牧夫，训敕用命及违命者而已。汉孔氏曰：“劳于求才，逸于任贤。”

“庶狱庶慎，文王罔敢知于兹。

上言“罔攸兼”，则犹知之，特不兼其事耳；至此“罔敢知”，则若未尝知有其事。盖信任之益专也。上言“庶言”，此不及者，号令出于君，有不容不知者故也。吕氏曰：“不曰‘罔知于兹’，而曰‘罔敢知于兹’者，徒言‘罔知’，则是庄老之无为也。惟言‘罔敢知’，然后见文王敬畏思不出位之意。毫厘之辨，学者宜精察之。”

“亦越武王，率惟敉功，不敢替厥义德，率惟谋，从容德，以并受此丕丕基。

率，循也。敉功，安天下之功。义德，义德之人。容德，容德之人。盖义德者，有拨乱反正之才；容德者，有休休乐善之量。皆成德之人也。周公上文言武王率循文王之功，而不敢替其所用义德之人；率循文王之谋，而不敢违其容德之士。意如虢叔、闳夭、散宜生、泰颠、南宫括之徒，所以辅成王业者，文用之于前，武任之于后。故周公于《君奭》言五臣克昭文王，“受有殷命”、“武王惟兹四人尚迪有禄”，正犹此叙文武用人，而言“并受此丕丕基”也。

“呜呼！孺子王矣！继自今我其立政。立事、准人、牧夫，我其克灼知厥若，丕乃俾乱；相我受民，和我庶狱庶慎，时则勿有间之。

我者，指王而言。若，顺也。周公既述文武基业之大，叹息而言曰：孺子今既为王矣，继此以往，王其于立政，立事、准人、牧夫之任，当能明知其所顺。顺者，其心之安也。孔子曰："察其所安，人焉廋哉。"察其所顺者，知人之要也。夫既明知其所顺，果正而不他。然后推心而大委任之，使展布四体以为治，相助左右所受之民，和调均齐狱慎之事，而又戒其勿以小人间之，使得终始其治。此任人之要也。民而谓之受者，言民者乃受之于天，受之于祖宗，非成王之所自有也。

"自一话一言，我则末惟成德之彦，以乂我受民。

末，终。惟，思也。自一话一言之间，我则终思成德之美士，以治我所受之民，而不敢斯须忘也。

"呜呼！予旦已受人之徽言咸告孺子王矣。继自今文子文孙，其勿误于庶狱庶慎，惟正是乂之。

前所言禹、汤、文、武任人之事，无非至美之言。我闻之于人者，已皆告孺子王矣。"文子文孙"者，成王，武王之文子，文王之文孙也。成王之时，法度彰，礼乐著，守成尚文，故曰文。误，失也。有所兼，有所知，不付之有司而以己误之也。正，犹《康诰》所谓"正人"，与"宫正"、"酒正"之"正"，指当职者为言。不以己误庶狱庶慎，惟当职之人是治之。下文言"其勿误庶狱，惟有司之牧夫"，即此意。

"自古商人亦越我周文王立政，立事、牧夫、准人，则克宅之，克由绎之，兹乃俾乂。

自古及商人及我周文王，于立政所以用三宅之道。"则克宅之"者，能得贤者以居其职也；"克由绎之"者，能䌷绎用之而尽其才也。既能宅其才以安其职，又能绎其才以尽其用，兹其所以能俾乂也欤！

"国则罔有立政用憸人，不训于德，是罔显在厥世。继自今立政，其勿以憸人，其惟吉士，用劢相我国家。

劢，音迈。　自古为国，无有立政用憸利小人者。小人而谓之憸者，形容其沾沾便捷之状也。憸利小人，不顺于德，是无能光显以在厥世。王当继今以往，立政勿用憸利小人。其惟用有常吉士，使勉力以辅相我国家也。吕氏曰："君子阳类，用则升其国于明昌；小人阴类，用则降其国于晦昧。阴阳升降，亦各从其类也。"

"今文子文孙，孺子王矣！其勿误于庶狱，惟有司之牧夫。

始言"和我庶狱庶慎，时则勿有间之"，继言"其勿误于庶狱庶慎，惟正是乂之"，至是独曰"其勿误于庶狱，惟有司之牧夫"。盖刑者，天下之重事，挈其重而独举之，使成王尤知刑狱之可畏，必专有司牧夫之任，而不可以己误之也。

"其克诘尔戎兵以陟禹之迹，方行天下，至于海表，罔有不服。以觐文王之耿光，以扬武王之大烈。

诘，治也。治尔戎服兵器也。陟，升也。禹迹，禹服旧迹也。方，四方也。海表，四裔也。言德威所及，无不服也。觐，见也。耿，光德也。大烈，业也。于文王称德，于武王称业，各于其盛者称之。吕氏曰："兵，刑之大也。故既言'庶狱'，而继以治兵之戒焉。或曰：周公之训，稽其所弊，得无启后世好大喜功之患乎？曰：周公诘兵之训，继勿误庶狱之后。犴狱之间，尚恐一刑之误。况六师万众之命，其敢不审而误举乎？""推勿误庶狱之心，而奉克诘戎兵之戒，必非得已不已，而轻用民命者也。"

"呜呼！继自今后王立政，其惟克用常人。"

并周家后王而戒之也。常人，常德之人也。皋陶曰："彰厥有常吉哉！"常人与吉士，同实而异名者也。

周公若曰："太史！司寇苏公式敬尔由狱，以长我王国。兹式有慎，以列用中罚。"

此周公因言慎罚，而以苏公敬狱之事告之太史，使其并书，以为后世司狱之式也。苏，国名也。《左传》："苏忿生以温为司寇。"周公告太史以苏忿生为司寇，用能敬其所由之狱，培植基本，以长我王国。令于此取法而有谨焉，则能以轻重条列，用其中罚，而无过差之患矣。

卷六

周　　书

周　　官

成王训迪百官，史录其言，以“周官”名之。亦训体也。今文无，古文有。按：此篇与今《周礼》不同。如三公、三孤，《周礼》皆不载。或谓公孤兼官，无正职，故不载。然三公“论道经邦”，三孤“贰公弘化”，非职乎？职任之大，无逾此矣。或又谓师氏即太师，保氏即太保。然以师保之尊，而反属司徒之职，亦无是理也。又此言“六年，五服一朝”，而《周礼》六服诸侯，有一岁一见者、二岁一见者、三岁一见者，亦与此不合。是固可疑，然《周礼》非圣人不能作也。意周公方条治事之官，而未及师保之职。所谓未及者，郑重而未及言之也。书未成而公亡，其间法制有未施用，故与此异，而《冬官》亦缺。要之，《周礼》首末未备，周公未成之书也。惜哉！读书者参互而考之，则周公经制，可得而论矣！

惟周王抚万邦，巡侯甸，四征弗庭，绥厥兆民。六服群辟，罔不承德。归于宗周，董正治官。

此《书》之本《序》也。庭，直也。葛氏曰：弗庭，弗来庭者。六服，侯、甸、男、采、卫并畿内为六服也。《禹贡》五服通畿内，《周制》五服在王畿外也。《周礼》又有九服：侯、甸、男、采、卫、蛮、夷、镇、蕃，与此不同。宗周，镐京也。董，督也。治官，凡治事之官也。言成王抚临万国，巡狩侯、甸，四方征讨不庭之国，以安天下之民。六服诸侯之君，无不奉承周德。成王归于镐京，督正治事之官。外攘之功举，而益严内治之修也。唐孔氏曰：周制无万国，惟伐淮夷，非四征也，大言之尔。

王曰："若昔大猷，制治于未乱，保邦于未危。"

治，去声。　若昔大道之世，制治保邦于未乱、未危之前。即下文"明王立政"是也。

曰："唐虞稽古，建官惟百。内有百揆四岳，外有州牧侯伯。庶政惟和，万国咸宁。夏商官倍，亦克用乂。明王立政，不惟其官，惟其人。

倍，薄亥反。　百揆，无所不总者。四岳，总其方岳者。州牧，各总其州者。侯伯，次州牧而总诸侯者也。百揆四岳总治于内，州牧侯伯总治于外。内外相承，体统不紊，故庶政惟和，而万国咸安。夏商之时，世变事繁，观其会通，制其繁简，官数加倍，亦能用治。明王立政不惟其官之多，惟其得人而已。

"今予小子，祗勤于德，夙夜不逮。仰惟前代时若，训迪厥官。

逮，徒耐反。又汤亥、大计二反。　逮，及。时，是。若，顺也。成王祗勤于德，早夜若有所不及然。盖修德者，任官之本也。

"立太师、太傅、太保，兹惟三公。论道经邦，燮理阴阳。官不必备，惟其人。

立，始辞也。三公非始于此，立为周家定制，则始于此也。贾谊曰："保者，保其身体。傅者，传之德义。师，道之教训。"此所谓三公也。阴阳，以气言。道者，阴阳之理，恒而不变者也。《易》曰："一阴一阳之谓道。"是也。论者，讲明之谓。经者，经纶之谓。燮理者，和调之也。非经纶天下之大经，参天地之化育者，岂足以任此责？故官不必备，惟其人也。

"少师、少傅、少保，曰三孤。贰公弘化，寅亮天地，弼予一人。

少，失照反。　孤，特也。三少虽三公之贰，而非其属官，故曰孤。天地，以形言。化者，天地之用，运而无迹者也。《易》曰："范围天地之化。"是也。弘者，张而大之。"寅亮"者，敬而明之也。公论道，孤弘化；公燮理阴阳，孤寅亮天地；公论于前，孤弼于后。公、孤之分如此。

"冢宰掌邦治，统百官，均四海。

冢，大。宰，治也。天官卿，治官之长，是为冢宰。内统百官，外均四海。盖天子之相也。百官异职，管摄使归于一，是之谓统；四海异宜，调剂使得其平，是之谓均。

"司徒掌邦教，敷五典，扰兆民。

扰，驯也。地官卿，主国教化，敷君臣、父子、夫妇、长幼、朋友五者之教，以驯扰兆民之不顺者，而使之顺也。唐虞司徒之官，固已职掌如此。

"宗伯掌邦礼，治神人，和上下。

春官卿，主邦礼，治天神、地祇、人鬼之事，和上下尊卑等列。春官于四时之序为长，故其官谓之"宗伯"。成周合乐于礼官，谓之和者，盖以乐而言也。

"司马掌邦政，统六师，平邦国。

夏官卿，主戎马之事，掌国征伐，统御六军，平治邦国。平，谓强不得陵弱，众不得暴寡，而人皆得其平也。军政莫急于马，故以"司马"名官。何莫非政，独戎政谓之政者，用以征伐而正彼之不正，王政之大者也。

"司寇掌邦禁，诘奸慝，刑暴乱。

秋官卿，主寇贼法禁。群行攻劫曰寇。诘奸慝，刑强暴作乱者。掌刑不曰"刑"而曰"禁"者，禁于未然也。吕氏曰："奸慝隐而难知，故谓之'诘'，推鞫穷诘而求其情也。暴乱显而易见，直刑之而已。"

"司空掌邦土，居四民，时地利。

冬官卿，主国邦土，以居士农工商四民，顺天时以兴地利。按：《周礼·冬官》则记考工之事，与此不同。盖本缺《冬官》，汉儒以《考工记》当之也。

"六卿分职，各率其属，以倡九牧，阜成兆民。

六卿分职，各率其属官，以倡九州之牧，自内达之于外，政治明，教化洽，兆民之众，莫不阜厚而化成也。按：《周礼》每卿六十属，六卿三百六十属也。吕氏曰："冢宰相天子，统百官，则司徒以下，无非冢宰所统。乃均列一职，而并数之为六者，纲在网中也。”“乾坤之与六子，并列于八方。冢宰之与五卿，并列于六职也。”

“六年，五服一朝。又六年，王乃时巡，考制度于四岳。诸侯各朝于方岳，大明黜陟。”

五服，侯、甸、男、采、卫也。六年一朝会京师，十二年王一巡狩。“时巡”者，犹舜之四仲巡狩也；“考制度”者，犹舜之“协时月正日，同律度量衡”等事也；“诸侯各朝方岳”者，犹舜之“肆觐东后”也；“大明黜陟”者，犹舜之“黜陟幽明”也。疏数异时，繁简异制。帝王之治，因时损益者可见矣。

王曰：“呜呼！凡我有官君子，钦乃攸司，慎乃出令，令出惟行，弗惟反。以公灭私，民其允怀。

建官之体统，前章既训迪之矣，此则居守官职者咸在，曰“凡有官君子”者，合尊卑小大而同训之也。反者，令出不可行而壅逆之谓。言敬汝所主之职，谨汝所出之令，令出欲其行，不欲其壅逆而不行也。以天下之公理，灭一己之私情，则令行而民莫不敬信怀服矣。

“学古入官，议事以制，政乃不迷。其尔典常作之师，无以利口乱厥官。蓄疑败谋，怠忽荒政，不学墙面，莅事惟烦。

蓄，敕六反。　学古，学前代之法也。制，裁度也。迷，错谬也。典常，当代之法也。周家典常，皆文、武、周公之所讲画，至精至备。凡莅官者，谨师之而已。不可喋喋利口，更改而纷乱之也。积疑不决，必败其谋；怠惰忽略，必荒其政。人而不学，其犹正墙面而立，必无所见，而举错烦扰也。　苏氏曰：“郑子产铸刑书，晋叔向讥之曰：‘昔先王议事，以制不为刑辟。’其言盖取诸此。”先王人法并任，而任人为多，故律设大法而已。其轻重之详，则付之人，临事而议，以制其出入。故刑简而政清。自唐以前，治罪科条，止于今律令而已。人之所犯，日变无穷，而律令有限。以有限治无穷，不闻有所缺，岂非人法兼行，吏犹得临事而议乎？今律令之外，科条数万，而不足于用，有司请立新法者，日益不已。呜呼！任法之弊，一至于此哉！

“戒尔卿士，功崇惟志，业广惟勤，惟克果断，乃罔后艰。

断，都玩反。　此下申戒卿士也。王氏曰：“功以志崇，业以仁广，断以勇克。此三者，天下之达道也。”吕氏曰：“功者，业之成也；业者，功之积也。”“崇其功者存乎志，广其业者存乎勤。勤由志而生，志待勤而遂。虽有二者，当几而不能果断，则志与勤虚用，而终蹈后艰矣。”

“位不期骄，禄不期侈。恭俭惟德，无载尔伪。作德，心逸日休；作伪，心劳日拙。

载，作代反。　贵不与骄期而骄自至，禄不与侈期而侈自至。故居是位当知所以恭，飨是禄当知所以俭。然恭俭岂可以声音笑貌为哉？当有实得于己，不可从事于伪。作德，则中外惟一，故心逸而日休休焉；作伪，则揜护不暇，故心劳而日著其拙矣。或曰：期，待也。位所以崇德，非期于为骄；禄所以报功，非期于为侈。亦通。

“居宠思危，罔不惟畏，弗畏入畏。

居宠盛，则思危辱，当无所不致其祗畏。苟不知祗畏，则入于可畏之中矣。后之患失者，与思危相似。然思危者，以宠利为忧；患失者，以宠利为乐。所存大不同也。

“推贤让能，庶官乃和，不和政庬。举能其官，惟尔之能。称匪其人，惟尔不任。”

推，通回切。庬，莫江切。　贤，有德者也。能，有才者也。王氏曰：道二，义、利而已。推贤让能，所以为义。大臣出于义，则莫不出于义，此庶官所以不争而和。蔽贤害能，所以为利。大臣出于利，则莫不出于利，此庶官所以争而不和。庶官不和，则政必杂乱而不理矣。称，亦举也。所举之人，能修其官，是亦尔之所能。举非其人，是亦尔不胜任。古者大臣以人事君，其责如此。

王曰：“呜呼！三事暨大夫，敬尔有官，乱尔有政，以佑乃辟。永康兆民，万邦惟无斁。”

辟，必益反。斁，音亦。　三事，即《立政》“三事”也。乱，治也。篇终叹息，上自三事，下至大夫，而申戒敕之也。其不及公孤者，公孤德尊位隆，非有待于戒敕也。

君 陈

君陈，臣名。唐孔氏曰：周公迁殷顽民于下都，周公亲自监之。周公既殁，成王命君陈代周公。此其策命之词。史录其书，以"君陈"名篇。今文无，古文有。

王若曰："君陈，惟尔令德孝恭。惟孝友于兄弟，克施有政。命汝尹兹东郊，敬哉！

言君陈有令德，事亲孝，事上恭。惟其孝友于家，是以能施政于邦。孔子曰："居家理，故治可移于官。"陈氏曰：天子之国，五十里为近郊。自王城言之，则下都乃东郊之地。故《君陈》、《毕命》，皆指下都为东郊。

"昔周公师保万民，民怀其德。往慎乃司，兹率厥常，懋昭周公之训，惟民其乂。

周公之在东郊，有师之尊，有保之亲。师教之，保安之，民怀其德。君陈之往，但当谨其所司，率循其常，勉明周公之旧训，则民其治矣。盖周公既殁，民方思慕周公之训，君陈能发明而光大之，固宜其翕然听顺也。

"我闻曰：'至治馨香，感于神明。黍稷非馨，明德惟馨。'尔尚式时周公之猷训，惟日孜孜，无敢逸豫。

吕氏曰："成王既勉君陈昭周公之训，复举周公精微之训以告之。'至治馨香'以下四语，所谓周公之训也。既言此而揭之以'尔尚式时周公之猷训'，则是四言为周公之训明矣。物之精华，固无二体。然形质止而气臭升，止者有方，升者无间。则馨香者，精华之上达者也。至治之极，馨香发闻，感格神明，不疾而速。凡昭荐黍稷之苾芬，是岂黍稷之馨哉？所以苾芬者，实明德之馨也。至治举其成，明德循其本，非有二馨香也。周公之训，固为精微，而举以告君陈，尤当其可。自殷顽民言之，欲其感格，非可刑驱而势迫。所谓洞达无间者，盖当深省也。自周公法度言之，典章虽具，苟无前人之德，则索然萎苶，徒为陈迹也。故勉之以用是猷训，惟日孜孜，无敢逸豫焉。是训也，至精至微，非日新不已，深致敬笃之功，孰能与于斯？”

“凡人未见圣，若不克见；既见圣，亦不克由圣，尔其戒哉！尔惟风，下民惟草。

未见圣，如不能得见；既见圣，亦不能由圣。人情皆然。君陈亲见周公，故特申戒以此。“君子之德，风也；小人之德，草也。草上之风必偃。”君陈克由周公之训，则商民亦由君陈之训矣。

“图厥政，莫或不艰，有废有兴，出入自尔师虞，庶言同则绎。

师，众。虞，度也。言图谋其政，无小无大，莫或不致其难。有所当废，有所当兴，必出入反覆，与众共虞度之。众论既同，则又䌷绎而深思之而后行也。盖“出入自尔师虞”者，所以合乎人之同；“庶言同则绎”者，所以断于己之独。孟子曰：“国人皆曰贤，然后察之。”“国人皆曰可杀，然后察之。”“庶言同则绎”之谓也。

“尔有嘉谋嘉猷，则入告尔后于内，尔乃顺之于外，曰：‘斯谋斯猷，惟我后之德。’呜呼！臣人咸若时，惟良显哉！”

言切于事谓之谋，言合于道谓之猷。道与事非二也，各举其甚者言之。良以德言，显以名言。或曰：成王举君陈前日已陈之善，而叹息以美之也。 葛氏曰：成王殆失斯言矣。欲其臣善则称君，人臣之细行也。然君既有是心，至于有过，则将使谁执哉？禹闻善言则拜，汤改过不吝，端不为此言矣。呜呼！此其所以为成王欤？

王曰：“君陈，尔惟弘周公丕训，无依势作威，无倚法以削，宽而有制，从容以和。

从，七恭反。 此篇言周公训者三，曰“懋昭”，曰“式时”，至此则弘周公之丕训，欲其益张而大之也。君陈何至依势以为威，倚法以侵削者，然势我所有也，法我所用也。喜怒予夺，毫发不于人而于己，是私意也，非公理也。安能不作威以削乎？君陈之世，当宽和之时也。然宽不可一于宽，必宽而有其制；和不可一于和，必从容以和之，而后可以和厥中也。

“殷民在辟，予曰辟，尔惟勿辟；予曰宥，尔惟勿宥，惟厥中。

辟，毗亦反。　上章成王虑君陈之徇己，此则虑君陈之徇君也。言殷民之在刑辟者，不可徇君以为生杀，惟当审其轻重之中也。

“有弗若于汝政，弗化于汝训，辟以止辟，乃辟。

其有不顺于汝之政，不化于汝之训，刑之可也。然刑期无刑，刑而可以止刑者，乃刑之。此终上章之“辟”。

“狃于奸宄，败常乱俗，三细不宥。

狃，女九反。　狃，习也。常，典常也。俗，风俗也。狃于奸宄，与夫毁败典常、坏乱风俗，人犯此三者，虽小罪，亦不可宥。以其所关者大也。此终上章之“宥”。

“尔无忿疾于顽，无求备于一夫。

无忿疾人之所未化，无求备人之所不能。

“必有忍，其乃有济；有容，德乃大。

孔子曰：“小不忍，则乱大谋。”必有所忍，而后能有所济。然此犹有坚制力蓄之意，若洪裕宽绰，恢恢乎有余地者。斯乃德之大也。忍言事，容言德，各以深浅言也。

“简厥修，亦简其或不修；进厥良，以率其或不良。

王氏曰：“修，谓其职业；良，谓其行义。职业有修与不修，当简而别之，则人劝功；进行义之良者，以率其不良，则人励行。”

“惟民生厚，因物有迁。违上所命，从厥攸好。尔克敬典在德，时乃罔不变。允升于大猷，惟予一人膺受多福，其尔之休，终有辞于永世。”

言斯民之生，其性本厚，而所以浇薄者，以诱于习俗，而为物所迁耳。然厚者既可迁而薄，则薄者岂不可反而厚乎？反薄归厚，特非声音笑貌之所能为尔。民之于上，固不从其令而从其好。《大学》言“其所令反其所好，则民不从”，亦此意也。“敬典”者，敬其君臣、父子、兄弟、夫妇、朋友之常道也。“在德”者，得其典常之道，而著之于身也。盖知敬典而不知在德，则典与我犹二也。惟敬典而在德焉，则所敬之典，无非实有诸已。实之感人，捷于桴鼓，所以时乃罔不变，而信升于大猷也。如是，则君受其福，臣成其美，而有令名于永世矣。

顾　命

顾，还视也。成王将崩，命群臣立康王，史序其事为篇。谓之“顾命”者，郑玄云：“回首曰顾。”临死回顾而发命也。今文、古文皆有。　吕氏曰：“成王经三监之变，王室几摇。故此正其终始特详焉。《顾命》，成王所以正其终；《康王之诰》，康王所以正其始。”

惟四月，哉生魄，王不怿。

始生魄，十六日。王有疾，故不悦怿。

甲子，王乃洮颒水。相被冕服，凭玉几。

洮，音桃。颒，音悔。　王发大命临群臣，必斋戒沐浴，今疾病危殆，故但洮盥颒面。扶相者，被以衮冕，凭玉几以发命。

乃同召太保奭、芮伯、彤伯、毕公、卫侯、毛公、师氏、虎臣、百尹、御事。

召，直笑反。芮，如税反。彤，音仝。　同召六卿，下至御治事者。太保、芮伯、彤伯、毕公、卫侯、毛公，六卿也。冢宰第一，召公领之；司徒第二，芮伯为之；宗伯第三，彤伯为之；司马第四，毕公领之；司寇第五，卫侯为之；司空第六，毛公领之。太保、毕、毛，三公兼也。芮、彤、毕、卫、毛，皆国名，入为天子公卿。师氏，大夫官；虎臣，虎贲氏；百尹，百官之长。及诸御治事者，平时则召六卿使率其属，此则将发顾命，自六卿至御事，同以王命召也。

王曰：“呜呼！疾大渐，惟几，病日臻。既弥留，恐不获誓言嗣，兹予审训命汝。

此下成王之顾命也。自叹其疾大进，惟危殆，病日至。既弥甚而留连，恐遂死，不得誓言以嗣续我志，此我所以详审发训命汝。统言曰疾，甚言曰病。

“昔君文王、武王宣重光，奠丽陈教则肄，肄不违，用克达殷集大命。

武犹文谓之“重光”，犹舜如尧谓之“重华”也。奠，定。丽，依也。言文、武宣布重明之德，定民所依，陈列教条则民习服，习而不违，天下化之。用能达于殷邦，而集大命于周也。

“在后之侗，敬迓天威，嗣守文、武大训，无敢昏逾。

侗，音同。　侗，愚也，成王自称。言其敬迎上天威命而不敢少忽，嗣守文、武大训而无敢昏逾。天威，天命也。大训，述天命者也。于天言天威，于文、武言大训，非有二也。

“今天降疾，殆弗兴弗悟。尔尚明时朕言，用敬保元子钊弘济于艰难。

钊，音昭。　钊，康王名。成王言：今天降疾，我身殆将必死，弗兴弗悟。尔庶几明是我言，用敬保元子钊大济于艰难。曰“元子”者，正其统也。

“柔远能迩，安劝小大庶邦。

怀来驯扰，安宁劝导，皆君道所当尽者。合远迩、小大而言，又以见君德所施，公平周溥，而不可有所偏滞也。

“思夫人自乱于威仪，尔无以钊冒贡于非几。”

乱，治也。威者，有威可畏。仪者，有仪可象。举一身之则而言也。盖人受天地之中以生，是以有动作威仪之则。成王思夫人之所以为人者，自治于威仪耳。自治云者，正其身而不假于外求也。贡，进也。成王又言群臣其无以元子而冒进于不善之几也。盖几者，动之微，而善恶之所由分也。非几则发于不善而陷于恶矣。威仪，举其著于外者而勉之也；非几，举其发于中者而戒之也。威仪之治，皆本于一念一虑之微，可不谨乎？孔子所谓“知几”，子思所谓“谨独”，周子所谓“几善恶”者，皆致意于是也。成王垂绝之言，而拳拳及此，其有得于周公者，亦深矣。　苏氏曰：“死生之际，圣贤之所甚重也。成王将崩之一日，被冕服以见百官，出经远保世之言，其不死于燕安、妇人之手也，明矣！其致刑措宜哉！”

兹既受命，还，出缀衣于庭。越翼日乙丑，王崩。

还，音旋。　缀衣，幄帐也。群臣既退，彻出幄帐于庭。《丧大记》云：疾病，君彻悬东首于北牖下。是也。于其明日王崩。

太保命仲桓、南宫毛俾爰齐侯吕伋，以二干戈、虎贲百人逆子钊于南门之外。延入翼室，恤宅宗。

桓、毛，二臣名。伋，太公望子，为天子虎贲氏。延，引也。翼室，路寝旁左右翼室也。太保以冢宰摄政，命桓、毛二臣使齐侯吕伋，以二干戈、虎贲百人逆太子钊于路寝门外，引入路寝翼室，为忧居宗主也。吕氏曰："发命者冢宰，传命者两朝臣，承命者勋戚显诸侯。体统尊严，枢机周密，防危虑患之意深矣。入自端门，万姓咸睹，与天下共之也。延入翼室，为忧居之宗，示天下不可一日无统也。唐穆、敬、文、武以降，阉寺执国命，易主于宫掖，而外廷犹不闻。然后知周家之制，曲尽备豫。虽一条一节，亦不可废也。"

丁卯，命作册度。

命史为册书法度，传《顾命》于康王。

越七日癸酉，伯相命士须材。

伯相，召公也。召公以西伯为相。须，取也。命士取材木以供丧用。

狄设黼扆、缀衣。

扆，隐岂反。　狄，下士。《祭统》云："狄者，乐吏之贱者也。"《丧大记》："狄人设阶。"盖供丧役而典设张之事者也。黼扆，屏风画为斧文者。设黼扆幄帐，如成王生存之日也。

牖间南向，敷重篾席，黼纯，华玉仍几。

篾，莫结反。　此平时见群臣、觐诸侯之坐也。敷设重席，所谓天子之席三重者也。篾席，桃竹枝席也。黼，白黑杂绘。纯，缘也。华，彩色也。华玉以饰几。仍，因也，因生时所设也。《周礼》"吉事变几，凶事仍几"是也。

西序东向，敷重底席，缀纯，文贝仍几。

此旦夕听事之坐也。东西厢谓之序。底席，蒲席也。缀，杂彩。文贝，有文之贝，以饰几也。

东序西向，敷重丰席，画纯，雕玉仍几。

此养国老、飨群臣之坐也。丰席，笋席也。画，彩色。雕，刻镂也。

西夹南向，敷重笋席，玄纷纯，漆仍几。

此亲属私燕之坐也，西厢夹室之前。笋席，竹席也。纷，杂也。以玄黑之色杂为之绿。漆，漆几也。牖间两序西夹，其席有四。牖户之间谓之扆，天子负扆朝诸侯。则牖间南向之席，坐之正也。其三席各随事以时设也。将传先王顾命，知神之在此乎，在彼乎？故兼设平生之坐也。

越玉五重，陈宝、赤刀、大训、弘璧、琬琰，在西序。大玉、夷玉、天球、河图，在东序。胤之舞衣、大贝、鼖鼓，在西房。兑之戈、和之弓、垂之竹矢，在东房。

于东西序坐，北列玉五重及陈先王所宝器物。赤刀，赤削也。大训，三皇五帝之书。训诰亦在焉。文、武之训亦曰"大训"。弘璧，大璧也。琬琰，圭名。夷，常也。球，鸣球也。河图，伏羲时龙马负图，出于河。一六位北，二七位南，三八位东，四九位西，五十居中者，《易大传》所谓"河出图"是也。胤，国名。胤国所制舞衣。大贝，如车渠。鼖鼓，长八尺。兑、和，皆古之巧工。垂，舜时共工。舞衣、鼖鼓、戈、弓、竹矢，皆制作精巧中法度，故历代传宝之。孔氏曰：弘璧、琬琰、大玉、夷玉、天球，玉之五重也。吕氏曰："西序所陈，不惟赤刀、弘璧，而大训参之；东序所陈，不惟太玉、夷玉，而河图参之。则其所宝者断可识矣！"愚谓宝玉器物之陈，非徒以为国容观美。意者成王平日之所观阅，手泽在焉，陈之以象其生存也。杨氏《中庸传》曰："宗器于祭陈之，示能守也；于顾命陈之，示能传也。"

大辂在宾阶面，缀辂在阼阶面，先辂在左塾之前，次辂在右塾之前。

大辂，玉辂也。缀辂，金辂也。先辂，木辂也。次辂，象辂、革辂也。王之五辂，玉辂以祀不以封，为最贵；金辂以封同姓，为次之；象辂以封异姓，为又次之；革辂以封四卫，为又次之；木辂以封蕃国，为最贱。其行也，贵者宜自近，贱者宜远也。王乘玉辂，缀之者金辂也，故金辂谓之"缀辂"。最远者木辂也，故木辂谓之"先辂"。以木辂为先辂，则革辂、象辂为次辂矣。宾阶，西阶也。阼阶，东阶也。面，南向也。塾，门侧堂也。五辂陈列，以象成王之生存也。《周礼·典辂》云："若有大祭祀，则出辂。大丧、大宾客亦如之。"是大丧出辂为常礼也。又按所陈宝玉器物，皆以西为上者，成王殡在西序故也。

二人雀弁，执惠，立于毕门之内。四人綦弁，执戈上刃，夹两阶戺。一人冕，执刘，立于东堂。一人冕，执钺，立于西堂。一人冕，执戣，立于东垂。一人冕，执瞿，立于西垂。一人冕，执锐，立于侧阶。

戺，锄里反。戣，音逵。 弁，士服。雀弁，赤色弁也。綦弁，以文鹿子皮为之。惠，三隅矛。路寝门，一名毕门。上刃，刃外向也。堂廉曰戺。冕，大夫服。刘，钺属。戣、瞿，皆戟属。锐，当作“锐”。《说文》曰：“锐，侍臣所执兵。从金，允声。《周书》曰：‘一人冕，执锐。’读若允。”东、西堂，路寝东、西厢之前堂也。东、西垂，路寝东、西序之阶上也。侧阶，北陛之阶上也。　吕氏曰：“古者执戈戟以宿卫王宫，皆士大夫之职。无事而奉燕私，则从容养德，而有膏泽之润；有事而司御侮，则坚明守义，而无腹心之虞。下及秦汉，陛楯执戟，尚余一二。此制既废，人主接士大夫者，仅有视朝数刻，而周庐陛楯，或环以椎埋嚚悍之徒。有志于复古者，当深绎也。”

王麻冕黼裳，由宾阶隮。卿士邦君麻冕蚁裳，入即位。

隮，笺西反。　麻冕，三十升麻为冕也。隮，升也。康王吉服，自西阶升堂，以受先王之命，故由宾阶也。蚁，玄色。公卿、大夫及诸侯皆同服，亦庙中之礼。不言“升阶”者，从王宾阶也。“入即位”者，各就其位也。　吕氏曰：“麻冕黼裳，王祭服也。”“卿士、邦君祭服之裳皆纁。今蚁裳者，盖无事于奠祝，不欲纯用吉服；有位于班列，不可纯用凶服。酌吉凶之间，示礼之变也。”

太保、太史、太宗皆麻冕彤裳。太保承介圭，上宗奉同瑁，由阼阶隮。太史秉书，由宾阶隮，御王册命。

太宗，宗伯也。彤，纁也。太保受遗，太史奉册，太宗相礼。故皆祭服也。介，大也。大圭，天子之守，长尺有二寸。同，爵名。祭以酌酒者。瑁，方四寸。邪刻之以冒诸侯之珪璧，以齐瑞信也。太保、宗伯以先王之命，奉符宝以传嗣君，有主道焉，故升自阼阶。太史以册命御王，故持书由宾阶以升。苏氏曰：“凡王所临所服用，皆曰御。”

曰：“皇后凭玉几，道扬末命，命汝嗣训，临君周邦，率循大卞，燮和天下，用答扬文、武之光训。”

成王顾命之言，书之册矣，此太史口陈者也。皇，大。后，君也。言大君成王，力疾亲凭玉几，道扬临终之命，命汝嗣守文、武大训。曰汝者，父前子名之义。卞，法也。临君周邦，位之大也；率循大卞，法之大也；燮和天下，和之大也。居大位，由大法，致大和，然后可以对扬文、武之光训也。

王再拜，兴，答曰：“眇眇予末小子，其能而乱四方以敬忌天威！”

眇，小。而，如。乱，治也。王拜受顾命，起答太史曰：“眇眇然予微末小子，其能如祖父治四方以敬忌天威乎？”谦辞退托于不能也。《顾命》有“敬迓天威，嗣守文、武大训”之语，故太史所告，康王所答，皆于是致意焉。

乃受同瑁，王三宿，三祭，三咤。上宗曰："飨！"

咤，陟嫁反。　王受瑁为主，受同以祭。宿，进爵也。祭，祭酒也。咤，奠爵也。礼成于三，故三宿，三祭，三咤。葛氏曰：受上宗同瑁，则受太保介圭可知。宗伯曰"飨"者，传神命以飨告也。

太保受同，降，盥，以异同秉璋以酢。授宗人同，拜。王答拜。

酢，疾各反。　太保受王所咤之同，而下堂盥洗，更用他同，秉璋以酢。酢，报祭也。《祭礼》："君执圭瓒裸尸，太宗执璋瓒亚裸。"报祭亦亚裸之类，故亦秉璋也。以同授宗人而拜尸。"王答拜"者，代尸拜也。宗人，小宗伯之属，相太保酢者也。太保供王，故宗人供太保。

太保受同，祭，哜，宅，授宗人同，拜。王答拜。

哜，才诣反。　以酒至齿曰哜。太保复受同以祭，饮福至齿。宅，居也。太保退居其所，以同授宗人，又拜，王复答拜。太保饮福至齿者，方在丧疚，歆神之赐而不甘其味也。若王则丧之主，非徒不甘味，虽饮福亦废也。

太保降，收。诸侯出庙门俟。

太保下堂，有司收撤器用。庙门，路寝之门也。成王之殡在焉，故曰庙。言诸侯，则卿士以下可知。俟者，俟见新君也。

康王之诰

今文、古文皆有，但今文合于《顾命》。

王出，在应门之内，太保率西方诸侯入应门左，毕公率东方诸侯入应门右。皆布乘黄朱。宾称奉圭兼币，曰："一二臣卫敢执壤奠。"皆再拜稽首。王义嗣德，答拜。

汉孔氏曰：王出毕门，立应门内。郑氏曰："《周礼》五门，一曰皋门，二曰雉门，三曰库门，四曰应门，五曰路门。路门，一曰毕门，外朝在路门外。"则应门之内，盖内朝所在也。周中分天下诸侯，主以二伯。自陕以东，周公主之；自陕以西，召公主之。召公率西方诸侯，盖西伯旧职；毕公率东方诸侯，则继周公为东伯矣。诸侯入应门，列于左右。布，陈也。乘，四马也。诸侯皆陈四黄马，而朱其鬣，以为廷实。或曰，黄朱，若"篚厥玄黄"之类。宾，诸侯也。称，举也。诸侯举所奉圭兼币，曰"一二臣卫"。一二，见非一也。为王蕃卫，故曰"臣卫"。敢执壤地所出奠贽，皆再拜首至地以致敬。义，宜也。"义嗣德"云者，史氏之辞也。康王宜嗣前人之德，故答拜也。吴氏曰：穆公使人吊公子重耳，重耳稽颡而不拜。穆公曰："仁夫公子！稽颡而不拜，则未为后也。"盖为后者拜。不拜，故未为后也。吊者、含者、襚者，升堂致命，主孤拜稽颡，成为后者也。康王之见诸侯，若以为不当拜而不拜，则疑未为后也，且纯乎吉也。答拜既正其为后，且知其以丧见也。

太保暨芮伯咸进，相揖。皆再拜稽首曰："敢敬告天子，皇天改大邦殷之命，惟周文武诞受羑若，克恤西土。

冢宰及司徒与群臣皆进，相揖定位。又皆再拜稽首，陈戒于王曰"敢敬告天子"，示不敢轻告，且尊称之，所以重其听也。曰"大邦殷"者，明有天下不足恃也。羑若，未详。苏氏曰：羑，羑里也。"文王出羑里之囚，天命自是始顺。"或曰，羑若，即下文之"厥若"也。羑、厥或字有讹谬。西土，文、武所兴之地。言文、武所以大受命者，以其能恤西土之众也。进告不言诸侯，以内见外。

"惟新陟王毕协赏罚，戡定厥功，用敷遗后人休。今王敬之哉！张皇六师，无坏我高祖寡命！"

陟，升遐也。成王初崩，未葬未谥，故曰"新陟王"。毕，尽。协，合也。好恶在理不在我，故能尽合其赏之所当赏，罚之所当罚，而克定其功，用施及后人之休美。今王嗣位，其敬勉之哉！皇，大也。张皇六师，大戒戎备，无废坏我文、武艰难寡得之基命也。按召公此言，若导王以尚威武者。然守成之世，多溺宴安而无立志，苟不诘尔戎兵，奋扬武烈，则废弛怠惰，而陵迟之渐见矣。成康之时，病正在是。故周公于《立政》，亦惓惓言之。后世坠先王之业，忘祖父之雠，上下苟安，甚至于口不言兵，亦异于召公之见矣。可胜叹哉！

王若曰："庶邦侯甸男卫！惟予一人钊报诰。

报诰而不及群臣者，以外见内。康王在丧，故称名。《春秋》嗣王在丧，亦书名也。

"昔君文武，丕平富，不务咎，底至齐信，用昭明于天下。则亦有熊罴之士，不二心之臣，保乂王家，用端命于上帝。

"皇天用训厥道，付畀四方。

"丕平富"者，溥博均平，薄敛富民，言文、武德之广也；"不务咎"者，不务咎恶，轻省刑罚，言文、武罚之谨也。"底至"者，推行而底其至也；"齐信"者，兼尽而极其诚也。文、武务德不务罚之心，推行而底其至，兼尽而极其诚。内外充实，故光辉发越，用昭明于天下。盖诚之至者不可掩也。而又有熊罴武勇之士，不二心忠实之臣，戮力同心，保乂王室。文、武用受正命于天，上天用顺文、武之道，而付之以天下之大也。康王言此者，求助群臣诸侯之意。

"乃命建侯树屏，在我后之人。今予一二伯父尚胥暨顾绥尔先公之臣服于先王。虽尔身在外，乃心罔不在王室，用奉恤厥若，无遗鞠子羞！"

天子称同姓诸侯曰伯父。康王言：文、武所以命建侯邦，植立蕃屏者，意盖在我后之人也。今我一二伯父庶几相与顾绥尔祖考所以臣服于我先王之道。虽身守国在外，乃心当常在王室。用奉上之忧勤，其顺承之，毋遗我稚子之耻也。

群公既皆听命，相揖，趋出。王释冕，反，丧服。

始“相揖”者，揖而进也；此“相揖”者，揖而退也。苏氏曰：“成王崩，未葬，君臣皆冕服，礼欤？曰：非礼也。谓之变礼可乎？曰：不可。礼变于不得已。嫂非溺，终不援也。三年之丧既成服，释之而即吉。无时而可者。曰：成王顾命，不可以不传。既传，不可以丧服受也。曰：何为其不可也？”“孔子曰：‘将冠子，未及期日而有齐衰大功之丧，则因丧服而冠。’冠，吉礼也，犹可以丧服行之。受顾命见诸侯，独不可以丧服乎？太保使太史奉册授王于次，诸侯入哭于路寝而见王于次。王丧服受教戒谏，哭踊答拜。圣人复起，不易斯言矣。”“《春秋传》曰：郑子皮如晋，葬晋平公，将以币行。子产曰：丧安用币？子皮固请以行。既葬，诸侯之大夫欲因见新君。叔向辞之曰：大夫之事毕矣，而又命孤。孤斩焉在衰绖之中，其以嘉服见，则丧礼未毕；其以丧服见，是重受吊也。大夫将若之何？皆无辞以退。今康王既以嘉服见诸侯，而又受乘黄玉帛之币。”“使周公在，必不为此。然则孔子何取此书也？曰：至矣！其父子君臣之间，教戒深切著明，足以为后世法。孔子何为不取哉？然其失礼则不可不辩。”

毕　命

康王以成周之众，命毕公保厘，此其册命也。今文无，古文有。　唐孔氏曰："《汉律历志》云：康王《毕命丰刑》曰：'惟十有二年六月庚午朏，王命作册书《丰刑》。'此伪作者传闻旧语，得其年月，不得以下之辞，妄言作《丰刑》耳，亦不知《丰刑》之言何所道也。"

惟十有二年，六月庚午朏，越三日壬申，王朝步自宗周，至于丰，以成周之众，命毕公保厘东郊。

康王之十二年也。毕公尝相文王，故康王就丰文王庙命之。成周，下都也。保，安。厘，理也。保厘，即下文"旌别淑慝"之谓。盖一代之治体，一篇之宗要也。

王若曰："呜呼！父师，惟文王、武王敷大德于天下，用克受殷命。

毕公代周公为太师也。文王、武王布大德于天下，用能受殷之命。言得之之难也。

"惟周公左右先王，绥定厥家，毖殷顽民，迁于洛邑，密迩王室，式化厥训。既历三纪，世变风移，四方无虞，予一人以宁。

十二年曰纪，父子曰世。周公左右文、武、成王，安定国家，谨毖顽民，迁于洛邑，密近王室，用化其教。既历三纪，世已变而风始移，今四方无可虞度之事，而予一人以宁。言化之之难也。

"道有升降，政由俗革，不臧厥臧，民罔攸劝。

有升有降，犹言有隆有污也。周公当世道方降之时，至君陈、毕公之世，则将升于大猷矣。为政者因俗变革，故周公毖殷而谨厥始，君陈有容而和厥中，皆由俗为政者。当今之政，旌别淑慝之时也。苟不善其善，则民无所劝慕矣。

"惟公懋德,克勤小物,弼亮四世,正色率下,罔不祗师言。嘉绩多于先王,予小子垂拱仰成。"

懋,盛大之义,"予懋乃德"之"懋"。小物,犹言细行也。言毕公既有盛德,又能勤于细行,辅导四世,风采凝峻,表仪朝著,若大若小,罔不祗服师训。休嘉之绩,盖多于先王之时矣。今我小子复何为哉?垂衣拱手以仰其成而已。康王将付毕公以保厘之寄,故叙其德业之盛,而归美之也。

王曰:"呜呼!父师,今予祗命公以周公之事,往哉!

今我敬命公以周公化训顽民之事,公其往哉!言非周公所为,不敢屈公以行也。

"旌别淑慝,表厥宅里,彰善瘅恶,树之风声。弗率训典,殊厥井疆,俾克畏慕。申画郊圻,慎固封守,以康四海。

瘅,多旱反。守,舒究反。 淑,善。慝,恶。瘅,病也。旌善别恶,成周今日由俗革之政也。表异善人之居里,如后世旌表门闾之类。显其为善者,而病其为不善者。以树立为善者风声,使显于当时,而传于后世,所谓"旌淑"也。其不率训典者,则殊异其井里疆界,使不得与善者杂处。《礼记》曰:"不变移之郊"、"不变移之遂",即其法也。使能畏为恶之祸,而慕为善之福,所谓"别慝"也。圻,与"畿"同。郊圻之制,昔固规画矣。曰申云者,申明之也。封域之险,昔固有守矣。曰谨云者,戒严之也。疆域障塞,岁久则易湮,世平则易玩,时缉而屡省之,乃所以尊严王畿。王畿安,则四海安矣。

"政贵有恒,辞尚体要,不惟好异。商俗靡靡,利口惟贤,余风未殄,公其念哉!

恒,胡登反。 对暂之谓恒,对常之谓异,趣完具而已之谓体,众体所会之谓要。政事纯一,辞令简实,深戒作聪明趋浮末好异之事。凡论治体者皆然,而在商俗则尤为对病之药也。苏氏曰:"张释之谏汉文帝:'秦任刀笔之吏,争以亟疾苛察相高。其弊徒文具,无恻隐之实。以故不闻其过,陵夷至于二世,天下土崩。今以啬夫口辩而超迁之,臣恐天下随风靡,争口辩无其实。'凡释之所论,则康王以告毕公者也。"

"我闻曰:'世禄之家,鲜克由礼。以荡陵德,实悖天道。敝化奢丽,万世同流。'

鲜,上声。悖,蒲没反。　古人论世禄之家,逸乐豢养,其能由礼者鲜矣。既不由礼,则心无所制,肆其骄荡,陵蔑有德,悖乱天道。敝坏风化,奢侈美丽,万世同一流也。康王将言殷士怙侈灭义之恶,故先取古人论世族者发之。

"兹殷庶士,席宠惟旧,怙侈灭义,服美于人。骄淫矜侉,将由恶终。虽收放心,闲之惟艰。

侉,枯瓜反。　吕氏曰:殷士凭藉光宠,助发其私欲者,有自来矣。私欲公义,相为消长,故怙侈必至灭义,义灭则无复羞恶之端。徒以服饰之美,侉之于人,而身之不美,则莫之耻也。流而不反,骄淫矜侉,百邪并见,将以恶终矣。洛邑之迁,式化厥训,虽已收其放心,而其所以防闲其邪者,犹甚难也。

"资富能训,惟以永年。惟德惟义,时乃大训。不由古训,于何其训?"

言殷士不可不训之也。资,资财也。资富而能训,则心不迁于外物,而可全其性命之正也。然训非外立教条也,惟德惟义而已。德者,心之理;义者,理之宜也。德义,人所同有也。惟德义以为训,是乃天下之大训。然训非可以己私言也,当稽古以为之说。盖善无证,则民不从。不由古以为训,于何以为训乎?

王曰:"呜呼!父师,邦之安危,惟兹殷士,不刚不柔,厥德允修。

是时四方无虞矣,蕞尔殷民,化训三纪之余,亦何足虑?而康王拳拳以邦之安危,惟系于此,其不苟于小成者如此。文、武、周公之泽,其深长也宜哉!不刚,所以保之;不柔,所以厘之。不刚不柔,其德信乎其修矣!

"惟周公克慎厥始,惟君陈克和厥中,惟公克成厥终。三后协心,同底于道,道洽政治,泽润生民。四夷左衽,罔不咸赖,予小子永膺多福。

殊厥井疆,非治之成也。使商民皆善,然后可谓之成。此曰成者,预期之也。三后所治者洛邑,而施及四夷。王畿,四方之本也。吴氏曰:道者,致治之道也。始之,中之,终之。虽时有先后,皆能即其行事,观其用心,而有以济之,若出于一时,若成于一人,谓之协心如此。

"公其惟时成周,建无穷之基,亦有无穷之闻。子孙训其成式,惟乂。

闻,音问。　建,立。训,顺。式,法也。成周,指下都而言。吕氏曰:毕公四世元老,岂区区立后世名者?而勋德之隆,亦岂少此?康王所以望之者,盖相期以无穷事业,乃尊敬之至也。

"呜呼!罔曰弗克,惟既厥心;罔曰民寡,惟慎厥事。钦若先王成烈,以休于前政!"

苏氏曰:"曰'弗克'者,畏其难,而不敢为者也;曰'民寡'者,易其事,以为不足为者也。"前政,周公、君陈也。

君 牙

君牙，臣名。穆王命君牙为大司徒，此其诰命也。今文无，古文有。

王若曰："呜呼！君牙，惟乃祖乃父，世笃忠贞，服劳王家，厥有成绩，纪于太常。

王，穆王也，康王孙，昭王子。《周礼·司勋》云："凡有功者，铭书于王之太常。"《司常》云："日月为常。"画日月于旌旗也。

"惟予小子嗣守文、武、成、康遗绪，亦惟先王之臣，克左右乱四方。心之忧危，若蹈虎尾，涉于春冰。

绪，统绪也。若蹈虎尾，畏其噬；若涉春冰，畏其陷。言忧危之至，以见求助之切也。

"今命尔予翼，作股肱心膂。缵乃旧服，无忝祖考。

膂，脊也。旧服，忠贞服劳之事。忝，辱也。欲君牙以其祖考事先王者，而事我也。

"弘敷五典，式和民则。尔身克正，罔敢弗正，民心罔中，惟尔之中。

"弘敷"者，大而布之也。"式和"者，敬而和之也。则，"有物有则"之"则"。君臣之义、父子之仁、夫妇之别、长幼之序、朋友之信是也。典，以设教言，故曰"弘敷"。则，以民彝言，故曰"式和"。此司徒之教也。然教之本，则在君牙之身。正也，中也，民则之体，而人之所同然也。正以身言，欲其所处无邪行也；中以心言，欲其所存无邪思也。孔子曰："子率以正，孰敢不正？"周公曰："率自中。"此告君牙以司徒之职也。

"夏暑雨，小民惟曰怨咨；冬祁寒，小民亦惟曰怨咨。厥惟艰哉！思其艰以图其易，民乃宁。

祁，大也。暑雨、祁寒，小民怨咨，自伤其生之艰难也。"厥惟艰哉"者，叹小民之诚为艰难也。思念其难以图其易,民乃安也。艰者,饥寒之艰;易者,衣食之易。司徒敷五典,扰兆民,兼教养之职。此又告君牙以养民之难也。

“呜呼!丕显哉,文王谟!丕承哉,武王烈!启佑我后人,咸以正罔缺。尔惟敬明乃训,用奉若于先王。对扬文、武之光命,追配于前人。”

丕,大。谟,谋。烈,功也。文显于前,武承于后。曰谟曰烈,各指其实而言之。“咸以正”者,无一事不出于正;咸“罔缺”者,无一事不致其周密。若,顺。对,答。配,匹也。前人,君牙祖父。

王若曰:“君牙!乃惟由先正旧典时式,民之治乱在兹。率乃祖考之攸行,昭乃辟之有乂。”

先正,君牙祖父也。君牙由祖父旧职而是法之,民之治乱,在此而已。法则治,否则乱也。循汝祖父之所行,而显其君之有乂。复申戒其守家法以终之。按此篇专以君牙祖父为言,曰“缵旧服”、曰“由旧典”、曰“无忝”、曰“追配”、曰“由先正旧典”、曰“率祖考攸行”,然则君牙之祖父,尝任司徒之职,而其贤可知矣。惜载籍之无传也。陈氏曰:“康王时芮伯为司徒,君牙岂其后邪?”

冏　命

冏，俱永反。　穆王命伯冏为太仆正，此其诰命也。今文无，古文有。吕氏曰：陪仆赞御之臣，后世视为贱品而不之择者。曾不知人主朝夕与居，气体移养，常必由之，潜消默夺于冥冥之中，而明争显谏于昭昭之际，抑末矣！自周公作《立政》，而叹缀衣虎贲知恤者鲜，则君德之所系，前此知之者亦罕矣。周公表而出之，其选始重。穆王之用太仆正，特作命书，至与大司徒略等，其知本哉。

王若曰："伯冏，惟予弗克于德，嗣先人宅丕后，怵惕惟厉，中夜以兴，思免厥愆。

怵，敕律反。　伯冏，臣名。穆王言："我不能于德，继前人居大君之位，恐惧危厉，中夜以兴，思所以免其咎过。

"昔在文、武，聪明齐圣，小大之臣，咸怀忠良。其侍御仆从，罔匪正人，以旦夕承弼厥辟，出入起居，罔有不钦，发号施令，罔有不臧。下民祗若，万邦咸休。

从，才用反。　侍，给侍左右者。御，车御之官。仆从，太仆、群仆，凡从王者。承，承顺之谓。弼，正救之谓。虽文、武之君，聪明齐圣，小大之臣，咸怀忠良，固无待于侍御仆从之承弼者。然其左右奔走，皆得正人。则承顺正救，亦岂小补哉？

"惟予一人无良，实赖左右前后有位之士，匡其不及。绳愆纠谬，格其非心，俾克绍先烈。

无良，言其质之不善也。匡，辅助也。绳，直。纠，正也。非心，非僻之心也。先烈，文武也。

"今予命汝作大正，正于群仆侍御之臣，懋乃后德，交修不逮。

大正，太仆正也。《周礼》："太仆，下大夫也。"群仆，谓祭仆、隶仆、戎仆、齐仆之类。穆王欲伯冏正其群仆、侍御之臣，以勉进君德，而交修其所不及。或曰，《周礼》下大夫不得为正。汉孔氏以为大御中大夫。盖《周礼》大御最长，下又有群仆，与此所谓"正于群仆者"合。且与君同车，最为亲近也。

"慎简乃僚，无以巧言令色，便辟侧媚，其惟吉士。

便，毗连反。辟，匹亦反。　巧，好。令，善也。好其言，善其色，外饰而无质实者也。便者，顺人之所欲。辟者，避人之所恶。侧者奸邪，媚者谀说，小人也。吉士，君子也。言当谨择汝之僚佐，无任小人，而惟用君子也。又按此言谨简乃僚，则成周之时，凡为官长者，皆得自举其属，不特辟除府史胥徒而已。

"仆臣正，厥后克正；仆臣谀，厥后自圣。后德惟臣，不德惟臣。

自圣，自以为圣也。仆臣之贤否，系君德之轻重如此。吕氏曰："自古小人之败君德，为昏为虐，为侈为纵，曷其有极？至于自圣，犹若浅之为害。穆王独以是蔽之者，盖小人之蛊其君，必使之虚美熏心。傲然自圣，则谓人莫己若，而欲予言莫之违。然后法家拂士日远，而快意肆情之事，亦莫或龃龉其间。自圣之证既见，而百疾从之。昏虐侈纵，皆其枝叶而不足论也。"

"尔无昵于憸人，充耳目之官，迪上以非先王之典。

汝无比近小人，充我耳目之官，导君上以非先王之典。盖穆王自量其执德未固，恐左右以异端进，而荡其心也。

"非人其吉，惟货其吉，若时瘝厥官。惟尔大弗克祗厥辟，惟予汝辜。"

戒其以货贿任群仆也。言不于其人之善，而惟以货贿为善，则是旷厥官。汝大不能敬其君，而我亦汝罪矣。

王曰："呜呼！钦哉！永弼乃后于彝宪。"

彝宪，常法也。吕氏曰："穆王卒章之命，望于伯冏者，深且长矣！此心不继，造父为御，周游天下，将必有车辙马迹。导其侈者，果出于仆御之间，抑不知伯冏犹在职乎否也？穆王豫知所戒，忧思深长，犹不免躬自蹈之。人心操舍之无常，可惧哉！"

吕 刑

吕侯为天子司寇，穆王命训刑以诘四方。史录为篇。今文、古文皆有。按：此篇专训赎刑，盖本《舜典》“金作赎刑”之语，今详此书，实则不然。盖《舜典》所谓赎者，官府学校之刑尔，若五刑则固未尝赎也。五刑之宽，惟处以流。鞭扑之宽，方许其赎。今穆王赎法，虽大辟亦与其赎免矣。汉张敞以讨羌，兵食不继，建为入谷赎罪之法，初亦未尝及夫杀人及盗之罪。而萧望之等犹以为如此，则富者得生，贫者独死，恐开利路以伤治化。曾谓唐虞之世而有是赎法哉！穆王巡游无度，财匮民劳。至其末年，无以为计，乃为此一切权宜之术，以敛民财。夫子录之，盖亦示戒。然其一篇之书，哀矜恻怛，犹可以想见三代忠厚之遗意云尔。又按书传引此多称《甫刑》。《史记》作：“甫侯言于王，作修刑辟。”“吕”后为“甫”欤？

惟吕命，王享国百年，耄荒，度作刑以诘四方。

惟吕命，与“惟说命”语意同。先此以见训刑为吕侯之言也。耄，老而昏乱之称。荒，忽也。《孟子》曰：“从兽无厌谓之荒。”穆王享国百年，车辙马迹遍于天下，故史氏以“耄荒”二字发之，亦以见赎刑为穆王耄荒所训耳。苏氏曰：“荒，大也。”“大度作刑，犹禹曰：‘予荒度土功。’”“荒”当属下句亦通，然“耄”亦贬之之辞也。

王曰：“若古有训，蚩尤惟始作乱，延及于平民，罔不寇贼，鸱义奸宄，夺攘矫虔。

蚩，记之反。鸱，处脂反。　言鸿荒之世，浑厚敦庞，蚩尤始开暴乱之端，驱扇熏炙，延及平民，无不为寇为贼。“鸱义”者，以鸱张跋扈为义。“矫虔”者，矫诈虔刘也。

“苗民弗用灵，制以刑，惟作五虐之刑曰法。杀戮无辜，爰始淫为劓、刵、椓、黥，越兹丽刑，并制罔差有辞。

劓，牛例反。刵，而志反。椓，竹角反。黥，渠京反。　苗民承蚩尤之暴，不用善而制以刑。惟作五虐之刑，名之曰法，以杀戮无罪。于是始过为劓鼻、刵耳、椓窍、黥面之必刑之。并制无罪，不复以曲直之法，于丽法者辞为差别，皆刑之也。

“民兴胥渐，泯泯棼棼，罔中于信，以覆诅盟。虐威庶戮，方告无辜于上。上帝监民，罔有馨香德，刑发闻惟腥。

棼，敷文反，又音纷。　泯泯，昏也。棼棼，乱也。民相渐染，为昏为乱，无复诚信相与，反覆诅盟而已。虐政作威，众被戮者方各告无罪于天。天视苗民，无有馨香德，而刑戮发闻，莫非腥秽。吕氏曰：“形于声嗟，穷之反也；动于气臭，恶之熟也。”馨香，阳也；腥秽，阴也。故德为馨香，而刑发腥秽也。

“皇帝哀矜庶戮之不辜，报虐以威，遏绝苗民，无世在下。

皇帝，舜也。以《书》考之，治苗民，命伯夷、禹、稷、皋陶，皆舜之事。报苗之虐，以我之威。绝，灭也。谓窜与分比之类，遏绝之，使无继世在下国。

“乃命重、黎，绝地天通，罔有降格。群后之逮在下，明明棐常，鳏寡无盖。

重，少昊之后。黎，高阳之后。重即羲，黎即和也。吕氏曰：“治世公道昭明，为善得福，为恶得祸。民晓然知其所由，则不求之眇茫冥昧之间。当三苗昏虐，民之得罪者，莫知其端，无所控诉，相与听于神。祭非其鬼，天地人神之典，杂揉渎乱。此妖诞之所以兴，人心之所以不正也。在舜当务之急，莫先于正人心。首命重、黎，修明祀典。天子然后祭天地，诸侯然后祭山川。高卑上下，各有分限。绝地天之通，严幽明之分。焄蒿妖诞之说，举皆屏息。”“群后及在下之群臣，皆精白一心，辅助常道。民卒善而得福，恶而得祸。虽鳏寡之微，亦无有盖蔽而不得自伸者也。”　按：《国语》曰：少皞氏之衰，九黎乱德，民神杂揉，家为巫史，民渎齐盟，祸灾荐臻。颛顼受之，乃命南正重司天以属神，北正黎司地以属民，使无相侵渎。其后三苗复九黎之德，尧复育重、黎之后。不忘旧者，使复典之。

“皇帝清问下民鳏寡有辞于苗。德威惟畏，德明惟明。

清问，虚心而问也。有辞，声苗之过也。苗以虐为威，以察为明。帝反其道，以德威，而天下无不畏；以德明，而天下无不明也。

“乃命三后，恤功于民。伯夷降典，折民惟刑；禹平水土，主名山川；稷降播种，农殖嘉谷。三后成功，惟殷于民。

恤功，致忧民之功也。典，礼也。伯夷降天地人之三礼，以折民之邪妄。

苏氏曰:“失礼则入刑。礼、刑,一物也。”伯夷降典以正民心,禹平水土以定民居,稷降播种以厚民生。三后成功,而致民之殷盛富庶也。吴氏曰:二典不载有两刑官,盖传闻之谬也。愚按:皋陶未为刑官之时,岂伯夷实兼之欤?下文又言伯夷“播刑之迪”,不应如此谬误。

“士制百姓于刑之中,以教祗德。

命皋陶为士,制百姓于刑辟之中。所以检其心,而教以祗德也。 吴氏曰:皋陶不与三后之列,遂使后世以刑官为轻。后汉杨赐拜廷尉,自以代非法家,言曰:“三后成功,惟殷于民。皋陶不与,盖吝之也。”是后世非独人臣以刑官为轻,人君亦以为轻矣。观舜之称皋陶曰:“刑期于无刑,民协于中,时乃功。”又曰:“俾予从欲以治,四方风动,惟乃之休。”其所系乃如此,是可轻哉?吕氏曰:“《吕刑》一篇,以刑为主,故历叙本末,而归之于皋陶之刑。势不得与伯夷、禹、稷杂称,言固有宾主也。”

“穆穆在上,明明在下,灼于四方,罔不惟德之勤,故乃明于刑之中,率乂于民棐彝。

“穆穆”者,和敬之容也。“明明”者,精白之容也。“灼于四方”者,穆穆明明,辉光发越而四达也。君臣之德,昭明如是,故民皆观感动荡,为善而不能自已也。如是而犹有未化者,故士师明于刑之中,使无过不及之差。率乂于民,辅其常性,所谓刑罚之精华也。

“典狱非讫于威,惟讫于富。敬忌,罔有择言在身。惟克天德,自作元命,配享在下。”

讫,尽也。威,权势也。富,贿赂也。当时典狱之官,非惟得尽法于权势之家,亦惟得尽法于贿赂之人。言不为威屈,不为利诱也。敬忌之至,无有择言在身。大公至正,纯乎天德,无毫发不可举以示人者。天德在我,则大命自我作,而配享在下矣。“在下”者,对天之辞,盖推典狱用刑之极功,而至于与天为一者如此。

王曰:“嗟!四方司政典狱,非尔惟作天牧?今尔何监?非时伯夷播刑之迪?其今尔何惩?惟时苗民匪察于狱之丽,罔择吉人,观于五刑之中。惟时庶威夺货,断制五刑,以乱无辜,上帝不蠲,降咎于苗,苗民无辞于罚,乃绝厥世。”

司政典狱,汉孔氏曰:“诸侯也。”为诸侯主刑狱而言,非尔诸侯为天牧养斯民乎？为天牧民，则今尔何所监惩？所当监者，非伯夷乎？所当惩者，非有苗乎？伯夷布刑以启迪斯民，舍皋陶而言伯夷者，探本之论也。丽，附也。苗民不察于狱辞之所丽，又不择吉人，俾观于五刑之中。惟是贵者以威乱政，富者以货夺法，断制五刑，乱虐无罪。上帝不蠲贷而降罚于苗，苗民无所辞其罚，而遂殄灭之也。

王曰："呜呼！念之哉。伯父、伯兄、仲叔、季弟、幼子、童孙，皆听朕言，庶有格命。今尔罔不由慰日勤，尔罔或戒不勤。天齐于民，俾我一日，非终惟终，在人。尔尚敬逆天命，以奉我一人！虽畏勿畏，虽休勿休。惟敬五刑，以成三德。一人有庆，兆民赖之，其宁惟永。"

此告同姓诸侯也。格，至也。参错讯鞫，极天下之劳者莫若狱，苟有毫发怠心，则民有不得其死者矣。"罔不由慰日勤"者，尔所用以自慰者，无不以日勤，故职举而刑当也。"尔罔或戒不勤"者，刑罚之用，一成而不可变者也。苟顷刻之不勤，则刑罚失中。虽深戒之，而已施者亦无及矣。戒固善心也，而用刑岂可以或戒也哉？且刑狱非所恃以为治也。天以是整齐乱民，使我为一日之用而已。非终，即《康诰》"大罪非终"之谓，言过之当宥者。惟终，即《康诰》"小罪惟终"之谓，言故之当辟者。非终惟终，皆非我得轻重，惟在夫人所犯耳。尔当敬逆天命，以承我一人。畏、威，古通用。威，辟之也。休，宥之也。我虽以为辟，尔惟勿辟；我虽以为宥，尔惟勿宥。惟敬乎五刑之用，以成刚柔正直之德。则君庆于上，民赖于下，而安宁之福，其永久而不替矣。

王曰："吁！来，有邦有土，告尔祥刑。在今尔安百姓，何择，非人？何敬，非刑？何度，非及？

有民社者，皆在所告也。夫刑，凶器也。而谓之祥者，刑期无刑，民协于中，其祥莫大焉。及，逮也。汉世诏狱所逮，有至数万人者，审度其所当逮者，而后可逮之也。曰何曰非，问答以发其意，以明三者之决不可不尽心也。

"两造具备，师听五辞；五辞简孚，正于五刑；五刑不简，正于五罚；五罚不服，正于五过。

"两造"者，两争者皆至也。《周官》以两造听民讼。"具备"者，词、证皆在也。师，众也。五辞，丽于五刑之辞也。简，核其实也。孚，无可疑也。正，质也。五辞简核而可信，乃质于五刑也。“不简”者，辞与刑参差不应，刑之疑者也。罚，赎也。疑于刑，则质于罚也。“不服”者，辞与罚又不应也，罚之疑者也。过，误也。疑于罚，则质于过，而宥免之也。

“五过之疵：惟官、惟反、惟内、惟货、惟来。其罪惟均，其审克之！

疵，病也。官，威势也。反，报德怨也。内，女谒也。货，贿赂也。来，干请也。惟此五者之病，以出入人罪，则以人之所犯坐之也。“审克”者，察之详而尽其能也，下文屡言以见其丁宁忠厚之至，疵于刑罚亦然。但言于五过者，举轻以见重也。

“五刑之疑有赦，五罚之疑有赦，其审克之！简孚有众，惟貌有稽。无简不听，具严天威。

刑疑有赦，正于五罚也；罚疑有赦，正于五过也。简核情实可信者众，亦惟考察其容貌，《周礼》所谓“色听”是也。然听狱以简核为本，苟无情实，在所不听。上帝临汝，不敢有毫发之不尽也。

“墨辟疑赦，其罚百锾，阅实其罪。劓辟疑赦，其罚惟倍，阅实其罪。剕辟疑赦，其罚倍差，阅实其罪。宫辟疑赦，其罚六百锾，阅实其罪。大辟疑赦，其罚千锾，阅实其罪。墨罚之属千，劓罚之属千，剕罚之属五百，宫罚之属三百，大辟之罚其属二百。五刑之属三千。

“上下比罪，无僭乱辞，勿用不行，惟察惟法，其审克之！

锾，胡关反。　墨，刻颡而涅之也。劓，割鼻也。剕，刖足也。宫，淫刑也，男子割势，妇人幽闭。大辟，死刑也。六两曰锾。阅，视也。倍，二百锾也。倍差，倍而又差，五百锾也。属，类也。三千，总计之也。《周礼》司刑所掌五刑之属二千五百，刑虽增旧，然轻罪比旧为多，而重罪比旧为减也。比，附也。罪无正律，则以上下刑而比附其罪也。无僭乱辞，勿用不行，未详。或曰，乱辞，辞之不可听者。不行，旧有是法，而今不行者。戒其无差误于僭乱之辞，勿用今所不行之法，惟详明法意，而审克之也。　今按：皋陶所谓“罪疑惟轻”者，降一等而罪之耳。今五刑疑赦而直罚之以金，是大辟、宫、剕、劓、墨，皆不复降等用矣。苏氏谓：“五刑疑各入罚不降，当因古制。非也。”舜之赎刑，官府学校鞭扑之刑耳。夫刑莫轻于鞭扑，入于鞭扑之刑，而又情法犹有可议者，则是无法以治之。故使之赎，特不欲遽释之也。而穆王之所谓赎，虽大辟亦赎也。舜岂有是制哉？详见篇题。

“上刑适轻，下服；下刑适重，上服。轻重诸罚有权。刑罚世轻世重，惟齐非齐，有伦有要。

事在上刑，而情适轻，则服下刑。舜之“宥过无大”、《康诰》所谓“大罪非终”者是也。事在下刑，而情适重，则服上刑。舜之“刑故无小”、《康诰》所谓“小罪非眚”者是也。若诸罚之轻重，亦皆有权焉。权者，进退推移，以求其轻重之宜也。“刑罚世轻世重”者，周官刑新国用轻典，刑乱国用重典，刑平国用中典。随世而为轻重者也。“轻重诸罚有权”者，权一人之轻重也。“刑罚世轻世重”者，权一世之轻重也。“惟齐非齐”者，法之权也。“有伦有要”者，法之经也。言刑罚虽惟权变是适，而齐之以不齐焉。至其伦要所在，盖有截然而不可紊者矣。此两句总结上意。

“罚惩非死，人极于病。非佞折狱，惟良折狱，罔非在中。察辞于差，非从惟从。哀敬折狱，明启刑书胥占，咸庶中正。其刑其罚，其审克之！狱成而孚，输而孚。其刑上备，有并两刑。”

罚以惩过，虽非致人于死，然民重出赎，亦甚病矣。佞，口才也。非口才辩给之人可以折狱，惟温良长者、视民如伤者，能折狱而无不在中也。此言听狱者，当择其人也。“察辞于差”者，辞非情实，终必有差。听狱之要，必于其差而察之。“非从惟从”者，察辞不可偏主，犹曰不然而然，所以审轻重而取中也。“哀敬折狱”者，恻怛敬畏以求其情也。“明启刑书胥占”者，言详明法律，而与众占度也。“咸庶中正”者，皆庶几其无过忒也。于是刑之、罚之，又当审克之也。此言听狱者，当尽其心也。若是，则狱成于下而民信之，狱输于上而君信之。“其刑上备，有并两刑”者，言上其断狱之书，当备情节，一人而犯两事，罪虽从重，亦并两刑而上之也。此言谳狱者，当备其辞也。

王曰：“呜呼！敬之哉！官伯族姓，朕言多惧。朕敬于刑，有德惟刑。今天相民，作配在下。明清于单辞，民之乱，罔不中听狱之两辞，无或私家于狱之两辞！狱货非宝，惟府辜功，报以庶尤。永畏惟罚，非天不中，惟人在命。天罚不极，庶民罔有令政在于天下。”

此总告之也。官，典狱之官也。伯，诸侯也。族，同族。姓，异姓也。朕之于刑，言且多惧，况用之乎？“朕敬于刑”者，畏之至也。有德惟刑，厚之至也。今天以刑相治斯民，汝实任责，作配在下，可也。“明清”以下，敬刑之事也。狱辞有单有两。单辞者，无证之辞也，听之为尤难。明者，无一毫之蔽；清者，无一点之污。曰明曰清，诚敬笃至，表里洞彻，无少私曲，然后能察其情也。乱，治也。狱货，鬻狱而得货也。府，聚也。辜功，犹云罪状也。“报以庶尤”者，降之百殃也。“非天不中，惟人在命”者，非天不以中道待人，惟人自取其殃祸之命尔。此章文有未详者，姑缺之。

王曰：“呜呼！嗣孙，今往何监，非德于民之中？尚明听之哉！哲人惟刑，无疆之辞，属于五极，咸中有庆。受王嘉师，监于兹祥刑。”

此诏来世也。嗣孙，嗣世子孙也。言今往何所监视，非用刑成德，而能全民所受之中者乎？下文“哲人”，即所当监者。五极，五刑也。明哲之人，用刑而有无穷之誉。盖由五刑咸得其中，所以有庆也。嘉，善。师，众也。诸侯受天子良民善众，当监视于此祥刑。申言以结之也。

文侯之命

幽王为犬戎所杀，晋文侯与郑武公迎太子宜臼立之，是为平王，迁于东都。平王以文侯为方伯，赐以秬鬯弓矢，作策书命之。史录为篇。今文、古文皆有。

王若曰："父义和！丕显文、武，克慎明德，昭升于上，敷闻在下，惟时上帝集厥命于文王。亦惟先正克左右昭事厥辟，越小大谋猷罔不率从，肆先祖怀在位。

同姓故称父。文侯名仇，义和其字。不名者，尊之也。"丕显"者，言其德之所成；克谨者，言其德之所修：昭升、敷闻，言其德之所至也。文武之德如此，故上帝集厥命于文王。亦惟尔祖父能左右昭事其君，于小大谋猷无敢背违，故先王得安在位。

"呜呼！闵予小子，嗣造天丕愆。殄资泽于下民，侵戎我国家纯。即我御事，罔或耆寿俊在厥服，予则罔克。曰：'惟祖惟父，其伊恤朕躬！'呜呼！有绩予一人永绥在位。

叹而自痛伤也。闵，怜也。"嗣造天丕愆"者，嗣位之初，为天所大谴，父死国败也。殄，绝。纯，大也。绝其资用惠泽于下民，本既先拨，故戎狄侵陵，为我国家之害甚大。今我御事之臣，无有老成俊杰在厥官者，而我小子又材劣无能，其何以济难？又言诸侯在我祖父之列者，其谁能恤我乎？又叹息言有能致功予一人，则可永安厥位矣。盖悲国之无人，无有如上文先正之昭事，而先王得安在位也。

"父义和！汝克昭乃显祖，汝肇刑文、武，用会绍乃辟，追孝于前文人。汝多修扞我于艰，若汝，予嘉。"

扞，侯杅反。　显祖、文人，皆谓唐叔。即上文"先正"、"昭事"、"厥辟"者也。后罔或耆寿俊在厥服，则刑文武之道绝矣。今刑文武自文侯始，故曰"肇刑文武"。会者，合之而使不离；绍者，继之而使不绝。前文人，犹云前宁人。汝多所修完扞卫我于艰难，若汝之功，我所嘉美也。

王曰："父义和！其归视尔师，宁尔邦。用赉尔秬鬯一卣；彤弓一，彤矢百；卢弓一，卢矢百；马四匹。

"父往哉！柔远能迩，惠康小民，无荒宁，简恤尔都，用成尔显德。"

师，众也。黑黍曰秬，酿以鬯草。卣，中尊也。诸侯受锡命，当告其始祖，故赐鬯也。彤，赤。卢，黑也。诸侯有大功，赐弓矢，然后得专征伐。马，供武用，四匹曰乘。侯伯之赐无常，以功大小为度也。简者，简阅其士。恤者，惠恤其民。都者，国之都鄙也。　苏氏曰："予读《文侯》篇，知东周之不复兴也。宗周倾覆，祸败极矣！平王宜若卫文公、越句践然。今其书乃旋旋焉与平康之世无异。《春秋传》曰：'厉王之祸，诸侯释位以间王政，宣王有志而后效官。'读《文侯之命》，知平王之无志也。"愚按：《史记》：幽王娶于申，而生太子宜臼。后幽王嬖褒姒，废申后去太子，申侯怒，与缯西夷犬戎，攻王而杀之。诸侯即申侯而立故太子宜臼，是为平王。平王以申侯立己为有德，而忘其弑父为当诛，方将以复雠讨贼之众，而为戍申戍许之举。其忘亲背义，得罪于天已甚矣！何怪其委靡颓堕而不自振也哉。然则是命也，孔子以其犹能言文武之旧而存之欤？抑亦以示戒于天下后世而存之欤？

费　誓

费，地名。淮夷、徐戎并起为寇，鲁侯征之，于费誓众，故以“费誓”名篇。今文、古文皆有。　吕氏曰：“伯禽抚封于鲁，夷戎妄意其未更事，且乘其新造之隙。而伯禽应之者，甚整暇有序。先治戎备，次之以除道路，又次之以严部伍，又次之以立期会。先后之序，皆不可紊。”又按：《费誓》、《秦誓》，皆侯国之事，而系于帝王书末者，犹《诗》之录《商颂》、《鲁颂》也。

公曰：“嗟！人无哗，听命。徂兹淮夷、徐戎并兴。

汉孔氏曰：徐戎、淮夷并起寇鲁，伯禽为方伯，帅诸侯之师以征。叹而敕之，使无喧哗，欲其静听誓命。苏氏曰：“淮夷叛已久矣！及伯禽就国，又胁徐戎并起。故曰：‘徂兹淮夷、徐戎并兴。’‘徂兹’者，犹曰往者云。”

“善敹乃甲胄，敿乃干，无敢不吊！备乃弓矢，锻乃戈矛，砺乃锋刃，无敢不善！

敹，速条反。敿，举夭反。吊，音的。锻，都玩反。　敹，缝完也。缝完其甲胄，勿使断毁。敿，郑氏云：“犹系也。”王肃云：“敿楯，当有纷系持之。”吊，精至也。锻，淬。砺，磨也。甲胄所以卫身，弓矢、戈矛所以克敌。先自卫而后攻人，亦其序也。

“今惟淫舍牿牛马，杜乃擭，敜乃阱，无敢伤牿。牿之伤，汝则有常刑！”

牿，音谷。擭，胡化反。敜，乃结反。阱，疾郢反。　淫，大也。牿，闲牧也。擭，机槛也。敜，塞也。师既出，牛马所舍之闲牧，大布于野，当窒塞其擭穽。一或不谨，而伤闲牧之牛马，则有常刑。此令军在所之居民也。举此例之，凡川梁薮泽险阻屏翳，有害于师屯者皆在矣。此除道路之事。

“马牛其风，臣妾逋逃，无敢越逐，祇复之，我商赉汝。乃越逐不复，汝则有常刑！无敢寇攘，逾垣墙，窃马牛，诱臣妾，汝则有常刑！”

役人贱者，男曰臣，女曰妾。马牛风逸，臣妾逋亡，不得越军垒而逐之。失主虽不得逐，而人得风马牛、逃臣妾者，又当敬还之，我商度多寡以赏汝。如或越逐而失伍，不复而攘取，皆有常刑。有故窃夺、逾垣墙、窃人牛马、诱人臣妾者，亦有常刑。此严部伍之事。

“甲戌，我惟征徐戎。峙乃糗粮，无敢不逮；汝则有大刑！鲁人三郊三遂，峙乃桢干。甲戌，我惟筑，无敢不供，汝则有无余刑非杀。鲁人三郊三遂，峙乃刍茭，无敢不多；汝则有大刑！”

峙，丈理反。糗，去九反。桢，音贞。刍，窗俞反。茭，音交。　甲戌，用兵之期也。峙，储备也。糗粮，食也。不逮，若今之乏军兴。淮夷、徐戎并起，今所攻独徐戎者，盖量敌之坚瑕缓急而攻之也。国外曰郊，郊外曰遂。天子六军，则六乡六遂。大国三军，故鲁三郊三遂也。桢干，板筑之木。题曰桢，墙端之木也；旁曰干，墙两边障土者也。以是日征、是日筑者，彼方御我之攻，势不得扰我之筑也。“无余刑非杀”者，刑之非一，但不至于杀尔。刍茭，供军牛马之用。军以期会刍粮为急，故皆服大刑。桢干、刍茭，独言鲁人者，地近而致便也。

秦　誓

《左传》：杞子自郑使告于秦曰："郑人使我掌其北门之管。若潜师以来，国可得也。"穆公访诸蹇叔。蹇叔曰不可。公辞焉，使孟明、西乞、白乙伐郑。晋襄公帅师败秦师于殽，囚其三帅。穆公悔过，誓告群臣。史录为篇。今文、古文皆有。

公曰："嗟！我士听，无哗！予誓告汝群言之首。

首之为言，第一义也。将举古人之言，故先发此。

"古人有言曰：'民讫自若，是多盘。'责人斯无难，惟受责俾如流，是惟艰哉！

讫，尽。盘，安也。凡人尽自若是多安于徇己，其责人无难，惟受责于人，俾如流水，略无扞格，是惟难哉！穆公悔前日安于自徇，而不听蹇叔之言，深有味乎古人之语。故举为誓言之首也。

"我心之忧，日月逾迈，若弗云来。

已然之过不可追，未迁之善犹可及。忧岁月之逝，若无复有来日也。

"惟古之谋人，则曰'未就予忌'；惟今之谋人，姑将以为亲。虽则云然，尚猷询兹黄发，则罔所愆。

忌，疾。姑，且也。古之谋人，老成之士也；今之谋人，新进之士也。非不知其为老成，以其不就己而忌疾之；非不知其新进，姑乐其顺便而亲信之。前日之过，虽已云然，然尚谋询兹黄发之人，则庶罔有所愆。盖悔其既往之失，而冀其将来之善也。

"番番良士，旅力既愆，我尚有之。仡仡勇夫，射御不违，我尚不欲。惟截截善谝言，俾君子易辞，我皇多有之！

番，音波。谝，毗连、俾缅，二反。　番番，老貌。仡仡，勇貌。截截，辩给貌。谝，巧也。皇、遑通。旅力既愆之良士，前日所诋墓木既拱者，我犹庶几得而有之。射御不违之勇夫，前日所夸过门超乘者，我庶几不欲用之。勇夫我尚不欲，则辩给善巧言，能使君子变易其辞说者，我遑暇多有之哉！良士，谓蹇叔。勇夫，谓三帅。谝言，谓杞子。先儒皆谓穆公悔用孟明，详其誓意，盖深悔用杞子之言也。

"昧昧我思之，如有一介臣，断断猗无他技，其心休休焉，其如有容。人之有技，若己有之。人之彦圣，其心好之，不啻如自其口出。是能容之，以保我子孙黎民，亦职有利哉！

断，都玩反。 昧昧而思者，深潜而静思也。介，独也。《大学》作"个"。断断，诚一之貌。猗，语辞。《大学》作"兮"。休休，易直、好善之意。容，有所受也。彦，美士也。圣，通明也。技，才。圣，德也。心之所好，甚于口之所言也。职，主也。

"人之有技，冒疾以恶之。人之彦圣，而违之俾不达。是不能容，以不能保我子孙黎民，亦曰殆哉！

冒，《大学》作"媢"，忌也。违，背违之也。达，"穷达"之"达"。殆，危也。苏氏曰："至哉！穆公之论此二人也。前一人似房玄龄，后一人似李林甫。后之人主，监此足矣！"

"邦之杌陧，曰由一人；邦之荣怀，亦尚一人之庆。"

杌陧，不安也。怀，安也。言国之危殆，系于所任一人之非；国之荣安，系于所任一人之是。申缴上二章意。

礼记集说

【元】陈澔 注
万久富 整理

凤凰出版社

四书五经（大儒注本）

3

卷之五

卷之六

卷之七

卷之八

卷之九

目　录

卷之十

整理说明

《礼记》，又称《小戴礼记》、《小戴礼》、《小戴记》，原是先秦礼学家在传习《仪礼》时对经文的解释、说明和补充，是一部礼仪家关于古代礼节、习俗、逸闻逸事、礼制思想的文献合集。今本四十九篇，并不是一时一人之作，其年代和出处，与作为整体的《礼记》的本源及年代一样，都给后人留下了诸多疑问。关于《礼记》较早的说法有如下两种，《隋书·经籍志》："汉初，河间献王得仲尼弟子及后学者所记一百三十一篇献之，时亦无传之者。至刘向考校经籍，检得一百三十篇，向因第而叙之。而又得《明堂阴阳记》三十三篇、《孔子三朝记》七篇、《王史氏记》二十一篇、《乐记》二十三篇，凡五种，合二百十四篇。戴德删其烦重，合而记之，为八十五篇，谓之《大戴记》。而戴圣又删大戴之书，为四十六篇，谓之《小戴记》。汉末马融遂传小戴之学，融又定《月令》一篇、《明堂位》一篇、《乐记》一篇，合四十九篇。而郑玄受业于融，又为之注。"唐孔颖达(574—648)《礼记正义序》引郑玄《六艺论》："戴德传《记》八十五篇，戴圣传《礼》四十九篇。"可见形成于东汉中期的四十九篇本就是《小戴礼记》，系戴德之侄戴圣所编，也正是我们今天所看到的《礼记》。东汉经学大师郑玄为四十九篇本作注，《礼记》得以广为流传，并越来越受到历代统治者的重视。

《礼记》成于众手，语料层次复杂。有《仪礼》的解释，有礼节、日常生活细节以及孔子言论的记载，也有相对完整的儒家论文，史料极为丰富。可据以研究战国秦汉时期的儒家学派的发展；也可据以研究古代文化、名物制度;还可据以研究儒家哲学思想、政治学说以及道德伦理观念等等。至于书中的很多精彩格言、警句更是蕴含了丰富而深刻的人生哲理。

从学术史角度看,《礼记》的注解至清代而臻顶峰,有万斯大《礼记偶笺》、江永《礼记训义择言》、惠栋《禘说》、焦循《礼记补疏》、俞樾《礼记异文笺》等著作三十种。“清代学者,崇尚考据、训诂之学,于礼学尤为重视,咸有新疏,每种多至十数家,其考释经记,补正注疏,往往超越前人,大有裨于后学”(钱玄《三礼辞典》自序)。今天看来,《礼记》最有影响也最完整的注疏本当推清阮元(1764—1849)的十三经注疏本。这一版本收有东汉郑玄(127—200)注。唐陆德明(556—627)《经典释文》的音读、异文注释以及唐孔颖达的疏。还附有十八种版本的校勘记。可以作为专业研究的最佳版本。然而,在明清盛行三百多年的元人陈澔的《礼记集说》则以简便浅近著称,不失为今天普通读者首选的最合适的读本。

陈澔字可大,号北山叟,又号云庄(一说云住),元南康路都昌(今江西都昌县)人,生于宋景定元年(1260),卒于元至正元年(1341)。入元“不求闻达,博学好古,承祖、父家学,潜心经术,深有所得,尤精于《易》、《书》、《礼》。学者称其经归先生”。是元代著名理学家,著《礼记集说》传世,因与宋卫湜《礼记集说》同名,故其书又称《礼记陈氏集说》或《云庄礼记集说》,版本众多,见于著录和今所见到的最早刻本有十六卷本(1328)、三十卷本(1465—1487)、十卷本(1504)三种。各种版本在大陆、中国台湾以及日本、韩国和越南都有流传。

该书问世后,被广泛注意和接受,与陈澔同时代的大儒吴澄(1249—1333)给以肯定:“可谓善读书,其论《礼》无可疵矣!”(《新元史·儒林传》)明胡广(1370—1418)等编纂《礼记大全》,在众家注疏中选中陈澔注。自明永乐十三年(1415)至清乾隆元年(1736)三百多年间,陈澔《礼记集说》一直与朱熹(1130—1200)《四书集注》一样,是明清两代科举考试与学校、书院的“标准教材”。《明史》卷七十“选举二”载：“永乐间，颁四书五经大全，废注疏不用……《礼记》只用陈澔《集说》。”影响相当大。当然，陈书也受到清代学者的批评，朱彝尊《经义考》引高梯语称“于其度数品节择焉不精，语焉不详”；陆元辅、纳兰性德《陈氏礼记集说补正》称“疏舛太甚”。今人认为，有些批评实质上是程朱理学流派的思想分歧。比较客观的评价，应推《四库全书总目提要》：“盖说《礼记》者，汉唐莫善于郑、孔，而郑注简奥，孔疏典赡，皆不似澔注之浅显。宋代莫善于卫湜，而卷帙繁富，亦不似澔注之简便。又南宋宝庆（1225—1227）以后，朱子之学大行，而澔父大猷师饶鲁，鲁师黄干，干为朱子之婿。遂藉考亭（朱熹）之余荫，得独立学官……是皆偶然笔误，未足以累全书……澔所短者，在不知礼制当有证据，礼意当有发明，而笺释文句，一如注《孝经》、《论语》之法。故用为蒙训则有余，求以经术则不足。朱彝尊《经义考》以‘兔园册子’诋之，固为已甚，要其说亦必有由矣。特礼文奥赜，骤读为难，因其疏解，得知门经，以渐进而求于古。于初学之士，固亦不为无益。”实际上，“宋元人注疏在文字训诂方面不如后来清人注疏精详，但一般简明易读，在解释义理方面，亦时有独到之处”（高小方《中国语言文字学史料学》）。用历史的眼光来看，《礼记集说》不失为《礼记》学习的入门读本，也是经学史、思想史研究以及训诂学、科举制研究的重要文献，在礼学研究史上占有不可或缺的地位。

《礼记集说》名为“集说”，实际上其主体仍然是陈澔个人对《礼记》的注解，其特色是“不废汉唐注疏，兼采宋儒义理之说”，“承诸子之说而有所取舍”，“喜浅近之说”（刘千惠语）。堪称宋元人以义理注经的代表作之一。陈澔明确提倡“坦明之说”、“章句通则蕴奥自见”（《礼记集说序》），这种诠释路径是元明两代的普遍选择。其价值在于将儒家经典向普通大众传递，在于促进儒家经典的普及与推广。陈书能从民间著述进入官方教育系统，转而最终退至“诸家之中”，更是当时思想学术、政治和社会各方面因素综合作用的结果。

《集说》中除陈澔个人注解之外，多引郑（玄）注、孔（颖达）疏，偶引蔡邕、杜预说。还引用宋元之际著名学者的观点，多达三十一家，他们是“程子”（程颢）、“朱子”（朱熹）、“张子”（张载）、“石梁王氏”（王时潜）、“刘氏”（长乐刘砺）、“吕氏”（蓝田吕大临）、“应氏”（金华）、“方氏”（严陵）、“陆氏”、“马氏”、“朱氏”、“冯氏”、“成氏”、“双峰先生”（饶鲁）、“浩斋”等等，至于书中的音读材料与陆德明《释文》有异，当是陈氏及后人所为。通观全书，有关于文字训诂的多引孔疏；疑经改经、异文校对、篇章结构的学说多引同乡“石梁王氏”的观点。例如，《檀弓下》：“石梁王氏曰：注疏本作‘子弑父，凡在宫者杀无赦’为是。”《缁衣》：“石梁王氏曰：仿《论语》为此言，意便不足。”《礼运》：“石梁王氏曰：此处皆非夫子之言。”而申发经旨、阐述义理则多引吕氏、方氏、应氏和刘氏，例如，《曲礼上》：“吕氏曰：苟訾近于谗，苟笑近于谄，服暗者欺人所不见，登危者行险以侥幸，是忘亲也，非特忘之，不令之名，且将加之，皆辱道也。”《曲礼上》：“方氏曰：凡以称礼之施而已。”《曲礼上》：“刘氏曰：大夫以上皆曰为者，有司为之也；士庶人不曰为者，自为之也。”《曲礼上》：“应氏曰：吊者，礼之恤乎外；伤者，情之痛于中。”而道学正论以朱熹为宗，其余各家间采一二。今本也包含有少数陈澔之后学者的案语。例如《月令》：“致，按《洪武正韵》(1375)引此文音治。”“贷，音二，坊本音忒，按，《正韵》二音通用。”《曾子问》：“今按，致爵之礼，宾献尸三爵而止。”《射义》：“今按，揖让而升，未射时也。”对于各家礼说的选择取去，陈澔主张博采众说，尤喜浅近之说。他认为，“郑氏祖谶纬，孔疏惟郑之从，虽有他说，不复收载，固为可恨，然其灼然可据者，不可易也”（《礼记集说》序）。肯定了郑注孔疏俱有根据，也批评了孔颖达为维护郑注而不能兼采异说的缺憾，表现了一种开放性的治学态度。这种“疑古创新”的治学之风与宋元人训诂特点以及程朱理学传统有着密切的联系。需要指出的是，陈澔引用各家说法时，先后顺序缺少严密规范，层次错乱。忽而郑注孔疏在前，忽而郑注又置宋元人之后。对注家的称呼也不够严谨。例如，引用郑玄注时就用了“郑氏曰”、“郑云”、“郑注”、“郑谓”等等说法。还有如“浩斋曰”、“赞皇浩斋曰”等等，令人生疑。然瑕不掩瑜，陈澔

“删其繁难，取其浅近”的做法，极便于当时的童蒙课读，为“礼文奥赜，骤读为难”的《礼记》开启了一道便捷的门径，所以说陈澔《礼记集说》算不上经注和理学的力作，但却是理想的教育读本。

此次印行以四库全书本与清武英殿本互校，参考了十三经注疏本以及清陆元辅《礼记陈氏集说补正三十八卷》（通志堂本），共十卷四十九篇。整理时，异文、衍文、脱字，择善而从，把版本依据与文理推敲有机结合起来，显然错误，则径改；两可或不识之处，则择其一。一律采用新式标点标注，力求当断则断，可断可不断则不断，便于理解。难以确解，则暂不断。例如，《文王世子》：“不能饱，以视武王之亦一亦再又异矣。”就未过细点断。考虑到单音词向复音词发展的趋势，同一内容，经文中逗断，但注文中则没有断。如“妻子”、“笾豆”、“龟筮”等等。由于理解的局限，少数句子在问号、感叹号、分号、引号的使用上可能存在不妥之处，读者注意区别。本书一律采用简体字，少数古奥繁难的字与无规范的简体字相对应时，则保留原字形，以资研究。涉及姓氏、地名、书名等繁体字或异体字的简化可能引起误解时，则保留繁体，例如，“穀梁”的“穀”不简化为“谷”等；一个字有多个义项时，某些义项可以用简化字则简化，某些义项不能简化时则用繁体，区别对待，例如，“筴”与“策”并用；但有些字可作通假字看待时，则作简化处理，如“適”用作“嫡”义时，可以作“适”的假借义看，为了印刷的方便，一律简化成“适”；过去不同形的汉字，经过简化或规范化后同形了，一般都采用简化字，如“箸、筯”，今都作“箸”、“闢、辟”今都作“辟”、“後、后”今都作“后”。但某些特殊的情形，为了避免误解或矛盾，保留注解中的“辟音闢”、“後同后”、“箸音筯”。个别特殊的用字情形，请读者自加识别，不再一一说明。《礼记》文献本体的语料层次复杂，传统版本只分篇章，不分段落，因为有些章节内容很少，只言片语夹杂其间，阅读时殊为不便。此次印刷，为了与现代版式风格保持一致，作了分段处理，每篇分成若干段，每段尽可能保持思想内容的完整性，无法区分或有不同理解时，则尽可能保持一段之内各章内容大致相近。个别衍、错的章句就附于上下段首尾。

本书主要整理者为南通大学文学院教授万久富。南通大学文学院汉语言文字学专业硕士研究生庄秋菊、张业红、岳海仙参与了部分校对工作。

万久富

2009 年 9 月 20 日

礼记集说序

前圣继天立极之道，莫大于礼；后圣垂世立教之书，亦莫先于礼。礼仪三百，威仪三千，孰非精神心术之所寓，故能与天地同其节。四代损益，世远经残，其详不可得闻矣！《仪礼》十七篇，《戴记》四十九篇，先儒表章学庸，遂为千万世道学之渊源。其四十七篇之文，虽纯驳不同，然义之浅深同异，诚未易言也。郑氏祖谶纬，孔疏惟郑之从，虽有他说，不复收载，固为可恨。然其灼然可据者，不可易也。近世应氏集解，于《杂记》、《大小记》等篇，皆阙而不释。噫！慎终追远，其关于人伦世道，非细故而可略哉？先君子师事双峰先生十有四年，以是经三领乡书，为开庆名进士，所得于师门讲论甚多，中罹煨烬，只字不遗。不肖孤，僭不自量，会萃衍绎而附以臆见之言，名曰《礼记集说》。盖欲以坦明之说，使初学读之即了其义，庶几章句通，则蕴奥自见，正不必高为议论而卑视训故之辞也。书成，甚欲就正于四方有道之士，而衰年多疾，游历良艰，姑藏巾笥，以俟来哲。治教方兴，知礼者或有取焉，亦愚者千虑之一尔。

至治壬戌良月既望后学东汇泽陈澔序

卷之一

曲礼上第一

《经》曰“曲礼三千”，言节目之委曲，其多如是也。此即古礼经之篇名，后人以编简多，故分为上下。　张子曰：“物我两尽，自《曲礼》入。”

曲礼曰：毋不敬，俨若思，安定辞。安民哉！毋，禁止辞。朱子曰：“首章言君子修身，其要在此三者，而其效足以安民，乃礼之本，故以冠篇。”　范氏曰：“经礼三百，曲礼三千，可以一言蔽之曰：‘毋不敬。’”　程子曰：“心定者，其言安以舒；不定者，其辞轻以疾。”　刘氏曰：“篇首三句，如曾子所谓‘君子所贵乎道者三，而笾豆之事，则有司存’之意，盖先立乎其大者也。毋不敬，则动容貌，斯远暴慢矣；俨若思，则正颜色，斯近信矣；安定辞，则出辞气，斯远鄙倍矣。三者修身之要，为政之本。此君子修己以敬，而其效至于安人，安百姓也。”　毋，与无通，下同。冠，去声。远，去声。敖不可长，欲不可从，志不可满，乐不可极。朱子曰：“此篇杂取诸书精要之语，集以成篇，虽大意相似，而文不连属。如首章四句，乃《曲礼》古经之言。‘敖不可长’以下四句，不知何书语，又自为一节。皆禁戒之辞。”　应氏曰：“敬之反为敖，情之动为欲，志满则溢，乐极则反。”　敖，去声。长，上声。从，音纵。乐，音洛。贤者狎而敬之，畏而爱之。爱而知其恶，憎而知其善。积而能散，安安而能迁。朱子曰：“此言贤者于其所狎能敬之，于其所畏能爱之。于其所爱能知其恶，于其所憎能知其善。虽积财而能散施，虽安安而能徙义。可以为法，与上下文禁戒之辞不同。” 应氏曰：“安安者，随所安而安也。安者，仁之顺；迁者，义之决。” 施，去声。临财毋苟得，临难毋苟免。很毋求胜，分毋求多。毋苟得，见利思义也；毋苟免，守死善道也。很毋求胜，忿思难也；分毋求多，不患寡而患不均也。况求胜者未必胜，求多者未必能多，徒为失己也。 难、分，并去声。疑事毋质，直而勿有。朱子曰：“两句连说为是。疑事毋质，即《少仪》所谓‘毋身质言语’也。直而勿有，谓陈我所见，听彼决择，不可据而有之，专务强辩。不然，则是以身质言语矣。” 少，去声。若夫坐如尸，立如齐。疏曰：“尸居神位，坐必矜庄，坐法必当如尸之坐。人之倚立，多慢不恭，虽不齐，亦当如祭前之齐。” 朱子曰：“刘原父云：此乃《大戴礼》曾子事父母篇之辞。曰：‘孝子惟巧变，故父母安之。若夫坐如尸，立如齐，弗讯不言，言必齐色，此成人之善者也，未得为人子之道也。’此篇盖取彼文，而‘若夫’二字失于删去，郑氏不知其然，乃谓此二句为丈夫之事，误矣。” 夫，音扶，后俱仿此。齐，音斋。疏，去声，后亦仿此。齐色之齐，如字。

礼从宜，使从俗。郑氏曰：“事不可常也。” 吕氏曰：“敬者礼之常，礼时为大，时者礼之变。体常尽变，则达之天下，周旋无穷。” 应氏曰：“大而百王百世质文损益之时，小而一事一物泛应酬酢之节。”又曰：“五方皆有性，千里不同风，所以入国而必问俗也。” 使，去声。泛应之应，去声。夫礼者，所以定亲疏，决嫌疑，别同异，明是非也。疏曰：“五服之内，大功以上，服粗者为亲；小功以下，服精者为疏。若妾为女君期。女君为妾，若服之则太重，降之则有舅姑为妇之嫌，故全不服，是决嫌也。孔子之丧，门人疑所服，子贡请若丧父而无服，是决疑也。本同今异，姑姊妹是也；本异今同，世母叔母及子妇是也。得礼为是，失礼为非。若主人未小敛，子游裼裘而吊，得礼，是也；曾子袭裘而吊，失礼，非也。” 别，必列切。为女、为妾、为妇之为，去声。期，音基。敛，去声。礼不妄说，人不辞费。求以悦人，已失处心之正，况妄乎？不妄悦人，则知礼矣。躁人之辞多，君子之辞达意则止。言者烦，听者必厌。说，音悦。处，上声。礼不逾节，不侵侮，不好狎。逾节则招辱，侵侮则忘让，好狎则忘敬。三者皆叛礼之事，不如是则有以持其庄敬纯实之诚，而远于耻辱矣。 好，去声。远，去声。修身践言，谓之善行。行修言道，礼之质也。人之所以为人，言行而已，忠信之人，可以学礼，故曰："礼之质也。" 郑氏曰："言道，言合于道也。" 行，去声。礼闻取于人，不闻取人。礼闻来学，不闻往教。朱子曰："此与孟子'治人治于人，食人食于人'语意相类。取于人者，为人所取法也；取人者，人不来而我引取之也。来学往教，即其事也。" 治，平声。食，音嗣。道德仁义，非礼不成。道，犹路也，事物当然之理，人所共由，故谓之道。行道而有得于身，故谓之德。仁者，心之德，爱之理。义者，心之制，事之宜。四者皆由礼而入，以礼而成。盖礼以敬为本，敬者，德之聚也。教训正俗，非礼不备。立教于上，示训于下，皆所以正民俗。然非齐之以礼，则或有教训所不及者，故非礼不备。分争辩讼，非礼不决。朱氏曰："争见于事而有曲直分争，则曲直不相交；讼形于言而有是非辩讼，则是非不相敌。礼所以正曲直，明是非，故此二者，非礼则不能决。"

见，音现。君臣上下，父子兄弟，非礼不定。一主于义，一主于恩，恩义非礼则不能定。宦学事师，非礼不亲。宦，仕也。仕与学皆有师，事师所以明道也。而非礼则不相亲爱。班朝治军，莅官行法，非礼威严不行。班朝廷上下之位，治军旅左右之局，分职以莅官，谨守以行法，威则人不敢犯，严则人不敢违，四者非礼则威严不行。 朝、治，并平声。祷祠祭祀，供给鬼神，非礼不诚不庄。祷以求为意，祠以文为主，祭以养为事，祀以安为道。四者皆以供给鬼神，诚出于心，庄形于貌，四者非礼则不诚不庄。

今按供给者，谓奉荐牲币器皿之类也。是以君子恭敬撙节退让以明礼。是以，承上文而言。撙，裁抑也。礼主其减。 撙，祖本切。鹦鹉能言，不离飞鸟；猩猩能言，不离禽兽。今人而无礼，虽能言，不亦禽兽之心乎？夫惟禽兽无礼，故父子聚麀。鹦鹉，鸟之慧者，陇蜀岭南皆有之。猩猩，人面豕身，出交趾封溪等处。禽者，鸟兽之总名。鸟不可曰兽，兽亦可曰禽，故鹦鹉不曰兽，而猩猩则通曰禽也。聚，犹共也。兽之牝者曰麀。 离，去声。猩，音生，坊本音星。是故圣人作。句为礼以教人，使人以有礼，知自别于禽兽。朱子曰："圣人作，绝句。" 别，必列切。大上贵德，其次务施报。礼尚往来，往而不来，非礼也；来而不往，亦非礼也。大上，帝皇之世，但贵其德足以及人，不贵其报。其次，三王之世，礼至三王而备，故以施报为尚。　施，去声，下同。大，音泰。人有礼则安，无礼则危。故曰礼者不可不学也。礼者，安危之所系，自天子至于庶人，未有无礼而安者也。夫礼者，自卑而尊人。虽负贩者，必有尊也，而况富贵乎？负者，事于力；贩者，事于利。虽卑贱，不可以无礼也。　贩，方万切。富贵而知好礼，则不骄不淫；贫贱而知好礼，则志不慑。马氏曰："富贵之所以骄淫，贫贱之所以慑怯，以内无素定之分，而与物为轻重也。好礼，则有得于内，而在外者莫能夺矣。"　好，去声。慑，之涉切。分，音问。

人生十年曰幼，学。二十曰弱，冠。三十曰壮，有室。四十曰强，而仕。五十曰艾，服官政。六十曰耆，指使。七十曰老，而传。八十九十曰耄，七年曰悼，悼与耄，虽有罪，不加刑焉。百年曰期，颐。朱子曰："'十年曰幼'为句绝，'学'字自为一句，下至'百年曰期'皆然。"　吕氏曰："五十曰艾，发之苍白者，如艾之色也。古者四十始命之仕，五十始命之服官政。仕者，为士以事人，治官府之小事也；服官政者，为大夫以长人，与闻邦国之大事者也。才可用则使之仕，德成乃命为大夫也。耆者，稽久之称，不自用力，惟以指意使令人，故曰'指使'。传，谓传家事于子也。耄，惛忘也。悼，怜爱也。耄者，老而知已衰；悼者，幼而知未及。虽或有罪，情不出于故，故不加刑。人寿以百年为期，故曰期。饮食居处动作，无不待于养，故曰颐。　冠，去声。治，平声。长，上声。与，去声。令，平声。知，音智。大夫七十而致事。致，还其职事于君也。若不得谢，则必赐之几杖，不得谢，谓君不许其致事也。如辞谢、代谢，亦皆却而退去之义。几，所以冯。杖，所以倚。赐之使自安适也。　冯，与凭同。行役以妇人。适四方，乘安车。疏曰："妇人能养人，故许自随。古者四马之车，立乘；安车者，一马小车，坐乘也。"自称曰老夫，于其国则称名；吕氏曰："老夫，长老者之称。己国称名者，父母之邦，不敢以尊者自居也。"越国而问焉，必告之以其制。应氏曰："一国有贤，众国所仰，故越国而来问。文献不足，则言礼无证，故必告之以其制，言举国之故事以答之也。"谋于长者，必操几杖以从之。长者问，不辞让而对，非礼也。谋于长者，谓往就长者而谋议所为也。长者之前，当执谦虚，不辞让，非事长之礼。　应氏曰："操几杖以从，非谓长者所无也。执子弟之役，其礼然耳。"　长，上声。操，平声。

凡为人子之礼：冬温而夏凊，昏定而晨省，在丑夷不争。温以御其寒，凊以致其凉，定其衽席，省其安否。丑，同类也。夷，平等也。一朝之忿，忘其身，则害及其亲，故在群众侪辈之中，壹于逊让。　凊，七性切。省，悉井切。夫为人子者，三赐不及车马。故州闾乡党称其孝也，兄弟亲戚称其慈也，僚友称其弟也，执友称其仁也，交游称其信也。言为人子，谓父在时也。古之仕者，一命而受爵，再命而受衣服，三命而受车马。有车马，则尊贵之体貌备矣。今但受三赐之命，而不与车马同受，故言不及车马也。君之有赐，所以礼其臣，子之不受，不敢并于亲也。二十五家为闾，四闾为族，五百家为党，二千五百家为州，一万二千五百家为乡。孝之所该者大，故其称最广，曰慈，曰弟，曰仁，曰信，皆孝之事也。僚友，官同者。执友，志同者。同师之友，其执志同，故曰执友。交游，则泛言远近之往来者。　弟，去声。见父之执，不谓之进不敢进，不谓之退不敢退；不问，不敢对。此孝子之行也。父之执，父同志之友也。谓之，命之也。敬之同于父。　行，去声。

夫为人子者，出必告，反必面，所游必有常，所习必有业。出则告违，返则告归。又以自外来，欲省颜色，故言面。游有常，身不他往也；习有业，心不他用也。　告，音梏。恒言不称老。恒言，平常言语之间也。自以老称，则尊同于父母，而父母为过于老矣。古人所以斑衣娱戏者，欲安父母之心也。年长以倍，则父事之；十年以长，则兄事之；五年以长，则肩随之。肩随，并行而差退也。此泛言长少之序，非谓亲者。　长，上声。差，楚宜切。少，去声。群居五人，则长者必异席。古者地敷横席，而容四人，长者居席端。若五人会，则长者一人异席也。为人子者，居不主奥，坐不中席，行不中道，立不中门。室西南隅为奥。主奥、中席，皆尊者之道也。行道则或左或右，立门则避振阒之中，皆不敢迹尊者之所行也。古者男女异路，路各有中，门中央有阒，阒之两旁有枨也。　阒，鱼列切。食飨不为概，食飨，如奉亲延客及祭祀之类皆是。不为概，量顺亲之心，而不敢自为限节也。 食，音嗣。概，丘盖切，又音盖。祭祀不为尸，吕氏曰："尸取主人之子行而已。若主人之子，是使父北面而事之，人子所不安，故不为也。"行，音杭。听于无声，视于无形。先意承志也。 疏曰："虽听而不闻父母之声，虽视而不见父母之形。然常于心想像，似见形闻声，谓父母将有教使己然。"不登高，不临深。不苟呰，不苟笑。孝子不服闇，不登危，惧辱亲也。疏曰："不服闇者，不行事于暗中。一则为卒有非常，二则生物嫌，故孝子戒之。" 吕氏曰："苟呰近于谗，苟笑近于谄，服暗者欺人所不见，登危者行险以侥幸，是忘亲也，非特忘之，不令之名，且将加之，皆辱道也。"呰，音紫。闇，音暗。为，去声。卒，苍没切。父母存，不许友以死，不有私财。不许友以死，谓不为其友报仇也。亲在而以身许人，是有忘亲之心；亲在而以财专己，是有离亲之志。 为、离，并去声。为人子者，父母存，冠衣不纯素。疏曰："冠纯，冠饰也。衣纯，深衣领缘也。" 纯，音准，下同。缘，去声。孤子当室，冠衣不纯采。吕氏曰："当室，谓为父后者。《问丧》曰'童子不缌，唯当室缌'，亦指为父后者。所谓不纯采者，虽除丧犹纯素也。惟当室者行之，非当室者不然也。"幼子常视毋诳，视，与示同。常示之以不可欺诳，所以习其诚。童子不衣裘裳。立必正方，不倾听。吕氏曰："裘之温，非童子所宜；裳之饰，非童子所便。立必正所向之方，或东或西，或南或北，不偏有所向。《士相见礼》云：'凡燕见于君，必辨君之南面，若不得，则正方不疑君。'疑，谓邪向之也。" 衣，去声。"燕见"见，音现。长者与之提携，则两手奉长者之手。负剑辟咡诏之，则掩口而对。刘氏曰："长者或从童子背后而俯首与之语，则童子如负长者然；长者以手挟童子于胁下，则如带剑然。盖长者俯与童子语，有负剑之状，非真负剑也。辟，偏也。咡，口旁。诏，告语也。掩口而对，谓童子当以手障口气而应对，不敢使气触长者也。" 奉，上声。辟，音僻。咡，音二。应，去声。

从于先生，不越路而与人言。遭先生于道，趋而进，正立拱手。先生与之言则对；不与之言，则趋而退。吕氏曰："先生者，父兄之称，有德齿可为人师者，犹父兄也，故亦称先生。以师为父兄，则学者自比于子弟，故称弟子。" 从，去声。从长者而上丘陵，则必乡长者所视。登城不指，城上不呼。高而有向背者为丘，平而人可陵者为陵。乡长者所视，恐有问，则即所见以对也。城，人所恃以为安固者，有所指，则惑见者；有所呼，则骇闻者。　石梁王氏曰："先生，年德俱高，又能教道人者。长者，则直以年为称也。"　从，去声。上，上声。乡、呼，并去声。背，音佩。道，去声。将适舍，求毋固。戴氏曰："就馆者，诚不能无求于主人，然执平日之所欲而必求于人，则非为客之义。"将上堂，声必扬。户外有二屦，言闻则入，言不闻则不入。上堂，升主人之堂也。扬其声音，使内人知之也。古人脱屦在户外，客虽众，脱屦于户内者惟长者一人。言有二屦，则并户内一屦为三人矣。三人而所言不闻于外，必是密谋，故不入也。　上，上声。屦，音据，俗混作上声。闻，去声。将入户，视必下。入户奉扃，视瞻毋回；户开亦开，户阖亦阖；有后入者，阖而勿遂。入户，入主人之户也。视下，不举目也。扃，门关木也。入户之时，两手当心，如奉扃然，虽视瞻而不为回转，嫌于干人之私也。开阖皆如前，不违主人之意也。遂，阖之尽也。嫌于拒后来者，故勿遂。　奉，上声。毋践屦，毋踖席，抠衣趋隅。必慎唯诺。复下曰舄，单下曰屦。毋践屦，谓后来者不可蹋先入者所脱之屦也。踖，犹躐也。《玉藻》曰"登席不由前为躐席"，是登席当由前也。抠，提也。抠衣，与《论语》"摄齐"同。欲便于坐，故抠之。趋隅，由席角而升坐也。唯诺，皆应辞。既坐定，又当谨于应对也。　踖，音迹。抠，苦侯切。唯，上声。齐，音咨。应，去声。

大夫士出入君门，由闑右，不践阈。闑，门橛也。当门之中，闑东为右。主人入门而右，客入门而左。大夫士由右者，以臣从君，不敢以宾敌主也。　闑，鱼列切。凡与客入者，每门让于客。客至于寝门，则主人请入为席，然后出迎客。客固辞，主人肃客而入。让于客，欲客先入也。为，犹布也。　疏曰："天子五门，诸侯三门，大夫二门，礼有三辞：初曰礼辞，再曰固辞，三曰终辞。"　吕氏曰："肃客者，俯手以揖之，所谓肃拜也。"主人入门而右，客入门而左。主人就东阶，客就西阶，客若降等，则就主人之阶。主人固辞，然后客复就西阶。入右，所以趋东阶。入左，所以趋西阶。降等者，其等列卑于主人也。主人固辞者，不敢当客之尊己也。主人与客让登，主人先登，客从之，拾级聚足，连步以上。上于东阶，则先右足；上于西阶，则先左足。让登，欲客先升也。客不敢当，故主人先而客继之。拾级，涉阶之级也。聚足，后足与前足相合也。连步，步相继也。先右后左，各顺入门之左右也。　拾，音涉。上，并上声。帷薄之外不趋，堂上不趋，执玉不趋。堂上接武，堂下布武。室中不翔，疏曰："帷，幔也。薄，帘也。接武，足迹相接也。"陈氏曰："文者上之道，武者下之道，故足在体之下曰武，卷在冠之下亦曰武。执玉不趋，不敢趋也；室中不翔，不可翔也。行而张拱曰翔。"　朱氏曰："帷薄之外无人，不必趋以示敬。堂上地迫，室中地尤迫，故不趋不翔也。"并坐不横肱。授立不跪，授坐不立。横肱，则妨并坐者。不跪、不立，皆谓不便于受者。

凡为长者粪之礼，必加帚于箕上，以袂拘而退。其尘不及长者，以箕自乡而扱之。粪，除秽也。《少仪》云"埽席前曰拚"，义与粪同。吕氏读扱为插音，然凡气之出入，嘘则散，吸则聚，今以收敛为义，则吸音为是。　疏曰：初持箕往时，帚置箕上，两手举箕。当埽时，一手捉帚，举一手衣袂以拘障于帚前，且埽且迁，故云拘而退。扱，敛取也。以箕自向敛取粪秽，不以箕向尊者。　为，去声。帚，之手切。拘，音沟，又如字。乡，去声，下同。扱，音吸。埽，去声。奉席如桥衡。如桥之高，如衡之平，乃奉席之仪也。奉，上声。桥，如字。请席何乡，请衽何趾。设坐席，则问面向何方。设卧席，则问足向何方。　疏曰："坐为阳，面亦阳也；卧为阴，足亦阴也。故所请不同。"席南乡北乡，以西方为上；东乡西乡，以南方为上。朱子曰："东向南向之席皆尚右，西向北向之席皆尚左也。"若非饮食之客，则布席，席间函丈。非饮食之客，则是讲说之客也。　疏曰："古者饮食燕享，则宾位在室外牖前，列席南向，不相对。相对者，惟讲说之客。席之制，三尺三寸三分寸之一，则两席并中间空地共一丈也。"　间，从月，俗从日，误。函，音咸。空，去声。主人跪正席，客跪抚席而辞。客彻重席，主人固辞。客践席，乃坐。跪而正席，敬客也。抚，以手按止之也。客不敢居重席，故欲彻之，主人固辞则止。客践席将坐，主人乃坐也。　重，平声。主人不问，客不先举。席坐既定，主人以客自外至，当先有所问，客乃答之，客不当先举言也。**将即席，容毋怍。两手抠衣去齐尺。衣毋拨，足毋蹶。**刘氏曰："将就席，须详缓而谨容仪，毋使有失而可愧怍也。仍以两手抠揭衣之两旁，使下齐离地一尺而坐，以便起居，免有躐踬失容也。坐后更须整叠前面衣衽，毋使拨开。又古人以膝坐，久则膝不安，而易以蹶动，坐而足动，亦为失容，故戒以毋动也。管宁坐席岁久，惟两膝著处穿，是足不动故然耳。"齐，音咨。拨，半末切。离、易，并去声。著，直略切。**先生书策琴瑟在前，坐而迁之，戒勿越。**疏曰："坐，亦跪也。弟子将行，若遇师诸物或当己前，则跪而迁移之，戒慎不得逾越。"**虚坐尽后，食坐尽前。坐必安，执尔颜。长者不及，毋儳言。**古者席地，而俎豆在其前，尽后，谦也；尽前，恐污席也。儳，暂也，亦参错不齐之貌。长者言事未竟，未及其他，少者不可举他事为言，暂然错杂长者之说。 尽，子忍切。儳，仕鉴切。**正尔容，听必恭。毋剿说，毋雷同。必则古昔，称先王。**上言执尔颜，谓颜色无或变异；此言正尔容，则正其一身之容貌也。听必恭，亦谓听长者之言也。擥取他人之说以为己说，谓之剿说；闻人之言而附和之，谓之雷同，如雷之发声而物同应之也。惟法则古昔，称述先王，乃为善耳。 剿，初交切。擥、揽同。和，去声。

侍坐于先生，先生问焉，终则对。问终而后对，欲尽闻所问之旨，且不敢杂乱尊者之言也。**请业则起，请益则起。**请业者，求当习之事；请益者，再问未尽之蕴。起，所以致敬也。**父召无诺，先生召无诺，唯而起。**父以恩，师以道，故所敬同。 吕氏曰："诺者，许而未行也。" 唯，上声。

侍坐于所尊敬，毋余席。见同等不起。所尊敬，谓先生、长者及有德有位之人也。毋余席，谓己之席与尊者之席相近，则坐于其端，不使有空余处，近则应对审也。同等之人，与己无尊卑，故不为之起。 空，去声。**烛至起，食至起，上客起。**烛至而起，以时之变也；食至而起，以礼之行也；上客至而起，以其非同等也。**烛不见跋。**跋，本也。古者未有蜡烛，以火炬照夜，将尽则藏其所余之残本，恐客见之，以夜久欲辞退也。 见，音现。跋，音钹。**尊客之前不叱狗。**方氏曰："不以至贱骇尊者之听。"**让食不唾。**

嫌于似鄙恶主人之馔也。　唾，吐卧切。恶，去声。

侍坐于君子，君子欠伸，撰杖屦，视日蚤莫，侍坐者请出矣。气乏则欠，体疲则伸。撰，犹持也。此四者皆厌倦之容，恐妨君子就安，故请退。　撰，须兖切。莫，音暮。侍坐于君子，君子问更端，则起而对。吕氏曰："问更端则起而对者，因事有所变而起敬也。"　更，平声。侍坐于君子，若有告者曰："少间，愿有复也。"则左右屏而待。居左则屏于左，居右则屏于右。　郑氏曰："复，白也。言欲须少空闲，有所白也。屏，犹退也。"　吕氏曰："屏而待，不敢干其私也。"　间，音闲。屏，音丙。空，去声。毋侧听，毋噭应，毋淫视，毋怠荒。上言听必恭，侧耳以听，非恭也。应答之声宜和平，高急者，悖戾之所发也。淫视，流动邪眄也。怠荒，谓容止纵慢。　噭，音叫。应，去声。游毋倨，立毋跛，坐毋箕，寝毋伏。游，行也。倨，傲慢也。立当两足整齐，不可偏任一足。箕，谓两展其足，状如箕舌也。伏，覆也。　倨，音据。跛，彼义切。敛发毋髢，疏曰："髢，髲也，垂如髲也。古人重发，以缅韬之，不使垂。"　髢，音替。髲，音避。冠毋免，劳毋袒，暑毋褰裳。丧有丧冠，吉有吉冠，非当免之时不可免。有袒而露其裼衣者，有袒而割牲者，因劳事而袒，则为亵。褰，揭也。涉浅而揭则可，暑而揭其裳亦为亵。

侍坐于长者，屦不上于堂，解屦不敢当阶。侍长者之坐于堂，故不敢以屦升。若长者在室，则屦得上堂而不得入室，"户外有二屦"是也。解，脱也。屦有綦系，解而脱之，不敢当阶，为妨后升者。就屦跪而举之，屏于侧。疏曰："此侍者或独暂退时取屦法也。就，犹著也。初升时解置阶侧，今下著之，先往阶侧跪举取之，故云'就屦跪而举之'也。屏于侧者，屏退不当阶也。"　屏，音丙。著，入声。乡长者而屦，跪而迁屦，俯而纳屦。疏曰："此明少者礼毕退去，为长者所送，则于阶侧跪取屦稍移之，面向长者而著之。迁，徙也，就阶侧跪取稍移近前也。俯而纳者，既取因俯身向长者而纳足著之。不跪者，跪则足向后不便，故俯也。虽不并跪，亦坐左纳右，坐右纳左。"离坐离立，毋往参焉。离立者，不出中间。方氏曰："两相丽之谓离，三相成之谓参。"　应氏曰："出其中间，则立者必散而不成列矣，故君子谨之。"　离，平声。男女不杂坐，不同椸枷，不同巾栉，不亲授。《内则注》云："植者曰楎，横者曰椸。枷，与架同，置衣服之具也。巾以涚洁，栉以理发，此四者皆所以远私亵之嫌。" 椸，音移。栉，音架。楎，户昆切，音同浑。远，去声。嫂叔不通问，诸母不漱裳。不通问，无问遗之往来也。诸母，父妾之有子者。漱，浣也。裳，贱服。不使漱裳，亦敬父之道也。 漱，平声。遗，去声。

外言不入于梱，内言不出于梱。梱，门限也。内外有限，故男不言内，女不言外。女子许嫁，缨；非有大故，不入其门。许嫁则系以缨，示有所系属也。此与幼所佩香缨不同。大故，大事也。 属，音烛。姑姊妹女子子，已嫁而反，兄弟弗与同席而坐，弗与同器而食。女子子，重言子者，别于男子也。专言兄弟者，远同等之嫌。 远，去声。父子不同席。尊卑之等异也。男女非有行媒，不相知名；非受币，不交不亲。行媒，谓媒氏之往来也。名，谓男女之名也。受币，然后亲交之礼分定。 分，音问。故日月以告君，齐戒以告鬼神，为酒食以召乡党僚友，以厚其别也。日月，娶妇之期也，媒氏书之以告于君。厚其别者，重慎男女之伦也。 别，彼列切。取妻不取同姓。郑氏曰："为其近禽兽。" 取，去声。下取妻同。故买妾不知其姓则卜之。卜其吉凶。寡妇之子，非有见焉，弗与为友。有见，才能卓异也。若非有好德之实，则难以避好色之嫌，故取友者谨之。 见，音现。好，去声。贺取妻者曰：某子使某，闻子有客，使某羞。吕氏曰："贺者，以物遗人而有所庆也。著代以为先祖后，人子之所不得已，故不用乐且不贺也。然为酒食以召乡党僚友，则遗问不可废也，故其辞曰：闻子有客，使某羞。舍曰昏礼而谓之有客，则所以羞者，佐其供具之费而已，非贺也，作《记》者，因俗之名称'贺'。"贫者不以货财为礼，老者不以筋力为礼。应氏曰："无财不可以为悦，而财非贫者之所能办；非强有力者不足以行礼，而强有力非老者之所能勉。"

名子者，不以国，不以日月，不以隐疾，不以山川。常语易及，则避讳为难，故名子者不之用。男女异长：各为伯仲，示不相干杂之义也。 长，上声。男子二十，冠而字。冠而字之，敬其名也。 冠，去声。

父前子名，君前臣名。吕氏曰："事父者家无二尊，虽母不敢以抗之，故无长幼皆名，不敢致私敬于其长也；事君者国无二尊，虽父不可以抗之，故无贵贱尊卑皆名，不敢致私敬于其所尊贵也。春秋鄢陵之战，栾书欲载晋侯，其子鍼曰书退，此君前臣名，虽父亦不敢抗也。"女子许嫁，笄而字。许嫁，则十五而笄；未许嫁，则二十而笄。亦成人之道也，故字之。

凡进食之礼，左肴右胾，食居人之左，羹居人之右。脍炙处外，醯酱处内，葱渫处末，酒浆处右，以脯修置者，左朐右末。肉带骨曰肴，纯肉切曰胾。骨刚故左，肉柔故右。饭左羹右，分燥湿也。脍炙异馔，故在肴胾之外。醯酱食之主，故在肴胾之内。葱渫，烝葱，亦菹类。加豆也，故处末。酒浆，或酒或浆也，处羹之右。若兼设，则左酒右浆。 疏曰："脯训始，始作即成也。修亦脯，修训治，治之乃成。薄析曰脯，捶而施姜桂曰腶修。朐，谓中屈也。左朐，朐置左也。脯修处酒左，以燥为阳也。" 吕氏曰："其末在右，使于食也。食脯修者先末。" 胾，侧吏切。食，音嗣。炙，音柘。处，上声。渫，音裔。朐，音劬。腶，音段。客若降等，执食兴辞，主人兴辞于客，然后客坐。降等，谓爵齿卑于主人也，不敢当主宾之礼，故食至则执之以起，而致辞于主人。主人见客起辞，故亦起而致辞于客，客乃复就其坐也。主人延客祭：祭食，祭所先进。肴之序，遍祭之。古人不忘本，每食必每品出少许置于豆间之地，以报先代始为饮食之人，谓之祭。延，导之也。祭食之礼：主人所先进者则先祭之，后进者后祭，各以肴之次序而祭之遍也。朱子曰："古人祭酒于地，祭食于豆间，有板盛之，卒食彻去。" 盈，平声。三饭，主人延客食胾，然后辩肴。疏曰："三饭，谓三食也。礼，食三飧而告饱，须劝乃更食。三饭竟而主人乃导客食胾也。"《公食大夫礼》云："宾三饭以湆酱。"郑云："每饭歠湆，以肴擩酱，食正馔也。所以至三饭后乃食胾者，以胾为加，故三飧前未食。食胾之后，乃可遍食肴也。" 饭，上声。辩，音遍。湆，音泣。擩，音碝。主人未辩，客不虚口。疏曰："虚口，谓食竟而饮酒荡口，使清洁及安食也。用浆曰漱，以洁清为义，用酒曰酳，酳训演，演养其气也。"

侍食于长者，主人亲馈，则拜而食；主人不亲馈，则不拜而食。馔，进馔也。 方氏曰："凡以称礼之施而已。" 称，去声。共食不饱，共饭不泽手。吕氏曰："共食者，所食非一品；共饭者，止饭而已。共食而求饱,非让道也。不泽手者,古之饭者以手,与人共饭,摩手而有汗泽,人将恶之而难言。" "之饭"饭,上声。恶,去声。**毋抟饭,毋放饭,毋流歠,**毋抟者,疏云:若取饭作抟,则易得多,是欲争饱也。 朱氏曰:"放,谓食之放肆而无所节也。流,谓饮之流行而不知止也。" 抟,徙九切。上饭如字。下饭,上声。易,去声。**毋咤食,毋啮骨,毋反鱼肉,毋投与狗骨,毋固获。**咤食,谓当食而叱咤。疏谓以舌口中作声。毋咤,恐似于气之怒也。毋啮,嫌其声之闻也。毋反鱼肉,不以所余反于器。郑氏云:"谓已历口,人所秽也。"毋投与狗骨,不敢贱主人之物也。求之坚曰固,得之难曰获。固获,谓必欲取之也。 咤,陟嫁切。**毋扬饭,饭黍毋以箸。**扬,谓以手散其热气,嫌于欲食之急也。毋以箸,贵其匕之便也。 下饭,上声。箸,音筯。**毋嚃羹,毋絮羹,毋刺齿,毋歠醢。客絮羹,主人辞不能亨。客歠醢,主人辞以窭。**羹之有菜宜用梜,不宜以口嚃取食之也。絮,就器中调和也。口容止,不宜以物刺于齿也。醢宜咸,歠之以其味淡也。客或有絮羹者,则主人以不能烹饪为辞;客或有歠醢者,则主人以贫窭乏味为辞。 嚃,音嗒。絮,摛据切。刺,七迹切。亨,者烹。窭,其羽切。**濡肉齿决,乾肉不齿决。毋嘬炙。**濡肉,肴胾之类。乾肉,脯修之类。决,断也。不齿决,则当治之以手也。 疏曰:"火灼曰炙。若食炙,不一举而并食,并食之曰'嘬',是贪食也。" 乾,音干。嘬,楚怪切。炙,音柘。断,上声。**卒食,客自前跪,彻饭齐以授相者,主人兴辞于客,然后客坐。**自,从也。齐,酱属也。饭齐皆主人所亲设,故客欲亲彻,此亦谓降等之客耳。敌者不亲彻也。 饭,如字。齐,笺西切。相,去声。

侍饮于长者,酒进则起,拜受于尊所。长者辞,少者反席而饮。长者举未釂,少者不敢饮。尊所,置尊之所也。饮尽爵曰釂。 吕氏曰:"古之饮酒,贵贱长幼无不及。乡饮之礼,堂下之宾,乐工及笙,无不与献。特牲馈食礼,宾兄弟弟子、公有司私臣无不与献。其献也,皆主人亲酌授之。此侍饮者,亦长者亲酌授之,所以有拜受于尊所之节也。惟燕礼以宰夫为献主,故君不亲酌。乡饮、射、馈食礼皆尊于房户之间,宾主共之也。燕礼、大射皆尊于两楹之西,尊面向君,君专之也。燕礼、乡饮礼皆不云拜受于尊所,以礼与侍饮异也。" 釂,子妙切。与,去声。**长者赐,少者贱者不敢辞。**辞而后受，宾主平交之礼，非少贱事尊贵之道。赐果于君前，其有核者怀其核。敬君赐，故不敢弃核。

御食于君，君赐余，器之溉者不写，其余皆写。御食于君者，君食而臣为之劝侑也。君以食之余者赐之，若陶器或木器，可以洗涤者，则即食之；或其器是萑竹所织，不可洗涤者，则传写于他器而食之，不欲口泽之渎也。馂余不祭。父不祭子，夫不祭妻。尸馂鬼神之余，臣馂君之余，贱馂贵之余，下馂上之余，皆馂也。此谓助祭执事，或为尸而所得馂之余肉以归，则不可以之祭其先。虽父之尊，亦不以祭其子；夫之尊，亦不以祭其妻，以食余之物亵也。一说此祭是每食必祭之祭，食人之余，及子进馔于父，妻进馔于夫，皆不祭而食。盖敬主人之馔，故祭而后食。食人之余而祭则亵，施于卑者，则非尊者之道。　馂，音俊。御同于长者，虽贰不辞，偶坐不辞。御，侍也。贰，益物也。侍食者虽获肴馔之重而不辞其多者，以此馔本为长者设耳。偶者，配偶之义。因其有宾而己亦偶配于坐，亦以此席不专为己设，故不辞也。　重，平声。羹之有菜者用梜，其无菜者不用梜。梜，箸也。无菜者，汁而已，直歠之可也。　梜，音颊。为天子削瓜者副之，巾以絺。为国君者华之，巾以绤。为大夫累之，士疐之，庶人龁之。疏曰："削，刊也。副，析也。絺，细葛也。刊其皮而析为四解，又横解而以细葛巾覆之而进也。华，半破也。绤，粗葛也。诸侯礼降，故破而不四析，亦横断之，用粗葛巾覆之而进也。《尔雅》：'瓜曰华之。'郭璞云：'食啖治择之名。'累，倮也，不巾覆也。疐，谓脱花处。疐之者，去疐而已。龁，啮也。龁之，不横断也。此等级不同，非谓平常之日，当是公庭礼会之时。"　刘氏曰："大夫以上皆曰为者，有司为之也；士庶人不曰为者，自为之也。"　方氏曰："巾以絺绤者，当暑以凉为贵也。"　为，去声。副，普逼切。絺，音摛。绤，音隙。累，力果切。疐，音帝。龁，恨没切。覆，去声。断，上声。

父母有疾，冠者不栉，行不翔，言不惰，琴瑟不御，食肉不至变味，饮酒不至变貌，笑不至矧，怒不至詈。疾止复故。此言养父母疾之礼。不栉，不为饰也。不翔，不为容也。不惰，不及他事也，疏谓惰讹不正之言。琴瑟不御，以无乐意也。犹可食肉，但不至厌饫而口味变耳；犹可饮酒，但不至醺酣而颜色变耳。齿本曰矧，笑而见矧，是大笑也；怒骂曰詈，怒而至詈，是甚怒也。皆为忘忧，故戒之。复故，复常也。　冠，去声。惰，徒禾切。养,去声。乐,音洛。见,音现。有忧者侧席而坐,有丧者专席而坐。有忧,谓亲疾,或他祸患。侧,独也。独坐一席,不设待宾之席,为有忧也。一说侧席,谓偏设之变于正席也,亦通。专,单也。贵贱之席,各有重数,居丧则否。　吕氏曰:“专席,不与人共坐也。”

水潦降,不献鱼鳖。水涸鱼鳖易得,不足贵,故不献。献鸟者佛其首,畜鸟者则勿佛也。佛,谓捩转其首,恐其喙之害人也。畜者不然,顺其性也。　佛,符勿切。畜,许六切。献车马者执策绥,疏曰:“策,是马杖。绥,是上车之绳。车马不上于堂,但执策绥呈之,则知有车马。”献甲者执胄,献杖者执末。疏曰:“甲,铠也。胄,兜鍪也。铠大,兜鍪小,小者易举,执以呈之耳。杖末拄地不净,故执以自向。”献民虏者操右袂。民虏,征伐所俘获之人口也。持其右袂,所以防异心。　操,平声,篇内并同。献粟者执右契,献米者操量鼓。疏曰:“契者,两书一扎,同而别之,右者先书为尊。鼓,量器名也。米云量,则粟亦量;粟云契,则米亦书。但米可即食为急,故言量;粟可久储为缓,故云书。书比量为缓也。”献孰食者操酱齐。疏曰:“酱齐为食之主,执主来,则食可知,如见芥酱,必知献鱼脍之类。”　齐,笺西切。献田宅者操书致。书致,谓详书其多寡之数而致之于人也。　吕氏曰:“古者田宅皆属于公,非民所得而有。而此云献者,或上所赐予,可为己有者。如采地之属,故可献欤?”　予,上声。采,去声。

凡遗人弓者,张弓尚筋,弛弓尚角。右手执箫,左手承弣。尊卑垂帨。若主人拜,则客还辟,辟拜。弓之体,角内而筋外。尚,使之在上也。皆取其势之顺也。箫,稍末也。疏云:剡之差斜似箫,故名。弣,中央把处也。帨,佩巾也。客主尊卑相等,则授受之际,皆稍磬折而见其帨之垂也。此时弓尚在客手,故不容答主人之拜,而少逡巡迁延以避之。辟,犹开也,谓离其所立之处。　吕氏曰:“下于上曰献,上于下曰赐,敌者曰遗。”遗,去声。弣,音抚。帨,音税。还,音旋。上辟,音阐。下辟,音避。离,去声。主人自受,由客之左,接下承弣,乡与客并,然后受。自受者,以敌客不当使人受也。由,从也。从客左边而受,则客在右矣,于是主人却左手以接客之下而承其弣,又覆右手以捉弓之下头而受之。此时则主客并立,而俱向南也。　方氏曰:“宾主异等,则授受异向;此宾主敌,故乡与客并也。”　乡,去声。进剑者左首。疏曰:“进,亦遗也。首,剑拊环也。客在右,主人在左,剑首为尊,以尊处与主人也。假令对授,则亦左首,首尊,左亦尊为宜也。” 令,平声。进戈者前其镈,后其刃。疏曰:“戈,钩孑戟也。刃当头而利,镈在尾而钝。不以刃授,敬也。” 镈,在困切。进矛戟者前其镦。疏曰:“矛,如铤而三廉。戟,今之戟也。镦,为矛戟柄尾平底。以平向人,敬也。亦应并授。不云左右而云前后者,互文也。若相对,则前后也;若并授,则左右也。” 镦,音队。进几杖者拂之。拭去尘也。效马效羊者右牵之;效,陈献也。以右手牵之为便。效犬者左牵之。以右手防其啮噬。执禽者左首。禽,鸟也,首尊。主人在左,故横捧而以首授主人。饰羔雁者以缋。饰,覆之也。画布为云气,以覆羔与雁,为相见之贽也。 缋,音会。覆,去声。受珠玉者以掬。谓以两手共承之也。受弓剑者以袂。谓以衣袂承接之,不露手也。饮玉爵者弗挥。谓不可振去余沥,恐失坠。凡以弓、剑、苞、苴、箪、笥问人者,操以受命,如使之容。苞者,苞裹鱼肉之属。苴者,以草藉器而贮物也。箪圆笥方,皆竹器。问,遗之也。使者受命之时,操持诸物,即习其威仪进退,如至彼国之仪容也。 操,平声。使,去声,下二节同。

凡为君使者已受命,君言不宿于家。受命即行。君言至,则主人出拜君言之辱;使者归,则必拜送于门外。至则拜命,归则拜送,皆敬君也。若使人于君所,则必朝服而命之;使者反,则必下堂而受命。吕氏曰:“使人于君所不下堂,反则下堂受命者,始以己命往,终以君命归,故使者反而后致其敬,往则否也。” 上使,如字。下使,去声。

博闻强识而让,敦善行而不怠,谓之君子。博闻强识而让,所谓有若无实若虚者;敦善行而不怠,所谓孳孳为善者,皆君子之道也。 陈氏曰:“闻识自外入,善行由中出。自外入者易实,故处之以虚;由中出者易倦,故济之以勤。” 行,去声。易,去声。虚,上声。君子不尽人之欢,不竭人之忠;以全交也。吕氏曰:“尽人之欢,竭人之忠,皆责人厚者也。责人厚而莫之应,此交所以难全也。欢,谓好于我也。忠,谓尽心于我也。好于我者,望之不深;尽心于我者,不要其必致,则不至于难继也。” 应、好,并去声。要,平声。礼曰：君子抱孙不抱子。此言孙可以为王父尸，子不可以为父尸。为君尸者，大夫士见之则下之。君知所以为尸者则自下之，尸必式。乘必以几。疏曰："祭天地社稷山川四方百物及七祀之属，皆有尸。外神不问同姓异姓，但卜之吉，则可为尸。祭胜国之社稷，则士师为尸。惟祭殇无尸。" 吕氏曰："抱孙不抱子，古礼经语也。《曾子问》曰：'孙幼，则使人抱之。'抱孙之为言，生于孙幼，且明尸必以孙，以昭穆之同也。古之祭祀必有尸，尸，神象也。主人之事尸，以子事父也。尸必筮，求诸神而不敢专也。在散斋之日，或道遇之，故有为尸下之礼。大夫士言'见'、君言'知'者，盖君或不能尽识，有以告则下之，致其敬也。尸不下君而式之者，庙门之外，尸尊未全，不敢亢礼而答之，故式之而已。亢礼而答，则下之矣。如在庙中，主人拜，无不答也。古者车中以式为敬，式，车前横木也，冯之以礼人，首必小俯，以是为敬。式视马尾，俯首之节也。几尊者所冯以养安也，故尸之乘车用之。" 散，上声。"为尸"为，去声。亢，苦浪刀。冯，音凭。

齐者不乐不吊。吕氏曰："古之有敬事者必齐，齐者，致精明之德也。乐则散，哀则动，皆有害于齐也。不乐不吊者，全其齐之志也。" 齐，音斋。乐，音洛。居丧之礼，毁瘠不形，视听不衰。升降不由阼阶，出入不当门隧。门隧，门之中道也。 疏曰："居丧许羸瘦，不许骨露见。骨为形之主，故谓骨为形。" 吕氏曰："先王制礼，毁不灭性。毁瘠形，视听衰，几于灭性，送死之大事，且将废而莫之行，则罪莫大焉。不由阼阶，不当门隧，执人子之礼而未忍废也。" 见，音现。几，平声。居丧之礼，头有创则沐，身有疡则浴，有疾则饮酒食肉，疾止复初。不胜丧，乃比于不慈不孝。沐浴与饮酒食肉，以权制者也，故疾止则复初。 朱氏曰："下不足以传后，故比于不慈；上不足以奉先，故比于不孝。" 创，平声。疡，音羊。胜，音升。五十不致毁，六十不毁，七十唯衰麻在身，饮酒食肉，处于内。五十始衰，故不极毁；六十则又衰矣，故不可毁；七十之年，去死不远，略其居丧之礼者，所以全其易尽之期也。 衰，音催。处，上声。易，去声。生与来日，死与往日。与，犹数也。成服杖，生者之事也。数死之明日为三日。敛殡，死者之事也，从死日数之为三日。是三日成服者，乃死之第四日也。数，上声。知生者吊，知死者伤。知生而不知死，吊而不伤。

知死而不知生，伤而不吊。方氏曰：“不知生而吊之，则其吊也近于谄；不知死而伤之，则其伤也近于伪。” 应氏曰：“吊者，礼之恤乎外；伤者，情之痛于中。”吊丧弗能赙，不问其所费。问疾弗能遗，不问其所欲。见人弗能馆，不问其所舍。以货财助丧事曰赙。此三事不能，则皆不问者，以徒问为可愧也。 赙，音附。遗，去声。赐人者不曰来取，与人者不问其所欲。赐者君子，与者小人。 朱氏曰：“君子有守，必将之以礼，故不曰来取；小人无厌，必节之以礼，故不问其所欲。”适墓不登垄，助葬必执绋。垄，坟堆也，登之为不敬。绋，引棺索，执之，致力也。临丧不笑。以哀为主。揖人必违其位。出位而揖，礼以变为敬也。望柩不歌。入临不翔。当食不叹。不歌，与不笑义同。临，哭也。不翔，不为容也。唯食忘忧，非叹所也。 临，去声。邻有丧，舂不相。五家为邻。相者，以音声相劝。相，盖舂人歌以助舂也。 相，去声。相劝之相，如字。里有殡，不巷歌。适墓不歌。哭日不歌。二十五家为里。巷歌，歌于巷也。送丧不由径，送葬不辟涂潦。临丧则必有哀色，执绋不笑，不由径，不苟取其速也。不辟泥潦，嫌于惮劳也。 辟，音避。临乐不叹；亦为非叹所也。介胄则有不可犯之色。故君子戒慎，不失色于人。此章自“揖人必违其位”、“当食不叹”、“临乐不叹”、“介胄则有不可犯之色”四句之外，皆是凶事之礼节，记者详之如此，每事戒慎，则无失礼之愧，不但不可失介胄之色而已。

国君抚式，大夫下之。大夫抚式，士下之。礼不下庶人，君与大夫或同涂而出，君过宗庙而式，则大夫下车；士于大夫，犹大夫于君也。庶人卑贱，且贫富不同，故经不言庶人之礼。古之制礼者，皆自士而始也，先儒云：“其有事，则假士礼而行之。”一说，此为相遇于途，君抚式以礼大夫，则大夫下车；大夫抚式以礼士，则士下车。庶人则否，故云：“礼不下庶人也。”刑不上大夫。大夫或有罪，以八议定之，议所不赦则受刑。周官掌囚，凡有爵者，与王之同族，奉而适甸师氏以待刑杀。而此云不上大夫者，言不制大夫之刑，犹不制庶人之礼也。刑人不在君侧。人君当近有德者，又以虑其怨恨而为变也。阍弑余祭，刑人在侧之祸也。 祭，侧界切。**兵车不式，武车绥旌，德车结旌**。疏曰："兵车，革路也。尚武猛无推让，故不式。武车，亦革路也。取其建戈刀，即云兵车；取其威猛，即云武车也。旌，车上旌旛也。尚威武，故舒散若垂绥然。玉金象木四路不用兵，故曰德车。德美在内，不尚赫奕，故缠结其旌于竿也。" 绥，而追切。

史载笔，士载言。疏曰："不言简牍而曰笔者，笔是书之主，则余载可知。言，谓盟会之辞，旧事也。" 方氏曰："史，国史也，载笔，将以书未然之事；载言，欲以阅已然之事。"**前有水，则载青旌**。疏曰："王行宜警备，故前有变异，则举类示之。青旌者，青雀也，是水鸟。" 载，音戴。**前有尘埃，则载鸣鸢**。鸢，鸱也。鸱鸣则风生，风生则尘埃起。**前有车骑，则载飞鸿**。鸿，雁也。雁飞有行列，与车骑相似。 骑，去声。行，音杭。**前有士师，则载虎皮**。虎威猛，亦士师之象。士师非所当警备者，而亦举类以示众。或者禁止暴横之意欤？**前有挚兽，则载貔貅**。挚兽，虎狼之属。貔貅，亦有威猛，举此使众知为备。但不知为载其皮，为画其形耳。**行，前朱鸟而后玄武，左青龙而右白虎。招摇在上，急缮其怒**。行，军旅之出也。朱鸟、玄武、青龙、白虎，四方宿名也，以为旗章，其旒数皆放之。龙旗则九旒，雀则七旒，虎则六旒，龟蛇则四旒也。招摇，北斗七星也，居四方宿之中，军行法之，作此举之于上，以指正四方，使戎阵整肃也。旧读缮为劲，今从吕氏说，读如字。其怒，士卒之怒也。 吕氏曰："急，迫之也。缮，言作而致其怒。先儒以缮为劲，不必改也。" 宿，去声。**进退有度，左右有局，各司其局**。疏曰："进退有度者，《牧誓》云：'不愆于六步七步乃止齐焉。''四伐五伐乃止齐焉。'一击一刺为一伐，少者四伐，多者五伐，又当止而齐正行列也。左右有局者，局，部分也。军之左右各有部分，不相滥也。各司其局者，军行须监领也。" 行，音杭。分，音问。监，平声。

父之仇弗与共戴天，兄弟之仇不反兵，交游之仇不同国。不反兵，谓常以杀之之兵器自随也。 吕氏曰："杀人者死，古今之达刑也。杀之而义，则无罪，故令勿仇，调人之职也；杀而不义，则杀者当死，宜告于有司而杀之，士师之职是也。二者皆无事乎复仇也。然复仇之文，杂见于经传，考其所以，必其人势盛缓则不能执，故遇则杀之，不暇告有司也。父者子之天，不能复父仇，仰无以视乎皇天矣。报之之意，誓不与仇俱生，此所以弗共戴天也。”四郊多垒，此卿大夫之辱也。地广大荒而不治，此亦士之辱也。四郊者，王城之外四面，近郊五十里，远郊百里。侯国亦各有四郊，里数则各随其地之广狭而为远近也。垒者，屯军之壁。卿大夫不能谋国，数见侵伐，故多垒。土广人稀，荒秽不理，此二者固皆卿大夫之责，士卑不与谋国，而田里之事则其职也，故言亦士之辱。　数，音朔。与，去声。

临祭不惰。祭服敝则焚之，祭器敝则埋之，龟筴敝则埋之，牲死则埋之。吕氏曰：“人所用则焚之，焚之，阳也；鬼神所用则埋之，埋之，阴也。”　筴，夹、劫、策三音。凡祭于公者，必自彻其俎。疏曰：“此谓士助君祭也。若大夫以上，则君使人归其俎；若大夫以下，自祭其庙，则使人归宾俎。”　吕氏曰：“执臣子之敬，毋敢视宾客，故自彻其俎以出也。”卒哭乃讳。礼不讳嫌名，二名不偏讳。葬而虞，虞而卒哭。凡卒哭之前，犹用事生之礼，故卒哭乃讳其名。嫌名，音同者。不偏讳，谓可单言。逮事父母，则讳王父母；不逮事父母，则不讳王父母。逮，及也。庶人父母早死，不闻父之讳其祖，故亦不讳其祖。有庙以事祖者则不然也。君所无私讳，大夫之所有公讳。私讳不避于公朝，大夫则讳其先君也。《诗》《书》不讳，临文不讳，不因避讳而易《诗》《书》之文，改行事之语。盖恐有惑于学者，有误于承用也。庙中不讳。庙中之讳，以卑避尊，如有事于高祖，则不讳曾祖以下也。夫人之讳，虽质君之前，臣不讳也；妇讳不出门。大功、小功不讳。质，犹对也。夫人之讳与妇之讳，皆谓其家先世。门者，其所居之宫门也。大功以下，恩轻服杀，故亦不讳。入竟而问禁，入国而问俗，入门而问讳。马氏曰：“问禁，虑得罪于君也；问俗，虑得罪于众也；问讳，虑得罪于主人也。”　竟，上声，与境同，篇内并同。

外事以刚日，内事以柔日。甲丙戊庚壬为刚，乙丁己辛癸为柔。先儒以外事为治兵，然巡狩朝聘盟会之类，皆外事也。内事，如宗庙之际、冠昏之礼皆是。凡卜筮日，旬之外曰远某日，旬之内曰近某日。丧事先远日，吉事先近日。疏曰：“今月下旬，筮来月上旬，是旬之外日也。

主人告筮者云欲用远某日，此大夫礼。士贱职亵，时至事暇可以祭，则于旬初即筮旬内之日，主人告筮者云用近某日。天子诸侯有杂祭，或用旬内，或用旬外，其辞皆与此同。丧事，谓葬与二祥，是夺哀之义，非孝子所欲，但不获已，故先从远日而起，示不宜急，微伸孝心也。吉事，谓祭祀冠昏之属，《少牢》云'若不吉，则及远日'，是先近日也。" 冠、少，并去声。曰："为日，假尔泰龟有常，假尔泰筮有常。"卜、筮不过三，卜、筮不相袭。曰，命辞也。为字，去声读。为卜吉日，故曰为日。卜则命龟曰"为日假尔泰龟有常"，筮则命蓍曰："为日假尔泰筮有常。"假，因也，托也。泰者，尊上之辞。有常，言其吉凶常可凭信也。此命蓍龟之辞。不过三者，一不吉，至再至三，终不吉，则止而不行。袭，因也。卜不吉则止，不可因而更筮；筮不吉则止，不可因而更卜也。龟为卜，筴为筮。卜、筮者，先圣王之所以使民信时日，敬鬼神，畏法令也；所以使民决嫌疑，定犹与也。故曰："疑而筮之，则弗非也；日而行事，则必践之。"筴，蓍也。旧说读践为善，文义甚迂，疏引王氏说，践，履也，必履而行之，当读如字。 疏曰："《说文》：犹，兽名。与，亦兽名。二物皆进退多疑，人之多疑惑者似之，故谓之犹与。" 吕氏曰："凡常事卜不吉，则不筮，筮不吉，则不卜。献公卜纳骊姬，不吉，公曰筮之，此相袭也。若大事则先筮而后卜，《洪范》有'龟从筮从'，或'龟从筮逆'，龟筮并用也。晋卜纳襄王，得黄帝战阪泉之兆；又筮之，遇《大有》之《睽》，亦龟筮并用也。故知不相袭者，非大事也。信时日者，卜筮而用之，不敢改也。敬鬼神者，人谋非不足，而犹求于鬼神，知有所尊而不敢必也。畏法令者，人君法令有疑者，决之卜筮，则君且不敢专，况下民乎？嫌疑者，物有二而相似也；犹与者，事有二而不决也。如建都邑，某地可都，某地亦可都，此嫌疑也；如战，或曰可战，或曰不可战，此犹与也。卜筮以决之定之，此先圣王以神道设教也。有疑而筮，既筮而不信；诹日而卜，既卜而弗践。是为不诚。不诚之人，不能得之于人，况可得于鬼神乎？" 与，去声。

君车将驾，则仆执策立于马前。此下言乘车之礼。策，马杖也。仆者执之立于马前，所以防奔逸也。已驾，仆展軨效驾，已驾，驾马毕也。軨，车之辖头。车行由辖，仆者展视軨遍，即入而效白于君，言车驾竟。 軨，音零。奋衣由右上，取贰绥跪乘，疏曰："仆先出就车，于车后自振其衣以去尘，从右边升上。必从右者，君位在左，避君空位也。贰，副也。绥，登车索也。正绥拟君之升，副绥拟仆右之升。仆先试车时，君犹未出，未敢依常而立，所以跪而乘之以为敬。” 上，上声。执策分辔，驱之五步而立。疏曰：“辔，驭马索也。车一辕而四马驾之，中央两马夹辕者，名服马，两边名骓马，亦曰骖马。”《诗》云：“两服上襄，两骖雁行。”雁行者，言与中服相次序也。每一马有两辔，四马八辔，以骖马内辔系于轼前，其骖马外辔，并两服马各二辔，六辔在手，右手执杖，以三辔置空手中，以三辔置杖手中，故云“执策分辔”也。驱之者，试驱行之也。五步而立者，跪而驱马以行，五步即止，而倚立以待君出。 行，音杭。并，去声。君出就车，则仆并辔授绥，左右攘辟。疏曰：“君出就车，则仆并六辔及策置一手中，以一手取正绥授于君，令登车。于是左右侍驾陪位诸臣，见车欲进行，皆迁却以避车，使不妨车之行也。” 并，去声。辟，音避。车驱而驺至于大门，君抚仆之手，而顾命车右就车；门闾沟渠必步。疏曰：“车上君在左，仆人中央，勇士在右。既至大门，恐有非常，故回命车右上车。至门闾沟渠而必下车者，一则君子不诬十室，过门闾必式，君式，则臣当下也；二则沟渠险阻，恐有倾覆，亦须下扶持之也。仆不下者，车行由仆，仆下则车无御，故不下也。” 驺，音骤。凡仆人之礼，必授人绥。若仆者降等，则受；不然，则否。凡为车之仆者，必以正绥授人，不但臣于君为然也。若仆之等级卑下，如士于大夫之类，则授绥之时，直受之而已，无辞让也。非降等者，则不受。若仆者降等，则抚仆之手；不然，则下自拘之。降等者，虽当受其绥，然犹抚止其手，如不欲其亲授然，然后受之，亦谦让之道也。不降等者，己虽不欲受，而彼必授，则却手从仆之手下而自拘取之也。 拘，音沟。客车不入大门。妇人不立乘。犬马不上于堂。马氏曰：“客车不入大门，所以敬主；主人出大门迎之，所以敬客。故觐礼偏驾不入王门。公食大夫礼：宾乘车在大门外西方。若诸侯不以客礼见王，则墨车龙旗可以入大门。故觐礼墨车龙旗以朝。妇人乘安车，故不立乘，犬马充庭实，故不上堂。以犬马献人，则执绁靮而已；以马合币，则达圭而已；奉马而觐，则授人而已。皆不上堂之谓也。” 靮，音的。故君子式黄发，下卿位，入国不驰，入里必式。式黄发，敬老也。下卿位，敬大臣也。礼：君出则过卿位而登车，入则未到卿位而下车。入国不驰，恐车马躏轹人也。十室犹有忠信，二十五家之中，岂无可敬之人？故入里门必式，所谓不诬十室也。

郑氏曰："发句言故，明此众篇杂辞也。" 躏，音吝。君命召，虽贱人，大夫、士必自御之。御，读为迓，迎也。自迎之，所以敬君命。 御，音迓。

介者不拜，为其拜而蓌拜。介，甲也。 朱子曰："蓌犹言有所枝拄，不利屈伸也。" 为，去声。蓌，子卧切。祥车旷左，乘君之乘车不敢旷左，左必式。疏曰："祥，犹吉也。吉车，谓生时所乘。葬时用为魂车。车上贵左，仆在右，空左以拟神也。王者五路，玉金象木革，王自乘一，余四从行，臣乘此车，不敢空左，空左则似祥车凶也。左必式者，不敢自安，故恒凭式。乘车君皆在左，若兵戎革路，则君在中。" 乘，去声。空，去声。仆御妇人，则进左手，后右手；疏曰："仆在中，妇人在左，进左手持辔，使身微相背，远嫌也。" 背，音佩。远，去声。御国君，则进右手，后左手而俯。疏曰："御君者，礼以相向为敬，故进右手。既御不得常式，故但俯俛而为敬。"国君不乘奇车。车上不广欬，不妄指。奇车，奇邪不正之车也。 方氏曰："不广欬者，虑声容之骇人听；不妄指责，虑手容之骇人视也。" 奇，居易切。立视五巂，式视马尾，顾不过毂。立，谓立于车上也。 疏曰："巂，规也。车轮一周为一规，乘车之轮高六尺六寸，径一围三，得一丈九尺八寸，五规为九十九尺。六尺为步，总为十六步，半在车上，所视则前十六步半也。马引车，其尾近车阑，车上凭式，下头时不得远瞩，但瞻视马尾。毂，车毂也。若转头不得过毂。《论语》云'车中不内顾'是也。" 巂，音携。国中以策彗恤勿，驱尘不出轨。疏曰："入国不驰，故不用鞭策，但取竹带叶者为杖，形如埽帚，故云策彗，微近马体搔摩之。恤勿，搔摩也。轨，车辙也。行缓，故尘埃不飞扬出轨外也。" 朱子曰："策彗，疑谓策之彗，若今鞭末韦带耳。" 彗，音遂。恤，苏没切。勿，音没。埽，去声。

国君下齐牛，式宗庙。大夫、士下公门，式路马。下，谓下车也。疏引熊氏说：此文误，当云"国君下宗庙式齐牛"。 齐，音斋。乘路马，必朝服，载鞭策，不敢授绥，左必式。此言人臣习仪之节。路马，君驾路车之马也。既衣朝服，又鞭策，则但载之而不用，皆敬也。君升车，则仆者授绥，今臣以习仪而居左，则自驭以行，不敢使车右以绥授己也。左必式者，既在尊位，当式以示敬。 朝，音潮。衣，去声。步路马，必中道。以足蹙路马刍有诛，齿路马有诛。步，谓行步而调习之也。必当路之中者，以边侧卑亵不敬，或倾跌也。蹙，与蹴同。刍，草也。齿，评量年数也。诛，罚也。　马氏曰："察马之力必以年，数马之年必以齿，凡此戒其慢君物也。先王制礼，图难于其易，为大于其细，凡以止邪于未形而已耳。"

曲礼下第二

凡奉者当心，提者当带。疏曰："物有宜奉持者，有宜提挈者。奉者仰手当心，提者屈臂当带。深衣之带也，古人常服深衣。" 奉，上声。执天子之器则上衡，国君则平衡，大夫则绥之，士则提之。疏曰："上，高也。衡，平也，平正当心。天子器不宜下，故臣为擎奉皆高于心；诸侯降于天子，故臣为奉持器与心平；大夫降于诸侯，故其臣奉器下于心。绥，下也。士提之，则又在绥下。" 上，上声。绥，音妥。为，去声。凡执主器，执轻如不克。执主器，操币圭璧，则尚左手，行不举足，车轮曳踵。大夫称主，此则通上下贵贱言之。如不克，似不能胜也。《聘礼》曰："上介执玉如重。"尚左手，谓左手在上，左阳，尊也。踵，脚后也。执器而行，但起其前而曳引其踵，如车轮之运于地，故曰车轮曳踵。 方氏曰："左手不如右强，尚左手，所以为容；下右手，所以致力。"立则磬折垂佩。主佩倚，则臣佩垂。主佩垂，则臣佩委。偻折如磬之背，而玉佩从两边悬垂，此立容之常。然臣之于君，尊卑殊等，则当视其高下之节，而倍致其恭敬之容可也。微俯则倚于身，小俯则垂，大俯则委于地，皆于佩见其节。执玉，其有藉者则裼；无藉者则袭。古人之衣，近体有袍襗之属，其外有裘，夏月则衣葛。或裘或葛，其上皆有裼衣，裼衣上有袭衣，袭衣之上有常著之服，则皮弁服及深衣之属是也。掩而不开谓之袭，若开而见出其裼衣，则谓之裼也。 又《聘礼注》云：《曲礼》云："执玉，其有藉者则裼；无藉者则袭。"所谓无藉，谓圭璋特达，不加束帛；当执圭璋之时，其人则袭也。有藉者，谓璧琮加于束帛之上；当执璧琮时，其人则裼也。《曲礼》所云，专主圭璋特而袭、璧琮如束帛而裼一条言之。先儒乃以执圭而垂缫为有藉，执圭而屈缫为无藉，此则不然。窃详经文，裼袭是一事，垂缫屈缫又别是一事，不容混合为一说。 裼，音锡，襗，音铎，袴也。衣，去声。见，音现。

国君不名卿老世妇，大夫不名世臣侄娣，士不名家相长妾。不名，不以名呼之也。 疏曰："上卿贵，故曰卿老。世妇，两媵也，次于夫人而贵于诸妾也。世臣，父在时老臣也。侄，是妻之兄女。娣，是妻之妹，从妻来为妾也。大夫不世爵，此有世臣者，子贤袭父爵也。家相，助知家事者。长妾，妾之有子者。” 侄，音迭。相，去声。长，上声。君大夫之子，不敢自称曰余小子；大夫士之子，不敢自称曰嗣子某，不敢与世子同名。列国之君与天子之大夫，其子皆不敢自称余小子，避嗣天子之称也。列国之大夫与士之子，不敢自称嗣子某，避嗣诸侯之称也。　吕氏曰：“世子，君之适子也。诸臣之子不敢与之同名，亦避君也。若名之在世子之前，则世子为君亦不避。《穀梁传》曰：‘卫齐恶，卫侯恶，何为君臣同名也？君子不夺人名，不夺人亲之所名。’” 适，音的。传，去声。君使士射，不能，则辞以疾；言曰：某有负薪之忧。吕氏曰：“射者，男子之所有事；不能，可以疾辞，不可以不能辞也。负薪，贱役，士之所亲事者，疾则不能矣，故曰负薪之忧也。”侍于君子，不顾望而对，非礼也。吕氏曰：“顾望而后对者，不敢先他人而言也。” 应氏曰：“有察言观色之意。”

君子行礼，不求变俗。祭祀之礼，居丧之服，哭泣之位，皆如其国之故，谨修其法而审行之。言卿大夫士有徙居他国者，行礼之事，不可变其故国之俗，皆当谨修其典法而审慎以行之。去国三世，爵禄有列于朝，出入有诏于国，若兄弟宗族犹存，则反告于宗后。去国三世，爵禄无列于朝，出入无诏于国，唯兴之日，从新国之法。去本国虽已三世，而旧君犹仕其族人于朝，以承祖祀，此人往来出入他国，仍诏告于本国之君。其宗族兄弟犹存，则必有宗子，凡冠娶妻必告，死必赴，不忘亲也。若去国三世，朝无仕宦之列，出入与旧君不相闻，其时已久，其义已绝，可以改其国之故矣。然犹必待兴起而为卿大夫，乃从新国之法，厚之至也。

君子已孤不更名。名者，始生三月之时，父所命也。父没而改之，孝子所不忍也。　更，平声。已孤暴贵，不为父作谥。文王虽为西伯，不为古公公季作谥。周公成文武之德，亦不敢加大王王季以谥也。　吕氏曰：“父为士，子为天子诸侯，则祭以天子诸侯，其尸服以士服，是可以己之禄养其亲，不敢以己之爵加其亲也。父之爵卑不当谥，而以己爵当谥而作之，是以己爵加其父，欲尊而反卑之，非所以敬其亲也。” 为，去声。养，去声。居丧，未葬，读丧礼；既葬，读祭礼；丧复常，读乐章。居丧不言乐，祭事不言凶,公庭不言妇女。复常,除服之后也。乐章,弦歌之诗也。 吕氏曰:"读是书,非肄业也。当是时,不知是事,不以礼事其亲者也。吉凶之事不相干,哀乐之情不可以贰。故丧,凶事也,不言乐;祭,吉事也,不言凶。公私之事不可相干,私事不可言于公庭,故公庭不言妇女。" 哀乐,音洛。

振书端书于君前,有诛。倒筴侧龟于君前,有诛。人臣以职分内事事君,每事当谨之于素。文书簿领已至君前,乃始振拂其尘埃而端整之;卜筮之官,龟筴其所奉以周旋者,于君前而有颠倒反侧之状,此皆不敬其职业而慢上者,故皆有罚。 分,音问。奉,上声。龟、筴、几、杖、席、盖、重素、袗絺绤,不入公门。龟筴,所以问吉凶,嫌豫谋也。几杖,所以优高年,嫌自尊也。席,所以坐卧。盖,所以蔽日与雨。絺绤,所以凉体。袗,单也,单则见体而亵。此三者,宴安之具也。重素,衣裳皆素也,以非吉服,故亦不可以入公门。 重,平声。袗,音轸。见,音现。苞屦、扱衽、厌冠,不入公门。苞,读为藨,以藨蒯之草为齐衰丧屦也。扱衽,以深衣前衽扱之于带也。盖亲初死时,孝子以号踊履践为妨,故扱之也。厌冠,丧冠也。吉冠有缅有梁,丧冠无之,故厌帖然也。此皆凶服,故不可以入公门。 苞,白表切。扱,音插。厌,入声。号,平声。缅,音徙。书方、衰、凶器,不以告,不入公门。方,板也。书方者,条录送死物件于方板之上也。衰,五服之衰也。凶器,若棺椁墙翣明器之属。不以告不入公门,谓告则可入者,盖臣妾有死于宫中者,君亦许其殡而成丧,然必先告乃得将入也。 衰,音催。翣,音歃。公事不私议。马氏曰:"季孙使冉有访田赋于仲尼,仲尼不对而私于冉有,何也?季氏用田赋,非孔子所能止,其私于冉有,岂得已哉?"

君子将营宫室,宗庙为先,厩库为次,居室为后。君子,有位者也。宗庙所以奉先,故先营之。厩以养马,库以藏物,欲其不乏用也,故次之。居室则安身而已,故又次之。凡家造,祭器为先,牺赋为次,养器为后。牺赋亦以造言者,如周官牛人供牛牲之互与盆簝之类。郑注:"互,若今屠家悬肉格。盆以盛血。簝,受肉笼也。" 疏曰:"家造,谓大夫始造家事也。诸侯大夫少牢,此言牺牛也,天子之大夫祭祀,赋敛邑民供出牲牢,故曰牺赋。" 养,去声。簝,音僚。盛,平声。少,去声。无田禄者不设祭器,有田禄者先为祭服。君子虽贫,不粥祭器;虽寒,不衣祭服;

为宫室，不斩于丘木。吕氏曰："祭器可假，服不可假也。丘木所以庇宅兆，为宫室而斩之，是慢其先而济吾私也。"　粥，音育。衣，去声。

大夫、士去国，祭器不逾竟。大夫寓祭器于大夫，士寓祭器于士。吕氏曰："臣之所以有宗庙祭器以事其先者，君之禄也。今去位矣，乃挈器以行，是窃君之禄以辱其先，此祭器所以不逾竟也。寓寄于爵等之同者，使之可用也。"　马氏曰："微子抱祭器而之周，何也？君子为己不重，为人不轻，抱君之祭器可也，抱己之祭器不可也。"大夫、士去国，逾竟，为坛位，乡国而哭。素衣，素裳，素冠，彻缘，鞮屦，素簚，乘髦马。不蚤鬋，不祭食，不说人以无罪，妇人不当御。三月而复服。坛位，除地而为位也。乡国，向其本国也。彻缘，去中衣之采缘而纯素也。鞮屦，革屦也。《周礼注》云："四夷舞者所扉。"素簚，素白狗皮也。簚，车覆阑也。《既夕礼》云"主人乘恶车白狗幦"是也。髦马，不翦剔马之髦鬣以为饰也。蚤，治手足爪也。鬋，剔治须发也。祭食，食盛馔则祭先代为食之人也。不说人以无罪者，己虽遭放逐而出，不自以无罪解说于人过则称己也。御，侍御寝宿也。凡此皆为去父母之邦，捐亲戚，去坟墓，失禄位，亦一家之变故也，故以凶丧之礼自处。三月为一时，天气小变，故必待三月而后复其吉服也。　坛，音善。乡，去声。缘，去声。鞮，音低。簚，莫历切。蚤，音爪。鬋，音翦。去，上声。纯，音准。扉，音肺。大夫、士见于国君，君若劳之，则还辟，再拜稽首。此言大夫士出聘他国，见于主君，君若问劳其道路之勤苦，则旋转退避，乃再拜稽首也。　见，音现。劳，去声。还，音旋。辟，音阙，下节同。稽，上声。君若迎拜，则还辟，不敢答拜。聘宾初至主国大门外，主君迎而拜之，宾则退却，不敢答拜而抗宾主之礼也。大夫、士相见，虽贵贱不敌，主人敬客，则先拜客；客敬主人，则先拜主人。敬而先拜，谓大夫士聘于他国而见其卿大夫士也。同国则否。凡非吊丧，非见国君，无不答拜者。吊丧而不答主人之拜者，以为助执丧事之凡役而来，非行宾主之礼也。故士丧礼，有宾则拜之，宾不答拜是也。士见本国之君，尊卑辽绝，故君不答拜。此二者之外无不答拜也。大夫见于国君，国君拜其辱；士见于大夫，大夫拜其辱；同国始相见，主人拜其辱。君拜大夫之辱，大夫拜士之辱，皆谓初为大夫、初为士而来见也。此后朝见，则有常礼矣。士相见礼：士见国君，君答拜者，亦以其初为士而敬之也。主人拜辱，拜其先施也。此谓尊卑相等者。言同国，则异国亦当然矣。君于士，不答拜也；非其臣，则答拜之。大夫于其臣，虽贱，必答拜之。君于士虽不答拜，然不以施之他国之士者，以其非己之臣也。大夫答贱臣之拜，避国君之体也。男女相答拜也。男女嫌疑之避，亦多端矣。然拜而相答，所以为礼，岂以行礼为嫌哉？故记者明言之。

国君春田不围泽；大夫不掩群，士不取麛卵。春田，蒐猎也。泽广故曰围，群聚故曰掩。麛，鹿子，凡兽子亦通名之。麛卵微，故曰取。君、大夫、士位有等降，故所取各有限制。此与《王制》文异。 方氏曰："用大者取愈广，位卑者禁愈严。" 麛，音迷。岁凶，年谷不登，君膳不祭肺，马不食谷，驰道不除，祭事不县。大夫不食粱，士饮酒不乐。膳者，美食之名。肺为气主，周人所重，故食必先祭肺。言不祭肺，示不杀牲为盛馔也。驰道，人君驱驰车马之路。不除，不埽除也。祭必有钟磬之悬，今不悬言不作乐也。大夫食黍稷，以粱为加。《公食大夫礼》：设正馔之后，乃设稻粱，所谓加也。自君至士各举一事，尊者举其大者，卑者举其小者，其实互相通耳。县，音玄，下节同。埽，去声。"公食"食，音嗣。君无故玉不去身，大夫无故不彻县，士无故不彻琴瑟。故，谓灾变丧疾之类。士有献于国君，他日，君问之曰：安取彼？再拜稽首而后对。安取彼，犹言何所得彼物也？大夫私行，出疆必请，反必有献。士私行，出疆必请，反必告。君劳之，则拜；问其行，拜而后对。大夫、士以私事出疆，皆请于君；其反也，大夫有献而士不献，不以卑者之物渎尊上也，故但告还而已。劳之者，慰劳其道路之劳苦。问其行者，询其游历之所至也。先拜后答，急谢见问之宠也。 劳，去声。劳苦，如字。国君去其国，止之，曰：奈何去社稷也？大夫，曰：奈何去宗庙也？士，曰：奈何去坟墓也？国君死社稷，大夫死众，士死制。死社稷，谓国亡与亡也。死众，谓讨罪御敌，败则死之也。死制，受命于君，难，毋苟免也。 方氏曰："国君曰死社稷，而大夫、士不曰死宗庙、坟墓，何也？盖止其去者存乎私情，死其事者止乎公义也。" 赵氏曰："社，所以祭五土之神。稷，所以祭五谷之神。稷非土无以生，土非稷无以见生生之效，故祭社必及稷，以其同功均利以养人故也。《周礼·大司徒》'设社稷之壝'，壝者，累土以为高也。不屋而坛，社坛在东，稷坛在西。" 壝，遗、伟、谓三音。累，上声。君天下曰天子，朝诸侯，分职授政，任功，曰予一人。天子者，君临天下之总称，臣民通得称之。予一人，则所自称也。践阼，临祭祀：内事曰孝王某，外事曰嗣王某。践，履也。阼，主阶也。履主阶而行事，故曰践阼也。宗庙之事为内，郊社之事为外。祝辞称孝王某者，事亲之辞；嗣王某者，事神之辞也。临诸侯，畛于鬼神，曰有天王某甫。天子巡狩而至诸侯之国，必使祝史致鬼神当祭者之祭，以不亲往，故祝辞称字曰某甫。甫者，丈夫之美称也。 吕氏曰："畛，犹畦畛之相接然，与交际之际同义。" 方氏曰："望秩之礼，必于野外，故以畛言之。畛，田间道也。祭于畛而谓之畛，犹祭于郊而谓之郊也。天子适诸侯非其常，盖有时矣，故于是特言有焉。" 畛，音轸。崩，曰天王崩。复，曰天子复矣。告丧，曰天王登假。措之庙，立之主，曰帝。自上坠下曰崩，亦坏败之称。王者卒，则史书于策曰天王崩。复者，人死则形神离，古人持死者之衣，升屋北面招呼死者之魂，令还复体魄，冀其再生也，故谓之复。天子复者，升屋招呼之辞，臣子不可名君，故呼曰天子复也。疏云："以例言之，则王后死，亦呼王后复也。"告丧，赴告侯国也。吕氏读假为格音，引"王假有庙"，与"来假来享"，言其精神升至于天。愚谓遐乃远邈之义，登遐，言其所升高远，犹《汉书》称"大行"。行乃循行之行，去声。以其往而不反，故曰大行也。措，置也。立之主者，始死则凿木为重以依神，既虞而埋之，乃作主以依神也。 吕氏曰："考之《礼经》，未有以帝名者。《史记》夏殷之王，皆以帝名，疑殷人祔庙称帝。迁据《世本》，当有所考。至周有谥，始不名帝欤？" 假，音遐。王假来假，音格。大行之行，去声。天子未除丧，曰予小子。生名之，死亦名之。郑氏曰："生名之曰小子王，死亦曰小子王也。晋有小子侯，是僭号也。" 吕氏曰："《春秋》书王子猛卒，不言小子者，臣下之称，与史策之辞异也。"

天子有后，有夫人，有世妇，有嫔，有妻，有妾。三夫人，九嫔，二十七世妇，八十一御妻。自后而下，皆三因而增其数。妾之数未闻。天子建天官，先六大，曰大宰、大宗、大史、大祝、大士、大卜，典司六典；此六大者，天官之属也。以其所掌重于他职，故曰先。 大，并音泰。天子五官：曰司徒、司马、司空、司士、司寇，典司五众；此五官，与天官列而为六。五众者，五官属吏之群众也。天子之六府：曰司土、司木、司水、司草、司器、司货，典司六职；府者，藏物之所，此府主藏六物之税。天子之六工：曰土工、金工、石工、木工、兽工、草工，典制六材。此六材者，六工之所用也，故不曰典司而曰典制。以上四条，旧说皆为殷制，其实无所考证，皆臆说耳。五官致贡，曰享。吕氏曰："岁终，则司徒以下五官，各致其功献于王，故谓之享。贡，功也。享，献也。"五官之长曰伯，是职方，其摈于天子也，曰天子之吏。天子同姓谓之伯父，异姓谓之伯舅。自称于诸侯，曰天子之老；于外曰公；于其国曰君。司徒以下五官之长者，天子之三公也。伯者，长大之名。三公无异职，即六卿中三人兼之，任左右之职谓之相。九命而作伯，则分主畿外诸侯。如《公羊》云"自陕而东者，周公主之；自陕而西者，召公主之"是也。是职方者，言二伯于是职主其所治之方也。天子之吏，摈者之辞也。此伯若是天子同姓，则天子称之为伯父；若异姓，则称为伯舅。皆亲之之辞也。此伯皆有采地，在天子畿内。自称于私土采地之外，则曰公；自称于采地之内，则曰君也。

九州之长，入天子之国曰牧。天子同姓谓之叔父，异姓谓之叔舅。于外曰侯，于其国曰君。天下九州，天子于每州之中，择诸侯之贤者一人，加之一命，使主一州内之列国，取牧养下民之义，故曰牧。叔父叔舅，降于伯父伯舅也。自称于所封国之外，则曰侯，若与国内臣民言，则自称曰君也。其在东夷、北狄、西戎、南蛮，虽大，曰子。于内自称曰不谷，于外自称曰王老。九州之外，不过子男之国。天子亦选贤以为牧，但以卑且远，故不以牧称，亦不称父舅，朝见之时摈辞惟曰子。虽或有功益地至侯伯之数，其爵亦不过子，故云"虽大，曰子"也。如楚在春秋虽大国，而其爵则称子也。谷，善也。于内，与其臣民言也。外，谓夷狄之境也。自称王老，言天子之老臣也。庶方小侯，入天子之国曰某人，于外曰子，自称曰孤。四夷之君，其来荒远，故以庶方名之。庶，众也。某人，若牟人、介人之类。　疏曰："于外曰子者，此君在其本国外四夷之中，自称依其本爵，若男亦称男也。若自与臣民言则称孤，孤者，特立无德之称也。"天子当依而立，诸侯北面而见天子曰觐。天子当宁而立，诸公东面、诸侯西面曰朝。郑氏曰："春朝，受挚于朝，受享于庙。秋觐，一受之于庙。朝者，位于内庙而序进；觐者，位于庙门外而序入。"　疏曰："依，状如屏风，以绛为质，高八尺，东西当户牖之间，绣为斧文，亦曰斧依。天子见诸侯，则依而立负之，而南面以对诸侯也。宁者，《尔雅》云：'门屏之间谓之宁，人君视朝所宁立处。'盖伫立以待诸侯之至，故云当宁而立也。诸侯春见曰朝，秋见曰觐。"又曰："凡天子三朝，一在路门内，谓之燕朝，大仆掌之；二是路门外之朝，谓之治朝，司士掌之；其三是皋门之内，库门之外，谓之外朝，朝士掌之。诸侯亦有此三朝。"　依，上声。见，音现。宁，珍吕切。屏，音丙。诸侯未及期相见曰遇，相见于郤地曰会。未及期，在期日之前也。郤地，闲隙之地也。下言相见及期日也。遇有遇礼，会有会礼。　郤、隙同，与却字异。却，音却，从卩。此从阝。诸侯使大夫问于诸侯曰聘，比年小聘，三年大聘。小聘大夫往，大聘则卿往。　比，音畀。约信曰誓，莅牲曰盟。约信者，以言语相要约为信也，用誓礼。莅，临也。《春秋》所书遇、会、盟、聘皆有之，惟无誓耳。疏云："盟之为法，先凿地为方坎，杀牲于坎上，割牲左耳，盛以珠盘。又取血盛以玉敦，用血为盟。书成，乃歃血而读书，置牲坎中，加书于上而埋之，谓之载书也。"　敦，音对。诸侯见天子，曰臣某侯某。其与民言，自称曰寡人。其在凶服，曰适子孤。臣某侯某，如云臣齐侯小白、臣晋侯重耳之类，摈者告天子之辞也。凡自称皆曰寡人，不独与民言也，此略言之耳。适子孤，亦摈者告宾之辞也。　见，音现。适，音的。临祭祀，内事曰孝子某侯某，外事曰曾孙某侯某。死曰薨，复曰某甫复矣。内外事见前章。曾孙，犹晋平公祷河而称曾臣彪之类。天子德厚流光，故外事称嗣王某。诸侯不敢言继嗣，推始封之君而祖之，故称曾孙也。薨之为言瞢也，幽晦之义，本国史书之辞。复称字，臣不名君也。既葬，见天子曰类见。言谥曰类。吕氏曰："继先君之德，乃得受国而见天子，故曰类见。诔先君之善，而请谥于天子，故亦曰类。"　见，音现。诸侯使人使于诸侯，使者自称曰寡君之老。寡君之老，惟上大夫可称。见《玉藻》。　下二使，并去声。

天子穆穆，诸侯皇皇，大夫济济，士跄跄，庶人僬僬。吕氏曰："穆穆，幽深知敬之貌。皇皇，壮盛显明之貌。济济，修饰齐一之貌。跄跄，翔举舒扬之貌。庶人见乎君不为容，进退趋走，僬僬虽无所考，大抵趋走促数，不为容之貌也。” 济，上声。跄，七羊切。僬，子妙切。见，音现。数，音朔。天子之妃曰后，诸侯曰夫人，大夫曰孺人，士曰妇人，庶人曰妻。郑氏曰：“妃，配也。后之言后也，夫之言扶，孺之言属，妇之言服，妻之言齐。”公侯有夫人，有世妇，有妻，有妾。夫人自称于天子，曰老妇；畿内诸侯之妻，因助祭于王后，或因献茧之属，故得以见天子。 陈氏曰：“不以老称，不足以任其事；不以妇称，非所以能事人。故称老妇。” 应氏曰：“年高老固可称老妇，其始嫁者宜如何称？则亦曰妇，而配之以卑小之名耳。”自称于诸侯，曰“寡小君”；疏曰：“此诸侯，谓他国君也。古者诸侯相飨，夫人亦出，故得自称也。《坊记》云：‘阳侯杀缪侯而窃其夫人，故大飨废夫人之礼。’君之妻曰小君，而云寡者，亦从君为谦也。”自称于其君，曰“小童”。自世妇以下，自称曰“婢子”。小童，未成人之称。婢之言卑也。子于父母，则自名也。自称其名。

列国之大夫，入天子之国曰“某士”，自称曰“陪臣某”，于外曰“子”，于其国曰“寡君之老”，使者自称曰“某”。某士，摈者称其人曰某国之士也。晋韩起聘于周，摈者曰“晋士起”。盖列国卿大夫，其命数与天子之士等也。陪，重也。诸侯为天子之臣，己又为诸侯之臣也。于外曰子者，亦摈者辞，在他国则摈者称其姓而曰子，《春秋》闵二年“齐高子来盟高傒”是也。于其国曰寡君之老，谓在己国与人语，则以此自称也。使者自称曰某，某名也；若为使在他国与彼君语，则称名也。 使，去声。重，平声。天子不言出，诸侯不生名，君子不亲恶。诸侯失地，名；灭同姓，名。疏曰：“君子不亲恶者，谓孔子书经，见天子大恶，书出以绝之；诸侯大恶，书名以绝之。君子不亲此恶，故书出名以绝之也。” 吕氏曰：“贤者贵者，皆谓之君子。天子无外，安得而言出？然而言出者，德不足以君天下，而位号存焉耳。诸侯不生名，惟死而告终，然后名之；然有生名者，德不足以名君子，而位号存焉耳。故天子不言出，诸侯不生名，皆谓君子不亲恶故也。” 陈氏曰：“言出，所以外之；生名，所以贱之。《春秋》书‘天王出居于郑’，讥之也；书‘以蔡侯献舞归’，以其失地也；书‘卫侯毁灭邢’，以其灭同姓也。夫天子之言出，诸侯之生名，皆有大恶，在所弃焉，君子所以不亲也。然《春秋》书天王居于某地者二，而不言出，诸侯失地而奔者十五，灭同姓者三，而有不生名者，莫非出居而事有异同，莫非失地灭同姓而罪有轻重故也。盖诸侯义莫大于保国，仁莫大于亲亲，不能保国而至于失地，不能亲亲而至于灭同姓，其名之也宜矣。”

为人臣之礼，不显谏，三谏而不听，则逃之。陈氏曰：“孔子之于鲁，百里奚之于秦，未尝谏而去；龙逄之于夏，比干之于殷，则死于谏而不去。何也？盖事有轻重，势有可否，君子以礼为守，以义为行，迹虽不同，其趋一也。”子之事亲也，三谏而不听，则号泣而随之。吕氏曰：“君臣，义合也；父子，天合也。君臣其合也与父子同，其不合也去之，与父子异也。” 号，平声。君有疾饮药，臣先尝之；亲有疾饮药，子先尝之。医不三世，不服其药。吕氏曰：“医三世，治人多，用物熟矣。功已试而无疑，然后服之，亦谨疾之道也。”

儗人必于其伦。疏曰：“不得以贵比贱，为不敬也。” 方氏曰：“禹、稷、颜回，时不同矣，孔子俱以为贤，儗之以道也；夷惠伊尹，迹不同矣，孟子俱以为圣，儗之以心也。子夏以有若似孔子，徒儗之以貌而已，不知圣贤之德不伦也。公孙丑以管仲比孟子，徒儗之以位而已，不知王霸之道不伦也。” 儗与拟同音，又疑、义二音。比也，僭也。俗本混作拟。拟，像也，揣度也，与儗小异。问天子之年，对曰：闻之，始服衣若干尺矣。若，如也，未定之辞。数始于一而成于十，干字从一从十，故言若干。谓或如一，或如十，凡数之未定者皆可言。颜注《食货志》云：“干，个也。”谓当如此个数，意亦近之。问国君之年，长，曰：能从宗庙社稷之事矣；幼，曰：未能从宗庙社稷之事也。为国以礼，而礼莫重于祭。宗庙社稷，事无有先于此者，能则知其长，未能则知其幼。问大夫之子，长，曰：能御矣；幼，曰：未能御也。古者五十命为大夫，故不问其年而问其子之长幼。御，谓御车也。御者六艺之一，幼则未能。 疏曰：“御，谓主事也。官有世功，子学父业，故有御事之因。”问士之子，长，曰：能典谒矣；幼，曰：未能典谒也。谒，请也。典谒者，主宾客告请之事。士贱无臣下，自典告也。问庶人之子，长，曰：能负薪矣；幼，曰：未能负薪也。负薪者，庶人力役之事，长则能。问国君之富，数地以对，山泽之所出。数地，举其土地之广狭，如百里、七十里、五十里，各言之也。山泽所出，如鱼盐、蜃蛤、金玉、锡石之类也。

数，上声。问大夫之富，曰：有宰食力，祭器、衣服不假。宰，邑宰也。有宰则有采地矣。食力，谓食下民赋税之力。衣服，祭服也。　采，去声。问士之富，以车数对。上士三命得赐车马，故问士富，则以车数对也。问庶人之富，数畜以对。庶人受田有定制，惟畜牧之多寡在乎人，故数畜以对也。　数，上声。畜，许又切。

天子祭天地，祭四方，祭山川，祭五祀，岁遍。诸侯方祀，祭山川，祭五祀，岁遍。大夫祭五祀，岁遍。士祭其先。吕氏曰："此章泛论祭祀之法。冬日至祭天，夏日至祭地，四时各祭其方以迎气，又各望祭其方之山川。五祀，则春祭户，夏祭灶，季夏祭中霤，秋祭门，冬祭行，此所谓'岁遍'。诸侯有国，国必有方，祭其所居之方而已；非所居之方，及山川不在境内者，皆不得祭，故曰'方祀'。祭法，天子立七祀，加以司命泰厉；诸侯五祀，有司命公厉而无户灶；大夫三祀，有族厉而无中霤户灶；士二祀，则门行而已。是法考于经皆不合，《曾子问》'天子未殡，五祀之祭不行'，《士丧礼》祷于五祀，则自天子至士皆祭五祀。祭法言涉怪妄不经，至于所称庙制，亦不与诸经合。"论，去声。凡祭，有其废之，莫敢举也；有其举之，莫敢废也。非其所祭而祭之，名曰淫祀。淫祀无福。吕氏曰："废之莫敢举，如已毁之宗庙，变置之社稷，不可复祀也。举之莫敢废，如已修之坛墠而辄毁，已正之昭穆而辄变也。非所祭而祭之，如法不得祭，与不当祭而祭之者也。鲁立武宫，立炀宫，举其废也；跻僖公，废其举也；鲁之郊禘，与祀文王，祀爰居，祭所不当祭也。淫，过也。以过事神，神弗享也，故无福。"　方氏曰："可废而废，可举而举者，存乎义；因所废而莫敢举，因所举而莫敢废者，存乎礼。盖礼有经，义在权也。"天子以牺牛，诸侯以肥牛，大夫以索牛，士以羊豕。毛色纯而不杂曰牺，养于涤者曰肥，求得而用之曰索。　疏曰："此谓天子大夫、士也。若诸侯大夫即用少牢，士则用特牲；其丧祭则大夫亦得用牛，士亦用羊豕。故《杂记》云'上大夫之虞也少牢，卒哭成事祔皆大牢；下大夫之虞也特牲，卒哭成事祔皆少牢'是也。"　索，音色，取也，求也；本音昔各切，绳也，荒也，尽也，与此不同，俗混读。少，去声。大牢之大，音泰。支子不祭，祭必告于宗子。疏曰："支子，庶子也。祖祢庙在适子之家，庶子贱不敢辄祭。若宗子有疾，不堪当祭，则庶子代摄可也，犹必告于宗子然后祭。"　吕氏曰："别子为祖，继别为宗。百世不迁者，大宗也，继祢，继祖，继曾祖，继高祖。五世则迁者，小宗也。宗子上继祖祢，族人兄弟皆宗之，冠、娶妻必告，死必赴，况于祭乎？所宗乎宗子者，皆支子也，支子不敢祭也。如诸侯不敢祖天子，大夫不敢祖诸侯。尊者之祭，非卑者所敢尸也。故宗子为士，庶子为大夫以上，牲祭于宗子之家，祝曰'孝子某为介子某荐其常事'，则支子虽贵，可以用其禄而不敢专其事也。宗子去，在他国，则支子摄主以祭，其礼有杀。" 别，必列切。冠、为介之为、杀，并去声。凡祭宗庙之礼，牛曰一元大武，此以下凡二十一物。元，头也。武，足迹也。牛肥则迹大。豕曰刚鬣，豕肥则刚，鬣刚。豚曰腯肥，腯者，充满之貌。 腯，音突。羊曰柔毛，羊肥，则毛细而柔弱。鸡曰翰音，翰，长也。鸡肥则鸣声长。犬曰羹献，犬肥则可为羹以献。凡煮肉皆谓之羹，《特牲礼》云"羹饪"、颍考叔曰"未尝君之羹"是也。雉曰疏趾，雉肥则两足开张，故曰疏趾。 疏，音疏。兔曰明视；兔肥则目开而视明，故曰明视。脯曰尹祭，尹，正也。脯欲剸割方正。 剸，音敷。铺为花貌谓为剸。槁鱼曰商祭，槁，乾也。商，度也。商度其燥湿之宜。 槁，音考。乾，音干。度，入声。鲜鱼曰脡祭；脡，直也。鱼之鲜者不馁败，则挺然而直。 鲜，平声。脡，音挺。水曰清涤，水，玄酒也。水可溉濯，故曰清涤。酒曰清酌，古之酒醴，皆有清有糟，未泲者为糟，既泲者为清也。 泲，音挤。莤泲，䤈酒也。黍曰芗合，黍熟则粘聚不散，其气又香，故曰芗合。 芗，音香。粱曰芗萁，粱，谷之强者，其茎叶亦香，故曰芗萁。 萁，音基。稷曰明粢，稷，粟也，明则足以交神，祭祀之饭，谓之粢盛。 粢，音咨。盛，平声。稻曰嘉蔬，蔬，与疏同。立苗疏，则茂盛。嘉，美也。韭曰丰本，其根本丰盛也。盐曰咸鹾；咸鹾，盐味之厚也。 鹾，才何切。玉曰嘉玉。无瑕之玉也。币曰量币。中广狭长短之度也。 疏曰："此等诸号，若一祭并有，则举其大者。或惟有犬鸡，惟有鱼兔，则各举其号，故《经》备载其名。" 中，去声。

天子死曰"崩"，诸侯曰"薨"，大夫曰"卒"，士曰"不禄"，庶人曰"死"。在床曰尸，在棺曰柩。羽鸟曰降，四足曰渍。死寇曰兵。疏曰："卒，终竟也。士禄以代耕，不禄，不终其禄也。死者，澌也。消尽无余之谓。尸，陈也。古人病困，气未绝之时，下置在地；气绝之后，更还床上。所以如此者，凡人初生在地，病将死，故下复其初生，冀得脱死重生也；

若其不生，复反本床。既未殡敛，陈列在床，故曰‘尸’也。” 吕氏曰：“柩，久也。比化者无使土亲肤，故在棺欲其久也。羽鸟，飞翔之物，降而下则死矣；兽，能动之物，腐败则死矣。渍，谓其体腐败渐渍也。兵者，死于寇难之称也。” 渍，音自。祭王父曰皇祖考，王母曰皇祖妣；父曰皇考，母曰皇妣；夫曰皇辟。曰皇曰王，皆以君之称尊之也。考，成。妣，媲。辟，法也，妻所法式也。为之宗庙以鬼享之，不得不异其称谓也。 辟，音璧。生曰父，曰母，曰妻；死曰考，曰妣，曰嫔。寿考曰卒，短折曰不禄。嫔者，妇人之美称，嫔，犹宾也，夫所宾敬也。短折，夭横而死也。此言“卒”与“不禄”，与上文大夫士之称同者，彼以位之尊卑言，此以数之修短言也。又按吕氏说“死寇曰兵”之下，当以此二句承之，盖错简也。 谢氏曰：“《易》曰‘有子考无咎’，又曰‘意承考也’，又《书》言‘事厥考厥长’之类，皆非死而后称，盖古者通称，后世乃异之耳。” 折，市设切。横，去声。天子视，不上于袷，不下于带。国君绥视，大夫衡视，士视五步。天子视，谓视天子也。袷，朝服祭服之曲领也。绥，颓下之貌。视国君者，目不得平看于面，当视其面之下袷之上也。衡，平也。大夫之臣视大夫，平看其面也。士视五步者，士之属吏视上，亦不得高面下带，而得旁视左右五步之间也。 袷，音劫。绥，音妥。凡视，上于面则敖，下于带则忧，倾则奸。吕氏曰：“上于面者，其气骄，知其不能以下人矣；下于带者，其神夺，知其忧在乎心矣。视流则容侧，必有不正之心存乎胸中矣。此君子之所以慎也。” 敖，音傲。

君命，大夫与士肄，在官言官，在府言府，在库言库，在朝言朝。人君有命令，则大夫、士相与肄习之，其事或在官，或在府，或在库，或在朝，随其所在而谋议之。官者，职守司存之总名。府库者，货器藏贮之异号。朝，则君臣会见之公庭也。 肄，音异。朝，音潮，下并同。朝言不及犬马。犬马微贱，不当言之于朝。辍朝而顾，不有异事，必有异虑。故辍朝而顾，君子谓之固。朝仪当肃，不宜为左右之顾。异，犹他也。敬心不存，则形诸外，此所以知其有他事他虑也。固，谓鄙野不达于礼也。在朝言礼，问礼对以礼。朝廷之上，凡所当言者皆礼也。一问一对，必稽于礼。“孔子在宗庙朝廷，便便言，唯谨尔”，尽此道也。 便，平声。大享不问卜，不饶富。吕氏曰："冬至祀天，夏至祭地，日月素定，故不问卜。至敬不坛，扫地而祭，牲用犊，酌用陶匏。席用稿秸，视天下之物，无以称其德，以少为贵焉，故不饶富。" 称，去声。

凡挚，天子鬯，诸侯圭，卿羔，大夫雁，士雉，庶人之挚匹，童子委挚而退。野外军中无挚，以缨、拾、矢可也。挚，与贽同，执物以为相见之礼也。鬯，酿秬黍为酒曰秬鬯，和以郁金之草则曰郁鬯，不以郁和则直谓之鬯，言其芬香条畅于上下也。天子无客礼而言挚者，用以礼见于神而已。圭，命圭也。公桓圭，侯信圭，伯躬圭，子谷璧，男蒲璧，此不言璧，略也。羔，取其群而不失类，且洁素也。雁，取其知时，且飞有行列也。雉，取其性之耿介，且文饰也。匹，读为鹜，野鸭曰凫，家鸭曰鹜，不能飞腾，如庶人之终守耕稼也。童子不敢与成人为礼，或见师友而执贽，则奠委于地，而自退避之也。缨，马之繁缨，即马鞅也。拾，射韝也。矢，箭也。或野外，或军中，随所有用之也。 匹，音木。和，去声。见，音现。信，音申。行，音杭。繁，音般。妇人之挚，椇、榛、脯、修、枣、栗。椇，形似珊瑚，味甜美，一名石李。榛，似栗而小。脯，即今之脯也。修，用肉股治加姜桂乾之。脯形方正，修形稍长，并枣、栗六物，妇初见舅姑，以此为挚也。《左传》："女挚不过榛、栗、枣、修，以告虔也。" 椇，音矩。乾，音干。纳女于天子，曰备百姓；于国君，曰备酒浆；于大夫，曰备埽洒。吕氏曰："不敢以伉俪自期，愿备妾媵之数而已。皆自卑之辞也。" 埽，去声。洒，所买切。

卷之二

檀弓上第三

刘氏曰："《檀弓》篇首言子游，及篇内多言之，疑是其门人所记。"

公仪仲子之丧，檀弓免焉。仲子舍其孙而立其子，檀公曰："何居？我未之前闻也。"趋而就子服伯子于门右，公仪，氏；仲子，字；鲁之同姓也。檀弓，鲁人之知礼者。袒免，本五世之服，而朋友之死于他邦而无主者，亦为之免，其制以布，广一寸，从项中而前交于额，又却向后而绕于髻也。适子死，立适孙为后，礼也。弓以仲子舍孙而立庶子，故为过礼之免以吊而讥之。何居，怪之之辞，犹言何故也。此时未小敛，主人未居阼阶下，犹在西阶下受其吊，故弓吊毕而就子服伯子于门右而问之也。　免，音问。居，音姬。"亦为"为，去声。适，音的。舍，上声。敛，去声。曰："仲子舍其孙而立其子，何也？"伯子曰："仲子亦犹行古之道也。昔者文王舍伯邑考而立武王，微子舍其孙腯而立衍也。夫仲子亦犹行古之道也。"子游问诸孔子，孔子曰："否！立孙。"曰，弓之问也。犹，尚也。亦犹，拟议未定之辞。伯邑考，文王长子。微子舍孙立衍，或是殷礼；文王之立武王，先儒以为权，或亦以为遵殷制，皆未可知，否则以德不以长，亦如大王传位季历之意欤？　应氏曰："檀弓默而不复言，子游疑而复求正，非夫子明辨以示之，孰知舍孙立子之为非乎？"　舍，上声。腯，徒本切。长，上声。大，音泰。复，扶又切。

事亲有隐而无犯，左右就养无方，服勤至死，致丧三年。事君有犯而无隐，左右就养有方，服勤至死，方丧三年。事师无犯无隐，左右就养无方，服勤至死，心丧三年。饶氏曰："左右，音佐佑，非也。左右，即是方。养，不止饮食之养，言或左或右无一定之方。子之于亲，不分职守，事事皆当理会，无可推托；事师如事父，故皆无方。有方，言左不得越右，右不得越左，有一定之方。臣之事君，当各尽职守，故曰有方。"朱氏曰："亲者，仁之所在，故有隐而无犯；君者，义之所在，故有犯而无隐；师者，道之所在，故无犯无隐也。" 刘氏曰："隐皆以谏言。父子主恩，犯则为责善而伤恩，故几谏而不可犯颜；君臣主义，隐则是畏威阿容而害义，故匡救其恶，勿欺也而犯之。师生处恩义之间，而师者道之所在，谏必不见拒，不必犯也；过则当疑问，不必隐也。隐非掩恶之谓，若掩恶而不可扬于人，则三者皆当然也。惟秉史笔者不在此限。就养，近就而奉养之也。致丧，极其哀毁之节也。方丧，比方于亲丧而以义并恩也。心丧，身无衰麻之服，而心有哀戚之情，所谓若丧父而无服也。"

季武子成寝，杜氏之葬在西阶之下，请合葬焉，许之。入宫而不敢哭。武子曰："合葬，非古也，自周公以来，未之有改也。吾许其大而不许其细。何居？"命之哭。刘氏曰："成寝而夷人之墓，不仁也；不改葬而又请合焉，亦非孝也；许其合而又命之哭焉，矫伪以文过也。且寝者，所以安其家，乃处其家于人之冢上，于汝安乎？墓者，所以安其先，乃处其先于人之阶下，其能安乎？皆不近人情，非礼明矣。" 葬，才浪切。文，去声。子上之母死而不丧，门人问诸子思曰："昔者子之先君子丧出母乎？"曰："然。""子之不使白也丧之，何也？"子思曰："昔者吾先君子无所失道，道隆则从而隆，道污则从而污，伋则安能！为伋也妻者，是为白也母；不为伋也妻者，是不为白也母。"故孔氏之不丧出母，自子思始也。子上之母，子思出妻也。礼为出母齐衰、杖期，而为父后者无服，心丧而已。伯鱼子上皆为父后，礼当不服者，而伯鱼乃期而犹哭，夫子闻之曰"甚"，而后除之，此贤者过之之事也。子思不使白丧出母，正欲用礼耳，而门人以先君子之事为问，则子思难乎言伯鱼之过礼也，故以圣人无所失道为对，谓圣人之听伯鱼丧出母者，以道揆礼而为之隆杀也。惟圣人能于道之所当加隆者，则从而隆之；于道之所当降杀者，则从而杀之。污，犹杀也。是于先王之礼有所斟酌，而随时隆杀以从于中道也，我则安能如是哉？但为我妻，则白当为母服；今既不为我妻，则白为父后而不当服矣。子思是欲守常礼。而不欲使如伯鱼之加隆也。　“礼为”为，去声。杀，去声。

孔子曰：“拜而后稽颡，颓乎其顺也；稽颡而后拜，颀乎其至也。三年之丧，吾从其至者。”此言丧拜之次序也。拜，拜宾也。稽颡者，以头触地，哀痛之至也。拜以礼宾，稽颡以自致，谓之顺者，以其先加敬于人，而后尽哀于己，为得其序也。颀者，恻隐之发也，谓之至者，以其哀常在于亲，而敬暂施于人，为极自尽之道也。夫子从其至者，亦“与其易也宁戚”之意。　朱子曰：“拜而后稽颡，先以两手伏地如常，然后引首向前扣地也。稽颡而后拜者，开两手而先以首扣地，却交手如常也。”　颀，音恳。易，去声。

孔子既得合葬于防，曰：“吾闻之，古也墓而不坟。今丘也东西南北之人也，不可以弗识也。”于是封之，崇四尺。孔子父墓在防，故奉母丧以合葬。墓，茔域也。封土为垄曰坟。东西南北之人，言其宦游无定居也。识，记也。为垄，所以为记识。一则恐人不知而误犯，一则恐己或忘而难寻，故封之高四尺也。　识，音志。孔子先反，门人后，雨甚。句至。句孔子问焉曰：“尔来何迟也？”曰：“防墓崩。”孔子不应。三，孔子泫然流涕曰：“吾闻之，古不修墓。”雨甚而墓崩，门人修筑而后反。孔子流涕者，自伤其不能谨之于封筑之时，以至崩圮。且言古人所以不修墓者，敬谨之至，无事于修也。　应、三，并去声。泫，胡犬切。孔子哭子路于中庭，有人吊者，而夫子拜之。既哭，进使者而问故。使者曰：“醢之矣！”遂命覆醢。子路死于孔悝之难，遂为卫人所醢。孔子哭之中庭，师友之礼也。闻使者之言而覆弃家醢，盖痛子路之祸，而不忍食其似也。　朱子曰：“子路仕卫之失，前辈论之多矣。然子路却是见不到，非知其非义而苟为也。”　使，去声。覆，入声。难、论，并去声。

曾子曰：“朋友之墓，有宿草而不哭焉。”草根陈宿，是期年之外，可无哭矣。子思曰：“丧三日而殡，凡附于身者，必诚必信，勿之有悔焉耳矣。三月而葬，凡附于棺者，必诚必信，勿之有悔焉耳矣。附于身者，袭敛衣衾之具；附于棺者，明器用器之属也。 方氏曰："必诚，谓于死者无所欺；必信，谓于生者无所疑。"丧三年以为极。句亡则弗之忘矣。故君子有终身之忧，而无一朝之患。故忌日不乐。"丧莫重于三年。既葬曰亡。《中庸》曰："事亡如事存。"虽已葬而不忘其亲，所以为终身之忧而忌日不乐也。《祭义》曰"君子有终身之丧"，忌日之谓也。冢宅崩毁，出于不意，所谓一朝之患。惟其必诚必信，故无一朝之患也。或曰：殡葬皆一时事，于此一时而不谨，则有悔；惟有诚信，故无此一时不谨之患。 乐，音洛。

孔子少孤，不知其墓，殡于五父之衢。人之见之者，皆以为葬也。其慎也，盖殡也。问于郰曼父之母，然后得合葬于防。不知其墓者，不知父墓所在也。殡于五父之衢者，殡母丧也。礼无殡于外者，今乃在衢，先儒谓欲致人疑问，或有知者告之也。人见柩行于路，皆以为葬，然以引观之，殡引饰棺以輤，葬引饰棺以柳翣，此则殡引耳。按《家语》：孔子生三岁而叔梁纥死，是少孤也。然颜氏之死，夫子成立久矣，圣人人伦之至，岂有终母之世，不寻求父葬之地，至母殡而犹不知父墓乎？且母死而殡于衢路，必无室庐而死于道路者，不得已之为耳。圣人礼法之宗主，而忍为之乎？马迁为野合之诬，谓颜氏讳而不告，郑注因之以滋后世之惑，且如尧舜瞽瞍之事，世俗不胜异论，非孟子辞而辟之，后世谓何？此经杂出诸子所记，其间不可据以为实者多矣。孟子曰："主痈疽与侍人瘠环，何以为孔子？"愚亦谓终身不知父墓，何以为孔子乎？其不然审矣。此非细故，不得不辨。 少，去声。父，音甫。慎、引，去声。郰，音邹。曼，音万。

邻有丧，舂不相；里有殡，不巷歌。说见《曲礼》。 相，去声。见，音现，后凡见某书，仿此。丧冠不緌。冠必有笄以贯之，以纮系笄，顺颐而下结之曰缨，垂其余于前者，谓之緌。丧冠不緌，尽去饰也。 緌，如追切，与蕤音同。

有虞氏瓦棺，夏后氏堲周，殷人棺椁，周人墙置翣。瓦棺，始不衣薪也。堲周，或谓之土周；堲者，火之余烬，盖治土为砖而四周于棺之坎也。殷世始为棺椁，周人又为饰棺之具，盖弥文矣。墙，柳衣也。柳者，聚也，诸饰之所聚也。以此障柩，犹垣墙之障家，故谓之墙。翣，如扉之状，有画为黼者，有画为黻者，有画云气者，多寡之数，随贵贱之等。　凡夏后、华夏、肆夏之夏，上声，唯春夏之夏，如字。堲，音稷。翣，音歃。周人以殷人之棺椁葬长殇，以夏后氏之堲周葬中殇、下殇，以有虞氏之瓦棺葬无服之殇。十六至十九为长殇，十二至十五为中殇，八岁至十一为下殇，七岁以下为无服之殇，生未三月不为殇。　长，上声。夏后氏尚黑，大事敛用昏，戎事乘骊，牲用玄。殷人尚白，大事敛用日中，戎事乘翰，牲用白。周人尚赤，大事敛用日出，戎事乘骠，牲用骍。禹以治水之功得天下，故尚水之色；汤以征伐得天下，故尚金之色。周之尚赤，取火之胜金也。大事，丧事也。骊，黑色。翰，白色。《易》曰："白马翰如。"骠，赤马而黑鬣尾也。　骠，音元。

穆公之母卒，使人问于曾子曰："如之何？"对曰："申也闻诸申之父曰：'哭泣之哀，齐、斩之情，饘粥之食，自天子达。布幕，卫也；缪幕，鲁也。'"穆公，鲁君。申，参之子也。厚曰饘，稀曰粥。幕所以覆于殡棺之上。卫以布幕，诸侯之礼也；鲁以缪为幕，盖僭天子之礼矣。　齐，音咨。饘，音旃。缪，音绡。

晋献公将杀其世子申生，公子重耳谓之曰："子盖言子之志于公乎？"世子曰："不可。君安骊姬，是我伤公之心也。"此事详见《左传》。重耳，申生异母弟，即文公也。盖，何不也。明其谗则姬必诛，是使君失所安而伤其心也。　重，平声。盖，音盍，下节同。传，去声。曰："然则盖行乎？"世子曰："不可。君谓我欲弑君也。天下岂有无父之国哉！吾何行如之？"重耳又劝其奔他国，而申生不从也。何行如之，言行将何往也。使人辞于狐突曰："申生有罪，不念伯氏之言也，以至于死。申生不敢爱其死。虽然，吾君老矣，子少，国家多难，伯氏不出而图吾君。伯氏苟出而图吾君，申生受赐而死。"再拜稽首乃卒。是以为恭世子也。狐突，申生之傅。辞，犹将去而告违，盖与之永诀也。申生自经而死，陷父于不义，不得为孝，但得谥恭而已。　疏曰："注云：伯氏，狐突别氏者。狐是总氏，伯仲是兄弟之字，字伯者谓之伯氏，字仲者谓之仲氏。故传云：'叔氏其忘诸乎？'又此下文云：'叔氏专以礼许人，是一人之身。'字则别为氏也。" 少、难，并去声。传，去声。

鲁人有朝祥而莫歌者，子路笑之。夫子曰："由！尔责于人，终无已夫！三年之丧，亦已久矣夫！"子路出，夫子曰："又多乎哉！逾月则其善也。"朝祥，旦行祥祭之礼也。朝祥莫歌，固为非礼，特以礼教衰废之时，而此人独能行三年之丧，故夫子抑子路之笑。然终非正礼，恐学者致疑，故俟子路出，乃正言之。其意若曰：名为三年之丧，实则二十五月，今已至二十四月矣，此去可歌之曰，又岂多有日月乎哉！但更逾月而歌，则为善矣。盖圣人于此，虽不责之以备礼，亦未尝许之以变礼也。 莫，音暮。

鲁庄公及宋人战于乘丘，县贲父御，卜国为右。马惊败绩，公队，佐车授绥，公曰："末之卜也。"县贲父曰："他日不败绩，而今败绩，是无勇也。"遂死之。圉人浴马，有流矢在白肉。公曰："非其罪也。"遂诔之。士之有诔，自此始也。乘丘，鲁地。战在庄公十年。县、卜，皆氏也。凡车右以勇力者为之。大崩曰败绩。公堕车而佐车授之绥以登，是登佐车也。佐车，副车也。绥，挽以升车之索也。末之卜者，言卜国微末无勇也，二人遂赴斗而死。圉人，掌马者。及浴马方见流矢中马股间之肉，则知非二子之罪矣。生无爵则死无谥，殷大夫以上为爵，士虽周爵，卑不应谥。庄公以义起，遂诔其赴敌之功以为谥焉。 方氏曰："诔之为义，达善之实而不欲饰者也。谥则因诔之言而别之，有诔则有谥矣。" 乘，去声。县，音玄。贲，音奔。父，音甫。队，音坠。中，去声。别，必列切。

曾子寝疾，病，乐正子春坐于床下，曾元、曾申坐于足，童子隅坐而执烛。病者，疾之甚也。子春，曾子弟子。元与申，曾子子也。童子曰："华而睆，大夫之箦与？"子春曰："止！"曾子闻之，瞿然曰："呼！"曰："华而睆，大夫之箦与？"曾子曰："然。斯季孙之赐也。我未之能易也，元起易箦！"曾元曰："夫子之病革矣，不可以变。幸而至于旦，请敬易之。"曾子曰："尔之爱我也不如彼。君子之爱人也以德，细人之爱人也以姑息。吾何求哉？吾得正而毙焉，斯已矣。"举扶而易之，反席未安而没。华者，画饰之美好。睆者，节目之平莹。箦，簟也。止，使童子勿言也。

瞿然，如有所惊也。呼者，叹而嘘气之声。曰，童子再言也。革，急也。变，动也。彼，谓童子也。童子知礼，以为曾子未尝为大夫，岂可卧大夫之箦。曾子识其意，故然之。且言此鲁大夫季孙之赐耳，于是必欲易之，易之而没，可谓毙于正矣。　朱子曰："易箦结缨，未须论优劣，但看古人谨于礼法，不以死生之变，易其所守如此，便使人有行一不义杀一不辜而得天下不为之心。此是紧要处。"又曰："季孙之赐，曾子之受，皆为非礼。或者因仍习俗，尝有是事而未能正耳。但及其疾病不可以变之时，一闻人言，而必举扶以易之，则非大贤不能矣。此事切要处，正在此毫厘顷刻之间。"　睆，呼板切。箦，音责。瞿，音屦。呼，音吁。革，音亟。论，去声。

始死，充充如有穷；既殡，瞿瞿如有求而弗得；既葬，皇皇如有望而弗至。练而慨然，祥而廓然。疏曰："事尽理屈为穷。亲始死，孝子匍匐而哭之，心形充屈，如急行道极，无所复去，穷急之容也。瞿瞿，眼目速瞻之貌，如有所失而求觅之不得然也。皇皇，犹栖栖也。亲归草土，孝子心无所依托，如有望彼来而彼不至也。至小祥，但慨叹日月若驰之速也。至大祥，则情意寥廓不乐而已。"　方氏曰："下篇述颜丁之居丧，则言皇皇于始死，言慨焉于既葬；问丧，则言皇皇于反哭，所言不同者，盖君子有终身之丧，思亲之心，岂有隆杀哉！先王制礼，略为之节而已，故其所言不必同。"　瞿，音屦。乐，音洛。杀，去声。

邾娄复之以矢，盖自战于升陉始也。鲁僖公二十一年，与邾人战于升陉，鲁地也。邾师虽胜，而死伤者多，军中无衣，复者用矢。《释》云："邾人呼邾声曰娄，故曰邾娄。"夫以尽爱之道，祷祠之心，孝子不能自已，冀其复生也。疾而死，行之可也；兵刃之下，肝脑涂地，岂有再生之理？复之用矢，不亦诬乎？　娄，音闾。陉，音形。鲁妇人之髽而吊也，自败于台鲐始也。吉时以缅韬发，凶则去缅而露其髻，故谓之髽。狐鲐之战，在鲁襄公四年，盖为邾人所败也。髽不以吊，时家家有丧，故髽而相吊也。　方氏曰："矢所以施于射，非所以施于复；髽所以施于丧，非所以施于吊。因之而弗改，则非也。"髽，庄华切。台，音狐。鲐，音苔。

南宫绍之妻之姑之丧，夫子诲之髽，曰："尔毋从从尔！尔毋扈扈尔！盖榛以为笄，长尺而总八寸。"绍妻，夫子兄女也。姑死，夫子教之为髽。从从，高也。扈扈，广也。言尔髽不可太高，不可太广，又教以笄总之法。笄，即簪也。吉笄尺二寸，丧笄一尺。斩衰之笄用箭竹，竹之小者也。妇为舅姑皆齐衰不杖，则当用榛木为笄也。束发谓之总，以布为之，既束其本末而总之，余者垂于髻后，其长八寸也。　绍，音叨。从，音总。扈，音户。长，音仗。“妇为”为，去声。孟献子禫，县而不乐，比御而不入。夫子曰：“献子加于人一等矣。”孟献子，鲁大夫仲孙蔑也。禫，祭名。禫者，澹澹然平安之意。大祥后间一月而禫，故云中月而禫。或云祥月之中者非。《小记》云“中一以上而祔”，亦谓间一世也。礼，大夫判县，县而不乐者，但县之而不作也。比御而不入者，虽比次妇人之当御者，而犹不复寝也。一说：比，及也。亲丧外除，故夫子美之。　禫，大感切。县，音玄。比，音畀。间，去声。孔子既祥，五日弹琴而不成声，十日而成笙歌。有子盖既祥而丝屦、组缨。有子，孔子弟子有若也。礼，既祥，白屦无绚，缟冠素纰，组之文五采。今方祥，既以丝为屦之饰，以组为冠之缨，服之吉者也。此二者，皆讥其变吉之速。然盖者，疑辞，恐记者亦是得于传闻，故疑其辞也。引孔子之事者，以见余哀未忘也。　绚，音句，又音拘。

死而不吊者三：畏、厌、溺。方氏曰：“战陈无勇，非孝也，其有畏而死者乎？君子不立岩墙之下，其有厌而死者乎？孝子舟而不游，其有溺而死者乎？三者皆非正命，故先王制礼，在所不吊。”　应氏曰：“情之厚者岂容不吊，但其辞未易致耳。若为国而死于兵，亦无不吊之理，若齐庄公于杞梁之妻，未尝不吊也。”　愚闻先儒言明理可以治惧，见理不明者，畏惧而不知所出，多自经于沟渎，此真为死于畏矣，似难专指战陈无勇也。或谓斗很亡命曰畏。　厌，音压。陈，音阵。

子路有姊之丧，可以除之矣，而弗除也。孔子曰：“何弗除也？”子路曰：“吾寡兄弟而弗忍也。”孔子曰：“先王制礼。行道之人皆弗忍也。”子路闻之，遂除之。行道之人，皆有不忍于亲之心，然而遂除之者，以先王之制，不敢违也。太公封于营丘，比及五世，皆反葬于周。君子曰：“乐，乐其所自生。礼，不忘其本。”古之人有言曰：“狐死正丘首，仁也。”太公虽封于齐，而留周为太师，故死而遂葬于周。子孙不敢忘其本，故亦自齐而反葬于周，以从先人之兆，五世亲尽而后止也。乐生而敦本，礼乐之道也。生而乐于此，岂可死而倍于此哉！狐虽微兽，丘其所窟藏之地，是亦生而乐于此矣，故及死而犹正其首以向丘，不忘其本也。倍本忘初，非仁者之用心，故以仁目之。　疏曰："周公封鲁，其子孙不反葬于周者，以有次子在周，世守其采地，春秋周公是也。"　比，音畀。下乐，音洛。首，去声。伯鱼之母死，期而犹哭。夫子闻之曰："谁与哭者？"门人曰："鲤也。"夫子曰："嘻！其甚也！"伯鱼闻之，遂除之。伯鱼之母出而死。父在为母期而有禫，出母则无禫。伯鱼乃夫子为后之子。则于礼无服，期可无哭矣。犹哭，夫子所以叹其甚。　期，音基。与，平声。嘻，音希。"为母"为，去声。舜葬于苍梧之野，盖三妃未之从也。季武子曰："周公盖祔。"天子以四海为家，南巡而崩，故遂葬苍梧之野。疏云："舜长妃娥皇无子，次妃女英生商均，次妃癸比生二女：霄明、烛光。三妃后皆不从舜之葬，此记者言合葬之事，古人未有，因引季武子之言，谓自周公以来，始祔葬也。《书》：'陟方乃死。'"蔡氏曰："《史记》舜崩于苍梧之野，孟子言卒于鸣条，未知孰是。今零陵九嶷有舜冢云。"曾子之丧，浴于爨室。《士丧礼》"浴于适室"，无浴爨室之文。旧说：曾子以曾元辞易箦，矫之以谦俭，然反席未安而没，未必有言及此。使果曾子之命，为人子者，亦岂忍从非礼而贱其亲乎？此难以臆说断之，当阙之以俟知者。　适，音的。断，丁玩切。

大功废业。或曰：大功诵可也。业者，身所习，如学舞、学射、学琴瑟之类。废之者，恐其忘哀也。诵者，口所习，稍暂为之亦可。然称"或曰"，亦未定之辞也。子张病，召申详而语之曰："君子曰终，小人曰死。吾今日其庶几乎！"申祥，子张子也。终者，对始而言；死，则澌尽无余之谓也。君子行成德立，有始有卒，故曰终；小人与群物同朽腐，故曰死，疾没世而名不称。为是也，子张至此，亦自信其近于君子也。　语，去声。几，平声。行、为，并去声。

曾子曰："始死之奠，其余阁也与？"始死以脯醢醴酒，就尸床而奠于尸东，当死者之肩，使神有所依也。阁，所以庋置饮食，盖以生时庋阁上所余脯醢为奠也。　庋，音巳，又音诡。曾子曰："小功不为位也者，是委巷之礼也。子思之哭嫂也为位，妇人倡踊。申祥之哭言思也亦然。"委，曲也。曲巷，犹言陋巷。细民居于陋巷，不见礼仪，而鄙朴无节文，故讥小功不为位，是曲巷中之礼也。言思，子游之子，申祥妻之昆弟也。　马氏曰："凡哭必为位者，所以叙亲疏恩纪之差。嫂叔疑于无服而不为位，故曰无服而为位者惟嫂叔。盖无服者，所以远男女近似之嫌；而为位者，所以笃兄弟内丧之亲。子思哭嫂为位，妇人倡踊，以妇人有相为娣姒之义，而不敢以己之无服先之也。至于申祥之哭言思，亦如子思，盖非礼矣。妻之昆弟，外丧也，而既无服，则不得为哭位之主矣。《记》曰：'妻之昆弟为父后者死，哭之适室，子为主，袒免哭踊，夫入门右。'由是言之，哭妻之昆弟以子为主，异于嫂叔之丧也。以子为主，则妇人不当倡踊矣。" 差，楚宜切。远，去声。"为娣"为，去声。先，去声。

古者冠缩缝，今也衡缝。故丧冠之反吉，非古也。疏曰："缩，直也。殷当质，吉凶冠皆直缝。直缝者，辟积襵少，故一一前后直缝之。衡，横也。周尚文，冠多辟积，不一一直缝，但多作襵而并横缝之。若丧冠质，犹疏辟而直缝，是与吉冠相反。时人因言古丧冠与吉冠反，故记者释之云：非古也，止是周世如此耳。古则吉凶冠同直缝也。" 衡，音横。辟，襞也，音璧。襵，音辄。并，去声。

曾子谓子思曰："伋！吾执亲之丧也，水浆不入于口者七日。"子思曰："先王之制礼也，过之者，俯而就之；不至焉者，跂而及之。故君子之执亲之丧也，水浆不入于口者三日，杖而后能起。"三日，中制也；七日，则几于灭性矣。有扶而起者，有杖而起者，有面垢而已者。 跂，音弃。几，平声。曾子曰："小功不税，则是远兄弟终无服也，而可乎？"税者，日月已过，始闻其死，追而为之服也。大功以上则然，小功轻，故不税。曾子据礼而言，谓若是小功之服不税，则再从兄弟之死在远地者，闻之恒后时，则终无服矣，其可乎？ 疏曰："此据正服小功也。《小记》曰：'降而在缌小功者则税之，其余则否。'" 税，他外切。

伯高之丧，孔氏之使者未至，冉子摄束帛、乘马而将之。孔子曰："异哉！徒使我不诚于伯高。"摄，贷也。十个为束，每束五两。盖以四十尺帛，从两头各卷至中，则每卷二丈为一个，束帛是十个二丈，今之五匹也。乘马，四马也。徒，空也。伯高不知何人，意必与孔子厚者，冉子知以财而行礼，不知圣人之心，则于其诚，不于其物也。虽若自责之言，而实则深责冉子矣。 使、乘，并去声。卷，音捲。伯高死于卫，赴于孔子。孔子曰："吾恶乎哭诸？兄弟，吾哭诸庙；父之友，吾哭诸庙门之外；师，吾哭诸寝；朋友，吾哭诸寝门之外；所知，吾哭诸野。于野则已疏，于寝则已重。夫由赐也见我，吾哭诸赐氏。”遂命子贡为之主，曰：“为尔哭也来者，句拜之；知伯高而来者，勿拜也。”告死曰赴，与讣同。已，太也。　马氏曰：“兄弟出于祖而内所亲者，故哭之庙；父友联于父而外所亲者，故哭之庙门外；师以成己之德，而其亲视父，故哭诸寝；友以辅己之仁，而其亲视兄弟，故哭诸寝门之外。至于所知，又非朋友之比，有相趋者，有相揖者，有相问者，有相见者，皆泛交之者也。孔子哭伯高以野为太疏，而以子贡为主。君子行礼，其审详于哭泣之位如此者，是其所以表微者欤？”　方氏曰：“伯高之于孔子，非特所知而已。由子贡而见，故哭于子贡之家，且使之为主，以明恩之有所由也。为子贡而来，则吊生之礼在子贡；知伯高而来，则伤死之礼在伯高。或拜或不拜，凡以称其情耳，故夫子诲之如此。”　石梁王氏曰：“‘为尔哭也来者’一句。”　恶，音乌。“为尔”为，去声。称，去声。

曾子曰：“丧有疾，食肉饮酒，必有草木之滋焉。”以为姜桂之谓也。丧有疾，居丧而遇疾也。以其不嗜，故加草木之味。“以为姜桂之谓”一句，乃记者释草木之滋，亦或曾子称礼书之言而自释之欤？子夏丧其子而丧其明。曾子吊之曰：“吾闻之也，朋友丧明则哭之。”曾子哭，子夏亦哭，曰：“天乎！予之无罪也！”曾子怒曰：“商！女何无罪也？吾与女事夫子于洙、泗之间，退而老于西河之上，使西河之民疑女于夫子，尔罪一也。丧尔亲，使民未有闻焉，尔罪二也。丧尔子，丧尔明，尔罪三也。而曰：尔何无罪与？”子夏投其杖而拜曰：“吾过矣！吾过矣！吾离群而索居亦已久矣。”以哭甚，故丧明也。洙、泗，鲁二水名。西河，子夏所居。索，散也。久不亲友，故有罪而不自知。　张子曰：“子夏丧明，必是亲丧之时尚强壮，其子之丧，气渐衰故丧明。然而曾子之责，安得辞也！疑女于夫子者，子夏不推尊夫子，使人疑夫子无以异于子夏；非如曾子推尊夫子，使人知尊圣人也。”　方氏曰：“子夏不尊于师而尊于己，不隆于亲而隆于子，犹以为无罪，此曾子所以怒之也。然君子以友辅仁，子夏之至于三罪者，亦由离朋友之群，而散居之久耳。以离群，故散居也。”　而丧、丧明、丧尔之丧，去声，余如字。

女，音汝。离，去声。

夫昼居于内，问其疾可也；夜居于外，吊之可也。是故君子非有大故，不宿于外；非致齐也，非疾也，不昼夜居于内。内者，正寝之中。外，谓中门外也。昼而居内似有疾，夜而居外似有丧。　应氏曰："致齐居内，非在房闼之中，盖亦端居深处于宎奥之内耳。"　齐，音斋。宎，音窈。高子皋之执亲之丧也，泣血三年，未尝见齿，君子以为难。子皋，名柴，孔子弟子。　疏曰："人涕泪，必因悲声而出；血出，则不由声也。子皋悲无声，其涕亦出，如血之出，故云泣血。人大笑则露齿本，中笑则露齿，微笑则不见齿。"　见，音现。衰，与其不当物也，宁无衰。齐衰不以边坐，大功不以服勤。疏曰："物，谓升缕及法制长短幅数也。边坐，偏倚也。丧服宜敬，坐起必正，不可著衰而偏倚也。齐衰轻既不倚，斩重不言可知。大功虽轻，亦不可著衰服而为勤劳之事也。"　马氏曰："衰不当物，则乱先王之制，而后世疑其传。无衰，则礼虽不行，而其制度定于一，犹可以识之，故曰：'与其不当物也宁无衰。'"　衰，音催。当，去声。齐，音咨。著，音勺。

孔子之卫，遇旧馆人之丧，入而哭之哀，出，使子贡说骖而赙之。子贡曰："于门人之丧，未有所说骖，说骖于旧馆，无乃已重乎？"夫子曰："予乡者入而哭之，遇于一哀而出涕。予恶夫涕之无从也，小子行之！"旧馆人，旧时舍馆之主人也。驾车者，中两马为服马，两旁各一马为骖马。遇一哀而出涕，情亦厚矣；情厚者礼不可薄，故解脱骖马以为之赙。凡以称情而已，客行无他财货故也。恶夫涕之无从者，从，自也，今若不赙，则是于死者无故旧之情，而此涕为无自而出矣。恶其如此，所以必当行赙礼也。旧说：孔子遇主人一哀而出涕，谓主人见孔子来而哀甚，是以厚恩待孔子，故孔子为之赙。然上文既曰"入而哭之哀"，则又何必迂其说而以为遇主人之哀乎？说，音脱。乡，去声。恶，去声。称，去声。"为之"为，去声。孔子在卫，有送葬者，而夫子观之，曰："善哉为丧乎！足以为法矣。小子识之！"子贡曰："夫子何善尔也？"曰："其往也如慕，其反也如疑。"子贡曰："岂若速反而虞乎？"子曰："小子识之！我未之能行也。"往如慕，反如疑，此孝子不死其亲之至情也。子贡以为如疑则反迟，不若速反而行虞祭之礼，是知其礼之常，而不察其情之至矣。夫子申言小子识之，且曰“我未之能行”，则此岂易言哉？　识，音志。易，去声。

颜渊之丧，馈祥肉，孔子出，受之；入，弹琴而后食之。弹琴而后食者，盖以和平之声，散感伤之情也。孔子与门人立，拱而尚右，二三子亦皆尚右。孔子曰：“二三子之嗜学也，我则有姊之丧故也。”二三子皆尚左。吉事尚左，阳也；凶事尚右，阴也。此盖拱立而右手在上也。

孔子蚤作，负手曳杖，消摇于门，歌曰：“泰山其颓乎！梁木其坏乎！哲人其萎乎！”既歌而入，当户而座。子贡闻之，曰：“泰山其颓，则吾将安仰？梁木其坏，哲人其萎，则吾将安放？夫子殆将病也！”遂趋而入。作，起也。负手曳杖，反手却后以曳其杖也。消摇，宽纵自适之貌。泰山为众山所仰，梁木亦众木所仰，而放者，犹哲人为众人所仰望而放郊也。　放，上声。夫子曰：“赐！尔来何迟也？夏后氏殡于东阶之上，则犹在阼也。殷人殡于两楹之间，则与宾主夹之也。周人殡于西阶之上，则犹宾之也。而丘也，殷人也。予畴昔之夜，梦坐奠于两楹之间。夫明王不兴，而天下其孰能宗予？予殆将死也！”盖寝疾七日而没。犹在阼，犹宾之者，孝子不忍死其亲殡之于此，示犹在阼阶以为主，犹在西阶以为宾客也。在两楹间，则是主与宾夹之，故言“与”而不言“犹”也。孔子其先宋人，成汤之后，故自谓殷人。畴，发语之辞。昔之夜，犹言昨夜也。梦坐于两楹之间，而见馈奠之事，知是凶征者，以殷礼殡在两楹间，孔子以殷人而享殷礼，故知将死也。又自解梦奠之占云：今日明王不作，天下谁能尊己而使南面坐于尊位乎？此必殡之兆也。自今观之，万世王祀，亦其应矣。

孔子之丧，门人疑所服。子贡曰：“昔者夫子之丧颜渊，若丧子而无服。丧子路亦然。请丧夫子若丧父而无服。”以后章二三子绖而出言之。此所谓无服，盖谓吊服加麻也。疏云：“士吊服疑衰麻，谓环绖也。五服绖皆两股，惟环绖一股。后章从母之夫，疏云：凡吊服不得称服。”　方氏曰：“若丧父而无服，所谓心丧也。”　从，去声。孔子之丧，公西赤为志焉。饰棺墙，置翣设披，周也。设崇，殷也。绸练设旐，夏也。公西，氏；赤，名；字子华，孔子弟子也。 疏曰："孔子之丧，公西赤以饰棺荣夫子，故为盛礼，备三王之制，以章明志识焉。于是以索为褚，褚外加墙，车边置翣，恐柩车倾亏，而以绳左右维持之，此皆周之制也。其送葬乘车所建旌旗，刻缯为崇牙之饰，此则殷制。又绸盛旌旗之竿以素锦，于杠首设长寻之旐，此则夏礼也。" 《诗》："虡业维枞。"疏云："悬钟磬之处，以采色为大牙，其状隆然，谓之崇牙。练，素锦也。缁布广终幅，长八尺，旐之制也。" 披，彼义切。绸，音叨。旐，直小切。识，音志。虡，音巨。枞，音踪。

子张之丧，公明仪为志焉。褚幕丹质，蚁结于四隅，殷士也。疏曰："褚者，覆棺之物，若大夫以上，其形似幄，士则无褚。公明仪尊其师，故特为褚，不得为幄，但似幕形，故云褚幕，以丹质之布而为之也。又于褚之四角，画蚍蜉之形，交结往来，故云'蚁结于四隅'。此殷礼士葬饰也。" 覆，去声。子夏问于孔子曰："居父母之仇如之何？"夫子曰："寝苫枕干，不仕，弗与共天下也。遇诸市朝，不反兵而斗。"不反兵者，不反而求兵，言恒以兵器自随。 苫，诗占切。枕，去声。朝，音潮。曰："请问居昆弟之仇如之何？"曰："仕弗与共国，衔君命而使，虽遇之不斗。"曰："请问居从父、昆弟之仇如之何？"曰："不为魁，主人能，则执兵而陪其后。"疏曰："朝在公门之内，阍人掌中门之禁，兵器但不得入中门耳。其大询众庶在皋门之内，则得入也。设朝或在野外，或在县鄙乡遂，但有公事之处，皆谓之朝。兵者，亦谓佩刀以上，不必要是矛戟也。" 方氏曰："市朝犹不反兵，则无所往而不执兵矣。《曲礼》云'兄弟之仇不反兵'，此言遇之不斗者，彼据不仕者言之耳。" 使、从，并去声。

孔子之丧，二三子皆绖而出；群居则绖，出则否。吊服加麻者，出则变之；今出外而不免绖，所以隆师也。群者，诸弟子相为朋友之服也。《仪礼》注云："朋友虽无亲，有同道之恩，相为服缌之绖带。"亦吊服也，故出则免之。易墓，非古也。疏曰："易，谓芟治草木，不使荒秽。古者殷以前，墓而不坟，不易治也。" 易，音异。子路曰："吾闻诸夫子：丧礼，与其哀不足而礼有余也，不若礼不足而哀有余也。祭礼，与其敬不足而礼有余也，不若礼不足而敬有余也。"有其礼而无其财，则礼或有所不足，哀敬则可自尽也。此夫子反本之论，亦宁俭、宁戚之意。

曾子吊于负夏，主人既祖，填池，推柩而反之，降妇人而后行礼。从者曰："礼与？"曾子曰："夫祖者，且也。且胡为其不可以反宿也？"刘氏曰："负夏，卫地也。葬之前一日，曾子往吊，时主人已祖奠，而妇人降在两阶之间矣。曾子至，主人荣之，遂彻奠推柩而反，向内以受吊，示死者将出行，遇宾至而为之暂反也，亦事死如事生之意，然非礼矣。柩既反，则妇人复升堂以避柩，至明日乃复还柩向外，降妇人于阶间，而后行遣奠之礼。故从者见柩初已迁，而复推反之，妇人已降，而又升堂，皆非礼，故问之。而曾子答之云：祖者，且也，是且迁柩为将行之始，未是实行，又何为不可复反。越宿至明日，乃还柩遣奠而遂行乎？疏谓其见主人荣己，不欲指其错失，而给说答从者，此以众人之心窥大贤也。事之有无不可知，其义亦难强解，或记者有遗误也。所以彻奠者，奠在柩西，欲推柩反之，故必先彻而后可旋转也。妇人降阶间，亦以奠在车西，故立车后，今柩反，故亦升避也。" 填，音奠。池，音彻。推，他回切。从，去声。与，平声。复、遣，并去声。从者又问诸子游曰："礼与？"子游曰："饭于牖下，小敛于户内，大敛于阼，殡于客位，祖于庭，葬于墓，所以即远也。故丧事有进而无退。"曾子闻之曰："多矣乎！予出祖者。"从者疑曾子之言，故又请问于子游也。饭于牖下者，尸沐浴之后，以米及贝，实尸之口中也，时尸在西室牖下南首也。《士丧礼》："小敛衣十九称，大敛三十称。"敛者，包裹敛藏之也。小敛在户之内，大敛出在东阶，未忍离其为主之位也。主人奉尸敛于棺，则在西阶矣。掘肂于西阶之上，肂，陈也，谓陈尸于坎也。置棺于肂中而涂之，谓之殡。及启而将葬，则设祖奠于祖庙之中庭而后行。自牖下而户内，而阼，而客位，而庭，而墓，皆一节远于一节，此谓有进而往，无退而还也，岂可推柩而反之乎？多矣乎予出祖者，多，犹胜也，曾子闻之，方悟己说之非，乃言子游所说出祖之事，胜于我之所说出祖也。 饭，上声。首、称、离，并去声。曾子袭裘而吊，子游裼裘而吊。曾子指子游而示人曰："夫夫也，为习于礼者，如之何其裼裘而吊也？"主人既小敛，袒、括发，子游趋而出，袭裘、带、绖而入。曾子曰："我过矣！我过矣！夫夫是也。"疏曰："凡吊丧之礼，主人未变服之前，吊者吉服。吉服者，羔裘玄冠，缁衣素裳，又袒去上服以露裼衣，此裼裘而吊是也。主人既变服之后，吊者虽著朝服，而加武以绖。武，吉冠之卷也。又掩其上服，若是朋友又加带，此'袭裘带绖而入'是也。" 方氏曰："曾子徒知丧事为凶，而不知始死之时尚从吉，此所以始非子游而终善之也。" 下夫，如字，下同。

子夏既除丧而见，予之琴，和之而不和，弹之而不成声，作而曰："哀未忘也，先王制礼而弗敢过也。"子张既除丧而见，予之琴，和之而和，弹之而成声，作而曰："先王制礼，不敢不至焉。"均为除丧，而琴有和不和之异者，盖子夏是过之者，俯而就之，出于勉强，故余哀未忘而不能成声；子张是不至者，跂而及之，故哀已尽而能成声也。 见，音现。予，上声。上和，去声。下和，如字，下同。强，上声。

司寇惠子之丧，子游为之麻衰，牡麻绖。文子辞曰："子辱与弥牟之弟游，又辱为之服，敢辞。"子游曰："礼也。"惠子，卫将军文子弥牟之弟。惠子废适子虎而立庶子，故子游特为非礼之服以讥之，亦檀弓免公仪仲子之意也。麻衰，以吉服之布为衰也。牡麻绖，以雄麻为绖也。麻衰乃吉服十五升之布，轻于吊服。吊服之绖一股而环之，今用牡麻绞绖，与齐衰绖同矣。郑注云："重服，指绖而言也。文子初言'辱为之服，敢辞'者，辞其服也。" 为，去声。适、嫡同。文子退，反哭。子游趋而就诸臣之位。文子又辞曰："子辱与弥牟之弟游，又辱为之服，又辱临其丧，敢辞。"子游曰："固以请。"文子退，扶适子南面而立，曰："子辱与弥牟之弟游，又辱为之服，又辱临其丧，虎也敢不复位！"子游趋而就客位。次言敢辞者，辞其立于臣位也。此时尚未喻子游之意，及子游言固以请，则文子觉其讥矣，于是扶适子正丧主之位焉，而子游之志达矣。趋就客位，礼之正也。 疏曰："大夫之宾位在门东近北，家臣位亦在门东而南近门，并皆北向。" 适、嫡同。

将军文子之丧，既除丧而后越人来吊，主人深衣、练冠，待于庙，垂涕洟。子游观之，曰："将军文氏之子，其庶几乎！亡于礼者之礼也。其动也中。"将军文子，即弥牟也。主人，文子之子也。礼无吊人于除丧之后者，亦无除丧后受人之吊者。深衣，吉凶可以通用；小祥练服之冠，不纯吉，亦不纯凶。庙者，神主之所在，待而不迎，受吊之礼也。不哭而垂涕，哭之时已过，而哀之情未忘也。庶几，近也。子游善其处礼之变，故曰：文氏之子，其近于礼乎！虽无此礼而为之礼，其举动皆中节矣。　疏曰："深衣，即《间传》所言麻衣也。制如深衣；缘之以布，曰麻衣；缘之以素，曰长衣；缘之以采，曰深衣。练冠者，祭前之冠，若祥祭则缟冠也。始死至练祥来吊，是有文之礼；祥后来吊，是无文之礼。言文氏之子，庶几堪行乎无于礼文之礼也。动，举也。中，当于礼之变节也。"　亡、无通。中，去声。

幼名，冠字，五十以伯仲，死谥，周道也。疏曰："凡此之事，皆周道也。又殷以上有生号，仍为死后之称，更无别谥，尧、舜、禹、汤之例是也。周则死后别立谥。"　朱子曰："《仪礼》贾公彦疏云'少时便称伯某甫，至五十乃去某甫而专称伯仲'，此说为是。如本人于尊者不敢字之，而曰几丈之类。"冠，去声。绖也者，实也。麻在首、在要皆曰绖，分言之则首曰绖，要曰带。绖之言实，明孝子有忠实之心也。首绖象缁布冠之缺项；要绖象大带，又有绞带象革带。齐衰以下用布。　朱子曰："首绖大一搤，是拇指与第二指一围；要绖较小，绞带又小于要绖。要绖象大带，两头长垂下；绞带象革带，一头有彄子，以一头串于中而束之。"　要，平声。搤，于革切。掘中霤而浴，毁灶以缀足，疏曰："中霤，室中也。死而掘室中之地作坎，以床架坎上，尸于床上浴，令浴汁入坎也。死人冷强，足辟戾，不可著屦，故用毁灶之甓，连缀死人足令直，可著屦也。"　缀，音拙。及葬，毁宗躐行，出于大门，殷道也。学者行之。疏曰："毁宗，毁庙也。殷人殡于庙，至葬，柩出，毁庙门西边墙，而出于大门。行，神之位，在庙门西边，当所毁宗之外。生时出行，则为坛币告行神，告竟，车躐行坛上而出，使道中安稳如在坛。今向毁宗处出，仍得躐行此坛如生时之出也。学于孔子者行之，效殷礼也。"

子柳之母死，子硕请具。子柳曰："何以哉？"子硕曰："请粥庶弟之母。"子柳曰："如之何其粥人之母以葬其母也？不可。"既葬，子硕欲以赙布之余具祭器。子柳曰："不可。吾闻之也，君子不家于丧。请班诸兄弟之贫者。"子柳，鲁叔仲皮之子，子硕之兄也。具，谓丧事合用之器物也。何以哉，言何以为用乎？谓无其财也。郑云："粥，谓嫁之也，妾贱，取之曰买。布，钱也。不家于丧，恶因死者而为利也。班，犹分也。不粥庶弟之母者，义也；班兄弟之贫者，仁也。夫欲粥庶母以治葬，则乏于财可知矣。而不家于丧之言，确然不易，古人之安贫守礼盖如此。” 粥，音育。恶，去声。

君子曰：“谋人之军师，败则死之；谋人之邦邑，危则亡之。”应氏曰：“众死而义不忍独生，焉得而不死；国危而身不可独存，焉得而不亡。”公叔文子升于瑕丘，蘧伯玉从。文子曰：“乐哉斯丘也！死则我欲葬焉。”蘧伯玉曰：“吾子乐之，则瑗请前。”二子皆卫大夫，文子名拔，伯玉名瑗。 刘氏曰：“伯玉之请前，盖始从行于文子之后，及闻文子之言，而恶其将欲夺人之地，自为身后计，遂讥之曰：吾子乐此，则我请前行以去子矣。示不欲与闻其事也，可谓长于风喻者矣。” 从，去声。乐，音洛。瑗，于愿切。

弁人有其母死而孺子泣者，孔子曰：“哀则哀矣，而难为继也。夫礼，为可传也，为可继也，故哭踊有节。”弁，地名。孺子泣者，其声若孺子，无长短高下之节也。圣人制礼，期于使人可传可继，故哭踊皆有其节。若无节，则不可传而继矣。叔孙武叔之母死，既小敛，举者出，句尸出户。句袒，句且投其冠，括发。子游曰：“知礼。”礼，始死将斩衰者笄纚，将齐衰者素冠，小敛毕而彻帷，主人括发袒于房，妇人髽于室。举者出，举尸以出也。括发当在小敛之后，尸出堂之前，主人为将奉尸，故袒而括发耳。今武叔待尸出户，然后袒而去冠括发，失礼节矣！故注以子游知礼之言为嗤之也。 冯氏曰：“经文作‘户出户’，上户字，乃尸字之讹也。郑注云‘尸出户乃变服’，义甚明。然注文尸亦讹为户，遂解不通。” “为将”为，去声。奉、去，并上声。

扶君，卜人师扶右，射人师扶左。君薨以是举。君疾时，仆人之长扶其右体，射人之长扶其左体。此二人皆平日赞正服位之人，故君既薨，遇迁尸，则仍用此人也。方氏释师为众，应氏以卜人为卜筮之人。 卜，读为仆。从母之夫，舅之妻，二夫人相为服，君子未之言也。或曰：同爨缌。从母，母之姊妹。舅，母之兄弟。从母夫于舅妻无服，所以礼经不载，故曰“君子未之言”。时偶有甥至外家，见此二人相依同居者，有丧而无文可据，于是或人为“同爨缌”之说以处之，此亦原其情之不可已，而极礼之变焉耳。 或问从母之夫、舅之妻皆无服，何也？朱子曰：“先王制礼，父族四，故由父而上为族，曾祖父缌麻，姑之子、姊妹之子、女子子之子，皆由父而推之也。母族三，母之父、母之母、母之兄弟。恩止于舅，故从母之夫、舅之妻，皆不为服，推不去故也。妻族二，妻之父、妻之母。乍看似乎杂乱无纪，子细看则皆有义存焉。” 从，去声。上夫，如字。下夫，音扶。为，去声。处，上声。“为服”为，去声。丧事欲其纵纵尔，吉事欲其折折尔。故丧事虽遽不陵节，吉事虽止不怠。故骚骚尔则野，鼎鼎尔则小人，君子盖犹犹尔。纵纵，给于趋事之貌。折折，从容中礼之貌。丧事虽急遽，而不可陵躐其节次；吉事虽有立而待事之时，而不可失于怠惰。若骚骚而太急，则鄙野矣；鼎鼎而太舒，则小人之为矣；犹犹而得缓急之中，君子行礼之道也。 纵，音总。折，音提。遽，其据切。从，平声。中，去声。丧具，君子耻具。一日二日而可为也者，君子弗为也。丧具，棺衣之属。君子耻于早为之而毕具者，嫌不以久生期其亲也。然“六十岁制，七十时制，八十月制，九十日修”，盖虑夫仓卒之变也。一日二日可办之物，则君子不豫为之，所谓“绞紟衾冒，死而后制”者也。 卒，音猝。绞，音爻。紟，音琴。丧服，兄弟之子犹子也，盖引而进之也；嫂叔之无服也，盖推而远之也；姑姊妹之薄也，盖有受我而厚之者也。方氏曰：“兄弟之子，虽异出也，然在恩为可亲，故引而进之，与子同服；嫂叔之分，虽同居也，然在义为可嫌，故推而远之，不相为服。姑姊妹在室，与兄弟侄皆不杖期，出适则皆降服大功而从轻者，盖有受我者服为之重故也。言其夫受之而服，为之杖期以厚之，故于本宗相为皆降一等也。” 推，他回切。远，去声。分，音问。“相为”、“服为”为，并去声。食于有丧者之侧，未尝饱也。应氏曰：“食字上疑脱‘孔子’字。”

曾子与客立于门侧，其徒趋而出，曾子曰：“尔将何之？”曰：“吾父死，将出哭于巷。”曰：“反哭于尔次！”曾子北面而吊焉。其徒，门弟子也。次，其人所寓之馆舍也。《士丧礼》：“主人西面，宾在门东北面。”此曾子所以北面而吊之也。孔子曰：“之死而致死之，不仁而不可为也；之死而致生之，不知而不可为也。是故竹不成用，瓦不成味，木不成斫，琴瑟张而不平，竽笙备而不和，有钟磬而无簨虡。其曰明器，神明之也。”刘氏曰：“之，往也。之死，谓以礼往送于死者也。往于死者，而极以死者之礼待之，是无爱亲之心为不仁，故不可行也；往于死者，而极以生者之礼待之，是无烛理之明为不知，故亦不可行也。此所以先王为明器以送死者，竹器则无縢缘而不成其用；瓦器则粗质而不成其黑光之沬；木器则朴而不成其雕斫之文；琴瑟则虽张弦而不平，不可弹也；竽笙虽备具而不和，不可吹也；虽有钟磬而无悬挂之簨虡，不可击也。凡此皆不致死，亦不致生，而以有知无知之间待死者，故备物而不可用也。备物则不致死，不可用则亦不至生，其谓之明器者，盖以神明之道待之也。”　和，去声。味，音沫。簨，音笋。虡，音巨。缘，去声。

有子问于曾子曰："问丧于夫子乎？"曰："闻之矣。丧欲速贫，死欲速朽。"有子曰："是非君子之言也。"曾子曰："参也闻诸夫子也。"有子又曰："是非君子之言也。"曾子曰："参也与子游闻之。"有子曰："然。然则夫子有为言之也？"曾子以斯言告于子游。子游曰："甚哉！有子之言似夫子也。昔者夫子居于宋，见桓司马自为石椁，三年而不成。夫子曰：'若是其靡也！死不如速朽之愈也。'死之欲速朽，为桓司马言之也。仕而失位曰丧。桓司马，即桓魋。靡，侈也。　问，音闻。丧、为，并去声。南宫敬叔反，必载宝而朝。夫子曰：'若是其货也！丧不如速贫之愈也。'丧之欲速贫，为敬叔言之也。"敬叔，鲁大夫，孟僖子之子，仲孙阅也。尝失位去鲁，后得反，载宝而朝，欲行赂以求复位也。曾子以子游之言告于有子。有子曰："然。吾固曰非夫子之言也。"曾子曰："子何以知之？"有子曰："夫子制于中都，四寸之棺，五寸之椁，以斯知不欲速朽也。昔者夫子失鲁司寇，将之荆，盖先之以子夏，又申之以冉有，以斯知不欲速贫也。"定公九年，孔子为中都宰。制，棺椁之法制也。四寸、五寸，厚薄之度。将适楚，而先使二子继往者，盖欲观楚之可仕与否，而谋其可处之位欤？

陈庄子死，赴于鲁，鲁人欲勿哭，缪公召县子而问焉。县子曰："古之大夫，束修之问不出竟，虽欲哭之，安得而哭之？大夫讣于他国之君，曰"君之外臣寡大夫某死"。庄子，齐大夫，名伯。齐强鲁弱，不容略其赴，县子名知礼，故召问之。修，脯也。十脡为束。问，遗也。为人臣者无外交,不敢贰君也,故虽束修微礼,亦不以出竟。　县,音玄。竟,音境。遗,去声。今之大夫,交政于中国,虽欲勿哭,焉得而弗哭?且臣闻之,哭有二道:有爱而哭之,有畏而哭之。”公曰:“然。然则如之何而可?”县子曰:“请哭诸异姓之庙。”于是与哭诸县氏。交政于中国,言当时君弱臣强,大夫专盟会之事,以与国君相交接也,此变礼之由也。爱之哭出于不能已,畏之哭出于不得已。哭伯高于赐氏,义之所在也;哭庄子于县氏,势之所迫也。

仲宪言于曾子曰:“夏后氏用明器,示民无知也。殷人用祭器,示民有知也。周人兼用之,示民疑之。”曾子曰:“其不然乎!其不然乎!夫明器,鬼器也。祭器,人器也。夫古之人,胡为而死其亲乎?”仲宪,孔子弟子原宪也。示民无知者,使民知死者之无知也。为其无知,故以不堪用之器送之;为其有知,故以祭器之可用者送之。疑者,不以为有知,亦不以为无知也。然周礼惟大夫以上得兼用二器,士惟用鬼器也。曾子以其言非,乃曰“其不然乎”。再言之者,甚不然之也。盖明器、祭器,固是人鬼之不同,夏殷所用不同者,各是时王之制,文质之变耳,非谓有知、无知也。若如宪言,则夏后氏何为而忍以无知待其亲乎?　石梁王氏曰:“三代送葬之具质文相异,故所用不同,其意不在于无知、有知及示民疑也。仲宪之言皆非,曾子非之,未独讥其说夏后明器,盖举其失之甚者也。”　“为其”为,去声。

公叔木有同母异父之昆弟死,问于子游。子游曰:“其大功乎!”狄仪有同母异父之昆弟死,问于子夏。子夏曰:“我未之前闻也。鲁人则为之齐衰。”狄仪行齐衰。今之齐衰,狄仪之问也。公叔木,卫公叔文子之子。同父母之兄弟期,则此同母而异父者,当降而为大功也。礼经无文,故子游以疑辞答之。鲁人齐衰三月之服,行之久矣,故子夏举以答狄仪。而记者云:“因狄仪此问,而今皆行之也。”此记二子言礼之不同。　郑氏曰:“大功是。”　木,式树切。

子思之母死于卫,柳若谓子思曰:“子,圣人之后也。四方于子乎观礼,子盖慎诸!”子思曰:“吾何慎哉!吾闻之:有其礼,无其财,君子弗行也;有其礼,有其财,无其时,君子弗行也。吾何慎哉！”柳若，卫人。伯鱼卒，其妻嫁于卫。有其礼，谓礼所得为者，然无财则不可为礼。时为大，有礼有财而时不可为，则亦不得为之也。盖，音盍。

县子琐曰：“吾闻之，古者不降，上下各以其亲。滕伯文为孟虎齐衰，其叔父也；为孟皮齐衰，其叔父也。”县子，名琐。疏曰：“古者，殷时也。周礼以贵降贱，以适降庶，惟不降正耳。而殷世以上，虽贵不降贱也。上下各以其亲，不降之事也。上，谓旁亲族曾祖从祖及伯叔之班；下，谓从子从孙之流，彼虽贱，不以己尊降之，犹各随本属之亲轻重而服之，故云‘上下各以其亲’。滕国之伯，名文。为孟虎著齐衰之服者，虎是文之叔父也；又为孟皮著齐衰之服者，文是皮之叔父也。言滕伯上为叔父、下为兄弟之子，皆著齐衰也。” 为，去声。从，去声。后木曰：“丧，吾闻诸县子曰：‘夫丧，不可不深长思也。买棺外内易。’我死则亦然。”后木，鲁孝公子惠伯巩之后。 冯氏曰：“此条重在‘不可不深长思’一句。买棺之时，外内皆要精好，此是孝子当为之事，非是父母豫所属托，而曰：‘我死则亦然。’记礼者讥失言也。” 易，音异。属，音烛。曾子曰：“尸未设饰，故帷堂，小敛而彻帷。”仲梁子曰：“夫妇方乱，故帷堂，小敛而彻帷。”始死去死衣，用敛衾覆之以俟浴。既复之后，楔齿缀足毕，具脯醢之奠，事虽小定，然尸犹未袭敛也，故曰“未设饰”。于是设帷于堂者，不欲人亵之也，故小敛毕乃彻帷。仲梁子谓夫妇方乱者，以哭位未定也。二子各言礼意。郑云：“敛者动摇尸，帷堂为人亵之。言方乱，非也。仲梁子，鲁人。” 去，上声。覆，去声。楔，音屑。为，去声。小敛之奠，子游曰：“于东方。”曾子曰：“于西方。敛斯席矣。”小敛之奠在西方，鲁礼之末失也。疏曰：“《仪礼》小敛之奠，设于东方，奠又无席；鲁之衰末，奠于西方，而又有席。曾子见时如此，将以为礼，故云小敛于西方。斯，此也。其敛之时，于此席上而设奠矣。故记者正之云：小敛之奠，所以在西方，是鲁人行礼末世，失其义也。” 今按《仪礼》“布席于户内”，注云：“有司布敛席也，在小敛之前。”及陈大敛衣奠，则云“奠席在馔北，敛席在其东”，注云：“小敛奠而有席，弥神之也。”据此，则小敛奠无席。

县子曰：“绤衰、繐裳，非古也。”方氏曰：“葛之粗而却者谓之绤，布之细而疏者谓之繐。五服一以麻，各有升数。若以绤为衰，以繐为裳，则取其轻凉而已，非古制也。” 绤，去逆切。缌，音岁。子蒲卒，哭者呼灭。子皋曰：“若是野哉！”哭者改之。灭，子蒲之名也。复则呼名，哭岂可呼名也！野哉，言其鄙野而不达于礼也。子皋，孔子弟子高柴。杜桥之母丧，宫中无相，以为沽也。疏曰：“沽，粗略也。孝子丧亲，悲迷不复自知，礼节事仪，皆须人相导，而杜桥家母死，宫中不立相侍，故时人谓其于礼为粗略也。” 相，去声。沽，音古。“丧亲”丧，去声。复，去声。夫子曰：“始死，羔裘、玄冠者，易之而已。”羔裘、玄冠，夫子不以吊。疏曰：“养疾者朝服，羔裘、玄冠，即朝服也。始死，则去朝服，著深衣。时有不易者，又有小敛后羔裘吊者，记者因引孔子行礼之事言之。” 朝，音潮。去，上声。著，音勺。

子游问丧具。夫子曰：“称家之有亡。”子游曰：“有亡恶乎齐？”夫子曰：“有，毋过礼。苟亡矣，敛首足形，还葬，县棺而封，人岂有非之者哉？”丧具，送终之仪物也。恶乎齐，言何以为厚薄之剂量也。毋过礼，不可以富而逾礼厚葬也。还葬，谓敛毕即葬，不殡而待月日之期也。县棺而封，谓以手县绳而下之，不设碑繂也。人不非之者，以无材则不可备礼也。 称，去声。亡，音无，下同。恶，音乌。齐，去声。还，音旋。县，音玄。封，音窆。司士贲告于子游曰：“请袭于床。”子游曰：“诺。”县子闻之曰：“汰哉叔氏！专以礼许人。”贲，司士之名也。礼，始死，废床而置尸于地，及复而不生，则尸复登床。袭者，敛之以衣也。沐浴之后，商祝袭祭服禒衣，盖布于床上也，饭含之后，迁尸于袭上而衣之，袭于床者，礼也，后世礼失而袭于地则亵矣。司士知礼而请于子游，子游不称礼而答之以“诺”，所以起县子之讥也。汰，矜大也。言凡有咨问礼事者，当据礼答之，子游专辄许诺，则如礼自己出矣，是自矜大也。叔氏，子游字。 贲，音奔。县，音玄。“尸复”复，扶又切。禒，音彖。“衣之”衣，去声。

宋襄公葬其夫人，醯醢百瓮。曾子曰：“既曰明器矣，而又实之。”夏礼专用明器，而实其半，虚其半；殷人全用祭器，亦实其半；周人兼用二器，则实人器而虚鬼器。孟献子之丧，司徒旅归四布。夫子曰：“可也。”疏曰：“送终即毕，赙布有余，其家臣司徒承主人之意，使旅下士归还四方赙主人之泉布。时人皆贪，而献子家独能如此，故夫子曰‘可也’，善其能廉。《左传》叔孙氏之司马鬷戾，是家臣亦有司徒、司马也。” 传，去声。读赗，曾子曰：“非古也，是再告也。”车马曰赗，赗所以助主人之送葬也。即受则书其人名与其物于方版，葬时柩将行，主人之史请读此方版所书之赗，盖于柩东当前东西面而读之。古者奠之而不读，周则既奠而又读焉，故曾子以为再告也。

成子高寝疾，庆遗入，请曰：“子之病革矣，如至乎大病，则如之何？”成子高，齐大夫国伯高父，谥成也。遗，庆封之族。革，与亟同，急也。大病，死也，讳之之辞。 遗，去声。革，音亟，入声。子高曰：“吾闻之也：生有益于人，死不害于人。吾纵生无益于人，吾可以死害于人乎哉！我死，则择不食之地而葬我焉。”不食之地，谓不耕垦之土。子夏问诸夫子曰：“居君之母与妻之丧，居处、言语、饮食衎尔。”君母、君妻，虽皆小君，皆服齐衰不杖期。然恩义则浅矣，故居其丧则自处如此。衎尔，和适之貌。此章以文势推之，丧下当有“如之何夫子曰”字，旧说谓记者之略，亦或阙文欤？又否，则问当作闻。 处，上声。衎，苦旦切。

宾客至，无所馆。夫子曰：“生于我乎馆，死于我乎殡。”生既馆之，死则当殡。 应氏曰：“朋友以义合，谓之宾客者，以其自远方而来也。”国子高曰：“葬也者，藏也。藏也者，欲人之弗得见也。是故衣足以饰身，棺周于衣，椁周于棺，土周于椁。反壤树之哉！”国子高，即成子高也。 疏曰：“子高之意人死可恶，故备饰以衣衾棺椁，欲其深邃不使人知，今乃反更封壤为坟而种树以标之哉？国子意在于俭，非周礼。”

孔子之丧，有自燕来观者，舍于子夏氏。子夏曰：“圣人之葬人与？人之葬圣人也，子何观焉？”延陵季子之葬其子，夫子尚往观之，今孔子之葬，燕人来观，亦其宜也。然子夏之意，以为圣人葬人，则事皆合礼；人之葬圣人，则未必皆合于礼也。故语之曰：子以为圣人之葬人乎？乃人之葬圣人也，又何观焉？盖谦辞也。 燕、与，并平声。语，去声。昔者夫子言之曰：“吾见封之若堂者矣，见若坊者矣，见若覆夏屋者矣，见若斧者矣。从若斧者焉。”马鬣封之谓也。今一日而三斩板而已封，尚行夫子之志乎哉！此言封土有此四者之形。封，筑土为坟也。若堂者，如堂之基，四方而高也。坊，堤也。若坊者，上平旁杀而南北长也。若覆夏屋者，旁广而卑也。若斧者，上狭如刃，较之上三者，皆用功力多而难成，此则俭而易就，故俗谓之马鬣封，马鬃鬣之上，其肉薄，封形似之也。今一日者，谓今封筑孔子之坟不假多时，一日之间三次斩板，即封毕而已止矣。其法侧板于坎之两旁，而用绳以约板，乃内土于内而筑之，土与板平，则斩断约板之绳，而升此板于所筑土之上，又实土于其中而筑之，如此者三，而坟成矣，故云三斩板而已封也。尚，庶几也。乎哉，疑辞。亦谦不敢质言也。 坊，音防。覆，方救切，去声。“内土”内，音纳。

妇人不葛带。礼，妇人之带牡麻结本，卒哭，丈夫去麻带，服葛带，而首绖不变；妇人以葛为首绖，以易去首之麻绖，而麻带不变，所谓“不葛带”也。既练则男子除绖，妇人除带，妇人轻首重要故也。然此谓妇人居齐斩之服者如此，若大功以下轻者，至卒哭，则并变为葛，与男子同。有荐新，如朔奠。朔奠者，月朔之奠也。未葬之时，大夫以上，朔望皆有奠；士则朔而已。如得时新之味，或五谷新熟而荐之，则其礼亦如朔奠之仪也。既葬，各以其服除。三月而葬，葬而虞，虞而卒哭。亲重，而当变麻衰者变之，其当除者即自除之，不俟主人卒哭之变也。池视重霤。疏曰：“池者，柳车之池也。重霤者，屋之承霤也，以木为之，承于屋檐，水霤入此木中，又从木中而霤于地。故云‘重霤’也。天子之屋四注，四面皆有重霤；诸侯四注而重霤去后；大夫惟前后二；士惟一在前。生时屋有重霤，故死时柳车亦象宫室，而设池于车覆鳖甲之下，墙帷之上。盖织竹为之，形如笼，衣以青布以承鳖甲。名之曰‘池’，以象重霤也。方面之数，各视生时重霤。” 重，平声。君即位而为椑，岁一漆之，藏焉。疏曰：“君，诸侯也。人君无论少长，体尊物备，即位即造为亲尸之棺，盖杝棺也，漆之坚强甓甓然，故名椑。每年一漆，示如未成也。藏焉者，其中不欲空虚，如急有待，故藏物于中。”一说：不欲令人见，故藏之。 椑，音僻。论、少，并去声。长，上声。杝，音移。复，楔齿、缀足、饭、设饰、帷堂并作。始死招魂之后，用角柶拄尸之齿令开，得饭含时不闭；又用燕几拘缀尸之两足令直，使著屦时不辟戾也。饭者，实米与贝于尸口中也。设饰，尸袭敛也。帷堂，堂上设帷也。作，起为也。复至帷堂六事一时并起，故云“并作”也。《仪礼》亦总见一图。　楔，音屑。缀，音拙。父兄命赴者。疏曰："生时与他人有恩识者，今死，则其家宜使人往相赴告。"《士丧礼》："孝子自命赴者，若大夫以上，则父兄命之也。"君复于小寝、大寝、小祖、大祖、库门、四郊。天子之郭门曰皋门，《明堂位》言鲁之库门即天子皋门，是库门者，郭门也。　疏曰："君，王侯也。前曰庙，后曰寝。室有东西厢曰庙，无东西厢有室曰寝，小寝者，高祖以下寝也，王侯同。大寝，天子始祖之寝，诸侯太祖之寝也。小祖者，高祖以下庙也，王侯同。大祖者，天子始祖之庙，诸侯太祖之庙也。"　马氏曰："寝，所居处之地；祖，所有事之地；门，所出入之地；郊，所尝至之地。君复必于此者，盖魂气之往，亦未离生时熟习之地也。观此，则死生之说可知矣。"　今按马氏以小寝、大寝为燕寝、正寝，与旧说异。丧不剥，奠也与？祭肉也与？剥者，不巾覆也。脯醢之奠，不恶尘埃，故可无巾覆。凡覆之者，必其有祭肉者也。既殡，旬而布材与明器。材，为椁之木也。布者，分列而暴干之也。殡后旬日即治此事。《礼》"献材于殡门外"，注云"明器之材"，此云材与明器者，盖二者之材皆乾之也。　暴，入声。乾，音干。朝奠日出，夕奠逮日。逮日，及日之未落也。　方氏曰："朝奠以象朝时之食，夕奠以象夕时之食，孝子事死如事生也。"父母之丧，哭无时；使必知其反也。未殡，哭不绝声，殡后虽有朝夕哭之时，然庐中思忆则哭，小祥后哀至则哭，此皆哭无时也。使者，受君之任使也。小祥之后，君有事使之，不得不行，然反必祭告，俾亲之神灵知其已反，亦"出必告，反必面"之义也。　"必告"告，音谷。

练，练衣黄里、縓缘，疏曰："练，小祥也。小祥而著练冠练中衣，故曰练也。练衣者，以练为中衣。黄里者，黄为中衣里也。正服不可变，中衣非正服，但承衰而已。縓，浅绛色。缘，谓中衣领及褎之缘也。"　縓，七眷切。缘，去声。著，音勺。褎、袖同。葛要绖，绳屦无絇，小祥，男子去首之麻绖，惟余要葛也，故曰"葛要绖"。绳屦者，父母初丧菅屦，卒哭，受齐衰蒯藨屦，小祥受大功绳麻屦也。无絇，谓无屦头饰也。　朱子曰："菅屦、疏屦，今不可考。今略以轻重推之，斩衰用今草鞋，齐衰用麻鞋可也。麻鞋，今卒伍所著者。"　要平声。角瑱，瑱，充耳也，吉时君大夫士皆有之，所以掩于耳。君用玉为之，初丧去饰，故无瑱；小祥后微饰，故用角为之也。　瑱，吐练切。鹿裘衡、长、袪。袪，裼之可也。疏曰："冬时吉凶衣里皆有裘，吉则贵贱有异，丧则同用鹿皮为之。小祥之前，裘狭而短，袂又无袪；小祥稍饰，则更易作横广大者，又长之，又设其袪也。裼者，裘上之衣，吉时皆有，丧后凶质，未有裼衣，小祥后渐向吉，故加裼可也。按如此文，明小祥时外有衰，衰内有练中衣，中衣内有裼衣，裼衣内有鹿裘，鹿裘内自有常著襦衣。 今按袪者，袖口也。此所谓袪，则是以他物为袖口之缘。既袪以为饰，故裼之可也。 衡，音横，章内并同。

有殡，闻远兄弟之丧，虽缌必往；非兄弟，虽邻不往。三年之丧，在殡不得出吊，然于兄弟则恩义存焉，故虽缌服，兄弟之异居而远者，亦当往哭其丧。若非兄弟，则虽近不往。所识，其兄弟不同居者皆吊。冯氏曰："上二句，既土生者出吊往哭为义，则下一句文意当同。所识当为句，若所知之谓也。死者既吾之所知识，则其兄弟虽与死者不同居，我皆当吊之，所以成往来之情义也。"

天子之棺四重，水、兕革棺被之，其厚三寸，杝棺一，梓棺二。四者皆周。水牛、兕牛之革耐湿，故以为亲身之棺，二革合被为一重。杝木亦耐湿，故次于革，即前章所谓椑也。梓木棺二，一为属，一为大棺；杝棺之外有属棺，属棺之外又有大棺。四者皆周，言四重之棺，上下四方悉周匝也。惟椁不周，下有茵，上有抗席故也。 重，平声。兕，音似。杝，音移。棺束，缩二衡三；衽，每束一。古者棺不用钉，惟以皮条直束之二道，横束之三道。衽，形如今之银则子，两端大而中小，汉时呼为小要。不言何物为之，其亦木乎？衣之缝合处曰衽，以小要连合棺与盖之际，故亦名衽。先凿木置衽，然后束以皮，每束处必用一衽，故云"衽每束一"也。柏椁以端，长六尺。天子以柏木为椁。端，犹头也。用柏木之头为之，其长六尺。 长，去声。天子之哭诸侯也，爵弁绖，纣衣。诸侯薨而赴于天子，天子哭之。爵弁纣衣，本士之祭服。爵弁，弁之色如爵也。纣衣，丝衣也。 郑氏曰："绖，衍字也。《周礼》王吊诸侯，弁绖缌衰。" 疏曰："天子至尊，不见尸柩，不吊服。此遥哭之，故不服缌衰而服爵弁纣衣也。" 纣，音缁。或曰：使有司哭之，郑氏曰："非也，哀戚之事不可虚。"为之不以乐食。疏曰："此是记者之言，非或人之说也。" 为，去声。天子之殡也，菆涂龙輴以椁，加斧于椁上，毕涂屋，天子之礼也。疏曰："菆，丛也。菆涂，谓用木丛棺而四面涂之也。龙輴，殡时用輴车载柩，而画辕为龙也。以椁者，此丛木象椁之形也。绣覆棺之衣为斧文，先菆四面为椁，使上与棺齐，而上犹开，以此棺衣从椁上入覆于棺，故云‘加斧于椁上’也。毕，尽也。斧覆既竟，又四注为屋以覆于上，而下四面尽涂之也。”今按菆涂龙輴，是輴车亦在殡中，非脱去輴车而殡棺也。　菆，才官切。輴，音春。覆，并去声。唯天子之丧，有别姓而哭。诸侯朝覲天子，爵同则其位同；今丧礼则分别同姓、异姓、庶姓，使各相从而为位以哭也。　别，必列切。

鲁哀公诔孔丘曰："天不遗耆老，莫相予位焉。呜呼哀哉！尼父！"作谥者，先列其生之实行，谓之诔。大圣之行，岂容尽列，但言天不留此老成，而无有佐我之位者，以寓其伤悼之意而已耳。称孔丘者，君臣之辞，此与《左传》之言不同。　郑氏曰："尼父，因其字以为之谥也。"　相，去声。父，音甫。行，去声。国亡大县邑，公、卿、大夫、士皆厌冠，哭于大庙三日，句君不举。或曰：君举而哭于后土。厌冠，丧冠也，说见《曲礼》。盛馔而以乐侑食曰举。后土，社也。　应氏曰："哭于大庙者，伤祖宗基业之亏损；哭于后土者，伤土地封疆之朘削也。不举，自贬损也。曰君举者，非也。"　厌，于叶切。大，音泰。孔子恶野哭者。"所知吾哭诸野"，夫子尝言之矣，盖哭其所知，必设位而帷之以成礼；此所恶者，或郊野之际，道路之间，哭非其地，又且仓卒行之，使人疑骇，故恶之也。方氏说："'哭者呼灭，子皋曰野哉'，'孔子恶者'以此。"恐未然。　恶，去声。卒，音猝。未仕者不敢税人，如税人，则以父兄之命。税人，以物遗人也。未仕者身未尊显，故内则不可专家财，外则不可私恩惠也。或有情义之所不得已而当遗者，则称尊者之命而行之。　遗，去声。士备入而后朝夕踊。国君之丧，诸臣有朝夕哭踊之礼，哭虽依次居位，踊必相视为节，不容有先后也。士卑，其入恒后，士皆入，则无不在者矣，故举士为毕而后踊焉。祥而缟，是月禫，徙月乐。疏曰："祥，大祥也。缟，谓缟冠，大祥日著之。"　马氏曰："祥禫之制，施于三年之丧，则其月同；施于期之丧，则其月异。《杂记》曰'十一月而练，十三月而祥，十五月而禫'，此期之丧也。父在为母有所屈，三年所以为极。而至于二十五月者，其礼不可过；以三年之爱而断于期者，其情犹可伸。在禫月而乐者，听于人也；在徙月而乐者，作于己也。"　"为母"为，去声。断，音短。君于士，有赐帟。帟，幕之小者，置之殡上以承尘也。大夫以上，则有司供之；士卑又不得自为，故君于士之殡，以帟赐之也。　帟，音亦。

檀弓下第四

君之适长殇，车三乘；公之庶长殇，车一乘；大夫之适长殇，车一乘。此言送殇遣车之礼。君，谓国君，亦或有地大夫通得称君也。公，专言五等诸侯也。十六至十九为长殇。葬此殇时，柩朝庙毕将行，设遣奠以奠之，牲体分折包裹，用此车载之以遣送死者，故名遣车。车制甚小，以置之椁内四隅，不容大为之也。礼：中殇，从上君适长三乘，则中亦三乘，下则一乘也；公庶长一乘，则中亦一乘，下则无也；大夫适长一乘，则中亦一乘，下殇及庶殇并无也。　适，音的。长，上声。乘、遣，并去声。公之丧，诸达官之长杖。方氏曰："受命于君者，其名达于上，故谓之达官。若府史而下，皆长官自辟除，则不可谓之达矣。受命于君者，其恩厚，故公之丧，惟达官之长杖。"　今按凡官皆有长、贰，此以长言，则不及贰也。　长，上声。

君于大夫，将葬，吊于宫，及出，命引之，三步则止。如是者三，君退。句朝亦如之，哀次亦如之。吊于宫，于其殡宫也。出，柩已行也。孝子攀号不忍，君命引之，夺其情也。引者三步即止，君又命引之，如是者三，柩车遂行，君即退去。君来时不必恒在殡宫，或当柩朝庙之时亦如之；或已出大门至平日待宾客次舍之处，孝子哀而暂停柩车，则亦如之。五十无车者，不越疆而吊人。始衰之年，不可以筋力为礼也。

季武子寝疾，蟜固不说齐衰而入见，曰："斯道也，将亡矣。士唯公门说齐衰。"武子曰："不亦善乎！君子表微。"及其丧也，曾点倚其门而歌。季武子，鲁大夫季孙夙也。蟜固，人姓名。点，字皙，曾子父也。武子寝疾之时，蟜固适有齐衰之服，遂衣凶服而问疾，且曰：大夫之门不当释凶服，惟君门乃说耳。此礼将亡，我之凶服以来，欲以救此将亡之礼也。武子善之，言失礼之显著者，人皆可知；若夫礼之微细者，惟君子乃能表明之也。武子执政人所尊畏，固之为此，欲以易时人之观瞻。据礼而行，武子虽憾，不得而罪之也。若倚门而歌，则非礼矣，其亦狂之一端欤？记者盖善蟜固之存礼，讥曾点之废礼也。　蟜，音矫。说，音脱。"遂衣"衣，去声。

大夫吊，当事而至，则辞焉。吊于人，是日不乐。妇人不越疆而吊人。行吊之日，不饮酒食肉焉。大夫吊，吊于士也。大夫虽尊，然当主人有小敛、大敛或殡之事而至，则殡者以其事告之。辞，犹告也。若非当事之时，则孝子下堂迎之。妇人无外事，故不越疆而吊。是日不乐，不饮酒食肉，皆为余哀未忘也。　为，去声。吊于葬者必执引；若从柩，及圹，皆执绋。引，引柩车之索也。绋，引棺索也。　郑氏曰："示助之以力。"疏曰："吊葬本为助执事，故必相助引柩车。凡执引用人，贵贱有数，数足则余人皆散行从柩，至下棺窆时，则不限人数，皆悉执绋也。引者，长远之名，故在车，车行远也；绋，是拨举之义，故在棺，棺惟拨举，不长远也。"　引，去声。圹，上声。为、相，并去声。丧，公吊之，必有拜者，虽朋友、州里、舍人可也。吊曰："寡君承事。"主人曰："临。"此谓国君吊其诸臣之丧。吊后，主人当亲往拜谢；丧家若无主后，必使以次疏亲往拜；若又无疏亲，则死者之朋友，及同州同里，及丧家典舍之人往拜，亦可也。寡君承事，言来承助丧事，此君语摈者传命以入之辞。主人曰临者，谢辱临之重也。　临，如字。君遇柩于路，必使人吊之。蒉尚画宫受吊，不如杞梁之妻知礼。而此言吊于路，何也？盖有爵者之丧当以礼吊，此谓臣民之微贱者耳，礼不下庶人也。言必使人吊者，是泛言众人之丧也。大夫之丧，庶子不受吊。大夫之丧，适子为主拜宾。或以他故不在，则庶子不敢受吊，不敢以卑贱为有爵者之丧主也。

妻之昆弟为父后者死，哭之适室，子为主，袒、免、哭、踊。夫入门右，使人立于门外。告来者，狎则入哭。父在，哭于妻之室；非为父后者，哭诸异室。此闻妻兄弟之丧，而未往吊时礼也。父在，己之父也。为父后，妻之父也。门外之人以来吊者告，若是交游习狎之人，则径入哭之，情义然也。　疏曰："女子适人者，为昆弟之为父后者不降，以其正故也。故姊妹之夫，为之哭于适室之中庭。子为主者，甥服舅缌，故命己子为主，受吊拜宾也。袒免哭踊者，冠尊，不居肉袒之上，必先去冠而加免；故凡哭，哀则踊，踊必先袒，袒必先免，故'袒免哭踊'也。夫入门右者，谓此子之父，即哭妻兄弟者。"　适，音的。免，音问。夫，如字。"为昆弟之"为，去声。有殡，闻远兄弟之丧，哭于侧室；无侧室，哭于门内之右。同国则往哭之。侧室者，燕寝之旁室也。门内，大门之内也。上篇言有殡闻远兄弟之丧,虽缌必往,其亦谓同国欤?　方氏曰:"哭于侧室,欲其远殡宫也。于门内之右者,不居主位,示为之变也。同国则往者,以其不远也。"　"远殡"远、"为之"为,并去声。

子张死,曾子有母之丧,齐衰而往哭之。或曰:"齐衰不以吊。"曾子曰:"我吊也与哉?"以丧母之服,而哭朋友之丧,逾礼已甚,故或人止之。而曾子之意则曰:我于子张之死,岂常礼之吊而已哉?今详此意,但以友义隆厚,不容不往哭之,又不可释服而往,但往哭而不行吊礼耳。故曰:"我吊也与哉?"　刘氏曰:"曾子尝问三年之丧,吊乎?夫子曰:'三年之丧练,不群立,不旅行。君子礼以饰情,三年之丧而吊哭,不亦虚乎?'既闻此矣,而又以母丧吊友,必不然也。凡《经》中言曾子失礼之事,不可尽信,此亦可见。"与,平声。有若之丧,悼公吊焉,子游摈由左。悼公,鲁君,哀公之子。摈,赞相礼事也。立者尊右,子游由公之左,则公在右为尊矣。《少仪》云"诏辞自右者,谓传君之诏命",则诏命为尊,故传者居右。时相丧礼者亦多由右,故子游正之也。齐穀王姬之丧,鲁庄公为之大功。或曰:"由鲁嫁,故为之服姊妹之服。"或曰:"外祖母也,故为之服。"穀,读为告。齐襄公夫人王姬卒,在鲁庄之二年,赴告于鲁,其初由鲁而嫁,故鲁君为之服出嫁姊妹大功之服,礼也。或人既不知此王姬乃庄公舅之妻,而以为外祖母,又不知外祖母服小功,而以大功为外祖母之服,其亦妄矣。　郑氏曰:"春秋周女由鲁嫁,卒则服之如内女,服姊妹是也。天子为之无服,嫁于王者之后乃服之。"　穀,音告。为,去声。

晋献公之丧,秦穆公使人吊公子重耳,且曰:"寡人闻之,亡国恒于斯,得国恒于斯。虽吾子俨然在忧服之中,丧亦不可久也,时亦不可失也。孺子其图之!"献公薨时,重耳避难在狄,故穆公使人往吊之。吊为正礼,故以"且曰"起下辞。寡人闻之者,此使者传穆公之言也。恒于斯,言常在此死生交代之际也。俨然,端静持守之貌。丧,失位也。丧不可久、时不可失者,勉其奔丧反国以谋袭位,故言孺子其图之也。此时秦已有纳之之志矣。　重,平声。丧,去声,下并同。难,去声。"使者"使,去声。以告舅犯,舅犯曰:"孺子其辞焉!丧人无宝,仁亲以为宝。父死之谓何?又因以为利,而天下其孰能说之?孺子其辞焉!"舅犯,重耳舅狐偃,字子犯也。公子既闻使者之言,入以告之子犯,犯言当辞而不受可也。失位去国之人，无以为宝；惟仁爱思亲，乃其宝也。父死谓是何事？正是凶祸大事，岂可又因此凶祸以为反国之利，而天下之人，孰能解说我为无罪乎？此所以不当受其相勉反国之命也。　说，如字。公子重耳对客曰："君惠吊亡臣重耳，身丧父死，不得与于哭泣之哀，以为君忧。父死之谓何？或敢有他志，以辱君义。"稽颡而不拜，哭而起，起而不私。公子既闻子犯之言，乃出而答客。惠吊亡臣重耳，谢其来吊也。不得与哭泣之哀，言出亡在外，不得居丧次也。以为君忧者，致君忧虑我也。他志，谓求位之志。辱君义者，辱君惠吊之义也。不私，不再与使者私言也。　与，去声。子显以致命于穆公。穆公曰："仁夫公子重耳！夫稽颡而不拜，则未为后也，故不成拜。哭而起，则爱父也；起而不私，则远利也。"郑注用《国语》，知使者为公子絷，字子韅，故读显为韅也。丧礼先稽颡后拜，谓之成拜，为后者成拜，所以谢吊礼之重；今公子以未为后，故不成拜也。爱父，犹言哀痛其父也；不私与使者言，是无反国之意，是远利也。爱父远利，皆仁者之事，故称之曰："仁夫公子重耳！"　显，去声。远，去声。

帷殡，非古也，自敬姜之哭穆伯始也。礼，朝夕哭殡之时，必褰开其帷。敬姜哭其夫穆伯之殡，乃以避嫌而不复褰帷，自此以后，人皆效之。故记者云："非古也。"穆伯，鲁大夫季悼子之子，公甫靖也。

丧礼，哀戚之至也。节哀顺变也，君子念始也者也。孝子之哀，发于天性之极至，岂可止遏，圣人制礼以节其哀，盖顺以变之也。言顺孝子之哀情，以渐变而轻灭也。始，犹生也，生我者父母也，毁而灭性，是不念生我者矣。复，尽爱之道也，有祷祠之心焉。望反诸幽，求诸鬼神之道也。北面，求诸幽之义也。行祷五祀而不能回其生，又为之复，是尽其爱亲之道，而祷祠之心犹示忘于复之时也。望反诸幽，望其自幽而反也。鬼神处幽暗，北乃幽阴之方，故求诸鬼神之幽者必向北也。拜稽颡，哀戚之至隐也。稽颡，隐之甚也。隐，痛也。稽颡者，以头触地，无复礼容。就拜与稽颡言之，皆为至痛，而稽颡则尤其痛之甚者也。饭用米、贝，弗忍虚也。不以食道，用美焉尔。实米与贝于死者口中，不忍其口之虚也。此不是用饮食之道，但用此美洁之物以实之焉尔。铭，明旌也。以死者为不可别已，故以其旗识之。爱之，斯录之矣；敬之，斯尽其道焉耳。《士丧礼》铭曰：某氏某之柩。初置于檐下西阶上，及为重毕，则置于重，殡而卒涂，始树于肂坎之东。疏云："士长三尺，大夫五尺，诸侯七尺，天子九尺。若不命之士，则以缁长半幅。赪末，长终幅，广三寸。半幅。一尺也。终幅，二尺也。是总长三尺。夫爱之而录其名，敬之而尽其道，曰爱曰敬，非虚文也。" 别，必列切。识，式志切。重，平声。肂，羊志切。赪，敕贞切。重，主道也。殷主缀重焉，周主重彻焉。《礼注》云：士重木长三尺。始死作重以依神，虽非主而有主之道，故曰主道也，殷礼始殡时，置重于殡庙之庭，暨成虞主，则缀此重而悬于新死者所殡之庙；周人虞而作主，则彻重而埋之也。重，平声。缀，音拙。奠以素器，以生者有哀素之心也。唯祭祀之礼，主人自尽焉尔，岂知神之所飨，亦以主人有齐敬之心也！郑氏曰："哀素，言哀痛无饰也。凡物无饰曰素。哀则以素，敬则以饰，礼由人心而已。" 方氏曰："《士丧礼》有'素俎'，《士虞礼》有'素几'，皆其哀而不文故也。丧葬凶礼，故若是；至于祭祀之吉礼，则必自尽以致其文焉，故曰：'唯祭祀之礼，主人自尽焉尔。'然主人之自尽，亦岂知神之所享必在于此乎？且以表其心而已耳。"齐，音斋。辟踊，哀之至也。有算，为之节文也。疏曰："抚心为辟，跳跃为踊，是哀痛之至极，若不裁限，恐伤其性，故有算以为之准节。每一踊三跳，三踊九跳为一节；士三日有三次踊，大夫四日五踊，诸侯六日七踊，天子八日九踊，故云'为之节文也'。" 辟，婢亦切。袒、括发，变也。愠，哀之变也。去饰，去美也。袒、括发，去饰之甚也。有所袒，有所袭，哀之节也。疏曰："袒衣括发，形貌之变也；悲哀愠恚，哀情之变也。去其寻常吉时之服饰，是去其华美也。去饰虽多端，惟袒而括发，又去饰之中最甚者也。理应常袒，何以有袒时、有袭时？盖哀甚则袒，哀轻则袭，哀之限节也。" 去，上声。弁绖葛而葬，与神交之道也，有敬心焉。周人弁而葬，殷人冔而葬。居丧时冠服皆纯凶，至葬而吾亲托体地中，则当以礼敬之心，接于山川之神也。于是以绢素为弁，如爵弁之制，以葛为环绖在首以送葬。不敢以纯凶之服交神者，示敬也，故曰"有敬心焉"。 冔，火羽切。歠主人、主妇、室老，为其病也，君命食之也。疏曰："亲丧歠粥之时，主人，亡者之子；主妇，亡者之妻，无则主人之妻也；室老，家之长相;此三人并是大夫之家贵者,为其歠粥病困之故,君必命之食疏饭也。若士丧,君不命也。《丧大记》言主妇食疏食,谓既殡之后;此主妇歠者,谓未殡前。” 为,去声。食,音嗣。反哭升堂,反诸其所作也。主妇入于室,反诸其所养也。此堂与室,皆谓庙中也,卒窆而归,乃反哭于祖庙。其二庙者,则先祖后祢。所作者,平生祭祀冠昏所行礼之处也。所养者,所馈食供养之处也。 养,去声。冠,去声。反哭之吊也,哀之至也。反而亡焉,失之矣,于是为甚。宾之吊者升自西阶曰:“如之何?”主人拜稽颡:“当此之时,亡矣失矣,不可复见吾亲矣!”哀痛于是为甚也。宾吊毕而出,主人送于门外,遂适殡宫,即先时所殡正寝之堂也。

殷既封而吊,周反哭而吊。孔子曰:“殷已悫,吾从周。”殷之礼,窆毕,宾就墓所吊主人;周礼则俟主人反哭而后吊。孔子谓殷礼太质悫者,盖亲之在土固为可哀,不若求亲于平生居止之所而不得,其哀为尤甚也。故吊于墓者,不如吊于家者之情文为兼尽,故欲从周也。 封,音窆。葬于北方北首,三代之达礼也。之幽之故也。北方,国之北也。殡犹南首,未忍以鬼神待其亲也;葬则终死事矣,故葬而北首。三代通用此礼也。南方昭明,北方幽暗。之幽,释所以北首之义。 首,去声。既封,主人赠,而祝宿虞尸。柩行至城门,公使宰夫赠玄纁束,既窆,则用此玄纁赠死者于墓之野。此时祝先归,而肃虞祭之尸矣。宿,读为肃,进也。虞,犹安也。葬毕,迎精而反,日中祭之于殡宫,以安之也。男则男子为尸,女则女子为尸。尸之为言主也,不见亲之形容,心无所系,故立尸而使之著死者之服,所以使孝子之心主于此也。禫祭以前男女异尸异几,祭于庙,则无女尸,而几亦同矣。《少牢礼》云“某妃配”,是男女共尸。 著,直略切。少,去声。既反哭,主人与有司视虞牲。有司以几筵舍奠于墓左,反,日中而虞。士之礼,虞牲特豕。几,所以依神。筵,坐神之席也,席敷陈曰筵。孝子先反而视牲,别令有司释奠以礼地神,为亲之托体于此也。舍,读为释。奠者,置也,释置此祭馔也。墓道向南,以东为左,待此有司之反,即于日中时虞祭也。 舍,音释。敷、敷同。“为亲”为,去声。葬日虞,弗忍一日离也。郑氏曰:“弗忍其无所归。” 离,去声。是日也,以虞易奠。卒哭曰“成事”。始死,小敛、大敛、朝夕,朔月、朝祖、赗遣之类,皆丧奠也。此日以虞祭代去丧奠,故曰“从虞易奠”也。卒哭曰成事者,盖祝辞曰“哀荐成事”也。祭以吉为成,卒哭之祭,乃吉祭故也。是日也,以吉祭易丧祭,明日祔于祖父。吉祭,卒哭之祭也。丧祭,虞祭也。卒哭在虞之后,故云“以吉祭易丧祭”也。祔之为言附也。祔祭者,告其祖父以当迁他庙,而告新死者以当入此庙也。《礼》云“明日以其班祔”,明日者,卒哭之次日也。卒哭时告于新主曰:“哀子某来日跻祔尔于尔皇祖某甫。”及时,则奉新主入祖之庙而并告之曰:“适尔皇祖某甫,以跻祔尔孙某甫。”孙必祔祖者,昭穆之位同,所谓以其班也。毕事,虞主复于寝。三年丧毕,遇四时之吉祭,而后奉新主入庙也。虞祭间一日,而卒哭与祔则不间日。并、间,并去声。其变而之吉祭也,比至于祔,必于是日也接,不忍一日未有所归也。上文所言皆据正礼,此言变者,以其变易常礼也。所以有变者,以有他故,未及葬期而即葬也。据士礼,速葬速虞之后,卒哭之前,其日尚赊,不可无祭。之,往也。虞往,至吉祭,其礼如何?曰:虞后比至于祔,遇刚日而连接其祭。若丁日葬,则己日再虞,后虞改用刚日,则庚日三虞也。此后遇刚日则祭,至祔而后止,此孝子不忍使其亲一日无所依归也。　比,音畀。

殷练而祔,周卒哭而祔。孔子善殷。《孝经》曰:“为之宗庙,以鬼享之。”孔子善殷之祔者,以不急于鬼其亲也。君临臣丧,以巫、祝、桃、茢、执戈,恶之也,所以异于生也。丧有死之道焉,先王之所难言也。桃性辟恶,鬼神畏之,王莽恶高庙神灵,以桃汤洒其壁,茢,苕帚也,所以除秽。巫执桃,祝执茢,小臣执戈,盖为其有凶邪之气可恶,故以此三物辟祓之也,临生者则惟执戈而已,今加以桃、茢,故曰“异于生也”。君使臣以礼,死而恶之,岂礼也哉?然人死斯恶之矣,故丧礼实有恶死之道焉,先王之所不忍言也。　茢,音列。恶、难,并去声。辟,音阙。丧之朝也,顺死者之孝心也。其哀离其室也,故至于祖、考之庙而后行。殷朝而殡于祖,周朝而遂葬。子之事亲出必告,反必面,今将葬而奉柩以朝祖,固为顺死者之孝心,然求之死者之心,亦必自哀其违离寝处之居,而永弃泉壤之下,亦欲至祖考之庙而诀别也。殷尚质,敬鬼神而远之,故大敛之后,即奉柩朝祖而遂殡于庙;周人则殡于寝,及葬则朝庙也。孔子谓:“为明器者,知丧道矣,备物而不可用也。”此孔子善夏之用明器从葬。　从,去声。哀哉!死者而用生者之器也,不殆于用殉乎哉!此孔子非殷人用祭器从葬。以人从死曰殉。殆，几也。用其器，则近于用人。“其曰明器，神明之也。”涂车、刍灵，自古有之，明器之道也。孔子谓“为刍灵者善”，谓“为俑者不仁”，不殆于用人乎哉！谓之明器者，是以神明之道待之也。涂车，以泥为车也。束草为人形，以为死者之从卫，谓之“刍灵”，略似人形而已，亦明器之类也。中古为木偶人谓之俑，则有面目机发而太似人矣，故孔子恶其不仁，知末流必有以人殉葬者。　赵氏曰：“以木人送葬，设机而能踊跳，故名之曰俑。”

穆公问于子思曰：“为旧君反服，古与？”子思曰：“古之君子，进人以礼，退人以礼，故有旧君反服之礼也。今之君子，进人若将加诸膝，退人若将队诸渊，毋为戎首，不亦善乎！又何反服之礼之有？”穆公，鲁君，哀公之曾孙。为旧君服，见《仪礼》齐衰章。孟子言“三有礼则为之服，寇仇何服之有”，与此章意似。队诸渊，言置之死地也。戎首，为寇乱之首也。　“为旧”为，去声。与，平声。队，音坠。悼公之丧，季昭子问于孟敬子曰：“为君何食？”敬子曰：“食粥，天下之达礼也。悼公，鲁哀公之子。昭子，康子之曾孙，名强，敬子，武伯之子，名捷。吾三臣者之不能居公室也，四方莫不闻矣。勉而为瘠，则吾能，毋乃使人疑夫不以情居瘠者乎哉！我则食食。”三臣，仲孙、叔孙、季孙之三家也，敬子言我三家不能居公室而以臣礼事君者，四方皆知之矣，勉强食粥而为毁瘠之貌，我虽能之，然岂不使人疑我非以哀戚之真情而处此瘠乎？不若违礼而食食也。　应氏曰：“季子之问，有君子补过之心；而孟氏之对，可谓小人之无忌惮者矣。”　食，上如字，下音嗣。

卫司徒敬子死，子夏吊焉，主人未小敛，绖而往。子游吊焉，主人既小敛，子游出绖，反哭。子夏曰：“闻之也与？”曰：“闻诸夫子：主人未改服，则不绖。”司徒，以官为氏也。主人未小敛，则未改服，故吊者不绖，子夏绖而往吊，非也。其时子游亦吊，俟其小敛后改服，乃出而加绖反哭之，则中于礼矣。　与，平声。中，去声。曾子曰：“晏子可谓知礼也已，恭敬之有焉。”有若曰：“晏子一狐裘三十年，遣车一乘，及墓而反。晏子，齐大夫。曾子称其知礼，谓礼以恭敬为本也。有若之言则曰:狐裘贵在轻新,乃三十年而不易,是俭于己也;遣车一乘,俭其亲也;礼,窆后有拜宾送宾等礼,晏子窆讫即还,俭于宾也。此三者,皆以其俭而失礼者也。 遣、乘,并去声,下节同。国君七个,遣车七乘;大夫五个,遣车五乘。晏子焉知礼?”遣车之数,天子九乘,诸侯七乘,大夫五乘,天子之士三乘,诸侯之士无遣车也。大夫以上皆太牢,士太牢。个,包也。凡包牲皆取下体,每一牲取三体,前胫折取臂臑,后胫折取骼。少牢二牲则六体,分为三个;太牢三牲则九体。大夫九体分为十五段,三段为一包,凡五包;诸侯分为二十一段,凡七包;天子分为二十七段,凡九包。每遣车一乘,则载一包也。曾子曰:“国无道,君子耻盈礼焉。国奢则示之以俭,国俭则示之以礼。”曾子主权,有子主经,是以二端之论不合。

国昭子之母死,问于子张曰:“葬及墓,男子、妇人安位?”子张曰:“司徒敬子之丧,夫子相,男子西乡,妇人东乡。”国昭子,齐大夫,葬其母,以子张相礼,故问之。夫子,孔子也。主人家男子皆西向,妇人皆东向,而男宾在众主人之南,女宾在众妇之南,礼也。 相、乡,并去声。曰:“噫! 毋!”曰:“我丧也斯沾,尔专之:宾为宾焉,主为主焉。”妇人从男子皆西乡。昭子闻子张之言,叹息而止之,言我为大夫,齐之显家,今行丧礼,人必尽求觇视,当有所更改以示人,岂宜一循旧礼?尔当专主其事,使宾自为宾,主自为主,可也。于是昭子家妇人,既与男子同居主位而西乡,而女宾亦与男宾同居宾位而东乡矣。斯,尽也。沾,读为觇。此记礼之变。 毋、无同。斯,去声。沾、觇同。更,平声。穆伯之丧,敬姜昼哭;文伯之丧,昼夜哭。孔子曰:“知礼矣。”哭夫以礼,哭子以情,中节矣,故孔子美之。 中,去声。文伯之丧,敬姜据其床而不哭,曰:“昔者吾有斯子也,吾以将为贤人也,吾未尝以就公室。今及其死也,朋友诸臣未有出涕者,而内人皆行哭失声。斯子也,必多旷于礼矣夫!”以为贤人,必知礼矣,故凡我平日出入公室,未尝与俱而观其所行,盖信其贤而知礼也;至死而觉其旷礼,故叹恨之。 郑氏曰:“季氏,鲁之宗卿,敬姜有会见之礼。”季康子之母死,陈亵衣。敬姜曰:“妇人不饰不敢见舅姑。将有四方之宾来,亵衣何为陈于斯?"命彻之。敬姜,康子之从祖母也。　应氏曰:"敬姜森然法度之语。"　见,音现。从,去声。

有子与子游立,见孺子慕者。有子谓子游曰:"予壹不知夫丧之踊也,予欲去之久矣。情在于斯,其是也夫!"有子言丧礼之有踊,我常不知其何为而然。壹者,专一之义,犹常也。我久欲除去之矣,今见孺子之号慕若此,则哀情之在于此踊,亦如此孺子之慕也夫!　去,上声。子游曰:"礼有微情者,有以故兴物者,有直情而径行者,戎狄之道也。礼道则不然。子游言先王制礼,使贤者俯而就之,不肖者企而及之。虑贤者之过于情也,故立为哭踊之节,所以杀其情,故曰:"礼有微情者。"微,犹杀也。虑不肖者之不及情也,故为之兴起衰绖之物,使之睹服思哀,故曰"有以故兴物者"。此二者,皆制礼者酌人情而为之也。若直肆己情,径率行之,或哀或不哀,漫无制节,则是戎狄之道矣。中国礼义之道,则不如是也。人喜则斯陶,陶斯咏,咏斯犹,犹斯舞,舞斯愠,愠斯戚,戚斯叹,叹斯辟,辟斯踊矣。品节斯,斯之谓礼。此言乐极生哀之情。但"舞斯愠"一句,终是可疑,今且据疏。刘氏欲于"犹斯舞"之下增一"矣"字,而删"舞斯愠"三字,今亦未敢从。　疏曰:"喜者,外境会心之谓。斯,语助也。陶,谓郁陶,心初悦而未畅之意。郁陶之情畅,则口歌咏之也;咏歌不足,渐至动摇身体,乃至起舞;足蹈手扬,乐之极也。处境违心之谓愠。凡喜怒相对,哀乐相生,若舞无节,形疲厌倦;事与心违,所以怒生。愠怒之生由于舞极,故《曲礼》云:'乐不可极也。'此凡九句,首末各四句,是哀乐相对,中间'舞斯愠'一句,是哀乐相生。'愠斯戚'者,怒来触心,愤恚之余,转为忧戚;忧戚转深,因发叹息;叹恨不泄,遂至抚心;抚心不泄,乃至跳踊奋击,亦哀之极也。故夷狄无礼,朝殡夕歌,童儿任情,倏啼欻笑。今若品节此二涂,使踊舞有数,则能久长,故云斯之谓礼。品,阶格也。节,制断也。"　孙氏曰:"当作人喜则斯陶,陶斯咏,咏斯犹,犹斯舞,舞斯蹈矣;人悲则斯愠,愠斯戚,戚斯叹,叹斯辟,辟斯踊矣。盖自喜至蹈,凡六变,自悲至踊,亦六变。此所谓孺子慕者之直情也。舞蹈辟踊,皆本此情,圣人于是为之节。"　犹,音摇。辟,婢亦切。乐,音洛。人死,斯恶之矣;无能也,斯倍之矣。是故制绞、衾,设蒌、翣,为使人勿恶也。以其死而恶之,以其无能而倍之,恐太古无礼之时,人多如此,于是推原圣人所以制礼之初意,止为使人勿恶勿倍而已。绞衾以饰其体,蒌翣以饰其棺,则不见死者之可恶矣。　恶，去声。绞，音爻。蒌，音柳。为，去声。始死，脯、醢之奠，将行，遣而行之，既葬而食之。未有见其飨之者也。自上世以来，未之有舍也，为使人勿倍也。故子之所刺于礼者，亦非礼之訾也。”始死，即为脯醢之奠；将葬，则有包裹牲体之遣；既葬，则有虞祭之食。何尝见死者享之乎？然自上世制礼以来，未闻有舍而不为者，为此则报本反始之思，自不能已矣，岂复有倍之之意乎？先王制礼，其深意盖如此。今子刺丧之踊而欲去之者，亦不足以为礼之疵病也。　遣，去声。食，去声。舍，上声。为，去声。刺，音次。訾，音疵。复，扶又切。

吴侵陈，斩祀杀厉。师还出竟，陈大宰嚭使于师，夫差谓行人仪曰：“是夫也多言。盍尝问焉？师必有名，人之称斯师也者，则谓之何？”鲁哀公元年，吴师侵陈。斩祀，伐祠祀之木也。杀厉，杀疫病之人也。大宰、行人，皆官名。夫差，吴子名。是夫，犹言此人，指嚭也。多言，犹能言也。盍，何不也。尝，试也。师必有名者，言出师伐人，必得彼国之罪，以显我出师之名也。今众人称我此师，谓之何名乎？　还，音旋。竟，音境。大，音泰。嚭，普彼切。使，去声。夫差，音扶钗。“是夫”夫，如字。大宰嚭曰：“古之侵伐者，不斩祀，不杀厉，不获二毛。今斯师也，杀厉与？其不谓之杀厉之师与？”曰：“反尔地，归尔子，则谓之何？”曰：“君王讨敝邑之罪，又矜而赦之，师与有无名乎？”二毛，斑白之人也。子，谓所获臣民也。还其侵略之地，纵其俘获之民，是矜而赦之矣，岂可又以无名之师议之乎？此言嚭善于辞令。故能救败亡之祸。石梁王氏曰：“是时吴亦有大宰嚭如何？”　与，并平声。

颜丁善居丧：始死，皇皇焉如有求而弗得；及殡，望望焉如有从而弗及；既葬，慨焉如不及其反而息。颜丁，鲁人。皇皇，犹栖栖也。望望，往而不顾之貌。慨，感怅之意。始死，形可见也；既殡，柩可见也；葬则无所见矣。如有从而弗及，似有可及之处也。葬后则不复如有所从矣，故但言“如不及其反”。又云而息者，息，犹待也，不忍决忘其亲，犹且行且止，以待其亲之反也。盖葬者往而不反，然孝子于迎精而反之时，犹如有所疑也。复，去声。子张问曰：“《书》云‘高宗三年不言，言乃欢’，有诸？”仲尼曰：“胡为其不然也！古者天子崩，王世子听于冢宰三年。”言乃欢者，命令所布，人心喜悦也。

知悼子卒，未葬。平公饮酒，师旷、李调侍，鼓钟。杜蒉自外来，闻钟声，曰：“安在？”曰：“在寝。”杜蒉入寝，历阶而升，酌曰：“旷饮斯！”又酌曰：“调饮斯！”又酌，堂上北面坐饮之，降，趋而出。知悼子，晋大夫，名罃。平公，晋侯彪也。凡三酌者，既罚二子。又自罚也。　知，去声。蒉，音快。饮，去声。平公呼而进之，曰：“蒉！曩者尔心或开予，是以不与尔言。尔饮旷，何也？”曰：“子、卯不乐，知悼子在堂，斯其为子、卯也大矣。旷也，太师也，不以诏，是以饮之也。”言尔之初入，我意尔必有所谏教开发于我，我是以不先与尔言。乃三酌之后，竟不言而出，尔之饮旷何说也？蒉言桀以乙卯日死，纣以甲子日死，谓之疾日，故君不举乐。在堂，在殡也。况君于卿大夫，比葬不食肉，比卒哭不举乐。悼子在殡，而可作乐燕饮乎？桀纣异代之君，悼子同体之臣，故以为大于子卯也。诏，告也。罚其不告之罪也。“尔饮调，何也？”曰：“调也，君之亵臣也，为一饮一食，忘君之疾，是以饮之也。”言调为近习之臣，贪于一饮一食，而忘君违礼之疾，故罚之也。　饮，去声。“尔饮，何也？”曰：“蒉也，宰夫也，非刀匕是共，又敢与知防，是以饮之也。”非，犹不也。宰夫职在刀匕，今乃不专供刀匕之职，而敢与知谏争防闲之事，是侵官矣，故自罚也。　共，音供。与，去声。争，音诤。平公曰：“寡人亦有过焉。酌而饮寡人！”杜蒉洗而扬觯。公谓侍者曰：“如我死，则必毋废斯爵也。”至于今，既毕献，斯扬觯，谓之杜举。扬觯，举觯也。盥洗而后举，致洁敬也。平公自知其过，既命蒉以酌，又欲以此爵为后世戒，故记者云：至今晋国行燕礼之终，必举此觯。谓之杜举者，言此觯乃昔者杜蒉所举也。《春秋传》作屠蒯，文亦不同。　觯，音志。

公叔文子卒，其子戍请谥于君，曰：“日月有时，将葬矣，请所以易其名者。”文子，卫大夫，名拔。君，灵公也。大夫、士三月而葬。有时，犹言有数也。死则讳其名，故为之谥，所以代其名也。　戍，音庶。君曰:“昔者卫国凶饥,夫子为粥与国之饿者,是不亦惠乎!昔者卫国有难,夫子以其死卫寡人,不亦贞乎!夫子听卫国之政,修其班制,以与四邻交。卫国之社稷不辱,不亦文乎!故谓夫子贞惠文子。”鲁昭公二十年,盗杀卫侯之兄絷,时齐豹作乱,公如死鸟,此卫国之难也。班者,尊卑之次。制者,多寡之节。因旧典而修举之也。据先后则惠在前,论小大则贞为重,故不曰“惠贞”而曰“贞惠”也。此三字为谥,而惟称文子者,郑云:“文足以兼之。” 难,去声。石骀仲卒,无适子,有庶子六人,卜所以为后者,曰:“沐浴佩玉则兆。”五人者皆沐浴佩玉。石祁子曰:“孰有执亲之丧而沐浴佩玉者乎?”不沐浴佩玉。石祁子兆,卫人以龟为有知也。骀仲,卫大夫。曰沐浴佩玉则兆,卜人之言也。 方氏曰:“兆亦有凶,卜者以求吉为主,故《经》以兆言吉也。” 骀,音苔。适,音的。

陈子车死于卫,其妻与其家大夫谋以殉葬,定而后陈子亢至。以告曰:“夫子疾,莫养于下,请以殉葬。”子车,齐大夫。子亢,其兄弟,即孔子弟子子禽也。疾时不在家,家人不得以致其养,故云“莫养于下”也,于是欲杀人以殉葬。定,谓已议定所杀之人也。 亢,音刚。养,去声。子亢曰:“以殉葬,非礼也。虽然,则彼疾当养者,孰若妻与宰?得已,则吾欲已;不得已,则吾欲以二子者之为之也。”于是弗果用。宰,即家大夫也。二子,谓妻与宰也。子亢若但言非礼,未必能止之,今以当养者为当殉,则不期其止而自止矣。子路曰:“伤哉贫也!生无以为养,死无以为礼也。”孔子曰:“啜菽饮水尽其欢,斯之谓孝;敛首足形,还葬而无椁,称其财,斯之谓礼。”世固有三牲之养而不能欢者,亦有厚葬以为观美而不知陷于僭礼之罪者,知此,则孝与礼可得而尽矣,又何必伤其贫乎?还葬,说见上篇。 养,去声。还,音旋。称,去声。

卫献公出奔,反于卫,及郊,将班邑于从者而后入。柳庄曰:“如皆守社稷,则孰执羁靮而从?如皆从,则孰守社稷?君反其国而有私也,毋乃不可乎?”弗果班。献公以鲁襄十四年奔齐，二十六年归卫。羁，所以络马；靮，所以鞚马。庄之意，谓居者行者均之为国，不当独赏从者以示私恩。 从，去声。靮，音的。卫有大史曰柳庄，寝疾。公曰："若疾革，虽当祭必告。"公再拜稽首请于尸曰："有臣柳庄也者，非寡人之臣，社稷之臣也。闻之死，请往。"不释服而往，遂以襚之，与之邑裘氏与县潘氏，书而纳诸棺曰："世世万子孙毋变也。"以衣服赠死者曰襚。裘、县潘，二邑名。万子孙，谓庄之后世也。庄之疾，公尝命其家，若当疾亟之时，我虽在祭事，亦必入告。及其死也，果当公行事之际，遂不释祭服而往，因释以襚之，又赐之二邑。此虽见国君尊贤之意，然弃祭事而不终，以诸侯之命服而襚大夫，书封邑之券而纳诸棺，皆非礼矣。 大，音泰。革，音亟，入声。县，音玄。

陈乾昔寝疾，属其兄弟而命其子尊已曰："如我死，则必大为我棺，使吾二婢子夹我。"陈乾昔死，其子曰："以殉葬，非礼也，况又同棺乎！"弗果杀。属，如《周礼》"属民读法"之属，犹合也，聚也。记者善尊己守正，而不从其父之乱命。 乾，音干。属，音烛。仲遂卒于垂，壬午犹绎，《万》入去《籥》。仲尼曰："非礼也。卿卒不绎。"仲遂，鲁庄公子，东门襄仲也，为鲁卿。垂，齐地名。祭宗庙之明日，又设祭礼以寻绎昨日之祭，谓之绎，殷谓之肜。言壬午，则正祭辛巳日也。《万》舞，执干以舞也。《籥》舞，吹籥以舞也。《万》入去《籥》者，言此绎祭时，以仲遂之卒，但用无声之干舞以入，去有声之《籥》舞而不用也。 陈氏曰："《春秋》之法：当祭而卿卒，则不用乐，明日则不绎。故叔弓之卒，昭公去乐卒事，君子以为礼；仲遂之卒，宣公犹绎，而《万》入去《籥》，圣人以为非礼。" 《诗记》曰："《万》舞，二舞之总名也。《干》舞者，武舞之别名。《籥》舞者，文舞之别名。文舞又谓之羽舞。郑氏据《公羊》以《万》舞为《干》舞，误也。《春秋》书'《万》入去《籥》'，言文武二舞皆入，去其有声者，故去籥焉。《公羊》乃以《万》舞为武舞，与《籥》舞对言之，失经意矣。若《万》舞止为武舞，则此诗何为独言《万》舞而不及文舞；《左传》'考仲子之宫，将《万》焉'，妇人之庙，亦不应独用武舞也，然则《万》舞为二舞之总名，明矣。"出《诗》缉《简兮》注。 愚按《左传》楚令尹子元欲蛊文夫人，为馆于其宫侧而振《万》焉，夫人闻之泣曰："先君以是舞也，习戎备也。今令尹不寻诸仇雠，而于未亡人之侧，不亦异乎？"据此则《万》舞信为武舞矣，吕氏岂偶忘之耶！ 去，上声。肜，音融。“何为”为，去声。

季康子之母死，公输若方小。敛，般请以机封，将从之。公肩假曰：“不可。夫鲁有初：公输，氏；若，名；为匠师。方小，年尚幼也。敛，下棺于椁也。般、若之族，素多技巧，见若掌敛事而年幼，欲代之而试用其巧技也。机窆，谓以机关转动之器下棺，不用碑与绋也。鲁有初，言鲁国自有故事也。 般，音班。封，音窆。敛，去声。公室视丰碑，三家视桓楹。丰碑，天子之制；桓楹，诸侯之制。 疏曰：“凡言视者，比拟之辞。丰，大也。谓用大木为碑，穿凿去碑中之木使之空，于空间著鹿卢两头各入碑木，以绋之一头系棺缄，以一头绕鹿卢，既讫，而人各背碑负绋末头，听鼓声以渐却行而下之也。桓楹，不似碑，形如大楹耳。通而言之亦曰碑。《说文》：‘桓，邮亭表也。’如今之桥旁表柱也。诸侯二碑，两柱为一碑而施鹿卢，故郑云‘四植’也。” 下空，去声。著，音勺。般！尔以人之母尝巧，则岂不得以？其母以尝巧者乎？则病者乎？噫！”弗果从。疏曰：“尝，试也。言尔欲以人母尝试己之巧事，谁有强逼于尔而为此乎？岂不得休已者哉！又语之云：其无以人母尝试己巧，则于尔病者乎？言不得尝巧，岂于尔有所病。假言毕，乃更噫而伤叹，于是众人遂止。” 一说，“则岂不得以其母以尝巧者乎”作一句，言尔以他人母试巧，而废其当用之礼，则亦岂不得自以己母试巧而不用礼乎？则于尔心亦有所病而不安乎？盖使之反求诸心，以己度人，而知其不可也。 应氏曰：“周衰礼废，而诸侯僭天子，绝公室之窆棺视丰碑；大夫僭诸侯，故三家之窆棺视桓楹。其陵替承袭之弊，有自来矣。” 强，上声。

战于郎，公叔禺人遇负杖入保者息，曰：“使之虽病也，任之虽重也，君子不能为谋也，士弗能死也，不可。我则既言矣。”与其邻重汪踦往，皆死焉。鲁人欲勿殇重汪踦，问于仲尼。仲尼曰：“能执干戈以卫社稷，虽欲勿殇也，不亦可乎！”战于郎，鲁哀公十一年齐伐鲁也。禺人，昭公子公为也。遇鲁人之避齐师而入保城邑者，疲倦之余，负其杖而息于涂，禺人乃叹之曰：“徭役之烦，虽不能堪也；税敛之数，虽过于厚也；若上之人协心以御寇难，犹可塞责也。今卿大夫不能画谋策，士不能捐身以死难，岂人臣事君之道哉？甚不可也。我既出此言矣，可不思践吾言乎！”于是与其邻之童子汪踦者，皆往斗而死于敌。鲁人以踦有成人之行，欲以成人之丧礼葬之，而孔子善其权礼之当也。 禺，音遇。重，通作童。

踦,音纪。敛,去声。数,入声。

子路去鲁,谓颜渊曰:"何以赠我?"曰:"吾闻之也:去国则哭于墓而后行,反其国不哭,展墓而入。"谓子路曰:"何以处我?"子路曰:"吾闻之也:过墓则式,过祀则下。"哭墓,哀墓之无主也。不忍丘垄之无主,则必有返国之期,故为行者言之。墓与祀,人所易忽也,而能加之敬,则无往而不用吾敬矣。敬则无适而不安,故为居者言之也。方氏曰:"凡物展之则可省而视,故省谓之展。" 处,上声。为,去声。省,悉井切。

工尹商阳与陈弃疾追吴师,及之。陈弃疾谓工尹商阳曰:"王事也,子手弓而可。"句手弓。句"子射诸!"射之,毙一人,韔弓。又及,谓之,又毙二人。每毙一人,掩其目。止其御曰:"朝不坐,燕不与,杀三人,亦足以反命矣。"孔子曰:"杀人之中,又有礼焉。"工尹,楚官名,追吴师,事在鲁昭公十二年。"子手弓而可"为句,使之执弓也。手弓,商阳之弓在手也。韔,弓衣也。谓之,再告之也。掩目而不忍视,止御而不忍驱,有恻隐之心焉。商阳自言位卑礼薄,如此亦可以称塞矣。孔子谓其有礼,以败北之师本易穷,而商阳乃能节制其纵杀之心,是仁意与礼节并行,非事君之礼止于是也。特取其善于追败者,亦非谓临敌未决,而不忍杀人也。　疏曰:"朝与燕皆在寝,若路门外正朝,则大夫以下皆立;若燕朝在于路寝,则大夫坐于上,如孔子'摄齐升堂'是也,升堂则坐矣。燕亦在寝,《燕礼》献卿大夫之后,西阶上献士,无升堂之文,是士立于下也。郑注:'射者在左,戈盾在右,御在中央,谓兵车参乘之法。此谓凡常战士,若是元师,则在中央鼓下,御者在左,戈盾亦在右。若天子诸侯亲将,亦居鼓下。若非元帅,则皆在左,御者在中。若非兵车,则尊者在左。'" 射,音石。韔,音畅。朝,音潮。与,去声。称、易,交去声。齐,音咨。乘、将,并去声。

诸侯伐秦,曹桓公卒于会。诸侯请含,使之袭。曹伯之卒,鲁成公十三年也。袭,贱者之事,诸侯从之,不知礼也。　含,去声。襄公朝于荆,康王卒,荆人曰:"必请袭。"鲁人曰:"非礼也。"荆人强之,巫先拂柩。荆人悔之。荆,《禹贡》州名,楚立国之本号,鲁僖公元年始称楚。鲁襄公以二十八年朝楚,适遭楚子昭之丧,鲁人知袭之非礼而不能违,于是以君临臣丧之礼先之，及其觉之而悔，已无及矣。此其适权变之宜，足以雪耻。　强，上声。

滕成公之丧，使子叔敬叔吊，进书，子服惠伯为介。及郊，为懿伯之忌，不入。惠伯曰："政也，不可以叔父之私不将公事。"遂入。滕成公之丧，在鲁昭公之三年。敬叔，鲁桓公七世孙；惠伯，则桓公六世孙也。于世次，敬叔称惠伯为叔父；懿伯则惠伯之叔父，而敬叔之五从祖。进书，奉进鲁君之吊书也。介，副也。　刘氏曰："《左传》注云：忌，怨也。敬叔先有怨于懿伯，故不欲入滕；以惠伯之言而入，传言叔弓之有礼也。此疏云：敬叔尝杀懿伯，为其家所怨，恐惠伯杀己，故不敢先入。惠伯知其意而开释之，记惠伯之知礼也。二说不同，而皆可疑。如彼注言，礼椒为之避仇怨，则当自受命之日辞行以礼之，不当及郊而后辞人也。如此疏言，恐惠伯杀己而难之，则鲁之遣使而使其仇为之副，不恤其相仇以弃命害事，亦非善处也。且叔弓为正使，得仇怨为介而不请易之，非计之得也。又同使共事，而常以仇敌备之，而往反于鲁滕之路，亦难言也。使椒果欲报仇，则其言虽善，安知非诱我耶？而遂入，又非通论也。按《左传》云'及郊遇懿伯之忌'，此作'为'，二字虽异，而皆先言及郊而后言忌，可见是及郊方遇忌也。或者忌字只是忌日，懿伯是敬叔从祖，适及滕郊而遇此日，故欲缓至次日乃入。故惠伯以礼晓之曰：公事有公利，无私忌，乃先入，而叔弓亦遂入焉。此说固可通，然亦未知然否，阙之可也。"

哀公使人吊蒉尚，遇诸道，辟于路，画宫而受吊焉。哀公，鲁君。辟于路，辟读为僻，谓除辟道路，以画宫室之位而受吊也。　辟，音僻。画，音获。曾子曰："蒉尚不如杞梁之妻之知礼也。齐庄公袭莒于夺，杞梁死焉。其妻迎其柩于路而哭之哀。鲁襄公二十三年，齐侯袭莒。袭者，以轻兵掩其不备而攻之也。《左传》言："杞殖、华还载甲，夜入且于之隧。"且于，莒邑名。隧，狭路也。郑云"或为兑"，故读夺为兑。梁即殖，以战死，故妻迎其柩。　夺，音兑。华，去声。且，音雎。庄公使人吊之，对曰：'君之臣不免于罪，则将肆诸市朝，而妻妾执。君之臣免于罪，则有先人之敝庐在，君无所辱命。'"肆，陈尸也。妻妾执，拘执其妻妾也。《左传》言齐侯吊诸其室。孺子𫗎之丧，哀公欲设拨，问于有若。有若曰："其可也。君之三臣犹设之。"颜柳曰："天子龙輴而椁帱，诸侯輴而设帱，为榆沈，故设拨。三臣者废輴而设拨，窃礼之不中者也，而君何学焉？”䵍，哀公之少子。旧说以拨为绋，未知是否。三臣，鲁之三家也。颜柳言天子之殡，用輴车载柩；而画辕为龙椁帱者，丛木为椁形而覆帱其上，前言“加斧于椁上”是也。诸侯輴而设帱，则有輴而无龙，有帱而无椁也。榆沈，以水浸榆白皮之汁以播地，取其引车不涩滞也。今三家废輴不用而犹设拨，是徒有窃礼之罪，而非有中用之实者也。 方氏曰：“为輴之重也，故为榆沈以滑之；欲榆沉之散也，故设拨以发之。无輴则无所用沈；无所用沈，则无所用拨。三臣既知輴之可废，而不知拨之不必设，是窃礼之不中者也。拨虽无所经见，然以文考之，为榆沈故设拨，则是以手拨榆沈而洒于道也。先儒以为绋，失之矣。” 今按方说如此，亦未知其是否，阙之可也。 䵍，他昆切。拨，半末切。輴，音春。帱，音道。为，去声。榆，音于。沈，音审。中，去声。

悼公之母死，哀公为之齐衰。有若曰：“为妾齐衰，礼与？”公曰：“吾得已乎哉！鲁人以妻我。”以妻我，以为我妻也。此哀公溺情之举，文过之辞。 疏曰：“天子诸侯绝旁期，于妾无服；惟大夫为贵妾缌。” 为，去声。文，去声。季子皋葬其妻，犯人之禾。申祥以告，曰：“请庚之。”子皋曰：“孟氏不以是罪予，朋友不以是弃予，以吾为邑长于斯也。买道而葬，后难继也。”刘氏曰：“季子皋，孔子弟子高柴也。夫子尝曰‘柴也愚’，观《家语》所称，及此经所记‘泣血三年’及‘成人为衰’之事观之，贤可知矣。此葬妻犯禾，亦为成宰时事，有无固不可知。然曰‘孟氏不以是罪予，朋友不以是弃予’者，以犯禾之失小，而买道之害大也。何也？以我为邑宰，尚买道而葬，则后必为例，而难乎为继者矣。此亦愚而过虑之一端，然出于诚心，非文饰之辞也。郑注谓其恃宠虐民，而方氏又加以不仁不恕之说，则甚矣，岂有贤如子皋而有是哉！” 文，去声。

仕而未有禄者，君有馈焉曰“献”，使焉曰“寡君”。违而君薨，弗为服也。《王制》云“位定然后禄之”，此盖初试为士，未赋廪禄者。有馈于君则称献，出使他国则称寡君，此二事皆与群臣同；独违离之后而君薨则不为旧君服，此则与群臣异。所以然者，以其未尝食君之禄也。 方氏曰：“汤之于伊尹，学焉而后臣之。方其学也，宾之而弗臣，此所谓仕而未有禄者，若孟子之在齐是也。惟其宾之而弗臣，故有馈焉，不曰‘赐’而曰‘献’，将命之使不曰

'君'而曰'寡君'，盖'献'为贡上之辞，而'寡'则自谦之辞故也。以其有宾主之道，而无君臣之礼，故违而君薨，弗为服也。其曰违，则居其国之时，固服之矣。"

使、为，并去声。**虞而立尸，有几筵。**未葬之前，事以生者之礼；葬则亲形已藏，故虞祭则立尸以象神也。筵，席也。大敛之奠，虽有席而无几；此时则设几与筵相配也。**卒哭而讳，生事毕而鬼事始已。**卒哭而讳其名，盖事生之礼已毕，事鬼之事始矣。已，语辞。**既卒哭，宰夫执木铎以命于宫曰："舍故而讳新。"自寝门至于库门。**周礼：大丧、小丧，宰夫掌其戒令。故卒哭后，使宰夫执金口木舌之铎振之，以命令于宫也。其令之之辞曰："舍故而讳新。"故，谓高祖之父当迁者。讳多则难避，故使之舍旧讳而讳新死者之名也。以其亲尽，故可不讳。库门，自外入之第一门，亦曰皋门。　舍，上声。**二名不偏讳。夫子之母名徵在，言"在"不称"徵"，言"徵"不称"在"。**二名，二字为名也。此记避讳之礼。**军有忧，则素服哭于库门之外，赴车不载櫜韔。**櫜，甲衣；韔，弓衣。甲不入櫜，弓不入韔，示再用也。　方氏曰："战胜而还谓之恺，则败谓之忧，宜矣。素服哭，以丧礼处之也。必于库门之外者，以近庙也。师出，受命于祖；无功，则于祖命辱矣。赴车，告赴于国之车。凡告丧曰赴车，以告败为名，与素服同义。"　櫜，音高。**有焚其先人之室，则三日哭。故曰："新宫火，亦三日哭。"**先人之室，宗庙也。鲁成公三年，焚宣公之庙。神主初入，故曰新宫。《春秋》书："二日甲子新宫灾，三日哭。"注云："书其得礼。"此言故曰者，谓《春秋》文也。

孔子过泰山侧，有妇人哭于墓者而哀。夫子式而听之，使子路问之曰："子之哭也，壹似重有忧者。"而曰："然。昔者吾舅死于虎，吾夫又死焉，今吾子又死焉！"夫子曰："何为不去也？"曰："无苛政。"夫子曰："小子识之！苛政猛于虎也。"闻其哭，式而听之，与"见齐衰者虽狎必变"之意同，圣人敬心之所发，盖有不期然而然者。壹似重有忧者，言甚似重叠有忧苦者也。而曰，乃曰也。虎之杀人，出于仓卒之不免。苛政之害，虽未至死，而朝夕有愁思之苦，不如速死之为愈，此所以猛于虎也。为人上者，可不知此哉！　重，平声。识，音志。卒，音猝。

鲁人有周丰也者，哀公执挚请见之，而曰：“不可。”公曰：“我其已夫！”使人问焉，曰：“有虞氏未施信于民，而民信之；夏后氏未施敬于民，而民敬之。何施而得斯于民也？”对曰：“墟墓之间，未施哀于民而民哀；社稷宗庙之中，未施敬于民而民敬。殷人作誓而民始畔，周人作会而民始疑。苟无礼义、忠信、诚悫之心以莅之，虽固结之，民其不解乎！”周丰必贤而隐者，故哀公屈己见之。乃曰不可者，盖古者不为臣不见，故不敢当君之临见也。我其已夫，已，止也，不强其所不愿也。有心之固结，不若无心之感孚，其言甚正。但大禹征苗，已尝誓师，誓非始于殷也；禹会诸侯于涂山，会亦不始于周也。此言誓之而畔，会之而疑，则始于殷周耳。　挚，音至。解，佳买切。强，上声。丧不虑居，毁不危身。丧不虑居，为无庙也。毁不危身，为无后也。刘氏曰：“丧礼称家之有无，不可勉为厚葬，而致有败家之虑。家废，则宗庙不能以独存矣。毁不灭性，不可过为哀毁而致有亡身之危。以死伤生，则君子谓之无子矣。此二者，皆所以防贤者之过礼。”　为，去声。称，去声。

延陵季子适齐，于其反也，其长子死，葬于嬴、博之间。孔子曰：“延陵季子，吴之习于礼者也。”往而观其葬焉。吴公子札，让国而居延陵，故曰延陵季子。嬴、博，齐二邑者。其坎深不至于泉，其敛以时服，既葬而封，广轮掩坎，其高可隐也。既封，左袒，右还其封且号者三，曰：“骨肉归复于土，命也！若魂气则无不之也，无不之也。”而遂行。孔子曰：“延陵季子之于礼也，其合矣乎！”不至于泉，谓得浅深之宜也。时服，随死时之寒暑所衣也。封，筑土为坟也。横曰广，直曰轮。下则仅足以掩坎，上则才至于可隐，皆俭制也。左袒，以示阳之变；右还，以示阴之归。骨肉之归土，阴之降也；魂气之无不之，阳之升也。阴阳，气也；命者，气之所钟也。季子以骨肉归复于土为命者，此精气为物之有尽；谓魂气则无不之者，此游魂为变之无方也。寿夭得于有生之初，可以言命；魂气散于既死之后，不可以言命也。再言无不之也者，愍伤离诀之至情，而冀其魂之随己以归也。不惟适旅葬之节，而又且通幽明之故，宜夫子之善之也。然为疑辞而不为决辞者，盖季子乃随时处中之道，称其有无而不尽拘乎礼者也，故夫子不直曰“季子之于礼也合矣”，而必加“其乎”二字，使人由辞以得意也。读者详之。　石梁王氏曰:"还,与环同。"　深,去声。封,如字。广、隐,并去声。号,平声。处,上声。称,去声。

邾娄考公之丧,徐君使容居来吊、含,曰:"寡君使容居坐含,进侯玉,其使容居以含。"考公之丧,徐国君使其臣容居者来吊,且致珠玉之含,言寡君使我亲坐而行含,以进侯玉于邾君。侯玉者,徐自拟天子,以邾君为已之诸侯,言进侯氏以玉也。其使容居以含者,容居求即行含礼也。　疏曰:"凡行含礼,未敛之前,士则主人亲含,大夫以上即使人含。若敛后至殡葬有来含者,亲自致璧于柩及殡上者,谓之亲含。若但致命以璧授主人,主人受之,谓之不亲含。"　石梁王氏曰:"坐,当训跪。"　娄,音闾。含,去声。使,去声。有司曰:"诸侯之来辱敝邑者,易则易,于则于,易、于杂者,未之有也。"邾之有司拒之,言诸侯之辱来邾国者,人臣来而其事简易,则行人臣简易之礼;人君来而其事广大,则行人君广大之礼。于,犹迂也,有广远之意。今人臣来而欲行人君之礼,是易、于相杂矣,我国未有此也。　易,音异。容居对曰:"容居闻之:事君不敢忘其君,亦不敢遗其祖。昔我先君驹王,西讨济于河,无所不用斯言也。容居,鲁人也,不敢忘其祖。"容居又答言事君者不敢忘其君,我奉命如此,今不能行,是忘吾君也;为人子孙,当守先世之训,故亦不敢遗吾祖也。居盖徐之公族耳。且言昔者我之先君驹王济河而西讨,无一处不用此称王之言,自言其疆土广大,久已行王者之礼也。又自言我非谲诈者,乃鲁钝之人,是以不敢忘吾祖。欲邾人之信其言也。此著徐国君臣之僭,且明邾有司不能终正当时之僭也。

子思之母死于卫,赴于子思,子思哭于庙。门人至,曰:"庶氏之母死,何为哭于孔氏之庙乎?"子思曰:"吾过矣!吾过矣!"遂哭于他室。伯鱼卒,其妻嫁于卫之庶氏,嫁母与庙绝族,故不得哭之于庙。

天子崩,三日,祝先服;五日,官长服;七日,国中男女服;三月,天下服。疏曰:"祝,大祝、商祝也。服,服杖也。是丧服之数,故呼杖为服。祝佐含敛,先病,故先杖也,故子亦三日而杖。官长,大夫、士也,病在祝后,故五日。国中男女,谓畿内民及庶人在官者。服齐衰三月而除,必待七日者,天子七日而殡,殡后嗣王成服,故民得成服也。三月天下服者,谓诸侯之大夫为王缌衰。”既葬而除，近者亦不待三月，今据远者为言耳，何为知其或杖服或衰服？按《丧大记》及《丧服四制》云云。然《四制》云七日授士杖，此云五日士杖者，崔氏云：“此据朝廷之士，《四制》言邑宰之士也。” 大，音泰。“为王”为，去声。虞人致百祀之木，可以为棺椁者斩之。不至者，废其祀，刎其人。虞人，掌山泽之官也。天子之棺四重而椁周焉，亦奚以多木为哉？畿内百县之祀，其木可用者，悉斩而致之，无乃太多乎？畿内之美材，固不乏矣，奚独于祠祀斩之乎？废其祀，刎其人，又何法之峻乎？礼制若此，未详其说。一云：必命虞人致木，不用命者，然后国有常刑。虞人非一，未必尽命之也。

齐大饥，黔敖为食于路，以待饿者而食之。有饿者蒙袂辑屦，贸贸然来，黔敖左奉食，右执饮，曰：“嗟，来食！”扬其目而视之，曰：“予唯不食嗟来之食，以至于斯也。”从而谢焉。终不食而死。曾子闻之，曰：“微与！其嗟也可去，其谢也可食。”蒙袂，以袂蒙面也。辑屦，辑敛其足。言困惫而行蹇也。贸贸，垂头丧气之貌。嗟来食，叹闵之而使来食也。从，就也。微与，犹言细故末节。谓嗟来之言虽不敬，然亦非大过，故其嗟虽可去，而谢焉则可食矣。 “食之”食，音嗣，余并如字。辑，音集。贸，音茂。奉，上声。与，平声。丧，去声。

邾娄定公之时，有弑其父者，有司以告。公瞿然失席曰：“是寡人之罪也。”曰：“寡人尝学断斯狱矣：臣弑君，凡在官者，杀无赦。子弑父，凡在宫者，杀无赦。杀其人，坏其室，洿其宫而猪焉。”盖君逾月而后举爵。瞿然，惊怪之貌。在官者，诸臣也。在宫者，家人也。天下之恶无大于此者，是以人皆得以诛之，无赦之之理。惟父有此罪，则子不可讨之也。君不举爵，以人伦大变，亦教化不明所致，故伤悼而自贬耳。 疏曰：“猪，是水聚之名。” 石梁王氏曰：“注疏本作‘子弑父，凡在宫者杀无赦’为是。” 瞿，音屦。断，丁玩切。坏，音怪。洿，音乌。

晋献文子成室，晋大夫发焉。张老曰：“美哉轮焉！美哉奂焉！歌于斯，哭于斯，聚国族于斯。”文子曰：“武也得歌于斯，哭于斯，聚国族于斯，是全要领以从先大夫于九京也。”北面再拜稽首。君子谓之善颂、善祷。晋献，旧说谓晋君献之，谓贺也。然君有赐于臣，岂得言献，疑“献文”二字，皆赵武谥，如贞惠文子之类。

诸大夫发礼往贺，记者因述张老之言。轮，轮囷高大也。奂，奂烂众多也。歌，祭祀作乐也。哭，死丧哭泣也。聚国族，燕集国宾聚会宗族也。颂者，美其事而祝其福。祷者，祈以免祸也。张老之言善于颂，武子所答善于祷也。　郑氏曰："晋卿大夫之墓地在九原。"　疏曰："领，颈也。古者罪重腰斩，罪轻颈刑。先大夫，文子父祖也。"　石梁王氏曰："歌于斯，谓祭祀歌乐也。大夫祭无乐，春秋时或有之。"　要，平声。京，古原字。

仲尼之畜狗死，使子贡埋之，曰："吾闻之也：敝帷不弃，为埋马也；敝盖不弃，为埋狗也。丘也贫，无盖，于其封也，亦予之席，毋使其首陷焉。"狗马皆有力于人，故特示恩也。　畜，许六切。为，去声。封，音窆。予，上声。路马死，埋之以帷。谓君之乘马死，则特以帷埋之，不用敝帷也。　方氏曰："鲁昭公乘马堑而死，以帷裹之。"

季孙之母死，哀公吊焉。曾子与子贡吊焉，阍人为君在，弗内也。曾子与子贡入于其厩而修容焉。子贡先入，阍人曰："乡者已告矣。"曾子后入，阍人辟之。乡者已告，言先已告于主人矣。　为，去声。内，入声。乡，去声。辟，音避。涉内霤，卿大夫皆辟位。公降一等而揖之。君子言之曰："尽饰之道，斯其行者远矣。"内霤，门屋后簷也。行者远，犹言感动之大也。　刘氏曰："此章可疑。二子吊卿母之丧，必自尽礼以造门，不当待阍者拒而后修容尽饰也。且既至而阍人辞，或当再请于阍，若终不得通，退可也，何必以威仪悚动之以求入耶？其入而君、卿、大夫敬之者，以平日知其贤也。非素不相知，创见其容饰之美而加敬也。而君子乃曰尽饰之道，斯其行者远，则是二子之德行，不足以行远，惟区区之外饰，乃足以行远耶？"　辟，音避。造，七到切。

阳门之介夫死，司城子罕入而哭之哀。晋人之觇宋者，反报于晋侯曰："阳门之介夫死，而子罕哭之哀，而民说，殆不可伐也。"阳门，宋之国门名。介夫，甲士之守卫者。宋武公讳司空，改其官名为司城。子罕，乐喜也，戴公之后。觇，窥视也。　说，音悦。孔子闻之曰："善哉觇国乎！《诗》云：'凡民有丧，扶服救之。'虽微晋而已，天下其孰能当之？"孔子善之，以其识治体也。《诗·邶风·谷风》

之篇。扶服，致力之义。微，无也。夫子引《诗》而言，宋国虽以子罕得人心，可无晋忧而已，然天下亦孰能当之？甚言人心之足恃也。一说：微，弱也。虽但弱晋之强，使不敢伐而已，然推此意，则民既悦服，必能亲其上，死其长，而举天下莫能当之矣。前说为是。　扶服，音匍匐。鲁庄公之丧，既葬，而绖不入库门。士大夫既卒哭，麻不入。庄公为子般所弑，而庆父作乱，闵公时年八岁。绖，葛绖也。诸侯弁绖葛而葬，葬毕，闵公即除凶服于库门之外，而以吉服嗣位，故云"绖不入库门"也。士大夫则仍麻绖，直俟卒哭，乃不以麻绖入库门。盖闵公既吉服，不与虞与卒哭之祭，故群臣至卒哭而除。记祸乱恐迫，礼所由废。　为，去声。般，音班。父，音甫。"不与"与，去声。

孔子之故人曰原壤，其母死，夫子助之沐椁。原壤登木曰："久矣予之不托于音也。"歌曰："貍首之斑然，执女手之卷然。"夫子为弗闻也者而过之。从者曰："子未可以已乎？"夫子曰："丘闻之：亲者毋失其为亲也，故者毋失其为故也。"或问朱子："原壤登木而歌，夫子为弗闻而过之，待之自好，及其夷俟，则以杖叩胫，莫太过否？"曰："这说却差。如壤之歌，乃是大恶，若要理会，不可但已，只得且休。至其夷俟之时，不可不教诲，故直责之，复叩其胫，自当如此。若如今说，则是不要管他，却非朋友之道矣。"　胡氏曰："数其母死而歌，则壤当绝；叩其夷踞之胫，则壤犹故人耳。盛德中礼，见乎周旋，此亦可见。"　冯氏曰："母死而歌，恶有大于此者乎？宜绝而不绝，盖以平生之素，而事有出于一时之不意者如此。善乎朱子之言曰：'若要理会，不可但已，只得且休。'其有以深得圣人之处其所难处者矣。"　刘氏曰："原壤母卒，夫子助之治椁，壤登已治之椁木，而言久矣我之不托兴于咏歌之音也。如貍首之斑，言木文之华也。"卷与拳同。如执女手之拳，言沐椁之滑腻也。壤之废败礼法甚矣，夫子佯为不闻，而过去以避之。从者见其无礼，疑夫子必当已绝其交，故问曰："子未当已绝之乎？夫子言为亲戚者，虽有非礼，未可遽夫其亲戚之情也；为故旧者，虽有非礼，未可遽失其故旧之好也。此圣人隐恶全交之意。"　卷，音拳。从，去声。数，上声。中，去声。"见乎"见，音现。处，上声。兴，去声。

赵文子与叔誉观乎九原。文子曰："死者如可作也，吾谁与归？"文子，晋大夫，名武。叔誉，叔向也。言卿大夫之死而葬于此者多矣，假令可以再生而起，吾于众大夫谁从乎？文子盖设此说，欲与叔向共论前人贤否也。　令，平声。叔誉曰："其阳处父乎？"文子曰："行并植于晋国，不没其身，其知不足称也。"处父，晋襄公之傅。并者，兼众事于己，是专权也。植者，刚强自立之意。所行如此，故为狐射姑所杀，不得善终其身，是不智也。　处，上声。并，去声。植，直吏切。知，去声。射，音亦。"其舅犯乎？"文子曰："见利不顾其君，其仁不足称也。叔誉又称子犯可归，文子言子犯从文公十九年于外，及反国危疑之时，当辅之人以定其事，乃及河而授璧以辞，此盖为他日高爵重禄之计，故以此言要君求利也，岂顾其君之安危哉？是不仁也。　为，去声。要，平声。我则随武子乎？利其君，不忘其身；谋其身，不遗其友。"晋人谓文子知人。文子自言我所愿归者，惟随武子乎？武子，士会也，食邑于随。《左传》言夫子之家事治，言于晋国无隐情。盖不忘其身而谋之，知也；利其君不遗其友，皆仁也。文子其中退然如不胜衣，其言呐呐然如不出诸其口。中，身也，见《仪礼·乡射》记。退然，谦卑怯弱之貌；呐呐，声低而语缓也。如不出诸其口，似不能言者。　胜，平声。呐，如劣切。所举于晋国管库之士七十有余家，生不交利，死不属其子焉。管，键也，即今之锁。库之藏物，以管为开闭之限，管库之士，贱职也，知其贤而举之，即不遗友之实。虽有举用之恩于其人，而生则不与之交利，将死亦不以其子属托之，廉洁之至。　属，音烛。

叔仲皮学子柳。叔仲皮死，其妻鲁人也，衣衰而缪绖。叔仲衍以告，请繐衰而环绖，曰："昔者吾丧姑、姊妹亦如斯，末吾禁也。"退，使其妻繐衰而环绖。缪，绞也。谓两股相交，五服之绖皆然，惟吊服之环绖一股。　疏曰："言叔仲皮教训其子子柳，而子柳犹不知礼。叔仲皮死，子柳妻虽是鲁钝妇人，犹知为舅著齐衰，而首服缪绖。衍，是皮之弟，子柳之叔，见当时妇人好尚轻细，告子柳云：汝妻何以著非礼之服？子柳见时皆如此，亦以为然，乃请于衍，令其妻身著繐衰，首服环绖。衍又答云：昔者吾丧姑、姊妹亦如此，繐衰环绖，无人相禁止也。子柳得衍此言，退使其妻著繐衰而环绖。"　学，音效。衣，音咨。缪，音樛。繐，音岁。成人有其兄死而不为衰者，闻子皋将为成宰，遂为衰。成人曰："蚕则绩而蟹有匡，范则冠而蝉有緌，兄则死而子皋为之衰。"成，鲁邑名。匡，背壳似匡也。范，蜂也。　朱氏曰："丝之绩者，必由乎匡之所盛，然蟹之有匡，非为蚕之绩也，为背而已；首之冠者，必资乎緌之所饰，然蝉之有緌，非为范之冠也，为喙而已；兄死者必为之服衰，然成人之服衰，非为兄之死也，为子皋而已。盖以上二句喻下句也。"　緌，而追切。盛，平声。注中为，并去声。乐正子春之母死，五日而不食，曰："吾悔之。自吾母而不得吾情，吾恶乎用吾情。"子春，曾子弟子，矫为过制之礼，而不用其实情于母，则他无所用其实情矣，此所以悔也。

岁旱，穆公召县子而问然，曰："天久不雨，吾欲暴尪而奚若？"《左传》注云："尪者，瘠病之人，其面上向。暴之者，冀天哀之而雨也。"雨，去声。暴，步卜切。下二节同。尪，音汪。曰："天久不雨，而暴人之疾子。句虐，句毋乃不可与！"此言酷虐之事，非所以感天。　与，平声。"然则吾欲暴巫而奚若？"巫能接神，冀神闵之而雨。曰："天则不雨，而望之愚妇人。句于以求之，毋乃已疏乎？"于以求之，犹言于此求之也。已疏，言甚迂阔也。"徙市则奚若？"曰："天子崩，巷市七日。诸侯薨，巷市三日。为之徙市，不亦可乎？"徙，移也。言徙市又言巷市者，谓徙交易之物于巷也。此庶人为国之大丧，忧戚罢市，而日用所须，又不可缺，故徙市于巷也。今旱而欲徙市者，行丧君之礼以自责也。县子以其求之己而不求诸人，故可其说。然岂不闻僖公以大旱欲焚巫尪，闻臧文仲之言而止。县子不能举其说以对穆公，而谓徙市为可，则亦已疏矣。　为，去声。

孔子曰："卫人之祔也，离之。鲁人之祔也，合之。善夫！"生既同室，死当同穴，故善鲁。　疏曰："祔，合葬也。离之，谓以一物隔二棺之间于椁中也。鲁人则合并两棺置椁中，无别物隔之。"　朱子曰："古者椁合众材为之，故大小随人所为。今用全木，则无许大木可以为椁。故合葬者，只同穴而各用椁也。"

卷之三

王制第五

疏曰："《王制》之作，在秦汉之际。"卢植云："文帝令博士诸生作。"　令，平声。

王者之制禄爵：公、侯、伯、子、男，凡五等。孟子言天子一位，子男同一位。诸侯之上大夫卿、下大夫、上士、中士、下士，凡五等。孟子言君一位，凡六等。　疏曰："五等，虞、夏、周同；殷三等，公、侯、伯也。"天子之田方千里，公侯田方百里，伯七十里，子、男五十里。不能五十里者，不合于天子，附于诸侯，曰附庸。此言天子诸侯田里之广狭。不能，犹不足也。不合于天子者，不与王朝之聚会也。民功曰庸，其功劳附大国而达于天子，故曰附庸。天子以下，皆言田而不言地者，以地有山林川泽原隰险夷之不同。若限以地里，而不计田里，则井地不均，穀禄不平矣。里数有二，分田之里以方计，如方里而井是也。分服之里以袤计，如二十五家为里是也。后章言方千里者，为田九万亩，此以方计者也。自恒山至于南河，千里而近，此以袤计者也。分服则计道里远近，以为朝贡之节；分田则计田亩多寡，以为赋禄之制。此所以为均平也。　与，去声。袤，音茂。天子之三公之田视公、侯，天子之卿视伯，天子之大夫视子、男，天子之元士视附庸。此言王朝有位者之田，亦与孟子不同。　方氏曰："三公而下，食采邑于畿内，禄之多少，以外诸侯为差。元士，上士也，与元子元侯称元同。不言中士下士，则视附庸惟上士也。” 采，去声。差，楚宜切。

制：农田百亩，百亩之分，上农夫食九人，其次食八人，其次食七人，其次食六人，下农夫食五人。庶人在官者，其禄以是为差也。此言庶人之田。井田之制，一夫百亩，肥饶者为上农，垸瘠者为下农，故所养有多寡也。府史胥徒之属，皆庶人之在官者，其禄以农之上下为差，多者不得过食九人之禄，寡者不得下食五人之禄，随其高下，为五等之多寡也。 分，去声，食，音嗣。差，楚宜切。诸侯之下士视上农夫，禄足以代其耕也。中士倍下士，上士倍中士，下大夫倍上士，卿四大夫禄，君十卿禄。此言大国也，视上农夫者得食九人之禄也。次国之卿三大夫禄，君十卿禄。小国之卿倍大夫禄，君十卿禄。程子曰：“孟子之时，去先王未远，载籍未经秦火，然而班爵禄之制，已不闻其详。今之礼书，皆掇拾于煨烬之余，而多出于汉儒一时之傅会，奈何欲尽信而句为之解乎？然则其事固不可一一追复矣。” 朱子曰：“《孟子》此章之说，与《周礼·王制》不同，盖不可考，阙之可也。” 方氏曰：“次国小国，不言大夫士者，多寡同于大国可知。由卿而上，三等之国所异；由大夫而下，三国之国所同者，盖卿而上，其禄浸厚，苟不为之杀，则地之所出不足以供。大夫而下，其禄浸薄，苟亦为之杀，则臣之所养，不能自给。此所以多寡或同或异也。”次国之上卿，位当大国之中，中当其下，下当其上大夫。小国之上卿，位当大国之下卿，中当其上大夫，下当其下大夫。此言三等之国，其卿大夫頫聘并会之时，尊卑之序如此。郑云：“爵位同，则小国在下。”谓二人同是卿，则小国卿在大国卿之下。爵异固在上者，谓若大国是大夫，小国是卿，则位于大国大夫之上也。 頫，音挑。其有中士、下士者，数各居其上之三分。郑氏曰：“谓其为介，若特行而并会也。”居，犹当也。此据大国而言，大国之士为上，次国之士为中，小国之士为下。士之数，国皆二十七人，各三分之：上九、中九、下九。 疏曰：“今大国之士，既定在朝会。若其有中国之士，小国之士者，其行位之数，各居其上国三分之二。谓次国以大国为上，而次国上九当大国中九；次国中九当大国下九，是各当其大国三分之二。小国以次国为上，小国上九当次国中九；小国中九当次国下九，亦是居上三分之二也。是各居上之三分。” 行，音杭。

凡四海之内九州，州方千里，州建百里之国三十，七十里之国六十，五十里之国百有二十，凡二百一十国。名山大泽不以封。其余以为附庸间田。八州，州二百一十国。九州，并王畿而言。此但言每一州所可容者如此，凡八州。余以例推，皆言畿外之制，下文始言天子畿内之制也。 间，音闲。天子之县内，方百里之国九，七十里之国二十有一，五十里之国六十有三，凡九十三国。名山大泽不以朌，其余以禄士，以为间田。郑注畿内九大国者，三为三公之田，又三为三公致仕者之田，余三待封王之子弟也。次国二十一者，六为六卿之田，又六为六卿致仕者之田，又三为三孤之田，余六亦待封王子弟也。小国六十三者，二十七大夫之田，并大夫致仕之田，共五十四，余九亦待封王子弟也。三孤无职，虽致仕犹可即而谋，故不副。愚意此无明证，皆郑氏臆说，况周制六卿兼公孤，则所余之田尚多，然如周召之支子在周者，皆世爵禄，则累朝之王子弟，未必能尽有所封也。 疏曰：“畿外诸侯有封建之义，故云不以封；畿内之臣不世位，有朌赐之义，故云不以朌。” 朱子曰：“恐只是诸儒做个如此算法，其实不然。建国必因山川形势，无截然可方之理。”又曰：“非惟施之当今，有不可行，求之昔时，亦有难晓。” 石梁王氏曰：“天子县内以封者，或三分之一，或半之。又除山川城郭，涂巷沟渠，则奉上者几何？” 朌，音颁。凡九州千七百七十三国，天子之元士、诸侯之附庸不与。九州而千七百七十三国者，内一州为王圻，容九十三国，外八州容一千六百八十国，并畿内为千七百七十三国也。元士附庸不与者，以上文所算止五十里，而元士附庸皆不能五十里，故不与也。 石梁王氏曰：“注引千八百国之说，谓夏制要服内七千里，与五服五千之言不合。” 与，去声。要，平声。

天子百里之内以共官，千里之内以为御。共官，谓供给王朝百官府文书之具，泛用之需。御，谓凡天子之服用，盖皆取之租税也。 方氏曰：“以百里所出之少，资百官之所供，疑若不足。然卑者所称，不为不足。以千里所出之多，为一人之御，疑若有余。然尊者所称，不为有余。且以其近者与人，则欲其易给而无劳；以其远者奉已，则欲其难致而有节。百里之内非不以为御也，要之以共官为主耳；千里之内，非不共官也，要之以为御为主耳。”共，音恭。要，平声。千里之外设方伯，五国以为属，属有长；十国以为连，连有帅；三十国以为卒，卒有正；二百一十国以为州，州有伯。八州，八伯，五十六正，百六十八帅，三百三十六长。八伯各以其属，属于天子之老二人，分天下以为左右，曰二伯。《春秋传》曰："自陕以东，周公主之；自陕以西，召公主之。此即天子之公，分主天下之侯国也。"八伯，为八州之伯。二伯，则天下之伯也。 卒，子忽切。千里之内曰甸，千里之外曰采，曰流。方氏曰："甸服四面五百里，则为方千里矣。王畿千里之外，莫近于侯服，而采又侯服之最近者；莫远于荒服，而流又荒服之最远者。举其最远最近，则绥要之服在其中矣。"

天子三公，九卿，二十七大夫，八十一元士。石梁王氏曰："唐虞稽古，建官惟百，夏商官倍。注独引《明堂位》谓夏官百，非也。"大国三卿，皆命于天子；下大夫五人，上士二十七人。次国三卿，二卿，命于天子，一卿命于其君；下大夫五人，上士二十七人。小国二卿，皆命于其君；下大夫五人，上士二十七人。马氏曰："天子六卿，而二卿一公，故有三公。而六卿之中，又有三孤焉。天子六卿，而大国三卿，乃其统之属也。至于大夫士，则又三卿之属焉。下大夫五人，二卿之下，下大夫各二人；一卿之下，下大夫一人。《周官》所谓设其参，即三卿也。傅其伍，即下大夫五人也。陈其殷，即上士二十七人也。有上中下之大夫，而独言下大夫者，对卿而言也。其实大夫有上中下之辨，上亦有上中下。而独言上士者，对府史而言也。其实，士又有上中下之异。" 傅，音富。天子使其大夫为三监，监于方伯之国，国三人。监者，监临而督察之也。自王朝出，权亦尊矣。一州三人，则二十四人也。此大夫之在朝，必无职守者，使有常职，岂可遣乎？不然，则特命也。 上监，如字，去声；下监，平声。天子之县，内诸侯禄也，外诸侯嗣也。畿内之地，王朝百官食禄之邑在焉，畿外乃以封建，使其子孙嗣守。然内亦谓之诸侯者，三公之田视公侯，卿视伯，大夫视子男，元士视附庸也。

制：三公一命卷，若有加，则赐也，不过九命；制者，言三公命服之制也。命数止于九。天子之三公八命，著鷩冕。若加一命，则为上公，与王者之后同，而著衮冕，故云一命衮。若为三公而有加衮者，是出于特恩之赐，非例当然。故云若有加，则赐也。人臣无过九命者，《大宗伯》再命受服，与此不同。　马氏曰："三公衮服，有降龙，无升龙。"　卷，音衮。鷩，音鳖。著，直略切。次国之君不过七命，小国之君不过五命，大国之卿不过三命，下卿再命，小国之卿与下大夫一命。方氏曰："大国之卿不过三命，下卿再命，则知次国之卿再命一命也。小国之卿与下大夫一命，则知三等之国其大夫皆一命而已。大国对下卿言，卿指上中可知。小国特言卿，则兼二等之卿可知。言下大夫而不及上中者，盖诸侯无中大夫，而卿即上大夫故也。前言上中下之所当与此不同者，位虽视其命，不能无详略之异也。"凡官民材，必先论之。论辨然后使之，任事然后爵之，位定然后禄之。爵人于朝，与士共之。刑人于市，与众弃之。论，谓考评其行艺之详也。论辨，则材之优劣审矣；任事，则能胜其任矣。于是爵之以一命之位，而养之以禄焉。　疏曰："爵人于朝，殷法也，周则天子假祖庙而拜授之。刑人于市，亦殷法，谓贵贱皆刑于市。周则有爵者刑于甸师氏也。"　论，去声。朝，音潮。假，音格。是故公家不畜刑人，大夫弗养，士遇之涂弗与言也；屏之四方，唯其所之，不及以政，示弗故生也。公家不畜刑人，旧说以为商制，以周官墨者守门，劓者守关，宫者守内，刖者守囿，髡者守积也。唯其所之者，量其罪之所当往适之地而居之。如《虞书》"五流有宅，五宅三居"是也。不及以政，赋役不与也。示弗故生，不授之田，不赒其乏，示不故欲其生也。　屏，上声。积，子赐切。量，去声。与，去声。

诸侯之于天子也，比年一小聘，三年一大聘，五年一朝。比年，每岁也。小聘使大夫，大聘使卿，朝则君亲行。　比，音界。天子五年一巡守。《舜典》曰："五载一巡守。"《周官·大行人》曰："十有二岁，王巡守殷国。"《孟子》曰："巡守者，巡所守也。"　守，去声。岁二月，东巡守至于岱宗，柴而望祀山川。觐诸侯，问百年者就见之。岁二月，当巡守之年二月也。岱，泰山也。宗，尊也。东方之山，莫高于此，故祀以为东岳而称岱宗也。柴，本作祡，今通用。燔燎以祭天，而告至也。东方山川之当祭者，皆于此望而祀之。遂接见东方之诸侯，问有百岁之人，则即其家而见之，以其年高，故不召见也。命大师陈诗以观民风。命市纳贾以观民之所好恶、志淫好辟。大师，乐官之长。诗以言志，采录而观览之，则风俗之美恶可见，政令之得失可知矣。物之供用者皆出于市，而价之贵贱，则系于人之好恶。好质则用物贵，好奢则侈物贵。志流于奢淫，则所好皆邪僻矣。　大，音泰。贾、好、恶，并去声。辟，音僻。命典礼，考时月，定日，同律礼乐制度、衣服正之。典礼，掌礼之官也。考时月定日，即《舜典》所云协时月正日也。考校四时及月之大小，时有节气早晚，月有弦望晦朔，日有甲乙先后，考之使各当其节。法律礼乐制度衣服，皆王者所定，天下一君，不容有异，异则非正矣。故因巡守所至，而正其不同者，使皆同也。　当，去声。山川神祇有不举者为不敬，不敬者君削以地。凡祭，有其举之，莫敢废也，故不举者为不敬。山川，地之望也，故削地焉。宗庙有不顺者为不孝，不孝者君绌以爵。宗庙不顺，如紊昭穆之次，失祭祀之时，皆不孝也。爵者，祖宗所传，故绌爵焉。　绌，音黜。变礼易乐者为不从，不从者君流。革制度衣服者为畔，畔者君讨。不从，违戾也。流者，窜之远方。讨者，声罪致戮。《孟子》曰："天子讨而不伐。"此章四"君"字，皆谓国君。有功德于民者，加地进律。应氏曰："律者，爵命之等，加地而进之，所以示劝也。"五月南巡守至于南岳，如东巡守之礼。八月，西巡守至于西岳，如南巡守之礼。十有一月，北巡守至于北岳，如西巡守之礼。归假于祖祢，用特。假，至也。归至京师，即以特牛告至于祖祢之庙。　假，音格。

天子将出，类乎上帝，宜乎社，造乎祢。诸侯将出，宜乎社，造乎祢。类、宜、造，皆祭名。后章言天子将出征，则此出为巡守也。诸侯则朝觐会同之出欤？　造，七到切。天子无事与诸侯相见曰朝。考礼、正刑、一德，以尊于天子。无事，无死丧寇戎之事也。考礼者，稽考而是正之，使无违僭也。正刑者，行以公平，使无偏枉也。一德，无贰心也。三者皆尊天子之事。　朝，音潮。天子赐诸侯乐，则以柷将之，赐伯、子、男乐，则以鼗将之。柷，形如漆桶，方二尺四寸，深一尺八寸，中有椎柄，连底撞之，令左右击，所以合乐之始。鼗，如鼓而小，有柄，持而摇之，则旁耳自击，所以节乐之终。将之，谓使者执此以将命也。　疏曰："柷节一曲之始，其事宽，故以将诸侯之命；鼗节一唱之终，其事狭，故以将伯子男之命。"柷，昌六切。令，平声。使，去声。诸侯赐弓矢然后征，赐铁钺然后杀。铁,莝斫刀也。钺,斧也。 莝,粗卧切。赐圭瓒然后为鬯。未赐圭瓒,则资鬯于天子。圭瓒、璋瓒,皆酌鬯酒之爵。以大圭为瓒之柄者曰圭瓒。酿秬鬯为酒,芬香条鬯于上下,故曰鬯。祭酒灌地降神必用鬯,故未赐圭瓒,则求鬯于天子。赐圭瓒,然后得自为也。天子命之教,然后为学。小学在公宫南之左,大学在郊。天子曰辟雍,诸侯曰頖宫。疏曰:"百里之国,国城居中,面有五十里,二十里置郊,郊外仍有三十里。七十里之国,国城居中,面有三十五里,九里置郊,郊外仍有二十六里。五十里之国,国城居中,面有二十五里,三里置郊,郊外仍有二十二里。此是殷制,若周制,则畿内千里,百里为郊。诸侯之郊,公五十里,侯伯三十里,子男十里,近郊各半之。天子诸侯,皆近郊半远郊。此小学大学,殷制,周则大学在国,小学在西郊。辟,明也。雍,和也。君则尊明雍和,于此学中习道艺,使天下之人,皆明达谐和也。頖之言班,所以班政教也。" 张子曰:"辟雍,古无此名,盖始于周。周有天下,遂以名天子之学。"《说文》云:"頖宫,诸侯乡射之宫也。" 旧说:辟雍,水环如壁,泮宫半之,盖东西门以南通水,北无水也。 辟,音壁。頖,音判。

天子将出征,类乎上帝,宜乎社,造乎祢,祃于所征之地。受命于祖,受成于学。祃,行师之祭也。受命于祖,卜于庙也。受成于学,决其谋也。 祃,马怕切。出征执有罪,反,释奠于学,以讯馘告。获罪人而反,则释奠于先圣先师而告讯馘焉。讯,谓其魁首当讯问者。馘,所截彼人之左耳。告者,告其多寡之数也。 馘,古伯切。天子诸侯无事则岁三田,一为乾豆,二为宾客,三为充君之庖。无事,无征伐出行丧凶之事也。岁三田者,谓每岁田猎,皆是为此三者之用也。乾豆,腊之以为祭祀之豆实也。 疏曰:"先宗庙,次宾客者,尊神敬宾之义。" 乾,音干。无事而不田曰不敬,田不以礼曰暴天物。天子不合围,诸侯不掩群。《书》曰:"暴殄天物。"合围,四面围之也。掩群者,掩袭而举群取之也。天子杀则下大绥,诸侯杀则下小绥,大夫杀则止佐车,佐车止则百姓田猎。杀,获也,获所驱之禽兽也。绥,旌旗之属也。下,偃仆之也。佐车,即《周礼》驱逆之车。驱者,逐兽使趋于田之地。逆者,要逆其走而不使之散亡也。此言田猎之礼,尊卑贵贱之次序。 绥,音緌。要,平声。獭祭鱼,然后虞人入泽梁。豺祭兽,然后田猎。鸠化为鹰,然后设罻罗。草木零落，然后入山林。昆虫未蛰，不以火田。不麛，不卵，不杀胎，不夭夭，不覆巢。梁，绝水取鱼者。《周礼》注云："水堰也。堰水为关空，以笱承其空。"《月令》："仲春鹰化为鸠。"此言鸠化为鹰，必仲秋也。罻罗，皆捕鸟之网。麛，兽子之通称。夭，断杀之也。夭，禽兽之稚者。此十者皆田之礼，顺时序，广仁意也。　罻，音厨。麛，音迷。夭，于表切。夭，乌老切。覆，芳六切。"其空"空，去声。断，去声。

冢宰制国用，必于岁之杪。五谷皆入，然后制国用。用地小大，视年之丰耗。以三十年之通制国用，量入以为出。以三十年之通者，通计三十年所入之数，使有十年之余也。盖每岁所入，均析为四而用其三，每年余一，则三年而余三，又足一岁之用矣，此所以三十年而有十年之余也。郑注以九年言之，盖积三十年内闰月当一岁也。一说：二十七年则有九年之余，言三十者，举成数耳。　杪，弥小切。当，去声。祭用数之仂。郑注以仂为十一，疏以为分散之名。大概是总计一岁经用之数，而用其十分之一，以行常祭之礼也。　仂，音勒。丧三年不祭，唯祭天地社稷，为越绋而行事。丧用三年之仂。丧，凶事；祭，吉礼，吉凶异道，不得相干，故三年不祭。唯祭天地社稷者，不敢以卑废尊也。未葬以前，常属绋于輴车，以备火灾，丧在内而行祭于外，是逾越丧绋而往也。丧三年而除，中间礼事繁难，故总计三岁经用之数，而用其十之一也。　属，音烛。丧祭用不足曰暴，有余曰浩。祭，丰年不奢，凶年不俭。暴者，残败之义，言不齐整也。浩者，泛滥之义，所谓以美没礼也。惟其制用有一定之则，是以岁有丰凶而礼无奢俭。此记者之言。《杂记》云："凶年祀以下牲，孔子之言也。"国无九年之蓄曰不足；无六年之蓄曰急，无三年之蓄曰国非其国也。三年耕必有一年之食，九年耕必有三年之食。以三十年之通，虽有凶旱水溢，民无菜色，然后天子食，日举以乐。饥而食菜则色病，故云菜色。杀牲盛馔曰举。《周礼》："王日一举，鼎十有二，物皆有俎，以乐侑食。"又云"大荒则不举"者，盖偶值凶年，虽有备，亦当贬损耳。

天子七日而殡，七月而葬。诸侯五日而殡，五月而葬。大夫、士、庶人三日而殡，三月而葬。三年之丧，自天子达。诸侯降于天子而五月，大夫降于诸侯而三月。士、庶人又降于大夫，故逾月也。

今总云大夫、士、庶人三日而殡，此固所同，然皆三月而葬，则非也。其以上文降杀俱两月，在下可知，故略言之欤？孔氏引《左传》“大夫三月，士逾月”者，谓大夫除死月为三月，士数死月为三月，是逾越一月，故言逾月耳。诚如此，则是大夫四月，士三月。谓大夫逾越一月犹可，岂得谓士逾越一月乎？此不可通。当从左氏说为正。 杀，去声。数，上声。庶人县封，葬不为雨止，不封不树。丧不贰事，此言庶人之礼。庶人无碑绋，县绳下棺，故云县窆也。不封，不为丘垄也。大夫，士既葬，公政入于家，庶人则终丧无二事也。 县，音玄。上封，音窆。为，去声。绋，音律。自天子达于庶人。丧从死者，祭从生者。《中庸》曰：“父为大夫，子为士，葬以大夫祭以士；父为士，子为大夫，葬以士祭以大夫。盖葬用死者之爵，祭用生者之禄。”与此意同。支子不祭。说见《曲礼》。

天子七庙：三昭三穆，与大祖之庙而七。诸侯五庙：二昭二穆与大祖之庙而五。大夫三庙：一昭一穆与大祖之庙而三。士一庙。庶人祭于寝。诸侯大祖，始封之君也。大夫大祖，始爵者也。士一庙，侯国中下士也。上士二庙。天子诸侯正寝，谓之路寝，卿大夫士曰适室，亦谓之适寝。庶人无庙，故祭先于寝也。 大，音泰。天子诸侯宗庙之祭，春曰礿，夏曰禘，秋曰尝，冬曰烝。郑氏曰：“此盖夏殷之祭名。周则春曰祠，夏曰礿，以禘为殷祭。” 疏曰：“礿，薄也，春物未成，祭品鲜薄也。禘者，次第也，夏时物虽未成，宜依时次第而祭之。尝者，新谷熟而尝也。烝者，众也，冬时物成者众也。郑疑为夏殷祭名者，以其与周不同，其夏殷之祭又无文，故称盖以疑之。” 礿，音药。鲜，上声。“夏殷”夏，上声。“夏时”夏，如字，去声。

天子祭天地，诸侯祭社稷，大夫祭五祀。天子祭天下名山大川，五岳视三公，四渎视诸侯。诸侯祭名山大川之在其地者。天子诸侯祭因国之在其地而无主后者。视三公，视诸侯，谓视其饔饩牢礼之多寡，以为牲器之数也。因国，谓所建国之地，因先代所都之故墟也，今无主祭之子孙。则在王畿者，天子祭之；在侯邦者，诸侯祭之。以其昔尝有功德于民，不宜绝其祀也。 《周官制度》云：五祀见于《周礼》、《礼记》、《仪礼》，杂出于史传多矣，独《祭法》加为七。《左传》、《家语》以为重、该、修、熙、句，龙之五官，《月令》以为门、行、户、灶、中霤。然则所谓五祀者，名虽同而祭各有所主也。郑氏以七祀为周制，五祀为商制。然《大宗伯》亦云祭社稷五祀，《仪礼》士疾病祷五祀，则五祀无尊卑隆杀之辨矣。愚意郑氏已是臆说，《祭法》之言，亦未可深信。　见、传，并去声。重，平声。句，音勾。杀，去声。天子犆礿，祫禘，祫尝，祫烝。祫，合也。其礼有二，时祭之祫，则群庙之主皆升而合食于大祖之庙，而毁庙之主不与。三年大祫，则毁庙之主亦与焉。天子之礼，春礿则特祭者，各于其庙也。禘尝烝皆合食。　石梁王氏曰："特礿者，春物全未成，止一时祭而已，于此时不祫也。夏物稍成，可于此时而祫。秋物大成，冬物毕成，皆可祫，故曰祫禘、祫尝、祫烝而礿则特也。"犆，音特。与，去声。诸侯礿则不禘，禘则不尝，尝则不烝，烝则不礿。南方诸侯春祭毕则夏来朝，故阙禘祭。西方诸侯夏祭毕而秋来朝，故阙尝祭。四方皆然。　石梁王氏曰："诸侯岁朝为废一时之祭，王事重也。"　为，去声。诸侯礿犆，禘一犆一祫，尝祫，烝祫。犆礿礿犆，非有异也，变文而已。祫尝祫烝，与尝祫烝祫亦然。诸侯所以降于天子者，禘一犆一祫而已。言夏祭之禘，今岁犆则来岁祫，祫之明年又犆，不如天子每岁三时皆祫也。　石梁王氏曰："物稍成未若大成，其成亦未可必。故夏禘之时，可祫可犆，不可尝也。秋冬物成可必，故此工时必可祫，故不云犆而云尝祫烝祫。此一节专为祫祭发也。"　愚按此章先儒以为夏殷之制。然禘，王者之大祭也，今以为四时常祭之名，何欤？岂周更时祭之名，而后禘专为大祭欤？又《周官制度》云："先王制礼，必象天道，故月祭象月，时享象时。三年之祫，五年之禘象闰。"又云："《王制》之言祫，非三年之制也。"　"专为"为，去声。更，平声。

天子社稷皆太牢。诸侯社稷皆少牢。大夫、士宗庙之祭，有田则祭，无田则荐。庶人春荐韭，夏荐麦，秋荐黍，冬荐稻。韭以卵，麦以鱼，黍以豚，稻以雁。祭有常礼，有常时。荐非正祭，但遇时物即荐，然亦不过四时各一举而已。注云："祭以首时，荐以仲月。首时者，四时之孟月也。"　少，去声。祭天地之牛角茧栗，宗庙之牛角握，宾客之牛角尺。如茧如栗，犊也。握，谓长不出肤。侧手为肤，四指也。宾客之用，则取其肥大而已。诸侯无故不杀牛，大夫无故不杀羊，士无故不杀犬豕，庶人无故不食珍。烹牛羊豕必为鼎实。鼎非常用之器，有礼事则设，所以无故不杀也。珍之名物见《内则》。庶人无故，亦以非冠昏之礼欤？庶羞不逾牲。燕衣不逾祭服。寝不逾庙。羞不逾牲者，如牲是羊，则不以牛肉为庶羞也。此三者皆言薄于奉己，厚于事神也。大夫祭器不假。祭器未成，不造燕器。此一节，旧在"庶人耆老不徒食"之后，今考其序，当移在此。大夫有田禄，则不假借祭器于人，无田禄者，不设祭器，则假之可也。凡家造，祭器为先，养器为后。

古者公田藉而不税。孟子曰："殷人七十而助。"助者藉也，但借民力以助耕公田，而不取其私田之税。　藉，子夜切。市廛而不税。廛，市宅也。赋其市地之廛，而不征其货也。关讥而不征。关之设，但主于讥察异服异言之人，而不征其往来货物之税也。林麓川泽以时入而不禁。山泽采取之物，其入也虽有时，然与民共其利，即孟子所谓泽梁无禁也。夫圭田无征。圭田者，禄外之田，所以供祭祀，不税，所以厚贤也。曰圭者，洁白之义也。《周官制度》云："圭田自卿至士皆五十亩，此专主祭祀，故无征。"然《王制》言大夫士宗庙之祭，有田则祭，无田则荐；孟子亦曰惟士无田，则亦不祭。既云皆有田，何故又云无用则荐？以此知赐圭田，亦似有功德则赐圭瓒耳。　夫，音扶。用民之力，岁不过三日。用民力，如治城郭涂巷沟渠宫庙之类。周礼：丰年三日，中年二日，无年则一日而已。若师旅之事，则不拘此制。田里不粥，墓地不请。田里，公家所授，不可得而粥。墓地有族葬之序，人不得而请求，己亦不得以擅与。故争墓地者，墓大夫听其讼焉。　粥，音育，篇内并同。

司空执度度地，居民山川沮泽，时四时，量地远近，兴事任力。《书》曰："司空掌邦土。"执度度地，量地远近，盖定邑非城郭庐舍之区域也。山川、沮泽，有燥湿寒暖之不同，以时候其四时，知其气候早晚，使居者不失寒暖之宜也。兴事任力，亦谓公家力役之征也。　方氏曰："小而水所止曰沮，大而水所钟曰泽。"　度，上如字，下待洛切。沮，将虑切。凡使民，任老者之事，食壮者之食。老者食少而功亦少，壮者功多而食亦多。今之使民，虽少壮但责以老者之功程，虽老者亦食以少者之饮食，宽厚之至也。　"食壮"食，音嗣，注亦食同。"少壮"、"少者"少，去声。凡居民材，必因天地寒暖燥湿，广谷大川异制。民生其间者异俗，刚柔轻重迟速异齐，五味异和，器械异制，衣服异宜。修其教，不易其俗；齐其政，不易其宜。居，谓储积以备用，如懋迁有无化居之居。材者，夫人日用所须之物，如天生五材之材。天地之气，东南多暖，西北多寒。地势高者必燥，卑者必湿。因其地之所宜而为之备，如毡裘可以备寒，絺绤可以备暑，车以行陆，舟以行水，此皆因天地所宜也。广谷大川，自天地初分，其形制已不同矣。民生异俗，理有固然，其情性之缓急，亦气之所禀殊也。饮食器械衣服之有异，圣王亦岂必强之使同哉？惟修其三纲五典之教，齐其礼乐刑政之用而已。所谓财成辅相以左右民也。 "异齐"齐，去声。和，去声。强，上声。左右，音佐佑。

中国戎夷五方之民，皆有性也，不可推移。冯氏曰："五方之民，以气禀之不齐，兼习俗之异尚，是以其性各随气禀之昏明，习俗之薄厚，而不可推移焉。若论其本然之性，则一而已矣。"郑氏亦曰"地气使之然"。东方曰夷，被发文身，有不火食者矣。南方曰蛮，雕题交趾，有不火食者矣。西方曰戎，被发衣皮，有不粒食者矣。北方曰狄，衣羽毛穴居，有不粒食者矣。雕，刻也；题，额也；刻其额以丹青涅之；交趾，足拇指相向也。东南地气暖，故有不火食者。西北地寒少五谷，故有不粒食者。 衣，去声。中国、夷、蛮、戎、狄，皆有安居，和味，宜服，利用，备器。俗虽不同，亦皆随地以资其生，无不足也。 和，去声。五方之民，言语不通，嗜欲不同。达其志，通其欲，东方曰寄，南方曰象，西方曰狄鞮，北方曰译。方氏曰："以言语之不通也，则必达其志；以嗜欲之不同也，则必通其欲。必欲达其志通其欲，非寄、象、鞮、译则不可。故先王设官以掌之。寄，言能寓风俗之异于此。象，言能仿象风俗之异于彼。鞮，则欲别其服饰之异。译，则欲辨其言语之异。《周官》通谓之象胥，而世俗则通谓之译也。" 刘氏曰："此四者，皆主通远人言语之官。寄者，寓也，以其言之难通，如寄托其意于事物而后能通之。象，像也，如以意仿像其形似而通之，《周官》象胥是也。狄，犹逖也；鞮，戎狄屦名，犹履也。远履其事，而知其言意之所在而通之，《周官》鞮屦氏，亦以通其声歌，而以舞者所履为名。译，释也，犹言誊也。谓以彼此言语，相誊释而通之也。越裳氏重九译而朝是也。" 鞮，音低。别，必列切。重，平声。凡居民，量地以制邑，度地以居民，地邑民居，必参相得也。九夫为井，四井为邑，田有常制，民有定居，则无偏而不举之弊。地也，邑也，居也，三者既相得则由小以推之大，而通天下皆相得矣。此所谓井田之良法也。 度，待洛切。无旷土，无游民，食节事时，民咸安其居，乐事劝功，尊君亲上，然后兴学。刘氏曰："富而后教，理势当然。若救死恐不赡，则必疾视其上，而欲与偕亡矣。虽欲兴学，其可得乎？此篇自分田制禄，命官论材，朝聘巡守，行赏罚，设国学，为田渔，制国用，广储蓄，修葬祭，定赋役，安迩人，来远人，使中国五方各得其所，而养生丧死无憾，是王道之始也。至此则君道既得，而民德当新，然后立乡学以教民，而兴其贤能。下文'司徒修六礼'以下至'庶人耆老不徒食'，皆化民成俗之事，是王道之成也。后段自'方一里者为田九百亩'以下至篇终，是《王制》传文。"乐，音洛。论、守、传，并去声。

司徒修六礼以节民性，明七教以兴民德，齐八政以防淫，一道德以同俗，养耆老以致孝，恤孤独以逮不足，上贤以崇德，简不肖以绌恶。此乡学教民取士之法，而大司徒则总其政令者也。六礼七教八政，见篇末，皆道德之用也，道德则其体也。体既一，则俗无不同矣。命乡简不帅教者以告。耆老皆朝于庠。元日，习射上功，习乡上齿，大司徒帅国之俊士与执事焉。此下言简不肖以绌恶之事。乡，畿内六乡也，在远郊之内，每乡万二千五百家。庠，则乡之学也。耆老，乡中致仕之卿大夫也。元日，所择之善日也。期日定，则耆老皆来会聚，于是行射礼与乡饮酒之礼。射以中为上，故曰上功。乡饮则序年之高下，故曰上齿。大司徒，教官之长也。率其俊秀者与执礼事，盖欲使不帅教之人，得于观感而改过以从善也。 帅，入声。朝，音潮。与，去声。中，去声。长，上声。不变，命国之右乡简不帅教者移之左，命国之左乡简不帅教者移之右，如初礼。左右对移，以易其藏修游息之所，新其师友讲切之方，庶几其变也。不变，移之郊，如初礼。不变，移之遂，如初礼。不变，屏之远方，终身不齿。四郊去国百里，在乡界之外。遂，又在远郊之外，盖示之以渐远之意也。四次示之以礼教而犹不悛焉，则其人终不可与入德矣，于是乃屏弃之。 屏，音丙。命乡论秀士升之司徒，曰选士。司徒论选士之秀者而升之学，曰俊士。此言上贤崇德之事。 刘氏曰："论者，述其德艺而保举之也。苗之颖出曰秀。大司徒命乡大夫论述乡学之士，才德颖出于同辈者而礼宾之，升其人于司徒，司徒考试之，量才而用之为乡遂之吏，曰'选士'。选者，择而用之也。其有才德又颖出于选士，不安于小成而愿升国学者，司徒论述其美而举升之于国学，曰'俊士'。俊者，才过千人之名也。" 论、选，并去声。升于司徒者不征于乡，升于学者不征于司徒，曰造士。既生于司徒，则免乡之徭役，而犹给徭役于司徒也。及升国学，则并免司徒之役矣。造者，成也，言成就其才德也。 并，去声。

乐正崇四术，立四教，顺先王《诗》、《书》、《礼》、《乐》以造士。春秋教以《礼》、《乐》，冬夏教以《诗》、《书》。此以下言国学教国子民俊，及取贤才之法。乐正掌其教，司马则掌选法也。术者，道路之名，言《诗》、《书》、《礼》、《乐》四者之教，乃入德之路，故言术也。《文王世子》言春诵夏弦，与此不同者，古人之教，虽曰四时各有所习，其实亦未必截然弃彼而习此，恐亦互言耳，非春秋不可教《诗》、《书》，冬夏不可教《礼》、《乐》也。旧注阴阳之说，似为拘泥。 泥，去声。王大子、王子、群后之大子，卿大夫、元士之适子，国之俊选皆造焉。凡入学以齿。皆造，皆来受教于乐正也。惟次长幼之序，不分贵贱之等。 大，音泰。适，音的。造，七到切。将出学，小胥、大胥、小乐正简不帅教者以告于大乐正，大乐正以告于王。王命三公、九卿、大夫、元士皆入学。不变，王亲视学。不变，王三日不举，屏之远方，西方曰棘，东方曰寄。终身不齿。古之教者，九年而大成。出学，九年之期也。小胥大胥，皆乐官之属。郑注以棘为僰，又以僰训逼。僰本西戎地名，愚谓不若读如本字，急也，欲其迁善之速也。寄者，寓也，暂寓而终归之意。盖虽屏之终身不齿，然犹为此名，以示不忍终弃之意。盖国子皆世族之亲，与庶人疏贱者异，故亲亲而有望焉。 方氏曰："贱者至于四不变；然后屏之；贵者止于二不变，遂屏之者，陈氏谓先王以众庶之家为易治，世禄之家为难化。以其易治也，故乡遂之所考，常在三年大比之时；以其难化也，故国子之出学，常在九年大成之后，以三年之近而考焉。故必四不变而后屏之。以九年之远而简焉，则虽二不变，屏之可也。" 疏曰："周立四代之学于国，而以有虞氏之庠为乡学。" 僰，步黑切，音同匐。大乐正论造士之秀者以告于王，而升诸司马，曰进士。疏曰：

"司马掌爵禄,但入仕者皆司马主之。"

司马辨论官材,论进士之贤者以告于王而定其论,论定然后官之,任官然后爵之,位定然后禄之。刘氏曰:"古者乡学教庶人,国学教国子及庶人之俊。而其仕进有二道,乡学秀者之升曰选士,国学秀者之升曰进士。其选士者,不过用为乡遂之吏,而选用之权在司徒也;其进士,则必命为朝廷之官,而爵禄之定,其权皆在大司马。此乡学国学教选之异,所以为世家编户之别。然庶人仕进,亦是二道,可为选士者,司徒试用之,此某一也。司徒升之国学,则论选之法,与国子弟同矣,此其二也。" 任,音壬。别,必列切。大夫废其事,终身不仕,死以士礼葬之。废其事,如战陈无勇,而败国殄民;或荒淫失行,而悖常乱俗,生则摈弃,死则贬降。

有发,则命大司徒教士以车甲。发,师旅之役也。 方氏曰:"先王设官,未尝不辨,亦未尝不通。司徒掌教,司马掌政,是分职而辨之也。有发则司徒教士以车甲,造士则司马辨论官材,是联事而通之也。"凡执技论力,适四方,裸股肱,决射御。射御之技,四方惟所之,然但论力之优劣而已。所以攘衣而出其股肱者,欲以决胜负而示武勇也。 论,去声。裸,力果切。凡执技以事上者,祝、史、射、御、医、卜及百工。凡执技以事上者,不贰事,不移官,出乡不与士齿。仕于家者,出乡不与士齿。不贰事,则所业弥至于精;不移官,恐他职非其所长。以技名者贱,为大夫之臣亦贱,故不得与为士者齿列。然必出乡乃尔者,于其本乡有族人亲戚之为士者,或不忍卑之故也。

司寇正刑明辟,以听狱讼。必三刺。有旨无简不听。附从轻,赦从重。《周礼》以三刺断庶民狱讼之中,一曰讯群臣,二曰讯群吏,三曰讯万民。刺,杀也。有罪当杀者先问之群臣,次问之群吏,又问之庶民,然后决其轻重也。若有发露之旨意,而无简核之实迹,则难于听断矣,于是有附有赦焉。附而久之,则施刑从轻,赦而出之,则宥罪从重。所谓与其杀不辜,宁失不经也。 辟,婢亦切。刺,音次。断,丁乱切。凡制五刑,必即天论。邮罚丽于事。制,断也。天伦,天理也。天之理至公而无私,断狱者体而用之,亦至公而无私。邮,与尤同,责也。凡有罪责而当诛罚者,必使罚与事相附丽,则至公无私,而刑当其罪矣。 论、伦同。"刑当"当,去声。凡听五刑之讼，必原父子之亲、立君臣之义以权之，意论轻重之序、慎测浅深之量以别之，悉其聪明、致其忠爱以尽之。疑狱，泛与众共之。众疑，赦之。必察小大之比以成之。父为子隐，子为父隐，而直在其中者，以其有父子之亲也。刑乱国用重典，以其无君臣之义也。推类可以通其余，顾所以权之何如耳。父子君臣，人伦之重者，故特举以言之，亦承上文天伦之意。所犯虽同，而有轻重浅深之殊者，不可概议也，故别之，所谓权也。明视聪听，而察之于词色之间，忠爱恻怛，而体之于言意之表，庶可以尽得其情也。泛，犹广也，其或在所可疑，则泛然而广询之众见焉。众人共谓可疑，则宥之矣。比，犹例也。小者有小罪之比，大者有大罪之比，察而成之，无往非公也。　论、量，并去声。别，必列切。比，音俾。成狱辞，史以狱成告于正，正听之。正以狱成告于大司寇，大司寇听之棘木之下。大司寇以狱之成告于王，王命三公参听之。三公以狱之成告于王，王三又，然后制刑。成狱词者，谓治狱者责取犯者之言辞，已成定也。史，掌文书者。正，士师之属。听，察也。棘木，外朝之卿位也。又，当作宥，《周礼》"壹宥曰不识，再宥曰过失，三宥曰遗忘"，谓行刑之时，天子犹欲以此三者免其罪也。自下而上，咸无异说，而天子犹必三宥，而后有司行刑者，在君为爱下之仁，在臣有守法之义也。

凡作刑罚，轻无赦。冯氏曰："此言立法制刑之意。虽轻无赦，所以使人难犯也，惟其当刑必刑，轻且不赦，而况于重者乎？故君子不容不尽心焉。"刑者，侀也；侀者，成也。一成而不可变，故君子尽心焉。疏曰："侀，是形体。"　马氏曰："刑之所以为刑者，犹人之有型也。一辞不具，不足以为刑；一体不备，不足以为成人。辞之所成，则刑有所加而不可变，故君子尽心焉。君子无所不尽其心，至于用刑，则尤慎焉者也。"　侀，音刑。析言破律，乱名改作，执左道以乱政，杀。剖析言辞，破坏法律，所谓舞文弄法者也。变乱名物，更改制度，或挟异端邪道，以罔惑于人，皆足以乱政，故在所当杀。作淫声异服，奇技奇器以疑众，杀。行伪而坚，言伪而辩，学非而博，顺非而泽以疑众，杀。假于鬼神时日卜、筮以疑众，杀。此四诛者，不以听。淫声，非先王之乐也；异服，非先王之服也。奇技奇器，如偃师舞木之类。《书》云："纣作奇技淫巧以悦妇人。"所行虽伪，而坚不可攻；所言虽伪，而辩不可屈，如白马非马之类。所学虽非正道，而涉猎甚广，则亦难于穷诘。顺非，文过也。所行虽非，而善于文饰，其言滑泽无滞，众皆疑其为是也。至于假托鬼神之祸福，时日之吉凶，卜筮之休咎，皆足以使人惑于见闻，而违悖礼法。故乱政者一，疑众者三，皆决然杀之，不复审听，亦为其害大而辞不可明也。凡执禁以齐众，不赦过。立法有典，司刑有官，虽过失不赦，所以齐众人之不齐也。若先示之以赦过之令，则人将轻于犯禁矣，岂能齐之乎？

有圭璧金璋，不粥于市。命服命车，不粥于市。宗庙之器，不粥于市。牺牲不粥于市。戎器不粥于市。方氏曰："此所以禁民之不敬。"金璋，以金饰之。《考工记》"大璋中璋黄金勺，青金外者"是矣。用器不中度，不粥于市。兵车不中度，不粥于市。布帛精粗不中数，幅广狭不中量，不粥于市。奸色乱正色，不粥于市。此所以禁民之不法。用器，人生日用之器也。数，升缕多寡之数也。布幅广二尺二寸，帛广二尺四寸。　中，去声。锦文珠玉成器，不粥于市。衣服饮食，不粥于市。此所以禁民之不俭。五谷不时，果实未熟，不粥于市。木不中伐，不粥于市。禽兽鱼鳖不中杀，不粥于市。此所以禁民之不仁。凡十有四事，皆所以齐其众，而使风俗之同也。关执禁以讥，禁异服，识异言。刘氏曰："凡上文所当禁戒之事，虽有司刑司市之属以治之，然不有以讥察之，则犯者众而获者寡矣。故令司关者，执禁戒之令以讥察之，见异服则禁之，闻异言则识之。衣服易见，故直曰禁；言语难知，故必曰识。关，境上门；举关，则郊门城门亦在其中矣。司徒去属，有司门司关者，皆其职之大略也。"

大史典礼，执简记，奉讳恶。天子齐戒受谏。《周官》大史，典历代礼仪之籍。国有礼事，则豫执简策，记载所当行之礼仪及所当知之讳恶，如庙讳忌日之类，奉而进之天子。天子重其事，故齐戒以受其所教诏。谏，犹教诏也。不言大宗伯者，体貌尊，惟诏相大礼于临时耳。　大，音泰。恶，去声。齐，音斋。相，去声。司会以岁之成质于天子。冢宰齐戒受质。司会，冢宰之属，掌治法之财用会计，及王与冢宰废置等事。故岁之将终也，质平其一岁之计要于天子，而先之冢宰。冢宰重其事，而齐戒以受其质。质者，质于上而考正其当否也。 会,古外切。齐,音斋。当,去声。大乐正、大司寇、市三官以其成从质于天子。大司徒、大司马、大司空,齐戒受质。市,司市也。《周官》司市,下大夫二人,司会所质,冢宰既受之矣。此三官各以其计要之成,从司会而质于天子,则司徒、司马、司空亦齐戒而受之。百官各以其成质于三官。大司徒、大司马、大司空以百官之成质于天子。百官齐戒受质,然后休老劳农,成岁事,制国用。百官位卑,不敢专达,故但质于三官;三官达于司徒、司马、司空,而为之质于天子。天子与六卿受而平断毕,则还报其平于下,故百官齐戒以受上之平报焉。君臣上下,莫不齐戒以致其敬者,以天功天职,不敢忽也。六官独不言大宗伯者,宗伯礼乐事行,则天子六卿皆在,无可岁会者。惟大乐正教国子,及一岁礼乐之费用,当质正之耳。然虽不言宗伯,而先言大史典礼于前,则其尊重礼乐之意可见矣。已上并刘氏说。 石梁王氏曰:"大史典礼以下至制国用,此一节与周制异,与夏殷无考。" 劳,去声。为,去声。

凡养老,养老之礼,其目有四:养三老五更,一也;子孙死于国事,则养其父祖,二也;养致仕之老,三也;养庶人之老,四也。一岁之间,凡七行之。饮养阳气,则用春夏,食养阴气,则用秋冬,四时各一也。凡大合乐,必遂养老。谓春入学,舍菜合舞,秋颁学合声,则通前为六。又季春大合乐,天子视学亦养老,凡七也。 更,平声。有虞氏以燕礼,燕礼者,一献之礼既毕,皆坐而饮酒,以至于醉。其牲用狗,其礼亦有二:一是燕同姓,二是燕异姓也。夏后氏以飨礼,飨礼者,体荐而不食,爵盈而不饮,立而不坐,依尊卑为献,数毕而止。然亦有四焉:诸侯来朝,一也;王亲戚及诸侯之臣来聘,二也;戎狄之君使来,三也;享宿卫及耆老孤子,四也。惟宿卫及耆老孤子,则以酒醉为度。酒正云。使,去声。殷人以食礼。食礼者,有饭有肴,虽设酒而不饮,其礼以饭为主,故曰食也。然亦有二焉:《大行人》云:"食礼九举,及公食大夫之类,谓之礼食。其臣下自与宾客旦夕共食,则谓之燕食也,飨食礼之正,故行之于庙。燕以示慈惠,故行之于寝也。" 食,音嗣。"礼食"、"共食"、"燕食",如字。周人修而兼用之:春夏则用虞之燕,夏之飨;秋冬则用殷之食。周尚文,故兼用三代之礼也。五十养于乡,六十养于国,七十养于学,达于诸侯。乡,乡学也。国,国中小学也。学,大学也。达于诸侯者,天子养老之礼,诸侯通得行之,无降杀也。八十拜君命,一坐再至,瞽亦如之。九十使人受。人君有命,人臣拜受,礼也。惟八十之老,与无目之人,为难备礼,故其拜也,足一跪而首再至地,以备再拜之数。九十则又不必亲拜,特使人代受。此言君致享食之礼于其家,而受之之礼如此,然他命则亦必然矣。五十异粻,六十宿肉,七十贰膳,八十常珍,九十饮食不离寝,膳饮从于游,可也。粻,粮也。异者,精粗与少者殊也。宿肉,谓恒隔日备之,不使求而不得也。膳,食之善者。每有副贰,不使阙乏也。常珍,常食皆珍味也。不离寝,言寝处之所恒有庋阁之饮食也。美善之膳,水浆之饮,随其常游之处,而为之备具可也。 粻,音张。离,去声。庋,音几,又音诡。六十岁制,七十时制,八十月制,九十日修。唯绞、紟、衾、冒,死而后制。此言渐老,则渐近死期,当豫为送终之备也。岁制,谓棺也,不易可成,故岁制。衣物之难得者,须三月可办,故云时制。衣物之易得者,则一月可就,故云月制。至九十,则棺衣皆具,无事于制作,但每日修理之,恐或有不完整也。绞,所以收束衣服为坚急者也。紟,单被也。绞与紟,皆用十五升布为之。凡衾皆五幅,士小敛,缁衾赪裹,大敛则二衾。冒,所以韬尸,制如直囊,上曰质,下曰杀。其用之,先以杀韬足而上,次以质韬首而下齐于手。士缁冒赪杀,象生时玄衣纁裳也。此四物须死乃制,以其易成故也。 绞,音爻。紟,其鸩切。杀,去声。

五十始衰,六十非肉不饱,七十非帛不暖,八十非人不暖,九十虽得人不暖矣。五十杖于家,六十杖于乡,七十杖于国,八十杖于朝,九十者,天子欲有问焉则就其室,以珍从。杖,所以扶衰弱。五十始衰,故杖。未五十者,不得执也。巡守而就见百年者,泛言众庶之老也。此就见九十者,专指有爵者也。《祭义》又言八十君问则就之者,亦异礼也。珍,与常珍之珍同。从之以往,致尊养之义也。 从,去声。守,去声。七十不俟朝,八十月告存,九十日有秩。不俟朝者,谓朝君之时,入至朝位,君出揖即退,不待朝事毕也,此谓当致仕之年而不得谢者。告,犹问也;君每月使人致膳告问存否也。秩,常也,日使人以常膳致之也。五十不从力政,六十不与服戎,七十不与宾客之事,八十齐丧之事弗及也。方氏曰:"力政,力役之政也。服戎,兵戎之事也。力政事之常者,故五十已不从矣。服戎则事之变者,必六十然后不与焉。从,谓行其事也。与，则与之而已。及，则旁有所加之谓，以其老甚，非特不能从与于事，而事固不当及于我矣。” 与，去声。齐，音斋。五十而爵，六十不亲学，七十致政，唯衰麻为丧。五十而爵，命为大夫也。不亲学，以其不能备弟子之礼也。致政事，以其不能胜职任之劳也。或有死丧之事，惟备衰麻之服而已，其他礼节，皆在所不责也。 衰，音催。胜，平声。

有虞氏养国老于上庠，养庶老于下庠。行养老之礼必于学，以其为讲明孝弟礼义之所也。国老，有爵有德之老；庶老，庶人及死事者之父祖也。国老尊，故于大学；庶老卑，故于小学。上庠大学在西郊，下庠小学在国中王宫之东。 弟，去声。夏后氏养国老于东序，养庶老于西序。东序，大学，在国中王宫之东。西序，小学，在西郊。殷人养国老于右学，养庶老于左学。右学，大学，在西郊。左学，小学，在国中王宫之东。周人养国老于东胶，养庶老于虞庠，虞庠在国之西郊。东胶，大学，在国中王宫之东。虞庠，小学，在西郊。有虞氏皇而祭，深衣而养老。皇、收、冔，皆冠冕之名。然制度详悉，则不可考矣。深衣，白布衣也。夏后氏收而祭，燕衣而养老。燕衣，黑衣也。夏后氏尚黑，君与群臣燕饮之服，即诸侯日视朝之服也。其冠则玄冠，而缁带素铧白舄也。殷人冔而祭，缟衣而养老。缟，生绢，亦名素。此缟衣，则谓白布深衣也。 冔，火羽切。周人冕而祭，玄衣而养老。玄衣，亦朝服也。缁衣素裳，十五升布为之。六入为玄，七入为缁，故缁衣亦名玄衣也。又按夏后氏尚黑，衣裳皆黑。殷尚白，则衣裳皆白。周兼用之，故玄衣而素裳。凡诸侯朝服，即天子燕服，而诸侯之行燕礼，亦此服也。凡三王养老，皆引年。四海之内，老者众矣，安得人人而养之。待国老庶老之礼毕，即行引户校年之令，而恩赐其老者焉。八十者，一子不从政。九十者，其家不从政。废疾非人不养者，一人不从政。父母之丧，三年不从政。齐衰大功之丧，三月不从政。将徙于诸侯，三月不从政。自诸侯来徙家，期不从政。从政，谓给公家之力役也。 方氏曰：“将徙欲去者，来徙，已来者，夫人莫衰于老，莫苦于疾，莫忧于丧，莫劳于徙，此王政之所宜恤者，故皆不使之从政焉。” 旧说将徙于诸侯者，谓大夫采地之民，徙于诸侯为民；自诸侯来徙者谓诸侯之民。来徙于大夫之邑,以其新徙当复除。诸侯地宽役少,故惟三月不从政;大夫役多地狭,欲令人贪慕,故期不从政。一说谓从大夫家出仕诸侯,从诸侯退仕大夫。未知孰是, 采,去声。令,平声。

少而无父者谓之孤,老而无子者谓之独,老而无妻者谓之矜,老而无夫者谓之寡。此四者,天民之穷而无告者也,皆有常饩。《左传》崔杼生成及强而寡,是无妻者亦可言寡也。皆有常饩,谓君上养以饩廪,有常制也。 少,去声。矜,音鳏。瘖、聋、跛、躃、断者、侏儒、百工,各以其器食之。瘖者不能言,聋者不能听,跛者一足废,躃者两足俱废,断者支节脱绝。侏儒,身体短小者也;百工,众杂技艺也。器,犹能也。此六类者,因其各有技艺之能,足以供官之役使,故遂因其能而以廪给食养之。疏引《国语》戚施直镈等六者为证。 瘖,音音。跛,彼我切。躃,音璧。断,音段。食,音嗣。

道路,男子由右,妇人由左,车从中央。凡男子妇人同出一涂者,则男子常由妇人之右,妇人常由男子之左,为远别也。父之齿随行,兄之齿雁行,朋友不相逾。父之齿、兄之齿,谓其人年与父等,或与兄等也。随行,随其后也。雁行,并行而稍后也。朋友年相若,则彼此不可相逾越而有先后,言并行而齐也。轻任并,重任分,斑白者不提挈。并,己独任之也。分,析而二之也。 并,去声。君子耆老不徒行,庶人耆老不徒食。方氏曰:"徒行,谓无乘而行也。徒食,谓无羞而食也。" 应氏曰:"非人皆好德而士不失职,安能使在路无徒行之贤?非人各有养而俗尚孝敬,安能使在家无徒食之老?"

方一里者,为田九百亩。步百为亩,是长一百步,阔一步。亩百为夫,是一顷长,阔一百步。夫三为屋,是三顷,阔三百步,长一百步,屋三为井,则九百亩也,长阔一里。孟子曰:"方里而井,井九百亩。"方十里者,为方一里者百,为田九万亩。方百里者,为方十里者百,为田九十亿亩。一个十里之方,即为田九万亩;则十个十里之方,为田九十万亩;一百个十里之方,为田九百万亩。今云九十亿亩,是一亿有十万,十亿有一百万,九十亿,乃九百万亩也。方千里者,为方百里者百,为田九万亿亩。

计千里之方，为方百里者百。一个百里之方，即为九十亿亩；则十个百里之方，为九百亿亩；百个百里之方，为九千亿亩。今乃云九万亿亩，与数不同者，若以亿言之，当云九千亿亩；若以万言之，当云九万万亩，经文误也。　应氏曰："自此至篇末，皆覆解篇首及中间井田封建地里之界。"自恒山至于南河，千里而近。自南河至于江，千里而近。自江至于衡山，千里而遥。自东河至于东海，千里而遥。自东河至于西河，千里而近。自西河至于流沙，千里而遥。西不尽流沙，南不尽衡山，东不尽东海，北不尽恒山。方氏曰："不足谓之近，有余谓之遥。"应氏曰："此独言东海者，东海在中国封疆之内，而西南北，则夷徼之外也。南以江与衡山为限，百越未尽开也。河举东西南北者，河流萦带周绕，虽流沙分际，亦与河接也。自秦而上，西北袤而东南蹙；秦而下，东南展而西北缩。先王盛时，四方各有不尽之地，不劳中国以事外也。《禹贡》：东渐而被，朔南咸暨，特声教所及，非贡赋所限也。"　分，音问。袤，音茂。渐，平声。

凡四海之内，断长补短，方三千里，为田八十万亿一万亿亩。方百里者，为田九十亿亩。山陵、林麓、川泽、沟渎、城郭、宫室、涂巷，三分去一，其余六十亿亩。为田八十万亿一万亿亩者，以一州方千里，九州方三千里，三三为九，为方千里者九。一个千里，有九万亿亩。九个千里，九九八十一，故有八十一万亿亩。于八十整数之下云万亿，是八十个万亿。又云一万亿，言八十个万亿之外，更有一万亿，是共为八十一万亿亩。先儒以万亿二字为衍，非也。此并疏义，然愚按方百里为田九十亿亩，则方三千里当云八万一千亿亩，如疏义，亦承误释之也。　断，音短。去，上声。古者以周尺八尺为步，今以周尺六尺四寸为步。古者百亩，当今东田百四十六亩三十步。古者百里，当今百二十一里六十步四尺二寸二分。疏曰："古者八寸为尺，以周尺八尺为步，则一步有六尺四寸。今以周尺六尺四寸为步，则一步有五十二寸，是今步比古步每步剩出一十二寸。以此计之，则古者百亩，当今东田百五十二亩七十一步有余，与此百四十六亩三十步不相应。又今步每步剩古步十二寸，以此计之，则古之百里，当今百二十三里一百一十五步二十寸，与此百二十一里六十步四尺二寸二分又不相应。经文错乱，不可用也。"　愚按疏义所算亦误，当云古者八寸为尺，以周尺八尺为步，则一步有六尺四寸。分以周尺六尺四寸为步，则一步有五尺一寸二分，是今步比古步每步剩出一尺二寸八分。以此计之，则古者百亩，当今东田百五十六亩二十五步一寸六分十分寸之四，与此百四十六亩三十步不相应。里亦仿此推之。　方氏曰："东田者，即《诗》言'南东其亩'也。言南则以庐在其北而向南，言东则以庐在其西而向东。"　严氏说"南东其亩"，云或南其亩，或东其亩，顺地势及水之所趋也。方千里者，为方百里者百。天下九州，王畿居中，外八州，每州各方千里，是一百个百里以开方之法推之，合万里也。封方百里者三十国，其余方百里者七十。公侯皆方百里，封三十个百里，剩七十个百里。又封方七十里者六十，为方百里者二十九，方十里者四十。伯七十里，封六十个七十里，是占二十九个百里，四十个十里。于三十个百里内，剩六十个十里。其余方百里者四十，方十里者六十。又封方五十里者百二十，为方百里者三十。其余方百里者十，方十里者六十。除上封二等国，共占六十个百里，外止剩四十个百里，及六十个十里。于此地内封子男五十里之国者百二十个，每一百里封四个，实占三十个百里。通三等封，止剩十个百里，六十个十里。伯国方七十里，七七四十九，是四十九个十里。　子男方五十里，五五二十五，是二十五个十里。名山大泽不以封，其余以为附庸间田。诸侯之有功者，取于间田以禄之。其有削地者，归之间田。除名山大泽之外，皆为附庸之国及间田。　间，音闲。

天子之县内方千里者，为方百里者百。封方百里者九。其余方百里者九十一。又封方七十里者二十一，为方百里者十，方十里者二十九。　其余方百里者八十，方十里者七十一。又封方五十里者六十三，为方百里者十五，方十里者七十五。　其余方百里者六十四，方十里者九十六。此仿上章畿外之法，推之可见，畿外封国多而余地少，广封建之制于天下也。畿内封国少而余地多，备采邑之分于王朝也。　采、分，并去声。

诸侯之下士禄食九人，中士食十八人，上士食三十六人，下大夫食七十二人，卿食二百八十八人。君食二千八百八十人。此言大国之数。次国之卿食二百一十六人，君食二千一百六十人。次国大夫亦食七十二人，卿三大夫禄，故食二百一十六人。小国之卿，食百四十四人，君食千四百四十人。小国大夫亦食七十二人，卿倍大夫禄，故食百四十四人。次国之卿命于其君者，如小国之卿。降于天子所命也。天子之大夫为三监，监于诸侯之国者，其禄视诸侯之卿，其爵视次国之君，其禄取之于方伯之地。禄视诸侯之卿，可食二百八十八人者也。　上监，如字。下监，平声。方伯为朝天子，皆有汤沐之邑于天子之县内，视元士。谓之汤沐者，言入至畿内，即暂止顿于此。齐絜而往也。《春秋传》谓之朝宿之邑，惟方伯有之，其余否。许慎云："周千八百诸侯若皆有之，则尽京师地亦不能容。"　为，去声。诸侯世子世国，大夫不世爵，使以德，爵以功。未赐爵，视天子之元士以君其国。诸侯之大夫不世爵禄。世子世国，畿外之制也。天子大夫不世爵而世禄。先王使人爵人，必取其有德有功者。列国之君薨，其子未得爵赐，则其衣服礼数视天子之元士，赐爵而后得如先君之旧也。诸侯之大夫不世爵禄，而有大功德者亦世之。《左传》言官有世功，则有官族。

六礼：冠、昏、丧、祭、乡、相见。今所存者士冠，士昏，士丧，特牲，少牢，馈食，乡饮酒，士相见。　冠，去声。少，去声。七教：父子、兄弟、夫妇、君臣、长幼、朋友、宾客。八政：饮食、衣服、事为、异别、度、量、数、制。六礼七教八政，皆司徒所掌。礼节民性，教兴民德，修则不坏，明则不渝。然非齐八政以防淫，则亦礼教之害也。事为者，百工之技艺有正有邪；异别者，五方之械器有同有异。度量，则不使有长短小大之殊；数制，则不使有多寡广狭之异。若夫饮食衣服，尤民生日用之不可缺者，所以居八政之首，齐之则不使有僭拟诡异之端矣。此篇先儒谓杂举历代之典，虽一一分别而不能皆有明证，又且多祖纬书，岂可谓决然无疑哉？朱子有言，汉儒说制度有不合者，多推从殷礼去，此亦疑其无征矣。然只据大纲而言，兴学以上，修六礼以下，其坦明者，亦可为后王之法也。　长，上声。别，必列切。量，去声。

月令第六

吕不韦集诸儒著十二月纪，名曰《吕氏春秋》，篇首皆有月令，言十二月政令所行也。月用夏正，令则杂举三代及秦事。礼家记事者抄合为此篇。

孟春之月，日在营室，昏参中，旦尾中。孟春，夏正建寅之月也。营室在亥，娵訾之次也。昏时参星在南方之中，旦则尾星在南方之中。疏曰："《月令》昏明中星，皆大略而言，不与历同。但一月之内有中者，即得载之。二十八宿星体有广狭，相去有远近。或月节月中之日，昏明之时，前星已过于午，后星未至正南。又星有明暗，见有早晚，所以昏明之星，不可正依历法，但举大略耳。" 参，如字，俗读森。过，平声。见，音现。其日甲乙。春于四时属木，日之所系，十干循环。独言甲乙者，木之属也，四时皆然。其帝太皞，其神句芒。太皞，伏羲，木德之君。句芒，少皞氏之子日重，木官之臣。圣神继天立极，生有功德于民，故后王于春祀之。四时之帝与神皆此义。 句芒，音勾亡。少，去声。重，平声。其虫鳞。其音角，律中太蔟。其数八。其味酸，其臭膻。其祀户，祭先脾。鳞虫，木之属。五声角为木。单出曰声，杂比曰音。调乐于春，以角为主也。律者，候气之管，以铜为之，或云竹为之。中，犹应也。太蔟，寅律，长八寸。阴阳之气距地面各有浅深，故律之长短如其数。律管入地，以葭灰实其端，其月气至，则灰飞而管通，是气之应也。天三生木，地八成之。其数八，成数也。通于鼻者谓之臭，臭即气也。在口者谓之味。酸膻皆木之属。户者，人所出入，司之有神，此神是阳气，在户之内，春阳气出，故祀之。祭先脾者，木克土也。 蔡邕《独断》曰："户，春为少阳，其气始出生养，祀之于户。祀户之礼，南面设主于门内之西。" 中，去声，篇内并同。蔟，七寇切。比，音畀。应，去声。断，丁玩切。少，去声。东风解冻，蛰虫始振，鱼上冰，獭祭鱼，鸿雁来。此记寅月之候。振，动也。来，自南而北也。 上，上声。天子居青阳左个。青阳左个，注云："太寝东堂北偏也。"疏云："是明堂北偏而云太寝者。明堂与太庙太寝制同。北偏者，近北也。

四面旁室谓之个。” 朱子曰:“论明堂之制者非一,窃意当有九室,如井田之制。东之中为青阳太庙,东之南为青阳右个,东之北为青阳左个;南之中为明堂太庙,南之东即东之南,为明堂左个,南之西即西之南,为明堂右个;西之中为总章太庙,西之南即南之西,为总章左个,西之北即北之西,为总章右个;北之中为玄堂太庙,北之东即东之北,为玄堂右个,北之西即西之北,为玄堂左个。中为太庙太室。凡四方之太庙异方所,其左右个,则青阳左个即玄堂之右个,青阳右个即明堂之左个,明堂右个即总章之左个,总章之右个乃玄堂之左个也。但随其时之方位开门耳。太庙太室,则每季十八日天子居正欤?古人制事多用井田遗意,此恐然也。”乘鸾路,驾仓龙,载青旂。衣青衣,服仓玉。食麦与羊。其器疏以达。鸾路,有虞氏之车,有鸾铃也。春言鸾,则夏秋冬皆鸾也。夏云朱,冬云玄,则春青秋白可知。仓,与苍同。马八尺以上为龙。服玉,冠冕之饰及佩也。麦以金王而生,火王而死,当属金,而郑云属木。兑为羊,当属金,而郑云火畜,皆不可晓。疏云:“郑本《五行传》言之,然阴阳多涂,不可一定,故今于四时所食,及彘尝麦,雏尝黍之类,皆略之以俟知者,疏以达者。春物将贯土而出,故器之刻镂者,使文理粗疏,直而通达也。” 载,音戴。上衣,去声;下衣,如字,篇内并同。王,去声。

是月也,以立春。先立春三日,太史谒之天子曰:“某日立春,盛德在木。”天子乃齐。立春之日,天子亲帅三公、九卿、诸侯、大夫以迎春于东郊。还反,赏公、卿、大夫于朝。命相布德和令,行庆施惠,下及兆民。庆赐遂行,毋有不当。谒,告也,春为生,天地生育之盛德在于木位也。迎春东郊,祭太皞句芒也。后仿此推之。 疏曰:“节气有早晚,是月者,谓是月之气,不谓是月之日也。”先,去声。齐,音斋。帅,入声,篇内并同。还,音旋。相,去声。当,去声。乃命太史守典奉法,司天日月星辰之行,宿离不贷,毋失经纪,以初为常。宿,犹止也。离,犹行也。言占候躔次,不可差贷。贷,与忒同。经纪者,天文进退迟速之度数也。初者,历家推步之旧法,以此为占候之常也。离,去声。贷,音忒,后又音二,二音通用。是月也,天子乃以元日祈谷于上帝。乃择元辰,天子亲载耒耜,措之于参保介之御间。帅三公、九卿、诸侯、大夫躬耕帝籍。天子三推,三公五推,卿、诸侯九推。反,执爵于太寝;三公、九卿、诸侯、大夫皆御,命曰劳酒。元日,上辛也。郊祭天而配以后稷,为祈谷也。元辰,郊后吉日也。日以干言,辰以支言,互文也。参,参乘之人也。保介,衣甲也,以勇士为车右而衣甲。御者,御车之人也。车右及御人皆是参乘,天子在左,御者居中,车右在右,以三人故曰参也。置此耕器于参乘保介及御者之间。天子籍田千亩,收其谷为祭祀之粢盛,故曰帝籍。九推之后,庶人终之。反而行燕礼,群臣皆侍,士贱不与耕,故亦不与劳酒之赐也。 帅,入声。推,吐回切。劳,去声。"为祈"为,去声。乘、衣,并去声。盛,平声。与,去声。是月也,天气下降,地气上腾,天地合同,草木萌动。王命布农事,命田舍东郊,皆修封疆,审端径术。善相丘陵、阪险、原隰、土地所宜、五谷所殖,以教道民。必躬亲之。田事既饬,先定准直,农乃不惑。田,田畯也。舍,居也。天子命田畯居东郊以督耕者,皆使修理其封疆,谓井田之限域也。步道曰径。术,与遂同,田之沟洫也,审而端之,使无迂壅。封疆有界限,径术有阔狭,土地有高下,五种有宜否,皆须田畯躬亲教饬之,以定其准直,则农民无所疑惑也。 上,上声。术,音遂。相,去声。阪,音反。隰,音习。道,去声。畯,音俊。种,上声。是月也,命乐正入学习舞。教学者以习舞之事。乃修祭典,命祀山林川泽,牺牲毋用牝。不欲伤其生育。禁止伐木。以盛德在木也。毋覆巢,毋杀孩虫、胎夭、飞鸟,毋麛,毋卵。毋聚大众,毋置城郭。掩骼埋胔。孩虫,虫之稚者。胎,未生者。夭,方生者。飞鸟,初学飞之鸟。麛,兽子之通称。胔,骨之尚有肉者。 夭,乌老切。骼,音格。胔,音渍。是月也,不可以称兵,称兵必天殃。兵戎不起,不可从我始。毋变天之道,毋绝地之理,毋乱人之纪。天地大德曰生。春者,生德之盛时也。兵,凶器。战,危事。不得已而御寇犹可也。兵自我起,以杀戮之心,逆生育之气,是变易天之生道,断绝地之生理,而紊乱生人之纪叙矣,其殃也宜哉? 断,上声。

孟春行夏令,则雨水不时,草木蚤落,国时有恐。此巳火之气所泄也。言人君于孟春之月,而行孟夏之政令,则感召咎证如此,后皆仿此。疏曰:"孟月失令,则三时孟月之气乘之;仲月失令,则仲月之气乘之;季月失令,则季月之气乘之。所以然者,以同为孟仲季,气情相通。如其不和,则迭相乘之。”行秋令，谓孟秋之令。则其民大疫，猋风暴雨总至，藜莠蓬蒿并兴。此申金之气所伤也。《尔雅》：“扶摇谓之猋风，谓风之回转也。”藜莠蓬蒿并兴者，以生气逆乱，故恶物乘之而茂也。　猋，音标。莠，音有。行冬令，谓孟冬之令。则水潦为败，雪霜大挚，首种不入。此亥水之气所淫也。挚，伤折也，与挚兽鸷虫之义同。百谷惟稷先种，故云首种。　挚，音至。种，上声。

仲春之月，日在奎，昏弧中，旦建星中。奎宿在戌，降娄之次。疏曰：“余月昏旦中星，皆举二十八宿。此云弧与建星者，以弧星近井，建星近斗，井斗度多星体广，不可的指，故举弧建以定昏旦之中。”其日甲乙。其帝太皞，其神句芒。其虫鳞。其音角，律中夹钟。其数八。其味酸，其臭膻。其祀户，祭先脾。夹钟，卯律，长七寸二千一百八十七分寸之千七十五。始雨水。桃始华。仓庚鸣，鹰化为鸠。此记卯月之候。仓庚，鹂黄也。鸠，布谷也。《王制》言：“鸠化为鹰，秋时也。”此言鹰化为鸠，以生育气盛，故鸷鸟感之而变耳。孔氏云：“化者反归旧形之谓，故鹰化为鸠，鸠复化为鹰。如田鼠化为鴽，则鴽又化为田鼠。若腐草为萤，雉为蜃，爵为蛤，皆不言化，是不再复本形者也。”天子居青阳太庙。乘鸾路，驾仓龙，载青旂。衣青衣，服仓玉。食麦与羊。其器疏以达。青阳太庙东堂当太室。

是月也，安萌芽，养幼少，存诸孤。生气之可见者莫先于草木，故首言之。安，谓无所摧折之也。存，亦安也。择元日，命民社。令民祭社也。《郊特牲》言祭社用甲日，此言择元日，是又择甲日之善者欤？召诰社用戊日。命有司省囹圄，去桎梏，毋肆掠，止狱讼。囹，牢也。圄，止也。疏云：“周曰圜土，殷曰羑里，夏曰钧台。囹圄，秦狱名也。在手曰梏，在足曰桎，皆木械。肆，陈尸也。掠，捶治也。止，谓谕使息争也。”　省，息井切。囹圄，音零语。掠，音亮。是月也，玄鸟至。至之日，以太牢祠于高禖，天子亲往，后妃帅九嫔御。乃礼天子所御，带以弓韣，授以弓矢，于高禖之前。玄鸟，燕也。燕以施生时，巢人堂宇而生乳，故以其至为祠禖祈嗣之候。高禖，先媒之神也。高者，尊之之称。变媒言禖，神之也。古有禖氏祓除之祀，位在南郊，禋祀上帝则亦配祭之，故又谓之郊禖。《诗》"天命玄鸟，降而生商"，但谓简狄以玄鸟至之时，祈于郊禖而生契，故本其为天所命，若自天而降下耳。郑注乃有堕卵吞孕之事，与《生民》诗注所言姜嫄履巨跡而生弃之事，皆怪妄不经，削之可也。后妃帅九嫔御者，从往而侍奉礼事也。礼天子所御者，祭毕而酌酒以饮其先所御幸而有娠者，显之以神赐也。韣，弓衣也。弓矢者，男子之事也，故以为祥。　禖，音梅。帅，音率。乳，去声。饮，去声。是月也，日夜分，昼夜各五十刻。雷乃发声，始电。蛰虫咸动，启户始出。谓始穿其穴而出也。先雷三日，以节气言，在春分前三日。　先，去声。奋木铎以令兆民曰："雷将发声，有不戒其容止者，生子不备，必有凶灾！"容止，犹言动静。不戒容止，谓房室之事，亵渎天威也。生子不备，谓形体有损缺。凶灾，谓父母。日夜分，则同度量，钧衡石，角斗甬，正权概。丈尺曰度，斗斛曰量，称上曰衡，百二十斤为石。甬，斛也。权，称锤也。概，执以平量器者。同则齐其长短小大之制，钧则平其轻重之差，角则较其同异，正则矫其欺枉。是月也，耕者少舍，乃修阖扇，寝庙毕备。毋作大事，以妨农之事。少舍，暂息也。门户之蔽，以木曰阖，以竹苇曰扇。凡庙，前曰庙，后曰寝，寝是衣冠所藏之处。大事，谓军旅之事。是月也，毋竭川泽，毋漉陂池，毋焚山林。漉，亦竭也。三者之禁，皆谓伤生意。　漉，音鹿。天子乃鲜羔开冰，先荐寝庙。古者日在虚，则藏冰，至此仲春则献羔以祭司寒之神而开冰。先荐寝庙者，不敢以人之余奉神也。鲜，音献。上丁，此月上旬之丁，日必用丁者，以先庚三日，后甲三日也。命乐正习舞释菜。天子乃帅三公、九卿、诸侯、大夫亲往视之。仲丁，又命乐正入学习乐。乐正，乐官之长也。习舞释菜，谓将教习舞者，则先以释菜之礼告先师也。是月也，祀不用牺牲，用圭璧，更皮币。不用牲，谓祈祷小祀耳。如大牢祀高禖，乃大典礼，不在此限。稍重者用圭璧，稍轻者则以皮币更易之也。　更，平声。大，音泰。仲春行秋令，则其国大水，寒气总至，寇戎来征。酉金之气所伤也。行冬令，则阳气不胜，麦乃不熟，民多相掠。子水之气所淫也。　掠，音亮。行夏令，则国乃大旱，暖气早来，虫螟为害。

午火之气所泄也。螟，食苗心者。

季春之月，日在胃昏七星中，旦牵牛中。胃宿在西，大梁之次也。七星，二十八宿之星宿也。其日甲乙。其帝太皞，其神句芒。其虫鳞。其音角，律中姑洗。其数八。其味酸，其臭膻。其祀户，祭先脾。姑洗，辰律，长七寸九分寸之一。　洗，苏典切。桐始华，田鼠化为鴽，虹始见，萍始生。此记辰月之候。鴽，鹑鹌之属。鴽，音如。见，音现。天子居青阳右个。乘鸾路，驾仓龙，载青旂。衣青衣，服仓玉。食麦与羊。其器疏以达。青阳右个，东堂南偏。

是月也，天子乃荐鞠衣于先帝。鞠衣，衣色如鞠花之黄也。注云：黄桑之服者，色如鞠尘，象桑叶始生之色也。鞠字，一音去六反。先帝，先代木德之君，荐此衣于神坐以祈蚕事。命舟牧覆舟，五覆五反，乃告舟备具于天子焉。天子始乘舟。荐鲔于寝庙，乃为麦祈食。舟牧，主乘舟之官。五覆五反，所以详视其罅漏倾侧之处也。因荐鲔，并祈麦实。鲔，音伟。为，去声。是月也，生气方盛，阳气发泄，句者毕出，萌者尽达，不可以内。句，屈生者。萌，直生者。不可以内，言当施散恩惠，以顺生道之宣泄，不宜吝啬闭藏也。　句，音勾。天子布德行惠，命有司发仓廪，赐贫穷，振乏绝；开府库，出币帛，周天下；勉诸侯，聘名士，礼贤者。长无谓之贫穷，暂无谓之乏绝。振，犹救也。周，济其不足也。在内则命有司奉行，在外则勉诸侯奉行，皆天子之德惠也。是月也，命司空曰："时雨将降，下水上腾。循行国邑，周视原野，修利堤防，道达沟渎，开通道路，毋有障塞。司空掌邦土，此皆其职也。　上，上声。行，去声。道，去声。塞，入声。田猎罝、罘、罗、网、毕、翳、喂兽之药，毋出九门。"罝、罘，皆捕兽之罟；罗、网，皆捕鸟之罟。小网长柄谓之毕，以其似毕星之形，故名，用以掩兔也。翳，射者用以自隐也。喂，啗之也。药，毒药也。七物皆不得施用于外，以其逆生道也。路门、应门、雉门、库门、皋门、城门、近郊门、远郊门、关门，凡九门也。　罝，音嗟。罘，音浮。翳，音曀。喂，音伪。应，去声。是月也，命野虞毋伐桑柘。鸣鸠拂其羽，戴胜降于桑，具曲植籧筐。野虞，主田及山林之官。拂羽，飞而翼拍身也。戴胜，织纴之鸟，一名戴鵀，鵀即头上胜也。此时恒在桑，言降者，重之若自天而下也。曲，薄也。植，槌也，所以架曲与籧筐者。籧圆而筐方。植，言治。籧，音举。槌，直类切。后妃齐戒，亲东乡躬桑，禁妇女毋观，省妇使，以劝蚕事。东乡，迎时气也。躬桑，亲自采桑也。禁妇女毋观者，禁止妇女，使不得为容观之饰也。省妇使者，减省其针线缝制之事也。此二者，皆为劝勉之，使尽力于蚕事也。 齐，音斋。乡，去声。观，去声。蚕事既登，分茧称丝效功，以共郊庙之服，毋有敢惰。登，成也。分茧，分布于众妇之缫者。称丝效功，以多寡为功之上下。 共，音供。是月也，命工师令百工审五库之量：金铁、皮革筋、角齿、羽箭干、脂胶丹漆，毋或不良。工师，百工之长也。五库者：金铁为一库，皮革筋为一库，角齿为一库，羽箭干为一库，脂胶丹漆为一库。视诸物之善恶皆有旧法，谓之量。一说多寡之数也。审而察之，故云审五库之量也。干者，诸器所用之木材也。 量，去声。百工咸理，监工日号："毋悖于时，毋或作为淫巧以荡上心！"此时百工皆各理治其造作之事，工师监临之，每日号令，必以二事为戒：一是造作器物，不得悖逆时序。如为弓，必春液角，夏治筋，秋合三材，寒定体之类是也。二是不得为淫过奇巧之器，以摇动君心，使生奢侈也。 监，平声。是月之末，择吉日大合乐，天子乃帅三公、九卿、诸侯、大夫亲往视之。郑氏曰："其礼亡。"是月也，乃合累牛腾马，游牝于牧。牺牲驹犊，举书其数。春阳既盛，物皆产育，故合其累系之牛，腾跃之马，而游纵之，使牡者就牝者于刍牧之地，欲其孳生之蕃也。若其中牺牲之用者，及马之驹，牛之犊，皆书其数者，以备稽校多寡也。 累，平声。中，去声。命国难，九门磔攘，以毕春气。难之事，在周官则方相氏掌之。裂牲谓之磔，除祸谓之攘。春者阴气之终，故磔攘以终毕厉气也。旧说：大陵八星在胃北，主死丧；昴中有大陵积尸之气，气佚则厉鬼随之而行。此月初日在胃，从胃历昴，故驱疫之事，当于此时行之也。九门，说见上章。 难，音那。磔，音责，篇内并同。

季春行冬令，则寒气时发，草木皆肃，国有大恐。丑土之气所应也。肃者，枝叶减缩而急栗也。大恐，讹言相惊动也。旧说：孟春有恐是火讹，以其行夏令也。此行冬令，当致水讹，汉王商尝止之矣。行夏令，则民多疾疫，时雨不降，山林不收。未土之气所应也。行秋令，则天多沉阴，淫雨蚤降，兵革并起。戌土之气所应也。不收，谓无所成遂也。

孟夏之月，日在毕，昏翼中，旦婺女中。毕宿在申，实沉之次。其日丙丁。其帝炎帝，炎帝，大庭氏，即神农也，赤精之君。其神祝融。颛顼氏之子，名黎，火官之臣。其虫羽。其音徵，律中中吕。其数七。其味苦，其臭焦。其祀灶，祭先肺。羽虫，飞鸟之属。徵音属火。中吕，巳律，长六寸万九千六百八十二分寸之万二千九百七十四。地二生火，天七成之。七者，火之成数也。苦、焦，皆火属。夏祭灶，火之养人者也。祭先肺，火克金也。　蔡邕《独断》曰："灶，夏为太阳，其气长养。祀灶之礼，在庙门外之东。先席于门奥面东，设主于灶径也。"　徵，音止，篇内并同。上中，音众；下中，音仲。蝼蝈鸣，蚯蚓出，王瓜生，苦菜秀。此记巳月之候。王瓜，注云萆挈，《本草》作菝葜，音同。谓之瓜者，以根之似也，亦可酿酒。　朱氏曰："王瓜色赤，感火之色而生。苦菜味苦，感火之味而成。"　萆，扶历切。菝，步末切。天子居明堂左个；太寝南堂东偏。乘朱路，驾赤骝，载赤旂；衣朱衣，服赤玉；食菽与鸡。其器高以粗。骝，马名。色浅者赤，色深者朱，用器高而粗大，象物之盛长也。　骝，音留。衣，音见孟春。

是月也，以立夏。先立夏三日，太史谒之天子曰："某日立夏，盛德在火。"天子乃齐。立夏之日，天子亲帅三公、九卿、大夫以迎夏于南郊。还反，行赏，封诸侯，庆赐遂行，无不欣说。立春言诸侯大夫，而此不言诸侯者，或在或否，不可必同，故略之也。迎夏南郊，祭炎帝祝融也。　先，去声。齐，音斋。还，音旋。说，音悦。乃命乐师习合礼乐，以将饮酎故也。命太尉赞桀俊，遂贤良，举长大，行爵出禄，必当其位。太尉，秦官也。桀俊，以才言。赞，则引而升之之谓。贤良，以德言。遂，谓使之得行其志也。长大，以力言，《王制》言执技论力。举，谓选而用之也。当其位者，爵必当有德之位，禄必当有功之位也。　当，去声。是月也，继长增高，毋有坏堕。毋起土功，毋发大众，毋伐大树。长者继之而使益长，高者增之而使益高。坏堕则伤已成之气。起土功，发大众，皆妨蚕农之事，故禁止之。伐树，则伤条达之气，故亦在所禁。一说伐大木，谓营宫室。 坏，音怪。堕，许规切。是月也，天子始𫄨。𫄨，葛布之细者。命野虞出行田原，为天子劳农劝民，毋或失时。 失时，谓失农时。 行、为、劳，并去声。命司徒循行县鄙，命农勉作，毋休于都。勉其兴作于田野之内，禁其休息于都邑之间，皆恐其失农时也。 行，去声。是月也，驱兽毋害五谷，毋大田猎。夏猎曰苗，正为驱兽之害禾苗者耳，与三时之大猎自不同。农乃登麦。天子乃以彘尝麦，先荐寝庙。登，升之于场也。是月也，聚畜百药。靡草死，麦秋至。聚药，以供医事也。靡草，草之枝叶靡细者，阴类，阳盛则死。秋者，百谷成熟之期，此于时虽夏，于麦则秋，故云麦秋也。断薄刑，决小罪，出轻系。刑者，上之所施；罪者，下之所犯。断者，定其轻重而施刑也。决，如决水之决，谓人以小罪相告者，即决遣之，不收系也。其有轻罪而在系者，则直纵出之也。 断，丁玩切。蚕事毕，后妃献茧，乃收茧税，以桑为均，贵贱长幼如一，以给郊庙之服。后妃献茧，谓后妃受内命妇之献茧也。收茧税者，外命妇养蚕，亦用国北近郊之公桑。近郊之税十一，故亦税其茧十之一，其余入己而为其夫造祭服。一说，再命受服，服者公家所给，故税其十一者，为给其夫祭服也。受桑多则税茧多，少则税亦少，皆以桑为均齐也。贵，谓卿大夫之妻；贱，谓士妻。长幼，妇之老少也。如一，皆税十一也。郊庙之服，天子祭服也。是月也，天子饮酎，用礼乐。重酿之酒名之曰酎，稠酴之义也。春而造，至此始成。用礼乐而饮之，盖盛会也。 酎，直又切。重，平声。孟夏行秋令，则苦雨数来，五谷不滋，四鄙入保。申金之气所泄也。 数，音朔。行冬令，则草木蚤枯，后乃大水，败其城郭。亥水之气所伤也。行春令，则蝗虫为灾，暴风来格，秀草不实。寅木之气所淫也。以孟夏之月，而行孟秋孟冬孟春之令，故感召灾异如此。四鄙，四面边鄙之邑也。保，与堡同，小城也。入保，入而依以为安也。格，致也。

仲夏之月，日在东井，昏亢中，旦危中。东井在未，鹑首之次。

亢，音刚。其日丙丁。其帝炎帝，其神祝融。其虫羽。其音徵，律中蕤宾。其数七。其味苦，其臭焦。其祀灶，祭先肺。蕤宾，午律，长六寸八十一分寸之二十六。小暑至，螳蜋生，䴗始鸣，反舌无声。此记午月之候小暑，暑气未盛也。螳蜋，一名蚚父，一名夭马，言其飞捷如马也。䴗，博劳也。反舌，百舌鸟。凡物皆禀阴阳之气而成质，其阴类者宜阴时，阳类者宜阳时，得时则兴，背时则废。疏又以反舌为虾蟆，未知是否。䴗，古役切。蚚，巨衣切。背，音佩。天子居明堂太庙，乘朱路，驾赤骝，载赤旂。衣朱衣，服赤玉。食菽与鸡。其器高以粗。明堂太庙，南堂当太室也。养壮佼。壮，谓容体硕大者。佼，谓形容佼好者，择此类而养之，亦顺长养之令。　佼，音绞。

是月也，命乐师修鞀鞞鼓，均琴瑟管箫，执干戚戈羽，调竽笙篪簧，饬钟磬柷敔。凡十九物，皆乐器也。鞀鞞鼓三者，皆革音。鞀，即鼗也。鞞，所以裨助鼓节。琴瑟，皆丝音。管箫，皆竹音。管，如篴而小。干戚戈羽，皆舞器。干，盾；戚，斧也。竽笙篪，皆竹音。竽三十六簧，笙十三簧；篪即篪也，长尺四寸。簧，笙之舌，盖管中之金薄镤也。竽笙篪三者，皆有簧也。钟，金音；磬，石音；柷、敔，皆木音。柷，如漆桶；敔，状如伏虎。柷以合乐之始，敔以节乐之终。修者，理其弊；均者，平其声；执者，操持习学；调者，调和音曲；饬者，整治之也。以将用盛乐雩祀，故谨备之。　鞀，音逃。鞞，骈迷切。篪，音池。柷，昌六切。敔，音语。操、治，并平声。命有司为民祈祀山川百源，大雩帝，用盛乐；山者，水之源，将欲祷雨，故先祭其本源。三王祭川，先河后海，示重本也。雩者，吁嗟其声以求雨之祭。《周礼》女巫"凡邦之太裁，歌哭而请"，亦其义也。帝者，天之主宰。盛乐，即鞀鞞以下十九物并奏之也。为，去声。乃命百县雩祀百辟卿士有益于民者，以祈谷实。百县，畿内之邑也。百辟卿士，谓古者上公句龙后稷之类。　句，音勾。是月也，农乃登黍。天子乃以雏尝黍，羞以含桃，先荐寝庙。今用登麦谷例，移"农乃登黍"四字在"是月也"之下。旧注以《内则》之雏为小鸟，此雏为鸡，未详孰是。含桃，樱桃也。令民毋艾蓝以染，蓝之色青，青者，赤之母。刈之亦是伤时气。　艾，音刈。毋烧灰，火之灭者为灰，禁之亦为伤火气也。毋暴布。暴，暴之于日也。布者，阴功所成，不可以小功干盛阳也。　暴，入声。门闾毋闭，一则顺时气之宣通，一则使暑气之宣散。关市毋索。索者，搜索商旅匿税之物。盖当时气盛大之际，人君亦当体之而行宽大之政也。　索，音色。挺重囚，益其食。挺者，拔出之义。重囚禁系严密，故特加宽假，轻囚则不如是。益其食者，加其养也。游牝别群，则絷腾驹，班马政。季春游牝于牧，至此妊孕已遂，故不使同群。拘絷腾跃之驹者，止其踶啮也。班，布也。马政，养马之政令也，《周礼》圉人圉师所掌。　别，必列切。絷，音执。踶，音递。是月也，日长至，阴阳争，死生分。至，犹极也。夏至日长之极，阳尽午中，而微阴眇重渊矣。此阴阳争辨之际也。物之感阳气而方长者生，感阴气而已成者死，此死生分判之际也。　重，平声。君子齐戒，处必掩身，毋躁。止声色，毋或进。薄滋味，毋致和。节耆欲，定心气。齐戒以定其心，掩蔽以防其身。毋或轻躁于举动，毋或御进于声色。薄其调和之滋味，节其诸事之爱欲，凡以定心气而备阴疾也。　齐，音斋。处，上声。和，去声。耆，音嗜。百官静事毋刑，以定晏阴之所成。刑，阴事也。举阴事，则是助阴抑阳，故百官府刑罚之事，皆止静而不行也。凡天地之气，顺则和，竞则逆，故能致灾咎。此阴阳相争之时，故须如此谨备。晏，安也。阴道静，故云晏阴。及其定而至于成，则循序而往，不为灾矣。是以未定之前，诸事皆不可忽也。　晏，伊见切。鹿角解，蝉始鸣，半夏生，木堇荣。此又言五月之候。解，脱也。　解，音骇。堇，音谨。是月也，毋用火南方，南方火位，又因其位而盛其用，则为微阴之害，故戒之。可以居高明，可以远眺望，可以升山林，可以处台榭。凡此皆顺阳明之时。　处，上声。仲夏行冬令，则雹冻伤谷，道路不通，暴兵来至。子水之气所伤也。行春令，则五谷晚熟，百螣时起，其国乃饥。卯木之气所淫也。　螣，音特。行秋令，则草木零落，果实早成，民殃于疫。酉金之气所泄也。螣，食苗叶之虫也。百螣者，言害稼之虫非一类。

季夏之月，日在柳，昏火中，旦奎中。柳宿在午，鹑火之次也。

火，大火心宿。其日丙丁。其帝炎帝，其神祝融。其虫羽。其音徵，律中林钟。其数七。其味苦，其臭焦。其祀灶，祭先肺。林钟，未律，长六寸。温风始至，蟋蟀居壁，鹰乃学习，腐草为萤。此记未月之候。至，极也。蟋蟀生于土中，此时羽翼犹未能远飞，但居其穴之壁，至七月则能远飞而在野矣。学习，雏学数飞也。腐草得暑湿之气，故变而为萤。　朱氏曰："温风，温厚之极；凉风，严凝之始。腐草为萤，离明之极。故幽类化为明类也。"　数，音朔。天子居明堂右个。乘朱路，驾赤骝，载赤旂。衣朱衣，服赤玉。食菽与鸡。其器高以粗。明堂右个，南堂西偏也。命渔师伐蛟、取鼍、登龟、取鼋。蛟言伐，以其暴恶不易攻取也。龟言登，尊异之也。鼍鼋言取，易而贱之也。命泽人纳材苇。薄苇之属生于泽中而可为用器，故曰材。泽人纳之，职也。此皆烦细之事，非专一月所为，故不以是月起之。

是月也，命四监大合百县之秩刍以养牺牲。令民无不咸出其力，以共皇天上帝、名山大川、四方之神，以祠宗庙社稷之灵，以为民祈福。四监，即《周官》山虞、泽虞、林衡、川衡之官也。前言百县，兼内外而言，此百县，乡遂之地也。秩，常也。敛此刍为养牺牲之用，各有常数，故云秩刍也。　共，音供。为，去声。是月也，命妇官染采，黼黻文章，必以法故，无或差贷。黑黄仓赤，莫不质良，毋敢诈伪。以给郊庙祭祀之服，以为旗章，以别贵贱等给之度。周礼：典妇功典枲染人等，皆妇官，此指染人也。白与黑谓之黼，黑与青谓之黻，青与赤谓之文，赤与白谓之章。染造必用旧法故事，毋得有参差贷变，皆欲质正良善也。旗，旌旂也。章者，画其象以别名位也，详见《春官·司常》。　石梁王氏曰："给，当为级。"　贷，音二。是月也，树木方盛。命虞人入山行木，毋有斩伐。以其方盛故也。　行，去声。不可以兴土功，不可以合诸侯，不可以起兵动众。毋举大事，以摇养气，毋发令而待，以妨神农之事也。水潦盛昌，神农将持功，举大事，则有天殃。大事，即兴土功、合诸侯、起兵动众之事。摇养气，谓动散长养之气也。发令而待，谓未及徭役之期，而豫发召役之令，使民废己事，而待上之会期也。神农,农之神也。季夏属中央土,土神得位用事之时。谓之神农者,土神主成就农事也。东井主水,在未,故未月为水潦盛昌之月。此时神农将主持稼穑之功,举大事而伤其功,则是干造化施生之道矣,故有天殃也。是月也,土润溽暑,大雨时行,烧薙行水,利以杀草,如以热汤。可以粪田畴,可以美土疆。溽,湿也。土之气润,故蒸郁而为湿暑。大雨亦以之而时行,皆东井之所主也。除草之法,先芟薙之,俟干则烧之。烧薙者,烧所薙之草也。大雨既行于所烧之地,则草不复生矣,故云利以杀草。时暑日烈,其水之热加汤。草之烧烂者,可以为田畴之粪,可以使土疆之美。凡土之磊块难耕者谓之疆。 薙,音替。疆,其两切。

季夏行春令,则谷实鲜落。鲜洁而堕落也。 鲜,音仙。国多风欬,风欬,因风而致欬疾也。 欬,苦代切。民乃迁徙。辰土之气所应也。行秋令,则丘隰水潦,禾稼不熟,乃多女灾。妊孕多败,戌土之气所应也。行冬令,则风寒不时,鹰隼蚤鸷,四鄙入保,丑土之气所应也。 隼,音笋。中央土,土寄旺四时各十八日,共七十二日。除此,则木火金水亦各七十二日矣。土于四时无乎不在,故无定位,无专气,而寄旺于辰戌丑未之末。未月在火金之间,又居一岁之中,故特揭中央土一令于此,此成五行之序焉。其日戊己,戊己,十干之中。其帝黄帝,黄精之君,轩辕氏也。其神后土。土官之臣,颛顼氏之子黎也。句龙初为后土,后祀以为社,后土官阙,黎虽火官,实兼后土也。旧说如此。其虫倮。人为倮虫之长。郑氏以为虎豹之属。 倮,力果切。其音宫,律中黄钟之宫。宫音属土,又为君,故配之中央。黄钟本十一月律,诸律皆有宫音,而黄钟之宫,乃八十四调之首,其声最尊之大,余音皆自此起,如土为木火金水之根本,故以配中央之土。土寄旺于四时,宫音亦冠于十二律,非如十二月以候气言也。 调、冠,并去声。其数五。天五生土,地十成之,四时皆举成数。此独举生数者,四时之物,无土不成,而土之成数,又积水一火二木三金四以成十也。四者成,则土无不成矣。其味甘,其臭香。甘香皆属土。其祀中霤,祭先心。古者陶复陶穴,皆开其上以漏光明,故雨霤之。后因名室中为中霤,亦土神也。祭先心者,心居中,君之象,又火生土也。 蔡邕《独断》曰:“季夏土气始盛,其祀中霤。霤神在室,祀中霤,设主于牖下。”天子居太庙太室。中央之室也。

乘大路，驾黄骝，载黄旂。衣黄衣，服黄玉。食稷与牛。其器圜以闳。圜者，象土之周帀四时。闳者，宽广之义，象土之容物也。　圜，音圆。

孟秋之月，日在翼，昏建星中，旦毕中。翼宿在巳，鹑尾之次。建星说见仲春。其日庚辛。其帝少皞，其神蓐收。其虫毛，其音商，律中夷则。其数九。其味辛，其臭腥。其祀门，祭先肝。少皞，白精之君，金天氏也。蓐收，金官之臣，少皞氏之子该也。夷则，申律，长五寸七百二十九分寸之四百五十一。九，金之成数也。辛、腥皆属金。秋，阴气出，故祀门。祭先肝，金克木也。　蔡邕《独断》曰："门，秋为少阴，其气收成，祀之于门。祀门之礼，北面设主于门左枢。"凉风至，白露降，寒蝉鸣，鹰乃祭鸟，用始行戮。此记申月之候。鹰欲食鸟之时，先杀鸟而不食，似人之食而祭先代为食之人也。用始行戮，顺时令也。天子居总章左个。太寝西堂南偏。乘戎路，兵车也。驾白骆，白马黑鬣曰骆。载白旂。衣白衣，服白玉。食麻与犬。其器廉以深。廉，棱角也，亦矩之义。深，则收藏之意。

是月也，以立秋。先立秋三日，太史谒之天子曰："某日立秋，盛德在金。"天子乃齐。立秋之日，天子亲帅三公、九卿、诸侯、大夫以迎秋于西郊。还反，赏军帅武人于朝。天子乃命将帅选士厉兵，简练桀俊，专任有功，以征不义，诘诛暴慢，以明好恶，顺彼远方。简练，简择而练习之也。专任有功，谓大将有已试之功，乃使之专主其事也。诘者，问其罪；诛者，戮其人。残下谓之暴，慢上谓之慢。顺，服也。好恶明，则远方顺服。　先，去声。齐，音斋。帅，上入声，下二如字。还，音旋。朝，音潮。将，去声。好、恶，并去声。是月也，命有司修法制，缮囹圄，具桎梏，禁止奸，慎罪邪，务搏执。缮，治也。奸在人心，故当有以禁止之。邪见于行，故慎以罪之。务，事也。搏，戮也。执，拘也。命理瞻伤、察创、视折、审断。决狱讼，必端平。戮有罪，严断刑。理，治狱之官也。伤者，损皮肤；创者，损血肉；折者，损筋骨也。严者，谨重之意，非峻急之谓也。　创，平声。折，音哲。断，丁玩切。天地始肃，不可以赢。朱氏曰："阳道常饶，阴道常乏，故赞化者不可使阴气之赢也。"是月也，农乃登谷。天子尝新，先荐寝庙。命百官始收敛，完堤坊，谨壅塞，以备水潦。修宫室，坏垣墙，补城郭。所以为水潦之备者，以月建在酉，酉中有毕星，好雨也。　坊，音防。塞，入声。坏，音培。是月也，毋以封诸侯、立大官；记者但知赏以春夏，刑以秋冬之意，不知古者尝祭之时，则有出田邑之制，故注谓禁封诸侯及割地，为失其义也。毋以割地、行大使、出大币。以其违收敛之令也。　使，去声。

孟秋行冬令，则阴气大胜，介虫败谷，戎兵乃来。此亥水之气所泄也。　大，音泰。行春令，则其国乃旱。蟹有食稻者，谓之稻蟹，亦介虫败谷之类。寅中箕星，好风，能散云雨，故致旱。阳气复还，五谷无实。寅木之气所损也。　复，扶又反。行夏令，则国多火灾，寒热不节，民多疟疾。巳火之气所伤也。

仲秋之月，日在角，昏牵牛中，旦觜觿中。角在辰，寿星之次也。　觜，音兹。觿，音携。其日庚辛。其帝少皞，其神蓐收。其虫毛。其音商，律中南吕。其数九。其味辛，其臭腥。其祀门，祭先肝。南吕，酉律，长五寸三分寸之一。

盲风至，鸿雁来，玄鸟归，群鸟养羞。此记酉月之候。盲风，疾风也。孟春言鸿雁来，自南而来北也；此言来，自北而来南也。仲春言玄鸟至，此言归，明春来而秋去也。羞者，所美之食；养羞者，藏之以备冬月之养也。天子居总章太庙。乘戎路，驾白骆，载白旂。衣白衣，服白玉。食麻与犬。其器廉以深。总章太庙西堂当太室也。

是月也，养衰老，授几杖，行糜粥饮食。月至四阴，阴已盛矣。时以阳衰阴盛为秋，人以阳衰阴盛为老。养衰老，顺时令也。几杖所以安其身，饮食所以养其体。行，犹赐也。糜，即粥也。乃命司服，具饬衣裳，文绣有恒，制有小大，度有长短，衣服有量，必循其故。冠带有常。司服，官名。具饬，条具而饬正之也。上曰衣，下曰裳，衣绘而裳绣，祭服之制也。有恒，有定制也。小大，小则玄冕之一章，大则衮冕之九章也。长短，谓衣长而裳短也。衣服，谓朝服、燕服及他服之当为寒备者也。各有剂量，必率循故法，不得更为新异也。冠与带亦各有常制，因造衣，并作之。乃命有司申严百刑，斩杀必当，毋或枉桡。枉桡不当，反受其殃。刑罚之令，前月已行，此月又申戒之也。枉桡，皆屈曲之义，谓不申正理，而违法断之。以逆理故，必反受殃祸也。　当，去声。桡，女教切。是月也，乃命宰祝，循行牺牲，视全具；案刍豢，瞻肥瘠；察物色，必比类；量小大，视长短，皆中度。五者备当，上帝其飨。宰，主牲者。祝，告神者。全，谓色不杂；具，谓体无损也。养牛羊曰刍，养犬豕曰豢。得其养则肥，失其养则瘠。物色或骍或黝，阳祀用骍牲，阴祀用黝牲。比类者，比附阴阳之类而用之也。小大以体言，长短以角言，皆欲中法度也。所视、所案、所瞻、所察、所量，五者悉备而当于事，上帝且歆飨之矣，况群神乎？　行、中、当，并去声。天子乃难，以达秋气。以犬尝麻，先荐寝庙。季春命国难以毕春气，此独言天子难者，此为除过时之阳暑。阳者君象，故诸侯以下，不得难也。暑气退，则秋之凉气通达，故云以达秋气也。　为，去声。是月也，可以筑城郭，建都邑，穿窦窖，修囷仓。四者皆为敛藏之备。穿地，圆曰窦，方曰窖。　窖，音教。乃命有司趋民收敛，务畜菜，多积聚。孟秋已有收敛之命矣，此又趋之，以时不可缓故也。菜所以助谷之不足，故蓄之为备。多积聚者，凡可为岁备者，无不贮储也。　趋，音促。畜，音蓄。积，音恣。乃劝种麦，毋或失时；其有失时，行罪无疑。麦所以续旧谷之尽，而及新谷之登，尤利于民，故特劝种而罚其惰者。是月也，日夜分，雷始收声，蛰虫坏户。杀气浸盛，阳气日衰，水始涸。坏，益其蛰穴之户，使通明处稍小，至寒甚乃墐塞之也。水本气之所为，春夏气至，故长；秋冬气返，故涸也。日夜分，则同度量，平权衡，正钧石，角斗甬。此与仲春同。是月也，易关市，来商旅，纳货贿，以便民事。四方来集，远乡皆至，则财不匮，上无乏用，百事乃遂。朱氏曰："关者，货之所入；市者，货之所聚。易，谓无重征以致其难也。易关市，所以来商旅。货，谓化之以为利。贿，谓有之以为利。来商旅，所以纳货贿也。凡比皆以便民用也，四方散而不一，故言来集。远乡邈而在外，故言皆至。此言贡赋职修也。财所以待用，财不匮，则无乏用也；用所以作事，无乏用，则事皆遂也。”易，去声。凡举大事，毋逆大数，必顺其时，慎因其类。大事，如土功徭役，合诸侯，举兵众之事，皆不可悖阴阳之大数。因，犹依也，如庆赏者乃发生之类，刑罚者乃肃杀之类，必顺时令而谨依其类以行之也。

仲秋行春令，则秋雨不降，草木生荣，国乃有恐。卯木之气所应也。卯中有房心，心为大火，故不雨，且有火讹之惊恐也。行夏令，则其国乃旱，蛰虫不藏，五谷复生。午火之气所伤也。　复，扶又切。行冬令，则风灾数起，收雷先行，草木蚤死。子水之气所泄也。收雷，收声之雷也。先行，先期而动也。　数，音朔。

季秋之月，日在房，昏虚中，旦柳中。房在卯，大火之次也。其日庚辛。其帝少皞，其神蓐收。其虫毛。其音商，律中无射。其数九。其味辛，其臭腥。其祀门，祭先肝。无射，戌律，长四寸六千五百六十一分寸之六千五百二十四。　射，音亦。鸿雁来宾，爵入大水为蛤，鞠有黄华，豺乃祭兽戮禽。此记戌月之候。雁以仲秋先至者为主，季秋后至者为宾，如先登者为主人，从之以登者为客也。爵为蛤，飞物化为潜物也。鞠色不一，而专言黄者，秋令在金，金自有五色，而黄为贵，故鞠色以黄为正也。祭兽者，祭之于天；戮禽者，杀之以食也。禽者，鸟兽之总名。鸟不可曰兽，兽亦可曰禽，故鹦鹉不曰兽，而猩猩通曰禽也。　蛤，古答切。华，音花。天子居总章右个。乘戎路，驾白骆，载白旂。衣白衣，服白玉。食麻与犬。其器廉也深。总章右个，西堂北偏也。

是月也，申严号令，命百官贵贱无不务内，以会天地之藏，无有宣出。务内，谓专务收敛诸物于内。会，合也，合天地闭藏之令也。宣出则悖时令。乃命冢宰，农事备收，举五谷之要，藏帝籍之收于神仓，祗敬必饬。农事备收，百谷皆敛也。要者，租赋所入之数，籍田所收，归之神仓，将以供粢盛也。祗，谓谨其事；敬，谓一其心；饬，谓致其力也。是月也，霜始降，则百工休。乃命有司曰：“寒气总至，民力不堪，其皆入室！”总至，凝聚而至也。上丁，命乐正入学习吹。吹主乐声而言。　吹，去声，篇内并同。**是月也，大飨帝，**句**尝，**句**牺牲告备于天子。**仲夏大雩，祈也；此月大飨，报也。飨尝皆用牺牲。仲秋已视全具，至此则告备而后用焉。**合诸侯，制百县，为来岁受朔日，与诸侯所税于民轻重之法，贡职之数，以远近土地所宜为度，以给郊庙之事，无有所私。**石梁王氏曰："合诸侯制百县，注云合诸侯制绝句，不可从。"　刘氏曰："合诸侯者，总命诸侯之国也。制，犹敕也。百县，诸侯所统之县也。天子总命诸侯，各敕百县，为来岁受朔日与税法贡数，各以道路远近土地所宜为度，以给上之事而不可有私也。言郊庙者，举其重也。盖朔日与税贡等事，皆天子总命之诸侯，而诸侯颁之百县使奉行也。"旧说秦建亥，此月为岁终，故行此数事者得之。或疑是时秦未并天下，未有诸侯百县，此仍是古制。愚按吕不韦相秦十余年，此时已有必得天下之势，故大集群儒，损益先王之礼而作此书，名曰《春秋》，将欲为一代兴王之典礼也，故其间亦多有未见与礼经合者。又按昭襄王之时，封魏冉穰侯，公子市宛侯，悝邓侯。则分封诸侯行王者事久矣。不韦作相时，已灭东周君，六国削甚，秦已得天下大半，故其立制欲如此也。其后徙死，始皇并天下，李斯作相，尽废先王之制，而《吕氏春秋》亦无用矣。故其书也，亦当时儒生学士有志者所为，犹能仿佛古制，故记礼者有取焉。　"为来"为，去声。**是月也，天子乃教于田猎，以习五戎，班马政。**教于田猎，谓因猎而教之以战阵之事，习用弓矢殳矛戈戟之五兵。班布乘马之政令，其毛色之同异，力之强弱，各以类相从也。　陈，去声。**命仆及七驺咸驾，载旌旐，授车以级，整设于屏外。司徒搢扑，北面誓之。**仆，戎仆也。天子马有六种，各一驺主之，并总主六驺者为七驺也。皆以马驾车，又载析羽之旌，龟蛇之旐。既毕而授车于乘者，以尊卑为等级，各使正其行列向背，而设于军门之屏外。于是司徒插扑于带，于陈前北面誓戒之，此时六军皆向南而陈也。扑，即夏楚二物也。周礼，戎仆中大夫二人。　种，上声。行，音杭。背，音佩。**天子乃厉饰，执弓挟矢以猎。命主祠祭禽于四方。**天子戎服而严厉其威武之饰，亲用弓矢以杀禽兽，盖奉祭祀之物当亲杀也。猎竟，则命典祀之官取猎地所获之兽祭于郊，以报四方之神。禽者，兽之通名也。　挟，子协切。**是月也，草木黄落，乃伐薪为炭。**备御寒也。**蛰虫咸俯在内，皆墐其户。**俯，垂头也。内，穴之深处也。墐，塞也。

墐,音觐。乃趣狱刑,毋留有罪。刑于罪相得即决之,留而不决,亦悖时令也。　趣,音促。收禄秩之不当、供养之不宜者。收,如汉法收印绶之收,谓索之使还,各依本等禄秩。不当,谓不应得而恩命滥赐之者也。供养,膳服之具也,贵贱各有宜用。不宜,谓侈僭逾制者。此亦顺秋令之严肃也。　当、养,并去声。索,音色。是月也,天子乃以犬尝稻,先荐寝庙。

季秋行夏令,则其国大水,未中东井主之。冬藏殃败,窦窖之藏,为水所侵。民多鼽嚏。未土之气所应也。鼽者,气窒于鼻;嚏者,声发于口,皆肺疾。以夏火克金,故病此也。　鼽嚏,音求帝。行冬令,则国多盗贼,边竟不宁,土地分裂。丑土之气所应也。裂,坼也。　竟,音境,篇内并同。行春令,则暖风来至,民气解惰,师兴不居。辰土之气所应也。不居,不得止息也。　解,音懈。

孟冬之月,日在尾,昏危中,旦七星中。尾在寅,析木之次也。七星,见季春。其日壬癸。其帝颛顼,其神玄冥。其虫介。其音羽,律中应钟。其数六。其味咸,其臭朽。其祀行,祭先肾。颛顼,黑精之君。玄冥,水官之臣。少皞氏之子曰修,曰熙,相代为水官。《左传》云“修及熙为玄冥”是也。介,甲也;介虫龟为长,水物也。羽音属水。应钟,亥律,长四寸二十七分寸之二十。水成数六。咸、朽,皆水属,水受恶秽,故有朽腐之气也。行者,道路往来之处,冬阴往而阳来,故祀行也。春夏秋,皆祭先所胜,冬当先心,以中央祭心,故但祭所属。又以冬主静,不尚克制故也。　蔡邕《独断》曰:“行,冬为太阴。盛寒为水,祀之于行,在庙门外之西。軷壤厚二尺,广五尺,轮四尺,北面设主于軷上。”　应,去声。軷,音钹。水始冰,地始冻,雉入大水为蜃,虹藏不见。此记亥月之候。蜃,蛟属,此亦飞物化潜物也。晋武库中忽有雉雊,张华曰:“此必蛇化为雉也。”开视雉侧,果有蛇蜕。类书有言雉与蛇交而生子,子必为蟂,不皆然也。然则雉之为蜃,理或有之。阴阳气交而为虹,此时阴阳极乎辨,故虹伏。虹非有质而曰藏,亦言其气之下伏耳。　见,音现。蜕,音退,又音税。蟂,音枭。天子居玄堂左个。北堂之西偏也。乘玄路,驾铁骊,铁色之马。载玄旂。衣黑衣,黑深而玄浅,如朱深而赤浅也。服玄玉。食黍与彘。其器闳以奄。闳者,中宽；奄者，上窄。

是月也，以立冬。先立冬三日，太史谒之天子曰："某日立冬，盛德在水。"天子乃齐。立冬之日，天子亲帅三公、九卿、大夫，以迎冬于北郊。还反，赏死事，恤孤寡。死事，为国事而死也。孤寡，即死事者之妻子。不言诸侯，与夏同。是月也，命太史衅龟筴，句占兆，句审卦吉凶。冯氏曰："衅龟筴者，杀牲取血而涂龟与蓍筴也。古者器成而衅以血，所以攘却不祥也。"占兆者，玩龟书之繇文；审卦者，审《易》书之休咎，皆所以豫明其理而待用也。衅龟而占兆，衅筴而审卦吉凶，太史之职也。　繇，直又切。是察阿党，则罪无有掩蔽。狱吏治狱，宁无阿私，必是正而省察之，庶几犯罪者不至掩蔽其曲直也。是月也，天子始裘。周礼，季秋献功裘，至此月乃衣之也。　衣，去声。命有司曰："天气上腾，地气下降，天地不通，闭塞而成冬。"不交则不通，不通则闭塞。　上，上声。塞，入声。命百官谨盖藏。命有司循行积聚，无有不敛。申严仲秋积聚之令。　行，去声。积，音渍。坏城郭，戒门闾。修键闭，慎管籥。坏，补其缺薄处也。城郭欲其厚实，故言坏；门闾备御非常，故言戒。键，锁须也；闭，锁筒也。管籥，锁匙也。键闭或有破坏，故云修；管籥不可妄开，故云慎。　键，音蹇。固封疆，备边竟，完要塞，谨关梁，塞徯径。要塞，边城要害处也。关，境上门。梁，桥也。徯径，野兽往来之路也。　下塞，入声。饬丧纪，辨衣裳，审棺椁之厚薄，茔丘垄之大小、高卑、句厚薄之度，贵贱之等级。饬丧纪者，饬正丧事之纪律也，即辨衣裳以下诸事是已。上衰下裳，以布之精粗为亲疏，故曰辨，亦谓袭敛之衣数多寡也。棺椁厚薄，有贵贱之等，茔有大小，丘垄有高卑，皆不可逾越。厚薄之度，主礼而言；贵贱之等级，主人而言，故总曰审。　朱氏曰："丧者人之终，冬者岁之终，故于此时而饬丧纪焉。"是月也，命工师效功，陈祭器，按度程，毋或作为淫巧以荡上心，必功致为上。物勒工名以考其诚。功有不当，必行其罪，以穷其情。工师，百工之长。效，呈也。诸器皆成，独主祭器，祭器尊也。度，法也。程，式也。淫巧，指诸器而言。致，读为致，谓功力密致也。一读如字，亦通。勒，刻也。刻名于器，以考工人之诚伪也。行，犹治也。穷其情者，究诘其诈伪之情也。　致，按《洪武正韵》引此文音治。当，去声。是月也，大饮烝。因烝祭而与群臣大为燕饮也。旧说：烝，升也。此乃飨礼，升牲体于俎上，谓之房烝。未知是否。天子乃祈来年于天宗，大割祠于公社及门闾，腊先祖五祀。劳农以休息之。天宗，日月星辰也。割祠，割牲以祭也。社以上公配祭，故云公社，又祭及门闾之神也。腊之言猎，以田猎所获之物，而祭先祖及五祀之神，故曰腊也。又蔡邕云："夏曰清祀，殷曰嘉平，周曰蜡，秦曰腊。然《左传》言虞不腊，是周亦名腊也。"劳农，即《周礼》党正属民饮酒之礼也。天子乃命将帅讲武，习射御，角力。以仲冬大阅也。　将，去声。是月也，乃命水虞渔师收水泉池泽之赋。毋或敢侵削众庶兆民，以为天子取怨于下。其有若此者，行罪无赦。水虞，泽虞也。渔师，渔人也。见《周礼》。水冬涸，故以冬时收赋。　为，去声。

孟冬行春令，则冻闭不密，地气上泄，民多流亡。寅木之气所泄也。　上，上声。行夏令，则国多暴风，方冬不寒，蛰虫复出。巳火之气所损也。　复，扶又切。行秋令，则雪霜不时，小兵时起，土地侵削。申金之气所淫也。

仲冬之月，日在斗，昏东辟中，旦轸中。斗在丑，星纪之次也。　辟，音璧。其日壬癸。其帝颛顼，其神玄冥。其虫介。其音羽，律中黄钟。其数六。其味咸，其臭朽。其祀行，祭先肾。黄钟，子律，长九寸。冰益壮，地始坼，鹖旦不鸣，虎始交。此记子月之候。鹖旦，夜鸣求旦之鸟也。　坼，俗作拆，误。天子居玄堂太庙。乘玄路，驾铁骊，载玄旂。衣黑衣，服玄玉。食黍与彘。其器闳以奄。玄堂太庙，北堂当太室也。饬死事。誓戒六军之士，以战陈当厉必死之志也。命有司曰："土事毋作，慎毋发盖，毋发室屋，及起大众，以固而闭。"顺闭藏之令，以安伏蛰之性也。固，坚也。而，犹其也。周礼仲冬教大阅，此言毋起大众，是诚吕氏之书矣。地气沮泄，是谓发天地之房，诸蛰则死，民必疾疫，又随以丧。命之曰畅月。沮者，坏散之义；因破坏而宣泄，故云沮泄也。天地之闭固气类，犹房室之安藏人也；若发散天地之所藏，则诸蛰皆死，是干犯阴阳之令，疾疫必为民灾，丧祸随之而见。一说：丧，读去声；谓民因避疾疫而逃亡也。畅月，未详。旧说：畅，充也，言所以不可发泄者，以此月万物皆充实于内故也。朱氏谓阳久屈而后伸，故云畅月也。未知孰是。　沮，上声。是月也，令奄尹申宫令，审门闾，谨房室，必重闭。省妇事，毋得淫，虽有贵戚近习，毋有不禁。奄尹，群奄之长也。以其精气奄闭，故名阉人。宫令，宫中之政令也。重闭，内外皆闭也。减省妇人之事，务顺阴静也。淫，谓女功之过巧者。贵戚，天子之族姻。近习，其嬖幸者。乃命大酋：秫稻必齐，曲蘖必时，湛炽必洁，水泉必香，陶器必良，火齐必得。兼用六物，大酋监之，毋有差贷。大酋，酒官之长也。秫稻，酒材也。必齐，多寡中度也。必时，制造及时也。湛，渍而涤之也。炽，蒸炊也。必洁，无所污也。必香，无秽恶之气也。必良，无罅漏之失也。必得，适生熟之宜也。物，事也；六物，谓必齐以下六事。差贷，不中法式也。　酋，音揪。齐，上如字，下去声。湛，音尖。监，平声。贷，音二，坊本音忒，按《正韵》二音通用。中，去声。天子命有司祈祀四海、大川、名源、渊泽、井泉。冬令方中，水德至盛，故为民祈而祀之也。是月也，农有不收藏积聚者，马牛畜兽有放佚者，取之不诘。取之不诘，罪在不收敛也。　积，音渍。诘，起吉切。山林薮泽，有能取蔬食，田猎禽兽者，野虞教道之。其有相侵夺者，罪之不赦。罪之不赦，恶其不相共利也。　道，去声。恶，去声。是月也，日短至，阴阳争，诸生荡。短至，短之极也。阴阳之争，与夏至同。诸生者，万物之生机也。荡者，动也。君子齐戒，处必掩身。身欲宁，去声色，禁耆欲，安形性，事欲静，以待阴阳之所定。此皆与夏至同，而有谨之至者：彼言止声色，而此言去；彼言节耆欲，而此言禁。盖仲夏之阴犹豫而此时之阴犹盛。阴微，则盛阳未至于甚伤，阴盛则微阳当在于善保故也。芸始生，荔挺出，蚯蚓结，麋角解，水泉动。此又言子月之候。芸与荔挺，皆香草。结，犹屈也。解，脱也。水者，天一之阳所生，阳生而动，言枯涸者渐滋发也。十二月惟子午之月，皆再记其候者，详于阴阳之萌也。日短至，则伐木取竹箭。阴盛则材成，故伐而取之。大曰竹，小曰箭。是月也，可以罢官之无事，去器之无用者。官以权宜而设，器以权宜而造，皆暂焉之事。此闭藏休息之时，故可罢去。涂阙廷门闾，筑囹圄，此以助天地之闭藏也。

仲冬行夏令，则其国乃旱。火气乘之，应于来年。氛雾冥冥，亦火气所蒸。雷乃发声。阴不能固阳也，午火之气所克也。行秋令，则天时雨汁，瓜瓠不成。雨雪杂下曰汁。　雨，去声。汁，音执。国有大兵。酉金之气所淫也。行春令，则蝗虫为败，水泉咸竭。卯中大火之所主也。民多疥疠。卯木之气所泄也。

季冬之月，日在婺女，昏娄中，旦氐中。女在子，玄枵次也。枵，音嚣。其日壬癸。其帝颛顼，其神玄冥。其虫介。其音羽，律中大吕。其数六。其味咸，其臭朽。其祀行，祭先肾。大吕，丑律，长八寸二百四十三分寸之百四。雁北向，鹊始巢，雉雊，鸡乳。此记丑月之候。　乡，去声。雊，古侯切。乳，去声。天子居玄堂右个。乘玄路，驾铁骊，载玄旂。衣黑衣，服玄玉。食黍与彘。其器闳以奄。玄堂右个，北堂东偏也。命有司大难，旁磔，出土牛以送寒气。季春惟国家之难，仲秋惟天子之难，此则下及庶人，又以阴气极盛，故云大难也。旁磔，谓四方之门皆披磔其牲，以禳除阴气，不但如季春之九门磔禳而已。旧说：此月日经虚危，司命二星在虚北，司禄二星在司命北，司危二星在司禄北，司中二星在司危北。此四司者，鬼官之长。又坟四星在危东南，坟墓四司之气，能为厉鬼，将来或为灾厉，故难磔以禳除之，事或然也。出，犹作也。月建丑，丑为牛，土能制水，故特作土牛以毕送寒气也。征鸟厉疾。征鸟，鹰隼之属，以其善击，故曰征。厉疾者，猛厉而迅疾也。乃毕山川之祀，及帝之大臣，天之神祇。帝之大臣，谓五帝之佐，句芒祝融之属也。孟冬言祈天宗，此或司中、司命、风师、雨师之属欤？

是月也，命渔师始渔，天子亲往。乃尝鱼，先荐寝庙。猎而亲杀为奉祭也，则渔而亲往，亦为荐先欤？冰方盛，水泽腹坚。命取冰，冰以入。冰之初凝，惟水面而已，至此则彻上下皆凝，故云腹坚。腹，犹内也。藏冰正在此时，故命取冰。冰入，则阴事之终也。令告民出五种。命农计耦耕事，修耒耜，具田器。冰入之后，大寒将退，令典农之官，告民出其所藏五谷之种，计度耦耕之事。耦，谓二人相偶也。揉木为耒，斫木为耜，今之耜以铁为之。田器，镃基之属，凡治田所用者也。此皆豫备东作之事，阳事之始也。　种，上声。度，入声。命乐师大合吹而罢。郑氏曰："岁将终，与族人大饮作乐于大寝，以缀恩也。王居明堂礼，季冬命国为酒以合三族。"　疏曰："此用礼乐于族人最盛，后年季冬乃复如此作乐，以一年顿停，故云罢。"　吹，去声。乃命四监收秩薪柴，以共郊庙及百祀之薪燎。四监，说见季夏。秩，常也，谓有常数也。大而可析者谓之薪，小而束者谓之柴。薪燎，炊爨及夜燎之用也。　共，音供。是月也，日穷于次，月穷于纪，星回于天，数将几终，岁且更始。日穷于次者，去年季冬次玄枵，至此穷尽，还次玄枵也。纪，会也。去年季冬，月与日相会于玄枵，至此穷尽，还复会于玄枵也。二十八宿，随天而行，每日虽周天一匝，而早晚不同，至此月而复其故处，与去年季冬早晚相似，故云回于天也。几，近也。以去年季冬至今年季冬三百五十四日，未满三百六十五日，不为正终，故云几于终也。岁且更始者，所谓终则有始也。　几、更，并平声。专而农民，毋有所使。而，汝也。在上者当专一汝农之事，毋得徭役使之也。天子乃与公卿大夫共饬国典，论时令，以待来岁之宜。朱氏曰："国典有常，饬之以应来岁之变；时令有序，论之以防来岁之差。岁既更始，故事亦有异宜者。"　共，如字。论，去声。应，去声。乃命太史次诸侯之列，赋之牺牲，以共皇天上帝社稷之飨。列，谓大小之等差也。　共，音供，下并同。差，楚宜切。乃命同姓之邦，共寝庙之刍豢。人本乎祖，故祖庙之牲，使同姓诸侯供之。命宰历卿大夫至于庶民土田之数，而赋牺牲，以共山林名川之祀。历者，序次其多寡之数也。凡在天下九州之民者，无不咸献其力，以共皇天上帝、社稷寝庙、山林名川之祀。礼有五经莫重于祭故也。

季冬行秋令，则白露蚤降，介虫为妖，四鄙入保。畏介虫，为兵之象也。戌土之气所应。行春令，则胎夭多伤。胎，未生者；夭，方生者。国多固疾。固，谓久而不差，辰土之气所应。 差，楚懈切。命之曰逆。以岁终而行岁始之令也。行夏令，则水潦败国，时雪不降，冰冻消释。火夺水之令也，未土之气所应。

卷之四

曾子问第七

曾子问曰："君薨而世子生，如之何？"孔子曰："卿、大夫、士，从摄主北面于西阶南。大祝裨冕，执束帛，升自西阶尽等，不升堂，命毋哭。摄主，上卿之代主国事者也。裨冕者，天子诸侯六服，大裘为上，其余为裨服，裨衣而著冕，故云裨冕也。等，即阶也。　裨，音皮。毋，音无。著，入声。祝声三，告曰：'某之子生，敢告。'升奠币于殡东几上，哭降。众主人、卿、大夫、士、房中，皆哭不踊。尽一哀，反位。遂朝奠。小宰升举币。祝为噫歆之声者三，以警动神听，乃告之也。噫，是叹恨之声。歆者，欲其歆飨之义也。某，夫人之氏也。房中，妇人也。升举币，举而埋之两阶之间也。　三，去声。三日，众主人、卿、大夫、士，如初位，北面。大宰、大宗、大祝皆裨冕。少师奉子以衰，祝先，子从，宰宗人从。入门，哭者止。子升自西阶，殡前北面。祝立于殡东南隅。祝声三，曰：'某之子某，从执事，敢见。'子拜稽颡，哭。祝、宰、宗人，众主人，卿、大夫、士，哭踊，三者三，降东反位。皆袒。子踊，房中亦踊，三者三。袭衰，杖，奠出。大宰命祝史以名遍告于五祀山川。"如初位者，如初告子生之位次也。少师，主养子之官。奉子以衰，以衰服承藉而捧之也。告曰:“夫人某氏之子某,从执事宰宗人等敢见。”子名则大宰所立也。告讫,捧子之人,拜而稽颡且哭,凡踊三度为一节,如此者三,故云三者三。降东反位者,堂上人皆从西阶降而反东,在下者亦皆东而反其朝夕之哭位也。踊而袭衰杖,成其为子之礼也。奠出,朝奠毕而出也。 “大宰”、“大宗”、“大祝”大,音泰。少,去声。奉,上声。衰,音催。从,去声。三,去声。见,音现。曾子问曰:“如已葬而世子生,则如之何?”孔子曰:“大宰、大宗从大祝而告于祢。三月乃名于祢,以名遍告及社稷、宗庙、山川。”告于祢,告其主也。此时神主在殡宫,因见祢而立其名,故云乃名于祢也。

孔子曰:“诸侯适天子,必告于祖,奠于祢。冕而出视朝,命祝史告于社稷、宗庙、山川。乃命国家五官而后行,道而出。告者五日而遍,过是非礼也。凡告用牲币,反亦如之。告于祖,亦告于祢;奠于祢,亦奠于祖也。奠者,奠币为礼而告之也。视朝听事之后,即遍告群祀,戒命五大夫之职事,使无废驰也。诸侯有三卿五大夫。道而出者,祖祭道神而后出行也。五祀之行神则在官内,《月令》冬祀行是也。丧礼,毁宗躐行,则行神之位在庙门外西方。若祭道路之行神谓之軷,于城外委土为山之形,伏牲其上。祭告礼毕,乘车轹之而遂行也。其神曰累。其牲,天子犬,诸侯羊,卿大夫酒脯而已。长一丈八尺为制币。 牲,音制。诸侯相见,必告于祢。朝服而出视朝,命祝史告于五庙,所过山川,亦命国家五官,道而出。反必亲告于祖祢。乃命祝史告至于前所告者,而后听朝而入。”上章言冕而出视朝,此言朝服而出视朝者,按觐礼,侯氏裨冕,今敬君欲豫习其礼,故冕服以视朝。诸侯相朝,非君臣也,故但朝服而已。诸侯朝服玄冠缁衣素裳,而《聘礼》云:“诸侯相聘,皮弁服。”则相朝亦皮弁服矣。天子以皮弁服视朝,故谓之朝服也。

曾子问曰:“并有丧,如之何?何先何后?”孔子曰:“葬,先轻而后重;其奠也,先重而后轻;礼也。自启及葬不奠。行葬不哀次。反葬,奠而后辞于殡,遂修葬事。其虞也,先重而后轻,礼也。”曾子问同时有父母或祖父母之丧先后之次如何?孔子言葬则先母而后父,奠则先父而后母。自,从也。从启母殡之后,及至葬柩欲出之前,惟设母启殡之奠,朝庙之奠及祖奠遣奠而已。不于殡宫为父设奠,故云

“自启及葬不奠”，谓不奠父也。次者，大门外之右，平生待宾客之处。柩至此，则孝子悲哀，柩车暂停。今为父丧在殡，故行葬母之时，孝子不得为母伸哀于所次之处，故柩车不暂停也。及葬母而反，即于父殡设奠，告语于宾以明日启父殡之期。宾出之后，孝子遂修营葬父之事也。葬是夺情之事，故先轻；奠是奉养之事，故先重也。虞际，亦奠之类，故亦先重。　殡，音宾。朝，音潮。遣、为、养，并去声。孔子曰：“宗子虽七十，无无主妇。非宗子，虽无主妇可也。”宗子领宗男于外，宗妇领宗女于内，礼不可缺，故虽七十之年，犹必再娶。然此谓大宗之无子或子幼者，若有子有妇可传继者，则七十可不娶矣。

曾子问曰：“将冠子，冠者至，揖让而入，闻齐衰、大功之丧，如之何？”孔子曰：“内丧则废，外丧则冠而不醴，彻馔而埽，即位而哭。如冠者未至，则废。冠者，宾与赞礼之人也。此人已及门，而与主人揖让以入矣，主人忽闻齐衰大功之丧，何以处之？夫子言若是大门内之丧，则废而不行，以冠礼行之于庙，庙在大门之内，吉凶不可同处也；若是大门外之丧，丧在他处，可以加冠。但冠礼三加之后，设醴以礼新冠之人，今值凶事，止三加而止，不醴之也。初欲迎宾之时，醴及馔具皆陈设，今悉彻去，又埽除冠之旧位，使净洁更新，乃即位而哭。如宾与赞者未至，则废也。　冠、埽，并去声。如将冠子而未及期日，而有齐衰、大功、小功之丧，则因丧服而冠。”“除丧不改冠乎？”孔子曰：“天子赐诸侯大夫冕、弁、服于大庙，归设奠，服赐服，于斯乎有冠醮，无冠醴。父没而冠，则已冠埽地而祭于祢，已祭而见伯父、叔父，而后飨冠者。”未及期日，在期日之前也。因丧服而冠者，因著丧之成服，而加丧冠也。此是孔子之言。曾子又问他日除丧之后，不更改易而行吉冠之礼乎？孔子答云：“诸侯及大夫有幼弱未冠，总角从事至当冠之年，因朝天子。天子于大庙中赐冕服弁服，其受赐者荣君之命，归即设奠告庙，服所赐之服矣。于此之时，惟有冠之醮，无冠之醴。醮是以酒为燕饮，醴则独礼受服之人也。其礼如此，安得有除丧改冠之礼乎？父没有冠，谓除丧之后，以吉礼礼冠者，盖齐衰以下，可因丧服而冠，斩衰不可。”　疏曰：“吉冠是吉时成人之服，丧冠是丧时成人之服。谓之醮者，酌而无酬酢曰醮。醴重而醮轻者，醴是古之酒，故为重。醮之所以异于醴者，三加之后，总一醴之，醮则每一加而行一醮也。”　“大庙”大，音泰。埽，去声。见，音现。

曾子问曰："祭如之何则不行旅酬之事矣？"孔子曰："闻之小祥者，主人练祭而不旅，尊酬于宾，宾弗举，礼也。昔者鲁昭公练而举酬行旅，非礼也。孝公大祥奠酬弗举，亦非礼也。"曾子问祭而不行旅酬之礼，何祭为然？孔子言惟小祥练祭为然。不旅者，不旅酬也。奠酬于宾，奠其酬爵于宾前也。宾弗举者，宾不举以旅也。言此祭，主人得致爵于宾，宾不可举此爵而行旅酬，此礼也。大祥则可旅酬矣。孝公，隐公之祖。 朱子曰："旅，众也。酬，导饮也。旅酬之礼，宾弟子兄弟之子，各举觯于其长而众相酬。盖宗庙之中，以有事为荣，故逮及贱者，使亦得以伸其敬也。"又曰："主人酌以献宾，宾酢主人曰酢，主人又自饮而复饮宾曰酬。主人自饮者，是导宾使饮也。但宾受之却不饮，奠于席前，至旅时亦不举，又自别举爵。"曾子问曰："大功之丧，可以与于馈奠之事乎？"孔子曰："岂大功耳！自斩衰以下皆可，礼也。"曾子曰："不以轻服而重相为乎？"孔子曰："非此之谓也。天子、诸侯之丧，斩衰者奠。大夫齐衰者奠。士则朋友奠，不足则取于大功以下者，不足则反之。"馈奠，奠于殡也。大夫朔望皆有殷奠，士惟月朔。其礼盛，故执事者众。曾子问己有大功之丧，可与他人馈奠之事乎？孔子将谓曾子问己有大功之丧，得为大功者馈奠否，故答云："岂但大功，自斩衰以下皆可，礼也。言身有斩衰，所为者斩衰；身有齐衰，所为者齐衰，皆可与其馈奠。"孔子是据所服者言之，曾子又不悟此旨，将谓言他人，乃曰："不太轻己之服，而重于相为乎？"孔子又答云："非此为他人之谓也，谓于所为服者也。凡丧奠，主人以悲哀不暇执事，故不亲奠。天子诸侯之丧，诸臣皆斩衰，故云斩衰者奠。大夫则兄弟之服齐衰者奠。士不以齐衰者奠，避大夫也，故朋友奠。人不充数，则取大功以下，又不足，则反取大功以上也。" 疏曰："反之者，反取前人执事者充之。" 与、为，并去声。曾子问曰："小功可以与于祭乎？"孔子曰："何必小功耳！自斩衰以下与祭，礼也。"曾子曰："不以轻丧而重祭乎？"孔子曰："天子诸侯之丧祭也，不斩衰者不与祭。大夫齐衰者与祭。士祭不足，则取于兄弟大功以下者。"大旨与上章同，但此问与于祭，则是虞与卒哭之祭。曾子问曰："相识有丧服，可以与于祭乎？"孔子曰："缌不祭，又何助于人。"所知识之人有祭事，而已有丧服，可以助为之执事否？夫子言己有缌麻之服，服之轻者也，尚不得自祭己之宗庙，何得助他人之祭乎？

曾子问曰："废丧服，可以与于馈奠之事乎？"孔子曰："说衰与奠，非礼也。以摈相可也。"废，犹除也。馈奠，在殡之奠也。不问吉祭而问丧奠，曾子之意，谓方除丧服，决不可与吉礼，疑可与馈奠也。夫子言方说衰即与奠，是忘哀太速，故言非礼也。摈相事轻，亦或可耳。　说，音脱。相，去声。曾子问曰："昏礼既纳币，有吉日，女之父母死，则如之何？"孔子曰："婿使人吊。如婿之父母死，则女之家亦使人吊。父丧称父，母丧称母。父母不在，则称伯父、世母。婿已葬，婿之伯父致命女氏曰：'某之子有父母之丧，不得嗣为兄弟，使某致命。'女氏许诺而弗敢嫁，礼也。婿免丧，女之父母使人请，婿弗取而后嫁之，礼也。有吉日者，期日已定也。彼是父丧，则此称父之名吊之；彼是母丧，则此称母之名吊之。父母或在他所，则称伯父伯母名。如无伯父母，则用叔父母名可知。婿虽已葬其亲而丧期尚远，不欲使彼女失嘉礼之时，故使人致命，使之别嫁他人。某之子此"某"字，是伯父之名。不得嗣为兄弟者，言继此不得为夫妇也。夫妇同等，有兄弟之义，亦亲之之辞。不曰夫妇者，未成昏，嫌也。使某致命，此"某"字，是使者之名。致，如致仕之致，谓致还其许昏之命也。女氏虽许诺，而不敢以女嫁于他人，礼也。及婿祥禫之后，女之父母使人请婿成昏，婿终守前说而不取，而后此女嫁于他族，礼也。　取，如字。女之父母死，婿亦如之。"女之父母死，女之伯父致命于男氏曰："某之子有父母之丧，不得嗣为兄弟，使某致命。"男氏许诺而不敢娶。女免丧，婿之父母使人请，女家不许，婿然后别娶也。

曾子问曰："亲迎女在涂，而婿之父母死，如之何？"孔子曰："女改服，布深衣，缟总以趋丧。女在涂，而女之父母死，则女反。"嫁服，士妻禒衣，大夫妻展衣，卿妻鞠衣。改服，更其嫁服也。衣与裳相连而前后深邃，故曰深衣。缟，生白绢也。总，束发也，长八寸。布为深衣，缟为总，妇人始丧未成服之服也，故服此以奔舅姑之丧。女子在室，为父三年，父卒亦为母三年。已嫁则期，今既在涂，非在室矣，则止用奔丧之礼而服期。改服，亦布深衣缟总也。　迎，去声。禒，音彖。更，平声。"如婿亲迎女未至，而有齐衰大功之丧，则如之何？”孔子曰：“男不入，改服于外次。女入，改服于内次。然后即位而哭。”曾子问曰：“除丧则不复昏礼乎？”孔子曰：“祭，过时不祭，礼也。又何反于初？”此齐衰大功之丧，谓婿家也。改服，改其亲迎之服，而服深衣于门外之次也。女，谓妇也，入门内之次，而以深衣更其嫁服也。此特问齐衰大功之丧者，以小功及缌轻，不废昏礼，礼毕乃哭耳。若女家有齐衰大功之丧，女亦不反归也。曾子又问除丧之后，岂不复更为昏礼乎？孔子言祭重而昏轻，重者过时尚废，轻者岂可复行乎？然此亦止谓四时常祭耳，禘祫大祭，过时犹追也。孔子曰：“嫁女之家，三夜不息烛，思相离也。取妇之家，三日不举乐，思嗣亲也。三月而庙见，称来妇也。择日而祭于祢，成妇之义也。”思相离，则不能寝寐，故不灭烛。思嗣亲，则不无感伤，故不举乐。此昏礼所以不贺也。成昏而舅姑存者，明日妇见舅姑；若舅姑已殁，则成昏三月，乃见于庙，祝辞告神曰某氏来妇，来妇，言来为妇也。盖选择吉日而行此礼。庙见，祭祢，即是一事，非见庙之后，更择日而祭也。成妇之义者，成盥馈之礼之义也。　离、取，并去声。见，音现。

曾子问曰：“女未庙见而死，则如之何？”孔子曰：“不迁于祖，不祔于皇姑，婿不杖，不菲，不次，归葬于女氏之党，示未成妇也。”不迁于祖，不迁柩而朝于婿之祖庙也。不附于皇姑，以未庙见，故主不得祔姑之庙也。婿齐衰期，但不杖，不草屦，不别处，哀次耳。女之父母自降服大功。　菲，扶畏切。曾子问曰：“取女有吉日而女死，如之何？”孔子曰：“婿齐衰而吊，既葬而除之。夫死亦如之。”若夫死，女以斩衰往吊，既葬而除也。　取，去声。

曾子问曰：“丧有二孤，庙有二主，礼与？”孔子曰：“天无二日，土无二王。尝禘郊社，尊无二上，未知其为礼也。二孤、二主，当时有之，曾子疑其非礼，故问。夫子言天犹不得有二日，土犹不得有二王，尝禘郊社，祭之重者，各有所尊，不可混并而祭之，丧可得有二孤，庙可得有二主乎？非礼明矣。　与，平声。并，去声。昔者齐桓公亟举兵，作伪主以行。及反，藏诸祖庙。庙有二主，自桓公始也。师行而载迁庙之主于齐车，示有所尊奉也。既作伪主，又藏于庙，是二主矣。丧之二孤，则昔者卫灵公适鲁，遭季桓子之丧，卫君请吊，哀公辞，不得命。公为主，客入吊。康子立于门右北面，公揖让升自东阶西乡。客升自西阶吊，公拜兴哭，康子拜稽颡于位，有司弗辩也。今之二孤，自季康子之过也。”国君吊邻国之臣，尊卑不等，卫君吊而哀公为主，礼也。礼，大夫既殡而君来吊，主人门右北面，哭拜稽颡。今既哀公为主，主则拜宾康子但当哭踊而已，乃拜而稽颡于位，是二孤矣。当时有司不能论而正之，遂至循袭为常，变礼之失，由于康子。上章言自桓公始，此不言始而言过者，孔子康子同时也。灵公先桓子卒，《经》讹为灵公，实出公也。

曾子问曰：“古者师行，必以迁庙主行乎？”孔子曰：“天子巡守以迁庙主行，载于齐车，言必有尊也。今也取七庙之主以行，则失之矣。迁庙主，谓新祧庙之主也。齐车，金路也，又名曰公祢。守，去声。齐，侧皆切。当七庙五庙无虚主。虚主者，惟天子崩、诸侯薨，与去其国，与祫祭于祖，为无主耳。吾闻诸老聃曰：‘天子崩，国君薨，则祝取群庙之主而藏诸祖庙，礼也。卒哭成事，而后主各反其庙。崩薨而群主皆聚祖庙，以丧二年不祭，且象生者为凶事而聚集也。冯氏曰：“郑注：老聃，古寿考者之称。”石梁先生曰：“此老聃，非作五千言者。”聃，音贪。君去其国，太宰取群庙之主以从，礼也。去国而群庙之主皆行，不敢弃其先祖也。从，去声。祫祭于祖，则祝迎四庙之主。主出庙入庙必跸。’老聃云。”诸侯五庙，祫祭则迎高曾祖祢入太祖之庙，主出入而跸止行人，不欲其渎也。曾子问曰：“古者师行无迁主，则何主？”孔子曰：“主命。”问曰：“何谓也？”孔子曰：“天子诸侯将出，必以币帛皮圭告于祖祢，遂奉以出。载于齐车以行，每舍奠焉而后就舍。反必告，设奠卒，敛币玉藏诸两阶之间，乃出。盖贵命也。”既以币玉告于祖庙，则奉此币玉，犹奉祖宗之命也，故曰主命。每舍必奠，神之也。反则设奠以告而埋藏之，不敢亵也。

子游问曰："丧慈母如母，礼与？"孔子曰："非礼也。古者男子外有傅，内有慈母，君命所使教子也，何服之有？妾之无子者，养妾子之无母者，谓之慈母。然天子诸侯不为庶母服，大夫妾子，父在为其母大功；士之妾子，父在为其母期，是与己母同也。何服之有，谓天子诸侯也，故下文举国君之事证之。　丧，平声。为，去声。昔者鲁昭公少丧其母，有慈母良；及其死也，公弗忍也，欲丧之。有司以闻，曰：'古之礼慈母无服。今也君为之服，是逆古之礼而乱国法也。若终行之，则有司将书之以遗后世。无乃不可乎？'公曰：'古者天子练冠以燕居。'公弗忍也，遂练冠以丧慈母。丧慈母，自鲁昭公始也。"良，善也。古者，周以前也。天子诸侯之庶子为天子诸侯者，为其母缌。春秋有以小君之礼服之者，以子贵而伸也，然必适小君没。若适小君在，则其母厌屈，故练冠也。此言"练冠以燕居"，谓庶子之为王者为其母耳。　少、丧，并去声。下丧，并如字。为，如字。厌，音压。

曾子问曰："诸侯旅见天子，入门，不得终礼，废者几？"孔子曰："四。""请问之。"曰："大庙火，日食，后之丧，雨沾服失容，则废。如诸侯皆在而日食，则从天子救日，各以其方色与其兵。大庙火，则从天子救火，不以方色与兵。"旅，众也。色，衣之色也。东方诸侯衣青，南方诸侯衣赤，余仿此。东方用戟，南方矛，西方弩，北方楯，中央鼓。日食，是阴侵阳，故正五行之方色以厌胜之。救火，不关此义也。　见，音现。几，如字。大，音泰。厌，音压。曾子问曰："诸侯相见，揖让入门，不得终礼，废者几？"孔子曰："六。""请问之。"曰："天子崩，大庙火，日食，后、夫人之丧，雨沾服失容，则废。"大庙，本国之大庙也。夫人，小君也。

曾子问曰："天子尝、禘、郊、社、五祀之祭，簠簋既陈，天子崩，后子丧，如之何？"孔子曰："废。"尝、禘，宗庙之祭；郊、社，天地之祭。此言五祀，而《祭法》言七祀，先儒已言《祭法》不足据矣。曾子问曰："当祭而日食，大庙火，其祭也如之何？"孔子曰："接祭而已矣。如牲至未杀，则废。接，捷也，速疾之义。此言宗庙之祭，遇此变异，则减略节文，务在速毕，无迎尸于奥，及迎尸入坐等礼矣。　坊本废上有曰字。天子崩，未殡，五祀之祭不行。既殡而祭，其祭也，尸入三饭不侑，酳不酢而已矣。自启至于反哭，五祀之祭不行。已葬而祭，祝毕献而已。”天子诸侯之祭礼亡，不可闻其详矣，先儒以大夫士祭礼推之。士祭尸九饭，大夫祭尸十一饭，则知诸侯十三饭，天子十五饭也。五祀外神，不可以己私丧久废其祭。若当祭之时而天子崩，则止而不行，俟殡讫乃祭，然其礼则杀矣。侑，劝也。尸入，迎尸而入坐也。三饭不侑者，尸三饭告饱则止，祝更不劝侑其食，使满足当饭之数也。酳，食毕而以酒漱口也，说见《曲礼》。按特牲礼，尸九饭毕，主人酌酒酳尸；尸饮卒爵酢主人；主人受酢饮毕，酌献祝；祝饮毕，主人又酌献佐食，今云酳不酢者，无酢主人以下等事也。此是言殡后祭五祀之礼。又言自启殡往葬，及葬毕反哭，其间亦不祭五祀，直待葬后乃祭，其礼又不同。盖葬后哀稍杀，渐向吉，故祝侑尸食至十五饭，摄主酳尸，尸饮，卒爵而酢摄主，摄主饮毕，酌而献祝，祝受而饮毕则止，无献佐食以下之事，故云祝毕献而已。已，止也。　酳，以刃切。曾子问曰：“诸侯之祭社稷，俎豆既陈，闻天子崩、后之丧，君薨、夫人之丧，如之何？”孔子曰：“废。自薨比至于殡，自启至于反哭，奉帅天子。”比，及也。　曾子所问如此，孔子曰废。又言自薨至殡，自启至反哭，皆帅循天子之礼者，谓诸侯既殡而祭社稷或五祀者，亦如天子殡后祭五祀之礼也。其葬后而祭社稷五祀者，亦如天子葬后祭五祀之礼也。　比，音畀。帅，入声。

曾子问曰：“大夫之祭，鼎俎既陈，笾豆既设，不得成礼，废者几？”孔子曰：“九。”“请问之。”曰：“天子崩，后之丧，君薨，夫人之丧，君之大庙火，日食，三年之丧，齐衰，大功，皆废。外丧自齐衰以下，行也。其齐衰之祭也，尸入，三饭不侑，酳不酢而已矣。大功，酢而已矣。小功、缌，室中之事而已矣。士之所以异者，缌不祭。所祭于死者无服则祭。”此言大夫宗庙之祭。外丧，在大门之外也。三饭不侑，酳不酢，说见上章。大功酢而已者，大功服轻，祭礼稍备，十一饭之后，主人酌酒酳尸，尸酢主人，即止也。室中之事者，凡尸在室之奥，祝在室中北厢南面，佐食在室中户西北面，但主人主妇及宾献尸及祝佐食等三人毕则止也。若平常之祭，十一饭毕，主人酌酒酳尸，尸卒爵酢主人，主人献祝及佐食毕。次主妇献尸，尸酢主妇，主妇又献祝及佐食毕。次宾长献尸，尸得宾长献爵，则止不举。盖奠其爵于荐之左也，待致爵之后，尸乃举爵。今以丧服杀礼，故止于宾之献也。士卑于大夫，虽缌服亦不祭。所祭于死者无服，谓如妻之父母，母之兄弟姊妹，己虽有服，而己所祭者与之无服，则可祭也。　今按致爵之礼，宾献尸三爵而止。尸止爵之后，执事者为主人设席于户内，主妇酌爵而致于主人，主人拜受爵，主妇拜送爵，主人卒爵拜，主妇答拜，受爵以酌而酢，执爵拜，主人答拜，主人降，洗爵以酌，而致于主妇，主妇之席在房中南面，主妇拜受爵，主人西面答拜，而更爵自酌以酢，此所谓致爵也。《祭统》曰："酢必易爵。"详见《特牲馈食礼》。曾子问曰："三年之丧，吊乎？"孔子曰："三年之丧，练；不群立，不旅行。君子礼以饰情，三年之丧而吊哭，不亦虚乎？"练，小祥也。旅，众也。群立旅行，言及他事，则为忘哀，况于吊乎？先王因人情而制礼，随其哀乐之情，皆有以饰之。苴衰绖杖，为至痛饰也，居重丧而吊哭于人，哀彼则忘吾亲，哀在亲则吊为矫伪矣，非虚而何？曾子既闻夫子此言矣，而《檀弓》篇乃记其以丧母之齐衰而往哭于子张，得非好事者为之辞欤？

曾子问曰："大夫、士有私丧，可以除之矣。而有君服焉，其除之也如之何？"孔子曰："有君丧服于身，不敢私服，又何除焉？于是乎有过时而弗除也。君之丧，服除而后殷祭，礼也。"君重亲轻，以义断恩也。若君服在身，忽遭亲丧，则不敢为亲制服。初死尚不得成服，终可行除服之礼乎？此所以虽过时而不除也。殷祭，盛祭也。君服除，乃得为亲行二祥之祭，以伸孝心。以其礼大，故曰殷也。假如此月除君服，即次月行小祥之祭，又次月行大祥之祭，若亲丧小祥后，方遭君丧，则他时君服除后，惟行大祥祭也。然此皆谓适子主祭而居官者，若庶子居官而行君服，适子在家，自依时行亲丧之礼。他日庶子虽除君服，无追祭矣。曾子问曰："父母之丧，弗除可乎？"孔子曰："先王制礼，过时弗举，礼也。非弗能勿除也，患其过于制也，故君子过时不祭，礼也。"曾子之意，以为适子仕者，除君服后，犹得追祭二祥。庶子仕者，虽除君服，不复追祭，以终身不除父母之丧矣，可乎？孔子言先王制礼，各有时节，过时不复追举，礼也。今不追除服者，不是不能除也，患其逾越圣人之礼制也。且如四时之祭，当春祭时，或以事故阻废，至夏则惟行夏时之祭，不复追补春祭矣。故过时不祭，礼之常也。惟禘祫大事则不然。

曾子问曰："君薨既殡，而臣有父母之丧，则如之何？"孔子曰："归居于家，有殷事则之君所，朝夕否。"殷盛之事，谓朔望及荐新之奠也。君有此事，则往适君所，朝夕则不往哭。曰："君既启而臣有父母之丧，则如之何？"孔子曰："归哭而反送君。"启，启殡也。归哭，哭亲丧也。反送君，复往送君之葬也。此二节，皆对言君亲之丧。若臣有父母之丧，既殡而后有君丧，则归君所。父母丧有殷事，则来归家，朝夕亦恒在君所也。若父母之丧既启而有君之丧，则亦往哭于君所，而反送父母之葬也。下文君未殡而臣有父母之丧，亦与父母之丧未殡而有君丧互推之。曰："君未殡而臣有父母之丧，则如之何？"孔子曰："归殡，反于君所，有殷事则归，朝夕否。大夫室老行事，士则子孙行事。大夫内子有殷事，亦之君所，朝夕否。"室老，家相之长也。室老子孙行事者，以大夫士在君所，殷事之时，或朝夕恒在君所，则亲丧朝夕之奠有缺，然奠不可废也，大夫尊，故使室老摄行其事；士卑，则子孙摄也。内子，卿大夫之适妻也，为夫之君，如为舅姑服齐衰，故殷事亦之君所。　为，去声。贱不诔贵，幼不诔长，礼也。唯天子称天以诔之。诸侯相诔，非礼也。诔之为言累也，累举其平生实行为诔而定其谥以称之也。称天以诔之者，天子之尊无二，惟天在其上，故假天以称之也。人君之事多称天，不独诔也。　长，上声。

曾子问曰："君出疆以三年之戒，以椑从。君薨，其入如之何。"孔子曰："共殡服，则子麻弁绖、疏衰、菲、杖。入自阙，升自西阶。如小敛，则子免而从柩。入自门，升自阼阶。君、大夫、士一节也。"曾子问国君以事出疆，必为三年之戒备，恐未得即返也，于是以亲身之棺随行，虑或死于外也。若死于外，则入之礼如何？孔子言于时大敛之后，主人从柩而归，则其国有司供主人殡时所著之服，谓布深衣苴绖，散带垂也。此时主人从柩在路未成服，惟著麻弁绖、疏衰而藨屦且杖也。麻弁，布弁也，布弁之上加环绖也。柩入之时，毁殡宫门西边墙而入，其处空缺，故谓之阙,非门阙之阙也。升自西阶者,以柩从外来,有似宾客,故就客阶而升也。如小敛而归,则子首不麻弁,身不疏衰,惟首著免布,身著布深衣也。入自门,升自阼阶者,以亲未在棺,犹以事生之礼事之也。凡君与大夫及士卒于外者,其礼皆一等无异制,故云一节也。 椑,音擗。从,去声,下同。共,音供。菲,扶畏切。免,音问。曾子问曰:"君之丧既引,闻父母之丧,如之何?"孔子曰:"遂,既封而归,不俟子。"遂,遂送君柩也。既窆而归,下棺而归也。不俟子,不待孝子返而已先返也。 引,去声。封,音窆。曾子问曰:"父母之丧既引及涂,闻君薨,如之何?"孔子曰:"遂,既封改服而往。"遂,遂送亲柩也。即窆之后改服而往者,《杂记》云:"非从柩与反哭,无免于堩。此时孝子首著免,乃去免而括发徒跣,布深衣而往,不敢以私丧之服丧君也。" 从,去声。堩,古邓切。

曾子问曰:"宗子为士,庶子为大夫,其祭也如之何?"孔子曰:"以上牲祭于宗子之家,祝曰:'孝子某,为介子某,荐其常事。'士特牲,大夫少牢;上牲,少牢也。庶子既为大夫,当用上牲。然必往就宗子家而祭者,以庙在宗子家也。孝子,宗子也;介子,庶子也。不曰庶而曰介者,庶子卑贱之称,介则副贰之义,亦贵贵之道也。荐其常事者,荐其岁之常事也。 "为介"为,去声。少,去声。若宗子有罪居于他国,庶子为大夫,其祭也,祝曰:'孝子某使介子某执其常事。'摄主不厌祭,不旅,不假,不绥祭,不配。介子非当主祭者,故谓之摄主,其礼略于宗子者有五焉。若以祭礼先后之次言之,当云不配,不绥祭,不假,不旅,不厌祭。今倒言之者,旧说:摄主非正,故逆陈以见义。亦或记者之误与?今依次释之:不配者,祭礼初行尸未入之时,祝告神曰:孝孙某,来日丁亥用荐岁事于皇祖伯某,以某妃配某氏,如姜氏子氏之类。今摄主不敢备礼,但言荐岁事于皇祖伯某,不言以某妃配也。不绥祭者,绥字当从《周礼》作隋,减毁之名也。尸与主人俱有隋祭,主人减黍稷牢肉而祭之于豆间,尸则取菹及黍稷肺而祭于豆间,所谓隋祭也。今尸自隋祭,主人是摄主,故不隋祭也。不假者,假字当作嘏,福庆之辞也。尸十一饭讫,主人酳尸,尸酢主人毕,命祝嘏于主人曰:皇尸命工祝承致多福无疆于女孝孙,来女孝孙,使女受禄于天,宜稼于田,眉寿万年,勿替引之。主人再拜稽首,今亦以避正主,故不嘏也。不旅,不旅酬也,详见前章。不厌祭者，厌是餍饫之义，谓神之歆享也。厌有阴有阳：阴厌者，迎尸之前，祝酌奠讫，为主人释辞于神，免其歆享。此时在室奥阴静之处，故云阴厌也。阳厌者，尸稷之后，佐食彻尸之荐俎，设于西北隅，得户明白之处，故曰阳厌。制礼之意，不知神之所在于彼乎，于此乎，皆庶几其享之而厌饫也。此言不厌祭，不为阳厌也，以先后之次知之。　绥，虚规切。见，音现。隋，音灰。女，音妆。"为主"为，去声。谡，音速。布奠于宾，宾奠而不举。不归肉，其辞于宾曰：'宗兄宗弟宗子在他国，使某辞。'"主人酬宾之时，宾在西厢东面，主人布此奠爵于宾俎之北，宾坐取此爵而奠于俎之南，不举之以酬兄弟。此即不旅之事。若宗子主祭，则凡助祭之宾，各归之以俎肉。今摄主，故不归俎肉于宾也。非但祭不备礼，其将祭之初，告宾之辞亦异。曰：宗兄宗弟宗子在他国，不得亲祭，故使某执其常事，使某告也，故云使其辞。宗兄宗弟者，于此摄主为兄或为弟也。若尊卑不等，或是祖父之列，或是子孙之列，则但谓之宗子矣。

曾子问曰："宗子去在他国，庶子无爵而居者可以祭乎？"孔子曰："祭哉！""请问其祭如之何？"孔子曰："望墓而为坛，以时祭。若宗子死，告于墓，而后祭于家。宗子死，称名不言孝，身没而已。"子游之徒有庶子祭者以此，若义也。今之祭者不首其义，故诬于祭也。宗子无罪而去国，则庙主随行矣。若有罪去国，庙虽存，庶子卑贱无爵，不得于庙行祭礼，但当祭之时，即望墓为坛以祭也。若宗子死，则庶子告于墓而后祭于其家，亦不敢称孝子某，但称子某而已，又非有爵者称介子某之比也。身没而已者，庶子身死，其子则庶子之适子，祭祢之时可称孝也。子游之门人有庶子祭者，皆用此礼，是顺古义也。今世俗庶子之祭者，不能先求古人制礼之义，而率意行之，只见其诬罔而已。曾子问曰："祭必有尸乎？若厌祭亦可乎？"孔子曰："祭成丧者必有尸。尸必以孙，孙幼则使人抱之；无孙则取于同姓可也。祭殇必厌，盖弗成也。祭成丧而无尸，是殇之也。"曾子之意，疑立尸而祭，无益死者，故问祭时必合有尸乎？若厌祭亦可乎？盖祭初阴厌，尸犹未入，祭终而阳厌，在尸既起之后，是厌祭无尸也。孔子言成人威仪具备，必有尸以象神之威仪，所以祭成人之丧者，必有尸也。尸必以孙，以昭穆之位同也。取于同姓，亦谓孙之等列也。祭殇者不立尸而厌祭，以其年幼少，未能有成人之威仪，不足可象,故不立尸也。若祭成人而无尸,是以殇待之矣。

孔子曰:“有阴厌,有阳厌。”曾子问曰:“殇不祔祭,何谓阴厌、阳厌?”孔子曰:“宗子为殇而死,庶子弗为后也。其吉祭特牲。祭殇不举,无肵俎,无玄酒,不告利成,是谓阴厌。孔子言祭殇之礼,有厌于幽阴者,有厌于阳明者。盖适殇则阴厌于祭之始,庶殇则阳厌于祭之终,非兼之也。曾子不悟其指,乃问云祭殇之礼,略而不备,何以始末一祭之间,有此两厌也?孔子言虽是宗子,死在殇之年,见为人父之道,庶子不得代为之后,其族人中有与之为兄弟者代之,而主其祭之之礼。其卒哭成事以后为吉祭,祭殇本用特豚,今亦从成人之礼用特牲者,以其为宗子故也。祭有尸,则佐食举肺脊以授尸,祭而食之。今无尸,故不举肺脊也。凡尸食之余归之肵俎。肵,敬也。主人敬尸而设此俎,今无肵俎,以无尸故也。玄酒,水也。太古无酒之时,以水行礼,后王祭则设之,重古道也。今祭殇礼略,故无玄酒也。不告利成者,利,犹养也,谓共养之礼已成也。常祭,主人事尸礼毕,出立户外,则祝东面告利成,遂导尸以出,今亦以无尸废此礼。是谓阴厌云者,以其在祖庙之奥,阴暗之处厌之也。　祔,音备。肵,音祈。共,音供。凡殇与无后者,祭于宗子之家,当室之白,尊于东房,是谓阳厌。”凡殇,非宗子之殇也。无后者,谓庶子之无子孙者也。此二者若是宗子大功内亲,则于宗子家祖庙祭之,必当室中西北隅,得户之明白处,其尊则设于东房,是谓阳厌也。

曾子问曰:“葬引至于堩,日有食之,则有变乎?且不乎?”孔子曰:“昔者吾从老聃助葬于巷党,及堩,日有食之。老聃曰:‘丘,止柩就道右,止哭以听变。’既明,反而后行。曰:‘礼也。’反葬而丘问之曰:‘夫柩不可以反者也。日有食之,不知其已之迟数,则岂如行哉?’老聃曰:‘诸侯朝天子,见日而行,逮日而舍奠。大夫使,见日而行,逮日而舍。夫柩不蚤出,不莫宿。见星而行者,唯罪人与奔父母之丧者乎!日有食之,安知其不见星也?且君子行礼,不以人之亲痁患。’吾闻诸老聃云。”堩,道也。有变,变常礼乎?且不乎,不变常礼乎?柩北向而出,道右,则道之东也。听变,听日食之变动也。明反,日光复常也。舍奠，晚止舍而设奠于行主也。安知其不见星，谓日食既而星见，则昏暗中恐有奸慝也。痁，病也。不以人之亲痁患，谓不可使人之亲病于危亡之患也。　堩，古邓切。不，音否。数，音速。舍，如字，去声。使，去声。莫，音暮。痁，尸占切。曾子问曰："为君使而卒于舍，礼曰：'公馆复，私馆不复。'凡所使之国，有司所授舍，则公馆已，何谓'私馆不复'也？"孔子曰："善乎问之也！自卿、大夫、士之家曰私馆，公馆与公所为曰公馆。'公馆复'，此之谓也。"复，死而招魂复魄也。公馆，公家所造之馆也。与，及也。公所为，谓公所命停客之处，即是卿大夫之馆，但有公命，故谓之公馆也。一说公所为，谓君所作离宫别馆也。　"为君"为，去声。使，去声。

曾子问曰："下殇，土周葬于园，遂舆机而往，涂迩故也。今墓远，则其葬也如之何？"八岁至十一为下殇。土周，堲周也，说见《檀弓》。成人则葬于墓，此葬于园圃之中。舆，犹抗也。机者，舆尸之具，木为之，状如床而无脚，以绳横直维系之，抗举而往堲周之所，棺敛而葬之，涂近故也。曾子言今世礼变，皆棺敛下殇于家而葬之于墓，则涂远矣，其葬也如之何？问既不用舆机，则当用人举棺以往乎？为当用车载棺而往乎？然此谓大夫之下殇，及士庶人之中下殇耳。若大夫之适长殇中殇有遣车者，亦不舆机而葬也。孔子曰："吾闻诸老聃曰：'昔者史佚有子而死，下殇也，墓远。召公谓之曰："何以不棺敛于宫中？"史佚曰："吾敢乎哉？"召公言于周公，周公曰："岂不可？"史佚行之。'下殇用棺衣棺，自史佚始也。"史佚，周初良史也。墓远，不葬于园也。言于周公，言，犹问也。周公曰岂不可者，谓何为不可也。召公述周公之言告佚，佚于是用棺衣而棺敛于宫中，是此礼之变，始于史佚也。旧注以岂为句者非。　召，音邵。棺、敛，并去声。衣棺之棺同。曾子问曰："卿大夫将为尸于公，受宿矣，而有齐衰内丧，则如之何？"孔子曰："出舍于公馆以待事，礼也。"受宿，受君命而宿齐戒也。齐衰内丧，大门内齐衰服之丧也。待事，待祭事毕，然后归哭也。孔子曰："尸弁冕而出，卿、大夫、士皆下之，尸必式。必有前驱。"尸服死者之上服。今为君尸而弁冕者，弁，士之爵弁也，以君之先世或有为大夫士者，故尸亦当弁或冕也。出而卿大夫士遇之则下车，尸式以答之。必有前驱者，尸出则先驱，辟开行人也。辟，音阚。

子夏问曰："三年之丧卒哭，金革之事无辟也者，礼与？初有司与？"孔子曰："夏后氏三年之丧，既殡而致事。殷人既葬而致事。《记》曰：'君子不夺人之亲，亦不可夺亲也。'此之谓乎？"无辟，谓君使则行，无敢辞辟也。此礼当然欤？抑当初有司逼遣与欤？夏之礼，亲丧既殡，既致还其事于君。殷礼则葬后乃致其事。君子，指人君也。臣遭父母之丧，而君许其致事，是不夺人丧亲之心也。虽君有命，而不忍违离丧次，是不可夺其丧亲之孝也。　辟，音避。与，平声。子夏曰："金革之事无辟也者非与？"孔子曰："吾闻诸老聃曰：'昔者鲁公伯禽有为为之也。'今以三年之丧从其利者，吾弗知也。"鲁公卒哭而从金革之事，以徐戎之难，东郊不开，不得已而征之，是有为为之也。今人居三年之丧，而用兵以逐攻取之利者，吾不知其为何礼也。盖甚非之之辞。一说利为例，言无故而以三年之丧，从伯禽之例以用兵者，甚非也。　上为，去声。

文王世子第八

文王之为世子，朝于王季日三。鸡初鸣而衣服，至于寝门外，问内竖之御者曰："今日安否何如？"内竖曰："安。"文王乃喜。乃日中又至，亦如之。及莫又至，亦如之。内竖，内庭之小臣。御，是直日者。世子朝父母，惟朝夕二礼，今文王日三，圣人过人之行也。朝，音潮。衣，去声。竖，音树。莫，音暮。"朝夕"朝，如字。行，去声。其有不安节，则内竖以告文王，文王色忧，行不能正履。王季复膳，然后亦复初。食上，必在视寒暖之节。食下，问所膳，命膳宰曰："末有原。"应曰："诺。"然后退。不安节，谓有疾不能循其起居饮食之常时也。食上，进膳于亲也。在，察也。食下，食毕而彻也。问所膳，问所食之多寡也。末，犹勿也。原，再也，谓所食之余，不可再进也。 上，上声。应，去声。武王帅而行之，不敢有加焉。文王有疾，武王不说冠带而养。文王一饭亦一饭，文王再饭亦再饭。旬有二日乃间。不敢有加，不可逾越父之所行也。 疏曰："病重之时，病恒在身，无少间空隙，病今既损，不恒在身，其间有空隙，故谓病瘳为间也。" 帅，音率。说，音脱。养，去声。饭，上声。空，去声。

文王谓武王曰："女何梦矣？"武王对曰："梦帝与我九龄。"文王曰："女以为何也？"武王曰："西方有九国焉，君王其终抚诸。"文王曰："非也。古者谓年龄，齿亦龄也。我百尔九十，吾与尔三焉。"文王九十七乃终，武王九十三而终。文王疾瘳之后，武王乃得安寝，故问其何梦。武王对云："梦天帝言与我九龄。"龄字从齿，齿之异名也，故言年龄，又言年齿，其义一也。《大戴礼》云："男八月生齿，八岁而龀。"齿是人寿之数也。然数之修短，禀气于有生之初。文王虽爱其子，岂能减己之年而益之哉？好事者为之辞而不究其理，读《记》者信其说而莫之敢议也。 女，音汝。龀，初谨切。成王幼，不能莅阼。周公相，践阼而治；抗世子法于伯禽，欲令成王之知父子、君臣、长幼之道也。成王有过，则挞伯禽，所以示成王世子之道也。文王之为世子也。石梁王氏曰："'文王之为世子也'一句，衍文。" 刘氏曰："成王幼弱，虽已莅阼为天子，而未能行莅阼之事。《书》曰'小子同未在位'，亦言其虽已在位，与未在位同也。故周公以冢宰摄政，相助成王，践履其临阼之事而治天下。以幼年即尊位，而不知父子君臣长幼之道，何以治天下哉？故周公举世子事君亲长上之法，以教伯禽，使日夕与成王游处，俾其有所视效也。其或成王出入起居之间有愆于礼法者，则挞伯禽以责其不能尽事君之道，所以警戒成王，而示之以为世子之道也。然伯禽所行，即文王所行世子之道；文王所行，乃诸侯世子之礼，故曰'文王之为世子也'；言伯禽所行，非王世子之礼也。"相，去声。令，去声。

凡学世子及学士必时。春夏学干戈，秋冬学羽籥，皆于东序。学，教也。士，即《王制》所谓"司徒论俊选而升于学之士"也。必时，四时各有所教也。干，盾也，捍兵难之器。戈，句子戟也。羽，翟雉之羽也。籥，笛之属也。四物皆舞者所持，干戈为武舞，故于阳气发动之时教之，示有事也；羽籥为文舞，故于阴气凝寂时教之，示安静也。东序，大学也。　四学字，皆音效。"于学"、"大学"，如字。难，去声。句，音勾。大，音泰。小乐正学干，大胥赞之；籥师学戈，籥师丞赞之，胥鼓南。四人皆乐官之属。赞，相助之也。胥，即大胥也。南，南夷之乐也。东夷之乐曰昧，南夷之乐曰南，西夷之乐曰朱离，北夷之乐曰禁。《明堂位》又云："任，南蛮之乐也。"周礼：旄人教国子南夷乐之时，大胥则击鼓以节其音曲，故云胥鼓南也。先王作乐，至矣盛矣，而犹以远方蛮夷之乐教人者，所以示舆图之无外，异类之咸宾，奏之宗庙之中，侈其盛也。独举南乐，则余三方皆教习可知。　二学字，皆音效。相，去声。春诵夏弦，大师诏之瞽宗。秋学礼，执礼者诏之。冬读《书》，典书者诏之。礼在瞽宗，《书》在上庠。诵，口诵歌乐之篇章也。弦，以琴瑟播被诗章之音节也，皆太师诏教之。瞽宗，殷学名；上庠，虞学名。周有天下，兼立虞夏殷周之学也。　大，音泰。学，如字。

凡祭与养老乞言、合语之礼，皆小乐正诏之于东序。祭是一事，养老乞言是一事，合语是一事，故以凡言之。养老乞言，谓行养老之礼之时，因乞善言之可行者于此老人也。合语，谓祭及养老，与乡射、乡饮、大射、燕射之礼，至旅酬之时，皆得言说先王之法，合会义理而相告语也。其间各有威仪容节，皆须小乐正诏教之于东序之中。大乐正学舞干戚、语说、命乞言，皆大乐正授数。大司成论说在东序。戚，斧也。大乐正教世子及士以舞干戚之容节，及合语之说，与乞言之礼。此三者，皆大乐正授之以篇章之数。于是大司成之官，于东序而论说此受教者义理之浅深，才能之优劣也。学，音效。说，如字。

凡侍坐于大司成者，远近间三席，可以问。终则负墙。列事未尽不问。席广三尺三寸三分寸之一。三席，所谓函丈也。相对远近如此，取其便于咨问。问终则却就后席，背负墙壁而坐，以避后来问事之人。其问事之时，尊者有教，而己犹未达，则必待其言尽，然后更问。若陈列未竟，则不敢先问以参错尊者之言也。　间，平声。凡学，春官释奠于其先师，秋冬亦如之。官，掌教诗书礼乐之官也。若春诵夏弦，则太师释奠；教干戈，则小乐正及乐师释奠也。秋学礼，冬读《书》，则其官亦如之。释奠者，但奠置所祭之物而已，无尸无食饮酬酢等事。所以若此者，以其主于行礼，非报功也。先师，谓前代明习此事之师也。凡始立学者，必释奠于先圣先师，及行事，必以币。诸侯初受封，天子命之教，于是立学，所谓始立学也。立学事重，故释奠于先圣先师。四时之教常事耳，故惟释奠于先师，而不及先圣也。行事，谓行释奠之事。必以币，必奠币为礼也。始立学而行释奠之礼则用币，四时常奠不用币也。凡释奠者，必有合也，有国故则否。凡大合乐，必遂养老。凡行释奠之礼，必有合乐之事。若国有凶丧之故，则虽释奠，不合乐也。常事合乐，不行养老之礼，惟大合乐之时，人君视学，必养老也。旧说：合者，谓若本国无先圣先师，则合祭邻国之先圣先师。本国故有先圣先师，如鲁有孔颜之类，则不合祭邻国之先圣先师也。未知是否。

凡语于郊者，必取贤敛才焉，或以德进，或以事举，或以言扬。曲艺皆誓之，以待又语。三而一有焉，乃进其等，以其序。谓之郊人。远之。于成均，以及取爵于上尊也。语于郊者，论辩学士才能于郊学之中也。有贤德者则录取之，有才能者则收敛之。道德为先，事功次之，言语又次之。曲艺，一曲之艺，小小技能，若医卜之属。

誓，戒谨也。学士中或无德、无事、无言之可取，而有此曲艺之人，欲投试考课者，皆却之使退，而谨习所能，以待后次再语之时，乃考评之也。三而一有者，谓此曲艺之人举说三事而一事有可善者，乃进其等，即于其同等之中，拔而升进之也，然犹必使之于同辈中以所能高下为次序，使不混其优劣也。如此之人，但止目之曰郊人，非俊选之比也，以非士类，故疏远之。成均，五帝大学之名，天子设四代之学。上尊，堂上之酒尊也。若天子饮酒于成均之学宫，此郊人虽贱，亦得取爵于堂上之尊以相旅劝焉，所以荣之也。人字、之字、均字，皆句绝。　远，去声。大，音泰。始立学者，既兴器用币，然后释菜，不舞不授器。乃退傧于东序，一献，无介语可也。教世子。立学之初，未有礼乐之器，及其制作之成，涂衅既毕，即用币于先圣先师，以告此器之成。继又释菜，以告此器之将用也。凡祭祀用乐舞者，则授舞者以所执之器，如干戈羽籥之类。今此释菜礼轻，既不用舞，故不授舞器也。诸侯有功德者，亦得立异代之学。东序，夏制也，与虞庠相对。东序在东，虞庠在西。乃退傧于东序者，谓释菜在虞庠之中，礼毕，乃从虞庠而退傧，礼其宾于东序之中。其礼既杀，惟行一献，无介无语，于礼亦可也。此以上，虽不专是教世子之事，然以教世子为主，故以此句总结上文。　石梁王氏曰："三字亦衍文。"　兴，音衅。杀，去声。

凡三王教世子必以礼乐。乐所以修内也，礼所以修外也。礼乐交错于中，发形于外，是故其成也怿，恭敬而温文。修内者，消融其邪慝之蕴；修外者，陶成其恭肃之仪。礼之修达于中，乐之修达于外，所谓交错于中也。有诸中，必形诸外，故其成也怿。此怿字，与《鲁论》"不亦说乎"之说相似，既有恭敬之实德，又有温润文雅之气象，礼乐之教大矣。说，音悦。立太傅、少傅以养之，欲其知父子、君臣之道也。太傅审父子、君臣之道以示之，少傅奉世子以观太傅之德行而审喻之。太傅在前，少傅在后，入则有保，出则有师，是以教喻而德成也。师也者，教之以事而喻诸德者也。保也者，慎其身以辅翼之而归诸道者也。《记》曰："虞夏商周有师、保，有疑、丞。设四辅及三公，不必备，唯其人。"语使能也。养者，长而成之之谓。审喻，详审言之使通晓也。前后，以行步言。出入，以居处言。慎其身，使之谨守其身也。师保疑丞，四辅也。一说，前疑后丞，左辅右弼，为四辅。四辅与三公不必其全备，惟择其可称职者。惟其人以上，皆《记》文。语，言也。“语使能也”一句，是记者释之之辞。　朱子曰：“师、保、疑、丞，‘疑’字晓不得，想止是有疑即问他之意。”　少、行，并去声。君子曰：“德，德成而教尊，教尊而官正，官正而国治，君之谓也。”君子曰德，此德是指世子之德。世子之德有成，则教导尊严而无敢慢易者。故凡居官守者，皆以正自处，官正而国治，世子为君之谓也。

仲尼曰：“昔者周公摄政，践阼而治，抗世子法于伯禽，所以善成王也。闻之曰：‘为人臣者，杀其身有益于君则为之。’况于其身以善其君乎？周公优为之。前言周公相践阼而治，此缺相字，而下文又有周公践阼之言，皆记者之失也。以世子法教世子，直道也。今举世子法于伯禽而教成王，是迂曲其事也。人臣杀身为国，犹尚为之。今周公不过迂曲其身之所行，以成君之善，宜乎优为之也。　刘氏曰：“《书·蔡仲之命》曰：‘惟周公位冢宰，正百公。’此言摄政践阼而治，是以冢宰摄行践阼之政，非谓摄居天子之位也。孔子言周公举世子法于伯禽者，非自教其子，盖示法以善成王也。吾闻古人言为人臣者，杀身而有益于君，犹且为之，况止迂其身以善其君乎？此大人正己而物正之事。周公大圣人也，故优为之。”　于，读作迂。“为国”为，去声。是故知为人子，然后可以为人父；知为人臣，然后可以为人君；知事人，然后能使人。成王幼不能莅阼，以为世子，则无为也。是故抗世子法于伯禽，使之与成王居，欲令成王之知父子、君臣、长幼之义也。君之于世子也，亲则父也，尊则君也。有父之亲，有君之尊，然后兼天下而有之。是故养世子不可不慎也。武王既崩，则成王无父，虽年幼未知君道，若以之为世子，则无为子之处矣。故云“以为世子则无为也”。君于世子，以统言则是父，以尊言则是君。能尽君父之道以教其子，然后可以保有天下之大。不然，则他日为子者不克负荷矣，可不慎乎？　令，平声。荷，上声。行一物而三善皆得者，唯世子而已，其齿于学之谓也。故世子齿于学，国人观之曰：‘将君我而与我齿让，何也？’曰：‘有父在则礼然。’然而众知父子之道矣。其二曰：‘将君我而与我齿让，何也？’曰：‘有君在则礼然。’然而众著于君臣之义也。

其三曰：'将君我而与我齿让，何也？'曰：'长长也。'然而众知长幼之节矣。故父在斯为子，君在斯谓之臣，居子与臣之节，所以尊君亲亲也。故学之为父子焉，学之为君臣焉，学之为长幼焉。父子、君臣、长幼之道得而国治。语曰：'乐正司业，父师司成。一有元良，万国以贞。'世子之谓也。"一物，一事也，与国人齿让之一事也。三善，谓众人知父子君臣长幼之道也。君我，君临乎我也。世子与同学之人让齿，其不知礼者见之而疑，其知礼者从而晓之曰："父在之时，常执谦卑，不敢居人之前，其礼当如此也。如此而众知父子之道矣。"其二、其三皆此意。学之，教之也。语，古语也。乐正，主世子诗书之业。父师，主于成就其德行。一有，《书》作一人，谓世子也。世子有大善，则万邦皆正矣。　长，并上声。学，并音效。行，去声。周公践阼。石梁王氏曰："此当为衍文。"　刘氏曰："此四字，说者以下文更端，故著此以结上文周公相践阼之事。然因其缺一相字，遂启明堂位周公践天子位之说，其后驯致新莽居摄篡汉之祸，实此语基之。"　更，平声。

庶子之正于公族者，教之以孝弟、睦友、子爱，明父子之义，长幼之序。庶子，司马之属官。正于公族，为正于公族也。周礼：庶子掌国子之倅；倅，副贰也。国子，是公卿大夫士之子，则贰其父者也。　弟，音悌。倅，音卒，士卒之卒同音。其朝于公，内朝则东面北上，臣有贵者以齿。内朝，路寝之庭也。言公族之人，若朝见于公之内朝，则立于西方而面向东，尊者在北，以次而南。然既均为同姓之臣，则一以昭穆之长幼为序，父兄虽贱必居上，子弟虽贵必处下也。　朝，音潮。见，音现。其在外朝，则以官，司士为之。外朝，路寝门外之朝也。若公族朝见于外朝，与异性之臣杂列，则以官之高卑为次序，不序年齿也。司士，亦司马之属，主为朝见之位次者。其在宗庙之中，则如外朝之位，宗人授事，以爵以官。宗人之官，掌礼及宗庙中授百官以职事者。以爵，随其爵之尊卑；以官，随其官之职掌也。贵者在前，贱者在后，使各供其事也。其登馂、献、受爵，则以上嗣。登，自堂下而升堂上也。馂，食尸之余也。尸出，宗人使嗣子及长兄弟，升堂相对而馂也。以特牲礼次序言之，先时祝酌爵觯奠于铏南，俟主人献内兄弟毕，长兄弟及众宾长为加爵之后，宗人使嗣子饮铏南之奠爵。嗣子盥而入拜，尸执此奠爵，嗣子进受，复位而拜，尸答拜，嗣子饮毕拜尸，尸又答拜，所谓受爵也。嗣子又举所奠爵洗而酌之以入献尸，尸拜而受，嗣子答拜，所谓献也。无算爵之后，礼毕尸出乃馂。此三事者，受爵在先，献次之，馂最在后。今言馂献受爵，以重在馂，故逆言之欤？上嗣，适子之长者为最上也。此谓士礼，大夫之嗣无此礼者，避君也，故少牢礼无嗣子举奠之文。庶子治之，虽有三命，不逾父兄。庶子治公族朝内朝之礼，虽有三命之贵，而其位次，不敢逾越无爵之父兄而居其上，即上章所言臣有贵者以齿也。　疏曰："若非内朝，其余会聚，则一命齿于乡里。谓一命尚卑，若与乡里长宿燕食，则犹计年也。再命齿于父族，谓再命渐尊，不复与乡里计年，唯官高在上，但父族为重，犹计年为列也。三命不齿，谓三命大贵，则亦不复与父族计年，燕会则别席独坐在宾之东矣。"其公大事，则以其丧服之精粗为序，虽于公族之丧亦如之，以次主人。此谓君丧而庶子治其礼事。大事，丧事也。臣为君皆斩衰，然衰制虽同，而升数之多寡则各依本亲。庶子序列位次，则辨其本服之精粗，使衰粗者在前，衰精者在后。非但公丧如此，公族之内有相为服者亦然，盖亦是庶子序其精粗先后之次也。以次主人者，谓虽有庶长父兄尊于主人，亦必次于主人之下，使主人在上为丧主也。若公与族燕，则异姓为宾，膳宰为主人；公与父兄齿。族食，世降一等。公与族人燕食，亦庶子掌其礼，族人虽众，其初一人之身也，岂可以宾客之道外之？故以异姓一人为宾，而使膳宰为主，与之抗礼酬酢，君尊而宾不敢敌也。君虽尊而与父兄列位序尊卑之齿者，笃亲亲之道也。族食，与族人燕食也。世降一等，谓族人既有亲疏，则燕食亦随世降杀也。　疏曰："假令本是齐衰，一年四会食。若大功则一年三会食，小功则一年再会食，缌麻则一年一会食，是世降一等也。"

其在军，则守于公祢。祢，当读作祧。　公祢，谓迁主载在齐车，随公出行者也。庶子官既从在军，故守卫此齐车之行主也。齐，音斋。公若有出疆之政，庶子以公族之无事者守于公宫，正室守大庙，诸父守贵宫贵室，诸子诸孙守下宫下室。上章专言出军，则此出疆之政，盖朝觐会同之事也。无事者，谓不从行及无职守之人也。公宫，总言公之宗庙宫室也。正室，公族之为卿大夫士者之适子也。大庙，太祖之庙也。诸父，公之伯父叔父也。宫以庙言，室以居言。贵宫，尊庙也；贵室，路寝也；下宫下室，则是亲庙与燕寝也。　大，音泰。五庙之孙，祖庙未毁，虽为庶人，冠、取妻必告，死必赴，练祥则告。诸侯五庙，始封之君为太祖，百世不迁，此下亲尽则递迁。此言五庙之孙，是始封之君，即五世祖，故云祖庙未毁。未毁，未递迁也。此孙虽无禄仕，然冠昏必告于君，死必赴，练祥之祭必告者，以其亲未尽也。　冠、取，并去声。族之相为也，宜吊不吊，宜免不免，有司罚之。至于赗赙承含，皆有正焉。四世而缌，服之穷也。五世亲尽，袒免而已。袒免，说见前篇。六世以往，吊而已矣。当吊而不吊，当免而不免，皆为废礼，故有司者罚之，所以肃礼教也。赗以车马，赙以货财，含以珠玉，襚以衣服；四者总谓之赠，随其亲疏，各有正礼，庶子官治之。有司，即庶子也。　为，去声。免，音问。承，读作赠。含，去声。公族其有死罪，则磬于甸人。其刑罪则纤钊，亦告于甸人。公族无宫刑。磬，悬缢杀之也。《左传》"室如县磬"，皇氏曰："如县乐器之磬也。"甸人，掌郊野之官，为之隐，故不于市朝。其刑罪之当纤刺钊割之时，亦鞠读刑法之书于甸人之官也。《汉书》每云"鞠狱"，鞠，尽也。推审罪状，令无余蕴，然后读其所犯罪状之书而刑之。无宫刑者，不绝其类也。　纤，音箴。钊，之兖切。告，音鞠。县，平声。为，去声。令，平声。狱成，有司谳于公，其死罪，则曰："某之罪在大辟。"其刑罪，则曰："某之罪在小辟。"公曰："宥之。"有司又曰："在辟。"公又曰："宥之。"有司又曰："在辟。"及三宥，不对走出，致刑于甸人。公又使人追之曰："虽然，必赦之。"有司对曰："无及也。"反命于公。公素服不举，为之变。如其伦之丧，无服，亲哭之。狱成，谓所犯之事，讯问已得情实也。谳，议刑也。杀牲盛馔曰举，素服不举，为之变其常礼，是悯恻也。如其亲疏之伦而不为吊服者，以不亲往故也。但居外不听乐，及赙赠之类，仍依亲疏之等耳。亲哭之者，为位于异姓之庙，而素服以哭之也。天子诸侯绝旁亲，故知此言无服，是不为吊服。　谳，鱼列切。辟，婢亦切。为，去声。公族朝于内朝，内亲也。虽有贵者以齿，明父子也。外朝以官，体异姓也。宗庙之中以爵为位，崇德也。宗人授事以官，尊贤也。登馂受爵以上嗣，尊祖之道也。丧纪以服之轻重为序，不夺人亲也。公与族燕则以齿，而孝弟之道达矣。其族食世降一等，亲亲之杀也。战则守于公祢，孝爱之深也。正室守大庙，尊宗室而君臣之道著矣。诸父诸兄守贵室，子弟守下室，而让道达矣。此以下，覆解前章庶子正公族以下诸事。内亲，谓亲之故进之于内也。明父子，昭穆不可紊也。体异性，体貌异姓之臣也。崇德，德之尊者爵必尊也。尊贤，惟贤者能任事也。上嗣，继祖者也，故为尊祖之道。服之轻重，本于属之亲疏。亲疏之伦，不可易夺也。燕食主于亲亲，以齿相序，所以达孝弟之道也。亲亲施于生者，宜有降杀之等。孝爱施于死者，宜有深远之思。君臣之道，以轻重言。让道，则以贵贱言也。 "孝弟"弟，音悌。杀，去声。祢，音祧。大，音泰。

五庙之孙，祖庙未毁，虽及庶人，冠取妻必告，死必赴，不忘亲也。亲未绝而列于庶人，贱无能也。敬吊临赙赗，睦友之道也。古者庶子之官治而邦国有伦，邦国有伦而众乡方矣。人君任官，本无亲疏之间，顾贤否何如耳。亲尽而贤，亦必仕之。今亲未尽而已在庶人之列，是以其无能故贱之也。族人有丧，君必敬谨其吊临赙赗之礼者，是皆和睦友爱族人之道也。乡方，所向之方，谓皆知趋礼教也。 临，如字。乡，去声。公族之罪，虽亲不以犯有司，正术也，所以体百姓也。刑于隐者，不与国人虑兄弟也。弗吊，弗为服，哭于异姓之庙，为忝祖，远之也。素服居外，不听乐，私丧之也，骨肉之亲无绝也。公族无宫刑，不剪其类也。正术，犹言常法也。公族之有罪者，虽是君之亲，然亦必在五刑之例而不赦者，是不以私亲而干犯有司之正法也。所以然者，以立法无二制，当与百姓一体断决也。与，犹许也。刑于甸师隐僻之处者，是不许国人见而谋度吾兄弟之过恶也。刑已当罪而犹私丧之者，以骨肉之亲，虽陷刑戮，无断绝之理也。受宫刑者绝生理，故谓之腐刑，如木之朽腐无发生也。此刑不及公族，不忍剪绝其生生之类耳。 "为忝"为，去声。远，去声。"断决"断，丁玩切。度，入声。当，去声。"断绝"断，徒管切。

天子视学，大昕鼓征所以警众也。众至然后天子至，乃命有司行事，兴秩节，祭先师先圣焉。有司卒事反命。天子视学之日初明之时，学中击鼓以征召学士，盖警动众听使早至也。凡物以初为大，末为小，故以大昕为初明也。有司，教诗书礼乐之官也。兴，举；秩，常；节，礼也。卒事反命，谓释奠事毕，复命于天子也。　昕，音欣。始之养也，适东序，释奠于先老，遂设三老、五更、群老之席位焉。天子视学在虞庠之中，事毕返国，明日乃之东序而养老。始，谓始初立学之时也。若非始立学，则无释奠先老之礼。先老，先世之为三老、五更者也。三老、五更各一人，群老无定数。蔡邕曰："更，当为叟。三老三人，五更五人。"未知是否。然皆年老更事致仕者，旧说取象三辰五星。　更，平声。适馔省醴，养老之珍具，遂发咏焉，退，修之以孝养也。设席位毕，天子亲至陈馔之处，省视醴酒及养老珍羞之具。省具毕，出迎三老五更。将入门，遂作乐声，发其歌咏以延进之。老更既入，即西阶下之位，天子乃退而酌醴以献之，是修行孝养之道也。

适，如字。省，息井切。"孝养"养，去声。反，登歌《清庙》。既歌而语以成之也，言父子、君臣、长幼之道，合德音之致，礼之大者也。反，反席也。老更受献毕，皆立于西阶下东面，今皆反升就席，乃使乐工登堂歌《清庙》之诗以乐之。歌毕至旅酬时，谈说善道，以成就天子养老之礼也。其所言说者，皆是讲明父子、君臣、长幼之道理，集合《清庙》诗中所咏文王道德之音声，皆德之极致，礼之大者也。下管《象》，舞《大武》，大合众以事，达有神，兴有德也。正君臣之位，贵贱之等焉，而上下之义行矣。下管《象》者，堂下以管奏《象》舞之曲也。舞《大武》者，庭中舞《大武》之舞也。《象》是文王之舞，《周颂・维清》乃《象》舞之乐歌。《武》则《大武》之乐歌也。《武》颂言胜殷遏刘，《维清》不言征伐，则《象》、《武》决非武舞矣。注疏以文王、武王之舞皆名为《象》，《维清》、《象》舞为文王，下管《象》为武王，其意盖谓《清庙》与管《象》，若皆为文王，不应有上下之别。殊不知古乐歌者在上，匏竹在下，凡以人歌者皆曰升歌，亦曰登歌；以管奏者皆曰下管，《周礼》大师帅瞽登歌，下管奏乐器，《书》言下管鼗鼓是也。《清庙》以人歌之自宜升，《象》以管奏之自宜下，凡乐皆有堂上堂下之奏也 。此严氏之说，足以正旧说之非，故今从之。大合众以事，谓大会众学士，以行此养老之事。而乐之所感，足以通达神明，兴起德性也。一说，周道之四达，以有神明相之，周家之兴起，以世世修德，皆可于乐中见之，上言父子、君臣、长幼之道，此言正君臣之位，贵贱之等，而上下之义行，则先王养老之礼，岂苟为虚文而已哉？　别，必列切。大，音泰。帅，入声。相，去声。有司告以乐阕，王乃命公、侯、伯、子、男及群吏曰："反，养老幼于东序。"终之以仁也。阕，终也。此时畿内之诸侯，及乡遂之吏，皆与礼席。天子使其反国，各行养老之礼，是天子之仁恩，始于一处而终皆遍及也。　冯氏曰："石梁先生于此经涂去幼字，今按疏有其义，而郑注无养幼之文，疑是讹本撺入一字。"

是故圣人之记事也，虑之以大，爱之以敬，行之以礼，修之以孝养，纪之以义，终之以仁，是故古之人一举事而众皆知其德之备也。古之君子举大事，必慎其终始，而众安得不喻焉？《兑命》曰："念终始典于学。"虞夏商周皆有养老之礼，后王养老，亦皆记序前代之事也。人道莫大于孝弟，虑之以大者，谓谋虑此孝弟之大道而推行之地。爱敬，省具之事；行礼，亲迎肃之也；孝养，献醴也；纪义，既歌而语也；终仁，令侯国行之也。一事之中，人皆知其众德之全备者，以其慎终如始也，如此则众安得不喻晓乎？养老之礼行于学，又因终始之义，故引《说命》以结之也。　养，去声。兑，音悦。令，平声。说，音悦。《世子之记》曰："朝夕至于大寝之门外，问于内竖曰：'今日安否何如？'内竖曰：'今日安。'世子乃有喜色。其有不安节，则内竖以告世子，世子色忧不满容，内竖言复初，然后亦复初。《世子之记》，古者教世子之礼篇也。不满容，不能充其仪观之美也。此节约言之，以见文王武王为世子之异于常人也。文王朝王季日三，此朝夕而已。文王行不能正履，此色忧而已。　石梁王氏曰："古世子之礼亡，此余其记之一节，小戴以附篇末。"　观，去声。朝夕之食上，世子必在视寒暖之节。食下，问所膳羞，必知所进，以命膳宰，然后退。若内竖言疾，则世子亲齐玄而养。羞，品味也。必知所进，必知亲所食也，命膳宰，即篇首所命之言也。养疾者，衣齐玄之服，即齐时所著玄冠缁布衣，裳则贵贱异制谓之玄端服也。上，上声。齐，侧皆切。养，去声。膳宰之馔，必敬视之。疾之药，必亲尝之。尝馔善，则世子亦能食。尝馔寡，世子亦不能饱。以至于复初，然后亦复初。"善，犹多也。不能饱，以视武王之亦一亦再又异矣。此篇首言文王、武王为世子之事，故篇终举《记》之言以终之《文王世子》云。

礼运第九

此篇记帝王礼乐之因革，及阴阳造化流通之理，疑出于子游门人之所记，间有格言。而篇首大同小康之说，则非夫子之言也。　间，去声。

昔者仲尼与于蜡宾，事毕，出游于观之上，喟然而叹。仲尼之叹，盖叹鲁也。言偃在侧曰："君子何叹？"孔子曰："大道之行也，与三代之英，丘未之逮也，而有志焉。蜡礼，详见《郊特牲》篇。孔子在鲁与为鲁国蜡祭之宾，毕事而游息于观上。观，门阙也，两观在门之两旁，悬国家典章之言于上以示人也。喟然，叹声也。所以叹鲁者，或祭事之失礼，或因睹旧章而思古也。言偃，孔子弟子子游也。问所以叹之故，夫子言我思古昔大道之行于天下，与夫三代英贤之臣，所以得时行道之盛。我今虽未得及见此世之盛，而有志于三代英贤之所为也。此亦梦见周公之意。　石梁王氏曰："以五帝之世为大同，以禹、汤、文、武、成王、周公为小康，有老氏意。而注又引以实之，且谓礼为忠信之薄，皆非儒者语。所谓孔子曰，记者为之辞也。"　与，去声。蜡，音乍。观，去声。喟，去愧切。大道之行也，天下为公。选贤与能，讲信修睦，故人不独亲其亲，不独子其子。使老有所终，壮有所用，幼有所长，矜寡、孤独、废疾者，皆有所养。男有分，女有归。货，恶其弃于地也，不必藏于己。力，恶其不出于身也，不必为己。是故谋闭而不兴，盗窃乱贼而不作。故外户而不闭，是谓大同。天下为公，言不以天下之大私其子孙，而与天下之贤圣公共之。如尧授舜，舜授禹，但有贤能可选，即授之矣。当时之人，所讲习者诚信，所修为者和睦，是以亲其亲以及人之亲，子其子以及人之子，使老者壮者幼者各得其所，困穷之民，无不有以养之。男则各有士农工商之职分，女则得归于良奥之家。货财，民生所资以为用者，若弃捐于地而不以时收贮，则废坏而无用，所以恶其弃于地也，今但得有能收贮以资世用者足矣，不必其善利而私藏于己也。世间之事，未有不劳力而能成者，但人情多诈，共事则欲逸己而劳人，不肯尽力，此所以恶其不出于身也。今但得各竭其力，以共成天下之事足矣，不必其用力而独营己事也。风俗如此，是以奸邪之谋，闭塞而不兴；盗窃乱贼之事，绝灭而不起。暮夜无虞，外户可以不闭，岂非公道大同之世乎？一说，外户者，户设于外而闭之向内也。　选，去声。矜，音鳏。分，扶问切。恶，去声。"为己"为，去声。今大道既隐，天下为家，各亲其亲，各子其子，货力为己。大人世及以为礼，城郭沟池以为固，礼义以为纪，以正君臣，以笃父子，以睦兄弟，以和夫妇，以设制度，以立田里，以贤勇知，以功为己。故谋用是作，而兵由此起。禹、汤、文、武、成王、周公，由此其选也。此六君子者，未有不谨于礼者也，以著其义，以考其信，著有过，刑仁讲让，示民有常。如有不由此者，在執者去，众以为殃，是为小康。"天下为家，以天下为私家之物而传子孙也。大人，天子诸侯也。父子相传为世，兄弟相传为及。纪，纲纪也。贤勇知，以勇知为贤也，涿鹿之战，有苗之征，兵非由后王起也，谓兵由此起，举汤武之事言之耳。著，明也。考，成也。刑仁，谓法则仁爱之道。讲让，讲说逊让之道。示民有常，言六君子谨礼而行著义以下五事，示民为常法也。在執，居王者之势位也。言为天下之君，而不以礼行此五事，则天下之人，以为殃民之主，而共废黜之也。此谓小小安康之世，不如大道大同之世也。　陈氏曰："礼家谓太上之世贵德，其次务施报往来，故言大道为公之世，不规规于礼。礼乃道德之衰，忠信之薄，大约出于老庄之见，非先圣格言也。"　"为己"为，去声。知，去声。執，音势。去，上声。施，去声。言偃复问曰："如此乎礼之急也？"孔子曰："夫礼，先王以承天之道，以治人之情，故失之者死，得之者生。《诗》曰：'相鼠有体，人而无礼；人而无礼，胡不遄死！'是故夫礼，必本于天，殽于地，列于鬼神，达于丧、祭、射、御、冠、昏、朝、聘。故圣人以礼示之，故天下国家可得而正也。"礼本于天，天理之节文也。殽，效也。效于地者，效山泽高卑之势为上下之等也。后章殽以降命以下乃详言之。列于鬼神，礼有五经，莫重于祭也。丧祭以下八事，人事之仪则也。　复，扶又切。治，平声。相，去声。殽，音效。冠，去声。朝，音潮。言偃复问曰："夫子之极言礼也，可得而闻与？"孔子曰："我欲观夏道，是故之杞而不足征也，吾得《夏时》焉。我欲观殷道，是故之宋而不足征也，吾得《坤乾》焉。《坤乾》之义，《夏时》之等，吾以是观之。杞，夏之后。宋，殷之后。征，证也。孔子言我欲观考夏殷之道，故适二国而求之，意其先代旧典，故家遗俗，犹有存者。乃皆无可征验者，仅于杞得《夏时》之书，于宋得《坤乾》之易耳。《夏时》，或谓即今《夏小正》。《坤乾》，谓《归藏》，商易首坤次乾也。所谓《坤乾》之义理，《夏时》之等列，吾但以此二书观之而已，二代治天下之道，岂可悉得而闻乎？《论语》曰："文献不足故也。" 石梁王氏曰："以《坤乾》合周礼之《归藏》，且有《鲁论》所不言者，恐汉儒依仿为之。诚如其说，则《夏小正》之书与《坤乾》，何足以证礼？注训征为成尤非，近儒有反引此以解《鲁论》者，谬甚。《中庸》亦无是说，大概此段仿《鲁论》为之者。"夫礼之初，始诸饮食，其燔黍捭豚，污尊而抔饮，蒉桴而土鼓，犹若可以致其敬于鬼神。燔黍，以黍米加于烧石之上燔之使熟也。捭豚，擘析豚肉加于烧石之上而熟之也。污尊，掘地为污坎以盛水也。抔饮，以手掬而饮之也。蒉桴，抟土块为击鼓之椎也。土鼓，筑土为鼓也。上古人心无伪，虽简陋如此，亦自可以致敬于鬼神也。 捭，音百。污，乌花切。抔，音掊。桴，音浮。盛，平声。及其死也，升屋而号，告曰：'皋某复！'然后饭腥而苴孰。故天望而地藏也，体魄则降，知气在上。故死者北首，生者南乡，皆从其初。所以升屋者，以魂气之在上地。皋者，引声之言。某，死者之名也。欲招此魂令其复合体魄，如是而不生，乃行死事。饭腥者，用上古未有火化之法，以生稻米为含也。苴孰者，用中古火化之利，包裹熟肉为遣送之奠也。天望地藏，谓始死望天而招魂，体魄则葬藏于地也。所以然者，以体魄则降而下，知气则升而上也。死者之头向北，生者之居向南。及以上送死诸事，非后世创为之，皆是从古初所有之礼也。 号，平声。饭，上声。苴，兹于切。知、首、乡，并去声。令，平声。含、遣，并去声。下，去声。上，上声。昔者先王未有宫室，冬则居营窟，夏则居橧巢。未有火化，食草木之实，鸟兽之肉，饮其血茹其毛。未有麻丝，衣其羽皮。营窟者，营累其土以为窟穴也。地高则穴于地中，地卑则于地上累土为窟也。橧巢者，橧聚薪柴以为巢居也。茹其毛者，以未有火化，故去毛不能尽而并食之地。 橧，音曾。茹，音汝。衣，去声。累，上声。去,上声。并,去声。后圣有作,然后修火之利,范金合土,以为台榭宫室牖户。以炮,以燔,以亨,以炙,以为醴酪。治其麻丝,以为布帛。以养生送死,以事鬼神上帝,皆从其朔。范字,当从竹。《韵注》云:"以土曰型,以金曰熔,以木曰模,以竹曰笵,皆铸器之式也。"范金,为形范以铸金器也。合土,和合泥土为陶器也。裹而烧之曰炮,加于火上曰燔,煮于镬曰亨,贯串而置之火上曰炙。酪,醋也。治,湅染之类也。此以上诸事,皆火之利,今世承用而为之,皆是取法往圣,故云皆从其朔。朔,亦初也。　亨,音烹。炙,音只。酪,音洛。治,平声。和,去声。故玄酒在室,醴盏在户,粢醍在堂,澄酒在下,陈其牺、牲,备其鼎、俎,列其琴、瑟、管、磬、钟、鼓,修其祝嘏,以降上神与其先祖,以正君臣,以笃父子,以睦兄弟,以齐上下,夫妇有所,是谓承天之祜。太古无酒,用水行礼,后王重古,故尊之名为玄酒。祭则设于室内而近北也。醴,犹体也,酒之一宿者,《周礼》谓之醴齐。盏,即《周礼》盎齐。盎,犹翁也,成而翁翁然,葱白色也。此二者以后世所为,贱之。陈列虽在室内,而稍南近户,故云醴盏在户也。粢醍,即《周礼》醍齐,酒成而红赤色也,又卑之,列于堂。澄酒,即《周礼》沈齐,成而滓沈也,又在堂之下矣。此五者,各以等降设之。祝,为主人告神之辞。嘏,为尸致福于主人之辞。说见《曾子问》。上神,在天之神也。《祭统》云:"君迎牲而不迎尸 ,别嫌也,是正君臣之义。父北面而事之,所以明子事父之道,是笃父子也,睦兄弟者,主人献长兄弟及众兄弟之礼。齐上下者,献与馂后各有次序,无遗缺也。夫妇有所者,君在阼,夫人在房,及致爵之类也。行礼如此,神格鬼享,岂不承上天之福祜乎?"　盏,侧眼切。粢,才细切。醍,音体。嘏,古雅切。祜,音户。"醴齐"、"盎齐"、"醍齐"、"沈齐"齐,去声。"为主"、"为尸"为,去声。别,必列切。作其祝号,玄酒以祭,荐其血毛,腥其俎,孰其殽。与其越席,疏布以幂。衣其浣帛,醴盏以献,荐其燔炙。君与夫人交献以嘉魂魄,是谓合莫。然后退而合亨,体其犬、豕、牛、羊,实其簠、簋、笾、豆、铏、羹,祝以孝告,嘏以慈告,是谓大祥。此礼之大成也。"周礼祝号有六:一神号,二鬼号,三祇号,四牲号,五齍号,六币号。作其祝号者,造为鬼神及牲玉美号之辞。神号,如昊天上帝;鬼号,如皇祖伯某;祇号,若后土地祇;牲号,若一元大武；齍号，若稷曰明粢；币号，若币曰量币，祝史称之以告鬼神也。每祭必设玄酒，其实不用之以酌。荐其血毛，谓杀牲之时，取血及毛，入以告神于室也。腥其俎，谓牲既杀，以俎盛肉进于尸前也。祭玄酒，荐血毛，腥俎，此三者是法上古之礼。孰其殽以下，是中古之礼。殽，骨体也，以汤焖为熟。越席，蒲席也。疏布，粗布也。幂，覆尊也。周礼越席疏布，祭天用之，此以为宗庙之用，记者杂陈之也。浣帛，谓祭服以湅染之帛制之也。醴盏以献者，朝践荐血腥时用醴，馈食荐熟时用盏也。荐其燔炙者，燔肉炙肝也。特牲礼，主人献尸，宾长以肝从；主妇献尸，宾长以燔从也。第一君献，第二夫人献，第三君献，第四夫人献，故云君与夫人交献也，此以上至熟其殽，是法中古之礼，皆所以嘉善于死者之魂魄，而求以契合于冥漠之中也。然后退而合亨，谓先荐焖，未是熟物，今乃退取向焖肉，更合而烹煮之，使熟而可食也。又尸俎惟载右体，其余不载者，及左体等，亦于镬中烹煮之，故云合亨也。体其犬豕牛羊者，随其牲之大小烹熟，乃体别骨之贵贱，以为众俎，用供尸及待宾客兄弟等也。此是祭末飨燕之众俎，非尸前之正俎也。簠，内圆而外方，盛稻粱之器。簋，外圆而内方，盛黍稷之器。笾、豆，形制同，竹曰笾，木曰豆。铏，如鼎而小，盛和羹之器也。祝嘏说见前。孝，事祖宗之道也。慈，爱子孙之道也。合亨以下，当世之礼也。祥，犹善也。　越，音活。疏，平声。幂，莫力切。衣，去声。浣，户管切。亨，音烹。铏，音形。齍，音咨。从，去声。别，必列切。

孔子曰："呜呼哀哉！我观周道，幽厉伤之，吾舍鲁何适矣！鲁之郊禘，非礼也，周公其衰矣！杞之郊也，禹也。宋之郊也，契也。是天子之事守也。"

故天子祭天地，诸侯祭社稷。幽、厉之前，周道已微，其大坏则在幽、厉也。鲁，周公之国，夫子尝言其可一变至道，则舍鲁何往哉？然鲁之郊禘则非礼矣。禹为三代之盛王，故杞得以郊；契为殷之始祖，故宋得以郊。惟此二国，可世守天子之事以事其祖。周公虽圣，人臣也，成王之赐固非，伯禽之受尤非。周公制礼作乐，为万世不易之典，而子孙若此，是周公之教因子孙之僭礼而衰矣。天地社稷之祭，君臣之分，凛不可逾，曾谓人臣而可僭天子之礼哉？　石梁王氏曰："此一章真孔子之言，注不能明其旨。天子祭天地，诸侯但可祭社祭。杞宋之郊，是王者之后，天子之事，守礼之所许者。鲁而有郊，是背周公所制之礼，与杞宋不同也。"　舍，上声。契，音屑。祝嘏莫敢易其常古，是谓大假。祭礼祝于始，嘏于终，礼之成也。常古，常事古法也。不敢变易，谓贵贱行礼，一依古制也。假，亦当作嘏，犹上章大祥之意。言行当然之礼，则有自然之福，其福大矣。祝嘏辞说藏于宗祝巫史，非礼也，是谓幽国。祝嘏辞说，礼之文也，无文不行。周礼：大宗伯掌诏六号，重其事耳。衰世君臣慢礼，惟宗祝巫史习而记之，故谓幽昏之国，言其昧于礼，无以昭明政治也。盏斝及尸君，非礼也，是谓僭君。盏，夏之爵。斝，殷之爵。尸君，君之尸也。杞宋二王之后，得用以献尸，其余列国惟用时王之器。今国君皆用盏斝以及于尸君，非礼也，是僭上之君耳。　斝，古雅切。冕弁兵革藏于私家，非礼也，是谓胁君。冕，祭服之冠。弁，皮弁也。大夫称家，大夫以朝廷之尊服、国家之武卫而藏于私家，可见其强横，则此国君者，乃见胁于强臣之君也。　横，去声。大夫具官，祭器不假，声乐皆具，非礼也，是谓乱国。家臣不能具官，一人常兼数事。具官，是僭拟也。祭器惟公孤以上得全备，大夫无田禄者不设祭器，以其可假也。有田禄者祭器亦不得全具，须有所假，不假，亦僭拟也。周礼：大夫有判县之乐，少牢馈食，无奏乐之文，是大夫祭不用乐也，或君赐乃有之耳。声乐皆具，亦僭拟也。尊卑无等，非乱国而何？故仕于公曰臣，仕于家曰仆。三年之丧与新有昏者，期不使，以衰裳入朝，与家仆杂居齐齿，非礼也，是谓君与臣同国。臣者，对君之称。仆者，服役之名。仕于大夫者自称曰仆，则益贱矣。人臣有三年之丧，或新昏，则一期之内，君不使之，所以体人情也，就二者而论，丧尤重于昏也，今乃不居丧于家，而以衰裳入朝，是视君之朝如己之家矣，是君与其臣共此国也。就卿大夫而言，仆又其臣也，今卿大夫乃与其家之仆杂居齐列，无贵贱之分，亦是君与臣共此国也。　期，音基。衰，音催。论，去声。故天子有田以处其子孙，诸侯有国以处其子孙，大夫有采以处其子孙，是谓制度。王之子弟有功德者封为诸侯，其余则分以畿内之田。诸侯子孙命为卿大夫，其有功德者亦赐采地。所谓官有世功，则有官族，邑亦如之也。大夫位卑，不当割采地以与子孙，但养之以采地之禄耳。此先王之制度也。　处，上声。采，去声。

故天子适诸侯，必舍其祖庙，而不以礼籍入，是谓天子坏法乱纪。庙尊于朝，故天子舍之，然必太史执简记奉讳恶者，不敢以天子之尊而慢人之宗庙也。不如此，则是坏法度，乱纪纲矣。　舍，去声。坏，音怪。恶，去声。诸侯非问疾吊丧,而入诸臣之家,是谓君臣为谑。诸侯于其臣有问疾吊丧之礼,非此而往,是戏谑也,败礼之祸,恒必由之。是故礼者,君之大柄也,所以别嫌明微,傧鬼神,考制度,别仁义,所以治政安君也。国之有礼,如器之有柄;能执此柄,则国可治矣。接宾以礼曰傧,接鬼神亦然,故曰傧。制度,如礼乐衣服度量权衡之类,考而正之,不使有异。仁主于爱,义主于断,别而用之,必当其宜。 别,必列切。傧,音摈。治,平声。量,去声。断,丁玩切。当,去声。故政不正,则君位危;君位危,则大臣倍,小臣窃。刑肃而俗敝,则法无常;法无常,而礼无列;礼无列,则士不事也。刑肃而俗敝,则民弗归也,是谓疵国。倍,违上行私也,或亦倍而去之之谓。小臣窃,所谓盗臣也。肃,峻急也。俗敝,人无廉耻,风俗敝败也。治国无礼,故至于刑肃而俗敝。为君者但恣己用刑,遂废常法,法废而礼无上下之列矣。宜乎士不修职,民心离叛也,岂非疵病之国乎?故政者,君之所以藏身也,是故夫政必本于天,殽以降命,命降于社之谓殽地,降于祖庙之谓仁义,降于山川之谓兴作,降于五祀之谓制度。此圣人所以藏身之固也。藏,犹安也。君者,政之所自出,故政不正,则君位危。《书》言天工,人其代之,《典》曰天叙,《礼》曰天秩。是人君之政必本于天而效法之,以布命于下也。社,祭后土也。因祭社而出命,是效地之政;有事于祖庙而出命,是仁义之政;有事于山川而出命,是兴作之政,有事于五祀而出命,是制度之政。效地者,效其高下之势,以定尊卑之位也。仁义者,仁以思慕言,义以亲疏言,思慕之心无穷而亲疏之杀有定。又亲亲,仁也;尊尊,义也。自仁率亲,等而上之至于祖,而尊尊之义隆;自义率祖,顺而祖之至于祢,而亲亲之仁笃也。兴作之事,非材不成,故于山川制度之兴,始于宫室,故本五祀。夫安上治民,莫善于礼。圣人庸礼之政如此,故身安而国可保也。 殽,音效。杀,去声。

故圣人参于天地,并于鬼神,以治政也;处其所存,礼之序也;玩其所乐,民之治也。故天生时而地生财,人其父生而师教之,四者君以正用之,故君者立于无过之地也。此承上章言政之事。谓圣人所以参赞天地之道,儗并鬼神之事,凡以治政而已。故处天地鬼神之所存,则天高地下,万物散殊,圣人法之,此礼之所以序也。玩天地鬼神之所乐，则流而不息，合同而化，圣人法之，此民之所以治也。四时本于天，百货产于地，人生于父，而德成于师，此四者君以正用之，谓人君正身修德，顺天之时，因地之利，而裁成其道，辅相其宜，以左右民，使之养生丧死无憾，然后设为庠序学校之教，申之以孝弟焉，则有以富之教之而治道得矣。然其要在君之自正其身，立于无过之地而后可；不能正其身，如正人何？　“治政”治，平声，注同。余治，如字。处，上声。乐，音洛。儗，音拟。相、左、右，并去声。弟，音悌。

故君者所明也，非明人者也。君者所养也，非养人者也。君者所事也，非事人者也。故君明人则有过，养人则不足，事人则失位。故百姓则君以自治也，养君以自安也，事君以自显也。故礼达而分定，故人皆爱其死而患其生。此承上章君立于无过之地而言。旧说：明，犹尊也，故读则君为明君。今定此章三明字皆读为则字，则上下文义，坦然相应矣，不必迂其说也。君者，正身修德而为臣民之所则效者也，非则效人者也；臣民之所奉养也，非奉养人者也；臣民之所服事也，非服事人者也。君而则人，则是身不足以为人所取则，而反取则于人，非立于无过之地者矣。君而养人，则一人之身，岂能供亿兆人之食？必不足矣。君而事人，则降尊以事卑，为失位矣。惟百姓者则君以自治其身，所谓文武兴则民好善也。养君以自安，谓竭力供赋税，则有耕食凿饮之安也。事君以自显，谓竭忠尽职，则有锡爵之荣也。礼教通达而名分不逾，故人皆慕守义而死，耻不义而生也。　石梁王氏曰：“此处皆非夫子之言。”　明，读为则。养，去声。治，平声。分，音问。

故用人之知去其诈，用人之勇去其怒，用人之仁去其贪。言人君用人，当取其所长，舍其所短。盖中人之才，有所长必有所短也。去，犹弃也。有知谋者易流于欺诈，故用人之知，当弃其诈而不责也，有刚勇者易至于猛暴，故用人之勇，当弃其猛暴之过也。　朱子曰：“仁止是爱，爱而无义以制之，便事事都爱。好物事也爱，好官爵也爱，爱钱也爱。事事都爱，所以贪也。故用人之仁，当弃其贪之失也。”　知，去声。去，上声。故国有患，君死社稷谓之义，大夫死宗庙谓之变。大夫死宗庙，言卫君之宗庙而致死也。然己之宗庙亦在本国，不弃君之宗庙即是不弃己之宗庙也。旧说：变，读为辨。辨，犹正也。一说：其死有分辨，非可以无死而死也。

故圣人耐以天下为一家，以中国为一人者，非意之也，必知其情,辟于其义,明于其利,达于其患,然后能为之。何谓人情?喜、怒、哀、惧、爱、恶、欲,七者弗学而能。何谓人义?父慈、子孝、兄良、弟弟、夫义、妇听、长惠、幼顺、君仁、臣忠,十者谓之人义。讲信修睦,谓之人利。争夺相杀,谓之人患。故圣人之所以治人七情,修十义,讲信修睦,尚辞让,去争夺,舍礼何以治之?非意之,谓非以私意臆度而为之也,必是知其有此七情也。故开辟其十义之途,而使之由之;明达其利与患之所在,而使之知所趋,知所避,然后能使之为一家,为一人也。七情弗学而能,有礼以治之,则人义人利由此而生。礼废,则人患由此而起。 问:"爱与欲何别?"朱子曰:"爱是泛爱那物,欲则有意于必得,便要拿将来。" 耐,音能。辟,婢亦切。恶。去声。下弟,音悌。长,上声。治,平声。去,上声。舍,上声。度,入声。别,必列切。饮食男女,人之大欲存焉。死亡贫苦,人之大恶存焉。故欲、恶者,心之大端也。人心虽有七情,总而言之,止是欲恶二者,故曰大端。 恶,去声。人藏其心,不可测度也。美恶皆在其心,不见其色也。欲一以穷之,舍礼何以哉?欲恶之心藏于内,他人岂能测度之?所欲之善恶,所恶之善恶,岂可于颜色觇之?若要一一穷究而察识,非求之于礼不可。盖七情中节,十义纯熟,则举动自然合礼;若七情乖僻,人伦有亏,则言动之间,皆失常度矣。有诸中,必形诸外也。若不知礼,则无以察其情义之得失于动作威仪之间矣。 度,入声。见,音现。舍,上声。中,去声。

故人者,其天地之德、阴阳之交、鬼神之会、五行之秀气也。天地、鬼神、五行,皆阴阳也。德,指实理而言;交,指变合而言。会者,妙合而凝也。形生神发,皆其秀而最灵者,故曰五行之秀气也。 石梁王氏曰:"此语最粹。"故天秉阳,垂日星,地秉阴,窍于山川,播五行于四时,和而后月生也。是以三五而盈,三五而阙。窍于山川,山泽通气也。五行,一阴阳也。质具于地,气行于天,春木、夏火、秋金、冬水,各主其事以成四时。月之盈亏,由于日之近远。四序顺和,日行循轨,而后月之生明如期,望而盈,晦而死,无朓朒之失也。 播,上声。朓,土了切。朒,音忸。五行之动,迭相竭也。五行、四时、十二月,还相为本也。动,运也。竭，尽也，终也。本者，始也。五行之运于四时，迭相终而还相始，终则有始，如环无端也。冬终竭而春始来，则春为夏之本；春竭而夏来，则夏又为秋之本。已往者为见在者所竭，见在者为方来者所本。五行四时十二月，莫不皆然也。 还，音旋。见，音现。五声、六律、十二管，还相为宫也。五声，宫商角徵羽也。六律，阳声，黄钟子、太蔟寅、姑洗辰、蕤宾午、夷则申、无射戌也。阴声谓之六吕：大吕丑、应钟亥、南吕酉、林钟未、仲吕巳、夹钟卯也。六律六吕，皆是候气管名。律，法也，又云述也。吕，助也，言助阳宣气也。总而言之，皆可称律，故《月令》十二月皆称律也。长短之数，各有损益，又有娶妻生子之例。长短损益者，如黄钟长九寸，下生者三分去一，故下生林钟长六寸也。上生者三分益一，如林钟长六寸，上生太蔟长八寸也。上下之生，五下六上，盖自林钟未至应钟亥，皆在子午以东，故谓之下生。自大吕丑至蕤宾午，皆在子午以西，故谓之上生。子午皆属上生，当云七上，而云六上者，以黄钟为诸律之首，故不数也。律娶妻而吕生子者，如黄钟九以林钟六为妻，太蔟九以南吕六为妻，隔八而生子，则林钟生太簇，夷则生夹钟之类也。各依此推之可见，还相为宫者，宫为君主之义，十二管更迭为主，自黄钟始，当其为宫，五声皆备，黄钟第一宫，下生林钟为徵，上生太蔟为商，下生南吕为羽，上生姑洗为角，余仿此。林钟第二宫，太蔟三，南吕四，姑洗五，应钟六，蕤宾七，大吕八，夷则九，夹钟十，无射十一，仲吕十二也。此非十二月之次序，乃律吕相生之次序也。 徵，音止。洗，音藓。射，音亦。应，去声。数，上声。更，平声。五味、六和、十二食，还相为质也。酸、苦、辛、咸，加滑与甘，是五味六和也。十二食，十二月之所食也。还相为质者，如春三月以酸为质，夏三月以苦为质，而六和皆相为用也。 和，去声。五色、六章、十二衣，还相为质也。五色：青、赤、黄、白、黑也。并天玄为六章。十二月之衣，如《月令》春衣青夏衣朱之类。还相为质，谓画绘之事，主其时之一色，而余色间杂也。 "春衣"、"夏衣"衣，去声。间，去声。故人者，天地之心也，五行之端也，食味别声被色而生者也。天地之心，以理言；五行之端，以气言。食五味，别五声，被五色，其间皆有五行之配，而性性所不能无者。 问人者天地之心，朱子曰："谓如天道福善祸淫，乃人所欲也。善者人皆欲福之，淫者人皆欲祸之。"又曰："教化皆是人做，此所谓人者天地之心也。" 别，必列切。

故圣人作则，必以天地为本，以阴阳为端，以四时为柄，以日星为纪，月以为量，鬼神以为徒，五行以为质，礼义以为器，人情以为田，四灵以为畜。以天地为本，故物可举也；以阴阳为端，故情可睹也；以四时为柄，故事可劝也；以日星为纪，故事可列也；月以为量，故功有艺也；鬼神以为徒，故事可守也；五行以为质，故事可复也；礼义以为器，故事行有考也；人情以为田，故人以为奥也；四灵以为畜，故饮食有由也。此章凡十条，自天地至人情九条，皆是覆说前章诸事。万事万物之理，不出乎天地之间，圣人作为典则，而以天地为本，则事物之理皆可举行。　情之善者属阳，恶者属阴，求其端于阴阳，则善恶可得而见。　柄，犹权也。四时各有当为之事，执当时之权柄，以教民立事，则事可劝勉而成。　日星为纪，如日中星鸟，日永星火之类，所以纪时之早晚。列者，以十二月之事，详列以示民，而使之作为也。　量，限量也。　谓十二月之分限，分限不逾，则所为皆得其时，故事功滋长，如树艺然也。　徒，如徒侣之相依。郊社、宗庙、山川、五祀之礼，皆与政事相依，即前章殽地以下诸事。如此行政，则凡事可悠久不失也。　五行之气，周而复始。质，犹正也。国家岁有常事，必取正于五行之时令，则其事亦今岁周而来岁复始也。　器必成而后适于用，今用礼义如成器，则事之所行，岂有不成者乎？考，成也。　治人情如治田，不使邪僻害正性，如不使稊稗害嘉谷，则人皆有宿道向方之所，如室之有奥也。　六畜，人家所豢养。四灵本非可以豢养致者，今皆为圣世而出，如驯畜然，皆圣人道化所感耳。饮食有由者，由，用也。谓四灵为鸟兽鱼鳖之长，长至则其属皆至，有可用之以供庖厨者矣。量，去声。畜，许六切。分，音问。治，平声。何谓四灵？麟凤龟龙，谓之四灵。故龙以为畜，故鱼鲔不淰；凤以为畜，故鸟不獝；麟以为畜，故兽不狘；龟以为畜，故人情不失。鲔，鱼之大者，故特言之。淰，群队惊散之貌。獝，惊飞也。狘，惊走也。三灵物既驯扰如畜，则其类皆随从之，虽见人亦不为之惊而飞走矣。龟能前知，人有所决以知可否，故不失其情之正也。上三物皆因饮食有虫而言，龟独不言介虫之类应者，以其为决疑之宝，非可以饮食之物例之也。　石梁王氏曰："四灵以为畜，衍至此无义味，太迂疏，何所无龟？"　鲔，音伟。淰，音审。獝，况必切。狘，许月切。

故先王秉蓍龟，列祭祀，瘗缯。宣祝嘏辞说，设制度。故国有礼，官有御，事有职，礼有序。瘗，埋也。缯，币帛也。祭法云："瘗埋于泰折，祭地也。缯之言赠，埋币告神者，亦以赠神也。"宣，扬也。先王重祭事，故定期日于蓍龟，而陈列祭祀之礼。设为制度如此其详，制度一定，国家有典礼可守，官有所治，事有其职，礼得其序也。　瘗，音曀。缯，似仍切。故先王患礼之不达于下也。故祭帝于郊，所以定天位也。祀社于国，所以列地利也。祖庙，所以本仁也。山川，所以傧鬼神也。五祀，所以本事也。故宗祝在庙，三公在朝，三老在学，王前巫而后史，卜筮瞽侑皆在左右，王中。句心无为也，以守至正。天子致尊天之礼，则天下知尊君之礼，故曰定天位，食货所资，皆出于地，天子亲祀后土，正为表列地利，使天下知报本之礼也。仁之实，事亲是也。人君以子礼事尸，所以达仁义之教于下也。傧礼鬼神而祭山川，本诸事为而祭五祀，皆是使礼数之四达，此亦前章未尽之意。庙有宗祝，朝有三公，学有三老五更，无非明礼教以淑天下。巫主吊临之礼而居前，史书言动之实而居后，瞽为乐师，侑为四辅，或辨声乐，或赞威仪，而王居其中，此心何所为哉？不过守君道之至正而已。此又是人君以礼自防，示教于天下也。　石梁王氏曰："巫，祭祀方用。卜筮，有事方问。谓常在左右，非也。"　傧，音摈。故礼行于郊，而百神受职焉；礼行于社，而百货可极焉；礼行于祖庙，而孝慈服焉；礼行于五祀，而正法则焉。故自郊社、祖庙、山川、五祀，义之修而礼之藏也。此承上文祭帝于郊等礼而言。百神受职，谓风雨节，寒暑时，而无咎征也；百货可极，谓地不爱宝，物无遗利也；孝慈服，谓天下皆知服行孝慈之道也；正法则，谓贵贱之礼，各有制度，无敢僭逾也。圣王精禋感格，其效如此，由此观之，则郊社祖庙山川五祀，皆义之修饰而礼之府藏也。前言山川兴作，而此不言者，法则之事包之也。　藏，去声。

是故，夫礼必本于大一，分而为天地，转而为阴阳，变而为四时，列而为鬼神，其降曰命，其官于天也。极大曰太，未分曰一。太极，函三为一之理也，分为天地，则有高卑贵贱之等；转为阴阳，则有吉凶刑赏之事；变为四时，则有岁月久近之差；列为鬼神，则有报本反始之情。圣人制礼，皆本于此以降下其命令者，是皆主于法天也。官者，主之义。　石梁王氏曰："礼家见《易》有太极字，翻出一个太一，仍是诸子语。其官于天也一句，结上文。官天地，当如《庄子》义。” 大，音泰。差，楚宜切。“下其”下，去声。夫礼必本于天，动而之地，列而之事，变而从时，协于分艺。其居人也曰养，其行之以货力，辞让、饮食、冠昏、丧祭、射御、朝聘。此亦本前章本于天殽于地之意。动而之地，即殽地也。列而之事，即五祀所以本事也。变而从时，即四时以为柄也。协，合也。分，谓月以为量也。艺，即功有艺也。上言义之修，礼之藏，故此亦始言礼，终言义。居，犹言在人也。礼虽圣人制作，而皆本于人事当然之义，故云居人曰义也。冠昏而下八者皆礼也，然行礼者必有货财之资，筋力之强，辞让之节，饮食之品，亦皆当然之义也。 分，去声。养，读为义。冠，去声。朝，音潮。殽，音效。量，去声。故礼义也者，人之大端也。所以讲信修睦，而固人肌肤之会、筋骸之束也。所以养生、送死、事鬼神之大端也，所以达天道、顺人情之大窦也。故唯圣人为知礼之不可以已也。故坏国、丧家、亡人，必先去其礼。肌肤之总会、筋骨之联束，非不固也，然无礼以维饬之，则惰慢倾侧之容见矣，故必礼以固之也。窦，孔穴之可出入者。由于礼义则通达，不由礼义则窒塞，故以窦譬之。圣人之能达天道、顺人情者，以其知礼之不可以已也。彼败国之君，丧家之主，亡身之夫，皆以先去其礼之故也。 坏，音怪。丧，去声。去，上声。见，音现。塞，入声。

故礼之于人也，犹酒之有蘖也，君子以厚，小人以薄。人以礼而成德，如酒以曲蘖而成味。君子厚于礼，故为君子；小人薄于礼，故为小人；亦如酒之有醇醨也。故圣王修义之柄，礼之序，以治人情。故人情者，圣王之田也，修礼以耕之，刘氏曰：“修者，讲明也。柄者，人所操也。圣王讲明乎义之所在，使人得所持循而制事之宜也。人皆操义之要，以处礼之序，则情之发皆中节矣，故可以治人情也。礼者，人情之防范，修道之教，莫先于礼，故治人之情，以礼为先务，如治田者必先以耒耜耕之也。” 治，平声。操，平声。处，上声。中，去声。陈义以种之，义者，人情之裁制，随事制宜而时措之，如随田之宜而种所当种也。讲学以耨之，礼义固可使情之中节，然或气质物欲蔽之，而私意生焉，则如草莱之害嘉种矣。故必讲学以明理欲之辨，去非而存是，如农之耨，以去草养苗也。 种，上声。去，上声。本仁以聚之，讲学以耨之者，博而求之于不一之善，所以得一本万殊之理。本仁以聚之者，约而会之于至一之理，所以造万殊一本之妙也。至此，则会万理为一理，而本心之德全矣。此如谷之熟而敛之也。　造，七到切。播乐以安之。聚之者，利仁之事。未能安仁也，故必使之咏歌舞蹈以陶养其德性、消融其渣滓，而使之和顺于道德焉，则造于从容自然之域矣，此则如食之而厌饫也。此五者圣王修道之教，始终条理如此，而讲学居其中，以通贯乎前后。盖礼耕义种，人德之功，学之始条理也。仁聚乐安，成德之效，学之终条理也。自始至终，于仁义礼乐无所不讲，至其成也，则礼义之功著于先，仁乐之效见于后焉。　造，七到切。从，七容切。见，音现。故礼也者，义之实也。协诸义而协，则礼虽先王未之有，可以义起也。实者，定制也。礼者义之定制，义者礼之权度。礼一定不易，义随时制宜。故协合于义而合当为者，则虽先王未有此礼，可酌之于义而创为之礼焉。此所以三代损益不相袭也。义者，艺之分，仁之节也。协于艺，讲于仁，得之者强。艺以事言，仁以心言。事之处于外者，以义为分限之宜；心之发于内者，以义为品节之制。协于艺者，合其事理之宜也。讲于仁者，商度其爱心之亲疏厚薄，而协合乎行事之大小轻重，一以义为之裁制焉。上好义，则民莫敢不服，故得义者强。　分，去声。度，入声。仁者，义之本也，顺之体也，得之者尊。仁者，本心之全德，故为义之本，是乃百顺之体质也。元者善之长，体仁足以长人，故得仁者尊，上文言礼者义之实，此言仁者义之本，实以散体言，本以全体言，同一理也。张子谓经礼三百，曲礼三千，无一事之非仁也。犹之木焉，从根本至枝叶皆生意，此全体之仁也。然自一本至千枝万叶，先后大小各有其序，此散体之礼也，而其自本至末，一枝一叶，各具一理，随时荣悴，各得其宜者，义也。故治国不以礼，犹无耜而耕也。为礼不本于义，犹耕而弗种也。为义而不讲之以学，犹种而弗耨也。讲之以学而不合之以仁，犹耨而弗获也。合之以仁而不安之以乐，犹获而弗食也。此反譬以申明前段圣学教养之事，有始有卒，其序不可紊而功不可缺如此。安之以乐而不达于顺，犹食而弗肥也。四体既正，肤革充盈，人之肥也。父子笃，兄弟睦，夫妇和，家之肥也。大臣法，小臣廉，官职相序，君臣相正，国之肥也。天子以德为车，以乐为御，诸侯以礼相与，大夫以法相序，士以信相考，百姓以睦相守，天下之肥也。是谓大顺。大顺者，所以养生送死事鬼神之常也。前章至播乐以安之而止，此又益以不达于顺，犹食而弗肥一节者，盖安之以乐以前，皆是成己之功，《大学》明德之事也；达之于顺以后，方是成物之效，《大学》新民之事也。故以人身之肥设譬，而言家国天下之肥，至此乃是圣学之极功。成己成物，合内外之道，《大学》身修家齐国治天下平之事也，故谓之大顺。大顺则无为而治，所以养生送死事鬼神，各得其常也。以上并刘氏说。大臣法，尽臣道也。小臣廉，不亏所守也。以德为车，由仁义行也。以乐为御，动无不和也。以礼相与，朝聘以时也。以法相序，上不逼下，下不僭上也。以信相考，久要不忘也。以睦相守，出入相友，守望相助，疾病相扶持也。肥者，充盛而无不足之意。故事大积焉而不苑，并行而不谬，细行而不失。深而通，茂而有间，连而不相及也，动而不相害也。此顺之至也。故明于顺，然后能守危也。此以下至篇终，皆是发明大顺之说。谓以此大顺之道治天下，则虽事之大者，积叠在前，亦不至于胶滞。虽事之不同者，一时并行，亦不至舛谬也。虽小事所行，亦不以其微细而有失也。虽深窅而可通，虽茂密而有间，谓有中间也。两物接连而相及，则有彼此之争；两事一时而俱动，则有利害之争。不相及，不相害，则无所争矣。此泛言人君治天下之事，有大有细，有深有茂，有连有动，而自然各得其分理者，不过一顺之至而已。故明于顺，然后能守危亡之戒，而不至于危亡也。　苑，音尹。窅，音杳。分，去声。

故礼之不同也，不丰也，不杀也，所以持情而合危也。故圣王所以顺，山者不使居川，不使渚者居中原，而弗敝也。用水、火、金、木，饮食必时，合男女，颁爵位，必当年德，用民必顺。故无水旱昆虫之灾，民无凶饥妖孽之疾。贵贱有等，故礼制不同，应俭者不可丰，应隆者不可杀。所以维持人情，不使之骄纵，保合上下，不使之危乱也。圣王所以顺民之情者，如安于山则不徙之居川，安于渚则不徙之居中原，故民不困敝也。獭祭鱼然后虞人入泽梁，及春献鳖蜃、秋献龟鱼之类，是用水必时也。春取榆柳之火，夏取枣杏之火，季夏取桑柘之火，秋取柞楢之火，冬用槐檀之火。又《周礼》季春出火、季秋纳火之类，是用火必时也。卝人以时取金玉锡石，及《月令》季春审五库之量，金铁为先，是用金必时也。仲冬斩阳木，仲夏斩阴木，是用木必时也。饮食则如食齐视春时，羹齐视夏时之类是也。合男女必当其乍，颁爵位必当其德，用民必于农隙。凡此皆是以顺行之，故能感召两间之和，而无旱干水溢及螟蝗之灾也。凶饥，年凶谷不熟也。妖，谓衣服歌谣草木之怪。孽，谓禽兽虫豸之怪。史家《五行志》所载代有之。疾，患也。 杀，色介切。当，去声。楢，以周切。卝，古猛切。"如食"食，音嗣。齐，去声。干，音干。豸，音雉。

故天不爱其道，地不爱其宝，人不爱其情。故天降膏露，地出醴泉，山出器车，河出马图，凤凰麒麟皆在郊棷，龟龙在宫沼，其余鸟兽之卵胎，皆可俯而窥也。则是无故，先王能修礼以达义，体信以达顺。故此顺之实也。旧说，器为银瓮丹甑，车为山车垂钩，谓不待揉治而自圆曲也。晋时恒山大树自拔，根下有璧七十，圭七十三，皆光色精奇异常玉。又张掖柳谷之石，有八卦璜玦之象，亦此类也。棷，与薮同。龙之变化叵测，未必宫沼有之，亦极言至顺感召之卓异耳，不以辞害意可也。修礼以达义者，修此礼以为教，而达之天下无不宜也。体信以达顺者，反身而诚，而达之天下无不顺也。此极功矣，故结之曰此顺之实也。 程子曰："君子修己以敬，笃恭而天下平，惟上下一于恭敬，则天地自位，万物自育，而四灵毕至矣。此体信达顺之道。" 朱子曰："信是实理，顺得和气，体信是致中，达顺是致和。实体此道于身，则自然发而中节推之天下而无所不通也。" 棷，音薮。叵，音颇。

卷之五

礼器第十

器有二义：一是学礼者成德器之美，一是行礼者明用器之制。

礼器是故大备。大备，盛德也。礼释回，增美质，措则正，施则行。其在人也，如竹箭之有筠也，如松柏之有心也。二者居天下之大端矣，故贯四时而不改柯易叶。故君子有礼，则外谐而内无怨。故物无不怀仁，鬼神飨德。以礼为治身之器，故能大备其成人之行。至于大备，则其德盛矣。礼之为用，能消释人回邪之心，而增益其材质之美。措诸身则无往不正，施诸事则无往不达。以人之一身言之，如竹箭之有筠，足以致饰于外；如松柏之有心，足以贞固于内。箭，竹之小者也。筠，竹之青皮也。大端，犹言大节。二物比他草木有此大节，故能贯串四时而柯叶无所改易也。君子之人，惟其有此礼也，故外人之疏远者无不谐协，内人之亲近者无所怨憾。人归其仁，神歆其德也。

先王之立礼也，有本有文。忠信，礼之本也；义理，礼之文也。无本不立，无文不行。先王制礼，广大精微，惟忠信者能学之。然而纤悉委曲之间，皆有义焉，皆有理焉。无忠信，则礼不可立。昧于义理，则礼不可行。必内外兼备而本末具举，则文因于本而饰之也，不为过；本因于文而用之也，中其节矣。礼也者，合于天时，设于地财，顺于鬼神，合于人心，理万物者也。是故天时有生也，地理有宜也，人官有能也，物曲有利也。故天不生，地不养，君子不以为礼，鬼神弗飨也。居山以鱼鳖为礼，居泽以鹿豕为礼，君子谓之不知礼。合于天时，天时有生也。谓四时各有所生之物，取之当合其时。设于地财，地理有宜也。谓设施行礼之物，皆地之所产财利也。然土地各有所宜之产，不可强其地之所无。如此，自然顺鬼神，合人心，而万物各得其理也。人官有能，谓助祭执事之官，各因其能而任之。盖人各有能、有不能也。物曲有利者，谓物之委曲各有所利。如曲蘖利于为酒醴，桐竹利于为琴、笙之类也。天不生，谓非时之物。地不养，如山之鱼鳖，泽之鹿豕之类。故必举其定国之数，以为礼之大经。礼之大伦，以地广狭；礼之薄厚，与年之上下。是故年虽大杀，众不匡惧，则上之制礼也节矣。定，犹成也。数，税赋所入之数也。《王制》言："祭用数之仂，礼非财不行。"故必以此数为行礼经常之法也。礼之大伦，以地之广狭。天子、诸侯、卿大夫地有广狭，故礼之伦类不同。地广者礼备，地狭者礼降也。礼之厚薄，则与年之上下为等。《王制》言："丰年不奢，凶年不俭。"是专言祭礼，此兼言诸礼耳。大杀，谓年凶而税敛之入大有减杀也。匡，与恇通，恐也。众不匡惧，谓无沟壑之忧也。此其制礼有节，财不过用，故能如此。　杀，色介切。

礼时为大，顺次之，体次之，宜次之，称次之。尧授舜，舜授禹，汤放桀，武王伐纣，时也。《诗》云："匪革其犹，聿追来孝。"时者，天之所为，故为大。尧、舜、汤、武之事不同者，各随其时耳。圣王受命得天下，必定一代之礼制，或因或革，各随时宜，故云"时为大"也。顺、体、宜、称四者，下文析之。《诗·大雅·文王有声》之篇。革，急也。犹，与猷通，谋也。聿，惟也。言文王之作丰邑，初非急于成己之谋，惟欲追先人之事，而致其方来之孝，以不坠先业耳。今《诗》文作"匪棘其欲，遹追来孝"。　称，去声。革，音棘。"或革"革，如字。遹，音聿。天地之祭，宗庙之事，父子之道，君臣之义，伦也。王者父事天，母事地，故天地、宗庙、父子、君臣四者，乃自然之序，故曰伦也。伦不可紊，故"顺次之"。社稷山川之事，鬼神之祭，体也。社稷、山川、鬼神之礼，各随其体之轻重，而为礼之隆杀，故曰"体次之"。丧祭之用，宾客之交，义也。既于义不得不然，必须随事合宜，故曰“宜次之”。羔豚而祭，百官皆足，大牢而祭，不必有余，此之谓称也。诸侯以龟为宝，以圭为瑞。家不宝龟，不藏圭，不台门，言有称也。诸侯有国，宜知占祥吉凶，故以龟为宝也。家，谓大夫也。大夫卑，不当宝藏。五等诸侯，各有圭璧以为瑞信。又以天子所赐，如祥瑞之降于天，故以为瑞。大夫非为君使不得执，故不当藏之。台门者，门之两旁，筑土为台，于其上起屋。大夫不然，各称其分守也，故曰“称次之”。　大，音泰。使，去声。分，音问。

礼有以多为贵者：天子七庙，诸侯五，大夫三，士一。一庙，下士也。适士则二庙。　适，音的。天子之豆，二十有六。此天子朔食之豆数。诸公十有六。上公也。更相朝时堂上之豆数。　更，平声。诸侯十有二。通侯伯子男也。亦相朝时堂上之豆数。上大夫八，下大夫六。皆谓主国食使臣堂上之豆数。　食，音嗣。使，去声。诸侯七介七牢，大夫五介五牢。介，副也。上介一人，余为众介。牢，太牢也，谓诸侯朝天子时，天子以太牢之礼赐之。周礼公九介九牢，侯伯七，子男五。今言七，举中以言之也。大大夫五介五牢者，诸侯之大夫为君使而来，各降其君二等。此五介五牢，谓侯伯之卿，亦举中言之也。天子之席五重，诸侯之席三重，大夫再重。天子祫祭，其席五重。诸侯席三重者，谓相朝时，宾主皆然也。三重则四席，再重则三席。　重，平声，下节同。天子崩，七月而葬，五重八翣；诸侯五月而葬，三重六翣；大夫三月而葬，再重四翣。此以多为贵也。五重者，谓抗木与茵也。茵以藉棺，用浅色缁布夹为之，以茅秀及香草著其中，如今褥子中用絮然。缩者二，横者三，为一重抗木，所以抗载于土。下棺之后，置抗木于椁之上，亦横者三，缩者二，上加抗席三，此为一重。如是者五，则为五重也。翣，见《檀弓》。

有以少为贵者：天子无介，祭天特牲。介所以佐宾，天子以天下为家，无为宾之义，故无介也。特，独也。天子适诸侯，诸侯膳以犊。诸侯相朝，灌用郁鬯，无笾、豆之荐。大夫聘礼以脯、醢。天子祭天，惟用一牛。若巡守而过诸侯之境，则诸侯奉膳，亦止一牛。其尊君之礼，亦如君之尊天也。诸侯相朝，享礼毕，主君酌郁鬯之酒以献宾，不用笾、豆之荐者，以其主于相接以芬芳之德，不在殽味也。大夫出使行聘礼，主国礼之，酌以酒，而又有脯、醢之荐。此见少者贵，多者贱也。　守，去声。天子一食，诸侯再，大夫、士三，食力无数。食，餐也。位尊者德盛，其饱以德，不在于食味，故每一餐辄告饱，须御食者劝侑乃又餐，故云一食也。诸侯则再餐而告饱，大夫士则三餐而告饱，皆待劝侑则再食。食力，自食其力之人，农、工、商、贾、庶人之属也，无德不仕，无禄代耕。礼不下庶人，故无食数，饱即自止也。大路繁、缨一就，次路繁、缨七就。殷世尚质，其祭天所乘之车，木质而已，无别雕饰，谓之大路。繁，马腹带也。缨，鞅也。在马膺前，染丝而织以为罽，五色一匝曰就。就，犹成也。繁与缨，皆以此罽为之。车朴素，故马亦少饰也。大路之下有先路、次路。次路，殷之第三路也，供卑杂之用，故就数多。《郊特牲》云："次路五就。"此盖误为七就。　繁，音盘。罽，音寄。匝，作答切，俗作匝。圭璋，特。圭璋，形制见《考工记》。诸侯朝王以圭，朝后则执璋。玉之贵者，不以他物俪之，故谓之特，言独用之也。周礼，小行人掌合六币。圭以马，璋以皮，然皮与马皆不升堂，惟圭璋特升于堂，亦特之义也。琥璜，爵。琥，为虎之形。璜，则半环之形也。此二玉下于圭璋，不可专达，必待用爵。盖天子享诸侯，及诸侯自相享，至酬酒时，则以币将送酬爵，又有琥璜之玉以将币，故云琥璜爵也。鬼神之祭单席。鬼神异于人，不假多重以为温暖也。诸侯视朝，大夫特，士旅之。此以少为贵也。君视朝之时，于大夫则特揖之，谓每人一揖也。旅，众也。士卑，无问人数多少，君一揖而已。

有以大为贵者：宫室之量，器皿之度，棺椁之厚，丘封之大，此以大为贵也。有以小为贵者：宗庙之祭，贵者献以爵，贱者献以散；尊者举觯，卑者举角。五献之尊，门外缶，门内壶。君尊瓦甒。此以小为贵也。爵一升，觚二升，觯三升，角四升，散五升。　疏曰："《特牲》云，主人献尸用角，佐食洗散以献尸。是尊者小，卑者大。"按天子诸侯及大夫皆献尸以爵，无贱者献以散之文。礼文散亡，不具也。《特牲》主人献尸用角者，下大夫也。《特牲》少牢礼，尸入，举奠觯，是尊者举觯。《特牲》主人受尸酢受角饮者，是卑者举角，此是士礼耳。天子诸侯祭礼亡。五献，子男之享礼也。凡王享臣，及其自相享，行礼献数各随其命。子男五命，故知五献是子男列尊之法。门外缶者，缶，尊名，盛酒在门外。壶亦尊也，盛酒在门内。君尊，子男之尊也。子男用瓦甒为尊，不云内外，则陈之在堂，人君面尊而专惠也，其壶缶但饮诸神。小尊近君，大尊在门，是以小为贵。壶大一石，瓦甒五斗，缶又大于壶。　量，去声。散，如字。觯，音志。甒，音武。有以高为贵者：天子之堂九尺，诸侯七尺，大夫五尺，士三尺。天子诸侯台门。此以高为贵也。九尺以下之数，皆谓堂上高于堂下也。《考工记》，堂崇三尺是殷制。此周制耳。台门，见前章。有以下为贵者：至敬不坛，埽地而祭。天子诸侯之尊废禁，大夫士棜、禁。此以下为贵也。封土为坛，郊祀则不坛，至敬无文也。禁与棜，皆承酒樽之器，木为之。禁长四尺，广二尺四寸，通局足高三寸，漆赤中，画青云气，菱苕华为饰，刻其足为褰帷之形。棜长四尺，广二尺四寸，深五寸，无足，亦画青云气，菱苕华为饰也。棜是轝，名禁者，因为酒戒也。天子诸侯之尊废禁者，废去其禁而不用也。大夫士棜禁者，谓大夫用棜，士用禁也。棜，一名斯。禁，见《乡饮酒礼》。　埽，去声。棜，于据切。轝，舆同，两手对举之车也。

礼有以文为贵者：天子龙衮，诸侯黼，大夫黻，士玄衣纁裳。天子之冕朱绿藻，十有二旒，诸侯九，上大夫七，下大夫五，士三。此以文为贵也。龙衮，画龙于衮衣也。白与黑谓之黼，黼如斧形，刺之于裳。黑与青谓之黻，其状两已相背，亦刺于裳也。纁，赤色。冕，祭服之冠也。上玄下纁，前后有旒，前低一寸二分，以其略俯而谓之冕。冕同而服异：一衮冕，二鷩冕，三毳冕，四絺冕，五玄冕，各以服之异而名之耳。冕之制虽同，而旒有多少。朱绿藻者，以朱绿二色之丝为绳也。以此绳贯玉而垂于冕以为旒，周用五采，此言朱绿，或是前代之制。十有二旒者，天子之冕，前后各十二旒，每旒十二玉，玉之色以朱白苍黄玄为次，自上而下，遍则又从朱起。衮冕十二旒，鷩冕九旒，毳冕七旒，絺冕五旒，玄冕三旒。此数虽不同，然皆每旒十二玉，缫玉五采也。此皆周时天子之制。诸侯九，上大夫七，下大夫五，士二，此亦非周制。周家旒数随命数，详见《仪礼·冕弁图》。　疏曰："诸侯虽九章，七章以下，其中有黼也。孤絺冕而下，其中有黻，故特举黼黻而言耳。《诗·采菽》云'玄衮及黼'，是特言黼。《终南》云'黻衣绣裳'，是特言黻也。"陈氏曰："藻洁而文，众采如之，故曰藻。"有以素为贵者：至敬无文，父党无容。大圭不琢，大羹不和，大路素而越席，牺尊疏布鼏，椫杓。此以素为贵也。敬之至者，不以文为美，如祭天而服黑羔裘，亦是尚质素之意。折旋揖让之礼容，所以施于外宾，见父之族党，自当以质素为礼，不为容也。大圭，天子所搢者，长三尺。不琢，不为镌刻文理也。大羹，太古之羹也，肉汁无盐梅之和。后王存古礼，故设之，亦尚玄酒之意。大路，殷祭天之车，朴素无饰，以蒲越为席。牺尊，刻为牺牛之形。读为娑音者，谓画为凤羽娑娑然也。此尊以粗疏之布为覆鼏。椫，白木之有文理者。杓，沃盥之具也。　琢，读为篆。大，音泰。和，去声。越，音活。牺，读为莎。鼏，莫力切。椫，音展。杓，市约切。

孔子曰："礼不可不省也。礼不同、不丰、不杀。"此之谓也。盖言称也。省，察也。礼之等虽不同，而各有当然之则，丰则逾，杀则不及，惟称之为善。　省，悉井切。杀，色介切。称，去声。礼之以多为贵者，以其外心者也。德发扬诩万物，大理物博，如此则得不以多为贵乎？故君子乐其发也。用心以致备物之享，则心在于物，故曰外心。然所以贵于备物者，圣人盖见夫天地之德，发扬昭著，盛大溥遍于万物，是其理之所该者大，故物之所成者博，如此岂得不以多为贵乎？此制礼之君子，所以乐其用心于外以制备物也。　诩，音许。乐，吾教切。礼之以少为贵者，以其内心者也。德产之致也精微，观天下之物无可以称其德者，如此则得不以少为贵乎？是故君子慎其独也。散齐致齐，祭神如在，皆是内心之义。惟其主于存诚以期感格，故不以备物为敬。所以然者，盖有见夫天地之德，所以发生万汇者，其流行赋予之理，密致而精微，即《大传》所言天地细缊，万物化醇也。纵使遍取天下所有之物以祭天地，终不能称其德而报其功，不若事之以诚敬之为极致。是以行礼之君子，主于存诚于内以交神明也。慎独者，存诚之事也。　致，音治，直二切。称，去声。散，上声。齐，音斋。予，上声。

古之圣人，内之为尊，外之为乐，少之为贵，多之为美。是故先王之制礼也，不可多也，不可寡也，唯其称也。尊，如《中庸》尊德性之尊，恭敬奉持之意也。尊其在内之诚敬，故少物亦足以为贵；乐其在外之仪物，必多物乃可以为美。宜少者不可多，宜多者不可寡，或称其内，或称其外也。　乐，音洛。称，去声。是故君子大牢而祭谓之礼，匹士大牢而祭谓之攘。谓之礼，称也。谓之攘，不称也。　疏曰："匹，偶也。士贱不得特使,为介乃行,故谓之匹士。庶人称匹夫者,惟与妻偶耳。"大,音泰。使,去声。

管仲镂簋朱纮,山节藻棁,君子以为滥矣。管仲,齐大夫。镂簋,簋有雕镂之饰也。纮,冕之系,以组为之,自领下屈而上,属于两旁之笄,垂余为缨。天子朱,诸侯青,大夫士缁。山节,刻山于柱头之斗栱也。藻,水草也。藻棁,画藻于梁上之短柱也。此皆管仲僭礼之事。滥,放溢也。晏平仲祀其先人,豚肩不掩豆,浣衣濯冠以朝,君子以为隘矣。晏平仲,亦齐大夫。大夫祭用少牢,不合用豚。周人贵肩,肩在俎不在豆,此但喻其极小,谓并豚两肩,亦不足以掩豆,故假豆言之耳。上言不丰、不杀,此举管晏之事以明之。管仲丰而不称,晏子杀而不称者也。隘,陋也。是故君子之行礼也,不可不慎也,众之纪也。纪散而众乱。礼所以防范人心,纲维世变,前篇言坏国丧家亡人必先去其礼。　坏,音怪。

孔子曰:"我战则克,祭则受福。"盖得其道矣。记者引孔子之言而释之曰,夫子所以能此二者,盖以得其行之之道也。君子曰:"祭祀不祈,不麾蚤,不乐葆大,不善嘉事,牲不及肥大,荐不美多品。"君子曰,记者自谓也。祭有常礼,不为祈私福也。周礼大祝掌六祈,小祝有祈福祥之文,皆是有故则行之,不在常祀之列。麾,快也。祭有常时,不以先时为快。葆,犹褒也。器币之小大长短,自有定制,不以褒大为可乐也。嘉事,冠昏之礼,奠告有常仪,不为善之而更设他祭。牲不及肥大,及,犹至也。如郊牛之角茧栗,宗庙角握,社稷角尺,各有所宜用,不必须并及肥大也。荐祭之品味有定数,不以多品为美也。　乐,音洛。"大祝"大,音泰。孔子曰:"臧文仲安知礼?夏父弗綦逆祀而弗止也。臧文仲,鲁大夫臧孙辰。夏父弗綦,人姓名也。鲁庄公薨,立适子闵公。闵公薨,立僖公。僖公者,庄公之庶子,闵公之庶兄也。僖公薨,子文公立。二年八月祫祭太庙,夏父弗綦为宗伯典礼,移闵公置僖公之下,是臣居君之上,逆乱尊卑,不可之大者。时人以文仲为知礼,孔子以其为大夫而不能止逆祀之失,岂得为知礼乎?　夏,上声。父,音甫。綦,音忌。燔柴于奥。夫奥者,老妇之祭也。盛于盆,尊于瓶。"此亦言臧文仲不能正失礼之事。周礼以实柴祀日月星辰,有大火之次,故祭火神则燔柴也。今弗綦为礼官,谓爨神是火神,遂燔柴祭之,是失礼矣。礼,祭至尸食竟而祭爨神，宗妇祭饎爨，烹者祭饔爨。其神则先炊也，故谓之老妇。惟盛食于盆，盛酒于瓶，卑贱之祭耳。虽卑贱而必祭之者，以其有功于人之饮食，故报之也。　奥，读为爨。盛，平声。

礼也者，犹体也。体不备，君子谓之不成人。设之不当，犹不备也。礼有大有小，有显有微。大者不可损，小者不可益，显者不可掩，微者不可大也。故经礼三百，曲礼三千，其致一也。未有入室而不由户者。体，人身也。先王经制大备，如人体之全具矣，若行礼者设施或有不当，亦与不备同也。大者损之，小者益之。掩其显，著其微，是不当也。礼以敬为本，一者敬而已。未有入室而不由户者，岂有行礼而不由敬乎？　朱子曰："礼仪三百，便是《仪礼》中'士冠'、'诸侯冠'、'天子冠礼'之类，此是大节，有三百条。如'始加'、'再加'、'三加'，又如'坐如尸'、'立如齐'之类，皆是其中小目。吕与叔云：'经便是常行底，纬便是变底。'恐不然，经中自有常有变，纬中亦自有常有变。"　赵氏曰："经礼如冠、昏、丧、祭、朝觐、会同之类，曲礼如进、退、升、降、俯仰、揖逊之类。"　当，去声。君子之于礼也，有所竭情尽慎，致其敬而诚若，有美而文而诚若。诚，实也。若，语辞。谓以少者、小者、下者、素者为贵，是内心之敬，无不实者。以多者、大者、高者、文者为贵，美而有文，是外心之实者。君子之于礼也，有直而行也，有曲而杀也。有经而等也，有顺而讨也，有摲而播也，有推而进也，有放而文也，有放而不致也，有顺而摭也。亲始死而哭踊无节，是直情而径行也，故曰直而行。父在则为母服期，尊者在则卑者不杖，是委曲而减杀之也，故曰曲而杀。父母之丧，无贵贱皆三年，大夫士鱼俎皆十五，是经常之礼，一等行之也，故曰经而等。顺而讨者，顺其序而讨去之，若自天子而下，每等降杀以两是也。摲而播者，芟取在上之物而播施于下，如祭俎之肉及群臣，而胞翟之贱者亦受其惠是也。推而进者，推卑者使得行尊者之礼，如二王之子孙得用王者之礼，及旅酬之礼，皆得举觯于其长是也。冕服旗常之章采，樽罍之刻画，是放而文也。公侯以下之服，其文采杀于天子而不敢极致，是放而不致也。摭，犹拾取也。虽拾取尊者之礼而行之，不得之僭逆，如君沐粱，士亦沐粱，又有君、大夫、士一节者，是顺而摭也。言君子行礼有此九者，不可不知也。　杀，色介切。摲，音芟。放，上声。

三代之礼一也，民共由之，或素或青，夏造殷因。殷尚白，夏尚黑。素即白也,青近于黑,不言白黑而言素青,变文耳。此类皆制作之末,举此以例其余,则前之创造,后之因仍,皆可知矣。　朱子曰:“三纲五常,礼之大体,三代相继,皆因之而不能变,其所损益,不过文章制度,不过不及之间而已。”周坐尸,诏侑武方,其礼亦然。其道一也。承上夏造殷因而言三代尸礼之异。周之礼,尸即位而坐,诏者告尸以威仪之节,侑者劝尸为饮食之进。诏与侑皆祝官之职,祝不止一人。无方,谓无常人也。宗庙中可告之事,皆得告之也。亦然,亦如殷之礼也。礼同本于道之同,故云其道一也。　武,读为无。夏立尸而卒祭,殷坐尸。夏之礼,尸当饮食则暂坐;若不饮食,则惟立以俟祭事之终也。殷则尸虽无事亦坐。周旅酬六尸。曾子曰:“周礼其犹醵与?”周家祫祭之时,群庙之祖,皆聚于后稷庙中,后稷尸尊,不与子孙为酬酢,毁庙之祖又无尸,故惟六尸而已。此六尸自为昭穆次序行旅酬之礼,故曾子言周家此礼,其犹世俗之醵与。醵,敛钱共饮酒也。钱之所敛者均,则酒之所饮必均。此六尸之旅酬,如醵饮之均平也。　醵,其庶切。与,平声。

君子曰:“礼之近人情者,非其至者也。郊血,大飨腥,三献爓,一献孰。”近者为亵,远者为敬。凡行礼之事,与人情所欲者相近,则非礼之极至者。其事本多端,此独举血、腥、爓、孰四者之祭以明之者,礼莫重于祭故也。郊,祭天也。郊祀与大飨,三献皆有血、腥、爓、孰。此各言者,据先设者为主也。郊则先设血,后设腥、爓、孰。大飨,祫祭宗庙也。腥,生肉也,去人情稍近。郊先荐血,大飨则迎尸时血与腥同时荐。献,酌酒以荐献也。祭社稷及五祀其礼皆三献,故因名其祭为三献也。爓,沉肉于汤也。其色略变,去人情渐近矣。此祭,血、腥与爓一时同荐,但当先者设之在前,当后者设之居后,据宗伯社稷五祀,初祭降神时已埋血,据此则正祭荐爓时又荐血也。一献,祭群小祀也。祀卑,酒惟一献,用孰肉,无血、腥、爓三者。盖孰肉是人情所食,最为亵近,以其神卑则礼宜轻也。　爓,音潜。是故君子之于礼也,非作而致其情也,此有由始也。是故七介以相见也,不然则已悫;三辞三让而至,不然则已蹙。作,如作聪明之作,过意为之也。言先王制礼之初,一以诚敬为本,乃天理人情之极致,后世守而行之,非过意而故为极致之情也。此由始于古也。上公之介九人,侯伯七人,子男五人,此举其中而言之。两君相见,必有介副之人以伸宾主之情。不如此,则太愿悫而无礼之文矣。已,太也。三辞三让者，宾初至大门外，交摈之时，有三辞之礼，及入大门，主君每门一让，则宾一辞，凡三辞三让而后至庙中也。不如此，则太迫蹙而无礼之容矣。

故鲁人将有事于上帝，必先有事于頖宫；晋人将有事于河，必先有事于恶池；齐人将有事于泰山，必先有事于配林。三月系，七日戒，三日宿，慎之至也。此因上章言两君相见之礼渐次而进，故言祭祀之礼亦有渐次，由卑以达尊者。鲁人将祭上帝，必先有事頖宫。頖宫，诸侯之学也。鲁郊祀以后稷配，先于頖宫告后稷，然后郊也。恶池，并州川之小者，河之从祀也。配林，林名，泰山之从祀也。帝牛必在涤三月。系，系牲于牢也。七日戒，散齐也。三日宿，致齐也。敬慎之至如此，故以积渐为之，何敢迫蹙而行之乎？　頖，音判。恶，音呼。池，徒何切。从，去声。故礼有摈诏，乐有相步，温之至也。礼容不可急遽，故宾主相见，有摈相者以诏告之；乐工无目，必有扶相其行步者。此二者，皆温藉之至也。温藉之义，如玉之有承藉然，言此摈诏者，是承藉宾主，相步者，是承藉乐工也。　相，去声。温，于粪切。

礼也者，反本修古，不忘其初者也。故凶事不诏，朝事以乐。本心之初，天所赋也，贵于反思而不忘；礼制之初，圣所作也，贵于修举而不坠。二者皆有初，故曰不忘其初。擗踊哭泣，不待诏告，以其发于本心之自然也。朝廷养老尊贤之事，必作乐以乐之，亦以惬其本心之愿望也。此二者是反本之事。醴酒之用，玄酒之尚；割刀之用，鸾刀之贵；莞簟之安，而稿鞂之设。醴酒之美用矣，而列尊在玄酒之下；今世割刀之利便于用矣，而宗庙中乃不用割刀而用古之鸾刀；下莞上簟，可谓安矣，而设稿鞂之粗者为郊祀之席。此三者是修古之事。鸾，铃也。刀镮有铃，故名鸾刀，割肉欲中其音节。《郊特牲》云："声和而后断也。"莞，蒲之细者可为席。簟，竹席也。稿鞂，除去谷之秆也。鞂与《禹贡》秸字同。　莞，音官。簟，徒点切。稿，古老切。鞂，江八切。中，去声。断，去声。是故先王之制礼也，必有主也，故可述而多学也。有主，主于反本修古也。但以此二者求之，则可以称述而学之厌矣。

君子曰："无节于内者，观物弗之察矣。欲察物而不由礼，弗之得矣。故作事不以礼，弗之敬矣；出言不以礼，弗之信矣。故曰:礼也者,物之致也。"无节于内,言胸中不能通达礼之节文也。观物弗之察,言虽见行礼之事,不能审其得失也。察物而不由礼以察之,何以能得其是非之实?作事而不由礼,何以能存其主敬之心?出言而不由礼,何以能使人之信其言?故曰礼者事物之极致也。

是故昔先王之制礼也,因其财物而致其义焉尔。故作大事必顺天时,为朝夕必放于日月,为高必因丘陵,为下必因川泽。是故天时雨泽,君子达亹亹焉。财物,币玉、牲牢、黍稷之类。无财无物,不可以行礼,故先王制礼,必因财物而致其用之之义焉。然财物皆天时之所生,故祭祀之大事,亦必顺天时而行之。如启蛰而郊,龙见而雩,始杀而尝,闭蛰而烝,皆是也。大明生于东,故春朝朝日必于东方;月生于西,故秋莫夕月必于西方。为高上之祭,必因其有丘陵而祭之;为在下之祭,必因其有川泽而祭之。一说,为高,为圆丘也;为下,为方丘也。祭有轻重,皆须财物,故当天时之降雨泽也。君子知夫天地生成财物之功,如此乎勉勉而不已也。则安得不用财物为礼,以致其报本之诚乎? 朝,音潮。放,上声。亹,音尾。见,音现。"春朝"朝,如字。莫,音暮。是故,昔先王尚有德,尊有道,任有能,举贤而置之,聚众而誓之。是故,因天事天,因地事地,因名山升中于天,因吉土以飨帝于郊。升中于天,而凤凰降,龟龙假;飨帝于郊,而风雨节,寒暑时。是故圣人南面而立,而天下大治。置,如置诸左右之置,谓使之居其位也。礼莫重于祭,当大事之时,必择有道德才能者执其事,又从而誓戒之。《周礼》冢宰掌百官之誓戒是也。因天之尊而制为事天之礼,因地之卑而制为事地之礼,郊社是也。中,平也,成也。巡守而至方岳之下,必因此有名之大山,升进此方诸侯治功平成之事以告于天。《舜典》柴岱宗,即其礼也。吉土,王者所卜而建都之地也,兆于南郊。岁有常礼,其瑞物之臻,体征之应,理或然耳。而后世封禅之说,遂根著于此,牢不可破,皆郑氏祖纬说启之也。 假,音格。守,音狩。应,禅,并去声。著,陟略切。

天道至教,圣人至德。庙堂之上,罍尊在阼,牺尊在西;庙堂之下,县鼓在西,应鼓在东。君在阼,夫人在房,大明生于东,月生于西,此阴阳之分,夫妇之位也。君西酌牺象,夫人东酌罍尊，礼交动乎上，乐交应乎下，和之至也。天道阴阳之运，极至之教也；圣人礼乐之作，极至之德也。无以复加，故以至言。罍尊夏后氏之尊也。牺尊，周尊也。县鼓大，应鼓小。设礼乐之器，一以西为上，故栖尊、县鼓皆在西，而罍尊与应鼓皆在东也。天子诸侯皆有左右房，此夫人在西房也，君在东而西酌牺象，夫人在西而东酌罍尊，此礼交动乎堂上也；县鼓、应鼓相应于堂下，是乐交应乎下也。罍尊画为山云之形。牺尊画凤羽而象骨饰之，故亦曰牺象。此章言诸侯时祭之礼。　牺，音莎。县，音玄。应，去声。分，音问。夫，如字。复，扶又切。礼也者，反其所自生；乐也者，乐其所自成。是故先王之制礼也以节事，修乐以道志。故观其礼乐，而治乱可知也。蘧伯玉曰："君子之人达。"故观其器而知其工之巧，观其发而知其人之知。故曰：君子慎其所以与人者。万物本乎天，人本乎祖，礼主于报本反始，不忘其所由生也。王者功成治定，然后作乐，以文德定天下者，乐文德之成；以武功定天下者，乐武功之成，非泛然为之也。节事，为人事之仪则也。道志，宣其湮郁也。世治则礼序而乐和，世乱则礼慝而乐淫，故观礼乐而治乱可知也。蘧伯玉，卫大夫，名瑗。言君子之心，明睿洞达，观器用，则知工之巧拙；观人之发动举措，则知其人之智愚。岂有观礼乐而不知治乱乎？礼乐者，与人交接之具，君子致谨于此，以其所关者大也。故曰，盖古有是言，而记者称之耳。　"乐其"乐，音洛。"之知"知，音智。

大庙之内敬矣：君亲牵牲，大夫赞币而从；君亲制祭，夫人荐盎；君亲割牲，夫人荐酒。君出庙门迎牲，亲牵以入，然必先告神而后杀，故大夫赞佐执币而从君，君乃用币以告神也。杀牲毕而进血与腥，则君亲割制牲肝以祭神于室。此时君不亲献酒，惟夫人以盎齐荐献。盎齐见前篇。及荐孰之时，君又亲割牲体，然亦不献，故惟夫人荐酒也。　大，音泰。从，去声。齐，去声。卿大夫从君，命妇从夫人，洞洞乎其敬也，属属乎其忠也，勿勿乎其欲其飨之也！洞洞，敬之表里无间也。属属，诚实无伪也。勿勿，勉勉不已也。一云切切也。命妇，卿大夫之妻也。　从，去声。属，音烛。纳牲诏于庭，血毛诏于室，羹定诏于堂。三诏皆不同位，盖道求而未之得也。诏，告也。牲入在庭以币告神，故云纳牲诏于庭。杀牲取血及毛，入以告神于室，故云血毛诏于室。羹，肉汁也。定，熟肉也。煮之既熟，将迎尸入室，乃先以俎盛羹及定，而告神于堂，此是荐熟未食之前也。道，言也。此三诏者各有其位，盖言求神而未得也。　定，丁磬切。设祭于堂，为祊乎外，故曰："于彼乎，于此乎？"设祭于堂者，谓荐腥、爓之时，设馔在堂也。祊，祭之明日绎祭也。庙门谓之祊，设祭在庙门外之西旁，故因名为祊也。记者又引古语云"于彼乎于此乎"，言不知神于彼飨之乎，于此飨之乎。　祊，百彭切。一献质，三献文，五献察，七献神。献，酌酒以荐也。祭群小祀则一献，其礼质略。祭社稷五祀三献，其神稍尊，故有文饰。五献，祭四望山川之礼也。察者，显盛详著之貌。祭先公之庙则七献，礼重心肃，洋洋乎其如在之神也。

大飨其王事与？三牲、鱼、腊，四海九州之美味也。笾、豆之荐，四时之和气也。内金，示和也。束帛加璧，尊德也。龟为前列，先知也。金次之，见情也。丹、漆、丝、纩、竹、箭，与众共财也。其余无常货，各以其国之所有，则致远物也。其出也，《肆夏》而送之，盖重礼也。大飨，祫祭也。言王事者，明此章所陈，非诸侯所有之事也。三牲，牛、羊、豕也。腊，兽也。《少牢礼》云："腊用麋。"笾、豆所荐品味，皆四时和气之生成。内金，纳侯邦所贡之金也。示和，示诸侯之亲附也。一说，金性或从或革随人，故言和也。君子于玉比德，诸侯来朝，璧加于束帛之上，尊德也。陈列之序，龟独在前，以其知吉凶，故先之也。金在其次，以人情所同欲，故云见情也。自三牲以下至丹、漆等物，皆侯邦所供贡，并以之陈列，或备器用。与众共财，言天下公共所有之物也。其余无常货，谓九州之外，蛮夷之国，或各以其国所有之物来贡，亦必陈之，示其能致远方之物也，但不以为常耳。诸侯为助祭之宾，礼毕而出，在无算爵之后，乐工歌《陔夏》之乐章以送之。设施如此，盖重大之礼也。注读肆为陔者，《周礼》钟师掌九夏，尸出入奏《肆夏》，客醉而出，则奏《陔夏》，故知此当为陔也。　刘氏曰："后篇言钟次之，以和居参之，则此言内金示和，亦取其声之和耳。见情也者，见人情之和也。"　与，平声。内，音纳。见，音现。肆，音陔。祀帝于郊，敬之至也；宗庙之祭，仁之至也；丧礼，忠之至也；备服器，仁之至也；宾客之用币，义之至也。故君子欲观仁义之道，礼其本也。祭天之礼简素，至敬无文，所以为敬之至；仁之实，事亲是也，事亡如事存，所以为仁之至；附于身，附于棺，皆必诚必信，所以为忠之至；敛之衣服，葬之器具，皆全备无缺，莫非爱亲之诚心，故亦曰仁之至；朝聘燕享，币有常用，故币帛篚筐将其厚意，义之至也。此仁与义之为道，皆可于行礼之际观之，故曰礼其本也。

君子曰："甘受和，白受采。忠信之人，可以学礼。苟无忠信之人，则礼不虚道。是以得其人之为贵也。"甘于五味属土，土无专气，而四时皆王，故惟甘味能受诸味之和；诸采皆以白为质，所谓"绘事后素"也，以此二者。况忠信乃可学礼。道，犹行也。道路人所共行者，人无忠信，则每事虚伪，礼不可以虚伪行也。《大传》曰："苟非其人，道不虚行。"和，去声。王，去声。孔子曰："诵《诗》三百，不足以一献；一献之礼，不足以大飨；大飨之礼，不足以大旅；大旅具矣，不足以飨帝。毋轻议礼！"不学《诗》，无以言。然纵使诵三百篇之多，而尽言语之长，其于议礼，犹概乎未有所闻也，一献小礼，亦不足以行之。使能一献，不能行大飨之礼，谓祫祭也。能大飨矣，不能行大旅之礼，谓祀五帝也。能具知大旅之礼矣，不能行飨帝之礼也，谓祀天也。礼其可轻议乎？

子路为季氏宰。季氏祭，逮暗而祭，日不足，继之以烛。虽有强力之容，肃敬之心，皆倦怠矣。有司跛倚以临祭，其为不敬大矣。逮，及也。暗，昧爽以前也。偏任为跛，依物为倚。 跛，彼义切。他日祭，子路与，室事交乎户，堂事交乎阶，质明而始行事，晏朝而退。孔子闻之曰："谁谓由也，而不知礼乎！"室事，谓正祭之时，事尸于室也。外人将馔至户，内人于户受之，设于尸前，内外相交承接，故云交乎户也。正祭之后，傧尸于堂，故谓之堂事。此时在下之人送馔至阶，堂上人即阶而受取，是交乎阶也。质，正也。子路权礼之宜，略烦文而全恭敬，故孔子善之也。 与，去声。朝，音潮。

郊特牲第十一

陆氏曰:“郊者,祭天之名,用一牛,故曰特牲。” 石梁王氏曰:“此篇皆记祭事而杂昏冠两段。” 冠,去声。

郊特牲,而社稷大牢。天子适诸侯,诸侯膳用犊。诸侯适天子,天子赐之礼大牢。贵诚之义也。故天子牲孕弗食也,祭帝弗用也。礼有以少为贵者,故此二者,皆贵特牲而贱大牢也。犊未有牝牡之情,故云贵其诚悫。 朱子曰:“万物本乎天,人本乎祖,故以所出之祖配天地。周之后稷生于姜嫄,以上更推不去,文武之功起于后稷,故配天须以后稷。严父莫大于配天,宗祀文王于明堂以配上帝。上帝,即天也,聚天之神而言之,则谓之上帝。”又曰:“古时天地,定是不合祭。日月山川百神,亦无合其一时祭享之礼。”又曰:“五峰言无北郊,只祭社便是。此说却好。” 今按《召诰》用牲于郊,牛二,蔡氏以为祭天地,非也。牛二,帝牛、稷牛也。社于新邑,祭地也,故用大牢。 大,音泰。孕,余证切。召,音邵。大路繁、缨一就,先路三就,次路五就。郊血,大飨腥,三献焖,一献孰,至敬不飨味而贵气臭也。臭,亦气也。余并见前篇。 繁,音盘。诸侯为宾,灌用郁鬯,灌用臭也。大飨,尚腶脩而已矣。诸侯来朝,以客礼待之,是为宾也。在庙中行三享毕,然后天子以郁鬯之酒灌之,诸侯相朝亦然,明贵气臭之义也。《周礼》作祼字。上公再祼而酢侯伯一祼而酢,子男一祼不酢。祼则使宗伯酌圭瓒而祼之,酢则宾酢主也。此大飨,谓王飨诸侯也。脯加姜桂曰腶脩。行飨之时,虽设大牢之馔,而必先设腶脩于筵前,然后设余馔,故云尚腶脩也。此明不享味之义。 腶,丁乱切。大飨,君三重席而酢焉;三献之介,君专席而酢焉。此降尊以就卑也。此大飨是诸侯相朝,主君飨客之礼。诸侯之席三重,今两君礼敌,故席三重之席而受客之酢爵也。若诸侯遣卿来聘,卿礼当三献,其上介则是大夫,故谓之三献之介。大夫席虽再重,今为介降一等,止合专席。君席虽三重,今彻去两重,就单席受此介之酢爵,是降国君之尊，以就大夫之卑也。　重，平声。飨、禘有乐，而食、尝无乐，阴阳之义也。凡饮，养阳气也。凡食，养阴气也。故春禘而秋尝，春飨孤子，秋食耆老，其义一也。而食、尝无乐，饮养阳气也，故有乐；食养阴气也，故无声。凡声，阳也。飨，春飨孤子也。禴，春祭宗庙也。孤子，死事者之子孙。食，秋食耆老也。尝，秋祭宗庙也。周之礼，春祠，夏禴，秋尝，冬烝。春禴，夏殷之礼也。飨礼主于酒，食礼主于饭。周制则四时之祭皆有乐。　禘，读为禴。食，音嗣。鼎、俎奇而笾、豆偶，阴阳之义也。笾、豆之实，水土之品也。不敢用亵味而贵多品，所以交于旦明之义也。自一鼎至九鼎皆奇数，其十鼎者，陪鼎三，则正鼎亦七也。十二鼎者，陪鼎三，则正鼎亦九也。正鼎鼎别一俎，故云鼎俎奇也。笾、豆偶者，据《周礼·掌客》及前篇所举，皆是偶数。又详见《仪礼图》。　奇，居衣切。旦，读为神。

宾入大门而奏《肆夏》，示易以敬也，卒爵而乐阕。孔子屡叹之。奠酬而工升歌，发德也。歌者在上，匏竹在下，贵人声也。乐由阳来者也，礼由阴作者也，阴阳和而万物得。《燕礼》则大门是寝门，《飨礼》则大门是庙门也。《肆夏》，乐章名，《九夏》见《周礼》。易以敬，言和易中有严敬之节也。卒爵而乐阕，谓宾至庭而乐作，宾受献爵拜而乐止，及主人献君乐又作，君卒爵而乐止也。叹之，叹美之也。奠酬而工升歌，谓奠置酬爵之时，乐工升堂而歌，所以发扬主宾之德，故云发德也。匏，竹笙也。乐所以发阳道之舒畅，礼所以肃阴道之收敛，一阖一辟，而万事得宜也。　易，以豉切。旅币无方，所以别土地之宜，而节远迩之期也。龟为前列，先知也。以钟次之，以和居参之也。虎豹之皮，示服猛也。束帛加璧，往德也。旅，陈也。庭实所陈之币，非一方所贡，故曰无方。以土地之产各有所宜，而地里有远近，则入贡之期日有先后也。前篇言金次之，此言钟次之，盖金之为器莫重于钟，故变文言之也。金示和而参居庭实之间，故云以和居参之也。君子于玉比德，往德者，言往进此比德之玉于有德之人也。　别，必列切。

庭燎之百，由齐桓公始也。此以下言朝聘失礼之事。庭燎者，庭中设炬火，以照来朝之臣夜入者。《大戴礼》言天子百燎，上公五十，侯伯子男三十。今侯国皆供百燎，自桓公始之。大夫之奏《肆夏》也，由赵文子始也。《大射礼》，公升即席奏《肆夏》。《燕礼》，宾及庭奏《肆夏》。是诸侯之礼，今大夫之僭，自晋大夫赵武始。

朝觐大夫之私觌，非礼也。大夫执圭而使，所以申信也。不敢私觌，所以致敬也。而庭实私觌，何为乎诸侯之庭？为人臣者无外交，不敢贰君也。朝觐之礼，国君亲往而大夫从，则大夫不当又以己物而私觌主君，故曰非礼也。若大夫执其君之命圭而专使，则当行私觌之礼，以申己之信。故从君朝觐而不敢私觌，是敬己之君也。今从君以来，而私设庭实以为私觌，大夫何可为此于诸侯之庭乎？讥其与君无别也。人臣无外交，不敢贰心于他君，所以从君而行，则不敢私觌也。　使，去声。大夫而飨君，非礼也。大夫强而君杀之，义也。由三桓始也。大夫富强而具飨礼以飨君，以臣召君，故曰非礼。大夫强横僭逆，必乱国家，人君杀之，是断以大义也。三桓，鲁之三家，皆桓公之后也。先是成季以庄公之命鸩杀僖叔，后庆父贼子般，又弑闵公，于是又杀庆父。故云由三桓始。　疏曰："按三桓之前，齐公孙无知、卫州吁、宋长万皆以强盛被杀。此云由三桓始者，据鲁而言。"　般，音班。

天子无客礼，莫敢为主焉。君适其臣，升自阼阶，不敢有其室也。觐礼，天子不下堂而见诸侯。下堂而见诸侯，天子之失礼也。由夷王以下。天子所以无客礼者，以其尊无对，莫敢为主故也。适臣而升自主阶，是为主之义。不敢有其室者，言人臣不敢以此室为私有而主之矣，况敢为主而待君为客乎？觐礼，天子负斧依南面，侯氏执玉入，是不下堂见诸侯也。惟春朝夏宗，以客礼待诸侯，则天子以车出迎。夷王，康王之玄孙之子。　下，去声。依，上声。诸侯之宫县，而祭以白牡，击玉磬，朱干设钖，冕而舞《大武》，乘大路，诸侯之僭礼也。天子之乐，四面皆县，谓之宫县。诸侯轩县，则三面而已。白牡，殷祭之正牲，后代诸侯，当用时王之牲也。又诸侯当击石磬。玉磬，天子乐器，《书》言"鸣球"是也。诸侯虽得舞《大武》，但不得朱干设钖，冕服而舞也。干，盾也。钖者，盾背之饰，金为之。大路，殷祭天所乘之车也。　县，音玄。钖，音阳，字从昜，与锡异。台门而旅树，反坫，绣黼丹朱中衣，大夫之僭礼也。此皆诸侯之礼。

两旁起土为台，台上架屋而门当其中，故曰台门。旅，道也。树，屏也。立屏当所行之路，以蔽内外为敬。天子外屏，诸侯内屏，大夫以帘，士以帷坫在两楹之间。两君好会献酬饮毕，则反爵于其上，故曰反坫。旧读绣为绡，今如字。绣黼者，绣刺为黼文也。丹朱，染缯为赤色也。绣黼为中衣之领，丹朱为中衣之缘。中衣者，朝服祭服之里衣也，制如深衣，但袖小长耳。冕服是丝衣，则中衣用绢素。皮弁服朝服，玄端是麻衣，则中衣用布也。　石梁王氏曰："绣当依《诗》文，不可改为绡。"屏，音丙。好，去声。刺，音戚。缘。去声。

故天子微，诸侯僭；大夫强，诸侯胁。于此相贵以等，相觌以货，相赂以利，而天下之礼乱矣。诸侯不敢祖天子，大夫不敢祖诸侯。而公庙之设于私家，非礼也，由三桓始也。相贵以等，谓擅相尊贵以等列也。诸侯不敢祖天子，而《左传》云，宋祖帝乙，郑祖厉王。鲁襄十二年，吴子寿梦卒，临于周庙，礼也，鲁以周公之故立文王庙耳。大夫不敢祖诸侯，而《左传》云，凡邑有宗庙先君之主曰都。记者以礼之正言之，而又有他义者。旧说谓天子之子以上德为诸侯者，得祀其所出，故鲁以周公之故立文王庙。公子得祖先君，公孙不得祖诸侯，故公子为大夫者，亦得立宗庙于其采地，故曰邑有宗庙先君之主也。其王子母弟，虽无功德，不得出封为诸侯，而食采畿内者，亦得立祖王庙于采地。故都宗人，家宗人，掌祭祖王之庙也。由三桓始，谓鲁之三家立桓公庙也。　临、采，并去声。天子存二代之后，犹尊贤也。尊贤不过二代。疏曰："古《春秋》、《左氏》说周家封夏殷二王之后以为上公，封黄帝、尧、舜之后谓之三恪。"恪者，敬也，敬其先圣而封其后。诸侯不臣寓公，故古者寓公不继世。诸侯失国而寄寓他国者，谓之寓公。所寓之国，不敢以之为臣。此寓公死，则臣其子矣。故云寓公不继世。君之南乡，答阳之义也。臣之北面，答君也。答，犹对也。　乡，去声。大夫之臣不稽首，非尊家臣，以辟君也。诸侯于天子稽首，大夫于诸侯亦稽首，惟家臣于大夫不稽首者，非尊重家臣也，以避国之正君也。盖诸侯与大夫同在一国，大夫已稽首于君矣，家臣若又稽首于大夫，则似一国而两君矣，故云以辟君。　辟，音避。大夫有献弗亲，君有赐不面拜，为君之答己也。有献弗亲者，使人往献，不身自往也。不面拜，不亲见君之面而拜也，恐烦君答拜故也。　为，去声。乡人裼，孔子朝服立于阼，存室神也。《论语》“乡人傩，朝服而立于阼阶”，即此事也。旧说，裼，是强鬼之名。乡人驱逐此鬼，孔子恐惊庙室之神，故衣朝服立于庙之东阶，以存安庙室之神，使神依己而安也。礼，大夫朝服以祭，故用祭服以依神。　裼，音伤。衣，去声。

孔子曰：“射之以乐也，何以听？何以射？”何以听，谓射者何以能不失射之容节，而又能听乐之音节乎？何以射，谓何以能听乐之音节，而使射之容与乐之节相应乎？言其难而美之也。孔子曰：“士使之射，不能，则辞以疾，县弧之义也。”为士者当习于射，以六艺之一也。不敢以不能辞，惟可以疾辞，盖生而设弧于门左，已有射道，但未能耳。今辞以疾而未能，则亦与初生之未能相似，故云县弧之义也。孔子曰：“三日齐，一日用之，犹恐不敬。二日伐鼓，何居？”齐者不听乐，恐散其志虑也。今三日之间，乃二日击鼓，其义何所处乎？怪之之辞。孔子曰：“绎之于库门内，祊之于东方，朝市之于西方，失之矣。”绎，祭之明日又祭也。绎是堂上接尸，祊是于室内求神，皆一时之事。绎之礼当于庙门外之西堂，今乃于库门内；祊当在庙门外西室，今乃于庙门外东方。朝市，即《周礼》所谓朝时而市也。当于市内近东，今乃于市内西方。此三事皆违于礼，故曰失之矣。　朝，如字。

社祭土而主阴气也，君南乡于北墉下，答阴之义也。日用甲，用日之始也。地秉阴，则社乃阴气之主。社之主设于坛上北面，而君来北墙下，南向祭之，盖社不屋，惟立之坛壝而环之以墙。既地道主阴，故其主北向而君南向对之。答，对也。甲为十干之首。天子大社，必受霜露风雨，以达天地之气也。是故丧国之社屋之，不受天阳也。薄社北牖，使阴明也。薄，《书》作亳。薄社于周为丧国之社，必存之者，《白虎通》云：“王者诸侯必有诫社，示有存亡也。”屋其上，则天阳不入，牖于北，则阴气可通，阴明则物死也。　丧，去声。社所以神地之道也。地载万物，天垂象，取财于地，取法于天，是以尊天而亲地也，故教民美报焉。家主中霤而国主社，示本也。圣人知地道之大，故立社以祭，所以神而明之也。美报，美善其报之之礼也。上古穴居，故有中霤之名。中霤与社皆土神。卿大夫之家主祭土神于中霤,天子诸侯之国主祭土神于社。此皆以示其为载物生财之本也。

唯为社事,单出里。社事,祭社之事也。二十五家为里。单,尽也。言当祭社之时,一里之人尽出而供给其事,盖每家一人也。　为,去声,下节同。单,音丹。唯为社田,国人毕作。为祭社之事而田猎,则国中之人皆行,无留家者。唯社,丘乘供粢盛,所以报本反始也。祭社必有粢盛,稷曰明粢,在器曰盛,此粢盛则使丘乘供之。井田之制,九夫为井,四井为邑,四邑为丘,四丘为乘也。报者,酬之以礼。反者,追之以心。　乘,去声。盛,平声。

季春出火,为焚也。然后简其车赋,而历其卒伍,而君亲誓社以习军旅,左之右之,坐之起之,以观其习变也。而流示之禽,而盐诸利,以观其不犯命也。求服其志,不贪其得,故以战则克,以祭则受福。建辰之月,大火心星昏见南方,故出火以焚除草莱,焚后即蒐田。简,阅视也。赋,兵也。历,数之也。百人为卒,五人为伍。誓社,誓众于社也。或左或右,或坐或起,皆是军旅之法。习变,习熟其变动之节也。驱逐之际,禽兽流动纷纭,众皆见之,故云流示之禽。盐,读为艳。艳诸利,谓使之歆艳于利也。禽兽虽甚可欲,而杀获取舍,皆有定制。犯命者必罚,不使之犯命者,是求以遏服其贪利之志。人君亦取之有制,如大兽公之,小禽私之,不逾法而贪下之所得也。以战则克,习民于变也。祭则受福,获牲以礼也。　疏曰:"祭社既在仲春,此出火为焚,当在仲春之月,记者误也。"　为,去声。盐,去声。见,音现。数,上声。天子适四方,先柴。《书》曰:"岁二月东巡守,至于岱宗,柴。"

郊之祭也,迎长日之至也。至,犹到也。冬至日短极而渐舒,故云迎长日之至。　朱子曰:"以始祖配天,须在冬至,一阳始生,万物之始。宗祀九月,万物之成。父者,我所自生。帝者,生物之祖。故推以为配,而祀于明堂。此议方正。"　问:"郊祀后稷以配天,宗祀文王以配上帝。帝只是天,天只是帝,却分祭,何也?"朱子曰:"为坛而祭,故谓之天。祭于屋下,而以神祇祭之,故谓之帝。"　今按郊祀一节,先儒之论不一者,有子月、寅月之异,有周礼、鲁礼之分,又以郊与圜丘为二事,又有祭天与祈谷为二郊,今皆不复详辩,而以朱说为定。大报天而主日也,兆于南郊,就阳位也。埽地而祭,于其质也。器用陶匏，以象天地之性也。郊祭者，报天之大事，而主于迎长日之至。《祭义》云："配以月，故方氏谓天之尊无为。可祀之以其道，不可主之以其事，故以日为之主焉。天秉阳，日者众阳之宗，故就阳位而立郊兆。陶匏，亦气之质者，质乃物性之本然也。" 埽，去声。于郊，故谓之郊。牲用骍，尚赤也。用犊，贵诚也。郊之用辛也，问郊之用辛日何谓？周之始郊日以至。谓周家始郊祀，适遇冬至是辛日，自后用冬至后辛日也。卜郊，受命于祖庙，作龟于祢宫，尊祖亲考之义也。告于祖庙而行事，则如受命于祖，此尊祖之义。作，犹用也。用龟以卜而于祢宫，此亲考之义。《曲礼》言大飨不问卜，既用冬至，则有定日，此但云卜郊，则非卜日矣。下文言帝牛不吉，亦或此为卜牲欤。不然，则异代之礼也。卜之日，王立于泽，亲听誓命，受教谏之义也。泽，泽宫也。于其中射以择士，因谓之泽宫。又其宫近水泽，故名也。其日卜竟，有司即以祭事誓戒命令众执事者，而君亦听受之，是受教谏之义也。献命库门之内，戒百官也。大庙之命，戒百姓也。有司献王所以命百官之事，王乃于库门内集百官而戒之。又于大庙之内，戒其族姓之臣也。 大，音泰。祭之日，王皮弁以听祭报，示民严上也。丧者不哭，不敢凶服，泛埽反道，乡为田烛，弗命而民听上。祭报，报白日时早晚，及牲事之备具也。泛埽，洒水而后埽也。反道，刬道路之土反之，令新者在上也。乡，郊内六乡也。六乡之民，各于田首设烛照路，恐王行事之早也。丧者不哭以下诸事，皆不待上令而民自听从，盖岁以为常也。 泛，音泛。埽，去声。洒，去声。刬，音产。祭之日，王被衮以象天。象天，谓有日月星辰之章也。 陈氏曰："合《周官》、《礼记》而考之，王之祀天，内服大裘，外被龙衮。龙衮所以袭大裘也。"戴冕璪十有二旒，则天数也。乘素车，贵其质也。旂十有二旒，龙章而设日月，以象天也。天垂象，圣人则之，郊所以明天道也。璪，与藻同。素车，殷之木路也。旂之旒与冕之旒，皆取垂下之义。余见前。帝牛不吉，以为稷牛。帝牛必在涤三月，稷牛唯具，所以别事天神与人鬼也。万物本乎天，人本乎祖，此所以配上帝也。郊之祭也，大报本反始也。郊祀后稷以配天，故祭上帝者谓之帝牛，祭后稷者谓之稷牛。涤者，牢中清除之所也。此二牛皆在涤中。为，犹用也。若至期卜牲不吉，或有死伤，即用稷牛为帝牛，而别选稷牛也。非在涤三月者不可为帝牛，故以稷牛代之。稷乃人鬼，其牛但得具用足矣，故云稷牛唯具。人本乎祖，故以祖配帝。是郊之祭，乃报本反始之大者。　别，必列切，注如字。

天子大蜡八，伊耆氏始为蜡。蜡也者，索也。岁十二月，合聚万物而索飨之也。蜡祭八神，先啬一，司啬二，农三，邮表畷四，猫虎五，坊六，水庸七，昆虫八。伊者氏，尧也。索，求索其神也。合，犹闭也。闭藏之月，万物各已归根复命，圣人欲报其神之有功者，故求索而享祭之也。　蜡，音乍。耆，音其。索，色窄切。蜡之祭也，主先啬而祭司啬也，祭百种以报啬也。啬，与穑同。先啬，神农也。主，如前章主日之主，言为八神之主也。司啬，上古后稷之官。百种，司百谷之种之神也。报啬，谓报其教民树艺之功。　种，上声。

飨农及邮表畷、禽兽，仁之至，义之尽也。农，古之田畯，有功于民者。邮者，邮亭之舍也。标表田畔相连畷处，造为邮舍，田畯居之以督耕者，故谓之邮表畷。禽兽，猫虎之属也。　畷，株劣切。古之君子，使之必报之。迎猫，为其食田鼠也；迎虎，为其食田豕也，迎而祭之也。祭坊与水庸，事也。田鼠、田豕，皆能害稼，故食之者为有功。迎者，迎其神也。坊，堤也，以蓄水亦以障水。庸，沟也，以受水亦以泄水。皆农事之备，故曰事也。眉山苏氏以为迎猫则为猫之尸，迎虎则为虎之尸，近于倡优所为，是以子贡言一国之人皆若狂也。　为，去声。坊，音防。曰："土反其宅，水归其壑，昆虫毋作，草木归其泽。"此祝辞也。宅，犹安也。土安则无崩圮，水归则无泛溢。昆虫，谓螟蝗之属，害稼者。作，起也。草木各归根于薮泽，不得生于耕稼之土也。　毋、无通。皮弁素服而祭，素服以送终也。葛带榛杖，丧杀也。蜡之祭，仁之至，义之尽也。物之助成岁功者，至此而老，老则终矣，故皮弁、索服、葛带、榛杖以送之，丧礼之杀也。此为义之尽。祭报其功，则仁之至也。《周礼·籥章》云："国祭蜡则龡《豳颂》，击土鼓，以息老物。"　杀，色介切。龡、吹同。黄衣黄冠而祭，息田夫也。野夫黄冠。黄冠，草服也。《月令》，腊先祖五祀，劳农以休息之。此祭是也。黄冠为草野之服，其详未闻。　劳，去声。

大罗氏，天子之掌鸟兽者也，诸侯贡属焉。草笠而至，尊野服也。诸侯鸟兽之贡，属大罗氏之掌，其使者戴草笠，是尊野服。 使，去声。罗氏致鹿与女，而诏客告也。以戒诸侯曰："好田好女者亡其国。"鹿者，田猎所获。女则所俘于亡国者。客，贡使也。使者将返，罗氏以鹿与女示使者，以王命诏之，使归告其君，而以王言戒之曰："好田猎好女色者必亡其国。"旧说如此。然鹿可岁得，而亡国之女不恒有，其详未闻也。 好，去声。使，去声。天子树瓜华，不敛藏之种也。瓜华，瓜与果蓏之属也。天子所种者瓜华，供一时之用而已，不是收敛久藏之种也。若可收敛久藏之物，则不树之，恶与民争利也。此亦令使者归告戒其君之事。 种，上声。八蜡以记四方。四方年不顺成，八蜡不通，以谨民财也。顺成之方，其蜡乃通，以移民也。既蜡而收，民息已。故既蜡，君子不兴功。记四方者，因蜡祭而记其丰凶也。蜡祭之礼，列国皆行之。若其国岁凶，则八蜡之神，不得与诸方通祭，所以使民知谨于用财，不妄费也。移者，宽纵之义。盖岁丰，则民财稍可宽舒用之也。党正属民饮酒，始虽用礼，及其饮食醉饱，则亦纵其酣畅为乐，夫子所谓一日之泽是也。农民终岁勤动，而于此时得一日之乐，是上之人劳农之美意也。既蜡之后，收敛积聚，民皆休息，故不兴起事功也。 移，去声。属，音浊。乐，音洛。劳，去声。积，音恣。

恒豆之菹，水草之和气也；其醢，陆产之物也。加豆，陆产也；其醢，水物也。恒豆，每日常进之豆也。《周礼》醢人所掌朝事之豆，注谓清朝未食先进口食也。菹，酢菜也。水草，昌本茆菹之类。加豆，《周礼注》谓尸既食后，亚献尸所加进之豆，但醢人所掌，是天子之礼。此言诸侯之礼，物既不同，此朝事之豆，与祭礼馈食荐孰之豆，俱为恒豆，而加豆，则祭未酳尸所用也。水物，若蠃醢鱼醢是也。菹醢皆以豆盛之。 菹，兹居切。笾、豆之荐，水土之品也。不敢用常亵味而贵多品，所以交于神明之义也，非食味之道也。先王之荐，可食也而不可耆也。卷冕路车，可陈也而不可好也。《武》壮而不可乐也。宗庙之威而不可安也。宗庙之器，可用也而不可便其利也。所以交于神明者，不可同于所安乐之义也。不可耆，谓食之有节，不可贪爱。旧说谓质而无味，不能悦口。不可好，谓尊严之服器，不可以供玩爱。武，万舞大武也，以示庄勇之容，不可常为娱乐。宗庙威严之地，不可寝处以自安。宗庙行礼之器，不可利用以为便。交神明之义如此。　耆，音嗜。卷，音衮。好，去声。乐，音洛。酒醴之美，玄酒明水之尚，贵五味之本也。黼黻文绣之美，疏布之尚，反女功之始也。莞簟之安，而蒲越、稿鞂之尚，明之也。大羹不和，贵其质也。大圭不琢，美其质也。丹漆雕几之美，素车之乘，尊其朴也。贵其质而已矣。所以交于神明者，不可同于所安亵之甚也。如是而后宜。未有五味之初，先有水，故水为五味之本。未有黼绣，先有粗布，故疏布为女功之始。《周礼》司烜氏掌以鉴取明水于月，盖取其洁也。明之，昭其礼之异也。雕，刻镂之也。几，漆饰之畿限也。安亵之甚，言甚安甚亵也。宜，犹称也。余并见前。　越，音活。大，音泰。和，去声。几，音祈。乘，去声。称，去声。鼎、俎奇而笾、豆偶，阴阳之义也。黄目，郁气之上尊也。黄者，中也。目者，气之清明者也。言酌于中而清明于外也。黄目，黄彝也，卣罍之类，以黄金镂其外以为目，因名焉。用贮郁鬯之酒，有芬芳之气，故云郁气。中，中央之色也。奇偶，见前。　奇，音基。祭天埽地而祭焉，于其质而已矣。醯、醢之美，而煎盐之尚，贵天产也。割刀之用，而鸾刀之贵，贵其义也，声和而后断也。盐以煎炼而成，故曰煎盐。必用鸾刀者，取其鸾铃之声调和，而后断割其肉也。贵其义，是贵声和之义。　埽，去声。断，上声。

冠义，始冠之，缁布之冠也。大古冠布，齐则缁之。其緌也，孔子曰："吾未之闻也，冠而敝之可也。"冠义，言冠礼之义也。冠礼三加，先加缁布冠，是太古齐时之冠也。缁布为之，不用笄，用頍以围发际，而结于项中，因缀之以固冠耳，不闻有垂下之緌也。此冠后世不复用，而初冠暂用之，不忘古也。冠礼既毕，则敝弃之可矣。《玉藻》云"缁布冠缋緌"，是诸侯位尊，尽饰故也。然亦后世之为耳。　石梁王氏曰："冠一段，当附《冠义》。"　"冠义"、"始冠"、"冠而"，去声。"之冠"、"古冠"，如字。齐，侧皆切。緌，如追切。頍，犬蕊切。适子冠于阼，以著代也。醮于客位，加有成也。三加弥尊，喻其志也。冠而字之，敬其名也。著代，显其为主人之次也。酌而无酬酢曰醮，客位在户牖之间。加有成，加礼于有成之人也。三加，始冠缁布冠，次加皮弁，又次加爵弁也。喻其志者，使其知广充志意以称尊服也。此适子之礼，若庶子则冠于房户外南面，醮亦户外也。夏殷之礼醮用酒，每一加而一醮。周则用醴，三加毕乃总一醴也。 适，音的。冠，去声。称，去声。委貌，周道也。章甫，殷道也。毋追，夏后氏之道也。委貌，章甫，毋追，皆缁布冠，但三代之易名不同，而其形制亦应异耳。是皆先王制礼之道，故皆以道言之。委貌，即玄冠。旧说委，安也，言所以安正容貌；章，明也，所以表明丈夫。毋，发声之辞。追，犹椎也。以其形名之。此一条，是论三加始加之冠。 毋，音牟。追，音堆。周弁，殷冔，夏收。周之弁，殷之冔，夏之收，各是时王所制，以为三加之冠。旧说弁名出于槃，槃，大也。冔名出于幠，幠，覆也。收，所以收敛其发也。形制未闻。 冔，音诩。覆，去声。三王共皮弁、素积。皮弁，以白鹿皮为之，其服则十五升之布也，白与冠同，以素为裳，而辟积其要中，故云皮弁素积也。三代皆以此为再加之冠服。无大夫冠礼，而有其昏礼。古者五十而后爵，何大夫冠礼之有？诸侯之有冠礼，夏之末造也。诸侯大夫之冠，一如士礼行之，下章所谓无生而贵者也。夏之末造，言夏之末世所为耳。

天子之元子，士也。天下无生而贵者也。继世以立诸侯，象贤也。以官爵人，德之杀也。死而谥，今也。古者生无爵，死无谥。元子，适长子也，其冠亦行士之冠礼。无生而贵，言有德乃有位也。立诸侯以继其先世，以其能法前人之贤行也。以官爵人，必随其德之大小而为降杀也。死必有谥，今日之变礼也。殷以前，大夫以上乃为爵，死则有谥。周制虽爵及命士，死不谥也。 杀，色介切。礼之所尊，尊其义也。失其义，陈其数，祝史之事也。故其数可陈也，其义难知也。知其义而敬守之，天子之所以治天下也。先王制礼，皆有精微之理，所谓义也。礼之所以为尊，以其义之可尊耳。玉帛俎豆，各有多寡厚薄之数。数之陈列者，人皆可得而见。义之精微者，不学则不能知也，祝史其能知之乎？《中庸》曰："明乎郊、社之礼，禘、尝之义，治国其如示诸掌乎？"此总结前章冠义以下。

天地合而后万物兴焉。夫昏礼，万世之始也。取于异姓，所以附远厚别也。币必诚，辞无不腆，告之以直信。信事人也，信妇德也。壹与之齐，终身不改，故夫死不嫁。附远，附犹托也，托于远嫌之义也。厚别，重其有别之礼也。币诚辞腆，是欲告戒为妇者以正直诚信之行信其能尽事人之道，信其能有为妇之德也。此以下言昏礼之义。　郑氏曰："齐，谓共牢而食，同尊卑也。"　石梁王氏曰："昏一段，当附《昏义》。"　取、远，并去声。别，必列切。男子亲迎，男先于女，刚柔之义也。天先乎地，君先乎臣，其义一也。执摰以相见，敬章别也。男女有别，然后父子亲；父子亲，然后义生；义生，然后礼作；礼作，然后万物安。无别无义，禽兽之道也。先，谓倡道之也。执摰，奠雁也。行敬以明其有别，故云敬章别也。有别，则一本而父子亲，亲亲之杀，则义生礼作，而万物各得其所矣。禽兽知有母而不知有父，无别故也。　迎、先，并去声。别，必列切。婿亲御授绥，亲之也。"亲之也"者，亲之也。敬而亲之，先王之所以得天下也。出乎大门而先，男帅女，女从男，夫妇之义由此始也。妇人从人者也，幼从父兄，嫁从夫，夫死从子。夫也者，夫也。夫也者，以知帅人者也。亲御妇车而授之绥，是亲爱之义也。亲之，乃可使之亲己，故曰"亲之也者亲之也"。太王爰及姜女，文王亲迎于渭，皆是敬而亲之之道。以至于有天下，故曰先王之所以得天下也。大门，女家之门也。先，婿车在前也。女从男，妇车随之也。夫也者，丈夫也。丈夫者，以才智帅人者也。　先，去声。帅，入声。知，音智。

玄冕齐戒，鬼神阴阳也。将以为社稷主，为先祖后，而可以不致敬乎？服玄冕而致齐戒，是事鬼神之道。鬼者，阴之灵。神者，阳之灵。故曰鬼神阴阳也。今昏礼者，盖将以主社稷之祭祀，承先祖之宗庙也，可不以敬社稷与先祖之礼敬之，而玄冕齐戒乎？　齐，音斋。共牢而食，同尊卑也。故妇人无爵，从夫之爵。坐以夫之齿。器用陶匏，尚礼然也。三王作牢用陶匏。厥明，妇盥馈。舅姑卒食，妇馂馀，私之也。舅姑降自西阶，妇降自阼阶，授之室也。昏礼不用乐，幽阴之义也。乐，阳气也。昏礼不贺，人之序也。

牢,俎也。尚礼然,谓古来所尚之礼如此。共牢之礼,虽三王所作,而俎之外,器用皆如古者之用陶匏,重夫妇之始也。厥明,昏礼之明日也。盥馈,盥洁而馈食也。人之序,谓相承代之次序也。 卒,子恤切。馂,音俊。

有虞氏之祭也,尚用气。血、腥、爓祭句,用气也。尚用气,以用气为尚也。初以血诏神于室,次荐腥肉于堂,爓次腥亦荐于堂,皆未熟,故云用气。此以下至篇末,皆言祭礼。殷人尚声,臭味未成,涤荡其声。乐三阕,然后出迎牲。声音之号,所以诏告于天地之间也。牲未杀,则未有臭味,故云臭味未成。涤荡,宣播之意。鬼神在天地间,与阴阳合散同一理,而声音之感,无间显幽,故殷人之祭,必先作乐三终,然后出而迎牲于庙门之外。此是欲以此乐之声音号呼而诏告于两间,庶几其闻之而来格来享也。殷人先求诸阳,凡声,阳也。 号,平声。"无间"间,去声。几,平声。周人尚臭,灌用鬯臭,郁合鬯,臭阴达于渊泉。灌以圭璋,用玉气也。既灌然后迎牲,致阴气也。周人尚气臭,而祭必先求诸阴,故牲之未杀,先酌鬯酒灌地以求神,以鬯之有芳气也,故曰灌用鬯臭。又捣郁金香草之汁,和合鬯酒,使香气滋甚,故云郁合鬯也。以臭而求诸阴,其臭下达于渊泉矣。灌之礼,以圭璋为瓒之柄。用玉之气,亦是尚臭也。灌后乃迎牲,是欲先致气于阴以求神,故云致阴气也。 石梁王氏曰:"四臭字本皆句绝,然细别之,鬯灌之地,此臭之阴者也;萧焫上达,此臭之阳者也。"亦有义,姑从释文。萧合黍稷,臭阳达于墙屋。故既奠,然后焫萧合羶芗。凡祭慎诸此。萧,香蒿也。取此蒿及牲之脂膋合黍稷而烧之,使其气旁达于墙屋之间,是以臭而求诸阳也。此是周人后求诸阳之礼。既奠,谓荐孰之时,盖堂上事尸礼毕,延尸于户内而荐之孰,祝先酌酒奠于铏羹之南,而尸犹未入,萧脂黍稷之烧,正此时也。馨香,即黍稷也。既奠以下,是明上文焫萧之时,非再焫也。此是天子诸侯之礼,非大夫士礼也。 焫,如悦切。羶,音馨。芗,音香。膋,音聊。

魂气归于天,形魄归于地,故祭求诸阴阳之义也。殷人先求诸阳,周人先求诸阴。诏祝于室,坐尸于堂,用牲于庭,升首于室。直祭祝于主,索祭祝于祊。不知神之所在,于彼乎,于此乎?或诸远人乎?祭于祊,尚曰求诸远者与?诏,告也。诏祝于室，谓天子诸侯之祭，朝事之时，祝取牲之膟膋燎于炉炭，而入告神于室也。坐尸于堂者，灌鬯之后，尸坐户西南面也。用牲于庭，谓杀牲也。升首于室，升牲之首也。直祭，正祭也。祭以荐孰为正，正祭之时，祝官以祝辞告于神主，如云荐岁事于皇祖伯某甫是也。索，求也。求索其神灵而祭之，则祝官行祭于祊也。祊有二，一是正祭时设祭于庙，又求神于庙门之内而祭之。《诗》云："祝祭于祊。"此则与祭同日。一是明日绎祭，祭于庙门之外也。于彼于此，言神在于彼室乎，在于此堂乎？或诸远人者，或远离于人而不在庙乎？尚，庶几也。祭于祊，庶几可求之于远处乎？　索，音色。远，去声。与，平声。膟，音律。离，去声。祊之为言倞也，肵之为言敬也。富也者，福也。首也者，直也。相，飨之也。嘏，长也，大也。尸，陈也。毛血，告幽全之物也。告幽全之物者，贵纯之道也。倞，远也。承上文求诸远者而言，尸有肵俎，是主人敬尸之俎也。人君嘏辞有富，以福言也。牲体首在前，升首而祭，取其与神坐相直也。相，诏侑也。所以诏侑于尸，欲其享此馔也。尸使祝致嘏辞于主人，嘏有长久广大之义也。尸，神象，当为主之义，今以训陈，记者误耳。杀牲之时，先以毛及血告神者，血在内，是告其幽；毛在外，是告其全也。贵纯者，贵其表里皆善也。　倞，音谅。肵，音祈。相，去声。

血祭，盛气也。祭肺肝心，贵气主也。祭黍稷加肺，祭齐加明水，报阴也。取膟膋燔燎升首，报阳也。明水涚齐，贵新也。凡涚，新之也。其谓之明水也，由主人之洁著此水也。有血有气乃为生物，血由气以滋，死则气尽而血亦枯矣。故血祭者，所以表其气之盛也。肺肝心，皆气之所舍，故云气主。周祭肺，殷祭肝，夏祭心也。祭黍稷加肺者，谓尸隋祭之时，以黍稷兼肺而祭也。祭齐加明水，谓尸正祭之时，陈列五齐之尊，又加明水之尊也。祖考形魄归地属阴，而肺于五行属金，金水阴也，故加肺。加明水，是以阴物而报阴灵也。膟膋，肠间脂也。先燔燎于炉，至荐孰，则合萧与黍稷烧之。黍稷阳也，牲首亦阳体，魄气归天为阳，此以阳物报阳灵也。明水，阴鉴所取月中之水。涚，犹清也。泲漉五齐而使之清，故云涚齐。所以设明水及涚齐者，贵其新洁也。凡涚，新之也，专主涚齐而言，故下文又释明水之义。洁著，洁净而明著也。自月而生，故谓之明。周礼五齐，一泛齐，二醴齐，三盎齐，四缇齐，五沈齐。　齐，去声。膟，音律。膋，音僚。涚，音税。隋，音灰。

君再拜稽首，肉袒亲割，敬之至也。敬之至也，服也，拜服也。稽首，服之甚也。肉袒，服之尽也。祭称孝孙孝子，以其义称也。称曾孙某，谓国家也。祭祀之相，主人自致其敬，尽其嘉，而无与让也。服者，服顺于亲也。拜服也，谓再拜是服顺也。稽首为服顺之甚，肉袒为服顺之尽，言服顺之诚在内，今又肉袒，则内外皆服矣，故云服之尽。祭主于孝士之祭，称孝孙孝子，是以祭之义为称也。诸侯有国，卿大夫有家，不但祭祖与祢而已。其祭自曾祖以上，惟称曾孙，故云称曾孙某，谓国家也。盖大夫三庙，得事曾祖也。上士二庙，事祖祢。中下士一庙，祖祢共之。相，诏侑于尸也。相者不告尸以让，盖是主人敬尸，自致其诚敬，尽其嘉善，无所与让也。

腥肆爓腍祭，岂知神之所飨也？主人自尽其敬而已矣。举斝角，诏妥尸。古者尸无事则立，有事而后坐也。尸，神象也。祝，将命也。祭之为礼，或进腥体，或荐解剔，或进汤沈，或荐煮孰，岂知神果何所享乎？主人不过尽其敬心而已耳。斝与角，皆爵名。诏，告也。妥，安也。尸始即席举斝角之时，祝告主人拜尸，以妥安其坐。前篇言夏立尸而卒祭，此言古者，盖指夏时也。夏之礼，尸无事则立，有饮食之事，然后得坐也。尸所以象所祭者，故曰神象。为祝者，先以主人之辞告神，后以神之辞嘏主人，故曰将命。　肆，读为剔。腍，而审切。缩酌用茅，明酌也。缩，泲也。酌，斟酌也。谓醴齐浊泲而后可斟酌，故云缩酌也。用茅者，以茅覆藉而泲之也。周礼三酒，一曰事酒，二曰昔酒，三曰清酒。事酒，为事而新作者，其色清明，谓之明酌。言欲泲醴齐，则先用此明酌和之，然后用茅以泲之也。　泲，音姊。齐，去声。覆，去声。为，去声。醆酒涚于清，汁献涚于醆酒。醆酒，盎齐也。涚，泲也。清，谓清酒也。清酒冬酿，接夏而成。盎齐差清，先和以清酒而后泲之，故云醆酒涚于清。以其差清，故不用茅也。汁献，谓摩挲秬鬯及郁金之汁也。秬鬯中有煮郁，又和以盎齐摩挲而泲之，出其香汁，故云汁献涚于醆酒也。　疏曰：“以事酒泲醴齐，清酒泲盎齐，今泲秬鬯乃用盎齐，而不以三酒者，五齐卑，故用三酒泲之；秬鬯尊，故用五齐泲之也。”　醆，侧眼切。献，读为莎。齐，去声。差，楚宜切。和，去声。犹明清与醆酒于旧泽之酒也。上文所泲三者之酒，皆天子诸侯之礼。作记之时，此礼已废，人不能知其法，故言此以晓之曰：泲醴齐以明酌，泲醆酒以清酒，泲汁献以醆酒者，即如今时明清盏酒沸于旧醳之酒也。犹，若也。旧，谓陈久也。泽，读为醳。醳者，和醳醴酿之名，后世谓之醳酒。　泽，音亦。祭有祈焉，有报焉，有由辟焉。此泛言祭礼又有此三者之例。如《周礼》所云“祈福祥，求永贞，祈年于田祖”，《诗》言“春夏祈谷”之类，是祈也。报，谓获福而报之。祭礼多是报本之义。由，用也。辟，读为弭。如周所谓弭灾兵远罪疾之类。由弭者，用此以消弭之也。辟，音弭。远，去声。齐之玄也，以阴幽思也。故君子三日齐，必见其所祭者。齐而玄冠玄衣，顺鬼神幽黯之意，且以致其阴幽之思也。见其所祭之亲，精诚之感也。

内则第十二

疏曰:“闺门之内,轨仪可则,故曰《内则》。”石梁王氏曰:“此篇于《曲礼》之义为多”。

后王命冢宰降德于众兆民。冢宰掌邦治,而治国者必先齐家。降德者,下其德教于民也。孝为德之本,故首言子事父母之道。　石梁王氏曰:“注分后、王作两字解,不通。《书·说命》后王君公,后王,犹言君王,天子之别称也。郑注皆非记者本意,但据《周礼》太宰掌建邦之六典,则教典在所兼统,如此亦可解。郑分天子诸侯,甚无意义。”　“治国”治,平声。

子事父母,鸡初鸣,咸盥漱,栉縰笄总,拂髦,冠緌缨,端韠绅,搢笏。盥,洗手也。漱,涤口也。栉,梳也。縰,黑绘韬发者,以縰韬发作髻讫,即横插笄以固髻。总,亦缯为之,以束发之本,而垂余于髻后以为饰也。拂髦,振去髦上之尘也。髦,用发为之,象幼时剪发为鬌之形。此所陈皆以先后之次。栉讫加縰,次加笄,加总,然后加髦著冠。冠之缨结于颔下以为固,结之余者下垂谓之緌。端,玄端服也。衣用缁布而裳不同,上士玄裳,中士黄裳,下士杂裳也。服玄端著韠,又加绅大带也。搢,插也,插笏于带中。韠,以韦为之。古者席地而坐,以临俎豆,故设蔽膝以备濡渍。韠之言蔽也,在冕服谓之韨,他服则谓之韠。　项氏曰:“髦者,以发作伪髻垂两眉之上,如今小儿用一带连双髻,横系额上是也。”　漱,先奏切。縰,所买切。冠,如字。緌,儒追切。韠,音毕。搢,音荐。鬌,音垂,又音朵,又音妥。左右佩用,左佩纷、帨、刀砺、小觿、金燧,所佩之物,皆是备尊者使合之用。纷以拭器,帨以拭手,皆巾也。刀砺,小刀与砺石也。觿,状如锥,象骨为之。小觿,所以解小结者。金燧,用以取火于日中者。　帨,音税。觿,音兮。右佩玦、捍、管、遰、大觿、木燧。玦,射者著于右手大指,所以钩弦而开弓体也。捍,拾也,韬左臂而收拾衣袖以利弦也。管,旧注云笔驱,其形制未闻。遰,刀室也。大觿,所以解大结。木燧,钻火之器。晴则用金燧以取火,阴则用木燧以钻火也。　玦,音决。捍,音汗。遰,音逝。著,音斫。逼,即《诗》所谓邪幅也。逼束其胫,自足至膝，故谓之逼也。屦著綦。綦，屦头之饰，即絇也，说见《曲礼》。著，犹施也。　朱子曰："綦，鞋日带也。古人皆旋系，今人只从简易，缀之于上，如假带然。"　著，音斫。綦，音忌。旋，去声。

妇事舅姑，如事父母。鸡初鸣，咸盥漱，栉縰，笄总，衣绅。笄，今之簪也。衣绅，玄端绡衣之上加绅带，士妻之服也。　衣，如字。左佩纷、帨、刀砺、小觿、金燧，右佩箴、管、线、纩。施縏帙，大觿、木燧、衿缨、綦屦，以适父母舅姑之所。箴管，箴在管中也。縏帙，皆囊属。施縏帙者，为贮箴线纩也。衿，结也。缨，香囊也。　纩，音旷。縏，音盘。帙，陈乙切。衿，其鸩切。为，去声。及所，下气怡声，问衣燠寒，疾痛苛痒，而敬抑搔之。出入，则或先或后而敬扶持之。进盥，少者奉槃，长者奉水，请沃盥，盥卒授巾，问所欲而敬进之，柔色以温之，苛，疥也。抑，按；搔，摩也。温，承藉之义。谓以柔顺之色，承藉尊者之意，若藻藉之承玉然。　燠，音郁。痒，以想切。少，去声。奉、长，并上声。温，于粪切。饘酏、酒醴、芼羹、菽、麦蕡、稻、黍、粱、秫，唯所欲，饘，厚粥。酏，薄粥也。芼羹，以菜杂肉为羹也。蕡，大麻子。　酏，音移。芼，音冒。蕡，音焚。秫，音述。枣栗饴蜜以甘之，堇荁枌榆，免薧滫瀡以滑之，脂膏以膏之。父母舅姑必尝之而后退。饴，饧也。堇，菜名。荁，似堇而叶大。榆之白者名枌。免，新鲜者。薧，干陈者。言堇荁枌榆四物，或用新，或用旧也。滫，《说文》久泔也。瀡，滑也。滫瀡，滫之滑者也。凝者为脂，释者为膏。甘之、滑之、膏之，皆谓调和饮食之味也。此篇所记饮食珍羞诸物，古今异制，风土异宜，不能尽晓，然亦可见古人察物之精，用物之详也。　饴，音怡。堇，音谨。荁，音丸。免，音问。薧，音考。滫，思酒切。瀡，音髓。"膏之"膏，音告。和，去声。

男女未冠笄者，鸡初鸣，咸盥漱，栉縰，拂髦，总角，衿缨，皆佩容臭。昧爽而朝，问何食饮矣？若已食则退，若未食则佐长者视具。总角，总聚其发而结束之为角，童子之饰也。容臭，香物也，助为形容之饰，故言容臭。以缨佩之，后世香囊，即其遗制。昧，晦也。爽，明也。昧爽，欲明未明之时。　冠，去声。朝，音潮。凡内外，鸡初鸣，咸盥漱,衣服,敛枕簟,洒埽室堂及庭,布席,各从其事。孺子蚤寝晏起,唯所欲,食无时。古人枕席之具,夜则设之,晓则敛之,不以私亵之用示人也。 簟,徒点切。埽,去声。由命士以上,父子皆异宫。昧爽而朝,慈以旨甘;日出而退,各从其事;日入而夕,慈以旨甘。慈,爱也。谓敬爱其亲,故以旨甘之味致其爱。各从其事者,各治其所当为之事也。晚朝为夕。 郑氏曰:"异宫,崇敬也。" 上,上声。

父母舅姑将坐,奉席请何乡;将衽,长者奉席请何趾,少者执床与坐,御者举几,敛席与簟,县衾、箧枕、敛簟而襡之。将坐,旦起时也。奉坐席而铺者,必问何向。衽,卧席也。将衽,谓更卧处也。长者奉此卧席而铺,必问足向何所。床,《说文》云"安身之几坐",非今之卧床也。将坐之时,少者执此床以与之坐,御侍者举几进之,使之凭以为安。卧必簟在席上,旦起则敛之。而簟又以襡韬之者,以亲身恐秽污也。衾则束而悬之,枕则贮于箧也。 奉,上声。乡,去声。悬,音玄。箧,结叶切。襡,音独。更,平声。父母舅姑之衣衾簟席枕几,不传,杖屦,祗敬之勿敢近。敦牟卮匜,非馂莫敢用。与恒食饮,非馂莫之敢饮食。传,移也。谓此数者,每日置之有常处,子与妇不得辄移置他所也。近,谓挨逼之也。敦与牟,皆盛黍稷之器。牟,读为堥,土釜也。此器则木为之,象土釜之形耳。卮,酒器。匜,盛水浆之器。此四器皆尊者所用,子与妇非馂其余,无敢用此器也。与,及也。及尊者所常食饮之物,子与妇非馂余,不敢擅饮食之也。 敦,音对。卮,音支。匜,音移。馂,音俊。父母在,朝夕恒食。子妇佐馂,既食恒馂。父没母存,冢子御食,群子妇佐馂如初。旨甘柔滑,孺子馂。佐馂者,劝勉之使食而后馂其余也。既食恒馂者,尽食其常食之余也。御食,侍母食也。如初,如父在时也。

在父母舅姑之所,有命之,应唯敬对;进退周旋慎齐,升降出入揖遊,不敢哕噫、嚏咳、欠伸、跛倚、睇视,不敢唾洟。应之辞,唯为恭。哕,呕逆之声也。《庄子》"大块噫气",《诗》"愿言则嚏"。咳,嗽声也。气乏则欠,体疲则伸,偏正为跛,依物为倚。睇视,倾视也。洟,自鼻出者。 应,去声。唯,上声。齐,音斋。哕,于月切。噫,于界切。嚏,音帝。咳,苦爱切。跛,彼义切。睇,音第。洟,音替。寒不敢袭,痒不敢搔,不有敬事，不敢袒裼，不涉不撅，亵衣衾，不见里。袭，重衣也。袒与裼皆礼之敬，故非敬事不袒裼也。不因涉水，则不揭裳，不见里，为其可秽。　撅，音蹶。见，音现。为，去声。父母唾洟不见。冠带垢，和灰请漱；衣裳垢，和灰请浣；衣裳绽裂，纫箴请补缀。唾洟不见，谓即刷除之，不使见示于人也。漱、浣，皆洗濯之事。和灰，如今人用灰汤也。以线贯箴为纫。　见，音现。漱，平声。浣，胡管切。绽，直苋切。纫，女陈切。缀，音拙。五日则燂汤请浴，三日具沐。其间面垢，燂潘请靧；足垢，燂汤请洗。少事长，贱事贵，共帅时。燂，温也。潘，淅米汁也。靧，洗面也。共帅时，皆循是礼也。　燂，详廉切。潘，音翻。靧，音悔。帅，音率。

男不言内，女不言外。非祭非丧，不相授器。其相授，则女受以篚；其无篚，则皆坐，句奠之而后取之。男正位乎外，不当于外而言内庭之事；女正位乎内，不当于内而言梱外之事。惟丧祭二事，乃得以器相授受者，以祭为严肃之地，丧当急遽之时，乃无他嫌也。非此二者，则女必执篚，使授者置之篚中也。皆坐，男女皆跪也。授者跪而置诸地，则受者亦跪而就地以取之也。　梱、阃同。外内不共井，不共湢浴，不通寝席，不通乞假。男女不通衣裳。内言不出，外言不入。男子入内，不啸不指，夜行以烛，无烛则止。女子出门，必拥蔽其面，夜行以烛，无烛则止。道路，男子由右，女子由左。湢，浴室也。不啸不指，谓声容有异，骇人视听也。旧读啸为叱，今详啸非家庭所发之声，宜其不可，叱或有当发者，如见非礼举动，安得不叱以儆之乎？读如本字为是。拥，犹障也。由右由左，见《王制》。　湢，音逼。

子妇孝者敬者，父母舅姑之命，勿逆勿怠。子而孝，父母必爱之；妇而敬，舅姑必爱之。然犹恐其恃爱而于命或有所违也，故以勿逆勿怠为戒。若饮食之，虽不耆，必尝而待；加之衣服，虽不欲，必服而待。尝而待，服而待，皆谓俟尊者，察其不耆不欲而改命之，则或置之，或藏去，乃敢如己意也。　饮，去声。食，音嗣。耆，音嗜。加之事，人代之，己虽弗欲，姑与之，而姑使之，而后复之。尊者任之以事，而己既为之矣，或念其劳，又使他人代为，己意虽不以为劳而不欲其代，然必顺尊者之意而姑与之。若虑其为之不如己意，姑教使之，及其果不能而后己复为之也。子妇有勤劳之事，虽甚爱之，姑纵之，而宁数休之。谓虽甚爱此子妇而不忍其劳，然必且纵使为之，而宁数数休息之，必使终竟其事而后已。不可以姑息为爱，而使之不事事也。 数，音朔。子妇未孝未敬，勿庸疾怨，姑教之。若不可教，而后怒之。不可怒，子放妇出，而不表礼焉。庸，用也。怒之，谴责之也。不可怒，谓虽谴责之而不改也。虽放逐其子，出弃其妇，而不表明其失礼之罪，示不终绝之也。父母有过，下气怡色柔声以谏。谏若不入，起敬起孝，说则复谏。不说，与其得罪于乡党州闾，宁孰谏。父母怒不说，而挞之流血，不敢疾怨，起敬起孝。疏曰："孰谏，谓纯熟殷勤而谏，若物之成熟然。" 说，音悦。复，扶又切。父母有婢子若庶子庶孙，甚爱之。虽父母没，没身敬之不衰。婢子，贱者之所生也。若，及也，或也。没身，终身也。父母之所爱亦爱之，至于犬马尽然，而况于人乎？子有二妾，父母爱一人焉，子爱一人焉，由衣服饮食，由执事，毋敢视父母所爱，虽父母没不衰。由，自也。不敢以私爱违父母之情故也。子甚宜其妻，父母不说，出。子不宜其妻，父母曰"是善视我"，子行夫妇之礼焉，没身不衰。宜，犹善也。《大戴礼》："妇有七出：不顺父母一，无子二，淫三，妒四，恶疾五，多言六，窃盗七。三不去，有所受无所归不去；曾经三年丧不去；前贫贱后富贵不去。" 说，音悦。父母虽没，将为善，思贻父母令名，必果；将为不善，思贻父母羞辱，必不果。舅没则姑老，冢妇所祭祀宾客，每事必请于姑，介妇请于冢妇。老，谓传家事于长妇也。然长妇犹不敢专行，故祭祀宾客之事，必禀问焉。介妇，众妇也。

舅姑使冢妇，毋怠，不友无礼于介妇。石梁王氏曰："友，谓当作敢者是。" 刘氏曰："使，以事使之也。毋，禁止辞。不友者，不爱也。无礼者，不敬也。言舅姑以事命冢妇，则冢妇当自任其劳，不可怠于劳而怨介妇不助己，遂不爱敬之也。"舅姑若使介妇，毋敢敌耦于冢妇。刘氏曰："敌耦者，欲求分任均劳之意。言舅姑若以事使介妇为之，则介妇亦当自任其劳，不可谓己与冢妇为敌耦，欲求均配其劳也。”不敢并行，不敢并命，不敢并坐。又言介妇之与冢妇，分有尊卑，非惟任事毋敢敌耦，亦且不敢比肩而行，不敢并受命于尊者，不敢并出命于卑者，盖介妇当请命于冢妇也。坐次亦必异列。

凡妇不命适私室，不敢退。妇将有事，大小必请于舅姑。子妇无私货，无私畜，无私器。不敢私假，不敢私与。郑氏曰："家事统于尊也。" 适，如字。畜，许六切。妇或赐之饮食、衣服、布帛、佩帨、茝兰，则受而献诸舅姑。舅姑受之则喜，如新受赐。若反赐之，则辞。不得命，如更受赐，藏以待乏。或赐之，谓私亲兄弟也。茝兰，皆香草也。受之，则如新受赐，不受，则如更受赐，孝爱之至也。不得命者，不见许也。待乏，待尊者之乏也。 茝，昌改切，又音齿。妇若有私亲兄弟，将与之，则必复请其故。句赐而后与之。故，即前者所献之物而舅姑不受者，虽藏于私室，今必请于尊者，既许，然后取以与之也。

适子庶子，祗事宗子宗妇，虽贵富，不敢以贵富入宗子之家。虽众车徒，舍于外，以寡约入。疏曰："适子，谓父及祖之适子，是小宗也。庶子，谓适子之弟。宗子，谓大宗子。宗妇，谓大宗子之妇。" 适，音的。舍，如字，去声。子弟犹归器，衣服、裘衾、车马，则必献其上而后敢服用其次也。若非所献，则不敢以入于宗子之门，不敢以贵富加于父兄宗族。犹，若也。谓子弟中若有以功德显荣，而蒙尊上归遗之以器用衣服等物，则必献其上等者于宗子，而自服用其次者。若非宗子之爵所当服用而不可献者，则己亦不敢服用之，以入宗子之门也。加，高也。 遗，去声。若富，则具二牲，献其贤者于宗子。夫妇皆齐而宗敬焉，终事而后敢私祭。贤，犹善也。齐而宗敬，谓齐戒而往助祭事，以致宗庙之敬也。私祭祖祢，则用二牲之下者。

饭：黍、稷、稻、粱、白黍、黄粱，稰、穛。饭之品有黄黍、稷、稻、白粱、白黍、黄粱，凡六。其谷熟而获之则曰稰，生获之曰穛。穛是敛缩之名，以生获，故其物缩敛也。此诸侯之饭，天子又有麦与苽。 饭目，诸饭之品。稰，胥上声。穛，音捉。膳：膷、臐、膮、醢、牛炙，膷，牛臛。臐，羊臛。膮，豕臛。皆香美之名也。醢字衍，当删。牛炙，炙牛肉也。此四物为四豆，共为一行。　膳目，诸膳之品。臐，音香。臐，音熏。膮，音晓。炙，音柘。"炙牛"，如字。臛，音壑。行，音杭。醢、牛胾、醢、牛脍，醢，肉酱也。牛胾，切牛肉也。并醢与牛脍四物为四豆，是第二行。　胾，侧吏切。羊炙、羊胾、醢、豕炙，此四物为四豆，是第三行。醢、豕胾、芥酱、鱼脍，此四物为四豆，是第四行。共十六豆，下大夫之礼也。雉、兔、鹑、鷃。此四物为四豆，列为第五行。共二十豆，则上大夫之礼也。　鹑，音淳。鷃，音晏。饮：重醴、稻醴清糟、黍醴清糟、粱醴清糟。或以酏为醴，黍酏、浆水、醷、滥。醴者，稻黍粱三者各为之，已泲者为清，未泲者为糟，是三醴各有清有糟也。以清与糟相配重设，故云重醴，盖致饮于宾客则兼设之也。以酏为醴，酿粥为醴也。黍酏，以黍为粥也。浆，醋水也。醷，梅浆也。滥，杂糗饭之属和水也。

饮目，诸饮之品。重，平声。醷，音倚。酒：清，白。清，清酒也。祭祀之酒，事酒、昔酒俱白，故以白名之。有事而饮者谓之"事酒"，无事而饮者名"昔酒"。羞：糗饵、粉酏。《周礼》："羞笾之实，糗饵粉餈。"此酏字当读为餈，记者误耳。许慎云："餈，稻饼也。炊米捣之。"粉餈，以豆为粉，糁餈上也。糗，炒干米麦也。捣之以为饵。盖先屑为粉，然后溲之，"饵"之言"坚"，洁若玉珥也。"餈"之言"滋"也。　糗，起九切。饵，音二。酏，自私切。食：蜗醢而苽食雉羹，麦食脯羹、鸡羹，析稌犬羹、兔羹。和糁不蓼。此言进饭之宜。蜗，与螺同。苽，雕胡也。脯羹，析脯为羹也。稌，稻。析稌，谓细析稻米为饭也。此五羹者，宜以五味调和米屑为糁，不须加蓼，故云和糁不蓼也。　食，音嗣，下同。蜗，力戈切。苽，音孤。稌，音杜。和，去声。糁，思散切。蓼，音了。濡豚，包苦实蓼；濡鸡，醢酱实蓼；濡鱼，卵酱实蓼；濡鳖，醢酱实蓼。濡，读为胹，烹煮之也。胹豚者，包裹之以苦菜，而实蓼于腹中。此四物，皆以蓼实其腹而煮之也。卵酱，鱼子为酱也。三物之用酱，盖以调和其汁耳。　濡，音而。卵，音鲲。腶脩蚳醢，脯羹兔醢，麋肤鱼醢。鱼脍芥酱，麋腥醢酱，桃诸梅诸卵盐。腶脩，见前。蚳醢，以蚍蜉子为醢也。谓食腶脩者，以蚳醢配之；食脯羹者，以兔醢配之。余仿此。麋，鹿之大者。肤，切肉也。麋腥，生麋肉也。诸，菹也。桃梅皆为菹藏之，欲藏必令稍乾，故《周礼》谓之乾䕩。食之则和以卵盐。大盐形似鸟卵，故名卵盐也。　蚳，音墀。卵，力管切。蚳，音皮。蜉，音浮。令，平声。乾，音干。藤，音老。

凡食齐视春时，羹齐视夏时，酱齐视秋时，饮齐视冬时。郑氏曰："饭宜温，羹宜热，酱宜凉，饮宜寒也。" 食，音嗣。齐，去声。凡和，春多酸，夏多苦，秋多辛，冬多咸，调以滑甘。酸、苦、辛、咸、木、火、金、水之所属，多其时味，所以养气也。四时皆调以滑甘，象土之寄欤！牛宜稌，羊宜黍，豕宜稷，犬宜粱，雁宜麦，鱼宜苽。上云析稌犬羹兔羹，此云牛宜稌者，上是人君燕食，以滋味为美，此据尊者正食而言也。

春宜羔豚，膳膏芗；夏宜腒鱐，膳膏臊；秋宜犊麛，膳膏腥；冬宜鲜羽，膳膏羶。牛膏芗，犬膏臊，鸡膏腥，羊膏羶。如春时食羔豚，则煎之以牛膏，故云膳膏芗也。余仿此。腒，干雉。鱐，干鱼。麛，鹿子。鲜，生鱼。羽，雁也。旧说此膳所宜，以五行衰王相参，及方氏燥湿疾迟强弱之说，今皆略之。 腒，音渠。鱐，音搜。臊，音骚。麛，音迷。鲜，音仙。王，去声。牛脩鹿脯、田豕脯、麋脯、麇脯。麋、鹿、田豕、麇皆有轩，雉、兔皆有芼。疏曰："麛、鹿、田豕、麇皆有轩者，言此等非但为脯，又可腥食。腥食之时，皆以藿叶起之而不细切，故云皆有轩。不云牛者，牛惟可细切为脍，不宜大切为轩。雉、兔皆有芼者，为雉羹、兔羹，皆有芼菜以和之。" 郑氏曰："轩，读为宪。宪，谓藿叶切也。" 麇，俱伦切。轩，音宪。爵、鷃、蜩、范、芝、栭、蔆、椇、枣、栗、榛、柿、瓜、桃、李、梅、杏、楂、梨、姜、桂。蜩，蝉；范，蜂；芝，如今木耳之类；栭，《韵会注》云"江淮呼小栗为栭栗"；蔆，芰也。椇，形似珊瑚，味甜美，一名白石李。 郑氏曰："自牛脩至此三十一物，皆人君燕食所加庶羞也。《周礼》，天子羞用百有二十品，记者不能次录。" 蜩，音条。栭，音而。蔆，音陵。椇，音矩。楂，侧加切。

大夫燕食，有脍无脯，有脯无脍。士不贰羹胾。庶人耆老不徒食。因上文言人君燕食之物，而言大夫燕食，士不贰羹胾，亦谓燕食也。徒，犹空也。不徒食，言必有馔。 疏曰："若朝夕常食，则下云羹食，自诸侯以下至于庶人无等。"脍，春用葱，秋用芥。豚，春用韭，秋用蓼。脂用葱，膏用薤，三牲用藙，和用醯，兽用梅。芥，芥酱也。肥凝者为脂，释者为膏。三牲，牛、羊、豕也。藙，茱萸也。和用醯，以醯和三牲也。兽用梅,以梅和兽也。　薤,胡介切。藙,音毅。和,去声。鹑羹、鸡羹、駕,酿之蓼。魴、鱮,烝。雏,烧。雉,芗,无蓼。駕不为羹,惟烝煮而已,故不曰羹。此三味皆切蓼以杂和之,故曰酿之蓼。魴鱮二鱼,烝而食之,故曰魴鱮烝。雏,鸟之小者,烧熟然后调和,故云雏烧。雉则或烧或烝,或以为羹皆可。芗,谓香草,若白苏紫苏之属也。言烝魴鱮、烧雏及烹雉,皆调和之以香草,无用蓼也。　駕,音如。酿,尼亮切。魴,音防。鱮,音序。

不食句雏鳖,狼去肠,狗去肾,狸去正脊,兔去尻,狐去首,豚去脑,鱼去乙,鳖去丑。此九者皆为不利于人。雏鳖,伏乳者。鱼体中有骨如篆乙之形,去之,为鲠人也。丑,窍也。或云颈下有骨能毒人。　去,上声。尻,苦刀切。为,去声。肉曰脱之,鱼曰作之,枣曰新之,栗曰撰之,桃曰胆之,柤梨曰攒之。脱者,剥除其筋膜。作者,摇动之以观其鲜馁。一说,作,犹斮也,谓削其鳞。枣则拭治而使之新洁。撰,犹选也。栗多虫蠹,宜选择之。桃多毛,拭治令青滑如胆。攒之者,钻治其蠹处也。此皆治择之名。　撰,须兗切。柤,侧加切。攒,咨官切。馁,餧同。斮,音勺。治,平声。蠹、蠹同。牛夜鸣则庮;羊泠毛而毳,羶;狗赤股而躁,臊;鸟皫色而沙鸣,郁;豕望视而交睫,腥;马黑脊而般臂,漏。牛之夜鸣者,其肉庮臭。羊之毛本稀泠,而毛端毳结者,其肉羶气。狗股里无毛而举动急躁者,其肉臊恶。皫色,色变而无润泽也。沙,嘶也,鸣而其声沙嘶者。郁,谓腐臭也。望视,举目高也。交睫,目睫毛交也。腥,读为星,肉中生小息肉如米者也。般臂,前胫毛斑也。漏,读为蝼,谓其肉如蝼蛄臭也。牛至马六物若此者,皆不可食。　庮,音由。泠,音零。毳,昌锐切。皫,滂表切。睫,音接。般,音斑。漏,平声。雏尾不盈握弗食。舒雁翠,鹄鸮胖,舒凫翠,鸡肝,雁肾,鸨奥,鹿胃。舒雁,鹅也。翠,尾肉也。胖,胁侧薄肉也。舒凫,鸭也。鸨,似雁而大,无后指。奥,脾肶也,藏之深奥处也。此九物亦不可食。　鸮,于娇切。胖,音判。鸨,音保。奥,音郁。肶,音皮。肉腥细者为脍,大者为轩。或曰:"麋鹿鱼为菹,麇为辟鸡,野豕为轩,兔为宛脾。切葱若薤,实诸醯以柔之。"细缕切者为脍,大片切者为轩。或用葱或用薤,故云切葱若薤。肉与葱薤皆置之醋中,故云实诸醯。浸渍而熟,则柔软矣,故曰柔之。　疏曰:"为记之时,无菹轩辟鸡宛脾之制，作之未审，旧有此言，记者承而用之，故称或曰。其辟鸡、宛脾及轩之名，其义未闻。” 轩，音宪。辟，音璧。宛，音苑。羹食，自诸侯以下至于庶人，无等。大夫无秩膳，大夫七十而有阁。羹与饭常日所食，故无贵贱之等差。秩，常也。五十始命，未为甚老，故无常膳。七十有阁，则有秩膳矣。阁以板为之，所以庋饮食之物。 食，音嗣。差，楚宜切。庋，音巳。

天子之阁，左达五，右达五。公侯伯于房中五，大夫于阁三，士于坫一。疏曰：“宫室之制，中央为正室，正室左右为房，房外有序，序外有夹室。天子尊，庖厨远，故左夹室五阁，右夹室五。诸侯卑，庖厨宜稍近，故于房中，惟一房之中而五阁也。大夫卑而无嫌，故亦于夹室而三阁。士卑不得为阁，但于室中为土坫以庋食。五者，三牲之肉及鱼、腊。三者，豕、鱼、腊也。”

凡养老，有虞氏以燕礼，夏后氏以飨礼，殷人以食礼，周人修而兼用之。凡五十养于乡；六十养于国；七十养于学，达于诸侯；八十拜君命，一坐再至，瞽亦如之；九十者使人受。五十异粻，六十宿肉，七十贰膳，八十常珍，九十饮食不违寝，膳饮从于游可也。六十岁制，七十时制，八十月制，九十日修，唯绞、紟、衾、冒，死而后制。五十始衰，六十非肉不饱，七十非帛不暖，八十非人不暖，九十虽得人不暖矣。五十杖于家，六十杖于乡，七十杖于国，八十杖于朝，九十者天子欲有问焉，则就其室，以珍从。七十不俟朝，八十月告存，九十日有秩。五十不从力政，六十不与服戎，七十不与宾客之事，八十齐丧之事弗及也。五十而爵，六十不亲学，七十致政。凡自七十以上，唯衰麻为丧。凡三王养老皆引年。八十者一子不从政，九十者其家不从政，瞽亦如之。凡父母在，子虽老不坐。有虞氏养国老于上庠，养庶老于下庠；夏后氏养国老于东序，养庶老于西序；殷人养国老于右学，养庶老于左学；周人养国老于东胶，养庶老于虞庠。虞庠在国之西郊。有虞氏皇而祭，深衣而养老；夏后氏收而祭，燕衣而养老；殷人冔而祭，缟衣而养老；周人冕而祭，玄衣而养老。此一节，并说见《王制》。

曾子曰："孝子之养老也，石梁王氏曰："此一养字蒙上文当从上声，忠养之养当从去声。"乐其心，不违其志，乐其耳目，安其寝处，以其饮食忠养之。孝子之身终，终身也者，非终父母之身，终其身也。是故父母之所爱亦爱之，父母之所敬亦敬之。至于犬马尽然，而况于人乎！"乐其心，喻父母于道也。不违其志，能养志也。饮食忠养以上，是终父母之身；爱所爱，敬所敬，则终孝子之身也。　乐，音洛。处，上声。养，去声。上，上声。凡养老，五帝宪，三王有乞言。五帝宪，养气体而不乞言，有善则记之为惇史。三王亦宪，既养老而后乞言，亦微其礼，皆有惇史。宪，法也。养老之礼，五帝之世，主于法其德行而已。至三王之世，则又有乞言之礼焉。惇史，所以记其惇厚之德也。三王亦未尝不法其德行，然于乞言之际，其礼微略，不诚切以求之，故云微其礼。然亦皆有惇史焉。　方氏曰："五帝之宪也，而老者未尝无言，要之以德为主耳。故曰有善则记之，盖可记者言故也。三王之乞言，而老者未尝无德，要之以言为主耳。故曰三王亦宪。"　有，音又。行，去声。要，平声。

淳熬：煎醢加于陆稻上，沃之以膏，曰淳熬。淳，沃也。熬，煎也。陆稻，陆地之稻也。以陆稻为饭，煎醢加于饭上，又恐味薄，故更沃之以膏。此八珍之一也。　淳，之纯切。熬，音遨。淳母：煎醢加于黍食上，沃之以膏，曰淳母。疏曰："母，是禁辞，非膳羞之体，故读为模。象也。盖法象淳熬而为之。但用黍饭为异耳。此八珍之二也。"　母，音模。食，音嗣。炮：取豚若牂，刲之刳之，实枣于其腹中，编萑以苴之，涂之以谨涂。炮之，涂皆乾。擘之，濯手以摩之，去其皽，为稻粉，糔溲之以为酏，以付豚，煎诸膏，膏必灭之。巨镬汤，以小鼎芗脯于其中，使其汤毋灭鼎，三日三夜毋绝火，而后调之以醯醢。此珍主于涂而烧之，故以炮名。牂，牡羊也。刲之刳之，杀而去其五藏也。萑，芦苇之类。苴，里也。谨，读为堇，《说文》："粘土也。"擘之者，擘去干涂也。濯手以摩之去其皽，谓擘泥手不净，又兼肉热，故必濯其手，然后摩去其皽膜也。糔，与前章滫瀡之滫同，以稻米为粉，滫溲之为粥。若豚则以此粥敷其外，若羊则解析其肉，以此粥和之，而俱煎以膏。灭，没也。谓所用膏，没此豚与羊也。巨镬汤，以大镬盛汤也。脯，解析之薄如脯也。芗脯，香美此脯也。脯在小鼎内，而小鼎则置在镬汤内，汤不可没鼎，没鼎则水入坏脯也。毋绝火，微热而已，不炽之也。至食则又以醯与醢调和之。此八珍之三、四也。 将，音牂。刲，音睽。刳，音枯。萑，音丸。苴，子余切。谨，音芹。乾，音干。擘，音百。去，上声。皽，音展。糔，息酒切。溲，所九切。藏，去声。捣珍：取牛、羊、麋、鹿、麇之肉必胨，每物与牛若一，捶反侧之，去其饵，孰出之，去其皽，柔其肉。胨，夹脊肉也。与牛若一，谓与牛肉之多寡均也。捶，捣也。反捶之，又侧捶之，然后去其筋饵。既熟，乃去其皽膜而柔之以醯醢。此八珍之五也。 捣，音岛。胨，音每。捶，主蕊切。渍：取牛肉必新杀者，薄切之，必绝其理，湛诸美酒，期朝而食之以醢若醯醷。绝其理，横断其文理也。湛，亦渍也。期朝，今旦至明旦也。醷，梅浆也。此八珍之六也。 渍，音自。湛，音尖。期，音基。为熬：捶之去其皽，编萑布牛肉焉。屑桂与姜，以洒诸上而盐之，乾而食之。施羊亦如之。施麋、施鹿、施麇皆如牛羊。欲濡肉，则释而煎之以醢；欲乾肉，则捶而食之。此肉于火上为之，故名曰熬。生捣而去其皽膜，然后布于编萑之上，先以桂姜之屑洒之，次用盐释，谓以水润释之也。此八珍之七也。 盐，去声。糁：取牛、羊、豕之肉三如一，小切之与稻米，稻米二，肉一，合以为饵，煎之。三如一，谓三者之肉多寡均也。稻米二肉一，谓二分稻米，一分肉也。此即《周礼》糁食。肝膋：取狗肝一，幪之以其膋，濡炙之举燋，其膋不蓼。举，皆也。谓炙膋皆熟而焦，食之不用蓼也。此八珍之八。记者文不依次，故间杂在糁食、酏食之间。 幪，音蒙。取稻米举糔溲之，小切狼臅膏，以与稻米为酏。狼臅膏，狼胸臆中之膏也。此盖以滫溲稻米之粉，而煎之以膏。注读酏为餰者，以酏是粥，非豆实也。此即《周礼》之酏食。 臅，音独。酏，之然切。餰，饘同。

礼始于谨夫妇，为宫室，辨外内，男子居外，女子居内。深宫固门，阍寺守之，男不入，女不出。夫妇为人伦之始，不谨则乱其伦类，故礼始于谨夫妇也。　郑氏曰："阍，掌守中门之禁。寺，掌内人之禁令。"男女不同椸枷，不敢县于夫之楎椸，不敢藏于夫之箧笥，不敢共湢浴。夫不在，敛枕箧，簟席襡器而藏之。少事长，贱事贵，咸如之。椸枷，见《曲礼》。植者曰楎，横者曰椸。楎椸，同类之物，椸以竿为之。故郑云竿谓之椸。余见前。　椸，音移。枷，音架。县，音玄。楎，音辉。笥，音四。

夫妇之礼，唯及七十同藏无间。故妾虽老，年未满五十，必与五日之御。将御者，齐漱澣，慎衣服，栉縰笄总角，拂髦，衿缨，綦屦。虽婢妾，衣服饮食必后长者。妻不在，妾御莫敢当夕。栉縰以下，说见篇者。角字衍。天子之御妻八十一人，当九夕；世妇二十七人，当三夕。九嫔九人，当一夕；三夫人当一夕；后当一夕。凡十五日而遍。五日之御，诸侯制也。诸侯一娶九女，夫人及二媵各有侄娣，此六人当三夕；次二媵当一夕；次夫人专一夕。凡五日而遍也。当夕，当妻之夕也。　间、与，并去声。齐，音斋。漱，平声。澣，音浣。妻将生子，及月辰，居侧室。夫使人日再问之，作而自问之。妻不敢见，使姆衣服而对。至于子生，夫复使人日再问之。夫齐，则不入侧室之门。正寝在前，燕寝在后。侧室者，燕寝之旁室也。作，动作之时也。姆，女师也。　见，音现。姆，音茂。复，扶又切。齐，侧皆切。子生，男子设弧于门左，女子设帨于门右。三日始负子，男射女否。弧，弓也。帨，佩巾也。以此二物为男女之表。负，抱也。国君世子生，告于君，接以大牢，宰掌具。三日，卜士负之，吉者宿齐，朝服寝门外，诗负之。射人以桑弧蓬矢六，射天地四方，保受乃负之。宰醴负子，赐之束帛。卜士之妻，大夫之妾，使食子。接以大牢者，以大牢之礼接见其子也。宰，宰夫也。掌具，掌其设礼之具也。卜士负之者，卜其吉者而使之抱子也。诗，承也。《仪礼》言尸酢主人，诗怀之，亦承义。射天地四方者，期其有事于远大也。保，保母也。受乃负之，受子于士而抱之也。盖士之负子，特为斯须之礼而已，宰既掌具，故以醴礼负子之士，仍赐束帛以酬之。食子，谓乳养之也。今按此言世子生接以大牢，特言其常礼如此耳。

下文又言接子择日，则亦或在始生三日之后也。郑氏谓食其母，使补虚强气，读接为捷，而训为胜，其义迂。方氏读如本字，今从之。 大，音泰。齐，音斋。射，音石。食，音嗣。凡接子择日，冢子则大牢，庶人特豚，士特豕，大夫少牢，国君世子大牢。其非冢子，则皆降一等。冢子大牢，谓天子之元子也。 大，音泰。少，去声。异为孺子室于宫中，择于诸母与可者，必求其宽裕、慈惠、温良、恭敬、慎而寡言者，使为子师，其次为慈母，其次为保母，皆居子室。他人无事不往。诸母，众妾也。可者，谓虽非众妾之列，或傅御之属，可为子师者也。此人君养子之礼。师，教以善道者。慈母，审其欲恶者。保母，安其寝处者。他人无事不往，恐儿惊动也。

三月之末，择日剪发为鬌，男角女羁，否则男左女右。是日也，妻以子见于父，贵人则为衣服，由命士以下皆漱澣，男女夙兴，沐浴衣服，具视朔食。夫入门升自阼阶，立于阼西乡。妻抱子出自房，当楣立东面。鬌，所存留不剪者也。夹囟两旁当角之处，留发不剪者谓之角。留顶上纵横各一相交通达者谓之羁。严氏云："夹囟曰角，两髻也。午达曰羁，三髻也。"贵人，大夫以上也。由，自也。具视朔食者，所具之礼如朔食也。朔食，天子大牢，诸侯少牢，大夫特豕，士特豚也。入门，入侧室之门也。侧室亦南向，故有阼阶西阶。出自房，自东房而出也。 鬌，音朵。囟，音葱。姆先相曰："母某，敢用时日，只见孺子。"夫对曰："钦有帅。"父执子之右手，咳而名之。妻对曰："记有成。"遂左还授师，子师辩告诸妇诸母名，妻遂适寝。某，妻姓某氏也。时日，是日也。孺，稚也。钦，敬；帅，循也。言当敬教之，使循善道也。咳而名之者，《说文》"咳，小儿笑声"，谓父作咳声笑容，以示慈爱而名之也。记有成，谓当记识夫言，教之成德也。授师，以子授子师也。诸妇，同族卑者之妻也。诸母，同族尊者之妻也。后告诸母，欲名成于尊也。妻遂适寝，复夫之燕寝也。 相，去声。见，音现。帅，入声。咳，户才切。还，音旋。辩，音遍。识，音志。夫告宰名，宰辩告诸男名，书曰"某年某月某日某生"而藏之。宰告闾史，闾史书为二，其一藏诸闾府，其一献诸州史。州史献诸州伯，州伯命藏诸州府。夫入食如养礼。宰，属吏也。诸男，同宗子姓也。藏之者，以简策书子名而藏于家之书府也。二十五家为闾，二千五百家为州。州伯，则州长也。闾史，州史，皆其属吏也。闾府，州府，皆其府藏也。夫入食如养礼，谓与其妻礼食，如妇始馈舅姑之礼也。 疏曰："此经所陈，谓卿大夫以下，故以名遍告同宗诸男。诸男卑者尚告，则告诸父可知。若诸侯绝宗，则不告也。" 养，去声。

世子生，则君沐浴朝服，夫人亦如之。皆立于阼阶西乡，世妇抱子升自西阶。君名之，乃降。诸侯朝服，玄端素裳。夫人亦如之者，亦朝服也，当是展衣。注云："褖衣者，以见子毕即侍御于君，故服进御之褖衣也。"人君见世子于路寝，此升自西阶，是自外而入也。凡生子，无问妻妾，皆在侧室。适子、庶子见于外寝，抚其首，咳而名之。礼帅初，无辞。此适子，盖世子之弟。庶子，则妾子也。外寝，君燕寝也。燕寝在内，以侧室在旁处内，故谓此为外也。 疏曰："庶子见于侧室，此以抚首咳名无辞之事同，故与适子连文，云见于外寝耳。" 适，音的。帅，入声。处，上声。凡名子，不以日月，不以国，不以隐疾。大夫、士之子，不敢与世子同名。说见《曲礼》。

妾将生子，及月辰，夫使人日一问之。子生三月之末，漱澣夙齐，见于内寝，礼之如始入室。君已食，彻焉，使之特馂，遂入御。此言大夫士之妾生子之礼。宫室之制，前有路寝，次则君之燕寝，次夫人正寝。卿大夫以下，前有适室，次则燕寝，次则适妻之寝。此言内寝，正谓适妻寝耳。如始入室者，如初来嫁时也。特馂，使此生子者独馂，不如常时众妾同馂也。公庶子生，就侧室。三月之末，其母沐浴朝服见于君，摈者以其子见。君所有赐，君名之，众子则使有司名之。摈者，傅姆之属也。君所有赐者，此妾君所偏爱而特加恩赐者，故其子，君自名之。若众妾之子，恩宠轻略者，则使有司名之也。 疏曰："前文已云适子、庶子见，异于世子，今更重出者，以前庶适连文，故此特言庶子之礼。"庶人无侧室者，及月辰，夫出居群室。其问之也，与子见父之礼，无以异也。问之之礼，与执手咳名之事，钦帅记成之辞，皆与有爵者同，故云无以异也。

凡父在，孙见于祖，祖亦名之。礼如子见父，无辞。应氏曰:“辞者,夫妇所以相授受也。祖尊,故有其礼而无其辞。”食子者,三年而出,见于公宫,则劬。食子者,士之妻,大夫之妾也。子三年则免怀抱,故食者出还其家,见于公宫而告辞。则君必有赐劬者,有赐以劳其劬劳也。　食,音嗣。上劳,去声。大夫之子有食母,士之妻自养其子。食母,乳母也。士卑故自养。　食,音嗣。由命士以上及大夫之子,旬而见。注读旬为均,谓适子妾子有同时生者,虽是先生者先见,后生者后见,然皆在夫未与妇礼食之前,故曰均而见也。　应氏曰:“子固以礼见于父,父则欲时时见之,又不可渎,故每旬而一见之。若庶人则简略易通,故不必以旬而见。”今详二说俱可疑,阙之可也。　上,上声。旬,音均。冢子未食而见,必执其右手。适子庶子已食而见,必循其首。疏曰:“此天子诸侯之礼。未与后夫人礼食而先见冢子,急于正也;礼食之后乃见适子庶子,缓于庶耳。”　食,如字。子能食食,教以右手;能言,男唯女俞。男鞶革,女鞶丝。食,饭也。唯、俞,皆应辞。鞶,小囊,盛帨巾者。男用韦,女用缯帛。　上食与注,如字。下食,音嗣。唯,上声。饭,上声。

六年,教之数与方名。七年,男女不同席,不共食。八年,出入门户,及即席饮食,必后长者,始教之让。数,谓一十百千万。方名,东西南北也。九年,教之数日。十年,出就外傅,居宿于外,学书计。数日,知朔望与六甲也。外傅,教学之师也。书,谓六书。计,谓九数。　数,上声。九数,如字。衣不帛襦袴。礼帅初,朝夕学幼仪,请肄简谅。《曲礼》曰:“童子不衣裘裳。”不以帛为襦袴,亦为太温也。礼帅初,谓行礼动作皆循习初教之方也。肄,习也。简,书篇数也。谅,言语信实也。皆请于长者而习学之也。一说,简者简要,谓使之习事务从其要,不为迂曲烦扰也。　襦,音儒。衣,去声。“亦为”为,去声。十有三年,学乐,诵诗,舞《勺》。成童,舞《象》,学射御。乐,八音之器也。诗,乐歌之篇章也。成童,十五以上。《象》,说见《文王世子》。射,谓五射。御,谓五御也。六艺,详见《小学书》。　朱子曰:“酌,即勺也。《内则》曰‘十三舞《勺》’即以此诗为节而舞也。”二十而冠,始学礼,可以衣裘帛,舞《大夏》,惇行孝弟,博学不教,内而不出。始学礼,以成人之道,当兼习吉凶军宾嘉之五礼也。《大夏》，禹乐，乐之文武兼备者也。孝弟，百行之本，故先务惇行于孝弟而后博学也。不教，恐所学未精，故不可为师以教人也。内而不出，言蕴畜其德美于中，而不自表见其能也。一说，谓不出言以为人谋画。　冠，去声。衣，去声。弟，音悌。"百行"行，去声。畜，许六切。见，音现。"为人"为，去声。三十而有室，始理男事，博学无方，孙友视志。室，犹妻也。男事，受田给政役也。方，犹常也。学无常，在志所慕则学之。孙友，顺交朋友也。视志，视其志意所尚也。　孙，去声。四十始仕，方物出谋发虑，道合则服从，不可则去。五十命为大夫，服官政。七十致事。凡男拜，尚左手。朱子曰："物，犹事也。方物出谋，则谋不过物；方物发虑，则虑不过物。"问："何谓不过物？"曰："方，犹对也。比方以穷理。"

女子十年不出，姆教婉娩听从。执麻枲，治丝茧，织纴组紃，学女事以共衣服。观于祭祀，纳酒、浆、笾、豆、菹、醢，礼相助奠。十年不出，谓十岁则恒处于内也。姆，女师也。婉，谓言语。娩，谓容貌。司马公云："柔顺貌。"纴，缯帛之属。组，亦织也，《诗》："执辔如组。"紃之制似绦，古人以置诸冠服缝中者。　姆，音茂。娩，音晚。枲，音徙。从朩，诸本误从木。治，平声。纴，女金切。组，音祖。紃，音巡。共，音恭。相，去声。绦，音叨。缝，去声。十有五年而笄，二十而嫁。有故，二十三而嫁。聘则为妻，奔则为妾。凡女拜，尚右手。十五许嫁则笄，未许嫁者二十而笄。故，谓父母丧。妻，齐也。妾之言接，言得接见于君子，不得伉俪也。尚左尚右，阴阳之别。　别，必列切。

卷之六

玉藻第十三

此篇记天子诸侯服冕笏佩诸制，及行礼之容节。

天子玉藻，十有二旒，前后邃延，龙卷以祭。玉，冕前后垂旒之玉也。藻，杂采丝绳之贯玉者也。以藻穿玉，以玉饰藻，故曰玉藻。邃，深也。延，冕上覆也，玄表而纁里。前后邃延者，言前后各有十二旒，垂而深邃，延在其上也。龙衮，画龙于衮衣也。祭，祭宗庙也。余见《礼器》。　邃，音粹。卷，读为衮。玄端而朝日于东门之外，听朔于南门之外。朝日，春分之礼也。听朔者，听月朔之事也。东门、南门，皆谓国门也。　疏曰："知端当为冕者；皮弁尊，次则诸侯之朝服，又其次玄端。诸侯皮弁听朔，朝服视朝，是视朝之服卑于听朔。今天子皮弁视朝，若玄端听朔，则是听朔之服卑于视朝。且听朔大，视朝小，故知端为冕，谓玄冕也。是冕服之下者。"　端，读为冕。朝，音潮。闰月则阖门左扉，立于其中。郑氏曰："天子庙及路寝，皆如明堂制。明堂在国之阳，每月就其时之堂而听朔焉。卒事反宿路寝。闰月，非常月也。听其朔于明堂门中，还处路寝门终月。"　疏曰："乐太史云：终月，谓终竟一月所听之事于一月中耳。寻常则居燕寝也。皇氏云：明堂有四门，即路寝亦有四门。闰月各居其时当方之门，义或然也。"　今按阖门左扉者，左为阳，阳为正，以非月之正，故阖左而由右。皮弁以日视朝，遂以食；日中而馂，奏而食。日少牢，朔月大牢。五饮：上水、浆、酒、醴、酏。皮弁服，天子常日视朝之服也。诸臣同此服。日中而馂，谓日中所食，乃朝食之余也。奏，作乐也。日，常日也。朔月，月朔也。上水，以水为上也。下四者说见《内则》。疏曰："馂尚奏乐，即朝食奏乐可知。" 少，去声。大，音泰。酏，音移。卒食，玄端而居。动则左史书之，言则右史书之，御瞽幾声之上下。年不顺成，则天子素服，乘素车，食无乐。玄端服，说见《内则》。玄者，幽阴之色。宴息向晦而服之，于义为得也。御瞽，侍御之乐工也。幾，察也。察乐声之高下，以知政令之得失也。此以上皆天子之礼。 端，如字。幾，平声。

诸侯玄端以祭，裨冕以朝，皮弁以听朔于大庙，朝服以日视朝于内朝。裨冕，公衮，侯伯鷩，子男毳也。朝，见天子也。诸侯以玄冠缁衣素裳为朝服，凡在朝，君臣上下同服，但士服则谓之玄端，袂广二尺二寸故也。大夫以上皆侈袂三尺三寸。 方氏曰："天子听朔于南门，示受之于天。诸侯听朔于太庙，示受之于祖。原其所自也。天子诸侯皆三朝，外朝在库门之外，治朝在路门之外，内朝在路门之内，亦曰燕朝也。" 端，读为冕。朝，辨色始入。君日出而视之，退适路寝听政，使人视大夫，大夫退，然后适小寝释服。臣入常先，君出常后，尊卑之礼然也。视朝而见群臣，所以通上下之情；听政而适路寝，所以决可否之计。释服，释朝服也。又朝服以食，特牲三俎祭肺；夕深衣，祭牢肉。朔月少牢，五俎四簋。子卯稷食菜羹。夫人与君同庖。三俎，特豕、鱼、腊也。周人祭肺。夕，夕食也。牢肉，即特牲之余也。五俎，加羊与其肠胃也。簋，盛黍稷之器。常食二簋，月朔则四簋也。子卯，说见《檀弓》。夫人不特杀，故云与君同庖也。 食，音嗣。

君无故不杀牛，大夫无故不杀羊，士无故不杀犬豕。君子远庖厨，凡有血气之类，弗身践也。至于八月不雨，君不举。天子膳用六牲，则无故亦杀牛，此言国君也。天子之大夫有故得杀牛，此无故不杀羊，谓诸侯之大夫也。故，谓祭祀及宾客飨食之礼也。《祭礼》有射牲之文，此言弗身践，亦谓寻常也。八月，今之六月。杀牲盛馔曰举。 远，去声。践，读为翦。食，音嗣。年不顺成，君衣布搢本，关梁不租，山泽列而不赋，土功不兴，大夫不得造车马。衣布，身著布衣也。士以竹为笏而以象饰其本。搢，插也。君插士之笏也。关，谓门关。梁，谓泽梁。不租，不收租税也。列，当作迾，遮遏之义。《周礼》"山虞掌其厉禁"，郑云："遮迾守之是也。"凶年虽不收山泽之赋，犹必遮迾其非时采取者。造，新有制作也。此皆为岁之凶，故上之人节损以宽货其下也。 衣，去声。搢，音荐。著，音勺。"皆为"为，去声。卜人定龟，史定墨，君定体。《周礼》龟人所掌，有天地四方六者之异，各以方色与体辨之，随所卜之事，各有宜用，所谓卜人定龟也。史定墨者，凡卜必以墨画龟，以求吉兆，乃钻之以观其所拆。若从墨而拆大谓之兆广，若裂其旁岐细出则谓之璺拆，亦谓之兆璺。《韵书》，璺，音问，器破而未离之名也。体者，兆象之形体。定，谓决定其吉凶也。 疏曰："尊者视大，卑者视小。"君羔幦虎犆；大夫齐车，鹿幦豹犆，朝车；士齐车，鹿幦豹犆。幦者，覆轼之皮。犆，缘也。君之齐车，以羔皮覆轼而缘以虎皮。朝车，亦谓大夫之朝车。以下文两言齐车，故知上为君齐车也。 幦，音觅。犆，音直。齐，音斋。覆、缘，并去声。

君子之居恒当户，寝恒东首。若有疾风迅雷甚雨，则必变，虽夜必兴，衣服冠而坐。向明而居，顺生气而卧，敬天威而变，凡知礼者皆当如是，不但有位者也，故以君子言。 首，去声。日五盥，沐稷而靧粱，栉用樿栉，发晞用象栉，进禨进羞，工乃升歌。盥，洗手也。沐稷，以淅稷之水洗发也。靧粱，以淅粱之水洗面也。樿栉，白木梳也。晞，干也。象栉，象齿梳也。发湿则滑，故用木梳；干则涩，故用象栉也。沐而饮酒曰禨。羞，则笾豆之实也。工乃升堂以琴瑟而歌焉。既充之以和平之味，又感之以和平之音，皆为新沐气虚，致其养也。 靧，音悔。樿，音展。禨，音暨。浴用二巾，上絺下绤。出杅履蒯席，连用汤，履蒲席，衣布晞身，乃屦进饮。杅，浴盘也。履，践也。蒯席，蒯草之席也。湅，洗也。履蒯席之上，而以汤洗其足垢，然后立于蒲席，而以布干洁其体，乃著屦而进饮也。 杅，音于。连，读为湅，力甸切。衣，去声。将适公所，宿齐戒，居外寝，沐浴。史进象笏，书思对命。大夫之有史，盖掌文史之事耳，非史官之比也。思，谓意所思念欲告君之事。对，谓君若有问则对答之辞。命，谓君所命令当奉行者。此三者，皆书之于笏，故曰书思对命。皆谓敬谨之至，恐或遗忘也。 齐，音斋。既服，习容观玉声乃出，揖私朝辉如也，登车则有光矣。既服，著朝服毕也。容观，容貌仪观也。玉声，佩玉之声也。揖私朝，与其家臣揖而往朝于君也。辉与光，皆言德容发越之盛，光则又盛于辉矣。　观，去声。

天子搢珽，方正于天下也。搢，插也。珽，亦笏也。即玉人所谓大圭长三尺者是也。以其挺然无所诎，故谓之珽。盖以端方正直之道示天下也。　搢，音荐。珽，他顶切。诸侯荼，前诎后直，让于天子也。荼者，舒迟之义。前有所畏，则其进舒迟。诸侯之笏前诎者，圆杀其首也；后直者，下角正方也，以其让于天子，故杀其上也。　荼，音舒。诎，音屈。杀，去声。大夫前诎后诎，无所不让也。大夫上有天子，下有己君，故笏之下角亦杀而圜，示无所不让也。侍坐则必退席，不退，则必引而去君之党。臣侍君之坐，若侧旁有别席，则退就别席。或旁无别席可退，或有席而君不命之退，则当引而却离，坐于君亲党之下也。一说党属于乡而小，故以为旁侧之喻。登席不由前为躐席。疏曰："失节而践为躐席。应从下升，若由前升，是躐席也。《乡饮酒礼》：'宾席于户西，以西头为下。主人席于阼阶，介席于西阶，皆北头为下。宾升席自西方。'注云：'升由下也。'又《记》云：'主人介凡升席自北方，降自南方。'注云：'席南上，升由下，降由上，主人受献自席前适阼阶，是降自北方者，以受献正礼，须席末啐酒，因从北方降也。'故注云：'由便也，若寻常无事，则升由下而降由上。若宾则升降皆由下也。'"　今按此说，席之上下，固为明白，窍意此经八字当作一句，而"为"字平声。盖行礼之时，人各一席，而相离稍远，固可从下而升。若布席稍密，或数人共一席，则必须由前乃可得己之坐。若不由前，则是躐席矣。徒坐不尽席尺。徒，空也。非饮食及讲问之坐为徒坐。不尽席之前一尺，示无所求于前也。读书、食句则齐豆去席尺。石梁王氏曰："食则豆去席尺，读书则与豆齐，亦去席尺，是谓齐豆去席尺。"若赐之食而君客之，则命之祭然后祭，先饭辩尝羞，饮而俟。客之，以客礼待之也。然必命之祭然后祭者，不敢以客礼自居也。先食而遍尝诸味，亦示臣为君尝食之礼也。饮而俟者，礼食未飧以前，啜饮以利滑喉中，不令涩噎。今君犹未飧，故臣亦不敢飧而先尝羞，尝羞毕而啜饮以俟君飧，臣乃敢飧也。　饭，上声。辩，音遍。若有尝羞者，则俟君之食然后食，饭饮而俟。君命之羞，羞近者，命之品尝之，然后唯所欲。凡尝远食，必顺近食。此谓君但赐之食，而非客之者，则膳宰自尝羞，故云若有尝羞者。此臣既不祭不尝，则俟君食乃食也。虽不尝羞，亦先饮，饮以利喉而俟君也。羞近者，但于近处食一羞也。品，犹遍也。凡尝远食，必自近者始，客与不客皆然，故云凡也。　饭，上声。君未覆手，不敢飧；君既食，又饭飧。饭飧者，三饭也。君既彻，执饭与酱乃出授从者。覆手者，谓食毕而覆手以循口之两旁，恐有骰粒污著之也。飧，以饮浇饭也。礼食竟，更作三飧以助饱实，故君未覆手，则臣不敢飧，明不敢先君而饱也。既，犹毕也。君毕食，则臣更饭飧也。三饭并是飧，谓三度飧也。故曰饭飧者三饭也。君食竟，既彻馔，臣乃自执己之饭与酱出授己之从者，此食己所当得故也。此非客礼，故得以己馔授从者，故公食大夫礼，宾取粱与酱降奠于阶西，不以出也。若非君臣，但是降等者，则彻之以授主人之相者。故《曲礼》云："彻饭齐以授相者也。"　飧，音孙。上三饭，上声。执饭，去声。从，去声。先，去声。

凡侑食不尽食，食于人不饱，唯水浆不祭，若祭为已傸卑。食而劝侑，礼之勤也。食之不尽与不饱，礼之谦也。公食大夫礼，宾祭觯浆，臣敬君之礼，此言水浆不祭，礼各有所施也。水浆非盛馔之比，若祭之则为大傸卑矣。已，太也。傸，厌也。谓太厌降卑微，如有所畏迫也。　傸，虚涉切。厌，入声。君若赐之爵，则越席再拜稽首受。登席祭之饮，卒爵而俟君卒爵，然后授虚爵。君子之饮酒也，受一爵而色洒如也，二爵而言言，斯礼已，三爵而油油以退。退则坐取屦，隐辟而后屦，坐左纳右，坐右纳左。洒如，礼度明肃之貌。言言，与訚訚同，意气和悦之貌。已，止也。油油，谨重自得之貌。坐取屦，跪而取屦也。隐辟而后屦，不敢向人而著屦也。跪左足而纳右足之屦，跪右足而纳左足之屦，此纳屦之仪也。　洒，先典切。言言，读作訚訚。辟，音僻。凡尊必尚玄酒。唯君面尊。唯飨野人皆酒。大夫侧尊用棜，士侧尊用禁。尊尚玄酒，不忘古也。君坐必向尊，示惠自君出，而君专之也。飨野人，如蜡祭之饮是也。礼不下庶人，唯使之足于味而已，故一用酒也。侧，旁侧也，谓设尊在宾主两楹之间，旁侧夹之，故云侧尊。棜禁，见《礼器》。　疏曰："若一尊亦曰侧尊，故《士冠礼》云：侧尊一甒醴在服北。"注云："无偶曰侧，与此侧别。"　马氏曰："面尊则不侧，侧尊则不面。尊于房户之间，'宾主共之'是也。" 棜，于据切。甒，音武。

始冠，缁布冠，自诸侯下达。冠而敝之可也。冠礼初加缁布冠，诸侯以下通用。存古故用之，非时王之制也。故既用即敝，弃之可矣。"始冠"冠，去声，"冠礼"同，余如字。玄冠朱组缨，天子之冠也。缁布冠缋緌，诸侯之冠也。玄冠丹组缨，诸侯之齐冠也。玄冠綦组缨，士之齐冠也。天子始冠之冠则玄冠，而以朱组为缨。诸侯虽是缁布冠，却用杂采之缋为缨緌，为尊者饰耳，非古制也。齐冠，齐戒时所服者。诸侯与士皆玄冠，但其缨则有丹组、綦组之异。朱，色红而明。丹，赤色也。綦，帛之苍白如艾色者。一说，文也。 缋，音会。緌，音蕤。齐，音斋。缟冠玄武，子姓之冠也。缟冠素纰，既祥之冠也。缟，生绢也。武，冠卷也。以缟为冠，凶服也。武则玄色，吉也。所以吉凶相半者，盖父有丧服，子不可用纯吉，故曰子姓之冠。姓，生也。孙是子之所生，故谓之子姓。素，熟绢也。纰，冠两边及卷下畔之缘也。缟冠素纰，谓冠与卷身皆用缟，但以素缘之耳。既祥之冠者，祥祭后所服也。 方氏曰："为祖之亡也，故冠缟以示其凶；为父之存也，故武玄以示其吉。冠上而武下，为祖而缟者，尊尊于上也；为父而玄者，亲亲于下也。" 纰，音皮。卷，上声。垂緌五寸，惰游之士也。此言缟服素纰而緌之垂者长五寸，盖以其为惰游失业之士，使之服此以耻之耳。玄冠缟武，不齿之服也。不齿，即《王制》所谓不帅教而屏弃之者。使之玄冠缟武，亦以耻辱之。 屏，音丙。居冠属武，自天子下达，有事然后緌。礼服之冠，则临著乃合其武，有仪饰故也。若燕居之冠，则冠与武相连，以非行礼之时，故率略少威仪也。此冠无分贵贱皆著之，故云自天子下达。凡緌所以致其饰，故有事乃緌，无事则否也。 属，音烛。著，音勺。五十不散送，亲没不髦。丧礼启殡以后，要绖之麻散垂，葬毕乃绞。此言五十始衰，不散麻以送葬也。髦，象幼时剪发为鬌之形。父母在则用之，故亲没则去此饰，详见《内则》。 散，上声。鬌，音朵。大帛不緌。玄冠紫緌，自鲁桓公始也。方氏曰："大帛，冠之白者。凶服去饰，故不緌也。玄冠之緌不宜用紫色，为其非正色也。后世用之，则自鲁桓公始。"

朝玄端，夕深衣。前章言夕深衣祭牢肉者，国君之礼也。此言朝玄端夕深衣者，谓大夫士在私朝及家朝夕所服也。深衣三袪，缝齐倍要，衽当旁，袂可以回肘。袪，袖口也，尺二寸，围之为二尺四寸。要之广三，其二尺四寸，则七尺二寸也。故云三袪。齐者，裳之下畔。要为裳之上畔，缝齐倍要者，谓缝下畔之广一丈四尺四寸，是倍要之七尺二寸也。衽，裳交接之处也。在身之两旁，故云衽当旁。袂，袖之连衣者也，上下之广二尺二寸，肘长尺二寸，故可以回肘也。　袪，音岖。缝，如字。齐，音咨。要，平声。长中继掩尺，袷二寸，袪尺二寸，缘广寸半。长中者，长衣、中衣也。与深衣制同而名异者，著于内侧曰中衣，盖著在朝服或祭服之内也；著于外则曰长衣，以素为纯缘者也。《杂记》云："练冠长衣以筮。"注云："深衣之纯以素者也。若凶服之纯以布者，则谓之麻衣。"继掩尺者，幅广二尺二寸，以半幅继续袂口，而掩覆一尺也。袷，曲领也。其广则二寸。　袷，音劫。缘、广，并去声。纯，音准。以帛里布，非礼也。外服是布，则不可用帛为中衣以里之，谓不相称也。冕服是丝衣，皮弁服、朝服、玄端服是麻衣，皆十五升布。凡里各如其服。士不衣织。无君者不贰采。染丝而织之为织。功多色重，故士贱不得衣之也。无君，去位之臣也。不贰采，谓衣裳与冠同色。　疏曰："大夫士去国，三月之内，服素衣素裳；三月之后，服玄端玄裳。"　衣，去声。织，音志。衣正色，裳间色。非列采不入公门，振絺绤不入公门，表裘不入公门，袭裘不入公门。正色者，青、赤、黄、白、黑，五方之正色也。木青克土黄，故绿色青黄，为东方之间色；火赤克金白，故红色赤白，为南方之间色；金白克木青，故碧色青白，为西方之间色；水黑克火赤，故紫色赤黑，为北方之间色；土黄克水黑，故骝黄之色黄黑，为中央之间色也。列采，谓正服之色各有尊卑品列也。非此则是亵服。振，读为袗，禅也。禅则见体，裘上必有裼衣。表裘，是无裼衣而裘在外也。袭裘，谓掩其袭衣而不露裼衣也。表与袭皆为不敬，故此四者，皆不可以入公门也。　间，去声。振，上声。纩为茧，缊为袍，禅为絅，帛为褶。纩，新绵也。缊，旧絮也。衣之有著者，用新绵则谓之茧，用旧絮则谓之袍，有表而无里者谓之絅，有表里而无著者谓之褶。　缊，音韫。禅，音丹。絅，苦迥切。褶，音牒。著，音主。朝服之以缟也，自季康子始也。朝服之布十五升，先王之制也。季康子始用生绢，后人因之，故记者原其所自。凡古礼之亡皆由于变。孔子曰："朝服而朝，卒朔然后服之。”听朔重于视朝，诸侯之朝服玄端素裳，而听朔则皮弁，故卒听朔之礼，然后服朝服而视朝也。曰："国家未道，则不充其服焉。"曰字承上文，亦孔子之言也。礼乐刑政，未合于先王之道，则亦不宜充盛其衣服。　郑氏曰："谓若卫文公者。"唯君有黼裘以誓省，大裘非古也。君，国君也。黼裘，以黑羊皮杂狐白为黼文以作裘。旧读省为狝，方氏释为"省耕"、"省敛"之义，今从之。大裘，黑羊裘也，天子郊服。谓国君固可衣黼裘以誓军旅、省耕敛，今而僭服大裘，则不可也。但言非古，则僭礼之失自见。君衣狐白裘，锦衣以裼之。君之右虎裘，厥左狼裘。士不衣狐白。狐白裘，以狐之白毛皮为裘也。君衣此裘，则以素锦为衣加其上，使可裼也。袒而有衣曰裼，详见《曲礼》。虎裘者居右，狼裘者居左，示威猛之卫也。狐之白者少，故惟君得衣之，士贱不得衣也。　"君衣"、"得衣"衣，去声，注"君衣"、"得衣"同。君子狐青裘豹褎，玄绡衣以裼之。君子，谓大夫士也。狐青裘，狐之青毛皮为裘也。豹褎，豹皮为袖。玄绡衣，玄色之绡为衣也。　褎，袖同。绡，音消。麛裘青豻褎，绞衣以裼之。麛，鹿子也。豻，胡地野犬。绞，苍黄之色。豻，音岸。绞，音爻。羔裘豹饰，缁衣以裼之；狐裘，黄衣以裼之。锦衣狐裘，诸侯之服也。饰，谓袖也。《论语》："缁衣羔裘，黄衣狐裘。"　郑氏曰："凡裼衣象裘色。"犬羊之裘不裼，不文饰也不裼。犬羊之裘，庶人所服。裘与人俱贱，故不裼以为饰也。裘之裼也，见美也。吊则袭，不尽饰也。君在则裼，尽饰也。此言裼袭之异宜。见美，谓裼衣上虽加他服，犹必开露以现示裼衣之美。吊丧袭裘，惟小敛后则然。尽饰者，尽其文饰之道以为敬。吊主于哀，故敬不在美。君在则当以尽饰为敬。服之袭也，充美也。是故尸袭，执玉龟袭。无事则袭，弗敢充也。充美，犹云掩塞其华美也。尸尊无所示敬，故袭。执玉之礼，有裼时，有袭时，执龟为享礼，庭实则裼，以卜则袭。此特主袭而言耳，非谓执玉龟无裼之礼也。无事，谓执玉执龟之礼已竟也。无事则裼，亦谓在君之所，非君所则否。弗敢充者，以见美为敬也。　疏曰："凡敬有二体，以质为敬者，子于父母之所，不敢袒裼；以文为敬者，臣于君所则裼。若平敌以下则亦袭，以质略故也。所袭虽同，其意异也。"

笏，天子以球玉，诸侯以象，大夫以鱼须文竹，士竹本象可也。球，美玉也。文，饰也。陆氏音须为班，而疏引庾氏说，以鲛鱼须饰竹以成文，与应氏说相近，宜读如字。　应氏曰："《尔雅》鱼曰须，盖鱼之所以鼓息者在须。大夫以近尊而屈，故饰竹以鱼须；士以远尊而伸，故饰以象。"见于天子与射无说笏，入大庙说笏，非礼也。小功不说笏，当事免则说之。既搢必盥，虽有执于朝，弗有盥矣。陈氏曰："笏之所用，盖诸侯之朝天子，则执命圭而搢荼。大夫之聘，则执聘圭而搢笏。及其合瑞而授圭，则执其所搢而已。所谓见于天子无说笏者此也。射以观德，则礼固在所隆。小功则礼可以胜情，故亦不说。当事而免，则事可以胜礼，故说之。"　方氏曰："大庙之内，惟君当事则说笏，所以逸尊者也。后世臣或说之，则失之简矣。小功之丧，悲哀杀矣，事不可不记也，故不说笏。及当事而免之时，则不可以不说。凡在庙搢笏必盥手者，为将执事也，及有执事于朝，则亦不再盥，为其已盥故也。"　见，音现。说，音脱。大，音泰。免，音问。凡有指画于君前，用笏。造受命于君前，则书于笏。笏，毕用也，因饰焉。因事而有所指画，用于则失容，故用笏也。造受命，诣君所而受命也。毕用者，每事皆用之也。因饰焉，谓因而文饰之，以为上下之等级也。　造，七到切。笏度二尺有六寸，其中博三寸，其杀六分而去一。中广三寸，天子、诸侯、大夫、士之笏皆然。天子、诸侯则从中以上稍稍渐杀，至上首止广二寸半，是六分三寸而去其一也。其大夫、士又从中杀，至下亦广二寸半，故惟中间广三寸也。玉人言大圭长三尺，是兼终葵首言之。　杀，色介切。去，上声。

天子素带，朱里，终辟。此辟字，读如前章缟冠素纰之纰，缘也。天子以素为带。素，熟绢也。用朱为里。终，竟也。终辟，终竟此带尽缘之也。　辟，音皮。而素带，终辟。而下缺诸侯字，诸侯亦素带、终辟而不朱里。大夫素带，辟垂。大夫之素带，则惟缘其两耳及垂下之绅，腰后不缘。士练带，率下辟。练，缯也。士以练为带，单用之而缏缉其两边，故谓之繂。腰及两耳皆不缘，惟缘其绅，故云下辟。　率，音律。居士锦带，弟子缟带。以锦为带，示文也。弟子用生绢，示质也。　郑氏曰："居士，道艺处士也。"并纽约用组三寸，长齐于带。绅长制士三尺，有司二尺有五寸。子游曰:“参分带下,绅居二焉。”绅、韠、结,三齐。疏曰:“并,并也。谓天子下至弟子,其所纽约之物,并用组为之。” 方氏曰:“纽则带之交结也。合并其纽,用组以约,则带始束而不可解矣。三寸,其广也。长齐于带者,言组之垂适与绅齐也。绅之长制士三尺者,自要而下为称也。士如此,亦举卑以见尊也。有司欲便于趋走,故特去五寸。引子游之言,言人长八尺,自要而下四尺五寸,分为三分而绅居二,故长三尺也。韠,蔽膝也。结,即组也。绅、韠、结三者,皆长三尺,故曰三齐。” 韠,音必。大夫大带四寸。杂带,君朱绿,大夫玄华,士缁辟二寸,再缭四寸。四寸,广之度也。杂带,谓以杂色为辟缘也。朱绿者,上以朱,下以绿。玄华者,外以玄,内以华。华,黄色也。士带之辟则内外皆缁,是谓缁带。大夫以上,带皆广四寸,士练带惟广二寸,而再绕要一匝,则亦是四寸矣。一说,大带者,正服之带;杂带者,杂服之带。 缭,音了。凡带有率无箴功。凡带当率缏之处,箴线细密,不见用箴之功,若无箴功也。 率,音律。肆束及带,勤者有事则收之,走则拥之。肆,读为肄,余也。《诗》“伐其条肄”,谓约束带之余组,及绅之垂者。遇有勤劳之事,则收敛而持于手。若事迫而不容不走者,则拥抱之于怀也。

韠,君朱,大夫素,士爵韦。圜杀直,天子直,公侯前后方,大夫前方后挫角,士前后正。韠下广二尺,上广一尺,长三尺,其颈五寸,肩革带博二寸。韠象裳色。天子、诸侯玄端服朱裳,大夫素裳,上士玄裳,中士黄裳,下士杂裳。此言玄端服之韠。若皮弁服,则皆素韠也。凡韠皆韦为之,故其字从韦。又以著衣毕然后著之,故名为韠。韠之言蔽也。爵韦,爵色之韦也,在冕服则谓之韨,字亦作芾也。圜、杀、直,三者之形制也。天子之韠直,谓四角无圜、无杀也。下为前,上为后。公侯上下各去五寸,所去之处,以物补饰之使方,变于天子也。大夫则圜其上角,变于君也。正,即直与方之义,士贱不嫌与君同也。颈之广五寸,在中,故谓之颈。肩,两角也。肩与革带皆广二寸。 《诗疏》曰:“古者佃渔而食,因衣其皮,先知蔽前,后知蔽后。后王易之以布帛,而犹存其蔽前者,重古道不忘本也。士服爵弁,以韎韐配之,则服冕者,以芾配之,故知冕服谓之芾。芾、韠,皆是蔽膝,其制同,但以尊祭服,故异其名耳。” 今按“韎韐”者,以茜草染韦为赤色作蔽膝也。 圜,音圆。杀,色介切。挫,音佐。广,去声。去,上声。茜,音倩。一命缊韨幽衡,再命赤韨幽衡，三命赤韨葱衡。此以命数之多寡，定韨佩之制。缊，赤黄色也。幽，读为黝，黑色也。衡，佩玉之衡也。葱，青色也。《周礼》："公侯伯之卿三命，其大夫再命，其士一命。子男之卿再命，其大夫一命，其士不命。" 缊，音温。韨，音弗。幽，上声。王后袆衣，夫人揄狄，君命屈狄。此言后夫人以下六等之服。袆衣色玄，揄狄青，屈狄赤。六服皆衣裳相连。袆，读为翚。揄狄，读为摇翟。翚、翟，皆雉也。二衣皆刻缯为雉形而五采画之。屈，读为阙。刻形而不画，故云阙也。王后袆衣，夫人揄狄，皆本服也。君命屈狄，谓女君子男之妻，受王后之命，得服屈狄也。　袆，音翚。揄，音摇。屈，音阙。再命袆衣，一命襢衣，士禒衣。鞠衣黄，襢衣白，禒衣黑。袆，读为鞠。鞠衣黄，桑服也。色如鞠尘，象桑叶始生之色。再命鞠衣者，子男之卿再命，其妻得服鞠衣也。一命襢衣者，子男之大夫一命，其妻得服襢衣也。士禒衣者，子男之士不命，其妻服禒衣也。　袆，读为鞠。襢，张战切。禒，音彖。

唯世妇命于奠茧，其他则皆从男子。世妇，天子二十七人。奠茧，献茧也。凡献物必先奠置于地，故谓献为奠。凡妻贵因夫，故得各服其命数之服。惟世妇必俟蚕毕献茧，命之服乃服耳。他皆从夫之爵位也。凡侍于君，绅垂，足如履齐，颐霤垂拱，视下而听上，视带以及袷，听乡任左。立而磬折，则绅必垂；身折则裳下之缉委地，故足如践之也。颐，颔也。霤，屋檐也。身俯故头临前，而颐之垂如屋霤然。垂拱，亦谓身俯则手之拱者下垂也。视虽在下，而必侧面向上以听尊者之言，故云视下而听上也。袷，交领也。视则自带至袷，高下之则也。凡立者尊右，坐者尊左，侍而君坐，则臣在君之右，是以听向皆任左以向君。　齐，音咨。乡，去声。凡君召以三节，二节以走，一节以趋，在官不俟屦，在外不俟车。疏曰："节以玉为之，所以明信辅于君命者也。君使使召臣，有二节时，有一节时，故合云三节也。随事缓急，急则二节，故走；缓则一节，故趋。官，谓朝廷治事处也。外，谓其室及官府也。在官近，故云屦；在外远，故云车。"士于大夫，不敢拜迎而拜送。士于尊者，先拜进面，答之拜则走。士于大夫，尊卑有间，若大夫诣士，士不敢拜而迎之，恐其答拜也。去则拜送者，礼，宾出则主人再拜送之，宾不答拜，礼有终止故也。士若见于大夫，则先拜于门外，然后进而见面。若大夫出迎而答其拜，则走避之。士于君所言，大夫没矣，则称谥若字，名士。与大夫言，名士，字大夫。名士者，士虽没，犹称其名，以在君之前也。与大夫言而名士，则谓士之生者也。大夫之生者，则字之。于大夫所，有公讳无私讳。凡祭不讳，庙中不讳，教学临文不讳。公讳，本国先君之讳也。私讳，私家之讳也。凡祭，祭群神也。余见《曲礼》。

古之君子必佩玉，右徵、角，左宫、羽。徵、角、宫、羽，以玉声所中言也。徵为事，角为民，故在右，右为动作之方也；宫为君，羽为物，君道宜静，物道宜积，故在左，左乃无事之方也。不言商者，或以西方肃杀之音，故遗与欤？方氏曰："徵角为阳，宫羽为阴，阳主动，阴主静。右佩阴也，而声中徵角之动；左佩阳也，而声中宫羽之静。何哉？盖佩所以为行止之节，时止则止，时行则行，此设佩之意也。" 徵，音止。中，去声。趋以《采齐》，行以《肆夏》，周还中规，折还中矩，进则揖之，退则扬之，然后玉锵鸣也。故君子在车，则闻鸾和之声，行则鸣佩玉，是以非辟之心无自入也。路寝门外至应门，谓之趋。于此趋时，歌《采齐》之诗以为节。路寝门内至堂，谓之行。于行之时，则歌《肆夏》之诗以为节。中规，圆也。中矩，方也。进而前，则其身略俯，如揖然。退而后，则其身微仰，故曰扬之。进退俯仰皆得其节，故佩玉之鸣，锵然可听也。鸾和，铃也。常所乘之车，鸾在衡，和在轼；若田猎之车，则和在轼，鸾在马镳也。 方氏曰："心，内也，而言人，何哉？盖心虽在内，有物探之而出，及其久也，则与物俱入矣，故得以入言焉。" 齐，音慈。还，音旋。中，去声。辟，音僻。君在不佩玉，左结佩，右设佩；居则设佩，朝则结佩。君在，谓世子在君所也。不佩玉，非去之也，但结蹙其左佩之绶，不使玉之有声。玉以比德，示不敢表其有如玉之德耳。右设佩者，佩谓事佩觿燧之属，设之于右，示有服役以奉事于上也。居则设佩，谓退而燕居，则佩玉如常也。朝则结佩，申言上意，此皆谓世子也。齐则绻结佩而爵韠。凡佩玉者，遇齐时则绻结其佩。绻，屈也。谓结其绶而又屈上之也。爵韠，爵色之韦为韠也士之服但齐，则虽诸侯、大夫亦服之也。 齐，音斋。绻，音争。凡带必有佩玉，唯丧否。佩玉有冲牙，君子无故，玉不去身，君子于玉比德焉。疏曰："凡佩玉必上系于衡，下垂三道，穿以蠙珠，下端前后以悬璜，中央下端悬以冲牙，动则冲牙前后触璜而为声。所触之玉其形似牙，故曰冲牙。”天子佩白玉，而玄组绶。绶，所以贯佩之珠玉而相承受者。玄组绶，谓以玄色之组为绶也。公侯佩山玄玉，而朱祖绶。大夫佩水苍玉，而纯组绶。世子佩瑜玉，而綦组绶。士佩瓀玟，而缊组绶。山玄、水苍，如山之玄，如水之苍也。瑜，美玉也。綦，杂文也。瓀玟，石之次玉者。缊，赤黄色。　纯，音缁。瓀，乳兖切。玟，音民。缊，音温。孔子佩象环五寸，而綦组绶。象环，象牙之环也，其广五寸。孔子谦不佩玉，故燕居佩之，非谓礼服之正佩也。

童子之节也，缁布衣锦缘，锦绅并纽，锦束发，皆朱锦也。节，礼节也。锦缘，以锦为缁布衣之缘也。绅纽见前。　缘，去声。童子不裘不帛，不屦絇，无缌服，听事不麻。无事则立主人之北，南面。见先生，从人而入。不屦絇，未习行戒也。无缌服，谓父在时，己虽有缌亲之丧，不为之著缌服，但往听主人使令之事。不麻，谓免而深衣不加绖也。《问丧》云，童子不缌，唯当室缌。当室，为父后者也。童子未能习礼，且缌轻，故父在不缌，父没则本服不可违矣。从人而见先生，不敢以卑小烦长者为礼也。　絇，音劬。见，音现。“不为”为，去声。著，音勺。免，音问。

侍食于先生、异爵者，后祭先饭。客祭，主人辞曰：“不足祭也。”客飧，主人辞以疏。主人自置其酱，则客自彻之。此言成人之礼。先生，齿尊于己者。异爵，爵贵于己者。后祭，示馔不为己也。先饭，示为尊贵者尝之也。盛主人之馔，故祭；而主人辞之，谦也。既食而飧，以为美也；而主人辞以粗疏，亦谦也。酱者，食味之主，故主人自设，客亦自彻，礼尚施报也。　饭，上声。飧，音孙。一室之人非宾客，一人彻。壹食之人一人彻。凡燕食，妇人不彻。一室之人，同居共事者也。壹食之人，为同事而相聚以食者也。二者皆为无宾主之分，故但推少者一人彻之而已。妇人不彻，弱不胜事也。食枣桃李弗致于核。瓜祭上环，食中弃所操。致，谓委弃之也。《曲礼》曰：“其有核者怀其核。”上环，横切之圆如环也。　操，平声。凡食果实者后君子，火孰者先君子。古人尝药尝食，盖恐其不善，或为尊者害耳。果实生成之味，当使尊者先食。火孰者先君子，尝食之礼也。　先，去声。孰，熟通。

有庆，非君赐不贺。君赐，如爵命、土田、车服之类皆是也。言卿大夫士之家，设有喜庆之事，若是君命所赐则当贺，非君赐则不贺，盖以君赐为荣也。一说，有庆而君亦庆之，则余人亦致贺；君无所赐，则余人亦不必贺也。有忧者。此下缺文。孔子食于季氏，不辞，不食肉而飧。为客之礼，将食，必与辞，食则先胾欠殽至肩，乃饱而飧。孔子既不辞，又不食肉，乃独浇饭而为飧之礼，盖以季氏之馈失礼故也。

君赐车马，乘以拜赐；句衣服，服以拜赐。君赐及门既拜受矣，明日又乘服诣君所而拜谢其赐。所谓再拜，敬之至也。二"赐"字句绝，本朱子说。君未有命，弗敢即乘服也。此谓诸侯之卿大夫为使臣而受天子之赐，归而献诸其君，君命之乘服乃得乘服，故君未有命，不敢即乘服也。《左传》："杜洩将以路葬，南遗谓季孙曰：'叔孙未乘路，葬焉用之？'季孙使杜洩舍路，不可。曰：'夫子受命于朝而聘于王，王思旧勋而赐之路。复命而致之君，君不敢逆王命而复赐之。'" 使，去声。焉，音烟。舍，上声。君赐，稽首据掌致诸地。据，按也，覆左手以按于右手之上。致，至也，头及手俱至地也。

酒肉之赐弗再拜。已拜受于家，而明日又往拜，谓之再拜。酒肉之赐轻，故唯拜受于家而已。凡赐君子与小人不同日。君子小人以位言，君子曰"赐"，小人曰"与"，贵贱殊，故不可同日也。凡献于君，大夫使宰，士亲，皆再拜稽首送之。膳于君有荤桃茢，于大夫去茢，于士去荤，皆造于膳宰。大夫不亲往而使宰者，恐勤君之降礼而受献也。士贱，故得自往。皆再拜稽首送之者，言大夫初遣宰时，已拜送矣，及至君门以授小臣，则或宰或士，亦皆再拜而送之也。膳，美食也。荤，姜及辛菜也。茢，苕帚也。膳宰，主饮食者。 方氏曰："膳必用荤桃茢者，防不祥之物或干之也。桃以其性，荤以其气，茢以其形。形不如气，气不如性，故贵贱多少之数，去其一者茢，去其二者荤，唯桃不可去焉。皆造膳宰者，以不敢专达，必待主膳之人达之也。" 荤，音薰。茢，音列。去，上声。造，七到切。

大夫不亲拜，为君之答己也。释所以不亲献之义。 为，去声。大夫拜赐而退。士待诺而退，又拜。弗答拜。大夫往君门而拜君昨日所赐，及门，即告小臣。小臣入白，大夫即拜，拜竟即退，不待小臣出报，恐君召进之而答拜也。君不答士之拜，故士拜竟则待小臣传君之诺报而后退也。又拜者，小臣传诺报而出，士又拜君之诺也。弗答拜，谓君终不答士之拜也。大夫亲赐士，士拜受，又拜于其室。衣服，弗服以拜。敌者不在，拜于其室。其室，大夫之家也。衣服弗服以拜，下于君赐也。敌者，尊卑相等也。其室，献者之家也。若当时主人在家而拜受，则不复往彼家拜谢。今主人不在，不得拜受，还家必往而拜之也。若朋友，则非祭肉不拜。凡于尊者有献，而弗敢以闻。"不敢以闻"者，不敢直言献于尊者，如云致马资于有司，及赠从者之类也。士于大夫不承贺，下大夫于上大夫承贺。士于大夫尊卑远，若有庆事，不敢受大夫之亲贺。下大夫于上大夫尊卑近，故可承受其亲贺也。

亲在，行礼于人称父。人或赐之，则称父拜之。方氏曰："不敢私交，不敢私受故也。"礼不盛，服不充，故大裘不裼，乘路车不式。前章言不充其服，与此充字义殊。此谓礼之盛者，则以充美为敬。大裘、路车，皆祭天所用。不裼而袭，是欲掩塞其华美也。不式，敬天之心不可他用也。父命呼，唯而不诺，手执业则投之，食在口则吐之，走而不趋。应辞，"唯"速而恭，"诺"缓而慢。　唯，上声。亲老，出不易方，复不过时。亲瘠，色容不盛，此孝子之疏节也。易方，则恐召己而莫知所在；过时，则恐失期而贻亲之忧。瘠，病也。疏节，谓常行疏略之礼而已，非大节也。　瘠，才细切。父没而不能读父之书，手泽存焉尔。母没而杯圈不能饮焉，口泽之气存焉尔。不能，犹不忍也。手之所持，犹存其润泽之迹。杯圈，盛酒浆之器，屈木为之，若卮匜之属也。口泽之气，亦谓常用以饮，故口所润泽犹有余气。此所以不忍读，不忍饮也。

君入门，介拂阒，大夫中枨与阒之间，士介拂枨。此言两君相见之时。入门，入大门也。介，副也。阒，门中央所竖短木也。枨者，门之两旁长木，所谓楔也。君入当枨阒之中，主君在阒东，宾在阒西。主君上摈，在君后稍近西而拂阒；宾之上介，在宾后稍近东而拂阒。大夫之为摈为介者，各当君后而在枨阒二者之中；士之为摈为介者，则各拂东西之枨也。　枨，音橙。楔，音屑。宾入不中门，不履阈，公事自阒西，私事自阒东。此宾谓邻国来聘之卿大夫也。入不中门，谓入门稍东而近阒也。阈，门限也。聘享是奉君命而行,谓之公事。入自闑西,用宾礼也。若私觌私面,谓之私事,以其非君命故也。入自闑东,从臣礼也。

君与尸行接武,大夫继武,士中武。徐趋皆用是。君,谓天子诸侯也。接武,谓二足相躡每蹈于半,不得各自成迹也。若大夫与其尸行,则两足迹相接续。渐卑,故与尸行步稍广而速。中,犹间也。士与其尸行,每徙足间容一足地乃躡之。士极卑,故与尸行步极广也。徐趋皆用是,谓君、大夫、士或徐或趋,皆用此与尸行步之节也。疾趋则欲发,而手足毋移。此言若以他事行礼而当疾趋者,其屦头固欲发起,不以接武继武为拘,然而手容必恭,足容必重,不可或低或斜而变其常度。移,犹变也。圈豚行不举足,齐如流。席上亦然。旧说,圈,转也。豚之言循,读为上声。谓徐趋之法,当曳转其足循地而行,故云不举足也。方氏谓此言回旋而行,羔性聚,豚性散,圈之则聚而回旋于其中矣,故取况如此。未知是否。齐,裳下缉也。足既不举,身又俯折,则裳下委于地,而曳足,则齐如水之流。席上亦然,言未坐之时,行于席上,亦当如此也。　圈,举远切。豚,上声。齐,音咨。端行颐霤如矢,弁行剡剡起屦。端,直也。直身而行,身亦小折,故头直临前,而颐如屋霤之垂,其步之进则如矢之直也。弁,急也。剡剡,身起之貌。急行则欲速而身屦恒起也。一说,端,谓玄端、素端;弁,谓爵弁、皮弁,行容各欲称其服也。执龟玉,举前曳踵,蹜蹜如也。踵,足后跟也。举足之前而曳其后跟,则行不离地,如有所循也。蹜蹜,促狭之貌。龟玉皆重器,故敬谨如此。　离,去声。凡行容惕惕。惕惕,直而且疾也。谓行于道路则然。盖回枉则失容,舒缓则近惰也。　惕,音伤。

庙中齐齐,朝廷济济翔翔。齐齐,收持严正之貌。济济,威仪详整也。翔翔,张拱安舒也。君子之容舒迟,见所尊者齐遬。舒迟,闲雅之貌。齐,如夔夔齐慄之齐。遬者,谨而不放之谓。见所尊者故加敬。　齐,音斋。遬,音速。足容重,手容恭。重,不轻举移也。恭,无慢弛也。目容端,口容止。无睇视,不妄动。声容静,头容直。无或哕咳,欲其静也。无或倾顾,欲其直也。　哕,一决切。咳,音孩,又音概。气容肃。似不息者。立容德。旧说以为如有所予于人,其义难通。应氏谓中立不倚,俨然有德之气象。此说近之。色容庄,坐如尸。庄,矜持之貌也。坐如尸,见《曲礼》。燕居告温温。《诗》言“温温恭人”。燕居之时，与告语于人之际，则皆欲其温和，所谓居不容，宽柔以教也。凡祭，容貌颜色，如见所祭者。《论语》曰：“祭如在，祭神如神在。”丧容累累，色容颠颠，视容瞿瞿梅梅，言容茧茧。此皆居丧之容。累累，羸惫失意之貌。颠颠，忧思不舒之貌。瞿瞿，惊遽之貌。梅梅，犹昧昧。瞻视不审，故瞿瞿梅梅然也。茧茧，犹绵绵，声气低微之貌也。　累，力追切。颠，音田。瞿，音屦。戎容暨暨，言容詻詻，色容厉肃，视容清明。此皆军旅之容。暨暨，果毅之貌。詻詻，教令严饬之貌。颜色欲其严厉而庄肃，视瞻欲其莹澈而明审。　詻，五格切。立容辨，卑无谄。立之容贬卑者，不为矜高之态也。虽贵贬损卑降而必贵于正，若倾侧其容，柔媚其色，则流于谄矣。故戒以毋谄也。　辨，读为贬。谄，音谄。头颈必中，头容欲直。山立，如山之嶷然不摇动也。时行，当行则行。盛气颠实扬休，颠，读为填塞之填。实，满也。扬，读为阳。休，与煦同。气体之充也。言人当养气，使充盛填实于内，故息之出也，若阳气之煦物，其来无穷也。　颠，音田。休，吁句切。玉色。玉无变色，故以为颜色无变动之喻。　石梁王氏曰：“立容以下，不属戎容。”

凡自称，天子曰“予一人”，一者，无对之称。伯曰“天子之力臣”。天子三公，一相处内，二伯分主畿外诸侯。盖股肱之臣，宣力四方者也，故曰力臣。诸侯之于天子，曰“某土之守臣某”。某土，犹云东土西土之类。　守，去声。其在边邑，曰“某屏之臣某”。边邑远，谓之屏者，藩屏之义，所以蔽内而捍外也。　屏，音丙。其于敌以下曰“寡人”，小国之君曰“孤”，摈者亦曰“孤”。此章与《曲礼》小异者，此据自称为辞，彼则摈者之辞也。上大夫曰“下臣”，摈者曰“寡君之老”。下大夫自名，摈者曰“寡大夫”。世子自名，摈者曰“寡君之适”。此明自称与摈者之辞不同也。　适，音的。公子曰“臣孽”。适而传世者，谓之世子，余者但称公子而已。读孽为枿者，盖比之木生之余也，故以臣孽自称。士曰“传遽之臣”。于大夫曰“外私”。驿传之车马，所以供急遽之令，士贱而给车马之役使，故自称传遽之臣也。家臣称私，此大夫非己所臣事者,故对之言,则自称外私也。 传,张恋切。大夫私事使,私人摈,则称名。私事,谓非行聘礼,而以他事奉君命往使邻国也。随行之人当谓之介,曰摈者,摈是主人之副,今以在宾馆而主国致礼,则已为主人,故称摈也。私人,已之属臣也。私事使而私人摈,则无问上大夫、下大夫,皆降而称名,以非正聘故也。 使,去声。公士摈,则曰"寡大夫"、"寡君之老"。公士,公家之士也。若正行聘礼,以公士为摈,其下大夫往行小聘之礼,则摈辞称寡大夫;其上大夫往行大聘之礼,则摈辞称寡君之老。大夫有所往,必与公士为宾也。宾,读为摈,介也。谓大夫有正聘之往,必使公士作介也。方氏读宾如字,谓摈虽为宾执事,其实亦与之同为宾而已,故曰与公士为宾也。 宾,去声。

明堂位第十四

昔者周公朝诸侯于明堂之位，天子负斧依南乡而立。斧依，说见《曲礼》。　石梁王氏曰："注云：'周公摄王位。'又云：'天子即周公。'周公为冢宰时，成王年已十四，非摄位，但摄政，周公未尝为天子，岂可以天子为周公？此记者之妄，注亦曲徇之。"　朝，音潮。依，上声。乡，去声。

三公，中阶之前，北面东上。诸侯之位，阼阶之东，西面北上。诸伯之国，西阶之西，东面北上。诸子之国，门东，北面东上。诸男之国，门西，北面东上。疏曰："中阶者，南面三阶故称中。诸伯以下皆云国，此云位者，以三公不云位，诸侯在诸国之上，特举位言之，明以下皆朝位也。"九夷之国，东门之外，西面北上。八蛮之国，南门之外，北面东上。六戎之国，西门之外，东面南上。五狄之国，北面之外，南面东上。夷蛮戎狄，各从其方之门，而以右为尊，独南面东上者不然。方氏以为南面疑于君，故与北面者同其上也。九采之国，应门之外，北面东上。疏曰："此是九州之牧，谓之采者，以采取当州美物而贡天子。故《王制》云：'千里之外曰采。'明堂无重门，但有应门耳。"应，去声。当，去声。重，平声。四塞世告至。此周公明堂之位也。明堂也者，明诸侯之尊卑也。四塞，九州之外夷狄也。若天子新即位，或其国君易世，皆一来朝告至，故云世告至也。　塞，如字，先代切。

昔殷纣乱天下，脯鬼侯以飨诸侯，是以周公相武王以伐纣。武王崩，成王幼弱，周公践天子之位以治天下。六年朝诸侯于明堂，制礼作乐颁度量，而天下大服。七年致政于成王。鬼，国名。《易》曰："高宗伐鬼方。"杀人以为荐羞，恶之极也，故伐之。六年五服一朝，盖始于此。　石梁王氏曰："只以《诗》、《书》证之，即知周公但居冢宰摄政，未尝在天子位。'周公相，践阼而治'，《文王世子》此语为是。《诗小序》之言亦不可据，注引《鲁颂》，岂尽伯禽时事哉？"　刘氏曰："此盖因《洛诰》篇首，有周公曰‘朕复子明辟’之辞，篇中有‘周公诞保文武受命惟七年’之语，遂生此论，谓周公践天子位，七年而致政于成王也。殊不知‘复子明辟’者，周公营洛遣使告卜之辞；‘受命惟七年’者，史臣叙周公留后治洛，凡七年而薨也。《书传》中九峰蔡氏之辨，可谓深切著明。” 相、量，并去声。辟，音壁。

成王以周公为有勋劳于天下，是以封周公于曲阜，地方七百里，革车千乘，命鲁公世世祀周公以天子之礼乐。是以鲁君孟春乘大路，载弧韣，旗十有二旒，日月之章，祀帝于郊，配以后稷，天子之礼也。《论语》称伯禽为鲁公，《閟宫》称僖公为鲁侯，又曰“俾侯于鲁”，则鲁本侯爵，过称公也。孟子言公侯皆方百里，又言周公封于鲁地方百里，而此云七百里者，盖以百里之田为鲁本国，如后世食实封也；并附庸为七百里，所谓锡之山川土田附庸也。《周礼》，封疆方五百里之制，当时设法未行，不可以据。革车，兵车也。千乘，田赋所出之数也。孟春，周正子月也。大路，殷祭天所乘之木路。弧，所以开张旌旗之幅，其形如弓，以竹为之。韣，则弧之衣也。旒，属于旂之正幅，而画日月以为章也。 王荆公谓周公能为人臣所不能为之功，故可用人臣所不得用之礼乐。程子曰：“是不知人臣之道也。夫居周公之位，则为周公之事，由其位而能为者，皆所当为也。周公乃尽其为臣之职耳，岂得独用天子之礼乐哉？成王之赐，伯禽之受，皆非也。” 问：“孟子说齐鲁皆封百里，而先生向说齐鲁始封七百里者，何耶？”朱子曰：“此等处皆难考云云。”见《告子下篇》。 “千乘”乘，去声，下如字。载，音戴。韣，音独。

季夏六月，以禘礼祀周公于大庙，牲用白牡，殷尚白，白牡，殷牲也。 方氏曰：“止用时王之礼者，诸侯之事；通用先王之礼者，天子之事。故《郊特牲》云‘诸侯祭以白牡，乘大路’，谓之僭礼也。” 大，音泰。尊用牺象山罍，郁尊用黄目，尊，酒器也。牺，牺尊也。音莎者，释云刻画凤形婆娑然也。读如字者，释云画为牛形，又云尊为牛之形。象，象尊也，以象骨饰尊。一说，尊为象之形也。山罍，刻画山云之状于罍也。郁尊，盛郁鬯酒之尊也。黄目，黄彝也，卣罍之类，以黄金镂其外为目，因名也。 牺，音莎。灌用玉瓒大圭，荐用玉豆雕篹，爵用玉琖仍雕，加以璧散璧角，俎用梡嶡。灌，酌郁鬯以献尸也。以玉饰瓒，故曰玉瓒。以大圭为瓒柄，故言玉瓒大圭也。荐，祭时所荐菹醢之属也。玉豆，以玉饰豆也。篹，笾也。雕饰其柄，故曰雕篹。爵，行酒之器。夏氏爵名琖，以玉饰之。仍，因也。因爵形而雕饰之，故曰仍雕也。加者,夫人亚献于尸也。用璧角,即《周礼》内宰所谓瑶爵也。夫人献后,则宾用璧散献尸,散角皆以璧饰其口。此先言散,后言角,便文也。虞俎名椀,夏俎名嶡。椀形四足如按,嶡则加横木于足中央为横距之形也。　瓒,才旱切。篹,损管切。戋,侧眼切。散,去声。椀,音浣。嶡,音鳜。升歌《清庙》,下管《象》。朱干玉戚,冕而舞《大武》。皮弁素积,裼而舞《大夏》。《昧》,东夷之乐也。《任》,南蛮之乐也。纳夷蛮之乐于大庙,言广鲁于天下也。《清庙》,《周颂》,升乐工于庙之堂上而歌此诗也。下,堂下也。管,匏竹也。《象》,《象武》诗也。堂下以管吹《象武》之诗,故云下管《象》也。朱干,赤盾也。玉戚,玉饰斧柄也。著衮冕而执此干戚以舞武王伐纣之乐,又服皮弁见裼衣而舞夏后氏《大夏》之乐。五冕皆周制,故用以舞周乐。皮弁,三王之服,故用以舞夏乐也。《昧》,《任》,皆乐名。广鲁于天下,言周公勋业之盛,广及四夷,故广大其国礼乐之事,以示天下也。　裼,音析。任,音壬。君卷冕立于阼,夫人副袆立于房中。君肉袒迎牲于门,夫人荐豆、笾,卿大夫赞君,命妇赞夫人,各扬其职。百官废职,服大刑,而天下大服。副,首饰也。副之言覆,以其覆被乎首而为名,详见《周礼》追师,及《诗副笄六珈注疏》。袆,袆衣也。本王后之服,亦以尊周公而用天子礼乐,故得服之也。房,太庙之东南室也。赞,助也。命妇,内则世妇,外则卿大夫之妻也。扬,举也。废,不举也。天下大服,谓敬服周公之德也。　卷,读为衮。覆,去声。是故夏礿,秋尝,冬烝,春社,秋省,而遂大蜡,天子之祭也。鲁在东方,或有朝于方岳之岁,则废春祠,故此略之。秋省,省敛也。年不顺成,则八蜡不通,必视年之上下,以为蜡之丰啬。旧读省为猕者非。　礿,音药。省,悉井切。蜡,音乍。

大庙,天子明堂。库门,天子皋门。雉门,天子应门。鲁无明堂,而太庙如明堂之制。天子五门:路、应、雉、库、皋,由内而外。路门亦曰毕门。今鲁库门之制,如天子皋门;雉门之制,如天子应门也。　大,音泰。振木铎于朝,天子之政也。木铎,金口木舌,发教令则振之,所以警动众听。

山节藻棁,说见前篇。复庙重檐,复庙,上下重屋也。重檐者,檐下复有板檐,免风雨之坏壁。　复,音福。重,平声。檐,音簷。“复有”复,去声。

刮楹达乡，以密石摩柱使之精泽，故云刮楹。达，通也。乡，窗牖也。每室四户八窗，窗户相对，故云达乡。　刮，古刹切。乡，去声。反坫出尊，两君好会反爵之坫，筑土为之，在两楹间而近南。盖献酬毕，则反爵于其上也。凡物在内为入，在外为出。以坫在尊之外，故云反坫出尊，言坫出在尊之外也。崇坫康圭疏屏，天子之庙饰也。崇，高也。康，安也。凡物措之得所，则无危坠之失。圭，礼器之重者，不可不谨，故为此高坫以康圭也。疏屏者，刻镂于屏，使之文理疏通也。

鸾车，有虞氏之路也。钩车，夏后氏之路也。大路，殷路也。乘路，周路也。鸾车，有鸾和之车也。路，与辂同。钩，曲也。车床谓之舆，舆之前阑曲，故名钩车也。大路，殷之木路也。乘路，周之玉路也。有虞氏之旂，夏后氏之绥，殷之大白，周之大赤。四者旌旗之属。《周礼》交龙为旂。绥，读为緌。以旄牛尾注于杠首而垂之者也。大白，白色旗也。大赤，赤色旗也。郑云："当言有虞氏之緌，夏后氏之旂，谓虞质于夏，惟緌而已，至夏世乃有旂之制也。"夏后氏骆马黑鬣，殷人白马黑首，周人黄马蕃鬣。白黑相间谓之骆，此马白身而黑鬣也。蕃鬣，赤鬣也。夏后氏牲尚黑，殷白牡，周骍刚。骍，赤色。刚，壮色。

泰，有虞氏之尊也。山罍，夏后氏之尊也。著，殷尊也。牺象，周尊也。虞氏尚陶。泰，瓦尊也。著者，无足而底著于地也。余见前章。　著，直略切。牺，音莎。爵，夏后氏以琖，殷以斝，周以爵。夏爵名琖，以玉饰之，故其字从玉。殷爵名斝，稼也，故画为禾稼。周之爵，则爵之形也。其曰玉爵者，则饰之以玉也。　斝，音稼。灌尊，灌鬯酒之尊也。夏后氏以鸡夷，殷以斝，周以黄目。夷，读为彝，法也。与余尊为法，故称彝。刻画鸡形于其上，故名鸡彝。余见上章。其勺，夏后氏以龙勺，殷以疏勺，周以蒲勺。《周礼》："梓人为饮器，勺一升。"龙勺，刻画为龙头。疏勺，刻镂疏通也。蒲勺者，合蒲为凫头之形，其口微开，如蒲草本合而末微开也。三者皆谓勺之柄头耳。　勺，是若切。土鼓，蒉桴，苇籥，伊耆氏之乐也。方氏曰："以土为鼓，未有挥革之声故也；以凷为桴，未有斲木之利故也；以苇为籥，未有截竹之精故也。"　蒉，音块。桴，音浮。挥，音运，又音绚。拊搏，玉磬，揩击，大琴大瑟，中琴小瑟，四代之乐器也。拊搏，旧说以韦为之，充之以糠，形如小鼓。揩击，谓柷敔，皆所以节乐者。方氏以为或拊或搏，或揩或击，皆言作乐之事。又按《书传》云："戛击，考击也。搏，至；拊，循也。"皆与此文理有碍，当从郑注。 拊，音抚。搏，音博。揩，居八切。

鲁公之庙，文世室也。武公之庙，武世室也。鲁公，伯禽也。武公，伯禽之玄孙。其室世世不毁，故言世室。 方氏曰："周以祖文王为不毁之庙，而鲁以伯禽之庙比之，故曰文世室。宗武王为不毁之庙，而鲁以武公之庙比之，故曰武世室。"米廪，有虞氏之庠也。序，夏后氏之序也。瞽宗，殷学也。頖宫，周学也。此言鲁立四代之学。鲁所藏粢盛米之廪，即虞氏之庠，谓藏此米于学宫也，亦教孝之义。序者，射也。射以观德，有先后之次焉。乐师瞽蒙之所宗，故谓之瞽宗。頖，半也。诸侯曰頖宫，以其半辟雍之制也。孟子言夏曰校，殷曰序。 頖，音判。盛，平声。崇鼎，贯鼎，大璜，封父龟，天子之器也。越棘，大弓，天子之戎器也。崇、贯、封父、越，皆国名。棘，戟也。 方氏曰："凡此即《周官》天府所藏大宝镇宝之类是也。"

夏后氏之鼓足，殷楹鼓，周县鼓。垂之和钟，叔之离磬，女娲之笙簧。足，谓四足也。楹，贯之以柱也。县，悬于簨虡也。垂，见《舜典》。 方氏曰："《郊特牲》曰：'以钟次之，以和居参之也。'故谓之和钟。《乐记》曰：'石声磬，磬以立辨。辨者，离之音也，故谓之离磬。笙以象物生之形，簧则美在其中，故谓之笙簧。'《世本》曰：'无句作磬。'皇氏云：'无句，叔之别名。'" 县，音玄。夏后氏之龙簨虡，殷之崇牙，周之璧翣。《周官》，梓人为簨虡，横曰簨，植曰虡，所以悬乐器也。以龙形饰之，故曰龙簨虡。崇牙者，刻木为之，饰以采色，其状隆然。殷人于簨之上，施崇牙以挂钟磬也。周人则又于簨上画缯为翣，载之以璧，下悬五采之羽，而挂于簨之角焉。 簨，音笋。虡，音距。有虞氏之两敦，夏后氏之四琏，殷之六瑚，周之八簋。《少牢礼》曰："执敦黍有盖。"又曰："设四敦皆南首。"敦之为器，有盖有首也。四者皆盛黍稷之器。礼之有器，时王各有制作，故历代宝而用之。但时代渐远，则古器之存者渐寡，此鲁所有之数耳。 敦，音对。琏，音辇。俎，有虞氏以梡，夏后氏以嶡，殷以椇，周以房俎。梡、嶡，见前章。椇者，俎之足间横木，为曲桡之形，如椇枳之树枝也。房者，俎足下之跗，谓俎之上下两间，有似于堂房也。　疏曰："古制不可委知，今依注略为此意，未知可否。"椇，音矩。夏后氏以楬豆，殷玉豆，周献豆。楬，不饰也，木质而已。献，读为娑，献尊刻画凤羽，则此豆亦必刻画凤羽，故名也。　楬，苦瞎切。献，音莎。有虞氏服韨。夏后氏山，殷火，周龙章。韨者，祭服之蔽膝，即韠也。虞氏直以韦为之，无文饰。夏世则画之以山，殷人增之以火，周人又加龙以为文章。　韨，音黻。

有虞氏祭首，夏后氏祭心，殷祭肝，周祭肺。方氏曰："三代各祭其所胜，盖夏尚黑为胜赤，故祭心。殷尚白为胜青，故祭肝。周尚赤为胜白，故祭肺。"夏后氏尚明水，殷尚醴，周尚酒。疏曰："《仪礼》设尊尚玄酒，是周亦尚明水也。《礼运》云'澄酒在下'，则周不尚酒，故注云言尚非也。"方氏曰："明水者，取于月之水，故谓之明水，则淡而无味。醴则渐致其味，酒则味之成者。"有虞氏官五十，夏后氏官百，殷二百，周三百。《书》言唐虞建官惟百，夏商官倍。先儒信此记而不信书，固为不可。且谓鲁得用四代礼乐，故惟通用其官之名号，不必尽用其数，皆臆说也。有虞氏之绥，夏后氏之绸练，殷之崇牙，周之璧翣。此皆丧葬之饰。绸练，见《檀弓》。余见上章。又翣制，详见《丧大记》。　绥，音緌。绸，音叨。凡四代之服、器、官，鲁兼用之。是故鲁，王礼也，天下传之久矣，君臣未尝相弑也。礼乐刑法政俗，未尝相变也。天下以为有道之国，是故天下资礼乐焉。君臣未尝相弑，礼乐刑法政俗未尝相变，先儒以为近诬。或以为讳国恶，论之详矣。大抵此篇主于夸大鲁国，故历举四代之服、器、官，以见鲁之礼乐其盛如此，不知鲁之郊禘非礼也。周公其衰矣，知此则此记所陈，适足以彰其僭而已，而奚盛大之有哉？　朱氏曰："羽父杀隐公，庆父弑二君，则君臣相弑矣。夏父跻僖公，礼之变也。季氏舞八佾，乐之变也。僖公欲焚巫尪，刑之变也。宣公初税亩，法之变也。政逮于大夫，政之变也。妇人髽而吊，俗之变也。"　石梁王氏曰："此见《春秋经》而不见《传》者，故谓未尝相弑，未尝变法，大抵此篇多诬。"

丧服小记第十五

朱子曰:"小记是解丧服传。"

斩衰:括发以麻。为母括发以麻,免而以布。斩衰,主人为父之服也。亲始死,子服布深衣,去吉冠而犹有笄纚,徒跣扱深衣前衽于带。将小敛,乃去笄纚,著素冠。敛讫,去素冠,而以麻自项而前交于额上,却而绕于紒,如著幓头然。幓头,今人名掠发,此谓括发以麻也。母在亦然,故云为母括发以麻。言此礼与丧父同也。免而以布,专言为母也。盖父丧小敛后,拜宾竟,子即堂下之位,犹括发而踊,母丧则此时不复括发,而著布免以踊,故云免而以布也。笄纚,说见《内则》。免,见《擅弓》。　为,去声。免,音问。纚,缅同。紒,髻同。幓,七遥切。齐衰:恶笄以终丧。妇人居齐衰之丧,以榛木为笄以卷发,谓之恶笄。以终丧者,谓中间更无变易,至服竟则一并除之也。

男子冠而妇人笄,男子免而妇人髽。其义为男子则免,为妇人则髽。吉时男子首有吉冠,妇人首有吉笄。若亲始死,男去冠,女则去笄。父丧成服也,男以六升布为冠,女则箭篠为笄。若丧母,男则七升布为冠,女则榛木为笄,故云男子冠而妇人笄也。男子免而妇人髽者,言今遭齐衰之丧,当男子著免之时,妇人则髽其首也。髽有二,斩衰则麻髽,齐衰则布髽,皆名露紒。其义为男子则免为妇人则髽者,言其义不过以此免与髽分别男女而已。　冠,如字。髽,庄加切。为,如字。去,上声。别,必列切。苴杖,竹也。削杖,桐也。竹杖圆以象天,削杖方以象地,父母之别也。　疏曰:"苴者,黯也。父用竹者,以其体圆性贞,四时不改,明子为父礼伸痛极,自然圆足,有终身之痛也。削者,杀也。桐随时凋落,谓母丧,外虽削杀,服从时除,而终身之心当与父同也。"　苴,音雎。

祖父卒,而后为祖母后者三年。适孙无父,既为祖三年矣,今祖母又死,亦终三年之制,盖祖在而丧祖母,则如父在而为母期也。子死则孙为后,故以为后者言之。　为,如字。为父母,长子稽颡。大夫吊之。

虽缌必稽颡。服重者，先稽颡而后拜宾；服轻者，先拜宾而后稽颡。父母，尊也；长子，正体也，故从重。大夫吊于士，是以尊临卑，虽是缌服之丧，亦必稽颡而后拜。盖尊大夫，不敢以轻待之也。妇人为夫与长子稽颡，其余则否。妇人受重于他族，故夫与长子之丧则稽颡。其余，谓父母也。降服移天，其礼杀矣。男主必使同姓，妇主必使异姓。丧必有男主以接男宾，必有女主以接女宾。若父母之丧，则适子为男主，适妇为女主。今无男主而使人摄主，则必使丧家同姓之男；无女主而使人摄主，则必使丧家异姓之女，谓同宗之妇也。

为父后者，为出母无服。出母，母为父所遣者也。适子为父后者不服之。盖尊祖敬宗，家无二主之义也，非为后者服期。　上为，如字。下为，去声。亲亲以三为五，以五为九，上杀、下杀、旁杀，而亲毕矣。由己身言之，上有父，下有子，宜言以一为三，而不言者，父子一体，无可分之义，故惟言以三为五。谓因此三者，而由父以亲祖，由子以亲孙，是以三为五也。又不言以五为七者，盖由祖以亲曾、高二祖，由孙而亲曾孙、玄孙，其恩皆已疏略，故惟言以五为九也。由父而上，杀之至高祖，由子而下，杀之至玄孙，是上杀、下杀也。同父则期，同祖则大功，同曾祖则小功，同高祖则缌麻，是旁杀也。高祖外无服，故曰毕矣。　杀，色介切。

王者禘其祖之所自出，以其祖配之，而立四庙。庶子王亦如之。四庙，谓高、曾、祖、祢四亲庙也。始祖居中为五，并高祖之父祖为七。或世子有废疾不可立，而庶子立为王者，其礼制亦然。　赵氏曰："禘，王者之大祭也。王者既立始祖之庙，又推始祖所自出之帝，祀之于始祖之庙，而以始祖配之也。"别子为祖，继别为宗。继祢者为小宗。有五世而迁之宗，其继高祖者也。是故祖迁于上，宗易于下。尊祖故敬宗，敬宗所以尊祖祢也。别子有三，一是诸侯适子之弟，别于正适；二是异姓公子来自他国，别于本国不来者；三是庶姓之起于是邦为卿大夫，而别于不仕者，皆称别子也。为祖者，别与后世为始祖也。继别为宗者，别子之后，世世以适长子继别子，与族人为百世不迁之大宗也。继祢者为小宗，谓别子之庶子，以其长子继己为小宗，而其同父之兄弟宗之也。五世者，高祖至玄孙之子。此子于父之高祖无服，不可统其父同高祖之兄弟，故迁易而各从其近者为宗矣。

故曰有五世而迁之宗，其继高祖者也。四世之时，尚事高祖，五世则于高祖之父无服，是祖迁于上也。四世之时，犹宗三从族人，至五世则不复宗四从族人矣，是宗易于下也。宗是先祖正体，惟其尊祖，是以敬宗也。　疏曰："族人一身事四宗，事亲兄弟之适，是继祢小宗也。事同堂兄弟之适，是继祖小宗也。事再从兄弟之适，是继曾祖小宗也。事三从兄弟之适，是继高祖小宗也。小宗凡四，独云继祢者，初皆继祢为始，据初而言之也。"　别，必列切。从，去声。

庶子不祭祖者，明其宗也。此继适士立二庙祭祢及祖。今兄弟二人，一适一庶，而俱为适士，其适子之为适士者，固祭祖及祢矣，其庶子虽适士，止得立祢庙，不得立祖庙而祭祖者，明其宗有所在也。庶子不为长子斩，不继祖与祢故也。庶子不得为长子服斩衰三年者，以己非继祖之宗，又非继祢之宗，则长子非正统故也。　为，去声。长，上声。庶子不祭殇与无后者，殇与无后者，从祖祔食。长中下殇，见前篇，盖未成人而死者也。无后者，谓成人未昏，或已娶而无子而死者也。庶子所以不得祭此二者，以己是父之庶子，不得立父庙，故不得自祭其殇子也。若己是祖之庶孙，不得立祖庙，故无后之兄弟，己亦不得祭之也。祖庙在宗子之家，此殇与此无后者，当祭祖之时，亦与祭于祖庙也。故曰从祖祔食。　"与祭"与，去声。庶子不祭祢者，明其宗也。庶子不得立祢庙，故不得祭祢。所以然者，明主祭在宗子，庙必在宗子之家也。庶子虽贵，止得供具牲物，而宗子主其礼也。上文言庶子不祭祖，是犹得立祢庙，以其为适士也。此言不祭祢，以此庶子非适士，或未仕，故不得立庙以祭祢也。

亲亲尊尊长长，男女之有别，人道之大者也。疏曰："此论服之降杀。亲亲，谓父母也。尊尊，谓祖及曾祖、高祖也。长长，谓兄及旁亲也。不言卑幼，举尊长则尊幼可知也。男女之有别者，若为父斩为母齐衰，姑姊妹在室期出嫁大功，为夫斩为妻期之属是也。此四者，于人之道为最大。"　长，上声。别，必列切。从服者，所从亡则已。属从者，所从虽没也服。疏曰："服术有六，其一是徒从。徒，空也。与彼非亲属，空从此而服彼。有四者，一是妾为女君之党，二是子从母服于母之君母，三是妾子为君母之党，四是臣从君而服君之党。此四徒之中，唯女君虽没，妾犹服女君之党。余三徒，所从既亡，则止而不服。已，止也。属者，骨血连继以为亲也。亦有三，一是子从母服母之党，二是妻从夫服夫之党，三是夫从妻服妻之党。此三从虽没，犹从之服其亲也。”妾从女君而出，则不为女君之子服。妾，谓女君之侄娣也。其来也，与女君同入，故服女君之子与女君同。若女君犯七出而出，则此侄娣亦从之出。子死，则母自服其子，侄娣不服，义绝故也。　为，去声。

礼不王不禘。禘，王者之大祭。诸侯不得行之，故云不王不禘。　石梁王氏曰：“此句合在王者禘其祖之所自出上，错乱在此。”

世子不降妻之父母。其为妻也，与大夫之适子同。世子，天子诸侯之适子传世者也。不降杀其妻父母之服者，以妻故亲之也。大夫适子死，服齐衰不杖。今世子既不降其妻之父母，则其为妻服，与大夫服适子之服同也。　为，去声。父为士，子为天子诸侯，则祭以天子诸侯，其尸服以士服。祭用生者之礼，尽子道也。尸以象神，自用本服。父为天子诸侯，子为士，祭以士，其尸服以士服。以天子诸侯之礼祭其父之为士者，其礼伸，故尸服死者之服，为礼之正。以士之礼祭其父之为天子诸侯者，其礼屈，故尸服生者之服，为礼之变。礼有曲而杀者，此类是也。

妇当丧而出，则除之。妇当舅姑之丧，而为夫所出，则即除其服，恩义绝故也。　为，去声。为父母丧，未练而出则三年，既练而出则已。若当父母之丧未期而为夫所出，则终父母三年之制，为已与夫族绝，故其情复隆于父母也。若在父母小祥后被出，则是己之期服已除，不可更同兄弟为三年服矣，故已也。已者，止也。　为，去声。“为三”为，如字。未练而反则期，既练而反则遂之。若被出后遇父母之丧未及期，而夫命之反，则但终期服，反在期后，则遂终三年。盖缘已随兄弟小祥服三年之丧，不可中废也。

再期之丧，三年也。期之丧，二年也。九月、七月之丧，三时也。五月之丧，二时也。三月之丧，一时也。故期而祭，礼也。期而除丧，道也。祭不为除丧也。《仪礼·大功》章有中殇七月之文，即此七月之丧也。期而祭，谓再期之丧致小祥之祭也。期而除丧，谓除衰绖易练服也。小祥之祭，乃孝子因时以伸其思亲之礼也。练时男子除首绖，妇人除要带，乃生者随时降杀之道也。祭与练虽同时并举，然祭非为练而设也。三年而后葬者必再祭，其祭之间不同时而除丧。孝子以事故不得及时治葬，中间练祥时月，以尸柩尚存，不可除服。今葬毕必举练祥两祭，故云必再祭也。但此二祭仍作两次举行，不可同在一时。如此月练祭，则男子除首绖，妇人除要带，次月祥祭，乃除衰服。故云其祭之间，不同时而除丧也。大功者主人之丧，有三年者则必为之再祭，朋友虞祔而已。大功者主人之丧，谓从父兄弟，来主此死者之丧也。三年者，谓死者之妻与子也。妻既不可为主，而子又幼小，别无近亲，故从父兄弟主之。必为之主行练祥二祭，朋友但可为之虞祭祔祭而已。　为，去声。从，去声。"为主"为，如字。

士妾有子而为之缌，无子则已。《丧服》云："大夫为贵妾缌。"士卑，故妾之有子者为之缌，无子则不服也。　为，去声。生不及祖父母诸父昆弟，而父税丧，己则否。税者，日月已过，始闻其死，追而为之服也。此言生于他国，而祖父母诸父昆弟皆在本国，己皆不及识之。今闻其死而日月已过，父则追而服之，己则不服也。　税，吐外切。为君之父母妻长子，君已除丧而后闻丧则不税。卿大夫为君之父母妻长子皆有服，今以出使他国，或以事久留，君除丧之后，己始闻丧，不追服也。

降而在缌、小功者则税之。此句承"父税丧己则否"之下，误在此。降者，杀其正服也。如叔父及适孙正服，皆不杖期，死在下殇，则皆降服小功，如庶孙之中殇，以大功降而为缌也，从祖昆弟之长殇，以小功降而为缌也。如此者皆追服之。《檀弓》曾子所言小功不税，是正服小功，非谓降也。凡降服重于正服，详见《仪礼》。近臣君服斯服矣。其余，从而服，不从而税。近臣，卑贱之臣也。此言小臣有从君往他国既返，而君之亲丧已过服之月日，君税之，此臣亦从君而服。其余，谓卿大夫之从君出为介为行人宰史者，返而君服限未满，亦从君而服，若在限外而君税，则不从君而税也。君虽未知丧，臣服已。此言君在他国，而本国有丧君虽未知，而诸臣之留国者，自依礼成服不待君返也。虞，杖不入于室；祔，杖不升于堂。虞祭在寝，祭后不以杖入室；祔祭在祖庙，祭后不以杖升堂，皆杀哀之节也。为君母后者，君母卒，则不为君母之党服。此言无适子而庶子为后者，即上章"从服者所从亡则已"之义也。绖杀五分而去一，杖大如绖。《丧服传》曰："苴绖大搹，左本在下，去五分一以为带绖。大搹者，谓首绖也。五分减一分，则要绖之大也。递减之，则齐衰之绖大如斩衰之带，去五分一以为齐衰之带，大功之绖大如齐衰之带，去五分一以为大功之带；小功之绖大如大功之带，去五分一以为小功之带；缌麻之绖大如小功之带，去五分一以为缌麻之带。麻在首在要，皆曰绖。分言之，则首曰绖，要曰带。所以五分者，象五服之数也。杖大如绖，如要绖也。搹者，搤也。 朱子曰："首绖大一搤，只是拇指与第二指一围。" 杀，去声。去，上声。"一分"分，音问。搹，搤同，音厄。妾为君之长子，与女君同。女君为长子三年，妾亦同服三年，以正统故重也。

除丧者，先重者，易服者，易轻者。男子重在首，妇人重在要，凡所重者有除无变，故虽卒哭不受轻服，直至小祥，而男子除首绖，妇人除要绖。此之谓除丧者先重者也。易服者，谓先遭重丧，后遭轻丧，而变易其服也。轻，谓男子要、妇人首也。此言先是斩衰，虞而卒哭，已变葛绖。葛绖之大小，如齐衰之麻绖。今忽又遭齐衰之丧，齐衰要首绖皆牡麻，牡麻重于葛也。服宜从重，故男不变首，女不变要，以其所重也。但以麻易男要女首而已，故云易服者易轻者也。若未虞卒哭则后丧不能变。无事不辟庙门，哭皆于其次。辟，开也。庙门，殡宫之门也。鬼神尚幽暗，故有事则辟，无事不辟也。次，倚庐也。朝夕之哭，与受吊之哭，皆即门内之位，若或昼或夜无时之哭，则皆于倚庐也。 辟，音避。

复与书铭，自天子达于士，其辞一也。男子称名，妇人书姓与伯仲，如不知姓则书氏。复，招魂以复魄也。书铭，书死者名字于明旌也。《檀弓》疏云："士丧礼为铭各以其物，士长三尺，大夫五尺，诸侯七尺，天子九尺。若不命之士，以缁长半幅长一尺，赪末长终幅长二尺，总长三尺。"《周礼》："天子之复，曰皋天子复。诸侯，则曰皋某甫复。"此言天子达于士其辞一者，殷以上质不讳名，故臣可以名君欤？男子称名，谓复与铭皆名之也。妇人铭则书姓及伯仲，此或亦是殷以上之制，如周则必称夫人也。姓，如鲁是姬姓，后三家各自称氏。所谓氏也，殷以前，六世之外，则相与为昏，故妇人有不知姓者，周不然矣。斩衰之葛与齐衰之麻同，齐衰之葛与大功之麻同，麻同皆兼服之。上章言绖杀皆是五分去一，此言斩衰卒哭后所受葛绖，与齐衰初死之麻绖大小同；齐衰变服之葛绖，与大功初死之麻绖大小同。麻同皆兼服之者，谓居重丧而遭轻丧，服麻又服葛也。上章言男子易要绖不易首绖，故首仍重丧之葛，要乃轻丧之麻也。妇人卒哭后无变上下皆麻，此言麻葛兼服者，止谓男子耳。

报葬者报虞，三月而后卒哭。报，读为赴，急疾之义。谓家贫或以他故不得待三月，死而即葬者，既疾葬亦疾虞。虞以安神，不可后也。惟卒哭则必俟三月耳。父母之丧偕，句先葬者不虞、祔，待后事。其葬服斩衰。父母之丧偕，即《曾子问》并有丧，言父母同时死也。葬先轻而后重。先葬，葬母也。不虞祔，不为母设虞祭祔祭也。盖葬母之明日，即治父葬，葬父毕虞祔，然后为母虞祔，故云待后事，祭则先重而后轻也。其葬母亦服斩衰者，从重也。以父未葬，不敢变服也。

大夫降其庶子，其孙不降其父。大夫为庶子服大功，而庶子之子，则为父三年也。大夫不服其妾，故妾子为其母大功。大夫不主士之丧。谓士死无主后，其亲属有为大夫者，不得主其丧，尊故也。为慈母之父母无服。恩所不及故也。　为，去声。

夫为人后者，其妻为舅姑大功。此舅姑，谓夫之所生父母。　上为，如字。下为，去声。士祔于大夫则易牲。祖为大夫，孙为士，孙死祔祖，则用大夫牲。士牲卑，不可祭于尊者也。此与葬以大夫祭以士者不同，如妾无妾祖姑可祔，则易牲而祔于女君也。继父不同居也者，必尝。同居皆无主后，同财而祭其祖祢为同居，有主后者为异居。母再嫁而子不随往，则此子与母之继夫犹路人也，故自无服矣。今此子无大功之亲，随母以往，其人亦无大功之亲，故去"同居皆无主后"也。于是以其货财为此子同筑宫庙，使之祭祀其先，如此则是继父同居，其服期也。异居有三，一是昔同今异，二是今虽同居却不同财，三是继父自有子即为异居。异居者，服齐衰三月而已。此云有主后者为异居，则此子有子亦为异居也。哭朋友者于门外之右南面。《檀弓》曰："朋友吾哭诸寝门之外。"南向者，为主以待吊宾也。

祔葬者不筮宅。宅，谓茔圹也。前人之葬已筮而吉，故祔葬则不必再筮也。士大夫不得祔于诸侯，祔于诸祖父之为士大夫者。其妻祔于诸祖姑，妾祔于妾祖姑，亡则中一以上而祔，祔必以其昭穆。公子、公孙之为士、为大夫者，不得祔于先君之庙也。诸祖父，其祖为国君者之兄弟也。诸祖姑，诸祖父之妻也。若祖为国君，而无兄弟可祔，亦祔宗族之疏者。上言士易牲而祔于大夫，而大夫不得易牲而祔诸侯者，诸侯之贵绝宗，故大夫士不得亲之也。妾祔于妾祖姑，言妾死则祔于祖之妾也。亡，无也。中，间也。若祖无妾，则又间曾祖一位而祔高祖之妾，故云亡则中一以上而祔也。所以间曾祖者，以昭穆之次不同列，祔必以昭穆也。　亡，音无。间，去声。诸侯不得祔于天子，天子诸侯大夫可以祔于士。卑孙不可祔于尊祖，孙贵而不祔其祖之为士者，是自尊而卑其祖，不可也。故可以祔于士。

为母之君母，母卒则不服。母之君母者，母之适母也。非母所生之母，故母在而为之服，则己亦从而服，是徒从也。徒从者，所从亡则已，故母卒则不服。　为，去声，下节同。宗子母在为妻禫。父在，则适子为妻不杖，不杖则不禫。父没母存，则杖且禫矣。此宗子百世不迁者也。恐疑于宗子之尊厌其妻，故明言虽母在，亦当为妻禫也。然则非宗子而母在者不禫矣。为慈母后者，为庶母可也，为祖庶母可也。《传》曰："妾之无子者，妾子之无母者，父命之为子母。"此谓为慈母后者也。若庶母尝有子，而子已死，命他妾之子为其后，故云为庶母可也。若父之妾有子而子死，己命己之妾子后之亦可，故云为祖庶母可也。　石梁王氏曰："为慈母后者，为庶母为祖庶母后皆可。谓既是妾子，此三母皆妾，皆可以妾生之子为后。"为父、母、妻、长子禫。此言当禫之丧，有此四者。然妻为夫亦禫。又慈母之丧无父在亦禫，记者略耳。　为，去声。长，上声。慈母与妾母，不世祭也。不世祭者，谓子祭之而孙不祭也。上章言妾祔于妾祖姑者，疏云："妾无庙，今乃云祔及高祖，当是为坛以祔之耳。"

丈夫冠而不为殇，妇人笄而不为殇。为殇后者，以其服服之。男子死在殇年，则无为父之道，然亦有不俟二十而冠者，冠则成人也。此章举不为殇者言之，则此当立后者，乃是已冠之子，不可以殇礼处之，其族人为之后者，即为之子也。以其服服之者，子为父之服也。旧说，为殇者父之子，而依兄弟之服服此殇，非也。其女子已笄而死，则亦依在室之服服之，不降而从殇服也。　冠，去声。久而不葬者，唯主丧者不除，其余以麻终月数者，除丧则已。主丧者不除，谓子于父，妻于夫，孤孙于祖父母，臣于君，未葬不得除衰绖也。麻终月数者，期以下至缌之亲，以主人未葬，不得变葛，故服麻以至月数足而除，不待主人葬后之除也。然其服犹必收藏以俟送葬也。

箭笄终丧三年，齐衰三月，与大功同者，绳屦。前章言齐衰恶笄以终丧，为母也。此言箭笄三年，女子在室为父也。箭，篠也。齐衰为尊，大功为卑。然三月者恩之轻，九月者恩稍重，故可以同用绳屦。此制礼者浅深之宜也。绳屦，麻绳为屦也。

练，筮日筮尸视濯，皆要绖杖绳屦，有司告具而后去杖。筮日筮尸，有司告事毕而后杖拜送宾。大祥吉服而筮尸。练，小祥也。筮日，筮祥祭之日也。筮尸，筮为尸之人也。视濯，视祭器之涤濯也。小祥除首绖，而要之葛绖未除，将欲小祥，则预著此小祥之服以临此三事，不言衰与冠者，则亦必同小祥之制矣。有司，谓执事者。向者变服犹杖，今执事者告三事办具，将欲临事，故孝子即去杖而致敬。此三事者，惟筮日筮尸有宾来，今执事者告筮占之事毕，则孝子复执杖以拜送于宾。视濯无宾，故不言。至大祥时，则吉服行事矣。吉服，朝服也。不言筮日视濯，与小祥同可知也。要，平声。去，上声。

庶子在父之室，则为其母不禫。此言不命之士父子同室者。为，去声。庶子不以杖即位。此言适庶俱有父母之丧者，适子得执杖进阼阶哭位，庶子至中门外则去之矣。父不主庶子之丧，则孙以杖即位可也。父主适子丧而有杖，故适子之子不得以杖即位，避祖之尊故然，非厌之也。今父既不主庶子之丧，故庶子之子得以杖即位，祖不厌孙，孙得伸也。父皆厌子，故舅主适妇丧，而适子不杖。大夫不服贱妾，故妾子亦以厌而降服以服其母。祖虽尊贵，不厌其孙，故大夫降庶子，而孙不降其父也。　厌，音压。父在，庶子为妻，以杖即位可也。舅主适妇，故适子不得杖。舅不主庶妇，故庶子为妻可以杖即位。此以即位言者，盖庶子厌于父母，虽有杖不得持以即位，故明言之也。　为，去声。诸侯吊于异国之臣，则其君为主。君无吊外臣之礼，若来在此国而适遇其卿大夫之丧则吊之，以主君之故耳，故主君代其臣之子为主。诸侯吊必皮弁锡衰，所吊虽已葬，主人必免。主人未丧服，则君亦不锡衰。锡者，治其布使之滑易也。国君自吊其臣，则素弁环绖锡衰；吊异国臣，则皮弁锡衰也。凡免之节，大功以上为重服，自始死至葬，卒哭后，乃不复免；小功以下为轻服，自始死至殡，殡后不复免，至葬启殡之后而免，以至卒哭如始死。今人君来吊，虽非服免之时，必为之免，以尊重人君故也。《礼》“既殡而成服”。此言未丧服，谓未成服也。　免，音问。易，去声。

养有疾者不丧服，遂以主其丧。非养者入主人之丧，则不易己之丧服。养尊者必易服，养卑者否。亲属无近亲而遇疾者，己往养之而身有丧服，则释去其服，恶其凶也。故云养有疾者不丧服。若此疾者遂死，既无主后，己既养之，当遂主其丧，盖养者于死者有亲也。然亦不著己之丧服，故云遂以主其丧。非养者入主人之丧，谓疾时不曾释服来致其养，今死乃入来主其丧，则亦不易去己之丧服也。尊，谓父兄。卑，谓子弟。　养，去声。著，音勺。妾无妾祖姑者，易牲而祔于女君可也。妾当祔于妾祖姑。上章言亡则中一以上而祔，是祔高祖之妾，今又无高祖妾，则当易妾之牲而祔于适祖姑。女君，谓适祖姑也。妇之丧虞卒哭，其夫若子主之，祔则舅主之。虞卒哭在寝，祭妇也。祔于庙，祭舅之母也。尊卑异，故所主不同。

士不摄大夫，士摄大夫唯宗子。士丧无主，不敢使大夫兼摄为主。若士是宗子，则主丧之任，可使大夫摄之，以宗子尊故也。一说，大夫之丧无主，士不敢摄而主之，若士是宗子则可。主人未除丧，有兄弟自他国至，则主人不免而为主。葬后而君吊之，则非时亦免，以敬君，故新其事也。兄弟，亲属也。亲则尚质，故不免而为主也。

陈器之道，多陈之而省纳之可也，省陈之而尽纳之可也。陈器，陈列从葬之明器也。凡朋友宾客所赠遗之明器，皆当陈列，所谓多陈之也。而所纳于圹者有定数，故云省纳之可也。省，减杀也。若主人所作者依礼有限，故云省陈之而尽纳之可也。奔兄弟之丧，先之墓而后之家，为位而哭。所知之丧，则哭于宫而后之墓。兄弟，天伦也。所知，人情也。系于天者情急于礼，由于人者礼胜于情。宫，故殡宫也。父不为众子次于外。适长子死，父为之居丧次于中门外，庶子否。　为，去声。与诸侯为兄弟者，服斩。卿大夫于君自应服斩，若不为卿大夫而有五属之亲者，亦皆服斩衰。此记者恐疑服本亲兄弟之服，故特明之，盖谓国君之兄弟先为本国卿大夫，今居他国未仕，而本国君卒，以有兄弟之亲，又是旧君，必当反而服斩也。不言与君为兄弟，而言与诸侯为兄弟，明在异国也。下殇小功，带澡麻不绝本，诎而反以报之。本是期服之亲，以死在下殇，降为小功，故云下殇小功也。其带以澡麻为之，谓戛治其麻，使之洁白也。不绝本，不断去其根也。报，犹合也。垂麻向下，又屈之而反向上，以合而纠之，故云诎而反以报之也。凡殇服之麻皆散垂，此则不散，首绖麻无根，而要带犹有根，皆示其重也。　诎，音屈。断，音短。散，上声。

妇祔于祖姑。祖姑有三人，则祔于亲者。此言祔庙之礼，三人或有二继也。亲者，谓舅所生母也。其妻为大夫而卒，而后其夫不为大夫，而祔于其妻，则不易牲。妻卒而后夫为大夫，而祔于其妻，则以大夫牲。妻卒时夫为大夫，卒后夫黜退遂死，以无祖庙，故祔于妻之礼，止得依夫今所得用之牲，不得易用昔大夫之牲也。若妻死时夫未为大夫，死后夫乃为大夫而死，今祔祭其妻，则得用大夫牲矣。　疏曰："此谓始来仕而无庙者，若有庙，则死者当祔于祖，不得祔于妻也。惟宗子去他国以庙从。"为父后者，为出母无服。无服也者，丧者不祭故也。出母，父所弃绝，为他姓之母以死，则有他姓之子服之。盖居丧者不祭，若丧他姓之母，而废己宗庙之祭，岂礼也哉？故为父后者不丧出母，重宗祀也。然虽不服，犹以心丧自居为恩也，非为后者期而不禫。　朱子曰："出母为父后者无服，此尊祖敬宗家无二主之意，先王制作精微不苟盖如此。"妇人不为主而杖者，姑在为夫杖。母为长子削杖。女子子在室为父母，其主丧者不杖，则子一人杖。此明妇与女当杖之礼。女子在室而为父母杖者，以无男昆弟而使同姓为摄主也。　上为，如字。下三为，并去声。长，上声。"而为"为，去声。

缌、小功，虞卒哭则免。缌与小功，服之轻者也。殡之后、启之前，虽有事不免，及虞与卒哭则必免，不以恩轻而略于后也。既葬而不报虞，则虽主人皆冠，及虞则皆免。前章言赴葬者赴虞，今言不赴虞，谓以事故阻之也。既未得虞，故且冠以饰首，及虞则主人至缌、小功者皆免也。　报，读为赴。为兄弟既除丧已，及其葬也反服其服，报虞卒哭则免，如不报虞则除之。此言为兄弟除服，及当免之节。　为，去声。远葬者，比反，哭者皆冠。及郊而后免，反哭。远葬，谓葬地在四郊之外也。葬讫而反，主人以下皆冠，道路不可无饰也。及至郊，乃去冠著免而反哭于庙焉。　比,音畀。去,上声。著,音勺。

君吊,虽不当免时也,主人必免,不散麻。虽异国之君,免也,亲者皆免。君吊,本国之君来吊也。不散麻,谓纠其要绖不使散垂也。亲者皆免,谓大功以上之亲皆从主人而免,所以敬异国之君也。余见前章诸侯吊下。　散,上声。除殇之丧者,其祭也必玄。除成丧者,其祭也朝服缟冠。玄,谓玄冠玄端也。殇无虞卒哭,及练之变服,其除服之祭,用玄冠玄端黄裳,此于成人为释禫之服,所以异于成人之丧也。若除成人之丧,则祥祭用朝服缟冠,朝服玄冠缁衣素裳。今不用玄冠而用缟冠,是未纯吉之祭服也。又按玄端黄裳者,若素裳则与朝服纯吉同,若玄裳又与上士吉服玄端同,故知此为黄裳也。奔父之丧,括发于堂上,袒降踊,袭绖于东方。奔母之丧,不括发,袒于堂上降踊,袭免于东方。绖即位成踊,出门哭止,三日而五哭三袒。不言笄纚者,异于始死时也。至即以麻括发于殡宫之堂上,袒去上衣,降阼阶之东而踊,踊毕而升堂,袭掩所袒之衣而著要绖于东方。东方者,东序之东也。此奔父丧之礼如此。若奔母丧,初时括发,至又哭以后至于成服皆不括发,其袒于堂上降踊者与父同。父则括发而加绖,母则不括发而加免,此所异也。著免加要绖而即位于阼阶之东而更踊,故云"绖即位成踊"也。其即位成踊,父母皆然。出门,出殡宫之门而就庐次也,故哭者止。初至一哭,明日朝夕哭,又明日朝夕哭,所谓三日而五哭也。三袒者,初至袒,明日朝袒,又明日朝袒也。适妇不为舅姑后者,则姑为之小功。《礼》:"舅姑为适妇大功,为庶妇小功。"今此言不为后者,以其夫有废疾,或他故不可传重,或死而无子不受重者,故舅姑以庶服之服服之也。

适,音的。"姑为"为,去声。

大传第十六

郑氏曰："记祖宗人亲之大义。"

礼不王不禘。王者禘其祖之所自出，以其祖配之。方氏曰："此禘也，以其非四时之常祀，故谓之间祀。以其及祖之所自出，故谓之追享。以其比常祭为特大，故谓之大祭。以其犹事生之有享焉，故谓之肆献祼。名虽不同，通谓之禘也。"诸侯及其太祖。大夫、士有大事省于其君，干祫及其高祖。上文言诸侯不得行禘礼，此言诸侯以下有祫祭之礼。二昭二穆与太祖而五者，诸侯之庙也。诸侯之祫，固及其太祖矣。大事，谓祫祭也。大夫三庙，士二庙，一庙不敢私自举行，必省问于君，而君赐之，乃得行焉。而其祫也，亦上及于高祖。干者，自下干上之义。以卑者而行尊者之礼，故谓之干。祫礼说见《王制》。　省，悉井切。牧之野，武王之大事也。既事而退，柴于上帝，祈于社，设奠于牧室，遂率天下诸侯执豆、笾，逡奔走，追王大王亶父、王季历、文王昌，不以卑临尊也。既事，杀纣之后也。燔柴以告天，陈祭以告社，奠告行主于牧野之馆室，然后率诸侯以祭告祖庙。逡，疾也。追加先公以天子之号者，盖为不可以诸侯之卑号，临天子之尊也。　石梁王氏曰："《周颂》作骏，以此章参之，《书·武成》及《中庸》有不同者，先儒言文王已备礼亶父、季历，克商后但尊称其号，若王者礼制，至周公相成王而后备也。"　"追王"王，去声。"大王"大，音泰。父，音甫。

上治祖祢，尊尊也。下治子孙，亲亲也。旁治昆弟，合族以食，序以昭缪，别之以礼义，人道竭矣。治，理而正之也。谓以礼义理正其恩之隆杀，属之戚疏也。合会族人以饮食之礼，次序族人以昭穆之位，上治、下治、旁治之道，皆有礼义之别，则人伦之道，竭尽于此矣。　缪，音穆。别，必列切。

圣人南面而听天下，所且先者五，民不与焉。一曰治亲，二曰报功，三曰举贤，四曰使能，五曰存爱。五者一得于天下，民无不足无不赡者；五者一物纰缪，民莫得其死。圣人南面而治天下，必自人道始矣。民不与焉，谓未及治民也。治亲，即上治、下治、旁治也。君使臣以礼，故功曰报。行成而上，故贤曰举。艺成而下，故能曰使。存，察也。人于其所亲爱而辟焉，有以察之，则所爱者一出于公，而四者皆无私意之累矣。一得，犹皆得也。赡，赒也。物，事也。纰缪，舛戾也。民莫得其死，言此五事之得失，关国家之治乱也。人道，申言上文之意。　与，去声。纰，篇夷切。

立权度量，考文章，改正朔，易服色，殊徽号，异器械，别衣服，此其所得与民变革者也。权，称锤；度，丈尺；量，斗斛也。文章，典籍也。正者，年之始。朔者，月之初。服之色，随所尚而变易。徽，旌旗之属。徽之号，亦随所尚而殊异，如殷之大白，周之大赤之类也。器者，礼乐之器。械者，军旅之器。衣服各有章采，时王因革不同。此七者，以立、考、改、易、殊、异、别为言，是与民变革者也。　量，去声。别，必列切。其不可得变革者则有矣。亲亲也，尊尊也，长长也，男女有别，此其不可得与民变革者也。此天地之常经，故不可变革。　长，并上声。别。必列切。

同姓从宗合族属，异姓主名治际会，名著而男女有别。同姓，父族也。从宗，从大宗小宗也。合聚其族之亲属，则无离散陵犯之事。异姓，他姓之女来归者也。礼莫大于分，分莫大于名。卑者为妇，尊者为母，以妇与母之名，治昏姻交际会合之事，名分显著，尊卑有等，然后男女有别，而无淫乱贼逆之祸也。其夫属乎父道者，妻皆母道也；其夫属乎子道者，妻皆妇道也。谓弟之妻妇者，是嫂亦可谓之母乎？名者人治之大者也，可无慎乎？属，联也。父之兄弟为伯叔父，则其妻谓之伯叔母；兄弟之子为从子，则其妻谓之妇，此于昭穆为宜。弟之妻不可谓之为妇，犹兄之妻不可谓之为母，以紊昭穆也。故云谓弟之妻妇者，是嫂亦可谓之母乎？言皆不可也。旧说，弟妻可妇嫂不可母，失其指矣。　属，音烛。

四世而缌，服之穷也。五世袒免，杀同姓也。六世亲属竭矣。其庶姓别于上，而戚单于下，昏姻可以通乎？四世，高祖也。同高祖者服缌麻，服尽于此矣，故云服之穷也。五世袒免，谓共承高祖之父者，相为袒免而已，是减杀同姓也。六世则共承高祖之祖者，并袒免亦无矣，故曰亲属竭也。上，指高祖以上也。姓为正姓，氏为庶姓，故鲁姬姓而三家各自为氏，春秋诸国皆然，是庶姓别异于上世也。戚，亲也。单，尽也。四从兄弟，恩亲已尽，各自为宗，是戚单于下也。殷人五世以后，则相与通昏，故记者设问云："今虽周世，昏姻可以通乎？" 杀，色介切。别，必列切。单，音丹。系之以姓而弗别，缀之以食而弗殊，虽百世而昏姻不通者，周道然也。《周礼》："大宗百世不迁。"庶姓虽别，而有本姓世系以联系之，不可分别也。又连缀族人以饮食之礼，不殊异也。虽百世之远，无通昏之事，此周道所以为至，而人始异于禽兽者也。此是答上文设问之辞。 系，音计。别，必列切。缀，株卫切。食，音嗣。"世系"系，如字。

服术有六：一曰亲亲，二曰尊尊，三曰名，四曰出入，五曰长幼，六曰从服。疏曰："亲亲者，父母为首，次妻子伯叔。尊尊者，君为首，次公卿大夫。名者，若伯叔母及子妇弟妇兄嫂之属。出入者，女在室为入，适人为出，及为人后者。长幼者，长谓成人，幼谓诸殇。从服者，下文六等是也。"从服有六：有属从，有徒从，有从有服而无服，有从无服而有服，有从重而轻，有从轻而重。属，亲属也。子从母而服母党，妻从夫而服夫党，夫从妻而服妻党，是属从也；徒，空也。非亲属而空从之服其党，如臣从君而服君之党，妻从夫而服夫之君，妾服女君之党，庶子服君母之父母，子服母之君母，是徒从也；如公子之妻为父母期，而公子为君所厌，不得服外舅外姑，是妻有服而公子无服，如兄有服而嫂无服，是从有服而无服也；公子为君所厌，不得为外兄弟服，而公子之妻则服之，妻为夫之昆弟无服，而服娣姒，是从无服而有服也；妻为其父母期，重也。夫从妻而服之三月，则为轻。母为其兄弟之子大功，重也。子从母而服之三月，则为轻。此从重而轻也；公子为君所厌，自为其母练冠，轻矣，而公子之妻为之服期，此从轻而重也。 "为父"、"为外"、"为夫"、"为其"、"为之"为，去声。自仁率亲，等而上之至于祖，名曰轻；自义率祖，顺而下之至于祢，名曰重。一轻一重，其义然也。疏曰："自，用也。仁，恩也。率，循也。亲，父母也。等，差也。子孙若用恩爱依循于亲，节级而上至于祖，远者恩爱渐轻，故名曰轻也。义主断割，用义循祖，顺而下之至于祢，其义渐轻，祖则义重，故名曰重也。义则祖重而父母轻，仁则父母重而祖轻。一轻一重，宜合如是，故云其义然也。按《丧服》条例，衰服表恩，若高曾之服，本应缌麻、小功而进以齐衰，岂非为尊重而然邪？至亲以期断,而父母三年,宁不为恩深乎?” 差,楚宜切。

君有合族之道,族人不得以其戚戚君,句位也。君恩可以下施,故于族人有合聚燕饮之礼。而族人则皆臣也,不敢以族属父兄子弟之亲而上亲于君者,一则君有绝宗之道,二则以严上下之辨,而杜篡代之萌也。 石梁王氏曰:“详注下文以十一字为句,然位也当自为句,盖族人不敢戚君者,限于位也。”庶子不祭,明其宗也。庶子不得为长子三年,不继祖也。说见前篇。 为,去声。别子为祖,继别为宗,继祢者为小宗。有百世不迁之宗,有五世则迁之宗。百世不迁者,别子之后也。宗其继别子之所自出者,百世不迁者也。宗其继高祖者,五世则迁者也。尊祖故敬宗,敬宗,尊祖之义也。宗其继别子者,百世不迁者也。“之所自出”四字,朱子曰衍文也。凡大宗,族人与之为绝族者,五世外皆为之齐衰三月,母妻亦然。为小宗者,则以本亲之服服之。余并说见前篇。有小宗而无大宗者,有大宗而无小宗者,有无宗亦莫之宗者,公子是也。君无适昆弟,使庶兄弟一人为宗,以领公子,其礼亦如小宗。此之谓“有小宗而无大宗”也;君有适昆弟使之为宗,以领公子,更不得立庶昆弟为宗。此之谓“有大宗而无小宗”也;若公子止一人,无他公子可为宗,是无宗也,则亦无他公子宗于己矣。此之谓“无宗亦莫之宗”也。前所论宗法,是通言卿大夫大小宗之制,此则专言国君之子,上不得宗君,下未为后世之宗,有此三事也。公子有宗道。公子之公,为其士大夫之庶者,宗其士大夫之适者,公子之宗道也。此又申言公子之宗道。公子之公,谓公子之适兄弟为君者,为其庶兄弟之为士为大夫者,立适公子之为士大夫者为宗,使此庶者宗之,故云宗其士大夫之适者。此适,是君之同母弟,适夫人所生之子也。 “为其”为,去声。适,音的。

绝族无移服,亲者属也。三从兄弟同高祖,故服缌麻,至四从则族属绝,无延及之服矣。移,读为施。在旁而反之曰施,服之相为以有亲而各以其属为之服耳,故云亲者属也。 移,去声。施,音异。自仁率亲,等而上之至于祖;自义率祖,顺而下之至于祢。是故人道亲亲也。亲亲故尊祖,尊祖故敬宗,敬宗故收族,收族故宗庙严,宗庙严故重社稷;重社稷故爱百姓,爱百姓故刑罚中,刑罚中故庶民安，庶民安故财用足，财用足故百志成，百志成故礼俗刑，礼俗刑然后乐。《诗》云："不显不承，无斁于人斯。"此之谓也。祖之迁者逾远，宗之继者无穷，必知尊祖，乃能敬宗。收，不离散也。宗道既尊，故族无离散，而祭祀之礼严肃。内严宗庙之事，故外重社稷之礼。知社稷之不可轻，则知百官族姓之当爱。官得其人，则刑不滥而民安其生。安生乐业，而食货所资上下俱足，"有恒产者有恒心"，"仓廪实而知礼节"。故非心邪念不萌，而百志以成；乖争陵犯不作，而礼俗一致。刑，犹成也。如此则协气嘉生，薰为大和矣，岂不可乐乎！《诗·周颂·清庙》之篇，言文王之德，岂不光显乎？岂不见尊奉于人？至于礼俗大成，其可乐昔，亦无有厌斁也。　中，去声。乐，音洛。斁，音亦。

少仪第十七

朱子曰:“小学之支流余裔。” 石梁王氏曰:“非幼少之少。此篇《曲礼》之类。”

闻始见君子者辞,石梁王氏曰:“此句绝。” 见,音现。曰:“某固愿闻名于将命者。”不得阶主。适者曰:“某固愿见。”罕见曰“闻名”,亟见曰“朝夕”,瞽曰“闻名”。记者谦言我尝闻之于人云,初见有德有位之君子者,其辞云,某固愿通闻己名于将命之人。固,如固辞之固。不曰愿而曰固愿,虑主人不即见己,而假此荐请之辞也。将命者,通客主言语出入之人也。阶者,升进之喻。主,主人也。言宾请见之辞,不得径指主人也。适者,宾主敌体之人也。则曰某固愿见于将命者。罕见,谓久不相见也。亦曰愿闻名于将命者,盖疑疏阔之久,未必主人肯见也。亟见,数见也。于君子,则曰某愿朝夕闻名于将命者。于敌者,则曰某愿朝夕见于将命者。若瞽者来见,无问贵贱,惟曰某愿闻名于将命者,以无目,故不言愿见也。 适,音敌。亟,音器。数,入声。适有丧者曰“比”,童子曰“听事”。适,往也。其辞云,某愿比于将命者。丧不主相见,来欲比方于执事之人也。童子未成人,其辞则云,某愿听事于将命者,谓来听主人以事见使令也。 比,如字。令,平声。适公卿之丧,则曰听役于司徒。孟献子之丧,司徒旅归四布,则公卿之丧,司徒掌其事也。故云某愿听役于司徒。

君将适他,臣如致金玉货贝于君,则曰:“致马资于有司。”敌者曰“赠从者”。适他,谓以朝会之事而出也。马资,谓资给道路车马之费也。 从,去声。臣致襚于君,则曰:“致废衣于贾人。”敌者曰“襚”。亲者兄弟不以襚进。以衣送死者谓之襚。称废衣者,不敢必用之以敛,将废弃之也。贾人识物价贵贱,而主君之衣物者也。敌者则直以襚言矣。凡致襚,若非亲者,则须摈者传辞将进以为礼。若亲者兄弟之类,但直将进而陈之,不须执以将命,故云不以襚进也。士丧礼,大功以上同财之亲,襚不将命，即陈于房中。小功以下及同姓等皆将命。　贾，音架。臣为君丧，纳货贝于君，则曰："纳甸于有司。"赗马入庙门。赙马与其币，大白兵车，不入庙门。纳，入也。甸，田也。臣受君之田邑，此纳者，田野所出，故云纳甸也。赗马以送死者，故可入庙门。赙马与币，所以助主人丧事之用，故不入庙门。大白之旗与兵车，虽并为送丧之用，以其本战伐之具，故亦不可入于庙门。此谓国君之丧，邻国有以此为赗者，亦或本国自有之也。　为，去声，注"如字"。

赙者既致命，坐委之，摈者举之，主人无亲受也。来赙者既致其主之命，即跪而委置其物于地。摈者乃举而取之，主人不亲受，异于吉事也。受立授立不坐，性之直者则有之矣。受人之物而立，与以物授人之立者皆不跪，此皆委曲以尽礼之当然耳。然直情径行之人亦或有跪者，故曰性之直者则有之矣。始入而辞，曰："辞矣。"宾始入门，主人当辞让令宾先入，故摈者告主人曰辞矣，谓当致辞以让宾也。至阶亦然。此不言者，礼可知也。即席，曰："可矣。"及宾主升堂各就席，摈者恐宾主再辞，故告之曰可矣。言可即席，不须再辞也。排阖说屦于户内者，一人而已矣。有尊长在则否。阖，门扇也。推排门扇而脱屦于户内者一人而已，言止许最长者一人如此，余人不可也。若先有尊长在堂或在室，则后入之人皆不得脱屦于户内，故云有尊长在则否也。　说，他括切。长，上声。推，吐回切。

问品味，曰："子亟食于某乎？"问道艺，曰："子习于某乎？子善于某乎？"方氏曰："人之情，品味有偏嗜，道艺有异尚，问品味，不可斥之以好恶而昭其癖，故曰子亟食于某乎。问道艺，不可斥之以能否而暴其短，故曰子习于某乎，子善于某乎。"不疑在躬，不度民械，不愿于大家，不訾重器。一言一行，皆其在躬者也。口无择言，身无择行，是不疑在躬也。器械之备所以防患，不可度其利钝，恐人以非心议己。大家之富，爵位所致，不可愿望于己，以其有僭窃之萌。訾，鄙毁之也。重器之传，宝之久矣，乃从而毁之，岂不起人之怒乎？　度，入声。訾，音咨。泛埽曰埽，埽席前曰拚。拚席不以鬣，执箕膺擖。泛埽，广埽也。拚，除秽也。鬣，帚也。席上不可用帚。膺，胸也。擖，箕舌也。执箕而拚，则以箕舌向己胸前，不可持向尊者也。　泛，音泛。埽，去声。拚，音粪。鬣，音猎。擖，音叶。不贰问。问卜筮，曰："义与志与？"义则可问，志则否。不贰问，谓谋之龟筮，事虽正而兆不吉，则不可以不正者再问之也。见人卜筮，欲问其所卜何事，则曰义与志与。义者，事之宜为。志，则心之隐谋也。故义者则可问其事，志则不可问其事也。一说，卜者，问求卜之人，义则为卜之，志则不为之卜。亦通。　与，平声。

尊长于己逾等，不敢问其年。燕见不将命。遇于道，见则面，不请所之。丧俟事不犆吊。逾等，祖与父之行也。不敢问年，嫌若序齿也。燕见不将命，谓卑幼者燕私来见，不使摈者传命，非宾主之礼也。若遇尊长于道路，尊者见己则面见之，不见则隐避，不欲烦动之也。不请所之，不问其所往也。若于尊长之丧，则待主人哭之时而往，不非时特吊。　长，上声。见，音现。犆，音特。行，音杭。"燕见"、"来见"、"面见"见，音现。侍坐弗使不执琴瑟，侍坐于尊者，不使之执琴瑟，则不得擅执而鼓之。不画地，手无容，不翣也。寝则坐而将命。无故而画地，亦为不敬。手容恭，若举手以为容，亦为不恭。时虽暑热，不得挥扇。若当尊者寝卧之时而传命，必跪而言之，不可直立以临之也。侍射则约矢，凡射必二人为耦。楅在中庭，箭倚于楅，上耦前取一矢，次下耦又进取一矢，如是更进，各得四矢。若卑者侍射，则不敢更迭取之，但一时并取四矢，故谓之约矢也。　楅，音逼。侍投则拥矢。投壶之礼，亦宾主各四矢。尊者则委四矢于地，一一取而投之。卑者不敢委于地，故悉拥抱之也。胜则洗而以请，客亦如之。不角，不擢马。射与投壶之礼，胜者之弟子酌酒置于丰上，其不胜者跪而饮之。若卑者得胜，则不敢径酌，当前洗爵而请行觞也。客若不胜，则主人亦洗而请，所以优宾也。角，兕觥也。今饮尊者及客不敢用角，但如常献酬之爵也。擢，进而取之也。马者，投壶之胜算，每一胜则立一马，至三马而成胜。若一朋得二马，一朋得一马，则二马者，取彼之一马，足成己之三马。今卑者虽得二马，不敢取尊者之一马以成己胜也。　洗，苏典切。

执君之乘车则坐。仆者右带剑，负良绥，申之面，拖诸幦，以散绥升，执辔然后步。方氏曰："执，谓执辔也。凡御必立，今坐者，君未升车而车未行也。剑在左，以便右抽，仆则右带者，以君在左，嫌妨君也。良绥，正绥也。犹良车良材之良。散绥，贰绥也。犹散材之散。正绥君所执，贰绥则仆执之。仆在车前，而君自后升，故曰负良绥。申之面者，言垂绥之末于前也。拖诸幦者，引之于车阑覆苓之上也。以散绥升者，复言仆初升时也。执辔然后步者，防马之逸也。” 今按苓即轼也。 乘，去声。拖，徒我切。幦，音觅。请见不请退。朝廷曰退，燕游曰归，师役曰罢。方氏曰：“跂慕则来，厌斁则去，人之情也。请见不请退，嫌有厌斁之心也。朝廷人之所趋，故于其还曰退，退则为出故也。燕游不可以久，故于其还曰归，归有所止故也。师役劳苦为甚，故于其还曰罢，以其疲故也。” 愚按罢，当读如“欲罢不能”之罢。

侍坐于君子，君子欠伸，运笏，泽剑首还屦，问日之蚤莫，虽请退可也。运，转动之也。泽，玩弄而生光泽也。还屦，谓转而正之，示欲著也。余见《曲礼》。 还，音旋。莫，音暮。事君者，量而后入，不入而后量。凡乞假于人，为人从事者亦然。然故上无怨而下远罪也。先度其君之可事而后事之，则道可行而身不辱；入而后量，则有不胜其轻进之悔者矣。或乞，或假，或任人之事，亦必量其可而后行。上无怨，下远罪，为事君者言之。 马氏曰：“古之人有能尽臣道量而后入者，莫如伊周。不入而后量者，莫如孔孟。” 量、为、远，并去声。度，入声。胜，平声。

不窥密，不旁狎，不道旧故，不戏色。窥觇隐密之处，论说故旧之非，非重厚者所为也。 应氏曰：“旁狎，非必正为玩狎，旁近循习而流于狎也。戏色，非必见诸笑言，外貌斯须不敬，则色不庄矣。”为人臣下者，有谏而无讪，有亡而无疾，颂而无谄，谏而无骄，怠则张而相之，废则埽而更之，谓之社稷之役。疏曰：“谏而无骄者，谓君若从己之谏，己不得恃己言行谋用而生骄慢也。” 方氏曰：“君有过，谏之使止可也，讪之则不恭。谏不从，逃而去之可也，疾之则太伤。颂而无谄，则所颂为公；谏而无骄，则所谏为正。事弛而不力为怠，事弊而无用为废。相之，更之，则君岂有失德，国岂有废事哉？谓之社稷之役，以其有劳于社稷也。” 谄，音谄。相，去声。更，平声。毋拔来，毋报往。朱子曰：“拔，是急走倒从这边来。赴，是又急再还倒向那边去。来往，只是向背之意。此两句文义，犹云其就义若热，则其去义若渴。言人见有个好事，火急欢喜去做，这样人不耐久，少间心懒意阑，则速去之矣。所谓其进锐者，其退速也。” 拔，蒲末切。报，读作赴。毋渎神，毋循枉，毋测未至。神不可渎，必敬而远之。言行过而邪枉，当改以从直，后复循袭，是贰过矣。君子以诚自处，亦以诚待人，不逆料其将然也。未至而测之，虽中亦伪。　远、行、中，去声。处，上声。士依于德，游于艺；工依于法，游于说。依者，据以为常。游，则出无定。工之法，规矩尺寸之制也。说，则讲论变通之道焉。

毋訾衣服成器，毋身质言语。訾，毁其不善也。《曲礼》“疑事毋质”，与此质字义同，谓言语之际，疑则阙之，不可自我质正，恐有失误也。

言语之美，穆穆皇皇。朝廷之美，济济翔翔。祭祀之美，齐齐皇皇。车马之美，匪匪翼翼。鸾和之美，肃肃雍雍。方氏曰：“穆穆者，敬以和；皇皇者，正而美；济济者，出入之齐；翔翔者，翕张之善。齐齐，致齐而能定也。皇皇，有求而不得也。匪匪，言行而有文。翼翼，言载而有辅。肃肃，唱者之敬。雍雍，应者之和。此即保氏所教六仪也。”　五美字，皆读为仪。然皆如本字亦可通。济，上声。皇，旧音往，方读如字。匪，音非。

问国君之子长幼，长，则曰“能从社稷之事矣”；幼，则曰“能御”、“未能御”。问大夫之子长幼，长，则曰“能从乐人之事矣”；幼，则曰“能正于乐人”、“未能正于乐人”。问士之子长幼，长，则曰“能耕矣”；幼，则曰“能负薪”、“未能负薪”。社稷之事，如祭祀军旅之类皆是也。御者，六艺之一。国君尊，故以社稷言。乐人之事，如《周礼》乐德、乐语、乐舞之类，大司乐以教国子者。正者，正其善否。大夫下于君，故以教子言。士贱，则以耕与负薪言。此与《曲礼》所记不同，盖记者之辞异耳。

执玉执龟筴不趋，堂上不趋，城上不趋。武车不式，介者不拜。说见《曲礼》。妇人吉事，虽有君赐，肃拜。为尸坐，则不手拜肃拜。为丧主则不手拜。肃拜，如今妇人拜也。《左传》，三肃使者亦此拜。手拜，则手至地而头在手上，如今男子拜也。妇人以肃拜为正，故虽君赐之重，亦肃拜而受。为尸，虞祭为祖姑之尸也。为丧主，夫与长子之丧也。为丧主则稽颡，故不手拜。若有丧而不为主，则手拜矣。或曰：“为丧主不手拜，则亦肃拜也。”葛绖而麻带。妇人遭丧，卒哭后，以葛绖易首之麻绖，而要之麻绖不变，故云葛绖而麻带也。

取俎、进俎不坐。取俎，就俎上取肉也。进俎，进肉于俎也。俎有足，立而取进为便,故不跪。执虚如执盈,入虚如有人。皆敬心之所寓。凡祭于室中,堂上无跣,燕则有之。凡祭,通言君臣上下之祭也。跣,脱屦也。祭礼主敬,凡祭在室中者,非惟室中不脱屦,堂上亦不敢脱屦。燕则有之者,谓行燕礼,则堂上可跣也。又按下大夫及士阴阳二厌,及燕尸皆于室中,上大夫阴厌,及祭在室,若摈尸则于堂。未尝不食新。尝者,荐新物于寝庙也。未荐,则孝子不忍先食。一云:尝,秋祭也。

仆于君子,君子升下则授绥,始乘则式,君子下行,然后还立。乘贰车则式,佐车则否。君子或升或下,仆者皆授之绥。始乘之时,君子犹未至,则式以待君子之升。凡仆之礼,升在君子之先,下在君子之后,故君子下车而步,仆者乃得下而还车以立,以待君子之去也。贰车,朝祀之副车也。佐车,戎猎之副车也。朝祀尚敬,故式。戎猎尚武,故不式。贰车者,诸侯七乘,上大夫五乘,下大夫三乘。有贰车者之乘马,服车,不齿,观君子之衣服,服剑,乘马,弗贾。《周礼》:"贰车,公九乘,侯伯七乘,子男五乘。"又《典命》云:"卿六命,大夫四命,车服各如命数。"与此不同者,或《周礼》成而未行,亦或异代之制也。服车,所乘之车也。马有老少,车有新旧,皆不可齿次其年岁。服剑,所佩之剑也。弗贾,不可评论其所直多少之价。《曲礼》云:"齿路马有诛。"此皆贵贵之道,以广敬也。　乘,去声。贾,音嫁。

其以乘壶酒、束脩、一犬赐人,若献人,则陈酒执脩以将命,亦曰:"乘壶酒、束脩、一犬。"乘壶,四壶也。束脩,十脡脯也。卑者曰赐,尊者曰献。　乘,去声。其以鼎肉,则执以将命。鼎肉,谓肉之已解剔而可升鼎者,故可执也。其禽加于一双,则执一双以将命,委其余。加于一双,不止一双也。委其余,陈列于门外也。犬则执緤,守犬、田犬则授摈者,既受乃问犬名。緤,牵犬绳也。犬有三种,守御宅舍曰守犬,田猎所用曰田犬,充庖厨所烹曰食犬。牛则执纼,马则执靮,皆右之。纼、靮,皆执之以牵者。右之者,以右手牵,由便也。　纼,直轸切。靮,音的。臣则左之。臣,征伐所获民虏也。《曲礼》云:"献民虏者操右袂。"左之,以左手操其右袂,而右手得以制其非常也。　操,平声。

车则说绥，执以将命。甲若有以前之，则执以将命。无以前之，则袒櫜奉胄。前之，谓以他物先之也。古人献物必有先之者，如《左传》所云“乘韦先牛十二”之类是也。袒，开也。櫜，弢甲之衣也。胄，兜鍪也。谓开櫜出甲，而奉胄以将命也。　说，音脱。櫜，音羔。奉，上声。器则执盖，弓则以左手屈韣执拊。执盖，盖轻便于执也。韣，弓衣。拊，弓把。左手屈弓衣并于把而执之，而右手执箫以将命。《曲礼》云：“右手执箫，左手承弣”是也。　韣，音独。拊，音抚。剑则启椟盖袭之，加夫襓与剑焉。启，开也。椟，剑匣也。盖者，匣之盖也。袭，却合也。夫襓，剑衣也。开匣以其盖却合于匣之底下，乃加襓于匣中，而以剑置襓上也。　夫，音扶。襓，音饶。笏、书、脩、苞苴、弓、茵、席、枕、几、颖、杖、琴、瑟、句戈有刃者椟，句筴籥，其执之皆尚左手。刀却刃授颖，削授拊。凡有刺刃者以授人，则辟刃。笏也，书也，脯脩也，苞苴也，苴藉而苞裹之，非特鱼肉，他物亦可苞苴以遗人也。弓也，茵褥也，席也，枕也，几也，颖，警枕也，杖也，琴也，瑟也，戈有刃者，椟而致之也。筴，蓍也。籥，如笛而三孔也。凡十六物，左手执上，右手捧下，阴阳之义也。颖，刀镮也。削，曲刀也。拊，刀把也。辟，偏也。谓不以刃正向人也。　颖，京领切。削，音笑。刺，音次。辟，音僻。乘兵车，出先刃，入后刃。军尚左，卒尚右。先刃，刃向前也。入后刃，不以刃向国也。左，阳，生道也。右，阴，死道也。左将军为尊，其行伍皆尊尚左方，欲其无覆败也。士卒之行伍尊尚右方，示有必死之志也。　行，音杭。

宾客主恭，祭祀主敬，丧事主哀，会同主诩。军旅思险，隐情以虞。恭，以容言。敬，以心言。诩者，辞气明盛之貌。前篇德发扬诩万物，义亦相近。军行舍止经由之处，必思为险阻之防，又当隐密己情，以虞度彼之情计也。　诩，音许。度，入声。燕，侍食于君子，则先饭而后已，毋放饭，毋流歠，小饭而亟之，数噍毋为口容。客自彻，辞焉则止。先饭，亦尝食之礼也。后已，犹劝食之意也。放饭、流歠，见《曲礼》。小饭则无哕噎之患。亟之，谓速咽下，备或有见问之言也。数噍毋为口容，言数数嚼之，不得弄口以为容也。若食讫而客欲自彻食器，主人辞之则止也。　饭，上声。亟，音棘。数，音朔。噍，音醮。客爵居左，其饮居右。

介爵、酢爵、僎爵皆居右。疏曰："《乡饮酒》礼，主人酬宾之爵，宾受奠觯于荐东，是客爵居左也。旅酬之时，一人举觯于宾，宾奠觯于荐西，至旅酬，宾取荐西之觯以酬主人，是其饮居右也。介，宾副也。酢，客酌还答主人也。僎，乡人来观礼副主人者也。《乡饮礼》，介爵及主人受酢之爵并僎爵，皆不明奠置之所，故记者于此明之。　今按宾坐南向，故以东西分左右也。　僎，音遵。

羞濡鱼者进尾，冬右腴，夏右鳍，祭肵。擘湿鱼从后起，则胁肉易离，故以尾向食者，若干鱼则进首也。腴，腹下肥处。鳍在脊。冬时阳气在下，夏则阳在上，凡阳气所在之处肥美。右之者，便于食也。祭肵者，刳鱼腹下大脔以祭也。此言寻常燕食进鱼者如此，祭祀及飨食正礼者不然。　鳍，音奇。肵，音许。凡齐，执之以右，居之以左。凡调和盐梅者，以右手执之，而居羹器于左，则以右所执者调之为便也。　齐，去声。赞币自左，诏辞自右。此言相礼者为君受币则由君之左，传君之辞命于人，则由君之右也。酌尸之仆，如君之仆。其在车，则左执辔，右受爵，祭左右轨、范乃饮。尸之仆，御尸车者。轨，毂末也。范，轼前也。尸仆、君仆之在车，以左手执辔，右手受爵，祭轨之左右及范，乃饮之也。

凡羞，有俎者则于俎内祭。羞在豆，则祭之豆间之地。俎长而横于人之前，则祭之俎内也。君子不食圂腴。圂，与豢同，谓犬豕也。腴，肠也。犬豕亦食米谷，其腹与人相似，故不食其肠也。小子走而不趋，举爵则坐，祭立饮。小子不敢与尊者并礼，故行步举爵，皆异于成人也。

凡洗必盥。洗，洗爵也。盥，洗手也。凡洗爵必先洗手，示洁也。牛羊之肺，离而不提心。提，犹绝也。心，中央也。牛羊之肺虽割离之，而不绝中央少许，使可手绝之以祭也。不言豕，事同可知。　提，丁礼切。凡羞，有湆者不以齐。湆，大羹也。大羹不和，故不用盐梅之齐也。　湆，音泣。齐，去声。大，音泰。和，去声。

为君子择葱薤，则绝其本末。羞首者，进喙祭耳。喙，口也。以口向尊者，而尊者先取耳以祭也。　为，去声。喙，充芮切。尊者以酌者之左为上尊。尊者，谓设尊之人也。酌者，酌酒之人也。人君陈尊在东楹之西，南北列之，设尊者在尊西而向东，以右为上，酌人在尊东而向西，以左为上,二人俱以南为上也。上尊在南,故云以酌者之左为上尊。尊壶者面其鼻。尊与壶皆有面,面有鼻,鼻宜向尊者,故云尊壶者面其鼻。言设尊设壶,皆面其鼻也。饮酒者、禨者、醮者,有折俎不坐。未步爵不尝羞。禨,沐而饮酒也。醮,冠而饮酒也。折俎,折骨体于俎也。禨、醮小事为卑,折俎礼盛,故禨、醮而有折俎则不坐,无俎则可坐也。步,行也。无算爵之礼,行爵之后乃得尝羞,谓庶羞也。若正羞脯醢,则饮酒之前得尝之。　禨,音暨。

牛与羊鱼之腥,聂而切之为脍。麇鹿为菹,野豕为轩,皆聂而不切。麕为辟鸡,兔为宛脾,皆聂而切之。切葱若薤,实之醯以柔之。聂而切之者,谓先聂为大脔,而后报切之为脍也。余见《内则》。　轩,去声。麕,俱伦切。其有折俎者,取祭反之不坐,燔亦如之。尸则坐。有折骨体之俎者,若就俎取肺而祭之,及祭竟而反此所祭之物于俎,皆立而为之。燔,烧肉也。此肉亦在俎,其取祭与反亦皆不坐,故云燔亦如之。尸则坐者,言不坐者宾客之礼耳,尸尊,祭反皆坐也。

衣服在躬而不知其名为罔。衣裳之制,取诸乾坤,有其名,则有其义,服之而不审名义,是无知之人矣。　石梁王氏曰:"'学而不思则罔',当如此罔字。"其未有烛而后至者,则以在者告。道瞽亦然。凡饮酒,为献主者执烛抱燋,客作而辞,然后以授人。执烛不让、不辞、不歌。献主,主人也。人君则使宰夫燋未爇之炬也。饮酒之礼,宾主有让,及更相辞谢,又各歌诗以见意。今以暮夜,略此三事。一说,执烛在手,故不得兼为之。　燋,侧角切。洗盥执食饮者,勿气,有问焉,则辟咡而对。奉进洗盥之水于尊长,及执食饮以进之时,皆不可使口气直冲尊者。若此时尊者有问,则偏其口之所向而对。咡,口旁也。　辟,匹亦切。咡,音二。

为人祭曰"致福",为己祭而致膳于君子曰"膳"。为人祭,摄主也。其归胙将命之辞言"致福",谓致其祭祀之福也。曰膳,则善味而已。　为,去声。祔练曰"告"。言告其事也。颜渊之丧,亦馈孔子祥肉。凡膳告于君子,主人展之以授使者于阼阶之南,南面再拜稽首,送反命,主人又再拜稽首。其礼大牢则以牛左肩臂臑折九个,少牢则以羊左肩七个,犆豕则以豕左肩五个。膳告,承上文而言。臂臑,肩脚也。九个,自肩上至蹄折为九段也。周人牲体尚右,右边已祭,故献其左。　使,去声。大,音泰。臑,奴道切。少,去声。犆,音特。国家靡敝,谓师旅饥馑之余,财力靡散,民庶彫敝也。　靡,平声。则车不雕几,甲不组縢,食器不刻镂,君子不履丝屦,马不常秣。雕,刻镂之也。几,漆饰之畿限也。縢者,缚约之名,不用组以连甲,及为约带也。以谷食马曰秣。　几,音祈。"食马"食,音嗣。

学记第十八

石梁王氏曰:“六经言学字,莫先于《说命》。此篇不详言先王学制与教者学者之法,多是泛论,不如《大学》篇。教是教个甚,学是学个甚。” 说,音悦。论,去声。

发虑宪,求善良,足以謏闻,不足以动众。发虑宪,谓致其思虑以求合乎法则也。求善良,亲贤也。此二者,可以小致声誉,不能感动众人。 謏,读为小。闻,去声。就贤体远,足以动众,未足以化民。就贤,礼下贤德之士也。如王就见孟子之就。体,如《中庸》体群臣之体,谓设以身处其地而察其心也。远,疏远之臣也。此二者,可以感动众人,未能化民也。 处,上声。

君子如欲化民成俗,其必由学乎!化民成俗,必如唐虞之於变时雍乃为至耳。然则舍学何以哉?此学乃《大学》之道,明德新民之事也。 於,音乌。舍,上声。玉不琢,不成器;人而学,不知道。是故古之王者建国君民,教学为先。《兑命》曰:“念终始典于学。”其此之谓乎!建国君民,谓建立邦国以君长其民也。教学为先,以立教立学为先务也。《兑命》,商书。典,常也。 兑,读作说,音悦。长,上声。虽有嘉肴,弗食不知其旨也;虽有至道,弗学不知其善也。是故学然后知不足,教然后知困。知不足,然后能自反也;知困,然后能自强也。故曰教学相长也。《兑命》曰:“学学半。”其此之谓乎!学然后知不足,谓师资于人,方知己所未至也。教然后知困,谓无以应人之求,则自知困辱也。自反,知反求而已。自强,则有黾勉倍进之意。教学相长,谓我之教人与资人,皆相为长益也。引《说命》教学半者,刘氏曰:“教人之功,居吾身学问之半。盖始之修己所以立其体,是一半,终之教人所以致其用,又是一半。此所以终始典于学,成己成物合内外之道,然后为学问之全功也。” 强,上声。长,上声。“学学”上学,读为敩,音效。应,去声。

古之教者，家有塾，党有庠，术有序，国有学。比年入学，中年考校。一年视离经辨志，三年视敬业乐群，五年视博习亲师，七年视论学取友，谓之小成。九年知类通达，强立而不反，谓之大成。古者二十五家为闾，同在一巷，巷首有门，门侧有塾。民在家者，朝夕受教于塾也。五百家为党，党之学曰庠，教闾塾所升之人也。术，当为州。万二千五百家为州，州之学曰序。《周礼》“乡大夫春秋以礼会民，而射于州序”，是也。序，则教党学所升之人。天子所都，及诸侯国中之学，谓之国学，以教元子、众子及卿、大夫、士之子，与所升俊选之士焉。比年，每岁也。每岁皆有入学之人。中年，间一年也。与《小记》中一以上之中同。每间一年而考校其艺之进否也。离经，离绝经书之句读也。辨志，辨别其趋向之邪正也。敬业，则于所习无怠忽。乐群，则于朋徒无睽贰。博习，则不以程度为限制。亲师，则于训诲知嗜好。论学，讲求学问之缊奥也。取友，择取益者而友之也。能如此，是学之小成也。至于九年，则理明义精，触类而长，无所不通，有卓然自立之行，而外物不得以夺之矣，是大成也。　朱子曰：“这几句，都是上两字说学，下两字说所得处。如离经便是学，辨志是所得处。他仿此。”　术，当为州。比，毗至切。中，平声。乐，五教切。论，去声。间，去声。“以上”上，上声。读，音豆。别，必列切。行，去声。夫然后足以化民易俗，近者说服而远者怀之。此大学之道也。记曰：“蛾子时术之。”其此之谓乎！前言成俗，成其美俗也。此言易俗，变其污俗也。以此大成之士而官使之，其功效如此，是所谓大学教人之道也。蛾子，虫之微者，亦时时述学衔土之事而成大垤，以喻学者由积学而成大道也。此古记之言，故引以证其说。　蛾，鱼起切，古蚁字。

大学始教，皮弁祭菜，示敬道也。始教，学者入学之初也。有司衣皮弁之服，祭先师以蘋藻之菜，示之以尊教道艺也。宵雅肄三，官其始也。当祭菜之时，使歌《小雅》中《鹿鸣》、《四牡》、《皇皇者华》之三篇而肄习之。此三诗皆君臣燕乐相劳苦之辞，盖以居官受任之美，诱谕其初志，故曰官其始也。　朱子曰：“圣人教人，合下便要他用，便要用贤以治不贤，举能以教不能，所以公卿大夫在下思各举其职。”　宵、小通。肄，音异。乐，音洛。劳，去声。入学鼓箧，孙其业也。入学时，大胥之官击鼓以召学士，学士至，则发箧以出其书籍等物，警之以鼓声，使以逊顺之心进其业也。《书》言惟学逊志。孙，去声。**夏楚二物，收其威也。**夏，榎也。楚，荆也。榎形圆，楚形方，以二物为扑，以警其怠忽者，使之收敛威仪也。　夏、榎，古雅切。

未卜禘不视学，游其志也。时观而弗语，存其心也。幼者听而弗问，学不躐等也。此七者，教之大伦也。记曰："凡学，官先事，士先志。"其此之谓乎！禘，五年之大祭也。不五年不视学，所以优游学者之心志也。此又非仲春、仲秋视学之礼，使观而感于心，不言以尽其礼，欲其自得之也，故曰存其心。幼者未必能问，问亦未必知要，故但听受师说而无所请。亦长幼之等当如是，不可逾躐也。　刘氏曰："自皮弁祭菜至听而弗问，凡七事，皆大学为教之大伦。"大伦，犹言大节耳。官先事，士先志，窃意官是已仕者，士是未仕者，谓已仕而为学，则先其职事之所急，未仕而为学，则未得见诸行事，故先其志之所尚也。子夏曰："仕而优则学。"是已居官而为学也。王子垫问士何事，孟子曰："尚志。"是未仕而学，则先尚志也。然大学之道，明德新民而已，先志者，所以明德，先事者，所以新民。七事上句皆教者之事，下句皆学者之志。　语，去声。

大学之教也，时教必有正业，退息必有居学。句**不学操缦，不能安弦；不学博依，不能安诗；不学杂服，不能安礼；不兴其艺，不能乐学。故君子之于学也，藏焉，修焉，息焉，游焉。**旧说，大学之教也时，句绝。退息必有居，句绝。今读时字连下句，学字连上句，谓四时之教，各有正业，如春、秋教以礼乐，冬、夏教以《诗》、《书》，春诵夏弦之类是也。退而燕息，必有燕居之学，如退而省其私，亦足以发，是也。弦也，诗也，礼也，此时教之正业也。"操缦"、"博依"、"杂服"，此退息之居学也。凡为学之道，贵于能安，安则心与理融而成熟矣。然未至于安，则在乎为之不厌，而不可有作辍也。操缦，操弄琴瑟之弦也。初学者手与弦未相得，故虽退息时，亦必操弄之不废，乃能习熟而安于弦也。诗人比兴之辞，多依托于物理。而物理至博也，故学《诗》者但讲之于学校，而不能于退息之际，广求物理之所依附者，则无以验其实，而于《诗》之辞，必有疑殆而不能安者矣。杂服，冕弁衣裳之类。先王制作，礼各有服，极为繁杂。学者但讲之于学，而不于退息时游观行礼者之杂服，则无以尽识其制，而于礼之文，必有仿佛而不能安者矣。兴者，意之兴起而不能自已者。艺，即三者之学是也。言退息时，若不兴此三者之艺，则谓之不能好学矣。故君子之于学也，“藏焉”、“修焉”之时，必有正业，则所习者专而志不分；“息焉”、“游焉”之际，必有居学，则所养者纯而艺愈熟。故其学易成也。朱子曰：“古人服各有等降，若理会得杂服，则于礼思过半矣。” 缦，莫半切。依，上声。兴、乐，并去声。

夫然，故安其学而亲其师，乐其友而信其道，是以虽离师辅而不反也。《兑命》曰：“敬孙务时敏，厥修乃来。”其此之谓乎！承上文而言，藏修游息无不在于学，是以安亲乐信，虽离师友亦不畔于道也。时敏，无时而不敏也。厥修乃来，言其进修之益，如水之源源而来也。乐、离、孙，并去声。

今之教者，呻其占毕，多其讯，言及于数，进而不顾其安，使人不由其诚，教人不尽其材，其施之也悖，其求之也佛。夫然，故隐其学而疾其师，苦其难而不知其益也。虽终其业，其去之必速。教之不刑，其此之由乎！呻，吟讽之声也。占，视也。毕，简也。讯，问也。言今之教人者，但吟讽其所占视之简牍，不能通其缊奥，乃多发问辞以讯问学者而所言又不止一端，故云言及于数也。不顾其安，不恤学者之安否也。不由其诚，不肯实用其力也。不尽其材，不能尽其材之所长也。夫多其讯而言及于数，则与时教必有正业者异矣。使人不由其诚，教人不尽其材，则与退息必有居学者异矣。惟其如此，是以师之所施者，常至于悖逆；学者之所求，每见其拂戾也。隐其学，不以所学自表见也。终业而又速去之，以其用工间断，卤莽灭裂而不安不乐故也。刑，成也。 朱子曰：“横渠作简与人，言其子日来诵书不熟且教他熟诵，以尽其诚与材。他解此两句，只作一意解，言人之材足以有为，但以不由于诚，则不尽其材。” 呻，音申。占，音觇。佛，音弗。

大学之法，禁于未发之谓豫，当其可之谓时，不陵节而施之谓孙，相观而善之谓摩。此四者，教之所由兴也。豫者，先事之谓；时者，不先不后之期也。陵，逾犯也。节，如节候之节。礼有礼节，乐有乐节，人有长幼之节，皆言分限所在。不陵节而施，谓不教幼者以长者之业也。相观而善，如称甲之善，则乙者观而效之，乙有善可称，甲亦如之。孙，以顺言；摩，以相厉而进为言也。 方氏曰：“若七年男女不同席，不共食，幼子常视毋诳，则可谓之豫矣。若十年学书计，十三年舞《勺》，成童舞《象》，可谓之时矣。” 石梁王氏曰："注专以时为年，二十之时，非也。" 当、孙，并去声。发然后禁，则扞格而不胜；时过然后学，则勤苦而难成；杂施而不孙，则坏乱而不修；独学而无友，则孤陋而寡闻；燕朋逆其师；燕辟废其学。此六者，教之所由废也。扞，拒扞也。格，读如冻洛之洛，谓如地之冻，坚强难入也。不胜，不能承当其教也。一读为去声，谓教不能胜其为非之心，亦通。杂施，谓躐等陵节也。燕私之朋，必不责善，或相与以慢其师。燕游邪僻，必惑外诱，得不废其业乎？此"燕朋"、"燕辟"之害，皆由于发然后禁以下四者之失，皆与上文四者相反也。 郑氏曰："燕，犹亵也。亵其朋友，亵师之比喻。" 格，胡客切。胜，音升。孙，去声。坏，音怪。辟，音僻。君子既知教之所由兴，又知教之所由废，然后可以为人师也。故君子之教喻也，道而弗牵，强而弗抑，开而弗达。道而弗牵则和，强而弗抑则易，开而弗达则思。和、易以思，可谓善喻矣。示之以入道之所由，而不牵率其必进；作兴其志气之所尚，而不沮抑之使退；开其从入之端，而不竟其所通之地。如此，则不扞格而和，不勤苦而易，不杂施以乱其心，有相观以辅其志，而思则得之矣。 强，上声。易，音异。

学者有四失，教者必知之。人之学也或失则多，或失则寡，或失则易，或失则止。此四者，心之莫同也。知其心，然后能救其失也。教也者，长善而救其失者也。方氏曰："或失则多者，知之所以过。或失则寡者，愚之所以不及。或失则易，贤者之所以过。或失则止，不肖者之所以不及。'多闻见而适乎邪道'，多之失也。'寡闻见而无约无卓'，寡之失也。'子路好勇过，我无所取材'，易之失也。冉求之'今女画'，止之失也。'约我以礼'，所以救其失之多；'博我以文'，所以救其失之寡；'兼人则退之'，所以救其失之易；'退则进之'，所以救其失之止也。" 易，去声。长，上声。

善歌者，使人继其声；善教者，使人继其志。其言也约而达，微而臧，罕譬而喻，可谓继志矣。约而达，辞简而意明也。微而臧，言不峻而善则明也。罕譬而喻，比方之辞少而感动之意深也。继志，谓能使学者之志与师无间也。

君子知至学之难易而知其美恶，然后能博喻，能博喻然后能为师，能为师然后能为长，能为长然后能为君。故师也者，所以学为君也。是故择师不可不慎也。记曰："三王四代唯其师。"其此之谓乎！至学，至于学也。钝者至之难，敏者至之易，质美者向道，不美者叛道。知乎此，然后能博喻，谓循循善诱，不拘一涂也。《周官太宰》，长以贵得民，师以贤得民。长者一官之长，君则一国之君也。言为君之道，皆自务学充之，三王四代之所以治，以能作之君，作之师尔。周子曰："师道立则善人多，善人多，则朝廷正而天下治矣。"

凡学之道，严师为难。师严然后道尊，道尊然后民知敬学。是故君之所不臣于其臣者二：当其为尸，则弗臣也；当其为师，则弗臣也。大学之礼，虽诏于天子无北面，所以尊师也。严师，如《孝经》严父之义，谓尊礼严重之也。无北面，不处之以臣位也。　石梁王氏曰："'诏于天子无北面'注引武王践祚，出《大戴礼》。"

善学者，师逸而功倍，又从而庸之；不善学者，师勤而功半，又从而怨之。善问者如攻坚木，先其易者，后其节目，及其久也，相说以解；不善问者反此。善待问者如撞钟，叩之以小者则小鸣，叩之以大者则大鸣，待其从容，然后尽其声；不善答问者反此。此皆进学之道也。庸，功也，感师之有功于己也。相说以解，旧读说为悦，今从朱子说读如字。　疏曰："从读为舂者，舂，谓击也，以为声之形容。言钟之为体，必待其击，每一舂而为一容，然后尽其声。善答者，亦待其一问，然后一答，乃尽说义理也。"愚谓从容，言优游不迫之意。不急疾击之，则钟声之小大长短得以自尽，故以为善答之喻。　朱子曰："说字人以为悦，恐只是说字。先其易者，难处且放下，少间见多了，自然相证而解，解物为解，自解释为解，恐是相证而晓解也。"　说，如字。解，下介切。"解物"、"为解"、"自解"三"解"字，如字。

记问之学不足以为人师，必也其听语乎！力不能问，然后语之。语之而不知，虽舍之可也。记问，谓记诵古书以待学者之问也。以此为学，无得于心，而所知有限，故不足以为人师。听语，听学者所问之语也。不能问则告之，不知而舍之，以其终不可入德也。"不以三隅反则不复"，亦此意。　上语，如字。下二语，去声。舍，上声。复，扶又切。

良冶之子，必学为裘；良弓之子，必学为箕。始驾马者反之，车在马前。君子察于此三者，可以有志于学矣。疏曰："善冶之家，其子弟见其父兄陶熔金铁，使之柔合以补治破器，故此子弟能学为袍裘，补续兽皮，片片相合，以至完全也。箕，柳箕也。善为弓之家，使干角挠屈，调和成弓，故其子弟亦观其父兄世业，学取柳条和软挠之成箕也。马子始学驾车之时，大马驾在车前，将马子系随车后而行，故示反之。所以然者，此驹未曾驾车，若忽驾之必惊奔。今以大马牵车于前，而系驹于后，使日日见车之行，惯习而后驾之，不复惊矣。言学者亦须先教小事操缦之属，然后乃示其业，则易成也。"　应氏曰："冶矿难精，而裘软易纫；弓劲难调，而箕曲易制；车重难驾，而马反则易驯。皆自易而至于难，自粗而至于精，习之有渐而不可骤进，学之以类而不可泛求，是之谓有志矣。"　复，扶又切。纫，尼邻切。古之学者，比物丑类。鼓无当于五声，五声弗得不和；水无当于五色，五色弗得不章；学无当于五官，五官弗得不治；师无当于五服，五服弗得不亲。比物丑类，谓以同类之事相比方也。当，犹主也。鼓声不宫不商，于五声本无所主，然而五声不得鼓，则无谐和之节；水无色，不在五色之列，而缋画者不得水，则不章明。五官，身口耳目心之所职，即《洪范》之五事也。学于吾身五者之官，本无所当，而五官不得学则不能治。师于弟子不当五服之一，而弟子若无师之教诲，则五服之属不相和亲。　陈氏曰："类者，物之所同，丑之为言众也。理有所不显，则比物以明之；物有所不一，则丑类以尽之。然后因理以明道，而善乎学矣。总而论之，鼓非与乎五声，而五声待之而和；水非与乎五色，而五色待之而章；学非与乎五官，而五官待之而治；师非与乎五服，而五服待之而亲。是五声、五色、五官、五服虽不同，而同于有之以为利；鼓也、水也、学也、师也虽不一，而一于无之以为用。然则古之学者比物丑类，而精微之意有寓于是，非穷理之至者孰能与此？"　比，音纰。当，去声。与，去声。君子曰："大德不官，大道不器，大信不约，大时不齐。察于此四者，可以有志于本矣。"大德、大道、大信，皆指圣人而言。大时，天时也。不官，不拘一职之任也。不器，无施而不可也。不约，不在期约之末也。元化周流，一气屈伸，不可以截然分限求之，故方荣之时而有枯者焉，寂之时而有萼者焉。惟其不齐，是以不可穷。凡此四者，皆以本原盛大而体无不具，故变通不拘而用无不周也。君子察于此，可以有志于学而洪其本矣。　萼，音敷。

三王之祭川也，皆先河而后海，或源也，或委也。此之谓务本。河为海之源，海乃河之委。承上文志于本而言，水之为物，盈科而后进，放乎四海，有本者如是也。君子之于学，不成章不达，故先务本。　委，去声。放，上声。

卷之七

乐记第十九

凡音之起，由人心生也。人心之动，物使之然也。感于物而动，故形于声。声相应，故生变。变成方，谓之音。比音而乐之，及干戚羽旄，谓之乐。凡乐音之初起，皆由人心之感于物而生。人心虚灵不昧，感而遂通，情动于中，故形于言而为声。声之辞意相应，自然生清浊高下之变，变而成歌诗之方法，则谓之音矣。成方，犹言成曲调也。比合其音而播之乐器，及舞之干戚羽旄，则谓之乐焉。干戚，武舞也。羽旄，文舞也。　比，毗至反。乐，如字。调，去声。乐者，音之所由生也，其本在人心之感于物也。是故其哀心感者，其声噍以杀；其乐心感者，其声啴以缓；其喜心感者，其声发以散；其怒心感者，其声粗以厉；其敬心感者，其声直以廉；其爱心感者，其声和以柔。六者非性也，感于物而后动。方氏曰："人之情，得所欲则乐，丧所欲则哀；顺其心则喜，逆其心则怒；于所畏则敬，于所悦则爱。噍则竭而无泽，杀则减而不隆，盖心丧其所欲，故形于声者如此。啴则阐而无余，缓则纡而不迫，盖心得其所欲，故形于声者如此。发则生而不穷，散则施而无积，盖顺其心，故形于声者如此。直则无委曲，廉则有分际，盖心有所畏，故形于声者如此。和则不乖，柔则致顺，盖心有所悦，故形于声者如此。"　愚谓粗以厉者，高急而近于猛暴也。六者心感物而动，乃情也，非性也，性则喜怒哀乐未发也。　噍，音焦。杀，色介反。乐，音洛。啴，昌展反。是故先王慎所以感之者，故礼以道其志，乐以和其声，政以一其行，刑以防其奸。礼乐刑政，其极一也，所以同民心而出治道也。刘氏曰："慎其政之所以感人心者，故以礼而道其志之所行，使必中节；以乐而和其声之所言，使无乖戾。政以教不能而一其行，刑以罚不率而防其奸。礼乐刑政四者之事虽殊，而其致则一归于慎其所以感之者，所以同民心而出治道也。" 行，去声。中，去声。

凡音者，生人心者也。情动于中，故形于声，声成文，谓之音。是故治世之音安以乐，其政和；乱世之音怨以怒，其政乖；亡国之音哀以思，其民困。声音之道，与政通矣。此言音生于人心之感，而人心哀乐之感，由于政治之得失，此所以慎其所以感之者也。治世政事和谐，故形于声音者安以乐；乱世政事乖戾，故形于声音者怨以怒；将亡之国其民困苦，故形于声音者哀以思。此声音所以与政通也。《诗疏》曰："杂比曰音，单出曰声。哀乐之情，发见于言语之声，于时虽言哀乐之事，未有宫商之调，惟是声耳。至于作诗之时，则次序清浊，节奏高下，使五声为曲，似五色成文，即是为音。此音被诸弦管，乃名为乐。"宫为君，商为臣，角为民，徵为事，羽为物。五者不乱，则无怗懘之音矣。刘氏曰："五声之本，生于黄钟之律，其长九寸，每寸九分，九九八十一，是为宫声之数。三分损一以下生徵，则去二十七，得五十四也。徵三分益一以上生商，则加十八，得七十二也。商三分损一以下生羽，则去二十四，得四十八也。羽三分益一以上生角，则加十六，得六十四也。角声之数，三分之不尽一算，共数不行，故声止于五。此其相生之次也。宫属土，弦用八十一丝为最多，而声至浊，于五声独尊，故为君象。商属金，弦用七十二丝，声次浊，故次于君而为臣象。角属木，弦用六十四丝，声半清半浊，居五声之中，故次于臣而为民象。徵属火，弦用五十四丝，其声清，有民而后有事，故为事象。羽属水，弦用四十八丝为最少，而声至清，有事而后用物，故为物象。此其大小之次也。五声固本于黄钟为宫，然还相为宫，则其余十一律皆可为宫。宫必为君而不可下于臣，商必为臣而不可上于君，角民、徵事、羽物，皆以次降杀。其有臣过君，民过臣，事过民，物过事者，则不用正声而以半声应之。此八音所以克谐而无相夺伦也。然声音之道与政相通，必君、臣、民、事、物五者，各得其理而不乱，则声音和谐而无怗懘也。怗懘者,敝败也。" 怗,音觇。懘,昌制切。徵,上声。去,上声。还,音旋。杀,去声。宫乱则荒,其君骄;商乱则陂,其臣坏;角乱则忧,其民怨;徵乱则哀,其事勤;羽乱则危,其财匮。五者皆乱,迭相陵,谓之慢。如此则国之灭亡无日矣。此言审乐以知政,若宫乱则乐声荒散,是知由其君之骄恣使然也。余四者例推。 陈氏曰:"五声含君、臣、民、事、物之象,必得其理,方调得律吕,否则有臣陵君,民过臣,而谓之夺伦矣。此却不比汉儒附会效法之言。具有此事,毫发不可差,设或乐声夺伦,即其国君、臣、民、物必有不尽分之事。如州鸠、师旷皆能以此知彼,正是乐与政通。" 陂,音界。郑卫之音,乱世之音也,比于慢矣。桑间濮上之音,亡国之音也,其政散,其民流,诬上行私而不可止也。此"慢"字,承上文"谓之慢"而言。比,近也。桑间濮上,卫地,濮水之上,桑林之间也。《史记》言卫灵公适晋,舍濮上,夜闻琴声,召师涓听而写之。至晋,命涓为平公奏之。师旷曰:"此师延靡靡之乐。武王伐纣,师延投濮水死。故闻此声,必于濮水之上也。"政散故民罔其上,民流故行其淫荡之私也。 张子曰:"郑卫地滨大河,沙地土薄,故其人气轻浮;其地平下,故其质柔弱,其地肥饶,不费耕耨,故其人心怠惰。其人情性如此,其声音亦然。故闻其乐,使人如此懈慢也。" 朱子曰:"郑声之淫甚于卫。夫子论为邦独以郑声为戒,盖举重而言也。" 比,毗至切。濮,音卜。

凡音者,生于人心者也。乐者,通伦理者也。是故知声而不知音者,禽兽是也。知音而不知乐者,众庶是也。唯君子为能知乐。是故审声以知音,审音以知乐,审乐以知政,而治道备矣。是故不知声者,不可与言音;不知音者,不可与言乐。知乐则几于礼矣。礼乐皆得,谓之有德。德者,得也。伦理,事物之伦类各有其理也。 方氏曰:"凡耳有所闻者皆能知声,心有所识者则能知音,道有所通者乃能知乐。若瓠巴鼓瑟,流鱼出听;伯牙鼓琴,六马仰秣。此禽兽之知声者也。魏文侯好郑卫之音,齐宣王好世俗之乐,此众庶之知音者也。若孔子在齐之所闻,季札聘鲁之所观,此君子之知乐者也。" 应氏曰:"伦理之中,皆礼之所寓,知乐则通于礼矣。不曰通而曰几者,辨析精微之极也。" 几,平声。好,去声。是故乐之隆,非极音也。食飨之礼,非致味也。清庙之瑟,朱弦而疏越,壹倡而三叹,有遗音者矣。大飨之礼,尚玄酒而俎腥鱼,大羹不和,有遗味者矣。是故先王之制礼乐也,非以极口腹耳目之欲也,将以教民平好恶而反人道之正也。乐之隆盛,不是为极声音之美;食、飨、禘、祫之重礼,不是为极滋味之美。盖乐主于移风易俗,而祭主于报本反始也。鼓清庙之诗之瑟,练朱丝以为弦,丝不练则声清,练之则声浊。疏,通也。越,瑟底之孔也。疏而通之,使其声迟缓。瑟声浊而迟,是质素之声,非要妙之音也。此声初发,一倡之时,仅有三人从而和之,言和者少也。以其非极声音之美,故好者少。然而其中则有不尽之余音存焉,故曰有遗音者矣。尊以玄酒为尚,俎以生鱼为荐,大羹无滋味之调和,是质素之食,非人所嗜悦之味也。然而其中则有不尽之余味存焉,故曰有遗味者矣。由此观之,是非以极口腹耳目之欲也。教民平好恶,谓不欲其好恶之偏私也。人道不正,必自好恶不平始,好恶得其平则可以复乎人道之正,而风移俗易矣。　朱子曰:"一倡而三叹,谓一人倡而三人和。今解者以为三叹息,非也。"　食,音嗣。越,如字。大,音泰。和、好、恶、为,并去声。

人生而静,天之性也。感于物而动,性之欲也。物至知知,朱子曰:"上'知'字是体,下'知'字是用。"然后好恶形焉。好恶无节于内,知诱于外,不能反躬,天理灭矣。夫物之感人无穷,而人之好恶无节,则是物至而人化物也。人化物也者,灭天理而穷人欲者也。于是有悖逆诈伪之心,有淫泆作乱之事。是故强者胁弱,众者暴寡,知者诈愚,勇者苦怯,疾病不养,老幼孤独不得其所,此大乱之道也。刘氏曰:"人生而静者,喜怒哀乐未发之中,天命之性也。感于物而动,则性发而为情也。人心虚灵知觉事至物来,则必知之而好恶形焉。好善恶恶,则道心之知觉,原于义理者也。好妍恶丑,则人心之知觉,发于形气者也。好恶无节于内,而知诱于外,则是道心昧而不能为主宰,人心危而物交物,则引之矣。不能反躬以思其理之是非,则人欲炽而天理灭矣。况以无节之好恶,而接乎无穷之物感,则心为物役,而违禽兽不远矣。违禽兽不远,则爪刚者决,力强者夺。此所以为大乱之道也。"　好、恶、"知者"之知,并去声。乐,音洛。

是故先生之制礼乐，人为之节。衰麻哭泣，所以节丧纪也。钟鼓干戚，所以和安乐也。昏姻冠笄，所以别男女也。射乡食飨，所以正交接也。礼节民心，乐和民声，政以行之，刑以防之。礼乐刑政，四达而不悖，则王道备矣。刘氏曰："先王之制礼乐，因人情而为之节文。因其哀死而丧期无数，故为衰麻哭泣之数以节之。因其好逸乐而不能和顺于义理，故为钟鼓干戚之乐以和之。因其有男女之欲而不知其别，故为昏姻冠笄之礼以别之。因其有交接之事而或失其正，故为射、乡、食、飨之礼以正之。节其心，所以使之行而无过不及；和其声，所以使之言而无所乖戾；为之政以率其怠倦，而使礼乐之教无不行；为之刑以防其恣肆，而使礼乐之道无敢废。礼乐刑政四者通行于天下，而民无悖违之者，则王者之治道备矣。"　衰，音催。"安乐"乐，音洛。食，音嗣。"逸乐"乐，音洛。别，必列切。冠，去声。

乐者为同，礼者为异。同则相亲，异则相敬。乐胜则流，礼胜则离。合情饰貌者，礼乐之事也。礼义立，则贵贱等矣。乐文同，则上下和矣。好恶著，则贤不肖别矣。刑禁暴，爵举贤，则政均矣。仁以爱之，义以正之，如此则民治行矣。和以统同，序以辨异。乐胜则流，过于同也。礼胜则离，过于异也。合情者，乐之和于内，所以救其离之失；饰貌者，礼之检于外，所以救其流之失。此礼之义，乐之文，所以相资为用者也。仁以爱之，则相敬而不至于离；义以正之，则相亲而不至于流。此又以仁义为礼乐之辅者也。等贵贱，和上下，别贤不肖，均政，此四者皆所以行民之治，故曰民治行矣。　应氏曰："上言王道备，言其为治之具也。此言民治行，言其为治之效。"　别，必列切。

乐由中出，礼自外作。乐由中出故静，礼自外作故文。大乐必易，大礼必简。乐至则无怨，礼至则不争。揖让而治天下者，礼乐之谓也。暴民不作，诸侯宾服，兵革不试，五刑不用，百姓无患，天子不怒，如此，则乐达矣。合父子之亲，明长幼之序，以敬四海之内，天子如此，则礼行矣。应氏谓"四海之内"四字，恐在合字上，如此则文理为顺。　刘氏曰："欣喜欢爱之和出于中，进退周旋之序著于外。和则情意安舒，故静；序则威仪交错，故文。大乐与天地同和，如乾以易知而不劳；大礼与天地同节，如坤以简能而不烦。乐至则人皆得其所而无怨，礼至则人各安其分而不争。如帝世揖让而天下治者，礼乐之至也。达者，彻于彼之谓。行者，出于此之谓。行者达之本，达者行之效。天子自能合其父子之亲，明其长幼之序，则家齐族睦矣。又能亲吾亲以及人之亲，长吾长以及人之长，是谓以敬四海之内，则礼之本立而用行矣。礼之用行，而后乐之效达。故于乐但言天子无可怒者，而于礼则言天子如此。是乐之达，乃天子行礼之效也。”周子曰：“万物各得其理而后和，故礼先而乐后是也。”

大乐与天地同和，大礼与天地同节。和故百物不失，节故祀天祭地。明则有礼乐，幽则有鬼神。如此，则四海之内合敬同爱矣。礼者殊事合敬者也。乐者异文合爱者也。礼乐之情同，故明王以相沿也。故事与时并，名与功偕。百物不失，言各遂其性也。　朱子曰：“礼主减，乐主盈，鬼神亦止是屈伸之义。礼乐鬼神一理。”又曰：“在圣人制作处便是礼乐，在造化功用处便是鬼神。礼有经礼、曲礼之事殊，而敬一；乐有五声、六律之文异，而爱一，所以能使四海之内合敬同爱者，皆大乐、大礼之所感化也。礼乐之制，在明王虽有损益，而情之同者，则相因述也。惟其如此，是以王者作兴，事与时并。如唐虞之时，则有揖让之事。夏殷之时，则有放伐之事。名与功偕者，功成作乐，故历代乐名，皆因所立之功而名之也。”　蔡氏曰：“礼乐本非判然二物也。人徒见乐由阳来，礼由阴作，即以为礼属阴，乐属阳，判然为二，殊不知阴阳一气也。阴气流行即为阳，阳气凝聚即为阴，非真有二物也。礼乐亦止是一理。礼之和即是乐，乐之节即是礼，亦非二物也。善观者，既知阴阳礼乐之所以为二，又知阴阳礼乐之所以为一，则达礼乐之体用矣。”

故钟鼓管磬，羽籥干戚，乐之器也。屈伸俯仰，缀兆舒疾，乐之文也。簠、簋、俎、豆，制度文章，礼之器也。升降上下，周还裼袭，礼之文也。故知礼乐之情者能作，识礼乐之文者能述。作者之谓圣，述者之谓明。明圣者，述作之谓也。缀，舞者行位相连缀也。兆，位外之营兆也。裼袭，说见《曲礼》。情，谓理趣之深奥者。知之悉，故能作。文，谓节奏之宣著者。识之详，故能述。若黄帝尧舜之造律吕垂衣裳，禹汤文武之不相沿袭，皆圣者之作也。周公经制，尽取先代之礼乐而参用之，兼圣明之作述也。季札观乐而各有所论，此明者之述也。

夫子之圣，乃述而不作者，有其德无其位故耳。 缀，音拙。还，音旋。行，音杭。论，去声。乐者天地之和也。礼者天地之序也。和故百物皆化，序故群物皆别。乐由天作，礼以地制。过制则乱，过作则暴。明于天地，然后能兴礼乐也。朱子曰："乐由天作属阳，故有运动底意。礼以地制，如由地出，不可移易。" 刘氏曰："前言大乐与天地同和，大礼与天地同节，以成功之所合而言也。此言乐者天地之和，礼者天地之序，以效法之所本而言也。盖圣人之礼乐，与天地之阴阳相为流通，故始也法阴阳以为礼乐，终也以礼乐而赞阴阳。天地之和，阳之动而生物者也。气行而不乖，故百物皆化。天地之序，阴之静而成物者也。质具而有秩，故群物皆别。乐由天作者，法乎气之行于天者而作，故动而属阳。声音，气之为也。礼以地制者，法乎质之具于地者而制，故静而属阴。仪则，质之为也。过制则失其序，如阴过而肃，则物之成者复坏矣，故乱。过作则失其和，如阳过而亢，则物之生者反伤矣，故暴。明乎天地之和与序，然后能兴礼乐以赞化育也。"

论伦无患，乐之情也；欣喜欢爱，乐之官也；中正无邪，礼之质也；庄敬恭顺，礼之制也。若夫礼乐之施于金石，越于声音，用于宗庙社稷，事乎山川鬼神，则此所与民同也。方氏曰："金石声音，特乐而已，亦统以礼为言者。凡行礼然后用乐，用乐以成礼，未有用乐而不为行礼者也。情、官、质、制者，礼乐之义也。金、石、声、音者，礼乐之数也。其数可陈，则民之所同；其义难知，则君之所独。故于金、石、声、音，曰此所与民同也。" 刘氏曰："论者雅颂之辞，伦者律吕之音。惟其辞足论而音有伦，故极其和而无患害。此乐之本情也，而在人者则以欣喜欢爱为作乐之主焉。中者，行之无过不及。正者，立之不偏不倚。惟其立之正而行之中，故得其序而无邪僻。此礼之本质也，而在人者则以庄、敬、恭、顺为行礼之制焉。此圣贤君子之所独知也。若夫施之器而播之声，以事乎鬼神者，则众之所共知者也。"论，去声。

王者功成作乐，治定制礼，其功大者其乐备，其治辩者其礼具。干戚之舞，非备乐也；孰亨而祀，非达礼也。五帝殊时，不相沿乐；三王异世，不相袭礼，乐极则忧，礼粗则偏矣。及夫敦乐而无忧，礼备而不偏者，其唯大圣乎！干戚之舞，武舞也。不如韶乐之尽善尽美，故云非备乐也。熟烹牲体而荐，不如古者血腥之祭为得礼意，故云非达礼也。若奏乐而欲极其声音之娱乐，则乐极悲来，故云乐极则忧；行礼粗略而不能详审，则节文之仪，必有偏失而不举者，故云礼粗则偏矣。惟大圣人则道全德备，虽敦厚于乐，而无乐极悲来之忧；其礼仪备具，而无偏粗之失也。　辩，音遍。亨，音烹。

天高地下，万物散殊，而礼制行矣。流而不息，合同而化，而乐兴焉。春作夏长，仁也。秋敛冬藏，义也。仁近于乐，义近于礼。乐者敦和，率神而从天；礼者别宜，居鬼而从地。故圣人作乐以应天，制礼以配地。礼乐明备，天地官矣。物各赋物而不可以强同，此造化示人以自然之礼制也。絪缊化醇而不容以独异，此造化示人以自然之乐情也。合同者，春夏之仁，故曰仁近于乐。散殊者，秋冬之义，故曰义近于礼。敦和，厚其气之同者。别宜，辨共物之异者。率神，所以循其气之伸；居鬼，所以敛其气之屈。伸阳而从天，屈阴而从地也。由是言之，则圣人礼乐之精微寓于制作者，既明且备，可得而知矣。官，犹主也。言天之生物，地之成物，各得其职也。　刘氏曰："此申明礼者，天地之序；乐者，天地之和。高下散殊者，质之具，天地自然之序也。而圣人法之，则礼制行矣。周流同化者，气之行，天地自然之和也。而圣人法之，则乐兴焉。春作夏长，天地生物之仁也。气行而同和，故近于乐。秋敛冬藏，天地成物之义也。质具而异序，故近于礼。此言效法之所本也。敦和者，厚其气之同。别宜者，辨其质之异。神者，阳之灵。鬼者，阴之灵。率神以从天者，达其气之伸而行于天。居鬼而从地者，敛其气之屈而具于地。盖乐可以敦厚天地之和，而发达乎阳之所生；礼可以辨别天地之宜，而安定乎阴之所成。故圣人作乐以应助天之生物，制礼以配合地之成物。礼乐之制作既明且备，则足以裁成其道，辅相其宜，而天之生，天地之成，各得其职矣。此言成功之所合也。"　长，上声。别，必列切。应，去声。天尊地卑，君臣定矣。卑高以陈，贵贱位矣。动静有常，小大殊矣。方以类聚，物以群分，则性命不同矣。在天成象，在地成形，如此，则礼者天地之别也。此与《易·系辞》略同，记者引之，言圣人制礼，其本于天地自然之理者如此。定君臣之礼者，取于天地尊卑之势也。列贵贱之位者，取于山泽卑高之势也。小者不可为大，大者不可为小，故小大之殊，取于阴阳动静之常也。此小大如《论语》"小大由之"之义，谓小事、大事也。方，犹道也。聚，犹处也。君臣、父子、夫妇、长幼、朋友各有其道，则各以其类而处之，所谓方以类聚也。物，事也。行礼之事，即谓天理之节文，人事之仪则，行之不止一端，分之必各从其事，所谓物以群分也。所以然者，以天所赋之命，人所受之性，自然有此三纲五常之伦，其间尊卑厚薄之等，不容混而一之也。故曰性命不同矣。在天成象，如衣与旗常之章，著为日月星辰之象也。在地成形，如宫室器具各有高卑大小之制，是取法于地也。由此言之，礼之有别，非天地自然之理乎？ 应氏曰："此即所谓天高地下，万物散殊，而礼制行矣。" 刘氏曰："此又申言礼者，天地之序也。天地万物，各有动静之常，大者有大动静，小者有小动静，则小大之事法之，而久近之期殊矣。方以类聚，言中国蛮夷戎狄之民，各以类而聚。物以群分，言飞潜动植之物，各以群而分。则以其各正性命之不同也，故圣人亦因之而异其礼矣。在天成象，则日月星辰之历数，各有其序。在地成形，则山川人物之等伦，各有其仪。由此言之，则礼者岂非天地之别乎？" 别，必列切。处，上声。地气上齐，天气下降，阴阳相摩，天地相荡，鼓之以雷霆，奋之以风雨，动之以四时，暖之以日月，而百化兴焉。如此，则乐者天地之和也。应氏曰："此即所谓流而不息，合同而化，而乐兴焉。" 刘氏曰："此申言乐者，天地之和也。齐，读为跻。天地相荡，亦言其气之播荡也。百化兴焉，所谓天地絪缊而万物化醇也。以上言效法之所本。" 上，上声。齐，音跻。暖，音暄。化不时则不生，男女无辨则乱升，天地之情也。此言礼乐之得失与天地相关，所谓和气致祥，乖气致异也。总结上文两节之意。

及夫礼乐之极乎天，而蟠乎地，行乎阴阳，而通乎鬼神，穷高极远而测深厚。乐著太始而礼居成物。著不息者，天也。著不动者，地也。一动一静者，天地之间也。故圣人曰"礼乐"云。朱子曰："乾知太始，坤作成物。知者，管也。乾管却太始，太始即物生之始，乾始物而坤成之也。" 应氏曰："及，至也。言乐出于自然之和，礼出于自然之序，二者之用，充塞流行，无显不至，无幽不格，无高不届，无深不入，则乐著乎乾知太始之初，礼居乎坤作成物之位。而昭著不息者，天之所以为天；昭著不动者，地之所以为地。著不动者，藏诸用也。著不息者，显诸仁也。天地之间，不过一动一静而已。故圣人昭揭以示人，而名之曰礼乐也。或曰：不息不动，分著于天地。而一动一静，循环无端者，天地之间也。动静不可相离，则礼乐不容或分。故圣人言礼乐必合而言之，未尝析而言之也。以上言成功之所合。” 刘氏曰：“自一阳生于子，至六阳极于巳而为乾，此乾知太始也。自一阴生于午，至六阴极于亥而为坤，此坤作成物也。又乾坤交于否泰，一岁则正月泰，二壮，三夬，四乾，五姤，六遁，皆有乾以统阴，是乾主春夏也。七月否，八观，九剥，十坤，子复，丑临，皆有坤以统阳，是坤主秋冬也。” 夫，音扶。上著，直略切。下著，如字。否，备鄙切。观，去声。

昔者舜作五弦之琴以歌南风，夔始制乐以赏诸侯。故天子之为乐也，以赏诸侯之有德者也。德盛而教尊，五谷时熟，然后赏之以乐。故其治民劳者，其舞行缀远；其治民逸者，其舞行缀短。故观其舞，知其德；闻其谥，知其行也。应氏曰：“勤于治民，则德盛而乐隆，故舞列远而长；怠于治民，则德薄而乐杀，故舞列近而短。” 石梁王氏曰：“夔制乐岂专为赏诸侯？此处皆无义理。” 行，上二音杭，下去声。缀，音拙。杀、为，并去声。《大章》，章之也。《咸池》，备矣。《韶》，继也。《夏》，大也。殷周之乐尽矣。疏曰：“尧乐谓之《大章》者，言尧德章明于天下也。咸，皆也。池，施也。黄帝乐名《咸池》，言德皆施被于天下，无不周遍，是为备具矣。《韶》继也者，言舜之道德继绍于尧也。夏，大也。禹乐名《夏》者，言能光大尧舜之德也。殷周之乐，谓汤之《大濩》，武王之《大武》也。尽矣，言于人事尽极矣。”天地之道，寒暑不时则疾，风雨不节则饥。教者民之寒暑也，教不时则伤世；事者民之风雨也，事不节则无功。然则先王之为乐也，以法治也，善则行象德矣。寒暑者，一岁之分剂；风雨者，一旦之气候。教重而事轻，故以寒暑喻教，而以风雨喻事也。然则先王之制礼乐，事皆有教，是法天地之道以为治于天下也。施于政治而无不善，则民之行，象君之德矣。 行，去声。分，去声。

夫豢豕为酒，非以为祸也。而狱讼益繁，则酒之流生祸也。是故先王因为酒礼。壹献之礼，宾主百拜，终日饮酒而不得醉焉。此先王之所以备酒祸也。故酒食者，所以合欢也。乐者，所以象德也。礼者，所以缀淫也。是故先王有大事，必有礼以哀之；有大福，必有礼以乐之。哀乐之分，皆以礼终。乐也者，圣人之所乐也，而可以善民心。其感人深，其移风易俗，故先王著其教焉。一献之礼，士之飨礼惟一献也。缀，止也。大事，死丧之事也。大福，吉庆之事也。以大福对大事而言，则大事为祸矣。哀乐皆以礼终，则不至于过哀过乐矣。此章言礼处多，而末亦云乐者，明礼乐非二用也。应氏本《汉志》“俗”下增“易”字，音以豉反。 疏曰：“按今乡饮酒之礼，是一献无百拜，此云百拜，喻多也。” 缀，音拙。“以乐”、“哀乐”、“所乐”乐，音洛。分，去声。

夫民有血气心知之性，而无哀乐喜怒之常，应感起物而动，然后心术形焉。是故志微噍杀之音作，而民思忧；刘氏曰：此申言篇首“音之生本在人心之感于物也”一条之义。民心无常，而喜怒哀乐之情，应其感起于物者而动，然后其心术形于声音矣。故采诗可以观民风，审乐可以知国政也。志，疑当作急，急促。微，细；噍，枯；杀，减也。其哀心感者，其声噍以杀，故作乐而有急微噍杀之音，则其民心之哀思忧愁可知矣。 应，去声。噍，音焦。杀、思，并去声。啴谐慢易繁文简节之音作，而民康乐；啴，宽；谐，和；慢，缓；易，平也。繁文简节，多文理而略节奏也。其乐心感者，其声啴以缓，故此等音作，则其民心之安乐可知矣。 啴，昌展切。易，去声。乐，音洛。粗厉猛起奋末广贲之音作，而民刚毅；粗厉，粗疏严厉也。猛，威盛貌。奋，振迅貌。起，初；末，终也。猛起奋末者，猛盛于初起，而奋振于终末也。广，大；贲，愤也。广愤，言中间丝竹匏土革木之音皆怒也。其怒心感者，其声粗以厉，故此等音作，则可知其民之刚毅。 贲，扶粉切。廉直劲正庄诚之音作，而民肃敬；廉，有棱隅也。劲，坚强也。其敬心感者，其声直以廉，故此等音作，则可知其民之肃敬。宽裕肉好顺成和动之音作，而民慈爱；《考工记注》云：“好，璧孔也。肉倍好曰璧，好倍肉曰瑗，肉好均曰环。”如此，则肉乃璧之肉地也。此言肉好，则以璧喻乐音之圆莹通滑耳。其爱心感者，其声和以柔，故此等音作，则知其民之慈爱。 肉，而救切。好，去声。流辟邪散狄成涤滥之音作，而民淫乱。狄，与逖同，远也。成者，乐之一终。狄成，言其一终甚长，淫泆之意也。涤，洗也。滥，侵僭也。言其音之泛滥侵僭，如以水洗物，而浸渍侵滥无分际也。此是其喜心感者，而其声然也。故闻此音之作，则其民之淫乱可知矣。 辟，音僻。狄，音逖。分，去声。

是故先王本之情性，稽之度数，制之礼义，合生气之和，道五常之行，使之阳而不散，阴而不密，刚气不怒，柔气不慑，四畅交于中，而发作于外，皆安其位而不相夺也。然后立之学等，广其节奏，省其文采，以绳德厚，律小大之称，比终始之序，以象事行，使亲疏贵贱长幼男女之理，皆形见于乐。故曰“乐观其深矣”。此承上文声音之应感而言。本之情性，即民有血气心知之性，喜怒哀乐之情也。度数，十二律上生下生损益之数也。礼义、贵贱、隆杀、清浊、高下各有其义也。生气之和，造化发育之妙也。五常之行，仁义礼知信之德也。言圣人之作乐，本于人心七情所感之音，而稽考于五声、十二律之度数，而制之以清浊、高下、尊卑、隆杀之节，而各得其宜，然后用之以合天地生气之和，而使其阳之动而不至于散，阴之静而不至于密，道人心五常之行，而使刚者之气不至于怒，柔者之气不至于慑。天地之阴阳，人心之刚柔，四者各得其中而和畅焉，则交畅于中而发形于外，于是宫君、商臣、角民、徵事、羽物，皆安其位而不相夺伦也。此言圣人始因人情而作乐，有度数礼义之详，而以之和天地之气，平天下之情，及天气人情感而太和焉，则乐无怗懘之音矣，然后推乐之教以化民成俗也。立之学，若乐师掌国学之政，大胥掌学士之版是也。立之等，若十三舞《勺》，成童舞《象》之类是也。广其节奏，增益学者之所习也。省其文采，省察其音曲之辞，使五声之相和相应，若五色之杂以成文采也。厚，如《书》“惟民生厚”之厚。以绳德厚，谓检约其固有之善而使之成德也。律，以法度整齐之也。比，以次序联合之也。宫音至大，羽音至小，律之使各得其称，始于黄钟之初九，终于仲吕之上六，比之使各得其序。以此法象而寓其事之所行，如宫为君，宫乱则荒之类，故曰以象事行也。人伦之理，其得失皆可于乐而见之，是乐之所观，其义深奥矣。此古有是言，记者引以为证。　道，去声。“之行”行，去声。省，悉井切。称，去声。比，毗至切。“事行”行，如字。见，音现。乐，音洛。杀，去声。

土敝则草木不长，水烦则鱼鳖不大，气衰则生物不遂，世乱则礼慝而乐淫。是故其声哀而不庄，乐而不安；慢易以犯节，流湎以忘本；广则容奸，狭则思欲；感条畅之气，灭平和之德。是以君子贱之也。土敝，地力竭也，故草木不长。水烦，谓泽梁之入无时。水烦扰而鱼鳖不得自如，故不大也。物类之生，必资阴阳之气。气衰耗，故生物不得成遂也。此三句，皆以喻世道衰乱，上下无常，故礼慝，男女无节，故乐淫也。乐淫，故哀而不庄，乐而不安。若《关雎》，则“乐而不淫”、“哀而不伤”。礼慝，故慢易以犯节，流湎以忘本。若正礼则庄敬而有节，知反而报本也。广，犹大也。狭，犹小也。言淫乐慝礼，大则使人容为奸宄，小则使人思为贪欲，感伤天地条畅之气，灭败人心和平之德。是以君子贱之而不用也。感，或作蹙。蹙条畅之气，则与合生气之和者反矣。灭平和之德，则与道五常之行者异矣。 长，上声。“乐而”乐，音洛。凡奸声感人而逆气应之，逆气成象而淫乐兴焉；正声感人而顺气应之，顺气成象而和乐兴焉。倡和有应，回邪曲直各归其分，而万物之理，各以类相动也。疏曰：“倡和有应者，奸声正声感人是倡也，而逆气顺气应之，是和也。回，谓乖违。邪，谓邪僻。及曲之与直，各归其善恶之分限，善归善分，恶归恶分，而万物之情理，亦各以善恶之类，自相感动也。” 应氏曰：“声感于微而气之所应者甚速，气应于微而象之所成者甚著。成象则有形而可见，见乃谓之象也。各归其分者，所谓乐之道归焉尔。” 分，去声。

是故君子反情以和其志，比类以成其行，奸声乱色不留聪明，淫乐慝礼不接心术，惰慢邪僻之气不设于身体，使耳目鼻口心知百体，皆由顺正以行其义。反情，复其情性之正也。情不失其正，则志无不和。比类，分次善恶之类也。不入于恶类，则行无不成。曰“不留”、“不接”、“不设”，如《论语》“四勿”之谓，皆反情比类之事。如此则百体从令，而义之与比矣。此一节，乃学者修身之要法。 行，去声。比，毗至反。然后发以声音，而文以琴瑟，动以干戚，饰以羽旄，从以箫管，奋至德之光，动四气之和，以著万物之理。是故清明象天，广大象地，终始象四时，周还象风雨，五色成文而不乱，八风从律而不奸，百度得数而有常，小大相成，终始相生，倡和清浊，迭相为经。故乐行而伦清，耳目聪明，血气和平，移风易俗，天下皆宁。《大章》之章，《咸池》之备，《韶》之继，皆圣人极至之德发于乐者，其辉光犹若可见也。《书》言“光被四表”，“光天之下”，皆所谓至德之光也。四气之和，四时之和气也。小大终始，即前章小大之称，终始之序也。迭相为经，即前篇还相为宫之说也。 疏曰：“八风，八方之风也。律，十二月之律也。距冬至四十五日条风至，条者，生也。四十五日明庶风至，明庶者，迎众也。

四十五日清明风至，清明者，芒也。四十五日景风至，景者，大也，言阳气长养也。四十五日凉风至，凉，寒也，阴气行也。四十五日阊阖风至，阊阖者，咸收藏也。四十五日不周风至，不周者不交也，言阴气未合化也。四十五日广莫风至，广莫者，大莫也，开阳气也。” 方氏曰：“清明者乐之声，故象天。广大者乐之体，故象地。终始者乐之序，故象四时。周还者乐之节，故象风雨。” 应氏曰：“五声配乎五行之色，故各成文而不乱；八音配乎八卦之风，故各从律而不奸。自一度衍之而至于百，则百度名得其数，犹八卦至于六十四，而其变无穷也。大而日月星辰之度，小而百工器物之度，各有数焉，不止昼夜之百刻也。曰不乱不奸，以至有常，言其常而不紊也。曰相成相生，以至迭相为经，言其变而不穷也。顺其常，则能极其变矣。” 还，音旋。“倡和”和，去音。

故曰：“乐者乐也。”君子乐得其道，小人乐得其欲。以道制欲，则乐而不乱；以欲忘道，则惑而不乐。君子之乐道，犹小人之乐欲。君子以道制欲，故坦荡荡；小人徇欲忘道，故长戚戚。 “乐者”、“之乐”，如字，余并音洛。是故君子反情以和其志，广乐以成其教。乐行而民乡方，可以观德矣。承上文而言，所以君子复情和志以修其身，广乐成教以治乎民，及乐之教行而民知向道，则可以观君子之德矣。 乡，去声。

德者，性之端也。乐者，德之华也。金石丝竹，乐之器也。诗，言其志也。歌，咏其声也。舞，动其容也。三者本于心，然后乐器从之。是故情深而文明，气盛而化神，和顺积中而英华发外，惟乐不可以为伪。石梁王氏曰：“注以志、声、容三者为本，非也。德有心为本，性又德之本，然后诗、歌、舞三者出焉。” 刘氏曰：“性之端，和顺积中者也。德之华，英华发外者也。三者，谓志也，声也，容也。志则端之初发者。声、容，则华之既见者。志动而形于诗，诗成而咏歌其声，咏歌之不足，则不知手舞足蹈而动其容焉。三者皆本于心之感物而动，然后被之八音之器，以及干、戚、羽、旄也。情之感于中者深，则文之著于外者明。如天地之气盛于内，则化之及于物者，神妙不测也。故曰和顺积中而英华发外也。由是观之，则乐之为乐，可以矫伪为之乎？”乐者，心之动也。声者，乐之象也。文采节奏，声之饰也。君子动其本，乐其象，然后治其饰。是故先鼓以警戒，三步以见方，再始以著往，复乱以饬归，奋疾而不拔，极幽而不隐，独乐其志，不厌其道，备举其道，不私其欲。是故情见而义立，乐终而德尊，君子以好善，小人以听过。故曰："生民之道，乐为大焉。"动其本，心之动也。心动而有声，声出而有文采节奏，则乐饰矣。乐之将作，必先击鼓以耸动众听，故曰先鼓以警戒。舞之将作，必先三举足以示其舞之方法，故曰三步以见方。再始，谓一节终而再作也。往，进也。乱，终也。如云《关雎》之乱。归，舞毕而退就位也。再始以著往者，再击鼓以明其进也。复乱以饬归者，复击铙以谨其退也。此两句，言舞者周旋进退之事。拔，如拔来赴往之拔，言舞之容，虽若奋迅疾速，而不过于疾也。乐之道虽曰幽微难知，而不隐于人也。是故君子以之为己，则和而平，故独乐其志。不厌其道，言学而不厌也。以之为人，则爱而公，故备举其道。不私其欲，言诲人不倦也。情见于乐之初，而见其义之立；化成于乐之终，而知其德之尊。君子听之而好善，感发其良心也。小人听之而知过，荡涤其邪秽也。故曰以下，亦引古语结之。此章诸家皆以为论《大武》之乐，以明伐纣之事，且以再始为十一年观兵，十三年伐纣，此误久矣。愚谓此特通论乐与舞之理如此耳，故曰生民之道，乐为大焉。岂可以生民之道，莫大于战伐哉？ 见，音现。拔，蒲末切。好，去声。乐也者，施也。礼也者，报也。乐，乐其所自生；礼，反其所自始。乐章德，礼报情，反始也。文蔚问如何是章德，朱子曰："和顺积诸中，英华发于外，便是章著其内之德。" 马氏曰："乐由阳来，阳散其文而以生育为功，故乐主于施。礼由阴作，阴敛其质而以反朴为事，故礼主于报。舜生于绍尧而施及于天下，故作《大韶》。武王生于武功而施及于天下，故作《大武》。此乐其所自生也。万物本乎天，故先王以郊明天之道。人本乎祖，故王者禘其祖之所自出。此反其所自始也。" 应氏曰："乐有发达动荡之和，宣播而出于外，一出而不可反，故曰施。礼有交际酬答之文，反覆而还于内，故曰报。《韶》、《濩》、《夏》、《武》，皆章德而导和。祭享朝聘，皆报情而反始。所谓反者，有收敛之节也。" 施，去声。"乐其"乐，音洛。

所谓大辂者，天子之车也。龙旂九旒，天子之旌也。青黑缘者，天子之宝龟也。从之以牛羊之群，则所以赠诸侯也。天子赐车，则上公及同姓侯伯金辂，异姓则象辂，四卫则革辂，蕃国则木辂。受于天子，则总谓之大辂也。龙旂九旒，亦上公，侯伯则七旒，子男则五旒也。宝龟则以青黑为之缘饰。牛羊非一，故称群。此明报礼之事。　石梁王氏曰："此八句专言礼，与上下文不相承，当是他篇之错简。"　缘，去声。乐也者，情之不可变者也。礼也者，理之不可易者也。乐统同，礼辨异。礼乐之说，管乎人情矣。刘氏曰："人情感物无常，固多变。然既发于声音而为乐，则其哀乐一定而不可变矣。事理随时有异，固多易也。然既著之节文而为礼，则其威仪一定而不可易矣。惟其不可变，故使人佚能思初，安能惟始，和顺道德而纯然罔间，所谓统同也。惟其不可易，故使人亲疏有序，贵贱有等，谨审节文而截然不乱，所谓辨异也。此礼乐之说，所以管摄乎人情也。"穷本知变，乐之情也。著诚去伪，礼之经也。礼乐偩天地之情，达神明之德，降兴上下之神，而凝是精粗之体，领父子君臣之节。朱子曰："偩，依象也。"　刘氏曰："人情理同而气异，同则本一，异则变多。乐以统同，故可使人穷其本之同，而知其变之异。人情理微而欲危，微则诚隐，危则伪生。礼以辨异，故可使人去其欲之伪，而著其理之诚也。穷本知变者，感通之自然，故曰情。著诚去伪者，修为之当然，故曰经。"　愚谓礼乐之作，道与器未始相离，故曰凝是精粗之体也。　去，上声。偩，音负。离，去声。

是故大人举礼乐则天地将为昭焉。天地䜣合，阴阳相得，煦妪覆育万物，然后草木茂，区萌达，羽翼奋，角觡生，蛰虫昭苏，羽者妪伏，毛者孕鬻，胎生者不殰，而卵生者不殈，则乐之道归焉耳。大人举礼乐，言圣人在天子之位而制礼作乐也。天地将为昭焉，言将以礼乐而昭宣天地化育之道也。䜣，与欣同。䜣合，和气之交感，即阴阳相得之妙也。天以气煦之，地以形妪之，天煦覆而地妪育，是煦妪覆育万物也。屈生曰勾，谓勾曲而生者也。角之无鰓者曰觡。鰓，谓角外皮之滑泽者。蛰藏之虫初出，如暗而得明，如死而更生，故曰昭苏也。妪伏，体伏而生子也。孕鬻，妊孕而育子也。殰，未及生而胎败也。殈，裂也。凡物皆得自生自育而无所害者，是皆归于圣人礼乐参赞之道耳。　䜣，音欣。煦，吁句切。妪，于句切。覆，去声。区，音勾。觡，音格。伏，扶又切。鬻，音育。殰，音渎。殈，吁阒切。

乐者，非谓黄钟、大吕、弦歌、干扬也，乐之末节也，故童者舞之。铺筵、席，陈尊、俎，列笾、豆，以升降为礼者，礼之末节也，故有司掌之。乐师辨乎声诗，故北面而弦；宗祝辨乎宗庙之礼，故后尸；商祝辨乎丧礼，故后主人。是故德成而上，艺成而下，行成而先，事成而后。是故先王有上有下，有先有后，然后可以有制于天下也。礼乐之事，有道有器。前经皆言礼乐之道，此以器言，谓道之精者，非习艺习事者所能知也。干、扬，皆舞者所执。商祝，习知殷礼者。殷尚质，丧礼以质为主，故兼用殷礼也。北面，位之卑也。宗庙之敬在尸，丧礼之哀在主人，在尸与主人之后，其轻可知也。德行在君尸主人，童子、有司习于艺，宗祝、商祝习于事，故上下先后之序如此。　石梁王氏曰："德成而上。注云：德，三德也。汉儒训解，每以三德为德。"　行，去声。

魏文侯问于子夏曰："吾端冕而听古乐，则唯恐卧；听郑卫之音，则不知倦。敢问古乐之如彼何也？新乐之如此何也？"子夏对曰："今夫古乐，进旅退旅，和正以广，弦、匏、笙、簧，会守拊鼓，始奏以文，复乱以武，治乱以相，讯疾以雅。君子于是语，于是道古，修身及家，平均天下，此古乐之发也。厌之，故惟恐卧；好之，故不知倦。如彼，外之也；如此，内之也。旅，众也。或进或退，众皆齐一，无参差也。和正以广，无奸声也。弦、匏、笙、簧之器虽多，必会合相守，待击拊鼓，然后作也。文，谓鼓也。武，谓金铙也。乐之始奏先击鼓，故云始奏以文。乱者，卒章之节。欲退之时，击金铙而终，故云复乱以武。相，即拊也，所以辅相于乐。治乱而使之理，故云治乱以相也。讯，亦治也。雅，亦乐器也。过而失节谓之疾，奏此雅器以治舞者之疾，故云讯疾以雅也。于此而语乐，是道古乐之正也。知古乐而明修身之道，则家齐、国治而天下平矣。　方氏曰："鼓声为阳，故谓之文；铙声为阴，故谓之武。平，言无上下之偏；均，言无远近之异。"　相，去声。今夫新乐，进俯退俯，奸声以滥，溺而不止，及优侏儒，獶杂子女，不知父子。乐终不可以语，不可以道古。此新乐之发也。进俯退俯，谓俯偻曲折，行列杂乱也。奸声以滥，即前章所谓涤滥之音，谓奸邪之声，侵滥不正也。溺而不止，即前章所谓狄成之音，谓其声沉淫之人也。及俳优杂戏，侏儒短小之人，如猕猴之状，间杂于男子妇人之中，不复知有父子尊卑之等。作乐虽终，无可言者，况可与之言古道乎？

獶,与猱同。　儒,儒同。獶,乃刀切。行,音杭。间,去声。复,扶又切。今君之所问者乐也,所好者音也。夫乐者,与音相近而不同。"文侯曰:"敢问何如?"子夏对曰:"夫古者天地顺而四时当,民有德而五谷昌,疾疢不作而无妖祥,此之谓大当。然后圣人作为父子君臣认为纪纲,纪纲既正,天下大定,天下大定,然后正六律,和五声,弦歌《诗》、《颂》。此之谓德音,德音之谓乐。《诗》云:'莫其德音,其德克明。克明克类,克长克君。王此大邦,克顺克俾。俾于文王,其德靡悔。既受帝祉,施于孙子。'此之谓也。四时当,谓不失其序也。妖祥,祥亦妖也。《书》言"亳有祥"。大当,大化之均调也。"作为父子君臣以为纪纲"是一句读,言圣人立父子君臣之礼,为三纲六纪之目也。纲,维网大绳。纪,附纲小绳。纲目则附于纪也。三纲,谓君为臣纲,父为子纲,夫为妻纲也。六纪,谓诸父有善,诸舅有义,族人有叙,昆弟有亲,师长有尊,朋友有旧也。先序之以礼,乃可和以乐,故然后有正六律以下之事。周子曰:"古者圣王制礼法,修教化,三纲正,九畴叙,百姓大和,万物咸若,乃作乐以宣八风之气,以平天下之情。"意盖本此。《诗·大雅·皇矣》之篇。莫,静也。德音,名誉也。俾,当依《诗》作比。子夏引《诗》以证德音之说。　严氏曰:"王季虽无心于干誉,然其德明而类,长而君,顺而比,自不可掩。类者明之克,君者长之推,比者顺之积。克明,谓知此理。克类,谓触类而通,一理混融,彻上彻下也。君又尊于长,《学记》言能为长,然后能为君是也。以之君临大邦,则克顺而能和其民,克比而能亲其民。顺言不扰,比则欢然相爱矣。比及文王,其德无有可悔,从容中道,无毫发之慊也。言王季之德,传于文王而益盛,故能受天之福,而延于子孙也。"　当,去声。疢,丑刃切。莫,音默。王,去声。俾,读为比,皮义切。祉,音耻。施,音异。长,上声。比,去声。从,七容切。中,去声。今君之所好者,其溺音乎!"文侯曰:"敢问溺音何从出也?"子夏对曰:"郑音好滥淫志,宋音燕女溺志,卫音趋数烦志,齐音敖辟乔志。此四者皆淫于色而害于德,是以祭祀弗用也。溺音,淫溺之音也。滥者,泛滥之义,谓泛及非己之色也。燕者,晏安之意,谓耽于娱乐而不反也。趋数,迫促而疾速也。敖辟,倨肆而偏邪也。四者皆以志言,淫溺较深,烦骄较浅,然皆以害德,故不可用之宗庙。　趋，音促。数，音速。敖，去声。辟，音僻。乔，音骄。《诗》云：'肃雍和鸣，先祖是听。'夫肃，肃敬也。雍，雍和也。夫敬以和，何事不行？《诗·周颂·有瞽》之篇。因上文言溺音害德，祭祀弗用，故引之。为人君者，谨其所好恶而已矣。君好之则臣为之，上行之则民从之。《诗》云'诱民孔易'，此之谓也。德音之正，溺音之邪，皆易以感人，故人君不可不谨所好恶也。《诗·大雅·板》之篇。诱，《诗》作牖。　好、恶、易，并去声。然后圣人作为鞉、鼓、椌、楬、埙、篪。此六者，德音之音也。然后钟、磬、竽、瑟以和之，干、戚、旄、狄以舞之。此所以祭先王之庙也，所以献酬酳酢也，所以官序贵贱各得其宜也，所以示后世有尊卑长幼之序也。鞉，如鼓而小，持柄摇之，旁耳自击。椌，褐，柷敔也。埙，六孔，烧土为之。篪，大者长尺四寸，小者尺二寸，竹也。六者皆质素之声，故云德音。既用质素为本，然后用钟、磬、竽、瑟四者华美之音以赞其和。干，楯也。戚，斧也。武舞所执。旄，旄牛尾也。狄，翟雉羽也。文舞所执。此则宗庙之乐也。酳，说见前篇。有事于宗庙，则有献酬酳酢之礼也。宗庙朝廷无非礼乐之用，所以贵贱之官序，长幼之尊卑，自今日而垂之后世也。　椌，音腔，坊本音控，又音空。楬，丘八切。埙，音喧，坊本音宣。篪，音池。长，上声。钟声铿，铿以立号，号以立横，横以立武。君子听钟声，则思武臣。铿然有声，号令之象也，号令欲其威严。横则盛气之充满也。令严气壮，立武之道，故君子听之而思武臣。横，古旷切。石声磬，磬以立辨，辨以致死。君子听磬声，则思死封疆之臣。旧说，磬，读为罄，上声，谓其声音罄罄然所以为辨别之意。死生之际非明辨于义而刚介如石者不能决。封疆之臣，致守于彼此之限，而能致死于患难之中，故君子闻声而知所思也。　磬，上声。别，必列切。难，去声。丝声哀，哀以立廉，廉以立志。君子听琴瑟之声，则思志义之臣。人之处心，虽当放逸之时，而忽闻哀怨之声，亦必为之恻然而收敛，是哀能立廉也。丝声凄切，有廉刿裁割之义。人有廉隅，则志不诱于欲。士无故不去琴瑟，有以也夫。竹声滥，滥以立会，会以聚众。君子听竽、笙、箫、管之声，则思畜聚之臣。旧说，滥为擥聚之义，故可以会，可以众。畜聚之臣，谓节用爱人，容民畜众者，非谓聚敛之臣也。　刘氏曰："竹声泛滥，泛则广及于众而众必归之，故以立会聚。而君子闻竹声，则思容民畜众之臣也。"　滥，上声。畜，敕六切。擥，览同。敛，去声。鼓鼙之声欢，欢以立动，动以进众。君子听鼓鼙之声，则思将帅之臣。君子之听音，非听其铿锵而已也，彼亦有所合之也。"欢，谓欢嚣也。其声喧杂，使人心意动作，故能进发其众。前言武臣，泛言之也。此专指将帅而言，盖师以鼓进，而进之权在主将也。彼，谓乐声也。合之，契合于心也。　应氏曰："八音举其五，而不言匏、土、木者，匏声短滞，土声重浊，木声朴质，而无轻清悠飏之韵。然木以击鼓，而匏亦在竽、笙之中矣。"

宾牟贾侍坐于孔子，孔子与之言及乐，曰："夫武之备戒之已久，何也？"对曰："病不得其众也。"宾牟，姓。贾，名。孔子问《大武》之乐，先击鼓备戒已久，乃始作舞，何也？贾答言武王伐纣之时，忧病不得士众之心，故先鸣鼓以戒众，久乃出战。今欲象此，故令舞者久而后出也。"咏叹之，淫液之，何也？"对曰："恐不逮事也。"此亦孔子问而贾答也。咏叹，长声而叹也。淫液，声音之连延，流液不绝之貌。逮，及也。言武王恐诸侯后至者不及战事，故长歌以致其望慕之情也。"发扬蹈厉之已早，何也？"对曰："及时事也。"问初舞时，即手足发扬蹈地而猛厉，何其太早乎？贾言象武王及时伐纣之事，故不可缓。然下文孔子言是太公之志，则此答非也。"武坐致右宪左，何也？"对曰："非武坐也。"坐，跪也。问舞武乐之人，何故忽有时而跪，以右膝至地，而左足仰之，何也？宪，读为轩轾之轩。贾言非武人坐，舞法无坐也。然下文孔子言武乱皆坐，是周召之治，则武舞有坐，此答亦非也。　宪，音轩。召，音邵。"声淫及商，何也？"对曰："非武音也。"子曰："若非武音，则何音也？"对曰："有司失其传也。若非有司失其传，则武王之志荒矣。"子曰："唯。丘之闻诸苌弘，亦若吾子之言，句是也。"淫，贪欲之意也。武乐之中有贪商之声，则是武王贪欲纣之天下，故取之也。贾言非武乐之声也，孔子又问既非武乐之声，则是何乐声乎？贾又言此典乐之官失其相传之说也，若非失其所传之真，而谓武王实有心于取商，则是武王之志有荒谬矣，岂精明神武，应天顺人之志哉？孔子于是然其言，而谓其言与苌弘相似也。一说，商声为杀伐之声，淫谓商声之长也。若是武乐之音则是武王有嗜杀之心矣,故云志荒也。 唯,上声。宾牟贾起,免席而请曰:“夫武之备戒之已久,则既闻命矣,敢问迟之,迟而又久,何也?”子曰:“居!吾语汝。夫乐者,象成者也。总干而山立,武王之事也。发扬蹈厉,太公之志也。武乱皆坐,周召之治也。免席,避席也。备戒已久,所谓迟也。久立于缀,是迟而又久也。孔子言作乐者仿象其成功,故将舞之时,舞人总持干盾,如山之立,嶷然不动。此象武王持盾以待诸侯之至,故曰武王之事也。所以发扬蹈厉,象太公威武鹰扬之志也。乱,乐之卒章也。上章言复乱以武。言武舞将终而坐,象周公、召公文德之治,盖以文而止武也。 语,去声。且夫武始而北出,再成而灭商,三成而南,四成而南国是疆,五成而分周公左、召公右,六成复缀以崇天子。成者,曲之一终。《书》云:“箫韶九成。”孔子又言武之舞也,初自南第一位而北至第二位,故云始而北出也。此是一成;再成,则舞者从第二位至第三位,象灭商也;三成,则舞者从第三位至第四位,极于北而反乎南,象克殷而南还也;四成,则舞者从北头第一位却至第二位,象伐纣之后,疆理南方之国也;五成,则舞者从第二位至第三位乃分为左右,象周公居左,召公居右也。缀,谓南头之初位也;六成,则舞者从第三位而复于南之初位,乐至六成而复初位,象武功成而归镐京,四海皆崇武王为天子矣。 陈氏曰:“乐终而德尊也。” 召,音邵。缀,音拙,下同。丧振之而驷伐,盛威于中国也。此又申言武始北出以下事。二人夹舞者而振铎以为节,则舞者以戈矛四次击刺,象伐纣也。驷,读为四。伐,如《泰誓》四伐、五伐之伐。此象武王之兵所以盛威于中国也。一说,引君执干、戚就舞位,读“天子”连下句,但旧注以“崇”训“充”,则未可通耳。四伐,或象四方征伐,武胜殷而灭国者五十,则亦有东征、西讨、南征、北伐之事矣。分夹而进,事早济也。久立于缀,以待诸侯之至也。分,部分也。舞者各有部分,而振铎者夹之而进也。济,犹成也。此于武王之事为早成也。舞者久立于行缀之位,象武王待诸侯之集也。 分,去声。行,音杭。且女独未闻牧野之语乎?武王克殷反商,未及下车而封黄帝之后于蓟,封帝尧之后于祝,封帝舜之后于陈;下车而封夏后氏之后于杞,投殷之后于宋,封王子比干之墓,释箕子之囚,使之行商容而复其位。庶民弛政，庶士倍禄。反，读为及。言牧野克殷师之后，即至纣都也。殷后不曰封而曰投者，举而徙置之辞也。然封微子于宋，在成王时，此特历叙黄帝、尧、舜、禹、汤之次而言之耳。其曰未及下车而封，与下车而封，先后之辞，读者不以辞害意可也。行商容，即《书》所谓"式商容闾"也。弛政，解散纣之虐政也。一说，谓罢其征役。倍禄，禄薄者倍增之也。　女，音汝。反，音及。行，去声。济河而西，马散之华山之阳而弗复乘，牛散之桃林之野而弗复服，车甲衅而藏之府库而弗复用，倒载干戈，包之以虎皮，将帅之士，使为诸侯，名之曰'建櫜'。然后天下知武王之不复用兵也。衅，与釁同，以血涂之也。凡兵器之载，出则刃向前，入则刃向后。今载还镐京而刃向后，有似于倒，故云倒载也。建，读为键，锁也。櫜，韬兵器之具。兵器皆以键櫜闭藏之，示不用也。封将帅为诸侯，赏其功也。今详文理，名之曰建櫜一句，当在虎皮之下，将帅之上。　复，扶又切。衅，许靳切。将，去声。建，上声。櫜，音高。散军而郊射，左射《貍首》，右射《驺虞》，而贯革之射息也。裨冕搢笏，而虎贲之士说剑也。祀乎明堂，而民知孝。朝觐，然后诸侯知所以臣。耕藉，然后诸侯知所以敬。五者天下之大教也。散军，放散军伍也。郊射，习射于郊学之中也。左，东学也，在东郊。东学之射，歌《貍首》之诗以为节。右，西学，在西郊。西学之射，则歌《驺虞》之诗以为节也。贯，穿也。革，甲铠也。军中不习礼，其射但主于穿札，今既行礼射，则此射止而不为矣。裨冕，见《曾子问》。搢，插也。说剑，解去其佩剑也。　"左射"、"右射"射，音石。说，音脱。朝，音潮。食三老、五更于大学，天子袒而割牲，执酱而馈，执爵而酳，冕而总干，所以教诸侯之弟也。若此，则周道四达，礼乐交通，则夫武之迟久，不亦宜乎！"冕而总干，谓首戴冕而手执干盾也。余说各见前篇。孔子语宾牟贾武乐之详，其言止此。　食，音嗣。更，平声。大，音泰。弟，音悌。

君子曰："礼乐不可斯须去身。"致乐以治心，则易、直、子、谅之心油然生矣。易、直、子、谅之心生则乐，乐则安，安则久，久则天，天则神。天则不言而信，神则不怒而威，致乐以治心者也。致，谓研穷其理也。乐由中出，故以治心言之。子谅，从朱子说读为慈良。乐之感化人心，至于天而且神，可以识穷本知变之妙矣。 朱子曰：“易直子谅之心一句，从来说得无理会，却因见《韩诗外传》，子谅作慈良字，则无可疑矣。” 易，去声。“则乐”、“乐则”之乐，音洛。致礼以治躬则庄敬，庄敬则严威。心中斯须不和不乐，而鄙诈之心入之矣。外貌斯须不庄不敬，而易慢之心入之矣。礼自外作，故以治躬言之。此言著诚去伪之心，不可少有间断。 乐，音洛。易，去声。故乐也者，动于内者也。礼也者，动于外者也。乐极和，礼极顺。内和而外顺，则民瞻其颜色而弗与争也，望其容貌而民不生易慢焉。故德辉动于内而民莫不承听，理发诸外而民莫不承顺。故曰：“致礼乐之道，举而错之天下无难矣。”动于内，则能治心矣。动于外，则能治躬矣。极和极顺，则无斯须之不和不顺矣。所以感人动物，其效如此。德以辉言，乃英华发外之验。理发诸外，是动容周旋之中礼。君子极致礼乐之道，其于治天下乎何有！ 易，去声。错，音措。中，去声。治，平声。乐也者，动于内者也。礼也者，动于外者也。故礼主其减，乐主其盈。礼减而进，以进为文；乐盈而反，以反为文。礼减而不进则销，乐盈而不反则放，故礼有报而乐有反。礼得其报则乐，乐得其反则安。礼之报，乐之反，其义一也。马氏曰：“以体言之，礼减乐盈；以用言之，礼进乐反。乐动于内，故其体主盈，盖乐由中出，而为人心之所喜；礼动于外，故其体主减，盖礼自外作，而疑先王有以强世也。礼主减，故勉而作之，而以进为文；乐主盈，故反而抑之，而以反为文。故七介以相见，不然则已悫；三辞三让而至，不然则已蹙。一献之礼，而宾主百拜，日莫人倦而齐庄正齐，此皆勉而进之者也。进旅退旅，以示其和；弦、匏、笙、簧，会守拊鼓，以示其统。治乱则以相，讯疾则以雅，作之以柷，止之以敔，此皆反而抑之者也。减而不进，则几于息矣，故销；盈而不反，则至于流矣，故放。先王知其易偏，故礼则有报，乐则有反。礼有报者，资于乐也。乐有反者，资于礼也。”刘氏曰：“礼之仪动于外，必谦卑退让以自牧，故主于减杀；乐之德动于中，必和顺充积而后形，故主于盈盛。盖乐由阳来，故盈；礼自阴作，故减也。然礼之体虽主于退让，而其用则贵乎行之以和，故以进为文也；乐之体虽主于充盛，而其用则贵乎抑之以节，故以反为文也。礼若过于退让而不进，则威仪销沮，必有礼胜则离之失；乐过于盛满而不反，则意气放肆，必有乐胜则流之弊。故礼必有和以为减之报。报者，相济之意也。乐必有节以为盈之反。反者，知止之谓也。礼减而得其和以相济，则从容欣爱而乐矣，此乐以和礼也。乐盈而得其节以知止，则优柔平中而安矣，此礼以节乐也。礼乐相须并用，而一归于无过无不及之中，而合其事理之宜，故曰礼之报，乐之反，其义一也。" 报，如字。"则乐"乐，音洛。强，上声。莫，音暮。"齐庄"齐，音斋。易、杀，并去声。从，七容切。

夫乐者乐也，人情之所不能免也。乐必发于声音，形于动静，人之道也。声音动静，性术之变尽于此矣。故人不耐无乐，乐不耐无形。形而不为道，不耐无乱。先王耻其乱，故制《雅》、《颂》之声以道之，使其声足乐而不流，使其文足论而不息，使其曲直繁瘠廉肉节奏，足以感动人之善心而已矣，不使放心邪气得接焉。是先王立乐之方也。方氏曰："声足乐者，乐其道；文足论者，论其理也。道所以制用而有节，故虽乐而不至于流；理所以明义而无穷，故可论而不至于息。曲者，声之柔，若丝是也。直者，声之刚，若金是也。繁者，声之杂，若笙是也。瘠者，声之纯，若磬是也。廉者，声之清，若羽是也。肉者，声之浊，若宫是也。节者，声之制，若徵是也。奏者，声之作，若合是也。" 刘氏曰："人情有所乐而发于咏歌，咏歌之不足而不知手舞足蹈，则性情之变尽于此矣。故人情不能无乐，乐于中者不能不形于外而为歌舞。形于歌舞而不为文辞以道之于礼义，则必流于荒乱矣。先王耻其然，故制为《雅》、《颂》之声诗以道迪之，使其声音足以为娱乐，而不至于流放；使其文理足以为讲明，而不至于怠息；使其乐律之清浊高下，或宛转而曲，或径出而直，或丰而繁，或杀而瘠，或棱隅而廉，或圆滑而肉，或止而节，或作而奏，皆足以感发人之善心，而不使放肆之心，邪僻之气，得接于吾身焉。是乃先王立乐之方法也。" "乐者"、"立乐"乐，如字，余音洛。耐，音能。道、论，并去声。肉，而救切。徵，上声。杀，去声。是故乐在宗庙之中，君臣上下同听之，则莫不和敬；在族长乡里之中，长幼同听之，则莫不和顺；在闺门之内，父子兄弟同听之，则莫不和亲。故乐者审一以定和，比物以饰节，节奏合以成文，所以合和父子君臣附亲万民也。是先王立乐之方也。应氏曰："一者，心也。心一而所应者不一，守一以凝定其和，杂比以显饰其节，及其成文，可以合和至亲至严之伦，附亲其至疏至众者，盖乐发于吾心，而感于人心，无二理也。” 刘氏曰：“作乐之道，先审人声之所形，或风或雅或颂，或喜或敬或爱，各从一体，以定其调度之和，然后比之乐器之物，以饰其节奏。此一条，言乐以和礼也。” 长，上声。比，音避。故听其《雅》、《颂》之声，志意得广焉。执其干戚，习其俯仰诎伸，容貌得庄焉。行其缀兆，要其节奏，行列得正焉，进退得齐焉。故乐者，天地之命，中和之纪，人情之所不能免也。天地之教命，中和之统纪，所以防范人心者在是。曰庄，曰正，曰齐，曰纪，皆言礼之节乐。 要，平声。行，音杭。夫乐者，先王之所以饰喜也。军旅铁钺者，先王之所以饰怒也。故先王之喜怒，皆得其侪焉。喜则天下和之，怒则暴乱者畏之。先王之道，礼乐可谓盛矣。皆得其侪，言各从其类，喜非私喜，怒非私怒也。 侪，音柴。

子赣见师乙而问焉，曰：“赐闻声歌各有宜也。如赐者宜何歌也？”师乙曰：“乙，贱工也，何足以问所宜！请诵其所闻，而吾子自执焉。宽而静，柔而正者，宜歌《颂》。广大而静，疏达而信者，宜歌《大雅》。恭俭而好礼者，宜歌《小雅》。正直而静，廉而谦者，宜歌《风》。肆直而慈爱者，宜歌《商》。温良而能断者，宜歌《齐》。夫歌者，直己而陈德也，动己而天地应焉，四时和焉，星辰理焉，万物育焉。子赣，孔子弟子端木赐也。乐师名乙。各有宜，言取诗之兴趣以理其情性，使合于宜也。有此德而宜此歌，是正直己身而敷陈其德也，故曰直己而陈德。动己，性天之流行也。动天地，感鬼神，莫近于诗，故有四者之应。 方氏曰：“肆，宽大而舒缓也。《商》音刚决，故性之柔缓者宜歌之，而变其柔为刚断。《齐》音柔缓，故性刚决者宜歌之，而终至于柔逊。盖各济其所偏，而融会之于平和之地也。” 好，去声。断，丁玩切。应，去声。兴，去声。故《商》者，五帝之遗声也，商人识之，故谓之《商》。《齐》者，三代之遗声也，齐人识之，故谓之《齐》。明乎商之音者，临事而屡断；明乎齐之音者，见利而让。临事而屡断，勇也。见利而让，义也。有勇有义，非歌孰能保此？保，犹安也。言安于勇安于义而不移也。 疏曰："宋是商后，此商人谓宋人也。" 识，音志，下同。断，丁玩切，下同。故歌者，上如抗，下如队，曲如折，止如槁木，倨中矩，句中钩，累累乎端如贯珠。故歌之为言也，长言之也。说之，故言之；言之不足，故长言之；长言之不足，故嗟叹之；嗟叹之不足，故不知手之舞之足之蹈之也。"——子贡问乐。上如抗，下如队，言歌声之高者如抗举，其下者如坠堕也。槁木，枯木也。倨，微曲也。句，甚曲也。端，正也。长言之，所谓歌永言也。 朱子曰："看《乐记》大段形容得乐之气象，当时许多名物度数，人人晓得，不须说出，故止说乐之理如此其妙。今许多度数都没了，只有许多乐之意思是好，只是没顿放处。"又曰："今礼乐之书皆亡，学者但言其义，至于器数，则不复晓，盖失其本矣。" 队，音坠。中，去声。说，音悦。思，去声。

杂记上第二十

诸侯行而死于馆，则其复如于其国；如于道，则升其乘车之左毂以其绥复。馆，谓主国有司所授馆舍也。复，招魂复魄也。如于其国，其礼如在本国也。道，路也。乘车，其所自乘之车也。在家则升屋之东荣，车向南，则左在东也。绥，谓为緌，旌旗之旄也，去其旒而用之耳。凡五等诸侯之复，人数视命数。今毂上狭，止容一人。 乘，去声。绥，而追切。其輤有裧缁布裳帷，素锦以为屋而行。輤，载柩之车上覆饰也。輤象宫室。旧说，輤用染赤色，以蒨而名。裧者，輤之四旁所垂下者。缁布裳帷者，輤下棺外，用缁色之布为裳帷，以围绕棺也。素锦以为屋者，用素锦为小帐如屋，以覆棺之上，设此饰乃行也。 輤、蒨，并音倩。裧，尺占切。覆，芳又切。至于庙门，不毁墙，遂入，适所殡，唯輤为说于庙门外。庙门，殡宫之门也。不毁墙，谓不拆去裳帷也。所殡在两楹间，脱輤于门外者，既入宫室，则不必象宫之輤也，故脱之。 说，音脱，下节同。大夫士死于道，则升其乘车之左毂以其绥复。如于馆死，则其复如于家。大夫以布为輤而行，至于家而说輤，载以辁车，入自门，至于阼阶下而说车，举自阼阶，升适所殡。布輤，以白布为輤也。辁，读为辁，音与船同。《说文》："有辐曰轮，无辐曰辁。"有辐者，别用木以为辐也。无辐者，合大木为之也。大夫初死，及至家，皆用辁车载之。今至家而脱去輤，则惟尸在辁车上耳，故云载以辁车。凡死于外者，尸入自门，升自阼阶，柩则入自阙，升自西阶。周礼，殡则于西阶之上，惟死于外者，殡当两楹之中，盖不忍远之也。 远，去声。士輤苇席以为屋，蒲席以为裳帷。士卑，故质略如此。

凡讣于其君，曰："君之臣某死。"父母妻长子，曰："君之臣某之某死。"君讣于他国之君，曰："寡君不禄，敢告于执事。"夫人，曰："寡小君不禄。"大子之丧，曰："寡君之适子某死。"君与夫人讣，不曰薨而曰不禄，告他国谦辞也。敢告于执事者，凶事不敢直指君身也。　长，上声。大，音泰。适，音的，下节同。大夫讣于同国适者，曰："某不禄。"讣于士，亦曰："某不禄。"讣于他国之君，曰："君之外臣寡大夫某死。"讣于适者，曰："吾子之外私寡大夫某不禄，使某实。"讣于士，亦曰："吾子之外私寡大夫某不禄，使某实。"适者，谓同国大夫位命相敌者。外私，在他国而私有恩好者也。实，读为至，言为讣而至此也。　适，并音敌。实，音至。好、为，并去声。士讣于同国大夫，曰："某死。"讣于士，亦曰："某死。"讣于他国之君，曰："君之外臣某死。"讣于大夫，曰："吾子之外私某死。"讣于士，亦曰："吾子之外私某死。"士卑，故其辞降于大夫。

大夫次于公馆以终丧，士练而归，士次于公馆。大夫居庐，士居垩室。此言君丧，则大夫居丧之次，在公馆之中，终丧乃得还家。若邑宰之士，至小祥得还其所治之邑。其朝廷之士，亦留次公馆以待终丧。庐，在中门外东壁，倚木为之，故云倚庐。垩室，在中门外屋下，垒墼为主，不涂塈。　刘氏曰："郑云居垩室，亦谓邑宰也，朝士亦居庐。盖斩衰之丧居庐，既练居垩室，朝士大夫皆斩衰，未练时皆当居庐也。"大夫为其父母兄弟之未为大夫者之丧服，如士服。石梁王氏曰："父母丧，自天子达，周人重爵，施于尊亲，乃异其服。"非也，周公制礼时，恐其弊未至此。　"为其"为，去声，下二节仿此。士为其父母兄弟之为大夫者之丧服，如士服。大夫之适子，服大夫之服。大夫适子虽未为士，亦得服大夫之服，则为士而服大夫服可知矣。今此所言士，是大夫之庶子为士者也。庶子卑，故不敢服尊者之服，所以止如士服也。《孟子》言齐疏之服自天子达，而此经之文若此，盖大夫丧礼亡，不得闻其说之详矣。大夫之庶子为大夫，则为其父母服大夫服，其位与未为大夫者齿。大夫庶子若为大夫，可以大夫之丧服丧其亲。然其行位之处，则与适子之未为大夫者相齿列。　疏曰："此庶子虽为大夫，其年虽长于适子，犹在适子下，使适子为主也。"士之子为大夫，则其父母弗能主也，使其子主之，无子，则为之置后。石梁王氏曰："此最无义理，充其说，则是子爵高，父母遂不能子之，舜可臣瞽瞍，皆齐东野人语也。"　下为，去声。大夫卜宅与葬日，有司麻衣布衰布带因丧屦缁布冠不蕤，占者皮弁。卜宅，卜葬地也。有司，治卜事之人也。麻衣，白布深衣也。布衰者，以三升半布为衰，长六寸，广四寸，就缀于深衣前当胸之上。布带，以布为带也。因丧屦，因丧服之绳屦也。蕤，与緌同。古者缁布冠无緌，后代加蕤，故此明言之也。有司为卜，故用半吉半凶之服。占者，卜龟之人也。尊于有司，故皮弁，其服弥吉也，皮弁者，于天子则为视朝之服，诸侯大夫士，则为视朔之服也。　衰，音催。蕤，而追切。如筮，则史练冠长衣以筮，占者朝服。筮史，筮人也。练冠，缟冠也。长衣，与深衣制同，而以素为纯缘。占者，审卦爻吉凶之人也。朝服卑于皮弁服，以筮轻于卜也。　朝，音潮。纯，音准。缘，去声。大夫之丧，既荐马，荐马者哭踊，出乃包奠而读书。荐，进也。驾车之马，每车二匹。按《既夕礼》，柩初出至祖庙，设迁祖之奠讫乃荐马，至日侧祖奠之时又荐马，明日设遣奠时又荐马。此言既荐马，谓遣奠时也。马至则车将行，故孝子感之而哭踊。包奠者，取遣奠牲之下体包裹而置于遣车以送死者。马至在包奠之前，而云出乃包奠者，明包奠为出之节也。读书者，《既夕》云："书赗于方。"方，版也，谓书赗奠赙赠之人名与其物于版，柩将行，主人之史于柩东，西面而读之，此明大夫之礼与士同。　遣，去声。大夫之丧，大宗人相，小宗人命龟，卜人作龟。大宗人、小宗人，即大宗伯、小宗伯也。相，佐助礼仪也。命龟，告龟以所卜之事也。作龟，钻灼之也。　刘氏曰："大宗人，或是都宗人。小宗人，或是家宗人。掌都家之礼者。"　相，去声。复，诸侯以褒衣冕服爵弁服。复，解见前。褒衣者，始命为诸侯之衣，及朝觐时天子所加赐之衣也。冕服者，上公自衮冕而下，备五冕之服；侯伯自鷩冕而下，其服四；子男自毳冕而下，其服三。诸侯之复也，兼用褒衣及冕服爵弁之服也。夫人税衣揄狄，狄税素沙。此言夫人始死所用以复之衣也。税衣，色黑而缘以纁。揄，与摇同。揄狄色青，江淮而南，青质而五色皆备成章曰摇狄。狄，当为翟，雉名也。此服盖画摇翟之形以为文章，因名也。狄税素沙，言自摇翟至税衣，皆用素沙为里，即今之白绢也。　按内司服，六服者，袆衣、揄狄、阙狄、鞠衣、展衣、禒衣也。　《仪礼》注云："王之服九，而祭服六；后之服六，而祭服三。王之服，衣裳之色异；后之服，连衣裳而其色同。以妇人之德，本末纯一故也。王之服禅而无里，后之服里而不禅，以阳成于奇，阴成于偶故也。"　税，读为缘，音彖。揄，音摇。缘，去声。禅，音丹。内子以鞠衣褒衣素沙。下大夫以襢衣。其余如士。复西上。

内子，卿之适妻也。其服用鞠衣。此衣盖始命为内子时所褒赐者，故云鞠衣褒衣也。亦以素沙为里。下大夫，谓下大夫之妻也。襢，《周礼》作展。其余如士者，谓士妻之复用褖衣，内子与下大夫之妻复亦兼用褖衣也。复西上者，复之人数多寡各如其命数，若上公九命，则复者九人，以下三命，则用三人。北面则西在左，左为阳，冀其复生，故尚左也，尊者立于左。　襢，之彦切。大夫不揄绞属于池下。此言大夫丧车之饰。揄，翟雉也。绞，青黄之缯也。池，织竹为之，形如笼，衣以青布。若诸侯以上则画揄翟于绞而属于池之下，大夫降于人君，故不揄绞属于池下也。　揄，音摇。绞，音爻。属，音烛。大夫附于士。士不附于大夫，附于大夫之昆弟。无昆弟，则从其昭穆，虽王父母在亦然。附，读为祔。祖为士，孙为大夫而死，可以祔祭于祖之为士者，故曰大夫祔于士。若祖为大夫，孙为士而死，不可祔祭于祖之为大夫者，惟得祔祭于大夫之兄弟为士者，故曰士不祔于大夫，祔于大夫之昆弟。若祖之兄弟无为士者，则从其昭穆，谓祔于高祖之为士者。若高祖亦是大夫，则祔于高祖昆弟之为士者也。虽王父母在亦然者，谓孙死应合祔于祖，今祖尚存无可祔，亦是祔于高祖也。《小记》云："中一以上而祔。"与此义同。妇附于其夫之所附之妃，无妃，则亦从其昭穆之妃。妾祔于妾祖姑，无妾祖姑，则亦从其昭穆之妾。夫所祔之妃，夫之祖母也。昭穆之妃，亦谓间一代而祔高祖之妃也。妾亦然。男子附于王父则配，女子附于王母则不配。男子死而附祖者，其祝辞云："以某妃配某氏。"是并祭王母也。未嫁之女，及嫁未三月而死，归葬女氏之党者，其祔于祖母者，惟得祭祖母，不祭王父也，故云祔于王母则不配。盖不言"以某妃配某氏"耳。有事于尊者可以及卑，有事于卑者不敢援尊也。公子附于公子。疏曰："若公子之祖为君，公子不敢祔之，祔于祖之兄弟为公子者，不敢戚君故也。"

君薨，大子号称子，待犹君也。君在称世子，君薨则称子，逾年乃得称君也。僖九年《传》云："凡在丧，王曰小童，公侯曰子。"待犹君者，谓与诸侯并列，供待之礼，犹如正君也。　大，音泰。传，去声。有三年之练冠，则以大功之麻易之，唯杖屦不易。大功之服，为殇者凡九条，其长殇皆九月，中殇皆七月，皆降服也。又有降服者六条，正服者五条，正服不降者三条，义服者二条，皆九月。详见《仪礼》。此章言居三年之丧，至练时首绖已除，故云有三年之练冠也。当此时忽遭大功之丧，若是降服，则其衰七升，与降服齐衰葬后之服同，故以此大功之麻绖，易去练服之葛绖也。惟杖屦不易者，言大功无杖无可改易，而三年之练，与大功初丧，同是绳屦耳。　为，去声。长，上声。**有父母之丧尚功衰，而附兄弟之殇则练冠附，**句**于殇称"阳童某甫"，不名神也。**三年丧练后之衰，升数与大功同，故云功衰也。此言居父母之丧，犹尚身著功衰，而小功兄弟之殇，又当祔祭，则仍用练冠而行礼，不改服也。祝辞称阳童者，庶子之殇，祭于室之白处，故曰阳童。宗子为殇，则祭于室之奥，故称阴童。童者，未成人之称也。今按己是曾祖之适，与小功兄弟同曾祖，其死者及其父皆庶人，不得立祖庙，故曾祖之适孙为之立坛而祔之。若己是祖之适孙，则大功兄弟之殇，得祔祖庙，其小功兄弟之殇，则祖之兄弟之后也。今以练冠而祔，谓小功及缌麻之殇耳。若正服大功，则变练冠矣。某甫者，为之立字而称之，盖尊而神之，则不可以名呼之也。　衰，音催。著，入声。适，音的。为，去声。**凡异居，始闻兄弟之丧，唯以哭对可也。其始麻散带绖。**兄弟异居而讣至，唯以哭对其来讣之人，以哀伤之情重，不暇他言也。其带绖之麻始皆散垂，谓大功以上之兄弟，至三日而后绞之也。小功以下不散垂。　散，上声。**未服麻而奔丧，及主人之未成绖也，疏者与主人皆成之，亲者终其麻带绖之日数。**若闻讣未及服麻而即奔丧者，以道路既近，闻死即来，此时主人未行小敛，故未成绖。小功以下谓之疏。疏者值主人成服之节，则与主人皆成之。大功以上谓之亲，亲者奔丧而至之时，虽值主人成服，己必自终竟其散麻带绖之日数，而后成服也。**主妾之丧则自祔，至于练祥皆使其子主之，其殡祭不于正室。**女君死而妾摄女君，此妾死则君主其丧，其祔祭亦君自主，若练与大祥之祭，则其子主之。殡祭不于正室者，虽尝摄女君，犹降于正适，故殡与祭不得在正室也。不摄女君之妾，君则不主其丧。**君不抚仆妾。**死而君不抚其尸者，略于贱也。**女君死，则妾为女君之党服，摄女君，则不为先女君之党服。**女君死而妾犹服其党，是徒从之礼也。妾摄女君则不服，以摄位稍尊也。　为，去声。

闻兄弟之丧，大功以上，见丧者之乡而哭。《奔丧礼》云："齐衰望乡而哭，大功望门而哭。"此言大功以上，谓降服大功者也。凡丧服，降服重于正服。　上，上声。适兄弟之送葬者弗及，遇主人于道，则遂之于墓。适，往也。往送兄弟之葬而不及，当送之时，乃遇主人葬毕而反，则此送者不可随主人反哭，必自至墓所而后反也。　适，如字。凡主兄弟之丧，虽疏亦虞之。小功缌麻，疏服之兄弟也。彼无亲者主之，而己主其丧，则当为之毕虞祔之祭也。凡丧服未毕，有吊者，则为位而哭拜踊。疏曰："不以杀礼而待新吊之宾也。言凡者，五服悉然。"　杀，去声。

大夫之哭大夫弁绖。大夫与殡亦弁绖。大夫之丧既成服，而大夫往吊，则身著锡衰，首加弁绖。弁绖者，如爵弁而素，加以环绖也。若与其殡事，是未成服之时也。首亦弁绖，但身不锡衰耳。不锡衰，则皮弁服也。　与，去声。大夫有私丧之葛，则于其兄弟之轻丧，则弁绖。私丧，妻子之丧也。卒哭以葛代麻。于此时而遭兄弟之丧，虽缌麻之轻，亦用吊服，弁绖而往，不以私丧之末临兄弟也。大夫降旁亲，于缌麻兄弟无服。　疏曰："若已成服则锡衰，未成服则身素裳而首弁绖也。"为长子杖，则其子不以杖即位。其子，长子之子也。祖不厌孙，此长子之子亦得杖，但与祖同处，不得以杖独居己位耳。　为，去声。长，上声。厌，入声。处，上声。为妻，父母在，不杖，不稽颡。此谓适子妻死，而父母俱存，故其礼如此。然大夫主适妇之丧，故其夫不杖，若父没母存，母不主丧，则子可以杖，但不稽颡耳。此并言之，读者不以辞害意可也。　为，去声。稽，上声，下并同。并，去声。母在，不稽颡。稽颡者，其赠也拜。赠，谓人以物来赠己助丧事也。母在虽不稽颡，惟拜谢此赠物之人，则可以稽颡，故云稽颡者其赠也拜。一说，赠，谓以物送别死者，即《既夕礼》所云"赠用制币"也。违诸侯之大夫不反服，违大夫之诸侯不反服。违，去也。己本是国君之臣，今去国君而往为他国大夫之臣，是自尊适卑，若旧君死，己不反服。以仕于卑臣，不可反服于前之尊君也。本是大夫之臣，今去而仕为诸侯之臣，是自卑适尊。若反服卑君，则为新君之耻矣，故亦不反服。若新君与旧君等，乃为旧君服也。丧冠条属，以别吉凶。三年之练冠亦条属，右缝。小功以下左。丧冠以一条绳屈而属于冠，以为冠之武，而垂下为缨，故云丧冠条属。属，犹著也，言著于冠也。是缨与武共此一绳，若吉冠则缨与武各一物。《玉藻》云"缟冠玄武"之类是也。吉凶之制不同,故云别吉凶也。三年练冠,小祥之冠也。其条属亦然。吉冠则襵缝向左,左为阳,吉也。凶冠则襵缝向右,右为阴,凶也。小功缌麻之服轻,故襵缝向左而同于吉。 属,音烛,下同。别,必列切。著,入声。缌冠缲缨,大功以上散带。缌服之缕,其粗细与朝服十五升之布同,而缕数则半之。治其缕,不治其布,冠与衰同是此布也,但为缨之布则加以灰澡治之耳,故曰缌冠缲缨。缲,读为澡。大功以上服重,初死麻带散垂,至成服乃绞。小功以下,初死即绞也。 缲,音早。散,上声。朝,音潮。朝服十五升,去其半而缌加灰,句锡也。朝服精细,全用十五升布为之,去其半,则七升半布也。用为缌服。缌云者,以其缕之细如丝也。若以此布而加灰以澡治之,则谓之锡,所谓吊服之锡衰也。锡者,滑易之貌。缌服不加灰治也。朝服一千二百缕终幅,缌之缕细与朝服同,但其布终幅止六百缕而疏。故《仪礼》云:"有事其缕无事其布曰缌。" 朝,音潮。去,上声。易,去声。

诸侯相襚以后路与冕服,先路与褒衣不以襚。后路,贰车也。贰车在后,故曰后路。冕服,上冕之后次冕也。上公以鷩冕为次,侯伯以毳冕为次,子男以絺冕为次。先路,正路也。褒衣,说见前章。相襚不可用己之正车服者,以彼不用之以为正也。遣车视牢具,疏布輤,四面有章,置于四隅。载粻,有子曰:"非礼也,丧奠脯醢而已。"遣车,说见《檀弓》。视牢具者,天子太牢包九个,则遣车九乘;诸侯太牢包七个,则七乘;大夫亦太牢包五个,则五乘;天子之上士三命少牢包三个,则三乘也。诸侯之士无遣车。遣车之上以粗布为輤。輤,盖也,四面有物以鄣蔽之。章,与鄣同。四隅,椁之四角也。粻,米粮也,遣奠之馔无黍稷。故有子以载粻为非礼,牲体则脯醢之义也。 遣、章,并去声。粻,音张。乘,去声。祭称"孝子"、"孝孙",丧称"哀子"、"哀孙"。端衰丧车皆无等。祭,吉祭也。卒哭以后为吉祭,故祝辞称"孝子"或"孝孙"。自虞以二尺凶祭,故称哀。端,正也。端衰,丧服上衣也。吉时玄端服,身与袂同以前为二寸为正,丧衣亦如之,而缀六寸之衰于胸前,故曰端衰也。丧车,孝子所乘恶车也。此二者,皆无贵贱之差等。 衰,音催。大白冠,缁布之冠,皆不蕤。委武玄缟而后蕤。大白冠,太古之白布冠也。缁布冠,黑布冠也。此二冠无饰,故皆不蕤。然《玉藻》云:"缁布冠缋緌,是诸侯之冠。"则此不緌者,谓大夫士也。委武,皆冠之下卷,秦人呼卷为委,齐人呼卷为武。玄,玄冠也。缟,缟冠也。玄缟二冠既别有冠卷,则必有蕤,故云委武玄缟而后蕤也。 大,音泰,坊本如字。卷,上声。大夫冕而祭于公,弁而祭于己。士弁而祭于公,冠而祭于己。士弁而亲迎,然则士弁而祭于己可也。冕,絺冕也。祭于公,助君之祭也。弁,爵弁也。祭于己,自祭于庙也。冠,玄冠也。助祭为尊,自祭为卑,故冠服有异也。《仪礼·少牢》:"上大夫自祭用玄冠。"此云弁而祭于己者,此大夫指孤而言也。记者以士之亲迎用弁,以为可以弁而祭于己,然亲迎之弁,暂焉摄用耳,祭有常礼,不可紊也。 迎,去声。少,去声。

畅臼以椈,杵以梧,枇以桑,长三尺,或曰五尺。毕用桑,长三尺,刊其柄与末。畅,鬱鬯也。椈,柏也。擣鬱鬯者,以柏木为臼,梧木为杵。柏香芳而梧洁白,故用之。牲体在镬,用枇升之以入鼎,又以枇自鼎载之入俎,主人举肉之时,执事者则以毕助之举。此二器,吉祭以棘木为之,丧祭则用桑木。毕之柄与末加刊削,枇亦必然也。 椈,音菊。枇,音匕。长,去声,下同。率带,诸侯大夫皆五采,士二采。率,与綷同,死者著衣毕而加此带。谓之綷者,但褔帛边而熨杀之,不用箴线也,以五采饰之。士丧礼缁带。此二采,天子之士也。 率,音律。著,入声。杀,去声。醴者,稻醴也。瓮、甒、筲、衡实见间,而后折入。此言葬时所藏之物。稻醴,以稻米为醴也。瓮甒,皆瓦器,瓮盛醯醢,甒盛醴酒。筲,竹器,以盛黍稷。衡,读为桁,以木为之,所以庋举瓮甒之属也。见,棺衣也。言此瓮甒筲衡实于见之外椁之内。而后折入者,折形如床而无足,木为之,直者三,横者五,窆事毕,而后加之圹土,以承抗席也。 甒,音武。筲,思交切。衡,音杭。见,音谏。间,平声。盛,平声。重既虞而埋之。重,说见《檀弓》。虞祭毕,埋于祖庙门外之东。重,平声。凡妇人,从其夫之爵位。治妇人丧事,皆以夫爵位尊卑为等降,无异礼也。小敛大敛启,皆辩拜。礼,当大敛小敛及启攒之时,君来吊,则辍事而出拜之。若他宾客至,则不辍事,待事毕乃即堂下之位而遍拜之,故特举此三节言之。若士于大夫,当事而大夫至,则亦出拜之也。 敛,去声,下并同。辩,音遍。朝夕哭不帷,无柩者不帷。朝夕之间,孝子欲见殡,故哭则褰举其帷,哭毕仍垂下之。无柩,谓葬后也。神主祔庙之后还在室,无事于堂,故不复施帷。

君若载而后吊之,则主人东面而拜,门右北面而踊,出待反而后奠。此谓君来吊臣之丧，而柩已朝庙毕，载在柩车，君既吊，位在车之东，则主人在车西东面而拜。门右，祖庙门之西偏也。自内出则右在西，孝子既拜君从位而立，故于门内西偏北面而哭踊为礼也。踊毕先出门以待拜送，不敢必君之久留也。君命之反还丧所，即设奠以告死者，使知君之来吊也。一说，此谓在庙载柩车之时。奠，谓反设祖奠。子羔之袭也，茧衣裳与税衣纁衻为一，素端一，皮弁一，爵弁一，玄冕一。曾子曰："不袭妇服。"子羔，孔子弟子高柴也。袭，以衣敛尸也。茧衣裳，谓衣裳相连而绵为之著也。税衣，黑色。纁，绛色帛。衻，裳下缘也。茧衣亵故用褖衣为表，合为一称，故云茧衣裳与税衣纁衻为一。素端一，第二称也。贺氏云："衣裳并用素为之。"皮弁一，第三称也。皮弁之服，布衣而素裳。爵弁一，第四称也。其服玄衣而纁裳。玄冕一，第五称也。其服亦玄衣纁裳，衣无文而裳刺黼，大夫之上服也。妇服，指纁衻而言。曾子非之，以其不合于礼也。 税，音彖。衻，而占切。著，上声。缘，去声。称，去声。刺，音戚。为君使而死，公馆复，私馆不复。公馆者，公宫与公所为也。私馆者，自卿大夫以下之家也。说见《曾子问》。 使，去声。

公七踊，大夫五踊，妇人居间；士三踊，妇人皆居间。国君五日而殡，自死至大敛凡七次踊者。始死，一也。明日袭，二也。袭之明日之朝，三也。又明日之朝，四也。其日既小敛，五也。小敛明日之朝，六也。明日大敛时，七也。大夫三日而殡，凡五次踊者。始死，一也。明日袭之朝，二也。明日之朝，及小敛，四也。小敛之明日大敛，五也。士二日而殡，凡三次踊者。始死，一也。小敛时，二也。大敛时，三也。凡踊，男子先踊，踊毕而妇人乃踊，妇人踊毕，宾乃踊，是妇人居主人与宾之中间，故云居间也。然记者固云动尸举柩，哭踊无数，而此乃有三五七之限者，此以礼经之常节言，彼以哀心之泛感言也。又所谓无数者，不以每踊三跳九跳为三踊之限也。公袭卷衣一，玄端一，朝服一，素积一，纁裳一，爵弁二，玄冕一，褒衣一，朱绿带，申加大带之上。卑者以卑服亲身，如子羔之袭是也。公贵者，故上服亲身，褒以最外，尊显之也。褒衣，上公之服也。玄端，玄衣朱裳，齐服也。天子以为燕服，士以为祭服，大夫士以为私朝之服。朝服，缁衣素裳，公日视朝之服也。素积，皮弁之服，诸侯视朝之服也。纁裳，冕服之裳也。爵弁二者，玄衣、纁衣一通也。以其为始命所受之服，故特用二通，示重本也。玄冕，见上章。褒衣者，君所加赐之衣，最在上，荣君赐也。诸侯袭尸用小带以为结束，此带则素为之而饰以朱绿之采也。申，重也。已用革带，又重加大带，象生时所服大带也。此带即上章所云率带，诸侯大夫皆五采，士二采者是也。　卷，音衮。朝，音潮。齐，音斋。重，平声。小敛环绖，公、大夫、士一也。疏曰："环绖，一股而缠也。亲始死，孝子去冠，至小敛不可无饰，士素委貌，大夫以上素弁，而贵贱悉得加于环绖，故云公大夫士一也。"　去，上声。公视大敛，公升，商祝铺席乃敛。君临臣丧而视其大敛。商祝，习知殷礼者，专主敛事。主人虽先已铺席布绞约等物，闻君将至，悉彻去之，待君至升堂，商祝乃始铺席为敛事，盖荣君之至而举其礼也。鲁人之赠也，三玄二纁，广尺，长终幅。赠，以物送别死者于椁中也。《既夕礼》曰："赠用制币玄纁束，一丈八尺为制。"今鲁人虽用玄与纁，而短狭如此，则非礼矣，故记者讥之。幅之度二尺二寸。　广、长，并去声。

吊者即位于门西，东面。其介在其东南，北面西上，西于门。主孤西面。相者受命曰："孤某使某请事。"客曰："寡君使某，如何不淑！"相者入告。出曰："孤某须矣。"吊者入，主人升堂西面。吊者升自西阶，东面致命曰："寡君闻君之丧，寡君使某，如何不淑！"子拜稽颡，吊者降反位。此言列国遣使吊丧之礼。吊者，君所遣来之使也。介，副也。门西，主国大门之西也。西上者，介非一人，其长者在西，近正使也。西于门，不敢当门之中也。主孤西面，立于阼阶之下也。相者受命，相礼者受主人之命也。如何不淑，慰问之辞，言何为而罹此凶祸也。须，待也。凶礼不出迎，故云须矣。主人升堂，由阼阶而升也。降反位，降阶而出复门外之位也。《曲礼》云："升降不由阼阶。"谓平常无吊宾时耳。　石梁王氏曰："此一段颇详，可补诸侯丧礼之缺。"　相，去声，下并同。使，去声。含者执璧将命曰："寡君使某含。"相者入告，出曰："孤某须矣。"含者入，升堂致命，子拜稽颡。含者坐委于殡东南，有苇席，既葬蒲席。降，出，反位。宰大夫朝服即丧屦，升自西阶，西面坐取璧，降自西阶，以东。此言列国致含之礼。含玉之形制如璧。旧注云，分寸大小未闻。坐委，跪而致之也。未葬之前，设苇席以承之，既葬，则设蒲席承之。邻国有远近，故有葬后来致含者。降出反位，谓含者委璧讫，降阶而复门外之位也。上文吊者为正使，此含者乃其介耳。凡初遭丧，则主人不亲受，使大夫受于殡宫。此遭丧已久，故嗣子亲受之，然后宰夫取而葬之也。朝服，吉服也。执玉不麻，故著朝服。以在丧不可纯变吉，故仍其丧屦。坐取璧，亦跪而取之也。以东，藏之于内也。疏云："宰，谓上卿。夫字衍。" 含，去声。著，入声。襚者曰："寡君使某襚。"相者入告，出曰："孤某须矣。"襚者执冕服，左执领，右执要，入，升堂致命曰："寡君使某襚。"子拜稽颡，委衣于殡东。襚者降，受爵弁服于门内霤将命，子拜稽颡如初。受皮弁服于中庭，自西阶受朝服，自堂受玄端将命，子拜稽颡皆如初。襚者降，出，反位。宰夫五人举以东，降自西阶，其举亦西面。此言列国致襚之礼。衣服曰襚。委于殡东，即委璧之席上也。左执领，则领向南。此襚者既致冕服讫，复降而出，取爵弁服以进，至门之内霤而将命，子拜如初者，如受冕服之礼也。受讫，襚者又出取皮弁服及朝服及玄端服，每服进受之礼皆如初，但受之之所不同耳。致五服皆毕，襚者乃降出反位，而宰夫五人，各举一服以东，而其举之也，亦如襚者之西面焉。 要，平声。朝，音潮。上介赗，执圭将命曰："寡君使某赗。"相者入告，反命曰："孤须矣。"陈乘黄大路于中庭，北辀，执圭将命。客使自下由路西，子拜稽颡，坐委于殡东南隅，宰举以东。此言列国致赗之礼。车马曰赗。乘黄，四黄马也。大路，车也。北辀，车之辀辕北向也。客使，上介所役使之人也。为客所使，故曰客使。自，率也。下，谓马也。由，在也。路，即大路也。陈车北辕毕，赗者执圭升堂致命，而客之从者，率马设在车之西也，车亦此从者设之。子拜之后，赗客即跪而置其圭于殡东南隅之席上，而宰举之以东而藏于内也。又按《觐礼》车在西，统于宾也。《既夕礼》车以西为上者，为死者而设于鬼神之位也。此赗礼车马，为助主人送葬而设，统于主人，故车在东也。 陆氏曰："孤须矣，从此尽篇末，皆无某字，有者非。" 赗，芳凤切。乘，去声。从，去声。凡将命，乡殡将命，子拜稽颡，西面而坐委之。宰举璧与圭，宰夫举襚，升自西阶，西面坐取之，降自西阶。凡将命者，总言上文吊、含、襚、赗将命之礼也。乡殡者，立于殡之西南，而面东北以向殡也。将命之时，子拜稽颡毕，客即西向跪而委其所执之物。其含璧与圭，则宰举之，襚衣，则宰夫举之。而其举也，皆自西阶升，而西面以跪而取之，乃自西阶以降也。　乡，去声。賵者出，反位于门外。此句当属于前章上介賵云云，宰举以东之下。　属，音烛。

上客临，曰："寡君有宗庙之事，不得承事，使一介老某相执綍。"相者反命曰："孤须矣。"临者入门右，介者皆从之，立于其左东上。宗人纳宾，升受命于君。降曰："孤敢辞吾子之辱。请吾子之复位。"客对曰："寡君命某毋敢视宾客，敢辞。"宗人反命曰："孤敢固辞吾子之辱。请吾子之复位。"客对曰："寡君命某毋敢视宾客，敢固辞。"宗人反命曰："孤敢固辞吾子之辱。请吾子之复位。"客对曰："寡君命使臣某毋敢视宾客，是以敢固辞。固辞不获命，敢不敬从。"客立于门西，介立于门左东上。孤降自阼阶拜之，升，哭，与客拾踊三。客出，送于门外拜稽颡。上客，即前章所云吊者，盖邻国来吊之正使也。吊、含、襚、賵皆毕，自行临哭之礼，若聘礼之有私觌然，盖私礼尔。主人入门而右，客入门而左，礼也。今此客入门之右，是不敢以宾礼自居也。宗人，掌礼之官。欲纳此吊宾，先受纳宾之命于主国嗣君，然后降而请于客，使之复门左之宾位也。宗人以客答之辞入告于君，而反命于客，如是者三，客乃自称使臣而从其命，于是立于门西之宾位。主君自阼阶降而拜之，主客俱升堂哭而更踊者三，所谓成踊也。客出送而拜之，谢其劳辱也。　临，如字。相，去声。綍，音弗。使，去声。拾，其劫切。

其国有君丧，不敢受吊。言卿大夫以下有君丧，而又有亲丧，则不敢受他国宾客之吊，尊君故也。外宗房中南面，小臣铺席，商祝铺绞紟衾，士盥于盘北，举迁尸于敛上。卒敛宰告，子冯之踊，夫人东面坐冯之兴踊。此是《丧大记》君大敛章文，重出在此，说见本章。　绞，音爻。紟，其鸠切。冯，音凭。士丧有与天子同者三：其终夜燎，及乘人，专道而行。终夜燎，谓迁柩之夜，须光明达旦也。乘人，使人执引也。专道，柩行于路，人皆避之也。

杂记下第二十一

有父之丧，如未没丧而母死，其除父之丧也，服其除服，卒事，反丧服。没，犹终也，除也。父丧在小祥后大祥前，是未没父丧也。又遭母丧，则当除父丧之时，自服除丧之服，以行大祥之礼。此礼事毕，即服丧母之服。若母丧未葬，而值父之二祥，则不得服祥服者，以祥祭为吉，未葬为凶，不忍于凶时行吉礼也。 "父丧"、"丧母"丧，去声。虽诸父昆弟之丧，如当父母之丧，其除诸父昆弟之丧也，皆服其除丧之服，卒事，反丧服。诸父昆弟之丧，自始死至除服，皆在父母服内，轻重虽殊，而除丧之服不废者，笃亲爱之义也。若遭君服，则不得自除私服，《曾子问》言之矣。如三年之丧，则既颖，其练、祥皆行。前丧后丧，俱是三年之服，其后丧既受葛之后，得为前丧行练、祥之礼也。既颖者，既虞受服之时，以葛绖易要之麻绖也。颖，草名。无葛之乡以颖代。 颖，大迥切。要，平声。王父死，未练、祥而孙又死，犹是附于王父也。孙之祔祖，礼所必然，故祖死虽未练祥，而孙又死，亦必祔于祖。有殡闻外丧，哭之他室。入奠，卒奠出，改服即位，如始即位之礼。有殡，谓父母丧未葬也。外丧，兄弟之丧在远者也。哭不于殡宫而于他室，明非哭殡也。入奠者，哭之明日之朝，著己本丧之服，入奠殡宫，奠毕而出，乃脱己本丧服，著新死者未成服之服，而即昨日他室所哭之位。"如始即位之礼"者，谓今日之即哭位，如昨日始闻丧而即位之礼也。

大夫士将与祭于公，既视濯而父母死，则犹是与祭也。次于异宫，既祭，释服出公门外，哭而归，其他如奔丧之礼。如未视濯，则使人告，告者反而后哭。视濯，监视器用之涤濯也。犹是与祭者，犹是在吉礼之中，不得不与祭，但居次于异宫耳，以吉凶不可同处也。如未视濯而父母死，则使人告于君，俟告者反而后哭父母也。 与，去声，下节同。监，平声。如诸父昆弟姑姊妹之丧，则既宿则与祭，卒事出公门，释服而后归。其他如奔丧之礼。如同宫，则次于异宫。既宿谓祭前三日。将致祭之时，既受宿戒，必与公家之祭，以期以下之丧服轻故也。如同宫则次于异宫者，谓此死者是己同宫之人，则既宿之后，出次异宫，亦以吉凶不可同处也。　郑氏曰："古者昆弟异居同财，有东宫，有西宫，有南宫，有北宫。"

曾子问曰："卿大夫将为尸于公，受宿矣，而有齐衰内丧，则如之何？"孔子曰："出舍乎公宫以待事，礼也。"孔子曰："尸弁冕而出，卿、大夫、士皆下之。尸必式，必有前驱。"说见《曾子问》篇。父母之丧，将祭而昆弟死，既殡而祭。如同宫，则虽臣妾葬而后祭。将祭，将行小祥或大祥之祭也。适有兄弟之丧，则待殡讫乃祭。然此死者乃是异宫之兄弟耳，若是同宫，则虽臣妾之卑贱，亦必待葬后乃祭，以吉凶不可相干也。故《丧服传》云："有死于宫中者，则为之三月不举祭。"　传、为，并去声。祭，主人之升降散等，执事者亦散等。虽虞、附亦然。散，栗也。等，阶也。吉祭则涉级聚足，丧祭则栗阶，二祥之祭，古礼宜涉级聚足，而栗阶者，以有兄弟之丧，故略威仪也。《燕礼》云："栗阶不过二等。"盖始升犹聚足，连步至二等，则左右足各一发而升堂也。虽虞、祔亦然者，谓主人至昆弟虞、祔时而行父母祥祭，则与执事者亦皆散等也。　与，去声。自诸侯达诸士，小祥之祭，主人之酢也哜之，众宾兄弟则皆啐之。大祥主人啐之，众宾兄弟皆饮之可也。至齿为哜，入口为啐。主人之酢哜之，谓正祭之后，主人献宾长，宾长酢主人，主人受酢则哜之也。众宾兄弟啐之，谓祭末受献之时则啐之也。　哜，才细切。啐，七内切。长，上声。凡侍祭丧者，告宾祭荐而不食。侍祭丧，谓相丧祭礼之人也。荐，谓脯醢也。相礼者但告宾祭此脯醢而已，宾不食之也。若吉祭，宾祭毕则食之。此亦谓练祥之祭，主人献宾，宾受献，主人设荐时也。虞、祔无献宾之礼。子贡问丧。子曰："敬为上，哀次之，瘠为下。颜色称其情，戚容称其服。"问丧，问居父母之丧也。附于身，附于棺者，皆欲其必诚必信，故曰敬为上。子游言"丧致乎哀而止"，先儒谓"而止"二字，微有过于高远而简略细微之弊。此言哀次之可见矣。毁瘠不形，不胜丧，乃比于不慈不孝，故曰瘠为下也。齐斩之服故有重轻，称其情，称其服，则中于礼矣。　称，并去声。

胜,平声。中,去声。“请问兄弟之丧。”子曰:“兄弟之丧,则存乎书策矣。”存乎书策者,言依礼经所载而行之,非若父母之丧,哀容体状之不可名言,而经不能备言也。君子不夺人之丧,亦不可夺丧也。君子不夺废他人居丧之情,而君子居丧之情,亦不可为他事所夺废,要使各得尽其礼耳。　疏曰:“不夺人丧,恕也。不夺己丧,孝也。”　为,去声。要,平声。孔子曰:“少连、大连善居丧,三日不怠,三月不解,期悲哀,三年忧,东夷之子也。”少连,见《论语》。三日,亲始死时也。不怠,谓哀痛之切,虽不食而能自力以致其礼也。三月,亲丧在殡时也。解,与懈同,倦也。或读如本字,谓寝不脱绖带也。忧,谓忧戚憔悴。　少,去声。解,音懈。期,音基。三年之丧,言而不语,对而不问。庐垩室之中,不与人坐焉。在垩室之中,非时见乎母也不入门。言,自言己事也。语,为人论说也。倚庐及垩室,说见前篇。时见乎母,谓有事行礼之时而入见母也。非此则不入中门,　见,音现。为、论,并去声。疏衰皆居垩室不庐。庐严者也。疏衰,齐衰也。齐衰有三年者,有期者,有三月者。凡丧次,斩衰居倚庐,齐衰居垩室。大功有帷帐,小功缌麻有床第。庐严者,谓倚庐乃哀敬严肃之所,服轻者不得居。　疏,平声。

妻视叔父母,姑姊妹视兄弟,长中下殇视成人。哀戚轻重之等,各有所比,殇服皆降,而哀之如成人,以本亲重故也。　长,上声。亲丧外除,兄弟之丧内除。郑氏曰:“外除,日月已竟而哀未忘。内除,日月未竟而哀已杀。”　杀,去声。视君之母与君之妻,比之兄弟,发诸颜色者亦不饮食也。君母,君妻,小君也。服轻,哀之比兄弟之丧。然于酒肴之珍醇,可以发见颜色者,亦不饮之食之也。　见,音现。免丧之外行于道路,见似目瞿,闻名心瞿,吊死而问疾,颜色戚容必有以异于人也。如此而后可以服三年之丧,其余则直道而行之是也。见人貌有类其亲者,则目为之瞿然惊变;闻人所称名与吾亲同,则心为之瞿然惊变。丧服虽除,而余哀未忘,故于吊死问疾之时,戚容有加异于无忧之人也。如此而后可以服三年之丧,言其哀心诚实无伪也。其余服轻者,直道而行,则不过循丧礼而已。　瞿,九遇切。为,去声。祥,主人之除也,于夕为期，朝服。祥因其故服。祥，大祥也。　疏曰："祥祭之时，主人除服之节，于夕为期，谓于祥祭前夕，预告明日祭期也。朝服，谓主人著朝服，缁衣素裳，其冠，则缟冠也。祥因其故服者，谓明旦祥祭时，主人因著其前夕故朝服也。又曰：此据诸侯卿大夫言之，从祥至吉，凡服有六：祥祭，朝服缟冠，一也。祥讫，素缟麻衣，二也。禫祭，玄冠黄裳，三也。禫讫，朝服綅冠，四也。逾岁吉祭，玄冠朝服，五也。既祭玄端而居，六也。"　陆氏曰："綅，息廉反。黑经白纬曰綅。"　朝，音潮。著，入声。子游曰："既祥，虽不当缟者，必缟然后反服。"疏曰："既祥，谓大祥后有来吊者，虽不当缟，谓不正当祥祭缟冠之时也。必缟然后反服者，主人必须著此祥服缟冠以受吊者之礼，然后反服大祥后素缟麻衣之服也。"当袒，大夫至，虽当踊，绝踊而拜之，反，改成踊，乃袭。于士，既事成踊袭，而后拜之，不改成踊。疏曰："此明士有丧，大夫及士来吊之礼。士有丧当袒之时，而大夫来吊，盖敛竟时也，虽当主人踊时，必绝止其踊而出拜此大夫。反，还也。改，更也。拜竟而反还先位，更为踊而始成踊，尊大夫之来，新其事也。乃袭者，踊毕乃袭初袒之衣也。于士既事成踊袭者，既，犹毕也，若当主人有大小敛诸事而士来吊，则主人毕事而成踊，踊毕而袭，袭毕乃拜之，拜之而止，不更为之成踊也。"　更，平声。上大夫之虞也少牢，卒哭成事附皆大牢。下大夫之虞也犆牲，卒哭成事附皆少牢。卒哭谓之成事，成吉事也。附，祔庙也。　少，去声。大，音泰。犆，音特。祝称卜葬虞，子孙曰"哀"，夫曰"乃"，兄弟曰"某卜葬其兄"，句弟曰"伯子某"。初虞，即葬之日，故并言葬虞。子卜葬父，则祝辞云："哀子某卜葬其父某甫。"孙则云："哀孙某卜葬其祖某甫。"夫则云："乃某卜葬其妻某氏。"乃者，助语之辞，妻卑故尔。若弟为兄，则云："某卜葬兄伯子某。"兄为弟，则云："某卜葬其弟某。"　并、为，并去声。

古者贵贱皆杖。叔孙武叔朝见轮人以其杖关毂而辊轮者，于是有爵而后杖也。轮人，作车轮之人也。关，穿也。辊，回也。谓以其衰服之杖穿于车毂中而回转其轮，鄙亵甚矣，自后无爵者不得杖。比记庶人废礼之由也。　朝，音潮。辊，胡罪切。凿巾以饭，公羊贾为之也。饭，含也。大夫以上贵，使宾为其亲含，恐尸为宾所憎秽，故以巾覆尸面，而当口处凿穿之令含玉得以入口。士贱不得使宾，子自含，无憎秽之心，故不以巾覆面。公羊贾，士也。而凿以饭，是憎秽其亲矣。此记士失礼之所由也。　饭，上声。含，去声，章内并同。为、覆，并去声。冒者何也？所以掩形也。自袭以至小敛，不设冒则形，是以袭而后设冒也。冒，说见《王制》。袭，沐浴后以衣衣尸也。则形者，言尸虽已著衣，若不设冒，则尸象形见，为人所恶，是以袭而设冒也。“后”字衍。　下衣，去声。著，入声。见、为、恶，并去声。

或问于曾子曰：“夫既遣而包其余，犹既食而裹其余与？君子既食则裹其余乎？”曾子曰：“吾子不见大飨乎？夫大飨既飨，卷三牲之俎归于宾馆，父母而宾客之，所以为哀也。子不见大飨乎？”设遣奠讫，即以牲体之余，包裹而置之遣车以纳于圹中。或人疑此礼，谓如君子食于他人家，食毕而又包其余以归，岂不伤廉乎？曾子告以大飨之礼毕，卷俎内三牲之肉送归宾之馆中，犹此意耳。父母家之主，今死将葬，而孝子以宾客之礼待之，此所以悲哀之至也。重言以喻之。　夫，平声。遣，去声。与，平声。卷，上声。重，平声。

非为人丧，问与？赐与？此上有阙文，言非为其有丧而问遗之欤，赐予之欤？问，敌者之礼。赐，尊上之命。　为，去声。与，平声。遗，去声。予，上声。三年之丧以其丧拜，非三年之丧以吉拜。拜问、拜赐、拜宾，皆拜也。丧拜，稽颡而后拜也。吉拜，拜而后稽颡也。今按《檀弓》郑注，以拜而后稽颡，为殷之丧拜；稽颡而后拜，为周之丧拜。疏云：“郑知此者，以孔子所论，每以二代对言，故云三年之丧吾从其至者，但殷之丧拜，自斩衰至缌麻皆拜而后稽颡，以其质故也。周制则杖期以上，皆先稽颡而后拜，不杖期以下，乃作殷之丧拜。此章疏义与《檀弓》疏互看，乃得其详。”三年之丧，如或遗之酒肉，则受之必三辞。主人衰绖而受之。如君命则不敢辞，受而荐之。丧者不遗人。人遗之，虽酒肉受也。从父昆弟以下既卒哭，遗人可也。《丧大记》云：“既葬，君食之则食之，大夫父之友，食之则食之。”此云衰绖而受，虽受而不食也。荐之者，尊君之赐。丧者不遗人，以哀戚中不当行礼于人也。卒哭可以遗人，服轻哀杀故也。　石梁王氏曰：“居丧有酒肉之遗，必疾者也。”　遗、从，并去声。“君食”、“友食”食，音嗣。县子曰：“三年之丧如斩，期之丧如剡。”剡，削也。此言哀痛浅深之殊。 县，音玄。期，音基。三年之丧虽功衰不吊，自诸侯达诸士，如有服而将往哭之，则服其服而往。疏曰："小祥后衰与大功同，故曰功、衰。如有五服之亲丧而往哭，不著己之功、衰，而依彼亲之节以服之也。不吊与往哭二者，贵贱皆同之。"期之丧，十一月而练，十三月而祥，十五月而禫。练则吊。郑氏曰："凡齐衰十一月，皆可以出吊。"又曰："此为父在为母。" "为母"为，去声。既葬大功，句吊哭而退，不听事焉。既葬大功者，言己有大功之丧已葬也。吊哭而退，谓往吊他人之丧，则吊哭既毕，即退去，不待与主人袭敛等事也。 与，去声。期之丧未葬，吊于乡人，哭而退，不听事焉。功、衰吊，待事不执事。《仪礼·丧服传》："姑姊妹适人无主者，侄与兄弟为之齐衰不杖期。此言期之丧，正谓此也。虽未葬，亦可出吊，但哭而退，不听事也。此丧既葬，受以大功之衰，谓之功衰。此后吊于人，可以待主人袭敛等事，但不亲自执其事耳。"小功、缌，执事不与于礼。执事，谓摈相也。礼，馈奠也。轻服可以为人摈相，摈相事轻故也。馈奠之礼重，故不与。 与，去声。相，去声。为，去声。

相趋也出宫而退，相揖也哀次而退，相问也既封而退，相见也反哭而退，朋友虞、附而退。此言吊丧之礼，恩义有厚薄，故去留有迟速。相趋者，古人以趋示敬。《论语》，"过之必趋"，《左传》"免胄趋风"之类是也。言此吊者与主人昔尝有相趋之敬，故来吊丧。以情轻，故柩出庙之宫门即退去也。相揖者，己尝相会相识，故待柩之大门外之哀次而退也。相问遗者，是有往来恩义，故待窆毕而退。尝执贽行相见之礼者，情又加重，故待孝子反哭于家乃退。朋友恩义更重，故待虞祭、附祭毕而后退也。 封，音窆。吊非从主人也，四十者执绋。乡人五十者从反哭，四十者待盈坎。言吊丧者，是为相助凡役，非徒随从主人而已，故年四十以下者力壮，皆当执绋。同乡之人五十者始衰之年，故随主人反哭，而四十者待土盈圹乃去。 绋，音弗。

丧食虽恶必充饥。饥而废事，非礼也。饱而忘哀，亦非礼也。视不明，听不聪，行不正，不知哀，君子病之。故有疾，饮酒食肉，五十不致毁，六十不毁，七十饮酒食肉，皆为疑死。疑死，恐其死也。 为，去声。有服，人召之食不往。大功以下既葬适人，人食之，其党也食之，非其党弗食也。党，谓族人与亲戚也。 “人食”食，音嗣。功衰，食菜果，饮水浆，无盐酪。不能食食，盐酪可也。功衰，斩衰、齐衰之末服也。酪，《说文》，乳浆也。酪，音洛。不食，音嗣。孔子曰：“身有疡则浴，首有创则沐，病则饮酒食肉。毁瘠为病，君子弗为也。毁而死，君子谓之无子。”《曲礼》曰：“不胜丧，比于不慈不孝，是有子与无子同也。” 疡，音羊。创，平声。胜，平声。

非从柩与反哭，无免于堩。堩，道路也。道路不可无饰，故从柩送葬与葬毕反哭，皆著免而行于道路，非此二者则否也。然此亦谓葬之近者。《小记》云：“远葬者比反哭皆冠，及郊而后免也。” 从，去声。免，音问。凡丧，小功以上，非虞、附、练、祥无沐浴。洁饰所以交神，故非此四祭，则不沐浴也。 上，上声。疏衰之丧既葬，人请见之则见，不请见人。小功请见人可也。大功不以执挚，唯父母之丧，不辟涕泣而见人。疏衰，齐衰也。挚与贽同。 辟，音避。三年之丧，祥而从政。期之丧，卒哭而从政。九月之丧，既葬而从政。小功、缌之丧，既殡而从政。从政，谓庶人供力役之征也。《王制》云：“齐衰大功，三月不从政。”庶人依士礼，卒哭与葬同三月也。

曾申问于曾子曰：“哭父母有常声乎？”曰：“中路婴儿失其母焉，何常声之有？”哀痛之极，无复音节，所谓哭不偯也。 偯，音倚。卒哭而讳。王父母兄弟世父叔父姑姊妹，子与父同讳。卒哭以前，犹以生礼事之，故不讳其名。卒哭后，则事以鬼道，故讳其名而不称也。此专言父之所讳，则子亦不敢不讳，故曰子与父同讳也。父之祖父母，伯父叔父及姑等于己小功以下，本不合讳，但以父之所讳，己亦从而讳也。若父之兄弟及姊妹，己自当讳，不以从父而讳也。又按不逮事父母，则不讳王父母，谓庶人。此所言，以父是士，故从而讳也。母之讳宫中讳，妻之讳不举诸其侧，与从祖昆弟同名则讳。母为其亲讳，则子于一宫之中亦为之讳。妻为其亲讳，则夫亦不得称其辞于妻之左右。非宫中，非其侧，则固可称矣。若母与妻所讳者，适与己从祖昆弟之名同，则虽他所亦讳之也。　从，去声。为，去声。

以丧冠者，虽三年之丧可也。既冠于次入哭踊，三者三，乃出。当冠而遭五服之丧，则因成丧服而遂加冠。此礼无分服之轻重，故曰虽三年之丧可也。既冠于居丧之次，乃入哭踊。凡踊三踊为一节，三者三，言如此者三次也。乃出，出就次所也。详见《曾子问》。　冠，去声，下节同。"三者三"三，去声。"加冠"冠，如字。大功之末，可以冠子，可以嫁子。父小功之末，可以冠子，可以嫁子，可以取妇。己虽小功，既卒哭，可以冠取妻，下殇之小功则不可。末，服之将除也。旧说，以末为卒哭后。然大功卒哭后，尚有六月，恐不可言末。小功既言末，又言卒哭，则末非卒哭明矣。下言父小功之末，则上文大功之末，是据己身而言。旧说，父及己身俱在大功之末，或小功之末，恐亦未然。下殇之小功，自期服而降，以本服重，故不可冠娶也。　取，去声。凡弁绖，其衰侈袂。弁绖之服，吊服也。首著素弁而加以一股环绖，其服有三等：锡衰、缌衰、疑衰也。侈，大也。袂之小者，二尺二寸，此三尺三寸。

父有服，宫中子不与于乐。母有服，声闻焉，不举乐。妻有服，不举乐于其侧。大功将至，辟琴瑟。小功至，不绝乐。宫中子，与父同宫之子也。命士以上乃异宫。不与于乐，谓在外见乐，不观不听也。若异宫则否。此亦谓服之轻者，如重服，则子亦有服，可与乐乎？声之所闻，又加近矣。其侧则尤近者也。轻重之节如此。大功将至，谓有大功丧服者将来也。为之屏退琴瑟，亦助之哀戚之意。小功者轻，故不为之止乐。　与，去声。闻，去声。辟，婢亦切。为，去声。屏，上声。

姑姊妹其夫死而夫党无兄弟，使夫之族人主丧。妻之党，虽亲弗主。夫若无族矣，则前后家，东西家。无有，则里尹主之。或曰：主之而附于夫之党。此明姑姊妹死，而无夫无子者，丧必有主。妇人于本亲降服，以其成于外族也，故本族不可主其丧。里尹，盖闾胥里宰之属也。或以为妻党主之，而祔祭于其祖姑，此非也。故记者并著之。

麻者不绅，执玉不麻，麻不加于采。麻，谓丧服之绖也。绅，大带也。吉凶异道，居丧以绖代大带也。执玉不麻，谓著衰绖者，不得执玉行礼也。采，玄纁之衣也。　疏曰："按《聘礼》：己国君薨，至于主国，衰而出。注云：可以凶服将事，盖受主君小礼，得以凶服，若聘享大事，则必吉服也。"国禁哭则止，朝夕之奠，即位自因也。国有大祭祀，则丧者不敢哭。然朝奠夕奠之时，自即其阼阶下之位，而因仍礼节之故事以行也。童子哭不偯，不踊，不杖，不菲，不庐。偯，委曲之声也。菲，草屦也。庐，倚庐也。童子为父后者则杖。　菲，扶味切。

孔子曰："伯母、叔母疏衰，踊不绝地。姑姊妹之大功，踊绝于地。如知此者，由文矣哉！由文矣哉！"伯叔母之齐衰，服重而踊不离地者，其情轻也。姑姊妹之大功，服轻而踊必离地者，其情重也。孔子美之，言知此绝地、不绝地之情者，能用礼文矣哉。　郑氏曰："伯母、叔母，义也。姑姊妹，骨肉也。"　离，去声。世柳之母死，相者由左；世柳死，其徒由右相。由右相，世柳之徒为之也。悼公吊有若之丧，而子游摈由左，则由右相者非礼也。此记失礼所自始。　相，去声。天子饭九贝，诸侯七，大夫五，士三。饭，含也。贝，水物，古者以为货。士丧礼，贝三，实于笄。《周礼》："天子饭含用玉。"此盖异代之制乎！

士三月而葬，是月也卒哭。大夫三月而葬，五月而卒哭。诸侯五月而葬，七月而卒哭。士三虞，大夫五，诸侯七。疏曰："大夫以上位尊，念亲哀情于时长远。士职卑位下，礼数未伸。"诸侯使人吊，其次含襚赗临，皆同日而毕事者也。其次如此也。诸侯薨，邻国遣使来先吊，次含，次襚，次赗，次临，四者之礼，一日毕行。详见上篇。卿大夫疾，君问之无算，士壹问之。君于卿大夫，比葬不食肉，比卒哭不举乐。为士，比殡不举乐。《丧大记》云："三问。"此云无算，或恩义如师保之类乎？或三问者，君亲往；而无算者，遣使乎？士有疾，君问之惟一次，卑贱也。比，及也。　比，音畀。为，去声。使，去声。升正柩，诸侯执绋五百人，四绋皆衔枚，司马执铎，左八人，右八人，匠人执羽葆御柩。大夫之丧，其升正柩也，执引者三百人，执铎者左右各四人，御柩以茅。升正柩者，将葬柩朝祖庙，升西阶，用辁轴载柩于两楹间而正之也。柩有四绋，枚形似箸，两端有小绳，衔于口而系于颈后，则不能言，所以止喧哗也。五百人皆用之。司马十六人执铎，分居左右夹柩，以号令于众也。葆形如盖，以羽为之。御柩者，在柩车之前，若道途有低昂倾亏，则以所执者为抑扬左右之节，使执绋者知之也。引，即绋，互言之耳。茅，以茅为麾也。　引，去声。

孔子曰："管仲镂簋而朱纮，旅树而反坫，山节而藻棁，贤大夫也，而难为上也。镂簋，簋有雕镂之饰也。纮，冕之饰，天子朱，诸侯青，大夫士缁。旅，道也。树，屏也。立屏当所行之路以蔽内外也。反坫，反爵之坫也，土为之，在两楹间。山节，刻山于柱头之斗栱也。藻，水草。藻棁，画藻于梁上之短柱也。难为上，言僭上也。　坫，音店。棁，音拙。屏，上声。晏平仲祀其先人，豚肩不掩豆，贤大夫也，而难为下也。君子上不僭上，下不逼下。"大夫祭用少劳，不合用豚肩，在俎不在豆。此但喻其极小，谓并豚两肩亦不能掩豆耳。难为下，言逼下也。

妇人非三年之丧，不逾封而吊；如三年之丧，则君夫人归。夫人其归也，以诸侯之吊礼。其待之也，若待诸侯然。夫人至，自入闱门，升自侧阶，君在阼。其他如奔丧礼然。三年之丧，父母之丧也。女嫁者为父母期，此以本亲言也。逾封，越疆也。言国君夫人丧父母之丧，用诸侯吊礼，主国待之，亦用待诸侯之礼。闱门，非正门，宫中往来之门也。侧阶，非正阶，东房之房阶也。此皆异于女宾。主国君在阼阶上，不降迎也。奔丧礼，谓哭踊髽麻之类。　髽，侧瓜切。嫂不抚叔，叔不抚嫂。抚，死而抚其尸也。叔嫂宜远嫌，故皆不抚。　远，去声。

君子有三患：未之闻，患弗得闻也；既闻之，患弗得学也；既学之，患弗能行也。君子有五耻：居其位无其言，君子耻之；有其言无其行，君子耻之；既得之而又失之，君子耻之；地有余而民不足，君子耻之；众寡均而倍焉，君子耻之。三患，言为学之君子；五耻，言为政之君子也。居位而无善言之可闻，是不能讲明政事，一耻也。有言无行，是言行不相顾，二耻也。始以有德而进，今以无德而退，三耻也。不能抚民，使之逃散，四耻也。国有功役，己与彼众寡相等，而彼之功绩倍于己，是不能作兴率励其下，五耻也。　行，去声。

孔子曰："凶年则乘驽马，祀以下牲。"《周礼》：校人六马，曰种马、戎马、齐马、道马、田马、驽马，驽马其最下者。下牲，如常祭用太牢者，降用少牢；少牢者降用特牲；特豕者降用特豚之类。以年凶，故贬损也。《王制》云："凡祭，丰年不奢，凶年不俭。"与此不同，未详。恤由之丧，哀公使孺悲之孔子学士丧礼，士丧礼于是乎书。郑氏曰："时人转而僭上，士之丧礼已废矣。孔子以教孺悲，国人乃复书而存之。"子贡观于蜡，孔子曰："赐也乐乎？"对曰："一国之人皆若狂，赐未知其乐也。"子曰："百日之蜡，一日之泽，非尔所知也。蜡祭，见《郊特牲》。若狂，言饮酒醉甚也。未知其乐，言醉无礼仪，方且可恶，何乐之有？孔子言百日劳苦而有此蜡，农民终岁勤动，今仅使之为一日饮酒之欢，是乃人君之恩泽，非尔所知，言其义大也。 蜡，音乍。乐，音洛。恶，去声。张而不弛，文武弗能也。弛而不张，文武弗为也。一张一弛，文武之道也。"张，张弦也。弛，落弦也。孔子以弓喻民，谓弓之为器，久张而不弛，则力必绝；久弛而不张，则体必变。犹民久劳苦而不休息，则其力惫；久休息而不劳苦，则其志逸。弓必有时而张，有时而弛。民必有时而劳，有时而息。文武弗能，言虽文王武王，亦不能为治也。一于逸乐则不可，故言文武弗为。

孟献子曰："正月日至，可以有事于上帝；七月日至，可以有事于祖。"七月而禘，献子为之也。献子，鲁大夫仲孙蔑。正月，周正建子之月也。日至，冬至也。有事上帝，郊祭也。七月，建午之月也。日至，夏至也。有事于祖，禘祭也。《明堂位》云："季夏六月，以禘礼祀周公于太庙。"盖夏正建巳之月，郊用冬至，礼之当然。此言献子变礼用七月禘祭，然不言自献子始，而但言献子为之，盖一时之事耳。夫人之不命于天子，自鲁昭公始也。昭公娶吴为同姓，不敢告天子，天子亦不命之，后遂以为常。此记鲁失礼之由。 疏曰："天子命畿外诸侯夫人。若畿内诸侯夫人及卿大夫之妻，则《玉藻注》云：天子诸侯命其臣，后夫人亦命其妻也。"外宗为君夫人，犹内宗也。疏曰："外宗者，谓君之姑姊妹之女，及舅之女，及从母皆是也。内宗者，君五属内之女。内宗为君服斩衰，为夫人齐衰。此云犹内宗也，则齐斩皆同。君夫人者，是国人所称号。此外宗，谓嫁在国中者。若国外，当云诸侯也。古者大夫不外娶，故君之姑姊妹嫁于国内大夫为妻，是其正也。诸侯不内娶，故舅女及从母不得在国中。凡内外宗，皆据有爵者，其无服而嫁于诸臣，从为夫之君者，内外宗皆然。若嫁于庶人，则亦从其夫为国君服齐衰三月者，亦内外宗皆然。　又按《仪礼·丧服疏》云："外宗有三：《周礼》外宗之女有爵，通卿大夫之妻，一也；《杂记注》，谓君之姑、姊妹之女、舅之女、从母皆是，二也；若姑之子妇，从母之子妇，其夫是君之外亲，为君服斩，其妇亦名外宗，为君服期，三也。内宗有二：《周礼》内女之有爵，谓同姓之女悉是，一也；《杂记注》，君之五属之内女，二也。"　为，去声。从，去声。

厩焚，孔子拜乡人为火来者。拜之，士壹，大夫再，亦相吊之道也。郑氏曰："宗伯职曰，以吊礼哀祸灾。"　为，去声。孔子曰："管仲遇盗，取二人焉，上以为公臣，曰：'其所与遊辟也。可人也。'管仲死，桓公使为之服。宦于大夫者之为之服也，自管仲始也，有君命焉尔也。"管仲遇群盗，简取二人而荐进之，使为公家之臣，且曰："为其所与交遊者是邪僻之人，故相诱为盗尔。"此二人本是堪可之人，可任用也。其后管仲死，桓公使此二人为管仲服。记者言仕于大夫而为之服自此始，以君命不可违也。盖于礼违大夫而之诸侯，不为大夫反服，桓公之意，盖不忘管仲之举贤也。　上，上声。辟，音僻。为去声。

过而举君之讳，则起。与君之讳同，则称字。过，失误也。举，犹称也。起，起立也。失言不自安，故起立，示改变之意。诸臣之名或与君之讳同，则称字也。内乱不与焉，外患弗辟也。内乱，谓本国祸难也。言卿大夫在国，若同僚中有谋作乱者，力能讨，则讨之，力不能讨，则谨自畏避，不得干与。其或寇患在外，如邻国来攻，或夷狄侵扰，则不可逃避，当尽力捍御，死义可也。　与，去声。辟，音避。难，去声。

《赞大行》曰："圭，公九寸，侯、伯七寸，子、男五寸，博三寸，厚半寸，剡上左右各寸半，玉也。藻三采六等。"《赞大行》，古礼书篇名也。其书必皆赞说大行人之职事，今记者引之，故云"赞大行曰"。子男执璧，非圭也，记者失之。博三寸，圭也。厚半寸，圭璧各厚半寸也。剡上，削杀其上也。藉玉者以韦衣板，而藻画朱、白、苍三色为六行，故曰藻三采六等也。　杀，去声。行，音杭。哀公问子羔曰："子之食奚当？"对曰："文公之下执事也。"问其先人始仕食禄，当何君时，文公至哀公七君。

成庙则衅之，其礼祝宗人、宰夫、雍人，皆爵弁纯衣。雍人拭羊，宗人祝之，宰夫北面于碑南东上。雍人举羊升屋自中，中屋南面刲羊，血流于前乃降。门夹室皆用鸡，先门而后夹室。其衈皆于屋下割鸡，门当门，夹室中室。有司皆乡室而立，门则有司当门北面。既事，宗人告事毕，乃皆退。反命于君曰："衅某庙事毕。"反命于寝，君南乡于门内朝服，既反命乃退。宗庙初成，以牲血涂衅之，尊神明之居也。爵弁，士服也。纯衣，玄衣纁裳也。拭羊，拭之使净洁也。宗人祝之，其辞未闻。碑，丽牲之碑也，在庙之中庭。升屋自中，谓由房东西之中而上也。门，庙门也。夹室，东西厢也。门与夹室各一鸡，凡三鸡也，亦升屋而割之。衈者，未刲羊割鸡之时，先灭耳旁毛以荐神，耳主听，欲神听之也。庙，则在庙之屋下；门与夹室，则亦在门与夹室之屋下也。门，则当门屋之中；夹室，则当夹室屋之中，故云"门当门夹室中室"也。有司，宰夫祝宗人也。宗人告事毕，告于宰夫也。宰夫为摄主，反命于寝，其时君在路寝也。　纯，音缁。刲，音奎。衈，音二。乡，去声。朝，音潮。路寝成，则考之而不衅。衅屋者，交神明之道也。疏曰："考之者，谓盛馔以落之。庾蔚云：落，谓与宾客燕会，以酒食浇落之，即欢乐之义也。"凡宗庙之器，其名者成，则衅之以豭豚。名者，有名之器，若尊彝之属也。豭豚，牡豚也。　豭，音加。

诸侯出夫人，夫人比至于其国，以夫人之礼行。至以夫人入，使者将命曰："寡君不敏，不能从而事社稷宗庙，使使臣某敢告于执事。"主人对曰："寡君固前辞不教矣，寡君敢不敬须以俟命。"有司官陈器皿，主人有司亦官受之。出夫人，有罪而出之还本国也。在道至入，犹以夫人礼者，致命其国，然后义绝也。将命者，谦言寡君不敏，不能从夫人以事宗庙社稷，而不斥言夫人之罪。答言前辞不教，谓纳采时，固尝以此为辞矣。　疏曰："有司官陈器皿者，使者使从己来有司之官，陈夫人嫁时所赍器皿之属以还主国也。主人有司亦官受之者，主国亦使有司官领受之也。并云官者，明付受悉如法也。"　比，音畀。"使者"、"使臣"使，并去声。妻出，夫使人致之曰："某不敏，不能从而共粢盛，使某也敢告于侍者。"主人对曰："某之子不肖，不敢辟诛，敢不敬须以俟命。"使者退，主人拜送之。如舅在则称舅，舅没则称兄，无兄则称夫。主人之辞曰："某之子不肖。"如姑姊妹亦皆称之。遣妻必命由尊者，故称舅称兄。兄，谓夫之兄也。此但言夫致之之辞，未闻舅与兄致之之辞也。上文已有主人对辞，下文因姑姊妹故重言，对言某之姑不肖，或某之姊不肖，或某之妹不肖，故云亦皆称之也。　共，音供。"使者"使，去声。辟，音避。

孔子曰："吾食于少施氏而饱，少施氏食我以礼。吾祭，作而辞曰：'疏食不足祭也。'吾飧，作而辞曰：'疏食也，不敢以伤吾子。'"少施氏，鲁惠公子施父之后。作而辞，起而辞谢也。疏食，粗疏之食也。飧，以饮浇饭也。礼食竟，更作三飧以助饱食。不敢以伤吾子者，言粗疏之饭，不可强食以致伤害也。　少，去声。"食我"、"疏食"食，音嗣。飧，音孙。父，音甫。强，上声。

纳币一束，束五两，两五寻。此谓昏礼纳征也。一束，十卷也。八尺为寻，每五寻为匹。从两端卷至中，则五匹为五个两卷矣，故曰束五两。　郑氏曰："四十尺谓之匹，犹匹偶之匹，言古人每匹作两个卷子。"妇见舅姑，兄弟姑姊妹皆立于堂下，西面北上，是见已。见诸父各就其寝。立于堂下，则妇之入也。已过其前，此即是见之矣，不复各特见之也。诸父旁尊，故明日各诣其寝而见之。　见，音现，下同。复，扶又切。女虽未许嫁，年二十而笄，礼之，妇人执其礼。燕则鬈首。疏曰："十五许嫁而笄，若未许嫁，至二十而笄，以成人礼言之。妇人执其礼者，十五许嫁而笄，则主妇及女宾为笄礼，主妇为之著笄，女宾以醴礼之。未许嫁而笄者，则妇人礼之，无主妇，女宾不备仪也。燕则鬈首者，谓既笄之后，寻常在家燕居，则去其笄而分发为鬌紒也。此为未许嫁，故虽已笄，犹为少者处之。"　鬈，音拳。著，入声。去，上声。少，去声。处，上声。鬌，音垂。紒，音计。韠长三尺，下广二尺，上广一尺，会去上五寸。纰以爵韦六寸，不至下五寸。纯以素，紃以五采。疏曰："韠，韨也。会，领缝也。韠旁缘谓之纰，下缘曰纯。紃，条也，谓以五采之条置于诸缝之中，详见《玉藻》。"　长、广，并去声。会，音脍。纰，音毗。纯，音准。紃，音旬。缝、缘，并去声。

卷之八

丧大记第二十二

疾病，外内皆埽。君、大夫彻县，士去琴瑟。寝东首于北牖下。废床，彻亵衣、加新衣，体一人。男女改服。属纩以俟绝气。男子不死于妇人之手，妇人不死于男子之手。病，疾之甚也。以宾客将来候问，故埽洁所居之内外。若君与大夫之病，则彻去乐县，士则去琴瑟。东首于北牖下者，东首，向生气也。按《仪礼·宫庙图》无北牖，而西北隅谓之屋漏，以天光漏入而得名。或者北牖指此乎？古人病将死，则废床而置病者于地，以始生在地，庶其生气复反而得活。及死，则复举尸而置之床上。手足为四体，各一人持之，为其不能自屈伸也。男女皆改服，亦拟宾客之来也。贵者朝服，庶人深衣。纩，新绵也。属之口鼻，观其动否，以验气之有无也。男子不死于妇人之手，妇人不死于男子之手，恶其亵也。　埽，去声。县，音玄，章内并同。去，上声。首，去声。属，音烛。"为其"为，去声。朝，音潮。恶，去声。君夫人卒于路寝，大夫世妇，卒于适寝。内子未命，则死于下室，迁尸于寝。士之妻，皆死于寝。诸侯与夫人皆有三寝，君正者曰路寝，余二曰小寝。夫人一正寝，二小寝，卒当于正处也。大夫妻曰命妇，而云世妇者，世妇乃国君之次妇，其尊卑与命妇等，故兼言之。内子，卿妻也。下室，燕处之所。又燕寝亦曰下室也。士之妻皆死于寝，谓士与其妻，故云皆也。《士丧礼》云死于适室，此云寝，寝室通名也。　适，音的，章内并同。"燕处”处，上声。复，有林麓，则虞人设阶，无林麓则狄人设阶。复，始死升屋招魂也。虞人，掌林麓之官。阶，梯也。狄人，乐吏之贱者。死者封疆内若有林麓，则使虞人设梯以升屋。其官职卑下不合有林麓者，则使狄人设之。以其掌设簨、簴，或便于此。　簨，音笋。簴，音巨。

小臣复，复者朝服。君以卷，夫人以屈狄，大夫以玄赪，世妇以襢衣，士以爵弁，士妻以税衣，皆升自东荣，中屋履危，北面三号，卷衣投于前，司服受之，降自西北荣。小臣，君之近臣也。君以衮，谓上公用衮服也。循其等而用之，则侯伯用鷩冕之服，子男用毳冕之服，上公之夫人用袆衣，侯伯夫人用揄狄，子男夫人用屈狄。此言君以衮，举上以见下也。夫人以屈狄，举下以知上也。赪，赤色。玄赪，玄衣纁裳也。世妇，大夫妻，言世妇者，大夫妻与世妇同用襢衣也。袆衣而下六服，说见前篇。爵弁，指爵弁服而言，非用弁也。六冕则以衣名冠，四弁则以冠名衣也。荣，屋翼也。天子、诸侯屋皆四注，大夫以下，但前檐、后檐而已。翼，在屋之两头，似翼，故名屋翼也。中屋，当屋之中也。履危，立于高峻之处，盖屋之脊也。三号者，一号于上，冀魂自天而来。一号于下，冀魂自地而来。一号于中，冀魂自天地四方之间而来。其辞则皋某复也。皋，长声也。三号毕，乃卷敛此衣自前投而下，司服者以箧受之，复之小臣，即自西北荣而下也。　朝，音潮。卷，音衮。屈，音阙。赪，尺贞切。襢，知彦切。税，音彖。号，平声。其为宾，则公馆复，私馆不复。其在野，则升其乘车之左毂而复。说见《曾子问》及《杂记》。　乘，去声。复衣不以衣尸，不以敛。妇人复，不以袡。凡复男子称名，妇人称字。唯哭先复，复而后行死事。《士丧礼》：“复衣初用以覆尸，浴则去之。”此言不以衣尸，谓不用以袭也。以绛缘衣之下曰袡。盖嫁时盛服，非事鬼神之衣，故不用以复也。　“衣尸”衣，去声。袡，如占切。先，去声。

始卒，主人啼，兄弟哭，妇人哭踊。啼者，哀痛之甚，呜咽不能哭，如婴儿失母也。兄弟情稍轻，故哭有声。妇人之踊，似雀之跳，足不离地。《问丧》篇云“爵踊”是也。　离，去声。既正尸，子坐于东方，卿大夫父兄子姓立于东方，有司庶士哭于堂下北面，夫人坐于西方，内命妇姑姊妹子姓立于西方，外命妇率外宗哭于堂上北面。此言国君之丧。正尸，迁尸于牖下南首也。姓，犹生也。子姓，子所生，谓众子孙也。内命妇，子妇、世妇之属。姑姊妹，君之姑姊妹也。子姓，君女孙也。外命妇，卿大夫之妻也。外宗，谓姑姊妹之女。大夫之丧，主人坐于东方，主妇坐于西方，其有命夫命妇则坐，无则皆立。士之丧，主人父兄子姓皆坐于东方，主妇姑姊妹子姓皆坐于西方。凡哭尸于室者，主人二手承衾而哭。承衾而哭，犹若致其亲近扶持之情也，谓初死时。　疏曰："君与大夫位尊，故坐者殊其贵贱；士位下，故坐者等其尊卑。"

君之丧，未小敛，为寄公国宾出。大夫之丧，未小敛，为君命出。士之丧，于大夫，不当敛则出。寄公，诸侯失国而寄托邻国者也。国宾，他国来聘之卿大夫也。出，出迎也。为君命出，谓君有命及门则出也。《檀弓》云："大夫吊，当事而至则辞焉。"辞，告也，故不当敛时，则亦出迎。《杂记》云"大夫至，绝踊而拜之"者，亦谓敛后也。　为，去声。凡主人之出也，徒跣扱衽拊心，降自西阶。君拜寄公国宾于位。大夫于君命，迎于寝门外，使者升堂致命，主人拜于下。士于大夫亲吊则与之哭，不逆于门外。徒跣者，未著丧屦，吉屦又不可著也。扱衽者，扱深衣前襟于带也。拊心，击心也。《曲礼》云："升降不由阼阶。"拜寄公国宾于位者，寄公位在门西，国宾位在门东，主人于庭各向其位而拜之也。《士丧礼》云："宾有大夫，则特拜之，即位于西阶下，东面，不踊。"　扱，音插。拊，音抚。夫人为寄公夫人出，命妇为夫人之命出，士妻不当敛，则为命妇出。妇人不下堂，此谓自房而出拜于堂上也。　为，去声。

小敛，主人即位于户内，主妇东面乃敛。卒敛，主人冯之踊，主妇亦如之。主人袒，说髦，括发以麻。妇人髽，带麻于房中。彻帷，男女奉尸夷于堂，降拜。《檀弓》云："小敛于户内。"冯之踊者，冯尸而踊也。髦，幼时剪发为之，年虽成人，犹垂于两边。若父死脱左髦，母死脱右髦。亲没不髦，谓此也。髽，亦用麻，如男子括发以麻也。带麻，麻带也，谓妇人要绖。小敛毕，即彻去先所设帷堂之帷。诸侯大夫之礼，宾出乃彻帷，此言士礼耳。夷，陈也。小敛竟，相者举尸出户，往陈于堂，而孝子男女亲属，并扶捧之也。降拜，适子下堂而拜宾也，　冯，音凭。章内并同。说，音脱。髽，侧瓜切。奉，上声。要，平声。去，上声。相，去声。适，音的。君拜寄公、国宾、大夫、士，句拜卿大夫于位，于士旁三拜。夫人亦拜寄公夫人于堂上，大夫内子，士妻，特拜命妇，氾拜众宾于堂上。君，谓遭丧之嗣君也。寄公与国宾入吊，固拜之矣，其于大夫士也，卿大夫则拜之于位，士则旁三拜而已。旁，谓不正向之地。士有上中下三等，故共三拜。大夫士皆先君之臣，俱当服斩，今以小敛毕而出庭列位，故嗣君出拜之。夫人亦拜寄公夫人于堂上矣，其于卿大夫之内子、士之妻，则亦拜之。但内子与命妇则人人各拜之。众宾，则士妻也。泛拜之而已，亦旁拜之比也。　氾，音泛。主人即位，袭带绖，踊。母之丧，即位而免，乃奠。吊者袭裘加武带绖，与主人拾踊。主人拜宾后，即阼阶下之位，先拜宾时袒，今拜毕，乃掩袭其衣，而加要带首绖，乃踊。《士丧礼》："先踊乃袭绖。"此诸侯礼，故先袭绖乃踊也。母丧降于父，拜宾竟而即位，以免代括发之麻，免而袭绖，至大敛乃成踊也。乃奠者，谓小敛奠。吊者小敛后来，则掩袭裘上之裼衣，加素弁于吉冠之武。武，冠下卷也。带绪者，要带首绖。有朋友之恩，则加带与绖，无朋友之恩，则无带，惟绖而已。拾踊，更踊也。　免，音问。拾，其劫切。要，平声。更，平声。

君丧，虞人出木角，狄人出壶，雍人出鼎，司马县之，乃官代哭。大夫官代哭不县壶，士代哭不以官。虞人，主山泽之官。出木为薪，以供爨鼎。盖冬月恐漏水冰冻也。角，㪺水之斗。狄人，乐吏也。主挈壶漏水之器，故出壶。雍人主烹饪，故出鼎。司马，夏官卿也，其属有挈壶氏。司马自临视其县，此漏器乃官代哭者，未殡，哭不绝声，为其不食疲倦，故以漏器分时刻，使官属以次依时相代，而哭声不绝也。士代哭不以官者，亲疏之属，与家人自相代也。君堂上二烛，下二烛。大夫堂上一烛，下二烛。士堂上一烛，下一烛。疏曰："有丧则于中庭终夜设燎，至晓灭燎，而日光未明故须烛以照祭馔也。古者未有蜡烛，呼火炬为烛也。"宾出彻帷。小敛毕即彻帷，士礼也。此君与大夫之礼，小敛毕，下阶拜宾，宾出乃彻帷也。

哭尸于堂上，主人在东方，由外来者在西方，诸妇南乡。妇人哭位本在西而东面，今以奔丧者由外而来，合居尸之西，故退而近北以乡南也。　乡，音向。妇人迎客送客不下堂，下堂不哭。男子出寝门外见人不哭。堂以内至房，妇人之事。堂以外至门，男子之事。非其所而哭，非礼也。此言小敛后，男主、女主迎送吊宾之礼。妇人于敌者固不下堂，若君夫人来吊，则主妇下堂至庭，稽颡而不哭也。男子于敌者之吊亦不出门，若有君命而出迎，亦不哭也。其无女主，则男主拜女宾于寝门内；其无男主，则女主拜男宾于阼阶下。子幼则以衰抱之，人为之拜。为后者不在，则有爵者辞，无爵者人为之拜。在竟内则俟之，在竟外则殡葬可也。丧有无后，无无主。为后者不在，谓以事故在外也。此时若有丧事，而吊宾及门，其为后者是有爵之人，则辞以摄主无爵，不敢拜宾。若此为后者是无爵之人，则摄主代之拜宾可也。出而在国境之内，则俟其还乃殡葬。若在境外，则当殡即殡，殡后又不得归，而及葬期，则葬之可也。无后，不过己自绝嗣而已。无主，则阙于宾礼。故可无后，不可无主也。　衰，音催。为，去声。竟，音境。

君之丧三日，子、夫人杖；五日既殡，授大夫、世妇杖。子、大夫寝门之外杖，寝门之内辑之；夫人、世妇在其次则杖，即位则使人执之。子有王命则去杖，国君之命则辑杖。听卜有事于尸则去杖。大夫于君所则辑杖，于大夫所则杖。子，兼适庶及世子也。寝门，殡宫门也。辑，敛也。谓举之不以拄地也。子大夫庐在寝门外，得拄杖而行至寝门。子与大夫并言者，据礼，大夫随世子以入，子杖则大夫辑，子辑则大夫去杖，故下文云，大夫于君所则辑杖也。此言大夫特来，不与子相随，故云门外杖，门内辑。若庶子之杖，则不得持入寝门也。夫人世妇居次在房内，有王命至则世子去杖，以尊王命也。有邻国君之命则辑杖者，下成君也。听卜，卜葬卜日也。有事于尸，虞与卒哭及祔之祭也。于大夫所则杖者，诸大夫同在门外之位，同是为君，故并得以杖拄地而行也。　辑，音集。去，上声。适，音的。大夫之丧，三日之朝既殡，主人、主妇、室老皆杖。大夫有君命则去杖，大夫之命则辑杖。内子为夫人之命去杖，为世妇之命授人杖。大夫有君命，此大夫，指为后子而言。世妇，君之世妇也。　去，上声。为，去声。士之丧，二日而殡，三日之朝主人杖，妇人皆杖。于君命、夫人之命如大夫，于大夫、世妇之命如大夫。如大夫，谓去杖、辑杖、授人杖，三者轻重之节也。子皆杖，不以即位。大夫、士哭殡则杖，哭柩则辑杖。弃杖者，断而弃之于隐者。子，凡庶子，不独言大夫士之庶子也。不以杖即位，避适子也。哭殡则杖，哀胜敬也。哭柩，启后也。辑杖，敬胜哀也。独言大夫士者，天子诸侯尊，子不敢以杖入殡宫门，故哭殡哭柩皆去杖也。杖于丧服为重，大祥弃之，必断截使不堪他用，而弃于幽隐之处，不使人亵贱之也。　断，音短。适，音的。始死，迁尸于床，幠用，敛衾，去死衣，小臣楔齿用角柶，缀足用燕几，君、大夫、士一也。病困时迁尸于地，冀其复生，死则举而置之床上也。幠，覆也。敛衾，拟为大敛之食也。先时彻亵衣而加新衣以死，今覆以衾而去此死时之新衣也。楔，拄也。以角为柶，长六寸，两头屈曲为将含恐口闭，故以柶拄齿令开而受含也。尸应著屦，恐足辟戾，故以燕几拘缀之令直也。　幠，音呼。去，上声。楔，先结切。柶，音四。缀，音拙。覆，去声。“为将”为，去声。令，平声。著，入声。

管人汲，不说繘屈之，尽阶，不升堂，授御者。御者入浴，小臣四人抗衾。御者二人浴，浴水用盆，沃水用枓，浴用绨巾，挋用浴衣，如他日。小臣爪足。浴余水弃于坎。其母之丧，则内御者抗衾而浴。管人，主馆舍者。汲水以供浴事也。繘，汲水瓶上索也。急遽不暇解脱此索，但萦屈而执于手。水从西阶升，尽等而不上堂，授与御者。抗衾，举衾以蔽尸也。此浴水用盆盛之，乃用枓酌盆水以沃尸，以绨为巾，蘸水以去尸之垢。挋，拭也。浴衣，生时所用以浴者，用之以拭尸，令干也。如他日者，如生时也。爪足，浴竟而剪尸足之爪甲也。浴之余水，弃之坎中，此坎是甸人取土为灶所掘之坎。内御者，妇人也。　说，音脱。繘，音聿。枓，音主。挋，音震。管人汲授御者，御者差沐于堂上。君沐粱，大夫沐稷，士沐粱。甸人为垼于西墙下，陶人出重鬲，管人受沐，乃煮之。甸人取所彻庙之西北厞薪，用爨之。管人授御者沐，乃沐。沐用瓦盘，挋用巾，如他日。小臣爪手剪须。濡濯弃于坎。此言尸之沐。差，犹摩也，谓淅粱或稷之潘汁以沐发也。君与士同用粱者，士卑不嫌于僭上也。垼，块灶也，将沐时，甸人之官取西墙下之土为块灶。陶人，作瓦器之官也。重鬲，县重之罂，瓦瓶也，受三升。管人受沐汁于堂上之御者，而下往西墙于垼灶鬲中煮之令温，甸人为灶毕，即往取复者所彻正寝西北厞，以爨灶煮沐汁。谓正寝为庙，神之也。旧说：厞是屋檐，谓抽取屋西北之檐。一说:西北隅厞,隐处之薪也,用瓦盘以贮此汁也。抿用巾,以巾拭发及面也。爪手,剪手之爪甲也。濡,烦挼其发也。濯,不净之汁也。　差,七何切。垼,音役。重,平声。鬲,音历。厞,扶味切。濡,乃乱切。濯,音棹。

君设大盘,造冰焉。大夫设夷盘,造冰焉。士併瓦盘,无冰。设床襢笫,有枕。含一床,袭一床,迁尸于堂又一床,皆有枕席,君、大夫、士一也。大盘造冰,纳冰于大盘中也。夷盘,小于大盘。夷,犹尸也。併,并也。瓦盘小,故并设之。无冰,盛水也。冰在下,设床于上。襢,单也。去席而袒露笫箦,尸在其上,使寒气得通,免腐坏也。含袭迁尸三节,各自有床,此谓沐浴以后,袭敛以前之事。　造,七到切。并,步顶切。襢,音展。笫,音滓。君之丧,子、大夫、公子、众士皆三日不食。子、大夫、公子、众士食粥,纳财,朝一溢米,莫一溢米,食之无算。士疏食水饮,食之无算。夫人、世妇、诸妻皆疏食水饮,食之无算。纳财,谓有司供纳此米也。郑注:"财,谷也。谓米由谷出,故言财。一溢,二十四分升之一也。食之无算者,谓居丧不能顿食,随意欲食则食,但朝暮不过此二溢之米也。疏食,粗饭也。"　莫,音暮。"疏食"食,音嗣,余如字,下五节并同。

大夫之丧,主人、室老、子姓皆食粥,众士疏食水饮,妻、妾疏食水饮。士亦如之。室老,家臣之长。子姓,孙也。众士,室老之下也。士亦如之,谓士之丧,亦子食粥,妻妾疏食水饮也。既丧,主人疏食水饮,不食菜果,妇人亦如之,君、大夫、士一也。练而食菜果,祥而食肉。食粥于盛不盥,食于篹者盥。食菜以醯酱。始食肉者,先食乾肉。始饮酒者,先饮醴酒。盛,杯圩之器也。篹,竹筥也。杯圩盛粥,歠之以口,故不用盥手。饭在篹,须手取而食之,故当盥手也。　盛,平声。篹,思管切。乾,音干。期之丧,三不食,食疏食水饮,不食菜果。三月既葬,食肉饮酒。期,终丧不食肉,不饮酒。父在,为母为妻,九月之丧,食饮犹期之丧也。食肉饮酒,不与人乐之。不与人乐之,言不以酒肉与人共食为欢乐也。与,旧音预,非。　疏曰:"期丧三不食,谓大夫士旁期之丧,正服则二日不食。"见《间传》。　为，去声。乐，音洛，下节同。五月、三月之丧，壹不食，再不食，可也。比葬，食肉饮酒，不与人乐之。叔母、世母、故主、宗子，食肉饮酒。一不食，三月之丧也。再不食，五月之丧也。故主，旧君也，大夫本称主。　比，音畀。不能食粥，羹之以菜可也。有疾，食肉饮酒可也。五十不成丧，七十唯衰麻在身。不成丧，谓不备居丧之礼节也。

既葬，若君食之，则食之。大夫、父之友食之，则食之矣。不辟粱肉，若有酒醴则辞。君食之，食臣也。大夫食之，食士也。父友，父同志者。此并是尊者食卑者，故虽粱肉不避，酒醴见颜色，故当辞。　"君食"食，音嗣。辟，音避。见，音现。小敛于户内，大敛于阼。君以簟席，大夫以蒲席，士以苇席。簟席，竹席也。小敛：布绞，缩者一，横者三。君锦衾，大夫缟衾，士缁衾，皆一。衾十有九称。君陈衣于序东，大夫士陈衣于房中，皆西领北上。绞，紟不在列。此明小敛之衣衾。绞，既敛所用以束尸使坚实者。从者在横者之上，从者一幅，横者三幅，每幅之末，析为三片，以便结束。皆一者，君、大夫、士皆一衾。衾在绞之上，天数终于九，地数终于十，故十有九称也。袍，夹衣。衣裳，单衣。故注云："单、复具曰称。"紟，单被也。不在列，不在十九称之数也。　绞，音爻。称，去声，下节同。紟，其鸩切。从，音倧。大敛：布绞，缩者三，横者五；布紟，二衾。君、大夫、士一也。君陈衣于庭，百称，北领西上。大夫陈衣于序东，五十称，西领南上。士陈衣于序东，三十称，西领南上。绞、紟如朝服。绞一幅为三，不辟。紟五幅，无紞。此明大敛之事。缩者三，谓一幅直用，裂其两头为三片也。横者五，谓以布二幅，分裂作六片，而用五片横于直者之下也。紟，一说在绞下用以举尸，一说在绞上，未知孰是。二衾者，小敛一衾，大敛又加一衾也。如朝服，其布如朝服十五升也。绞一幅为三不辟者，一幅两头分为三段，而中不擘裂也。紟五幅，用以举尸者。无紞，谓被头不用组纽之类为识别也。又按士沐粱及陈衣，与士丧礼不同，旧说此为天子之士。　辟，音百。紞，都敢切。小敛之衣，祭服不倒。君无襚。大夫、士毕主人之祭服。亲戚之衣，受之不以即陈。小敛，君、大夫、士皆用复衣复衾。大敛，君、大夫、士祭服无算，君褶衣褶衾，大夫、士犹小敛也。小敛十九称，不悉著于身，但取其方，故有领在下者，惟祭服尊，故必领在上也。君无襚，谓悉用己衣，不用他人襚送者，大夫、士尽用己衣然后用襚。言祭服，举尊美者言之也。亲戚所襚之衣，虽受之而不以陈列。复衣、复衾，衣衾之有绵纩者。祭服无算，随所有皆用，无限数也。褶衣、褶衾，衣衾之夹者。君衣尚多，故大敛用夹衣衾，大夫、士犹用小敛之复衣、复衾也。　复，音幅。褶，音牒。著，入声。袍必有表，不禅；衣必有裳，谓之一称。袍，衣之有著者，乃亵衣也，必须有礼服以表其外，不可禅露。衣与裳亦不可偏有，如此乃成称也。　禅，音丹。称，去声。著，上声。凡陈衣者实之箧，取衣者亦以箧。升降者自西阶。凡陈衣不诎，非列采不入，絺、绤、纻不入。陈衣者实之箧，自箧中取而陈之也。取衣，收取襚者所委之衣也。不诎，舒而不卷也。非列采，谓间色、杂色也。敛尸者，当暑亦用袍，故絺、绤与纻布皆不入也。　诎，音屈。凡敛者袒，迁尸者袭。执小敛、大敛之事者，其事烦，故必袒以取便。迁尸入柩，则其事易矣，故不袒。君之丧，大胥是敛，众胥佐之。大夫之丧，大胥侍之，众胥是敛。士之丧，胥为侍，士是敛。胥，读为祝者，以胥是乐官，不掌丧事也。《周礼》："大祝之职，大丧赞；敛丧祝，卿大夫之丧掌敛。"《士丧礼》："商祝主敛。"故知当为祝。侍，犹临也。　大，音泰。胥，音祝。小敛大敛，祭服不倒，皆左衽，结绞不纽。疏曰："衽，衣襟也，生向右，左手解抽带便也。死则襟向左，示不复解也。结绞不纽者，生时带并为屈纽，使易抽解，死时无复解义，故绞束毕结之不为纽也。"敛者既敛必哭。士与其执事则敛，敛焉则为之壹不食。凡敛者六人。与其执事，谓相助凡役也。旧说：谓与此死者平生共执事，则不至亵恶死者，故以之敛。未知是否。　与，去声。相、恶，并去声。君锦冒黼杀，缀旁七。大夫玄冒黼杀，缀旁五。士缁冒赪杀，缀旁三。凡冒，质长与手齐，杀三尺，自小敛以往用夷衾。夷衾质杀之裁犹冒也。冒者，韬尸之二囊。上曰质，下曰杀。先以杀韬足而上，后以质韬首而下。君质用锦，杀画黼文，故云"锦冒黼杀"也。其制缝合一头，又缝连一边，余一边不缝，两囊皆然。缀旁七者，不缝之边，上下安七带，缀以结之也。上之质从头而下，其长与手齐；杀则自下而上，其长三尺也。小敛有此冒，故不用衾；小敛以后，则用夷衾覆之。夷，尸也。裁，犹制也。夷衾与质杀之制，皆为覆冒尸形而作也。旧说：夷衾亦上齐手，下三尺，缯色及长短制度，如冒之质杀。杀，色介切。赪，尺贞切。裁，去声。覆，去声。君将大敛，子弁绖，即位于序端；卿大夫即位于堂廉楹西，北面东上；父兄堂下北面；夫人、命妇尸西，东面；外宗房中南面。小臣铺席，商祝铺绞、紟、衾、衣，士盥于盘上，士举迁尸于敛上。卒敛，宰告，子冯之踊，夫人东面亦如之。弁绖，素弁上加环绖，未成服故也。序，谓东序。端，序之南头也。堂廉，堂基南畔廉棱之上也，楹南近堂廉者。父兄堂下北面，谓诸父诸兄之不仕者，以贱故在堂下。外宗，见《杂记下》。小臣铺席，绞、紟、衾铺于席上。士，商祝之属也。敛上，即敛处也。卒敛宰告，太宰告孝子以敛毕也。冯之踊者，冯尸而起踊也。

大夫之丧，将大敛，既铺绞、紟、衾、衣，君至，主人迎，先入门右，巫止于门外。君释菜，祝先人，升堂。君即位于序端；卿、大夫即位于堂廉楹西，北面东上；主人房外南面；主妇尸西，东面。迁尸卒敛，宰告，主人降，北面于堂下，君抚之，主人拜稽颡。君降，升主人冯之，命主妇冯之。君释菜，礼门神也。宰告，亦告主人以敛毕也。君抚之，抚尸也。主人拜稽颡，谢君之恩礼也。升主人冯之，君使主人升堂冯尸也。命，亦君命之。士之丧，将大敛，君不在，其余礼犹大夫也。其余礼，如铺衣列位等事。

铺绞、紟踊，铺衾踊，铺衣踊，迁尸踊。敛衣踊，敛衾踊，敛绞、紟踊。此踊之节也。动尸举柩，哭踊无数，不在此节。君抚大夫，抚内命妇。大夫抚室老，抚侄娣。抚，以手按之也。内命妇，君之世妇也。大夫、内命妇皆贵，故君自抚之，以下则不抚也。室老，贵臣；侄娣，贵妾；故大夫抚之也。古者诸侯一娶九女，二国各以女媵之，为娣侄以从，大夫内子亦有侄娣。侄者，兄之子娣，女弟也，娣尊侄卑。士昏礼虽无娣媵，先言侄，若无娣，犹先媵，士有娣媵，则大夫有可知矣。　侄，音迭。

君、大夫冯父、母、妻、长子，不冯庶子。士冯父、母、妻、长子、庶子。庶子有子，则父、母不冯其尸。凡冯尸者，父、母先，妻、子后。父母先，妻子后，谓尸之父母妻子也。尊者先冯，卑者后冯。 疏曰："君、大夫之庶子，虽无子，并不得冯。"君于臣抚之，父、母于子执之。子于父、母冯之，妇于舅、姑奉之，舅、姑于妇抚之。妻于夫拘之，夫于妻、于昆弟执之。冯尸不当君所。凡冯尸，兴必踊。抚之者，当尸之心胸处抚按之也。执之者，执持其衣。冯之者，身俯而冯之。奉之者，捧持其衣。拘之者，微牵引其衣。皆于心胸之处。不当君所者，假令君已抚心，则余人冯者必少避之，不敢当君所抚之处也。冯尸之际，哀情切极，故起必为踊以泄哀也。 奉，上声。拘，音俱。令，平声。

父母之丧，居倚庐，不涂，寝苫枕凷，非丧事不言。君为庐，宫之。大夫、士，襢之。疏曰："倚庐者，于中门外东墙下倚木为庐也。不涂者，但以草夹障，不以泥涂饰之也。寝苫，卧于苫也。枕凷，枕土块也。为庐宫之者，庐外以帷障之，如宫墙也。襢，袒也，其庐袒露，不以帷障之也。"苫，始占切。枕，去声。凷，古块字。襢，音展。既葬，柱楣，涂庐，不于显者，君、大夫、士皆宫之。柱楣者，先时倚木于墙以为庐，葬后哀杀，稍举起其木，柱之于楣以纳日光，略宽容也。又于内用泥以涂之，而免风寒。不于显者，不涂庐外显处也。皆宫之，不襢也。 柱，音主。杀，去声。凡非适子者，自未葬，以于隐者为庐。疏曰："既非丧主，故于东南角隐映处为庐。《经》虽云未葬，其实葬竟亦然也。"

既葬，与人立，君言王事，不言国事；大夫、士言公事，不言家事。君既葬，王政入于国；既卒哭，而服王事。大夫、士既葬，公政入于家；既卒哭，弁绖、带，金革之事无辟也。不言国事、家事。礼之经也；既葬政入以下，礼之权也。弁绖、带，谓素弁加环绖，而带则仍是要绖也。大夫、士弁绖，则国君亦弁绖也。君言服王事，则此亦服国事也。 辟，音避。既练，居垩室，不与人居。君谋国政，大夫、士谋家事。既祥，黝垩。祥而外无哭者，禫而内无哭者，乐作矣故也。垩室在中门外，练后服渐轻，可以谋国政、谋家事也。祥，大祥也。黝，治垩室之地令黑。垩，涂垩室之壁令白。皆稍致其饰也。祥后中门外不哭，故曰“祥而外无哭者”；禫则门内亦不复哭，故曰“禫而内无哭者”。所以然者，以乐作故也。　上垩，乌各切。黝，于纠切。下垩，乌故切。禫而从御，吉祭而复寝。从御，郑氏谓御妇人，杜预谓从政而御职事。杜说近是。盖复寝，乃复其平时妇人当御之寝耳。吉祭，四时之常祭也。禫祭后值吉祭同月，则吉祭毕而复寝；若禫祭不值当吉祭之月，则逾月而吉祭乃复寝也。孔氏以下文不御于内为证，故从郑说。又按《间传》言既祥复寝者，谓大祥后复殡宫之寝，与此复寝异。期居庐，终丧不御于内者，父在为母、为妻齐衰期者，大功布衰九月者，皆三月不御于内。妇人不居庐，不寝苫；丧父母，既练而归；期九月者，既葬而归。丧父母，谓妇人有父母之丧也。既练而归，练后乃归夫家也。女子出嫁为祖父母，及为父后之兄弟皆期服。九月者，谓本是期服而降在大功者，此皆哀杀，故葬后即归也。公之丧，大夫俟练，士卒哭而归。《杂记》曰“大夫次于公馆以终丧，士练而归”，言大夫士为国君丧之礼也。此言公者，家臣称有地之大夫为公也。有地大夫之丧，其大夫与士治其采地者，皆来奔丧，大夫则俟小祥而反其所治，士则待卒哭而反其所治也。　采，音菜。

大夫、士，父母之丧，既练而归；朔日、忌日，则归哭于宗室。诸父、兄弟之丧，既卒哭而归。命士以上，父子皆异宫。庶子为大夫、士，而遭父母之丧，殡宫在适子家。既练，各归其宫。至月朔与死之日，则往哭于宗子之家，谓殡宫也。诸父、兄弟期服轻，故卒哭即归也。父不次于子，兄不次于弟。疏曰：“丧毕，故尊者不居其殡宫之次也。”君于大夫、世妇，大敛焉；为之赐，则小敛焉。于外命妇，既加盖而君至。于士，既殡而往；为之赐，大敛焉。君于大夫及内命妇之丧，而视其大敛，常礼也。若为之加恩赐，则视其小敛也。外命妇，乃臣之妻，其恩轻，故君待其大敛入棺加盖之后，而后至也。士虽卑，亦宜有恩赐，故亦视其大敛。　为，并去声，下节同。夫人于世妇，大敛焉；为之赐，小敛焉。于诸妻，为之赐，大敛焉。于大夫、外命妇，既殡而往。疏曰：“诸妻，侄娣及同姓女也，同士礼，故赐大敛。若夫人侄娣尊同世妇，当赐小敛。”已上言君夫人视之皆有常礼，而为之赐，则加礼也。大夫、士既殡，而君往焉，使人戒之。主人具殷奠之礼，俟于门外；见马首，先入门右。巫止于门外。祝代之先。君释菜于门内。祝先升自阼阶，负墉南面。君即位于阼，小臣二人执戈立于前，二人立于后。摈者进，主人拜稽颡。君称言，视祝而踊。主人踊。大夫、士之丧，君或以他故不及敛者，则殡后亦往，先使告戒主人使知之。主人具盛馔之奠，身自出候于门外，见君车前之马首，入立于门东北面，巫本在君之前，今巫止不入，祝乃代巫先君而入。君释菜以礼门神之时，祝先由东阶以升。负墉南面者，在房户之东，背壁而向南也。主人拜稽颡者，以君之临丧，故于庭中北面拜而稽颡也。君称言者，君举其所来之言，谓吊辞也。祝相君之礼，称言毕而祝踊，故君视祝而踊。君踊毕，主人乃踊也。大夫则奠可也；士则出俟于门外，命之反奠乃反奠。卒奠，主人先俟于门外。君退，主人送于门外，拜稽颡。若君所临是大夫丧，则踊毕，即释此殷奠于殡可也。若是士丧，则主人卑，不敢留君待奠，故先出俟于门，谓君将去也，君使人命其反而奠乃反奠。奠毕，主人又先俟于门外，君去即拜以送也。奠毕出俟，大夫与士皆然。

君于大夫疾，三问之；在殡，三往焉。士疾，一问之；在殡，一往焉。君吊，则复殡服。殡后主人已成服，而君始来吊，主人则还著殡时未成服之服。盖苴、绖、免布、深衣也，不散带。故《小记》云："君吊虽不当免时也，主人必免，不散麻。"一则不敢谓君之吊后时，又且以君来，故新其礼也。夫人吊于大夫、士，主人出迎于门外。见马首，先入门右。夫人入，升堂即位。主妇降自西阶，拜稽颡于下。夫人视世子而踊，奠如君至之礼。夫人退，主妇送于门内，拜稽颡；主人送于大门之外，不拜。夫人吊，则主妇为丧主，故主妇之待夫人，犹主人之待君也。世子，夫人之世子也。夫人来吊，则世子在前道引，其礼如祝之道君，故夫人视世子而踊也。主人送而不拜者，丧无二主，主妇已拜，主人不当拜也。　道，去声。大夫君，不迎于门外，入即位于堂下。主人北面，众主人南面，妇人即位于房中。若有君命，命夫命妇之命、四邻宾客，其君后主人而拜。大夫之臣，亦以大夫为君，故曰大夫君也。言此大夫君之吊其臣丧也,主人不迎于门外,此君入而即堂下之位,位在阼阶下西向,主人在其位之南而北面也。此大夫君来吊之时,若有本国之君命、或有国中大夫及命妇之命、或邻国卿大夫遣使来吊者,此大夫君必代主人拜命。及拜宾,以丧用尊者主其礼故也。然此君终不敢如国君专代为主,必以主人在己后,待此君拜竟,主人复拜也。　石梁王氏曰:“后主人者,己在前拜,使主人陪后。”君吊,见尸柩而后踊。前章既殡而君往,是不见尸柩也,乃视祝而踊。此言见尸柩而后踊似与前文异,旧说殡而未涂则踊,涂后乃不踊,未知是否。大夫、士,若君不戒而往,不具殷奠,君退必奠。以君之来告于死者,且以为荣也。君大棺八寸,属六寸,椑四寸。上大夫大棺八寸,属六寸。下大夫大棺六寸,属四寸。士棺六寸。君,国君也。大棺最在外,属在大棺之内,椑又在属之内,是国君之棺三重也。寸数以厚薄而言。　属,音烛。椑,音僻。重,平声。君里棺用朱绿,用杂金鐕。大夫里棺用玄绿,用牛骨鐕。士不绿。疏曰:“里棺,谓以缯贴棺里也。朱缯贴四方,绿缯贴四角。鐕,钉也,用金钉以琢朱绿著棺也。大夫四面玄,四角绿。士不绿者,悉用玄也,亦用大夫牛骨鐕。”　石梁王氏曰:“用牛骨为钉,不可从。”　里,音里。鐕,兹甘切。著,人声。君盖用漆,三衽三束。大夫盖用漆,二衽二束。士盖不用漆,二衽二束。盖,棺之盖板也。用漆,谓以漆涂其合缝用衽处也。衽束,并说见《檀弓》。　缝,去声。君、大夫鬊爪,实于绿中。士埋之。鬊,乱发也。爪,手足之爪甲也。生时积而不弃,今死为小囊盛之而实于棺内之四隅。故读绿为角,四角之处也。士则以物盛而埋之耳。　鬊,音舜。绿,音角。盛,平声。君殡用輴,欑至于上,毕涂屋。大夫殡以帱,欑置于西序,涂不暨于棺。士殡见衽,涂上帷之。君,诸侯也。輴,盛柩之车也。殡时以柩置輴上。欑,犹丛也。丛木于輴之四面,至于棺上。毕,尽也。以泥尽涂之。此欑木似屋形,故曰毕涂屋也。大夫之殡不用輴,其棺一面贴西序之壁,而欑其三面,上不为屋形,但以棺衣覆之。帱,覆也。故言大夫殡以帱,欑至于西序也。涂不暨于棺者,天子、诸侯之欑木广而去棺远,大夫欑狭而去棺近,所涂者仅仅不及于棺而已。士殡掘肂以容棺。肂,即坎也。棺在肂中不没,其盖缝用衽处,犹在外而可见,其衽以上,亦用木覆而涂之。帷,幛也。贵贱皆有帷,故惟朝夕之哭乃褰举其帷耳。所以帷者,鬼神尚幽暗故也。此章以《檀弓》参之,制度不同。 輴,音春。欑,才冠切。帱,音焘。熬,君四种八筐,大夫三种六筐,士二种四筐,加鱼、腊焉。熬,以火炒谷令熟也。熟则香,置之棺旁,使蚍蜉闻香而来食,免侵尸也。四种,黍、稷、稻、粱也。每种二筐。三种,黍、稷、粱。二种,黍,稷也。加鱼与腊,筐同异未闻。 石梁王氏曰:"棺旁用熬谷加鱼腊,不可从。" 种,上声。焰、炒同。令,平声。

饰棺:君龙帷、三池、疏曰:"君,诸侯也。帷,柳车边障也,以白布为之。王侯皆画为龙,故云君龙帷也。池者,织竹为笼,衣以青布,挂于柳上荒边爪端,象宫室承霤。天子四注,屋四面承霤,柳亦四池。诸侯屋亦四注而柳降一池,阙后,故三池也。" 衣,去声。振容、振容者,振动容饰也,以青黄之缯,长丈余如幡,画为雉,悬于池下为容饰,车行则幡动,故曰振容也。黼荒,火三列,黻三列,荒,蒙也。柳车上覆,谓鳖甲也,绿荒边为白黑斧文,故云黼荒。荒之中央又画为火三行,故云火三列。又画两已相背为三行,故云黻三列。黼,音甫。黻,音弗。绿,去声。行,音杭。素锦褚,加伪荒;素锦,白锦也。褚,屋也。荒下用白锦为屋,象宫室也。加帷荒者,帷是边墙,荒是上盖,褚覆竟,而加帷荒于褚外也。 伪,音帷。覆,去声。纁纽六,上盖与边墙相离,故又以纁帛为纽连之,两旁各三,凡六也。齐五采五贝;齐者,脐之义,以当中而言,谓鳖甲上当中形圆如车之盖,高三尺,径二尺余,以五采缯衣之,列行相次。五贝者,又连贝为五行,交络齐上也。 齐,如字。衣,去声。行,音杭。黼翣二,黻翣二,画翣二,皆戴圭;翣形似扇,木为之,在路则障车,入椁则障柩。二画黼,二画黻,二画云气,六翣之两角皆戴圭玉也。鱼跃拂池。以铜鱼悬于池之下,车行则鱼跳跃,上拂于池,鱼在振容间也。君纁戴六,戴,犹值也,用纁帛系棺纽著柳骨,棺之横束有三,每一束,两边各屈皮为纽,三束则六纽,今穿纁戴于纽以系柳骨,故有六戴也。纁披六。亦用绛帛为之,以一头系所连柳纁戴之中,而出一头于帷外,人牵之,每戴系之,故亦有六也。谓之披者,若牵车,登高则引前以防轩车,适下则引后以防翻车,欹左则引右,欹右则引左,使不倾覆也。已上并孔说。 披,去声,下节并同。大夫画帷二池,不振容,画荒,火三列,黻三列,素锦褚;纁纽二,玄纽二齐,三采三贝;黻翣二,画翣二,皆戴绥;鱼跃拂池。大夫戴前纁后玄，披亦如之。画帷，画为云气也。二池，一云两边各一，一云前后各一。画荒，亦画为云气也。齐三采，绛、黄、黑也。皆戴绥者，用五采羽作蕤，缀翣之两角也。披亦如之，谓色及数悉与戴同也。 绥，而追切，下节同。士布帷，布荒，一池，揄绞；纁纽二，缁纽二，齐三采一贝，画翣二，皆戴绥。士戴，前纁后缁，二披用纁。布帷布荒，皆白布不画也，一池在前。揄，摇翟也，雉类，青质五色。绞，青黄之缯也。画翟于绞，缯在池上。戴当棺束，每束各在两边，前头二戴用纁，后二用缁。二披用纁者，据一边前后各一披，故云二披。若通两边言之，亦四披也。 揄，音摇。绞，音爻。

君葬用輴，四綍二碑，御棺用羽葆。大夫葬用輴，二綍二碑，御棺用茅。士葬用国车，二綍无碑，比出宫，御棺用功布。此章二"輴"字、一"国"字，注皆读为辁船音，然以《檀弓》"诸侯輴而设帱"言之，则诸侯殡得用輴，岂葬不得用輴乎？今读大夫葬用輴与国字，并作船音；君葬用輴，音春。 天子之窆，用大木为碑，谓之丰碑；诸侯谓之桓楹。碑綍，详见《檀弓》。御棺羽葆，并见《杂记》。功布，大功之布也。辁车，《杂记》作辒字。 上輴，音春。下輴，音船。国，音船。比，音畀。

凡封，用綍，去碑负引。君封以衡，大夫、士以咸。君命毋哗，以鼓封。大夫命毋哭。士哭者相止也。三"封"字，皆读为窆，谓下棺也。 疏曰："下棺时，将綍一头系棺缄，又将一头绕碑间鹿卢，所引之人，在碑外背碑而立，负引者渐渐应鼓声而下，故云'用綍去碑负引'也。以衡，谓下棺时，别以大木为衡，贯穿棺束之缄，平持而下，备倾顿也。以缄者，以綍直系棺束之缄而下也。命毋哗，戒止其喧哗也。以鼓封，击鼓为负引者纵舍之节也。命毋哭，戒止哭声也。士则众哭者自相止而已。" 封，音窆。引，去声。咸，音缄。背，音佩。应，去声。

君松椁。大夫柏椁。士杂木椁。天子柏椁，故诸侯以松。大夫同于天子者，卑远不嫌僭也。棺椁之间，君容柷，大夫容壶，士容甒。柷，乐器，形如桶。壶，漏水之器，一说壶甒皆盛酒之器。此言阔狭之度，古者棺外椁内皆有藏器也。 柷，昌六切。甒，音武。君里椁、虞筐。大夫不里椁。士不虞筐。疏曰："卢氏虽有，郑云未闻，今不录解释。"《丧大记》。

祭法第二十三

祭法：有虞氏禘黄帝而郊喾，祖颛顼而宗尧；夏后氏亦禘黄帝而郊鲧，祖颛顼而宗禹；殷人禘喾而郊冥，祖契而宗汤；周人禘喾而郊稷，祖文王而宗武王。《国语》曰：“有虞氏禘黄帝而祖颛顼，郊尧而宗舜；夏后氏禘黄帝而祖颛顼，郊鲧而宗禹；商人禘喾而祖契，郊冥而宗汤；周人禘喾而郊稷，祖文王而宗武王。” 石梁王氏曰：“此四代禘、郊、祖、宗，诸经无所见，多有可疑，杂以纬书，愈纷错矣。” 刘氏曰：“虞、夏、殷、周皆出黄帝，黄帝之曾孙曰帝喾，尧则帝喾之子也。黄帝至舜九世，至禹五世，以世次言，尧、禹兄弟也。按《诗传》姜嫄生弃为后稷，简狄生契为司徒，稷契皆尧之弟。契至冥六世，至汤十四世，后稷至公刘四世，至大王十三世。四代禘、郊、祖、宗之说，郑氏谓经文差互，今以成周之礼例而推之，有天下者，立始祖之庙，百世不迁，又推始祖所自出之帝，祭于始祖之庙，而以始祖配之，则虞夏皆当以颛顼为始祖，而禘黄帝于颛顼之庙，祭天于郊，则皆当以颛顼配也；殷当以契为始祖，而禘帝喾于契庙，郊则当以契配也。至于祖有功而宗有德，则舜之曾祖句芒，尝有功可以为祖，今既不祖之矣，瞽瞍顽而无德，非所得而宗者，故当祖喾而宗尧也。盖舜受天下于尧，尧受之于喾，故尧授舜，而舜受终于文祖，苏氏谓即喾庙也；舜授禹，禹受命于神宗，即尧庙也。即是可以知虞不祖句芒而祖喾，不宗瞽瞍而宗尧也明矣。先儒谓配天必以始祖，配帝必以父，以此‘宗’字即为宗祀明堂之宗，故疑舜当宗瞽瞍，不当宗尧。窃意五帝官天下，自虞以上，祖功宗德，当如郑注尚德之说；三王家天下，则自当祖宗所亲。然鲧尝治水而殛死，有以死勤事之功，非瞽瞍比也，故当为祖，但亦不当郊耳。冥亦然。由是论之，则经文当云有虞氏禘黄帝而郊顼，祖喾而宗尧；夏后氏亦禘黄帝而郊顼，祖鲧而宗禹；殷人禘喾而郊契，祖冥而宗汤；周人禘喾而郊稷，祖文王而宗武王。如此则庶乎其无疑矣。大抵祖功宗德之宗，与宗祀明堂之宗不同。祖其有功者，宗其有德者，百世不迁之庙也；宗祀父于明堂以配上帝者，一世而一易，不计其功德之有无也。有虞氏宗祀之礼未闻，借使有之，则宗祀瞽瞍以配帝，自与宗尧之庙不相妨。但虞不传子，亦无百世不迁之义耳。” 今按以此章之宗，为宗其有德者，自无可疑。但殷有三宗，不惟言宗汤，则未能究其说也。　夏，上声。契，息列切。大，音泰。句，音勾。燔柴于泰坛，祭天也；瘗埋于泰折，祭地也，用骍犊。燔，燎也，积柴于坛上，加牲玉于柴上，乃燎之，使气达于天，此祭天之礼也。泰坛，即圜丘，泰者，尊之之辞，瘗埋牲币，祭地之礼也。泰折，即方丘，折，如磬折折旋之义，喻方也。周礼：阳祀用骍牲，阴祀用黝牲。此并言骍犊者，以周人尚赤，而所谓阴祀者，或是他祀欤？　燔，音烦。瘗，于滞切。埋少牢于泰昭，祭时也。相近于坎坛，祭寒暑也。王宫，祭日也。夜明，祭月也。幽宗，祭星也。雩宗，祭水旱也。四坎坛，祭四方也。山林、川谷、丘陵能出云，为风雨，见怪物，皆曰神。有天下者祭百神。诸侯在其地则祭之，亡其地则不祭。泰昭，坛名也。祭时，祭四时也。相近，当为"祖迎"，字之误也，寒暑一往一来，往者祖送之，来者迎之。周礼，仲春昼迎暑，仲秋夜迎寒，则送之亦必有其礼也。坎以祭寒，坛以祭暑。亡其地，谓见削夺也。　方氏曰："天无二日，土无二王，则王有日之象，而宫乃其居也，故祭日之坛曰王宫。日出于昼，月出于夜，则夜为月之时，而明乃其用也，故祭月之坎曰夜明。幽以言其隐而小也，扬子曰'视日月而知众星之蔑'，故祭星之所则谓之幽宗焉。吁而求雨之谓雩，主祭旱言之耳。兼祭水者，雨以时至，则亦无水患也。幽、雩皆谓之宗者，宗之为言尊也，《书》曰'禋于六宗'，《诗》曰'靡神不宗'，无所不用其尊之谓也。泰坛、泰折不谓之宗者，天地之大，不嫌于不尊也。四方，百物之神也，方有四而位则八，若乾位西北，艮位东北、坎位正北、震位正东，皆阳也；坤西南、巽东南、离正南、兑正西，皆阴也。故有坎有坛，而各以四焉。"　少，去声。相，音祖。近，音迎。宗，如字。见，音现。这，去声。大凡生于天地之间者皆曰命。其万物死皆曰折，人死曰鬼。此五代之所不变也。七代之所更立者，禘、郊、祖、宗，其余不变也。五代，唐、虞三代也。加颛顼，帝喾为七代。旧说，五代始黄帝，然未闻黄帝禘、郊、祖、宗之制，恐未然。　方氏曰："人物之生，数有长短，分有小大，莫不受制于天地，故大凡生者曰命。及其死也，物谓之折，言其有所毁也；人谓之鬼，言其有所归也。不变者，不改所命之名也。更立者，更立所祭之人也。名既当于实，故无事乎变；人既异于世，故必更而立焉。名之不变，止自尧而下者，盖法成于尧而已，由尧以前，其法未成，其名容有变更也。更立不及于黄帝者，七代同出于黄帝而已，黄帝无统于上，七代更立于下故也。其余不变者，谓禘、郊、祖、宗之外不变也，若天地日月之类，其庸可变乎?” 更,平声。

天下有王,分地建国,置都立邑,设庙、祧、坛、墠而祭之,乃为亲疏多少之数。方氏曰:“分地建国,置都立邑,所以尊贤也;设庙、祧、坛、墠而祭之,所以亲亲也。亲亲不可以无杀,故为亲疏之数焉;尊贤不可以无等,故为多少之数焉。有昭有穆,有祖有考,亲疏之数也;以七以五,以三以二,多少之数也。”是故王立七庙,一坛一墠,曰考庙,曰王考庙,曰皇考庙,曰显考庙,皆月祭之;远庙为祧,有二祧,享、尝乃止;去祧为坛,去坛为墠,坛、墠有祷焉祭之,无祷乃止;去墠曰鬼。七庙,三昭三穆,与太祖为七也。一坛一墠者,七庙之外,又立坛墠各一,起土为坛,除地曰墠也。考庙,父庙也。王考,祖也。皇考,曾祖也。显考,高祖也。祖考,始祖也。始祖百世也不迁,而高曾祖祢以亲,故此五庙,皆每月一祭也,远庙为祧,言三昭三穆之当递迁者,其主藏于二祧也,古者祧主藏于太祖庙之东西夹室,至周则昭之迁主皆藏文王之庙,穆之迁主皆藏武王之庙也,此不在月祭之例,但得四时祭之耳,故云享尝乃止。去祧为坛者,言世数远,不得于祧处受祭,故云去祧也,祭之则为坛。其又远者,亦不得于坛受祭,故云去坛也,祭之则为墠。然此坛墠者,必须有祈祷之事则行此祭,无祈祷则止,终不祭之也。去墠则又远矣,虽有祈祷,亦不及之,故泛然名之曰鬼而已。 今按此章曰王立七庙,而以文武不迁之庙,为二祧以足其数,则其实五庙而已。若商有三宗,则为四庙乎?坛墠之主,藏于祧而祭于坛墠,犹之可也,直谓有祷则祭,无祷则止,则大祫升毁庙之文何用乎?又宗庙之制,先儒讲之甚详,未有举坛墠为言者,周公三坛同墠,非此义也。又诸儒以周之七庙,始于共王之时,夫以周公制作如此其盛,而宗庙之制,顾乃下同列国,吾知其必不然矣!然则朱子然刘歆之说,岂无见乎?郑注此章,谓祫乃祭之,盖亦觉记者之失矣。诸侯立五庙,一坛一墠,曰考庙,曰王考庙,曰皇考庙,皆月祭之;显考庙,祖考庙,享、尝乃止;去祖为坛,去坛为墠,坛、墠有祷焉祭之,无祷乃止;去墠为鬼。诸侯太祖之庙,始封之君也。月祭三庙,下于天子也。显考、祖考,四时之祭而已。去祖为坛者,高祖之父,虽迁主寄太祖之庙,而不得于此受祭,若有祈祷,则去太祖之庙而受祭于坛也。去坛而受祭于墠,则高祖之祖也。大夫立三庙二坛,曰考庙,曰王考庙,曰皇考庙，享、尝乃止；显考、祖考无庙，有祷焉，为坛祭之；去坛为鬼。大夫三庙，有庙而无主，其当迁者，亦无可迁庙，故有祷则祭于坛而已。然墠轻于坛，今二坛而无墠者，以太祖虽无庙，犹重之也。去坛为鬼，谓高祖若在迁去之数，则亦不得受祭于坛，祈祷亦不得及也。适士二庙一坛，曰考庙，曰王考庙，享、尝乃止；皇考无庙，有祷焉，为坛祭之；去坛为鬼。适士，上士也。天子上、中、下之士及诸侯之上士，皆得立二庙。适，音的，章内并同。官师一庙，曰考庙，王考无庙而祭之，去王考为鬼。官师者，诸侯之中士、下士为一官之长者，得立一庙，祖祢共之。曾祖以上若有所祷，则就庙荐之而已，以其无坛也。庶士、庶人无庙，死曰鬼。庶士，府史之属。死曰鬼者，谓虽无庙，亦得荐之于寝也，《王制》云："庶人祭于寝。"

王为群姓立社，曰大社。王自为立社，曰王社。诸侯为百姓立社，曰国社。诸侯自为立社，曰侯社。大夫以下成群立社，曰置社。疏曰："大社在库门之内右。王社所在，书传无文，崔氏云：'王社在藉田，王所自祭以供粢盛。'国社亦在公宫之右。侯社在藉田。置社者，大夫以下包士庶，成群聚而居满百家以上得立社，为众特置，故曰置社。" 方氏曰："王有天下，故曰群姓；诸侯有一国，故曰百姓而已。天子曰兆民，诸侯曰万民，亦此之意。" 为，去声，下节同。大，音泰。王为群姓立七祀，曰司命，曰中霤，曰国门，曰国行，曰泰厉，曰户，曰灶。王自为立七祀。诸侯为国立五祀，曰司命，曰中霤，曰国门，曰国行，曰公厉。诸侯自为立五祀。大夫立三祀，曰族厉，曰门，曰行。适士立二祀，曰门，曰行。庶士、庶人立一祀，或立户，或立灶。司命，见《周礼》。中霤、门、行、户、灶，见《月令》。泰厉，古帝王之无后者。公厉，古诸侯之无后者。族厉，古大夫之无后者。《左传》云"鬼有所归，乃不为厉"，以其无所归，或为人害，故祀之。又按五祀之文，散见经传者非一，此言七祀、三祀，二祀、一祀之说，殊为可疑，《曲礼》"大夫祭五祀"，注言殷礼；《王制》"大夫祭五祀"，注谓有地之大夫，皆未可详。王下祭殇五：适子，适孙，适曾孙，适玄孙，适来孙。诸侯下祭三，大夫下祭二，适士及庶人祭子而止。方氏曰:“玄孙之子为来者,以其世数虽远,方来而未已也。以尊祭卑,故曰下祭。” 石梁王氏曰:“庶殇全不祭,恐非。”

夫圣王之制祭祀也,法施于民则祀之,以死勤事则祀之,以劳定国则祀之,能御大菑则祀之,能捍大患则祀之。此五者,所当祭祀也,下文可见。是故厉山氏之有天下也,其子曰农,能殖百谷;夏之衰也,周弃继之,故祀以为稷。厉山氏,一云烈山氏,炎帝神农也。其后世子孙有名柱者,能殖百谷,作农官,因名农,见《国语》。弃,见《舜典》。稷,谷神也。共工氏之霸九州也,其子曰后土。能平九州,故祀以为社。《左传》言共工氏以水纪宫,在炎帝之前,太昊之后。社,土神也。 共,音恭。帝喾能序星辰以著众,序星辰,知推步之法也。著众,谓使民占星象而知休作之候也。尧能赏,句均刑法,句以义终。能赏,当其功也。均刑法,当其罪也。以义终,禅位得人也。 当、禅,并去声。舜勤众事而野死,巡狩而崩也。 石梁王氏曰:“舜死苍梧之说不可信,郑氏谓因征有苗,尤不可信。”鲧鄣鸿水而殛死,禹能修鲧之功,鄣,壅塞之也。修者,继其事而改正之。 石梁王氏曰:“祀禹非祀鲧也。” 鄣,音章。黄帝正名百物以明民共财,颛顼能修之,正名百物者,立定百物之名也。明民,使民不惑也。共财,供给公之赋敛也 共,音恭。敛,去声。契为司徒而民成,司徒,教官之长。民成,化民成俗也。冥勤其官而水死,冥,即玄冥也,《月令》冬之神,“水死”未闻。汤以宽治民而除其虐,《书》曰:“克宽克仁”,又言“代虐以宽。”文王以文治,武王以武功去民之菑,此皆有功烈于民者也。陈氏曰:“自农,弃至尧,自黄帝至契,法施于民者也;舜、鲧与冥,以死勤事者也;禹修鲧功,以劳定国者也;汤除其虐,文武之去民菑,能御大菑,能捍大患者也。” 去,上声。菑,音灾。及夫日月星辰,民所瞻仰也;山林、川谷、丘陵,民所取财用也。非此族也,不在祀典。族,类也。祀典,祭祀之典籍。

祭义第二十四

祭不欲数，数则烦，烦则不敬。祭不欲疏，疏则怠，怠则忘。是故君子合诸天道，春禘秋尝。霜露既降，君子履之，必有凄怆之心，非其寒之谓也。春，雨露既濡，君子履之，必有怵惕之心，如将见之。乐以迎来，哀以送往，故禘有乐而尝无乐。《王制》言天子诸侯宗庙之祭：春礿、夏禘、秋尝、冬烝。注云："夏殷之祭名。周则春祀、夏禴、秋尝、冬烝也。"《郊特牲》飨禘有乐而食、尝无乐。禘，读为禴。然则此章二'禘'字，亦皆当读为禴也。但《祭统》言"大尝禘，升歌清庙，下管象"，与《那》诗言"庸鼓有斁，万舞有奕"，下云"顾予烝、尝"，是殷周秋冬之祭。不可言无乐也。此与《郊特牲》皆云无乐，未详。　郑氏曰："迎来而乐，乐亲之将来也；送去而哀，哀其享否不可知也。"　方氏曰："于雨露言春，则知霜露之为秋矣；霜露言非其寒，则雨露为雨露为非其温之谓矣；雨露言如将见之，则霜露为如将失之矣。盖春夏所以迎其来，秋冬所以送其往也。"　数，音朔。禘，音禴。怆，初亮切。食，同飼。"乐亲"之乐，去声。

致齐于内，散齐于外，齐之日，思其居处，思其笑语，思其志意，思其所乐，思其所嗜。齐三日，乃见其所为齐者。五"其"字，及下文所为，皆指亲而言。　疏曰："先思其粗，渐思其精，故居处在前，乐嗜居后。"　齐，音齐。散，上声。处，上声。乐，五教切。为，去声。祭之日，入室，僾然必有见乎其位；周还出户，肃然必有闻乎其容声；出户而听，忾然必有闻乎其叹息之声。入室，入庙室也。僾然，仿佛之貌。见乎其位，如见亲之在神位也。周旋出户，谓荐俎酌献之时，行步周旋之间，或自户内而出也。肃然，儆惕之貌。客声，举动容止之声也。忾然，太息之声也。　僾，音爱。见，音现。还，音旋。忾，苦代切。是故先王之孝也，色不忘乎目，声不绝乎耳，心志嗜欲不忘乎心；致爱则存，致悫则著，著存不忘乎心，夫安得不敬乎？君子生则敬养，死则敬享，思终身弗辱也。致爱，极其爱亲之心也。致悫，极其敬亲之诚也。存,以上文三者不忘而言。著,以上文见乎其位以下三者而言。不能敬,则养与享,只以辱亲而已。　养,去声。君子有终身之丧,忌日之谓也。忌日不用,非不祥也,言夫日志有所至,而不敢尽其私也。忌日,亲之死日也。不用,不以此日为他事也。非不祥,言非以死为不祥而避之也。夫日,犹此日也。志有所至者,此心极于念亲也。不敢尽其私,此"私"字,如不有私财之私,言不敢尽心于己之私事也。

唯圣人为能飨帝,孝子为能飨亲。飨者,乡也,乡之然后能飨焉。是故孝子临尸而不怍。君牵牲,夫人奠盎;君献尸,夫人荐豆;卿大夫相君,命妇相夫人。齐齐乎其敬也,愉愉乎其忠也,勿勿诸其欲其飨之也!临尸不怍,则其乡亲之心,致爱致悫可知矣。奠盎,设盎齐之奠也。齐齐,整肃之貌。愉愉其忠,有和顺之实也。勿勿,犹切切也。诸,语辞。犹,然也。　乡,去声。相,去声。齐,如字。

文王之祭也,事死者如事生,思死者如不欲生,忌日必哀,称讳如见亲。祀之忠也,如见亲自所爱,如欲色然,其文王与!《诗》云:"明发不寐,有怀二人。"文王之诗也。祭之明日,"明发不寝",飨而致之,又从而思之。祭之日,乐与哀半,飨之必乐,已至必哀。如不欲生,似欲随之死也。宗庙之礼,上不讳下,故有称讳之时,如祭高祖,则不讳曾祖以下也。如欲色然,言其想象亲平生所爱之物,如见亲有欲之之色也。《诗·小雅·小宛》之篇。明发,自夜至光明开发之时也,《诗》本谓宣王永怀文王、武王之功烈,此借以喻文王念父母之勤耳。文王之诗,言此诗足以咏文王也。飨之必乐,迎其来也。已至而礼毕则往矣,故哀也。　与,平声。乐,音洛。

仲尼尝奉荐而进,其亲也悫,其行也趋趋以数。已祭,子赣问曰:"子之言'祭,济济漆漆然',今子之祭,无济济漆漆,何也?"子曰:"济济者,容也,远也;漆漆者,容也,自反也。容以远,若容以自反也,夫何神明之及交?夫何济济漆漆之有乎?反馈乐成,荐其荐俎,序其礼乐,备其百官,君子致其济济漆漆,夫何恍惚之有乎?夫言岂一端而已,夫各有所当也。”尝,秋祭也。奉荐而进,进于尸也。亲,身自执事也。悫,专谨貌。趋趋,读为促促,行步迫狭也;数,举足频也,皆不事威仪之貌。子贡待祭毕,以夫子所尝言者为问,盖怪其今所行与昔所言异也。夫子言济济者,众盛之容也,远也,言非所以接亲亲也。漆漆者,专致之容也。自反,犹言自修整也。若,及也。容自疏远及容之自反者,夫何能交及于神明乎?我之自祭,何可有济济漆漆乎?言以诚悫为贵也。若言天子诸侯之祭,尸初在室,后出在堂,更反入而设馈作乐既成,主人荐其馈食之豆与牲体之俎,先时则致敬以交于神明,至此则序礼乐,备百官,献酬往复,凡助祭之君子,各以威仪相尚,而致其济济漆漆之容,当此之际,何能有思念恍惚交神之心乎?各有所当,言各有所主,谓济济漆漆,乃宗庙中宾客之容,非主人之容也;主人之事亲,宜悫而趋数也。　趋,音促。数,音朔。济,上声。漆,音切。当,去声。

孝子将祭,虑事不可以不豫;比时具物,不可以不备;虚中以治之。比时,及时也,谓当行礼之时。具物,陈设器馔之属。虚中,清明在躬,心无杂念也, 比,音畀。宫室既修,墙屋既设,百官既备,夫妇齐戒、沐浴,奉承而进之。洞洞乎!属属乎!如弗胜,如将失之,其孝敬之心至也与!荐其荐俎,序其礼乐,备其百官,奉承而进之,于是谕其志意,以其恍惚以与神明交,庶或飨之,庶或飨之!孝子之志也!洞洞、属属,见《礼器》。两言奉承而进之,上谓主人,下谓助祭者。谕其志意,祝以孝告也。　胜,平声。与,平声。孝子之祭也,尽其悫而悫焉,尽其信而信焉,尽其敬而敬焉,尽其礼而不过失焉。进退必敬,如亲听命,则或使之也。尽其悫而为悫、尽其信而为信、尽其敬而为敬,言无一毫之不致其极也。礼有常经,不可以私意为隆杀,故曰尽其礼而不过失焉。进退之间,其敬心之所存,如亲聆父母之命而若有使之者,亦前章著存之意。　杀,去声。孝子之祭可知也:其立之也,敬以诎;其进之也,敬以愉;其荐之也,敬以欲。退而立,如将受命;已彻而退,敬齐之色,不绝于面。孝子之祭也!立而不诎,固也;进而不愉,疏也;荐而不欲,不爱也;退立而不如受命,敖也;已彻而退,无敬齐之色,而忘本也。如是而祭,失之矣。方氏曰:“孝子之祭可知者,言观其祭,可以知其心也。立之者，方待事而立也。进之者，既从事而进也。荐之者，奉物而荐也。退而立者，进而复退也。已彻而退者，既荐而后彻也。盖退而立，则少退而立；已彻而退，则于是乎退焉，此其所以异也。立之敬以诎，则身之屈而为之变焉，故立而不绌，固也。进之敬以愉，则色之愉而致其亲焉，故进而不愉，疏也。荐之敬以欲则心之欲而冀其享焉，故荐而不欲，不爱也。退而立，如将受命，则顺听而无所忽焉，故退立而不如受命，敖也。已彻而退，敬齐之色，不绝于面，则慎终如始矣，故已彻而退，无敬齐之色，而忘本也。" 诎，音屈。齐，如字。敖，音傲。为，去声。孝子有深爱者，必有和气；有和气者，必有愉色；有愉色者，必有婉容。孝子如执玉，如奉盈，洞洞属属然如弗胜，如将失之。严威俨恪，非所以事亲也，成人之道也。和气、愉色、婉容，皆爱心之所发；如执玉、如奉盈、如弗胜、如将失之，皆敬心之所存。爱敬兼至，乃孝子之道；故严威俨恪，使人望而畏之，是成人之道，非孝子之道也。 奉，上声。胜，平声。

先王之所以治天下者五：贵有德，贵贵，贵老，敬长，慈幼。此五者，先王之所以定天下也。贵有德，何为也？为其近于道也。贵贵，为其近于君也。贵老，为其近于亲也。敬长，为其近于兄也。慈幼，为其近于子也。是故至孝近乎王，至弟近乎霸。至孝近乎王，虽天子必有父。至弟近乎霸，虽诸侯必有兄。先王之教，因而弗改，所以领天下国家也。应氏曰："仁以事亲，而广其爱，极其至，则王者以德行仁之心也。义以从兄，而顺其序，极其至，则霸者以礼明义之举也。孝弟之根本立乎一家，王霸之功业周乎天下，虽未能尽王霸之能事，而亦近之矣。天子至尊，内虽致睦于兄弟，而族人不敢以长幼齿之，故所尊者惟父，而诸侯特言有兄。道浑全无迹，德纯实有方，盖以人行道而有得于身也，故曰近之矣。" 石梁王氏曰："王孝霸弟，此非孔子之言。" 刘氏曰："道之理一而德之分殊，人之有德者，未必皆能尽道之大全也，然曰有德，则亦违道不远矣，此德之所以近道也。" 为、王，并去声。子曰："立爱自亲始，教民睦也。立敬自长始，教民顺也。教以慈睦，而民贵有亲。教以敬长，而民贵用命。孝以事亲，顺以听命，错诸天下，无所不行。"此言爱敬二道，为齐家治国平天下之本。君自爱其亲以教民睦,则民皆贵于有亲;君自敬其长以教民顺,则民皆贵于用上命。爱敬尽于事亲事长,而德教加于百姓,举而措之而已。　错,音措。

郊之祭也,丧者不敢哭,凶服者不敢入国门,敬之至也。吉凶异道,不得相干。祭之日,君牵牲,穆答君,卿、大夫序从。既入庙门,丽于碑;卿、大夫袒,而毛牛尚耳。鸾刀以刲,取膟膋,乃退;爓祭、祭腥而退,敬之至也。祭之日,谓祭宗庙之日也。父为昭,子为穆。穆答君,言君牵牲之时,子姓对君共牵也。卿大夫佐币,士奉刍,以次序在牲之后,故云序从也。丽牲之碑,在庙之中庭,丽,犹系也,谓以牵牲之纼,系于碑之孔也。袒衣,示有事也。将杀牲,则先取耳旁毛以荐神,毛以告全,耳以主听,欲神听之也,以耳毛为上,故云尚耳也。鸾刀、膟膋,并见前篇。乃退,谓荐毛血膟膋毕而暂退也。爓祭,祭汤中所爓之肉也。祭腥,祭生肉也。爓腥之祭毕,则礼终而退矣。此皆敬心之极至也。　从,去声。刲,音奎。膟,音律。膋,力雕切。爓,徐廉切。奉,上声。郊之祭,大报天而主日,配以月。夏后氏祭其暗,殷人祭其阳。周人祭日以朝及闇。道之大原出于天,而悬象著明,莫大乎日月,故郊以报天,而日以主神,制礼之意深远矣。　方氏曰:"郊虽以报天,然天则尊而无为,可祀之以其道,不可主之以其事,故止以日为之主焉,犹之王燕饮则主之以大夫,王嫁女则主之以诸侯而已。有其祀,必有其配,故又配以月也,犹祭社则配以勾龙,祭稷则配以周弃焉。闇者,日既没而黑,夏尚黑,故祭其闇。阳者,日方中而白,殷尚白,故祭其阳也。日初出而赤,将落亦赤,周尚亦,故祭以朝及闇。及者,未至于闇,盖日将落时也。祭日,谓祭之日也。"　闇,音暗。祭日于坛,祭月于坎,以别幽明,以制上下。祭日于东,祭月于西,以别外内,以端其位。日出于东,月生于西,阴阳长短,终始相巡,以致天下之和。终始相巡,止是终始往来,周回不息之义,不必读为沿也。　方氏曰:"坛之形则圆而无所亏,以象日之无所亏而盈也。坎之形则虚而有所受,以象月之有所受而明也。坛高而显,坎深而隐,一显一隐所以别阴阳之幽明;一高一深,所以制阴阳之上下。东动而出,西静而入,出则在外,入则反内,故东西所以别阴阳之外内。东为阳中,西为阴中,中则得位,故东西所以端阴阳之位,别幽明之道,然后能制上下之分,别外内之所,然后能端阴阳之位,言之序所以如此。且坛坎者,人为之形;东西者,天然之方。出于人为,故言制;出于天然也,故言以端其位而已。日出于东，言其象出于天地之东也；月生于西，言其明生于轮郭之西也，此又复明祭日月于东西之意也。日言出于东，则知为入于西，《尧典》‘于东曰寅宾出日，于西曰寅饯纳日’者以此。月言生于西，则知为死于东，扬雄言‘未望则载魄于西，既望则终魄于东’者以此。日之出入也，历朝夕昼夜而成一日；月之死生也，历晦朔弦望而成一月。日往则月来，月往则日来，而阴阳之义配焉。阳道常饶，阴道常乏，故运而为气，赋而为形，凡属乎阳者皆长，属乎阴者皆短，一长一短，终则有始，相巡而未尝相绝，故足以致天下之和者，阴阳相济之效也。独阴而无阳，独阳而无阴，是同而已，又何以致和乎？” 别，必烈切。巡，如字。

天下之礼，致反始也，致鬼神也，致和用也，致义也，致让也。致反始，以厚其本也。致鬼神，以尊上也。致物用，以立民纪也。致义，则上下不悖逆矣。致让，以去争也。合此五者，以治天下之礼也，虽有奇邪而不治者，则微矣。疏曰：“和，谓百姓和谐。用，谓财用丰足。致物用以立民纪者，民丰于物用，则知荣辱礼节，故可以立人纪也。奇，谓奇异；邪，谓邪恶，皆据异行之人言，用此五事为治，假令有异行不从治者，亦当少也。” 应氏曰：“致者，推致其极也。致反始，所以极吾心报本之诚；致鬼神，所以极鬼神尊严之理。” 去，上声。奇，居衣切。行，去声。宰我曰：“吾闻鬼神之名，不知其所谓。”子曰：“气也者，神之盛也。魄也者，鬼之盛也。合鬼与神，教之至也。程子曰：“鬼神天地之功用，而造化之迹也。” 张子曰：“鬼神者，二气之良能也。” 朱子曰：“以二气言，则鬼者阴之灵也，神者阳之灵也；以一气言，则至而伸者为神，反而归者为鬼，其实一物而已。” 陈氏曰：“如口鼻呼吸是气，那灵处便属魂，视听是体，那聪明处便属魄。” 方氏曰：“魂气归于天，形魄归于地，故必合鬼与神，然后足以为教之至。《中庸》曰‘使天下之人，齐明盛服以承祭祀’，此皆教之至也。”众生必死，死必归土，此之谓鬼。骨肉毙于下，阴为野土。其气发扬于上，为昭明，焄蒿凄怆，此百物之精也，神之著也。朱子曰：“如鬼神之露光处是昭明，其气蒸上处是焄蒿，使人精神悚然是凄怆。”又曰：“昭明是光耀底，焄蒿是衮然底，凄怆是凛然底。”又曰：“昭明，乃光景之属。焄蒿，气之感触人者。凄怆，如《汉书》所谓‘神君至其风肃然’之意。”又曰：“焄蒿是鬼神精气交感处。” 阴，去声。焄，音熏。因物之精，制为之极，明命鬼神，以为黔首则，百众以畏，万民以服。因其精灵之不可掩者，制为尊极之称，而显然命之曰鬼神，以为天下之法则，故民知所畏而无敢慢，知所服而无敢违。　方氏曰："极之为言至也，各曰鬼神，则尊敬之至，不可以复加，是其所以制为之极也。且鬼神本无名也，其名则人命之尔，鬼神至幽，不可测也，命之以名，则明而可测矣，然后人得而则之，故曰'以为黔首则'，是乃所以为教之至也。"　冯氏曰："秦称民为黔首，夫子时未然也，显是后儒窜入。"　复，扶又切。圣人以是为未足也，筑为宫室，设为宗祧，以别亲疏远迩；教民反古复始，不忘其所由生也。众之服自此，故听且速也。言圣人制宗庙祭祀之礼以教民，故众民由此服从而听之速也。　别，必列切。二端既立，报以二礼：建设朝事，燔燎羶芗，见以萧光，以报气也。此教众反始也。荐黍稷，羞肝、肺、首、心，见闲"见闲"二字合为覸。以侠甒，加以郁鬯，以报魄也。教民相爱，上下用情，礼之至也。二端，谓气者神之盛，魄者鬼之盛也。二礼，谓朝践之礼与馈熟之礼也。朝事，谓祭之日，早朝所行之事也。燔燎羶芗，谓取膟膋燎于炉炭，使羶芗之气上腾也。见，读为覸，杂也。以萧蒿杂膟膋而烧之，故曰覸以萧光。光者，烟上则有照映之光采也。此是报气之礼，所以教民反古复始也。至馈熟之时，则以黎稷为荐，而羞进肝肺首心回者之馔焉。见闲，即覸字，误分也。侠甒，两甒也。当此荐与羞，而杂以两甒醴酒，故曰覸以侠甒也。加以郁鬯者，魄降在地，用郁鬯之酒以灌地，本在祭初，而言于荐羞之下者，谓非独荐羞二者为报魄，初加郁鬯，亦是报魄也。此言报魄之礼。教民相爱，上下用情者，馈熟之时，以酬酢为礼，祭之酒食，遍及上下，精义无间，所以为礼之至极也。　朝，如字。间，音涧。甒，音武。君子反古复始，不忘其所由生也，是以致其敬，发其情，竭力从事以报其亲，不敢弗尽也。是故昔者天子为藉千亩，冕而朱纮，躬秉耒；诸侯为藉百亩，冕而青纮，躬秉耒。以事天地、山川、社稷、先古，以为醴酪齐盛，于是乎取之，敬之至也。藉，藉田也。纮，冠冕之系，所以为固也。先古，先祖也。于是乎取之，言皆于此藉田中取之也。

藉，在亦切，字从艸。纮，音宏。酪，音洛。齐，音咨。盛，音成。古者天子诸侯必有养兽之官，及岁时，齐戒沐浴而躬朝之，牺牷祭牲必于是取之,敬之至也。君召牛,纳而视之,择其毛而卜之,吉,然后养之。君皮弁素积,朔月、月半,君巡牲,所以致力,孝之至也。色纯曰牺,体完曰牷,牛羊豕曰牲。周礼,牧人掌牧六牲,牛、马、羊、豕、犬、鸡也。然后养之,谓在涤三月也。皮弁、素积,见前。　朝,音潮。古者天子诸侯必有公桑蚕室,近川而为之,筑宫仞有三尺,棘墙而外闭之。及大昕之朝,君皮弁素积,卜三宫之夫人、世妇之吉者,使入蚕于蚕室,奉种浴于川,桑于公桑,风戾以食之。公桑,公家之桑也。蚕室,养蚕之室也。近川,便于浴种也。棘墙,置棘于墙上也。外闭,户扇在外,而闭则向内也。大昕之朝,季春朔之旦也。三宫,在天子则谓三夫人,在诸侯之夫人,则立三宫,半后之六宫也。桑,采桑也。戾,乾也,蚕恶湿,故叶乾乃以食也。　方氏曰:"戾,至也,风至则乾矣。"　昕,音欣。奉,上声。食,音嗣。乾,音干。恶,去声。岁既单矣,世妇卒蚕,奉茧以示于君,遂献茧于夫人。夫人曰:'此所以为君服与!'遂副袆而受之,因少牢以礼之。古之献茧者,其率用此与?单,尽也。副之为言覆也,妇人首饰,所以覆首者。袆,袆衣也。礼之,礼待献茧之妇人也。率,旧读为类,今如字。　方氏曰:"三月之尽,非岁单之时,然蚕成之时也,自去岁蚕成之后,迄今岁蚕成之时,期岁矣,故谓之岁单。若孟夏称麦秋者,亦此之意。"　单,音丹。奉,上声。茧,古典切。与,平声。袆,音挥。率,如字。覆,去声。及良日,夫人缫,三盆手,遂布于三宫夫人、世妇之吉者,使缫。遂朱绿之,玄黄之,以为黼黻文章。服既成,君服以祀先王先公,敬之至也。"良日,吉日也。三盆手者,置茧于盆中,而以手三次淹之,每淹则以手振出其绪,故云三盆手也。　方氏曰:"夫人之缫,止于三盆,犹天子之耕,止于三推。"　缫,音骚。

君子曰:礼乐不可斯须去身。致乐以治心,则易、直、子、谅之心油然生矣。易、直、子、谅之心生,则乐;乐则安,安则久,久则天,天则神。天则不言而信,神则不怒而威,致乐以治心者也。致礼以治躬则庄敬,庄敬则严威。心中斯须不和不乐,而鄙诈之心入之矣;外貌斯须不庄不敬,而慢易之心入之矣。故乐也者，动于内者也；礼也者，动于外者也。乐极和，礼极顺，内和而外顺，则民瞻其颜色而不与争也，望其容貌而众不生慢易焉。故德辉动乎内，而民莫不承听；理发乎外，而众莫不承顺。故曰：致礼乐之道，而天下塞焉，举而措之无难矣。乐也者，动于内者也；礼也者，动于外者也。故礼主其减，乐主其盈。礼减而进，以进为文；乐盈而反，以反为文。礼灭而不进则销；乐盈而不反则放。故礼有报而乐有反，礼得其报则乐，乐得其反则安。礼之报，乐之反，其义一也。说见《乐记》。　子，音慈。谅，音良。

曾子曰："孝有三：大孝尊亲，其次弗辱，其下能养。"公明仪问于曾子曰："夫子可以为孝乎？"曾子曰："是何言与？是何言与！君之所谓孝者，先意承志，谕父母于道。参直养者也，安能为孝乎？"大孝尊亲，严父配天也。公明仪，曾子弟子。　养，去声。先，去声。曾子曰："身也者，父母之遗体也。行父母之遗体，敢不敬乎？居处不庄，非孝也。事君不忠，非孝也。莅官不敬，非孝也。朋友不信，非孝也。战陈无勇，非孝也。五者不遂，烖及于亲，敢不敬乎？承上文弗辱与养而言。此五者，皆足以辱亲，故曰烖及于亲。　陈，去声。养，去声。亨孰羶芗，尝而荐之，非孝也，养也。君子之所谓孝也者，国人称愿然曰：'幸哉有子如此！'所谓孝也已。众之本教曰孝，其行曰养。养可能也，敬为难。敬可能也，安为难。安可能也，卒为难。父母既没，慎行其身，不遗父母恶名，可谓能终矣。仁者仁此者也，礼者履此者也，义者宜此者也，信者信此者也，强者强此者也。乐自顺此生，刑自反此作。"愿，犹羡也。称愿，称扬羡慕也。然，犹而也。《孝经》曰："夫孝，德之本也，教之所由生也。"众之本教曰孝亦此意，言孝为教众之本也。其行曰养，行，犹用也，言用之于奉养之间也。安为难者，谓非勉强矫拂之敬也。卒为难者，谓不特终父母之身，孝子亦自终其身也。

能终,即说上文"卒"字。仁者仁此者也以下,凡七"此"字,皆指孝而言也。亨,音烹。养,去声。遗,去声。曾子曰:"夫孝,置之而塞乎天地,溥之而横乎四海,施诸后世而无朝夕,推而放诸东海而准,推而放诸西海而准,推而放诸南海而准,推而放诸北海而准。《诗》云:'自西自东,自南自北,无思不服。'此之谓也。"溥,旧读为敷,今如字。《诗·大雅·文王有声》之篇。 方氏曰:"置者,直而立之。溥者,敷而散之。施,言其出无穷。推,言其进不已。放,与孟子'放乎四海'之'放'同。准,言人以是为准。" 放,上声。曾子曰:"树木以时伐焉,禽兽以时杀焉。夫子曰:'断一树,杀一兽,不以其时,非孝也。'上言仁者仁此者也,此二者亦为恶其不仁,故言非孝,曾子又引夫子之言以为证。 断,音短。为,去声。恶,去声。孝有三:小孝用力,中孝用劳,大孝不匮。思慈爱忘劳,可谓用力矣。尊仁安义,可谓用劳矣。博施备物,可谓不匮矣。父母爱之,喜而弗忘。父母恶之,惧而无怨。父母有过,谏而不逆。父母既没,必求仁者之粟以祀之,此之谓礼终。"庶人思父母之慈爱,而忘己躬耕之劳,可谓用力矣,此其下能养之事也。诸侯、卿、大夫、士,尊重于仁,安行于义,功劳足以及物,可谓用劳矣,此其次弗辱之事也。匮,乏也;博施,谓德教加于百姓,刑于四海也;备物,谓四海之内,各以其职来助祭,可谓不匮矣;此即大孝尊亲之事也。 施,去声。

乐正子春下堂而伤其足,数月不出,犹有忧色。门弟子曰:"夫子之足瘳矣,数月不出,犹有忧色,何也?"乐正子春曰:"善如尔之问也,善如尔之问也!吾闻诸曾子,曾子闻诸夫子曰:'天之所生,地之所养,无人为大。父母全而生之,子全而归之,可谓孝矣。不亏其体,不辱其身,可谓全矣。故君子顷步而弗敢忘孝也。'今予忘孝之道,予是以有忧色也。壹举足而不敢忘父母,壹出言而不敢忘父母。壹举足而不敢忘父母,是故道而不径,舟而不游,不敢以先父母之遗体行殆。壹出言而不敢忘父母，是故恶言不出于口，忿言不反于身。不辱其身，不羞其亲，可谓孝矣！”无人为大，言无如人最为大，盖天地之性，人为贵也。道，正路也。径，捷出邪径也。游，徒涉也。恶言不出于口，己不以恶言加人也。忿言不反于身，则人自不以忿言复我也。如此则不辱身，不羞亲矣。　数，上声。瘳，音抽。顷，音跬。

昔者有虞氏贵德而尚齿，夏后氏贵爵而尚齿，殷人贵富而尚齿，周人贵亲而尚齿。虞、夏、殷、周，天下之盛王也，未有遗年者。年之贵乎天下之久矣，次乎事亲也。刘氏曰：“大爵贵以德化民，有天下如不与，而民化之，几于不知爵之为贵矣，故禹承之以爵为贵，而使民知贵贵之道也。然贵爵之弊，其终也，在上者过于亢，而泽不及下，故汤承之以务富其民为贵。然富民之弊，终也，民各私其财，而不知亲亲之道，故武王承之以亲亲为贵，所谓‘周之宗盟，异性为后’是也。四代之治，随时救弊，所贵虽不同，而尚齿则同也，未有遗年齿而不尚者。齿居天下之达尊久矣，‘老吾老以及人之老’，故尊高年，次于事亲也。然四者之所贵，亦四代之所同，记者但主于自古尚齿为言耳，读者不以辞害意可也。”　与，去声。几，平声。是故朝廷同爵则尚齿。七十杖于朝，君问则席，八十不俟朝，君问则就之，而弟达乎朝廷矣。古者视朝之礼，君臣皆立，七十杖于朝，据杖而立也。君问则席，谓君若有问，则为之布席于堂而使之坐也。不俟朝，谓见君而揖之即退，不待朝事毕也。就之，即其家也。行肩而不并，不错则随，见老者则车徒辟，斑白者不以其任行乎道路，而弟达乎道路矣。此言少者与长者同行之礼。并，并也，肩而不并，谓少者不可以肩齐并长者之肩，当差退在后也。不错则随，谓此长者若是兄之辈，则为雁行之差错，稍偏而后之；若是父之辈，则直随从其后矣。车徒辟，言或乘车，或徒行，皆当避之也。任，所负戴之物也，不以任行道路，即《孟子》：“颁白者不负戴于道路矣。”　并，步顶切。辟，音避。少，去声。差，平声。居乡以齿，而老穷不遗，强不犯弱，众不暴寡，而弟达乎州巷矣。遗，弃也。　郑氏曰：“一乡者，五州。巷，犹闾也。”古之道，五十不为甸徒，颁禽隆诸长者，而弟达乎獀狩矣。四井为邑，四邑为丘，四丘为甸，君田猎，则起民为卒徒，故曰甸徒，五十始衰，故不供此役也。颁，犹分也。隆，犹多也。田毕分禽，长者受赐多于少者。春猎为狻，冬猎为狩，举此则夏秋可知。 长，上声。狻，音蒐。少，去声。军旅什伍，同爵则尚齿，而弟达乎军旅矣。五人为伍，二伍为什。孝弟发诸朝廷，行乎道路，至乎州巷，放乎狻、狩，修乎军旅，众以义死之而弗敢犯也。自朝廷以至军旅，其人可谓众矣，然皆以通达孝弟之义，死于孝弟而不敢干犯也。

祀乎明堂，所以教诸侯之孝也。食三老、五更于大学，所以教诸侯之弟也。祀先贤于西学，所以教诸侯之德也。耕藉，所以教诸侯之养也。朝觐，所以教诸侯之臣也。五者天下之大教也。西学，西郊之学，周之小学也，《王制》云"虞庠在国之西郊"是也。 方氏曰："先贤，则乐祖是也。西学，则瞽宗是也，乐祖有道德者，故曰教诸侯之德。耕藉，所以事神致养之道，故曰教诸侯之养。朝觐，所以尊天子，故曰教诸侯之臣。《乐记》'先朝觐而后耕藉'者，武王初有天下，君臣之分，辨之不可不早也。" 食，音嗣。更，平声。大，音泰。养，去声。分，去声。

食三老、五更于大学，天子袒而割牲，执酱而馈，执爵而酳，冕而总干，所以教诸侯之弟也。是故乡里有齿，而老穷不遗，强不犯弱，众不暴寡，此由大学来者也。袒而割牲者，袒衣而割制牲体为俎实也。馈，进食也。酳，食毕而以酒虚口也。总干，总持干盾以立于舞位也。乡里有齿，言人皆知长少之序也。 大，音泰。酳，以刃切。天子设四学，当入学而大子齿。四学，虞、夏、殷、周四代之学也。大子齿，谓大子与同学者序长幼之位，不以贵加人也。天子巡守，诸侯待于竟，天子先见百年者。八十、九十者东行，西行者弗敢过；西行，东行者弗敢过。欲言政者，君就之可也。应氏曰："彼向东，此向西；彼西行，此趋东。是相违而不相值，然必驻行反，迂谒而见之，不敢超越径过也。" 守，去声。竟，音境。

壹命齿于乡里，再命齿于族，三命不齿，族有七十者弗敢先。七十者不有大故不入朝；若有大故而入，君必与之揖让，而后及爵者。方氏曰："一命齿于乡里，非其乡里，则以爵而不以齿可知。再命齿于族，非其族，则以爵而不以齿亦可知。三命不齿，虽于其族，亦不得而齿之矣，则乡里又可知。然此特贵贵之义耳，至于老老之仁，又不可得而废焉，故族有七十者弗敢先也。先，谓乡饮之席，待七十者先入而后入也，君与之揖让而后及爵者，岂族之三命得以先之乎？五州为乡，五邻为里，于远举乡，则近至于五比之间可知；于近举里，则远达于五乡之遂可知。六乡六遂，足以互见也。此言族，《周官》所谓父族也。盖有天下者谓之王族，有国者谓之公族，有家者则谓之官族，以传世言之则曰世族，以主祭言之则曰宗族。”

天子有善，让德于天。诸侯有善，归诸天子。卿大夫有善，荐于诸侯。士、庶人有善，本诸父母，存诸长老。禄爵庆赏，成诸宗庙，所以示顺也。成诸宗庙，言于宗庙中命之也，详在《祭统》十伦章。昔者圣人建阴阳天地之情，立以为《易》。易抱龟南面，天子卷冕北面，虽有明知之心，必进断其志焉，示不敢专，以尊天也；善则称人，过则称己，教不伐，以尊贤也。方氏曰：“明吉凶之象者莫如《易》，示吉凶之象者莫如龟。南，则明而有所示之方也，故易抱龟南面焉。天子北面，则以臣礼自处而致其尊也。南面，内也；北面，外也。自外至内谓之进，故曰‘进断其志’。” 应氏曰：“《易》，书也；抱龟者，人也。不曰掌易之人，而直以为易者，盖明以示天下者易也。易之道不可屈，故不于北而于南。明此以北面者，臣也，臣之位不可逾，故不曰人而曰易，盖有深意焉。” 石梁王氏曰：“此说卜者之位，与《仪礼》不合，亦近于张大之辞。” 刘氏曰：“易代天地鬼神以吉凶告天子，故南面，如祭祀之尸，代神之尊也。天子北面问卜以断其志，盖尊天事神之礼也。” 卷，音衮。知，去声。断，去声。

孝子将祭祀，必有齐庄之心以虑事，以具服物，以修宫室，以治百事。及祭之日，颜色必温，行必恐，如惧不及爱然。其奠之也，容貌必温，身必诎，如语焉而未之然。宿者皆出，其立卑静以正，如将弗见然。及祭之后，陶陶遂遂，如将复入然。是故悫善不违身，耳目不违心，思虑不违亲；结诸心，形诸色，而术省之。孝子之志也。悫善不违身，周旋升降，无非敬也。耳目不违心，所闻所见，不得以乱其心之所存也。结者，不可解之意。术，与述同，述省，犹循省也，谓每事思省。 方氏曰：“于其来也，如惧不及爱然；及既来也，又如语而未之然。于其往也，如将弗见然；及既往也，又如将复入然。则是孝子之思其亲，无物足以慊其心，无时可以绝其念。如惧不及爱然，即前经所谓‘致爱则存’是矣。如语焉而未之然，即所谓‘如亲听命’是矣。如将弗见然，即所谓‘如将失之’是矣。如将复入然，即所谓‘又从而思之’是矣。爱者，爱其亲也；惧不及爱者，惧爱亲之心有所未至也。语者，亲之语也；语而未之然，如亲欲有所语而未发也。陶陶，言思亲之心存乎内；遂遂，言思亲之心达乎外。祭后犹如此者，以其如将复入故也。” 诎，音屈。思，去声。省，息井切。建国之神位，右社稷而左宗庙。方氏曰：“神无方也，无方则无位，所谓神位者，亦人位之耳，故以建言之，建之斯有矣。王氏谓：‘右，阴也，地道所尊，故右社稷；左，阳也，人道之所乡，故左宗庙。’位宗庙于人道所乡，亦不死其亲之意。” 乡，去声。

祭统第二十五

郑氏曰："统，犹本也。"

凡治人之道，莫急于礼。礼有五经，莫重于祭。夫祭者，非物自外至者也，自中出生于心者也。心怵而奉之以礼，是故唯贤者能尽祭之义。五经，吉、凶、军、宾、嘉之五礼也。心怵，即前篇"君子履之必有怵惕之心"，谓心有感动也。　方氏曰："尽其心者祭之本，尽其物者祭之末，有本然后末从之，故祭非物自外至，自中出生于心也。心怵而奉之以礼者，心有所感于内，故以礼奉之于外而已，盖以其自中出非外至者也。奉之以礼者，见乎物；尽之以义者，存乎心。徇其物而忘其心者众人也，发于心而形于物者君子也，故曰'唯贤者能尽祭之义'。"　治，平声。怵，音黜。见，音现。

贤者之祭也，必受其福，非世所谓福也。福者，备也，备者，百顺之名也。无所不顺者之谓备，言内尽于己，而外顺于道也。忠臣以事其君，孝子以事其亲，其本一也。上则顺于鬼神，外则顺于君长，内则以孝于亲，如此之谓备。唯贤者能备，能备然后能祭。是故贤者之祭也，致其诚信，与其忠敬，奉之以物，道之以礼，安之以乐，参之以时，明荐之而已矣。不求其为，此孝子之心也。方氏曰："诚、信、忠、敬，四者祭之本，所谓物者，奉乎此而已；所谓礼者，道乎此而已；所谓乐者，安乎此而已；所谓时者，参乎此而已。"　应氏曰："不求其为，无求福之心也，所谓祭祀不祈也。"　长，上声。道、为，并去声。

祭者，所以追养继孝也。孝者，畜也。顺于道，不逆于伦，是之谓畜。应氏曰："追其不及之养，而继其未尽之孝也。畜，固为畜养之义，而亦有止而畜聚之意焉。"　刘氏曰："追养其亲于既远，继续其孝而不忘。畜者，藏也，中心藏之而不忘，是顺乎率性之道，而不逆天叙之伦焉。《诗》曰：'心乎爱矣，遐不谓矣，中心藏之，何日忘之。'此畜之意也。"　养，去声。畜，敕六切。是故孝子之事亲也，有三道焉：生则养，没则丧，丧毕则祭。养则观其顺也，丧则观其哀也，祭则观其敬而时也。尽此三道者，孝子之行也。生事之以礼，死葬之以礼，祭之以礼。养以顺为主，丧以哀为主，祭以敬为主。时者，以时思之，礼时为大也。　养、行，并去声。既内自尽，又外求助，昏礼是也。故国君取夫人之辞曰："请君之玉女，与寡人共有敝邑，事宗庙社稷。"此求助之本也。夫祭也者，必夫妇亲之，所以备外内之官也。官备则具备。水草之菹，陆产之醢，小物备矣。三牲之俎，八簋之实，美物备矣。昆虫之异，草木之实，阴阳之物备矣。凡天之所生，地之所长，苟可荐者，莫不咸在，示尽物也。外则尽物，内则尽志，此祭之心也。按《内则》：可食之物有蜩范者，蝉与蜂也。又如蚳醢，是蚁子所为。此言昆虫之异，亦此类乎？　取，去声。长，上声。

是故天子亲耕于南郊，以共齐盛；王后蚕于北郊，以共纯服；诸侯耕于东郊，亦以共齐盛；夫人蚕于北郊，以共冕服。天子、诸侯非莫耕也，王后、夫人非莫蚕也，身致其诚信，诚信之谓尽，尽之谓敬，敬尽然后可以事神明，此祭之道也。祭服者上玄下纁，天子言缁服，诸侯言冕服，缁服，亦冕服也，缁以色言，冕服则显其为祭服耳。非莫耕，非莫蚕，言非无可耕之人，非无可蚕之人也。　齐，音粢。纯，音缁。及时将祭，君子乃齐。齐之为言齐也，齐不齐以致齐者也。是故君子非有大事也，非有恭敬也，则不齐；不齐则于物无防也，耆欲无止也。及其将齐也，防其邪物，讫其耆欲，耳不听乐，故《记》曰"齐者不乐"，言不敢散其志也。心不苟虑，必依于道。手足不苟动，必依于礼。是故君子之齐也，专致其精明之德也，故散齐七日以定之，致齐三日以齐之。定之之谓齐，齐者，精明之至也，然后可以交于神明也。于物无防，物，犹事也，不苟虑，不苟动，皆所谓防也。　齐，音斋。"言齐"下四齐"以齐"，如字。是故先期旬有一日，宫宰宿夫人，夫人亦散齐七日，致齐三日。君致齐于外，夫人致齐于内，然后会于大庙。君纯冕立于阼，夫人副袆立于东房。君执圭瓒裸尸，大宗执璋瓒亚裸。及迎牲，君执纼，卿、大夫从，士执刍；宗妇执盎从，句夫人荐涚水；君执鸾刀羞哜，夫人荐豆。此之谓夫妇亲之。宿，读为肃，犹戒也。　郑氏曰："大庙，始祖庙也。圭瓒璋瓒，裸器也，以圭璋为柄。酌郁鬯曰裸，大宗亚裸，若夫人有故摄焉。纼，所以牵牲。刍，藁也，杀牲用以荐藉。"　疏曰："宗妇执盎从者，谓同宗之妇，执盎齐以从夫人也。夫人荐涚水者，涚即盎齐，以浊用清酒以涚泲之。涚水是明水，宗妇执盎齐从夫人而来，奠盎齐于位，夫人乃就盎齐之尊，酌此涚齐而荐之，因盎齐有明水，连言水耳。君执鸾刀羞哜者，哜，肝肺也。哜有二时，一是朝践之时，取肝以膋贯之，入室燎于炉炭，而出荐之主前；二是馈熟之时，君以鸾刀割制所羞哜肺，横切之不使绝，亦奠于俎上，尸并哜之，故云羞哜。一云：羞，进也。夫人荐豆者，君羞哜时，夫人荐此馈食之豆也。"又曰："《郊特牲》云'祭齐加明水'，天子诸侯祭礼，先有裸尸之事。"　先，去声。大，音泰。纯，音缁。纼，赤轸切。从，去声。涚，诗畏切。哜，才乂切。"盎齐"、"涚齐"齐，去声。

及入舞，君执干戚就舞位。君为东上，冕而总干，率其群臣以乐皇尸。是故天子之祭也，与天下乐之；诸侯之祭也，与竟内乐之。冕而总干，率其群臣以乐皇尸。此与竟内乐之之义也。东上，近主位也，此明祭时天子、诸侯亲在舞位。　乐，并音洛。竟，音境。夫祭有三重焉：献之属莫重于裸，声莫重于升歌，舞莫重于《武宿夜》，此周道也。凡三道者，所以假于外，而以增君子之志也，故与志进退，志轻则亦轻，志重则亦重。轻其志而求外之重也，虽圣人弗能得也，是故君子之祭也，必身自尽也，所以明重也。道之以礼，以奉三重而荐诸皇尸，此圣人之道也。裸以降神，于礼为重，歌者在上，贵人声也。《武宿夜》，武舞之曲名也，其义未闻。假于外者，裸则假于郁鬯，歌则假于声音，舞则假于干戚也。诚敬者，物之未将者也，诚敬之志存于内，而假外物以将之，故其轻重随志进退，若内志轻而求外物之重，虽圣人不可得也。圣人固无内轻而求外重之事，此特以明役志为本耳。

夫祭有馂，馂者祭之末也，不可不知也。是故古之人有言曰："善终者如始，馂其是已。"是故古之君子曰："尸亦馂鬼神之余也，惠术也，可以观政矣。”方氏曰：“牲既杀，则荐血腥于鬼神，及熟之于俎，而尸始食之，是尸馂鬼神之余也。” 刘氏曰：“祭毕而馂余，是祭之终事也。必谨夫馂之礼者，慎终如始也，故引古人曰：‘善终者如其始之善。’今馂余之礼，其是此意矣。所以古之君子有言：‘尸之饮食，亦是馂鬼神之余也。’此即施惠之法也，观乎馂之礼，则可以观为政之道矣。” 馂，音俊。施，去声。是故尸谡，君与卿四人馂；君起，大夫六人馂，臣馂君之余也；大夫起，士八人馂，贱馂贵之余也；士起，各执其具以出，陈于堂下，百官进，彻之，下馂上之余也。凡馂之道，每变以众，所以别贵贱之等，而兴施惠之象也。是故以四簋黍，见其修于庙中也。庙中者，竟内之象也。谡，起也。天子之祭八簋，诸侯六簋，此言四簋者，留二簋为阳厌之祭，故以四簋馂也。簋以盛黍稷，举黍则稷可知矣。自君卿至百官，每变而人益众，所以别贵贱，象施惠也。施惠之礼，修举于庙中，则施惠之政，必遍及于境内，此可以观政之谓也。 谡，音缩。进，音馂。别，必列切。施，去声。见，音现。

祭者，泽之大者也。是故上有大泽，则惠必及下，顾上先下后耳，非上积重而下有冻馁之民也。是故上有大泽，则民夫人待于下流，知惠之必将至也，由馂见之矣。故曰：“可以观政矣。”夫祭之为物大矣，其兴物备矣，顺以备者也，其教之本与！是故君子之教也，外则教之以尊其君长，内则教之以孝于其亲，是故明君在上，则诸臣服从；崇事宗庙社稷，则子孙顺孝。尽其道，端其义，而教生焉。为物，以事言也；兴物，以具言也。兴举牲羞之具，凡以顺于礼而致其备焉耳，圣人立教，其本在此。 重，平声。夫，音扶。与，平声。长，上声。是故君子之事君也，必身行之；所不安于上，则不以使下；所恶于下，则不以事上。非诸人，行诸己，非教之道也。是故君子之教也，必由其本，顺之至也，祭其是与！故曰：祭者，教之本也已。以己之心，度人之心，即《大学》絜矩之道，如此而后能尽其道，端其义也。申言教之本，以结上文之意。 恶，去声。与，平声。度，入声。

夫祭有十伦焉：见事鬼神之道焉，见君臣之义焉，见父子之伦焉，见贵贱之等焉，见亲疏之杀焉，见爵赏之施焉，见夫妇之别焉，见政事之均焉，见长幼之序焉，见上下之际焉。此之谓十伦。郑氏曰："伦，犹义也。" 见，音现。杀，去声。别，必列切。长，上声。铺筵设同几，为依神也。诏祝于室而出于祊，此交神明之道也。筵，席也。几，所冯以为安者。人生则形体异，故夫妇之伦在于有别，死则精气无间，共设一几，故祝辞云："以某妃配也。"依神，使神冯依乎此也。诏，告也。祝，祝也，谓祝以事告尸于室中也。出于祊者，谓明日绎祭，出在庙门外之旁也，《郊特牲》云"索祭祀于祊"是也。祊，说见前篇。神之所在于彼乎？于此乎？故曰："此交神明之道也。" 为，去声。祊，伯更切。索，音色。君迎牲而不迎尸，别嫌也。尸在庙门外则疑于臣，在庙中则全于君。君在庙门外则疑于君，入庙门则全于臣、全于子。是故不出者，明君臣之义也。尸本是臣，为尸而象神，则尊之如君父矣，然在庙外未入，则犹疑是臣也；及既入庙，则全其象君父之尊矣。君祭固主于尊君父而尽臣子之道，然未入庙，则犹疑是君也；及既入庙，则全为臣子而事尸无嫌矣。若君出门迎尸，则疑以君而迎臣，故不出者，所以别此嫌而明君臣之义也。夫祭之道，孙为王父尸。所使为尸者，于祭者子行也；父北面而事之，所以明子事父子道也。此父子之伦也。行，犹列也。父北面而事子行之尸者，欲子知事父之道当如是也。 方氏曰："十伦皆伦也，止于父子言伦者，有父子之伦，然后有宗庙之祭，则祭之伦，本于父子而已，故止于父子为伦焉。" 行，音杭。尸饮五，君洗玉爵献卿；尸饮七，以瑶爵献大夫；尸饮九，以散爵献士及群有司。皆以齿，明尊卑之等也。自献卿以下至群有司，凡同爵，则长者必先饮，故云皆以齿。 疏曰："此据备九献之礼者，至主人酳尸，故尸饮五也。凡祭一献，裸用郁鬯，尸祭奠而不饮，朝践二献，馈食二献，及食毕，主人酳尸，此皆尸饮之，故云尸饮五。于此时以献卿，献卿之后主妇酳尸，酳尸毕，宾长献尸，是尸饮七也。乃以瑶爵献大夫，是正九献礼毕。但初二裸不饮，故云饮七，自此以后，长宾长兄弟更为加爵，尸又饮二，是并前尸饮九，主人乃以散爵献士及群有司也，此谓上公九献，故以酳尸之一献为尸饮五也。若侯、伯七献，朝践馈食时各一献，食讫酳尸，但饮三也。子、男五献，食讫酳尸，尸饮一。” 长，上声。更，平声。夫祭有昭穆。昭穆者，所以别父子、远近、长幼、亲疏之序而无乱也。是故有事于大庙，则群昭群穆咸在而不失其伦。此之谓亲疏之杀也。疏曰：“祭大庙，则群昭群穆咸在；若余庙之祭，唯有当庙尸主，及所出之子孙，不得群昭群穆咸在也。” 别，必烈切。长，上声。大，音泰，下节同。杀，去声。当，去声。古者明君爵有德而禄有功，必赐爵禄于大庙，示不敢专也。故祭之日，一献，君立于阼阶之南，南乡，所命北面，史由君右，执策命之，再拜稽首，受书以归，而舍奠于其庙。此爵赏之施也。疏曰：“酳尸之前，皆承奉鬼神，未暇策命，此一献，则上文尸饮五，君献卿之时也。若天子命群臣，则不因常祭之日，特假于庙释奠，告以受君之命也。” 乡，去声。舍，音释。君卷冕立于阼，夫人副祎立于东房。夫人荐豆执校，执醴授之执镫；尸酢夫人执柄，夫人受尸执足。夫妇相授受，不相袭处，酢必易爵，明夫妇之别也。卷冕、副祎，见前。校，豆中央直者。执醴，执醴齐之人也，此人兼掌授豆。镫，豆之下跗也。爵形如雀，柄则尾也。袭处，谓因其处。　卷，音衮。夫，如字。校，音效。镫，音登。别，必列切。齐，去声。凡为俎者，以骨为主。骨有贵贱。殷人贵髀，周人贵肩。凡前贵于后。俎者，所以明祭之必有惠也。是故贵者取贵骨，贱者取贱骨，贵者不重，贱者不虚，示均也。惠均则政行，政行则事成，事成则功立。功之所以立者，不可不知也。俎者，所以明惠之必均也。善为政者如此。故曰：见政事之均焉。疏曰：“殷质，贵髀之厚，贱肩之薄；周文，贵肩之显，贱髀之隐。前贵于后，据周言之。” 方氏曰：“俎者，对豆之器，俎以骨为主，则豆以肉为主可知。骨，阳也；肉，阴也，俎之数以奇而从阳，豆之数以偶而从阴，为是故也。” 髀，音俾。重，平声。奇，音基。凡赐爵，昭为一，穆为一，昭与昭齿，穆与穆齿。凡群有司皆以齿。此之谓长幼有序。爵，行酒之器也。　疏曰：“此旅酬时赐助祭者酒，众兄弟子孙等在昭列者则为一色，在穆列者自为一色，各自相旅，长者在前，少者在后，是昭与昭齿，穆与穆齿也。” 方氏曰：“宗庙之中，授事则以爵，至于赐爵则以齿，何也？盖授事主义，而行于旅酬之前；赐爵主恩，而行于旅酬之后，以其主恩，故皆以齿也。司士所谓'祭祀赐爵呼昭穆而进之'是矣。夫齿所以序长幼，故曰：'此之谓长幼有序。'" 长，上声。少，去声。夫祭有畀辉、胞、翟、阍者，惠下之道也。唯有德之君为能行此，明足以见之，仁足以与之。畀之为言与也，能以其余畀其下者也。辉者，甲吏之贱者也；胞者，肉吏之贱者也；翟者，乐吏之贱者也；阍者，守门之贱者也，古者不使刑人守门。此四守者，吏之至贱者也。尸又至尊，以至尊既祭之末而不忘至贱，而以其余畀之，是故明君在上，则竟内之民无冻馁者矣。此之谓上下之际。不使刑人守门，恐是周以前如此，周则墨者使守门也。际，接也，言尊者与贱者恩意相接也。 辉，音运。胞，音庖。翟，音狄。竟，上声。

凡祭有四时，春祭曰礿，夏祭曰禘，秋祭曰尝，冬祭曰烝。周礼：春祠，夏禴，秋尝，冬烝。郑氏谓此夏殷之礼。 礿，音药。礿，禘，阳义也；尝、烝，阴义也。禘者，阳之盛也；尝者，阴之盛也。故曰："莫重于禘尝。"方氏曰："阳道常饶，阴道常乏，饶，故及于夏始为盛焉；乏，故及于秋已为盛矣。此禘所以为阳之盛，尝所以为阴之盛欤？以其阴阳之盛，故曰：'莫重于禘尝。'"古者于禘也，发爵赐服，顺阳义也；于尝也，出田邑，发秋政，顺阴义也。故《记》曰："尝之日，发公室，示赏也。"草艾则墨，未发秋政，则民弗敢草也。方氏曰："爵，命之者也，服，胜于阴者也，故为顺阳义；禄，食之者也，田邑，制于地者也，故为顺阴义。尝之日发公室，因物之成而用之以行赏也，故曰'示赏'。草刈则墨者，因其枯槁之时，刈之以给爨。刈草谓之草，犹采桑谓之桑欤？墨，五刑之轻者，左氏言'赏以春夏，刑以秋冬'，而此言尝之日发公室何也？盖赏虽以春夏为主，而亦未始不用刑，《月令》'孟夏断薄刑，决小罪'是也。刑虽以秋冬为主，亦未始不行赏，此所言是也。" 应氏曰："不曰艾草而曰草艾者，草自可艾也。"

艾，音刈。断，丁玩切。故曰：禘、尝之义大矣，治国之本也，不可不知也。明其义者君也，能其事者臣也。不明其义，君人不全；不能其事，为臣不全。夫义者，所以济志也，诸德之发也。是故其德盛者其志厚，其志厚者其义章，其义章者其祭也敬；祭敬，则竟内之子孙莫敢不敬矣。是故君子之祭也，必身亲莅之，有故，则使人可也。虽使人也，君不失其义者，君明其义故也。其德薄者其志轻，疑于其义而求祭，使之必敬也弗可得已。祭而不敬，何以为民父母矣？《中庸》言“明乎郊社之礼，禘尝之义，治国如视诸掌”，此因上文阳义阴义而申言之。济志，成其所欲为也；发德，显其所当为也。　方氏曰：“《大宗伯》‘若王不与祭祀则摄位’，先儒谓王有故，代之行其祭事，正谓是矣。代之虽在乎人，使之则出乎君，代之虽行其事，使之则本乎义。”　治，平声。竟，上声。与，去声。

夫鼎有铭，铭者自名也，自名以称扬其先祖之美，而明著之后世者也。为先祖者，莫不有美焉，莫不有恶焉。铭之义，称美而不称恶，此孝子孝孙之心也。唯贤者能之。自名，下文谓“自成其名”是也。　方氏曰：“称则称之以言，扬则扬其所为，明则使之显而不晦，著则使之见而不隐。”　见，音现。铭者，论课其先祖之有德善、功烈、勋劳、庆赏、声名，列于天下，而酌之祭器，自成其名焉，以祀其先祖者也。显扬先祖，所以崇孝也。身比焉，顺也。明示后世，教也。论，说；课，录也。王功曰勋，事功曰劳。酌，斟酌其轻重大小也。祭器，鼎彝之属。自成其名者，自成其显扬先祖之孝也。比，次也。谓己名次于先祖之下也。顺，无所违于礼也。示后世而使子孙效其所为，则是教也。　论，去声。课，音撰。比，毗至切。

夫铭者，壹称而上下皆得焉耳矣。是故君子之观于铭也，既美其所称，又美其所为。为之者，明足以见之，仁足以与之，知足以利之，可谓贤矣。贤而勿伐，可谓恭矣。上，谓先祖。下，谓己身也。见之，见其先祖之善也，非明不能；与之，使君上与己铭也，非仁莫致；利之，利己之得次名于下也，非知莫及。　知，去声。故卫孔悝之鼎铭曰：“六月丁亥，公假于大庙，公曰：‘叔舅！乃祖庄叔，左右成公，成公乃命庄叔随难于汉阳，即宫于宗周，奔走无射。孔悝，卫大夫。周六月，夏四月也。公，卫庄公蒯聩也。假，至也，至庙禘祭也。因祭而赐之铭，盖德悝之立己，故褒显其先世也。异姓大夫而年幼，故称叔舅。庄叔，悝七世祖孔达也。成公为晋所伐而奔楚，故云："随难于汉阳。"后虽反国，又以杀弟叔武，晋人执之归于京师，置诸深室，故云"即宫于宗周"也。射，厌也。　石梁王氏曰："悝，乃蒯聩姊之子，蒯聩，悝之舅，而悝则甥，今反谓之舅，其放周礼同姓之臣称伯叔父、异姓之臣称伯叔舅欤？"　悝，音恢。假，音格。大，音泰。左、右，并去声。难，去声。射，音亦。放，上声。启右献公，献公乃命成叔纂乃祖服。献公，成公之曾孙，名衎。启，开；右，助也。鲁襄十四年，卫孙文子宁惠子逐卫侯，卫侯奔齐。言庄叔余功流于后世，能右助献公，使之亦得反国也。成叔，庄叔之孙烝鉏也。其时成叔事献公，故公命其纂继尔祖旧所服行之事也。　疏曰："按《左传》，无孔达之事，献公反国，亦非成叔之功。"　右，音佑。乃考文叔，兴旧耆欲，作率庆士，躬恤卫国。其勤公家，夙夜不解，民咸曰休哉！'公曰：'叔舅！予女铭，若纂乃考服！'应氏曰："嗜欲者，心志之所存，言其先世之忠，皆以爱君忧国为嗜欲，文叔孔圉慕尚而能兴起之也。作率，奋起而倡率之也。庆，卿也，古卿庆同音，字亦同用，故庆云亦言卿云。"　耆，音嗜。解，音邂。予，上声。女，音汝。悝拜稽首曰：'对扬以辟之勤大命施于烝彝鼎。'"此谓孔悝之鼎铭也。对扬至彝鼎十三字，止作一句读，言对答扬举，用吾君殷勤之大命，施及于烝祭之彝尊及鼎也。　辟，音璧。

古之君子，论撰其先祖之美，而明著之后世者也，以比其身，以重其国家如此。子孙之守宗庙社稷者，其先祖无美而称之，是诬也；有善而弗知，不明也；知而弗传，不仁也。此三者，君子之所耻也。勋在鼎彝，是国有贤臣也，故足为国家之重。比，音畀。昔者周公旦有勋劳于天下，周公既没，成王、康王追念周公之所以勋劳者，而欲尊鲁，故赐之以重祭，外祭则郊、社是也，内祭则大尝、禘是也。夫大尝、禘，升歌《清庙》，下而管《象》，朱干、玉戚以舞《大武》，八佾以舞《大夏》，此天子之乐也。康周公，故以赐鲁也。子孙纂之，至于今不废，所以明周公之德，而又以重其国也。诗《维清》，奏《象》舞。严氏云："文王之舞谓之《象》，文舞也。大舞，武舞也。管《象》，以管播其声也。"余见前。

经解第二十六

孔子曰："入其国，其教可知也。其为人也，温柔敦厚，《诗》教也；疏通知远，《书》教也；广博易良，《乐》教也；絜静精微，《易》教也；恭俭庄敬，《礼》教也；属辞比事，《春秋》教也。故《诗》之失愚，《书》之失诬，《乐》之失奢，《易》之失贼，《礼》之失烦，《春秋》之失乱。其为人也，温柔敦厚而不愚，则深于《诗》者也；疏通知远而不诬，则深于《书》者也；广博易良而不奢，则深于《乐》者也；絜静精微而不贼，则深于《易》者也；恭俭庄敬而不烦，则深于《礼》者也；属辞比事而不乱，则深于《春秋》者也。方氏曰："六经之教善矣，然务温柔敦厚而溺其志，则失于自用矣，故《诗》之失愚；务疏通知远而趋于事，则失于无实矣，故《书》之失诬；务广博易良而徇其情，则失于好大矣，故《乐》之失奢；务絜静精微而蔽于道，则失于毁则矣，故《易》之失贼；务恭俭庄敬而亡其体，则失于过当矣，故《礼》之失烦；务属辞比事而作其法，则失于犯上矣，故《春秋》之失乱。夫六经之教，先王所以载道也，其教岂有失哉？由其所得有深浅之异耳。" 应氏曰："淳厚者未必深察情伪，故失之愚；通达者未必笃确诚实，故失之诬；宽博者未必严立绳检，故失之奢；沉潜思索，多自耗蠹，且或害道，故失之贼；〔缺文〕故失之烦；弄笔褒贬，易紊是非，且或召乱，故失之乱。惟得之深，则养之固，有以见天地之纯全。古人之大体，而安有所谓失哉？" 石梁王氏曰："孔子时，《春秋》之笔削者未出，又曰'加我数年，卒以学易'，性与天道，不可得闻，岂遽以此教人哉？所以教者，多言《诗》、《书》、《礼》、《乐》，且有愚诬奢贼烦乱之失，岂《诗》、《书》、《乐》、《易》、《礼》、《春秋》使之然哉？此决非孔子之言。" 易良之易，去声。属，音烛。比，音畀。好，去声。亡，音无。当，去声。索，音色。

天子者，与天地参，故德配天地，兼利万物，与日月并明，明照四海而不遗微小。其在朝廷，则道仁圣礼义之序；燕处，则听《雅》、《颂》之音；行步，则有环佩之声；升车，则有鸾和之音。居处有礼，进退有度，百官得其宜，万事得其序。《诗》云："淑人君子，其仪不忒，正是四国。"此之谓也。鸾、和，皆铃也，鸾在衡，和在轼前。《诗·曹风·鸣鸠》篇。　石梁王氏曰："此段最粹。"发号出令而民说，谓之和；上下相亲，谓之仁；民不求其所欲而得之，谓之信；除去天地之害，谓之义。义与信，和与仁，霸王之器也。有治民之意而无其器，则不成。冯氏曰："论义、信、和、仁之道，而以王霸并言之，岂孔子之言。"　说，音悦。去，上声。王，去声。

礼之于正国也，犹衡之于轻重也，绳墨之于曲直也，规矩之于方圜也。故衡诚县，不可以欺以轻重；绳墨诚陈，不可欺以曲直；规矩诚设，不可欺以方圜；君子审礼，不可诬以奸诈。方氏曰："轻者礼之小，重者礼之大，若大者不可损，小者不可益是矣。曲者，礼之烦，直者，礼之简，若易则易，于则于是矣。方者，礼之常；圜者，礼之变，若以礼为体者，礼之常也；以义起礼者，礼之变也。礼之用如是，故君子审礼，不可诬以奸诈也。"　县，音玄。圜，音圆。是故隆礼由礼，谓之有方之士；不隆礼不由礼，谓之无方之民。敬让之道也。故以奉宗庙，则敬；以入朝廷，则贵贱有位；以处室家，则父子亲、兄弟和；以处乡里，则长幼有序。孔子曰："安上治民，莫善于礼。"此之谓也。篇首孔子曰，记者述孔子之言也。"是故"以下，疑是记者之言，故引《孝经》孔子之言以结之也。　方氏曰："隆，言隆之而高。由，言由乎其中。隆礼所以极高明，由礼所以道中庸；极高明所以立本，道中庸所以趋时。立本趋时虽若不同，要之不离于道而已，故谓之有方之士也。道无方也，体之于礼则为有方，此以礼为主，故谓之方焉。士志于道，故于有方曰士；民无常心，故于无方曰民。"　要，平声。离，去声。

故朝觐之礼，所以明君臣之义也；聘问之礼，所以使诸侯相尊敬也；丧祭之礼，所以明臣子之恩也；乡饮酒之礼，所以明长幼之序也；昏姻之礼，所以明男女之别也。夫礼，禁乱之所由生，犹坊止水之所自来也。故以旧坊为无所用而坏之者，必有水败；以旧礼为无所用而去之者，必有乱患。婿于妇家曰昏，妇于婿家曰姻。　方氏曰："君臣之乱，生于无义，故以朝觐之礼禁之；诸侯之乱，生于不和，故以聘问之礼禁之；臣子之乱，生于无恩，故以丧祭之礼禁之。以至乡饮之施于长幼，昏姻之施于男女，其义亦若是而已。"　坊，音防。坏，音怪。去，上声。

故昏姻之礼废，则夫妇之道苦，而淫辟之罪多矣；乡饮酒之礼废，则长幼之序失，而争斗之狱繁矣；丧、祭之礼废，则臣子之恩薄，而倍死忘生者众矣；聘、觐之礼废，则君臣之位失，诸侯之行恶，而倍畔侵陵之败起矣。故礼之教化也微，其止邪也于未形，使人日徙善远罪而不自知也，是以先王隆之也。《易》曰："君子慎始。差若毫釐，缪以千里。"此之谓也。此又自昏姻覆说至聘问、朝觐，以明上文之义。所引《易》曰，纬书之言也。若，如也。　郑氏曰："苦，谓'不至'、'不答'之属。"　辟，音僻。行，去声。远，去声。缪，音谬。

卷之九

哀公问第二十七

哀公问于孔子曰："大礼何如？君子之言礼，何其尊也？"孔子曰："丘也小人，不足以知礼。"君曰："否。吾子言之也。"哀公，鲁君，名蒋。大礼，谓礼之大者。何其尊，言称扬之甚。孔子曰："丘闻之，民之所由生，礼为大，非礼无以节事天地之神也，非礼无以辨君臣、上下、长幼之位也，非礼无以别男女、父子、兄弟之亲，昏姻、疏数之交也。君子以此之为尊敬然。此皆礼之大者，故不得不尊敬之也。　长，上声。别，必列切。数，入声。然后以其所能教百姓，不废其会节。礼本天秩，圣人因人情而为之节文，非强之以甚高难行之事也，故曰："以其所能教百姓。"会节，谓行礼之期节，如葬祭有葬祭之时，冠昏有冠昏之时，不可废也。有成事，然后治其雕镂、文章、黼黻以嗣。有成事，谓诹日而得卜筮之吉，事可成也。雕镂，祭器之饰。文章、黼黻，祭服之饰也。嗣者，传续不绝之义。此器服常存，则此礼必不泯绝矣。其顺之，然后言其丧算，备其鼎俎，设其豕腊，修其宗庙，岁时以敬祭祀，以序宗族，即安其居，节、丑其衣服，卑其宫室，车不雕几，器不刻镂，食不贰味，以与民同利。昔之君子之行礼者如此。"顺之，谓上下皆无违心也。言，犹明也。丧算，五服岁月之数，殡葬久近之期也。即安其居者，随其所处而安之也。节，俭也。丑，犹恶也。雕几，见《郊特牲》。器，养器也。自奉如此其薄者，盖欲不伤财，不害民，而与民同其利也。　几，音祈。处，上声。

公曰："今之君子胡莫之行也？"孔子曰："今之君子好实无厌，淫德不倦，荒怠敖慢，固民是尽，午其众以伐有道，求得当欲，不以其所。昔之用民者由前，今之用民者由后，今之君子莫为礼也。"实，货财也。淫德，放荡之行也。固，如固获之固，言取之力也。尽，谓竭其所者也。午，与迕同，午其众，违逆众心也。求得当欲，言不过求以称其私欲而已。不以其所，不问其理之所在也。由前，由古之道。由后，由今之道也。　好、厌、敖、午、当，并去声。注"行"去声。称，去声。

孔子侍坐于哀公。哀公曰："敢问人道谁为大？"孔子愀然作色而对曰："君之及此言也，百姓之德也，固臣敢无辞而对？人道政为大。"愀然，悚动之貌。作色，变色也。百姓之德，犹言百姓之幸也。敢无辞，犹言岂敢无辞。　愀，七小切。公曰："敢问何谓为政？"孔子对曰："政者，正也。君为正，则百姓从政矣。君之所为，百姓之所从也。君所不为，百姓何从？"公曰："敢问为政如之何？"孔子对曰："夫妇别，父子亲，君臣严，三者正，则庶物从之矣。"公曰："寡人虽无似也，愿闻所以行三言之道，可得闻乎？"夫妇、父子、君臣，三纲也。庶物，众事也。无似，无所肖似，言无德也。　别，必列切。孔子对曰："古之为政，爱人为大。所以治爱人，礼为大。所以治礼，敬为大。敬之至矣，大昏为大。大昏至矣！大昏既至，冕而亲迎，亲之也。亲之也者，亲之也。是故君子兴敬为亲，舍敬是遗亲也。弗爱不亲，弗敬不正。爱与敬，其政之本与！"方氏曰："夫妇有内外之位，故曰别；父子有慈孝之恩，故曰亲；君臣有上下之分，故曰严。《易》曰：'有夫妇，然后有父子；有父子，然后有君臣。'故先后之序如此。三者之正，一以夫妇为之本，故后言'大昏为大也'。政在养人，故古之为政，爱人为大。然而爱之无节，则墨氏之兼爱矣，安能无乱乎？故曰：'所以治爱人礼为大。'礼止于敬而已，故曰：'所以治礼敬为大。'礼以敬为主，而大昏又为至焉，故曰：'敬之至矣，大昏为大。'大昏既为敬之至，故虽天子诸侯之尊，亦必冕而亲迎也。己亲其人，乃所以使人之亲己而已，故曰：'亲之也者亲之也。'冕而亲迎，可谓敬矣，故曰：'兴敬为亲，舍敬是遗亲也。'弗爱则无以相合，而其情疏，故曰：'弗爱不亲。'弗敬则无以相别，而其情亵，故曰：'弗敬不正。'爱敬之道，其始本于闺门之内，及扩而充之，其爱至于不敢恶于人，其敬至于不敢慢于人，而德教加于百姓，刑于四海，故曰：'爱与敬其政之本与。'" 迎，去声。舍，上声。与，平声。恶，去声。

公曰："寡人愿有言然。冕而亲迎，不已重乎？"孔子愀然作色而对曰："合二姓之好，以继先圣之后，以为天地、宗庙、社稷之主，君何谓已重乎？"公曰："寡人固。句不固，焉得闻此言也！寡人欲问，不得其辞，请少进。"已重，太重也。寡人固，自言其固陋也。不固焉得闻此言者，言若不固陋，则不以此为问，安得闻此言乎？请少进者，幸孔子更略有以进教我也。 石梁王氏曰："并言天地，非止诸侯之礼也。" 焉，音烟。孔子曰："天地不合，万物不生。大昏，万世之嗣也，君何谓已重焉？"孔子遂言曰："内以治宗庙之礼，足以配天地之神明。出以治直言之礼，足以立上下之敬。物耻足以振之，国耻足以兴之，为政先礼，礼其政之本与！""直言"二字未详，或云当作朝廷。 陆氏曰："物以不振为耻，国以不兴为耻。" 应氏曰："物耻，谓事物之污陋；国耻，谓国体之卑辱。内外之礼交治，则国家安富尊荣，何耻之不伸。是时鲁微弱，哀公欲振而兴之，而不知礼之为急，故夫子以是告之。" 与，平声。

孔子遂言曰："昔三代明王之政，必敬其妻、子也有道。妻也者，亲之主也，敢不敬与？子也者，亲之后也，敢不敬与？君子无不敬也，敬身为大。身也者，亲之枝也，敢不敬与？不能敬其身，是伤其亲。伤其亲，是伤其本。伤其本，枝从而亡。三者，百姓之象也。身以及身，子以及子，妃以及妃，君行此三者，则忾乎天下矣，大王之道也。如此，则国家顺矣。"敬吾身以及百姓之身，敬吾子以及百姓之子，敬吾妻以及百姓之妻。忾，犹至也。暨也，如朔南暨声教之意。大王，爱民之君也，尝言不以养人者害人，故曰大王之道也。　方氏曰："冕而亲迎，所以敬其妻也；冠于阼阶，所以敬其子也。为主于内者，妻也，故曰亲之主，传后于下者，子也，故曰亲之后。内非有主，则外不足以治其国家矣；下非有后，则上不足以承其祖考矣。此所以不敢不敬也。君子虽无所不敬，又以敬身为大焉，非苟敬身也，以其为亲之枝故也。身之于亲，犹木之有枝；亲之于身，犹木之有本，相须而共体，又非将为主为后而已，此尤不敢不敬也。"　忾，音迄。大，音泰。公曰："敢问何谓敬身？"孔子对曰："君子过言则民作辞，过动则民作则。君子言不过辞，动不过则，百姓不命而敬恭，如是则能敬其身。能敬其身，则能成其亲矣。"君子，以位言也。在上者言虽过，民犹以为辞，辞者，言之成文者也；动虽过，民犹以为则，则者，动之成法者也。所以君子之言动不敢有过，俱无过，则民不待命令之及，而自知敬其上矣。民皆敬上，则君之身不为人所辱，方谓之能敬身。成其亲者，不使亲名为人所毁也。公曰："敢问何谓成亲？"孔子对曰："君子也者，人之成名也。百姓归之名，谓之君子之子，是使其亲为君子也，是为成其亲之名也已。"孔子遂言曰："古之为政，爱人为大。不能爱人，不能有其身。不能有其身，不能安土。不能安土，不能乐天。不能乐天，不能成其身。"方氏曰："不能爱人，则伤之者至矣，故不能有其身。不能有其身，则一身无所容矣，故不能安土。安土，则所居无所择；乐天，则所遭无所怨。俯能无所择，则仰亦无所怨矣。故不能安土，不能乐天。能乐天，则于理无所不顺，成身之道，亦顺其理而已。"　乐，音洛。公曰："敢问何谓成身？"孔子对曰："不过乎物。"应氏曰："物者，实然之理也。性分之内，万物皆备，仁人孝子不过乎物者，即其身之所履，皆在义理之内而不过焉，犹《大学》之'止于仁、止于孝'也。违则过之，止则不过矣。夫物有定理，理有定体，虽圣贤岂能加毫末于此哉！亦尽其当然而止耳。"

公曰："敢问君子何贵乎天道也？"孔子对曰："贵其不已，如日月东西相从而不已也。是天道也。不闭其久，是天道也。无为而物成，是天道也。已成而明，是天道也。"日月相从不已，继明照于四方也。不闭其久，穷则变，变则通也。无为而成，不言而信，不怒而威也。已成而明，为法于天下，可传于后世也。　刘氏曰："天道至诚无息，所谓'维天之命，于穆不已'也。君子贵之，纯亦不已焉。然其不已者，一动一静互为其根，如日往则月来，月往则日来，是以不穷其久。无思无营，而万物自然各得其成，及其既成，皆粲然可见也。盖其机缄密运而不已者，虽若难名，而成功则昭著也。无为而成者，不见其为之之迹，而但见有成也。此'唯天为大，唯尧则之，荡荡乎民无能名焉，巍巍乎其有成功也，焕乎其有文章'之谓也。"

公曰："寡人蠢愚、冥烦，子志之心也！"蠢愚，蔽于气质也；冥者，暗于理；烦者，累于事。志，读如字。哀公自言其不能敏悟所教，欲孔子以简切之语，志记于我心。故孔子下文所对，是举其要者言之。 蠢，尸雍切。孔子蹴然辟席而对曰："仁人不过乎物，孝子不过乎物。是故仁人之事亲也如事天，事天如事亲。是故孝子成身。"公曰："寡人既闻此言也，无如后罪何！"孔子对曰："君之及此言也，是臣之福也。"蹴然，变容为肃敬貌。无如后罪何，言虽闻此言，然无奈后日过乎物而有罪何？此言是有意于寡过矣，故孔子以为是臣之福。 方氏曰："仁人者，主事天言之也；孝子者，主事亲言之也。亲则近而疑其不尊，天则远而疑其难格。徒以近而不尊，则父子之间，或几乎亵矣；徒以远而难格，则天人之际，或几乎绝矣。故事亲如事天者，所以致其尊而不欲其亵也；事天如事亲者，所以求其格而不欲其疏也。" 石梁王氏曰："仁人之事亲也如事天，事天如事亲。此两句非圣人不能言。" 蹴，音蹙。辟，音避。几，平声。

仲尼燕居第二十八

石梁王氏曰:“文虽有首尾,然辞旨散漫处多,未必孔子之言。”

仲尼燕居,子张、子贡、言游侍,纵言至于礼。子曰:“居,女三人者!吾语女礼,使女以礼周流无不遍也。”子贡越席而对曰:“敢问何如?”子曰:“敬而不中礼谓之野,恭而不中礼谓之给,勇而不中礼谓之逆。”子曰:“给夺慈仁。”纵言,泛言诸事也。周流无不遍者,随遇而施,无不中节也。敬以心言,恭以容言。礼虽以敬恭为主,然违于节文,则有二者之弊。给者,足恭便佞之貌。逆者,悖戾争斗之事。夫子尝言恭而无礼则劳,勇而无礼则乱,给则劳,逆则乱矣。夫子于三者之弊,独言给之为害,何也?盖野与逆二者,犹是直情径行而然,使习于礼,则无此患矣。惟足恭便给之人,是曲意徇物,致饰于外,务以悦人,貌虽类于慈仁,而本心之德则亡矣,故谓之“夺慈仁”,谓“巧言令色鲜矣仁”而耻乎足恭,正此意也。 女,音汝,下同。语,去声。中,去声。足,去声。便,平声。鲜,上声。

子曰:“师!尔过而商也不及。子产犹众人之母也,能食之,不能教也。”子贡越席而对曰:“敢问将何以为此中者也?”子曰:“礼乎礼。夫礼所以制中也。”能食不能教,亦为不及。故子贡并以中为问。 食,音嗣,下节同。子贡退,言游进曰:“敢问礼也者,领恶而全好者与?”子曰:“然。”“然则何如?”子曰:“郊社之义,所以仁鬼神也。尝禘之礼,所以仁昭穆也。馈奠之礼,所以仁死丧也。射乡之礼,所以仁乡党也。食飨之礼,所以仁宾客也。”前言礼释回,增美质,此言领恶全好,大意相类。仁昭穆,谓祭时则群昭、群穆咸在也。馈奠,丧奠也,非吉祭。乡射乡饮酒,皆行之于乡,故曰:“仁乡党。”人而不仁如礼何?此五者之礼,皆发于本心之仁也。 应氏曰:“领,谓总揽收拾之也。好恶对立,一长一消,恶者收敛而无余,则善者浑全而无亏矣。夫礼之制中,非屑屑然与恶为敌而去之也,养其良心,启其善端,而不善者自消矣。仁者，善之道也，祭祀聘享，周旋委曲焉者，凡以全此而已。仁心发于中，而后礼文见于外，及礼之既举而是心达焉，则幽明之间，咸顺其序，欢欣浃洽，皆在吾仁之中，是仁之周流畅达也。” 刘氏曰：“领恶，犹言克己也，视听言动，非礼则勿，所以克去己私之恶，而全天理之善也。一曰克己复礼，则天下归仁，所以鬼神、昭穆、死丧、乡党、宾客之礼，无所往而不为仁也。” 与，平声。长、浑、去，并上声。

子曰：“明乎郊、社之义、尝、禘之礼，治国其如指诸掌而已乎！明乎郊社之义，则事天如事亲；明乎尝禘之礼，则事亲如事天。仁人孝子明于此，故能推民胞物与之心，而天下国家，有不难治者矣。 治，平声。是故以之居处有礼，故长幼辨也；以之闺门之内有礼，故三族和也；以之朝廷有礼，故官爵序也；以之田猎有礼，故戎事闲也；以之军旅有礼，故武功成也。三族，父、子、孙也。上文言郊社以下五者，此又言居处以下五事，皆所以明礼之无乎不在也。 处、长，并上声。朝，平声。是故宫室得其度，量鼎得其象，味得其时，乐得其节，车得其式，鬼神得其飨，丧纪得其哀，辩说得其党，官得其体，政事得其施，加于身而错于前，凡众之动得其宜。”方氏曰：“奥为尊者所居，阼为主者所在，寝则无侵，房则有方，至是极而中者为极，自是衰而杀者为榱，楹以盈而有所任也，檐以瞻而有所至也。栌，若颅然；楣，若眉然，如是则宫室得其度矣。若‘鲁庄公丹楹刻桷’，‘臧文仲山节藻棁’，盖失其度故也。量，左为升，以象阳之所升；右为合，以象阴之所合。仰者为斛，以象显而有所承；复者为斗，以象隐而有所庇。外圜其形，动以天也；内方其形，静以地也。鼎口在上，以象有所安乎上；足在下，以象有所立乎下。大者为鼐，以象气之所仍；掩者为鼒，以象才之所任。足奇其数，参乎天也；耳偶其数，两乎地也。非特此而已，以兆之则有庣，以既之则有概，而量之所象又有如此者；以贯之则有耳，以举之则有铉，而鼎之所象又有如此者。其音足以中黄钟，而量又有乐之象焉；其亨足以享上帝，而鼎又有礼之象焉。《易》曰‘以制器者尚其象’，盖谓是矣。然其器疏以达者所以象春，高以粗者所以象夏，廉以深之象秋，闳以奄之象冬，器固无适而非象也。止以量、鼎为言者，盖量为器之大者，大者得其象则小者从可知；鼎为器之重者，重者得其象，则轻者从可知。若春多酸，夏多苦，秋多辛，冬多咸，所谓味得其时也。阳而不散，阴而不密，刚气不怒，柔气不慑，所谓乐得其节也。车得其式者，六等之数，作车之式也；五路之用，乘车之式也。鬼神得其飨者，若天神皆降，地祇皆出，人鬼皆格，可得而礼是矣。丧纪得其哀者，或发于容体，或发于声音，或发于言语饮食，或发于居处衣服，而各得其哀也。辩说得其党，若在官言官，在府言府，在库言库，在朝言朝之类。官得其体，若天官掌邦治，地官掌邦教之类。政事得其施，若施典于邦国，施则于都鄙，施法于官府之类。" 刘氏曰："礼以制中，无过无不及，克己复礼为仁，则溥博渊泉而时出之，故凡众之动，无不得其时中之宜。经礼三百，曲礼三千，无一事之非仁也。" 量，去声。错，音措。杀，去声。庣，音挑。亨，音烹。

子曰："礼者何也？即事之治也。君子有其事，必有其治。治国而无礼，譬犹瞽之无相与！伥伥乎其何之？譬如终夜有求于幽室之中，非烛何见？若无礼，则手足无所错，耳目无所加，进退揖让无所制。是故以之居处，长幼失其别，闺门、三族失其和，朝廷、官爵失其序，田猎、戎事失其策，军旅、武功失其制，宫室失其度，量、鼎失其象，味失其时，乐失其节，车失其式，鬼神失其飨，丧纪失其哀，辩说失其党，官失其体，政事失其施，加于身而错于前，凡众之动失其宜。如此则无以祖洽于众也。"伥伥，无定向之貌。祖，始也；洽，合也，言无以率先天下而使之协合也。 治，平声。相，去声。与，平声。伥，音昌。错，音措。处、长，并上声。别，必列切。朝，音潮。量，去声。先，去声。

子曰："慎听之！女三人者。吾语女礼犹有九焉，大飨有四焉。苟知此矣，虽在畎亩之中，事之，圣人已。两君相见，揖让而入门，入门而县兴，揖让而升堂，升堂而乐阕，下管《象》《武》，《夏》籥序兴，陈其荐俎，序其礼乐，备其百官。如此而后君子知仁焉。行中规，还中矩，和鸾中《采齐》，客出以《雍》，彻以《振羽》，是故君子无物而不在礼矣。入门而金作，示情也。升歌《清庙》，示德也。下而管《象》，示事也。是故古之君子不必亲相与言也，以礼乐相示而已。"知者，知其理也。事者，习其仪也。圣人已者，言可以进于圣人礼乐之道也。两君相见，诸侯相朝也。县，乐器之悬于笋簴者也。兴，作也。升堂而乐阕者，既升堂，主人献宾酒，宾卒爵而乐止也，此飨礼之一节也。宾酢主君，又作乐，主君饮毕则乐止，此飨礼之二节也。下管《象》、《武》之上，缺升歌《清庙》一句，或记者略耳。升堂而歌《清庙》之诗，是三节也。堂下以管吹《象》、《武》之曲，是四节也。《夏》籥，禹大夏之乐曲，以籥吹之也，与《象》、《武》次序更迭而作，故云："《夏》籥序兴。"言礼而必曰君子知仁，使三子求节文于天理之中也。行中规，第五节也。还中矩，第六节也。《采齐》，乐章名。和鸾，车上之铃也。车行整缓，则铃声与乐声相中，盖出门迎宾之时，此第七节也。客出之时，歌《雍》诗以送之，此第八节也。《振羽》，即《振鹭》，礼毕彻器，则歌《振鹭》之诗，九节也。九者之礼，大飨有其四，一是宾卒爵而乐阕，二是宾酢主卒爵则乐又阕，三是升歌《清庙》，四是下管《象》、《武》，余五者则非飨礼所得专也。　方氏曰："《雍》，禘太祖之诗也，其用为大，故歌之以送客。《振鹭》，助祭之诗，其用为小，故歌之以彻器而已。二诗本主于禘太祖与助祭，而又用之于此者，犹《鹿鸣》本以燕群臣，而又用于乡饮也。然《论语》言以《雍》彻其用，与此不同，又何也？盖彼言天子飨神之事，此言诸侯飨宾之事，重轻固可知矣。示情者，欲宾主以情相接也；示德者，欲宾主以德相让也；示事者，欲宾主以事相成也。"　刘氏曰："仁者，天下之正理，礼序乐和，天下之正理不外是矣，故曰：'如此而后君子知仁。'"　县，音玄。阙，音缺。夏，上声。中，去声。还，音旋。齐，音慈。振，平声。更，平声。

子曰："礼也者，理也。乐也者，节也，君子无理不动，无节不作。不能《诗》，于礼缪。不能乐，于礼素。薄于德，于礼虚。"《乐记》言："乐者，天地之和也；礼者，天地之序也。"此言礼者理也，乐者节也，盖礼得其理，则有序而不乱；乐得其节，则虽和而不流。君子无理不动，防其乱也；无节不作，防其流也。人而不为《周南》、《召南》，犹正墙面而立，不能诗者，能不缪于礼乎？礼之用，和为贵，不能乐，则无从容委曲之度，是达于礼而不达于乐，谓之素也。素，谓质朴也，忠信之人，可以学礼，薄于德者，必不能充于礼也。　缪，去声。召，音邵。子曰："制度在礼，文为在礼。行之，其在人乎！"子贡越席而对曰："敢问夔其穷与？"子曰："古之人与！古之人也！达于礼而不达于乐，谓之素；达于乐而不达于礼，谓之偏。夫夔达于乐而不达于礼，是以传于此名也，古之人也。"文，谓文章之显设者。苟非其人，则礼不虚道，是以行之在人也。子贡之意，谓夔以乐称，而不言其知礼，其不通于礼乎？穷，不通也。夫子再言古之人，亦微示不可贬之意，言夔以偏于知乐，是以传此不达礼之名于后世耳，然而毕竟是古之贤者也，故又终之以“古之人也”之言。然则礼乐之道，学者能知其相为用之原，则无素与偏之失矣。

子张问政。子曰：“师乎，句前，吾语女乎！君子明于礼乐，举而错之而已。”前言语女，谓昔者已尝告汝矣。举而错之，谓举礼乐之道而施之政事也。子张复问。子曰：“师，尔以为必铺几筵，升降、酌献、酬酢，然后谓之礼乎？尔以为必行缀兆，兴羽籥，作钟鼓，然后谓之乐乎？言而履之，礼也。行而乐之，乐也。君子力此二者，以南面而立，夫是以天下大平也。诸侯朝，万物服体，而百官莫敢不承事矣。筵，席也。缀兆，舞者之行列也。万物服体，谓万事者皆从其理。　复，扶又切。缀，音拙。“而乐”乐，音洛。大，音泰。朝，音潮。行，音杭。礼之所兴，众之所治也。礼之所废，众之所乱也。目巧之室，则有奥阼；席则有上下，车则有左右，行则有随，立则有序，古之义也。众之治乱，由礼之兴废，此所以为政先礼也。目巧，谓不用规矩绳墨，但据目力相视之巧也。言虽苟简为之，亦必有奥阼之处。盖室之有奥，所以为尊者所处；堂之有阼，所以为主人之位也。席或以南方为上，或以西方为上，详见《曲礼》。车之尊位在左，父之齿随行，贵贱长幼，各有所立之位，此皆古圣人制礼之义也。　相，去声。处，上声。室而无奥阼，则乱于堂室也。席而无上下，则乱于席上也。车而无左右，则乱于车也。行而无随，则乱于涂也。立而无序，则乱于位也。昔圣帝、明王、诸侯，辨贵贱、长幼、远近、男女、外内，莫敢相逾越，皆由此涂出也。”三子者既得闻此言也于夫子，昭然若发矇矣。此言礼之为用无所不在，失之则随事致乱，为政者可舍之而他求乎？贵贱以爵言，长幼以齿言，远近以亲疏言，男女以同异言，外内以位序言也。　方氏曰：“发矇者，若目不明，为人所发而有所见也。”　石梁王氏曰：“篇末二句，是记者自作结语。”

孔子闲居第二十九

孔子闲居，子夏侍。子夏曰："敢问《诗》云'凯弟君子，民之父母'，何如斯可谓民之父母矣？"孔子曰："夫民之父母乎！必达于礼乐之原，以致五至，而行三无，以横于天下。四方有败，必先知之。此之谓民之父母矣。"《诗·大雅·泂酌》之篇。凯，乐也。弟，易也。横者，广被之意。言三无、五至之道，广被于天下也。四方将有祸败之衅而必能先知者，以其切于忧民，是以能审治乱之畿也。　弟，音悌。子夏曰："民之父母既得而闻之矣，敢问何谓五至？"孔子曰："志之所至，《诗》亦至焉；《诗》之所至，礼亦至焉；礼之所至，乐亦至焉；乐之所至，哀亦至焉。哀乐相生。是故正明目而视之，不可得而见也；倾耳而听之，不可得而闻也。志气塞乎天地。此之谓五至。"五至、三无者，至，则极盛而无以复加；无，则至微而不泥于迹之谓也。在心为志，发言为《诗》，志盛则言亦盛，故曰："志之所至，《诗》亦至焉。"《诗》有美刺，可以兴起好善恶恶之心，兴于《诗》者必能立于礼，故曰："《诗》之所至，礼亦至焉。"礼贵于序，乐贵于和，有其序则有其和，无其序则无其和，故曰："礼之所至，乐亦至焉。"乐至则乐民之生，而哀民之死，故曰："乐之所至，哀亦至焉。"君能如此，故民亦乐君之生，而哀君之死，是"哀乐相生"也。乐民之乐者，民亦乐其乐；忧民之忧者，民亦忧其忧。即下文"无声之乐，无服之丧"是也。目正视则明全，耳倾听则聪审，今正视且不见，倾听且不闻，是五至无体无声，而惟其志气之充塞乎天地也。塞乎天地，即所谓"横于天下"也。　"哀乐"乐，音洛。塞，入声。复，扶又切。泥，去声。子夏曰："五至既得而闻之矣，敢问何谓三无？"孔子曰："无声之乐，无体之礼，无服之丧，此之谓三无。"子夏曰："三无既得略而闻之矣，敢问何诗近之？"孔子曰："'夙夜其命宥密'，无声之乐也；'威仪逮逮，不可选也'，无体之礼也；'凡民有丧，匍匐救之’，无服之丧也。”夙，早也。基，始也。宥，宽也。密，宁也。《周颂·昊天有成命》篇，言文王武王夙夜忧勤，以肇基天命，惟务行宽静之政以安民，夫子以喻无声之乐者，言人君政善，则民心自然喜悦，不在于钟鼓管弦之声也。逮逮，《诗》作棣棣，盛也。选，择也。《邶风·柏舟》之篇，言仁人威仪之盛，自有常度，不容有所选择，初不待因物以行礼而后可见，故以喻无体之礼也。手行为匍，伏地为匐。《邶风·谷风》之篇，言凡人有死丧之祸，必汲汲然往救助之，此非为有服属之亲，特周救其急耳，故以喻无服之丧也。 其，音基。

子夏曰：“言则大矣，美矣，盛矣，言尽于此而已乎？”孔子曰：“何为其然也？君子之服之也，犹有五起焉。”疏曰：“服，习也。言君子习此三无，犹有五种起发其义。” 种，上声。子夏曰：“何如？”孔子曰：“无声之乐，气志不违；无体之礼，威仪迟迟；无服之丧，内恕孔悲。无声之乐，气志既得；无体之礼，威仪翼翼；无服之丧，施及四国。无声之乐，气志既从；无体之礼，上下和同；无服之丧，以畜万邦。无声之乐，日闻四方；无体之礼，日就月将；无服之丧，纯德孔明。无声之乐，气志既起；无体之礼，施及四海；无服之丧，施于孙子。”方氏曰：“无声之乐，始之以气志不违者，言内无所戾也。无所戾，则无所失，故继之以气志既得。得之于身，则人亦与之，故继之以气志既从。人从之矣，则声闻于外，故继之以日闻四方。日闻不已，则方兴而未艾，故继之以气志既起。无体之礼，始之以威仪迟迟者，言缓而不迫也。缓或失之于怠，故继之以威仪翼翼。威仪得中，则无乖离之心，故继以上下和同。和同而无乖离，则久而愈大，故继之以日就月将。愈大则不特施于近而可以及乎远，故终之以施及四海。无服之丧，始之以内恕孔悲者，言其以仁存心也。仁者爱人，故继之以施及四国。以仁及人，则所养者众，故继之以以畜万邦。所养者众则其德发扬于外，故继之以纯德孔明。德既发扬于外，则泽足以被于后世，故终之以施于孙子。其序如此，谓之五起，不亦宜乎？” 应氏曰：“大抵援《诗》句以发扬咏叹之，盖赞美之不已也。” 刘氏曰：“志气塞乎天地，则是君之志动天地之气也；气志不违以下，则是君心和乐之气感天下之志也。” 施，音异。闻，音问。

子夏曰：“三王之德，参于天地，敢问何如斯可谓参于天地矣?”孔子曰:“奉三无私以劳天下。”子夏曰:“敢问何谓三无私?”孔子曰:“天无私覆,地无私载,日月无私照。奉斯三者以劳天下,此之谓三无私。其在《诗》曰:‘帝命不违,至于汤齐。汤降不迟,圣敬日齐。昭假迟迟,上帝是祗,帝命式于九围。’是汤之德也。三王之德参于天地,盖古语,故子夏举以为问。《诗·商颂·长发》之篇,孔子引以证汤无私之德。　严氏曰:“商自契以来,天命所向,未尝去之,然至汤而后与天齐,谓王业至此而成,天命至此而集,天人适相符合也。汤之谦抑,所以自降下者甚敏而不迟,故圣敬之德,日以跻升也。敬为圣人之敬,言至诚也。日跻,言至诚无息也。德日新,又日新,是圣敬日跻之盛,即文王之纯亦不已也。其昭格于天,迟迟甚缓,言汤无心于得天,付之悠悠也。汤无所觊倖,故唯上帝是敬,其诚专一,然天自命之以为法于天下,使为王也。”　劳,去声。覆,去声。上齐,如字。下齐,音跻。假,音格。天有四时,春秋冬夏,风雨霜露,无非教也。地载神气,神气风霆,风霆流形,庶物露生,无非教也。上章引《诗》以明王道之无私,此言天地之无私也,春夏之启,秋冬之闭,风雨之发生,霜露之肃杀,无非天道至公之教也。载,犹承也,由神气之变化,致风霆之显设,地顺承天施,故能发育群品;形,犹迹也,流形,所以运造化之迹,而庶物因之以生。此地道至公之教也。圣人之至德,与天道之至教,均一无私而已。清明在躬,气志如神,耆欲将至,有开必先,天降时雨,山川出云,其在《诗》曰:‘嵩高维岳,峻极于天。维岳降神,生甫及申。维申及甫,为周之翰。四国于蕃,四方于宣。’此文武之德也。清明在躬,气志如神,即至诚前知之谓也。耆欲,所愿欲之事也。有开必先,言先有以开发其兆朕者,如将兴必有祯祥,若时雨将降,山川必先为之出云也。国家将兴,天必为之豫生贤佐,故引《大雅·嵩高》之篇,言文武有此无私之德,故天为之生贤佐以兴周,而文武无此诗,故取宣王诗为喻,而曰此文武之德也。　严氏曰:“嵩然而高竦者岳也,其山峻大,极至于天,维此岳降其神灵,以生仲山甫及申伯。此申伯及山甫皆为周室之翰干,四国则于以蕃蔽其患难,四方则于以宣布其德泽。”　耆,音嗜。“为之”为,去声。三代之王也,必先其令闻。《诗》云‘明明天子,令闻不已’,三代之德也。‘驰其文德,协此四国’,大王之德也。”

子夏蹶然而起，负墙而立曰："弟子敢不承乎！"先其令闻者，未王之先，其祖宗积德，已有令善之声闻也。《诗·大雅·江汉》之篇。弛，犹施也，《诗》作矢，陈也。协，《诗》作洽。《诗》美宣王，此亦取以为喻。子夏问三王之德，夫子但举殷周言之者，禹以禅无可疑，殷周放伐，故特明其非私也。蹶然，喜跃之貌。负墙而立者，问竟则退后背壁而立，以避进问之人也。承者，奉顺不失之意。　应氏曰："嵩高生贤，本于文武；德洽四国，始于大王，其积累岂一日哉？"　王、闻，并去声。大，音泰。蹶，音鳜。禅、背，并去声。

坊记第三十

子言之:"君子之道,辟则坊与?坊民之所不足者也。大为之坊,民犹逾之,故君子礼以坊德,刑以坊淫,命以坊欲。"辟,读为譬;坊,与防同,言君子以道防民之失,犹以堤防遏水之流也。应氏曰:"理欲相为消长,人欲炽盛而有余,则天理消灭而不足,礼则防其所不足,而制其所有余焉。性之善为德,礼以防之而养其源;情之荡为淫,刑以防之而遏其流。圣人防民之具兴至矣,然人之欲无穷,而非防闲之所能尽也,圣人于是而有命之说焉。命出于天,各有分限,而截然不可逾也。天之命令,人力莫施,以是防之,则觊觎者塞,羡慕者止,而欲不得肆矣。" 辟,音譬。坊,音防。与,平声。长,上声。分,音问。塞,入声。子云:"小人贫斯约,富斯骄。约斯盗,骄斯乱。礼者,因人之情而为之节文,以为民坊者也。故圣人之制富贵也,使民富不足以骄,贫不至于约,贵不慊于上,故乱益亡。"方氏曰:"小人无道以安贫,故贫斯约;无德以守富,故富斯骄。约者不获逞,则有羡彼之志,故约斯盗;骄者不能逊,则有犯上之心,故骄斯乱。凡此皆人之情也,而礼则因而为之节文,富者不以有余而慢于人,贫者不以不足而穷其身,贵者不以在上而慊于物,皆由有礼故也。若家富不过百乘,所以制富而不使之骄也;一夫受田百亩,所以制贫而不使之约也;伐冰之家,不畜牛羊,所以制贵而不使之慊也。" 慊,口簟切。乘,去声。子云:"贫而好乐,富而好礼,众而以宁者,天下其几矣。《诗》云:'民之贪乱,宁为荼毒。'故制国不过千乘,都城不过百雉,家富不过百乘。以此坊民,诸侯犹有畔者。"众而以宁,谓家族众盛,而不以悖乱致祸败也。天下其几,言此三者不多见也。《诗·大雅·桑柔》之篇。贪,犹欲也;荼,苦菜也;毒,螫虫也;刺厉王,言民苦政乱,欲其乱亡,故宁为荼苦毒螫之行以相侵暴而不之恤也。千乘,诸侯之国,其地可出兵车千乘也。都城,卿、大夫都邑之城也。雉,度名也,高一丈,长三丈为一雉。家富,卿、大夫之富也。不过百乘,其采地所出之兵车,不得过此数也。 石梁王氏曰:"贫而好乐,添一好字，恐非孔子语。” 好，去声。乐，音洛。几，上声。乘，去声。行，去声。采，去声。

子云：“夫礼者，所以章疑别微，以为民坊者也。故贵贱有等，衣服有别，朝廷有位，则民有所让。”疑者，惑而未决；微者，隐而不明。惟礼足以章明之、分别之也。　别，必列切，下节同。子云：“天无二日，土无二王，家无二主，尊无二上，示民有君臣之别也。《春秋》不称楚、越之王丧，礼，君不称天，大夫不称君，恐民之惑也。《诗》云：‘相彼盍旦，尚犹患之。’”子云：“君不与同姓同车，与异姓同车不同服，示民不嫌也。以此坊民，民犹得同姓以弑其君。”楚、越之王丧，书卒不书葬，夷之也。君不称天，避天子也；大夫不称君而称主，避国君也。《诗》，逸诗也。盍旦，夜鸣求旦之鸟，患，犹恶也。言视彼盍旦之夜鸣以求晓，是欲反夜作昼，求所不当求者，人尚且恶之，况人臣而求犯其上乎？不同车，远害也，篡弑之祸，常起于同姓，故与异姓同车则不嫌。　相，去声。盍，音渴。恶，去声。远，去声。

子云：“君子辞贵不辞贱，辞富不辞贫，则乱以亡。故君子与其使食浮于人也，宁使人浮于食。”食，禄也。浮，在上也。才德薄而受禄厚，是食浮于人也。子云：“觞酒、豆肉，让而受恶，民犹犯齿。衽席之上，让而坐下，民犹犯贵。朝廷之位，让而就贱，民犹犯君。《诗》云：‘民之无良，相怨一方。受爵不让，至于已斯亡。’”子云：“君子贵人而贱己，先人而后己，则民作让。故称人之君曰君，自称其君曰寡君。”《诗·小雅·角弓》之篇。爵，酒器也。严氏曰“兄弟有因杯酒得罪而怨者”，此为持平之论以解之，言凡人之不善者，其相怨各执一偏，而不能参彼己之曲直，故但知怨其上而不思己过。然其端甚微，或止因受爵失辞逊之节，或至于亡其身，亦可念矣。　方氏曰：“礼，六十以上，笾豆有加，故酒肉以犯齿言；三命不齿，席于尊东，故衽席以犯贵言；族人不得戚君位，故朝廷以犯君言。”子云：“利禄先死者而后生者，则民不偝；先亡者而后存者，则民可以托。《诗》云：‘先君之思，以畜寡人。’以此坊民，民犹偝死而号无告。”《诗·邶风·燕燕》之篇。畜,《诗》作勗,勉也。庄姜言归,妾戴妫思念先君庄公,以妇道勖勉寡人;寡人,庄姜自谓。此以勖为畜者,言能容畜我于心而不忘,是不偝死忘生之意也。　疏曰:“财利荣禄之事,假令死之与生并合俱得,君上则先与死者,后与生者,以此化民,则民皆不偝于死者。亡,谓身为国事而出亡在外;存,谓存在国内者。君有利禄,先与在外亡者,而后与国内存者,以此化民,民皆仁厚,可以大事相付托也。偝死而号无告者,言民偝弃死者,其生者老弱号呼无所控告也。”　偝,音佩。号,平声。令,平声。呼,去声。

子云:“有国家者,贵人而贱禄,则民兴让;尚技而贱车,则民兴艺。故君子约言,小人先言。”贵人,贵有德之人也。言君能贵有德者而不吝于班禄,则民兴于让善;尚有能者而不吝于赐车,则民兴于习艺。贱禄、贱车,非器禄器也,特以贵贤尚能而不吝于所当与耳,读者不以辞害意可也。言之不怍,则为之也难,故君子之言常约,小人则先言而后行,不必其言行之相顾也。　郑氏曰:“约与先互言,君子约则小人多矣,小人先则君子后矣。”子云:“上酌民言,则下天上施。上不酌民言,则犯也;下不天上施,则乱也。故君子信让以莅百姓,则民之报礼重。《诗》云:‘先民有言,询于刍荛。’”上酌民言,谓人君将施政教,必斟酌参挹乎舆论之可否,如此则政教所加,民尊载之如天所降下者矣,否则民必违犯也。民不天上之所施,则悖慢之乱作矣。信则不欺于民,让则不恃乎己,以此临民,民得不亲其上,死其长乎?故曰“民之报礼重”也。《诗·大雅·板》之篇。询于刍荛,问于取草取薪之贱者也,引此以明酌民言之意。　施,去声。长,上声。

子云:“善则称人,过则称己,则民不争。善则称人,过则称己,则怨益亡。《诗》云:‘尔卜尔筮,履无咎言。’”《诗·卫风·氓》之篇。履,当依《诗》作体,谓卜之于龟,筮之于蓍,其卦兆之体,皆无凶咎之辞也,以无咎明不争不怨之意。　石梁王氏曰:“郑笺:‘《诗》既以体为卦兆之体,何故于此曲附履字之讹?’”子云:“善则称人,过则称己,则民让善。《诗》云:‘考卜惟王,度是镐京。惟龟正之,武王成之。’”《诗·大雅·文王有声》之篇。言稽考龟卜者,武王也。谋度镐京之居,盖武王之志已先定矣。及以吉凶取正于龟,而龟亦协从,武王遂以龟为正而成此都焉,是武王不自以为功而让之龟卜也,故引以为让善之证。然此两节所引

《诗》,意义皆不甚协。　度,入声。子云:“善则称君,过则称己,则民作忠。《君陈》曰:‘尔有嘉谋嘉猷,入告尔君于内。女乃顺之于外,曰:此谋此猷,惟我君之德。於乎!是惟良显哉!’”《君陈》,《周书》,与今《书》文小异,引以证善则称君之义。　女,音汝。於乎,言“呜呼”。子云:“善则称亲,过则称己,则民作孝。《大誓》曰:‘予克纣,非予武,惟朕文考无罪。纣克予,非朕文考有罪,惟予小子无良。’”《泰誓》,《周书》,引以证善则称亲之义。　大,音泰。

子云:“君子弛其亲之过,而敬其美。”《论语》曰:“三年无改于父之道可谓孝矣。”高宗云:“三年其惟不言,言乃讙。”弛,犹弃忘也。三年不言,见《商书·说命》篇。讙,今《周书·无逸》篇作雍。讙,与欢同,言天下喜悦之也。此条引《论语》近之,引《书》义不协。　石梁王氏曰:“既有‘子云’,又以‘《论语》曰’,不应孔子自言,因知皆后人为之,且不应孔子发言段段引证如此齐同。”　说,音悦。子云:“从命不忿,微谏不倦,劳而不怨,可谓孝矣。《诗》云:‘孝子不匮。’”从命不忿,谓承受父母命令之时,不可有忿戾之色,盖或以他事致忿,而其色未平也。一说:忿,当作怠,亦通。《诗·大雅·既醉》之篇,言孝子事亲无乏止之时。子云:“睦于父母之党,可谓孝矣,故君子因睦以合族。《诗》云:‘此令兄弟,绰绰有裕。不令兄弟,交相为瘉。’”因睦以合族,谓会聚宗族为燕食之礼,因以致其和睦之情也。《诗·小雅·角弓》之篇。令,善也。绰绰,宽容之貌。瘉,病也。　瘉,音庾。子云:“于父之执,可以乘其车,不可以衣其衣。君子以广孝也。”子云:“小人皆能养其亲,君子不敬,何以辨?”子云:“父子不同位,以厚敬也。《书》云:‘厥辟不辟,忝厥祖。’”父之执,与父执志同者也。车所同,衣所独,故车可乘,衣不可衣。广孝,谓敬之同于父,亦锡类之义也。辨,别也。同位则尊卑相等,是不敬也,故不同位者,所以厚敬亲之道。《书·商书·太甲》篇,今《书》文无上“厥”字。言君不君而与臣相亵,则辱其先祖,以喻父不自尊而与卑者同位,亦为忝祖也。　上衣,去声。养,去声。辟,音璧。别,必列切。

子云："父母在，不称老。言孝不言慈，闺门之内，戏而不叹。君子以此坊民，民犹薄于孝而厚于慈。"《曲礼》云"恒言不称老"，与此意同。孝所以事亲，慈所以畜子，言孝不言慈者，虑其厚于子而薄于亲故也。可以娱人而使之乐者，戏也；可以感人而使之伤者，叹也。闺门之内，谓父母之侧。戏而不叹，非专事于戏也，谓为孺子之容止，或足以娱亲，犹云可尔，恨叹之声则伤亲，故不为也。子云："长民者，朝廷敬老，则民作孝。"子云："祭祀之有尸也，宗庙之有主也，示民有事也。修宗庙，敬祀事，教民追孝也。以此坊民，民犹忘其亲。"方氏曰："为亲之死，故为尸以象其生；为神之亡，故为主以寓其存。《经》曰：'事死如事生，事亡如事存。'此所以言示民有事也。追孝，与《祭统》言追养继孝同义。"长，上声。

子云："敬则用祭器，故君子不以菲废礼，不以美没礼。故食礼，主人亲馈则客祭，主人不亲馈则客不祭。故君子苟无礼，虽美不食焉。《易》曰：'东邻杀牛，不如西邻之禴祭，实受其福。'《诗》云：'既醉以酒，既饱以德。'以此示民，民犹争利而忘义。"笾豆簠铏之属皆祭器，用之宾客，以寓敬也。菲薄而废礼，与过文而没礼，皆不得为敬。主人亲馈，是敬客也；客祭其馔，是敬主也。《易》，《既济》九五爻辞。禴，簿也。《诗·大雅·既醉》之篇。　方氏曰："食者，利之所存，礼，则义之所出，故言争利忘义。"　食，音嗣。

子云："七日戒，三日齐，承一人焉以为尸，过之者趋走，以教敬也。醴酒在室，醍酒在堂，澄酒在下，示民不淫也。尸饮三，众宾饮一，示民有上下也。因其酒肉，聚其宗族，以教民睦也。故堂上观乎室，堂下观乎上。《诗》云：'礼仪卒度，笑语卒获。'"承，奉事之也。醴齐、醍齐、澄酒，此三酒，味薄者在上，味厚者在下，贵薄而贱厚，是示民以不贪淫于味也。尸饮三，主人、主妇、宾长各一献也，然后主人献宾，是众宾饮一也。尊上者得酒多，卑下者少，是示民以上下之等也。祭礼之末，序昭穆相献酬，此以和睦之道教民也。堂上者观室中之礼仪，堂下者又观堂上之礼仪，其容有不肃者乎？《诗·小雅·楚茨》之篇。卒，尽也，言礼仪尽合于法度，笑语尽得其宜也。　齐，音斋。醍，音体。"醴齐"、"醍齐”之齐，去声。

子云：“宾礼每进以让，丧礼每加以远。浴于中霤，饭于牖下，小敛于户内，大敛于阼，殡于客位，祖于庭，葬于墓，所以示远也。殷人吊于圹，周人吊于家，示民不偝也。”子云：“死，民之卒事也，吾从周。以此坊民，诸侯犹有薨而不葬者。”宾自外而入，其礼不可以不让；丧自内而出，其礼不容于不远。其进其加，皆以渐致，礼之道也。章首宾丧并言，下独言丧礼者，重卒葬而言。余说见《檀弓》。 饭、圹，并上声。

子云：“升自客阶，受吊于宾位，教民追孝也。未没丧，不称君，示民不争也。故《鲁春秋》记晋丧曰：‘杀其君之子奚齐，及其君卓。’以此坊民，子犹有弑其父者。”鲁僖公九年，晋侯诡诸卒。冬，里克弑其君之子奚齐。十年，里克弑其君卓子。 方氏曰：“升自客阶，而不敢由于主人之阶；受吊于宾位，而不敢居于主人之位，所以避父之尊，尽为子之孝而已。父既往而犹未忍升其阶、居其位焉，故曰‘教民追孝也’；居君之位而未敢称君之号，则推让之心固可见矣，故曰‘示民不争也’。”

子云：“孝以事君，弟以事长，示民不贰也。故君子有君不谋仕，唯卜之日称二君。推事父之道以事君，推事兄之道以事长，皆诚实之至，岂敢有副贰其上之心乎？欲贰其君，是与尊者相敌矣，故云“示民不贰也”。君子，人君之子也。有君，君在也。不谋仕，嫌欲急于为政也。世子他事皆不得称君贰，唯命龟之时，或君有故而己代之，则自称曰“君之贰某”。《左传》“卜贰圉”，止谓君之贰，故郑引之云：“二当为贰也。” 弟，去声。长，上声。丧父三年，丧君三年，示民不疑也。疏曰：“君无骨肉之亲，若不为重服，民则疑君不尊；今与丧父同，示民不疑于君之尊也。”父母在，不敢有其身，不敢私其财，示民有上下也。与《曲礼》“不许友以死，不有私财”意同。有上下，谓卑当统于尊也。故天子四海之内无客礼，莫敢为主焉。故君适其臣，升自阼阶，即位于堂，示民不敢有其室也。父母在，馈献不及车马，示民不敢专也。以此坊民，民犹忘其亲而贰其君。”《曲礼》云：“三赐不及车马，故州闾乡党称其孝。”以上四节，皆明事君，事亲之道，故总结之曰："忘其亲而贰其君。"

子云："礼之先币帛也，欲民之先事而后禄也。先财而后礼则民利，无辞而行情则民争，故君子于有馈者弗能见，则不视其馈。《易》曰：'不耕获，不菑、畬，凶。'以此坊民，民犹贵禄而贱行。"礼之先币帛，谓先行相见之礼，后用币帛以致其情也。此是欲教民以先任事而后得禄之义，若先用财而后行礼，则良必贪于财利矣。无辞，无辞让之节也。行情，直行己情也。礼略而利行，民不能无争夺矣。人有馈遗于己，礼也，己或以他故，或以疾病，不能出见于人，则不视其馈。视，犹纳也，此盖不敢以无礼而当人之礼。《易·无妄》六二爻辞，今文无凶字。田一岁曰菑，三岁曰畬。不耕而获，不菑而畬，以喻人臣无功而食君之禄，引之以证不行礼而贪利也。　获，户郭切。菑，音缁。畬，音余。"贱行"行，去声。遗，去声。

子云："君子不尽利以遗民。《诗》云：'彼有遗秉，此有不敛穧，伊寡妇之利。'故君子仕则不稼，田则不渔，食时不力珍，大夫不坐羊，士不坐犬。《诗》云：'采葑采菲，无以下体。德音莫违，及尔同死。'以此坊民，民犹忘义而争利以亡其身。"《诗·小雅·大田》之篇。秉，禾之束为把者。穧铺而未束者，言彼处有遗余之秉把，此处有不收敛之铺穧，寡妇之不能耕者，取之以为利耳。伊，语辞，与今《诗》文颠倒不同。仕则不稼，禄足以代耕也；田则不渔，有禽兽不可再取鱼鳖也。食时，食四时之膳也。不力珍，不更用力务求珍羞也。坐羊、坐犬，杀食而坐其皮也，皆言不尽利之道。《诗·卫风·谷风》之篇。葑，蔓菁菜也。菲，亦菜名。《诗》之意与此所引之意不同，《诗》意谓如葑菲常食之菜，不可以其近地黄腐之茎叶，遂弃其上而不采，犹夫妇之间，亦不当以小过而弃其善。此引以为不尽利之喻者，谓采葑菲者，但当采取其叶，不可以其根本之美而并取之，如此则人君盛德之声远播，无有违之者，而人皆知亲其上死其长矣，《诗》则以及尔同死为偕老也。　穧，才乂切。并，去声。

子云："夫礼，坊民所淫，章民之别，使民无嫌，以为民纪者也。故男女无媒不交，无币不相见，恐男女之无别也。《诗》云：'伐柯如之何？匪斧不克。取妻如之何？匪媒不得。'‘蓺麻如之何？横从其亩。取妻如之何？必告父母。’以此坊民，民犹有自献其身。”章，明也。无嫌，无自嫌之行也。《诗·齐风·南山》之篇，今《诗》作“析薪如之何”，而《豳风·伐柯》篇言“伐柯如何，匪斧不克”。克，能也。横从其亩，言从横耕治其田亩也。自献其身，谓女自进其身于男子也。以此坊民以下十一字，旧本在“诗云”之上，今以类推之，当在所引《诗》下。　别，必列切。取，去声，下节并同。从，兹弓切。行，去声。

子云：“取妻不取同姓，以厚别也。故买妾不知其姓则卜之。以此坊民，《鲁春秋》犹去夫人之姓曰‘吴’，其死曰‘孟子卒’。”厚别，厚其有别之礼也。卜之，卜其吉凶也。吴，太伯之后，鲁同姓也。昭公取吴女，又见《论语》。　去，上声。夫，如字，下节同。子云：“礼，非祭男女不交爵。以此坊民，阳侯犹杀缪侯而窃其夫人。故大飨废夫人之礼。”阳侯、缪侯，两君之谥也，郑云：“其国未闻。”　方氏曰：“大飨者，两君相见之飨也。因阳侯之事，而废夫人之礼，则阳侯以前，夫人固与乎大飨，而有交爵之礼矣。乃云非祭不交爵者，先儒谓同姓则亲献，异姓则使人摄，此云不交爵，谓飨异姓国君耳。”　石梁王氏曰：“阳侯、缪侯既同是侯，则杀字当如字读，郑既未闻其国，何以知阳侯为弑君？”　缪，音穆。

子云：“寡妇之子，不有见焉，则弗友也，君子以避远也。故朋友之交，主人不在，不有大故，则不入其门。以此坊民，民犹以色厚于德。”寡妇之子，见《曲礼》。避远者，以避嫌，故远之也。见，音现。辟，音避。远，去声。子云：“好德如好色，郑云：“此句似不足。”　好，并去声。诸侯不下渔色，故君子远色以为民纪。故男女授受不亲，御妇人则进左手。姑、姊妹、女子子已嫁而反，男子不与同席而坐，寡妇不夜哭，妇人疾，问之，不问其疾。以此坊民，民犹淫泆而乱于族。”诸侯不内娶，若下娶本国卿、大夫、士之女，则是如渔者之于鱼，但以贪欲之心求之也，故云渔色。荒于色，则纪纲弛，民之昏礼亦化之而废，故远色者，所以立民之纪，使不以色而废礼乱常也。余并见前。　远，去声。子云：“昏礼，婿亲迎，见于舅姑，舅姑承子以授婿，恐事之违也。以此坊民，妇犹有不至者。”舅姑，女子父母也。承，进也。子，女也。《论语注》云："送与之也。"《仪礼》："父戒女曰：'夙夜无违命。'母戒女曰：'无违宫事。'皆恐事之违也。"末世礼坏，故有男行而女不随者，亦有亲迎而女不至者。　成氏曰："妇人谓夫之父母曰'舅姑'，男子亦谓妻之父母曰'舅姑'，但加外字耳。夫妇齐体，父母互相敬也。"　迎，去声。见，音现。

中庸第三十一

朱子章句。《大学》、《中庸》已列《四书》，故不具载。

表记第三十二

郑氏曰："记君子之德，早于仪表者。"

子言之："归乎！君子隐而显，不矜而庄，不厉而威，不言而信。"方氏曰："此篇称'子言之'者八，皆总其大同之略也；称'子曰'者四十五，皆列其小异之详也。" 应氏曰："归乎之叹，圣人周流不遇，睹世道之益衰，念仪刑之有本，何必厉聘驾说而后足以行道哉！隐而显，即《中庸》所谓'潜虽伏'矣，亦'孔子昭'是也。不矜而庄，不厉而威，不言而信，即所谓'不动而敬，不言而信'是也。《中庸》以是终篇，盖示人以进德之事；《表记》以是为始，盖发明圣人立教之故。"子曰："君子不失足于人，不失色于人，不失口于人。是故君子貌足畏也，色足惮也，言足信也。《甫刑》曰：'敬忌而罔有择言在躬。'"疏曰："《甫刑》，《吕刑》也，甫侯为穆王说刑，故称甫刑。" 马氏曰："见其所可行而不虑其所可止，则失足于人；见其所可喜而不虑其所可怒，则失色于人；见其所可语而不虑其所可默，则失口于人。不失足于人，故貌足畏；不失色于人，故色足惮；不失口于人，故言足信。" 刘氏曰："君子谨独，不待矜而庄，故不失足于人而貌足畏；不待厉而威，故不失色于人而色足惮；不待言而信，故不失口于人而言足信也。盖其寻常敬忌，故动处无不中节如此。又引《书》以证之，而义益显矣。" 为，去声。处，上声。中，去声。

子曰："裼、袭之不相因也，欲民之毋相渎也。"裼、袭，见《曲礼》。 应氏曰："裼、袭，以示文质各有异宜。所谓不相因者，恐一时或有异事，必易服从事，各存其敬，不以袭衣而因为裼，不以裼衣而因为袭。盖节文既辨，而又不惮其劳，则无相亵之患。"子曰："祭极敬，不继之以乐。朝极辨，不继之以倦。"吕氏曰："极敬者，诚意至也，苟至于乐，则敬弛；极辨者，节文明也，苟至于倦，则入于苟简。" 乐，音洛。朝，音潮。子曰："君子慎以辟祸，笃以不掩，恭以远耻。"马氏曰："笃者，居其厚，不居其薄；处其实，不处其华，则辉光发于外，而人不能掩也。" 应氏曰："君子经德不回，所以正行，则其戒谨笃恭，皆非有为而为之也，岂区区于避祸患防掩耻乎？记礼之垂是言，亦以晓人知避困辱之道耳。" 辟，音避。远，去声。子曰："君子庄敬日强，安肆日偷。君子不以一日使其躬儳焉如不终日。"马氏曰："庄敬所以自强，而有进德之渐，故日强；安肆所以自弃，而有败度之渐，故日偷。" 应氏曰，"儳者，参错不齐之貌。心无所检束而纷纭杂乱，遂至儳焉错出。外既散乱而不整，则内亦拘迫而不安，故不能终日也。若主一以直内，而心广体胖，何至于如不终日乎？" 儳，仕鉴切。

子曰："齐戒以事鬼神，择日月以见君，恐民之不敬也。"幽明之交，上下之际，尤其所当敬者，故并言之。 齐，侧皆切。见，音现。子曰："狎侮死焉而不畏也。"马氏曰："狎侮至于死而不畏者，蔽其所亵也。"子曰："无辞不相接也，无礼不相见也，欲民之毋相亵也。《易》曰：'初筮告，再三渎，渎则不告。'"《易》，《蒙》卦辞，谓凡占者，初筮则诚敬必全，若以明而治蒙，必其学者如初筮之诚，则当告之，若如再筮三筮之渎慢则不必告之矣。引此以言宾主之交际，当慎始敬终如初筮之诚，不可如再三筮之渎慢也。 吕氏曰："辞者，相接之言，如公与客宴曰'寡人有不腆之酒，以请吾子之与寡人须臾焉，使某也以请'之类是也；礼者，相见之挚，如羔雁雉鹜之类是也。必有辞，必以礼者，交际不可苟也。苟则亵，亵则不敬，此交所以易疏也。" 告，入声。

子言之："仁者，天下之表也。义者，天下之制也。报者，天下之利也。"应氏曰："仁之体大而尊，昭揭众善，而人心俨然知所敬，故曰表；义之体方而严，裁割事物，而人心凛然知所畏，故曰制；报之为礼以交际往来，彼感此应，而有不容己者，所以使人有文以相接，有恩以相爱，其何利如之。"子曰："以德报德，则民有所劝。以怨报怨，则民有所惩。《诗》曰：'无言不仇，无德不报。'《太甲》曰：'民非后，无能胥以宁。后非民，无以辟四方。'"子曰："以德报怨，则宽身之仁也；以怨报德，则刑戮之民也。"以《论语》"以直报怨，以德报德"之言观之此章，恐非夫子之言。 方氏曰："以德报怨，则忘人之怨，虽不足以有惩，而众将德之而有裕矣，故曰'宽身之仁'。以怨报德，则忘人之德，既不足以有所劝，而众且怨之而不容矣，故曰'刑戮之民'。"子曰："无欲而好仁者，无畏而恶不仁者，天下一人而已矣。是故君子议道自己，而置法以民。”吕氏曰：“安仁者，天下一人而已，则非圣人不足以性仁。苟志于仁矣，无恶也，则众人皆可以为仁。以圣人所性而议道，则道无不尽；以众人之可为而制法，则法无不行。” 方氏曰：“欲而好仁，则知者利仁之事也；畏而恶不仁，则畏罪者强仁之事也。若所好生于无欲，所恶生于无畏，非中心安仁者不能，故曰‘天下一人而已’。” 好、恶，并去声。子曰：“仁有三，与仁同功而异情。与仁同功，其仁未可知也。与仁同过，然后其仁可知也。仁者安仁，知者利仁，畏罪者强仁。仁者右也，道者左也。仁者人也，道者义也。厚于仁者薄于义，亲而不尊；厚于义者薄于仁，尊而不亲。”吕氏曰：“安仁、利仁、强仁，三者之功，同归于仁，而其情则异，此尧舜性之，汤武身之，王霸假之，所以异也。桓公九合诸侯，一匡天下，虽汤武之举，不过乎是，而其情则不同，故其仁未可知也。过者人所避，有不幸而致焉，周公使管叔以殷畔，过于爱兄而已；孔子对陈司败以昭公知礼，过于讳君而已，皆出乎情，而其仁可知也。道非仁不立，义非人不行，凡人之举动，必右先而后左随之，故曰仁右道左。” 知，音智。强，上声。道有至，有义，有考。至道以王，义道以霸，考道以为无失。”应氏曰：“至道，即仁也。至道浑而无迹，故得其浑全精粹以为王；义道严而有方，故得其裁割断制以为霸。尽稽考之道，而事不轻举焉，亦可以无失矣。” 石梁王氏曰：“义道以霸，非孔子之言。” 浑，上声。断，丁玩切。子言之：“仁有数，义有长短小大。中心憯怛，爱人之仁也。率法而强之，资仁者也。《诗》云：‘丰水有芑，武王岂不仕。诒厥孙谋，以燕翼子。’数世之仁也。《国风》曰：‘我今不阅，皇恤我后。’终身之仁也。”仁有数，言行仁之道非止一端，盖为器重，为道远，随其所举之多寡，所至之远近，皆可谓之仁也。义有长短小大，言义无定体，在随事而制其宜也。中心憯怛，恻隐之端也，故为爱人之仁。率循古人之成法而勉强行之，此为求仁之事。资仁，取诸人以为善也，即上文强仁之意。《诗·大雅·文王有声》之篇。言丰水之傍，以润泽生芑谷，喻养成人才也。武王岂不官使之乎？言无遗才也。圣人为后嗣计，莫大于遗之以人才，是欲传其孙之谋而燕安翼辅其子耳。曾玄以下皆孙也。故夫子以为数世之仁。盖中心憯怛，所发者深，故所及者远也。《国风·邶风·谷风》之篇。今,《诗》作躬。阅,容也。言我身且不见容,何暇忧后事乎?此但欲以仁终其身而已耳。盖勉强资仁,所发者浅,故所及者近也。 “有数”数,如字。憯,七感切。怛,多八切。强,上声。“数世”数,上声。“遗才”遗,如字。“遗之”遗,去声。子曰:“仁之为器重,其为道远,举者莫能胜也,行者莫能致也。取数多者,仁也。夫勉于仁者,不亦难乎!是故君子以义度人,则难为人;以人望人,则贤者可知已矣。”吕氏曰:“管仲之功,微子之去,箕子之囚,比干之死,皆得以仁名之,语仁之尽则尧舜其犹病诸?此仁所以取数之多也。以义度人,尽义以度人者也。以人望人者,举今之人相望也。尽义以求人,非圣人不足以当之,故难为人。举今之人相望,则大贤愈于小贤,故贤者可知已。” 胜,平声。夫,音扶。度,入声。

子曰:“中心安仁者,天下一人而已矣。《大雅》曰:‘德輶如毛,民鲜克举之,我仪图之。惟仲山甫举之,爱莫助之。’《小雅》曰:‘高山仰止,景行行止。’”子曰:“《诗》之好仁如此。乡道而行,中道而废,忘身之老也,不知年数之不足也;俛焉日有孳孳,毙而后已。”《大雅·烝民》之篇。言德之在人,其轻如毛,非难能也,而民少能举之者,尹吉甫于仪匹之中图谋之,求其能举德者,乃惟仲山甫能举之。我爱其人,使其或有不及,我思效忠以助之,今吉甫虽爱山甫而欲助之,而山甫全德,吉甫无可以致其助者也。《小雅·车舝》之篇。言有高山,则人瞻望而仰之;有景大之德行,则人视法而行之。二“止”字皆语辞。夫子引此两诗而赞之曰:“诗人之好仁如此哉!”中道而废,言力竭而止,若非力竭则不止也。不足,少也,人老则未来之岁月少矣。俛焉,无他顾之意。孳孳,勤勉之貌。毙,死也。 应氏曰:“前章言仁重且远,而人不可以全责,此又总叙而勤勉之。” 鲜,上声。上行,去声。好、乡,并去声。

子曰:“仁之难成久矣!人人失其所好,故仁者之过易辞也。”子曰:“恭近礼,俭近仁,信近情,敬让以行此,虽有过,其不甚矣。夫恭寡过,情可信,俭易容也。以此失之者,不亦鲜乎!《诗》云:‘温温恭人,维德之基。’”仁之难成,私欲间之也,私意行,则所好非所当好,故曰“失其所好”也。苟志于仁,虽或有过,其情则善，故不待多言而可辨。故曰“易辞也”。恭、俭、信三者未足以为仁，而亦行仁之资，曰“不甚”，曰“鲜”，皆勉人致力于此，可以由此寡过而进德也。《诗·大雅·抑》之篇。　石梁王氏曰：“信近情，当为情近信。”　好，去声。易，去声，下同。夫，平声。鲜，上声。间，去声。子曰：“仁之难成久矣！唯君子能之。是故君子不以其所能者病人，不以人之所不能者愧人。是故圣人之制行也，不制以己，使民有所劝勉愧耻，以行其言。礼以节之，信以结之，容貌以文之，衣服以移之，朋友以极之，欲民之有壹也。《小雅》曰：‘不愧于人，不畏于天。’吕氏曰：“圣人制行以立教，必以天下之所能行者为之法，所以为达道也。惟不制乎己，故民知跂乎此而有所劝勉，知不及乎此而有所愧耻，则于仁也知所向矣。非特此也，制礼以节其行而使之齐，立信以结其志而使之固，容貌以验其文之著于外，衣服以称其德之有于中，朋友切磋相成以至于极而后已。”　应氏曰：“五者辅道而夹持之，欲其趋向之专壹也。纵有懈怠而欲为恶者，独不愧于人而畏于天乎？”《小雅·何人斯》之篇。“制行”行，去声。移，读为称，去声。是故君子服其服，则文以君子之容；有其容，则文以君子之辞；遂其辞，则实以君子之德。是故君子耻服其服而无其容，耻有其容而无其辞，耻有其辞而无其德，耻有其德而无其行。是故君子衰绖则有哀色，端冕则有敬色，甲胄则有不可辱之色。《诗》云：‘维鹈在梁，不濡其翼。彼其之子，不称其服。’”此承上文容貌衣服而言，欲有其德行以实之也。德，谓得之于己。行，谓见之于事。《诗·曹风·候人》之篇。鹈，鹈鹕也，俗名淘河。鹈鹕当入水中食鱼，今乃在鱼梁之上，窃人之鱼以食，未尝濡湿其翼，如小人居高位以窃禄，而不称其服也。　行，去声。衰，音催。称，去声。

子言之：“君子之所谓义者，贵贱皆有事于天下。天子亲耕，粢盛、秬鬯，以事上帝，故诸侯勤以辅事于天子。”应氏曰：“义者，截然正方而无偏私也。知贱之事贵，而不知贵之率贱，岂絜矩之道哉！故天子竭力致敬以事乎上帝，则诸侯亦服勤以辅乎天子也。”　盛，平声。絜，胡结切。子曰：“下之事上也，虽有庇民之大德，不敢有君民之心，仁之厚也。是故君子恭俭以求役仁，信让以求役礼，不自尚其事，不自尊其身，俭于位而寡于欲，让于贤，卑己而尊人，小心而畏义，求以事君，得之自是，不得自是，以听天命。《诗》云：'莫莫葛藟，施于条枚。凯弟君子，求福不回。'其舜、禹、文王、周公之谓与！有君民之大德，有事君之小心。《诗》云：'惟此文王，小心翼翼。昭事上帝，聿怀多福。厥德不回，以受方国。'"役，犹为也。得之不得，即《中庸》"获乎上、不获乎上"也。《诗·大雅·旱麓》之篇。莫莫，茂密也。藟似葛，枝曰条，干曰枚，严氏云："是葛也，藟也，乃蔓于木之枝干，喻文王凭先祖之功而起也。文王凯乐弟易，其求福不回邪也。《表记》言得之自是，不得自是，以听天命，遂引此章，盖有一毫觊倖之心则邪矣。"《诗·大雅·大明》之篇。言文王小心翼翼然，恭敬以明事上帝，遂能怀来多福。盖其德不回邪，故受此四方侯国之归也。　应氏曰："数章之内自'恭近礼、俭近仁、信近情'之后，又言'恭俭役仁、信让役礼'；曰'自卑而尊人'，又曰'自卑而民敬尊之'；曰'不自尚其事、不自尊其身'，又曰'不自大其事、不自尚其功'。"　藟，音垒。施，音异。弟，音悌。与，平声。

子曰："先王谥以尊名，节以壹惠，耻名之浮于行也。是故君子不自大其事，不自尚其功，以求处情；过行弗率，以求处厚；彰人之善而美人之功，以求下贤。是故君子虽自卑而民敬尊之。"子曰："后稷，天下之为烈也，岂一手一足哉？唯欲行之浮于名也，故自谓便人。"谥以尊名，为美谥以尊显其声名也。壹，专也。惠，善也。善行虽多，难以枚举，但节取其大者以专其善，故曰"节以壹惠"也。以求处情，谓君子所以不自大尚其事功者，以求处情实，不肯虚为矫饰也。过行弗率，以求处厚者，谓若有过高之行，则不敢率循，惟求以处乎笃厚之道而已，本分上不可加毫末也。后稷教民稼穑，为周之始祖，其功烈之在天下，岂一人之手，一人之足，遵而用之哉？固当以仁圣自居矣，惟欲行过于名也，故自谓便习民事之人而已。　行，去声。处，上声。分，去声。

子言之："君子之所谓仁者，其难乎！《诗》云：'凯弟君子，民之父母。'凯以强教之，弟以说安之。乐而毋荒，有礼有亲，威庄而安，孝慈而敬，使民有父之尊，有母之亲，如此而后可以为民父母矣，非至德其孰能如此乎？吕氏曰："强教之者，以道驱之，如佚道使民，虽劳不怨者也。说安之者，得其心之谓也，说以使民，民忘其劳；说以犯难，民忘其死者也。乐，说安也，毋荒则有教矣；威庄，强教也；安则说矣；孝慈，说也，敬则有教矣。强教则父之尊存焉，说安则母之亲存焉。此言君子仁民之道如此，非圣人莫能与也。” 弟，音悌。强，平声。说，音悦。乐，音洛。“犯难”难，去声。与，去声。今父之亲子也，亲贤而下无能；母之亲子也，贤则亲之，无能则怜之。母亲而不尊，父尊而不亲。水之于民也，亲而不尊，火尊而不亲；土之于民也，亲而不尊，天尊而不亲；命之于民也，亲而不尊，鬼尊而不亲。”下无能，贱其无能之子也。 应氏曰：“命者，造化所以示人者也，显而易见，故人玩之；鬼幽而难测，故人畏之。或曰：命，谓君之教令，故下文言‘夏道尊命’。” 易，去声。夏，上声。

子曰：“夏道尊命，事鬼敬神而远之，近人而忠焉，先禄而后威，先赏而后罚，亲而不尊。其民之敝，惷而愚，乔而野，朴而不文；殷人尊神，率民以事神，先鬼而后礼，先罚而后赏，尊而不亲。其民之敝，荡而不静，胜而无耻；周人尊礼尚施，事鬼敬神而远之，近人而忠焉，其赏罚用爵列，亲而不尊；其民之敝，利而巧，文而不惭，贼而蔽。”先禄后威，先赏后罚，皆是忠厚感人之意。故民虽知亲其上，而尊君之意则未也，故曰“亲而不尊”。惷愚骄傲鄙野质朴之敝，皆忠厚之末流也。殷人欲矫其敝，故以敬畏为道，以事神之道率民，先其鬼之不可知者，后其礼之可知者；先其罚之可畏，后其赏之可慕。尊则尊矣，而尊爱之情，则无由生也，故曰“尊而不亲”。流荡而不知静定之所者，尊上鬼神之敝；务自胜以免刑而无耻者，先罚后赏之敝也。周人见其然，故尊礼以矫后礼之失，尚施惠以为恩，亦如夏时之近人而忠，其赏罚亦无先后，但以爵列之高下为准，如车服土田之赏有命数之异，刑罚之施有八辟之议，及命夫命妇不躬坐狱讼之类，皆是也。故亦如夏世之亲而不尊，其后民皆便利而多机巧，美文辞而言之不怍，贼害而蔽于理，皆尊礼太过，文没其实之所致。 应氏曰：“三代之治，其始各有所尊，其终各有所敝。夏之道，惟思尽心于民，惟恐人之有所不正，不得不重其文告之命，远神近人，后威先禄，皆其忠实之过而徇于近也。近则失之玩，故商矫之而尊神焉。君民上下情不相接，率民事神，先鬼先罚，后礼后赏，而远于物也。远则失于亢，故周矫之而尊礼焉。礼文委曲而徇人，礼繁文胜，巧利而贼，其敝又有甚者焉。凡此非特见风气既开，而浇漓之日异，抑亦至德之不复见而已欤?” 石梁王氏曰:“此一章，未敢信以为孔子之言。” 夏，上声，下并同。远，去声。蠢，尸容切。乔，音骄。施，去声。辟，音辟。复，扶又切。子曰:“夏道未渎辞，不求备，不大望于民，民未厌其亲;殷人未渎礼，而求备于民;周人强民，未渎神，而赏爵刑罚穷矣。”未渎辞，以其尊命也;未渎礼，以其后礼也;未渎神，以其敬神而远之也。不求备，不大望于民，即省刑罚薄税敛之事。未厌其亲，尊君亲上之心自不能忘也。言夏之民未厌其亲，则殷周之民不然也。强民，言殷民不服，而成王周公化之之难也。赏爵刑罚之制，至周而详悉备具，无以复加，故曰穷矣。穷，极也。一说:赏爵不能劝善，刑罚不能止恶，故曰穷。 强，上声。敛、复，并去声。子曰:“虞夏之道，寡怨于民。殷周之道，不胜其敝。”子曰:“虞夏之质，殷周之文，至矣！虞夏之文不胜其质，殷周之质不胜其文。”前章言夏殷周之事，此又兼言虞氏以起下章。 上胜，音升，下二如字。子言之曰:“后事虽有作者，虞帝弗可及也已矣。君天下，生无私，死不厚其子。子民如父母，有憯怛之爱，有忠利之教。亲而尊，安而敬，威而爱，富而有礼，惠而能散。其君子尊仁畏义，耻费轻实，忠而不犯，义而顺，文而静，宽而有辨。《甫刑》曰:‘德威惟威，德明惟明。’非虞帝其孰能如此乎?”吕氏曰:“憯怛之爱，犹慈母之爱，非责报于其子也，非要誉于他人也，发于诚心而已。忠利之教者，若使契为司徒，教以人伦，作为衣裳、舟楫，臼杵、弧矢、宫室、棺椁、书契，使天下利用而不倦，是皆有教人以善之诚，无所不利之功者也。富而有礼，节于物者也;惠而能散，周于物者也;义以相正而不伤乎割，文以相接而不伤乎动，故宽裕有容，而容之中有辨焉。” 应氏曰:“生无私，有天下而不与也。死不厚其子，传诸贤而为天下得人也。生死无所私，而心乎斯民，真若父母之于子。亲而尊至惠而能散，犹元气之运，妙用无迹，此《中庸》所谓用其中于民也，其君子化之皆为全德。尊仁畏义，不敢犯天下之公理;耻费轻实，不敢徇一己之私欲。耻费用者，俭于自奉也;轻财实者，薄于言利也。自庇民大德而下凡三章，言臣道之难于尽仁，惟舜、禹、文王、周公可以为仁之厚，而后稷庶几近之。自凯弟君子而下凡四章，言君道之难于尽仁，惟虞帝可以为德之至，而夏商周皆未免有所偏也。”

子言之：“事君，先资其言，拜自献其身，以成其信。是故君有责于其臣，臣有死于其言，故其受禄不诬，其受罪益寡。”应氏曰：“资，凭藉也。古之为臣，其经世之学，皆豫定于胸中。至于事君，则前定之规模，先形于言以为藉，然后自献其身以成其信。自献者，非屈己以求售也。如《书》之‘自靖自献，致命而无所愧也’。‘畎亩幡然’之数语，《说命》、《对扬》之三篇，此伊、傅先资之言也。齐桓问答而为书，燕昭命下而有对，此管、乐先资之言也。言于先而信于后，无一不酬者。后世若登坛东向之答，草庐三顾之策，亦庶几焉。” 马氏曰：“受禄不诬，言不素餐也。”子曰：“事君，大言入则望大利，小言入则望小利，故君子不以小言受大禄，不以大言受小禄。《易》曰：‘不家食，吉。’”不家食，吉，《大畜》之彖辞也。谓大畜之君子，才德所蕴者大，则当食禄于朝，以有为于天下，而不食于家则吉。此言不以大言受小禄，所谓达可行于天下而后行之者也。 吕氏曰：“大言，所言者大也；小言，所言者小也。利及天下，泽及万世，大利也。进一介之善，治一官之事，小利也。谏行言听，利斯从之矣。先儒谓利为禄赏，人臣事君，各效其忠而已，言入而遂望其禄赏，乃小人之道，非所以事君也。所谓不以小言受大禄，不以大言受小禄者，此君之所以报臣，非臣之所以望君也。受之有义，亦称其大小而已。小言而大禄，则报逾其分，大言而小禄，则君不我知，亦不可受也。” 石梁王氏曰：“此非孔子之言。”子曰：“事君，不下达，不尚辞，非其人弗自。《小雅》曰：‘靖共尔位，正直是与；神之听之，式穀以女。’” 下达，谓趋乎污下，如曰“吾君不能”，如曰“长君之恶”、“逢君之恶”，皆是也。伊尹使君为尧舜之君，孟子非尧舜之道不陈，则谓之上达也。尚辞，利口捷给也。自，所由以进者也。《小雅·小明》之篇，言人臣能安靖恭敬其职位，惟正直之道是与，则神明听之，将用福禄与汝矣。以，与也。 共，音恭。女，音汝。长，上声。子曰：“事君，远而谏，则谄也。近而不谏，则尸利也。”子曰：“迩臣守和，宰正百官，大臣虑四方。”吕氏曰：“陵节犯分，以求自达，故曰谄。怀禄固宠，主于为利，故曰尸利也。” 方氏曰：“所谓守和者，过于和，则流而为同；不及于和，则乖而为异。故在于能守，守则适中,而无过与不及之患矣。" 应氏曰:"宰,以职言;大臣,以位言。自三公以下皆是,不特六卿。其序则先君德而后朝廷,先朝廷而后天下也。" 石梁王氏曰:"远而谏则谄,非孔子之言。" 谄,音谄。分,去声。"为利"为,去声。

子曰:"事君欲谏不欲陈。《诗》云:'心乎爱矣,瑕不谓矣。中心藏之,何日忘之!'"谏者,止君之失;陈者,扬君之失也。《诗·小雅·隰桑》之篇。瑕,《诗》作遐。本谓我心爱慕此贤者,思相与语,以其相去遐远,故不得共语。然欲发之言,藏于我心,何日而忘之乎?此记者借以为喻,言我有爱君之心,欲谏其过,胡不言乎?纵未得进谏,亦藏于心而不忘,但不以语他人耳。 语,去声。

子曰:"事君,难进而易退,则位有序;易进而难退,则乱也。故君子三揖而进,一辞而退,以远乱也。"吕氏曰:"所谓有序者,小德役大德,小贤役大贤之谓也。所谓乱者,贤不肖倒置之谓也,君信我可以为师,非学焉而后臣之,则不进也;信我可以执国政,虽待以季孟之间,亦不进也。膰肉不至而即行,灵公问陈而即行,君子之道,正君而已。枉己者,未有能直人者也。人之相见,三揖至于阶,三让以宾升;而其退也,一辞而出,主人拜送,宾去不顾。若主人之敬未至而强进,主人之意已懈而不辞,则宾主之分乱矣。可仕可已,可见可辞,进退之义一也。" 易、远,并去声。强,上声。分,去声。

子曰:"事君三违而不出竟,则利禄也。人虽曰不要,吾弗信也。"违,犹去也。不出竟,实无去志也。谓非要利可乎? 吕氏曰:"孔子去鲁,迟迟吾行,以不忍于父母之国也。孟子去齐,三宿出昼,冀齐王之悔悟也。然卒出竟以去,君子之义可见矣。" 竟,上声。要,平声。

子曰:"事君慎始而敬终。"

子曰:"事君可贵可贱,可富可贫,可生可杀,而不可使为乱。"马氏曰:"在物者有命,故可贵可贱可生可杀;在己者有义,故不可使为乱也。"

子曰:"事君,军旅不辟难,朝廷不辞贱。处其位而不履其事,则乱也。故君使其臣,得志,则慎虑而从之;否,则孰虑而从之。终事而退,臣之厚也。《易》曰:'不事王侯,高尚其事。'"吕氏曰:"乱者,如丝之不治而无绪也。臣受君命,虽有所合,不敢以得志而自满,故慎虑而从之,乃临事而惧,好谋而成者也。有所不合,又非所宜辞,亦不敢怨于不得志。故孰虑而从之,卒事则致为臣而去,故可以自免而不累于上,故曰臣之厚也。《易·蛊》之上九,事之终,且无位也。有似乎仕焉而已者，故曰不事王侯，乃可以高尚其事，而不见役于人也。”辟，音避。难，去声。朝，音潮。处，上声。孰、熟通。好，去声。

子曰：“唯天子受命于天，士受命于君。故君命顺，则臣有顺命；君命逆，则臣有逆命。《诗》曰：‘鹊之姜姜，鹑之贲贲。人之无良，我以为君。’”《诗·卫风·鹑之奔奔》篇。严氏云：“鹑之奔奔然斗者，不乱其匹也。鹊之强强然刚者，不淫其匹也。刺宣姜与公子顽非匹偶也。人之不善者，我乃以为小君乎？” 吕氏曰：“天道无私，莫非理义。君所以代天而治者，推天之理义以治斯人而已。‘天叙天秩’，‘天命天讨’莫非‘天’也。臣之受命于君者，命合乎理义，为顺天命；不合，则为逆天命。顺则为臣者将不令而行，逆则为臣者虽令不从矣。” “而治”治，如字。“以治”治，平声。

子曰：“君子不以辞尽人，故天下有道，则行有枝叶；天下无道，则辞有枝叶。不以辞尽人，谓不可以言辞而尽见其人之实，盖有言者不必有德也。行有枝叶，根本盛而条达者也。辞有枝叶，则芜辞蔓说而已。此皆世教盛衰所致，故以有道无道言之。 行，去声。是故君子于有丧者之侧，不能赙焉，则不问其所费；于有病者之侧，不能馈焉，则不问其所欲；有客不能馆，则不问其所舍。故君子之接如水，小人之接如醴；君子淡以成，小人甘以坏。《小雅》曰：‘盗言孔甘，乱是用饺。’”三者不能则不问，不可以虚言待人也。接，交也。《小雅·巧言》之篇。盗言，小人谗诚之言也。饺，进也。 饺，音炎。子曰：“君子不以口誉人，则民作忠。故君子问人之寒则衣之，问人之饥则食之，称人之善则爵之。《国风》曰：‘心之忧矣，于我归说。’” 誉者，扬人之善而过其实者也 《国风·曹风·蜉蝣》之篇。诗人忧昭公之无所依，故曰其于我而归税乎？说，读为税。舍，息也。誉，平声。衣，去声。食，音嗣。说，音税。子曰：“口惠而实不至，怨菑及其身。是故君子与其有诺责也，宁有已怨。《国风》曰：‘言笑晏晏，信誓旦旦。不思其反。反是不思，亦已焉哉！’”《国风·卫风·氓》之篇。晏晏，和柔也。旦旦，明也。始焉不思其反覆，今之反覆，是始者不思之过也。今则无如之何矣，故曰“亦已焉哉”。 吕氏曰：“有求而不许，始虽咈人之意，而终不害乎信，故其怨小。诺人而不践，始虽不咈人意，而终害乎信，故其责大。” 菑，音灾。子曰：“君子不以色亲人。情疏而貌亲，在小人则穿窬之盗也与？”子曰：“情欲信，辞欲巧。”情欲信，即《大学》意诚之谓也。巧，当作考，即《曲礼》“则古昔称先王”之谓也。否则为无稽之言矣。 吕氏曰：“穿窬之盗，欺人之不见以为不义而已。色亲人者，巧言令色足恭，无诚心以将之。情疏貌亲，主于为利，亦欺人之不见也。孔子曰：‘色厉而内荏，譬诸小人，其犹穿窬之盗也与？’孟子曰：‘士未可以言而言，是以言餂之也。’是皆穿窬之类也。二者亦欺人之不见以为不义，故所以为穿窬也。” 石梁王氏曰：“辞欲巧，决非孔子之言。‘巧言令色鲜矣仁’。”

子言之：“昔三代明王，皆事天地之神明，无非卜筮之用，不敢以其私亵事上帝，是以不犯日、月，不违卜、筮。卜、筮不相袭也。不相袭，说见《曲礼》。 刘氏曰：“此段经文，言事天地神明，无非卜筮之用。而又云大事有时日，吕氏以为冬夏至祀天地，四时迎气用四立，他祭祀之当卜日者，不可犯此素定之日。非此，则其他自不可违卜筮也。然《曲礼》止云大飨不问卜，《周官》太宰祀五帝卜日，祀大神示亦如之。太卜大祭祀眂高命龟。《春秋》、《鲁礼》又有卜郊之文。《郊特牲》又有郊用辛之语，是盖互相牴牾，未有定说。又如卜筮不相袭，大事卜，小事筮。而《洪范》有‘龟从筮从’、‘龟从筮逆’之文。簭人有凡国之大事，先簭后卜，太卜又凡事莅卜。又如外事用刚日，内事用柔日，而特牲社用甲，《召诰》‘丁巳郊’、‘戊午社’，《洛诰》‘戊辰烝祭岁’。凡此皆不合礼家之说，未知所以一之也，姑阙以俟知者。” 示，祇同。眂，视同。簭，祀同。召，音邵。大事有时日，小事无时日，有筮。外事用刚日，内事用柔日，不违龟、筮。”子曰：“牲牷礼乐齐盛，是以无害乎鬼神，无怨乎百姓。”大事，祭大神也。小事，祭小神也。外刚内柔，见《曲礼》。详文理“不违龟筮”四字，当在“牲牷礼乐齐盛”之下，以其一听于龟筮，故神人之心皆顺也。 齐，音粢。盛，音成。

子曰：“后稷之祀易富也，其辞恭，其欲俭，其禄及子孙。《诗》曰：‘后稷兆祀，庶无罪悔，以迄于今。’”富，备也。《诗·大雅·生民》之篇。兆，《诗》作肇，始也。以迄于今，明其禄及子孙也。 易，去声。子曰：“大人之器威敬，天子无筮，诸侯有守筮。天子道以筮。诸侯非其国,不以筮,卜宅寝室。天子不卜处大庙。”龟策之为器,圣人所以寓神道之教,故言大人之器也。以其威敬而不敢玩亵,故大事则用,小事则否。天子无筮,惟用卜也。而又云道以筮者,谓在道途中则用筮也。守筮,谓在国居守,有事则用筮也。龟亦曰守龟。《左传》:“国之守龟,何事不卜?”非其国不筮,谓凶行在他国,不欲人疑其吉凶之问也。宅,居也。诸侯出行,则必卜其所处之地,虑他故也。大庙,天子所必当处之地,故不卜也。守,去声。处,上声。大,音泰。子曰:“君子敬则用祭器,是以不废日月,不违龟筮,以敬事其君长。是以上不渎于民,下不亵于上。”敬其礼,故用祭器;敬其事,故询龟筮。不渎不亵,以其敬故也。　疏曰:“敬事君长,谓诸侯朝天子及小国之于大国。”

缁衣第三十三

子言之曰："为上易事也，为下易知也，则刑不烦矣。"吕氏曰："上好信，则民莫敢不用情。易事者，以好信故也。易知者，以用情故也。若上以机心待民，则民亦以机心待其上，奸生诈起，欲刑之不烦，不可得矣。" 易，去声。

子曰："好贤如《缁衣》，恶恶如《巷伯》，则爵不渎而民作愿，刑不试而民咸服。《大雅》曰：'仪刑文王，万国作孚。'"《缁衣》，《郑风》首篇，美郑武公之诗。《小雅·巷伯》，寺人刺幽王之诗。《大雅·文王》之篇。国，《诗》作邦。 吕氏曰："好贤必如《缁衣》之笃，则人知上之诚好贤矣，不必爵命之数劝，而民自起愿心以敬上，故曰爵不渎而民作愿。恶恶必如《巷伯》之深，则人知上之诚恶恶矣，不必刑罚之施，而民自畏服，故曰刑不试而民咸服。文王好恶得其正，而一出乎诚心，故为天下之所仪刑，德之所以孚乎下也。" 愿，愿同。数，入声。子曰："夫民教之以德，齐之以礼，则民有格心。教之以政，齐之以刑，则民有遁心。故君民者，子以爱之，则民亲之；信以结之，则民不倍；恭以莅之，则民有孙心。《甫刑》曰：'苗民匪用命，制以刑。惟作五虐之刑曰法。'是以民有恶德，而遂绝其世也。"遁，谓逃遁苟免也。 应氏曰："命，当依《书》作灵，善也。" 石梁王氏曰："仿《论语》为此言，意便不足。" 孙，去声。子曰："下之事上也，不从其所令，从其所行。上好是物，下必有甚者矣。故上之所好恶，不可不慎也，是民之表也。"《大学》曰："其所令反其所好，而民不从。" 好、恶，并去声。

子曰："禹立三年，百姓以仁遂焉，岂必尽仁？《诗》云：'赫赫师尹，民具尔瞻。'《甫刑》曰：'一人有庆，兆民赖之。'《大雅》曰：'成王之孚，下土之式。'"岂必尽仁者，言不必朝廷尽是仁人而后足以化民也。得一仁人为民之表，则天下皆仁矣。所谓君仁莫不仁也。

此所以禹以一仁君立三年，而百姓皆以仁遂，故引《诗》、《书》以明之。《诗·小雅·节南山》之篇。赫赫，显盛貌。师尹，周太师尹氏也。具，俱也。《大雅·下武》之篇。言武王能成王者之德，孚信于民，而天下皆法式之。 节，音截。子曰："上好仁，则下之为仁争先人。故长民者，章志、贞教、尊仁，以子爱百姓。民致行已，以说其上矣。《诗》云：'有梏德行，四国顺之。'"章志者，明吾好恶之所在也；贞教者，身率以正也。所志所教莫非尊仁之事，以此为爱民之道，是以民皆感其子爱之心，致力于行已之善而悦其上，如子从父母之命也。《诗·大雅·抑》之篇。梏，当依《诗》作觉。言有能觉悟人以德行者，则四国皆服从之也。 好，去声。长，上声。说，音悦。梏，读作觉。行，去声。

子曰："王言如丝，其出如纶。王言如纶，其出如綍。故大人不倡游言。可言也不可行，君子弗言也。可行也不可言，君子弗行也。则民言不危行，而行不危言矣。《诗》云：'淑慎尔止，不諐于仪。'"纶，绶也。疏云："如宛转绳。" 綍，引棺大索也。危，高也。《诗·大雅·抑》之篇。止，容止也。諐，过也。 吕氏曰："大人，王公之谓也。游言，无根不定之言也。《易》曰：'诬善之人其辞游。'为人上者，倡之以诚悫笃实之言，天下犹有诈以罔上者；苟以游言倡之，则天下荡然虚浮之风作矣，可不慎乎？可言而不可行，过言也。可行而不可言，过行也。君子弗言弗行，则言行不越乎中，民将效之。言不敢高于行，而言之必可行也；行不敢高于言，而必为可继之道也。" 綍，音弗。行，去声。諐、愆同。

子曰："君子道人以言，而禁人以行，故言必虑其所终，而行必稽其所敝，则民谨于言而慎于行。《诗》云：'慎尔出话，敬尔威仪。'《大雅》曰：'穆穆文王，於缉熙敬止！'"道，化诲之也。道人以言而必虑其所终，恐其行之不能至，则为虚诞也。禁，谨饬之也。禁人以行而必稽其所敝，虑共末流之或偏也。如是则民皆谨言而慎行矣。《诗·大雅·抑》之篇。《大雅·文王》之篇。朱子云："穆穆，深远之意。於，叹美辞，缉，继续也。熙，光明也。敬止，无不敬而安所止也。"两引《诗》，皆为谨言行之证。 吕氏曰："进取于善者，夷考其行而不掩，犹不免于狂，况不在于善者乎？故曰言必虑其所终。夷惠之清和，其末犹为隘与不恭，故曰行必稽其所敝。文王之德亦不越敬其容止而已。” 道、行，并去声。话，胡快切。於，音乌。子曰：“长民者衣服不贰，从容有常，以齐其民，则民德壹。《诗》云：‘彼都人士，狐裘黄黄。其容不改，出言有章。行归于周，万民所望。’”《诗·小雅·都人士》之篇。周，忠信也。 马氏曰：“狐裘黄黄，服其服也。其容不改，文以君子之容也。出言有章，遂以君子之辞也。行归于周，实以君子之德也。” 从，音聪。行，去声。子曰：“为上可望而知也，为下可述而志也，则君不疑于其臣，而臣不惑于其君矣。《尹告》曰：‘惟尹躬及汤，咸有壹德。’《诗》云：‘淑人君子，其仪不忒。’”君之待臣，表里如一，故曰可望而知。臣之事君，一由忠诚，其职业皆可称述而记志。此所以上下之间，不疑不惑也。《尹告》，伊尹告太甲之书也，今《咸有壹德》篇文。《诗·曹风·鸣鸠》之篇。引《书》以证君臣相得，又引《诗》以证壹德之义。 吉，读作告。子曰：“有国家者，章善瘅恶以示民厚，则民情不贰。《诗》云：‘靖共尔位，好是正直。’”郑本作章义，今从《书》作善。 吕氏曰：“章，明也。瘅，病也。明之斯好之矣，明之斯恶之矣。善居其厚，恶居其薄，此所以示民厚也。好善恶之分定，民情所以不贰也。《诗·小雅·小明》之篇，引之以明章善之义。” 瘅，丁但切。共，平声。子曰：“上人疑，则百姓惑；下难知，则君长劳。故君民者，章好以示民俗，慎恶以御民之淫，则民不惑矣。臣仪行，不重辞，不援其所不及，不烦其所不知，则君不劳矣。《诗》云：‘上帝板板，下民卒瘅。’《小雅》曰：‘匪其止共，维王之卭。’”《诗·大雅·板》之篇。板板，反戾之意。卒，尽也。瘅，《诗》作瘅，病也。假上帝以言幽王反其常道，使下民尽病也。《小雅·巧言》之篇。卭，病也，言此谗人非止于敬，徒为王之卭病耳。《板》诗证君道之失，《巧言》诗证臣道之失也。 吕氏曰：“以君之力所不能及而援其君，则君难从；以君之智所不能知而烦其君，则君难听。徒为难从难听以劳其君而无益，非所以事君也。” 方氏曰：“示民不以信，则为上之人可疑；可疑，则百姓其有不惑者乎？事君不以忠，则为下之人难知；难知，则君长其有不劳者乎？章其所好之善，故足以示民而成俗；慎其所恶之恶，故足以御民而不淫。若是，则上下无可疑者，故曰民不惑矣。臣有可仪之行，而所重者不在乎辞，则凡有所行者，无伪行矣。苟有所言者，无虚辞矣。" 癉，丁但切。卭，音穷。子曰："政之不行也，教之不成也，爵禄不足劝也，刑罚不足耻也，故上不可以亵刑而轻爵。《康诰》曰：'敬明乃罚。'《甫刑》曰：'播刑之不迪。'"《康诰》、《甫刑》，皆《周书》。播，布也。"不"字衍，言伯夷布刑以启迪斯民也。 吕氏曰："政不行，教不成，由上之人爵禄刑罚之失当也。爵禄非其人，则善人不足劝；刑罚非其罪，则小人不足耻。此之谓亵刑轻爵。"

子曰："大臣不亲，百姓不宁，则忠敬不足而富贵已过也。大臣不治，而迩臣比矣。故大臣不可不敬也，是民之表也。迩臣不可不慎也，是民之道也。君毋以小谋大，毋以远言近，毋以内图外，则大臣不怨，迩臣不疾，而远臣不蔽矣。叶公之顾命曰：'毋以小谋败大作，毋以嬖御人疾庄后，毋以嬖御士疾庄士大夫卿士。'"大臣不见亲信，则民不服从其令，故不宁也。此盖由臣之忠不足于君，君之敬不足于臣，徒富贵之太过而然耳。由是迩臣之党，相比以夺大臣之柄，而使之不得治其事。故大臣所以不可不敬者，以其为民所瞻望之仪表也。迩臣所以不可不慎者，以君之好恶系焉，乃民之所从以为道者也。人君不使小臣谋大臣，则大臣不至于怨乎不以；不使远臣间近臣，则近臣不至于疾其君；不使内之宠臣图四方宣力之士，则远臣之贤无所壅蔽，而得见知于上矣。叶公，楚叶县尹沈诸梁，字子高，僭称公。顾命，临死回顾之言也。毋以小谋败大作，谓不可用小臣之谋，而败大臣所作之事也。疾，毁恶之也。庄，犹正也，敬也，君所取正而加敬之谓也。 比，毗至切。叶，失涉切。子曰："大人不亲其所贤而信其所贱，民是以亲失，而教是以烦。《诗》云：'彼求我则，如不我得。执我仇雠，亦不我力。'《君陈》曰：'未见圣，若已弗克见。既见圣，亦不克由圣。'"亲善远恶，人心所同，所谓举直错诸枉则民服。今君既不亲贤，故民亦不亲其上，教令徒烦，无益也。《诗·小雅·正月》之篇。言彼小人初用事求我以为法则，惟恐不得；既而不合，则空执留之，视如仇雠然，不用力于我矣。仇雠者，言不一仇之，无往而不忤其意也。《君陈》，《周书》。兼引之，皆为不亲贤之证。

子曰："小人溺于水，君子溺于口，大人溺于民，皆在其所亵也。夫水近于人而溺人,德易狎而难亲也,易以溺人。口费而烦,易出难悔,易以溺人。夫民闭于人而有鄙心,可敬不可慢,易于溺人。故君子不可以不慎也。小人,民也。溺,为其所陷也。水为柔物,人易近之,然其德虽可狎,而势不可亲,忘险而不知戒,则溺矣。君子,士大夫也。言行君子之枢机,出好兴戎,皆由于口。于己费,则于人烦,出而召祸,不可悔矣。大人,谓天子诸侯也。国以民存,亦以民亡,盖惟其蔽于情而不可以理喻,故鄙陋而不通,《书》言可畏非民,此所以不可慢也。弃而不保,则离叛继之矣。三者皆在其所亵,故曰君子不可不慎也。　易,去声。闭,读为蔽。"为其"为,去声。《太甲》曰:'毋越厥命以自覆也。若虞机张,往省括于度则释。'《兑命》曰:'惟口起羞,惟甲胄起兵,惟衣裳在笥,惟干戈省厥躬。'《太甲》曰:'天作孽,可违也。自作孽不可以逭。'《尹吉》曰:'惟尹躬先见于西邑夏,自周有终,相亦惟终。'"毋,《书》作无。伊尹告太甲,不可颠越其命,以自取覆亡。虞,虞人也。机,弩牙也。括,矢括也。度者,法度,射者之所准望。释,发也。言如虞人之射,弩机既张,必往察其括之合于法度,然后发之,则无不中也。傅说告高宗,谓言语所以文身,轻出则有起羞之患;甲胄所以卫身,轻动则有起戎之忧。衣裳所以命有德,谨于在笥者,戒轻与也;干戈所以讨有罪,严于省躬者,戒轻动也。孽,灾也。逭,逃也。夏都安邑,在亳之西,故曰西邑夏。《国语》曰"忠信为周",言夏之先王以忠信有终,故其辅相者亦能有终也。凡四引《书》,皆明不可不慎之意。　省,悉井切。兑,音悦。逭,乎乱切。吉,读为告。先,旧本作天,今从《书》。相,去声。中,去声。

子曰:"民以君为心,君以民为体。心庄则体舒,心肃则容敬。心好之,身必安之。君好之,民必欲之。心以体全,亦以体伤。君以民存,亦以民亡。《诗》云:'昔吾有先正,其言明且清。国家以宁,都邑以成,庶民以生。谁能秉国成?不自为正,卒劳百姓。'《君雅》曰:'夏日暑雨,小民惟曰怨资。冬祈寒,小民亦惟曰怨。'"此承上文"大人溺于民"之意而言。昔吾有先正以下五句,逸《诗》也。下三句,今见《小雅·节南山》之篇。言今日谁人秉持国家之成法乎?师尹实秉持之,乃不自为政,而信任群小,终劳苦百姓也。《君雅》,《周书》。资,《书》作咨,此传写之误,而下复缺一咨字,郑不取《书》文为定,乃读资为至。今从《书》,以资字属上句。　方氏曰:"民以君为心者,言好恶从于君也。君以民为体者,言体戚同于民也。体虽致用于外,然由于心之所使,故曰心好之,身必安之。心虽为主于内,然资乎体之所保,故曰心以体全,亦以体伤。"　雅,读为牙。资、咨同。

子曰:"下之事上也,身不正,言不信,则义不壹,行无类也。"子曰:"言有物而行有格也,是以生则不可夺志,死则不可夺名。故君子多闻,质而守之;多志,质而亲之;精知,略而行之。《君陈》曰:'出入自尔师虞,庶言同。'《诗》云:'淑人君子,其仪一也。'"义不壹,或从或违也。行无类,或善或否也。《君陈》,《书》言谋政事者,当出入反覆与众人共虞度其可否,而观庶言之同异也。《诗·曹风·鸣鸠》之篇,引以证义壹行类。　吕氏曰:"有物则非失实之言,有格则无逾矩之行,归于一而不可变,生乎由是,死乎由是,故志也,名也,不可得而夺也。多闻,所闻博也。多志,多见而识之者也。质,正也。不敢自信,而质正于众人之所同,然后用之也。守之者,服膺勿失也。亲之者,问学不厌也。虽由多闻多知而得之,又当精思以求其至约而行之。略者,约也。此皆义壹行类之道也。"　行,去声。

子曰:"唯君子能好其正,小人毒其正。故君子之朋友有乡,其恶有方。是故迩者不惑,而远者不疑也。《诗》云:'君子好仇。'"旧读正为匹,今从吕氏说读如字。盖君子与君子以同道为朋,小人与小人以同利为朋。君子固好其同道之朋矣,小人亦未尝不好其同利之朋。不当言毒害其匹也,小人视君子如仇雠,常有祸之之心,此所谓毒其正也。君子所好不可以非其人,故曰朋友有乡;所恶不可以及善人,故曰其恶有方。前章言章善瘅恶以示民厚,则民情不贰,今好恶既明,民情归一,故迩者远者不惑不疑也。《诗·周南·关雎》之篇,言君子有良善之仇匹,引以证同道之朋。　好、乡、恶,并去声。"好仇"好,如字。子曰:"轻绝贫贱而重绝富贵,则好贤不坚,而恶恶不著也。人虽曰不利,吾不信也。《诗》云:'朋友攸摄,摄以威仪。'"《诗·大雅·既醉》之篇。言朋友所以相捡摄者在威仪,以喻不在贫贱富贵也。　马氏曰:"贤者宜富贵,而富贵者未必皆贤。恶者宜贫贱,而贫贱者未必皆恶。于其贫贱而轻有以绝之,则是好贤不坚也。于其富贵而重有以绝之,则是恶恶不著也。是志在于利而不在于道,人虽曰不利者,吾不信也。"子曰:"私惠不归德,君子不自留焉。《诗》云:'人之好我,示我周行。'"上文言好恶皆当循公道,故此言人有私惠于我,而不合于德义之公,君子决不留之于己也。《诗·小雅·鹿鸣》之篇。周行,大道也。言人之好爱我者,示我以大道而已,引以明不留私惠之义。　好,去声。行,如字。子曰:"苟有车,必见其轼。苟有衣,必见其敝。人苟或言之,必闻其声。苟或行之,必见其成。《葛覃》曰:'服之无射。'"吕氏曰:"此言有是物必有是事,登车而有所礼则凭轼,有轼则有车,无车则何所凭而式之乎?衣之久必敝,有衣然后可敝,无衣则何敝之有?言必有声,行必有成,亦犹是也。盖诚者物之终始,不诚无物,引《葛覃》言实有是服乃可久服而无厌也。"　射,音亦。

子曰:"言从而行之,则言不可饰也。行从而言之,则行不可饰也。故君子寡言而行,以成其信,则民不得大其美而小其恶。《诗》云:'白圭之玷,尚可磨也。斯言之玷,不可为也。'《小雅》曰:'允也君子,展也大成。'《君奭》曰:'在昔上帝,周田观文王之德,其集大命于厥躬。'"从,顺也,谓顺于理也。言顺于理而行之,则言为可用,而非文饰之言矣。行顺于理而言之,则行为可称,而非文饰之行矣。言之不怍,则为之也难。寡言而行,即讷于言而敏于行之意。以成其信,谓言行皆不妄也。大其美者,所以要誉;小其恶者,所以饰非,皆言之所为也。君子寡言以示教,故民不得如此。《诗·大雅·抑》之篇。玷,缺也。《小雅·车攻》之篇。允,信也。展,诚也。《君奭》,《周书》。言昔者上帝降割罚于殷,而申重奖劝文王之德,集大命于其身,使有天下。《抑》诗证言不可饰,《车攻》诗证行不可饰,引《书》亦言文王之实有此德也。　上行,如字。下二行,去声。寡,旧读为顾,今如字。周、田、观,读为割、申、劝。要,平声。子曰:"南人有言曰:'人而无恒,不可以为卜筮。'古之遗言与?龟与筮犹不能知也,而况于人乎?《诗》云:'我龟既厌,不我告犹。'《兑命》曰:'爵无及恶德,民立而正事。纯而祭祀,是为不敬。事烦则乱,事神则难。'《易》曰:'不恒其德,或承之羞。'‘恒其德侦，妇人吉，夫子凶。'”《论语》言不可以作巫医，是为巫为医。此言为卜筮，乃是求占于卜筮。龟筮犹不能知，言无常之人，虽先知如龟策，亦不能定其吉凶，况于人乎？《诗·小雅·小旻》之篇。犹，谋也。言卜筮烦数，龟亦厌之，不复告以所谋之吉凶也。《易·恒》卦三五爻辞。承，进也。妇人之德，从一而终，故吉。夫子制义，故从妇则凶也。　应氏曰："引《兑命》有误，当依今《书》文。"　冯氏曰："此篇多依仿圣贤之言，而理有不纯，义有不足者多矣。"　与，平声。兑，音悦。侦、贞同。

奔丧第三十四

奔丧之礼：始闻亲丧，以哭答使者尽哀。问故，又哭尽哀。遂行，日行百里，不以夜行。唯父母之丧，见星而行，见星而舍。若未得行，则成服而后行。过国至境，哭尽哀而止。哭辟市朝，望其国竟哭。始闻亲丧，总言五服之亲也。不以夜行，避患害也。未得行，若奉君命而使事未竟也。辟市朝，为惊众也。　使，去声。竟，音境。辟，音避。朝，音潮。至于家，入门左，升自西阶，殡东。西面坐哭，尽哀，括发，袒。降堂东即位，西乡哭，成踊。袭绖于序东，绞带反位，拜宾成踊，送宾反位。此言奔父丧之礼。为人子者，升降不由阼阶。今父新死，未忽异于生，故入自门左，升自西阶也。在家而亲死则笄纚，小敛毕乃括发，此自外而至，故即括发而袒衣也。郑云已殡者位在下，此奔丧在殡后，故自西阶降而即其堂下东之位也。袭绖者，掩其袒而加要绖也。序东者，在堂下而当堂上序墙之东也。不散麻者，亦异于在家之节也。此绞带即袭绖之绖，非象革带之绞带也。绖重，象革带之绞带轻。反位，复先所即之位也。凡拜宾，皆就宾之位而拜之，拜竟，则反己之位而哭踊也。成踊，说见前。　乡，去声。散，上声。有宾后至者，则拜之成踊，送宾皆如初。众主人兄弟皆出门，出门哭止，阖门，相者告就次。于又哭，括发，袒，成踊。于三哭，犹括发，袒，成踊。三日成服，拜宾送宾皆如初。皆如初者，如先次之拜宾成踊，与送宾反位也。次，倚庐也，在中门外。又哭，明日之朝也。三哭，又其明日之朝也。皆升堂而括发且袒，如始至时。三日，三哭之明日也　相，去声。

奔丧者非主人，则主人为之拜宾送宾。奔丧者自齐衰以下，入门左，中庭北面哭，尽哀。免麻于序东，即位袒，与主人哭，成踊。于又哭、三哭皆免袒。有宾，则主人拜宾送宾。丈夫妇人之待之也，皆如朝夕哭，位无变也。非主人，其余或亲或疏之属也。故下云齐衰以下，亦入自门之左，而不升阶，但于中庭北面而哭也。免麻，谓加免于首，加绖于要也。上文言袭绖于序东，此言免麻于序东，轻重虽殊，皆是堂下序墙之东，凡袒与袭不同位也。待之，谓待此奔丧者以其非宾客，故不变所哭之位也。　为，去声。免，音问。奔母之丧，西面哭，尽哀，括发，袒，降堂东即位，西乡哭，成踊，袭免绖于序东。拜宾送宾，皆如奔父之礼。于又哭不括发。父丧袭绖于序东，此言袭免绖于序东，即加免，轻于父也。　疏曰："此谓适子，故云拜宾送宾，皆如奔父之礼也。"妇人奔丧，升自东阶，殡东，西面坐哭，尽哀。东髽即位，与主人拾踊。妇人，谓姑姊妹女子子。东阶，东面阶，非阼阶也。妇人入者由闱门。闱门，是东边之门。东阶，即《杂记》所谓侧阶也。髽，说见《小记》。东髽，髽于东序，不髽于房，变于在室者也。拾，更也，主人与之更踊，宾客之也。　髽，则瓜切。拾，其劫切。更，平声。

奔丧者不及殡，先之墓。北面坐哭，尽哀。主人之待之也，即位于墓左，妇人墓右。成踊，尽哀，括发。东即主人位，绖绞带哭，成踊。拜宾，反位成踊。相者告事毕。不及殡，葬后乃至也。尸柩既不在家，则当先哭墓。此奔丧者是适子，故其众主人之待之者，与妇人皆往墓所，就墓所分左右之位。奔者括发，而于东偏即其主人之位。礼毕，则相者以毕事告。遂冠归，入门左，北面哭，尽哀，括发，袒，成踊。东即位，拜宾，成踊。宾出，主人拜送。有宾后至者，则拜之，成踊，送宾如初。众主人兄弟皆出门，出门哭止，相者告就次。于又哭，括发，成踊，于三哭，犹括发，成踊。三日成服。于五哭，相者告事毕。遂冠而归者，不可以括发行于道路也。冠，谓素委貌。入门出门，皆谓殡宫门也。五哭者，初至象始死为一哭，明日象小敛为二哭，又明日象大敛为三哭，又明日成服之日为四哭，又明日为五哭。皆数朝哭，不数夕哭。郑云："既期而至者则然，故相者告事毕。若未期，则犹朝夕哭，不五哭而毕也。哭虽五，而括发成踊则止于三。下文免成踊亦同。"　冠，如字。为母所以异于父者，壹括发，其余免以终事，他如奔父之礼。疏曰："壹括发，谓归入门哭时也。及殡，壹括发，不及殡，亦壹括发。"　为，去声。齐衰以下不及殡，先之墓，西面哭，尽哀。

免麻于东方即位，与主人哭，成踊，袭。有宾，则主人拜宾送宾。宾有后至者，拜之如初。相者告事毕。遂冠归，入门左，北面哭，尽哀，免，袒，成踊。东即位，拜宾，成踊。宾出，主人拜送。于又哭，免，袒，成踊。于三哭，犹免，袒，成踊。三日成服。于五哭，相者告事毕。疏曰："齐衰以下，有大功、小功、缌麻，月日多少不同。若奔在葬后，而三月之外，大功以上，则有免麻东方，三日成服。若小功、缌麻，则不得有三日成服。小功以下不税无追服之理。若葬后通葬前未满五月小功，则亦三日成服。其缌麻者，止临丧节而来，亦得三日成服也。东即位拜宾成踊者，东即位，谓奔丧者于东方就哭位；拜宾，则是主人代之拜。此奔丧者当主人代拜宾时，已则成踊也。"又曰："经直言免麻于东方即位，不称袒，而下云成踊袭；袭则有袒理，经若言袒，恐齐衰以下皆袒，故不得总言袒而称袭者，容齐衰重得为之袭也。又按上文为父不及殡，于又哭括发成踊，不言袒，今齐衰以下之丧，经文于又哭三哭乃更言袒，故知二'袒'字衍文也。" "又哭"、"三哭"二"袒"字，衍文。

闻丧不得奔丧，哭尽哀。问故，又哭尽哀。乃为位，括发，袒，成踊。袭绖绞带即位，拜宾反位，成踊。宾出，主人拜送于门外，反位。若有宾后至者，拜之，成踊，送宾如初。于又哭，括发，袒，成踊，于三哭，犹括发，袒，成踊。三日成服。于五哭，拜宾送宾如初。篇首言若未得行，则成服而后行，此乃详言其节次，余见前章。若除丧而后归，则之墓哭，成踊。东括发袒绖，拜宾，成踊。送宾反位，又哭尽哀，遂除。句于家不哭。主人之待之也，无变于服，与之哭，不踊。袒绖者，袒而袭，袭而加绖也。遂除，即于墓除之也。主人无变于服，谓在家者但著平常吉服也。虽与之哭于墓而不为踊，以服除哀杀也，故云与之哭不踊。自齐衰以下，所以异于免麻。齐衰、大功、小功、缌之服，其奔丧在除服之后者，惟首免要麻绖，于墓所哭罢即除，无括发等礼也。故云所异者免麻。

凡为位，非亲丧，齐衰以下皆即位哭尽哀，而东免绖即位，袒，成踊。袭，拜宾反位，哭，成踊。送宾反位，相者告就次。三日五哭卒，主人出送宾。众主人兄弟皆出门，哭止。相者告事毕。成服拜宾。若所为位家远，则成服而往。人臣奉君命以出，而闻父母之丧，则固为位而哭，其余不得为位也。此言非亲丧，而自齐衰以下亦得为位者，必非奉君命以出，而为私事未奔者也。此以上言五哭者四，前三节言五哭，皆止计朝哭，故五日乃毕。独此所言三日五哭卒者，谓初闻丧一哭，明日朝夕二哭，又明日朝夕二哭。并计夕哭者，以私事可以早毕，而亟谋奔丧故也。曰主人出送宾者，谓既奔丧至家，则丧家之主人为之出送宾也。所谓奔丧者非主人，则主人为之出送宾是也。众主人兄弟，亦谓在丧家者。成服拜宾者，谓三日五哭卒之明日为成服，其后有宾，亦与之哭而拜之也。前两节五哭后不言拜宾者，省文耳。若所为位者之家道远，则成服而后往亦可，盖外丧缓，可容办集而行也。齐衰望乡而哭，大功望门而哭，小功至门而哭，缌麻即位而哭。《杂记》云："大功望乡而哭者，谓本是齐衰，降而服大功也，故与此不同。"

哭父之党于庙，母妻之党于寝，师于庙门外，朋友于寝门外，所识于野张帷。凡为位不奠。《檀弓》云："师吾哭诸寝。"又云："有殡闻远兄弟之丧，哭于侧室，若无殡则在寝矣。"旧说异代之礼，所以不同，不然，记者所闻或误欤？　郑氏曰："不奠，以其精神不存乎是也。"哭，天子九，诸侯七，卿大夫五，士三。大夫哭诸侯，不敢拜宾。诸臣在他国，为位而哭，不敢拜宾。与诸侯为兄弟，亦为位而哭。凡为位者壹袒。九，九哭也。七，七哭也。九哭者九日，七哭者七日，余仿此。此以尊卑为日数之差也。大夫哭诸侯，哭其旧君也。不敢拜宾，避为主也。在他国，为使而出也。与诸侯为兄弟，亦谓在异国者。壹袒，谓为位之日也，明日以往不袒矣。若父母之丧则必三袒。所识者吊，先哭于家而后之墓，皆为之成踊，从主人北面而归。己所识之人死，而往吊之时，已在葬后矣。必先哭于其家者，情虽由于死者，而礼则施于生者故也。主人墓左西向，宾北面向墓而踊，固宾主拾之，然必主人先而宾从之，故曰从主人也。言皆者，必于家于墓皆踊也。　为，去声。拾，其劫切。

凡丧：父在，父为主。父没，兄弟同居，各主其丧。亲同，长者主之；不同，亲者主之。此言父在而子有妻子之丧，则父主之，统于尊也。父没之后，兄弟虽同居，各主妻子之丧矣。同宫犹然，则异宫从可知也。亲同长者主之，谓父母之丧，长子为主；其同父母之兄弟死，亦推长者为主也。不同亲者主之，谓从父兄弟之丧，则彼亲者为之主也。闻远兄弟之丧，既除丧而后闻丧，免袒，成踊，拜宾则尚左手。此言小功、缌麻之兄弟死，而闻讣在本服月日之外，虽不税，而初闻之亦必免袒而成其踊者，以伦属之亲，不可不为之变也。但拜宾则从吉拜，而左手在上耳。无服而为位者，唯嫂叔及妇人降而无服者麻。《檀弓》云："子思之哭嫂也为位，妇人降而无服。"谓姑姊妹在室者缌麻，嫁则降在无服也。哭之亦为位。麻者，吊服而加缌之环绖也。 郑氏曰："正言嫂叔，尊嫂也。兄公于弟之妻则不能也。" 疏曰："既云无服，又云麻，故知吊服加麻也。"凡奔丧，有大夫至，袒，拜之，成踊而后袭。于士，袭而后拜之。此言大夫、士来吊此奔丧之人也，尊卑礼异。

卷之十

问丧第三十五

亲始死，鸡斯，徒跣，扱上衽，交手哭。恻怛之心，痛疾之意，伤肾、乾肝、焦肺，水浆不入口。三日不举火，故邻里为之糜粥以饮食之。夫悲哀在中，故形变于外也。痛疾在心，故口不甘味，身不安美也。鸡斯，读为笄纚。笄，骨笄也。纚，韬发之绘也。亲始死，孝子先去冠，惟留笄纚也。徒，空也。徒跣，无屦而空跣也。上衽，深衣前襟也，以号踊屦践为妨，故扱之于带也。交手哭，谓两手交以拊心而哭也。糜厚而粥薄，薄者以饮之，厚者以食之也。　鸡，音笄。斯，色买切。扱，音插。乾，音干。饮，去声。食，音嗣。号，平声。三日而敛，在床曰尸，在棺曰柩。动尸举柩，哭踊无数。恻怛之心，痛疾之意，悲哀志懑气盛，故袒而踊之，所以动体安心下气也。哭踊本有数，此言无数者，又在常之外也。懑，烦也。　懑，谟本切。妇人不宜袒，故发胸、击心、爵踊，殷殷田田，如坏墙然，悲哀痛疾之至也！故曰：辟踊哭泣，哀以送之，送形而往，迎精而反也。发，开也。爵踊，似爵之跳，足不离地也。殷殷田田，击之声也。辟，拊心也。　殷，上声。坏，音怪。辟，婢尺切。离，去声。其往送也，望望然，汲汲然，如有追而弗及也。其反哭也，皇皇然，若有求而弗得也。故其往送也如慕，其反也如疑。求而无所得之也，入门而弗见也，上堂又弗见也，入室又弗见也，亡矣，丧矣，不可复见已矣。故哭泣辟踊，尽哀而止矣。望望，瞻望之意也。汲汲，促急之情也。皇皇，犹彷徨之意。尽哀而止者，他无所寓其情也。　上，上声。丧，去声。复，扶又切。心怅焉怆焉，惚焉忾焉，心绝志悲而已矣。祭之宗庙，以鬼享之，侥幸复反也。成圹而归，不敢入处室，居于倚庐，哀亲之在外也；寝苫枕块，哀亲之在土也。故哭泣无时，服勤三年，思慕之心，孝子之志也，人情之实也。此言反哭至终丧之情。惚，犹恍惚也。忾，犹叹恨也。勤，谓忧苦也。　圹，上声。枕，去声。

或问曰："死三日而后敛者，何也？"曰："孝子亲死，悲哀志懑，故匍匐而哭之，若将复生然，安可得夺而敛之也？故曰三日而后敛者，以俟其生也。三日而不生，亦不生矣，孝子之心，亦益衰矣。家室之计，衣服之具，亦可以成矣。亲戚之远者，亦可以至矣。是故圣人为之断决以三日，为之礼制也。"此记者设问以明三日而敛之意。　"敛之"敛，如字。"人为"为，去声。断，丁玩切。或问曰："冠者不肉袒，何也？"曰："冠至尊也，不居肉袒之体也，故为之免以代之也。然则秃者不免，伛者不袒，跛者不踊。非不悲也，身有锢疾，不可以备礼也。故曰丧礼唯哀为主矣。女子哭泣悲哀，击胸伤心；男子哭泣悲哀，稽颡触地无容。哀之至也。"免而袒，袒而踊，先后之次也。有一疾则废一礼。女子不踊，则惟击胸；男子不踊，则惟稽颡触地，皆可以为哀之至也。　免，音问。伛，于缕切。跛，补火切。或问曰："免者以何为也？"曰："不冠者之所服也。《礼》曰：'童子不缌，唯当室缌。'缌者其免也，当室则免而杖矣。"刘氏曰："已冠者为丧变而去冠，则必著免。盖虽去冠，犹嫌于不冠，故加免也。童子初未冠，则虽为丧亦不免，以其未冠，故不嫌于不冠也。若为孤子而当室，则虽童子亦免，以其为丧主而当成人之礼也。如童子不杖，以其不能病也，而当室则杖。童子不缌，幼不能知疏远之哀也，而当室则缌。缌者，以其当室而为成人之免且杖，则亦可为成人之缌矣。故曰缌者以其免也。"或问曰："杖者何也？"曰："竹桐一也。故为父苴杖，苴杖，竹也。为母削杖，削杖，桐也。"或问曰："杖者以何为也？"曰："孝子丧亲，哭泣无数，服勤三年，身病体羸，以杖扶病也。则父在不敢杖矣，尊者在故也。堂上不杖，辟尊者之处也。堂上不趋，示不遽也。此孝子之志也，人情之实也，礼义之经也。非从天降也，非从地出也，人情而已矣。"苴杖圆而象天，削杖方而象地。又以桐为同之义，言哀戚同于丧父也。堂上不趋，亦谓父在时也。急遽则或动父之情，故示以宽暇。　为，去声。苴，七须切。羸，力垂切。辟，音避。处，去声。遽，其虑切。

服问第三十六

《传》曰：有从轻而重，公子之妻为其皇姑。有属从，有徒从，故皆以从言。　疏曰："公子，诸侯之妾子也。皇姑，即公子之母也。诸侯在尊厌妾子，使为母练冠。诸侯没，妾子得为母大功，而妾子之妻，则不论诸侯存没，为夫之母期也。其夫练冠，是轻也，而妻为之期是重，故云有从轻而重也。皇，君也。此妾既贱，若惟云姑，则有嫡女君之嫌；今加'皇'字，明非女君，而此妇尊之与女君同，故云皇姑也。"　传，去声。为，去声，注中与下四节并同。厌，音压。论，去声。有从重而轻，为妻之父母。妻为其父母齐衰，是重也。夫从妻而服之乃缌麻，是从重而轻也。有从无服而有服，公子之妻，为公子之外兄弟。疏曰："公子被厌不服己母之外家，是无服也。妻犹从公子而服公子外祖父母从母缌麻，是从无服而有服也。经惟云公子外兄弟，而知其非公子姑之子者，以《丧服小记》云，夫之所为兄弟服，妻皆降一等；夫为姑之子缌麻，妻则无服。今公子之妻为之有服，故知其为公子外祖父母从母也。此等皆小功之服，凡小功者谓为兄弟，若同宗直称兄弟，以外族故称外兄弟也。"　"从母"从，去声。有从有服而无服，公子为其妻之父母。郑氏曰："凡公子厌于君，降其私亲，女君之子不降。"　疏曰："虽为公子之妻，犹为父母期，是有服也。公子被厌，不从妻而服之，是从有服而无服也。"《传》曰：母出则为继母之党服，母死则为其母之党服。为其母之党服，则不为继母之党服。母死，谓继母死也。其母，谓出母也。　郑氏曰："虽外亲亦无二统。"

三年之丧既练矣，有期之丧既葬矣，则带其故葛带，绖期之绖，服其功衰。疏曰："谏三年之丧练祭之后，又当期丧既葬之节也。故葛带，谓三年丧之练葛带也。今期丧既葬，男子则应著葛带，此葛带与三年之葛带粗细正同，而以父葛为重，故带其故葛带也。绖期之绖者，谓三年之丧练后，首绖既除，故绖期之葛绖。若妇人练后，麻带除矣，则绖其故葛绖，带期之麻带，以妇人不葛带故也。功衰者，父丧练后之衰也。"《杂记》疏云："三年丧练后之衰，升数与大功同，故云功衰也。” 期，音基。有大功之丧亦如之，小功无变也。疏曰：“三年丧练后，有大功丧亦既葬，亦带其故葛带而绖期之葛绖也，故云亦如之。小功无变者，言先有大功以上丧服，今遭小功之丧，无变于前服，不以轻服减累于重也。”麻之有本者，变三年之葛。疏曰：“大功以上为带者，麻之根本并留之，合纠为带，如此者得变三年之练葛。小功以下，其绖澡麻断本，不得变三年之葛也。言变三年之葛，举其重者。其实期之葛有本者，亦得变之。”既练，遇麻断本者，于免绖之。既免去绖，每可以绖必绖，既绖则去之。疏曰：“斩衰既练之后，遭小功之丧，虽不变服，得为之加绖也。于免绖之者，以练无首绖，于此小功丧有事于免之时，则为之加小功之绖也。既免之后，则脱去其绖，每可以绖之时，必为之加绖。既绖则去之，自练服也。” 断，音短。去，上声。小功不易丧之练冠，如免，则绖其缌、小功之绖，因其初葛带。缌之麻不变小功之葛，小功之麻不变大功之葛，以有本为税。疏曰：“言小功以下之丧，不合变易三年丧之练冠，其期之练冠，亦不得易也。如当缌小功著免之节，则首绖其缌与小功之绖，所以为后丧缌绖者，以前丧练冠首绖已除故也。要中所著，仍因其初丧练之葛带，轻丧之麻，本服既轻，虽初丧之麻，不变前重丧之葛也。税，谓变易也。缌与小功麻绖既无本，不合税变前丧；惟大功以上麻绖有本者，得税变前丧也。” 税，吐外反。著，入声。要，平声。殇长中，变三年之葛，终殇之月，算而反三年之葛。是非重麻，为其无卒哭之税。下殇则否。疏曰：“殇长中者，谓本服大功，今乃降在长中殇。男子则为之小功，妇人为长殇小功，中殇则缌麻，如此者得变三年之葛。著此殇服之麻，终竟此殇月数。如小功则五月，缌则三月，还反服其三年之葛也。既服麻不改，又变三年之葛，不是重此麻也。以殇服质略，自初死服麻以后，无卒哭时税麻服葛之礼也。下殇则否者，以大功以下之殇，男子妇人俱为之缌麻，其情轻，不得变三年之葛也。按上文麻有本者得变三年之葛，则齐衰下殇虽是小功，亦是麻之有本者。故《丧服小记》云：“下殇小功带澡麻不绝本。”然齐衰下殇，乃变三年之葛。今大功长殇麻既无本，得变三年之葛者，以无虞卒哭之税，故特得变之。若成人小功缌麻，麻既无本，故不得变也。” 长，上声。为，去声。

君为天子三年，夫人如外宗之为君也。世子不为天子服。诸侯为天子服斩衰三年。外宗，见前篇。诸侯外宗之妇为君期，夫人为天子亦期，故云夫人如外宗之为君也。世子有继世之道，不为天子服者，远嫌也。为，去声。远，去声。君所主，夫人妻，大子，适妇。夫人者，君之适妻，故云夫人妻。大子，适子也。其妻为适妇。三者皆正，故君主其丧。大，音泰。大夫之适子，为君、夫人、大子，如士服。郑氏曰："士为国君斩，小君期，大子君服斩，臣从服期。"疏曰："大夫无继世之道，其子无嫌，故得为君与夫人及君之大子，著服如士服也。"为，去声。"大子"大，音泰。君之母非夫人，则群臣无服。唯近臣及仆骖乘从服，唯君所服服也。疏曰："君母是适夫人，则群臣服期；非夫人则君服缌，故群臣无服也。近臣，阍寺之属。仆，御车者。骖乘，车右也。唯君所服服者，君缌，则此等人亦缌也。"乘，去声。期，平声。

公为卿大夫锡衰以居，出亦如之，当事则弁绖。大夫相为亦然。为其妻，往则服之，出则否。疏曰："君为卿大夫之丧，成服之后，著锡衰以居也。出，谓以他事而出，非至丧所。亦著锡衰，首则皮弁也。当事，若大敛及殡，并将葬启殡等事，则首著弁绖，身衣锡衰；若于士，则首服皮弁也。大夫相为亦然者，亦如君于卿大夫也。若君于卿大夫之妻及卿大夫相为其妻而往临其丧，亦服锡衰，但不常著之以居。或以他事出，则不服也。"锡衰之布以缌布而加灰治，弁绖制如爵弁，素为之，加环绖其上。凡见人无免绖，虽朝于君无免绖，唯公门有税齐衰。《传》曰：君子不夺人之丧，亦不可夺丧也。见人，往见于人也。绖重故不可释免。入公门虽税齐衰，亦不税绖也，此谓不杖齐衰。若杖齐衰及斩衰，虽入公门亦不税。免，如字。税，音脱。《传》曰：罪多而刑五，丧多而服五。上附下附，列也。罪重者附于上刑，罪轻者附于下刑，此五刑之上附下附也。大功以上附于亲，小功以下附于疏，此五服之上附下附也。等列相似，故云列也。

间传第三十七

郑氏曰："名间传者，以其记丧服之间轻重所宜。"

斩衰何以服苴？苴，恶貌也，所以首其内而见诸外也。斩衰貌若苴，齐衰貌若枲，大功貌若止，小功、缌麻容貌可也。此哀之发于容体者也。斩衰服苴，苴绖与苴杖也。麻之有子者，以为苴绖。竹杖亦曰苴杖。恶貌者，疏云："苴是黎黑色。"又《小记》疏云："至痛内结，必形色外章，所以衰裳绖杖，俱备苴色也。"首者，标表之义盖显示其内心之哀痛于外也。枲，牡麻也，枯黯之色似之。大功之丧，虽不如齐斩之痛，然其容貌亦若有所拘止而不得肆者，盖亦变其常度也。　见，音现。枲，音徙。斩衰之哭，若往而不反。齐衰之哭，若往而反。大功之哭，三曲而偯。小功缌麻，哀容可也。此哀之发于声音者也。若，如也。往而不反，一举而至气绝，似不回声也。三曲，一举声而三折也。偯，余声之委曲也。小功缌麻情轻，虽哀声之从容亦可也。　偯，于岂切。从，七容切。斩衰唯而不对，齐衰对而不言，大功言而不议，小功缌麻议而不及乐。此哀之发于言语者也。唯，应辟也。不对，不答人以言也。不言，不先发言于人也。不议，不泛论他事也。　唯，上声。斩衰三日不食，齐衰二日不食。大功三不食，小功缌麻再不食，士与敛焉则壹不食。故父母之丧，既殡食粥，朝一溢米，莫一溢米。齐衰之丧，疏食水饮，不食菜果。大功之丧，不食醯酱。小功缌麻，不饮醴酒。此哀之发于饮食者也。一溢，二十四分升之一也。疏食，粗饭也。　与，去声。莫，音暮。食，音嗣。

父母之丧，既虞卒哭，疏食水饮，不食菜果。期而小祥，食菜果。又期而大祥，有醯酱。中月而禫，禫而饮醴酒。始饮酒者，先饮醴酒。始食肉者，先食乾肉。中月，间一月也。前篇中一以上亦训为间。二十五月大祥,三十七月而禫也。 疏曰:“孝子不忍发初御醇厚之味,故饮醴酒,食乾肉。” 中,如字。间,去声。乾,音干。父母之丧,居倚庐,寝苫枕块,不税绖带。齐衰之丧,居垩室,苄翦不纳。大功之丧,寝有席。小功缌麻,床可也。此哀之发于居处者也。倚庐,垩室,见《丧大记》。苄,蒲之可为席者,但翦之使齐,不编纳其头而藏于内也。 枕,去声。税,音脱。苄,音下。处,上声。父母之丧,既虞卒哭,柱楣翦屏,苄翦不纳。期而小祥,居垩室,寝有席。又期而大祥,居复寝。中月而禫,禫而床。柱楣,谓举倚庐之木拄之于楣,使稍宽明也。翦屏者,翦去户旁两厢屏之余草也。自上章唯而不对以下至此,有与《杂记》、《丧大记》、《丧服小记》之文不同者,记者所闻之异,亦或各有义与? 柱,音主。

斩衰三升,齐衰四升、五升、六升,大功七升、八升、九升,小功十升、十一升、十二升,缌麻十五升去其半。有事其缕,无事其布,曰缌。此哀之发于衣服者也。每一升凡八十缕。斩衰正服三升,义服三升半。齐衰降服四升,五服五升,义服六升。大功降服七升,正服八升,义服九升。小功降服十升,正服十一升,义服十二升。缌麻降、正、义同用十五升布,去其七升半之缕。盖十五升者,朝服之布,其幅之经一千二百缕也。今缌布用其半,六百缕为经,是去其半也。有事其缕者,事谓煮治其纱缕而后织也。无事其布者,及织成则不洗治其布,而即以制缌服也。若用为锡衰,则加灰以洗治之,故前经云加灰锡也。然则缌服是熟缕生布,其小功以上,皆生缕以织矣。 去,上声。治,平声。斩衰三升,既虞卒哭,受以成布六升,冠七升。为母疏衰四升,受以成布七升,冠八升。去麻服葛,葛带三重。期而小祥,练冠缬缘,要绖不除。五服惟斩衰、齐衰、大功有受者,葬后以冠之布升数为衰服。如斩衰冠六升,则葬后以六升布为衰。齐衰冠七升,则葬后以七升布为衰也。谓之成布者,三升以下之布,粗疏之甚,若未成熟。六升以下,则渐精细,与吉服之布相近,故称成也。去麻服葛者,葬后男子去要之麻绖而系葛绖,妇人去首之麻绖而著葛绖也。葛带三重,谓男子也。葬后以葛绖易要之麻绖,差小于前,四股纠之,积而相重,则三重也。盖单纠为一重,两股合为一绳是二重,二绳又合为一绳是三重也。 疏曰:

"至小祥，又以卒哭后冠受其衰，而以练易其冠。又以练为中衣，以縓为领缘也。要绖，葛绖也。縓缘，见《檀弓》。" 縓，七眷切。缘，去声。要，平声。男子除乎首，妇人除乎带。男子何为除乎首也？妇人何为除乎带也？男子重首，妇人重带，除服者先重者，易服者易轻也。小祥，男子除首绖，妇人除要带，此助先重也。居重丧而遭轻丧，男子则易要绖，妇人则易首绖，此易轻者也。又期而大祥，素缟麻衣。中月而禫，禫而纤，无所不佩。疏曰："二十五月大祥祭，此日除脱，则首服素冠，以缟纰之，身著朝服而祭。祭毕而哀情未除，更反服微凶之服，首著缟冠，以素纰之，身著十五升麻深衣，未有采缘，故云素缟麻衣也。大祥之后，更间一月而为禫祭，禫祭之时，玄冠朝服。祭乾，则首著纤冠，身著素端黄裳。以至吉祭，平常所服之物，无不佩也。黑经白纬曰纤。" 纰，音皮。缘，去声。易服者，何为易轻者也？斩衰之丧，既虞卒哭，遭齐衰之丧，轻者包，重者特。郑氏曰："卑可以两施，而尊者不可贰。" 疏曰："斩衰受服之时，而遭齐衰初丧。男子所轻要者，得著齐衰要带，而兼包斩衰之带。妇人轻首，得著齐衰首绖，而包斩衰之绖，故云轻者包也。男子重首，特留斩衰之绖；妇人重要，特留斩衰要带，是重者特也。"愚谓特者，单独而无所兼之义，非谓特留也。既练，遭大功之丧，麻葛重。疏曰："斩衰既练，男子惟有要带，妇人惟有首绖，是单也。今遭大功之丧，男子首空著大功麻绖，又以大功麻带易练之葛带；妇人要空著大功麻带，又以大功麻绖易练之葛绖，是重麻也。至大功既虞卒哭，男子带以练之故葛带，首著期之葛绖；妇人绖其练之故葛绖，著期之葛带，是重葛也。"疏言期之葛绖，期之葛带，谓粗细与期同，其实是大功葛绖葛带也。 又按《檀弓》云："妇人不葛带者，谓斩衰齐衰服也。"《丧服大功》章，男女并陈，有即葛九月之文，是大功妇人亦受葛也。又《士虞礼饯尸》章注云："妇人大功小功者葛带。"齐衰之丧，既虞卒哭，遭大功之丧，麻葛兼服之。此据男子言之，以大功麻带易齐衰之葛带，而首犹服齐衰葛绖。首有葛，要有麻，是麻葛兼服之也。斩衰之葛，与齐衰之麻同。齐衰之葛，与大功之麻同。大功之葛，与小功之麻同。小功之葛，与缌之麻同。麻同则兼服之，兼服之服重者则易轻者也。同者，前丧既葬之葛，与后丧初死之麻，粗细无异也。兼服者，服后麻，兼服前葛也。服重者，即上章重者特之说也。易轻者,则轻者包是也。《服问》篇云:“缌之麻,不变小功之葛。小功之麻,不变大功之葛。”言成人之丧也。此言大功以下同则兼服者,是据大功之长殇中殇也。　疏曰:“兼服之,但施于男子,不包妇人。今言易轻者,则是男子易于要,妇人易于首也。”　重,平声。长,上声,易,去声。要,平声。

三年问第三十八

三年之丧，何也？曰：称情而立文，因以饰群，别亲疏贵贱之节，而弗可损益也。故曰无易之道也。创钜者其日久，痛甚者其愈迟。三年者，称情而立文，所以为至痛极也。斩衰，苴杖，居倚庐，食粥，寝苫，枕块，所以为至痛饰也。三年之丧，二十五月而毕，哀痛未尽，思慕未忘，然而服以是断之者，岂不送死有已、复生有节也哉？人不能无群，群不可无别。立文以饰之，则亲疏贵贱之等明矣。弗可损益者，中制不可不及，亦不可过，是所谓无易之道也。治亲疏贵贱之节者，惟丧服足以尽其详，服莫重于斩衰，时莫久于三年，故此篇列言五服之轻重，而自重者始。　石梁王氏曰："二十四月再期，其月余日不数，为二十五月。中月而禫，注谓间一月，则所间之月是空一月，为二十六月。出月禫祭，为二十七月，徙月则乐矣。"　称，去声。别，必列切。创，平声。枕，去声。断，丁玩切。治，平声。数，上声。间、空，并去声。

凡生天地之间者，有血气之属必有知，有知之属莫不知爱其类。今是大鸟兽，则失丧其群匹，越月逾时焉，则必反巡。过其故乡，翔回焉，鸣号焉，蹢躅焉，踟蹰焉，然后乃能去之。小者至于燕雀，犹有啁噍之顷焉，然后乃能去之。故有血气之属者莫知于人，故人于其亲也，至死不穷。鸟兽知爱其类，而不如人之能充其类，此所以天地之性人为贵也。　丧，去声。号，平声。蹢，直亦切。躅，直六切。踟，音驰。蹰，音厨。啁，音周。噍，音啾。知，去声。将由夫患邪淫之人与？则彼朝死而夕忘之，然而从之，则是曾鸟兽之不若也，夫焉能相与群居而不乱乎？患，犹害也。邪淫之害性，如疾痛之害身，故云患邪淫也，不如鸟兽，为无礼也。无礼则乱矣。　与，平声。曾，音层。焉，音烟。为，去声。将由夫修饰之君子与？则三年之丧，二十五月而毕，若驷之过隙，然而遂之，则是无穷也。故先王焉为之立中制节，壹使足以成文理，则释之矣。先王制礼，盖欲使过之者俯而就之，则送死有已，复生有节。不至者跂而及之，则不至于鸟兽之不若矣。壹使足以成文理，谓无分君子小人，皆使之遵行礼节，以成其饰群之文理，则先王忧世立教之心遂矣，故曰释之也。　为，去声。

然则何以至期也？曰：至亲以期断。是何也？曰：天地则已易矣，四时则已变矣，其在天地之中者莫不更始焉，以是象之也。疏曰："父母本三年，何以至期？是问其一期应除之义。故答云至亲以期断，是明一期可除之节。故期而练，男子除绖，妇人除带。下文云加隆，故至三年。"　期，平声。断，去声。然则何以三年也？曰：加隆焉尔也，焉使倍之，故再期也。又问既是以期断矣，何以三年也？答谓孝子加隆厚于亲，故如此也。焉，语辞，犹云所以也。　期，平声。由九月以下，何也？曰：焉使弗及也。故三年以为隆，缌小功以为杀，期九月以为间。上取象于天，下取法于地，中取则于人，人之所以群居和壹之理尽矣。故三年之丧，人道之至文者也。夫是之谓至隆，是百王之所同，古今之所壹也，未有知其所由来者也。孔子曰："子生三年，然后免于父母之怀。夫三年之丧，天下之达丧也。"弗及，恩之杀也。三月不及五月，五月不及九月，九月不及期也。期与大功在隆杀之间，故云期九月以为间也。取象于天地者，三年象闰，期象一岁，九月象物之三时而成，五月象五行，三月象一时也。取则于人者，始生三月而翦发，三年而免父母之怀也。和以情言，谓情无不睦也。壹以礼言，谓礼无不至也。人之所以相与群居，而情和礼壹者，其理于丧服尽之矣。父母之丧无贵贱，故曰天下之达丧也。达，《论语》作通。　杀，去声。间，如字。

深衣第三十九

古者深衣，盖有制度，以应规、矩、绳、权、衡。短毋见肤，长毋被土。续衽，钩边，要缝半下。朝服、祭服、丧服，皆衣与裳殊，惟深衣不殊，则其被于体也。深邃，故名深衣。制同而名异者有四焉：纯之以采曰深衣，纯之以素曰长衣，纯之以布曰麻衣，著在朝服祭服之内曰中衣。但大夫以上助祭用冕服，自祭用爵弁服，则以素为中衣。士祭用朝服，则以布为中衣也。皆谓天子之大夫与士也。丧服亦有中衣。《檀弓》云“练衣黄里縓缘”是也，但不得继掩尺耳。　杨氏曰：“深衣制度，惟续衽钩边一节难考，郑注续衽二字文义甚明，特疏家乱之耳。郑注云：‘续，犹属也。衽，在裳旁者也，属连之不殊裳前后也。’郑意盖言凡裳前三幅，后四幅，既分前后，则其旁两幅分开而不相属；惟深衣裳十二幅，交裂裁之，皆名为衽。所谓续衽者，指在裳旁两幅言之，谓属连裳旁两幅，不殊裳之前后也。又《衣图》云：‘既合缝了，又再覆缝，方便于著，以合缝者为续衽，覆缝为钩边。’”　要缝七尺二寸，是比下齐之一丈四尺四寸为半之也。《玉藻》云“缝齐倍要”是也。　要，平声。缝，去声。纯，音准。齐，音咨。袼之高下可以运肘，袂之长短反诎之及肘。带，下毋厌髀，上毋厌胁，当无骨者。刘氏曰：“袼，袖与衣接，当腋下缝合处也。运，回转也。《玉藻》云‘袂可以回肘’是也。肘，臂中曲节。袂，袖也。袼之高下与衣身齐二尺二寸，言者布幅亦二尺二寸。而深衣裁身用布八尺八寸，中屈而四叠之，则正方。袖本齐之，而渐圆杀以至祛，则广一尺二寸，故下文云袂圆应规也。衣四幅而要缝七尺二寸，又除负绳之缝，与领旁之屈积各寸，则两腋之余，前后各三寸许，续以二尺二寸幅之袖，则二尺有五寸也。然周尺二尺五寸，不满今旧尺二尺，仅足齐手，无余可反屈也。曰反屈及肘，则接袖初不以一幅为拘矣。凡经言短毋见肤，长毋被土，及袼可运肘，袂反及肘，皆以人身为度，而不言尺寸者，良以尺度布幅有古今之异，而人身亦有大小长短之殊故也。朱子云：‘度用指尺，中指中节为寸，则各自与身相称矣。’《玉藻》：‘朝祭服之带，三分带下，绅居二焉。’而绅长制，士三尺，则带下四尺五寸矣。深衣之带，下不厌髀骨，上不可当胁骨，惟当其间无骨之处，则少近下也。然此不言带之制。《玉藻》云‘士练带率下辟’等，皆言朝祭服之带也。朱子深衣带，盖亦仿佛《玉藻》之文，但禅复异耳。” 格，音各。诎，音屈。厌，音压。髀，音俾。称，去声。制：十有二幅，以应十有二月。袂圜以应规，曲袷如矩以应方，负绳及踝以应直，下齐如权、衡以应平。袷，交领也。衣领既交，自有如矩之象。踝，足跟也。衣之背缝，及裳之中缝，上下相接如绳之直，故云负绳也。下齐，裳末缉处也，欲其齐如衡之平。 袷，音劫。踝，胡瓦切。齐，音咨。故规者，行举手以为容。负绳抱方者，以直其政，方其义也。故《易》曰：“《坤》六二之动，直以方也。”下齐如权、衡者，以安志而平心也。五法已施，故圣人服之。故规、矩取其无私，绳取其直，权、衡取其平，故先王贵之。故可以为文，可以为武，可以摈相，可以治军旅，完且弗费，善衣之次也。疏曰：“所以袂圜中规者，欲使行者举手揖让以为容仪也。抱方，领之方也。以直其政解负绳，以方其义解抱方也。 吕氏曰：“深衣之用，上下不嫌同名，吉凶不嫌同制，男女不嫌同服。诸侯朝朝服，夕深衣；大夫、士朝玄端，夕深衣；庶人吉服，深衣而已。此上下同也。有虞氏深衣而养老，将军文子除丧受吊，练冠深衣，亲迎女在途，而婿之父母死，深衣缟总以趋丧，此吉凶男女之同也。盖简便之服，非朝祭皆可服之也。” 方氏曰：“十二幅应十二月者，仰观于天也。直其政方其义者，俯察于地也。格之高下可以运肘者，近取诸身也。应规、矩、绳、权、衡者，远取诸物也。其制度固已深矣，然端冕则有敬色，所以为文。介胄则有不可辱之色，所以为武。端冕不可以为武，介胄不可以为文，兼之者惟深衣而已。《玉藻》曰：‘夕深衣。’深衣，燕居之服也。端冕虽所以修礼容，亦有时而燕处，则深衣可以为文矣。介胄虽所以临戎事，亦有时而燕处，则深衣可以为武矣。虽可为文，非若端冕可以视朝临祭，特可赞礼而为摈相而已。虽可为武，非若介胄可以临冲，特可运筹以治军旅而已。制有五法，故曰完。其质则布，其色则白，故曰弗费。吉服，以朝祭为上，燕衣则居其次焉，故曰善衣之次也。” 相，去声。治，平声。“朝朝服”下朝，音潮。

具父母、大父母，衣纯以缋。具父母，衣纯以青。如孤子，衣纯以素。纯、袂缘、纯边，广各寸半。缋，画文也。纯，衣之缘。袂缘，缘袖口也。纯边，缘襟旁及下也，各广一寸半，袷则广二寸也。 吕氏曰：“三十以下无父者，可以称孤。若三十之上有为人父之道，不言孤也。纯，袂，缘，纯边，三事也。谓袂口裳下衣裳边皆纯也。亦见《既夕礼》。” 大，音泰。纯，音准。缋，音会。缘、广，并去声。

投壶第四十

投壶之礼:主人奉矢,司射奉中,使人执壶。主人请曰:“某有枉矢哨壶,请以乐宾。”宾曰:“子有旨酒嘉肴,某既赐矣,又重以乐,敢辞。”主人曰:“枉矢哨壶,不足辞也。敢固以请!”宾曰:“某既赐矣,又重以乐,敢固辞。”主人曰:“枉矢哨壶,不足辞也,敢固以请!”宾曰:“某固辞不得命,敢不敬从?”中者,盛算之器,或如鹿,或如兕,或如虎,或如闾;闾,如驴形,一角而岐蹄;或如皮树,皮树亦兽名,其状未闻。皆刻木为之,上有圆圈以盛算。枉,材不直也。哨,口不正也。此篇投壶是大夫士之礼,《左传》晋侯与齐侯燕,投壶,则诸侯亦有之也。　奉,上声。哨,七笑切。“以乐”乐,音洛,余并音岳。盛,平声。宾再拜受,主人般还曰:“辟。”主人阼阶上拜送,宾般还曰:“辟。”方氏曰:“般还,言不敢直前,则辟之容也。曰辟,则告之使知其不敢当也。”　般,音盘。还,音旋。辟,音避。已拜受矢,进即两楹间。退反位,揖宾就筵。主人拜送矢之后,主人之赞者持矢授主人,主人于阼阶上受之,而进就楹间,视投壶之处所,复退反阼阶之位,西向揖宾以就投壶之席也。宾主之席皆南向。

司射进度壶,句间以二矢半,反位设中,东面执八算兴。疏曰:“司射于西阶上,于执壶之人处受壶。来宾主筵前,量度而置壶于宾主筵之南。间以二矢半者,投壶有三处,室中、堂上及庭中也;日中则于室,日晚则于堂,太晚则于庭中,各随光明故也。矢有长短,亦随地之广狭;室中狭,矢长五扶;堂上稍广,矢长七扶;庭中太广,矢长九扶。四指曰扶,扶广四寸。五扶者,二尺也。七扶者,二尺八寸也。九扶者,三尺六寸也。矢虽有长短,而度壶则皆使去宾主之席各二矢半也。是室中去席五尺,堂上去席七尺,庭中则去席九尺也。度壶毕,仍还西阶上之位,而取中以进而设之。既设中,乃于中之西而东面手执八算而起。”　上,上声。度,入声。间,如字。请宾曰:“顺投为入,比投不释,胜饮不胜者。正爵既行,请为胜者立马。一马从二马，三马既立，请庆多马。”请主人亦如之。疏曰：“司射执八算起而告于宾曰：‘投矢于壶，以矢本入者乃名为入，则为之释算。若以末入，则不名为入，亦不为之释算也。’比，频也。宾主要更递而投，不得以前既入而喜，不待后人投之而已频投。频投虽入，亦不为之释算也。若投之胜者，则酌酒以饮不胜者。正爵，即此胜饮不胜之爵也。以其正礼，故谓之正。爵即行，行爵竟也。为胜者立马者，谓取算以为马，表其胜之数也。谓算为马者，马是威武之用，投壶及射，亦是习武，故云马也。一马从二马者，每一胜辄立一马，礼以三马为成，若专三马则为一成。但胜偶未必专频得三，若胜偶得二，劣偶得一，一既劣于二，故彻取劣偶之一，以足胜偶之二为三，故云一马从二马。若频得三成，或取彼足为三马，是其胜已成，又酌酒以庆贺多马之人也。此告宾之辞，其告主人亦此辞也，故曰请主人亦如之。” 比，毗至切。饮，去声。“请为”为，去声。命弦者曰：“请奏《貍首》，间若一。”大师曰：“诺。”司射命乐工奏诗章以为投壶之节。《貍首》，《诗》篇名也，今亡。间若一者，诗乐作止，所间疏数之节，均平如一也。大师，乐官之长也。 间，去声。大，音泰。左右告矢具，请拾投。有入者，则司射坐而释一算焉。宾党于右，主党于左。主宾席皆南向，则主居左，宾居右。司射告主宾以矢具，又请更迭而投，于是乃投壶也。若矢入壶者，则司射乃坐而释一算于地。司射东面而立，释算则坐也。宾党于右者，在司射之前稍南；主党于左者，在司射之前稍北。盖司射东面，则南为右，北为左也。 拾，其劫切。卒投，司射执算曰：“左右卒投，请数。”二算为纯，一纯以取，一算为奇。遂以奇算告曰：“某贤于某若干纯。”奇则曰“奇”，钧则曰“左右钧”。疏曰：“纯，全也，二算合为一全。地上取算之时，一纯则别而取之。一算，谓不满纯者。奇，只也，故云一算为奇。以奇算告者，奇，余也。左右数钧等之余算，手执之而告曰：‘某贤于某若干纯。’贤，谓胜也。胜者若有双数，则云若干纯。假令十算，则云五纯也。奇则曰奇者，假令九算，则曰九奇也。钧则曰左右钧者，钧，犹等也，等则左右各执一算以告。” 数，上声。纯，音全。奇，居衣切。令，平声。

命酌曰：“请行觞。”酌者曰：“诺。”当饮者皆跪奉觞曰：“赐灌。”胜者跪曰：“敬养。”司射命酌酒者行罚爵，酌者，胜党之弟子也。既诺，乃于西阶上南面设丰洗觯升酌，坐而奠于丰之上。其当饮者，跪取丰上之酒手捧之。而言赐灌,灌,犹饮也。谓蒙赐之饮也,服善而为尊敬之辞也。其胜者,则跪而言敬以此觞为奉养也,虽行罚爵,犹为尊敬之辞,以答赐灌之辞也。 饮,去声。奉,上声。养,去声。正爵既行,请立马。马各直其算,一马从二马,以庆。庆礼曰:“三马既备,请庆多马。”宾主皆曰:“诺。”正爵既行,请彻马。正礼罚酒之爵既行,饮毕,司射乃告宾主,请为胜者树立其马。直,当也。所以之马,各当其初释算之前。投壶与射礼,皆三番而止,每番胜则立一马。假令宾党三番俱胜则立三马,或两胜而立二马;其主党但一胜立一马,即举主之一马,益宾之二马,所以助胜者为乐也。以庆,谓以此庆贺多马也。饮正礼庆爵之后,司射即请彻去其马,以投壶礼毕也。礼毕则行无算爵。 郑氏曰:“饮庆爵者,偶亲酌,不使弟子无丰。” 疏曰:“请立马者,是司射请辞。马各直其算,一马从二马以庆,是礼家陈事之言。庆礼曰:三马既备,请庆多马者,此还是司射请辞。” 乐,音洛。

算多少,视其坐。筹,室中五扶,堂上七扶,庭中九扶。算长尺二寸。壶颈修七寸,腹修五寸,口径二寸半,容斗五升。壶中实小豆焉,为其矢之跃而出也。壶去席二矢半。矢以柘若棘,毋去其皮。算之多少,视坐上之人数每人四矢,亦四算也。筹,矢也。扶,与肤同。室中五扶以下三句,说见上章。 吕氏曰:“棘柘之心实,其材坚且重也。毋去其皮,质而已矣。” 扶,音肤。长,去声。为,去声。去,上声。

鲁令弟子辞曰:“毋幠,毋敖,毋偝立,毋逾言。偝立、逾言有常爵。”薛令弟子辞曰:“毋幠,毋敖,毋偝立,毋逾言。若是者浮。”司射、庭长及冠士立者,皆属宾党。乐人及使者、童子,皆属主党。石梁王氏曰:“司射至主党二十四字,与上文薛令弟子若是者浮相属,今从之。” 弟子,宾党主党之年稚者,投壶时立于堂下,以其或相亵狎,故戒令之。鲁薛之辞,意同而文小异,故记者并列之。幠,亦敖也。偝立,不正所向也。逾言,远谈他事也。有常爵,谓有常例罚爵也。 疏曰:“浮,亦罚也。一说,谓罚爵之盈满而浮泛也。庭长,即司正也。冠士,外人来观投壶成人加冠之士也。乐人,国子之能为乐者,非作乐之瞽人也。使者,主人所使荐羞者也。” 幠,音呼。敖,音傲。长,上声。冠,去声。使,如字。

鼓：○□○○□□○□○○□半○□○□○○○□□○□○鲁鼓。○□○○○□□○□○○□□○□○○□□○半○□○○○□□○薛鼓。取半以下为投壶礼，尽用之为射礼。鲁鼓○□○○□□○○半○□○○□○○○□○□○。薛鼓○□○○○○□○□○□○○○□○□○○□○半○□○□○○○○□○。郑氏曰：“圆者击鼙，方者击鼓。”

疏曰：“记者因鲁薛击鼓之异，图而记之。但年代久远，无以知其得失。用半鼓节为投壶，用全鼓节为射礼。”

儒行第四十一

鲁哀公问于孔子曰:“夫子之服,其儒服与?”孔子对曰:“丘少居鲁,衣逢掖之衣。长居宋,冠章甫之冠。丘闻之也:君子之学也博,其服也乡。丘不知儒服。”郑氏曰:“逢,犹大也,大掖之衣。” 疏曰:“谓肘掖之所宽大,故郑云大袂禅衣也。” 应氏曰:“儒之名始见于《周官》,曰儒以道得名,末世不充其道,而徒于其服。哀公觇孔子之被服儒雅,而威仪进趋,皆有与俗不同者,怪而问之。孔子不敢以儒自居也,故言不知儒服。” 《郊特牲》云:“章甫,殷道也。”盖缁布冠,殷世则名章甫。章,明也。所以表明丈夫,故谓之章甫耳。 少,去声。上衣,去声。长,上声。上冠,去声。哀公曰:“敢问儒行。”孔子对曰:“遽数之,不能终其物。悉数之,乃留,更仆未可终也。”哀公命席,孔子侍,曰:“儒有席上之珍以待聘,夙夜强学以待问,怀忠信以待举,力行以待取。其自立有如此者。卒遽而数之,则不能终言其事;详悉数之,非久留不可。仆,臣之摈相者。久则疲倦,虽更代其仆亦未可得尽言之也。公于是命设席,使孔子坐侍而言之。 吕氏曰:“席上之珍,自贵而待贾者也。儒者讲学于间燕,从容乎席上,而知所以自贵以待天下之用。强学以待问,怀忠信以待举,力行以待取,皆我自立而有待也。德之可贵者人必礼之,学之博者人必问之,忠信可任者人必举之,力使可使者人必取之。故君子之用于天下,有所待而不求焉。” 行,去声。数,上声。更,平声。强,上声。儒有衣冠中,动作慎。其大让如慢,小让如伪,大则如威,小则如愧。其难进而易退也,粥粥若无能也。其容貌有如此者。中,犹正也。《论语》曰:“君子正其衣冠。” 方氏曰:“衣冠中者,言衣之在身,冠之在首,皆中于礼也。动作慎者,言心之所动,事之所作,皆慎其德也。大让所以自抗,故如慢而不敬;小让所以致曲,故如伪而不诚。方其容貌之大也,则有所不可犯,故如威。及其容貌之小也,则有所不敢为,故如愧。三揖而后进,故曰难进。一辞而遂退,故曰易退。粥粥者,柔弱之状,故若无能也。是皆礼之所以修,道之所以与也。” 易，去声。粥，音烛。儒有居处齐难，其坐起恭敬，言必先信，行必中正，道涂不争险易之利，冬夏不争阴阳之和。爱其死以有待也，养其身以有为也。其备豫有如此者。郑氏曰：“齐难，齐庄可畏难也。” 吕氏曰：“事豫则立，不豫则废，儒者之学皆豫也。拟之而后言，议之而后动。故学有豫则义精，义精则用不匮。若其始不敬，则身不立，不立则道不充。仲弓问仁，子曰：‘出门如见大宾，使民如承大祭；己所不欲，勿施于人。居处齐难，坐起恭敬，言必先信，行必中正。’所谓如见大宾，如承大祭，敬也。道涂不争险易之利，冬夏不争阴阳之和，所谓己所不欲，勿施于人，恕也。惟敬与恕，则忿惩欲窒，身立德充，可以当天下之变而不避，任天下之重而不辞，备豫之至有如此者也。” 刘氏曰：“不争，非特恕也，亦以爱死养身以有待有为。不争小者近者，以害大者远者也。” 处，上声。齐，音斋。难、行，并去声。易，去声。儒有不宝金玉，而忠信以为宝；不祈土地，立义以为土地；不祈多积，多文以为富。难得而易禄也，易禄而难畜也。非时不见，不亦难得乎？非义不合，不亦难畜乎？先劳而后禄，不亦易禄乎？其近人有如此者。吕氏曰：“儒者之于天下，所以自为者德而已，所以应世者义而已。‘赵孟之所贵，赵孟能贱之’；我之所可贵，人不得而夺也。此金玉土地多积，不如信义多文之贵也。难得难畜，主于义而所以自贵也。虽曰自贵，时而行，义而合，劳而食，未始远于人而自异也。” 积，兹四切。易，去声。畜，许六切。见，音现。 “自为”为，去声。应，去声。儒有委之以货财，淹之以乐好，见利不亏其义。劫之以众，沮之以兵，见死不更其守。鸷虫攫搏不程勇者，引重鼎不程其力，往者不悔，来者不豫。过言不再，流言不极。不断其威，不习其谋。其特立有如此者。过言出于己之失，知过则改，故不再。流言出于人之毁，礼义不僭，故不极。极，犹终也，言不终为所毁也。不断其威者，言其威容不可得而挫折也。不习其谋者，言其谋必可成，不待尝试而后见于用也。 郑氏曰：“淹，谓浸渍之。劫，胁也。沮，恐怖之也。鸷虫，猛鸟兽也。” 方氏曰：“鸷猛之虫，当攫搏之，不程量其勇而后往，此况儒者勇足以犯难而无顾也。引重鼎不程其力，又以况儒者材足以任事而有所胜也。往者不悔，非有所吝而不改也，为其动则当理而未尝至于悔。来者不豫，非有所忽而不防也。为其机足以应变而不必豫耳。过言则失其正,流言则失其原,过言不免乎出,然一之为甚也,矧可再而二乎?流言不免乎闻,必止之以智也,讵可极而穷乎?”乐,五教切。好,去声。沮,去声。断,音短。嚮,与衍同。儒有可亲而不可劫也,可近而不可迫也,可杀而不可辱也。其居处不淫,其饮食不溽,其过失可微辨而不可面数也。其刚毅有如此者。吕氏曰:“儒者之立,立于义理而已。刚毅而不可夺,以义理存焉。以义交者,虽疏远必亲。非义加之,虽强御不畏。故有可亲可近可杀之理,而不可劫迫辱也。淫,侈溢也。溽,浓厚也。侈其居处,厚其饮食,欲胜之也,欲胜则义不得立;不淫不溽,所以立义也。其过失可微辨而不可面数,此一句尚气好胜之言,于义理未合。所贵于儒者,以见义必为,闻过而改者也,何谓可微辨不可面数?待人可矣,自待则不可也。子路闻过则喜,孔子幸人之知过,成汤改过不吝。推是心也,苟有过失,虽怨詈且将受之,况面数乎?”数,上声。儒有忠信以为甲、胄,礼义以为干、橹。戴仁而行,抱义而处。虽有暴政,不更其所。其自立有如此者。郑氏曰:“甲,铠;胄,兜鍪也。干、橹,小楯大楯也。”吕氏曰:“忠信则不欺,不欺者人亦莫之欺也。礼者敬人,敬人者人亦莫之侮也。忠信礼义,所以御人之欺侮,犹甲胄干橹可以捍患也。行则尊仁,居则守义,所以自信者笃,虽暴政加之,有所不变也。自立之至者也。首章言自立,论其所信所守,足以更天下之变而不易。二者皆自立也,有本末先后之差焉。”处,上声。更,平声。差,楚宜切。儒有一亩之宫,环堵之室,筚门圭窬,蓬户瓮牖。易衣而出,并日而食。上答之不敢以疑,上不答不敢以谄。其仕有如此者。疏曰:“一亩,谓径一步长百步也。折而方之,则东西南北各十步。宫,墙垣也,墙方六丈。环,周回也。方丈为堵,东西南北各一堵。毕门,以荆竹织门也。圭窬,穿墙为之,门旁小户也,上锐下方,状如圭。蓬户,编蓬为户也。瓮牖者,窗牖圆如瓮口也。又云以败瓮口为牖。易衣而出者,合家共一衣,出则更著之也。并日而食者,谓不日日得食,或三日二日,并得一日之食也。”上答之不敢以疑者,道合则就,即信之而不疑,无患失之心也。上不答不敢以谄者,不合则去,即安之而不谄,无患得之心也。筚,音毕。窬,读作豆。著,入声。儒有今人与居,古人与稽。今世行之,后世以为楷。适弗逢世,上弗援，下弗推，谗谄之民有比党而危之者，身可危也，而志不可夺也。虽危起居，竟信其志，犹将不忘百姓之病也。其忧思有如此者。楷，法式也。上弗援，在上者不引我以升也；下弗推，在下者不举我以进也。危起居，谓因事中伤之也。信其志，谓志不可夺也。时有否泰，道有通塞，然其忧思，则未尝一日而忘生民之患也。 比，音畀。信，音申。思，去声。中，去声。否，音丕。泰，入声。儒有博学而不穷，笃行而不倦，幽居而不淫，上通而不困。礼之以和为贵，忠信之美，优游之法。慕贤而容众，毁方而瓦合。其宽裕有如此者。博学不穷，温故知新之益也。笃行不倦，贤人可久之德也。幽居不淫，穷不失义也。上通不困，达不离道也。礼之体严，而用贵于和。忠信，礼之质也，故以忠信为美。优游，用之和也，故以优游为法。贤虽在所当慕，众亦不可不容。泛爱众而亲仁，亦是意也。毁方而瓦合者，陶瓦之事，其初则圆，剖而为四，其形则方。毁其圆以为方，合其方而复圆，盖于涵容之中，未尝无分辨之意也。故曰其宽裕有如此者。儒有内称不辟亲，外举不辟怨。程功积事，推贤而进达之，句不望其报。君得其志。苟利国家，不求富贵。其举贤援能有如此者。疏曰："君得其志，谓此贤者辅助其君，使君得遂其志也。" 应氏曰："程算其功，积累其事，不轻荐也。下不求报于人，上不求报于国。" 辟，音避。援，平声。累，上声。儒有闻善以相告也，见善以相示也，爵位相先也，患难相死也，久相待也，远相致也。其任举有如此者。吕氏曰："举贤援能，儒者所以待天下之士也，任举者，所以待其朋友而已，必同其好恶也。故闻善相告，见善相示，必同其忧乐也。故爵位相先，患难相死。彼虽居下，不待之同升则不升；彼虽疏远，不致之同进则不进。此任举朋友加重于天下之士者，义有厚薄故也。"儒有澡身而浴德，陈言而伏，静而正之，上弗知也。粗而翘之，又不急为也。不临深而为高，不加少而为多。世治不轻，世乱不沮。同弗与，异弗非也。其特立独行有如此者。翘，与"招其君之过"招字同，举也，举其过而谏之也。 吕氏曰："惟大人能格君心之非，在我者未正，未有能正人者也，故澡身浴德者，所以正己也。陈言而伏者，入告嘉谋而顺之于外也。静而正之者，将顺其美，匡救其恶，常在于未形也。故曰上弗知也。” 方氏曰：“静而正之者，隐进之也。粗而翘之者，明告之也。静而正之，既不见知，然后粗而翘之，然亦缓而不失节，故曰不急为也。其行之高，皆自然而已，不必临深以相形，然后显其为高。其文之多，皆素有而已，不必加少以相益，然后成其为多。世治而德常见重，故曰不轻。世乱而志常自若，故曰不沮。与其所可与，不必同乎己也。非其所可非，不必异乎己也。” 应氏曰：“治不轻进，若伯夷不仕于武王；乱不退沮，若孔子历聘于诸国。非但处而特立于一身，亦出而独行于一世。” 澡，音早。沮，上声。儒有上不臣天子，下不事诸侯，慎静而尚宽，强毅以与人，博学以知服。近文章，砥厉廉隅。虽分国如锱铢，不臣不仕。其规为有如此者。慎静者，谨饬而不忘动，守身之道也。尚宽者，宽裕以有容，待人之道也。强毅以与人，不苟诡随于人也。知服，知力行之要也。博学知服，即博文约礼之谓也。远于文，则质胜而野。近文章，则亦不使文掩其质也。砥厉廉隅者，求切磋琢磨之益，不刓方以为圆也。算法十黍为累，十累为铢，二十四铢为两，八两为锱。言人君好贤，虽分其国以禄贤者，视之如锱铢之轻，犹不臣不仕也。其所谋度，其所作为，有如此者。儒有合志同方，营道同术。并立则乐，相下不厌。久不相见，闻流言不信。句其行本方立义，同而进，不同而退。其交友有如此者。合志，以所向言；营道，以所习言。方，即术也。并立，爵位相等也。相下，以尊位相让而己处其下也。流言，恶声之传播也。闻之不信，不以为实也。其行本方立义，谓所本者必方正，所立者必得其宜也。同于为义，则进而从之；不同，则退而避之；故曰同而进，不同而退。 乐，音洛。行，去声。处，上声。温良者，仁之本也。敬慎者，仁之地也。宽裕者，仁之作也。孙接者，仁之能也。礼节者，仁之貌也。言谈者，仁之文也。歌乐者，仁之和也。分散者，仁之施也。儒皆兼此而有之，犹且不敢言仁也。其尊让有如此者。仁之本，谓根本于仁也。地，犹践履也。作，充广也。能，能事也。八者皆仁之发见。哀公问儒行，夫子既历数以告之矣。仁包四德百行之原，故于其终也以仁为说焉。兼有此仁之行而不敢自以为仁，是尊仁而让善也。故曰尊让有如此者。 孙，去声。儒有不陨获于贫贱，不充诎于富贵，不慁君王，不累长上，不闵有司，故曰儒。今众人之命儒也妄，句常以儒相诟病。

孔子至舍，哀公馆之，闻此言也，言加信，行加义："终没吾世，不敢以儒为戏。"陨者，如有所坠失。获者，如有所割刈。充者，骄气之盈。诎者，吝气之歉。　郑氏曰："陨获，困迫失志之貌。充诎，喜失节之貌。慁，犹辱也。累，犹系也。闵，病也。言不为天子诸侯卿大夫群吏所困迫而违道，孔子之自谓也。"　方氏曰："无儒者之行而为儒者之服，无儒者之实而盗儒者之名，故曰今众人之命儒也妄。以其妄，故常为人所诟病。既至舍矣，又曰馆之者，具食以致其养，具官以治其事也。言加信，则不以儒相诟矣。行加义，则不以儒相病矣。"　李氏曰："《儒行》非孔子之言也，盖战国时豪士所以高世之节耳。其条十有五，然旨意重复。要其归，不过三，数涂而已。一篇之内，虽时与圣人合，而称说多过。或曰哀公轻儒，孔子有为而言，故多自夸大以摇其君，此岂所谓孔子者哉？"　拙，音屈。慁，胡困切。累，去声。

大学第四十二

朱子章句。

冠义第四十三

疏曰:“冠礼起早晚,书传无正文。”世本云:“黄帝造旃冕,是冕起于黄帝也。”黄帝以前,以羽皮为冠,以后乃用布帛。其冠之年,天子诸侯皆十二。　吕氏曰:“冠、昏、射、乡、燕、聘,天下之达礼也。《仪礼》所载谓之礼者,礼之经也。《礼记》所载谓之义者,皆举其经之节文,以述其制作之义也。”　冠,去声。

凡人之所以为人者,礼义也。礼义之始,在于正容体,齐颜色,顺辞令。容体正,颜色齐,辞令顺,而后礼义备,以正君臣,亲父子,和长幼。君臣正,父子亲,长幼和,而后礼义立。故冠而后服备,服备而后容体正,颜色齐,辞令顺。故曰冠者礼之始也。是故古者圣王重冠。方氏曰:“容体欲其可度,故曰正;颜色欲其可观,故曰齐;辞令欲其可从,故曰顺。”　长,上声。

古者冠礼:筮日筮宾、所以敬冠事。敬冠事所以重礼,重礼所以为国本也。吕氏曰:“礼重则人道立,此国之所以为国也,故曰为国本。”　方氏曰:“筮日,所以求夫天之吉;筮宾,所以择夫人之贤。然筮而不卜,何哉?盖古者大事用卜,小事用筮。天下之事,始为小,终为大。冠为礼之始,圣王之所重者,重其始而已,非大事也,故止用筮焉。至于丧祭之慎终,则所谓大事也,故于是乎用卜。”故冠于阼,以著代也。醮于客位,三加弥尊,加有成也。已冠而字之,成人之道也。吕氏曰:“主人升立于序端西面,赞者筵于东序少北西面,将冠者即筵而冠,是位与主人同在阼也。父老则传之子,所以著其传付之意也。酌而无酬酢曰醮,醮于户西南面,宾位也。以礼宾之礼礼其子,所以为成人敬也。始加缁布冠,再加皮弁,次加爵弁,三加而服弥尊,亦所以为成人敬也。冠于阼,醮于客位者,适子也;若庶子则冠于房外南面。遂醮焉。所以异者,不著代也。古者童子虽贵,名之而已。冠而后宾字之以成人之道,故敬其名也。”见于母,母拜之;见于兄弟,兄弟拜之,成人而与为礼也。玄冠玄端,奠挚于君,遂以挚见于乡大夫、乡先生，以成人见也。母之拜子，先儒疑焉，疏以为脯自庙中来，故拜受，非拜子也。吕氏以为母有从子之义，故屈其庸敬以伸斯须之敬。方氏从疏义，皆非也。此因成人而与为礼一句，似乎凡冠者皆然，故启读者之疑。惟石梁王氏云："记者不知此礼为适长子代父承祖者，与祖为正体，故礼之异于众子也。"斯言尽之矣。玄冠，齐冠也。玄端服，天子燕居之服，诸侯及卿大夫士之齐服也。挚用雉。乡先生，乡之年德俱高者，或致仕之人也。 见，音现。成人之者，将责成人礼焉也。责成人礼焉者，将责为人子、为人弟、为人臣、为人少者之礼行焉。将责四者之行于人，其礼可不重与！故孝弟忠顺之行立，而后可以为人；可以为人，而后可以治人也。故圣王重礼。故曰：冠者礼之始也，嘉事之重者也。是故古者重冠，重冠故行之于庙；行之于庙者，所以尊重事；尊重事，而不敢擅重事；不敢擅重事，所以自卑而尊先祖也。吕氏曰："所谓成人者，非谓四体肤革异于童稚也，必知人伦之备焉。亲亲、贵贵、长长，不失其序之谓备，此所以为人子、为人弟、为人臣、为人少者之礼行，孝弟忠顺之行立也。有诸己然后可以责诸人，故成人然后可以治人也。古者重事必行之庙中，昏礼纳采至亲迎，皆主人筵几于庙。聘礼，君亲拜迎于大门之外而庙受。爵有德，禄有功，君亲策命于庙。丧礼，既启则朝庙，皆所以示有尊而不敢专也。冠礼者，人道之始，所不可后也。孝子之事亲也，有大事，必告而后行，没则行诸庙，犹是义也。故大孝终身慕父母者，非终父母之身，终其身之谓也。" 少，去声。上三行，去声。与，平声。治，平声。下二行，如字。

昏义第四十四

疏曰："谓之昏者，娶妻之礼，以昏为期，因名焉。必以昏者，取阳往阴来之义。" 吕氏曰："物不可苟合而已，故受之以贲，天下之情；不合则不成，而其所以合也，敬则克终，苟则易离，必受之以致饰者，所以敬而不苟也。昏礼者，其受贲之义乎？" 贲，音臂。易，去声。

昏礼者，将合二姓之好，上以事宗庙，而下以继后世也，故君子重之。是以昏礼纳采，问名，纳吉，纳征，请期，皆主人筵几于庙，而拜迎于门外，入，揖让而升，听命于庙，所以敬慎重正，昏礼也。方氏曰："纳采者，纳雁以为采择之礼也。问名者，问女生之母名氏也。纳吉者，得吉卜而纳之也。纳征者，纳币以为昏姻之证也。请期者，请昏姻之期日也。夫采择自我，而名氏在彼，故首之以纳采，而次之以问名，此资人谋以达之也。谋既达矣，则宜贵鬼谋以决之，故又次之以纳吉焉。人谋鬼谋皆协从矣，然后纳币以征之，请日以期之，故其序如此。" 好，去声。父亲醮子而命之迎，男先于女也。子承命以迎，主人筵几于庙，而拜迎于门外。婿执雁入，揖让升堂，再拜奠雁，盖亲受之于父母也。降，出御妇车，而婿授绥，御轮三周，先俟于门外。妇至，婿揖妇以入。共牢而食，合卺而酳，所以合体，同尊卑以亲之也。疏曰："共牢而食者，同食一牲，不异牲也。合卺而酳者，以一瓠分为两瓢谓之卺，婿与妇各执一片以酳。酳，演也，谓食毕饮酒，演安其气也。" 程子曰："奠雁，取其不再偶。" 朱子曰："取其顺阴阳往来之义也。" 方氏曰："筵几于庙者，交神以筵之，奉神以安之也。父必亲醮，非重子也，重礼而已。御其妇车，所以尊之也。授之绥，所以安之也。以轮三周为节者，取阴阳奇偶之数成也。既二周，则御者代之矣。共牢，则不异牲。合卺，则不异爵。合卺有合体之义，共牢有同尊卑之义。体合则尊卑同；同尊卑，则相亲而不相离矣。"

迎，去声。先，去声。卺，音谨。酳，以刃切。奇，音基。敬慎重正而后亲之，礼之大体，而所以成男女之别，而立夫妇之义也。男女有别，而后夫妇有义；夫妇有义，而后父子有亲；父子有亲，而后君臣有正。故曰昏礼者，礼之本也。夫礼始于冠，本于昏，重于丧祭，尊于朝聘，和于乡射，此礼之大体也。父子亲而后君臣正者，资于事父以事君而敬同也。　别，必列切。

夙兴，妇沐浴以俟见。质明，赞见妇于舅姑，妇执笲、枣、栗、段脩以见。赞醴妇。妇祭脯醢，祭醴，成妇礼也。舅姑入室，妇以特豚馈，明妇顺也。质明，昏礼之次日正明之时也。赞，相礼之人也。笲之为器似筥，以竹或苇为之，衣以青缯，以盛此枣栗段脩之贽。脩，脯也，加姜桂治之曰段脩。赞醴妇者，妇席于户牖间，赞者酌醴置席前，妇于席西东面拜受，赞者西阶上北面拜送。又拜荐脯醢，妇升席，左执觯，右祭脯醢讫，以柶祭醴三。是祭脯醢祭醴者，所以成其为妇之礼也。舅姑入于室，妇盥馈特豚，合升而分载之，左胖载之舅俎，右胖载之姑俎。无鱼腊，无稷，舅姑并席于奥东面南上。馔亦如之，此明其为妇之孝顺也。　见，音现。笲，音烦。段，丁乱切。衣，去声。盛、治，并平声。厥明，舅姑共飨妇，以一献之礼奠酬。舅姑先降自西阶，妇降自阼阶，以著代也。厥明，昏礼之又明日也。《昏礼》注云："舅姑共飨妇者，舅献爵，姑荐脯醢。"又云："舅洗于南洗，洗爵以献妇也。姑洗于北洗，洗爵以酬妇也。"贾疏云："舅献姑酬，共成一献，仍无妨姑荐脯醢，此说是也。但妇酢舅，更爵自荐。"又云："奠酬酬酢，皆不言处所，以例推之，舅姑之位当如妇见，舅席于阼，姑席于房外，而妇行更爵自荐，及奠献之礼欤？"　疏曰："舅酌酒于阼阶献妇，妇西阶上拜受，即席祭荐；祭酒毕，于西阶上北面卒爵。妇酢舅，舅于阼阶上受酢，饮毕乃酬。妇更爵先自饮毕，更酌酒以酬姑，姑受爵奠于荐左，不举爵，正礼毕也。降阶，各还燕寝也。"　方氏曰："酢者，主人之阶。子之代父，将以为主于外。妇之代姑，将以为主于内。故此与冠礼并言著代也。"　石梁王氏曰："此皆为冢妇也。"今按此一节难晓，《仪礼图》亦不详明，阙之以俟知者。　更，平声。成妇礼，明妇顺，又申之以著代，所以重责妇顺焉也。妇顺者，顺于舅姑，和于室人而后当于夫，以成丝麻布帛之事，以审守委积盖藏。是故妇顺备而后内和理，内和理而后家可长久也。故圣王重之。方氏曰："于舅姑言顺，于室人言和者，盖上下相从谓之顺，顺则不逆；可否相济谓之和，和则不同。舅姑之礼至隆也，故可顺而不可逆。室人之礼相敌也，故虽和而不必同。兹其别欤？" 当、委、积、藏，并去声。别，必列切。是以古者妇人先嫁三月，祖庙未毁，教于公宫。祖庙既毁，教于宗室。教以妇德、妇言、妇容、妇功。教成祭之，牲用鱼，芼之以蘋藻，所以成妇顺也。祖庙未毁，言此女犹于此祖有服也，则于君为亲，故使女师教之于公宫。公宫，祖庙也。既毁，谓无服也，则于君为疏，故教之于宗子之家。德，贞顺也。言，辞令也。容则婉娩，功则丝麻。祭之者，祭所出之祖也。鱼与蘋藻皆水物，阴类也，芼之，为羹也。 先，去声。芼，音冒。

古者天子后立六宫、三夫人、九嫔、二十七世妇、八十一御妻，以听天下之内治，以明章妇顺，故天下内和而家理。天子立六官、三公、九卿、二十七大夫、八十一元士，以听天下之外治，以明章天下之男教，故外和而国治。故曰：天子听男教，后听女顺；天子理阳道，后治阴德；天子听外治，后听内职。教顺成俗，外内和顺，国家理治，此之谓盛德。方氏曰："六官，天地四时之官也。有六卿而又有九卿者，兼三公数之，则谓之九卿。由公至士，其数三而倍之，止于九者，阳成于三而穷于九，以其理阳道，故其数如此。后治阴德，而其数亦如之者，妇人从夫故也。六宫，谓大寝一，小寝五也。先言六宫而后言六官者，欲治其国，先齐其家之意也。" "后治"、"欲治"治，平声。"数之"数，上声，余如字。是故男教不修，阳事不得，适见于天，日为之食。妇顺不修，阴事不得，适见于天，月为之食。是故日食，则天子素服而修六官之职，荡天下之阳事。月食，则后素服而修六宫之职，荡天下之阴事。故天子之与后，犹日之与月，阴之与阳，相须而后成者也。天子修男教，父道也；后修女顺，母道也。故曰天子之与后，犹父之与母也。故为天王服斩衰，服父之义也；为后服齐衰，服母之义也。郑氏曰："适之言责也。荡，荡涤其秽恶也。" 朱子曰："王者修德行政，用贤去奸，能使阳盛足以胜阴，阴衰不能侵阳，则日月之行，虽或当食，不食也。若国无政，臣子背君父，妾妇乘其夫，小人陵君子，夷狄侵中国，则阴盛阳微，当食必食。虽曰行有常度，实为非常之变矣。” 叶氏曰：“日月之食，理所常有也。反之阴阳之事者，躬自厚之道也。天子以男教勉天下之为子者，其道犹父也，故其卒也，天下为之服斩衰。后以女顺化天下之为妇者，其道犹母也，故其亡也，天下为之服齐衰。父母为之服者，报其恩也。王与后为之服者，报其义也。” 适，音责。见，音现。为，并去声。去，上声。背，音佩。

乡饮酒义第四十五

吕氏曰:“乡饮酒者,乡人以时会聚饮酒之礼也。因饮酒而射,则谓之乡射。郑氏谓三年大比,兴贤者能者,乡老及乡大夫率其吏与其众以礼宾之,则是礼也,三年乃一行。诸侯之卿大夫贡士于其君,盖亦如此。党正每岁国索鬼神而祭祀,则以礼属民而饮酒于序。但此礼略而不载,则党正因蜡饮酒,亦此礼也。先儒谓乡饮有四:一则三年宾贤能,二则乡大夫饮国中贤者,三则州长习射,四则党正蜡祭。然乡人凡有会聚,当行此礼,恐不特四事也。《论语》:‘乡人饮酒,杖者出,斯出也。’亦指乡人而言之。” 比,音界。索,音色。属,音烛。“饮国”饮,去声。长,上声。

乡饮酒之义:主人拜迎宾于庠门之外,入,三揖而后至阶,三让而后升,所以致尊让也。盥洗扬觯,所以致絜也。拜至,拜洗,拜受,拜送,拜既,所以致敬也。尊让、絜、敬也者,君子之所以相接也。君子尊让则不争,絜、敬则不慢;不慢不争,则远于斗辨矣。不斗辨,则无暴乱之祸矣。斯君子所以免于人祸也。郑氏曰:“庠,乡学也,州党曰序。扬,举也。” 疏曰:“此谓乡大夫,故迎宾于庠门外,若州长党正,则于序门外也。盥洗扬觯者,主人将献宾,以水盥手而洗爵扬觯也。拜至者,宾主升堂,主人于阼阶上北面再拜也。拜洗者,主人拜至讫,洗爵而升,宾于西阶上北面再拜,拜主人之洗也。拜受者,宾于西阶上拜受爵也。拜送者,主人于阼阶上拜送爵也。拜既者,既,尽也,宾饮酒既尽而拜也。” 觯,音志。远,去声。故圣人制之以道,乡人、士、君子尊于房户之间,宾主共之也。尊有玄酒,贵其质也。羞出自东房,主人共之也。洗当东荣,主人之所以自洁而以事宾也。疏曰:“乡人,谓乡大夫也。士,谓州长党正也。君子,谓卿大夫也。尊于房户之间宾主共之者,设酒尊于东房之西,室户之东,在宾主之间。酒虽主人之设,而宾亦以之酢主人,故云宾主共之也。北面设尊,玄酒在左,是在酒尊之西也。地道尊右，设玄酒在西者，贵其质素故也。共之者，供于宾也。荣，屋翼也，设洗于庭，当屋之翼。必在东者，示主人以此自洁而事宾也。从《冠义》以来，皆记者叠出《仪礼》经文于上，而陈其义于下以释之，他皆仿此。”“主共”共，如字。“人共”共，音恭。

宾主，象天地也。介僎，象阴阳也。三宾，象三光也。赞皇浩斋曰：“立宾以象天，所以尊之也。立主以象地，所以养之也。介以辅宾，僎以辅主人，象阴阳之辅天地也。三宾，众宾之长也。其以辅宾，犹三光之辅于天也。三光，星之大者有三，其名不可得而考，先儒谓三大辰。心为大辰，伐为大辰，北辰亦为大辰，理或然也。”僎，音遵。让之三也，象月之三日而成魄也。刘氏曰：“以月魄思之，望后为生魄。然人未尝见其魄，盖以明盛则魄不可见。月魄之可见，惟晦前三日之朝，月自东出，明将灭而魄可见。朔后三日之夕，月自西将堕，明始生而魄可见。过此则明渐盛而魄不复可见矣。盖明让魄则魄现，明不让魄则魄隐。魄阴象宾，明阳象主。主人让宾至于三，象明之让魄在前后三日，故曰让之三也，象月之三日而成魄也。”复，扶又切。四面之坐，象四时也。浩斋曰：“谓宾主介僎之坐，象春夏秋冬也。或曰：介有刚辨之义，僎有巽人之义，各从其类，理或然欤？”

天地严凝之气，始于西南而盛于西北，此天地之尊严气也，此天地之义气也。天地温厚之气，始于东北而盛于东南，此天地之盛德气也，此天地之仁气也。主人者尊宾，故坐宾于西北，而坐介于西南以辅宾。宾者，接人以义者也，故坐于西北。主人者，接人以仁，以德厚者也。故坐于东南，而坐僎于东北以辅主人也。仁义接，宾主有事，俎、豆有数，曰圣，圣立而将之以敬曰礼，礼以体长幼曰德。德也者，得于身也，故曰古之学术道者，将以得身也，是故圣人务焉。主人者厚其饮食之礼，仁之道也。为宾者谨其进退之节，义之道也。求诸天地之气，以定其主宾之位，至于俎豆，亦莫不有当然之数焉。圣，通明也，谓礼义所在通贯而显明也。敬其天理之节，体夫人伦之序，所得者皆吾身之实理也。孔子观于乡而知王道之易易，谓其足以正身而安国也。圣人务焉，岂无意哉？浩斋曰：“天下之礼义无所不通，而器数皆有合于自然者，圣之谓也。无所不通，无所不敬，礼之所由制也。礼之行不在乎他，在吾长幼之分而已。性之德也，礼得于身之谓德，由学而后得于身，则与先得于人心之同然者亦无异矣。故曰古之学术道者，将以得身也。”

祭荐、祭酒，敬礼也。哜肺，尝礼也。啐酒，成礼也。于席末，言是席之正，非专为饮食也，为行礼也。此所以贵礼而贱财也。卒觯，致实于西阶上，言是席之上，非专为饮食也，此先礼而后财之义也。先礼而后财，则民作敬让而不争矣。疏曰：“祭荐者，主人献宾，宾即席祭所荐脯醢也。祭酒者，宾既祭荐，又祭酒也，此是宾敬重主人之礼也。宾既祭酒之后，兴取俎上之肺哜齿之，所以尝主人之礼也。啐，谓饮主人酒而入口，所以成主人之礼也。席末，席西头也。按《仪礼》，祭荐、祭酒、哜肺，皆在席之中，惟啐酒在席末。又哜肺在前，祭酒在后。此先云祭酒者，哜是尝哜之名，祭酒是未饮之称，故祭酒与祭荐相连，表其敬礼之事，敬主人之物，故祭荐、祭酒、哜肺皆在席中。啐酒入于已，故在席末。于席上者，是贵礼；于席末啐酒，是贱财也。啐才始入口，犹在席末，卒觯则尽爵，故远在西阶上。云卒觯者，论其将欲卒觯之事。致实，则论其尽酒之体。酒为觞中之实，今致尽此实也。” 吕氏曰：“敬，礼也。食，财也。人之所以争者，无礼而志于财也。如知贵礼而贱财，先礼而后财之义，则敬让行矣。” 哜，才乂切。啐，取内切。为，去声。

乡饮酒之礼：六十者坐，五十者立侍以听政役，所以明尊长也。六十者三豆，七十者四豆，八十者五豆，九十者六豆，所以明养老也。民知尊长养老，而后乃能入孝弟。民入孝弟，出尊长养老，而后成教，成教而后国可安也。君子之所谓孝者，非家至而日见之也。合诸乡射，教之乡饮酒之礼，而孝弟之行立矣。坐者，坐于堂上。立者，立于堂下。豆当从偶数，此但十年而加一豆，非正礼也。旧说此是党正属民饮酒正齿位之礼，非宾兴贤能之饮也。 长，去声。弟，音悌。孝，当作教。行，去声。

孔子曰：“吾观于乡，而知王道之易易也。”主人亲速宾及介，而众宾自从之，至于门外，主人拜宾及介，而众宾自入。贵贱之义别矣。三揖至于阶，三让以宾升，拜至献酬辞让之节繁，及介省矣。至于众宾升受坐祭立饮，不酢而降。隆杀之义辨矣。疏曰：“主人既拜其来至，又酌酒献宾，宾酢主人，主人又酌而自饮以酬宾，介酢主人则止。主人不酢介，是及介省矣。主人献众宾于西阶上，受爵坐祭立饮，不酢主人而降，于宾礼隆，众宾礼杀，是隆杀之义别矣。” 方氏曰：“主酌宾为献，宾答主，主又答宾为酬，是礼也。三宾则备之。至于介则省酬焉，至于众宾则又省酢矣。升受坐祭立饮者，其升而受爵者，惟祭酒得坐，饮酒则立也。盖饮酒所以养老，以其卑，不敢坐而当其养故也。此所以杀于三宾。” 易，去声。别，必列切。省，音眚。杀，去声。工入升歌三终，主人献之。笙入三终，主人献之。间歌三终，合乐三终。工告乐备遂出。句一人扬觯，乃立司正焉。知其能和乐而不流也。工入而升堂，歌《鹿鸣》、《四牡》、《皇皇者华》，每一篇而一终，三篇终，则主人酌以献工焉。吹笙者入于堂下，奏《南陔》、《白华》、《华黍》，亦每一篇而一终，三篇终，则主人亦酌以献之也。间者，代也。笙与歌皆毕，则堂上与堂下更代而作，堂上先歌《鱼丽》，则堂下笙《由庚》，此为一终。次则堂上歌《南有嘉鱼》，则堂下笙《崇丘》，此为二终。又其次堂上歌《南山有台》，则堂下笙《由仪》，为三终也。合乐三终者，谓堂上下歌瑟及笙并作也。工歌《关雎》，则笙吹《鹊巢》合之。工歌《葛覃》，则笙吹《采蘩》合之。工歌《卷耳》，则笙吹《采蘋》合之。如此皆竟，工以乐备告乐正，乐正告于宾而遂出。盖乐正自此不复升堂矣，故云遂出也。一人者，主人之吏也。此人举觯之后，主人使相礼者一人为司正，恐旅酬时有懈惰失节者以董正之也。如此，则虽和乐而不至于流放矣。 间，去声。“和乐”乐，音洛。更，平声。卷，上声。宾酬主人，主人酬介，介酬众宾，少长以齿，终于沃洗者焉。知其能弟长而无遗矣。浩斋曰：“前言介之无酬，众宾之无酢者，盖未歌之时也。此言“宾酬主人，主人酬介，介酬众宾”者，既歌之后，行旅酬之时也。沃洗者，涤濯之人也。虽至贱，旅酬之际，犹以齿焉，则贵者可知矣。自贵及贱无不序齿，此所以知能弟长而无遗矣。”降，说屦升坐，修爵无数。饮酒之节，朝不废朝，莫不废夕。宾出，主人拜送，节文终遂焉。知其能安燕而不乱也。浩斋曰：“前此皆立而行礼，未彻俎，故未说屦。至此彻俎之后，乃说屦升坐而坐燕也。修，举也。修爵无数，无数爵是也。凡治事者，朝以听政，而乡饮听政罢方行，是朝不废朝也。夕以修令，而乡饮礼毕，犹可以治私事，是莫不废夕也。若党正饮酒，一国若狂则无不醉矣。节文终遂者，终，竟也。遂，犹申也。言虽礼毕，主人犹拜以送宾，节文之礼终申遂而无所缺，则知其安于燕乐而不至于乱矣。” 说，音脱。莫，音暮。治，平声。贵贱明，隆杀辨，和乐而不流，弟长而无遗，安燕而不乱，此五行者，足以正身安国矣。彼国安而天下安，故曰：“吾观于乡，而知王道之易易也。”总结上文五事之目。　杀，去声。乐，音洛。弟，去声。长，上声。行、易，并去声。

乡饮酒之义：立宾以象天，立主以象地，设介僎以象日月，立三宾以象三光。古之制礼也，经之以天地，纪之以日月，参之以三光，政教之本也。浩斋曰：“饮酒之礼，莫先于宾主。立宾象天，立主象地，礼之经也。其次立介僎以辅之者，纪也。其次立三宾以陪之者，参也。政教之立，必有经有纪有参，然后可行。故饮酒之礼，必有宾主介僎三宾，然后可行。故曰政教之本也。前言介僎阴阳，此言象日月者，前章言气，故以阴阳象之；此章言体，故以日月象之也。僎在东北，象日出也；介在西南，象月出也。以三光为三大辰，正义按，昭公十七年有星孛于大辰，《公羊》曰：‘大辰者，大火也。伐为大辰，北辰亦为大辰。’《尔雅》：‘房心尾大火，谓之大辰。北极，谓之北辰。’大火与伐，天所以示民时早晚，天下之所取正，是亦政教所出也。”亨狗于东方，祖阳气之发于东方也。洗之在阼，其水在洗东，祖天地之左海也。方氏曰：“海有四，正言东者，取夫水之所归也。水位居坎，而其流归东者，由其生于天一，行于地中故也。天倾西北而不足，故水之源自此而生；地缺东南而不满，故水之流顺此而行。天之所倾，地之所缺，则其形下矣。而善下者，水之性也，故其理如此。然则水位居北者，本天位也。其流归东者，因地势也。南与北合，水位居北而流不归南者，盖东方之德木，木则水之所生；南方之德火，火则水之所胜；生之为利，胜之为害，而善利者水之德也，故趋其所生焉。” 浩斋曰：“亨狗以养宾，阳气以养万物，故祖而法之，亨于东方焉。海，水之委也。天地之间，海居于东，东则左也，故洗之在阼。其水在洗东，有左海之义焉。” 天地之位，南前而北后，故以东为左。尊有玄酒，教民不忘本也。太古之世无酒，以水行礼，故后世因谓水为玄酒。不忘本者，思礼之所由起也。宾必南乡，东方者春，春之为言蠢也，产万物者圣也。南方者夏，夏之为言假也，养之长之，假之仁也。

西方者秋，秋之为言愁也，愁之以时察，守义者也。北方者冬，冬之为言中也，中者藏也。是以天子之立也：左圣乡仁，右义偝藏也。蠢者，物生动之貌。天地大德曰生，圣人德合天地，故曰产万物者圣也。假，大也。揫，敛缩之貌。察，犹察察严肃之意。揫之以时察，言揫敛之以秋时严肃之气也。物之藏必自外而入内，故曰中者藏也。天子南面而立，则左东右西，南前北后也。　乡，去声。愁，作揫。介必东乡，介宾主也。主人必居东方，东方者春，春之为言蠢也，产万物者也。主人者造之，产万物者也。月者，三日则成魄，三月则成时。是以礼有三让，建国必立三卿、三宾者，政教之本，礼之大参也。张子曰："坐有四位者，礼不主于敬主，欲以尊贤。若宾主相对，则是礼主于敬主矣。故其位宾主不相对，坐介僎于其间，以见宾贤之义。因而说四时之坐皆有义，其实欲明其尊贤。"　吕氏曰："天子南面而立，而坐宾亦南乡者，尊宾之至也。"介，间也。坐宾主之间，所以间之也。　方氏曰："饮食之养，则主人之所造也，而有产万物之象，所以居东。"

射义第四十六

疏曰："《系辞》云：弦木为弧，剡木为矢。又《世本》云：挥作弓，夷牟作矢。注云：二人黄帝臣。《书》云：侯以明之。夏殷无文，周则具矣。"

古者诸侯之射也，必先行燕礼。卿、大夫、士之射也，必先行乡饮酒之礼。故燕礼者，所以明君臣之义也。乡饮酒之礼者，所以明长幼之序也。吕氏曰："诸侯之射，大射也。卿、大夫、士之射，乡射也。射者，男子之事。必饰以礼乐者，所以养人之德，使之周旋中礼也。盖燕与乡饮，因燕以娱宾，不可以无礼，故有大射、乡射之礼。礼不可以无义，故明君臣之义与长幼之序焉。" 长，上声。中，去声。故射者进退周还必中礼。内志正，外体直，然后持弓矢审固；持弓矢审固，然后可以言中。此可以观德行矣。吕氏曰："礼，射者必先比耦，故一耦皆有上耦下耦，皆执弓而挟矢。其进也，当阶及阶，当物及物，皆揖；其退也亦如之。其行有左右，其升降有先后。其射皆拾发，其取矢于楅也。始进揖，当楅揖，取矢揖，既搢挟揖，退与将进者揖。其取矢也，有横弓却手兼弣顺羽拾取之节焉。卒射而饮，胜者袒决遂执张弓，不胜者袭说。决拾加弛弓升饮，相揖如初，则进退周旋必中礼可见矣。夫先王制礼，岂苟为繁文末节，使人难行哉？亦曰以善养人而已。盖君子之于天下，必无所不中节，然后成德。必力行而后有功，其四肢欲安佚也。苟恭敬之心不胜，则怠惰傲慢之气生，动容周旋不能中乎节，体虽佚而心亦为之不安；安其所不安，则手足不知其所措，故放辟邪侈，逾分犯上，将无所不至，天下之乱自此始矣。圣人忧之，故常谨于繁文末节，以养人于无所事之时，使其习之而惮烦，则不逊之行，亦无自而作。至于久而安之，则非礼不行，无所往而非义矣。君子敬以直内，义以方外，所存乎内者敬，则所以形乎外者庄矣。内外交修，则发乎事者中矣。射，一艺也，容比于礼，节比于乐，发而不失正鹄，是必有乐于义理。久于敬恭，用志不分之心，然后可以得之。则其所以得之者，其为德可知矣。" 还，音旋。中、行，并去声。比，音畀。拾，其结切。楅，音逼。弣，音抚。说，音脱。

其节：天子以《驺虞》为节，诸侯以《貍首》为节，卿大夫以《采蘋》为节，士以《采蘩》为节。《驺虞》者，乐官备也；《貍首》者，乐会时也；《采蘋》者，乐循法也；《采蘩》者，乐不失职也。是故天子以备官为节，诸侯以时会天子为节，卿大夫以循法为节，士以不失职为节。故明乎其节之志以不失其事，则功成而德行立；德行立，则无暴乱之祸矣。功成则国安，故曰射者，所以观盛德也。节者，歌《诗》以为发矢之节度也，一终为一节。《周礼·射人》云：《驺虞》九节，《貍首》七节，《采蘋》、《采蘩》皆五节。尊卑之节虽多少不同，而四节以尽乘矢则同。如《驺虞》九节，则先歌五节以听，余四节则发四矢也。七节者，三节先以听；五节者，一节先以听也。四诗惟《貍首》亡。驺，厩官；虞，山泽之官。此二职皆不乏人，则官备可知。　吕氏曰："'彼茁者葭'，则草木遂其生矣。'一发五豝'，则鸟兽蕃殖矣。'吁嗟乎驺虞'者，所以归功于二官也。天子之射以是为节者，言天子继天，当推天地好生之德以育万物。此所以乐官备也。《貍首》诗亡，记有原壤所歌，乃此篇所引曾孙侯氏，疑皆《貍首》诗也。貍首，田之所获，物之至薄者也。君子相会，不以微薄废礼，诸侯以燕射会其士大夫，物薄诚至，君至相与习礼而结欢，奉天子而修朝事，故诸侯之射以是为节，所以乐会时也。《采蘋》之诗，言大夫之妻，能循在家母教之法度，乃可承先祖共祭祀。犹卿大夫已命，能循其未仕所学先王之法，乃可以与国政矣。故卿大夫之射以是为节，所以乐循法也。《采蘩》之诗，言夫人不失职，盖夫人无外事，祭祀乃其职也，惟敬以从事，是为不失职。士之事君，何以异此？故士之射以此为节者，所以乐不失职也。"　乐，音洛。行，去声。乘，去声。共，音供。与，去声。是故古者天子以射选诸侯、卿、大夫、士。射者，男子之事也，因而饰之以礼乐也。故事之尽礼乐而可数为，以立德行者莫若射，故圣王务焉。疏曰："诸侯虽继世而立，卿大夫有功乃升，非专以射而选也。但既为诸侯卿大夫，又考其德行，更以射辨其材艺之高下，非谓直以射选补始用之也。射者男子之事，谓生有悬弧之义也。"数，音朔。行，去声。是故古者天子之制：诸侯岁献贡士于天子，天子试之于射宫，其容体比于礼，其节比于乐，而中多者得与于祭。其容体不比于礼，其节不比于乐，而中少者不得与于祭。数与于祭而君有庆，数不与于祭而君有让。数有庆而益地，数有让则削地。故曰射者，射为诸侯也。是以诸侯君臣尽志于射，以习礼乐。夫君臣习礼乐而以流亡者，未之有也。郑氏曰："三岁而贡士。旧说大国三人，次国二人，小国一人。" 疏曰："《书传》云：'古者诸侯之于天子也，三年一贡士，一适谓之好德，再适谓之贤贤，三适谓之有功。一不适谓之过，再不适谓之傲，三不适谓之诬。'" 比，音界。中、与，并去声。数，音朔。

故《诗》曰："曾孙侯氏，四正具举。大夫君子，凡以庶士。小大莫处，御于君所。以燕以射，则燕则誉。"言君臣相与尽志于射，以习礼乐，则安则誉也。是以天子制之，而诸侯务焉。此天子之所以养诸侯而兵不用，诸侯自为正之具也。曾孙侯氏者，诸侯推本始封之君，故以曾孙言，如《左传》曾孙蒯聩之类是也。四正，谓举正爵以献宾、献君、献卿、献大夫，凡四也。具，皆也。此四献皆毕然后射，此时大夫君子下及众士，无问大小之官，无有处其职司而不来者，皆御侍于君所也。以燕以射，言先行燕礼而后射也。则燕则誉者，燕，安也，言君臣上下以射而习礼乐，则安乐而有名誉也。天子养诸侯以礼乐，则无所事征讨矣。而此艺者，又诸侯所以自为正身安国之具也。旧说曾孙侯氏以下八句，《貍首》篇文。　处，上声。

孔子射于矍相之圃，盖观者如堵墙。射至于司马，使子路执弓矢出延射曰："贲军之将，亡国之大夫，与为人后者不入，其余皆入。"盖去者半，入者半。矍相，地名。如堵墙，言围绕而观者众也。乡饮之礼，将旅酬，使相者一人为司正。至将射，则转司正为司马，故云射至于司马也。延，进也，誓众选贤，而进其来观欲射之人也。贲，与偾同，覆败也。亡国，亡其君之国也。与为人后，言人有死而无子者，则宗族既为之立后矣，此人复求为之后也。贲军之将无勇，亡国之臣不忠，求为人后者忘亲而贪利，此三等人皆在所当弃，故不使之入，其余则皆可与之进也。　矍，音攫。相，去声。贲，音奋。将、与，并去声。又使公罔之裘、序点扬觯而语。公罔之裘扬觯而语曰："幼壮孝弟，耆耋好礼，不从流俗，修身以俟死者句不？句在此位也。"盖去者半，处者半。公罔，姓；

裘，名。之，语助也。序，姓；点，名也。扬，举也。射毕，则使主人之赞者二人，举觯于宾与大夫。《仪礼》云：古者于旅也语。故裘举觯曰：幼壮而尽孝弟之道，老耄而守好礼之心，不与流俗同其颓靡，而守死善道者。不，言今此众人之中有如此样人否？当在此宾位也。于是先时之入者又半去矣。　弟、好，并去声。不，音否。序点又扬觯而语曰："好学不倦，好礼不变，旄期称道不乱者，句不？句在此位也。"盖廑有存者。八十九十曰旄，百年曰期。年虽高而言道无所违误，故云称道不乱也。廑有存者，盖去者多而留者寡矣。子路之延射，直指恶者而斥之，则无此恶者自入。裘、点之扬觯，但举善者而留之，则非其人者自退。裘之言尚疏，点之言则愈密矣。　旄，音耄。廑、仅同。

射之为言者绎也，或曰舍也。绎者，各绎己之志也。故心平体正，持弓矢审固；持弓矢审固，则射中矣。故曰为人父者以为父鹄，为人子者以为子鹄，为人君者以为君鹄，为人臣者以为臣鹄。故射者各射己之鹄。故天子之大射谓之射侯。射侯者，射为诸侯也。射中则得为诸侯，射不中则不得为诸侯。绎己之志者，各寻其理之所在也。射己之鹄者，各中其道之当然也。舍，止也。道之所止，如君止于仁，父止于慈之类。　郑氏曰："得为诸侯，谓有庆也。不得为诸侯，谓有让也。又司裘注云：侯者，其所射也。以虎熊豹麋之皮饰其侧。又方制之以为准，谓之鹄，著于侯中。谓之鹄者，取名于鳱鹄。鳱鹄，小鸟，难中，是以中之为隽。"　吕氏曰："张皮侯而栖鹄，方制之，置侯之中以为的者也。"　舍，如字，去声。著，直略切。鳱，古安切。

天子将祭，必先习射于泽。泽者，所以择士也。已射于泽而后射于射宫。射中者得与于祭，不中者不得与于祭。不得与于祭者有让，削以地。得与于祭者有庆，益以地。进爵绌地是也。泽，宫名，其所在未详。疏云："于宽闲之处，近水泽而为之。射宫，即学宫也。"进爵绌地者，疏云："进则爵轻于地，故先进爵而后益以地也。退则地轻于爵，故先削地而后绌爵也。"故男子生，桑弧蓬矢六，以射天地四方。天地四方者，男子之所有事也。故必先有志于其所有事，然后敢用榖也，饭食之谓也。宇宙内事，皆己分内事，此男子之志也。人臣所以先尽职事而后敢食君之禄者，正以始生之时，先射天地四方，而后使其母食之也，故曰饭食之谓也。饭食，食子也。 射，音石。饭，上声。食，音嗣。射者仁之道也。求正诸己，己正而后发；发而不中，则不怨胜己者，反求诸己而已矣。为仁由己，射之中否亦由己，非他人所能与也，故不怨胜己者，而惟反求诸其身。

孔子曰："君子无所争，必也射乎？揖让而升，下而饮。其争也君子。"朱子曰："揖让而升者，大射之礼，耦进三揖而后升堂也。下而饮，谓射毕揖降，以俟众耦皆降。胜者乃揖不胜者升，取觯立饮也。言君子恭逊不与人争，惟于射而后有争。然其争也雍容揖逊乃如此，则其争也君子，而非若小人之争矣。" 今按揖让而升，未射时也。下而复升以饮，则射毕矣。"揖让而升下"五字，当依郑注为句。 饮，去声。孔子曰："射者何以射？何以听？循声而发，发而不失正鹄者，其唯贤者乎！若夫不肖之人，则彼将安能以中？"《诗》云："发彼有的，以祈尔爵。"祈，求也，求中以辞爵也。酒者，所以养老也，所以养病也。求中以辞爵者，辞养也。《郊特牲》，孔子曰："射之以乐也，何以听？何以射？"谓射者何以能不失射之容节，而又能听乐之音节乎？何以能听乐之音节，而使射之容与乐之节相应乎？言其难而美之也。循声而发，谓射者依循乐声而发矢也。画布曰正，栖皮曰鹄。贤者持弓矢审固，故能中的，不肖者不能也。《诗·小雅·宾之初筵》。发，犹射也。爵，谓罚酒之爵。中则免于罚，故云求中以辞爵也。酒所以养老病，今求免于爵者，以己非老者病者，不敢当其养礼耳。此让道也。 正，平声。

燕义第四十七

此明君臣燕饮之义。

古者周天子之官，有庶子官。庶子官职诸侯、卿、大夫、士之庶子之卒，掌其戒令，与其教治，别其等，正其位。国有大事，则率国子而致于大子，唯所用之。若有甲兵之事，则授之以车甲，合其卒伍，置其有司，以军法治之。司马弗正。凡国之政事，国子存游卒，使之修德学道，春合诸学，秋合诸射，以考其艺而进退之。庶子，即夏官诸子职也。下大夫二人，掌其戒令以下，皆《周礼》文。卒，读为倅，副贰也，此官专主诸侯以下众庶子副倅于父之事。戒令，谓任之征役也。教治，谓修德学道也。别其等者，分别其贵贱也。此属皆未命，以父之爵为上下也。正其位者，朝廷之位尚爵，学校之位尚齿也。大事，谓大祭祀、大丧纪、大宾客、大燕享之类也。唯所用之，唯太子之所役使也。百人为卒，五人为伍。有司，统领卒伍者也。司马弗征者，以其统属于太子，故司马不得而征役之也。凡国之政事，非上文所言大事也。游卒，倅之未仕者也。此既小事，乃民庶所为，不使国子之未仕者为之，盖欲存之使修德学道以成其材也。故春则合聚之于大学，秋则合聚之于射宫，考艺而为之进退焉。疏曰："庶者，众也。适子众多，故总谓之庶子，非适子庶弟而称庶子也。必知适子者，以云倅，是副贰于父之言。" 吕氏曰："燕礼有主人升自西阶，献庶子阼阶之上，又宵则执烛于阼阶上，故此篇因陈庶子官之所掌，且明所以建官之义也。"

卒，取内切。别，必列切。大，音泰。"卒伍"卒，如字。治，平声。正，平声。

诸侯燕礼之义：君立阼阶之乐南，南乡尔卿。句大夫皆少进。句定位也。君席阼阶之上，居主位也。君独升立席上，西面特立，莫敢适之义也。尔，与迩同。南乡尔卿句绝。大夫皆少进句绝。少进，稍前也。定位者，定诸臣之位也。适，读为敌。自此以下，皆记者举《仪礼》正文而释其义也。 乡，去声。适，音敌。

设宾主，饮酒之礼也。使宰夫为献主，臣莫敢与君亢礼也。不以公卿为宾，而以大夫为宾，为疑也，明嫌之义也。宾入中庭，君降一等而揖之，礼之也。献主，代主人举爵献宾也。君尊，臣不敢抗行宾主之礼。宰夫，主膳食之官也。卑，故抗礼无嫌。《记》曰："与卿燕则大夫为宾。"谓与本国之臣燕则然，若邻国之臣，则以上介为宾也。公，孤也。上公之国，得置孤一人。公卿之尊次于君，复以之为宾，则疑于尊卑无辨，且嫌于逼上也。大夫位卑，虽暂尊之为宾，无所嫌疑也。　方氏曰："既曰为疑而又曰明嫌者，盖疑未至于嫌，特明嫌之义而已。"　亢，苦浪切。"为疑"为，去声。君举旅于宾，及君所赐爵，皆降，再拜稽首，升成拜，明臣礼也。君答拜之，礼无不答，明君上之礼也。臣下竭力尽能以立功于国，君必报之以爵禄，故臣下皆务竭力尽能以立功，是以国安而君宁。礼无不答，言上之不虚取于下也。上必明正道以道民，民道之而有功，然后取其什一，故上用足而下不匮也。是以上下和亲而不相怨也。和宁，礼之用也，此君臣上下之大义也。故曰燕礼者，所以明君臣之义也。先是宰夫代主人行爵，酬宾之后，君命下大夫二人媵爵。公取此媵爵以酬宾，宾以旅酬于西阶上。旅，序也，以次序劝卿大夫饮酒也。此之谓君举旅于宾也。君所赐爵，则特赐臣下之爵也。此二者，宾皆降西阶下再拜稽首，公命小臣辞，则宾升而成拜，谓复再拜稽首也。先时以君辞之，于礼未成，故云成拜也。　杨氏曰："按公取媵爵以酬宾，此别是一礼，与寻常酬宾不同，此所谓公为宾举旅也。燕礼，君使宰夫为献主，以臣莫敢与君抗礼也。今君举觯于西阶之上以酬宾，可乎？盖君臣之际，其分甚严，其情甚亲，使宰夫为献主，所以严君臣之分。今举觯以酬宾，宾西阶下拜，小臣辞，升成拜；公奠觯，答再拜；公卒觯，宾下拜，公答再拜。略去势分，极其谦卑，所以通君臣之情也。"注云："不言君酬宾于西阶上，及君反位，尊君，空其文也。此又所以严君臣之分也。"　上道，如字。下二道，去声。

席，小卿次上卿，大夫次小卿，士、庶子以次就位于下。献君，君举旅行酬。而后献卿，卿举旅行酬。而后献大夫，大夫举旅行酬。而后献士，士举旅行酬。而后献庶子。俎、豆、牲、体、荐、羞皆有等差。所以明贵贱也。设席之位,上卿在宾席之东,小卿在宾席之西,皆是南面东上,而遥相次,此所谓小卿次上卿也。大夫在小卿之西,是大夫次小卿也。士受献于西阶之上,退立于阼阶下,西面北上。庶子受献于阼阶上,亦退立于阼阶下。庶子次于士,是士庶子以次就位于下也。献君者,主人酌以献也。公取媵爵以酬宾,宾以旅酬于西阶上,此所谓献君,君举旅行酬也。而后献卿者,亦主人献之也。公又行一爵,亦媵者之爵也。若卿若宾,惟公所酬,卿亦以旅于西阶之上,礼亦如初,此亦是君举旅,而言卿举者,盖君为卿举耳。下言大夫举旅,士举旅,其义同。而后献大夫,亦主人之献也。公又举奠觯以赐,是为大夫举旅也。主人献士,公复赐之,是为士举旅也。公举旅之礼止于士,不及庶子矣。而后献庶子者,主人献之于阼阶之上也。牲,狗也。　疏曰:“公及卿大夫士等,牲体荐不载。”

聘义第四十八

吕氏曰："天子之与诸侯，诸侯之与邻国，皆有朝礼，有聘礼。朝则相见，聘则相问也。朝宗，觐遇，会同，皆朝也。存、頫、省、聘、问，皆聘也。故聘礼有天子所以抚诸侯者，大行人岁遍存，三岁遍頫，五岁遍省是也。有诸侯所以事天子者，大行人时聘以结诸侯之好，殷頫以除邦国之慝是也。有邻国交修其好者，大行人诸侯之邦交，岁相问，殷相聘是也。《仪礼》所载，邻国交聘之礼也。聘义者，释聘礼之义。"　頫，祧、跳二音。省，悉井切。好，去声。

聘礼：上公七介，侯、伯五介，子、男三介，所以明贵贱也。此言卿出聘之介数。上公七介者，上公亲行则介九人。诸侯之卿，礼下于君二等，故七介也。以下放此。　吕氏曰："古者宾必有介。介，副也，所以辅行斯事，致文于斯礼者也。"介绍而传命，君子于其所尊弗敢质，敬之至也。绍，继也，其位相承继也。先时上摈入受主君之命，出而传与承摈，承摈传于末摈，此是传而下也。宾之末介受命于末摈，而传与次介，次介传与上介，上介传与宾，是传而上也。此所谓介绍而传命也。质，正也。于所尊者不敢正自相当，故以介传命，敬之至也。宾在大门外西北面，介自南向北为序。主君在内迎，摈者出大门自北向南为序。

三让而后传命，三让而后入庙门，三揖而后至阶，三让而后升，所以致尊让也。疏曰："三让而后传命者，谓宾在大门外，见主人陈摈，以大客之礼待己，己不敢当，三度辞让，主人不许，乃后传聘宾之命也。三让而后入庙门者，谓宾既传命之后，主君延宾而入，至庙，将欲庙受，宾不敢当之，故三让而后入。主君在东，宾差退在西，相向三让，乃入庙门也。三揖而后至阶者，初入庙门，一揖也；当阶北面又揖，二揖也；当碑又揖，三揖也。三让而后升者，谓主君揖宾至阶，主君让宾升，宾让主君，如此者三，主君乃先升，宾乃升也。"君使士迎于竟，大夫郊劳。君亲拜迎于大门之内而庙受，北面拜贶。拜君命之辱，所以致敬也。敬让也者，君子之所以相接也。故诸侯相接以敬让，则不相侵陵。效劳，劳之于近郊也。用束帛北面拜贶，亦主君之拜也。其拜于阼阶上拜君命之辱者，释北面拜贶之义也。 竟，音境。劳，去声。卿为上摈，大夫为承摈，士为绍摈。君亲礼宾，宾私面私觌。致饔、饩，还圭璋，贿赠，飨，食，燕。所以明宾客君臣之义也。卿，主国之卿也。承摈者，承副上摈也。绍摈者，继续承摈也。宾行聘事毕，主国君亲执醴以礼宾，是君亲礼宾也。私面，谓私以己礼物面见主国之卿大夫也。私觌，私以己礼物觌见主国之君也。牲杀者曰饔，生者曰饩，致饔饩者，聘觌皆毕，宾介就馆，主君使卿致饔饩之礼于宾也。还圭璋者，宾来时执以为信，主君既受之矣；今将去，君使卿送至宾馆以还之也。还玉毕，加以贿赠之礼。经云："贿用束纺。"纺，今之绢也。飨礼、食礼皆在朝，燕礼在寝。一食再飨，燕无常数。 吕氏曰："摈者，主国之君所使接宾者也。主之有摈犹摈之有介也。摈有三者，以多为文也。大宗伯，朝觐会同则为上相。相，即摈也。入诏礼曰：相，出接宾曰摈。宗伯，卿也，故曰卿为上摈。小行人，诸侯入王则为承而摈。行人，大夫也。故曰大夫为承摈。士职卑，承官之乏以继摈之事，故曰士为绍摈也。使臣之义，则致其君臣之敬于所聘之君。主君之义，则致其宾主之敬于来聘之臣也。" 饩，吁既切。还，音旋。食，音嗣。纺，音仿。

故天子制诸侯，比年小聘，三年大聘，相厉以礼。使者聘而误，主君弗亲飨食也，所以愧厉之也。诸侯相厉以礼，则外不相侵，内不相陵。此天子之所以养诸侯，兵不用，而诸侯自为正之具也。天子制诸侯者，天子制此礼而使诸侯行之也。比年，每岁也。小聘使大夫，大聘使卿。误，谓礼节错误也。 吕氏曰："上下不交，则天下无邦，人道所以不能群也。故先王之御诸侯，使之相交以修其好，必使之相敬以全其交。其相交也，必求乎疏数之中，故比年小聘，三年大聘也。其相敬也必相厉以礼，故使者之误，主君不亲飨食以愧厉之，然后仁达而礼行。外则四邻相亲而不相侵，内则君臣有义而不相陵也。先王制礼，以善养人于无事之际，多为升降之文，酬酢之节。宾主有司有不可胜行之忧，先王未之有改者，盖以养其德意，使之安于是而不惮也。故不安于偷惰而安于行礼，不耻于相下而耻于无礼也。天子以是养诸侯，诸侯以是养其士大夫。上下交相养，此兵所以不用，天下所以平也。节文之多惟聘射，养人之至者也。诸侯自为正，于射礼、聘礼二礼之义，天子养诸侯之意为深，故其义皆曰兵不用自为正之具也。" 比，音畀。使，去声。食，音嗣。好，去声。数，入声。胜，平声。以圭璋聘，重礼也。已聘而还圭璋，此轻财而重礼之义也。诸侯相厉以轻财重礼，则民作让矣。聘使之行礼，于君则用圭，于夫人则用璋。其行享礼于君则束帛加璧，于夫人则琮。享，犹献也。及礼毕则还其圭璋者，以圭璋是行礼之器，故重之而不敢受也。璧琮与币，皆财也，财在所轻，故受而不还。故曰此轻财而重礼之义也。　吕氏曰："诸侯相厉以轻财而重礼，则远利而有耻，所以民作让。"

主国待客，出入三积。饩客于舍，五牢之具陈于内。米三十车，禾三十车，刍薪倍禾，皆陈于外，乘禽日五双，群介皆有饩牢。壹食再飨，燕与时赐无数。所以厚重礼也。古之用财者不能均如此，然而用财如此其厚者，言尽之于礼也。尽之于礼，则内君臣不相陵而外不相侵，故天子制之，而诸侯务焉尔。出，既行也。入，始至也。积谓馈之牢礼米禾刍薪之属，其来与去，皆三馈之积，故云出入三积也。饩客于舍，谓致飨饩于宾之馆舍也。三牲备为一牢，五牢之具陈于内，谓饪一牢在宾馆西阶，腥二牢在宾馆东阶，饩二牢在宾馆门内之西也。禾，稿实并刈者也。米车设于门东，禾车设于门西。倍禾，倍其数也。礼注云："薪从米，刍从禾。"疏云："薪以炊爨，故从米。刍以食马，故从禾。"此四物皆在门外。乘禽，乘行群匹之禽，雁鹜之属也。掌客云："凡礼宾客，国新杀礼，凶荒杀礼，札丧杀礼，祸灾杀礼，在野在外杀礼。"故曰古之用财者不能均如此，言不能皆如此丰厚也。然而于聘礼则用财如此之厚者，是欲极尽之于礼也。用财虽厚，尽礼而止，不敢加美以没礼。故内不相陵，外不相侵，皆为有礼以制之故也。　积，子赐切。乘，去声。食，音嗣。杀，去声。

聘射之礼，至大礼也。质明而始行事，日几中而后礼成，非强有力者弗能行也。故强有力者，将以行礼也。酒清，人渴而不敢饮也；肉乾，人饥而不敢食也。日莫人倦，齐庄正齐，而不敢解惰。以成礼节，以正君臣，以亲父子，以和长幼。此众人之所难，而君子行之，故谓之有行。有行之谓有义，有义之谓勇敢。故所贵于勇敢者，贵其能以立义也；所贵于立义者，贵其有行也；所贵于有行者，贵其行礼也。故所贵于勇敢者，贵其敢行礼义也。故勇敢强有力者，天下无事，则用之于礼义；天下有事，则用之于战胜。用之于战胜则无敌，用之于礼义则顺治。外无敌，内顺治，此之谓盛德。故圣王之贵勇敢强有力如此也。勇敢强有力而不用之于礼义战胜，而用之于争斗，则谓之乱人。刑罚行于国，所诛者乱人也。如此则民顺治而国安也。吕氏曰："节文之多，惟聘射之礼为然，故曰至大礼也。君臣父子长幼之义，皆形见于节文之中。人之所难，我之所安；人之所懈，我之所敬；故能行之者君子也。君子自养其强力勇敢之气，一用之于义礼战胜，而教化行矣。此国之所以安也。射礼，诸侯之射，必先行燕礼；卿大夫士之射，必先行乡饮酒之礼。酬献之节，极为繁缛，故有酒清肉乾而不敢饮食者。若聘礼，则受聘受享请觌，然后酌醴礼宾，无酒清肉干之事。特以节文之繁与射礼等，皆至日几中而后礼成，故与射礼兼言之也。" 几，平声。乾，音干。莫，音暮。齐，音斋；下齐，如字。解，音懈。长，上声。

子贡问于孔子曰："敢问君子贵玉而贱碈者何也？为玉之寡而碈之多与？"孔子曰："非为碈之多故贱之也，玉之寡故贵之也。夫昔者君子比德于玉焉：温润而泽，仁也；缜密以栗，知也；廉而不刿，义也；垂之如队，礼也；叩之其声清越以长，其终诎然，乐也；瑕不掩瑜，瑜不掩瑕，忠也；孚尹旁达，信也；气如白虹，天也；精神见于山川，地也；圭璋特达，德也；天下莫不贵者，道也。《诗》云：'言念君子，温其如玉。'故君子贵之也。"郑氏曰："碈石似玉。缜，致也。栗，坚貌。刿，伤也。义者不苟伤人。越，犹扬也。诎，绝止貌。《乐记》曰：'止如稿木。'瑕，玉之病也。瑜，其中间美者。"陆氏曰："尹，正也。孚尹，犹言信正。" 应氏曰："尹，当作允。孚、允，皆信也。" 疏曰："圭璋特达，谓行聘之时，惟执圭璋，特得通达，不加余币也。" 马氏曰："能柔能刚，能抑能扬，能敛能彰，而能备精粗之美，以全天人之道者，玉之为物也。能柔则温润而泽，所以为仁；能刚则廉而不刿，所以为义；能抑则垂之如队，所以为礼；能扬则其声清越以长，其终诎然，所以为乐；能敛则缜密以栗，所以为智；能彰则瑕不掩瑜。瑜不掩瑕，所以为忠；孚尹于中，旁达于外，所以为信；始之以仁，而成之以信。凡此皆粗而为人道也。于气如白虹，所以为天；精神见于山川，所以为地；圭璋特达，所以为德；天下莫不贵之，所以为道。凡此皆精而为天道也。七者合而言之，皆谓之德，君子所贵以此德也。温者德之始，言始所以见终。《论语》言孔子之五德则始于温，夔教胄子以四德亦始于温。《诗》亦曰：'温温恭人，惟德之基。'古人用玉，皆象其美。若镇圭以召诸侯，以恤凶荒，用其仁也。齐有食玉，用其智也。牙璋以起军旅，用其义也。国君想见以瑞，相享以璧，用其礼也。乐有鸣球，服有佩玉，用其乐也。邦国玉节，用其信也。琬以结好，琰以除慝，用其忠也。两圭祀地，黄琮礼地，用其能达于地也。四圭祀天，苍璧礼天，用其能达于天也。圭璋特达，用其能达于德也。已聘而还圭璋，已朝而班瑞，此皆古之为器而用玉之美者也。古之善比君子于玉者，曰言念君子，温其如玉，曰追琢其章，金玉其相；曰如圭如璧；曰有美玉于斯，韫椟而藏诸；曰玉振终条理；曰瑾瑜匿瑕；曰如玉如莹，爰变丹青。此古人比君子于玉者也。” 石梁王氏曰：“因聘礼用玉，故论玉之德以结此篇。”

碈，音民。为，去声。与，平声。知，音智。刿，姑卫切。队，音坠。诎，音屈。见，音现。齐，平声。追，平声。

丧服四制第四十九

疏曰:"以其记丧服之制,取于仁、义、礼、智也。"

凡礼之大体,体天地,法四时,则阴阳,顺人情,故谓之礼。訾之者,是不知礼之所由生也。夫礼吉凶异道,不得相干,取之阴阳也。丧有四制,变而从宜,取之四时也。有恩,有理,有节,有权,取之人情也。恩者仁也,理者义也,节者礼也,权者知也。仁、义、礼、知,人道具矣。体天地以定尊卑,法四时以为往来,则阴阳以殊吉凶,顺人情以为隆杀。先王制礼,皆本于此,不独丧礼为然也,故曰凡礼之大体。吉凶异道以下,始专以丧礼言之。丧有四制,谓以恩制,以义制,以节制,以权制也。 訾,言紫。知,音智。其恩厚者其服重,故为父斩衰三年,以恩制者也。疏曰:"父最恩深,故特举父而言之。其实门内诸亲为之著服,皆是恩制也。" 为,去声。门内之治恩掩义,门外之治义断恩。资于事父以事君,而敬同。贵贵尊尊,义之大者也。故为君亦斩衰三年,以义制者也。门内主恩,故常掩蔽公义;门外主义,故常断绝私恩。父母之丧,三年不从政,恩掩义也。有君丧服于身,不敢私服,义断恩也。资,犹取也,用也,用事父之道以事君,故其敬同也。人臣为君重服,乃贵贵尊尊之大义,故曰以义制者也。然五服皆有义服,亦是以义制,此举重者言之耳。三日而食,三月而沐,期而练,毁不灭性,不以死伤生也,丧不过三年,苴衰不补,坟墓不培。祥之日鼓素琴,告民有终也,以节制者也。三日而食,始食粥也。葬而虞祭始沐。不补,虽破不补完也。不培,一成丘垄之后,不再加益其土也。祥日,大祥之日也。素琴,无漆饰也,与素几素俎之素同。资于事父以事母而爱同。天无二日,土无二王,国无二君,家无二尊,以一治之也。故父在为母齐衰期者,见无二尊也。齐衰之服,期而除之，以心丧终三年。　为，去声。杖者，何也？爵也。三日授子杖，五日授大夫杖，七日授士杖。或曰担主，或曰辅病。妇人、童子不杖，不能病也。百官备，百物具，不言而事行者，扶而起。言而后事行者，杖而起。身自执事而后行者，面垢而已，秃者不髽，伛者不袒，跛者不踊，老病不止酒肉。凡此八者，以权制者也。疏曰："杖之所设，本为扶病，而以爵者有德，其恩必深，其病必重，故杖为爵者而设，故云爵也。遂历叙有爵之人，故云三日授子杖，五日授大夫杖，七日授士杖。"《丧服》传云："无爵而杖者何？担主也。担，假也。尊其为主，假之以杖。"或曰辅病者，《丧服》传云："非主而杖者何？辅病也。"谓庶子以下皆杖，为辅病故也。妇人，未成人之妇人。童子，幼少之男子，百官备，谓王侯也。委任百官，不假自言而事得行，故许子病深，虽有扶病之杖，亦不能起，故又须人扶乃起也。大夫、士既无百官百物，须已言而后丧事乃行，故不许极病，所以杖而起，不用扶也。庶人卑，无人可使，但身自执事，不可许病，故有杖不用，但使面有尘垢之容而已。子于父母，贵贱情同，而病不得一，故为权制秃者无发，女秃不髽，故男子秃亦不免也。袒者露膊，伛者可憎，故不袒也，踊是跳跃，跛人脚蹇，故不跳跃也。老及病者，身已羸瘠，又使备礼，必至灭性，故酒肉养之。此八者，谓应杖不杖，不应杖而杖，一也。扶而起，二也。杖而起，三也。面垢，四也。秃者，五也。伛者，六也。跛者，七也。老病者，八也。《丧大记》："大夫与士之丧，皆云三日授子杖，谓为亲也。"此云五日七日，为君也。　担，音赡。伛，其缕切。

始死，三日不怠，三月不解，期悲哀，三年忧，恩之杀也。圣人因杀以制节，此丧之所以三年，贤者不得过，不肖者不得不及。此丧之中庸也。王者之所常行也。《书》曰："高宗谅闇，三年不言。"善之也。自三日不怠以至三年忧，其哀渐杀而轻，故曰恩之杀也。　郑氏曰："谅，古作梁。楣谓之梁。闇，读如鹑鹌之鹌。闇，谓庐也，庐有梁者，所谓柱楣也。"　解，音懈。期，平声。杀，去声。王者莫不行此礼，何以独善之也？曰：高宗者武丁，武丁者殷之贤王也，继世即位，而慈良于丧。当此之时，殷衰而复兴，礼废而复起，故善之。善之，故载之《书》中而高之，故谓之高宗。三

四书五经（大儒注本）

4

春秋左传集解

【春秋】左丘明 撰
【晋】杜预 集解
李梦生 整理

凤凰出版社

目　录

春秋经传集解庄公第三

春秋经传集解闵公第四

春秋经传集解僖公上第五

春秋经传集解文公上第八

春秋经传集解文公下第九

春秋经传集解宣公上第十

春秋经传集解宣公下第十一

春秋经传集解成公上第十二

春秋经传集解成公下第十三

春秋经传集解襄公元第十四

春秋经传集解襄公二第十五

春秋经传集解襄公三第十六

春秋经传集解襄公四第十七

春秋经传集解襄公五第十八

春秋经传集解襄公六第十九

春秋经传集解昭公元第二十

春秋经传集解昭公二第二十一

春秋经传集解昭公三第二十二

春秋经传集解昭公四第二十三

春秋经传集解昭公五第二十四

春秋经传集解昭公六第二十五

春秋经传集解昭公七第二十六

春秋经传集解定公上第二十七

春秋经传集解定公下第二十八

春秋经传集解哀公上第二十九

春秋经传集解哀公下第三十

校点说明

《春秋左传集解》三十卷，原名《春秋经传集解》，是晋杜预对《春秋左传》所作的集大成之作。

"春秋"本来是中国古代纪事史书的通称，各国都有自己的《春秋》，因为现在流传下来的只有鲁国的《春秋》，所以《春秋》也就顺理成章地成了鲁《春秋》的专用名词。《春秋》的作者，一向认为是孔子，说是哀公十四年（前 481），西狩获麟，孔子有感于自己的道义不行于天下，所以取鲁史所修《春秋》进行加工编撰，想要让人们从中得到扬善弃恶的教训。全书纪事从隐公元年（前 722）至哀公十六年（前 479），计 244 年，后人因此称这一时期为"春秋时代"。书虽用的是鲁国纪元，却兼记各国事，所以它不仅是中国现存的第一部编年史，也是现存的第一部中国通史。

孔子作《春秋》的缘始，较早也是较权威、系统的阐述见于《汉书·艺文志》：

> 古之王者，世有史官，君举必书，所以慎言行、昭法式也。左史记言，右史记事。事为《春秋》，言为《尚书》。帝王靡不同之。周室既微，载籍残缺，仲尼思存前圣之业，乃称曰："夏礼吾能言之，杞不足征也。殷礼吾能言之，宋不足征也。文献不足故也，足则吾能征之矣。"以鲁周公之国，礼文备物，史官有法，故与左丘明观其史记，据行事，仍人道，因兴以立功，就败以成罚，假日月以定历数，藉朝聘以正礼乐，有所褒讳贬损，不可书见，口授弟子……

由此论述可见，孔子仅据鲁史作《春秋》是出于不得已，也因此可以推论《春秋》记事前简后繁也多少与文献足不足有关。

《春秋》记事的目的，据后人阐发，主要是劝惩。一是劝恶扬善，即提倡道义，从成败中引发教训。《左传》成公十四年（前577）引君子的话说：“《春秋》之称，微而显，志而晦，婉而成章，尽而不污，惩恶而劝善。”意思是说，《春秋》言辞不多而意义显明，叙事真实而意义深远，用语委婉而顺理成章，尽其事实而无所歪曲，警戒邪恶而奖励善良。孟子说：“世衰道微，邪说暴行有作，臣弑其君者有之，子弑其父者有之。孔子惧，作《春秋》。《春秋》，天子之事也，是故孔子曰：‘知我者其惟《春秋》乎！罪我者其惟《春秋》乎！’”（《孟子·滕文公下》）可见，《春秋》之作，是孔子用以定名分，制法度，以息邪说，以禁暴行的。其二是提倡尊王攘夷，提倡王霸、王道，强调以社会等级次序为核心的“礼”。如《春秋》对中原国家与所谓夷狄之国（如楚、秦）的称呼就截然不同，凡书公、侯，书字、名，几乎都指中原国家；凡书国、氏、人等，都是夷狄。中原国家有善事，便及时记录，唯恐不得闻于后世（如书齐桓召陵之盟，晋文城濮之战），有过则往往予以开脱（如齐桓灭项，则书“师灭项”；晋文召周天子，则曰“王狩”）。反之，楚、秦有善事则轻描淡写（如楚入蔡、伐郑以“州”称，来聘问则称“荆人”），有恶则不屑一录（如商人杀其君，止书“楚子卒”）。这些，都与孔子其他著作中所宣扬的儒家思想是一致的，所以《春秋》一直被奉为儒家的重要经典，历代治《春秋》的思想家、学者辈出。

然而，《春秋》本身的文字十分简练，一件轰轰烈烈的大事，书中通常只有一句话，使人读后不得要领，犹如一篇文章只有标题没有具体内容。《史记·孔子世家》又说孔子“为《春秋》，笔则笔，削则削”。笔就是记录下来，削就是删除不写。这笔削之间，都被认为有大道理存在，名为“春秋笔法”，存在“一字褒贬”，有“微言大义”。所以就出现了专门解《春秋》的人，他们解《春秋》的专著就是“经传”。《史记·十二诸侯年表序》云：“孔子明王道，干七十余君，莫能用，故西观周室，论史记旧闻，兴于鲁而次《春秋》，上记隐，下至哀之获麟，约其辞文，去其烦重，以制义法，王道备，人事浃。七十子之徒口受其传指，为有所刺讥褒讳挹损之文辞不可以书见也。鲁君子左丘明惧弟子人人异端,各安其意,失其真,故因孔子史记具论其语,成《左氏春秋》。”《汉书·艺文志》说,孔子将对《春秋》的褒贬口授弟子,“弟子退而异言,丘明恐弟子各安其意,以失其真,故论本事而作传,明夫子不以空言说经也”。均以左丘明为孔子同时人,最早作经传。《汉书》又说:“及末世口说流行,故有公羊、穀梁、邹、夹之传,四家之中,公羊、穀梁立于学官,邹氏无师,夹氏未有书。”以《春秋》为“五经”之一,始于汉武帝时。武帝建元五年(前136)设五经博士,治《易》、《尚书》、《诗》、《礼》、《春秋》,后以《春秋》与《左传》合为一经。唐又合《周礼》、《仪礼》、《公羊》、《穀梁》为“九经”,至唐开成时,加《孝经》、《论语》、《尔雅》称“十二经”,宋再加《孟子》称“十三经”。由此可见,历代统治者对《春秋》经、传的重视程度。

左氏、公羊、穀梁三家所传,侧重点不同,观点也不完全一致,所以古人认为,对《春秋》,信者传信,疑者传疑,因此在经与传之间、传与传之间,都没有刻意求一。宋代大理学家朱熹说:“《左氏》是史学,《公》、《穀》是经学。史学者记得事却详,于道理上便差;经学者于义理上有功,然记事多误。”(《朱子语类》卷八三)宋胡安国说:“学经以传为案,则当阅《左氏》;玩辞以义为主,则当习《公》、《穀》。”宋叶梦得《春秋传序》也说:“《左氏》传事不传义,是以详于史而事未必实,以不知经也;《公羊》、《穀梁》传义不传事,是以详于经而义未必当,以不知史也。”这些话,都较准确地概括了三传各自的特点。

《左传》的作者,刘向、刘歆、桓谭、班固等汉代史学家、经学家都认为是左丘明。左丘明,有人说是鲁君子,也有人说是鲁国的史官。《左传》的成书年代,也一向众说纷纭。到了宋代,经学家开始怀疑《左传》不出于左丘明之手,有人认为是战国初年魏国史官所作;又有人提出递相增补的看法,认为其中吴起加入的最多。又因为《左传》常有无经之传及经传相异的地方,所以被人认为“自是一家书,不主为经发”(《晋书·王接传》)。不过许多人不同意这一观点,认为“《左氏传》于经,犹衣之表里,相待而成。经而无传,使圣人闭门思之,十年不能知也”(桓谭《新论》)。

《左传》记事起于隐公元年(前 722),止于哀公二十七年(前 468),有无经之传十一年。它详细地记载了这一时期各国的重大事件与重要人物的生平行迹。它善于把复杂的事写得有条不紊,剪裁得当,又善于以优美流畅的笔墨叙事写人,所以杜预《春秋左传序》说“其文缓,其旨远”,赞赏它的委婉与含蓄。由于《左传》具备了这些特点与长处,所以,在今天来看,它不仅是部经书,还是一部史书,更是一部杰出的文学作品。

作为经书,《左传》与《公羊》、《穀梁》专主解经不同。首先,它往往依附于事实,通过对事、对人的评论,迎合《春秋》大义,进行辨析、论述;通过书中人物之口及“君子曰”等形式,宣扬儒家道统。其次,它通过大量史实,从叙事的角度表明自己的立场、宗旨,达到与经密切配合的目的。全书最为突出的是对“礼”与“义”的宣传。礼是儒家维护社会秩序、维护道统的准则,而“义”是“礼”的内涵,所以全书不断地强调它们的作用。如晋文公想称霸天下,子犯就以“民未知义,未安其居”,“民未知礼,未生其共”(僖公二十七年)的道理来开导他利民崇礼,终于一举成功。在全书中,反复出现“礼,国之干也”(僖公十一年)、“礼,身之干也”(成公十三年)一类话;又不断用“礼也”二字来赞赏某事合乎礼,用“非礼也”三字来批评某事不合乎礼。同样,左氏认为“礼以行义,信以守礼”(僖公二十八年),所以书中总是将“义”放在重要位置,说“君子动则思礼,行则思义,不为利回,不为义疚”(昭公三十一年)。通过这样的宣传,劝人为善,惩治诛挞恶人,达到使人明白“善不可失,恶不可长”的目的。这些,不仅与《春秋》精神一致,也进一步阐发了儒家学说的要义。

虽说现存最早的历史书是《春秋》,但真正具有史传特点的作品则为《左传》,《春秋》只是骨架,《左传》才有血肉,有内容。而这种以史兼经的形式,对后世史书的写作影响深远,所以明王守仁有“五经亦只是史,史以明善恶、示训戒”(《传习录》卷上)的话。《左传》记事,有人统计过,盟会一百零九次,会见九十七次,“侵六十、伐二百十有

三、战二十三、围四十、入二十七……”，可见头绪纷杂，事件繁多。而作者写来，条分缕析，前后呼应，或简捷明快，或生动细致，这些都已成为后世史家的圭臬。今天读《左传》，不仅要从中了解史实，更重要的是要学会通过这些史实，找出借鉴，即总结历史的经验为今天所用。如读越王勾践复国的史实，就应该借鉴勾践善于忍辱、卧薪尝胆、与民同苦的精神。读五霸崛起，就应充分注意他们的用人唯贤的做法，从齐桓公任用管仲，晋文公重用从亡诸臣，秦穆公信任蹇叔、百里奚等，牢记“得士者昌，失士者亡”这一道理。通过子产不毁乡校，领会“防言如同防川”的治国方法；通过郑子皮对子产的态度，认识到善于举荐人才、使用人才的重要性。像这样的例子还可以随手举出许多，都是在阅读时应该反复品味、举一反三的。

《左传》在散文上的成就，一向受到推崇，尤其是它长于描绘战争，善于铺叙辞令，更令人赞不绝口。前者可举城濮之战与殽之战为代表。城濮之战是晋、楚间第一次大战，也是《左传》重点记载的一次战争。文章详细描述了战争的起因、开始与经过。在具体描写战争时，又分两层来叙述：先写临战前楚成王不想打，而子玉坚持要打，内部不统一，已失去取胜先机；而晋国则君臣同心，一方面通过外交手段孤立楚国，一方面利用敌人的弱点，从气势上压倒敌人。在交战时，晋国避强击弱，先剪除楚军右翼，再用假装退兵之计，击败楚军左翼，逼使子玉收兵。文章最后又交代了晋兵获胜后的举动，为晋文公称霸作铺垫。全文条理清晰，委婉曲折，摇曳多姿，成为后世史书及传记类文章的典范。殽之战，作者又别出心裁，另具一格。文章写的是秦、晋在争夺霸权过程中的一场关键战役，但具体写战斗的只有一句话，全篇则着重于围绕战前战后作盘旋。在结构上可以分为四个部分，却一脉贯联。第一部分写战争起因及蹇叔哭师，说明秦军远距离偷袭，违反战争规律，预示秦军必败；第二部分写王孙满观秦师及弦高犒师，秦兵偷袭不成，说明秦国骄兵必败，与蹇叔的分析相呼应；第三部分写秦、晋交战；第四部分是余波，写文嬴释帅与秦穆公引咎自责。整文虽是记事，却处处突出人物，以人物的语言来表现性格神态，其中蹇叔与先轸的形象尤为生动，呼之欲出。

《左传》中记叙论辩辞令的名篇很多，这些言论，或抓住大国、霸主喜欢标榜自己，以仁义道德为幌子的特点，做好圈套让人钻；或引类设譬，不露声色地向君主劝讽，往往言词精炼，说服力很强。如著名的屈完回答齐桓公的一段话，切中齐桓公小题大做、色厉内荏的特点，理直气壮地进行反驳。前后两番对答，针锋相对，辞气凛然，终于迫使齐桓公匆匆讲和收兵。又如烛之武退秦师的一篇说辞，抓住灭郑对秦无利作为论辩的核心，指出亡郑的结果是“陪邻”，“邻之厚，君之薄也”，在主动表示与秦和好的前提下离间秦、晋两国关系，最终使秦穆公退兵。像这样精彩隽永的篇节，还可举出不少，尝鼎一脔，可知全味了。

《春秋》因为它的微言大意，后人理解各有所重，异同互见，鲜有定论，说经而有门户，就从《春秋》三传始；又由于各门户之间难以取代与统一，这些门户也就一直并存着，只是各自在不同的时期影响不同。大致来说，在中唐以前以左氏胜啖助，北宋则尚公羊、穀梁，孙复、刘敞等经学家虽然提倡“弃传以经”，但只是弃《左传》所列史实与《公羊》、《穀梁》所提月日例，主旨还是以《公》、《穀》为中心。但平心而论，删除了事迹，便无从判断是非，对经文的理解，也就成了猜谜一样。独南宋胡安国作《春秋传》，“事按《左氏》，义采《公》、《穀》之精，大纲本孟子，而微旨多以程氏之说为证”（《直斋书录解题》卷三），列在学官，受到当时及后世大多数学者的认同。

汉代研究《左传》的学者很多，但孔奇、孔嘉之说，久佚不传；贾逵、服虔之说，亦仅偶见他书。今世所传，最古也最有影响的是晋杜预的《集解》。

杜预（222—284），京兆杜陵人，字元凯。仕魏，官尚书郎。晋武帝时，官度支尚书，拜镇南大将军、都督荆州诸军事，率兵灭吴，以功封当阳县侯，官至司隶校尉。杜预博学多通，尤嗜《左传》，自言有《左传》癖，因集前人著述，参以己意，撰成《春秋经传集解》。

在杜预以前，三传与经文皆各为卷帙；以传附经，始于杜预。杜预在原序中称“分经之年与传之年相附，比其义类，各随而解之”，唐陆德明《经典释文》也说：“旧夫子之经与丘明之传各异，杜氏合而释之。”杜预将经传合一，使经传可以两相比照，自然给阅读与研究提供了不少方便；杜预对经传所作的集解，大凡人名、地名、典章、制度、词章、义理，莫不精当准确，更成为后来研究者之津梁。

此外，因《春秋》辞简，论《春秋》者必由“比例”入手。比例，即“属辞比事”。何休《公羊解诂序》云：“往者略依胡毋生条例，多得其正。”范宁解《穀梁》亦有例，后人称为“范氏略例”。对《左传》，杜预另撰有《春秋释例》十五卷，其大旨以“经之条贯，必出于传；传之义例，总归于凡”。《左传》称“凡”五十，其别四十有九，皆周公之垂法，史书之旧章，仲尼因而修之，以成一经之通体。如称“书”、“不书”、“先书”、“故书”、“不言”、“不称”、“书曰”等，皆所以起新旧、发大义，谓之变例。也有旧史不书，符合孔子之意的，孔子即以为义。这些，非互相比较则褒贬不明，故集诸例及地名、谱第、历数相与为部，综经系传，更以己意申之，名曰“释例”。这些释例，也是杜预《集解》中的主要内容。

杜预的《集解》问世后，受到广泛赞扬，后人称杜预为“左氏忠臣”，对杜注的研究增补者也代不乏人，晋及南朝就有沈文阿、苏宽、刘炫等人，最著名的是唐孔颖达的《春秋左氏传正义》。

《春秋经传集解》版本较多，此次校点，以《四部丛刊》影印的宋刻本为底本，参校了1936年世界书局据清武英殿本影印的《春秋三传》，明显错字径行改正，重要异文则加[　]标出。原书分段以经为本，按事分段，现基本依原书分段，惟遇一事篇幅过长，则再加细分，以便阅读。原刊附有唐陆德明《经典释文》，现仍予收入，加“释文”二字为标识。《释文》主要是对经传及杜注中字注音，亦时有辨析，其中对他本异文的陈列，尤对了解唐代及之前版本状况有极高的参考价值。此外，本书原名《春秋经传集解》，现更改为《春秋左传集解》，以见其传承；惟卷内因“经传”二字有陆德明释文，不便改易，故仍其旧。本书用简体字排，除容易产生歧义及按名从主人的原则适当保留繁体外，均用简体。特此说明。

春 秋 序

《春秋》者，鲁史记之名也。记事者，以事系日，以日系月，以月系时，以时系年，所以纪远近、别同异也。故史之所记，必表年以首事，年有四时，故错举以为所记之名也。《周礼》有史官，掌邦国四方之事，达四方之志；诸侯亦各有国史，大事书之于策，小事简牍而已。孟子曰：楚谓之“梼杌”，晋谓之“乘”，而鲁谓之“春秋”，其实一也。韩宣子适鲁，见《易·象》与鲁《春秋》，曰：“周礼尽在鲁矣。吾乃今知周公之德与周之所以王。”韩子所见，盖周之旧典礼经也。周德既衰，官失其守，上之人不能使《春秋》昭明，赴告策书诸所记注，多违旧章，仲尼因鲁史策书成文，考其真伪，而志其典礼。上以遵周公之遗制，下以明将来之法，其教之所存，文之所害，则刊而正之，以示劝戒。其余则皆即用旧史，史有文质，辞有详略，不必改也。故传曰其善志，又曰非圣人孰能修之。盖周公之志，仲尼从而明之。

左丘明受经于仲尼，以为经者不刊之书也，故传或先经以始事，或后经以终义，或依经以辩理，或错经以合异，随义而发。其例之所重，旧史遗文略不尽举，非圣人所修之要故也。身为国史，躬览载籍，必广记而备言之。其文缓，其旨远，将令学者原始要终，寻其枝叶，究其所穷。优而柔之，使自求之；餍而饫之，使自趋之。若江海之浸，膏泽之润，涣然冰释，怡然理顺，然后为得也。其发凡以言例，皆经国之常制，周公之垂法，史书之旧章，仲尼从而修之，以成一经之通体。其微显阐幽、裁成义类者，皆据旧例而发义，指行事以正褒贬。诸称"书"、"不书"、"先书"、"故书"、"不言"、"不称"、"书曰"之类，皆所以起新旧，发大义，谓之变例。然亦有史所不书、即以为义者，此盖《春秋》新意，故传不言"凡"，曲而畅之也。其经无义例，因行事而言，则传直言其归趣而已，非例也。故发传之体有三，而为例之情有五。一曰微而显，文见于此而起义在彼，"称族，尊君命"，"舍族，尊夫人"，"梁亡"，"城缘陵"之类是也。二曰志而晦，约言示制，推以知例，参会不地，与谋曰及之类是也。三曰婉而成章，曲从义训，以示大训，诸所讳辟，"璧假许田"之类是也。四曰尽而不污，直书其事，具文见意，丹楹刻桷，天王求车，齐侯献捷之类是也。五曰惩恶而劝善，求名而亡，欲盖而章，书齐豹"盗"，三叛人名之类是也。推此五体以寻经传，触类而长之，附于二百四十二年行事，王道之正，人伦之纪备矣。

或曰："《春秋》以错文见义，若如所论，则经当有事同文异而无其义也。先儒所传，皆不其然。"答曰："《春秋》虽以一字为褒贬，然皆须数句以成言，非如八卦之爻可错综为六十四也，固当依传以为断。古今言《左氏春秋》者多矣，今其遗文可见者十数家。大体转相祖述，进不成为错综经文以尽其变，退不守丘明之传，于丘明之传有所不通，皆没而不说，而更肤引《公羊》、《穀梁》，适足自乱。预今所以为异，专修丘明之传以释经。经之条贯，必出于传；传之义例，总归诸凡，推变例以正褒贬，简二传而去异端，盖丘明之志也。其有疑错，则备论而阙之，以俟后贤。然刘子骏创通大义，贾景伯父子、许惠卿皆先儒之美者也，末有颍子严者，虽浅近，亦复名家，故特举刘、贾、许、颍之违以见同异。分经之年与传之年相附，比其义类，各随而解之，名曰'经传集解'。又别集诸例，及地名、谱第、历数，相与为部，凡四十部、十五卷，皆显其异同，从而释之，名曰'释例'。将令学者观其所聚，异同之说，《释例》详之也。"

或曰："《春秋》之作，《左传》及《穀梁》无明文，说者以为仲尼自卫反鲁，修《春秋》，立素王，丘明为素臣。言《公羊》者亦云黜周而王鲁，危行言孙，以辟当时之害，故微其文，隐其义。《公羊》经止获麟，而《左氏》经终于孔丘卒，敢问所安。"答曰："异乎余所闻。仲尼曰：'文王既没，文不在兹乎？'此制作之本意也。叹曰：'凤鸟不至，河不出图，吾已矣夫！'盖伤时王之政也。麟凤五灵，王者之嘉瑞也。今麟出非其时，虚其应，而失其归，此圣人所以为感也。绝笔于获麟之一句者，所感而起，固所以为终也。"

曰："然则《春秋》何始于鲁隐公？"答曰："周平王，东周之始王也。隐公，让国之贤君也。考乎其时则相接，言乎其位则列国，本乎其始则周公之祚胤也。若平王能祈天永命，绍开中兴，隐公能弘宣祖业，光启王室，则西周之美可寻，文武之迹不坠。是故因其历数，附其行事，采周之旧，以会成王义，垂法将来。所书之王即平王也，所用之历即周正也，所称之公即鲁隐也，安在其黜周而王鲁乎？子曰：'如有用我者，吾其为东周乎？'此其义也。若夫制作之文，所以章往考来，情见乎辞，言高则旨远，辞约则义微，此理之常，非隐之也。圣人包周身之防，既作之后，方复隐讳以辟患，非所闻也。子路欲使门人为臣，孔子以为欺天，而云仲尼素王，丘明素臣，又非通论也。先儒以为制作三年，文成致麟，既已妖妄，又引经以至仲尼卒，亦又近诬。据《公羊》经止获麟，而《左氏》小邾射不在三叛之数，故余以为感麟而作，作起获麟，则文止于所起，为得其实。至于反袂拭面，称吾道穷，亦无取焉。”

春秋经传集解隐公第一

【释文】解，佳买切。旧夫子之经与丘明之传各卷，杜氏合而释之，故曰“经传集解”。隐公名息姑，惠公之子，母声子。《谥法》：不尸其位曰隐。第一，此不题“左氏传”，《公羊》、《穀梁》二传既显姓别之，此不言自见。

【传】

惠公元妃孟子①，孟子卒②，继室以声子，生隐公③。

宋武公生仲子，仲子生而有文在其手，曰“为鲁夫人”，故仲子归于我④。生桓公而惠公薨⑤，是以隐公立而奉之⑥。

① 言元妃，明始適夫人也。子，宋姓。【释文】惠公，名不皇。《谥法》：爱人好与曰惠。其子隐公，让国之君。妃，芳非切。传曰：嘉耦曰妃。適，本又作“嫡”，同，丁历切。　② 不称薨，不成丧也。无谥，先夫死，不得从夫谥。【释文】谥，实至切。　③ 声，谥也。盖孟子之侄娣也。诸侯始娶，则同姓之国以侄娣媵，元妃死，则次妃摄治内事，犹不得称夫人，故谓之继室。【释文】侄，直结切，《字林》丈一切，兄女也。娣，大计切，女弟也。娶，七住切。媵，以证切，又绳证切。　④ 妇人谓嫁曰归。以手理自然成字，有若天命，故嫁之于鲁。【释文】妇人谓嫁曰归。本或无“曰”字，此依《公羊传》。　⑤ 言归鲁而生男。惠公不以桓生之年薨。　⑥ 隐公，继室之子，当嗣世，以祯祥之故，追成父志。为桓尚少，是以立为大子，帅国人奉之，为经“元年春”不书即位传。【释文】祯，音贞。少，诗照切。大，音泰。旧太字皆作大。后“大子”皆放此。为，于伪切。后凡为经、为传、张本、起本之例皆放此，更不音。

隐公元年

【经】

元年春，王正月①。

三月，公及邾仪父盟于蔑②。

夏五月，郑伯克段于鄢③。

秋七月，天王使宰咺来归惠公、仲子之赗④。

九月，及宋人盟于宿⑤。

冬十有二月，祭伯来⑥。

公子益师卒⑦。

① 隐公之始年，周王之正月也。凡人君即位，欲其体元以居正，故不言一年一月也。隐虽不即位，然摄行君事，故亦朝庙告朔也。告朔朝正例在襄二十九年，即位例在隐、庄、闵、僖元年。【释文】朝，直遥切。下同。　② 附庸之君未王命，例称名。能自通于大国，继好息民，故书字贵之。名例在庄五年。邾，今鲁国邹县也。蔑，姑蔑，鲁地，鲁国卞县南有姑城。【释文】父，音甫，邾子之字。凡人名字皆放此。蔑，亡结切。好，呼报切。邹，侧留切。卞，皮彦切，本或作"弁"。　③ 不称国讨而言郑伯，讥失教也。段不弟，故不言弟，明郑伯虽失教而段亦凶逆。以君讨臣而用二君之例者，言段强大儁杰，据大都以耦国，所谓"得儁曰克"也。国讨例在庄二十二年，得儁例在庄十一年，母弟例在宣十七年。郑在荥阳宛陵县西南。鄢今颍川鄢陵县。【释文】段，徒乱切，郑伯弟名。鄢，於晚切，又於建切，又於然切。弟，音悌，又如字。儁，音俊。杰，音桀。荥，户扃切，本或作"荣"，非。宛，於阮切，又於元切。　④ 宰，官；咺，名也。咺赠死不及尸，吊生不及哀，豫凶事，故贬而名之。此天子大夫称字之例。仲子者，桓公之母。妇人无谥，故以字配姓。来者，自外之文。归者，不反之辞。【释文】咺，吁阮切。赗，芳凤切。　⑤ 客主无名，皆微者也。宿，小国，东平无盐县也。凡盟以国地者，国主亦与盟，例在僖十九年。宋，今梁国睢阳县。【释文】与，音预。下同。睢，音虽。　⑥ 祭伯，诸侯为王卿士者。祭，国；伯，爵也。传曰"非王命

也”，释其不称使。【释文】祭，侧界切，传祭仲同。使，如字，又所吏切。 ⑦ 传例曰：“公不与小敛，故不书日，所以示薄厚也。”《春秋》不以日月为例，唯卿佐之丧独记日以见义者，事之得失既未足以褒贬人君，然亦非死者之罪，无辞可以寄文，而人臣轻贱，死日可略，故特假日以见义。【释文】敛，力验切。见，贤遍切。下同。

【传】

元年春，王周正月①。不书即位，摄也②。

① 言周以别夏、殷。【释文】别，彼列切。夏，户雅切，三代之号，可以意求。
② 假摄君政，不修即位之礼，故史不书于策，传所以见异于常。【释文】见，贤遍切。

三月，公及邾仪父盟于蔑，邾子克也①。未王命，故不书爵。曰仪父，贵之也②。公摄位而欲求好于邾，故为蔑之盟③。

① 克，仪父名。 ② 王未赐命以为诸侯，其后仪父服事齐桓以奖王室，王命以为邾子，故庄十六年经书“邾子克卒”。【释文】故不书爵，一本无“故”字。奖，将丈切。 ③ 解所以与盟也。【释文】好，呼报切。与，如字，又音预。

夏四月，费伯帅师城郎。不书，非公命也①。

① 费伯，鲁大夫。郎，鲁邑。高平方与县东南有郁郎亭。传曰“君举必书”，然则史之策书皆君命也。今不书于经，亦因史之旧法，故传释之。诸鲁事，传释不书。他皆放此。【释文】费，音秘。郁，於六切。放，甫往切。后此例皆同。

初，郑武公娶于申，曰武姜①。生庄公及共叔段②。庄公寤生，惊姜氏，故名曰寤生，遂恶之③。爱共叔段，欲立之④。亟请于武公，公弗许。

① 申国，今南阳宛县。【释文】娶，七住切。宛，於元切。 ② 段出奔共，故曰共叔，犹晋侯在鄂谓之鄂侯。【释文】共，音恭。共，地名。凡国名、地名、人名字、氏族，音不重，音疑者复出。后放此。鄂，五各切。 ③ 寐寤而庄公已生，故惊而恶之。【释文】寤，五故切。恶，乌路切，注同。 ④ 欲立以为大子。

及庄公即位，为之请制。公曰："制，岩邑也，虢叔死焉。佗邑唯命[①]。"请京，使居之，谓之京城大叔[②]。祭仲曰："都城过百雉，国之害也[③]。先王之制：大都不过参国之一[④]，中五之一，小九之一。今京不度，非制也[⑤]，君将不堪。"公曰："姜氏欲之，焉辟害？"对曰："姜氏何厌之有？不如早为之所[⑥]，无使滋蔓，蔓，难图也。蔓草犹不可除，况君之宠弟乎？"公曰："多行不义必自毙，子姑待之[⑦]。"

① 虢叔，东虢君也，恃制岩险而不修德，郑灭之。恐段复然，故开以佗邑。虢国，今荥阳县。【释文】亟，欺冀切，数也。为，于伪切。岩，本又作"严"，五衔切。虢，瓜伯切。复，扶又切。　② 公顺姜请，使段居京，谓之京城大叔，言宠异于众臣。京，郑邑，今荥阳京县。【释文】大，音泰，注及下同。　③ 祭仲，郑大夫。方丈曰堵，三堵曰雉。一雉之墙，长三丈，高一丈。侯伯之城，方五里，径三百雉，故其大都不得过百雉。【释文】过，古卧切。后不音者皆同。堵，丁古切。长，直亮切，又如字。高，古报切，又如字。径，古定切。　④ 三分国城之一。【释文】参，七南切，又音三。　⑤ 不合法度，非先王制。　⑥ 使得其所宜。【释文】焉，於虔切。厌，於盐切。　⑦ 毙，踣也。姑，且也。【释文】蔓，音万。毙，婢世切，本又作"獘"，旧扶设切。踣，蒲北切。

既而大叔命西鄙、北鄙贰于己[①]。公子吕曰："国不堪贰，君将若之何[②]？欲与大叔，臣请事之；若弗与，则请除之，无生民心[③]。"公曰："无庸，将自及[④]。"大叔又收贰以为己邑[⑤]，至于廪延[⑥]。子封曰："可矣，厚将得众[⑦]。"公曰："不义不昵，厚将崩[⑧]。"大叔完聚[⑨]，缮甲兵，具卒乘[⑩]，将袭郑。夫人将启之[⑪]。公闻其期，曰："可矣！"命子封帅车二百乘以伐京[⑫]。京叛大叔段，段入于鄢，公伐诸鄢。五月辛丑，大叔出奔共[⑬]。

① 鄙，郑边邑。贰，两属。　② 公子吕，郑大夫。　③ 叔久不除，则举国之民当生他心。　④ 言无用除之，祸将自及。　⑤ 前两属者，今皆取以为己邑。　⑥ 言转侵多也。廪延，郑邑，陈留酸枣县北有延津。【释文】廪，力锦切。

⑦ 子封，公子吕也。厚，谓土地广大。 ⑧ 不义于君，不亲于兄，非众所附，虽厚必崩。【释文】昵，女乙切，亲也。 ⑨ 完城郭，聚人民。【释文】完，音桓。 ⑩ 步曰卒，车曰乘。【释文】缮，市战切。卒，尊忽切，注及下同。乘，绳证切，注及下同。 ⑪ 启，开也。 ⑫ 古者兵车一乘，甲士三人，步卒七十二人。 ⑬ 共国，今汲郡共县。【释文】共，音恭。汲，居及切。

书曰："郑伯克段于鄢。"段不弟，故不言弟；如二君，故曰克；称郑伯，讥失教也；谓之郑志。不言出奔，难之也①。

① 传言夫子作《春秋》，改旧史以明义，不早为之所而养成其恶，故曰失教。段实出奔而以克为文，明郑伯志在于杀，难言其奔。【释文】弟，大计切，又如字。难，乃旦切，注同。

遂寘姜氏于城颍①，而誓之曰："不及黄泉，无相见也②。"既而悔之。颍考叔为颍谷封人③，闻之，有献于公。公赐之食，食舍肉。公问之，对曰："小人有母，皆尝小人之食矣，未尝君之羹，请以遗之④。"公曰："尔有母遗，繄我独无⑤！"颍考叔曰："敢问何谓也⑥？"公语之故，且告之悔。对曰："君何患焉？若阙地及泉，隧而相见，其谁曰不然⑦？"公从之。公入而赋："大隧之中，其乐也融融⑧！"姜出而赋："大隧之外，其乐也泄泄⑨！"遂为母子如初。

① 城颍，郑地。【释文】寘，之豉切。置也。 ② 地中之泉，故曰黄泉。 ③ 封人，典封疆者。【释文】疆，居良切。 ④ 食而不啜羹，欲以发问也。宋华元杀羊为羹飨士，盖古赐贱官之常。【释文】舍，音捨。遗，唯季切，下同。啜，川悦切。华，户化切。 ⑤ 繄，语助。【释文】繄，乌兮切，又乌帝切。 ⑥ 据武姜在，设疑也。 ⑦ 隧，若今延道。【释文】语，鱼据切。阙，其月切。隧，音遂。 ⑧ 赋，赋诗也。融融，和乐也。【释文】乐，音洛，注及下同。融，羊弓切。 ⑨ 泄泄，舒散也。【释文】泄，羊世切。

君子曰："颍考叔，纯孝也①，爱其母，施及庄公。《诗》曰：'孝子不匮，永锡尔类。'其是之谓乎②！"

① 纯，犹笃也。 ② 不匮，纯孝也。庄公虽失之于初，孝心不忘，考叔感而通之，所谓"永锡尔类"。诗人之作，各以情言；君子论之，不以文害意，故《春

秋传》引《诗》不皆与今说《诗》者同。他皆放此。【释文】施，以豉切，又式智切。匮，其位切。

秋七月，天王使宰咺来归惠公、仲子之赗。缓，且子氏未薨，故名①。天子七月而葬，同轨毕至②。诸侯五月，同盟至③。大夫三月，同位至④。士逾月，外姻至⑤。赠死不及尸⑥，吊生不及哀⑦，豫凶事，非礼也⑧。

① 惠公葬在春秋前，故曰缓也。子氏，仲子也，薨在二年。赗，助丧之物。② 言同轨，以别四夷之国。【释文】别，彼列切。　③ 同在方岳之盟。　④ 古者行役不逾时。　⑤ 逾月，度月也。姻，犹亲也。此言赴吊各以远近为差，因为葬节。　⑥ 尸，未葬之通称。【释文】称，尺证切。　⑦ 诸侯已上，既葬则缞麻除，无哭位，谅闇终丧。【释文】上，时掌切。缞，七雷切。谅，音亮，又音良。闇，如字。　⑧ 仲子在而来赠，故曰豫凶事。

八月，纪人伐夷。夷不告，故不书①。

① 夷国在城阳庄武县，纪国在东莞剧县。隐十一年传例曰："凡诸侯有命，告则书，不然则否。"史不书于策，故夫子亦不书于经，传见其事，以明《春秋》例也。他皆放此。【释文】莞，音官。见，贤遍切。下三"见"同。

有蜚。不为灾，亦不书①。

① 蜚，负蠜也。庄二十九年传例曰："凡物不为灾，不书。"又于此发之者，明传之所据非唯史策，兼采简牍之记。他皆放此。【释文】蜚，扶味切。蠜，音烦，又音盘。

惠公之季年，败宋师于黄①。公立，而求成焉。九月，及宋人盟于宿，始通也②。

① 黄，宋邑，陈留外黄县东有黄城。【释文】败，必迈切，败他也。后放此。② 经无义例，故传直言其归趣而已。他皆放此。

冬十月庚申，改葬惠公。公弗临，故不书①。惠公之薨也，有宋师，大子少②，葬故有阙，是以改葬。卫侯来会葬，不见公，亦不书③。

① 以桓为大子，故隐公让而不敢为丧主。隐摄君政，故据隐而言。②【释文】少，诗照切。　③ 诸侯会葬，非礼也。不得接公成礼，故不书于策。

他皆放此。卫国在汲郡朝歌县。【释文】朝,如字。

郑共叔之乱,公孙滑出奔卫①。卫人为之伐郑,取廪延。郑人以王师、虢师伐卫南鄙②。请师于邾。邾子使私于公子豫③,豫请往,公弗许,遂行,及邾人、郑人盟于翼④。不书,非公命也。

① 公孙滑,共叔段之子。【释文】滑,户八切,又乎八切。 ② 虢,西虢国也。弘农陕县东南有虢城。【释文】为,于伪切。 ③ 公子豫,鲁大夫。私,请师。【释文】豫,音预。 ④ 翼,邾地。

新作南门。不书,亦非公命也①。

① 非公命不书,三见者皆兴作大事,各举以备文。

十二月,祭伯来,非王命也。

众父卒①。公不与小敛,故不书日②。

① 众父,公子益师字。【释文】众,音终。 ② 礼,卿佐之丧,小敛、大敛,君皆亲临之,崇恩厚也。始死,情之所笃,礼之所崇,故以小敛为文,至于但临大敛及不临其丧,亦同不书日。【释文】与,音预。敛,力验切,注皆同。

隐公二年

【经】

二年春,公会戎于潜①。

夏五月,莒人入向②。

无骇帅师入极③。

秋八月庚辰,公及戎盟于唐④。

九月,纪裂繻来逆女⑤。

冬十月,伯姬归于纪⑥。

纪子帛、莒子盟于密⑦。

十有二月乙卯,夫人子氏薨⑧。

郑人伐卫[⑨]。

① 戎、狄、夷、蛮，皆氐、羌之别种也。戎而书会者，顺其俗以为礼，皆谓居中国若戎子驹支者。陈留济阳县东南有戎城。潜，鲁地。【释文】氐，都兮切。羌，却良切。种，章勇切。驹，音拘。济，子礼切，水名。凡地名皆同。　② 向，小国也。谯国龙亢县东南有向城。莒国，今城阳莒县也。将卑师少称人，弗地曰入，例在襄十三年。【释文】向，舒亮切。谯，在遥切。亢，音刚，又苦浪切。将，子匠切。　③ 无骇，鲁卿。极，附庸小国。无骇不书氏，未赐族。赐族例在八年。【释文】骇，户楷切。　④ 高平方与县北有武唐亭。八月无庚辰，庚辰，七月九日也，日月必有误。【释文】方，音房。与，音预。　⑤ 裂繻，纪大夫。传曰"卿为君逆也"，以别卿自逆也。逆女或称使，或不称使，昏礼不称主人，史各随其实而书，非例也。他皆放此。【释文】裂，音列。繻，音须。为，于伪切，下"为鲁"同。别，彼列切。　⑥ 无传。伯姬，鲁女，裂繻所逆者。　⑦ 子帛，裂繻字也。莒鲁有怨，纪侯既昏于鲁，使大夫盟莒以和解之。子帛为鲁结好息民，故传曰"鲁故也"，比之内大夫，而在莒子上，称字以嘉之也。字例在闵元年。密，莒邑，城阳淳于县东北有密乡。【释文】帛，音白。解，如字，又户买切。好，呼报切。　⑧ 无传。桓未为君，仲子不应称夫人。隐让桓以为大子，成其母丧以赴诸侯，故经于此称夫人也。不反哭，故不书葬，例在三年。　⑨ 凡师有钟鼓曰伐，例在庄二十九年。

【传】

二年春，公会戎于潜，修惠公之好也。戎请盟，公辞[①]。

① 许其修好而不许其盟，御夷狄者不一而足。【释文】好，呼报切，注及下同。

莒子娶于向，向姜不安莒而归。夏，莒人入向，以姜氏还[①]。

① 传言失昏姻之义。凡得失小故，经无异文而传备其事，案文则是非足以为戒。他皆放此。【释文】还，音旋，后皆同。

司空无骇入极，费庈父胜之[①]。

① 鲁司徒、司马、司空，皆卿也。庈父，费伯也。前年城郎，今因得以胜极，故传于前年发之。【释文】庈，音琴。

戎请盟。秋，盟于唐，复修戎好也①。

①【释文】复，扶又切。

九月，纪裂繻来逆女，卿为君逆也①。

①【释文】为，于伪切。

冬，纪子帛、莒子盟于密，鲁故也。

郑人伐卫，讨公孙滑之乱也①。

① 治元年取廪延之乱。

隐公三年

【经】

三年春，王二月己巳，日有食之①。

三月庚戌，天王崩②。

夏四月辛卯，君氏卒③。

秋，武氏子来求赙④。

八月庚辰，宋公和卒⑤。

冬十有二月，齐侯、郑伯盟于石门⑥。

癸未，葬宋穆公⑦。

① 无传。日行迟，一岁一周天；月行疾，一月一周天。一岁凡十二交会。然日月动物，虽行度有大量，不能不小有盈缩，故有虽交会而不食者，或有频交而食者。唯正阳之月，君子忌之，故有伐鼓用币之事。今《释例》以《长历》推经、传，明此食是二月朔也。不书朔，史失之。书朔日，例在桓十七年。【释文】己，音纪。巳，音祀。食，如字，本或作"蚀"，音同。量，音亮。缩，所六切。 ② 周平王也。实以壬戌崩，欲诸侯之速至，故远日以赴。《春秋》不书实崩日而书远日者，即传其伪以惩臣子之过也。襄二十九年传曰"郑上卿有事"，使印段如周会葬。今不书葬，鲁不会。 ③ 隐不敢从正君之礼，故亦不敢备礼于其母。④ 武氏子，天子大夫之嗣也。平王丧在殡，新王未得行其爵命，听于冢宰，故传

曰王未葬，释其所以称父族又不称使也。鲁不共奉王丧，致令有求，经直文以示不敬，故传不复具释也。【释文】赙，音附。共，音恭。 ⑤ 称卒者，略外以别内也。元年大夫盟于宿，故来赴以名。例在七年。 ⑥ 来告，故书。石门，齐地，或曰济北卢县故城西南济水之门。 ⑦ 无传。鲁使大夫会葬，故书。始死书卒，史在国承赴，为君故，恶其薨名，改赴书也。书葬，则举谥称公者，会葬者在外，据彼国之辞也。书葬例在昭六年。【释文】为，于伪切。恶，乌路切。

【传】

三年春，王三月壬戌，平王崩。赴以庚戌，故书之。

夏，君氏卒。声子也。不赴于诸侯，不反哭于寝，不祔于姑，故不曰薨。不称夫人，故不言葬①。不书姓，为公故，曰君氏②。

① 夫人丧礼有三：薨则赴于同盟之国，一也；既葬，日中自墓反，虞于正寝，所谓反哭于寝，二也；卒哭而祔于祖姑，三也。若此则书曰夫人某氏薨，葬我小君某氏，此备礼之文也。其或不赴、不祔，则为不成丧，故死不称夫人薨，葬不言葬我小君某氏。反哭则书葬，不反哭则不书葬。今声子三礼皆阙。《释例》论之详矣。【释文】祔，音附。 ② 不书姓，辟正夫人也。隐见为君，故特书于经，称曰君氏，以别凡妾媵。【释文】为，于伪切。见，贤遍切。别，彼列切。

郑武公、庄公为平王卿士①。王贰于虢②，郑伯怨王，王曰"无之"。故周、郑交质，王子狐为质于郑，郑公子忽为质于周③。王崩，周人将畀虢公政④。四月，郑祭足帅师取温之麦。秋，又取成周之禾⑤。周、郑交恶⑥。

① 卿士，王卿之执政者。言父子秉周之政。 ② 虢，西虢公，亦仕王朝。王欲分政于虢，不复专任郑伯。【释文】朝，直遥切。复，扶又切。任，而鸩切，后不音者皆同。 ③ 王子狐，平王子。【释文】狐，音胡。质，音致，下同。 ④ 周人遂成平王本意。【释文】畀，必二切，与也。 ⑤ 四月，今二月也。秋，今之夏也。麦禾皆未熟，言取者盖芟践之。温，今河内温县。成周，洛阳县。【释文】祭，侧界切。芟，所衔切。 ⑥ 两相疾恶。

君子曰："信不由中，质无益也。明恕而行，要之以礼，虽无有质，谁能间之？苟有明信，涧溪沼沚之毛[①]，蘋蘩蕰藻之菜[②]，筐筥锜釜之器[③]，潢汙行潦之水[④]，可荐于鬼神，可羞于王公[⑤]，而况君子结二国之信，行之以礼，又焉用质[⑥]？《风》有《采蘩》、《采蘋》[⑦]，《雅》有《行苇》、《泂酌》[⑧]，昭忠信也[⑨]。”

① 溪，亦涧也。沼，池也。沚，小渚也。毛，草也。【释文】要，於遥切。间，间厕之间。溪，苦兮切。《尔雅》云：山夹水曰涧，山渎无所通曰溪。沼，之绍切。沚，本又作“畤”，音止，亦音市。 ② 蘋，大蓱也。蘩，皤蒿。蕰藻，聚藻也。【释文】蘋，音频。蘩，音烦。蕰，纡粉切。藻，音早。蓱，蒲丁切。皤，蒲多切。皤蒿，白蒿也。 ③ 方曰筐，圆曰筥，无足曰釜，有足曰锜。【释文】筐，丘芳切。筥，九吕切。锜，其绮切。 ④ 潢汙，停水。行潦，流潦。【释文】潢，音黄。汙，音乌。潦，音老。 ⑤ 羞，进也。 ⑥ 通言盟约彼此之情，故言二国。【释文】焉，於虔切。约，如字，又於妙切。 ⑦《采蘩》、《采蘋》，《诗·国风》。义取于不嫌薄物。 ⑧《诗·大雅》也。《行苇》篇，义取忠厚也。《泂酌》篇，义取虽行潦可以共祭祀也。【释文】苇，于鬼切。泂，音迥。共，音恭。 ⑨ 明有忠信之行，虽薄物皆可为用。【释文】行，下孟切。

武氏子来求赙，王未葬也。

宋穆公疾，召大司马孔父而属殇公焉，曰：“先君舍与夷而立寡人[①]，寡人弗敢忘。若以大夫之灵，得保首领以没，先君若问与夷，其将何辞以对？请子奉之，以主社稷，寡人虽死，亦无悔焉。”对曰：“群臣愿奉冯也[②]。”公曰：“不可。先君以寡人为贤，使主社稷，若弃德不让，是废先君之举也，岂曰能贤[③]？光昭先君之令德，可不务乎？吾子其无废先君之功[④]。”使公子冯出居于郑[⑤]。八月庚辰，宋穆公卒，殇公即位。

① 先君，穆公兄宣公也。与夷，宣公子，即所属殇公。【释文】属，章欲切，注同。殇，舒羊切。舍，音捨。与，如字，一音余。 ② 冯，穆公子庄公也。【释文】没，亦作“殁”。冯，皮冰切，亦作“凴”。 ③ 言不让则不足称贤。 ④ 先君以举贤为功，我若不贤是废之。 ⑤ 辟殇公也。

君子曰：“宋宣公可谓知人矣。立穆公，其子飨之，命以义夫①。《商颂》曰：'殷受命咸宜，百禄是荷。'其是之谓乎②！"

① 命出于义也。夫，语助。【释文】夫，音符，注同。　②《诗·颂》言殷汤、武丁受命皆以义，故任荷天之百禄也。帅义而行，则殇公宜受此命，宜荷此禄。公子冯不帅父义，忿而出奔，因郑以求入，终伤咸宜之福，故知人之称唯在宣公也。殷礼有兄弟相及，不必传子孙，宋其后也，故指称《商颂》。【释文】颂，似用切。荷，本又作"何"，河可切，又音河，注同。任，音壬。忿，芳粉切。称，尺证切。传，直专切。

冬，齐、郑盟于石门，寻卢之盟也①。庚戌，郑伯之车偾于济②。

① 卢盟在春秋前。卢，齐地，今济北卢县故城。　② 既盟而遇大风，传记异也。十二月无庚戌，日误。【释文】偾，弗问切，仆也。

卫庄公娶于齐东宫得臣之妹，曰庄姜①，美而无子，卫人所为赋《硕人》也②。又娶于陈，曰厉妫，生孝伯，早死③。其娣戴妫生桓公，庄姜以为己子④。公子州吁，嬖人之子也⑤，有宠而好兵。公弗禁，庄姜恶之。石碏谏曰："臣闻爱子，教之以义方⑥，弗纳于邪。骄、奢、淫、泆，所自邪也。四者之来，宠禄过也。将立州吁，乃定之矣，若犹未也，阶之为祸⑦。夫宠而不骄，骄而能降，降而不憾，憾而能眕者，鲜矣⑧。且夫贱妨贵，少陵长，远间亲，新间旧，小加大⑨，淫破义，所谓六逆也。君义，臣行，父慈，子孝，兄爱，弟敬，所谓六顺也⑩。去顺效逆，所以速祸也。君人者将祸是务去，而速之，无乃不可乎？"弗听。其子厚与州吁游，禁之，不可。桓公立，乃老⑪。

① 得臣，齐大子也。大子不敢居上位，故常处东宫。　②《硕人》诗，义取庄姜美于色，贤于德，而不见答，终以无子，国人忧之。【释文】为，于伪切。③ 陈，今陈国陈县。【释文】妫，九危切。　④ 妫，陈姓也。厉、戴皆谥。虽为庄姜子，然大子之位未定。　⑤ 嬖，亲幸也。【释文】吁，况于切。嬖，必计切。贱

而得幸曰嬖。 ⑥ 石碏，卫大夫。【释文】好，呼报切。禁，居鸩切，一音金。恶，乌路切。碏，七略切。 ⑦ 言将立为大子，则宜早定，若不早定，州吁必缘宠而为祸。【释文】邪，似嗟切，下同。泆，音逸。 ⑧ 如此者少也，降其身则必恨，恨则思乱，不能自安自重。【释文】夫，音扶，发句之端，后放此。憾，本又作“感”，胡暗切，恨也。五年同。眕，之忍切，重也。鲜，息浅切。 ⑨ 小国而加兵于大国，如息侯伐郑之比。【释文】妨，音芳。少，诗照切。长，丁丈切。间，间厕之间，下同。比，必二切。 ⑩ 臣行君之义。 ⑪ 老，致仕也。四年经书州吁弑其君，故传先经以始事。【释文】去，起吕切，下同。弑，音试。先，悉荐切。

隐公四年

【经】

四年春，王二月，莒人伐杞，取牟娄①。

戊申，卫州吁弑其君完②。

夏，公及宋公遇于清③。

宋公、陈侯、蔡人、卫人伐郑。

秋，翚帅师会宋公、陈侯、蔡人、卫人伐郑④。

九月，卫人杀州吁于濮⑤。

冬十有二月，卫人立晋⑥。

① 无传。书取，言易也。例在襄十三年。杞国本都陈留雍丘县，推寻事迹，桓六年，淳于公亡国，杞似并之，迁都淳于；僖十四年，又迁缘陵；襄二十九年，晋人城杞之淳于，杞又迁都淳于。牟娄，杞邑，城阳诸县东北有娄乡。【释文】杞，音起。牟，亡侯切。易，以豉切。雍，於用切。 ② 称臣弑君，臣之罪也。例在宣四年。戊申，三月十七日，有日而无月。【释文】弑，本又作“杀”，同，音试。凡弑君之例，皆放此，可以意求，不重音。完，音丸。 ③ 遇者，草次之期，二国各简其礼，[若]道路相逢遇也。清，卫邑，济北东阿县有清亭。 ④ 公子翚，鲁大夫，不称公子，疾其固请，强君以不义也。诸外大夫贬，皆称人，至于内大夫贬，则皆去族称名。于记事之体，他国可言某人，而己之卿佐不得言鲁

人，此所以为异也。翚、溺去族，传曰“疾之”，叔孙豹则曰“言违命”，此其例也。【释文】翚，许归切。强，其丈切。去，起吕切，下同。溺，乃历切。　⑤ 州吁弑君而立，未列于会，故不称君。例在成十六年。濮，陈地水名。【释文】濮，音卜。⑥ 卫人逆公子晋而立之，善其得众，故不书入于卫，变文以示义。例在成十八年。

【传】

四年春，卫州吁弑桓公而立。公与宋公为会，将寻宿之盟①。未及期，卫人来告乱。夏，公及宋公遇于清。

① 宿盟在元年。

宋殇公之即位也，公子冯出奔郑，郑人欲纳之。及卫州吁立，将修先君之怨于郑①，而求宠于诸侯以和其民②，使告于宋曰：“君若伐郑以除君害③，君为主，敝邑以赋与陈、蔡从，则卫国之愿也④。”宋人许之。于是，陈、蔡方睦于卫⑤，故宋公、陈侯、蔡人、卫人伐郑，围其东门，五日而还。

① 谓二年郑人伐卫之怨。　② 诸篡立者，诸侯既与之会，则不复讨，故欲求此宠。【释文】篡，初患切。复，扶又切。下文“复伐”同。　③ 害谓宋公子冯。　④ 言举国之赋调。【释文】从，才用切。调，徒吊切。　⑤ 蔡，今汝南上蔡县。

公问于众仲曰：“卫州吁其成乎①？”对曰：“臣闻以德和民，不闻以乱②。以乱，犹治丝而棼之也③。夫州吁，阻兵而安忍。阻兵无众，安忍无亲，众叛亲离，难以济矣④。夫兵犹火也，弗戢⑤，将自焚也。夫州吁弑其君而虐用其民，于是乎不务令德，而欲以乱成，必不免矣。”

① 众仲，鲁大夫。　② 乱谓阻兵而安忍。　③ 丝见棼缊，益所以乱。【释文】棼，扶分切。缊，於云切。　④ 恃兵则民残，民残则众叛，安忍则刑过，刑过则亲离。　⑤【释文】戢，庄立切。

秋，诸侯复伐郑。宋公使来乞师①，公辞之②。羽父请以师会之[3]，公弗许，固请而行。故书曰“翚帅师”，疾之也。诸侯之师败郑徒兵，取其禾而还[4]。

① 乞师不书，非卿。 ② 从众仲之言。 ③ 羽父，公子翚。 ④ 时郑不车战。

州吁未能和其民，厚问定君于石子[1]。石子曰：“王觐为可。”曰：“何以得觐？”曰：“陈桓公方有宠于王，陈、卫方睦，若朝陈使请，必可得也。”厚从州吁如陈。石碏使告于陈曰：“卫国褊小，老夫耄矣，无能为也。此二人者，实弑寡君，敢即图之[2]。”陈人执之而请莅于卫[3]。九月，卫人使右宰丑莅杀州吁于濮，石碏使其宰獳羊肩莅杀石厚于陈。君子曰：“石碏，纯臣也，恶州吁而厚与焉。‘大义灭亲’，其是之谓乎[4]！”

① 石子，石碏也，以州吁不安，谘其父。 ② 八十曰耄。称国小己老，自谦以委陈，使因其往就图之。【释文】觐，其靳切，见也。朝，直遥切。后不出者皆放此。褊，必浅切，一音必殄切。耄，毛报切。 ③ 请卫人自临讨之。【释文】莅，音利，又音类。 ④ 子从弑君之贼，国之大逆，不可不除，故曰大义灭亲，明小义则当兼子爱之。【释文】獳，奴侯切。恶，乌路切。与，音预。

卫人逆公子晋于邢。冬十二月，宣公即位[1]。书曰“卫人立晋”，众也。

① 公子晋也。【释文】邢，音刑，国名。

隐公五年

【经】

五年春，公矢鱼于棠[1]。

夏四月，葬卫桓公。

秋，卫师入郕[2]。

九月，考仲子之宫，初献六羽③。

邾人、郑人伐宋④。

螟⑤。

冬十有二月辛巳，公子彄卒⑥。

宋人伐郑，围长葛⑦。

① 书陈鱼，以示非礼也。书棠，讥远地也。今高平方与县北有武唐亭、鲁侯观鱼台。　② 将卑师众，但称师，此史之常也。【释文】郕，音成，国名。将，子匠切。　③ 成仲子宫，安其主而祭之。惠公以仲子手文娶之，欲以为夫人。诸侯无二嫡，盖隐公成父之志，为别立宫也。公问羽数，故书羽。妇人无谥，因姓以名宫。【释文】嫡，都历切。为，于伪切。　④ 邾主兵，故序郑上。　⑤ 无传。虫食苗心者为灾，故书。【释文】螟，亡丁切。　⑥ 大夫书卒不书葬。葬者臣子之事，非公家所及。【释文】彄，苦侯切。　⑦ 颍川长社北有长葛。

【传】

五年春，公将如棠观鱼者。臧僖伯谏曰："凡物不足以讲大事①，其材不足以备器用，则君不举焉②。君将纳民于轨物者也。故讲事以度轨量谓之轨，取材以章物采谓之物。不轨不物谓之乱政。乱政亟行，所以败也③。故春蒐夏苗，秋狝冬狩④，皆于农隙以讲事也⑤。三年而治兵，入而振旅⑥，归而饮至，以数军实⑦。昭文章⑧，明贵贱，辨等列⑨，顺少长⑩，习威仪也。鸟兽之肉不登于俎⑪，皮革齿牙、骨角毛羽不登于器⑫，则公不射，古之制也。若夫山林川泽之实，器用之资，皂隶之事，官司之守，非君所及也⑬。"公曰："吾将略地焉⑭。"遂往，陈鱼而观之⑮，僖伯称疾，不从。书曰"公矢鱼于棠"，非礼也，且言远地也⑯。

① 臧僖伯，公子彄也。僖，谥也。大事，祀与戎。【释文】鱼，本亦作"渔"。② 材谓皮革、齿牙、骨角、毛羽也。器用，军国之器。　③ 言器用众物不入法度，则为不轨不物，乱败之所起。【释文】度，待洛切，一音如字。亟，欺冀切，数

也。 ④ 蒐，索，择取不孕者。苗，为苗除害也。獮，杀也，以杀为名，顺秋气也。狩，围守也，冬物毕成，获则取之，无所择也。【释文】蒐，所求切。獮，息浅切，《说文》作"䙹"，《穀梁传》云：春曰田，秋曰蒐。狩，手又切。索，所百切。孕，以证切。为，于伪切。 ⑤ 各随时事之间。【释文】隙，去逆切。 ⑥ 虽四时讲武，犹复三年而大习。出曰治兵，始治其事。入曰振旅，治兵礼毕，整众而还。振，整也。旅，众也。【释文】振，之慎切。复，扶又切，下同。 ⑦ 饮于庙，以数车徒、器械及所获也。【释文】数，所主切，注同。械，户戒切。 ⑧ 车服旌旗。⑨ 等列，行(五)[伍]。【释文】辨，如字，又方免切，别也。行，户郎切。 ⑩ 出则少者在前，还则在后，所谓顺也。【释文】少，诗照切，注皆同。长，丁丈切，下注同。 ⑪ 俎，祭宗庙器。【释文】鸟兽之肉，一本作"其肉"。俎，庄吕切。⑫ 谓以饰法度之器。 ⑬ 士臣皂，皂臣舆，舆臣隶，言取此杂猥之物以资器备，是小臣有司之职，非诸侯之所亲也。【释文】射，食亦切。皂，才早切。舆，音余。猥，乌罪切。 ⑭ 孙辞以略地。略，总摄巡行之名。传曰："东略之不知，西则否矣。"【释文】行，下孟切。 ⑮ 陈，设张也。公大设捕鱼之备而观之。【释文】捕，音步，一音搏。 ⑯ 矢亦陈也。棠实他竟，故曰远地。【释文】从，才用切。竟，音境。

曲沃庄伯以郑人、邢人伐翼①，王使尹氏、武氏助之。翼侯奔随②。

① 曲沃，晋别封成师之邑，在河东闻喜县。庄伯，成师子也。翼，晋旧都，在平阳绛邑县东。邢国在广平襄国县。【释文】沃，乌毒切。 ② 尹氏、武氏皆周世族大夫也。晋内相攻伐，不告乱，故不书。传具其事，为后晋事张本。曲沃及翼本末见桓二年。随，晋地。【释文】传具，一本作"传见"。见，贤遍切。

夏，葬卫桓公。卫乱，是以缓①。

① 有州吁之乱，十四月乃葬，传明其非慢也。

四月，郑人侵卫牧①，以报东门之役②。卫人以燕师伐郑③。郑祭足、原繁、洩驾以三军军其前，使曼伯与子元潜军军其后。燕人畏郑三军而不虞制人④。六月，郑二公子以制人败燕师于北制⑤。君子曰："不备不虞，不可以师。"

① 牧，卫邑。经书"夏四月葬卫桓公"，今传直言夏而更以四月附郑人侵卫牧者，于下事宜得月以明事之先后，故不复备举经文。三年君氏卒，其义亦同。

他皆仿此。【释文】牧,州牧之牧,徐音目。 ② 东门役在四年。 ③ 南燕国,今东郡燕县。【释文】燕,于贤切。 ④ 北制,郑邑,今河南城皋县也,一名虎牢。【释文】洩,息列切。曼,音万。 ⑤ 二公子,曼伯、子元也。

曲沃叛王。秋,王命虢公伐曲沃而立哀侯于翼①。

① 春,翼侯奔随,故立其子光。

卫之乱也,郕人侵卫,故卫师入郕①。

① 郕,国也。东平刚父县西南有郕乡。【释文】父,音甫。

九月,考仲子之宫,将《万》焉①。公问羽数于众仲②。对曰:"天子用八③,诸侯用六④,大夫四⑤,士二⑥。夫舞所以节八音而行八风⑦,故自八以下⑧。"公从之。于是初献六羽,始用六佾也⑨。

① 万,舞也。 ② 问执羽人数。 ③ 八八六十四人。 ④ 六六三十六人。 ⑤ 四四十六人。 ⑥ 二二四人。士有功,赐用乐。 ⑦ 八音,金、石、丝、竹、匏、土、革、木也。八风,八方之风也。以八音之器播八方之风,手之舞之,足之蹈之,节其制而叙其情。八音,金钟、石磬、丝琴瑟、竹箫管、土埙、木柷(梧)[敔]、匏笙、革鼓也。八方之风,谓东方谷风、东南方清明风、南方凯风、西南方凉风、西方阊阖风、西北方不周风、北方广莫风、东北方融风。【释文】匏,白交切。蹈,徒报切。 ⑧ 唯天子得尽物数,故以八为列,诸侯则不敢用八。 ⑨ 鲁唯文王、周公庙得用八,而他公遂因仍僭而用之。今隐公特立此妇人之庙,详问众仲,众仲因明大典,故传亦因言始用六佾。其后季氏舞八佾于庭,知唯在仲子庙用六。【释文】佾,音逸。僭,子念切。

宋人取邾田。邾人告于郑曰:"请君释憾于宋,敝邑为道①。"郑人以王师会之②,伐宋,入其郛,以报东门之役③。宋人使来告命④。公闻其入郛也,将救之,问于使者曰:"师何及?"对曰:"未及国⑤。"公怒,乃止,辞使者曰:"君命寡人同恤社稷之难,今问诸使者,曰'师未及国',非寡人之所敢知也⑥。"

① 释四年再见伐之恨。【释文】道,音导,本亦作导。 ② 王师不书,不以告也。 ③ 郛,郭也。东门役在四年。【释文】郛,芳夫切,下同。 ④ 告命,策

书。 ⑤ 忿公知而故问，责穷辞。【释文】使，色吏切，下同。 ⑥ 为七年公伐邾传。【释文】难，乃旦切。

冬十二月辛巳，臧僖伯卒。公曰："叔父有憾于寡人[①]，寡人弗敢忘。"葬之加一等[②]。

① 诸侯称同姓大夫，长曰伯父，少曰叔父。有恨，恨谏观鱼不听。 ② 加命服之等。

宋人伐郑，围长葛，以报入郛之役也。

隐公六年

【经】

六年春，郑人来渝平[①]。

夏五月辛酉，公会齐侯，盟于艾[②]。

秋七月[③]。

冬，宋人取长葛[④]。

① 和而不盟曰平。【释文】渝，羊朱切，变也。 ② 泰山牟县东南有艾山。【释文】艾，五盖切。 ③ 虽无事而书首月，具四时以成岁。他皆放此。 ④ 秋取，冬乃告也。上有"伐郑，围长葛"，长葛郑邑可知，故不言郑也。前年冬围，不克而还，今冬乘长葛无备而取之，言易也。【释文】易，以豉切，传同。

【传】

六年春，郑人来渝平，更成也[①]。

① 渝，变也。公之为公子，战于狐壤，为郑所执，逃归，怨郑。郑伐宋，公欲救宋，宋使者失辞，公怒而止。忿宋则欲厚郑，郑因此而来，故经书渝平，传曰更成。【释文】壤，如掌切。使，所吏切。

翼九宗、五正、顷父之子嘉父逆晋侯于随[①]，纳诸鄂。晋人谓之鄂侯[②]。

① 翼，晋旧都也，唐叔始封，受怀姓九宗，职官五正，遂世为晋强家。五正，五官之长。九宗，一姓为九族也。顷父之子嘉父，晋大夫。【释文】顷，音倾。长，丁丈切，下文及注同。　② 鄂，晋别邑。诸地名疑者皆言有，以示不审，阙者不复记其阙。他皆放此。前年桓王立此侯之子于翼，故不得复入翼，别居鄂。【释文】鄂，五各切。复，扶又切，下同。

夏，盟于艾，始平于齐也①。

① 春秋前，鲁与齐不平，今乃弃恶结好，故言始平于齐。【释文】好，呼报切。

五月庚申，郑伯侵陈，大获。往岁，郑伯请成于陈①，陈侯不许。五父谏曰："亲仁善邻，国之宝也。君其许郑②。"陈侯曰："宋、卫实难③，郑何能为？"遂不许。

① 成，犹平也。　② 五父，陈公子佗。【释文】佗，徒何切，人名皆同。③ 可畏难也。【释文】难，乃旦切，注同。

君子曰："善不可失，恶不可长，其陈桓公之谓乎！长恶不悛，从自及也①。虽欲救之，其将能乎？《商书》曰：'恶之易也，如火之燎于原，不可乡迩②，其犹可扑灭③？'周任有言曰④：'为国家者，见恶如农夫之务去草焉，芟夷蕴崇之，绝其本根，勿使能殖，则善者信矣⑤。'"

① 悛，止也。从，随也。【释文】悛，七全切。　②《商书·盘庚》，言恶易长，如火焚原野，不可乡近。【释文】燎，力召切，又力吊切。乡，本又作"向"，同，许亮切。近，附近之近。　③ 言不可扑灭。【释文】扑，普卜切。　④ 周任，周大夫。【释文】任，音壬。　⑤ 芟，刈也。夷，杀也。蕴，积也。崇，聚也。【释文】去，起吕切。芟，所衔切，《说文》作"癹"，匹末切，云以足踏夷草。蕴，纡粉切。信，如字，又音申。

秋，宋人取长葛。

冬，京师来告饥。公为之请籴于宋、卫、齐、郑，礼也①。

① 告饥不以王命，故传言"京师"，而不书于经也。虽非王命而公共以称命，己国不足，旁请邻国，故曰礼也。传见隐之贤。【释文】为，于伪切。籴，直历切。见，贤遍切。

郑伯如周，始朝桓王也①。王不礼焉。周桓公言于王曰："我周之东迁，晋、郑焉依②。善郑以劝来者，犹惧不蔇③，况不礼焉？郑不来矣④！"

① 桓王即位，周、郑交恶，至是乃朝，故曰始。 ② 周桓公，周(父)[公]黑肩也。周，采地，扶风雍县东北有周城。幽王为犬戎所杀，平王东徙，晋文侯、郑武公左右王室，故曰晋、郑焉依。【释文】焉，如字，或於虔切，非。雍，於用切。左，音佐；右，音祐。又并如字。 ③ 蔇，至也。【释文】蔇，其器切。 ④ 为桓五年诸侯从王伐郑传。

隐 公 七 年

【经】

七年春，王三月，叔姬归于纪①。

滕侯卒②。

夏，城中丘③。

齐侯使其弟年来聘④。

秋，公伐邾。

冬，天王使凡伯来聘⑤。

戎伐凡伯于楚丘以归⑥。

① 无传。叔姬，伯姬之娣也。至是归者，待年于父母国，不与嫡俱行，故书。【释文】嫡，本又作"適"，同，丁历切。 ② 传例曰："不书名，未同盟也。"滕国在沛国公丘县东南。【释文】沛，音贝。 ③ 城例在庄二十九年。中丘在琅邪临沂县东北。【释文】琅，音郎。沂，鱼依切。 ④ 诸聘皆使卿执玉帛以相存问，例在襄元年。 ⑤ 凡伯，周卿士。凡，国；伯，爵也。汲郡共县东南有凡城。【释文】共，音恭。凡，字本作"汎"，音凡。 ⑥ 戎鸣钟鼓以伐天子之使，见夷狄强虣。不书凡伯败者，单使无众，非战陈也。但言以归，非执也。楚丘，卫地，在济阴城武县西南。【释文】使，所吏切，下同。见，贤遍切。虣，蒲报切。陈，直觐切。

【传】

七年春，滕侯卒。不书名，未同盟也。凡诸侯同盟，于是称名，故薨则赴以名①，告终称嗣也，以继好息民②，谓之礼经③。

① 盟以名告神，故薨亦以名告同盟。 ② 告亡者之终，称嗣位之主。嗣位之主，当奉而不忘，故曰继好。好同则和亲，故曰息民。【释文】好，呼报切，注同。 ③ 此言凡例，乃周公所制礼经也。十一年不告之例，又曰不书于策。明礼经皆当书于策。仲尼修《春秋》，皆承策为经。丘明之传，博采众记，故始开凡例，特显此二句。他皆放此。

夏，城中丘。书，不时也。

齐侯使夷仲年来聘，结艾之盟也①。

① 艾盟在六年。

秋，宋及郑平。七月庚申，盟于宿。公伐邾，为宋讨也①。

① 公距宋而更与郑平，欲以郑为援。今郑复与宋盟，故惧而伐邾，欲以求宋，故曰为宋讨。【释文】为，于伪切，注“为宋”同。援，于眷切。复，扶又切。

初，戎朝于周，发币于公卿，凡伯弗宾①。冬，王使凡伯来聘。还，戎伐之于楚丘以归②。

① 朝而发币于公卿，如今计献诣公府卿寺。 ② 传言凡伯所以见伐。

陈及郑平①。十二月，陈五父如郑莅盟②。壬申，及郑伯盟，歃如忘③。洩伯曰：“五父必不免，不赖盟矣④。”郑良佐如陈莅盟⑤。辛巳，及陈侯盟，亦知陈之将乱也⑥。

① 六年郑侵陈，大获，今乃平。 ② 莅，临也。 ③ 志不在于歃血。【释文】歃，色洽切。忘，亡亮切。服虔云：如，而也。 ④ 洩伯，郑洩驾。【释文】洩，息列切。 ⑤ 良佐，郑大夫。 ⑥ 入其国，观其政治，故总言之也。皆为桓五年、六年陈乱，蔡人杀陈佗传。【释文】治，直吏切。

郑公子忽在王所，故陈侯请妻之①。郑伯许之，乃成昏②。

① 以忽有王宠故。【释文】妻，七计切。 ② 为郑忽失齐昏援以至出奔传。【释文】为，于伪切。

隐公八年

【经】

八年春，宋公、卫侯遇于垂①。

三月，郑伯使宛来归祊②。

庚寅，我入祊③。

夏六月己亥，蔡侯考父卒④。

辛亥，宿男卒⑤。

秋七月庚午，宋公、齐侯、卫侯盟于瓦屋⑥。

八月，葬蔡宣公⑦。

九月辛卯，公及莒人盟于浮来⑧。

螟⑨。

冬十有二月，无骇卒⑩。

① 垂，卫地，济阴句阳县东北有垂亭。【释文】句，古侯切。 ② 宛，郑大夫，不书氏，未赐族。祊，郑祀泰山之邑，在琅邪费县东南。【释文】宛，於阮切。祊，必彭切。费，音秘。 ③ 桓元年乃卒易祊田，知此入祊，未肯受而有之。 ④ 无传。襄六年传曰："杞桓公卒，始赴以名，同盟故也。"诸侯同盟称名者，非唯见在位二君也。尝与其父同盟，则亦以名赴其子，亦所以继好也。蔡未与隐盟，盖春秋前与惠公盟，故赴以名。【释文】见，贤遍切。好，呼报切。 ⑤ 无传。元年，宋、鲁大夫盟于宿，宿与盟也。晋荀偃祷河，称齐、晋君名，然后自称名，知虽大夫出盟，亦当先称己君之名以启神明，故薨皆从身盟之例，当告以名也。传例曰："赴以名则亦书之，不然则否，辟不敏也。"今宿赴不以名，故亦不书名。诸例或发于始事，或发于后者，因宜有所异同，亦或丘明所得记注，本末不能皆备故。【释文】与，音预，下"不与"同。祷，丁老切，或丁报切。 ⑥ 齐侯尊宋，使主会，故宋公序齐上。瓦屋，周地。 ⑦ 无传。三月而葬，速。 ⑧ 莒人

微者，不嫌敌公侯，故直称公。例在僖二十九年。浮来，纪邑，东莞县北有邳乡，邳乡西有公来山，号曰邳来间。【释文】邳，蒲悲切。间，如字。　⑨ 无传。为灾。　⑩ 公不与小敛，故不书日。卒而后赐族，故不书氏。【释文】敛，力验切。

【传】

八年春，齐侯将平宋、卫①，有会期。宋公以币请于卫，请先相见②，卫侯许之，故遇于犬丘③。

① 平宋、卫于郑。　② 宋敬齐命。　③ 犬丘，垂也，地有两名。

郑伯请释泰山之祀而祀周公，以泰山之祊易许田。三月，郑伯使宛来归祊，不祀泰山也①。

① 成王营王城，有迁都之志，故赐周公许田，以为鲁国朝宿之邑，后世因而立周公别庙焉。郑桓公，周宣王之母弟，封郑，有助祭泰山汤沐之邑在祊。郑以天子不能复巡狩，故欲以祊易许田，各从本国所近之宜，恐鲁以周公别庙为疑，故云已废泰山之祀，而欲为鲁祀周公，孙辞以有求也。许田，近许之田。【释文】泰山，如字，东岳。复，扶又切。(守)[狩]，手又切。近，附近之近，下同。为，于伪切，下"为鲁"同。

夏，虢公忌父始作卿士于周①。

① 周人于此遂畀之政。【释文】畀，必二切。

四月甲辰，郑公子忽如陈逆妇妫。辛亥，以妫氏归。甲寅，入于郑。陈鍼子送女。先配而后祖。鍼子曰："是不为夫妇。诬其祖矣，非礼也，何以能育①？"

① 鍼子，陈大夫。礼，逆妇必先告祖庙而后行，故楚公子围称告庄、共之庙。郑忽先逆妇而后告庙，故曰先配而后祖。【释文】鍼，其廉切。诬，亡符切。共，音恭，一本亦作"恭"。

齐人卒平宋、卫于郑。秋，会于温，盟于瓦屋，以释东门之役，礼也①。

① 会温不书，不以告也。定国息民，故曰礼也。平宋、卫二国忿郑之谋。郑不与盟，故不书。【释文】与，音预。

八月丙戌，郑伯以齐人朝王，礼也①。

① 言郑伯不以虢公得政而背王，故礼之。齐称人，略，从国辞。上有七月庚午，下有九月辛卯，则八月不得有丙戌。【释文】背，音佩。

公及莒人盟于浮来，以成纪好也①。

① 二年，纪、莒盟于密，为鲁故。今公寻之，故曰以成纪好。【释文】好，呼报切。

冬，齐侯使来告成三国①。公使众仲对曰："君释三国之图以鸠其民，君之惠也。寡君闻命矣，敢不承受君之明德②。"

① 齐侯冬来告，称秋和三国。 ② 鸠，集也。

无骇卒。羽父请谥与族。公问族于众仲。众仲对曰："天子建德①，因生以赐姓②，胙之土而命之氏③。诸侯以字为谥④，因以为族⑤，官有世功，则有官族，邑亦如之⑥。"公命以字为展氏⑦。

① 立有德以为诸侯。 ② 因其所由生以赐姓，谓若舜由妫汭，故陈为妫姓。【释文】汭，如锐切。 ③ 报之以土而命氏曰陈。【释文】胙，才故切。 ④ 诸侯位卑，不得赐姓，故其臣因氏其王父字。 ⑤ 或便即先人之谥称以为族。 ⑥ 谓取其旧官旧邑之称以为族，皆禀之时君。【释文】称，尺证切。 ⑦ 诸侯之子称公子，公子之子称公孙，公孙之子以王父字为氏。无(孩)[骇]，公子展之孙，故为展氏。

隐 公 九 年

【经】

九年春，天子使南季来聘①。

三月癸酉，大雨震电。庚辰，大雨雪②。

挟卒③。

夏，城郎。

秋七月。

冬，公会齐侯于防[4]。

① 无传。南季，天子大夫也。南，氏；季，字也。 ② 三月，今正月。【释文】电，徒练切。雨，于付切。 ③ 无传。挟，鲁大夫，未赐族。【释文】挟，音协。 ④ 防，鲁地，在琅邪华县东南。【释文】华，户化切。

【传】

九年春，王三月癸酉，大雨霖以震，书，始也[1]。庚辰，大雨雪，亦如之。书，时失也[2]。凡雨，自三日以往为霖[3]。平地尺为大雪。

① 书癸酉，始雨日。【释文】霖，音林。《尔雅》云：久雨谓之淫，淫雨为之霖。 ② 夏之正月，微阳始出，未可震电；既震电，又不当大雨雪，故皆为时失。 ③ 此解经书"霖"也，而经无"霖"字，经误。

夏，城郎，书，不时也。

宋公不王[1]。郑伯为王左卿士，以王命讨之，伐宋。宋以入郛之役怨公，不告命[2]。公怒，绝宋使。

秋，郑人以王命来告伐宋[3]。

冬，公会齐侯于防，谋伐宋也。

① 不共王职。【释文】共音恭，本亦作"供"。 ② 入郛在五年，公以七年伐邾，欲以说宋，而宋犹不和也。【释文】说，音悦。 ③ 遣使致王命也。伐宋未得志，故复往告之。【释文】使，所吏切，注同。复，扶又切。

北戎侵郑，郑伯御之。患戎师，曰："彼徒我车，惧其侵轶我也[1]。"公子突曰："使勇而无刚者尝寇，而速去之[2]。君为三覆以待之[3]。戎轻而不整，贪而无亲，胜不相让，败不相救。先者见获必务进，进而遇覆必速奔，后者不救，则无继矣。乃可以逞[4]。"从之。戎人之前遇覆者奔。祝聃逐之[5]。衷戎师，前后击之，尽殪[6]。戎师大奔[7]。十一月甲寅，郑人大败戎师[8]。

① 徒，步兵也。轶，突也。【释文】轶，直接切，又音逸。 ② 公子突，郑厉公也。尝，试也。勇则能往，无刚不耻退。 ③ 覆，伏兵也。【释文】覆，扶又切，注及下同。 ④ 逞，解也。【释文】轻，遣政切。逞，敕领切。解，音蟹，或佳实切。 ⑤ 祝聃，郑大夫。【释文】聃，乃甘切，一音土甘切。 ⑥ 为三部伏兵，祝聃帅勇而无刚者先犯戎而速奔，以遇二伏兵，至后伏兵起，戎还走，祝聃反逐之，戎前后及中三处受敌，故曰衷戎师。殪，死也。【释文】衷，丁仲切，又音忠。殪，於计切。处，昌虑切。 ⑦ 后驻军不复继也。【释文】驻，丁住切。 ⑧ 此皆春秋时事，虽经无正文，所谓必广记而备言之，将令学者原始要终，寻其枝叶，究其所穷。他皆放此。【释文】令，力呈切。要，于遥切。

隐公十年

【经】

十年春，王二月，公会齐侯、郑伯于中丘①。

夏，翚帅师会齐人、郑人伐宋②。

六月壬戌，公败宋师于菅③。辛未，取郜。辛巳，取防④。

秋，宋人、卫人入郑。宋人、蔡人、卫人伐戴。郑伯伐取之⑤。

冬十月壬午，齐人、郑人入郕。

① 传言正月会，癸丑盟。《释例》推经、传日月，癸丑是正月二十六日，知经二月误。 ② 公子翚不待公命而贪会二国之君，疾其专进，故去氏。齐、郑以公不至故，亦更使微者从之伐宋。不言及，明翚专行，非邓之谋也。及例在宣七年。【释文】去，起吕切，传同。 ③ 齐、郑后期，故公独败宋师。书败宋，未陈也。败例在庄十一年。菅，宋地。【释文】菅，音古颜切。陈，直觐切。 ④ 郑后至，得郜、防二邑，归功于鲁，故书取，明不用师徒也。济阴城武县东南有郜城。高平昌邑县西南有西防城。【释文】郜，古报切，《字林》又工竺切。 ⑤ 三国伐戴，郑伯因其不和，伐而取之。书伐，用师徒也。书取，克之易也。戴国，今陈留外黄县东南有戴城。【释文】戴，亦作“载”。易，以豉切，传同。

【传】

十年春，王正月，公会齐侯、郑伯于中丘。癸丑，盟于邓，为师期①。

① 寻九年会于防，谋伐宋也。公既会而盟，盟不书，非后也。盖公还，告会而不告盟。邓，鲁地。

夏五月，羽父先会齐侯、郑伯伐宋①。

① 言先会，明非公本期，释翚之去族。

六月戊申，公会齐侯、郑伯于老桃①。壬戌，公败宋师于菅。庚午，郑师入郜；辛未，归于我。庚辰，郑师入防；辛巳，归于我②。

君子谓："郑庄公于是乎可谓正矣。以王命讨不庭③，不贪其土以劳王爵，正之体也④。"

① 会不书，不告于庙也。老桃，宋地。六月无戊申，戊申五月二十三日，日误。 ② 壬戌，六月七日。庚午，十五日。庚辰，二十五日。郑伯后期而公独败宋师，故郑频独进兵以入郜、防。入而不有，命鲁取之，推功上爵，让以自替，不有其实，故经但书鲁取，以成郑志，善之也。 ③ 下之事上，皆成礼于庭中。④ 劳者，叙其勤以答之。诸侯相朝，逆之以饔饩，谓之郊劳。鲁侯爵尊，郑伯爵卑，故言以劳王爵。【释文】劳，力报切，注同。饩，许气切。

蔡人、卫人、郕人不会王命①。

① 不伐宋也。

秋七月庚寅，郑师入郊。犹在郊①，宋人、卫人入郑②。蔡人从之，伐戴③。八月壬戌，郑伯围戴。癸亥，克之，取三师焉④。宋、卫既入郑，而以伐戴召蔡人⑤，蔡人怒，故不和而败⑥。

① 郑师还，驻兵于远郊。 ② 宋、卫奇兵承虚入郑。 ③ 从宋、卫伐戴也。 ④ 三国之军在戴，故郑伯合围之。师者，军旅之通称。【释文】称，尺证切。 ⑤ 伐戴乃召之。 ⑥ 言郑取之易也。

九月戊寅，郑伯入宋①。

① 报入郑也。九月无戊寅，戊寅，八月二十四日。

冬，齐人、郑人入郕，讨违王命也。

隐公十一年

【经】

十有一年春，滕侯、薛侯来朝①。

夏，公会郑伯于时来②。

秋七月壬午，公及齐侯、郑伯入许③。

冬十有一月壬辰，公薨④。

① 诸侯相朝，例在文十五年。【释文】薛，息列切。 ② 时来，郲也。荥阳县东有釐城，郑地也。【释文】郲，音来。釐，音来，王元规力之切。 ③ 与谋曰及。还使许叔居之，故不言灭也。许，颍川许昌县。【释文】与，音预。还，音环。 ④ 实弑书薨又不地者，史策所讳也。

【传】

十一年春，滕侯、薛侯来朝，争长①。薛侯曰："我先封②。"滕侯曰："我，周之卜正也③。薛，庶姓也，我不可以后之④。"公使羽父请于薛侯曰："君与滕君辱在寡人。周谚有之曰：'山有木，工则度之；宾有礼，主则择之⑤。'周之宗盟，异姓为后⑥。寡人若朝于薛，不敢与诸任齿⑦。君若辱贶寡人，则愿以滕君为请。"薛侯许之，乃长滕侯。

① 薛，鲁国薛县。【释文】长，丁丈切。 ② 薛祖奚仲，夏所封，在周之前。【释文】夏，户雅切。 ③ 卜正，卜官之长。 ④ 庶姓，非周之同姓。 ⑤ 择所宜而行之。【释文】谚，音彦，俗言也。度，大洛切。 ⑥ 盟载书皆先同姓，例在定四年。 ⑦ 薛，任姓。齿，列也。【释文】任，音壬，注同。

夏，公会郑伯于郲，谋伐许也。

郑伯将伐许，五月甲辰，授兵于大宫[①]。公孙阏与颍考叔争车[②]，颍考叔挟辀以走[③]，子都拔棘以逐之[④]，及大逵，弗及，子都怒[⑤]。

① 大宫，郑祖庙。【释文】大，音泰。 ② 公孙阏，郑大夫。【释文】阏，安葛切。 ③ 辀，车辕也。【释文】挟，音协。辀，张留切。 ④ 子都，公孙阏。棘，戟也。 ⑤ 逵，道方九轨也。【释文】逵，求龟切。《尔雅》云：九达谓之逵。杜云：道方九轨。此依《考工记》。

秋七月，公会齐侯、郑伯伐许。庚辰，傅于许[①]。颍考叔取郑伯之旗蝥弧以先登[②]。子都自下射之，颠[③]。瑕叔盈又以蝥弧登[④]，周麾而呼曰："君登矣[⑤]！"郑师毕登。壬午，遂入许。许庄公奔卫[⑥]。

① 傅于许城下。【释文】傅，音附，注同。 ② 蝥弧，旗名。【释文】蝥，莫侯切。弧，音胡。 ③ 颠队而死。【释文】射，食亦切，下及注同。队，直类切。 ④ 瑕叔盈，郑大夫。 ⑤ 周，徧也。麾，招也。【释文】麾，许危切，又许伪切。呼，火故切。徧，音遍。 ⑥ 奔不书。兵乱遁逃，未知所在。【释文】遁，徒顿切。

齐侯以许让公。公曰："君谓许不共[①]，故从君讨之。许既伏其罪矣，虽君有命，寡人弗敢与闻。"乃与郑人。

① 不共职贡。【释文】共，音恭，本亦作"供"，音同，注及下同。

郑伯使许大夫百里奉许叔以居许东偏[①]，曰："天祸许国，鬼神实不逞于许君，而假手于我寡人[②]。寡人唯是一二父兄不能共亿[③]，其敢以许自为功乎？寡人有弟，不能和协，而使糊其口于四方[④]，其况能久有许乎？吾子其奉许叔以抚柔此民也，吾将使获也佐吾子[⑤]。若寡人得没于地[⑥]，天其以礼悔祸于许[⑦]，无宁兹许公复奉其社稷[⑧]。唯我郑国之有请谒焉，如旧昏媾[⑨]，其能降以相从也[⑩]。无滋他族实偪处此，以与我郑国争此土也。吾子孙其覆亡之不暇，而况能禋祀许乎[⑪]？寡人之使吾子处此，不唯许国之为，亦聊以固吾圉也⑫。"

① 许叔，许庄公之弟。东偏，东鄙也。【释文】与，音预。　② 借手于我寡德之人以讨许。　③ 父兄，同姓群臣。共，给。亿，安也。【释文】亿，於力切。　④ 弟，共叔段也。糊，鬻也。段出奔在元年。【释文】糊，音胡，《说文》云寄食。鬻，本又作"粥"，之育切，又与六切。　⑤ 获，郑大夫公孙获。　⑥ 以寿终。【释文】寿，如字，又音授。　⑦ 言天加礼于许而悔祸之。　⑧ 无宁，宁也。兹，此也。【释文】复，扶又切，又音服。　⑨ 谒，告也。妇人父曰昏，重昏曰媾。【释文】媾，古豆切。重，直龙切。　⑩ 降，降心也。　⑪ 絜齐以享，谓之禋。祀，谓许山川之祀。【释文】覆，芳服切。暇，行嫁切。禋，音因。齐，侧皆切，一本作"斋"。　⑫ 圉，边垂也。【释文】为，于伪切。圉，鱼吕切。

乃使公孙获处许西偏，曰："凡而器用财贿，无寘于许。我死，乃亟去之。吾先君新邑于此①，王室而既卑矣，周之子孙日失其序②。夫许，大岳之胤也③，天而既厌周德矣④，吾其能与许争乎？"

① 此，今河南新郑，旧郑在京兆。【释文】贿，呼罪切，《字林》音悔。寘，之豉切，置也。亟，纪力切，急也，下注同。　② 郑亦周之子孙。　③ 大岳，神农之后，尧四岳也。胤，继也。【释文】大，音泰。　④【释文】厌，於艳切。

君子谓："郑庄公于是乎有礼。礼，经国家，定社稷，序民人，利后嗣者也。许无刑而伐之，服而舍之①，度德而处之，量力而行之，相时而动，无累后人②，可谓知礼矣。"

① 刑，法也。　② 我死乃亟去之，无累后人。【释文】度，待洛切。量，音良，下同。相，息亮切。累，劣伪切，注同。

郑伯使卒出豭，行出犬鸡，以诅射颍考叔者①。君子谓："郑庄公失政刑矣。政以治民，刑以正邪，既无德政，又无威刑，是以及邪②。邪而诅之，将何益矣！"

① 百人为卒，二十五人为行，行亦卒之行列。疾射颍考叔者，故令卒及行间皆诅之。【释文】卒，尊忽切，注同。豭，音加，猪别名。行，户刚切，注同。诅，侧虑切。令，力呈切。　② 大臣不睦，又不能用刑于邪人。【释文】邪，似嗟切，下及注同。

王取邬、刘[1]、蒍、邘之田于郑[2]，而与郑人苏忿生之田[3]：温[4]、原[5]、絺[6]、樊[7]、隰郕[8]、欑茅[9]、向[10]、盟[11]、州[12]、陉[13]、隤[14]、怀[15]。君子是以知桓王之失郑也。恕而行之，德之则也，礼之经也。己弗能有而以与人，人之不至，不亦宜乎[16]？

① 二邑在河南缑氏县，西南有邬聚，西北有刘亭。【释文】邬，乌户切。缑，古侯切，又苦侯切。聚，才遇切。　② 蒍、邘，郑二邑。【释文】蒍，尤委切。邘，音于。　③ 苏忿生，周武王司寇苏公也。【释文】忿，芳粉切。　④ 今温县。　⑤ 在沁水县西。【释文】沁，七侵切，《字林》先衽切，郭璞《三苍解诂》音狗沁之沁，沈文阿疏鸩切，韦昭思金切。水名。　⑥ 在野王县西南。【释文】絺，敕之切。　⑦ 一名阳樊，野王县西南有阳城。【释文】樊，扶袁切。　⑧ 在怀县西南。【释文】隰，详立切。郕，尚征切。　⑨ 在修武县北。【释文】欑，才官切。⑩ 轵县西有地名向上。【释文】向，舒亮切，注同。轵，音纸。　⑪ 今盟津。【释文】盟，音孟。　⑫ 今州县。　⑬ 阙。【释文】陉，音刑。　⑭ 在修武县北。【释文】隤，徒回切。　⑮ 今怀县。凡十二邑皆苏忿生之田。欑茅、隤属汲郡，余皆属河内。　⑯ 苏氏叛王，十二邑王所不能有，为桓五年从王伐郑张本。

郑、息有违言[1]，息侯伐郑。郑伯与战于竟，息师大败而还[2]。君子是以知息之将亡也。不度德[3]，不量力[4]，不亲亲[5]，不征辞，不察有罪[6]，犯五不韪而以伐人，其丧师也，不亦宜乎[7]？

① 以言语相违恨。　② 息国，汝南新息县。【释文】竟，音境。息，一本作"鄎"，音息。　③ 郑庄贤。【释文】度，待洛切。　④ 息国弱。　⑤ 郑、息，同姓之国。　⑥ 言语相恨，当明征其辞，以审曲直，不宜轻斗。　⑦ 韪，是也。【释文】韪，韦鬼切，《苍颉篇》同。丧，息浪切。

冬十月，郑伯以虢师伐宋。壬戌，大败宋师，以报其入郑也[1]。宋不告命，故不书。凡诸侯有命，告则书，不然则否[2]。师出臧否，亦如之[3]。虽及灭国，灭不告败，胜不告克，不书于策。

① 入郑在十年。　② 命者，国之大事政令也。承其告辞，史乃书之于策。

若所传闻行言非将君命，则记在简牍而已，不得记于典策。此盖周礼之旧制。【释文】传，直专切。　③ 臧否，谓善恶得失也。灭而告败，胜而告克，此皆互言，不须两告乃书。【释文】否，音鄙，又方九切，注同。

羽父请杀桓公，将以求大宰①。公曰："为其少故也，吾将授之矣②。使营菟裘，吾将老焉③。"羽父惧，反谮公于桓公而请弑之。公之为公子也，与郑人战于狐壤，止焉④。郑人囚诸尹氏⑤，赂尹氏而祷于其主钟巫⑥，遂与尹氏归而立其主⑦。十一月，公祭钟巫，齐于社圃⑧，馆于寪氏⑨。壬辰，羽父使贼弑公于寪氏，立桓公而讨寪氏，有死者⑩。不书葬，不成丧也⑪。

① 大宰，官名。【释文】大，音泰，注同。　② 授桓位。【释文】为，于伪切。少，诗照切。　③ 菟裘，鲁邑，在泰山梁父县南。不欲复居鲁朝，故别营外邑。【释文】菟，兔都切。裘，音求。父，音甫。复，扶又切，下同。　④ 内讳获，故言止。狐壤，郑地。【释文】谮，侧鸩切。弑，音试，下同，一本作"杀"。　⑤ 尹氏，郑大夫。　⑥ 主，尹氏所主祭。【释文】赂，音路。祷，丁老切，或多报切。巫，亡夫切。　⑦ 立钟巫于鲁。　⑧ 社圃，园名。【释文】圃，布古切。　⑨ 馆，舍也。寪氏，鲁大夫。【释文】寪，于委切。　⑩ 欲以弑君之罪加寪氏，而复不能正法诛之。传言进退无据。　⑪ 桓弑隐篡立，故丧礼不成。

春秋经传集解桓公第二

【释文】桓公名轨，惠公之子，隐公之弟，母仲子。《史记》亦名允。《谥法》：辟土服远曰桓。

桓公元年

【经】

元年春，王正月，公即位①。

三月，公会郑伯于垂，郑伯以璧假许田。

夏四月丁未，公及郑伯盟于越②。

秋，大水③。

冬十月。

① 嗣子位定于初丧而改元必须逾年者，继父之业，成父之志，不忍有变于中年也。诸侯每首岁必有礼于庙，诸遭丧继位者因此而改元正位，百官以序，故国史亦书即位之事于策。桓公篡立，而用常礼，欲自同于遭丧继位者。《释例》论之备矣。【释文】篡，初患切。 ② 公以篡立而修好于郑，郑因而迎之，成礼于垂，终易二田，然后结盟。垂，(大)[犬]丘，卫地也。越，近垂，地名。郑求祀周公，鲁听受祊田，令郑废泰山之祀，知其非礼，故以璧假为文，时之所隐。【释文】假，举下切。好，呼报切，传同。近，附近之近。祊，百庚切。令，力呈切。
③ 书灾也。传例曰："凡平原出水为大水。"

【传】

元年春，公即位，修好于郑。郑人请复祀周公，卒易祊田①。公许之。三月，郑伯以璧假许田，为周公、祊故也②。

① 事在隐八年。【释文】复，扶又切。 ② 鲁不宜听郑祀周公，又不宜易取祊田。犯二不宜以动，故隐其实，不言祊，称璧假，言若进璧以假田，非久易也。【释文】为，于伪切。

夏四月丁未，公及郑伯盟于越，结祊成也①。盟曰："渝盟，无享国②。"

① 结成易二田之事也。传以经不书祊，故独见祊。【释文】见，贤遍切。 ② 渝，变也。【释文】渝，羊朱切。享，许丈切。

秋，大水。凡平原出水为大水①。

① 广平曰原。

冬，郑伯拜盟①。

① 郑伯若自来，则经不书；若遣使，则当言郑人，不得称郑伯，疑谬误。【释文】使，所吏切。

宋华父督见孔父之妻于路①，目逆而送之，曰："美而艳②。"

① 华父督，宋戴公孙也。孔父嘉，孔子六世祖。【释文】华，户化切，大夫氏也。后皆同。督，音笃。 ② 色美曰艳。【释文】艳，以赡切。

桓公二年

【经】

二年春，王正月戊申，宋督弑其君与夷及其大夫孔父①。

滕子来朝②。

三月，公会齐侯、陈侯、郑伯于稷，以成宋乱③。

夏四月，取郜大鼎于宋。戊申，纳于大庙④。

秋七月，杞侯来朝⑤。

蔡侯、郑伯会于邓⑥。

九月，入杞⑦。

公及戎盟于唐。冬，公至自唐⑧。

① 称督以弑，罪在督也。孔父称名者，内不能治其闺门，外取怨于民，身死而祸及其君。【释文】闺，音圭。 ② 无传。隐十一年称侯，今称子者，盖时王所黜。 ③ 成，平也。宋有弑君之乱，故为会欲以平之。稷，宋地。 ④ 宋以鼎赂公。大庙，周公庙也。始欲平宋之乱，终于受赂，故备书之。戊申，五月十日。【释文】郜，古报切。大，音泰，传“大庙”仿此。 ⑤ 公即位而来朝。⑥ 颍川召陵县西南有邓城。【释文】召，上照切。 ⑦ 不称主帅，微者也。弗地曰入。【释文】帅，所类切，或作“师”。 ⑧ 传例曰：“告于庙也。”特相会，故致地也。凡公行还不书至者，皆不告庙也。隐不书至，谦不敢自同于正君，书劳策勋。

【传】

二年春，宋督攻孔氏，杀孔父而取其妻。公怒，督惧，遂弑殇公。君子以督为有无君之心而后动于恶①，故先书弑其君。会于稷以成宋乱，为赂故，立华氏也②。

① 虽有君，若无也。 ② 经称平宋乱者，盖以鲁君受赂立华氏，贪纵之甚，恶其指斥，故远言始与齐、陈、郑为会之本意也。传言为赂故立华氏，明经本书平宋乱，为公讳，讳在受赂立华氏也。犹璧假许田为周公祊故，所谓婉而成章。督未死而赐族，督之妄也。【释文】为，于伪切，注除“为会”一字，并同。恶，乌路切。婉，於阮切。

宋殇公立，十年十一战①，民不堪命。孔父嘉为司马，督为大宰，故因民之不堪命，先宣言曰：“司马则然②。”已杀孔父而弑殇公，召庄公于郑而立之，以亲郑③。以郜大鼎赂公④，齐、陈、郑皆有赂，故遂相宋公⑤。夏四月，取郜大鼎于宋。戊申，纳于大庙，非礼也。

① 殇公以隐四年立，十一战皆在隐公世。 ② 言公之数战则司马使尔。

嘉,孔父字。【释文】大,音泰。数,音朔。 ③ 庄公,公子冯也。隐三年出居于郑。冯入宋不书,不告也。【释文】冯,皮冰切,下同。 ④ 郜国所造器也,故系名于郜。济阴城武县东南有北郜城。 ⑤【释文】相,息亮切,下注、传“相”同。

臧哀伯谏曰①:“君人者将昭德塞违,以临照百官,犹惧或失之,故昭令德以示子孙。是以清庙茅屋②,大路越席③,大羹不致④,粢食不凿⑤,昭其俭也⑥。衮、冕、黻、珽⑦,带、裳、幅、舄⑧,衡、紞、纮、綖⑨,昭其度也⑩。藻率、鞞、鞛⑪,鞶、厉、游、缨⑫,昭其数也⑬。火、龙、黼、黻⑭,昭其文也⑮。五色比象,昭其物也⑯。钖、鸾、和、铃,昭其声也⑰。三辰旂旗,昭其明也⑱。夫德俭而有度,登降有数⑲。文物以纪之,声明以发之,以临照百官,百官于是乎戒惧而不敢易纪律。今灭德立违⑳,而寘其赂器于大庙,以明示百官,百官象之,其又何诛焉!国家之败,由官邪也。官之失德,宠赂章也。郜鼎在庙,章孰甚焉?武王克商,迁九鼎于雒邑㉑,义士犹或非之㉒,而况将昭违乱之赂器于大庙,其若之何?”公不听。周内史闻之曰:“臧孙达其有后于鲁乎!君违,不忘谏之以德㉓。”

① 臧哀伯,鲁大夫僖伯之子。 ② 以茅饰屋,著俭也。清庙,肃然清静之称。【释文】著,张虑切,后不音者同。称,尺证切。 ③ 大路,玉路,祀天车也。越席,结草。【释文】越,户括切。祀天车,本或无“天”字者非。 ④ 大羹,肉汁,不致五味。 ⑤ 黍稷曰粢,不精凿。【释文】粢,音咨。食,音嗣,饼也。凿,子洛切,《字林》作“毇”,子沃切,云粝米一斛舂为八斗。 ⑥ 此四者皆示俭。 ⑦ 衮,画衣也。冕,冠也。黻,韦韠,以蔽膝也。珽,玉笏也,若今吏之持簿。【释文】衮,古本切。黻,音弗,下同。珽,他顶切。韠,音必。笏,音忽。簿,步古切,徐广云:持簿,手版也。 ⑧ 带,革带也。衣下曰裳。幅,若今行縢者。舄,复履。【释文】幅,音逼。舄,音昔。縢,徒登切。复,音福。 ⑨ 衡,维持冠者。紞,冠之垂者。纮,缨从下而上者。綖,冠上覆。【释文】紞,多敢切,《字林》丁坎切。纮,获耕切。綖,音廷,《字林》弋善切。上,时掌切,下“上下”同。 ⑩ 尊卑各有制度。 ⑪ 藻率,以韦为之,所以藉玉也。王五采,公、侯、伯三采,子、

男二采。鞞，佩刀削上饰。鞛，下饰。【释文】率，音律。鞞，补顶切。鞛，布孔切。藉，在夜切。削，音笑。 ⑫ 鞶，绅带也，一名大带。厉，大带之垂者。游，旌旗之游。缨，在马膺前，如索裙。【释文】鞶，步干切。游，音留，注同。膺，于陵切。索，悉各切。 ⑬ 尊卑各有数。 ⑭ 火，画火也。龙，画龙也。白与黑谓之黼，形若斧。黑与青谓之黻，两己相戾。【释文】黼，音甫。戾，力计切。 ⑮ 以文章明贵贱。 ⑯ 车服器械之有五色，皆以比象天地四方，以示器物不虚设。【释文】比，并是切。械，户戒切。 ⑰ 钖在马额，鸾在镳，和在衡，铃在旂，动皆有鸣声。【释文】钖，音扬，郑玄云"马面当卢"。额，颜客切。镳，彼骄切。旂，勤衣切。 ⑱ 三辰，日、月、星也。画于旂旗，象天之明。 ⑲ 登降，谓上下尊卑。 ⑳ 谓立华督违命之臣。 ㉑ 九鼎，殷所受夏九鼎也。武王克商，乃营雒邑而后去之，又迁九鼎焉。时但营洛邑，未有都城，至周公乃卒营雒邑，谓之王城，即今河南城也。故传曰："成王定鼎于郏鄏"。【释文】寘，之豉切，置也。邪，似嗟切。雒，音洛，本亦作"洛"。夏，户雅切。郏，古洽切。鄏，音辱。 ㉒ 盖伯夷之属。 ㉓ 内史，周大夫官也。僖伯谏隐观鱼，其子哀伯谏桓纳鼎，积善之家必有余庆，故曰其有后于鲁。

秋七月，杞侯来朝，不敬。杞侯归，乃谋伐之。

蔡侯、郑伯会于邓，始惧楚也①。

① 楚国，今南郡江陵县北纪南城也。楚武王始僭号称王，欲害中国，蔡、郑姬姓，近楚，故惧而会谋。【释文】近，附近之近。

九月，入杞，讨不敬也。

公及戎盟于唐，修旧好也①。冬，公至自唐，告于庙也。凡公行，告于宗庙。反行，饮至、舍爵、策勋焉，礼也②。特相会，往来称地，让事也③。自参以上，则往称地，来称会，成事也④。

① 惠、隐之好。【释文】好，呼报切，注同。 ② 爵，饮酒器也。既饮置爵，则书勋劳于策，言速纪有功也。【释文】舍，音赦，置也，旧音捨。 ③ 特相会，公与一国会也。会必有主，二人独会则莫肯为主，两让，会事不成，故但书地。 ④ 成会事。【释文】参，七南切，亦音三。上，时掌切。

初，晋穆侯之夫人姜氏以条之役生大子，命之曰仇①。其弟以千亩之战生，命之曰成师②。师服曰："异哉，君之名子也③！夫名以制义④，义以出礼⑤，礼以体政⑥，政以正民。是以政成而民听，易则生乱⑦。嘉耦曰妃，怨耦曰仇，古之命也⑧。今君命大子曰仇，弟曰成师，始兆乱矣，兄其替乎⑨？”

① 条，晋地。大子，文侯也。意取于战相仇怨。【释文】仇，音求。 ② 桓叔也。西河界休县南有地名千亩，意取能成其众。 ③ 师服，晋大夫。【释文】名，如字，或弥政切。 ④ 名之必可言也。 ⑤ 礼从义出。 ⑥ 政以礼成。 ⑦ 反易礼义则乱生也。 ⑧ 自古有此言。【释文】耦，五口切。妃，芳非切。 ⑨ 穆侯爱少子桓叔，俱取于战以为名，所附意异，故师服知桓叔之党必盛于晋，以倾宗国，故因名以讽谏。【释文】替，他计切，废也。少，诗照切。讽，方凤切。

惠之二十四年，晋始乱，故封桓叔于曲沃①，靖侯之孙栾宾傅之②。师服曰：“吾闻国家之立也，本大而末小，是以能固。故天子建国③，诸侯立家④，卿置侧室⑤，大夫有贰宗⑥，士有隶子弟⑦，庶人工商各有分亲，皆有等衰⑧。是以民服事其上而下无觊觎⑨。今晋，甸侯也，而建国。本既弱矣，其能久乎⑩？”

① 惠，鲁惠公也。晋文侯卒，子昭侯元年，危不自安，封成师为曲沃伯。 ② 靖侯，桓叔之高祖父，言得贵宠公孙为傅相。【释文】靖，才井切。栾，力官切。 ③ 立诸侯也。 ④ 卿大夫称家。 ⑤ 侧室，众子也，得立此一官。 ⑥ 適子为小宗，次者为贰宗，以相辅贰。【释文】適，丁历切。为小宗，本或作“为大宗”，误。 ⑦ 士卑，自以其子弟为仆隶。 ⑧ 庶人无复尊卑，以亲疏为分别也。衰，杀也。【释文】分，扶问切，又如字。亲，七刃切，又如字。衰，初危切，注同。复，扶又切。别，彼列切。杀，所界切。 ⑨ 下不冀望上位。【释文】觊，音冀。觎，羊朱切，《字林》羊住切，《说文》云欲也。 ⑩ 诸侯而在甸服者。【释文】甸，徒练切。

惠之三十年，晋潘父弑昭侯而纳桓叔，不克①。晋人立孝侯②。

惠之四十五年，曲沃庄伯伐翼，弑孝侯③。翼人立其弟鄂侯。鄂侯生哀侯④。哀侯侵陉庭之田⑤。陉庭南鄙启曲沃伐翼。

① 潘父，晋大夫也。昭侯，文侯子。 ② 昭侯子也。 ③ 庄伯，桓叔子。翼，晋国所都。 ④ 鄂侯以五年奔随，其年秋，王立哀侯于翼。 ⑤ 陉庭，翼南鄙邑。【释文】陉，音刑。

桓公三年

【经】

三年春正月，公会齐侯于嬴①。

夏，齐侯、卫侯胥命于蒲②。

六月，公会杞侯于郕。

秋七月壬辰朔，日有食之，既③。

公子翚如齐逆女④。

九月，齐侯送姜氏于讙⑤。公会齐侯于讙⑥。夫人姜氏至自齐⑦。

冬，齐侯使其弟年来聘。

有年⑧。

① 经之首时必书“王”，明此历天王之所班也。其或废法违常，失不班历，故不书“王”。嬴，齐邑，今泰山嬴县。【释文】从此尽十七年皆无“王”，唯十年有。二传以为义。或有“王”字者，非。嬴，音盈。 ② 申约，言以相命而不歃血也。蒲，卫地，在陈留长垣县西南。【释文】约，如字，又於妙切。歃，所洽切。垣，音袁。 ③ 无传。既，尽也。历家之说，谓日光以望时遥夺月光，故月食。日月同会，月奄日，故日食。食有上下者，行有高下，日光轮存而中食者，相奄密，故日光溢出。皆既者，正相当而相奄间疏也。然圣人不言月食日，而以自食为文，阙于所不见。 ④ 礼，君有故则使卿逆。 ⑤ 讙，鲁地，济北蛇丘县西有下讙亭。已去齐国，故不言女，未至于鲁，故不称夫人。【释文】讙，音欢。蛇，以支切。 ⑥ 无传。 ⑦ 无传。告于庙也。不言翚以至者，齐侯送之，公受之于讙。 ⑧ 无传。五谷皆熟，书有年。

【传】

三年春，曲沃武公伐翼，次于陉庭。韩万御戎，梁弘为右①，逐翼侯于汾隰②，骖絓而止③，夜获之，及栾共叔④。

① 武公，曲沃庄伯子也。韩万，庄伯弟也。御戎，仆也。右，戎车之右。② 汾隰，汾水边。【释文】汾，扶云切，水名。下湿曰隰。 ③ 骖，騑马。【释文】骖，七南切。絓，户卦切。騑，芳非切。 ④ 共叔，桓叔之傅，栾宾之子也，身傅翼侯，父子各殉所奉之主，故并见获而死。【释文】共，音恭，注同。殉，似俊切。

会于嬴，成昏于齐也①。

① 公不由媒介，自与齐侯会而成昏，非礼也。【释文】介，音界。

夏，齐侯、卫侯胥命于蒲，不盟也。

公会杞侯于郕，杞求成也①。

① 二年入杞，故今来求成。

秋，公子翚如齐逆女。修先君之好，故曰公子①。齐侯送姜氏，非礼也。凡公女嫁于敌国，姊妹则上卿送之，以礼于先君；公子则下卿送之；于大国，虽公子亦上卿送之；于天子，则诸卿皆行，公不自送；于小国，则上大夫送之②。

① 昏礼虽奉时君之命，其言必称先君以为礼辞。故公子翚逆女，传称修先君之好；公子遂逆女，传称尊君命，互举其义。【释文】好，呼报切，注同。
②【释文】齐侯送姜氏，本或作"送姜氏于讙"。公子则下卿送。公子，公女。

冬，齐仲年来聘，致夫人也①。

① 古者女出嫁，又使大夫随加聘问，存谦敬，序殷勤也。在鲁而出则曰致女，在他国而来则总曰聘，故传以致夫人释之。

芮伯万之母芮姜恶芮伯之多宠人也，故逐之，出居于魏①。

① 为明年秦侵芮张本。芮国在冯翊临晋县。魏国，河东河北县。【释文】芮，如锐切。恶，乌路切。翊，音翼。

桓公四年

【经】

四年春正月，公狩于郎①。

夏，天王使宰渠伯纠来聘②。

① 冬猎曰狩，行三驱之礼，得田狩之时，故传曰："书时，礼也。"周之春，夏之冬也。田狩从夏时，郎非国内之狩地，故书地。【释文】狩，手又切。夏，户雅切，下同。 ② 宰，官；渠，氏；伯纠，名也。王官之宰，当以才授位，而伯纠摄父之职出聘列国，故书名以讥之。国史之记，必书年以集此公之事，书首时以成此年之岁，故《春秋》有空时而无事者。今不书秋冬首月，史阙文。他皆放此。【释文】纠，居黝切。

【传】

四年春正月，公狩于郎。书时，礼也①。

① 郎非狩地，故唯时合礼。

夏，周宰渠伯纠来聘。父在，故名。

秋，秦师侵芮，败焉，小之也①。

① 秦以芮小轻之，故为芮所败。

冬，王师、秦师围魏，执芮伯以归①。

① 三年，芮伯出居魏，芮更立君。秦为芮所败，故以芮伯归，将欲纳之。

桓公五年

【经】

五年春正月，甲戌，己丑，陈侯鲍卒①。

夏，齐侯、郑伯如纪②。

天王使仍叔之子来聘③。

葬陈桓公④。

城祝丘⑤。

秋，蔡人、卫人、陈人从王伐郑⑥。

大雩⑦。

螽⑧。

冬，州公如曹⑨。

① 未同盟而书名者，来赴以名故也。甲戌，前年十二月二十一日。己丑，此年正月六日。陈乱，故再赴。赴虽日异而皆以正月起文，故但书正月。慎疑审事，故从赴两书。【释文】鲍，步饱切。　② 外相朝皆言如。齐欲灭纪，纪人惧而来告，故书。　③ 仍叔，天子之大夫，称仍叔之子，本于父字，幼弱之辞也。讥使童子出聘。　④ 无传。　⑤ 无传。齐、郑将袭纪故。　⑥ 王自为伐郑之主，君臣之辞也。王师败不书，不以告。【释文】从，如字，又才用切。　⑦ 传例曰："书，不时也。"失龙见之时。【释文】雩，音于，祭名。见，贤遍切。　⑧ 无传。蚣蝑之属为灾，故书。【释文】螽，音终。蚣，相容切。蝑，相鱼切。　⑨ 不书奔，以朝出也，为下实来书也。曹国，今济阴定陶县。【释文】陶，同劳切。

【传】

五年春正月，甲戌，己丑，陈侯鲍卒，再赴也。于是陈乱。文公子佗杀大子免而代之①。公疾病而乱作，国人分散，故再赴。

① 佗，桓公弟五父也。称文公子，明佗非桓公母弟也。免，桓公大子。【释文】佗，大何切。免，音问。父，音甫。

夏，齐侯、郑伯朝于纪，欲以袭之。纪人知之。

王夺郑伯政，郑伯不朝①。

① 夺不使知王政。【释文】袭，音习。

秋，王以诸侯伐郑，郑伯御之。王为中军；虢公林父将右军，蔡人、卫人属焉[①]；周公黑肩将左军，陈人属焉[②]。

① 虢公林父，王卿士。【释文】将，子匠切。下及注“大将”同。 ② 黑肩，周桓公也。

郑子元请为左拒以当蔡人、卫人[①]，为右拒以当陈人，曰：“陈乱，民莫有斗心，若先犯之，必奔。王卒顾之，必乱。蔡、卫不枝，固将先奔[②]。既而萃于王卒，可以集事。”从之[③]。曼伯为右拒[④]，祭仲足为左拒，原繁、高渠弥以中军奉公，为鱼丽之陈，先偏后伍，伍承弥缝[⑤]。战于繻葛[⑥]，命二拒曰：“旝动而鼓[⑦]。”蔡、卫、陈皆奔，王卒乱，郑师合以攻之，王卒大败。祝聃射王中肩，王亦能军[⑧]。祝聃请从之。公曰：“君子不欲多上人，况敢陵天子乎！苟自救也，社稷无陨，多矣[⑨]。”

夜，郑伯使祭足劳王，且问左右[⑩]。

① 子元，郑公子。拒，方陈。【释文】拒甫切，下同。陈，直觐切，下文“之陈”及注同。 ② 不能相枝持也。【释文】卒，尊忽切，下同。 ③ 萃，聚也。集，成也。【释文】萃，似类切。 ④ 曼伯，檀伯。【释文】曼，音万。 ⑤《司马法》：车战二十五乘为偏，以车居前，以伍次之，承偏之隙而弥缝阙漏也。五人为伍，此盖鱼丽陈法。【释文】丽，力知切，注同。缝，扶容切。乘，绳证切。 ⑥ 繻葛，郑地。【释文】繻，音须。 ⑦ 旝，旃也，通帛为之，盖今大将之麾也，执以为号令。【释文】旝，古外切，又古活切，本亦作“桧”。建大木，置石其上，发机以磓敌。麾，许危切。 ⑧ 虽军败身伤，犹殿而不奔，故言能军。【释文】射，食亦切。中，丁仲切。殿，多见切。 ⑨ 郑于此收兵自退。【释文】陨，于敏切。 ⑩ 祭足即祭仲之字，盖名仲字仲足也。劳王，问左右，言郑志在苟免，王讨之非也。【释文】劳，力报切，注同。名仲字仲足，一本作“名仲字足”。

仍叔之子，弱也[①]。

① 仍叔之子来聘，童子将命，无速反之心，久留在鲁，故经书夏聘，传释之于末秋。

秋，大雩，书，不时也[①]。凡祀，启蛰而郊[②]，龙见而雩[③]，始杀而尝[④]，闭蛰而烝[⑤]。过则书[⑥]。

① 十二公传唯此年及襄二十六年有两秋，此发雩祭之例，欲显天时以指事，故重言秋，异于凡事。【释文】重，直用切。 ② 言“凡祀”通下三句，天地宗庙之事也。启蛰，夏正建寅之月，祀天南郊。【释文】蛰，直立切。正，音征。 ③ 龙见，建巳之月。苍龙，宿之体，昏见东方，万物始盛，待雨而大，故祭天，远为百谷祈膏雨。【释文】见，贤遍切，注同。宿，音秀。为，于伪切。 ④ 建酉之月，阴气始杀，嘉谷始熟，故荐尝于宗庙。 ⑤ 建亥之月，昆虫闭户，万物皆成，可荐者众，故烝祭宗庙。《释例》论之备矣。【释文】闭，必计切，又必结切，《字林》芳结切。烝，之承切。 ⑥ 卜日有吉否，过次节则书，以讥慢也。

冬，淳于公如曹。度其国危，遂不复①。

① 淳于，州国所都，城阳淳于县也。国有危难，不能自安，故出朝而遂不还。【释文】度，待洛切。复，音服，后不音者皆同。难，乃旦切。

桓公六年

【经】

六年春正月，寔来①。

夏四月，公会纪侯于成②。

秋八月壬午，大阅③。

蔡人杀陈佗④。

九月丁卯，子同生⑤。

冬，纪侯来朝。

① 寔，实也。不言州公者，承上五年冬经如曹。间无异事，省文，从可知。【释文】寔，时力切。省，所景切。 ② 成，鲁地，在泰山钜平县东南。 ③ 齐为大国，以戎事征诸侯之戍，嘉美郑忽，而忽欲以有功为班，怒而诉齐。鲁人惧之，故以非时简车马。【释文】阅，音悦。 ④ 佗立逾年不称爵者，篡立未会诸侯也。传例在庄二十二年。 ⑤ 指公子庄公也。十二公唯子同是適夫人之长子，备用大子之礼，故史书之于策。不称大子者，书始生也。【释文】適，丁历切，传同。长，丁丈切。

【传】

六年春，自曹来朝。书曰“寔来”，不复其国也①。

① 亦承五年冬传“淳于公如曹”也。言奔则来行朝礼，言朝则遂留不去，欲变文，言实来。

楚武王侵随①，使薳章求成焉②，军于瑕以待之③。随人使少师董成④。鬥伯比言于楚子曰：“吾不得志于汉东也，我则使然⑤。我张吾三军而被吾甲兵，以武临之，彼则惧而协以谋我，故难间也。汉东之国随为大，随张必弃小国⑥，小国离，楚之利也。少师侈，请羸师以张之⑦。”熊率且比曰：“季梁在，何益⑧？”鬥伯比曰：“以为后图，少师得其君⑨。”王毁军而纳少师⑩。

① 随国，今义阳随县。 ② 薳章，楚大夫。【释文】薳，于委切。 ③ 瑕，随地。【释文】瑕，下加切。 ④ 少师，随大夫。董，正也。【释文】少，诗照切，注及下同，后仿此。 ⑤ 鬥伯比，楚大夫，令尹子文之父。 ⑥ 张，自侈大也。【释文】被，皮寄切，下注“被甲”同。间，间厕之间。张，猪亮切，注同，一音如字。侈，昌氏切，又式氏切。 ⑦ 羸，弱也。【释文】羸，劣追切，注及下同。 ⑧ 熊率且比，楚大夫。季梁，随贤臣。【释文】率，音律。且，子余切。 ⑨ 言季梁之谏不过一见从，随侯卒当以少师为计，故云以为后图。二年，蔡侯、郑伯会于邓，始惧楚，楚子自此遂盛，终于抗衡中国，故传备言其事，以终始之。【释文】抗，苦浪切。 ⑩ 从伯比之谋。

少师归，请追楚师，随侯将许之①。季梁止之曰：“天方授楚，楚之羸，其诱我也，君何急焉？臣闻小之能敌大也，小道大淫。所谓道，忠于民而信于神也。上思利民，忠也；祝史正辞，信也②。今民馁而君逞欲③，祝史矫举以祭，臣不知其可也④。”公曰：“吾牲牷肥腯，粢盛丰备，何则不信⑤？”对曰：“夫民，神之主也⑥。是以圣王先成民而后致力于神。故奉牲以告曰‘博硕肥腯’，谓民力之普存也⑦，谓其畜之硕大蕃滋也，谓其不疾瘯蠡也，谓其备腯咸有也⑧。奉盛以告曰

'洁粢丰盛',谓其三时不害而民和年丰也⑨。奉酒醴以告曰'嘉栗旨酒'⑩,谓其上下皆有嘉德而无违心也。所谓馨香,无谗慝也⑪。故务其三时,修其五教⑫,亲其九族,以致其禋祀⑬。于是乎民和而神降之福,故动则有成。今民各有心,而鬼神乏主⑭,君虽独丰,其何福之有!君姑修政而亲兄弟之国,庶免于难。"随侯惧而修政,楚不敢伐。

① 信楚弱也。 ② 正辞,不虚称君美。 ③ 逞,快也。【释文】馁,奴罪切,饿也。 ④ 诈称功德,以欺鬼神。【释文】矫,居兆切。 ⑤ 牲,牛、羊、豕也。牷,纯色完全也。腯,亦肥也。黍稷曰粢,在器曰盛。【释文】牷,音全。腯,徒忽切。 ⑥ 言鬼神之情依民而行。 ⑦ 博,广也。硕,大也。 ⑧ 虽告神以博硕肥腯,其实皆当兼此四谓。民力适完,则六畜既大而滋也,皮毛无疥癣,兼备而无有所阙。【释文】畜,吁又切,下皆同。蕃,音烦。瘯,七木切,本又作"蔟",同。蠡,力果切,《说文》作"瘰",云:瘯瘰,皮肥也。疥,音界。癣,息浅切,《说文》云:乾疡。 ⑨ 三时:春、夏、秋。 ⑩ 嘉,善也。栗,谨敬也。 ⑪ 馨,香之远闻。【释文】慝,他得切。闻,音问,又如字。 ⑫ 父义、母慈、兄友、弟恭、子孝。 ⑬ 禋,洁敬也。九族谓外祖父、外祖母、从母子及妻父、妻母、姑之子、姊妹之子、女子之子并己之同族,皆外亲有服而异族者也。【释文】九族,杜释与孔安国、郑玄不同。禋,音因。 ⑭ 民饑馁也。【释文】饑,音饥。

夏,会于成,纪来咨谋齐难也①。

① 齐欲灭纪,故来谋之。【释文】难,乃旦切,下同。

北戎伐齐,齐侯使乞师于郑。郑大子忽帅师救齐。六月,大败戎师,获其二帅大良、少良,甲首三百,以献于齐①。于是,诸侯之大夫戍齐,齐人馈之饩②,使鲁为其班,后郑③。郑忽以其有功也,怒,故有郎之师④。

① 甲首,被甲者首。【释文】帅,所类切。少,诗照切。 ② 生曰饩。【释文】馈,其愧切。饩,许既切。牲腥曰饩。 ③ 班,次也。鲁亲班齐馈,则亦使大夫戍齐矣,经不书,盖史阙文。 ④ 郎师在十年。

公之未昏于齐也,齐侯欲以文姜妻郑大子忽。大子忽辞,人问其故,大子曰:"人各有耦,齐大,非吾耦也。《诗》

云：‘自求多福①。’在我而已，大国何为？”君子曰：“善自为谋②。”及其败戎师也，齐侯又请妻之③，固辞。人问其故，大子曰：“无事于齐，吾犹不敢。今以君命奔齐之急，而受室以归，是以师昏也。民其谓我何④？”遂辞诸郑伯⑤。

①《诗·大雅·文王》，言求福由己，非由人也。【释文】妻，七计切，下及注同。 ② 言独洁其身，谋不及国。 ③ 欲以他女妻之。 ④ 言忽见怪于民。 ⑤ 假父之命以为辞，为十一年郑忽出奔卫传。

秋，大阅，简车马也。

九月丁卯，子同生。以大子生之礼举之，接以大牢①，卜士负之，士妻食之②。公与文姜、宗妇命之③。

① 大牢，牛、羊、豕也。以礼接夫人，重适也。【释文】接，如字。郑注《礼记》作“捷”，读此者亦或捷音。 ② 礼，世子生三日，卜士负之，射人以桑弧蓬矢射四方，卜士之妻为乳母。【释文】食，音嗣。弧，音胡。蓬，步工切。射，食亦切。 ③ 世子生三月，君夫人沐浴于外寝，立于阼阶，西乡。世妇抱子升自西阶，君命之乃降。盖同宗之妇。【释文】阼，才故切。

公问名于申繻。对曰：“名有五：有信，有义，有象，有假，有类①。以名生为信②，以德命为义③，以类命为象④，取于物为假⑤，取于父为类⑥。不以国⑦，不以官，不以山川，不以隐疾⑧，不以畜牲⑨，不以器币⑩。周人以讳事神，名，终将讳之⑪。故以国则废名⑫，以官则废职，以山川则废主⑬，以畜牲则废祀⑭，以器币则废礼。晋以僖侯废司徒⑮，宋以武公废司空⑯，先君献、武废二山⑰，是以大物不可以命。”公曰：“是其生也，与吾同物，命之曰同⑱。”

① 申繻，鲁大夫。【释文】繻，音须。 ② 若唐叔虞，鲁公子友。 ③ 若文王名昌，武王名发。 ④ 若孔子首象尼丘。 ⑤ 若伯鱼生，人有馈之鱼，因名之曰鲤。【释文】鲤，音里。 ⑥ 若子同生，有与父同者。 ⑦ 国君之子不自以本国为名也。 ⑧ 隐，痛；疾，患，辟不祥也。 ⑨ 畜牲，六畜。 ⑩ 币，玉帛。 ⑪ 君父之名，固非臣子所斥；然礼既卒哭，以木铎徇曰：“舍故而讳新。”

谓舍亲尽之祖而讳新死者，故言以讳事神，名，终将讳之。自父至高祖皆不敢斥言。【释文】周人以讳事神名，众家多以“名”字属下句。铎，待洛切。徇，似俊切，本又作“殉”，同。舍，音捨，下同。 ⑫ 国不可易，故废名。 ⑬ 改其山川之名。 ⑭ 名猪则废猪，名羊则废羊。 ⑮ 僖侯名司徒，废为中军。 ⑯ 武公名司空，废为司城。 ⑰ 二山，具、敖也。鲁献公名具，武公名敖，更以其乡名山。【释文】敖，五羔切。 ⑱ 物，类也，谓同日。

冬，纪侯来朝，请王命以求成于齐，公告不能①。

① 纪微弱，不能自通于天子，欲因公以请王命，公无宠于王，故告不能。

桓公七年

【经】

七年春二月己亥，焚咸丘①。

夏，穀伯绥来朝②。

邓侯吾离来朝③。

① 无传。焚，火田也。咸丘，鲁地，高平钜野县南有咸亭。讥尽物，故书。【释文】焚，扶云切。 ②【释文】绥，须唯切。 ③ 不总称朝者，各自行朝礼也。穀国在南乡筑阳县北。【释文】筑，音逐。

【传】

七年春，穀伯、邓侯来朝。名，贱之也①。

① 辟陋小国，贱之，礼不足，故书名。以春来，夏乃行朝礼，故经书夏。【释文】辟，匹亦切，本又作“僻”，同。

夏，盟、向求成于郑，既而背之①。

秋，郑人、齐人、卫人伐盟、向。王迁盟、向之民于郏②。

① 盟、向二邑名，隐十一年王以与郑，故求与郑成。【释文】盟，音孟。向，伤亮切。背，音佩。 ② 郏，王城。【释文】郏，古洽切。

冬，曲沃伯诱晋小子侯，杀之①。

① 曲沃伯，武公也。小子侯，哀侯子。

桓公八年

【经】

八年春正月己卯，烝①。

天王使家父来聘②。

夏五月丁丑，烝③。

秋，伐邾④。

冬十月，雨雪⑤。

祭公来，遂逆王后于纪⑥。

① 无传。此夏之仲月，非为过而书者，为下五月复烝见渎也。例在五年。【释文】烝，之承切。夏，户雅切。为，于伪切。复，扶又切。见，贤遍切。 ② 无传。家父，天子大夫。家，氏；父，字。 ③ 无传。 ④ 无传。 ⑤ 无传。今八月也，书时失。【释文】雨，于付切。 ⑥ 祭公，诸侯为天子三公者。王使鲁主昏，故祭公来，受命而迎也。天子无外，故因称王后。卿不书，[誉]（举）重略轻。【释文】祭，侧界切。

【传】

八年春，灭翼①。

① 曲沃灭之。

随少师有宠。楚鬥伯比曰："可矣。仇有衅，不可失也①。"夏，楚子合诸侯于沈鹿②。黄、随不会③。使薳章让黄④。楚子伐随，军于汉、淮之间。

① 衅，瑕隙也。无德者宠，国之衅也。【释文】衅，许觐切，注同。 ② 沈鹿，楚地。 ③ 黄国，今弋阳县。【释文】弋，余职切。 ④ 责其不会。

季梁请下之，弗许而后战①，所以怒我而怠寇也。少师谓随侯曰："必速战。不然，将失楚师。"随侯御之，望楚师[②]。季梁曰："楚人上左，君必左[③]，无与王遇。且攻其右，右无良焉，必败。偏败，众乃携矣。"少师曰："不当王，非敌也。"弗从[④]。战于速杞，随师败绩。随侯逸[⑤]，鬥丹获其戎车，与其戎右少师[⑥]。

秋，随及楚平。楚子将不许，鬥伯比曰："天去其疾矣[⑦]，随未可克也。"乃盟而还。

① 下之，请服也。【释文】下，遐嫁切，注同。 ② 遥见楚师。【释文】将失楚师，一本无"师"字。 ③ 君，楚君也。 ④ 不从季梁谋。 ⑤ 速杞，随地。逸，逃也。 ⑥ 鬥丹，楚大夫。戎车，君所乘兵车也。戎右，车右也。宠之，故以为右。 ⑦ 去疾，谓少师见获而死。【释文】去，起吕切，注同。

冬，王命虢仲立晋哀侯之弟缗于晋[①]。

① 虢仲，王卿士虢公林父。【释文】缗，亡巾切。

祭公来，遂逆王后于纪，礼也[①]。

① 天子娶于诸侯，使同姓诸侯为之主。祭公来，受命于鲁，故曰礼。

桓公九年

【经】

九年春，纪季姜归于京师[①]。

夏四月。

秋七月。

冬，曹伯使其世子射姑来朝[②]。

① 季姜，桓王后也。季，字；姜，纪姓也。书字者，伸父母之尊。【释文】伸，音申。 ② 曹伯有疾，故使其子来朝。【释文】射，音亦，又音夜。

【传】

九年春，纪季姜归于京师。凡诸侯之女行，唯王后书①。

① 为书妇人行例也。适诸侯，虽告鲁，犹不书。【释文】为，于伪切。

巴子使韩服告于楚，请与邓为好①。楚子使道朔将巴客以聘于邓②。邓南鄙鄾人攻而夺之币③，杀道朔及巴行人。楚子使薳章让于邓，邓人弗受④。

① 韩服，巴行人。巴国，在巴郡江州县。【释文】好，呼报切。　② 道朔，楚大夫。巴客，韩服。　③ 鄾，在今邓县南，沔水之北。【释文】鄾，音忧。沔，面善切。　④ 言非鄾人所攻。

夏，楚使鬬廉帅师及巴师围鄾①。邓养甥、聃甥帅师救鄾。三逐巴师，不克②。鬬廉衡陈其师于巴师之中，以战，而北③。邓人逐之，背巴师；而夹攻之④，邓师大败。鄾人宵溃⑤。

① 鬬廉，楚大夫。　② 二甥，皆邓大夫。【释文】聃，乃甘切。　③ 衡，横也。分巴师为二部，鬬廉横陈于其间以与邓师战而伪北。北，走也。【释文】衡，如字，一音横。陈，直觐切，注同，又如字。北，如字，一音佩，嵇康音胸背。④ 楚师伪走，邓师逐之，背巴师，巴师攻之，楚师自前还与战。【释文】背，音佩，注同。夹，古洽切，又古协切。　⑤ 宵，夜也。【释文】溃，户对切。

秋，虢仲、芮伯、梁伯、荀侯、贾伯伐曲沃①。

① 梁国在冯翊夏阳县。荀、贾，皆国名。【释文】夏，户雅切。

冬，曹大子来朝，宾之以上卿，礼也①。

享曹大子。初献，乐奏而叹②。施父曰："曹大子其有忧乎，非叹所也③。"

① 诸侯之適子，未誓于天子而摄其君，则以皮帛继子、男，故宾之以上卿，各当其国之上卿。【释文】適，丁历切。　② 酒始献。【释文】享，许两切。③ 施父，鲁大夫。【释文】施，色豉切。人名字，父，音甫。

桓公十年

【经】

十年春，王正月庚申，曹伯终生卒①。

夏五月，葬曹桓公②。

秋，公会卫侯于桃丘，弗遇③。

冬十有二月丙午，齐侯、卫侯、郑伯来战于郎④。

① 未同盟而赴以名。 ② 无传。 ③ 无传。卫侯与公为会期，中背公，更与齐、郑，故(云)[公]独往而不相遇也。桃丘，卫地，济北东阿县东南有桃城。【释文】中，如字，一音丁仲切。背，音佩。 ④ 改侵伐而书来战，善鲁之用周班，恶三国讨有辞。【释文】恶，乌洛切，又乌路切。

【传】

十年春，曹桓公卒①。

① 终施父之言。

虢仲谮其大夫詹父于王①。詹父有辞，以王师伐虢。夏，虢公出奔虞②。

① 虢仲，王卿士。詹父，属大夫。【释文】谮，侧鸩切。詹，章廉切。② 虞国，在河东大阳县。

秋，秦人纳芮伯万于芮①。

① 四年围魏所执者。

初，虞叔有玉①，虞公求旃②，弗献。既而悔之，曰："周谚有之：'匹夫无罪，怀璧其罪③。'吾焉用此，其以贾害也④。"乃献之。又求其宝剑。叔曰："是无厌也。无厌，将及我⑤。"遂伐虞公，故虞公出奔共池⑥。

① 虞叔，虞公之弟。 ② 旃，之也。【释文】旃，之然切。 ③ 人利其璧，

以璧为罪。【释文】谚，音彦。 ④ 贾，买也。【释文】焉，於虔切。贾，音古，注同。 ⑤ 将杀我。【释文】厌，於盐切，下同。 ⑥ 共池，地名，阙。【释文】共，音洪，又音恭。

冬，齐、卫、郑来战于郎，我有辞也。

初，北戎病齐①，诸侯救之，郑公子忽有功焉。齐人饩诸侯，使鲁次之。鲁以周班后郑。郑人怒，请师于齐。齐人以卫师助之，故不称侵伐②。先书齐、卫，王爵也③。

① 在六年。 ② 不称侵伐而以战为文，明鲁直诸侯曲，故言我有辞，以礼自释，交绥而退，无败绩。 ③ 郑主兵而序齐、卫下者，以王爵次之也。《春秋》所以(疑)[见]鲁犹秉周礼。【释文】见，贤遍切。

桓公十一年

【经】

十有一年春正月，齐人、卫人、郑人盟于恶曹①。

夏五月癸未，郑伯寤生卒②。

秋七月，葬郑庄公③。

九月，宋人执郑祭仲④。突归于郑⑤。郑忽出奔卫⑥。

柔会宋公、陈侯、蔡叔盟于折⑦。

公会宋公于夫钟⑧。

冬十有二月，公会宋公于阚⑨。

① 恶曹，地阙。 ② 同盟于元年，赴以名。 ③ 无传。三月而葬，速。 ④ 祭，氏；仲，名。不称行人，听迫胁以逐君，罪之也。行人例在襄十一年，《释例》详之。【释文】听，吐定切。 ⑤ 突，厉公也，为宋所纳，故曰归。例在成十八年。不称公子，从告也。文连祭仲，故不言郑。 ⑥ 忽，昭公也。庄公既葬，不称爵者，郑人贱之，以名赴。 ⑦ 无传。柔，鲁大夫未赐族者。蔡叔，蔡大夫，叔，名也。折，地阙。【释文】折，之设切，又市列切。 ⑧ 无传。夫钟，郕

地。【释文】夫,音扶。 ⑨ 无传。阚,鲁地,在东平须昌县东南。【释文】阚,口暂切。须,宣逾切。

【传】

十一年春,齐、卫、郑、宋盟于恶曹①。

① 宋不书,经阙。

楚屈瑕将盟贰、轸①。郧人军于蒲骚,将与随、绞、州、蓼伐楚师②。莫敖患之③。鬥廉曰:"郧人军其郊,必不诫,且日虞四邑之至也④。君次于郊郢以御四邑⑤,我以锐师宵加于郧。郧有虞心而恃其城⑥,莫有斗志。若败郧师,四邑必离。"莫敖曰:"盍请济师于王⑦?"对曰:"师克在和,不在众。商,周之不敌,君之所闻也⑧。成军以出,又何济焉?"莫敖曰:"卜之。"对曰:"卜以决疑,不疑,何卜?"遂败郧师于蒲骚,卒盟而还⑨。

① 贰、轸,二国名。【释文】屈,居勿切,楚大夫氏。贰,音二。轸,之忍切。 ② 郧国在江夏,云杜县东南有郧城。蒲骚,郧邑。绞,国名。州国在南郡华容县东南。蓼国,今义阳棘阳县东南湖阳城。【释文】郧,音云。骚,音萧,又音缲。绞,古卯切。蓼,音了,本或作"鄝",同。夏,户雅切。棘,纪力切。湖,音胡。 ③ 莫敖,楚官名,即屈瑕。【释文】敖,五刀切。 ④ 虞,度也。四邑,随、绞、州、蓼也。邑亦国也。【释文】日,人逸切。度,待洛切。 ⑤ 君谓屈瑕也。郊郢,楚地。【释文】郢,以井切,又以政切。 ⑥ 恃近其城。【释文】近,附近之近。 ⑦ 盍,何不也。济,益也。【释文】盍,户腊切。济,笺计切。 ⑧ 商,纣也。周,武王也。传曰:武王有乱臣十人,纣有亿兆夷人。【释文】亿,於力切。 ⑨ 卒盟贰、轸。

郑昭公之败北戎也①,齐人将妻之,昭公辞。祭仲曰:"必取之。君多内宠,子无大援,将不立。三公子,皆君也②。"弗从。

夏,郑庄公卒。

① 在六年。 ② 子突、子亹、子仪之母皆有宠。【释文】妻,七计切,下注

同。援，于眷切。亹，亡匪切，本或作“斖”。

初，祭封人仲足有宠于庄公①，庄公使为卿。为公娶邓曼，生昭公，故祭仲立之②。宋雍氏女于郑庄公，曰雍姞，生厉公③。雍氏宗，有宠于宋庄公，故诱祭仲而执之，曰：“不立突，将死。”亦执厉公而求赂焉。祭仲与宋人盟，以厉公归而立之。

秋九月丁亥，昭公奔卫。己亥，厉公立。

① 祭，郑地，陈留长垣县东北有祭城。封人，守封疆者，因以所守为氏。【释文】疆，居良切。 ② 曼，邓姓。【释文】为，于伪切。曼，音万。 ③ 雍氏，姞姓，宋大夫也。以女妻人曰女。【释文】雍，于恭切。女，尼据切，注“曰女”同。姞，其吉切，又其秩切。 ④ 祭仲之如宋，非会非聘，见诱而以行人应命。【释文】应，应对之应。

桓公十二年

【经】

十有二年春正月。

夏六月壬寅，公会杞侯、莒子，盟于曲池①。

秋七月丁亥，公会宋公、燕人，盟于穀丘②。

八月壬辰，陈侯跃卒③。

公会宋公于虚④。

冬十有一月，公会宋公于龟⑤。

丙戌，公会郑伯，盟于武父⑥。

丙戌，卫侯晋卒⑦。

十有二月，及郑师伐宋。丁未，战于宋⑧。

① 曲池，鲁地，鲁国汶阳县北有曲水亭。【释文】汶，音问。 ② 穀丘，宋地。燕人，南燕大夫。 ③ 无传。厉公也。十一年与鲁大夫盟于折，不书葬，

鲁不会也。壬辰，七月二十三日，书于八月，从赴。【释文】跃，羊略切。 ④ 虚，宋地。【释文】虚，去鱼切。 ⑤ 龟，宋地。 ⑥ 武父，郑地，陈留济阳县东北有武父城。【释文】父，音甫。地名有“父”字者皆同甫音。 ⑦ 无传。重书丙戌，非义例，因史成文也。未同盟而赴以名。【释文】重，直用切，下同。 ⑧ 既书伐宋，又重书战者，以见宋之无信也。庄十一年传例曰：“皆陈曰战。”尤其无信，故以独战为文。【释文】见，贤遍切。陈，直觐切。

【传】

十二年夏，盟于曲池，平杞、莒也①。

① 隐四年，莒人伐杞，自是遂不平。

公欲平宋、郑。秋，公及宋公盟于句渎之丘①。宋成未可知也，故又会于虚。冬，又会于龟。宋公辞平，故与郑伯盟于武父②，遂帅师而伐宋，战焉，宋无信也。

君子曰：“苟信不继，盟无益也。《诗》云：‘君子屡盟，乱是用长。’无信也③。”

① 句渎之丘，即榖丘也。宋以立厉公，故多责赂于郑，郑人不堪，故不平。【释文】句，古侯切。渎，音豆。 ② 宋公贪郑赂，故与公三会而卒辞不与郑平。 ③《诗·小雅》，言无信故数盟，数盟则情疏，情疏而憾结，故云长乱。【释文】屡，力具切，本又作“娄”，音同。长，丁丈切。数，音朔，下同。憾，户暗切。

楚伐绞，军其南门。莫敖屈瑕曰：“绞小而轻，轻则寡谋，请无扞采樵者以诱之①。”从之。绞人获三十人②。明日，绞人争出，驱楚役徒于山中。楚人坐其北门而覆诸山下③，大败之，为城下之盟而还④。

伐绞之役，楚师分涉于彭⑤。罗人欲伐之，使伯嘉谍之，三巡数之⑥。

① 扞，卫也。樵，薪也。【释文】轻，遣政切。扞，户旦切。樵，在遥切。 ② 获楚人也。 ③ 坐，犹守也。覆，设伏兵而待之。【释文】覆，扶又切，注同。 ④ 城下盟，诸侯所深耻。 ⑤ 彭水，在新城昌魏县。 ⑥ 罗，熊姓国，在宜城县西山中，后徙南郡枝江县。伯嘉，罗大夫。谍，伺也；巡，徧也。【释文】谍，徒

协切。数，色主切。枝，质而切。伺，音笥。徧，音遍。

桓公十三年

【经】

十有三年春二月，公会纪侯、郑伯。己巳，及齐侯、宋公、卫侯、燕人战。齐师、宋师、卫师、燕师败绩①。

三月，葬卫宣公②。

夏，大水③。

秋七月。

冬十月④。

① 大崩曰败绩，例在庄十一年。或称人，或称师，史异辞也。卫宣公未葬，惠公称侯以接邻国，非礼也。 ② 无传。 ③ 无传。 ④ 无传。

【传】

十三年春，楚屈瑕伐罗，鬥伯比送之。还，谓其御曰："莫敖必败。举趾高，心不固矣①。"遂见楚子曰："必济师②。"楚子辞焉③，入告夫人邓曼。邓曼曰："大夫其非众之谓④，其谓君抚小民以信，训诸司以德，而威莫敖以刑也。莫敖狃于蒲骚之役，将自用也⑤，必小罗。君若不镇抚，其不设备乎。夫固谓君训众而好镇抚之⑥，召诸司而劝之以令德⑦，见莫敖而告诸天之不假易也⑧。不然，夫岂不知楚师之尽行也。"楚子使赖人追之，不及⑨。

① 趾，足也。 ② 难言屈瑕将败，故以益师讽谏。【释文】见，贤遍切。济，笺诣切。难，乃旦切。讽，本亦作"风"，方凤切。 ③ 不解其旨，故拒之。【释文】解，户买切。 ④ 邓曼，楚武王夫人。言伯比意不在于益众。 ⑤ 狃，忕也。蒲骚役在十一年。【释文】狃，女久切。忕，时世切，又时设切。 ⑥ 抚

小民以信也。【释文】好，呼报切，又如字。 ⑦ 训诸司以德也。 ⑧ 诸，之也。言天不借贷慢易之人，威莫敖以(别)[刑]也。【释文】易，以豉切，注同。借，子夜切。贷，他代切。慢，武谏切。 ⑨ 赖国在义阳随县。赖人，仕于楚者。【释文】尽，津忍切。此类可以意求。

莫敖使徇于师曰："谏者有刑①。"及鄢，乱次以济②。遂无次，且不设备。及罗，罗与卢戎两军之③，大败之。莫敖缢于荒谷，群帅囚于冶父④，以听刑。楚子曰："孤之罪也。"皆免之。

① 徇，宣令也。【释文】徇，似俊切。 ② 鄢水，在襄阳宜城县，入汉。【释文】鄢，於晚切，又於万切。乱次以济，本或作"乱次以济其水"。 ③ 卢戎，南蛮。【释文】卢，如字，本或作"庐"，音同。 ④ 缢，自经也。荒谷、冶父，皆楚地。【释文】缢，一豉切。荒，如字，本或作"巟"，音同。冶，音也。

宋多责赂于郑①，郑不堪命，故以纪、鲁及齐与宋、卫、燕战。不书所战，后也②。

① 立突赂。 ② 公后地期而及其战，故不书所战之地。

郑人来请修好①。

①【释文】好，呼报切。

桓公十四年

【经】

十有四年春正月，公会郑伯于曹①。

无冰②。

夏五③。

郑伯使其弟语来盟。

秋八月壬申，御廪灾④。乙亥，尝⑤。

冬十有二月丁巳，齐侯禄父卒⑥。

宋人以齐人、蔡人、卫人、陈人伐郑[7]。

① 修十二年武父之好，以曹地，曹与会。【释文】好，呼报切。与，音预。 ② 无传。书时失。 ③ 不书月，阙文。 ④ 御廪，公所亲耕以奉粢盛之仓也。天火曰灾，例在宣十六年。【释文】廪，力锦切。 ⑤ 先其时，亦过也。既戒日致齐，御廪虽灾，苟不害嘉谷，则祭不应废，故书以示法。【释文】先，悉荐切，又如字。齐，侧皆切。 ⑥ 无传。隐六年盟于艾。 ⑦ 凡师能左右之曰以，例在僖二十六年。

【传】

十四年春，会于曹，曹人致饩，礼也[1]。

夏，郑子人来寻盟，且修曹之会[2]。

① 熟曰饔，生曰饩。 ② 子人即弟语也，其后为子人氏。

秋八月壬申，御廪灾。乙亥，尝。书，不害也[1]。

① 灾其屋，救之则息，不及谷，故曰书不害。

冬，宋人以诸侯伐郑，报宋之战也[1]。焚渠门，入及大逵[2]；伐东郊，取牛首[3]；以大宫之椽归，为卢门之椽[4]。

① 在十二年。 ② 渠门，郑城门。逵，道方九轨。【释文】逵，求龟切。 ③ 东郊，郑郊。牛首，郑邑。 ④ 大宫，郑祖庙。卢门，宋城门。告伐而不告入取，故不书。【释文】大，音泰。椽，直专切，榱也。圆曰椽，方曰桷，《说文》云：周谓之椽，齐、鲁谓之桷。

桓公十五年

【经】

十有五年春二月，天王使家父来求车。

三月乙未，天王崩[1]。

夏四月己巳，葬齐僖公[2]。

五月，郑伯突出奔蔡[3]。

郑世子忽复归于郑[4]。

许叔入于许[5]。

公会齐侯于艾。

邾人、牟人、葛人来朝[6]。

秋九月，郑伯突入于栎[7]。

冬十有一月，公会宋公、卫侯、陈侯于袲，伐郑[8]。

① 无传。桓王也。 ② 无传。 ③ 突既篡立，权不足以自固，又不能倚任祭仲，反与小臣造贼盗之计，故以自奔为文，罪之也。例在昭三年。【释文】倚，于绮切。 ④ 忽实居君位，故今还以复其位之例为文也。称世子者，忽为大子，有母氏之宠，宗卿之援，有功于诸侯，此大子之盛者也。而守介节以失大国之助，知三公子之强，不从祭仲之言，修小善、洁小行，从匹夫之仁，忘社稷之大计，故君子谓之善自为谋，言不能谋国也。父卒而不能自君，郑人亦不君之，出则降名以赴，入则逆以大子之礼，始于见逐，终于见杀，三公子更立，乱郑国者实忽之由。复归例在成十八年。【释文】介，音界。行，下孟切。更，音庚。 ⑤ 许叔，庄公弟也。隐十一年，郑使许大夫奉许叔居许东偏。郑庄公既卒，乃入居位，许人嘉之，以字告也。叔本不去国，虽称入，非国逆例。 ⑥ 无传。三人皆附庸之世子也，其君应称名，故其子降称人。牟国，今泰山牟县。葛国在梁国宁陵县东北。【释文】牟，亡侯切。 ⑦ 栎，郑别都也，今河南阳翟县。未得国，直书入，无义例也。【释文】栎，音历。翟，徒历切。 ⑧ 袲，宋地，在沛国相县西南。先行会礼而后伐也。【释文】袲，昌氏切。相，息亮切。

【传】

十五年春，天王使家父来求车，非礼也。诸侯不贡车服[1]，天子不私求财[2]。

① 车服，上之所以赐下。 ② 诸侯有常职贡。

祭仲专，郑伯患之，使其婿雍纠杀之。将享诸郊，雍姬知之，谓其母曰："父与夫孰亲？"其母曰："人尽夫也，父一而已，胡可比也[1]？"遂告祭仲曰："雍氏舍其室而将享子于郊，吾惑之，以告。”祭仲杀雍纠，尸诸周氏之汪②。公载以出③，曰：“谋及妇人，宜其死也。”

① 妇人在室则天父，出则天夫。女以为疑，故母以所生为本解之。 ② 汪，池也。周氏，郑大夫。杀而暴其尸以示戮也。【释文】舍，音捨。汪，乌黄切。暴，步卜切。 ③ 愍其见杀，故载其尸共出国。

夏，厉公出奔蔡。

六月乙亥，昭公入。

许叔入于许。

公会齐侯于艾，谋定许也。

秋，郑伯因栎人杀檀伯，而遂居栎①。

① 檀伯，郑守栎大夫。【释文】檀，徒干切。

冬，会于袲，谋伐郑，将纳厉公也。弗克而还。

桓公十六年

【经】

十有六年春正月，公会宋公、蔡侯、卫侯于曹。

夏四月，公会宋公、卫侯、陈侯、蔡侯伐郑①。

秋七月，公至自伐郑②。

冬，城向③。

十有一月，卫侯朔出奔齐④。

① 春既谋之，今书会者，鲁讳议纳不正。蔡常在卫上，今序陈下，盖后至。 ② 用饮至之礼，故书。 ③ 传曰“书时也”，而下有十一月，旧说因谓传误。此城向亦俱是十一月，但本事异，各随本而书之耳。经书夏叔弓如滕，五月，葬滕成公。传云五月叔弓如滕。即知但称时者，未必与下月异也。又推校此年闰在六月，则月却而节前，水星可在十一月而正也。《诗》云：“定之方中，作于楚宫。”此未正中也。功役之事皆总指天象，不与言历数同也。故传之释经，皆通言一

时，不月别。【释文】向，失亮切。定，丁佞切。 ④ 惠公也。朔谗构取国，故不言二公子逐，罪之也。

【传】

十六年春正月，会于曹，谋伐郑也①。

① 前年冬谋纳厉公不克，故复更谋。【释文】复，扶又切。

夏，伐郑。

秋七月，公至自伐郑，以饮至之礼也。

冬，城向。书，时也。

初，卫宣公烝于夷姜，生急子①，属诸右公子。为之娶于齐，而美，公取之，生寿及朔，属寿于左公子②。夷姜缢③。宣姜与公子朔构急子④。公使诸齐，使盗待诸莘，将杀之⑤。寿子告之，使行⑥，不可，曰："弃父之命，恶用子矣⑦！有无父之国则可也。"及行，饮以酒，寿子载其旌以先，盗杀之。急子至，曰："我之求也，此何罪？请杀我乎！"又杀之。二公子故怨惠公。

十一月，左公子泄、右公子职立公子黔牟⑧。惠公奔齐。

① 夷姜，宣公之庶母也。上淫曰烝。【释文】烝，之承切。急，如字，《诗》作"伋"。上，时掌切，一音如字。 ② 左右媵之子，因以为号。【释文】属，音烛，下同。为，于伪切。媵，羊政切。 ③ 失宠而自经死。 ④ 宣姜，宣公所取急子之妻。构会其过恶。【释文】构，古豆切。会，古外切。 ⑤ 莘，卫地，阳平县西北有莘亭。【释文】使，所吏切。莘，所巾切。 ⑥ 行，去也。 ⑦ 恶，安也。【释文】恶，音乌，注同。 ⑧ 黔牟，群公子。【释文】饮以酒，於鸩切，一本"以"作"之"。泄，息列切。黔，其廉切，又音琴。

桓公十七年

【经】

十有七年春正月丙辰，公会齐侯、纪侯盟于黄[①]。

二月丙午，公会邾仪父，盟于趡[②]。

夏五月丙午，及齐师战于奚[③]。

六月丁丑，蔡侯封人卒[④]。

秋八月，蔡季自陈归于蔡[⑤]。

癸巳，葬蔡桓侯[⑥]。

及宋人、卫人伐邾。

冬十月朔，日有食之[⑦]。

① 黄，齐地。 ② 趡，鲁地。称字，义与蔑盟同。二月无丙午；丙午，三月四日也。日月必有误。【释文】趡，翠轨切。 ③ 奚，鲁地。皆陈曰战。【释文】陈，直觐切。 ④ 十一年，大夫盟于折。 ⑤ 季，蔡侯弟也。言归，为陈所纳。⑥ 无传。称侯，盖谬误。三月而葬，速。 ⑦ 甲乙者，历之纪也。晦朔者，日月之存会也。日食不可以不存晦朔，晦朔须甲乙而可推，故日食必以书朔日为例。

【传】

十七年春，盟于黄，平齐、纪，且谋卫故也[①]。

① 齐欲灭纪，卫逐其君。

及邾仪父盟于趡，寻蔑之盟也[①]。

① 蔑盟在隐元年。

夏，及齐师战于奚，疆事也[①]。于是齐人侵鲁疆，疆吏来告，公曰："疆埸之事，慎守其一而备其不虞[②]。姑尽所备焉。事至而战，又何谒焉[③]？"

① 争疆界也。【释文】疆，居良切，注及下皆同。 ② 虞，度也。不度，犹

不意也。【释文】埸,音亦。度,待洛切,下同。 ③ 齐背盟而来,公以信待,故不书侵伐。【释文】背,音佩,下同。

蔡桓侯卒,蔡人召蔡季于陈①。秋,蔡季自陈归于蔡,蔡人嘉之也②。

① 桓侯无子,故召季而立之。季内得国人之望,外有诸侯之助,故书字,以善得众。称归,以明外纳。 ② 嘉之,故以字告。

伐邾,宋志也①。

① 邾、宋争疆,鲁从宋志,背趡之盟。

冬十月朔,日有食之。不书日,官失之也。天子有日官,诸侯有日御①。日官居卿以底日,礼也②。日御不失日,以授百官于朝③。

① 日官、日御,典历数者。 ② 日官,天子掌历者,不在六卿之数而位从卿,故言居卿也。底,平也。谓平历数。【释文】底,音旨,下同。 ③ 日官平历,以班诸侯,诸侯奉之,不失天时,以授百官。

初,郑伯将以高渠弥为卿,昭公恶之,固谏,不听。昭公立,惧其杀己也,辛卯,弑昭公而立公子亹①。君子谓昭公知所恶矣。公子达曰②:"高伯其为戮乎,复恶已甚矣③。"

① 公子亹,昭公弟。【释文】恶,乌路切,下及注"所恶"皆同。亹,音尾。 ② 公子达,鲁大夫。 ③ 复,重也。本为昭公所恶,而复弑君,重为恶也。【释文】复,扶又切,注同,一音服,则乖注意。重,直用切,下同。

桓公十八年

【经】

十有八年春,王正月,公会齐侯于泺①。

公与夫人姜氏遂如齐②。

夏四月丙子,公薨于齐③。

丁酉，公之丧至自齐[4]。

秋七月。

冬十有二月己丑，葬我君桓公[5]。

① 泺水，在济南历城县西北，入济。【释文】泺，卢笃切，又力角切，一音洛，《说文》匹沃切。 ② 公本与夫人俱行，至泺，公与齐侯行会礼，故先书会泺，既会而相随至齐，故曰遂。 ③ 不言戕，讳之也。戕例在宣十八年。【释文】戕，在良切。 ④ 无传。告庙也。丁酉，五月一日，有日而无月。 ⑤ 无传。九月乃葬，缓慢也。

【传】

十八年春，公将有行，遂与姜氏如齐[1]。申缧曰："女有家，男有室，无相渎也，谓之有礼。易此必败[2]。"公会齐侯于泺，遂及文姜如齐。齐侯通焉。公谪之[3]，以告[4]。

① 始议行事。 ② 女安夫之家，夫安妻之室，违此则为渎。今公将姜氏如齐，故知其当致祸乱。【释文】渎，徒木切。 ③ 谪，谴也。【释文】谪，直革切。谴，遣战切。 ④ 夫人告齐侯。

夏四月丙子，享公[1]。使公子彭生乘公，公薨于车[2]。

① 齐侯为公设享燕之礼。【释文】为，于伪切。 ② 上车曰乘。彭生多力，拉公干而杀之。【释文】乘，如字，又纯证切。上，时掌切。拉，立答切。干，古旦切。

鲁人告于齐曰："寡君畏君之威，不敢宁居，来修旧好，礼成而不反，无所归咎，恶于诸侯。请以彭生除之[1]。"齐人杀彭生[2]。

① 除耻辱之恶也。【释文】好，呼报切。咎，其九切。 ② 不书，非卿。

秋，齐侯师于首止[1]，子亹会之，高渠弥相[2]。七月戊戌，齐人杀子亹而轘高渠弥[3]。祭仲逆郑子于陈而立之[4]。是行也，祭仲知之，故称疾不往。人曰："祭仲以知免。"仲曰："信也[5]。"

① 陈师首止，讨郑弑君也。首止，卫地，陈留襄邑县东南有首乡。 ② 不知齐欲讨己。【释文】相，息亮切。 ③ 车裂曰轘。【释文】轘，音患。 ④ 郑子，昭公弟子仪也。 ⑤ 时人讥祭仲失忠臣之节。仲以子亹为渠弥所立，本既不正，又不能固位安民，宜其见除，故即而然讥者之言，以明本意。【释文】知，音智，又如字。

周公欲弑庄王而立王子克①。辛伯告王，遂与王杀周公黑肩。王子克奔燕②。

初，子仪有宠于桓王，桓王属诸周公。辛伯谏曰："并后③，匹嫡④，两政⑤，耦国⑥，乱之本也。"周公弗从，故及⑦。

① 庄王，桓王大子。王子克，庄王弟子仪。【释文】弑，申志切。 ② 辛伯，周大夫。 ③ 妾如后。【释文】属，音烛。 ④ 庶如嫡。【释文】嫡，丁历切，注同。 ⑤ 臣擅命。【释文】擅，市战切。 ⑥ 都如国。 ⑦ 及于难也。

春秋经传集解庄公第三

【释文】庄公名同，桓公子，母文姜。《谥法》：胜敌克乱曰庄。

庄公元年

【经】

元年春，王正月。

三月，夫人孙于齐①。

夏，单伯送王姬②。

秋，筑王姬之馆于外③。

冬十月乙亥，陈侯林卒④。

王使荣叔来锡桓公命⑤。

王姬归于齐⑥。

齐师迁纪郱、鄑、郚⑦。

① 夫人，庄公母也。鲁人责之，故出奔，内讳奔，谓之孙，犹孙让而去。【释文】孙，本亦作"逊"，音同，注及传同。　② 无传。单伯，天子卿也。单，采地；伯，爵也。王将嫁女于齐，既命鲁为主，故单伯送女，不称使也。王姬不称字，以王为尊，且别于内女也。天子嫁女于诸侯，使同姓诸侯主之，不亲昏，尊卑不敌。【释文】单，音善。采，七代切。别，彼列切。　③ 公在谅闇，虑齐侯当亲迎，不

忍便以礼接于庙，又不敢逆王命，故筑舍于外。【释文】谅，音梁，又音亮。迎，鱼敬切。 ④ 无传。未同盟而赴以名。 ⑤ 无传。荣叔，周大夫。荣，氏；叔，字。锡，赐也。追命桓公，褒称其德，若昭七年王追命卫襄之比。【释文】比，必利切。 ⑥ 无传。不书逆，公不与接。 ⑦ 无传。齐欲灭纪，故徙其三邑之民而取其地。郱在东莞临朐县东南。鄑在朱虚县东南。北海都昌县西有訾城。【释文】郱，蒲丁切。鄑，子斯切。郚，音吾。朐，其俱切。訾，子斯切。

【传】

元年春，不称即位，文姜出故也[①]。

① 文姜与桓俱行，而桓为齐所杀，故不敢还。庄公父弑母出，故不忍行即位之礼。据文姜未还，故传称文姜出也。姜于是感公意而还，不书，不告庙。【释文】杀，音试，又如字。

三月，夫人孙于齐。不称姜氏，绝不为亲，礼也[①]。

① 姜氏，齐姓。于文姜之义，宜与齐绝而复奔齐，故于其奔，去姜氏以示义。【释文】复，扶又切。去，起吕切。

秋，筑王姬之馆于外。为外，礼也[①]。

① 齐强鲁弱，又委罪于彭生，鲁不能仇齐，然丧制未阕，故异其礼，得礼之变。【释文】阕，苦穴切。

庄 公 二 年

【经】

二年春，王二月，葬陈庄公[①]。

夏，公子庆父帅师伐於馀丘[②]。

秋七月，齐王姬卒[③]。

冬十有二月，夫人姜氏会齐侯于禚[④]。

乙酉，宋公冯卒[⑤]。

① 无传。鲁往会之，故书，例在昭六年。 ② 无传。於馀丘，国名也。庄

公时年十五，则庆父庄公庶兄。 ③ 无传。鲁为之主，比之内女。 ④ 夫人行不以礼，故还皆不书，不告庙也。禚，齐地。【释文】禚，诸若切。 ⑤ 无传。再与桓同盟。【释文】冯，皮冰切。

【传】

二年冬，夫人姜氏会齐侯于禚。书，奸也①。

① 文姜前与公俱如齐，后惧而出奔，至此始与齐好会。会非夫人之事，显然书之，传曰书奸，奸在夫人。文姜此年出会，其义皆同。【释文】好，呼报切。

庄 公 三 年

【经】

三年春，王正月，溺会齐师伐卫①。

夏四月，葬宋庄公②。

五月，葬桓王。

秋，纪季以酅入于齐③。

冬，公次于滑④。

① 溺，鲁大夫。疾其专命而行，故去氏。【释文】溺，乃狄切。去，起吕切。 ② 无传。 ③ 季，纪侯弟。酅，纪邑，在齐国东安平县。齐欲灭纪，故季以邑入齐为附庸，先祀不废，社稷有奉，故书字贵之。【释文】酅，户圭切，本又作"携"。 ④ 滑，郑地，在陈留襄邑县西北。传例曰："凡师过信为次。兵未有所加，所次则书之。既书兵所加，则不书其所次，以事为宜，非虚次。"【释文】滑，乎八切，又于八切。

【传】

三年春，溺会齐师伐卫。疾之也①。

① 传重(盟)[明]上例。【释文】重，直用切。

夏五月，葬桓王。缓也①。

① 以桓十五年三月崩，七年乃葬，故曰缓。

秋，纪季以酅入于齐。纪于是乎始判[①]。

① 判，分也，言分为附庸始于此。

冬，公次于滑。将会郑伯谋纪故也。郑伯辞以难[①]。凡师，一宿为舍，再宿为信，过信为次[②]。

① 厉公在栎故。【释文】难，乃旦切。栎，音历，或音书灼切。 ② 为经书次例也。舍宿不书，轻也。言凡师，通君臣。

庄公四年

【经】

四年春，王二月，夫人姜氏享齐侯于祝丘[①]。

三月，纪伯姬卒[②]。

夏，齐侯、陈侯、郑伯遇于垂[③]。

纪侯大去其国[④]。

六月，齐侯葬纪伯姬[⑤]。

秋七月。

冬，公及齐人狩于禚[⑥]。

① 无传。享，食也，两君相见之礼，非夫人所用，直书以见其失。祝丘，鲁地。【释文】食，音嗣，又如字，本或作"会"。见，贤遍切。 ② 无传。隐二年裂繻所逆者。内女唯诸侯夫人卒葬皆书，恩成于敌礼。 ③ 无传。 ④ 以国与季，季奉社稷，故不言灭，不见迫逐，故不言奔。大去者，不反之谓。 ⑤ 无传。纪季入酅，为齐附庸，而纪侯大去其国，齐侯加礼初附，以崇厚义，故摄伯姬之丧，而以纪国夫人礼葬之。 ⑥ 无传。公越竟与齐微者俱狩，失礼可知。【释文】狩，手又切。竟，音境。

【传】

四年春，王三月，楚武王荆尸，授师孑焉，以伐随①。将齐，入告夫人邓曼曰："余心荡②。"邓曼叹曰："王禄尽矣！盈而荡，天之道也，先君其知之矣，故临武事，将发大命，而荡王心焉③。若师徒无亏，王薨于行，国之福也④。"王遂行，卒于樠木之下⑤。令尹鬥祁、莫敖屈重除道梁溠，营军临随。随人惧，行成⑥。莫敖以王命入盟随侯，且请为会于汉汭而还⑦。济汉而后发丧。

① 尸，陈也。荆亦楚也，更为楚陈兵之法。扬雄《方言》：孑者，戟也。然则楚始于此参用戟为陈。【释文】孑，吉热切。陈，直觐切。　② 将授兵于庙，故齐。荡，动散也。【释文】齐，侧皆切。　③ 楚为小国，僻陋在夷，至此武王始起其众，僭号称王，陈兵授师，志意盈满，临齐而散，故邓曼以天地鬼神为征应之符。【释文】僻，匹亦切。僭，子念切。应，应对之应。　④ 王薨于行，不死于敌。　⑤ 樠木，木名。【释文】樠，郎荡切，又莫昆切，又武元切。　⑥ [待](时)秘王丧，故为奇兵，更开直道。溠水在义阳厥县西，东南入郧水。梁，桥也。随人不意其至，故惧而行成。【释文】重，直用切，又直容切。溠，高贵乡公音侧嫁切，水名，《字林》壮加切。郧，音云，或作"员"。　⑦ 汭，内也，谓汉西。【释文】汭，如锐切。水曲曰汭。

纪侯不能下齐，以与纪季①。夏，纪侯大去其国，违齐难也②。

① 不能降屈事齐，尽以国与季，明季不叛。【释文】下，遐嫁切。　② 违，辟也。【释文】难，乃旦切。

庄公五年

【经】

五年春，王正月。

夏，夫人姜氏如齐师①。

秋，郳犁来来朝②。

冬，公会齐人、宋人、陈人、蔡人伐卫。

① 无传。书奸。 ② 附庸国也。东海昌虑县东北有郳城。犁来，名。【释文】郳，五兮切，国名，后为小邾。犁，力兮切。虑，如字，又力於切。

【传】

五年秋，郳犁来来朝。名，未王命也①。

① 未受爵命为诸侯，传发附庸称名例也。其后数从齐桓以尊周室，王命以为小邾子。【释文】数，音朔。

冬，伐卫，纳惠公也①。

① 惠公，朔也，桓十六年出奔齐。

庄公六年

【经】

六年春，王正月，王人子突救卫①。

夏六月，卫侯朔入于卫②。

秋，公至自伐卫③。

螟④。

冬，齐人来归卫俘⑤。

① 王人，王之微官也。虽官卑而见授以大事，故称人而又称字。 ② 朔为诸侯所纳，不称归而以国逆为文，朔惧失众心，以国逆告也。归入例在成十八年。 ③ 无传。告于庙也。 ④ 无传。为灾。【释文】螟，亡丁切。 ⑤《公羊》、《穀梁》经、传皆言卫宝，此传亦言宝，唯此经言俘，疑经误。俘，囚也。【释文】俘，芳夫切。

【传】

六年春，王人救卫。夏，卫侯入，放公子黔牟于周，放宁跪于秦，杀左公子泄、右公子职[①]，乃即位。君子以二公子之立黔牟为不度矣。夫能固位者，必度于本末而后立衷焉。不知其本，不谋；知本之不枝，弗强[②]。《诗》云："本枝百世[③]。"

① 宁跪，卫大夫。宥之以远曰放。【释文】宁，乃定切。跪，其毁切。宥，音又。　② 本末，终始也。衷，节适也。譬之树木，本弱者其枝必披，非人力所能强成。【释文】度，待洛切。衷，丁仲切，注同，王音忠。强，其丈切，注同。披，普靡切，又普知切。　③《诗·大雅》，言文王本枝俱茂，蕃滋百世也。【释文】蕃，音烦。

冬，齐人来归卫宝，文姜请之也[①]。

① 公亲与齐共伐卫，事毕而还，文姜淫于齐侯，故求其所获珍宝，使以归鲁，欲说鲁以谢惭。【释文】说，音悦。

楚文王伐申，过邓，邓祁侯曰："吾甥也[①]。"止而享之。骓甥、聃甥、养甥请杀楚子[②]，邓侯弗许。三甥曰："亡邓国者，必此人也。若不早图，后君噬齐[③]，其及图之乎！图之，此为时矣。"邓侯曰："人将不食吾余[④]。"对曰："若不从三臣，抑社稷实不血食，而君焉取余[⑤]？"弗从。还年，楚子伐邓[⑥]。十六年，楚复伐邓，灭之[⑦]。

① 祁，谥也。姊妹之子曰甥。【释文】祁，巨支切，《字林》上尸切。　② 皆邓甥，仕于舅氏也。【释文】骓，音隹。　③ 若啮腹齐，喻不可及。【释文】噬，市制切。齐，粗兮切。啮，五结切。　④ 言自害其甥，必为人所贱。　⑤ 言君无复余。【释文】焉，於虔切。复，扶又切。　⑥ 伐申还之年。　⑦ 鲁庄公十六年，楚终强盛，为经书楚事张本。

庄公七年

【经】

七年春，夫人姜氏会齐侯于防①。

夏四月辛卯，夜，恒星不见②。夜中，星陨如雨③。

秋，大水④。

无麦、苗⑤。

冬，夫人姜氏会齐侯于穀⑥。

① 防，鲁地。 ② 恒，常也。谓常见之星。辛卯，四月五日，月光尚微，盖时无云，日光不以昏没。【释文】见，贤遍切，注及传皆同。 ③ 如，而也。夜半乃有云，星落而且雨，其数多，皆记异也。日光不匿，恒星不见，而云夜中者，以水漏知之。夜中，夜半也。【释文】中，丁仲切，又如字。陨，于闵切，落也。匿，女力切。 ④ 无传。 ⑤ 今五月，周之秋。平地水出，漂杀熟麦及五稼之苗。【释文】漂，匹妙切，又匹遥切。 ⑥ 无传。穀，齐地，今(齐)[济]北穀城县。

【传】

七年春，文姜会齐侯于防，齐志也①。

① 文姜数与齐侯会，至齐地则奸发夫人，至鲁地则齐侯之志，故传略举二端以言之。【释文】数，音朔。

夏，恒星不见，夜明也。星陨如雨，与雨偕也①。

① 偕，俱也。【释文】偕，音皆。

秋，无麦苗，不害嘉谷也①。

① 黍稷尚可更种，故曰不害嘉谷。

庄公八年

【经】

八年春，王正月，师次于郎以俟陈人、蔡人①。

甲午，治兵②。

夏，师及齐师围郕，郕降于齐师③。

秋，师还④。

冬十有一月癸未，齐无知弑其君诸儿⑤。

① 无传。期共伐郕，陈、蔡不至，故驻师于郎以待之。 ② 治兵于庙，习号令，将以围郕。 ③ 二国同讨而齐独纳郕。【释文】降，户江切，传皆同。 ④ 时史善公克己复礼，全军而还，故特书师还。 ⑤ 称臣，臣之罪也。【释文】儿，如字，一音五兮切。

【传】

八年春，治兵于庙，礼也。

夏，师及齐师围郕，郕降于齐师。仲庆父请伐齐师①。公曰："不可。我实不德，齐师何罪？罪我之由。《夏书》曰：'皋陶迈种德②，德，乃降。'姑务修德以待时乎③！"秋，师还。君子是以善鲁庄公④。

① 齐不与鲁共其功，故欲伐之。 ②《夏书》，逸《书》也，称皋陶能勉种德。迈，勉也。【释文】夏，户雅切，后放此。陶，音遥。 ③ 言苟有德，乃为人所降服。姑，且也。 ④ 传言经所以即用旧史之文。

齐侯使连称、管至父戍葵丘①。瓜时而往，曰："及瓜而代。"期戍，公问不至②。请代，弗许。故谋作乱。僖公之母弟曰夷仲年，生公孙无知，有宠于僖公，衣服礼秩如適③，襄公绌之。二人因之以作乱④。连称有从妹在公宫，无宠，使间公⑤，曰："捷，吾以女为夫人⑥。"

① 连称、管至父，皆齐大夫。戍，守也。葵丘，齐地，临淄县西有地名葵丘。【释文】称，尺证切，又如字。 ② 问，命也。【释文】期，音基，本亦作"朞"。③ 適，大子。【释文】適，丁历切。 ④ 二人，连称、管至父。【释文】绌，敕律切。⑤ 伺公之间隙。【释文】从，才用切，下"从者"同。间，如字，注同。或古苋切，非。 ⑥ 捷，克也。宣无知之言。【释文】捷，在接切。女，音汝。

冬十二月，齐侯游于姑棼，遂田于贝丘①。见大豕，从者曰："公子彭生也②！"公怒曰："彭生敢见！"射之，豕人立而啼。公惧，队于车，伤足，丧屦。反，诛屦于徒人费③，弗得，鞭之，见血。走出，遇贼于门，劫而束之。费曰："我奚御哉！"袒而示之背，信之。费请先入④，伏公而出，斗，死于门中。石之纷如死于阶下⑤。遂入，杀孟阳于床⑥，曰："非君也，不类。"见公之足于户下，遂弑之，而立无知⑦。

① 姑棼、贝丘，皆齐地。田，猎也。乐安博昌县南有地名贝丘。【释文】棼，扶云切。贝，补盖切。乐，音洛。 ② 公见大豕而从者见彭生，皆妖鬼。③ 诛，责也。【释文】见，贤遍切。射，食亦切。啼，田兮切。队，直类切。丧，息浪切。屦，九具切。费，音秘。 ④ 诈欲助贼。【释文】御，鱼吕切。袒，音但。⑤ 石之纷如，齐小臣，亦斗死。【释文】纷，敷文切。 ⑥ 孟阳，亦小臣，代公居床。【释文】床，士良切。 ⑦ 经书十一月癸未，《长历》推之月六日也。传云十二月，传误。

初，襄公立，无常①。鲍叔牙曰："君使民慢，乱将作矣。"奉公子小白出奔莒②。乱作，管夷吾、召忽，奉公子纠来奔③。

初，公孙无知虐于雍廪④。

① 政令无常。 ② 鲍叔牙，小白傅。小白，僖公庶子。【释文】鲍，步卯切。 ③ 管夷吾、召忽，皆子纠傅也。子纠，小白庶兄。来不书，皆非卿也。为九年公伐齐纳子纠、齐小白入于齐传。【释文】召，时照切。纠，居黝切。 ④ 雍廪，齐大夫。为杀无知传。【释文】廪，力锦切。

庄公九年

【经】

九年春，齐人杀无知[①]。

公及齐大夫盟于蔇[②]。

夏，公伐齐，纳子纠。齐小白入于齐[③]。

秋七月丁酉，葬齐襄公[④]。

八月庚申，及齐师战于乾时，我师败绩[⑤]。

九月，齐人取子纠，杀之[⑥]。

冬，浚洙[⑦]。

①无知弑君而立，未列于会，故不书爵。例在成十六年。　② 齐乱无君，故大夫得敌于公，盖欲迎子纠也。来者非一人，故不称名。蔇，鲁地，琅邪缯县北有蔇亭。【释文】蔇，其器切。缯，才陵切。　③（一）[二]公子各有党，故虽盟而迎子纠，当须伐乃得入，又出在小白之后。小白称入，从国逆之文，本无位。④ 无传。九月乃葬，乱故。　⑤ 小白既定而公犹不退师，历时而战，战遂大败。不称公战，公败讳之。乾时，齐地，时水在乐安界，岐流，旱则竭涸，故曰乾时。【释文】乾，音干。岐，其宜切，又巨移切。涸，户各切。　⑥ 公子为贼乱，则书。齐实告杀而书齐取杀者，时史恶齐志在谲以求管仲，非不忍其亲，故极言之。【释文】恶，乌路切。谲，古穴切。　⑦ 无传。洙水在鲁城北，下合泗。浚深之，为齐备。【释文】浚，苏俊切。洙，音殊，水名。泗，音四。

【传】

九年春，雍廪杀无知。

公及齐大夫盟于蔇。齐无君也。

夏，公伐齐，纳子纠。桓公自莒先入[①]。

秋，师及齐师战于乾时，我师败绩，公丧戎路，传乘而归②。秦子、梁子以公旗辟于下道③，是以皆止④。

① 桓公，小白。 ② 戎路，兵车。传乘，乘他车。【释文】丧，息浪切。传，直专切，又丁恋切。乘，绳证切，注、传"乘"同。乘他车，如字。 ③ 二子，公御及戎右也，以误齐师。【释文】辟，音避，本亦作"避"，又婢亦切。 ④ 止，获也。

鲍叔帅师来言曰："子纠，亲也，请君讨之①。管、召，仇也，请受而甘心焉②。"乃杀子纠于生窦③，召忽死之。管仲请囚，鲍叔受之，及堂阜而税之④。归而以告曰："管夷吾治于高傒⑤，使相可也⑥。"公从之。

① 鲍叔乘胜而进军，志在生得管仲，故托不忍之辞。 ② 管仲射桓公，故曰仇。甘心，言欲快意戮杀之。【释文】召，时照切。仇，市由切。射，食亦切。③ 生窦，鲁地。【释文】窦，音豆。 ④ 堂阜，齐地，东莞蒙阴县西北有夷吾亭，或曰鲍叔解夷吾缚于此，因以为名。【释文】税，本又作"说"，同，吐活切，又失锐切。解，姑蟹切。缚，扶略切。 ⑤高傒，齐卿高敬仲也。言管仲治理政事之才多于敬仲。【释文】治，直吏切。傒，音兮。 ⑥【释文】相，息亮切。

庄公十年

【经】

十年春，王正月，公败齐师于长勺①。

二月，公侵宋②。

三月，宋人迁宿③。

夏六月，齐师、宋师次于郎④。

公败宋师于乘丘⑤。

秋九月，荆败蔡师于莘⑥，以蔡侯献舞归⑦。

冬十月，齐师灭谭⑧。谭子奔莒⑨。

① 齐人虽成列，鲁以权谲稽之，列成而不得用，故以未陈为文。例在十一年。长勺，鲁地。【释文】勺，上酌切。陈，直觐切，十一年经注同。 ② 无传。

侵例在二十九年。　③ 无传。宋强迁之而取其地，故文异于邢迁。【释文】强，其丈切。　④ 不言侵伐，齐为兵主，背蔇之盟，义与长勺同。【释文】背，音佩，传同。　⑤ 乘丘，鲁地。【释文】乘，绳证切。　⑥ 荆，楚本号，后改为楚。楚辟陋在夷，于此始通上国，然告命之辞犹未合典礼，故不称将帅。莘，蔡地。【释文】莘，所巾切。率，子匠切，又作"帅"，同，所类切。　⑦ 献舞，蔡季。　⑧ 谭国在济南平陵县西南。传曰："谭无礼。"此直释所以见灭，经无义例，他皆放此。灭例在文十五年。【释文】谭，徒南切。　⑨ 不言出奔，国灭无所出。

【传】

十年春，齐师伐我[①]。公将战，曹刿请见[②]。其乡人曰："肉食者谋之，又何间焉[③]。"刿曰："肉食者鄙，未能远谋。"乃入见。问"何以战?"公曰："衣食所安，弗敢专也，必以分人。"对曰："小惠未徧，民弗从也[④]。"公曰："牺牲玉帛，弗敢加也，必以信[⑤]。"对曰："小信未孚，神弗福也[⑥]。"公曰："小大之狱，虽不能察，必以情[⑦]。"对曰："忠之属也[⑧]，可以一战，战则请从。"公与之乘[⑨]，战于长勺。

① 不书侵伐，齐背蔇之盟，我有辞。　② 曹刿，鲁人。【释文】刿，古卫切。见，贤遍切。　③ 肉食，在位者。间，犹与也。【释文】间，间厕之间。与，音预。④ 分公衣食，所惠不过左右，故曰未徧。【释文】徧，音遍。　⑤ 祝辞不敢以小为大，以恶为美。【释文】牺，许宜切。　⑥ 孚，大信也。　⑦ 必尽己情。察，审也。　⑧ 上思利民，忠也。【释文】属，音蜀。　⑨ 共乘兵车。【释文】从，才用切。乘，绳证切。

公将鼓之，刿曰："未可。"齐人三鼓，刿曰："可矣。"齐师败绩。公将驰之，刿曰："未可。"下视其辙[①]，登轼而望之，曰："可矣。"遂逐齐师。

既克，公问其故，对曰："夫战，勇气也。一鼓作气，再而衰，三而竭。彼竭我盈，故克之。夫大国难测也，惧有伏焉[②]。吾视其辙乱，望其旗靡，故逐之[③]。"

①视车迹也。【释文】三，息暂切，又如字。辙，直列切。　② 恐诈奔。【释

文】轼，音式。伏，如字，旧扶又切。 ③ 旗靡辙乱，怖遽。【释文】旗，音其。靡，音美。怖，普布切。遽，其据切。

夏六月，齐师、宋师次于郎。公子偃曰："宋师不整，可败也①。宋败，齐必还，请击之。"公弗许。自雩门窃出，蒙皋比而先犯之②。公从之，大败宋师于乘丘。齐师乃还。

① 公子偃，鲁大夫。 ② 雩门，鲁南城门。皋比，虎皮。【释文】雩，音于。比，音毗。

蔡哀侯娶于陈，息侯亦娶焉。息妫将归，过蔡。蔡侯曰："吾姨也①。"止而见之，弗宾②。息侯闻之，怒，使谓楚文王曰："伐我，吾求救于蔡而伐之。"楚子从之。秋九月，楚败蔡师于莘，以蔡侯献舞归。

① 妻之姊妹曰姨。 ② 不礼敬也。

齐侯之出也，过谭，谭不礼焉。及其入也，诸侯皆贺，谭又不至①。冬，齐师灭谭，谭无礼也。谭子奔莒，同盟故也②。

① 以九年入。【释文】过，古禾切。 ② 传言谭不能及远，所以亡。

庄公十一年

【经】

十有一年春，王正月①。

夏五月戊寅，公败宋师于鄑②。

秋，宋大水③。

冬，王姬归于齐④。

① 无传。 ② 鄑，鲁地。传例曰："敌未陈曰败某师。"【释文】鄑，子靳切。③ 公使吊之，故书。 ④ 鲁主昏，不书齐侯逆，不见公。

【传】

十一年夏,宋为乘丘之役故,侵我。公御之,宋师未陈而薄之,败诸鄑。凡师,敌未陈曰败某师①,皆陈曰战②,大崩曰败绩③,得儁曰克④,覆而败之曰取某师⑤,京师败曰王师败绩于某⑥。

① 通谓设权谲变诈以胜敌,彼我不得成列,成列而不得用,故以未陈独败为文。【释文】为,于伪切。陈,直觐切。 ② 坚而有备,各得其所,成败决于志力者也。 ③ 师徒挠败,若沮岸崩山,丧其功绩,故曰败绩。【释文】挠,乃孝切,又乃巧切。沮,在吕切,坏也,又子余切,岸崩谓之沮。丧,息浪切。 ④ 谓若大叔段之比,才力足以服众,威权足以自固。进不成,为外寇强敌,退复狡壮,有二君之难而实非二君,克而胜之,则不言彼败绩,但书所克之名。【释文】儁,音俊,本或作"俊"。比,必利切。复,扶又切。狡,交卯切。壮,侧亮切。难,乃旦切。 ⑤ 覆,谓威力兼备,若罗网所掩覆,一军皆见擒制,故以取为文。⑥ 王者无敌于天下,天下非所得与战者。然春秋之世,据有其事,事列于经,则不得不因申其义。有时而败,则以自败为文,明天下莫之得校。【释文】京师败,本或作"京师败绩"者,非。校,音教。

秋,宋大水。公使吊焉,曰:"天作淫雨,害于粢盛,若之何不吊①?"对曰:"孤实不敬,天降之灾,又以为君忧,拜命之辱②。"臧文仲曰:"宋其兴乎③!禹、汤罪己,其兴也悖焉④。桀、纣罪人,其亡也忽焉⑤。且列国有凶称孤,礼也⑥。言惧而名礼,其庶乎⑦。"既而闻之曰公子御说之辞也⑧。臧孙达曰:"是宜为君,有恤民之心。"

① 不为天所愍吊。 ② 谢辱厚命。 ③ 臧文仲,鲁大夫。 ④ 悖,盛貌。【释文】悖,蒲忽切,一作"勃",同。 ⑤ 忽,速貌。【释文】纣,直久切。⑥ 列国,诸侯。无凶则常称寡人。 ⑦ 言惧,罪己。名礼,称孤。其庶,庶几于兴。【释文】言惧而名礼,绝句。或以"名"绝句者,非。 ⑧ 宋庄公子。【释文】御,鱼吕切,本或作"禦"。说,音悦。

冬,齐侯来逆共姬①。

① 齐桓公也。【释文】共,音恭。

乘丘之役[1]，公以金仆姑射南宫长万[2]，公右歂孙生搏之[3]。宋人请之。宋公靳之[4]，曰："始吾敬子，今子，鲁囚也，吾弗敬子矣。"病之[5]。

① 在十年。 ② 金仆姑，矢名。南宫长万，宋大夫。【释文】射，食亦切。长，丁丈切。 ③ 搏，取也。不书获，万时未为卿。【释文】歂，市专切。搏，音博。 ④ 戏而相愧曰靳。鲁听其得还。【释文】靳，居觐切，服云：耻而恶之曰靳。 ⑤ 万不以为戏而以为己病，为宋万弑君传。

庄公十二年

【经】

十有二年春，王三月，纪叔姬归于酅[1]。

夏四月。

秋八月甲午，宋万弑其君捷及大夫仇牧[2]。

冬十月，宋万出奔陈[3]。

① 无传。纪侯去国而死，叔姬归鲁。纪季自定于齐而后归之，全守节义，以终妇道，故系之纪，而以初嫁为文，贤之也。来归不书，非宁，且非大归。【释文】酅，音携。 ② 捷，闵公。不书葬，乱也。万及仇牧皆宋卿，仇牧称名，不警而遇贼，无善事可褒。【释文】警，居领切。 ③ 奔例在宣十年。

【传】

十二年秋，宋万弑闵公于蒙泽[1]。遇仇牧于门，批而杀之[2]。遇大宰督于东宫之西，又杀之[3]。立子游[4]。群公子奔萧，公子御说奔亳[5]。南宫牛、猛获帅师围亳[6]。

① 蒙泽，宋地。梁国(在)[有]蒙县。 ② 手批之。【释文】批，音普迷切，又蒲穴切，《字林》云击也，父迷、父节二切。 ③ 杀督不书，宋不以告。【释文】大，音泰。 ④ 子游，宋公子。 ⑤ 萧，宋邑，今沛国萧县。亳，宋邑，蒙县西北

有亳城。【释文】亳,步各切。 ⑥ 牛,长万之子。猛获,其党。

冬十月,萧叔大心①及戴、武、宣、穆、庄之族②以曹师伐之。杀南宫牛于师,杀子游于宋,立桓公③。猛获奔卫。南宫万奔陈,以乘车辇其母,一日而至④。

① 叔,萧大夫名。 ② 宋五公之子孙。 ③ 桓公,御说。 ④ 乘车,非兵车。驾人曰辇。宋去陈二百六十里,言万之多力。【释文】南宫万奔陈,本或作"长万",长,衍字也。下亦然。乘,绳证切,注同。

宋人请猛获于卫,卫人欲勿与。石祁子曰:"不可①。天下之恶一也,恶于宋而保于我,保之何补?得一夫而失一国,与恶而弃好,非谋也②。"卫人归之。亦请南宫万于陈,以赂。陈人使妇人饮之酒,而以犀革裹之,比及宋,手足皆见。宋人皆醢之③。

① 石祁子,卫大夫。 ② 宋、卫本同好国。【释文】好,呼报切,注同。 ③ 醢,肉酱。并醢猛获,故言皆。【释文】于陈以赂,绝句。饮,於鸩切。犀,音西。裹,音果。比,必利切。见,贤遍切。醢,音海。

庄公十三年

【经】

十有三年春,齐侯、宋人、陈人、蔡人、邾人会于北杏①。

夏六月,齐人灭遂②。

秋七月。

冬,公会齐侯,盟于柯③。

① 北杏,齐地。【释文】杏,户猛切。 ② 遂国在济北蛇丘县东北。【释文】蛇,音移。 ③ 此柯,今济北东阿,齐之阿邑,犹祝柯今为祝阿。【释文】柯,古何切。

【传】

十三年春，会于北杏，以平宋乱①，遂人不至。夏，齐人灭遂而戍之②。

① 宋有弑君之乱，齐桓欲修霸业。　② 戍，守也。

冬，盟于柯，始及齐平也①。

① 始与齐桓通好。【释文】好，呼报切。

宋人背北杏之会①。

①【释文】背，音佩，十四年经注同。

庄公十四年

【经】

十有四年春，齐人、陈人、曹人伐宋①。

夏，单伯会伐宋②。

秋七月，荆入蔡③。

冬，单伯会齐侯、宋公、卫侯、郑伯于鄄④。

① 背北杏会故。　② 既伐宋，单伯乃至，故曰会伐宋。单伯，周大夫。　③ 入例在文十五年。　④ 鄄，卫地，今东郡甄城也。齐桓修霸业，卒平宋乱，宋人服从，欲归功天子，故赴以单伯会诸侯为文。【释文】鄄，音绢。甄，音绢，又音真，或音旃，又举然切，或作"鄄"。

【传】

十四年春，诸侯伐宋，齐请师于周①。夏，单伯会之，取成于宋而还。

① 齐欲崇天子，故请师，假王命以示大顺。经书人，传言诸侯者，总众国之辞。

郑厉公自栎侵郑①，及大陵，获傅瑕②。傅瑕曰："苟舍我，吾请纳君。”与之盟而赦之。六月甲子，傅瑕杀郑子及其二子而纳厉公③。

① 厉公以桓十五年入栎，遂居之。【释文】栎，音历。 ② 大陵，郑地。傅瑕，郑大夫。 ③ 郑子，庄四年称伯，会诸侯。今见杀不称君，无谥者。微弱，臣子不以君礼成丧告诸侯。【释文】舍，音捨。郑子，子仪。

初，内蛇与外蛇斗于郑南门中，内蛇死。六年而厉公入。公闻之，问于申繻曰：“犹有妖乎？”对曰：“人之所忌，其气焰以取之，妖由人兴也①。人无衅焉，妖不自作。人弃常则妖兴，故有妖。”

①《尚书·洛诰》：“无若火始焰焰。”未盛而进退之时，以喻人心不坚正。【释文】蛇，市奢切。繻，音须。妖，于骄切。焰，音艳，注同。诰，古报切。

厉公入，遂杀傅瑕。使谓原繁曰：“傅瑕贰①，周有常刑，既伏其罪矣。纳我而无二心者，吾皆许之上大夫之事，吾愿与伯父图之②。且寡人出，伯父无裏言③，入，又不念寡人④，寡人憾焉。”对曰：“先君桓公命我先人典司宗祏⑤。社稷有主而外其心，其何贰如之？苟主社稷，国内之民，其谁不为臣？臣无二心，天之制也。子仪在位十四年矣⑥，而谋召君者，庸非贰乎⑦？庄公之子犹有八人，若皆以官爵行赂劝贰而可以济事，君其若之何？臣闻命矣。”乃缢而死⑧。

① 言有二心于己。【释文】衅，许靳切。 ② 上大夫，卿也。伯父谓原繁，疑原繁有二心。 ③ 无纳我之言。【释文】裏，音里。 ④ 不亲附己。 ⑤ 桓公，郑始受封君也。宗祏，宗庙中藏主石室。言己世为宗庙守臣。【释文】憾，户暗切。祏，音石，藏主石函也。守，手又切。 ⑥ 子仪，郑子也。⑦ 庸，用也。⑧【释文】庄公之子，犹有八人，传唯见四人，子忽、子亹、子仪并死，独厉公在。八人名字，记传无闻。缢，一赐切。

蔡哀侯为莘故，绳息妫以语楚子①。楚子如息，以食入享，遂灭息②，以息妫归，生堵敖及成王焉。未言③，楚子问之，对曰：“吾一妇人而事二夫，纵弗能死，其又奚言？”楚子以蔡侯灭息，遂伐蔡[4]。秋七月，楚入蔡。

君子曰："《商书》所谓'恶之易也，如火之燎于原，不可乡迩，其犹可扑灭'者，其如蔡哀侯乎[5]！"

① 莘役在十年。绳，誉也。【释文】为，于伪切。莘，所巾切。语，鱼据切。绳，食承切，《说文》作"譝"。誉，音余，又如字。 ② 伪设享食之具。【释文】食，音嗣。 ③ 未与王言。【释文】堵，丁古切。敖，五羔切。杜云：楚人谓未成君为敖，《史记》作"杜敖"。 ④ 欲以说息妫。【释文】说，音悦。 ⑤《商书·盘庚》，言恶易长而难灭。【释文】易，以豉切，注同。燎，力召切，又力吊切。乡，许亮切。扑，普卜切。盘，步干切，本又作"般"。长，丁丈切。

冬，会于鄄，宋服故也。

庄公十五年

【经】

十有五年春，齐侯、宋公、陈侯、卫侯、郑伯会于鄄。

夏，夫人姜氏如齐[1]。

秋，宋人、齐人、邾人伐郳[2]。

郑人侵宋。

冬十月。

① 无传。夫人，文姜，齐桓公姊妹。父母在则礼有归宁，没则使卿宁。 ② 宋主兵，故序齐上。【释文】郳，五兮切。

【传】

十五年春，复会焉，齐始霸也[1]。

① 始为诸侯长。【释文】复，扶又切。长，丁丈切。

秋，诸侯为宋伐郳[1]。郑人间之而侵宋[2]。

① 郳，附庸，属宋而叛，故齐桓为之伐郳。【释文】为，于伪切。 ②【释

文】间，间厕之间，一本作“闻”。

庄公十六年

【经】

十有六年春，王正月。

夏，宋人、齐人、卫人伐郑[1]。

秋，荆伐郑。

冬十有二月，会齐侯、宋公、陈侯、卫侯、郑伯、许男、滑伯、滕子同盟于幽[2]。

邾子克卒[3]。

① 宋主兵也。班序上下，以国大小为次，征伐则以主兵为先，《春秋》之常也。他皆放此。 ② 书会，鲁会之。不书其人，微者也。言同盟，服异也。陈国小，每盟会皆在卫下，齐桓始霸，楚亦始强，陈侯介于二大国之间而为三恪之客，故齐桓因而进之，遂班在卫上，终于《春秋》。滑国都费，河南缑氏县。幽，宋地。【释文】介，音界。恪，苦各切。一本或无“之客”二字。费，扶味切，又音秘。缑，古侯切，又苦侯切。 ③ 无传。克，仪父名。称子者，盖齐桓请王命以为诸侯，再同盟。

【传】

十六年夏，诸侯伐郑，宋故也[1]。

① 郑侵宋故。【释文】宋故也，本或作“为宋故”。

郑伯自栎入[1]，缓告于楚。秋，楚伐郑，及栎，为不礼故也。

郑伯治与于雍纠之乱者[2]。九月，杀公子阏，刖强鉏[3]。公父定叔出奔卫[4]。三年而复之，曰：“不可使共叔无后于郑。”使以十月入，曰：“良月也，就盈数焉[5]。”君子谓：“强鉏不能卫其足⑥。”

① 在十四年。 ② 在桓十五年。【释文】为，于伪切，下同。与，音预。 ③ 二子，祭仲党。断足曰刖。【释文】公子阏，安末切。案：隐十一年，郑有公子阏，距此三十五年，不容复有公子阏。若非“阏”字误，则“子”当作“孙”。刖，音月，又五刮切。鉏，仕鱼切。断，丁管切。 ④ 共叔段之孙。定，谥也。【释文】父，音甫，王音如字。共，音恭。 ⑤ 数满于十。 ⑥ 言其不能早辟害。

冬，同盟于幽，郑成也。

王使虢公命曲沃伯以一军为晋侯①。初，晋武公伐夷，执夷诡诸②，蒍国请而免之③。既而弗报④，故子国作乱，谓晋人曰：“与我伐夷而取其地⑤。”遂以晋师伐夷，杀夷诡诸。周公忌父出奔虢⑥。惠王立而复之⑦。

① 曲沃武公遂并晋国，僖王因就命为晋侯。小国，故一军。【释文】并，如字；王，必政切。 ② 夷诡诸，周大夫。夷，采地名。【释文】诡，九委切。采，七代切，后放此。 ③ 蒍国，周大夫。【释文】蒍，于委切。 ④ 诡诸不报施于蒍国。【释文】施，始豉切。 ⑤ 使晋取夷地。 ⑥ 周公忌父，王卿士，辟子国之难。【释文】难，乃旦切。 ⑦ 鲁桓十五年经书“桓王崩”，鲁庄三年经书“葬桓王”。自此以来，周有庄王，又有僖王，崩、葬皆不见于经传。王室微弱，不能复自通于诸侯，故传因周公忌父之事而见惠王。惠王立在此年之末。【释文】见，贤遍切，下同。复，扶又切。

庄公十七年

【经】

十有七年春，齐人执郑詹①。

夏，齐人歼于遂②。

秋，郑詹自齐逃来③。

冬，多麋④。

① 齐桓始伯，郑既伐宋，又不朝齐。詹为郑执政大臣，诣齐见执，不称行

人，罪之也。行人例在襄十一年。诸执大夫，皆称人以执之，大夫贱故。【释文】詹，之廉切。伯，音霸，又如字，本又作“霸”。 ② 歼，尽也。齐人戍遂，玩而无备，遂人讨而尽杀之，故时史因以自尽为文。【释文】歼，子廉切。玩，五乱切。尽，津忍切。 ③ 无传。詹不能伏节守死，以解国患，而遁逃苟免，书逃以贱之。【释文】遁，徒逊切。 ④ 无传。麋多则害五稼，故以灾书。【释文】麋，亡悲切。

【传】

十七年春，齐人执郑詹，郑不朝也。

夏，遂因氏、颌氏、工娄氏、须遂氏飨齐戍，醉而杀之，齐人歼焉[①]。

① 飨，酒食也。四族，遂之强宗。齐灭遂，戍之，在十三年。【释文】颌，乌纳切，又苦答切。娄，力侯切。飨，本又作“享”。

庄公十八年

【经】

十有八年春，王三月，日有食之[①]。

夏，公追戎于济西[②]。

秋，有蜮[③]。

冬十月。

① 无传。不书日，官失之。 ② 戎来侵鲁，公逐之于济水之西。 ③ 蜮，短狐也。盖以含沙射人为灾。【释文】蜮，本又作“蜮”，音或，《本草》谓之射工。短，本又作“断”，同，丁管切。狐，又作“弧”，音胡。射，食亦切。

【传】

十八年春，虢公、晋侯朝王，王飨醴，命之宥[①]，皆赐玉五瑴，马三匹，非礼也[②]。王命诸侯，名位不同，礼亦异数，不以礼假人③。

① 王之觐群后，始则行飨礼，先置醴酒，示不忘古。饮宴则命以币物。宥，助也，所以助欢敬之意，言备设。【释文】醴，音礼。宥，音又。 ② 双玉为瑴。【释文】瑴，音角，又作“珏”。 ③ 侯而与公同赐，是借人礼。【释文】借，子夜切。

虢公、晋侯、郑伯使原庄公逆王后于陈。陈妫归于京师①，实惠后②。

① 虢、晋朝王，郑伯又以齐执其卿，故求王为援，皆在周，倡义为王定昏，陈人敬从，得同姓宗国之礼，故传详其事。不书，不告。【释文】为，于伪切。 ② 陈妫后号惠后，宠爱少子，乱周室，事在僖二十四年，故传于此并正其后称。【释文】少，诗照切。称，尺证切。

夏，公追戎于济西。不言其来，讳之也①。

① 戎来侵鲁，鲁人不知，去乃追之，故讳不言其来。

秋，有蜮，为灾也。

初，楚武王克权，使鬥缗尹之①。以叛，围而杀之②。迁权于那处③，使阎敖尹之④。及文王即位，与巴人伐申而惊其师⑤。巴人叛楚而伐那处，取之，遂门于楚⑥。阎敖游涌而逸⑦，楚子杀之，其族为乱。冬，巴人因之以伐楚。

① 权，国名，南郡当阳县东南有权城。鬥缗，楚大夫。【释文】缗，亡巾切。 ② 缗以权叛。【释文】以叛，绝句。本或作“畔”，俗字也。 ③ 那处，楚地，南郡编县东南有那口城。【释文】那，又作“䣊”，同，乃多切。处，昌吕切，又昌虑切。编，必绵切，又步典切。 ④ 阎敖，楚大夫。 ⑤ 惊巴师。 ⑥ 攻楚城门。 ⑦ 涌水在南郡华容县。阎敖既不能守城，又游涌水而走。【释文】涌，音勇，水名。

庄公十九年

【经】

十有九年春，王正月。

夏四月。

秋，公子结媵陈人之妇于鄄，遂及齐侯、宋公盟[①]。

夫人姜氏如莒[②]。

冬，齐人、宋人、陈人伐我西鄙[③]。

① 无传。公子结，鲁大夫。《公羊》、《穀梁》皆以为鲁女媵陈侯之妇，其称陈人之妇，未入国，略言也。大夫出竟，有可以安社稷、利国家者，则专之可也。结在鄄，闻齐、宋有会，权事之宜，去其本职，遂与二君为盟，故备书之。本非鲁公意，而又失媵陈之好，故冬各来伐。【释文】媵，以证切，又绳证切。竟，音境。好，呼报切。　② 无传。非父母国而往，书奸。　③ 无传。幽之盟，鲁使微者会，鄄之盟又使媵臣行，所以受敌。鄙，边邑。

【传】

十九年春，楚子御之，大败于津[①]。还，鬻拳弗纳。遂伐黄[②]，败黄师于踖陵[③]。还，及湫，有疾[④]。夏六月庚申卒，鬻拳葬诸夕室[⑤]，亦自杀也，而葬于绖皇[⑥]。

① 御巴人，为巴人所败。津，楚地，或曰江陵县有津乡。　② 鬻拳，楚大阍。黄，嬴姓国，今弋阳县。【释文】鬻，音育。拳，求圆切。阍，音昏，守门人也。嬴，音盈，姓也，字从女。　③ 踖陵，黄地。【释文】踖，在亦切，又七略切。④ 南郡鄀县东南有湫城。【释文】湫，子小切。鄀，音若。　⑤ 夕室，地名。【释文】夕，朝夕之夕。　⑥ 绖皇，冢前阙。生守门，故死不失职。【释文】绖，田结切。绖皇，阙也。

初，鬻拳强谏楚子，楚子弗从，临之以兵，惧而从之。鬻拳曰："吾惧君以兵，罪莫大焉。"遂自刖也。楚人以为大阍，谓之大伯[①]，使其后掌之[②]。君子曰："鬻拳可谓爱君矣，谏以自纳于刑，刑犹不忘纳君于善[③]。"

① 若今城门校尉官。【释文】强，其丈切。大，音泰。校，户教切，字从木。② 使其子孙常主此官。　③ 言爱君，明非臣法也。楚能尽其忠爱，所以兴。

初，王姚嬖于庄王，生子颓[①]。子颓有宠，𫇭国为之师。及惠王即位[②]，取𫇭国之圃以为囿[③]，边伯之宫近于王宫，王取之④。王夺子禽、祝跪与詹父田⑤，而收膳夫之秩⑥，故蒍国、边伯、石速、詹父、子禽、祝跪作乱，因苏氏⑦。秋，五大夫奉子颓以伐王⑧，不克，出奔温⑨。苏子奉子颓以奔卫。卫师、燕师伐周⑩。冬，立子颓。

① 王姚，庄王之妾也，姚姓。【释文】姚，羊消切。嬖，必计切。颓，徒回切。② 周惠王，庄王孙。 ③ 圃，园也。囿，苑也。【释文】圃，必古切，又音布。囿，音又，徐于目切。苑，于阮切。 ④ 边伯，周大夫。【释文】近，附近之近。⑤ 三子，周大夫。【释文】跪，求委切。 ⑥ 膳夫，石速也。秩，禄也。【释文】收，式周切。 ⑦ 苏氏，周大夫，桓王夺其十二邑以与郑，自此以来遂不和。⑧ 石速，士也，故不在五大夫数。 ⑨ 温，苏氏邑。 ⑩ 燕，南燕。

庄公二十年

【经】

二十年春，王二月，夫人姜氏如莒①。

夏，齐大灾②

秋七月。

冬，齐人伐戎③。

① 无传。 ② 无传。来告以火，故书。天火曰灾，例在宣十六年。③ 无传。

【传】

二十年春，郑伯和王室，不克①。执燕仲父②。夏，郑伯遂以王归。王处于栎。秋，王及郑伯入于邬③，遂入成周，取其宝器而还。冬，王子颓享五大夫，乐及徧舞④。郑伯闻之，见虢叔⑤，曰："寡人闻之，哀乐失时，殃咎必至。今王子颓歌舞不倦，乐祸也。夫司寇行戮⑥，君为之不举⑦，而况敢乐祸乎！奸王之位，祸孰大焉？临祸忘忧，忧必及之。盍纳王乎？”虢公曰：“寡人之愿也[⑧]。”

① 克，能也。 ② 燕仲父，南燕伯，为伐周故。【释文】为，于伪切。 ③ 邬，王所取郑(也)[邑]。【释文】邬，乌苦切。 ④ 皆舞六代之乐。【释文】徧，音遍。 ⑤ 叔，虢公字。 ⑥ 司寇，刑官。【释文】乐，音洛。殃，於良切。咎，其九切。 ⑦ 去盛馔。【释文】去，起吕切。馔，仕眷切。 ⑧【释文】奸，音干。盍，胡腊切，何不也。

庄公二十一年

【经】

二十有一年春，王正月。

夏五月辛酉，郑伯突卒[①]。

秋七月戊戌，夫人姜氏薨[②]。

冬十有二月，葬郑厉公[③]。

① 十六年与鲁大夫盟于幽。 ② 无传。薨寝祔姑，赴于诸侯，故具小君礼书之。【释文】祔，音附。 ③ 无传。八月乃葬，缓慢也。

【传】

二十一年春，胥命于弭。夏，同伐王城[①]。郑伯将王自圉门入，虢叔自北门入，杀王子颓及五大夫。郑伯享王于阙西辟，乐备[②]。王与之武公之略，自虎牢以东[③]。原伯曰：“郑伯效尤，其亦将有咎[④]。”五月，郑厉公卒。

① 郑、虢相命。弭，郑地。【释文】弭，面尔切。 ② 阙，象魏也。乐备，备六代之乐。【释文】圉，鱼吕切。辟，蒲历切。 ③ 略，界也。郑武公傅平王，平王赐之自虎牢以东，后失其地，故惠王今复与之。虎牢，河南(城)[成]皋县。【释文】复，扶又切。 ④ 原伯，原庄公也。言效子颓舞偏乐。【释文】效，户教

切。偏，音遍。

王巡虢守①，虢公为王宫于玤②，王与之酒泉③。郑伯之享王也，王以后之鞶鉴予之④。虢公请器，王予之爵⑤。郑伯由是始恶于王⑥。冬，王归自虢⑦。

① 巡守于虢国也。天子省方，谓之巡守。【释文】守，音狩，本或作“狩”，后放此。 ② 玤，虢地。【释文】玤，蒲项切。 ③ 酒泉，周邑。 ④ 后，王后也。鞶，带而以镜为饰也。今西方羌胡犹然。古之遗服。【释文】鞶，步丹切，又蒲官切，绅带也。鉴，工暂切，镜也。 ⑤ 爵，饮酒器。 ⑥ 为僖二十四年郑执王使张本。【释文】恶，乌路切，又如字。使，所吏切。 ⑦ 传言王之偏也。

庄公二十二年

【经】

二十有二年春，王正月，肆大眚①。

癸丑，葬我小君文姜②。

陈人杀其公子御寇③。

夏五月。

秋七月丙申，及齐高傒盟于防④。

冬，公如齐纳币⑤。

① 无传。赦有罪也。《易》称“赦过宥罪”，《书》称“眚灾肆赦”，传称“肆眚围郑”，皆放赦罪人，盪涤众故，以新其心。有时而用之，非制所常，故书。【释文】眚，所景切。盪，音荡，本又作“荡”。涤，徒历切。 ② 无传。反哭成丧，故称小君。 ③ 宣公大子也。陈人恶其杀大子之名，故不称君父，以国讨公子告。【释文】御，音禦，本亦作“禦”。恶，乌路切，注同。 ④ 无传。高傒，齐之贵卿，而与鲁之微者盟，齐桓谦接诸侯，以崇霸业。 ⑤ 无传。公不使卿而亲纳币，非礼也。母丧未再期而图昏，二传不见所讥，左氏又无传，失礼明故。【释文】见，贤遍切。

【传】

二十二年春，陈人杀其大子御寇[1]。陈公子完与颛孙奔齐[2]。颛孙自齐来奔[3]。

① 传称大子，以实言。 ② 公子完、颛孙，皆御寇之党。【释文】颛，音专。 ③ 不书，非卿。

齐侯使敬仲为卿[1]。辞曰："羁旅之臣[2]，幸若获宥，及于宽政[3]，赦其不闲于教训而免于罪戾，弛于负担[4]，君之惠也，所获多矣。敢辱高位，以速官谤[5]？请以死告[6]。《诗》云：'翘翘车乘，招我以弓。岂不欲往，畏我友朋[7]。'"使为工正[8]。

① 敬仲，陈公子完。 ② 羁，寄也。旅，客也。 ③ 宥，赦也。 ④ 弛，去离也。【释文】弛，失氏切。担，丁暂切。离，力智切。 ⑤ 敢，不敢也。【释文】谤，布浪切。 ⑥ 以死自誓。 ⑦ 逸《诗》也。翘翘，远貌。古者聘士以弓，言虽贪显命，惧为朋友所讥责。【释文】翘，祁尧切。乘，绳证切。 ⑧ 掌百工之官。

饮桓公酒，乐[1]。公曰："以火继之。"辞曰："臣卜其昼，未卜其夜，不敢。"君子曰："酒以成礼，不继以淫，义也[2]。以君成礼，弗纳于淫，仁也。"

① 齐桓贤之，故就其家会。据主人之辞，故言饮桓公酒。【释文】饮，于鸩切。乐，音洛。 ② 夜饮为淫乐。

初，懿氏卜妻敬仲[1]，其妻占之，曰："吉[2]。是谓'凤皇于飞，和鸣锵锵[3]，有妫之后，将育于姜[4]。五世其昌，并于正卿。八世之后，莫之于京[5]'。"陈厉公，蔡出也[6]。故蔡人杀五父而立之[7]，生敬仲。其少也，周史有以《周易》见陈侯者[8]，陈侯使筮之[9]，遇《观》䷓[10]之《否》䷋[11]。曰："是谓'观国之光，利用宾于王[12]'。此其代陈有国乎？不在此，其在异国；非此其身，在其子孙。光远而自他有耀者也。《坤》，土也。《巽》，风也。《乾》，天也。风为天于土上，山也[13]。有山之材而照之以天光，于是乎居土上⑭。故曰：'观国之光，利用宾于王⑮。'庭实旅百，奉之以玉帛，天地之美具焉，故曰：'利用宾于王⑯。'犹有观焉，故曰：'其在后乎⑰。'风行而著于土，故曰：'其在异国乎。'若在异国，必姜姓也。姜，大嶽之后也⑱。山嶽则配天，物莫能两大。陈衰，此其昌乎⑲！"

及陈之初亡也⑳，陈桓子始大于齐㉑。其后亡也㉒，成子得政㉓。

① 懿氏，陈大夫。龟曰卜。【释文】妻，七计切。　② 懿氏妻。　③ 雄曰凤，雌曰皇。雄雌俱飞，相和而鸣锵锵然，犹敬仲夫妻相随适齐，有声誉。【释文】和，如字，又户卧切。锵，七羊切，本又作"将将"。　④ 妫，陈姓。姜，齐姓。　⑤ 京，大也。【释文】并于，本或作"并为"，误。　⑥ 姊妹之子曰出。　⑦ 五父，陈佗也。杀陈佗在桓六年。【释文】佗，徒多切。　⑧ 周大史也。【释文】少，诗照切。见，贤遍切，又如字。大，音泰。　⑨ 蓍曰筮。【释文】筮，上制切。蓍，音尸。　⑩《坤》下《巽》上，《观》。【释文】观，古乱切。　⑪《坤》下《乾》上，《否》。《观》六四变而为《否》。【释文】否，备矣切，注同。　⑫ 此《周易·观卦》六四爻辞。《易》之为书，六爻皆有变象，又有互体，圣人随其义而论之。【释文】爻，户交切。　⑬《巽》变为《乾》，故曰风为天。自二至四，有《艮》象，《艮》为山。【释文】乾，其然切。　⑭ 山则材之所生。上有《乾》，下有《坤》，故言居土上，照之以天光。　⑮ 四为诸侯，变而之《乾》，有国朝王之象。　⑯《艮》为门庭，《乾》为金玉，《坤》为布帛。诸侯朝王，陈挚币之象。旅，陈也。百，言物备。【释文】挚，音至，本又作"贽"，同。　⑰ 因《观》文以博占，故言犹有观，非在己之言，故知在子孙。【释文】观，古乱切。　⑱ 姜姓之先为尧四嶽。【释文】著，直略切。大，音泰。嶽，音岳。　⑲ 变而象《艮》，故知当兴于大嶽之后。得大嶽之权，则是配天之大功，故知陈必衰。　⑳ 昭八年，楚灭陈。　㉑ 桓子，敬仲五世孙陈无宇。　㉒ 哀十七年，楚复灭陈。【释文】复，扶又切。　㉓ 成子，陈常也，敬仲八世孙。陈完有礼于齐，子孙世不忘德，德协于卜，故传备言其终始。卜筮者，圣人所以定犹豫、决疑似，因生义教者也。《尚书·洪范》：通龟筮以同卿士之数。南蒯卜乱而遇元吉，惠伯答以忠信则可。臧会卜僭，遂获其应。丘明故举诸县验于行事者，以示来世，而君子志其善者、远者。他皆放此。【释文】豫，音预，本亦作"预"。蒯，苦怪切。僭，子念切。应，应对之应。县，音玄。

庄公二十三年

【经】

二十有三年春，公至自齐①。

祭叔来聘②。

夏，公如齐观社③。

公至自齐④。

荆人来聘⑤。

公及齐侯遇于穀⑥。

萧叔朝公⑦。

秋，丹桓宫楹⑧。

冬十有一月，曹伯射姑卒⑨。

十有二月甲寅，公会齐侯盟于扈⑩。

① 无传。 ② 无传。《穀梁》以祭叔为祭公来聘鲁天子内臣不得外交，故不言使，不与其得使聘。【释文】祭，侧界切。为，于伪切。 ③ 齐因祭社蒐军实，故公往观之。 ④ 无传。 ⑤ 无传。不书荆子使某来聘，君臣同辞者，盖楚之始通，未成其礼。 ⑥ 无传。【释文】穀，音谷。 ⑦ 无传。萧，附庸国。叔，名。就穀朝公，故不言来。凡在外朝，则礼不得具，嘉礼不野合。 ⑧ 桓公庙也。楹，柱也。【释文】楹，音盈。 ⑨ 无传。未同盟而赴以名。【释文】射，示亦切，又音亦。 ⑩ 无传。扈，郑地，在荥阳卷县西北。【释文】扈，音户。卷，音权，《字林》丘权切，韦昭丘云切，《说文》丘粉切。

【传】

二十三年夏，公如齐观社，非礼也。曹刿谏曰："不可。夫礼，所以整民也。故会以训上下之则，制财用之节①；朝以正班爵之义，帅长幼之序；征伐以讨其不然②。诸侯有王③，王有巡守④，以大习之⑤。非是，君不举矣。君举必书⑥，书而不法，后嗣何观？”

① 贡赋多少。 ② 不然，不用命。【释文】长，丁丈切。 ③ 从王事。 ④ 省四方。 ⑤ 大习，会朝之礼。 ⑥ 书于策。

晋桓、庄之族偪①，献公患之。士蒍曰：“去富子，则群公子可谋也已②。”公曰：“尔试其事。”士蒍与群公子谋，谮富子而去之③。

① 桓叔、庄伯之子孙强盛，偪迫公室。【释文】偪，彼力切。 ② 士蒍，晋大夫。富子，二族之富强者。【释文】蒍，于委切。去，起吕切。 ③ 以罪状诬之。同族恶其富强，故士蒍得因而间之。用其所亲为谮则似信，离其骨肉则党弱，群公子终所以见灭。【释文】恶，乌路切。间，间隙之间。

秋，丹桓宫之楹。

庄公二十四年

【经】

二十有四年春，王三月，刻桓宫桷①。

葬曹庄公②。

夏，公如齐逆女③。

秋，公至自齐④。

八月丁丑，夫人姜氏入⑤。

戊寅，大夫、宗妇觌，用币⑥。

大水⑦。

冬，戎侵曹⑧。

曹羁出奔陈⑨。

赤归于曹⑩。

郭公⑪。

① 刻，镂也。桷，椽也。将逆夫人，故为盛饰。【释文】刻，音克。桷，音角，《字林》云：齐鲁谓榱为桷。椽，直专切。 ② 无传。 ③ 无传。亲逆，礼也。 ④ 无传。 ⑤ 哀姜也。《公羊传》以为姜氏要公，不与公俱入，盖以孟任故，丁丑入而明日乃朝庙。【释文】要，於遥切。任，音壬，后"孟任"皆同。 ⑥ 宗妇，同姓大夫之妇。礼，小君至，大夫执贽以见，明臣子之道。庄公欲奢夸夫人，故使大夫、宗妇同贽俱见。【释文】觌，徒历切，见也。见，贤遍切。夸，苦瓜切。 ⑦ 无传。 ⑧ 无传。 ⑨ 无传。羁盖曹世子也。先君既葬而不称爵者，微弱不能自定，曹人以名赴。 ⑩ 无传。赤，曹僖公也。盖为戎所纳，故曰归。 ⑪ 无传。盖经阙误也。自曹羁以下，《公羊》、《穀梁》之说既不了，又不可通之于《左氏》，故不采用。

【传】

二十四年春，刻其桷，皆非礼也①。御孙谏曰："臣闻之，俭，德之共也；侈，恶之大也②。先君有共德而君纳诸大恶，无乃不可乎③？"

① 并非丹楹，故言皆。 ② 御孙，鲁大夫。【释文】御，鱼吕切，本亦作"禦"。侈，昌纸切，又尸氏切。 ③ 以不丹楹刻桷为共。

秋，哀姜至。公使宗妇觌，用币，非礼也①。御孙曰："男贽，大者玉帛②，小者禽鸟③，以章物也④。女贽，不过榛栗枣脩，以告虔也⑤。今男女同贽，是无别也。男女之别，国之大节也，而由夫人乱之，无乃不可乎？"

① 传不言大夫，唯举非常。 ② 公、侯、伯、子、男执玉，诸侯、世子、附庸、孤卿执帛。【释文】贽，真二切。 ③ 卿执羔，大夫执雁，士执雉。 ④ 章所执之物，别贵贱。【释文】别，彼列切。 ⑤ 榛，小栗。脩，脯。虔，敬也。皆取其名以示敬。【释文】榛，侧巾切。锻脯加姜桂曰脩。虔，音乾。

晋士蒍又与群公子谋，使杀游氏之二子①。士蒍告晋侯曰："可矣。不过二年，君必无患。"

① 游氏二子，亦桓、庄之族。

庄公二十五年

【经】

二十有五年春，陈侯使女叔来聘①。

夏五月癸丑，卫侯朔卒②。

六月辛未朔，日有食之。鼓，用牲于社③。

伯姬归于杞④。

秋，大水。鼓，用牲于社、于门⑤。

冬，公子友如陈⑥。

① 女叔，陈卿。女，氏；叔，字。【释文】女，音汝，陈大夫氏。 ② 无传。惠公也。书名，十六年与内大夫盟于幽。 ③ 鼓，伐鼓也。用牲以祭社。传例曰："非常也。" ④ 无传。不书逆女，逆者微。 ⑤ 门，国门也。传例曰："亦非常也。" ⑥ 无传。报女叔之聘。诸鲁出朝聘皆书，如不果，彼国必成其礼，故不称朝聘，《春秋》之常也。公子友，庄公之母弟，称公子者，史策之通言。母弟至亲，异于他臣，其相杀害，则称弟以示义，至于嘉好之事，兄弟笃睦，非例所兴，或称弟，或称公子，仍旧史之文也。母弟例在宣十七年。【释文】好，呼报切，下同。

【传】

二十五年春，陈女叔来聘，始结陈好也。嘉之，故不名①。

① 季友相鲁，原仲相陈，二人有旧，故女叔来聘，季友冬亦报聘，嘉好接备。卿以字为嘉，则称名，其常也。【释文】相，息亮切，下同。

夏六月辛未朔，日有食之。鼓，用牲于社，非常也①。唯正月之朔，慝未作②，日有食之，于是乎用币于社，伐鼓于朝③。

① 非常鼓之月。《长历》推之，辛未实七月朔，置闰失所，故致月错。② 正月，夏之四月，周之六月，谓正阳之月。今书六月而传云唯者，明此月非正阳月也。慝，阴气。【释文】正，音政。正月，建巳之月。慝，他得切。夏，户雅切。 ③ 日食，历之常也。然食于正阳之月，则诸侯用币于社，请救于上；公伐鼓于朝，退而自责，以明阴不宜侵阳，臣不宜掩君，以示大义。

秋，大水。鼓，用牲于社、于门，亦非常也①。凡天灾，有币无牲②。非日月之眚，不鼓③。

① 失常礼。 ② 天灾，日月食、大水也。祈请而已，不用牲也。③ 眚，犹灾也。月侵日为眚，阴阳逆顺之事，贤圣所重，故特鼓之。【释文】眚，所景切。

晋士蔿使群公子尽杀游氏之族，乃城聚而处之①。冬，晋侯围聚，尽杀群公子②。

① 聚，晋邑。【释文】聚，才喻切。 ② 卒如士蔿之计。

庄公二十六年

【经】

二十有六年春，公伐戎①。

夏，公至自伐戎②。

曹杀其大夫③。

秋，公会宋人、齐人伐徐④。

冬十有二月癸亥朔，日有食之⑤。

① 无传。 ② 无传。 ③ 无传。不称名，非其罪，例在文七年。 ④ 无传。宋序齐上，主兵。 ⑤ 无传。

【传】

二十六年春，晋士蔿为大司空①。

① 大司空，卿官。

夏，士蒍城绛，以深其宫[①]。

① 绛，晋所都也，今平阳绛邑县。

秋，虢人侵晋。冬，虢人又侵晋[①]。

① 为传明年晋将伐虢张本。此年经、传各自言其事者，或经是直文，或策书虽存而简牍散落，不究其本末，故传不复申解，但言传事而已。【释文】牍，徒木切。究，音救。复，扶又切。解，居蟹切。

庄公二十七年

【经】

二十有七年春，公会杞伯姬于洮[①]。

夏六月，公会齐侯、宋公、陈侯、郑伯，同盟于幽。

秋，公子友如陈，葬原仲[②]。

冬，杞伯姬来[③]。

莒庆来逆叔姬[④]。

杞伯来朝[⑤]。

公会齐侯于城濮[⑥]。

① 伯姬，庄公女。洮，鲁地。【释文】洮，他刀切。 ② 原仲，陈大夫。原，氏；仲，字也。礼，臣既卒不名，故称字。季友违礼会外大夫葬，具见其事，亦所以知讥。【释文】见，贤遍切。 ③ 传例曰："归宁。" ④ 无传。庆，莒大夫。叔姬，庄公女。卿自为逆则称字，例在宣五年。 ⑤ 无传。杞称伯者，盖为时王所黜。【释文】黜，敕律切。 ⑥ 无传。城濮，卫地。将讨卫也。【释文】濮，音卜。

【传】

二十七年春，公会杞伯姬于洮，非事也[①]。天子非展义不巡守[②]，诸侯非民事不举，卿非君命不越竟。

① 非诸侯之事。 ② 天子巡守，所以宣布德义。

夏，同盟于幽，陈、郑服也①。

① 二十二年陈乱而齐纳敬仲，二十五年郑文公之四年获成于楚，皆有二心于齐，今始服也。

秋，公子友如陈，葬原仲。非礼也。原仲，季友之旧也。

冬，杞伯姬来。归宁也①。凡诸侯之女，归宁曰来，出曰来归②。夫人归宁曰如某，出曰归于某。

① 宁，问父母安否。 ② 归，不反之辞。

晋侯将伐虢，士蒍曰："不可。虢公骄，若骤得胜于我，必弃其民①。无众而后伐之，欲御我，谁与？夫礼乐慈爱，战所畜也。夫民让事、乐和、爱亲、哀丧而后可用也②。虢弗畜也，亟战将饥③。"

① 弃民不养之。 ② 上之使民，以义让哀乐为本，言不可力强。【释文】畜，敕六切。乐，音洛。强，其丈切。 ③ 言虢不畜义让而力战。【释文】畜，敕六切。亟，欺冀切。饥，音机。

王使召伯廖赐齐侯命①，且请伐卫，以其立子颓也②。

① 召伯廖，王卿士。赐命为侯伯。【释文】召，音邵。廖，力雕切。 ② 立子颓在十九年。

庄公二十八年

【经】

二十有八年春，王三月甲寅，齐人伐卫。卫人及齐人战，卫人败绩①。

夏四月丁未，邾子琐卒②。

秋，荆伐郑。公会齐人、宋人救郑。

冬，筑郿③。

大无麦禾④。

臧孙辰告籴于齐⑤。

① 齐侯称人者,讳取赂而还,以贱者告。不地者,史失之。 ② 无传。未同盟而赴以名。【释文】琐,素果切。 ③ 郿,鲁下邑。传例曰:“邑曰筑。”【释文】郿,亡悲切。 ④ 书于冬者,五谷毕入,计食不足,而后书也。 ⑤ 臧孙辰,鲁大夫臧文仲。

【传】

二十八年春,齐侯伐卫。战,败卫师。数之以王命,取赂而还。

晋献公娶于贾①,无子。烝于齐姜②,生秦穆夫人及大子申生。又娶二女于戎,大戎狐姬生重耳③,小戎子生夷吾④。晋伐骊戎,骊戎男女以骊姬⑤,归生奚齐。其娣生卓子。

① 贾,姬姓国也。 ② 齐姜,武公妾。【释文】烝,之承切。 ③ 大戎,唐叔子孙别在戎狄者。【释文】重,直龙切。 ④ 小戎,允姓之戎。子,女也。⑤ 骊戎在京兆新丰县,其君姬姓,其爵男也。纳女于人曰女。【释文】女,昵据切,注“曰女”同。

骊姬嬖,欲立其子,赂外嬖梁五与东关嬖五①,使言于公曰:“曲沃,君之宗也②。蒲与二屈,君之疆也③。不可以无主。宗邑无主则民不威,疆埸无主则启戎心。戎之生心,民慢其政,国之患也。若使大子主曲沃,而重耳、夷吾主蒲与屈,则可以威民而惧戎,且旌君伐④。”使俱曰:“狄之广莫,于晋为都。晋之启土,不亦宜乎⑤?”晋侯说之。夏,使大子居曲沃,重耳居蒲城,夷吾居屈。群公子皆鄙⑥,唯二姬之子在绛。二五卒与骊姬谮群公子而立奚齐,晋人谓之“二五耦”⑦。

① 姓梁名五,在闺闼之外者。东关嬖五,别在关塞者,亦名五。皆大夫,为献公所嬖幸,视听外事。【释文】卓,敕角切。闺,音圭,闼,吐达切。塞,素代切。

② 曲沃，桓叔所封，先君宗庙所在。 ③ 蒲，今平阳蒲子县。二屈，今平阳北屈县。或云“二”当为“北”。【释文】屈，求勿切，又居勿切。疆，居良切。 ④ 旌，章也。伐，功也。【释文】埸，音亦。 ⑤ 广莫，狄地之旷绝也。即谓蒲子、北屈也。言遣二公子出都之，则晋方当大开土界，献公未决，故复使二五俱说此美。【释文】复，扶又切。 ⑥ 鄙，边邑。【释文】说，音悦。 ⑦ 二耜相耦，广一尺，共起一伐。言二人俱共垦伤晋室若此。【释文】谮，责鸩切。耜，音似。广，古旷切。垦，苦狠切。

楚令尹子元欲蛊文夫人[①]，为馆于其宫侧而振万焉[②]。夫人闻之，泣曰：“先君以是舞也，习戎备也。今令尹不寻诸仇雠，而于未亡人之侧，不亦异乎[③]！”御人以告子元[④]。子元曰：“妇人不忘袭仇，我反忘之！”

① 文王夫人，息妫也。子元，文王弟。蛊，惑以淫事。【释文】蛊，音古。 ② 振，动也。万，舞也。 ③ 寻，用也。妇人既寡，自称未亡人。 ④ 御人，夫人之侍人。

秋，子元以车六百乘伐郑，入于桔柣之门[①]。子元、鬥御强、鬥梧、耿之不比为旆[②]，鬥班、王孙游、王孙喜殿[③]。众车入自纯门，及逵市[④]。县门不发，楚言而出。子元曰：“郑有人焉[⑤]。”诸侯救郑，楚师夜遁。郑人将奔桐丘[⑥]，谍告曰：“楚幕有乌。”乃止[⑦]。

① 桔柣，郑远郊之门也。【释文】乘，绳证切。桔，户结切。柣，待结切，注同。 ② 子元自与三子特造旆以居。前广充幅，长寻曰旐，继旐曰旆。【释文】御，鱼吕切，本亦作“禦”，下注“反禦”同。强，其良切，又居良切。梧，音吾。比，并里切。旆，蒲贝切。长，直亮切。旐，音兆。 ③ 三子在后为反禦。【释文】殿，丁见切。 ④ 纯门，郑外郭门也。逵市，郭内道上市。【释文】纯，如字。逵，求龟切。 ⑤ 县门，施于内城门。郑示楚以闲暇，故不闭城门，出兵而效楚言，故子元畏之，不敢进。【释文】县，音玄。 ⑥ 许昌县东北有桐丘城。【释文】遁，徒困切。 ⑦ 谍，间也。幕，帐也。【释文】谍，音牒。幕，音莫。间，间厕之间。

冬，饥。臧孙辰告籴于齐，礼也[①]。

① 经书大无麦禾，传言“饥”。传又先书“饥”在“筑郿”上者，说始粜。经在下，须得粜。嫌或讳饥，故曰礼。

筑郿，非都也。凡邑有宗庙先君之主曰都，无曰邑。邑曰筑，都曰城①。

①《周礼》：四县为都，四井为邑。然宗庙所在则虽邑曰都，尊之也。言凡邑则他筑非例。

庄公二十九年

【经】

二十有九年春，新延厩①。

夏，郑人侵许②。

秋，有蜚③。

冬十有二月，纪叔姬卒④。

城诸及防⑤。

① 传例曰：书不时。言新者，皆旧物不可用，更造之辞。【释文】厩，居又切。 ② 传例曰：无钟鼓曰侵。 ③ 传例曰：为灾。【释文】蜚，扶味切。 ④ 无传。纪国虽灭，叔姬执节守义，故系之纪，贤而录之。 ⑤ 诸、防，皆鲁邑。传例曰：书时也。诸非备难而兴作，传皆重云时以释之。他皆放此。诸，今城阳诸县。【释文】难，乃旦切。重，直用切。

【传】

二十九年春，新作延厩。书，不时也①。凡马日中而出，日中而入②。

① 经无“作”字，盖阙。 ② 日中，春秋分也。治厩当以秋分，因马向入而修之，今以春作，故曰不时。【释文】向，许亮切。

夏，郑人侵许。凡师有钟鼓曰伐①，无曰侵②，轻曰袭③。

① 声其罪。 ② 钟鼓无声。 ③ 掩其不备。【释文】轻，遣政切。

秋，有蜚。为灾也。凡物不为灾不书。

冬十二月，城诸及防，书，时也。凡土功，龙见而毕务，戒事也①。火见而致用②，水昏正而栽③，日至而毕④。

① 谓今九月，周十一月，龙星、角亢晨见东方，三务始毕，戒民以土功事。【释文】见，贤遍切。亢，苦浪切，又音刚。 ② 大火，心星，次角亢。见者，致筑作之物。 ③ 谓今十月，定星昏而中，于是树板干而兴作。【释文】栽，《字林》才代切，又音再；《说文》云：筑墙长板。定，多佞切。 ④ 日南至，微阳始动，故土功息。

樊皮叛王①。

① 樊皮，周大夫。樊，其采地；皮，名。

庄公三十年

【经】

三十年春，王正月。

夏，次于成①。

秋七月，齐人降鄣②。

八月癸亥，葬纪叔姬③。

九月庚午朔，日有食之。鼓，用牲于社④。

冬，公及齐侯遇于鲁济⑤。

齐人伐山戎⑥。

① 无传。将卑师少，故直言次。齐将降鄣，故设备。【释文】上“将”，子匠切。降，户江切，下同。鄣，音章。 ② 无传。鄣，纪附庸国，东平无盐县东北有鄣城。小国孤危，不能自固，盖齐遥以兵威胁，使降附。 ③ 无传。以贤录也。无臣子，故不作谥。 ④ 无传。 ⑤ 济水历齐、鲁界，在齐界为齐济，在鲁界为鲁济，盖鲁地。【释文】济，子礼切。 ⑥ 山戎，北戎。

【传】

三十年春，王命虢公讨樊皮。夏四月丙辰，虢公入樊，执樊仲皮，归于京师。

楚公子元归自伐郑，而处王宫①。鬥射师谏，则执而梏之②。秋，申公鬥班杀子元③，鬥穀於菟为令尹，自毁其家以纾楚国之难④。

① 欲遂蛊文夫人。 ② 射师，鬥廉也。足曰桎，手曰梏。【释文】射，食亦切，又食夜切。梏，古毒切。桎，之实切。 ③ 申，楚县也。楚僭号，县尹皆称公。【释文】僭，子念切。 ④ 鬥穀於菟，令尹子文也。毁，减。纾，缓也。【释文】穀，奴走切，楚人谓乳曰穀，《汉书》作"𣪊"，音同。於，音乌。菟，音徒。纾，音舒，又直汝切。难，乃旦切。

冬，遇于鲁济，谋山戎也，以其病燕故也①。

① 齐桓行霸，故欲为燕谋难。燕国，今蓟县。【释文】为，于伪切。蓟，音计。

庄公三十一年

【经】

三十有一年春，筑台于郎①。

夏四月，薛伯卒②。

筑台于薛③。

六月，齐侯来献戎捷④。

秋，筑台于秦⑤。

冬，不雨⑥。

① 无传。刺奢，且非土功之时。【释文】刺，七赐切。 ② 无传。未同盟。 ③ 无传。薛，鲁地。 ④ 传例曰：诸侯不相遗俘。捷，获也。献，奉上之辞。齐侯以献捷礼来，故(为)[书]以示过。【释文】捷，在妾切。遗，唯季切，传同。俘，

音孚。　⑤ 无传。东平范县西北有秦亭。　⑥ 无传。不书旱，不为灾。例在僖三年。

【传】

三十一年夏六月，齐侯来献戎捷，非礼也。凡诸侯有四夷之功，则献于王，王以警于夷①。中国则否。诸侯不相遗俘②。

① 以警惧夷狄。【释文】警，音景，戒惧也。　② 虽夷狄俘，犹不以相遗。

庄公三十二年

【经】

三十有二年春，城小穀①。

夏，宋公、齐侯遇于梁丘②。

秋七月癸巳，公子牙卒③。

八月癸亥，公薨于路寝④。

冬十月己未，子般卒⑤。

公子庆父如齐⑥。

狄伐邢⑦。

① 小穀，齐邑，济北穀城县城中有管仲井。大都以名通者，则不系国。② 齐善宋之请见，故进其班。梁丘，在高平昌邑县西南。　③ 牙，庆父同母弟僖叔也。饮酖而死，不以罪告，故得书卒。书日者，公有疾，不责公不与小敛。【释文】酖，音鸩，本亦作"鸩"。与，音预。敛，力艳切。　④ 路寝，正寝也。公薨皆书其所，详凶变。　⑤ 子般，庄公大子。先君未葬，故不称爵。不书杀，讳之也。【释文】般，音班。杀，音试，又如字，下同。　⑥ 无传。庆父既杀子般，季友出奔，国人不与，故惧而适齐，欲以求援。时无君，假赴告之礼而行。⑦ 无传。邢国在广平襄国县。

【传】

三十二年春，城小穀，为管仲也①。

① 公感齐桓之德，故为管仲城私邑。【释文】为，于伪切。

齐侯为楚伐郑之故，请会于诸侯①。宋公请先见于齐侯。夏，遇于梁丘。

① 楚伐郑在二十八年，谋为郑报楚。

秋七月，有神降于莘①。惠王问诸内史过曰："是何故也②？"对曰："国之将兴，明神降之，监其德也；将亡，神又降之，观其恶也。故有得神以兴，亦有以亡。虞、夏、商、周皆有之③。"王曰："若之何？"对曰："以其物享焉，其至之日，亦其物也④。"王从之。内史过往，闻虢请命⑤，反曰："虢必亡矣，虐而听于神。"

① 有神声以接人。莘，虢地。【释文】见，贤遍切，又如字。莘，所巾切。 ② 内史过，周大夫。【释文】过，古禾切。 ③ 亦有神异。 ④ 享，祭也。若以甲乙日至，祭先脾，玉用苍，服上青，以此类祭之。 ⑤ 闻虢请于神，求赐土田之命。

神居莘六月。虢公使祝应、宗区、史嚚享焉。神赐之土田①。史嚚曰："虢其亡乎！吾闻之，国将兴，听于民②；将亡，听于神③。神，聪明正直而壹者也，依人而行④。虢多凉德，其何土之能得⑤！"

① 祝，大祝。宗，宗人。史，大史。应、区、嚚皆名。【释文】区，音驱。嚚，五巾切。 ② 政顺民心。 ③ 求福于神。 ④ 唯德是与。 ⑤ 凉，薄也。为僖二年晋灭下阳传。

初，公筑台临党氏①，见孟任，从之。闷②，而以夫人言，许之③，割臂盟公，生子般焉。雩，讲于梁氏，女公子观之④，圉人荦自墙外与之戏⑤。子般怒，使鞭之。公曰："不如杀之，是不可鞭。荦有力焉，能投盖于稷门⑥。"

① 党氏，鲁大夫。筑台不书，不告庙。【释文】党，音掌。 ② 孟任，党氏

女。闷，不从公。【释文】闷，音秘。　③ 许以为夫人。　④ 雩，祭天也。讲，肄也。梁氏，鲁大夫。女公子，子般妹。【释文】肄，音四，又以二切。　⑤ 圉人，掌养马者。以慢言戏之。【释文】荦，音洛。　⑥ 盖，覆也。稷门，鲁南城门。走而自投，接其屋之桷，反覆门上。

公疾，问后于叔牙。对曰："庆父材①。"问于季友，对曰："臣以死奉般②。"公曰："乡者牙曰庆父材。"成季使以君命命僖叔待于鍼巫氏③，使鍼季鸩之④，曰："饮此则有后于鲁国，不然，死且无后。"饮之，归及逵泉而卒，立叔孙氏⑤。

① 盖欲进其同母兄。　② 季友，庄公母弟，故欲立般。　③ 成季，季友也。鍼巫氏，鲁大夫。【释文】乡，许亮切。鍼，其廉切。　④ 酖，鸟名，其羽有毒，以画酒，饮之则死。【释文】画，音获。　⑤ 逵泉，鲁地。不以罪诛，故得立后，世其禄。

八月癸亥，公薨于路寝。子般即位，次于党氏①。冬十月己未，共仲使圉人荦贼子般于党氏②。成季奔陈③。立闵公④。

① 即丧位。次，舍也。　② 共仲，庆父。【释文】共，音恭。　③ 出奔不书，国乱，史失之。　④ 闵公，庄公庶子，于是年八岁。

春秋经传集解闵公第四

【释文】闵公名启方，庄公之子，母叔姜。《史记》云名开。《谥法》：在国遭难曰闵。

闵 公 元 年

【经】

元年春，王正月。

齐人救邢。

夏六月辛酉，葬我君庄公。

秋八月，公及齐侯盟于落姑①。季子来归②。

冬，齐仲孙来③。

① 落姑，齐地。 ② 季子，公子友之字。季子忠于社稷，为国人所思，故贤而字之。齐侯许纳，故曰归。 ③ 仲孙，齐大夫，以事出疆，因来省难，非齐侯命，故不称使也。还使齐侯务宁鲁难，故嘉而字之。来者事实，省难其志也。故经但书仲孙之来，而传寻仲孙之志。【释文】疆，居良切。难，乃旦切，下及传同。

【传】

元年春，不书即位，乱故也①。

① 国乱不得成礼。

狄人伐邢[①]。管敬仲言于齐侯曰："戎狄豺狼，不可厌也[②]。诸夏亲昵，不可弃也[③]。宴安鸩毒，不可怀也[④]。《诗》云：'岂不怀归，畏此简书[⑤]。'简书，同恶相恤之谓也[⑥]。请救邢以从简书。"齐人救邢。

① 狄伐邢在往年冬。 ② 敬仲，管夷吾。【释文】豺，仕皆切。狼，音郎。厌，一盐切。 ③ 诸夏，中国也。昵，近也。【释文】夏，户雅切。昵，女一切。 ④ 以宴安比之酖毒。【释文】宴，於见切，本又作"宴"，音同，一音乌谏切。酖，直荫切。 ⑤《诗·小雅》也。文王为西伯，劳来诸侯之诗。【释文】劳，力报切。来，力代切。 ⑥ 同恤所恶。

夏六月，葬庄公，乱故，是以缓[①]。

① 十一月乃葬。

秋八月，公及齐侯盟于落姑，请复季友也[①]。齐侯许之，使召诸陈，公次于郎以待之[②]。"季子来归"，嘉之也。

① 闵公初立，国家多难，以季子忠贤，故请霸主而复之。 ② 非师旅之事，故不书次。

冬，齐仲孙湫来省难[①]。书曰"仲孙"，亦嘉之也。仲孙归曰："不去庆父，鲁难未已[②]。"公曰："若之何而去之？"对曰："难不已，将自毙[③]，君其待之。"公曰："鲁可取乎？"对曰："不可，犹秉周礼。周礼，所以本也。臣闻之，国将亡，本必先颠，而后枝叶从之。鲁不弃周礼，未可动也。君其务宁鲁难而亲之。亲有礼，因重固[④]，间携贰[⑤]，覆昏乱[⑥]，霸王之器也[⑦]。"

① 湫，仲孙名。【释文】湫，子小切。 ② 时庆父亦已还鲁。【释文】去，起吕切，下同。 ③ 毙，踣也。【释文】毙，婢世切。踣，蒲北切。 ④ 能重能固，则当就成之。 ⑤ 离而相疑者，则当因而间之。【释文】间，间厕之间，注同。⑥ 覆，败也。【释文】覆，芳服切，注同。 ⑦ 霸王所用，故以器为喻。【释文】王，于况切，注同。

晋侯作二军[①]，公将上军，大子申生将下军。赵夙御戎，毕万为右②,以灭耿、灭霍、灭魏③。

① 晋本一军,见庄十六年。【释文】见,贤遍切。 ② 为公御右也。夙,赵衰兄。毕万,魏犨祖父。【释文】将,子匠切,下及注同。衰,初危切。犨,尺由切。 ③ 平阳皮氏县东南有耿乡,永安县东北有霍大山。三国皆姬姓。【释文】耿,古幸切。

还,为大子城曲沃。赐赵夙耿,赐毕万魏,以为大夫。士蔿曰:“大子不得立矣,分之都城而位以卿,先为之极,又焉得立①,不如逃之,无使罪至。为吴大伯,不亦可乎②?犹有令名,与其及也③。且谚曰:‘心苟无瑕,何恤乎无家。’天若祚大子,其无晋乎④。”

卜偃曰:“毕万之后必大⑤。万,盈数也;魏,大名也;以是始赏,天启之矣。天子曰兆民,诸侯曰万民。今名之大,以从盈数,其必有众⑥。”

① 位以卿,谓将下军。【释文】为,于伪切。焉,於虔切。 ② 大伯,周大王之適子,知其父欲立季历,故让位而适吴。【释文】大,音泰,注同。適子,丁历切,又作“嫡”。 ③ 言虽去犹有令名,胜于留而及祸。 ④ 为晋杀申生传。【释文】谚,音彦。祚,在路切。 ⑤ 卜偃,晋掌卜大夫。 ⑥ 以魏从万,有众象。

初,毕万筮仕于晋。遇《屯》䷂①之《比》䷇②。辛廖占之,曰:“吉③。《屯》固《比》入,吉孰大焉?其必蕃昌④。《震》为土⑤,车从马⑥,足居之⑦,兄长之⑧,母覆之⑨,众归之⑩,六体不易⑪,合而能固,安而能杀,公侯之卦也⑫。公侯之子孙,必复其始⑬。”

①《震》下《坎》上,《屯》。【释文】屯,张伦切。 ②《坤》下《坎》上,《比》。《屯》初九变而为《比》。【释文】比,毗志切,注及下同。 ③ 辛廖,晋大夫。【释文】廖,力雕切。 ④《屯》险难,所以为坚固。《比》亲密,所以得入。【释文】蕃,音烦。 ⑤《震》变为《坤》。 ⑥《震》为车,《坤》为马。 ⑦《震》为足。 ⑧《震》为长男。【释文】长,丁丈切。 ⑨《坤》为母。 ⑩《坤》为众。 ⑪ 初一爻变,有此六义,不可易也。 ⑫《比》合《屯》固,《坤》安《震》杀,故曰公侯之

卦。 ⑬ 万，毕公高之后。传为魏之子孙众多张本。

闵公二年

【经】

二年春，王正月，齐人迁阳①。

夏五月乙酉，吉禘于庄公②。

秋八月辛酉，公薨③。

九月，夫人姜氏孙于邾④。

公子庆父出奔莒⑤。

冬，齐高子来盟⑥。

十有二月，狄入卫⑦。

郑弃其师⑧。

① 无传。阳，国名。盖齐人偪徙之。 ② 三年丧毕，致新死者之主于庙，庙之远主当迁入祧，因是大祭以审昭穆，谓之禘。庄公丧制未阕，时别立庙，庙成而吉祭又不于大庙，故详书以示讥。【释文】禘，大计切。祧，他雕切。昭，上饶切。阕，苦穴切。大，音泰。 ③ 实弑，书薨又不地者，皆史策讳之。 ④ 哀姜外淫，故孙称姜氏。【释文】孙，音逊，注同。 ⑤ 弑闵公故。 ⑥ 无传。盖高傒也。齐侯使来平鲁乱，僖公新立，因遂结盟，故不称使也。鲁人贵之，故不书名。子，男子之美称。【释文】称，尺证切。 ⑦ 书入，不能有其地。例在襄十三年。 ⑧ 高克见恶，久不得还，师溃而克奔陈，故克状其事以告鲁也。【释文】恶，乌路切。溃，户内切。

【传】

二年春，虢公败犬戎于渭汭①。舟之侨曰："无德而禄，殃也。殃将至矣。"遂奔晋②。

① 犬戎，西戎别在中国者。渭水出陇西，东入河。水之隈曲曰汭。【释文】

汭，如锐切。隈，乌回切。 ② 舟之侨，虢大夫。【释文】侨，音乔，注同。

夏，吉禘于庄公，速也。

初，公傅夺卜齮田，公不禁①。秋八月辛丑，共仲使卜齮贼公于武闱②。成季以僖公适邾③。共仲奔莒，乃入，立之。以赂求共仲于莒，莒人归之。及密，使公子鱼请④，不许。哭而往，共仲曰："奚斯之声也。"乃缢⑤。闵公，哀姜之娣叔姜之子也，故齐人立之。共仲通于哀姜，哀姜欲立之。闵公之死也，哀姜与知之，故孙于邾。齐人取而杀之于夷，以其尸归⑥，僖公请而葬之⑦。

① 卜齮，鲁大夫也。公即位，年八岁，知爱其傅，而遂成其意以夺齮田。齮忿其傅，并及公，故庆父因之。【释文】齮，鱼绮切。 ② 宫中小门谓之闱。【释文】共，音恭。闱，音韦，一音晖。 ③ 僖公，闵公庶兄，成风之子。 ④ 密，鲁地，琅邪费县北有密如亭。公子鱼，奚斯也。【释文】费，音秘，又扶未切。 ⑤ 庆父之罪虽重，季子推亲亲之恩，欲同之叔牙，存孟氏之族，故略其罪，不书杀，又不书卒。【释文】缢，一赐切。 ⑥ 为僖元年齐人杀哀姜传。夷，鲁地。【释文】与，音预。孙，音逊。 ⑦ 哀姜之罪已重，而僖公请其丧还者，外欲固齐以居厚，内存母子不绝之义，为国家之大计。

成季之将生也，桓公使卜楚丘之父卜之①。曰："男也。其名曰友，在公之右②。间于两社，为公室辅③。季氏亡，则鲁不昌。"又筮之，遇《大有》䷍④之《乾》䷀⑤，曰："同复于父，敬如君所⑥。"及生，有文在其手曰"友"，遂以命之⑦。

① 卜楚丘，鲁掌卜大夫。 ② 在右，言用事。 ③ 两社：周社、亳社。两社之间，朝廷执政所在。【释文】亳，步各切。 ④《乾》下《离》上，《大有》。 ⑤《乾》下《乾》上，《乾》。《大有》六五变而为《乾》。 ⑥ 筮者之辞也。《乾》为君父，《离》变为《乾》，故曰同复于父，见敬与君同。 ⑦ 遂以为名。

冬十二月，狄人伐卫。卫懿公好鹤，鹤有乘轩者①。将战，国人受甲者皆曰："使鹤，鹤实有禄位，余焉能战！"公与石祁子玦，与宁庄子矢，使守②，曰："以此赞国，择利而为之③。"与夫人绣衣，曰："听于二子④。"渠孔御戎，子伯为右，黄夷前驱，孔婴齐殿⑤。及狄人战于荧泽，卫师败绩，遂灭卫⑥。卫侯不去其旗，是以甚败。狄人囚史华龙滑与礼孔以逐卫人。二人曰："我，大史也，实掌其祭。不先，国不可得也⑦。"乃先之。至则告守曰："不可待也⑧。"夜与国人出。狄入卫，遂从之，又败诸河⑨。

① 轩，大夫车。【释文】好，呼报切。鹤，户各切。轩，许言切。　② 庄子，宁速也。玦，玉玦。【释文】焉，於虔切。玦，古穴切。守，手又切，下"告守"及注同。　③ 赞，助也。玦示以当决断，矢示以御难。【释文】断，丁乱切。难，乃旦切。　④ 取其文章顺序。　⑤ 传言卫侯失民有素，虽临事而戒，犹无所及。【释文】殿，丁练切。　⑥ 此荧泽当在河北。君死国散，经不书灭者，狄不能赴。卫之君臣皆尽，无复文告，齐桓为之告诸侯，言狄已去，言卫之存，故但以入为文。【释文】荧，户扃切。复，扶又切，下"复逐"同。为，于伪切，下文"为卫"同。　⑦ 夷狄畏鬼，故恐言当先白神。【释文】去，起吕切，藏也，一云除也。华，户化切。大，音泰。恐，丘勇切。　⑧ 守，石、宁二大夫。　⑨ 卫将东走渡河，狄复逐而败之。

初，惠公之即位也少①，齐人使昭伯烝于宣姜。不可，强之②。生齐子、戴公、文公、宋桓夫人、许穆夫人。文公为卫之多患也，先适齐。及败，宋桓公逆诸河③，宵济④。卫之遗民男女七百有三十人，益之以共、滕之民为五千人⑤，立戴公以庐于曹⑥。许穆夫人赋《载驰》⑦。齐侯使公子无亏帅车三百乘、甲士三千人以戍曹⑧。归公乘马，祭服五称，牛羊豕鸡狗皆三百，与门材⑨。归夫人鱼轩⑩，重锦三十两⑪。

① 盖年十五六。【释文】少，诗照切。　② 昭伯，惠公庶兄，宣公子顽也。昭伯不可。【释文】烝，之承切。强，其丈切。　③ 迎卫败众。　④ 夜渡，畏狄。⑤ 共及滕，卫别邑。【释文】共，音恭。　⑥ 庐，舍也。曹，卫下邑。戴公名申，立，其年卒，而立文公。【释文】庐，力居切。曹，《诗》作"漕"，音同。　⑦《载驰》，《诗·卫风》也。许穆夫人痛卫之亡，思归唁之，不可，故作诗以言志。【释文】唁，音彦。　⑧ 无亏，齐桓公子武孟也。车甲之赋异于常，故传别见之。

【释文】亏,去危切。乘,绳证切,下及注同。见,贤遍切。 ⑨ 归,遗也。四马曰乘。衣单复具曰称。门材,使先立门户。【释文】称,尺证切。狗,音苟。遗,于季切。单,音丹。复,方服切。 ⑩ 鱼轩,夫人车,以鱼皮为饰。 ⑪ 重锦,锦之熟细者,以二丈双行,故曰两。三十两,三十匹也。

郑人恶高克①,使帅师次于河上,久而弗召,师溃而归。高克奔陈。郑人为之赋《清人》②。

① 高克,郑大夫也。好利而不顾其君,文公恶之而不能远,故使帅师而不召。【释文】恶,乌路切,注同。好,呼报切。远,于万切。 ②《清人》,《诗·郑风》也。刺文公退臣不以道,危国亡师之本。【释文】为,于伪切。

晋侯使大子申生伐东山皋落氏①。里克谏曰:"大子奉冢祀、社稷之粢盛②,以朝夕视君膳者也③,故曰冢子。君行则守,有守则从。从曰抚军,守曰监国,古之制也。夫帅师,专行谋④,誓军旅⑤,君与国政之所图也,非大子之事也⑥。师在制命而已⑦。禀命则不威,专命则不孝,故君之嗣適不可以帅师。君失其官,帅师不威,将焉用之⑧?且臣闻皋落氏将战,君其舍之。"公曰:"寡人有子,未知其谁立焉。"不对而退。见大子,大子曰:"吾其废乎?"对曰:"告之以临民⑨,教之以军旅⑩,不共是惧,何故废乎?且子惧不孝,无惧弗得立。修己而不责人,则免于难。"

① 赤狄别种也。皋落,其氏族。【释文】皋,古刀切。种,章勇切。 ② 里克,晋大夫。冢,大也。【释文】粢,音咨。盛,音成。 ③ 膳,厨膳。【释文】朝,如字,又张遥切。膳,市战切。 ④ 帅师者必专谋军事。【释文】守,手又切,下同。从,才用切,下同。监,古衔切。 ⑤ 宣号令也。 ⑥ 国政,正卿。 ⑦ 命,将军所制。 ⑧ 大子统师,是失其官也。专命则不孝,是为帅必不威也。【释文】適,丁历切,本又作"嫡",下"配適"同。焉,於虔切。 ⑨ 谓居曲沃。 ⑩ 谓将下军。【释文】将,子匠切,下"将上军"并同。

大子帅师,公衣之偏衣①,佩之金玦②。狐突御戎,先友为右③。梁馀子养御罕夷,先丹木为右④。羊舌大夫为尉⑤。先友曰:"衣身之偏⑥、握兵之要⑦,在此行也,子其勉之。偏躬无慝⑧，兵要远灾⑨，亲以无灾，又何患焉！”狐突叹曰：“时，事之征也⑩。衣，身之章也⑪。佩，衷之旗也⑫。故敬其事则命以始⑬，服其身则衣之纯⑭，用其衷则佩之度⑮。今命以时卒，閟其事也⑯；衣之龙服，远其躬也⑰；佩以金玦，弃其衷也。服以远之，时以閟之，龙凉冬杀，金寒玦离，胡可恃也⑱？虽欲勉之，狄可尽乎？”梁馀子养曰：“帅师者受命于庙，受脤于社⑲，有常服矣。不获而龙，命可知也⑳。死而不孝，不如逃之。”罕夷曰：“龙奇无常㉑，金玦不复，虽复何为，君有心矣㉒。”先丹木曰：“是服也，狂夫阻之㉓。曰‘尽敌而反㉔’。敌可尽乎！虽尽敌，犹有内谗，不如违之㉕。”狐突欲行㉖。羊舌大夫曰：“不可。违命不孝，弃事不忠。虽知其寒，恶不可取，子其死之㉗。”大子将战，狐突谏曰：“不可。昔辛伯谂周桓公云㉘：‘内宠并后，外宠二政，嬖子配適，大都耦国，乱之本也。’周公弗从，故及于难。今乱本成矣㉙，立可必乎？孝而安民，子其图之㉚，与其危身以速罪也㉛。”

① 偏衣，左右异色，其半似公服。【释文】共，音恭，本又作“供”。难，乃旦切，下同。公衣之偏，于既切，下“衣身之偏”、“衣之纯”、“衣之龙服”、注“衣之”同。　② 以金为玦。　③ 狐突，伯行，重耳外祖父也，为申生御。申生以大子将上军。　④ 罕夷，晋下军卿也。梁馀子养为罕夷御。　⑤ 羊舌大夫，叔向祖父也。尉，军尉。【释文】向，许丈切。　⑥ 偏，半也。　⑦ 谓佩金玦，将上军。⑧ 分身衣之半，非恶意也。【释文】慝，他得切。　⑨ 威权在己，可以远害。【释文】远，于万切，注及下同。　⑩ 叹，以先友为不知君心。　⑪ 章贵贱。⑫ 旗，表也，所以表明其中心。【释文】衷，音忠。旗，音其。　⑬ 赏以春夏。⑭ 必以纯色为服。　⑮ 衷，中也。佩玉者，士君子常度。　⑯ 冬十二月，閟尽之时。【释文】閟，音秘。　⑰ 龙，杂色。【释文】龙，莫江切。　⑱ 寒、凉、杀、离，言无温润。玦如环而缺不连。　⑲ 脤，宜社之肉，盛以脤器。【释文】脤，市轸切。盛，音成。　⑳ 韦弁服，军之常也。龙，偏衣。　㉑ 杂色奇怪，非常之服。　㉒ 有害大子之心。　㉓ 阻，疑也。言虽狂夫，犹知有疑。【释文】阻，庄吕切。　㉔ 曰，公辞。【释文】尽，子忍切，下“尽敌”同。　㉕ 违，去也。

㉖ 行，亦去也。 ㉗ 寒，薄也。 ㉘ 谂，告也。事在桓十八年。【释文】谂，音审，《说文》云深谋。 ㉙ 骊姬为内宠，二五为外宠，奚齐为嬖子，曲沃为大都，故曰乱本成矣。 ㉚ 奉身为孝，不战为安民。 ㉛ 有功益见害，故言孰与危身以召罪。

成风闻成季之繇，乃事之①，而属僖公焉，故成季立之。

① 成风，庄公之妾，僖公之母也。繇，卦兆之占辞。【释文】繇，直救切。属，章欲切。

僖之元年，齐桓公迁邢于夷仪。二年，封卫于楚丘。邢迁如归，卫国忘亡①。

① 忘其灭亡之困。

卫文公大布之衣，大帛之冠①，务材训农，通商惠工②，敬教劝学，授方任能③。元年革车三十乘，季年乃三百乘④。

① 大布，粗布。大帛，厚缯。盖用诸侯谅闇之服。【释文】卫文公大布之衣，本或作"衣大布之衣"，误。缯，疾陵切。谅，音良，又音亮。 ② 加惠于百工，赏其利器用。 ③ 方，百事之宜也。 ④ 卫文公以此年冬立，齐桓公始平鲁乱，故传因言齐之所以霸，卫之所由兴。革车，兵车。季年，在僖二十五年。盖招怀迸散，故能致十倍之众。【释文】乘，绳证切，下同。迸，檗诤切。

春秋经传集解僖公上第五

【释文】僖公名申，庄公之子，闵公之兄，母成风。《谥法》：小心畏忌曰僖。

僖 公 元 年

【经】

元年春，王正月。

齐师、宋师、曹师次于聂北，救邢①。

夏六月，邢迁于夷仪②。

齐师、宋师、曹师城邢③。

秋七月戊辰，夫人姜氏薨于夷，齐人以归④。

楚人伐郑⑤。

八月，公会齐侯、宋公、郑伯、曹伯、邾人于柽⑥。

九月，公败邾师于偃⑦。

冬十月壬午，公子友帅师败莒师于郦，获莒挐⑧。

十有二月丁巳，夫人氏之丧至自齐⑨。

① 齐帅诸侯之师救邢，次于聂北者，案兵观衅以待事也。次例在庄三年。聂北，邢地。【释文】聂，女辄切。衅，许觐切。 ② 邢迁如归，故以自迁为辞。夷仪，邢地。 ③ 传例曰：救患、分灾，礼也。一事而再列三国，于文不可言诸侯师故。 ④ 传在闵二年。不言齐人杀，讳之。书地者，明在外薨。 ⑤ 荆始

改号曰楚。 ⑥ 柽，宋地，陈国陈县西北有柽城。公及其会而不书盟，还不以盟告。【释文】柽，敕呈切。 ⑦ 偃，邾地。 ⑧ 郦，鲁地。挐，莒子之弟。不书弟者，非卿。非卿则不应书，嘉季友之功，故特书其所获。大夫生死皆曰获。获例在昭二十三年。【释文】郦，力知切。挐，女居切，又女加切。 ⑨ 僖公请而葬之，故告于庙而书丧至也。齐侯既杀哀姜，以其尸归，绝之于鲁，僖公请其丧而还，不称姜，阙文。

【传】

元年春，不称即位，公出故也①。公出复入，不书，讳之也。讳国恶，礼也②。

① 国乱，身出复入，故即位之礼有阙。【释文】复，扶又切，下文同。
② 掩恶扬善，义存君亲，故通有讳例，皆当时臣子率意而隐，故无深(残)[浅]常准，圣贤从之，以通人理，有时而听之可也。【释文】准，之尹切。

诸侯救邢①。邢人溃，出奔师②。师遂逐狄人，具邢器用而迁之，师无私焉③。

① 实大夫而曰诸侯，总众国之辞。 ② 奔聂北之师也。邢溃不书，不告也。【释文】溃，户内切。 ③ 皆撰具还之，无所私取。【释文】撰，仕眷切，又仕转切。

夏，邢迁于夷仪，诸侯城之，救患也。凡侯伯，救患、分灾、讨罪，礼也①。

① 侯伯，州长也。分谷帛。【释文】分，甫问切，又如字。长，丁丈切。

秋，楚人伐郑，郑即齐故也。盟于荦，谋救郑也①。

① 荦即柽也，地有二名。【释文】荦，音洛，又力角切。

九月，公败邾师于偃，虚丘之戍将归者也①。

① 虚丘，邾地。邾人既送哀姜还，齐人杀之，因戍虚丘，欲以侵鲁。公以义求齐，齐送姜氏之丧，邾人惧，乃归，故公要而败之。【释文】虚，起居切。要，於遥切。

冬，莒人来求赂①。公子友败诸郦，获莒子之弟挐。非卿也，嘉获之也②。公赐季友汶阳之田及费③。

① 来还庆父之赂。 ② 莒既不能为鲁讨庆父，受鲁之赂而又重来，其求无厌，故嘉季友之获而书之。【释文】为，于伪切。重，直用切。厌，於盐切。 ③ 汶阳田，汶水北地。汶水出泰山莱芜县，西入济。【释文】汶，音问。费，音秘。莱，音来。

夫人氏之丧至自齐。君子以齐人之杀哀姜也为已甚矣，女子，从人者也①。

① 言女子有三从之义，在夫家有罪，非父母家所宜讨也。

僖公二年

【经】

二年春，王正月，城楚丘①。

夏五月辛巳，葬我小君哀姜②。

虞师、晋师灭下阳③。

秋九月，齐侯、宋公、江人、黄人盟于贯④。

冬十月，不雨⑤。

楚人侵郑。

① 楚丘，卫邑。不言城卫，卫未迁。 ② 无传。反哭成丧，故称小君。例在定十五年。 ③ 下阳，虢邑，在河东大阳县。晋于此始赴，见经。灭例在襄十三年。【释文】大，音泰，一音如字。见，贤遍切。 ④ 贯，宋地，梁国蒙县西北有贳城。贳与贯，字相似。江国在汝南安阳县。【释文】贯，古乱切。贳，市夜切，又音世。 ⑤ 传在三年。

【传】

二年春，诸侯城楚丘而封卫焉①。不书所会，后也②。

① 君死国灭，故传言封。 ② 诸侯既罢而鲁后至，讳不及期，故以独城为文。

晋荀息请以屈产之乘与垂棘之璧，假道于虞以伐虢[①]。公曰："是吾宝也。"对曰："若得道于虞，犹外府也。"公曰："宫之奇存焉[②]。"对曰："宫之奇之为人也，懦而不能强谏[③]，且少长于君，君昵之，虽谏，将不听[④]。"乃使荀息假道于虞，曰："冀为不道，入自颠軨，伐鄍三门[⑤]。冀之既病，则亦唯君故[⑥]。今虢为不道，保于逆旅[⑦]，以侵敝邑之南鄙。敢请假道以请罪于虢[⑧]。"虞公许之，且请先伐虢[⑨]。宫之奇谏，不听，遂起师。夏，晋里克、荀息帅师会虞师伐虢，灭下阳[⑩]。先书虞，贿故也[⑪]。

① 荀息，荀叔也。屈地生良马，垂棘出美玉，故以为名。四马曰乘。自晋适虢，途出于虞，故借道。【释文】屈，求勿切，又居勿切，注同。乘，绳证切。 ② 宫之奇，虞忠臣。【释文】奇，其宜切。 ③ 懦，弱也。【释文】懦，本又作"愞"，乃乱切，又乃货切，《字林》作"偄"，音乃乱切。强，其良切，又其丈切。 ④ 亲而狎之，必轻其言。【释文】少，诗照切。长，丁丈切。昵，女乙切。 ⑤ 前是冀伐虞至鄍。鄍，虞邑。河东大阳县东北有颠軨坂。【释文】軨，音零。鄍，亡丁切。坂，音反。 ⑥ 言虞报伐冀使病。将欲假道，故称虞强，以说其心。冀，国名，平阳皮氏县东北有冀亭。【释文】说，音悦。 ⑦ 逆旅，客舍也。虢稍遣人分依客舍，以聚众抄晋边邑。【释文】抄，初孝切，又楚稍切，强取物。 ⑧ 问虢伐己以何罪。 ⑨ 喜于厚赂而欲求媚。 ⑩ 晋犹主兵，不信虞。 ⑪ 虞非倡兵之首，而先书之，恶贪贿也。【释文】贿，呼罪切。恶，乌路切。

秋，盟于贯，服江、黄也[①]。

① 江、黄，楚与国也。始来服齐，故为合诸侯。【释文】为，于伪切，下同。

齐寺人貂始漏师于多鱼[①]。

① 寺人，内奄官竖貂也。多鱼，地名，阙。齐桓多嬖宠，内则如夫人者六人，外则幸竖貂、易牙之等，终以此乱国。传言貂于此始擅贵宠，漏泄桓公军事，为齐乱张本。【释文】寺，如字，又音侍。貂，音雕。竖，上主切。擅，时战切。泄，息列切，又以制切。

虢公败戎于桑田[①]。晋卜偃曰："虢必亡矣。亡下阳不惧，而又有功，是天夺之鉴[②]，而益其疾也[③]。必易晋而不抚其民矣，不可以五稔④。”

① 桑田，虢地，在弘农陕县东北。 ② 鉴，所以自照。 ③ 骄则生疾。 ④ 稔，熟也。为下五年晋灭虢张本。【释文】易，以豉切。稔，入甚切。

冬，楚人伐郑，鬭章囚郑聃伯①。

① 经书侵，传言伐，本以伐兴，权行侵掠，为后年楚伐郑、郑伯欲成张本。【释文】聃，乃甘切。掠，音亮。

僖公三年

【经】

三年春，王正月，不雨。

夏四月，不雨①。

徐人取舒②。

六月，雨③。

秋，齐侯、宋公、江人、黄人会于阳穀④。

冬，公子友如齐莅盟⑤。

楚人伐郑。

① 一时不雨则书首月。传例曰：不曰旱，不为灾。 ② 无传。徐国，在下邳僮县东南。舒国，今庐江舒县。胜国而不用大师，亦曰取。例在襄十三年。【释文】邳，皮悲切。僮，音童。庐，力居切。 ③ 示旱不竟夏。 ④ 阳穀，齐地，在东平须昌县北。 ⑤ 莅，临也。【释文】莅，音利，又音类。

【传】

三年春，不雨。夏六月，雨。自十月不雨至于五月，不曰旱，不为灾也①。

① 周六月，夏四月，于播种苗稼无损。【释文】夏，户雅切。

秋，会于阳穀，谋伐楚也①。

① 二年楚侵郑故。

齐侯为阳穀之会，来寻盟。冬，公子友如齐莅盟[①]。

① 公时不会阳穀，故齐侯自阳穀遣人诣鲁来寻盟。鲁使上卿诣齐受盟，谦也。【释文】为，于伪切。

楚人伐郑，郑伯欲成。孔叔不可，曰："齐方勤我[①]，弃德不祥[②]。"

① 孔叔，郑大夫。勤，恤郑难。【释文】难，乃旦切。 ② 祥，善也。

齐侯与蔡姬乘舟于囿，荡公[①]。公惧，变色，禁之，不可。公怒，归之，未之绝也。蔡人嫁之[②]。

① 蔡姬，齐侯夫人。荡，摇也。囿，苑也。盖鱼池在苑中。【释文】囿，音又。 ② 为明年齐侵蔡传。

僖 公 四 年

【经】

四年春，王正月，公会齐侯、宋公、陈侯、卫侯、郑伯、许男、曹伯侵蔡。蔡溃[①]。遂伐楚，次于陉[②]。

夏，许男新臣卒[③]。

楚屈完来盟于师，盟于召陵[④]。

齐人执陈辕涛涂[⑤]。

秋，及江人、黄人伐陈[⑥]。

八月，公至自伐楚[⑦]。

葬许穆公。

冬十有二月，公孙兹帅师会齐人、宋人、卫人、郑人、许人、曹人侵陈[⑧]。

① 民逃其上曰溃。例在文三年。 ② 遂，两事之辞。楚强，齐欲绥之以

德，故不速进而次陉。陉，楚地，颍川召陵县南有陉亭。【释文】陉，音刑。召，上照切。　③ 未同盟而赴，以名。　④ 屈完，楚大夫也。楚子遣完如师以观齐，屈完睹齐之盛，因而求盟，故不称使，以完来盟为文。齐桓退舍以礼楚，故盟召陵。召陵，颍川县也。　⑤ 辕涛涂，陈大夫。【释文】辕，本亦作袁。涛，音桃。⑥ 受齐命讨陈之罪而以与谋为文者，时齐不行，使鲁为主。与谋例在宣七年。【释文】与，音预，下同。　⑦ 无传。告于庙。　⑧ 公孙兹，叔牙子叔孙戴伯。

【传】

四年春，齐侯以诸侯之师侵蔡。蔡溃，遂伐楚。楚子使与师言曰："君处北海，寡人处南海，唯是风马牛不相及也①。不虞君之涉吾地也，何故？"管仲对曰："昔召康公命我先君大公曰②：'五侯九伯，女实征之，以夹辅周室③。'赐我先君履，东至于海，西至于河，南至于穆陵，北至于无棣④。尔贡包茅不入，王祭不共，无以缩酒，寡人是征⑤。昭王南征而不复，寡人是问⑥。"对曰："贡之不入，寡君之罪也，敢不共给？昭王之不复，君其问诸水滨⑦。"师进，次于陉⑧。

① 楚界犹未至南海，因齐处北海，遂称所近。牛马风逸，盖末界之微事，故以取喻。【释文】近，附近之近。　② 召康公，周大保召公奭也。【释文】大，音泰，注同。奭，音释。　③ 五等诸侯，九州之伯，皆得征讨其罪。齐桓因此命以夸楚。【释文】女，音汝。夹，古洽切，旧古协切。夸，苦瓜切。　④ 穆陵、无棣皆齐竟也。履，所践履之界。齐桓又因以自言其盛。【释文】棣，大计切。竟，音境，下同。　⑤ 包，裹束也。茅，菁茅也。束茅而灌之以酒为缩酒。《尚书》：包匦菁茅。茅之为异未审。【释文】共，本亦作"供"，音恭，下及注同。缩，所六切。裹，音果。菁，子丁切。包，或作"苞"。匦，本或作"轨"，音同。　⑥ 昭王，成王之孙，南巡守，涉汉，船坏而溺。周人讳而不赴，诸侯不知其故，故问之。【释文】守，手又切。溺，乃历切。　⑦ 昭王时，汉非楚竟，故不受罪。【释文】滨，音宾。⑧ 楚不服罪，故复进师。【释文】复，扶又切。

夏，楚子使屈完如师①。师退，次于召陵②。齐侯陈诸侯之师，与屈完乘而观之③。齐侯曰："岂不穀是为？先君之好是继。与不穀同好，如何④？”对曰：“君惠徼福于敝邑之社稷，辱收寡君，寡君之愿也。”齐侯曰：“以此众战，谁能御之？以此攻城，何城不克？”对曰：“君若以德绥诸侯，谁敢不服？君若以力，楚国方城以为城，汉水以为池⑤，虽众，无所用之。”屈完及诸侯盟。

① 如陉之师，观强弱。 ② 完请盟故。 ③ 乘，共载。【释文】乘，绳证切，注同。 ④ 言诸侯之附从非为己，乃寻先君之好，谦而自广，因求与楚同好。孤、寡、不穀，诸侯谦称。【释文】为，于伪切，注同。好，呼报切，下及注同。称，尺证切。 ⑤ 方城山在南阳叶县南，以言竟土之远。汉水出武都，至江夏南入江，言其险固以当城池。【释文】徼，古尧切，要也。汉水以为池，一本或作“汉以为池”，“水”衍字。叶，始涉切。当，丁浪切。

陈辕涛涂谓郑申侯曰：“师出于陈、郑之间，国必甚病①。若出于东方，观兵于东夷，循海而归，其可也②。”申侯曰：“善。”涛涂以告，齐侯许之③。申侯见，曰：“师老矣，若出于东方而遇敌，惧不可用也。若出于陈、郑之间，共其资粮屝屦，其可也④。”齐侯说，与之虎牢⑤。执辕涛涂。秋，伐陈，讨不忠也⑥。

①申侯，郑大夫。当有共给之费故。【释文】费，芳味切。 ② 东夷，郯、莒、徐夷也。观兵，示威。【释文】郯，音谈。 ③ 许出东方。 ④ 屝，草屦。【释文】见，贤遍切。粮，音良。屝，符费切。 ⑤ 还以郑邑赐之。【释文】说，音悦。 ⑥ 以涛涂为误军道。

许穆公卒于师，葬之以侯，礼也①。凡诸侯薨于朝会，加一等②；死王事，加二等③。于是有以衮敛④。

① 男而以侯礼，加一等。 ② 诸侯命有三等：公为上等，侯、伯为中等，子男为下等。 ③ 谓以死勤事。 ④ 衮衣，公服也。谓加二等。【释文】衮，古本切。敛，力验切。

冬，叔孙戴伯帅师会诸侯之师侵陈。陈成，归辕涛涂①。

① 陈服罪，故归其大夫。戴，谥也。

初，晋献公欲以骊姬为夫人，卜之，不吉；筮之，吉。公曰："从筮。"卜人曰："筮短龟长，不如从长①。且其繇曰：'专之渝，攘公之羭②。一薰一莸，十年尚犹有臭③。'必不可。"弗听。立之，生奚齐。其娣生卓子。及将立奚齐，既与中大夫成谋。姬谓大子曰："君梦齐姜，必速祭之④。"大子祭于曲沃，归胙于公⑤。公田，姬寘诸宫六日。公至，毒而献之⑥。公祭之地，地坟；与犬，犬毙；与小臣，小臣亦毙。姬泣曰："贼由大子。"大子奔新城⑦，公杀其傅杜原款。或谓大子："子辞，君必辩焉⑧。"大子曰："君非姬氏，居不安，食不饱。我辞，姬必有罪。君老矣，吾又不乐⑨。"曰："子其行乎！"大子曰："君实不察其罪，被此名也以出，人谁纳我？"十二月戊申，缢于新城。姬遂谮二公子曰："皆知之。"重耳奔蒲，夷吾奔屈⑩。

① 物生而后有象，象而后有滋，滋而后有数。龟象筮数，故象长数短。【释文】如，依字读，或音而据切。　② 繇，卜兆辞。渝，变也。攘，除也。羭，美也。言变乃除公之美。【释文】繇，直救切。渝，羊朱切，下"羭"同音。攘，如羊切。　③ 薰，香草。莸，臭草。十年有臭，言善易消，恶难除。【释文】薰，许云切。莸，音由。易，以豉切。　④ 齐姜，大子母，言求食。【释文】卓，吐浊切。　⑤ 胙，祭之酒肉。【释文】胙，才故切。　⑥ 毒酒经宿辄败，而经六日，明公之惑。【释文】寘，之豉切。　⑦ 新城，曲沃。【释文】坟，扶粉切。毙，婢世切。　⑧ 以六日之状自理。【释文】款，苦管切。辩，兵免切。　⑨ 吾自理则姬死，姬死则君必不乐，不乐为由吾也。【释文】乐，音洛，注同。　⑩ 二子时在朝。为明年晋杀申生传。【释文】被，皮寄切，又皮绮切。缢，一赐切。谮，侧鸩切。

僖 公 五 年

【经】

五年春，晋侯杀其世子申生①。

杞伯姬来，朝其子②。

夏，公孙兹如牟③。

公及齐侯、宋公、陈侯、卫侯、郑伯、许男、曹伯会王世子于首止④。

秋八月，诸侯盟于首止⑤。

郑伯逃归，不盟⑥。

楚人灭弦，弦子奔黄⑦。

九月戊申朔，日有食之⑧。

冬，晋人执虞公⑨。

① 称晋侯，恶用谗。书春，从告。【释文】恶，乌路切。 ② 无传。伯姬来宁，宁成风也。朝其子者，时子年在十岁左右，因有诸侯，子得行朝义，而卒不成朝礼，故系于母而曰朝其子。【释文】杞伯姬来，绝句。来，归宁。朝其子，犹言其子朝。 ③ 叔孙戴伯娶于牟。卿非君命不越竟，故奉公命聘于牟，因自为逆。【释文】竟，音境。为，于伪切。 ④ 惠王大子郑也。不名而殊会，尊之也。首止，卫地，陈留襄邑县东南有首乡。 ⑤ 间无异事，复称诸侯者，王世子不盟故也。王之世子尊与王同，齐桓行霸，翼戴天子，尊崇王室，故殊贵世子。【释文】复，扶又切。 ⑥ 逃其师而归也。逃例在文三年。 ⑦ 弦国在弋阳轪县东南。【释文】轪，音大。 ⑧ 无传。 ⑨ 虞公贪璧、马之宝，距绝忠谏，称人以执，同于无道于其民之例。例在成十五年。所以罪虞，且言易也。晋侯修虞之祀而归其职贡于王，故不以灭同姓为讥。【释文】易，以豉切。

【传】

五年春，王正月辛亥朔，日南至①。公既视朔，遂登观台以望，而书，礼也②。凡分、至、启、闭，必书云物③，为备故也④。

① 周正月，今十一月。冬至之日，日南极。　② 视朔，亲告朔也。观台，台上构屋可以远观者也。朔旦冬至，历数之所始，治历者因此则可以明其术数，审别阴阳，叙事训民。鲁君不能常修此礼，故善公之得礼。【释文】观，古乱切，注同。台以望，绝句。而书，本或作"而书云物"，非也。别，彼列切。　③ 分，春、秋分也。至，冬、夏至也。启，立春、立夏。闭，立秋、立冬。云物，气色灾变也。传重申周典。不言公者，日官掌其职。【释文】重，直用切。　④ 素察妖祥，逆为之备。

晋侯使以杀大子申生之故来告①。初，晋侯使士芮为二公子筑蒲与屈，不慎，寘薪焉②。夷吾诉之。公使让之③。士芮稽首而对曰："臣闻之，无丧而戚，忧必仇焉④。无戎而城，仇必保焉⑤。寇仇之保，又何慎焉！守官废命不敬，固仇之保不忠，失忠与敬，何以事君？《诗》云：'怀德惟宁，宗子惟城⑥。'君其修德而固宗子，何城如之⑦？三年将寻师焉，焉用慎⑧？"退而赋曰："狐裘龙茸，一国三公，吾谁适从⑨？"及难，公使寺人披伐蒲。重耳曰："君父之命不校。"乃徇曰："校者吾仇也。"逾垣而走。披斩其袪，遂出奔翟⑩。

① 释经必须告乃书。　② 不谨慎。【释文】为，于伪切，下"乃为"同。寘，之豉切。　③ 谴让之。【释文】谴，弃战切。　④ 仇犹对也。　⑤ 保而守之。　⑥《诗·大雅》。怀德以安，则宗子之固若城。　⑦ 言城不如固宗子。　⑧ 寻，用也。【释文】焉，於虔切。　⑨ 士芮自作诗也。龙茸，乱貌。公与二公子为三，言城不坚则为公子所诉，为公所让，坚之则为固仇不忠，无以事君，故不知所从。【释文】龙，莫江切，又音蒙。茸，如容切。适，丁历切。　⑩ 袪，袂也。【释文】难，乃旦切。披，普皮切。校，音教。徇，似俊切。垣，音袁。袪，起鱼切。翟，音狄。袂，面世切。

夏，公孙兹如牟，娶焉①。

① 因聘而娶，故传实其事。【释文】娶，本或作“取”，七喻切。

会于首止，会王大子郑，谋宁周也[①]。

① 惠王以惠后故，将废大子郑而立王子带，故齐桓帅诸侯会王大子以定其位。

(齐)[陈]辕宣仲怨郑申侯之反己于召陵[①]，故劝之城其赐邑[②]，曰：“美城之，大名也，子孙不忘。吾助子请。”乃为之请于诸侯而城之，美[③]。遂谮诸郑伯曰：“美城其赐邑，将以叛也。”申侯由是得罪[④]。

① 宣仲，辕涛涂。 ② 齐桓所赐虎牢。 ③ 楼橹之备美设。【释文】美城之，绝句。橹，音鲁。 ④ 为七年郑杀申侯传。

秋，诸侯盟。王使周公召郑伯，曰：“吾抚女以从楚，辅之以晋，可以少安[①]。”郑伯喜于王命而惧其不朝于齐也，故逃归不盟。孔叔止之曰：“国君不可以轻，轻则失亲[②]。失亲患必至，病而乞盟，所丧多矣，君必悔之。”弗听，逃其师而归[③]。

① 周公，宰孔也。王恨齐桓定大子之位，故召郑伯使叛齐也。晋、楚不服于齐，故以镇安郑。【释文】秋诸侯盟，本或此下更有“于首止”三字，非。女，音汝。 ② 孔叔，郑大夫。亲，党援也。【释文】轻，遣正切，下同。 ③【释文】丧，息浪切。

楚鬥穀於菟灭弦，弦子奔黄。于是江、黄、道、柏方睦于齐，皆弦姻也[①]。弦子恃之而不事楚，又不设备，故亡。

① 姻，外亲也。道国在汝南安阳县南。柏，国名，汝南西平县有柏亭。

晋侯复假道于虞以伐虢。宫之奇谏曰：“虢，虞之表也。虢亡，虞必从之。晋不可启，寇不可玩[①]，一之谓甚，其可再乎[②]？谚所谓‘辅车相依，唇亡齿寒’者，其虞、虢之谓也[③]。”公曰：“晋，吾宗也，岂害我哉？”对曰：“大伯、虞仲，大王之昭也。大伯不从，是以不嗣[④]。虢仲、虢叔，王季之穆也[⑤]，为文王卿士，勋在王室，藏于盟府[⑥]。将虢是灭，何爱于虞？且虞能亲于桓、庄乎？其爱之也？桓、庄之族何罪，而以为戮，不唯偪乎⑦？亲以宠偪，犹尚害之，况以国乎？”公曰：“吾享祀丰絜，神必据我⑧。”对曰：“臣闻之，鬼神非人实亲，惟德是依。故《周书》曰：‘皇天无亲，惟德是辅⑨。’又曰：‘黍稷非馨，明德惟馨⑩。’又曰：‘民不易物，惟德繄物⑪。’如是，则非德，民不和，神不享矣。神所冯依，将在德矣。若晋取虞而明德以荐馨香，神其吐之乎？”弗听，许晋使。宫之奇以其族行⑫，曰：“虞不腊矣⑬，在此行也，晋不更举矣⑭。”

① 玩，习也。【释文】复，扶又切，下六年同。 ② 为二年假晋道灭下阳。 ③ 辅，颊辅。车，牙车。【释文】车，尺奢切。 ④ 大伯、虞仲皆大王之子，不从父命，俱让适吴。仲雍支子别封西吴，虞公其后也。穆生昭，昭生穆，以世次计，故大伯、虞仲于周为昭。【释文】大，音泰，下及注同。昭，上饶切，注同。后昭穆仿此。 ⑤ 王季者，大伯、虞仲之母弟也。虢仲、虢叔，王季之子，文王之母弟也。仲、叔皆虢君字。 ⑥ 盟府，司盟之官。 ⑦ 桓叔、庄伯之族，晋献公之从祖昆弟，献公患其偪，尽杀之，事在庄二十五年。【释文】偪，彼力切。 ⑧ 据犹安也。【释文】享，兴两切。 ⑨《周书》，逸《书》。 ⑩ 馨，香之远闻。【释文】闻，音问，又如字。 ⑪ 黍、稷、牲、玉，无德则不见飨，有德则见飨，言物一而异用。【释文】繄，乌兮切，是也。 ⑫ 行，去也。【释文】冯，皮冰切，下注同。使，所吏切。 ⑬ 腊，岁终祭众神之名。【释文】腊，力盍切。 ⑭ 不更举兵。

八月甲午，晋侯围上阳①。问于卜偃曰：“吾其济乎？”对曰：“克之。”公曰：“何时？”对曰：“童谣云：‘丙之晨，龙尾伏辰②，均服振振，取虢之旂③。鹑之贲贲，天策焞焞，火中成军，虢公其奔④。’其九月、十月之交乎⑤。丙子旦，日在尾，月在策⑥，鹑火中，必是时也。”

① 上阳，虢国都，在弘农陕县东南。 ② 龙尾，尾星也。日月之会曰辰。日在尾，故尾星伏不见。【释文】谣，音遥。见贤遍切。 ③ 戎事上下同服。振振，盛貌。旂，军之旌旗。【释文】均，如字，同也。《字林》作“袀”，音同。振，音真，注同。 ④ 鹑，鹑火星也。贲贲，鸟星之体也。天策，傅说星，时近日，星微。焞焞，无光耀也。言丙子平旦，鹑火中，军事有成功也。此已上皆童谣言也。童龀之子未有念虑之感，而会成嬉戏之言，似若有冯者，其言或中或否。博

览之士，能惧思之人，兼而志之，以为鉴戒，以为将来之验，有益于世教。【释文】鹑，述春切，又常伦切。贲，音奔。焞，他门切。说，音悦。近，附近之近。上，时掌切。龀，初问切，又耻问切，毁齿也。嬉，许宜切。中，丁仲切。 ⑤ 以星验推之，知九月、十月之交，谓夏之九月、十月也。交，晦朔交会。【释文】夏，户雅切，下同。 ⑥ 是夜日月合朔于尾，月行疾，故至旦而过在策。

冬十二月丙子朔，晋灭虢，虢公丑奔京师①。师还，馆于虞，遂袭虞，灭之，执虞公及其大夫井伯，以媵秦穆姬②。而修虞祀，且归其职贡于王③。故书曰："晋人执虞公。"罪虞，且言易也④。

① 不书，不告也。周十二月，夏之十月。 ② 秦穆姬，晋献公女。送女曰媵，以屈辱之。 ③ 虞所命祀。 ④【释文】易，以豉切。

僖 公 六 年

【经】

六年春，王正月。

夏，公会齐侯、宋公、陈侯、卫侯、曹伯伐郑，围新城①。

秋，楚人围许②。

诸侯遂救许③。

冬，公至自伐郑④。

① 新城，郑新密，今荥阳密县。 ② 楚子不亲围，以围者告。 ③ 皆伐郑之诸侯，故不复更叙。 ④ 无传。

【传】

六年春，晋侯使贾华伐屈，夷吾不能守，盟而行①。将奔狄，郤芮曰："后出同走，罪也②。不如之梁。梁近秦而幸焉。"乃之梁③。

① 贾华，晋大夫。非不欲校，力不能守，言不如重耳之贤。 ② 嫌与重耳同谋而相随。【释文】郤，去逆切。芮，如锐切。 ③ 以梁为秦所亲幸，秦既大国，且穆姬在焉，故欲因以求入。【释文】近，附近之近。

夏，诸侯伐郑，以其逃首止之盟故也[①]。围新密，郑所以不时城也[②]。

① 首止盟在五年。 ② 实新密而经言新城者，郑以非时兴土功，齐桓声其罪以告诸侯。

秋，楚子围许以救郑。诸侯救许，乃还。

冬，蔡穆侯将许僖公以见楚子于武城[①]。许男面缚衔璧，大夫衰绖，士舆榇[②]。楚子问诸逢伯[③]，对曰："昔武王克殷，微子启如是[④]。武王亲释其缚，受其璧而祓之[⑤]，焚其榇，礼而命之，使复其所。"楚子从之。

① 楚子退舍武城，犹有忿志，而诸侯各罢兵，故蔡将许君归楚。武城，楚地，在南阳宛县北。【释文】见，贤遍切。罢，扶骂切，又扶买切。宛，於元切。 ② 缚手于后，唯见其面，以璧为贽，手缚故衔之。榇，棺也。将受死，故衰绖。【释文】衰，七雷切。绖，直结切，注同。榇，初觐切。贽，本又作"质"，音置，又如字。缚，如字，旧扶卧切。 ③ 逢伯，楚大夫。 ④ 微子启，纣庶兄，宋之祖也。 ⑤ 祓，除凶之礼。【释文】祓，芳弗切，徐音废。

僖公七年

【经】

七年春，齐人伐郑。

夏，小邾子来朝[①]。

郑杀其大夫申侯[②]。

秋七月，公会齐侯、宋公、陈世子款、郑世子华，盟于宁母[③]。

曹伯班卒④。

公子友如齐⑤。

冬，葬曹昭公⑥。

① 无传。郳犁来始得王命而来朝也。郳之别封，故曰小邾。 ② 申侯，郑卿。专利而不厌，故称名以杀，罪之也。例在文六年。【释文】厌，於盐切，传同。 ③ 高平方与县东有泥母亭，音如宁。【释文】母，如字，又音无，注同。方，音房。与，音预。泥，乃丽切，又音宁，王奴兮切。 ④ 无传。五年同盟于首止。 ⑤ 无传。罢盟而聘，谢不敏也。 ⑥ 无传。

【传】

七年春，齐人伐郑。孔叔言于郑伯曰："谚有之曰：'心则不竞，何惮于病①。'既不能强，又不能弱，所以毙也。国危矣，请下齐以救国。"公曰："吾知其所由来矣，姑少待我②。"对曰："朝不及夕，何以待君？"夏，郑杀申侯以说于齐，且用陈辕涛涂之谮也③。

① 竞，强也。惮，难也。【释文】惮，徒旦切。难，乃旦切，下及八年经、传并同。 ② 欲以申侯说。【释文】下，户嫁切。 ③ 涛涂谮在五年。【释文】朝，如字。

初，申侯，申出也①，有宠于楚文王。文王将死，与之璧，使行，曰："唯我知女，女专利而不厌，予取予求，不女疵瑕也②。后之人将求多于女③，女必不免。我死，女必速行。无适小国，将不女容焉④。"既葬，出奔郑，又有宠于厉公。子文闻其死也，曰："古人有言曰：'知臣莫若君。'弗可改也已。"

① 姊妹之子为出。 ② 从我取，从我求，我不以女为罪衅。【释文】女，音汝，下皆同。疵，似斯切，又疾移切。衅，许靳切，下同。 ③ 谓嗣君也。求多，以礼义大望责之。 ④ 政狭法峻。【释文】狭，音洽。

秋，盟于宁母，谋郑故也。管仲言于齐侯曰："臣闻之，招携以礼，怀远以德[①]，德礼不易，无人不怀。”齐侯修礼于诸侯，诸侯官受方物[②]。

① 携，离也。　② 诸侯官司，各于齐受其方所当贡天子之物。

郑伯使大子华听命于会。言于齐侯曰：“泄氏、孔氏、子人氏三族，实违君命[①]。若君去之以为成，我以郑为内臣，君亦无所不利焉[②]。”齐侯将许之。管仲曰：“君以礼与信属诸侯，而以奸终之，无乃不可乎？子父不奸之谓礼，守命共时之谓信[③]。违此二者，奸莫大焉。”公曰：“诸侯有讨于郑，未捷。今苟有衅，从之，不亦可乎[④]？”对曰：“君若绥之以德，加之以训辞，而帅诸侯以讨郑，郑将覆亡之不暇，岂敢不惧？若总其罪人以临之[⑤]，郑有辞矣，何惧[⑥]？且夫合诸侯以崇德也，会而列奸，何以示后嗣[⑦]？夫诸侯之会，其德刑礼义，无国不记。记奸之位[⑧]，君盟替矣[⑨]。作而不记，非盛德也[⑩]。君其勿许，郑必受盟。夫子华既为大子而求介于大国，以弱其国，亦必不免[⑪]。郑有叔詹、堵叔、师叔三良为政，未可间也。”齐侯辞焉。子华由是得罪于郑。

冬，郑伯请盟于齐[⑫]。

① 三族，郑大夫。【释文】泄，息列切。　② 以郑事齐，如封内臣。【释文】去，起吕切。　③ 守君命，共时事。【释文】奸，音干。共，音恭，注同。　④ 子华犯父命，是其衅隙。【释文】隙，去逆切。　⑤ 总，将领也。子华奸父之命，即罪人。【释文】覆，芳服切。　⑥ 以大义为辞。　⑦ 列奸，用子华。　⑧ 位，会位也。子华为奸人而列在会位，将为诸侯所记。　⑨ 替，废也。【释文】替，他计切。　⑩ 君举必书，虽复齐史隐讳，亦损盛德。【释文】复，扶又切。　⑪ 介，因也。【释文】介，音界。　⑫ 以齐侯不听子华故。【释文】堵，丁古切，又音者。间，间厕之间。

闰月，惠王崩。襄王恶大叔带之难[①]，惧不立，不发丧而告难于齐[②]。

① 襄王，惠王大子郑也。大叔带，襄王弟，惠后之子也，有宠于惠后，惠后

欲立之，未及而卒。【释文】恶，乌路切。大，音泰。叔，又作“尗”。 ② 为八年盟洮传。【释文】洮，他刀切。

僖公八年

【经】

八年春，王正月，公会王人、齐侯、宋公、卫侯、许男、曹伯、陈世子款，盟于洮①。郑伯乞盟②。

夏，狄伐晋。

秋七月，禘于大庙，用致夫人③。

冬十有二月丁未，天王崩④。

① 王人与诸侯盟不讥者，王室有难故。洮，曹地。 ② 新服未与会，故不序列，别言乞盟。【释文】与，音预，下同。 ③ 禘，三年大祭之名。大庙，周公庙。致者，致新死之主于庙而列之昭穆。夫人淫而与弑，不薨于寝，于礼不应致，故僖公疑其礼。历三禘，今果行之，嫌异常，故书之。【释文】大，音泰。弑，音试。 ④ 实以前年闰月崩，以今年十二月丁未告。

【传】

八年春，盟于洮，谋王室也。郑伯乞盟，请服也。襄王定位而后发丧①。

① 王人会洮，还而后王位定。

晋里克帅师，梁由靡御，虢射为右，以败狄于采桑①。梁由靡曰：“狄无耻，从之必大克②。”里克曰：“拒之而已，无速众狄③。”虢射曰：“期年，狄必至，示之弱矣。”

夏，狄伐晋，报采桑之役也，复期月④。

① 传言前年事也。平阳北屈县西南有采桑津。【释文】射，食亦切。 ② 不耻走，故可逐。 ③ 恐怨深而群党来报。 ④ 明期年之言验。【释文】

期，音基，本或作"朞"，注同。

秋，禘而致哀姜焉，非礼也。凡夫人不薨于寝，不殡于庙，不赴于同，不祔于姑，则弗致也①。

① 寝，小寝。同，同盟。将葬又不以殡过庙。据经哀姜薨葬之文，则为殡庙、赴同、祔姑，今当以不薨于寝，不得致也。【释文】祔，音附。

冬，王人来告丧，难故也，是以缓①。

① 有大叔带之难。

宋公疾，大子兹父固请曰："目夷长，且仁，君其立之①。"公命子鱼，子鱼辞，曰："能以国让，仁孰大焉？臣不及也，且又不顺②。"遂走而退。

① 兹父，襄公也。目夷，兹父庶兄子鱼也。【释文】父，音甫。长，丁丈切。
② 立庶不顺礼。

僖公九年

【经】

九年春，王三月丁丑，宋公御说卒①。

夏，公会宰周公、齐侯、宋子、卫侯、郑伯、许男、曹伯于葵丘②。

秋七月乙酉，伯姬卒③。

九月戊辰，诸侯盟于葵丘④。

甲子，晋侯佹诸卒⑤。

冬，晋里克杀其君之子奚齐⑥。

① 四同盟。【释文】御，鱼吕切。说，音悦。　② 周公，宰孔也。宰，官。周，采地。天子三公不字。宋子，襄公也。传例曰：在丧公侯曰子。陈留外黄县东有葵丘。　③ 无传。《公羊》、《穀梁》曰：未適人，故不称国。已许嫁，则以成人之礼书，不复殇也。妇人许嫁而笄，犹丈夫之冠。【释文】复，扶又切。殇，式

羊切。笄,古兮切。冠,古唤切。 ④ 夏会葵丘,次伯姬卒,文不相比,故重言诸侯。宰孔先归,不与盟。【释文】比,毗志切。重,直用切。与,音预。 ⑤ 未同盟而赴以名。甲子,九月十一日。戊辰,十五日也。书在盟后,从赴。【释文】佹,九委切。 ⑥ 献公未葬,奚齐未成君,故称君之子。奚齐受命继位,无罪,故里克称名。【释文】杀,如字,传同,《公羊》音试。

【传】

九年春,宋桓公卒,未葬而襄公会诸侯,故曰子。凡在丧,王曰小童,公侯曰子①。

① 在丧,未葬也。小童者,童蒙幼末之称。子者,继父之辞。公侯位尊,上连王者,下绝伯子男。周康王在丧,称予一人钊。礼称亦不言小童,或所称之辞,各有所施。此谓王自称之辞,非诸夏所得书,故经无其事,传通取旧典之文,以事相接。【释文】称,尺证切。钊,古尧切,又音昭。

夏,会于葵丘,寻盟,且修好,礼也。王使宰孔赐齐侯胙①,曰:"天子有事于文武②,使孔赐伯舅胙③。"齐侯将下拜。孔曰:"且有后命。天子使孔曰:'以伯舅耋老,加劳,赐一级,无下拜④。'"对曰:"天威不违颜咫尺⑤,小白余敢贪天子之命无下拜⑥?恐陨越于下⑦,以遗天子羞。敢不下拜?"下,拜,登,受⑧。

① 胙,祭肉。尊之,比二王后。【释文】好,呼报切,下"于好"并注同。胙,才素切。 ② 有祭事也。 ③ 天子谓异姓诸侯曰伯舅。 ④ 七十曰耋。级,等也。【释文】耋,田节切,又他结切。劳,力报切。级,音急。 ⑤ 言天鉴察不远,威严常在颜面之前。八寸曰咫。【释文】咫,之氏切。 ⑥ 小白,齐侯名。余,身也。 ⑦ 陨越,颠坠也。据天王居上,故言恐颠坠于下。【释文】坠,直类切,下同。 ⑧ 拜堂下,受胙于堂上。【释文】遗,于季切。

秋,齐侯盟诸侯于葵丘,曰:"凡我同盟之人,既盟之后,言归于好①。"宰孔先归②,遇晋侯曰:"可无会也③。齐侯不务德而勤远略,故北伐山戎④,南伐楚⑤,西为此会也。东略之不知,西则否矣⑥。其在乱乎。君务靖乱,无勤于行⑦。"

晋侯乃还[8]。

① 义取修好，故传显其盟辞。　② 既会，先诸侯去。【释文】先，悉荐切。③ 晋侯欲来会葵丘。　④ 在庄三十一年。　⑤ 在四年。　⑥ 言或向东，必不能复西略。【释文】复，扶又切，下"不复会"同。　⑦ 在，存也。微戒献公，言晋将有乱。　⑧ 不复会齐。

九月，晋献公卒，里克、丕郑欲纳文公，故以三公子之徒作乱[1]。

① 丕郑，晋大夫。三公子：申生、重耳、夷吾。【释文】丕，普悲切。

初，献公使荀息傅奚齐，公疾，召之，曰："以是藐诸孤[1]辱在大夫，其若之何[2]？"稽首而对曰："臣竭其股肱之力，加之以忠贞。其济，君之灵也；不济，则以死继之。"公曰："何谓忠贞？"对曰："公家之利，知无不为，忠也；送往事居，耦俱无猜，贞也[3]。"及里克将杀奚齐，先告荀息曰："三怨将作[4]，秦、晋辅之，子将何如？"荀息曰："将死之。"里克曰："无益也。"荀叔曰："吾与先君言矣，不可以贰。能欲复言而爱身乎[5]？虽无益也，将焉辟之？且人之欲善，谁不如我？我欲无贰而能谓人已乎[6]？"

① 言其幼贱，与诸子县藐。【释文】藐，妙小切，又亡角切。县，音玄。② 欲屈辱荀息，使保护之。　③ 往，死者。居，生者。耦，两也。送死事生，两无疑恨，所谓正也。【释文】猜，七才切。　④ 三公子之徒。　⑤ 荀叔，荀息也。复言，言可复也。　⑥ 言不能止里克，使不忠于申生等。【释文】焉，於虔切，下文"焉能克"同。

冬十月，里克杀奚齐于次[1]。书曰："杀其君之子。"未葬也。荀息将死之，人曰："不如立卓子而辅之。"荀息立公子卓以葬。

① 次，丧寝。

十一月，里克杀公子卓于朝，荀息死之。君子曰："《诗》所谓'白圭之玷，尚可磨也；斯言之玷，不可为也'[1]，荀息有焉[2]。”

[1]《诗·大雅》,言此言之缺难治,甚于白圭。【释文】玷,丁簟切,又丁念切。 [2] 有此诗人重言之义。

齐侯以诸侯之师伐晋,及高梁而还,讨晋乱也[1]。令不及鲁,故不书[2]。

[1] 高梁,晋地,在平阳县西南。 [2] 前已发不书例,今复重发,嫌霸者异于凡诸侯。【释文】令,力政切,本又作“命”。复,扶又切。重,直用切。

晋郤芮使夷吾重赂秦以求入[1],曰:“人实有国,我何爱焉[2]? 入而能民,土于何有?”从之[3]。齐隰朋帅师会秦师,纳晋惠公[4]。秦伯谓郤芮曰:“公子谁恃?”对曰:“臣闻亡人无党,有党必有仇[5]。夷吾弱不好弄[6],能斗不过[7],长亦不改,不识其他。”

[1] 郤芮,郤克祖父,从夷吾者。【释文】从,才用切。 [2] 言国非己之有,何爱而不以赂秦。 [3] 能得民,不患无土。 [4] 隰朋,齐大夫。惠公,夷吾。【释文】隰,音习。 [5] 言夷吾无党,无党则无仇,易出易入,以微劝秦。【释文】易,以豉切。 [6] 弄,戏也。【释文】好,呼报切。 [7] 有节制。

公谓公孙枝曰:“夷吾其定乎[1]?”对曰:“臣闻之,唯则定国。《诗》曰:‘不识不知,顺帝之则。’文王之谓也[2]。又曰:‘不僭不贼,鲜不为则[3]。’无好无恶,不忌不克之谓也。今其言多忌克[4],难哉[5]!”公曰:“忌则多怨,又焉能克? 是吾利也[6]。”

[1] 公孙枝,秦大夫子桑也。【释文】长,丁丈切。 [2]《诗·大雅》。帝,天也。则,法也。言文王闇行自然,合天之法。 [3] 僭,过差也;贼,伤害也;皆忌克也。能不然,则可为人法则。【释文】僭,子念切,下注同。鲜,息浅切。 [4] 既僭而贼。【释文】好,呼报切,又如字。恶,乌路切。 [5] 言能自定难。 [6] 其言虽多忌,适足以自害,不能胜人也。秦伯虑其还害己,故曰是吾利。

宋襄公即位,以公子目夷为仁,使为左师以听政,于是宋治。故鱼氏世为左师。

僖公十年

【经】

十年春,王正月,公如齐①。

狄灭温,温子奔卫②。

晋里克弑其君卓,及其大夫荀息③。

夏,齐侯、许男伐北戎④。

晋杀其大夫里克⑤。

秋七月。

冬,大雨雪⑥。

① 无传。 ② 盖中国之狄灭而居其土地。 ③ 弑卓在前年,而以今春书者,从赴也。献公既葬,卓已免丧,故称君也。荀息称名者,虽欲复言,本无远谋,从君于昏。 ④ 无传。北(伐)[戎],山戎。 ⑤ 奚齐者,先君所命,卓子又以在国嗣位,罪未为无道,而里克亲为三怨之主,累弑二君,故称名以罪之。 ⑥ 无传。平地尺为大雪。【释文】雨,于付切。

【传】

十年春,狄灭温,苏子无信也。苏子叛王即狄,又不能于狄,狄人伐之,王不救,故灭。苏子奔卫①。

① 苏子,周司寇苏公之后也。国于温,故曰温子。叛王事在庄十九年。

夏四月,周公忌父、王子党会齐隰朋立晋侯①。晋侯杀里克以说②。将杀里克,公使谓之曰:"微子则不及此。虽然,子弑二君与一大夫,为子君者不亦难乎?"对曰:"不有废也,君何以兴?欲加之罪,其无辞乎③?臣闻命矣。"伏剑而死。于是丕郑聘于秦,且谢缓赂,故不及④。

① 周公忌父,周卿士。王子党,周大夫。 ② 自解说不篡。【释文】篡,初

患切。 ③ 言欲加己罪,不患无辞。 ④ 丕郑,里克党,以在秦,故不及里克俱死。

晋侯改葬共大子[①]。秋,狐突适下国[②],遇大子,大子使登,仆[③],而告之曰:"夷吾无礼,余得请于帝矣[④],将以晋畀秦,秦将祀余。"对曰:"臣闻之,神不歆非类,民不祀非族。君祀无乃殄乎[⑤]?且民何罪?失刑乏祀,君其图之。"君曰:"诺,吾将复请。七日新城西偏,将有巫者而见我焉[⑥]。"许之,遂不见[⑦]。及期而往,告之曰:"帝许我罚有罪矣,敝于韩[⑧]。"

① 共大子,申生也。【释文】共,音恭,本亦作"恭"。大,音泰。 ② 下国,曲沃新城。 ③ 忽如梦而相见。狐突本为申生御,故复使登车为仆。【释文】复,扶又切,下及注同。 ④ 请罚夷吾。 ⑤ 歆,飨也。殄,绝也。【释文】畀,必利切,下注同。歆,许金切。 ⑥ 新城,曲沃也。将因巫而见。【释文】偏,匹绵切。 ⑦ 狐突许其言,申生之象亦没。【释文】见,贤遍切,又如字。 ⑧ 敝,败也。韩,晋地。独敝惠公,故言罚有罪,明不复以晋畀秦。夷吾忌克多怨,终于失国,虽改葬加谥,申生犹忿。传言鬼神所冯,有时而信。【释文】冯,皮冰切。

丕郑之如秦也,言于秦伯曰:"吕甥、郤称、冀芮实为不从,若重问以召之[①],臣出晋君,君纳重耳,蔑不济矣[②]。"

① 三子,晋大夫。不从,不与秦赂。问,聘问之币。【释文】称,尺证切,又如字。 ② 蔑,无也。

冬,秦伯使泠至报问,且召三子[①]。郤芮曰:"币重而言甘,诱我也。"遂杀丕郑、祁举[②]及七舆大夫[③]:左行共华、右行贾华、叔坚、骓歂、累虎、特宫、山祁,皆里、丕之党也[④]。丕豹奔秦[⑤],言于秦伯曰:"晋侯背大主而忌小怨,民弗与也,伐之必出[⑥]。"公曰:"失众,焉能杀[⑦]?违祸,谁能出君[⑧]?"

① 泠至,秦大夫。【释文】泠,力丁切。 ② 祁举,晋大夫。 ③ 侯伯七命,副车七乘。【释文】乘,绳证切。 ④ 七子,七舆大夫。【释文】行,户刚切,下同。共,音恭。骓,音隹。歂,市专切。累,力追切。祁,巨之切,又上尸切。 ⑤ 丕豹,丕郑之子。 ⑥ 大主,秦也。小怨,里、丕。【释文】背,音佩。 ⑦ 谓

杀里、丕之党。【释文】焉，於虔切。 ⑧ 为豹辟祸也。为明年晋杀丕郑传。

僖公十一年

【经】

十有一年春，晋杀其大夫丕郑父①。

夏，公及夫人姜氏会齐侯于阳穀②。

秋八月，大雩③。

冬，楚人伐黄。

① 以私怨谋乱国，书名罪之。书春，从告。 ② 无传。妇人送迎不出门，见兄弟不逾阈。与公俱会齐侯，非礼。【释文】阈，音域，门限也，一音况域切。 ③ 无传。过时，故书。

【传】

十一年春，晋侯使以丕郑之乱来告①。天王使召(成)[武]公、内史过赐晋侯命②。受玉惰。过归，告王曰："晋侯其无后乎！王赐之命而惰于受瑞，先自弃也已，其何继之有？礼，国之干也；敬，礼之舆也。不敬则礼不行，礼不行则上下昏，何以长世③？"

① 释经书在今年。 ② 天王，周襄王。召武公，周卿士。内史过，周大夫。诸侯即位，天子赐之命圭为瑞。【释文】过，古禾切。 ③ 为惠公不终张本。【释文】惰，徒卧切。长，直良切，又丁丈切。

夏，扬、拒、泉、皋、伊、雒之戎同伐京师，入王城，焚东门①。王子带召之也②。秦、晋伐戎以救周。秋，晋侯平戎于王③。

① 扬、拒、泉、皋皆戎邑，及诸杂戎居伊水、雒水之间者。今伊阙北有泉亭。【释文】拒，俱宇切。皋，古刀切。 ② 王子带，甘昭公也。召戎欲因以篡位。

③ 为二十四年天王出居郑传。

黄人不归楚贡。冬，楚人伐黄①。

① 黄人恃齐故。

僖公十二年

【经】

十有二年春，王三月庚午，日有食之①。

夏，楚人灭黄。

秋七月。

冬十有二月丁丑，陈侯杵臼卒②。

① 无传。不书朔，官失之。 ② 无传。遣世子与僖公同盟宁母及洮。【释文】杵，昌吕切。臼，其九切。

【传】

十二年春，诸侯城卫楚丘之郛，惧狄难也①。

① 楚丘，卫国都。郛，郭也。为明年春狄侵卫传。【释文】郛，芳夫切。难，乃旦切，下同。

黄人恃诸侯之睦于齐也，不共楚职，曰："自郢及我九百里，焉能害我？"夏，楚灭黄①。

① 郢，楚都。【释文】共，音恭。焉，於虔切。

王以戎难故，讨王子带①。

① 子带前年召戎伐周。

秋，王子带奔齐。冬，齐侯使管夷吾平戎于王，使隰朋平戎于晋①。

① 平，和也。前年晋救周伐戎，故戎与周、晋不和。

王以上卿之礼飨管仲，管仲辞曰："臣，贱有司也，有天子之二守国、高在①。若节春秋来承王命，何以礼焉②？陪臣敢辞③。"王曰："舅氏④，余嘉乃勋，应乃懿德，谓督不忘。往践乃职，无逆朕命⑤。"管仲受下卿之礼而还⑥。

君子曰："管氏之世祀也宜哉！让不忘其上。《诗》曰：'恺悌君子，神所劳矣⑦。'"

① 国子、高子，天子所命为齐守臣，皆上卿也。庄二十二年，高傒始见经；僖二十八年，国归父乃见传。归父之父曰懿仲，高傒之子曰庄子。不知今当谁世。【释文】守，手又切，注同。见，贤遍切，下同。 ② 节，时也。 ③ 诸侯之臣曰陪臣。【释文】陪，步回切。 ④ 伯舅之使，故曰舅氏。【释文】使，所吏切。⑤ 功勋美德，可谓正而不可忘者。不言位而言职者，管仲位卑而执齐政，故欲以职尊之。【释文】督，音笃。 ⑥ 管仲不敢以职自高，卒受本位之礼。⑦《诗·大雅》。恺，乐也。悌，易也。言乐易君子，为神所劳来，故世祀也。管仲之后，于齐没不复见，传亦举其无验。【释文】恺，本亦作"凯"，开在切。悌，音弟，本亦作"弟"。劳，力报切，注同。乐，音洛，下同。易，以豉切，下同。来，力代切。复，扶又切。

僖公十三年

【经】

十有三年春，狄侵卫①。

夏四月，葬陈宣公②。

公会齐侯、宋公、陈侯、卫侯、郑伯、许男、曹伯于咸③。

秋九月，大雩④。

冬，公子友如齐⑤。

① 传在前年春。 ② 无传。 ③ 咸，卫地，东郡濮阳县东南有咸城。【释文】濮，音卜。 ④ 无传。书过。 ⑤ 无传。

【传】

十三年春，齐侯使仲孙湫聘于周，且言王子带①。事毕，不与王言②。归，复命曰："未可。王怒未怠，其十年乎？不十年，王弗召也。"

① 前年王子带奔齐，言欲复之。 ② 不言子带事。

夏，会于咸，淮夷病杞故，且谋王室也。

秋，为戎难故，诸侯戍周，齐仲孙湫致之①。

① 戍，守也。致，诸侯戍卒于周。【释文】为，于伪切，下注"欲为"同。难，乃旦切。卒，子忽切。

冬，晋荐饥①，使乞籴于秦。秦伯谓子桑："与诸乎？"对曰："重施而报，君将何求②？重施而不报，其民必携，携而讨焉，无众必败③。"谓百里："与诸乎④？"对曰："天灾流行，国家代有，救灾恤邻，道也。行道有福。"

① 麦、禾皆不熟。【释文】荐，在薦切，重也。饑，音饥。籴，直历切。 ② 言不损秦。【释文】施，式豉切，下同。 ③ 不义故民离。 ④ 百里，秦大夫。

丕郑之子豹在秦，请伐晋①。秦伯曰："其君是恶，其民何罪？"秦于是乎输粟于晋，自雍及绛相继②，命之曰"泛舟之役"③。

① 欲为父报怨。 ② 雍，秦国都。绛，晋国都。【释文】雍，於用切。绛，古巷切。 ③ 从渭水运入河、汾。【释文】泛，芳剑切。汾，扶云切。

僖公十四年

【经】

十有四年春，诸侯城缘陵①。

夏六月，季姬及鄫子遇于防，使鄫子来朝②。

秋八月辛卯，沙鹿崩[③]。

狄侵郑[④]。

冬，蔡侯肸卒[⑤]。

① 缘陵，杞邑。辟淮夷，迁都于缘陵。　② 季姬，鲁女，鄫夫人也。鄫子本无朝志，为季姬所召而来，故言使鄫子来朝。鄫国，今琅邪鄫县。【释文】鄫，似绫切，本或作“缯”。　③ 沙鹿，山名，阳平元城县东有沙鹿土山，在晋地。灾害系于所灾所害，故不系国。　④ 无传。　⑤ 无传。未同盟而赴以名。【释文】肸，许乙切。

【传】

十四年春，诸侯城缘陵而迁杞焉。不书其人，有阙也[①]。

① 阙，谓器用不具，城池未固而去，为惠不终也。澶渊之会，既而无归，大夫不书，而国别称人，今此总曰诸侯，君臣之辞，不言城杞，杞未迁也。【释文】澶，市然切。

鄫季姬来宁，公怒，止之，与鄫子之不朝也[①]。夏，遇于防，而使来朝。

① 来宁不书，而后年书归鄫，更嫁之文也。明公绝鄫昏，既来朝而还。【释文】还，户关切。

秋八月辛卯，沙鹿崩。晋卜偃曰：“期年将有大咎，几亡国[①]。”

① 国主山川。山崩川竭，亡国之征。【释文】期，音基。咎，其九切。几，音祈，又音机。

冬，秦饥，使乞籴于晋，晋人弗与。庆郑曰：“背施无亲[①]，幸灾不仁，贪爱不祥，怒邻不义。四德皆失，何以守国？”虢射曰：“皮之不存，毛将安傅[②]？”庆郑曰：“弃信背邻，患孰恤之？无信患作，失援必毙，是则然矣。”虢射曰：“无损于怨而厚于寇，不如勿与[③]。”庆郑曰：“背施幸灾，民所弃也。近犹仇之，况怨敌乎？”弗听。退曰：“君其悔是哉！”

① 庆郑，晋大夫。【释文】背，音佩，后皆同。施，式豉切，注及下“而施毛”、十五年皆同。　② 虢射，惠公舅也。皮以喻所许秦城，毛以喻粂。言既背秦施，为怨以深，虽与之粂，犹无皮而施毛。【释文】傅，音附。　③ 言与秦粟不足解怨，适足使秦强。

僖公十五年

【经】

十有五年春，王正月，公如齐[①]。

楚人伐徐。

三月，公会齐侯、宋公、陈侯、卫侯、郑伯、许男、曹伯，盟于牡丘[②]，遂次于匡[③]。公孙敖帅师及诸侯之大夫救徐[④]。

夏五月，日有食之。

秋七月，齐师、曹师伐厉[⑤]。

八月，螽[⑥]。

九月，公至自会[⑦]。

季姬归于鄫[⑧]。

己卯晦，震夷伯之庙[⑨]。

冬，宋人伐曹。

楚人败徐于娄林[⑩]。

十有一月壬戌，晋侯及秦伯战于韩。获晋侯[⑪]。

① 无传。诸侯五年再相朝，礼也。例在文十五年。　② 牡丘，地名，阙。【释文】牡，茂后切。　③ 匡，卫地，在陈留长垣县西南。　④ 公孙敖，庆父之子。诸侯既盟，次匡，皆遣大夫将兵救徐，故不复具列国别也。【释文】复，扶又切。　⑤ 厉，楚与国，义阳随县北有厉乡。　⑥ 无传。为灾。【释文】螽，音终，本亦作“螺”。　⑦ 无传。　⑧ 无传。来宁不书，此书者，以明中绝。【释文】中，丁仲切，又如字。　⑨ 夷伯，鲁大夫展氏之祖父。夷，谥。伯，字。震者，雷

电击之。大夫既卒，书字。【释文】晦，音悔。 ⑩ 娄林，徐地，下邳僮县东南有娄亭。【释文】娄，力侯切。邳，蒲悲切。 ⑪ 例，得大夫曰获。晋侯背施无亲，愎谏违卜，故贬绝，下从众臣之例，而不言以归。不书败绩，晋师不大崩。【释文】愎，皮逼切。

【传】

十五年春，楚人伐徐，徐即诸夏故也。三月，盟于牡丘，寻葵丘之盟，且救徐也[1]。孟穆伯帅师及诸侯之师救徐，诸侯次于匡以待之。

① 葵丘盟在九年。【释文】夏，户雅切，下注同。

夏五月，日有食之。不书朔与日，官失之也。

秋，伐厉，以救徐也。

晋侯之入也，秦穆姬属贾君焉[1]，且曰："尽纳群公子[2]。"晋侯烝于贾君，又不纳群公子，是以穆姬怨之。晋侯许赂中大夫[3]，既而皆背之。赂秦伯以河外列城五，东尽虢略，南及华山，内及解梁城，既而不与[4]。晋饥，秦输之粟[5]；秦饥，晋闭之籴[6]，故秦伯伐晋。

① 晋侯入在九年。穆姬，申生姊秦穆夫人。贾君，晋献公次妃，贾女也。【释文】属，音烛。 ② 群公子，晋武、献之族。宣二年传曰："骊姬之乱，诅无畜群公子。"【释文】诅，庄据切。 ③ 中大夫，国内执政里、丕等。【释文】烝，之承切。 ④ 河外，河南也。东尽虢略，从河南而东尽虢界也。解梁城，今河东解县也。华山在弘农华阴县西南。【释文】解，音蟹，注及下注同。 ⑤ 在十三年。 ⑥ 在十四年。

卜徒父筮之[1]，吉，"涉河，侯车败"。诘之[2]，对曰："乃大吉也，三败必获晋君。其卦遇《蛊》䷑[3]，曰：'千乘三去，三去之余，获其雄狐。'夫狐蛊，必其君也[4]。《蛊》之贞，风也；其悔，山也[5]。岁云秋矣，我落其实而取其材，所以克也[6]。实落材亡，不败何待？"

① 徒父，秦之掌龟卜者。卜人而用筮，不能通三《易》之占，故据其所见杂占而言之。 ② 秦伯之军涉河，则晋侯车败也。秦伯不解，谓败在己，故诘之。【释文】诘，起吉切。 ③《巽》下《艮》上，《蛊》。【释文】蛊，音古。 ④ 于《周易》"利涉大川，往有事也"，亦秦胜晋之卦也。今此所言，盖卜筮书杂辞，以狐蛊为君，其义欲以喻晋惠公，其象未闻。【释文】乘，绳证切。去，起居切，又起据切，一音起吕切，下同。 ⑤ 内卦为贞，外卦为悔。《巽》为风，秦象。《艮》为山，晋象。 ⑥ 周九月，夏之七月，孟秋也。《艮》为山，山有木，今岁已秋，风吹落山木之实，则材为人所取。

三败及韩①。晋侯谓庆郑曰："寇深矣，若之何？"对曰："君实深之，可若何？"公曰："不孙。"卜右，庆郑吉，弗使②。步扬御戎，家仆徒为右③，乘小驷，郑入也④。庆郑曰："古者大事，必乘其产，生其水土而知其人心，安其教训而服习其道，唯所纳之，无不如志。今乘异产以从戎事，及惧而变，将与人易⑤。乱气狡愤，阴血周作，张脉偾兴，外强中干⑥。进退不可，周旋不能。君必悔之。"弗听。

① 晋侯车三坏。 ② 恶其不孙，不以为车右，此夷吾之多忌。【释文】孙，音逊，注同。恶，乌路切。 ③ 步扬，郤犨之父。 ④ 郑所献马名小驷。【释文】驷，音四。 ⑤ 变易人意。 ⑥ 狡，戾也。愤，动也。气狡愤于外，则血脉必周身而作，随气张动，外虽有强形，而内实干竭。【释文】狡，古卯切。愤，扶粉切。张，中亮切，注同。脉，音麦。偾，方问切。

九月，晋侯逆秦师，使韩简视师①，复曰："师少于我，斗士倍我。"公曰："何故？"对曰："出因其资②，入用其宠③，饥食其粟，三施而无报，是以来也。今又击之，我怠秦奋，倍犹未也。"公曰："一夫不可狃，况国乎④！"遂使请战，曰："寡人不佞，能合其众而不能离也，君若不还，无所逃命。"秦伯使公孙枝对曰："君之未入，寡人惧之；入而未定列，犹吾忧也⑤。苟列定矣，敢不承命。"韩简退曰："吾幸而得囚⑥。"

① 韩简，晋大夫韩万之孙。 ② 谓奔梁求秦。 ③ 为秦所纳。 ④ 狃，忕也。言辟秦则使忕来。【释文】施，式氏切，年末注同。狃，女九切。忕，时世

切，又时设切。 ⑤ 列，位也。 ⑥ 得囚为幸，言必败。

壬戌，战于韩原①，晋戎马还泞而止②。公号庆郑。庆郑曰："愎谏违卜③，固败是求，又何逃焉。"遂去之。梁由靡御韩简，虢射为右，辂秦伯，将止之④。郑以救公误之，遂失秦伯。秦获晋侯以归⑤。晋大夫反首拔舍从之⑥。秦伯使辞焉，曰："二三子何其戚也？寡人之从君而西也，亦晋之妖梦是践，岂敢以至⑦？"晋大夫三拜稽首曰："君履后土而戴皇天，皇天后土实闻君之言，群臣敢在下风。"

① 九月十三日。 ② 泞，泥也。还，便旋也。小驷不调，故隋泥中。【释文】泞，乃定切。隋，大果切。 ③ 愎，戾也。【释文】号，户刀切，又户报切。 ④ 辂，迎也。止，获也。【释文】辂，五嫁切。 ⑤ 经书十一月壬戌，十四日，经从赴。 ⑥ 反首，乱头发。反，下垂也。拔草舍止，坏形毁服。【释文】拔，蒲末切，注皆同。 ⑦ 狐突不寐而与神言，故谓之妖梦。申生言帝许罚有罪，今将晋君而西，以厌息此语。践，厌也。【释文】厌，於冉切，一於甲切，又於辄切，下同。

穆姬闻晋侯将至，以大子罃、弘与女简璧登台而履薪焉①，使以免服衰绖逆，且告曰②："上天降灾，使我两君匪以玉帛相见，而以兴戎。若晋君朝以入，则婢子夕以死；夕以入，则朝以死。唯君裁之！"乃舍诸灵台③。

① 罃，康公名；弘，其母弟也。简璧，罃、弘姊妹。古之宫闭者，皆居之台以抗绝之。穆姬欲自罪，故登台而荐之以薪，左右上下者皆履柴乃得通。【释文】罃，於耕切。履，如字，徐本作"屦"，九具切。抗，苦浪切。荐，在薦切。上，时掌切。② 免、衰、绖，遭丧之服，令行人服此服迎秦伯，且告将以耻辱自杀。【释文】免，音问，又作"绕"，音同。衰，七雷切。【释文】绖，大结切。令，力呈切，下同。③ 在京兆鄠县，周之故台，亦所以抗绝，令不得通外内。【释文】"曰上天降灾"凡此四十七字，检古本皆无，寻杜注亦不得有，有是，后人加也。鄠，音户。

大夫请以入。公曰："获晋侯，以厚归也。既而丧归，焉用之①？大夫其何有焉②？且晋人戚忧以重我③，天地以要我。不图晋忧，重其怒也；我食吾言，背天地也④。重怒难任，背天不祥，必归晋君⑤。”公子絷曰：“不如杀之，无聚慝焉⑥。”子桑曰：“归之而质其大子，必得大成。晋未可灭而杀其君，祇以成恶⑦。且史佚有言曰：‘无始祸⑧，无怙乱⑨，无重怒。’重怒难任，陵人不祥。”乃许晋平。

① 若将晋侯入，则夫人或自杀。【释文】焉，於虔切。 ② 何有犹何得。 ③ 谓反首拔舍。 ④ 食，消也。【释文】要，於遥切。重，直用切，下皆同。 ⑤ 任，当也。【释文】任，音壬，注及下同。 ⑥ 公子絷，秦大夫。恐夷吾归，复相聚为恶。【释文】絷，张执切，又丁立切。慝，他得切。复，扶又切。 ⑦ 祇，适也。【释文】质，音置，下注“质秦”同。祇，音支。 ⑧ 史佚，周武王时大史，名佚。【释文】佚，音逸。大，音泰。 ⑨ 恃人乱为己利。【释文】怙，音户。

晋侯使郤乞告瑕吕饴甥，且召之①。子金教之言曰：“朝国人而以君命赏②，且告之曰：‘孤虽归，辱社稷矣。其卜贰圉也③。’”众皆哭④。晋于是乎作爰田⑤。吕甥曰：“君亡之不恤，而群臣是忧，惠之至也，将若君何？”众曰：“何为而可？”对曰：“征缮以辅孺子⑥。诸侯闻之，丧君有君，群臣辑睦，甲兵益多，好我者劝，恶我者惧，庶有益乎！”众说，晋于是乎作州兵⑦。

① 郤乞，晋大夫也。瑕吕饴甥，即吕甥也，盖姓瑕吕，名饴甥，字子金。晋侯闻秦将许之平，故告吕甥，召使迎己。【释文】饴，音怡。 ② 恐国人不从，故先赏之于朝。 ③ 贰，代也。圉，惠公大子怀公。 ④ 哀君不还国。 ⑤ 分公田之税应入公者，爰之于所赏之众。【释文】爰，于元切。 ⑥ 征，赋也。缮，治也。孺子，大子圉。【释文】孺，如喻切。 ⑦ 五党为州，州二千五百家也。因此又使州长各缮甲兵。【释文】丧，息浪切，后同。辑，音集，又七入切。好，呼报切。恶，乌路切。说，音悦。长，丁丈切，下“长男”同。

初，晋献公筮嫁伯姬于秦，遇《归妹》䷵①之《睽》䷥②。史苏占之曰：“不吉③。其繇曰：‘士刲羊，亦无衁也。女承筐，亦无贶也④。西邻责言，不可偿也⑤。《归妹》之《睽》，犹无相也⑥。’《震》之《离》，亦《离》之《震》⑦，为雷为火，为嬴败姬⑧，车说其輹，火焚其旗，不利行师，败于宗丘⑨。《归妹》《睽》孤，寇张之弧⑩，侄其从姑⑪，六年其逋，逃归其国，而弃其家⑫，明年其死于高梁之虚⑬。"

①《兑》下《震》上，《归妹》。　②《兑》下《离》上，《睽》。《归妹》上六变而为《睽》。【释文】睽，苦圭切，徐音圭。　③ 史苏，晋卜筮之史。　④《周易·归妹》上六爻辞也。衁，血也。贶，赐也。刲羊，士之功；承筐，女之职。上六无应，所求不获，故下刲无血，上承无实，不吉之象。《离》为中女，《震》为长男，故称士女。【释文】繇，直救切。刲，苦圭切。刺，割也。衁，音荒。筐，曲方切。贶，音况，本亦作"况"。应，应对之应，下"无应"同。中，丁仲切。　⑤ 将嫁女于西，而遇不吉之卦，故知有责让之言，不可报偿。【释文】责，侧介切，又如字。偿，市亮切，又音常。　⑥《归妹》，女嫁之卦。《睽》，乖离之象。故曰无相。相，助也。【释文】相，息亮切。　⑦ 二卦变而气相通。　⑧ 嬴，秦姓。姬，晋姓。《震》为雷，《离》为火，火动炽而害其母，女嫁反害其家之象，故曰为嬴败姬。【释文】嬴，音盈。　⑨ 輹，车下缚也。丘犹邑也。《震》为车，《离》为火，上六爻在《震》则无应，故车脱輹；在《离》则失位，故火焚旗，言皆失车火之用也。车败旗焚，故不利行师。火还害母，故败不出国，近在宗邑。【释文】说，吐活切，注同。輹，音福，又音服。案，车旁著畐，音福，《老子》所云"三十辐共一毂"是也。车旁著复，音服，是车下伏菟。缚，如字，又扶卧切。　⑩ 此《睽》上九爻辞也。处《睽》之极，故曰《睽》孤。失位孤绝，故遇寇难而有弓矢之警，皆不吉之象。【释文】难，乃旦切。警，音景。　⑪《震》为木，《离》为火，火从木生，《离》为《震》妹，于火为姑，谓我侄者，我谓之姑。谓子圉质秦。【释文】侄，待结切，《字林》丈一切。　⑫ 逋，亡也。家，谓子圉妇怀嬴。【释文】逋，补吾切。　⑬ 惠公死之明年，文公入，杀怀公于高梁。高梁，晋地，在平阳杨氏县西南。凡筮者用《周易》，则其象可推，非此而往，则临时占者或取于象，或取于气，或取于时日王相，以成其占。若尽附会以爻象，则构虚而不经，故略言其归趣。他皆仿此。【释文】虚，去鱼切。王，于况切。相，息亮切。构，本又作"讲"，各依字读。

及惠公在秦，曰："先君若从史苏之占，吾不及此夫！"韩简侍，曰："龟，象也；筮，数也。物生而后有象，象而后有滋，滋而后有数。先君之败德及，可数乎？史苏是占，勿从何益①？《诗》曰：'下民之孽，匪降自天，僔沓背憎，职竞由人②。’”

① 言龟以象示，筮以数告，象数相因而生，然后有占，占所以知吉凶，不能变吉凶。故先君败德，非筮数所生，虽复不从史苏，不能益祸。【释文】夫，音扶。先君之败德及，绝句。可数乎，一读“及可数乎”。数，色主切。复，扶又切。②《诗·小雅》，言民之有邪恶，非天所降。僔沓面语，背相憎疾，皆人竞所主作，因以讽谏惠公有以召此祸也。【释文】孽，鱼列切。僔，尊本切。沓，徒合切。邪，似嗟切。讽，方凤切。

震夷伯之庙，罪之也，于是展氏有隐慝焉①。

① 隐恶，非法所得；尊贵，罪所不加，是以圣人因天地之变、自然之妖，以感动之。知达之主，则识先圣之情以自厉，中下之主，亦信妖祥以不妄。神道助教，唯此为深。【释文】知，音智。

冬，宋人伐曹，讨旧怨也①。

① 庄十四年，曹与诸侯伐宋。

楚败徐于娄林，徐恃救也①。

① 恃齐救。

十月，晋阴饴甥会秦伯，盟于王城①。秦伯曰：“晋国和乎？”对曰：“不和。小人耻失其君而悼丧其亲②，不惮征缮以立圉也，曰：‘必报仇，宁事戎狄。’君子爱其君而知其罪，不惮征缮以待秦命，曰：‘必报德，有死无二。’以此不和。”秦伯曰：“国谓君何？”对曰：“小人戚，谓之不免。君子恕，以为必归。小人曰：‘我毒秦，秦岂归君③？’君子曰：‘我知罪矣，秦必归君。贰而执之，服而舍之，德莫厚焉，刑莫威焉。服者怀德，贰者畏刑。此一役也④，秦可以霸。纳而不定，废而不立，以德为怨，秦不其然。’”秦伯曰：“是吾心也。”改馆晋侯，馈七牢焉⑤。

① 阴饴甥即吕甥也，食采于阴，故曰阴饴甥。王城，秦地，冯翊临晋县东有王城，今名武乡。 ② 痛其亲为秦所杀。 ③ 毒谓三施不报。【释文】惮，徒旦切。 ④ 言还惠公，使诸侯威服，复可当一事之功。【释文】舍，如字，又音捨。

还，音环。　⑤ 牛、羊、豕各一为一牢。【释文】馈，其位切。

蛾析谓庆郑曰："盍行乎①？"对曰："陷君于败②，败而不死，又使失刑，非人臣也。臣而不臣，行将焉入？"十一月，晋侯归。丁丑，杀庆郑而后入③。

① 蛾析，晋大夫也。【释文】蛾，鱼绮切，本或作"蚁"，一音五何切。析，本或作"晢"，星历切。盍，户腊切。　② 谓呼不往，误晋师，失秦伯。　③ 丁丑，月二十九日。【释文】焉，於虔切。

是岁，晋又饥，秦伯又饩之粟，曰："吾怨其君而矜其民。且吾闻唐叔之封也，箕子曰：'其后必大。'晋其庸可冀乎①！姑树德焉，以待能者。"于是秦始征晋河东，置官司焉②。

① 唐叔，晋始封之君，武王之子。箕子，殷王帝乙之子，纣之庶兄。【释文】饩，许气切。　② 征，赋也。

春秋经传集解僖公中第六

僖公十六年

【经】

十有六年春，王正月戊申朔，陨石于宋五①。是月，六鹢退飞过宋都②。

三月壬申，公子季友卒③。

夏四月丙申，鄫季姬卒④。

秋七月甲子，公孙兹卒⑤。

冬十有二月，公会齐侯、宋公、陈侯、卫侯、郑伯、许男、邢侯、曹伯于淮⑥。

① 陨，落也。闻其陨，视之石，数之五，各随其闻见先后而记之。庄七年，星陨如雨，见星之陨而队于四远若山若水，不见在地之验。此则见在地之验，而不见始陨之星。史各据事而书。【释文】陨，于敏切。数，色主切。队，直类切。② 是月，陨石之月。重言是月，嫌同日。鹢，水鸟，高飞遇风而退，宋人以为灾，告于诸侯，故书。【释文】是月，本或作“是日”。鹢，五历切，本或作“鶂”，音同。六，其数也。过，古禾切。重，直用切，传同。 ③ 无传。称字者，贵之。公与小敛，故书日。【释文】与，音预。敛，力验切。公与小敛，本亦作“公与敛”。④ 无传。【释文】鄫，似陵切。 ⑤ 无传。 ⑥ 临淮郡左右。【释文】邢，音刑。淮，音怀。

【传】

十六年春，陨石于宋五，陨星也①。六鹢退飞过宋都，风也②。周内史叔兴聘于宋，宋襄公问焉，曰："是何祥也？吉凶焉在③？"对曰："今兹鲁多大丧④，明年齐有乱，君将得诸侯而不终⑤。"退而告人曰："君失问。是阴阳之事，非吉凶所在也⑥。吉凶由人，吾不敢逆君故也⑦。"

① 但言星，则嫌星使石陨，故重言陨星。　② 六鹢遇迅风而退飞，风高不为物害，不记风之异。【释文】迅，音信，又音峻，疾也。　③ 祥，吉凶之先见者。襄公以为石陨、鹢退能为祸福之始，故问其所在。【释文】焉，於虔切。见，贤遍切，又如字。　④ 今兹，此岁。　⑤ 鲁丧、齐乱、宋襄不终，别以政刑吉凶他占知之。　⑥ 言石、鹢阴阳错逆所为，非人所生，襄公不知阴阳而问人事，故曰君失问。叔兴自以对非其实，恐为有识所讥，故退而告人。【释文】错，七各切。　⑦ 积善余庆，积恶余殃，故曰吉凶由人。君问吉凶，不敢逆之，故假他占以对。【释文】殃，於良切。

夏，齐伐厉不克，救徐而还①。

① 十五年，齐伐厉以救徐。

秋，狄侵晋，取狐厨、受铎，涉汾，及昆都，因晋败也①。

① 狐厨、受铎、昆都，晋三邑。平阳临汾县西北有狐觳亭。汾水出大原，南入河。【释文】狐，音胡。厨，直诛切。铎，徒各切。汾，扶云切。大，音泰。

王以戎难告于齐，齐征诸侯而戍周①。

① 十一年戎伐京师以来，遂为王室难。【释文】难，乃旦切，注同。

冬十一月乙卯，郑杀子华①。

① 终管仲之言，事在七年。

十二月会于淮，谋鄫，且东略也①。城鄫，役人病，有夜登丘而呼曰："齐有乱。"不果城而还②。

① 鄫为淮夷所病故。【释文】为，于伪切。　② 役人遇厉气，不堪久驻，故作妖言。【释文】呼，火故切。还，音旋。

僖公十七年

【经】

十有七年春，齐人、徐人伐英氏[①]。

夏，灭项[②]。

秋，夫人姜氏会齐侯于卞[③]。

九月，公至自会[④]。

冬十有二月乙亥，齐侯小白卒[⑤]。

① 【释文】英，於京切。　② 项国，今汝阴项县。公在会，别遣师灭项，不言师，讳之。【释文】项，胡讲切，鲁灭之也，二传以为齐灭。　③ 卞，今鲁国卞县。【释文】卞，皮彦切。　④ 公既见执于齐，犹以会致者，讳之。　⑤ 与僖公八同盟，赴以名。

【传】

十七年春，齐人为徐伐英氏，以报娄林之役也[①]。

① 英氏，楚与国。娄林役在十五年。【释文】为，于伪切。

夏，晋大子圉为质于秦，秦归河东而妻之[①]。惠公之在梁也，梁伯妻之。梁嬴孕，过期[②]，卜招父与其子卜之[③]。其子曰："将生一男一女。"招曰："然。男为人臣，女为人妾[④]。"故名男曰圉，女曰妾。及子圉西质，妾为宦女焉[⑤]。

① 秦征河东置官司，在十五年。【释文】圉，鱼吕切。质，音致，下同。妻，七计切，下同。　② 过十月不产。怀子曰孕。【释文】嬴，音盈，下同。孕，以证切。过，古禾切。　③ 卜招父，梁大卜。【释文】招，上遥切。大，音泰。　④ 圉，养马者。不聘曰妾。　⑤ 宦，事秦为妾。【释文】宦，音患。

师灭项[①]。淮之会，公有诸侯之事，未归，而取项[②]。齐人以为讨，而止公[③]。

① 师,鲁师。 ② 淮会在前年冬,诸侯之事,会同讲礼之事。 ③ 内讳执,皆言止。

秋,声姜以公故,会齐侯于卞[1]。九月,公至。书曰"至自会",犹有诸侯之事焉,且讳之也[2]。

① 声姜,僖公夫人,齐女。 ② 耻见执,故托会以告庙。

齐侯之夫人三:王姬,徐嬴,蔡姬,皆无子。齐侯好内,多内宠,内嬖如夫人者六人:长卫姬,生武孟[1];少卫姬,生惠公[2];郑姬,生孝公[3];葛嬴,生昭公[4];密姬,生懿公[5];宋华子,生公子雍[6]。公与管仲属孝公于宋襄公,以为大子。雍巫有宠于卫共姬,因寺人貂以荐羞于公[7],亦有宠,公许之立武孟[8]。

① 武孟,公子无亏。【释文】好,呼报切。嬖,必计切。长,丁丈切,下注同。 ② 公子元。【释文】少,诗照切。 ③ 公子昭。 ④ 公子潘。【释文】潘,判丹切。 ⑤ 公子商人。 ⑥ 华氏之女,子姓。【释文】华,户化切。 ⑦ 雍巫,雍人,名巫,即易牙。【释文】属,音烛。共,音恭,亦作恭。貂,音雕。易,音亦。 ⑧ 易牙既有宠于公,为长卫姬请立武孟。【释文】为,于伪切。

管仲卒,五公子皆求立。冬十月乙亥,齐桓公卒[1]。易牙入,与寺人貂因内宠以杀群吏[2],而立公子无亏。孝公奔宋。十二月乙亥赴,辛巳夜殡[3]。

① 乙亥,月八日。 ② 内宠,内官之有权宠者。 ③ 六十七日乃殡。【释文】殡,必刃切。

僖公十八年

【经】

十有八年春,王正月,宋公、曹伯、卫人、邾人伐齐[1]。

夏,师救齐[2]。

五月戊寅，宋师及齐师战于甗，齐师败绩[3]。

狄救齐[4]。

秋八月丁亥，葬齐桓公[5]。

冬，邢人、狄人伐卫[6]。

① 纳孝公。 ② 无传。 ③ 无亏既死，曹、卫、邾先去，鲁亦罢归，故宋师独与齐战。不称宋公，不亲战也。大崩曰败绩。甗，齐地。【释文】甗，鱼偃切，又音言，一音彦。 ④ 无传。救四公子之徒。 ⑤ 十一月而葬，乱故。八月无丁亥，日误。 ⑥ 狄称人者，史异辞，传无义例。

【传】

十八年春，宋襄公以诸侯伐齐。三月，齐人杀无亏[1]。

① 以说宋。【释文】说，音悦，又如字。

郑伯始朝于楚[1]，楚子赐之金，既而悔之，与之盟曰："无以铸兵[2]。"故以铸三钟[3]。

① 中国无霸故。 ② 楚金利故。【释文】铸，之树切。 ③ 古者以铜为兵。传言楚无霸者远略。

齐人将立孝公，不胜四公子之徒，遂与宋人战[1]。夏五月，宋败齐师于甗，立孝公而还。

① 无亏已死，故曰四公子。【释文】胜，音升，又升证切。

秋八月，葬齐桓公[1]。

① 孝公立而后得葬。

冬，邢人、狄人伐卫，围菟圃。卫侯以国让父兄子弟及朝众曰："苟能治之，燬请从焉[1]。"众不可[2]，而后师于訾娄[3]。狄师还[4]。

① 燬，卫文公名。【释文】菟，音徒。圃，布古切，又音布。燬，吁委切。 ② 不听卫侯让。 ③ 陈师訾娄。訾娄，卫邑。【释文】訾，子斯切。娄，郎句切，又郎钩切。 ④ 独言狄还，则邢留距卫，言邢所以终为卫所灭。

梁伯益其国而不能实也[1]，命曰新里，秦取之。

① 多筑城邑而无民以实之。

僖公十九年

【经】

十有九年春，王三月，宋人执滕子婴齐①。

夏六月，宋公、曹人、邾人盟于曹南②。鄫子会盟于邾③。己酉，邾人执鄫子，用之④。

秋，宋人围曹。

卫人伐邢⑤。

冬，会陈人、蔡人、楚人、郑人盟于齐⑥。

梁亡⑦。

① 称人以执，宋以罪及民告。例在成十五年。传例不以名为义，书名及不书名皆从赴。【释文】婴，於盈切。 ② 无传。曹虽与盟而犹不服，不肯致饩，无地主之礼，故不以国地而曰曹南，所以及秋而见围。【释文】与，音预，下"亦与"同。饩，许气切。 ③ 不及曹南之盟。诸侯既罢，鄫乃会之于邾，故不言如会。 ④ 称人以执，宋以罪及民告也。鄫虽失大国会盟之信，然宋用之，为罚已虐，故直书用之，言若用畜产也。不书社，赴不及也。不书宋使邾而以邾自用为文，南面之君，善恶自专，不得托之于他命。【释文】畜，许又切。 ⑤ 伐邢在围曹前，经书在后，从赴。 ⑥ 地于齐，齐亦与盟。 ⑦ 以自亡为文，非取者之罪，所以恶梁。【释文】恶，乌路切。

【传】

十九年春，遂城而居之①。

① 承前年传取新里，故不复言秦也。为此冬梁亡传。【释文】复，扶又切。

宋人执滕宣公。

夏，宋公使邾文公用鄫子于次睢之社，欲以属东夷①。

司马子鱼曰："古者六畜不相为用②，小事不用大牲，而况敢用人乎？祭祀以为人也。民，神之主也。用人，其谁飨之？齐桓公存三亡国以属诸侯③，义士犹曰薄德④。今一会而虐二国之君⑤，又用诸淫昏之鬼⑥，将以求霸，不亦难乎？得死为幸⑦！"

① 睢水受汴，东经陈留、梁、谯、沛、彭城县入泗。此水次有妖神，东夷皆社祠之，盖杀人而用祭。【释文】睢，音虽。属，朱欲切。谯，在消切。沛，音贝。泗，音四。祠，音辞，或音祀。 ② 司马子鱼，公子目夷也。六畜不相为用，谓若祭马先不用马。【释文】畜，许又切，注同。为，于伪切，下"为人"同，又如字，注仿此。 ③ 三亡国：鲁、卫、邢。 ④ 谓欲因乱取鲁，缓救邢、卫。 ⑤ 宋公三月以会召诸侯，执滕子，六月而会盟，其月二十二日执鄫子，故云一会而虐二国之君。 ⑥ 非周社故。 ⑦ 恐其亡国。

秋，卫人伐邢，以报菟圃之役①。于是卫大旱，卜有事于山川，不吉②。宁庄子曰："昔周饥，克殷而年丰。今邢方无道，诸侯无伯③，天其或者欲使卫讨邢乎？"从之，师兴而雨。

① 邢不速退，所以独见伐。 ② 有事祭也。 ③ 伯，长也。【释文】长，丁丈切。

宋人围曹，讨不服也①。子鱼言于宋公曰："文王闻崇德乱而伐之，军三旬而不降②，退修教而复伐之，因垒而降③。《诗》曰：'刑于寡妻，至于兄弟，以御于家邦④。'今君德无乃犹有所阙，而以伐人，若之何？盍姑内省德乎？无阙而后动⑤。"

① 曹南盟，不修地主之礼故。 ② 崇，崇侯虎。【释文】降，户江切，下同。 ③ 复往攻之，备不改前，而崇自服。【释文】复，扶又切，注同，一本作"而复之"，"伐"，衍字。垒，力鬼切，军垒。 ④《诗·大雅》，言文王之教，自近及远。寡妻，嫡妻，谓大姒也。刑，法也。【释文】御，如字，治也，《诗》音五嫁切，迎也。嫡，或作"適"，丁历切。大，音泰。姒，音似。 ⑤【释文】盍，胡腊切。

陈穆公请修好于诸侯以无忘齐桓之德。冬，盟于齐，修桓公之好也①。

① 宋襄暴虐,故思齐桓。【释文】好,呼报切,下同。

梁亡。不书其主,自取之也①。初,梁伯好土功,亟城而弗处,民罢而弗堪,则曰:"某寇将至。"乃沟公宫②,曰:"秦将袭我。"民惧而溃,秦遂取梁③。

① 不书取梁者主名。 ② 沟,堑。【释文】亟,欺冀切。罢,音皮。堑,七艳切。 ③【释文】溃,户内切。

僖公二十年

【经】

二十年春,新作南门①。

夏,郜子来朝②。

五月乙巳,西宫灾③。

郑人入滑④。

秋,齐人、狄人盟于邢。

冬,楚人伐随。

① 鲁城南门也。本名稷门,僖公更高大之,今犹不与诸门同,改名高门也。言新以易旧,言作以与事,皆更造之文也。 ② 无传。郜,姬姓国。【释文】郜,古报切,《字林》工竺切。 ③ 无传。西宫,公别宫也。天火曰灾,例在宣十六年。 ④ 入例在襄十三年。【释文】滑,于八切。

【传】

二十年春,新作南门。书,不时也①。凡启塞从时②。

① 失土功之时。 ② 门户道桥谓之启,城郭墙堑谓之塞,皆官民之开闭,不可一日而阙,故特随坏时而治之。今僖公修饰城门,非开闭之急,故以土功之制讥之。传嫌启塞皆从土功之时,故别起从时之例。【释文】塞,素则切。

滑人叛郑而服于卫。夏，郑公子士、泄堵寇帅师入滑[①]。

① 公子士，郑文公子。泄堵寇，郑大夫。【释文】泄，息列切。堵，丁古切，王又音者。

秋，齐、狄盟于邢，为邢谋卫难也。于是卫方病邢[①]。

①【释文】为，于伪切。难，乃旦切。

随以汉东诸侯叛楚。冬，楚鬥穀於菟帅师伐随，取成而还。君子曰："随之见伐，不量力也。量力而动，其过鲜矣。善败由己，而由人乎哉？《诗》曰：'岂不夙夜？谓行多露[①]。'"

①《诗·召南》，言岂不欲早暮而行，惧多露之濡己，以喻违礼而行，必有污辱，是亦量宜相时而动之义。【释文】穀，奴口切。於，音乌。菟，音徒。鲜，息浅切，下同。召，上照切。暮，本亦作"莫"，音暮。污，污秽之污，一音乌路切。

宋襄公欲合诸侯，臧文仲闻之，曰："以欲从人则可[①]，以人从欲鲜济[②]。"

① 屈己之欲，从众之善。 ② 为明年鹿上盟传。

僖公二十一年

【经】

二十有一年春，狄侵卫[①]。

宋人、齐人、楚人盟于鹿上[②]。

夏，大旱[③]。

秋，宋公、楚子、陈侯、蔡侯、郑伯、许男、曹伯会于盂[④]。

执宋公以伐宋[⑤]。

冬，公伐邾[⑥]。

楚人使宜申来献捷[⑦]。

十有二月癸丑，公会诸侯盟于薄，释宋公[⑧]。

① 无传。为邢故。【释文】为，于伪切，下“为邾”同。 ② 鹿上，宋地，汝阴有原鹿县。宋为盟主，故在齐人上。 ③ 雩不获雨，故书旱。自夏及秋，五稼皆不收。 ④ 盂，宋地。楚始与中国行会礼，故称爵。【释文】盂，音于。 ⑤ 不言楚执宋公者，宋无德而争盟，为诸侯所疾，故总见众国共执之文。【释文】见，贤遍切。 ⑥ 无传。为邾灭须句故。【释文】句，其俱切，传同。 ⑦ 无传。献宋捷也。不言宋者，秋伐宋，冬来献捷，事不异年，从可知。不称楚子，使来不称君命行礼。【释文】献，轩建切。捷，在接切。 ⑧ 诸侯既与楚共伐宋，宋服，故为薄盟以释之。公本无会期，闻盟而往，故书公会诸侯。【释文】薄，如字。

【传】

二十一年春，宋人为鹿上之盟，以求诸侯于楚。楚人许之。公子目夷曰：“小国争盟，祸也。宋其亡乎，幸而后败[①]。”

① 谓军败。

夏，大旱。公欲焚巫尪[①]。臧文仲曰：“非旱备也。修城郭，贬食省用，务穑劝分[②]，此其务也。巫尪何为？天欲杀之，则如勿生，若能为旱，焚之滋甚。”公从之。是岁也，饥而不害[③]。

① 巫尪，女巫也，主祈祷请雨者。或以为尪非巫也，瘠病之人，其面上向，俗谓天哀其病，恐雨入其鼻，故为之旱，是以公欲焚之。【释文】尪，乌黄切。祷，丁老切，或丁报切。瘠，在亦切。向，本亦作“鄉”，许亮切。故为，于伪切。 ② 穑，俭也。劝分，有无相济。【释文】贬，彼检切。省，所景切。 ③ 不伤害民。

秋，诸侯会宋公于盂。子鱼曰：“祸其在此乎！君欲已甚，其何以堪之？”于是楚执宋公以伐宋。冬，会于薄以释之。子鱼曰：“祸犹未也，未足以惩君[①]。”

① 为二十二年战泓传。【释文】惩，直升切。泓，乌宏切。

任、宿、须句、颛臾，风姓也。实司大皞与有济之祀[①]，以服事诸夏[②]。邾人灭须句，须句子来奔，因成风也[③]。成风为之言于公曰："崇明祀，保小寡，周礼也[④]。蛮夷猾夏，周祸也[⑤]。若封须句，是崇皞、济而修祀纾祸也[⑥]。"

① 司，主也。大皞，伏羲。四国，伏羲之后，故主其祀。任，今任城县也。颛臾在泰山南武阳县东北。须句在东平须昌县西北。四国封近于济，故世祀之。【释文】任，音壬，注同。颛，音专。臾，羊朱切。风姓也，本或作"皆风姓"。大，音泰。皞，胡老切。济，子礼切，注及下注同。羲，本或作"戏"，许宜切。近，附近之近。 ② 与诸夏同服王事。【释文】夏，户雅切，注及下同。 ③ 须句，成风家。 ④ 明祀，太皞、有济之祀。保，安也。【释文】为，于伪切。 ⑤ 此邾灭须句，而曰蛮夷，昭二十三年叔孙豹曰"邾又夷也"，然则邾虽曹姓之国，迫近诸戎，杂用夷礼，故极言之。猾夏，乱诸夏。【释文】猾，于八切。豹，百教切。案，杜注所引是叔孙婼语，今传本多作"豹"，恐是传写误也，宜为"婼"。婼，音敕若切。 ⑥ 纾，解也。为明年伐邾传。【释文】纾，音舒。

僖公二十二年

【经】

二十有二年春，公伐邾，取须句[①]。

夏，宋公、卫侯、许男、滕子伐郑。

秋八月丁未，及邾人战于升陉[②]。

冬十有一月己巳朔，宋公及楚人战于泓，宋师败绩[③]。

① 须句虽别国，而削弱不能自通，为鲁私属，若颛臾之比。鲁谓之社稷之臣，故灭、奔及反其君皆略不备书，唯书伐邾取须句。【释文】比，必二切。 ② 升陉，鲁地。邾人县公胄于鱼门，故深耻之。不言公，又不言师败绩。【释文】陉，音刑。县，音玄。胄，直救切。 ③ 泓，水名。宋伐郑，楚救之，故战也。楚告命，不以主帅人数，故略称人。【释文】帅，所类切。

【传】

二十二年春，伐邾，取须句，反其君焉，礼也①。

① 得恤寡小之礼。

三月，郑伯如楚。夏，宋公伐郑。子鱼曰："所谓祸在此矣①。"

① 怒郑至楚，故伐之，为下泓战起。

初，平王之东迁也①，辛有适伊川，见被发而祭于野者②，曰："不及百年，此其戎乎！其礼先亡矣③。"

① 周幽王为犬戎所灭，平王嗣位，故东迁洛邑。 ② 辛有，周大夫。伊川，周地。伊，水也。【释文】被，皮寄切，下注同。 ③ 被发而祭，有象夷狄。

秋，秦、晋迁陆浑之戎于伊川①。

① 允姓之戎居陆浑，在秦、晋西北。二国诱而徙之伊川，遂从戎号，至今为陆浑县也。计此去辛有过百年，而云不及百年，传举其事验，不必其年信。【释文】浑，户门切，一音胡困切。

晋大子圉为质于秦，将逃归，谓嬴氏曰："与子归乎①？"对曰："子，晋大子，而辱于秦，子之欲归，不亦宜乎？寡君之使婢子侍执巾栉②，以固子也。从子而归，弃君命也。不敢从，亦不敢言。"遂逃归③。

① 嬴氏，秦所妻子圉怀嬴也。【释文】质，音致。妻，七计切。 ② 婢子，妇人之卑称也。【释文】栉，侧乙切。称，尺证切，下"之称"同。 ③ 传终史苏之占。

富辰言于王曰："请召大叔①。《诗》曰：'协比其邻，昏姻孔云②。'吾兄弟之不协，焉能怨诸侯之不睦？"王说。王子带自齐复归于京师，王召之也③。

① 富辰，周大夫。大叔，王子带，十二年奔齐。【释文】大，音泰，注同。 ②《诗·小雅》，言王者为政，先和协近亲，则昏姻甚相归附也。邻，犹近也。孔，甚也。云，旋也。【释文】比，毗志切。 ③ 传终仲孙湫之言也，为二十四年天王出居于郑起。【释文】焉，於虔切。说，音悦。湫，子小切。

邾人以须句故出师。公卑邾，不设备而禦之[①]。臧文仲曰："国无小，不可易也。无备，虽众不可恃也。《诗》曰：'战战兢兢，如临深渊，如履薄冰[②]。'又曰：'敬之敬之，天惟显思[③]，命不易哉[④]！'先王之明德，犹无不难也，无不惧也，况我小国乎！君其无谓邾小，蠭虿有毒，而况国乎？"弗听。八月丁未，公及邾师战于升陉，我师败绩。邾人获公胄，县诸鱼门[⑤]。

① 卑，小也。【释文】禦，本亦作"御"，音鱼吕切。 ②《诗·小雅》，言常戒惧。【释文】易，以豉切，下同。兢，居陵切，本或作"矜"。 ③ 显，明也。思，犹辞也。 ④《周颂》，言有国宜敬戒，天明临下，奉承其命甚难。 ⑤ 胄，兜鍪。鱼门，邾城门。【释文】蠭，芳容切，本又作"蜂"，俗作"蜂"，皆同。虿，敕迈切，一音敕戒切，《字林》作"蠆"，丑介切，又他割切。升陉，本亦作"登陉"。县，音玄。兜，丁侯切。鍪，莫侯切。

楚人伐宋以救郑。宋公将战，大司马固谏曰："天之弃商久矣，君将兴之，弗可赦也已[①]。"弗听。冬十一月己巳朔，宋公及楚人战于泓。宋人既成列，楚人未既济[②]。司马曰[③]："彼众我寡，及其未既济也，请击之。"公曰："不可。"既济而未成列，又以告。公曰："未可。"既陈而后击之，宋师败绩。公伤股，门官歼焉[④]。

① 大司马固，庄公之孙公孙固也。言君兴天所弃，必不可，不如赦楚，勿与战。 ② 未尽渡泓水。 ③ 子鱼也。 ④ 门官，守门者，师行则在君左右。歼，尽也。【释文】陈，直觐切。歼，将廉切。

国人皆咎公。公曰："君子不重伤，不禽二毛[①]。古之为军也，不以阻隘也[②]。寡人虽亡国之余[③]，不鼓不成列[④]。"子鱼曰："君未知战。勍敌之人隘而不列，天赞我也[⑤]。阻而鼓之，不亦可乎？犹有惧焉[⑥]。且今之勍者，皆吾敌也。虽及胡耇，获则取之，何有于二毛[⑦]？明耻教战，求杀敌也[⑧]。伤未及死，如何勿重[⑨]？若爱重伤，则如勿伤；爱其二毛，则如服焉[⑩]。三军以利用也[⑪]，金鼓以声气也[⑫]。利而用之，阻隘可也；声盛致志，鼓儳可也[⑬]。"

① 二毛，头白有二色。【释文】咎，其久切。重，直用切，下同。 ② 不因阻隘以求胜。【释文】隘，於卖切。 ③ 宋，商纣之后。 ④ 耻以诈胜。 ⑤ 勍，强也。言楚在险隘不得陈列，天所以佐宋。【释文】勍，其京切。 ⑥ 虽因阻击之，犹恐不胜。 ⑦ 今之勍者，谓与吾竞者。胡耇，元老之称。【释文】耇，音苟。 ⑧ 明设刑戮，以耻不果。 ⑨ 言尚能害己。 ⑩ 言苟不欲伤杀敌人，则本可不须斗。 ⑪ 为利兴。【释文】为，于伪切。 ⑫ 鼓以佐士众之声气。 ⑬ 儳，岩，未整陈。【释文】儳，仕衔、仕减二切。陈，直觐切，又如字。

丙子晨，郑文夫人芈氏、姜氏劳楚子于柯泽[①]。楚子使师缙示之俘馘[②]。君子曰："非礼也。妇人送迎不出门，见兄弟不逾阈[③]，戎事不迩女器[④]。"

① 楚子还，过郑。郑文公夫人芈氏，楚女。姜氏，齐女也。柯泽，郑地。【释文】芈，弥尔切，楚姓也。劳，力报切。柯，音哥。 ② 师缙，楚乐师也。俘，所得囚。馘，所截耳。【释文】缙，音晋。俘，芳扶切。馘，古获切。 ③ 阈，门限。【释文】阈，音域，一音况域切。 ④ 迩，近也。器，物也。言俘馘非近妇人之物。【释文】近，如字，又附近之近，下同。

丁丑，楚子入享于郑[①]，九献[②]，庭实旅百[③]，加笾豆六品[④]。享毕，夜出，文芈送于军，取郑二姬以归[⑤]。叔詹曰："楚王其不没乎[⑥]！为礼卒于无别，无别不可谓礼，将何以没？"诸侯是以知其不遂霸也[⑦]。

① 为郑所飨。【释文】为，于伪切。 ② 用上公之礼，九献酒而礼毕。 ③ 庭中所陈品数百也。 ④ 食物六品加于笾豆。笾豆，礼食器。 ⑤ 二姬，文芈女也。 ⑥ 不以寿终。【释文】詹，章廉切。没，门忽切。 ⑦ 言楚子所以师败城濮，终为商臣所弑。【释文】卒，子恤切。别，彼列切，下同。濮，音卜。弑，音试。

僖公二十三年

【经】

二十有三年春，齐侯伐宋，围缗①。

夏五月庚寅，宋公兹父卒②。

秋，楚人伐陈。

冬十有一月，杞子卒③。

① 缗，宋邑，高平昌邑县东南有东缗城。【释文】缗，亡巾切。 ② 三同盟。 ③ 传例曰：不书名，未同盟也。杞入春秋称侯，庄二十七年绌称伯，至此用夷礼，贬称子。【释文】绌，本又作"黜"，敕律切。

【传】

二十三年春，齐侯伐宋，围缗，以讨其不与盟于齐也①。

① 十九年盟于齐，以无忘桓公之德，而宋独不会，复召齐人共盟鹿上，故今讨之。【释文】与，音预。复，扶又切，下"不复成嫁"同。

夏五月，宋襄公卒，伤于泓故也①。

① 终子鱼之言，得死为幸。

秋，楚成得臣帅师伐陈，讨其贰于宋也①。遂取焦、夷，城顿而还②。子文以为之功，使为令尹。叔伯曰："子若国何③？"对曰："吾以靖国也。夫有大功而无贵仕④，其人能靖者与有几⑤？"

① 成得臣，子玉也。 ② 焦，今谯县也。夷，一名城父，今谯郡城父县。二地皆陈邑。顿国，今汝阴南顿县。【释文】焦，子消切。 ③ 叔伯，楚大夫蔿吕臣也。以为子玉不任令尹。【释文】蔿，为彼切。任，音壬。 ④ 贵仕，贵位。【释文】靖，音静。 ⑤ 言必矜功为乱，不可不赏。【释文】其人能靖者与，绝句。与，音余。几，居岂切。

九月，晋惠公卒①。怀公命无从亡人②。期，期而不至，无赦。狐突之子毛及偃从重耳在秦，弗召③。冬，怀公执狐突曰："子来则免④。"对曰："子之能仕，父教之忠，古之制也。策名委质，贰乃辟也⑤。今臣之子，名在重耳，有年数矣。若又召之，教之贰也。父教子贰，何以事君？刑之不滥，君之明也，臣之愿也。淫刑以逞，谁则无罪？臣闻命矣。"乃杀之。卜偃称疾不出，曰："《周书》有之：'乃大明服⑥。'己则不明而杀人以逞，不亦难乎？民不见德而唯戮是闻，其何后之有⑦？"

① 经在明年，从赴。 ② 怀公，子圉。亡人，重耳。【释文】重，直龙切。 ③ 偃，子犯也。【释文】期期，上如字；下音基，一本亦作"朞"，下注"未期"，亦音基。从，才用切，后皆同。 ④ 未期而执突，以不召子故。 ⑤ 名书于所臣之策，屈膝而君事之，则不可以贰。辟，罪也。【释文】质，如字。辟，婢亦切，注同。膝，辛七切。 ⑥《周书·康诰》，言君能大明则民服。【释文】滥，力暂切。 ⑦ 言怀公必无后于晋。为二十四年杀怀公张本。【释文】逞，本亦作"呈"，敕景切。

十一月，杞成公卒。书曰"子"，杞，夷也①。不书名，未同盟也。凡诸侯同盟，死则赴以名，礼也②。赴以名，则亦书之③，不然则否④，辟不敏也⑤。

① 成公始行夷礼以终其身，故于卒贬之。杞实称伯，仲尼以文贬称子，故传言"书曰子"以明之。 ② 隐七年已见，今重发不书名者，疑降爵故也。此凡又为国史承告而书例。【释文】见，贤遍切。重，直用切，下"重详"同。 ③ 谓未同盟。 ④ 谓同盟而不以名告。 ⑤ 敏，犹审也。同盟然后告名，赴者之礼也。承赴然后书策，史官之制也。内外之宜不同，故传重详其义。

晋公子重耳之及于难也，晋人伐诸蒲城①。蒲城人欲战，重耳不可，曰："保君父之命而享其生禄②，于是乎得人③。有人而校，罪莫大焉④。吾其奔也。"遂奔狄，从者狐偃、赵衰⑤、颠颉、魏武子⑥、司空季子⑦。狄人伐廧咎如⑧，获其二女：叔隗、季隗，纳诸公子。公子取季隗，生伯儵、叔刘；以叔隗妻赵衰，生盾⑨。将适齐，谓季隗曰："待我二十五年，不来而后嫁。"对曰："我二十五年矣，又如是而嫁，则就木焉⑩，请待子。"处狄十二年而行⑪。

① 事在五年。【释文】难，乃旦切。 ② 享，受也。保，犹恃也。 ③ 以禄致众。 ④ 校，报也。【释文】校，音教。 ⑤ 衰，赵夙弟。【释文】衰，初危切。 ⑥ 武子，魏犨。【释文】颉，户结切。犨，尺由切。 ⑦ 胥臣，臼季也。时狐毛、贾佗皆从，而独举此五人，贤而有大功。【释文】臼，其久切。佗，徒何切。 ⑧ 廧咎如，赤狄之别种也，隗姓。【释文】廧，在良切。咎，古刀切。隗，五罪切，下文皆同。 ⑨ 盾，赵宣子。【释文】儵，直由切，本又作"儵"，音同。妻，七计切，下同。盾，徒本切。 ⑩ 言将死入木，不复成嫁。 ⑪ 以五年奔狄，至十六年而去。【释文】请待子，绝句。

过卫，卫文公不礼焉。出于五鹿①，乞食于野人，野人与之块，公子怒，欲鞭之。子犯曰："天赐也②。"稽首，受而载之。

① 五鹿，卫地，今卫县西北有地名五鹿，阳平元城县东亦有五鹿。 ② 得土，有国之祥，故以为天赐。【释文】块，苦对切，又苦怪切。

及齐，齐桓公妻之，有马二十乘①，公子安之。从者以为不可，将行，谋于桑下②。蚕妾在其上，以告姜氏。姜氏杀之③，而谓公子曰："子有四方之志，其闻之者吾杀之矣。"公子曰："无之。"姜曰："行也。怀与安，实败名。"公子不可。姜与子犯谋，醉而遣之。醒，以戈逐子犯④。

① 四马为乘，八十匹也。【释文】乘，绳证切，注及下皆同。 ② 齐桓既卒，知孝公不可恃故。 ③ 姜氏，重耳妻，恐孝公怒其去，故杀妾以灭口。 ④ 无去志，故怒。【释文】败，必迈切。醒，星顶切。

及曹，曹共公闻其骈胁，欲观其裸。浴，薄而观之①。僖负羁之妻曰："吾观晋公子之从者，皆足以相国。若以相②，夫子必反其国。反其国，必得志于诸侯。得志于诸侯而诛无礼，曹其首也。子盍蚤自贰焉[③]？”乃馈盘飧，寘璧焉[④]。公子受飧反璧。

① 薄，迫也。骈胁，合干。【释文】共，音恭。闻其骿胁，绝句。骈，薄贤切。胁，许业切。《说文》：骈胁，并也。《广雅》云：胁干谓之肋。《通俗》云：腋下谓之胁。欲观，如字，绝句，一读至“裸”字绝句。裸，力果切，又户化切。浴，音欲。薄，如字，《国语》云：薄，帘也。干，古旦切。 ② 若遂以为傅相。【释文】羁，纪宜切。相，息亮切。 ③ 自贰，自别异于曹。【释文】盍，户腊切。蚤，音早。别，彼列切。 ④ 臣无竟外之交，故用盘藏璧飧中，不欲令人见。【释文】馈，其贵切，遗也。飧，音孙，《说文》云：餔也。《字林》云：水浇饭也。寘，之豉切。竟，音境。令，力呈切。

及宋，宋襄公赠之以马二十乘[①]。

及郑，郑文公亦不礼焉。叔詹谏曰：“臣闻天之所启，人弗及也[②]。晋公子有三焉，天其或者将建诸！君其礼焉。男女同姓，其生不蕃[③]，晋公子，姬出也，而至于今，一也[④]。离外之患[⑤]，而天不靖晋国，殆将启之，二也。有三士足以上人而从之，三也[⑥]。晋、郑同侪[⑦]，其过子弟，固将礼焉，况天之所启乎？”弗听。

① 赠，送也。 ② 启，开也。 ③ 蕃，息也。【释文】蕃，音烦，注同。 ④ 犬戎狐姬之子，故曰姬出。 ⑤ 出奔在外。 ⑥《国语》：狐偃、赵衰、贾佗三人皆卿才。【释文】从，如字，一音才用切。 ⑦ 侪，等也。【释文】侪，仕皆切。

及楚，楚子飨之，曰：“公子若反晋国，则何以报不穀？”对曰：“子女玉帛，则君有之；羽毛齿革，则君地生焉。其波及晋国者，君之余也，其何以报君？”曰：“虽然，何以报我？”对曰：“若以君之灵，得反晋国，晋、楚治兵，遇于中原，其辟君三舍。若不获命[①]，其左执鞭弭，右属櫜鞬，以与君周旋[②]。”子玉请杀之[③]。楚子曰：“晋公子广而俭[④]，文而有礼。其从者肃而宽[⑤]，忠而能力。晋侯无亲，外内恶之[⑥]。吾闻姬姓，唐叔之后，其后衰者也，其将由晋公子乎！天将兴之，谁能废之。违天必有大咎。”乃送诸秦。

① 三退不得楚止命也。【释文】过，古禾切。 ② 弭，弓末无缘者。櫜以受箭，鞬以受弓。属，著也。周旋，相追逐也。【释文】弭，莫尔切。属，音烛，注同。櫜，古刀切。鞬，九言切。缘，悦绢切。 ③ 畏其志大。 ④ 志广而体俭。⑤ 肃，敬也。 ⑥ 晋侯，惠公也。【释文】恶，乌路切。

秦伯纳女五人，怀嬴与焉[①]。奉匜沃盥，既而挥之[②]。怒曰：“秦、晋匹也，何以卑我[③]！”公子惧，降服而囚[④]。他日，公享之。子犯曰：“吾不如衰之文也[⑤]，请使衰从。”公子赋《河水》[⑥]，公赋《六月》[⑦]。赵衰曰：“重耳拜赐。”公子降，拜，稽首，公降一级而辞焉[⑧]。衰曰：“君称所以佐天子者命重耳，重耳敢不拜[⑨]？”

① 怀嬴，子圉妻。子圉谥怀公，故号为怀嬴。【释文】咎，其九切。与，音预。 ② 匜，沃盥器也。挥，湔也。【释文】奉，芳勇切。匜，以支切，一音以纸切。《说文》云：似羹魁，柄中有道，可注水。盥，古缓切。挥，许韦切。湔，音荐，王音赞，一音箭，又音笺。 ③ 匹，敌也。 ④ 去上服，自拘囚以谢之。【释文】去，起吕切。拘，音俱。 ⑤ 有文辞也。【释文】衰，初危切，下同。 ⑥《河水》，逸《诗》，义取河水朝宗于海。海喻秦。 ⑦《六月》，《诗·小雅》，道尹吉甫佐宣王征伐，喻公子还晋必能匡王国。古者礼会，因古诗以见意，故言赋诗断章也。其全称诗篇者，多取首章之义。他皆放此。【释文】见，贤遍切。断，端缓切。 ⑧ 下阶一级，辞公子稽首。【释文】级，音急。 ⑨《诗》首章言匡王国，次章言佐天子，故赵衰因通言之，为明年秦伯纳之张本。

僖公二十四年

【经】

二十有四年春，王正月。

夏，狄伐郑。

秋七月。

冬，天王出居于郑[①]。

晋侯夷吾卒[②]。

① 襄王也。天子以天下为家，故所在称居。天子无外而书出者，讥王蔽于匹夫之孝，不顾天下之重，因其辟母弟之难书出，言其自绝于周。【释文】蔽，必世切。难，乃旦切。　② 文公定位而后告，未同盟而赴以名。

【传】

二十四年春，王正月，秦伯纳之。不书，不告入也[①]。及河，子犯以璧授公子，曰："臣负羁绁从君巡于天下[②]，臣之罪甚多矣。臣犹知之，而况君乎？请由此亡。"公子曰："所不与舅氏同心者，有如白水[③]。"投其璧于河[④]。济河，围令狐，入桑泉，取臼衰[⑤]。二月甲午，晋师军于庐柳[⑥]。秦伯使公子絷如晋师，师退，军于郇[⑦]。辛丑，狐偃及秦、晋之大夫盟于郇。壬寅，公子入于晋师。丙午，入于曲沃。丁未，朝于武宫[⑧]。戊申，使杀怀公于高梁。不书，亦不告也[⑨]。

① 纳重耳也。　② 羁，马羁。绁，马缰。【释文】羁，纪宜切，《说文》云：马络头也。绁，息列切，《说文》云：系也。从，才用切，又如字。缰，居良切。　③ 子犯，重耳舅也。言与舅氏同心之明，如此白水。犹《诗》言"谓予不信，有如皦日"。【释文】皦，古了切。　④ 质信于河。【释文】质，音致。　⑤ 桑泉在河东解县西，解县东南有臼城。【释文】令，力丁切。衰，初危切。解，户买切。　⑥ 怀公遣军距重耳。【释文】庐，力居切。柳，力久切。　⑦ 解县西北有郇城。【释文】絷，张立切。郇，音荀。　⑧ 文公之祖武公庙。　⑨ 怀公奔高梁。高梁在平阳杨县西南。再发不告者，言外诸侯入及见杀，亦皆须告乃书于策。

吕、郤畏偪[①]，将焚公宫而弑晋侯。寺人披请见，公使让之，且辞焉[②]，曰："蒲城之役[③]，君命一宿，女即至[④]。其后余从狄君以田渭滨[⑤]，女为惠公来求杀余，命女三宿，女中宿至。虽有君命，何其速也。夫袪犹在[⑥]，女其行乎！"对曰：

“臣谓君之入也，其知之矣[7]。若犹未也，又将及难。君命无二，古之制也。除君之恶，唯力是视。蒲人、狄人，余何有焉[8]？今君即位，其无蒲、狄乎？齐桓公置射钩而使管仲相[9]，君若易之，何辱命焉[10]？行者甚众，岂唯刑臣[11]。”公见之，以难告[12]。三月，晋侯潜会秦伯于王城。己丑晦，公宫火，瑕甥、郤芮不获公，乃如河上，秦伯诱而杀之。晋侯逆夫人嬴氏以归[13]。秦伯送卫于晋三千人，实纪纲之仆[14]。

① 吕甥、郤芮，惠公旧臣，故畏为文公所偪害。【释文】偪，彼力切。为，于伪切。 ② 辞不见。【释文】弑，音试，又作“杀”。寺，本又作“侍”。披，普皮切。见，贤遍切。 ③ 在五年。 ④ 即日至。【释文】女，音汝，下皆同。 ⑤ 田，猎。【释文】渭，音谓，水名。滨，音宾。 ⑥ 披所斩文公衣袂也。【释文】为，于伪切。中，丁仲切，下及注同。女中宿至，或无“至”字。袪，起鱼切。袂，灭制切。 ⑦ 知君人之道。 ⑧ 当二君(出)〔世〕，君为蒲、狄之人，于我有何义。【释文】难，乃旦切，下及注皆同。 ⑨ 乾时之(杀)〔役〕，管仲射桓公中带钩。【释文】射，食亦切，注同。相，息亮切。 ⑩ 言若反齐桓，己将自去，不须辱君命。 ⑪ 披，奄人，故称刑臣。【释文】甚众，一本“甚”作“其”。 ⑫ 告吕、郤欲焚公宫。 ⑬ 秦穆公女文嬴也。 ⑭ 新有吕、郤之难，国未辑睦，故以兵卫文公。诸门户仆隶之事皆秦卒共之，为之纪纲。【释文】辑，音集，又七入切，本亦作“集”。卒，子忽切。共，音恭，本亦作“供”。

初，晋侯之竖头须，守藏者也[1]。其出也，窃藏以逃[2]，尽用以求纳之[3]。及入，求见，公辞焉以沐。谓仆人曰：“沐则心覆，心覆则图反，宜吾不得见也。居者为社稷之守，行者为羁绁之仆，其亦可也，何必罪居者？国君而仇匹夫，惧者甚众矣。”仆人以告，公遽见之[4]。

① 头须，一曰里凫须。竖，左右小吏。【释文】竖，上注切。藏，才浪切，下同。凫，房孚切。《韩诗外传》云：晋文公亡，过曹，里凫须从，因盗重耳资而亡。重耳无粮，馁不能行，介子推割股以食重耳，然后能行。 ② 文公出时。 ③ 求纳文公。 ④ 言弃小怨所以能安众。【释文】见，贤遍切，下“得见”同。覆，芳服切，下同。守，手又切，又如字。甚，或作“其”。

狄人归季隗于晋而请其二子[①]。文公妻赵衰，生原同、屏括、楼婴[②]。赵姬请逆盾与其母[③]，子余辞[④]。姬曰："得宠而忘旧，何以使人？必逆之。"固请，许之。来，以盾为才，固请于公以为嫡子，而使其三子下之，以叔隗为内子而己下之[⑤]。

① 二子：伯儵、叔刘。 ② 原、屏、楼，三子之邑。【释文】妻，七计切。屏，步丁切。括，古活切。 ③ 赵姬，文公女也。盾，狄女叔隗之子。 ④ 子余，赵衰字。 ⑤ 卿之嫡妻为内子。皆非此年事，盖因狄人归季隗，遂终言叔隗。【释文】嫡，亦作"適"，丁历切。下，遐嫁切，下同。

晋侯赏从亡者，介之推不言禄，禄亦弗及[①]。推曰："献公之子九人，唯君在矣。惠、怀无亲，外内弃之。天未绝晋，必将有主。主晋祀者，非君而谁？天实置之，而二三子以为己力，不亦诬乎？窃人之财，犹谓之盗，况贪天之功以为己功乎？下义其罪，上赏其奸，上下相蒙[②]，难与处矣！"其母曰："盍亦求之，以死谁怼？"对曰："尤而效之，罪又甚焉，且出怨言，不食其食[③]。"其母曰："亦使知之若何[④]？"对曰："言，身之文也。身将隐，焉用文之？是求显也。"其母曰："能如是乎？与女偕隐[⑤]。"遂隐而死。晋侯求之，不获，以绵上为之田，曰："以志吾过，且旌善人[⑥]。"

① 介推，文公微臣。之，语助。【释文】从，才用切。 ② 蒙，欺也。 ③ 怨言，谓上下相蒙，难与处。【释文】盍，户腊切。怼，直类切。 ④ 既不求之，且欲令推达言于文公。 ⑤ 偕，俱也。【释文】焉，於虔切。女，音汝。 ⑥ 旌，表也。西河界休县南有地名绵上。

郑之入滑也，滑人听命[①]。师还，又即卫。郑公子士泄、堵俞弥帅师伐滑[②]。王使伯服、游孙伯如郑请盟[③]。郑伯怨惠王之入而不与厉公爵也[④]，又怨襄王之与卫、滑也[⑤]，故不听王命而执二子。王怒，将以狄伐郑。富辰谏曰："不可。

臣闻之,大上以德抚民⑥,其次亲亲以相及也⑦。昔周公吊二叔之不咸,故封建亲戚以蕃屏周⑧。管蔡郕霍,鲁卫毛聃,郜雍曹滕,毕原酆郇,文之昭也⑨。邘晋应韩,武之穆也⑩。凡蒋邢茅胙祭,周公之胤也⑪。召穆公思周德之不类,故纠合宗族于成周而作诗⑫,曰:'常棣之华,鄂不韡韡⑬,凡今之人,莫如兄弟⑭。'其四章曰:'兄弟阋于墙,外御其侮⑮。'如是,则兄弟虽有小忿,不废懿亲⑯。今天子不忍小忿以弃郑亲,其若之何?庸勋亲亲,昵近尊贤,德之大者也⑰。即聋从昧,与顽用嚚,奸之大者也。弃德崇奸,祸之大者也⑱。郑有平、惠之勋⑲,又有厉、宣之亲⑳,弃嬖宠而用三良㉑,于诸姬为近㉒,四德具矣。耳不听五声之和为聋,目不别五色之章为昧,心不则德义之经为顽,口不道忠信之言为嚚,狄皆则之,四奸具矣。周之有懿德也,犹曰'莫如兄弟',故封建之㉓。其怀柔天下也,犹惧有外侮,扞御侮者莫如亲亲,故以亲屏周。召穆公亦云㉔。今周德既衰,于是乎又渝周、召以从诸奸,无乃不可乎㉕?民未忘祸,王又兴之㉖,其若文、武何㉗?"王弗听,使颓叔、桃子出狄师㉘。夏,狄伐郑,取栎。王德狄人,将以其女为后。富辰谏曰:"不可。臣闻之曰:'报者倦矣,施者未厌㉙。'狄固贪惏,王又启之,女德无极,妇怨无终㉚,狄必为患。"王又弗听。

① 入滑在二十年。 ② 堵俞弥,郑大夫。 ③ 二子,周大夫。 ④ 事在庄二十一年。 ⑤ 怨王助卫为滑请。【释文】为,于伪切。 ⑥ 无亲疏也。【释文】听,吐定切。而执二子,本或作"而执其二子","其"衍字也。大,音泰。 ⑦ 先亲以及疏,推恩以成义。 ⑧ 吊,伤也。咸,同也。周公伤夏、殷之叔世,疏其亲戚,以至灭亡,故广封其兄弟。【释文】蕃,方元切。 ⑨ 十六国皆文王子也。管国在荥阳京县东北,雍国在河内山阳县西,毕国在长安县西北,酆国在始平(鄠)〔鄠〕县东。【释文】郕,音成。聃,乃甘切。雍,於用切,注同。酆,音

丰。郇,音荀。 ⑩ 四国皆武王子。应国在襄阳城父县西南,韩国在河东郡界,河内野王县西北有邘城。【释文】邘,音于。 ⑪ 胤,嗣也。蒋在弋阳期思县,高平昌邑县西有茅乡,东郡燕县西南有胙亭。【释文】蒋,将丈切。茅,亡交切。胙,才故切,下注"祭胙"同。祭,侧界切。 ⑫ 类,善也。纠,收也。召穆公,周卿士,名虎。召,采地,扶风雍县东南有召亭。周厉王之时,周德衰微,兄弟道缺,召穆公于东都收会宗族,特作此周公之乐,歌《常棣》。《诗》属《小雅》。【释文】召,上照切,注同。纠,居黝切。棣,大计切,《字林》大内切。 ⑬ 常棣,棣也。鄂鄂然,华外发。不韡韡,言韡韡。以喻兄弟和睦,则强盛而有光辉韡韡然。【释文】鄂,五各切。不,方九切。韡,韦鬼切。 ⑭ 言致韡韡之盛,莫如亲兄弟。 ⑮ 阋,讼争貌。言内虽不和,犹宜外扞异族之侵侮。【释文】阋,呼历切,《毛诗》传云:很也。御,鱼吕切,下同。侮,亡甫切,《诗》作"务"。争,争斗之争,本又作"诤"。扞,户旦切。 ⑯ 懿,美也。 ⑰ 庸,用也。昵,亲也。【释文】昵,女乙切。 ⑱ 崇,聚也。【释文】聋,鹿工切。昧,音妹。嚚,鱼巾切。 ⑲ 平王东迁,晋、郑是依。惠王出奔,虢、郑纳之。是其勋也。 ⑳ 郑始封之祖桓公友,周厉王之子,宣王之母弟。 ㉑ 七年杀嬖臣申侯,十六年杀宠子子华也。三良,叔詹、堵叔、师叔,所谓尊贤。【释文】堵,丁古切,又音者。 ㉒ 道近当昵之。 ㉓ 当周公时,故言周之有懿德。【释文】别,彼列切。 ㉔ 周公作诗,召公歌之,故言亦云。 ㉕ 变周、召亲兄弟之道。【释文】渝,羊朱切。 ㉖ 前有子颓之乱,中有叔带召狄,故曰民未忘祸。【释文】颓,徒回切。 ㉗ 言将废文、武之功业。 ㉘ 二子,周大夫。【释文】桃,如字,一本或作"姚",亦宜音桃。㉙ 施,功劳也。有劳则望报过甚。【释文】栎,力狄切。施,如字,注同。厌,於艳切,又於盐切。 ㉚ 妇女之志,近之则不知止足,远之则忿怨无已。终,犹已也。【释文】惏,力南切,《方言》云:杀人而取其财曰惏。近,附近之近。远,于万切。

初,甘昭公有宠于惠后①,惠后将立之,未及而卒。昭公奔齐②,王复之③,又通于隗氏④。王替隗氏⑤。颓叔、桃子曰:"我实使狄,狄其怨我。"遂奉大叔,以狄师攻王。王御士将御之⑥,王曰:"先后其谓我何⑦?宁使诸侯图之。"王遂出。及坎欿,国人纳之⑧。秋,颓叔、桃子奉大叔,以狄师伐周,大败周师,获周公忌父、原伯、毛伯、富辰⑨。王出适郑,处于氾⑩。大叔以隗氏居于温。

① 甘昭公，王子带也。食邑于甘。河南县西南有甘水。　② 奔齐在十二年。　③ 在二十二年。　④ 隗氏，王所立狄后。　⑤ 替，废也。【释文】替，他计切。　⑥《周礼》：王之御士十二人。　⑦ 先后，惠后也。诛大叔，恐违先后志。　⑧ 坎欿，周地，在河南巩县东。【释文】坎，苦感切。欿，大感切。巩，九勇切。　⑨ 原、毛皆采邑。　⑩ 郑南氾也，在襄城县南。【释文】氾，音凡，后皆同。

郑子华之弟子臧出奔宋①，好聚鹬冠②。郑伯闻而恶之③，使盗诱之。八月，盗杀之于陈、宋之间。君子曰："服之不衷，身之灾也④。《诗》曰：'彼己之子，不称其服⑤。'子臧之服，不称也夫。《诗》曰'自诒伊戚'，其子臧之谓矣⑥。《夏书》曰'地平天成'，称也⑦。"

① 十六年杀子华故。　② 鹬，鸟名。聚鹬羽以为冠，非法之服。【释文】好，呼报切。鹬，尹桔切。　③ 恶其服非法。【释文】恶，乌路切。　④ 衷，犹适也。【释文】衷，音忠，一音丁仲切，注同。　⑤《诗·曹风》，刺小人在位，言彼人之德不称其服。【释文】己，音记。称，尺证切，注及下同。刺，七赐切。⑥《诗·小雅》。诒，遗也。戚，忧也。取其自遗忧。【释文】之服，一本作"之及"。夫，音扶。诒，以支切。遗，唯季切，下同。　⑦《夏书》，逸《书》。地平其化，天成其施，上下相称为宜。【释文】夏，户雅切，后《夏书》皆仿此。施，始豉切。

宋及楚平。宋成公如楚，还，入于郑。郑伯将享之，问礼于皇武子①。对曰："宋，先代之后也，于周为客，天子有事膰焉②，有丧拜焉③，丰厚可也。"郑伯从之，享宋公有加，礼也④。

① 皇武子，郑卿。　② 有事，祭宗庙也。膰，祭肉。尊之，故赐以祭胙。【释文】膰，符袁切，《周礼》又作"鐇"字，音、义皆同。　③ 宋吊周丧，王特拜谢之。　④ 礼物事事加厚，善郑能尊先代。【释文】享宋公有加，绝句。礼也，一本无"也"字，读总为一句。

冬，王使来告难曰："不穀不德，得罪于母弟之宠子带，鄙在郑地氾①，敢告叔父②。”臧文仲对曰：“天子蒙尘于外，敢不奔问官守③？”王使简师父告于晋，使左鄢父告于秦④。天子无出，书曰“天王出居于郑”，辟母弟之难也⑤。天子凶服降名，礼也⑥。郑伯与孔将钼、石甲父、侯宣多省视官具于氾⑦，而后听其私政，礼也⑧。

① 鄙，野也。【释文】难，乃旦切，下同。 ② 天子谓同姓诸侯曰叔父。 ③ 官守，王之群臣。【释文】守，手又切，注及下同。 ④ 二子，周大夫。【释文】鄢，於晚切。 ⑤ 叔带，襄王同母弟。 ⑥ 凶服，素服。降名，称不穀。 ⑦ 三子，郑大夫。省官司，具器用。【释文】钼，仕居切。 ⑧ 得先君后己之礼。【释文】听，吐定切。

卫人将伐邢，礼至曰：“不得其守，国不可得也①。我请昆弟仕焉。”乃往，得仕②。

① 礼至，卫大夫。守，谓邢正卿国子。 ② 为明年灭邢传。

僖公二十五年

【经】

二十有五年春，卫侯燬灭邢①。

夏四月癸酉，卫侯燬卒②。

宋荡伯姬来逆妇③。

宋杀其大夫④。

秋，楚人围陈，纳顿子于顿⑤。

葬卫文公⑥。

冬十有二月癸亥，公会卫子、莒庆，盟于洮⑦。

① 卫、邢同姬姓，恶其亲亲相灭，故称名罪之。【释文】燬，况委切。恶，乌路切。 ② 无传。五同盟。 ③ 无传。伯姬，鲁女，为宋大夫荡氏妻也。自为其子来逆。称妇，姑存之辞。妇人越竟迎妇，非礼，故书。【释文】为，于伪切。

竟，音境。 ④ 无传。其事则未闻。于例为大夫无罪，故不称名。 ⑤ 顿迫于陈而出奔楚，故楚围陈以纳顿子。不言遂，明一事也。子玉称人，从告。顿子不言归，兴师见纳故。 ⑥ 无传。 ⑦ 洮，鲁地。卫文公既葬，成公不称爵者，述父之志，降名从未成君，故书子以善之。莒庆不称氏，未赐族。【释文】洮，吐刀切。

【传】

二十五年春，卫人伐邢，二礼从国子巡城，掖以赴外，杀之。正月丙午，卫侯燬灭邢，同姓也，故名。礼至为铭曰："余掖杀国子，莫余敢止①。"

① 恶其不知耻，诈以灭同姓，而反铭功于器。【释文】掖，音亦，《说文》：以手持人臂曰掖。恶，乌路切。

秦伯师于河上，将纳王。狐偃言于晋侯曰："求诸侯，莫如勤王①。诸侯信之，且大义也。继文之业而信宣于诸侯，今为可矣②。"使卜偃卜之，曰："吉。遇黄帝战于阪泉之兆③。"公曰："吾不堪也④。"对曰："周礼未改。今之王，古之帝也⑤。"公曰："筮之。"筮之，遇《大有》䷍⑥之《睽》䷥⑦，曰："吉。遇'公用享于天子'之卦⑧。战克而王享，吉孰大焉⑨。且是卦也⑩，天为泽以当日，天子降心以逆公，不亦可乎⑪？《大有》去《睽》而复，亦其所也⑫。"晋侯辞秦师而下⑬。三月甲辰，次于阳樊。右师围温⑭，左师逆王。夏四月丁巳，王入于王城，取大叔于温，杀之于隰城。

① 勤，纳王也。 ② 晋文侯仇为平王侯伯，匡辅周室。【释文】仇，音求。 ③ 黄帝与神农之后姜氏战于阪泉之野，胜之。今得其兆，故以为吉。 ④ 文公自以为己当此兆，故曰不堪。 ⑤ 言周德虽衰，其命未改，今之周王自当帝兆，不谓晋。 ⑥《乾》下《离》上，《大有》。 ⑦《兑》下《离》上，《睽》。《大有》九三变而为《睽》。 ⑧《大有》九三爻辞也。三为三公而得位，变而为《兑》，《兑》为说，得位而说，故能为王所宴飨。 ⑨ 言卜筮协吉。 ⑩ 方更总言二卦之义，不系于一爻。 ⑪《乾》为天，《兑》为泽，《乾》变为《兑》而上当《离》，《离》为日。

日之在天，垂曜在泽，天子在上，说心在下，是降心逆公之象。　⑫ 言去《睽》卦还论《大有》，亦有天子降心之象。《乾》尊《离》卑，降尊下卑，亦其义也。【释文】下，遐嫁切。　⑬ 辞让秦师使还。顺流故曰下。　⑭ 大叔在温故。

戊午，晋侯朝王，王享醴，命之宥①。请隧，弗许②，曰："王章也③。未有代德而有二王，亦叔父之所恶也。"与之阳樊、温、原、欑茅之田。晋于是始启南阳④。

阳樊不服，围之。苍葛呼曰⑤："德以柔中国，刑以威四夷，宜吾不敢服也。此谁非王之亲姻，其俘之也！"乃出其民⑥。

① 既行享礼而设醴酒，又加之以币帛，以助欢也。宥，助也。【释文】隰，音习。醴，音礼。宥，音又。　② 阙地通路曰隧，王之葬礼也。诸侯皆县柩而下。【释文】隧，音遂，今之延道。阙，其月切。县，音玄。柩，其又切。　③ 章，显王者与诸侯异。　④ 在晋山南河北，故曰南阳。【释文】恶，乌路切。欑，才官切。⑤ 苍葛，阳樊人。【释文】呼，唤故切。　⑥ 取其土而已。【释文】俘，芳扶切。

秋，秦、晋伐鄀①。楚鬥克、屈禦寇以申、息之师戍商密②。秦人过析隈，入而系舆人以围商密，昏而傅焉③。宵，坎血加书，伪与子仪、子边盟者④。商密人惧曰："秦取析矣，戍人反矣。"乃降秦师。秦师囚申公子仪、息公子边以归⑤。楚令尹子玉追秦师，弗及⑥，遂围陈，纳顿子于顿⑦。

① 鄀本在商密，秦、楚界上小国，其后迁于南郡鄀县。【释文】鄀，音若，《字林》云：楚邑，楮斫切。　② 鬥克，申公子仪。屈禦寇，息公子边。商密，鄀别邑，今南乡丹水县。戍，守也。二子屯兵于析，以为商密援。【释文】禦，鱼吕切。屯，徒门切。援，于眷切。　③ 析，楚邑，一名白羽，今南乡析县。隈，隐蔽之处。系缚舆人，诈为克析得其囚俘者。昏而傅城，不欲令商密知囚非析人。【释文】过，古卧切，王音戈。析，星历切，俗作"枡"。隈，乌回切。系，音计。舆，音余。傅，音附，注同。处，昌虑切。令，力呈切。　④ 掘地为坎，以埋盟之余血，加盟书其上。【释文】掘，其勿切，又其月切；本又作"阙"，其月切。　⑤ 商密既降，析戍亦败，故得囚二子。【释文】降，户江切，后除注"降名"皆同。　⑥ 不复言晋者，秦为兵主。【释文】复，扶又切。　⑦ 为顿围陈。【释文】为，于伪切。

冬，晋侯围原，命三日之粮。原不降，命去之。谍出①，曰："原将降矣。"军吏曰："请待之。"公曰："信，国之宝也，民之所庇也。得原失信，何以庇之？所亡滋多。"退一舍而原降。迁原伯贯于冀②。赵衰为原大夫，狐溱为温大夫③。

① 谍，间也。【释文】谍，音牒。间，间厕之间。 ② 伯贯，周守原大夫也。【释文】庇，必利切，又音秘。贯，古乱切。 ③ 狐溱，狐毛之子。【释文】溱，侧巾切。

卫人平莒于我。十二月，盟于洮，修卫文公之好，且及莒平也①。

① 莒以元年郦之役怨鲁，卫文公将平之，未及而卒，成公追成父志，降名以行事，故曰修文公之好。【释文】好，呼报切，注同。郦，力知切。

晋侯问原守于寺人勃鞮①。对曰："昔赵衰以壶飧从，径，馁而弗食②。"故使处原③。

① 勃鞮，披也。【释文】守，手又切。勃，步忽切。鞮，丁兮切。 ② 言其廉且仁不忘君也。径，犹行也。【释文】飧，音孙。从，才用切，旧如字。径，古定切。一读"以壶飧从"绝句，读"径"为"经"，连下句，乖于杜义。馁，奴罪切，饿也。 ③ 从披言也。衰虽有大功，犹简小善以进之，示不遗劳。【释文】披，普皮切。

僖公二十六年

【经】

二十有六年春，王正月己未，公会莒子、卫宁速，盟于向①。

齐人侵我西鄙。公追齐师至酅，弗及②。

夏，齐人伐我北鄙③。

卫人伐齐。

公子遂如楚乞师④。

秋，楚人灭夔，以夔子归⑤。

冬，楚人伐宋，围缗。公以楚师伐齐，取穀⑥。公至自伐齐⑦。

① 向，莒地。宁速，卫大夫庄子也。【释文】向，舒亮切。　② 公逐齐师，远至齐地，故书之。济北穀城县西有地名酅下。【释文】酅，本又作"巂"，户圭切，注同，一音似转切。　③ 孝公未入鲁竟，先使微者伐之。【释文】竟，音境，传同。　④ 公子遂，鲁卿也。乞，不保得之辞。　⑤ 夔，楚同姓国，今建平秭归县。夔有不祀之罪，故不讥楚灭同姓。【释文】夔，求龟切。秭，音姊。　⑥ 传例曰：师能左右之曰以。【释文】缗，亡巾切。　⑦ 无传。

【传】

二十六年春，王正月，公会莒兹丕公①、宁庄子，盟于向，寻洮之盟也②。齐师侵我西鄙，讨是二盟也。夏，齐孝公伐我北鄙。卫人伐齐，洮之盟故也。公使展喜犒师③，使受命于展禽④。

① 兹丕，时君之号。莒，夷，无谥，以号为称。【释文】丕，普悲切。称，尺证切。　② 洮盟在前年。　③ 劳齐师。【释文】犒，苦报切。劳，力报切，下文同。　④ 柳下惠。

齐侯未入竟，展喜从之，曰："寡君闻君亲举玉趾，将辱于敝邑，使下臣犒执事①。"齐侯曰："鲁人恐乎？"对曰："小人恐矣，君子则否。"齐侯曰："室如县罄，野无青草，何恃而不恐②？"对曰："恃先王之命。昔周公、大公股肱周室，夹辅成王。成王劳之而赐之盟，曰：'世世子孙，无相害也。'载在盟府③，大师职之④。桓公是以纠合诸侯而谋其不协，弥缝其阙而匡救其灾，昭旧职也。及君即位，诸侯之望曰：'其率桓之功⑤。'我敝邑用不敢保聚⑥，曰：'岂其嗣世九年而弃命废职，其若先君何？君必不然。'恃此以不恐。"齐侯乃还。

① 言执事，不敢斥尊。【释文】趾，音止，足也。 ② 如，而也。时夏四月，今之二月，野物未成，故言居室而资粮县尽，在野则无蔬食之物，所以当恐。【释文】恐，曲勇切，下及注皆同。县，音玄，注同。罄，亦作“磬”。 ③ 载，载书也。【释文】大，音泰，下及注同。夹，古洽切，旧音古协切。 ④ 职，主也。大公为大师，兼主司盟之官。 ⑤ 率，循也。【释文】缝，扶容切。 ⑥ 用此旧盟，故不聚众保守。

东门襄仲、臧文仲如楚乞师①，臧孙见子玉而道之伐齐、宋，以其不臣也②。

① 襄仲居东门，故以为氏。臧文仲为襄仲副使，故不书。【释文】使，所吏切。 ② 言其不臣事周室，可以此罪责而伐之。【释文】道，音导。

夔子不祀祝融与鬻熊①，楚人让之，对曰：“我先王熊挚有疾，鬼神弗赦而自窜于夔②。吾是以失楚，又何祀焉③？”秋，楚成得臣、鬥宜申帅师灭夔，以夔子归④。

① 祝融，高辛氏之火正，楚之远祖也。鬻熊，祝融之十二世孙。夔，楚之别封，故亦世绍其祀。【释文】融，余忠切。鬻，音育。 ② 熊挚，楚嫡子，有疾不得嗣位，故别封为夔子。【释文】挚，音至。窜，七乱切，《字林》又千外切。嫡，丁历切。 ③ 废其常祀而饰辞文过。 ④ 成得臣，令尹子玉也。鬥宜申，司马子西也。

宋以其善于晋侯也①，叛楚即晋。冬，楚令尹子玉、司马子西帅师伐宋，围缗。

① 重耳之出也，宋襄公赠马二十乘。【释文】乘，绳证切。

公以楚师伐齐，取穀。凡师能左右之曰“以”①。寘桓公子雍于穀，易牙奉之以为鲁援②。楚申公叔侯戍之③。桓公之子七人，为七大夫于楚④。

① 左右，谓进退在己。【释文】左、右，并如字。 ② 雍本与孝公争立，故使居穀以偪齐。【释文】寘，之豉切。援，于眷切。 ③ 为二十八年楚子使申叔去穀张本。 ④ 言孝公不能抚公族。

春秋经传集解僖公下第七

僖公二十七年

【经】

二十有七年春，杞子来朝。

夏六月庚寅，齐侯昭卒[①]。

秋八月乙未，葬齐孝公[②]。

乙巳，公子遂帅师入杞[③]。

冬，楚人、陈侯、蔡侯、郑伯、许男围宋[④]。

十有二月甲戌，公会诸侯，盟于宋[⑤]。

① 十九年与鲁大夫盟于齐。 ② 无传。三月而葬，速。 ③ 弗地曰入。八月无乙巳；乙巳，九月六日。 ④ 传言楚子使子玉去宋。经书人者，耻不得志，以微者告，犹序诸侯之上，楚主兵故。 ⑤ 无传。诸侯伐宋，公与楚有好而往会之，非后期。宋方见围，无嫌于与盟，故直以宋地。【释文】好，呼报切。与，音预。

【传】

二十七年春，杞桓公来朝，用夷礼，故曰子[①]。公卑杞，杞不共也[②]。

① 杞，先代之后，而迫于东夷，风俗杂坏，言语衣服有时而夷，故杞子卒，传言其夷也。今称朝者，始于朝礼，终而不全，异于介葛卢，故唯贬其爵。 ② 杞用夷礼，故贱之。【释文】共，音恭，本亦作“恭”，下注同。

夏，齐孝公卒。有齐怨[1]，不废丧纪，礼也[2]。

① 前年齐再伐鲁。 ② 吊赠之数不有废。

秋，入杞，责礼也[1]。

① 责不共也。【释文】责礼，本或作“责无礼者”，非。

楚子将围宋，使子文治兵于睽[1]，终朝而毕，不戮一人[2]。子玉复治兵于蒍[3]，终日而毕，鞭七人，贯三人耳。国老皆贺子文，子文饮之酒[4]。蒍贾尚幼，后至，不贺[5]。子文问之，对曰：“不知所贺。子之传政于子玉，曰：‘以靖国也。’靖诸内而败诸外，所获几何？子玉之败，子之举也。举以败国，将何贺焉？子玉刚而无礼，不可以治民。过三百乘，其不能以入矣。苟入而贺，何后之有[6]？”

① 子文时不为令尹，故云使治兵，习号令也。睽，楚邑。【释文】睽，苦圭切，又音圭。 ② 终朝，自旦及食时也。子文欲委重于子玉，故略其事。【释文】朝，如字，注同。戮，音六。 ③ 子玉为令尹故。蒍，楚邑。【释文】复，扶又切。蒍，于委切。 ④ 贺子玉堪其事。【释文】贯，音官，又古乱切。饮，於鸩切。 ⑤ 蒍贾，伯嬴，孙叔敖之父。幼，少也。【释文】嬴，音盈。少，诗照切，下同。 ⑥ 三百乘，二万二千五百人。【释文】传，音直专切。几，居岂切。乘，绳证切，下同。

冬，楚子及诸侯围宋，宋公孙固如晋告急[1]。先轸曰：“报施救患，取威定霸，于是乎在矣[2]。”狐偃曰：“楚始得曹而新昏于卫，若伐曹、卫，楚必救之，则齐、宋免矣[3]。”于是乎蒐于被庐[4]，作三军[5]，谋元帅[6]。赵衰曰：“郤縠可。臣亟闻其言矣。说礼乐而敦诗书。诗书，义之府也。礼乐，德之则也。德义，利之本也。《夏书》曰：‘赋纳以言，明试以功，车服以庸[7]。’君其试之。”乃使郤縠将中军，郤溱佐之。使狐偃将上军，让于狐毛而佐之[8]。命赵衰为卿，让于栾枝、先轸[9]。使栾枝将下军，先轸佐之。荀林父御戎，魏犫为右[10]。

① 公孙固，宋庄公孙。 ② 先轸，晋下军之佐原轸也。报宋赠马之施。【释文】轸，之忍切。施，式氏切，注同。 ③ 前年楚使申叔侯戍穀以偪齐。 ④ 晋常以春蒐礼，改政令，敬其始也。被庐，晋地。【释文】蒐，所求切。被，皮义切。庐，力居切。 ⑤ 闵元年，晋献公作二军，今复大国之礼。 ⑥ 中军帅。【释文】帅，所类切，注同。 ⑦《尚书》，虞、夏书也。赋纳以言，观其志也；明试以功，考其事也；车服以庸，报其劳也。赋，犹取也。庸，功也。【释文】縠，本又作"縠"，同，胡木切。亟，欺冀切，数也。说，音悦。 ⑧ 狐毛，偃之兄。【释文】将，子匠切，下"将上"、"将下"皆同。溱，侧巾切。 ⑨ 栾枝，贞子也，栾宾之孙。【释文】栾，鲁官切。 ⑩ 荀林父，中行桓子。【释文】行，户刚切。

晋侯始入而教其民，二年，欲用之[1]。子犯曰："民未知义，未安其居[2]。"于是乎出定襄王[3]，入务利民，民怀生矣。将用之。子犯曰："民未知信，未宣其用[4]。"于是乎伐原以示之信[5]。民易资者不求丰焉[6]，明征其辞[7]。公曰："可矣乎？"子犯曰："民未知礼，未生其共。"于是乎大蒐以示之礼[8]，作执秩以正其官[9]，民听不惑而后用之。出穀戍，释宋围[10]，一战而霸，文之教也[11]。

① 二十四年入。 ② 无义则苟生。 ③ 二十五年定襄王，以示事君之义。 ④ 宣，明也。未明于见用之信。 ⑤ 伐原在二十五年。 ⑥ 不诈以求多。 ⑦ 重言信。 ⑧ 蒐，顺少长，明贵贱。【释文】长，丁丈切。 ⑨ 执秩，主爵秩之官。【释文】秩，直乙切。 ⑩ 楚子使申叔去穀，子玉去宋。 ⑪ 谓明年战城濮。

僖公二十八年

【经】

二十有八年春，晋侯侵曹。晋侯伐卫[1]。

公子买戍卫,不卒戍,刺之②。

楚人救卫。

三月丙午,晋侯入曹,执曹伯,畀宋人③。

夏四月己巳,晋侯、齐师、宋师、秦师及楚人战于城濮,楚师败绩④。

楚杀其大夫得臣⑤。

卫侯出奔楚。

五月癸丑,公会晋侯、齐侯、宋公、蔡侯、郑伯、卫子、莒子,盟于践土⑥。陈侯如会⑦。

公朝于王所⑧。

六月,卫侯郑自楚复归于卫⑨。

卫元咺出奔晋⑩。

陈侯款卒⑪。

秋,杞伯姬来⑫。

公子遂如齐⑬。

冬,公会晋侯、齐侯、宋公、蔡侯、郑伯、陈子、莒子、邾子、秦人于温⑭。

天王狩于河阳⑮。壬申,公朝于王所⑯。

晋人执卫侯,归之于京师⑰。

卫元咺自晋复归于卫⑱。

诸侯遂围许⑲。

曹伯襄复归于曹⑳,遂会诸侯围许㉑。

① 再举晋侯者,曹、卫两来告。 ② 公子买,鲁大夫子丛也。内杀大夫皆书刺,言用《周礼》三刺之法,示不枉滥也。公实畏晋,杀子丛而诬丛以废戍之罪,恐不为远近所信,故显书其罪。【释文】刺,七赐切。丛,似东切。枉,纡往切。 ③ 畀,与也。执诸侯当以归京师,晋欲怒楚使战,故以与宋,所谓“谲而不正”。【释文】畀,必利切,注同。谲,古穴切。 ④ 宋公、齐国归父、秦小子慭

既次城濮，以师属晋，不与战也。子玉及陈、蔡之师不书，楚人耻败，告文略也。大崩曰败绩。【释文】濮，音卜。慭，鱼觐切。与，音预。 ⑤ 子玉违其君命以取败，称名以杀，罪之。 ⑥ 践土，郑地。王子虎临盟不同歃，故不书。卫侯出奔，其弟叔武摄位受盟，非王命所加，从未成君之礼，故称子而序郑伯之下。经书癸丑，月十八日也；传书癸亥，月二十八日，经、传必有误。【释文】践，似浅切。土，如字，或一音杜。歃，所洽切，本又作"啑"。 ⑦ 无传。陈本与楚，楚败，惧而属晋，来不及盟，故曰如会。 ⑧ 无传。王在践土，非京师，故曰王所。⑨ 复其位曰复归。晋人感叔武之贤而复卫侯，卫侯之入由于叔武，故以国逆为文。例在成十八年。 ⑩ 元咺，卫大夫，虽为叔武讼诉，失(若)〔君〕臣之节，故无贤文。奔例在宣十年。【释文】咺，况晚切。为，于伪切，下"为其"同。诉，本又作"愬"，苏路切。 ⑪ 无传。凡四同盟。 ⑫ 无传。庄公女。归宁曰来。⑬ 无传。聘也。 ⑭ 陈共公称子，先君未葬，例在九年。宋襄公称子，自在本班。陈共公称子，降在郑下。陈怀公称子而在郑上，传无义例，盖主会所次，非褒贬也。【释文】共，音恭，下"共公"同。 ⑮ 晋地，今河内有河阳县。晋实召王，为其辞逆而意顺，故经以王狩为辞。【释文】狩，本又作"守"，音同。 ⑯ 壬申，十月十日。有日而无月，史阙文。 ⑰ 称人以执，罪及民也。例在成十五年。诸侯不得相治，故归之京师。 ⑱ 元咺与卫侯讼，得胜而归，从国逆例者，明卫侯无道于民，国人与元咺。 ⑲ (晋)〔会〕温诸侯也。许比再会不至，故因会共伐之。【释文】比，如字，王俾利切。 ⑳ 晋惑侯獳之言而复曹伯，故从国逆之例。【释文】獳，乃侯切。 ㉑ 言遂得复而行，不归国也。

【传】

二十八年春，晋侯将伐曹，假道于卫①，卫人弗许。还，自南河济②。侵曹伐卫。正月戊申，取五鹿③。

① 曹在卫东故。 ② 从汲郡南渡，出卫南而东。【释文】汲，音急。③ 五鹿，卫地。

二月，晋郤縠卒。原轸将中军，胥臣佐下军，上德也①。

晋侯、齐侯盟于敛盂②。卫侯请盟，晋人弗许。卫侯欲与楚，国人不欲，故出其君以说于晋。卫侯出居于襄牛③。

① 先轸以下军佐超将中军，故曰上德。胥臣，司空季子。【释文】将，子匠

切，注同。胥，思徐切。 ② 敛盂，卫地。【释文】敛，徐音廉，又力检切。盂，音于。 ③ 襄牛，卫地。【释文】说，音悦，或如字。

公子买戍卫①，楚人救卫，不克。公惧于晋，杀子丛以说焉②。谓楚人曰："不卒戍也③。"

① 晋伐卫，卫，楚之昏姻，鲁欲与楚，故戍卫。 ② 召子丛而杀之，以谢晋。【释文】说，音悦。 ③ 诈告楚人，言子丛不终戍事而归，故杀之。杀子丛在楚救卫下，经在上者，救卫赴晚至。

晋侯围曹，门焉，多死①，曹人尸诸城上②，晋侯患之，听舆人之谋曰："称舍于墓③。"师迁焉，曹人兇惧④，为其所得者棺而出之。因其凶也而攻之。三月丙午，入曹。数之，以其不用僖负羁而乘轩者三百人也，且曰："献状⑤。"令无入僖负羁之宫而免其族，报施也⑥。魏犨、颠颉怒曰："劳之不图，报于何有⑦！"爇僖负羁氏⑧。魏犨伤于胸，公欲杀之而爱其材⑨，使问，且视之。病，将杀之。魏犨束胸见使者曰："以君之灵，不有宁也⑩？"距跃三百，曲踊三百⑪。乃舍之，杀颠颉以徇于师，立舟之侨以为戎右⑫。

① 攻曹城门。 ② 磔晋死人于城上。【释文】磔，张宅切。 ③ 舆，众也。舍墓，为将发冢。【释文】舆，音余。为，如字，又于伪切。 ④ 迁至曹人墓。兇兇，恐惧声。【释文】兇，凶勇切。恐，丘勇切。 ⑤ 轩，大夫车。言其无德居位者多，故责其功状。【释文】棺，古患切，一音官。轩，许言切。 ⑥ 报飧璧之施。【释文】施，始豉切，注同。飧，音孙。 ⑦ 二子各有从亡之劳。【释文】颉，户结切。从，才用切。 ⑧ 爇，烧也。【释文】爇，如悦切。 ⑨ 材，力。 ⑩ 言不以病故自安宁。【释文】见，贤遍切。使，所吏切。 ⑪ 距跃，超越也。曲踊，跳踊也。百，犹劢也。【释文】距，音巨。跃，羊略切。三，如字，又息暂切。百，音陌，下仿此。跳，徒雕切。劢，音迈。 ⑫ 舟之侨，故虢臣，闵二年奔晋，以代魏犨，为先归张本。【释文】舍，如字，又音捨，下同。徇，似俊切。

宋人使门尹般如晋师告急①。公曰："宋人告急，舍之则绝②，告楚不许。我欲战矣，齐、秦未可，若之何③？"先轸曰："使宋舍我而赂齐、秦④，藉之告楚⑤。我执曹君而分曹、卫之田以赐宋人。楚爱曹、卫，必不许也⑥。喜赂怒顽，能无战乎⑦？”公说，执曹伯，分曹、卫之田以畀宋人。

① 门尹般，宋大夫。【释文】般，音班。 ② 与晋绝。 ③ 未肯战。 ④ 求救于齐、秦。【释文】舍，音捨。 ⑤ 假借齐、秦，使为宋请。【释文】藉，在亦切。为，于伪切。 ⑥ 不许齐、秦之请。 ⑦ 言齐、秦喜得宋赂而怒楚之顽，必自战也。不可告请，故曰顽。

楚子入居于申①，使申叔去穀②，使子玉去宋，曰："无从晋师。晋侯在外十九年矣，而果得晋国③。险阻艰难，备尝之矣；民之情伪，尽知之矣。天假之年④，而除其害⑤。天之所置，其可废乎？《军志》曰：'允当则归⑥。'又曰：'知难而退。'又曰：'有德不可敌。'此三志者，晋之谓矣⑦。"

① 申在方城内，故而入。【释文】说，音悦。畀，必利切。 ② 二十六年，申叔戍穀。 ③ 晋侯生十七年而亡，亡十九年而反，凡三十六年，至此四十矣。 ④ 献公之子九人，唯文公在，故曰天假之年。 ⑤ 除惠、怀、吕、郤。 ⑥ 无求过分。《军志》，兵书。【释文】当，丁浪切。分，扶问切。 ⑦ 谓今与晋遇，当用此三志。

子玉使伯棼请战①，曰："非敢必有功也，愿以间执谗慝之口②。"王怒，少与之师，唯西广、东宫与若敖之六卒实从之③。

① 伯棼，子越椒也。鬥伯比之孙。【释文】棼，扶云切，王扶粉切。 ② 间执，犹塞也。谗慝，若蒍贾之言，谓子玉不能以三百乘入。【释文】间，间厕之间，注同。慝，吐得切。乘，绳证切。 ③ 楚子还申，遣此兵以就前围宋之众。楚有左右广，又大子有宫甲，分取以给之。若敖，楚武王之祖父葬若敖者，子玉之祖也。六卒，子玉宋人之兵六百人，言不悉师以益之。【释文】广，古旷切，注同。卒，子忽切，注同。

子玉使宛春告于晋师曰："请复卫侯而封曹，臣亦释宋之围①。"子犯曰："子玉无礼哉！君取一，臣取二②，不可失矣③。"先轸曰："子与之。定人之谓礼，楚一言而定三国，我一言而亡之。我则无礼，何以战乎？不许楚言，是弃宋也，救而弃之，谓诸侯何[④]？楚有三施，我有三怨，怨仇已多，将何以战？不如私许复曹、卫以携之[⑤]，执宛春以怒楚，既战而后图之[⑥]。”公说，乃拘宛春于卫，且私许复曹、卫。曹、卫告绝于楚。

① 卫侯未出竟，曹伯见执在宋，已失位，故言复卫封曹。【释文】宛，於元切，又於阮切。竟，音境。 ② 君取一，以释宋围，惠晋侯。臣取二，复卫、曹为己功。 ③ 言可伐。 ④ 言将为诸侯所怪。 ⑤ 私许二国，使告绝于楚而后复之。携，离也。【释文】施，始豉切。 ⑥ 须胜负决乃定计。

子玉怒，从晋师。晋师退。军吏曰：“以君辟臣，辱也。且楚师老矣，何故退？”子犯曰：“师直为壮，曲为老。岂在久乎？微楚之惠不及此[①]，退三舍辟之，所以报也[②]。背惠食言，以亢其仇[③]，我曲楚直。其众素饱，不可谓老[④]。我退而楚还，我将何求？若其不还，君退臣犯，曲在彼矣。”退三舍。楚众欲止，子玉不可。夏四月戊辰，晋侯、宋公、齐国归父、崔夭、秦小子慭次于城濮[⑤]。楚师背酅而舍[⑥]，晋侯患之，听舆人之诵[⑦]，曰：“原田每每，舍其旧而新是谋[⑧]。”公疑焉[⑨]。子犯曰：“战也。战而捷，必得诸侯。若其不捷，表里山河，必无害也[⑩]。”公曰：“若楚惠何？”栾贞子曰：“汉阳诸姬，楚实尽之[⑪]。思小惠而忘大耻，不如战也。”晋侯梦与楚子搏[⑫]，楚子伏己而盬其脑[⑬]，是以惧。子犯曰：“吉。我得天，楚伏其罪，吾且柔之矣[⑭]。”

① 重耳过楚，楚成王有赠送之惠。【释文】说，音悦。拘，音俱。过，古禾切。 ② 一舍，三十里。初，楚子云若反国何以报我，故以退三舍为报。 ③ 亢，犹当也。仇，谓楚也。【释文】背，音佩，下及注同。亢，苦浪切。 ④ 直，气盈饱。 ⑤ 国归父、崔夭，齐大夫也。小子慭，秦穆公子也。城濮，卫地。【释文】夭，於表切。 ⑥ 酅，丘陵险阻名。【释文】酅，户圭切。 ⑦ 恐众畏险，故听其歌诵。 ⑧ 高平曰原。喻晋君美盛，若原田之草每每然，可以谋立新功，不足念旧惠。【释文】每，亡回切，又梅对切。舍，音捨。 ⑨ 疑众谓己背旧谋新。 ⑩ 晋国

外河而内山。　⑪ 贞子,栾枝也。水北曰阳。姬姓之国在汉北者,楚尽灭之。⑫ 搏,手搏。【释文】搏,音博。　⑬ 盬,唼也。【释文】盬,音古。脑,乃老切。唼,子答切,又所答切,又子甲切。　⑭ 晋侯上向故得天,楚子下向地故伏其罪。脑所以柔物。子犯审见事宜,故权言以答梦。【释文】向,或作"嚮",许亮切,下同。

子玉使鬥勃请战[①],曰:"请与君之士戏,君冯轼而观之,得臣与寓目焉[②]。"晋侯使栾枝对曰:"寡君闻命矣。楚君之惠未之敢忘,是以在此。为大夫退,其敢当君乎?既不获命矣[③],敢烦大夫谓二三子[④],戒尔车乘,敬尔君事,诘朝将见[⑤]。"

① 鬥勃,楚大夫。　② 寓,寄也。【释文】冯,皮冰切。轼,音式。与,音预。寓,音遇。　③ 不获止命。【释文】为,于伪切。　④ 烦鬥勃,令戒敕子玉、子西之属。【释文】令,力呈切。　⑤ 诘朝,平旦。【释文】乘,绳证切,下及注皆同。诘,起吉切。朝,如字,注同。见,如字,又贤遍切。

晋车七百乘,韅、靷、鞅、靽[①]。晋侯登有莘之虚以观师,曰:"少长有礼,其可用也[②]。"遂伐其木以益其兵[③]。己巳,晋师陈于莘北,胥臣以下军之佐当陈、蔡。子玉以若敖之六卒将中军,曰:"今日必无晋矣。"子西将左,子上将右[④]。胥臣蒙马以虎皮,先犯陈、蔡。陈、蔡奔,楚右师溃[⑤]。狐毛设二旆而退之[⑥]。栾枝使舆曳柴而伪遁[⑦],楚师驰之。原轸、郤溱以中军公族横击之[⑧]。狐毛、狐偃以上军夹攻子西,楚左师溃。楚师败绩。子玉收其卒而止,故不败[⑨]。

① 五万二千五百人。在背曰韅,在胸曰靷,在腹曰鞅,在后曰靽。言驾乘修备。【释文】韅,许见切,《说文》作"䪪",云:著掖皮。靷,以刃切,《说文》云:轴也。鞅,於杖切,《说文》云:颈皮也。靽,音半,一云絷也。背,如字。　② 有莘,故国名。少长,犹言大小。【释文】莘,所巾切。虚,丘鱼切。少,诗照切,注同。长,丁丈切,注同。　③ 伐木以益攻战之具,舆曳柴亦是也。【释文】攻,如字,又音贡。　④ 子西,鬥宜申。子上,鬥勃。【释文】陈,直觐切。卒,子忽切,下同。将,子匠切,下及注同。　⑤ 陈、蔡属楚右师。【释文】溃,户内切。

⑥ 旆,大旗也。又建二旆而退,使若大将稍却。【释文】旆,薄贝切。 ⑦ 曳柴起尘,诈为众走。【释文】遁,徒困切。 ⑧ 公族,公所率之军。 ⑨ 三军唯中军完,是不大崩。【释文】夹,古治切,又音颊。

晋师三日馆谷①,及癸酉而还。甲午,至于衡雍,作王宫于践土②。

① 馆,舍也。食楚军谷三日。 ② 衡雍,郑地,今荧阳卷县。襄王闻晋战胜,自往劳之,故为作宫。【释文】雍,於用切。卷,音权,又丘权切。劳,力报切。为,于伪切。

乡役之三月①,郑伯如楚致其师,为楚师既败而惧,使子人九行成于晋②。晋栾枝入盟郑伯。五月丙午,晋侯及郑伯盟于衡雍。丁未,献楚俘于王,驷介百乘,徒兵千③。郑伯傅王,用平礼也④。己酉,王享醴,命晋侯宥⑤。王命尹氏及王子虎、内史叔兴父策命晋侯为侯伯⑥,赐之大辂之服,戎辂之服⑦,彤弓一,彤矢百,玈弓矢千⑧,秬鬯一卣⑨,虎贲三百人。曰:"王谓叔父,敬服王命,以绥四国,纠逖王慝⑩。"晋侯三辞,从命。曰:"重耳敢再拜稽首,奉扬天子之丕显休命⑪。"受策以出,出入三觐⑫。

① 乡,犹属也。城濮役之前三月。【释文】乡,许亮切,本又作"曏",同。属,音烛。 ② 子人,氏;九,名。【释文】为,于伪切。 ③ 驷介,四马被甲。徒兵,步卒。【释文】驷,音四。介,音界。被,皮义切。卒,子忽切。 ④ 傅,相也。以周平王享晋文侯仇之礼享晋侯。【释文】相,息亮切。 ⑤ 既飨,又命晋侯助以束帛,以将厚意。 ⑥ 以策书命晋侯为伯也。《周礼》:九命作伯。尹氏、王子虎,皆王卿士也。叔兴父,大夫也。三官命之以宠晋。 ⑦ 大辂,金辂。戎辂,戎车。二辂各有服。 ⑧ 彤,赤弓。玈,黑弓。弓一矢百,则矢千弓十矣。诸侯赐弓矢,然后专征伐。【释文】彤,徒冬切。玈,音卢,本或作"旅"字,非也。矢千,本或作"玈矢千",后人专辄加也。 ⑨ 秬,黑黍。鬯,香酒。所以降神。卣,器名。【释文】秬,音巨。鬯,敕亮切。卣,音酉,又音由,《尔雅》云:卣,中尊也。 ⑩ 逖,远也。有恶于王者,纠而远之。【释文】贲,音奔。逖,敕历切。慝,他得切。 ⑪ 稽首,首至地。丕,大也。休,美也。【释文】三,息暂切,又如

字,后例放此。丕,普杯切。休,许蚪切,注同。　⑫ 出入,犹去来也。从来至去,凡三见王。【释文】见,贤遍切。

卫侯闻楚师败,惧,出奔楚,遂适陈①,使元咺奉叔武以受盟②。癸亥,王子虎盟诸侯于王庭③,要言曰:"皆奖王室,无相害也。有渝此盟,明神殛之,俾队其师,无克祚国④,及而玄孙,无有老幼。"君子谓是盟也信⑤,谓晋于是役也能以德攻⑥。

① 自襄牛出。　② 奉,使摄君事。【释文】使摄君事,并如字,或读连上"奉"字为句;使,音所吏切,非也。　③ 践土宫之庭。书践土,别于京师。【释文】别,彼列切。　④ 奖,助也。渝,变也。殛,诛也。俾,使也。队,陨也。克,能也。【释文】奖,将丈切。渝,羊朱切。殛,纪力切,本又作"极",下"是殛"同。俾,本亦作"卑",必尔切。队,直类切。祚,才故切。陨,于敏切。　⑤ 合义信。⑥ 以文德教民而后用之。【释文】攻,如字,一音公送切。

初,楚子玉自为琼弁玉缨,未之服也①。先战,梦河神谓己曰:"畀余,余赐女孟诸之麋②。"弗致也。大心与子西使荣黄谏③,弗听。荣季曰:"死而利国,犹或为之,况琼玉乎?是粪土也,而可以济师,将何爱焉④?"弗听。出,告二子曰:"非神败令尹,令尹其不勤民,实自败也⑤。"既败,王使谓之曰:"大夫若入,其若申、息之老何⑥?"子西、孙伯曰:"得臣将死,二臣止之曰:'君其将以为戮⑦。'"及连穀而死⑧。晋侯闻之而后喜可知也⑨,曰:"莫余毒也已!𫇭吕臣实为令尹,奉己而已,不在民矣⑩。"

① 弁以鹿子皮为之。琼,玉之别名,次之以饰弁及缨。《诗》云:"会弁如星"。【释文】琼,求营切,《说文》云:赤玉。弁,本又作"卞",皮彦切。会,本又作"𤪌",古外切,又户外切。　② 孟诸,宋薮泽。水草之交曰麋。【释文】先,如字,又悉荐切。畀,必利切,与也。女,音汝。麋,亡皮切。薮,素口切。　③ 大心,子玉之子。子西,子玉之族。子玉刚愎,故因荣黄。荣黄,荣季也。【释文】愎,反逼切。　④ 因神之欲,以附百姓之愿,济师之理。【释文】粪,弗问切。⑤ 尽心尽力、无所爱惜为勤。【释文】尽,津忍切。　⑥ 申、息二邑子弟皆从子

玉而死，言何以见其父老。【释文】从，如字，又才用切。　⑦ 孙伯即大心，子玉子也。二子以此答王使，言欲令子玉往就君戮。【释文】使，所吏切，下“前使”同。令，力呈切。　⑧ 至连榖，王无赦命，故自杀也。文十年传曰：城濮之役，王使止子玉曰无死，不及。子西亦自杀，缢而县绝，故得不死。王时别遣追前使。连榖，楚地。杀得臣，经在践土盟上，传在下者，说晋事毕而次及楚，属文之宜。【释文】榖，胡木切。缢，一赐切，一音于计切。县，音玄。属，音烛。⑨ 喜见于颜色。【释文】见，贤遍切。　⑩ 言其自守无大志。

或诉元咺于卫侯曰：“立叔武矣。”其子角从公，公使杀之①。咺不废命，奉夷叔以入守②。六月，晋人复卫侯③。宁武子与卫人盟于宛濮④，曰：“天祸卫国，君臣不协，以及此忧也⑤。今天诱其衷⑥，使皆降心以相从也。不有居者，谁守社稷？不有行者，谁扞牧圉⑦？不协之故，用昭乞盟于尔大神以诱天衷。自今日以往，既盟之后，行者无保其力，居者无惧其罪。有渝此盟，以相及也⑧。明神先君，是纠是殛。”国人闻此盟也，而后不贰⑨。卫侯先期入⑩，宁子先，长牂守门，以为使也，与之乘而入⑪。公子歂犬、华仲前驱⑫。叔武将沐，闻君至，喜，捉发走出，前驱射而杀之。公知其无罪也，枕之股而哭之⑬。歂犬走出⑭，公使杀之。元咺出奔晋⑮。

① 角，元咺子。【释文】从，才用切，又如字。　② 夷，谥。【释文】守，手又切。　③ 以叔武受盟于践土，故听卫侯归。【释文】听，吐丁切。　④ 武子，宁俞也。陈留长垣县西南有宛亭，近濮水。【释文】宛，于阮切。俞，羊朱切。近，附近之近。　⑤ 卫侯欲与楚，国人不欲，故不和也。　⑥ 衷，中也。【释文】衷，音忠，或丁仲切，下同。　⑦ 牛曰牧，马曰圉。【释文】扞，户旦切。牧，音目。⑧ 以恶相及。　⑨ 传言叔武之贤，宁俞之忠，卫侯所以书复归。　⑩ 不信叔武。【释文】先，悉荐切。　⑪ 长牂，卫大夫。宁子患公之欲速，故先入，欲安喻国人。【释文】牂，子郎切。使，所吏切。　⑫ 卫侯遂驱，奄宁子未备。二子，卫大夫。【释文】歂，市专切。华，户化切，又如字。　⑬ 公以叔武尸枕其股。【释文】射，食亦切，下注同。枕，支鸩切，注同。　⑭ 手射叔武故。　⑮ 元咺以卫

侯驱入，杀叔武，故至晋愬之。

城濮之战，晋中军风于泽①，亡大旆之左旃②。祁瞒奸命，司马杀之，以徇于诸侯，使茅茷代之③。师还。壬午，济河。舟之侨先归，士会摄右④。秋七月丙申，振旅，恺以入于晋⑤。献俘授馘，饮至大赏⑥，征会讨贰⑦。杀舟之侨以徇于国，民于是大服。君子谓："文公其能刑矣，三罪而民服⑧。《诗》云：'惠此中国，以绥四方。'不失赏刑之谓也⑨。"

① 牛马因风而走，皆失之。　② 大旆，旗名。系旐曰旆，通帛曰旃。【释文】旃，章然切，《尔雅》云：因章曰旃。　③ 掌此二事而不修，为奸军令。【释文】瞒，莫干切。奸，音干。茷，扶废切。侨，其骄切。　④ 权代舟之侨也。士会，随武子，士蒍之孙。　⑤ 恺，乐也。【释文】恺，开在切。乐，音洛。　⑥ 授，数也。献楚俘于庙。【释文】馘，古获切。数，色主切。　⑦ 征召诸侯，将冬会于温。　⑧ 三罪：颠颉、祁瞒、舟之侨。　⑨《诗·大雅》，言赏刑不失则中国受惠，四方安靖。

冬，会于温，讨不服也①。

① 讨卫、许。

卫侯与元咺讼①，宁武子为辅，鍼庄子为坐，士荣为大士②。卫侯不胜③。杀士荣，刖鍼庄子，谓宁俞忠而免之。执卫侯，归之于京师，寘诸深室④。宁子职纳橐饘焉⑤。元咺归于卫，立公子瑕⑥。

① 争杀叔武事。　② 大士，治狱官也。《周礼》：命夫命妇，不躬坐狱讼。元咺又不宜与其君对坐，故使鍼庄子为主，又使卫之忠臣及其狱官质正元咺。传曰王叔之宰与伯舆之大夫坐狱于王庭，各不身亲。盖今长吏有罪，先验吏卒之义。【释文】鍼，其廉切。坐，如字，或一音才卧切。长，丁丈切。卒，子忽切。③ 三子辞屈。　④ 深室，别为囚室。【释文】刖，音月，又五刮切。寘，之豉切。⑤ 宁俞以君在幽隘，故亲以衣食为己职。橐，衣囊。饘，糜也。言其忠至，所虑者深。【释文】橐，音托。饘，之然切。隘，於卖切。囊，乃郎切。糜，亡皮切。⑥ 瑕，卫公子適。【释文】適，音的。

是会也，晋侯召王，以诸侯见，且使王狩①。仲尼曰："以臣召君,不可以训。”故书曰:“天王狩于河阳。”言非其地也②,且明德也③。

壬申,公朝于王所④。

丁丑,诸侯围许⑤。

① 晋侯大合诸侯,而欲尊事天子以为名义,自嫌强大,不敢朝周,喻王出狩,因得尽群臣之礼,皆谲而不正之事。【释文】见,贤遍切。 ② 使若天王自狩。以失地,故书河阳,实以属晋,非王狩地。 ③ 隐其召君之阙,欲以明晋之功德。河阳之狩,赵盾之弑,洩冶之罪,皆违凡变例,以起大义危疑之理,故特称仲尼以明之。【释文】弑,音试。洩,息列切。冶,音也。危疑,如字,一本“危”作“佹”,九委切。 ④ 执卫侯,经在朝王下,传在上者,告执晚。 ⑤ 十月十五日,有日无月。

晋侯有疾,曹伯之竖侯獳货筮史①,使曰以曹为解②:“齐桓公为会而封异姓③,今君为会而灭同姓。曹叔振铎,文之昭也④。先君唐叔,武之穆也。且合诸侯而灭兄弟,非礼也。与卫偕命⑤,而不与偕复,非信也。同罪异罚,非刑也⑥。礼以行义,信以守礼,刑以正邪,舍此三者,君将若之何?”公说,复曹伯,遂会诸侯于许⑦。

① 竖,掌通内外者。史,晋史。 ② 以灭曹为解故。【释文】解,户卖切,注同,又古买切。 ③ 封邢、卫。 ④ 叔振铎,曹始封君,文王之子。【释文】铎,待洛切。 ⑤ 私许复曹、卫。 ⑥ 卫已复故。 ⑦【释文】邪,似嗟切。舍,音捨。说,音悦。

晋侯作三行以御狄,荀林父将中行,屠击将右行,先蔑将左行①。

① 晋置上、中、下三军,今复增置三行,以辟天子六军之名。三行无佐,疑大夫帅。【释文】行,户郎切,下及注同。将,子匠切。屠,音徒。击,古狄切,一音计。蔑,亡结切。复,扶又切。

僖公二十九年

【经】

二十有九年春，介葛卢来[①]。

公自至围许[②]。

夏六月，会王人、晋人、宋人、齐人、陈人、蔡人、秦人，盟于翟泉[③]。

秋，大雨雹[④]。

冬，介葛卢来。

① 介，东夷国也，在城阳黔陬县。葛卢，介君名也。不称朝，不见公，且不能行朝礼。虽不见公，国宾礼之，故书。【释文】介，音界。黔，巨廉切，又音琴。陬，子侯切，又侧留切。 ② 无传。 ③ 翟泉，今洛阳城内大仓西南池水也。鲁侯讳盟天子大夫，诸侯大夫又违礼盟公侯，王子虎违礼下盟，故不言公会，又皆称人。【释文】翟，直历切。大仓，音泰。 ④【释文】雨，于付切。

【传】

二十九年春，介葛卢来朝，舍于昌衍之上[①]。公在会，馈之刍米，礼也[②]。

① 鲁县东南有昌平城。【释文】衍，以善切。 ② 嫌公行不当致馈，故曰礼也。【释文】馈，其愧切。刍，初俱切。

夏，公会王子虎、晋狐偃、宋公孙固、齐国归父、陈辕涛涂、秦小子慭，盟于翟泉，寻践土之盟，且谋伐郑也[①]。卿不书，罪之也[②]。在礼，卿不会公、侯，会伯、子、男可也[③]。

① 经书蔡人而传无名氏，即微者。秦小子慭在蔡下者，若宋向戌之后会。【释文】辕，音袁。涛，音桃。慭，鱼觐切。向，式亮切。 ② 晋侯始霸，翼戴天子，诸侯辑睦，王室无虞，而王子虎下盟列国，以渎大典，诸侯大夫上敌公侯，亏

礼伤教，故贬诸大夫，讳公与盟。【释文】辑，音集，又七入切。渎，徒木切。上，时掌切，又如字。与，音预。　③ 大国之卿当小国之君，故可以会伯、子、男。诸卿之见贬，亦兼有此阙，故传重发之。【释文】重，直用切。

秋，大雨雹，为灾也。

冬，介葛卢来，以未见公故，复来朝。礼之，加燕好①。介葛卢闻牛鸣，曰："是生三牺，皆用之矣，其音云。"问之而信②。

① 燕，燕礼也。好，好货也。一岁再来，故加之。【释文】复，扶又切。好，呼报切，注同。　② 传言人听或通鸟兽之情。【释文】牺，许宜切。

僖公三十年

【经】

三十年春，王正月。

夏，狄侵齐。

秋，卫杀其大夫元咺及公子瑕①。

卫侯郑归于卫②。

晋人、秦人围郑③。

介人侵萧④。

冬，天王使周公来聘⑤。

公子遂如京师，遂如晋⑥。

① 咺见杀称名者，讼君求直，又先归，立公子瑕，非国人所与，罪之也。瑕立经年，未会诸侯，故不称君。　② 鲁为之请，故从诸侯纳之例。例在成十八年。【释文】为，于伪切。　③ 晋军函陵，秦军氾南，各使微者围郑，故称人。【释文】函，音咸。氾，音凡，传同。　④ 无传。　⑤ 周公，天子三公兼冢宰也。【释文】兼，如字，又经念切。　⑥ 如京师，报宰周公。

【传】

三十年春，晋人侵郑，以观其可攻与否。狄间晋之有郑虞也，夏，狄侵齐[1]。

① 齐，晋与国。【释文】间，间厕之间。

晋侯使医衍鸩卫侯[1]。宁俞货医，使薄其鸩，不死[2]。公为之请，纳玉于王与晋侯，皆十瑴。王许之[3]。秋，乃释卫侯。卫侯使赂周歂、冶廑，曰："苟能纳我，吾使尔为卿[4]。"周、冶杀元咺及子適、子仪[5]。公入祀先君。周、冶既服将命[6]，周歂先入，及门，遇疾而死。冶廑辞卿[7]。

① 衍，医名。晋侯实怨卫侯，欲杀而罪不及死，故使医因治疾而加酖毒。【释文】衍，以善切。酖，音鸩。　② 宁(侯)〔俞〕视卫侯衣食，故得知之。　③ 双玉曰瑴。公本与卫同好，故为之请。【释文】为，于伪切，及注同。瑴，音角。好，呼报切。　④ 恐元咺距己，故赂周冶。【释文】歂，市专切。冶，音也。廑，音觐，又音谨，人名也；《汉书音义》云：古勤字也，郑氏音勤。　⑤ 子仪，瑕母弟。不书杀，贱也。【释文】適，丁历切。　⑥ 服卿服，将入庙受命。　⑦ 见周歂死而惧。

九月甲午，晋侯、秦伯围郑，以其无礼于晋[1]，且贰于楚也。晋军函陵，秦军氾南[2]。佚之狐言于郑伯曰："国危矣，若使烛之武见秦君，师必退[3]。"公从之。辞曰："臣之壮也，犹不如人，今老矣，无能为也已。"公曰："吾不能早用子，今急而求子，是寡人之过也。然郑亡，子亦有不利焉。"许之。夜缒而出[4]，见秦伯，曰："秦、晋围郑，郑既知亡矣。若亡郑而有益于君，敢以烦执事[5]。越国之鄙远，君知其难也[6]，焉用亡郑以陪邻[7]？邻之厚，君之薄也。若舍郑以为东道主，行李之往来，共其乏困[8]，君亦无所害。且君尝为晋君赐矣，许君焦、瑕，朝济而夕设版焉，君之所知也[9]。夫晋何厌之有？既东封郑，又欲肆其西封[10]，若不阙秦，将焉取之？阙秦以利晋，唯君图之。"秦伯说，与郑人盟，使杞子、逢孙、扬孙成之，乃还⑪。

① 文公亡过郑，郑不礼之。【释文】过，古禾切。 ② 此东氾也，在荥阳中牟县南。 ③ 佚之狐、烛之武，皆郑大夫。【释文】佚，音逸。 ④ 缒，县城而下。【释文】缒，丈伪切。县，音玄。 ⑤ 执事亦谓秦。 ⑥ 设得郑以为秦边邑，则越晋而难保。 ⑦ 陪，益也。【释文】焉，於虔切，下"焉取之"同。陪，蒲回切。 ⑧ 行李，使人。【释文】舍，音捨，又如字。共，音恭，本亦作"供"。使，所吏切。 ⑨ 晋君，谓惠公也。焦、瑕，晋河外五城之二邑。朝济河而夕设版筑以距秦，言背秦之速。【释文】朝，如字，注同。版，音板。背，音佩。 ⑩ 封，疆也。肆，申也。【释文】厌，於盐切。疆，居良切。 ⑪ 三子，秦大夫，反为郑守。【释文】说，音悦。为，于伪切。

子犯请击之，公曰："不可。微夫人之力不及此①。因人之力而敝之，不仁。失其所与，不知。以乱易整，不武②。吾其还也。"亦去之。

① 请击秦也。夫人，谓秦穆公。【释文】夫，音扶，注同。 ② 秦、晋和整而还相攻，更为乱也。【释文】知，音智。

初，郑公子兰出奔晋①，从于晋侯。伐郑，请无与围郑。许之，使待命于东②。郑石甲父、侯宣多逆以为大子，以求成于晋，晋人许之③。

① 兰，郑穆公。 ② 晋东界。【释文】与，音预。 ③ 二子，郑大夫。言穆公所以立。

冬，王使周公阅来聘，飨有昌歜、白、黑、形盐①。辞曰："国君，文足昭也，武可畏也，则有备物之飨以象其德。荐五味，羞嘉谷，盐虎形②，以献其功。吾何以堪之？"

① 昌歜，昌蒲葅。白，熬稻。黑，熬黍。形盐，盐形象虎。【释文】阅，音悦。歜，在感切。葅，庄居切。 ② 嘉谷，熬稻、黍也，以象其文也。盐虎形，以象武也。

东门襄仲将聘于周，遂初聘于晋①。

① 公既命襄仲聘周，未行，故曰将。又命自周聘晋，故曰遂。自入春秋，鲁始聘晋，故曰初。

僖公三十一年

【经】

三十有一年春，取济西田①。

公子遂如晋。

夏四月，四卜郊不从，乃免牲②，犹三望③。

秋七月。

冬，杞伯姬来求妇④。

狄围卫。十有二月，卫迁于帝丘⑤。

① 晋分曹田以赐鲁，故不系曹。不用师徒，故曰取。 ② 龟曰卜。不从，不吉也。卜郊不吉，故免牲。免，犹纵也。 ③ 三望，分野之星、国中山川，皆因郊祀，望而祭之。鲁废郊天而修其小祀，故曰犹。犹者，可止之辞。【释文】分，扶问切。 ④ 无传。自为其子成昏。【释文】为，于伪切。 ⑤ 辟狄难也。帝丘，今东郡濮阳县，故帝颛顼之虚，故曰帝丘。【释文】难，乃旦切。颛，音专。顼，许玉切。虚，起鱼切。

【传】

三十一年春，取济西田，分曹地也①。使臧文仲往，宿于重馆②。重馆人告曰："晋新得诸侯，必亲其共，不速行，将无及也。"从之。分曹地，自洮以南，东傅于济，尽曹地也③。

襄仲如晋，拜曹田也。

① 二十八年，晋文讨曹，分其地，竟界未定，至是乃以赐诸侯。【释文】竟，音境。 ② 高平方与县西北有重乡城。【释文】重，直龙切，注同。方，音房。与，音预。 ③ 文仲不书，请田而已，非聘享会同也。济水自荥阳东过鲁之西，至乐安入海。【释文】洮，吐刀切。傅，音附。尽，津忍切。乐，音洛。

夏四月，四卜郊，不从，乃免牲，非礼也①。犹三望，亦非礼也。礼不卜常祀[②]，而卜其牲、日[③]，牛卜日曰牲[④]。牲成而卜郊，上怠慢也[⑤]。望，郊之细也。不郊，亦无望可也。

① 诸侯不得郊天，鲁以周公故，得用天子礼乐，故郊为鲁常祀。 ② 必其时。 ③ 卜牲与日，知吉凶。 ④ 既得吉日，则牛改名曰牲。 ⑤ 怠于古典，慢渎龟策。

秋，晋蒐于清原，作五军以御狄[①]。赵衰为卿[②]。

① 二十八年，晋作三行，今罢之，更为上下新军。河东闻喜县北有清原。【释文】行，户郎切。 ② 二十七年，命赵衰为卿，让于栾枝，今始从原大夫为新军帅。【释文】帅，所类切。

冬，狄围卫，卫迁于帝丘。卜曰三百年。卫成公梦康叔曰："相夺予享[①]。"公命祀相。宁武子不可，曰："鬼神非其族类，不歆其祀[②]。杞、鄫何事[③]？相之不享于此，久矣，非卫之罪也[④]，不可以间成王、周公之命祀[⑤]。请改祀命[⑥]。"

① 相，夏后启之孙，居帝丘。享，祭也。【释文】曰，音越，或人实切，非也。相，息亮切，注及下同。夏，户雅切，下同。 ② 歆，犹飨也。【释文】歆，许金切。 ③ 言杞、鄫夏后，自当祀相。 ④ 言帝丘久不祀相，非卫所绝。 ⑤ 诸侯受命，各有常祀。【释文】间，间厕之间。 ⑥ 改祀相之命。

郑洩驾恶公子瑕，郑伯亦恶之，故公子瑕出奔楚[①]。

① 瑕，文公子。传为纳瑕张本。洩驾，亦郑大夫，隐五年洩驾距此九十年，疑非一人。【释文】恶，乌路切，下同。

僖公三十二年

【经】

三十有二年春，王正月。

夏四月己丑，郑伯捷卒[①]。

卫人侵狄[②]。

秋，卫人及狄盟③。

冬十有二月己卯，晋侯重耳卒④。

① 无传。文公也，三同盟。【释文】捷，在接切。　② 报前年狄围卫。　③ 不地者，就狄庐帐盟。【释文】庐，力於切。帐，张亮切。　④ 同盟践土、狄泉。

【传】

三十二年春，楚鬥章请平于晋，晋阳处父报之。晋、楚始通①。

① 阳处父，晋大夫。晋、楚自春秋以来，始交使命，为和同。【释文】使，所吏切。

夏，狄有乱。卫人侵狄，狄请平焉。秋，卫人及狄盟。

冬，晋文公卒。庚辰，将殡于曲沃①，出绛，柩有声如牛②。卜偃使大夫拜，曰："君命大事。将有西师过轶我，击之，必大捷焉③。"

杞子自郑使告于秦④，曰："郑人使我掌其北门之管⑤，若潜师以来，国可得也。"穆公访诸蹇叔，蹇叔曰："劳师以袭远，非所闻也⑥。师劳力竭，远主备之，无乃不可乎！师(知)〔之〕所为，郑必知之。勤而无所，必有悖心⑦。且行千里，其谁不知？"公辞焉⑧。召孟明、西乞、白乙，使出师于东门之外⑨。蹇叔哭之，曰："孟子，吾见师之出而不见其入也。"公使谓之曰："尔何知？中寿，尔墓之木拱矣⑩。"蹇叔之子与师，哭而送之，曰："晋人御师必于殽⑪。殽有二陵焉⑫：其南陵，夏后皋之墓也⑬；其北陵，文王之所辟风雨也⑭。必死是间⑮，余收尔骨焉。"秦师遂东⑯。

① 殡，窆棺也。曲沃有旧宫焉。【释文】窆，彼验切，一本作"涂"。　② 如牛呴声。【释文】柩，其救切。《礼》云：在床曰尸，在棺曰柩。呴，呼口切。　③ 声

自柩出,故曰君命。大事,戎事也。卜偃闻秦密谋,故因柩声以正众心。【释文】过,古禾切,又古卧切。轶,直结切,又音逸。 ④ 三十年,秦使大夫杞子戍郑。 ⑤ 管,籥也。【释文】籥,余若切。 ⑥ 蹇叔,秦大夫。【释文】蹇,纪辇切。 ⑦ 将害良善。【释文】悖,必内切。 ⑧ 辞,不受其言。 ⑨ 孟明,百里孟明视。西乞,西乞术。白乙,白乙丙。 ⑩ 合手曰拱。言其过老,悖不可用。【释文】孟子,本或作"孟兮"。寿,音授,又如字。拱,九勇切。 ⑪殽在弘农渑池县西。【释文】殽,本又作"崤",户交切,刘昌宗音豪。渑,绵善切。与,羊恕切。 ⑫ 大阜曰陵。 ⑬ 皋,夏桀之祖父。【释文】夏,户雅切。皋,古刀切。 ⑭ 此道在二殽之间南谷中,谷深委曲,两山相嵚,故可以辟风雨,古道由此。魏武帝西讨巴汉,恶其险而更开北山高道。【释文】辟,音避。谷,古木切,又音欲。嵚,许金切,又音钦,本或作"岚",力含切。恶,乌路切。 ⑮ 以其深险故。 ⑯ 为明年晋败秦于殽传。【释文】为,于伪切。

僖公三十三年

【经】

三十有三年春,王二月,秦人入滑①。

齐侯使国归父来聘。

夏四月辛巳,晋人及姜戎败秦师于殽②。

癸巳,葬晋文公。

狄侵齐。

公伐邾,取訾娄。

秋,公子遂帅师伐邾。

晋人败狄于箕③。

冬十月,公如齐。十有二月,公至自齐。乙巳,公薨于小寝④。

陨霜不杀草,李、梅实⑤。

晋人、陈人、郑人伐许。

① 灭而书人，不能有其地。 ② 晋侯讳背丧用兵，故通以贱者告。姜戎，姜姓之戎，居晋南鄙，戎子驹支之先也。晋人角之，诸戎掎之，不同陈，故言及。【释文】背，音佩。掎，居绮切。陈，直觐切。 ③ 大原阳邑县南有箕城。郤缺称人者，未为卿。【释文】訾，子斯切。 ④ 小寝，内寝也。乙巳，十一月十二日，经书十二月，误。 ⑤ 无传。书时失也。周十一月，今九月，霜当微而重，重而不能杀草，所以为灾。【释文】陨，于敏切。

【传】

三十三年春，秦师过周北门，左右免胄而下①。超乘者三百乘。王孙满尚幼，观之，言于王曰："秦师轻而无礼，必败②。轻则寡谋，无礼则脱③。入险而脱，又不能谋，能无败乎？"

① 王城之北门。胄，兜鍪。兵车非大将，御者在中，故左右下，御不下。【释文】胄，直救切。兜，丁侯切。鍪，亡侯切。将，子匠切。 ② 谓过天子门，不卷甲(求)〔束〕兵，超乘示勇。【释文】乘，绳证切，下及注皆同。轻，遣政切，下同。 ③ 脱，易也。【释文】脱，他活切。易，以豉切。

及滑，郑商人弦高将市于周，遇之。以乘韦先，牛十二犒师①，曰："寡君闻吾子将步师出于敝邑，敢犒从者。不腆敝邑，为从者之淹，居则具一日之积②，行则备一夕之卫。"且使遽告于郑③。郑穆公使视客馆④，则束载、厉兵、秣马矣⑤。使皇武子辞焉，曰："吾子淹久于敝邑，唯是脯资饩牵竭矣⑥。为吾子之将行也⑦，郑之有原圃，犹秦之有具囿也⑧。吾子取其麋鹿以閒敝邑，若何⑨？"杞子奔齐，逢孙、扬孙奔宋。孟明曰："郑有备矣，不可冀也。攻之不克，围之不继，吾其还也。"灭滑而还。

① 商，行贾也。乘，四。韦，先韦乃入牛。古者将献遗于人，必有以先之。【释文】先，悉荐切，注"有以先之"同。犒，苦报切。贾，音古。遗，唯季切。 ② 腆，厚也。淹，久也。积，刍米菜薪。步师，步犹行也。【释文】从，才用切，下同。腆，他典切。为，于伪切，下"为吾子"同。积，子赐切，注同。 ③ 遽，传

车。【释文】遽，其据切。传，张恋切。　④ 视秦三大夫之舍。　⑤ 严兵待秦师。【释文】秣，音末，谷马也，《说文》作“餘”，云：食马谷也。　⑥ 资，粮也。生曰饩。牵，谓牛、羊、豕。【释文】饩，许气切，牲腥曰饩，牲生曰牵。　⑦ 示知其情。　⑧ 原圃、具囿，皆囿名。【释文】圃，布古切。　⑨ 使秦戍自取麋鹿，以为行资，令敝邑得閒暇。若何，犹如何。荥阳中牟县西有圃田泽。【释文】麋，亡悲切。閒，音闲，注同。令，力呈切。

齐国庄子来聘，自郊劳至于赠贿，礼成而加之以敏①。臧文仲言于公曰：“国子为政，齐犹有礼，君其朝焉。臣闻之，服于有礼，社稷之卫也②。”

① 迎来曰郊劳，送去曰赠贿。敏，审当于事。【释文】劳，力报切，注同。贿，呼罪切。当，丁浪切，又如字。　② 为公如齐传。

晋原轸曰：“秦违蹇叔，而以贪勤民，天奉我也①。奉不可失，敌不可纵。纵敌患生，违天不祥。必伐秦师。”栾枝曰：“未报秦施而伐其师，其为死君乎②？”先轸曰：“秦不哀吾丧而伐吾同姓，秦则无礼，何施之为③？吾闻之，一日纵敌，数世之患也。谋及子孙，可谓死君乎④？”遂发命，遽兴姜戎。子墨衰绖⑤，梁弘御戎，莱驹为右。夏四月辛巳，败秦师于殽，获百里孟明视、西乞术、白乙丙以归。遂墨以葬文公。晋于是始墨⑥。

① 奉，与也。【释文】奉，扶用切，注及下同。　② 言以君死故忘秦施。【释文】纵，子用切，下同。施，始豉切，注及下同。　③ 言秦以无礼加己，施不足顾。　④ 言不可谓背君。【释文】数，所主切。背，音佩。　⑤ 晋文公未葬，故襄公称子，以凶服从戎，故墨之。【释文】衰，七雷切。绖，直结切。　⑥ 后遂常以为俗。记礼所由变。【释文】莱，音来。

文嬴请三帅①，曰：“彼实构吾二君，寡君若得而食之，不厌，君何辱讨焉！使归就戮于秦，以逞寡君之志，若何？”公许之。先轸朝，问秦囚。公曰：“夫人请之，吾舍之矣。”先轸怒曰：“武夫力而拘诸原，妇人暂而免诸国②。堕军实而长寇仇，亡无日矣③。”不顾而唾。公使阳处父追之，及诸河，则在舟中矣。释左骖，以公命赠孟明④。孟明稽首曰：“君之惠，不以累臣衅鼓⑤，使归就戮于秦，寡君之以为戮，死且不朽。若从君惠而免之，三年将拜君赐⑥。”

① 文嬴，晋文公始适秦，秦穆公所妻夫人，襄公嫡母。三帅，孟明等。【释文】嬴，音盈。帅，所类切，注同。妻，七计切。嫡，丁历切。　② 暂，犹卒也。【释文】厌，於艳切，又於盐切。戮，音六。逞，敕领切。拘，音俱。卒，寸忽切。　③ 堕，毁也。【释文】堕，许规切。长，丁丈切。　④ 欲使还拜谢，因而执之。【释文】唾，他卧切。骖，七南切。　⑤ 累，囚系也。杀人以血涂鼓谓之衅鼓。【释文】累，律追切。衅，许覲切。　⑥ 意欲报伐晋。

秦伯素服郊次①，乡师而哭曰：“孤违蹇叔以辱二三子，孤之罪也。”不替孟明，〔曰〕：“孤之过也，大夫何罪？且吾不以一眚掩大德②。”

① 待之于郊。　② 眚，过也。【释文】乡，许亮切。替，他计切。眚，所景切。掩，於检切。

狄侵齐，因晋丧也。

公伐邾，取訾娄，以报升陉之役①。邾人不设备。秋，襄仲复伐邾②。

① 在二十二年。　② 鲁亦因晋丧以陵小国。【释文】复，扶又切。

狄伐晋，及箕。八月戊子，晋侯败狄于箕。郤缺获白狄子①。先轸曰：“匹夫逞志于君②而无讨，敢不自讨乎？”免胄入狄师，死焉。狄人归其元③，面如生④。

① 白狄，狄别种也。故西河郡有白部胡。【释文】箕，音基。种，章勇切。　② 谓不顾而唾。　③ 元，首。　④ 言其有异于人。

初，臼季使过冀，见冀缺耨，其妻馌之①。敬，相待如宾。与之归，言诸文公曰：“敬，德之聚也。能敬必有德。德以治民，君请用之。臣闻之，出门如宾②，承事如祭③，仁之则也。”公曰：“其父有罪，可乎④？”对曰：“舜之罪也殛鲧，其举也兴禹[5]。管敬仲，桓之贼也，实相以济。《康诰》曰：'父不慈，子不祗，兄不友，弟不共，不相及也[6]。'《诗》曰：'采葑采菲，无以下体。'君取节焉可也[7]。"文公以为下军大夫。反自箕，襄公以三命命先且居将中军[8]，以再命命先茅之县赏胥臣曰："举郤缺，子之功也[9]。"以一命命郤缺为卿，复与之冀[10]，亦未有军行[11]。

① 臼季，胥臣也。冀，晋邑。耨，锄也。野馈曰馌。【释文】臼，其九切。使，所吏切。过，古禾切。耨，乃豆切。馌，于辄切，《字林》于劫切。锄，本又作"鉏"，仕居切。馈，其位切，饷也。 ② 如见大宾。 ③ 常谨敬也。 ④ 缺父冀芮欲杀文公，在二十四年。【释文】芮，如锐切。杀，音试，或如字。 ⑤ 禹，鲧子。【释文】殛，经力切，诛也。鲧，古本切。 ⑥《康诰》，《周书》。祗，敬也。【释文】相，息亮切。共，音恭。 ⑦《诗·国风》也。葑菲之菜，上善下恶，食之者不以其恶而弃其善，言可取其善节。【释文】葑，芳逢切。菲，芳匪切。 ⑧ 且居，先轸之子。其父死敌，故进之。【释文】且，子徐切。将，子匠切。 ⑨ 先茅绝后，故取其县以赏胥臣。 ⑩ 还其父故邑。【释文】复，扶又切，又音服。 ⑪ 虽登卿位，未有军列。【释文】行，户刚切。

冬，公如齐，朝，且吊有狄师也。反，薨于小寝，即安也[1]。

① 小寝，夫人寝也。讥公就所安，不终于路寝。

晋、陈、郑伐许，讨其贰于楚也。

楚令尹子上侵陈、蔡。陈、蔡成，遂伐郑，将纳公子瑕[1]。门于桔柣之门。瑕覆于周氏之汪[2]。外仆髡屯禽之以献[3]。文夫人敛而葬之郐城之下[4]。

① 三十一年瑕奔楚。 ② 车倾覆池水中。【释文】桔，户结切。柣，大结切。覆，芳服切，注同。汪，乌黄切。 ③ 杀瑕以献郑伯。【释文】髡，苦门切。屯，徒门切。 ④ 郑文公夫人也。郐城，故郐国，在荥阳密县东北。传言穆公所以遂有国。【释文】敛，力艳切。郐，古外切。

晋阳处父侵蔡，楚子上救之，与晋师夹泜而军[1]。阳子患之，使谓子上曰："吾闻之，文不犯顺，武不违敌。子若欲战，则吾退舍，子济而陈[②]，迟速唯命，不然纾我[③]。老师费财，亦无益也[④]。”乃驾以待。子上欲涉，大孙伯曰：“不可。晋人无信，半涉而薄我，悔败何及，不如纾之。”乃退舍[⑤]。阳子宣言曰：“楚师遁矣。”遂归。楚师亦归。大子商臣谮子上曰：“受晋赂而辟之，楚之耻也，罪莫大焉。”王杀子上[⑥]。

① 泜水出鲁阳县东，经襄城定陵入汝。【释文】夹，古洽切，一音古协切。泜，音雉，又直里切，王又徒死切。 ② 欲辟楚，使渡成陈而后战。【释文】陈，直觐切，注同。 ③ 纾，缓也。【释文】纾，音舒，一音直吕切。 ④ 师久为老。【释文】费，芳味切。 ⑤ 楚退，欲使晋渡。 ⑥ 商臣怨子上止王立己，故谮之。【释文】遁，徒困切。

葬僖公，缓[①]作主，非礼也[②]。凡君薨，卒哭而祔，祔而作主，特祀于主[③]，烝、尝、禘于庙[④]。

① 文公元年经书四月葬僖公，僖公实以今年十一月薨，并闰，七月乃葬，故传云缓。自此以下，遂因说作主祭祀之事，文相次也。皆当次在经葬僖公下，今在此，简编倒错。【释文】编，必连切，又音布千切。倒，丁老切。 ② 文二年乃作主，遂因葬文通讥之。 ③ 既葬反虞则免丧，故曰卒哭，哭止也。以新死者之神祔之于祖，尸柩已远，孝子思慕，故造木主，立几筵焉。特用丧礼，祭祀于寝，不同之于宗庙。言凡君者，谓诸侯以上，不通于卿大夫。【释文】祔，音附。上，时掌切。 ④ 冬祭曰烝，秋祭曰尝。新主既立，特祀于寝，则宗庙四时常祀自如旧也。三年礼毕，又大禘，乃皆同于吉。【释文】烝，之承切。禘，大计切。

春秋经传集解文公上第八

【释文】文公名兴，僖公子，母声姜。《谥法》：慈惠爱民曰文，忠信接礼曰文。

文公元年

【经】

元年春，王正月，公即位①。

二月癸亥，日有食之②。

天王使叔服来会葬③。

夏四月丁巳，葬我君僖公④。

天王使毛伯来锡公命⑤。

晋侯伐卫⑥。

叔孙得臣如京师⑦。

卫人伐晋⑧。

秋，公孙敖会晋侯于戚⑨。

冬十月丁未，楚世子商臣弑其君頵⑩。

公孙敖如齐⑪。

① 无传。先君未葬而公即位，不可旷年无君。 ② 无传。癸亥，月一日，不书朔，官失之。 ③ 叔，氏；服，字。诸侯丧，天子使大夫会葬，礼也。 ④ 七

月而葬，缓。 ⑤ 毛，国；伯，爵。诸侯为王卿士者。诸侯即位，天子赐以命圭合瑞为信。僖十一年，王赐晋侯命，亦其比也。【释文】锡，星历切。比，必利切，例也，又如字。 ⑥ 晋襄公先告诸侯而伐卫，虽大夫亲伐而称晋侯，从告辞也。 ⑦ 得臣，叔牙之孙。 ⑧ 卫孔达为政，不共盟主，兴兵邻国，受讨丧邑，故贬称人。【释文】丧，息浪切。 ⑨ 戚，卫邑，在顿丘卫县西。礼，卿不会公侯，而《春秋》鲁大夫皆不贬者，体例已举，故据用鲁史成文而已。内称公，卒称薨，皆用鲁史。 ⑩ 商臣，穆王也。弑君例在宣四年。【释文】頵，忧伦切，又丘伦切。 ⑪ 传例曰：始聘焉，礼也。

【传】

元年春，王使内史叔服来会葬。公孙敖闻其能相人也[①]，见其二子焉。叔服曰："穀也食子，难也收子[②]。穀也丰下，必有后于鲁国[③]。"

① 公孙敖，鲁大夫庆父之子。【释文】相，息亮切。 ② 穀，文伯。难，惠叔。食子，奉祭祀供养者也。收子，葬子身也。【释文】见，贤遍切，下注"孤见"同。食，音嗣，注同。难，乃多切，又如字。供，俱用切。养，余亮切。 ③ 丰下，盖面方，为八年公孙敖奔莒传。

于是闰三月，非礼也[①]。先王之正时也，履端于始，举正于中，归余于终[②]。履端于始，序则不愆[③]。举正于中，民则不惑[④]。归余于终，事则不悖[⑤]。

① 于历法，闰当在僖公末年，误于今年三月置闰，盖时达历者所讥。 ② 步历之始，以为术之端首。期之日，三百六十有六日，日月之行又有迟速，而必分为十二月，举中气以正。月有余日则归之于终，积而为闰，故言归余于终。【释文】期，居其切。 ③ 四时无愆过。【释文】愆，起虔切。 ④ 斗建不失其次，寒暑不失其常，故无疑惑。 ⑤ 四时得所，则事无悖乱。【释文】悖，必内切。

夏四月丁巳，葬僖公[①]。

① 传皆不虚载经文，而此经孤见，知僖公末年传宜在此下。

王使毛伯卫来锡公命[①]，叔孙得臣如周拜[②]。

① 卫，毛伯字。【释文】一本作"毛伯卫来锡公命"，又作"天王使"。

② 谢赐命。

晋文公之季年，诸侯朝晋。卫成公不朝，使孔达侵郑，伐绵、訾及匡①。晋襄公既祥②，使告于诸侯而伐卫，及南阳③。先且居曰："效尤，祸也④。请君朝王，臣从师。"晋侯朝王于温，先且居、胥臣伐卫。五月辛酉朔，晋师围戚。六月戊戌，取之，获孙昭子⑤。卫人使告于陈。陈共公曰："更伐之，我辞之⑥。"卫孔达帅师伐晋。君子以为古。古者越国而谋⑦。

① 孔达，卫大夫。匡在颍川新汲县东北。【释文】訾，子斯切。伋，居及切，下同。 ② 诸侯虽谅闇，亦因祥祭为位而哭。【释文】谅，音良，又音亮。 ③ 今河内地。 ④ 尤卫不朝故伐，今不朝王，是效卫致祸。时王在温，故劝之。【释文】且，子余切。 ⑤ 昭子，卫大夫，食戚邑。 ⑥ 见伐求和，不竞大甚，故使报伐，示己力足以距晋。【释文】共，音恭。更，古孟切，又音庚。大，音泰，又如字。 ⑦ 合古之道而失今事霸王之礼，故国失其邑，身见执辱。

秋，晋侯疆戚田，故公孙敖会之①。

① 晋取卫田，正其疆界。【释文】疆，居良切，注同。

初，楚子将以商臣为大子，访诸令尹子上。子上曰："君之齿未也①，而又多爱，黜乃乱也。楚国之举，恒在少者②。且是人也，蠭目而豺声，忍人也⑤，不可立也。"弗听。

① 齿，年也，言尚少。【释文】少，诗照切，下文同。 ② 举，立也。 ③ 能忍行不义。【释文】蠭，本又作"蜂"，芳逢切。豺，仕皆切。

既又欲立王子职而黜大子商臣①。商臣闻之而未察，告其师潘崇曰："若之何而察之？"潘崇曰："享江芈而勿敬也②。"从之。江芈怒曰："呼，役夫③！宜君王之欲杀女而立职也。"告潘崇曰："信矣。"潘崇曰："能事诸乎④？"曰："不能。""能行乎？"曰："不能。""能行大事乎？"曰："能⑤。"

① 职，商臣庶弟。 ② 江芈，成王妹，嫁于江。【释文】芈，亡氏切，《史记》以为成王妾。 ③ 呼，发声也。役夫，贱者称。【释文】呼，好贺切，注同。役夫，如字。称，尺证切。 ④ 问能事职不。【释文】女，音汝。 ⑤ 大事，谓弑

君。【释文】弑，音申志切。一本无此注。

冬十月，以宫甲围成王①。王请食熊蹯而死②，弗听。丁未，王缢。谥之曰灵，不瞑；曰成，乃瞑③。穆王立，以其为大子之室与潘崇，使为大师，且掌环列之尹④。

① 大子宫甲。僖二十八年，王以东宫卒从子玉，盖取此宫甲。【释文】卒，子忽切。从，如字，又才用切。 ② 熊掌难熟，冀久将有外救。【释文】蹯，音烦。 ③ 言其忍甚，未敛而加恶谥。【释文】瞑，亡丁切，又亡千切。敛，力验切。 ④ 环列之尹，宫卫之官，列兵而环王宫。【释文】大，音泰。环，如字，又音患。

穆伯如齐，始聘焉，礼也①。凡君即位，卿出并聘，践修旧好，要结外援②，好事邻国，以卫社稷，忠信卑让之道也。忠，德之正也；信，德之固也；卑让，德之基也③。

① 穆伯，公孙敖。 ② 践，犹履行也。【释文】好，呼报切，下同。要，於遥切。援，于眷切。 ③ 传因此发凡，以明诸侯谅闇则国事皆用吉礼。

殽之役①，晋人既归秦帅，秦大夫及左右皆言于秦伯曰："是败也，孟明之罪也，必杀之。"秦伯曰："是孤之罪也。周芮良夫之诗曰：'大风有隧，贪人败类②。听言则对，诵言如醉③。匪用其良，覆俾我悖④。'是贪故也，孤之谓矣。孤实贪以祸夫子，夫子何罪？"复使为政⑤。

① 在僖三十三年。 ②《诗·大雅》。隧，蹊径也。周大夫芮伯刺厉王，言贪人之败善类，若大风之行，毁坏众物，所在成蹊径。【释文】帅，所类切。芮，如锐切。《诗·大雅·柔》篇。隧，音遂。败，必迈切，注同。蹊，音兮。径，古定切。 ③ 言昏乱之君不好典诵之言，闻之若醉，得道听涂说之言，则喜而答对。【释文】诵，似用切。昏，本亦作"惛"，音昏。 ④ 覆，反也。俾，使也。不用良臣之言，反使我为悖乱。【释文】覆，芳服切。俾，本亦作"卑"，必尔切，注同。 ⑤ 为明年秦、晋战彭衙传。【释文】复，扶又切。

文 公 二 年

【经】

二年春，王二月甲子，晋侯及秦师战于彭衙，秦师败绩①。

丁丑，作僖公主②。

三月乙巳，及晋处父盟③。

夏六月，公孙敖会宋公、陈侯、郑伯、晋士縠，盟于垂陇④。

自十有二月不雨，至于秋七月⑤。

八月丁卯，大事于大庙，跻僖公⑥。

冬，晋人、宋人、陈人、郑人伐秦⑦。

公子遂如齐纳币⑧。

① 孟明名氏不见，非命卿也。大崩曰败绩。冯翊郃阳县西北有彭衙城。【释文】衙，音牙。见，贤遍切。郃，户纳切。 ② 主者，殷人以柏，周人以栗，三年丧终则迁入于庙。 ③ 处父为晋正卿，不能匡君以礼而亲与公盟，故贬其族，族去则非卿，故以微人常称为耦，以直厌不直。不地者，盟晋都。【释文】去，起吕切。称，尺证切。厌，於涉切。 ④ 垂陇，郑地，荥阳县东有陇城。士縠出盟诸侯，受成于卫，故贵而书名氏。【释文】縠，户木切，本亦作“彀”，同。陇，力勇切。 ⑤ 无传。周七月，今五月也。不雨足为灾，不书旱，五谷犹有收。【释文】收，如字，又手又切。 ⑥ 大事，禘也。跻，升也。僖公，闵公庶兄，继闵而立，庙坐宜次闵下，今升在闵上，故书而讥之。时未应吉禘，而于大庙行之，其讥已明，徒以逆祀故，特大其事，异其文。【释文】大，音泰，注及传“大庙”同。跻，子兮切。坐，才卧切，又如字。 ⑦ 四人皆卿。秦穆悔过，终用孟明，故贬四国大夫以尊秦伯。 ⑧ 传曰：礼也。僖公丧终此年十一月，则纳币在十二月也。士昏六礼，其一纳采，纳征始有玄纁束帛，诸侯则谓之纳币，其礼与士礼不同，盖公为大子时已行昏礼也。【释文】纁，许云切。

【传】

二年春，秦孟明视帅师伐晋，以报殽之役。二月，晋侯禦之。先且居将中军，赵衰佐之①。王官无地御戎②，狐鞫居为右③。甲子，及秦师战于彭衙。秦师败绩。晋人谓秦"拜赐之师"④。

① 代郤溱。【释文】禦，鱼吕切。将，子匠切。衰，初危切。溱，侧巾切。　② 代梁弘。　③ 鞫居，续简伯。【释文】鞫，九六切。　④ 以孟明言三年将拜君赐，故嗤之。【释文】嗤，尺之切。

战于殽也，晋梁弘御戎，莱驹为右。战之明日，晋襄公缚秦囚，使莱驹以戈斩之。囚呼，莱驹失戈，狼瞫取戈以斩囚，禽之以从公乘，遂以为右。箕之役①，先轸黜之而立续简伯。狼瞫怒。其友曰："盍死之？"瞫曰："吾未获死所②。"其友曰："吾与女为难③。"瞫曰："《周志》有之：'勇则害上，不登于明堂④。'死而不义，非勇也。共用之谓勇⑤。吾以勇求右，无勇而黜，亦其所也⑥。谓上不我知，黜而宜，乃知我矣⑦。子姑待之。"及彭衙，既陈，以其属驰秦师，死焉⑧。晋师从之，大败秦师。君子谓："狼瞫于是乎君子。诗曰：'君子如怒，乱庶遄沮⑨。'又曰：'王赫斯怒，爰整其旅⑩。'怒不作乱，而以从师，可谓君子矣。"

① 箕役在僖三十三年。【释文】呼，火故切。瞫，尺甚切，《字林》式衽切。乘，绳证切。　② 未得可死处。【释文】盍，户腊切。处，昌虑切。　③ 欲共杀先轸。【释文】女，音汝。难，乃旦切。　④《周志》，《周书》也。明堂，祖庙也，所以策功序德，故不义之士不得升。　⑤ 共用，死国用。【释文】共，音恭，注同。　⑥ 言今死而不义，更成无勇，宜见退。　⑦ 言今见黜而合宜，则吾不得复言上不我知。【释文】复，扶又切。　⑧ 属，属己兵。【释文】陈，直覲切。　⑨《诗·小雅》。言君子之怒，必以止乱。遄，疾也。沮，止也。【释文】遄，市专切。沮，在汝切。　⑩《诗·大雅》。言文王赫然奋怒，则整师旅以讨乱。【释文】赫，火百切。

秦伯犹用孟明。孟明增修国政,重施于民。赵成子言于诸大夫曰[①]:"秦师又至,将必辟之。惧而增德,不可当也。诗曰:'毋念尔祖,聿修厥德[②]。'孟明念之矣。念德不怠,其可敌乎[③]?"

① 成子,赵衰。【释文】施,式豉切。 ②《诗·大雅》。言念其祖考,则宜述修其德以显之。毋念,念也。【释文】辟,音避。毋,音无,注同。 ③ 为明年秦人伐晋传。

丁丑,作僖公主,书,不时也[①]。

① 过葬十月,故曰不时。例在僖二十三年。

晋人以公不朝来讨。公如晋。夏四月己巳,晋人使阳处父盟公以耻之[①]。书曰:"及晋处父盟。"以厌之也[②]。适晋不书,讳之也[③]。公未至,六月,穆伯会诸侯及晋司空士縠盟于垂陇,晋讨卫故也[④]。书士縠,堪其事也[⑤]。陈侯为卫请成于晋,执孔达以说[⑥]。

① 使大夫盟公,欲以耻辱鲁也。经书三月乙巳,经、传必有误。 ② 厌,犹损也。晋以非礼盟公,故文厌之以示讥。【释文】厌,於涉切,注同。 ③ 不书公如晋。 ④ 讨元年卫人伐晋。士縠,士蔿子。【释文】蔿,于委切。 ⑤ 晋司空,非卿也。以士縠能堪卿事,故书。【释文】书士縠,或作"书曰晋士縠"。⑥ 陈始与卫谋,谓可以强得免,今晋不听,故更执孔达以苟免也。【释文】为,于伪切。

秋八月丁卯,大事于大庙,跻僖公,逆祀也[①]。于是夏父弗忌为宗伯[②],尊僖公,且明见曰:"吾见新鬼大,故鬼小[③]。先大后小,顺也。跻圣贤,明也[④]。明、顺,礼也。"

① 僖是闵兄,不得为父子。尝为臣,位应在下,令居闵上,故曰逆祀。【释文】令,力呈切。闵上,时掌切,一本或无"上"字。 ② 宗伯,掌宗庙昭穆之礼。【释文】夏,户雅切。昭,上遥切,后"昭穆"之例仿此。 ③ 新鬼,僖公,既为兄,死时年又长。故鬼,闵公,死时年少。弗忌明言其所见。【释文】长,丁丈切。少,诗照切。 ④ 又以僖公为圣贤。

君子以为失礼。礼无不顺。祀,国之大事也,而逆之,可谓礼乎？子虽齐圣，不先父食久矣①。故禹不先鲧，汤不先契②，文、武不先不窋③。宋祖帝乙，郑祖厉王，犹上祖也④。是以《鲁颂》曰："春秋匪解，享祀不忒，皇皇后帝，皇祖后稷⑤。"君子曰礼，谓其后稷亲而先帝也⑥。《诗》曰："问我诸姑，遂及伯姊⑦。"君子曰礼，谓其姊亲而先姑也⑧。仲尼曰："臧文仲，其不仁者三，不知者三。下展禽⑨，废六关⑩，妾织蒲，三不仁也⑪。作虚器⑫，纵逆祀⑬，祀爰居，三不知也。⑭"

① 齐，肃也。臣继君犹子继父。【释文】先，悉荐切，下"不先"皆同。 ② 鲧，禹父。契，汤十三世祖。【释文】鲧，古本切。契，息列切，殷始封之君。 ③ 不窋，后稷子。【释文】窋，知律切。 ④ 帝乙，微子父。厉王，郑桓公父。二国不以帝乙、厉王不肖而犹尊尚之。【释文】肖，悉召切。 ⑤ 忒，差也。皇皇，美也。后帝，天也。《诗》颂僖公郊祭上天，配以后稷。【释文】解，佳买切。忒，他得切。 ⑥ 先称帝也。⑦《诗·邶风》也。卫女思归而不得，故愿致问于姑姊。【释文】邶，音佩。 ⑧ 僖亲，文公父。夏父弗忌欲阿时君，先其所亲，故传以二诗深责其意。 ⑨ 展禽，柳下惠也。文仲知柳下惠之贤而使在下位，已欲立而立人。【释文】知，音智，下同。⑩ 塞关、阳关之属。凡六关，所以禁绝末游而废之。【释文】塞，悉再切。 ⑪ 家人贩席，言其与民争利。【释文】贩，甫万切。 ⑫ 谓居蔡，山节藻棁也。有其器而无其位，故曰虚。【释文】棁，章悦切。 ⑬ 听夏父跻僖公。 ⑭ 海鸟曰爰居，止于鲁东门外，文仲以为神，命国人祀之。【释文】爰居，《尔雅》一名杂县。樊光云似凤皇。爰居事见《国语》。《庄子》云：鲁侯御而觞之于庙。

冬，晋先且居、宋公子成、陈辕选、郑公子归生伐秦，取汪，及彭衙而还，以报彭衙之役。卿不书，为穆公故，尊秦也，谓之崇德①。

【释文】成，音城，本或作"戌"，音恤。选，息兖切。汪，乌黄切。为，于伪切。

襄仲如齐纳币，礼也。凡君即位，好舅甥，修昏姻，娶元妃以奉粢盛，孝也①。孝，礼之始也。

① 谓谅闇既终，嘉好之事通于外内，外内之礼始备。此除凶之即位也，于是遣卿申好舅甥之国，修礼以昏姻也。元妃，嫡夫人，奉粢盛，共祭祀。【释文】

好，呼报切，注同。娶，七住切。妃，芳非切。粢，音咨。盛，音成。嫡，丁历切。共，音恭。

文公三年

【经】

三年春，王正月，叔孙得臣会晋人、宋人、陈人、卫人、郑人伐沈。沈溃①。

夏五月，王子虎卒②。

秦人伐晋③。

秋，楚人围江。

雨螽于宋④。

冬，公如晋。十有二月己巳，公及晋侯盟。

晋阳处父帅师伐楚以救江。

① 传例曰：民逃其上曰溃。沈，国名也。汝南平舆县北有沈亭。【释文】沈，尸甚切。溃，户内切。舆，音余，一音预。 ② 不书爵者，天王赴也。翟泉之盟，虽辄假王命，周王因以同盟之例为赴。【释文】为，于伪切，又如字，本或作“来赴”。 ③ 晋人耻不出，以微者告。 ④ 自上而隋，有似于雨，宋人以其死为得天祐，喜而来告，故书。【释文】雨，于付切，注及传同。螽，音终。隋，徒火切，传、注同。祐，音又。

【传】

三年春，庄叔会诸侯之师伐沈，以其服于楚也。沈溃。凡民逃其上曰溃，在上曰逃①。

① 溃，众散流移，若积水之溃，自坏之象也。国君轻走，群臣不知其谋，与匹夫逃窜无异，是以在众曰溃，在上曰逃，各以类言之。【释文】轻，如字，又遣政切。窜，七乱切。

卫侯如陈，拜晋成也①。

① 二年，陈侯为卫请成于晋。【释文】为，于伪切。

夏四月乙亥，王叔文公卒，来赴，吊如同盟，礼也①。

① 王子虎与僖公同盟于翟泉，文公是同盟之子，故赴以名。传因王子虎异于诸侯，王叔又未与文公盟，故于此显示体例也。经书五月，又不书日，从赴也。

秦伯伐晋，济河焚舟①，取王官，及郊②。晋人不出，遂自茅津济，封殽尸而还③。遂霸西戎，用孟明也。君子是以知秦穆公之为君也，举人之周也④，与人之壹也⑤；孟明之臣也，其不解也，能惧思也；子桑之忠也，其知人也，能举善也⑥。《诗》曰"于以采蘩，于沼于沚，于以用之，公侯之事"，秦穆有焉⑦。"夙夜匪解，以事一人"，孟明有焉⑧。"诒厥孙谋，以燕翼子"，子桑有焉⑨。

① 示必死也。 ② 王官、郊，晋地。 ③ 茅津在河东大阳县西。封，埋藏之。【释文】大，音泰。 ④ 周，备也。不偏以一恶弃其善。 ⑤ 壹，无二心。⑥ 子桑，公孙枝，举孟明者。【释文】解，佳卖切。 ⑦《诗·国风》。言沼沚之蘩至薄，犹采以共公侯，以喻秦穆不遗小善。【释文】蘩，音烦。沼，之绍切。沚，音止。共，音恭。 ⑧《诗·大雅》。美仲山甫也。一人，天子也。 ⑨ 诒，遗也。燕，安也。翼，成也。《诗·大雅》。美武王能遗其子孙善谋，以安成子孙。言子桑有举善之谋。【释文】诒，以之切。遗，唯季切。

秋，雨螽于宋，队而死也①。

① 螽飞至宋，队地而死若雨。【释文】队，直类切。

楚师围江。晋先仆伐楚以救江①。冬，晋以江故告于周②。王叔桓公、晋阳处父伐楚以救江③，门于方城，遇息公子朱而还④。

① 晋救江在雨螽下，故使围江之经随在雨螽下。 ② 欲假天子之威以伐楚。 ③ 桓公，周卿士，王叔文公之子。桓公不书，示威名，不亲伐。 ④ 子朱，楚大夫，伐江之帅也。闻晋师起而江兵解，故晋亦还。【释文】帅，所类切。解，音蟹，又佳卖切。

晋人惧其无礼于公也,请改盟[①]。公如晋,及晋侯盟。晋侯飨公,赋《菁菁者莪》[②]。庄叔以公降,拜[③],曰:“小国受命于大国,敢不慎仪?君贶之以大礼,何乐如之?抑小国之乐,大国之惠也。”晋侯降,辞[④],登,成拜[⑤]。公赋《嘉乐》[⑥]。

① 改二年处父之盟。 ②《菁菁者莪》,《诗·小雅》,取其“既见君子,乐且有仪”。【释文】菁,子丁切。莪,五多切。乐,音洛,下文“何乐”、“小国之乐”同。 ③ 谢其以公比君子也。 ④ 降阶,辞让公。 ⑤ 俱还上,成拜礼。【释文】上,时掌切,又如字。 ⑥《嘉乐》,《诗·大雅》,义取其“显显令德,宜民宜人,受禄于天”。【释文】嘉,户嫁切。乐,如字,注同。

文公四年

【经】

四年春,公至自晋[①]。

夏,逆妇姜于齐[②]。

狄侵齐[③]。

秋,楚人灭江[④]。

晋侯伐秦。

卫侯使宁俞来聘。

冬十有一月壬寅,夫人风氏薨[⑤]。

① 无传。 ② 称妇,有姑之辞。 ③ 无传。 ④ 灭例在文十五年。 ⑤ 僖公母,风姓也。赴同祔姑,故称夫人。【释文】俞,羊朱切。祔,音附。

【传】

四年春,晋人归孔达于卫,以为卫之良也,故免之[①]。

夏,卫侯如晋拜[②]。曹伯如晋,会正[③]。

① 二年,卫执孔达以说晋。 ② 谢归孔达。 ③ 会受贡赋之政也。传言

襄公能继文之业，而诸侯服从。

逆妇姜于齐，卿不行，非礼也①。君子是以知出姜之不允于鲁也②。曰："贵聘而贱逆之③，君而卑之，立而废之④，弃信而坏其主，在国必乱，在家必亡⑤。不允宜哉！《诗》曰：'畏天之威，于时保之。'敬主之谓也⑥。"

① 礼，诸侯有故则使卿逆。　② 允，信也。始来不见尊贵，故终不为国人所敬信也。文公薨而见出，故曰出姜。　③ 公子遂纳币，是贵聘也。　④ 君，小君也。不以大人礼迎，是卑废之。　⑤ 主，内主也。【释文】坏，音怪。　⑥《诗·颂》，言畏天威，于是保福禄。

秋，晋侯伐秦，围邧、新城，以报王官之役①。

① 邧、新城，秦邑也。王官役在前年。【释文】邧，愿晚切，一音元。

楚人灭江，秦伯为之降服、出次、不举，过数①。大夫谏，公曰："同盟灭，虽不能救，敢不矜乎！吾自惧也②。"君子曰："《诗》云：'惟彼二国，其政不获。惟此四国，爰究爰度。'其秦穆之谓矣③。"

① 降服，素服也。出次，辟正寝。不举，去盛馔。邻国之礼有数，今秦伯过之。【释文】为，于伪切，下注"为赋"、"为歌"皆同。去，起吕切。馔，仕眷切。② 秦、江同盟，不告，故不书。【释文】矜，居陵切。　③《诗·大雅》，言夏、商之君政不得人心，故四方诸侯皆惧而谋度其政事也。言秦穆亦能感江之灭，惧而思政。爰，于也。究、度，皆谋也。【释文】究，音救。度，待洛切，注同。

卫宁武子来聘，公与之宴，为赋《湛露》及《彤弓》①。不辞，又不答赋。使行人私焉②。对曰："臣以为肄业及之也③。昔诸侯朝正于王④，王宴乐之，于是乎赋《湛露》，则天子当阳，诸侯用命也⑤。诸侯敌王所忾而献其功⑥，王于是乎赐之彤弓一，彤矢百，玈弓矢千，以觉报宴⑦。今陪臣来继旧好⑧，君辱贶之，其敢干大礼以自取戾⑨？"

① 非礼之常，公特命乐人以示意，故言为赋。《湛露》、《彤弓》，《诗·小雅》。【释文】湛，直减切。彤，徒冬切。　② 私问之。　③ 肄，习也。鲁人失所

赋，宁武子佯不知，此其愚不可及。【释文】肄，字又作“肆”，以二切，注同。佯，音阳，一音祥。 ④ 朝而受政教也。 ⑤《湛露》曰：“湛湛露斯，匪阳不晞。”晞，干也。言露见日而干，犹诸侯禀天子命而行。【释文】乐，音洛，下注“宴乐”同。晞，音希。 ⑥ 敌，犹当也。忾，恨怒也。【释文】忾，苦爱切。 ⑦ 觉，明也。谓诸侯有四夷之功，王赐之弓矢，又为歌《彤弓》，以明报功宴乐。【释文】旅，音卢。觉，音角。 ⑧ 方论天子之乐，故自称陪臣。【释文】好，呼报切。⑨ 贶，赐也。干，犯也。戾，罪也。【释文】贶，音况。戾，力计切。

冬，成风薨①。

① 为明年王使来含赗传。

文公五年

【经】

五年春，王正月，王使荣叔归含，且赗①。

三月辛亥，葬我小君成风②。王使召伯来会葬③。

夏，公孙敖如晋④。

秦人入鄀⑤。

秋，楚人灭六⑥。

冬十月甲申，许男业卒⑦。

① 珠玉曰含。含，口实。车马曰赗。【释文】含，本亦作“唅”，户暗切，《说文》作“琀”，云：送终口中玉。赗，芳凤切。 ② 无传。反哭成丧，故曰葬我小君。 ③ 召伯，天子卿也。召，采地；伯，爵也。来不及葬，不讥者，不失五月之内。【释文】召，上照切。 ④ 无传。 ⑤ 入例在十五年。【释文】鄀，音若。⑥ 六国，今庐江六县。【释文】庐，力居切。 ⑦ 无传。与僖公六同盟。

【传】

五年春，王使荣叔来含且赗，召昭公来会葬，礼也①。

① 成风，庄公之妾，天子以夫人礼赗之，明母以子贵，故曰礼。

初，鄀叛楚即秦，又贰于楚。夏，秦人入鄀。

六人叛楚即东夷。秋，楚成大心、仲归帅师灭六[①]。冬，楚子燮灭蓼[②]。臧文仲闻六与蓼灭，曰："皋陶、庭坚不祀忽诸。德之不建，民之无援，哀哉[③]！"

① 仲归，子家。 ② 蓼国，今安丰蓼县。【释文】燮，息列切。蓼，音了。 ③ 蓼与六皆皋陶后也。伤二国之君不能建德结援大国，忽然而亡。【释文】陶，音遥。

晋阳处父聘于卫，反过宁。宁嬴从之[①]，及温而还。其妻问之。嬴曰："以刚。《商书》曰：'沈渐刚克，高明柔克[②]。'夫子壹之，其不没乎[③]。天为刚德，犹不干时[④]，况在人乎？且华而不实，怨之所聚也[⑤]。犯而聚怨，不可以定身[⑥]。余惧不获其利而离其难，是以去之[⑦]。"

晋赵成子、栾贞子、霍伯、臼季皆卒[⑧]。

① 宁，晋邑，汲郡修武县也。嬴，逆旅大夫。【释文】嬴，音盈。 ② 沈渐，犹滞溺也。高明，犹亢爽也。言各当以刚柔胜己本性，乃能成全也。此在《洪范》，今谓之《周书》。【释文】渐，似廉切，注同。滞溺，一本作"带溺"。亢，苦浪切。 ③ 阳子性纯刚。 ④ 寒暑相顺。 ⑤ 言过其行。【释文】行，下孟切。 ⑥ 刚则犯人。 ⑦ 为六年晋杀处父传。【释文】难，乃旦切。 ⑧ 成子，赵衰，新上军帅、中军佐也。贞子，栾枝，下军帅也。霍伯，先且居，中军帅也。臼季，胥臣，下军佐也。为六年蒐于夷传。【释文】帅，所类切，下同。蒐，所求切。

文 公 六 年

【经】

六年春，葬许僖公[①]。

夏，季孙行父如陈[②]。

秋，季孙行父如晋。

八月乙亥，晋侯驩卒③。

冬十月，公子遂如晋，葬晋襄公④。

晋杀其大夫阳处父⑤。

晋狐射姑出奔狄⑥。

闰月，不告月，犹朝于庙⑦。

① 无传。 ② 行父，季友孙。 ③ 再同盟。【释文】驩，唤官切。 ④ 卿共葬事，文、襄之制也。三月而葬，速。【释文】共，音恭。 ⑤ 处父侵官，宜为国讨，故不言贾季杀。 ⑥ 射姑，狐偃子贾季也。奔例在宣十年。【释文】射，音亦，一音夜。 ⑦ 诸侯每月必告朔听政，因朝宗庙。文公以闰非常月，故阙不告朔，怠慢政事，虽朝于庙，则如勿朝，故曰犹。犹者，可止之辞。【释文】不告月，月或作“朔”，误也。告朔，本或作“告月”。

【传】

六年春，晋蒐于夷，舍二军①。使狐射姑将中军②，赵盾佐之③。阳处父至自温④，改蒐于董，易中军⑤。阳子，成季之属也⑥，故党于赵氏，且谓赵盾能，曰：“使能，国之利也。”是以上之。宣子于是乎始为国政⑦，制事典⑧，正法罪⑨，辟狱刑⑩，董逋逃⑪，由质要⑫，治旧洿⑬，本秩礼⑭，续常职⑮，出滞淹⑯。既成，以授大傅阳子与大师贾佗，使行诸晋国，以为常法⑰。

① 僖三十一年，晋蒐清原，作五军；今舍二军，复三军之制。夷，晋地。前年四卿卒，故蒐以谋军帅。【释文】舍，音捨，注同。帅，所类切，下同。 ② 代先且居。【释文】将，子匠切。 ③ 代赵衰也。盾，赵衰子。【释文】盾，徒本切。 ④ 往年聘卫过温，今始至。【释文】过，古禾切。 ⑤ 易以赵盾为帅，射姑佐之。河东汾阴县有董亭。 ⑥ 处父尝为赵衰属大夫。 ⑦ 宣，赵盾谥。 ⑧ 典，常也。 ⑨ 轻重当。【释文】当，丁浪切。 ⑩ 辟犹理也。【释文】辟，婢亦切，后同者更不音。 ⑪ 董，督也。【释文】逋，补吾切。 ⑫ 由，用也。质要，契券也。 ⑬ 治，理。洿，秽。【释文】洿，音乌，本又作“汙”，同。 ⑭ 贵贱不失其本。 ⑮ 修废官。 ⑯ 拔贤能也。 ⑰ 贾佗以公族从文公而不在五人之数。

【释文】大，音泰，下同。佗，徒河切。从，才用切。

臧文仲以陈、卫之睦也，欲求好于陈。夏，季文子聘于陈，且娶焉①。

① 臣非君命不越竟，故因聘而自为娶。【释文】好，呼报切。娶，七住切。竟，音境。为，于伪切。

秦伯任好卒①，以子车氏之三子奄息、仲行、鍼虎为殉②，皆秦之良也。国人哀之，为之赋《黄鸟》③。君子曰："秦穆之不为盟主也，宜哉！死而弃民。先王违世，犹诒之法，而况夺之善人乎！《诗》曰：'人之云亡，邦国殄瘁④。'无善人之谓。若之何夺之？"

① 任好，秦穆公名。【释文】任，音壬。　② 子车，秦大夫氏也。以人从葬为殉。【释文】车，音居。仲，本亦作"中"，音仲。行，户郎切。鍼，其廉切。殉，似俊切，杀人以死曰殉，《字林》弋绢切。　③《黄鸟》，《诗·秦风》，义取黄鸟止于棘、桑，往来得其所，伤三良不然。【释文】为，于伪切，下注"为立"、"为作善"皆同。　④《诗·大雅》，言善人亡则国瘁病。【释文】诒，以之切。瘁，似醉切。

"古之王者知命之不长，是以并建圣哲①，树之风声②，分之采物③，著之话言④，为之律度⑤，陈之艺极⑥，引之表仪⑦，予之法制，告之训典⑧，教之防利⑨，委之常秩⑩，道之礼则，使无失其土宜，众隶赖之，而后即命⑪。圣王同之。今纵无法以遗后嗣，而又收其良以死，难以在上矣。"君子是以知秦之不复东征也⑫。

① 建立圣知，以司牧民。【释文】王，如字，一音于况切。知，音智。　② 因土地风俗为立声教之法。　③ 旌旗衣服，各有分制。【释文】分，扶问切，注同。④ 话，善也。为作善言遗戒。【释文】话，户快切。　⑤ 钟律度量，所以治历明时。【释文】量，音亮。　⑥ 艺，准也。极，中也。贡献多少之法。传曰：贡之无艺。又曰：贡献无极。　⑦ 引，道也。表仪，犹威仪。【释文】道，音导，下同。⑧ 训典，先王之书。　⑨ 防恶兴利。　⑩ 委，任也。常秩，官司之常职。⑪ 即，就也。　⑫ 不能复征讨东方诸侯，为霸主。【释文】遗，唯季切。复，扶又切，注同。

秋，季文子将聘于晋，使求遭丧之礼以行①。其人曰："将焉用之②？"文子曰："备豫不虞，古之善教也。求而无之，实难③。过求何害④？"

① 季文子，季孙行父也。闻晋侯疾故。 ② 其人，从者。【释文】焉，於虔切。从，才用切。 ③ 难卒得。【释文】卒，寸忽切。 ④ 所谓文子三思。【释文】三，息暂切。

八月乙亥，晋襄公卒。灵公少，晋人以难故，欲立长君①。赵孟曰："立公子雍②。好善而长，先君爱之，且近于秦。秦，旧好也。置善则固，事长则顺，立爱则孝，结旧则安。为难故，故欲立长君，有此四德者，难必抒矣③。"贾季曰："不如立公子乐④。辰嬴嬖于二君⑤，立其子，民必安之。"赵孟曰："辰嬴贱，班在九人⑥，其子何震之有⑦？且为二嬖，淫也。为先君子，不能求大而出在小国，辟也。母淫子辟，无威。陈小而远，无援，将何安焉？杜祁以君故，让偪姞而上之⑧，以狄故，让季隗而己次之，故班在四⑨。先君是以爱其子而仕诸秦，为亚卿焉⑩。秦大而近，足以为援，母义子爱，足以威民，立之不亦可乎？"使先蔑、士会如秦，逆公子雍⑪。贾季亦使召公子乐于陈，赵孟使杀诸郫⑫。贾季怨阳子之易其班也⑬，而知其无援于晋也⑭，九月，贾季使续鞫居杀阳处父⑮。书曰："晋杀其大夫。"侵官也⑯。

① 立少君，恐有难。【释文】少，诗照切，注同。难，乃旦切，注及下皆同。长，丁丈切，下皆同。 ② 赵孟，赵盾也。公子雍，文公子，襄公庶弟，杜祁之子。 ③ 抒，除也。【释文】好，呼报切，下皆同。近，附近之近。抒，直吕切，又时吕切。 ④ 乐，文公子。【释文】乐，音岳，一音洛。 ⑤ 辰嬴，怀嬴也。二君，怀公、文公也。【释文】嬖，必计切。 ⑥ 班，位也。 ⑦ 震，威也。 ⑧ 杜祁，杜伯之后，祁，姓也。偪姞，姞姓之女，生襄公为世子，故杜祁让使在己上。【释文】辟，匹亦切，又作"僻"，下同。祁，巨之切。偪，彼力切。姞，其吉切，又其乙切。 ⑨ 以季隗是文公托狄时妻，故复让之。然则杜祁本班在二。【释文】

隗，五罪切。复，扶又切，下“将复怨”同。　⑩ 亚，次也，言其贤故位尊。【释文】亚，於嫁切。　⑪ 先蔑，士伯也。士会，随季也。　⑫ 郫，晋地。【释文】郫，音婢支切。　⑬ 本中军帅，易以为佐。【释文】帅，所类切，下“命帅”同。　⑭ 少族多怨。　⑮ 鞫居，狐氏之族。　⑯ 君已命帅，处父易之，故曰侵官。

冬十月，襄仲如晋，葬襄公。

十一月丙寅，晋杀续简伯①。贾季奔狄。宣子使臾骈送其帑②。夷之蒐，贾季戮臾骈，臾骈之人欲尽杀贾氏以报焉。臾骈曰：“不可。吾闻前志有之曰‘敌惠敌怨，不在后嗣’，忠之道也③。夫子礼于贾季，我以其宠报私怨，无乃不可乎④？介人之宠，非勇也⑤。损怨益仇，非知也⑥。以私害公，非忠也。释此三者，何以事夫子？”尽具其帑，与其器用财贿，亲帅扞之，送致诸竟⑦。

① 简伯，续鞫居。十一月无丙寅，丙寅，十二月八日也。日月必有误。　② 帑，妻子也。宣子以贾季中军之佐，同官故。【释文】臾，羊朱切。骈，蒲贤切，又蒲丁切。帑，音奴。　③ 敌犹对也，若及子孙则为非对，非对则为迁怒。【释文】尽，津忍切。　④ 言己蒙宣子宠位。　⑤ 介，因也。【释文】介，音界。　⑥ 杀季家欲以除怨，宣子将复怨己，是益仇。【释文】知，音智。　⑦ 扞，卫也。【释文】扞，户旦切。竟，音境。

闰月不告朔，非礼也①。闰以正时②，时以作事③，事以厚生④，生民之道，于是乎在矣。不告闰朔，弃时政也，何以为民⑤？

① 经称告月，传称告朔，明告月必以朔。　② 四时渐差，则致闰以正之。　③ 顺时命事。　④ 事不失时则年丰。　⑤【释文】为，如字，治也，或音于伪切，非也。

文公七年

【经】

七年春,公伐邾。

三月甲戌,取须句①。遂城郚②。

夏四月,宋公王臣卒③。

宋人杀其大夫④。

戊子,晋人及秦人战于令狐⑤。

晋先蔑奔秦⑥。

狄侵我西鄙。

秋八月,公会诸侯、晋大夫,盟于扈⑦。

冬,徐伐莒⑧。

公孙敖如莒莅盟⑨。

① 须句,鲁之封内属国也。僖公反其君之后,邾复灭之。书取,易也。例在襄十三年。【释文】句,其俱切。复,扶又切。易,以豉切。 ② 无传。因伐邾师以城郚。郚,鲁邑,卞县南有郚城。备邾难。【释文】郚,音吾。难,乃旦切。③ 二年,与鲁大夫盟于垂陇。【释文】王,如字,又往方切。 ④ 宋人攻昭公,并杀二大夫,故以非罪书。 ⑤ 赵盾废嫡而外求君,故贬称人。晋讳背先蔑而夜薄秦师,以战告。【释文】令,力呈切。嫡,本又作"適",丁历切。背,音佩。⑥ 不言出,在外奔。 ⑦ 扈,郑地,荥阳卷县西北有扈亭。不分别书会人,总言诸侯、晋大夫盟者,公后会而及其盟。【释文】扈,音户。卷,音权,又丘权切。别,彼列切。 ⑧ 不书将帅,徐夷告辞略。【释文】将,子匠切。 ⑨【释文】莅,音利,音类。

【传】

七年春,公伐邾,间晋难也①。三月甲戌,取须句,寘文公子焉，非礼也②。

① 公因霸国有难而侵小。【释文】间，间厕之间，或如字。难，乃旦切，注同。　② 邾文公子叛在鲁，故公使为守须句大夫也。绝大皞之祀以与邻国叛臣，故曰非礼。【释文】寘，之豉切，下同。大，音泰。皞，户老切。

夏四月，宋成公卒。于是公子成为右师①，公孙友为左师②，乐豫为司马③，鳞矔为司徒④，公子荡为司城⑤，华御事为司寇⑥。

① 庄公子。　② 目夷子。　③ 戴公玄孙。　④ 桓公孙。【释文】矔，古乱切。　⑤ 桓公子也。以武公名，废司空为司城。　⑥ 华元父也。传言六卿皆公族，昭公不亲信之，所以致乱。【释文】御，鱼吕切，本又作"禦"，音同。

昭公将去群公子，乐豫曰："不可。公族，公室之枝叶也，若去之则本根无所庇廕矣。葛藟犹能庇其本根①，故君子以为比②，况国君乎？此谚所谓'庇焉而纵寻斧焉'者也③，必不可，君其图之。亲之以德，皆股肱也，谁敢携贰？若之何去之？"不听。

① 葛之能藟蔓繁滋者，以本枝廕庥之多。【释文】去，起吕切，下及注同。庇，必利切，又悲位切，下同。廕，本又作"荫"，於鸩切。藟，本或作"虆"，力轨切。蔓，音万。庥，许求切，本又作"庇"。虆，类龟切。　② 谓诗人取以喻九族兄弟。【释文】比，必尔切。　③ 纵，放也。

穆、襄之族率国人以攻公①，杀公孙固、公孙郑于公宫②。六卿和公室，乐豫舍司马以让公子卬③，昭公即位而葬。书曰："宋人杀其大夫。"不称名，众也，且言非其罪也④。

① 穆公、襄公之子孙，昭公所欲去者。② 二子在公宫，故为乱兵所杀。③ 卬，昭公弟。【释文】舍，音捨，下同。卬，五郎切。　④ 不称杀者及死者名。杀者众，故名不可知；死者无罪，则例不称名。

秦康公送公子雍于晋，曰："文公之入也无卫，故有吕、郤之难①。"乃多与之徒卫。穆嬴日抱大子以啼于朝，曰："先君何罪？其嗣亦何罪？舍適嗣不立而外求君，将焉寘此②？"出朝，则抱以适赵氏，顿首于宣子曰："先君奉此子也而属诸子，曰：'此子也才，吾受子之赐；不才，吾唯子之怨③。'今君虽终，言犹在耳④，而弃之，若何？"宣子与诸大夫皆患穆嬴，且畏偪⑤，乃背先蔑而立灵公，以御秦师。

① 僖二十四年文公入。【释文】难，乃旦切。 ② 穆嬴，襄公夫人，灵公母也。【释文】嬴，音盈。適，本又作"嫡"，同，丁历切。焉，於虔切，下"焉用"同。 ③ 欲使宣子教训之。【释文】属，音烛。 ④ 在宣子之耳。 ⑤ 畏国人以大义来偪己。【释文】偪，彼力切。

箕郑居守。赵盾将中军，先克佐之①。荀林父佐上军②。先蔑将下军，先都佐之。步招御戎，戎津为右。及堇阴③，宣子曰："我若受秦，秦则宾也；不受，寇也。既不受矣，而复缓师，秦将生心。先人有夺人之心④，军之善谋也。逐寇如追逃，军之善政也。"训卒利兵，秣马蓐食，潜师夜起⑤。戊子，败秦师于令狐，至于刳首。己丑，先蔑奔秦，士会从之⑥。

① 克，先且居子，代狐射姑。【释文】背，音佩。箕，音基。守，手又切，下注同。将，子匠切，下注同。 ② 箕郑将上军居守，故佐独行 ③ 先蔑、士会逆公子雍，前还晋。晋人始以逆雍出军，卒然变计立灵公，故车右戎御犹在职。堇阴，晋地。【释文】招，上遥切。堇，音谨，一音靳。卒，寸忽切。 ④ 夺敌之战心也。【释文】复，扶又切。先，悉荐切。有夺人之心，本或此句下有"后人待其反"，误。 ⑤ 蓐食，早食于寝蓐也。【释文】卒，子忽切。秣，音末。蓐，音辱。⑥ 从刳首去也。令狐在河东，当与刳首相接。【释文】刳，苦胡切。

先蔑之使也，荀林父止之，曰："夫人、大子犹在，而外求君，此必不行。子以疾辞，若何？不然将及①。摄卿以往可也，何必子？同官为寮，吾尝同寮，敢不尽心乎！"弗听，为赋《板》之三章②，又弗听。及亡，荀伯尽送其帑及其器用财贿于秦，曰："为同寮故也③。"

① 祸将及己。【释文】使，所吏切。 ②《板》，《诗·大雅》，其三章义取刍荛之言，犹不可忽，况同寮乎。僖二十八年林父将中行，先蔑将左行。【释文】

寮，本又作“僚”，力雕切。为，于伪切，下“为同寮”同。刍，初俱切。荛，音饶。行，户郎切，下同。 ③ 荀伯，林父。

士会在秦三年，不见士伯①。其人曰：“能亡人于国②，不能见于此，焉用之③？”士季曰：“吾与之同罪④，非义之也，将何见焉⑤？”及归，遂不见⑥。

① 士伯，先蔑。 ② 言能与人俱亡于晋国。 ③ 何用如此。 ④ 俱有迎公子雍之罪。 ⑤ 言己非慕先蔑之义而从之。 ⑥ 责先蔑为正卿而不匡谏，且俱出奔，恶有党也。士会归在十三年。【释文】恶，乌路切。

狄侵我西鄙，公使告于晋。赵宣子使因贾季问酆舒，且让之①。酆舒问于贾季曰：“赵衰、赵盾孰贤？”对曰：“赵衰，冬日之日也。赵盾，夏日之日也②。”

① 酆舒，狄相。让其伐鲁。【释文】酆，芳忠切。相，息亮切。 ② 冬日可爱，夏日可畏。

秋八月，齐侯、宋公、卫侯、郑伯、许男、曹伯会晋赵盾盟于扈，晋侯立故也。公后至，故不书所会。凡会诸侯，不书所会，后也①。后至，不书其国，辟不敏也②。

① 不书所会，谓不具列公侯及卿大夫。 ② 此传还自释凡例之意。

穆伯娶于莒，曰戴己，生文伯，其娣声己生惠叔①。戴己卒，又聘于莒，莒人以声己辞，则为襄仲聘焉②。冬，徐伐莒。莒人来请盟③。穆伯如莒莅盟，且为仲逆。及鄢陵，登城见之，美④，自为娶之。仲请攻之，公将许之。叔仲惠伯谏曰⑤：“臣闻之，兵作于内为乱，于外为寇，寇犹及人，乱自及也。今臣作乱而君不禁，以启寇仇，若之何？”公止之，惠伯成之⑥。使仲舍之⑦，公孙敖反之⑧，复为兄弟如初。从之⑨。

① 穆伯，公孙敖也。文伯，穀也。惠叔，难也。【释文】己，音纪，一音祀。娣，大计切。难，乃多切。 ② 襄仲，公孙敖从父昆弟。【释文】为，音于伪切，下“且为”、“自为”同。 ③ 见伐，故欲结援。 ④ 鄢陵，莒邑。【释文】鄢，於晚切。 ⑤ 惠伯，叔牙孙。 ⑥ 平二子。 ⑦ 舍，不娶。【释文】舍，音捨，注同。

⑧ 还莒女。 ⑨ 为明年公孙敖奔莒传。【释文】复,音服,又扶又切。

晋郤缺言于赵宣子曰:“日卫不睦,故取其地①,今已睦矣,可以归之。叛而不讨,何以示威?服而不柔,何以示怀②?非威非怀,何以示德?无德,何以主盟?子为正卿,以主诸侯,而不务德,将若之何?《夏书》曰③:‘戒之用休④,董之用威⑤,劝之以《九歌》,勿使坏。’九功之德皆可歌也,谓之九歌。六府、三事,谓之九功。水、火、金、木、土、谷,谓之六府。正德、利用、厚生,谓之三事。义而行之,谓之德、礼⑥。无礼不乐,所由叛也。若吾子之德莫可歌也,其谁来之⑦?盍使睦者歌吾子乎?”宣子说之⑧。

① 日,往日。取卫地在元年。 ② 柔,安也。 ③ 逸《书》。 ④ 有休则戒之以勿休。 ⑤ 董,督也。有罪则督之以威刑。 ⑥ 德,正德也。礼以制财用之节,又以厚生民之命。 ⑦ 来,犹归也。【释文】乐,音洛。 ⑧ 为明年晋归郑、卫田张本。【释文】盍,户腊切。

文公八年

【经】

八年春,王正月。

夏四月。

秋八月戊申,天王崩。

冬十月壬午,公子遂会晋赵盾,盟于衡雍①。

乙酉,公子遂会雒戎,盟于暴②。

公孙敖如京师,不至而复。丙戌,奔莒③。

螽④。

宋人杀其大夫司马,宋司城来奔⑤。

① 壬午，月五日。【释文】雍，於用切。　② 乙酉，月八日也。暴，郑地。公子遂不受命而盟，宜去族，善其解国患，故称公子以贵之。【释文】会雒戎，本或作"伊、雒之戎"，此后人妄取传文加耳。雒，音洛。去，起吕切。　③ 不言出，受命而出，自外行。　④ 无传。为灾故书。　⑤ 司马死不舍节，司城奉身而退，故皆书官而不名，贵之。【释文】舍，音捨。

【传】

八年春，晋侯使解扬归匡、戚之田于卫①，且复致公婿池之封，自申至于虎牢之境②。

① 匡本卫邑，中属郑。孔达伐不能克，今晋令郑还卫及取戚田，皆见元年。【释文】解，音蟹。中，丁仲切。令，力呈切。见，贤遍切。　② 公婿池，晋君女婿。又取卫地以封之，今并还卫也。申，郑地。传言赵盾所以能相幼主而盟诸侯。【释文】复，扶又切。婿，音细，俗作"聟"。竟，音境，下注同。相，息亮切。

夏，秦人伐晋，取武城，以报令狐之役①。

① 令狐役在七年。

秋，襄王崩①。

① 为公孙敖如周吊传。

晋人以扈之盟来讨①。

冬，襄仲会晋赵孟，盟于衡雍，报扈之盟也，遂会伊、雒之戎②。书曰"公子遂"，珍之也③。

① 前年盟扈，公后至。　② 伊、雒之戎将伐鲁，公子遂不及复君，故专命与之盟。　③ 珍，贵也。大夫出竟，有可以安社稷、利国家者，专之可。

穆伯如周吊丧，不至，以币奔莒，从己氏焉①。

① 己氏，莒女。

宋襄夫人，襄王之姊也，昭公不礼焉①。夫人因戴氏之族②，以杀襄公之孙孔叔、公孙钟离及大司马公子卬，皆昭公之党也。司马握节以死，故书以官③。司城荡意诸来奔，效节于府人而出④。公以其官逆之，皆复之。亦书以官，皆贵之也⑤。

① 昭公適祖母。【释文】適，丁历切。 ② 华、乐、皇皆戴族。 ③ 节，国之符信也，握之以死，示不废命。 ④ 效，犹致也。意诸，公子荡之孙。【释文】效，户教切。 ⑤ 卿违从大夫，公贤其效节，故以本官逆之，请宋而复之，司城官属悉来奔，故言皆复。

夷之蒐，晋侯将登箕郑父、先都①，而使士縠、梁益耳将中军②。先克曰："狐、赵之勋，不可废也。"从之③。先克夺蒯得田于堇阴④。故箕郑父、先都、士縠、梁益耳、蒯得作乱⑤。

① 登之于上军也。夷蒐在六年。 ② 士縠本司空。【释文】縠，户木切。将，子匠切。 ③ 狐偃、赵衰有从亡之勋。【释文】从，才用切。 ④ 七年晋御秦师于堇阴，以军事夺其田也。先克，中军佐。【释文】蒯，苦怪切。 ⑤ 为明年杀先克张本。【释文】为，于伪切。

文公九年

【经】

九年春，毛伯来求金①。

夫人姜氏如齐②。

二月，叔孙得臣如京师。辛丑，葬襄王③。

晋人杀其大夫先都④。

三月，夫人姜氏至自齐⑤。

晋人杀其大夫士縠及箕郑父⑥。

楚人伐郑⑦。

公子遂会晋人、宋人、卫人、许人救郑。

夏，狄侵齐⑧。

秋八月，曹伯襄卒⑨。

九月癸酉，地震[10]。

冬，楚子使椒来聘[11]。

秦人来归僖公、成风之禭[12]。

葬曹共公[13]。

① 求金以共葬事，虽逾年而未葬，故不称王使。【释文】共，音恭，本亦作“供”，下同。　② 无传。归宁。　③ 卿共葬事，礼也。　④ 下军佐也，以作乱讨，故书名。　⑤ 无传。告于庙。　⑥ 与先都同罪也。　⑦ 楚子师于狼渊，不亲伐。　⑧ 无传。　⑨ 无传。七年同盟于扈。　⑩ 无传。地道安静，以动为异，故书。　⑪ 称君以使大夫，其礼辞与中国同。椒不书氏，史略文。　⑫ 衣服曰禭。秦辟陋，故不称使，不称夫人，从来者辞。【释文】禭，音遂，《说文》云：赠终者衣被曰裞。以此禭为衣死人衣。辟，匹亦切。　⑬ 无传。【释文】共，音恭。

【传】

九年春，王正月己酉，使贼杀先克[1]。乙丑，晋人杀先都、梁益耳[2]。

① 箕郑等所使也。乱，杀先克，不赴，故不书。　② 乙丑，正月十九日。经书二月，从告。

毛伯卫来求金，非礼也[1]。不书王命，未葬也。

① 天子不私求财，故曰非礼。

二月，庄叔如周。葬襄王。

三月甲戌，晋人杀箕郑父、士縠、蒯得[1]。

① 梁益耳、蒯得不书，皆非卿。

范山言于楚子曰：“晋君少，不在诸侯，北方可图也[1]。”楚子师于狼渊以伐郑[2]。囚公子坚、公子龙及乐耳[3]。郑及楚平。公子遂会晋赵盾、宋华耦、卫孔达、许大夫救郑，不及楚师。卿不书，缓也，以惩不恪[4]。

① 范山，楚大夫。【释文】少，诗照切，下注同。　② 陈师狼渊，为伐郑援也。颍川颍阴县西有狼陂。【释文】陂，彼皮切。　③ 三子，郑大夫。【释文】

龙，莫江切。　④ 华耦，华父督曾孙。公子遂独不在贬者，诸鲁事自非指为其国褒贬，则皆从国史，不同之于他国，此《春秋》大意。他皆仿此。【释文】惩，直升切。恪，苦各切。为，于伪切。

夏，楚侵陈，克壶丘①，以其服于晋也。秋，楚公子朱自东夷伐陈②，陈人败之，获公子茷。陈惧，乃及楚平③。

① 壶丘，陈邑。　② 子朱，息公也。　③ 以小胜大，故惧而请平也。传言晋君少，楚陵中国，明年所以有厥貉之会。【释文】茷，扶废切。貉，武百切。

冬，楚子越椒来聘，执币傲①。叔仲惠伯曰："是必灭若敖氏之宗。傲其先君，神弗福也②。"

① 子越椒，令尹子文从子。傲，不敬。【释文】傲，五报切，注下同。从，才用切。　② 十二年传曰："先君之敝器，使下臣致诸执事。"明奉使皆告庙，故言傲其先君也。为宣四年楚灭若敖氏张本。【释文】敖，五刀切。使，所吏切。

秦人来归僖公、成风之禭，礼也①。诸侯相吊贺也，虽不当事，苟有礼焉，书也，以无忘旧好②。

① 秦慕诸夏，欲通敬于鲁，因有翟泉之盟，故追赠僖公，并及成风。本非鲁方嶽同盟，无相赴吊之制，故不讥其缓而以接好为礼。【释文】夏，户雅切。嶽，音岳。好，呼报切，下文注同。　② 送死不及尸，故曰不当事。书者，书于典策，垂示子孙，使无忘过厚之好。

文公十年

【经】

十年春，王正月辛卯，臧孙辰卒①。

夏，秦伐晋②。

楚杀其大夫宜申③。

自正月不雨，至于秋七月④。

及苏子盟于女栗⑤。

冬，狄侵宋[⑥]。

楚子、蔡侯次于厥貉[⑦]。

① 无传。公与小敛，故书日。【释文】与，音预。敛，力验切。 ② 不称将帅，告辞略。【释文】将，子匠切。帅，所类切。 ③ 宜申，子西也。谋弑君，故书名。 ④ 无传。义与二年同。 ⑤ 女栗，地名，阙。苏子，周卿士。顷王新立，故与鲁盟，亲诸侯也。【释文】女，音汝，一音如字。顷，音倾。 ⑥ 无传。⑦ 厥貉，地名，阙。将伐宋而未行，故书次。

【传】

十年春，晋人伐秦，取少梁[①]。夏，秦伯伐晋，取北徵[②]。

① 少梁，冯翊夏阳县。【释文】少，商照切，下注同。夏，户雅切。 ② 报少梁。【释文】徵，如字，《三苍》云：县，属冯翊，音惩，一音张里切。

初，楚范巫矞似谓成王与子玉、子西曰[①]："三君皆将强死。"城濮之役，王思之，故使止子玉曰："毋死。"不及。止子西，子西缢而县绝[②]，王使适至，遂止之，使为商公[③]。沿汉泝江，将入郢[④]。王在渚宫[⑤]，下，见之。惧而辞曰："臣免于死，又有谗言，谓臣将逃，臣归死于司败也[⑥]。"王使为工尹[⑦]。又与子家谋弑穆王。穆王闻之，五月，杀鬥宜申及仲归[⑧]。

① 矞似，范邑之巫。【释文】矞，尹必切。 ② 在僖二十八年。【释文】强，其丈切。濮，音卜。毋，音无。缢，一豉切。县，音玄。 ③ 商，楚邑，今上雒商县。【释文】使，所吏切。 ④ 沿，顺流。泝，逆流。【释文】沿，悦专切。泝，息路切。郢，以井切，又以政切。 ⑤ 小洲曰渚。【释文】渚，章吕切。水中可居者曰洲。洲，音州。 ⑥ 陈、楚名司寇为司败。子西畏谗言，不敢之商县。⑦ 掌百工之官。 ⑧ 仲归，子家。不书，非卿。

秋七月，及苏子盟于女栗，顷王立故也[①]。

① 僖十年，狄灭温，苏子奔卫。今复见，盖王复之。【释文】复，扶又切。见，贤遍切。

陈侯、郑伯会楚子于息。冬，遂及蔡侯次于厥貉[①]，将以伐宋。宋华御事曰:“楚欲弱我也。先为之弱乎,何必使诱我?我实不能,民何罪?”乃逆楚子,劳,且听命②。遂道以田孟诸③。宋公为右盂,郑伯为左盂④。期思公复遂为右司马⑤,子朱及文之无畏为左司马⑥。命夙驾载燧⑦,宋公违命⑧,无畏抶其仆以徇。或谓子舟曰:“国君不可戮也。”子舟曰:“当官而行,何强之有⑨?《诗》曰:‘刚亦不吐,柔亦不茹⑩。’‘毋纵诡随,以谨罔极⑪。’是亦非辟强也,敢爱死以乱官乎⑫!”

① 陈、郑及宋麇子不书者,宋、郑执卑,苟免为楚仆,任受役于司马,麇子耻之,遂逃而归。三君失位降爵,故不列于诸侯。宋、郑犹然,则陈侯必同也。【释文】麇,九伦切。 ② 时楚欲诱呼宋共战。御事,华元父。【释文】劳,力报切。 ③ 孟诸,宋大薮也,在梁国睢阳县东北。【释文】道,音导。薮,素口切。睢,音绥。 ④ 盂,田猎陈名。【释文】盂,音于。陈,直觐切。 ⑤ 复遂,楚期思邑名。今弋阳期思县。【释文】弋,以职切。 ⑥ 将猎,张两甄,故置二左司马,然则右司马人当中央。【释文】甄,吉然切。 ⑦ 燧,取火者。【释文】命,眉病切。燧,本又作“燧”,音遂。 ⑧ 不夙驾载燧。 ⑨ 子舟,无畏字。【释文】抶,耻乙切。徇,似俊切。舟,音州。 ⑩《诗·大雅》,美仲山甫不辟强御。【释文】茹,如吕切。 ⑪《诗·大雅》。诡人随人,无正心者。谨,犹慎也。罔,无也。极,中也。【释文】诡,九委切。 ⑫ 为宣十四年宋人杀子舟张本。

厥貉之会,麇子逃归①。

① 为明年楚子伐麇传。

春秋经传集解文公下第九

文公十一年

【经】

十有一年春，楚子伐麇①。

夏，叔彭生会晋郤缺于承筐②。

秋，曹伯来朝。

公子遂如宋。

狄侵齐。

冬十月甲午，叔孙得臣败狄于鹹③。

① 讨前年逃厥貉会。【释文】麇，音九伦切。 ② 承筐，宋地，在陈留襄邑县西。彭生，叔仲惠伯。郤缺，冀缺。【释文】叔彭生，"叔"又作"尗"；本或作"叔仲彭生"，"仲"衍字。缺，丘悦切。 ③ 鹹，鲁地。【释文】鹹，音咸。

【传】

十一年春，楚子伐麇，成大心败麇师于防渚①。潘崇复伐麇，至于钖穴②。

① 成大心，子玉之子太孙伯也。防渚，麇地。 ② 钖穴，麇地。【释文】复，扶又切。钖，音羊，或作"锡"，星历切。

夏，叔仲惠伯会晋郤缺于承筐，谋诸侯之从于楚者[①]。

① 九年，陈、郑及楚平。十年，宋听楚命。

秋，曹文公来朝，即位而来见也[①]。

①【释文】见，贤遍切。

襄仲聘于宋，且言司城荡意诸而复之[①]，因贺楚师之不害也[②]。

① 八年，意诸来奔。归不书，史失之。 ② 往年楚次厥貉，将以伐宋也。

鄋瞒侵齐[①]，遂伐我。公卜使叔孙得臣追之，吉。侯叔夏御庄叔[②]，绵房甥为右，富父终甥驷乘[③]。冬十月甲午，败狄于鹹，获长狄侨如[④]。富父终甥摏其喉以戈，杀之[⑤]，埋其首于子驹之门[⑥]，以命宣伯[⑦]。

① 鄋瞒，狄国名，防风之后，漆姓。【释文】鄋，所求切，《说文》作"𨙸"，云：北方长狄国也，在夏为防风氏，殷为汪芒氏。《字林》𨙸，一音先牢切。瞒，莫干切。漆，音七。 ② 庄叔，得臣。【释文】夏，户雅切。 ③ 驷乘，四人共车。【释文】乘，绳证切，注及下同。 ④ 侨如，鄋瞒国之君，盖长三丈。获侨如不书，贱夷狄也。【释文】侨，又作"乔"，其骄切。长，如字，又直亮切。 ⑤ 摏，犹冲也。【释文】摏，舒容切。喉，音侯。戈，古禾切。 ⑥ 子驹，鲁郭门。骨节非常，恐后世怪之，故详其处。【释文】处，昌吕切。 ⑦ 得臣待事而名其三子，因名宣伯曰侨如，以旌其功。【释文】名，如字，或亡政切。

初，宋武公之世，鄋瞒伐宋[①]，司徒皇父帅师禦之，耏班御皇父充石[②]，公子穀甥为右，司寇牛父驷乘，以败狄于长丘[③]，获长狄缘斯[④]，皇父之二子死焉[⑤]。宋公于是以门赏耏班，使食其征[⑥]，谓之耏门。晋之灭潞也[⑦]，获侨如之弟焚如。齐襄公之二年[⑧]，鄋瞒伐齐，齐王子成父获其弟荣如[⑨]，埋其首于周首之北门[⑩]。卫人获其季弟简如[⑪]，鄋瞒由是遂亡[⑫]。

① 在春秋前。 ② 皇父，戴公子。充石，皇父名。【释文】禦，本亦作"御"，鱼吕切。耏，音而。 ③ 长丘，宋地。 ④ 缘斯，侨如之先。 ⑤ 皇父

与縠甥及牛父皆死，故彤班独受赏。　⑥ 门，关门。征，税也。【释文】税，舒锐切。　⑦ 在宣十五年。【释文】潞，音路。　⑧ 鲁桓之十六年。　⑨ 荣如，焚如之弟。焚如后死而先说者，欲其兄弟伯季相次。荣如以鲁桓十六年死，至宣十五年一百三岁，其兄犹在。传言既长且寿，有异于人。王子成父，齐大夫。【释文】寿，如字，一音授。　⑩ 周首，齐邑，济北穀城县东北有周首亭。　⑪ 伐齐退走，至卫见获。　⑫ 长狄之种绝。【释文】种，章勇切。

郕大子朱儒自安于夫钟①，国人弗徇②。

① 安，处也。夫钟，郕邑。【释文】郕，音成。儒，如朱切。夫，音扶。　② 徇，顺也。为明年郕伯来奔传。【释文】徇，似俊切。

文公十二年

【经】

十有二年春，王正月，郕伯来奔①。

杞伯来朝②。

二月庚子，子叔姬卒③。

夏，楚人围巢④。

秋，滕子来朝。

秦伯使术来聘⑤。

冬十有二月戊午，晋人、秦人战于河曲⑥。

季孙行父帅师城诸及郓⑦。

① 称爵，见公以诸侯礼迎之。【释文】见，贤遍切。　② 复称伯，舍夷礼。【释文】复，扶又切，一音服。舍，音捨。　③ 既嫁成人，虽见出弃，犹以恩录其卒。　④ 巢，吴、楚间小国，庐江六县东有居巢城。　⑤ 术不称氏，史略文。⑥ 不书败绩，交绥而退，不大崩也。称人，秦、晋无功，以微者告也。皆陈曰战，例在庄十一年。河曲在河东蒲坂县南。【释文】陈，直觐切。坂，音反。⑦ 郓，莒、鲁所争者。城阳姑幕县南有员亭，员即郓也。以其远偪外国，故帅师城之。【释文】郓，音运。幕，音莫。员，音云，一音运，本又作“郧”，音同。

【传】

十二年春，郕伯卒，郕人立君①。大子以夫钟与郕邽来奔②。公以诸侯逆之，非礼也③。故书曰："郕伯来奔。"不书地，尊诸侯也④。

① 大子自安于外邑故。 ② 郕邽，亦邑。【释文】邽，音圭。 ③ 非公宠叛人。 ④ 既尊以为诸侯，故不复见其窃邑之罪。【释文】复，扶又切。见，贤遍切。

杞桓公来朝，始朝公也①。且请绝叔姬而无绝昏，公许之②。二月，叔姬卒，不言杞，绝也③。书叔姬，言非女也④。

① 公即位，始来朝。 ② 不绝昏，立其娣以为夫人。不书大归，未笄而卒。 ③ 既许其绝，故不言杞。 ④ 女未嫁而卒不书。

楚令尹大孙伯卒，成嘉为令尹①。群舒叛楚②。夏，子孔执舒子平及宗子，遂围巢③。

① 若敖曾孙子孔。 ② 群舒，偃姓，舒庸、舒鸠之属。今庐江南有舒城，舒城西南有龙舒。 ③ 平，舒君名。宗、巢二国，群舒之属。

秋，滕昭公来朝，亦始朝公也。

秦伯使西乞术来聘，且言将伐晋。襄仲辞玉曰："君不忘先君之好，照临鲁国，镇抚其社稷，重之以大器，寡君敢辞玉①。"对曰："不腆敝器，不足辞也②。"主人三辞。宾答曰："寡君愿徼福于周公、鲁公以事君③，不腆先君之敝器，使下臣致诸执事以为瑞节④，要结好命，所以藉寡君之命，结二国之好⑤，是以敢致之。"襄仲曰："不有君子，其能国乎？国无陋矣。"厚贿之⑥。

① 大器，圭璋也。不欲与秦为好，故辞玉。【释文】好，呼报切，注及下皆同。重，直用切。璋，音章。 ② 腆，厚也。【释文】腆，他典切。 ③ 徼，要也。鲁公，伯禽也。言愿事君以并蒙先君之福。【释文】徼，古尧切。要，於尧切，下同。 ④ 节，信也。出聘必告庙，故称先君之器。【释文】瑞，垂伪切。 ⑤ 藉，荐也。【释文】藉，在夜切，注同。 ⑥ 贿，赠送也。【释文】贿，呼罪切。

秦为令狐之役故，冬，秦伯伐晋，取羁马[①]。晋人御之。赵盾将中军，荀林父佐之[②]。郤缺将上军[③]，臾骈佐之[④]。栾盾将下军[⑤]，胥甲佐之[⑥]。范无恤御戎[⑦]，以从秦师于河曲。臾骈曰："秦不能久，请深垒固军以待之。"从之。

① 令狐役在七年。羁马，晋邑。【释文】为，于伪切。令，力丁切。　② 林父代先克。【释文】将，子匠切。　③ 代箕郑。　④ 代林父。【释文】骈，步边切。　⑤ 栾枝子，代先蔑。【释文】栾，力官切。盾，徒本切。　⑥ 胥臣子，代先都。　⑦ 代步招。【释文】招，上遥切。

秦人欲战，秦伯谓士会曰："若何而战[①]？"对曰："赵氏新出其属曰臾骈，必实为此谋，将以老我师也[②]。赵有侧室曰穿，晋君之婿也[③]，有宠而弱，不在军事[④]，好勇而狂，且恶臾骈之佐上军也。若使轻者肆焉，其可[⑤]。"秦伯以璧祈战于河[⑥]。

① 晋士会七年奔秦。【释文】垒，力轨切。　② 臾骈，赵盾属大夫，新出佐上军。　③ 侧室，支子。穿，赵夙庶孙。【释文】穿，音川。　④ 弱，年少也，又未尝涉知军事。【释文】少，诗照切。　⑤ 肆，暂往而退也。【释文】恶，乌路切。轻，遣政切。肆，音四。　⑥ 祷求胜。【释文】祷，丁老切，一音丁报切。

十二月戊午，秦军掩晋上军，赵穿追之，不及[①]。反，怒曰："裹粮坐甲，固敌是求，敌至不击，将何俟焉？"军吏曰："将有待也[②]。"穿曰："我不知谋，将独出。"乃以其属出。宣子曰："秦获穿也，获一卿矣[③]。秦以胜归，我何以报？"乃皆出战，交绥[④]。秦行人夜戒晋师曰："两君之士皆未憖也[⑤]，明日请相见也。"臾骈曰："使者目动而言肆，惧我也[⑥]，将遁矣。薄诸河，必败之[⑦]。"胥甲、赵穿当军门呼曰："死伤未收而弃之，不惠也；不待期而薄人于险，无勇也。"乃止[⑧]。秦师夜遁。复侵晋，入瑕[⑨]。

① 上军不动，赵穿独追之。　② 待可击。【释文】裹，音果。　③ 僖三十三年，晋侯以一命命郤缺为卿，不在军帅之数，然则晋自有散位从卿者。【释文】

帅，所类切。散，悉但切。 ④《司马法》曰：逐奔不远，从绥不及。逐奔不远则难诱，从绥不及则难陷。然则古名退军为绥。秦、晋志未能坚战，短兵未至争而两退，故曰交绥。【释文】争，争斗之争。 ⑤ 慭，缺也。【释文】慭，鱼觐切，又鱼辖切，《方言》云：伤也；《字林》云：间也，牛吝切。 ⑥ 目动，心不安；言肆，声放失常节。【释文】使，所吏切。 ⑦ 薄，迫也。【释文】遁，徒困切。薄，蒲莫切，下同。败，卑卖切。 ⑧ 晋师止，为宣元年放胥甲传。 ⑨【释文】复，扶又切。

城诸及郓，书，时也。

文公十三年

【经】

十有三年春，王正月。

夏五月壬午，陈侯朔卒①。

邾子蘧蒢卒②。

自正月不雨，至于秋七月③。

大室屋坏④。

冬，公如晋。

卫侯会公于沓⑤。

狄侵卫⑥。

十有二月己丑，公及晋侯盟⑦。

公还自晋。郑伯会公于棐⑧。

① 无传，再同盟。 ② 未同盟而赴以名。【释文】蘧，其居切。蒢，丈居切。 ③ 无传。义与二年同。 ④ 大庙之室。【释文】大，音泰，注及传同。 ⑤ 沓，地阙。【释文】沓，徒答切。 ⑥ 无传。 ⑦ 十二月无己丑，己丑，十一月十一日。 ⑧ 棐，郑地。【释文】棐，芳味切，又非尾切。

【传】

十三年春，晋侯使詹嘉处瑕，以守桃林之塞①。

① 詹嘉，晋大夫，赐其瑕邑，令帅众守桃林以备秦。桃林在弘农华阴县东潼关。【释文】詹，章廉切。塞，悉代切。令，力呈切。华，户化切。潼，音童。

晋人患秦之用士会也，夏，六卿相见于诸浮①。赵宣子曰："随会在秦，贾季在狄，难日至矣，若之何②？"中行桓子曰："请复贾季③，能外事，且由旧勋④。"郤成子曰："贾季乱，且罪大⑤，不如随会，能贱而有耻，柔而不犯⑥，其知足使也，且无罪。"乃使魏寿馀伪以魏叛者，以诱士会，执其帑于晋，使夜逸⑦。请自归于秦，秦伯许之⑧。履士会之足于朝⑨。秦伯师于河西⑩，魏人在东⑪。寿馀曰："请东人之能与夫二三有司言者，吾与之先⑫。"使士会。士会辞曰："晋人，虎狼也，若背其言，臣死，妻子为戮，无益于君，不可悔也⑬。"秦伯曰："若背其言，所不归尔帑者，有如河⑭！"乃行。绕朝赠之以策⑮，曰："子无谓秦无人，吾谋适不用也⑯。"既济，魏人噪而还⑰。秦人归其帑。其处者为刘氏⑱。

① 诸浮，晋地。　② 六年，贾季奔狄。【释文】难，乃旦切。日，人实切。　③ 中行桓子，荀林父也。僖二十八年始将中行，故以为氏。【释文】行，户郎切，注同。将，子匠切。　④ 有狐偃之旧勋。　⑤ 杀阳处父故。　⑥ 不可犯以不义。　⑦ 魏寿馀，毕万之后。帑，寿馀子。【释文】知，音智。帑，音奴。　⑧ 许受其邑。　⑨ 蹑士会足，欲使行。【释文】蹑，女涉切。　⑩ 将取魏。　⑪ 今河北县，于秦为在河之东。　⑫ 欲与晋人在秦者共，先告喻魏有司。【释文】夫，音扶。　⑬ 辞行，示己无去心。【释文】背，音佩，下同。　⑭ 言必归其妻子，明白如河。　⑮ 策，马楇，临别授之马楇，并示己所策以展情。绕朝，秦大夫。【释文】绕，如字，又张遥切。策，本又作"筴"，初革切。楇，张瓜切，马杖也，王邹华切，《字林》作"築"，云：箠也，竹瓜切。　⑯ 示己觉其情。　⑰ 喜得士会。【释文】噪，素报切。还，音旋。　⑱ 士会，尧后刘累之胤，别族复累之姓。【释文】累，劣彼切。

邾文公卜迁于绎①。史曰："利于民而不利于君。"邾子曰："苟利于民，孤之利也。天生民而树之君，以利之也。民既利矣，孤必与焉。"左右曰："命可长也，君何弗为？"邾子曰："命在养民。死之短长，时也。民苟利矣，迁也，吉莫如之②！"遂迁于绎。五月，邾文公卒。君子曰："知命。"

① 绎，邾邑，鲁国邹县北有绎山。【释文】绎，音亦。邹，侧留切。 ② 左右以一人之命为言，文公以百姓之命为主。一人之命各有短长，不可如何，百姓之命乃传世无穷，故徙之。【释文】与，音预。传，直专切。

秋七月，大室之屋坏，书，不共也①。

① 简慢宗庙，使至倾颓，故书以见臣子不共。【释文】颓，大回切。见，贤遍切。

冬，公如晋，朝，且寻盟。卫侯会公于沓，请平于晋。公还，郑伯会公于棐，亦请平于晋。公皆成之①。郑伯与公宴于棐，子家赋《鸿雁》②。季文子曰："寡君未免于此③。"文子赋《四月》④。子家赋《载驰》之四章⑤，文子赋《采薇》之四章⑥。郑伯拜⑦，公答拜。

① 郑、卫贰于楚，畏晋，故因公请平。 ② 子家，郑大夫公子归生也。《鸿雁》，《诗·小雅》，义取侯伯哀恤鳏寡，有征行之劳；言郑国寡弱，欲使鲁侯还晋恤之。【释文】鳏，古顽切。 ③ 言亦同有微弱之忧。 ④《四月》，《诗·小雅》，义取行役逾时，思归祭祀，不欲为还晋。【释文】为，于伪切，下皆同。 ⑤《载驰》，《诗·鄘风》，四章以下义取小国有急，欲引大国以救助。【释文】鄘，音容。⑥《采薇》，《诗·小雅》，取其"岂敢定居，一月三捷"，许为郑还，不敢安居。【释文】三，息暂切，又如字。捷，在接切。 ⑦ 谢公为行。

文公十四年

【经】

十有四年春，王正月，公至自晋①。

郲人伐我南鄙。

叔彭生帅师伐郲。

夏五月乙亥，齐侯潘卒[2]。

六月，公会宋公、陈侯、卫侯、郑伯、许男、曹伯、晋赵盾，癸酉，同盟于新城[3]。

秋七月，有星孛入于北斗[4]。

公至自会[5]。

晋人纳捷菑于郲，弗克纳[6]。

九月甲申，公孙敖卒于齐[7]。

齐公子商人弑其君舍[8]。

宋子哀来奔[9]。

冬，单伯如齐[10]。

齐人执单伯[11]。

齐人执子叔姬[12]。

① 无传，告于庙。 ② 七年盟于扈。乙亥，四月二十九日，书五月，从赴。【释文】潘，判干切。 ③ 新城，宋地，在梁国穀熟县西。 ④ 孛，彗也。既见而移入北斗，非常所有，故书之。【释文】孛，音佩，徐无溃切，嵇康音渤海字。彗，嵇似岁切，一音虽遂切。见，贤遍切。 ⑤ 无传。 ⑥ 郲有成君，晋赵盾不度于义，而大兴诸侯之师，涉郲之竟，见辞而退，虽有服义之善，所兴者广，所害者众，故贬称人。【释文】菑，侧其切。度，特洛切。竟，音境。 ⑦ 既许复之，故从大夫例书卒。 ⑧ 舍未逾年而称君者，先君既葬，舍已即位。弑君例在宣四年。 ⑨ 大夫奔例书名氏，贵之，故书字。 ⑩ 单伯，周卿士，为鲁如齐，故书。【释文】单，音善。为，于伪切。 ⑪ 诸侯无执王使之义，故不(衣)[依]行人例。【释文】使，所吏切。 ⑫ 叔姬，鲁女，齐侯舍之母。不称夫人，自鲁录之，父母辞。

【传】

十四年春，顷王崩。周公阅与王孙苏争政，故不赴。凡崩、薨，不赴则不书。祸、福，不告亦不书①。惩不敬也②。

① 奔亡，祸也。归复，福也。【释文】顷，音倾。阅，音悦。 ② 欲使怠慢(音)[者]自戒。【释文】惩，直升切。

邾文公之卒也①，公使吊焉，不敬。邾人来讨，伐我南鄙，故惠伯伐邾。

① 在前年。

子叔姬妃齐昭公，生舍。叔姬无宠，舍无威。公子商人骤施于国①，而多聚士，尽其家，贷于公有司以继之②。夏五月，昭公卒，舍即位。

① 骤，数也。商人，桓公子。【释文】妃，音配，本亦作"配"。骤，仕救切。施，式氏切。数，音朔。 ② 家财尽，从公及国之有司富者贷。【释文】尽，津忍切。贷，音特，又音忒，注同。

邾文公元妃齐姜生定公，二妃晋姬生捷菑。文公卒，邾人立定公，捷菑奔晋。

六月，同盟于新城，从于楚者服①，且谋邾也②。

① 从楚者，陈、郑、宋。 ② 谋纳捷菑。

秋七月乙卯夜，齐商人弑舍而让元①。元曰："尔求之久矣。我能事尔，尔不可使多蓄憾②，将免我乎？尔为之③。"

① 元，商人兄，齐惠公也。书九月，从告。七月无乙卯，日误。【释文】弑，本作"杀"，音试。 ② 不为君则恨多。【释文】蓄，敕六切，本又作"畜"。憾，本又作"感"，户暗切。 ③ 言将复杀我。【释文】复，扶又切。

有星孛入于北斗，周内史叔服曰："不出七年，宋、齐、晋之君皆将死乱①。"

① 后三年宋弑昭公，五年齐弑懿公，七年晋弑灵公。史服但言事征而不论其占，固非(求)[末]学所得详言。【释文】弑，音试，下同。

晋赵盾以诸侯之师八百乘纳捷菑于邾①。邾人辞曰："齐出貜且长②。"宣子曰："辞顺而弗从，不祥。"乃还③。

① 八百乘，六万人，言力有余。【释文】乘，绳证切，注同。 ② 貜且，定

公。【释文】玃，俱缚切，徐居碧切。且，子余切。长，丁丈切，下注同。　③ 立適以长，故曰辞顺。【释文】適，丁历切。

周公将与王孙苏讼于晋，王叛王孙苏①，而使尹氏与聃启讼周公于晋②。赵宣子平王室而复之③。

① 王，匡王。叛，不与。　② 讼，理之。尹氏，周卿士。聃启，周大夫。【释文】聃，乃甘切。　③ 复使和亲。

楚庄王立①，子孔、潘崇将袭群舒，使公子燮与子仪守而伐舒蓼②。二子作乱，城郢而使贼杀子孔，不克而还。八月，二子以楚子出，将如商密③。庐戢梨及叔麇诱之，遂杀鬥克及公子燮④。

初，鬥克囚于秦⑤，秦有殽之败⑥，而使归求成，成而不得志⑦。公子燮求令尹而不得，故二子作乱⑧。

① 穆王子也。　② 即群舒。【释文】燮，昔协切。守，手又切。蓼，音了。③《国语》曰：楚庄王幼弱，子仪为师，王子燮为傅。【释文】还，音旋。　④ 庐，今襄阳中庐县。戢梨，庐大夫。叔麇，其佐。鬥克，子仪也。【释文】庐，力於切，又音卢，注同。戢，侧立切。麇，九伦切。　⑤ 在僖二十五年。　⑥ 在僖三十三年。　⑦ 无赏报也。　⑧ 传言楚庄幼弱，国内乱，所以不能与晋竞。

穆伯之从己氏也①，鲁人立文伯②。穆伯生二子于莒而求复，文伯以为请。襄仲使无朝，听命，复而不出③，三年而尽室以复适莒。文伯疾而请曰："穀之子弱④，请立难也⑤。"许之。文伯卒，立惠叔。穆伯请重赂以求复，惠叔以为请，许之。将来，九月卒于齐，告丧，请葬，弗许⑥。

① 在八年。【释文】己，音纪，又音祀。　② 穆伯之子穀也。　③ 不得使与听政事，终寝于家，故出入不书。【释文】为，如字，又于伪切，下"为请"同，十五年亦放此。与，音预。　④ 子，孟献子，年尚少。【释文】尽，津忍切。复，扶又切。少，诗照切。　⑤ 难，穀弟。【释文】难，乃多切，又如字。　⑥ 请以卿礼葬。

宋高哀为萧封人，以为卿①，不义宋公而出，遂来奔②。

书曰:“宋子哀来奔。”贵之也③。

① 萧,宋附庸。仕附庸,还升为卿。 ② 出而待放,从放所来,故曰遂。 ③ 贵其不食汙君之禄,辟祸速也。【释文】汙,汙辱之汙。

齐人定懿公,使来告难,故书以九月①。齐公子元不顺懿公之为政也,终不曰“公”,曰“夫己氏”②。

① 齐人不服,故三月而后定。书以九月,明经日月皆从赴。【释文】难,乃旦切。 ② 犹言某甲。【释文】夫,音扶。己,音纪。

襄仲使告于王,请以王宠求昭姬于齐①。曰:“杀其子,焉用其母?请受而罪之。”冬,单伯如齐,请子叔姬,齐人执之②。又执子叔姬③。

① 昭姬,子叔姬。 ② 恨鲁恃王势以求女故。【释文】焉,於虔切。 ③ 欲以耻辱鲁。

文公十五年

【经】

十有五年春,季孙行父如晋。

三月,宋司马华孙来盟①。

夏,曹伯来朝。

齐人归公孙敖之丧②。

六月辛丑朔,日有食之。鼓,用牲于社③。

单伯至自齐。

晋郤缺帅师伐蔡。戊申,入蔡④。

秋,齐人侵我西鄙。

季孙行父如晋。

冬十有一月,诸侯盟于扈⑤。

十有二月，齐人来归子叔姬⑥。

齐侯侵我西鄙，遂伐曹，入其郛⑦。

① 华孙奉使邻国，能临事制宜，至鲁而后定盟，故不称使；其官皆从，故书司马。【释文】华，户化切。使，所吏切。从，才用切。 ② 大夫丧还不书，善鲁感子以赦父，敦公族之恩，崇仁孝之教，故特录敖丧归以示义。 ③ 传例曰：非礼也。 ④ 传例曰：获大城曰入。 ⑤ 将伐齐，晋侯受赂而止，故总曰诸侯，言不足序列。 ⑥ 齐人以王故，来送子叔姬，故与直出者异文。 ⑦ 郛，郭也。【释文】郛，音孚。

【传】

十五年春，季文子如晋，为单伯与子叔姬故也①。

① 因晋请求。【释文】为，于伪切，下“为孟氏”、下注“为惠叔”皆同。

三月，宋华耦来盟，其官皆从之。书曰“宋司马华孙”，贵之也①。公与之宴，辞曰：“君之先臣督，得罪于宋殇公，名在诸侯之策。臣承其祀，其敢辱君②？请承命于亚旅③。”鲁人以为敏④。

① 古之盟会，必备威仪，崇贽币，宾主以成礼为敬，故传曰卿行旅从。春秋时率多不能备仪，华孙能率其属以从古典，所以敬事而自重。使重而事敬，则鲁尊而礼笃，故贵而不名。【释文】从，才用切，注“旅从”同，又音如字。贽，音至。率，所类切，又音律。使，所吏切。 ② 耦，华督曾孙也。督弑殇公在桓二年。耦自以罪人子孙故，不敢屈辱鲁君，对共宴会。 ③ 亚旅，上大夫也。【释文】亚，於嫁切。 ④ 无故扬其先祖之罪是不敏，鲁人以为敏，明君子所不与也。

夏，曹伯来朝，礼也。诸侯五年再相朝，以修王命，古之制也①。

① 十一年，曹伯来朝，虽至此乃来，亦五年。传为冬齐侯伐曹张本。

齐人或为孟氏谋①，曰：“鲁，尔亲也。饰棺寘诸堂阜②，鲁必取之。”从之。卞人以告③。惠叔犹毁以为请④，立于朝以待命。许之，取而殡之⑤。齐人送之。书曰：“齐人归公孙敖之丧。”为孟氏，且国故也⑥。葬视共仲⑦。

① 孟氏，公孙敖家，庆父为长庶，故或称孟氏。【释文】长，丁丈切。 ② 堂阜，齐鲁竟上地。饰棺不殡，示无所归。【释文】寘，之豉切。竟，音境。殡，必刃切。 ③ 卞人，鲁卞邑大夫。【释文】卞，皮彦切。 ④ 敖卒则惠叔请之，至今期年而犹未已，毁过丧礼。【释文】期，居其切。 ⑤ 殡于孟氏之寝，终叔服之言。 ⑥ 为惠叔毁请，且国之公族，故听其归殡而书之。【释文】为，于伪切。 ⑦ 制如庆父，皆以罪降。【释文】共，音恭。

声己不视，帷堂而哭①。襄仲欲勿哭②，惠伯曰：“丧，亲之终也③。虽不能始，善终可也。史佚有言曰：‘兄弟致美④。’救乏、贺善、吊灾、祭敬、丧哀，情虽不同，毋绝其爱，亲之道也。子无失道，何怨于人？”襄仲说，帅兄弟以哭之。

① 声己，惠叔母，怨敖从莒女，故帷堂。【释文】己，音纪。 ② 怨敖取其妻。 ③ 惠伯，叔彭生。 ④ 各尽其美义乃终。

他年，其二子来①，孟献子爱之，闻于国②。或谮之曰：“将杀子。”献子以告季文子。二子曰：“夫子以爱我闻，我以将杀子闻，不亦远于礼乎？远礼不如死。”一人门于句鼆，一人门于戾丘，皆死③。

① 敖在莒所生。【释文】毋，音无。说，音悦。 ② 献子，穀之子仲叔蔑。【释文】闻，音问，或如字，下同。蔑，亡结切。 ③ 句鼆、戾丘，鲁邑，有寇攻门，二子御之而死。【释文】远，于万切，下同。句，古侯切。鼆，又作“黾”，莫幸切。戾，力计切。

六月辛丑朔，日有食之，鼓，用牲于社，非礼也①。日有食之，天子不举②，伐鼓于社③，诸侯用币于社④，伐鼓于朝⑤，以昭事神、训民、事君⑥，示有等威，古之道也⑦。

① 得常鼓之月而于社用牲，为非礼。 ② 去盛馔。【释文】去，起吕切。馔，仕眷切。 ③ 责群阴。伐，犹击也。 ④ 社尊于诸侯，故请救而不敢责之。 ⑤ 退自责。 ⑥ 天子不举，诸侯用币，所以事神；尊卑异制，所以训民。 ⑦ 等威，威仪之等差。【释文】差，初佳切，又初宜切。

齐人许单伯请而赦之，使来致命①。书曰“单伯至自齐”，贵之也[②]。

① 以单伯执节不移，且畏晋，故许之。　② 单伯为鲁拘执，既免而不废礼，终来致命，故贵而告庙。【释文】为，于伪切，下“似为”同。拘，音俱。

新城之盟[①]，蔡人不与[②]。晋郤缺以上军、下军伐蔡[③]，曰：“君弱，不可以怠[④]。”戊申，入蔡，以城下之盟而还。凡胜国，曰“灭之”[⑤]；获大城焉，曰“入之”[⑥]。

① 在前年。　② 不会盟。【释文】与，音预，下同。　③ 兼帅二军。　④ 怠，解也。【释文】解，佳卖切。　⑤ 胜国，绝其社稷，有其土地。【释文】还，音旋。　⑥ 得大都而不有。

秋，齐人侵我西鄙，故季文子告于晋。

冬十一月，晋侯、宋公、卫侯、蔡侯、陈侯、郑伯、许男、曹伯盟于扈，寻新城之盟，且谋伐齐也[①]。齐人赂晋侯，故不克而还。于是有齐难，是以公不会[②]。书曰：“诸侯盟于扈。”无能为故也[③]。凡诸侯会，公不与，不书，讳君恶也[④]。与而不书，后也[⑤]。

① 齐执王使，且数伐鲁。【释文】使，所吏切，下“王使”同。数，音朔。　② 明今不序诸侯，不以公不会故。【释文】难，乃旦切，下注同。　③ 恶其受赂，不能讨齐。【释文】恶，乌路切。　④ 谓国无难，不会义事，故为恶。不书，谓不国别序诸侯。　⑤ 谓后期也。今贬诸侯，似为公讳，故传发例以明之。【释文】为，于伪切。

齐人来归子叔姬，王故也[①]。

① 单伯虽见执，能守节不移，终达王命，使叔姬得归。

齐侯侵我西鄙，谓诸侯不能也[①]。遂伐曹，入其郛，讨其来朝也[②]。季文子曰：“齐侯其不免乎！己则无礼[③]，而讨于有礼者，曰：‘女何故行礼！’礼以顺天，天之道也。己则反天，而又以讨人，难以免矣。《诗》曰：‘胡不相畏，不畏于天[④]？’君子之不虐幼贱，畏于天也。在《周颂》曰：‘畏天之威，于时保之[⑤]。’不畏于天，将何能保？以乱取国，奉礼以守，犹惧不终，多行无礼，弗能在矣⑥！”

①不能讨己。 ②此年夏朝。 ③执王使而伐无罪。【释文】己，音纪。使，所吏切。 ④《诗·小雅》。【释文】女，音汝。相，息亮切，又如字。 ⑤《诗·周颂》，言畏天威，于是保福禄。 ⑥为十八年齐弑商人传。【释文】守，手又切。

文公十六年

【经】

十有六年春，季孙行父会齐侯于阳穀，齐侯弗及盟①。

夏五月，公四不视朔②。

六月戊辰，公子遂及齐侯盟于郪丘③。

秋八月辛未，夫人姜氏薨④。

毁泉台⑤。

楚人、秦人、巴人灭庸⑥。

冬十有一月，宋人弑其君杵臼⑦。

①及，与也。 ②诸侯每月必告朔听政，因朝于庙，今公以疾阙，不得视二月、三月、四月、五月朔也。春秋十二公，以疾不视朔非一也，义无所取，故特举此以表行事，因明公之实有疾，非诈齐。 ③信公疾，且以赂故。郪丘，齐地。【释文】郪，音西，又七西切。 ④僖公夫人，文公母也。 ⑤泉台，台名。毁，坏之也。【释文】坏，音怪。 ⑥【释文】巴，必麻切。 ⑦称君，君无道也。例在宣四年。【释文】杵，昌吕切。臼，强柳切。

【传】

十六年春，王正月，及齐平①。公有疾，使季文子会齐侯于阳穀。请盟，齐侯不肯，曰：“请俟君间②。”

①齐前年再伐鲁，鲁为受弱，故平。【释文】为，于伪切。 ②间，疾瘳。【释文】间，如字。瘳，敕周切，差也。

夏五月，公四不视朔，疾也。公使襄仲纳赂于齐侯，故盟于郪丘。

有蛇自泉宫出，入于国，如先君之数①。

秋八月辛未，声姜薨，毁泉台②。

① 伯禽至僖公十七君。【释文】《史记·鲁世家》：鲁公伯禽子考公酋，弟炀公熙，子幽公宰，弟魏公费，子历公趼，子献公具，子顺公濞，弟武公敖，子懿公戏，弟孝公称，子惠公弗皇，子隐公息姑，弟桓公允，子庄公同，子闵公开，兄僖公申，十七也。魏公，《世本》作徽公。顺公，一作慎公。 ② 鲁公以为蛇妖所出而声姜薨，故坏之。【释文】坏，音怪。

楚大饑，戎伐其西南，至于阜山，师于大林。又伐其东南，至于阳丘，以侵訾枝①。庸人帅群蛮以叛楚②。麇人率百濮聚于选，将伐楚③。于是申、息之北门不启④。

① 戎，山夷也。大林、阳丘、訾枝皆楚邑。【释文】饑，音饥，一音机。訾，子斯切。 ② 庸，今上庸县，属楚之小国。 ③ 选，楚地。百濮，夷也。【释文】麇，九伦切。濮，音卜。选，息兖切，又息恋切。 ④ 备中国。

楚人谋徙于阪高①。蒍贾曰："不可。我能往，寇亦能往，不如伐庸。夫麇与百濮，谓我饑不能师，故伐我也。若我出师，必惧而归。百濮离居，将各走其邑，谁暇谋人？"乃出师。旬有五日，百濮乃罢②。自庐以往，振廪同食③。次于句澨④。使庐戢梨侵庸⑤，及庸方城⑥。庸人逐之，囚子扬窗⑦。三宿而逸，曰："庸师众，群蛮聚焉，不如复大师⑧，且起王卒，合而后进。"师叔曰："不可⑨。姑又与之遇以骄之。彼骄我怒，而后可克，先君蚡冒所以服陉隰也⑩。"又与之遇，七遇皆北⑪，唯裨、儵、鱼人实逐之⑫。庸人曰："楚不足与战矣。"遂不设备。

① 楚险地。【释文】阪，音反，一音扶板切。 ② 濮夷无屯聚，见难则散归。【释文】蒍，于委切。屯，徒门切。聚，才住切，又如字。难，乃旦切，又如字。 ③ 往，往伐庸也。振，发也。廪，仓也。同食，上下无异馔也。【释文】庐，力於

切，又音卢。廪，力甚切。　④ 楚西界也。【释文】句，古侯切。澨，市世切。　⑤ 戢梨，庐大夫。　⑥ 方城，庸地，上庸县东有方城亭。　⑦ 窗，戢梨官属。【释文】窗，初江切。　⑧ 还复句澨师。　⑨ 师叔，楚大夫潘尪也。【释文】卒，子忽切。尪，乌黄切。　⑩ 蚡冒，楚武王父。陉隰，地名。【释文】可克，或作"可击"。蚡，扶粉切。冒，莫报切。《史记·楚世家》云：蚡冒卒，弟熊达杀蚡冒子而代立，是为楚武王。与杜异。陉，音刑。隰，音习。　⑪ 军走曰北。【释文】北，如字，一音佩。　⑫ 裨、鯈、鱼，庸三邑。鱼，鱼复县，今巴东永安县。轻楚，故但使三邑人逐之。【释文】裨，婢支切。鯈，直留切。

楚子乘驲，会师于临品①，分为二队②：子越自石溪，子贝自仞，以伐庸③。秦人、巴人从楚师。群蛮从楚子盟④，遂灭庸⑤。

① 驲，传车也。临品，地名。【释文】驲，人实切。传，丁恋切。　② 队，部也。两道攻之。【释文】队，徒对切。　③ 子越，鬥椒也。石溪、仞，入庸道。【释文】溪，苦兮切，本或作"谿"。贝，补盖切，今俗本多作"员"，音云。仞，人慎切。　④ 蛮见楚强敌。　⑤ 传言楚有谋臣，所以兴。

宋公子鲍礼于国人①。宋饥，竭其粟而贷之。年自七十以上，无不馈饴也，时加羞珍异②。无日不数于六卿之门③。国之材人，无不事也④。亲自桓以下，无不恤也⑤。公子鲍美而艳，襄夫人欲通之⑥，而不可⑦，乃助之施。昭公无道，国人奉公子鲍以因夫人。

① 鲍，昭公庶弟文公也。【释文】鲍，步卯切。　② 羞，进也。【释文】上，时掌切。馈，其愧切。饴，以支切，又以志切，遗也。　③ 数，不疏。【释文】数，音朔。　④ 有贤材者。　⑤ 桓，鲍之曾祖。　⑥ 鲍適祖母。【释文】艳，移验切。適，丁历切。　⑦ 以礼自防闲。

于是，华元为右师①，公孙友为左师，华耦为司马②，鳞罐为司徒，荡意诸为司城，公子朝为司寇③。初，司城荡卒，公孙寿辞司城④，请使意诸为之⑤。既而告人曰："君无道，吾官近，惧及焉⑥。弃官则族无所庇。子，身之贰也，姑纾死焉⑦。虽亡子，犹不亡族⑧。"既，夫人将使公田孟诸而杀之。

公知之，尽以宝行。荡意诸曰："盍适诸侯？"公曰："不能其大夫至于君祖母以及国人⑨，诸侯谁纳我？且既为人君，而又为人臣，不如死。"尽以其宝赐左右而使行⑩。夫人使谓司城去公，对曰："臣之而逃其难，若后君何⑪？"冬十一月甲寅，宋昭公将田孟诸，未至，夫人王姬使帅甸攻而杀之⑫。荡意诸死之⑬。书曰："宋人弑其君杵臼。"君无道也⑭。

文公即位，使母弟须为司城⑮。华耦卒，而使荡虺为司马⑯。

① 元，华督曾孙，代公子成。【释文】施，式豉切。 ② 代公子卬。 ③ 代华御事。【释文】鳙，古乱切。朝，如字。 ④ 寿，荡之子。 ⑤ 意诸，寿之子。 ⑥ 祸及己。 ⑦ 姑，且也。纾，缓也。【释文】庇，必利切，又悲位切。纾，音舒。 ⑧ 己在故也。 ⑨ 君祖母，诸侯祖母之称，谓襄夫人。【释文】盍，户腊切。称，尺证切。 ⑩ 行，去也。 ⑪ 言无以事后君。【释文】难，乃旦切。 ⑫ 襄夫人，周襄王姊，故称王姬。帅甸，郊甸之师。【释文】甸，徒遍切。 ⑬ 不书，不告。 ⑭ 始例发于臣之罪，今称国人，故重明君罪。【释文】重，直用切。 ⑮ 代意诸。 ⑯ 虺，意诸之弟。【释文】虺，况鬼切。

文公十七年

【经】

十有七年春，晋人、卫人、陈人、郑人伐宋①。

夏四月癸亥，葬我小君声姜。

齐侯伐我西鄙②。

六月癸未，公及齐侯盟于穀。诸侯会于扈③。

秋，公至自穀④。

冬，公子遂如齐。

① 自闵、僖已下，终于《春秋》，陈侯常在卫侯上。今大夫会在卫下，传不言

陈公孙宁后至，则宁位非上卿故也。 ②“西”当为“北”，盖经误。 ③ 昭公虽以无道见弑，而文公犹宜以弑君受讨，故林父伐宋以失所称人，晋侯平宋以无功不序，明君虽不君，臣不可不臣，所以督大教。【释文】弑，本或作“杀”，音试，下同。 ④ 无传。

【传】

十七年春，晋荀林父、卫孔达、陈公孙宁、郑石楚伐宋。讨曰：“何故弑君！”犹立文公而还。卿不书，失其所也①。

① 卿不书，谓称人。

夏四月癸亥，葬声姜。有齐难，是以缓①。

① 过五月之例。【释文】难，乃旦切，下及注皆同。

齐侯伐我北鄙。襄仲请盟。六月，盟于穀①。

① 晋不能救鲁，故请服。

晋侯蒐于黄父①，遂复合诸侯于扈，平宋也②。公不与会，齐难故也。书曰“诸侯”，无功也③。

于是，晋侯不见郑伯，以为贰于楚也。

① 一名黑壤，晋地。【释文】父，音甫。壤，如丈切。 ② 传不列诸国而言复合，则如上十五年会扈之诸侯可知也。【释文】复，扶又切，注同。 ③ 刺欲平宋而复不能。【释文】与，音预。

郑子家使执讯而与之书，以告赵宣子①，曰：“寡君即位三年②，召蔡侯而与之事君。九月，蔡侯入于敝邑以行③。敝邑以侯宣多之难，寡君是以不得与蔡侯偕④。十一月，克减侯宣多而随蔡侯以朝于执事⑤。十二年六月，归生佐寡君之嫡夷⑥，以请陈侯于楚而朝诸君⑦。十四年七月，寡君又朝，以蒇陈事⑧。十五年五月，陈侯自敝邑往朝于君。往年正月，烛之武往朝夷也⑨。八月，寡君又往朝。以陈、蔡之密迩于楚而不敢贰焉，则敝邑之故也⑩。虽敝邑之事君，何以不免⑪？在位之中，一朝于襄⑫，而再见于君⑬。夷与孤之二三臣相及于绛[14]，虽我小国，则蔑以过之矣。今大国曰：'尔未逞吾志。'敝邑有亡，无以加焉。古人有言曰：'畏首畏尾，身其余几[15]。'又曰：'鹿死不择音[16]。'小国之事大国也，德，则其人也[17]；不德，则其鹿也，铤而走险，急何能择[18]？命之罔极，亦知亡矣[19]。将悉敝赋以待于鯈，唯执事命之[20]。文公二年六月壬申，朝于齐[21]。四年二月壬戌，为齐侵蔡[22]，亦获成于楚[23]。居大国之间而从于强令，岂其罪也[24]？大国若弗图，无所逃命。"

晋巩朔行成于郑，赵穿、公婿池为质焉[25]。

① 执讯，通讯问之官。为书与宣子。【释文】讯，音信。　② 鲁文二年。③ 行，朝晋也。　④ 宣多既立穆公，恃宠专权。【释文】偕，音皆。　⑤ 减，损也。难未尽而行，言汲汲于朝晋。【释文】汲，音急。　⑥ 归生，子家名。夷，大子名。【释文】嫡，丁历切。　⑦ 请陈于楚，与俱朝晋。　⑧ 蒇，敕也。敕成前好。【释文】蒇，敕展切。好，呼报切，一本作"事"。　⑨ 将夷往朝晋。　⑩ 密迩，比近也。【释文】比，毗志切。　⑪ 免，免罪也。　⑫ 襄公。【释文】朝，直遥切。　⑬ 君，灵公也。【释文】见，贤遍切。　⑭ 孤之二三臣，谓烛之武、归生自谓也。绛，晋国都。　⑮ 言首尾有畏则身中不畏者少。【释文】几，居岂切。⑯ 音，所茠荫之处。古字声同皆相假借。【释文】茠，虚求切。荫，於鸩切。⑰ 以德加己则以人道相事。　⑱ 铤，疾走貌。言急则欲荫茠于楚，如鹿赴险。【释文】铤，它顶切。　⑲ 言晋命无极。　⑳ 鯈，晋、郑之竟。言欲以兵距晋。【释文】鯈，直留切。竟，音境。　㉑ 郑文二年六月壬申，鲁庄二十三年六月二十日。　㉒ 鲁庄二十五年二月无壬戌，壬戌，三月二十日。【释文】为，于伪切。㉓ 郑与楚成。　㉔ 令，号令也。　㉕ 赵穿，卿也。公婿池，晋侯女婿。【释文】巩，九勇切。质，音致，下同。

秋，周甘歜败戎于邥垂，乘其饮酒也①。

① 歜，周大夫。邥垂，周地，河南新城县北有垂亭。为成元年晋侯平戎于王张本。【释文】歜，昌欲切。邥，音审。

冬十月，郑大子夷、石楚为质于晋①。

夷，灵公也。石楚，郑大夫。

襄仲如齐，拜穀之盟。复曰：“臣闻齐人将食鲁之麦。以臣观之，将不能。齐君之语偷。臧文仲有言曰：‘民主偷必死[①]。’”

① 偷，犹苟且。【释文】偷，他侯切。

文公十八年

【经】

十有八年春，王二月丁丑，公薨于台下。

秦伯罃卒[①]。

夏五月戊戌，齐人弑其君商人[②]。

六月癸酉，葬我君文公。

秋，公子遂、叔孙得臣如齐[③]。

冬十月，子卒[④]。

夫人姜氏归于齐。

季孙行父如齐[⑤]。

莒弑其君庶其[⑥]。

① 无传。未同盟而赴以名。【释文】罃，于耕切。　② 不称盗，罪商人。　③ 书二卿，以两事行，非相为介。【释文】介，音界。　④ 先君既葬，不称君者，鲁人讳弑，以未成君书之。子，在丧之称。【释文】弑，申志切，本又作“杀之”。称，尺证切。　⑤ 无传。　⑥ 称君，君无道也。

【传】

十八年春，齐侯戒师期[①]，而有疾，医曰：“不及秋，将死。”公闻之，卜曰：“尚无及期[②]。”惠伯令龟[③]，卜楚丘占之曰：“齐侯不及期，非疾也。君亦不闻[④]。令龟有咎[⑤]。”二月丁丑，公薨。

①将以伐鲁。 ②尚，庶几也。欲令先师期死。【释文】令，力呈切。先，悉荐切，下同。 ③以卜事告龟。 ④言君先齐侯终。 ⑤言令龟者亦有凶咎，见于卜兆，为惠伯死张本。【释文】见，贤遍切。

齐懿公之为公子也，与邴歜之父争田，弗胜。及即位，乃掘而刖之①，而使歜仆②。纳阎职之妻，而使职骖乘③。夏五月，公游于申池④。二人浴于池，歜以扑抶职⑤。职怒。歜曰："人夺女妻而不怒，一抶女，庸何伤？"职曰："与刖其父而弗能病者何如⑥？"乃谋弑懿公，纳诸竹中。归，舍爵而行⑦。齐人立公子元⑧。

①断其尸足。【释文】邴，音丙，又彼病切。歜，昌欲切。掘，其勿切，又其月切。刖，音月，又五刮切。断，丁管切。 ②仆，御也。 ③骖乘，陪乘。【释文】骖，音七南切。乘，绳证切，注同。 ④齐南城西门名申门，齐城无池，唯此门左右有池，疑此则是。 ⑤扑，箠也。抶，击也。欲以相感激。【释文】扑，普卜切，字宜从手，作木边非也。抶，敕乙切。箠，市蕊切，又之蕊切。激，古历切。 ⑥言不以父刖为病恨。【释文】女，音汝。 ⑦饮酒讫，乃去。言齐人恶懿公，二人无所畏。【释文】舍，音赦，置也。恶，乌路切。 ⑧桓公子惠公。

六月，葬文公。

秋，襄仲、庄叔如齐，惠公立故，且拜葬也①。

①襄仲贺惠公立，庄叔谢齐来会葬。

文公二妃敬嬴生宣公。敬嬴嬖而私事襄仲。宣公长而属诸襄仲，襄仲欲立之，叔仲不可①。仲见于齐侯而请之。齐侯新立而欲亲鲁，许之。冬十月，仲杀恶及视而立宣公②。书曰"子卒"，讳之也。仲以君命召惠伯③。其宰公冉务人止之，曰："入必死。"叔仲曰："死君命可也。"公冉务人曰："若君命可死，非君命何听？"弗听，乃入，杀而埋之马矢之中④。公冉务人奉其帑以奔蔡，既而复叔仲氏⑤。

①叔仲，惠伯。【释文】嬴，音盈。嬖，必计切。长，丁丈切。属，音烛。

② 恶,大子;视,其母弟。杀视不书,贱之。【释文】见,贤遍切。 ③ 诈以子恶命。 ④ 惠伯死不书者,史畏襄仲,不敢书杀惠伯。【释文】听,音吐定切。 ⑤ 不绝其后。

夫人姜氏归于齐,大归也①。将行,哭而过市曰:"天乎,仲为不道,杀适立庶。"市人皆哭,鲁人谓之哀姜②。

① 恶、视之母出姜也。嫌与有罪出者异,故复发传。【释文】复,扶又切。 ② 所谓出姜,不允于鲁。【释文】过,古禾切,又古卧切。適,丁历切。

莒纪公生大子仆,又生季佗,爱季佗而黜仆,且多行无礼于国①。仆因国人以弑纪公,以其宝玉来奔,纳诸宣公。公命与之邑,曰:"今日必授。"季文子使司寇出诸竟,曰:"今日必达②。"公问其故。季文子使大史克对曰:"先大夫臧文仲教行父事君之礼,行父奉以周旋,弗敢失队。曰:'见有礼于其君者,事之如孝子之养父母也。见无礼于其君者,诛之如鹰鹯之逐鸟雀也。'先君周公制《周礼》曰:'则以观德③,德以处事④,事以度功⑤,功以食民⑥。'作《誓命》曰:'毁则为贼⑦,掩贼为藏⑧,窃(贼)[贿]为盗⑨,盗器为奸⑩。主藏之名⑪,赖奸之用⑫,为大凶德,有常无赦⑬,在《九刑》不忘⑭。'行父还观莒仆,莫可则也⑮。孝敬忠信为吉德,盗贼藏奸为凶德。夫莒仆,则其孝敬,则弑君父矣;则其忠信,则窃宝玉矣。其人,则盗贼也;其器,则奸兆也⑯。保而利之,则主藏也。以训则昏,民无则焉。不度于善⑰,而皆在于凶德,是以去之。"

① 纪,号也。莒夷无谥,故有别号。【释文】佗,徒何切。 ② 未见公而文子出之,故来不书。【释文】竟,音境。 ③ 则,法也。合法则为吉德。【释文】大,音泰。队,直类切。养,余亮切。鹰,於陵切。鹯,之然切,《说文》止仙切,《字林》巳仙切。 ④ 处犹制也。 ⑤ 度,量也。【释文】度,待洛切,注及下同。 ⑥ 食,养也。【释文】食,音嗣,注同。 ⑦ 誓,要信也。毁则,坏法也。【释文】坏,音怪。 ⑧ 掩,匿也。【释文】匿,女乙切。 ⑨ 贿,财也。 ⑩ 器,国用也。 ⑪ 以掩贼为名。 ⑫ 用奸器也。 ⑬ 刑有常。 ⑭ 誓命以下皆《九

刑》之书,《九刑》之书今亡。 ⑮ 还,犹周旋。【释文】还,音旋。 ⑯ 兆,域也。 ⑰ 度,居也。

"昔高阳氏有才子八人①:苍舒、隤敳、梼戭、大临、龙降、庭坚、仲容、叔达②,齐圣广渊,明允笃诚,天下之民谓之'八恺③'。高辛氏有才子八人④:伯奋、仲堪、叔献、季仲、伯虎、仲熊、叔豹、季狸⑤,忠肃共懿,宣慈惠和,天下之民谓之'八元⑥'。此十六族也,世济其美,不陨其名⑦,以至于尧,尧不能举。舜臣尧,举八恺,使主后土⑧,以揆百事,莫不时序,地平天成⑨。举八元,使布五教于四方⑩,父义、母慈、兄友、弟共、子孝,内平外成⑪。昔帝鸿氏有不才子⑫,掩义隐贼,好行凶德,丑类恶物,顽嚚不友,是与比周⑬,天下之民谓之'浑敦⑭'。少皞氏有不才子⑮,毁信废忠,崇饰恶言,靖谮庸回,服谗蒐慝,以诬盛德⑯,天下之民谓之'穷奇⑰'。颛顼氏有不才子,不可教训,不知话言⑱,告之则顽⑲,舍之则嚚⑳,傲很明德,以乱天常,天下之民谓之'梼杌㉑'。此三族也,世济其凶,增其恶名,以至于尧,尧不能去㉒。缙云氏有不才子㉓,贪于饮食,冒于货贿,侵欲崇侈,不可盈厌,聚敛积实,不知纪极,不分孤寡,不恤穷匮㉔,天下之民以比三凶㉕,谓之'饕餮㉖'。舜臣尧㉗,宾于四门㉘,流四凶族㉙,浑敦、穷奇、梼杌、饕餮,投诸四裔,以御螭魅㉚。是以尧崩而天下如一,同心戴舜以为天子,以其举十六相,去四凶也。故《虞书》数舜之功,曰'慎徽五典,五典克从',无违教也㉛;曰'纳于百揆,百揆时序',无废事也㉜;曰'宾于四门,四门穆穆',无凶人也㉝。舜有大功二十而为天子㉞。今行父虽未获一吉人,去一凶矣,于舜之功,二十之一也,庶几免于戾乎㉟!"

① 高阳,帝颛顼之号。八人,其苗裔。【释文】去,起吕切。颛,音专。顼,许玉切。裔,以制切。 ② 此即垂、益、禹、皋陶之伦,庭坚即皋陶字。【释文】隤,

徒回切。敳，五才切，一音五回切，韦昭音瑰。梼，直由切，韦昭音桃。戭，以善切，《汉书》作"敳"，韦昭已震切。龙，莫江切。降，下江切。陶，音遥。 ③ 齐，中也。渊，深也。允，信也。笃，厚也。恺，和也。【释文】恺，开在切。 ④ 高辛，帝喾之号。八人，亦其苗裔。【释文】喾，苦毒切。 ⑤ 此即稷、契、朱虎、熊罴之伦。【释文】奋，甫问切。熊，音雄。狸，力之切。契，息列切，依字当作"偰"，古文作"离"。罴，彼皮切。 ⑥ 肃，敬也。懿，美也。宣，徧也。元，善也。【释文】徧，音遍。 ⑦ 济，成也。陨，队也。【释文】陨，于敏切。队，直类切。 ⑧ 后土，地官。禹作司空，平水土，即主地之官。 ⑨ 揆，度也。成，亦平也。【释文】揆，葵癸切。 ⑩ 契作司徒，五教在宽，故知契在八元之中。【释文】契，斯列切，下同。 ⑪ 内诸夏，外夷狄。【释文】夏，户雅切。 ⑫ 帝鸿，黄帝。⑬ 丑，亦恶也。比，近也。周，密也。【释文】好，呼报切。嚚，鱼巾切。心不则德义之经为顽，口不道忠信之言为嚚。比，毗志切。 ⑭ 谓驩兜。浑敦，不开通之貌。【释文】浑，户本切。敦，徒本切。驩，呼端切。兜，都侯切。 ⑮ 少皞，金天氏之号，次黄帝。【释文】少，诗照切，注同。皞，胡老切。 ⑯ 崇，聚也。靖，安也。庸，用也。回，邪也。服，行也。蒐，隐也。慝，恶也。盛德，贤人也。【释文】蒐，所留切。慝，他得切。邪，似嗟切。 ⑰ 谓共工。其行穷，其好奇。【释文】奇，其宜切。共，音恭。行，下孟切。好，呼报切。 ⑱ 话，善也。【释文】话，户快切。 ⑲ 德义不入心。 ⑳ 不道忠信。【释文】舍，音赦。㉑ 谓鲧。梼杌，顽凶无俦匹之貌。【释文】傲，五报切。很，户垦切。梼，徒刀切。杌，五忽切。鲧，古本切。 ㉒ 方以宣公比尧，行父比舜，故言尧亦不能去，须贤臣而除之。【释文】去，起吕切，注及下皆同。 ㉓ 缙云，黄帝时官名。㉔ 冒，亦贪也。盈，满也。实，财也。【释文】厌，於艳切。匮，其愧切。 ㉕ 非帝子孙，故别以比三凶。 ㉖ 贪财为饕，贪食为餮。【释文】饕，他刀切。餮，他结切。注同。 ㉗ 为尧臣。 ㉘ 辟四门，达四聪，以宾礼众贤。【释文】辟，婢亦切。聪，本亦作"悤"，七工切。 ㉙ 案四凶罪状而流放之。 ㉚ 投，弃也。裔，远也。放之四远，使当魑魅之灾。魑魅，山林异气所生，为人害者。【释文】御，鱼吕切。魑，敕知切，山神，兽形。魅，亡备切，《说文》作"鬽"，云：老精物也，鬽或从未。 ㉛ 徽，美也。典，常也。此八元之功。【释文】戴，多代切。相，息亮切，下注同。去，起吕切。数，色主切。徽，许归切。 ㉜ 此八恺之功。㉝ 流四凶。 ㉞ 举十六相，去四凶也。 ㉟ 史克激称以辨宣公之惑，释行父之志，故其言美恶有过辞，盖事宜也。【释文】激，古历切。

宋武氏之族道昭公子，将奉司城须以作乱①。十二月，宋公杀母弟须及昭公子，使戴、庄、桓之族攻武氏于司马子伯之馆[2]。遂出武、穆之族[3]，使公孙师为司城[4]。公子朝卒，使乐吕为司寇，以靖国人[5]。

① 文公弑昭公，故武族欲因其子以作乱。司城须，文公弟。【释文】宋武氏之族，本或作“武穆之族”者，后人取下文妄加也。道，音导。 ② 戴族，华、乐也。庄族，公孙师也。桓族，向、鱼、鳞、荡也。司马子伯，华耦也。【释文】向，舒亮切。 ③ 穆族党于武氏故。 ④ 公孙师，庄公之孙。 ⑤ 乐吕，戴公之曾孙。为宣三年宋师围曹传。

春秋经传集解宣公上第十

【释文】宣公名倭，一名接，又作委，文公子，母敬嬴。《谥法》：善问周达曰宣。

宣 公 元 年

【经】

元年春，王正月，公即位①。

公子遂如齐逆女②。

三月，遂以夫人妇姜至自齐③。

夏，季孙行父如齐。

晋放其大夫胥甲父于卫④。

公会齐侯于平州⑤。

公子遂如齐。

六月，齐人取济西田⑥。

秋，邾子来朝⑦。

楚子、郑人侵陈，遂侵宋。晋赵盾帅师救陈⑧。

宋公、陈侯、卫侯、曹伯会晋师于棐林，伐郑⑨。

冬，晋赵穿帅师侵崇⑩。

晋人、宋人伐郑。

① 无传。 ② 不讥丧娶者,不待贬责而自明也。卿为君逆,例在文四年。【释文】娶,七喻切。为,于伪切。 ③ 称妇,有姑之辞。不书氏,史阙文。 ④ 放者,受罪黜免,宥之以远。【释文】宥,音又。 ⑤ 平州,齐地,在泰山牟县西。【释文】牟,亡侯切。 ⑥ 鲁以赂齐,齐人不用师徒,故曰取。 ⑦ 无传。 ⑧ 传言救陈、宋,经无"宋"字,盖阙。【释文】盾,徒本切。 ⑨ 晋师救陈、宋,四国君往会之,共伐郑也。不言会赵盾,取于兵会,非好会也。棐林,郑地,荥阳宛陵县东南有林乡。【释文】棐,芳尾切。好,呼报切。 ⑩【释文】祟,本亦作"宻"。

【传】

元年春,王正月,公子遂如齐逆女,尊君命也①。三月,遂以夫人妇姜至自齐,尊夫人也②。

① 诸侯之卿,出入称名氏,所以尊君命也。传于此发者,与还文不同,故释之。 ② 遂不言公子,替其尊称,所以成小君之尊也。公子,当时之宠号,非族也,故传不言舍族。《释例》论之备矣。【释文】称,尺证切。舍,音捨。

夏,季文子如齐,纳赂以请会①。

① 宣公篡立,未列于会,故以赂请之。【释文】篡,初患切。

晋人讨不用命者,放胥甲父于卫①,而立胥克②。先辛奔齐③。

① 胥甲,下军佐,文十二年战河曲,不肯薄秦于险。 ② 克,甲之子。 ③ 辛,甲之属大夫。

会于平州,以定公位①。东门襄仲如齐拜成②。六月,齐人取济西之田,为立公故,以赂齐也③。

① 篡立者,诸侯既与之会,则不得复讨,臣子杀之,与弑君同,故公与齐会而位定。【释文】复,扶又切。 ② 谢得会也。 ③ 济西,故曹地,僖三十一年晋文以分鲁。【释文】为,于伪切。

宋人之弑昭公也①,晋荀林父以诸侯之师伐宋,宋及晋平。宋文公受盟于晋。又会诸侯于扈,将为鲁讨齐。皆取赂而还②。郑穆公曰:"晋不足与也。"遂受盟于楚。陈共公之卒，楚人不礼焉[3]。陈灵公受盟于晋。秋，楚子侵陈，遂侵宋。晋赵盾帅师救陈、宋。会于棐林，以伐郑也。楚𫇭贾救郑，遇于北林[4]，囚晋解扬，晋人乃还[5]。

①在文十六年。②文十五年、十七年，二扈之盟皆受赂。③卒在文十三年。【释文】共，音恭。④与晋师相遇。荥阳中牟县西南有林亭，在郑北。⑤解扬，晋大夫。【释文】解，音蟹。

晋欲求成于秦，赵穿曰："我侵崇，秦急崇，必救之[1]。吾以求成焉。"冬，赵穿侵崇，秦弗与成。晋人伐郑，以报北林之役[2]。

于是，晋侯侈，赵宣子为政，骤谏而不入，故不竞于楚[3]。

①崇，秦之与国。【释文】秦急崇，绝句，本或作"崇急秦必救之"，是后人改耳。②报囚解扬。③竞，强也。为明年郑伐宋张本。【释文】侈，昌氏切，又户氏切。骤，仕救切。

宣公二年

【经】

二年春，王二月壬子，宋华元帅师及郑公子归生帅师，战于大棘。宋师败绩，获宋华元[1]。

秦师伐晋。

夏，晋人、宋人、卫人、陈人侵郑[2]。

秋九月乙丑，晋赵盾弑其君夷皋[3]。

冬十月乙亥，天王崩[4]。

①得大夫，生死皆曰获。例在昭二十三年。大棘在陈留襄邑县南。②郑为楚伐宋，获其大夫。晋赵盾兴诸侯之师将为宋报耻，畏楚而还，失霸者之义，故贬称人。【释文】为，于伪切。③灵公不君而称臣以弑者，以示良史之法，深责执政之臣。例在四年。【释文】皋，古刀切。④无传。

【传】

二年春，郑公子归生受命于楚，伐宋[①]。宋华元、乐吕御之。二月壬子，战于大棘，宋师败绩，囚华元，获乐吕[②]，及甲车四百六十乘，俘二百五十人，馘百人。狂狡辂郑人，郑人入于井[③]，倒戟而出之，获狂狡。君子曰："失礼违命，宜其为禽也。戎，昭果毅以听之之谓礼[④]，杀敌为果，致果为毅。易之，戮也[⑤]。"

① 受楚命也。【释文】受命于楚，本或作"命于楚"。　② 乐吕，司空。获不书，非元帅也。获，生死通名。经言获华元，故传特护之曰囚，以明其生获，故得见赎而还。【释文】帅，所类切。赎，食欲切。　③ 狂狡，宋大夫。辂，迎也。【释文】乘，绳证切，下同。俘，芳夫切。馘，古获切。馘百人，或作"馘百"者，"人"衍字。狡，古卯切。辂，五嫁切。　④ 听谓常存于耳，著于心，想闻其政令。【释文】倒，丁老切。宜其为禽，一本作"宜其禽也"。毅，鱼既切。著，直略切。　⑤ 易，反易。

将战，华元杀羊食士，其御羊斟不与。及战，曰："畴昔之羊，子为政[①]，今日之事，我为政。"与入郑师，故败。君子谓："羊斟非人也，以其私憾，败国殄民[②]，于是刑孰大焉。《诗》所谓'人之无良'者[③]，其羊斟之谓乎！残民以逞。"

① 畴昔，犹前日也。【释文】食，音嗣。斟，之金切。与，音预。　② 憾，恨也。殄，尽也。【释文】憾，本亦作"感"，户暗切，注同。败，必迈切，又如字。殄，大典切。　③《诗·小雅》，义取不良之人，相怨以亡。

宋人以兵车百乘、文马百驷[①]以赎华元于郑。半入，华元逃归，立于门外，告而入[②]。见叔牂，曰："子之马然也[③]。"对曰："非马也，其人也[④]。"既合而来奔[⑤]。

① 画马为文四百匹。【释文】逞，敕领切。　② 告宋城门而后入，言不苟。③ 叔牂，羊斟也。卑贱得先归，华元见而慰之。【释文】牂，子郎切。　④ 叔牂知前言以显，故不敢让罪。　⑤ 叔牂言毕，遂奔鲁。合，犹答也。

宋城，华元为植，巡功[①]。城者讴曰："睅其目，皤其腹，弃甲而复②。于思于思，弃甲复来③。"使其骖乘谓之曰："牛则有皮，犀兕尚多，弃甲则那④？"役人曰："从其有皮，丹漆若何？"华元曰："去之，夫其口众我寡⑤。"

① 植，将主也。【释文】植，直吏切，注同。将，子匠切。 ② 睅，出目。皤，大腹。弃甲，谓亡师。【释文】讴，乌侯切。睅，户板切，《说文》、《字林》云：大目也，苏林云：寝视不安貌，孟康曰：犹分然也。皤，步何切。 ③ 于思，多鬓之貌。【释文】思，如字，又西才切，贾逵云：白头貌。复，扶又切。来，力知切，又如字，以协上韵。鬓，字又作"鬚"，修于切。 ④ 那，犹何也。【释文】骖，七南切。犀，音西。兕，徐履切。那，乃多切。 ⑤ 传言华元不吝其咎，宽而容众。【释文】漆，音七。吝，力忍切。咎，其九切。

秦师伐晋，以报崇也①，遂围焦②。夏，晋赵盾救焦，遂自阴地，及诸侯之师侵郑③，以报大棘之役。楚鬥椒救郑，曰："能欲诸侯而恶其难乎？"遂次于郑以待晋师。赵盾曰："彼宗竞于楚，殆将毙矣④。姑益其疾。"乃去之⑤。

① 伐崇在元年。 ② 焦，晋河外邑。 ③ 阴地，晋河南山北，自上洛以东至陆浑。【释文】浑，户昏切。 ④ 竞，强也。鬥椒，若敖之族，自子文以来，世为令尹。【释文】恶，乌路切。难，乃旦切。毙，婢世切。 ⑤ 欲示弱以骄之。传言赵盾所以称人，且为四年楚灭若敖氏张本。

晋灵公不君①，厚敛以彫墙②，从台上弹人而观其辟丸也。宰夫胹熊蹯不熟，杀之，寘诸畚，使妇人载以过朝③。赵盾、士季见其手，问其故而患之。将谏，士季曰："谏而不入，则莫之继也。会请先，不入，则子继之。"三进，及溜，而后视之④，曰："吾知所过矣，将改之。"稽首而对曰："人谁无过？过而能改，善莫大焉。《诗》曰：'靡不有初，鲜克有终⑤。'夫如是，则能补过者鲜矣。君能有终，则社稷之固也，岂唯群臣赖之？又曰：'衮职有阙，惟仲山甫补之。'能补过也⑥。君能补过，衮不废矣⑦。"犹不改。宣子骤谏，公患之，使鉏麑贼之⑧。晨往，寝门辟矣，盛服将朝，尚早，坐而假寐⑨。麑退，叹而言曰："不忘恭敬，民之主也。贼民之主，不忠。弃君之命，不信。有一于此，不如死也。"触槐而死⑩。

① 失君道也，以明于例应称国以弑。【释文】弑，申志切。 ② 彫，画也。【释文】敛，力验切。彫，本亦作"雕"。墙，在良切。 ③ 畚，以草索为之，筥属。【释文】弹，徒丹切。胹，音而，煮也。蹯，扶元切。寘，之豉切。畚，音本。索，素各切。筥，九吕切。 ④ 士季，随会也。三进三伏，公不省而又前也。公知欲谏，故佯不视。【释文】手，一本作"首"。溜，力救切，屋霤也。 ⑤《诗·大雅》也。【释文】鲜，息浅切，少也，下同。 ⑥《诗·大雅》也。衮，君之上服。阙，过也。言服衮者有过，则仲山甫能补之。【释文】衮，古本切。 ⑦ 常服衮也。⑧ 鉏麑，晋力士。【释文】鉏，仕俱切。麑，音迷，一音五兮切。 ⑨ 不解衣冠而睡。【释文】辟，婢亦切。盛，音成，本或作"成"。睡，垂伪切。 ⑩ 槐，赵盾庭树。【释文】槐，音怀，又音回。

秋九月，晋侯饮赵盾酒，伏甲将攻之。其右提弥明知之①，趋登曰："臣侍君宴，过三爵，非礼也。"遂扶以下。公嗾夫獒焉，明搏而杀之②。盾曰："弃人用犬，虽猛何为③？"斗且出，提弥明死之。

① 右，车右。【释文】饮，於鸩切。提，本又作"祇"，上支切。弥，面支切。② 獒，猛犬也。【释文】扶，旧本作"扶"，房孚切，服虔注作跣，先典切，云：徒跣也。今杜注本往往有跣者。嗾，素口切，《说文》云：使犬也。服本作"嗾"。夫，音扶。獒，五羔切，《尚书传》云：大犬也，《尔雅》云：狗四尺为獒，《说文》云：犬知人心可使者。搏，音博。 ③ 责公不养士而更以犬为己用。

初，宣子田于首山，舍于翳桑①，见灵辄饿，问其病②。曰："不食三日矣。"食之，舍其半。问之，曰："宦三年矣③，未知母之存否，今近焉④，请以遗之。"使尽之，而为之箪食与肉⑤，寘诸橐以与之。既而与为公介⑥，倒戟以御公徒，而免之。问何故。对曰："翳桑之饿人也。"问其名居⑦，不告而退⑧，遂自亡也⑨。

① 田，猎也。翳桑，桑之多荫翳者。首山在河东蒲坂县东南。【释文】翳，於计切。荫，音阴，又於鸩切。 ② 灵辄，晋人。 ③ 宦，学也。【释文】食之，

音嗣。舍，音捨。 ④ 去家近。 ⑤ 箪，笥也。【释文】遗，唯季切，下注同。箪，音丹。笥，思嗣切。 ⑥ 灵辄为公甲士。【释文】橐，他洛切。与，音预。介，音界。 ⑦ 问所居。 ⑧ 不望报也。 ⑨ 辄亦去。

乙丑，赵穿攻灵公于桃园①。宣子未出山而复②。太史书曰："赵盾弑其君。"以示于朝。宣子曰："不然。"对曰："子为正卿，亡不越竟，反不讨贼，非子而谁？"宣子曰："乌呼，'我之怀矣，自诒伊戚'，其我之谓矣③！"孔子曰："董狐，古之良史也，书法不隐④。赵宣子，古之良大夫也，为法受恶⑤。惜也，越竟乃免⑥。"

宣子使赵穿逆公子黑臀于周而立之⑦。壬申，朝于武宫⑧。

① 穿，赵盾之从父昆弟子。乙丑，九月二十七日。【释文】攻，如字，本或作"弑"。 ② 晋竟之山也。盾出奔，闻公弑而还。【释文】竟，音境，下文注同。弑，音试。 ③ 逸《诗》也。言人多所怀恋，则自遗忧。【释文】大，音泰。 ④ 不隐盾之罪。 ⑤ 善其为法受屈。【释文】为，于伪切，注同。 ⑥ 越竟则君臣之义绝，可以不讨贼。 ⑦ 黑臀，晋文公子。【释文】臀，徒门切。 ⑧ 壬申，十月十五日。既有日而无月，冬又在壬申下，明传文无较例。【释文】较，音角。

初，丽姬之乱，诅无畜群公子①，自是晋无公族②。及成公即位，乃宦卿之適而为之田，以为公族③，又宦其馀子亦为馀子④，其庶子为公行⑤。晋于是有公族、馀子、公行⑥。赵盾请以括为公族⑦，曰："君姬氏之爱子也⑧。微君姬氏，则臣狄人也。"公许之⑨。冬，赵盾为旄车之族⑩。使屏季以其故族为公族大夫⑪。

① 诅，盟誓。【释文】丽，力知切。诅，侧虑切。 ② 无公子，故废公族之官。 ③ 宦，仕也。为置田邑，以为公族大夫。【释文】適，本又作"嫡"，丁历切，下及注同。为置，于伪切。 ④ 馀子，適子之母弟也，亦治馀子之政。 ⑤ 庶子，妾子也，掌率公戎行。【释文】行，户郎切，注及下同。 ⑥ 皆官名。 ⑦ 括，赵盾异母弟，赵姬之中子屏季也。【释文】括，古活切。中，如字，又丁仲切。屏，步丁切。 ⑧ 赵姬，文公女、成公姊也。 ⑨ 盾，狄外孙也。姬氏逆之

以为適，事见僖二十四年。【释文】见，贤遍切。 ⑩ 旄车，公行之官。盾本卿適，其子当为公族，辟屏季故，更掌旄车。【释文】旄，音毛，一本作“毦”。 ⑪ 盾以其故官属与屏季，使为衰之適。【释文】衰，初危切。

宣 公 三 年

【经】

三年春，王正月，郊牛之口伤，改卜牛，牛死，乃不郊①。犹三望。

葬匡王②。

楚子伐陆浑之戎。

夏，楚人侵郑。

秋，赤狄侵齐③。

宋师围曹。

冬十月丙戌，郑伯兰卒④。

葬郑穆公⑤。

① 牛不称牲，未卜日。 ② 无传。四月而葬，速。 ③ 无传。 ④ 再与文同盟。 ⑤ 无传。

【传】

三年春，不郊而望，皆非礼也①。望，郊之属也。不郊亦无望，可也②。

① 言牛虽伤死，当更改卜，取其吉者，郊不可废也。前年冬，天王崩，未葬而郊者，不以王事废天事。《礼记·曾子问》：“天子崩未殡，五祀不行，既殡而祭。”自启至于反哭，五祀之祭不行，已葬而祭。 ② 已有例在僖三十一年，复发传者，嫌牛死与卜不从异。【释文】复，扶又切。

晋侯伐郑，及郔。郑及晋平。士会入盟①。

① 郔，郑地。为夏楚侵郑传。【释文】郔，音延。

楚子伐陆浑之戎，遂至于雒，观兵于周疆①。定王使王孙满劳楚子②。楚子问鼎之大小轻重焉③。对曰："在德不在鼎。昔夏之方有德也④，远方图物⑤，贡金九牧⑥，铸鼎象物⑦，百物而为之备，使民知神、奸⑧。故民入川泽山林，不逢不若⑨。螭魅罔两⑩，莫能逢之⑪，用能协于上下以承天休⑫。桀有昏德，鼎迁于商，载祀六百⑬。商纣暴虐，鼎迁于周。德之休明，虽小，重也⑭。其奸回昏乱，虽大，轻也⑮。天祚明德，有所厎止⑯。成王定鼎于郏鄏⑰，卜世三十，卜年七百，天所命也。周德虽衰，天命未改，鼎之轻重，未可问也。"

① 雒水出上雒冢领山，至河南巩县入河。【释文】疆，居良切。　② 王孙满，周大夫。【释文】劳，力报切。　③ 示欲偪周取天下。　④ 禹之世。【释文】夏，户雅切。　⑤ 图画山川奇异之物而献之。　⑥ 使九州之牧贡金。　⑦ 象所图物，著之于鼎。【释文】铸，之树切。著，张虑切，旧直略切。　⑧ 图鬼神百物之形，使民逆备之。　⑨ 若，顺也。　⑩ 螭，山神，兽形。魅，怪物。罔两，水神。【释文】螭，敕知切。魅，亡备切，本又作"鬽"。罔，亡丈切。两，本又作"蜽"，音同。《说文》云：罔两，山川之精物也。　⑪ 逢，遇也。　⑫ 民无灾害则上下和而受天祐。【释文】休，许虬切，下同。祐，音又。　⑬ 载、祀皆年。【释文】载、祀，《尔雅》云：商曰祀，唐、虞曰载，周曰年，夏曰岁。　⑭ 不可迁。【释文】纣，直九切。　⑮ 言可移。　⑯ 厎，致也。【释文】祚，才故切。厎，音旨。　⑰ 郏鄏，今河南也。武王迁之，成王定之。【释文】郏，古洽切。鄏，音辱。

夏，楚人侵郑，郑即晋故也。

宋文公即位，三年，杀母弟须及昭公子，武氏之谋也①。使戴、桓之族攻武氏于司马子伯之馆，尽逐武、穆之族。武、穆之族以曹师伐宋。秋，宋师围曹，报武氏之乱也。

① 武氏谋奉弟须及昭公子以作乱，事在文十八年。

冬，郑穆公卒。初，郑文公有贱妾曰燕姞①，梦天使与己兰[2]，曰："余为伯鯈。余，而祖也[3]，以是为而子[4]。以兰有国香，人服媚之如是[5]。"既而文公见之，与之兰而御之。辞曰："妾不才，幸而有子，将不信，敢征兰乎[6]？"公曰："诺。"生穆公，名之曰兰。

① 姞，南燕姓。【释文】姞，其乙切，又其吉切。 ② 兰，香草。 ③ 伯鯈，南燕祖。【释文】鯈，直留切。 ④ 以兰为女子名。【释文】女，音汝。 ⑤ 媚，爱也，欲令人爱之如兰。【释文】媚，亡冀切。令，力呈切。 ⑥ 惧将不见信，故欲计所赐兰为怀子月数。

文公报郑子妃曰陈妫[1]，生子华、子臧。子臧得罪而出[2]。诱子华而杀之南里[3]，使盗杀子臧于陈、宋之间[4]。又娶于江，生公子士。朝于楚，楚人鸩之，及叶而死[5]。又娶于苏，生子瑕、子俞弥。俞弥早卒。洩驾恶瑕，文公亦恶之，故不立也[6]。公逐群公子，公子兰奔晋，从晋文公伐郑[7]。石癸曰："吾闻姬、姞耦，其子孙必蕃[8]。姞，吉人也，后稷之元妃也[9]。今公子兰，姞甥也。天或启之，必将为君，其后必蕃，先纳之可以亢宠[10]。"与孔将钽、侯宣多纳之，盟于大宫而立之[11]，以与晋平。

穆公有疾，曰："兰死，吾其死乎，吾所以生也。"刈兰而卒[12]。

① 郑子，文公叔父子仪也。汉律：淫季父之妻曰报。【释文】妫，九危切。 ② 出奔宋。【释文】臧，作郎切。 ③ 在僖十六年。南里，郑地。 ④ 在僖二十四年。 ⑤ 叶，楚地，今南阳叶县。【释文】鸩，直荫切。叶，式涉切。 ⑥ 洩驾，郑大夫。【释文】俞，音榆。恶，乌路切，下同。 ⑦ 在僖三十年。【释文】从，如字，又才用切。 ⑧ 姞姓宜为姬配耦。【释文】癸，居揆切。蕃，音烦，下同。 ⑨ 姞姓之女为后稷妃，周是以兴，故曰吉人。 ⑩ 亢，极也。【释文】亢，苦浪切。 ⑪ 大宫，郑祖庙。【释文】钽，仕俱切。大，音泰，注同。 ⑫ 传言穆氏所以大兴于郑，天所启也。【释文】刈，鱼废切。

宣公四年

【经】

四年春，王正月，公及齐侯平莒及郯，莒人不肯。公伐莒，取向①。

秦伯稻卒②。

夏六月乙酉，郑公子归生弑其君夷③。

赤狄侵齐④。

秋，公如齐⑤。

公至自齐⑥。

冬，楚子伐郑。

① 莒、郯二国相怨，故公与齐侯共平之。向，莒邑，东海丞县东南有向城。远，疑也。【释文】郯，音谈。向，舒亮切。丞，韦昭之甑切，一作"承"，又音拯。 ② 无传。未同盟。【释文】稻，徒老切。 ③ 传例曰：称臣，臣之罪也。子公实弑而书子家罪，其权不足也。 ④ 无传。 ⑤ 无传。 ⑥ 无传。告于庙，例在桓二年。

【传】

四年春，公及齐侯平莒及郯，莒人不肯。公伐莒，取向，非礼也。平国以礼不以乱，伐而不治，乱也①。以乱平乱，何治之有？无治，何以行礼？

① 责公不先以礼治之而用伐。【释文】治，直吏切。

楚人献鼋于郑灵公①。公子宋与子家将见②。子公之食指动③，以示子家，曰："他日我如此，必尝异味。"及入，宰夫将解鼋，相视而笑。公问之④，子家以告。及食大夫鼋，召子公而弗与也[⑤]。子公怒，染指于鼎，尝之而出。公怒，欲杀子公。

① 穆公大子夷也。【释文】鼋，音元。 ② 宋，子公也。子家，归生。【释文】见，贤遍切。 ③ 第二指也。 ④ 问所笑。【释文】解，如字，一音蟹。 ⑤ 欲使指动无效。【释文】食，音嗣。

子公与子家谋先[①]。子家曰："畜老，犹惮杀之[②]，而况君乎？"反谮子家，子家惧而从之[③]。夏，弑灵公。书曰："郑公子归生弑其君夷。"权不足也[④]。君子曰："仁而不武，无能达也[⑤]。"凡弑君，称君，君无道也；称臣，臣之罪也[⑥]。

① 先公为难。【释文】染，如琰切。先，悉荐切。难，乃旦切。 ② 六畜。【释文】畜，许又切，注同，王许六切。惮，徒旦切，难也。 ③ 谮子家于公。 ④ 子家权不足以御乱，惧谮而从弑君，故书以首恶。【释文】御，鱼吕切。 ⑤ 初称畜老，仁也。不讨子公，是不武也。故不能自通于仁道，而陷弑君之罪。 ⑥ 称君，谓唯书君名而称国以弑，言众所共绝也。称臣者，谓书弑者之名以示来世，终为不义。改杀称弑，辟其恶名，取有渐也。书弑之义，《释例》论之备矣。

郑人立子良[①]，辞曰："以贤，则去疾不足[②]；以顺，则公子坚长。"乃立襄公[③]。襄公将去穆氏[④]，而舍子良[⑤]。子良不可，曰："穆氏宜存，则固愿也。若将亡之，则亦皆亡，去疾何为[⑥]？"乃舍之，皆为大夫。

① 穆公庶子。 ② 去疾，子良名。【释文】去，起吕切，下皆同。 ③ 襄公，坚也。【释文】长，丁丈切。 ④ 逐群兄弟。 ⑤ 以其让己。【释文】舍，音赦，下同。 ⑥ 何为独留。

初，楚司马子良生子越椒。子文曰："必杀之[①]。是子也，熊虎之状，而豺狼之声，弗杀，必灭若敖氏矣。谚曰：'狼子野心。'是乃狼也，其可畜乎？"子良不可。子文以为大戚，及将死，聚其族，曰："椒也知政，乃速行矣，无及于难。"且泣曰："鬼犹求食，若敖氏之鬼，不其馁而[②]？"及令尹子文卒，鬬般为令尹[③]，子越为司马。蒍贾为工正，谮子扬而杀之，子越为令尹，己为司马④。子越又恶之⑤，乃以若敖氏之族圄伯嬴于轑阳而杀之⑥，遂处烝野，将攻王。王以三王之子为质焉，弗受⑦，师于漳澨⑧。

① 子文，子良之兄。 ② 而，语助，言必馁。【释文】难，乃旦切。馁，奴罪切，饿也。 ③ 般，子文之子子扬。【释文】般，音班。 ④ 贾为椒谮子扬而己得椒处。【释文】蔿，于委切。为，于伪切。处，昌虑切。 ⑤ 恶贾。【释文】恶，乌路切，注同。 ⑥ 圄，囚也。伯嬴，蔿贾也。轑阳，楚邑。【释文】圄，鱼吕切。嬴，音盈。轑，音辽。 ⑦ 烝野，楚邑。三王：文、成、穆。【释文】烝，之承切。质，音致。 ⑧ 漳澨，漳水边。【释文】漳，音章。澨，市制切。

秋七月戊戌，楚子与若敖氏战于皋浒①。伯棼射王，汰辀，及鼓跗，著于丁宁②。又射汰辀，以贯笠毂③。师惧，退。王使巡师曰："吾先君文王克息，获三矢焉。伯棼窃其二，尽于是矣。"鼓而进之，遂灭若敖氏。

① 皋浒，楚地。【释文】浒，呼五切。 ② 伯棼，越椒也。辀，车辕。汰，过也。箭过车辕上。丁宁，钲也。【释文】棼，扶云切。射，食亦切。汰，他末切。辀，陟留切。跗，芳扶切。著，直略切。钲，音征。 ③ 兵车无盖，尊者则边人执笠依毂而立，以御寒暑，名曰笠毂。此言箭过车辕，及王之盖。【释文】贯，古乱切。笠，音立。毂，古木切。

初，若敖娶于䢵①，生鬥伯比。若敖卒，从其母畜于䢵②，淫于䢵子之女，生子文焉。䢵夫人使弃诸梦中③，虎乳之。䢵子田，见之，惧而归，夫人以告④，遂使收之。楚人谓乳穀，谓虎於菟，故命之曰鬥穀於菟。以其女妻伯比⑤，实为令尹子文⑥。其孙箴尹克黄使于齐⑦，还，及宋，闻乱。其人曰："不可以入矣。"箴尹曰："弃君之命，独谁受之？君，天也，天可逃乎？"遂归，复命而自拘于司败。王思子文之治楚国也，曰："子文无后，何以劝善？"使复其所，改命曰生⑧。

① 䢵，国名。【释文】䢵，本又作"郧"，音云。 ② 畜，养也。【释文】畜，许六切。 ③ 梦，泽名，江(下)[夏]安陆县城东南有云梦城。【释文】梦，音蒙，又

亡贡切。　④ 告女私通所生。【释文】乳，如主切。　⑤ 伯比所淫者。【释文】榖，奴口切。於，音乌。菟，音徒。妻，七计切。　⑥ 鬬氏始自子文为令尹。　⑦ 箴尹，官名。克黄，子扬之子。【释文】箴，之金切。　⑧ 易其名也。【释文】使，所吏切。拘，音俱。

冬，楚子伐郑，郑未服也①。

① 前年楚侵郑，不获成，故曰未服。

宣公五年

【经】

五年春，公如齐。

夏，公至自齐。

秋九月，齐高固来逆叔姬①。

叔孙得臣卒②。

冬，齐高固及子叔姬来③。

楚人伐郑。

① 高固，齐大夫。不书女，归降于诸侯。　② 无传。不书日，公不与小敛。【释文】与，音预。敛，力验切。　③ 叔姬宁，固反马。

【传】

五年春，公如齐，高固使齐侯止公，请叔姬焉①。

夏，公至自齐。书，过也②。

① 留公强成昏。【释文】强，其丈切。　② 公既见止，连昏于邻国之臣，厌尊毁列，累其先君，而于庙行饮至之礼，故书以示过。【释文】厌，於涉切。累，劣伪切。

秋九月，齐高固来逆女，自为也。故书曰："逆叔姬。"卿自逆也①。

① 适诸侯称女，适大夫称字，所以别尊卑也。此《春秋》新例，故称书曰，而不言凡也。不于庄二十七年发例者，嫌见逼而成昏，因明之。【释文】为，于伪切。别，彼列切。

冬，来，反马也①。

① 礼，送女留其送马，谦不敢自安，三月庙见，遣使反马。高固遂与叔姬俱宁，故经、传具见以示讥。【释文】见，贤遍切，下同。使，所吏切。

楚子伐郑，陈及楚平。晋荀林父救郑，伐陈①。

① 为明年晋、卫侵陈传。

宣公六年

【经】

六年春，晋赵盾、卫孙免侵陈。

夏四月。

秋八月，螽①。

冬十月。

① 无传。

【传】

六年春，晋、卫侵陈，陈即楚故也。

夏，定王使子服求后于齐①。

① 子服，周大夫。

秋，赤狄伐晋。围怀，及邢丘①。晋侯欲伐之。中行桓子曰："使疾其民②，以盈其贯，将可殪也③。《周书》曰：'殪戎殷④。'此类之谓也⑤。"

① 邢丘，今河内平皋县。 ② 骄则数战，为民所疾。【释文】数，所角切。 ③ 殪，尽也。贯，犹习也。【释文】贯，古患切，注同。殪，於计切。 ④《周书·

康诰》也。义取周武王以兵伐殷，尽灭之。　⑤ 为十五年晋灭狄传。【释文】为，于伪切，下注同。

冬，召桓公逆王后于齐①。

① 召桓公，王卿士，事不关鲁，故不书，为成二年王甥舅张本。【释文】召，上照切。

楚人伐郑，取成而还①。

①九年、十一年传称厉之役，盖在此。

郑公子曼、满与王子伯廖语，欲为卿①。伯廖告人曰："无德而贪，其在《周易》《丰》䷶②之《离》䷝③，弗过之矣④。"间一岁，郑人杀之⑤。

① 二子，郑大夫。【释文】曼，音万。廖，力雕切。　②《离》下《震》上，《丰》。　③《丰》上六变而为纯《离》也。《周易》论变，故虽不筮，必以变言其义。《丰》上六曰："丰其屋，蔀其家，窥其户，阒其无人，三岁不觌，凶。"义取无德而大其屋，不过三岁必灭亡。【释文】蔀，步口切，又普口切。窥，苦规切。阒，苦鹃切。觌，徒历切。　④ 不过三年。　⑤【释文】间，间厕之间。

宣公七年

【经】

七年春，卫侯使孙良夫来盟。

夏，公会齐侯伐莱①。

秋，公至自伐莱②。

大旱③。

冬，公会晋侯、宋公、卫侯、郑伯、曹伯于黑壤④。

① 传例曰：不与谋也。莱国，今东莱黄县。【释文】莱，音来。与，音预。② 无传。　③ 无传。书旱而不书雩，雩无功，或不雩。　④【释文】壤，如丈切。

【传】

七年春，卫孙桓子来盟，始通，且谋会晋也①。

① 公即位，卫始修好。【释文】好，呼报切。

夏，公会齐侯伐莱，不与谋也。凡师出，与谋曰及，不与谋曰会①。

① 与谋者，谓同志之国，相与讲议利害，计成而行之，故以相连及为文。若不获已，应命而出，则以外合为文，皆据鲁而言。师者，国之大事，存亡之所由，故详其举动，以例别之。【释文】与，音预，下及注"与谋"同，年末"不与"放此。应，应对之应。别，彼列切，下及注同。

赤狄侵晋，取向阴之禾①。

① 此无"秋"字，盖阙文。晋用桓子谋，故纵狄。【释文】向，舒亮切。

郑及晋平，公子宋之谋也，故相郑伯以会。冬，盟于黑壤，王叔桓公临之，以谋不睦①。

① 王叔桓公，周卿士，衔天子之命以监临诸侯，不同歃者，尊卑之别也。【释文】相，息亮切。歃，所合切，又所甲切。监，古衔切。

晋侯之立也①，公不朝焉，又不使大夫聘，晋人止公于会。盟于黄父，公不与盟，以赂免②。故黑壤之盟不书，讳之也③。

① 在二年。 ② 黄父即黑壤。 ③ 慢盟主以取执止之辱，故讳之。

宣公八年

【经】

八年春，公至自会①。

夏六月，公子遂如齐，至黄乃复②。

辛巳，有事于大庙。仲遂卒于垂③。

壬午，犹绎。万入去籥④。

戊子,夫人嬴氏薨⑤。

晋师、白狄伐秦。

楚人灭舒、蓼。

秋七月甲子,日有食之,既⑥。

冬十月己丑,葬我小君敬嬴⑦。雨,不克葬。庚寅,日中而克葬⑧。

城平阳⑨。

楚师伐陈。

① 无传。义与五年书过同。 ② 无传。盖有疾而还。大夫受命而出,虽死,以尸将事,遂以疾还,非礼也。 ③ 有事,祭也。仲遂卒与祭同日,略书有事,为绎张本。不言公子,因上行还间无异事,省文,从可知也。称字,时君所嘉,无义例也。垂,齐地,非鲁竟,故书地。【释文】大,音泰,传同。为,于伪切。省,所景切。竟,音境。 ④ 绎,又祭,陈昨日之礼,所以宾尸。万,舞名。籥,管也。犹者,可止之辞。鲁人知卿佐之丧不宜作乐,而不知废绎,故内舞去籥,恶其声闻。【释文】去,起吕切,注及传同。籥,羊略切。管,音馆。恶,乌路切。闻,音问,又如字。 ⑤ 无传。宣公母也。 ⑥ 无传。月三十日食。 ⑦ 敬,谥;嬴,姓也。反哭成丧,故称葬小君。 ⑧ 克,成也。 ⑨ 今泰山有平阳县。

【传】

八年春,白狄及晋平。夏,会晋伐秦①。晋人获秦谍,杀诸绛市,六日而苏②。

① 经在仲遂卒下,从赴。 ② 盖记异也。【释文】谍,徒协切,间也,今谓之细作。绛,古巷切。

有事于大庙,襄仲卒而绎,非礼也。

楚为众舒叛故,伐舒、蓼,灭之①。楚子疆之②,及滑汭③,盟吴、越而还④。

① 舒、蓼,二国名。【释文】为,于伪切。 ② 正其界也。【释文】疆,居良切。 ③ 滑,水名。【释文】滑,于八切。汭,如锐切,一音如悦切。 ④ 吴国,

今吴郡。越国,今会稽山阴县也。传言楚强吴、越服从。【释文】会,古外切。稽,古兮切。强,其良切。

晋胥克有蛊疾①,郤缺为政②。秋,废胥克,使赵朔佐下军③。

① 惑以丧志。【释文】蛊,音古。丧,息浪切。 ② 代赵盾。 ③ 朔,盾之子,代胥克。为成十七年胥童怨郤氏张本。

冬,葬敬嬴。旱,无麻,始用葛茀①。雨,不克葬,礼也。礼,卜葬,先远日,辟不怀也②。

① 记礼变之所由。茀,所以引柩,殡则有之,以备火,葬则以下柩。【释文】茀,方勿切,引棺索也。柩,其又切。 ② 怀,思也。

城平阳,书,时也。

陈及晋平。楚师伐陈,取成而还①。

① 言晋、楚争强。

宣公九年

【经】

九年春,王正月,公如齐①。

公至自齐②。

夏,仲孙蔑如京师。

齐侯伐莱③。

秋,取根牟④。

八月,滕子卒⑤。

九月,晋侯、宋公、卫侯、郑伯、曹伯会于扈。

晋荀林父帅师伐陈。

辛酉,晋侯黑臀卒于扈⑥。

冬十月癸酉，卫侯郑卒[⑦]。

宋人围滕。

楚子伐郑。

晋郤缺帅师救郑。

陈杀其大夫泄冶[⑧]。

① 无传。 ② 无传。 ③ 无传。 ④ 根牟，东夷国也，今琅邪阳都县东有牟乡。 ⑤ 未同盟。 ⑥ 卒于竟外，故书地。四与文同盟。九月无辛酉，日误。【释文】竟，音境。 ⑦ 无传。三与文同盟。 ⑧ 泄冶直谏于淫乱之朝以取死，故不为《春秋》所贵而书名。【释文】泄，息列切。冶，音也。

【传】

九年春，王使来征聘[①]。夏，孟献子聘于周，王以为有礼，厚贿之[②]。

① 征，召也。言周征也。征聘不书，微加讽谕，不指斥。【释文】讽，芳凤切。 ②【释文】贿，呼罪切，《字林》音悔。

秋，取根牟，言易也[①]。

①【释文】易，以豉切。

滕昭公卒[①]。

① 为宋围滕传。

会于扈，讨不睦也[①]。陈侯不会[②]。晋荀林父以诸侯之师伐陈[③]。晋侯卒于扈，乃还。

① 谋齐、陈。 ② 前年与楚成故。 ③ 不书诸侯师，林父帅之，无将帅。【释文】将，子匠切。帅，所类切。

冬，宋人围滕，因其丧也。

陈灵公与孔宁、仪行父通于夏姬，皆衷其衵服以戏于朝[①]。泄冶谏曰："公卿宣淫，民无效焉[②]，且闻不令，君其纳之[③]。"公曰："吾能改矣。"公告二子，二子请杀之，公弗禁，遂杀泄冶。孔子曰："《诗》云：'民之多辟，无自立辟。'其泄冶之谓乎④！”

① 二子，陈卿。夏姬，郑穆公女，陈大夫御叔妻。衷，怀也。衵服，近身衣。【释文】夏，户雅切。衷，音忠，王丁仲切。衵，女乙切，一音汝栗切，《说文》云：日日所衣裳也，《字林》同，又仁一切。御，如字，一音鱼吕切。近，附近之近。
② 宣，示也。【释文】效，户教切。 ③ 纳藏衵服。【释文】闻，如字，一音问。
④ 辟，邪也。辟，法也。《诗·大雅》，言邪辟之世不可立法，国无道，危行言孙。【释文】禁，居鸩切，又音金。辟，本又作“僻”，匹亦切；下“立辟”，婢亦切，注同。邪，似嗟切，下同。行，下孟切。孙，音逊。

楚子为厉之役故，伐郑①。

① 六年，楚伐郑，取成于厉。既成，郑伯逃归。事见十一年。【释文】为，于伪切。见，贤遍切。

晋郤缺救郑，郑伯败楚师于柳棼①。国人皆喜，唯子良忧曰：“是国之灾也，吾死无日矣②。”

① 柳棼，郑地。【释文】柳，力手切。棼，扶云切。 ② 自是晋、楚交共伐郑，十二年卒有楚子入郑之祸。

宣公十年

【经】

十年春，公如齐。

公至自齐①。

齐人归我济西田②。

夏四月丙辰，日有食之③。

己巳，齐侯元卒④。

齐崔氏出奔卫⑤。

公如齐。

五月，公至自齐⑥。

癸巳，陈夏徵舒弑其君平国⑦。

六月，宋师伐滕。

公孙归父如齐，葬齐惠公⑧。

晋人、宋人、卫人、曹人伐郑⑨。

秋，天王使王季子来聘⑩。

公孙归父帅师伐邾，取绎⑪。

大水⑫。

季孙行父如齐。

冬，公孙归父如齐。

齐侯使国佐来聘⑬。

饥⑭。

楚子伐郑。

① 无传。　② 元年以赂齐也。不言来，公如齐，因受之。【释文】济，子礼切。　③ 无传。不书朔，官失之。　④ 未同盟而赴以名。　⑤ 齐略见举族出，因其告辞，以见无罪。【释文】见，贤遍切，下同。　⑥ 无传。　⑦ 徵舒，陈大夫也。灵公恶不加民，故称臣以弑。【释文】夏，户雅切。　⑧ 无传。归父，襄仲之子。　⑨ 郑及楚平故。　⑩ 王季子者，《公羊》以为天王之母弟，然则字季子，天子大夫称字。　⑪ 绎，邾邑，鲁国邹县北有绎山。【释文】绎，音亦。⑫ 无传。　⑬ 既葬成君，故称君命使也。　⑭ 无传。有水灾，嘉谷不成。

【传】

十年春，公如齐。齐侯以我服故，归济西之田①。

① 公比年朝齐故。

夏，齐惠公卒。崔杼有宠于惠公，高、国畏其偪也①，公卒而逐之，奔卫。书曰“崔氏”，非其罪也，且告以族，不以名②。凡诸侯之大夫违③，告于诸侯曰：“某氏之守臣某④，失守宗庙，敢告。”所有玉帛之使者，则告⑤，不然，则否⑥。

① 高、国二家，齐正卿。【释文】杼，直吕切。偪，彼力切。　② 典策之法，告者皆当书以名，今齐特以族告，夫子因而存之，以示无罪。又言且告以族不以名者，明《春秋》有因而用之，不皆改旧史。　③ 违，奔放也。　④ 上某氏者姓，下某名。【释文】守，手又切。　⑤ 玉帛之使谓聘。【释文】使，所吏切。　⑥ 恩好不接，故亦不告。【释文】好，呼报切。

公如齐奔丧①。

① 公亲奔丧，非礼也。公出朝会、奔丧、会葬皆书如，不言其事，史之常也。

陈灵公与孔宁、仪行父饮酒于夏氏。公谓行父曰："徵舒似女。"对曰："亦似君。"徵舒病之①。公出，自其厩射而杀之。二子奔楚②。

① 灵公即位于今十五年，征舒已为卿，年大，无嫌是公子，盖以夏姬淫放，故谓其子多似以为戏。【释文】夏，户雅切。女，音汝。　②【释文】厩，居又切。射，食亦切。

滕人恃晋而不事宋，六月，宋师伐滕。

郑及楚平①。诸侯之师伐郑，取成而还。

① 前年败楚师，恐楚深怨，故与之平。

秋，刘康公来报聘①。

① 报孟献子之聘，即王季子也，其后食采于刘。

师伐邾，取绎①。

① 为子家如齐传。

季文子初聘于齐①。

① 齐侯初即位。

冬，子家如齐，伐邾故也①。

① 鲁侵小，恐为齐所讨，故往谢。

国武子来报聘①。

① 报文子也。

楚子伐郑。晋士会救郑，逐楚师于颍北①。诸侯之师戍郑。郑子家卒。郑人讨幽公之乱，斫子家之棺而逐其族②。

改葬幽公，谥之曰灵。

① 颍水出河南阳城，至下蔡入淮。 ② 以四年弑君故也。斫薄其棺，不使从卿礼。【释文】斫，竹角切。

宣公十一年

【经】

十有一年春，王正月。

夏，楚子、陈侯、郑伯盟于辰陵①。

公孙归父会齐人伐莒②。

秋，晋侯会狄于欑函③。

冬十月，楚人杀陈夏徵舒④。

丁亥，楚子入陈⑤。纳公孙宁、仪行父于陈⑥。

① 楚复伐郑，故受盟也。辰陵，陈地，颍川长平县东南有辰亭。【释文】复，扶又切，下“复封陈”同。 ② 无传。 ③ 晋侯往会之，故以狄为会主。欑函，狄地。【释文】欑，才端切。函，音咸。 ④ 不言楚子而称人，讨贼辞也。 ⑤ 楚子先杀徵舒而欲县陈，后得申叔时谏，乃复封陈，不有其地，故书入在杀徵舒之后。 ⑥ 二子，淫昏乱人也。君弑之后，能外托楚以求报君之仇，内结强援于国，故楚庄得平步而讨陈，除弑君之贼。于时陈成公播荡于晋，定亡君之嗣，灵公成丧，贼讨国复，功足以补过，故君子善楚复之。【释文】播，补贺切。荡，如字。

【传】

十一年春，楚子伐郑，及栎。子良曰：“晋、楚不务德而兵争，与其来者可也。晋、楚无信，我焉得有信？”乃从楚。夏，楚盟于辰陵，陈、郑服也①。

① 传言楚与晋狎主盟。【释文】栎，力狄切。争，争斗之争。焉，於虔切。夏楚盟，本或作“楚子”。

楚左尹子重侵宋[①]，王待诸郔[②]。令尹蒍艾猎城沂[③]，使封人虑事[④]，以授司徒[⑤]。量功命日[⑥]，分财用[⑦]，平板榦[⑧]，称畚筑[⑨]，程土物[⑩]，议远迩[⑪]，略基趾[⑫]，具餱粮[⑬]，度有司[⑭]，事三旬而成[⑮]，不愆于素[⑯]。

① 子重，公子婴齐，庄王弟。 ② 郔，楚地。【释文】郔，音延。 ③ 艾猎，孙叔敖也。沂，楚邑。【释文】艾，五盖切。猎，力涉切。沂，鱼依切。 ④ 封人，其时主筑城者。虑事，(无)[谋]虑计功。【释文】虑，如字，一音力於切。 ⑤ 司徒掌役。 ⑥ 命作日数。 ⑦ 财(具)[用]，筑作具。 ⑧ 榦，桢也。【释文】榦，古旦切，亦作"幹"。桢，音贞。 ⑨ 量轻重。畚，盛土器。【释文】畚，音本。盛，音成。 ⑩ 为作程限。【释文】为，于伪切，又如字。 ⑪ 均劳逸。 ⑫ 趾，城足。略，行也。【释文】趾，音止。行，下孟切。 ⑬ 餱，干食也。【释文】餱，音侯。粮，音良。干食，如字，一音嗣，本或作"干饭"。 ⑭ 谋监主。【释文】度，待洛切。监，古衔切。 ⑮ 十日为旬。 ⑯ 不过素所虑之期也。传言叔敖之能使民。【释文】愆，起虔切。

晋郤成子求成于众狄，众狄疾赤狄之役，遂服于晋[①]。秋，会于欑函，众狄服也。是行也，诸大夫欲召狄。郤成子曰："吾闻之，非德，莫如勤，非勤，何以求人？能勤有继，其从之也[②]。《诗》曰：'文王既勤止[③]。'文王犹勤，况寡德乎？"

① 赤狄潞氏最强，故服役众狄。【释文】潞，音路。 ② 勤则功继之。 ③《诗·颂》。文王勤以创业。【释文】创，初亮切。

冬，楚子为陈夏氏乱故，伐陈[①]。谓陈人无动，将讨于少西氏[②]。遂入陈，杀夏徵舒，轘诸栗门[③]，因县陈[④]。陈侯在晋[⑤]。

① 十年，夏徵舒弑君。【释文】为，于伪切。 ② 少西，徵舒之祖子夏之名。【释文】少，诗照切。 ③ 轘，车裂也。栗门，陈城门。【释文】轘，音患。 ④ 灭陈以为楚县。 ⑤ 灵公子成公午。

申叔时使于齐，反，复命而退。王使让之曰："夏徵舒为不道，弑其君，寡人以诸侯讨而戮之，诸侯县公皆庆寡人[①]，女独不庆寡人，何故？"对曰："犹可辞乎？"王曰："可哉！"曰：

“夏徵舒弑其君，其罪大矣，讨而戮之，君之义也。抑人亦有言曰：‘牵牛以蹊人之田[2]，而夺之牛。’牵牛以蹊者，信有罪矣；而夺之牛，罚已重矣。诸侯之从也，曰讨有罪也。今县陈，贪其富也。以讨召诸侯，而以贪归之，无乃不可乎？”王曰：“善哉！吾未之闻也。反之，可乎？”对曰：“可哉！吾侪小人所谓取诸其怀而与之也[3]。”乃复封陈，乡取一人焉以归，谓之夏州[4]。故书曰：“楚子入陈，纳公孙宁、仪行父于陈。”书有礼也[5]。

① 楚县大夫皆僭称公。【释文】使，所吏切。僭，子念切。　② 抑，辞也。蹊，径也。【释文】女，音汝。蹊，音兮。径，古定切。　③ 叔时谦言小人意浅，谓譬如取人物于其怀而还之，为愈于不还。【释文】侪，仕皆切，辈也。　④ 州，乡属，示讨夏氏所获也。【释文】复，扶又切。夏，户雅切。　⑤ 没其县陈本意，全以讨乱存国为文，善其复礼。

厉之役，郑伯逃归[1]，自是楚未得志焉。郑既受盟于辰陵，又徼事于晋[2]。

① 盖在六年。　② 为明年楚围郑传。十年郑及楚平，既无其事，辰陵盟后，郑徼事晋，又无端迹，传皆特发以明经也。自厉之役，郑南北两属，故未得志。九年楚子伐郑，不以黑壤兴伐，远称厉之役者，志恨在厉役，此皆传上下相包通之义也。【释文】徼，古尧切。

春秋经传集解宣公下第十一

宣公十二年

【经】

十有二年春，葬陈灵公[①]。

楚子围郑[②]。

夏六月乙卯，晋荀林父帅师及楚子战于邲，晋师败绩[③]。

秋七月。

冬十有二月戊寅，楚子灭萧[④]。

晋人、宋人、卫人、曹人同盟于清丘[⑤]。

宋师伐陈，卫人救陈[⑥]。

① 无传。贼讨国复，二十二月然后得葬。 ② 前年盟辰陵，而又徼事晋故。【释文】徼，古尧切。 ③ 晋上军成陈，故书战。邲，郑地。【释文】邲，扶必切，一音弼。陈，音直觐切。 ④ 萧，宋附庸国。十二月无戊寅，戊寅，十一月九日。 ⑤ 晋、卫背盟，故大夫称人。宋华椒承群伪之言，以误其国，宋虽有守信之善，而椒犹不免讥。清丘，卫地，今在濮阳县东南。【释文】背，蒲对切，下注同。 ⑥ 背清丘之盟。

【传】

十二年春，楚子围郑。旬有七日，郑人卜行成，不吉。卜临于大宫[①]，且巷出车，吉[②]。国人大临，守陴者皆哭[③]。楚子退师，郑人修城，进复围之，三月克之[④]。入自皇门，至于逵路[⑤]。郑伯肉袒牵羊以逆[⑥]，曰："孤不天[⑦]，不能事君，使君怀怒以及敝邑，孤之罪也，敢不唯命是听？其俘诸江南以实海滨，亦唯命。其翦以赐诸侯，使臣妾之，亦唯命[⑧]。若惠顾前好[⑨]，徼福于厉、宣、桓、武，不泯其社稷[⑩]，使改事君，夷于九县[⑪]，君之惠也，孤之愿也，非所敢望也。敢布腹心，君实图之。"左右曰："不可许也，得国无赦。"王曰："其君能下人，必能信用其民矣，庸可几乎？"退三十里而许之平[⑫]。潘尫入盟，子良出质[⑬]。

① 临，哭也。大宫，郑祖庙。【释文】临，力鸩切，注下同。大，音泰，注同。② 出车于巷，示将见迁，不得安居。　③ 陴，城上僻倪。皆哭，所以告楚穷也。【释文】陴，婢支切，徐扶移切。僻，普计切。倪，五计切。　④ 哀其穷哭，故为退师，而犹不服，故复围之九十日。【释文】复，扶又切，注同。为，于伪切。⑤ 涂方九轨曰逵。【释文】逵，求龟切，《尔雅》云：九达谓之逵，《说文》作"馗"，云：九达道，似龟背，故谓之馗。逵，或"馗"字。　⑥ 肉袒牵羊，示服为臣仆。【释文】袒，徒旱切。　⑦ 不为天所祐。【释文】祐，音又。　⑧ 翦，削也。【释文】俘，芳夫切，囚也。滨，音宾。翦，子浅切。　⑨ 楚、郑世有盟誓之好。【释文】好，呼报切，注同。　⑩ 周厉王、宣王，郑之所自出也。郑桓公、武公，始封之贤君也。愿楚要福于此四君，使社稷不灭。泯，犹灭也。厉宣，郑桓公友，周厉王之子，宣王之母弟。桓武，郑武公名滑突，桓公之子。【释文】泯，弥忍切，徐亡轸切。要，於遥切。　⑪ 楚灭九国以为县，愿得比之。【释文】九县，庄十四年灭息，十六年灭邓，僖五年灭弦，十二年灭黄，二十六年灭夔，文四年灭江，五年灭六、蓼，十六年灭庸。传称楚武王克权，使鬥缗尹之，又称文王县申、息，凡十一国，不知何以言九。　⑫ 退一舍以礼郑。【释文】下，遐嫁切。几，音冀。⑬ 潘尫，楚大夫。子良，郑伯弟。【释文】尫，乌黄切。质，音致。

夏六月，晋师救郑。荀林父将中军[①]，先縠佐之[②]。士会将上军[3]，郤克佐之[4]。赵朔将下军[5]，栾书佐之[6]。赵括、赵婴齐为中军大夫[7]。巩朔、韩穿为上军大夫。荀首、赵同为下军大夫[8]。韩厥为司马[9]。

① 代郤缺。【释文】将，子匠切，下及注同，下“尹将”、“将左”、“将右”放此。 ② 彘季，代林父。【释文】縠，户木切，又作“穀”，同。彘，直例切。 ③ 河曲之役，郤缺将上军，宣八年代赵盾为政，将中军。士会代将上军。 ④ 郤缺之子，代臾骈。【释文】臾，羊朱切。骈，蒲边切。 ⑤ 代栾盾。 ⑥ 栾盾之子，代赵朔。 ⑦ 括、婴齐皆赵盾异母弟。 ⑧ 荀首，林父弟。赵同，赵婴兄。【释文】巩，九勇切。 ⑨ 韩万玄孙。

及河，闻郑既及楚平，桓子欲还，曰：“无及于郑而剿民，焉用之[1]？楚归而动，不后[2]。”随武子曰：“善[3]。会闻用师，观衅而动[4]。德刑政事典礼不易，不可敌也，不为是征[5]。楚军讨郑，怒其贰而哀其卑，叛而伐之，服而舍之，德刑成矣。伐叛，刑也；柔服，德也。二者立矣。昔岁入陈[6]，今兹入郑，民不罢劳，君无怨讟[7]，政有经矣[8]。荆尸而举[9]，商农工贾不败其业，而卒乘辑睦[10]，事不奸矣[11]。蒍敖为宰，择楚国之令典[12]，军行，右辕，左追蓐[13]，前茅虑无[14]，中权，后劲[15]，百官象物而动，军政不戒而备[16]，能用典矣。其君之举也，内姓选于亲，外姓选于旧[17]。举不失德，赏不失劳。老有加惠[18]，旅有施舍[19]。君子小人，物有服章[20]。贵有常尊，贱有等威[21]，礼不逆矣。德立，刑行，政成，事时，典从，礼顺，若之何敌之？见可而进，知难而退，军之善政也。兼弱攻昧，武之善经也[22]。子姑整军而经武乎[23]！犹有弱而昧者，何必楚？仲虺有言曰：‘取乱侮亡。’兼弱也[24]。《汋》曰：‘於铄王师，遵养时晦[25]。’耆昧也[26]。《武》曰：‘无竞惟烈[27]。’抚弱耆昧以务烈所，可也[28]。”彘子曰：“不可[29]。晋所以霸，师武臣力也。今失诸侯，不可谓力。有敌而不从，不可谓武。由我失霸，不如死。且成师以出，闻敌强而退，非夫也[30]。命为军帅，而卒以非夫，唯群子能，我弗为也。”以中军佐济[31]。

① 桓子，林父。勦，劳也。【释文】勦，初交切，徐子小切。焉，於虔切。② 动兵伐郑。　③ 武子，士会。　④ 衅，罪也。【释文】衅，许靳切，服云：间也。　⑤ 言征伐为有罪，不为有礼。【释文】为，于伪切，注同。　⑥ 讨徵舒。⑦ 𧩊，谤也。【释文】罢，音皮。𧩊，徒木切。　⑧ 经，常也。　⑨ 荆，楚也。尸，陈也。楚武王始更为此陈法，遂以为名。【释文】陈，直覲切，下同。　⑩ 步曰卒，车曰乘。【释文】贾，音古。卒，子忽切，注同。乘，绳证切，注皆同。辑，音集，又七入切。　⑪ 奸，犯也。【释文】奸，音干。　⑫ 宰，令尹。𫇭敖，孙叔敖。【释文】𫇭，于伪切。　⑬ 在车之右者，挟辕为战备；在左者，追求草蓐为宿备。传曰令尹南辕，又曰改乘辕，楚陈以辕为主。【释文】蓐，音辱。挟，胡牒切，又古洽切，又古协切。　⑭ 虑无，如今军行前有斥候蹹伏，皆持以绛及白为幡，见骑贼举绛幡，见步贼举白幡，备虑有无也。茅，明也。或曰时楚以茅为旌识。【释文】蹹，徒腊切。幡，芳元切。骑，其寄切。识，申志切，一音志。　⑮ 中军制谋，后以精兵为殿。【释文】劲，吉政切。殿，丁练切。　⑯ 物犹类也。戒，敕令。　⑰ 言亲疏并用。　⑱ 赐老则不计劳。　⑲ 旅客来者，施之以惠，舍不劳役。　⑳ 尊卑别也。【释文】别，彼列切。　㉑ 威仪有等差。【释文】差，初佳切，又初宜切。　㉒ 昧，昏乱。经，法也。【释文】昧，音妹。　㉓ 姑，且也。㉔ 仲虺，汤左相，薛之祖奚仲之后。【释文】虺，许鬼切。侮，亡吕切。相，息亮切。　㉕《汋》，《诗·颂》篇名。铄，美也，言美武王能遵天之道，须暗昧者恶积而后取之。【释文】汋，章略切。於，音乌。铄，舒若切，注同。　㉖ 耆，致也，致讨于昧。【释文】耆，音旨，徐其夷切，下同。　㉗《武》，《诗·颂》篇名。烈，业也，言武王兼弱取昧，故成无疆之业。【释文】疆，居良切。　㉘ 言当务从武王之功业，抚而取之。【释文】以务烈所，绝句。　㉙ 彘子，先縠。　㉚ 非丈夫。㉛ 佐，彘子所帅也。济，渡河。【释文】帅，所类切，下及注“有帅”、“元帅”、“三帅”同。

知庄子曰：“此师殆哉[1]。《周易》有之，在《师》䷆[2]之《临》䷒[3]，曰：‘师出以律，否臧，凶[4]。’执事顺成为臧，逆为否[5]。众散为弱[6]，川壅为泽[7]，有律以如己也[8]，故曰律。否臧，且律竭也[9]。盈而以竭，夭且不整，所以凶也[10]。不行之谓《临》⑪,有帅而不从,《临》孰甚焉！此之谓矣⑫。果遇,必败⑬,彘子尸之⑭。虽免而归,必有大咎⑮。”韩献子谓桓子曰⑯:“彘子以偏师陷,子罪大矣。子为元帅,师不用命,谁之罪也？失属亡师,为罪已重,不如进也⑰。事之不捷,恶有所分⑱,与其专罪,六人同之,不犹愈乎⑲?”师遂济。楚子北,师次于郔⑳。沈尹将中军㉑,子重将左,子反将右,将饮马于河而归㉒。闻晋师既济,王欲还,嬖人伍参欲战㉓。令尹孙叔敖弗欲,曰:“昔岁入陈,今兹入郑,不无事矣。战而不捷,参之肉其足食乎?”参曰:“若事之捷,孙叔为无谋矣。不捷,参之肉将在晋军,可得食乎?”令尹南辕反旆㉔,伍参言于王曰:“晋之从政者新,未能行令。其佐先縠刚愎不仁,未肯用命㉕。其三帅者专行不获㉖,听而无上,众谁适从㉗？此行也,晋师必败。且君而逃臣,若社稷何?”王病之,告令尹,改乘辕而北之,次于管以待之。

① 庄子,荀首。【释文】知,音智。 ②《坎》下《坤》上,《师》。 ③《兑》下《坤》上,《临》。《师》初六变而之《临》。 ④ 此《师》卦初六爻辞。律,法;否,不也。【释文】臧,子郎切。 ⑤ 今彘子逆命不顺成,故应否臧之凶。【释文】应,应对之应。 ⑥《坎》为众,今变为《兑》,《兑》柔弱。 ⑦《坎》为川,今变为《兑》,《兑》为泽,是川见壅。【释文】壅,於勇切,本又作“雍”,注皆同。 ⑧ 如,从也。法行则人从法,法败则法从人。《坎》为法象,今为众则散,为川则壅,是失法之用,从人之象。 ⑨ 竭,败也。《坎》变为《兑》,是法败。 ⑩ 水遇夭塞,不得整流,则竭涸也。【释文】夭,於表切。 ⑪ 水变为泽,乃成《临》卦。泽,不行之物。 ⑫ 譬彘子之违命,亦不可行。 ⑬ 遇敌。 ⑭ 主此祸。 ⑮ 为明年晋杀先縠传。【释文】咎,其九切。 ⑯ 献子,韩厥。 ⑰ 令郑属楚,故曰失属。彘子以偏师陷,故曰亡师。【释文】令,力呈切。 ⑱ 捷,成也。 ⑲ 三军皆败,则六卿同罪,不得独责元帅。 ⑳ 郔,郑北地。【释文】郔,音延。 ㉑ 沈或作“寝”。寝,县也,今汝阴固始县。【释文】沈,音审。 ㉒ 子反,公子侧。【释文】饮,於鸩切。 ㉓ 参,伍奢之祖父。【释文】嬖,必计切,徐甫诣切,《字林》方豉切。参,七南切。 ㉔ 回车南乡。旆,军前大旗。【释文】旆,蒲贝切。

乡，又作"嚮"，许亮切。 ㉕ 愎，很也。【释文】愎，皮逼切。很，胡垦切。 ㉖ 欲专其所行而不得。 ㉗ 听彘子、赵同、赵括，则为军无上，令众不知所从。【释文】適，丁历切。

晋师在敖、鄗之间①。郑皇戌使如晋师，曰："郑之从楚，社稷之故也，未有贰心。楚师骤胜而骄，其师老矣，而不设备，子击之，郑师为承②，楚师必败。"彘子曰："败楚服郑，于此在矣，必许之。"栾武子曰③："楚自克庸以来④，其君无日不讨国人而训之⑤，于民生之不易，祸至之无日，戒惧之不可以怠⑥。在军，无日不讨军实而申儆之⑦，于胜之不可保，纣之百克而卒无后，训之以若敖、蚡冒筚路蓝缕，以启山林⑧。箴之曰：'民生在勤，勤则不匮。'不可谓骄⑨。先大夫子犯有言曰：'师直为壮，曲为老。'我则不德，而徼怨于楚，我曲楚直，不可(为)[谓]老⑩。其君之戎，分为二广⑪，广有一卒，卒偏之两⑫。右广初驾，数及日中，左则受之，以至于昏。内官序当其夜⑬，以待不虞。不可谓无备。子良，郑之良也。师叔，楚之崇也⑭。师叔入盟，子良在楚，楚、郑亲矣。来劝我战，我克则来，不克遂往，以我卜也，郑不可从。"赵括、赵同曰："率师以来，唯敌是求。克师得属，又何俟？必从彘子⑮。"知季曰："原、屏，咎之徒也⑯。"赵庄子曰："栾伯善哉⑰，实其言，必长晋国⑱。"

① 荥阳京县东北有管城。敖、鄗二山在荥阳县西北。【释文】乘，绳证切。管，古缓切。管城，管叔所封也，或作"菅"，古颜切，非也。敖，五刀切。鄗，苦交切。 ② 承，继也。【释文】戌，虽律切。使，所吏切。骤，仕救切。 ③ 武子，栾书。【释文】败，必迈切。 ④ 在文十六年。 ⑤ 讨，治也。 ⑥ 于，曰也。【释文】易，以豉切。 ⑦ 军实，军器。【释文】儆，敬领切。 ⑧ 若敖、蚡冒，皆楚之先君。筚路，柴车。蓝缕，敝衣。言此二君勤俭以启土。【释文】纣，直九切。蚡，扶粉切。冒，莫报切。筚，音必。蓝，力甘切。缕，力主切。 ⑨ 箴，诫。【释文】箴，章金切。匮，其位切。 ⑩ 不德，谓以力争诸侯。徼，要也。【释文】

要，一遥切。　⑪ 君之亲兵。【释文】广，古旷切，下及注皆同。　⑫ 十五乘为一广。《司马法》：百人为卒，二十五人为两。车十五乘为大偏。今广十五乘，亦用旧偏法，复以二十五人为承副。【释文】卒，子忽切，注同。乘，绳证切，下同。复，扶又切，下"不复逐"同。　⑬ 内官，近官。序，次也。【释文】序当其夜，一本作"序当其次"。　⑭ 师叔，潘尪，为楚人所崇贵。　⑮ 得属，服郑。　⑯ 知季，庄子也。原，赵同。屏，赵括。徒，党也。【释文】知，音智。荀首后为智氏。屏，步丁切。　⑰ 庄子，赵朔。栾伯，武子。　⑱ 实犹充也。栾书之身行，能充此言，则当执晋国之政也。【释文】长，丁两切。行，下孟切。

楚少宰如晋师①，曰："寡君少遭闵凶，不能文②。闻二先君之出入此行也③，将郑是训定，岂敢求罪于晋？二三子无淹久④。"随季对曰："昔平王命我先君文侯曰：'与郑夹辅周室，毋废王命。'今郑不率⑤，寡君使群臣问诸郑，岂敢辱候人⑥？敢拜君命之辱。"彘子以为谄，使赵括从而更之，曰："行人失辞⑦。寡君使群臣迁大国之迹于郑⑧，曰：'无辟敌。'群臣无所逃命。"

① 少宰，官名。【释文】少，诗召切，注及下同。　② 闵，忧也。　③ 二先君：楚成王、穆王。　④ 淹，留也。　⑤ 率，遵也。【释文】夹，古洽切，旧古协切。毋，音无。　⑥ 候人，谓伺候望敌者。【释文】候，户豆切。伺，音司，一音息嗣切。　⑦ 言误对。【释文】谄，敕检切。　⑧ 迁，徙也。

楚子又使求成于晋，晋人许之，盟有日矣①。楚许伯御乐伯，摄叔为右，以致晋师②。许伯曰："吾闻致师者，御靡旌摩垒而还③。"乐伯曰："吾闻致师者，左射以菆④，代御执辔，御下两马，掉鞅而还⑤。"摄叔曰："吾闻致师者，右入垒，折馘⑥，执俘而还。"皆行其所闻而复。晋人逐之，左右角之⑦。乐伯左射马而右射人，角不能进，矢一而已。麋兴于前，射麋丽龟⑧。晋鲍癸当其后，使摄叔奉麋献焉，曰："以岁之非时，献禽之未至，敢膳诸从者。"鲍癸止之，曰："其左善射，其右有辞，君子也。"既免⑨。

① 有期日。 ② 单车挑战，又示不欲崇和，以疑晋之群帅。【释文】单，音丹。挑，徒了切，下文同。帅，所类切。 ③ 靡旌，驱疾也。摩，近也。【释文】摩，末多切。垒，力轨切。近，附近之近。 ④ 左，车左也。菆，矢之善者。【释文】射，食亦切，下三字同。菆，侧留切。 ⑤ 两，饰也。掉，正也。示閒暇。【释文】两，或作"緉"，皆力掌切，又音亮。掉，徒吊切，徐乃较切。鞅，于丈切。閒，音闲。 ⑥ 折馘，断耳。【释文】折，之设切，注同。馘，古获切。断，音短。 ⑦ 张两角，从旁夹攻之。 ⑧ 丽，著也。龟，背之隆高当心者。【释文】麋，亡悲切。著，直略切。 ⑨ 止不复逐。【释文】从，才用切，下"从者"同。

晋魏锜求公族未得①，而怒，欲败晋师。请致师，弗许。请使，许之。遂往，请战而还。楚潘党逐之，及荧泽，见六麋，射一麋以顾献曰："子有军事，兽人无乃不给于鲜，敢献于从者②。"叔党命去之③。赵旃求卿未得④，且怒于失楚之致师者，请挑战，弗许。请召盟，许之，与魏锜皆命而往。郤献子曰："二憾往矣⑤，弗备必败。"彘子曰："郑人劝战，弗敢从也。楚人求成，弗能好也。师无成命，多备何为？"士季曰："备之善。若二子怒楚，楚人乘我，丧师无日矣⑥。不如备之。楚之无恶，除备而盟，何损于好？若以恶来，有备不败。且虽诸侯相见，军卫不彻，警也⑦。"彘子不可⑧。士季使巩朔、韩穿帅七覆于敖前⑨，故上军不败。赵婴齐使其徒先具舟于河，故败而先济。

① 锜，魏犨子，欲为公族大夫。【释文】锜，鱼绮切。犨，尺周切。 ② 荧泽在荧阳县东。新杀为鲜，见六得一，言其不如楚。【释文】败，必迈切，又如字。使，所吏切。荧，户扃切。射，食亦切。鲜，音仙，注同。 ③ 叔党，潘党，潘尪之子。 ④ 旃，赵穿子。 ⑤ 献子，郤克。【释文】憾，胡暗切。 ⑥ 乘，犹登也。【释文】好，呼报切，下同。丧，息浪切。 ⑦ 彻，去也。【释文】警，音景。去，起吕切。 ⑧ 不肯设备。 ⑨ 帅，将也。覆，为伏兵七处。【释文】覆，扶又切，注同。帅，如字。将，子匠切。处，昌虑切。

潘党既逐魏锜①，赵旃夜至于楚军②，席于军门之外，使其徒入之③。楚子为乘广三十乘，分为左右。右广鸡鸣而驾，日中而说[4]。左则受之，日入而说。许偃御右广，养由基为右。彭名御左广，屈荡为右[5]。乙卯，王乘左广以逐赵旃。赵旃弃车而走林，屈荡搏之，得其甲裳[6]。晋人惧二子之怒楚师也，使軘车逆之[7]。潘党望其尘，使骋而告曰："晋师至矣。"楚人亦惧王之入晋军也，遂出陈。孙叔曰："进之。宁我薄人，无人薄我。《诗》云：'元戎十乘，以先启行。'先人也[8]。《军志》曰：'先人有夺人之心。'薄之也[9]。"遂疾进师，车驰卒奔，乘晋军。桓子不知所为，鼓于军中曰："先济者有赏。"中军、下军争舟，舟中之指可掬也[10]。

① 言魏锜见逐而退。 ② 二人虽俱受命而行不相随，赵旃在后至。 ③ 布席坐，示无所畏也。 ④ 说，舍也。【释文】乘，绳证切，下"三十乘"、"十乘"并注同。说，舒锐切，注及下同。 ⑤ 楚王更迭载之，故各有御、右。【释文】屈，居勿切。更，音庚。迭，直结切。 ⑥ 下曰裳。【释文】搏，音博。 ⑦ 軘车，兵车名。【释文】軘，徒温切。 ⑧ 元戎，戎车在前也。《诗·小雅》，言王者军行，必有戎车十乘，在前开道，先人为备。【释文】骋，敕景切。陈，直觐切，下注皆同。先，悉荐切，注下同。 ⑨ 夺敌战心。 ⑩ 两手曰掬。【释文】卒，子忽切，下及下注同。掬，九六切。

晋师右移，上军未动[1]。工尹齐将右拒卒以逐下军[2]。楚子使唐狡与蔡鸠居告唐惠侯曰[3]："不穀不德而贪，以遇大敌，不穀之罪也。然楚不克，君之羞也，敢藉君灵以济楚师[4]。"使潘党率游阙四十乘[5]，从唐侯以为左拒，以从上军。驹伯曰："待诸乎[6]。"随季曰："楚师方壮，若萃于我，吾师必尽[7]，不如收而去之。分谤生民，不亦可乎[8]？"殿其卒而退，不败[9]。王见右广，将从之乘。屈荡户之，曰："君以此始，亦必以终[10]。"自是楚之乘广先左[11]。

① 言余军皆移去，唯上军在。经所以书战，言犹有陈。 ② 工尹齐，楚大夫。右拒，陈名。【释文】拒，音矩，本亦作"矩"，下同。 ③ 二子，楚大夫。唐，属楚之小国，义阳安昌县东南有上唐乡。【释文】狡，古卯切。 ④ 藉，犹假借

也。⑤ 游车补阙者。【释文】乘,绳证切,下"之乘"、注"易乘"皆同。⑥ 驹伯,郤克,上军佐也。⑦ 萃,集也。【释文】萃,似醉切。⑧ 同奔为分谤,不战为生民。⑨ 以其所将卒为军后殿。【释文】殿,多练切,注同。⑩ 户,止也。中易乘则恐军人惑。⑪ 以乘左得胜故。

晋人或以广队不能进①,楚人惎之脱扃②,少进,马还,又惎之拔旆投衡,乃出③。顾曰:"吾不如大国之数奔也。"

① 广,兵车。【释文】队,直类切。② 惎,教也。扃,车上兵阑。【释文】惎,其器切。扃,古荧切,徐公冥切,服云:扃,横木校轮间。一曰车前横木也。《西京赋》云:旗不脱扃;薛综云:扃,所以止旗也。③ 还,便旋不进。旆,大旗也。拔旗投衡上,使不帆风,差轻。【释文】帆,凡剑切,本又作"帊",普霸切。差,初卖切。

赵旃以其良马二,济其兄与叔父,以他马反,遇敌不能去,弃车而走林。逢大夫与其二子乘①,谓其二子无顾②。顾曰:"赵傁在后③。"怒之,使下,指木曰:"尸女于是。"授赵旃绥,以免。明日以表尸之④,皆重获在木下⑤。

① 逢,氏。【释文】数,所角切。乘,绳证切。② 不欲见赵旃。③ 傁,老称也。【释文】傁,素口切。称,尺证切。④ 表所指木取其尸。【释文】女,音汝。⑤ 兄弟累尸而死。【释文】重,直龙切。

楚熊负羁囚知罃。知庄子以其族反之①,厨武子御②,下军之士多从之③。每射,抽矢,菆,纳诸厨子之房④。厨子怒曰:"非子之求而蒲之爱⑤,董泽之蒲,可胜既乎⑥?"知季曰:"不以人子,吾子其可得乎?吾不可以苟射故也。"射连尹襄老,获之,遂载其尸。射公子穀臣,囚之。以二者还⑦。

① 负羁,楚大夫。知罃,知庄子之子。族,家兵。反,还战。【释文】罃,于耕切。还,音环。② 武子,魏锜。【释文】厨,直诛切。③ 知庄子下军大夫故。④ 抽,擢也。菆,好箭。房,箭舍。【释文】射,食夜切,又食亦切。擢,直角切。⑤ 蒲,杨柳,可以为箭。⑥ 董泽,泽名,河东闻喜县东北有董池陂。既,尽也。【释文】胜,音升。陂,彼宜切。⑦ 穀臣,楚王子。【释文】射,食亦切,下同。

及昏，楚师军于邲，晋之余师不能军①，宵济，亦终夜有声②。

丙辰，楚重至于邲③，遂次于衡雍。潘党曰："君盍筑武军④，而收晋尸以为京观⑤？臣闻克敌必示子孙，以无忘武功。"楚子曰："非尔所知也。夫文，止戈为武⑥。武王克商，作《颂》曰：'载戢干戈，载櫜弓矢⑦。我求懿德，肆于时《夏》，允王保之⑧。'又作《武》，其卒章曰：'耆定尔功⑨。'其三曰：'铺时绎思，我徂惟求定⑩。'其六曰：'绥万邦，屡丰年⑪。'夫武，禁暴、戢兵、保大、定功、安民、和众、丰财者也⑫。故使子孙无忘其章⑬。今我使二国暴骨，暴矣；观兵以威诸侯，兵不戢矣。暴而不戢，安能保大？犹有晋在，焉得定功？所违民欲犹多，民何安焉？无德而强争诸侯，何以和众？利人之几⑭，而安人之乱，以为己荣，何以丰财⑮？武有七德，我无一焉，何以示子孙？其为先君宫，告成事而已⑯。武非吾功也。古者明王伐不敬，取其鲸鲵而封之，以为大戮，于是乎有京观，以惩淫慝⑰。今罪无所⑱，而民皆尽忠以死君命，又可以为京乎？"祀于河，作先君宫，告成事而还⑲。

① 不能成营屯。 ② 言其兵众，将不能用。【释文】将，子匠切。 ③ 重，辎重也。【释文】重，直勇切，又直用切，注上"重"字同。辎，侧其切。重，直用切。 ④ 筑军营以章武功。【释文】雍，于用切。盍，户腊切。 ⑤ 积尸封土其上，谓之京观。【释文】观，古乱切，注及下"京观"同。 ⑥ 文，字。 ⑦ 戢，藏也。櫜，韬也。《诗》美武王能诛灭暴乱而息兵。【释文】戢，侧立切。櫜，古刀切。韬，他刀切。 ⑧ 肆，遂也。夏，大也。言武王既息兵，又能求美德，故遂大而信王保天下。【释文】夏，户雅切，注同。 ⑨《武》，《颂》篇名。耆，致也。言武王诛纣，致定其功。【释文】耆，音旨，注同。 ⑩ 其三，三篇。铺，布也。绎，陈也。时，是也。思，辞也。颂美武王能布政陈教，使天下归往求安定。【释文】铺，普吴切，徐音敷。绎，音亦。 ⑪ 其六，六篇。绥，安也。屡，数也。言武王既安天下，数致丰年。此三、六之数与今《诗·颂》篇次不同，盖楚乐歌之次

第。【释文】屡，力住切，下注同。数，所角切，下“数致”同。 ⑫ 此武七德。 ⑬ 著之篇章，使子孙不忘。 ⑭ 几，危也。【释文】暴骨，蒲卜切，或作“曝”。焉得，于虔切。强，其丈切。 ⑮ 兵动则年荒。 ⑯ 祀先君，告战胜。 ⑰ 鲸鲵，大鱼名，以喻不义之人吞食小国。【释文】鲸，其京切。鲵，五兮切。惩，直升切。慝，他得切。 ⑱ 晋罪无所犯也。 ⑲ 传言楚庄有礼，所以遂兴。

是役也，郑石制实入楚师，将以分郑而立公子鱼臣。辛未，郑杀仆叔及子服①。君子曰：“史佚所谓毋怙乱者，谓是类也②。《诗》曰：‘乱离瘼矣，爰其适归③？’归于怙乱者也夫④！”

① 仆叔，鱼臣也。子服，石制也。 ② 言恃人之乱以要利。【释文】佚，音逸。毋，音无。怙，音户。要，一遥切。 ③《诗·小雅》。离，忧也。瘼，病也。爰，于也。言祸乱忧病于何所归乎，叹之。【释文】瘼，音莫。 ④ 恃乱则祸归之。【释文】夫，音扶。

郑伯、许男如楚①。

① 为十四年晋伐郑传。

秋，晋师归，桓子请死，晋侯欲许之。士贞子谏曰：“不可①。城濮之役，晋师三日谷②，文公犹有忧色。左右曰：‘有喜而忧，如有忧而喜乎③？’公曰：‘得臣犹在，忧未歇也④。困兽犹斗，况国相乎！’及楚杀子玉⑤，公喜而后可知也⑥，曰：‘莫余毒也已。’是晋再克而楚再败也。楚是以再世不竞⑦。今天或者大警晋也⑧，而又杀林父以重楚胜，其无乃久不竞乎？林父之事君也，进思尽忠，退思补过，社稷之卫也，若之何杀之？夫其败也，如日月之食焉，何损于明？”晋侯使复其位⑨。

① 贞子，士渥浊。【释文】渥，於角切。 ② 在僖二十八年。【释文】濮，音卜。 ③ 言忧喜失时。 ④ 歇，尽也。【释文】歇，许竭切。 ⑤ 子玉，得臣。【释文】相，息亮切，下“熊相”同。 ⑥ 喜见于颜色。【释文】见，贤遍切。 ⑦ 成王至穆王。【释文】竞，其敬切。 ⑧ 警，戒也。 ⑨ 言晋景所以不失霸。【释

文】重，直用切。

冬，楚子伐萧，宋华椒以蔡人救萧。萧人囚熊相宜僚及公子丙。王曰："勿杀，吾退。"萧人杀之。王怒，遂围萧。萧溃。申公巫臣曰："师人多寒。"王巡三军，拊而勉之①。三军之士，皆如挟纩②。遂傅于萧。还无社与司马卯言，号申叔展③。叔展曰："有麦麴乎？"曰："无。""有山鞠穷乎？"曰："无④。""河鱼腹疾奈何⑤？"曰："目于眢井而拯之⑥。""若为茅绖，哭井则己⑦。"明日萧溃，申叔视其井，则茅绖存焉，号而出之⑧。

① 拊抚慰勉之。【释文】僚，了雕切。溃，户内切。拊，芳甫切。 ② 纩，绵也。言说以忘寒。【释文】挟，户牒切。纩，音旷。说，音悦。 ③ 还无社，萧大夫。司马卯、申叔展皆楚大夫也。无社素识叔展，故因卯呼之。【释文】傅，音傅。还，音旋。卯，马鲍切。号，徐户到切，一音户刀切。 ④ 麦麴、鞠穷所以御湿，欲使无社逃泥水中，无社不解，故曰无。军中不敢正言，故谬语。【释文】麴，去六切。鞠，起弓切。御，鱼吕切，下同。解，音蟹，下同。 ⑤ 叔展言无御湿药，将病。 ⑥ 无社意解，欲入井，故使叔展视虚废井而求拯己。出溺为拯。【释文】眢，乌丸切，《字林》云：井无水也，一皮切。拯，拯救之拯，注同。 ⑦ 叔展又教结茅以表井，须哭乃应以为信。【释文】绖，直结切。己，音纪，旧音以。应，应对之应。 ⑧ 号，哭也。传言萧人无守心。【释文】号，户刀切，注同。守，手又切。

晋原縠、宋华椒、卫孔达，曹人同盟于清丘①，曰："恤病讨贰。"于是卿不书，不实其言也②。宋为盟故，伐陈③。卫人救之。孔达曰："先君有约言焉，若大国讨，我则死之④。"

① 原縠，先縠。 ② 宋伐陈，卫救之，不讨贰也。楚伐宋，晋不救，不恤病也。 ③ 陈贰于楚故。【释文】为，于伪切。 ④ 卫成公与陈共公有旧好，故孔达欲背盟救陈而以死谢晋，为十四年卫杀孔达传。【释文】约，於妙切，又如字。共，音恭。好，呼报切。背，音佩，十四年经注同。

宣公十三年

【经】

十有三年春,齐师伐莒。

夏,楚子伐宋。

秋,螽[1]。

冬,晋杀其大夫先縠[2]。

① 无传。为灾,故书。 ② 书名,以罪讨。

【传】

十三年春,齐师伐莒,莒恃晋而不事齐故也。

夏,楚子伐宋,以其救萧也[1]。君子曰:“清丘之盟,唯宋可以免焉[2]。”

① 救萧在前年。 ② 宋讨陈之贰。今宋见伐,晋、卫不顾盟以恤宋,而经同贬宋大夫。传嫌华椒之罪累及其国,故曰唯宋可以免。【释文】累,劣伪切。

秋,赤狄伐晋,及清,先縠召之也[1]。

① 邲战不得志,故召狄欲为变。清,一名清原。

冬,晋人讨邲之败,与清之师,归罪于先縠而杀之,尽灭其族。君子曰:“恶之来也,己则取之,其先縠之谓乎[1]!”

① 尽灭其族,谓诛已甚,故曰恶之来也。

清丘之盟,晋以卫之救陈也讨焉[1]。使人弗去,曰:“罪无所归,将加而师。”孔达曰:“苟利社稷,请以我说[2],罪我之由。我则为政而亢大国之讨,将以谁任[3]?我则死之[4]。”

① 寻清丘之盟以责卫。 ② 欲自杀以说晋。【释文】使,所吏切。说,如字,又音悦,下同。 ③ 亢,御也。谓御宋讨陈也。【释文】亢,苦浪切。任,音壬。 ④ 为明年杀孔达传。

宣公十四年

【经】

十有四年春，卫杀其大夫孔达[①]。

夏五月壬申，曹伯寿卒[②]。

晋侯伐郑。

秋九月，楚子围宋。

葬曹文公[③]。

冬，公孙归父会齐侯于穀。

① 书名，背盟于大国，罪之。 ② 无传。文十四年盟新城。 ③ 无传。

【传】

十四年春，孔达缢而死。卫人以说于晋而免[①]。遂告于诸侯曰："寡君有不令之臣达，构我敝邑于大国，既伏其罪矣，敢告[②]。"卫人以为成劳，复室其子[③]，使复其位[④]。

① 以杀告，故免于伐。【释文】缢，一赐切。 ② 诸杀大夫亦皆告。 ③ 以有平国之功，故以女妻之。【释文】复，扶又切。妻，七计切。 ④ 袭父禄位。

夏，晋侯伐郑，为邲故也[①]。告于诸侯，蒐焉而还[②]。中行桓子之谋也，曰："示之以整，使谋而来。"郑人惧，使子张代子良于楚[③]。郑伯如楚，谋晋故也。郑以子良为有礼，故召之[④]。

① 晋败于邲，郑遂属楚。【释文】为，于伪切。 ② 蒐，简阅车马。【释文】蒐，所留切。阅，音悦。 ③ 十二年，子良质于楚。子张，穆公孙。【释文】行，户郎切。质，音致。 ④ 有让国之礼。

楚子使申舟聘于齐，曰："无假道于宋[①]。"亦使公子冯聘于晋，不假道于郑。申舟以孟诸之役恶宋[2]，曰："郑昭宋聋[3]，晋使不害，我则必死。"王曰："杀女，我伐之。"见犀而行[4]。及宋，宋人止之，华元曰："过我而不假道，鄙我也。鄙我，亡也[5]。杀其使者必伐我，伐我，亦亡也。亡一也。"乃杀之。楚子闻之，投袂而起[6]，屦及于窒皇[7]，剑及于寝门之外，车及于蒲胥之市。秋九月，楚子围宋。

① 申舟，无畏。 ② 文十年，楚子田孟诸，无畏抶宋公仆。【释文】冯，皮冰切。恶，乌路切。抶，敕乙切。 ③ 昭，明也。聋，阇也。【释文】聋，力工切。 ④ 犀，申舟子，以子托王，示必死。【释文】使，所吏切，下"使者"同。女，音汝。见，贤遍切。 ⑤ 以我比其边鄙，是与亡国同。【释文】过，古卧切，又古禾切。 ⑥ 投，振也。袂，袖也。【释文】袂，面世切。袖，徐又切。 ⑦ 窒皇，寝门阙。【释文】屦，九具切。窒，直结切。

冬，公孙归父会齐侯于穀。见晏桓子，与之言鲁乐。桓子告高宣子曰[1]："子家其亡乎，怀于鲁矣[2]。怀必贪，贪必谋人。谋人，人亦谋己。一国谋之，何以不亡[3]？"

① 桓子，晏婴父。宣子，高固。【释文】乐，音洛。 ② 子家，归父字。怀，思也。 ③ 为十八年归父奔齐传。

孟献子言于公曰："臣闻小国之免于大国也，聘而献物[1]，于是有庭实旅百[2]；朝而献功[3]，于是有容貌采章，嘉淑而有加货[4]，谋其不免也。诛而荐贿，则无及也[5]。今楚在宋，公其图之。"公说[6]。

① 物，玉帛皮币也。 ② 主人亦设笾豆百品，实于庭以答宾。 ③ 献其治国若征伐之功于牧伯。 ④ 容貌，威仪。容，颜也。采章，车服文章也。嘉淑，令辞称赞也。加货，命宥币帛也。言往共则来报亦备。 ⑤ 荐，进也。见责而往，则不足解罪。【释文】贿，呼罪切。 ⑥ 为明年归父会楚子传。【释文】说，音悦。

宣公十五年

【经】

十有五年春，公孙归父会楚子于宋。

夏五月，宋人及楚人平①。

六月癸卯，晋师灭赤狄潞氏，以潞子婴儿归②。

秦人伐晋③。

王札子杀召伯、毛伯④。

秋，螽⑤。

仲孙蔑会齐高固于无娄⑥。

初税亩⑦。

冬，蝝生⑧。

饥⑨。

① 平者，总言二国和，故不书其人。 ② 潞，赤狄之别种。潞氏，国，故称氏。子，爵也。林父称师，从告。【释文】潞，音路。种，章勇切。 ③ 无传。④ 称杀者名，两下相杀之辞。两下相杀，则杀者有罪。王札子，王子札也，盖经文倒"札"字。【释文】札，侧入切，徐侧乙切。召，上照切。倒，丁老切。 ⑤ 无传。【释文】螽，音终。 ⑥ 无传。无娄，杞邑。 ⑦ 公田之法，十取其一，今又履其余亩，复十收其一，故哀公曰二吾犹不足，遂以为常，故曰初。【释文】税，始锐切。复，扶又切。 ⑧ 螽子以冬生，遇寒而死，故不成螽。【释文】蝝，悦全切，《字林》尹绢切。刘歆云：蚍蜉子也，董仲舒云：蝗子。 ⑨ 风雨不和，五稼不丰。

【传】

十五年春，公孙归父会楚子于宋①。宋人使乐婴齐告急于晋。晋侯欲救之。伯宗曰："不可②。古人有言曰：'虽鞭之长，不及马腹③。'天方授楚，未可与争。虽晋之强，能违天乎？谚曰：'高下在心④。'川泽纳污⑤，山薮藏疾⑥，瑾瑜匿瑕⑦，国君含垢⑧，天之道也⑨，君其待之⑩。"乃止。使解扬如宋，使无降楚，曰："晋师悉起，将至矣。"郑人囚而献诸楚，楚子厚赂之，使反其言⑪，不许，三而许之。登诸楼车，使呼宋人而告之⑫。遂致其君命。楚子将杀之，使与之言曰："尔既许不穀而反之，何故？非我无信，女则弃之，速即尔刑。"对曰："臣闻之，君能制命为义，臣能承命为信，信载义而行之为利。谋不失利，以卫社稷，民之主也。义无二信⑬，信无二命⑭。君之赂臣，不知命也。受命以出，有死无贾⑮，又可赂乎？臣之许君，以成命也⑯。死而成命，臣之禄也。寡君有信臣⑰，下臣获考死⑱，又何求？"楚子舍之以归。

①终前年传。　②伯宗，晋大夫。　③言非所击。　④度时制宜。【释文】度，待洛切。　⑤受污浊。【释文】污，音乌，注同。　⑥山之有林薮，毒害者居之。【释文】薮，素口切。　⑦匿，亦藏也。虽美玉之质，亦或居藏瑕秽。【释文】瑾，其靳切。瑜，羊朱切。匿，女力切。　⑧忍垢耻。【释文】垢，古口切，本或作"诟"，音同。　⑨晋侯耻不救宋，故伯宗为说小恶不损大德之喻。【释文】为，于伪切。　⑩待楚衰。　⑪反言晋不救。【释文】解，音蟹。降，户江切。　⑫楼车，车上望橹。【释文】橹，音鲁。　⑬欲为义者，不行两信。【释文】女，音汝，下注"而女"同。　⑭欲行信者，不受二命。　⑮贾，废队也。【释文】贾，于敏切。队，直类切。　⑯成其君命。　⑰己不废命。　⑱考，成也。

夏五月，楚师将去宋①。申犀稽首于王之马前，曰："毋畏知死而不敢废王命，王弃言焉。"王不能答②。申叔时仆③，曰："筑室反耕者，宋必听命。"从之④，宋人惧，使华元夜入楚师，登子反之床，起之曰："寡君使元以病告⑤，曰：'敝邑易子而食，析骸以爨⑥。虽然，城下之盟，有以国毙，不能从也⑦。去我三十里，唯命是听。'"子反惧，与之盟而告王。退三十里。宋及楚平，华元为质。盟曰："我无尔诈，尔无我虞[8]。”

① 在宋积九月，不能服宋故。 ② 未服宋而去，故曰弃言。 ③ 仆，御也。 ④ 筑室于宋，分兵归田，示无去志。王从其言。 ⑤ 兵法，因其乡人而用之，必先知其守将左右、谒者、守门者、舍人之姓名，因而利道之。华元盖用此术，得以自通。【释文】守，手又切。将，子匠切。道，音导。 ⑥ 爨，炊也。【释文】析，思历切。骸，户皆切，本又作“骨”，《公羊传》作“骸”，何休注云：骸，骨也。爨，七乱切。 ⑦ 宁以国毙，不从城下盟。【释文】毙，婢世切。 ⑧ 楚不诈宋，宋不备楚。盟不书，不告。【释文】质，音致。

潞子婴儿之夫人，晋景公之姊也。酆舒为政而杀之，又伤潞子之目[1]。晋侯将伐之，诸大夫皆曰：“不可。酆舒有三儁才[2]，不如待后之人。”伯宗曰：“必伐之。狄有五罪，儁才虽多，何补焉？不祀，一也。耆酒，二也。弃仲章而夺黎氏地，三也[3]。虐我伯姬，四也。伤其君目，五也。怙其儁才，而不以茂德，滋益罪也。后之人或者将敬奉德义以事神人，而申固其命[4]，若之何待之？不讨有罪，曰‘将待后’，后有辞而讨焉，毋乃不可乎？夫恃才与众，亡之道也。商纣由之，故灭[5]。天反时为灾[6]，地反物为妖[7]，民反德为乱，乱则妖灾生。故文反正为乏[8]。尽在狄矣。”晋侯从之。六月癸卯，晋荀林父败赤狄于曲梁。辛亥，灭潞[9]。酆舒奔卫，卫人归诸晋，晋人杀之。

① 酆舒，潞相。【释文】酆，芳忠切。相，息亮切。 ② 儁，绝异也。言有才艺胜人者三。【释文】儁，音俊。 ③ 仲章，潞贤人也。黎氏，黎侯国，上党壶关县有黎亭。【释文】耆，市志切。黎，礼兮切。 ④ 审其政令。 ⑤ 由，用也。 ⑥ 寒暑易节。 ⑦ 群物失性。 ⑧ 文，字。 ⑨ 曲梁，今广平曲梁县也。书癸卯，从赴。

王孙苏与召氏、毛氏争政[1]，使王子捷杀召戴公及毛伯卫[2]。卒立召襄[3]。

① 三人皆王卿士。 ② 王子捷，即王札子。 ③ 襄，召戴公之子。

秋七月，秦桓公伐晋，次于辅氏①。壬午，晋侯治兵于稷以略狄土②，立黎侯而还③。及雒，魏颗败秦师于辅氏④。获杜回，秦之力人也。

① 晋地。 ② 略，取也。稷，晋地，河东闻喜县西有稷山。壬午，七月二十九日。晋时新破狄，土地未安，权秦师之弱，故别遣魏颗距秦，而东行定狄地。【释文】颗，苦果切。 ③ 狄夺其地，故晋复立之。【释文】复，扶又切。 ④ 晋侯还及雒也。雒，晋地。【释文】雒，音洛。

初，魏武子有嬖妾，无子。武子疾，命颗曰："必嫁是①。"疾病，则曰："必以为殉。"及卒，颗嫁之，曰："疾病则乱，吾从其治也。"及辅氏之役，颗见老人结草以亢杜回②，杜回踬而颠，故获之。夜梦之曰："余，而所嫁妇人之父也③。尔用先人之治命，余是以报④。"

① 武子，魏犨，颗之父。【释文】嬖，必计切。 ② 亢，御也。【释文】殉，似俊切，本或作"必以殉"。治，直吏切，下"治命"同。亢，苦浪切。 ③ 而，女也。【释文】踬，陟吏切，徐丁四切。 ④ 传举此以示教。

晋侯赏桓子狄臣千室①，亦赏士伯以瓜衍之县②。曰："吾获狄土，子之功也。微子，吾丧伯氏矣③。"羊舌职说是赏也④，曰："《周书》所谓'庸庸祗祗'者，谓此物也夫⑤。士伯庸中行伯⑥，君信之，亦庸士伯，此之谓明德矣。文王所以造周，不是过也。故《诗》曰：'陈锡载周⑦。'能施也。率是道也，其何不济？"

① 千家。 ② 士伯，士贞子。【释文】瓜，古华切。衍，以善切。 ③ 伯，桓子字。邲之败，晋侯将杀林父，士伯谏而止。【释文】丧，息浪切。 ④ 职，叔向父。【释文】说，音悦。向，香丈切。 ⑤《周书·康诰》。庸，用也。祗，敬也。物，事也。言文王能用可用，敬可敬。【释文】夫，音扶。 ⑥ 言中行伯可用。⑦ 锡，赐也。《诗·大雅》，言文王布陈大利，以赐天下，故能载行周道，福流子孙。【释文】施，式豉切。

晋侯使赵同献狄俘于周，不敬。刘康公曰："不及十年，原叔必有大咎①，天夺之魄矣②。”

① 刘康公，王季子也。原叔，赵同也。【释文】俘，芳夫切。不敬，一本作“而傲”。 ② 心之精爽，是谓魂魄。为成八年晋杀赵同传。【释文】魄，普白切。

初税亩，非礼也。谷出不过藉①，以丰财也。

① 周法：民耕百亩，公田十亩，借民力而治之，税不过此。

冬，蝝生，饥。幸之也①。

① 蝝，未为灾而书之者，幸其冬生，不为物害，时岁虽饥，犹喜而书之。

宣公十六年

【经】

十有六年春，王正月，晋人灭赤狄甲氏及留吁①。

夏，成周宣榭火②。

秋，郯伯姬来归③。

冬，大有年④。

① 甲氏、留吁，赤狄别种，晋既灭潞氏，今又并尽其余党。士会称人，从告。【释文】吁，况于切。种，章勇切。并，必政切，一音如字。 ② 传例曰：人火之也。成周，洛阳。宣榭，讲武屋，别在洛阳者。《尔雅》曰：无室曰榭，谓屋歇前。【释文】榭，本又作“谢”，音同。 ③【释文】郯，音谈。 ④ 无传。

【传】

十六年春，晋士会帅师灭赤狄甲氏及留吁、铎辰①。三月，献狄俘②。晋侯请于王，戊申，以黻冕命士会将中军，且为大傅③。于是晋国之盗逃奔于秦。羊舌职曰：“吾闻之，禹称善人④，不善人远，此之谓也夫。《诗》曰：‘战战兢兢，如临深渊，如履薄冰。’善人在上也⑤。善人在上，则国无幸民。

谚曰：‘民之多幸，国之不幸也。’是无善人之谓也⑥。”

① 铎辰不书，留吁之属。【释文】铎，待洛切。　② 献于王也。　③ 代林父将中军，且加以大傅之官。黻冕，命卿之服。大傅，孤卿。【释文】黻，音弗。将，子匠切。大，音泰，注同。　④ 称，举也。　⑤ 言善人居位则无不戒惧。【释文】远，于万切。夫，音扶。兢，居矜切，本亦作“矜”。　⑥【释文】谚，音彦。

夏，成周宣榭火，人火之也。凡火，人火曰火，天火曰灾。

秋，郯伯姬来归，出也。

为毛、召之难故，王室复乱①。王孙苏奔晋，晋人复之②。

① 毛、召难在前年。【释文】为，于伪切。难，乃旦切，注同。复，扶又切。② 毛、召之党欲讨苏氏，故出奔。

冬，晋侯使士会平王室，定王享之，原襄公相礼①，殽烝②。武子私问其故③。王闻之，召武子曰：“季氏，而弗闻乎？王享有体荐④，宴有折俎⑤。公当享，卿当宴，王室之礼也⑥。”武子归而讲求典礼，以修晋国之法⑦。

① 原襄公，周大夫。相，佐也。【释文】相，息亮切，注同。　② 烝，升也，升殽于俎。【释文】殽，户交切。烝，之承切。　③ 享当体荐而殽烝，故怪问之。武，士会谥；季，其字。　④ 享则半解其体而荐之，所以示其俭。　⑤ 体解节折，升之于俎，物皆可食，所以示慈惠也。【释文】折，之设切，注同。　⑥ 公谓诸侯。　⑦ 传言典礼之废久。

宣公十七年

【经】

十有七年春，王正月庚子，许男锡我卒①。

丁未，蔡侯申卒②。

夏，葬许昭公③。

葬蔡文公④。

六月癸卯，日有食之⑤。

已未，公会晋侯、卫侯、曹伯、邾子同盟于断道⑥。

秋，公至自会⑦。

冬十有一月壬午，公弟叔肸卒⑧。

① 无传。再与文同盟。【释文】锡，星历切。 ② 无传。未同盟而赴以名。丁未，二月四日。 ③ 无传。 ④ 无传。 ⑤ 无传。不书朔，官失之。 ⑥ 断道，晋地。【释文】断，直管切，一音短。 ⑦ 无传。 ⑧ 传例曰：公母弟。【释文】肸，许乙切。

【传】

十七年春，晋侯使郤克征会于齐①。齐顷公帷妇人，使观之。郤子登，妇人笑于房②。献子怒，出而誓曰："所不此报，无能涉河③！"献子先归，使栾京庐待命于齐，曰："不得齐事，无复命矣④。"郤子至，请伐齐，晋侯弗许；请以其私属，又弗许⑤。

① 征，召也。欲为断道会。 ② 跛而登阶，故笑之。【释文】顷，音倾。跛，波可切。 ③ 不复渡河而东。【释文】复，扶又切。 ④ 栾京庐，郤克之介，使得齐之罪乃复命。【释文】庐，音卢，又力於切。 ⑤ 私属，家众也。为成二年战于鞌传。【释文】鞌，音安。

齐侯使高固、晏弱、蔡朝、南郭偃会①。及敛盂，高固逃归②。夏，会于断道，讨贰也。盟于卷楚③，辞齐人。晋人执晏弱于野王，执蔡朝于原，执南郭偃于温④。苗贲皇使，见晏桓子⑤，归，言于晋侯曰："夫晏子何罪？昔者诸侯事吾先君，皆如不逮⑥，举言群臣不信，诸侯皆有贰志⑦。齐君恐不得礼⑧，故不出，而使四子来。左右或沮之⑨，曰：'君不出，必执吾使。'故高子及敛盂而逃。夫三子者曰：'若绝君好，宁归死焉。'为是犯难而来。吾若善逆彼⑩，以怀来者，吾又执之，以信齐沮，吾不既过矣乎？过而不改，而又久之，以成其悔，何利之有焉？使反者得辞⑪，而害来者，以惧诸侯，将焉用之？”晋人缓之，逸⑫。

秋八月，晋师还。

① 晏弱，桓子。【释文】朝，如字。 ② 闻郤克怒故。【释文】敛，徐音廉，一音力渐切。盂，音于。 ③ 卷楚，即断道。【释文】卷，音权，一音居免切。④ 执三子不书，非卿。野王县今属河内。 ⑤ 贲皇，楚鬥椒之子，楚灭鬥氏而奔晋，食邑于苗地。晏弱时在野王，故因使而见之。【释文】贲，扶云切。使，所吏切，注及下同。 ⑥ 言汲汲也。【释文】逮，音代，或大计切。汲，音急。 ⑦ 举亦皆也。 ⑧ 不见礼待。 ⑨ 沮，止也。【释文】沮，在吕切。 ⑩ 彼齐三人。【释文】好，呼报切。为，于伪切。难，乃旦切。 ⑪ 反者高固，谓得不当来之辞。⑫ 缓，不拘执，使得逃去也。传言晋不能修礼，诸侯所以贰。【释文】焉，於虔切。拘，九于切。

范武子将老①，召文子曰：“燮乎！吾闻之，喜怒以类者鲜②，易者实多③。《诗》曰：‘君子如怒，乱庶遄沮；君子如祉，乱庶遄已④。’君子之喜怒，以已乱也。弗已者，必益之。郤子其或者欲已乱于齐乎？不然，余惧其益之也。余将老，使郤子逞其志，庶有豸乎⑤？尔从二三子唯敬⑥。”乃请老，郤献子为政。

① 老，致仕。初受随，故曰随武子，后更受范，复为范武子。【释文】复，扶又切。 ② 文子，士会之子，燮其名。【释文】燮，素协切。鲜，息浅切。 ③ 易，迁怒也。 ④《诗·小雅》也。遄，速也。沮，止也。祉，福也。【释文】遄，市专切。祉，音耻。 ⑤ 豸，解也。欲使郤子从政，快志以止乱。【释文】豸，本又作“鸠”，直是切，或音居牛切，非也。解，音蟹。此训见《方言》。 ⑥ 二三子，晋诸大夫。

冬，公弟叔肸卒。公母弟也。凡大子之母弟，公在曰公子，不在曰弟①。凡称弟，皆母弟也②。

① 以兄为尊。 ② 此策书之通例也。庶弟不得称公弟，而母弟或称公子。若嘉好之事，则仍旧史之文，唯相杀害，然后据例以示义，所以为笃亲亲之

恩，崇友于之好。《释例》论之备矣。【释文】好，呼报切。

宣公十八年

【经】

十有八年春，晋侯、卫世子臧伐齐①。

公伐杞②。

夏四月。

秋七月，邾人戕鄫子于鄫③。

甲戌，楚子旅卒④。

公孙归父如晋。

冬十月壬戌，公薨于路寝。

归父还自晋，至笙，遂奔齐⑤。

① 【释文】臧，子郎切。 ② 无传。 ③ 传例曰：自外曰戕。邾大夫就鄫杀鄫子。【释文】戕，在良切，徐又在精切。鄫，才陵切。 ④ 未同盟而赴以名。吴、越之葬，僭而不典，故绝而不书，同之夷蛮，以惩求名之伪。【释文】僭，子念切。惩，直升切，止也；又作“徵”，如字，明也。 ⑤ 大夫还不书，《春秋》之常也。今书归父还奔，善其能以礼退。不书族者，非常所及，今特书，略之。笙，鲁竟外，故不言出。【释文】笙，音生，徐又敕贞切，云：本又作“柽”，亦作“朾”。案徐后音，是依二传文。竟，音境。

【传】

十八年春，晋侯、卫大子臧伐齐，至于阳穀。齐侯会晋侯盟于缯，以公子强为质于晋。晋师还，蔡朝、南郭偃逃归①。

① 晋既与齐盟，守者解缓，故得逃。【释文】缯，才陵切。质，音致。解，佳买切。

夏，公使如楚乞师，欲以伐齐①。

① 公不事齐，齐与晋盟，故惧而乞师于楚。不书，微者行。

秋，邾人戕鄫子于鄫。凡自内虐其君曰弑，自外曰戕①。

① 弑、戕，皆殺也，所以别内外之名。弑者积微而起，所以相测量，非一朝一夕之渐；戕者，卒暴之名。【释文】弑，音试，注同。弑字从式，殺字从殳，他皆放此。别，彼列切。朝，如字。卒，寸忽切。

楚庄王卒，楚师不出。既而用晋师①，楚于是乎有蜀之役②。

① 成二年战于鞌是。 ② 在成二年冬。蜀，鲁地，泰山博县西北有蜀亭。

公孙归父以襄仲之立公也，有宠①，欲去三桓以张公室②。与公谋而聘于晋，欲以晋人去之。冬，公薨。季文子言于朝曰："使我杀適立庶以失大援者，仲也夫③！"臧宣叔怒曰："当其时不能治也，后之人何罪？子欲去之，许请去之④。"遂逐东门氏⑤。子家还，及笙⑥，坛帷，复命于介⑦。既复命，袒、括发⑧，即位哭，三踊而出⑨。遂奔齐。书曰："归父还自晋。"善之也。

① 归父，襄仲子。 ② 时三桓强，公室弱，故欲去之，以张大公室。【释文】去，起吕切，下注"将去"同。张，如字，一音涉亮切。 ③ 適谓子恶，齐外甥，襄仲杀之而立宣公，南通于楚，既不能固，又不能坚事齐、晋，故云失大援也。【释文】適，丁历切，注同。援，于眷切。夫，音扶。 ④ 宣叔，文仲子，武仲父，许其名也。时为司寇，主行刑。言子自以归父害己，欲去者许，请为子去之。【释文】为，于伪切。 ⑤ 襄仲居东门，故曰东门氏。 ⑥ 子家，归父。 ⑦ 除(也)[土]为坛而张帷。介，副也，将去，使介反命于君。【释文】坛，音善。介，音界。 ⑧ 以麻约发。【释文】袒，音但。括，古活切。 ⑨ 依在国丧礼设哭位，公薨故。

春秋经传集解成公上第十二

【释文】陆云：成公名黑肱，宣公子。《谥法》：安民立政曰成。

成 公 元 年

【经】

元年春，王正月，公即位①。

二月辛酉，葬我君宣公②。

无冰③。

三月，作丘甲④。

夏，臧孙许及晋侯盟于赤棘⑤。

秋，王师败绩于茅戎⑥。

冬十月。

① 无传。 ② 无传。 ③ 无传。周二月，今之十二月，而无冰，书冬温。 ④《周礼》：九夫为井，四井为邑，四邑为丘。丘十六井，出戎马一匹、牛三头。四丘为甸，甸六十四井，出长毂一乘、戎马四匹、牛十二头、甲士三人、步卒七十二人。此甸所赋，今鲁使丘出之，讥重敛，故书。【释文】甸，徒练切，又绳证切。乘，绳证切。卒，尊忽切。敛，力验切。 ⑤ 晋地。 ⑥ 茅戎，戎别(也)[种]。不言战，王者至尊，天下莫之得校，故以自败为文。不书败地，而书茅戎，明为茅戎所败。书秋，从告。【释文】茅戎，亡交切。《史记》及二传皆作"贸戎"。种，章勇切。

【传】

元年春，晋侯使瑕嘉平戎于王[①]，单襄公如晋拜成[②]。刘康公徼戎，将遂伐之[③]。叔服曰："背盟而欺大国，此必败[④]。背盟不祥，欺大国不义，神人弗助，将何以胜?"不听，遂伐茅戎。三月癸未，败绩于徐吾氏[⑤]。

① 平文十七年郲垂之役。詹嘉处瑕，故谓之瑕嘉。【释文】郲，音审。詹，之廉切。　② 单襄公，王卿士。谢晋为平戎。【释文】单，音善。为，于伪切，下文同。　③ 康公，王季子也。戎平还，欲要其无备。【释文】徼，古尧切，要也。要，一遥切。　④ 叔服，周内史。【释文】背，音佩，下同。　⑤ 徐吾氏，茅戎之别也。

为齐难故，作丘甲[①]。

① 前年鲁乞师于楚，欲以伐齐，楚师不出，故惧而作丘甲。【释文】难，乃旦切，下同。

闻齐将出楚师，夏，盟于赤棘[①]。

① 与晋盟，惧齐、楚。

秋，王人来告败[①]。

① 解经所以秋乃书。

冬，臧宣叔令修赋、缮完[①]、具守备，曰："齐、楚结好，我新与晋盟，晋、楚争盟，齐师必至。虽晋人伐齐，楚必救之，是齐、楚同我也[②]。知难而有备，乃可以逞[③]。"

① 治完城郭。【释文】缮，市战切。完，和端切。　② 同，共也。【释文】守，手又切。好，呼报切。　③ 逞，解也。为二年齐侯伐我传。【释文】解，音蟹。

成公二年

【经】

二年春，齐侯伐我北鄙。

夏四月丙戌，卫孙良夫帅师及齐师战于新筑，卫师败绩[①]。

六月癸酉，季孙行父、臧孙许、叔孙侨如、公孙婴齐帅师会晋郤克、卫孙良夫、曹公子首及齐侯战于鞌，齐师败绩[②]。

秋七月，齐侯使国佐如师。己酉，及国佐盟于袁娄[③]。

八月壬午，宋公鲍卒[④]。

庚寅，卫侯速卒[⑤]。

取汶阳田[⑥]。

冬，楚师、郑师侵卫[⑦]。

十有一月，公会楚公子婴齐于蜀[⑧]。

丙申，公及楚人、秦人、宋人、陈人、卫人、郑人、齐人、曹人、邾人、薛人、鄫人盟于蜀[⑨]。

① 新筑，卫地。皆陈曰战，大崩曰败绩。四月无丙戌，丙戌，五月一日。【释文】筑，音竹。陈，直觐切。 ② 鲁乞师于晋，而不以与谋之例者，从盟主之令，上行于下，非匹敌和成之类。例在宣七年。曹大夫常不书而书公子首者，首命于国，备于礼，成为卿故也。鞌，齐地。【释文】侨，其骄切。郤，去逆切。鞌，音安。与，音预。敌，如字，一本或作"適"，亦音敌。 ③《穀梁》曰：鞌去齐五百里，袁娄去齐五十里。 ④ 未同盟而赴以名。【释文】鲍，步卯切。 ⑤ 宣十七年盟于断道。据传，庚寅，九月七日。 ⑥ 晋使齐还鲁，故书取。不以好得，故不言归。【释文】汶，音问。好，呼报切。 ⑦ 子重不书，不亲伐。 ⑧ 公与大夫会，不贬婴齐者，时有许、蔡之君故。 ⑨ 齐在郑下，非卿。传曰：卿不书，匮盟也。然则楚卿于是始与中国准。自此以下，楚卿不书，皆贬恶也。【释文】匮，其位切。

【传】

二年春，齐侯伐我北鄙，围龙[①]。顷公之嬖人卢蒲就魁门焉[②]，龙人囚之。齐侯曰："勿杀！吾与而盟，无入而封[③]。"弗听，杀而膊诸城上[④]。齐侯亲鼓，士陵城，三日，取龙，遂南侵及巢丘⑤。

① 龙，鲁邑，在泰山博县西南。 ② 攻龙门也。【释文】顷，音倾。嬖，必计切。魁，苦回切。 ③ 封，竟。【释文】竟，音境。 ④ 膊，磔也。【释文】膊，普各切。磔，陟百切。 ⑤ 取龙、侵巢丘不书，其义未闻。

卫侯使孙良夫、石稷、宁相、向禽将侵齐，与齐师遇①。石子欲还，孙子曰："不可。以师伐人，遇其师而还，将谓君何②？若知不能，则如无出。今既遇矣，不如战也。"夏，有③。

① 齐伐鲁还，相遇于卫地。良夫，孙林父之父。石稷，石碏四世孙。宁相，宁俞子。【释文】相，息亮切。向，舒亮切。碏，七略切。俞，羊朱切。 ② 言无以答君。 ③ 阙文。失新筑战事。

石成子曰："师败矣。子不少须，众惧尽①。子丧师徒，何以复命？"皆不对。又曰："子，国卿也。陨子，辱矣②。子以众退，我此乃止③。"且告车来甚众④。齐师乃止，次于鞫居⑤。

① 成子，石稷也。卫师已败，而孙良夫复欲战，故成子欲使须救。【释文】复，扶又切。 ② 陨，见禽获。【释文】丧，息浪切。陨，于敏切。 ③ 我于此止御齐师。【释文】御，鱼吕切。 ④ 新筑人救孙桓子，故并告令军中。 ⑤ 鞫居，卫地。【释文】鞫，居六切。

新筑人仲叔于奚救孙桓子，桓子是以免①。既，卫人赏之以邑②，辞。请曲县③、繁缨以朝，许之④。仲尼闻之曰："惜也，不如多与之邑。唯器与名，不可以假人⑤，君之所司也。名以出信⑥，信以守器⑦，器以藏礼⑧，礼以行义⑨，义以生利⑩，利以平民，政之大节也。若以假人，与人政也。政亡，则国家从之，弗可止也已。"

① 于奚，守新筑大夫。 ② 赏于奚。 ③ 轩县也。《周礼》：天子乐，宫县，四周；诸侯轩县，阙南方。【释文】县，音玄，注同。 ④ 繁缨，马饰。皆诸侯之服。【释文】繁，步干切，注同。 ⑤ 器，车服。名，爵号。 ⑥ 名位不愆，为

民所信。【释文】愆，起虔切。 ⑦ 动不失信，则车服可保。 ⑧ 车服所以表尊卑。 ⑨ 尊卑有礼，各得其宜。 ⑩ 得其宜则利生。

孙桓子还于新筑，不入①，遂如晋乞师。臧宣叔亦如晋乞师。皆主郤献子②。晋侯许之七百乘③。郤子曰："此城濮之赋也④。有先君之明与先大夫之肃，故捷。克于先大夫，无能为役⑤，请八百乘。"许之⑥。郤克将中军，士燮佐上军⑦，栾书将下军⑧，韩厥为司马，以救鲁、卫。臧宣叔逆晋师，且道之。季文子帅师会之。及卫地，韩献子将斩人，郤献子驰，将救之，至则既斩之矣。郤子使速以徇，告其仆曰："吾以分谤也⑨。"

① 不入国。 ② 宣十七年，郤克至齐，为妇人所笑，遂怒，故鲁、卫因之。孙桓子、臧宣叔皆不以国命，各自诣郤克，故不书。 ③ 五万二千五百人。【释文】乘，绳证切，下同。 ④ 城濮在僖二十八年。【释文】濮，音卜。 ⑤ 不中为之役使。 ⑥ 六万人。 ⑦ 范文子，代荀庚。【释文】将，子匠切。 ⑧ 代赵朔。 ⑨ 不欲使韩氏独受谤。【释文】道，音导。徇，似俊切。

师从齐师于莘①。六月壬申，师至于靡笄之下②。齐侯使请战，曰："子以君师，辱于敝邑，不腆敝赋，诘朝请见③。"对曰："晋与鲁、卫，兄弟也，来告曰：'大国朝夕释憾于敝邑之地④。'寡君不忍，使群臣请于大国，无令舆师淹于君地⑤。能进不能退，君无所辱命⑥。"齐侯曰："大夫之许，寡人之愿也；若其不许，亦将见也。"齐高固入晋师，桀石以投人⑦，禽之而乘其车⑧，系桑本焉，以徇齐垒⑨，曰："欲勇者贾余余勇⑩。"

① 莘，齐地。【释文】莘，所巾切。 ② 靡笄，山名。【释文】靡，如字，又音摩。笄，音鸡。 ③ 诘朝，平旦。【释文】腆，他典切。诘，起吉切。朝，如字，注及下"朝夕"、"朝食"同。见，贤遍切。 ④ 大国谓齐。敝邑，鲁、卫自称。【释文】憾，胡暗切，本又作"感"。 ⑤ 舆，众也。淹，久也。【释文】令，力呈切。师，如字，下"无令舆师"同，一音所类切。 ⑥ 言自欲战，不复须君命。【释文】复，

扶又切。 ⑦ 桀，担也。【释文】担，丁甘切。 ⑧ 既获其人，因释己车而载所获者车。 ⑨ 将至齐垒，以桑树系车而走，欲自异。【释文】垒，力轨切。 ⑩ 贾，买也。言己勇有余，欲卖之。【释文】贾，音古，注同。卖，摩懈切。

癸酉，师陈于鞌。邴夏御齐侯，逢丑父为右。晋解张御郤克，郑丘缓为右。齐侯曰："余姑翦灭此而朝食①。"不介马而驰之②。郤克伤于矢，流血及屦，未绝鼓音③，曰："余病矣！"张侯曰："自始合，而矢贯余手及肘，余折以御，左轮朱殷，岂敢言病？吾子忍之④！"缓曰："自始合，苟有(俭)[险]，余必下推车，子岂识之？然子病矣⑤！"张侯曰："师之耳目，在吾旗鼓，进退从之。此车一人殿之，可以集事⑥，若之何其以病败君之大事也？擐甲执兵，固即死也⑦。病未及死，吾子勉之！"左并辔，右援枹而鼓，马逸不能止，师从之⑧。齐师败绩。(遂)[逐]之，三周华不注⑨。

① 姑，且也。翦，尽也。【释文】陈，直觐切。邴，音丙，又彼命切。夏，户雅切。解，音蟹。张，如字，又直亮切。 ② 介，甲也。 ③ 中军将自执旗鼓，故虽伤而击鼓不息。【释文】将，子匠切，下"将在左"同。 ④ 张侯，解张也。朱，血色，血色久则殷。殷，音近烟，今人谓赤黑为殷色。言血多污车轮，御犹不敢息。【释文】贯，古乱切，下注同。肘，竹九切。折，之设切。殷，於闲切，徐於辰切，注同。近，附近之近。污，污秽之污，《字林》一故切。 ⑤ 以其不识己推车。【释文】推，昌谁切，又他回切，注及下"推车"同。 ⑥ 殿，镇也。集，成也。【释文】殿，多练切，注同。 ⑦ 擐，贯也。即，就也。【释文】若之何其以病，陆云：绝句。擐，音患。 ⑧ 晋师从郤克军。【释文】并，必政切，徐方聘切。援，音爰。枹，音浮，鼓槌也，《字林》云：击鼓柄也，本亦作"桴"。 ⑨ 华不注，山名。【释文】华，如字，又户化切。注，之住切。

韩厥梦子舆谓己曰："旦辟左右①。"故中御而从齐侯②。邴夏曰："射其御者，君子也。"公曰："谓之君子而射之，非礼也③。"射其左，越于车下④。射其右，毙于车中。綦毋张丧车，从韩厥，曰："请寓乘⑤。"从左右，皆肘之，使立于后⑥。韩厥俛，定其右⑦。逢丑父与公易位⑧。将及华泉，骖絓于木而止[9]。丑父寝于轏中[10]，蛇出于其下，以肱击之，伤而匿之，故不能推车而及[11]。韩厥执絷马前[12]，再拜稽首，奉觞加璧以进[13]，曰："寡君使群臣为鲁、卫请，曰：'无令舆师陷入君地[14]。'下臣不幸，属当戎行，无所逃隐[15]。且惧奔辟而忝两君。臣辱戎士[16]，敢告不敏，摄官承乏[17]。"丑父使公下，如华泉取饮。郑周父御佐车，宛茷为右，载齐侯以免[18]。韩厥献丑父，郤献子将戮之。呼曰："自今无有代其君任患者，有一于此，将为戮乎！"郤子曰："人不难以死免其君，我戮之不祥，赦之以劝事君者。"乃免之。

① 子舆，韩厥父。 ② 居中代御者。自非元帅，御者皆在中，将在左。【释文】帅，所类切。 ③ 齐侯不知戎礼。【释文】射，食亦切，下并注皆同。 ④ 越，队也。【释文】队，宜类切。 ⑤ 綦毋张，晋大夫。寓，寄也。【释文】綦，音其。毋，音无。丧，息浪切。乘，绳证切。 ⑥ 以左右皆死，不欲使立其处。【释文】处，昌虑切。 ⑦ 俛，俯也。右被射，仆车中，故俯安隐之。【释文】俛，音勉。仆，音赴，又蒲北切。 ⑧ 居公处。 ⑨ 骖，马絓也。【释文】华，户化切。絓，户卦切，一音卦。骖，七南切。 ⑩ 轏，士车。【释文】轏，仕产切，又仕板切，《字林》仕谏切，云：卧车也。 ⑪ 为韩厥所及。丑父欲为右，故匿其伤。【释文】肱，古弘切。匿，女力切，注同。 ⑫ 絷，马绊也。执之，示修臣仆之职。【释文】絷，张立切。绊，音半。 ⑬ 进觞璧亦以示敬。【释文】觞，式羊切。 ⑭ 本但为二国救请，不欲乃过入君地，谦辞。【释文】为，于伪切，注同。令，力呈切。 ⑮ 属，适。【释文】属，音烛，注同。行，下郎切。 ⑯ 若奔辟，则为辱晋君，并为齐侯羞，故言二君。此盖韩厥自处臣仆，谦敬之饰言。【释文】辟，音避，注同。徐扶臂切，服氏扶赤切。 ⑰ 言欲以己不敏，摄承空乏，从君俱还。【释文】从，才用切，又如字。 ⑱ 佐车，副车。【释文】宛，纡元切。茷，扶废切。

齐侯免，求丑父，三入三出[1]。每出，齐师以帅退。入于狄卒[2]，狄卒皆抽戈楯冒之。以入于卫师，卫师免之[3]。遂自徐关入。齐侯见保者，曰："勉之！齐师败矣[4]。"辟女子[5]，女子曰："君免乎？"曰："免矣。"曰："锐司徒免乎？"曰："免矣[6]。"曰："苟君与吾父免矣，可若何[7]！"乃奔[8]。齐侯以为有礼[9]，既而问之，辟司徒之妻也[10]，予之石窌[11]。

① 重其代己，故三入晋军求之。【释文】呼，火故切。任，音壬。难，乃旦切。　② 齐师大败，皆有退心，故齐侯轻出其众，以帅厉退者，遂迸入狄卒。狄卒者，狄人从晋讨齐者。【释文】卒，子忽切，注同。轻，遣政切。迸，补诤切。③ 狄、卫畏齐之强，故不敢害齐侯，皆共免护之。【释文】楯，食准切，又音允。冒，亡报切。　④ 所过城邑，皆勉励其守者。　⑤ 使辟君也。齐侯单还，故妇人不辟之。【释文】辟，音避，注下同，一音扶亦切。单，音丹。　⑥ 锐司徒，主锐兵者。【释文】锐，悦岁切。　⑦ 言余人不可复如何。【释文】复，扶又切。⑧ 走辟君。　⑨ 先问君，后问父故也。　⑩ 辟司徒，主垒壁者。【释文】辟，音壁，必觅切，注同，徐甫亦切。　⑪ 石窌，邑名，济北卢(孙)[县]东有地名石窌。【释文】窌，力救切，一音力到切。

晋师从齐师，入自丘舆，击马陉[1]。齐侯使宾媚人赂以纪甗、玉磬与地[2]。不可，则听客之所为。宾媚人致赂，晋人不可，曰："必以萧同叔子为质[3]，而使齐之封内尽东其亩[4]。"对曰："萧同叔子非他，寡君之母也。若以匹敌，则亦晋君之母也。吾子布大命于诸侯，而曰：'必质其母以为信。'其若王命何[5]？且是以不孝令也。《诗》曰：'孝子不匮，永锡尔类[6]。'若以不孝令于诸侯，其无乃非德类也乎[7]？先王疆理天下物土之宜，而布其利[8]，故《诗》曰：'我疆我理，南东其亩[9]。'今吾子疆理诸侯，而曰'尽东其亩'而已，唯吾子戎车是利[10]，无顾土宜，其无乃非先王之命也乎？反先王则不义，何以为盟主？其晋实有阙[11]。四王之王也[12]，树德而济同欲焉[13]。五伯之霸也[14]，勤而抚之，以役王命[15]。今吾子求合诸侯，以逞无疆之欲[16]。《诗》曰：'布政优优，百禄是遒[17]。'子实不优，而弃百禄，诸侯何害焉[18]！不然[19]，寡君之命使臣，则有辞矣，曰：'子以君师辱于敝邑，不腆敝赋，以犒从者[20]。畏君之震，师徒桡败[21]。吾子惠徼齐国之福，不泯其社稷，使继旧好，唯是先君之敝器、土地不敢爱。子又不许，请收合余烬[22]，背城借一[23]。敝邑之幸，亦云从也。况其不幸，敢不唯命是听[24]？'"鲁、卫谏曰："齐疾我矣[25]！其死亡者，皆亲昵也。子若不许，仇我必甚。唯子则又何求？子得其国宝[26]，我亦得地[27]，而纾于难[28]，其荣多矣！齐、晋亦唯天所授，岂必晋？"晋人许之，对曰："群臣帅赋舆以为鲁、卫请[29]，若苟有以藉口而复于寡君[30]，君之惠也。敢不唯命是听？"

① 丘舆、马陉，皆齐邑。【释文】陉，音刑。 ② 媚人，国佐也。甗，玉甑，皆灭纪所得。【释文】媚，美冀切。赂，音路。甗，鱼辇切，徐音彦，又音言，《字林》牛健切。甑，子孕切，又慈陵切。 ③ 同叔，萧君之字，齐侯外祖父。子，女也。难斥言其母，故远言之。【释文】质，徐音致，下同。难，乃旦切。 ④ 使垄亩东西行。【释文】尽，津忍切。垄，力勇切。行，户郎切，又如字。 ⑤ 言违王命。 ⑥《诗·大雅》，言孝心不乏者，又能以孝道长赐其志类。 ⑦ 不以孝德赐同类。 ⑧ 疆，界也。理，正也。物土之宜，播殖之物各从土宜。【释文】疆，居良切，注下皆同。 ⑨《诗·小雅》。或南或东，从其土宜。 ⑩ 晋之伐齐，循垄东行易。【释文】易，以豉切。 ⑪ 阙，失。 ⑫ 禹、汤、文、武。【释文】下"王"，于况切。 ⑬ 树，立也。济，成也。 ⑭ 夏伯昆吾，商伯大彭、豕韦，周伯齐桓、晋文。【释文】或曰齐桓、晋文、宋襄、秦穆、楚庄。 ⑮ 役，事也。 ⑯ 疆，竟也。【释文】竟，如字，又音境。 ⑰《诗·颂》。殷汤布政优和，故百禄来聚。遒，聚也。【释文】遒，在由切，徐子由切。 ⑱ 言不能为诸侯害。 ⑲ 不见许。 ⑳ 战而曰犒。为孙辞。【释文】使，所吏切。犒，苦报切。从，才用切。 ㉑ 震，动。桡，曲也。【释文】桡，刀教切。 ㉒ 烬，火余木。【释文】泯，弥忍切。好，呼报切。合，如字，一音阁。烬，似刃切。 ㉓ 欲于城下，复借一战。【释文】背，音佩。复，扶又切。 ㉔ 言完全之时，尚不敢违晋，今若不幸，则从命。 ㉕ 谏郤克也。 ㉖ 谓甗、磬。【释文】昵，女乙切。 ㉗ 齐归所侵。 ㉘ 齐服则难缓。【释文】纾，音舒，缓也，一音直吕切。难，乃旦切，注同。 ㉙ 赋舆，犹兵车。 ㉚ 藉，荐。复，白也。【释文】为，于伪切。藉，在夜切，注同。

禽郑自师逆公[1]。秋七月，晋师及齐国佐盟于爰娄，使齐人归我汶阳之田。公会晋师于上鄍[2]，赐三帅先路三命之服[③]，司马、司空、舆帅、候正、亚旅，皆受一命之服[④]。

① 禽郑，鲁大夫。归逆公会晋师。 ② 上鄍，地阙。公会晋师不书，史阙。【释文】鄍，觅经切。 ③ 三帅：郤克、士燮、栾书。已尝受王先路之赐，今改而易新，并此车所建所服之物。【释文】帅，所类切，注及下同。 ④ 晋司马、司空皆大夫，舆帅主兵车，候正主斥候，亚旅亦大夫也。皆鲁侯赐。

八月，宋文公卒。始厚葬，用蜃炭，益车马，始用殉[①]，重器备[②]，椁有四阿，棺有翰桧[③]。君子谓："华元、乐举，于是乎不臣。臣治烦去惑者也，是以伏死而争。今二子者，君生则纵其惑[④]，死又益其侈，是弃君于恶也，何臣之为[⑤]？"

① 烧蛤为炭以瘗，多埋车马，用人从葬。【释文】蜃，市忍切，蛤也。炭，吐旦切。殉，似俊切。蛤，古答切。瘗，於例切。圹，苦晃切，一音旷。 ② 重，犹多也。【释文】重，直恭切，注同。 ③ 四阿，四注椁也。翰，旁饰；桧，上饰，皆王礼。【释文】椁，音郭。翰，户旦切，一音韩。桧，古外切，徐音会。 ④ 谓文十八年杀母弟须。【释文】去，起吕切，下"去之"同。争，争斗之争。 ⑤ 若言何用为臣。【释文】侈，昌氏切，又式氏切。

九月，卫穆公卒，晋三子自役吊焉，哭于大门之外[①]。卫人逆之[②]，妇人哭于门内[③]，送亦如之。遂常以葬[④]。

① 师还过卫，故因吊之。未复命，故不敢成礼。【释文】过，古禾切，又古卧切。 ② 逆，于门外设丧位。 ③ 丧位，妇人哭于堂，宾在门外，故移在门内。 ④ 至葬行此礼。

楚之讨陈夏氏也[①]，庄王欲纳夏姬，申公巫臣曰："不可。君召诸侯，以讨罪也。今纳夏姬，贪其色也。贪色为淫，淫为大罚。《周书》曰'明德慎罚[②]'，文王所以造周也。明德，务崇之之谓也。慎罚，务去之之谓也。若兴诸侯，以取大罚，非慎之也。君其图之！"王乃止。子反欲取之，巫臣曰："是不祥人也！是夭子蛮[③]，杀御叔[④]，杀灵侯[⑤]，戮夏南[⑥]，出孔、仪[⑦]，丧陈国[⑧]，何不祥如是？人生实难，其有不获死乎[⑨]？天下多美妇人，何必是？"子反乃止。

①在宣十一年。【释文】夏，户雅切，下同。　②《周书·康诰》。　③子蛮，郑灵公，夏姬之兄，杀死无后。【释文】杀，申志切，下文“杀灵侯”同。　④御叔，夏姬之夫，亦早死。【释文】御，鱼据切。　⑤陈灵公。　⑥夏姬子徵舒。　⑦孔宁、仪行父。　⑧楚灭陈。【释文】丧，息浪切，下注“而丧”同。　⑨言死易得，无为取夏姬召速之。【释文】易，以豉切。

王以予连尹襄老。襄老死于邲，不获其尸①，其子黑要烝焉②。巫臣使道焉，曰：“归，吾聘女③。”又使自郑召之，曰：“尸可得也④，必来逆之。”姬以告王，王问诸屈巫⑤。对曰：“其信！知䓨之父，成公之嬖也，而中行伯之季弟也⑥，新佐中军，而善郑皇戌，甚爱此子⑦。其必因郑而归王子与襄老之尸以求之⑧。郑人惧于邲之役而欲求媚于晋，其必许之。”王遣夏姬归。将行，谓送者曰：“不得尸，吾不反矣。”巫臣聘诸郑，郑伯许之⑨。

①邲战在宣十二年。　②黑要，襄老子。【释文】要，一遥切。烝，之承切。③道夏姬使归郑。【释文】道，音导，注同。聘，匹政切。女，音汝。　④襄老尸。⑤屈巫，巫臣。【释文】屈，居勿切。　⑥知䓨父，荀首也。中行伯，荀林父也。邲之战，楚人囚知䓨。【释文】知，音智。䓨，於耕切。　⑦爱知䓨也。　⑧王子，楚公子縠臣也。邲之战，荀首囚之。　⑨聘夏姬。

及共王即位，将为阳桥之役①，使屈巫聘于齐，且告师期。巫臣尽室以行②。申叔跪从其父将适郢，遇之③，曰：“异哉！夫子有三军之惧，而又有《桑中》之喜，宜将窃妻以逃者也④。”及郑，使介反币，而以夏姬行⑤。将奔齐，齐师新败，曰：“吾不处不胜之国。”遂奔晋，而因郤至⑥，以臣于晋。晋人使为邢大夫⑦。

①楚伐鲁至阳桥，在此年冬。【释文】共，音恭。　②室家尽去。　③叔跪，申叔时之子。【释文】跪，其委切，一音居委切。从，才用切。郢，以井切，又以政切。　④《桑中》，《卫风》，淫奔之诗。　⑤介，副也。币，聘物。【释文】介，音界。　⑥至，郤克族子。　⑦邢，晋邑。【释文】邢，音刑。

子反请以重币锢之①，王曰："止！其自为谋也，则过矣。其为吾先君谋也，则忠。忠，社稷之固也，所盖多矣②。且彼若能利国家，虽重币，晋将可乎③？若无益于晋，晋将弃之，何劳锢焉④？"

① 禁锢勿令仕。【释文】锢，音固。令，力呈切。　② 盖，覆也。【释文】上"为"，于伪切，又如字。下"为"，于伪切。　③ 言不许。　④ 为七年楚灭巫臣族、晋南通吴张(仁)[本]。

晋师归，范文子后入。武子曰："无为吾望尔也乎①？"对曰："师有功，国人喜以逆之，先入，必属耳目焉，是代帅受名也，故不敢。"武子曰："吾知免矣②。"郤伯见，公曰："子之力也夫！"对曰："君之训也，二三子之力也，臣何力之有焉③！"范叔见，劳之如郤伯，对曰："庚所命也，克之制也，燮何力之有焉④！"栾伯见，公亦如之，对曰："燮之诏也，士用命也，书何力之有焉⑤！"

① 武子，士会，文子之父。　② 知其不益己祸。【释文】属，章欲切，后同。帅，所类切，下注"称帅"、"军帅"、"将帅"同。吾知，一本无"知"字。　③ 郤伯，郤克。【释文】见，贤遍切，下同。夫，音扶。　④ 荀庚将上军，时不出，范文子上军佐代行，故称帅以让。【释文】劳，力报切。将，子匠切，下同。　⑤ 诏，告也。栾书下军帅，故推功上军。传言晋将帅克让，所以能胜齐。

宣公使求好于楚。庄王卒，宣公薨，不克作好①。公即位，受盟于晋②，会晋伐齐。卫人不行使于楚③，而亦受盟于晋，从于伐齐。故楚令尹子重为阳桥之役以救齐。将起师，子重曰："君弱④，群臣不如先大夫，师众而后可。《诗》曰：'济济多士，文王以宁⑤。'夫文王犹用众，况吾侪乎⑥？且先君庄王属之曰：'无德以及远方，莫如惠恤其民而善用之。'"乃大户⑦，已责⑧，逮鳏⑨，救乏，赦罪，悉师，王卒尽行。彭名御戎，蔡景公为左，许灵公为右⑩。二君弱，皆强冠之。

① 在宣十八年。【释文】好，呼报切，下同。　② 元年盟赤棘。　③ 不聘

楚。【释文】使，所吏切。 ④传曰：寡人生十年而丧先君。共王即位，至是三年，盖年十二三矣。 ⑤《诗·大雅》，言文王以众士安。【释文】济，子礼切。 ⑥侪，等。【释文】侪，仕皆切。 ⑦阅民户口。【释文】阅，音悦。 ⑧弃逋责。【释文】逋，补吴切。 ⑨施及老鳏。【释文】鳏，古顽切。施，始豉切。 ⑩王卒尽行，故王戎车亦行，虽无楚王，令二君当左右之位。【释文】卒，子忽切，注同。令，力呈切。

冬，楚师侵卫，遂侵我，师于蜀①。使臧孙往②，辞曰："楚远而久，固将退矣。无功而受名，臣不敢③。"楚侵及阳桥④，孟孙请往赂之⑤，以执斫、执针、织纴⑥，皆百人，公衡为质⑦，以请盟。楚人许平。

①公赂之而退，故不书侵。【释文】强，其丈切。冠，古乱切。 ②臧孙，宣叔也。 ③不敢虚受退楚名。 ④阳桥，鲁地。 ⑤楚侵遂深，故孟孙请以赂往。孟孙，献子也。 ⑥执斫，匠人。执针，女工。织纴，织缯布者。【释文】斫，竹角切。针，之林切。纴，女金切，徐而鸩切。 ⑦公衡，成公子。【释文】质，音致。

十一月，公及楚公子婴齐、蔡侯、许男、秦右大夫说、宋华元、陈公孙宁、卫孙良夫、郑公子去疾及齐国之大夫盟于蜀①。卿不书，匮盟也。于是乎畏晋而窃与楚盟，故曰匮盟②。蔡侯、许男不书，乘楚车也，谓之失位③。君子曰："位其不可不慎也乎！蔡、许之君，一失其位，不得列于诸侯，况其下乎？《诗》曰：'不解于位，民之攸塈④。'其是之谓矣。"

①齐大夫不书其名，非卿也。【释文】说，音悦。去，起吕切。 ②匮，乏也。 ③乘楚王车为左右，则失位也。卿不书则称人，诸侯不书，皆不见经，君臣之别。【释文】见，贤遍切。别，彼列切。 ④《诗·大雅》，言在上者勤正其位，则国安而民息也。攸，所也。塈，息也。【释文】解，佳卖切。塈，许器切。

楚师及宋，公衡逃归。臧宣叔曰："衡父不忍数年之不宴①，以弃鲁国，国将若之何？谁居？后之人必有任是夫！国弃矣②。"

是行也，晋辟楚，畏其众也。君子曰："众之不可以已也。

大夫为政，犹以众克，况明君而善用其众乎？《大誓》所谓‘商兆民离，周十人同’者，众也③。”

① 宴，乐也。【释文】数，所主切。乐，音洛。　② 居，辞也。言后人必有当此患。【释文】居，音基。任，音壬。夫，音扶。　③《大誓》，《周书》。万亿曰兆。民离则弱，合则成众。言殷以散亡，周以众兴。

晋侯使巩朔献齐捷于周，王弗见，使单襄公辞焉，曰：“蛮夷戎狄，不式王命①，淫湎毁常，王命伐之，则有献捷，王亲受而劳之，所以惩不敬，劝有功也。兄弟甥舅，侵败王略②，王命伐之，告事而已，不献其功，所以敬亲昵③，禁淫慝也④。今叔父克遂，有功于齐⑤，而不使命卿镇抚王室，所使来抚余一人，而巩伯实来，未有职司于王室⑥，又奸先王之礼⑦，余虽欲于巩伯⑧，其敢废旧典以忝叔父？夫齐，甥舅之国也，而大师之后也⑨，宁不亦淫从其欲以怒叔父，抑岂不可谏诲？”士庄伯不能对⑩。王使委于三吏⑪，礼之如侯伯克敌使大夫告庆之礼，降于卿礼一等。王以巩伯宴，而私贿之，使相告之曰：“非礼也，勿籍⑫。”

① 式，用也。【释文】捷，在妾切。　② 兄弟，同姓国。甥舅，异姓国。略，经略法度。【释文】湎，面善切。劳，力报切。败，必迈切。　③ 告伐事而不献囚俘。【释文】昵，女乙切。　④ 淫慝为虣掠百姓，取囚俘也。【释文】慝，他得切。虣，本又作“暴”，薄报切。掠，音亮。　⑤ 克，能也。　⑥ 巩朔，上军大夫，非命卿，名位不达于王室。　⑦ 谓献齐捷。【释文】奸，音干。　⑧ 欲受其献。　⑨ 齐世与周昏，故曰甥舅。【释文】大，音泰。　⑩ 庄伯，巩朔。【释文】从，子用切，本亦作“纵”。　⑪ 委，属也。三吏，三公也。【释文】陆云：天子之吏也。　⑫ 相，相礼者。籍，书也。王畏晋，故私宴贿以慰巩朔。【释文】相，息亮切，注同。

成 公 三 年

【经】

三年春，王正月，公会晋侯、宋公、卫侯、曹伯伐郑①。

辛亥，葬卫穆公②。

二月，公至自伐郑③。

甲子，新宫灾，三日哭④。

乙亥，葬宋文公⑤。

夏，公如晋。

郑公子去疾帅师伐许。

公至自晋⑥。

秋，叔孙侨如帅师围棘⑦。

大雩⑧。

晋郤克、卫孙良夫伐廧咎如⑨。

冬十有一月，晋侯使荀庚来聘。

卫侯使孙良夫来聘。

丙午，及荀庚盟。

丁未，及孙良夫盟⑩。

郑伐许⑪。

① 宋、卫未葬，而称爵以接邻国，非礼也。 ② 无传。 ③ 无传。 ④ 无传。三年丧毕，宣公神主新入庙，故谓之新宫。书三日哭，善得礼。宗庙，亲之神灵所冯居而遇灾，故哀而哭之。【释文】冯，皮冰切。 ⑤ 无传。七月而葬，缓。 ⑥ 无传。 ⑦ 棘，汶阳田之邑，在济北蛇丘县。【释文】蛇，以支切，一音如字。 ⑧ 无传。以过时书。 ⑨ 赤狄别种。【释文】廧，在良切。咎，古刀切。种，章勇切。 ⑩ 先晋后卫，尊霸主。 ⑪ 无传。不书将帅，告辞略。

【释文】将，子匠切。帅，所类切。

【传】

三年春，诸侯伐郑，次于伯牛，讨邲之役也①。遂东侵郑②。郑公子偃帅师御之③，使东鄙覆诸鄤④，败诸丘舆⑤。皇戌如楚献捷。

① 伯牛，郑地。邲役在宣十二年。　② 晋潜军深入。　③ 偃，穆公子。　④ 覆，伏兵也。【释文】覆，扶又切，注同。鄤，亡袁切，又莫干切，徐武旦切，一音万。　⑤ 鄤、丘舆，皆郑地。晋偏军为郑所败，故不书。

夏，公如晋，拜汶阳之田①。

① 前年晋使齐归鲁汶阳田故。

许恃楚而不事郑，郑子良伐许。

晋人归公子穀臣与连尹襄老之尸于楚，以求知罃①。于是荀首佐中军矣②，故楚人许之。王送知罃，曰："子其怨我乎？"对曰："二国治戎，臣不才，不胜其任，以为俘馘。执事不以衅鼓③，使归即戮，君之惠也。臣实不才，又谁敢怨？"王曰："然则德我乎？"对曰："二国图其社稷，而求纾其民④，各惩其忿以相宥也⑤，两释累囚以成其好⑥。二国有好，臣不与及，其谁敢德⑦？"王曰："子归，何以报我？"对曰："臣不任受怨，君亦不任受德，无怨无德，不知所报。"王曰："虽然，必告不穀。"对曰："以君之灵，累臣得归骨于晋，寡君之以为戮，死且不朽⑧。若从君之惠而免之，以赐君之外臣首⑨；首其请于寡君而以戮于宗，亦死且不朽。若不获命⑩，而使嗣宗职⑪，次及于事，而帅偏师以修封疆，虽遇执事⑫，其弗敢违⑬。其竭力致死，无有二心，以尽臣礼，所以报也。"王曰："晋未可与争。"重为之礼而归之。

① 邲之战，楚获知罃。　② 荀首，知罃父。　③ 以血涂鼓为衅鼓。【释

文】胜，音升，下注同。俘，芳夫切。馘，古获切。衅，许觐切。　④ 纾，缓也。【释文】纾，音舒。　⑤ 宥，赦也。【释文】惩，直升切。宥，音又。　⑥ 累，(繁)[系]也。【释文】累，力诡切。好，呼报切，下同。　⑦ 言二国本不为己。【释文】与，音预。为，于伪切。　⑧ 戮其不胜任。【释文】任，音壬，下“亦不任”同。⑨ 称于异国君曰外臣。　⑩ 君不许戮。　⑪ 嗣其祖宗之位职。　⑫ 遇楚将帅。【释文】疆，居良切。　⑬ 违，辟也。

秋，叔孙侨如围棘。取汶阳之田，棘不服，故围之①。

① 侨如，叔孙得臣子。

晋郤克、卫孙良夫伐廧咎如，讨赤狄之余焉①。廧咎如溃，上失民也②。

① 宣十五年，晋灭赤狄潞氏，其余民散入廧咎如，故(咎)[讨]之。　② 此传释经之文，而经无“廧咎如溃”，盖经阙此四字。【释文】溃，户内切。

冬十一月，晋侯使荀庚来聘，且寻盟①。卫侯使孙良夫来聘，且寻盟②。公问诸臧宣叔曰：“(仲)[中]行伯之于晋也，其位在三③。孙子之于卫也，位为上卿，将谁先？”对曰：“次国之上卿当大国之中，中当其下，下当其上大夫④。小国之上卿当大国之下卿，中当其上大夫，下当其下大夫⑤。上下如是，古之制也⑥。卫在晋，不得为次国⑦。晋为盟主，其将先之⑧。”丙午，盟晋；丁未，盟卫，礼也。

① 寻元年赤棘盟。荀庚，林父之子。　② 寻宣七年盟。　③ 下卿。④ 降一等。　⑤ 降大国二等。　⑥ 古制：公为大国，侯、伯为次国，子、男为小国。　⑦ 春秋时以强弱为大小，故卫虽侯爵，犹为小国。　⑧ 计等则二人位敌，以盟主故先晋。

十二月甲戌，晋作六军①。韩厥、赵括、巩朔、韩穿、荀骓、赵旃皆为卿，赏鞌之功也②。

① 为六军，僭王也。万二千五百人为军。【释文】僭，子念切。　② 韩厥为新中军，赵括佐之。巩朔为新上军，韩穿佐之。荀骓为新下军，赵旃佐之。晋旧自有三军，今增此，故为六军。【释文】骓，音隹。

齐侯朝于晋，将授玉①。郤克趋进曰：“此行也，君为妇人之笑辱也，寡君未之敢任②。"晋侯享齐侯。齐侯视韩厥，韩厥曰："君知厥也乎？"齐侯曰："服改矣③。"韩厥登，举爵曰："臣之不敢爱死，为两君之在此堂也。"

① 行朝礼。　② 言齐侯之来，以谢妇人之笑，非为修好，故云晋君不任当此惠。【释文】为，于伪切，下"为两君"同。任，音壬。　③ 戎朝异服也。言服改，明识其人。

荀罃之在楚也，郑贾人有将寘诸褚中以出。既谋之，未行，而楚人归之。贾人如晋，荀罃善视之，如实出己。贾人曰："吾无其功，敢有其实乎？吾小人，不可以厚诬君子。"遂适齐①。

① 传言知罃之贤。【释文】贾，音古，下同。寘，之豉切。褚，中吕切。

成公四年

【经】

四年春，宋公使华元来聘。

三月壬申，郑伯坚卒①。

杞伯来朝。

夏四月甲寅，臧孙许卒②。

公如晋。

葬郑襄公③。

秋，公至自晋。

冬，城郓④。

郑伯伐许。

① 无传。二年大夫盟于蜀。壬申，二月二十八日。　② 无传。　③ 无传。　④ 无传。公欲叛晋，故城而为备。【释文】郓，音运。

【传】

四年春，宋华元来聘，通嗣君也①。

① 宋共公即位。【释文】共，音恭。

杞伯来朝，归叔姬故也①。

① 将出叔姬，先修礼朝鲁，言其故。

夏，公如晋，晋侯见公，不敬。季文子曰："晋侯必不免①。《诗》曰：'敬之敬之，天惟显思，命不易哉②！'夫晋侯之命在诸侯矣，可不敬乎③？"秋，公至自晋，欲求成于楚而叛晋，季文子曰："不可。晋虽无道，未可叛也。国大臣睦，而迩于我④，诸侯听焉，未可以贰⑤。史佚之志有之⑥，曰：'非我族类，其心必异。'楚虽大，非吾族也⑦，其肯字我乎？"公乃止⑧。

① 言将不能寿终也。后十年陷厕而死。　②《诗·颂》，言天道显明，受其命甚难，不可不敬以奉之。【释文】易，以豉切。　③ 敬诸侯，则得天命。　④ 迩，近也。　⑤ 听，服也。　⑥ 周文王大史。【释文】大，音泰。　⑦ 与鲁异姓。　⑧ 字，爱也。

冬十一月，郑公孙申帅师疆许田①，许人败诸展陂。郑伯伐许，取钼任、泠敦之田②。

① 前年郑伐许侵其田，今正其界。【释文】疆，居良切。　② 展陂，亦许地。【释文】陂，彼皮切。钼，仕居切。任，音壬。泠，力丁切。

晋栾书将中军①，荀首佐之，士燮佐上军，以救许伐郑，取氾、祭②。楚子反救郑，郑伯与许男讼焉③，皇戌摄郑伯之辞④。子反不能决也，曰："君若辱在寡君，寡君与其二三臣共听两君之所欲，成其可知也⑤。不然，侧不足以知二国之成⑥。"

① 代郤克。【释文】将，子匠切。　② 氾、祭，郑地，成皋县东有氾水。【释文】氾，音凡，注同，或音祀。祭，侧介切。　③ 于子反前争曲直。　④ 代之对。　⑤ 欲使自屈在楚子前决之。　⑥ 侧，子反名。为明年许诉郑于楚张本。【释

文】愬，音素。

晋赵婴通于赵庄姬①。

① 赵婴，赵盾弟。庄姬，赵朔妻。朔，盾之子。

成公五年

【经】

五年春，王正月，杞叔姬来归①。

仲孙蔑如宋。

夏，叔孙侨如会晋荀首于穀②。

梁山崩③。

秋，大水④。

冬十有一月己酉，天王崩。

十有二月己丑，公会晋侯、齐侯、宋公、卫侯、郑伯、曹伯、邾子、杞伯，同盟于虫牢⑤。

① 出也。传在前年。 ② 穀，齐地。 ③ 记异也。梁山在冯翊夏阳县北。 ④ 无传。 ⑤ 虫牢，郑地，陈留封丘县北有桐牢。

【传】

五年春，原、屏放诸齐①。婴曰："我在，故栾氏不作。我亡，吾二昆其忧哉！且人各有能有不能②，舍我何害？"弗听。婴梦天使谓己："祭余，余福女。"使问诸士贞伯，贞伯曰："不识也。"既而告其人曰③："神福仁而祸淫，淫而无罚，福也。祭，其得亡乎④？"祭之，之明日而亡⑤。

① 放赵婴也。原同、屏季，婴之兄。【释文】屏，步丁切。 ② 言己虽淫而能令庄姬护赵氏。【释文】令，力丁切。 ③ 自告贞伯从人。【释文】舍，音捨，又音赦。听，吐丁切。女，音汝。从，才用切。 ④ 以得放遣为福。 ⑤ 为八

年晋杀赵同、赵括传。

孟献子如宋，报华元也①。

① 前年宋华元来聘。

夏，晋荀首如齐逆女，故宣伯饫诸穀①。

① 野馈曰饫，运粮馈之，敬大国也。【释文】饫，音郓。馈，其愧切。

梁山崩，晋侯以传召伯宗①。伯宗辟重，曰："辟传②！"重人曰："待我，不如捷之速也③。"问其所，曰："绛人也。"问绛事焉，曰："梁山崩，将召伯宗谋之。"问："将若之何？"曰："山有朽壤而崩，可若何？国主山川④，故山崩川竭，君为之不举⑤，降服⑥，乘缦⑦，彻乐⑧，出次⑨，祝币⑩，史辞⑪，以礼焉⑫。其如此而已，虽伯宗若之何？"伯宗请见之⑬，不可⑭。遂以告而从之⑮。

① 传，驿。【释文】传，中恋切，注及下同。驿，音亦。 ② 重载之车。【释文】上"辟"，匹亦切，徐甫赤切，本又作"僻"。下"辟"，音避。 ③ 捷，邪出。【释文】捷。在妾切。邪，似嗟切。 ④ 主谓所主祭。【释文】绛，古巷切。壤，如丈切。 ⑤ 去盛馔。【释文】为，于伪切。去，起吕切。馔，仕恋切。 ⑥ 损盛服。⑦ 车无文。【释文】缦，武旦切，又莫半切。 ⑧ 息八音。 ⑨ 舍于郊。⑩ 陈玉帛。 ⑪ 自罪责。 ⑫ 礼山川。 ⑬ 见之于晋君。【释文】见，贤遍切，注皆同。 ⑭ 不肯见。 ⑮ 从重人言。

许灵公诉郑伯于楚①。六月，郑悼公如楚，讼，不胜，楚人执皇戌及子国②。故郑伯归，使公子偃请成于晋。秋八月，郑伯及晋赵同盟于垂棘③。

① 前比年郑伐许故。 ② 以郑伯不直故也。子国，郑穆公子。 ③ 垂棘，晋地。

宋公子围龟为质于楚而还①，华元享之。请鼓噪以出，鼓噪以复入②，曰："习攻华氏。"宋公杀之③。

① 围龟，文公子。【释文】质，音致，下注同。 ② 出入辄击鼓。【释文】噪，素报切。复，扶又切，下同。 ③ 盖宣十五年宋楚平后，华元使围龟代己为

质，故怨而欲攻华氏。

冬，同盟于虫牢，郑服也。诸侯谋复会，宋公使向为人辞以子灵之难①。

① 子灵，围龟也。宋公不欲会，以新诛子灵为辞，为明年侵宋传。【释文】向，舒亮切。难，乃旦切，一本无"之难"二字。子灵为辞，一本无"为辞"二字。

十一月己酉，定王崩①。

① 经在虫牢盟上，传在下，月倒错。众家传悉无此八字，或衍文。【释文】倒，丁老切。

成公六年

【经】

六年春，王正月，公至自会①。

二月辛巳，立武宫②。

取鄟③。

卫孙良夫帅师侵宋。

夏六月，邾子来朝④。

公孙婴齐如晋⑤。

壬申，郑伯费卒⑥。

秋，仲孙蔑、叔孙侨如帅师侵宋。

楚公子婴齐帅师伐郑。

冬，季孙行父如晋。

晋栾书帅师救郑。

① 无传。 ② 鲁人自鞌之功至今无患，故筑武军，又作先君武公宫，以告成事，欲以示后世。 ③ 附庸国也。【释文】鄟，徐音专，又市臠切。 ④ 无传。⑤ 婴齐，叔肹子。 ⑥ 前年同盟虫牢。【释文】费，音秘。

【传】

六年春，郑伯如晋拜成[①]，子游相[②]，授玉于东楹之东[③]。士贞伯曰："郑伯其死乎？自弃也已！视流而行速，不安其位，宜不能久[④]。"

① 谢前年再盟。 ② 子游，公子偃。【释文】相，息亮切，下"宁相"同。 ③ 礼：授玉两楹之间。郑伯行疾，故东过。 ④ 视流，不端谛。【释文】谛，音帝。

二月，季文子以鞌之功立武宫，非礼也[①]。听于人以救其难，不可以立武。立武由己，非由人也[②]。

① 宣十二年，潘党劝楚子立武军，楚子答以武有七德，非己所堪。其为先君宫，告成事而已。今鲁倚晋之功，又非霸主，而立武宫，故讥之。【释文】倚，於绮切。 ② 言请人救难，胜非己功。【释文】难，乃旦切，注同。

取鄟，言易也[①]。

①【释文】易，以豉切。

三月，晋伯宗、夏阳说，卫孙良夫、宁相，郑人，伊雒之戎、陆浑、蛮氏侵宋[①]，以其辞会也[②]。师于鍼，卫人不保[③]。说欲袭卫，曰："虽不可入，多俘而归，有罪不及死。"伯宗曰："不可。卫唯信晋，故师在其郊而不设备。若袭之，是弃信也。虽多卫俘，而晋无信，何以求诸侯？"乃止。师还，卫人登陴[④]。

① 夏阳说，晋大夫。蛮氏，戎别种也。河南新城县东南有蛮城。经唯书卫孙良夫，独卫告也。【释文】夏，户雅切。说，音悦，下文注同。浑，户门切。种，章勇切。 ② 辞会在前年。 ③ 不守备。【释文】鍼，其廉切，一音针。 ④ 闻说谋故。【释文】陴，毗支切。

晋人谋去故绛[①]。诸大夫皆曰："必居郇瑕氏之地[②]，沃饶而近盬[③]，国利君乐，不可失也。"韩献子将新中军，且为仆大夫[④]。公揖而入。献子从。公立于寝庭[⑤]，谓献子曰："何如[⑥]？"对曰："不可。郇瑕氏土薄水浅[⑦]，其恶易觏[⑧]。易觏则民愁，民愁则垫隘⑨，于是乎有沉溺重膇之疾⑩。不如新田⑪，土厚水深，居之不疾⑫，有汾、浍以流其恶⑬，且民从教⑭，十世之利也。夫山、泽、林、盬，国之宝也。国饶，则民骄佚⑮。近宝，公室乃贫，不可谓乐⑯。"公说，从之。夏四月丁丑，晋迁于新田⑰。

① 晋复命新田为绛，故谓此故绛。【释文】复，扶又切。　② 郇瑕，古国名，河东解县西北有郇城。【释文】郇，音荀。解，音蟹。　③ 盬，盐也。猗氏县盐池是。【释文】近，附近之近，下及注"近宝"皆同。盬，音古。猗，於宜切。④ 兼大仆。【释文】乐，音洛，下"谓乐"同。将，子匠切，下注"将军"同。大，音泰。　⑤ 路寝之庭。　⑥ 问诸大夫言是非。　⑦ 土薄地下。　⑧ 恶，疾疹。觏，成也。【释文】易，以豉切，下注同。觏，古豆切。疹，敕觐切，本或作"疢"，同。　⑨ 垫隘，羸困也。【释文】垫，丁念切。隘，於卖切。羸，劣伪切。　⑩ 沉溺，湿疾。重膇，足肿。【释文】溺，乃历切。膇，治伪切，一音直愧切。肿，章勇切，一音常勇切。　⑪ 今平阳绛邑县是。　⑫ 高燥故。　⑬ 汾水出太原，经绛北，西南入河。浍水出平阳绛县南，西入汾。恶，垢秽。【释文】汾，扶云切。浍，古外切。垢，古口切。　⑭ 无灾患。　⑮ 财易致，则民骄侈。【释文】佚，音逸。　⑯ 近宝，则民不务本。　⑰ 为季孙如晋传。【释文】说，音悦。

六月，郑悼公卒①。

① 终士贞伯之言。

子叔声伯如晋。命伐宋①。秋，孟献子、叔孙宣伯侵宋，晋命也。

① 晋人命声伯。

楚子重伐郑，郑从晋故也①。

① 前年从晋盟。

冬，季文子如晋，贺迁也。

晋栾书救郑，与楚师遇于绕角①。楚师还，晋师遂侵蔡。楚公子申、公子成以申、息之师救蔡②，御诸桑隧③。赵同、赵括欲战，请于武子，武子将许之④。知庄子⑤、范文子⑥、韩献子⑦谏曰："不可。吾来救郑，楚师去我，吾遂至于此⑧，是迁戮也。戮而不已，又怒楚师，战必不克⑨。虽克，不令。成师以出，而败楚之二县，何荣之有焉⑩？若不能败，为辱已甚，不如还也。"乃遂还。

① 绕角，郑地。 ② 申、息，楚二县。【释文】成，音城。 ③ 汝南朗陵县东有桑里，在上蔡西南。【释文】御，鱼吕切。隧，音遂。 ④ 武子，栾书。 ⑤ 荀首，中军佐。 ⑥ 士燮，上军佐。 ⑦ 韩厥，新中军将。 ⑧ 此，蔡地。 ⑨ 迁戮不义，怒敌难当，故不克。 ⑩ 六军悉出，故曰成师。以大胜小，不足为荣。

于是，军帅之欲战者众，或谓栾武子曰："圣人与众同欲，是以济事。子盍从众①？子为大政②，将酌于民者也③。子之佐十一人④，其不欲战者，三人而已⑤，欲战者可谓众矣。《商书》曰：'三人占，从二人。'众故也⑥。"武子曰："善钧，从众⑦。夫善，众之主也。三卿为主，可谓众矣⑧。从之，不亦可乎⑨？"

① 盍，何不也。【释文】帅，所类切，下注同。盍，户腊切。 ② 中军元帅。 ③ 酌取民心以为政。 ④ 六军之卿佐。 ⑤ 知、范、韩也。 ⑥《商书·洪范》。 ⑦ 钧，等也。 ⑧ 三卿皆晋之贤人。 ⑨ 传善栾书得从众之义，且为八年晋侵蔡传。

成 公 七 年

【经】

七年春，王正月，鼷鼠食郊牛角，改卜牛。鼷鼠又食其角，乃免牛①。

吴伐郯②。

夏五月，曹伯来朝。

不郊，犹三望③。

秋，楚公子婴齐帅师伐郑。

公会晋侯、齐侯、宋公、卫侯、曹伯、莒子、邾子、杞伯救郑。

八月戊辰，同盟于马陵④。

公至自会⑤。

吴入州来⑥。

冬，大雩⑦。

卫孙林父出奔晋。

① 无传。称牛，未卜日。免，放也。免牛可也，不郊，非礼也。【释文】鼷，音兮。 ②【释文】郯，音谈。 ③ 无传。书不郊，间有事。三望，非礼。 ④ 马陵，卫地，阳平元城县东南有地名马陵。 ⑤ 无传。 ⑥ 州来，楚邑，淮南下蔡县是也。 ⑦ 无传。书过。

【传】

七年春，吴伐郯，郯成。季文子曰："中国不振旅，蛮夷入伐，而莫之或恤①，无吊者也夫②！《诗》曰：'不吊昊天，乱靡有定。'其此之谓乎③！有上不吊，其谁不受乱④？吾亡无日矣！"君子曰："知惧如是，斯不亡矣。"

① 振，整也。旅，众也。 ② 言中国不能相愍恤，故夷狄内侵。【释文】夫，音扶。 ③《诗·小雅》，刺在上者不能吊愍下民，故号天告乱。【释文】昊，户老切。号，户刀切。 ④ 上谓霸主。

郑子良相成公以如晋，见，且拜师①。

① 谢前年晋救郑之师，为楚伐郑张本。【释文】相，息亮切。见，贤遍切。

夏，曹宣公来朝。

秋，楚子重伐郑，师于汜①。诸侯救郑。郑共仲、侯羽军楚师②，囚郧公钟仪，献诸晋。八月，同盟于马陵，寻虫牢之盟,且莒服故也③。

晋人以钟仪归,囚诸军府④。

① 氾,郑地,在襄城县南。【释文】氾,音凡。 ② 二子,郑大夫。【释文】共,音恭。 ③ 虫牢盟在五年。莒本属齐,齐服,故莒从之。【释文】郧,本亦作"员",音云,邑名。 ④ 军藏府也。为九年晋侯见钟仪张本。【释文】藏,才浪切。

楚围宋之役①,师还,子重请取于申、吕以为赏田,王许之②。申公巫臣曰:"不可。此申、吕所以邑也,是以为赋,以御北方。若取之,是无申、吕也③。晋、郑必至于汉。"王乃止。子重是以怨巫臣。子反欲取夏姬,巫臣止之,遂取以行,子反亦怨之。及共王即位④,子重、子反杀巫臣之族子阎、子荡及清尹弗忌⑤及襄老之子黑要⑥,而分其室。子重取子阎之室,使沈尹与王子罢分子荡之室,子反取黑要与清尹之室。巫臣自晋遗二子书⑦,曰:"尔以谗慝贪惏事君,而多杀不辜。余必使尔罢于奔命以死。"

① 在宣十四年。 ② 分申、吕之田以自赏。 ③ 言申、吕赖此田成邑耳,不得此田,则无以出兵赋而二邑坏也。【释文】所邑也,一本作"所以邑也"。御,鱼吕切。 ④ 楚共王以鲁成公元年即位。【释文】共,音恭。 ⑤ 皆巫臣之族。【释文】阎,音盐。 ⑥ 以夏姬故,并怨黑要。【释文】要,一遥切。 ⑦ 子重、子反。【释文】罢,音皮,下同。遗,唯季切。

巫臣请使于吴,晋侯许之。吴子寿梦说之。乃通吴于晋①,以两之一卒适吴,舍偏两之一焉②。与其射御,教吴乘车,教之战陈,教之叛楚③。寘其子狐庸焉,使为行人于吴。吴始伐楚,伐巢、伐徐④。子重奔命⑤。马陵之会,吴入州来,子重自郑奔命⑥。子重、子反于是乎一岁七奔命。蛮夷属于楚者,吴尽取之,是以始大,通吴于上国⑦。

① 寿梦,季札父。【释文】慝,他得切。惏,力含切。使,所吏切。梦,莫公切。说,音悦。札,侧八切。 ②《司马法》:百人为卒,二十五人为两。车九乘

为小偏，十五乘为大偏。盖留九乘车及一两二十五人，令吴习之。【释文】卒，子忽切，注同。舍，音赦，旧音捨。乘，绳证切，下注同。令，力呈切。　③ 前是吴常属楚。【释文】陈，直觐切。　④ 巢、徐，楚属国。【释文】寘，之豉切。　⑤ 救徐、巢。　⑥ 因伐郑而行。　⑦ 上国，诸夏。【释文】夏，户雅切。

卫定公恶孙林父。冬，孙林父出奔晋①。卫侯如晋，晋反戚焉②。

① 林父，孙良夫之子。【释文】恶，乌路切。　② 戚，林父邑。林父出奔，戚随属晋。【释文】戚，七狄切。

成公八年

【经】

八年春，晋侯使韩穿来言汶阳之田，归之于齐①。

晋栾书帅师侵蔡。

公孙婴齐如莒。

宋公使华元来聘。

夏，宋公使公孙寿来纳币②。

晋杀其大夫赵同、赵括③。

秋七月，天子使召伯来赐公命④。

冬十月癸卯，杞叔姬卒⑤。

晋侯使士燮来聘。

叔孙侨如会晋士燮、齐人、邾人伐郯⑥。

卫人来媵⑦。

① 齐服事晋，故晋来语鲁，使还二年所取田。【释文】语，鱼据切。　② 昏聘不使卿，今华元将命，故特书之。宋公无主昏者，自命之，故称使也。公孙寿，荡意诸之父。　③ 传曰：原、屏，咎之徒也。明本不以德义自居，宜其见讨，故从告辞而称名。　④ 诸侯即位，天子赐以命圭，与之合瑞。八年乃来，缓也。

天子、天王，王者之通称。【释文】称，尺证切。 ⑤ 前五年来归者。女既適人，虽见出弃，犹以成人礼书之，终为杞伯所葬，故称杞叔姬。 ⑥ 先谋而称会，盟主之命不同之于列国。 ⑦ 古者诸侯取適夫人及左右媵，各有侄娣，皆同姓之国，国三人，凡九女，所以广继嗣也。鲁将嫁伯姬于宋，故卫来媵之。【释文】媵，以证切，又绳证切。適，丁历切。侄，大结切，《字林》丈一切。娣，大计切。

【传】

八年春，晋侯使韩穿来言汶阳之田，归之于齐。季文子饯之①，私焉②，曰："大国制义以为盟主，是以诸侯怀德畏讨，无有贰心。谓汶阳之田，敝邑之旧也，而用师于齐，使归诸敝邑③。今有二命曰：'归诸齐。'信以行义，义以成命，小国所望而怀也。信不可知，义无所立，四方诸侯，其谁不解体④？《诗》曰：'女也不爽，士贰其行。士也罔极，二三其德⑤。'七年之中，一与一夺，二三孰甚焉！士之二三，犹丧妃耦，而况霸主？霸主将德是以⑥，而二三之，其何以长有诸侯乎？《诗》曰：'犹之未远，是用大简⑦。'行父惧晋之不远犹而失诸侯也，是以敢私言之。"

① 饯，送行饮酒。【释文】饯，钱浅切，《说文》云：送去食也；《字林》子扇切；《毛诗》笺云：祖而舍軷，饮酒于其侧曰饯。 ② 私与之言。 ③ 用师，鞌之战。④ 言不复肃敬于晋。【释文】复，扶又切。 ⑤ 爽，差也。极，中也。《诗·卫风》，妇人怨丈夫不一其行，喻鲁事晋犹女之不敢过差，而晋有罔极之心，反二三其德。【释文】行，下孟切，注同。差，初卖切，一音初佳切。 ⑥ 以，用也。【释文】丧，息浪切。妃，音配。耦，五口切。 ⑦ 犹，图也。简，谏也。《诗·大雅》，言王者图事不远，故用大道谏之。【释文】长，音如字，一音丁丈切。

晋栾书侵蔡①，遂侵楚，获申骊②。楚师之还也③，晋侵沈，获沈子揖初，从知、范、韩也④。君子曰："从善如流，宜哉⑤！《诗》曰：'恺悌君子，遐不作人⑥。'求善也夫！作人，斯有功绩矣。"是行也，郑伯将会晋师⑦，门于许东门，大获焉⑧。

① 六年未得志故。 ② 申骊，楚大夫。【释文】骊，力驰切。 ③ 谓六年遇于绕角时。 ④ 绕角之役，栾书从知庄子、范文子、韩献子之言，不与楚战。自是常从其谋，师出有功，故传善之。沈国，今汝南平(与)[舆]县。【释文】揖，徐音集，又於立切。(与)[舆]，音余，一音预。 ⑤ 宜有功也。如流，喻速。⑥ 遐，远也。作，用也。《诗·大雅》，言文王能远用善人。不，语助。【释文】恺，开在切，乐也。悌，徒礼切，易也。 ⑦ 会伐蔡之师。【释文】夫，音扶。⑧ 过许，见其无备，因攻之。【释文】过，古禾切。

声伯如莒，逆也①。

① 自为逆妇而书者，因聘而逆。【释文】为，于伪切，下文"为赵婴"同。

宋华元来聘，聘共姬也①。

① 穆姜之女，成公姊妹，为宋共公夫人。聘不应使卿，故传发其事而已。【释文】共，音恭。

夏，宋公使公孙寿来纳币，礼也①。

① 纳币应使卿。

晋赵庄姬为赵婴之亡故，谮之于晋侯①，曰："原、屏将为乱。"栾、郤为征②。六月，晋讨赵同、赵括。武从姬氏畜于公宫③。以其田与祁奚。韩厥言于晋侯曰："成季之勋，宣孟之忠④，而无后，为善者其惧矣。三代之令王，皆数百年保天之禄。夫岂无辟王？赖前哲以免也⑤。《周书》曰：'不敢侮鳏寡。'所以明德也⑥。"乃立武，而反其田焉。

① 赵婴亡在五年。 ② 栾氏、郤氏亦征其为乱。 ③ 赵武，庄姬之子。庄姬，晋成公女。畜，养也。 ④ 成季，赵衰。宣孟，赵盾。【释文】祁，巨之切，《字林》上尸切。衰，初危切。盾，徒本切。 ⑤ 言三代亦有邪辟之君，但赖其先人以免祸耳。【释文】数，所主切。辟，匹亦切，注及下同。哲，陟列切。邪，似嗟切。 ⑥《周书·康诰》，言文王不侮鳏寡而德益明，欲使晋侯之法文王。【释文】侮，亡甫切。鳏，古顽切。

秋，召桓公来赐公命①。

① 召桓公，周卿士。

晋侯使申公巫臣如吴，假道于莒。与渠丘公立于池上①，曰："城已恶！"莒子曰："辟陋在夷，其孰以我为虞②？"对曰："夫狡焉③思启(对)[封]疆以利社稷者，何国蔑有？唯然，故多大国矣，唯或思或纵也④。勇夫重闭，况国乎⑤？"

① 渠丘公，莒子朱也。池，城池也。渠丘，邑名，莒县有蘧里。【释文】蘧，其居切。 ② 虞，度也。【释文】已恶，如字，已，犹太也，本或作"城已恶矣"。度，待洛切。 ③ 狡猾之人。【释文】狡，交卯切。猾，于八切。 ④ 世有思开封疆者，有纵其暴掠者，莒人当唯此为命。【释文】疆，居良切。唯然，音维，本或作"虽"，后人改也。掠，音亮。 ⑤ 为明年莒溃传。【释文】重，直龙切，又直勇切。闭，补计切，又补结切，一音户旦切。

冬，杞叔姬卒。来归自杞，故书①。

① 愍其见出来归，故书卒也。若更适大夫，则不复书卒。【释文】复，扶又切。

晋士燮来聘，言伐郯也，以其事吴故①。公赂之，请缓师。文子不可②，曰："君命无贰，失信不立。礼无加货，事无二成③。君后诸侯，是寡君不得事君也④。燮将复之。"季孙惧，使宣伯帅师会伐郯。

① 七年郯与吴成。 ② 文子，士燮。 ③ 公私不两成。 ④ 欲与鲁绝。【释文】后，如字，徐音胡豆切。

卫人来媵共姬，礼也。凡诸侯嫁女，同姓媵之，异姓则否①。

① 必以同姓者，参骨肉至亲，所以息阴讼。

成公九年

【经】

九年春，王正月，杞伯来逆叔姬之丧以归。

公会晋侯、齐侯、宋公、卫侯、郑伯、曹伯、莒子、杞伯同盟于蒲①。

公至自会②。

二月，伯姬归于宋③。

夏，季孙行父如宋致女④。

晋人来媵⑤。

秋七月丙子，齐侯无野卒⑥。

晋人执郑伯⑦。

晋栾书帅师伐郑。

冬十有一月，葬齐顷公⑧。

楚公子婴齐帅师伐莒。庚申，莒溃⑨。

楚人入郓⑩。

秦人、白狄伐晋。

郑人围许。

城中城⑪。

① 蒲，卫地，在长垣县西南。 ② 无传。 ③ 宋不使卿逆，非礼。 ④ 女嫁三月，又使大夫随加聘问，谓之致女，所以致成妇礼，笃昏姻之好。【释文】好，呼报切。 ⑤ 媵伯姬也。 ⑥ 无传。五同盟。丙子，六月一日，书七月，从赴。 ⑦ 郑伯既受盟于蒲，又受楚赂会于邓，故晋执之。称人者，晋以无道于民告诸侯。例在十五年。 ⑧ 无传。【释文】顷，音倾。 ⑨ 民逃其上曰溃。 ⑩ 郓，莒别邑也。楚偏师入郓，故称人。 ⑪ 鲁邑也，在东海廪丘县西南。此闰月城，在十一月之后，十二月之前，故传曰书时。

【传】

九年春，杞桓公来逆叔姬之丧，请之也①。杞叔姬卒，为杞故也②。逆叔姬，为我也③。

① 叔姬已绝于杞，鲁复强请杞，使还取葬。【释文】复，扶又切，下同。强，其丈切。 ② 还为杞妇，故卒称杞。【释文】为，于伪切，下注“为鲁”、下文“为

归汶阳”同。 ③ 既弃而复逆其丧，明为鲁故。【释文】逆叔姬，绝句。为我也，本或无“为”字。

为归汶阳之田故，诸侯贰于晋①。晋人惧，会于蒲，以寻马陵之盟②。季文子谓范文子曰：“德则不竞，寻盟何为③？”范文子曰：“勤以抚之，宽以待之，坚强以御之，明神以要之，柔服而伐贰，德之次也。”是行也，将始会吴，吴人不至④。

① 归田在前年。 ② 马陵盟在七年。 ③ 竞，强也。 ④ 为十五年会钟离传。【释文】御，鱼吕切。要，一遥切。

二月，伯姬归于宋。

① 为致女复命起。

楚人以重赂求郑，郑伯会楚公子成于邓①。

① 为晋人执郑伯传。

夏，季文子如宋致女，复命，公享之。赋《韩奕》之五章①，穆姜出于房，再拜，曰：“大夫勤辱，不忘先君以及嗣君，施及未亡人②。先君犹有望也③！敢拜大夫之重勤。”又赋《绿衣》之卒章而入④。

①《韩奕》，《诗·大雅》篇名，其五章言蹶父嫁女于韩侯，为女相所居，莫如韩乐。文子喻鲁侯有蹶父之德，宋公如韩侯，宋土如韩乐。【释文】蹶，九卫切。为，于伪切。相，息亮切。乐，音洛，下同。 ② 穆姜，伯姬母，闻文子言宋乐，喜而出，谢其行劳。妇人夫死，自称未亡人。【释文】施，以豉切。 ③ 言先君亦望文子之若此。 ④《绿衣》，《诗·邶风》也，取其“我思古人，实获我心”，喻文子言得已意。【释文】重，直勇切，又直用切。绿，如字，本又作“禒”，吐乱切，注同。邶，音佩，又作“鄁”。

晋人来媵，礼也①。

① 同姓故。

秋，郑伯如晋。晋人讨其贰于楚也，执诸铜鞮①。

① 铜鞮，晋别县，在上党。【释文】鞮，丁兮切。

栾书伐郑，郑人使伯蠲行成，晋人杀之，非礼也。兵交，使在其间可也①。楚子重侵陈以救郑②。

① 明杀行人例。【释文】鬬,古玄切,又音圭。使,音所吏切。 ② 陈与晋故。

晋侯观于军府,见钟仪。问之曰:"南冠而絷者,谁也①?"有司对曰:"郑人所献楚囚也。"使税之②,召而吊之。再拜稽首。问其族,对曰:"泠人也③。"公曰:"能乐乎?"对曰:"先人之职官也,敢有二事④?"使与之琴,操南音⑤。公曰:"君王何如?"对曰:"非小人之所得知也。"固问之,对曰:"其为大子也,师保奉之,以朝于婴齐而夕于侧也⑥。不知其他。"

① 南冠,楚冠。絷,拘执。【释文】絷,中立切。拘,九于切。 ② 郑献钟仪在七年。税,解也。【释文】税,吐活切,徐始锐切,注同。 ③ 泠人,乐官。【释文】泠,力丁切,依字作"伶"。 ④ 言不敢学他事。 ⑤ 南音,楚声。【释文】操,七刀切,下同。 ⑥ 婴齐,令尹子重。侧,司马子反。言其尊卿敬老。

公语范文子,文子曰:"楚囚,君子也。言称先职,不背本也。乐操土风,不忘旧也。称大子,抑无私也①。名其二卿,尊君也②。不背本,仁也。不忘旧,信也。无私,忠也。尊君,敏也③。仁以按事,信以守之,忠以成之,敏以行之。事虽大,必济④。君盍归之?使合晋、楚之成。"公从之,重为之礼,使归求成⑤。

① 舍其近事而远称少小,以示性所自然,明至诚。【释文】语,鱼据切。背,音佩,下同。舍,音捨。少,诗照切。 ② 尊晋君也。 ③ 敏,达也。 ④ 言有此四德,必能成大事。 ⑤ 为下十二月晋、楚结成张本。【释文】盍,户腊切。

冬十一月,楚子重自陈伐莒,围渠丘。渠丘城恶,众溃,奔莒。戊申,楚入渠丘①。莒人囚楚公子平,楚人曰:"勿杀!吾归而俘。"莒人杀之。楚师围莒。莒城亦恶,庚申,莒溃②。楚遂入郓,莒无备故也③。

① 月六日。 ② 月十八日 ③ 终巫臣之言。

君子曰："恃陋而不备，罪之大者也。备豫不虞，善之大者也。莒恃其陋，而不修城郭，浹辰之间，而楚克其三都，无备也夫[①]！《诗》曰：'虽有丝麻，无弃菅蒯。虽有姬、姜，无弃蕉萃。凡百君子，莫不代匮。'言备之不可以已也[②]。"

① 浹辰，十二日也。【释文】浹，子协切，徐又音子答切。夫，音扶。 ② 逸《诗》也。姬、姜，大国之女。蕉萃，陋贱之人。【释文】菅，古颜切。蒯，苦怪切。蕉，在遥切。萃，在醉切。匮，其位切。

秦人、白狄伐晋，诸侯贰故也。

郑人围许，示晋不急君也[①]。是则公孙申谋之，曰："我出师以围许[②]，为将改立君者，而纾晋使[③]，晋必归君[④]。"

① 此秋晋执郑伯。 ② 示不畏晋。 ③ 纾，缓也，勿亟遣使诣晋，示欲更立君。【释文】为将，并如字，或于伪切，非也，本或作"伪将"。纾，音舒。使，所吏切。亟，纪力切，急也；或欺冀切，数也。 ④ 为明年晋侯归郑伯张本。

城中城，书，时也。

十二月，楚子使公子辰如晋，报钟仪之使，请修好结成[①]。

① 钟仪奉晋命归，故楚报之。【释文】好，呼报切。

成公十年

【经】

十年春，卫侯之弟黑背帅师侵郑。

夏四月，五卜郊，不从，乃不郊[①]。

五月，公会晋侯、齐侯、宋公、卫侯、曹伯伐郑[②]。

齐人来媵[③]。

丙午，晋侯獳卒[④]。

秋七月，公如晋。

冬十月。

① 无传。卜常祀，不郊，皆非礼，故书。 ② 晋侯，大子州蒲也。称爵，见其生代父居位，失人子之礼。【释文】见，贤遍切。 ③ 无传。媵伯姬也。异姓来媵，非礼也。 ④ 六同盟。据传，丙午，六月七日。有日无月。【释文】獳，乃侯切。

【传】

十年春，晋侯使籴茷如楚[①]，报大宰子商之使也[②]。

① 籴茷，晋大夫。【释文】籴，徐徒吊切，一音杜敖切，又土吊切。茷，扶废切，一音蒲发切，又蒲艾切。 ② 子商，楚公子辰。使在前年。【释文】大，音泰。使，所吏切，下"使在"同。

卫子叔黑背侵郑，晋命也[①]。

① 晋命卫使侵郑。

郑公子班闻叔申之谋[①]。三月，子如立公子繻[②]。夏四月，郑人杀繻，立髡顽。子如奔许[③]。栾武子曰："郑人立君，我执一人焉，何益？不如伐郑而归其君，以求成焉。"晋侯有疾。五月，晋立大子州蒲以为君，而会诸侯伐郑[④]。郑子罕赂以襄钟[⑤]，子然盟于修泽，子驷为质[⑥]。辛巳，郑伯归[⑦]。

① 改立君之谋。 ② 子如，公子班。【释文】繻，音须。 ③ 髡顽，郑成公大子。【释文】髡，苦门切。顽，如字，徐音五班切。 ④ 生立子为君，此父不父，子不子，经因书晋侯，其恶明。【释文】州蒲，本或作"州满"。 ⑤ 子罕，穆公子。襄钟，郑襄公之庙钟。 ⑥ 子然、子驷，皆穆公子。荥阳卷县东有修武亭。【释文】质，音致。卷，音权，《字林》丘权切，如淳《汉书》音同。 ⑦ 郑伯归不书，郑不告入。

晋侯梦大厉，被发及地，搏膺而踊，曰："杀余孙，不义[①]。余得请于帝矣！"坏大门及寝门而入。公惧，入于室。又坏户。公觉，召桑田巫[②]。巫言如梦[③]。公曰："何如？"曰："不食新矣[④]。"公疾病，求医于秦。秦伯使医缓为之[⑤]。未至，公梦疾为二竖子，曰："彼，良医也。惧伤我，焉逃之？"其一曰："居肓之上，膏之下，若我何[⑥]？"医至，曰："疾不可为也。在肓之上，膏之下，攻之不可，达之不及，药不至焉，不可为也[⑦]。"公曰："良医也。"厚为之礼而归之。六月丙午，晋侯欲麦[⑧]，使甸人献麦[⑨]，馈人为之。召桑田巫，示而杀之。将食，张，如厕，陷而卒[⑩]。小臣有晨梦负公以登天，及日中，负晋侯出诸厕。遂以为殉[⑪]。

① 厉，鬼也。赵氏之先祖也。八年，晋侯杀赵同、赵括，故怒。【释文】被，皮寄切。搏，音博。踊，音勇。 ② 桑田，晋邑。【释文】坏，音怪，下同。及寝门，一本无"及"字。觉，古孝切。 ③ 巫云鬼怒，如公所梦。 ④ 言公不得及食新麦。 ⑤ 缓，医名。为，犹治也。【释文】医，於其切。 ⑥ 肓，鬲也。心下为膏。【释文】伤我，绝句。焉，徐於虔切，一读如字，属上句。逃之，绝句。肓，徐音荒，《说文》云：心下鬲上也。鬲，音革。 ⑦ 达，针。【释文】攻，音工。⑧ 周六月，今四月，麦始熟。 ⑨ 甸人，主为公田者。【释文】甸，徒练切。⑩ 张，腹满也。【释文】馈，其愧切。为，如字。张，中亮切，注同。 ⑪ 传言巫以明术见杀，小臣以言梦自祸。

郑伯讨立君者，戊申，杀叔申、叔禽[①]。君子曰："忠为令德，非其人犹不可，况不令乎[②]？"

① 叔禽，叔申弟。 ② 言叔申为忠，不得其人，还害身。

秋，公如晋[①]。晋人止公，使送葬。于是籴茷未反[②]。冬，葬晋景公。公送葬，诸侯莫在。鲁人辱之，故不书，讳之也[③]。

① 亲吊，非礼。 ② 是春晋使籴茷至楚结成，晋谓鲁贰于楚，故留公，须籴茷还，验其虚实。 ③ 讳不书晋葬也。

春秋经传集解成公下第十三

成公十一年

【经】

十有一年春，王三月，公自至晋[①]。

晋侯使郤犨来聘。己丑，及郤犨盟[②]。

夏，季孙行父如晋。

秋，叔孙侨如如齐[③]。

冬十月。

① 正月公在晋，不书，讳见止。　② 郤犨，郤克从父兄弟。【释文】犨，尺由切。　③【释文】侨，其骄切。

【传】

十一年春，王三月，公至自晋。晋人以公为贰于楚，故止公。公请受盟，而后使归[①]。

郤犨来聘，且莅盟[②]。

① 前年七月公如晋吊，至是乃得归。　② 公请受盟，故使大夫来临之。【释文】莅，音利，又音类。

声伯之母不聘[①]，穆姜曰："吾不以妾为姒[②]。"生声伯而出之，嫁于齐管于奚。生二子而寡，以归声伯。声伯以其外弟为大夫③，而嫁其外妹于施孝叔④。郤犨来聘，求妇于声伯。声伯夺施氏妇以与之。妇人曰："鸟兽犹不失俪⑤，子将若何?"曰："吾不能死亡⑥。"妇人遂行，生二子于郤氏。郤氏亡，晋人归之施氏，施氏逆诸河，沈其二子⑦。妇人怒曰："己不能庇其伉俪而亡之⑧，又不能字人之孤而杀之⑨，将何以终?"遂誓施氏⑩。

① 声伯之母，叔肸之妻。不聘，无媒礼。【释文】聘，本亦作"娉"，匹政切。肸，许乙切。媒，亡回切。 ② 昆弟之妻相谓为姒。穆姜，宣公夫人。宣公，叔肸同母昆弟。【释文】姒，音似。 ③ 外弟，管于奚之子，为鲁大夫。 ④ 孝叔，鲁惠公五世孙。 ⑤ 俪，耦也。【释文】俪，力计切。 ⑥ 言不与郤犨妇，惧能忿致祸。 ⑦ 沈之于河。【释文】沈，徐直荫切，注同，一音如字。 ⑧ 伉，敌也。【释文】己，音以，又音纪。庇，必利切，又音秘。伉，苦浪切。 ⑨ 字，爱也。 ⑩ 约誓不复为之妇也。传言郤犨淫纵，所以亡也。【释文】复，扶又切，下文注"复出"皆同。

夏，季文子如晋报聘，且莅盟也①。

① 郤犨、文子交盟鲁、晋之君，其意一也。故但书来盟，举重略轻。

周公楚恶惠、襄之偪也①，且与伯与争政②，不胜，怒而出。及阳樊③，王使刘子复之，盟于鄄而入。三日，复出奔晋④。

① 惠王、襄王之族。【释文】恶，乌路切。 ② 伯与，周卿士。【释文】与，音余，本亦作"舆"。 ③ 阳樊，晋地。 ④ 王既复之而复出，所以自绝于周，为明年周公出奔传。鄄，周邑。【释文】鄄，音绢。

秋，宣伯聘于齐，以修前好①。

① 寻以前之好。【释文】好，呼报切，注同。

晋郤至与周争鄇田①，王命刘康公、单襄公讼诸晋。郤至曰："温，吾故也，故不敢失②。"刘子、单子曰："昔周克商，使诸侯抚封③，苏忿生以温为司寇，与檀伯达封于河④。苏氏即狄，又不能于狄而奔卫[5]。襄王劳文公而赐之温[6]，狐氏、阳氏先处之[7]，而后及子。若治其故，则王官之邑也，子安得之？"晋侯使郤至勿敢争[8]。

① 鄇，温别邑，今河内怀县西南有鄇人亭。【释文】鄇，音候，《字林》音候。② 言温郤氏旧邑。【释文】单，音善。 ③ 各抚有其封内之地。 ④ 苏忿生，周武王司寇苏公也，与檀伯达俱封于河内。【释文】檀，徒丹切。 ⑤ 事在僖十年。 ⑥ 在僖二十五年。【释文】劳，力报切。 ⑦ 狐溱、阳处父先食温地。【释文】溱，侧巾切。 ⑧ 传言郤至贪，所以亡。

宋华元善于令尹子重，又善于栾武子。闻楚人既许晋籴茷成，而使归复命矣[1]。冬，华元如楚，遂如晋，合晋、楚之成[2]。

① 在往年。【释文】华，户化切。 ② 为明年盟宋西门外张本。

秦、晋为成，将会于令狐。晋侯先至焉，秦伯不肯涉河，次于王城，使史颗盟晋侯于河东[1]。晋郤犨盟秦伯于河西[2]。范文子曰："是盟也何益？齐盟，所以质信也[3]。会所，信之始也。始之不从，其可质乎？"秦伯归而背晋成[4]。

① 史颗，秦大夫。【释文】令，力丁切。颗，苦果切。 ② 就盟王城。③ 齐，一心。质，成也。 ④ 为十三年伐秦传。【释文】背，音佩，卷内皆同。

成公十二年

【经】

十有二年春，周公出奔晋。

夏，公会晋侯、卫侯于琐泽[1]。

秋，晋人败狄于交刚[2]。

冬十月。

① 琐泽，地阙。【释文】琐，素果切，本亦作"璅"。 ② 交刚，地阙。

【传】

十二年春，王使以周公之难来告[①]。书曰："周公出奔晋。"凡自周无出，周公自出故也[②]。

① 周公奔在前年。【释文】难，乃旦切。 ② 天子无外，故奔者不言出。周公为王所复而自绝于周，故书出以非之。

宋华元克合晋、楚之成[①]。夏五月，晋士燮会楚公子罢、许偃[②]。癸亥，盟于宋西门之外，曰："凡晋、楚无相加戎，好恶同之，同恤菑危，备救凶患。若有害楚，则晋伐之。在晋，楚亦如之。交贽往来，道路无壅[③]，谋其不协，而讨不庭[④]。有渝此盟，明神殛之[⑤]，俾队其师，无克胙国[⑥]。"郑伯如晋听成[⑦]。会于琐泽，成故也[⑧]。

① 终前年事。 ② 二子，楚大夫。【释文】罢，音皮。 ③ 贽，币也。【释文】好、恶，并如字，又上呼报切，下乌路切。菑，音灾。贽，本又作"挚"，之二切。壅，於勇切。 ④ 讨背叛不来在王庭者。 ⑤ 殛，诛也。【释文】渝，羊牛切。殛，本又作"极"，纪力切，注同。 ⑥ 俾，使也。队，失也。【释文】俾，本亦作"卑"，必尔切。队，直类切，注同。胙，才故切。 ⑦ 听，犹受也。晋、楚既成，郑往受命。 ⑧ 晋既与楚成，合诸侯以申成好。【释文】好，呼报切，尽年皆同。

狄人间宋之盟以侵晋，而不设备。秋，晋人败狄于交刚。

晋郤至如楚聘，且莅盟。楚子享之，子反相，为地室而县焉[①]。郤至将登[②]，金奏作于下[③]，惊而走出。子反曰："日云莫矣，寡君须矣，吾子其入也！"宾曰："君不忘先君之好，施及下臣，贶之以大礼，重之以备乐[④]。如天之福，两君相见，何以代此？下臣不敢[⑤]。"子反曰："如天之福，两君相见，无亦唯是一矢以相加遗，焉用乐[⑥]？寡君须矣，吾子其入也！"宾曰[⑦]："若让之以一矢，祸之大者，其何福之为？世之治也，诸侯閒于天子之事，则相朝也[⑧]，于是乎有享宴之礼。享以训共俭[⑨]，宴以示慈惠[⑩]。共俭以行礼，而慈惠以布政。政以礼成，民是以息。百官承事，朝而不夕⑪，此公侯之所以扞城其民也⑫。故《诗》曰：'赳赳武夫，公侯干城⑬。'及其乱也，诸侯贪冒，侵欲不忌，争寻常以尽其民⑭，略其武夫，以为己腹心股肱爪牙⑮。故《诗》曰：'赳赳武夫，公侯腹心⑯。'天下有道，则公侯能为民干城，而制其腹心。乱则反之⑰。今吾子之言，乱之道也，不可以为法。然吾子，主也，至敢不从？"遂入，卒事。归，以语范文子。文子曰："无礼必食言，吾死无日矣夫⑱！"

① 县钟鼓也。【释文】间，间厕之间。相，息亮切。县，音玄，注同。　② 登堂。　③ 击钟而奏乐。　④ 贶，赐也。【释文】莫，音暮，本亦作"暮"。施，以豉切。重，直用切。　⑤ 言此两君相见之礼。　⑥ 言两君战乃相见，无用此乐。【释文】遗，唯季切。焉，於虔切。　⑦ 传诸交让得宾主辞者，多曰宾主以明之。⑧ 王事閒缺，则修私好。【释文】治，直吏切，下注"治世"同。閒，音闲，注同。⑨ 享有体荐，设几而不倚，爵盈而不饮，肴干而不食，所以训共俭。【释文】享，许丈切，旧又许亮切，本亦作"飨"。宴，於见切，徐于显切。倚，於绮切。⑩ 宴则折俎，相与共食。【释文】折，之设切。　⑪ 不夕，言无事。【释文】朝，直遥切，朝，日朝，徐音朝旦之朝。　⑫ 扞，蔽也。言享宴结好邻国，所以蔽扞其民。【释文】扞，户旦切。　⑬《诗·周南》之风。赳赳，武貌。干，扞也。言公侯之与武夫，止于扞难而已。【释文】赳，居黝切，一音居丑切。难，乃旦切。干，户旦切，本亦作"扞"，又如字，下同。　⑭ 八尺曰寻，倍寻曰常。言争尺丈之地，以相攻伐。【释文】冒，莫报切，又亡北切。　⑮ 略，取也。言世乱则公侯制御武夫，以从己志，使侵害邻国，为搏噬之用无已。【释文】搏，音博。噬，市制切。　⑯ 举《诗》之正，以驳乱义。《诗》言治世则武夫能合德公侯，外为扞城，内制其腹心。【释文】驳，邦角切。　⑰ 略其武夫，以为己腹心爪牙。【释文】为，于伪切，又如字。　⑱ 言晋、楚不能久和，必复相伐。为十六年鄢陵战张本。【释文】语，鱼据切。夫，音扶，本亦无此字。复，扶又切。鄢，谒晚切，《汉书音义》一建切。

冬，楚公子罢如晋聘，且莅盟①。十二月，晋侯及楚公子罢盟于赤棘②。

① 报郤至。　② 晋地。

成公十三年

【经】

十有三年春，晋侯使郤锜来乞师①。

三月，公如京师②。

夏五月，公自京师，遂会晋侯、齐侯、宋公、卫侯、郑伯、曹伯、邾人、滕人伐秦。

曹伯卢卒于师③。

秋七月，公至自伐秦④。

冬，葬曹宣公。

① 将伐秦也。侯伯当召兵而乞师，谦辞。【释文】锜，鱼绮切。 ② 伐秦，道过京师，因朝王。【释文】过，古禾切，又古卧切。 ③ 五同盟。【释文】卢，本亦作“庐”，力吴切。 ④ 无传。

【传】

十三年春，晋侯使郤锜来乞师，将事不敬①。孟献子曰：“郤氏其亡乎！礼，身之干也。敬，身之基也。郤子无基。且先君之嗣卿也，受命以求师，将社稷是卫，而惰，弃君命也。不亡何为②？”

① 将事，致君命。 ② 郤锜，郤克子，故曰嗣卿。为十七年晋杀郤锜传。【释文】惰，徒卧切。

三月，公如京师。宣伯欲赐①，请先使，王以行人之礼礼焉②。孟献子从，王以为介，而重贿之③。公及诸侯朝王，遂从刘康公、成肃公会晋侯伐秦④。

① 欲王赐己。 ② 不加厚。【释文】使，所吏切。 ③ 介，辅相威仪者。献子相公以礼，故王重赐之。【释文】从，才用切。介，音界。相，息亮切，下同。

④ 刘康公，王季子。刘、成二公不书，兵不加秦。

成子受脤于社①，不敬。刘子曰："吾闻之，民受天地之中以生，所谓命也。是以有动作礼义威仪之则，以定命也。能者养之以福②，不能者败以取祸。是故君子勤礼，小人尽力。勤礼莫如致敬，尽力莫如敦笃。敬在养神，笃在守业。国之大事，在祀与戎，祀有执膰③，戎有受脤，神之大节也④。今成子惰，弃其命矣⑤，其不反乎⑥？"

① 脤，(后)[宜]社之肉也。盛以脤器，故曰脤。宜，出兵祭社之名。【释文】脤，市轸切。盛，音成。 ② 养威仪以致福。 ③ 膰，祭肉。【释文】尽，津忍切，下同。膰，音烦。 ④ 交神之大节。 ⑤ 惰则失中和之气。 ⑥ 为成肃公卒于瑕张本。

夏四月戊午，晋侯使吕相绝秦①，曰："昔逮我献公，及穆公相好②，戮力同心，申之以盟誓，重之以昏姻③。天祸晋国，文公如齐，惠公如秦④。无禄，献公即世，穆公不忘旧德，俾我惠公用能奉祀于晋⑤。又不能成大勋，而为韩之师⑥。亦悔于厥心，用集我文公⑦，是穆之成也⑧。

① 吕相，魏锜子。盖口宣己命。【释文】相，息亮切。 ② 晋献公、秦穆公。【释文】逮，音代，一音大计切。 ③ 穆公夫人，献公之女。【释文】好，呼报切，下同。戮力，相承音六，嵇康力幽切，吕静《字韵》与"飂"同，《字林》音辽。④ 辟骊姬也。不言狄、梁，举所恃大国。【释文】辟，音避。骊，力知切。 ⑤ 僖十年，秦纳惠公。【释文】俾，本或作"卑"，必尔切，下及注同。 ⑥ 僖十五年，秦伐晋，获惠公。 ⑦ 集，成也。 ⑧ 成功于晋。

"文公躬擐甲胄，跋履山川①，逾越险阻，征东之诸侯，虞、夏、商、周之胤，而朝诸秦，则亦既报旧德矣。郑人怒君之疆埸，我文公帅诸侯及秦围郑②。秦大夫不询于我寡君，擅及郑盟③。诸侯疾之，将致命于秦④。文公恐惧，绥静诸侯，秦师克还无害，则是我有大造于西也⑤。

① 草行为跋。【释文】擐，音患。胄，直又切。跋，蒲末切。 ② 晋自以郑

贰于楚，故围之，郑非侵秦也，晋以此诬秦。事在僖三十年。【释文】疆，居良切。埸，音亦。 ③ 询，谋也。盟者秦伯，谦言大夫。【释文】询，思巡切。擅，市战切。 ④ 致死命而讨秦。时无诸侯，盖诸侯遥致此意。 ⑤ 造，成也。言晋有成功于秦。【释文】恐，曲勇切。

“无禄，文公即世，穆为不吊①，蔑死我君，寡我襄公②，迭我殽地，奸绝我好，伐我保城，殄灭我费滑③，散离我兄弟，挠乱我同盟④，倾覆我国家。我襄公未忘君之旧勋⑤，而惧社稷之陨，是以有殽之师⑥。犹愿赦罪于穆公⑦，穆公弗听，而即楚谋我。天诱其衷，成王殒命⑧，穆公是以不克逞志于我⑨。

① 不见吊伤。 ② 寡，弱也。【释文】死我，本或以“我”字在“死”上，非。 ③ 伐保城，诬之。费滑，滑国都于费，今缑氏县。【释文】迭，直结切，徐音逸。殽，户交切。奸，音干。费，扶味切。滑，户八切。缑，古侯切。 ④ 滑、晋同姓。【释文】挠，乃卯切，徐许高切。 ⑤ 纳文公之勋。【释文】覆，孚服切，下同。 ⑥ 在僖三十三年。【释文】陨，于敏切，下同。 ⑦ 晋欲求解于秦。 ⑧ 秦使鬥克归楚求成，事见文十四年。文元年，楚弑成王。【释文】见，贤遍切。 ⑨ 逞，快也。【释文】逞，敕景切。

“穆、襄即世，康、灵即位①。康公，我之自出②，又欲阙翦我公室，倾覆我社稷，帅我蝥贼，以来荡摇我边疆③。我是以有令狐之役④。康犹不悛，入我河曲⑤，伐我涑川，俘我王官⑥，翦我羁马。我是以有河曲之战⑦。东道之不通，则是康公绝我好也⑧。

① 文六年，晋襄、秦穆皆卒。 ② 晋外甥。 ③ 蝥贼，食禾稼虫名，谓秦纳公子雍。【释文】阙，其月切，徐如字。蝥，莫侯切，《尔雅》：虫食苗为蝥，食节为贼。 ④ 在文七年。 ⑤ 悛，改也。【释文】悛，七全切。 ⑥ 涑水出河东闻喜县，西南至蒲坂县入河。【释文】涑，徐息录切，又音速，《字林》同。俘，芳夫切。 ⑦ 在文十二年。 ⑧ 言康公自绝，故不复东通晋。【释文】复，扶又切。

“及君之嗣也①，我君景公引领西望曰：‘庶抚我乎②！’君亦不惠称盟③，利吾有狄难④，入我河县，焚我箕、郜，芟夷我农功[5]，虔刘我边陲[6]。我是以有辅氏之聚[7]。

① 君，秦桓公。　② 望秦抚恤晋。　③ 不肯称晋望而共盟。【释文】称，尺证切，注同。　④ 谓晋灭潞氏时。【释文】难，乃旦切。　⑤ 夷，伤也。【释文】箕，音基，一音其。郜，古报切。芟，所衔切。荑，本又作“痍”，音夷。⑥ 虔、刘，皆杀也。　⑦ 聚，众也。在宣十五年。【释文】聚，才喻切，注同。

“君亦悔祸之延[1]，而欲徼福于先君献、穆[2]，使伯车来，命我景公曰[3]：‘吾与女同好弃恶，复修旧德，以追念前勋。’言誓未就，景公即世。我寡君是以有令狐之会[4]。君又不祥[5]，背弃盟誓。白狄及君同州[6]，君之仇雠，而我之昏姻也[7]。君来赐命曰：‘吾与女伐狄。’寡君不敢顾昏姻，畏君之威，而受命于吏。君有二心于狄，曰：‘晋将伐女。’狄应且憎，是用告我[8]。楚人恶君之二三其德也，亦来告我曰：‘秦背令狐之盟，而来求盟于我，昭告昊天上帝、秦三公、楚三王曰[9]：“余虽与晋出入[10]，余唯利是视。”不穀恶其无成德，是用宣之，以惩不壹。’

① 延，长也。　② 晋献、秦穆。【释文】徼，古尧切。　③ 伯车，秦桓公子。④ 令狐会在十一年。申厉公之命，宜言寡人，称君误也。【释文】女，音汝，下文皆同。好，呼报切，一音如字。复，音服，又扶又切。寡君，读者亦作“寡人”。⑤ 祥，善也。　⑥ 及，与也。　⑦ 季隗，廧咎如赤狄之女也，白狄伐而获之，纳诸文公。【释文】隗，五罪切。廧，在良切。咎，音羔。　⑧ 言狄虽应答秦，而心实憎秦无信。【释文】应，应对之应，注同。　⑨ 三公：穆、康、共。三王：成、穆、庄。【释文】恶，乌路切，下同。昊，户老切。共，音恭。　⑩ 出入，犹往来。

“诸侯备闻此言，斯是用痛心疾首，昵就寡人[1]。寡人帅以听命，唯好是求。君若惠顾诸侯，矜哀寡人，而赐之盟，则寡人之愿也。其承宁诸侯以退[2]，岂敢徼乱[3]？君若不施大惠，寡人不佞，其不能以诸侯退矣。敢尽布之执事，俾执事实图利之[4]！”

① 疾亦痛也。昵，亲也。【释文】惩，直升切。昵，女乙切。　② 承君之

意，以宁静诸侯。 ③ 徼，要也。【释文】要，一遥切。 ④ 俾，使也。

秦桓公既与晋厉公为令狐之盟，而又召狄与楚，欲道以伐晋，诸侯是以睦于晋①。

晋栾书将中军，荀庚佐之②。士燮将上军③，郤锜佐之④。韩厥将下军⑤，荀罃佐之⑥。赵旃将新军⑦，郤至佐之⑧。郤毅御戎，栾鍼为右⑨。孟献子曰："晋帅乘和，师必有大功⑩。"五月丁亥，晋师以诸侯之师及秦师战于麻隧，秦师败绩，获秦成差及不更女父⑪。曹宣公卒于师。师遂济泾，及侯丽而还⑫。迓晋侯于新楚⑬。

① 晋辞多诬秦，故传据此三事以正秦罪。【释文】道，音导。 ② 庚代荀首。【释文】将，子匠切。凡将某军者仿此，以意求之。 ③ 代荀庚。 ④ 代士燮。 ⑤ 代郤锜。 ⑥ 代赵同。 ⑦ 代韩厥。【释文】旃，之然切。 ⑧ 代赵括。 ⑨ 郤毅，郤至弟。栾鍼，栾书子。【释文】鍼，其廉切。 ⑩ 帅，军帅。乘，车士。【释文】帅，所类切。乘，绳证切，下注同。 ⑪ 不更，秦爵。战，败绩不书，以为晋直秦曲，则韩役书战，时公在师，复不须告，克获有功，亦无所讳。盖经文阙漏，传文独存。【释文】隧，音遂。差，初佳切，徐又初宜切。更，音庚。女，音汝。复，扶又切。 ⑫ 泾水出安定，东南经扶风、京兆高陆县入渭也。【释文】泾，音经。丽，力驰切。 ⑬ 迓，迎也。既战，晋侯止新楚，故师还过迎之。麻隧、侯丽、新楚，皆秦地。【释文】迓，本又作"讶"，五嫁切。

成肃公卒于瑕①。

① 终刘子之言。瑕，晋地。

六月丁卯夜，郑公子班自訾求入于大宫，不能，杀子印、子羽①。反军于市。己巳，子驷帅国人盟于大宫②，遂从而尽焚之③。杀子如、子駹、孙叔、孙知④。

① 訾，郑地。大宫，郑祖庙。十年班出奔许，今欲还为乱。子印、子羽，皆穆公子。【释文】班，本亦作"般"。訾，子斯切。大，音泰，下同。印，一刃切。 ② 子驷，穆公子。 ③ 焚，烧也。 ④ 子如，公子班。子駹，班弟。孙叔，子如子。孙知，子駹子。【释文】駹，武邦切。

曹人使公子负刍守，使公子欣时逆曹伯之丧①。秋，负刍杀其大子而自立也②，诸侯乃请讨之，晋人以其役之劳，请俟他年。冬，葬曹宣公。既葬，子臧将亡③，国人皆将从之④。成公乃惧⑤，告罪，且请焉⑥。乃反，而致其邑⑦。

① 二子，皆曹宣公庶子。【释文】刍，初俱切。守，手又切。欣时，如字，徐或作"款"，亦音欣，案，《公羊传》作"喜时"，宜音忻。　② 宣公大子。　③ 子臧，公子欣时。　④ 不义负刍故。　⑤ 成公，负刍。　⑥ 请留子臧。　⑦ 还邑于成公。为十五年执曹伯传。

成公十四年

【经】

十有四年春，王正月，莒子朱卒①。

夏，卫孙林父自晋归于卫②。

秋，叔孙侨如如齐逆女③。

郑公子喜帅师伐许。

九月，侨如以夫人妇姜氏至自齐。

冬十月庚寅，卫侯臧卒④。

秦伯卒⑤。

① 无传。九年盟于蒲。　② 晋纳之，故曰归。　③ 成公逆夫人最为得礼，而经无纳币者，文阙绝也。　④ 五同盟。　⑤ 无传。二年大夫盟于蜀，而不赴以名，例在隐七年。

【传】

十四年春，卫侯如晋，晋侯强见孙林父焉①，定公不可。夏，卫侯既归，晋侯使郤犨送孙林父而见之。卫侯欲辞，定姜曰："不可②。是先君宗卿之嗣也③，大国又以为请，不许，将亡。虽恶之，不犹愈于亡乎？君其忍之④！安民而宥宗卿，不亦可乎？”卫侯见而复之[5]。

① 林父以七年奔晋。强见，欲归之。【释文】强，其丈切，注同。见，贤遍切，注及下“而见之”同。 ② 定姜，定公夫人。 ③ 同姓之卿。 ④ 违大国必见伐，故亡。【释文】为，如字，或于伪切。恶，乌路切。 ⑤ 复林父位。【释文】宥，音又。

卫侯飨苦成叔[1]，宁惠子相[2]。苦成叔傲。宁子曰：“苦成家其亡乎！古之为享食也。以观威仪、省祸福也。故《诗》曰：‘兕觥其觩，旨酒思柔[3]，彼交匪傲，万福来求[4]。’今夫子傲，取祸之道也[5]。”

① 成叔，郤犨。 ② 相，佐礼。惠子，宁殖。【释文】相，息亮切，注同。③《诗·小雅》，言君子好礼，饮酒皆思柔德，虽设兕觵，觩然不用。以兕角为觵，所以罚不敬。觩，陈设之貌。【释文】傲，五报切，本又作“敖”，注及下同。食，音嗣。兕，徐辞姊切。觵，古横切。觩，徐音虯，又巨彪切，一音巨秋切。好，呼报切。④ 彼之交于事而不惰傲，乃万福之所求。 ⑤ 为十七年郤氏亡[传]。

秋，宣伯如齐逆女。称族，尊君命也。

八月，郑子罕伐许，败焉[1]。戊戌，郑伯复伐许。庚子，入其郛[2]。许人平以叔申之封[3]。

① 为许所败。【释文】败，必迈切，下同。 ② 郛，郭也。【释文】复，扶又切。 ③ 四年，郑公孙申疆许田，许人败之，不得定其封疆。今许以是所封田，求和于郑。【释文】疆，居良切，下同。

九月，侨如以夫人妇姜氏至自齐。舍族，尊夫人也[1]。故君子曰：“《春秋》之称，微而显[2]，志而晦[3]，婉而成章[4]，尽而不汙[5]。惩恶而劝善[6]。非圣人谁能修之[7]？”

① 舍族，谓不称叔孙。【释文】舍，音捨，注同。 ② 辞微而义显。【释文】称，尺证切。 ③ 志，记也。晦，亦微也。谓约言以记事，事叙而文微。【释文】晦，呼内切。 ④ 婉，曲也。谓曲屈其辞，有所辟讳，以示大顺，而成篇章。【释文】婉，怨晚切，注同。 ⑤ 谓直言其事，尽其事实，无所汙曲。【释文】汙，忧于切，注同。 ⑥ 善名必书，恶名不灭，所以为惩劝。【释文】惩，直升切。 ⑦ 修史策成此五者。

卫侯有疾，使孔成子、宁惠子立敬姒之子衎以为大子①。

① 成子，孔达子孙。敬姒，定公妾。衎，献公。【释文】衎，徐苦旦切。

冬十月，卫定公卒。夫人姜氏既哭而息，见大子之不哀也，不内酌饮，叹曰："是夫也，将不唯卫国之败，其必始于未亡人①！乌呼！天祸卫国也夫！吾不获鱄也使主社稷②。"大夫闻之，无不耸惧。孙文子自是不敢舍其重器于卫③，尽寘诸戚④，而甚善晋大夫⑤。

① 定姜言献公行无礼必从己始，下言暴妾使余是也。【释文】内，如字，徐音纳。酌，市略切，又章略切。 ② 鱄，衎之母弟。【释文】夫，音扶。鱄，徐市恋切，一音专。 ③ 宝器。【释文】耸，息勇切。舍，音赦，或音捨。 ④ 寘，置也。戚，孙氏邑。【释文】寘，之豉切。 ⑤ 备乱起，欲以为援。为襄十四年卫侯出奔传。

成公十五年

【经】

十有五年春，王二月，葬卫定公①。

三月乙巳，仲婴齐卒②。

癸丑，公会晋侯、卫侯、郑伯、曹伯、宋世子成③、齐国佐、邾人，同盟于戚。

晋侯执曹伯，归于京师④。

公至自会⑤。

夏六月，宋公固卒⑥。

楚子伐郑。

秋八月庚辰，葬宋共公⑦。

宋华元出奔晋。

宋华元自晋归于宋[8]。

宋杀其大夫山[9]。

宋鱼石出奔楚[10]。

冬十有一月,叔孙侨如会晋士燮、齐高无咎、宋华元、卫孙林父、郑公子䲡、邾人会吴于钟离[11]。

许迁于叶[12]。

① 无传。 ② 无传。襄仲子,公孙归父弟。宣十八年逐东门氏,既而又使婴齐绍其后,曰仲氏。 ③【释文】成,音城。 ④ 不称人以执者,曹伯罪不及民。归之京师,礼也。 ⑤ 无传。 ⑥ 四同盟。 ⑦ 三月而葬,速。【释文】共,音恭。 ⑧ 华元欲挟晋以自重,故以外纳告。【释文】挟,音协。 ⑨ 不书氏,明背其族。 ⑩ 公子目夷之曾孙。 ⑪ 吴夷未尝与中国会,今始来通,晋帅诸侯大夫而会之,故殊会,明本非同好。钟离,楚邑,淮南县。【释文】燮,息协切。咎,其九切。䲡,音秋。好,呼报切。 ⑫ 许畏郑南依楚,故以自迁为文。叶,今南阳叶县也。【释文】叶,舒涉切。

【传】

十五年春,会于戚,讨曹成公也[1]。执而归诸京师。书曰:"晋侯执曹伯。"不及其民也[2]。凡君不道于其民,诸侯讨而执之,则曰某人执某侯[3]。不然,则否[4]。

诸侯将见子臧于王而立之,子臧辞曰:"前志有之,曰:'圣达节[5],次守节[6],下失节[7]。'为君,非吾节也。虽不能圣,敢失守乎?"遂逃,奔宋。

① 讨其杀大子而自立,事在十三年。 ② 恶不及民。 ③ 称人,示众所欲执。 ④ 谓身犯不义者。 ⑤ 圣人应天命,不拘常礼。【释文】见,贤遍切。应,应对之应。拘,九于切。 ⑥ 谓贤者。 ⑦ 愚者妄动。

夏六月,宋共公卒[1]。

① 为下宋乱起。

楚将北师[1]。子囊曰:"新与晋盟而背之,无乃不可乎?"

子反曰："敌利败进，何盟之有[②]？"申叔时老矣，在申[③]，闻之，曰："子反必不免。信以守礼，礼以庇身，信礼之亡，欲免得乎[④]？"楚子侵郑，及暴隧，遂侵卫，及首止。郑子罕侵楚，取新石[⑤]。栾武子欲报楚，韩献子曰："无庸[⑥]。使重其罪，民将叛之[⑦]。无民，孰战[⑧]？"

① 侵郑、卫。 ② 晋、楚盟在十二年。子囊，庄王子公子贞。【释文】囊，乃郎切。 ③ 老归本邑。 ④ 言不得免。【释文】庇，必利切，又音秘。 ⑤ 新石，楚邑。【释文】隧，音遂。 ⑥ 庸，用也。 ⑦ 背盟数战，罪也。【释文】数，所角切。 ⑧ 为明年晋败楚于鄢陵传。

秋八月，葬宋共公。于是华元为右师，鱼石为左师，荡泽为司马[①]，华喜为司徒[②]，公孙师为司城[③]，向为人为大司寇，鳞朱为少司寇[④]，向带为大宰，鱼府为少宰。荡泽弱公室，杀公子肥[⑤]。华元曰："我为右师，君臣之训，师所司也。今公室卑而不能正[⑥]，吾罪大矣。不能治官，敢赖宠乎？"乃出奔晋。二华，戴族也[⑦]。司城，庄族也。六官者，皆桓族也[⑧]。

① 荡泽，公孙寿之孙。 ② 华父，督之玄孙。 ③ 庄公孙。 ④ 鳞矔孙。【释文】少，诗照切，下同。矔，古乱切。 ⑤ 轻公室以为弱，故杀其枝党。肥，文公子。【释文】带，音带，本又作"带"。大，音泰。 ⑥ 不能讨荡泽。⑦ 华元、华喜。 ⑧ 鱼石、荡泽、向为人、鳞朱、向带、鱼府，皆出桓公。

鱼石将止华元，鱼府曰："右师反，必讨，是无桓氏也[①]。"鱼石曰："右师苟获反，虽许之讨，必不敢[②]。且多大功，国人与之，不反，惧桓氏之无祀于宋也[③]。右师讨，犹有戌在[④]，桓氏虽亡，必偏[⑤]。"鱼石自止华元于河上。请讨，许之，乃反。使华喜、公孙师帅国人攻荡氏，杀子山[⑥]。书曰："宋杀其大夫山。"言背其族也[⑦]。

① 恐华元还讨荡泽，并及六族。 ② 言畏桓族强。 ③ 华元大功，克合晋、楚之成，劫子反以免宋围。 ④ 向戌，桓公曾孙。言其贤，华元必不讨。【释文】戌，音恤。 ⑤ 偏，不尽。 ⑥ 喜、师非桓族，故使攻之。 ⑦ 荡氏，宋

公族。还害公室，故去族以示其罪。【释文】去，起吕切。

鱼石、向为人、鳞朱、向带、鱼府出舍于睢上①。华元使止之，不可。冬十月，华元自止之，不可，乃反②。鱼府曰："今不从，不得入矣③。右师视速而言疾，有异志焉。若不我纳，今将驰矣。"登丘而望之，则驰。骋而从之④，则决睢澨⑤，闭门登陴矣。左师、二司寇、二宰遂出奔楚⑥。

华元使向戌为左师，老佐为司马，乐裔为司寇，以靖国人⑦。

① 睢，水名。五大夫畏同族罪及，将出奔。【释文】睢，音虽，徐许惟切，又音绥。 ② 五子不止，华元还。 ③ 不得复入宋。【释文】复，扶又切。 ④ 五子亦驰逐之。【释文】陆云：登丘而望之则驰，绝句。骋，敕景切。 ⑤ 澨，水涯。决，坏也。【释文】澨，市制切。涯，本又作"崖"，鱼佳切，一音宜。坏，音怪。 ⑥ 四大夫不书，独鱼石告。【释文】陴，毗支切。 ⑦ 老佐，戴公五世孙。【释文】裔，以制切。

晋三郤害伯宗，谮而杀之，及栾弗忌①。伯州犁奔楚②。韩献子曰："郤氏其不免乎！善人，天地之纪也，而骤绝之，不亡何待③？"

初，伯宗每朝，其妻必戒之曰："'盗憎主人，民恶其上。'子好直言，必及于难④。"

① 栾弗忌，晋贤大夫。 ② 伯宗子。【释文】犁，力兮切。 ③ 既杀伯宗，又及弗忌，故曰骤也。为十七年晋杀三郤传。【释文】骤，仕救切。 ④ 传见虽妇人之言不可废。【释文】恶，乌路切。好，呼报切。难，乃旦切。见，贤遍切。

十一月，会吴于钟离，始通吴也①。

① 始与中国接。

许灵公畏逼于郑，请迁于楚。辛丑，楚公子申迁许于叶。

成公十六年

【经】

十有六年春，王正月，雨，木冰①。

夏四月辛未，滕子卒②。

郑公子喜帅师侵宋③。

六月丙寅朔，日有食之④。

晋侯使栾黡来乞师⑤。

甲午晦，晋侯及楚子、郑伯战于鄢陵，楚子、郑师败绩⑥。

楚杀其大夫公子侧⑦。

秋，公会晋侯、齐侯、卫侯、宋华元、邾人于沙随⑧，不见公⑨。

公至自会⑩。

公会尹子、晋侯、齐国佐、邾人伐郑⑪。

曹伯归自京师⑫。

九月，晋人执季孙行父，舍之于苕丘⑬。

冬十月乙亥，叔孙侨如出奔齐⑭。

十有二月乙丑，季孙行父及晋郤犨盟于扈⑮。

公至自会⑯。

乙酉，刺公子偃⑰。

① 无传。记寒过节，冰封著树。【释文】雨，木冰，如字，《公羊传》云：雨而木冰也。旧于付切。著，直略切。　② 不书名，未同盟。　③ 喜，穆公子子罕也。　④ 无传。　⑤ 将伐郑。黡，栾书子。【释文】黡，於斩切，徐于玷切。⑥ 楚师未大崩，楚子伤目而退，故曰楚子败绩。鄢陵，郑地，今属颍川郡。【释文】鄢，谒晚切，又於建切。　⑦ 侧，子反。背盟无礼，卒以败师，故书名。

⑧ 沙随，宋地，梁国宁陵县北有沙随亭。 ⑨ 不及鄢陵战故。不讳者，耻轻于执止。 ⑩ 无传。 ⑪ 尹子，王卿士。子，爵。 ⑫ 为晋侯所赦，故书归。诸侯归国，或书名，或不书名，或言归自某，或言自某归，传无义例，从告辞。 ⑬ 苕丘，晋地。舍之苕丘，明不以归。不称行人，非使人。【释文】苕，音条。使，所吏切。 ⑭ 公未归，命国人逐之。 ⑮ 晋许鲁平，故盟。 ⑯ 无传。伐而以会致，史异文。 ⑰ 鲁杀大夫皆言刺，义取于《周礼》三刺之法。【释文】刺，本又作"刾"，七赐切。

【传】

十六年春，楚子自武城使公子成以汝阴之田求成于郑①。郑叛晋，子驷从楚子盟于武城②。

① 汝水之南，近郑地。【释文】近，附近之近。 ② 为晋伐郑起。

夏四月，滕文公卒。

郑子罕伐宋①，宋将钮、乐惧败诸汋陂②。退，舍于夫渠，不儆③，郑人覆之，败诸汋陵，获将钮、乐惧。宋恃胜也④。

① 滕，宋之与国。郑因滕有丧而伐宋，故传举滕侯卒。侵、伐，经传异文，经从告，传言实，他皆放此。 ② 败郑师也。乐惧，戴公六世孙。将钮，乐氏族。【释文】钮，仕鱼切，徐音在鱼切。汋，七药切，徐又音酌，一音市药切。陂，彼宜切。 ③ 宋师不儆备。【释文】夫，音扶。儆，京领切。 ④ 汋陂、夫渠、汋陵，皆宋地。【释文】覆，徐音敷目切，一音扶又切，又音芳又切。

卫侯伐郑，至于鸣雁，为晋故也①。

晋侯将伐郑，范文子曰："若逞吾愿，诸侯皆叛，晋可以逞②。若唯郑叛，晋国之忧，可立俟也。"栾武子曰："不可以当吾世而失诸侯，必伐郑。"乃兴师。栾书将中军，士燮佐之③。郤锜将上军④，荀偃佐之⑤。韩厥将下军，郤至佐新军。荀罃居守⑥。郤犨如卫，遂如齐，皆乞师焉。栾黡来乞师，孟献子曰："有胜矣⑦。"戊寅，晋师起。

① 鸣雁，在陈留雍丘县西北。【释文】为，于伪切。 ② 逞，快也。晋厉公无道，三郤骄，故欲使诸侯叛，冀其惧而思德。 ③ 代荀庚。 ④ 代士燮。

⑤ 代郤锜。偃，荀庚子。 ⑥ 荀罃，下军佐。于是郤犨代赵旃将新军，新上下军罢矣。【释文】守，手又切。 ⑦ 卑让有礼，故知其将胜楚。

郑人闻有晋师，使告于楚，姚句耳与往①。楚子救郑，司马将中军②，令尹将左③，右尹子辛将右④。过申，子反入见申叔时⑤，曰："师其何如？"对曰："德、刑、详、义、礼、信，战之器也⑥。德以施惠，刑以正邪，详以事神，义以建利，礼以顺时，信以守物。民生厚而德正⑦，用利而事节⑧，时顺而物成⑨。上下和睦，周旋不逆⑩，求无不具⑪，各知其极⑫。故《诗》曰：'立我烝民，莫匪尔极⑬。'是以神降之福，时无灾害，民生敦厖，和同以听⑭，莫不尽力以从上命，致死以补其阙⑮。此战之所由克也。今楚内弃其民⑯，而外绝其好⑰，渎齐盟⑱，而食话言⑲，奸时以动⑳，而疲(氏)[民]以逞㉑。民不知信，进退罪也。人恤所厎，其谁致死㉒？子其勉之！吾不复见子矣㉓。"姚句耳先归，子驷问焉，对曰："其行速，过险而不整。速则失志㉔，不整丧列。志失列丧，将何以战？楚惧不可用也。"

① 句耳，郑大夫。与往，非使也，为先归张本。【释文】句，古侯切。与，音预。使，所吏切。 ② 子反。 ③ 子重。 ④ 公子壬夫。 ⑤ 叔时老，在申。【释文】过，古禾切。 ⑥ 器，犹用也。 ⑦ 财足则思无邪。【释文】邪，似嗟切，注皆同。 ⑧ 动不失利，则事得其节。 ⑨ 群生得所。 ⑩ 动顺理。 ⑪ 下应上。【释文】应，应对之应。 ⑫ 无二心。 ⑬ 烝，众也。极，中也。《诗·颂》，言先王立其众民，无不得中正。【释文】烝，之承切，注同。 ⑭ 敦，厚也。厖，大也。【释文】厖，莫邦切。 ⑮ 阙，战死者。 ⑯ 不施惠。 ⑰ 义不建利。【释文】好，呼报切。 ⑱ 不详事神。【释文】渎，徒木切。 ⑲ 信不守物。【释文】话，户快切。 ⑳ 礼不顺时。周四月，今二月，妨农业。【释文】奸，音干，本或作"干"。 ㉑ 刑不正邪而苟快意。【释文】疲，本亦作"罢"，音皮，下注同。 ㉒ 厎，至也。【释文】厎，徐音旨，又之履切。 ㉓ 言其必败不反。【释文】复见，一本无"复"字。复，扶又切。 ㉔ 不思虑也。

五月，晋师济河。闻楚师将至，范文子欲反，曰："我伪逃楚,可以纾忧[①]。夫合诸侯,非吾所能也,以遗能者。我若群臣辑睦以事君,多矣。”武子曰:“不可。”六月,晋、楚遇于鄢陵。范文子不欲战,郤至曰:“韩之战,惠公不振旅[②]。箕之役,先轸不反命[③]。邲之师,荀伯不复从[④]。皆晋之耻也。子亦见先君之事矣[⑤]。今我辟楚,又益耻也。”文子曰:“吾先君之亟战也,有故[⑥]。秦、狄、齐、楚皆强,不尽力,子孙将弱。今三强服矣[⑦],敌楚而已。唯圣人能外内无患,自非圣人,外宁必有内忧[⑧],盍释楚以为外惧乎?”

① 纾,缓也。【释文】丧,息浪切,下同。纾,音舒。 ② 众散败也。在僖十五年。【释文】遗,唯季切,下注“问遗也”同。辑,又作“集”,音同,亦七入切。③ 死于狄也。在僖三十三年。 ④ 荀林父奔走,不复故道。在宣十二年。【释文】从,徐子容切,音或如字。 ⑤ 见先君成败之事。 ⑥ 亟,数也。【释文】亟,去吏切。数,所角切。 ⑦ 齐、秦、狄。 ⑧ 骄亢则忧患生也。【释文】亢,苦浪切。

甲午晦,楚晨压晋军而陈[①]。军吏患之。范匄趋进[②],曰:“塞井夷灶,陈于军中,而疏行首[③]。晋、楚唯天所授,何患焉?”文子执戈逐之,曰:“国之存亡,天也,童子何知焉?”栾书曰:“楚师轻窕,固垒而待之,三日必退。退而击之,必获胜焉。”郤至曰:“楚有六间,不可失也。其二卿相恶[④],王卒以旧[⑤],郑陈而不整[⑥],蛮军而不陈[⑦],陈不违晦[⑧],在陈而嚣[⑨],合而加嚣[⑩]。各顾其后,莫有斗心[⑪],旧不必良,以犯天忌,我必克之。”

① 压,笮其未备。【释文】盍,户腊切。压,於甲切,徐於辄切。陈,直觐切,下及注皆同。笮,侧百切。 ② 匄,士燮子。【释文】匄,本又作“丐”,古害切。③ 疏行首者,当陈前决开营垒为战道。【释文】行,户郎切,一音如字,注同。垒,力轨切。 ④ 子重、子反。【释文】窕,赖雕切,又敕吊切。恶,如字,又乌路切。 ⑤ 罢老不代。【释文】卒,子忽切,下皆同。 ⑥ 不整列。 ⑦ 蛮夷从楚者不结陈。 ⑧ 晦,月终,阴之尽,故兵家以为忌。 ⑨ 嚣,喧哗也。【释文】

嚣，许骄切，徐读曰嗷，五高切，注及后同。喧，本又作“諠”，况元切。哗，本又作“譁”，音华。 ⑩ 陈合宜静，而益有声。 ⑪ 人恤其所底。

楚子登巢车以望晋军①，子重使大宰伯州犁待于王后②。王曰：“骋而左右，何也③？”曰：“召军吏也。”“皆聚于中军矣。”曰：“合谋也。”“张幕矣。”曰：“虔卜于先君也④。”“彻幕矣。”曰：“将发命也。”“甚嚣，且尘上矣。”曰：“将塞井夷灶而为行也⑤。”“皆乘矣，左右执兵而下矣。”曰：“听誓也⑥。”“战乎？”曰：“未可知也。”“乘而左右皆下矣。”曰：“战祷也⑦。”伯州犁以公卒告王⑧。苗贲皇在晋侯之侧，亦以王卒告⑨。皆曰：“国士在，且厚，不可当也⑩。”苗贲皇言于晋侯曰：“楚之良，在其中军王族而已。请分良以击其左右，而三军萃于王卒⑪，必大败之。”公筮之，史曰：“吉。其卦遇《复》䷗⑫，曰：‘南国蹙，射其元王，中厥目⑬。’国蹙王伤，不败何待？”公从之⑭。有淖于前⑮。乃皆左右相违于淖⑯。步毅御晋厉公，栾鍼为右⑰。彭名御楚共王，潘党为右。石首御郑成公，唐苟为右。栾、范以其族夹公行⑱，陷于淖。栾书将载晋侯，鍼曰：“书退！国有大任，焉得专之⑲？且侵官，冒也⑳；失官，慢也㉑；离局，奸也㉒。有三罪焉，不可犯也。”乃掀公以出于淖㉓。

① 巢车，车上为橹。【释文】巢，《说文》作“轈”，云：兵车高如巢，以望敌也。《字林》同。橹，音鲁。 ② 州犁，晋伯宗子，前年奔楚。【释文】大，音泰。 ③ 骋，走也。 ④ 虔，敬也。【释文】幕，音莫。 ⑤ 夷，平也。【释文】上，时掌切。行，户郎切，下“公行”同。 ⑥ 左，将帅。右，车右。【释文】乘，绳证切，下同。将，子匠切，下“去将”同。帅，所类切，下“元帅”同。 ⑦ 祷，请于鬼神。【释文】祷，丁老切，或丁报切。 ⑧ 公，晋侯。 ⑨ 贲皇，楚鬥椒子，宣四年奔晋。【释文】贲，扶云切。 ⑩ 晋侯左右皆以伯州犁在楚，知晋之情，且谓楚众多，故惮合战，与苗贲皇意异。【释文】惮，徒旦切。 ⑪ 萃，集也。【释文】萃，似醉切。 ⑫《震》下《坤》上，《复》，无变。 ⑬ 此卜者辞也。《复》，阳长之卦，

阳气起子，南行推阴，故曰南国蹙也。南国势蹙，则《离》受其咎。《离》为诸侯，又为目。阳气激南，飞矢之象，故曰射其元王中厥目。【释文】蹙，子六切。射，食亦切，注及下“射之”同。中，丁仲切，注同。长，丁丈切。激，古狄切。 ⑭ 从其言而战。 ⑮ 淖，泥也。【释文】淖，乃孝切，徐徒较切。 ⑯ 违，辟也。 ⑰ 步毅，即郤毅。 ⑱ 二族强，故在公左右。【释文】共，音恭。夹，古洽切。 ⑲ 在君前，故子名其父。大任，谓元帅之职。【释文】焉，於虔切。 ⑳ 载公为侵官。【释文】冒，莫报切，徐莫北切。 ㉑ 去将而御，失官也。 ㉒ 远其部曲为离局。【释文】离，力志切，注同。远，于万切。 ㉓ 掀，举也。【释文】掀，徐许言切，云：捧毂举之，则公轩起也。一曰掀，引也，胡根切，一音虚斤切。《字林》云：举出也，火气也。又丘近切。

癸巳，潘尪之党与养由基蹲甲而射之，彻七札焉①。以示王，曰：“君有二臣如此，何忧于战②？”王怒曰：“大辱国③。诘朝，尔射，死艺④。”吕锜梦射月，中之，退入于泥⑤。占之，曰：“姬姓，日也⑥。异姓，月也⑦。必楚王也。射而中之，退入于泥，亦必死矣⑧。”及战，射共王，中目。王召养由基，与之两矢，使射吕锜，中项，伏弢⑨。以一矢复命⑩。

① 党，潘尪之子。蹲，聚也。一发达七札，言其能陷坚。【释文】尪，乌黄切。之党，一本作“潘尪之子党”。案，注云：党，潘尪之子也，则传文不得有“子”字。古本此及襄二十三年申鲜虞之傅挚，皆无“子”字。蹲，在尊切，徐又在损切，一音才官切。札，侧八切，徐侧乙切。 ② 二子以射夸王。【释文】夸，苦瓜切。 ③ 贱其不尚知谋。【释文】知，音智。 ④ 言女以射自多，必当以艺死也。诘朝，犹明朝，是战日。【释文】朝，如字，注同。女，音汝。 ⑤ 吕锜，魏锜。【释文】射，食亦切，下至“使射”同。中，丁仲切，下及注同。 ⑥ 周世姬姓尊。 ⑦ 异姓卑。 ⑧ 锜自入泥，亦死象。 ⑨ 弢，弓衣。【释文】项，户讲切。弢，他刀切。 ⑩ 言一发而中。

郤至三遇楚子之卒，见楚子，必下，免胄而趋风①。楚子使工尹襄问之以弓②，曰：“方事之殷也③，有韎韦之跗注，君子也④。识见不穀而趋，无乃伤乎⑤？”郤至见客，免胄承命，曰：“君之外臣至，从寡君之戎事，以君之灵，间蒙甲胄⑥，不敢拜命⑦。敢告不宁，君命之辱⑧。为事之故，敢肃使者⑨。”三肃使者而退。

① 疾如风。 ② 问，遗也。 ③ 殷，盛也。 ④ 韎，赤色。跗注，戎服，若袴而属于跗，与袴连。【释文】韎，莫拜切，又音妹，徐莫盖切。跗，方午切。注，之树切。袴，苦故切。属，章玉切。 ⑤ 恐其伤。 ⑥ 间，犹近也。【释文】近，如字，一本或作“与”，音预。 ⑦ 介者不拜。【释文】介，音界。 ⑧ 以君辱赐命，故不敢自安。 ⑨ 言君辱命来问，以有军事不得答，故肃使者。肃，手至地，若今揖。【释文】为，于伪切。使，所吏切，注及下同。撎，伊志切，揖也，《字林》云：举首下手也。

晋韩厥从郑伯①，其御杜溷罗曰：“速从之！其御屡顾，不在马，可及也。”韩厥曰：“不可以再辱国君。”乃止②。郤至从郑伯，其右茀翰胡曰：“谍辂之，余从之乘而俘以下③。”郤至曰：“伤国君有刑。”亦止。石首曰：“卫懿公唯不去其旗，是以败于荧。”乃内旌于弢中④。唐苟谓石首曰：“子在君侧，败者壹大。我不如子，子以君免，我请止。”乃死⑤。

① 从，逐也。 ② 二年鞌战，韩厥已辱齐侯。【释文】溷，户昏切，又户本切。 ③ 欲遣轻兵军进以距郑伯车前，而自后登其车以执之。【释文】茀，府勿切。翰，徐音韩。谍，音牒。辂，五嫁切。乘，绳证切。轻，遣政切，又如字。 ④ 荧战在闵二年。【释文】去，起吕切。荧，户扃切。旌，音精。 ⑤ 败者壹大，谓军大崩也。言石首亦君之亲臣而执御，与车右不同，故首当御君以退，己当死战。

楚师薄于险①，叔山冉谓养由基曰：“虽君有命，为国故，子必射②！”乃射，再发，尽殪。叔山冉搏人以投，中车，折轼。晋师乃止③。囚楚公子茷④。

① 薄，迫也。 ② 王有死艺命。【释文】冉，如琰切。为，于伪切。射，食亦切。 ③ 言二子皆有过人之能。【释文】发，如字，徐音废。殪，於计切。搏，音博。中，丁仲切。折，之设切，又市列切。轼，音式。 ④ 为郤至见谮张本。【释文】茷，扶废切。

栾鍼见子重之旌，请曰：“楚人(请)[谓]夫旌，子重之麾也。彼其子重也。日臣之使于楚也，子重问晋国之勇。臣对曰：'好以众整。'曰：'又何如①？'臣对曰：'好以暇②。'今两国治戎，行人不使，不可谓整。临事而食言，不可谓暇③。请摄饮焉④。"公许之。使行人执榼承饮，造于子重⑤，曰："寡君乏使，使鍼御持矛⑥，是以不得犒从者，使某摄饮。"子重曰："夫子尝与吾言于楚，必是故也，不亦识乎⑦！"受而饮之，免使者而复鼓⑧。

① 又问其余。【释文】夫，音扶。麾，许危切。日，人实切。使，所吏切，下"免使者"同。好，呼报切，下及注皆同。 ② 暇，閒暇。【释文】閒，音闲。 ③ 食好整之言。【释文】使，所吏切，又如字。 ④ 摄，持也。持饮往饮子重。【释文】饮，於鸩切。 ⑤ 承，奉也。【释文】榼，苦腊切。造，七报切。 ⑥ 御，侍也。 ⑦ 知其以往言好暇，故致饮。【释文】犒，苦报切。从，才用切。 ⑧ 免，脱也。【释文】复，扶又切，注及下同。

旦而战，见星未已。子反命军吏察夷伤①，补卒乘②，缮甲兵③，展车马④，鸡鸣而食，唯命是听⑤。晋人患之。苗贲皇徇曰："蒐乘补卒⑥，秣马利兵⑦，修陈固列⑧，蓐食申祷⑨，明日复战。"乃逸楚囚⑩。王闻之，召子反谋。穀阳竖献饮于子反，子反醉而不能见⑪。王曰："天败楚也夫！余不可以待。"乃宵遁。晋入楚军，三日谷⑫。范文子立于戎马之前，曰："君幼，诸臣不佞⑬，何以及此？君其戒之⑭！《周书》曰'惟命不于常'，有德之谓⑮。"

① 夷亦伤也。 ② 补死亡。【释文】乘，绳证切，下同。 ③ 缮，治也。 ④ 展，陈也。【释文】陈，如字。 ⑤ 复欲战。 ⑥ 蒐，阅也。【释文】徇，似俊切。蒐，所留切。 ⑦ 秣，谷马也。【释文】秣，音末。 ⑧ 固，坚也。【释文】陈，直觐切，又如字。 ⑨ 申，重也。【释文】蓐，音辱。重，直用切。 ⑩ 逸，纵也。【释文】纵，子用切。 ⑪ 穀阳，子反内竖。【释文】见，贤遍切。 ⑫ 食楚粟三日也。【释文】夫，音扶。三日谷，本或作"三日馆谷"，误也。 ⑬ 佞，才也。【释文】君幼，本或作"君幼弱"。 ⑭ 戒勿骄。 ⑮《周书·康诰》，言胜无

常命,惟德是与。

楚师还,及瑕①,王使谓子反曰:"先大夫之覆师徒者,君不在②。子无以为过,不穀之罪也。"子反再拜稽首曰:"君赐臣死,死且不朽③。臣之卒实奔,臣之罪也。"子重使谓子反曰:"初陨师徒者,而亦闻之矣。盍图之④?"对曰:"虽微先大夫有之,大夫命侧,侧敢不义⑤?侧亡君师,敢忘其死?"王使止之,弗及而卒。

① 瑕,楚地。 ② 谓子玉败城濮时王不在军。【释文】覆,芳服切。 ③ 王引过,亦所以责子反。 ④ 闻子玉自杀。终二卿相恶。【释文】卒,从此已前皆子忽切。陨,于敏切。盍,户腊切。 ⑤ 言以义命己,不敢不受。

战之日,齐国佐、高无咎至于师①。卫侯出于卫,公出于坏隤②。宣伯通于穆姜③,欲去季、孟,而取其室④。将行,穆姜送公,而使逐二子。公以晋难告⑤,曰:"请反而听命。"姜怒,公子偃、公子钼趋过⑥,指之曰:"女不可,是皆君也⑦。"公待于坏隤,申宫儆备⑧,设守而后行,是以后⑨。使孟献子守于公宫。

① 无咎,高固子。 ② 坏隤,鲁邑。齐、卫皆后,非独鲁,明晋以侨如故不见公。【释文】坏,户怪切,徐音怀。隤,徒回切。 ③ 穆姜,成公母。 ④ 季文子、孟献子。【释文】去,起吕切。 ⑤ 会晋伐郑。【释文】难,乃旦切。 ⑥ 二子,公庶弟。【释文】钼,仕居切。 ⑦ 言欲废公更立君。【释文】女,音汝。 ⑧ 申敕宫备。【释文】儆,京领切。 ⑨ 后晋、楚战期。【释文】守,乎又切。

秋,会于沙随,谋伐郑也①。

① 郑犹未服。

宣伯使告郤犨曰:"鲁侯待于坏隤以待胜者①。"郤犨将新军,且为公族大夫,以主东诸侯②。取货于宣伯而诉公于晋侯③,晋侯不见公。

① 观晋、楚之胜负。 ② 主齐、鲁之属。 ③ 诉,谮也。

曹人请于晋曰:"自我先君宣公即世①,国人曰:'若之何忧犹未弭[②]？'而又讨我寡君[③]，以亡曹国社稷之镇公子[④]，是大泯曹也[⑤]。先君无乃有罪乎[⑥]？若有罪，则君列诸会矣[⑦]。君唯不遗德刑[⑧]，以伯诸侯，岂独遗诸敝邑？敢私布之[⑨]。"

① 在十三年。 ② 弭，息也。既葬，国人皆将从子臧，所谓忧未息。【释文】弭，亡氏切。 ③ 前年晋侯执曹伯。 ④ 谓子臧逃奔宋。 ⑤ 泯，灭也。⑥ 言今君无罪而见讨，得无以先君故。 ⑦ 诸侯虽有篡弑之罪，侯伯已与之会，则不复讨。前年会于戚，曹伯在列，盟毕乃执之，故曹人以为无罪。【释文】篡，初患切。弑，音试。复，扶又切，下及下文"复请"同。 ⑧ 遗，失也。⑨ 为曹伯归不以名告传。【释文】伯，如字，又音霸。

七月，公会尹武公及诸侯伐郑。将行，姜又命公如初[①]。公又申守而行。诸侯之师次于郑西，我师次于督扬，不敢过郑[②]。子叔声伯使叔孙豹请逆于晋师[③]，为食于郑郊。师逆以至[④]，声伯四日不食以待之，食使者[⑤]而后食[⑥]。

① 复欲使公逐季、孟。 ② 督扬，郑东地。【释文】守，手又切，下注同。过，古卧切，又古禾切。 ③ 豹，叔孙侨如弟也。侨如于是遂作乱，豹因奔齐。④ 声伯戒叔孙以必须所逆晋师至乃食。 ⑤ 使者，豹之介。【释文】食，音嗣。使，所吏切。介，音界，下文"敢介"同。 ⑥ 言其忠也。【释文】而后食，一本作"声伯而后食"。

诸侯迁于制田[①]。知武子佐下军[②]，以诸侯之师侵陈，至于鸣鹿[③]。遂侵蔡。未反[④]，诸侯迁于颍上。戊午，郑子罕宵军之，宋、齐、卫皆失军[⑤]。

① 荥阳宛陵县东有制泽。 ② 武子，荀䓨。 ③ 陈国武平县西南有鹿邑。 ④ 侵陈、蔡不书，公不与。【释文】与，音预。 ⑤ 将主与军相失。宋、卫不书，后也。【释文】将，子匠切。

曹人复请于晋，晋侯谓子臧："反，吾归而君[①]。"子臧反，曹伯归[②]。子臧尽致其邑与卿而不出[③]。

① 以曹人(童)[重]子臧故。 ② 子臧自宋还。 ③ 不出仕。

宣伯使告郤犨曰："鲁之有季、孟，犹晋之有栾、范也，政令于是乎成。今其谋曰：'晋政多门，不可从也[①]。宁事齐、楚，有亡而已，蔑从晋矣②。'若欲得志于鲁，请止行父而杀之③，我毙蔑也而事晋④，蔑有贰矣。鲁不贰，小国必睦。不然，归必叛矣。"

① 政不由君。 ② 蔑，无也。 ③ 行父，季文子也。 ④ 蔑，孟献子，时留守公宫。【释文】毙，婢世切。

九月，晋人执季文子于苕丘。公还，待于郓①，使子叔声伯请季孙于晋。郤犨曰："苟去仲孙蔑而止季孙行父，吾与子国，亲于公室②。"对曰："侨如之情，子必闻之矣③。若去蔑与行父，是大弃鲁国而罪寡君也。若犹不弃，而惠徼周公之福，使寡君得事晋君，则夫二人者，鲁国社稷之臣也。若朝亡之，鲁必夕亡。以鲁之密迩仇雠④，亡而为仇，治之何及⑤？"郤犨曰："吾为子请邑。"对曰："婴齐，鲁之常隶也⑥，敢介大国以求厚焉⑦？承寡君之命以请⑧，若得所请，吾子之赐多矣，又何求？"

① 郓，鲁西邑，东郡廪丘县东有郓城。【释文】廪，力甚切。 ② 亲鲁甚于晋公室。【释文】去，起吕切，下同。 ③ 闻其淫慝情。【释文】慝，吐得切，下同。 ④ 仇雠，谓齐、楚。【释文】夫，音扶。朝，如字。 ⑤ 言鲁属齐、楚则还为晋雠。 ⑥ 隶，贱官。【释文】为，于伪切。 ⑦ 介，因也。 ⑧ 承，奉也。

范文子谓栾武子曰："季孙于鲁，相二君矣①。妾不衣帛，马不食粟，可不谓忠乎？信谗慝而弃忠良，若诸侯何？子叔婴齐奉君命无私②，谋国家不贰③，图其身不忘其君④。若虚其请，是弃善人也。子其图之！"乃许鲁平，赦季孙。冬十月，出叔孙侨如而盟之，侨如奔齐⑤。

① 二君：宣、成。【释文】相，息亮切。 ② 不受郤犨请邑。【释文】衣，於既切。食，旧如字，对上句应作嗣音。 ③ 谓四日不食以坚事晋。 ④ 辞邑、不食，皆先君而后身。 ⑤ 诸大夫共盟，以侨如为戒。

十二月，季孙及郤犨盟于扈。归，刺公子偃①，召叔孙豹于齐而立之②。

① 偃与锜俱为姜所指，而独杀偃，偃与谋。【释文】与，音预。 ② 近此七月，声伯使豹请逆于晋，闻鲁人将讨侨如，豹乃辟其难，先奔齐，生二子，而鲁乃召之，故襄二年豹始见经，传于此因言其终。【释文】难，乃旦切。见，贤遍切。

齐声孟子通侨如①，使立于高、国之间②。侨如曰："不可以再罪。"奔卫，亦间于卿③。

① 声孟子，齐灵公母，宋女。 ② 位(此)[比]二卿。 ③ 传亦终言侨如之佞。【释文】间，徐音间厕之间，读者或如字。

晋侯使郤至献楚捷于周，与单襄公语，骤称其伐①。单子语诸大夫曰："温季其亡乎②！位于七人之下③，而求掩其上④。怨之所聚，乱之本也。多怨而阶乱，何以在位⑤？《夏书》曰：'怨岂在明？不见是图⑥。'将慎其细也。今而明之，其可乎⑦？"

① 伐，功也。 ② 温季，郤至。【释文】语，鱼据切。 ③ 佐新军，位在八。 ④ 称己之伐掩上功。 ⑤ 怨为乱阶。 ⑥ 逸《书》也。不见，细微也。【释文】见，贤遍切，又如字。 ⑦ 言郤至显称已功，所以明怨咎。

成公十七年

【经】

十有七年春，卫北宫括帅师侵郑①。

夏，公会尹子、单子、晋侯、齐侯、宋公、卫侯、曹伯、邾人伐郑②。

六月乙酉，同盟于柯陵③。

秋，公至自会④。

齐高无咎出奔莒。

九月辛丑，用郊⑤。

晋侯使荀罃来乞师⑥。

冬，公会单子、晋侯、宋公、卫侯、曹伯、齐人、邾人伐郑⑦。

十有一月，公至自伐郑⑧。

壬申，公孙婴齐卒于貍脤⑨。

十有二月丁巳朔，日有食之⑩。

邾子貜且卒⑪。

晋杀其大夫郤锜、郤犨、郤至。

楚人灭舒庸。

① 括，成公曾孙。【释文】括，古活切。 ② 晋未能服郑，故假天子(威)[威]，周使二卿会之。晋为兵主而犹先尹、单，尊王命也。单伯称子，盖降爵。 ③ 柯陵，郑西地。【释文】柯，古河切。 ④ 无传。 ⑤ 无传。九月郊祭，非礼明矣。书用郊，从史文。 ⑥ 无传。将伐郑。 ⑦ 郑犹未服故。 ⑧ 无传。 ⑨ 十一月无壬申，日误也。貍脤，阙。【释文】貍，力之切。脤，市轸切。 ⑩ 无传。 ⑪ 无传。五同盟。【释文】貜，俱缚切，徐居碧切。且，子余切。

【传】

十七年春，王正月，郑子驷侵晋虚、滑①。卫北宫括救晋，侵郑，至于高氏②。

① 虚、滑，晋二邑。滑，故滑国，为秦所灭，时属晋，后属周。【释文】虚，起居切。 ② 不书救，以侵告。高氏，在阳翟县西南。

夏五月，郑大子髡顽、侯獳为质于楚①，楚公子成、公子寅戍郑。公会尹武公、单襄公及诸侯伐郑，自戏童至于曲洧②。

① 侯獳，郑大夫。【释文】髡，苦门切。獳，乃侯切。质，音致。 ② 今新汲县治曲洧城，临洧水。【释文】戏，许宜切。洧，于轨切。治，直吏切。

晋范文子反自鄢陵①，使其祝宗祈死②，曰："君骄侈而克敌，是天益其疾也，难将作矣！爱我者惟祝我，使我速死，无及于难，范氏之福也。"六月戊辰，士燮卒③。

① 前年鄢陵战还。 ② 祝宗，主祭祀祈祷者。 ③ 传言厉公无道，故贤臣忧惧，因祷自裁。【释文】侈，尺氏切，又尸氏切。难，乃旦切。祝，之又切。

乙酉，同盟于柯陵，寻戚之盟也①。

① 戚盟在十五年。

楚子重救郑，师于首止。诸侯还①。

① 畏楚强。

齐庆克通于声孟子，与妇人蒙衣乘辇而入于闳①。鲍牵见之，以告国武子②，武子召庆克而谓之。庆克久不出③，而告夫人曰："国子谪我④！"夫人怒。

① 庆克，庆封父。蒙衣亦为妇人服，与妇人相冒。闳，巷门。【释文】与，如字，徐音预。闳，音宏。冒，亡报切。 ② 鲍牵，鲍叔牙曾孙。 ③ 惭卧于家，夫人所以怪之。 ④ 谪，谴责也。【释文】谪，直革切。谴，遣战切。

国子相灵公以会①，高、鲍处守②。及还，将至，闭门而索客③。孟子诉之曰："高、鲍将不纳君，而立公子角。国子知之④。"秋七月壬寅，刖鲍牵而逐高无咎。无咎奔莒，高弱以卢叛⑤。齐人来召鲍国而立之⑥。

① 会伐郑。【释文】相，息亮切，下"相施氏"同。 ② 高无咎、鲍牵。【释文】守，手又切。 ③ 蒐索，备奸人。【释文】索，所白切。 ④ 角，顷公子。【释文】顷，音倾。 ⑤ 弱，无咎子。卢，高氏邑。【释文】刖，音月，又五刮切。 ⑥ 国，牵之弟文子。

初，鲍国去鲍氏而来为施孝叔臣。施氏卜宰，匡句须吉①。施氏之宰，有百室之邑。与匡句须邑，使为宰，以让鲍国，而致邑焉。施孝叔曰："子实吉。"对曰："能与忠良，吉孰大焉！"鲍国相施氏忠，故齐人取以为鲍氏后。仲尼曰："鲍庄子之知不如葵，葵犹能卫其足②。"

① 卜立(冢)[家]宰。【释文】句，其俱切。 ② 葵倾叶向日，以蔽其根，言鲍牵居乱不能危行言孙。【释文】知，音智。向，许亮切，本又作"嚮"。行，下孟切。

冬，诸侯伐郑[①]。十月庚午，围郑。楚公子申救郑。师于汝上。十一月，诸侯还[②]。

① 前夏未得志故。 ② 不书围，畏楚救，不成围而还。

初，声伯梦涉洹[①]，或与己琼瑰，食之[②]，泣而为琼瑰，盈其怀[③]。从而歌之曰："济洹之水，赠我以琼瑰。归乎！归乎！琼瑰盈吾怀乎[④]！"惧不敢占也。还自郑，壬申，至于貍脤而占之，曰："余恐死，故不敢占也。今众繁而从余三年矣，无伤也。"言之，之莫而卒[⑤]。

① 洹水出汲郡林虑县，东北至魏郡长乐县入清水。【释文】洹，音桓，一音恒，今土俗音袁。虑，力於切。乐，音洛，下"乐平"同。 ② 琼，玉；瑰，珠也。食珠玉，含象。【释文】琼，求营切。瑰，古回切。含，户暗切，本亦作"唅"。 ③ 泪下化为珠玉，满其怀。 ④ 从，就也。梦中为此歌。 ⑤ 繁，犹多也。传戒数占梦。【释文】莫，音暮。数，所角切。

齐侯使崔杼为大夫，使庆克佐之，帅师围卢[①]。国佐从诸侯围郑，以难请而归[②]。遂如卢师，杀庆克，以穀叛[③]。齐侯与之盟于徐关而复之。十二月，卢降，使国胜告难于晋，待命于清[④]。

① 讨高弱。【释文】杼，直吕切。 ② 请于诸侯。【释文】难，乃旦切，下同。 ③ 疾克淫乱，故杀之。 ④ 胜，国佐子，使以高氏难告晋。齐欲讨国佐，故留其子于外。清，阳平乐县是。为明年杀国佐传。【释文】降，下江切。

晋厉公侈，多外嬖[①]。反自鄢陵，欲尽去群大夫，而立其左右[②]。胥童以胥克之废也，怨郤氏[③]，而嬖于厉公。郤锜夺夷阳五田，五亦嬖于厉公。郤犨与长鱼矫争田，执而梏之[④]，与其父母妻子同一辕[⑤]。既，矫亦嬖于厉公。栾书怨郤至，以其不从己而败楚师也，欲废之[⑥]。使楚公子茷告公曰："此战也，郤至实召寡君[⑦]。以东师之未至也[⑧]，与军帅之不具也，曰：'此必败[⑨]！吾因奉孙周以事君[⑩]。'"公告栾书，书曰："其有焉！不然，岂其死之不恤，而受敌使乎[⑪]？君盍尝使诸周而察之[12]?"郤至聘于周,栾书使孙周见之。公使觇之,信[13]。遂怨郤至。

① 外嬖,爱幸大(去)[夫]。【释文】嬖,必计切。 ② 终如士燮言。【释文】反自鄢,一本作"自鄢陵"。去,起吕切。 ③ 童,胥克之子。宣八年,郤缺废胥克。 ④ 梏,械也。【释文】矫,居表切。梏,古毒切。械,户戒切。 ⑤ 系之车辕。 ⑥ 鄢陵战,栾书欲固垒,郤至言楚有六间以取胜也。 ⑦ 鄢陵战,晋囚公子茷以归。 ⑧ 齐、鲁、卫之师。 ⑨ 荀罃佐下军居守,郤犨将新军乞师,故言不具。【释文】帅,所类切。守,手又切。 ⑩ 孙周,晋襄公曾孙悼公。君,楚王也。 ⑪ 谓鄢陵战时,楚子问郤至以弓。【释文】使,所吏切。 ⑫ 尝,试也。【释文】盍,户腊切。使,所吏切,又如字。 ⑬ 觇,伺也。【释文】觇,敕廉切。伺,音司,又丝嗣切。

厉公田,与妇人先杀而饮酒,后使大夫杀[1]。郤至奉豕[2],寺人孟张夺之[3],郤至射而杀之。公曰:"季子欺余[4]。"

厉公将作难,胥童曰:"必先三郤,族大,多怨。去大族,不偪[5];敌多怨,有庸[6]。"公曰:"然。"郤氏闻之,郤锜欲攻公,曰:"虽死,君必危。"郤至曰:"人所以立,信、知、勇也。信不叛君,知不害民,勇不作乱。失兹三者,其谁与我?死而多怨,将安用之[7]?君实有臣而杀之,其谓君何?我之有罪,吾死后矣!若杀不辜,将失其民,欲安,得乎[8]?待命而已!受君之禄,是以聚党。有党而争命[9],罪孰大焉[10]!"

① 传言厉公无道,先妇人而后卿佐。 ② 进之于公。 ③ 寺人,奄士。 ④ 季子,郤至。公反以为郤至夺孟张豕。【释文】射,食亦切。 ⑤ 不偪公室。【释文】偪,彼力切。 ⑥ 讨多怨者易有功。【释文】易,以豉切。 ⑦ 言俱死无用,多其怨咎。【释文】知,音智。 ⑧ 言不得安君位。 ⑨ 争死命。 ⑩ 传言郤至无反心。

壬午,胥童、夷羊五帅甲八百,将攻郤氏[1]。长鱼矫请无用众,公使清沸魋助之[2],抽戈结衽[3],而伪讼者[4]。三郤将谋于榭[5],矫以戈杀驹伯、苦成叔于其位[6]。温季曰:"逃威也!"遂趋[7]。矫及诸其车,以戈杀之,皆尸诸朝[8]。

① 八百人。　② 沸魋，亦嬖人。【释文】沸，甫味切。魋，徒回切。③ 衽，裳际。【释文】衽，而甚切，徐音而鸩切。　④ 伪与清沸魋讼。　⑤ 榭，讲武堂。　⑥ 位，所坐处也。驹伯，郤锜。苦成叔，郤犨。【释文】处，昌虑切。⑦ 郤至本意欲禀君命而死，今矫等不以君命而来，故欲逃凶贼为害，故曰威，言可畏也。或曰威当为藏。　⑧ 陈其尸于朝。

胥童以甲劫栾书、中行偃于朝。矫曰："不杀二子，忧必及君。"公曰："一朝而尸三卿，余不忍益也。"对曰："人将忍君①。臣闻乱在外为奸，在内为轨。御奸以德②，御轨以刑③。不施而杀，不可谓德。臣偪而不讨，不可谓刑。德刑不立，奸轨并至。臣请行。"遂出奔狄④。公使辞于二子⑤，曰："寡人有讨于郤氏，郤氏既伏其辜矣。大夫无辱，其复职位⑥。"皆再拜稽首曰："君讨有罪，而免臣于死，君之惠也。二臣虽死，敢忘君德？"乃皆归。公使胥童为卿。

① 人，谓书与偃。【释文】一朝，如字。　② 德绥远。【释文】轨，本又作"宄"，音同。御，鱼吕切，下同。　③ 刑治近。　④ 行，去也。【释文】施，如字，或式豉切。　⑤ 辞谢书与偃。　⑥ 胥童劫而执之，故云辱。

公游于匠丽氏①，栾书、中行偃遂执公焉。召士匄，士匄辞②。召韩厥，韩厥辞，曰："昔吾畜于赵氏，孟姬之谗，吾能违兵③。古人有言曰'杀老牛莫之敢尸'，而况君乎？二三子不能事君，焉用厥也④！"

① 匠丽，嬖大夫家。　② 辞不往。　③ 畜，养也。违，去也。韩厥少为赵盾所待养，及孟姬之乱，晋将讨赵氏而厥去其兵，示不与党。言此者，明己无所偏助。孟姬乱在八年。【释文】去，起吕切。少，诗照切。　④ 尸，主也。【释文】焉，於虔切。

舒庸人以楚师之败也①，道吴人围巢，伐驾，围厘、虺②，遂恃吴而不设备。楚公子橐师袭舒庸，灭之。

① 败于鄢陵。舒庸，东夷国。　② 巢、驾、厘、虺，楚四邑。【释文】道，音导，下及注同。驾，如字，一音加。厘，力之切。虺，许鬼切。

闰月乙卯晦，栾书、中行偃杀胥童[①]。民不与郤氏，胥童道君为乱，故皆书曰："晋杀其大夫[②]。"

① 以其劫己故。【释文】橐，他洛切。 ② 厉公以私欲杀三郤，而三郤死不以无罪书。书、偃以家怨害胥童，而胥童受国讨。文明郤氏失民，胥童道乱，宜其为国戮。

成公十八年

【经】

十有八年春，王正月，晋杀其大夫胥童[①]。

庚申，晋杀其君州蒲[②]。

齐杀其大夫国佐[③]。

公如晋。

夏，楚子、郑伯伐宋。

宋鱼石复入于彭城[④]。

公至自晋。

晋侯使士匄来聘。

秋，杞伯来朝。

八月，邾子来朝。

筑鹿囿[⑤]。

己丑，公薨于路寝。

冬，楚人、郑人侵宋[⑥]。

晋侯使士鲂来乞师[⑦]。

十有二月，仲孙蔑会晋侯、宋公、卫侯、邾子、齐崔杼同盟于虚朾[⑧]。

丁未，葬我君成公。

① 传在前年，经在今春，从告。 ② 不称臣，君无道。 ③ 国武子。 ④ 传例曰：以恶入也。彭城，宋邑，今彭城县。【释文】复，扶又切。 ⑤ 筑墙为鹿苑。【释文】囿，音又。 ⑥ 子重先遣轻军侵宋，故称人而不言伐。【释文】轻，遣政切。 ⑦【释文】鲂，音房。 ⑧ 虚朾，地阙。【释文】虚，起居切。朾，他丁切。

【传】

十八年春，王正月庚申，晋栾书、中行偃使程滑弑厉公①，葬之于翼东门之外，以车一乘②。使荀罃、士鲂逆周子于京师而立之③，生十四年矣。大夫逆于清原，周子曰："孤始愿不及此。虽及此，岂非天乎④？抑人之求君，使出命也，立而不从，将安用君？二三子用我今日，否亦今日，共而从君，神之所福也⑤。"对曰："群臣之愿也，敢不唯命是听？"庚午，盟而入⑥，馆于伯子同氏⑦。辛巳，朝于武宫⑧，逐不臣者七人⑨。周子有兄而无慧，不能辨菽麦，故不可立⑩。

① 程滑，晋大夫。 ② 言不以君礼葬。诸侯葬车七乘。【释文】乘，绳证切。 ③ 悼公周。 ④ 言有命。 ⑤ 传言其少有才，所以能自固。【释文】少，诗照切。 ⑥ 与诸大夫盟。 ⑦ 晋大夫家。馆，舍也。 ⑧ 武公，曲沃始命君。 ⑨ 夷羊五之属。 ⑩ 菽，大豆也。豆麦殊形易别，故以为痴者之候。不慧，盖世所谓白痴。【释文】菽，音叔。易，以豉切。别，彼列切。痴，敕疑切。

齐为庆氏之难①故，甲申晦，齐侯使士华免以戈杀国佐于内宫之朝②。师逃于夫人之宫③。书曰："齐杀其大夫国佐。"弃命，专杀，以穀叛故也④。使清人杀国胜⑤。国弱来奔⑥，王湫奔莱⑦。庆封为大夫，庆佐为司寇⑧。既，齐侯反国弱，使嗣国氏，礼也⑨。

① 前年国佐杀庆克。【释文】为，于伪切。难，乃旦切。 ② 华免，齐大夫。内宫，夫人宫。 ③ 伏兵内宫，恐不胜。 ④ 国佐本疾淫乱，杀庆克，齐以是讨之，嫌其罪不及死，故传明言其三罪。 ⑤ 胜，国佐子，前年待命于清者。 ⑥ 弱，胜之弟。 ⑦ 湫，国佐党。【释文】湫，子小切，徐子鸟切。莱，音来。

⑧ 封、佐皆庆克子。 ⑨ 佐之罪不及不祀。

二月乙酉朔，晋悼公即位于朝①。始命百官②，施舍、已责③，逮鳏寡④，振废滞⑤，匡乏困，救灾患⑥，禁淫慝，薄赋敛，宥罪戾⑦，节器用⑧，时用民⑨，欲无犯时⑩。使魏相、士鲂、魏颉、赵武为卿⑪。荀家、荀会、栾黡、韩无忌为公族大夫，使训卿之子弟共俭孝弟⑫。使士渥浊为大傅，使修范武子之法⑬。右行辛为司空，使修士蒍之法⑭。弁纠御戎，校正属焉⑮，使训诸御知义⑯。荀宾为右，司士属焉⑰，使训勇力之士时使⑱。卿无共御，立军尉以摄之⑲。祁奚为中军尉，羊舌职佐之。魏绛为司马⑳。张老为候奄。铎遏寇为上军尉。籍偃为之司马㉑，使训卒乘亲以听命㉒。程郑为乘马御，六驺属焉，使训群驺知礼㉓。凡六官之长，皆民誉也㉔。举不失职，官不易方㉕，爵不逾德㉖，师不陵正，旅不逼师㉗，民无谤言，所以复霸也㉘。

① 朝庙五日而即位也。厉公杀绝，故悼公不以嗣子居丧。【释文】杀，音试。 ② 始为政。 ③ 施恩惠，舍劳役，止逋责。【释文】施，如字，一音始豉切。逋，布吴切。 ④ 惠及微。【释文】鳏，古顽切。 ⑤ 起旧德。 ⑥ 匡，亦救也。 ⑦ 宥，宽也。【释文】慝，他得切。敛，力验切。宥，音又。戾，力计切。⑧ 节，省也。【释文】省，所景切，下同。 ⑨ 使民以时。 ⑩ 不纵私欲。【释文】纵，本亦作“从”，子用切。 ⑪ 相，魏锜子。鲂，士会子。颉，魏颗子。武，赵朔子。此四人其父祖皆有劳于晋国。【释文】相，息亮切。颉，户结切。颗，苦果切。 ⑫ 无忌，韩厥子。【释文】弟，音悌，本亦作“悌”。 ⑬ 渥浊，士贞子。武子为景公大傅。【释文】渥，於角切。 ⑭ 辛将右行，因以为氏。士蒍，献公司空也。【释文】行，户郎切。蒍，于委切。将，子匠切。 ⑮ 弁纠，栾纠也。校正，主马官。【释文】弁，皮彦切，本又作“卞”，同。纠，居黝切。校，户孝切。⑯ 戎士尚节义。 ⑰ 司士，车右之官。 ⑱ 勇力，皆车右也。勇力多不顺命，故训之以共时之使。【释文】共音恭，本亦作“供”，下文同。 ⑲ 省卿戎御，令军尉摄御而已。【释文】省，所景切。令，力呈切。 ⑳ 魏犨子也。 ㉑ 偃，籍谈父，为上军司马。【释文】铎，待洛切。遏，於葛切，徐音谒。 ㉒ 相亲以听上

命。【释文】卒,子忽切。乘,绳证切,下及注同。　㉓ 程郑,荀氏别族。乘马御,乘车之仆也。六驺,六闲之驺。《周礼》:诸侯有六闲马。乘车尚礼容,故训群驺使知礼。【释文】驺,侧留切。　㉔ 大国三卿,晋时置六卿为军帅,故总举六官,则知群官无非其人。【释文】长,丁丈切。帅,所类切。　㉕ 官守其业,无相逾易。　㉖ 量德授爵。　㉗ 正,军将命卿也。师,二千五百人之帅也。旅,五百人之帅也。言上下有礼,不相陵偪。　㉘ 此以上通言悼公所行,未必皆在即位之年。【释文】复,扶又切,下及注"复入"皆同。上,时掌切。

公如晋,朝嗣君也。

夏六月,郑伯侵宋,及曹门外①。遂会楚子伐宋,取朝郏。楚子辛、郑皇辰侵城郜,取幽丘,同伐彭城②,纳宋鱼石、向为人、鳞朱、向带、鱼府焉③。以三百乘戍之而还。书曰:"复入④。"凡去其国,国逆而立之曰入⑤。复其位曰复归⑥。诸侯纳之曰归⑦。以恶曰复入⑧。宋人患之。西钼吾曰:"何也⑨?若楚人与吾同恶,以德于我,吾固事之也,不敢贰矣⑩。大国无厌,鄙我犹憾⑪。不然,而收吾憎,使赞其政⑫,以间吾衅,亦吾患也。今将崇诸侯之奸,而披其地⑬,以塞夷庚⑭。逞奸而携服,毒诸侯而惧吴、晋⑮,吾庸多矣,非吾忧也。且事晋何为?晋必恤之⑯。"

① 曹门,宋城门。　② 朝郏、城郜、幽丘,皆宋邑。【释文】取朝,如字。郏,古洽切。郜,古报切。　③ 五子以十五年出奔楚,独书鱼石,为帅告。④ 恶其(衣)[依]阻大国,以兵威还,故书复入。【释文】乘,绳证切。恶,乌路切。　⑤ 谓本无位,绍继而立。　⑥ 亦国逆。【释文】复,音服,又扶又切。⑦ 谓诸侯以言语告请而纳之。有位无位皆曰归。　⑧ 谓身为戎首,称兵入伐,害国殄民者也。此四条,所以明外内之援,辩逆顺之辞,通君臣取国有家之大例。【释文】以恶曰复入,或作"以恶入曰复入"。　⑨ 西钼吾,宋大夫。【释文】钼,仕居切,徐在居切。吾,音鱼。　⑩ 恶,谓鱼石。　⑪ 言已事之则以我为鄙邑,犹恨不足,此吾患也。【释文】厌,於盐切。憾,户暗切。　⑫ 谓不同恶鱼石,而用之使佐政。　⑬ 崇,长也。谓楚今取彭城以封鱼石。披,犹分也。【释文】间,如字,又间厕之间。衅,许靳切。披,普彼切。长,丁丈切。　⑭ 夷庚,

吴、晋往来之要道。楚封鱼石于彭城，欲以绝吴、晋之道。 ⑮ 隔吴、晋之道故惧。携，离也。 ⑯ 言宋常事晋何为，顾有此患难。【释文】难，乃旦切。

公至自晋。晋范宣子来聘，且拜朝也①。君子谓："晋于是乎有礼②。"

① 拜谢公朝。 ② 有卑让之礼。

秋，杞桓公来朝，劳公，且问晋故。公以晋君语之①。杞伯于是骤朝于晋而请为昏②。

① 语其德政。【释文】劳，力报切。语，鱼据切。 ② 为平公不彻乐张本。

七月，宋老佐、华喜围彭城，老佐卒焉①。

① 言所以不克彭城。

八月，邾宣公来朝，即位而来见也①。

①【释文】见，贤遍切。

筑鹿囿，书，不时也①。

① 非土功时。

己丑，公薨于路寝，言道也①。

① 在路寝，得君薨之道。

冬十一月，楚子重救彭城，伐宋①，宋华元如晋告急。韩献子为政②，曰："欲求得人，必先勤之③，成霸安疆，自宋始矣。"晋侯师于台谷以救宋④，遇楚师于靡角之穀，楚师还⑤。

① 使偏师与郑人侵宋，子重为后镇。 ② 于是栾书卒，韩厥代将中军。 ③ 勤，恤其急。 ④ 台谷，地阙。【释文】台，敕才切，一音臺。 ⑤ 畏晋强也。(龙)[靡]角，宋地。

晋士鲂来乞师①。季文子问师数于臧武仲②，对曰："伐郑之役，知伯实来，下军之佐也③。今彘季亦佐下军④，如伐郑可也⑤。事大国，无失班爵而加敬焉，礼也。"从之⑥。

① 将救宋。 ② 武仲，宣叔之子。 ③ 知伯，荀罃。 ④ 彘季，士鲂。【释文】彘，直例切。 ⑤ 伐郑在十七年。 ⑥ 从武仲言。

十二月，孟献子会于虚朾，谋救宋也。宋人辞诸侯而请师以围彭城[1]。孟献子请于诸侯，而先归会葬。

丁未，葬我君成公，书，顺也[2]。

① 不敢烦诸侯，故但请其师。为襄元年围彭城传。 ② 薨于路寝，五月而葬，国家安静，世適承嗣，故曰书顺也。【释文】適，丁历切。

春秋经传集解襄公元第十四

【释文】陆云：襄公名午，成公子，母定姒。《谥法》：因事有功曰襄，辟土有德曰襄。

襄 公 元 年

【经】

元年春，王正月，公即位①。

仲孙蔑会晋栾黡、宋华元、卫宁殖、曹人、莒人、邾人、滕人、薛人围宋彭城②。

夏，晋韩厥帅师伐郑。

仲孙蔑会齐崔杼、曹人、邾人、杞人次于鄫③。

秋，楚公子壬夫帅师侵宋。

九月辛酉，天王崩④。

邾子来朝。

冬，卫侯使公孙剽来聘⑤。

晋侯使荀罃来聘⑥。

① 无传。于是公年四岁。 ② 鲁与谋于虚朾，而书会者，禀命霸主，非匹敌故。【释文】与，音预。 ③鄫，郑地，在陈留襄邑县东南。书次，兵不加郑，次鄫以待晋师。【释文】鄫，才陵切。 ④ 无传。辛酉，九月十五日。 ⑤ 剽，子

叔黑背子。【释文】剽,匹妙切,《字林》匹召切。　⑥ 冬者,十月初也。王崩,赴未至,皆未闻丧,故各得行朝聘之礼,而传善之。

【传】

元年春己亥,围宋彭城①。非宋地,追书也②。于是为宋讨鱼石,故称宋,且不登叛人也③,谓之宋志④。彭城降晋,晋人以宋五大夫在彭城者归,寘诸瓠丘⑤。齐人不会彭城,晋人以为讨。二月,齐大子光为质于晋⑥。

① 下有二月,则此己亥为正月。正月无己亥,日误。　② 成十八年,楚取彭城以封鱼石,故曰非宋地。夫子治《春秋》,追书系之宋。　③ 登,成也。不与其专邑叛君,故使彭城还系宋。【释文】为,于伪切。　④ 称宋,亦以成宋志。⑤ 彭城降不书,贱,略之。瓠丘,晋地,河东东垣县东南有壶丘。五大夫:鱼石、向为人、鳞朱、向带、鱼府。【释文】降,户江切。寘,之豉切。瓠,徐侯吴切,一音户故切。垣,音袁。　⑥ 光,齐灵公大子。【释文】质,音致。

夏五月,晋韩厥、荀偃帅诸侯之师伐郑,入其郛①,败其徒兵于洧上②。于是东诸侯之师次于鄫,以待晋师③。晋师自郑以鄫之师侵楚焦、夷及陈④,晋侯、卫侯次于戚,以为之援⑤。

① 荀偃不书,非元帅。【释文】郛,芳夫切。帅,所类切。　② 徒兵,步兵。洧水出密县,东南至长平入颍。【释文】洧,于轨切。　③ 齐、鲁、曹、邾、杞。④ 于是孟献子自鄫先归,不与侵陈、楚,故不书。【释文】焦,如字,徐在尧切。与,音预。　⑤ 为韩厥援。

秋,楚子辛救郑,侵宋吕、留①。郑子然侵宋,取犬丘②。

① 吕、留二县今属彭城郡。　② 谯国酂县东北有犬丘城。迂回,疑。【释文】酂,才河切,又子旦切。迂,音于。

九月,邾子来朝,礼也①。

① 邾宣公。

冬,卫子叔、晋知武子来聘,礼也。凡诸侯即位,小国朝之①,大国聘焉②,以继好结信,谋事补阙,礼之大者也③。

① 小事大。 ② 大字小。 ③ 阙，犹过也。礼以安国家利民人为大。【释文】好，呼报切。

襄 公 二 年

【经】

二年春，王正月，葬简王①。

郑师伐宋②。

夏五月庚寅，夫人姜氏薨。

六月庚辰，郑伯睔卒③。

晋师、宋师、卫宁殖侵郑④。

秋七月，仲孙蔑会晋荀罃、宋华元、卫孙林父、曹人、邾人于戚。

己丑，葬我小君齐姜⑤。

叔孙豹如宋⑥。

冬，仲孙蔑会晋荀罃、齐崔杼、宋华元、卫孙林父、曹人、邾人、滕人、薛人、小邾人于戚，遂城虎牢⑦。

楚杀其大夫公子申。

① 无传。五月而葬，速。 ② 书伐，从告。 ③ 未与襄同盟而赴以名。庚辰，七月九日，书六月，经误。【释文】睔，古困切，徐又胡忖切。 ④ 宋虽非卿，师重，故叙卫上。【释文】殖，市力切。 ⑤ 齐，谥也。三月而葬，速。【释文】齐，如字，或音侧皆切，非。 ⑥ 豹于此始自齐还为卿。 ⑦ 以偪郑。

【传】

二年春，郑师侵宋，楚令也①。

① 以彭城故。

齐侯伐莱，莱人使正舆子赂夙沙卫以索马牛，皆百匹①，齐师乃还。君子是以知齐灵公之为"灵"也②。

① 夙沙卫，齐寺人。索，简择好者。【释文】莱，音来。舆，音余，本亦作"与"。索，所白切。 ②《谥法》：乱而不损曰灵。言谥应其行。【释文】应，应对之应。行，下孟切。

夏，齐姜薨。初，穆姜使择美檟①，以自为榇与颂琴②，季文子取以葬。君子曰："非礼也。礼无所逆，妇，养姑者也，亏姑以成妇，逆莫大焉③。《诗》曰：'其惟哲人，告之话言，顺德之行④。'季孙于是为不哲矣⑤。且姜氏，君之妣也⑥。《诗》曰：'为酒为醴，烝畀祖妣，以洽百礼，降福孔偕⑦。'"

① 檟，梓之属。【释文】檟，古雅切，木名。 ② 榇，棺也。颂琴，琴名，犹言雅琴。皆欲以送终。【释文】榇，初覲切。 ③ 穆姜，成公母。齐姜，成公妇。【释文】养，余亮切。 ④《诗·大雅》。哲，知也。话，善也。言知者行事无不顺。【释文】话，户快切。知，音智，下同。 ⑤ 言逆德。【释文】陆云：一本作"不为哲矣"。 ⑥ 襄公適母，故曰君之妣。【释文】妣，必履切。適，丁历切，本又作"嫡"。 ⑦《诗·周颂》。烝，进也。畀，与也。偕，徧也。言敬事祖妣，则鬼神降福。季孙葬姜氏不以礼，是不敬祖妣。【释文】烝，之承切。畀，必利切。洽，户夹切。偕，音皆。徧，音遍。

齐侯使诸姜、宗妇来送葬①。召莱子，莱子不会，故晏弱城东阳以偪之②。

① 宗妇，同姓大夫之妇。妇人越疆送葬，非礼。【释文】疆，居良切。 ② 为六年灭莱传。东阳，齐竟上邑。【释文】竟，音境。

郑成公疾，子驷请息肩于晋①。公曰："楚君以郑故，亲集矢于其目②，非异人任，寡人也③。若背之，是弃力与言，其谁暱我④？免寡人，唯二三子！"

秋七月庚辰，郑伯睔卒。于是子罕当国⑤，子驷为政⑥，子国为司马。晋师侵郑⑦，诸大夫欲从晋，子驷曰："官命未改⑧。"

① 欲辟楚役，以负担喻。【释文】担，都暂切。 ② 谓鄢陵战，晋射楚王

目。【释文】射，食亦切。 ③ 言楚子任(比)[此]患，不为他人，盖在己。【释文】陆云：非异人任，绝句。任，音壬。一读至“人”字绝句。为，于伪切。 ④ 言，盟誓之言。【释文】背，音佩。弃力，服本作“弃功”。暱，本作“昵”，女乙切，徐乃吉切。 ⑤ 摄君事。 ⑥ 为政卿。 ⑦ 晋伐丧，非礼。 ⑧ 成公未葬，嗣君未免丧，故言未改。不欲违先君意。

会于戚，谋郑故也①。孟献子曰：“请城虎牢以偪郑②。”知武子曰：“善。鄫之会，吾子闻崔子之言，今不来矣③。滕、薛、小邾之不至，皆齐故也④。寡君之忧不唯郑⑤。䓨将复于寡君，而请于齐⑥。得请而告，吾子之功也⑦。若不得请，事将在齐⑧。吾子之请，诸侯之福也⑨，岂唯寡君赖之⑩？”

① 郑久叛晋，谋讨之。 ② 虎牢，旧郑邑，今属晋。 ③ 元年，孟献子与齐崔杼次于鄫，崔杼有不服晋之言，献子以告武子。 ④ 三国，齐之属。 ⑤ 言复忧齐叛。【释文】复，扶又切，下同。 ⑥ 以城事白晋君而请齐会之，欲以观齐志。 ⑦ 得请，谓齐人应命，告诸侯会筑虎牢。 ⑧ 将伐齐。 ⑨ 城虎牢足以服郑，息征伐。 ⑩ 传言荀䓨能用善谋。

穆叔聘于宋，通嗣君也。

冬，复会于戚，齐崔武子及滕、薛、小邾之大夫皆会，知武子之言故也①。遂城虎牢，郑人乃成②。

① 武子言事将在齐，齐人惧，帅小国而会之。 ② 如孟献子之谋。

楚公子申为右司马，多受小国之赂，以偪子重、子辛①，楚人杀之。故书曰：“楚杀其大夫公子申②。”

① 偪，夺其权势。 ② 言所以致国讨之(子)[文]。

襄 公 三 年

【经】

三年春，楚公子婴齐帅师伐吴。

公如晋。

夏四月壬戌，公及诸侯盟于长樗[①]。

公至自晋[②]。

六月，公会单子、晋侯、宋公、卫侯、郑伯、莒子、邾子、齐世子光。己未，同盟于鸡泽[③]。

陈侯使袁侨如会[④]。

戊寅，叔孙豹及诸侯之大夫及陈袁侨盟[⑤]。

秋，公至自会[⑥]。

冬，晋荀罃帅师伐许。

① 晋侯出其国都，与公盟于外。【释文】樗，敕居切。 ② 无传。不以长樗至，本非会。 ③ 鸡泽，在广平曲梁县西南。周灵王新即位，使王官伯出与诸侯盟，以安王室，故无讥。【释文】单，音善。 ④ 陈疾楚政而来属晋，本非召会而自来，故言如会。【释文】侨，其骄切。 ⑤ 诸侯既盟，袁侨乃至，故使大夫别与之盟。言诸侯之大夫，则在鸡泽之诸侯也。殊袁侨者，明诸侯大夫所以盟，盟袁侨也。据传，盟在秋，《长历》推戊寅七月十三日，经误。 ⑥ 无传。

【传】

三年春，楚子重伐吴，为简之师[①]，克鸠兹，至于衡山[②]。使邓廖帅组甲三百、被练三千[③]以侵吴。吴人要而击之，获邓廖。其能免者，组甲八十、被练三百而已。子重归，既饮至，三日，吴人伐楚，取驾。驾，良邑也。邓廖，亦楚之良也。君子谓："子重于是役也，所获不如所亡[④]。"楚人以是咎子重。子重病之，遂遇心疾而卒[⑤]。

① 简，选练。 ② 鸠兹，吴邑，在丹阳无湖县东，今皋夷也。衡山，在吴兴乌程县南。 ③ 组甲、被练，皆战备也。组甲，漆甲成组文。被练，练袍。【释文】廖，力雕切。组，音祖。被，皮义切，徐扶伪切。 ④ 当时君子。【释文】要，於遥切。 ⑤ 忧恚故成心疾。【释文】咎，其九切。恚，一瑞切。

公如晋，始朝也[①]。

① 公即位而朝。

夏，盟于长樗。孟献子相，公稽首①。知武子曰："天子在，而君辱稽首，寡君惧矣②。"孟献子曰："以敝邑介在东表，密迩仇雠③，寡君将君是望，敢不稽首④？"

① 相仪也。稽首，首至地。【释文】相，息亮切。 ② 稽首，事天子之礼。③ 仇雠，谓齐、楚与晋争。【释文】介，音界。争，争斗之争。 ④ 传言献子能固事盟主。

晋为郑服故，且欲修吴好①，将合诸侯。使士匄告于齐曰："寡君使匄，以岁之不易，不虞之不戒，寡君愿与一二兄弟相见②，以谋不协，请君临之，使匄乞盟。"齐侯欲勿许，而难为不协，乃盟于耏外③。

① 郑服在前年。【释文】为，于伪切。好，呼报切。 ② 不易，多难也。虞，度也。戒，备也。列国之君相谓兄弟。【释文】易，以豉切。难，乃旦切。度，待洛切。 ③ 与士匄盟。耏，水名。【释文】耏，音而。

祁奚请老①，晋侯问嗣焉②。称解狐，其仇也，将立之而卒③。又问焉，对曰："午也可④"于是羊舌职死矣，晋侯曰："孰可以代之？"对曰："赤也可⑤。"于是使祁午为中军尉，羊舌赤佐之⑥。君子谓："祁奚于是能举善矣。称其仇，不为谄。立其子，不为比。举其偏，不为党⑦。《商书》曰'无偏无党，王道荡荡⑧'，其祁奚之谓矣！解狐得举⑨，祁午得位，伯华得官，建一官而三物成⑩，能举善也夫！唯善，故能举其类。《诗》云：'惟其有之，是以似之。'祁奚有焉⑪。"

① 老，致仕。 ② 嗣，续其职者。 ③ 解狐卒。【释文】解，音蟹。④ 午，祁奚子。 ⑤ 赤，职之子伯华。 ⑥ 各代其父。 ⑦ 谄，媚也。偏，属也。【释文】谄，他检切。比，毗志切。 ⑧《商书·洪范》也。荡荡，平正无私。⑨ 未得位，故曰得举。 ⑩ 一官，军尉。物，事也。 ⑪《诗·小雅》，言唯有德之人能举似己者也。【释文】夫，音扶，绝句，一读以"夫"为下句首。

六月，公会单顷公及诸侯。己未，同盟于鸡泽①。

晋侯使荀会逆吴子于淮上，吴子不至[②]。

① 单顷公，王卿士。【释文】顷，音倾。　② 道远多难。

楚子辛为令尹，侵欲于小国。陈成公使袁侨如会求成[①]，晋侯使和组父告于诸侯[②]。秋，叔孙豹及诸侯之大夫及陈袁侨盟，陈请服也[③]。

① 患楚侵欲。袁侨，涛涂四世孙。　② 告陈服。　③ 其君不来，使大夫盟之，匹敌之宜。

晋侯之弟扬干乱行于曲梁[①]，魏绛戮其仆[②]。晋侯怒，谓羊舌赤曰："合诸侯以为荣也，扬干为戮，何辱如之？必杀魏绛，无失也！"对曰："绛无贰志，事君不辟难，有罪不逃刑，其将来辞，何辱命焉？"言终，魏绛至，授仆人书[③]，将伏剑。士鲂、张老止之。公读其书曰："日君乏使，使臣斯司马[④]。臣闻师众以顺为武[⑤]，军事有死无犯为敬[⑥]。君合诸侯，臣敢不敬？君师不武，执事不敬，罪莫大焉。臣惧其死，以及扬干，无所逃罪[⑦]。不能致训，至于用钺[⑧]，臣之罪重，敢有不从，以怒君心[⑨]？请归死于司寇[⑩]。"公跣而出，曰："寡人之言，亲爱也。吾子之讨，军礼也。寡人有弟，弗能教训，使干大命，寡人之过也。子无重寡人之过[⑪]，敢以为请[⑫]。"

晋侯以魏绛为能为刑佐民矣，反役，与之礼食，使佐新军[⑬]。张老为中军司马[⑭]，士富为候奄[⑮]。

① 行，陈次。【释文】行，户郎切。陈，直觐切。　② 仆，御也。　③ 仆人，晋侯御仆。　④ 斯，此也。　⑤ 顺，莫敢违。　⑥ 守官行法，虽死不敢有违。　⑦ 惧自犯不武不敬之罪。　⑧ 用钺斩扬干之仆。【释文】钺，音越。　⑨ 言不敢不从戮。　⑩ 致尸于司寇，使戮之。　⑪ 听绛死，为重过。【释文】跣，先典切。重，直用切，注同。　⑫ 请使无死。　⑬ 群臣旅会，今欲显绛，故特为设礼食。【释文】食，音嗣，又如字。为，于伪切。　⑭ 代魏绛。　⑮ 代张老。士富，士会别族。

楚司马公子何忌侵陈，陈叛故也。

许灵公事楚，不会于鸡泽。冬，晋知武子帅师伐许。

襄 公 四 年

【经】

四年春，王三月己酉，陈侯午卒①。

夏，叔孙豹如晋。

秋七月戊子，夫人姒氏薨②。

葬陈成公③。

八月辛亥，葬我小君定姒④。

冬，公如晋。

陈人围顿。

① 前年大夫盟鸡泽。三月无己酉，日误。 ② 成公妾，襄公母。姒，杞姓。 ③ 无传。 ④ 无传。定，谥也。赴同祔姑，反哭成丧，皆以正夫人礼，母以子贵。逾月而葬，速。

【传】

四年春，楚师为陈叛故，犹在繁阳①。韩献子患之，言于朝曰："文王帅殷之叛国以事纣，唯知时也②。今我易之，难哉③！"三月，陈成公卒。楚人将伐陈，闻丧乃止④。陈人不听命⑤。臧武仲闻之，曰："陈不服于楚，必亡。大国行礼焉而不服，在大犹有咎，而况小乎？"夏，楚彭名侵陈，陈无礼故也⑥。

① 前年何忌之师侵陈，今犹未还。繁阳，楚地，在汝南鲖阳县南。【释文】为，于伪切。鲖，孟康音纣，直久切，一音重，或音直勇切，非。 ② 知时未可争。 ③ 晋力未能服楚，受陈为非时。 ④ 军礼不伐丧。 ⑤ 不听楚命。 ⑥ 为下陈围顿传。【释文】咎，其九切。

穆叔如晋，报知武子之聘也①，晋侯享之。金奏《肆夏》之三，不拜②。工歌《文王》之三，又不拜③。歌《鹿鸣》之三，三拜④。韩献子使行人子员问之⑤，曰："子以君命，辱于敝邑。先君之礼，藉之以乐，以辱吾子⑥。吾子舍其大，而重拜其细，敢问何礼也？"对曰："三《夏》，天子所以享元侯也，使臣弗敢与闻⑦。《文王》，两君相见之乐也，臣不敢及⑧。《鹿鸣》，君所以嘉寡君也，敢不拜嘉⑨？《四牡》，君所以劳使臣也，敢不重拜⑩？《皇皇者华》，君教使臣曰：'必谘于周⑪。'臣闻之：'访问于善为咨⑫，咨亲为询⑬，咨礼为度⑭，咨事为诹⑮，咨难为谋⑯。'臣获五善，敢不重拜⑰？"

① 武子聘在元年。 ②《肆夏》，乐曲名。《周礼》：以钟鼓奏九《夏》。其二曰《肆夏》，一名《樊》；三曰《韶夏》，一名《遏》；四曰《纳夏》，一名《渠》。盖击钟而奏此三《夏》曲。【释文】夏，户雅切，注及下皆同。九《夏》：一曰《王夏》，二曰《肆夏》，三曰《韶夏》，四曰《纳夏》，五曰《章夏》，六曰《齐夏》，七曰《族夏》，八曰《陔夏》，九曰《骜夏》。《肆夏》一名《樊》。《国语》云："金奏《肆夏》，《樊》、《遏》、《渠》。"杜遂分为三《夏》之别名。吕叔玉云："《肆夏》，《时迈》也；《樊遏》，《执竞》也；《渠》，《思文》也。"韶，上招切。遏，於葛切。纳夏，本或为"夏纳"，误。渠，其居切。 ③ 工，乐人也。《文王》之三，《大雅》之首，《文王》、《大明》、《绵》。④《小雅》之首，《鹿鸣》、《四牡》、《皇皇者华》。 ⑤ 行人，通使之官。【释文】员，音云，徐于贫切。使，所吏切，下同。 ⑥ 藉，荐也。【释文】藉，在夜切。⑦ 元侯，牧伯。【释文】舍，音捨。重，直用切，下皆同。与，音预，下"及与"同。牧，徐音目。 ⑧ 及，与也。《文王》之三，皆称文王之德，受命作周，故诸侯会同以相乐。【释文】乐，音洛。 ⑨ 晋以叔孙为嘉宾，故歌《(周)[鹿]鸣》之诗，取其"我有嘉宾"。叔孙奉君命而来，嘉叔孙，乃所以嘉鲁君。 ⑩《诗》言使臣乘四牡，騑騑然行不止，勤劳也。晋以叔孙来聘，故以此劳之。【释文】劳，力报切，注"劳之"同。騑，芳非切。 ⑪《皇皇者华》，君遣使臣之诗，言忠臣奉使能光辉君命，如华之皇皇然，又当谘于忠信，以补己不及。忠信为周。其诗曰"周爰谘诹"，"周爰谘谋"，"周爰谘度"，"周爰谘询"，言必于忠信之人谘此四事。【释文】诹，子须切。度，待洛切。询，音荀。 ⑫ 问善道。 ⑬ 问亲戚之义。⑭ 问礼宜。 ⑮ 问政事。 ⑯ 问患难。【释文】难，乃旦切。 ⑰ 五善，为咨、

询、度、诹、谋。

秋，定姒薨。不殡于庙，无榇，不虞[1]。匠庆谓季文子曰[2]：“子为正卿，而小君之丧不成[3]，不终君也[4]。君长，谁受其咎[5]？”

初，季孙为己树六槚于蒲圃东门之外[6]。匠庆请木[7]，季孙曰：“略[8]。”匠庆用蒲圃之槚，季孙不御[9]。君子曰：“《志》所谓‘多行无礼，必自及也’，其是之谓乎！”

① 榇，亲身棺。季孙以定姒本贱，既无器备，议其丧制，欲殡不过庙，又不反哭。【释文】过，古禾切。 ② 匠庆，鲁大匠。 ③ 谓如季孙所议，则为夫人礼不成。 ④ 慢其母，是不终事君之道。 ⑤ 言襄公长，将责季孙。【释文】长，丁丈切。 ⑥ 蒲圃，场圃名。季文子树槚，欲自为榇。【释文】为，于伪切，下注“为定姒”、“为执事”同。圃，布古切。场，直良切。 ⑦ 为定姒作榇。 ⑧ 不以道取为略。 ⑨ 御，止也。传言遂得成礼，故经无异文。【释文】御，鱼吕切。

冬，公如晋听政[1]，晋侯享公。公请属鄫[2]，晋侯不许。孟献子曰：“以寡君之密迩于仇雠，而愿固事君，无失官命[3]。鄫无赋于司马[4]，为执事朝夕之命敝邑，敝邑褊小，阙而为罪[5]，寡君是以愿借助焉[6]。”晋侯许之[7]。

① 受贡赋多少之政。 ② 鄫，小国也。欲得使属鲁，如须句、颛臾之比，使助鲁出贡赋。公时年七岁，盖相者为之言。鄫，今琅邪鄫县。【释文】句，其俱切。颛，音专。臾，羊朱切。比，必二切。相，息亮切。 ③ 晋官征发之命。 ④ 晋司马又掌诸侯之赋。 ⑤ 阙，不共也。【释文】朝夕，如字。褊，必浅切。共，音恭。 ⑥ 借鄫以自助。【释文】借，子亦切，注同。 ⑦ 为明年叔孙豹、鄫世子巫如晋传。

楚人使顿间陈而侵伐之，故陈人围顿[1]。

① 间，伺间缺。【释文】间，间厕之间。伺，音司。下“间”，音闲，又间厕之间，又如字。

无终子嘉父使孟乐如晋[1]，因魏庄子纳虎豹之皮，以请和诸戎[2]。晋侯曰：“戎狄无亲而贪，不如伐之。”魏绛曰：“诸侯新服，陈新来和，将观于我，我德则睦，否则携贰。劳师于戎，而楚伐陈，必弗能救，是弃陈也，诸华必叛③。戎，禽兽也，获戎失华，无乃不可乎？《夏训》有之曰：'有穷后羿……④'"公曰："后羿何如⑤？"对曰："昔有夏之方衰也，后羿自鉏迁于穷石，因夏民以代夏政⑥。恃其射也⑦，不修民事，而淫于原兽⑧。弃武罗、伯因、熊髡、尨圉⑨，而用寒浞。寒浞，伯明氏之谗子弟也⑩。伯明后寒弃之，夷羿收之⑪，信而使之，以为己相。浞行媚于内⑫而施赂于外，愚弄其民⑬而虞羿于田⑭，树之诈慝以取其国家⑮，外内咸服⑯。羿犹不悛⑰，将归自田⑱，家众杀而亨之，以食其子⑲。其子不忍食诸，死于穷门⑳。靡奔有鬲氏㉑。浞因羿室㉒，生浇及豷，恃其谗慝诈伪而不德于民。使浇用师，灭斟灌及斟寻氏㉓。处浇于过，处豷于戈㉔。靡自有鬲氏，收二国之烬㉕，以灭浞而立少康㉖。少康灭浇于过，后杼灭豷于戈㉗。有穷由是遂亡，失人故也㉘。昔周辛甲之为大史也，命百官，官箴王阙㉙。于《虞人之箴》曰㉚：'芒芒禹迹，画为九州㉛，经启九道㉜。民有寝庙，兽有茂草，各有攸处，德用不扰㉝。在帝夷羿，冒于原兽㉞，忘其国恤，而思其麀牡㉟。武不可重㊱，用不恢于夏家㊲。兽臣司原，敢告仆夫㊳。'《虞箴》如是，可不惩乎？"于是晋侯好田，故魏绛及之㊴。

① 无终，山戎国名。孟乐，其使臣。【释文】使，所吏切。 ② 欲戎与晋和。庄子，魏绛。 ③ 诸华，中国。 ④《夏训》，《夏书》。有穷，国名。后，君也。羿，有穷君之号。【释文】夏，户雅切。羿，音诣。 ⑤ 怪其言不次，故问之。 ⑥ 禹孙大康，淫放失国，夏人立其弟仲康。仲康亦微弱，仲康卒，子相立，羿遂代相，号曰有穷。鉏、羿，本国名。【释文】鉏，仕居切。大，音泰。相，息亮切。 ⑦ 羿善射。 ⑧ 淫放原野。 ⑨ 四子皆羿之贤臣。【释文】髡，苦门切。尨，莫邦切。圉，鱼吕切。 ⑩ 寒，国，北海平寿县东有寒亭。伯明，其君

名。【释文】浞，仕角切，徐在角切。 ⑪ 夷，氏。 ⑫ 内，宫人。 ⑬ 期罔之。 ⑭ 乐之以游田。【释文】乐，音洛，下“乐安”同。 ⑮ 树，立也。【释文】慝，他得切，后同。 ⑯ 信浞诈。 ⑰ 悛，改也。【释文】悛，七全切。 ⑱ 羿猎还。 ⑲ 食羿子。【释文】亨，普彭切，煮也。食，音嗣。 ⑳ 杀之于国门。 ㉑ 靡，夏遗臣事羿者。有鬲，国名，今平原鬲县。【释文】鬲，音革。 ㉒ 就其妃妾。 ㉓ 二国，夏同姓诸侯，仲康之子后相所依。乐安寿光县东南有灌亭，北海平寿县东南有斟亭。【释文】浇，五吊切。豷，许器切。斟，之林切。灌，古乱切。 ㉔ 过、戈，皆国名。东莱掖县北有过乡。戈在宋、郑之间。【释文】过，古禾切，注及下同。戈，古禾切。掖，音亦，《汉书》作“夜”，孟康音掖。 ㉕ 烬，遗民。【释文】烬，才刃切。 ㉖ 少康，夏后相子。【释文】少，诗照切。 ㉗ 后杼，少康子。【释文】杼，直吕切。 ㉘ 浞因羿室，故不改有穷之号。 ㉙ 辛甲，周武王大史。阙，过也。使百官各为箴辞，戒王过。【释文】箴，之林切。 ㉚ 虞人掌田猎。 ㉛ 芒芒，远貌。画，分也。【释文】芒，莫郎切。画，乎麦切。 ㉜ 启开九州之道。 ㉝ 人神各有所归，故德不乱。【释文】攸处，如字，本或作“攸家”。扰，如小切。 ㉞ 冒，贪也。【释文】冒，莫报切，又亡北切。 ㉟ 言但念猎。【释文】麀，音忧，鹿牡也。牡，茂后切。 ㊱ 重，犹数也。【释文】重，直用切。数，所角切。 ㊲ 羿以好武，虽有夏家而不能恢大之。【释文】恢，苦回切。 ㊳ 兽臣，虞人。告仆夫，不敢斥尊。 ㊴ 及后羿事。【释文】好，呼报切。惩，直升切。

公曰：“然则莫如和戎乎？”对曰：“和戎有五利焉：戎狄荐居，贵货易土①，土可贾焉，一也。边鄙不耸，民狎其野，穑人成功，二也②。戎狄事晋，四邻振动，诸侯威怀，三也。以德绥戎，师徒不勤，甲兵不顿，四也③。鉴于后羿，而用德度④，远至迩安，五也。君其图之！”公说，使魏绛盟诸戎，修民事，田以时⑤。

① 荐，聚也。易，犹轻也。【释文】荐，於薦切，又才逊切，或云草也。易，以豉切，徐神豉切。 ② 耸，惧。狎，习也。【释文】贾，音古。耸，息勇切。 ③ 顿，坏也。 ④ 以后羿为鉴戒。 ⑤ 传言晋侯能用善谋。【释文】说，音悦。

冬十月，邾人、莒人伐鄫。臧纥救鄫，侵邾，败于狐骀①。国人逆丧者皆髽，鲁于是乎始髽②。国人诵之曰：“臧之狐裘，败我于狐骀③。我君小子，朱儒是使。朱儒！朱儒！使我败于邾④。”

① 臧纥，武仲也。鄫属鲁，故救之。狐骀，邾地，鲁国番县东南有目台亭。【释文】纥，恨发切。骀，徒来切，徐敕才切。番，本又作“蕃”，应劭音皮，一音方袁切。白褒《鲁国记》云：陈子游为鲁相，番子也，国人为讳，改曰皮也。台，吐才切。　② 髽，麻发合结也。遭丧者多，故不能备凶服，髽而已。【释文】髽，侧瓜切。结，音计，本又作“髻”，又作“紒”，音同。　③ 臧纥时服狐裘。　④ 襄公幼弱，故曰小子。臧纥短小，故曰朱儒。败不书，鲁人讳之。【释文】朱，本或作“侏”，亦音朱。

襄公五年

【经】

五年春，公至自晋。

夏，郑伯使公子发来聘①。

叔孙豹、鄫世子巫如晋②。

仲孙蔑、卫孙林父会吴于善道③。

秋，大雩。

楚杀其大夫公子壬夫④。

公会晋侯、宋公、陈侯、卫侯、郑伯、曹伯、莒子、邾子、滕子、薛伯、齐世子光、吴人、鄫人于戚⑤。

公至自会⑥。

冬，戍陈⑦。

楚公子贞帅师伐陈。

公会晋侯、宋公、卫侯、郑伯、曹伯、齐世子光救陈。

十有二月，公至自救陈⑧。

辛未，季孙行父卒。

① 发，子产父。 ② 比鲁大夫，故书巫如晋。【释文】巫，亡扶切。 ③ 鲁、卫俱受命于晋，故不言及。吴先在善道，二大夫往会之，故曰会吴。善道，地阙。④ 书名，罪其贪。 ⑤ 穆叔使鄫人听命于会，故鄫见经。不复殊吴者，吴来会于戚。【释文】见，贤遍切。复，扶又切。 ⑥ 无传。 ⑦ 诸侯在戚会，皆受命戍陈，各还国遣戍，不复有告命，故独书鲁戍。 ⑧ 无传。

【传】

五年春，公至自晋[①]。

① 公在晋，既听属鄫，闻其见伐，遥命臧纥出救，故传称经“公至”以明之。

王使王叔陈生诉戎于晋[①]，晋人执之。士鲂如京师，言王叔之贰于戎也[②]。

① 王叔，周卿士也。戎陵虣周室，故告愬盟主。【释文】愬，悉路切。虣，白报切。 ② 王叔反有二心于戎，失奉使之义，故晋执之。【释文】使，所吏切。

夏，郑子国来聘，通嗣君也[①]。

① 郑僖公初即位。

穆叔觌鄫大子于晋，以成属鄫[①]。书曰：“叔孙豹、鄫大子巫如晋。”言比诸鲁大夫也[②]。

① 觌，见也。前年请属鄫，故将鄫大子巫如晋以成之。【释文】觌，直历切。见，贤遍切。 ② 豹与巫俱受命于鲁，故经不书及，比之鲁大夫。

吴子使寿越如晋[①]，辞不会于鸡泽之故[②]，且请听诸侯之好[③]。晋人将为之合诸侯，使鲁、卫先会吴，且告会期[④]。故孟献子、孙文子会吴于善道[⑤]。

① 寿越，吴大夫。 ② 三年会鸡泽，吴不至，今来谢之。 ③ 更请会。【释文】好，呼报切。 ④ 以其道远，故使鲁、卫先告期。【释文】为，于伪切。⑤ 二子皆受晋命而行。

秋，大雩，旱也[①]。

① 雩，夏祭，所以祈甘雨，若旱则又修其礼，故虽秋雩，非书过也。然经与过雩同文，是以传每释之曰旱也。雩而获雨，故书雩而不书旱。

楚人讨陈叛故[①]，曰：“由令尹子辛实侵欲焉。”乃杀之。

书曰:"楚杀其大夫公子壬夫。"贪也。君子谓:"楚共王于是不刑②。《诗》曰:'周道挺挺,我心扃扃,讲事不令,集人来定③。'己则无信,而杀人以逞,不亦难乎④?《夏书》曰:'成允成功⑤。'"

① 讨,治也。 ② 陈之叛楚,罪在子辛,共王既不能素明法教,陈叛之日,又不能严断威刑,以谢小国,而拥其罪人,兴兵致讨,加礼于陈,而陈恨弥笃,乃怨而归罪子辛。子辛之贪,虽足以取死,然共王用刑为失其节,故言不刑。【释文】共,音恭。断,丁乱切。 ③ 逸《诗》也。挺挺,正直也。扃扃,明察也。讲,谋也。言谋事不善,当聚致贤人以定之。【释文】挺,他顶切。扃,工迥切,徐孔颖切。 ④ 共王伐宋,封鱼石。背盟,败于鄢陵。杀子反、公子申及壬夫。八年之中戮杀三卿,欲以属诸侯,故君子以为不可。【释文】背,音佩。 ⑤ 亦逸《书》也。允,信也。言信成然后有成功。

九月丙午,盟于戚,会吴,且命戍陈也①。穆叔以属鄫为不利,使鄫大夫听命于会②。

① 公及其会而不书盟,非公后会,盖不以盟告庙。 ② 鄫近鲁竟,故欲以为属国。既而与莒有忿,鲁不能救,恐致谴责,故复乞还之。传言鄫人所以见于戚会。【释文】近,附近之近,下"陈近"同。竟,音境。谴,弃战切。复,扶又切。见,贤遍切。

楚子囊为令尹①。范宣子曰:"我丧陈矣!楚人讨贰而立子囊,必改行②而疾讨陈③。陈近于楚,民朝夕急,能无往乎?有陈,非吾事也,无之而后可④。"冬,诸侯戍陈⑤。子囊伐陈。十一月甲午,会于城棣以救之⑥。

① 公子贞。【释文】囊,乃郎切。 ② 改子辛所行。【释文】丧,息浪切。行,如字,徐下孟切。 ③ 疾,急也。 ④ 言晋力不能及陈,故七年陈侯逃归。【释文】朝夕,如字。 ⑤ 备楚。 ⑥ 公及救陈而不及会,故不书城棣。城棣,郑地,陈留酸枣县西南有棣城。【释文】棣,力计切,又徒妹切。

季文子卒。大夫入敛,公在位①。宰庀家器为葬备②。无衣帛之妾,无食粟之马,无藏金玉,无重器备③。君子是以知季文子之忠于公室也。相三君矣,而无私积,可不谓忠乎④？

① 在阼阶西乡。【释文】敛，力艳切。乡，许亮切。 ② 庀，具也。【释文】庀，匹婢切。 ③ 器备，谓珍宝甲兵之物。【释文】衣，於既切。食，如字，又音嗣。重，如字，又直龙切。 ④【释文】相，息亮切。积，子赐切。

襄公六年

【经】

六年春，王三月壬午，杞伯姑容卒。

夏，宋华弱来奔①。

秋，葬杞桓公②。

滕子来朝。

莒人灭鄫。

冬，叔孙豹如邾。

季孙宿如晋③。

十有二月，齐侯灭莱④。

① 华椒孙。 ② 无传。 ③ 行父之子。 ④ 书十二月，从告。

【传】

六年春，杞桓公卒，始赴以名，同盟故也①。

① 杞入《春秋》，未尝书名，桓公三与成同盟，故赴以名。

宋华弱与乐辔少相狎，长相优，又相谤也①。子荡怒，以弓梏华弱于朝②。平公见之，曰："司武而梏于朝，难以胜矣③！"遂逐之。夏，宋华弱来奔。司城子罕曰："同罪异罚，非刑也。专戮于朝，罪孰大焉！"亦逐子荡。子荡射子罕之门，曰："几日而不我从④？"子罕善之如初⑤。

① 狎，亲习也。优，调戏也。【释文】少，诗照切。狎，户甲切。长，丁丈切。调，徒吊切。 ② 子荡，乐辔也。张弓以贯其颈，若械之在手，故曰梏。【释文】梏，古毒切。贯，古乱切。 ③ 司武，司马。言其懦弱，不足以胜敌。【释文】懦，乃乱切，又乃卧切。 ④ 言我射女门，女亦当以不胜任见逐。【释文】射，食亦切。几，居岂切。女，音汝。胜，音升。 ⑤ 言子罕虽见辱，不迫忿，所以得安。

秋，滕成公来朝，始朝公也。

莒人灭鄫，鄫恃赂也①。

① 鄫有贡赋之赂在鲁，恃之而慢莒，故灭之。

冬，穆叔如邾，聘，且修平①。

① 平四年狐骀战。

晋人以鄫故来讨，曰："何故亡鄫①？"季武子如晋见，且听命②。

① 鄫属鲁，恃赂而慢莒，鲁不致力辅助，无何以还晋，寻便见灭，故晋责鲁。 ② 始代父为卿，见大国，且谢亡鄫，听命，受罪。【释文】见，贤遍切。

十一月，齐侯灭莱，莱恃谋也①。于郑子国之来聘也，四月，晏弱城东阳，而遂围莱②。甲寅，堙之环城，傅于堞③。及杞桓公卒之月④，乙未，王湫帅师及正舆子、棠人军齐师⑤，齐师大败之⑥。丁未，入莱。莱共公浮柔奔棠。正舆子、王湫奔莒，莒人杀之。

四月，陈无宇献莱宗器于襄宫⑦。晏弱围棠，十一月丙辰，而灭之。迁莱于郳⑧。高厚、崔杼定其田⑨。

① 赂夙沙卫之谋也。事在二年。 ② 子国聘在五年。二年晏弱城东阳，至五年四月，复托治城，因遂围莱。【释文】复，扶又切。 ③ 堞，女墙也。堙，土山也。周城为土山，及女墙。【释文】堙，音因。环，户关切，又音患 。傅，音附。堞，音牒，一名陴，亦谓之俾倪，徐养涉切。 ④ 此年三月。 ⑤ 王湫，故齐人，成十八年奔莱。正舆子，莱大夫。棠，莱邑也，北海即墨县有棠乡。三人帅别邑兵来解围。【释文】湫，子小切，徐子鸟切。 ⑥ 败湫等。 ⑦ 无宇，桓子，陈完玄孙。襄宫，齐襄公庙。【释文】共，音恭。 ⑧ 迁莱子于郳国。【释

文】郳，五兮切，本或作“迁于郳”，“莱”衍字。 ⑨ 定其疆界。高厚，高固子。【释文】疆，居良切。

襄公七年

【经】

七年春，郯子来朝。

夏四月，三卜郊，不从，乃免牲①。

小邾子来朝。

城费②。

秋，季孙宿如卫。

八月，螽③。

冬十月，卫侯使孙林父来聘。

壬戌，及孙林父盟。

楚公子贞帅师围陈。

十有二月，公会晋侯、宋公、陈侯、卫侯、曹伯、莒子、邾子于鄬④。

郑伯髡顽如会，未见诸侯。丙戌，卒于鄵⑤。

陈侯逃归⑥。

① 称牲，既卜日也。卜郊，又非礼也。【释文】郯，音谈。 ② 南遗假事难而城之。【释文】费，音秘。难，乃旦切。 ③ 无传。为灾，故书。 ④ 谋救陈，陈侯逃归，不成救，故不书救也。鄬，郑地。【释文】鄬，于轨切，《字林》几吹切。⑤ 实为子驷所弑，以疟疾赴，故不书弑。称名，为书卒，同盟故也。如会，会于鄬也。未见诸侯，未至会所而死。鄵，郑地。不欲再称郑伯，故约文上其名于会上。【释文】鄵，七报切，又采南切，《字林》千消切。弑，音试。为，于伪切。上，时掌切。 ⑥ 畏楚，逃晋而归。

【传】

七年春，郯子来朝，始朝公也。

夏四月，三卜郊，不从，乃免牲。孟献子曰："吾乃今而后知有卜筮。夫郊，祀后稷以祈农事也①。是故启蛰而郊，郊而后耕。今既耕而卜郊，宜其不从也②。"

① 郊，祀后稷以配天。后稷，周始祖，能播殖者。 ② 启蛰，夏正建寅之月。耕，谓春分。【释文】蛰，直立切。夏，户雅切。

南遗为费宰①。叔仲昭伯为隧正②，欲善季氏而求媚于南遗，谓遗："请城费③，吾多与而役。"故季氏城费④。

① 费，季氏邑。 ②隧正，主役徒。昭伯，叔仲惠伯之孙。【释文】隧，音遂。 ③ 使遗请城。 ④ 传言禄去公室，季氏所以强。

小邾穆公来朝，亦始朝公也①。

① 亦郯子也。

秋，季武子如卫，报子叔之聘，且辞缓报，非贰也①。

① 子叔聘在元年。言国家多难，故不时报。【释文】难，乃旦切。

冬十月，晋韩献子告老。公族穆子有废疾①，将立之②。辞曰："《诗》曰：'岂不夙夜，谓行多露③。'又曰：'弗躬弗亲，庶民弗信④。'无忌不才，让，其可乎？请立起也⑤！与田苏游，而曰好仁⑥。《诗》曰：'靖共尔位，好是正直。神之听之，介尔景福⑦。'恤民为德⑧，正直为正⑨，正曲为直⑩，参和为仁⑪。如是，则神听之，介福降之。立之，不亦可乎⑫？"庚戌，使宣子朝，遂老⑬。晋侯谓韩无忌仁，使掌公族大夫⑭。

① 穆子，韩厥长子，成十八年为公族大夫。【释文】长，丁丈切，下"师长"同。 ② 代厥为卿。 ③《诗》言虽欲早夜而行，惧多露之濡己。义取非礼，不可妄行。 ④《诗·小雅》，言讥在位者不躬亲政事，则庶民不奉信其命。言己有疾，不能躬亲政事。 ⑤ 无忌，穆子名。起，无忌弟宣子也。 ⑥ 田苏，晋贤人。苏言起好仁。【释文】好，呼报切。 ⑦ 靖，安也。介，助也。景，大也。《诗·小雅》，言君子当思不出其位，求正直之人与之并立，如是则神明顺之，致大福也。【释文】共，

音恭。介,音界。⑧ 靖共其位,所以恤民。⑨ 正己心。⑩ 正人曲。⑪ 德、正、直三者备,乃为仁。【释文】参,七南切,或音三。⑫ 言起有此三德,故可立。⑬ 韩厥致仕。⑭ 为之师长。

卫孙文子来聘,且拜武子之言①,而寻孙桓子之盟②。公登亦登③。叔孙穆子相,趋进曰:"诸侯之会,寡君未尝后卫君④。今吾子不后寡君,寡君未知所过。吾子其少安⑤!"孙子无辞,亦无悛容⑥。穆叔曰:"孙子必亡。为臣而君,过而不悛,亡之本也。《诗》曰:'退食自公,委蛇委蛇⑦。'谓从者也⑧。衡而委蛇必折⑨。"

① 缓报非贰之言。② 盟在成三年。③ 礼:登阶,臣后君一等。【释文】后,胡豆切。④ 敌体并登。【释文】相,息亮切,下"驷相"同。后,如字,徐胡豆切。⑤ 安,徐也。⑥ 悛,改也。【释文】悛,七全切。⑦ 委蛇,顺貌。《诗·召南》,言人臣自公门入私门,无不顺礼。【释文】委,於危切。蛇,以支切。召,上照切。⑧ 从,顺行。⑨ 衡,横也。横不顺道,必毁折。为十四年林父逐君起本。

楚子囊围陈,会于鄬以救之①。

① 晋会诸侯。

郑僖公之为大子也,于成之十六年①,与子罕适晋,不礼焉。又与子丰适楚,亦不礼焉②。及其元年,朝于晋③。子丰欲诉诸晋而废之,子罕止之。及将会于鄬,子驷相,又不礼焉。侍者谏,不听,又谏,杀之。及鄵,子驷使贼夜弑僖公,而以疟疾赴于诸侯④。简公生五年,奉而立之⑤。

① 鲁成公。② 子丰,穆公子。③ 郑僖元年,鲁襄三年。④ 传言经所以不书弑。⑤ 僖公子。

陈人患楚①。庆虎、庆寅谓楚人曰:"吾使公子黄往而执之②。"楚人从之③。二庆使告陈侯于会④,曰:"楚人执公子黄矣!君若不来,群臣不忍社稷宗庙,惧有二图⑤。"陈侯逃归⑥。

① 楚围陈故。 ② 二庆，陈执政大夫。公子黄，哀公弟。 ③ 为执黄。【释文】为，于伪切。 ④ 郑之会。 ⑤ 背君属楚。【释文】背，音佩。 ⑥郑会所以不书救。

襄公八年

【经】

八年春，王正月，公如晋。

夏，葬郑僖公[①]。

郑人侵蔡，获蔡公子燮[②]。

季孙宿会晋侯、郑伯、齐人、宋人、卫人、邾人于邢丘[③]。

公至自晋[④]。

莒人伐我东鄙。

秋九月，大雩。

冬，楚公子贞帅师伐郑。

晋侯使士匄来聘。

① 无传。 ② 郑子国称人，刺其无故侵蔡以生国患。燮，蔡庄公子。【释文】燮，悉协切。 ③ 时公在晋。晋悼难劳诸侯，唯使大夫听命，故季孙在会而公先归。【释文】邢，音刑。难，乃旦切。 ④ 无传。

【传】

八年春，公如晋朝，且听朝聘之数[①]。

① 晋悼复修霸业，故朝而禀其多少。【释文】复，扶又切。霸，本亦作“伯”，音霸，又如字。

郑群公子以僖公之死也，谋子驷。子驷先之。夏四月庚辰，[辟]杀子狐、子熙、子侯、子丁[①]。孙击、孙恶出奔卫[②]。

① 辟，罪也，加罪以戮之。【释文】先，悉荐切，又如字。辟，婢亦切。熙，许

其切,徐音怡。 ② 二孙,子狐之子。

庚寅,郑子国、子耳侵蔡,获蔡司马公子燮①。郑人皆喜,唯子产不顺②,曰:“小国无文德,而有武功,祸莫大焉。楚人来讨,能勿从乎?从之,晋师必至。晋、楚伐郑,自今郑国,不四五年弗得宁矣。”子国怒之曰:“尔何知?国有大命,而有正卿。童子言焉,将为戮矣③。”

① 郑侵蔡,欲以求媚于晋。子耳,子良之子。不言败,唯以获告。 ② 子产,子国子。不顺众而喜。 ③ 大命,起师行军之命。

五月甲辰,会于邢丘,以命朝聘之数,使诸侯之大夫听命。季孙宿、齐高厚、宋向戌、卫宁殖、邾大夫会之①。郑伯献捷于会,故亲听命②。大夫不书,尊晋侯也③。

① 晋难重烦诸侯,故使大夫听命。 ② 献蔡捷也。 ③ 晋悼复文、襄之业,制朝聘之节,俭而有礼,德义可尊,故退诸侯大夫以崇之。

莒人伐我东鄙,以疆鄫田①。

① 莒既灭鄫,鲁侵其西界,故伐鲁东鄙,以正其封疆。【释文】疆,居良切。

秋九月,大雩,旱也。

冬,楚子囊伐郑,讨其侵蔡也。

子驷、子国、子耳欲从楚,子孔、子蟜、子展欲待晋①。子驷曰:“《周诗》有之曰:‘俟河之清,人寿几何②?兆云询多,职竞作罗③。’谋之多族,民之多违④,事滋无成⑤。民急矣,姑从楚以纾吾民。晋师至,吾又从之。敬共币帛,以待来者,小国之道也。牺牲玉帛,待于二竟⑥,以待强者而庇民焉。寇不为害,民不罢病,不亦可乎?”子展曰:“小所以事大,信也。小国无信,兵乱日至,亡无日矣。五会之信⑦,今将背之,虽楚救我,将安用之⑧?亲我无成⑨,鄙我是欲⑩,不可从也⑪。不如待晋。晋君方明,四军无阙,八卿和睦,必不弃郑⑫。楚师辽远,粮食将尽,必将速归,何患焉?舍之闻之⑬:'杖莫如信。'完守以老楚,杖信以待晋,不亦可乎?"子驷曰:"《诗》云:'谋夫孔多,是用不集⑭。发言盈庭,谁敢执其咎⑮?如匪行迈谋,是用不得于道⑯。'请从楚,骓也受其咎⑰。"乃及楚平。

① 待晋来救。子孔,穆公子。子蟜,子游子。子展,子罕子。【释文】蟜,居表切。 ② 逸《诗》也。言人寿促而河清迟,喻晋之不可待。【释文】寿,音授,或如字。几,居岂切。 ③ 兆,卜。询,谋也。职,主也。言既卜且谋多,则竞作罗网之难,无成功。【释文】难,乃旦切。 ④ 族,家也。 ⑤ 滋,益也。 ⑥ 二竟,晋、楚界上。【释文】纾,音舒。共,音恭。竟,音境,注同。 ⑦ 谓三年会鸡泽,五年会戚,又会城棣,七年会邬,八年会邢丘。【释文】庇,必利切,又音秘。罢,音皮。 ⑧ 言失信得楚,不足贵。【释文】背,音佩。 ⑨ 晋亲郑。 ⑩ 楚欲以郑为鄙邑,而反欲与成。 ⑪ 言子驷不可从。 ⑫ 四军,谓上、中、下、新军也。军有二卿。 ⑬ 舍之,子展名。 ⑭《诗·小雅》。孔,甚也。集,就也。言人欲为政,是非相乱而不成。【释文】杖,直亮切。守,手又切,或如字,下"守官"同。 ⑮ 言谋者多,若有不善,无適受其咎。【释文】咎,其九切。適,丁历切。 ⑯ 匪,彼也。行迈谋,谋于路人也。不得于道,众无适从。 ⑰ 骓,子驷名。【释文】骓,芳非切。

使王子伯(骓)[骈]告于晋①,曰:"君命敝邑:'修而车赋,儆而师徒,以讨乱略。'蔡人不从,敝邑之人,不敢宁处,悉索敝赋②,以讨于蔡,获司马燮,献于邢丘。今楚来讨曰:'女何故称兵于蔡③?'焚我郊保④,冯陵我城郭⑤。敝邑之众,夫妇男女,不皇启处,以相救也⑥。翦焉倾覆,无所控告⑦。民死亡者,非其父兄,即其子弟,夫人愁痛⑧,不知所庇。民知穷困,而受盟于楚,孤也与其二三臣不能禁止⑨。不敢不告。"知武子使行人子员对之曰:"君有楚命⑩,亦不使一个行李告于寡君⑪,而即安于楚。君之所欲也,谁敢违君?寡君将帅诸侯以见于城下,唯君图之⑫!"

① 伯(骓)[骈],(晋)[郑]大夫。【释文】骈,扶贤切,又扶经切。 ② 索,尽也。【释文】儆,居领切。索,悉各切,又所百切。 ③ 称,举也。【释文】女,

音汝。 ④ 郭外曰郊。保，守也。 ⑤ 冯，迫也。【释文】冯，皮冰切。 ⑥ 皇，暇也。启，跪也。【释文】跪，其委切。 ⑦ 翦，尽也。控，引也。【释文】覆，芳服切。控，苦贡切。 ⑧ 夫人，犹人人也。【释文】夫，音扶。 ⑨ 孤，郑伯。 ⑩ 见讨之命。 ⑪ 一个，独使也。行李，行人也。【释文】个，古贺切。使，所吏切。 ⑫ 为明年晋伐郑传。【释文】见，贤遍切，或如字。

晋范宣子来聘，且拜公之辱①，告将用师于郑。公享之，宣子赋《摽有梅》②。季武子曰："谁敢哉③！今譬于草木，寡君在君，君之臭味也④。欢以承命，何时之有⑤？"武子赋《角弓》⑥。宾将出，武子赋《彤弓》⑦。宣子曰："城濮之役⑧，我先君文公献功于衡雍，受彤弓于襄王，以为子孙藏⑨。匄也，先君守官之嗣也，敢不承命⑩？"君子以为知礼⑪。

① 谢公此春朝。 ②《摽有梅》，《诗·召南》。摽，落也。梅盛极则落，诗人以兴女色盛则有衰，众士求之，宜及其时。宣子欲鲁及时共讨郑，取其汲汲相赴。【释文】摽，徐扶妙切，又扶表切。兴，许膺切。 ③ 言谁敢不从命。 ④ 言同类。【释文】譬，本亦作"辟"，音譬，后放此。 ⑤ 迟速无时。 ⑥《角弓》，《诗·小雅》，取其"兄弟婚姻，无相远矣"。 ⑦《彤弓》，天子赐有功诸侯之诗。欲使晋君继文之业，复受彤弓于王。【释文】彤，徒冬切。复，扶又切。 ⑧ 在僖二十八年。【释文】濮，音卜。 ⑨ 藏之以示子孙。【释文】雍，於用切。藏，如字，徐中浪切。 ⑩ 言己嗣其父祖，为先君守官，不敢废命，欲匡晋君。 ⑪《彤弓》之义，义在晋君，故范匄受之，所谓知礼。

襄公九年

【经】

九年春，宋灾①。

夏，季孙宿如晋。

五月辛酉，夫人姜氏薨②。

秋八月癸未，葬我小君穆姜③。

冬，公会晋侯、宋公、卫侯、曹伯、莒子、邾子、滕子、薛伯、杞伯，小邾子、齐世子光伐郑。

十有二月己亥，同盟于戏④。

楚子伐郑。

① 天火曰灾。来告，故书。　② 成公母。　③ 无传。四月而葬，速。　④ 伐郑而书同盟，则郑受盟可知。传言十一月己亥，以《长历》推之，十二月无己亥，经误。戏，郑地。【释文】戏，许宜切。

【传】

九年春，宋灾。乐喜为司城以为政①，使伯氏司里②。火所未至，彻小屋，涂大屋③；陈畚挶，具绠缶④，备水器⑤；量轻重⑥，蓄水潦，积土涂；巡丈城，缮守备⑦，表火道⑧。使华臣具正徒⑨，令隧正纳郊保，奔火所⑩。使华阅讨右官，官庀其司⑪。向戌讨左，亦如之⑫。使乐遄庀刑器，亦如之⑬。使皇郧命校正出马，工正出车，备甲兵，庀武守⑭。使西钼吾庀府守⑮，令司宫、巷伯儆宫⑯。二师令四乡正敬享⑰，祝宗用马于四墉，祀盘庚于西门之外⑱。

① 乐喜，子罕也，为政卿。知将有火灾，素戒为备火之政。　② 伯氏，宋大夫。司里，司宰。　③ 大屋难彻，就涂之。　④ 畚，蒉笼。挶，土轝。绠，汲索。缶，汲器。【释文】畚，音本，草器也。挶，九录切。绠，古杏切。缶，方九切。蒉，其位切。笼，力东切。轝，音预。汲，音急。索，悉各切。　⑤ 盆罂之属。【释文】罂，户暂切。　⑥ 计人力所任。【释文】任，音壬。　⑦ 巡，行也。丈，度也。缮，治也。行度守备之处，恐因灾作乱。【释文】蓄，本又作"畜"，敕六切。潦，音老。守，手又切。行，下孟切。度，待洛切。处，昌虑切。　⑧ 火起则从其所趣摽表之。【释文】摽，必遥切。　⑨ 华臣，华元子，为司徒。正徒，役徒也，司徒之所主也。　⑩ 隧正，官名也。五县为隧。纳聚郊野保守之民，使随火所起往救之。【释文】隧，音遂。　⑪ 亦华元子，代元为右师。讨，治也。庀，具也。使具其官属。【释文】阅，音悦。庀，芳婢切。　⑫ 向戌，左师。　⑬ 乐遄，司寇。刑器，刑书。【释文】遄，市专切。　⑭ 皇郧，皇父充石之后。校正主

马，工正主车，使各备其官。【释文】郧，音云，本亦作“员”，音同。校，户教切。出，如字，徐尺遂切。守，手又切。 ⑮ 钼吾，大宰也。府，六官之典。【释文】吾，音鱼。 ⑯ 司宫，奄臣。巷伯，寺人。皆掌宫内之事。【释文】儆，音景。 ⑰ 二师，左右师也。乡正，乡大夫。享，祀也。 ⑱ 祝，大祝。宗，宗人。墉，城也。用马祭于四城以禳火。盘庚，殷王，宋之远祖。城积阴之气，故祀之。凡天灾有币无牲，用马，祀盘庚，皆非礼。【释文】墉，本又作“庸”，音同。盘，字亦作“般”，步干切。禳，如羊切。

晋侯问于士弱曰[1]：“吾闻之，宋灾，于是乎知有天道。何故[2]？”对曰：“古之火正，或食于心，或食于咮，以出内火。是故咮为鹑火，心为大火[3]。陶唐氏之火正阏伯居商丘[4]，祀大火，而火纪时焉[5]。相土因之，故商主大火[6]。商人阅其祸败之衅，必始于火，是以日知其有天道也[7]。”公曰：“可必乎？”对曰：“在道。国乱无象，不可知也[8]。”

① 弱，士渥浊之子庄子。【释文】渥，於角切。 ② 问宋何故自知天道将灾。 ③ 谓火正之官配食于火星。建辰之月，鹑火星昏，在南方，则令民放火。建(戊)[戌]之月，大火星伏在日下，夜不得见，则令民内火，禁放火。【释文】咮，竹又切，徐丁遘切。出，如字，徐尺遂切。内，如字，徐音纳。鹑，音纯。见，如字，又贤遍切。 ④ 陶唐，尧有天下号。阏伯，高辛氏之子。传曰：迁阏伯于商丘，主辰。辰，大火也。今为宋星。然则商丘在宋地。【释文】阏，於葛切。 ⑤ 谓出内火时。 ⑥ 相土，契孙，商之祖也。始代(阅)[阏]伯之后居商丘，祀大火。【释文】相，息亮切。契，息列切。 ⑦ 阅，犹数也。商人数所更历，恒多火灾。宋是殷商之后，故知天道之灾必火。【释文】衅，许斩切。数，所主切。更，音庚。 ⑧ 言国无道则灾变亦殊，故不可必知。

夏，季武子如晋，报宣子之聘也[1]。

① 宣子聘在八年。

穆姜薨于东宫[1]。始往而筮之，遇《艮》之八䷳[2]。史曰：“是谓《艮》之《随》䷐[3]。《随》，其出也[4]。君必速也。”姜曰：“亡[5]。是于《周易》曰：‘《随》，元亨利贞，无咎[6]。’元，体之长也。亨，嘉之会也。利，义之和也。贞，事之干也。体仁足以长人，嘉德足以合礼，利物足以和义，贞固足以干事，然，故不可诬也，是以虽《随》无咎⑦。今我妇人而与于乱。固在下位⑧，而有不仁，不可谓元。不靖国家，不可谓亨。作而害身，不可谓利。弃位而姣⑨，不可谓贞。有四德者，《随》而无咎。我皆无之，岂《随》也哉？我则取恶，能无咎乎？必死于此，弗得出矣⑩。"

① 太子宫也。穆姜淫侨如，欲废成公，故徙居东宫。事在成十六年。②《艮》下《艮》上，[《艮》]。《周礼》：大卜掌三《易》。然则杂用《连山》、《归藏》、《周易》。二《易》皆以七、八为占，故言遇《艮》之八。【释文】艮，古恨切。③《震》下《兑》上，《随》。史疑古《易》遇八为不利，故更以《周易》占，变爻得《随》卦而论之。④ 史谓《随》非闭固之卦。⑤ 亡，犹无也。【释文】亡，如字，读者或音无。⑥《易》筮皆以变者占，遇一爻变，义异则论彖，故姜亦以彖为占也。史据《周易》，故指言《周易》以折之。【释文】亨，许庚切。彖，吐乱切。折，之设切。⑦ 言不诬四德，乃遇《随》，无咎。明无四德者则为淫而相随，非吉事。【释文】长，丁丈切。嘉德，《易》作"嘉会"。⑧ 妇人卑于(大)[丈]夫。【释文】与，音预。⑨ 姣，淫之别名。【释文】姣，户交切，徐音如字，服氏同，嵇叔夜音效。⑩ 传言穆姜辩而不德。

秦景公使士雃乞师于楚，将以伐晋，楚子许之。子囊曰："不可。当今吾不能与晋争。晋君类能而使之①，举不失选②，官不易方③。其卿让于善④，其大夫不失守⑤，其士竞于教⑥，其庶人力于农穑⑦。商工皂隶，不知迁业⑧。韩厥老矣，知罃禀焉以为政⑨。范匄少于中行偃而上之，使佐中军⑩。韩起少于栾黡，而栾黡、士鲂上之，使佐上军⑪。魏绛多功，以赵武为贤而为之佐⑫。君明臣忠，上让下竞⑬。当是时也，晋不可敌，事之而后可。君其图之！"王曰："吾既许之矣。虽不及晋，必将出师。"秋，楚子师于武城以为秦援。秦人侵晋，晋饑，弗能报也⑭。

① 随所能。【释文】雃，苦田切。② 得所选。【释文】选，息恋切。

③ 方，犹宜也。 ④ 让胜己者。 ⑤ 各任其职。 ⑥ 奉上命。 ⑦ 种曰农，收曰穑。 ⑧ 四民不杂。 ⑨ 代将中军。 ⑩ 使匄佐中军，偃将上军。【释文】少，诗照切。行，户郎切。 ⑪ 黡，鲂让起，起佐上军，黡将下军，鲂佐之。【释文】黡，於斩切。 ⑫ 武，新军将。【释文】将，子匠切。 ⑬ 尊官相让，劳职力竞。 ⑭ 为十年晋伐秦传。【释文】饑，音饥，又音机。

冬十月，诸侯伐郑①。庚午，季武子、齐崔杼、宋皇郧从荀罃、士匄门于鄟门②。卫北宫括、曹人、邾人从荀偃、韩起门于师之梁③。滕人、薛人从栾黡、士鲂门于北门④。杞人、郳人从赵武、魏绛斩行栗⑤。甲戌，师于汜⑥，令于诸侯曰："修器备⑦，盛餱粮⑧，归老幼⑨，居疾于虎牢⑩，肆眚，围郑⑪。"郑人恐，乃行成⑫。中行献子曰："遂围之，以待楚人之救也而与之战。不然，无成⑬。"知武子曰："许之盟而还师，以敝楚人⑭。吾三分四军⑮，与诸侯之锐以逆来者⑯，于我未病，楚不能矣⑰，犹愈于战⑱。暴骨以逞，不可以争⑲。大劳未艾，君子劳心，小人劳力，先王之制也⑳。"诸侯皆不欲战，乃许郑成。

① 郑从楚也。 ② 郑城门也。三国从中军。【释文】鄟，音专，本亦作"专"。 ③ 师之梁，亦郑城门。三国从上军。 ④ 二国从下军。 ⑤ 二国从新军。行栗，表道树。【释文】行栗，如字。 ⑥ 众军还聚汜。汜，郑地，东汜。【释文】汜，音凡。 ⑦ 兵器、战备。 ⑧ 餱，干食。【释文】盛，音成。餱，音侯。 ⑨ 示将久师。 ⑩ 诸侯已取郑虎牢，故使诸军疾病息其中。 ⑪ 肆，缓也。眚，过也。不书围郑，逆服不成围。【释文】眚，生领切，徐所幸切。 ⑫ 与晋成也。【释文】恐，丘勇切。 ⑬ 献子，荀偃也。恐楚救郑，郑复属之。【释文】复，扶又切。 ⑭ 敝，罢也。【释文】罢，音皮。 ⑮ 分四军为三部。 ⑯ 来者，楚也。 ⑰ 晋各一动而楚三来，故曰不能。 ⑱ 胜聚战。 ⑲ 言争当以谋，不可以暴骨。【释文】暴，蒲卜切，徐扶沃切。争，争斗之争，又如字。 ⑳ 艾，息也。言当从劳心之劳。【释文】艾，鱼废切，又五盖切。

十一月己亥，同盟于戏，郑服也①。将盟，郑六卿公子騑②、公子发③、公子嘉④、公孙辄⑤、公孙虿⑥、公孙舍之⑦及其大夫、门子皆从郑伯[8]。晋士庄子为载书[9]，曰："自今日既盟之后，郑国而不唯晋命是听，而或有异志者，有如此盟[10]。"公子騑趋进曰："天祸郑国，使介居二大国之间[11]。大国不加德音而乱以要之[12]，使其鬼神不获歆其禋祀，其民人不获享其土利，夫妇辛苦垫隘，无所厎告[13]。自今日既盟之后，郑国而不唯有礼与强可以庇民者是从，而敢有异志者，亦如之[14]。"荀偃曰："改载书[15]。"公孙舍之曰："昭大神要言焉[16]。若可改也，大国亦可叛也。"知武子谓献子曰："我实不德，而要人以盟，岂礼也哉！非礼，何以主盟？姑盟而退，修德息师而来，终必获郑，何必今日？我之不德，民将弃我，岂唯郑？若能休和，远人将至，何恃于郑？"乃盟而还[17]。

①郑服，故言同盟。　②子驷。　③子国。　④子孔。　⑤子耳。　⑥子蟜。【释文】虿，敕迈切。　⑦子展。　⑧门子，卿之適子。【释文】从，才用切。適，丁历切。　⑨庄子，士弱。载书，盟书。　⑩如违盟之罚。　⑪介，犹间也。【释文】介，音界。间，间厕之间，又如字。　⑫谓以兵乱之力强要郑。【释文】要，一遥切。强，其丈切。　⑬垫隘，犹委顿。厎，至也。【释文】歆，许今切。垫，丁念切。隘，於懈切，厎，音旨。　⑭亦如此盟。【释文】庇，必利切。⑮子驷亦以所言载于策，故欲改之。　⑯要誓以告神。　⑰遂两用载书。【释文】休，许虯切。

晋人不得志于郑，以诸侯复伐之。十二月癸亥，门其三门[1]。闰月戊寅，济于阴阪，侵郑[2]。次于阴口而还[3]。子孔曰："晋师可击也，师老而劳，且有归志，必大克之。"子展曰："不可[4]。"

①三门，鄟门、师之梁、北门也。癸亥，月五日。晋果三分其军，各攻一门。【释文】复，扶又切。　②以《长历》参校上下，此年不得有闰月戊寅，戊寅是十二月二十日。疑闰月当为"门五日"，"五"字上与"门"合为"闰"，则后学者自然转日为月。晋人三番四军更攻郑门，门各五日。晋各一攻，郑三受敌，欲以苦之。癸亥去戊寅十六日，以癸亥始攻，攻辄五日，凡十五日，郑故不服而去。明

日戊寅，济于阴阪，复侵郑外邑。阴阪，(有)[洧]津。【释文】闰月，依注读为“门五日”。阪，音反，又扶板切。番，芳元切。更，音庚。复，扶又切。洧，于轨切。③ 阴口，郑地名。 ④ 传言子展能守信。

公送晋侯。晋侯以公宴于河上，问公年，季武子对曰：“会于沙随之岁，寡君以生①。”晋侯曰：“十二年矣！是谓一终，一星终也②。国君十五而生子。冠而生子，礼也③，君可以冠矣！大夫盍为冠具？”武子曰：“君冠，必以祼享之礼行之④，以金石之乐节之⑤，以先君之祧处之⑥。今寡君在行，未可具也。请及兄弟之国而假备焉。”晋侯曰：“诺。”公还，及卫，冠于成公之庙⑦，假钟磬焉，礼也。

① 沙随在成十六年。 ② 岁星十二岁而一周天。 ③ 冠，成人之服，故必冠而后生子。【释文】冠，古乱切，注下皆同。 ④ 祼，谓灌鬯酒也。享，祭先君也。【释文】盍，户腊切。祼，古乱切。灌，古乱切。鬯，敕亮切。 ⑤ 以钟磬为举动之节。 ⑥ 诸侯以始祖之庙为祧。【释文】祧，他雕切。 ⑦ 成公，今卫献公之曾祖，从卫所处。

楚子伐郑①，子驷将及楚平。子孔、子蟜曰：“与大国盟，口血未干而背之，可乎？”子驷、子展曰：“吾盟固云：‘唯强是从。’今楚师至，晋不我救，则楚强矣。盟誓之言，岂敢背之？且要盟无质，神弗临也②，所临唯信。信者，言之瑞也③，善之主也，是故临之④。明神不蠲要盟⑤，背之可也。”乃及楚平。公子罢戎入盟，同盟于中分⑥。

楚庄夫人卒⑦，王未能定郑而归。

① 与晋成故。 ② 质，主也。 ③ 瑞，符也。 ④ 神临之。 ⑤ 蠲，洁也。 ⑥ 中分，郑城中里名。罢戎，楚大夫。【释文】罢，音皮，徐音彼。中分，并如字，徐丁仲切。 ⑦ 共王母。

晋侯归，谋所以息民。魏绛请施舍①，输积聚以贷②。自公以下，苟有积者，尽出之。国无滞积③，亦无困人④。公无禁利⑤，亦无贪民⑥。(所)[祈]以币更⑦，宾以特牲⑧，器用不作[9]，车服从给[10]。行之期年，国乃有节。三驾而楚不能与争[11]。

①施恩惠，舍劳役。　②输，尽也。【释文】积，子赐切，下同。聚，才住切。贷，他代切。　③散在民。　④不匮乏。　⑤与民共。　⑥礼让行。　⑦不用牲。　⑧务崇省。【释文】省，所景切。　⑨因仍旧。　⑩足给事也。　⑪三驾，三兴师。谓十年师于牛首，十一年师于向，其秋观兵于郑东门。自是郑遂服。【释文】期，音基，本亦作"朞"。向，舒亮切。

春秋经传集解襄公二第十五

襄公十年

【经】

十年春，公会晋侯、宋公、卫侯、曹伯、莒子、邾子、滕子、薛伯、杞伯、小邾子、齐世子光会吴于柤①。

夏五月甲午，遂灭偪阳②。

公自至会③。

楚公子贞、郑公孙辄帅师伐宋。

晋师伐秦④。

秋，莒人伐我东鄙。

公会晋侯、宋公、卫侯、曹伯、莒子、邾子、齐世子光、滕子、薛伯、杞伯、小邾子伐郑⑤。

冬，盗杀郑公騑、公子发、公孙辄⑥。

戍郑虎牢⑦。

楚公子贞帅师救郑。

公至自伐郑⑧。

① 吴子在柤，晋以诸侯往会之，故曰会吴。吴不称子，从所称也。柤，楚

地。【释文】柤，庄加切。　② 偪阳，妘姓国，今彭城傅阳县也。因柤会而灭之，故曰遂。【释文】偪，徐甫目切，又彼力切，本或作"逼"。妘，音云。　③ 无传。④ 荀罃不书，不亲兵也。　⑤ 齐世子光先至于师，为盟主所尊，故在滕上。⑥ 非国讨，当两称名氏。杀者非卿，故称盗。以盗为文，故不得言其大夫。⑦ 伐郑诸侯各受晋命戍虎牢，不复为告命，故独书鲁戍，而不叙诸侯。【释文】复，扶又切。　⑧ 无传。

【传】

十年春，会于柤，会吴子寿梦也①。三月癸丑，齐高厚相大子光以先会诸侯于钟离，不敬②。士庄子曰："高子相大子以会诸侯，将社稷是卫，而皆不敬③，弃社稷也，其将不免乎④！"夏四月戊午，会于柤⑤。

① 寿梦，吴子乘。【释文】梦，莫公切。　② 吴子未至，光从东道与东诸侯会遇，非本期地，故不书会。高厚，高固子也。癸丑，月二十六日。【释文】相，息亮切。　③ 厚与光俱不敬。　④ 为十九年齐杀高厚、二十五年弑其君光传。⑤ 经书春，书始行也。戊午，月一日。

晋荀偃、士匄请伐偪阳，而封宋向戌焉①。荀罃曰："城小而固，胜之不武，弗胜为笑。"固请。丙寅，围之，弗克②。孟氏之臣秦堇父辇重如役③。偪阳人启门，诸侯之士门焉④。县门发，郰人纥抉之以出门者⑤。狄虒弥建大车之轮而蒙之以甲以为橹⑥，左执之，右拔戟，以成一队⑦。孟献子曰："《诗》所谓'有力如虎'者也⑧。"主人县布，堇父登之，及堞而绝之⑨。队则又县之，苏而复上者三。主人辞焉，乃退⑩，带其断以徇于军三日⑪。

① 以宋常事晋而向戌有贤行，故欲封之为附庸。【释文】行，下孟切。② 丙寅，四月九日。　③ 堇父，孟献子家臣。步挽重车以从师。【释文】堇，徐音谨。挽，音晚。　④ 见门开，故攻之。　⑤ 门者，诸侯之士在门内者也。纥，郰邑大夫，仲尼父叔梁纥也。郰邑，鲁县东南莝城是也。言纥多力，抉举县门，出在内者。【释文】县，音玄。郰，侧留切。纥，恨发切。抉，乌穴切，徐又古穴

切。出,如字,一音尺遂切。 ⑥ 狄虒彌,鲁人也。蒙,覆也。櫓,大楯。【释文】虒,音斯。彌,徐音弥,一音武脾切。櫓,音鲁。楯,常尹切,又音尹。 ⑦ 百人为队。【释文】队,徒对切,徐徒猥切。 ⑧《诗·邶风》也。【释文】邶,音佩。 ⑨ 偪阳人县布以试外勇者。【释文】堞,音牒,徐养涉切。 ⑩ 主人嘉其勇,故辞谢不复县布。【释文】队,直类切。复,扶又切。上,时掌切。三,息暂切,又如字。 ⑪ 带其断布以示勇。【释文】断,徒乱切。徇,似俊切。

诸侯之师久于偪阳,荀偃、士匄请于荀罃曰:“水潦将降,惧不能归①,请班师②!”知伯怒③,投之以机,出于其间④,曰:“女成二事而后告余⑤。余恐乱命,以不女违⑥。女既勤君而兴诸侯,牵帅老夫以至于此,既无武守⑦,而又欲易余罪,曰:‘是实班师,不然克矣⑧。’余羸老也,可重任乎⑨?七日不克,必尔乎取之⑩!”

① 向夏恐有久雨。从丙寅至庚寅二十五日,故曰久。【释文】潦,音老。 ② 班,还也。 ③ 知伯,荀罃。【释文】知,音智。 ④ 出偃、匄之间。【释文】机,本又作“几”,同。 ⑤ 二事:伐偪阳、封向戌。【释文】女,音汝,下同。 ⑥ 既成改之为乱命。 ⑦ 无武功可执守。 ⑧ 谓偃、匄将言尔 ⑨ 不任受女此责。【释文】羸,劣危切。重,直用切。任,音壬。 ⑩ 言当取女以谢不克之罪。

五月庚寅①,荀偃、士匄帅卒攻偪阳,亲受矢石②。甲午,灭之③。书曰“遂灭偪阳”,言自会也④。以与向戌,向戌辞曰:“君若犹辱镇抚宋国,而以偪阳光启寡君,群臣安矣,其何贶如之⑤?若专赐臣,是臣兴诸侯以自封也,其何罪大焉?敢以死请。”乃予宋公。

① 月四日。 ② 躬在矢石间。【释文】卒,子忽切。 ③ 月八日。 ④ 言其因会以灭国,非之也。 ⑤ 言见赐之厚无过也。【释文】贶,音况,赐也。

宋公享晋侯于楚丘,请以《桑林》①。荀罃辞②。荀偃、士匄曰:“诸侯,宋、鲁于是观礼③。鲁有禘乐,宾祭用之④。宋以《桑林》享君,不亦可乎⑤?”舞,师题以旌夏⑥,晋侯惧而退入于房⑦。去旌,卒享而还。及著雍,疾⑧。卜,桑林见⑨。

荀偃、士匄欲奔请祷焉[⑩]。荀罃不可，曰："我辞礼矣，彼则以之[⑪]。犹有鬼神，于彼加之[⑫]。"晋侯有间[⑬]，以偪阳子归，献于武宫，谓之夷俘[⑭]。偪阳，妘姓也。使周内史选其族嗣，纳诸霍人，礼也[⑮]。

师归，孟献子以秦堇父为右[⑯]。生秦丕兹，事仲尼[⑰]。

①《桑林》，殷天子之乐名。　② 辞，让之。　③ 宋，王者后；鲁以周公故，皆用天子礼乐，故可观。　④ 禘，三年大祭，则作四代之乐。别祭群公，则用诸侯乐。【释文】禘，大计切。　⑤ 言俱天子乐也。　⑥ 师，乐师也。旌夏，大旌也。题，识也。以大旌表识其行列。【释文】题，大兮切。夏，户雅切。识，申志切，又如字。行，户郎切。　⑦ 旌夏非常，卒见之，人心偶有所畏。【释文】卒，寸忽切。　⑧ 晋侯疾也。著雍，晋地。【释文】去，起吕切。著，徐都虑切，又除虑切。雍，於用切。　⑨ 祟见于卜兆。【释文】见，贤遍切。祟，息遂切。⑩ 奔走还宋祷谢。【释文】祷，丁老切。　⑪ 以，用也。　⑫ 言自当加罪于宋。⑬ 间，疾差也。【释文】差，初卖切。　⑭ 讳俘中国，故谓之夷。【释文】俘，芳夫切。　⑮ 霍，晋邑。内史，掌爵禄废置者。使选偪阳宗族贤者，令居霍，奉妘姓之祀。善不灭姓，故曰礼也。使周史者，示有王命。【释文】令，力呈切，下"令在"、"劝令"同。　⑯ 嘉其勇力。　⑰ (高)[言](二)[其]父以力相尚，子事仲尼，以德相高。【释文】秦丕兹，一本作"秦不兹"。

六月，楚子囊、郑子耳伐宋，师于訾毋[①]。庚午，围宋，门于桐门[②]。

① 宋地。【释文】訾，子斯切。毋，音无。　② 不成围而攻其城门。

晋荀罃伐秦，报其侵也[①]。

① 侵在九年。

卫侯救宋，师于襄牛。郑子展曰："必伐卫，不然，是不与楚也。得罪于晋，又得罪于楚，国将若之何？"子驷曰："国病矣[①]！"子展曰："得罪于二大国，必亡。病不犹愈于亡乎？"诸大夫皆以为然。故郑皇耳帅师侵卫，楚令也[②]。孙文子卜追之，献兆于定姜。姜氏问繇[③]。曰："兆如山陵，有夫出征，而丧其雄。"姜氏曰："征者丧雄，御寇之利也。大夫图之！"卫人追之，孙蒯获郑皇耳于(大)[犬]丘[④]。

① 师数出，疲病也。【释文】数，所角切。疲，音皮。 ② 亦兼受楚之敕命也。皇耳，皇戌子。 ③ 繇，兆辞。【释文】繇，直救切。 ④ 蒯，孙林父子。【释文】丧，息浪切。御，鱼吕切。蒯，苦怪切。

秋七月，楚子囊、郑子耳伐我西鄙[①]。还，围萧，八月丙寅，克之[②]。九月，子耳侵宋北鄙。孟献子曰："郑其有灾乎！师竞已甚[③]。周犹不堪竞，况郑乎[④]？有灾，其执政之三士乎[⑤]！"

① 于鲁无所耻，讳而不书，其义未闻。 ② 萧，宋邑。 ③ 竞，争竞也。【释文】争，争斗之争，下"有之争"同。 ④ 周，谓天王。 ⑤ 郑简公幼少，子驷、子国、子耳秉政，故知三士任其祸也。为下盗杀三大夫传。【释文】少，诗照切。任，音壬。

莒人间诸侯之有事也，故伐我东鄙[①]。

① 诸侯有讨郑之事。【释文】间，间厕之间。

诸侯伐郑。齐崔杼使大子光先至于师，故长于滕[①]。己酉，师于牛首[②]。

① 大(夫)[子]宜宾之以上卿，而今晋悼以一时之宜，令在滕侯上，故传从而释之。【释文】长，丁丈切。 ② 郑地。

初，子驷与尉止有争，将御诸侯之师而黜其车[①]。尉止获，又与之争[②]，子驷抑尉止曰："尔车，非礼也[③]。"遂弗使献[④]。初，子驷为田洫，司氏、堵氏、侯氏、子师氏皆丧田焉[⑤]，故五族聚群不逞之人，因公子之徒以作乱。于是子驷当国[⑦]，子国为司马，子耳为司空，子孔为司徒。冬十月戊辰，尉止、司臣、侯晋、堵女父、子师仆帅贼以入，晨攻执政于西宫之朝[⑧]，杀子驷、子国、子耳，劫郑伯以如北宫。子孔知之，故不死[⑨]。书曰"盗"，言无大夫焉[⑩]。

① 御牛首师也。黜，减损。 ② 获囚俘。 ③ 言女车犹多，过制。 ④ 不使献所获。 ⑤ 洫，田畔沟也。子驷为田洫以正封疆，而侵四族田。【释

文】洫，况域切。堵，音者，或丁古切。丧，息浪切。疆，居良切。　⑥ 八年子驷所杀公子婴等之党。【释文】婴，许其切，本亦作"熙"，又音怡。　⑦ 摄君事也。⑧ 公宫。　⑨ 子孔，公子嘉也。知难不告，利得其处也。为十九年杀公子嘉传。【释文】难，乃旦切。处，昌虑切。　⑩ 尉止等五人皆士也。大夫，谓卿。

子西闻盗，不儆而出①，尸而追盗②，盗入于北宫，乃归授甲。臣妾多逃，器用多丧。子产闻盗③，为门者④，庀群司⑤，闭府库，慎闭藏，完守备，成列而后出，兵车十七乘⑥，尸而攻盗于北宫，子蟜帅国人助之，杀尉止、子师仆，盗众尽死。侯晋奔晋，堵女父、司臣、尉翩、司齐奔宋⑦。

① 子西，公孙夏，子驷子。【释文】儆，音景。夏，户雅切。　② 先临尸而逐贼。　③ 子国子。　④ 置守门。　⑤ 具众官。【释文】庀，匹婢切。　⑥ 千三百七十五人。【释文】藏，才浪切，又如字。守，手又切。乘，绳证切。　⑦ 尉翩，尉止子。司齐，司臣子。【释文】翩，音篇。

子孔当国①，为载书，以位序，听政辟②。大夫、诸司、门子弗顺，将诛之③。子产止之，请为之焚书④。子孔不可，曰："为书以定国，众怒而焚之，是众为政也，国不亦难乎⑤？"子产曰："众怒难犯，专欲难成，合二难以安国，危之道也。不如焚书以安众，子得所欲⑥，众亦得安，不亦可乎？专欲无成，犯众兴祸，子必从之。"乃焚书于仓门之外，众而后定⑦。

① 代子驷　② 自群卿诸司各守其职位，以受执政之法，不得与朝政。【释文】辟，婢亦切。与，音预，下"鲁不与"同。　③ 子孔欲诛不顺者。　④ 既止子孔，又劝令烧除载书。【释文】为，于伪切。　⑤ 难以至治。【释文】治，直吏切。⑥ 欲为政也。　⑦ 不于朝内烧，欲使远近见所烧。

诸侯之师城虎牢而戍之。晋师城梧及制①，士鲂、魏绛戍之。书曰"戍郑虎牢"，非郑地也，言将归焉②。

① 欲以偪郑也。不书城，鲁不与也。梧、制，皆郑旧地。【释文】梧，音吾。② 二年晋城虎牢而居之，今郑复叛，故修其城而置戍，郑服则欲以还郑，故夫子追书，系之于郑，以见晋志。【释文】复，扶又切。见，贤遍切。

郑及晋平。楚子囊救郑。十一月，诸侯之师还郑而南，至于阳陵①，楚师不退。知武子欲退，曰："今我逃楚，楚必骄，骄则可与战矣②。"栾黡曰："逃楚，晋之耻也。合诸侯以益耻，不如死！我将独进。"师遂进。己亥，与楚师夹颍而军③。子蟜曰："诸侯既有成行，必不战矣④。从之将退，不从亦退⑤。退，楚必围我。犹将退也，不如从楚，亦以退之⑥。"宵涉颍，与楚人盟⑦。栾黡欲伐郑师⑧，荀罃不可，曰："我实不能御楚，又不能庇郑，郑何罪？不如致怨焉而还⑨。今伐其师，楚必救之，战而不克，为诸侯笑。克不可命⑩，不如还也！"丁未，诸侯之师还，侵郑北鄙而归⑪。楚人亦还⑫。

① 还，绕也。阳陵，郑地。【释文】还，本又作"环"，户关切，徐一音患。 ② 武子，荀罃。 ③ 颍水出城阳，至下蔡入淮。【释文】颍，音颖。 ④ 言有成去之志。 ⑤ 从，犹服也。 ⑥ 以退楚。 ⑦ 夜渡，畏晋知之。 ⑧ 伐涉颍者。 ⑨ 致怨，为后伐之资。【释文】御，鱼吕切。庇，必利切。 ⑩ 胜负难要，不可命以必克。【释文】要，一遥切。 ⑪ 欲以致怨。 ⑫ 郑服故也。

王叔陈生与伯舆争政①。王右伯舆②，王叔陈生怒而出奔。及河，王复之③，杀史狡以说焉④。不入，遂处之⑤。晋侯使士匄平王室，王叔与伯舆讼焉⑥。王叔之宰⑦与伯舆之大夫瑕禽⑧坐狱于王庭⑨，士匄听之。王叔之宰曰："筚门闺窦之人而皆陵其上，其难为上矣⑩！"瑕禽曰："昔平王东迁，吾七姓从王，牲用备具，王赖之，而赐之骍旄之盟⑪，曰：'世世无失职。'若筚门闺窦，其能来东底乎？且王何赖焉⑫？今自王叔之相也，政以贿成⑬，而刑放于宠⑭。官之师旅，不胜其富⑮，吾能无筚门闺窦乎⑯？唯大国图之⑰！下而无直，则何谓正矣⑱？"范宣子曰："天子所右，寡君亦右之。所左，亦左之⑲。"使王叔氏与伯舆合要⑳，王叔氏不能举其契㉑。王叔奔晋。不书，不告也。单靖公为卿士，以相王室㉒。

① 二子，王卿士。【释文】舆，本又作"与"，音同。 ② 右，助也。 ③ 欲

奔晋。　④ 说王叔也。【释文】狡，古卯切。说，音悦，又如字。　⑤ 处叔河上。⑥ 争曲直。　⑦ 宰，家臣。　⑧ 瑕禽，伯舆属大夫。　⑨ 狱，讼也。《周礼》：命夫、命妇不躬坐狱讼。故使宰与属大夫对争曲直。　⑩ 筚门，柴门。闺窦，小户，穿壁为户，上(说)[锐]下方，状如圭也。言伯舆微贱之家。【释文】筚，音必。闺，音圭，本亦作"圭"。窦，音豆。　⑪ 平王徙时，大臣从者有七姓，伯舆之祖皆在其中，主为王备牺牲，共祭祀。王(待)[恃]其用，故与之盟，使世守其职。骍旄，赤牛也。举骍旄者，言得重盟，不以犬鸡。【释文】从，才用切，又如字。骍，息营切，《字林》许营切。旄，音毛。为，于为切。共，音恭。　⑫ 言我若贫贱，何能来东，使王恃其用而与之盟邪？厎，至也。【释文】厎，音旨。⑬ 随财制政。【释文】相，息亮切。贿，呼罪切。　⑭ 宠臣专刑，不任法。⑮ 师旅之长皆受赂。【释文】胜，音升。长，丁丈切。　⑯ 言王叔之属富，故使吾贫。　⑰ 图，犹议也。　⑱ 正者，不失下之直。【释文】何，或作"可"，误也。⑲ 宣子知伯舆直，不欲自专，故推之于王。【释文】右，音又。左，音佐。左、右，并如字。　⑳ 合要辞。　㉑ 要契之辞。【释文】契，苦计切。　㉒ 代王叔。

襄公十一年

【经】

十有一年春，王正月，作三军①。

夏四月，四卜郊不从，乃不郊②。

郑公孙舍之帅师侵宋。

公会晋侯、宋公、卫侯、曹伯、齐世子光、莒子、邾子、滕子、薛伯、杞伯、小邾子伐郑③。

秋七月己未，同盟于亳城北④。

公至自伐郑⑤。

楚子、郑伯伐宋。

公会晋侯、宋公、卫侯、曹伯、齐世子光、莒子、邾子、滕子、薛伯、杞伯、小邾子伐郑⑥。

会于萧鱼⑦。

公至自会⑧。

楚人执郑行人良霄⑨。

冬，秦人伐晋。

① 增立中军。万二千五百人为军。 ② 无传。 ③ 世子光至，复在莒子之先，故晋悼亦进之。【释文】复，扶又切。 ④ 亳城，郑地。伐郑而书同盟，郑与盟可知。【释文】亳，蒲洛切，徐扶各切。与，音预。 ⑤ 无传。 ⑥ 晋遂尊光。 ⑦ 郑服而诸侯会。萧鱼，郑地。 ⑧ 无传。以会至者，观兵而不果侵伐。 ⑨ 良霄，公孙辄子伯有也。【释文】霄，徐音消。

【传】

十一年春，季武子将作三军①，告叔孙穆子曰："请为三军，各征其军②。"穆子曰："政将及子，子必不能③。"武子固请之，穆子曰："然则盟诸④？"乃盟诸僖闳⑤，诅诸五父之衢⑥。正月，作三军，三分公室而各有其一⑦。三子各毁其乘⑧。季氏使其乘之人，以其役邑入者，无征⑨；不入者，倍征⑩。孟氏使半为臣，若子若弟⑪。叔孙氏使尽为臣⑫，不然，不舍⑬。

① 鲁本无中军，唯上、下二军，皆属于公；有事，三卿更帅以征伐。季氏欲专其民人，故假立中军，因以改作。【释文】更，音庚。 ② 征，赋税也。三家各征其军之家属。【释文】税，舒锐切。 ③ 政者，霸国之政令。礼：大国三军。鲁次国而为大国之制，贡赋必重，故忧不能堪。 ④ 穆子知季氏将复变易，故盟之。【释文】复，扶又切。 ⑤ 僖宫之门。【释文】闳，音宏。 ⑥ 五父衢，道名，在鲁国东南。诅，以祸福之言相要。【释文】诅，侧虑切。父，音甫。衢，其俱切。要，一遥切。 ⑦ 三分国民众。 ⑧ 坏其军乘，分以足成三军。【释文】乘，绳证切。坏，音怪。足，将住切，亦如字。 ⑨ 使军乘之人率其邑役入季氏者，无公征。 ⑩ 不入季氏者，则使公家倍征之。设利病，欲驱使入已，故昭五年传曰季氏尽征之。民辟倍征，故尽属季氏。 ⑪ 取其子弟之半也。四分其乘之人，以三归公而取其一。 ⑫ 尽取子弟，以其父兄归公。 ⑬ 制军分民，

不如是则三家不舍其故而改作也。此盖三家盟诅之本言。【释文】舍,音捨。

郑人患晋、楚之故,诸大夫曰:"不从晋,国几亡①。楚弱于晋,晋不吾疾也②。晋疾,楚将辟之。何为而使晋师致死于我③,楚弗敢敌,而后可固与也④。"子展曰:"与宋为恶,诸侯必至,吾从之盟。楚师至,吾又从之,则晋怒甚矣。晋能骤来,楚将不能,吾乃固与晋。"大夫说之,使疆埸之司恶于宋⑤。宋向戌侵郑,大获。子展曰:"师而伐宋可矣。若我伐宋,诸侯之伐我必疾,吾乃听命焉,且告于楚。楚师至,吾又与之盟,而重赂晋师,乃免矣⑥。"夏,郑子展侵宋⑦。

① 几,近也。【释文】几,音机,徐音畿。 ② 疾,急也。 ③ 言当作何计。 ④ 固与晋也。 ⑤ 使守疆埸之吏侵犯宋。【释文】说,音悦。疆,居良切。埸,音亦。 ⑥ 言如此乃免于晋、楚之难。【释文】难,乃旦切。 ⑦ 欲以致诸侯。

四月,诸侯伐郑。己亥,齐大子光、宋向戌先至于郑,门于东门①。其莫,晋荀罃至于西郊,东侵旧许②。卫孙林父侵其北鄙。六月,诸侯会于北林,师于向③,右还,次于琐④,围郑。观兵于南门⑤,西济于济隧⑥。郑人惧,乃行成。

① 传释齐大子光所以序莒上也。向戌不书,宋公在会故。 ② 许之旧国,郑新邑。【释文】莫,音暮。 ③ 向地在颍川长社县东北。【释文】向,舒亮切。 ④ 北行而西为右还。荥阳宛陵县西有琐侯亭。【释文】琐,素果切。宛,於阮切,又於元切。 ⑤ 观,示也。 ⑥ 济隧,水名。【释文】济,子礼切。隧,音遂。

秋七月,同盟于亳。范宣子曰:"不慎,必失诸侯①。诸侯道敝而无成,能无贰乎②?"乃盟,载书曰:"凡我同盟,毋蕴年③,毋壅利④,毋保奸⑤,毋留慝⑥,救灾患,恤祸乱,同好恶,奖王室⑦。或间兹命,司慎司盟,名山名川⑧,群神群祀⑨,先王先公⑩,七姓十二国之祖⑪,明神殛之⑫,俾失其民,队命亡氏,踣其国家⑬。"

① 慎,敬威仪,谨辞令。 ② 数伐郑,皆罢于道路。【释文】数,所角切。

罢，音皮。 ③ 蕴积年谷而不分灾。【释文】毋，音无。蕴，纡粉切。 ④ 专山川之利。【释文】壅，於勇切。 ⑤ 藏罪人。 ⑥ 速去恶。【释文】慝，他得切，下同。去，起吕切。 ⑦ 奖，助也。【释文】好，呼报切。恶，乌路切。奖，将丈切。 ⑧ 二司，天神。【释文】间，间厕之间。兹命，本或作“兹盟”，误。 ⑨ 群祀，在祀典者。 ⑩ 先王，诸侯之大祖，宋祖帝乙，郑祖厉王之比也。先公，始封君。【释文】大，音泰。凡“大祖”、“大庙”、“大宫”皆同。比，必利切。 ⑪ 七姓：晋、鲁、卫、郑、曹、滕，姬姓。邾、小邾，曹姓。宋，子姓。齐，姜姓。莒，己姓。杞，姒姓。薛，任姓。实十三国，言十二，误也。【释文】己，音纪，或音杞。任，音壬。 ⑫ 殛，诛也。【释文】殛，纪力切。 ⑬ 踣，毙也。【释文】俾，本又作“卑”，必尔切。队，直类切。踣，蒲北切，徐又敷豆切。毙，婢世切。

楚子囊乞旅于秦[①]，秦右大夫詹帅师从楚子，将以伐郑。郑伯逆之。丙子，伐宋[②]。

① 乞师旅于秦。 ② 郑逆服，故更伐宋也。秦师不书，不与伐宋而还。【释文】詹，之廉切。与，音预。

九月，诸侯悉师以复伐郑[①]。郑人使良霄、大宰石㚟如楚，告将服于晋，曰：“孤以社稷之故，不能怀君。君若能以玉帛绥晋，不然则武震以摄威之，孤之愿也。”楚人执之，书曰“行人”，言使人也[②]。诸侯之师观兵于郑东门，郑人使王子伯骈行成。甲戌，晋赵武入盟郑伯。冬十月丁亥，郑子展出盟晋侯[③]。十二月戊寅，会于萧鱼[④]。庚辰，赦郑囚，皆礼而归之。纳斥候[⑤]，禁侵掠。晋侯使叔肸告于诸侯[⑥]。公使臧孙纥对曰：“凡我同盟，小国有罪，大国致讨，苟有以藉手，鲜不赦宥。寡君闻命矣[⑦]。”郑人赂晋侯以师悝、师触、师蠲[⑧]，广车、軘车淳十五乘，甲兵备[⑨]，凡兵车百乘[⑩]，歌钟二肆[⑪]，及其镈磬[⑫]，女乐二八[⑬]。

① 此夏诸侯皆复来，故曰悉师。【释文】复，扶又切。 ② 书行人，言非使人之罪。古者兵交，使在其间，所以通命示整，或执杀之，皆以为讥也。既成而后告，故书在萧鱼下。石㚟为介，故不书。【释文】㚟，敕略切。摄，如字，又之涉切。使，所吏切。介，音界。 ③ 二盟不书，不告。 ④ 经书秋，史失之。

⑤ 不相备也。【释文】斥，徐音尺，又昌夜切。 ⑥ 叔肸，叔向也。告诸侯，亦使赦郑囚。【释文】掠，音亮。肸，许乙切。向，许丈切。 ⑦ 言晋讨小国，有藉手之功，则赦其罪人，德义如是，不敢不承命。【释文】藉，在夜切。鲜，息浅切。宥，音又。 ⑧ 悝、触、蠲，皆乐师名。【释文】悝，苦回切。蠲，古玄切，又音圭。 ⑨ 广车、軘车，皆兵车名。淳，耦也。【释文】广，古旷切。軘，徒温切。淳，述伦切，徐又之伦切。乘，绳证切。 ⑩ 他兵车及广、軘共百乘。 ⑪ 肆，列也。县钟十六为一肆，二肆，三十二枚。【释文】肆，音四。县，音玄。 ⑫ 镈、磬，皆乐器。【释文】镈，音博。 ⑬ 十六人。

晋侯以乐之半赐魏绛，曰："子教寡人和诸戎狄，以正诸华①。八年之中，九合诸侯，如乐之和，无所不谐②。请与子乐之③。"辞曰："夫和戎狄，国之福也。八年之中，九合诸侯，诸侯无慝，君之灵也，二三子之劳也，臣何力之有焉？抑臣愿君安其乐而思其终也！《诗》曰：'乐只君子，殿天子之邦④。乐只君子，福禄攸同⑤，便蕃左右，亦是帅从⑥。'夫乐以安德⑦，义以处之⑧，礼以行之⑨，信以守之⑩，仁以厉之⑪，而后可以殿邦国，同福禄，来远人，所谓乐也⑫。《书》曰：'居安思危⑬。'思则有备，有备无患，敢以此规⑭。"公曰："子之教，敢不承命？抑微子，寡人无以待戎⑮，不能济河⑯。夫赏，国之典也，藏在盟府⑰，不可废也，子其受之！"魏绛于是乎始有金石之乐，礼也⑱。

① 在四年。 ② 谐亦和也。【释文】九合诸侯，谓五年会戚，又会城棣救陈；七年会鄬；八年会邢丘；九年盟于戏；十年会柤，又伐郑戍虎牢；十一年同盟亳城北，又会萧鱼。 ③ 共此乐。【释文】乐，音洛，又音岳。 ④《诗·小雅》也。谓诸侯有乐美之德，可以镇抚天子之邦。殿，镇也。【释文】殿，都遍切。 ⑤ 攸，所也。 ⑥ 便蕃，数也。言远人相帅来服从，便蕃然在左右。【释文】蕃，音烦。数，所角切。 ⑦ 和其心也。 ⑧ 处位以义。 ⑨ 行教令。 ⑩ 守所行。 ⑪ 厉风俗。 ⑫ 言五德皆备乃为乐，非但金石。 ⑬ 逸《书》。 ⑭ 规正公。 ⑮ 待遇接纳。 ⑯ 渡河，南服郑。 ⑰ 司盟之府，有赏功之制。 ⑱ 礼：大夫有功则赐乐。

秦庶长鲍、庶长武帅师伐晋以救郑①。鲍先入晋地，士鲂御之，少秦师而弗设备。壬午，武济自辅氏②，与鲍交伐晋师。己丑，秦、晋战于栎，晋师败绩，易秦故也③。

① 庶长，秦爵也。不书救郑，已属晋，无所救。【释文】长，丁丈切。鲍，步卯切。 ② 从辅氏渡河。【释文】御，鱼吕切，后放此。 ③ 不书败绩，晋耻易秦而败，故不告也。栎，晋地。【释文】栎，力的切，徐失灼切。易，以豉切。

襄公十二年

【经】

十有二年春，王二月，莒人伐我东鄙，围台①。

季孙宿帅师救台，遂入郓②。

夏，晋侯使士鲂来聘。

秋九月，吴子乘卒③。

冬，楚公子贞帅师侵宋。

公如晋。

① 琅邪费县南有台亭。【释文】台，敕才切，又音臺，又翼之切。 ② 郓，莒邑。【释文】郓，音运。 ③ 五年会于戚，公不与盟，而赴以名。【释文】与，音预。

【传】

十二年春，莒人伐我东鄙，围台。季武子救台，遂入郓①，取其钟以为公盘。

① 乘胜入郓，报见伐。

夏，晋士鲂来聘，且拜师①。

① 谢前年伐郑师。

秋，吴子寿梦卒①。临于周庙，礼也②。凡诸侯之丧，异姓临于外[3]，同姓于宗庙[4]，同宗于祖庙[5]，同族于祢庙[6]。是故鲁为诸姬，临于周庙[7]。为邢、凡、蒋、茅、胙、祭，临于周公之庙[8]。

① 寿梦，吴子之号。 ② 周庙，文王庙也。周公出文王，故鲁立其庙。吴始通，故曰礼。【释文】临，力荫切，下同。 ③ 于城外，向其国。【释文】向，或作“嚮”，许亮切。 ④ 所出王之庙。 ⑤ 始封君之庙。 ⑥ 父庙也。同族，谓高祖以下。【释文】祢，乃礼切。 ⑦ 诸姬，同姓国。【释文】为，于伪切，下同。 ⑧ 即祖庙也。六国皆周公之支子，别封为国，共祖周公。【释文】邢，音刑。蒋，将丈切。案：富辰所称，邢在蒋下，今传在凡上，未知何者为是。茅，亡交切。胙，才故切。祭，侧界切，徐如字。

冬，楚子囊、秦庶长无地伐宋，师于扬梁，以报晋之取郑也[1]。

① 取郑在前年。梁国睢阳县东有地名扬梁。【释文】长，丁丈切。

灵王求后于齐。齐侯问对于晏桓子，桓子对曰：“先王之礼辞有之，天子求后于诸侯，诸侯对曰：‘夫妇所生若而人[1]。妾妇之子若而人[2]。’无女而有姊妹及姑姊妹，则曰：‘先守某公之遗女若而人。’”齐侯许昏，王使阴里结之[3]。

① 不敢誉亦不敢毁，故曰若如人。【释文】誉，音余，又如字。 ② 言非適也。【释文】適，丁历切。 ③ 阴里，周大夫。结，成也。为十五年刘夏逆王后传。【释文】守，手又切。夏，户雅切。

公如晋，朝，且拜士鲂之辱，礼也[1]。

① 士鲂聘在此年夏，嫌君臣不敌，故曰礼(之)[也]。

秦嬴归于楚[1]。楚司马子庚聘于秦，为夫人宁，礼也[2]。

① 秦景公妹，为楚共王夫人。【释文】嬴，音盈。 ② 子庚，庄王子午也。诸侯夫人父母既没，归宁使卿，故曰礼。

襄公十三年

【经】

十有三年春，公至自晋。

夏，取邿[①]。

秋九月庚辰，楚子审卒[②]。

冬，城防。

① 邿，小国也，任城亢父县有邿亭。传例曰：书取，言易也。【释文】邿，音诗。任，音壬。亢，苦浪切，又音刚。父，音甫。易，以豉切。 ② 共王也。成二年，大夫盟于蜀。

【传】

十三年春，公至自晋，孟献子书劳于庙，礼也[①]。

① 书勋劳(故)[于]策也。桓二年传曰：公至自唐，告于庙也。凡公行，告于宗庙。反行、饮至、舍爵，策勋焉，礼也。桓十六年传又曰：公至自伐郑，以饮至之礼也。然则还告庙及饮至及书劳三事，偏行一礼，则亦书至，悉阙乃不书至。传因献子之事以发明凡例，《释例》详之。【释文】舍，音捨。

夏，邿乱，分为三[①]。师救邿，遂取之[②]。凡书"取"，言易也[③]。用大师焉曰"灭"[④]。弗地曰"入"[⑤]。

① 国分为三部，志力各异。 ② 鲁师也。经不称师，不满二千五百人，传通言之。 ③ 不用师徒及用师徒而不劳，虽国亦曰取。 ④ 敌人距战，斩获俘馘，用力难重，虽邑亦曰灭。【释文】馘，古获切。 ⑤ 谓胜其国邑，不有其地。

荀罃、士魴卒。晋侯蒐于绵上以治兵[①]，使士匄将中军，辞曰："伯游长[②]。昔臣习于知伯，是以佐之，非能贤也[③]。请从伯游。"荀偃将中军[④]，士匄佐之[⑤]。使韩起将上军，辞以赵武。又使栾黡[⑥]，辞曰："臣不如韩起。韩起愿上赵武，君其听之!”使赵武将上军⑦,韩起佐之⑧。栾黡将下军,魏绛佐之⑨。新军无帅⑩,晋侯难其人,使其什吏,率其卒乘官属,以从于下军,礼也⑪。晋国之民,是以大和,诸侯遂睦。

① 为将命军(师)[帅]也,必蒐而命之,所以与众共。【释文】为,于伪切。帅,所类切,下“为帅”同。　② 伯游,荀偃。【释文】长,丁丈切。　③ 七年,韩厥老,知䓨代将中军,士匄佐之。匄今将让,故谓尔时之举不以己贤。事见九年。【释文】见,贤遍切。　④ 代荀䓨。　⑤ 位如故。　⑥ 以武位卑,故不听,更命黡。　⑦ 武自新军超四等代荀偃。　⑧ 位如故。　⑨ 黡亦如故。绛自新军佐超一等代士鲂。　⑩ 将佐皆迁。【释文】将,子匠切。　⑪ 得慎举之礼。【释文】难,乃旦切,或如字。什,音十。卒,子忽切。乘,绳证切。

君子曰:“让,礼之主也。范宣子让,其下皆让。栾黡为汰,弗敢违也。晋国以平,数世赖之,刑善也夫①! 一人刑善,百姓休和,可不务乎?《书》曰:‘一人有庆,兆民赖之,其宁惟永。’其是之谓乎②? 周之兴也,其《诗》曰:‘仪刑文王,万邦作孚③。’言刑善也。及其衰也,其《诗》曰:‘大夫不均,我从事独贤④。’言不让也。世之治也,君子尚能而让其下⑤,小人农力以事其上,是以上下有礼,而谗慝黜远,由不争也,谓之懿德。及其乱也,君子称其功以加小人⑥,小人伐其技以冯君子⑦,是以上下无礼,乱虐并生,由争善也⑧,谓之昏德。国家之敝,恒必由之⑨。”

① 刑,法也。【释文】汰,音泰。数,所主切。夫,音扶。　②《周书》,《吕刑》也。一人,天子也。宁,安也。永,长也。义取上有好善之庆,则下赖其福。【释文】休,许虯切。好,呼报切。　③《诗·大雅》。言文王善用法,故能为万国所信。孚,信也。　④《诗·小雅》。刺幽王役使不均,故从事者怨恨,称己之劳以为独贤,无让心。　⑤ 能者在下位,则贵尚而让之。【释文】治,直吏切。⑥ 加,陵也。君子,在位者。【释文】慝,他得切。远,于万切,又如字。争,争斗之争。　⑦ 冯,亦陵也。自称其能为伐。【释文】技,其绮切。冯,皮冰切。⑧ 争自善也。　⑨ 传言晋之所以兴。

楚子疾,告大夫曰:“不穀不德,少主社稷,生十年而丧先君，未及习师保之教训，而应受多福[①]。是以不德，而亡师于鄢[②]，以辱社稷，为大夫忧，其弘多矣[③]。若以大夫之灵，获保首领以殁于地，唯是春秋窀穸之事[④]，所以从先君于祢庙者[⑤]，请为'灵'若'厉'[⑥]。大夫择焉！"莫对。及五命乃许。秋，楚共王卒。子囊谋谥。大夫曰："君有命矣。"子囊曰："君命以共，若之何毁之？赫赫楚国，而君临之，抚有蛮夷，奄征南海，以属诸夏，而知其过，可不谓共乎？请谥之'共'。"大夫从之[⑦]。

① 多福，谓为君。【释文】少，诗照切。丧，息浪切。 ② 鄢在成十六年。【释文】鄢，音偃。 ③ 弘，大也。 ④ 窀，厚也。穸，夜也。厚夜，犹长夜。春秋，谓祭祀。长夜，谓葬埋。【释文】殁，音没。窀，张伦切，又徒门切。穸，音夕。 ⑤ 从先君代为祢庙。 ⑥ 欲受恶谥，以归先君也。乱而不损曰灵，戮杀不辜曰厉。 ⑦ 传言子囊之善。【释文】共，音恭。夏，户雅切。

吴侵楚，养由基奔命，子庚以师继之[①]。养叔曰："吴乘我丧，谓我不能师也[②]，必易我而不戒[③]。子为三覆以待我[④]，我请诱之。"子庚从之。战于庸浦[⑤]，大败吴师，获公子党。君子以吴为不吊[⑥]。《诗》曰："不吊昊天，乱靡有定[⑦]。"

① 子庚，楚司马。 ② 养叔，养由基也。 ③ 戒，备也。【释文】易，以豉切。 ④ 覆，伏兵。【释文】覆，扶又切。 ⑤ 庸浦，楚地。【释文】浦，判五切。 ⑥ 不用天道相吊恤。 ⑦ 言不为昊天所恤，则致罪也。为明年会向传。【释文】昊，户老切。

冬，城防，书事，时也[①]。于是将早城，臧武仲请俟毕农事，礼也。

① 土功虽有常节，通以事閒为时。【释文】閒，音闲。

郑良霄、大宰石臭犹在楚[①]。石臭言于子囊曰："先王卜征五年[②]，而岁习其祥，祥习则行[③]，不习则增，修德而改卜[④]。今楚实不竞，行人何罪[⑤]？止郑一卿，以除其偪[⑥]，使睦而疾楚，以固于晋，焉用之[⑦]？使归而废其使[⑧]，怨其君以疾其大夫，而相牵引也，不犹愈乎？”楚人归之。

① 十一年楚人执之至今。 ② 先征五年而卜吉凶也。征谓巡守征行。【释文】先，悉荐切。守，手又切，本又作“狩”。 ③ 五年五卜，皆同吉，乃巡守。④ 不习，谓卜不吉。【释文】不习则增，绝句，一本无“增”字，则连下总为句。⑤ 不能修德与晋竞。 ⑥ 一卿，谓良霄。 ⑦ 位不偪则大臣睦，怨疾楚则事晋固。【释文】焉用之，本或作“将焉用之”。焉，於虔切。 ⑧ 行而见执于楚，郑又遂坚事晋，是郑废本见使之意。【释文】使，所吏切。

襄公十四年

【经】

十有四年春，王正月，季孙宿、叔老会晋士匄、齐人、宋人、卫人、郑公孙虿、曹人、莒人、邾人、滕人、薛人、杞人、小邾人会吴于向①。

二月乙未朔，日有食之②。

夏四月，叔孙豹会晋荀偃、齐人、宋人、卫北宫括、郑公孙虿、曹人、莒人、邾人、滕人、薛人、杞人、小邾人伐秦③。

己未，卫侯出奔齐④。

莒人侵我东鄙⑤。

秋，楚公子贞帅师伐吴。

冬，季孙宿会晋士匄、宋华阅、卫孙林父、郑公孙虿、莒人、邾人于戚。

① 叔老，声伯子也。鲁使二卿会晋，敬事霸国，晋自是轻鲁币而益敬其使，故叔老虽介，亦列于会也。齐崔杼、宋华阅、卫北宫括在会惰慢不摄，故贬称人，盖欲以督率诸侯，奖成霸功也。吴来在向，诸侯会之，故曰会吴。向，郑地。【释文】使，所吏切。介，音界。惰，徒卧切。 ② 无传。 ③ 齐、宋大夫不书，义与向同。 ④ 诸侯之策书孙、宁逐卫侯，《春秋》以其自取奔亡之祸，故诸侯失国

者皆不书逐君之贼也。不书名，从告。 ⑤ 无传。报入郓。

【传】

十四年春，吴告败于晋[①]。会于向，为吴谋楚故也[②]。范宣子数吴之不德也，以退吴人[③]。执莒公子务娄[④]，以其通楚使也[⑤]。

① 前年为楚所败。 ② 谋为吴伐楚。【释文】为，于伪切，注"为吴"、"卒不为"同。 ③ 吴伐楚丧，故以为不德，数而遣之，卒不为伐楚。 ④ 在会不书，非卿。【释文】务，徐莫侯切，又音如字。娄，力侯切，或力俱切。 ⑤ 莒贰于楚，故比年伐鲁。【释文】使，所吏切。

将执戎子驹支[①]。范宣子亲数诸朝[②]，曰："来！姜戎氏！昔秦人迫逐乃祖吾离于瓜州[③]，乃祖吾离被苫盖[④]，蒙荆棘，以来归我先君[⑤]。我先君惠公有不腆之田[⑥]，与女剖分而食之[⑦]。今诸侯之事我寡君不如昔者，盖言语漏泄，则职女之由[⑧]。诘朝之事，尔无与焉[⑨]！与将执女！"对曰："昔秦人负恃其众，贪于土地，逐我诸戎。惠公蠲其大德[⑩]，谓我诸戎是四岳之裔胄也[⑪]，毋是翦弃[⑫]。赐我南鄙之田，狐狸所居，豺狼所嗥。我诸戎除剪其荆棘，驱其狐狸豺狼，以为先君不侵不叛之臣，至于今不贰[⑬]。昔文公与秦伐郑，秦人窃与郑盟而舍戍焉[⑭]，于是乎有殽之师[⑮]。晋御其上，戎亢其下[⑯]，秦师不复，我诸戎实然。譬如捕鹿，晋人角之，诸戎掎之[⑰]，与晋踣之[⑱]，戎何以不免？自是以来，晋之百役，与我诸戎相继于时[⑲]，以从执政，犹殽志也[⑳]，岂敢离逷？今官之师旅，无乃实有所阙，以携诸侯，而罪我诸戎！我诸戎饮食衣服，不与华同，贽币不通，言语不达，何恶之能为？不与于会，亦无瞢焉[㉑]！"赋《青蝇》而退[㉒]。宣子辞焉[㉓]，使即事于会，成恺悌也[㉔]。于是，子叔齐子为季武子介以会，自是晋人轻鲁币，而益敬其使[25]。

① 驹支，戎子名。 ② 行之所在，亦设朝位。 ③ 四岳之后皆姜姓，又别为允姓。瓜州地在今燉煌。【释文】迫，音百。瓜，古华切。燉，徒门切。煌，音皇。 ④ 盖，苫之别名。【释文】被，普皮切。苫，式占切。盖，户腊切，《尔雅》曰：白盖谓之苫。 ⑤ 蒙，冒也。【释文】冒，莫报切。 ⑥ 腆，厚也。【释文】腆，他典切。 ⑦ 中分为剖。【释文】女，音汝，下同。剖，普口切。中，丁仲切，又如字。 ⑧ 职，主也。【释文】泄，息列切，徐以世切。 ⑨ 诘朝，明旦。不使复得与会事。【释文】诘，起吉切。朝，如字。与，音预，下同。复，扶又切。 ⑩ 蠲，明也。 ⑪ 四岳，尧时方伯，姜姓也。裔，远也。胄，后也。【释文】裔，以制切。胄，直又切。 ⑫ 翦，削也。【释文】毋，音无。 ⑬ 不内侵，亦不外叛。【释文】狸，力之切。豺，仕皆切。嗥，户羔切。 ⑭ 在僖三十年。 ⑮ 在僖三十三年。【释文】殽，户交切。 ⑯ 亢，犹当也。【释文】亢，苦浪切。 ⑰ 掎其足也。【释文】捕，音步，徐又音赋。掎，居绮切。 ⑱ 踣，僵也。【释文】踣，蒲北切，又敷豆切。僵，居良切。 ⑲ 言给晋役不旷时。 ⑳ 意常如殽，无中二也。 ㉑ 瞢，闷也。【释文】逿，他历切。贽，音至。与，音预。瞢，莫赠切，徐武登切，又武忠切。 ㉒《青蝇》，《诗·小雅》，取其"恺悌君子，无信谗言"。【释文】蝇，以仍切。恺，开在切。悌，徒礼切。 ㉓ 辞，谢。 ㉔ 成恺悌，不信谗也。不书者，戎为晋属，不得特达。 ㉕ 齐子，叔老字也。言晋敬鲁使，经所以并书二卿。【释文】介，音界。使，所吏切。

吴子诸樊既除丧[1]，将立季札[2]。季札辞曰："曹宣公之卒也，诸侯与曹人不义曹君[3]，将立子臧。子臧去之，遂弗为也，以成曹君。君子曰：'能守节。'君，义嗣也[4]，谁敢奸君？有国，非吾节也。札虽不才，愿附于子臧，以无失节。"固立之。弃其室而耕。乃舍之[5]。

① 诸樊，吴子乘之长子也。乘卒至此春十七月，既葬而除丧。【释文】长，丁丈切。 ② 札，诸樊少弟。【释文】札，侧八切。少，诗照切。 ③ 曹君，公子负刍也，杀大子而自立。事在成十三年。 ④ 诸樊，適子，故曰义嗣。【释文】適，丁历切。 ⑤ 传言季札之让，且明吴兄弟相传。【释文】奸，音干。传，直专切。

夏，诸侯之大夫从晋侯伐秦，以报栎之役也[1]。晋侯待于竟，使六卿帅诸侯之师以进②。及泾，不济③。叔向见叔孙穆子，穆子赋《匏有苦叶》④。叔向退而具舟。鲁人、莒人先济。郑子蟜见卫北宫懿子曰："与人而不固，取恶莫甚焉！若社稷何？"懿子说。二子见诸侯之师而劝之济，济泾而次⑤。秦人毒泾上流，师人多死⑥。郑司马子蟜帅郑师以进，师皆从之，至于棫林⑦，不获成焉⑧。荀偃令曰："鸡鸣而驾，塞井夷灶⑨，唯余马首是瞻⑩！"栾黡曰："晋国之命，未是有也。余马首欲东。"乃归⑪。下军从之。左史谓魏庄子曰："不待中行伯乎⑫？"庄子曰："夫子命从帅⑬。栾伯，吾帅也，吾将从之。从帅，所以待夫子也⑭。"伯游曰："吾令实过，悔之何及？多遗秦禽⑮。"乃命大还。晋人谓之迁延之役⑯。

① 栎役在十一年。 ② 言经所以不称晋侯。【释文】竟，音境。 ③ 诸侯之师不肯渡也。泾水出安定朝那县，至京兆高陆县入渭。【释文】朝，如字，如淳音株。那，乃多切。 ④《诗·邶风》也。义取于"深则厉，浅则揭"，言己志在于必济。【释文】匏，白交切。揭，起例切。 ⑤ 传言北宫括所以书于伐秦。【释文】说，音悦。 ⑥ 饮毒水故。 ⑦ 棫林，秦地。【释文】棫，位逼切，徐于曰切，又於鞠切。 ⑧ 秦不服。 ⑨ 示不反。 ⑩ 言进退从己。 ⑪ 黡恶偃自专，故弃之归。【释文】恶，乌路切。 ⑫ 中行伯，荀偃也。庄子，魏绛也。左史，晋大夫。 ⑬ 夫子，谓荀偃。【释文】帅，所类切。 ⑭ 以从命为待也。栾黡，下军帅，庄子为佐，故曰吾帅。 ⑮ 军帅不和，恐多为秦所禽获。【释文】遗，唯季切。 ⑯ 迁延，却退。

栾鍼曰："此役也，报栎之败也。役又无功，晋之耻也。吾有二位于戎路①，敢不耻乎？"与士鞅驰秦师，死焉。士鞅反②，栾黡谓士匄曰："余弟不欲往，而子召之。余弟死，而子来，是而子杀余之弟也。弗逐，余亦将杀之。"士鞅奔秦③。

于是，齐崔杼、宋华阅、仲江会伐秦，不书，惰也④。向之会亦如之。卫北宫括不书于向⑤，书于伐秦，摄也⑥。

① 栾鍼，栾黡弟也。二位，谓黡将下军，鍼为戎右。 ② 鞅，士匄子。

③ 栾黡汰侈，诬逐士鞅也。而，女也。【释文】侈，昌氏切，或作“奓”，又尺氏切。女，音汝。 ④ 临事惰慢不修也。仲江，宋公孙师之子。 ⑤ 亦惰。 ⑥ 能自摄整，从郑子蟜俱济泾。

秦伯问于士鞅曰：“晋大夫其谁先亡？”对曰：“其栾氏乎！”秦伯曰：“以其汰乎？”对曰：“然。栾黡汰虐已甚，犹可以免。其在盈乎①！”秦伯曰：“何故？”对曰：“武子之德在民，如周人之思召公焉，爱其甘棠，况其子乎②？栾黡死，盈之善未能及人，武子所施没矣，而黡之怨实章，将于是乎在。”秦伯以为知言，为之请于晋而复之③。

① 盈，黡之子。 ② 武子，栾书，黡之父也。召公奭听讼于甘棠之下，周人思之，不害其树而作勿伐之诗，在《召南》。【释文】召，上照切。奭，诗亦切。③ 为传二十一年晋灭栾氏张本。【释文】施，如字，又始豉切。为，于伪切。

卫献公戒孙文子、宁惠子食①，皆服而朝②。日旰不召③，而射鸿于囿。二子从之④，不释皮冠而与之言⑤。二子怒。孙文子如戚⑥，孙蒯入使⑦。公饮之酒，使大师歌《巧言》之卒章⑧。大师辞，师曹请为之⑨。初，公有嬖妾，使师曹诲之琴⑩，师曹鞭之。公怒，鞭师曹三百。故师曹欲歌之，以怒孙子以报公。公使歌之，遂诵之⑪。

① 敕戒二子，欲共宴食。 ② 服朝服，待命于朝。 ③ 旰，晏也。【释文】旰，古旦切。 ④ 从公于囿。【释文】射，食亦切。囿，音又。 ⑤ 皮冠，田猎之冠也。既不释冠，又不与食。 ⑥ 戚，孙文子邑。 ⑦ 孙蒯，孙文子之子。【释文】使，所吏切，又如字。 ⑧《巧言》，《诗·小雅》。其卒章曰：“彼何人斯，居河之麋，无拳无勇，职为乱阶。”戚，卫河上邑。公欲以喻文子居河上而为乱。大师，掌乐大夫。【释文】饮，於鸩切。麋，亡悲切，本又作“湄”。拳，音权。 ⑨ 辞以为不可。师曹，乐人。 ⑩ 诲，教也。【释文】嬖，必计切。 ⑪ 恐孙蒯不解故。【释文】解，音蟹。

蒯惧，告文子。文子曰：“君忌我矣，弗先，必死①。”并帑于戚而入②，见蘧伯玉曰：“君之暴虐，子所知也。大惧社稷之倾覆，将若之何③？”对曰：“君制其国，臣敢奸之④？虽奸之，庸如愈乎[⑤]？”遂行，从近关出[⑥]。公使子蟜、子伯、子皮与孙子盟于丘宫，孙子皆杀之[⑦]。

① 欲先公作乱。【释文】先，悉荐切。 ② 帑，子也。【释文】并，必政切。帑，音奴。 ③ 伯玉，蘧瑗。【释文】蘧，其居切。覆，芳服切。瑗，于眷切。 ④ 奸，犹犯也。 ⑤ 言逐君更立，未知当差否。【释文】愈，羊主切。差，初卖切。 ⑥ 惧难作，欲速出竟。【释文】难，乃旦切。竟，音境。 ⑦ 三子，卫群公子。疑孙子，故盟之。丘宫，近戚地。【释文】侨，居表切。近，附近之近。

四月己未，子展奔齐[①]。公如鄄[②]，使子行请于孙子，孙子又杀之[③]。公出奔齐，孙氏追之，败公徒于阿泽[④]，鄄人执之[⑤]。初，尹公佗学射于庾公差，庾公差学射于公孙丁。二子追公[⑥]，公孙丁御公[⑦]。子鱼曰：“射为背师，不射为戮，射为礼乎[⑧]？”射两軥而还[⑨]。尹公佗曰：“子为师，我则远矣。”乃反之[⑩]。公孙丁授公辔而射之，贯臂[⑪]。

① 子展，卫献公弟。 ② 鄄，卫地。【释文】鄄，音绢。 ③ 使往请和也。子行，群公子。 ④ 济北东阿县西南有大泽。 ⑤ 公徒因败散还，故为公执之。【释文】为，于伪切，下注“为孙”同。 ⑥ 二子，佗与差。为孙氏逐公。【释文】佗，徒何切。差，初佳切，徐初宜切。 ⑦ 为公御也。 ⑧ 子鱼，庾公差。礼，射不求中。【释文】射，食亦切，下及注除“礼射”一字皆同，或一读“射而礼乎”，音食夜切。背，音佩。中，丁仲切。 ⑨ 軥，车轭卷者。【释文】軥，其俱切，徐古豆切，《说文》同，云：轭下曲者，服云：车轭两边叉马颈者。轭，於革切。卷，音权，又起权切。 ⑩ 佗不从丁学，故言远。始与公差俱退，悔而独还射丁。【释文】为，于伪切。 ⑪ 贯佗臂。【释文】贯，古乱切，一音官。

子鲜从公[①]。及竟，公使祝宗告亡，且告无罪[②]。定姜曰：“无神何告？若有，不可诬也[③]。有罪，若何告无？舍大臣而与小臣谋，一罪也。先君有冢卿以为师保，而蔑之，二罪也[④]。余以巾栉事先君，而暴妾使余，三罪也。告亡而已，无告无罪[⑤]。”

① 子鲜，公母弟。【释文】鲜，音仙。 ② 告宗庙也。 ③ 诬，欺也。定姜，公適母。【释文】適，丁历切。 ④ 谓不释皮冠之比。【释文】舍，音捨。比，

必二切。 ⑤ 时姜在国，故不使得告无罪。【释文】栉，侧乙切。

公使厚成叔吊于卫，曰："寡君使瘠，闻君不抚社稷，而越在他竟[①]，若之何不吊？以同盟之故，使瘠敢私于执事曰[②]：'有君不吊[③]，有臣不敏[④]，君不赦宥，臣亦不帅职，增淫发泄，其若之何？'"卫人使大叔仪对曰[⑤]："群臣不佞，得罪于寡君。寡君不以即刑而悼弃之，以为君忧。君不忘先君之好，辱吊群臣，又重恤之[⑥]。敢拜君命之辱，重拜大贶[⑦]。"厚孙归，复命，语臧武仲曰："卫君其必归乎！有大叔仪以守[⑧]，有母弟鱄以出，或抚其内，或营其外，能无归乎？"

① 越，远也。瘠，厚成叔名。【释文】厚，本或作"郈"，音同。吊于卫，本或作"吊于卫侯"，"侯"衍字也。瘠，在亦切。 ② 执事，卫诸大夫。 ③ 吊，恤也。 ④ 敏，达也。 ⑤ 大叔仪，卫大夫。【释文】泄，息列切。大，音泰。 ⑥ 重恤，谓愍其不达也。【释文】好，呼报切。重，直用切，下同。 ⑦ 谢重恤之赐。 ⑧ 守于国。【释文】语，鱼据切。守，手又切。

齐人以郲寄卫侯[①]。及其复也，以郲粮归[②]。右宰穀从而逃归，卫人将杀之[③]。辞曰："余不说初矣[④]，余狐裘而羔袖[⑤]。"乃赦之。卫人立公孙剽[⑥]，孙林父、宁殖相之，以听命于诸侯[⑦]。

① 郲，齐所灭郲国。【释文】鱄，徐市兖切，又音专。郲，音来。 ② 言其贪。 ③ 穀，卫大夫也。以其从君，故欲杀之。【释文】从，才用切，又如字。④ 言初从君，非说之，不获已耳。【释文】说，音悦。 ⑤ 言一身尽善，唯少有恶。喻己虽从君出，其罪不多。【释文】袖，本又作"褎"，在又切。 ⑥ 剽，穆公孙。【释文】剽，匹妙切，一音甫遥切，《字林》父召切。 ⑦ 听盟会之命。【释文】相，息亮切。

卫侯在郲。臧纥如齐，唁卫侯。卫侯与之言，虐。退而告其人曰："卫侯其不得入矣！其言粪土也，亡而不变，何以复国[①]？"子展、子鲜闻之，见臧纥，与之言，道[②]。臧孙说，谓其人曰："卫君必入。夫二子者，或鞔之，或推之，欲无入，得乎[3]？”

① 武仲不书，未为卿。【释文】唁，鱼变切，徐作“㕔”，音言，吊失国曰唁。粪，方问切。　② 顺道理。　③ 为二十六年卫侯归传。【释文】輓，音晚。推，如字，又他回切。

师归自伐秦，晋侯舍新军，礼也。成国不过半天子之军[1]，周为六军，诸侯之大者，三军可也。于是知朔生盈而死[2]，盈生六年而武子卒，彘裘亦幼，皆未可立也。新军无帅，故舍之[3]。

① 成国，大国。【释文】舍，音捨。　② 朔，知䓨之长子；盈，朔弟也。盈生而朔死。【释文】知，音智。长，丁丈切。　③ 裘，士鲂子也。十三年，荀䓨、士鲂卒，其子皆幼，未任为卿，故新军无帅，遂舍之。【释文】彘，直例切。帅，所类切。任，音壬。

师旷侍于晋侯[1]。晋侯曰：“卫人出其君，不亦甚乎？”对曰：“或者其君实甚。良君将赏善而刑淫，养民如子，盖之如天，容之如地。民奉其君，爱之如父母，仰之如日月，敬之如神明，畏之如雷霆，其可出乎？夫君，神之主而民之望也。若困民之主，匮神乏祀，百姓绝望，社稷无主，将安用之？弗去何为？天生民而立之君，使司牧之，勿使失性。有君而为之贰[2]，使师保之，勿使过度。是故天子有公，诸侯有卿，卿置侧室[3]，大夫有贰宗[4]，士有朋友，庶人、工、商、皂、隶、牧、圉皆有亲昵，以相辅佐也。善则赏之[5]，过则匡之[6]，患则救之[7]，失则革之[8]。自王以下，各有父兄子弟，以补察其政[9]。史为书[10]，瞽为诗[11]，工诵箴谏[12]，大夫规诲[13]，士传言[14]，庶人谤[15]，商旅于市[16]，百工献艺[17]。故《夏书》曰：‘遒人以木铎徇于路[18]，官师相规[19]，工执艺事以谏[20]。’正月孟春，于是乎有之，谏失常也[21]。天之爱民甚矣。岂其使一人肆于民上[22]，以从其淫，而弃天地之性？必不然矣[23]。”

① 师旷，晋乐大师子野。 ② 贰，卿佐。【释文】出，如字，徐音黜。仰，本亦作"卬"，音仰。霆，徒丁切，又音挺，本又作"电"。匮，其位切。乏祀，本或作"之祀"，误也。去，起吕切。 ③ 侧室，支子之官。 ④ 贰宗，宗子之副贰者。⑤ 赏，谓宣扬。【释文】昵，女乙切。 ⑥ 匡正也。 ⑦ 救其难也。【释文】难，乃旦切。 ⑧ 革，更也。 ⑨ 补其愆过，察其得失。 ⑩ 谓大史，君举则书。⑪ 瞽，盲者，为诗以风刺。【释文】瞽，音古。盲，莫庚切。风，芳凤切。 ⑫ 工，乐人也，诵箴谏之辞。【释文】箴，之林切。 ⑬ 规正谏诲其君。 ⑭ 士卑不得径达，闻君过失，传告大夫。【释文】传，直专切，注同。 ⑮ 庶人不与政，闻君过则诽谤。【释文】与，音预。诽，如字，本或作"非"，音亦同，又甫味切。⑯ 旅，陈也。陈其货物，以示时所贵尚。 ⑰ 献其技艺，以喻政事。【释文】技，其绮切。 ⑱ 逸《书》。遒人，行令之官也。木铎，木舌金铃。徇于路，求歌谣之言。【释文】遒，在由切，徐又在幽切，又子由切。铎，待洛切。徇，似俊切。铃，力丁切。 ⑲ 官师，大夫。自相规正。 ⑳ 所谓献艺。 ㉑ 有遒人徇路之事。 ㉒ 肆，放也。 ㉓ 传言师旷能因问尽言。【释文】从，子用切，本或作"纵"。

秋，楚子为庸浦之役故①，子囊师于棠以伐吴，吴不出而还。子囊殿②，以吴为不能而弗儆。吴人自皋舟之隘要而击之③，楚人不能相救。吴人败之，获楚公子宜穀④。

① 在前年。【释文】为，于伪切。 ② 殿军后。【释文】殿，多练切。③ 皋舟，吴险阨之道。【释文】儆，音景。隘，於懈切。要，一遥切。阨，於革切。④ 传言不备不可以师。

王使刘定公赐齐侯命①，曰："昔伯舅大公，右我先王，股肱周室，师保万民，世胙大师，以表东海②。王室之不坏，繄伯舅是赖③。今余命女环④！兹率舅氏之典，纂乃祖考，无忝乃旧。敬之哉，无废朕命⑤！"

① 将昏于齐故也。定公，刘夏，位贱，以能而使之。传称谥，举其终。② 胙，报也。表，显也。谓显封东海，以报大师之功。【释文】右，音又。胙，才故切。 ③ 繄，发声。【释文】坏，如字，服本作"怀"。繄，乌兮切。 ④ 环，齐灵公名。【释文】女，音汝。环，户关切。 ⑤ 纂，继出。因昏而加褒显。传言王室不能命有功。

晋侯问卫故于中行献子[1]，对曰："不如因而定之。卫有君矣[2]，伐之，未可以得志而勤诸侯。史佚有言曰：'因重而抚之[3]。'仲虺有言曰：'亡者侮之，乱者取之，推亡固存，国之道也[4]。'君其定卫以待时乎[5]！"冬，会于戚，谋定卫也[6]。

① 问卫逐君当讨否。献子，荀偃。 ② 谓剽已立。 ③ 重不可移，就抚安之。【释文】佚，音逸。 ④ 仲虺，汤左相。【释文】虺，许鬼切。侮，亡甫切。相，息亮切。 ⑤ 待其昏乱之时乃伐之。 ⑥ 定立剽。

范宣子假羽毛于齐而弗归，齐人始贰[1]。

① 析羽为旌，王者游车之所建，齐私有之，因谓之羽毛，宣子闻而借观之。【释文】析，星历切。

楚子囊还自伐吴，卒。将死，遗言谓子庚："必城郢[1]。"君子谓："子囊忠。君薨不忘增其名[2]，将死不忘卫社稷，可不谓忠乎？忠，民之望也。《诗》曰：'行归于周，万民所望。'忠也[3]。"

① 楚徙都郢，未有城郭。公子燮、公子仪因筑城为乱，事未得讫，子囊欲讫而未暇，故遗言见意。【释文】见，贤遍切。 ② 谓前年谥君为共。 ③《诗·小雅》。忠信为周。言德行归于忠信，即为万民所瞻望。【释文】行，下孟切。

襄公十五年

【经】

十有五年春，宋公使向戌来聘。

二月己亥，及向戌盟于刘。

刘夏逆王后于齐[1]。

夏，齐侯伐我北鄙，围成。

公救成，至遇[2]。

季孙宿、叔孙豹帅师城成郛[3]。

秋八月丁巳，日有食之[4]。

邾人伐我南鄙。

冬十有一月癸亥，晋侯周卒[5]。

① 刘，采地。夏，名也。天子卿书字，刘夏非卿，故书名。天子无外，所命则成，故不言逆女。 ② 无传。遇，鲁地。书至遇，公畏齐，不敢至成。 ③ 备齐，故夏城，非例所讥。 ④ 无传。八月无丁巳，丁巳，七月一日也。日月必有误。 ⑤ 四同盟。

【传】

十五年春，宋向戌来聘，且寻盟[1]。见孟献子，尤其室[2]，曰："子有令闻，而美其室，非所望也！"对曰："我在晋，吾兄为之，毁之重劳，且不敢间[3]。"

① 报二年豹之聘，寻十一年亳之盟。 ② 尤，责过也。 ③ 传言献子友于兄，且不隐其实。【释文】闻，音问。重，直用切。间，间厕之间。

官师从单靖公逆王后于齐。卿不行，非礼也[1]。

① 官师，刘夏也。天子官师非卿也。刘夏独过鲁告昏，故不书单靖公。天子不亲昏，使上卿逆而公监之，故曰卿不行，非礼。【释文】过，古禾切。监，古衔切。

楚公子午为令尹[1]，公子罢戎为右尹，蒍子冯为大司马[2]，公子橐师为右司马，公子成为左司马，屈到为莫敖[3]，公子追舒为箴尹[4]，屈荡为连尹，养由基为宫厩尹，以靖国人。君子谓："楚于是乎能官人。官人，国之急也。能官人，则民无觎心[5]。《诗》云：'嗟我怀人，寘彼周行。'能官人也[6]。王及公、侯、伯、子、男、甸、采、卫大夫，各居其列，所谓周行也[7]。"

① 代子囊。 ② 子冯，叔敖从子。【释文】罢，音皮，又皮买切。蒍，于委切。冯，皮冰切。从，才用切。 ③ 屈到，屈荡子。【释文】橐，音托。成，音城。屈，居勿切。 ④ 追舒，庄王子子南。【释文】箴，之林切。 ⑤ 无觊觎以求幸。

【释文】厩，徐音救。觎，羊朱切，徐音喻。觊，音冀。 ⑥《诗·周南》也。寘，置也。行，列也。周，徧也。诗人嗟叹，言我思得贤人，置之徧于列位。是后妃之志以官人为急。【释文】寘，之豉切。行，户郎切，下同。徧，音遍。 ⑦ 言自王以下诸侯大夫各任其职，则是诗人周行之志也。甸、采、卫，五服之名也。天子所居千里曰圻，其外曰侯服，次曰甸服，次曰男服，次曰采服，次曰卫服。五百里为一服。不言侯、男，略举也。【释文】任，音壬。圻，音祈。

郑尉氏、司氏之乱，其余盗在宋①。郑人以子西、伯有、子产之故，纳赂于宋②，以马四十乘③与师茷、师慧④。三月，公孙黑为质焉⑤。司城子罕以堵女父、尉翩、司齐与之，良司臣而逸之⑥，托诸季武子，武子寘诸卞⑦。郑人醢之三人也⑧。

① 乱在十年。 ② 三子之父皆为尉氏所杀故。 ③ 百六十匹。【释文】乘，绳证切。 ④ 乐师也。茷、慧，其名。【释文】茷，扶废切，徐音伐。 ⑤ 公孙黑，子晳。【释文】质，音致。晳，星历切。 ⑥ 贤而放之。【释文】女，音汝。 ⑦ 子罕以司臣托季氏。【释文】卞，皮彦切。 ⑧ 三人：堵女父、尉翩、司齐。

师慧过宋朝，将私焉①。其相曰："朝也②。"慧曰："无人焉。"相曰："朝也，何故无人？"慧曰："必无人焉。若犹有人，岂其以千乘之相易淫乐之矇？必无人焉故也③。"子罕闻之，固请而归之④。

① 私，小便。 ② 相师者。【释文】相，息亮切。 ③ 千乘相，谓子产等也。言不为子产杀三盗，得赂而归之，是重淫乐而轻相国。【释文】易，以豉切，轻也。矇，音蒙。为，于伪切，下"为之"同。 ④ 言子罕能改过。

夏，齐侯围成，贰于晋故也①。于是乎城成郛②。

① 不畏霸主，故敢伐鲁。 ② 郛，郭也。

秋，邾人伐我南鄙①。使告于晋，晋将为会以讨邾、莒②。晋侯有疾，乃止。冬，晋悼公卒，遂不克会③。

① 亦贰于晋故。 ② 十二年、十四年莒人伐鲁，未之讨也。 ③ 为明年会溴梁传。【释文】溴，古历切。

郑公孙夏如晋奔丧，子蟜送葬①。

① 夏，子西也。言诸侯畏晋，故卿共葬。【释文】共，音恭。

宋人或得玉，献诸子罕。子罕弗受。献玉者曰："以示玉人①，玉人以为宝也，故敢献之。"子罕曰："我以不贪为宝，尔以玉为宝，若以与我，皆丧宝也。不若人有其宝。"稽首而告曰："小人怀璧，不可以越乡②。纳此以请死也③。"子罕寘诸其里，使玉人为之攻之④，富而后使复其所⑤。

① 玉人，能治玉者。 ② 言必为盗所害。【释文】丧，息浪切。 ③ 请免死。 ④ 攻，治也。 ⑤ 卖玉得富。

十二月，郑人夺堵狗之妻，而归诸范氏①。

① 堵狗，堵女父之族。狗娶于晋范氏，郑人既诛女父，畏狗因范氏而作乱，故夺其妻归范氏，先绝之。传言郑之有谋。【释文】堵，音者。狗，本或作"苟"。娶，七注切。

春秋经传集解襄公三第十六

襄公十六年

【经】

十有六年春，王正月，葬晋悼公①。

三月，公会晋侯、宋公、卫侯、郑伯、曹伯、莒子、邾子、薛伯、杞伯、小邾子于溴梁②。

戊寅，大夫盟③。

晋人执莒子、邾子以归④。

齐侯伐我北鄙⑤。

夏，公至自会⑥。

五月甲子，地震⑦。

叔老会郑伯、晋荀偃、卫宁殖、宋人伐许⑧。

秋，齐侯伐我北鄙，围成⑨。

大雩⑩。

冬，叔孙豹如晋。

① 逾月而葬，速也。　② 不书高厚，逃归故也。溴水出河内轵县，东南至温入河。【释文】溴，古阒切，徐公壁切。轵，之氏切，韦昭音枳。　③ 诸大夫本欲盟高厚，高厚逃归，故遂自共盟。鸡泽会重序诸侯，今此间无异事，即上诸侯

大夫可知。【释文】重,直用切。 ④ 邾、莒二国数侵鲁,又无道于其民,故称人以执。不以归京师,非礼也。【释文】数,所角切。 ⑤ 无传。齐贰晋故。 ⑥ 无传。 ⑦ 无传。 ⑧ 荀偃主兵,当序郑上。方示叔老可以会郑伯,故荀偃在下。 ⑨【释文】成,音郕。 ⑩ 无传。书过。

【传】

十六年春,葬晋悼公。平公即位①,羊舌肸为傅②,张君臣为中军司马③,祁奚、韩襄、栾盈、士鞅为公族大夫④,虞丘书为乘马御⑤。改服修官,烝于曲沃⑥。警守而下,会于溴梁⑦。命归侵田⑧。以我故,执邾宣公、莒犁比公⑨,且曰:"通齐、楚之使⑩。"

① 平公,悼公子彪。【释文】彪,彼虯切。 ② 肸,叔向也,代士渥浊。【释文】肸,许乙切。向,许丈切。 ③ 张老子,代其父。 ④ 祁奚去中军尉为公族大夫,去剧职就閒官。韩襄,无忌子。【释文】閒,音闲。 ⑤ 代程郑。【释文】乘,绳证切。 ⑥ 既葬,改丧服。修官,选贤能。曲沃,晋祖庙。烝,冬祭也。诸侯五月而葬,既葬,卒哭,作主,然后烝尝于庙。今晋逾月葬,作主而烝祭。传言晋将有溴梁之会,故速葬。【释文】烝,之承切。 ⑦ 顺河东行,故曰下。【释文】警,居领切。守,手又切。 ⑧ 诸侯相侵取之田。 ⑨ 梨比,莒子号也。十二年、十四年莒人侵鲁,前年邾人伐鲁,晋将为鲁讨之,悼公卒,不克会,故平公终其事。【释文】犁,徐力私切,又力兮切。比,音毗。为,于伪切,下文"为夷"同。 ⑩ 邾、莒在齐、楚往来道中,故并以此责之。经书执在大夫盟下,既盟而后告。【释文】使,所吏切,下同。

晋侯与诸侯宴于温,使诸大夫舞,曰:"歌诗必类①!"齐高厚之诗不类②。荀偃怒,且曰:"诸侯有异志矣!"使诸大夫盟高厚,高厚逃归③。于是,叔孙豹、晋荀偃、宋向戌、卫宁殖、郑公孙虿、小邾之大夫盟曰:"同讨不庭④。"

① 歌古诗,当使各从义类。 ② 齐有二心故。 ③ 齐为大国,高厚若此,知小国必当有从者。 ④ 自曹以下,大夫不书,故传举小邾以包之。【释文】向,舒亮切。戌,音恤。虿,敕迈切。

许男请迁于晋①，诸侯遂迁许。许大夫不可，晋人归诸侯②。郑子蟜闻将伐许，遂相郑伯以从诸侯之师③。穆叔从公④，齐子帅师会晋荀偃。书曰："会郑伯。"为夷故也⑤。

① 许欲叛楚。 ② 唯以其师讨许之不肯迁。 ③ 郑与许有宿怨，故其君亲行。【释文】蟜，居表切。相，息亮切。 ④ 从公归。【释文】从，才用切，又如字。 ⑤ 夷，平也。《春秋》于鲁事所记不与外事同者，客主之言，所以为文，固当异也。鲁卿每会公侯，《春秋》无讥，故于此示例。不先书主兵之荀偃，而书后至之郑伯，时皆诸侯大夫，义取皆平，故得会郑伯。

夏六月，次于棫林。庚寅，伐许，次于函氏①。晋荀偃、栾黡帅师伐楚，以报宋扬梁之役②。楚公子格帅师及晋师战于湛阪③，楚师败绩。晋师遂侵方城之外④，复伐许而还⑤。

① 棫林、函氏，皆许地。【释文】棫，为逼切，徐于目切。函，音咸。 ② 晋师独进。扬梁役在十二年。【释文】黡，於斩切。 ③ 襄城昆阳县北有湛水，东入汝。【释文】格，古百切。湛，市林切，徐又丈林切，又直斩切。阪，音反，徐又扶板切。 ④ 不书，不告。 ⑤ 许未迁故。【释文】复，扶又切。

秋，齐侯围成①，孟孺子速徼之②。齐侯曰："是好勇，去之以为之名。"速遂塞海陉而还③。

① 成，鲁孟氏邑。贰晋，故伐鲁。 ② 孟献子之子庄子速也。徼，要也。【释文】孺，本又作"𤘽"，如往切。速，本亦作"遬"，音同。徼，古尧切。要，一遥切。 ③ 海陉，鲁隘道。【释文】好，呼报切。陉，音刑，徐古定切。隘，於懈切。

冬，穆叔如晋聘，且言齐故①。晋人曰："以寡(人)[君]之未禘祀②，与民之未息③。不然，不敢忘。"穆叔曰："以齐人之朝夕释憾于敝邑之地，是以大请！敝邑之急，朝不及夕，引领西望曰：'庶几乎④！'比执事之閒，恐无及也！"见中行献子，赋《圻父》⑤。献子曰："偃知罪矣！敢不从执事以同恤社稷，而使鲁及此⑥？"见范宣子，赋《鸿雁》之卒章⑦。宣子曰："匄在此，敢使鲁无鸠乎⑧？"

① 言齐再伐鲁。 ② 禘祀，三年丧毕之吉祭。【释文】禘，大计切。 ③ 新

伐许及楚。 ④ 庶几晋来救。【释文】朝、夕，如字。憾，本又作“感”，户暗切。 ⑤《圻父》，《诗·小雅》。周司马掌封畿之兵甲，故谓之圻父。诗人责圻父为王爪牙，不修其职，使百姓受困苦之忧，而无所止居。【释文】比，必利切。閒，音闲。行，户郎切。圻，其依切。父，音甫。 ⑥ 及此忧。 ⑦《鸿雁》，《诗·小雅》。卒章曰：“鸿雁于飞，哀鸣嗸嗸。唯此哲人，谓我劬劳。”言鲁忧困，嗸嗸然若鸿雁之失所。大曰鸿，小曰雁。【释文】嗸，五刀切。劬，求于切。 ⑧ 鸠，集也。【释文】匄，古害切。鸠，居牛切。

襄公十七年

【经】

十有七年春，王二月庚午，邾子牼卒[1]。

宋人伐陈。

夏，卫石买帅师伐曹[2]。

秋，齐侯伐我北鄙。围桃。高厚帅师伐我北鄙，围防[3]。

九月，大雩[4]。

宋华臣出奔陈[5]。

冬，邾人伐我南鄙。

① 无传。宣公也，四同盟。【释文】牼，苦耕切，徐户耕切。 ② 买，石稷子。 ③ 弁县东南有桃虚。【释文】虚，起居切。 ④ 无传。书过。 ⑤ 暴乱宗室，惧而出奔。实以冬出，书秋者，以始作乱时来告。【释文】华，户化切。

【传】

十七年春，宋庄朝伐陈，获司徒卬，卑宋也[1]。

① 司徒卬，陈大夫。卑宋，不设备。【释文】朝，如字。凡人名字皆放此。卬，五郎切。

卫孙蒯田于曹隧[1]，饮马于重丘[2]，毁其瓶。重丘人闭门而询之[3]，曰：“亲逐而君，尔父为厉[4]。是之不忧，而何以田为?”夏,卫石买、孙蒯伐曹,取重丘⑤。曹人愬于晋⑥。

① (赵)[越]竟而猎。孙蒯,林父之子。【释文】蒯,苦怪切。隧,音遂。竟,音境。 ② 重丘,曹邑。【释文】饮,於鸩切。重,直龙切。 ③ 诟,骂也。【释文】瓶,步经切。诟,呼豆切。骂,马嫁切。 ④ 厉,恶鬼。林父逐君在十四年。⑤ 孙蒯不书,非卿。 ⑥ 为明年晋人执石买传。【释文】愬,悉路切。

齐人以其未得志于我故①,秋,齐侯伐我北鄙,围桃。高厚围臧纥于防②。师自阳关逆臧孙,至于旅松③。郰叔纥、臧畴、臧贾帅甲三百,宵犯齐师,送之而复④。齐师去之⑤。

① 前年围成,辟孟孺子。 ② 防,臧纥邑。【释文】纥,恨发切。 ③ 阳关在泰山巨平县东。旅松,近防地也。鲁师畏齐,不敢至防。【释文】近,附近之近,下“居近”同。 ④ 郰叔纥,叔梁纥。臧畴、臧贾,臧纥之昆弟也。三子与臧纥共在防,故夜送臧纥于旅松,而复还守防。【释文】郰,侧留切。复,扶又切,又音服。 ⑤ 失臧纥故。

齐人获臧坚①。齐侯使夙沙卫唁之,且曰:“无死②!”坚稽首曰:“拜命之辱!抑君赐不终,姑又使其刑臣礼于士。”以杙抉其伤而死③。

① 坚,臧纥之族。 ② 使无自杀。【释文】唁,音彦。 ③ 言使贱人来(言)[唁]己,是惠赐不终也。夙沙卫,奄人,故谓之刑臣。【释文】杙,羊职切。抉,乌穴切,徐又古穴切。伤,如字,一本作“疡”,音羊。

冬,邾人伐我南鄙,为齐故也①。

① 齐未得志于鲁,故邾助之。【释文】为,于伪切。

宋华阅卒。华臣弱皋比之室①,使贼杀其宰华吴。贼六人以铍杀诸卢门合左师之后②。左师惧曰:“老夫无罪。”贼曰:“皋比私有讨于吴。”遂幽其妻③,曰:“畀余而大璧④。”宋公闻之,曰:“臣也不唯其宗室是暴,大乱宋国之政,必逐之!”左师曰:“臣也,亦卿也。大臣不顺,国之耻也。不如盖之。”乃舍之。左师为己短策,苟过华臣之门,必骋⑤。十一月甲午,国人逐瘈狗,瘈狗入于华臣氏,国人从之。华臣惧,遂奔陈⑥。

① 臣，阅之弟。皋比，阅之子。弱，侵易之。【释文】比，音毗。易，以豉切。② 卢门，宋城门。合，向戌邑。后，屋后。【释文】铍，普皮切。 ③ 幽吴妻也。④ 畀，与也。【释文】畀，必利切。 ⑤ 恶之。【释文】骋，敕领切。恶，乌路切。⑥ 华臣心不自安，见逐狗而惊走。【释文】瘈，徐居世切，一音制，《字林》作“狾”，九世切，云：狂犬也。

宋皇国父为大宰，为平公筑台，妨于农收①。子罕请俟农功之毕，公弗许。筑者讴曰：“泽门之皙，实兴我役②。邑中之黔，实慰我心③。”子罕闻之，亲执朴④，以行筑者，而抶其不勉者，曰：“吾侪小人，皆有阖庐以辟燥湿寒暑⑤。今君为一台而不速成，何以为役⑥？”讴者乃止。或问其故，子罕曰：“宋国区区，而且诅有祝，祸之本也⑦。”

① 周十一月，今九月，收敛时。【释文】大，音泰，后放此。为，于伪切。妨，音芳。收，如字，又手又切。 ② 泽门，宋东城南门也。皇国父白皙而居近泽门。【释文】讴，乌侯切。泽门，本或作“皋门”者误。皙，星历切，徐思益切 。③ 子罕黑色而居邑中。【释文】黔，徐音琴，一音其廉切。 ④ 朴，杖。【释文】朴，普卜切。 ⑤ 阖谓门户闭塞。【释文】行，下孟切。抶，耻乙切。侪，仕皆切。阖，户腊切。庐，力居切。 ⑥ 役，事也。 ⑦ 传善子罕分谤。【释文】区，丘于切，小貌。诅，庄虑切。祝，之又切。谤，补浪切。

齐晏桓子卒①。晏婴麤缞斩②，苴绖、带、杖，菅屦③，食鬻，居倚庐，寝苫，枕草④。其老曰：“非大夫之礼也⑤。”曰：“唯卿为大夫⑥。”

① 晏婴父也。 ② 斩，不缉之也。缞，在胸前。麤，三升布。【释文】麤，本又作“麄”。缞，本又作“衰”，七雷切，注同。缉，七入切。 ③ 苴，麻之有子者，取其麤也。杖，竹杖。菅屦，草屦。【释文】苴，七徐切。绖，直结切。以苴麻为绖及带。杖，《礼记》云：苴杖，竹也。菅，古颜切。屦，九具切。 ④ 此礼与《士丧礼》略同，其异唯枕草耳。然枕凷亦非《丧服》正文。【释文】鬻，之六切，又羊六切，谓朝一溢米，暮一溢米。倚庐，於绮切。庐，倚东墙而为之，故曰倚庐。苫，伤廉切，编草也。枕，之鸩切，注同，王俭云：夏枕凷，冬枕草。凷，音苦对切，

一音苦怪切。 ⑤ 时之所行，士及大夫缞服各有不同。晏子为大夫而行士礼，其家臣不解，故讥之。【释文】解，音蟹。 ⑥ 晏子恶直己以斥时失礼，故孙辞略答家老。

襄公十八年

【经】

十有八年春，白狄来①。

夏，晋人执卫行人石买②。

秋，齐师伐我北鄙③。

冬十月，公会晋侯、宋公、卫侯、郑伯、曹伯、莒子、邾子、滕子、薛伯、杞伯、小邾子，同围齐④。

曹伯负刍卒于师⑤。

楚公子午帅师伐郑。

① 不言朝，不能行朝礼。 ② 石买即是伐曹者，宜即惩治本罪，而晋因其为行人之使执之，故书行人以罪晋。【释文】使，所吏切。 ③ 不书齐侯，齐侯不入竟。【释文】竟，音境。 ④ 齐数行不义，诸侯同心，俱围之。【释文】数，所角切。 ⑤ 无传。礼当与许男同。三同盟。【释文】刍，初俱切。

【传】

十八年春，白狄始来①。

① 白狄，狄之别名，未尝与鲁接，故曰始。

夏，晋人执卫行人石买于长子，执孙蒯于纯留①，为曹故也②。

① 长子、纯留二县今皆属上党郡。孙蒯不书，父在位，蒯非卿。【释文】长，丁丈切，或如字。纯，徒温切，或如字，《地理志》作“屯”。 ② 前年卫伐曹。【释文】为，于伪切。

秋，齐侯伐我北鄙。中行献子将伐齐，梦与厉公讼，弗胜[①]；公以戈击之，首队于前，跪而戴之，奉之以走，见梗阳之巫皋[②]。他日，见诸道，与之言，同[③]。巫曰："今兹主必死，若有事于东方，则可以逞[④]。"献子许诺。

① 厉公，献子所弑者。【释文】弑，申志切。 ② 梗阳，晋邑，在太原晋阳县南。皋，巫名也。梦并见之。【释文】队，直位切。跪，其委切。奉，芳勇切。梗，古杏切。皋，古刀切。 ③ 巫亦梦见献子与厉公讼。 ④ 巫知献子有死征，故劝使决意伐齐。

晋侯伐齐，将济河。献子以朱丝系玉二瑴[①]，而祷曰："齐环怙恃其险，负其众庶[②]，弃好背盟，陵虐神主[③]。曾臣彪将率诸侯以讨焉[④]，其(宦)[官]臣偃实先后之[⑤]。苟捷有功，无作神羞[⑥]，官臣偃无敢复济[⑦]。唯尔有神裁之！"沈玉而济。

① 双玉曰瑴。【释文】瑴，古学切。 ② 环，齐灵公名。负，依也。【释文】祷，丁老切，又丁报切。怙，音户。 ③ 神主，民也。谓数伐鲁，残民人。【释文】好，呼报切。背，音佩。数，所角切。 ④ 彪，晋平公名。称臣者，明上有天子，以谦告神。曾臣，犹末臣。 ⑤ 守官之臣。偃，献子名。【释文】先，悉荐切。后，户豆切。守，手又切，又如字。 ⑥ 羞，耻也。 ⑦ 偃信巫言，故以死自誓。【释文】复，扶又切，下注"复欲"同。

冬十月，会于鲁济，寻溴梁之言，同伐齐[①]。齐侯御诸平阴，堑防门而守之，广里[②]。夙沙卫曰："不能战，莫如守险[③]。"弗听。诸侯之士门焉，齐人多死。范宣子告析文子曰[④]："吾知子，敢匿情乎？鲁人、莒人皆请以车千乘自其乡入，既许之矣。若入，君必失国。子盍图之？"子家以告公，公恐。晏婴闻之曰："君固无勇，而又闻是，弗能久矣[⑤]。"齐侯登巫山以望晋师[⑥]。晋人使司马斥山泽之险，虽所不至，必旆而疏陈之[⑦]。使乘车者左实右伪，以旆先[⑧]，舆曳柴而从之[⑨]。齐侯见之，畏其众也，乃脱归[⑩]。

① 湨梁在十六年，盟曰同讨不庭。【释文】沈，音鸩，或如字。济，子礼切。　② 平阴城在济北卢县东北，其城南有防，防有门，于门外作堑，横行广一里。故经书围。【释文】御，鱼吕切。堑，七艳切。广，古旷切。　③ 谓防门不足为险。　④ 析文子，齐大夫子家。【释文】析，星历切。　⑤ 不能久敌晋。【释文】匿，女力切。乘，绳证切。盍，户腊切。恐，曲勇切。　⑥ 巫山在卢县东北。　⑦ 斥，候也。疏建旌旗以为陈，示众也。【释文】斥，音尺，又昌夜切。旆，步盖切。陈，直觐切。　⑧ 伪以衣服为人形也。建旆以先驱。　⑨ 以扬尘　⑩ 脱，不张旗帜。【释文】脱，敕活切，又他外切。帜，申志切，又赤志切。

丙寅晦，齐师夜遁。师旷告晋侯曰："鸟乌之声乐，齐师其遁①。"邢伯告中行伯曰②："有班马之声③，齐师其遁。"叔向告晋侯曰："城上有乌，齐师其遁。"十一月丁卯朔，入平阴，遂从齐师。

① 鸟乌得空营，故乐也。【释文】遁，徒困切。乐，音洛。　② 邢伯，晋大夫邢侯也。中行伯，献子。　③ 夜遁，马不相见，故鸣。班，别也。【释文】别，彼列切。

夙沙卫连大车以塞隧而殿①。殖绰、郭最曰："子殿国师，齐之辱也②。子姑先乎！"乃代之殿。卫杀马于隘以塞道③。晋州绰及之，射殖绰，中肩，两矢夹脰④，曰："止，将为三军获。不止，将取其衷⑤。"顾曰："为私誓。"州绰曰："有如日⑥！"乃弛弓而自后缚之⑦。其右具丙⑧亦舍兵而缚郭最。皆衿甲面缚⑨，坐于中军之鼓下。

① 此卫所欲守险。【释文】连、大，并如字。隧，音遂，道也。殿，都练切。　② 奄人殿师，故以为辱。【释文】最，子会切。　③ 恨二子，故塞其道，欲使晋得之。【释文】隘，於懈切。　④ 脰，颈也。【释文】射，食亦切，下同。中，丁仲切。夹，古洽切，或古协切。脰，音豆。　⑤ 不止，复欲射两矢中央。【释文】衷，音忠。　⑥ 言必不杀女，明如日。【释文】女，音汝。　⑦ 反缚之。【释文】弛，式氏切，本又作"施"，音同。　⑧ 州绰之右。　⑨ 衿甲，不解甲。【释文】舍，音捨。衿，其鸩切。

晋人欲逐归者，鲁、卫请攻险①。己卯，荀偃、士匄以中军克京兹②。乙酉，魏绛、栾盈以下军克邿③。赵武、韩起以上军围卢，弗克。十二月戊戌，及秦周，伐雍门之萩④。范鞅门于雍门，其御追喜以戈杀犬于门中⑤。孟庄子斩其橁以为公琴⑥。己亥，焚雍门及西郭、南郭。刘难、士弱率诸侯之师焚申池之竹木⑦。壬寅，焚东郭、北郭。范鞅门于扬门⑧。州绰门于东闾⑨，左骖迫，还于门中，以枚数阖⑩。

① 险，固城守者。【释文】守，手又切。 ② 在平阴城东南。 ③ 栾黡死，其子盈佐下军。平阴西有邿山。【释文】邿，音诗。 ④ 秦周，鲁大夫，赵武及之共伐萩也。雍门，齐城门。【释文】雍，於用切。萩，音秋，本又作“秋”。⑤ 杀犬，示閒暇。【释文】閒，音闲。 ⑥ 庄子，孺子速也。橁，木名。【释文】橁，敕伦切，又相伦切。 ⑦ 二子，晋大夫。【释文】难，乃多切，又如字。⑧ 齐西门。 ⑨ 齐东门。 ⑩ 枚，马檛也。阖，门扇也。数其板，示不恐。【释文】骖，七南切。迫，音百。还，音旋，又音患。枚，每回切。数，所主切。阖，户腊切。檛，陟瓜切。恐，曲勇切。

齐侯驾，将走邮棠①。大子与郭荣扣马②，曰：“师速而疾，略也③。将退矣，君何惧焉！且社稷之主，不可以轻，轻则失众。君必待之。”将犯之，大子抽剑断鞅，乃止。甲辰，东侵及潍，南及沂④。

① 邮棠，齐邑。【释文】邮，音尤。 ② 大子，光也。荣，齐大夫。【释文】扣，音口。 ③ 言欲略行其地，无久攻意。【释文】行，下孟切。 ④ 潍水在东莞东北，至北海都昌县入海。沂水出东莞盖县，至下邳入泗。【释文】轻，遣政切，下同。断，音短。潍，本又作“维”，音同。沂，鱼依切。莞，音官。盖，古害切。邳，蒲悲切。泗，音四。

郑子孔欲去诸大夫①，将叛晋而起楚师以去之。使告子庚，子庚弗许②。楚子闻之，使杨豚尹宜告子庚曰：“国人谓不穀主社稷，而不出师，死不从礼③。不穀即位，于今五年，师徒不出，人其以不穀为自逸，而忘先君之业矣④。大夫图之！其若之何？”子庚叹曰：“君王其谓午怀安乎！吾以利社稷也。”见使者，稽首而对曰：“诸侯方睦于晋，臣请尝之[5]。若可，君而继之。不可，收师而退，可以无害，君亦无辱。”子庚帅师治兵于汾[6]。于是子蟜、伯有、子张从郑伯伐齐[7]，子孔、子展、子西守。二子知子孔之谋[8]，完守入保[9]。子孔不敢会楚师。

① 欲专权。【释文】去，起吕切，下同。 ② 子庚，楚令尹公子午。 ③ 不能承先君之业，死将不得从先君之礼。【释文】豚，徒门切。 ④ 谓己未尝统师自出。 ⑤ 尝，试其难易也。【释文】使，所吏切。易，以豉切。 ⑥ 襄城县东北有汾丘城。【释文】汾，扶云切。 ⑦ 子张，公孙黑肱。 ⑧ 二子：子展、子西。【释文】守，手又切，下“完守”同。 ⑨ 完城郭，内保守。

楚师伐郑，次于鱼陵[1]。右师城上棘，遂涉颍，次于旃然[2]。蒍子冯、公子格率锐师侵费滑、胥靡、献于、雍梁[3]，右回梅山[4]，侵郑东北，至于虫牢而反。子庚门于纯门，信于城下而还[5]，涉于鱼齿之下[6]，甚雨及之，楚师多冻，役徒几尽。

① 鱼陵，鱼齿山也。在南阳犨县北，郑地。【释文】犨，尺由切。 ② 将涉颍，故于水边权筑小城，以为进退之备。旃然水出荥阳城皋县，东入汴。【释文】旃，章延切。汴，皮彦切。 ③ 胥靡、献于、雍梁，皆郑邑。河南阳翟县东北有雍氏城。【释文】蒍，本又作“蔿”，于委切。冯，皮冰切。费，扶味切。滑，于八切。雍，于用切。 ④ 在荥阳密县东北。【释文】回，如字，徐胡猥切。 ⑤ 信，再宿也。【释文】牢，力刀切。纯，如字，又市荀切。 ⑥ 鱼齿山之下有滍水，故言涉。【释文】滍，音雉。

晋人闻有楚师，师旷曰：“不害。吾骤歌北风，又歌南风。南风不竞[1]，多死声。楚必无功。”董叔曰：“天道多在西北[2]，南师不时，必无功[3]。”叔向曰：“在其君之德也[4]。”

① 歌者吹律以咏八风，南风音微，故曰不竞也。师旷唯歌南北风者，听晋、楚之强弱。【释文】冻，丁弄切。几，音祈。骤，仕救切。 ② 岁在豕韦，月又建亥，故曰多在西北。 ③ 不时谓触岁月。 ④ 言天时地利不如人和。

襄公十九年

【经】

十有九年春，王正月，诸侯盟于祝柯①。

晋人执邾子②。

公至自伐齐③。

取邾田，自漷水④。

季孙宿如晋。

葬曹成公⑤。

夏，卫孙林父帅师伐齐。

秋七月辛卯，齐侯环卒⑥。

晋士匄帅师侵齐，至穀，闻齐侯卒，乃还⑦。

八月丙辰，仲孙蔑卒⑧。

齐杀其大夫高厚。

郑杀其大夫公子嘉。

冬，葬齐灵公⑨。

城西郛⑩。

叔孙豹会晋士匄于柯⑪。

城武城⑫。

① 前年围齐之诸侯也。祝柯县今属济南郡。【释文】柯，古多切。 ② 称人以执，恶及民也。 ③ 无传。 ④ 取邾田以漷水为界也。漷水出东海合乡县，西南经鲁国至高平湖陆县入泗。【释文】漷，好虢切，徐音郭，又虎伯切，《字林》口郭、口获二切。 ⑤ 无传。 ⑥ 世子光三与鲁同盟。 ⑦ 详录所至及还者，善得礼。 ⑧ 无传。 ⑨ 无传。 ⑩ 鲁西郭。【释文】郛，芳夫切。 ⑪ 魏郡内黄县东北有柯城。 ⑫ 泰山南武城县。

【传】

十九年春，诸侯还自沂上，盟于督扬，曰："大毋侵小[①]。"执邾悼公，以其伐我故[②]。遂次于泗上，疆我田[③]。取邾田，自漷水归之于我[④]。晋侯先归。公享晋六卿于蒲圃[⑤]，赐之三命之服。军尉、司马、司空、舆尉、候奄，皆受一命之服[⑥]。贿荀偃束锦，加璧，乘马，先吴寿梦之鼎[⑦]。

① 督扬即祝柯也。【释文】督，丁毒切。毋，音无。 ② 伐鲁在十七年。 ③ 正邾、鲁之界也。泗，水名。【释文】疆，居良切。 ④ 邾田在漷水(止)[北]，今更以漷为界，故曰取邾田。 ⑤ 六卿过鲁。【释文】圃，布古切。过，古禾切。 ⑥ 如鞌战还之赐，唯无先辂。【释文】鞌，音安。 ⑦ 荀偃，中军元帅，故特贿之。五匹为束，四马为乘。寿梦，吴子乘也，献鼎于鲁，因以为名。古之献物必有以先，今以璧马为鼎之先。【释文】贿，呼罪切。乘，绳证切。先，悉荐切，又如字。梦，莫公切。帅，所类切。

荀偃瘅疽，生疡于头[①]。济河，及著雍，病，目出。大夫先归者皆反。士匄请见，弗内。请后，曰："郑甥可[②]。"二月甲寅，卒，而视，不可含[③]。宣子盥而抚之，曰："事吴，敢不如事主！"犹视[④]。栾怀子曰："其为未卒事于齐故也乎[⑤]？"乃复抚之曰："主苟终，所不嗣事于齐者，有如河！"乃瞑，受含[⑥]。宣子出，曰："吾浅之为丈夫也[⑦]。"

① 瘅疽，恶创。【释文】瘅，丁但切，徐音旦。疽，七徐切。疡，音羊。创，初良切。 ② 士匄，中军佐，故问后也。郑甥，荀吴，其母郑女。【释文】著，张虑切，又直虑切。雍，於用切。见，贤遍切。 ③ 目开口噤。【释文】视，如字，徐市至切。含，户暗切，下同。噤，其荫切。 ④ 大夫称主。【释文】盥，音管。 ⑤ 怀子，栾盈。【释文】为，于伪切，下注"为怀"同。 ⑥ 嗣，续也。【释文】复，扶又切。瞑，亡丁切，一音亡平切。桓谭以为荀偃病而目出，初死，其目未合，尸冷乃合，非其有所知也，传因其异而记之耳。 ⑦ 自恨以私待人。

晋栾鲂帅师从卫孙文子伐齐[①]。

季武子如晋拜师[②]，晋侯享之。范宣子为政[③]，赋《黍苗》[4]。季武子兴，再拜稽首曰："小国之仰大国也，如百谷之仰膏雨焉！若常膏之，其天下辑睦，岂唯敝邑？"赋《六月》[5]。

① 为怀子之言故也。栾鲂，栾氏族。不书，兵并林父，不别告也。经书夏，从告。【释文】并，如字，又必政切。　② 谢讨齐。　③ 代荀偃将中军。【释文】将，子匠切，后放此。　④《黍苗》，《诗·小雅》。美召伯劳来诸侯，如阴雨之长黍苗也。喻晋君忧劳鲁国犹召伯。【释文】召，上照切，下同。劳，力报切。来，力代切。长，丁丈切。　⑤《六月》，尹吉甫佐天子征伐之诗。以晋侯比吉甫出征，以匡王国。【释文】仰，如字，徐五亮切，下同。常膏，古报切，又如字。辑，音集，本又作"集"。

季武子以所得于齐之兵，作林钟而铭鲁功焉[1]。臧武仲谓季孙曰："非礼也。夫铭，天子令德[2]，诸侯言时计功[3]，大夫称伐[4]。今称伐则下等也[5]，计功则借人也[6]，言时则妨民多矣，何以为铭？且夫大伐小，取其所得以作彝器[7]，铭其功烈以示子孙，昭明德而惩无礼也。今将借人之力以救其死，若之何铭之？小国幸于大国[8]，而昭所获焉以怒之，亡之道也[9]。"

① 林钟，律名。铸钟，声应林钟，因以为名。【释文】铸，之树切。应，应对之应。　② 天子铭德不铭功。　③ 举得时，动有功，则可铭也。　④ 铭其功伐之劳。　⑤ 从大夫故。　⑥ 借晋力也。【释文】借，如字，又情亦切。⑦ 彝，常也。谓钟鼎为宗庙之常器。【释文】夫，音扶，彝，以之切。　⑧ 以胜大国为幸。【释文】惩，直升切。　⑨ 为城西郛、武城传。

齐侯娶于鲁，曰颜懿姬，无子。其侄鬷声姬，生光，以为大子[1]。诸子仲子、戎子，戎子嬖[2]。仲子生牙，属诸戎子[3]。戎子请以为大子，许之[4]。仲子曰："不可。废常，不祥[5]，间诸侯，难[6]。光之立也，列于诸侯矣[7]。今无故而废之，是专黜诸侯[8]，而以难犯不祥也。君必悔之。"公曰："在我而已。"遂东大子光[9]。使高厚傅牙以为大子，夙沙卫为少傅。

① 兄子曰侄。颜、鬷皆二姬母姓，因以为号。懿、声皆谥。【释文】娶，七住切。侄，直结切。鬷，子公切。 ② 诸子，诸妾姓子者。二子皆宋女。【释文】仲，本亦作"中"，音仲，下皆放此。嬖，必计切。 ③ 属，托之。【释文】属，之蜀切。 ④ 齐侯许之。 ⑤ 废立嫡之常。【释文】嫡，本或作"適"，丁历切。 ⑥ 事难成也。【释文】间，间厕之间。 ⑦ 列诸侯之会。 ⑧ 谓光已有诸侯之尊。 ⑨ 废而徙之东鄙。

齐侯疾，崔杼微逆光。疾病，而立之。光杀戎子①，尸诸朝，非礼也。妇人无刑②。虽有刑，不在朝市③。夏五月壬辰晦，齐灵公卒④。庄公即位⑤，执公子牙于句渎之丘。以夙沙卫易己，卫奔高唐以叛⑥。

① 终言之。【释文】少，诗照切，下注"公犹少"同。杼，直吕切。 ② 无黥刖之刑。【释文】黥，其京切。刖，音月，又五刮切。 ③ 谓犯死刑者犹不暴尸。【释文】暴，蒲卜切。 ④ 经书七月辛卯，光定位而后赴。 ⑤ 大子光也。 ⑥ 光谓卫教公易己。高唐在祝阿县西北。【释文】句，古侯切。渎，音豆。

晋士匄侵齐及穀，闻丧而还，礼也①。

① 礼之常，不必待君命。

于四月丁未①，郑公孙虿卒，赴于晋大夫。范宣子言于晋侯，以其善于伐秦也②。六月，晋侯请于王，王追赐之大路，使以行，礼也③。

① 于此年四月。 ② 十四年晋伐秦，子蟜见诸侯师而劝之济泾。 ③ 大路，天子所赐车之总名，以行葬礼。传言大夫有功，则赐服路。

秋八月，齐崔杼杀高厚于洒蓝而兼其室①。书曰："齐杀其大夫。"从君于昏也②。

① 洒蓝，齐地。【释文】洒，色买切，徐所绮切。蓝，力甘切。 ② 传解经不言崔杼杀而为国讨文。

郑子孔之为政也专①，国人患之，乃讨西宫之难②与纯门之师③。子孔当罪，以其甲及子革、子良氏之甲守④。甲辰，子展、子西率国人伐之，杀子孔而分其室。书曰："郑杀其大夫。”专也⑤。子然、子孔，宋子之子也⑥。士子孔，圭妫之子也⑦。圭妫之班，亚宋子而相亲也⑧，二子孔亦相亲也。僖之四年，子然卒⑨。简之元年，士子孔卒⑩。司徒孔实相子革、子良之室⑪，三室如一⑫，故及于难⑬。子革、子良出奔楚，子革为右尹⑭。郑人使子展当国，子西听政，立子产为卿⑮。

① 专权。　② 十年，尉止等作难西宫，子孔知而不言。【释文】难，乃旦切，下同。　③ 前年，子孔召楚师至纯门。　④ 以自守也。【释文】守，手又切，下“守备”同。　⑤ 亦以国讨为文。　⑥ 子然，子革父。　⑦ 宋子、圭妫，皆郑穆公妾。士子孔，子良父。【释文】妫，居危切。　⑧ 亚，次也。【释文】亚，於嫁切。　⑨ 郑僖四年，鲁襄六年。　⑩ 鲁襄八年。　⑪ 司徒孔与二父相亲，故相助其子。【释文】相，息亮切。　⑫ 言同心。　⑬ 故二子并及难。　⑭ 子革即郑丹。　⑮ 简公犹幼，故大夫当国。

齐庆封围高唐，弗克①。冬十一月，齐侯围之，见卫在城上，号之，乃下②。问守备焉，以无备告。揖之，乃登③。闻师将傅，食高唐人。殖绰、工偻会夜缒纳师④，醢卫于军⑤。

① 夙沙卫以叛，故围之。　② 卫下与齐侯语。【释文】号，胡报切，召也，又户刀切。　③ 齐侯以卫告诚，揖而礼之，欲生之也。卫志于战死，故不顺齐侯之揖，而还登城。　④ 因其会食。二子，齐大夫。【释文】傅，音附。食，音嗣。偻，力侯切。缒，直伪切。　⑤【释文】醢，音海。

城西郛，惧齐也①。

① 前年与晋伐齐，又铸其器为钟，故惧。

齐及晋平，盟于大隧①。故穆叔会范宣子于柯②。穆叔见叔向，赋《载驰》之四章③。叔向曰：“肸敢不承命④？”穆叔归曰：“齐犹未也，不可以不惧。”乃城武城。

① 大隧，地阙。【释文】隧，音遂。　② 齐、晋平，鲁惧齐，故为柯会以自固。　③ 四章曰：“控于大邦，谁因谁极。”控，引也。取其欲引大国以自救助。【释文】控，苦贡切。　④ 叔向度齐未肯以盟服，故许救鲁。【释文】度，待洛切。

卫石共子卒①，悼子不哀②。孔成子曰：“是谓蹷其本③，必不有其宗④。”

① 石买。【释文】共，音恭。 ② 买之子石恶。 ③ 蹷，犹拔也。【释文】蹷，其月切，又居卫切。 ④ 为二十八年石恶出奔传。

襄公二十年

【经】

二十年春，王正月辛亥，仲孙速会莒人，盟于向①。夏六月庚申，公会晋侯、齐侯、宋公、卫侯、郑伯、曹伯、莒子、邾子、滕子、薛伯、杞伯，小邾子，盟于澶渊②。

秋，公至自会③。

仲孙速帅师伐邾。

蔡杀其大夫公子燮④。

蔡公子履出奔楚⑤。

陈侯之弟黄出奔楚⑥。

叔老如齐。

冬十月丙辰朔，日有食之⑦。

季孙宿如宋。

① 向，莒邑。【释文】向，舒亮切。 ② 澶渊在顿丘县南，今名繁汙。此卫地，又近戚田。【释文】澶，市然切。汙，音纡。近，附近之近。 ③ 无传。④ 庄公子。【释文】燮，息协切。 ⑤ 燮母弟也。 ⑥ 称弟，明无罪也。⑦ 无传。

【传】

二十年春，及莒平。孟庄子会莒人，盟于向，督扬之盟故也①。

① 莒数伐鲁,前年诸侯盟督扬以和解之,故二国自复共盟,结其好。【释文】数,所角切,下同。解,古买切,又户买切。复,扶又切,下"始复"同。好,呼报切,下同。

夏,盟于澶渊,齐成故也①。

① 齐与晋平。

邾人骤至,以诸侯之事,弗能报也①。秋,孟庄子伐邾以报之②。

① 骤,数也。谓十五年、十七年伐鲁。 ② 既盟而又伐之,非。

蔡公子燮欲以蔡之晋①,蔡人杀之。公子履,其母弟也,故出奔楚②。

① 背楚。【释文】背,音佩。 ② 与兄同谋故。

陈庆虎、庆寅畏公子黄之偪①,诉诸楚曰:"与蔡司马同谋②。"楚人以为讨③,公子黄出奔楚④。初,蔡文侯欲事晋,曰:"先君与于践土之盟⑤,晋不可弃,且兄弟也。"畏楚,不能行而卒⑥。楚人使蔡无常⑦,公子燮求从先君以利蔡,不能而死。书曰"蔡杀其大夫公子燮",言不与民同欲也⑧。"陈侯之弟黄出奔楚",言非其罪也⑨。公子黄将出奔,呼于国曰:"庆氏无道,求专陈国,暴蔑其君,而去其亲,五年不灭,是无天也⑩。"

① 二庆,陈卿。恐黄偪夺其政。【释文】偪,彼力切。 ② 同欲之晋。 ③ 讨,责陈。 ④ 奔楚自理。 ⑤ 先君,文侯父庄侯甲午也。践土盟在僖二十八年。【释文】与,音预。 ⑥ 宣十七年,文侯卒。 ⑦ 征发无准。 ⑧ 罪其违众。 ⑨ 称弟,罪陈侯及二庆。 ⑩ 为二十三年陈杀二庆传。【释文】呼,好故切。去,起吕切。

齐子初聘于齐,礼也①。

① 齐、鲁有怨,朝聘礼绝,今始复通,故曰初。继好息民,故曰礼。

冬,季武子如宋,报向戌之聘也①。褚师段逆之以受享②,赋《常棣》之七章以卒③。宋人重贿之。归,复命,公享之。赋《鱼丽》之卒章④。公赋《南山有台》⑤。武子去所，曰："臣不堪也⑥。"

① 向戌聘在十五年。 ② 段，共公子子石也。逆以入国，受享礼。【释文】褚，张吕切。段，徐徒乱切。共，音恭。 ③ 武子赋也。七章以卒，尽八章。取其"妻子好合，如鼓瑟琴。宜尔室家，乐尔妻帑"，言二国好合，宜其室家，相亲如兄弟。【释文】棣，大计切。乐，音洛。帑，音奴。 ④《鱼丽》，《诗·小雅》，卒章曰"物其有矣，维其时矣"，喻聘宋得其时。【释文】丽，力驰切。 ⑤《南山有台》，《诗·小雅》，取其"乐只君子，邦家之基，邦家之光"，喻武子奉使，能为国光晖。【释文】只，之氏切，本亦作"旨"。使，所吏切。 ⑥ 去所，辟席。

卫宁惠子疾，召悼子曰①："吾得罪于君，悔而无及也。名藏在诸侯之策，曰：'孙林父、宁殖出其君。'君入则掩之②。若能掩之，则吾子也。若不能，犹有鬼神，吾有馁而已，不来食矣③。"悼子许诺，惠子遂卒④。

① 悼子，宁喜。 ② 掩恶名。【释文】策，初革切。出，如字，徐音黜。 ③ 馁，饿也。【释文】馁，奴罪切。 ④ 为二十六年卫侯归传。

襄公二十一年

【经】

二十有一年春，王正月，公如晋。

邾庶其以漆、闾丘来奔①。

夏，公至自晋②。

秋，晋栾盈出奔楚③。

九月庚戌朔，日有食之④。

冬十月庚辰朔，日有食之⑤。

曹伯来朝。

公会晋侯、齐侯、宋公、卫侯、郑伯、曹伯、莒子、邾子于商任[⑥]。

① 二邑在高平南平阳县，东北有漆乡，西北有显闾亭。以邑出为叛。适鲁而言来奔，内外之辞。【释文】漆，本或作“涞”，徐音七。闾，力於切。 ② 无传。 ③ 盈不能防闲其母，以取奔亡。称名，罪之。 ④ 无传。 ⑤ 无传。 ⑥ 商任，地阙。【释文】任，音壬。

【传】

二十一年春，公如晋，拜师及取邾田也[①]。

① 谢十八年伐齐之师、漷水之田。

邾庶其以漆、闾丘来奔[①]。季武子以公姑姊妻之[②]，皆有赐于其从者。

① 庶其，邾大夫。 ② 计公年，不得有未嫁姑姊，盖寡者二人。【释文】公姑姊，杜以公之姑及姊，是二人也。或曰：《列女传》称梁有节姑妹，谓父之妹也。此云姑姊，是父之姊也，一人耳。以杜氏为误。案：成二年，楚侵及阳桥，孟孙往赂，以公衡为质，杜云：“衡，成公子也。”楚师及宋，公衡逃归，臧宣叔云：“衡父不忍数年之不宴，以弃鲁国。”则公衡之年，下计犹十七八。成公是其父，固当三十有余。从成二年至此三十八岁，姑又成公之姊，则年近七十矣。假令公衡非成公之子，犹是成公之弟。成九年，伯姬归于宋。伯者，长称，九年始嫁，则为成公之妹，成公不得有姊矣。若成公别有庶长之姊，以成公、公衡之年推之，亦不复堪嫁，故知二人也。唯《公羊》以成公即位年幼，据《左氏》成四年传云：公如晋，晋侯见公不敬。公归，欲求成于楚，得季文子谏而止。此非年幼也。反覆推之，杜氏不误。妻，七计切，及下同。

于是，鲁多盗。季孙谓臧武仲曰：“子盍诘盗[①]？”武仲曰：“不可诘也，纥又不能。”季孙曰：“我有四封，而诘其盗，何故不可？子为司寇，将盗是务去，若之何不能？”武仲曰：“子召外盗而大礼焉，何以止吾盗[②]？子为正卿而来外盗；使纥去之，将何以能？庶其窃邑于邾以来，子以姬氏妻之，而与之邑[③]，其从者皆有赐焉。若大盗，礼焉以君之姑姊与其大邑，其次皂牧舆马[④]，其小者衣裳剑带，是赏盗也。赏而去之，其或难焉。纥也闻之，在上位者，洒濯其心，壹以待人，轨度其信，可明征也[⑤]，而后可以治人。夫上之所为，民之归也。上所不为而民或为之，是以加刑罚焉，而莫敢不惩。若上之所为而民亦为之，乃其所也，又可禁乎？《夏书》曰：'念兹在兹[⑥]，释兹在兹[⑦]，名言兹在兹[⑧]，允出兹在兹[⑨]，惟帝念功[⑩]。'将谓由己壹也。信由己壹，而后功可念也[⑪]。"

庶其非卿也，以地来，虽贱必书，重地也[⑫]。

① 诘，治也。【释文】从，才用切，下同。盍，胡腊切，下"盍反"同。诘，起吉切。 ② 吾，谓国中。【释文】去，起吕切，下皆同。 ③ 使食漆、闾丘。 ④ 给其贱役，从皂至牧，凡八等之人。【释文】皂，在早切。凡八等之人，谓皂、舆、隶、僚、仆、台、圉、牧也。 ⑤ 征，验也。【释文】洒，西礼切。濯，直角切。度，待洛切。征，直升切。 ⑥ 逸《书》也。兹，此也。谓行此事，当念使可施之于此。 ⑦ 释，除也。谓欲有所治除于人，亦当顾己得无亦有之。 ⑧ 名此事，言此事，亦皆当令可施于此。【释文】令，力呈切。 ⑨ 允，信也。信出于此，则善亦在此。 ⑩ 言帝念功则功成也。 ⑪ 言非但意念而已，当须信己诚至。 ⑫ 重地，故书其人。其人书则恶名彰，以惩不义。

齐侯使庆佐为大夫[①]，复讨公子牙之党，执公子买于句渎之丘。公子鉏来奔。叔孙还奔燕[②]。

① 庆佐，崔杼党。 ② 三子，齐公族。言庄公斥逐亲戚，以成崔、庆之势，终有弑杀之祸。【释文】复，扶又切。鉏，仕居切。还，音旋。杀，申志切，又音如字。

夏，楚子庚卒，楚子使薳子冯为令尹。访于申叔豫[①]，叔豫曰："国多宠而王弱[②]，国不可为也。"遂以疾辞。方暑，阙地，下冰而床焉。重茧衣裘，鲜食而寝[③]。楚子使医视之，复曰："瘠则甚矣[④]！而血气未动[⑤]。"乃使子南为令尹[⑥]。

① 叔豫，叔时孙。 ② 弱，政教微而贵臣强。 ③ 茧，绵衣。【释文】阙，求月切。茧，古典切，《礼记》云：纩为茧。衣，於既切。鲜，息浅切，少也。 ④ 瘠，瘦也。【释文】瘠，在亦切。瘦，所又切。 ⑤ 言无疾。 ⑥ 子南，公子追舒也。为二十二年杀追舒传。

栾桓子娶于范宣子,生怀子①。范鞅以其亡也,怨栾氏②,故与栾盈为公族大夫而不相能。桓子卒,栾祁与其老州宾通③,几亡室矣④。怀子患之。祁惧其讨也,诉诸宣子曰:"盈将为乱,以范氏为死桓主而专政矣⑤,曰:'吾父逐鞅也,不怒而以宠报之⑥,又与吾同官而专之⑦,吾父死而益富。死吾父而专于国,有死而已,吾蔑从之矣⑧。'其谋如是,惧害于主,吾不敢不言。"范鞅为之征⑨。怀子好施,士多归之。宣子畏其多士也,信之。怀子为下卿⑩,宣子使城著而遂逐之⑪。

① 桓子,栾黡。怀子,盈也。 ② 十四年,栾黡强逐范鞅使奔秦。【释文】强,其丈切。 ③ 栾祁,桓子妻,范宣子女,盈之母也。范氏,尧后,祁姓。【释文】能,如字,徐乃代切。 ④ 言乱甚。【释文】几,其依切。 ⑤ 桓主,栾黡。⑥ 谓宣子不为黡责怒鞅,而反与鞅宠位。【释文】为,于伪切,下"吾为"同。⑦ 同为公族大夫,而鞅专其权势。 ⑧ 言宣子专政,盈欲以死作难。【释文】难,乃旦切。 ⑨ 证其有此。 ⑩ 下军佐。【释文】好,呼报切。施,式豉切。⑪ 著,晋邑。在外易逐。【释文】著,直据切,又张虑切。易,以豉切。

秋,栾盈出奔楚。宣子杀箕遗、黄渊、嘉父、司空靖、邴豫、董叔、邴师、申书、羊舌虎、叔罴①,囚伯华、叔向、籍偃②。人谓叔向曰:"子离于罪,其为不知乎③?"叔向曰:"与其死亡若何④?《诗》曰:'优哉游哉,聊以卒岁。'知也⑤。"乐王鲋见叔向曰:"吾为子请!"叔向弗应。出,不拜⑥。其人皆咎叔向。叔向曰:"必祁大夫⑦。"室老闻之,曰:"乐王鲋言于君无不行⑧,求赦吾子,吾子不许⑨。祁大夫所不能也⑩,而曰'必由之',何也?"叔向曰:"乐王鲋,从君者也,何能行?祁大夫外举不弃仇,内举不失亲,其独遗我乎?《诗》曰:'有觉德行,四国顺之⑪。'夫子,觉者也⑫。"

① 十子皆晋大夫,栾盈之党也。羊舌虎,叔向弟。【释文】邴,音丙。罴,彼皮切。 ② 籍偃,上军司马。 ③ 讥其受囚而不能去。【释文】知,音智,下及

注同。 ④ 言虽囚,何若于死亡。 ⑤《诗·小雅》,言君子优游于衰世,所以辟害,卒其寿,是亦知也。【释文】《诗·小雅》。案今《小雅》无此全语,唯《采菽》诗云"优哉游哉,亦是戾矣"。 ⑥ 乐王鲋,晋大夫乐桓子。【释文】鲋,音附。应,应对之应,下注同,一本作"不应"。 ⑦ 祁大夫,祁奚也。食邑于祁,因以为氏。祁县,今属大原。【释文】咎,其九切。 ⑧ 其言皆得行。 ⑨ 谓不应,出不拜。 ⑩ 不能动君。 ⑪《诗·大雅》,言德行直则天下顺之。【释文】行,下孟切。 ⑫ 觉,较然正直。【释文】较,音角。

晋侯问叔向之罪于乐王鲋,对曰:"不弃其亲,其有焉①。"于是祁奚老矣②,闻之,乘驲而见宣子,曰:"《诗》曰:'惠我无疆,子孙保之③。'《书》曰:'圣有谟勋,明征定保④。'夫谋而鲜过,惠训不倦者,叔向有焉⑤,社稷之固也。犹将十世宥之,以劝能者。今壹不免其身⑥,以弃社稷,不亦惑乎?鲧殛而禹兴⑦。伊尹放大甲而相之,卒无怨色⑧。管、蔡为戮,周公右王⑨。若之何其以虎也弃社稷?子为善,谁敢不勉?多杀何为?"宣子说,与之乘,以言诸公而免之⑩。不见叔向而归⑪。叔向亦不告免焉而朝⑫。

① 言叔向笃亲亲,必与叔虎同谋。 ② 老,去公族大夫。 ③《诗·周颂》也,言文武有惠训之德,加于百姓,故子孙保赖之。【释文】驲,人实切,传也。疆,居良切。 ④ 逸《书》。谟,谋也。勋,功也。言圣哲有谋功者,当(门)[明]信定安之。【释文】谟,莫胡切。勋,如字,《书》作"训"。 ⑤ 谋鲜过,有谟勋也。惠训不倦,惠我无疆也。 ⑥ 壹以弟故。【释文】宥,音又。 ⑦ 言不以父罪废其子。【释文】鲧,古本切。殛,纪力切。 ⑧ 大甲,汤孙也,荒淫失度,伊尹放之桐宫三年,改悔而复之,而无恨心。言不以一怨妨大德。【释文】大,音泰。相,息亮切。 ⑨ 言兄弟罪不相及。【释文】右,音又。 ⑩ 共载入见公。【释文】说,音悦。乘,绳证切。见,贤遍切,下"始见"并注同。 ⑪ 言为国,非私叔向也。【释文】为,于伪切,下"不为己"及"为子"皆同。 ⑫ 不告谢之,明不为己。

初,叔向之母妒叔虎之母美而不使①。其子皆谏其母。其母曰:"深山大泽,实生龙蛇②。彼美,余惧其生龙蛇以祸女。女，敝族也③。国多大宠④，不仁人间之，不亦难乎？余何爱焉？”使往视寝，生叔虎。美而有勇力，栾怀子嬖之，故羊舌氏之族及于难。

① 不使见叔向父。【释文】妒，丁故切。 ② 言非常之地，多生非常之物。 ③ 敝，衰坏也。龙蛇，喻奇怪。【释文】女，音汝，下同。 ④ 六卿专权。

栾盈过于周，周西鄙掠之①。辞于行人②，曰：“天子陪臣盈③，得罪于王之守臣④，将逃罪。罪重于郊甸⑤，无所伏窜，敢布其死⑥。昔陪臣书能输力于王室，王施惠焉⑦。其子黡，不能保任其父之劳。大君若不弃书之力，亡臣犹有所逃⑧。若弃书之力，而思黡之罪，臣，戮余也⑨，将归死于尉氏⑩，不敢还矣。敢布四体，唯大君命焉⑪！”王曰：“尤而效之，其又甚焉⑫！”使司徒禁掠栾氏者，归所取焉。使候出诸轘辕⑬。

① 劫掠财物。【释文】间，间厕之间。难，乃旦切。掠，音亮。 ② 王行人也。 ③ 诸侯之臣称于天子曰陪臣。 ④ 范宣子为王所命，故曰守臣。【释文】守，手又切。 ⑤ 重得罪于郊甸，谓为郊甸所侵掠也。郭外曰郊，郊外曰甸。【释文】重，直用切，注同。甸，徒练切。 ⑥ 布，陈也。【释文】窜，七乱切。 ⑦ 输力，谓辅相晋国以翼戴天子。【释文】相，息亮切。 ⑧ 大君，谓天王。【释文】任，音壬。 ⑨ 罪戮之余。 ⑩ 尉氏，讨奸之官。 ⑪ 布四体，言无所隐。 ⑫ 尤晋逐盈而自掠之，是效尤。【释文】效，或作“傚”，户教切。 ⑬ 候，送迎宾客之官也。轘辕，关，在缑氏县东南。【释文】辕，音袁。

冬，曹武公来朝，始见也①。

① 即位三年，始来见公。

会于商任，锢栾氏也①。齐侯、卫侯不敬。叔向曰：“二君者必不免。会朝，礼之经也。礼，政之舆也②。政，身之守也③。怠礼失政，失政不立，是以乱也④。”

① 禁锢栾盈，使诸侯不得受。【释文】锢，音固。 ② 政须礼而行。 ③ 政存则身安。 ④ 为二十五年齐弑光、二十六年卫弑剽传。【释文】弑，申志

切，下同。剽，匹妙切。

知起、中行喜、州绰、邢蒯出奔齐①，皆栾氏之党也。乐王鲋谓范宣子曰："盍反州绰、邢蒯？勇士也。"宣子曰："彼栾氏之勇也，余何获焉②？"王鲋曰："子为彼栾氏，乃亦子之勇也③。"

① 四子，晋大夫。【释文】知，音智。行，户郎切。蒯，苦怪切。 ② 言不为己用。 ③ 言子待之如栾氏，亦为子用也。

齐庄公朝，指殖绰、郭最曰："是寡人之雄也。"州绰曰："君以为雄，谁敢不雄？然臣不敏，平阴之役，先二子鸣①。"庄公为勇爵②，殖绰、郭最欲与焉③。州绰曰："东闾之役，臣左骖迫，还于门中，识其枚数④。其可以与于此乎？"公曰："子为晋君也。"对曰："臣为隶新⑤。然二子者，譬于禽兽，臣食其肉而寝处其皮矣⑥。"

① 十八年，晋伐齐，及平阴，州绰获殖绰、郭最，故自比于鸡，斗胜而先鸣。【释文】先，悉荐切。 ② 设爵位以命勇士。 ③ 自以为勇。【释文】与，音预，下同。 ④ 识门版数。亦在十八年。【释文】枚，本亦作"版"。 ⑤ 言但为仆隶尚新耳。【释文】为，于伪切。 ⑥ 言尝射得之。【释文】射，食亦切。

襄公二十二年

【经】

二十有二年春，王正月，公至自会①。

夏四月。

秋七月辛酉，叔老卒②。

冬，公会晋侯、齐侯、宋公、卫侯、郑伯、曹伯、莒子、邾子、薛伯、杞伯、小邾子于沙随。

公至自会③。

楚杀其大夫公子追舒[④]。

① 无传。　② 无传。子叔齐子。　③ 无传。　④ 书名者，宠近小人，贪而多马，为国所患。【释文】近，附近之近。

【传】

二十二年春，臧武仲如晋[①]，雨，过御叔。御叔在其邑，将饮酒[②]，曰："焉用圣人[③]！我将饮酒而已雨行，何以圣为？"穆叔闻之曰："不可使也，而傲使人[④]，国之蠹也。"令倍其赋[⑤]。

① 公频与晋侯外会，今各将罢还，鲁之守卿遣武仲为公谢不敏，故不书。【释文】守，手又切。为，于伪切。　② 御叔，鲁御邑大夫。【释文】过，古禾切。御，鱼吕切，又鱼据切。　③ 武仲多知，时人谓之圣。【释文】焉，於虔切。知，音智，又如字。　④ 言御叔不任使四方。【释文】傲，五报切。使，所吏切。任，音壬。　⑤ 古者家有国邑，故以重赋为罚。传言穆叔能用教。【释文】蠹，丁故切。

夏，晋人征朝于郑[①]。郑人使少正公孙侨对曰[②]："在晋先君悼公九年，我寡君于是即位[③]。即位八月[④]，而我先大夫子驷从寡君以朝于执事。执事不礼于寡君[⑤]，寡君惧。因是行也，我二年六月朝于楚[⑥]，晋是以有戏之役[⑦]。楚人犹竞，而申礼于敝邑。敝邑欲从执事而惧为大尤，曰晋其谓我不共有礼，是以不敢携贰于楚。我四年三月，先大夫子蟜又从寡君以观衅于楚[⑧]，晋于是乎有萧鱼之役[⑨]。谓我敝邑，迩在晋国，譬诸草木，吾臭味也[⑩]，而何敢差池[⑪]？楚亦不竞，寡君尽其土实[⑫]，重之以宗器[⑬]，以受齐盟[⑭]。遂帅群臣随于执事以会岁终[⑮]。贰于楚者，子侯、石盂，归而讨之[⑯]。湨梁之明年[⑰]，子蟜老矣，公孙夏从寡君以朝于君，见于尝酎[⑱]，与执燔焉[⑲]。间二年，闻君将靖东夏[⑳]，四月又朝，以听事期[㉑]。不朝之间，无岁不聘，无役不从。以大国政令之无常，国家罢病，不虞荐至㉒，无日不惕，岂敢忘职㉓？大国若安定之，其朝夕在庭，何辱命焉㉔？若不恤其患，而以为口实㉕，其无乃不堪任命，而翦为仇雠㉖，敝邑是惧，其敢忘君命？委诸执事，执事实重图之㉗。”

① 召郑使朝。 ② 少正，郑卿官也。公孙侨，子产。【释文】少，诗照切，下“少牢”同。侨，其骄切。 ③ 鲁襄八年。 ④ 即位年之八月。 ⑤ 言朝执事，谦不敢斥晋侯。 ⑥ 因朝晋不见礼，生朝楚心。 ⑦ 在九年。【释文】戏，许宜切。 ⑧ 实朝，言观衅，饰辞也。言欲往视楚，知可去否。【释文】共，音恭，下“共祀”同。衅，许靳切。 ⑨ 在十一年。 ⑩ 晋、郑同姓故。 ⑪ 差池，不齐一。【释文】差，初宜切，又初佳切，又七河切，注同。池，徐本作“沱”，直知切，又徒河切。 ⑫ 土地所有。 ⑬ 宗庙礼乐之器，钟磬之属。【释文】重，直用切。 ⑭ 齐，同也。 ⑮ 朝正。 ⑯ 石盂，石臭。【释文】盂，音于。臭，敕略切。 ⑰ 溴梁在十六年。 ⑱ 酒之新熟，重者为酎，尝新饮酒为尝酎。【释文】夏，户雅切，下同。见，贤遍切，又如字。酎，直又切。 ⑲ 助祭。【释文】与，音预。燔。燔，本作“膰”，音烦，祭肉也。 ⑳ 谓二十年澶渊盟。【释文】间，间厕之间，又如字。 ㉑ 先澶渊二月往朝，以听会期。【释文】先，悉荐切。 ㉒ 荐，仍也。【释文】罢，音皮。荐，在薦切。 ㉓ 惕，惧也。【释文】惕，他历切。 ㉔ 言自将往，不须来召。【释文】朝夕，如字。 ㉕ 口实，但有其言而已。 ㉖ 翦，削也。谓见剥削不堪命，则成仇雠。【释文】任，音壬。 ㉗ 传言子产有辞，所以免大国之讨。

秋，栾盈自楚适齐。晏平仲言于齐侯曰：“商任之会，受命于晋①。今纳栾氏，将安用之？小所以事大，信也。失信不立，君其图之。”弗听。退告陈文子曰：“君人执信，臣人执共，忠信笃敬，上下同之，天之道也。君自弃也，弗能久矣②！”

① 受锢栾氏之命。 ② 为二十五年齐弑其君光传。

九月，郑公孙黑肱有疾，归邑于公①，召室老、宗人立段②，而使黜官、薄祭③。祭以特羊，殷以少牢④。足以共祀，尽归其余邑，曰：“吾闻之，生于乱世，贵而能贫，民无求焉，可以后亡。敬共事君，与二三子。生在敬戒，不在富也。”已巳，伯张卒。君子曰：“善戒。《诗》曰：‘慎尔侯度，用戒不虞。’郑子张其有焉⑤。”

① 黑肱，子张。【释文】肱，古弘切。 ② 段，子石，黑肱子。 ③ 黜官，无多受职。 ④ 四时祀，以一羊。三年盛祭，以羊、豕。殷，盛也。 ⑤《诗·大雅》。侯，维也。义取慎法度，戒未然。【释文】尽，津忍切。凡此例可求，故特音之。

冬，会于沙随，复锢栾氏也①。栾盈犹在齐，晏子曰：“祸将作矣！齐将伐晋，不可以不惧②。”

① 晋知栾盈在齐，故复锢也。【释文】复，扶又切，下“复使”、下注“复生”、“不复行”皆同。 ② 为明年齐伐晋传。

楚观起有宠于令尹子南，未益禄，而有马数十乘①。楚人患之，王将讨焉。子南之子弃疾为王御士②，王每见之，必泣。弃疾曰：“君三泣臣矣，敢问谁之罪也？”王曰：“令尹之不能，尔所知也。国将讨焉，尔其居乎③？”对曰：“父戮子居，君焉用之？泄命重刑，臣亦不为④。”王遂杀子南于朝，轘观起于四竟⑤。子南之臣谓弃疾：“请徙子尸于朝⑥。”曰：“君臣有礼，唯二三子⑦。”三日，弃疾请尸，王许之。既葬，其徒曰：“行乎⑧！”曰：“吾与杀吾父，行将焉入？”曰：“然则臣王乎？”曰：“弃父事仇，吾弗忍也⑨。”遂缢而死⑩。

① 言子南偏宠观起，令富。【释文】数，所主切。乘，绳证切。令，力呈切。 ② 御王车者。 ③ 问能止事我否。 ④ 漏泄君命，罪之重。【释文】焉，於虔切，下“焉入”同。泄，息列切，又以制切。 ⑤ 轘，车裂以徇。【释文】轘，音患。竟，音境，下同。 ⑥ 欲犯命取殡。【释文】殡，必刃切。 ⑦ 不欲犯命移尸。 ⑧ 行，去也。 ⑨ 于事是仇，于实是君，故虽谓仇而不敢报。【释文】与，音预。杀，如字，一音试。 ⑩ 传讥康王与人子谋其父，失君臣之义。【释文】缢，一赐切。

复使薳子冯为令尹，公子齮为司马，屈建为莫敖①。有宠于薳子者八人,皆无禄而多马。他日朝,与申叔豫言,弗应而退。从之,入于人中[②]。又从之,遂归。退朝,见之[③],曰:"子三困我于朝,吾惧,不敢不见。吾过,子姑告我,何疾我也?"对曰:"吾不免是惧,何敢告子[④]?"曰:"何故?"对曰:"昔观起有宠于子南,子南得罪,观起车裂,何故不惧?"自御而归,不能当道[⑤]。至,谓八人者曰:"吾见申叔,夫子所谓生死而肉骨也[⑥]。知我者,如夫子则可[⑦]。不然,请止[⑧]。"辞八人者,而后王安之[⑨]。

① 屈建,子木也。【释文】齮,五绮切。屈,居勿切。 ② 申叔辟薳子,不欲与语。【释文】应,应对之应。 ③ 薳子就申叔家见之。 ④ 言恐与子并罪,故不敢与子语。【释文】见,贤遍切。 ⑤ 薳子惶惧,意不在御。 ⑥ 已死复生,白骨更肉。 ⑦ 夫子谓申叔也。如夫子,谓以义匡己。 ⑧ 止,不相知。 ⑨ 辞,遣之。

十二月,郑游贩将归晋[①],未出竟,遭逆妻者,夺之,以馆于邑[②]。丁巳,其夫攻子明,杀之,以其妻行[③]。子展废良而立大叔[④],曰:"国卿,君之贰也,民之主也,不可以苟。请舍子明之类[⑤]。"求亡妻者,使复其所。使游氏勿怨[⑥],曰:"无昭恶也[⑦]。"

① 游贩,公孙虿子。【释文】贩,普板切。 ② 舍止其邑,不复行。 ③ 十二月无丁巳,丁巳,十一月十四日也。 ④ 良,游贩子。大叔,贩弟。【释文】大,音泰。 ⑤ 子明有罪,而良又不贤故。【释文】舍,音捨。 ⑥ 郑国不讨专杀之人,所以抑强扶弱,临时之宜。 ⑦ 交怨,则父之不修益明也。

春秋经传集解襄公四第十七

襄公二十三年

【经】

二十有三年春，王二月癸酉朔，日有食之[①]。

三月己巳，杞伯匄卒[②]。

夏，邾畀我来奔[③]。

葬杞孝公[④]。

陈杀其大夫庆虎及庆寅[⑤]。陈侯之弟黄自楚归于陈[⑥]。

晋栾盈复入于晋[⑦]，入于曲沃[⑧]。

秋，齐侯伐卫，遂伐晋[⑨]。

八月，叔孙豹帅师救晋，次于雍榆[⑩]。

己卯，仲孙速卒[⑪]。

冬十月乙亥，臧孙纥出奔邾[⑫]。

晋人杀栾盈。

齐侯袭莒[⑬]。

① 无传。　② 五同盟。【释文】匄，古害切。　③ 无传。畀我是庶其之党，同有窃邑叛君之罪，来奔，故书。【释文】畀，必利切。　④ 无传。　⑤ 书

名，皆罪其专国叛君。言及，史异以辞，无义例。 ⑥ 诸侯纳之曰归。黄至楚自理得直，故为楚所纳。 ⑦ 以恶入曰复入。【释文】复，扶又切，注同。 ⑧ 兵败奔曲沃，据曲沃众，还与君争，非欲出附他国，故不言叛。【释文】还，户关切。争，争斗之争。 ⑨ 两事，故言遂。 ⑩ 豹救晋，待命于雍榆，故书次。雍榆，晋地，汲郡朝歌县东有雍城。【释文】雍，於用切。朝，如字。 ⑪ 孟庄子也。 ⑫ 书名者，阿顺季氏，为之废长立少，以取奔亡，罪之。【释文】为，于伪切。长，丁丈切。少，诗照切。 ⑬ 轻行掩其不备曰袭。因伐晋还袭莒，不言遂者，间有事。【释文】轻，遣政切。

【传】

二十三年春，杞孝公卒，晋悼夫人丧之①。平公不彻乐，非礼也②。礼，为邻国阙③。

① 悼夫人，晋平公母，杞孝公姊妹。【释文】丧，如字，徐息浪切。 ② 彻，去也。【释文】去，起吕切。 ③ 礼：诸侯绝期。故以邻国责之。【释文】为，于伪切，下注“为召”、下“而为”同。期，居其切。

陈侯如楚①。公子黄诉二庆于楚，楚人召之②。使庆乐往，杀之③。庆氏以陈叛④。夏，屈建从陈侯围陈。陈人城⑤，板队而杀人。役人相命，各杀其长⑥，遂杀庆虎、庆寅。楚人纳公子黄。君子谓：“庆氏不义，不可肆也⑦。故《书》曰：‘惟命不于常⑧。’”

① 朝也。 ② 二庆，虎及寅也。二十年，二庆谮黄，黄奔楚自理。今陈侯往，楚乃信黄，为召二庆。【释文】诉，息路切。 ③ 庆乐，二庆之族。二庆畏诛，故不敢自往。【释文】使庆乐往，绝句。 ④ 因陈侯在楚而叛之。不书叛，不以告。 ⑤ 治城以距君。屈建，楚莫敖。【释文】从，才用切，又如字。 ⑥ 庆氏忿其板队，遂杀筑人，故役人怒而作乱。【释文】队，直类切，注同。长，丁丈切。 ⑦ 肆，放也。 ⑧《周书·康诰》，言有义则存，无义则亡。

晋将嫁女于吴，齐侯使析归父媵之，以藩载栾盈及其士①，纳诸曲沃②。栾盈夜见胥午而告之③，对曰：“不可。天之所废，谁能兴之？子必不免。吾非爱死也，知不集也④。”

盈曰:“虽然,因子而死,吾无悔矣。我实不天,子无咎焉[⑤]。”许诺。伏之,而觞曲沃人[⑥],乐作,午言曰:“今也得栾孺子,何如[⑦]?”对曰:“得主而为之死,犹不死也。”皆叹,有泣者。爵行,又言。皆曰:“得主,何贰之有?”盈出,徧拜之[⑧]。

① 藩,车之有障蔽者,使若媵妾在其中。【释文】析,星历切。媵,以证切,又绳证切。藩,方元切。障,之亮切,又音章。 ② 栾盈邑也。 ③ 胥午,守曲沃大夫。 ④ 集,成也。【释文】知,音智,又如字。 ⑤ 言我虽不为天所祐,子无天咎,故可因。【释文】咎,其九切。祐,音又。 ⑥ 胥午匿盈而饮其众。【释文】觞,式羊切。匿,女力切。饮,於鸩切。 ⑦ 孺子,栾盈。 ⑧ 谢众之思己。【释文】徧,音遍。

四月,栾盈帅曲沃之甲,因魏献子,以昼入绛[①]。初,栾盈佐魏庄子于下军[②],献子私焉,故因之[③]。赵氏以原、屏之难怨栾氏[④],韩、赵方睦[⑤]。中行氏以伐秦之役怨栾氏[⑥],而固与范氏和亲[⑦]。知悼子少,而听于中行氏[⑧]。程郑嬖于公[⑨]。唯魏氏及七舆大夫与之[⑩]。

① 献子,魏舒。绛,晋国都。 ② 庄子,魏绛,献子之父。 ③ 私,相亲爱。 ④ 成八年,庄姬谮之,栾、郤为征。【释文】屏,薄经切。难,乃旦切。⑤ 韩起让赵武,故和睦。 ⑥ 十四年,晋伐秦,栾黡违荀偃命,曰:“余马首欲东。” ⑦ 范宣子佐中行偃于中军。 ⑧ 悼子,知罃之子荀盈也。少,年十七。知氏、中行氏同祖,故相听从。【释文】知,音智。少,诗照切。 ⑨ 郑亦荀氏宗。【释文】嬖,必计切。 ⑩ 七舆,官名。【释文】舆,音余。

乐王鲋侍坐于范宣子。或告曰:“栾氏至矣!”宣子惧。桓子曰:“奉君以走固宫,必无害也[①]。且栾氏多怨,子为政,栾氏自外,子在位,其利多矣。既有利权,又执民柄[②],将何惧焉?栾氏所得,其唯魏氏乎,而可强取也。夫克乱在权,子无懈矣。”公有姻丧[③],王鲋使宣子墨缞冒绖[④],二妇人辇以如公[⑤],奉公以如固宫[⑥]。

① 桓子,乐王鲋。【释文】鲋,音附。坐,如字,又才卧切。走,如字,又音

奏。 ② 赏罚为民柄。【释文】柄，彼命切。 ③ 夫人有杞丧。【释文】强，其丈切，下注"强取"同。懈，徙卖切。 ④ 晋自殽战还，遂常墨缞。【释文】缞，七雷切，本又作"衰"，音同。冒，莫报切。绖，直结切。冒绖，以绖冒其首也。一云缞、冒、绖三者皆墨之。 ⑤ 恐栾氏有内应距之，故为妇人服而入。【释文】应，应对之应。 ⑥ 固宫，宫之有台观备守者。【释文】观，官唤切。守，手又切。

范鞅逆魏舒①，则成列既乘，将逆栾氏矣。趋进，曰："栾氏帅贼以入，鞅之父与二三子在君所矣②，使鞅逆吾子。鞅请骖乘持带③。"遂超乘④，右抚剑，左援带⑤，命驱之出。仆请⑥，鞅曰："之公。"宣子逆诸阶⑦，执其手，赂之以曲沃⑧。

① 用王鲋计欲强取之。 ② 二三子，诸大夫。【释文】乘，绳证切，下"骖乘"、"超乘"同。 ③ 骖乘必持带，备隋队。【释文】隋，待果切。队，直类切。 ④ 跳上献子车。【释文】跳，徒雕切。上，时掌切。 ⑤ 劫之。【释文】援，音袁。 ⑥ 请所至。 ⑦ 逆献子也。 ⑧ 恐不与己同心。

初，斐豹隶也，著于丹书①。栾氏之力臣曰督戎，国人惧之。斐豹谓宣子曰："苟焚丹书，我杀督戎。"宣子喜，曰："而杀之，所不请于君焚丹书者，有如日②！"乃出豹而闭之③。督戎从之，逾隐而待之④，督戎逾入，豹自后击而杀之。范氏之徒在台后⑤，栾氏乘公门⑥。宣子谓鞅曰："矢及君屋，死之！"鞅用剑以帅卒⑦，栾氏退。摄车从之⑧，遇栾氏⑨，曰："乐免之，死将讼女于天⑩。"乐射之，不中。又注⑪，则乘槐本而覆⑫。或以戟钩之，断肘而死。栾鲂伤。栾盈奔曲沃，晋人围之⑬。

① 盖犯罪没为官奴，以丹书其罪。【释文】斐，音非，又芳匪切。 ② 言不负要，明如日。【释文】督，丁毒切。 ③ 闭著门外。【释文】著，涉略切。 ④ 隐，短墙也。 ⑤ 公台之后。 ⑥ 乘，登也。 ⑦ 用剑，短兵接敌，欲致死。【释文】卒，子忽切。 ⑧ 鞅摄宣子戎车。 ⑨ 乐，盈之族。 ⑩ 言虽死犹不舍女罪。【释文】女，音汝。 ⑪ 注，属矢于弦也。【释文】射，食亦切。中，丁仲切。属，之玉切。 ⑫ 栾乐车轹槐而覆。【释文】覆，芳服切。轹，音历。 ⑬ 鲂，栾氏族。【释文】断，音短。

秋，齐侯伐卫。先驱，穀荣御王孙挥，召扬为右[①]。申驱，成秩御莒恒，申鲜虞之傅挚为右[②]。曹开御戎，晏父戎为右[③]。贰广，上之登御邢公，卢蒲癸为右[④]。启，牢成御襄罢师，狼蘧疏为右[⑤]。胠，商子车御侯朝，桓跳为右[⑥]。大殿，商子游御夏之御寇，崔如为右[⑦]，烛庸之越驷乘[⑧]。

① 先驱，前锋军。【释文】召，上照切。 ② 申驱，次前军。傅挚，申鲜虞之子。【释文】鲜，音仙。挚，音至，一本或作"申鲜虞之子傅挚"。 ③ 公御右也。【释文】父，音甫。 ④ 贰广，公副车。【释文】广，古旷切。 ⑤ 左翼曰启。【释文】牢，一作"罕"。罢，音皮，徐音披，又皮买切。蘧，其居切。 ⑥ 右翼曰胠。【释文】胠，起居切，又音胁，或起业切。朝，如字，又直遥切。跳，徒雕切。⑦ 大殿，后军。【释文】殿，都练切。夏，户雅切。御，鱼吕切。 ⑧ 四人共乘殿车也。传具载此，言庄公废旧臣，任武力。

自卫将遂伐晋。晏平仲曰："君恃勇力以伐盟主，若不济，国之福也。不德而有功，忧必及君。"崔杼谏曰："不可。臣闻之，小国间大国之败而毁焉，必受其咎。君其图之！"弗听。陈文子见崔武子[①]，曰："将如君何？"武子曰："吾言于君，君弗听也。以为盟主，而利其难。群臣若急，君于何有[②]？子姑止之。"文子退，告其人曰："崔子将死乎！谓君甚，而又过之[③]，不得其死。过君以义，犹自抑也，况以恶乎[④]？"

① 文子，陈完之孙须无。武子，崔杼也。【释文】间，间厕之间。 ② 言有急不能顾君，欲弑之以说晋。【释文】难，乃旦切。说，音悦，又如字。 ③ 弑君之恶，过于背盟主。【释文】背，音佩。 ④ 自抑损。

齐侯遂伐晋，取朝歌[①]，为二队，入孟门，登大行[②]，张武军于荧庭[③]。戍郫邵[④]，封少水[⑤]，以报平阴之役，乃还[⑥]。赵胜帅东阳之师以追之，获晏氂[⑦]。八月，叔孙豹帅师救晋，次于雍榆，礼也[⑧]。

① 朝歌，今属汲郡。 ② 二队，分为二部。孟门，晋隘道。大行山在河内

郡北。【释文】队，徒对切，徐徒猥切。大，音泰。行，徐户郎切，又如字。隘，於解切。 ③ 张武军，谓筑垒壁。荧庭，晋地。【释文】荧，户扃切。庭，音廷，本亦作“廷”。垒，力轨切。壁，亦作“辟”，音壁。 ④ 取晋邑而守之。【释文】郫，婢支切。 ⑤ 封晋尸于少水，以为京观。【释文】少，诗照切，下注“立少”同。 ⑥ 平阴役在十八年。 ⑦ 赵胜，赵旃之子。东阳，晋之山东，魏郡东，广平以北。晏氂，齐大夫。【释文】胜，音升，一音申证切。氂，力之切，徐音来。 ⑧ 救盟主，故曰礼。

季武子无適子，公弥长，而爱悼子，欲立之①。访于申丰，曰：“弥与纥，吾皆爱之，欲择才焉而立之。”申丰趋退，归，尽室将行②。他日，又访焉，对曰：“其然，将具敝车而行③。”乃止④。访于臧纥，臧纥曰：“饮我酒，吾为子立之。”季氏饮大夫酒，臧纥为客⑤。既献⑥，臧孙命北面重席，新樽絜之⑦。召悼之，降，逆之。大夫皆起⑧。及旅，而召公鉏⑨，使与之齿⑩，季孙失色⑪。

① 公弥，公鉏。悼子，纥也。【释文】適，丁历切。长，丁丈切，下皆同。鉏，仕居切。纥，恨发切，下同。 ② 申丰，季氏属大夫。 ③ 其然，犹必尔。【释文】敝，婢世切，徐疾灭切。 ④ 止，不立纥。 ⑤ 为上宾。【释文】饮，於鸩切，下皆同。吾为，于伪切，下注“为定”、“为公鉏”同。 ⑥ 已献酒。 ⑦ 酒樽既新，复絜澡之。【释文】重，直恭切。樽，音尊，本亦作“尊”。复，扶又切，下“非复”、下文“复战”同。澡，音早。 ⑧ 臧孙下迎悼子。 ⑨ 献酬礼毕，通行为旅。 ⑩ 使从庶子之礼，列在悼子之下。 ⑪ 恐公鉏不从。

季氏以公鉏为马正①，愠而不出。闵子马见之②，曰：“子无然！祸福无门，唯人所召。为人子者，患不孝，不患无所③。敬共父命，何常之有④？若能孝敬，富倍季氏可也⑤。奸回不轨，祸倍下民可也⑥。”公鉏然之。敬共朝夕，恪居官次⑦。季孙喜，使饮己酒，而以具往，尽舍旃⑧。故公鉏氏富，又出为公左宰⑨。

① 马正，家司马。 ② 闵子马，闵马父。【释文】愠，纡运切，怨也，怒也。 ③ 所，位处。【释文】处，冒虑切。 ④ 言废置在父，无常位也。 ⑤ 父宠之则

可富。　⑥ 祸甚于贪贱。　⑦ 次，舍也。【释文】朝，如字。恪，苦各切。⑧ 具，飧燕之具。【释文】舍，音捨。　⑨ 出季氏家，臣仕于公。

孟孙恶臧孙①，季孙爱之②。孟氏之御驺丰点好羯也③，曰："从余言，必为孟孙④。"再三云，羯从之。孟庄子疾，丰点谓公鉏："苟立羯，请仇臧氏⑤。"公鉏谓季孙曰："孺子秩，固其所也⑥。若羯立，则季氏信有力于臧氏矣⑦。"弗应。己卯，孟孙卒，公鉏奉羯立于户侧⑧。季孙至，入，哭，而出，曰："秩焉在？"公鉏曰："羯在此矣！"季孙曰："孺子长。"公鉏曰："何长之有？唯其才也⑨。且夫子之命也⑩。"遂立羯。秩奔邾。

① 不相善。【释文】恶，乌路切，下"之恶子"、"之恶我"、"君所恶"皆同。② 爱其成己志。　③ 羯，孟庄子之庶子，孺子秩之弟孝伯也。【释文】驺，侧留切。点，都簟切，又之廉切。好，呼报切。羯，居竭切。　④ 为孟孙后。　⑤ 使孟氏与公鉏共憎臧孙。　⑥ 固自当立。　⑦ 臧氏因季孙之欲而为定之，犹为有力，今若专立孟氏之少，则季氏有力过于臧氏。　⑧ 户侧，丧主。【释文】应，应对之应。　⑨ 季孙废鉏立纥，云欲择才，故以此答之。【释文】焉，於虔切。⑩ 遂诬孟孙。

臧孙入，哭甚哀，多涕。出，其御曰："孟孙之恶子也，而哀如是。季孙若死，其若之何？"臧孙曰："季孙之爱我，疾疢也①。孟孙之恶我，药石也②。美疢不如恶石。夫石犹生我③，疢之美，其毒滋多。孟孙死，吾亡无日矣。"

① 常志相顺从，身之害。【释文】疢，耻刃切，下皆同。　② 常志相违戾，犹药石之疗疾。【释文】疗，力召切。　③ 愈己疾也。

孟氏闭门，告于季孙曰："臧氏将为乱，不使我葬①。"季孙不信。臧孙闻之，戒②。冬十月，孟氏将辟，藉除于臧氏③。臧孙使正夫助之④，除于东门，甲从己而视之⑤。孟氏又告季孙。季孙怒，命攻臧氏⑥。乙亥，臧纥斩鹿门之关以出，奔邾⑦。

① 欲为公钼仇臧氏。 ② 戒，为备也。 ③ 辟，穿藏也。于臧氏借人除葬道。【释文】辟，婢亦切，徐甫亦切，注同。藉，徐音借，又如字。藏，才浪切。④ 正夫，隧正。【释文】隧，音遂，下同。 ⑤ 畏孟氏，故从甲士视作者。【释文】从，才用切，又如字。 ⑥ 见其有甲故。 ⑦ 鲁南城东门。

初，臧宣叔娶于铸，生贾及为而死①。继室以其侄②，穆姜之姨子也③。生纥，长于公宫。姜氏爱之，故立之④。臧贾、臧为出在铸⑤。臧武仲自邾使告臧贾，且致大蔡焉⑥，曰："纥不佞，失守宗祧⑦，敢告不吊⑧。纥之罪，不及不祀⑨，子以大蔡纳请，其可⑩。"贾曰："是家之祸也，非子之过也。贾闻命矣。"再拜受龟。使为以纳请⑪，遂自为也⑫。臧孙如防⑬，使来告曰："纥非能害也，知不足也⑭。非敢私请⑮。苟守先祀，无废二勋⑯，敢不辟邑⑰？"乃立臧为。

① 铸国，济北蛇丘县所治。【释文】娶，七注切。铸，之树切。蛇，音移。治，直吏切。 ② 女子谓兄弟之子为侄。【释文】侄，大结切，又丈一切。 ③ 侄，穆姜姨母之子，与穆姜为姨昆弟。 ④ 立为宣叔嗣。 ⑤ 还舅氏也。 ⑥ 大蔡，大龟。【释文】一云龟出蔡地，因以为名。 ⑦ 远祖庙为祧。【释文】祧，他雕切。 ⑧ 不为天所吊恤。 ⑨ 言应有后。 ⑩ 请为先人立后。【释文】为，于伪切，下"为己"、"自卫"皆同。 ⑪ 贾使为为己请。 ⑫ 为自为请。 ⑬ 防，臧孙邑。 ⑭ 言使甲从己，但虑事浅耳。【释文】知，音智。 ⑮ 为其先人请也。 ⑯ 二勋：文仲、宣叔。 ⑰ 据邑请后，故孔子以为要君。【释文】要，一遥切。

臧纥致防而奔齐。其人曰："其盟我乎①？"臧孙曰："无辞②。"将盟臧氏，季孙召外史掌恶臣，而问盟首焉③，对曰："盟东门氏也，曰：'毋或如东门遂，不听公命，杀適立庶④。'盟叔孙氏也，曰：'毋或如叔孙侨如，欲废国常，荡覆公室⑤。'"季孙曰："臧孙之罪，皆不及此。"孟椒曰："盍以其犯门斩关？"季孙用之。乃盟臧氏曰："无或如臧孙纥，干国之纪，犯门斩关⑥。"臧孙闻之，曰："国有人焉！谁居？其孟椒乎⑦!”

①谓陈其罪恶,盟诸大夫以为戒。　②废长立少,季孙所忌,故谓无辞以罪己。　③恶臣,谓奔亡者。盟首,载书之章首。　④文公命立子恶,公子遂杀之,立宣公。【释文】毋,音无。听,吐定切。適,丁历切。　⑤谓谮公与季、孟于晋。【释文】覆,芳服切。　⑥干,亦犯也。【释文】盍,户腊切。　⑦孟椒,孟献子之孙子服惠伯。居,犹与也。【释文】居,音基。与,音余。

晋人克栾盈于曲沃,尽杀栾氏之族党。栾鲂出奔宋。书曰:“晋人杀栾盈。”不言大夫,言自外也①。

①自外犯君而入,非复晋大夫。

齐侯还自晋,不入①。遂袭莒,门于且于②,伤股而退③。明日,将复战,期于寿舒④。杞殖、华还载甲,夜入且于之隧,宿于莒郊⑤。明日,先遇莒子于蒲侯氏⑥。莒子重赂之,使无死,曰:“请有盟⑦。”华周对曰:“贪货弃命,亦君所恶也⑧。昏而受命,日未中而弃之,何以事君?”莒子亲鼓之,从而伐之,获杞梁⑨。莒人行成⑩。齐侯归,遇杞梁之妻于郊⑪,使吊之。辞曰:“殖之有罪,何辱命焉⑫?若免于罪,犹有先人之敝庐在,下妾不得与郊吊⑬。”齐侯吊诸其室⑭。

①不入国。　②且于,莒邑。【释文】且,子余切。　③齐侯伤。　④寿舒,莒地。　⑤二子,齐大夫。且于隧,狭路。【释文】殖,市力切。华,胡化切。还,音旋。狭,户夹切。　⑥蒲侯氏,近莒之邑。【释文】近,附近之近。　⑦欲以盟要二子,无致死战。　⑧华周,即华还。　⑨杞梁,即杞殖。　⑩胜大国益惧,故行成。　⑪梁战死,妻行迎丧。　⑫言若有罪,不足吊。　⑬妇人无外事故。下,犹贱也。【释文】庐,力居切。与,音预。　⑭传言妇人有礼。

齐侯将为臧纥田①。臧孙闻之,见齐侯。与之言伐晋②。对曰:“多则多矣!抑君似鼠。夫鼠,昼伏夜动,不穴于寝庙,畏人故也。今君闻晋之乱而后作焉③,宁将事之,非鼠如何?”乃弗与田④。仲尼曰:“知之难也。有臧武仲之知⑤,而不容于鲁国,抑有由也,作不顺而施不恕也。《夏书》曰:‘念兹在兹[6]。'顺事、恕施也。"

① 与之田邑。 ② 齐侯自道伐晋之功。【释文】见，贤遍切。齐侯，绝句，一读以"见"字绝句，"齐侯"向下读。 ③ 作，起兵也。 ④ 臧孙知齐侯将败，不欲受其邑，故以比鼠，欲使怒而止。 ⑤ 谓能辟齐祸。【释文】知，音智。⑥ 逸《书》也。念此事，在此身。言行事当常念如在己身也。

襄公二十四年

【经】

二十有四年春，叔孙豹如晋[1]。

仲孙羯帅师侵齐。

夏，楚子伐吴。

秋七月甲子朔，日有食之，既[2]。

齐崔杼帅师伐莒。

大水[3]。

八月癸巳朔，日有食之[4]。

公会晋侯、宋公、卫侯、郑伯、曹伯、莒子、邾子、滕子、薛伯、杞伯、小邾子于夷仪。

冬，楚子、蔡侯、陈侯、许男伐郑。

公至自会[5]。

陈鍼宜咎出奔楚[6]。

叔孙豹如京师。

大饥[7]。

① 贺克栾氏。 ② 无传。 ③ 无传。 ④ 无传。 ⑤ 无传。 ⑥ 陈鍼子八世孙，庆氏之党。书名，恶之也。【释文】鍼，其廉切。咎，其九切。恶，乌路切。 ⑦ 无传。【释文】饥，居疑切，又音机。

【传】

二十四年春，穆叔如晋。范宣子逆之，问焉，曰："古人有言曰'死而不朽'，何谓也？"穆叔未对。宣子曰："昔匄之祖，自虞以上，为陶唐氏①，在夏为御龙氏②，在商为豕韦氏③，在周为唐杜氏④，晋主夏盟为范氏，其是之谓乎⑤？"穆叔曰："以豹所闻，此之谓世禄，非不朽也。鲁有先大夫曰臧文仲，既没，其言立⑥。其是之谓乎！豹闻之，大上有立德⑦，其次有立功⑧，其次有立言⑨，虽久不废，此之谓不朽。若夫保姓受氏，以守宗祊⑩，世不绝祀，无国无之。禄之大者，不可谓不朽⑪。"

① 陶唐，尧所治地，大原晋阳县也。终虞之世以为号，故曰自虞以上。【释文】上，时掌切。治，直吏切。 ② 谓刘累也。事见昭二十九年。【释文】见，贤遍切。 ③ 豕韦，国名，东郡白马县东南有韦城。 ④ 唐、杜，二国名。殷末，豕韦国于唐，周成王灭唐，迁之于杜，为杜伯；杜伯之子隰叔奔晋，四世及士会，食邑于范，复为范氏。杜，今京兆杜县。【释文】隰，徐入切。复，扶又切。 ⑤ 晋为诸夏盟主，范氏复为之佐，言己世为兴家。【释文】夏，户雅切。 ⑥ 立，谓不废绝。【释文】既没其言立，今俗本皆作"其言立于世"。检元熙以前本，则无"于世"二字。 ⑦ 黄帝、尧、舜。【释文】大，音泰。 ⑧ 禹、稷。 ⑨ 史佚、周任、臧文仲。【释文】佚，音逸。任，音壬。 ⑩ 祊，庙门。【释文】祊，布彭切。 ⑪ 传善穆叔之知言。

范宣子为政，诸侯之币重，郑人病之。二月，郑伯如晋。子产寓书于子西以告宣子①，曰："子为晋国，四邻诸侯，不闻令德，而闻重币，侨也惑之。侨闻君子长国家者，非无贿之患，而无令名之难。夫诸侯之贿聚于公室，则诸侯贰②。若吾子赖之，则晋国贰③。诸侯贰，则晋国坏。晋国贰，则子之家坏。何没没也④！将焉用贿？夫令名，德之舆也⑤。德，国家之基也。有基无坏，无亦是务乎！有德则乐，乐则能久。《诗》云：'乐只君子，邦家之基。'有令德也夫⑥！'上帝临女，无贰尔心。'有令名也夫⑦！恕思以明德，则令名载而行之，是以远至迩安。毋宁使人谓子'子实生我'⑧，而谓'子浚我以生乎⑨'？象有齿以焚其身，贿也⑩。"宣子说，乃轻币。是行也，郑伯朝晋，为重币故，且请伐陈也。郑伯稽首，宣子辞。子西相，曰："以陈国之介恃大国而陵虐于敝邑⑪，寡君是以请罪焉⑫，敢不稽首⑬？"

① 寓，寄也。【释文】寓，音遇。 ② 贰，离也。【释文】长，丁丈切。难，如字，又乃旦切。贿，呼罪切。 ③ 赖，恃用之。 ④ 没没，沈灭之言。【释文】没，如字，一音妹，沈溺也。 ⑤ 德须令名以远闻。【释文】焉，於虔切。闻，音问，又如字。 ⑥《诗·小雅》，言君子乐美其道，为邦家之基，所以济令德。【释文】乐，音洛。夫，音扶。 ⑦《诗·大雅》，言武王为天所临，不敢怀贰心，所以济令名。【释文】女，音汝。 ⑧ (无)[毋]宁，宁也。【释文】毋，音无。 ⑨ 浚，取也。言取我财以自生。【释文】浚，思俊切。 ⑩ 焚，毙也。【释文】焚，扶云切，服云：焚读曰偾，偾，僵也。毙，婢世切。 ⑪ 介，因也。大国，楚也。【释文】说，音悦。为，于伪切。相，息亮切。介，音戒。 ⑫ 请得罪于陈也。【释文】是以请罪焉，一本作"是以请请罪焉"。请，七井切，徐上"请"字音情。 ⑬ 为明年郑入陈传。

孟孝伯侵齐，晋故也①。

① 前年齐伐晋，鲁为晋报侵。

夏，楚子为舟师以伐吴①，不为军政②，无功而还③。

① 舟师，水军。 ② 不设赏罚之差。 ③ 为下吴召舒鸠起本。

齐侯既伐晋而惧，将欲见楚子。楚子使薳启彊如齐聘，且请期①。齐社，蒐军实，使客观之②。陈文子曰："齐将有寇。吾闻之，兵不戢，必取其族③。"

① 请会期。【释文】彊，其良切，又居良切。 ② 祭社，因阅数军器，以示薳启彊。【释文】蒐，所求切。阅，音悦。数，所主切。 ③ 戢，藏也。族，类也。取其族，还自害也。【释文】戢，侧立切。

秋，齐侯闻将有晋师①，使陈无宇从薳启彊如楚，辞，且乞师②。崔杼帅师送之，遂伐莒，侵介根③。

① 夷仪之师。 ② 辞有晋师，未得相见。 ③ 介根，莒邑，今城阳黔陬县东北计基城是也。齐既与莒平，因兵出侵之，言无信也。【释文】黔，其廉切，又其今切；如淳音耿弇切。陬，侧留切，又子侯切；韦昭音诹。基，又作"其"，音基，又如字；《汉书》作"斤"；如淳斤，音基。

会于夷仪，将以伐齐，水，不克①。

冬，楚子伐郑以救齐，门于东门，次于棘泽②。诸侯还救郑③。

① 晋合诸侯以报前年见伐。 ② 以齐无宇乞师故也。 ③ 夷仪诸侯。

晋侯使张骼、辅跞致楚师，求御于郑①。郑人卜宛射犬吉②。子大叔戒之曰："大国之人，不可与也③。"对曰："无有众寡，其上一也④。"大叔曰："不然，部娄无松柏⑤。"二子在幄，坐射犬于外⑥，既食而后食之。使御广车而行⑦，已皆乘乘车⑧。将及楚师，而后从之乘，皆踞转而鼓琴⑨。近，不告而驰之⑩。皆取胄于橐而胄，入垒，皆下，搏人以投，收禽挟囚⑪。弗待而出⑫。皆超乘，抽弓而射。既免，复踞转而鼓琴，曰："公孙！同乘，兄弟也⑬，胡再不谋⑭？"对曰："曩者志入而已，今则怯也。"皆笑，曰："公孙之亟也⑮。"

① 欲得郑人自御，知其地利故也。【释文】骼，庚百切，一音古洛切。跞，力狄切，徐音洛。 ② 射犬，郑公孙。【释文】宛，於元切。射，食亦切，徐神石切。 ③ 言不可与等也。欲使卑下之。大叔，游吉。【释文】大，音泰。 ④ 言在己上者有常分，无大小国之异。【释文】分，扶问切。 ⑤ 部娄，小阜。松伯，大木。喻小国异于大国。【释文】部，蒲口切，徐又扶苟切。娄，本或作"塿"，路口切，徐力侯切。阜，扶有切。 ⑥ 二子：张骼、辅跞。幄，帐也。【释文】幄，於角切。 ⑦ 广车，兵车。【释文】下食，音嗣。广，古旷切。 ⑧ 乘车，安车。【释文】下乘，绳证切。 ⑨ 转，衣装。【释文】踞，居虑切。转，张恋切，又张裔切。装，侧良切，一作"囊"。 ⑩ 射犬恨，故近敌不告而驰。 ⑪ 禽，获也。【释文】胄，直救切。橐，古毛切。垒，力轨切。搏，音博，徐甫各切。挟，音协。 ⑫ 射犬又不待二子。 ⑬ 言同乘义如兄弟。【释文】复，扶又切。 ⑭ 谓不告而驰，不待而出。 ⑮ 亟，急也。言其性急，不能受屈。【释文】曩，如党切，向也。怯，去

业切。亟，居力切。

楚子自棘泽还，使薳启彊帅师送陈无宇①。

① 传言齐、楚固相结也。

吴人为楚舟师之役故①，召舒鸠人，舒鸠人叛楚②。楚子师于荒浦③，使沈尹寿与师祁犁让之④。舒鸠子敬逆二子，而告无之，且请受盟。二子复命，王欲伐之。薳子曰："不可⑤。彼告不叛，且请受盟，而又伐之，伐无罪也。姑归息民，以待其卒⑥。卒而不贰，吾又何求？若犹叛我，无辞有庸。"乃还⑦。

① 在此年夏。【释文】为，于伪切。 ② 舒鸠，楚属国，召欲与共伐楚。③ 荒浦，舒鸠地。【释文】浦，判五切。 ④ 二子，楚大夫。【释文】犁，力兮切。⑤ 令尹薳子冯。 ⑥ 卒，终也。 ⑦ 彼无辞，我有功。为明年楚灭舒鸠传。

陈人复讨庆氏之党，鍼宜咎出奔楚①。

① 言宜咎所以称名。

齐人城郏①。穆叔如周聘，且贺城。王嘉其有礼也，赐之大路②。

① 郏，王城也。于是，榖、雒斗，毁王宫。齐叛晋，欲求媚于天子，故为王城之。【释文】郏，古洽切。 ② 大路，天子所赐车之总名。为昭四年叔孙以所赐路葬张本。

晋侯嬖程郑，使佐下军①。郑行人公孙挥如晋聘②。程郑问焉，曰："敢问降阶何由③？"子羽不能对。归以语然明④，然明曰："是将死矣。不然将亡。贵而知惧，惧而思降，乃得其阶⑤，下人而已，又何问焉⑥？且夫既登而求降阶者，知人也，不在程郑。其有亡衅乎？不然，其有惑疾，将死而忧也⑦。"

① 代栾盈也。 ② 挥，子羽也。【释文】挥，许韦切。 ③ 问自降下之道。【释文】下，遐嫁切，又如字。 ④ 然明，鬷蔑。【释文】语，鱼据切。鬷，子公切。⑤ 阶，犹道也。 ⑥ 言易知。【释文】下，户嫁切。易，以豉切。 ⑦ 言郑本小

人。为明年程郑卒张本。【释文】夫，音扶。知，音智。衅，许觐切。

襄公二十五年

【经】

二十有五年春，齐崔杼帅师伐我北鄙。

夏五月乙亥，齐崔杼弑其君光①。

公会晋侯、宋公、卫侯、郑伯、曹伯、莒子、邾子、滕子、薛伯、杞伯、小邾子于夷仪。

六月壬子，郑公孙舍之帅师入陈②。

秋八月己巳，诸侯同盟于重丘③。

公至自会④。

卫侯入于夷仪⑤。

楚屈建帅师灭舒鸠⑥。

冬，郑公孙夏帅师伐陈⑦。

十有二月，吴子遏伐楚，门于巢，卒⑧。

① 齐侯虽背盟主，未有无道于民，故书臣，罪崔杼也。【释文】背，音佩。② 子产之言，陈以不义见入，故舍之无讥。《释例》详之。　③ 夷仪之诸侯也。重丘，齐地。己巳，七月十二日。经误。【释文】重，直龙切。　④ 无传。　⑤ 夷仪本邢地，卫灭邢而为卫邑，晋愍卫衎失国，使卫分之一邑。书入者，自外而入之辞，非国逆之例。【释文】衎，苦旦切。　⑥ 传在卫侯入夷仪上，经在下，从告。⑦ 陈犹未服。　⑧ 遏，诸樊也，为巢牛臣所杀。不书灭者，楚人不获其尸。吴以卒告，未同盟而赴以名。【释文】遏，於葛切，徐音谒。

【传】

二十五年春，齐崔杼帅师伐我北鄙，以报孝伯之师也①。公患之，使告于晋。孟公绰曰："崔子将有大志②，不在病我，必速归，何患焉！其来也不寇③，使民不严④，异于他日。”齐师徒归⑤。

① 前年鲁使孟孝伯为晋伐齐。【释文】为，于伪切。　② 志在弑君。孟公绰，鲁大夫。【释文】绰，昌若切；徐本作“卓”，音绰。　③ 不为寇害。　④ 欲得民心。　⑤ 徒，空也。

齐棠公之妻，东郭偃之姊也①。东郭偃臣崔武子。棠公死，偃御武子以吊焉。见棠姜而美之②，使偃取之③。偃曰：“男女辨姓④，今君出自丁⑤，臣出自桓，不可⑥。”武子筮之，遇《困》䷮⑦之《大过》䷛⑧。史皆曰：“吉⑨。”示陈文子，文子曰：“夫从风⑩，风陨妻，不可娶也⑪。且其繇曰：‘困于石，据于蒺藜，入于其宫，不见其妻，凶⑫。’困于石，往不济也⑬。据于蒺藜，所恃伤也⑭。入于其宫，不见其妻，凶，无所归也⑮。”崔子曰：“嫠也何害？先夫当之矣⑯。”遂取之。庄公通焉，骤如崔氏。以崔子之冠赐人，侍者曰：“不可。”公曰：“不为崔子，其无冠乎⑰？”崔子因是⑱，又以其间伐晋也⑲，曰：“晋必将报。”欲弑公以说于晋，而不获间。公鞭侍人贾举而又近之，乃为崔子间公⑳。

① 棠公，齐棠邑大夫。　② 美其色也。　③ 为己取也。【释文】取，如字，又七住切。　④ 辨，别也。【释文】别，彼列切。　⑤ 齐丁公，崔杼之祖。　⑥ 齐桓公小白，东郭偃之祖。同姜姓，故不可昏。　⑦《坎》下《兑》上，《困》。【释文】坎，苦敢切。兑，徒外切。　⑧《巽》下《兑》上，《大过》。《困》六三变为《大过》。【释文】巽，音逊。　⑨ 阿崔子。　⑩《坎》为中男，故曰夫。变而为《巽》，故曰从风。【释文】中，丁仲切。　⑪ 风能陨落物者，变而陨落，故曰妻不可娶。【释文】陨，于敏切。娶，亦作“取”，七住切。　⑫《困》六三爻辞。【释文】繇，直又切。蒺，音疾。藜，力私切。　⑬《坎》为险、为水。水之险者，石不可以动。　⑭《坎》为险，《兑》为泽，泽之生物而险者蒺藜，恃之则伤。　⑮《易》曰：非所困而困，名必辱；非所据而据，身必危。既辱且危，死其将至，妻其可得见邪？今卜昏而遇此卦，六三失位无应，则丧其妻，失其所归也。【释文】应，应对之应。丧，息浪切。　⑯ 寡妇曰嫠。言棠公已当此凶。【释文】嫠，本又作

"鳌",力之切。 ⑰ 言虽不为崔子,犹自应有冠。【释文】骤,愁又切,徐在遘切。 ⑱ 因是怒公。 ⑲ 间晋之难而伐之。【释文】间,间厕之间。难,乃旦切。 ⑳ 伺公间隙。【释文】弑,申志切。说,音悦,又如字。为,于伪切,下"莒为"、下注"为崔"同。

夏五月,莒为且于之役故,莒子朝于齐①。甲戌,飨诸北郭。崔子称疾不视事②。乙亥,公问崔子③,遂从姜氏。姜入于室,与崔子自侧户出。公拊楹而歌④。侍人贾举止众从者,而入闭门⑤。甲兴。公登台而请,弗许⑥。请盟,弗许。请自刃于庙,弗许⑦。皆曰:"君之臣杼疾病,不能听命⑧。近于公宫⑨,陪臣干掫有淫者,不知二命⑩。"公逾墙,又射之,中股,反队。遂弑之。贾举、州绰、邴师、公孙敖、封具、铎父、襄伊、偻堙皆死⑪。祝佗父祭于高唐⑫,至,复命。不说弁而死于崔氏⑬。申蒯,侍渔者⑭,退,谓其宰曰:"尔以帑免⑮,我将死。"其宰曰:"免,是反子之义也。"与之皆死⑯。崔氏杀鬷蔑于平阴⑰。

① 且于役在二十三年。【释文】且,子余切。 ② 欲使公来。 ③ 问疾。④ 歌以命姜。【释文】拊,芳甫切,拍也。楹,音盈。 ⑤ 为崔子闭公也。重言侍人者,别下贾举。【释文】从,才用切。重,直用切。别,彼列切。 ⑥ 请免。⑦ 求还庙自杀也。 ⑧ 不能亲听公命。 ⑨ 言崔子宫近公宫,或淫者诈称公。 ⑩ 干掫,行夜。言行夜得淫人,受崔子命讨之,不知他命。【释文】干,徐云读曰犴,胡旦切;服音如字。掫,侧柳切,徐子俱切,又作侯切。《说文》云:掫,夜戒,有所击也;从手,取声。《字林》同,音子侯切。服本作"取",子须切,谋也。今传本或作"诹",犹依掫音。行,下孟切。 ⑪ 八子皆齐勇力之臣,为公所嬖者,与公共死于崔子之宫。【释文】射,食亦切。中,丁仲切。股,音古。队,直类切。具,求付切。铎,待洛切。堙,音因。 ⑫ 高唐有齐别庙也。【释文】佗,徒河切。 ⑬ 爵弁,祭服。【释文】说,音脱。弁,皮彦切。 ⑭ 侍鱼,监取鱼之官。【释文】蒯,苦怪切。监,古衔切。 ⑮ 帑,宰之妻子。【释文】帑,音奴。⑯ 反死君之义。 ⑰ 鬷蔑,平阴大夫,公外嬖。传言庄公所养非国士,故其死难皆嬖宠之人。【释文】鬷,子公切。难,乃旦切。

晏子立于崔氏之门外①，其人曰："死乎？"曰："独吾君也乎哉，吾死也②？"曰："行乎？"曰："吾罪也乎哉，吾亡也③？"曰："归乎？"曰："君死，安归④？君民者，岂以陵民？社稷是主。臣君者，岂为其口实？社稷是养⑤。故君为社稷死，则死之；为社稷亡，则亡之⑥。若为己死而为己亡，非其私昵，谁敢任之⑦？且人有君而弑之，吾焉得死之，而焉得亡之⑧？将庸何归⑨？"门启而入，枕尸股而哭⑩，兴，三踊而出。人谓崔子："必杀之！"崔子曰："民之望也！舍之，得民⑪。"卢蒲癸奔晋，王何奔莒⑫。

① 闻难而来。 ② 言己与众臣无异。 ③ 自谓无罪。 ④ 言安可以归。 ⑤ 言君不徒居民上，臣不徒求禄，皆为社稷。【释文】为，于伪切，下同。 ⑥ 谓以公义死亡。 ⑦ 私昵，所亲爱也。非所亲爱，无为当其祸。【释文】昵，女乙切。任，音壬。 ⑧ 言己非正卿，见待无异于众臣，故不得死其难也。【释文】弑，申志切。焉，於虔切。 ⑨ 将用死亡之义，何所归趣。 ⑩ 以公尸枕己股。【释文】枕，之鸩切。 ⑪ 舍，置也。【释文】踊，羊宠切。 ⑫ 二子，庄公党。为二十八年杀庆舍张本。

叔孙宣伯之在齐也①，叔孙还纳其女于灵公。嬖，生景公②。丁丑，崔杼立而相之。庆封为左相。盟国人于大宫③，曰："所不与崔、庆者……"晏子仰天叹曰："婴所不唯忠于君利社稷者是与，有如上帝！"乃歃④。辛巳，公与大夫及莒子盟⑤。大史书曰："崔杼弑其君。"崔子杀之。其弟嗣书而死者，二人⑥。其弟又书，乃舍之。南史氏闻大史尽死，执简以往。闻既书矣，乃还⑦。

① 宣伯，鲁叔孙侨如。成十六年奔齐。 ② 还，齐群公子。纳宣伯女于灵公。【释文】还，音旋。 ③ 大宫，大公庙。【释文】相，息亮切，下同。大，音泰。 ④ 盟书云：所不与崔、庆者，有如上帝。读书未终，晏子抄答易其辞，因自歃。【释文】曰所不与崔、庆者，本或此下有"有如此盟"四字，后人妄加。歃，所洽切，又所甲切。 ⑤ 莒子朝齐，遇崔杼作乱未去，故复与景公盟。【释文】

复，扶又切。 ⑥ 嗣，续也。并前有三人死。 ⑦ 传言齐有直史，崔杼之罪所以闻。

闾丘婴以帷缚其妻而载之，与申鲜虞乘而出①。鲜虞推而下之②，曰："君昏不能匡，危不能救，死不能死，而知匿其昵③，其谁纳之？"行及弇中，将舍④。婴曰："崔、庆其追我！"鲜虞曰："一与一，谁能惧我⑤？"遂舍，枕辔而寝⑥，食马而食，驾而行。出弇中，谓婴曰："速驱之！崔、庆之众，不可当也。"遂来奔⑦。

① 二子，庄公近臣。【释文】帷，位悲切。缚，直转切。乘，绳证切。 ② 下婴妻也。【释文】推，如字，又他回切。 ③ 匿，藏也。昵，亲也。【释文】匿，女力切。昵，女乙切，注同。 ④ 弇中，狭道。【释文】弇，於检切，又於廉切，下同。狭，音洽。 ⑤ 言道狭，虽众无所用。 ⑥ 恐失马也。【释文】枕，之鸩切。 ⑦ 道广，众得用，故不可当。【释文】食，音嗣。

崔氏侧庄公于北郭①。丁亥，葬诸士孙之里②，四翣③，不跸③，下车七乘，不以兵甲⑤。

① 侧，瘗埋之，不殡于庙。【释文】瘗，於滞切。埋，无皆切。 ② 士孙，人姓，因名里。死十三日便葬，不待五月。 ③ 丧车之饰，诸侯六翣。【释文】翣，所甲切。 ④ 跸，止行人。【释文】跸，音必。 ⑤ 下车，送葬之车。齐旧依上公礼九乘，又有甲兵，今皆降损。【释文】乘，绳证切。

晋侯济自泮①，会于夷仪，伐齐，以报朝歌之役②。齐人以庄公说③，使隰钼请成。庆封如师④，男女以班。赂晋侯以宗器、乐器⑤。自六正⑥、五吏、三十帅⑦、三军之大夫、百官之正长、师旅⑧及处守者，皆有赂⑨。晋侯许之⑩。使叔向告于诸侯⑪。公使子服惠伯对曰："君舍有罪，以靖小国，君之惠也。寡君闻命矣！"

① 泮，阙。【释文】泮，普半切。 ② 朝歌役在二十三年。不书伐齐，齐人逆服，兵不加。 ③ 以弑庄公说晋也。【释文】说，如字，又音悦。 ④ 庆封独使于晋，不通诸侯，故不书。钼，隰朋之曾孙。【释文】钼，仕居切。使，所吏切。 ⑤ 宗器，祭祀之器。乐器，钟磬之属。 ⑥ 三军之六卿。 ⑦ 五吏，文职；三

十帅，武职，皆军卿之属官。【释文】帅，所类切，下同。 ⑧ 百官正长，群有司也。师旅，小将帅。【释文】长，丁丈切。 ⑨ 皆以男女为赂。处守，守国者。【释文】守，手又切，又如字。 ⑩ 晋侯受赂还，不讥者，齐有丧，师自宜退。 ⑪ 告齐服。

晋侯使魏舒、宛没逆卫侯①，将使卫与之夷仪。崔子止其帑，以求五鹿②。

① 卫献公以十四年奔齐。【释文】宛，於元切。 ② 崔杼欲得卫之五鹿，故留卫侯妻子于齐以质之。

初，陈侯会楚子伐郑①，当陈隧者，井堙木刊②。郑人怨之。六月，郑子展、子产帅车七百乘伐陈，宵突陈城③，遂入之。陈侯扶其大子偃师奔墓④，遇司马桓子，曰："载余⑤！"曰："将巡城⑥。"遇贾获⑦，载其母妻，下之，而授公车。公曰："舍而母！"辞曰："不祥⑧。"与其妻扶其母以奔墓，亦免。子展命师无入公宫，与子产亲御诸门⑨。陈侯使司马桓子赂以宗器。陈侯免，拥社⑩。使其众，男女别而累，以待于朝⑪。子展执絷而见⑫，再拜稽首，承饮而进献⑬。子美入，数俘而出⑭。祝祓社，司徒致民，司马致节，司空致地，乃还⑮。

① 在前年。 ② 隧，径也。堙，塞也。刊，除也。【释文】隧，音遂，徐徒猥切。堙，音因。刊，若干切。径，古定切。 ③ 突，穿也。 ④ 欲逃冢间。 ⑤ 陈之司马。 ⑥ 不欲载公，以巡城辞。 ⑦ 贾获，陈大夫。 ⑧ 虽急，犹不欲男女无别。【释文】别，彼列切。 ⑨ 欲服之而已，故禁侵掠。【释文】御，鱼吕切。掠，音亮。 ⑩ 免，丧服。拥社，抱社主，示服。【释文】免，音问，徐音万，丧冠也。拥，於勇切。 ⑪ 累，自囚系以待命。【释文】累，类悲切，又吕轨切。 ⑫ 见陈侯。【释文】絷，陟立切。见，贤遍切。 ⑬ 承饮，奉觞。示不失臣敬。 ⑭ 子美，子产也。但数其所获人数，不将以归。【释文】数俘，所主切，注"但数"同。 ⑮ 祓，除也。节，兵符。陈乱，故正其众官，修其所职，以安定之乃还也。【释文】祓，芳弗切，徐音废。

秋七月己巳，同盟于重丘，齐成故也①。

① 伐齐而称同盟，以明齐亦同盟。

赵文子为政[①]，令薄诸侯之币而重其礼[②]。穆叔见之。谓穆叔曰："自今以往，兵其少弭矣[③]！齐崔、庆新得政，将求善于诸侯。武也知楚令尹[④]。若敬行其礼，道之以文辞，以靖诸侯，兵可以弭[⑤]。"

① 赵武代范匄。　② 以重礼待诸侯。　③ 弭。止也。【释文】弭，亡氏切。　④ 令尹，屈建。　⑤ 为二十七年晋楚盟于宋传。【释文】道，音导。

楚薳子冯卒，屈建为令尹[①]，屈荡为莫敖[②]。舒鸠人卒叛楚[③]。令尹子木伐之，及离城[④]。吴人救之，子木遽以右师先[⑤]，子强、息桓、子捷、子骈、子盂帅左师以退[⑥]。吴人居其间七日[⑦]。子强曰："久将垫隘，隘乃禽也，不如速战[⑧]。请以其私卒诱之，简师陈以待我[⑨]。我克则进，奔则亦视之[⑩]，乃可以免。不然，必为吴禽。"从之。五人以其私卒先击吴师。吴师奔，登山以望，见楚师不继，复逐之。傅诸其军[⑪]，简师会之，吴师大败。遂围舒鸠，舒鸠溃。八月，楚灭舒鸠[⑫]。

① 屈建，子木。　② 代屈建。宣十二年邲之役，楚有屈荡，为左广之右。《世本》：屈荡，屈建之祖父。今此屈荡与之同姓名。【释文】邲，扶必切。广，古旷切。　③ 前年辞不叛。　④ 离城，舒鸠城。　⑤ 先至舒鸠。【释文】遽，其据切。　⑥ 五人不及子木，与吴相遇而退。【释文】捷，在接切。骈，蒲贤切，又蒲丁切。盂，音于。　⑦ 居楚两军之间。　⑧ 垫隘，虑水雨。【释文】垫，丁念切，《方言》云：下也。隘，於懈切。　⑨ 简阅精兵，驻后为陈。【释文】卒，子忽切，下同。陈，直觐切。驻，张住切。　⑩ 视其形势而救助之。　⑪ 吴还逐五子，至其本军。【释文】复，扶又切。傅，音附。　⑫ 五子既败吴师，遂前及子木，共围灭舒鸠。【释文】溃，户内切。

卫献公入于夷仪[①]。

① 为下自夷仪与宁喜言张本。

郑子产献捷于晋[①]，戎服将事[②]。晋人问陈之罪，对曰：

"昔虞阏父为周陶正，以服事我先王③。我先王赖其利器用也，与其神明之后也④，庸以元女大姬配胡公⑤，而封诸陈，以备三恪⑥。则我周之自出，至于今是赖⑦。桓公之乱，蔡人欲立其出⑧。我先君庄公奉五父而立之⑨，蔡人杀之⑩。我又与蔡人奉戴厉公⑪，至于庄、宣，皆我之自立⑫。夏氏之乱，成公播荡，又我之自入，君所知也⑬。今陈忘周之大德，蔑我大惠，弃我姻亲，介恃楚众，以冯陵我敝邑，不可亿逞⑭。我是以有往年之告⑮。未获成命⑯，则有我东门之役⑰。当陈隧者，井堙木刊。敝邑大惧不竞，而耻大姬⑱。天诱其衷，启敝邑心⑲。陈知其罪，授手于我。用敢献功！"晋人曰："何故侵小？"对曰："先王之命，唯罪所在，各致其辟⑳。且昔天子之地一圻㉑，列国一同㉒，自是以衰㉓。今大国多数圻矣，若无侵小，何以至焉？"晋人曰："何故戎服？"对曰："我先君武、庄，为平、桓卿士㉔。城濮之役，文公布命，曰：'各复旧职㉕！'命我文公戎服辅王，以授楚捷，不敢废王命故也㉖。"士庄伯不能诘㉗，复于赵文子。文子曰："其辞顺，犯顺不祥。"乃受之。

① 献入陈之功而不献其俘。 ② 戎服，军旅之衣，异于朝服。 ③ 阏父，舜之后。当周之兴，阏父为武王陶正。【释文】阏，於葛切。 ④ 舜圣，故谓之神明。 ⑤ 庸，用也。元女，武王之长女。胡公，阏父之子满也。【释文】大，音泰。配，亦作"妃"，音配。长，丁丈切。 ⑥ 周得天下，封夏、殷二王后，又封舜后，谓之恪，并二王后为三国。其礼转降，示敬而已，故曰三恪。【释文】恪，苦洛切。 ⑦ 言陈，周之甥，至今赖周德。 ⑧ 陈桓公鲍卒，于是陈乱，事在鲁桓五年。蔡出，桓公之子厉公也。 ⑨ 五父佗，桓公弟，杀大子免而代之，郑庄公因就定其位。【释文】佗，徒河切。 ⑩ 欲立其出故。 ⑪ 奉戴，犹奉事。 ⑫ 陈庄公、宣公，皆厉公子。 ⑬ 播荡，流移失所。宣十一年，陈夏征舒弑灵公，灵公之子成公奔晋，自晋因郑而入也。【释文】夏，户雅切。播，补贺切。 ⑭ 亿，度也。逞，尽也。【释文】介，音戒。冯，皮冰切。亿，於力切。逞，敕景切。度，待

洛切。　⑮ 谓郑伯稽首告晋，请伐陈。　⑯ 未得伐陈命。　⑰ 前年陈从楚伐郑东门。　⑱ 上辱大姬之灵。　⑲ 启，开也。开道其心，故得胜。【释文】衷，音忠。道，音导。　⑳ 辟，诛也。【释文】辟，婢亦切。　㉑ 方千里。【释文】圻，音祈。　㉒ 方百里。　㉓ 衰，差降。【释文】衰，初危切。　㉔ 郑武公、庄公为周平王、桓王卿士。【释文】数，色主切，下"数甲兵"、"数疆潦"各并注同。㉕ 晋文公。【释文】濮，音卜。　㉖ 城濮在僖二十八年。　㉗ 士庄伯，士弱也。【释文】诘，起吉切。

冬十月，子展相郑伯如晋，拜陈之功①。子西复伐陈，陈及郑平②。仲尼曰："《志》有之③：'言以足志，文以足言④。'不言，谁知其志？言之无文，行而不远⑤。晋为伯，郑入陈，非文辞不为功。慎辞哉⑥！"

① 谢晋受其功。【释文】相，息亮切。　② 前虽入陈，服之而已，故更伐以结成。　③ 志，古书。　④ 足，犹成也。【释文】足，将住切，又如字。　⑤ 虽得行，犹不能及远。　⑥ 枢机之发，荣辱之主。

楚蒍掩为司马①，子木使庀赋②，数甲兵③。甲午，蒍掩书土田④：度山林⑤，鸠薮泽⑥，辨京陵⑦，表淳卤⑧，数疆潦⑨，规偃豬⑩，町原防⑪，牧隰皋⑫，井衍沃⑬，量入修赋⑭。赋车籍马⑮，赋车兵⑯、徒兵⑰、甲楯之数⑱。既成，以授子木，礼也⑲。

① 蒍子冯之子。　② 庀，治。【释文】庀，音秘。　③ 阅数之。　④ 书土地之所宜。　⑤ 度量山林之材，以共国用。【释文】度，待洛切，下同。共，音恭。　⑥ 鸠，聚也。聚成薮泽，使民不得焚燎坏之，欲以备田猎之处。【释文】薮，素口切。燎，力召切。处，昌虑切。　⑦ 辨，别也。绝高曰京，大阜曰陵。别之以为冢墓之地。【释文】别，彼列切。　⑧ 淳卤，埆薄之地。表异，轻其赋税。【释文】淳，音纯。卤，音鲁，《说文》云：卤，西方鹹地。埆，音学。　⑨ 疆界有流潦者，计数减其租入。【释文】疆，居良切，贾其两切。潦，音老。　⑩ 偃豬，下湿之地。规度其受水多少。【释文】偃，於建切，又如字。豬，陟鱼切，《尚书》传云：停水曰豬。　⑪ 广平曰原。防，堤也。堤防间地，不得方正如井田，别为小顷町。【释文】町，徒顶切。堤，丁兮切。顷，苦颖切。　⑫ 隰皋，水厓下湿，为刍牧之地。【释文】牧，州牧之牧。　⑬ 衍沃，平美之地，则如《周礼》制以

为井田。六尺为步，步百为亩，亩百为夫，九夫为井。【释文】衍，以善切。衍沃，下平曰衍，有流曰沃。 ⑭ 量九土之所入而治理其赋税。【释文】量，音良，又音亮。 ⑮ 籍，疏其毛色岁齿，以备军用。 ⑯ 车兵，甲士。 ⑰ 步卒。【释文】卒，子忽切。 ⑱ 使器杖有常数。【释文】楯，食准切，又音尹。杖，直亮切。 ⑲ 得治国之礼。传言楚之所以兴。

十二月，吴子诸樊伐楚，以报舟师之役①。门于巢②。巢牛臣曰："吴王勇而轻，若启之，将亲门③。我获射之，必殪④。是君也死，疆其少安⑤。"从之。吴子门焉，牛臣隐于短墙以射之，卒。

① 舟师在二十四年也。 ② 攻巢门。 ③ 启，开门。【释文】轻，遣政切。 ④ 殪，死也。【释文】射，食亦切。殪，於计切。 ⑤【释文】疆，居良切。

楚子以灭舒鸠赏子木。辞曰："先大夫蒍子之功也。"以与蒍掩①。

① 往年楚子将伐舒鸠，蒍子冯请退师以须其叛，楚子从之，卒获舒鸠，故子木辞赏以与其子。

晋程郑卒。子产始知然明①，问为政焉。对曰："视民如子。见不仁者诛之，如鹰鹯之逐鸟雀也。"子产喜，以语子大叔，且曰："他日吾见蔑之面而已②，今吾见其心矣。"子大叔问政于子产。子产曰："政如农功，日夜思之，思其始而成其终。朝夕而行之，行无越思③，如农之有畔④。其过鲜矣。"

① 前年然明谓程郑将死，今如其言，故知之。 ② 蔑，然明名。【释文】鹰，於陵切。鹯，之延切，徐居延切。语，鱼据切。 ③ 思而后行。【释文】朝夕，如字。 ④ 言有次。

卫献公自夷仪使与宁喜言①，宁喜许之。大叔文子闻之②，曰："乌乎！《诗》所谓'我躬不说，皇恤我后'者，宁子可谓不恤其后矣③。将可乎哉？殆必不可。君子之行，思其终也④，思其复也⑤。《书》曰：'慎始而敬终，终以不困⑥。'《诗》曰：'夙夜匪懈，以事一人⑦。'今宁子视君不如弈棋⑧，其何以免乎？弈者举棋不定，不胜其耦，而况置君而弗定乎？必不免矣。九世之卿族，一举而灭之，可哀也哉⑨！”

① 求复国也。 ② 大叔仪也。 ③ 皇，暇也。《诗·小雅》，言今我不能自容说，何暇念其后乎？谓宁子必身受祸，不得恤其后也。【释文】说，音悦，《诗》作“阅”，容也。 ④ 思使终可成。 ⑤ 思其可复行。 ⑥ 逸《书》。 ⑦ 一人，以喻君。【释文】懈，佳卖切。 ⑧ 弈，围棋也。【释文】弈，音亦。棋，音其。 ⑨ 宁氏出自卫武公，及喜九世也。

会于夷仪之岁，齐人城郏①。其五月，秦、晋为成。晋韩起如秦莅盟，秦伯车如晋莅盟②，成而不结③。

① 在二十四年。不直言会夷仪者，别二十五年夷仪会传。此传本为后年修成，当续前卷二十五年之传后，简编烂脱，后人传写，因以在此耳。【释文】郏，古洽切。别，彼列切。 ② 伯车，秦伯之弟鍼也。【释文】莅，音利，又音类。车，音居。鍼，其廉切。 ③ 不结固也。传为后年修成起本，当继前年之末，而特跳此者，传写失之。【释文】为，于伪切。跳，直雕切。传，直专切，一本作“转”。

按：本段原置下卷卷首二十六年前，为清眉目，依清武英殿本移于本年末。

春秋经传集解襄公五第十八

襄公二十六年

【经】

二十有六年春，王二月辛卯，卫宁喜弑其君剽[1]。

卫孙林父入于戚以叛[2]。

甲午，卫侯衎复归于卫[3]。

夏，晋侯使荀吴来聘[4]。

公会晋人、郑良霄、宋人、曹人于澶渊[5]。

秋，宋公杀其世子痤[6]。

晋人执卫宁喜。

八月壬午，许男宁卒于楚[7]。

冬，楚子、蔡侯、陈侯伐郑。

葬许灵公。

①【释文】剽，匹妙切。 ② 衎虽未居位，林父专邑背国，犹为叛也。【释文】背，音佩。 ③ 复其位曰复归。名与不名，传无义例。 ④ 吴，荀偃子。 ⑤ 卿会公侯皆应贬，方责宋向戌后期，故书良霄以驳之。若皆称人，则嫌向戌直以会公贬之。【释文】澶，市延切。驳，邦角切。 ⑥ 称君以杀，恶其父子相残害。【释文】痤，才禾切。恶，乌路切。 ⑦ 未同盟而赴以名。

【传】

二十六年春，秦伯之弟鍼如晋修成[①]，叔向命召行人子员[②]。行人子朱曰："朱也当御[③]。"三云，叔向不应。子朱怒，曰："班爵同[④]，何以黜朱于朝[⑤]？"抚剑从之[⑥]。叔向曰："秦、晋不和久矣！今日之事，幸而集[⑦]，晋国赖之。不集，三军暴骨。子员道二国之言无私，子常易之。奸以事君者，吾所能御也。"拂衣从之[⑧]。人救之。平公曰："晋其庶乎[⑨]！吾臣之所争者大。"师旷曰："公室惧卑，臣不心竞而力争[⑩]，不务德而争善[⑪]，私欲已侈，能无卑乎[⑫]？"

① 修会夷仪岁之成。　② 欲使答秦命。【释文】员，音云。　③ 御，进也。言次当行。　④ 同为大夫。【释文】应，应对之应。　⑤ 黜，退也。　⑥ 从叔向也。　⑦ 集，成。　⑧ 拂衣，褰裳也。【释文】暴，蒲卜切，徐扶沃切。道，音导。御，鱼吕切。拂，芳弗切。褰，起虔切，本或作"搴"，音虽同，非也，《说文》云：褰，袴也。　⑨ 庶几于治。【释文】治，直吏切。　⑩ 谓二子不心竞为忠，而抚剑拂衣。【释文】争，争斗之争。　⑪ 争谓所行为善。　⑫ 私欲侈则公义废。【释文】侈，昌氏切，又尺氏切。

卫献公使子鲜为复[①]，辞[②]。敬姒强命之[③]。对曰："君无信，臣惧不免。"敬姒曰："虽然，以吾故也。"许诺。初，献公使与宁喜言[④]，宁喜曰："必子鲜在，不然必败[⑤]。"故公使子鲜。子鲜不获命于敬姒[⑥]，以公命与宁喜言曰："苟反，政由宁氏，祭则寡人。"宁喜告蘧伯玉，伯玉曰："瑗不得闻君之出，敢闻其入[⑦]？"遂行，从近关出。告右宰穀[⑧]，右宰穀曰："不可。获罪于两君[⑨]，天下谁畜之[⑩]？"悼子曰："吾受命于先人，不可以贰[⑪]。"穀曰："我请使焉而观之[⑫]。"遂见公于夷仪。反曰："君淹恤在外十二年矣[⑬]，而无忧色，亦无宽言，犹夫人也[⑭]。若不已，死无日矣[⑮]。"悼子曰："子鲜在。"右宰穀曰："子鲜在，何益？多而能亡，于我何为[⑯]？"悼子曰："虽然，不可以已。”孙文子在戚，孙嘉聘于齐，孙襄居守⑰。

① 使为己求反国。【释文】鲜，音仙。为，于伪切。 ② 辞不能。 ③ 敬姒，献公及子鲜之母。【释文】姒，音似。强，其丈切。 ④ 言复国。 ⑤ 子鲜贤，国人信之，必欲使在其间。 ⑥ 不得止命。 ⑦ 十四年，孙氏欲逐献公，瑗走，从近关出。【释文】蘧，其居切。瑗，于眷切，又于万切。 ⑧ 卫大夫。 ⑨ 前出献公，今弑剽。【释文】弑，申志切。 ⑩ 畜，犹容也。【释文】畜，许六切，又敕六切。 ⑪ 悼子，宁喜也。受命在二十年。 ⑫ 观，知可还否。【释文】使，所吏切。还，音旋。 ⑬ 淹，久也。【释文】见，贤遍切，又如字。淹，於廉切，徐於严切。 ⑭ 言其为人犹如故。【释文】夫，音扶。 ⑮ 已，止也。 ⑯ 言子鲜为义，多不过亡出。 ⑰ 二子，孙文子之子。【释文】守，手又切。

二月庚寅，宁喜、右宰穀伐孙氏，不克。伯国伤①。宁子出舍于郊②。伯国死，孙氏夜哭。国人召宁子，宁子复攻孙氏，克之。辛卯，杀子叔及大子角③。书曰：“宁喜弑其君剽。”言罪之在宁氏也④。孙林父以戚如晋⑤。书曰：“入于戚以叛。”罪孙氏也。臣之禄，君实有之。义则进，否则奉身而退，专禄以周旋，戮也⑥。甲午，卫侯入。书曰：“复归。”国纳之也⑦。大夫逆于竟者，执其手而与之言。道逆者，自车揖之。逆于门者，颔之而已⑧。

① 伯国，孙襄也。父兄皆不在，故乘弱攻之。 ② 欲奔。 ③ 子叔，卫侯剽。言子叔，剽无谥故。【释文】复，扶又切，下“复愬”同。 ④ 嫌受父命纳旧君无罪，故发之。 ⑤ 以邑属晋。 ⑥ 林父事剽而衎入，义可以退，唯以专邑自随为罪，故传发之。 ⑦ 本晋纳之夷仪，今从夷仪入国，嫌若晋所纳，故发国纳之例，言国之所纳而复其位。 ⑧ 颔，摇其头。言衎骄心易生。【释文】竟，音境。颔，户感切。易，以豉切。

公至，使让大叔文子曰：“寡人淹恤在外，二三子皆使寡人朝夕闻卫国之言①，吾子独不在寡人②。古人有言曰‘非所怨勿怨’。寡人怨矣③。”对曰：“臣知罪矣！臣不佞，不能负羁绁，以从扞牧圉，臣之罪一也。有出者，有居者④，臣不能贰，通外内之言以事君，臣之罪二也。有二罪，敢忘其死？”乃行，从近关出。公使止之⑤。

① 二三子，诸大夫。【释文】大，音泰。朝，如字。　② 在，存问之。公闻文子答宁喜之言，故忿之。　③ 所怨在亲亲。　④ 出谓衎，居谓剽也。【释文】羁，居宜切。绁，息列切。扞，户干切。圉，鱼吕切。　⑤ 传言卫侯不能安和大臣。

卫人侵戚东鄙①，孙氏诉于晋，晋戍茅氏②。殖绰伐茅氏，杀晋戍三百人③。孙蒯追之，弗敢击。文子曰：“厉之不如④！”遂从卫师，败之圉⑤。雍钽获殖绰⑥。复诉于晋⑦。

① 以林父叛故。　② 茅氏，戚东鄙。【释文】诉，悉路切，下同。　③ 殖绰，齐人，今来在卫。　④ 厉，恶鬼也。　⑤ 蒯感父言，更还逐殖绰。圉，卫地。⑥ 雍钽，孙氏臣。　⑦ 为下晋讨卫张本。

郑伯赏入陈之功①。三月甲寅朔，享子展，赐之先路、三命之服②，先八邑③。赐子产次路、再命之服，先六邑。子产辞邑，曰：“自上以下，降杀以两，礼也。臣之位在四④，且子展之功也。臣不敢及赏礼，请辞邑⑤。”公固予之，乃受三邑⑥。公孙挥曰：“子产其将知政矣⑦！让不失礼。”

① 入陈在前年。　② 先路、次路皆王所赐车之总名，盖请之于王。【释文】路，本亦作“辂”，音路。　③ 以路及命服为邑先。八邑，三十二井。【释文】先，徐悉荐切，下同，或如字。　④ 上卿子展，次卿子西。十一年良霄见经，十九年乃立子产为卿，故位在四。【释文】杀，所界切。见，贤遍切。　⑤ 赏礼，以礼见赏，谓六邑也。　⑥ 位次当受二邑，以公固与之，故受三邑。　⑦ 知国政。

晋人为孙氏故，召诸侯，将以讨卫也。夏，中行穆子来聘，召公也①。

① 召公为澶渊会。【释文】为，于伪切。

楚子、秦人侵吴，及雩娄，闻吴有备而还①。遂侵郑，五月，至于城麇。郑皇颉戍之②，出，与楚师战，败。穿封戌囚皇颉，公子围与之争之③，正于伯州犁④。伯州犁曰：“请问于囚。”乃立囚。伯州犁曰：“所争，君子也，其何不知⑤？”上其手，曰："夫子为王子围，寡君之贵介弟也[6]。"下其手，曰："此子为穿封戌，方城外之县尹也。谁获子[7]？"囚曰："颉遇王子，弱焉[8]。"戌怒，抽戈逐王子围，弗及。楚人以皇颉归。

① 雩娄县，今(长)[属]安丰郡。【释文】雩，音于，徐况于切，如淳同，韦昭音虚，或一呼切。娄，如字，徐力俱切，如淳音楼。 ② 皇颉，郑大夫，守城麇之邑。【释文】麇，九伦切。颉，户结切。 ③ 公子围，共王子灵王也。【释文】戌，音恤。 ④ 正曲直也。 ⑤ 言王子围及穿封戌皆非细人，易别识也。【释文】易，以豉切。别，彼列切。 ⑥ 介，大也。【释文】上，时掌切，下同。介，音界。 ⑦ 上、下手以道囚意。【释文】道，音导。 ⑧ 弱，败也。言为王子所得。

印堇父与皇颉戍城麇[1]，楚人囚之，以献于秦。郑人取货于印氏以请之，子大叔为令正[2]，以为请。子产曰："不获[3]。受楚之功而取货于郑，不可谓国。秦不其然[4]。若曰：'拜君之勤郑国，微君之惠，楚师其犹在敝邑之城下。'其可[5]。"弗从，遂行。秦人不予。更币，从子产而后获之[6]。

① 印堇父，郑大夫。【释文】抽，敕留切。印，一刃切。堇，音谨。 ② 主作辞令之正。 ③ 谓大叔辞以货请堇父，必不得。【释文】为，于伪切，又如字。 ④ 受楚献功，大名也。以货免之，小利。故谓秦不尔。 ⑤ 辞如此，堇父可得。 ⑥ 更遣使执币用子产辞，乃得堇父。传称子产之善。【释文】使，所吏切。

六月，公会晋赵武、宋向戌、郑良霄、曹人于澶渊以讨卫，疆戚田[1]。取卫西鄙懿氏六十以与孙氏[2]。赵武不书，尊公也[3]。向戌不书，后也[4]。郑先宋，不失所也[5]。于是卫侯会之[6]。晋人执宁喜、北宫遗，使女齐以先归[7]。卫侯如晋，晋人执而囚之于士弱氏[8]。

① 正戚之封疆。【释文】疆，居良切。 ② 戚城西北五十里有懿城，因姓以名城。取田六十井也。 ③ 罪武会公侯。 ④ 后会期。 ⑤ 如(其)[期]至。 ⑥ 晋将执之，不得与会，故不书。【释文】与，音预。 ⑦ 讨其弑君伐孙氏也。遗，北宫括之子。女齐，司马侯。归晋而后告诸侯，故经书在秋。【释文】女，音汝。 ⑧ 士弱，晋主狱大夫。

秋七月，齐侯、郑伯为卫侯故，如晋[1]，晋侯兼享之。晋侯赋《嘉乐》②。国景子相齐侯③，赋《蓼萧》④。子展相郑伯，赋《缁衣》⑤。叔向命晋侯拜二君曰："寡君敢拜齐君之安我先君之宗祧也，敢拜郑君之不贰也⑥。"

① 欲共请之。【释文】为，于伪切，下"为臣"、注"为林父"、"为臣"皆同。　②《嘉乐》、《诗·大雅》，取其"嘉乐君子，显显令德，宜民宜人，受禄于天"。【释文】嘉，户嫁切，注同。　③ 景子，国弱。【释文】相，息亮切，下同。　④《蓼萧》，《诗·小雅》，言大平泽及远，若露之在萧，以喻晋君恩泽及诸侯。【释文】蓼，音六。大，音泰。　⑤《缁衣》，《诗·郑风》，义取"适子之馆兮，还予授子之粲兮"，言不敢违远于晋。【释文】缁，侧其切。粲，七旦切。远，于万切。⑥《蓼萧》、《缁衣》二诗所趣各不同，故拜二君辞异。【释文】祧，他雕切。

国子使晏平仲私于叔向①，曰："晋君宣其明德于诸侯，恤其患而补其阙，正其违而治其烦，所以为盟主也。今为臣执君，若之何②？"叔向告赵文子，文子以告晋侯。晋侯言卫侯之罪，使叔向告二君③。国子赋"辔之柔矣④"，子展赋"将仲子兮⑤"，晋侯乃许归卫侯。叔向曰："郑七穆，罕氏其后亡者也。子展俭而壹⑥。"

① 私与叔向语。　② 谓晋为林父执卫侯。　③ 言自以杀晋戍三百人为罪，不以林父故。　④ 逸《诗》，见《周书》，义取宽政以安诸侯，若柔辔之御刚马。【释文】见，贤遍切。　⑤《将仲子》，《诗·郑风》，义取众言可畏。卫侯虽别有罪，而众人犹谓晋为臣执君。【释文】将，七羊切。本亦无"兮"字，此依《诗序》。　⑥ 子展，郑子罕之子，居身俭而用心壹。郑穆公十一子，子然、二子孔三族已亡，子羽不为卿，故唯言七穆。郑七穆，谓子展公孙舍之，罕氏也；子西公孙夏，驷氏也；子产公孙侨，国氏也；伯有良霄，良氏也；子大叔游吉，游氏也；子石公孙段，丰氏也；伯石印段，印氏也。穆公十一子，谓子良，公子去疾也；子罕，公子喜也；子驷，公子騑也；子国，公子发也；子孔，公子嘉也；子游，公子偃也；子丰也，子印也，子羽也，子然也，士子孔也。子然、二子孔已亡，子羽不为卿，故止七也。

初，宋芮司徒生女子①，赤而毛，弃诸堤下。共姬之妾取以入②，名之曰弃。长而美。平公入夕③，共姬与之食。公见弃也，而视之，尤[④]。姬纳诸御，嬖，生佐[⑤]，恶而婉[⑥]。大子痤美而很[⑦]，合左师畏而恶之[⑧]。寺人惠墙伊戾为大子内师而无宠[⑨]。

① 芮司徒，宋大夫。【释文】芮，如锐切。 ② 共姬，宋伯姬也。【释文】堤，亦作"隄"，徐丁兮切，沈直兮切。共，音恭。 ③ 平公，共姬子也。【释文】长，丁丈切。 ④ 尤，甚也。 ⑤ 佐，元公。 ⑥ 佐貌恶而心顺。【释文】婉，於阮切。 ⑦ 貌美而心很戾。【释文】很，胡恳切。 ⑧ 合左师，向戌。【释文】恶，乌路切，下皆同。 ⑨ 惠墙，氏；伊戾，名。【释文】墙，或作"廧"，音墙。戾，力计切。

秋，楚客聘于晋，过宋[①]。大子知之，请野享之。公使往，伊戾请从之。公曰："夫不恶女乎[②]？"对曰："小人之事君子也，恶之不敢远，好之不敢近。敬以待命，敢有贰心乎？纵有共其外，莫共其内[③]。臣请往也。"遣之。至，则欿，用牲，加书，征之[④]，而骋告公曰[⑤]："大子将为乱，既与楚客盟矣。"公曰："为我子，又何求？"对曰："欲速[⑥]。"公使视之，则信有焉[⑦]。问诸夫人与左师[⑧]，则皆曰："固闻之。"公囚大子。大子曰："唯佐也能免我[⑨]。"召而使请，曰："日中不来，吾知死矣。"左师闻之，聒而与之语[⑩]。过期，乃缢而死。佐为大子。公徐闻其无罪也，乃亨伊戾。左师见夫人之步马者[⑪]，问之，对曰："君夫人氏也。"左师曰："谁为君夫人？余胡弗知？"圉人归，以告夫人。夫人使馈之锦与马，先之以玉[⑫]，曰："君之妾弃使某献。"左师改命曰："君夫人。"而后再拜稽首受之[⑬]。

① 上已有秋，复发传者，中间有初，不言秋，则嫌楚客过在他年。【释文】复，扶又切。 ② 夫，谓大子也。【释文】夫，音扶，注同。女，音汝。 ③ 伊戾为大子内师，不行，恐内侍废阙。【释文】远，于万切。好，呼报切。近，附近之近。共，音恭，本又作"供"。 ④ 诈作盟处，于大子反征验也。【释文】欿，口感切。处，昌虑切。 ⑤ 骋，驰也。【释文】骋，敕景切。 ⑥ 言欲速得公位。

⑦ 有盟征焉。　⑧ 夫人，佐母弃也。　⑨ 以其婉也。　⑩ 聒，讙也。欲使佐失期。【释文】聒，古活切。讙，呼端切。　⑪ 步马，习马。【释文】缢，一赐切。亨，普彭切。　⑫ 以玉为锦马之先。【释文】馈，其位切。先，悉荐切，又如字。⑬ 左师令使者改命也。传言宋公闇，左师谀，大子所以无罪而死。【释文】令，力呈切。使，所吏切，下"通使"同。谀，羊朱切。

郑伯归自晋①，使子西如晋聘，辞曰："寡君来烦执事，惧不免于戾②，使夏谢不敏③。"君子曰："善事大国④。"

① 请卫侯归。　② 言自惧失敬于大国而得罪。　③ 夏，子西名。【释文】夏，户雅切。　④ 将求于人，必先下之，言郑所以能自安。【释文】下，遐嫁切。

初，楚伍参与蔡太师子朝友，其子伍举与声子相善也①。伍举娶于王子牟，王子牟为申公而亡②，楚人曰："伍举实送之。"伍举奔郑，将遂奔晋。声子将如晋，遇之于郑郊，班荆相与食，而言复故③。声子曰："子行也！吾必复子。"及宋向戌将平晋、楚④，声子通使于晋⑤。还如楚，令尹子木与之语，问晋故焉⑥。且曰："晋大夫与楚孰贤？"对曰："晋卿不如楚，其大夫则贤，皆卿材也。如杞、梓、皮革，自楚往也⑦。虽楚有材，晋实用之⑧。"子木曰："夫独无族姻乎⑨？"对曰："虽有，而用楚材实多。归生闻之⑩：'善为国者，赏不僭而刑不滥。'赏僭，则惧及淫人；刑滥，则惧及善人。若不幸而过，宁僭无滥。与其失善，宁其利淫。无善人，则国从之⑪。《诗》曰：'人之云亡，邦国殄瘁。'无善人之谓也⑫。故《夏书》曰：'与其杀不辜，宁失不经。'惧失善也⑬。《商颂》有之曰：'不僭不滥，不敢怠皇。命于下国，封建厥福⑭。'此汤所以获天福也。古之治民者，劝赏而畏刑⑮，恤民不倦。赏以春夏，刑以秋冬⑯。是以将赏，为之加膳，加膳则饫赐⑰，此以知其劝赏也。将刑，为之不举，不举则彻乐⑱，此以知其畏刑也。夙兴夜寐，朝夕临政，此以知其恤民也。三者，礼之大节也。

有礼无败。今楚多淫刑，其大夫逃死于四方，而为之谋主，以害楚国，不可救疗，所谓不能也⑲。

① 声子，子朝之子。伍举，子胥祖父椒举也。【释文】朝，如字。 ② 获罪出奔。【释文】娶，七住切。牟，亡侯切。为，如字，旧于伪切。 ③ 班，布也。布荆坐地，共议归楚事。朋友世亲。 ④ 平在明年。 ⑤ 为国通平事。【释文】为，于伪切。 ⑥ 故，事。 ⑦ 杞、梓皆木名。【释文】杞，音起。梓，音子。 ⑧ 言楚亡臣多在晋。 ⑨ 夫，谓晋。 ⑩ 归生，声子名。 ⑪ 从之亡也。【释文】僭，子念切，下皆同。滥，力暂切。 ⑫《诗·大雅》。殄，尽也。瘁，病也。【释文】殄，徒典切。瘁，在醉切。 ⑬ 逸《书》也。不经，不用常法。 ⑭《诗·商颂》，言殷汤赏不僭差，刑不滥溢，不敢怠解自宽暇，故能为下国所命为天子。【释文】解，佳卖切。 ⑮ 乐行赏而惮用刑。 ⑯ 顺天时。 ⑰ 饫，餍也。酒食赐下，无不餍足，所谓加膳也。【释文】为，于伪切，下"为之"同。饫，於据切。餍，一本亦作"厌"，於艳切。 ⑱ 不举盛馔。【释文】馔，士眷切。 ⑲ 疗，治也。所谓楚人不能用其材也。【释文】朝，如字。疗，力召切。

"子仪之乱，析公奔晋①。晋人置诸戎车之殿，以为谋主②。绕角之役，晋将遁矣，析公曰：'楚师轻窕，易震荡也。若多鼓钧声，以夜军之③，楚师必遁。'晋人从之，楚师宵溃。晋遂侵蔡，袭沈，获其君；败申、息之师于桑隧，获申丽而还④。郑于是不敢南面。楚失华夏，则析公之为也。

① 在文十四年。【释文】析，星历切。 ② 殿，后军。【释文】置，之豉切。殿，多练切。 ③ 钧同其声。【释文】遁，徒困切。窕，敕尧切，又通弔切。易，以豉切。钧，音均，徐居旬切。 ④ 成六年，晋栾书救郑，与楚师遇于绕角，楚师还。晋侵沈，获沈子。八年复侵楚，败申、息，获申丽。【释文】溃，户内切。隧，音遂。丽，力驰切。复，扶又切。

"雍子之父兄谮雍子，君与大夫不善是也①，雍子奔晋。晋人与之鄐②，以为谋主。彭城之役，晋、楚遇于靡角之谷③。晋将遁矣，雍子发命于军曰：'归老幼，反孤疾，二人役，归一人，简兵蒐乘④，秣马蓐食，师陈焚次⑤，明日将战。'行归者而逸楚囚⑥，楚师宵溃。晋降彭城而归诸宋，以鱼石归[⑦]。楚失东夷，子辛死之，则雍子之为也[⑧]。

① 不是其曲直。【释文】夏，户雅切。　② 鄐，晋邑。【释文】鄐，许六切，徐超六切。　③ 在成十八年。　④ 简，择。蒐，阅。【释文】蒐，所留切。乘，绳证切。阅，音悦。　⑤ 次，舍也。焚舍，示必死。【释文】秣，音末。蓐，音辱。陈，直觐切。　⑥ 欲使楚知之。　⑦ 在元年。【释文】降，户江切。　⑧ 楚东小国及陈，见楚不能救彭城，皆叛。五年楚人讨陈叛故，杀令尹子辛。

"子反与子灵争夏姬[①]，而雍害其事[②]，子灵奔晋。晋人与之邢[③]，以为谋主，扞御北狄，通吴于晋，教吴叛楚，教之乘车、射御、驱侵，使其子狐庸为吴行人焉。吴于是伐巢，取驾；克棘，入州来[④]。楚罢于奔命，至今为患，则子灵之为也[⑤]。

① 子灵，巫臣。　② 子反亦雍害巫臣，不使得取夏姬。【释文】雍，於勇切。　③ 邢，晋邑。【释文】邢，音刑。　④ 驾、棘皆楚邑，谯国酂县东北有棘亭。【释文】谯，在遥切。酂，才多切，又子旦切，或作"赞"。　⑤ 事见成七年。【释文】罢，音皮。见，贤遍切。

"若敖之乱，伯贲之子贲皇奔晋。晋人与之苗[①]，以为谋主。鄢陵之役[②]，楚晨压晋军而陈，晋将遁矣。苗贲皇曰：'楚师之良，在其中军王族而已[③]。若塞井夷灶，成陈以当之[④]，栾、范易行以诱之[⑤]，中行、二郤必克二穆[⑥]，吾乃四萃于其王族，必大败之[⑦]。'晋人从之，楚师大败，王夷师熸[⑧]，子反死之。郑叛吴兴，楚失诸侯，则苗贲皇之为也。"

① 若敖乱在宣四年。苗，晋邑。【释文】贲，扶云切，下同。　② 在成十六年。【释文】鄢，音偃。　③ 言楚之精卒唯在中军。【释文】压，本又作"厌"，於甲切，徐於辄切。陈，直觐切，下"成阵"并注同。卒，子忽切。　④ 塞井夷灶以为陈。　⑤ 栾书时将中军，范燮佐之。易行谓简易兵备，欲令楚贪己，不复顾二穆之兵。【释文】易，以豉切，下"易成"同，贾音亦。行，户郎切，下同，贾音衡。令，力呈切，下同。复，扶又切，下"复任"同。　⑥ 郤锜时将上军，中行偃佐之。郤至佐新军。令此三人分良以攻二穆之兵。楚子重、子辛皆出穆王，故曰二穆。【释文】锜，鱼绮切。　⑦ 四萃，四面集攻之。【释文】萃，在醉切。　⑧ 夷，伤

也。吴、楚之间谓火灭为熸。【释文】熸，音尖。

子木曰："是皆然矣。"声子曰："今又有甚于此。椒举娶于申公子牟，子牟得戾而亡，君大夫谓椒举：'女实遣之！'惧而奔郑，引领南望曰：'庶几赦余！'亦弗图也①。今在晋矣。晋人将与之县，以比叔向②。彼若谋害楚国，岂不为患？"子木惧，言诸王，益其禄爵而复之。声子使椒鸣逆之③。

① 言楚亦不以为意。【释文】娶，本又作"取"，七住切。女，音汝。 ② 以举材能比叔向。 ③ 椒鸣，伍举子。传言声子有辞，伍举所以得反，子孙复仕于楚。

许灵公如楚，请伐郑①，曰："师不兴，孤不归矣！"八月，卒于楚。楚子曰："不伐郑，何以求诸侯？"冬十月，楚子伐郑②。郑人将御之。子产曰："晋、楚将平，诸侯将和③，楚王是故昧于一来④。不如使逞而归，乃易成也⑤。夫小人之性，衅于勇，啬于祸，以足其性而求名焉者，非国家之利也。若何从之⑥？"子展说，不御寇。十二月乙酉，入南里，堕其城⑦。涉于乐氏⑧，门于师之梁⑨。县门发，获九人焉。涉于氾而归⑩，而后葬许灵公⑪。

① 十六年晋伐许，他国皆大夫，独郑伯自行，故许恚，欲报之。【释文】恚，一睡切。 ② 为许。【释文】为，于伪切，下"为国"同。 ③ 和在明年。 ④ 昧，犹贪冒。【释文】昧，音妹。冒，亡报切，又亡北切。 ⑤ 逞，快也。 ⑥ 衅，动也。啬，贪也。言郑之欲与楚战者，皆衅勇贪名之人，非能为国计虑久利，不可从也。【释文】衅，许觐切。足，子住切，又如字。 ⑦ 南里，郑邑。【释文】说，音悦，下注同。御，鱼吕切。堕，许规切。 ⑧ 乐氏，津名。 ⑨ 郑城门。 ⑩ 于氾城下涉汝水南归。【释文】县，音玄。氾，音凡，徐扶严切。 ⑪ 卒灵公之志而后葬之。

卫人归卫姬于晋，乃释卫侯①。君子是以知平公之失政也②。

① 卫侯以女说晋而后得免。 ② 传言晋之衰。

晋韩宣子聘于周。王使请事[①]，对曰："晋士起将归时事于宰旅，无他事矣[②]。"王闻之曰："韩氏其昌阜于晋乎！辞不失旧[③]。"

① 问何事来聘。 ② 起，宣子名。礼：诸侯大夫入天子国称士。时事，四时贡职。宰旅，冢宰之下士。言献职贡于宰旅，不敢斥尊。 ③ 阜，大也。传言周衰，诸侯莫能如礼，唯韩起不失旧。

齐人城郏之岁[①]，其夏，齐乌馀以廪丘奔晋[②]，袭卫羊角，取之[③]。遂袭我高鱼[④]，有大雨，自其窦入[⑤]，介于其库[⑥]，以登其城，克而取之[⑦]。又取邑于宋。于是范宣子卒[⑧]，诸侯弗能治也。及赵文子为政，乃卒治之。文子言于晋侯曰："晋为盟主，诸侯或相侵也，则讨而使归其地。今乌馀之邑，皆讨类也[⑨]，而贪之，是无以为盟主也。请归之！"公曰："诺。孰可使也？"对曰："胥梁带能无用师。"晋侯使往[⑩]。

① 在二十四年。 ② 乌馀，齐大夫。廪丘，今东郡廪丘县故城是。【释文】廪，力甚切。 ③ 今廪丘县所治羊角城是。【释文】治，直吏切。 ④ 高鱼城在廪丘县东北。 ⑤ 雨，故水窦开。【释文】窦，音豆。 ⑥ 入高鱼库而介其甲。【释文】介，音界。 ⑦ 取鲁高鱼，无所讳而不书，其义未闻。 ⑧ 宣子，范匄。 ⑨ 言于比类宜见讨。【释文】比，必利切。 ⑩ 胥梁带，晋大夫。能无用师，言有权谋。

襄公二十七年

【经】

二十有七年春，齐侯使庆封来聘[①]。

夏，叔孙豹会晋赵武、楚屈建、蔡公孙归生、卫石恶、陈孔奂、郑良霄、许人、曹人于宋[②]。

卫杀其大夫宁喜[③]。

卫侯之弟鱄出奔晋④。

秋七月辛巳，豹及诸侯之大夫盟于宋⑤。

冬十有二月乙卯朔，日有食之⑥。

① 景公即位，通嗣君也。 ② 案传，会者十四国，齐、秦不交相见，邾、滕为私属，皆不与盟，宋为主人，地于宋，则与盟可知，故经唯序九国大夫。楚先晋歃而书先晋，贵信也。陈于晋会，常在卫上，孔奂非上卿，故在石恶下。【释文】奂，呼乱切。与，音预，下同。先，悉荐切，又如字。歃，所洽切，又所甲切。③ 宁喜弑剽立衎，衎今虽不以弑剽致讨，于大义宜追讨之，故经以国讨为文书名也。书在宋会下，从赴。 ④ 卫侯始者云政由宁氏，祭则寡人，而今复患其专，缓答免馀，既负其前信，且不能友于贤弟，使至出奔，故书弟以罪克。【释文】鱄，市转切，又音专。复，扶又切。 ⑤ 夏会之大夫也。豹不倚顺，以显弱命之君，而辨小是以自从，故以违命贬之。《释例》论之备矣。【释文】倚，於绮切。⑥ 今《长历》推十一月朔，非十二月。传曰辰在申，再失闰。若是十二月，则为三失闰，故知经误。

【传】

二十七年春，胥梁带使诸丧邑者，具车徒以受地，必周①。使乌馀具车徒以受封②。乌馀以其众出③，使诸侯伪效乌馀之封者④，而遂执之，尽获之⑤。皆取其邑而归诸侯，诸侯是以睦于晋⑥。

① 诸丧邑，谓齐、鲁、宋也。周，密也。必密来，勿以受地为名。【释文】丧，息浪切。 ② 乌馀以地来，故诈许封之。 ③ 出受封也。 ④ 效，致也。使齐、鲁、宋伪若致邑封乌馀者。 ⑤ 皆获其徒众。 ⑥ 传言赵文子贤，故平公虽失政而诸侯犹睦。

齐庆封来聘，其车美。孟孙谓叔孙曰："庆季之车，不亦美乎①？"叔孙曰："豹闻之：'服美不称，必以恶终。'美车何为？"叔孙与庆封食，不敬。为赋《相鼠》，亦不知也②。

① 季，庆封字。 ②《相鼠》，《诗·(墉)[鄘]风》，曰："相鼠有皮，人而无仪；人而无仪，不死何为？"庆封不知此诗为己，言其阍甚。为明年庆封来奔传。

【释文】称，尺证切。为，于伪切。相，息亮切。鄘，音容。

卫宁喜专，公患之。公孙免馀请杀之①。公曰："微宁子不及此②，吾与之言矣③。事未可知④，衹成恶名，止也⑤。"对曰："臣杀之，君勿与知。"乃与公孙无地、公孙臣谋⑥，使攻宁氏。弗克，皆死⑦。公曰："臣也无罪，父子死余矣⑧。"夏，免馀复攻宁氏，杀宁喜及右宰穀，尸诸朝⑨。石恶将会宋之盟，受命而出。衣其尸，枕之股而哭之。欲敛以亡，惧不免，且曰："受命矣。"乃行⑩。

① 免馀，卫大夫。　② 及此，反国也。　③ 言政由宁氏。　④ 恐伐之未必胜。　⑤ 衹，适也。【释文】衹，音支。　⑥ 二公孙，卫大夫。【释文】上"与"，音预。　⑦ 无地及臣皆死。　⑧ 献公出时，公孙臣之父为孙氏所杀。　⑨ 穀不书，非卿也。【释文】复，扶又切。　⑩ 行会于宋。为明年石恶奔传。【释文】衣，於既切。枕，之鸩切。敛，力验切。

子鲜曰："逐我者出①，纳我者死②，赏罚无章，何以沮劝？君失其信，而国无刑，不亦难乎③！且鱄实使之④。"遂出奔晋。公使止之，不可⑤。及河，又使止之。止使者而盟于河⑥，托于木门⑦，不乡卫国而坐⑧。木门大夫劝之仕，不可，曰："仕而废其事，罪也。从之，昭吾所以出也。将准愬乎⑨？吾不可以立于人之朝矣。"终身不仕⑩。公丧之如税服终身⑪。

① 谓孙林父。　② 谓宁喜。【释文】纳，本又作"内"，音纳。　③ 难以治国。【释文】沮，在吕切。　④ 使宁喜纳君。　⑤ 不肯留。　⑥ 誓不还。【释文】使，所吏切。　⑦ 木门，晋邑。　⑧ 怨之深也。【释文】乡，许亮切，本亦作"鄉"。　⑨ 从之，谓治其事也。事治则明己出欲仕，无所自诉。【释文】诉，悉路切。　⑩ 自誓不仕终身。　⑪ 税，即繐也。《丧服》：繐，缞裳，缕细而希，非五服之常，本无月数。痛愍子鲜，故特为此服。此服无月数，而献公寻薨，故言终身。【释文】丧，息郎切，又息浪切。税，徐云：读曰繐，音岁；服音吐外切。缞，亦作"衰"，音七雷切。

公与免馀邑六十，辞曰："唯卿备百邑，臣六十矣，下有上禄，乱也[1]。臣弗敢闻。且宁子唯多邑，故死。臣惧死之速及也。”公固与之，受其半。以为少师。公使为卿，辞曰：“大叔仪不贰，能赞大事[2]，君其命之！”乃使文子为卿[3]。

① 此一乘之邑，非四井之邑。《论语》称千室，又云十室，明通称。【释文】乘，绳证切。称，尺证切。 ② 赞，佐也。【释文】少，诗照切。 ③ 文子，大叔仪。

宋向戌善于赵文子，又善于令尹子木，欲弭诸侯之兵以为名[1]。如晋，告赵孟。赵孟谋于诸大夫，韩宣子曰：“兵，民之残也，财用之蠹[2]，小国之大菑也。将或弭之，虽曰不可，必将许之[3]。弗许，楚将许之，以召诸侯，则我失为盟主矣。”晋人许之。如楚，楚亦许之。如齐，齐人难之。陈文子曰：“晋、楚许之，我焉得已？且人曰弭兵，而我弗许，则固携吾民矣，将焉用之？”齐人许之。告于秦，秦亦许之。皆告于小国，为会于宋。

① 欲获息民之名。【释文】弭，徐武婢切。 ② 蠹，害物之虫。【释文】蠹，本又作“蠹”，丁故切。 ③ 言虽知兵不得久弭，今不可不许。【释文】菑，音灾。

五月甲辰，晋赵武至于宋。丙午，郑良霄至。六月丁未朔，宋人享赵文子，叔向为介。司马置折俎，礼也[1]。仲尼使举是礼也，以为多文辞[2]。戊申，叔孙豹、齐庆封、陈须无、卫石恶至[3]。甲寅，晋荀盈从赵武至[4]。丙辰，邾悼公至[5]。壬戌，楚公子黑肱先至，成言于晋[6]。丁卯，宋向戌如陈，从子木成言于楚[7]。戊辰，滕成公至[8]。子木谓向戌：“请晋、楚之从交相见也[9]。”庚午，向戌复于赵孟。赵孟曰：“晋、楚、齐、秦，匹也。晋之不能于齐，犹楚之不能于秦也[10]。楚君若能使秦君辱于敝邑，寡君敢不固请于齐[11]？”壬申，左师复言于子木。子木使驲谒诸王[12]。王曰：“释齐、秦，他国请相见也[13]。”秋七月戊寅，左师至[14]。是夜也，赵孟及子皙盟，以齐言[15]。庚辰，子木至自陈。陈孔奂、蔡公孙归生至[16]。曹、许之大夫皆至。以藩为军[17]，晋、楚各处其偏[18]。伯夙谓赵孟曰[19]："楚氛甚恶，惧难[20]。"赵孟曰："吾左还，入于宋，若我何[21]？"

①折俎，体解节折，升之于俎，合卿享宴之礼，故曰礼也。《周礼》：司马掌会同之事。【释文】难，乃旦切，下"惧难"同。焉，於虔切，下"焉用"、"焉能"皆同。介，音界。折，之设切，徐音制。俎，庄吕切。　②宋向戌自美弭兵之意，敬逆赵武。赵武、叔向因享宴之会，展宾主之辞。故仲尼以为多文辞。【释文】使举是礼也，沈云：举，谓记录之也。　③须无，陈文子。　④赵武命盈追己，故言从赵武。后武遣盈如楚。　⑤小国，故君自来。　⑥时令尹子木止陈，遣黑肱就晋大夫成盟载之言，两相然可。【释文】肱，古弘切。　⑦就于陈，成楚之要言。　⑧亦小国，君自来。　⑨使诸侯从晋、楚者更相朝见。【释文】更，音庚。见，贤遍切。　⑩不能服而使之。　⑪请齐使朝楚。　⑫驲，传也。谒，告也。【释文】驲，人实切。传，陟恋切。　⑬经所以不书齐、秦。　⑭从陈还。　⑮子皙，公子黑肱。素要齐其辞，至盟时不得复讼争。【释文】皙，星历切。复，扶又切。　⑯二国大夫与子木俱至。　⑰示不相忌。【释文】藩，方元切。　⑱晋处北，楚处南。　⑲伯夙，荀盈。　⑳氛，气也。言楚有袭晋之气。【释文】氛，芳云切，徐扶云切。　㉑营在宋北，东头为上，故晋营在东，有急可左回入宋东门。

辛巳，将盟于宋西门之外，楚人衷甲[1]。伯州犁曰："合诸侯之师，以为不信，无乃不可乎？夫诸侯望信于楚，是以来服。若不信，是弃其所以服诸侯也。"固请释甲。子木曰："晋、楚无信久矣，事利而已。苟得志焉，焉用有信？"大宰退[2]，告人曰："令尹将死矣，不及三年。求逞志而弃信，志将逞乎？志以发言，言以出信，信以立志，参以定之[3]。信亡，何以及三[4]？"赵孟患楚衷甲，以告叔向。叔向曰："何害也？匹夫一为不信，犹不可，单毙其死[5]。若合诸侯之卿，以为不信，必不捷矣。食言者不病[6]，非子之患也[7]。夫以信召人，而以僭济之[8]，必莫之与也，安能害我？且吾因宋以守病[9]，则夫能致死。与宋致死,虽倍楚可也[⑩]。子何惧焉?又不及是。曰'弭兵'以召诸侯,而称兵以害我[⑪],吾庸多矣,非所患也[⑫]。"

① 甲在衣中,欲因会击晋。【释文】衷,音忠,徐丁仲切。 ② 大宰,伯州犁。 ③ 志、言、信三者具,而后身安存。 ④ 为明年子木死起本。 ⑤ 单,尽也。毙,踣也。【释文】单,音丹。毙,婢世切。踣,蒲北切。 ⑥ 不病者,单毙于死。 ⑦ 楚食言当死。晋不食言,故无患。 ⑧ 济,成也。【释文】僭,子念切,不信也。 ⑨ 为楚所病,则欲入宋城。 ⑩ 宋为地主,致死助我,则力可倍楚。【释文】夫,如字,或音扶。 ⑪ 称,举也。 ⑫ 晋独取信,故其功多。

季武子使谓叔孙以公命,曰:"视邾、滕[①]。"既而齐人请邾,宋人请滕,皆不与盟[②]。叔孙曰:"邾、滕,人之私也。我,列国也,何故视之?宋、卫,吾匹也。"乃盟。故不书其族,言违命也[③]。

① 两事晋、楚则贡赋重,故欲比小国。武子恐叔孙不从其言,故假公命以敕之。 ② 私属二国故。【释文】与,音预。 ③ 季孙专政于国,鲁君非得有命。今君唯以此命告豹,豹宜崇大顺以显弱命之君,而遂其小是,故贬之。

晋、楚争先[①]。晋人曰:"晋固为诸侯盟主,未有先晋者也。"楚人曰:"子言晋、楚匹也,若晋常先,是楚弱也。且晋、楚狎主诸侯之盟也久矣[②],岂专在晋?"叔向谓赵孟曰:"诸侯归晋之德只[③],非归其尸盟也[④]。子务德,无争先!且诸侯盟,小国固必有尸盟者[⑤],楚为晋细,不亦可乎[⑥]?"乃先楚人。书先晋,晋有信也[⑦]。

① 争先歃血。 ② 狎,更也。【释文】先晋,悉荐切,或如字。狎,户甲切。更,音庚。 ③ 只,辞。【释文】只,之氏切。 ④ 尸,主也。 ⑤ 小国主辨具。【释文】辨,皮苋切。 ⑥ 故推使楚主盟。 ⑦ 盖孔子追正之。

壬午,宋公兼享晋、楚之大夫,赵孟为客[①]。子木与之言,弗能对;使叔向侍言焉,子木亦不能对也。乙酉,宋公及诸侯之大夫盟于蒙门之外[②]。子木问于赵孟曰:"范武子之德何如[③]？”对曰：“夫子之家事治，言于晋国无隐情。其祝史陈信于鬼神，无愧辞[④]。”子木归，以语王。王曰：“尚矣哉[⑤]！能歆神人[⑥]，宜其光辅五君以为盟主也[⑦]。”子木又语王曰：“宜晋之伯也！有叔向以佐其卿，楚无以当之，不可与争。”晋荀盈遂如楚莅盟[⑧]。

① 客，一坐所尊，故季孙饮大夫酒，臧纥为客。【释文】坐，才卧切。饮，於鸩切。 ② 前盟，诸大夫不敢敌公，礼也。今宋公以近在其国，故谦而重盟，重盟故不书。蒙门，宋城门。【释文】重，直用切。 ③ 士会贤，闻于诸侯，故问之。【释文】闻，音问，又如字。 ④ 祝陈馨香，德足副之，故不愧。【释文】治，直吏切。愧，九位切。 ⑤ 尚，上也。【释文】语，鱼据切，下同。 ⑥ 歆，享也。使神享其祭，人怀其德。【释文】歆，许金切。 ⑦ 五君，谓文、襄、灵、成、景。⑧ 重结晋、楚之好。【释文】好，呼报切。

郑伯享赵孟于垂陇[①]，子展、伯有、子西、子产、子大叔、二子石从[②]。赵孟曰：“七子从君，以宠武也。请皆赋以卒君贶，武亦以观七子之志[③]。”子展赋《草虫》[④]，赵孟曰：“善哉！民之主也[⑤]。抑武也不足以当之[⑥]。”伯有赋《鹑之贲贲》[⑦]，赵孟曰：“床笫之言不逾阈，况在野乎？非使人之所得闻也[⑧]。”子西赋《黍苗》之四章[⑨]，赵孟曰：“寡君在，武何能焉[⑩]？”子产赋《隰桑》[⑪]，赵孟曰：“武请受其卒章[⑫]。”子大叔赋《野有蔓草》[⑬]，赵孟曰：“吾子之惠也[⑭]。”印段赋《蟋蟀》[⑮]，赵孟曰：“善哉！保家之主也。吾有望矣[⑯]。”公孙段赋《桑扈》[⑰]，赵孟曰：“‘匪交匪敖’，福将焉往[⑱]？若保是言也，欲辞福禄，得乎？”卒享，文子告叔向曰：“伯有将为戮矣！诗以言志，志诬其上，而公怨之，以为宾荣[⑲]，其能久乎？幸而后亡[⑳]。”叔向曰：“然。已侈，所谓不及五稔者，夫子之谓矣[㉑]。”文子曰：“其余皆数世之主也。子展其后亡者也，在上不忘降[㉒]。印氏其次也，乐而不荒[㉓]。乐以安民，不淫以使之，后亡，不亦可乎？”

① 自宋还，过郑。【释文】陇，力勇切。 ② 二子石：印段、公孙段。【释文】从，才用切。 ③ 诗以言志。 ④《草虫》，《诗·召南》，曰：“未见君子，忧心忡忡，亦既见止，亦既觏止，我心则降。”以赵孟为君子。【释文】虫，直忠切。召，上照切。忡，敕忠切。觏，古豆切。降，户江切，又如字，下注同。 ⑤ 在上不忘降，故可以主民。 ⑥ 辞君子。 ⑦《鹑之贲贲》，《诗·鄘风》，卫人刺其君淫乱，鹑鹊之不若。义取“人之无良，我以为兄，我以为君”也。【释文】鹑，顺伦切。贲，音奔。 ⑧ 第，(箦)[箦]也。此诗刺淫乱，故云床第之言。阈，门限。使人，赵孟自谓。【释文】第，侧里切。阈，音域，徐况逼切。使，所吏切。箦，音责。 ⑨《黍苗》，《诗·小雅》，四章曰：“肃肃谢功，召伯营之。列列征师，召伯成之。”比赵孟于召伯。 ⑩ 推善于其君。 ⑪《隰桑》，《诗·小雅》，义取思见君子，尽心以事之。曰：“既见君子，其乐如何？”【释文】尽，津忍切。乐，音洛，下注及“文至乐”并同。 ⑫ 卒章曰：“心乎爱矣，遐不谓矣。中心藏之，何日忘之。”赵武欲子产之见规诲。 ⑬《野有蔓草》，《诗·郑风》，取其“邂逅相遇，适我愿兮”。【释文】蔓，音万。邂，户卖切。逅，户逗切。 ⑭ 大叔喜于相遇，故赵孟受其惠。 ⑮《蟋蟀》，《诗·唐风》，曰：“无以大康，职思其居。好乐无荒，良士瞿瞿。”言瞿瞿然顾礼仪。【释文】印，一刃切。蟀，所律切。大，音泰。居，音据。好，呼报切，下同。瞿，俱付切。 ⑯ 能戒惧不荒，所以保家。 ⑰《桑扈》，《诗·小雅》，义取君子有礼文，故能受天之祜。【释文】祜，音户。 ⑱ 此《桑扈》诗卒章，赵孟因以取义。【释文】敖，五报切。焉，於虔切，下“政其焉往”同。 ⑲ 言诬则郑伯未有其实。赵孟倡赋诗以自宠，故言公怨之以为宾荣。【释文】倡，昌亮切。 ⑳ 言必先亡。 ㉑ 稔，年也。为三十年郑杀良霄传。【释文】侈，昌氏切，又尸氏切，《字林》充豉切。稔，而甚切，熟也。谷一熟为一年。 ㉒ 谓赋《草虫》曰“我心则降”。【释文】数，所主切。 ㉓ 谓赋《蟋蟀》曰“好乐无荒”。

宋左师请赏，曰：“请免死之邑①。”公与之邑六十。以示子罕，子罕曰：“凡诸侯小国，晋、楚所以兵威之。畏而后上下慈和，慈和而后能安靖其国家，以事大国，所以存也。无威则骄，骄则乱生，乱生必灭，所以亡也。天生五材②，民并用之，废一不可，谁能去兵？兵之设久矣，所以威不轨而昭文德也。圣人以兴[3]，乱人以废[4]，废兴存亡昏明之术，皆兵之由也。而子求去之，不亦诬乎？以诬道蔽诸侯，罪莫大焉。纵无大讨，而又求赏，无厌之甚也！”削而投之[5]。左师辞邑。向氏欲攻司城[6]，左师曰：“我将亡，夫子存我，德莫大焉，又可攻乎？”君子曰：“‘彼已之子，邦之司直[7]’，乐喜之谓乎[8]？‘何以恤我，我其收之[9]’，向戌之谓乎[10]？”

①欲宋君称功加厚赏，故谦言免死之邑也。　②金、木、水、火、土也。　③谓汤、武。【释文】去，起吕切，下皆同。　④谓桀、纣。　⑤削赏左师之书。【释文】蔽，必世切，徐甫世切，服虔、王肃、董遇并作“弊”，婢世切，云踣也。厌，於盐切，徐於廉切。　⑥司城，子罕。　⑦《诗·郑风》。司，主也。【释文】己，音记。　⑧乐喜，子罕也。善其不阿向戌。　⑨逸《诗》。恤，忧也。收，取也。⑩善向戌能知其过。

齐崔杼生成及彊而寡[1]。娶东郭姜，生明。东郭姜以孤入，曰棠無咎[2]，与东郭偃相崔氏[3]。崔成有病，而废之[4]，而立明。成请老于崔[5]，崔子许之。偃与無咎弗予，曰：“崔，宗邑也，必在宗主[6]。”成与彊怒，将杀之，告庆封曰：“夫子之身亦子所知也，唯無咎与偃是从，父兄莫得进矣。大恐害夫子，敢以告[7]。”庆封曰：“子姑退，吾图之。”告卢蒲嫳[8]。卢蒲嫳曰：“彼，君之仇也。天或者将弃彼矣。彼实家乱，子何病焉[9]？崔之薄，庆之厚也[10]。”他日又告[11]。庆封曰：“苟利夫子，必去之！难，吾助女。”

①偏丧曰寡。寡，特也。【释文】丧，息浪切。　②無咎，棠公之子。【释文】娶，七住切。無，本亦作“无”。咎，其九切。　③东郭偃，姜之弟。【释文】相，息亮切。　④有恶疾也。　⑤济南东朝阳县西北有崔氏城。成欲居崔邑以终老。【释文】朝，如字，一音直遥切。　⑥宗邑，宗庙所在。宗主，谓崔明。⑦夫子，谓崔杼。　⑧嫳，庆封属大夫。封以成、彊之言告嫳。【释文】嫳，普结切，徐敷结切。　⑨君为齐庄公，为崔杼所弑。　⑩崔败则庆专权。　⑪成、彊复告。【释文】复，扶又切。

九月庚辰，崔成、崔彊杀东郭偃、棠無咎于崔氏之朝。崔子怒而出，其众皆逃，求人使驾，不得。使圉人驾，寺人御而出[①]。且曰："崔氏有福，止余犹可[②]。"遂见庆封。庆封曰："崔、庆一也[③]。是何敢然？请为子讨之。"使卢蒲嫳帅甲以攻崔氏。崔氏堞其宫而守之[④]，弗克。使国人助之，遂灭崔氏，杀成与彊，而尽俘其家。其妻缢[⑤]。嫳复命于崔子，且御而归之[⑥]。至，则无归矣，乃缢[⑦]。崔明夜辟诸大墓[⑧]。辛巳，崔明来奔，庆封当国[⑨]。

① 圉人，养马者。寺人，奄士。【释文】难，乃旦切。女，音汝。圉，鱼吕切。 ② 恐灭家，祸不止其身。 ③ 言如一家。 ④ 堞，短垣。使其众居短垣内以守。【释文】为，于伪切，下注"嫳为"、"为齐庄"同。堞，音牒，徐养涉切。 ⑤ 妻，东郭姜。 ⑥ 嫳为崔子御。 ⑦ 终"入于其宫，不见其妻，凶"。 ⑧ 开先人之冢以藏之。【释文】辟，婢亦切，徐甫亦切。 ⑨ 当国，秉政。

楚薳罢如晋莅盟[①]，晋侯享之。将出，赋《既醉》[②]，叔向曰："薳氏之有后于楚国也，宜哉！承君命，不忘敏。子荡将知政矣。敏以事君，必能养民。政其焉往[③]？"

① 罢，令尹子荡。报荀盈也。【释文】罢，音皮。 ②《既醉》，《诗·大雅》，曰："既醉以酒，即饱以德。君子万年，介尔景福。"以美晋侯，比之太平君子也。 ③ 言政必归之。

崔氏之乱[①]，申鲜虞来奔，仆赁于野，以丧庄公[②]。冬，楚人召之，遂如楚为右尹[③]。

① 在二十五年。 ② 为齐庄公服丧。【释文】赁，女鸩切。丧，如字，又息浪切。 ③ 传言楚能用贤。

十一月乙亥朔，日有食之。辰在申，司历过也，再失闰矣[①]。

① 谓斗建指申。周十一月，今之九月，斗当建戌而在申，故知再失闰也。文十一年三月甲子至今年七十一岁，应有二十六闰，今《长历》推得二十四闰，通计少再闰。《释例》言之详矣。

襄公二十八年

【经】

二十有八年春，无冰①。

夏，卫石恶出奔晋②。

邾子来朝。

秋八月，大雩。

仲孙羯如晋③。

冬，齐庆封来奔④。

十有一月，公如楚⑤。

十有二月甲寅，天王崩⑥。

乙未，楚子昭卒⑦。

① 前年知其再失闰，顿置两闰以应天正，故此年正月建子，得以无冰为灾而书。【释文】应，应对之应。 ② 宁喜之党，书名恶之。【释文】恶，乌路切。 ③ 告将朝楚。【释文】羯，居谒切。 ④ 崔杼之党。嗜酒荒淫而出，书名罪之。自鲁奔吴不书，以绝位不为罪。【释文】耆，市志切。 ⑤ 为宋之盟故朝楚。【释文】为，于伪切。 ⑥ 灵王也。 ⑦ 康王也。十二月无乙未，日误。

【传】

二十八年春，无冰。梓慎曰："今兹宋、郑其饥乎①？岁在星纪，而淫于玄枵②，以有时菑，阴不堪阳③。蛇乘龙④。龙，宋、郑之星也⑤，宋、郑必饥。玄枵，虚中也⑥。枵，耗名也。土虚而民耗，不饥何为⑦？"

① 梓慎，鲁大夫。今年郑游吉、宋向戌言之，明年饥甚，传乃详其事。【释文】梓，音子。 ② 岁，岁星也。星纪在丑，斗牛之次。玄枵在子，虚危之次。十八年，晋董叔曰：天道多在西北。是岁，岁星在亥，至此年十一岁，故在星纪。

明年乃当在玄枵，今已在玄枵，淫行失次。【释文】枵，许骄切。 ③ 时菑，无冰也。盛阴用事而温无冰，是阴不胜阳，地气发泄。【释文】菑，音灾，注同。泄，息列切，下同。 ④ 蛇，玄武之宿，虚危之星。龙，岁星。岁星，木也。木为青龙，失次出虚危下，为蛇所乘。【释文】宿，音秀，下同。 ⑤ 岁星本位在东方，东方房心为宋，角亢为郑，故以龙为宋、郑之星。【释文】亢，音刚，又苦浪切。 ⑥ 玄枵三宿，虚星在其中。 ⑦ 岁为宋、郑之星，今失常，淫入虚耗之次。时复无冰，地(岁)[气]发泄，故曰土虚民耗。【释文】耗，呼报切。复，扶又切。

夏，齐侯、陈侯、蔡侯、北燕伯、杞伯、胡子、沈子、白狄朝于晋，宋之盟故也①。齐侯将行，庆封曰："我不与盟，何为于晋②？"陈文子曰："先事后贿，礼也③。小事大，未获事焉，从之如志，礼也④。虽不与盟，敢叛晋乎？重丘之盟，未可忘也。子其劝行⑤！"

① 陈侯、蔡侯、胡子、沈子，楚属也。宋盟曰晋、楚之从交相见，故朝晋。燕国，今蓟县。【释文】燕，乌贤切。蓟，音计。 ② 以宋盟释齐、秦。【释文】与，音预，下同。 ③ 事大国，当先从其政事，而后荐贿，以副己心。【释文】贿，呼罪切。 ④ 言当从大国请事，以顺其志。 ⑤ 重丘盟在二十五年。【释文】重，直龙切。

卫人讨宁氏之党，故石恶出奔晋。卫人立其从子圃以守石氏之祀，礼也①。

① 石恶之先石碏有大功于卫国，恶之罪不及下祀，故曰礼。【释文】圃，布古切。碏，七略切。

邾悼公来朝，时事也①。

① 传言来朝非宋盟，宋盟唯施于朝晋、楚。

秋八月，大雩，旱也。

蔡侯归自晋，入于郑。郑伯享之，不敬。子产曰："蔡侯其不免乎①？日其过此也②，君使子展廷劳于东门之外，而傲③。吾曰犹将更之。今还，受享而惰，乃其心也。君小国事大国，而惰傲以为己心，将得死乎？若不免，必由其子。其为君也，淫而不父④。侨闻之，如是者，恒有子祸⑤。"

① 不免祸。 ② 往日至晋时。【释文】日，人实切。过，古禾、古卧二切。 ③ 迋，往也。【释文】迋，于况切，后同。劳，力报切。 ④ 通太子班之妻。【释文】傲，五报切，下同。惰，徒卧切。君小国事大国，古本无“小”字。 ⑤ 为三十年蔡世子班弑其君(伟)[传]。

孟孝伯如晋，告将为宋之盟故如楚也[1]。

① 鲁，晋属，故告晋而行。【释文】为，于伪切。

蔡侯之如晋也，郑伯使游吉如楚。及汉，楚人还之，曰：“宋之盟，君实亲辱[1]。今吾子来，寡君谓吾子姑还，吾将使驲奔问诸晋而以告[2]。”子大叔曰：“宋之盟，君命将利小国，而亦使安定其社稷，镇抚其民人，以礼承天之休[3]，此君之宪令，而小国之望也[4]。寡君是故使吉奉其皮币[5]，以岁之不易，聘于下执事[6]。今执事有命曰：女何与政令之有？必使而君弃而封守，跋涉山川，蒙犯霜露，以逞君心。小国将君是望，敢不唯命是听？无乃非盟载之言，以阙君德，而执事有不利焉，小国是惧。不然，其何劳之敢惮？”

① 君，谓郑伯。【释文】还，音环。 ② 问郑君应来朝否。【释文】驲，人实切。 ③ 休，福禄也。【释文】休，许虬切。 ④ 宪，法也。 ⑤ 聘用乘皮束帛。【释文】乘，绳证切。 ⑥ 言若有饥荒之难，故郑伯不得自朝楚。【释文】易，以豉切。难，乃旦切。

子大叔归，复命，告子展曰：“楚子将死矣！不修其政德，而贪昧于诸侯，以逞其愿，欲久，得乎？《周易》有之，在《复》䷗[1]之《颐》䷚[2]，曰：‘迷复，凶[3]。’其楚子之谓乎？欲复其愿[4]，而弃其本[5]，复归无所，是谓迷复[6]，能无凶乎？君其往也！送葬而归，以快楚心[7]。楚不几十年，未能恤诸侯也[8]，吾乃休吾民矣[9]。”裨灶曰：“今兹周王及楚子皆将死[10]。岁弃其次，而旅于明年之次，以害鸟帑，周、楚恶之[11]。”

①《震》下《坤》上，《复》。【释文】女，音汝。与，音预。跋，白末切，草行为跋，水行为涉。惮，徒旦切。 ②《震》下《艮》上，《颐》。《复》上六变得《颐》。

【释文】颐，以之切。　③《复》上六爻辞也。复，反也。极阴反阳之卦，上处极位，迷而复反，失道已远，远而无应，故凶。【释文】应，应对之应。　④谓欲得郑朝，以复其愿。　⑤不修德。　⑥失道已远，又无所归。　⑦言楚子必死，君往当送其葬。　⑧几，近也。言失道远者，复之亦难。【释文】几，居依切，又音祈。　⑨休，息也。言楚不能复为害。【释文】复，扶又切，下“复顾”同。⑩禆灶，郑大夫。【释文】禆，避支切。　⑪旅，客处也。岁星弃星纪之次，客在玄枵，岁星所在，其国有福，失次于北，祸冲在南，南为朱鸟，鸟尾曰帑。鹑火、鹑尾，周、楚之分，故周王、楚子受其咎。俱论岁星过次，梓慎则曰宋、郑饥，禆灶则曰周、楚王死，传故备举，以示卜占惟人所在。【释文】帑，音奴。恶，如字，又乌路切。冲，尺容切。分，扶问切。

九月，郑游吉如晋，告将朝于楚，以从宋之盟。子产相郑伯以如楚，舍不为坛①。外仆言曰：“昔先大夫相先君，适四国，未尝不为坛②。自是至今，亦皆循之。今子草舍，无乃不可乎？”子产曰：“大适小，则为坛。小适大，苟舍而已，焉用坛？侨闻之，大适小有五美：宥其罪戾，赦其过失，救其菑患，赏其德刑③，教其不及。小国不困，怀服如归。是故作坛以昭其功，宣告后人，无怠于德④。小适大有五恶：说其罪戾⑤，请其不足，行其政事⑥，共其职贡，从其时命⑦。不然，则重其币帛，以贺其福而吊其凶，皆小国之祸也，焉用作坛以昭其祸？所以告子孙，无昭祸焉可也⑧。”

①至敌国郊，除地封土为坛，以受郊劳。【释文】相，息亮切，下同。坛，徒丹切。劳，力报切。　②外仆，掌次舍者。　③刑，法也。【释文】焉，於虔切，下“焉用作坛”、“焉辟之”、“又焉用盟”皆同。宥，音又。菑，音灾。　④怠，解也。【释文】解，佳卖切。　⑤自解说也。　⑥奉行大国之政。　⑦从朝会之命。【释文】共，音恭。　⑧(然)[无]昭祸以告子孙。

齐庆封好田而耆酒，与庆舍政①，则以其内实迁于卢蒲嫳氏，易内而饮酒②。数日，国迁朝焉③。使诸亡人得贼者，以告而反之④，故反卢蒲癸。癸臣子之⑤，有宠，妻之⑥。庆舍之士谓卢蒲癸曰：“男女辨姓。子不辟宗，何也⑦？”曰：“宗不余辟[⑧]，余独焉辟之？赋诗断章，余取所求焉，恶识宗[⑨]？”癸言王何而反之，二人皆嬖[⑩]，使执寝戈而先后之[⑪]。

① 舍，庆封子。庆封当国，不自为政，以付舍。【释文】好，呼报切。耆，市志切。② 内实，宝物、妻妾也。移而居嬖家。 ③ 就于卢蒲氏朝见封。【释文】数，所主切。见，贤遍切。 ④ 亡人，辟崔氏难出奔者。【释文】难，乃旦切。 ⑤ 子之，庆舍。⑥ 子之以其女妻癸。【释文】妻，七计切，及下注皆同。 ⑦ 辨，别也。别姓而后可相取。庆氏、卢蒲氏皆姜姓。【释文】别，彼列切，下同。取，七住切，本亦作“娶”。⑧ 言舍欲妻己。 ⑨ 言己苟欲有求于庆氏，不能复顾礼，譬如赋诗者取其一章而已。【释文】断，音短。恶，音乌，安也。 ⑩ 二子皆庄公党。二十五年，崔氏弑庄公，癸、何出奔；今还，求宠于庆氏，欲为庄公报仇。【释文】嬖，必计切，下同。为，于伪切。 ⑪ 寝戈，亲近兵杖。【释文】先，悉荐切。后，户豆切。近，附近之近。杖，直亮切。

公膳，日双鸡[①]。饔人窃更之以鹜。御者知之，则去其肉而以其洎馈[②]。子雅、子尾怒[③]。庆封告卢蒲嫳[④]。卢蒲嫳曰：“譬之如禽兽，吾寝处之矣[⑤]。”使析归父告晏平仲[⑥]。平仲曰：“婴之众不足用也，知无能谋也。言弗敢出[⑦]，有盟可也。”子家曰：“子之言云[⑧]，又焉用盟？”告北郭子车[⑨]。子车曰：“人各有以事君，非佐之所能也[⑩]。”陈文子谓桓子曰[⑪]：“祸将作矣！吾其何得？”对曰：“得庆氏之木百车于庄[⑫]。”文子曰：“可慎守也已[⑬]！”

① 卿大夫之膳食。【释文】膳，市战切，谓公家供卿大夫之常膳。 ② 御，进食者。饔人、御者欲使诸大夫怨庆氏，减其膳。盖卢蒲癸、王何之谋。【释文】鹜，徐音木，鸭也。去，起吕切，藏也。洎，其器切，肉汁也，《说文》云：洎，灌釜也。《字林》己莅切。馈，其位切。 ③ 二子皆惠公孙。 ④ 以二子怒告嫳。⑤ 言能杀而席其皮。 ⑥ 欲与共谋子雅、子尾。 ⑦ 不敢泄谋。【释文】知，音智。 ⑧ 子家，析归父。 ⑨ 子车，齐大夫。 ⑩ 佐，子车名。 ⑪ 桓子，文子之子无宇。 ⑫ 庆封时有此木，积于六轨之道。 ⑬ 善其不志于货财。

卢蒲癸、王何卜攻庆氏，示子之兆[①]，曰：“或卜攻仇，敢献其兆。”子之曰：“克，见血。”冬十月，庆封田于莱，陈无宇从。丙辰，文子使召之。请曰："无宇之母疾病，请归。"庆季卜之[②]，示之兆，曰："死。"奉龟而泣[③]。乃使归。庆嗣闻之[④]，曰："祸将作矣！"谓子家："速归[⑤]！祸作必于尝[⑥]，归犹可及也。"子家弗听，亦无悛志[⑦]。子息曰："亡矣！幸而获在吴、越[⑧]。"陈无宇济水而戕舟发梁[⑨]。卢蒲姜谓癸曰："有事而不告我，必不捷矣[⑩]。"癸告之[⑪]。姜曰："夫子愎，莫之止，将不出，我请止之[⑫]。"癸曰："诺。"十一月乙亥，尝于大公之庙，庆舍莅事[⑬]。卢蒲姜告之，且止之。弗听，曰："谁敢者。"遂如公[⑭]。麻婴为尸[⑮]，庆奊为上献[⑯]。卢蒲癸、王何执寝戈。庆氏以其甲环公宫[⑰]。陈氏、鲍氏之圉人为优[⑱]。庆氏之马善惊，士皆释甲束马[⑲]而饮酒，且观优，至于鱼里[⑳]。栾、高、陈、鲍之徒介庆氏之甲[㉑]。子尾抽桷击扉三[㉒]，卢蒲癸自后刺子之，王何以戈击之，解其左肩。犹援庙桷，动于甍[㉓]，以俎壶投，杀人而后死[㉔]。遂杀庆绳、麻婴[㉕]。公惧。鲍国曰："群臣为君故也[㉖]。"陈须无以公归，税服而如内宫[㉗]。

① 龟兆。 ② 季，庆封。【释文】莱，音来。从，才用切。 ③ 无宇泣。【释文】奉，芳勇切。 ④ 嗣，庆封之族。【释文】嗣，继嗣之嗣，本或作"庆翩"，误。 ⑤ 子家，庆封字。 ⑥ 尝，秋祭。 ⑦ 悛，改寤也。【释文】悛，七全切。寤，五故切。 ⑧ 子息，庆嗣。 ⑨ 戕，残坏也。不欲庆封得救难。【释文】戕，在羊切。难，乃旦切，下"外难"同。 ⑩ 姜，癸妻，庆舍女。 ⑪ 告欲杀庆舍。⑫ 夫子，谓庆舍。【释文】愎，皮逼切。 ⑬ 临祭事。【释文】大，音泰。 ⑭ 至公所。 ⑮ 为祭尸。 ⑯ 上献，先献者。【释文】奊，户结切。 ⑰ 庙在宫内。【释文】环，如字，徐音患。 ⑱ 优俳。【释文】优，於求切。俳，皮皆切。 ⑲ 束，绊之也。【释文】绊，音半。 ⑳ 鱼里，里名。优在鱼里，就观之。 ㉑ 栾，子雅。高，子尾。陈，陈须无。鲍，鲍国。【释文】介，音界。 ㉒ 桷，椽也。扉，门阖也。以桷击扉为期。【释文】桷，音角。扉，音非，门扇也。椽，直专切。阖，户腊切。㉓ 甍，屋栋。【释文】刺，七亦切。援，音袁。甍，亡耕切，《字林》七成切。

㉔ 言其多力。　㉕ 庆绳，庆奊。　㉖ 言欲尊公室，非为乱。【释文】为，于伪切，下“为之诵”同。　㉗ 言公惧于外难。【释文】税，吐活切，又如字。

庆封归，遇告乱者。丁亥，伐西门，弗克。还伐北门，克之。入，伐内宫①，弗克。反，陈于岳②，请战，弗许，遂来奔。献车于季武子，美泽可以鉴③。展庄叔见之④，曰：“车甚泽，人必瘁，宜其亡也。”叔孙穆子食庆封，庆封氾祭⑤。穆子不说，使工为之诵《茅鸱》⑥，亦不知，既而齐人来让⑦，奔吴。吴句馀予之朱方⑧，聚其族焉而居之，富于其旧。子服惠伯谓叔孙曰：“天殆富淫人，庆封又富矣。”穆子曰：“善人富谓之赏，淫人富谓之殃。天其殃之也，其将聚而歼旃⑨？”

① 陈、鲍在公所故。　② 岳，里名。【释文】陈，直觐切。岳，五角切。　③ 光鉴形也。【释文】鉴，古暂切。　④ 鲁大夫。　⑤ 礼：食有祭，示有所先也。氾祭，远散所祭，不共。【释文】瘁，在醉切，本或作“萃”，同。食，音嗣。氾，芳剑切。　⑥ 工，乐师。《茅鸱》，逸《诗》，刺不敬。【释文】说，音悦。茅，亡交切。鸱，尺之切。刺，七赐切。　⑦ 让鲁受庆封。　⑧ 句馀，吴子夷(朱)[末]也。朱方，吴邑。【释文】句，古侯切，下“句渎”同。　⑨ 歼，尽也。旃，之也。为昭四年杀庆封传。【释文】歼，子潜切。

癸巳，天王崩。未来赴，亦未书，礼也①。

① 嫌时已闻丧当书，故发例。

崔氏之乱，丧群公子。故鉏在鲁，叔孙还在燕，贾在句渎之丘①。及庆氏亡，皆召之，具其器用而反其邑焉②。与晏子邶殿其鄙六十③，弗受。子尾曰：“富，人之所欲也，何独弗欲？”对曰：“庆氏之邑足欲，故亡。吾邑不足欲也。益之以邶殿，乃足欲。足欲，亡无日矣。在外，不得宰吾一邑。不受邶殿，非恶富也，恐失富也。且夫富如布帛之有幅焉，为之制度，使无迁也④。夫民生厚而用利，于是乎正德以幅之⑤，使无黜嫚⑥，谓之幅利。利过则为败。吾不敢贪多，所谓幅也。”与北郭佐邑六十，受之。与子雅邑，辞多受少。与子尾邑，受而稍致之⑦。公以为忠，故有宠。

① 在二十五年。【释文】丧，息浪切。钼，仕居切，公子钼也。本或作“故公钼”者，非。渎，音豆。 ② 反，还也。 ③ 邶殿，齐别都。以邶殿边鄙六十邑与晏婴。【释文】邶，蒲对切。殿，多荐切，又如字，注及下同。 ④ 迁，移也。【释文】恶，乌路切。夫，音扶。幅，音福。 ⑤ 言厚利皆人之所欲，唯正德可以为之幅。 ⑥ 黜，犹放也。【释文】黜，敕律切。嫚，音慢。 ⑦ 致还公。

释卢蒲嫳于北竟①。求崔杼之尸，将戮之，不得。叔孙穆子曰：“必得之。武王有乱臣十人②，崔杼其有乎？不十人，不足以葬③。”既，崔氏之臣曰：“与我其拱璧④，吾献其柩。”于是得之。十二月乙亥朔，齐人迁庄公，殡于大寝⑤。以其棺尸崔杼于市⑥。国人犹知之，皆曰：“崔子也⑦。”

① 释，放也。【释文】竟，音境。 ② 乱，治也。【释文】治，直吏切。 ③ 葬必须十人，崔氏不能令十人同心，故必得。【释文】令，力呈切。 ④ 崔氏大璧。【释文】拱，居勇切，徐音恭。 ⑤ 更殡之于路寝也。十二月戊戌朔，乙亥误。【释文】柩，其救切。 ⑥ 崔氏弑庄公，又葬不如礼，故以庄公棺著崔杼尸边，以章其罪。【释文】著，丁略切。 ⑦ 始求崔杼之尸不得，故传云国人皆知之。

为宋之盟故，公及宋公、陈侯、郑伯、许男如楚。公过郑，郑伯不在①。伯有迋劳于黄崖，不敬②。穆叔曰：“伯有无戾于郑，郑必有大咎③。敬，民之主也，而弃之，何以承守④？郑人不讨，必受其辜。济泽之阿⑤，行潦之蘋藻⑥，寘诸宗室⑦，季兰尸之，敬也⑧。敬可弃乎⑨？”及汉，楚康王卒。公欲反，叔仲昭伯曰：“我楚国之为，岂为一人？行也⑩！”子服惠伯曰：“君子有远虑，小人从迩⑪。饥寒之不恤，谁遑其后⑫？不如姑归也。”叔孙穆子曰：“叔仲子专之矣⑬，子服子始学者也⑭。”荣成伯曰：“远图者，忠也⑮。”公遂行⑯。宋向戌曰：“我一人之为，非为楚也。饥寒之不恤，谁能恤楚？姑归而息民，待其立君而为之备。”宋公遂反。

①已在楚。【释文】为，于伪切。过，古禾切。　②荧阳宛陵县西有黄水，西南至新郑城西入洧。【释文】劳，力报切。崖，本又作"涯"，鱼佳切。　③伯有不受戮，必还为郑国害。　④言无以承先祖，守其家。　⑤言薄土。【释文】济，子礼切。　⑥言贱菜。【释文】潦，音老。蘋，音频。藻，音早。　⑦荐宗庙。【释文】寘，之豉切。　⑧言取蘋藻之菜于阿泽之中，使服兰之女而为之主，神犹享之，以其敬也。　⑨为三十年郑杀良霄传。　⑩昭伯，叔仲带。【释文】为，于伪切，下除"而为之备"一字并同。　⑪迩，近也。　⑫遑，暇也。　⑬言足专任。　⑭言未识远。　⑮成伯，荣驾鹅。【释文】驾，音加。鹅，五河切。　⑯从昭伯谋。

楚屈建卒。赵文子丧之如同盟，礼也①。

①宋盟有衷甲之隙，不以此废好，故曰礼。【释文】丧，如字，又息浪切。隙，去逆切，本或作"郤"。好，呼报切。

王人来告丧。问崩日，以甲寅告。故书之，以征过也①。

①征，审也。此缓告非有事宜，直臣子怠慢，故以此发例。【释文】征，张陵切，本或作"惩"，误。

春秋经传集解襄公六第十九

襄公二十九年

【经】

二十有九年春，王正月，公在楚①。

夏五月，公至自楚。

庚午，卫献公衎卒②。

阍弑吴子馀祭③。

仲孙羯会晋荀盈、齐高止、宋华定、卫世叔仪、郑公孙段、曹人、莒人、滕人、薛人、小邾人城杞④。

晋侯使士鞅来聘。

杞子来盟⑤。

吴子使札来聘⑥。

秋九月，葬卫献公⑦。

齐高止出奔北燕⑧。

冬，仲孙羯如晋。

① 公在外，阙朝正之礼甚多，而唯书此一年者，鲁公如楚既非常，此公又逾年，故发此一事以明常。 ② 无传。四同盟。【释文】衎，苦旦切。 ③ 阍，守门者，下贱非士，故不言盗。【释文】阍，音昏。弑，申志切。祭，侧界切。

④ 公孙段，伯石也。三十年，伯有死，乃命为卿，今盖以摄卿行。【释文】羯，居谒切。 ⑤ 杞复称子，用夷礼也。【释文】复，扶又切。 ⑥ 吴子，馀祭。既遣札聘上国而后死。札以六月到鲁，未闻丧也。不称公子，其礼未同于上国。【释文】札，侧八切。 ⑦ 无传。 ⑧ 止，高厚之子。【释文】燕，音烟。

【传】

二十九年春，王正月，公在楚，释不朝正于庙也①。楚人使公亲襚②，公患之。穆叔曰："祓殡而襚，则布币也③。"乃使巫以桃茢先祓殡④。楚人弗禁，既而悔之⑤。

① 释，解也。告庙在楚，解公所以不朝正。 ② 诸侯有遣使赗襚之礼，今楚欲依遣使之比。【释文】襚，音遂，《说文》云：衣死人衣。使，所吏切。赗，芳凤切，一本作"赠"。比，必利切。 ③ 先使巫祓除殡之凶邪而行襚礼，与朝而布币无异。【释文】祓，音拂，徐音废。 ④ 茢，黍穰。【释文】茢，音列，徐音例。穰，如羊切。郑注《周礼》云：茢，苕帚。 ⑤ 礼：君临臣丧乃祓殡，故楚悔之。

二月癸卯，齐人葬庄公于北郭①。

① 兵死不入兆域，故葬北郭。

夏四月，葬楚康王。公及陈侯、郑伯、许男送葬，至于西门之外。诸侯之大夫皆至于墓。楚郏敖即位①。王子围为令尹②。郑行人子羽曰："是谓不宜，必代之昌。松柏之下，其草不殖③。"

① 郏敖，康王子熊麇也。【释文】郏，古洽切。麇，九伦切。 ② 围，康王弟。 ③ 言楚君弱，令尹强，物不两盛。为昭元年围弑郏敖起本。

公还，及方城。季武子取卞①，使公冶问②，玺书追而与之③，曰："闻守卞者将叛，臣帅徒以讨之，既得之矣，敢告。"公冶致使而退④，及舍而后闻取卞⑤。公曰："欲之而言叛，祇见疏也⑥。"公谓公冶曰："吾可以入乎⑦？"对曰："君实有国，谁敢违君？"公与公冶冕服⑧。固辞，强之而后受。公欲无入，荣成伯赋《式微》，乃归⑨。五月，公至自楚。公冶致其邑于季氏[10]，而终不入焉[11]，曰："欺其君，何必使余？"季孙见之，则言季氏如他日。不见，则终不言季氏。及疾，聚其臣[12]，曰："我死，必无以冕服敛，非德赏也[13]。且无使季氏葬我。"

① 取卞邑以自益。【释文】卞，本又作"弁"，皮彦切。 ② 问公起居。公冶，季氏属大夫。【释文】冶，音也。 ③ 玺，印也。【释文】玺，音徙，《广雅》云：印谓之玺。《说文》作"壐"，从土，云：王者印也。籀文从王。印，一刃切。 ④ 致季氏使命。【释文】使，所吏切，注并下注"赏其使"同。 ⑤ 发书乃闻之。 ⑥ 言季氏欲得卞，而欺我言叛，益疏我。【释文】祇，音支，本又作"多"，音同，服云：祇，适也。 ⑦ 以季氏疏己，故不敢入。 ⑧ 以卿服玄冕赏之。 ⑨《式微》，《诗·邶风》，曰："式微式微，胡不归？"式，用也。义取寄寓之微陋，劝公归。【释文】强，其丈切。邶，音佩。寓，音遇。 ⑩ 本从季氏得邑，故还之。 ⑪ 不入季孙家。 ⑫ 大夫家臣。 ⑬ 言公畏季氏而赏其使，非以我有德。【释文】敛，力验切。

葬灵王[1]。郑上卿有事，子展使印段往。伯有曰："弱，不可[2]。"子展曰："与其莫往，弱不犹愈乎？《诗》云：'王事靡盬，不遑启处[3]。'东西南北，谁敢宁处[4]？坚事晋、楚，以蕃王室也[5]。王事无旷，何常之有？"遂使印段如周[6]。

① 不书，鲁不会。 ② 印段年少官卑。【释文】少，诗照切。 ③《诗·小雅》。盬，不坚固也。启，跪也。言王事无不坚固，故不暇跪处。【释文】盬，音古。跪，其委切。 ④ 谓上卿。 ⑤ 言我固事晋、楚，乃所以蕃屏王室。【释文】蕃，芳元切。 ⑥ 传言周衰，卑于晋、楚。

吴人伐越，获俘焉，以为阍，使守舟。吴子馀祭观舟，阍以刀弑之[1]。

① 言以刀，明近刑人。【释文】近，附近之近。

郑子展卒，子皮即位[1]。于是郑饥而未及麦，民病。子皮以子展之命，饩国人粟，户一钟[2]，是以得郑国之民。故罕氏常掌国政，以为上卿。宋司城子罕闻之，曰："邻于善，民之望也[3]。"宋亦饥，请于平公，出公粟以贷。使大夫皆贷。

司城氏贷而不书[④]，为大夫之无者贷。宋无饥人。叔向闻之，曰："郑之罕，宋之乐，其后亡者也。二者其皆得国乎[⑤]！民之归也。施而不德，乐氏加焉，其以宋升降乎[⑥]？"

① 子皮代父为上卿。 ② 在丧，故以父命也。六斛四斗曰钟。【释文】饩，许气切。 ③ 民亦望君为善。 ④ 施而不德。【释文】贷，他代切。施，始豉切，下同。 ⑤ 得掌国政。【释文】向，许丈切。 ⑥ 升降，随宋盛衰。

晋平公，杞出也，故治杞[①]。六月，知悼子合诸侯之大夫以城杞，孟孝伯会之。郑子大叔与伯石往[②]。子大叔见大叔文子[③]，与之语。文子曰："甚乎！其城杞也。"子大叔曰："若之何哉？晋国不恤周宗之阙，而夏肄是屏[④]。其弃诸姬，亦可知也已。诸姬是弃，其谁归之？吉也闻之，弃同即异，是谓离德。《诗》曰：'协比其邻，昏姻孔云[⑤]。'晋不邻矣，其谁云之[⑥]？"

① 治理其地，修其城。 ② 大叔不书，不亲事。【释文】知，音智。大叔，音泰。 ③ 文子，卫大叔仪。 ④ 周宗，诸姬也。夏肄，杞也。肄，余也。屏，城也。【释文】夏，户雅切，注下皆仿此。肄，以二切。《诗》传云：斩而复生曰肄。《方言》云：枿，余也，秦、晋之间曰肄。 ⑤《诗·小雅》，言王者和协近亲，则昏姻甚归附。【释文】比，毗志切。 ⑥ 云犹旋，旋归之。

齐高子容与宋司徒见知伯，女齐相礼[①]。宾出，司马侯言于知伯曰："二子皆将不免。子容专[②]，司徒侈，皆亡家之主也。"知伯曰："何如？"对曰："专则速及[③]，侈将以其力毙[④]，专则人实毙之，将及矣[⑤]。"

① 子容，高止也。司徒，华定也。知伯，荀盈也。女齐，司马侯也。相礼，侍威仪也。【释文】女，音汝。相，息亮切。 ② 专，自是也。 ③ 速及祸也。【释文】侈，昌氏切，又尸氏切。 ④ 力尽而自毙。【释文】毙，婢世切。 ⑤ 为此秋高止出奔燕、昭二十年华定出奔陈传。【释文】专则人实毙之，绝句。将及矣，本或作"侈将及矣"者，非。

范献子来聘，拜城杞也[①]。公享之，展庄叔执币[②]。射者三耦[③]，公臣不足，取于家臣。家臣，展瑕、展玉父为一耦。公臣，公巫召伯、仲颜庄叔为一耦，鄫鼓父、党叔为一耦[④]。

① 谢鲁为杞城。【释文】为，于伪切，下“为之歌”同。 ② 公将以酬宾。 ③ 二人为耦。【释文】耦，五口切。 ④ 言公室卑微，公臣不能备于三耦。【释文】召，上照切。鄫，才陵切。党，音掌。

晋侯使司马女叔侯来治杞田[①]，弗尽归也。晋悼夫人愠曰：“齐也取货[②]。先君若有知也，不尚取之[③]！”公告叔侯，叔侯曰：“虞、虢、焦、滑、霍、扬、韩、魏，皆姬姓也[④]，晋是以大。若非侵小，将何所取？武、献以下，兼国多矣[⑤]，谁得治之？杞，夏余也，而即东夷[⑥]。鲁，周公之后也，而睦于晋。以杞封鲁犹可，而何有焉[⑦]？鲁之于晋也，职贡不乏，玩好时至，公卿大夫相继于朝，史不绝书[⑧]，府无虚月[⑨]。如是可矣！何必瘠鲁以肥杞？且先君而有知也，毋宁夫人，而焉用老臣[⑩]？”

① 使鲁归前侵杞田。所归少，故不书。 ② 夫人，平公母，杞女也。谓叔侯取货于鲁，故不尽归杞田。【释文】愠，纡运切，怒也，怨也。 ③ 不尚叔侯之取货。 ④ 八国皆晋所灭。焦在陕县，扬属平阳郡。【释文】虢，瓜百切。焦，子消切。滑，乎八切。 ⑤ 武公、献公，晋始盛之君。 ⑥ 行夷礼。 ⑦ 何有，尽归之。 ⑧ 书鲁之朝聘。【释文】好，呼报切，下“好善”同。 ⑨ 无月不受鲁贡。 ⑩ 言先君毋宁怪夫人之所为，无用责我。【释文】瘠，在亦切。毋，音无。焉，於虔切。

杞文公来盟[①]。书曰“子”，贱之也[②]。

① 鲁归其田，故来盟。 ② 贱其用夷礼。

吴公子札来聘，见叔孙穆子，说之。谓穆子曰：“子其不得死乎[①]？好善而不能择人。吾闻君子务在择人。吾子为鲁宗卿，而任其大政，不慎举，何以堪之？祸必及子[②]！”

① 不得以寿死。【释文】说，音悦。寿，音授。 ② 为昭四年竖牛作乱起本。

请观于周乐[①]。使工为之歌《周南》、《召南》[②]，曰："美哉[③]！始基之矣[④]，犹未也[⑤]。然勤而不怨矣[⑥]。"为之歌《邶》、《鄘》、《卫》[⑦]，曰："美哉，渊乎！忧而不困者也[⑧]。吾闻卫康叔、武公之德如是，是其《卫风》乎[⑨]？"为之歌《王》[⑩]，曰："美哉！思而不惧，其周之东乎[⑪]？"为之歌《郑》[⑫]，曰："美哉！其细已甚，民弗堪也，是其先亡乎[⑬]！"为之歌《齐》[⑭]，曰："美哉！泱泱乎，大风也哉[⑮]！表东海者，其大公乎[⑯]！国未可量也[⑰]。"为之歌《豳》[⑱]，曰："美哉，荡乎！乐而不淫，其周公之东乎[⑲]？"为之歌《秦》[⑳]，曰："此之谓夏声。夫能夏则大，大之至也，其周之旧乎[㉑]？"为之歌《魏》[㉒]，曰："美哉，沨沨乎！大而婉，险而易行，以德辅此，则明主也[㉓]。"为之歌《唐》[㉔]，曰："思深哉！其有陶唐氏之遗民乎？不然，何忧之远也[㉕]？非令德之后，谁能若是？"为之歌《陈》[㉖]，曰："国无主，其能久乎[㉗]？"自《郐》以下无讥焉[㉘]。为之歌《小雅》[㉙]，曰："美哉！思而不贰[㉚]，怨而不言[㉛]，其周德之衰乎[㉜]？犹有先王之遗民焉[㉝]。"为之歌《大雅》[㉞]，曰："广哉，熙熙乎[㉟]！曲而有直体[㊱]，其文王之德乎[㊲]？"为之歌《颂》[㊳]，曰："至矣哉[㊴]！直而不倨[㊵]，曲而不屈[㊶]，迩而不偪[㊷]，远而不携[㊸]，迁而不淫[㊹]，复而不厌[㊺]，哀而不愁[㊻]，乐而不荒[㊼]，用而不匮[㊽]，广而不宣[㊾]，施而不费[㊿]，取而不贪[51]，处而不底[52]，行而不流[53]。五声和[54]，八风平[55]，节有度，守有序[56]，盛德之所同也[57]。"见舞《象箾》、《南籥》者[58]，曰："美哉！犹有憾[59]。"见舞《大武》者[60]，曰："美哉！周之盛也，其若此乎？"见舞《韶濩》者[61]，曰："圣人之弘也，而犹有惭德，圣人之难也[62]。"见舞《大夏》者[63]，曰："美哉！勤而不德，非禹其谁能修之[64]？"见舞《韶箾》者[65]，曰："德至矣哉！大矣！如天之无不帱也[66]，如地之无不载也，虽甚盛德，其蔑以加于此矣。观止矣！若有他乐，吾不敢请已[67]！”

①鲁以周公故，有天子礼乐。 ②此皆各依其本国歌所常用声曲。【释文】召，上照切，本亦作“邵”。 ③美其声。 ④《周南》、《召南》，王化之基。 ⑤犹有商纣，未尽善也。【释文】尽，津忍切。 ⑥未能安乐，然其音不怨怒。【释文】乐，音洛。 ⑦武王伐纣，分其地为三监，三监叛，周公灭之，更封康叔，并三监之地，故三国尽被康叔之化。【释文】鄘，音容。被，皮义切。 ⑧渊，深也。亡国之音哀以思，其民困。卫康叔、武公德化深远，虽遭宣公淫乱、懿公灭亡，民犹秉义，不至于困。【释文】思，息嗣切，下“忧思”同。 ⑨康叔，周公弟。武公，康叔九世孙。皆卫之令德君也。听声以为别，故有疑言。【释文】别，彼列切。 ⑩《王》，《黍离》也。幽王遇西戎之祸，平王东迁，王政不行于天下，风俗下与诸侯同，故不为雅。 ⑪宗周陨灭，故忧思。犹有先王之遗风，故不惧。【释文】陨，于敏切。 ⑫《诗》第七。 ⑬美其有治政之音，讥其烦碎，知不能久。【释文】治，直吏切。 ⑭《诗》第八。 ⑮泱泱，弘大之声。【释文】泱，於良切，又於郎切，韦昭於康切。 ⑯大公封齐，为东海之表式。【释文】大，音泰。 ⑰言其或将复兴。【释文】复，扶又切，下“复讥”同。 ⑱《诗》第十五。豳，周之旧国，在新平漆县东北。【释文】豳，彼贫切。 ⑲荡乎，荡然也。乐而不淫，言有节。周公遭管、蔡之变，东征三年，为成王陈后稷先公不敢荒淫以成王业，故言其周公之东乎。【释文】乐，音岳，又音洛，下“而又何乐”、“而可以乐”同。为，于伪切。王，如字，又于况切。 ⑳《诗》第十一，后仲尼删定，故不同。【释文】删，所奸切。 ㉑秦本在西戎汧、陇之西，秦仲始有车马礼乐，去戎狄之音而有诸夏之声，故谓之夏声。及襄公佐周平王东迁而受其故地，故曰周之旧。【释文】汧，苦贤切。去，起吕切，又如字。 ㉒《诗》第九。魏，姬姓国。闵元年，晋献公灭之。 ㉓沨沨，中庸之声。婉，约也。险，当为“俭”字之误也。大而约则俭节易行，惜其国小无明君也。【释文】沨，扶弓切，徐敷剑切，韦昭音凡。婉，纡阮切。险，依注音俭。易，以豉切。 ㉔《诗》第十。《唐》，晋诗。 ㉕晋本唐国，故有尧之遗风。忧深思远，情发于声。【释文】思，息嗣切。 ㉖《诗》第十二。 ㉗淫声放荡无所畏忌，故曰国无主。 ㉘《郐》第十三，《曹》第十四。言季子闻此二国歌，不复讥论之，以其微也。【释文】郐，古外切。 ㉙《小雅》，小正，亦乐歌之常。 ㉚思文武之德，无贰叛之心。 ㉛有哀音。 ㉜衰，小也。 ㉝谓有殷王余俗，故未大。 ㉞《大雅》陈文王之德以正天下。 ㉟熙熙，和乐声。

㊱ 论其声。 ㊲《雅》、《颂》所以咏盛德形容，故但歌其美者，不皆歌变雅。 ㊳《颂》者以其成功告于神明。 ㊴ 言道备。【释文】至矣哉，一本无"矣"字。 ㊵ 倨傲。【释文】倨，音据，徐音居。傲，五报切。 ㊶ 屈，桡。【释文】桡，乃孝切。 ㊷ 谦退。【释文】偪，彼力切。 ㊸ 携，贰。 ㊹ 淫，过荡。 ㊺ 常日新。【释文】厌，於艳切，徐於赡切。 ㊻ 知命。 ㊼ 节之以礼。 ㊽ 德弘大。【释文】匮，其位切。 ㊾ 不自显。 ㊿ 因民所利而利之。【释文】施，始豉切。费，芳味切。 (51) 义然后取。 (52) 守之以道。【释文】底，丁礼切。 (53) 制之以义。 (54) 宫、商、角、徵、羽谓之五声。【释文】徵，张里切。 (55) 八方之气，谓之八风。 (56) 八音克谐，节有度也。无相夺伦，守有序也。 (57)《颂》有殷、鲁，故曰盛德之所同。 (58)《象箾》，舞所执。《南籥》，以籥舞也。皆文王之乐。【释文】箾，音朔。籥，羊略切。 (59) 美哉，美其容也。文王恨不及己致大平。【释文】憾，本亦作"感"，胡暗切。大，音泰。 (60) 武王乐。 (61) 殷汤乐。【释文】韶，上昭切，本或作"招"，音同。濩，音护，又户郭切。 (62) 惭于始伐。 (63) 禹之乐。 (64) 尽力沟洫，勤也。【释文】洫，况域切。 (65) 舜乐。【释文】箾，音箫。 (66) 帱，覆也。【释文】帱，徒报切。 (67) 鲁用四代之乐，故及《韶箾》而季子知其终也。季札贤明才博，在吴虽已涉见此乐歌之文，然未闻中国雅声，故请此周乐，欲听其声，然后依声以参时政，知其兴衰也。闻秦诗谓之夏声，闻《颂》曰五声和、八风平，皆论声以参政也。舞毕知其乐终，是素知其篇数。

其出聘也，通嗣君也①。故遂聘于齐，说晏平仲，谓之曰："子速纳邑与政②！无邑无政，乃免于难。齐国之政，将有所归，未获所归，难未歇也③。"故晏子因陈桓子以纳政与邑，是以免于栾、高之难④。

① 吴子馀祭嗣立。 ② 纳，归之公。【释文】说，音悦，下同。 ③ 歇，尽也。【释文】难，乃旦切，下同。歇，许谒切。 ④ 难在昭八年。

聘于郑，见子产，如旧相识，与之缟带，子产献纻衣焉①。谓子产曰："郑之执政侈，难将至矣！政必及子。子为政，慎之以礼。不然，郑国将败②。"

① 大带也。吴地贵缟，郑地贵纻，故各献己所贵，示损己而不为彼货利。【释文】缟，古老切，徐古到切，缯也。纻，直吕切。 ② 侈谓伯有。

适卫，说蘧瑗①、史狗②、史鳝③，公子荆、公叔发④、公子朝，曰："卫多君子，未有患也。"

① 蘧伯玉。【释文】蘧，其居切。瑗，于眷切。 ② 史朝之子文子。【释文】朝，如字，下"子朝"同。 ③ 史鱼。【释文】鰌，音秋。 ④ 公叔文子。

自卫如晋，将宿于戚①。闻钟声焉，曰："异哉！吾闻之也：'辩而不德，必加于戮②。'夫子获罪于君以在此③，惧犹不足，而又何乐？夫子之在此也，犹燕之巢于幕上④。君又在殡，而可以乐乎⑤？"遂去之⑥。文子闻之，终身不听琴瑟⑦。

① 戚，孙文子之邑。 ② 辩，犹争也。【释文】争，争斗之争。 ③ 孙文子以戚叛。 ④ 言至危。【释文】幕，音莫。 ⑤ 献公卒，未葬。 ⑥ 不止宿。 ⑦ 闻义能改。

适晋，说赵文子、韩宣子、魏献子，曰："晋国其萃于三族乎①！"说叔向，将行，谓叔向曰："吾子勉之！君侈而多良，大夫皆富，政将在家②。吾子好直，必思自免于难。"

① 言晋国之政将集于三家。【释文】萃，在醉切，集也。 ② 富必厚施，故政在家。【释文】施，式豉切。

秋九月，齐公孙虿、公孙灶放其大夫高止于北燕①。乙未，出。书曰："出奔。"罪高止也②。高止好以事自为功，且专，故难及之③。

① 虿，子尾。灶，子雅。放者，宥之以远。【释文】虿，敕迈切。宥，音又。 ② 实放书奔，所以示罪。 ③【释文】好，呼报切。

冬，孟孝伯如晋，报范叔也①。

① 范叔，士鞅也。此年夏来聘。

为高氏之难故，高竖以卢叛①。十月庚寅，闾丘婴帅师围卢。高竖曰："苟使高氏有后，请致邑②。"齐人立敬仲之曾孙酀③，良敬仲也④。十一月乙卯，高竖致卢而出奔晋，晋人城緜而寘旃⑤。

① 竖，高止子。【释文】为，于伪切，下注"为子产"同。竖，上主切。

② 还邑于君。　③ 敬仲，高傒。【释文】鄵，於显切。傒，音兮。　④ 良，犹贤也。　⑤ 晋人善其致邑。【释文】緜，音绵。寘，之豉切。旃，之然切。

郑伯有使公孙黑如楚①，辞曰："楚、郑方恶，而使余往，是杀余也。"伯有曰："世行也②。"子晳曰："可则往，难则已，何世之有？"伯有将强使之。子晳怒，将伐伯有氏，大夫和之。十二月己巳，郑大夫盟于伯有氏。裨谌曰："是盟也，其与几何③？《诗》曰：'君子屡盟，乱是用长。'今是长乱之道也。祸未歇也，必三年而后能纾④。"然明曰："政将焉往？"裨谌曰："善之代不善，天命也，其焉辟子产⑤？举不逾等，则位班也⑥。择善而举，则世隆也⑦。天又除之，夺伯有魄⑧，子西即世，将焉辟之？天祸郑久矣，其必使子产息之，乃犹可以戾⑨。不然，将亡矣。"

① 黑，子晳。【释文】晳，星历切。　② 言女世为行人。【释文】女，音汝。　③ 言不能久也。裨谌，郑大夫。【释文】强，其丈切。裨，婢支切。谌，本亦作"湛"，市林切。与，如字，或音预。几，居岂切。　④ 纾，解也。【释文】屡，力住切。长，丁丈切，下同。纾，直吕切，徐音舒。解，音蟹。　⑤ 言政必归子产。【释文】焉，於虔切，下同。　⑥ 子产位班次应知政。　⑦ 世所高也。　⑧ 丧其精神，为子产驱除。【释文】丧，息浪切。驱，丘具切，又如字。除，直据切，或如字。　⑨ 戾，定也。

襄公三十年

【经】

三十年春，王正月，楚子使薳罢来聘①。

夏四月，蔡世子般弑其君固②。

五月甲午，宋灾③。

宋伯姬卒。

天王杀其弟佞夫④。

王子瑕奔晋⑤。

秋七月，叔弓如宋，葬宋共姬⑥。

郑良霄出奔许⑦。自许入于郑⑧。

郑人杀良霄。

冬十月，葬蔡景公⑨。

晋人、齐人、宋人、卫人、郑人、曹人、莒人、邾人、滕子、薛人、杞人、小邾人会于澶渊，宋灾故⑩。

①【释文】罢，音皮。 ②【释文】般，音班。 ③ 天火曰灾。 ④ 称弟，以恶王残骨肉。【释文】佞，乃定切。恶，乌路切，下“恶宋”同，又如字。 ⑤ 不言出奔，周无外。 ⑥ 共姬，从夫谥也。叔弓，叔老之子。卿共葬事，礼过厚，三月而葬，速。【释文】共，音恭，注皆同。 ⑦ 耆酒荒淫，书名，罪之。【释文】耆，市志切。 ⑧ 不言复入，独还无兵。【释文】复，扶又切。 ⑨ 无传。⑩ 会未有言其事者，此言宋灾故，以恶宋人不克己自责而出会求财。【释文】澶，市然切，《字林》音丈仙切，云：澶水在宋。

【传】

三十年春，王正月，楚子使薳罢来聘，通嗣君也①。穆叔问：“王子之为政何如②？”对曰：“吾侪小人，食而听事，犹惧不给命而不免于戾，焉与知政？”固问焉，不告。穆叔告大夫曰：“楚令尹将有大事，子荡将与焉③，助之匿其情矣④。”

① 郏敖即位。 ② 王子围为令尹。【释文】问王子之为政，一本作“问王子围之为政”，服虔、王肃本同。 ③ 子荡，薳罢。【释文】侪，仕皆切。焉，於虔切。与，音预，下“将与”、“与于”同。 ④ 子围素贵，郏敖微弱，(请)[诸]侯皆知其将为乱，故穆叔问之。【释文】匿，女力切。

子产相郑伯以如晋，叔向问郑国之政焉。对曰：“吾得见与否，在此岁也。驷、良方争，未知所成①。若有所成，吾得见，乃可知也。”叔向曰：“不既和矣乎？”对曰：“伯有侈而愎[②]，子皙好在人上，莫能相下也。虽其和也，犹相积恶也，恶至无日矣[③]。"

① 驷氏，子皙也。良氏，伯有也。【释文】相，息亮切。争，争斗之争，下注"驷、良争"同。 ② 愎，很也。【释文】愎，彼力切。很，胡垦切。 ③ 为此年秋良霄出奔传。【释文】好，呼报切。下，户嫁切。

二月癸未，晋悼夫人食舆人之城杞者[①]。绛县人或年长矣，无子，而往与于食。有与疑年，使之年[②]。曰："臣小人也，不知纪年。臣生之岁，正月甲子朔，四百有四十五甲子矣，其季于今三之一也[③]。"吏走问诸朝[④]，师旷曰："鲁叔仲惠伯会郤成子于承匡之岁也[⑤]。是岁也，狄伐鲁。叔孙庄叔于是乎败狄于鹹，获长狄侨如及虺也、豹也，而皆以名其子。七十三年矣[⑥]。"史赵曰："亥有二首六身[⑦]，下二如身，是其日数也[⑧]。"士文伯曰："然则二万六千六百有六旬也[⑨]。"

① 舆，众也。城杞在往年。【释文】食，音嗣。舆，音余。 ② 使言其年。【释文】长，丁丈切。 ③ 所称正月谓夏正月也。三分六甲之一，得甲子、甲戌，尽癸未。【释文】夏，户雅切。 ④ 皆不知，故问之。【释文】吏走，一本作"使走"，如字，疾速之意也。一曰走，使之人也。服虔、王肃本作"吏"，云：吏不知历者。 ⑤ 在文十一年。 ⑥ 叔孙侨如、叔孙豹皆取长狄名。【释文】鹹，音咸。侨，其骄切。虺，虚鬼切。 ⑦ 史赵，晋大史。亥字二画在上，并三六为身，如筭之六。【释文】画，音获。并，步顶切。 ⑧ 下亥上二画竖置身旁。 ⑨ 文伯，士弱之子。

赵孟问其县大夫，则其属也[①]。召之，而谢过焉，曰："武不才，任君之大事，以晋国之多虞，不能由吾子[②]，使吾子辱在泥涂久矣，武之罪也。敢谢不才。"遂仕之，使助为政。辞以老。与之田，使为君复陶[③]，以为绛县师[④]，而废其舆尉[⑤]。于是，鲁使者在晋，归以语诸大夫。季武子曰："晋未可媮也[⑥]。有赵孟以为大夫，有伯瑕以为佐[⑦]，有史赵、师旷而咨度焉，有叔向、女齐以师保其君。其朝多君子，其庸可媮乎？

勉事之而后可[8]。"

① 属赵武。 ② 由，用也。 ③ 复陶，主衣服之官。【释文】复，音服，又音福。 ④ 县师，掌地域，辩其夫家人民。 ⑤ 以役孤老故。 ⑥ 媮，薄也。【释文】使，所吏切。语，鱼据切。媮，他侯切。 ⑦ 伯瑕，士文伯。 ⑧ 传言晋所以不失诸侯，且明历也。【释文】度，待洛切。

夏四月己亥，郑伯及其大夫盟[1]。君子是以知郑难之不已也[2]。

① 驷、良争故。 ② 郑伯微弱，不能制其臣下，君臣诅盟，故曰乱未已。【释文】难，乃旦切。诅，侧虑切。

蔡景侯为大子般娶于楚，通焉。大子弑景侯[1]。

① 终子产言有子祸也。【释文】为，于伪切。娶，七住切。

初，王儋季卒[1]，其子括将见王，而叹[2]。单公子愆期为灵王御士，过诸廷[3]，闻其叹而言曰："乌乎！必有此夫[4]！"入以告王，且曰："必杀之！不戚而愿大，视躁而足高，心在他矣。不杀，必害。"王曰："童子何知？"及灵王崩，儋括欲立王子佞夫[5]，佞夫弗知。戊子，儋括围蒍，逐成愆[6]。成愆奔平畤[7]。五月癸巳，尹言多、刘毅、单蔑、甘过、巩成杀佞夫[8]。括、瑕、廖奔晋[9]。书曰："天王杀其弟佞夫。"罪在王也[10]。

① 儋季，周灵王弟。【释文】儋，丁甘切。 ② 括除服见灵王，入朝而叹。【释文】括，古活切。见，贤遍切。 ③ 愆期行过王廷。【释文】单，音善。愆，起虔切。廷，音庭。 ④ 欲有此朝廷之权。【释文】乌乎，本又作"鸣呼"，音同。夫，音扶。 ⑤ 佞夫，灵王子，景王弟。【释文】躁，早报切。 ⑥ 成愆，蒍邑大夫。【释文】蒍，于委切。 ⑦ 平畤，周邑。【释文】畤，音止，又音市，本或作"畴"。 ⑧ 五子，周大夫。【释文】过，音戈。巩，九勇切。 ⑨ 括、廖不书，贱也。【释文】廖，力雕切，又敕留切。 ⑩ 佞夫不知故。经书在宋灾下，从赴。

或叫于宋大庙[1]，曰："譆譆！出出[2]！"鸟鸣于亳社[3]，如曰："譆譆[4]。"甲午，宋大灾。宋伯姬卒，待姆也[5]。君子谓：

“宋共姬，女而不妇。女待人⑥，妇义事也⑦。”

① 叫，呼也。【释文】叫，古吊切。大，音泰，一本无“大”字。呼，火故切。② 譆譆，热也。出出，戒伯姬。【释文】譆，许其切。出，如字，郑注《周礼》引此作“诎诎”，刘昌宗亦音出。　③ 殷社。【释文】亳，步各切。　④ 皆火妖也。⑤ 姆，女师。【释文】姆，徐音茂，《字林》亡又切，又音母。　⑥ 待人而行。⑦ 义，从宜也。伯姬时年六十左右。

六月，郑子产如陈莅盟。归，复命。告大夫曰：“陈，亡国也，不可与也①。聚禾粟，缮城郭，恃此二者，而不抚其民。其君弱植，公子侈，大子卑，大夫敖，政多门②，以介于大国③，能无亡乎？不过十年矣④。”

① 不可与结好。【释文】好，呼报切。　② 政不由一人。【释文】缮，上战切。植，徐直吏切，又时力切。敖，五报切，本亦作“慠”，服本作“放”，云：淫放也。　③ 介，间也。【释文】介，音界。　④ 为昭八年楚灭陈传。

秋七月，叔弓如宋，葬共姬也①。

① 伤伯姬之遇灾，故使卿共葬。【释文】共，音恭。

郑伯有耆酒，为窟室①，而夜饮酒，击钟焉，朝至未已。朝者曰：“公焉在②？”其人曰：“吾公在壑谷③。”皆自朝布路而罢④。既而朝⑤，则又将使子皙如楚，归而饮酒。庚子，子皙以驷氏之甲伐而焚之。伯有奔雍梁⑥，醒而后知之，遂奔许。大夫聚谋。子皮曰：“《仲虺之志》云⑦：‘乱者取之，亡者侮之。’推亡固存，国之利也。罕、驷、丰同生⑧，伯有汰侈，故不免⑨。”

① 窟室，地室。【释文】耆，市志切。窟，口忽切。　② 家臣，故谓伯有为公。【释文】焉在，於虔切。　③ 壑谷，窟室。【释文】壑，呼洛切。　④ 布路，分散。【释文】罢，皮买切，徐扶彼切。　⑤ 伯有朝郑君。　⑥ 雍梁，郑地。【释文】雍，於用切。　⑦ 仲虺，汤左相。【释文】醒，星顶切。相，息亮切。　⑧ 罕，子皮。驷，子皙。丰，公孙段也。三家本同母兄弟。【释文】侮，亡甫切。⑨ 三家同出而伯有孤特，又汰侈，所以亡。【释文】汰，音泰。

人谓子产就直助强①，子产曰："岂为我徒②？国之祸难，谁知所敝？或主强直，难乃不生③。姑成吾所④。"辛丑，子产敛伯有氏之死者而殡之，不及谋而遂行⑤。印段从之⑥。子皮止之。众曰："人不我顺，何止焉？"子皮曰："夫人礼于死者，况生者乎？"遂自止之。壬寅，子产入。癸卯，子石入⑦。皆受盟于子晳氏。

① 时谓子晳直，三家强。　② 徒，党也。言不以驷、良为党。　③ 言能强能直则可弭难，今三家未能，则伯有方争。【释文】难，乃旦切。弭，弥氏切。争，争斗之争。　④ 欲以无所附著为所。【释文】著，直略切。　⑤ 不与于国谋。【释文】敛，力艳切。与，音预，下"不与"同。　⑥ 义子产。　⑦ 子石，印段。

乙巳，郑伯及其大夫盟于大宫①。盟国人于师之梁之外②。伯有闻郑人之盟己也怒，闻子皮之甲不与攻己也喜，曰："子皮与我矣。"癸丑，晨，自墓门之渎入③，因马师颉介于襄库，以伐旧北门④。驷带率国人以伐之⑤。皆召子产⑥。子产曰："兄弟而及此，吾从天所与⑦。"伯有死于羊肆⑧，子产襚之，枕之股而哭之，敛而殡诸伯有之臣在市侧者。既而葬诸斗城⑨。子驷氏欲攻子产，子皮怒之曰："礼，国之干也，杀有礼，祸莫大焉。"乃止⑩。

① 大宫，祖庙。　② 师之梁，郑城门。　③ 墓门，郑城门。【释文】渎，徐音豆。　④ 马师颉，子羽孙。【释文】颉，户结切。介，音界。　⑤ 驷带，子西之子，子晳之宗主。　⑥ 驷氏、伯有俱召。　⑦ 兄弟恩等，故无所偏助。　⑧ 羊肆，市列。　⑨ 斗城，郑地名。【释文】襚，音遂。枕，之鸩切。股，音古。⑩ 敛葬伯有为有礼。

于是游吉如晋还，闻难不入①，复命于介，八月甲子，奔晋。驷带追之，及酸枣。与子上盟，用两珪质于河②。使公孙肸入盟大夫。己巳，复归③。书曰："郑人杀良霄。"不称大夫，言自外入也④。

① 惧祸并及。【释文】难，乃旦切。　② 子上，驷带也。沈珪于河，为信

也。酸枣,陈留县。与子上用两珪质于河。【释文】质,如字,一音致。一本作"与子上盟"绝句,"用两珪质于河"别为句。沈,音鸩,又如字。　③ 游吉归也。【释文】肸,许乙切。　④ 既出,位绝,非复郑大夫。【释文】复,音扶又切。

于子蟜之卒也①,将葬,公孙挥与裨灶晨会事焉②。过伯有氏,其门上生莠。子羽曰:"其莠犹在乎③?"于是岁在降娄,降娄中而旦④。裨灶指之曰:"犹可以终岁⑤,岁不及此次也已⑥。"及其亡也,岁在娵訾之口⑦。其明年,乃及降娄。

① 子蟜,公孙虿。卒在十九年。【释文】蟜,居表切。　② 公葬事。【释文】挥,许韦切。　③ 子羽,公孙挥。以莠喻伯有。伯有侈,知其不能久存。【释文】莠,羊九切,草也。　④ 降娄,奎娄也。周七月,今五月,降娄中而天明。【释文】降,户江切。奎,苦圭切。　⑤ 指降娄也。岁星十二年而一终。　⑥ 不及降娄。　⑦ 娵訾,营室东壁。二十八年岁星淫在玄枵,今三十年在娵訾,是岁星停在玄枵二年。【释文】娵,子须切。訾,子斯切。壁,音璧。枵,许骄切。

仆展从伯有,与之皆死①。羽颉出奔晋,为任大夫②。鸡泽之会③,郑乐成奔楚,遂适晋。羽颉因之,与之比,而事赵文子,言伐郑之说焉。以宋之盟故,不可④。子皮以公孙钽为马师⑤。

① 仆展,郑大夫,伯有党。　② 羽颉,马师颉。任,晋县,今属广平郡。【释文】任,音壬。　③ 在三年。　④ 宋盟约弭兵故。【释文】比,毗志切。⑤ 钽,子罕之子,代羽颉。【释文】钽,仕居切。

楚公子围杀大司马蒍掩而取其室①。申无宇曰:"王子必不免②。善人,国之主也。王子相楚国,将善是封殖,而虐之,是祸国也。且司马,令尹之偏③,而王之四体也④。绝民之主,去身之偏,艾王之体,以祸其国,无不祥大焉!何以得免⑤?"

① 蒍掩二十五年为大司马。　② 无宇,芋尹。【释文】芋,于付切。③ 偏,佐也。【释文】相,息亮切,下"相之"同。　④ 俱(服)[股]肱也。　⑤ 为昭十三年楚弑灵王传。【释文】去,起吕切。艾,鱼废切。

为宋灾故,诸侯之大夫会,以谋归宋财。冬十月,叔孙豹会晋赵武、齐公孙虿、宋向戌、卫北宫佗[①]、郑罕虎[②]及小邾之大夫，会于澶渊。既而无归于宋，故不书其人。君子曰："信其不可不慎乎！澶渊之会，卿不书，不信也夫。诸侯之上卿，会而不信，宠名皆弃，不信之不可也如是[③]！《诗》曰：'文王陟降，在帝左右。'信之谓也[④]。又曰：'淑慎尔止，无载尔伪。'不信之谓也[⑤]。"书曰"某人某人会于澶渊，宋灾故"，尤之也[⑥]。不书鲁大夫，讳之也[⑦]。

① 佗，北宫括之子。【释文】佗，徒河切。 ② 虎，子皮。 ③ 宠，谓族也。【释文】不信也夫，音扶，一读以"夫"为下句首。 ④《诗·大雅》，言文王所以能上接天，下接人，动顺帝者，唯以信。 ⑤ 逸《诗》也，言当善慎举止，无载行诈伪。 ⑥ 传云既而无归，所以释诸侯大夫之不书也。又云宋灾故，尤之，所以释向戌之并贬也。戌为正卿，深致火灾，烧杀其夫人，未闻克己之意，而以求财合诸侯，故与不归财者同文。 ⑦ 向戌既以灾求财，诸大夫许而不归，客主皆贬。君子以尊尊之义也，君亲有隐，故略不书鲁大夫以示例。

郑子皮授子产政[①]，辞曰："国小而偪[②]，族大宠多，不可为也[③]。"子皮曰："虎帅以听，谁敢犯子？子善相之，国无小[④]，小能事大，国乃宽[⑤]。"

① 伯有死，子皮知政，以子产贤，故让之。 ② 偪近大国。【释文】偪，彼力切。近，附近之近。 ③ 为，犹治也。 ④ 言在治政。【释文】治，直吏切。⑤ 为大所恤故也。

子产为政，有事伯石，赂与之邑[①]。子大叔曰："国，皆其国也。奚独赂焉[②]？"子产曰："无欲实难[③]。皆得其欲，以从其事，而要其成，非我有成，其在人乎[④]？何爱于邑，邑将焉往[⑤]？"子大叔曰："若四国何[⑥]？"子产曰："非相违也，而相从也[⑦]，四国何尤焉？《郑书》有之曰[⑧]：'安定国家，必大焉先[⑨]。'姑先安大，以待其所归[⑩]。"既，伯石惧而归邑，卒与之[⑪]。伯有既死，使大史命伯石为卿，辞。大史退，则请命焉[⑫]。复命之，又辞。如是三，乃受策入拜。子产是以恶其为人也⑬,使次己位⑭。

① 伯石,公孙段。有事欲使之。　② 言郑大夫共忧郑国事,何为独赂之。　③ 言人不能无欲。　④ 言成犹在我,非在他。【释文】要,一遥切。　⑤ 言犹在国。【释文】焉,於虔切。　⑥ 恐为四邻所笑。　⑦ 言赂以邑,欲为和顺。　⑧ 郑国史书。　⑨ 先和大族,而后国家安。　⑩ 要其成也。　⑪ 卒,终也。　⑫ 请大史更命己。　⑬ 恶其虚饰。【释文】复,扶又切。三,息暂切,又如字。策,初革切。恶,乌路切。　⑭ 畏其作乱,故宠之。

子产使都鄙有章①,上下有服②,田有封洫③,庐井有伍④。大人之忠俭者⑤,从而与之;泰侈者,因而毙之⑥。

① 国都及边鄙,车服尊卑,各有分部。【释文】分,扶运切。　② 公卿大夫,服不相逾。　③ 封,疆也。洫,沟也。【释文】洫,况域切。疆,居良切。　④ 庐,舍也。九夫为井,使五家相保。　⑤ 谓卿大夫。【释文】大人,本或作"大夫"者非。　⑥ 因其有罪而毙踣之。【释文】踣,蒲北切。

丰卷将祭,请田焉。弗许①,曰:"唯君用鲜②,众给而已③。"子张怒④,退而征役⑤。子产奔晋,子皮止之而逐丰卷。丰卷奔晋。子产请其田里⑥,三年而复之,反其田里及其入焉⑦。

① 田,猎也。【释文】卷,眷勉切,徐居阮切。　② 鲜,野兽。　③ 众臣祭以刍豢为足。【释文】刍,初俱切。豢,音患。牛羊曰刍,犬豕曰豢。　④ 子张,丰卷。　⑤ 召兵欲攻子产。　⑥ 请于公不(役)[没]入。　⑦ 田里所收入。

从政一年,舆人诵之,曰:"取我衣冠而褚之①,取我田畴而伍之。孰杀子产,吾其与之②!"及三年,又诵之,曰:"我有子弟,子产诲之。我有田畴,子产殖之③。子产而死,谁其嗣之④?"

① 褚,畜也。奢侈者畏法,故畜藏。【释文】褚,张吕切。畜,敕六切,又许六切,本又作"稸",同。　② 并畔为畴。【释文】并,蒲杏切,又蒲顶切。　③ 殖,生也。【释文】殖,时力切,徐是吏切,此协下韵。　④ 嗣,续也。传言郑所以兴。

襄公三十一年

【经】

三十有一年春，王正月。

夏六月辛巳，公薨于楚宫[①]。

秋九月癸巳，子野卒[②]。

己亥，仲孙羯卒。

冬十月，滕子来会葬[③]。

癸酉，葬我君襄公。

十有一月，莒人弑其君密州[④]。

① 公不居先君之路寝，而安所乐，失其所也。【释文】乐，音洛，又音岳，又五教切。 ② 不书葬，未成君。 ③ 诸侯会葬，非礼。 ④ 不称弑者主名，君无道也。【释文】弑，申志切。

【传】

三十一年春，王正月，穆叔至自会[①]，见孟孝伯，语之曰："赵孟将死矣。其语偷，不似民主[②]。且年未盈五十，而谆谆焉如八九十者，弗能久矣[③]。若赵孟死，为政者其韩子乎[④]！吾子盍与季孙言之，可以树善，君子也[⑤]。晋君将失政矣，若不树焉，使早备鲁[⑥]，既而政在大夫，韩子懦弱，大夫多贪，求欲无厌，齐、楚未足与之，鲁其惧哉！"孝伯曰："人生几何？谁能无偷？朝不及夕，将安用树？"穆叔出而告人曰："孟孙将死矣。吾语诸赵孟之偷也，而又甚焉[⑦]。"又与季孙语晋故[⑧]，季孙不从。

① 澶渊会还。 ② 偷，苟且。【释文】语，鱼据切，下"吾语诸"同。偷，他

侯切。 ③ 成二年战于鞌，赵朔已死，于是赵文子始生。至襄三十年会澶渊，盖年四十七八，故言未盈五十。【释文】谆，徐之闰切，或音之纯切。 ④ 韩子，韩起。 ⑤ 言韩起有君子之德，今方知政，可素往立善。【释文】盍，户腊切。⑥ 使韩子早为鲁备。 ⑦ 言朝不及夕，偷之甚也。【释文】懦，乃乱切。厌，於盐切。几，居岂切，本或作"民生无几何"。朝，如字。 ⑧ 如与孟孙言。

及赵文子卒[①]，晋公室卑，政在侈家。韩宣子为政，不能图诸侯。鲁不堪晋求，谗慝弘多，是以有平丘之会[②]。

① 在昭元年。 ② 平丘会在昭十三年，晋人执季孙意如。【释文】慝，他得切。

齐子尾害闾丘婴，欲杀之，使帅师以伐阳州[①]。我问师故[②]。夏五月，子尾杀闾丘婴以说于我师[③]。工偻洒、渻灶、孔虺、贾寅出奔莒[④]。出群公子[⑤]。

① 阳州，鲁地。 ② 鲁以师往，问齐何故伐我。 ③ 言伐鲁者婴所为也。伐阳州不书，不成伐。【释文】说，如字。 ④ 四子，婴之党。【释文】偻，功侯切。洒，所蟹切，旧所绮切。渻，生领切，徐作"省"，所幸切，又息井切，又音销。虺，许鬼切。 ⑤ 为昭十年栾、高之难复群公子起本。【释文】难，乃旦切。

公作楚宫[①]。穆叔曰："《大誓》云：'民之所欲，天必从之[②]。'君欲楚也夫，故作其宫。若不复适楚，必死是宫也。"六月辛巳，公薨于楚宫。叔仲带窃其拱璧[③]，以与御人，纳诸其怀而从取之，由是得罪[④]。

① 适楚，好其宫，归而作之。【释文】好，呼报切。 ② 今《尚书·大誓》亦无此文，故诸儒疑。【释文】大，音泰，本亦作"泰"。 ③ 拱璧，公大璧。【释文】夫，音扶。复，扶又切。拱，九勇切。 ④ 得罪，谓鲁人薄之，故子孙不得志于鲁。

立胡女敬归之子子野[①]，次于季氏。秋九月癸巳，卒，毁也[②]。

己亥，孟孝伯卒[③]。

立敬归之娣齐归之子公子裯[④]，穆叔不欲，曰："大子死，有母弟则立之，无则立长[⑤]。年钧择贤，义钧则卜，古之道也[⑥]。非適嗣,何必娣之子[⑦]?且是人也,居丧而不哀,在慼而有嘉容,是谓不度。不度之人,鲜不为患。若果立之,必为季氏忧。”武子不听,卒立之。比及葬,三易衰,衰衽如故衰[⑧]。于是昭公十九年矣,犹有童心,君子是以知其不能终也[⑨]。

① 胡,归姓之国。敬归,襄公妾。 ② 过哀毁瘠,以致灭性。【释文】瘠,在亦切。 ③ 终穆叔言。 ④ 齐,谥。裯,昭公名。【释文】娣,大计切。裯,直由切。 ⑤ 立庶子则以年。【释文】长,丁丈切。 ⑥ 先人事,后卜筮也。义钧,谓贤等。 ⑦ 言子野非適嗣。【释文】適,丁历切。 ⑧ 言其嬉戏无度。【释文】鲜,息浅切。比,必利切。三,如字,又息暂切。衰,本又作“縗”,亦作“㯕”,同,七雷切。衽,而甚切,徐而鸩切,裳下也。嬉,许其切。 ⑨ 为昭二十五年公孙于齐传。

冬十月,滕成公来会葬,惰而多涕[①]。子服惠伯曰:“滕君将死矣!怠于其位,而哀已甚,兆于死所矣[②]。能无从乎[③]?”癸酉,葬襄公。

① 惰,不敬也。【释文】惰,徒卧切。涕,他礼切。 ② 有死兆。 ③ 为昭三年滕子卒传。

公薨之月,子产相郑伯以如晋,晋侯以我丧故,未之见也。子产使尽坏其馆之垣而纳车马焉。士文伯让之,曰:“敝邑以政刑之不修,寇盗充斥[①],无若诸侯之属辱在寡君者何,是以令吏人完客所馆[②],高其闬闳[③],厚其墙垣,以无忧客使[④]。今吾子坏之,虽从者能戒,其若异客何?以敝邑之为盟主,缮完葺墙[⑤],以待宾客,若皆毁之,其何以共命?寡君使匄请命[⑥]。”对曰:“以敝邑褊小,介于大国[⑦],诛求无时[⑧],是以不敢宁居,悉索敝赋,以来会时事[⑨]。逢执事之不间,而未得见,又不获闻命,未知见时,不敢输币,亦不敢暴露。其输之,则君之府实也,非荐陈之,不敢输也[⑩]。其暴露之,则恐燥湿之不时而朽蠹,以重敝邑之罪。侨闻文公之为盟主也⑪，宫室卑庳，无观台榭，以崇大诸侯之馆，馆如公寝。库厩缮修，司空以时平易道路⑫，圬人以时塓馆宫室⑬。诸侯宾至，甸设庭燎⑭，仆人巡宫⑮，车马有所⑯，宾从有代⑰，巾车脂辖⑱，隶人牧圉，各瞻其事⑲，百官之属，各展其物⑳。公不留宾，而亦无废事㉑，忧乐同之，事则巡之㉒，教其不知，而恤其不足。宾至如归，无宁菑患㉓，不畏寇盗，而亦不患燥湿。今铜鞮之宫数里㉔，而诸侯舍于隶人㉕。门不容车，而不可逾越㉖。盗贼公行，而天疠不戒㉗。宾见无时，命不可知。若又勿坏，是无所藏币，以重罪也。敢请执事，将何所命之㉘？虽君之有鲁丧，亦敝邑之忧也㉙。若获荐币㉚，修垣而行㉛，君之惠也，敢惮勤劳？"

① 充，满；斥，见，言其多。【释文】相，息亮切。尽，子忍切。坏，音怪，下同。馆，古乱切，字从食，《字林》又云客舍也，旁作舍，非。垣，音袁，墙也。见，贤遍切。　② 馆，舍也。【释文】令，力呈切。完，音丸。　③ 闳，门也。【释文】闬，户旦切，《说文》云：闾也。汝南平舆县里门曰闬。沈云：闭也。闳，获耕切，杜云：门也。《尔雅》云：衡门谓之闳，是也。又云：所以止扉谓之闳。然《尔雅》本止扉之名。或作"阁"字，读者因改。《左传》皆作阁音。案，下文云"门不容车"，此云"高其闬闳"，俱谓门耳，于义自通，无为穿凿。　④ 无令客使忧寇盗。【释文】使，所吏切。　⑤ 葺，覆也。【释文】从，才用切，下"宾从"同。葺，侵入切，徐音集，又子入切，谓以草覆墙。　⑥ 请问毁垣之命。【释文】共，音恭。匄，本又作"丐"，古害切，士文伯名也。今传本皆作"匄"字，或作"丐"字，《释例》亦然。解者云：士文伯是范氏之族，不应与范宣子同名，作"丐"是也。案，士文伯字伯瑕，又春秋时人名字皆相配，楚令尹阳丐字子瑕，即与文伯名字正同。又郑有驷乞字子瑕，匄与乞义同，则作"匄"者是。又案，鲁有仲婴齐，是庄公之孙；又有公孙婴齐，是文公之孙。仲婴齐于公孙婴齐为从祖，同时同名。郑有公孙段字子石，又云伯石；印段字伯石，传又谓之二子石。然印段即公孙段从父兄弟之子，尚同名字，伯瑕与宣子何废同乎？　⑦ 介，间也。【释文】褊，必浅切。介，音界。　⑧ 诛，责也。　⑨ 随时来朝会。【释文】索，所白切，又悉各切。⑩ 荐陈，犹献见也。【释文】间，音闲。见，贤遍切，下同。暴，步卜切。　⑪ 侨，

子产名。文公,晋重耳。【释文】燥,素早切。蠹,丁故切,虫败也。重,直用切,及下“重罪”同。侨,其骄切。重耳,直龙切。 ⑫ 易,治也。【释文】庳,音婢,亦音卑。观,古乱切。榭,音谢,本亦作“谢”。土高曰台,有树曰榭。厩,九又切。易,以豉切。 ⑬ 圬人,涂者。塓,涂也。【释文】圬,本作“污”,同,音乌。塓,莫历切。 ⑭ 庭燎,设火于庭。【释文】甸,徒遍切。燎,力妙切,徐力遥切,又力吊切。庭燎,大烛。 ⑮ 巡宫,行夜。【释文】行,下孟切,下“巡行”同。⑯ 有所处。 ⑰ 代客役。 ⑱ 巾车,主车之官。【释文】巾,如字,刘昌宗《周礼》音居觐切。辖,户瞎切。 ⑲ 瞻视客所当得。【释文】瞻,之廉切。 ⑳ 展,陈也。谓群官各陈其物以待宾。 ㉑ 宾得速去,则事不废。 ㉒ 巡,行也。【释文】乐,音洛。 ㉓ 言见遇如此,宁当复有菑患邪?无宁,宁也。【释文】菑,音灾。复,扶又切。 ㉔ 铜鞮,晋离宫。【释文】鞮,丁兮切。数,所主切。㉕ 舍如隶人舍。 ㉖ 门庭之内迫迮,又有墙垣之限。【释文】迮,侧百切。㉗ 疠,犹灾也。言水潦无时。【释文】潦,音老。 ㉘ 问晋命已所止之宜。【释文】见,贤遍切。 ㉙ 言郑与鲁亦有同姓之忧。 ㉚ 荐,进也。 ㉛ 行,去也。

文伯复命①,赵文子曰:“信②!我实不德,而以隶人之垣以赢诸侯③,是吾罪也。”使士文伯谢不敏焉。晋侯见郑伯,有加礼④,厚其宴好而归之。乃筑诸侯之馆。

① 反命于晋君。 ② 信如子产言。 ③ 赢,受也。【释文】赢,音盈。④ 礼加敬。

叔向曰:“辞之不可以已也如是夫!子产有辞,诸侯赖之,若之何其释辞也?《诗》曰:‘辞之辑矣,民之协矣。辞之绎矣,民之莫矣①。’其知之矣②。”

①《诗·大雅》,言辞辑睦则民协同,辞说绎则民安定。莫,犹定也。【释文】夫,音扶,读者亦以“夫”为下句首。辑,音集,又七入切。绎,又作“怿”,音亦。 ② 谓诗人知辞之有益。

郑子皮使印段如楚,以适晋告,礼也①。

① 得事大国之礼。

莒犁比公生去疾及展舆①,既立展舆②,又废之。犁比公虐,国人患之。十一月,展舆因国人以攻莒子,弑之,乃立③。

去疾奔齐，齐出也④。展舆，吴出也⑤。书曰："莒人弑其君买朱锄⑥。"言罪之在也⑦。

① 犁比，莒子密州之号。 ② 立以为世子。 ③ 展舆立为君。【释文】弑，音试。本或作"乃自立"者，误。 ④ 母，齐女也。 ⑤ 为明年奔吴传。 ⑥ 买朱锄，密州之字。【释文】锄，仕居切。 ⑦ 罪在锄也。传始例申明君臣书弑，今者父子，故复重明例。【释文】复，扶又切。重，直用切。

吴子使屈狐庸聘于晋①，通路也②。赵文子问焉，曰："延州来季子其果立乎③？巢陨诸樊④，阍戕戴吴⑤，天似启之，何如？"对曰："不立。是二王之命也，非启季子也。若天所启，其在今嗣君乎⑥！甚德而度，德不失民⑦，度不失事⑧，民亲而事有序，其天所启也。有吴国者，必此君之子孙实终之。季子，守节者也。虽有国，不立⑨。"

① 狐庸，巫臣之子也。成七年，适吴为行人。【释文】屈，君勿切。狐，音胡。 ② 通吴、晋之路。 ③ 延州来，季札邑。 ④ 在二十五年。【释文】陨，于敏切。 ⑤ 在二十九年。戴吴，馀祭。【释文】阍，音昏。戕，在良切。祭，侧界切。 ⑥ 嗣君，谓夷末。 ⑦ 民归德。 ⑧ 审事情。 ⑨ 言其三兄虽欲传国与之，终不肯立。【释文】传，直专切。

十二月，北宫文子相卫襄公以如楚①，宋之盟故也②。过郑，印段迋劳于棐林，如聘礼而以劳辞③。文子入聘④。子羽为行人，冯简子与子大叔逆客⑤。事毕而出，言于卫侯曰："郑有礼，其数世之福也，其无大国之讨乎！《诗》云：'谁能执热，逝不以濯⑥。'礼之于政，如热之有濯也。濯以救热，何患之有⑦？"

① 文子，北宫佗。襄公，献公子。【释文】相，息亮切。 ② 晋、楚之从交相见也。 ③ 用聘礼而用郊劳之辞。【释文】过，五禾切。迋，于况切。劳，力报切。棐，芳尾切，本又作"斐"。 ④ 报印段。 ⑤ 逆文子。 ⑥《诗·大雅》。濯，以水濯手。【释文】数，所主切。濯，直角切。 ⑦ 此以上文子辞。【释文】上，时掌切。

子产之从政也，择能而使之。冯简子能断大事。子大叔美秀而文[①]。公孙挥能知四国之为[②]，而辨于其大夫之族姓、班位、贵贱、能否，而又善为辞令。裨谌能谋，谋于野则获[③]，谋于邑则否[④]。郑国将有诸侯之事，子产乃问四国之为于子羽，且使多为辞令。与裨谌乘以适野，使谋可否。而告冯简子，使断之。事成，乃授子大叔使行之，以应对宾客。是以鲜有败事。北宫文子所谓有礼也[⑤]。

① 其貌美，其才秀。【释文】断，丁乱切。 ② 知诸侯所欲也。 ③ 得所谋也。【释文】裨，婢支切。谌，市林切。 ④ 此才性之敝。 ⑤ 传迹子产行事，以明北宫文子之言。【释文】乘，绳证切。鲜，息浅切。

郑人游于乡校[①]，以论执政[②]，然明谓子产曰："毁乡校，何如[③]？"子产曰："何为？夫人朝夕退而游焉，以议执政之善否。其所善者，吾则行之。其所恶者，吾则改之。是吾师也，若之何毁之？我闻忠善以损怨[④]，不闻作威以防怨[⑤]。岂不遽止？然犹防川[⑥]，大决所犯，伤人必多，吾不克救也。不如小决使道[⑦]，不如吾闻而药之也[⑧]。"然明曰："蔑也今而后知吾子之信可事也。小人实不才。若果行此，其郑国实赖之，岂唯二三臣？"仲尼闻是语也，曰："以是观之，人谓子产不仁，吾不信也[⑨]。"

① 乡之学校。【释文】校，户孝切。郑国谓学为校。 ② 论其得失。 ③ 患人于中谤议国政。【释文】谤，布浪切。 ④ 为忠善则怨谤息。【释文】夫，音扶。朝，直遥切，旧如字。恶，乌路切，又如字。 ⑤ 欲毁乡校即作威。 ⑥ 遽，畏惧也。【释文】遽，其据切。 ⑦ 道，通也。【释文】道，音导。 ⑧ 以为己药石。 ⑨ 仲尼以二十二年生，于是十岁，长而后闻之。【释文】长，丁丈切。

子皮欲使尹何为邑[①]。子产曰："少，未知可否[②]？"子皮曰："愿，吾爱之，不吾叛也[③]。使夫往而学焉，夫亦愈知治矣[④]。"子产曰："不可。人之爱人，求利之也。今吾子爱人则以政⑤，犹未能操刀而使割也，其伤实多⑥。子之爱人，伤之而已，其谁敢求爱于子？子于郑国，栋也，栋折榱崩，侨将厌焉，敢不尽言？子有美锦，不使人学製焉⑦。大官、大邑，身之所庇也，而使学者製焉。其为美锦，不亦多乎⑧？侨闻学而后入政，未闻以政学者也。若果行此，必有所害。譬如田猎，射御贯则能获禽⑨，若未尝登车射御，则败绩厌覆是惧，何暇思获？"子皮曰："善哉！虎不敏。吾闻君子务知大者远者，小人务知小者近者。我小人也。衣服附在吾身，我知而慎之。大官、大邑所以庇身也，我远而慢之⑩。微子之言，吾不知也。他日我曰：'子为郑国，我为吾家，以庇焉，其可也。'今而后知不足⑪。自今，请虽吾家，听子而行。"子产曰："人心之不同，如其面焉。吾岂敢谓子面如吾面乎？抑心所谓危，亦以告也。"子皮以为忠，故委政焉。子产是以能为郑国⑫。

① 为邑大夫。　② 尹何年少。【释文】少，诗照切。　③ 愿，谨善也。【释文】愿，音願。　④ 夫谓尹何。【释文】治，直吏切，下注"之治"同。　⑤ 以政与之。　⑥ 多自伤。【释文】操，七刀切。其伤实多，一本作"其伤多"。⑦ 製，裁也。【释文】栋，丁弄切。榱，所追切，椽也。厌，本又作"压"，于甲切，徐于辄切。製，音制。　⑧ 言官邑之重，多于美锦。【释文】庇，必利切，又音秘。　⑨ 贯，习也。【释文】贯，古乱切。　⑩ 慢，易也。【释文】覆，芳服切。易，以豉切。　⑪ 自知谋虑不足谋其家。　⑫ 传言子产之治，乃子皮之力。

卫侯在楚，北宫文子见令尹围之威仪，言于卫侯曰："令尹似君矣！将有他志①，虽获其志，不能终也。《诗》云：'靡不有初，鲜克有终。'终之实难，令尹其将不免。"公曰："子何以知之？"对曰："《诗》云：'敬慎威仪，惟民之则。'令尹无威仪，民无则焉。民所不则，以在民上，不可以终。"公曰："善哉！何谓威仪？"对曰："有威而可畏谓之威，有仪而可象谓之仪。君有君之威仪，其臣畏而爱之，则而象之，故能有其国家，令闻长世。臣有臣之威仪，其下畏而爱之，故能守其官职，保族宜家。顺是以下皆如是，是以上下能相固也。《卫诗》曰：'威仪棣棣，不可选也②。'言君臣、上下、父子、兄弟、内外、大小皆有威仪也。《周诗》曰：'朋友攸摄，摄以威仪③。'言朋友之道，必相教训以威仪也。《周书》数文王之德④，曰：'大国畏其力，小国怀其德。'言畏而爱之也。《诗》云：'不识不知，顺帝之则。'言则而象之也⑤。纣囚文王七年，诸侯皆从之囚。纣于是乎惧而归之，可谓爱之。文王伐崇，再驾而降为臣⑥，蛮夷帅服，可谓畏之。文王之功，天下诵而歌舞之，可谓则之。文王之行，至今为法，可谓象之。有威仪也。故君子在位可畏，施舍可爱，进退可度，周旋可则，容止可观，作事可法，德行可象，声气可乐，动作有文，言语有章，以临其下，谓之有威仪也⑦。"

① 言语瞻视行步不常。 ②《诗·邶风》。棣棣，富而闲也。选，数也。【释文】鲜，息浅切。闻，音问，本亦作"问"。《卫风》，此《邶见》刺卫顷公，故曰《卫诗》。棣，本又作"逮"，直计切。选，息兖切。数，所主切，下同。 ③《诗·大雅》。攸，所也。摄，佐也。 ④ 逸《书》。 ⑤《大雅》又言文王行事无所斟酌，唯在则象上天。【释文】斟，之林切。 ⑥ 文王闻崇德乱而伐之，三旬不降，退修教而复伐之，因垒而降。【释文】降，户江切。复，扶又切。 ⑦【释文】行，下孟切。乐，音洛，又音岳。

春秋经传集解昭公元第二十

【释文】昭公名裯，襄公子，母齐归。在位二十五年，逊于齐。在外八年，凡三十二年，薨于乾侯。《谥法》：威仪恭明曰昭。

昭 公 元 年

【经】

元年春，王正月，公即位[①]。

叔孙豹会晋赵武、楚公子围、齐国弱、宋向戌、卫齐恶、陈公子招、蔡公孙归生、郑罕虎、许人、曹人于虢[②]。

三月，取郓[③]。

夏，秦伯之弟鍼出奔晋[④]。

六月丁巳，邾子华卒[⑤]。

晋荀吴帅师败狄于大卤[⑥]。

秋，莒去疾自齐入于莒[⑦]。

莒展舆出奔吴[⑧]。

叔弓帅师疆郓田[⑨]。

葬邾悼公[⑩]。

冬十有一月己酉，楚子麇卒[⑪]。

楚公子比出奔晋⑫。

① 无传。 ② 招，实陈侯母弟，不称弟者，义与庄二十五年公子友同。今读旧书，则楚当先晋，而先书赵武者，亦取宋盟贵武之信，故尚之也。卫在陈、蔡上，先至于会。【释文】招，常遥切。虢，瓜百切。先，悉荐切。 ③ 不称将帅，将卑师少。书取，言易也。【释文】郓，音运。将，子匠切。帅，所类切。易，以豉切。 ④ 称弟，罪秦伯。【释文】鍼，其廉切。 ⑤ 无传。三同盟。 ⑥ 大卤，大原晋阳县。【释文】大，如字，徐音泰。卤，音鲁。《穀梁传》云：中国曰大原，夷狄曰大卤。 ⑦ 国逆而立之曰入。【释文】去，起吕切。 ⑧ 弑君贼。未会诸侯，故不称爵。【释文】莒展舆出奔吴，一本作"莒展出奔吴"。 ⑨ 春取郓，今正其封疆。【释文】疆，居良切，注同。 ⑩ 无传。 ⑪ 楚以疟疾赴，故不书弑。【释文】麇，九伦切。疟，音虐。弑，申志切，或作"杀"，音同。 ⑫ 书名，罪之。

【传】

元年春，楚公子围聘于郑，且娶于公孙段氏。伍举为介①。将入馆②，郑人恶之③，使行人子羽与之言，乃馆于外④。既聘，将以众逆⑤。子产患之，使子羽辞，曰："以敝邑褊小，不足以容从者，请墠听命⑥！"令尹命大宰伯州犁对曰："君辱贶寡大夫围，谓围：'将使丰氏抚有而室⑦。'围布几筵，告于庄、共之庙而来⑧。若野赐之，是委君贶于草莽也！是寡大夫不得列于诸卿也⑨！不宁唯是，又使围蒙其先君⑩，将不得为寡君老⑪，其蔑以复矣。唯大夫图之！"子羽曰："小国无罪，恃实其罪⑫。将恃大国之安靖己，而无乃包藏祸心以图之。小国失恃而惩诸侯，使莫不憾者，距违君命，而有所壅塞不行是惧⑬！不然，敝邑，馆人之属也⑭，其敢爱丰氏之祧⑮？"伍举知其有备也，请垂櫜而入⑯。许之。正月乙未，入，逆而出，遂会于虢⑰，寻宋之盟也⑱。

① 伍举，椒举。介，副也。【释文】娶，七住切。介，音界。 ② 就客舍。③ 知楚怀诈。【释文】恶，乌路切。 ④ 舍城外。 ⑤ 以兵入逆妇。 ⑥ 欲于

城外除地为墠，行昏礼。【释文】褊，必浅切。从，才用切。墠，音善。　⑦ 丰氏，公孙段。【释文】贶，音况。　⑧ 庄王，围之祖。共王，围之父。【释文】几，本亦作"机"。筵，音延。共，音恭。　⑨ 言不得从卿礼。【释文】莽，莫荡切。⑩ 蒙，欺也。告先君而来，不得成礼于女氏之庙，故以为欺先君。　⑪ 大臣称老。惧辱命而黜退。　⑫ 恃大国而无备，则是罪。　⑬ 言己失所恃，则诸侯惩恨，以距君命，壅塞不行，所惧唯此。【释文】惩，直升切。憾，户暗切。壅，本又作"雍"，于勇切。　⑭ 馆人，守舍人也。　⑮ 祧，远祖庙。【释文】祧，他雕切。⑯ 垂櫜，示无弓。【释文】櫜，古刀切。　⑰ 虢，郑地。　⑱ 宋盟在襄二十七年。

祁午谓赵文子曰："宋之盟，楚人得志于晋①。今令尹之不信，诸侯之所闻也。子弗戒，惧又如宋②。子木之信称于诸侯，犹诈晋而驾焉③，况不信之尤者乎④？楚重得志于晋，晋之耻也。子相晋国以为盟主，于今七年矣⑤！再合诸侯⑥，三合大夫⑦，服齐、狄，宁东夏⑧，平秦乱⑨，城淳于⑩，师徒不顿，国家不罢，民无谤讟⑪，诸侯无怨，天无大灾，子之力也。有令名矣，而终之以耻，午也是惧。吾子其不可以不戒！"文子曰："武受赐矣⑫！然宋之盟，子木有祸人之心，武有仁人之心，是楚所以驾于晋也。今武犹是心也，楚又行僭⑬，非所害也。武将信以为本，循而行之。譬如农夫，是穮是蓘⑭，虽有饥馑，必有丰年⑮。且吾闻之：'能信不为人下。'吾未能也⑯。《诗》曰：'不僭不贼，鲜不为则。'信也⑰。能为人则者，不为人下矣。吾不能是难，楚不为患。"

① 得志，谓先歃。午，祁奚子。【释文】歃，所洽切。　② 恐楚复得志。【释文】复，扶又切，下"虽复"同。　③ 驾，犹陵也。诈，谓衷甲。【释文】驾，如字，又音加，下同。衷，音忠。　④ 尤，甚也。　⑤ 襄二十五年始为政，以春言，故云七年。【释文】重，直用切。相，息亮切。　⑥ 襄二十五年会夷仪，二十六年会澶渊。　⑦ 襄二十七年会于宋，三十年会澶渊及今会虢也。　⑧ 襄二十八年齐侯、白狄朝晋。【释文】夏，户雅切。　⑨ 襄二十六年秦、晋为成。⑩ 襄二十九年城杞之淳于，杞迁都。【释文】淳，音纯。　⑪ 讟，诽也。【释文】

罢,音皮。𧭃,音独。诽,芳畏切。 ⑫受午言。 ⑬僭,不信。【释文】僭,子念切。 ⑭穮,耘也。壅苗为蓘。【释文】穮,彼骄切。蓘,古本切。耘,音云,除草也。 ⑮言耕钼不以水旱息,必获丰年之收。【释文】馑,其靳切。钼,仕居切。收,手又切,又如字。 ⑯自恐未能信也。 ⑰《诗·大雅》。僭,不信。贼,害人也。【释文】鲜,息浅切。

楚令尹围请用牲,读旧书,加于牲上而已①。晋人许之。三月甲辰,盟,楚公子围设服离卫②。叔孙穆子曰:"楚公子美矣,君哉③!"郑子皮曰:"二执戈者前矣④!"蔡子家曰:"蒲宫有前,不亦可乎⑤?"楚伯州犁曰:"此行也,辞而假之寡君⑥。"郑行人挥曰:"假不反矣⑦!"伯州犁曰:"子姑忧子皙之欲背诞也⑧。"子羽曰:"当璧犹在,假而不反,子其无忧乎⑨?"齐国子曰:"吾代二子愍矣⑩!"陈公子招曰:"不忧何成?二子乐矣⑪。"卫齐子曰:"苟或知之,虽忧何害⑫?"宋合左师曰:"大国令,小国共。吾知共而已⑬。"晋乐王鲋曰:"《小旻》之卒章善矣,吾从之⑭。"

①旧书,宋之盟书。楚恐晋先歃,故欲从旧书。加于牲上,不歃血,经所以不书盟。【释文】难,乃旦切,下注同。 ②设君服,二人执戈陈于前以自卫。离,陈也。 ③美服似君。 ④礼,国君行,有二执戈者在前。 ⑤公子围在会,将缉蒲为王殿屋,屏蔽以自殊异。言既造王宫而居之,虽服君服,无所怪也。【释文】缉,七入切。 ⑥闻诸大夫讥之,故言假以饰令尹过。 ⑦言将遂为君。 ⑧襄三十年,郑子皙杀伯有,背命放诞,将为国难。言子且自忧此,无为忧令尹不反戈。【释文】背,音佩。诞,音但。 ⑨子羽,行人挥。当璧,谓弃疾,事在昭十三年。言弃疾有当璧之命,围虽取国,犹将有难,不无忧也。 ⑩国子,国弱也。二子,谓王子围及伯州犁。围此冬便篡位,不能自终,州犁亦寻为围所杀,故言可愍。【释文】篡,初患切。 ⑪言以忧生事,事成而乐。【释文】乐,音洛,下"乐忧"、"而乐"并同。 ⑫齐子,齐恶。言先知为备,虽有忧难,无所损害。 ⑬共承大国命,不能知其祸福。【释文】共,音恭,下及注同。 ⑭《小旻》,《诗·小雅》,其卒章义取非唯暴虎冯河之可畏也,不敬小人亦危殆。王鲋从斯义,故不敢讥议公子围。【释文】鲋,音附。旻,亡巾切。冯,皮冰切。

退会，子羽谓子皮曰："叔孙绞而婉①，宋左师简而礼②，乐王鲋字而敬③，子与子家持之④，皆保世之主也。齐、卫、陈大夫其不免乎？国子代人忧，子招乐忧，齐子虽忧弗害。夫弗及而忧，与可忧而乐，与忧而弗害，皆取忧之道也，忧必及之。《大誓》曰：'民之所欲，天必从之⑤。'三大夫兆忧，忧能无至乎⑥？言以知物，其是之谓矣⑦。"

① 绞，切也。讥其似君，反谓之美，故曰婉。【释文】绞，古卯切。婉，纡阮切。　② 无所臧否故曰简，共事大国故曰礼。【释文】否，悲矣切，旧方九切。③ 字，爱也。不犯凶人，所以自爱敬。　④ 子，子皮。子家，蔡公孙归生。持之，言无所取与。【释文】持，如字，本或作"特"，误。　⑤ 逸《书》。　⑥ 开忧兆也。　⑦ 物，类也。察言以知祸福之类。八年，陈招杀大子。国弱、齐恶当身各无患。【释文】当，丁浪切。

季武子伐莒，取郓①，莒人告于会。楚告于晋曰："寻盟未退②，而鲁伐莒，渎齐盟③，请戮其使④。"乐桓子相赵文子⑤，欲求货于叔孙而为之请，使请带焉⑥。弗与。梁其踁曰："货以藩身，子何爱焉⑦？"叔孙曰："诸侯之会，卫社稷也。我以货免，鲁必受师⑧。是祸之也，何卫之为？人之有墙，以蔽恶也⑨。墙之隙坏，谁之咎也⑩？卫而恶之，吾又甚焉⑪。虽怨季孙，鲁国何罪⑫？叔出季处，有自来矣，吾又谁怨⑬？然鲋也贿，弗与，不已。"召使者，裂裳帛而与之，曰："带其褊矣⑭。"

① 兵未加莒而郓服，故书取而不言伐。　② 寻弭兵之盟。　③ 渎，慢也。【释文】渎，徒木切。　④ 时叔孙豹在会，欲戮之。【释文】使，所吏切，下注"其使"、"出使"、下"召使"同。　⑤ 桓子，乐王鲋。相，佐也。【释文】相，息浪切。⑥ 难指求货，故以带为辞。【释文】为，于伪切，下注"为诸"同。　⑦ 踁，叔孙家臣。【释文】踁，古定切。藩，方元切。　⑧ 言不戮其使，必伐其国。　⑨ 喻己为国卫，如墙为人蔽。　⑩ 咎在墙。【释文】隙，去逆切。咎，其九切。　⑪ 罪甚墙。　⑫ 怨季孙之伐莒。　⑬ 季孙守国，叔孙出使，所从来久，今(过)[遇]

此戮，无所怨也。 ⑭ 言带褊尽，故裂裳，示不相近。【释文】䞢，呼罪切。

赵孟闻之，曰："临患不忘国，忠也①。思难不越官，信也②。图国忘死，贞也③。谋主三者，义也④。有是四者，又可戮乎⑤？"乃请诸楚曰："鲁虽有罪，其执事不辟难⑥，畏威而敬命矣⑦。子若免之，以劝左右可也。若子之群吏处不辟污⑧，出不逃难⑨，其何患之有？患之所生，污而不治，难而不守，所由来也。能是二者，又何患焉？不靖其能，其谁从之⑩？鲁叔孙豹可谓能矣，请免之以靖能者。子会而赦有罪⑪，又赏其贤⑫，诸侯其谁不欣焉望楚而归之，视远如迩？疆埸之邑，一彼一此，何常之有⑬？王伯之令也⑭，引其封疆⑮，而树之官⑯，举之表旗⑰，而著之制令⑱。过则有刑，犹不可壹。于是乎虞有三苗⑲，夏有观、扈⑳，商有姺、邳㉑，周有徐、奄㉒。自无令王，诸侯逐进㉓，狎主齐盟，其又可壹乎㉔？恤大舍小，足以为盟主㉕，又焉用之㉖？封疆之削，何国蔑有？主齐盟者，谁能辩焉㉗。吴、濮有衅，楚之执事，岂其顾盟㉘？莒之疆事，楚勿与知。诸侯无烦，不亦可乎？莒、鲁争郓，为日久矣，苟无大害于其社稷，可无亢也㉙。去烦宥善，莫不竞劝。子其图之！"固请诸楚，楚人许之，乃免叔孙㉚。

① 谓言鲁国何罪。 ② 谓言叔出季处。【释文】难，乃旦切，下同。③ 谓不以货免。 ④ 三者：忠、信、贞。 ⑤ 并义而四。 ⑥ 执事，谓叔孙。⑦ 谓不敢辟戮。 ⑧ 污，劳事。【释文】污，音乌。 ⑨ 不苟免。 ⑩ 安靖贤能则众附从。 ⑪ 不伐鲁。 ⑫ 赦叔孙。 ⑬ 言今衰世，疆埸无定主。【释文】疆，居良切，下同。埸，音亦。 ⑭ 言三王、五伯有令德时。 ⑮ 引，正也。正封界。 ⑯ 树，立也。立官以守国。 ⑰ 旌旗以表贵贱。【释文】旗，音其。⑱ 为诸侯作制度法令，使不得相侵犯。 ⑲ 三苗，饕餮，放三危者。【释文】饕，吐刀切。餮，吐结切。 ⑳ 观国，今顿丘卫县。扈在始平鄠县。《书序》曰：启与有扈战于甘之野。【释文】夏，户雅切。观，音馆，旧音官。扈，音户。鄠，音

户。 ㉑ 二国，商诸侯。邳，今下邳县。【释文】姺，西典切，又西礼切。邳，皮悲切。 ㉒ 二国皆嬴姓。《书序》曰：成王伐淮夷，遂践奄。徐即淮夷。【释文】嬴，音盈。 ㉓ 逐，犹竞也。 ㉔ 强弱无常，故更主盟。【释文】狎，户甲切。更，音庚。 ㉕ 大，谓篡弑灭亡之祸。 ㉖ 焉用治小事。【释文】焉，於虔切。㉗ 辩，治也。 ㉘ 吴在东，濮在南，今建宁郡南有濮夷。衅，过也。【释文】濮，音卜。衅，许靳切。 ㉙ 亢，御。【释文】与，音预。亢，苦浪切，徐又音刚，御，鱼吕切。 ㉚【释文】去，起吕切。

令尹享赵孟，赋《大明》之首章①。赵孟赋《小宛》之二章②。事毕，赵孟谓叔向曰："令尹自以为王矣，何如③？"对曰："王弱，令尹强，其可哉④！虽可，不终。"赵孟曰："何故？"对曰："强以克弱而安之，强不义也⑤。不义而强，其毙必速。《诗》曰：'赫赫宗周，褒姒灭之。'强不义也⑥。令尹为王，必求诸侯。晋少懦矣⑦，诸侯将往。若获诸侯，其虐滋甚⑧。民弗堪也，将何以终？夫以强取⑨，不义而克，必以为道⑩。道以淫虐，弗可久已矣⑪！"

①《大明》，《诗·大雅》，首章言文王明明照于下，故能赫赫盛于上。令尹意在首章，故称首章以自光大。 ②《小宛》，《诗·小雅》，二章取其"各敬尔仪，天命不又"，言天命一去，不可复还，以戒令尹。【释文】宛，纡阮切。复，扶又切。③ 问将能成否。 ④ 言可成。 ⑤ 安于胜君，是强而不义。 ⑥《诗·小雅》。褒姒，周幽王后，幽王惑焉而行不义，遂至灭亡。言虽赫赫盛强，不义足以灭之。【释文】姒，音似。灭，如字，《诗》作"威"，音呼悦切。 ⑦ 懦，弱也。【释文】懦，乃乱切。 ⑧ 滋，益也。 ⑨ 取不以道。 ⑩ 以不义为道。 ⑪ 为十三年楚弑灵王传。

夏四月，赵孟、叔孙豹、曹大夫入于郑①，郑伯兼享之。子皮戒赵孟②，礼终，赵孟赋《瓠叶》③。子皮遂戒穆叔，且告之④。穆叔曰："赵孟欲一献⑤，子其从之！"子皮曰："敢乎⑥？"穆叔曰："夫人之所欲也，又何不敢⑦？"及享，具五献之笾豆于幕下⑧。赵孟辞⑨，私于子产曰⑩："武请于冢宰矣⑪。"乃用一献。赵孟为客，礼终乃宴⑫。穆叔赋《鹊巢》⑬。

赵孟曰："武不堪也。"又赋《采蘩》⑭，曰："小国为蘩，大国省穑而用之，其何实非命⑮？"子皮赋《野有死麕》之卒章⑯。赵孟赋《常棣》⑰，且曰："吾兄弟比以安，尨也可使无吠⑱。"穆叔、子皮及曹大夫兴，拜⑲，举兕爵，曰："小国赖子，知免于戾矣⑳。"饮酒乐。赵孟出，曰："吾不复此矣㉑。"

① 会罢过郑。【释文】过，古禾切。 ② 戒享期。 ③ 受所戒，礼毕而赋诗。《瓠叶》，《诗·小雅》，义取古人不以微薄废礼，虽瓠叶兔首，犹与宾客享之。【释文】瓠，户故切。享，许丈切，又普庚切。 ④ 告以赵孟赋《瓠叶》。 ⑤《瓠叶》诗义取薄物而以献酬，知欲一献。 ⑥ 言不敢。 ⑦ 夫人，赵孟。【释文】夫，音扶。 ⑧ 朝聘之制，大国之卿五献。【释文】幕，武博切。 ⑨ 赵孟自以今非聘郑，故辞五献。 ⑩ 私语。 ⑪ 冢宰，子皮。请，谓赋《瓠叶》。 ⑫ 卿会公侯，享宴皆折俎，不体荐。【释文】折，徐之设切。 ⑬《鹊巢》，《诗·召南》，言鹊有巢而鸠居之，喻晋君有国，赵孟治之。 ⑭ 亦《诗·召南》，义取蘩菜薄物，可以荐公侯，享其信，不求其厚。【释文】蘩，音烦。 ⑮ 穆叔言小国微薄犹蘩菜，大国能省爱用之而不弃，则何敢不从命。穑，爱也。【释文】省，所景切，徐所幸切。 ⑯《野有死麕》，《诗·召南》，卒章曰："舒而脱脱兮，无感我帨兮，无使尨也吠。"脱脱，安徐。帨，佩巾。义取君子徐以礼来，无使我失节，而使狗惊吠。喻赵孟以义抚诸侯，无以非礼相加陵。【释文】麕，亦作"麏"，九伦切。脱，吐外切。帨，始锐切。尨，武江切。吠，扶废切。 ⑰《常棣》，《诗·小雅》，取其"凡今之人，莫如兄弟"，言欲亲兄弟之国。【释文】棣，直计切。 ⑱ 受子皮之诗。【释文】比，毗志切，下注"德比"同。 ⑲ 三大夫皆兄弟国。兴，起也。⑳ 兕爵所以罚不敬。言小国蒙赵孟德比以安，自知免此罚戮。【释文】兕，徐履切。戾，力计切，下同。 ㉑ 不复见此乐。【释文】乐，音洛。复，扶又切，下"复年"同。

天王使刘定公劳赵孟于颍，馆于雒汭①。刘子曰："美哉禹功②，明德远矣。微禹，吾其鱼乎！吾与子弁冕端委，以治民临诸侯，禹之力也③。子盍亦远绩禹功，而大庇民乎④？"对曰："老夫罪戾是惧，焉能恤远？吾侪偷食，朝不谋夕，何其长也⑤？"刘子归，以语王曰："谚所谓老将知而耄及之者[⑥]，其赵孟之谓乎！为晋正卿，以主诸侯，而侪于隶人，朝不谋夕[⑦]，弃神人矣[⑧]。神怒民叛，何以能久？赵孟不复年矣[⑨]。神怒，不歆其祀；民叛，不即其事。祀事不从，又何以年[⑩]？"

① 王，周景王。定公，刘夏。颍水出阳城县。雒汭在河南巩县南。水曲流为汭。【释文】劳，力报切，下"以劳"同。颍，营井切。汭，如锐切。夏，户雅切。② 见河、雒而思禹功。 ③ 弁冕，冠也。端委，礼衣。言今得共服冠冕有国家者，皆由禹之力。【释文】弁冕端委，本亦作"弁端委"。 ④ 劝赵孟使纂禹功。【释文】盍，户腊切。远绩禹功，本或作"远绩功"。庇，必利切。 ⑤ 言欲苟免目前，不能念长久。【释文】焉，於虔切。 ⑥ 八十曰耄。耄，乱也。 ⑦ 言其自比于贱人，而无恤民之心。 ⑧ 民为神主，不恤民，故神、人皆去。 ⑨ 言将死，不复见明年。 ⑩ 为此冬赵孟卒起本。

叔孙归[①]，曾夭御季孙以劳之。旦及日中不出[②]。曾夭谓曾阜曰[③]："旦及日中，吾知罪矣。鲁以相忍为国也，忍其外不忍其内，焉用之[④]？"阜曰："数月于外[⑤]，一旦于是，庸何伤？贾而欲赢，而恶嚣乎[⑥]？"阜谓叔孙曰："可以出矣！"叔孙指楹曰："虽恶是，其可去乎？"乃出见之[⑦]。

① 虢会归。 ② 恨季孙伐莒，使己几被戮。【释文】夭，于兆切。几，音祈。 ③ 曾阜，叔孙家臣。 ④ 欲受楚戮，是忍其外。日中不出，是不忍其内。⑤ 言叔孙劳役在外数月。【释文】数，所主切。 ⑥ 言譬如商贾求赢利者，不得恶諠嚣之声。【释文】贾，音古。赢，音盈，注同。恶，乌路切，下同。嚣，许骄切，徐五高切。諠，或作"讙"，呼端切。 ⑦ 楹，柱也。以谕鲁有季孙，犹屋有柱。【释文】楹，音盈。去，起吕切。

郑徐吾犯之妹美[①]，公孙楚聘之矣[②]，公孙黑又使强委禽焉[③]。犯惧，告子产。子产曰："是国无政，非子之患也。唯所欲与。"犯请于二子，请使女择焉。皆许之。子皙盛饰入，布币而出[④]。子南戎服入，左右射，超乘而出。女自房观之，曰："子皙信美矣，抑子南夫也[⑤]。夫夫妇妇，所谓顺也。"适子南氏。子皙怒。既而櫜甲以见子南，欲杀之而取其妻。

子南知之，执戈逐之。及冲，击之以戈⑥。子晳伤而归，告大夫曰："我好见之，不知其有异志也，故伤。"

① 犯，郑大夫。 ② 楚，子南，穆公孙。 ③ 禽，雁也。纳采用雁。【释文】强，其丈切。 ④ 布陈贽币。子晳，公孙黑。【释文】贽，音至。 ⑤ 言丈夫。【释文】乘，绳证切。 ⑥ 冲，郊道。【释文】橐，古刀切，本或作"衷"，丁隆切。冲，尺容切。

大夫皆谋之。子产曰："直钧，幼贱有罪。罪在楚也①。"乃执子南而数之，曰："国之大节有五，女皆奸之②。畏君之威，听其政，尊其贵，事其长，养其亲，五者所以为国也。今君在国，女用兵焉，不畏威也。奸国之纪，不听政也③。子晳，上大夫，女，嬖大夫，而弗下之，不尊贵也。幼而不忌，不事长也④。兵其从兄，不养亲也。君曰：'余不女忍杀，宥女以远。'勉，速行乎，无重而罪！"五月庚辰，郑放游楚于吴，将行子南，子产咨于大叔⑤。大叔曰："吉不能亢身，焉能亢宗⑥？彼，国政也，非私难也。子图郑国，利则行之，又何疑焉？周公杀管叔而蔡蔡叔⑦，夫岂不爱？王室故也。吉若获戾，子将行之，何有于诸游⑧？"

① 先聘，子南直也。子南用戈，子晳直也。子产力未能讨，故约其事，归罪于楚。【释文】好，如字，又呼报切。直钧，绝句。 ② 奸，犯也。【释文】女，音汝，下同。奸，音干。 ③ 奸国之纪，谓伤人。【释文】长，丁丈切。养，如字。 ④ 忌，畏也。【释文】嬖，必计切。下，户嫁切。 ⑤ 大叔，游楚之兄子。【释文】从，如字，又才用切。重，直用切，又直勇切。 ⑥ 亢，蔽也。【释文】亢，苦浪切。 ⑦ 蔡，放也。【释文】难，乃旦切。而蔡蔡叔，上"蔡"字音素葛切，《说文》作"㯻"，音同，字从殺下米，云：𥻆，㯻，散之也。会杜义。下"蔡叔"，如字。 ⑧ 为二年郑杀公孙黑传。【释文】夫，音扶。

秦后子有宠于桓，如二君于景①。其母曰："弗去，惧选②。"癸卯，鍼适晋，其车千乘。书曰："秦伯之弟鍼出奔晋。"罪秦伯也③。后子享晋侯④，造舟于河⑤，十里舍车⑥，自雍及绛⑦。归取酬币⑧，终事八反⑨。司马侯问焉，曰："子之车，尽于此而已乎？"对曰："此之谓多矣！若能少此，吾何以得见⑩？"女叔齐以告公⑪，且曰："秦公子必归。臣闻君子能知其过，必有令图。令图，天所赞也。"

① 后子，秦桓公子，景公母弟鍼也。其权宠如两君。　② 选，数也。恐景公数其罪而加戮。【释文】选，息转切，徐素短切，下同。数，所主切，下"数世"同。　③ 罪失教。【释文】乘，绳证切。　④ 为晋侯设享礼。【释文】为，于伪切。　⑤ 造舟为梁，通秦、晋之道。【释文】造，七报切，李巡注《尔雅》云：比其舡而度也。郭云：并舟为桥。　⑥ 一舍八乘，为八反之备。　⑦ 雍、绛相去千里，用车八百乘。【释文】雍，於用切。　⑧ 备九献之仪。始礼自齎其一，故续送其八酬酒币。【释文】齎，子兮切，本又作"赍"，同。　⑨ 每十里以八乘车，各以次载币，相授而还，不径至，故言八反。千里用车八百乘，其二百乘以自随，故言千乘。传言秦鍼之出，极奢富以成礼，欲尽敬于所赴。【释文】还，音环。径，古定切。　⑩ 言已坐车多，故出奔。【释文】见，贤遍切。坐，才卧切。　⑪ 叔齐，司马侯。【释文】女，音汝。

后子见赵孟。赵孟曰："吾子其曷归①？"对曰："鍼惧选于寡君，是以在此，将待嗣君。"赵孟曰："秦君何如？"对曰："无道。"赵孟曰："亡乎？"对曰："何为？一世无道，国未艾也②。国于天地，有与立焉③。不数世淫，弗能毙也。"赵孟曰："天乎？"对曰："有焉。"赵孟曰："其几何？"对曰："鍼闻之，国无道而年谷和熟，天赞之也④。鲜不五稔⑤。"赵孟视荫，曰："朝夕不相及，谁能待五⑥？"后子出，而告人曰："赵孟将死矣。主民，翫岁而愒日⑦，其与几何⑧？"

① 问何时当归。　② 艾，绝也。【释文】艾，鱼废切。　③ 言欲辅助之者多。　④ 赞，佐助也。【释文】几，居岂切。　⑤ 鲜，少也。少尚当历五年，多则不啻。【释文】稔，而甚切。啻，始豉切。　⑥ 荫，日景也。赵孟意衰，以日景自喻，故言朝夕不相及，谁能待五。【释文】荫，於金切，本亦作"阴"。朝夕，如字。景，如字，又於领切。　⑦ 翫、愒，皆贪也。【释文】翫，五唤切，《说文》云：习厌也，字又作"玩"。愒，苦盖切。　⑧ 言不能久。【释文】与，如字，又音预。

郑为游楚乱故①，六月丁巳，郑伯及其大夫盟于公孙段氏。罕虎、公孙侨、公孙段、印段、游吉、驷带私盟于闺门之外，实薰隧②。公孙黑强与于盟，使大史书其名，且曰七子③。子产弗讨④。

① 游楚，子南。【释文】为，于伪切。 ② 闺门，郑城门。熏隧，门外道名。实之者，为明年子产数子皙罪，称薰隧盟起本。【释文】闺，音圭。薰，许云切。隧，音遂。数，色主切，又色具切。 ③ 自欲同于六卿，故曰七子。【释文】强，其丈切。与，音预。 ④ 子皙强，讨之恐乱国。

晋中行穆子败无终及群狄于大原①，崇卒也②。将战，魏舒曰："彼徒我车，所遇又阨③，以什共车必克④。困诸阨，又克⑤。请皆卒⑥，自我始。"乃毁车以为行⑦，五乘为三伍⑧。荀吴之嬖人不肯即卒，斩以徇⑨。为五陈以相离，两于前，伍于后，专为右角，参为左角，偏为前拒⑩，以诱之。翟人笑之⑪。未陈而薄之，大败之⑫。

① 即大卤也。无终，山戎。【释文】大，音泰。 ② 崇，聚也。【释文】卒，子忽切。 ③ 地险不便车。【释文】阨，本又作"隘"，於懈切。便，婢面切。 ④ 更增十人，以当一车之用。【释文】什，音十。共，音恭。 ⑤ 车每困于阨道，今去车，故为必克。【释文】去，起吕切。 ⑥ 去车为步卒。 ⑦ 魏舒先自毁其属车为步陈。【释文】行，户郎切。陈，直觐切，下"五陈"、"未陈"同。 ⑧ 乘车者，车三人，五乘十五人，今改去车，更以五人为伍，分为三伍。【释文】乘，绳证切。 ⑨ 魏舒辄斩之，荀吴不恨，所以能立功。【释文】徇，辞俊切。 ⑩ 皆临时处置之名。【释文】拒，九甫切。 ⑪ 笑其失常。 ⑫ 传言荀吴能用善谋。

莒展舆立，而夺群公子秩。公子召去疾于齐。秋，齐公子钼纳去疾①，展舆奔吴②。

① 齐虽纳去疾，莒人先召之，故从国逆例书入。去疾奔齐在襄三十一年。 ② 吴外孙。

叔弓帅师疆郓田，因莒乱也①。于是莒务娄、瞀胡及公子灭明以大厖与常仪靡奔齐②。君子曰："莒展之不立，弃人也夫[3]！人可弃乎？《诗》曰：‘无竞维人。’善矣[4]。”

① 此春取郓，今正其疆界。【释文】疆，居良切。 ② 三子，展舆党。大厖、常仪靡，莒二邑。【释文】务娄，并如字，务又音谋，一音无。瞀，徐音茂，一音谋。厖，武江切。 ③ 夺群公子秩，是弃人。【释文】夫，音扶。 ④《诗·周颂》，言惟得人则国家强。

晋侯有疾，郑伯使公孙侨如晋聘，且问疾。叔向问焉，曰：“寡君之疾病，卜人曰：‘实沈、台骀为祟。’史莫之知，敢问此何神也？”子产曰：“昔高辛氏有二子，伯曰阏伯，季曰实沈[1]，居于旷林，不相能也[2]。日寻干戈，以相征讨[3]。后帝不臧[4]，迁阏伯于商丘，主辰[5]。商人是因，故辰为商星[6]。迁实沈于大夏，主参[7]。唐人是因，以服事夏、商[8]。其季世曰唐叔虞[9]。当武王邑姜方震大叔[10]，梦帝谓己：‘余命而子曰虞[11]，将与之唐，属诸参，而蕃育其子孙。’及生，有文在其手曰‘虞’，遂以命之。及成王灭唐而封大叔焉，故参为晋星[12]。由是观之，则实沈，参神也。昔金天氏有裔子曰昧，为玄冥师，生允格、台骀[13]。台骀能业其官[14]，宣汾、洮[15]，障大泽[16]，以处大原[17]。帝用嘉之，封诸汾川[18]。沈、姒、蓐、黄，实守其祀[19]。今晋主汾而灭之矣[20]。由是观之，则台骀，汾神也。抑此二者，不及君身。山川之神，则水旱疠疫之灾，于是乎禜之[21]。日月星辰之神，则雪霜风雨之不时，于是乎禜之[22]。若君身，则亦出入饮食哀乐之事也。山川星辰之神，又何为焉[23]？侨闻之，君子有四时：朝以听政[24]，昼以访问[25]，夕以修令[26]，夜以安身。于是乎节宣其气[27]，勿使有所壅闭湫底以露其体[28]。兹心不爽，而昏乱百度[29]。今无乃壹之[30]，则生疾矣。侨又闻之，内官不及同姓[31]，其生不殖[32]。美先尽矣，则相生疾[33]，君子是以恶之。故《志》曰：‘买妾不知其姓，则卜之。’违此二者，古之所慎也[34]。男女辨姓，礼之大司也[35]。今君内实有四姬焉[36]，其无乃是也乎？若由是二者，弗可为也已[37]。四姬有省犹可，无则必生疾矣[38]。”叔向曰：“善哉！肸未之闻也，此皆然矣。”

叔向出，行人挥送之[39]。叔向问郑故焉，且问子晳。对曰：“其与几何[40]？无礼而好陵人，怙富而卑其上，弗能久矣[41]。”

晋侯闻子产之言，曰：“博物君子也。”重贿之。

①高辛，帝喾。【释文】骀，他才切。祟，息遂切。阏，於葛切。喾，苦毒切。②旷林，地阙。【释文】能，如字，又奴代切。③寻，用也。④后帝，尧也。臧，善也。⑤商丘，宋地。主祀辰星。辰，大火也。⑥商人，汤先相土封商丘，因阏伯故国，祀辰星。【释文】相，息亮切。⑦大夏，今晋阳县。【释文】夏，户雅切。参，所林切。⑧唐人若刘累之等。累迁鲁县，此在大夏。⑨唐人之季世，其君曰叔虞。⑩邑姜，武王后，齐大公之女。怀胎为震。大叔，成王之弟叔虞。【释文】震，本又作“娠”，之慎切，又音申。大，音泰。胎，他来切。⑪帝，天。取唐君之名。⑫叔虞封唐，是为晋侯。【释文】属，之玉切。蕃，音烦。“叔虞封唐，是为晋侯”，案《史记》，叔虞封唐侯，叔虞之子燮父改为晋侯。⑬金天氏，帝少皞。裔，远也。玄冥，水官。昧为水官之长。【释文】裔，以制切。昧，音妹。少，诗照切。皞，户老切。长，丁丈切，下“殖长”同。⑭纂昧之业。【释文】纂，子管切。⑮宣，犹通也。汾、洮，二水名。【释文】汾，扶云切。洮，他刀切。⑯陂障之。【释文】障，之尚切，又音章。陂，彼皮切。⑰大原，晋阳也。台骀之所居。⑱帝颛顼。【释文】颛，音专。顼，许玉切。⑲四国，台骀之后。【释文】沈，音审。姒，音似。⑳灭四国。㉑有水旱之灾，则禜祭山川之神若台骀者。《周礼》：四曰禜祭。为营攒，用币，以祈福祥。【释文】疠，音例。疫，音役。禜，音咏，徐又音营。攒，子官切。㉒星辰之神，若实沈者。㉓言实沈、台骀不为君疾。【释文】乐，音洛。㉔听国政。【释文】朝，如字。㉕问可否。㉖念所施。㉗宣，散也。㉘湫，集也。底，滞也。露，羸也。壹之则血气集滞而体羸露。【释文】壅，於勇切。湫，子小切，徐音秋，又在酒切，服云：著也。底，丁礼切，服云：止也。羸，劣危切。㉙兹，此也。爽，明也。百度，百事之节。㉚同四时也。㉛内官，嫔御。【释文】嫔，婢人切。㉜殖，长也。㉝同姓之相与，先美矣。美极则尽，尽则生疾。

㉞ 壹四时，取同姓，二者古人所慎。【释文】恶，如字，又乌路切。取，七住切。　㉟ 辨，别也。【释文】别，彼列切。　㊱ 同姓姬四人。　㊲ 为，治也。　㊳ 据异姓，去同姓，故言省。【释文】省，所景切，徐所幸切。去，起吕切。　㊴ 送叔向。　㊵ 言将败不久。【释文】与，如字，又音预。几，居岂切。　㊶ 为明年郑杀公孙黑传。【释文】好，呼报切。怙，音户。

晋侯求医于秦。秦伯使医和视之，曰："疾不可为也。是谓：'近女室，疾如蛊①。非鬼非食，惑以丧志②。良臣将死，天命不祐③。'"公曰："女不可近乎？"对曰："节之。先王之乐，所以节百事也，故有五节④，迟速本末以相及，中声以降，五降之后，不容弹矣⑤。于是有烦手淫声，慆堙心耳，乃忘平和，君子弗听也⑥。物亦如之⑦，至于烦，乃舍也已，无以生疾⑧。君子之近琴瑟，以仪节也，非以慆心也⑨。天有六气⑩，降生五味⑪，发为五色⑫，征为五声⑬，淫生六疾⑭。六气曰阴、阳、风、雨、晦、明也。分为四时，序为五节⑮，过则为菑。阴淫寒疾⑯，阳淫热疾⑰，风淫末疾⑱，雨淫腹疾⑲，晦淫惑疾⑳，明淫心疾㉑。女，阳物而晦时，淫则生内热惑蛊之疾㉒。今君不节不时，能无及此乎？"

① 蛊，惑疾。【释文】近，附近之近。蛊，音古。　② 惑女色而失志。【释文】丧，息浪切。　③ 良臣不匡救君过，故将死而不为天所祐。【释文】祐，音右。　④ 五声之节。　⑤ 此谓先王之乐得中声，声成五降而息也。降，罢退。【释文】降，音绛，或音户江切。弹，徒丹切，又徒旦切。　⑥ 五降而不息，则杂声并奏，所谓郑、卫之声。【释文】慆，吐力切。堙，音因。　⑦ 言百事皆如乐，不可失节。　⑧ 烦不舍则生疾。【释文】舍，音捨。　⑨ 为心之节仪，使动不过度。　⑩ 谓阴、阳、风、雨、晦、明也。　⑪ 谓金味辛，木味酸，水味咸，火味苦，土味甘，皆由阴阳风雨而生。　⑫ 辛色白，酸色青，咸色黑，苦色赤，甘色黄。发，见也。【释文】见，贤遍切。　⑬ 白声商，青色角，黑声羽，赤声徵，黄声宫。征，验也。【释文】徵，张里切。　⑭ 淫，过也。滋味声色所以养人，然过则生害。　⑮ 六气之化，分而序之则成四时，得五行之(郁)[节]。　⑯ 寒过则为冷。【释文】菑，音灾。　⑰ 热过则喘渴。【释文】喘，昌兖切。　⑱ 末，四支也。

风为缓急。 ⑲ 雨湿之气为泄注。【释文】泄，息列切，下如字。 ⑳ 晦，夜也。为宴寝过节，则心惑乱。 ㉑ 明，昼也。思虑烦多，心劳生疾。【释文】思，息利切。 ㉒ 女常随男，故言阳物。家道常在夜，故言晦时。

出，告赵孟。赵孟曰："谁当良臣？"对曰："主是谓矣！主相晋国，于今八年，晋国无乱，诸侯无阙，可谓良矣。和闻之，国之大臣，荣其宠禄，任其大节，有灾祸兴而无改焉①，必受其咎。今君至于淫以生疾，将不能图恤社稷，祸孰大焉！主不能禦，吾是以云也②。"赵孟曰："何谓蛊？"对曰："淫溺惑乱之所生也③。于文，皿虫为蛊④，谷之飞亦为蛊⑤。在《周易》，女惑男，风落山，谓之《蛊》☶⑥。皆同物也⑦。"赵孟曰："良医也。"厚其礼而归之⑧。

① 改，改行以救灾。【释文】相，息亮切。行，下孟切。 ② 云主将死。【释文】咎，其九切。禦，本亦作"御"，鱼吕切。 ③ 溺，沈没于嗜欲。【释文】溺，乃狄切。嗜，时志切。 ④ 文，字也。皿，器也。器受虫害者为蛊。【释文】皿，命景切，《说文》读若猛，《字林》音猛。 ⑤ 谷久积则变为飞虫，名曰蛊。⑥《巽》下《艮》上，《蛊》。《巽》为长女，为风。《艮》为少男，为山。少男而说长女，非匹，故惑。山木得风而落。【释文】巽，音逊。艮，古恨切。长，丁丈切，少，诗照切。说，音悦。 ⑦ 物，犹类也。 ⑧ 赠贿之礼。

楚公子围使公子黑肱、伯州犁城犨、栎、郏①，郑人惧。子产曰："不害。令尹将行大事②，而先除二子也③。祸不及郑，何患焉？"

① 黑肱，王子围之弟子晳也。犨县属南阳。郏县属襄城。栎，今河南阳翟县。三邑本郑地。【释文】犨，尺州切。栎，音历，徐失灼切。郏，古洽切。② 谓将弑君。 ③ 二子，谓黑肱、伯州犁。

冬，楚公子围将聘于郑，伍举为介。未出竟，闻王有疾而还。伍举遂聘。十一月己酉，公子围至，入问王疾，缢而弑之①。遂杀其二子幕及平夏②。右尹子干出奔晋③，宫厩尹子晳出奔郑④。杀大宰伯州犁于郏。葬王于郏，谓之郏敖[5]。使赴于郑，伍举问应为后之辞焉[6]。对曰："寡大夫围。"伍举更之曰："共王之子围为长[7]。"

① 缢，绞也。孙卿曰：以冠缨绞之。《长历》推己酉，十二月六日，经、传皆言十一月，月误也。【释文】介，音界。竟，音境。缢，一豉切。弑，申志切。绞，古卯切。　② 皆郏敖子。【释文】幕，音莫。夏，户雅切。　③ 子干，王子比。④ 因筑城而去。【释文】厩，居又切。　⑤ 郏敖，楚子麇。　⑥ 问赴者。⑦ 伍举更赴辞，使从礼。此告终称嗣，不以篡弑赴诸侯。【释文】共，音恭。长，丁丈切。

子干奔晋，从车五乘。叔向使与秦公子同食[1]，皆百人之饩[2]。赵文子曰："秦公子富[3]。"叔向曰："厎禄以德[4]，德钧以年，年同以尊。公子以国，不闻以富。且夫以千乘去其国，强御已甚。《诗》曰：'不侮鳏寡，不畏强御[5]。'秦、楚，匹也。"使后子与子干齿[6]。辞曰："鍼惧选，楚公子不获，是以皆来，亦唯命[7]。且臣与羁齿，无乃不可乎[8]？史佚有言曰：'非羁何忌[9]？'"

① 食禄同。【释文】从，才用切。乘，绳证切。　② 百人，一卒也。其禄足百人。【释文】饩，许气切。卒，子忽切。　③ 谓秦鍼富强，秩禄不宜与子干同。④ 厎，致也。【释文】厎，音旨。　⑤《诗·大雅》。侮，陵也。【释文】夫，音扶。侮，亡甫切。鳏，古颜切。　⑥ 以年齿为高下而坐。　⑦ 不获，不得自安。言俱奔，事有优劣，唯主人命所处。谦辞。　⑧ 后子先来仕，欲自同于晋臣，为主人。子干后来奔，以为羁旅之客。　⑨ 忌，敬也。欲谦以自别。【释文】佚，音逸。别，音彼列切。

楚灵王即位，薳罢为令尹，薳启彊为大宰[1]。郑游吉如楚，葬郏敖，且聘立君。归，谓子产曰："具行器矣[2]！楚王汰侈而自说其事，必合诸侯，吾往无日矣。"子产曰："不数年，未能也[3]。"

① 灵王，公子围也，即位易名熊虔。【释文】罢，音皮。彊，音其良切，又居良切。　② 行器谓备。　③ 为四年会申传。【释文】汰，音泰。说，徐音悦，又始悦切。数，所主切。

十二月，晋既烝①，赵孟适南阳，将会孟子馀②。甲辰朔，烝于温③，庚戌，卒④。郑伯如晋吊，及雍乃复⑤。

① 烝，冬祭也。【释文】烝，之承切。 ② 孟子馀，赵衰；赵武之曾祖，其庙在晋之南阳温县。往会祭之。【释文】衰，初危切。 ③ 赵氏烝祭，甲辰十二月朔。晋既烝，赵孟乃烝其家庙，则晋烝当在甲辰之前，传言十二月，月误。④ 十二月七日。终刘定公、秦后子之言。 ⑤ 吊赵氏。盖赵氏辞之而还。传言大夫强，诸侯畏而吊之。【释文】雍，於用切。

昭公二年

【经】

二年春，晋侯使韩起来聘。

夏，叔弓如晋①。

秋，郑杀其大夫公孙黑②。

冬，公如晋，至河乃复③。

季孙宿如晋④。

①叔弓，叔老子。 ② 书名，恶之。薰隧盟，子产不讨，遂以为卿，故书之。【释文】恶，乌路切。 ③ 吊少姜也。晋人辞之，故还。【释文】少，诗照切，传放此。 ④ 致襚服也。公实以秋行，冬还乃书。【释文】襚，音遂。

【传】

二年春，晋侯使韩宣子来聘①，且告为政而来见，礼也②。观书于大史氏，见《易象》与《鲁春秋》，曰："周礼尽在鲁矣③。吾乃今知周公之德，与周之所以王也④。"公享之。季武子赋《绵》之卒章⑤。韩子赋《角弓》⑥。季武子拜，曰："敢拜子之弥缝敝邑，寡君有望矣⑦。"武子赋《节》之卒章⑧。既享，宴于季氏，有嘉树焉，宣子誉之。武子曰："宿敢不封殖此树，以无忘《角弓》⑩。"遂赋《甘棠》⑪。宣子曰:"起不堪也,无以及召公。"

① 公即位故。 ② 代赵武为政。虽盟主而修好同盟,故曰礼。【释文】见,贤遍切。好,呼报切。 ③《易象》,上、下经之象辞。《鲁春秋》,史记之策书。《春秋》遵周公之典以序事,故曰周礼尽在鲁矣。 ④《易象》、《春秋》,文王、周公之制。当此时,儒道废,诸国多阙,唯鲁备,故宣子适鲁而说之。【释文】王,于况切,周弘正依字读。说,音悦。 ⑤《绵》,《诗·大雅》,卒章义取文王有四臣,故能以绵绵致兴盛。以晋侯比文王,以韩子比四辅。四臣:大颠、闳夭、散宜生、南宫适。四辅,谓先后、奔走、疏附、御侮。 ⑥《角弓》,《诗·小雅》,取其"兄弟昏姻,无胥远矣",言兄弟之国宜相亲。 ⑦ 弥缝,犹补合也。谓以兄弟之义。【释文】缝,扶恭切。合,如字,一音阁。 ⑧《节》,《诗·小雅》,卒章取"式讹尔心,以畜万邦",以言晋德可以畜万邦。【释文】节,才结切,徐又如字。讹,五禾切。 ⑨ 誉其好也。【释文】誉,音余。 ⑩ 封,厚也。殖,长也。【释文】长,丁丈切。 ⑪《甘棠》,《诗·召南》。召伯息于甘棠之下,诗人思之而爱其树。武子欲封殖嘉树如甘棠,以宣子比召公。【释文】召,上照切。

宣子遂如齐纳币①。见子雅。子雅召子旗②,使见宣子。宣子曰:"非保家之主也,不臣③。"见子尾。子尾见彊④。宣子谓之如子旗⑤。大夫多笑之。唯晏子信之,曰:"夫子,君子也⑥。君子有信,其有以知之矣⑦。"自齐聘于卫,卫侯享之。北宫文子赋《淇澳》⑧。宣子赋《木瓜》⑨。

① 为平公聘少姜。【释文】为,于伪切,下"为之"同。 ② 子旗,子雅之子。 ③ 志气亢。【释文】见,贤遍切,下"见彊"同。亢,苦浪切。 ④ 彊,子尾之子。 ⑤ 亦不臣。 ⑥ 夫(人)[子],韩起。 ⑦ 为十年齐栾施、高彊来奔张本。 ⑧《淇澳》,《诗·卫风》,美武公也。言宣子有武公之德。【释文】淇,音其。澳,於六切。 ⑨《木瓜》,亦《卫风》,义取于欲厚报以为好。【释文】好,呼报切,后注皆同。

夏四月,韩须如齐逆女①。齐陈无宇送女,致少姜。少姜有宠于晋侯,晋侯谓之少齐②。谓陈无宇非卿③,执诸中都④。少姜为之请曰:"送从逆班⑤,畏大国也,犹有所易,是以乱作[⑥]。”

① 须，韩起之子。逆少姜。 ② 为立别号，所以宠异之。【释文】少，诗照切。 ③ 欲使齐以適夫人礼送少姜。【释文】適，丁历切。 ④ 中都，晋邑，在西河界休县东南。【释文】界，音介。休，许虯切。 ⑤ 班，列也。 ⑥ 韩须，公族大夫。陈无宇，上大夫。言齐畏晋，改易礼制，使上大夫送，遂致此执辱之罪。盖少姜谦以示讥。

叔弓聘于晋，报宣子也[①]。晋侯使郊劳[②]。辞曰：“寡君使弓来继旧好，固曰：‘女无敢为宾！’彻命于执事，敝邑弘矣[③]，敢辱郊使？请辞[④]。”致馆，辞曰：“寡君命下臣来继旧好，好合使成，臣之禄也[⑤]，敢辱大馆[⑥]？”叔向曰：“子叔子知礼哉！吾闻之曰：‘忠信，礼之器也。卑让，礼之宗也[⑦]。’辞不忘国，忠信也[⑧]。先国后己，卑让也[⑨]。《诗》曰：‘敬慎威仪，以近有德。’夫子近德矣[⑩]。”

① 此春韩宣子来聘。 ②《聘礼》：宾至近郊，君使卿劳之。【释文】劳，力报切。 ③ 彻，达也。【释文】女，音汝，下注同。 ④ 辞郊劳。【释文】使，所吏切。 ⑤ 得通君命，则于己为荣禄。 ⑥ 敢，不敢。 ⑦ 宗，犹主也。 ⑧ 谓称旧好。 ⑨ 始称敝邑之弘，先国也；次称臣之禄，后己也。 ⑩《诗·大雅》。【释文】近，附近之近。

秋，郑公孙黑将作乱，欲去游氏而代其位[①]，伤疾作而不果[②]。驷氏与诸大夫欲杀之[③]。子产在鄙，闻之，惧弗及，乘遽而至[④]。使吏数之[⑤]，曰：“伯有之乱[⑥]，以大国之事，而未尔讨也[⑦]。尔有乱心，无厌，国不女堪。专伐伯有，而罪一也。昆弟争室，而罪二也[⑧]。薰隧之盟，女矫君位，而罪三也[⑨]。有死罪三，何以堪之？不速死，大刑将至。”再拜稽首，辞曰：“死在朝夕，无助天为虐。”子产曰：“人谁不死？凶人不终，命也。作凶事，为凶人。不助天，其助凶人乎？”请以印为褚师[⑩]。子产曰：“印也若才，君将任之。不才，将朝夕从女。女罪之不恤，而又何请焉？不速死，司寇将至。”七月壬寅，缢。尸诸周氏之衢[11]，加木焉[12]。

①游氏，大叔之族。黑为游楚所伤，故欲害其族。【释文】去，起吕切。②前年游楚所击创。【释文】创，初良切。③驷氏，黑之族。④遽，传驿。【释文】遽，其据切，《尔雅》云：驲，遽，传也。孙炎注云：传，车；驿，马。传，中恋切。驿，音亦。⑤责数其罪。⑥在襄三十一年。⑦务共大国之命，不暇治女罪。【释文】共，音恭。⑧谓争徐吾犯之妹。【释文】厌，於盐切。⑨谓使大史书七子。【释文】蟜，居表切。⑩印，子皙之子。褚师，市官。【释文】朝，如字。印，一刃切。褚，张吕切。⑪衢，道也。【释文】衢，其于切。⑫书其罪于木，以加尸上。

晋少姜卒。公如晋，及河。晋侯使士文伯来辞，曰："非伉俪也[1]。请君无辱！"公还，季孙宿遂致服焉[2]。叔向言陈无宇于晋侯曰："彼何罪[3]？君使公族逆之，齐使上大夫送之，犹曰不共，君求以贪。国则不共[4]，而执其使，君刑已颇，何以为盟主[5]？且少姜有辞[6]。"冬十月，陈无宇归[7]。十一月，郑印段如晋吊[8]。

①晋侯溺于所幸，为少姜行夫人之服，故诸侯吊。不敢以私烦诸侯，故止之。【释文】伉，若浪切。俪，力计切。②致少姜之襚服。公以末秋行，始冬还，乃书之，故经在冬。③彼，无宇。④逆卑于(宋)[送]，是晋国不共。⑤颇，不平。【释文】使，所吏切。颇，普多切。⑥谓请无宇之辞。⑦晋侯赦之。⑧吊少姜。

昭公三年

【经】

三年春，王正月丁未，滕子原卒[1]。

夏，叔弓如滕。

五月，葬滕成公[2]。

秋，小邾子来朝。

八月，大雩。

冬，大雨雹[3]。

北燕伯款出奔齐[4]。

① 襄二十五年盟重丘。【释文】重，直恭切。 ② 卿共小国之葬，礼过厚。葬襄公，滕子来会，故鲁厚报之。【释文】共，音恭，传仿此。 ③ 无传。记灾。【释文】雨，于付切。雹，蒲学切。 ④ 不书大夫逐之而言奔，罪之也。书名，从告。

【传】

三年春，王正月，郑游吉如晋，送少姜之葬。梁丙与张趯见之[1]。梁丙曰："甚矣哉！子之为此来也[2]。"子大叔曰："将得已乎[3]？昔文、襄之霸也[4]，其务不烦诸侯，令诸侯三岁而聘，五岁而朝，有事而会，不协而盟[5]。君薨，大夫吊，卿共葬事。夫人，士吊，大夫送葬[6]。足以昭礼命事谋阙而已[7]，无加命矣[8]。今嬖宠之丧，不敢择位，而数于守適[9]，唯惧获戾，岂敢惮烦？少齐有宠而死，齐必继室[10]。今兹吾又将来贺，不唯此行也。"张趯曰："善哉！吾得闻此数也。然自今，子其无事矣。譬如火焉[11]，火中，寒暑乃退[12]。此其极也，能无退乎？晋将失诸侯，诸侯求烦不获[13]。"二大夫退。子大叔告人曰："张趯有知，其犹在君子之后乎[14]！"

① 二子，晋大夫。【释文】趯，他历切。 ② 卿共妾葬，过礼甚。【释文】为，于伪切。 ③ 言不得止。 ④ 晋文公、襄公。 ⑤ 明王之制，岁聘间朝，在十三年，今简之。【释文】间，间厕之间。 ⑥ 先王之制，诸侯之丧，士吊，大夫送葬。在三十年。盖时俗过制，故文、襄虽节之，犹过于古。 ⑦ 朝聘以昭礼，盟会以谋阙。 ⑧ 命有常。 ⑨ 不敢以其位卑而令礼数如守適夫人，然则时適夫人之丧，吊送之礼，以过文、襄之制。【释文】数，所具切，徐所主切。適，丁历切，本或作"嫡"，下同。令，力呈切。 ⑩ 继室，复荐女。【释文】复，扶又切，下不出音者皆同。 ⑪ 火，心星。 ⑫ 心以季夏昏中而暑退，季冬旦中而

寒退。　⑬ 言将不能复烦诸侯。　⑭ 讥其无隐讳。【释文】知,音智。

丁未,滕子原卒。同盟,故书名①。

① 同盟于襄之世,亦应从同盟之礼,故传发之。

齐侯使晏婴请继室于晋①,曰:"寡君使婴曰:'寡人愿事君,朝夕不倦,将奉质币,以无失时,则国家多难,是以不获②。不腆先君之適③,以备内官,焜燿寡人之望,则又无禄,早世殒命,寡人失望。君若不忘先君之好,惠顾齐国,辱收寡人,徼福于大公、丁公④,照临敝邑,镇抚其社稷,则犹有先君之適⑤及遗姑姊妹⑥若而人⑦。君若不弃敝邑,而辱使董振择之,以备嫔嫱,寡人之望也⑧。'"

① 复以女继少姜。　② 不得自来。【释文】朝,如字。质,徐之二切,又如字。难,乃旦切。　③ 谓少姜。【释文】腆,他典切。　④ 徼,要也。二公,齐先君。言收恤寡人,则先君与之福也。【释文】焜,胡本切,又音昆,服云:明也。燿,羊照切,服云:照也。陨,于敏切。好,呼报切。徼,古尧切。大,音泰。要,一遥切。　⑤ 適夫人之女。　⑥ 遗,余也。　⑦ 言如常人,不敢誉。【释文】誉,音余。　⑧ 董,正也。振,整也。嫔嫱,妇官。【释文】振,之刃切,一音真。嫱,本又作"廧",在良切。

韩宣子使叔向对曰:"寡君之愿也。寡君不能独任其社稷之事,未有伉俪。在缞绖之中,是以未敢请①。君有辱命,惠莫大焉。若惠顾敝邑,抚有晋(阳)[国],赐之内主,岂唯寡君,举群臣实受其贶,其自唐叔以下,实宠嘉之②。"

① 制夫人之服,则葬讫,君臣乃释服。【释文】任,音壬。缞,本亦作"衰",七雷切。绖,直结切。　② 唐叔,晋之祖。【释文】贶,音况。

既成昏①,晏子受礼②。叔向从之宴,相与语。叔向曰:"齐其何如③?"晏子曰:"此季世也,吾弗知,齐其为陈氏矣④!公弃其民,而归于陈氏⑤。齐旧四量,豆、区、釜、钟。四升为豆,各自其四,以登于釜⑥。釜十则钟⑦。陈氏三量,皆登一焉,钟乃大矣⑧。以家量贷,而以公量收之⑨。山木如市，弗加于山。鱼盐蜃蛤，弗加于海[10]。民参其力，二入于公，而衣食其一[11]。公聚朽蠹，而三老冻馁[12]。国之诸市，屦贱踊贵[13]。民人痛疾，而或燠休之[14]，其爱之如父母，而归之如流水，欲无获民，将焉辟之？箕伯、直柄、虞遂、伯戏[15]，其相胡公、大姬，已在齐矣[16]。”

①许昏成。②受宾享之礼。③问兴衰。④不知其它，唯知齐将为陈氏。【释文】吾弗知，绝句。⑤弃民不恤。⑥四豆为区，区斗六升。四区为釜，釜六斗四升。登，成也。【释文】量，音亮。区，乌侯切。⑦六斛四斗。⑧登，加也。加一，谓加旧量之一也。以五升为豆，五豆为区，五区为釜，则区二斗，釜八斗，钟八斛。【释文】旧本以五升为豆，四豆为区，四区为釜，直加豆为五升，而区、釜自大，故杜云区二斗、釜八斗是也。本或作“五豆为区，五区为釜”者，为加旧豆、区为五，亦与杜注相会，非于五升之豆，又五五而加也。⑨贷厚而收薄。【释文】贷，他代切。⑩贾如在山、海，不加贵。【释文】蜃，食轸切。蛤，古答切。贾，音嫁。⑪言公重赋敛。【释文】参，七南切，又音三。敛，力验切。⑫三老，谓上寿、中寿、下寿，皆八十已上，不见养遇。【释文】聚，徐在喻切，又在主切。蠹，丁故切。三老，服云：工老、商老、农老也。冻，丁贡切。馁，奴罪切。寿，音授。上，时掌切。⑬踊，刖足者屦。言刑多。【释文】屦，九具切。踊，音勇。刖，音月，又五刮切。⑭燠休，痛念之声。谓陈氏也。【释文】燠，於喻切，徐音忧，又於到切，一音於六切。休，虚喻切，徐许留切。贾云：燠，厚也；休，美也。⑮四人皆舜后，陈氏之先。【释文】焉，於虔切。戏，许宜切。⑯胡公，四人之后，周始封陈之祖。大姬，其妃也。言陈氏虽为人臣，然将有国，其先祖鬼神已与胡公共在齐。【释文】相，息亮切，服如字。大，音泰。

叔向曰：“然。虽吾公室，今亦季世也。戎马不驾，卿无军行[1]。公乘无人，卒列无长[2]。庶民罢敝，而宫室滋侈[3]。道殣相望[4]，而女富溢尤[5]。民闻公命，如逃寇仇。栾、郤、胥、原、狐、续、庆、伯，降在皂隶[6]。政在家门[7]，民无所依。君日不悛，以乐慆忧[8]。公室之卑，其何日之有[9]？谗鼎之铭曰[10]：‘昧旦丕显，后世犹怠[11]。’况日不悛，其能久乎？”

① 言晋衰弱，不能征讨救诸侯。【释文】行，户郎切。　② 百人为卒。言人皆非其人，非其长。【释文】乘，绳证切。卒，子忽切。长，丁丈切。　③ 滋，益也。【释文】罢，音皮。侈，尺氏切，又昌氏切。　④ 饿死为殣。【释文】殣，音觐，《说文》云：道中死者，人所覆也。《毛诗》作“墐”，传云：墐，路冢也。⑤ 女，嬖宠之家。　⑥ 八姓，晋旧臣之族也。皂隶，贱官。【释文】郤，去逆切。皂，才早切。隶，力计切。　⑦ 大夫专政。　⑧ 慆，藏也。悛，改也。【释文】悛，七全切。乐，音洛，又音岳。慆，他刀切。　⑨ 言今至。　⑩ 谗，鼎名也。【释文】谗，士感切，服云：疾谗之鼎也。　⑪ 昧旦，早起也。丕，大也。言夙兴以务大显，后世犹解怠。【释文】昧，音妹。丕，普悲切。解，佳卖切。

晏子曰：“子将若何①？”叔向曰：“晋之公族尽矣。肸闻之，公室将卑，其宗族枝叶先落，则公从之。肸之宗十一族②，唯羊舌氏在而已，肸又无子③。公室无度④，幸而得死⑤，岂其获祀⑥？”

① 问何以免此难。【释文】日，人实切。难，乃旦切。　② 同祖为宗。【释文】肸，许乙切。　③ 无贤子。　④ 无法度。　⑤ 言得以寿终为幸。　⑥ 言必不得祀。

初，景公欲更晏子之宅，曰：“子之宅近市，湫隘嚣尘，不可以居①，请更诸爽垲者②。”辞曰：“君之先臣容焉③，臣不足以嗣之，于臣侈矣④。且小人近市，朝夕得所求，小人之利也。敢烦里旅⑤？”公笑曰：“子近市，识贵贱乎？”对曰：“既利之，敢不识乎？”公曰：“何贵何贱？”于是景公繁于刑⑥，有鬻踊者，故对曰：“踊贵屦贱。”既已告于君，故与叔向语而称之⑦。景公为是省于刑。君子曰：“仁人之言，其利博哉。晏子一言而齐侯省刑。《诗》曰：‘君子如祉，乱庶遄已⑧。’其是之谓乎！”

① 湫，下。隘，小。嚣，声。尘，土。【释文】近，附近之近。湫，子小切，徐音秋，又在酒切。隘，於卖切。嚣，许骄切，又五高切。　② 爽，明。垲，燥。【释文】垲，苦代切。燥，素早切。　③ 先臣，晏子之先人。　④ 侈，奢也。⑤ 旅，众也。不敢劳众为己宅。【释文】朝，如字。　⑥ 繁，多也。　⑦ 传护晏

子，令不与张趯同讥。【释文】鬻，羊六切，卖也。令，力呈切。 ⑧《诗·小雅》。如，行也。祉，福也。遄，疾也。言君子行福则庶几乱疾止也。【释文】为，于伪切。省，所景切。祉，音耻。遄，市专切。

及晏子如晋，公更其宅，反，则成矣。既拜①，乃毁之，而为里室，皆如其旧②，则使宅人反之③，曰："谚曰：'非宅是卜，唯邻是卜④。'二三子先卜邻矣⑤，违卜不祥。君子不犯非礼⑥，小人不犯不祥，古之制也。吾敢违诸乎？"卒复其旧宅，公弗许，因陈桓子以请，乃许之⑦。

① 拜谢新宅。 ② 本坏里室以大晏子之宅，故复之。【释文】坏，音怪。复，音服，下"卒复"、"其复"、"欲复"同。 ③ 还其故室。【释文】还，音环。 ④ 卜良邻。【释文】谚，音彦。 ⑤ 二三子，谓邻人。 ⑥ 去俭即奢为非礼。 ⑦ 传言齐、晋之衰，贤臣怀忧。且言陈氏之兴。

夏四月，郑伯如晋，公孙段相，甚敬而卑，礼无违者。晋侯嘉焉，授之以策①，曰："子丰有劳于晋国②，余闻而弗忘。赐女州田③，以胙乃旧勋。"伯石再拜稽首，受策以出。君子曰："礼，其人之急也乎！伯石之汰也④，一为礼于晋，犹荷其禄，况以礼终始乎？《诗》曰：'人而无礼，胡不遄死。'其是之谓乎！"

① 策，赐命之书。 ② 子丰，段之父。 ③ 州县，今属河内郡。【释文】女，音汝。 ④ 汰，骄也。

初，州县，栾豹之邑也①。及栾氏亡，范宣子、赵文子、韩宣子皆欲之。文子曰："温，吾县也②。"二宣子曰："自郤称以别，三传矣③。晋之别县不唯州，谁获治之④？"文子病之，乃舍之。二子曰："吾不可以正议而自与也。"皆舍之。及文子为政，赵获曰："可以取州矣⑤。"文子曰："退⑥！二子之言，义也⑦。违义，祸也。余不能治余县，又焉用州？其以徼祸也。君子曰：'弗知实难⑧。'知而弗从，祸莫大焉。有言州，必死。"

丰氏故主韩氏[⑨]，伯石之获州也，韩宣子为之请之，为其复取之之故[⑩]。

① 豹，栾盈族。【释文】荷，户可切，又音可。　② 州本属温；温，赵氏邑。③ 郤称，晋大夫，始受州。自是州与温别，至今传三家。【释文】称，尺证切。以别，绝句。　④ 言县邑既别甚多，无有得追而治取之。　⑤ 获，赵文子之子。【释文】舍，音赦，又音捨。　⑥ 使获退也。　⑦ 二子，二宣子也。　⑧ 患不知祸所起。　⑨ 故，犹旧也。丰氏至晋，旧以韩氏为主人。　⑩ 后若还晋，因自欲取之。为七年丰氏归州张本。【释文】为，于伪切，下"为其"、"复为"、注"为之"、"为平"皆同。

五月，叔弓如滕，葬滕成公，子服椒为介。及郊，遇懿伯之忌，敬子不入[①]。惠伯曰："公事有公利，无私忌，椒请先入。"乃先受馆，敬子从之[②]。

① 忌，怨也。懿伯，椒之叔父。敬子，叔弓也。叔弓礼椒，为之辟仇。【释文】辟，音避。　② 惠伯，子服椒也。传言叔弓之有礼。

晋韩起如齐逆女[①]。公孙虿为少姜之有宠也，以其子更公女而嫁公子[②]。人谓宣子："子尾欺晋，晋胡受之？"宣子曰："我欲得齐而远其宠，宠将来乎[③]？"

① 为平公逆。　② 更嫁公女。【释文】虿，敕迈切。　③ 宠，谓子尾。【释文】远，于万切。

秋七月，郑罕虎如晋，贺夫人，且告曰："楚人日征敝邑以不朝立王之故[①]。敝邑之往，则畏执事，其谓寡君'而固有外心'。其不往，则宋之盟云[②]。进退罪也。寡君使虎布之[③]。"宣子使叔向对曰："君若辱有寡君，在楚何害？修宋盟也。君苟思盟，寡君乃知免于戾矣。君若不有寡君，虽朝夕辱于敝邑，寡君猜焉[④]。君实有心，何辱命焉[⑤]？君其往也！苟有寡君，在楚犹在晋也。"

① 楚灵王新立。　② 云交相见。　③ 布，陈也。　④ 猜，疑也。【释文】猜，七才切。　⑤ 言若有事晋心，至楚可不须告。

张趯使谓大叔曰："自子之归也[①]，小人粪除先人之敝庐，曰：'子其将来！'今子皮实来，小人失望。"大叔曰："吉贱，不获来[②]，畏大国、尊夫人也。且孟曰：'而将无事。'吉庶几焉[③]。"

① 归在此年春。 ② 贱，非上卿。【释文】粪，甫问切。 ③ 孟，张趯也。庶几如趯言。

小邾穆公来朝。季武子欲卑之[①]，穆叔曰："不可。曹、滕、二邾，实不忘我好。敬以逆之，犹惧其贰。又卑一睦焉[②]，逆群好也。其如旧而加敬焉。《志》曰：'能敬无灾。'又曰：'敬逆来者，天所福也。'"季孙从之。

① 不欲以诸侯礼待之。 ② 一睦，谓小邾。【释文】实不忘我好，绝句，一读以"好"字向下。好，呼报切，下"群好"同。

八月，大雩，旱也。

齐侯田于莒[①]，卢蒲嫳见，泣且请曰："余发如此种种，余奚能为[②]？"公曰："诺，吾告二子[③]。"归而告之。子尾欲复之。子雅不可，曰："彼其发短而心甚长，其或寝处我矣[④]。"九月，子雅放卢蒲嫳于北燕[⑤]。

① 莒，齐东竟。【释文】竟，音境。 ② 嫳，庆封之党，襄二十八年放之于竟。种种，短也。自言衰老，不能复为害。【释文】嫳，普结切，又匹舌切。见，贤遍切。种，亦作"董"，章勇切。 ③ 二子：子雅、子尾。 ④ 言不可信。 ⑤ 恐其复作乱。

燕简公多嬖宠，欲去诸大夫而立其宠人。冬，燕大夫比以杀公之外嬖[①]。公惧，奔齐。书曰："北燕伯款出奔齐。"罪之也[②]。

① 比，相亲比。【释文】去，起吕切。比，毗志切。 ② 款罪轻于卫衎，重于蔡朱，故举中示例。【释文】衎，苦旦切。

十月，郑伯如楚，子产相。楚子享之，赋《吉日》[①]。既享，子产乃具田备，王以田江南之梦[②]。

①《吉日》,《诗·小雅》,宣王田猎之诗。楚王欲与郑伯共田,故赋之。【释文】相,息亮切。 ② 楚之云梦,跨江南北。【释文】梦,如字,徐莫公切。

齐公孙灶卒[①]。司马灶见晏子[②],曰:"又丧子雅矣。"晏子曰:"惜也,子旗不免,殆哉[③]! 姜族弱矣,而妫将始昌[④]。二惠竞爽,犹可[⑤],又弱一个焉[⑥],姜其危哉!"

① 灶,子雅。 ② 司马灶,齐大夫。 ③ 以其不臣。【释文】丧,息浪切。④ 妫,陈氏。【释文】妫,九危切。 ⑤ 子雅、子尾皆齐惠公之孙也。竞,强也。爽,明也。 ⑥【释文】个,古贺切。

春秋经传集解昭公二第二十一

昭公四年

【经】

四年春，王正月，大雨雹①。

夏，楚子、蔡侯、陈侯、郑伯、许男、徐子、滕子、顿子、胡子、沈子、小邾子、宋世子佐、淮夷会于申②。

楚人执徐子③。

秋七月，楚子、蔡侯、陈侯、许男、顿子、胡子、沈子、淮夷伐吴④。

执齐庆封杀之⑤。

遂灭赖。

九月，取鄫⑥。

冬十有二月乙卯，叔孙豹卒。

① 当雪而雹，故以为灾而书之。【释文】雨，于付切，传“大雨雹”同。雹，蒲学切。 ② 楚灵王始合诸侯。【释文】沈，音审。 ③ 称人以执，以不道于其民告。 ④ 因申会以伐吴。不言诸侯者，郑、徐、滕、小邾、宋不在故也。胡国，汝阴县西北有胡城。 ⑤ 楚子欲行霸，为齐讨庆封，故称齐。【释文】为，于伪切。⑥ 鄫，莒邑。传例曰：克邑不用师徒曰取。【释文】鄫，才陵切。

【传】

四年春，王正月，许男如楚，楚子止之①，遂止郑伯，复田江南，许男与焉②。使椒举如晋求诸侯，二君待之③。椒举致命曰："寡君使举曰，日君有惠，赐盟于宋④，曰：'晋、楚之从，交相见也。'以岁之不易⑤，寡人愿结欢于二三君⑥，使举请间。君若苟无四方之虞⑦，则愿假宠以请于诸侯⑧。"

① 欲与俱田。　② 前年楚子已与郑伯田江南，故言复。【释文】复，扶又切。与，音预。　③ 二君：郑、许。　④ 宋盟在襄二十七年。　⑤ 不易，言有难。【释文】易，以豉切，注同。难，乃旦切。　⑥ 欲得诸侯，谋事补阙。【释文】欢，唤端切。　⑦ 虞，度也。【释文】间，徐音闲，又如字。度，待洛切。　⑧ 欲借君之威宠，以致诸侯。

晋侯欲勿许。司马侯曰："不可。楚王方侈，天或者欲逞其心，以厚其毒而降之罚，未可知也。其使能终，亦未可知也。晋、楚唯天所相①，不可与争。君其许之，而修德以待其归。若归于德，吾犹将事之，况诸侯乎？若适淫虐，楚将弃之②，吾又谁与争？"公曰："晋有三不殆，其何敌之有③？国险而多马，齐、楚多难④。有是三者，何乡而不济？"对曰："恃险与马，而虞邻国之难，是三殆也。四嶽⑤、三涂⑥、阳城⑦、大室⑧、荆山⑨、中南⑩，九州之险也，是不一姓⑪。冀之北土⑫，马之所生，无兴国焉。恃险与马，不可以为固也，从古以然。是以先王务修德音以亨神人⑬，不闻其务险与马也。邻国之难，不可虞也。或多难以固其国，启其疆土；或无难以丧其国，失其守宇⑭。若何虞难？齐有仲孙之难而获桓公，至今赖之⑮。晋有里、丕之难而获文公，是以为盟主⑯。卫、邢无难，敌亦丧之⑰。故人之难，不可虞也。恃此三者，而不修政德，亡于不暇，又何能济？君其许之！纣作淫虐，文王惠和，殷是以陨，周是以兴，夫岂争诸侯？"乃许楚使。

使叔向对曰："寡君有社稷之事，是以不获春秋时见⑱。诸侯，君实有之，何辱命焉？"椒举遂请昏⑲，晋侯许之。

① 相，助也。【释文】侈，昌氏切，又尺氏切。逞，敕景切。相，息亮切。② 弃，不以为君。③ 殆，危也。【释文】殆，直改切。④ 多篡弑之难。【释文】篡，初患切。弑，申志切。⑤ 东嶽岱、西嶽华、南嶽衡、北嶽恒。【释文】乡，许亮切，本又作"嚮"。嶽，音岳。岱，音代，在兖州。华，如字，又胡化切，在雍州。衡，如字，在荆州。恒，如字，本或作"常"，在冀州。案，作"恒"者是也。北嶽本名恒山，汉为文帝讳，改作常耳。⑥ 在河南陆浑县南。【释文】三涂，山名，大行、轘辕、崤渑也。浑，户昏切，又户困切。⑦ 在阳城县东北。⑧ 在河南阳城县西南。【释文】大，音泰，下"大室"同。大室即中岳嵩高山也，在豫州。⑨ 在新城泲乡县南。【释文】泲，音市，又音尔，《汉书音义》音稚，或一音隶，则当水旁作尔，恐非，本或作"渫"，字误也。⑩ 在始平武功县南。⑪ 虽是天下至险，无德则灭亡。⑫ 燕、代。【释文】燕，乌贤切。⑬ 亨，通也。【释文】亨，许庚切。⑭ 于国则四垂为宇。【释文】疆，居良切。丧，息浪切。⑮ 仲孙，公孙无知。事在庄九年。⑯ 里克、丕郑，事在僖九年。【释文】丕，普悲切。⑰ 闵二年狄灭卫，僖二十五年卫灭邢。【释文】邢，音刑。⑱ 言不得自往，谦辞。【释文】纣，直九切。陨，于敏切。楚使，所吏切。向，许丈切。见，贤遍切，下注"朝见"、"昏见"同。⑲ 盖楚子遣举时，兼使求昏。

楚子问于子产曰："晋其许我诸侯乎？"对曰："许君。晋君少安，不在诸侯①。其大夫多求②，莫匡其君。在宋之盟，又曰如一③，若不许君，将焉用之④？"王曰："诸侯其来乎？"对曰："必来。从宋之盟，承君之欢，不畏大国⑤，何故不来？不来者，其鲁、卫、曹、邾乎？曹畏宋，邾畏鲁，鲁、卫偪于齐而亲于晋，唯是不来。其余，君之所及也，谁敢不至⑥？"王曰："然则吾所求者，无不可乎？"对曰："求逞于人，不可⑦。与人同欲，尽济⑧。"

① 安于小，小不能远图。【释文】少，如字。② 贪也。③ 晋、楚同也。④ 焉用宋盟。【释文】焉，於虔切。⑤ 大国，晋也。⑥ 言楚威力所能及。【释文】偪，彼力切。⑦ 逞，快也。求人以快意，人必违之。⑧ 为下会申传。

大雨雹。季武子问于申丰曰："雹可御乎①？"对曰："圣人在上，无雹，虽有，不为灾。古者，日在北陆而藏冰②，西陆朝觌而出之③。其藏冰也，深山穷谷，固阴沍寒，于是乎取之④。其出之也，朝之禄位，宾食丧祭，于是乎用之⑤。其藏之也，黑牡、秬黍，以享司寒⑥。其出之也，桃弧、棘矢，以除其灾⑦。其出入也时。食肉之禄，冰皆与焉⑧。大夫命妇，丧浴用冰⑨。祭寒而藏之⑩，献羔而启之⑪，公始用之⑫。火出而毕赋⑬，自命夫、命妇，至于老疾，无不受冰⑭。山人取之，县人传之⑮，舆人纳之，隶人藏之⑯。夫冰以风壮⑰，而以风出⑱。其藏之也周⑲，其用之也徧⑳，则冬无愆阳㉑，夏无伏阴㉒，春无凄风㉓，秋无苦雨㉔，雷出不震㉕，无菑霜雹，疠疾不降㉖，民不夭札㉗。今藏川池之冰，弃而不用㉘，风不越而杀，雷不发而震㉙。雹之为菑，谁能御之？《七月》之卒章，藏冰之道也㉚。"

① 御，止也。申丰，鲁大夫。【释文】御，鱼吕切，下"御之"同。　② 陆，道也。谓夏十二月，日在虚危，冰坚而藏之。【释文】夏，户雅切，下同。　③ 谓夏三月，日在昴毕，蛰虫出而用冰。春分之中，奎星朝见东方。【释文】朝，如字。觌，徒历切。昴，音卯。蛰，直立切。虫，除中切。奎，苦圭切。　④ 沍，闭也。必取积阴之冰，所以道达其气，使不为灾。【释文】沍，户故切。道，音导。⑤ 言不独共公。【释文】共，音恭。　⑥ 黑牡，黑牲也。秬，黑黍也。司寒，玄冥，北方之神，故物皆用黑。有事于冰，故祭其神。【释文】牡，茂后切。秬，音巨。冥，亡丁切。　⑦ 桃弓、棘箭，所以禳除凶邪，将御至尊故。【释文】弧，音胡。禳，如羊切。邪，似嗟切。　⑧ 食肉之禄，谓在朝廷治其职事就官食者。【释文】与，音预。　⑨ 命妇，大夫妻。【释文】浴，音欲。　⑩ 享司寒。【释文】祭寒而藏之，本或作"祭司寒者"，非。　⑪ 谓二月春分，献羔祭韭，始开冰室。【释文】韭，音九。　⑫ 公先用，优尊。　⑬ 火星昏见东方，谓三月、四月中。⑭ 老，致仕在家者。　⑮ 山人，虞官。县人，遂属。【释文】传，直专切。　⑯ 舆、隶，皆贱官。【释文】舆，音余。　⑰ 冰因风寒而坚。【释文】壮，侧亮切。　⑱ 顺春风而散用。　⑲ 周，密也。　⑳ 及老疾。【释文】徧，音遍。　㉑ 愆，过也。

谓冬温。【释文】愆，起虔切。 ㉒ 伏阴谓夏寒。 ㉓ 凄，寒也。【释文】凄，七西切。 ㉔ 霖雨，为人所患苦。【释文】霖，音林。 ㉕ 震，霆也。【释文】霆，音亭，又音挺，又亭佞切。 ㉖ 疠，恶气也。【释文】菑，音灾。疠，音例。 ㉗ 短折为夭，夭死为札。【释文】札，侧八切，又音截，《字林》作壮列切。 ㉘ 既不藏深山穷谷之冰，又火出不毕赋，有余则弃之。 ㉙ 越，散也。言阴阳失序，雷风为害。【释文】杀，如字，又色界切，徐色例切。 ㉚《七月》，《诗·豳风》，卒章曰"二之日凿冰冲冲"，谓十二月凿而取之。"三之日纳于凌阴"，凌阴，冰室也。"四之日其蚤，献羔祭韭"，谓二月春分，蚤开冰室，以荐宗庙。【释文】豳，彼贫切。凿，在洛切。冲，直忠切。凌，陵证切，一音陵。蚤，音早。韭，音九。

夏，诸侯如楚，鲁、卫、曹、邾不会。曹、邾辞以难，公辞以时祭，卫侯辞以疾①。郑伯先待于申②。六月丙午，楚子合诸侯于申。椒举言于楚子曰："臣闻诸侯无归，礼以为归。今君始得诸侯，其慎礼矣。霸之济否，在此会也。夏启有钧台之享③，商汤有景亳之命④，周武有孟津之誓⑤，成有岐阳之蒐⑥，康有酆宫之朝⑦，穆有涂山之会⑧，齐桓有召陵之师⑨，晋文有践土之盟⑩。君其何用？宋向戌、郑公孙侨在，诸侯之良也，君其选焉⑪。"王曰："吾用齐桓⑫。"

① 如子产言。【释文】难，乃旦切。 ② 自楚先至会地。 ③ 启，禹子也。河南阳翟县南有钧台陂，盖启享诸侯于此。【释文】夏，户雅切，注仿此。钧，音均。陂，彼宜切。 ④ 河南巩县西南存汤亭。或言亳即偃师。【释文】亳，步各切。巩，九勇切。 ⑤ 将伐纣也。【释文】孟，本又作"盟"，音孟。 ⑥ 周成王归自奄，大蒐于岐山之阳。岐山在扶风美阳县西北。【释文】岐，其宜切。蒐，所求切。 ⑦ 酆在始平鄠县东，有灵台，康王于是朝诸侯。【释文】酆，芳弓切。⑧ 周穆王会诸侯于涂山。涂山在寿春东北。 ⑨ 在僖四年。【释文】召，上照切。 ⑩ 在僖二十八年。 ⑪ 选择所用。【释文】向，舒亮切。戌，音恤。侨，其骄切。 ⑫ 用会召陵之礼。

王使问礼于左师与子产。左师曰："小国习之，大国用之，敢不荐闻①？"献公合诸侯之礼六②。子产曰："小国共职，敢不荐守？"献伯、子、男会公之礼六③。君子谓合左师善守先代，子产善相小国。王使椒举侍于后，以规过[4]。卒事，不规。王问其故，对曰："礼，吾所未见者有六焉，又何以规[5]？"

① 言所闻，谦示所未行。　② 其礼六仪也。宋爵公，故献公礼。　③ 郑伯爵，故献伯、子、男会公之礼。其礼同，所从言之异。【释文】共，音恭。守，手又切。　④ 规正二子之过。【释文】相，息亮切。　⑤ 左师、子产所献六礼，楚皆未尝行。

宋大子佐后至，王田于武城，久而弗见。椒举请辞焉[1]。王使往，曰："属有宗祧之事于武城[2]，寡君将堕币焉，敢谢后见[3]。"徐子，吴出也，以为贰焉，故执诸申[4]。

① 请王辞谢之。　② 言为宗庙田猎。【释文】属，章玉切，适也。祧，他雕切。为，于伪切。　③ 恨其后至，故言将因诸侯会，布币乃相见。经并书宋大子佐，知此言在会前。【释文】堕，许规切，布也，服云：输也。见，如字，又贤遍切。　④ 言楚子以疑罪执诸侯。

楚子示诸侯侈[1]，椒举曰："夫六王二公之事[2]，皆所以示诸侯礼也，诸侯所由用命也。夏桀为仍之会，有缗叛之[3]。商纣为黎之蒐，东夷叛之[4]。周幽为大室之盟，戎狄叛之[5]。皆所以示诸侯汰也，诸侯所由弃命也。今君以汰，无乃不济乎？"王弗听。

① 自奢侈。　② 六王，启、汤、武、成、康、穆也。二公：齐桓、晋文。　③ 仍、缗，皆国名。【释文】仍，而承切。缗，亡巾切。　④ 黎，东夷国名。【释文】黎，力兮切。　⑤ 大室，中岳。

子产见左师曰："吾不患楚矣，汰而愎谏[1]，不过十年。"左师曰："然。不十年侈，其恶不远，远恶而后弃[2]。善亦如之，德远而后兴[3]。"

① 愎，很也。【释文】汰，音泰。愎，皮逼切。很，胡垦切。　② 恶及远方则人弃之。　③ 为十三年楚弑其君传。

秋七月，楚子以诸侯伐吴。宋大子、郑伯先归[1]。宋华费遂、郑大夫从[②]。使屈申围朱方[③]，八月甲申，克之。执齐庆封而尽灭其族[④]。将戮庆封。椒举曰："臣闻无瑕者可以戮人。庆封唯逆命，是以在此[⑤]，其肯从于戮乎[⑥]？播于诸侯，焉用之[⑦]？"王弗听，负之斧钺，以徇于诸侯，使言曰："无或如齐庆封，弑其君，弱其孤，以盟其大夫[⑧]。"庆封曰："无或如楚共王之庶子围，弑其君兄之子麇而代之，以盟诸侯。"王使速杀之。

① 经所以更叙诸侯也。时晋之属国皆归，独言二国者，郑伯久于楚，宋大子不得时见，故慰遣之。【释文】见，贤遍切，又如字。 ② 从伐吴以答见慰。【释文】费，扶味切。从，才用切。 ③ 朱方，吴邑，齐庆封所封也。屈申，屈荡之子。【释文】屈，居勿切。 ④ 庆封以襄二十八年奔吴。八月无甲申，日误。 ⑤ 逆命，谓性不恭顺。 ⑥ 言不肯默而从戮。 ⑦ 播，扬也。【释文】播，波佐切，又波可切，徐云字或作"皤"，敷袁切。焉，於虔切。 ⑧ 齐崔杼弑君，庆封其党也，故以弑君罪责之。【释文】钺，音越。徇，似俊切。杼，直吕切。

遂以诸侯灭赖。赖子面缚衔璧，士袒，舆榇从之，造于中军[①]。王问诸椒举。对曰："成王克许[②]，许僖公如是，王亲释其缚，受其璧，焚其榇。"王从之[③]。迁赖于鄢[④]。楚子欲迁许于赖，使鬥韦龟与公子弃疾城之而还[⑤]。申无宇曰："楚祸之首，将在此矣。召诸侯而来，伐国而克，城竟莫校[⑥]。王心不违，民其居乎[⑦]？民之不处，其谁堪之？不堪王命，乃祸乱也。"

① 中军，王所将。【释文】共，音恭。麇，九伦切。袒，音但。榇，初觐切，棺也。造，七报切。将，子匠切。 ② 在僖六年。 ③ 从举言。【释文】缚，如字，旧扶卧切。 ④ 鄢，楚邑。【释文】鄢，於晚切，又於建切。 ⑤ 为许城也。韦龟，子文之玄孙。【释文】为，于伪切。 ⑥ 谓筑城于外竟，诸侯无与争。【释文】竟，音境。争，争斗之争。 ⑦ 言将有事，不得安也。

九月，取鄫，言易也。莒乱，著丘公立而不抚鄫，鄫叛而来，故曰取。凡克邑不用师徒曰取[①]。

① 著丘公，去疾也。不书奔者，溃散而来，将帅微也。重发例者，以通叛而自来。【释文】易，以豉切。著，直居切，徐直据切。去，起吕切。溃，户对切。帅，所类切。重，直用切。

郑子产作丘赋①。国人谤之②，曰："其父死于路③，己为虿尾④。以令于国，国将[若]之何？"子宽以告⑤。子产曰："何害？苟利社稷，死生以之⑥。且吾闻为善者不改其度，故能有济也。民不可逞，度不可改⑦。《诗》曰：'礼义不愆，何恤于人言⑧？'吾不迁矣⑨。"浑罕曰："国氏其先亡乎⑩！君子作法于凉，其敝犹贪⑪，作法于贪，敝将若之何⑫？姬在列者⑬，蔡及曹、滕其先亡乎！偪而无礼⑭。郑先卫亡，偪而无法⑮。政不率法，而制于心；民各有心，何上之有⑯？"

① 丘，十六井，当出马一匹、牛三头。今子产别赋其田，如鲁之田赋。田赋在哀十一年。 ② 谤，毁也。 ③ 谓子国为尉氏所杀。 ④ 谓子产重赋，毒害百姓。【释文】虿，敕迈切。 ⑤ 子宽，郑大夫。 ⑥ 以，用也。 ⑦ 度，法也。 ⑧ 逸《诗》。子产自以为权制济国，于礼义无愆。 ⑨ 迁，移也。 ⑩ 浑罕，子宽。【释文】浑，侯温切。罕，徐许但切。 ⑪ 凉，薄也。【释文】凉，音良，徐音亮。 ⑫ 言不可久行。 ⑬ 在列国也。 ⑭ 蔡偪楚，曹、滕偪宋。 ⑮ 偪晋、楚。 ⑯ 子产权时救急，浑罕讥之正道。

冬，吴伐楚，入棘、栎、麻①，以报朱方之役②。楚沈尹射奔命于夏汭③，箴尹宜咎城钟离④，薳启彊城巢，然丹城州来⑤。东国水，不可以城，彭生罢赖之师⑥。

① 棘、栎、麻，皆楚东鄙邑。谯国酂县东北有棘亭，汝阴新蔡县东北有栎亭。【释文】栎，力狄切，徐失灼切。酂，才河切。 ② 朱方役在此年秋。 ③ 夏汭，汉水曲入江，今夏口也。吴兵在东北，楚盛兵在东南，以绝其后。【释文】射，食夜切，又音食亦切，又音夜。夏，户雅切。汭，如锐切。 ④ 宜咎，本陈大夫，襄二十四年奔楚。【释文】箴，之林切。咎，其九切。 ⑤ 然丹，郑穆公孙，襄十九年奔楚。【释文】薳，于委切。彊，其良切，又居良切。 ⑥ 彭生，楚大夫。罢鬥韦龟城赖之师。【释文】罢，皮买切，徐甫绮切。

初，穆子去叔孙氏，及庚宗①，遇妇人，使私为食而宿焉。

问其行,告之故,哭而送之[②]。适齐,娶于国氏[③],生孟丙、仲壬。梦天压己,弗胜[④]。顾而见人,黑而上偻[⑤],深目而豭喙[⑥],号之曰“牛助余”,乃胜之。旦而皆召其徒,无之[⑦]。且曰:“志之[⑧]。”及宣伯奔齐,馈之[⑨]。宣伯曰:“鲁以先子之故[⑩],将存吾宗,必召女。召女,何如?”对曰:“愿之久矣[⑪]。”鲁人召之,不告而归。既立[⑫],所宿庚宗之妇人献以雉[⑬]。问其姓[⑭],对曰:“余子长矣,能奉雉而从我矣[⑮]。”召而见之,则所梦也。未问其名,号之曰“牛”,曰“唯”。皆召其徒,使视之,遂使为竖[⑯]。有宠,长使为政[⑰]。公孙明知叔孙于齐[⑱],归,未逆国姜,子明取之[⑲]。故怒,其子长而后使逆之[⑳]。田于丘莸[㉑],遂遇疾焉。竖牛欲乱其室而有之,强与孟盟,不可[㉒]。叔孙为孟钟,曰:“尔未际[㉓],飨大夫以落之[㉔]。”既具[㉕],使竖牛请日[㉖]。入,弗谒[㉗]。出,命之日[㉘]。及宾至,闻钟声,牛曰:“孟有北妇人之客[㉙]。”怒,将往。牛止之。宾出,使拘而杀诸外[㉚]。牛又强与仲盟,不可。仲与公御莱书观于公[㉛],公与之环[㉜],使牛入示之[㉝]。入,不示。出,命佩之。牛谓叔孙:“见仲而何[㉞]?”叔孙曰:“何为[㉟]?”曰:“不见,既自见矣[㊱],公与之环而佩之矣。”遂逐之,奔齐。疾急,命召仲,牛许而不召。

① 成十六年,辟侨如之难奔齐。庚宗,鲁地。【释文】难,乃旦切。 ② 妇人闻而哭之。 ③ 国氏,齐正卿,姜姓。【释文】娶,七住切。 ④ 穆子梦也。【释文】压,於甲切,又於辄切。胜,音升。 ⑤ 上偻,肩伛。【释文】偻,力主切。伛,纡甫切。 ⑥ 口象猪。【释文】豭,音加。喙,许秽切。 ⑦ 徒,从者。【释文】号,胡到切,又户刀切。从,才用切。 ⑧ 志,识也。【释文】识,申志切,一音式。 ⑨ 宣伯,侨如,穆子之兄,成十六年奔齐。穆子馈宣伯。【释文】馈,求位切,饷也。 ⑩ 先子,宣伯先人。 ⑪ 言兄始为乱,己则有今日之愿。盖忿言。【释文】女,音汝。 ⑫ 在齐生孟丙、仲壬,鲁召之,立为卿。襄二年始见经。【释文】见,贤遍切,下“接见”同。 ⑬ 献穆子。 ⑭ 问有子否。【释文】问

其姓，女生曰姓，姓谓子也。 ⑮ 襄二年，竖牛五六岁。【释文】长，丁丈切。奉，芳勇切。 ⑯ 竖，小臣也。传言从梦未必吉。【释文】唯，维癸切，徐以水切。唯，应辞，犹㖿也。竖，上主切。 ⑰ 为家政。 ⑱ 公孙明，齐大夫子明也，与叔孙相亲知。 ⑲ 国姜，孟、仲母。【释文】取，七住切，又如字。 ⑳ 子孟丙、仲壬。 ㉑ 丘莸，地名。【释文】莸，音由。 ㉒ 欲使从己，孟不肯。【释文】强，其丈切。 ㉓ 际，接也。孟未与诸大夫相接见。【释文】为，于伪切，又如字。 ㉔ 以豭猪血衅钟曰落。【释文】衅，许觐切。 ㉕ 飨礼具。 ㉖ 请飨日。 ㉗ 谒，白也。 ㉘ 诈命日。 ㉙ 北妇人，国姜也。客谓公孙明。 ㉚ 杀孟丙。【释文】拘，音俱。 ㉛ 莱书，公御士名。仲与之私游观于公宫。【释文】莱，音来，人姓名。观，古乱切，注同，又如字。 ㉜ 赐玉环。 ㉝ 示叔孙。 ㉞ 而何，如何。【释文】见，贤遍切，下“洩见”同。 ㉟ 怪牛言。 ㊱ 言仲已自往见公。

杜洩见，告之饥渴，授之戈①。对曰：“求之而至，又何去焉②？”竖牛曰：“夫子疾病，不欲见人。”使寘馈于个而退③。牛弗进，则置虚，命彻④。十二月癸丑，叔孙不食。乙卯，卒⑤。牛立昭子而相之⑥。

① 杜洩，叔孙氏宰也。牛不食叔孙，叔孙怒，欲使杜洩杀之。【释文】洩，息列切。食，音嗣。 ② 言求食可得，无为去竖牛。盖杜洩力不能去，设辞以免。【释文】去，起吕切，注及下同。 ③ 寘，置也。个，东西厢。【释文】寘，之豉切，本或作“奠”。个，古贺切，谓厢屋。厢，本又作“箱”，息羊切。 ④ 写器令空，示若叔孙已食，命去之。【释文】令，力呈切。 ⑤ 三日绝粮。 ⑥ 昭子，豹之庶子叔孙婼也。【释文】相，息亮切。婼，敕略切。

公使杜洩葬叔孙。竖牛赂叔仲昭子与南遗①，使恶杜洩于季孙而去之②。杜洩将以路葬，且尽卿礼③。南遗谓季孙曰：“叔孙未乘路，葬焉用之？且冢卿无路，介卿以葬，不亦左乎④？”季孙曰：“然。”使杜洩舍路⑤。不可，曰：“夫子受命于朝而聘于王⑥，王思旧勋而赐之路⑦，复命而致之君⑧。君不敢逆王命而后赐之，使三官书之。吾子为司徒，实书名⑨。夫子为司马，与工正书服⑩。孟孙为司空，以书勋⑪。今死而弗以，是弃君命也。书在公府而弗以，是废三官也。若命服，生弗敢服，死又不以，将焉用之?”乃使以葬。

季孙谋去中军。竖牛曰:“夫子固欲去之[12]。”

① 昭子，仲叔带也。南遗，季氏家臣。【释文】赂，音路。 ② 憎洩不与己同志。【释文】恶，乌路切。 ③ (昭)[路]，王所赐叔孙车。 ④ 冢卿，谓季孙。介，次也。左，不便。【释文】焉，於虔切，下“焉用”同。介，音界。左，如字，旧音佐。便，婢面切。 ⑤ 舍，置也。【释文】舍，式夜切，或音捨。 ⑥ 在襄二十四年。夫子，谓叔孙。 ⑦ 感其有礼，以念其先人。 ⑧ 豹不敢自乘。 ⑨ 谓季孙也。书名，定位号。【释文】复，扶又切。 ⑩ 谓叔孙也。服，车服之器，工正所书。 ⑪ 勋，功也。 ⑫ 诬叔孙以媚季孙。【释文】媚，眉冀切。

昭 公 五 年

【经】

五年春，王正月，舍中军[①]。

楚杀其大夫屈申[②]。

公如晋。

夏，莒牟夷以牟娄及防、兹来奔[③]。

秋七月，公至自晋。

戊辰，叔弓帅师败莒师于蚡泉[④]。

秦伯卒[⑤]。

冬，楚子、蔡侯、陈侯、许男、顿子、沈子、徐人、越人伐吴。

① 襄十一年始立中军。【释文】舍，音捨，传同。 ② 书名，罪之。 ③ 城阳平昌县西南有防亭，姑幕县东北有兹亭。【释文】牟，亡侯切。幕，亡博切。 ④ 蚡泉，鲁地。【释文】蚡，扶粉切。 ⑤ 无传。不书名，未同盟。

【传】

五年春，王正月，舍中军，卑公室也①。毁中军于施氏，成诸臧氏②。初作中军，三分公室而各有其一③。季氏尽征之④，叔孙氏臣其子弟⑤，孟氏取其半焉⑥。及其舍之也，四分公室，季氏择二⑦，二子各一。皆尽征之，而贡于公⑧。以书使杜泄告于殡⑨，曰："子固欲毁中军，既毁之矣，故告。"杜泄曰："夫子唯不欲毁也，故盟诸僖闳，诅诸五父之衢⑩。"受其书而投之⑪，帅士而哭之⑫。叔仲子谓季孙曰："带受命于子叔孙曰，葬鲜者自西门⑬。"季孙命杜泄⑭。杜泄曰："卿丧自朝，鲁礼也⑮。吾子为国政，未改礼，而又迁之⑯，群臣惧死，不敢自也⑰。"既葬而行⑱。

① 罢中军，季孙氏左师，孟氏称右师，叔孙氏则自以叔孙为军名。 ② 季孙不欲亲其议，敕二家会诸大夫发毁置之计，又取其令名。【释文】臧，子郎切。 ③ 三家各有一军家属。 ④ 无所入于公。 ⑤ 以父兄归公。 ⑥ 复以子弟之半归公。【释文】复，扶又切。 ⑦ 简择取二分。【释文】分，扶运切，或如字。 ⑧ 国人尽属三家，三家随时献公而已。 ⑨ 告叔孙之柩。【释文】殡，必刃切。柩，其又切。 ⑩ 皆在襄十一年。【释文】闳，音宏。诅，侧虑切。衢，其俱切。 ⑪ 投，掷也。【释文】掷，直亦切。 ⑫ 痛叔孙之见诬。 ⑬ 不以寿终为鲜。西门，非鲁朝正门。【释文】鲜，音仙，徐息浅切。寿，音授。 ⑭ 命使从西门。 ⑮ 从生存朝觐之正路。 ⑯ 迁，易也。 ⑰ 自，从也。 ⑱ 善杜泄能辟祸。

仲至自齐①，季孙欲立之。南遗曰："叔孙氏厚则季氏薄。彼实家乱，子勿与知，不亦可乎？"南遗使国人助竖牛以攻诸大库之庭②。司宫射之，中目而死。竖牛取东鄙三十邑，以与南遗③。

① 闻丧而来。 ② 攻仲壬也。鲁城内自大庭氏之虚，于其上作庭。【释文】与，音预。虚，起居切。 ③ 取叔孙氏邑。【释文】射，食亦切。中，丁仲切。

昭子即位，朝其家众，曰："竖牛祸叔孙氏，使乱大从①，杀適立庶，又披其邑，将以赦罪②，罪莫大焉。必速杀之。"竖牛惧，奔齐。孟、仲之子杀诸塞关之外[3]，投其首于宁风之棘上[4]。

① 使从于乱。【释文】使乱大从，如字，服云：使乱大和顺之道也。 ② 披，析也。谓以邑与南遗。昭子不知竖牛饿杀其父，故但言其见罪。【释文】適，丁历切，本又作“嫡”。披，普皮切。析，星历切。见，贤遍切。 ③ 齐、鲁界上关。【释文】塞，悉代切。 ④ 宁风，齐地。

仲尼曰：“叔孙昭子之不劳，不可能也[1]。周任有言曰：‘为政者不赏私劳，不罚私怨。’《诗》云：‘有觉德行，四国顺之[2]。’”

① 不以立己为功劳，据其所言善之。时鲁人不以饿死语昭子。【释文】语，鱼据切。 ②《诗·大雅》。觉，直也。言德行直则四方顺从之。【释文】任，音壬。行，下孟切。

初，穆子之生也，庄叔以《周易》筮之[1]，遇《明夷》䷣[2]之《谦》䷎[3]，以示卜楚丘[4]。曰：“是将行[5]，而归为子祀[6]。以谗人入，其名曰牛，卒以馁死。《明夷》，日也[7]。日之数十[8]，故有十时，亦当十位。自王已下，其二为公，其三为卿[9]。日上其中[10]，食日为二[11]，旦日为三[12]。《明夷》之《谦》，明而未融，其当旦乎[13]，故曰‘为子祀[14]’。日之《谦》，当鸟，故曰‘明夷于飞[15]’。明而未融，故曰‘垂其翼[16]’。象日之动，故曰‘君子于行[17]’。当三在旦，故曰‘三日不食[18]’。《离》，火也。《艮》，山也。《离》为火，火焚山，山败[19]。于人为言[20]，败言为谗[21]。故曰‘有攸往，主人有言’，言必谗也[22]。纯《离》为牛[23]。世乱谗胜，胜将适《离》，故曰其名曰牛[24]。《谦》不足，飞不翔[25]；垂不峻，翼不广[26]。故曰其为子后乎[27]。吾子，亚卿也，抑少不终[28]。”

① 庄叔，穆子父得臣也。 ②《离》下《坤》上，《明夷》。【释文】坤，苦门切。 ③《艮》下《坤》上，《谦》。《明夷》初九变为《谦》。【释文】艮，古恨切。 ④ 楚丘，卜人姓名。 ⑤ 行，出奔。 ⑥ 奉祭祀。 ⑦《离》为日。夷，伤也。

日明伤。【释文】馁，奴罪切，饿也。 ⑧ 甲至癸。 ⑨ 日中当王，食时当公，平旦为卿，鸡鸣为士，夜半为皂，人定为舆，黄昏为隶，日入为僚，哺时为仆，日昳为台，隅中日出，阙不在第。尊王公，旷其位。【释文】皂，才早切。舆，音余。僚，力雕切。哺，布吴切。昳，田结切。 ⑩ 日中盛明，故以当王。 ⑪ 公位。 ⑫ 卿位。 ⑬ 融，朗也。《离》在《坤》下，日在地中之象。又变为《谦》，谦道卑退，故曰明而未融。日明未融，故曰其当旦乎。 ⑭ 庄叔，卿也。卜豹为卿，故知为子祀。 ⑮《离》为日、为鸟，《离》变为《谦》，日光不足，故当鸟。鸟飞行，故曰于飞。 ⑯ 于日为未融，于鸟为垂翼。 ⑰《明夷》初九，得位有应，君子象也。在明伤之世，居谦下之位，故将辟难而行。【释文】应，应对之应。谦，如字，又遐嫁切。难，乃旦切。 ⑱ 旦位在三，又非食时，故曰三日不食。 ⑲《离》、《艮》合体故。【释文】败，必迈切，又如字。 ⑳《艮》为言。 ㉑ 为《离》所焚，故言败。 ㉒《离》变为《艮》，故言有所往。往而见烧，故主人有言。言而见败，故必谗言。【释文】攸，音由。 ㉓《易》：《离》上《离》下，《离》，畜牝牛，吉。故言纯离为牛。【释文】牝，频忍切，旧扶死切。 ㉔《离》焚山则《离》胜，譬世乱则谗胜。山焚则《离》独存，故知名牛也。竖牛非牝牛，故不吉。 ㉕ 谦道冲退，故飞不远翔。 ㉖ 峻，高也。翼垂下，故不能广远。 ㉗ 不远翔，故知不远去。 ㉘ 旦日，正卿之位，庄叔父子世为亚卿，位不足以终尽卦体，盖引而致之。

楚子以屈申为贰于吴，乃杀之①。以屈生为莫敖②，使与令尹子荡如晋逆女。过郑，郑伯劳子荡于汜，劳屈生于菟氏③。晋侯送女于邢丘。子产相郑伯，会晋侯于邢丘④。

① 造生贰心。 ② 生，屈建子。 ③ 汜、菟氏皆郑地。【释文】过，古禾切。劳，力报切，后皆同。汜，徐扶严切。菟，大胡切。 ④ 传言楚强，诸侯畏敬其使。【释文】相，息亮切。使，所吏切。

公如晋①，自郊劳至于赠贿②，无失礼③。晋侯谓女叔齐曰："鲁侯不亦善于礼乎？"对曰："鲁侯焉知礼？"公曰："何为？自郊劳至于赠贿，礼无违者，何故不知？"对曰："是仪也，不可谓礼。礼所以守其国，行其政令，无失其民者也。今政令在家④，不能取也。有子家羁，弗能用也⑤。奸大国之盟，陵虐小国⑥。利人之难⑦，不知其私⑧。公室四分，民食于他⑨。思莫在公，不图其终⑩。为国君，难将及身，不恤其所。礼之本末，将于此乎在⑪，而屑屑焉习仪以亟⑫。言善于礼，不亦远乎？”君子谓：“叔侯于是乎知礼⑬。”

① 即位而往见。【释文】见，贤遍切。 ② 往有郊劳，去有赠贿。【释文】贿，呼罪切。 ③ 揖让之礼。 ④ 在大夫。【释文】女，音汝。焉，於虔切。 ⑤ 羁，庄公玄孙懿伯也。【释文】羁，居宜切。 ⑥ 谓伐莒取郓。【释文】奸，音干。郓，音运。 ⑦ 谓往年莒乱而取鄫。【释文】难，乃旦切，下及注同。 ⑧ 不自知有私难。 ⑨ 他，谓三家也。言鲁君与民无异。 ⑩ 无为公谋终始者。【释文】思，息吏切，谓群臣虑也，又如字。为，于伪切。 ⑪ 在恤民与忧国。 ⑫ 言以习仪为急。【释文】屑，先结切。亟，纪力切。 ⑬ 时晋侯亦失政，叔齐以此讽谏。【释文】讽，芳凤切，本亦作“风”，音同。

晋韩宣子如楚送女，叔向为介。郑子皮、子大叔劳诸索氏①。大叔谓叔向曰：“楚王汰侈已甚，子其戒之。”叔向曰：“汰侈已甚，身之灾也，焉能及人？若奉吾币帛，慎吾威仪，守之以信，行之以礼，敬始而思终，终无不复②。从而不失仪③，敬而不失威，道之以训辞，奉之以旧法，考之以先王④，度之以二国⑤，虽汰侈，若我何？”

① 河南城皋县东有大索城。【释文】介，音界。大，音泰。索，悉洛切。 ② 事皆可复行。【释文】焉，於虔切。 ③ 从，顺也。 ④ 以先王之礼成其好。【释文】道，音导。好，呼报切。 ⑤ 度晋、楚之势而行之。【释文】度，待洛切。

及楚。楚子朝其大夫，曰：“晋，吾仇敌也。苟得志焉，无恤其他。今其来者，上卿、上大夫也。若吾以韩起为阍①，以羊舌肸为司宫②，足以辱晋，吾亦得志矣，可乎？”大夫莫对。薳启彊曰：“可。苟有其备，何故不可？耻匹夫不可以无备，况耻国乎？是以圣王务行礼，不求耻人。朝聘有珪③，享頫有璋④，小有述职⑤，大有巡功⑥。设机而不倚，爵盈而不饮⑦。宴有好货⑧，飧有陪鼎⑨。入有郊劳⑩，出有赠贿⑪。礼之至也。国家之败，失之道也。则祸乱兴⑫。城濮之役⑬，晋无楚备，以败于邲⑭。邲之役，楚无晋备，以败于鄢[15]。自鄢以来，晋不失备，而加之以礼，重之以睦[16]，是以楚弗能报而求亲焉。既获姻亲，又欲耻之，以召寇仇，备之若何[17]？谁其重此[18]？若有其人，耻之可也[19]。若其未有，君亦图之。晋之事君，臣曰可矣。求诸侯而麇至[20]。求昏而荐女[21]，君亲送之，上卿及上大夫致之。犹欲耻之，君其亦有备矣。不然，奈何？韩起之下，赵成、中行吴、魏舒、范鞅、知盈[22]；羊舌肸之下，祁午、张趯、籍谈、女齐、梁丙、张骼、辅跞、苗贲皇，皆诸侯之选也[23]。韩襄为公族大夫，韩须受命而使矣[24]。箕襄、邢带[25]、叔禽、叔椒、子羽[26]，皆大家也。韩赋七邑，皆成县也[27]。羊舌四族，皆强家也[28]。晋人若丧韩起、杨肸，五卿八大夫[29]辅韩须、杨石[30]，因其十家九县[31]，长毂九百[32]，其余四十县，遗守四(十)[千][33]，奋其武怒，以报其大耻，伯华谋之[34]，中行伯、魏舒帅之[35]，其蔑不济矣。君将以亲易怨[36]，实无礼以速寇，而未有其备，使群臣往遗之禽，以逞君心，何不可之有？"王曰："不穀之过也，大夫无辱[37]。"厚为韩子礼。王欲敖叔向以其所不知，而不能[38]。亦厚其礼。

韩起反，郑伯劳诸圉[39]。辞不敢见，礼也[40]。

①刖足使守门。【释文】仇，音求。阍，音昏。刖，音月，又五刮切。②加宫刑。【释文】肸，许乙切。③珪以为信。④享，飨也。頫，见也。既朝聘而享见也。臣为君使执璋。【释文】頫，他吊切，徐他雕切。璋，音章。享，飨，并许丈切，郑、服皆以享为献耳。见，贤遍切。为，于伪切。使，所吏切。⑤诸侯适天子曰述职。【释文】述职，述其所治国之功职也。⑥天子巡守曰巡功。【释文】巡功，巡所守之功绩。守，手又切。⑦言务行礼。【释文】机，音几。倚，於绮切。⑧宴饮以货为好，衣服车马，在客所无。【释文】好，呼报切，下同。⑨热食为飧。陪，加也。加鼎所以厚殷勤。【释文】飧，音孙。陪，薄回切，徐扶杯切。⑩宾至，逆劳之于郊。⑪去则赠之以货贿。⑫失朝聘宴好之道。⑬在僖二十八年。【释文】濮，音卜。⑭在宣十二年，言兵祸始于城濮。【释文】邲，皮必切。⑮在成十六年。【释文】鄢，於晚切。

⑯ 君臣和也。【释文】重，直用切。 ⑰ 言何以为备。【释文】姻，音因。 ⑱ 言怨重。 ⑲ 谓有贤人以敌晋，则可耻之。 ⑳ 麇，群也。【释文】麇，丘陨切，又其郧切。 ㉑ 荐，进也。 ㉒ 五卿位在韩起之下，皆三军之将佐也。成，赵武之子。吴，荀偃之子。【释文】行，户郎切。鞅，於丈切。知，音智。将，子匠切。 ㉓ 言非凡人。【释文】趯，他历切。骼，古百切，或音各。跞，力狄切，又力各切，本又作"栎"，同。贲，扶云切。选，息恋切。 ㉔ 襄，韩无忌子也，为公族大夫。须，起之门子，年虽幼，已任出使。【释文】使，所吏切，下注同。任，音壬。 ㉕ 二人韩氏族。 ㉖ 皆韩起庶子。 ㉗ 成县，赋百乘也。【释文】韩赋七邑。韩襄，起之兄子。箕襄、邢带二人，韩氏族。韩须、叔禽、叔椒、子羽四人皆韩起子。凡七人，人一邑。乘，绳证切，下皆同。 ㉘ 四族，铜鞮伯华、叔向、叔鱼、叔虎兄弟四人。【释文】鞮，丁兮切。 ㉙ 五卿，赵成以下。八大夫，祁午以下。【释文】丧，息浪切。杨肸，叔向本羊舌氏，食采于杨，故又号杨肸也。 ㉚ 石，叔向子食我也。【释文】食，音嗣。 ㉛ 韩氏七，羊舌氏四，而言十家，举大数也。羊舌四家共二县，故但言强家。 ㉜ 长毂，戎车也。县百乘。【释文】毂，古木切。 ㉝ 计遗守国者尚有四千乘。【释文】遗，唯季切。 ㉞ 伯华，叔向兄。 ㉟ 伯，中行吴。 ㊱ 失婚姻之亲。 ㊲ 谢薳启彊。 ㊳ 言叔向之多知。【释文】敖，五抱切。叔向以其所不知，绝句。多知，如字，又音智。 ㊴ 圉，郑地名。 ㊵ 奉使君命未反故。【释文】见，贤遍切。

郑罕虎如齐，娶于子尾氏①。晏子骤见之。陈桓子问其故，对曰："能用善人，民之主也②。"

① 自为逆也。【释文】娶，七住切。为，于伪切。 ② 谓授子产政。【释文】骤，仕救切。

夏，莒牟夷以牟娄及防、兹来奔。非卿而书，尊地也①。莒人诉于晋②。晋侯欲止公。范献子曰："不可。人朝而执之，诱也。讨不以师，而诱以成之，惰也。为盟主而犯此二者，无乃不可乎？请归之，间而以师讨焉③。"乃归公。秋七月，公至自晋。

① 尊，重也。重地，故书，以名其人，终为不义。 ② 诉鲁受牟夷。【释文】诉，悉路切。 ③ 间，暇也。【释文】诱，音酉。惰，徒卧切。间，音闲，注同，又如字。

莒人来讨[①]，不设备。戊辰，叔弓败诸蚡泉，莒未陈也[②]。

① 讨受牟夷。 ② 嫌君臣异，故重发例。【释文】陈，直觐切。重，直用切。

冬十月，楚子以诸侯及东夷伐吴，以报棘、栎、麻之役[①]。薳射以繁扬之师，会于夏汭[②]。越大夫常寿过帅师会楚子于琐[③]。闻吴师出，薳启彊帅师从之[④]，遽不设备，吴人败诸鹊岸[⑤]。

① 役在四年。 ② 会楚子。【释文】射，食夜切，又食亦切。 ③ 琐，楚地。【释文】过，古禾切。琐，素果切。 ④ 从吴师也。 ⑤ 庐江舒县有鹊尾渚。【释文】遽，其据切。岸，五旦切。

楚子以驲至于罗汭[①]。吴子使其弟蹶由犒师[②]，楚人执之，将以衅鼓。王使问焉，曰："女卜来吉乎？"对曰："吉。寡君闻君将治兵于敝邑，卜之以守龟，曰：'余亟使人犒师，请行以观王怒之疾徐，而为之备，尚克知之[③]。'龟兆告吉，曰：'克可知也。'君若欢焉好逆使臣，滋敝邑休怠[④]，而忘其死，亡无日矣。今君奋焉，震电冯怒[⑤]，虐执使臣，将以衅鼓，则吴知所备矣。敝邑虽羸，若早修完[⑥]，其可以息师[⑦]。难易有备，可谓吉矣。且吴社稷是卜，岂为一人？使臣获衅军鼓，而敝邑知备，以御不虞，其为吉孰大焉？国之守龟，其何事不卜[⑧]？(正)[一]臧一否，其谁能常之？城濮之兆，其报在邲[⑨]。今此行也，其庸有报志[⑩]？"乃弗杀。

① 驲，传也。罗，水名。【释文】驲，人实切。传，中恋切。 ② 犒，劳。【释文】蹶，居卫切。犒，苦报切。 ③ 言吴令龟如此。【释文】衅，许觐切。女，音汝。守，手又切，下同。亟，纪力切。 ④ 休，解也。【释文】好，呼报切。使，所吏切，下同。解，佳买切。 ⑤ 冯，盛也。【释文】冯，皮冰切，徐敷冰切。⑥ 完器备。【释文】羸，力危切。完，音丸。 ⑦ 息楚之师。 ⑧ 言常卜。【释文】易，以豉切。为，于伪切。御，鱼吕切。 ⑨ 城濮战，楚卜吉，其效乃在邲。【释文】否，悲矣切，旧方有切。 ⑩ 言吴有报楚意。

楚师济于罗汭，沈尹赤会楚子，次于莱山。薳射帅繁扬之师，先入南怀，楚师从之。及汝清①，吴不可入②。楚子遂观兵于坻箕之山③。是行也，吴早设备，楚无功而还，以蹶由归。楚子惧吴，使沈尹射待命于巢，薳启彊待命于雩娄，礼也④。

① 南怀、汝清，皆楚界。【释文】莱，音来。 ② 有备。 ③ 观，示也。【释文】观，旧音官，读《尔雅》者皆官唤切。坻，直夷切。 ④ 善有备。【释文】雩，音于，徐况于切，如淳同，韦昭音虚。娄，力侯切，徐力俱切，如淳音楼。

秦后子复归于秦①，景公卒故也②。

① 元年奔晋。 ② 终五稔之言。【释文】稔，而甚切。

昭 公 六 年

【经】

六年春，王正月，杞伯益姑卒①。

葬秦景公。

夏，季孙宿如晋。

葬杞文公②。

宋华合比出奔卫③。

秋九月，大雩。

楚薳罢帅师伐吴。

冬，叔弓如楚。

齐侯伐北燕。

① 再同盟。 ② 无传。 ③ 合比事君不以道，自取奔亡，书名罪之。【释文】华，户化切。比，如字，又毗志切。【释文】罢，音皮。

【传】

六年春，王正月，杞文公卒，吊如同盟，礼也[①]。

大夫如秦，葬景公，礼也[②]。

① 鲁怨杞因晋取其田，而今不废丧纪，故礼之。　② 合先王士吊、大夫送葬之礼。

三月，郑人铸刑书[①]。叔向使诒子产书[②]，曰："始吾有虞于子[③]，今则已矣[④]。昔先王议事以制，不为刑辟，惧民之有争心也[⑤]。犹不可禁御，是故闲之以义[⑥]，纠之以政[⑦]，行之以礼，守之以信，奉之以仁[⑧]，制为禄位以劝其从[⑨]，严断刑罚以威其淫[⑩]。惧其未也，故诲之以忠，耸之以行[⑪]，教之以务[⑫]，使之以和[⑬]，临之以敬，莅之以强[⑭]，断之以刚[⑮]。犹求圣哲之上，明察之官[⑯]，忠信之长，慈惠之师，民于是乎可任使也，而不生祸乱。民知有辟，则不忌于上[⑰]，并有争心，以征于书，而徼幸以成之[⑱]，弗可为矣[⑲]。夏有乱政而作《禹刑》，商有乱政而作《汤刑》[⑳]，周有乱政而作《九刑》[㉑]，三辟之兴，皆叔世也[㉒]。今吾子相郑国，作封洫[㉓]，立谤政[㉔]，制参辟，铸刑书[㉕]，将以靖民，不亦难乎？《诗》曰：'仪式刑文王之德，日靖四方[㉖]。'又曰：'仪刑文王，万邦作孚[㉗]。'如是，何辟之有[㉘]？民知争端矣，将弃礼而征于书[㉙]。锥刀之末，将尽争之[㉚]。乱狱滋丰，贿赂并行，终子之世，郑其败乎！肸闻之，国将亡，必多制[㉛]，其此之谓乎！"复书曰："若吾子之言[㉜]，侨不才，不能及子孙，吾以救世也。既不承命，敢忘大惠[㉝]？"

① 铸刑书于鼎，以为国之常法。【释文】铸，之树切。　② 诒，遗也。【释文】诒，以之切。遗，唯季切。　③ 虞，度也。言准度子产以为己法。【释文】度，待洛切，下同。　④ 已，止也。　⑤ 临事制刑，不豫设法也。法豫设则民知争端。【释文】辟，婢亦切，下皆同。争，争斗之争。　⑥ 闲，防也。【释文】御，

鱼吕切。 ⑦ 纠,举也。 ⑧ 奉,养也。 ⑨ 劝从教。 ⑩ 淫,放也。【释文】断,丁乱切。 ⑪ 耸,惧也。【释文】耸,息勇切。行,下孟切。 ⑫ 时所急。 ⑬ 说以使民。【释文】说,音悦。 ⑭ 施之于事为莅。【释文】莅,音利,又音类。 ⑮ 义断恩。 ⑯ 上,公、王也。官,卿大夫也。 ⑰ 权移于法,故民不畏上。【释文】长,丁丈切。 ⑱ 因危文以生争,缘徼幸以成其巧伪。【释文】徼,本又作"邀",古尧切。 ⑲ 为,治也。 ⑳ 夏、商之乱,著禹、汤之法,言不能议事以制。【释文】夏,户雅切。 ㉑ 周之衰,亦为刑书,谓之《九刑》。 ㉒ 言刑书不起于始盛之世。 ㉓ 在襄三十年。【释文】相,息亮切。洫,况域切。 ㉔ 作丘赋在四年。【释文】谤,布浪切。 ㉕ 制参辟,谓用三代之末法。【释文】参,七南切,一音三。 ㉖《诗·颂》,言文王以德为仪式,故能日有安靖四方之功。刑,法也。【释文】靖,音静。 ㉗《诗·大雅》,言文王作仪法为天下所信。孚,信也。 ㉘ 言《诗》唯以德与信,不以刑也。 ㉙ 以刑书为征。 ㉚ 锥刀末,喻小事。【释文】锥,音隹。尽,如字。 ㉛ 数改法。【释文】数,所角切。 ㉜ 复,报也。 ㉝ 以见箴戒为惠。【释文】箴,之林切。

士文伯曰:"火见,郑其火乎①!火未出而作火以铸刑器②,藏争辟焉。火如象之,不火何为③?"

① 火,心星也。周五月昏见。【释文】见,贤遍切。 ② 刑器,鼎也。 ③ 象,类也。同气相求,火未出而用火,相感而致灾。

夏,季孙宿如晋,拜莒田也①。晋侯享之,有加笾②。武子退,使行人告曰:"小国之事大国也,苟免于讨,不敢求贶③。得贶不过三献④。今豆有加,下臣弗堪,无乃戾也⑤。"韩宣子曰:"寡君以为驩也⑥。"对曰:"寡君犹未敢⑦,况下臣,君之隶也,敢闻加贶?"固请彻加而后卒事。晋人以为知礼,重其好货⑧。

① 谢前年受牟夷邑不见讨。 ② 笾豆之数,加于常礼。 ③ 贶,赐也。【释文】贶,音况。 ④《周礼》:大夫三献。 ⑤ 惧以不堪为罪。 ⑥ 以加礼致驩心。【释文】驩,音欢。 ⑦ 未敢当此加也。 ⑧ 宴好之货。【释文】好,呼报切。

宋寺人柳有宠①,大子佐恶之。华合比曰:"我杀之②。"柳闻之,乃坎、用牲、埋书③,而告公曰:"合比将纳亡人之族④，既盟于北郭矣。”公使视之，有焉，遂逐华合比。合比奔卫。于是华亥欲代右师⑤，乃与寺人柳比，从为之征，曰：“闻之久矣⑥。”公使代之⑦。见于左师⑧，左师曰：“女夫也必亡⑨！女丧而宗室，于人何有？人亦于女何有⑩？《诗》曰：‘宗子维城，毋俾城坏，毋独斯畏⑪。’女其畏哉⑫！”

① 有宠于平公。【释文】寺，本又作“侍”。柳，良九切，寺人名。　② 故以求媚大子。【释文】恶，乌路切。　③ 诈为盟处。【释文】处，昌虑切。　④ 亡人，华臣也。襄十七年奔卫。　⑤ 亥，合比弟。欲得合比处。　⑥ 闻合比欲纳华臣。【释文】比，毗志切。　⑦ 代合比为右师。　⑧ 左师，向戌。【释文】见，贤遍切，又如字。　⑨ 夫，谓华亥。【释文】女，音汝，下并注同。夫，方于切。⑩ 言人亦不能爱女。【释文】丧，息浪切。　⑪《诗·大雅》，言宗子之固若城。俾，使也。【释文】俾，必尔切。　⑫ 为二十年华亥出奔传。

六月丙戌，郑灾①。

① 终士文伯之言。

楚公子弃疾如晋，报韩子也①。过郑，郑罕虎、公孙侨、游吉从郑伯以劳诸柤。辞不敢见②。固请见之。见，如见王③，以其乘马八匹私面④。见子皮如上卿⑤，以马六匹。见子产，以马四匹。见子大叔，以马二匹⑥。禁刍牧采樵，不入田⑦，不樵树，不采艺⑧，不抽屋，不强匄。誓曰：“有犯命者，君子废，小人降⑨。”舍不为暴，主不慁宾⑩。往来如是。郑三卿皆知其将为王也⑪。

① 报前年送女。　② 不敢当国之劳。柤，郑地。【释文】过，古卧切，又古禾切。从，才用切，或如字。劳，力报切，下同。柤，侧加切。见，贤遍切，下“见王”、注“见郑”、“见王”、“私见”同。　③ 见郑伯如见楚王。言弃疾共而有礼。④ 私见郑伯。【释文】乘，绳证切。　⑤ 如见楚卿。　⑥ 降杀以两。【释文】杀，所界切。　⑦ 不犯田种。【释文】刍，初俱切。樵，似遥切。　⑧ 艺，种也。⑨ 君子则废黜不得居位，小人则退给下剧也。【释文】抽，敕留切。强，其丈切，又其良切。匄，本或作“丐”，音盖，乞也，《说文》作“匄”，逯安说“亡人为匄”。黜，敕律切。　⑩ 慁，患也。【释文】慁，户困切。　⑪ 三卿：罕虎、公孙侨、

游吉。

韩宣子之适楚也，楚人弗逆。公子弃疾及晋竟，晋侯将亦弗逆。叔向曰："楚辟我衷①，若何效辟？《诗》曰：'尔之教矣，民胥效矣②。'从我而已，焉用效人之辟？《书》曰：'圣作则③。'无宁以善人为则④，而则人之辟乎？匹夫为善，民犹则之，况国君乎？"晋侯说，乃逆之⑤。

① 辟，邪也。衷，正也。【释文】竟，音境。辟，匹亦切，下同。衷，音忠。邪，似嗟切。 ②《诗·小雅》，言上教下效。【释文】效，户孝切。 ③ 逸《书》。则，法也。【释文】焉，於虔切。 ④ 无宁，宁也。 ⑤ 传言叔向知礼。【释文】说，音悦。

秋九月，大雩，旱也。

徐仪楚聘于楚①。楚子执之，逃归。惧其叛也，使薳洩伐徐②。吴人救之。令尹子荡帅师伐吴，师于豫章，而次于乾谿③。吴人败其师于房钟④，获宫厩尹弃疾⑤。子荡归罪于薳洩而杀之⑥。

① 仪楚，徐大夫。 ② 薳洩，楚大夫。【释文】洩，息列切。 ③ 乾谿，在谯国城父县南东竟。【释文】谿，苦兮切。父，音甫。 ④ 房钟，吴地。 ⑤ 鬥韦龟之父。【释文】厩，九又切。 ⑥ 归罪于薳洩。不以败告，故不书。

冬，叔弓如楚聘，且吊败也①。

① 吊为吴所败。

十一月，齐侯如晋，请伐北燕也①。士匄相士鞅，逆诸河，礼也②。晋侯许之。十二月，齐侯遂伐北燕，将纳简公③。晏子曰："不入。燕有君矣，民不贰。吾君贿，左右谄谀，作大事不以信，未尝可也④。"

① 告盟主。 ② 士匄，晋大夫。相为介，得敬逆来者之礼。【释文】匄，古害切，本或作"丐"。相，息亮切。鞅，於丈切。今传本皆作"士匄相士鞅"，古本士匄或作"王正"。董遇、王肃本同。学者皆以士匄是范宣子，即士鞅之父，不应取其父同姓名人以为介，今传本误也，依"王正"为是。王元规云：古人质，口不

言之耳，何妨为介也。案，士文伯是士鞅之族，亦名匄，无妨。今相范鞅，即文伯也。然士文伯名，古本或有作“正”者。解见前卷襄三十一年。介，音界。　③ 简公，北燕伯。三年出奔齐。　④ 为明年暨齐平传。【释文】谄，敕检切。谀，羊朱切。

昭公七年

【经】

七年春，王正月，暨齐平①。

三月，公如楚。叔孙婼如齐莅盟②。

夏四月甲辰朔，日有食之。

秋八月戊辰，卫侯恶卒③。

九月，公至自楚。

冬十有一月癸未，季孙宿卒。

十有二月癸亥，葬卫襄公。

① 暨，与也。燕与齐平。前年冬，齐伐燕，间无异事，故不重言燕，从可知。【释文】暨，其器切，传同。重，直用切。　② 无传。公将远适楚，故叔孙如齐寻旧好。【释文】婼，敕略切，徐音释。好，呼报切。　③ 元年，大夫盟于虢。

【传】

七年春，王正月，暨齐平，齐求之也①。癸巳，齐侯次于虢②。燕人行成，曰：“敝邑知罪，敢不听命？先君之敝器，请以谢罪③。”公孙皙曰：“受服而退，俟衅而动，可也④。”二月戊午，盟于濡上⑤。燕人归燕姬⑥，赂以瑶瓮、玉椟、斝耳，不克而还⑦。

① 齐伐燕，燕人赂之，反从求平，如晏子言。　② 虢，燕竟。【释文】虢，瓜百切。竟，音境。　③ 敝器，瑶瓮、玉椟之属。【释文】瑶，音遥。瓮，乌送切，徐

於容切。椟,徒木切。 ④ 皙,齐大夫。【释文】皙,星历切,徐思益切。衅,许觐切。 ⑤ 濡水出高阳县,东北至河间鄚县入易水。【释文】濡,徐音须,《说文》女于切,一音而又切,又而于切。鄚,音莫,本又作"莫"。 ⑥ 嫁女与齐侯。⑦ 瑶,玉也。椟,匮也。斝耳,玉爵。【释文】斝,古雅切,又音嫁,《礼记》:夏曰盏,殷曰斝,周曰爵。《说文》斝从斗。匮,其位切。

楚子之为令尹也,为王旌以田①。芋尹无宇断之,曰:"一国两君,其谁堪之?"及即位,为章华之宫,纳亡人以实之②。无宇之阍入焉③。无宇执之,有司弗与④,曰:"执人于王宫,其罪大矣。"执而谒诸王⑤。王将饮酒⑥,无宇辞曰:"天子经略⑦,诸侯正封⑧,古之制也。封略之内,何非君土?食土之毛,谁非君臣⑨?故《诗》曰:'普天之下,莫非王土。率土之滨,莫非王臣⑩。'天有十日⑪,人有十等⑫,下所以事上,上所以共神也。故王臣公,公臣大夫,大夫臣士,士臣皂,皂臣舆,舆臣隶,隶臣僚,僚臣仆,仆臣台,马有圉,牛有牧⑬,以待百事。今有司曰:'女胡执人于王宫?'将焉执之?周文王之法曰'有亡,荒阅⑭',所以得天下也。吾先君文王⑮,作《仆区》之法⑯,曰'盗所隐器⑰,与盗同罪',所以封汝也⑱。若从有司,是无所执逃臣也。逃而舍之,是无陪台也⑲。王事无乃阙乎?昔武王数纣之罪,以告诸侯曰'纣为天下逋逃主,萃渊薮⑳',故夫致死焉㉑。君王始求诸侯而则纣,无乃不可乎?若以二文之法取之,盗有所在矣㉒。"王曰:"取而臣以往㉓,盗有宠,未可得也㉔。"遂赦之㉕。

① 析羽为旌。王旌游至于轸。【释文】旌,音精。皙,星历切。游,音留。轸,之忍切。 ② 章台,南郡华容县。【释文】芋,于付切。断,音短。 ③ 有罪亡入章华宫。 ④ 王有司也。 ⑤ 执无宇也。 ⑥ 遇其欢也。 ⑦ 经营天下,略有四海,故曰经略。 ⑧ 封疆有定分。【释文】疆,居良切。分,扶问切。⑨ 毛,草也。 ⑩《诗·小雅》。滨,涯也。【释文】普,本或作"溥",音同,毛传云:大也。滨,音宾。涯,五佳切。 ⑪ 甲至癸。 ⑫ 王至台。 ⑬ 养马曰

圉,养牛曰牧。【释文】共,音恭。圉,鱼吕切。 ⑭ 荒,大也。阅,蒐也。有亡人当大蒐其众。【释文】女,音汝。焉,於虔切。阅,音悦。蒐,所求切。 ⑮ 楚文王。 ⑯《仆区》,刑书名。【释文】区,乌侯切,徐如字。服云:仆,隐也;区,匿也。为隐匿亡人之法也。 ⑰ 隐盗所得器。 ⑱ 行善法,故能启疆北至汝水。 ⑲ 言皆将逃。 ⑳ 萃,集也。天下逋逃悉以纣为渊薮,集而归之。【释文】数,色具切,又色主切。逋,布吴切。萃,在醉切。薮,素口切。 ㉑ 人欲致死讨纣。【释文】夫,音扶,又方于切。 ㉒ 言王亦为盗。 ㉓ 往,去也。 ㉔ 盗有宠,王自谓。为葬灵王张本。 ㉕ 赦无宇。

楚子成章华之台,愿与诸侯落之①。大宰薳启彊曰:"臣能得鲁侯。"薳启彊来召公,辞曰:"昔先君成公,命我先大夫婴齐曰:'吾不忘先君之好,将使衡父照临楚国,镇抚其社稷,以辑宁尔民。'婴齐受命于蜀②,奉承以来,弗敢失陨,而致诸宗祧③。日我先君共王,引领北望,日月以冀④。传序相授,于今四王矣⑤。嘉惠未至,唯襄公之辱临我丧⑥。孤与其二三臣,悼心失图⑦,社稷之不皇,况能怀思君德⑧!今君若步玉趾,辱见寡君⑨,宠灵楚国,以信蜀之役,致君之嘉惠,是寡君既受贶矣,何蜀之敢望⑩?其先君鬼神,实嘉赖之,岂唯寡君?君若不来,使臣请问行期⑪,寡君将承质币而见于蜀,以请先君之贶⑫。"

① 宫室始成,祭之为落。台今在华容城内。 ② 蜀盟在成二年。衡父,公衡。【释文】好,呼报切。辑,音集,又七入切。 ③ 言奉成公此语,以告宗庙。【释文】陨,于敏切。祧,他凋切。 ④ 冀鲁朝。【释文】共,音恭。 ⑤ 四王:共、康、郏敖及灵王。【释文】传,直专切。郏,古洽切。 ⑥ 襄公二十八年,如楚临康王丧。 ⑦ 在哀丧故。 ⑧ 皇,暇也。言有大丧,多不暇。 ⑨ 趾,足也。 ⑩ 言但欲使君来,不敢望如蜀复有质子。【释文】复,扶又切。质,音致,又如字。 ⑪ 问鲁见伐之期。【释文】使,所吏切。 ⑫ 请,问也。【释文】质,音至,徐之二切,又如字。见,贤遍切。

公将往,梦襄公祖①。梓慎曰:"君不果行。襄公之适楚也,梦周公祖而行。今襄公实祖,君其不行。"子服惠伯曰:

“行。先君未尝适楚，故周公祖以道之。襄公适楚矣，而祖以道君。不行，何之？”

三月，公如楚，郑伯劳于师之梁②。孟僖子为介，不能相仪③。及楚，不能答郊劳④。

① 祖，祭道神。 ② 郑城门。【释文】道，音导。劳，力报切。 ③ 僖子，仲孙貜。【释文】介，音界。相，息亮切。貜，俱缚切，又俱碧切。 ④ 为下僖子病不能相礼张本。

夏四月甲辰朔，日有食之。晋侯问于士文伯曰：“谁将当日食？”对曰：“鲁、卫恶之①，卫大鲁小。”公曰：“何故？”对曰：“去卫地，如鲁地②，于是有灾，鲁实受之③。其大咎，其卫君乎，鲁将上卿④。”公曰：“《诗》所谓‘彼日而食，于何不臧’者，何也⑤？”对曰：“不善政之谓也。国无政，不用善，则自取谪于日月之灾⑥。故政不可不慎也。务三而已，一曰择人⑦，二曰因民⑧，三曰从时⑨。”

① 受其凶恶。【释文】恶，如字，或乌路切，非也。 ② 卫地，豕韦也。鲁地，降娄也。日食于豕韦之末，及降娄之始乃息，故祸在卫大，在鲁小也。周四月，今二月，故曰在降娄。【释文】降，户江切。 ③ 灾发于卫，而鲁受其余祸。④ 八月卫侯卒，十一月季孙宿卒。【释文】咎，其九切。 ⑤ 感日食而问《诗》。⑥ 谪，谴也。【释文】谪，直革切。谴，遣战切。 ⑦ 择贤人。 ⑧ 因民所利而利之。 ⑨ 顺四时之所务。

晋人来治杞田①，季孙将以成与之②。谢息为孟孙守，不可③。曰：“人有言曰：‘虽有挈瓶之知，守不假器，礼也④。’夫子从君，而守臣丧邑⑤，虽吾子亦有猜焉⑥。”季孙曰：“君之在楚，于晋罪也⑦。又不听晋，鲁罪重矣。晋师必至，吾无以待之，不如与之，间晋而取诸杞⑧。吾与子桃⑨，成反，谁敢有之？是得二成也。鲁无忧而孟孙益邑，子何病焉？”辞以无山，与之莱、柞⑩，乃迁于桃⑪。晋人为杞取成⑫。

① 前(汝)〔女〕叔侯不尽归，今公适楚，晋人恨，故复来治杞田。【释文】复，

扶又切，下“复伐”同。　② 成，孟氏邑，本杞田。　③ 谢息，僖子家臣。【释文】为，于伪切，下“为杞”同。守，手又切，下“守臣”同。　④ 挈瓶，汲者。喻小知为人守器，犹知不以借人。【释文】挈，苦结切。瓶，蒲丁切。知，音智，注“小知”同。汲，音急。借，子夜切。　⑤ 夫子，谓孟僖子，从公如楚。【释文】丧，息浪切。　⑥ 言季孙亦将疑我不忠。【释文】猜，七才切。　⑦ 言晋罪君之在楚。⑧ 俟晋间隙，可复伐杞取之。【释文】间，如字。　⑨ 鲁国卞县东南有桃虚。【释文】虚，起居切。　⑩ 莱、柞，二山。【释文】莱，音来。柞，子洛切，又音昨。⑪ 谢息迁也。　⑫ 不书，非公命。

楚子享公于新台①，使长鬣者相②，好以大屈③。既而悔之。薳启彊闻之，见公。公语之，拜贺。公曰：“何贺？”对曰：“齐与晋、越欲此久矣。寡君无適与也，而传诸君，君其备御三邻④，慎守宝矣，敢不贺乎？”公惧，乃反之⑤。

① 章华台也。　② 鬣，鬚也。欲光夸鲁侯。【释文】鬣，力辄切。相，息亮切。鬚，音须。夸，苦华切。　③ 宴好之赐。大屈，弓名。【释文】好，呼报切，注同。屈，居勿切。大屈，弓名，服同，又云：大曲也；贾云：宝金可以为剑，出大屈地。　④ 言齐、晋、越将伐鲁而取之。【释文】见，贤遍切。语，鱼据切。適，丁历切。传，直专切。御，鱼吕切。　⑤ 传言楚灵不信，所以不终。

郑子产聘于晋。晋侯有疾，韩宣子逆客，私焉①，曰：“寡君寝疾，于今三月矣，并走群望②，有加而无瘳。今梦黄熊入于寝门，其何厉鬼也？”对曰：“以君之明，子为大政，其何厉之有？昔尧殛鲧于羽山③，其神化为黄熊，以入于羽渊，实为夏郊，三代祀之④。晋为盟主，其或者未之祀也乎⑤？”韩子祀夏郊⑥。晋侯有间⑦，赐子产莒之二方鼎⑧。

① 私语。　② 晋所望祀山川，皆走往祈祷。【释文】祈，音其。祷，丁老切，又丁报切。　③ 羽山在东海祝其县西南。【释文】瘳，敕留切。熊，音雄，兽名，亦作“能”，如字，一音奴。能，三足鳖也。解者云：兽非入水之物，故是鳖也。一曰，既为神，何妨是兽。案，《说文》及《字林》皆云：能，熊属，足似鹿。然则能既熊属，又为鳖类，今本作“能”者，胜也。东海人祭禹庙，不用熊白及鳖为膳，斯岂鲧化为二物乎？殛，纪力切，诛也，本又作“极”，音义同。鲧，古本切，注同。

④ 鲧，禹父，夏家郊祭之，历殷、周二代，又通在群神之数，并见祀。【释文】夏，户雅切，并注同。 ⑤ 言周衰，晋为盟主，得佐天子祀群神。 ⑥ 祀鲧。 ⑦ 间，差也。【释文】差，初卖切。 ⑧ 方鼎，莒所贡。

子产为丰施归州田于韩宣子[①]，曰："日君以夫公孙段为能任其事，而赐之州田，今无禄早世，不获久享君德。其子弗敢有，不敢以闻于君，私致诸子[②]。"宣子辞。子产曰："古人有言曰：'其父析薪，其子弗克负荷[③]。'施将惧不能任其先人之禄，其况能任大国之赐？纵吾子为政而可，后之人若属有疆埸之言，敝邑获戾[④]，而丰氏受其大讨。吾子取州，是免敝邑于戾，而建寘丰氏也。敢以为请[⑤]。"宣子受之，以告晋侯。晋侯以与宣子。宣子为初言，病有之[⑥]，以易原县于乐大心[⑦]。

① 丰施，郑公孙段之子。三年，晋以州田赐段。【释文】为，于伪切，下"为初言"同。 ② 此年正月，公孙段卒。【释文】夫，音扶。任，音壬，下同。 ③ 荷，担也。以微薄喻贵重。【释文】析，星历切。荷，本亦作"何"，河可切，又音河。担，丁甘切。 ④ 恐后代宣子者，将以郑取晋邑罪郑。【释文】疆，居良切。埸，音亦。 ⑤ 传言子产贞而不谅。 ⑥ 初言，谓与赵文子争州田。 ⑦ 乐大心，宋大夫。原，晋邑，以赐乐大心也。

郑人相惊以伯有，曰"伯有至矣"，则皆走，不知所往[①]。铸刑书之岁二月[②]，或梦伯有介而行[③]，曰："壬子，余将杀带也[④]。明年壬寅，余又将杀段也[⑤]。"及壬子，驷带卒。国人益惧。齐、燕平之月[⑥]壬寅，公孙段卒。国人愈惧。其明月，子产立公孙泄及良止以抚之，乃止[⑦]。子大叔问其故。子产曰："鬼有所归，乃不为厉，吾为之归也。"大叔曰："公孙泄何为[⑧]？"子产曰："说也，为身无义而图说[⑨]，从政有所反之，以取媚也[⑩]。不媚，不信[⑪]。不信，民不从也。"

① 襄三十年，郑人杀伯有。言其鬼至。 ② 在前年。 ③ 介，甲也。【释文】介，音界。 ④ 驷带助子皙杀伯有。壬子，六年三月三日。 ⑤ 公孙段，丰

氏党。壬寅，此年正月二十八日。　⑥ 此年正月。　⑦ 公孙泄，子孔之子也。襄十九年，郑杀子孔。良止，伯有子也，立以为大夫，使有宗庙。【释文】泄，息列切。　⑧ 子孔不为厉，问何为复立泄。【释文】复，扶又切。　⑨ 伯有无义，以妖鬼故立之，恐惑民，并立泄，使若自以大义存诛绝之后者，以解说民心。【释文】说，如字，徐始锐切。　⑩ 民不可使知之，故治政或当反道以求媚于民。【释文】治，直吏切。　⑪ 说而后信之。【释文】说，音悦。

及子产适晋，赵景子问焉①，曰："伯有犹能为鬼乎？"子产曰："能。人生始化曰魄②，既生魄，阳曰魂③。用物精多，则魂魄强④。是以有精爽，至于神明⑤。匹夫匹妇强死，其魂魄犹能冯依于人，以为淫厉⑥。况良霄，我先君穆公之胄，子良之孙，子耳之子，敝邑之卿，从政三世矣。郑虽无腆⑦，抑谚曰蕞尔国⑧，而三世执其政柄，其用物也弘矣，其取精也多矣。其族又大，所冯厚矣⑨。而强死，能为鬼，不亦宜乎⑩？"

① 景子，晋中军佐赵成。　② 魄，形也。【释文】魄，普白切。　③ 阳，神气也。　④ 物，权势。　⑤ 爽，明也。　⑥ 强死，不病也。人谓匹夫匹妇贱身。【释文】强，其丈切，下同。冯，皮冰切，下同。　⑦ 腆，厚也。【释文】胄，直又切。从政三世矣，子良公子去疾生子耳公孙辄，辄生伯有良霄，三世为郑卿。腆，他典切。　⑧ 蕞，小貌。【释文】蕞，在最切。　⑨ 良霄魂魄所冯者贵重。【释文】柄，彼命切。　⑩ 传言子产之博敏。

子皮之族饮酒无度①，故马师氏与子皮氏有恶②。齐师还自燕之月③，罕朔杀罕魋④。罕朔奔晋。韩宣子问其位于子产⑤。子产曰："君之羁臣，苟得容以逃死，何位之敢择？卿违，从大夫之位⑥，罪人以其罪降⑦，古之制也。朔于敝邑，亚大夫也，其官，马师也⑧。获戾而逃，唯执政所寘之。得免其死，为惠大矣，又敢求位？"宣子为子产之敏也，使从嬖大夫⑨。

① 相尚以奢，相困以酒。　② 马师氏，公孙钼之子罕朔也。襄三十年，马

师颉出奔，公孙鉏代之为马师，与子皮俱同一族。【释文】鉏，仕居切。颉，户结切。 ③ 在此年二月。 ④ 魋，子皮弟。【释文】魋，徒回切。 ⑤ 问朔可使在何位。 ⑥ 谓以礼去者，降位一等。 ⑦ 罪重则降多。 ⑧ 大夫位，马师职。 ⑨ 为子产故，使降一等，不以罪降。【释文】寘，之豉切。为，于伪切，注同。嬖，必计切。

秋八月，卫襄公卒。晋大夫言于范献子曰："卫事晋为睦[1]，晋不礼焉，庇其贼人而取其地[2]，故诸侯贰。《诗》曰：'䳭鸰在原，兄弟急难[3]。'又曰：'死丧之威，兄弟孔怀[4]。'兄弟之不睦，于是乎不吊[5]，况远人，谁敢归之？今又不礼于卫之嗣[6]，卫必叛我，是绝诸侯也。"献子以告韩宣子。宣子说，使献子如卫吊，且反戚田[7]。卫齐恶告丧于周，且请命。王使成简公如卫吊[8]，且追命襄公曰："叔父陟恪，在我先王之左右，以佐事上帝[9]。余敢忘高圉、亚圉[10]？"

① 睦，和也。 ② 贼人，孙林父。其地，戚也。【释文】庇，必利切，又音秘。 ③《诗·小雅》。䳭鸰，鶺渠也。飞则鸣，行则摇。喻兄弟相救于急难，不可自舍。【释文】䳭，本又作"即"，精亦切。鸰，本又作"令"，力丁切。难，如字，又乃旦切。摇，音遥，又以照切。 ④ 威，畏也。言有死丧则兄弟宜相怀思。 ⑤ 不相吊恤。 ⑥ 嗣，新君也。 ⑦ 传言戚田所由还卫。【释文】说，音悦。还，音环。 ⑧ 简公，王卿士也。 ⑨ 陟，登也。恪，敬也。帝，天也。叔父，谓襄公。命如今之哀策。【释文】恪，苦各切。 ⑩ 二圉，周之先也。为殷诸侯，亦受殷王追命者。【释文】圉，鱼吕切。

九月，公至自楚。孟僖子病不能相礼[1]，乃讲学之[2]，苟能礼者从之。及其将死也[3]，召其大夫[4]，曰："礼，人之干也。无礼，无以立。吾闻将有达者曰孔丘[5]，圣人之后也[6]，而灭于宋[7]。其祖弗父何，以有宋而授厉公[8]。及正考父[9]佐戴、武、宣[10]，三命兹益共[11]。故其鼎铭云[12]：'一命而偻，再命而伛，三命而俯[13]。循墙而走[14]，亦莫余敢侮[15]。饘于是，鬻于是，以糊余口[16]。'其共也如是。臧孙纥有言曰[17]：'圣人有明德者，若不当世，其后必有达人[18]。’今其将在孔丘乎？我若获没[19]，必属说与何忌于夫子，使事之[20]，而学礼焉，以定其位[21]。”故孟懿子与南宫敬叔师事仲尼。仲尼曰：“能补过者，君子也。《诗》曰：‘君子是则是效[22]。’孟僖子可则效已矣。”

① 不能相仪答郊劳，以此为己病。【释文】病不能相礼，本或作“病不能礼”。相，息亮切。劳，力报切。 ② 讲，习也。 ③ 二十四年，孟僖子卒。传终言之。 ④ 僖子属大夫。 ⑤ 僖子卒时，孔丘年三十五。 ⑥ 圣人，殷汤。 ⑦ 孔子六代祖孔父嘉，为宋督所杀，其子奔鲁。 ⑧ 弗父何，孔父嘉之高祖，宋闵公之子，厉公之兄。何適嗣当立，以让厉公。【释文】適，丁历切。 ⑨ 弗父何之曾孙。 ⑩ 三人皆宋君。 ⑪ 三命，上卿也。言位高益共。 ⑫ 考父庙之鼎。 ⑬ 俯共于伛，伛共于偻。【释文】偻，力主切。伛，纡甫切。 ⑭ 言不敢安行。 ⑮ 其共如是，亦不敢侮慢之。【释文】侮，亡甫切。 ⑯ 于是鼎中为饘鬻。饘鬻，糊属。言至俭。【释文】饘，之然切。鬻，之六切，孙炎云：淖糜也。糊，音胡。 ⑰ 纥，武仲也。 ⑱ 圣人之后，有明德而不当大位，谓正考父。 ⑲ 得以寿终。 ⑳ 说，南宫敬叔。何忌，孟懿子。皆僖子之子。【释文】属，音烛。说，音悦。 ㉑ 知礼则位安。 ㉒《诗·小雅》。

单献公弃亲用羁[1]。冬十月辛酉，襄、顷之族杀献公而立成公[2]。

① 献公，周卿士，单靖公之子，顷公之孙。羁，寄客也。【释文】单，音善。 ② 襄公，顷公之父。成公，献公弟。【释文】顷，音倾。

十一月，季武子卒。晋侯谓伯瑕曰[1]：“吾所问日食，从之，可常乎[2]？”对曰：“不可。六物不同[3]，民心不壹[4]，事序不类[5]，官职不则[6]，同始异终，胡可常也？《诗》曰：‘或燕燕居息，或憔悴事国[7]。’其异终也如是。”公曰：“何谓六物？”对曰：“岁、时、日、月、星、辰是谓也。”公曰：“多语寡人辰，而莫同。何谓辰？”对曰：“日月之会是谓辰[8]，故以配日[9]。”

① 伯瑕，士文伯。 ② 卫侯、武子皆卒故。 ③ 各异时。 ④ 政教殊。 ⑤ 有变易。 ⑥ 治官居职非一法。 ⑦《诗·小雅》，言不同。【释文】憔，在

遥切,《诗》作“尽”。瘁,在醉切。 ⑧ 一岁日月十二会,所会谓之辰。【释文】语,鱼据切。 ⑨ 谓以子丑配甲乙。

卫襄公夫人姜氏无子①,嬖人婤姶生孟絷。孔成子梦康叔谓己:“立元②,余使羁之孙圉与史苟相之③。”史朝亦梦康叔谓己:“余将命而子苟与孔烝鉏之曾孙圉相元。”史朝见成子,告之梦,梦协④。晋韩宣子为政,聘于诸侯之岁⑤,婤姶生子,名之曰元。孟絷之足不良能行⑥。孔成子以《周易》筮之,曰:“元尚享卫国,主其社稷⑦。”遇《屯》䷂⑧。又曰:“余尚立絷,尚克嘉之⑨。”遇《屯》䷂之《比》䷇⑩。以示史朝。史朝曰:“元亨,又何疑焉⑪?”成子曰:“非长之谓乎⑫?”对曰:“康叔名之,可谓长矣⑬。孟非人也,将不列于宗,不可谓长⑭。且其繇曰‘利建侯’⑮。嗣吉,何建?建非嗣也⑯。二卦皆云⑰,子其建之。康叔命之,二卦告之。筮袭于梦,武王所用也,弗从何为⑱?弱足者居⑲,侯主社稷,临祭祀,奉民人,事鬼神,从会朝,又焉得居?各以所利,不亦可乎⑳?”故孔成子立灵公。十二月癸亥,葬卫襄公㉑。

① 姜氏,宣姜。 ② 成子,卫卿,孔达之孙烝鉏也。元,孟絷弟,梦时元未生。【释文】婤,音周,又直周切,徐敕周切。姶,乌答切。絷,张立切。烝,之承切。 ③ 羁,烝鉏子。苟,史朝子。【释文】羁,居宜切。相,息亮切。朝,如字。 ④ 协,合也。 ⑤ 在二年。 ⑥ 跛也。【释文】跛,波我切。 ⑦ 今蓍辞。 ⑧《震》下《坎》上,《屯》。【释文】屯,张伦切。 ⑨ 嘉,善也。 ⑩《坤》下《坎》上,《比》。《屯》初九爻变。【释文】比,毗志切。 ⑪《周易》曰:屯,元亨。【释文】亨,许庚切。 ⑫ 言《屯》之元亨,谓年长,非谓名元。【释文】长,丁丈切。 ⑬ 善之长也。【释文】名,如字,徐武政切。 ⑭ 足跛,非全人,不可列为宗主。 ⑮ 繇,卦辞。【释文】繇,直又切。 ⑯ 嗣子有常位,故无所卜,又无所建。今以位不定,卜嗣得吉,则当从吉而建之也。【释文】吉何建,本或作“可建”。 ⑰ 谓再得《屯》卦,皆有建侯之文。 ⑱《外传》云:《大誓》曰:朕梦协朕卜,袭于休祥,戎商必克。此武王辞。 ⑲ 跛则偏弱,居其家,不能行。 ⑳ 孟跛利居,元吉利建。【释文】焉,於虔切。 ㉑ 灵公,元也。

春秋经传集解昭公三第二十二

昭公八年

【经】

八年春，陈侯之弟招杀陈世子偃师①。

夏四月辛丑，陈侯溺卒②。

叔弓如晋。

楚人执陈行人干徵师杀之③。

陈公子留出奔郑④。

秋，蒐于红⑤。

陈人杀其大夫公子过⑥。

大雩⑦。

冬十月壬午，楚师灭陈⑧。

执陈公子招，放之于越⑨。

杀陈孔奂⑩。

葬陈哀公⑪。

① 以首恶从杀例，故称弟，又称世子。【释文】招，常遥切。 ② 襄二十七年，大夫盟于宋。【释文】溺，乃历切。 ③ 称行人，明非行人罪。【释文】干，古

丹切。 ④ 留为招所立，未成君而出奔。 ⑤ 革车千乘，不言大者，经文阙也。红，鲁地，沛国萧县西有红亭。远，疑。【释文】蒐，所求切。红，户东切。乘，绳证切。沛，音贝。 ⑥ 与招共杀偃师，书名罪之。【释文】过，古禾切。 ⑦ 无传。不旱而秋雩，过也。 ⑧ 不称将帅，不以告。壬午，月十八日。【释文】将，子匠切。帅，所类切。 ⑨ 无传。复称公子，兄已卒。【释文】复，扶又切。 ⑩ 无传。招之党，楚杀之。【释文】奂，呼乱切。 ⑪ 嬖人袁克葬之。鲁往会，故书。【释文】嬖，必计切。

【传】

八年春，石言于晋魏榆①。晋侯问于师旷曰："石何故言？"对曰："石不能言，或冯焉②。不然，民听滥也③。抑臣又闻之曰④：'作事不时，怨讟动于民，则有非言之物而言。'今宫室崇侈，民力凋尽⑤，怨讟并作，莫保其性⑥。石言，不亦宜乎？"于是晋侯方筑虒祁之宫⑦。叔向曰："子野之言，君子哉⑧！君子之言，信而有征，故怨远于其身⑨。小人之言，僭而无征，故怨咎及之。《诗》曰：'哀哉不能言，匪舌是出，唯躬是瘁⑩。哿矣能言，巧言如流，俾躬处休。'其是之谓乎⑪！是宫也成，诸侯必叛，君必有咎，夫子知之矣⑫。"

① 魏榆，晋地。【释文】服云：魏，邑也。榆，州里名。 ② 谓有精神冯依石而言。【释文】冯，皮冰切。 ③ 滥，失也。【释文】滥，力暂切。 ④ 抑，疑辞。 ⑤ 凋，伤也。【释文】讟，徒木切。侈，昌氏切，又尺氏切。 ⑥ 性，命也。民不敢自保其性命。 ⑦ 虒祁，地名，在绛西四十里，临汾水。【释文】虒，音斯。祁，巨之切，又臣之切。汾，扶云切。 ⑧ 子野，师旷字。 ⑨ 怨咎远其身也。【释文】远，于万切。咎，其九切。 ⑩《诗·小雅》也。不能言，谓不知言理，以僭言见退者，其言非不从舌出，以僭而无信，自取瘁病，故哀之。【释文】僭，子念切。出，如字，又尺遂切。瘁，在醉切。 ⑪ 哿，嘉也。巧言如流，谓非正言而顺叙，以听言见答者。言其可嘉，以信而有征，自取安逸。师旷此言，缘问流转，终归于谏，故以比巧言如流也。当叔向时，诗义如此，故与今说诗者小异。【释文】哿，古可切，《毛诗》传云：可也。俾，必尔切，本又作"卑"。休，许纠切，美也。 ⑫ (谓)[为]十年晋侯彪卒传。

陈哀公元妃郑姬，生悼大子偃师[①]，二妃生公子留，下妃生公子胜。二妃嬖，留有宠，属诸司徒招与公子过[②]。哀公有废疾。三月甲申，公子招、公子过杀悼大子偃师，而立公子留。夏四月辛亥，哀公缢[③]。干徵师赴于楚[④]，且告有立，公子胜诉之于楚[⑤]，楚人执而杀之[⑥]。公子留奔郑。书曰"陈侯之弟招杀陈世子偃师"，罪在招也；"楚人执陈行人干徵师杀之"，罪不在行人也[⑦]。

① 元妃，嫡夫人也。【释文】嫡，本又作"適"，丁历切。 ② 招及过皆哀公弟也。【释文】胜，升证切，又音升。属，音烛。 ③ 忧恚自杀。经书辛丑，从赴。【释文】废，甫肺切。缢，一豉切。恚，一睡切。 ④ 干徵师，陈大夫。 ⑤ 以招、过杀偃师告诉也。 ⑥ 杀干徵师。 ⑦ 疑为招赴楚，当同罪，故重发之。【释文】为，于伪切，下"为子"、"为之"同。重，直用切。

叔弓如晋，贺虒祁也[①]。游吉相郑伯以如晋，亦贺虒祁也。史赵见子大叔，曰："甚哉，其相蒙也[②]！可吊也，而又贺之！"子大叔曰："若何吊也？其非唯我贺，将天下实贺[③]。"

① 贺宫成。 ② 蒙，欺也。【释文】相，息亮切，下"而相"同。 ③ 言诸侯畏晋，非独郑。【释文】若何吊也，本或作"若可吊也"。

秋，大蒐于红，自根牟至于商、卫，革车千乘[①]。

① 大蒐，数军实、简车马也。根牟，鲁东界，琅邪阳都县有牟乡。商，宋地，鲁西境接宋、卫也。言千乘，明大蒐，且见鲁众之大数也。【释文】乘，绳证切。数，色主切。见，贤遍切，下同。

七月甲戌，齐子尾卒，子旗欲治其室[①]。丁丑，杀梁婴[②]。八月庚戌，逐子成、子工、子车[③]，皆来奔[④]，而立子良氏之宰[⑤]。其臣曰："孺子长矣[⑥]，而相吾室，欲兼我也[⑦]。"授甲，将攻之。陈桓子善于子尾，亦授甲，将助之。或告子旗，子旗不信。则数人告。将往，又数人告于道，遂如陈氏。桓子将出矣，闻之而还[⑧]，游服而逆之[⑨]，请命[⑩]。对曰："闻强氏授甲将攻子，子闻诸？"曰："弗闻。""子盍亦授甲？无宇请从[11]。”子旗曰：“子胡然？彼孺子也，吾诲之犹惧其不济，吾又宠秩之[12]。其若先人何？子盍谓之[13]？《周书》曰：‘惠不惠，茂不茂[14]。’康叔所以服弘大也[15]。”桓子稽颡曰：“顷、灵福子[16]，吾犹有望[17]。”遂和之如初[18]。

①子旗，栾施也。欲并治子尾之家政。②梁婴，子尾家宰。③三子，齐大夫，子尾之属。子成，顷公子固也。子工，成之弟铸也。子车，顷公之孙捷也。【释文】顷，音倾，下同。铸，之树切。捷，在接切。④不书，非卿。⑤子良，子尾之子高彊也。子旗为子良立宰。⑥孺子谓子良。【释文】孺，而树切，本亦作“𡦗”。长，丁丈切。⑦兼，并也。⑧闻子旗至。【释文】数，色主切，下同。⑨去戎备，著常游戏之服。【释文】去，起吕切。著，张略切。⑩问桓子所至。⑪无宇，桓子名。【释文】盍，胡腊切。从，才用切。⑫请为之立宰。⑬谓之使无攻我。⑭《周书·康诰》也。言当施惠于不惠者，劝勉于不勉者。茂，勉也。⑮服，行也。⑯顷公、灵公，栾氏所事之君。【释文】稽，音启。颡，素党切。⑰望子旗惠及己。⑱和栾、高二家。

陈公子招归罪于公子过而杀之[1]。九月，楚公子弃疾帅师奉孙吴围陈[2]，宋戴恶会之[3]。冬十一月壬午，灭陈[4]。舆嬖袁克，杀马毁玉以葬[5]。楚人将杀之，请寘之[6]。既又请私[7]，私于幄，加绖于颡而逃[8]。使穿封戌为陈公[9]，曰：“城麇之役，不谄[10]。”侍饮酒于王。王曰：“城麇之役，女知寡人之及此，女其辟寡人乎[11]？”对曰：“若知君之及此，臣必致死礼，以息楚国[12]。”晋侯问于史赵曰：“陈其遂亡乎？”对曰：“未也。”公曰：“何故？”对曰：“陈，颛顼之族也[13]。岁在鹑火，是以卒灭，陈将如之[14]。今在析木之津，犹将复由[15]。且陈氏得政于齐，而后陈卒亡[16]。自幕至于瞽瞍，无违命[17]。舜重之以明德，置德于遂[18]，遂世守之。及胡公不淫，故周赐之姓，使祀虞帝[19]。臣闻盛德必百世祀，虞之世数未也。继守将在齐，其兆既存矣[20]。”

①言招所以不死而得放。②孙吴，悼大子偃师之子惠公。③戴恶，

宋大夫。 ④ 壬午,十月十八日。传言十一月误。 ⑤ 舆,众也。袁克,嬖人之贵者,欲以非礼厚葬哀公。 ⑥ 寘马、玉。【释文】寘,之豉切。 ⑦ 私尽君臣恩。 ⑧ 幄,帐也。逃不欲为楚臣。【释文】幄,於角切。绖,直结切。 ⑨ 戌,楚大夫。灭陈为县,使戌为县公。【释文】穿,音川。戌,音恤。 ⑩ 城麇役在襄二十六年。戌与灵王争皇颉。【释文】麇,九伦切。谄,敕检切。颉,户结切。 ⑪ 及此,谓为王。【释文】女,音汝,下同。 ⑫ 息,宁静也。 ⑬ 陈祖舜,舜出颛顼。【释文】颛,音专。顼,许玉切。 ⑭ 颛顼氏以岁在鹑火而灭,火盛而水灭。【释文】鹑,市春切。 ⑮ 箕斗之间有天汉,故谓之析木之津。由,用也。【释文】祈,星历切。复,扶又切,一音服。 ⑯ 物莫能两盛。 ⑰ 幕,舜之先。瞽瞍,舜父。从幕至瞽瞍间无违天命废绝者。【释文】幕,音莫。瞽,音古。瞍,素口切。 ⑱ 遂,舜后。盖殷之兴,存舜之后而封遂。言舜德乃至于遂。【释文】重,直用切。 ⑲ 胡公满,遂之后也,事周武王,赐姓曰妫,封诸陈,绍舜后。【释文】妫,九危切。 ⑳ 言陈氏兴盛于齐,形兆已见。【释文】见,贤遍切。

昭 公 九 年

【经】

九年春,叔弓会楚子于陈①。

许迁于夷②。

夏四月,陈灾③。

秋,仲孙貜如齐④。

冬,筑郎囿⑤。

① 以事往,非行会礼。 ② 许畏郑欲迁,故以自迁为文。 ③ 天火曰灾。陈既已灭,降为楚县,而书陈灾者,犹晋之梁山、沙鹿崩,不书晋,灾言系于所灾所害,故以所在为名。 ④【释文】貜,俱缚切,徐俱碧切。 ⑤【释文】囿,音又,苑也,于郎地筑苑,旧于目切。

【传】

九年春，叔弓、宋华亥、郑游吉、卫赵黡会楚子于陈[1]。

① 楚子在陈，故四国大夫往，非盟主所招，不行会礼，故不总书。【释文】黡，於减切。

二月庚申，楚公子弃疾迁许于夷，实城父[1]，取州来淮北之田以益之[2]。伍举授许男田。然丹迁城父人于陈，以夷濮西田益之[3]。迁方城外人于许[4]。

① 此时改城父为夷，故传实之。城父县属谯郡。 ② 益许田。 ③ 以夷田在濮水西者与城父人。【释文】濮，音卜。 ④ 成十五年，许迁于叶，因谓之许。今许迁于夷，故以方城外人实其处。传言灵王使民不安。【释文】叶，始涉切。处，昌虑切。

周甘人与晋阎嘉争阎田[1]。晋梁丙、张趯率阴戎伐颍[2]。王使詹桓伯辞于晋[3]，曰："我自夏以后稷，魏、骀、芮、岐、毕，吾西土也[4]。及武王克商，蒲姑、商奄，吾东土也[5]。巴、濮、楚、邓，吾南土也。肃慎、燕、亳，吾北土也[6]。吾何迩封之有[7]？文、武、成、康之建母弟，以蕃屏周，亦其废队是为[8]，岂如弁髦而因以敝之[9]。先王居梼杌于四裔，以御螭魅[10]，故允姓之奸，居于瓜州[11]。伯父惠公归自秦，而诱以来[12]，使偪我诸姬，入我郊甸，则戎焉取之[13]。戎有中国，谁之咎也[14]？后稷封殖天下，今戎制之，不亦难乎[15]？伯父图之。我在伯父，犹衣服之有冠冕，木水之有本原，民人之有谋主也[16]。伯父若裂冠毁冕，拔本塞原，专弃谋主，虽戎狄其何有余一人[17]？"

① 甘人，甘大夫襄也。阎嘉，晋阎县大夫。【释文】阎，以廉切。 ② 阴戎，陆浑之戎。颍，周邑。【释文】趯，他历切。 ③ 辞，责让之。桓伯，周大夫。【释文】詹，之廉切。 ④ 在夏世以后稷功受此五国，为西土之长。骀在始平武功县所治厘城，岐在扶风美阳县西北。【释文】夏，户雅切。骀，他来切，依字应作"邰"。芮，如锐切。岐，其宜切。长，丁丈切，下"师长"同。治，直吏切。厘，

本又作“斄”，他来切，又音来，又力之切。　⑤ 乐安博昌县北有蒲姑城。【释文】蒲，如字，一音薄。奄，於俭切。乐，音洛。　⑥ 肃慎，北夷，在玄菟北三千余里。【释文】巴，必加切。燕，於贤切。亳，步各切。　⑦ 迩，近也。　⑧ 为后世废队，兄弟之国当救济之。【释文】蕃，方元切。屏，必井切。队，直类切。为，于伪切。　⑨ 童子垂髦始冠，必三加冠，成礼而弃其始冠，故言弁髦因以敝之。【释文】弁，皮彦切，本又作“卞”。髦，音毛。冠，古乱切。　⑩ 言梼杌，略举四凶之一。下言四裔，则三苗在其中。【释文】梼，徒刀切。杌，五忽切。裔，以制切。御，鱼吕切。螭，敕知切。魅，本又作“鬽”，武冀切。　⑪ 允姓，阴戎之祖，与三苗俱放三危者。瓜州，今敦煌。【释文】瓜，古华切。敦，都门切。煌，音皇。⑫ 僖十五年，晋惠公自秦归。二十二年，秦、晋迁陆浑之戎于伊川。　⑬ 邑外为郊，郊外为甸。言戎取周郊甸之地。【释文】偪，彼力切。甸，徒遍切。焉，於虔切，又如字。　⑭ 咎在晋。【释文】咎，其九切。　⑮ 后稷修封疆，殖五谷，今戎得之，唯以畜牧。【释文】殖，时力切。疆，居良切。畜，许又切，又许六切。牧，音目，又音茂。　⑯ 民人谋主，宗族之师长。　⑰ 伯父犹然，则虽戎狄，无所可责。晋率阴戎伐周邑，故云然。

叔向谓宣子曰：“文之伯也，岂能改物①？翼戴天子而加之以共②。自文以来，世有衰德而暴灭宗周③，以宣示其侈，诸侯之贰，不亦宜乎？且王辞直，子其图之。”宣子说。王有姻丧④，使赵成如周吊，且致阎田与襚⑤，反颍俘。王亦使宾滑执甘大夫襄以说于晋，晋人礼而归之⑥。

① 言文公虽伯，未能改正朔、易服色。【释文】伯，如字，又音霸。　② 翼，佐也。　③ 宗周，天子。　④ 外亲之丧。【释文】说，音悦。　⑤ 襚，送死衣。【释文】襚，音遂。　⑥ 宾滑，周大夫。【释文】俘，芳夫切。滑，乎八切，又于八切。说，如字，又音悦。

夏四月，陈灾。郑裨灶曰：“五年，陈将复封。封五十二年而遂亡。”子产问其故，对曰：“陈，水属也①，火，水妃也②，而楚所相也③。今火出而火陈④，逐楚而建陈也⑤。妃以五成，故曰五年⑥。岁五及鹑火，而后陈卒亡，楚克有之，天之道也，故曰五十二年⑦。”

① 陈，颛顼之后，故为水属。【释文】复，扶又切，下注“复封”同。　② 火

畏水，故为之妃。【释文】妃，芳非切，又音配。 ③ 相，治也。楚之先祸融，为高辛氏火正，主治火事。【释文】相，息亮切，注同。 ④ 火，心星也。火出，于周为五月，而以四月出者，以《长历》推，前年误置闰。 ⑤ 水得妃而兴，陈兴则楚衰，故曰逐楚而建陈。 ⑥ 妃，合也。五行各相妃合，得五而成，故五岁而陈复封。为十三年陈侯吴归于陈传。【释文】妃，音配，注同。 ⑦ 是岁岁在星纪，五岁及大梁，而陈复封。自大梁四岁而及鹑火，后四周四十八岁凡五及鹑火，五十二年。天数以五为纪，故五及鹑火，火盛水衰。

晋荀盈如齐逆女①，还，六月，卒于戏阳②。殡于绛，未葬。晋侯饮酒，乐。膳宰屠蒯趋入，请佐公使尊③，许之④。而遂酌以饮工⑤，曰："女为君耳，将司聪也⑥。辰在子卯，谓之疾日⑦。君彻宴乐，学人舍业，为疾故也。君之卿佐，是谓股肱。股肱或亏，何痛如之⑧？女弗闻而乐，是不聪也⑨。"又饮外嬖嬖叔曰⑩："女为君目，将司明也⑪。服以旌礼⑫，礼以行事⑬，事有其物⑭，物有其容⑮。今君之容，非其物也⑯，而女不见。是不明也。"亦自饮也，曰："味以行气，气以实志⑰，志以定言⑱，言以出令。臣实司味，二御失官，而君弗命，臣之罪也⑲。"公说，彻酒。初，公欲废知氏而立其外嬖，为是悛而止。秋八月，使荀跞佐下军以说焉⑳。

① 自为逆。【释文】为，于伪切。 ② 魏郡内黄县北有戏阳城。【释文】戏，许宜切。 ③ 公之使人执尊酌酒，请为之佐。【释文】乐，音洛。屠，音徒，《礼记》作"杜"。蒯，苦怪切。使，如字，亦所吏切。 ④ 公许之。 ⑤ 工，乐师师旷也。【释文】饮，於鸩切，下"又饮"同。 ⑥ 乐所以聪耳。【释文】女，音汝，下同。 ⑦ 疾，恶也。纣以甲子丧，桀以乙卯亡，故国君以为忌日。【释文】丧，息浪切。 ⑧ 言痛疾过于忌日。【释文】舍，音捨。为，于伪切，下"为是"同。⑨ 不闻是义而作乐。 ⑩ 外都大夫之嬖者。 ⑪ 职在外，故主社。 ⑫ 旌，表也。 ⑬ 事，政令。 ⑭ 物，类也。 ⑮ 容，貌也。 ⑯ 有卿佐之丧而作乐欢会，故曰非其物。 ⑰ 气和则志充。 ⑱ 在心为志，发口为言。 ⑲ 工与嬖叔，时御君者。失官，不聪明。 ⑳ 跞，荀盈之子知文子也。佐下军，代父也。说，自解说。【释文】公说，音悦。知，音智，下同。悛，七全切。跞，本又作

"栎",力狄切,徐音洛。

孟僖子如齐殷聘,礼也①。

① 自叔老聘齐至今二十年,礼意久旷,今修盛聘,以无忘旧好,故曰礼。【释文】好,呼报切。

冬,筑郎囿,书,时也。季平子欲其速成也,叔孙昭子曰:"《诗》曰:'经始勿亟,庶民子来①。'焉用速成?其以剿民也②?无囿犹可,无民其可乎?"

①《诗·大雅》,言文王始经营灵台,非急疾之,众民自以子义来,劝乐为之。【释文】亟,纪力切。乐,如字,又五教切,一音洛。 ② 剿,(荧)[劳]也。【释文】焉,於虔切。剿,初交切,又子小切。

昭公十年

【经】

十年春,王正月。

夏,齐栾施来奔①。

秋七月,季孙意如、叔弓、仲孙貜帅师伐莒②。

戊子,晋侯彪卒③。

九月,叔孙婼如晋,葬晋平公④。

十有二月甲子,宋公成卒⑤。

①耆酒好内,以取败亡,故书名。【释文】耆,市志切,传同。好,呼报切。 ② 三大夫皆卿,故书之。季孙为主,二子从之。 ③ 五同盟。【释文】彪,彼虬切。 ④ 三月而葬,速。 ⑤ 十一同盟也。无冬,史阙文。【释文】成,音城,何休音恤。

【传】

十年春,王正月,有星出于婺女①。郑裨灶言于子产曰:

"七月戊子，晋君将死。今兹岁在颛顼之虚②，姜氏、任氏实守其地③。居其维首，而有妖星焉，告邑姜也④。邑姜，晋之妣也。天以七纪⑤。戊子，逢公以登，星斯于是乎出⑥。吾是以讥之⑦。"

① 客星也。不书，非孛。【释文】婺，武付切。孛，蒲对切。 ② 岁，岁星也。颛顼之虚谓玄枵。【释文】裨，婢支切。虚，起鱼切。枵，许骄切。 ③ 姜，齐姓。任，薛姓。齐、薛二国守玄枵之地。【释文】任，音壬。 ④ 客星居玄枵之维首。邑姜，齐大公女，晋唐叔之母。星占，婺女为既嫁之女，织女为处女。邑姜，齐之既嫁女，妖星在婺女，齐得岁，故知祸归邑姜。【释文】大，音泰。 ⑤ 二十八宿，面七。【释文】妣，必履切。宿，音秀。 ⑥ 逢公，殷诸侯居齐地者。逢公将死，妖星出婺女，时非岁星所在，故齐自当祸，而以戊子日卒。 ⑦ 为晋侯彪卒传。

齐惠栾、高氏皆耆酒①，信内多怨②，强于陈、鲍氏而恶之③。夏，有告陈桓子曰："子旗、子良将攻陈、鲍。"亦告鲍氏。桓子授甲而如鲍氏，遭子良醉而骋④，遂见文子⑤，则亦授甲矣。使视二子⑥，则皆从饮酒。桓子曰："彼虽不信⑦，闻我授甲，则必逐我。及其饮酒也，先伐诸？"陈、鲍方睦，遂伐栾、高氏。子良曰："先得公，陈、鲍焉往⑧？"遂伐虎门⑨。

① 栾、高二族，皆出惠公。 ② 说妇人言，故多怨。【释文】说，音悦。 ③ 恶陈、鲍。【释文】恶，乌路切。 ④ 欲及子良醉，故骋告鲍文子。【释文】骋，敕领切。 ⑤ 文子，鲍国。 ⑥ 二子：子旗、子良。 ⑦ 彼，传言者。【释文】传，直专切。 ⑧ 欲以公自辅助。【释文】先伐诸，一本无"伐"字。焉，於虔切。 ⑨ 欲入，公不听，故伐公门。

晏平仲端委立于虎门之外①，四族召之，无所往②。其徒曰："助陈、鲍乎？"曰："何善焉③？""助栾、高乎？"曰："庸愈乎④？""然则归乎？"曰："公伐焉归？"公召之而后入。公卜使王黑以灵姑銔率，吉，请断三尺焉而用之⑤。五月庚辰，战于稷⑥，栾、高败，又败诸庄⑦。国人追之，又败诸鹿门⑧。栾施、高彊来奔[9]。陈、鲍分其室。

① 端委，朝服。　② 四族：栾、高、陈、鲍。　③ 言无善义可助。　④ 罪恶不差于陈、鲍。【释文】差，初卖切。　⑤ 王黑，齐大夫。灵姑銔，公旗名。断三尺，不敢与君同。【释文】銔，扶眉切，又音丕。率，所律切，徐所类切。断，丁管切。　⑥ 稷，祀后稷之处。稷，地名，六国时齐有稷下馆。【释文】处，昌虑切。　⑦ 庄，六轨之道。　⑧ 鹿门，齐城门。　⑨ 高彊不书，非卿。

晏子谓桓子："必致诸公。让，德之主也，让之谓懿德。凡有血气，皆有争心，故利不可强[1]，思义为愈。义，利之本也，蕴利生孽[2]。姑使无蕴乎，可以滋长。"桓子尽致诸公，而请老于莒[3]。

① 不可强取。【释文】争，争斗之争。强，其丈切。　② 蕰，畜也。孽，妖害也。【释文】蕰，纡粉切。孽，鱼列切。畜，敕六切。　③ 莒，齐邑。【释文】长，丁丈切。

桓子召子山[1]，私具幄幕、器用、从者之衣屦[2]，而反棘焉[3]。子商亦如之，而反其邑。子周亦如之，而与之夫于[4]。反子城、子公、公孙捷[5]，而皆益其禄。凡公子、公孙之无禄者，私分之邑[6]。国之贫约孤寡者，私与之粟。曰："《诗》云'陈锡载周'，能施也[7]，桓公是以霸[8]。"公与桓子莒之旁邑，辞[9]。穆孟姬为之请高唐，陈氏始大[10]。

① 子山、子商、子周，襄三十一年子尾所逐群公子。　② 私具，不告公。【释文】幄，於角切。幕，音莫。从，才用切。屦，九具切。　③ 棘，子山故邑，齐国西安县东有戟里亭。　④ 子周本无邑，故更与之，济南于陵县西北有于亭。⑤ 三子，八年子旗所逐。　⑥ 桓子以己邑分之。　⑦《诗·大雅》，言文王能布陈大利以赐天下，行之周徧。【释文】载，如字，《诗》作"哉"。毛云：哉，载也；郑云：始也。施，始豉切，下注同。徧，音遍。　⑧ 齐桓公亦能施以致霸。⑨ 让不受。　⑩ 穆孟姬，景公母。传言陈氏所以兴。【释文】为，于伪切。

秋七月，平子伐莒取郠[1]，献俘，始用人于亳社[2]。臧武仲在齐，闻之，曰："周公其不飨鲁祭乎！周公飨义，鲁无义。《诗》曰：'德音孔昭，视民不佻[3]。'佻之谓甚矣，而壹用之，将谁福哉[④]？”

① 郠，莒地。取郠不书，公见讨于平丘，鲁讳之。【释文】郠，古杏切。② 以人祭殷社。【释文】俘，芳夫切。亳，步洛切。③《诗·小雅》。佻，偷也。言明德君子必爱民。【释文】视，如字，《诗》作“示”。佻，他雕切。④ 壹，同也。同人于畜牲。【释文】畜，许六切。

戊子，晋平公卒[①]。郑伯如晋，及河，晋人辞之。游吉遂如晋[②]。

① 如裨灶之言。② 礼：诸侯不相吊，故辞。

九月，叔孙婼、齐国弱、宋华定、卫北宫喜、郑罕虎、许人、曹人、莒人、邾人、薛人、杞人、小邾人如晋，葬平公也[①]。郑子皮将以币行[②]。子产曰：“丧焉用币？用币必百两[③]，百两必千人，千人至，将不行[④]。不行，必尽用之[⑤]。几千人而国不亡[⑥]？”子皮固请以行。既葬，诸侯之大夫欲因见新君。叔孙昭子曰：“非礼也。”弗听。叔向辞之，曰：“大夫之事毕矣[⑦]。而又命孤，孤斩焉在衰绖之中[⑧]，其以嘉服见，则丧礼未毕。其以丧服见，是重受吊也，大夫将若之何？”皆无辞以见。子皮尽用其币，归，谓子羽曰：“非知之实难，将在行之[⑨]。夫子知之矣，我则不足[⑩]。《书》曰：‘欲败度，纵败礼[⑪]。’我之谓矣。夫子知度与礼矣，我实纵欲而不能自克也[⑫]。”

① 经不书诸侯大夫者，非盟会。② 见新君之贽。【释文】见，贤遍切，下“得见”同。贽，音至。③ 载币用车百乘。【释文】焉，於虔切。乘，绳证切。④ 行，用也。⑤ 不得见新君，将自费用尽。【释文】费，芳味切。⑥ 言千人之费不可数。【释文】几，居岂切。数，所角切。⑦ 送葬礼毕。⑧ 既葬，未卒哭，故犹服斩衰。【释文】衰，七雷切，本又作“缞”。绖，直结切。⑨ 言不患不知，患不能行。嘉服。【释文】见，如字，又贤遍切。重，直用切。见，贤遍切，下同。⑩ 言己由子产之戒，既知其不可而遂行之，是我之不足。⑪ 逸《书》。【释文】败，必迈切。⑫ 欲因丧以庆新君，故纵而行之，不能自胜。【释

文】胜，音升。

昭子至自晋，大夫皆见。高彊见而退[①]。昭子语诸大夫曰："为人子，不可不慎也哉！昔庆封亡，子尾多受邑而稍致诸君，君以为忠而甚宠之。将死，疾于公宫[②]，辇而归，君亲推之[③]。其子不能任，是以在此。忠为令德，其子弗能任，罪犹及之，难不慎也？丧夫人之力，弃德旷宗，以及其身，不亦害乎[④]？《诗》曰：'不自我先，不自我后。'其是之谓乎[⑤]？"

① 高彊，子良。 ② 在公宫被疾。【释文】语，鱼据切。 ③ 推其车而送之。【释文】推，如字，又他回切。 ④ 夫人，谓子尾。旷，空也。【释文】任，音壬，下同。丧，息浪切。夫，音扶。 ⑤《诗·小雅》，言祸乱不在他，正当己身。以喻高彊身自取此祸。

冬十二月，宋平公卒。初，元公恶寺人柳。欲杀之[①]。及丧，柳炽炭于位[②]，将至，则去之[③]。比葬，又有宠[④]。

① 元公，平公大子佐也。【释文】恶，乌路切。寺，又作"侍"。 ② 以温地。【释文】炽，尺志切。炭，吐旦切。 ③ 使公坐其处。【释文】去，起吕切。处，昌虑切。 ④ 言元公好恶无常。【释文】比，必利切。好，呼报切。恶，乌路切。

昭公十一年

【经】

十有一年春，王二月，叔弓如宋，葬宋平公。

夏四月丁巳，楚子虔诱蔡侯般杀之于申[①]。

楚公子弃疾帅师围蔡。

五月甲申，夫人归氏薨[②]。

大蒐于比蒲。

仲孙貜会邾子盟于祲祥[③]。

秋，季孙意如会晋韩起、齐国弱、宋华亥、卫北宫佗、郑罕虎、曹人、杞人于厥慭[4]。

九月己亥，葬我小君齐归[5]。

冬十有一月丁酉，楚师灭蔡，执蔡世子有以归，用之[6]。

① 蔡侯虽弑父而立，楚子诱而杀之，刑其群士，蔡大夫深怨，故以楚子名告。【释文】虔，其连切。般，音班。弑，申志切，传放此。　② 昭公母，胡女，归姓。　③ 祲祥，地阙。【释文】比，音毗，徐扶夷切。祲，子鸩切，徐又七林切。④ 厥慭，地阙。【释文】佗，徒河切。慭，鱼靳切，徐五巾切，又五辖切。　⑤ 齐，谥。【释文】齐，如字。　⑥ 用之，杀以祭山。

【传】

十一年春，王二月，叔弓如宋，葬平公也[1]。

① 嫌以聘事行，故传具之。

景王问于苌弘曰："今兹诸侯，何实吉？何实凶[1]？"对曰："蔡凶。此蔡侯般弑其君之岁也，岁在豕韦[2]，弗过此矣[3]。楚将有之，然壅也[4]。岁及大梁，蔡复，楚凶，天之道也[5]。"

① 苌弘，周大夫。【释文】苌，直良切。　② 襄三十年，蔡世子般弑其君，岁在豕韦，至今十三岁，岁复在豕韦。般即灵侯也。【释文】复，扶又切，下"岁复"同。　③ 言蔡凶不过此年。　④ 蔡近楚，故知楚将有之。楚无德而享大利，所以壅积其恶。【释文】壅，於勇切。　⑤ 楚灵王弑立之岁在大梁，到昭十三年，岁复在大梁，美恶周必复，故知楚凶。

楚子在申，召蔡灵侯。灵侯将往，蔡大夫曰："王贪而无信，唯蔡于感[1]，今币重而言甘，诱我也，不如无往。"蔡侯不可。五月丙申，楚子伏甲而飨蔡侯于申，醉而执之。夏四月丁巳，杀之，刑其士七十人。公子弃疾帅师围蔡[2]。

① 蔡近楚之大国，故楚常恨其不复顺。　② 传言楚子无道。【释文】重，直用切。

韩宣子问于叔向曰："楚其克乎？"对曰："克哉！蔡侯获罪于其君①，而不能其民②，天将假手于楚以毙之③，何故不克？然肸闻之，不信以幸，不可再也。楚王奉孙吴以讨于陈，曰：'将定而国。'陈人听命，而遂县之④。今又诱蔡而杀其君，以围其国，虽幸而克，必受其咎，弗能久矣。桀克有缗以丧其国，纣克东夷而陨其身⑤。楚小位下，而亟暴于二王，能无咎乎？天之假助不善，非祚之也，厚其凶恶而降之罚也。且譬之如天，其有五材而将用之，力尽而敝之，是以无拯，大可没振⑥。"

① 谓弑父而立。 ② 不能施德。 ③ 借楚手以讨蔡。【释文】毙，婢世切。 ④ 事在八年。 ⑤ 纣为黎之蒐，东夷叛之。桀为仍之会，有缗叛之。故伐而克之。【释文】缗，武巾切。丧，息浪切，下"且丧"同。陨，于敏切。 ⑥ 金、木、水、火、土五者为物，用久则必有敝尽，尽则弃捐，故言无拯。拯，犹救助也。不可没振，犹不可复振。【释文】亟，欺冀切，数也。咎，其久切。胙，本又作"祚"，在路切。拯，拯济之拯。振，之慎切。捐，以专切。救，本亦作"捄"，音救。不可复振，扶又切，本亦无此字。

五月，齐归薨，大蒐于比蒲，非礼也。

孟僖子会邾庄公，盟于祲祥，修好，礼也①。泉丘人有女梦以其帷幕孟氏之庙②，遂奔僖子，其僚从之③。盟于清丘之社，曰："有子，无相弃也④。"僖子使助薳氏之簉⑤。反自祲祥，宿于薳氏，生懿子及南宫敬叔于泉丘人。其僚无子，使字敬叔⑥。

① 蒐非存亡之由，故临丧不宜为之。盟会以安社稷，故丧盟谓之礼。【释文】好，呼报切。 ② 泉丘，鲁邑。【释文】梦以其帷，位悲切，一本作"梦以帷"。幕，音莫。 ③ 邻女为僚友者，随而奔僖子。【释文】僚，力雕切。 ④ 二女自共盟。 ⑤ 簉，副倅也。薳氏之女为僖子副妾，别居在外，故僖子纳泉丘人女，令副助之。【释文】薳，为彼切，又作"蔿"。簉，本又作"莲"，初又切，《说文》簉从艹。倅，七对切。令，力呈切。 ⑥ 字，养也。似双生。【释文】生，如字，或所

敬切。

楚师在蔡①，晋荀吴谓韩宣子曰："不能救陈，又不能救蔡，物以无亲②，晋之不能，亦可知也已！为盟主而不恤亡国，将焉用之?"

① 向四月之师。【释文】向，本又作"曏"。 ② 物，事也。

秋，会于厥慭，谋救蔡也①。郑子皮将行，子产曰："行不远。不能救蔡也。蔡小而不顺，楚大而不德，天将弃蔡以壅楚，盈而罚之②，蔡必亡矣。且丧君而能守者，鲜矣。三年，王其有咎乎！美恶周必复，王恶周矣③。"晋人使狐父请蔡于楚，弗许④。

① 不书救蔡，不果救。【释文】焉，於虔切。 ② 盈楚恶。 ③ 元年，楚子弑君而立，岁在大梁。后三年，十三岁，岁星周，复于大梁。【释文】鲜，息浅切。复，扶又切，本或作"复在"。 ④ 狐父，晋大夫。【释文】狐，音胡。

单子会韩宣子于戚①，视下言徐。叔向曰："单子其将死乎！朝有著定②，会有表③，衣有桧，带有结④。会朝之言，必闻于表著之位，所以昭事序也。视不过结、桧之中，所以道容貌也。言以命之，容貌以明之，失则有阙。今单子为王官伯，而命事于会，视不登带，言不过步，貌不道容，而言不昭矣。不道，不共；不昭，不从⑤。无守气矣⑥。"

① 单子，单成公。 ② 著定，朝内列位常处，谓之表著。【释文】著，张虑切，徐治居切。处，昌虑切。 ③ 野会设表以为位。 ④ 桧，领会。结，带结也。【释文】桧，古外切，《说文》云：带所结也。 ⑤ 貌正曰共，言顺曰从。【释文】道，音导。 ⑥ 为此年冬单子卒起本。

九月，葬齐归，公不戚。晋士之送葬者，归以语史赵。史赵曰："必为鲁郊①。"侍者曰："何故?"曰："归，姓也。不思亲，祖不归也②。"叔向曰："鲁公室其卑乎？君有大丧，国不废蒐③。有三年之丧，而无一日之戚。国不恤丧，不忌君也④。君无戚容，不顾亲也。国不忌君，君不顾亲，能无卑乎？殆其失国[⑤]。”

① 言昭公必出在郊野，不能有国。【释文】语，鱼据切。　② 姓，生也。言不恩亲则不为祖考所归祐。【释文】祐，音又。　③ 谓蒐比蒲。　④ 忌，畏也。⑤ 为二十五年公孙于齐传。

冬十一月，楚子灭蔡，用隐大子于冈山[①]。申无宇曰：“不祥。五牲不相为用，况用诸侯乎[②]？王必悔之[③]。”

① 蔡灵公之大子，蔡侯庐之父。【释文】冈，音刚。庐，力吴切。　② 五牲：牛、羊、豕、犬、鸡。【释文】为，于伪切，或如字。　③ 悔为暴虐。

十二月，单成公卒[①]。

① 终叔向之言。

楚子城陈、蔡、不羹[①]。使弃疾为蔡公。王问于申无宇曰：“弃疾在蔡，何如？”对曰：“择子莫如父，择臣莫如君。郑庄公城栎而寘子元焉，使昭公不立[②]。齐桓公城穀而寘管仲焉，至于今赖之[③]。臣闻五大不在边，五细不在庭[④]。亲不在外，羁不在内。今弃疾在外，郑丹在内[⑤]，君其少戒。”王曰：“国有大城，何如？”对曰：“郑京、栎实杀曼伯[⑥]，宋萧、亳实杀子游[⑦]，齐渠丘实杀无知[⑧]，卫蒲、戚实出献公[⑨]，若由是观之，则害于国。末大必折[⑩]，尾大不掉，君所知也[⑪]。”

① 襄城县东南有不羹城，定陵西北有不羹亭。【释文】羹，旧音郎，《汉书·地理志》作“更”字。　② 子元，郑公子。庄公寘子元于栎，桓十五年，厉公因之以杀栎大夫檀伯，遂居栎，卒使昭公不安位而见杀。【释文】栎，力狄切。寘，之豉切。檀，徒丹切。　③ 城穀在庄三十二年。　④ 上古金、木、水、火、土谓之五官。玄鸟氏、丹鸟氏亦有五。又以五鸠鸠民，五雉为五官正，盖立官之本也。末世随事施职，是以官无常数。今无宇称习古言，故云五大也。言五官之长，专盛过节，则不可居边；细弱不胜任，亦不可居朝廷。【释文】长，丁丈切。胜，音升。　⑤ 襄十九年，丹奔楚。　⑥ 曼伯，檀伯也。厉公得栎，又并京。【释文】曼，音万。　⑦ 在庄十二年。　⑧ 在庄九年。渠丘，今齐国西安县也，齐大夫雍廪邑。　⑨ 蒲，宁殖邑。戚，孙林父邑。出献公在襄十四年。【释文】出，如字，徐音黜。　⑩ 折其本。　⑪ 为十二年陈、蔡作乱传。【释文】掉，徒吊传。

昭公十二年

【经】

十有二年春，齐高偃帅师纳北燕伯于阳①。

三月壬申，郑伯嘉卒②。

夏，宋公使华定来聘③。

公如晋，至河乃复④。

五月，葬郑简公⑤。

楚杀其大夫成熊⑥。

秋七月。

冬十月，公子慭出奔齐⑦。

楚子伐徐⑧。

晋伐鲜虞⑨。

① 三年，燕伯出奔齐。[高偃]高傒玄孙，齐大夫。阳即唐，燕别邑，中山有唐县。不言于燕，未得国都。【释文】傒，音奚。 ② 五同盟。 ③ 定，华椒孙。 ④ 晋人以莒故辞公。 ⑤ 三月而葬，速。 ⑥ 传在葬简公上，经从赴。【释文】熊，音雄。 ⑦ 书名，谋乱故也。【释文】慭，鱼觐切，一读为整，正领切。 ⑧ 不书围，以乾豁师告。 ⑨ 不书将帅，史阙文。【释文】将，子匠切。帅，所类切。

【传】

十二年春，齐高偃纳北燕伯款于唐，因其众也①。

① 言因唐众欲纳之，故得先入唐。

三月，郑简公卒，将为葬除①。及游氏之庙②，将毁焉。子大叔使其除徒执用以立，而无庸毁③，曰："子产过女，而问何故不毁，乃曰，不忍庙也！诺，将毁矣④！"既如是，子产乃使辟之。司墓之室，有当道者[⑤]，毁之，则朝而塴[⑥]；弗毁，则日中而塴。子大叔请毁之，曰："无若诸侯之宾何[⑦]？"子产曰："诸侯之宾，能来会吾丧，岂惮日中[⑧]？无损于宾，而民不害，何故不为？"遂弗毁，日中而葬。君子谓："子产于是乎知礼。礼，无毁人以自成也。"

① 除葬道。【释文】为，于伪切。　② 游氏，子大叔族。　③ 用，毁庙具。　④ 教毁庙者之辞。【释文】女，音汝。　⑤ 简公别营葬地，不在郑先公旧墓，故道有临时迁直也。司墓之室，郑之掌公墓大夫徒属之家。【释文】迁，音于，一音於。　⑥ 塴，下棺。【释文】朝，如字。塴，北邓切，徐甫赠切，礼家作"窆"，彼验切，义同。　⑦ 不欲久留宾。　⑧【释文】惮，徒旦切。

夏，宋华定来聘，通嗣君也[①]。享之，为赋《蓼萧》，弗知，又不答赋[②]。昭子曰："必亡。宴语之不怀[③]，宠光之不宣[④]，令德之不知，同福之不受，将何以在[⑤]？"

① 宋元公新即位。　②《蓼萧》，《诗・小雅》，义取"燕笑语兮，是以有誉处兮"，乐与华定燕语也。又曰"既见君子，为龙为光"，欲以宠光宾也。又曰"宜兄宜弟，令德寿凯"，言宾有令德，可以寿乐也。又"和鸾雍雍，万福攸同"，言欲与宾同福禄也。【释文】为，于伪切。蓼，音六。乐，音洛。　③ 怀，思也。　④ 宣，扬也。　⑤ 为二十年华定出奔传。

齐侯、卫侯、郑伯如晋，朝嗣君也[①]。公如晋[②]，至河乃复。取郠之役[③]，莒人诉于晋，晋有平公之丧，未之治也，故辞公。公子慭遂如晋[④]。晋侯享诸侯，子产相郑伯辞于享，请免丧而后听命[⑤]。晋人许之，礼也[⑥]。晋侯以齐侯宴，中行穆子相[⑦]。投壶，晋侯先。穆子曰："有酒如淮，有肉如坻[⑧]。寡君中此，为诸侯师。"中之。齐侯举矢，曰："有酒如渑，有肉如陵[⑨]。寡人中此，与君代兴[⑩]。"亦中之。伯瑕谓穆子曰[⑪]："子失辞。吾固师诸侯矣，壶何为焉，其以中俊也[⑫]。齐君弱吾君，归弗来矣[⑬]。"穆子曰："吾军帅强御，卒乘竞劝，今犹古也，齐将何事[⑭]？"公孙傁趋进曰："日旰君勤，可以出矣!"以齐侯出⑮。

① 晋昭公新立。 ② 亦欲朝嗣君。 ③ 在十年。 ④ 慭,鲁大夫。如晋不书,还不复命而奔,故史不书于策。 ⑤ 简公未葬。【释文】相,息亮切。⑥ 善晋不夺孝子之情。 ⑦ 穆子,荀吴。 ⑧ 淮,水名。坻,山名。【释文】淮,旧如字,四渎水。学者皆以淮、坻之韵不切,云淮当为"潍"。潍,齐地水名,下称渑,亦是齐国水也。案,渑是齐水,齐侯称之,荀吴既非齐人,不应远举潍水。古韵缓,作淮足得,无劳改也。坻,直疑切,徐直疑切。《诗》云:宛在水中坻。坻,水中高地。 ⑨ 渑水出齐国临淄县,北入时水。陵,大阜也。【释文】中,丁仲切,下同。渑,音绳。时,如字,本或作"溡",音同。 ⑩ 代,更也。【释文】更,音庚。 ⑪ 伯瑕,士文伯。 ⑫ 言投壶中,不足为俊异。 ⑬ 欲与晋君代兴,是弱之。【释文】齐君弱吾君,轻吾君以为弱也。 ⑭ 言晋德不衰于古,齐不事晋,将无所事。【释文】帅,所类切。御,鱼吕切。卒,子忽切。乘,绳证切。⑮ 傁,齐大夫。传言晋之衰。【释文】傁,素口切,徐所流切。旰,古旦切。

楚子谓成虎若敖之余也,遂杀之①。或谮成虎于楚子,成虎知之而不能行。书曰:"楚杀其大夫成虎。"怀宠也②。

① 成虎,令尹子玉之孙,与鬥氏同出于若敖。宣四年,鬥椒作乱,今楚子信谮而托讨若敖之余。 ② 解经所以书名。

六月,葬郑简公①。

① 传终子产辞享,明既葬则为免丧。经书五月误。

晋荀吴伪会齐师者,假道于鲜虞,遂入昔阳①。秋八月壬午,灭肥,以肥子绵皋归②。

① 鲜虞,白狄别种,在中山新市县。昔阳,肥国都,乐平沾县东有昔阳城。【释文】种,章勇切。沾,音张廉切,韦昭音拈,《字林》他兼切。 ② 肥,白狄也。绵皋,其君名。巨鹿下曲阳县西南有肥累城。为下晋伐鲜虞起。【释文】皋,古刀切。累,劣彼切,劝辄切。

周原伯绞虐其舆臣,使曹逃①。冬十月壬申朔,原舆人逐绞而立公子跪寻②,绞奔郊③。

① 原伯绞,周大夫原公也。舆,众也。曹,群也。【释文】绞,古卯切。② 跪寻,绞弟。【释文】跪,求委切,又音诡。 ③ 郊,周地。

甘简公无子，立其弟过①。过将去成、景之族②。成、景之族赂刘献公③。丙申，杀甘悼公④，而立成公之孙鳍⑤。丁酉，杀献大子之傅庾皮之子过⑥，杀瑕辛于市，及宫嬖绰、王孙没、刘州鸠、阴忌、老阳子⑦。

① 甘简公，周卿士。【释文】过，古禾切，下"子过"同。 ② 成公、景公皆过之先君。【释文】去，起吕切。 ③ 欲使杀过。刘献公亦周卿士，刘定公子。 ④ 悼公，即过。 ⑤ 鳍，平公。【释文】鳍，音秋。 ⑥ 过，刘献公太子之傅。 ⑦ 六子，周大夫及庾过皆甘悼公之党。传言周衰，原、甘二族所以遂微。

季平子立，而不礼于南蒯①。南蒯谓子仲②："吾出季氏，而归其室于公③，子更其位④，我以费为公臣。"子仲许之。南蒯语叔仲穆子，且告之故⑤。

①蒯，南遗之子，季氏费邑宰。【释文】蒯，苦怪切。费，音秘。 ② 子仲，公子慭。 ③ 室，季氏家财。 ④ 更，代也。【释文】更，音庚。 ⑤ 穆子，叔仲带之子叔仲小也。语以欲出季氏，以不见礼故。【释文】语，鱼据切。

季悼子之卒也，叔孙昭子以再命为卿①。及平子伐莒，克之，更受三命②。叔仲子欲构二家③，谓平子曰："三命逾父兄，非礼也④。"平子曰："然。"故使昭子⑤。昭子曰："叔孙氏有家祸，杀適立庶，故婼也及此⑥。若因祸以毙之，则闻命矣⑦。若不废君命，则固有著矣⑧。"昭子朝，而命吏曰："婼将与季氏讼，书辞无颇⑨。"季孙惧而辞，归罪于叔仲子。故叔仲小、南蒯、公子慭谋季氏。慭告公，而遂从公如晋⑩。南蒯惧不克，以费叛如齐。子仲还，及卫，闻乱，逃介而先⑪。及郊，闻费叛，遂奔齐⑫。

① 悼子，季武子之子，平子父也。传言叔孙之见命，乃在平子为卿之前。 ② 十年，平子伐莒，以功加三命。昭子不伐莒，亦以例加为三命。 ③ 欲构使相憎。 ④ 言昭子受三命，自逾其先人。 ⑤ 使昭子自贬黜。 ⑥ 祸在四年。【释文】適，丁历切。 ⑦ 言因乱讨己，不敢辞。 ⑧ 著，位次。 ⑨ 颇，偏也。【释文】颇，普何切。 ⑩ 慭，子仲。 ⑪ 介，副使也。【释文】介，音界。

使，所吏切。 ⑫ 言及郊。解经所以书出。

南蒯之将叛也，其乡人或知之，过之而叹①，且言曰："恤恤乎，湫乎，攸乎②！深思而浅谋，迩身而远志，家臣而君图③，有人矣哉④！"

① 乡人过蒯而叹。 ② 恤恤，忧患。湫，愁隘。攸，悬危之貌。【释文】湫，子小切，徐在酒切，一音秋。攸，如字，徐以帚切。隘，於卖切。悬，音玄，本又作"县"。 ③ 家臣而图人君之事，故言思深而谋浅，身近而志远。【释文】思，息嗣切。 ④ 言今有此人，微以感之。

南蒯枚筮之①，遇《坤》䷁②之《比》䷇③，曰："黄裳元吉④。"以为大吉也，示子服惠伯，曰："即欲有事，何如？"惠伯曰："吾尝学此矣，忠信之事则可，不然必败。外强内温，忠也⑤。和以率贞，信也⑥。故曰'黄裳元吉'。黄，中之色也。裳，下之饰也。元，善之长也。中不忠，不得其色⑦。下不共，不得其饰⑧。事不善，不得其极⑨。外内倡和为忠⑩，率事以信为共⑪，供养三德为善⑫，非此三者弗当⑬。且夫《易》，不可以占险，将何事也？且可饰乎⑭？中美能黄，上美为元，下美则裳，参成可筮⑮。犹有阙也，筮虽吉，未也⑯。"

① 不指其事，泛卜吉凶。【释文】泛，芳剑切。 ②《坤》下《坤》上，《坤》。 ③《坤》下《坎》上，《比》。《坤》六五爻变。 ④《坤》六五爻辞。 ⑤《坎》险故强，《坤》顺故温。强而能温，所以为忠。 ⑥ 水和而土安正。和正，信之本也。 ⑦ 言非黄。【释文】长，丁丈切。 ⑧ 不为裳。 ⑨ 失中德。 ⑩ 不相违也。【释文】倡，昌亮切。和，户卧切。 ⑪ 率，犹行也。 ⑫ 三德谓正直、刚克、柔克也。【释文】供，九用切。养，余亮切。 ⑬ 非忠信善不当此卦。【释文】当，如字，或丁浪切。 ⑭ 夫《易》犹此《易》，谓黄裳元吉之卦。问其何事，欲令从下之饰。【释文】夫，音扶。令，力呈切。 ⑮ 参美尽备，吉可如筮。【释文】参，七南切，又音三。 ⑯ 有阙，谓不参成。

将适费，饮乡人酒①。乡人或歌之曰："我有圃，生之杞乎②！从我者子乎③，去我者鄙乎，倍其邻者耻乎④！已乎已乎，非吾党之士乎⑤！"

平子欲使昭子逐叔仲小[⑥]。小闻之，不敢朝。昭子命吏谓小待政于朝，曰："吾不为怨府[⑦]。"

① 南蒯自其家还，适费。【释文】饮，於鸩切。 ② 言南蒯在费欲为乱，如杞生于园圃，非宜也。杞，世所谓枸杞也。【释文】圃，布古切。杞，音起。枸，音苟，本又作"狗"。 ③ 子，男子之通称。言从己可不失今之尊。【释文】称，尺证切。 ④ 邻，犹亲也。【释文】倍，音佩。 ⑤ 已乎已乎，言自遂不改。 ⑥ 欲以自解说。 ⑦ 言不能为季氏逐小，生怨祸之聚。为明年叔弓围费传。【释文】为，于伪切。

楚子狩于州来[①]，次于颍尾[②]，使荡侯、潘子、司马督、嚣尹午、陵尹喜帅师围徐以惧吴[③]。楚子次于乾谿[④]，以为之援。雨雪，王皮冠，秦复陶[⑤]，翠被[⑥]，豹舄[⑦]，执鞭以出[⑧]，仆析父从[⑨]。

① 狩，冬猎也。【释文】狩，本亦作"守"，手又切。 ② 颍水之尾在下蔡西。 ③ 五子，楚大夫。徐、吴与国，故围之以偪吴。【释文】潘，普干切。督，本亦作"裻"，音笃。嚣，五刀切，徐许骄切。 ④ 在谯国城父县南。 ⑤ 秦所遗羽衣也。【释文】援，于眷切。雨，于付切。王皮冠，一本作"楚子皮冠"。复，音服，一音福。陶，徒刀切。遗，唯季切。 ⑥ 以翠羽饰被。【释文】被，普义切。 ⑦ 以豹皮为履。【释文】舄，音昔。 ⑧ 执鞭以教令。【释文】鞭，必绵切，或革旁作更者，五孟切，非也。 ⑨ 楚大夫。【释文】析，星历切。从，才用切。

右尹子革夕[①]，王见之，去冠、被，舍鞭[②]，与之语曰："昔我先王熊绎[③]，与吕级[④]、王孙牟[⑤]、燮父[⑥]、禽父[⑦]并事康王[⑧]，四国皆有分，我独无有[⑨]。今吾使人于周，求鼎以为分，王其与我乎？"对曰："与君王哉！昔我先王熊绎，辟在荆山[⑩]，筚路蓝缕，以处草莽。跋涉山林，以事天子。唯是桃弧、棘矢，以共御王事[⑪]。齐，王舅也[⑫]。晋及鲁、卫，王母弟也。楚是以无分，而彼皆有。今周与四国服事君王，将唯命是从，岂其爱鼎！"王曰："昔我皇祖伯父昆吾，旧许是宅[⑬]。今郑人贪赖其田，而不我与。我若求之，其与我乎？"对曰：

“与君王哉！周不爱鼎，郑敢爱田？”王曰：“昔诸侯远我而畏晋，今我大城陈、蔡、不羹，赋皆千乘，子与有劳焉。诸侯其畏我乎？”对曰：“畏君王哉！是四国者，专足畏也⑭，又加之以楚，敢不畏君王哉？”

① 子革，郑丹。夕，莫见。【释文】莫，音暮。见，贤遍切。 ② 敬大臣。【释文】去，起吕切。舍，音捨。 ③ 楚始封君。【释文】绎，音亦。 ④ 齐大公之子丁公。【释文】级，音急，本亦作“伋”。 ⑤ 卫康叔子康(抢)[伯]。 ⑥ 晋唐叔之子。【释文】燮，素协切。父，音甫。 ⑦ 周公子伯禽。 ⑧ 康王，成王子。 ⑨ 四国：齐、晋、鲁、卫。分，珍宝之器。【释文】分，扶问切，下同。⑩ 在新城洓乡县南。【释文】辟，匹亦切。洓，音市，又音示。 ⑪ 桃弧、棘矢，以御不祥。言楚在山林，少所出有。【释文】筚，音必。蓝，力甘切。缕，力主切。莽，武党切。跋，蒲末切。共，音恭。御，鱼吕切。 ⑫ 成王母，齐大公女。⑬ 陆终氏生六子，长曰昆吾，少曰季连。季连，楚之祖，故谓昆吾为伯父。昆吾尝居许地，故曰旧许是宅。【释文】长，丁丈切。少，诗照切。尝，一本作“曾”，才能切。 ⑭ 四国：陈、蔡、二不羹。【释文】远，于万切。羹，音郎。乘，绳证切。与，音预。

工尹路请曰：“君王命剥圭以为鏚柲①，敢请命②。”王入视之。

析父谓子革：“吾子，楚国之望也！今与王言如响，国其若之何③？”子革曰：“摩厉以须，王出，吾刃将斩矣④。”

① 鏚，斧也。柲，柄也。破圭玉以饰斧柄。【释文】剥，邦角切。鏚，音戚。柲，音秘。 ② 请制度之命。 ③ 讥其顺王心如响应声。【释文】响，许丈切。应，应对之应。 ④ 以己喻锋刃，欲自摩厉，以斩王之淫慝。【释文】慝，他得切。

王出，复语。左史倚相趋过①。王曰：“是良史也，子善视之。是能读《三坟》、《五典》、《八索》、《九丘》②。”对曰：“臣尝问焉。昔穆王欲肆其心③，周行天下，将皆必有车辙马迹焉。祭公谋父作《祈招》之诗，以止王心④，王是以获没于祗宫⑤。臣问其诗而不知也。若问远焉，其焉能知之？”王曰：

“子能乎？”对曰：“能。其诗曰：‘祈招之愔愔，式昭德音⑥。思我王度，式如玉，式如金⑦。形民之力，而无醉饱之心⑧。’”

① 倚相，楚史名。【释文】复，扶又切。倚，於绮切，徐其绮切。相，息亮切。② 皆古书名。【释文】坟，扶云切。索，所白切，本又作“素”。③ 周穆王。肆，极也。④ 谋父，周卿士。祈父，周司马，世掌甲兵之职，招其名。祭公方谏游行，故指司马官而言。此诗逸。【释文】行，如字，又下孟切。辙，直列切。祭，侧界切。招，常遥切，又音昭。父，音甫。⑤ 获没，不见篡弑。【释文】祇，音支，又音祁。篡，初患切。弑，申志切。⑥ 愔愔，安和貌。式，用也。昭，明也。【释文】焉能，於虔切。愔，一心切，徐于林切。⑦ 金玉取其坚重。⑧ 言国之用民，当随其力任，如金冶之器，随器而制形，故言形民之力，去其醉饱过盈之心。【释文】冶，音也。去，起吕切。

王揖而入，馈不食，寝不寐，数日①，不能自克，以及于难②。仲尼曰：“古也有志，克己复礼，仁也。信善哉！楚灵王若能如是，岂其辱于乾溪？”

① 深感子革之言。【释文】馈，其位切。数，色主切。② 克，胜也。【释文】难，乃旦切。胜，升证切，又音升。

晋伐鲜虞，因肥之役也①。

① 肥役在此年。

春秋经传集解昭公四第二十三

昭公十三年

【经】

十有三年春,叔弓帅师围费[1]。

夏四月,楚公子比自晋归于楚,弑其君虔于乾谿[2]。

楚公子弃疾杀公子比[3]。

秋,公会刘子、晋侯、齐侯、宋公、卫侯、郑伯、曹伯、莒子、邾子、滕子、薛伯、杞伯、小邾子于平丘[4]。

八月甲戌,同盟于平丘[5]。

公不与盟[6]。

晋人执季孙意如以归。

公至自会[7]。

蔡侯庐归于蔡。

陈侯吴归于陈[8]。

冬十月,葬蔡灵公[9]。

公如晋,至河乃复[10]。

吴灭州来[11]。

① 不书南蒯以费叛，不以告庙。【释文】费，音秘。　② 比去晋而不送，书归者，依陈、蔡以入，言陈、蔡犹列国也。比归而灵王死，故书弑其君。灵王无道而弑称臣，比非首谋而反书弑，比虽胁立，犹以罪加也。灵王死在五月，又不在乾谿，楚人生失灵王，故本其始祸以赴之。【释文】谿，苦兮切。　③ 比虽为君，而未列于诸侯，故不称爵。杀不称人，罪弃疾。　④ 平丘在陈留长垣县西南。【释文】垣，音袁。　⑤ 书同，齐服故。　⑥ 鲁不堪晋求，谗慝弘多，公不与盟，非国恶，故不讳。【释文】与，音预。慝，他得切。　⑦ 无传。　⑧ 陈、蔡皆受封于楚，故称爵。诸侯纳之曰归。【释文】庐，音卢，又力居切。　⑨ 蔡复而后以君礼葬之。　⑩ 晋人辞公。　⑪ 州来，楚邑。用大师焉曰灭。

【传】

十三年春，叔弓围费，弗克，败焉①。平子怒，令见费人执之，以为囚俘。冶区夫曰："非也②。若见费人，寒者衣之，饥者食之。为之令主，而共其乏困。费来如归，南氏亡矣。民将叛之，谁与居邑？若惮之以威，惧之以怒，民疾而叛，为之聚也。若诸侯皆然，费人无归，不亲南氏，将焉入矣？"平子从之，费人叛南氏③。

① 为费人所败，不书，讳之。　② 区夫，鲁大夫。【释文】俘，芳夫切。冶，音也。区，乌侯切，又丘于切。　③ 费叛南氏在明年。传善区夫之谋，终言其效。【释文】衣，於既切。食，音嗣。共，音恭。惮，待旦切。为，于伪切。焉，於虔切。效，户孝切。

楚子之为令尹也，杀大司马薳掩而取其室①。及即位，夺薳居田②。迁许而质许围③。蔡洧有宠于王，王之灭蔡也，其父死焉④，王使与于守而行⑤。申之会，越大夫戮焉⑥。王夺鬬韦龟中犫⑦，又夺成然邑而使为郊尹⑧。蔓成然故事蔡公⑨。故薳氏之族及薳居、许围、蔡洧、蔓成然，皆王所不礼也。因群丧职之族，启越大夫常寿过作乱⑩，围固城，克息舟，城而居之⑪。

① 在襄三十年。【释文】薳，于委切。掩，於检切。　② 居，掩之族。言薳

氏所以怨。 ③ 迁许在九年。围，许大夫。【释文】质，音致。 ④ 楚灭蔡在十一年。洧仕楚，其父在国，故死。【释文】洧，于轨切。 ⑤ 使洧守国，王行至乾谿。【释文】与，音预。守，手又切。 ⑥ 申会在四年。 ⑦ 韦龟，令尹子文玄孙。中犫，邑名。【释文】犫，尺州切。 ⑧ 成然，韦龟子。郊尹，治郊竟大夫。【释文】竟，音境。 ⑨ 蔡公，弃疾也。故，犹旧也。韦龟以弃疾有当璧之命，故使成然事之。【释文】蔓，音万。 ⑩ 常寿过，申会所戮者。【释文】丧，息浪切。过，古禾切。 ⑪ 息舟，楚邑城之坚固者。

观起之死也，其子从在蔡，事朝吴①，曰："今不封蔡，蔡不封矣。我请试之②。"以蔡公之命召子干、子晳③，及郊，而告之情④，强与之盟，入袭蔡。蔡公将食，见之而逃⑤。观从使子干食，坎，用牲，加书，而速行⑥，己徇于蔡曰⑦："蔡公召二子，将纳之，与之盟而遣之矣，将师而从之⑧。"蔡人聚，将执之⑨。辞曰："失贼成军，而杀余，何益？"乃释之⑩。朝吴曰："二三子若能死亡，则如违之，以待所济⑪。若求安定，则如与之，以济所欲⑫。且违上，何适而可⑬？"众曰："与之。"乃奉蔡公，召二子而盟于邓⑭，依陈、蔡人以国⑮。楚公子比⑯、公子黑肱⑰、公子弃疾⑱、蔓成然、蔡朝吴帅陈、蔡、不羹、许、叶之师，因四族之徒⑲，以入楚。

① 观起死在襄二十二年。朝吴，故蔡大夫声子之子。【释文】从，如字。朝，如字。 ② 观从以父死怨楚，故欲(弑)[试]作乱。 ③ 二子皆灵王弟。元年子干奔晋，子晳奔郑。【释文】晳，星历切。 ④ 告以蔡公不知谋。 ⑤ 不知其故，惊起辟之。【释文】强，其丈切。 ⑥ 使子干居蔡公之床，食蔡公之食，并伪与蔡公盟之征验以示众。 ⑦ 己，观从也。【释文】己，音纪。徇，似俊切。 ⑧ 诈言蔡公将以师助二子。 ⑨ 执观从。 ⑩ 贼谓子干、子晳也。言蔡公已成军，杀己不解罪。 ⑪ 言若能为灵王死亡，则可违蔡公之命，以待成败如何。【释文】为，于伪切。 ⑫ 言与蔡公则可得安定。 ⑬ 言不可违上也。上谓蔡公。 ⑭ 颍川召陵县西南有邓城。二子：子干、子晳。 ⑮ 国陈、蔡而依之。 ⑯ 子干。 ⑰ 子晳。【释文】肱，古弘切。 ⑱ 蔡公。 ⑲ 四族：薳氏、许围、蔡洧、蔓成然。【释文】羹，音郎。叶，始涉切。

及郊，陈、蔡欲为名，故请为武军[1]。蔡公知之，曰："欲速，且役病矣，请藩而已。"乃藩为军[2]。蔡公使须务牟与史猈先入，因正仆人杀大子禄及公子罢敌[3]。公子比为王，公子黑肱为令尹，次于鱼陂[4]。公子弃疾为司马，先除王宫。使观从从师于乾谿，而遂告之[5]，且曰："先归复所，后者劓[6]。"师及訾梁而溃[7]。

① 欲筑垒壁以示后人，为复仇之名。【释文】垒，力轨切。壁，本亦作"辟"，音壁。　② 藩，篱也。【释文】藩，方元切。篱，本亦作"离"，力知切。　③ 须务牟、史猈，楚大夫，蔡公之党也。正仆，大子之近官。【释文】牟，亡侯切。猈，皮皆切，徐扶蟹切，又扶移切，或扶瞻切，本或作"箄"，音同。罢，音皮，徐甫绮切，又蒲买切。　④ 竟陵县城西北有甘鱼陂。【释文】陂，彼宜切。　⑤ 从乾谿之师，告使叛灵王。　⑥ 劓，截鼻。【释文】劓，鱼器切。　⑦ 灵王还至訾梁而众散。【释文】訾，子斯切。溃，户内切。

王闻群公子之死也，自投于车下，曰："人之爱其子也，亦如余乎？"侍者曰："甚焉。小人老而无子，知挤于沟壑矣[1]。"王曰："余杀人子多矣，能无及此乎？"右尹子革曰："请待于郊，以听国人[2]。"王曰："众怒不可犯也。"曰："若入于大都而乞师于诸侯。"王曰："皆叛矣。"曰："若亡于诸侯，以听大国之图君也。"王曰："大福不再，祇取辱焉。"然丹乃归于楚[3]。

① 挤，队也。【释文】挤，子细切，《说文》云：排也，又子礼切。壑，许各切。队，直类切。　② 听国人之所与。　③ 然丹，子革。弃王而归楚。【释文】祇，音支。

王沿夏，将欲入鄢[1]。芋尹无宇之子申亥曰："吾父再奸王命[2]，王弗诛，惠孰大焉？君不可忍，惠不可弃，吾其从王。"乃求王，遇诸棘闱以归[3]。夏五月癸亥，王缢于芋尹申亥氏[4]。申亥以其二女殉而葬之。

① 夏，汉别名。顺流为沿。顺汉水南至鄢。【释文】沿，以全切。夏，户雅切。鄢，徐於建切，又於晚切。入，本又作"至"。　② 谓断王旌，执人于章华

宫。【释文】芋,于付切,徐又音羽。奸,音干。断,丁管切。 ③ 棘,里名。闱,门也。【释文】闱,音韦。孔晁云:棘,楚邑;闱,巷门。 ④ 癸亥,五月二十六日,皆在乙卯、丙辰后。传终言之,经书四月,误。【释文】缢,一豉切。

观从谓子干曰:“不杀弃疾,虽得国,犹受祸也。”子干曰:“余不忍也。”子玉曰:“人将忍子①,吾不忍俟也。”乃行。

国每夜骇曰:“王入矣②!”乙卯夜,弃疾使周走而呼曰:“王至矣③!”国人大惊。使蔓成然走告子干、子皙曰:“王至矣!国人杀君司马,将来矣④!君若早自图也,可以无辱。众怒如水火焉,不可为谋。”又有呼而走至者曰:“众至矣!”二子皆自杀⑤。

① 子玉,观从。【释文】殉,似俊切。谓子干曰,本或作“谓子干”。 ② 相恐以灵王也。【释文】骇,户楷切。恐,丘勇切。 ③ 周,徧也。乙卯,十八日。【释文】呼,好故切。徧,音遍。 ④ 司马,谓弃疾也。言司马见杀,以恐子干。⑤ 不书弑君,位未定也。【释文】弑,申志切。

丙辰,弃疾即位,名曰熊居。葬子干于訾,实訾敖①。杀囚,衣之王服而流诸汉,乃取而葬之,以靖国人。使子旗为令尹②。

① 不成君,无号谥者,楚皆谓之敖。【释文】熊,音雄。 ② 子旗,蔓成然。【释文】衣,於既切。旗,音其。

楚师还自徐①,吴人败诸豫章,获其五帅②。

① 前年围徐之师。 ② 定二年,楚人伐吴师于豫章,吴人见舟于豫章,而潜师于巢,以军楚师于豫章。又柏举之役,吴人舍舟于淮汭,而自豫章与楚夹汉。此皆当在江北淮水南,盖后徙在江南豫章。【释文】帅,所类切。谓荡侯、潘子、司马督、嚣尹午、陵尹喜五人。见,贤遍切。汭,如锐切。

平王封陈、蔡,复迁邑①,致群赂②,施舍宽民,宥罪举职③。召观从,王曰:“唯尔所欲④。”对曰:“臣之先,佐开卜。”乃使为卜尹⑤。

使枝如子躬聘于郑,且致犨、栎之田⑥。事毕,弗致⑦。

郑人请曰："闻诸道路，将命寡君以犨、栎，敢请命。"对曰："臣未闻命。"既复，王问犨、栎。降服而对[8]，曰："臣过失命，未之致也。"王执其手，曰："子毋勤，姑归，不穀有事，其告子也[9]。"

① 复九年所迁邑。　② 始举事时所货赂。【释文】赂，音路。　③ 举职，修废官。【释文】宥，音又。　④ 观从教子干杀弃疾，弃疾今召用之，明在君为君之义。【释文】为，于伪切。　⑤ 佐卜人开龟兆。　⑥ 犨、栎，本郑邑，楚中取之。平王新立，故还以赂郑。【释文】栎，力狄切。　⑦ 知郑自说服，不复须赂故。【释文】说，音悦。复，扶又切，下"复使"同。　⑧ 降服，如今解冠也。谢违命。　⑨ 王善其有权，有事将复使之。【释文】毋，音无。

他年芋尹申亥以王柩告，乃改葬之。

初，灵王卜，曰："余尚得天下[1]。"不吉，投龟，诟天而呼曰："是区区者而不余畀[2]，余必自取之。"民患王之无厌也，故从乱如归。

① 尚，庶几。【释文】柩，其久切。　② 区区，小天下。【释文】诟，本又作"询"，呼豆切，徐许后切。呼，火故切。畀，必利切，徐甫至切，与也。

初，共王无冢适[1]，有宠子五人，无适立焉。乃大有事于群望[2]，而祈曰："请神择于五人者，使主社稷。"乃徧以璧见于群望，曰："当璧而拜者，神所立也，谁敢违之？"既，乃与巴姬密埋璧于大室之庭[3]，使五人齐，而长入拜[4]。康王跨之[5]，灵王肘加焉，子干、子皙皆远之。平王弱，抱而入，再拜，皆厌纽[6]。鬥韦龟属成然焉[7]，且曰："弃礼违命，楚其危哉[8]。"

① 冢，大也。【释文】厌，於盐切。共，音恭。适，丁历切，下"无适"同。　② 群望，星辰山川。　③ 巴姬，共王妾。大室，祖庙。【释文】徧，音遍。见，贤遍切，下注"微见"同。巴，必加切。埋，亡皆切。大，音泰。　④ 从长幼以次拜。【释文】齐，侧皆切，本又作"斋"。长，丁丈切。　⑤ 过其上也。【释文】跨，苦化切。　⑥ 微见璧纽以为审识。【释文】肘，中九切。远，于万切。厌，於甲

切，徐於辄切。纽，女九切。识，申志切，又如字。 ⑦ 知其将立，故托其子。【释文】属，音烛。 ⑧ 弃立长之礼，违当璧之命，终致灵王之乱。

子干归，韩宣子问于叔向曰："子干其济乎？"对曰："难。"宣子曰："同恶相求，如市贾焉，何难①？"对曰："无与同好，谁与同恶②？取国有五难：有宠而无人，一也③；有人而无主，二也④；有主而无谋，三也⑤；有谋而无民，四也⑥；有民而无德，五也⑦。子干在晋十三年矣，晋、楚之从，不闻达者，可谓无人⑧。族尽亲叛，可谓无主⑨。无衅而动，可谓无谋⑩。为羁终世，可谓无民⑪。亡无爱征，可谓无德⑫。王虐而不忌⑬，楚君子干，涉五难以弑旧君，谁能济之⑭？有楚国者，其弃疾乎！君陈、蔡，城外属焉⑮。苛慝不作，盗贼伏隐，私欲不违⑯，民无怨心。先神命之⑰，国民信之，芈姓有乱，必季实立，楚之常也。获神，一也⑱；有民，二也⑲；令德，三也⑳；宠贵，四也㉑；居常，五也㉒。有五利以去五难，谁能害之？子干之官，则右尹也。数其贵宠，则庶子也。以神所命，则又远之。其贵亡矣㉓，其宠弃矣㉔，民无怀焉㉕，国无与焉㉖，将何以立？"宣子曰："齐桓、晋文，不亦是乎㉗？"对曰："齐桓，卫姬之子也，有宠于僖㉘。有鲍叔牙、宾须无、隰朋以为辅佐，有莒、卫以为外主㉙，有国、高以为内主㉚。从善如流㉛，下善齐肃㉜，不藏贿㉝，不从欲㉞，施舍不倦㉟，求善不厌，是以有国，不亦宜乎？我先君文公，狐季姬之子也，有宠于献。好学而不贰㊱，生十七年，有士五人㊲。有先大夫子馀、子犯以为腹心㊳，有魏犨、贾佗以为股肱㊴，有齐、宋、秦、楚以为外主㊵，有栾、郤、狐、先以为内主㊶。亡十九年，守志弥笃。惠、怀弃民㊷，民从而与之。献无异亲，民无异望㊸，天方相晋，将何以代文？此二君者，异于子干。共有宠子，国有奥主㊹。无施于民，无援于外，去晋而不送，归楚而不逆，何以冀国[45]？”

① 宣子谓弃疾亲恃子干，共同好恶，故言如市贾同利以相求。【释文】贾，音古。好，如字，又呼报切。恶，乌路切，下皆仿此。 ② 言弃疾本不与子干同好，则亦不得同恶。 ③ 宠须贤人而固。 ④ 虽有贤人，当须内主为应。【释文】应，应对之应。 ⑤ 谋，策谋也。 ⑥ 民，众。 ⑦ 四者既备，当以德成。 ⑧ 晋、楚之士从子干游，皆非达人。 ⑨ 无亲族在楚。 ⑩ 召子干时，楚未有大衅。【释文】衅，许靳切。 ⑪ 终身羁客在晋，是无民。 ⑫ 楚人无爱念之者。 ⑬ 灵王暴虐，无所畏忌，将自亡。 ⑭ 言楚借君子干以弑灵王，终无能成。 ⑮ 城，方城也。时穿封戌既死，弃疾并领陈事。 ⑯ 不以私欲违民事。【释文】苛，音何，本或作“荷”，音同。慝，他得切。 ⑰ 先神，谓群望。 ⑱ 当璧拜。【释文】芈，弥尔切。 ⑲ 民信之。 ⑳ 无苛慝。 ㉑ 贵妃子。 ㉒ 弃疾，季。 ㉓ 位不尊。【释文】去，起吕切。数，所主切。远，于万切。亡，音无，又如字。 ㉔ 父既没故。 ㉕ 非令德。 ㉖ 无内主。 ㉗ 皆庶贱。 ㉘ 卫姬，齐僖公妾。 ㉙ 齐桓出奔莒、卫，有舅氏之助。 ㉚ 国氏、高氏，齐上卿。 ㉛ 言其疾也。 ㉜ 齐，严也。肃，敬也。【释文】下，遐嫁切。齐，侧皆切。 ㉝ 清也。【释文】贿，呼罪切。 ㉞ 俭也。【释文】从，子用切。 ㉟ 施舍，犹言布恩德。 ㊱ 言笃志。【释文】厌，於艳切。好，呼报切。 ㊲ 狐偃、赵衰、颠颉、魏武子、司空季子五士从出。【释文】衰，初危切。颉，户结切。从，才用切。 ㊳ 子馀，赵衰。子犯，狐偃。 ㊴ 魏犨，魏武子也。称五人而说四士，贾佗又不在本数，盖叔向所贤。【释文】佗，徒河切。 ㊵ 齐妻以女，宋赠以马，楚王享之，秦伯纳之。【释文】妻，七计切。 ㊶ 谓栾枝、郤縠、狐突、先轸也。【释文】栾，鲁官切。郤，去逆切。縠，户木切。 ㊷ 惠公、怀公不恤民也。 ㊸ 献公之子九人，唯文公在。 ㊹ 谓弃疾也。【释文】相，息亮切。共，音恭。奥，乌报切。 ㊺ 传言子干所以蒙弑君之名，弃疾所以得国。【释文】施，式豉切。

晋成虒祁[1]，诸侯朝而归者皆有贰心[2]。为取郠故[3]，晋将以诸侯来讨。叔向曰：“诸侯不可以不示威[4]。”乃并征会，告于吴。秋，晋侯会吴子于良[5]。水道不可，吴子辞，乃还[6]。七月丙寅，治兵于邾南，甲车四千乘[7]，羊舌鲋摄司马[8]，遂合诸侯于平丘。子产、子大叔相郑伯以会。子产以幄幕九张行[9]。子大叔以四十，既而悔之，每舍，损焉。及会，亦如之⑩。

① 在八年。【释文】虒，音斯。 ② 贱其奢也。 ③ 取郠在十年。【释文】为，于伪切。郠，工杏切。 ④ 知晋德薄，欲以威服之。 ⑤ 下邳有良城县。【释文】邳，皮悲切。 ⑥ 辞不会。 ⑦ 三十万人。【释文】乘，绳证切，下及注同。 ⑧ 鲋，叔向弟也。摄，兼官。【释文】鲋，音附。 ⑨ 幄幕，军旅之帐。【释文】幄，於角切。幕，音莫。四合象宫室曰幄，在上曰幕。 ⑩ 亦九张也。传言子产之适宜，大叔之从善。

次于卫地，叔鲋求货于卫，淫刍荛者①。卫人使屠伯馈叔向羹与一箧锦②，曰："诸侯事晋，未敢携贰，况卫在君之宇下③，而敢有异志？刍荛者异于他日，敢请之④。"叔向受羹反锦⑤，曰："晋有羊舌鲋者，渎货无厌⑥，亦将及矣⑦。为此役也⑧，子若以君命赐之，其已。"客从之，未退，而禁之⑨。

① 欲使卫患之而致货。【释文】刍，初俱切，《说文》云：刈草也。荛，如遥切。饲牲曰刍，草薪曰荛。 ② 屠伯，卫大夫。【释文】屠，音徒。馈，其位切。箧，苦协切。 ③ 屋宇之下，喻近也。 ④ 请止之。 ⑤ 受羹示不逆其意，且非货。 ⑥ 渎，数也。【释文】渎，徒木切。厌，於盐切。数，音朔。 ⑦ 将及祸。 ⑧ 役，事也。【释文】为，如字，或于伪切。 ⑨ 禁刍荛者。

晋人将寻盟，齐人不可①。晋侯使叔向告刘献公曰②："抑齐人不盟，若之何？"对曰："盟以底信③。君苟有信，诸侯不贰，何患焉？告之以文辞，董之以武师，虽齐不许，君庸多矣④。天子之老，请帅王赋，'元戎十乘，以先启行⑤'，迟速唯君⑥。"叔向告于齐，曰："诸侯求盟，已在此矣。今君弗利，寡君以为请。"对曰："诸侯讨贰，则有寻盟。若皆用命，何盟之寻⑦？"叔向曰："国家之败，有事而无业，事则不经⑧。有业而无礼，经则不序⑨。有礼而无威，序则不共⑩。有威而不昭，共则不明⑪。不明弃共，百事不终，所由倾覆也⑫。是故明王之制，使诸侯岁聘以志业⑬，间朝以讲礼⑭，再朝而会以示威⑮，再会而盟以显昭明⑯。志业于好⑰，讲礼于等⑱，示威于众[19]，昭明于神[20]，自古以来，未之或失也。存亡之道，恒由是兴。晋礼主盟[21]，惧有不治，奉承齐牺[22]，而布诸君，求终事也[23]。君曰：'余必废之，何齐之有？'唯君图之，寡君闻命矣！"齐人惧，对曰："小国言之，大国制之，敢不听从？既闻命矣，敬共以往，迟速唯君。"

① 有贰心故。 ② 献公，王卿士刘子。 ③ 厎，致也。【释文】厎，音旨。 ④ 董，督也。庸，功也。讨之有辞，故功多也。 ⑤ 天子大夫称老。元戎，戎车在前者。启，开也。行，道也。 ⑥ 欲佐晋讨齐。 ⑦ 托用命以拒晋。 ⑧ 业，贡赋之业。 ⑨ 须礼而有次序。 ⑩ 礼须威严而后共。 ⑪ 威须昭告神明而后信义著。 ⑫ 信义不明则弃威，不威弃礼。无礼无经，无经无业，故百事不成。【释文】覆，芳服切。 ⑬ 志，识也。岁聘以修其职业。 ⑭ 三年而一朝，正班爵之义，率长幼之序。【释文】间，间厕之间。长，丁丈切。 ⑮ 六年而一会，以训上下之则，制财用之节。 ⑯ 十二年而一盟，所以昭信义也。凡八聘四朝再会，王一巡守，盟于方嶽之下。【释文】守，手又切。嶽，音岳。 ⑰ 聘也。【释文】好，呼报切。 ⑱ 朝也。 ⑲ 会也。 ⑳ 盟也。 ㉑ 依先王、先公旧礼，主诸侯盟。 ㉒ 齐盟之牺牲。【释文】治，直吏切，旧如字。牺，许宜切。 ㉓ 终，竟也。

叔向曰："诸侯有间矣[1]，不可以不示众。"八月辛未，治兵[2]，建而不旆[3]。壬申，复旆之。诸侯畏之[4]。

① 间，隙也。 ② 习战。 ③ 建立旌旗，不曳其旆。旆，游也。【释文】旆，步贝切。 ④ 军将战则旆，故曳旆以恐之。【释文】复，扶又切。恐，丘勇切。

邾人、莒人诉于晋曰："鲁朝夕伐我，几亡矣[1]。我之不共，鲁故之以[2]。"晋侯不见公，使叔向来辞曰："诸侯将以甲戌盟，寡君知不得事君矣，请君无勤[3]。"子服惠伯对曰："君信蛮夷之诉[4]，以绝兄弟之国，弃周公之后，亦唯君。寡君闻命矣。"叔向曰："寡君有甲车四千乘在，虽以无道行之，必可畏也。况其率道，其何敌之有？牛虽瘠，偾于豚上，其畏不死[5]？南蒯、子仲之忧，其庸可弃乎[6]？若奉晋之众，用诸侯之师，因邾、莒、杞、鄫之怒⑦，以讨鲁罪，间其二忧⑧，何求而弗克？”鲁人惧，听命⑨。

① 自昭公即位，邾、鲁同好，又不朝夕伐莒，无故怨诉，晋人信之，所谓谗慝弘多。【释文】诉，音素。朝夕，如字。几，音祈。　② 不共晋贡，以鲁故也。【释文】共，音恭，下同。　③ 托谦辞以绝鲁。　④ 蛮夷，谓邾、莒。　⑤ 偾，仆也。【释文】瘠，在亦切。偾，方问切。仆，音付，又蒲北切。　⑥ 弃，犹忘也。⑦ 四国近鲁，数以小事相忿。鄫已灭，其民犹存，故并以恐鲁。【释文】鄫，才陵切。近，附近之近。数，音朔。　⑧ 因南蒯、子仲二忧为间隙。　⑨ 不敢与盟。【释文】与，音预，下“不与”同。

甲戌，同盟于平丘，齐服也①。令诸侯日中造于除②。癸酉，退朝③。子产命外仆速张于除④，子大叔止之，使待明日。及夕，子产闻其未张也，使速往，乃无所张矣⑤。

① 经所以称同。　② 除地为坛，盟会处。【释文】造，七报切。坛，本或作“墠”，音善。处，昌虑切。　③ 先盟朝晋。　④ 张幄幕。　⑤ 地已满也。传言子产每事敏于大叔。

及盟，子产争承①，曰：“昔天子班贡，轻重以列②，列尊贡重，周之制也③，卑而贡重者，甸服也④。郑伯男也，而使从公侯之贡⑤，惧弗给也，敢以为请。诸侯靖兵，好以为事⑥。行理之命⑦，无月不至。贡之无艺⑧，小国有阙，所以得罪也。诸侯修盟，存小国也。贡献无及，亡可待也。存亡之制，将在今矣。”自日中以争，至于昏，晋人许之。

① 承，贡赋之次。　② 列，位也。　③ 公侯地广，故所贡者多。　④ 甸服，谓天子畿内共职贡者。　⑤ 言郑国在甸服外，爵列伯子男，不应出公侯之贡。　⑥ 靖，息也。【释文】好，呼报切。　⑦ 行理，使人通聘问者。【释文】使，所吏切。　⑧ 艺，法制。

既盟，子大叔咎之曰：“诸侯若讨，其可渎乎①？”子产曰：“晋政多门②，贰偷之不暇，何暇讨③？国不竞亦陵，何国之为④？”

① 渎，易也。【释文】咎，其九切。易，以豉切。　② 政不出一家。　③ 贰，不壹。偷，苟且。　④ 不竞争则为人所侵陵，不成为国。【释文】争，争斗之争，下"争竞"同。

公不与盟①。晋人执季孙意如，以幕蒙之②，使狄人守之。司铎射③怀锦，奉壶饮冰，以蒲伏焉。守者御之，乃与之锦而入④。晋人以平子归，子服湫从⑤。

① 信邾、莒之诉，欲讨鲁故。　② 蒙，裹也。【释文】裹，音果。　③ 鲁大夫。【释文】铎，待洛切。射，食亦切，又食夜切。　④ 蒲伏窃往，饮季孙。冰，箭筩盖，可以取饮。【释文】奉，芳勇切。蒲，本又作"匍"，同，步都切；又音扶，本亦作"扶"。伏，本又作"匐"，同，蒲北切，又音服。守，手又切，又如字。御，鱼吕切。饮，於鸩切。筩，音童，又音勇。　⑤ 湫，子服惠伯，从至晋。【释文】湫，子小切，徐音椒，又子鸟切。案，子服湫，又作"子服椒"，止一人耳。从，才用切。

子产归，未至，闻子皮卒，哭，且曰："吾已①，无为为善矣，唯夫子知我②。"仲尼谓："子产于是行也，足以为国基矣。《诗》曰：'乐只君子，邦家之基③。'子产，君子之求乐者也。"且曰："合诸侯，艺贡事，礼也④。"

① 已，犹决竟。　② 言子皮知己之善。　③《诗·小雅》，言乐与君子为治，乃国家之基本。【释文】治，直吏切。　④ 嫌争竞不顺，故以礼明之。

鲜虞人闻晋师之悉起也①，而不警边，且不修备②。晋荀吴自著雍以上军侵鲜虞，及中人，驱冲竞③，大获而归④。

① 五年传曰：遗守四千。今甲车四千乘，故为悉起。　② 言夷狄无谋。【释文】警，音景。　③ 中山望都县西北有中人城。驱冲车与狄争逐。　④ 为十五年晋伐鲜虞起。

楚之灭蔡也，灵王迁许、胡、沈、道、房、申于荆焉。平王即位，既封陈、蔡，而皆复之，礼也①。隐大子之子庐归于蔡，礼也②。悼大子之子吴归于陈，礼也③。

① 灭蔡在十一年。许、胡、沈，小国也。道、房、申，皆故诸侯，楚灭以为邑。荆，荆山也。传言平王得安民之礼。汝南有吴防县，即防国。　② 隐大子，大子有也。庐，蔡平侯。　③ 悼大子，偃师也。吴，陈惠公。

冬十月，葬蔡灵公，礼也①。

① 国复，成礼以葬也。此陈、蔡事，传皆言礼，嫌楚所封不得比诸侯，故明之。

公如晋。荀吴谓韩宣子曰："诸侯相朝，讲旧好也。执其卿而朝其君，有不好焉，不如辞之。"乃使士景伯辞公于河①。

① 景伯，士文伯之子弥牟也。【释文】好，呼报切。

吴灭州来。令尹子旗请伐吴，王弗许，曰："吾未抚民人，未事鬼神，未修守备，未定国家，而用民力，败不可悔。州来在吴，犹在楚也。子姑待之①。"

① 传言平王所以能有国。【释文】守，手又切。

季孙犹在晋，子服惠伯私于中行穆子曰①："鲁事晋，何以不如夷之小国？鲁，兄弟也，土地犹大，所命能具。若为夷弃之，使事齐、楚，其何瘳于晋②？亲亲、与大，赏共、罚否，所以为盟主也。子其图之。谚曰：'臣一主二③。'吾岂无大国④？"穆子告韩宣子，且曰："楚灭陈、蔡，不能救，而为夷执亲，将焉用之？"乃归季孙。惠伯曰："寡君未知其罪，合诸侯而执其老⑤。若犹有罪，死命可也⑥。若曰无罪而惠免之，诸侯不闻，是逃命也，何免之为？请从君惠于会⑦。"宣子患之，谓叔向曰："子能归季孙乎？"对曰："不能。鲋也能⑧。"乃使叔鱼。叔鱼见季孙曰："昔鲋也得罪于晋君，自归于鲁君⑨。微武子之赐，不至于今⑩。虽获归骨于晋，犹子则肉之，敢不尽情？归子而不归，鲋也闻诸吏，将为子除馆于西河⑪，其若之何？"且泣⑫。平子惧，先归。惠伯待礼⑬。

① 私与之语。 ② 瘳，差也。【释文】为，于伪切，下"为夷"、"将为"同。瘳，敕留切。差，初卖切。 ③ 言一臣必有二主，道不合，得去事他国。【释文】谚，音彦。 ④ 言非独晋可事。 ⑤ 老，尊卿称。【释文】焉，於虔切。称，尺证切。 ⑥ 死晋命也。 ⑦ 欲得盟会见遣，不欲私去。 ⑧ 鲋，叔鱼。 ⑨ 盖

襄二十一年坐叔虎与栾氏党并得罪。【释文】坐，才卧切。 ⑩ 武子，季平子祖父。 ⑪ 西使近河。【释文】近，附近之近。 ⑫ 泣以信其言。 ⑬ 待见遣之礼。

昭公十四年

【经】

十有四年春，意如至自晋[①]。

三月，曹伯滕卒[②]。

夏四月[③]。

秋，葬曹武公[④]。

八月，莒子去疾卒[⑤]。

冬，莒杀其公子意恢[⑥]。

① 书至者，喜得免。 ② 无传。四同盟。 ③ 无传。 ④ 无传。 ⑤ 未同盟。【释文】去，起吕切。 ⑥ 以祸乱告，不必系于为卿，故虽公子亦书。意恢与乱君为党，故书名恶之。【释文】恢，苦回切。恶，乌路切。

【传】

十四年春，意如至自晋，尊晋罪己也[①]。尊晋罪己，礼也[②]。

① 以舍族为尊晋罪己。【释文】舍，音捨。 ② 礼，修己而不责人。

南蒯之将叛也，盟费人。司徒老祁、虑癸[①]伪废疾，使请于南蒯曰："臣愿受盟而疾兴，若以君灵不死，请待间而盟[②]。"许之。二子因民之欲叛也，请朝众而盟[③]。遂劫南蒯曰："群臣不忘其君[④]，畏子以及今，三年听命矣。子若弗图，费人不忍其君，将不能畏子矣[⑤]。子何所不逞欲？请送子[⑥]。"请期五日[⑦]。遂奔齐。侍饮酒于景公。公曰："叛夫⑧!"对曰:"臣欲张公室也⑨。"子韩晳曰⑩:"家臣而欲张公室,罪莫大焉⑪。"司徒老祁、虑癸来归费⑫,齐侯使鲍文子致之⑬。

① 二人,南蒯家臣。【释文】祁,巨夷切,《字林》上夷切。 ② 间,差也。【释文】差,初卖切。 ③ 欲因合众以作乱。 ④ 君,谓季氏。【释文】劫,居业切。 ⑤ 不能复畏子。【释文】畏子以及今,绝句。复,扶又切。 ⑥ 送使出奔。 ⑦ 南蒯请期,冀有变。 ⑧ 戏之。 ⑨ 张,强也。 ⑩ 齐大夫。【释文】晳,星历切。 ⑪ 言越职。 ⑫ 归鲁。 ⑬ 南蒯虽叛,费人不从,未专属齐。二子逐蒯而复其旧,故经不书归费。齐使文子致邑,欲以假好,非事实也。【释文】好,呼报切。

夏,楚子使然丹简上国之兵于宗丘,且抚其民①。分贫振穷②,长孤幼,养老疾,收介特③,救灾患,宥孤寡④,赦罪戾,诘奸慝⑤,举淹滞⑥。礼新叙旧⑦,禄勋合亲⑧,任良物官⑨。使屈罢简东国之兵于召陵⑩,亦如之⑪。好于边疆⑫,息民五年,而后用师,礼也。

① 上国,在国都之西,西方居上流,故谓之上国。宗丘,楚地。 ② 分,与也。振,救也。【释文】分,如字,徐甫问切。 ③ 介特,单身民也。收聚不使流散。【释文】长,丁丈切。介,音界,又古贺切。单,音丹。 ④ 宽其赋税。【释文】宥,音又。税,始锐切。 ⑤ 诘,责问也。【释文】戾,力计切。诘,起吉切。慝,他得切。 ⑥ 淹滞,有才德而未叙者。 ⑦ 新,羁旅也。 ⑧ 勋,功也。亲,九族。 ⑨ 物,事也。 ⑩ 兵在国都之东者。【释文】罢,音皮。召,上照切。 ⑪ 如然丹。 ⑫ 结好四邻。【释文】好,呼报切。疆,居良切。

秋八月,莒著丘公卒,郊公不戚①。国人弗顺,欲立著丘公之弟庚舆②。蒲馀侯恶公子意恢而善于庚舆③,郊公恶公子铎而善于意恢④。公子铎因蒲馀侯而与之谋曰:"尔杀意恢,我出君而纳庚舆。"许之⑤。

① 郊公,著丘公子。【释文】著,直居切,徐直据切。 ② 庚舆,莒共公。【释文】舆,音余,本亦作"与"。共,音恭。 ③ 蒲馀侯,莒大夫兹夫也。意恢,莒群公子。【释文】恶,乌路切。 ④ 铎,亦群公子。【释文】铎,待洛切。

⑤ 为下冬杀意恢传。

楚令尹子旗有德于王，不知度①，与养氏比，而求无厌②，王患之。九月甲午，楚子杀鬥成然，而灭养氏之族。使鬥辛居郧，以无忘旧勋③。

① 有佐立之德。 ② 养氏，子旗之党，养由基之后。【释文】比，毗志切。厌，於盐切，本又作“饜”。 ③ 辛，子旗之子郧公辛。【释文】郧，音云。

冬十二月，蒲馀侯兹夫杀莒公子意恢，郊公奔齐。公子铎逆庚舆于齐。齐隰党、公子钽送之，有赂田①。

① 莒赂齐以田。【释文】钽，仕居切。

晋邢侯与雍子争鄐田①，久而无成。士景伯如楚②，叔鱼摄理③，韩宣子命断旧狱，罪在雍子。雍子纳其女于叔鱼，叔鱼蔽罪邢侯④。邢侯怒，杀叔鱼与雍子于朝。宣子问其罪于叔向。叔向曰：“三人同罪，施生戮死可也⑤。雍子自知其罪而赂以买直，鲋也鬻狱，刑侯专杀，其罪一也。己恶而掠美为昏⑥，贪以败官为墨⑦，杀人不忌为贼⑧。《夏书》曰：‘昏、墨、贼，杀⑨。’皋陶之刑也。请从之。”乃施邢侯而尸雍子与叔鱼于市。

① 邢侯，楚申公巫臣之子也。雍子，亦故楚人。【释文】鄐，许六切，又超六切。 ② 士景伯，晋理官。 ③ 摄，代景伯。 ④ 蔽，断也。【释文】断，丁乱切。蔽，必世切，徐甫世切，王补弟切。 ⑤ 施，行罪也。 ⑥ 掠，取也。昏，乱也。【释文】鬻，羊六切，卖也。掠，音亮。 ⑦ 墨，不洁之称。【释文】败，必迈切，又如字。称，尺证切。 ⑧ 忌，畏也。 ⑨ 逸《书》。三者皆死刑。

仲尼曰：“叔向，古之遗直也①。治国制刑，不隐于亲②，三数叔鱼之恶，不为末减③。曰义也夫，可谓直矣④！平丘之会，数其贿也⑤，以宽卫国，晋不为暴。归鲁季孙，称其诈也⑥，以宽鲁国，晋不为虐。邢侯之狱，言其贪也，以正刑书，晋不为颇。三言而除三恶，加三利⑦，杀亲益荣⑧，犹义也夫⑨！”

① 言叔向之直,有古人遗风。【释文】陶,音遥。施,如字,服云:施罪于邢侯也。孔晁注《国语》云:废也,尸氏切。 ② 谓国之大问,己所答当也。至于他事,则宜有隐。【释文】当,丁浪切。 ③ 末,薄也。减,轻也。皆以正言之。【释文】数,色具切。为,于伪切。末,武葛切。 ④ 于义未安,直则有之。【释文】夫,旧音扶,一读芳于切。 ⑤ 谓言渎货无厌。 ⑥ 谓言鲋也能。 ⑦ 三恶,暴、虐、颇也。三恶除则三利加。【释文】颇,普何切。 ⑧ 荣名益己。 ⑨ 三罪唯答宣子问,不可以不正,其余则以直伤义,故重疑之。【释文】重,直用切。

昭公十五年

【经】

十有五年春,王正月,吴子夷末卒[①]。

二月癸酉,有事于武宫。籥入,叔弓卒,去乐卒事[②]。

夏,蔡朝吴出奔郑[③]。

六月丁巳朔,日有食之[④]。

秋,晋荀吴帅师伐鲜虞。

冬,公如晋。

① 无传。未同盟。 ② 略书有事,为叔弓卒起也。武宫,鲁武公庙,成六年复立之。【释文】籥,羊略切。去,起吕切。为,于伪切。复,扶又切。 ③ 朝吴不远谗人,亦以见逐而书名。【释文】远,于万切。 ④ 无传。

【传】

十五年春,将禘于武公,戒百官[①]。梓慎曰:"禘之日,其有咎乎!吾见赤黑之祲,非祭祥也,丧氛也[②]。其在莅事乎[③]?"二月癸酉,禘,叔弓莅事,籥入而卒,去乐,卒事,礼也[④]。

① 齐戒。【释文】禘,大计切。齐,侧皆切。 ② 祲,妖氛也。盖见于宗

庙，故以为非祭祥也。氛，恶气也。【释文】咎，其九切。祲，子鸩切。氛，芳云切，徐扶云切。见，贤遍切。 ③ 莅，临也。【释文】莅，音利。 ④ 大臣卒，故为之去乐。【释文】去，起吕切。为，于伪切。

楚费无极害朝吴之在蔡也①，欲去之，乃谓之曰："王唯信子，故处子于蔡。子亦长矣，而在下位，辱，必求之，吾助子请②。"又谓其上之人曰③："王唯信吴，故处诸蔡，二三子莫之如也，而在其上，不亦难乎？弗图，必及于难。"夏，蔡人遂朝吴，朝吴出奔郑。王怒，曰："余唯信吴，故寘诸蔡。且微吴，吾不及此。女何故去之？"无极对曰："臣岂不欲吴④？然而前知其为人之异也⑤。吴在蔡，蔡必速飞。去吴，所以翦其翼也⑥。"

① 朝吴，蔡大夫，有功于楚平王，故无极恐其有宠，疾害之。【释文】费，扶味切。 ② 请求上位。【释文】长，丁丈切。 ③ 蔡人在上位者。 ④ 非不欲善吴。【释文】难，乃旦切。寘，之豉切。女，音汝。 ⑤ 言其多权谋。 ⑥ 以鸟喻也。言吴在蔡必能使蔡速强而背楚。【释文】背，必佩切。

六月乙丑，王大子寿卒①。秋八月戊寅，王穆后崩②。

① 周景王子。 ② 大子寿之母也。传为晋荀跞如周葬穆后起。

晋荀吴帅师伐鲜虞，围鼓①。鼓人或请以城叛，穆子弗许。左右曰："师徒不勤，而可以获城，何故不为？"穆子曰："吾闻诸叔向曰：'好恶不愆，民知所适，事无不济②。'或以吾城叛，吾所甚恶也。人以城来，吾独何好焉？赏所甚恶，若所好何③？若其弗赏，是失信也，何以庇民？力能则进，否则退，量力而行。吾不可以欲城而迩奸，所丧滋多。"使鼓人杀叛人而缮守备。围鼓三月，鼓人或请降，使其民见，曰："犹有食色，姑修而城。"军吏曰："获城而弗取，勤民而顿兵，何以事君？"穆子曰："吾以事君也。获一邑而教民怠，将焉用邑？邑以贾怠，不如完旧④。贾怠无卒⑤，弃旧不祥。鼓人能事其君，我亦能事吾君。率义不爽[⑥]，好恶不愆，城可获而民知义所[⑦]，有死命而无二心，不亦可乎！”鼓人告食竭力尽，而后取之。克鼓而反，不戮一人，以鼓子鸢鞮归[⑧]。

① 鼓，白狄之别。巨鹿下曲阳县有鼓聚。【释文】聚，才喻切。 ② 愆，过也。适，归也。【释文】好，呼报切。恶，乌路切，或并依字读。愆，起虔切。 ③ 无以复加所好。【释文】复，扶又切。 ④ 完，犹保守。【释文】庇，必利切，又音秘。丧，息浪切。缮，市战切。守，手又切。降，户江切。见，贤遍切。焉，於虔切。贾，音古。 ⑤ 卒，终也。 ⑥ 爽，差也。 ⑦ 知义所在也。荀吴必其能获，故因以示义。 ⑧ 鸢鞮，鼓君名。【释文】鸢，本又作“弋”，悦全切。鞮，丁兮切。

冬，公如晋，平丘之会故也[①]。

① 平丘会，公不与盟，季孙见执，今既得免，故往谢之。【释文】与，音预。

十二月，晋荀跞如周，葬穆后，籍谈为介。既葬，除丧，以文伯宴，樽以鲁壶[①]。王曰：“伯氏，诸侯皆有以镇抚王室，晋独无有，何也[②]？”文伯揖籍谈[③]，对曰：“诸侯之封也，皆受明器于王室[④]，以镇抚其社稷，故能荐彝器于王[⑤]。晋居深山，戎狄之与邻，而远于王室。王灵不及，拜戎不暇[⑥]，其何以献器？”王曰：“叔氏，而忘诸乎[⑦]？叔父唐叔，成王之母弟也，其反无分乎？密须之鼓，与其大路，文所以大蒐也[⑧]。阙巩之甲，武所以克商也[⑨]。唐叔受之以处参虚，匡有戎狄[⑩]。其后襄之二路[⑪]，鏚钺，秬鬯[⑫]，彤弓、虎贲，文公受之，以有南阳之田[⑬]，抚征东夏，非分而何？夫有勋而不废[⑭]，有绩而载[⑮]，奉之以土田[⑯]，抚之以彝器[⑰]，旌之以车服[⑱]，明之以文章[⑲]，子孙不忘，所谓福也。福祚之不登，叔父焉在[⑳]？且昔而高祖孙伯黡，司晋之典籍，以为大政，故曰籍氏[㉑]。及辛有之二子董之晋，于是乎有董史[㉒]。女，司典之后也，何故忘之？”籍谈不能对。宾出，王曰：“籍父其无后乎！数典而忘其祖㉓。"

① 文伯,荀跞也。鲁壶,鲁所献壶樽。【释文】跞,力狄切,本又作"栎",同。介,音界。樽,本或作"尊",又作"罇",并同。 ② 感鲁壶而言也。镇抚王室,谓贡献之物。 ③ 文伯无辞,揖籍谈使对。 ④ 谓明德之分器。【释文】分,扶问切,年内同。 ⑤ 荐,献也。彝,常也。谓可常宝之器,若鲁壶之属。【释文】彝,以之切。 ⑥ 言王宠灵不见及,故数为戎所加陵。【释文】远,于万切,又如字。数,音朔。 ⑦ 叔,籍谈也。 ⑧ 密须,姞姓国也,在安定阴密县,文王伐之,得其鼓路以蒐。【释文】蒐,所求切。姞,其吉切,又其乙切。 ⑨ 阙巩国所出铠。【释文】巩,九勇切。铠,开代切。 ⑩ 参虚,实沈之次,晋之分野。【释文】参,所金切。 ⑪ 周襄王所赐晋文公大路、戎路。 ⑫ 鏚,斧也。钺,金钺。秬,黑黍。鬯,香酒。【释文】鏚,音戚。钺,音越。秬,音巨。鬯,音畅。 ⑬ 事在僖二十八年。【释文】彤,徒冬切。贲,音奔。 ⑭ 加重赏。【释文】夏,户雅切。 ⑮ 书功于策。 ⑯ 有南阳。 ⑰ 弓钺之属。 ⑱ 襄之二路。 ⑲ 旌旗。 ⑳ 言福祚不在叔父,当在谁邪?【释文】福祚之不登叔父,绝句。焉,於虔切,下"将焉"同。 ㉑ 孙伯黡,晋正卿,籍谈九世祖。【释文】黡,於斩切。 ㉒ 辛有,周人也。其二子适晋为大史,籍黡与之共董督晋典,因为董氏,董狐其后。 ㉓ 忘祖业。【释文】女,音汝。数,色主切。

籍谈归,以告叔向。叔向曰:"王其不终乎!吾闻之,所乐必卒焉。今王乐忧,若卒以忧,不可谓终。王一岁而有三年之丧二焉①,于是乎以丧宾宴,又求彝器,乐忧甚矣,且非礼也。彝器之来,嘉功之由,非由丧也。三年之丧,虽贵遂服,礼也②。王虽弗遂,宴乐以早,亦非礼也③。礼,王之大经也。一动而失二礼,无大经矣④。言以考典⑤,典以志经,忘经而多言举典,将焉用之⑥?"

① 天子绝期,唯服三年,故后虽期,通谓之三年丧。【释文】乐,音洛。期,居其切。 ② 天子诸侯除丧当在卒哭,今王既葬而除,故讥其不遂。 ③ 言今虽不能遂服,犹当静嘿,而便宴乐,又失礼也。【释文】嘿,亡北切,本或作"默",同。 ④ 失二礼,谓既不遂服,又设宴乐。 ⑤ 考,成也。 ⑥ 为二十二年王室乱传。

昭公十六年

【经】

十有六年春，齐侯伐徐。

楚子诱戎蛮子杀之①。

夏，公至自晋。

秋八月己亥，晋侯夷卒②。

九月，大雩③。

季孙意如如晋。

冬十月，葬晋昭公④。

① 【释文】诱，音酉。 ② 未同盟。 ③ 【释文】雩，音于。 ④ 三月而葬，速。

【传】

十六年春，王正月，公在晋，晋人止公，不书，讳之也①。

① 犹以取郠故也。公为晋人所执止，故讳不书。

齐侯伐徐。楚子闻蛮氏之乱也，与蛮子之无质也①，使然丹诱戎蛮子嘉杀之，遂取蛮氏。既而复立其子焉，礼也②。

① 质，信也。【释文】质，之实切，或音致。 ② 诈之，非也；立其子，礼也。河南新城县东南有蛮城。【释文】复，扶又切。

二月丙申，齐师至于蒲隧①。徐人行成。徐子及郯人、莒人会齐侯，盟于蒲隧，赂以甲父之鼎②。叔孙昭子曰："诸侯之无伯，害哉③！齐君之无道也，兴师而伐远方，会之有成而还，莫之亢也④，无伯也夫。《诗》曰：'宗周既灭，靡所止戾。正大夫离居，莫知我肄⑤。'其是之谓乎⑥！"

① 蒲隧，徐地，下邳取虑县东有蒲如陂。【释文】取，音秋。虑，力居切。如淳取音陬訾之陬，虑音郲娄之娄。　② 甲父，古国名，高平昌邑县东南有甲父亭。徐人得甲父鼎以赂齐。【释文】父，音甫。郯，音谈。　③ 为小国害。　④ 无亢御。【释文】亢，苦浪切。　⑤《诗·小雅》。戾，定也。肄，劳也。言周旧为天下宗，今乃衰灭，乱无息定，执政大夫离居异心，无有念民劳者。　⑥ 传言晋之衰。

三月，晋韩起聘于郑，郑伯享之。子产戒曰："苟有位于朝，无有不共恪。"孔张后至，立于客间①。执政御之②，适客后。又御之，适县间③。客从而笑之。

① 孔张，子孔之孙。　② 执政，掌位列者。御，止也。　③ 县，乐肆。【释文】县，音玄。

事毕，富子谏曰①："夫大国之人，不可不慎也，几为之笑而不陵我②？我皆有礼，夫犹鄙我③。国而无礼，何以求荣？孔张失位，吾子之耻也。"子产怒曰："发命之不衷④，出令之不信，刑之颇类⑤，狱之放纷⑥，会朝之不敬⑦，使命之不听⑧，取陵于大国，罢民而无功，罪及而弗知，侨之耻也。孔张，君之昆孙、子孔之后也⑨，执政之嗣也⑩。为嗣大夫，承命以使，周于诸侯，国人所尊，诸侯所知。立于朝而祀于家⑪，有禄于国⑫，有赋于军⑬，丧祭有职⑭，受脤归脤⑮，其祭在庙，已有著位，在位数世，世守其业，而忘其所，侨焉得耻之⑯？辟邪之人而皆及执政，是先王无刑罚也⑰。子宁以他规我⑱。"

① 富子，郑大夫。谏子产也。　② 言数见笑则心陵侮我。【释文】几，居岂切，服音机。数，音朔。　③ 鄙，贱也。【释文】夫，音扶。　④ 衷，当也。【释文】衷，丁仲切，又音忠。当，丁浪切，或如字。　⑤ 缘事类以成偏颇。【释文】颇，普何切。类，如字，又力对切，徐又力猥切。　⑥ 放，纵也。纷，乱也。【释文】纷，芳云切。纵，子用切。　⑦ 谓国无礼敬之心。　⑧ 下不从上命。⑨ 昆，兄也。子孔，郑襄公兄，孔张之祖父。【释文】罢，音皮。　⑩ 子孔尝执郑国之政。　⑪ 卿得自立庙于家。【释文】使，所吏切，下"以使"同。　⑫ 受禄邑。　⑬ 军出，卿赋百乘。【释文】乘，绳证切。　⑭ 有所主。　⑮ 受脤，谓君

祭以肉赐大夫；归脤，谓大夫祭归肉于公，皆社之戎祭也。【释文】脤，市轸切。⑯ 其祭在庙，谓助君祭。【释文】数，色主切。焉，於虔切，下“焉用”同。 ⑰ 言为过谬者，自应用刑罚。【释文】辟，匹亦切。邪，似嗟切。 ⑱ 规，正也。

宣子有环，有一在郑商①。宣子谒诸郑伯②，子产弗与，曰：“非官府之守器也，寡君不知。”子大叔、子羽谓子产曰：“韩子亦无几求③，晋国亦未可以贰。晋国、韩子，不可偷也④。若属有谗人交斗其间，鬼神而助之，以兴其凶怒，悔之何及？吾子何爱于一环，其以取憎于大国也，盍求而与之？”子产曰：“吾非偷晋而有二心，将终事之，是以弗与，忠信故也。侨闻君子非无贿之难，立而无令名之患。侨闻为国非不能事大字小之难，无礼以定其位之患。夫大国之人，令于小国，而皆获其求，将何以给之？一共一否，为罪滋大⑤。大国之求，无礼以斥之，何餍之有？吾且为鄙邑，则失位矣⑥。若韩子奉命以使，而求玉焉，贪淫甚矣，独非罪乎？出一玉以起二罪，吾又失位，韩子成贪，将焉用之？且吾以玉贾罪，不亦锐乎⑦？”

① 玉环同工共朴，自共为双。【释文】朴，普角切。 ② 谒，请也。 ③ 言所求少。【释文】守，手又切。几，居岂切。 ④ 偷，薄也。【释文】偷，他侯切。⑤ 滋，益也。【释文】属，音烛。盍，户腊切。难，乃旦切，又如字。共，音恭，下“共无”同。 ⑥ 不复成国。【释文】餍，於盐切。复，扶又切，下“敢复”同。⑦ 锐，细小也。【释文】贾，音古，下“强贾”同。锐，悦岁切。

韩子买诸贾人，既成贾矣，商人曰：“必告君大夫。”韩子请诸子产曰：“日起请夫环，执政弗义，弗敢复也①。今买诸商人，商人曰‘必以闻’，敢以为请。”子产对曰：“昔我先君桓公，与商人皆出自周②。庸次比耦③，以艾杀此地，斩之蓬蒿藜藋，而共处之。世有盟誓，以相信也，曰：‘尔无我叛，我毋强贾④，毋或丐夺。尔有利市宝贿，我勿与知。’恃此质誓，故能相保，以至于今。今吾子以好来辱，而谓敝邑强夺商人，是教敝邑背盟誓也，毋乃不可乎！吾子得玉而失诸侯，必不为也。若大国令，而共无艺⑤，郑，鄙邑也，亦弗为也⑥。侨若献玉，不知所成，敢私布之⑦。”韩子辞玉，曰：“起不敏，敢求玉以徼二罪？敢辞之⑧。”

① 复，重求也。【释文】贾，音嫁，本或作“价”。夫，音扶。重，直用切。② 郑本在周畿内，桓公东迁，并与商人俱。③ 庸，用也。用次更相从耦耕。【释文】比，毗志切。更，音庚。④ 无强市其物。【释文】艾，鱼废切。蓬，蒲东切。蒿，呼高切。藜，力兮切。藋，徒吊切。强，其丈切，下“强夺”同，又其良切，注仿此。⑤ 艺，法也。【释文】毋，音无。丐，古害切，又姑末切，乞也。贿，呼罪切，或作“货”。与，音预。好，呼报切。背，音佩。⑥ 不欲为鄙邑之事。⑦ 布，陈也。⑧ 传言子产知礼，宣子能改过。【释文】徼，古尧切。

夏四月，郑六卿饯宣子于郊①。宣子曰：“二三君子请皆赋，起亦以知郑志②。”子齹赋《野有蔓草》③。宣子曰：“孺子善哉，吾有望矣④。”子产赋郑之《羔裘》⑤。宣子曰：“起不堪也⑥。”子大叔赋《褰裳》⑦。宣子曰：“起在此，敢勤子至于他人乎⑧？”子大叔拜⑨。宣子曰：“善哉，子之言是⑩。不有是事，其能终乎⑪？”子游赋《风雨》⑫，子旗赋《有女同车》⑬，子柳赋《萚兮》⑭。宣子喜曰：“郑其庶乎⑮！二三君子以君命贶起，赋不出郑志⑯，皆昵燕好也⑰。二三君子数世之主也，可以无惧矣。”宣子皆献马焉，而赋《我将》⑱。子产拜，使五卿皆拜，曰：“吾子靖乱，敢不拜德？”宣子私觐于子产以玉与马，曰：“子命起舍夫玉，是赐我玉而免吾死也，敢不藉手以拜⑲？”

① 饯，送行饮酒。【释文】饯，贱浅切，《字林》子扇切。② 诗言志也。③ 子齹，子皮之子婴齐也。《野有蔓草》，《诗·郑风》，取其“邂逅相遇，適我愿兮”。【释文】齹，才何切，《字林》才可切，又士知切，《说文》作“䶒”，云：齿差跌也。在河、千多二切。蔓，音万。邂，户卖切。逅，户豆切。④ 君子相愿，已所望也。【释文】孺，如住切。⑤ 言郑，别于唐《羔裘》也。取其“彼己之子，舍

命不渝"、"邦之彦兮",以美韩子。【释文】别,彼列切。已,音记。舍,音赦,又音捨。渝,羊朱切。 ⑥ 不堪国之司直。 ⑦《褰裳》诗曰:"子惠思我,褰裳涉溱。子不我思,岂无他人。"言宣子思己,将有褰裳之志;如不我思,亦岂无他人。【释文】褰,起虔切。溱,侧巾切。 ⑧ 言己今崇好在此,不复令子适他人。【释文】复,扶又切。令,力呈切。 ⑨ 谢宣子之有郑。 ⑩ 是,《褰裳》。 ⑪ 韩起不欲令郑求他人,子大叔拜以答之,所以晋、郑终善。 ⑫ 子游,驷带之子驷偃也。《风雨》诗取其"既见君子,云胡不夷"。 ⑬ 子旗,公孙段之子丰施也。《有女同车》取其"洵美且都",爱乐宣子之志。【释文】乐,音洛,又五孝切。⑭ 子柳,印段之子印癸也。《萚兮》诗取其"倡予和女",言宣子倡,己将和从之。【释文】萚,他洛切。印,一刃切。倡,昌亮切,本或作"唱",同。和,户卧切。女,音汝。 ⑮ 庶几于兴盛。 ⑯ 六诗皆《郑风》,故曰不出郑志。【释文】贶,音况。 ⑰ 昵,亲也。赋不出其国,以示亲好。【释文】昵,女乙切。 ⑱《我将》,《诗·颂》,取其"日靖四方"、"我其夙夜,畏天之威",言志在靖乱,畏惧天威。【释文】数,色主切。 ⑲ 以玉马藉手拜谢子产。【释文】觐,其靳切。舍,音捨。夫,音扶。藉,在夜切。

公至自晋①。子服昭伯语季平子曰②:"晋之公室,其将遂卑矣。君幼弱,六卿强而奢傲,将因是以习。习实为常,能无卑乎?"平子曰:"尔幼,恶识国③?"

① 晋人听公得归。 ② 昭伯,惠伯之子子服回也。随公从晋还。【释文】语,鱼据切。 ③ 昭伯尚少,平子不信其言。【释文】傲,五报切。恶,乌路切。少,诗照切。

秋八月,晋昭公卒①。

① 为下平子如晋葬起。

九月,大雩,旱也。

郑大旱,使屠击、祝款、竖柎有事于桑山①。斩其木,不雨。子产曰:"有事于山,蓺山林也②,而斩其木,其罪大矣。"夺之官邑。

① 三子,郑大夫。有事,祭也。【释文】屠,音徒。柎,音附,又方于切。② 蓺,养护令繁殖。【释文】蓺,音艺。令,力呈切。

冬十月,季平子如晋葬昭公。平子曰:"子服回之言犹信[1]，子服氏有子哉[2]！"

① 自往见之，乃信回言。 ② 有贤子也。

昭公十七年

【经】

十有七年春，小邾子来朝。

夏六月甲戌朔，日有食之。

秋，郯子来朝。

八月，晋荀吴帅师灭陆浑之戎[1]。

冬，有星孛于大辰[2]。

楚人及吴战于长岸[3]。

①【释文】浑，户门切。 ② 大辰，房心尾也。妖变非常，故书。【释文】孛，音佩，一音勃。 ③ 吴、楚两败，莫肯告负，故但书战而不书败也。长岸，楚地。【释文】岸，五旦切。

【传】

十七年春，小邾穆公来朝，公与之燕。季平子赋《采叔》[1]，穆公赋《菁菁者莪》[2]。昭子曰："不有以国，其能久乎[3]？"

①《采叔》，《诗·小雅》，取其"君子来朝，何锡与之"，以穆公喻君子。②《菁菁者莪》，亦《诗·小雅》，取其"既见君子，乐且有仪"，以答《采叔》。【释文】菁，子丁切。莪，五河切。乐，音洛。 ③ 嘉其能答赋，言其贤，故能久有国。

夏六月甲戌朔，日有食之。祝史请所用币[1]。昭子曰："日有食之，天子不举[2]，伐鼓于社[3]；诸侯用币于社[4]，伐鼓于朝[5]，礼也。"平子御之[6]，曰："止也。唯正月朔，慝未作，日有食之，于是乎有伐鼓用币，礼也。其余则否。”大史曰：“在此月也⑦。日过分而未至⑧，三辰有灾⑨。于是乎百官降物⑩，君不举，辟移时⑪，乐奏鼓⑫，祝用币⑬，史用辞⑭。故《夏书》曰：‘辰不集于房⑮，瞽奏鼓⑯，啬夫驰，庶人走⑰。’此月朔之谓也。当夏四月，是谓孟夏⑱。”平子弗从。昭子退曰：“夫子将有异志，不君君矣⑲。”

① 礼：正阳之月日食，当用币于社。故请之。 ② 不举盛馔。【释文】馔，仕眷切。 ③ 责群阴。 ④ 请上公。 ⑤ 退自责。 ⑥ 御，禁也。 ⑦ 正月，谓建巳正阳之月也。于周为六月，于夏为四月。慝，阴气也。四月纯阳用事，阴气未动而侵阳，灾重，故有伐鼓用币之礼也。平子以为六月非正月，故大史答言在此月也。【释文】正，音政。慝，他得切。夏，户雅切，下“当夏”同。 ⑧ 过春分而未夏至。 ⑨ 三辰，日、月、星也。日月相侵，又犯是宿，故三辰皆为灾。【释文】宿，音秀。 ⑩ 降物，素服。 ⑪ 辟正寝过日食时。 ⑫ 伐鼓。 ⑬ 用币于社。 ⑭ 用辞以自责。 ⑮ 逸《书》也。集，安也。房，舍也。日月不安其舍则食。 ⑯ 瞽，乐师。【释文】瞽，音古。 ⑰ 车马曰驰，步曰走，为救日食备也。【释文】啬，音色。 ⑱ 言此六月，当夏家之四月。 ⑲ 安君之灾，故曰有异志。

秋，郯子来朝，公与之宴。昭子问焉，曰：“少皞氏鸟名官，何故也①？”郯子曰：“吾祖也，我知之。昔者黄帝氏以云纪，故为云师而云名②。炎帝氏以火纪，故为火师而火名③。共工氏以水纪，故为水师而水名④。大皞氏以龙纪，故为龙师而龙名⑤。我高祖少皞挚之立也，凤鸟适至，故纪于鸟，为鸟师而鸟名。凤鸟氏，历正也⑥。玄鸟氏，司分者也⑦。伯赵氏，司至者也⑧。青鸟氏，司启者也⑨。丹鸟氏，司闭者也⑩。祝鸠氏，司徒也⑪。鴡鸠氏，司马也⑫。鸤鸠氏，司空也⑬。爽鸠氏，司寇也⑭。鹘鸠氏，司事也⑮。五鸠，鸠民者也⑯。五雉，为五工正⑰，利器用，正度量，夷民者也⑱。九扈，为九农正⑲，扈民无淫者也⑳。自颛顼以来，不能纪远，乃纪于近，为民师而命以民事，则不能故也㉑。”仲尼闻之，见于郯子而学之㉒。既而告人曰：“吾闻之，天子失官，学在四夷，犹信㉓。”

① 少皞，金天氏，黄帝之子，己姓之祖也。问何故以鸟名官。【释文】少，诗照切。皞，胡老切。己，音纪，又音祀。 ② 黄帝，轩辕氏，姬姓之(在)[祖]也。黄帝受命有云瑞，故以云纪事，百官师长皆以云为名号，缙云氏盖其一官也。【释文】长，丁丈切。缙，音进。 ③ 炎帝，神农氏，姜姓之祖也。亦有火瑞，以火纪事，名百官。 ④ 共工，以诸侯霸有九州者，在神农前，大皞后。亦受水瑞，以水名官。【释文】共，音恭。大，音泰，下“大皞”同。 ⑤ 大皞，伏牺氏，风姓之祖也。有龙瑞，故以龙命官。 ⑥ 凤鸟知天时，故以名历正之官。【释文】挚，音至。 ⑦ 玄鸟，燕也。以春分来，秋分去。【释文】燕，於见切。 ⑧ 伯赵，伯劳也。以夏至鸣，冬至止。 ⑨ 青鸟，鸧鷃也。以立春鸣，立夏止。【释文】鸧，音仓。鷃，亦作“鴳”，於谏切。 ⑩ 丹鸟，鷩雉也。以立秋来，立冬去，入大水为蜃。上四鸟皆历正之属官。【释文】鷩，必灭切。蜃，市轸切。 ⑪ 祝鸠，鷦鸠也。鷦鸠孝，故为司徒，主教民。【释文】鷦，音焦，本又作“焦”，子遥切，又子尧切。 ⑫ 鴡鸠，王鴡也。鸷而有别，故为司马，主法制。【释文】鴡，本又作“雎”，七徐切。鸷，音至，本亦作“挚”，下同。别，彼列切。 ⑬ 鸤鸠，鴶鵴也。鸤鸠平均，故为司空，平水土。【释文】鴶，本亦作“秸”，简八切，又音吉。鵴，本亦作“鞠”，居六切。 ⑭ 爽鸠，鹰也。鸷，故为司寇，主盗贼。【释文】爽，所丈切。 ⑮ 鹘鸠，鹘鵰也。春来冬去，故为司事。【释文】鵰，陟交切，又陟留切，又音雕。 ⑯ 鸠，聚也。治民上聚，故以鸠为名。 ⑰ 五雉，雉有五种：西方曰鷷雉，东方曰鶅雉，南方曰翟雉，北方曰鵗雉，伊洛之南曰翚雉。【释文】种，章勇切。鷷，音存，又音遵，本或作“蹲”。鶅，侧其切。翟，音狄，又音浊。鵗，本又作“希”，如字，又丁里切。翚，许韦切。 ⑱ 夷，平也。【释文】量，音亮。 ⑲ 扈有九种也。春扈鳻鶞，夏扈窃玄，秋扈窃蓝，冬扈窃黄，棘扈窃丹，行扈唶唶，宵扈啧啧，桑扈窃脂，老扈鷃鷃。以九扈为九农之号，各随其宜，以教民事。【释文】扈，音户。鳻，扶云切，又如字。鶞，敕伦切。唶，侧百切，又子夜切，又助额切。啧，音责，又音赜。 ⑳ 扈，止也。止民使不淫放。 ㉑ 颛顼氏，代少皞者。德不能致远瑞，而以民事命官。【释文】颛，音专。顼，许玉切。 ㉒ 于是仲尼年二十八。 ㉓ 失官，官不修其职也。传言圣人无常师。

晋侯使屠蒯如周，请有事于雒与三涂①。苌弘谓刘子曰："客容猛，非祭也，其伐戎乎？陆浑氏甚睦于楚，必是故也。君其备之！"乃警戎备②。九月丁卯，晋荀吴帅师涉自棘津③，使祭史先用牲于雒。陆浑人弗知，师从之。庚午，遂灭陆浑，数之以其贰于楚也。陆浑子奔楚，其众奔甘鹿④。周大获⑤。宣子梦文公携荀吴而授之陆浑，故使穆子帅师，献俘于文宫⑥。

① 屠蒯，晋侯之膳宰也。以忠谏见进。雒，雒水也。三涂，山名，在陆浑南。【释文】蒯，苦怪切。雒，音洛。 ② 警戒以备戎也。欲因晋以合势。【释文】警，音景。 ③ 河津名。 ④ 甘鹿，周地。 ⑤ 先警戎备，故获。 ⑥ 欲以应梦。【释文】俘，芳夫切。应，应对之应。

冬，有星孛于大辰，西及汉①。申须曰："彗所以除旧布新也②。天事恒象③，今除于火，火出必布焉。诸侯其有火灾乎④？"梓慎曰："往年吾见之，是其征也⑤，火出而见⑥。今兹火出而章，必火入而伏⑦。其居火也久矣⑧，其与不然乎⑨？火出，于夏为三月⑩，于商为四月，于周为五月。夏数得天⑪，若火作，其四国当之，在宋、卫、陈、郑乎？宋，大辰之虚也⑫；陈，大皞之虚也⑬；郑，祝融之虚也⑭，皆火房也⑮。星孛及汉，汉，水祥也⑯。卫，颛顼之虚也，故为帝丘⑰，其星为大水⑱，水，火之牡也⑲。其以丙子若壬午作乎？水火所以合也⑳。若火入而伏，必以壬午㉑，不过其见之月㉒。"郑裨灶言于子产曰："宋、卫、陈、郑将同日火，若我用瓘斝玉瓒，郑必不火㉓。"子产弗与㉔。

① 夏之八月，辰星见在天汉西。今孛星出辰西，光芒东及天汉。【释文】夏，户雅切。见，贤遍切。 ② 申须，鲁大夫。【释文】彗，似锐切，又息遂切。 ③ 天道恒以象类告示人。 ④ 今火向伏，故知当须火出，乃布散为灾。【释文】向，许亮切，又作"嚮"。 ⑤ 征，始有形象而微也。 ⑥ 前年火出时。【释文】见，贤遍切，下同。 ⑦ 随火没也。 ⑧ 历二年。 ⑨ 言必然也。【释文】与，如字，又音预。 ⑩ 谓昏见。 ⑪ 得天正。 ⑫ 大辰，大火。宋分野。【释

文】虚，起居切。分，扶问切。　⑬ 大皞居陈，木火所自出。　⑭ 祝融，高辛氏之火正，居郑。　⑮ 房，舍也。　⑯ 天汉，水也。　⑰ 卫，今濮阳县，昔帝颛顼居之，其城内有颛顼冢。【释文】濮，音卜。　⑱ 卫星营室，营室，水也。　⑲ 牡，雄也。【释文】牡，茂后切。　⑳ 丙午火，壬子水，水火合而相薄，水少而火多，故水不胜火。【释文】薄，本又作"搏"，音博。　㉑ 尚未知今孛星当复随火星俱伏不，故言若。【释文】复，扶又切。　㉒ 火见周之五月。　㉓ 瓘，珪也。斝，玉爵也。瓒，勺也。欲以禳火。【释文】禆，婢支切。瓘，古乱切。斝，古雅切。瓒，才旦切。勺，上若切。禳，本亦作"攘"，如羊切，下同。　㉔ 以为天灾流行，非禳所息故也。为明年宋、卫、陈、郑灾传。

吴伐楚。阳匄为令尹，卜战，不吉①。司马子鱼曰："我得上流，何故不吉②？且楚故，司马令龟，我请改卜。"令曰："鲂也，以其属死之，楚师继之，尚大克之。"吉③。战于长岸。子鱼先死，楚师继之，大败吴师，获其乘舟馀皇④，使随人与后至者守之，环而堑之，及泉⑤，盈其隧炭，陈以待命⑥。

① 阳匄，穆王曾孙令尹子瑕。【释文】匄，古害切。　② 子鱼，公子鲂也。顺江而下，易用胜敌。【释文】鲂，音房。易，以豉切。　③ 得吉兆。　④ 馀皇，舟名。【释文】乘，如字，又绳证切，下同。　⑤ 环，周也。【释文】环，如字，又音患。堑，七艳切。　⑥ 隧，出入道。【释文】隧，音遂。炭，吐旦切。

吴公子光①请于其众，曰："丧先王之乘舟，岂唯光之罪，众亦有焉。请藉取之，以救死②。"众许之。使长鬣者三人③，潜伏于舟侧，曰："我呼馀皇，则对。"师夜从之④。三呼，皆迭对⑤。楚人从而杀之，楚师乱，吴人大败之，取馀皇以归⑥。

① 光，诸樊子阖庐。【释文】阖，户腊切。庐，力居切。　② 藉众之力以取舟。【释文】丧，息浪切。　③ 长鬣，多髭鬚，与吴人异形状，诈为楚人。【释文】鬣，力辄切。髭，子斯切。鬚，音须。　④ 师，吴师也。【释文】呼，呼路切，又如字。　⑤ 迭，更也。【释文】迭，待结切，又音弟。更，音庚。　⑥ 传言吴光有谋。

春秋经传集解昭公五第二十四

昭公十八年

【经】

十有八年春，王三月，曹伯须卒①。

夏五月壬午，宋、卫、陈、郑灾②。

六月，邾人入鄅③。

秋，葬曹平公。

冬，许迁于白羽④。

① 未同盟而赴，以名。 ② 来告，故书。天火曰灾。 ③ 鄅国，今琅邪开阳县。【释文】鄅，音禹，许慎、郭璞音矩。琅，音郎，本或作"郎"。 ④ 自叶迁也。畏郑而乐迁，故以自迁为文。【释文】叶，始涉切。

【传】

十八年春，王二月乙卯，周毛得杀毛伯过①而代之②。苌弘曰："毛得必亡，是昆吾稔之日也，侈故之以③。而毛得以济侈于王都，不亡何待④！"

① 毛伯过，周大夫。得，过之族。【释文】过，古禾切。 ② 代居其位。③ 昆吾，夏伯也。稔，熟也。侈恶积熟，以乙卯日与桀同诛。【释文】苌，直良

切。稔，而审切。侈，昌氏切，又尸氏切。夏，户雅切。 ④ 为二十六年毛伯奔楚传。

三月，曹平公卒①。

① 为下会葬见原伯起本。

夏五月，火始昏见①。丙子，风。梓慎曰："是谓融风，火之始也②。七日，其火作乎③！"戊寅，风甚。壬午，大甚。宋、卫、陈、郑皆火。梓慎登大庭氏之库以望之④，曰："宋、卫、陈、郑也。"数日，皆来告火⑤。裨灶曰："不用吾言，郑又将火⑥。"郑人请用之⑦，子产不可。子大叔曰："宝，以保民也。若有火，国几亡。可以救亡，子何爱焉？"子产曰："天道远，人道迩，非所及也，何以知之？灶焉知天道？是亦多言矣，岂不或信⑧？"遂不与，亦不复火⑨。

① 火，心星。【释文】见，贤遍切。 ② 东北曰融风。融风，木也。木，火母，故曰火之始。 ③ 从丙子至壬午七日，水火合之日，故知当火作。 ④ 大庭氏，古国名，在鲁城内。鲁于其处作库，高显，故登以望气，参近占以审前年之言。【释文】大甚，本或作"火甚"。处，昌虑切，下"祭处"同。故登以望气，本或作"以望氛气"。 ⑤ 言经所以书。【释文】数，所主切。 ⑥ 前年裨灶欲用瓘斝禳火，子产不听，今复请用之。【释文】禳，如羊切。复，扶又切，下同。 ⑦ 信灶言。 ⑧ 多言者或时有中。【释文】几，音祈，又音机。焉，於虔切。中，丁仲切。 ⑨ 传言天道难明，虽裨灶犹不足以尽知之。

郑之未灾也，里析告子产曰："将有大祥①，民震动，国几亡。吾身泯焉，弗良及也②。国迁其可乎？"子产曰："虽可，吾不足以定迁矣③。"及火，里析死矣，未葬，子产使舆三十人，迁其柩④。火作，子产辞晋公子、公孙于东门⑤。使司寇出新客⑥，禁旧客勿出于宫⑦。使子宽、子上巡群屏摄，至于大宫⑧。使公孙登徙大龟⑨。使祝史徙主祏于周庙，告于先君⑩。使府人、库人各儆其事⑪。商成公儆司宫⑫，出旧宫人，寘诸火所不及⑬。司马、司寇列居火道⑭，行火所焮⑮。

城下之人，伍列登城⑯。明日，使野司寇各保其征⑰。郊人助祝史除于国北⑱，禳火于玄冥、回禄⑲，祈于四鄘⑳。书焚室而宽其征，与之材㉑。三日哭，国不市㉒。使行人告于诸侯。宋、卫皆如是。陈不救火，许不吊灾，君子是以知陈、许之先亡也㉓。

① 里析，郑大夫。祥，变异之气。【释文】析，星历切。大祥，或作"火祥"，非也。 ② 言将先灾死。【释文】泯，面忍切。先，悉荐切。 ③ 子产知天灾不可逃，非迁所免，故托以知不足。【释文】知，音智。 ④ 以其常与己言故。【释文】舆，音余。柩，其又切。 ⑤ 晋人新来，未入，故辞不使前也。 ⑥ 新来聘者。 ⑦ 为其知国情，不欲令去。【释文】为，于伪切。令，力呈切。 ⑧ 二子，郑大夫。屏摄，祭祀之位。大宫，郑祖庙。巡行宗庙，不得使火及之。【释文】行，下孟切，下"行火"、下注"履行"同。 ⑨ 登，开卜大夫。 ⑩ 祏，庙主石函。周庙，厉王庙也。有火灾，故合群主于祖庙，易救护。【释文】祏，音石。函，音咸。易，以豉切。 ⑪ 儆，备火也。【释文】儆，音景。 ⑫ 商成公，郑大夫。司宫，巷伯、寺人之官。 ⑬ 旧宫人，先公宫女。【释文】寘，之豉切。 ⑭ 备非常也。 ⑮ 焮，炙也。【释文】焮，许勒切。 ⑯ 为部伍登城，备奸也。 ⑰ 野司寇，县士也。火之明日，四方乃闻灾，故戒保所征役之人。 ⑱ 为祭处于国北者，就太阴禳火。 ⑲ 玄冥，水神。回禄，火神。【释文】冥，亡丁切。 ⑳ 鄘，城也。城积土，阴气所聚，故祈祭之，以禳火之余灾。【释文】鄘，音容。 ㉑ 征，赋税也。【释文】税，始锐切。 ㉒ 示忧戚，不会市。 ㉓ 不义，所以亡。

六月，鄅人藉稻①。邾人袭鄅，鄅人将闭门，邾人羊罗摄其首焉②，遂入之，尽俘以归。鄅子曰："余无归矣。"从帑于邾，邾庄公反鄅夫人，而舍其女③。

① 鄅，妘姓国也。其君自出藉稻，盖履行之。【释文】妘，音云。 ② 斩得闭门者头。 ③ 为明年宋伐邾起。【释文】俘，芳夫切。帑，音奴。

秋，葬曹平公。往者见周原伯鲁焉①，与之语，不说学，归以语闵子马。闵子马曰："周其乱乎？夫必多有是说，而后及其大人②。大人患失而惑，又曰：'可以无学，无学不害③。'不害而不学，则苟而可④。于是乎下陵上替，能无乱乎？夫学，殖也，不学将落，原氏其亡乎⑤？”

① 原伯鲁，周大夫。　② 国乱俗坏，言者适多，渐以及大人。大人，在位者。【释文】说，音悦。语，鱼据切。　③ 患有学而失道者以惑其意。　④ 以为无害遂不学，则皆怀苟且。　⑤ 殖，生长也。言学之进德，如农之殖苗，日新日益。【释文】替，他计切。殖，时力切。长，丁丈切。

七月，郑子产为火故，大为社①，祓禳于四方，振除火灾，礼也②。乃简兵大蒐，将为蒐除③。子大叔之庙在道南，其寝在道北，其庭小④。过期三日⑤，使除徒陈于道南庙北，曰：“子产过女而命速除，乃毁于而向⑥。”子产朝⑦，过而怒之⑧，除者南毁。子产及冲，使从者止之曰：“毁于北方⑨。”

① 为，治也。【释文】为，于伪切，下“为蒐”同。　② 振，弃也。【释文】祓，芳佛切，徐音废。　③ 治兵于庙，城内地迫，故除广之。　④ 庭，蒐场也。【释文】场，直长切。　⑤ 处小不得一时毕。【释文】处，昌虑切。　⑥ 而，女也。毁女所向。【释文】女，音汝，注同。向，许亮切，本又作“乡”。　⑦ 朝君。　⑧ 怒不毁。　⑨ 言子产仁，不忍毁人庙。【释文】冲，昌容切。从，才用切。

火之作也，子产授兵登陴。子大叔曰：“晋无乃讨乎①？”子产曰：“吾闻之，小国忘守则危，况有灾乎？国之不可小，有备故也。”既，晋之边吏让郑曰：“郑国有灾，晋君、大夫不敢宁居，卜筮走望，不爱牲玉。郑之有灾，寡君之忧也。今执事撊然授兵登陴②，将以谁罪？边人恐惧，不敢不告。”子产对曰：“若吾子之言，敝邑之灾，君之忧也。敝邑失政，天降之灾。又惧谗慝之间谋之，以启贪人，荐为弊邑不利③，以重君之忧。幸而不亡，犹可说也④。不幸而亡，君虽忧之，亦无及也。郑有他竟，望走在晋⑤。既事晋矣，其敢有二心⑥？”

① 辞晋公子、公孙而授兵，似若叛晋。【释文】陴，婢支切。　② 撊然，劲忿貌。【释文】守，手又切，又如字。撊，遐板切。劲，吉政切。　③ 荐，重也。【释文】恐，丘勇切。慝，他得切。间，间厕之间。荐，在遍切。重，直用切。

④ 说，解也。 ⑤ 言郑虽与他国为竟，每瞻望晋归赴之。【释文】竟，音境。 ⑥ 传言子产有备。

楚左尹王子胜言于楚子曰："许于郑，仇敌也，而居楚地，以不礼于郑①。晋、郑方睦，郑若伐许，而晋助之，楚丧地矣。君盍迁许？许不专于楚②，郑方有令政。许曰'余旧国也'③，郑曰'余俘邑也'④。叶在楚国，方城外之蔽也⑤。土不可易⑥，国不可小⑦，许不可俘，仇不可启。君其图之。"楚子说。冬，楚子使王子胜迁许于析，实白羽⑧。

① 十三年，平王复迁邑，许自夷还居叶，恃楚而不事郑。 ② 自以旧国，不专心事楚。【释文】丧，息浪切。盍，户腊切。 ③ 许先郑封。【释文】先，悉荐切。 ④ 隐十一年，郑灭许而复存之，故曰我俘邑。【释文】复，扶又切。 ⑤ 为方城外之蔽障。【释文】障，章亮切。 ⑥ 易，轻也。【释文】易，以豉切。 ⑦ 谓郑。 ⑧ 于传时，白羽改为析。【释文】说，音悦。析，星历切。

昭公十九年

【经】

十有九年春，宋公伐邾①。

夏五月戊辰，许世子止弑其君买②。

己卯，地震③。

秋，齐高发帅师伐莒。

冬，葬许悼公④。

① 为鄅。【释文】为，于伪切。 ② 加弑者，责止不舍药物。【释文】弑，音试。舍，音捨。 ③ 无传。 ④ 无传。

【传】

十九年春，楚工尹赤迁阴于下阴①，令尹子瑕城郏。叔孙昭子曰："楚不在诸侯矣！其仅自完也，以持其世而已②。"

① 阴县，今属南乡郡。　② 迁阴城郏，皆欲以自完守。【释文】郏，古洽切。仅，音觐。持，如字，本或作"恃怙"之字，非也。

楚子之在蔡也①，郹阳封人之女奔之，生大子建②。及即位，使伍奢为之师③。费无极为少师，无宠焉，欲谮诸王，曰："建可室矣④。"王为之聘于秦，无极与逆，劝王取之。正月，楚夫人嬴氏至自秦⑤。

① 盖为大夫时往聘蔡。　② 郹阳，蔡邑。【释文】郹，古阒切。　③ 伍奢，伍举之子，伍员之父。【释文】员，音云。　④ 室，妻也。【释文】少，诗照切。⑤ 王自取之，故称夫人至，为下拜夫人起。【释文】为，于伪切。与，音预。嬴，音盈。

郳夫人，宋向戌之女也，故向宁请师①。二月，宋公伐邾，围虫。三月，取之②。乃尽归郳俘。

① 宁，向戌子也。请于宋公伐邾。【释文】向，伤亮切。戌，音恤。② 虫，邾邑。不书围取，不以告。【释文】虫，直忠切。

夏，许悼公疟。五月戊辰，饮大子止之药，卒①。大子奔晋。书曰："弑其君。"君子曰："尽心力以事君，舍药物可也②。"

① 止独进药，不由医。【释文】疟，鱼略切，病也。　② 药物有毒，当由医，非凡人所知。讥止不舍药物，所以加弑君之名。【释文】舍，音捨，下注"舍子"同。

邾人、郳人、徐人会宋公。乙亥，同盟于虫①。

① 终宋公伐邾事。【释文】郳，五兮切。

楚子为舟师以伐濮①。费无极言于楚子曰："晋之伯也，迩于诸夏，而楚辟陋，故弗能与争。若大城城父而寘大子焉②，以通北方，王收南方，是得天下也。"王说，从之。故大子建居于城父。

① 濮，南夷也。【释文】濮，音卜。　② 城父，今襄城城父县。【释文】伯，

音霸。夏，户雅切。辟，匹亦切。父，音甫。寘，之豉切。

令尹子瑕聘于秦，拜夫人也①。

① 为明年谮大子张本，故以为夫人遣谢秦。【释文】说，音悦。

秋，齐高发帅师伐莒①。莒子奔纪鄣②。使孙书伐之③。

① 莒不事齐故。 ② 纪鄣，莒邑也，东海赣榆县东北有纪城。【释文】鄣，音章，注及下同。赣，古弄切，如淳一音耿弇切。榆，音俞。 ③ 孙书，陈无宇之子子占也。

初，莒有妇人，莒子杀其夫，已为嫠妇①。及老，托于纪鄣，纺焉以度而去之②。及师至，则投诸外③。或献诸子占，子占使师夜缒而登④。登者六十人，缒绝。师鼓噪，城上之人亦噪。莒共公惧，启西门而出。七月丙子，齐师入纪⑤。

① 寡妇为嫠。【释文】嫠，力之切，本又作"釐"。 ② 因纺绰，连所纺以度城而藏之，以待外攻者，欲报仇。【释文】纺，芳往切。度，待洛切。去，起吕切。裴松之注《魏志》云：古人谓藏为去。案，今关中犹有此音。绰，力吴切，麻缕也。 ③ 投绳城外，随之而出。 ④ 缘绳登城。【释文】缒，直伪切，下同。 ⑤ 传言怨不在大。【释文】噪，素报切。城上之人亦噪，一本作"上之人亦噪"。共，音恭。

是岁也，郑驷偃卒。子游娶于晋大夫，生丝，弱①，其父兄立子瑕②。子产憎其为人也③，且以为不顺④，弗许，亦弗止⑤。驷氏耸⑥。

① 子游，驷偃也。弱，幼少。【释文】少，诗照切。 ② 子瑕，子游叔父驷乞。 ③ 憎子瑕。 ④ 舍子立叔，不顺礼也。 ⑤ 许之为违礼，止之为违众，故中立。 ⑥ 耸，惧也。【释文】耸，息勇切，注同。

他日，丝以告其舅。冬，晋人使以币如郑，问驷乞之立故。驷氏惧，驷乞欲逃。子产弗遣。请龟以卜，亦弗予。大夫谋对。子产不待而对客曰："郑国不天①，寡君之二三臣，札瘥夭昏②。今又丧我先大夫偃，其子幼弱，其一二父兄，惧队宗主，私族于谋而立长亲③。寡君与其二三老曰：'抑天实剥乱是，吾何知焉④？’谚曰：‘无过乱门。’民有兵乱，犹惮过之，而况敢知天之所乱？今大夫将问其故，抑寡君实不敢知，其谁实知之？平丘之会⑤，君寻旧盟曰：‘无或失职。’若寡君之二三臣，其即世者，晋大夫而专制其位，是晋之县鄙也，何国之为？”辞客币而报其使。晋人舍之⑥。

① 不获天福。　② 大死曰札，小疫曰瘥，短折曰夭，未名曰昏。【释文】札，侧八切，一音截；《字林》作“殂”，壮列切，云：夭死也。瘥，才何切，《字林》作“㾢”，注同。夭，於表切，注同。昏，如字。疫，音役。　③ 于私族之谋，宜立亲之长者。【释文】丧，息浪切。队，直类切。长，丁丈切。　④ 言天自欲乱驷氏，非国所知。【释文】剥，邦角切。　⑤ 在十三年。【释文】谚，音彦。过，古禾切，又古卧切。惮，待旦切。　⑥ 遣人报晋使。【释文】使，所吏切。

楚人城州来。沈尹戌曰：“楚人必败①。昔吴灭州来②，子旗请伐之。王曰：‘吾未抚吾民。’今亦如之，而城州来以挑吴，能无败乎？”侍者曰：“王施舍不倦，息民五年，可谓抚之矣。”戌曰：“吾闻抚民者，节用于内，而树德于外，民乐其性，而无寇仇。今宫室无量，民人日骇，劳罢死转③，忘寝与食，非抚之也④。”

① 十三年，吴县州来，今就城而取之。戌，庄王曾孙，叶公诸梁父也。【释文】戌，音恤。叶，始涉切。　② 在十三年。　③ 转，迁徙也。【释文】旗，音其。挑，徒了切。乐，音洛。罢，音皮，本或作“疲”。　④ 传言平王所以不能霸。

郑大水，龙斗于时门之外洧渊①。国人请为禜焉，子产弗许，曰：“我斗，龙不我觌也②。龙斗，我独何觌焉？禳之，则彼其室也③。吾无求于龙，龙亦无求于我。”乃止也④。

① 时门，郑城门也。洧水出荥阳密县，东南至颍川长平入颍。【释文】洧，于轨切。　② 觌，见也。【释文】禜，为命切。觌，大历切。见，贤遍切。　③ 渊，龙之室。　④ 传言子产之知。【释文】知，音智。

令尹子瑕言蹶由于楚子曰①：“彼何罪？谚所谓‘室于怒，市于色’者，楚之谓矣②。舍前之忿可也。”乃归蹶由③。

① 蹶由，吴王弟。五年，灵王执以归。【释文】蹶，九卫切。 ② 言灵王怒吴子而执其弟，犹人忿于室家而作色于市人。 ③ 言楚子能用善言。【释文】舍，音捨，又音赦。

昭公二十年

【经】

二十年春，王正月。

夏，曹公孙会自鄸出奔宋①。

秋，盗杀卫侯之兄絷②。

冬十月，宋华亥、向宁、华定出奔陈③。

十有一月辛卯，蔡侯庐卒④。

① 无传。尝有玉帛之使来告，故书。鄸，曹邑。【释文】鄸，莫公切，又亡增切，《字林》音梦。案，梦字，《字林》亡忠切。使，所吏切。 ② 齐豹作而不义，故书曰盗，所谓求名而不得。【释文】絷，张立切。 ③ 与君争而出，皆书名，恶之。【释文】华，户化切。争，争斗之争。恶，乌路切。 ④ 无传。未同盟而赴以名。【释文】庐，力於切，本又作"卢"，力乌切。

【传】

二十年春，王二月己丑，日南至①。梓慎望氛曰②："今兹宋有乱，国几亡，三年而后弭。蔡有大丧③。"叔孙昭子曰："然则戴、桓也④！汰侈无礼已甚，乱所在也⑤。"

① 是岁朔旦，冬至之岁也。当言正月己丑朔，日南至。时史失闰，闰更在二月后，故经因史而书正月，传更具于二月，记南至日，以正历也。 ② 氛，气也。时鲁侯不行登台之礼，使梓慎望氛。【释文】氛，芳云切。 ③ 为宋华、向出奔，蔡侯卒传。【释文】几，音祈，又音机。弭，弥耳切。 ④ 戴族，华氏。桓族，向氏。 ⑤ 传言妖由人兴。【释文】汰，音泰。

费无极言于楚子曰："建与伍奢将以方城之外叛。自以为犹宋、郑也，齐、晋又交辅之，将以害楚，其事集矣。”王信之，问伍奢。伍奢对曰：“君一过多矣[①]，何信于谗？”王执伍奢[②]，使城父司马奋扬杀大子，未至，而使遣之[③]。三月，大子建奔宋。王召奋扬，奋扬使城父人执己以至。王曰：“言出于余口，入于尔耳，谁告建也？”对曰：“臣告之。君王命臣曰：‘事建如事余。’臣不佞[④]，不能苟贰。奉初以还[⑤]，不忍后命，故遣之。既而悔之，亦无及已。”王曰：“而敢来，何也？”对曰：“使而失命，召而不来，是再奸也[⑥]，逃无所入。”王曰：“归。”从政如他日[⑦]。

① 一过，纳建妻。　② 忿奢切言。　③ 知大子冤，故遣令去。【释文】奋，方问切。冤，於元切。令，力呈切。　④ 佞，才也。　⑤ 奉初命以周旋。　⑥ 奸，犯也。【释文】使，所吏切，又如字。奸，音干。　⑦ 善其言，舍使还。【释文】还，音环，下“还豹”同。

无极曰：“奢之子材，若在吴，必忧楚国，盍以免其父召之？彼仁，必来。不然，将为患。”王使召之，曰：“来，吾免而父。”棠君尚谓其弟员曰[①]：“尔适吴，我将归死。吾知不逮[②]，我能死，尔能报。闻免父之命，不可以莫之奔也。亲戚为戮，不可以莫之报也。奔死免父，孝也。度功而行，仁也[③]。择任而往，知也[④]。知死不辟，勇也[⑤]。父不可弃[⑥]，名不可废[⑦]，尔其勉之，相从为愈[⑧]。”伍尚归。奢闻员不来，曰：“楚君、大夫其旰食乎[⑨]！”楚人皆杀之。

① 棠君，奢之长子尚也，为棠邑大夫。员，尚弟子胥。【释文】盍，户腊切。棠君尚，“君”或作“尹”。员，音云。长，丁丈切。　② 自以知不及员。【释文】知，音智，注及下“知也”同，又如字。逮，音代，又大计切。　③ 仁者贵成功。【释文】度，待洛切。　④ 员任报仇。【释文】任，音壬。　⑤ 尚为勇。　⑥ 俱去为弃父。　⑦ 俱死为废名。　⑧ 愈，差也。【释文】差，初卖切。　⑨ 将有吴忧，不得早食。【释文】旰，古旦切。

员如吴，言伐楚之利于州于[①]。公子光曰：“是宗为戮而欲反其仇，不可从也[②]。”员曰：“彼将有他志[③]，余姑为之求士，而鄙以待之[④]。”乃见鱄设诸焉[⑤]，而耕于鄙[⑥]。

① 州于，吴子僚。【释文】僚，力雕切。 ② 光，吴公子阖庐也。反，复也。 ③ 光欲弑僚，不利员用事，故破其议，而员亦知之。 ④ 计未得用，故进勇士以求入于光，退居边鄙。 ⑤ 鱄诸，勇士。【释文】见，贤遍切。鱄，音专。 ⑥ 为二十七年吴弑僚传。【释文】弑，申志切。

宋元公无信多私，而恶华、向。华定、华亥与向宁谋曰：“亡愈于死，先诸[①]？”华亥伪有疾，以诱群公子。公子问之，则执之。夏六月丙申，杀公子寅、公子御戎、公子朱、公子固、公孙援、公孙丁，拘向胜、向行于其廪[②]。公如华氏请焉，弗许，遂劫之[③]。癸卯，取大子栾与母弟辰、公子地以为质[④]。公亦取华亥之子无戚、向宁之子罗、华定之子启，与华氏盟，以为质[⑤]。

① 恐元公杀己，欲先作乱。【释文】恶，乌路切。 ② 八子皆公党。【释文】御，鱼吕切，又如字。援，于眷切。拘，九于切。廪，力甚切。 ③ 劫公。 ④ 栾，景公也。辰及地皆元公弟。【释文】栾，力官切。质，音致，下同。辰及地皆元公弟，案，公子辰是景公之母弟，地是辰兄，皆当为元公之子，今注皆作元公弟，误耳。 ⑤ 为此冬华、向出奔传。【释文】戚，千历切。

卫公孟絷狎齐豹[①]，夺之司寇与鄄[②]，有役则反之，无则取之[③]。公孟恶北宫喜、褚师圃，欲去之[④]。公子朝通于襄夫人宣姜[⑤]，惧而欲以作乱。故齐豹、北宫喜、褚师圃、公子朝作乱。

① 公孟，灵公兄也。齐豹，齐恶之子，为卫司寇。狎，轻也。【释文】狎，户甲切。 ② 鄄，豹邑。【释文】鄄，音绢。 ③ 絷足不良，故有役则以官邑还豹使行。 ④ 喜，贞子。【释文】恶，乌路切。褚，中吕切。圃，布五切。去，起吕切。 ⑤ 宣姜，灵公嫡母。【释文】朝，如字。嫡，丁历切，本又作“適”。

初，齐豹见宗鲁于公孟[①]，为骖乘焉[②]。将作乱，而谓之曰：“公孟之不善，子所知也。勿与乘，吾将杀之。”对曰：“吾由子事公孟，子假吾名焉，故不吾远也③。虽其不善，吾亦知之，抑以利故，不能去，是吾过也。今闻难而逃，是僭子也④。子行事乎，吾将死之，以周事子⑤，而归死于公孟，其可也。”

① 荐达也。【释文】见，贤遍切。　② 为公孟骖乘。【释文】骖，七南切。乘，绳证切，下皆同。　③ 言子借我以善名，故公孟亲近我。【释文】与，音预，又如字。远，于万切。借，子夜切。近，附近之近。　④ 使子言不信也。【释文】难，乃旦切。僭，子念切。　⑤ 周，犹终竟也。

丙辰，卫侯在平寿①。公孟有事于盖获之门外②，齐子氏帷于门外而伏甲焉③。使祝蛙寘戈于车薪以当门④，使一乘从公孟以出⑤。使华齐御公孟，宗鲁骖乘。及闳中⑥，齐氏用戈击公孟，宗鲁以背蔽之，断肱，以中公孟之肩，皆杀之。

① 平寿，卫下邑。　② 有事，祭也。盖获，卫郭门。　③ 齐豹之家。④ 要其前也。【释文】蛙，乌娲切。寘，之豉切。要，一遥切。　⑤ 亦如前车寘戈于薪，寻其后。【释文】从，如字，又才用切。　⑥ 闳，曲门中。【释文】华，户化切，下同。闳，音宏。

公闻乱，乘，驱自阅门入，庆比御公，公南楚骖乘，使华寅乘贰车①。及公宫，鸿骝魋驷乘于公②，公载宝以出。褚师子申遇公于马路之衢，遂从③。过齐氏，使华寅肉袒执盖，以当其阙④。齐氏射公，中南楚之背，公遂出。寅闭郭门⑤，逾而从公⑥。公如死鸟⑦，析朱鉏宵从窦出，徒行从公⑧。

① 公副车。【释文】断，丁管切。肱，古弘切。中，丁仲切，下“中南楚”同。乘驱，如字，又绳证切。阅，音悦。比，如字，又毗志切。　② 鸿骝魋复就公乘，一车四人。【释文】骝，音留。魋，徒回切。复，扶又切。　③ 从公出。【释文】衢，其俱切。从，才用切。　④ 肉袒示不敢与齐氏争，执盖蔽公而去。阙，空也，以盖当侍从空阙之处。【释文】袒，徒旱切。争，争斗之争。处，昌虑切。⑤ 不欲令追者出。【释文】射，食亦切。令，力呈切。　⑥ 逾郭出。【释文】从，才用切，又如字，下“从公”同。　⑦ 死鸟，卫地。　⑧ 朱鉏，成子黑背孙。【释文】析，星历切。鉏，仕居切。窦，音豆。

齐侯使公孙青聘于卫①。既出，闻卫乱，使请所聘。公曰："犹在竟内，则卫君也。"乃将事焉②。遂从诸死鸟，请将事。辞曰："亡人不佞，失守社稷，越在草莽。吾子无所辱君命。"宾曰："寡君命下臣于朝，曰阿下执事③。臣不敢贰④。"主人曰："君若惠顾先君之好，照临敝邑，镇抚其社稷，则有宗祧在⑤。"乃止⑥。卫侯固请见之⑦，不获命，以其良马见⑧，为未致使故也⑨。卫侯以为乘马⑩。宾将掫⑪，主人辞曰："亡人之忧，不可以及吾子。草莽之中，不足以辱从者。敢辞。"宾曰："寡君之下臣，君之牧圉也。若不获扞外役，是不有寡君也⑫。臣惧不免于戾，请以除死。"亲执铎，终夕与于燎⑬。

① 青，顷公之孙。【释文】顷，音倾。 ② 将事，行聘事。【释文】竟，音境。 ③ 阿，比也。命己使比卫臣下。【释文】莽，莫荡切。 ④ 贰，违命也。 ⑤ 言受聘当在宗庙也。【释文】好，呼报切。祧，他雕切。 ⑥ 止，不行聘事。 ⑦ 欲与青相见。 ⑧ 以为相见之礼。【释文】见，贤遍切，下注"礼见"同。 ⑨ 未致使，故不敢以客礼见。【释文】为，于伪切。使，所吏切。 ⑩ 喜其敬己，故贵其物。【释文】乘，绳证切，又如字。 ⑪ 掫，行夜。【释文】掫，侧九切，又祖侯切。行，下孟切。 ⑫ 有，相亲有。【释文】从，才用切。圉，鱼吕切。扞，户旦切。 ⑬ 设火燎以备守。【释文】铎，待洛切。与，音预，下"不与闻谋"、"与于青"同。燎，力召切，又力吊切。一本作"终夕与于燎"。

齐氏之宰渠子召北宫子①。北宫氏之宰不与闻谋，杀渠子，遂伐齐氏，灭之。丁巳晦，公入，与北宫喜盟于彭水之上②。秋七月戊午朔，遂盟国人。八月辛亥，公子朝、褚师圃、子玉霄、子高鲂出奔晋③。闰月戊辰，杀宣姜④。卫侯赐北宫喜谥曰贞子⑤，赐析朱鉏谥曰成子⑥，而以齐氏之墓予之⑦。

① 北宫喜也。 ② 喜本与齐氏同谋，故公先与喜盟。 ③ 皆齐氏党。 ④ 与公子朝通谋故。 ⑤ 灭齐氏故。 ⑥ 霄从公故。 ⑦ 皆未死而赐谥及墓田。传终而言之。

卫侯告宁于齐，且言子石[①]。齐侯将饮酒，徧赐大夫曰："二三子之教也[②]。"苑何忌辞，曰："与于青之赏，必及于其罚[③]。在《康诰》曰：'父子兄弟，罪不相及[④]。'况在群臣？臣敢贪君赐以干先王[⑤]？"

① 子石，公孙青。言其有礼。 ② 言青敬卫侯。【释文】徧，音遍。 ③ 何忌，齐大夫。言青若有罪，亦当并受其罚。【释文】苑，於元切。 ④《尚书·康诰》。 ⑤ 言受赐则犯《康诰》之义。

琴张闻宗鲁死[①]，将往吊之。仲尼曰："齐豹之盗，而孟絷之贼，女何吊焉[②]？君子不食奸[③]，不受乱[④]，不为利疚于回[⑤]，不以回待人[⑥]，不盖不义[⑦]，不犯非礼[⑧]。"

① 琴张，孔子弟子，字子开，名牢。【释文】牢，力刀切。 ② 言齐豹所以为盗，孟絷所以见贼，皆由宗鲁。【释文】女，音汝。 ③ 如公孟不善而受其禄，是食奸也。 ④ 许豹行事，是受乱也。 ⑤ 疚，病。回，邪也。以利故不能去，是病身于邪。【释文】为，于伪切。疚，居又切。邪，似嗟切。 ⑥ 知难不告，是以邪待人。【释文】难，乃旦切，下同。 ⑦ 以周事豹，是盖不义。 ⑧ 以二心事絷，是非礼。

宋华、向之乱，公子城[①]、公孙忌、乐舍[②]、司马彊、向宜、向郑[③]、楚建[④]、郳申[⑤]出奔郑[⑥]。其徒与华氏战于鬼阎[⑦]，败子城。子城适晋[⑧]。华亥与其妻必盥而食所质公子者而后食。公与夫人每日必适华氏，食公子而后归。华亥患之，欲归公子。向宁曰："唯不信，故质其子。若又归之，死无日矣。"公请于华费遂，将攻华氏[⑨]。对曰："臣不敢爱死，无乃求去忧而滋长乎[⑩]？臣是以惧，敢不听命？"公曰："子死亡有命，余不忍其诟[⑪]。"

① 平公子。 ② 舍，乐喜孙。 ③ 宜、郑皆向戌子。 ④ 楚平王之亡大子。 ⑤ 小邾穆公子。【释文】郳，五兮切。 ⑥ 八子，宋大夫，皆公党，辟难出。 ⑦ 八子之徒众也。颍川长平县西北有阎亭。【释文】阎，似廉切，又以冉切。 ⑧ 子城为华氏所败，别走至晋。为明年子城以晋师至起本。 ⑨ 费遂，

大司马华氏族。【释文】盥，古缓切。食，音嗣，下“食公子”同。质，音致。费，扶未切。 ⑩ 恐杀大子，忧益长。【释文】去，起吕切。长，丁丈切。 ⑪ 诟，耻也。【释文】诟，许侯切，本或作“诟”，同。

冬十月，公杀华、向之质而攻之。戊辰，华、向奔陈，华登奔吴①。向宁欲杀大子。华亥曰：“干君而出，又杀其子，其谁纳我？且归之有庸②。”使少司寇轻以归③，曰：“子之齿长矣，不能事人，以三公子为质，必免④。”公子既入，华轻将自门行⑤。公遽见之，执其手曰：“余知而无罪也，入，复而所⑥。”

① 登，费遂之子，党华、向者。 ② 可以为功善。 ③ 以三子归公也。轻，华亥庶兄。【释文】少，诗照切。轻，苦耕切。 ④ 质，信也。送公子归可以自明不叛之信。【释文】质，如字，注同。 ⑤ 从公门去。 ⑥ 而，女也。所，所居官。【释文】遽，其据切。女，音汝。

齐侯疥，遂痁①，期而不瘳，诸侯之宾问疾者多在②。梁丘据与裔款③言于公曰：“吾事鬼神丰，于先君有加矣。今君疾病，为诸侯忧，是祝史之罪也。诸侯不知，其谓我不敬。君盍诛于祝固、史嚚以辞宾④？”

① 痁，疟疾。【释文】疥，旧音戒，梁元帝音该，依字当作“痎”。《说文》云：两日一发之疟也。痎，音皆。后学之徒佥以“疥”字为误。案，传例因事曰遂，若痎已是疟疾，何为复言痁乎？痁，失廉切。 ② 多在齐。【释文】期，音基。瘳，敕留切。 ③ 二子，齐嬖大夫。【释文】裔，以制切。嬖，必计切。 ④ 欲杀嚚、固以辞谢来问疾之宾。【释文】盍，户腊切。嚚，鱼巾切。

公说，告晏子。晏子曰：“日宋之盟①，屈建问范会之德于赵武。赵武曰：‘夫子之家事治，言于晋国，竭情无私。其祝史祭祀，陈信不愧，其家事无猜，其祝史不祈②。’建以语康王③。康王曰：‘神人无怨，宜夫子之光辅五君，以为诸侯主也④。’”公曰：“据与款谓寡人能事鬼神，故欲诛于祝史。子称是语，何故？”对曰：“若有德之君，外内不废⑤，上下无怨，动无违事，其祝史荐信，无愧心矣[⑥]。是以鬼神用飨，国受其福，祝史与焉[⑦]。其所以蕃祉老寿者，为信君使也，其言忠信于鬼神。其适遇淫君，外内颇邪，上下怨疾，动作辟违，从欲厌私[⑧]。高台深池，撞钟舞女，斩刈民力，输掠其聚[⑨]，以成其违，不恤后人。暴虐淫从，肆行非度，无所还忌[⑩]，不思谤讟，不惮鬼神，神怒民痛，无悛于心。其祝史荐信，是言罪也[⑪]。其盖失数美，是矫诬也[⑫]。进退无辞，则虚以求媚[⑬]。是以鬼神不飨其国以祸之，祝史与焉。所以夭昏孤疾者，为暴君使也，其言僭嫚于鬼神。"公曰："然则若之何？"对曰："不可为也[⑭]。山林之木，衡鹿守之。泽之萑蒲，舟鲛守之。薮之薪蒸，虞候守之。海之盐蜃，祈望守之[⑮]。县鄙之人，入从其政。偪介之关，暴征其私[⑯]。承嗣大夫，强易其贿[⑰]。布常无艺[⑱]，征敛无度，宫室日更，淫乐不违[⑲]。内宠之妾，肆夺于市[⑳]。外宠之臣，僭令于鄙[㉑]。私欲养求，不给则应[㉒]。民人苦病，夫妇皆诅。祝有益也，诅亦有损。聊、摄以东[㉓]，姑、尤以西[㉔]，其为人也多矣！虽其善祝，岂能胜亿兆人之诅[㉕]？君若欲诛于祝史，修德而后可。"公说，使有司宽政，毁关，去禁，薄敛，已责[㉖]。

① 日，往日也。宋盟在襄二十七年。【释文】说，音悦。 ② 家无猜疑之事，故祝史无求于鬼神。【释文】屈，居勿切。治，直吏切。愧，其位切，本又作"媿"。猜，七才切。 ③ 楚王。【释文】语，鱼据切。 ④ 五君：文、襄、灵、成、景。 ⑤ 无废事。 ⑥ 君有功德，祝史陈说之，无所愧。 ⑦ 与受国福。【释文】与，音预，注同，下"与焉"同。 ⑧ 使私情厌足。【释文】蕃，音烦。祉，音耻。为，于伪切，又如字，下"为暴"同。颇，普何切。邪，似嗟切。辟，匹亦切。从，子用切，下"淫从"同，或音如字。厌，於艳切。 ⑨ 掠，夺取也。【释文】撞，直江切。刈，本又作"艾"，鱼废切。掠，音亮。聚，才住切，又如字。 ⑩ 还，犹顾也。 ⑪ 以实白神，是为言君之罪。【释文】讟，徒木切。悛，七全切。 ⑫ 盖，掩也。【释文】数，所主切。矫，居表切。 ⑬ 作虚辞以求媚于神。【释文】媚，眉

记切。　⑭ 言非诛祝史所能治。【释文】僭，子念切，下“僭令”同。嫚，武谏切。⑮ 衡鹿、舟鲛、虞候、祈望，皆官名也。言公专守山泽之利，不与民共。【释文】萑，音丸。鲛，音交。薮，素口切。蒸，之承切，粗曰薪，细曰蒸。蜃，市轸切。⑯ 介，隔也。迫近国都之关。言边鄙既入服政役，又为近关所征税枉暴，夺其私物。【释文】政，如字，一音征。偪，彼力切。介，音界。近，附近之近。⑰ 承嗣大夫，世位者。【释文】强，其丈切。贿，呼罪切。　⑱ 艺，法制也。言布政无法制。　⑲ 违，去也。　⑳ 肆，放也。　㉑ 诈为教令于边鄙。　㉒ 养，长也。所求不给，则应之以罪。【释文】应，应对之应。长，丁丈切。　㉓ 聊、摄，齐西界也。平原聊城县东北有摄城。【释文】诅，庄虑切。祝，之又切，下“善祝”同。　㉔ 姑、尤，齐东界也。姑水、尤水皆在城阳郡东南入海。　㉕ 万万曰亿，万亿曰兆。　㉖ 除逋责。【释文】说，音悦。去，起吕切。敛，力验切。责，本又作“债”。逋，布胡切。

十二月，齐侯田于沛[①]，招虞人以弓[②]，不进。公使执之。辞曰：“昔我先君之田也，旃以招大夫，弓以招士，皮冠以招虞人。臣不见皮冠，故不敢进。”乃舍之。仲尼曰：“守道不如守官[③]。”君子韪之[④]。

① 言疾愈行猎。沛，泽名。【释文】沛，音贝。　② 虞人，掌山泽之官。③ 君招当往，道之常也。非物不进，官之制也。　④ 韪，是也。【释文】韪，于鬼切。

齐侯至自田，晏子侍于遄台。子犹驰而造焉[①]。公曰：“唯据与我和夫！”晏子对曰：“据亦同也，焉得为和？”公曰：“和与同异乎？”对曰：“异。和如羹焉，水火醯醢盐梅以烹鱼肉，燀之以薪[②]。宰夫和之，齐之以味，济其不及，以泄其过[③]。君子食之，以平其心。君臣亦然[④]。君所谓可而有否焉[⑤]，臣献其否以成其可[⑥]。君所谓否而有可焉，臣献其可以去其否。是以政平而不干，民无争心。故《诗》曰：‘亦有和羹，既戒既平[⑦]。鬷嘏无言，时靡有争[⑧]。’先王之济五味[⑨]，和五声也，以平其心，成其政也。声亦如味，一气[⑩]，二体[⑪]，三类[⑫]，四物[⑬]，五声[⑭]，六律[⑮]，七音[⑯]，八风[⑰]，九歌[⑱]，以相成也[19]。清浊，小大，短长，疾徐，哀乐，刚柔，迟速，高下，出入，周疏，以相济也[20]。君子听之，以平其心。心平，德和。故《诗》曰：'德音不瑕[21]。'今据不然。君所谓可，据亦曰可。君所谓否，据亦曰否。若以水济水，谁能食之？若琴瑟之专壹，谁能听之？同之不可也如是。"

① 子犹，梁丘据。【释文】田，本亦作"佃"，音同。遄，市专切。造，七报切。② 燀，炊也。【释文】夫，音扶。焉，於虔切。羹，音庚，旧音衡。醯，呼兮切。燀，章善切。炊，昌垂切。 ③ 济，益也。泄，减也。【释文】齐，才细切，又如字。泄，息列切。 ④ 亦如羹。 ⑤ 否，不可也。 ⑥ 献君之否，以成君可。⑦《诗》颂殷中宗，言中宗能与贤者和齐可否，其政如羹，敬戒且平。和羹备五味，异于大羹。【释文】争，争斗之争。和、齐并如字，一读上户卧切，下才细切。⑧ 鬷，总也。嘏，大也。言总大政能使上下皆如和羹。【释文】鬷，子工切。嘏，古雅切。总，音揔。 ⑨ 济，成也。 ⑩ 须气以动。【释文】一气，杜解以为人气也。服云：歇气也。 ⑪ 舞者有文武。 ⑫ 风、雅、颂。 ⑬ 杂用四方之物以成器。 ⑭ 宫、商、角、徵、羽。【释文】五声，宫为君，商为臣，角为民，徵为事，羽为物。徵，张里切。 ⑮ 黄钟、大簇、姑洗、蕤宾、夷则、无射也。阳声为律，阴声为吕。此十二月气。【释文】大，音泰。簇，七豆切。蕤，人谁切。射，音亦。 ⑯ 周武王伐纣，自午及子，凡七日。王因此以数合之，以声昭之，故以七同其数，以律和其声，谓之七音。【释文】七音，宫、商、角、徵、羽、变宫、变徵也。⑰ 八方之风。【释文】八风，《易纬·通卦验》云：东北曰条风，东方曰明庶风，东南曰清明风，南方曰景风，西南曰凉风，西方曰阊阖风，西北曰不周风，北方曰广莫风。条风又名融风，景风一名凯风。 ⑱ 九功之德皆可歌也。六府、三事谓之九歌。【释文】六府：水、火、金、木、土、谷。三事，正德、利用、厚生也。 ⑲ 言此九者合，然后相成为和乐。 ⑳ 周，密也。【释文】乐，音洛。疏，传本皆作"流"。然此五句皆相对，不应独作"周流"，古本有作"疏"者。案，注训周为密，则与疏相对，宜为疏耳。 ㉑《诗·豳风》也。义取心平则德音无瑕阙。【释文】豳，彼贫切。

饮酒乐。公曰："古而无死，其乐若何？"晏子对曰："古而无死，则古之乐也，君何得焉？昔爽鸠氏始居此地[1]，季萴因之[2]，有逢伯陵因之[3]，蒲姑氏因之[4]，而后大公因之。古若无死，爽鸠氏之乐，非君所愿也⑤。”

① 爽鸠氏，少皞氏之司寇也。【释文】专，如字，董遇本作“抟”，音同。 ② 季萴，虞、夏诸侯，代爽鸠氏者。【释文】萴，仕侧切。夏，户雅切。 ③ 逢伯陵，殷诸侯，姜姓。 ④ 蒲姑氏，殷、周之间代逢公者。 ⑤ 齐侯甘于所乐，志于不死，晏子称古以节其情愿。【释文】大，音泰。爽鸠氏之乐，一本作“乐之”。

郑子产有疾，谓子大叔曰：“我死，子必为政。唯有德者能以宽服民，其次莫如猛。夫火烈，民望而畏之，故鲜死焉。水懦弱，民狎而玩之①，则多死焉。故宽难②。”疾数月而卒。大叔为政，不忍猛而宽。郑国多盗，取人于萑苻之泽③。大叔悔之，曰：“吾早从夫子，不及此。”兴徒兵以攻萑苻之盗，尽杀之。盗少止。

① 狎，轻也。【释文】鲜，息浅切。懦，乃乱切，又乃卧切，又音儒。狎，户甲切。玩，五乱切。 ② 难以治。【释文】治，直吏切。 ③ 萑苻，泽名。于泽中劫人。【释文】数，所主切。萑，音丸。苻，音蒲，又如字。

仲尼曰：“善哉！政宽则民慢，慢则纠之以猛①。猛则民残，残则施之以宽。宽以济猛，猛以济宽，政是以和。《诗》曰：‘民亦劳止，汔可小康。惠此中国，以绥四方。’施之以宽也②。‘毋从诡随③，以谨无良④。式遏寇虐，惨不畏明。’纠之以猛也⑤。‘柔远能迩，以定我王。’平之以和也⑥。又曰：‘不竞不絿，不刚不柔⑦。布政优优，百禄是遒⑧。’和之至也。”及子产卒，仲尼闻之，出涕曰：“古之遗爱也⑨！”

① 纠，犹摄也。【释文】尽杀之，本或作“尽之”，“杀”，衍字。纠，居黝切。 ②《诗·大雅》。汔，其也。康、绥，皆安也。周厉王暴虐，民劳于苛政，故诗人刺之，欲其施之以宽。【释文】汔，许乙切。苛，音何。 ③ 诡人、随人，无正心，不可从。【释文】毋，本又作“无”。从，子用切。诡，九委切。 ④ 谨，敕慎也。 ⑤ 式，用也。遏，止也。惨，曾也。言为寇虐，曾不畏明法者，亦当用猛政纠治之。【释文】遏，於葛切。惨，七感切。 ⑥ 柔，安也。迩，近也。远者怀附，近者各以能进，则王室定。 ⑦《诗·殷颂》，言汤政得中和。竞，强也。絿，急也。【释文】絿，音求。 ⑧ 优优，和也。遒，聚也。【释文】遒，在由切，又

子由切。 ⑨ 子产见爱,有古人之遗风。

昭公二十一年

【经】

二十有一年春,王三月,葬蔡平公。

夏,晋侯使士鞅来聘①。

宋华亥、向宁、华定自陈入于宋南里以叛②。

秋七月壬午朔,日有食之。

八月乙亥,叔辄卒③。

冬,蔡侯朱出奔楚④。

公如晋,至河乃复⑤。

① 晋顷公即位,通嗣君。【释文】顷,音倾。 ② 自外至,故曰入。披其邑,故曰叛。南里,宋城内里名。【释文】披,普彼切。 ③ 叔弓之子伯张。 ④ 朱为大子则失位,遂微弱,为国人所逐,故以自出为文。 ⑤ 晋人辞公,故还。

【传】

二十一年春,天王将铸无射①。泠州鸠曰:"王其以心疾死乎②?夫乐,天子之职也③。夫音,乐之舆也④;而钟,音之器也⑤。天子省风以作乐⑥,器以钟之⑦,舆以行之⑧,小者不窕⑨,大者不槬⑩,则和于物。物和则嘉成⑪。故和声入于耳而藏于心,心亿则乐⑫。窕则不咸⑬,槬则不容⑭,心是以感。感实生疾。今钟槬矣,王心弗堪,其能久乎⑮?"

① 周景王也。无射,钟名,律中无射。【释文】铸,之树切。射,音亦。中,丁仲切。 ② 泠,乐官,州鸠其名也。【释文】泠,力丁切,字或作"伶"。 ③ 职,所主也。 ④ 乐因音而行。 ⑤ 音由器以发。 ⑥ 省风俗,作乐以移

之。 ⑦ 钟，聚也。以器聚音。 ⑧ 乐须音而行。 ⑨ 窕，细不满。【释文】窕，他雕切。 ⑩ 槬，横大不入。【释文】槬，户化切。 ⑪ 嘉乐成也。 ⑫ 亿，安也。【释文】亿，於力切。乐，音洛。 ⑬ 不充满人心。【释文】咸，如字，本或作“感”，户暗切。 ⑭ 心不堪容。 ⑮ 为明年天王崩传。

三月，葬蔡平公。蔡大子朱失位，位在卑①。大夫送葬者归，见昭子。昭子问蔡故，以告。昭子叹曰：“蔡其亡乎！若不亡，是君也必不终。《诗》曰：‘不解于位，民之攸塈②。’今蔡侯始即位，而适卑，身将从之③。”

① 不在適子位，以长幼齿。【释文】適，丁历切。长，丁丈切。 ②《诗·大雅》。塈，息也。【释文】解，佳卖切。塈，许器切。 ③ 为蔡侯朱出奔传。

夏，晋士鞅来聘，叔孙为政①。季孙欲恶诸晋②，使有司以齐鲍国归费之礼为士鞅③。士鞅怒，曰：“鲍国之位下，其国小，而使鞅从其牢礼，是卑敝邑也，将复诸寡君。”鲁人恐，加四牢焉，为十一牢④。

① 叔孙昭子以(二)[三]命为国政。 ② 憎叔孙在己上位，欲使得罪于晋。【释文】恶，乌路切。 ③ 鲍国归费在十四年。牢礼各如其命数，鲁人失礼，故为鲍国七牢。【释文】费，音秘。为，于伪切。 ④ 言鲁不能以礼事大国，且为哀七年吴征百牢起。【释文】恐，丘勇切。

宋华费遂生华貙、华多僚、华登。貙为少司马，多僚为御士①，与貙相恶，乃谮诸公曰：“貙将纳亡人②。”亟言之。公曰：“司马以吾故亡其良子③。死亡有命，吾不可以再亡之。”对曰：“君若爱司马，则如亡④。死如可逃，何远之有⑤？”公惧，使侍人召司马之侍人宜僚，饮之酒而使告司马⑥。司马叹曰：“必多僚也。吾有谗子而弗能杀，吾又不死，抑君有命，可若何？”乃与公谋逐华貙，将使田孟诸而遣之。公饮之酒，厚酬之⑦，赐及从者。司马亦如之⑧。张匄尤之⑨，曰：“必有故。”使子皮承宜僚以剑而讯之⑩。宜僚尽以告⑪。张匄欲杀多僚。子皮曰：“司马老矣，登之谓甚⑫，吾又重之，不如亡也。”五月丙申，子皮将见司马而行，则遇多僚御司马而朝。张匄不胜其怒，遂与子皮、臼任、郑翩杀多僚⑬，劫司马以叛，而召亡人。壬寅，华、向入。乐大心、丰愆、华牼御诸横⑭。华氏居卢门，以南里叛⑮。六月庚午，宋城旧鄘及桑林之门而守之⑯。

① 公御士。【释文】貙，敕俱切。少，诗照切。 ② 亡人华亥等。【释文】恶，如字，又乌路切。 ③ 司马，谓费遂，为大司马。良子，谓华登。【释文】亟，欺冀切。 ④ 言若爱大司马，则当亡走失国。 ⑤ 言亡可以逃死，勿虑其远，以恐动公。 ⑥ 告司马，使逐貙。【释文】饮，於鸩切。 ⑦ 酬酒币。 ⑧ 亦如公赐。【释文】从，才用切。 ⑨ 张匄，华貙臣。尤，怪赐之厚。【释文】匄，古害切，本亦作“丐”。 ⑩ 子皮，华貙。讯，问也。【释文】讯，音信。 ⑪ 告欲因田以遣之。 ⑫ 言登亡，伤司马心已甚。 ⑬ 任、翩，亦貙家臣。【释文】重，直用切。见，贤遍切。胜，音升。任，音壬。翩，音篇。 ⑭ 梁国睢阳县南有横亭。【释文】愆，起虔切，本或作“衍”。睢，音虽。 ⑮ 卢门，宋东城南门。 ⑯ 旧鄘，故城也。桑林，城门名。【释文】鄘，音容，本亦作“墉”。

秋七月壬午朔，日有食之。公问于梓慎曰：“是何物也？祸福何为①？”对曰：“二至、二分②，日有食之，不为灾。日月之行也，分，同道也；至，相过也③。其他月则为灾。阳不克也，故常为水④。”于是叔辄哭日食⑤。昭子曰：“子叔将死，非所哭也。”八月，叔辄卒。

① 物，事也。 ② 二至：冬至、夏至。二分：春分、秋分。 ③ 二分日夜等，故言同道。二至长短极，故[言]相过。 ④ 阴侵阳，是阳不胜阴。 ⑤ 意在于忧灾。

冬十月，华登以吴师救华氏①。齐乌枝鸣戍宋②。厨人濮曰③：“《军志》有之，先人有夺人之心，后人有待其衰。盍及其劳且未定也伐诸？若入而固，则华氏众矣，悔无及也。”从之。丙寅，齐师、宋师败吴师于鸿口④，获其二帅公子苦雉、偃州员⑤。华登帅其余⑥以败宋师。公欲出⑦，厨人濮曰："吾小人，可藉死[8]而不能送亡，君请待之[9]。"乃徇曰："扬徽者，公徒也[10]。"众从之。公自扬门见之[11]，下而巡之，曰："国亡君死，二三子之耻也，岂专孤之罪也？"齐乌枝鸣曰："用少，莫如齐致死。齐致死，莫如去备[12]。彼多兵矣，请皆用剑。"从之。华氏北，复即之[13]。厨人濮以裳裹首而荷以走，曰："得华登矣！"遂败华氏于新里[14]。

① 登前年奔吴。 ② 乌枝鸣，齐大夫。 ③ 濮，宋厨邑大夫。【释文】厨，直诛切。濮，音卜。 ④ 梁国睢阳县东有鸿口亭。【释文】先，悉荐切。后，户豆切。盍，户腊切。 ⑤ 二帅，吴大夫。【释文】帅，色类切，注同。雉，古含切。员，音云，又音圆。 ⑥ 吴余师。 ⑦ 出奔。 ⑧ 可借使死难。【释文】难，乃旦切。 ⑨ 请君待复战决胜负。【释文】而不能送亡君，绝句。复，扶又切，下文"复即"同。 ⑩ 徽，识也。【释文】徇，似俊切。徽，许归切，《说文》作"微"。识，本又作"帜"，申志切，又昌志切，一音式。 ⑪ 见国人皆扬徽。睢阳正东门名扬门。 ⑫ 备，长兵也。【释文】去，起吕切。 ⑬ 北，败走。 ⑭ 新里，华氏所取邑。【释文】裹，音果。荷，何可切，又音何。

翟偻新居于新里，既战，说甲于公而归[1]。华妵居于公里，亦如之[2]。

① 居华氏地而助公战。【释文】偻，力主切。说，他活切，下同。 ② 妵，华氏族，故助华氏，亦如偻新说甲归。传言古之为军，不呰小忿。【释文】妵，他口切。呰，本又作"訾"，才斯切，又音紫。

十一月癸未，公子城以晋师至[1]。曹翰胡[2]会晋荀吴[3]、齐苑何忌[4]、卫公子朝[5]救宋。丙戌，与华氏战于赭丘[6]。郑翩愿为鹳，其御愿为鹅[7]。子禄御公子城，庄堇为右[8]。干犨御吕封人华豹，张匄为右[9]。相遇，城还。华豹曰："城也！"城怒而反之[10]。将注，豹则关矣[11]。曰："平公之灵尚辅相余[12]。"豹射出其间[13]。将注，则又关矣。曰："不狎，鄙[14]。"抽矢[15]。城射之，殪[16]。张匄抽殳而下[17]，射之，折股。扶伏而击之，折轸[18]。又射之，死[19]。干犨请一矢[20]。城曰："余言女于君[21]。"对曰："不死伍乘，军之大刑也[22]。干刑而从子，君焉用之？子速诸。"乃射之，殪[23]。大败华氏，围诸南里。

① 城以前年奔晋，今还救宋。 ② 曹大夫。【释文】翰，音寒，又户旦切。 ③ 中行穆子。【释文】行，户郎切。 ④ 齐大夫。 ⑤ 前年出奔晋，今还卫。 ⑥ 赭丘，宋地。【释文】赭，音者。丘，又作"坵"，同。 ⑦ 郑翩，华氏党。鹳、鹅，皆陈名。【释文】鹳，古唤切。鹅，五多切。陈，直觐切。 ⑧ 子禄，向宜。【释文】庄堇，音谨，本或作"庄堇父"。 ⑨ 吕封人华豹，华氏党。【释文】犨，尺由切。 ⑩ 怒其呼己，反还战。 ⑪ 注，傅矢。关，引弓。【释文】注，之树切。关，乌环切，本又作"弯"，同。傅，音附。 ⑫ 平公，公子城之父。【释文】相，息亮切。 ⑬ 出子城、子禄之间。【释文】射，食亦切，又食夜切，下同。 ⑭ 狎，更也。【释文】更，音庚。 ⑮ 豹止不射。 ⑯ 豹死。【释文】殪，一计切。 ⑰ 殳长丈二，在车边。【释文】殳，音殊。长，直亮切，又如字。 ⑱ 折城车轸。【释文】折，之设切，下及注同。扶、伏，并如字，上又音蒲，下又蒲北切，本或作"匍匐"，同。 ⑲ 匄死。 ⑳ 求死。 ㉑ 欲活之。【释文】女，音汝。 ㉒ 同乘共伍当皆死。【释文】乘，绳证切。 ㉓ 犨又死。【释文】焉，於虔切。

华亥搏膺而呼，见华貙，曰："吾为栾氏矣[①]。"貙曰："子无我迋，不幸而后亡[②]。"使华登如楚乞师。华貙以车十五乘，徒七十人，犯师而出[③]。食于睢上，哭而送之，乃复入[④]。

① 晋栾盈还入，作乱而死。事在襄二十三年。【释文】搏，音博。呼，好故切。 ② 迋，恐也。【释文】迋，求枉切。恐，丘勇切。 ③ 犯公师出送华登。④ 入南里。【释文】睢，音虽。复，扶又切。

楚薳越帅师将逆华氏。大宰犯谏曰："诸侯唯宋事其君，今又争国，释君而臣是助，无乃不可乎？"王曰："而告我也后，既许之矣[①]。"

① 为明年华向出奔楚传。【释文】薳，于委切。

蔡侯朱出奔楚。费无极取货于东国[①]，而谓蔡人曰："朱不用命于楚，君王将立东国。若不先从王欲，楚必围蔡。"蔡人惧，出朱而立东国。朱诉于楚，楚子将讨蔡。无极曰："平侯与楚有盟，故封[②]。其子有二心，故废之[③]。灵王杀隐大子，其子与君同恶，德君必甚。又使立之，不亦可乎？用废置在君，蔡无他矣④。”

① 东国，隐大子之子，平侯庐之弟，朱叔父也。 ② 盟于邓，依陈、蔡人以国。【释文】诉，音素。 ③ 子谓朱也。 ④ 言权在楚，则蔡无他心。

公如晋，及河。鼓叛晋①，晋将伐鲜虞，故辞公②。

① 叛晋属鲜虞。 ② 将有军事，无暇于待宾，且惧泄军谋。【释文】泄，息列切，又以制切。

昭公二十二年

【经】

二十有二年春，齐侯伐莒。

宋华亥、向宁、华定自宋南里出奔楚①。

大蒐于昌间②。

夏四月乙丑，天王崩。

六月，叔鞅如京师，葬景王③。

王室乱④。

刘子、单子以王猛居于皇⑤。

秋，刘子、单子以王猛入于王城⑥。

冬十月，王子猛卒⑦。

十有二月癸酉朔，日有食之⑧。

① 言自南里，别从国去。【释文】别，彼列切。 ② 无传。【释文】蒐，所求切。间，如字。 ③ 叔鞅，叔弓子。三月而葬，乱故速。【释文】鞅，於丈切。 ④ 承叔鞅言而书之，未知谁是，故但曰乱。 ⑤ 河南巩县西南有黄亭。辟于朝难，出居皇。王猛书名，未即位。【释文】单，音善。巩，九勇切。难，乃旦切。 ⑥ 王城，郏鄏，今河南县。晋助猛，故得还王都。【释文】郏，古洽切。鄏，音辱。 ⑦ 未即位，故不言崩。 ⑧ 无传。此月有庚戌。又以《长历》推校前后，当为癸

卯朔，书癸酉误。

【传】

二十二年春，王二月甲子，齐北郭启帅师伐莒①。莒子将战，苑羊牧之谏曰②："齐帅贱，其求不多，不如下之。大国不可怒也。"弗听，败齐师于寿馀③。齐侯伐莒④，莒子行成，司马灶如莒莅盟⑤。莒子如齐莅盟，盟子稷门之外⑥。莒于是乎大恶其君⑦。

① 启，齐大夫，北郭佐之后。 ② 牧之，莒大夫。【释文】苑，於元切。牧，州牧之牧。 ③ 莒地。【释文】帅，所类切。下，遐嫁切。 ④ 怒败。 ⑤ 灶，齐大夫。 ⑥ 稷门，齐城门也。 ⑦ 为明年莒子来奔传。【释文】恶，乌路切。

楚薳越使告于宋曰："寡君闻君有不令之臣为君忧，无宁以为宗羞①，寡君请受而戮之。"对曰："孤不佞，不能媚于父兄②，以为君忧，拜命之辱。抑君臣日战，君曰'余必臣是助'，亦唯命。人有言曰：'唯乱门之无过。'君若惠保敝邑，无亢不衷，以奖乱人，孤之望也。唯君图之！"楚人患之③。诸侯之戍谋曰："若华氏知困而致死，楚耻无功而疾战，非吾利也。不如出之以为楚功，其亦无能为也已④。救宋而除其害，又何求？"乃固请出之。宋人从之。己巳，宋华亥、向宁、华定、华貙、华登、皇奄伤、省臧⑤、士平出奔楚。

① 无宁，宁也。言华氏为宋宗庙之羞耻。 ② 华、向，公族也，故称父兄。 ③ 患宋以义距之。【释文】过，古禾切。亢，苦浪切。衷，音忠。 ④ 言华氏不能复为宋患。【释文】复，扶又切，下"复欲"同。 ⑤ 华貙已下五子不书，非卿。【释文】省，悉井切，又所景切。臧，子郎切。

宋公使公孙忌为大司马①，边卬为大司徒②，乐祁为司城③，仲幾为左师④，乐大心为右师⑤，乐輓为大司寇⑥，以靖国人⑦。

① 代华费遂。 ② 卬，平公曾孙，代华定。【释文】卬，五郎切。 ③ 祁，

子罕孙乐祁犁。【释文】犁，力私切，又力兮切。 ④ 幾，仲江孙，代向宁。【释文】幾，音基。 ⑤ 代华亥。 ⑥ 輓，子罕孙。【释文】輓，音晚。 ⑦ 终梓慎之言，三年而后弭。【释文】弭，弥氏切。

王子朝、宾起有宠于景王①。王与宾孟说之，欲立之②。刘献公之庶子伯蚠事单穆公③，恶宾孟之为人也，愿杀之。又恶王子朝之言，以为乱，愿去之④。宾孟适郊，见雄鸡自断其尾。问之，侍者曰："自惮其牺也⑤。"遽归告王，且曰："鸡其惮为人用乎！人异于是⑥。牺者，实用人，人牺实难，己牺何害⑦？"王弗应⑧。

① 子朝，景王之长庶子。宾起，子朝之傅。【释文】朝，如字，凡人名字，皆张遥切；或云朝错是王子朝之后，此音潮。案，错姓亦有两音。长，丁丈切。 ② 孟，即起也。王语宾孟，欲立子朝为大子。【释文】说，如字，又音悦。语，鱼据切。 ③ 献公，刘挚。伯蚠，刘狄。穆公，单旗。【释文】蚠，扶粉切，又扶云切。挚，音至。 ④ 子朝有欲位之言，故刘蚠恶之。【释文】恶，乌路切。去，起吕切。有欲位之言，一本"位"作"立"。 ⑤ 畏其为牺牲奉宗庙，故自残毁。【释文】断，丁管切。惮，待旦切。牺，许宜切。 ⑥ 鸡牺虽见宠饰，然卒当见杀，若人见宠饰则当贵盛，故言异于鸡。【释文】遽，其据切。 ⑦ 言设使宠人如宠牺，则不宜假人以招祸难，使牺在己，则无患害。己喻子朝，欲使王早宠异之。【释文】难，乃旦切。 ⑧ 十五年，太子寿卒，王立子猛，后复欲立子朝而未定，宾孟感鸡，盛称子朝，王心许之，故不应。【释文】应，应对之应，注同。

夏四月，王田北山，使公卿皆从，将杀单子、刘子①。王有心疾，乙丑，崩于荣锜氏②。戊辰，刘子挚卒③，无子，单子立刘蚠④。五月庚辰，见王⑤，遂攻宾起，杀之⑥，盟群王子于单氏⑦。

① 北山，洛北芒也。王知单、刘不欲立子朝，欲因田猎先杀之。【释文】从，才用切。芒，音亡。 ② 四月十九日。河南巩县西有荣锜涧。【释文】锜，鱼绮切。涧，古晏切。 ③ 二十二日。 ④ 蚠事单子故。 ⑤ 见王猛。 ⑥ 党子朝故。 ⑦ 王子猛次王，故单、刘立之，惧诸王子或党子朝，故盟之。

晋之取鼓也①，既献，而反鼓子焉②，又叛于鲜虞③。六月，荀吴略东阳[4]，使师伪籴者负甲以息于昔阳之门外[5]，遂袭鼓，灭之，以鼓子鸢鞮归，使涉佗守之[6]。

① 在十五年。　② 献于庙。　③ 叛晋属鲜虞。　④ 略，行也。东阳，晋之山东邑，魏郡广平以北。【释文】行，下孟切。　⑤ 昔阳，故肥子所都。【释文】籴，音狄。　⑥ 守鼓之地。涉佗，晋大夫。【释文】鸢，悦全切。鞮，丁兮切。佗，徒多切。守，手又切，又如字。

丁巳，葬景王。王子朝因旧官、百工之丧职秩者，与灵、景之族以作乱[1]。帅郊、要、饯之甲[2]，以逐刘子[3]。壬戌，刘子奔扬[4]。单子逆悼王于庄宫以归[5]。王子还夜取王以如庄宫[6]。癸亥，单子出[7]。王子还与召庄公谋[8]，曰："不杀单旗，不捷[9]。与之重盟，必来。背盟而克者多矣。"从之[10]。樊顷子曰："非言也，必不克[11]。"遂奉王以追单子[12]。及领，大盟而复[13]，杀挚荒以说[14]。刘子如刘[15]。单子亡。乙丑，奔于平畤[16]。群王子追之，单子杀还、姑、发、弱、鬷、延、定、稠[17]，子朝奔京[18]。丙寅，伐之[19]。京人奔山，刘子入于王城[20]。辛未，巩简公败绩于京。乙亥，甘平公亦败焉[21]。叔鞅至自京师[22]，言王室之乱也[23]。闵马父曰："子朝必不克，其所与者，天所废也[24]。"单子欲告急于晋，秋七月戊寅，以王如平畤，遂如圃车，次于皇[25]。刘子如刘。单子使王子处守于王城[26]，盟百工于平宫[27]。辛卯，鄩肸伐皇[28]，大败，获鄩肸。壬辰，焚诸王城之市[29]。八月辛酉，司徒丑以王师败绩于前城[30]，百工叛[31]。己巳，伐单氏之宫，败焉[32]。庚午，反伐之[33]。辛未，伐东圉[34]。冬十月丁巳，晋籍谈、荀跞帅九州之戎[35]及焦、瑕、温、原之师[36]，以纳王于王城[37]。庚申，单子、刘盆以王师败绩于郊[38]，前城人败陆浑于社[39]。十一月乙酉，王子猛卒[40]，不成丧也[41]。己丑，敬王即位[42]，馆于子旅氏[43]。十二月庚戌，晋籍谈、荀跞、贾辛、司马督[44]帅师军于阴[45]，于侯氏[46]，于谿泉[47]，次于社[48]。王师军于氾，于解，次于任人[49]。闰月，晋箕遗、乐征、右行诡济师，取前城[50]，军其东南。王师军于京楚。辛丑，伐京，毁其西南[51]。

① 百工，百官也。灵王、景王之子孙。【释文】丧，息浪切，下注“群丧”同。② 三邑，周地。【释文】要，一遥切。饯，贱浅切。 ③ 逐伯盆。 ④ 扬，周邑。⑤ 悼王，子猛也。 ⑥ 王子还，子朝党也。不欲使单子得王猛，故取之。⑦ 失王，故出奔。 ⑧ 庄公，召伯奂，子朝党也。【释文】召，上照切。奂，音唤。⑨ 旗，单子也。【释文】旗，音其。捷，才接切。 ⑩ 从还谋也。【释文】背，音佩。 ⑪ 顷子，樊齐，单、刘党。【释文】顷，音倾，本或作“须”字。 ⑫ 王子还奉王。 ⑬ 领，周地。欲重盟，令单子、刘子复归。【释文】令，力呈切。 ⑭ 委罪于荒。【释文】说，如字，或音悦。 ⑮ 归其采邑。 ⑯ 平畤，周地。知王子还欲背盟，故亡走。【释文】于平畤，一本作“奔平畤”，音止，又音市，本或作“平寿”，误。 ⑰ 八子，灵、景之族，因战而杀之。【释文】鬷，子工切。稠，直由切。⑱ 其党死故。 ⑲ 单子伐京。 ⑳ 子朝奔京，故得入。 ㉑ 甘、巩二公，周卿士，皆为子朝所败。【释文】巩，九勇切。 ㉒ 葬景王还。 ㉓ 经所以书。㉔ 闵马父，闵子马，鲁大夫。天所废，谓群丧职秩者。 ㉕ 出次以示急。戊寅，七月三日，经书六月，误。 ㉖ 王子处，子猛党，守王城，距子朝。 ㉗ 平宫，平王庙。 ㉘ 鄩肸，子朝党。【释文】鄩，音寻。肸，许乙切。 ㉙ 焚鄩肸。 ㉚ 丑，悼王司徒。前城，子朝所得邑。 ㉛ 司徒丑败故。 ㉜ 百工伐单氏，为单氏所败。㉝ 单氏反伐百工。 ㉞ 百工所在。洛阳东南有圉乡。 ㉟ 九州戎，陆浑戎，十七年灭，属晋。州，乡属也，五州为乡。 ㊱ 焦、瑕、温、原，晋四邑。 ㊲ 丁巳，在十月，经书秋，误。 ㊳ 为子朝之党所败。 ㊴ 前城，子朝众。社，周地。【释文】社，或作“杜”。 ㊵ 乙酉在十一月，经书十月，误。虽未即位，周人谥曰悼王。 ㊶ 释所以不称王崩。 ㊷ 敬王，王子猛母弟王子匄。【释文】匄，古害切。 ㊸ 子旅，周大夫。 ㊹ 司马乌。 ㊺ 籍谈所军。 ㊻ 荀跞所军。 ㊼ 贾辛所军。巩县西南有明溪泉。 ㊽ 司马督所次。 ㊾ 王师分在三邑。洛阳西南有大解、小解。【释文】氾，音凡。解，音蟹。 ㊿ 三子，晋大夫。济师，渡伊、洛。【释文】行，户郎切。 (51) 京楚，子朝所在。

春秋经传集解昭公六第二十五

昭公二十三年

【经】

二十有三年春，王正月，叔孙婼如晋[①]。

癸丑，叔鞅卒[②]。

晋人执我行人叔孙婼[③]。

晋人围郊[④]。

夏六月，蔡侯东国卒于楚[⑤]。

秋七月，莒子庚舆来奔。

戊辰，吴败顿、胡、沈、蔡、陈、许之师于鸡父[⑥]。

胡子髡、沈子逞灭[⑦]。

获陈夏啮[⑧]。

天王居于狄泉[⑨]。

尹氏立王子朝[⑩]。

八月乙未，地震。

冬，公如晋，至河，有疾，乃复。

① 谢取邾师。【释文】婼，敕略切。　② 无传。　③ 称行人，讥晋执使人。

【释文】使，所吏切。 ④ 讨子朝也。郊，周邑。围郊在叔鞅卒前，经书后，从赴。 ⑤ 无传。未同盟而赴以名。 ⑥ 不书楚，楚不战也。鸡父，楚地，安丰县南有鸡备亭。【释文】舆，音余。父，音甫。 ⑦ 国虽存君死曰灭。【释文】髡，音苦门切。逞，敕郢切。 ⑧ 大夫死生通曰获。夏啮，徵舒玄孙。【释文】夏，户雅切。啮，五结切。 ⑨ 敬王辟子朝也。狄泉，今洛阳城内大仓西南池水也，时在城外。【释文】大，音泰。 ⑩ 尹氏，周世卿也。书尹氏立子朝，明非周人所欲立。

【传】

二十三年春，王正月壬寅朔，二师围郊①。癸卯，郊、鄩溃②。丁未，晋师在平阴，王师在泽邑③。王使告间④，庚戌，还⑤。

① 二师，王师、晋师也。王师不书，不以告。 ② 河南巩县西南有地名鄩中。郊、鄩二邑，皆子朝所得。【释文】鄩，音寻。溃，户内切。 ③ 平阴，今河阴县。 ④ 子朝败故。【释文】间，音闲。 ⑤ 晋师还。

邾人城翼①，还，将自离姑②。公孙鉏曰："鲁将御我③。"欲自武城还，循山而南④。徐鉏、丘弱、茅地曰⑤："道下遇雨，将不出，是不归也⑥。"遂自离姑⑦。武城人塞其前⑧，断其后之木而弗殊。邾师过之，乃推而蹷之。遂取邾师，获鉏、弱、地⑨。

① 翼，邾邑。 ② 离姑，邾邑。从离姑则道径鲁之武城。【释文】径，音经。 ③ 鉏，邾大夫。【释文】鉏，仕居切。御，鱼吕切。 ④ 至武城而还，依山南行，不欲过武城。【释文】过，古禾切，下"遂过"同。 ⑤ 三子，邾大夫。【释文】茅，亡交切。 ⑥ 谓此山道下湿。 ⑦ 遂过武城。 ⑧ 以兵塞其前道。 ⑨ 取邾师不书，非公命。【释文】断，丁管切。殊，如字，《说文》云：死也。一曰断也。蹷，其月切，又音厥，又居卫切。

邾人诉于晋，晋人来讨。叔孙婼如晋，晋人执之。书曰："晋人执我行人叔孙婼。"言使人也①。晋人使与邾大夫坐②。叔孙曰："列国之卿，当小国之君，固周制也③。邾又夷也[④]。寡君之命介子服回在[⑤]，请使当之，不敢废周制故也。”乃不果坐。

① 嫌外内异，故重发传。【释文】诉，音息路切。使，所吏切。重，直用切，下“重发”同。 ② 坐讼曲直。 ③ 在礼，卿得会伯、子、男，故曰当小国之君。 ④ 邾杂有东夷之风。 ⑤ 子服回，鲁大夫，为叔孙之介副。【释文】介，音界。

韩宣子使邾人聚其众，将以叔孙与之[①]。叔孙闻之，去众与兵而朝[②]。士弥牟谓韩宣子曰[③]：“子弗良图，而以叔孙与其仇，叔孙必死之。鲁亡叔孙，必亡邾。邾君亡国，将焉归[④]？子虽悔之，何及？所谓盟主，讨违命也。若皆相执，焉用盟主[⑤]？”乃弗与。使各居一馆[⑥]。士伯听其辞而诉诸宣子，乃皆执之[⑦]。

① 与邾，使执之。 ② 示欲以身死。【释文】去，起吕切。 ③ 弥牟，士景伯。【释文】弥，亡支切。牟，亡侯切。 ④ 时邾君在晋，若亡国无所归，将益晋忧。【释文】焉，於虔切。 ⑤ 听邾众取叔孙，是为诸侯皆得辄相执。 ⑥ 分别叔孙、子服回。【释文】别，彼列切。 ⑦ 二子辞不屈，故士伯诉而执之。

士伯御叔孙，从者四人，过邾馆以如吏[①]。先归邾子。士伯曰：“以刍荛之难，从者之病，将馆子于都[②]。”叔孙旦而立，期焉[③]。乃馆诸箕。舍子服昭伯于他邑[④]。范献子求货于叔孙，使请冠焉[⑤]。取其冠法，而与之两冠，曰：“尽矣[⑥]。”为叔孙故，申丰以货如晋[⑦]。叔孙曰：“见我，吾告女所行货。”见，而不出[⑧]。吏人之与叔孙居于箕者，请其吠狗，弗与。及将归，杀而与之食之[⑨]。叔孙所馆者，虽一日必葺其墙屋[⑩]，去之如始至[⑪]。

① 欲使邾人见叔孙之屈辱。【释文】从，才用切。 ② 都，别都，谓箕也。【释文】刍，初俱切。荛，而昭切。 ③ 立，待命也。从旦至旦为期。【释文】期，本又作“朞”，同，居其切。 ④ 别囚之。 ⑤ 以求冠为辞。 ⑥ 既送作冠模法，又进二冠以与之，伪若不解其意。【释文】模，莫胡切。解，音蟹。 ⑦ 欲行货以免叔孙。【释文】为，于伪切。 ⑧ 留申丰不使得出，不欲以货免。【释文】

女，音汝。 ⑨ 示不爱。【释文】吠，扶废切。 ⑩ 葺，补治也。【释文】葺，七入切。 ⑪ 不以当去而有所毁坏。【释文】坏，音怪。

夏四月乙酉，单子取訾，刘子取墙人、直人[1]。六月壬午，王子朝入于尹[2]。癸未，尹圉诱刘佗杀之[3]。丙戌，单子从阪道，刘子从尹道伐尹。单子先至而败，刘子还[4]。己丑，召伯奂、南宫极以成周人戍尹[5]。庚寅，单子、刘子、樊齐以王如刘[6]。甲午，王子朝入于王城，次于左巷[7]。秋七月戊申，鄩罗纳诸庄宫[8]。尹辛败刘师于唐[9]。丙辰，又败诸鄩。甲子，尹辛取西闱[10]。丙寅，攻蒯，蒯溃[11]。

① 三邑属子朝者。訾在河南巩县西南。【释文】訾，子斯切。 ② 自京入尹氏之邑。 ③ 尹圉，尹文公也。刘佗，刘蚠族，敬王党。【释文】圉，鱼吕切。佗，徒河切。 ④ 单子败故。【释文】阪，音反，又扶板切。 ⑤ 二子，周卿士，子朝党。奂，召庄公。 ⑥ 辟子朝，出居刘子邑。 ⑦ 近东城。【释文】近，附近之近。 ⑧ 鄩罗，周大夫鄩肸之子。 ⑨ 尹辛，尹氏族。唐，周地。 ⑩ 西闱，周地。【释文】闱，音韦，一音晖。 ⑪ 河南县西南蒯乡是也。于是敬王居狄泉，尹氏立子朝。【释文】蒯，苦怪切。

莒子庚舆虐而好剑，苟铸剑，必试诸人。国人患之。又将叛齐。乌存帅国人以逐之[1]。庚舆将出，闻乌存执殳而立于道左，惧将止死[2]。苑羊牧之曰："君过之[3]，乌存以力闻可矣，何必以弑君成名？"遂来奔。齐人纳郊公[4]。

① 乌存，莒大夫。【释文】好，呼报切。铸，之树切。 ② 殳长丈二而无刃。【释文】殳，音殊。 ③ 牧之亦莒大夫。 ④ 郊公，著丘公之子，十四年奔齐。【释文】著，直除切，又直虑切。

吴人伐州来，楚薳越帅师[1]及诸侯之师奔命救州来。吴人御诸钟离。子瑕卒，楚师熸[2]。

① 令尹以疾从戎，故薳越摄其事。 ② 子瑕即令尹，不起所疾也。吴、楚之间谓火灭为熸。军之重主丧亡，故其军人无复气势。【释文】熸，子潜切，《字林》子兼切。复，扶又切，下注"复败"、"复增"同。

吴公子光曰："诸侯从于楚者众，而皆小国也，畏楚而不获已，是以来。吾闻之曰：'作事威克其爱，虽小必济①。'胡、沈之君幼而狂②，陈大夫齧壮而顽，顿与许、蔡疾楚政。楚令尹死，其师熸，帅贱多宠，政令不壹③。七国同役而不同心④，帅贱而不能整，无大威命，楚可败也。若分师先以犯胡、沈与陈，必先奔。三国败，诸侯之师乃摇心矣。诸侯乖乱，楚必大奔。请先者去备薄威⑤，后者敦陈整旅⑥。"吴子从之。戊辰晦，战于鸡父⑦。吴子以罪人三千，先犯胡、沈与陈⑧。三国争之。吴为三军以系于后。中军从王⑨，光帅右，掩馀帅左⑩。吴之罪人或奔或止，三国乱。吴师击之，三国败，获胡、沈之君及陈大夫。舍胡、沈之囚，使奔许与蔡、顿，曰："吾君死矣！"师噪而从之，三国奔⑪。楚师大奔。书曰："胡子髡、沈子逞灭，获陈夏齧。"君臣之辞也⑫。不言战，楚未陈也⑬。

① 克，胜也。军事尚威。　② 狂，无常。【释文】狂，求匡切。　③ 帅贱，薳越非王卿也。军多宠人，政令不壹于越。【释文】帅，所类切，下"帅贱"同。④ 七国：楚、顿、胡、沈、蔡、陈、许。　⑤ 示之以不整以诱之。【释文】去，起吕切。　⑥ 敦，厚也。【释文】陈，直觐切，下"未陈"同。　⑦ 七月二十九日。遣兵忌晦战，击楚所不意。　⑧ 囚徒不习战，以示不整。　⑨ 从吴王。　⑩ 掩馀，吴子寿梦子。　⑪ 三国：许、蔡、顿。【释文】躁，素报切。　⑫ 国君，社稷之主，与宗庙共其存亡者，故称灭。大夫轻，故曰获。获，得也。　⑬ 嫌与陈例相涉，故重发之。

八月丁酉，南宫极震①。苌弘谓刘文公曰："君其勉之，先君之力可济也②。周之亡也，其三川震③。今西王之大臣亦震，天弃之矣④。东王必大克⑤。"

① 经书乙未地动，鲁地也。丁酉，南宫极震，周地亦震也，为屋所压而死。【释文】压，本又作"厌"，同，於甲切。　② 文公，刘盆也。先君，谓盆之父献公也。献公亦欲立子猛，未及而卒。　③ 谓幽王时也。三川，泾、渭、洛水也。地动川岸崩。　④ 子朝在王城，故谓西王。　⑤ 敬王居秋泉，在王城之东，故曰

东王。

楚大子建之母在郹①，召吴人而启之。冬十月甲申，吴大子诸樊入郹②，取楚夫人与其宝器以归。楚司马薳越追之，不及。将死，众曰："请遂伐吴以徼之③。"薳越曰："再败君师，死且有罪④。亡君夫人，不可以莫之死也。"乃缢于薳澨⑤。

① 郹，郹阳也。平王娶秦女，废大子建，故母归其家。【释文】郹，古阒切。② 诸樊，吴王僚之大子。【释文】吴大子诸樊，案，吴子遏，号诸樊，王僚是遏之弟子，先儒又以为遏弟，何容僚子乃取遏号为名，恐传写误耳，未详。 ③ 徼，要其胜负。【释文】徼，古尧切。要，一遥切。 ④ 此年秋败于鸡父，设往复败为再败。 ⑤ 薳澨，楚地。【释文】缢，一赐切。澨，市制切。

公为叔孙故如晋，及河，有疾而复①。

① 此年春，晋为邾人执叔孙，故公如晋谢之。【释文】为，于伪切，下注"为之"、"相卫"同。

楚囊瓦为令尹①，城郢②。沈尹戌曰："子常必亡郢，苟不能卫，城无益也。古者天子守在四夷③。天子卑，守在诸侯④。诸侯守在四邻⑤。诸侯卑，守在四竟⑥。慎其四竟，结其四援⑦，民狎其野⑧，三务成功⑨，民无内忧，而又无外惧，国焉用城？今吴是惧而城于郢，守已小矣。卑之不获，能无亡乎⑩？昔梁伯沟其公宫而民溃⑪。民弃其上，不亡何待？夫正其疆埸，修其土田，险其走集⑫，亲其民人，明其伍候⑬，信其邻国，慎其官守，守其交礼⑭，不僭不贪，不懦不耆⑮，完其守备，以待不虞，又何畏矣？《诗》曰：'无念尔祖，聿修厥德⑯。'无亦监乎若敖、蚡冒至于武、文⑰，土不过同⑱，慎其四竟，犹不城郢。今土数圻⑲，而郢是城，不亦难乎⑳？"

① 囊瓦，子囊之孙子常也，代阳匄。【释文】囊，乃郎切。 ② 楚用子囊遗言，已筑郢城矣。今畏吴，复增修以自固。【释文】郢，以井切，又余政切。③ 德及远。【释文】守，手又切，下"除守"同。 ④ 政卑损。 ⑤ 领国为之守。

⑥ 裁自完。【释文】竟，音境。 ⑦ 结四邻之国为助。【释文】援，于眷切。 ⑧ 狎，安习也。【释文】狎，户甲切。 ⑨ 春、夏、秋三时之务。 ⑩ 不获守四竟。【释文】焉，於虔切。 ⑪ 在僖十八年。 ⑫ 走集，边竟之垒辟。【释文】疆，居良切。埸，音亦。垒，力轨切。辟，音壁。 ⑬ 使民有部伍，相为候望。 ⑭ 交接之礼。 ⑮ 慑，弱也。耆，强也。【释文】僭，子念切。慑，乃乱切，又乃卧切。耆，巨支切，又直支切。 ⑯《诗·大雅》。无念，念也。聿，述也。义取念祖考则述治其德以显之。 ⑰ 四君皆楚先君之贤者。【释文】蚠，扶粉切。冒，莫报切。 ⑱ 方百里为一同，言未满一圻。【释文】圻，音祈。 ⑲ 方千里为圻。【释文】数，所主切。 ⑳ 言守若是，难以为安也。为定四年吴入楚传。

昭公二十四年

【经】

二十有四年春，王三月丙戌，仲孙貜卒①。

婼至自晋②。

夏五月乙未朔，日有食之。

秋八月，大雩。

丁酉，杞伯郁釐卒③。

冬，吴灭巢④。

葬杞平公⑤。

① 无传。孟僖子也。【释文】貜，俱缚切，徐俱碧切。 ② 喜得赦归，故书至。 ③ 无传。未同盟而赴以名。丁酉，九月五日，有日无月。【释文】郁，於六切。釐，本又作"漦"，力之切，又音来。 ④ 楚邑也。书灭，用大师。 ⑤ 无传。

【传】

二十四年春，王正月辛丑，召简公、南宫嚚以甘桓公见王子朝①。刘子谓苌弘曰："甘氏又往矣。"对曰："何害？同德度义[2]。《大誓》曰：'纣有亿兆夷人，亦有离德[3]。余有乱臣十人，同心同德[4]。'此周所以兴也。君其务德，无患无人。"戊午，王子朝入于邬[5]。

① 简公，召庄公之子召伯盈也。嚚，南宫极之子。桓公，甘平公之子。【释文】嚚，鱼巾切。见，贤遍切。 ② 度，谋也。言唯同心同德，则能谋义，子朝不能，于我无害。【释文】度，待洛切。 ③ 言纣众亿兆，兼有四夷，不能同德，终败亡。【释文】纣，直九切。亿，於力切。 ④ 武王言我有治臣十人，虽少，同心也。今《大誓》无此语。【释文】治，直吏切。 ⑤ 缑氏西南有邬聚。言子朝稍强。【释文】邬，乌户切。缑，古侯切，又苦侯切。聚，才住切。

晋士弥牟逆叔孙于箕[1]。叔孙使梁其踁待于门内[2]，曰："余左顾而欬，乃杀之[3]。右顾而笑，乃止。"叔孙见士伯，士伯曰："寡君以为盟主之故，是以久子[4]。不腆敝邑之礼，将致诸从者。使弥牟逆吾子。"叔孙受礼而归。二月，婼至自晋，尊晋也[5]。

① 将礼而归之。 ② 踁，叔孙家臣。【释文】踁，户定切。 ③ 疑士伯来杀己，故谋杀之。【释文】欬，苦代切。 ④ 久执子以谢邾。 ⑤ 贬婼族，所以尊晋。婼，行人，故不言罪己。【释文】腆，他典切。从，才用切。

三月庚戌，晋侯使士景伯莅问周故[1]，士伯立于乾祭而问于介众[2]。晋人乃辞王子朝，不纳其使[3]。

① 莅，临也。就问子朝、敬王，知谁曲直。【释文】莅，音利。 ② 乾祭，王城北门。介，大也。【释文】乾，音干。祭，侧界切。介，音界。 ③ 众言子朝曲故。【释文】使，所吏切。

夏五月乙未朔，日有食之。梓慎曰："将水[1]。"昭子曰："旱也。日过分而阳犹不克，克必甚，能无旱乎[2]？阳不克莫，将积聚也[3]。"

① 阴胜阳，故曰将水。 ② 过春分，阳气盛时，而不胜阴，阳将猥出，故为旱。【释文】猥，乌罪切。 ③ 阳气莫然不动，乃将积聚。阳不克莫，绝句。

六月壬申，王子朝之师攻瑕及杏，皆溃[1]。

① 瑕、杏，敬王邑。【释文】瑕，户加切。杏，户孟切。溃，户内切。

郑伯如晋，子大叔相，见范献子。献子曰："若王室何？"对曰："老夫其国家不能恤，敢及王室？抑人亦有言曰：'嫠不恤其纬[①]，而忧宗周之陨，为将及焉[②]。'今王室实蠢蠢焉[③]，吾小国惧矣。然大国之忧也，吾侪何知焉？吾子其早图之！《诗》曰：'缾之罄矣，惟罍之耻[④]。'王室之不宁，晋之耻也。"献子惧，而与宣子图之[⑤]。乃征会于诸侯，期以明年[⑥]。

① 嫠，寡妇也。织者常苦纬少，寡妇所宜忧。【释文】相，息亮切。嫠，本又作"釐"，力之切。纬，有贵切。　② 恐祸及己。【释文】陨，于敏切。　③ 蠢蠢，动扰貌。【释文】蠢，昌允切。扰，而小切，本又作"动慑"。　④《诗·小雅》。罍，大器。缾，小器，常禀于罍者，而所受罄尽，则罍为无余，故耻之。【释文】侪，仕皆切。缾，本又作"瓶"，步丁切。罍，音雷。　⑤ 宣子，韩起。　⑥ 为明年会黄父传。【释文】父，音甫。

秋八月，大雩，旱也[①]。

① 终如叔孙之言。

冬十月癸酉，王子朝用成周之宝珪于河[①]。甲戌，津人得诸河上[②]。阴不佞以温人南侵[③]，拘得玉者，取其玉，将卖之，则为石。王定而献之[④]，与之东訾[⑤]。

① 祷河求福。【释文】珪于河，本或作"沈于河"。沈，直荫切，又如字。② 珪自出水。　③ 不佞，敬王大夫。晋以温兵助敬王南侵子朝。　④ 不佞献王。【释文】拘，音俱。王定而献之，本或作"王定之"。　⑤ 喜得玉，故与之邑。巩县西南訾城是也。【释文】訾，子斯切。

楚子为舟师以略吴疆[①]。沈尹戌曰："此行也，楚必亡邑。不抚民而劳之，吴不动而速之[②]，吴踵楚[③]，而疆埸无备，邑能无亡乎？"

① 略，行也。行吴界，将侵之。【释文】疆，居良切。行，下孟切，下同。② 速，召也。　③ 蹑楚踵迹。【释文】踵，章勇切。蹑，女辄切。

越大夫胥犴劳王于豫章之汭①，越公子仓归王乘舟②，仓及寿梦帅师从王③，王及圉阳而还④。

① 汭，水曲。【释文】埸，音亦。犴，五旦切。劳，力报切。汭，如锐切。② 归，遗也。【释文】归，如字，又其愧切。乘，绳证切，又如字。遗，唯季切。③ 寿梦，越大夫。【释文】梦，莫公切。 ④ 圉阳，楚地。【释文】圉，鱼吕切。

吴人踵楚，而边人不备，遂灭巢及钟离而还①。沈尹戌曰："亡郢之始，于此在矣。王壹动而亡二姓之帅②，几如是而不及郢？《诗》曰：'谁生厉阶，至今为梗③。'其王之谓乎④？"

① 钟离不书，告败略。 ② 二姓之帅，守巢、钟离大夫。【释文】帅，所类切。 ③《诗·大雅》。厉，恶。阶，道。梗，病也。【释文】几，居岂切，又音机。梗，更猛切。 ④ 为定四年吴入郢传。

昭公二十五年

【经】

二十有五年春，叔孙婼如宋。

夏，叔诣会晋赵鞅、宋乐大心、卫北宫喜、郑游吉、曹人、邾人、滕人、薛人、小邾人于黄父①。

有鸜鹆来巢②。

秋七月上辛，大雩，季辛，又雩③。

九月己亥，公孙于齐，次于阳州④，齐侯唁公于野井⑤。

冬十月戊辰，叔孙婼卒⑥。

十有一月己亥，宋公佐卒于曲棘⑦。

十有二月，齐侯取郓⑧。

①【释文】诣，五计切。 ② 此鸟穴居，不在鲁界，故曰来巢。非常，故书。【释文】鸜，其俱切，嵇康音权，本又作"鸲"，音劬，《公羊传》作"鹳"，音权。郭璞

注《山海经》云：鸜鹆，鸲鹆也。鹆，音欲。　③ 季辛，下旬之辛也，言又，重上事。【释文】重，直龙切，又直用切。　④ 讳奔，故曰孙，若自孙让而去位者。阳州，齐、鲁竟上邑。未敢直前，故次于竟。【释文】孙，音逊，本亦作"逊"。竟，音境。　⑤ 济南祝阿县东有野井亭。齐侯来唁公，公不敢远劳，故逆之，往至野井。【释文】唁，音彦，吊失国曰唁。　⑥ 公不与小敛而书日者，公在外，非无恩。【释文】与，音预。敛，力验切。　⑦ 陈留外黄县城中有曲棘里，宋地。未同盟而赴以名。　⑧ 取郓以居公也。【释文】郓，音运。

【传】

二十五年春，叔孙婼聘于宋。桐门右师见之①，语，卑宋大夫，而贱司城氏②。昭子告其人曰："右师其亡乎！君子贵其身而后能及人，是以有礼③。今夫子卑其大夫而贱其宗，是贱其身也④。能有礼乎？无礼必亡⑤。"宋公享昭子，赋《新宫》⑥。昭子赋《车辖》⑦。

① 右师，乐大心，居桐门。　② 司城，乐氏之大宗也。卑、贱，谓其才德薄。　③ 唯礼可以贵身，贵身故尚礼。　④ 贱人，人亦贱己。　⑤ 为定十年乐大心出奔传。　⑥ 逸《诗》。　⑦《诗·小雅》。周人思得贤女以配君子，昭子将为季孙迎宋公女，故赋之。【释文】辖，本又作"鎋"，胡瞎切。为，于伪切。

明日宴，饮酒，乐。宋公使昭子右坐①，语相泣也。乐祁佐②，退而告人曰："今兹君与叔孙，其皆死乎？吾闻之，哀乐③而乐哀④，皆丧心也。心之精爽，是谓魂魄。魂魄去之，何以能久⑤？"

① 坐宋公右以相近，言改礼坐。【释文】乐，音洛。近，附近之近。坐，如字，又才卧切。　② 助宴礼。　③ 可乐而哀。【释文】乐，音洛。　④ 可哀而乐。　⑤ 为此冬叔孙、宋公卒传。【释文】丧，息浪切。

季公若之姊为小邾夫人①，生宋元夫人②，生子以妻季平子。昭子如宋聘，且逆之③。公若从④，谓曹氏勿与，鲁将逐之⑤。曹氏告公，公告乐祁。乐祁曰："与之。如是，鲁君必出。政在季氏三世矣⑥，鲁君丧政四公矣⑦。无民而能逞其志者，未之有也。国君是以镇抚其民。《诗》曰：'人之云亡，心之忧矣[8]。'鲁君失民矣，焉得逞其志？靖以待命犹可，动必忧[9]。"

① 平子庶姑，与公若同母，故曰公若姊。 ② 宋元夫人，平子之外姊。 ③ 平子人臣，而因卿逆，季氏强横。【释文】妻，七计切。横，华孟切。 ④ 从昭子。【释文】从，才用切，又如字。 ⑤ 曹氏，宋元夫人。 ⑥ 文子、武子、平子。 ⑦ 宣、成、襄、昭。 ⑧《诗·大雅》，言无人则忧患至。【释文】逞，敕景切。 ⑨ 为下公孙传。【释文】焉，於虔切。

夏，会于黄父，谋王室也[1]。赵简子令诸侯之大夫[2]，输王粟，具戍人，曰："明年将纳王[3]。"子大叔见赵简子，简子问揖让、周旋之礼焉。对曰："是仪也，非礼也。"简子曰："敢问何谓礼？"对曰："吉也闻诸先大夫子产曰：'夫礼，天之经也[4]，地之义也[5]，民之行也[6]。'天地之经，而民则实之。则天之明[7]，因地之性[8]，生其六气[9]，用其五行[10]。气为五味[11]，发为五色[12]，章为五声[13]，淫则昏乱，民失其性[14]。是故为礼以奉之[15]。为六畜[16]、五牲[17]、三牺[18]，以奉五味。为九文[19]、六采[20]、五章，以奉五色[21]。为九歌、八风、七音、六律，以奉五声[22]。为君臣、上下，以则地义[23]。为夫妇、外内，以经二物[24]。为父子、兄弟、姑姊、甥舅、昏媾、姻亚，以象天明[25]。为政事、庸力、行务，以从四时[26]。为刑罚、威狱，使民畏忌，以类其震曜杀戮[27]。为温慈、惠和，以效天之生殖长育。民有好、恶、喜、怒、哀、乐，生于六气[28]。是故审则宜类，以制六志[29]。哀有哭泣，乐有歌舞，喜有施舍，怒有战斗。喜生于好，怒生于恶。是故审行信令，祸福赏罚，以制死生。生，好物也。死，恶物也。好物，乐也。恶物，哀也。哀乐不失，乃能协于天地之性，是以长久[30]。"简子曰："甚哉，礼之大也！"对曰："礼，上下之纪，天地之经纬也[31]，民之所以生也，是以先王尚之。故人之能自曲直以赴礼者，谓之成人。大，不亦宜乎㉜？”简子曰：“鞅也请终身守此言也㉝。”

① 王室有子朝乱，谋定之。 ② 简子，赵鞅。 ③ 纳王于王城。 ④ 经者道之常。 ⑤ 义者利之宜。 ⑥ 行者人所履。【释文】行，下孟切。 ⑦ 日、月、星、辰，天之明也。 ⑧ 高下刚柔，地之性也。 ⑨ 谓阴、阳、风、雨、晦、明。 ⑩ 金、木、水、火、土。 ⑪ 酸、咸、辛、苦、甘。 ⑫ 青、黄、赤、白、黑。发，见也。【释文】见，贤遍切，下“解见”同。 ⑬ 宫、商、角、徵、羽。【释文】徵，张里切。 ⑭ 滋味声色，过则伤性。 ⑮ 制礼以奉其性。 ⑯ 马、牛、羊、鸡、犬、豕。【释文】畜，许又切，又楮六切。 ⑰ 麋、鹿、麏、狼、兔。【释文】麋，亡悲切。麏，九伦切，本亦作“麇”。 ⑱ 祭天、地、宗庙三者谓之牺。 ⑲ 谓山、龙、华、虫、藻、火、粉米、黼黻也。华若草华。藻，水草。火，画火。粉米若白米。黼若斧，黻若两己相戾。传曰：火龙黼黻，昭其文也。【释文】黼，音甫。黻，音弗。 ⑳ 画缋之事，杂用天地四方之色，青与白，赤与黑，玄与黄，皆相次，谓之六色。【释文】缋，户对切。 ㉑ 青与赤谓之文，赤与白谓之章，白与黑谓之黼，黑与青谓之黻，五色备谓之绣。集此五章，以奉成五色之用。 ㉒ 解见二十年。 ㉓ 君臣有尊卑，法地有高下。 ㉔ 夫治外，妇治内，各治其物。 ㉕ 六亲和睦，以事严父，若众星之共辰极也。妻父曰昏，重昏曰媾。婿父曰姻，两婿相谓曰亚。【释文】媾，古豆切。姻，音因。亚，於嫁切，本亦作“娅”，同。重，直龙切。 ㉖ 在君为政，在臣为事，民功曰庸，治功曰力，行其德教，务其时要，礼之本也。【释文】治，直吏切。 ㉗ 雷震电曜，天之威也。圣人作刑狱，以象类之。 ㉘ 此六者皆禀阴、阳、风、雨、晦、明之气。【释文】效，户孝切。长，丁丈切。好，呼报切。恶，乌路切，下“于恶”同。乐，音洛。 ㉙ 为礼以制好、恶、喜、怒、哀、乐六志，使不过节。 ㉚ 协，和也。 ㉛ 经纬，错居以相成者。 ㉜ 曲直以弼其性。 ㉝ 鞅能守此言，故终免于晋阳之难。【释文】以赴礼者，赴或作“从”。难，乃旦切。

宋乐大心曰：“我不输粟，我于周为客①，若之何使客？”晋士伯曰：“自践土以来②，宋何役之不会，而何盟之不同？曰同恤王室，子焉得辟之？子奉君命，以会大事，而宋背盟，无乃不可乎？”右师不敢对，受牒而退③。士伯告简子曰：“宋右师必亡。奉君命以使，而欲背盟以干盟主，无不祥大焉④。"

① 二王后为宾客。 ② 践土在僖二十八年。 ③ 右师，乐大心。【释文】焉，於虔切。背，音佩，下同。 ④ 言不善无大此者。为定十年宋乐大心出奔传。【释文】使，所吏切。

有鸜鹆来巢，书所无也。师己曰："异哉，吾闻文、成之世，童谣有之①，曰：'鸜之鹆之，公出辱之②。鸜鹆之羽，公在外野，往馈之马③。鸜鹆跦跦，公在乾侯④，征褰与襦⑤。鸜鹆之巢，远哉遥遥。(稠)[裯]父丧劳，宋父以骄⑥。鸜鹆鸜鹆，往歌来哭⑦。'童谣有是，今鸜鹆来巢，其将及乎⑧？"

① 师己，鲁大夫。【释文】己，音纪，一音祀。谣，音遥。 ② 言鸜鹆来则公出辱也。 ③ 馈，遗也。【释文】馈，求位切。遗，唯季切。 ④ 跦跦，跳行貌。【释文】跦，张于切，又张留切。跳，直雕切。 ⑤ 褰，袴。【释文】褰，起虔切，《字林》己偃切，又音愆。襦，本或作"襦"，而朱切。袴，苦故切，《说文》作"绔"。 ⑥ (稠)[裯]父，昭公。死外，故丧劳。宋父，定公。代立，故以骄。【释文】裯，直留切。父，音甫。丧，息浪切。 ⑦ 昭公生出歌，死还哭。 ⑧ 将及祸也。

秋，书再雩，旱甚也。

初，季公鸟娶妻于齐鲍文子，生甲①。公鸟死，季公亥与公思展与公鸟之臣申夜姑相其室②。及季姒与饔人檀通③，而惧，乃使其妾抶己，以示秦遄之妻④，曰："公若欲使余，余不可而抶余。"又诉于公甫⑤，曰："展与夜姑将要余⑥。"秦姬以告公之⑦，公之与公甫告平子。平子拘展于卞而执夜姑，将杀之。公若泣而哀之，曰："杀是，是杀余也。"将为之请。平子使竖勿内，日中不得请。有司逆命⑧，公之使速杀之。故公若怨平子。

① 公鸟，季公亥之兄，平子庶叔父。【释文】娶，七住切。 ② 公亥，即公若也。展，季氏族。相，治也。【释文】夜，本或作"射"，音夜，又音亦。相，息亮切。 ③ 季姒，公鸟妻，鲍文子女。饔人，食官。【释文】姒，音似。檀，直丹切，

人名也，或市战切。　④ 秦遄，鲁(夫人)[大夫]，妻公鸟妹秦姬也。【释文】抶，敕乙切。遄，市专切。　⑤ 公甫，平子弟。　⑥ 要劫我以非礼。【释文】展与夜姑，并如字，公思展及申夜姑也。与，及也，读或作余音者，非也。要，一遥切。⑦ 公之，亦平子弟。　⑧ 执夜姑之有司，欲迎受杀生之命。【释文】为，于伪切。

季、郈之鸡斗①。季氏介其鸡②，郈氏为之金距。平子怒③，益宫于郈氏④，且让之⑤。故郈昭伯亦怨平子。臧昭伯之从弟会⑥，为谗于臧氏，而逃于季氏，臧氏执旃。平子怒，拘臧氏老。将禘于襄公，万者二人，其众万于季氏⑦。臧孙曰："此之谓不能庸先君之庙⑧。"大夫遂怨平子。公若献弓于公为⑨，且与之出射于外，而谋去季氏。公为告公果、公贲⑩。公果、公贲使侍人僚柤告公。公寝，将以戈击之，乃走。公曰："执之。"亦无命也⑪。惧而不出，数月不见，公不怒。又使言，公执戈以惧之，乃走。又使言，公曰："非小人之所及也⑫。"公果自言。公以告臧孙，臧孙以难⑬。告郈孙，郈孙以可，劝。告子家懿伯⑭，懿伯曰："谗人以君徼幸，事若不克，君受其名⑮，不可为也。舍民数世，以求克事，不可必也。且政在焉，其难图也。"公退之⑯。辞曰："臣与闻命矣，言若泄，臣不获死。"乃馆于公⑰。

① 季平子、郈昭伯二家相近，故鸡斗。【释文】郈，音后，《字林》下遘切。近，附近之近，又如字。　② 捣芥子播其毛也。或曰以胶沙播之为介鸡。【释文】介，又作"芥"，音界。　③ 怒其不下己。【释文】下，遐嫁切。　④ 侵郈氏室以自益。　⑤ 让，责也。　⑥ 昭伯，臧为子。【释文】从，才用切，后"从者"皆同。　⑦ 禘，祭也。万，舞也。于礼，公当三十六人。【释文】禘，大计切。⑧ 不能用礼也。盖襄公别立庙。　⑨ 公为，昭公子务人。　⑩ 果、贲，皆公为弟。【释文】去，起吕切。贲，音奔，又扶云切，又皮义切。　⑪ 独言执之，无敕命。【释文】侍人，本亦作"寺人"。柤，侧加切。　⑫ 谓僚柤为小人。【释文】数，所主切，下"数世"同。见，贤遍切。　⑬ 言难遂。【释文】难，如字。　⑭ 子家羁，庄公之玄孙。【释文】郈孙以可，绝句。劝，劝公逐季氏也。　⑮ 受恶名。【释文】徼，古尧切。　⑯ 退使去。【释文】舍，音捨。　⑰ 恐受泄命之罪，于留

公宫以自明。【释文】与,音预。泄,息列切,又以制切,漏泄也。

叔孙昭子如阚[①],公居于长府[②]。九月戊戌,伐季氏,杀公之于门,遂入之。平子登台而请曰:“君不察臣之罪,使有司讨臣以干戈,臣请待于沂上以察罪。”弗许[③]。请囚于费,弗许。请以五乘亡,弗许。子家子曰:“君其许之!政自之出久矣,隐民多取食焉[④]。为之徒者众矣,日入慝作,弗可知也[⑤]。众怒不可蓄也[⑥]。蓄而弗治,将蕰[⑦]。蕰畜,民将生心;生心,同求将合[⑧]。君必悔之。”弗听。郈孙曰:“必杀之。”公使郈孙逆孟懿子[⑨]。叔孙氏之司马鬷戾言于其众曰:“若之何?”莫对[⑩]。又曰:“我家臣也,不敢知国。凡有季氏与无,于我孰利?”皆曰:“无季氏,是无叔孙氏也。”鬷戾曰:“然则救诸。”帅徒以往,陷西北隅以入[⑪]。公徒释甲,执冰而踞[⑫]。遂逐之[⑬]。孟氏使登西北隅,以望季氏。见叔孙氏之旌,以告。孟氏执郈昭伯,杀之于南门之西,遂伐公徒。子家子曰:“诸臣伪劫君者,而负罪以出,君止[⑭]。意如之事君也,不敢不改[⑮]。”公曰:“余不忍也。”与臧孙如墓谋[⑯],遂行。己亥,公孙于齐,次于阳州。齐侯将唁公于平阴,公先至于野井。齐侯曰:“寡人之罪也。使有司待于平阴,为近故也[⑰]。”书曰:“公孙于齐,次于阳州。齐侯唁公于野井。”礼也。将求于人,则先下之,礼之善物也[⑱]。齐侯曰:“自莒疆以西,请致千社[⑲],以待君命[⑳]。寡人将帅敝赋以从执事,唯命是听。君之忧,寡人之忧也。”公喜。子家子曰:“天禄不再,天若胙君,不过周公,以鲁足矣。失鲁,而以千社为臣,谁与之立[㉑]?且齐君无信,不如早之晋。”弗从。臧昭伯率从者将盟,载书曰:“戮力壹心,好恶同之。信罪之有无[㉒],缱绻从公,无通外内[㉓]。”以公命示子家子。子家子曰:“如此,吾不可以盟。羁也不佞，不能与二三子同心，而以为皆有罪[24]。或欲通外内，且欲去君[25]。二三子好亡而恶定，焉可同也？陷君于难，罪孰大焉？通外内而去君，君将速入，弗通何为？而何守焉？”乃不与盟[26]。

①阚，鲁邑。【释文】阚，口暂切。　②长府，官府名。　③鲁城南自有沂水，平子欲出城待罪也。大沂水出盖县南，至下邳入泗。【释文】沂，鱼依切。　④隐约穷困。【释文】乘，绳证切。　⑤慝，奸恶也。日冥，奸人将起叛君助季氏，不可知。【释文】慝，他得切。冥，亡定切。　⑥季氏众。【释文】蓄，敕六切，本亦作“畜”。　⑦薀，积也。【释文】薀，本亦作“蕴”，纡粉切。　⑧与季氏同求叛君者。　⑨懿子，仲孙何忌。　⑩众疑所助。【释文】鬷，子公切。戾，力计切。　⑪陷公围也。【释文】陷，陷没之陷。隅，本或作“堣”，音同。⑫言无战心也。冰，椟丸盖。或云椟丸是箭筩，其盖可以取饮。【释文】踞，音据。椟，音独。丸，胡官切。筩，音童，又音动，一音勇。　⑬逐公徒。　⑭使若非君本意者，君自可止不出。　⑮意如，季平子名。　⑯辞先君，且谋所奔。⑰齐侯自咎，本不敕有司远诣阳州，而欲近会于平阴，故令鲁侯过共，先至野井，远见迎逆，自咎以谢公。【释文】为，于伪切。咎，其九切。令，力呈切。　⑱物，事也。谓先往至野井。【释文】下，遐嫁切。　⑲二十五家为社，千社二万五千家，欲以给公。【释文】疆，居良切。　⑳待君伐季氏之命。　㉑为齐臣。【释文】胙，才路切。　㉒信，明也。处者有罪，从者无罪。【释文】戮，音六，又力雕切。　㉓缱绻，不离散。【释文】缱，音遣。绻，起阮切。　㉔从者陷君，留者逐君，皆有罪也。　㉕去君，伪负罪出奔，不必缱绻从公。　㉖何必守公。【释文】好，呼报切。恶，乌路切。焉，於虔切。难，乃旦切。

昭子自阚归，见平子。平子稽颡，曰：“子若我何？”昭子曰：“人谁不死？子以逐君成名，子孙不忘，不亦伤乎！将若子何？”平子曰：“苟使意如得改事君，所谓生死而肉骨也。”昭子从公于齐，与公言。子家子命适公馆者执之[①]。公与昭子言于幄内，曰：“将安众而纳公[②]。”公徒将杀昭子，伏诸道[③]。左师展告公，公使昭子自铸归[④]。平子有异志[⑤]。冬十月辛酉，昭子齐于其寝，使祝宗祈死，戊辰，卒[⑥]。左师展将以公乘马而归，公徒执之[7]。

①恐从者知叔孙谋。【释文】稽，音启。颡，息党切。 ②昭子请归安众。【释文】幄，於角切。 ③伏兵。 ④辟伏兵。【释文】铸，之树切。 ⑤不欲复纳公。【释文】复，扶又切。 ⑥耻为平子所欺，因祈而自杀。【释文】齐，侧皆切，本又作"斋"。 ⑦展，鲁大夫，欲与公俱轻归。【释文】乘，如字，骑马也。轻，遣政切。

壬申，尹文公涉于巩，焚东訾，弗克[1]。

①文公，子朝党，于巩县涉洛水也。东訾，敬王邑。

十一月，宋元公将为公故如晋[1]，梦大子栾即位于庙，己与平公服而相之[2]。旦，召六卿。公曰："寡人不佞，不能事父兄[3]，以为二三子忧，寡人之罪也。若以群子之灵，获保首领以没，唯是楄柎所以藉干者[4]，请无及先君[5]。"仲幾对曰："君若以社稷之故，私降昵宴，群臣弗敢知[6]。若夫宋国之法，死生之度，先君有命矣。群臣以死守之，弗敢失队。臣之失职，常刑不赦。臣不忍其死，君命祗辱[7]。"宋公遂行。己亥，卒于曲棘[8]。

①请纳公。【释文】为，于伪切。 ②平公，元公父。【释文】相，息亮切。 ③父兄，谓华、向。 ④楄柎，棺中笭床也。干，骸骨也。【释文】没，音殁。楄，蒲田切。柎，步口切，又音附。藉，在夜切。笭，力丁切。骸，户皆切。 ⑤欲自贬损。 ⑥昵，近也。降昵宴，谓损亲近声乐饮食之事。【释文】昵，女乙切。 ⑦言君命必不行。祗，适也。【释文】队，直类切。祗，音支。 ⑧为明年梁丘据语起本。

十二月庚辰，齐侯围郓[1]。

①欲取以居公。不书围，郓人自服，不成围。

初，臧昭伯如晋，臧会窃其宝龟偻句[1]。以卜为信与僭，僭吉[2]。臧氏老将如晋问[3]，会请往[4]。昭伯问家故，尽对[5]。及内子与母弟叔孙，则不对[6]。再三问，不对。归，及郊，会逆，问，又如初[7]。至，次于外而察之，皆无之。执而戮之，逸，奔郈。郈鲂假使为贾正焉[8]。计于季氏[9]。臧氏使五人以戈楯伏诸桐汝之闾[10]。会出，逐之，反奔，执诸季氏中门之外。平子怒，曰："何故以兵入吾门?"拘臧氏老。季、臧有恶[11]。及昭伯从公，平子立臧会[12]。会曰："偻句不余欺也[13]。"

① 偻句，龟所出地名。【释文】偻，力主切，又力具切。句，居具切。 ② 僭，不信也。【释文】僭，子念切。 ③ 问昭伯起居。 ④ 代家老行。 ⑤ 故，事也。 ⑥ 内子，昭伯妻。不对，若有他故。 ⑦ 又不对。 ⑧ 郈在东平无盐县东南。鲂假，郈邑大夫。贾正，掌货物使有常价，若市吏。【释文】鲂，音房。贾，音嫁。 ⑨ 送计簿于季氏。【释文】簿，步户切。 ⑩ 桐汝，里名。【释文】楯，食准切，又音允。 ⑪ 相怨恶。 ⑫ 立以为臧氏后。 ⑬ 传言卜筮之验，善恶由人。

楚子使薳射城州屈，复茄人焉[1]。城丘皇，迁訾人焉[2]。使熊相禖郭巢，季然郭卷[3]。子大叔闻之，曰："楚王将死矣，使民不安其土，民必忧。忧将及王，弗能久矣[4]。"

① 还复茄人于州屈。【释文】屈，居勿切，又其勿切。茄，音加。 ② 移訾人于丘皇。 ③ 使二大夫为巢、卷筑郭也。卷城在南阳叶县南。【释文】相，息亮切。禖，音梅。卷，音权，或眷勉切。为，于伪切。 ④ 为明年楚子居卒传。

昭公二十六年

【经】

二十有六年春，王正月，葬宋元公[1]。

三月，公至自齐，居于郓。

夏，公围成[2]。

秋，公会齐侯、莒子、邾子、杞伯，盟于鄟陵[3]。

公至自会，居于郓[4]。

九月庚申，楚子居卒[5]。

冬十月，天王入于成周[6]。

尹氏、召伯、毛伯以王子朝奔楚[7]。

① 三月而葬，速。 ② 成，孟氏邑。不书齐师，帅贱众少，重在公。【释文】帅，所类切。 ③ 鄟陵，地阙。【释文】鄟，音专，又市转切，又徒丸切。 ④ 无传。 ⑤ 未同盟而赴以名。 ⑥ 传言王入在子朝奔后，经在前者，子朝来告晚。 ⑦ 召伯当言召氏，经误也。尹、召族奔非一人，故言氏。书奔在王入下者，王入乃告诸侯。

【传】

二十六年春，王正月庚申，齐侯取郓[1]。

① 前年已取郓，至是乃发传者，为公处郓起。

葬宋元公，如先君，礼也[1]。

① 善宋人违命以合礼。

"三月，公至自齐，处于郓"，言鲁地也[1]。夏，齐侯将纳公，命无受鲁货。申丰从女贾[2]，以币锦二两[3]，缚一如瑱[4]，适齐师。谓子犹之人高齮[5]："能货子犹，为高氏后，粟五千庾[6]。"高齮以锦示子犹，子犹欲之。齮曰："鲁人买之，百两一布，以道之不通，先入币财[7]。"子犹受之，言于齐侯曰："群臣不尽力于鲁君者，非不能事君也[8]。然据有异焉[9]。宋元公为鲁君如晋，卒于曲棘。叔孙昭子求纳其君，无疾而死。不知天之弃鲁耶，抑鲁君有罪于鬼神，故及此也？君若待于曲棘，使群臣从鲁君以卜焉[10]。若可，师有济也，君而继之，兹无敌矣。若其无成，君无辱焉。"齐侯从之，使公子鉏帅师从公[11]。成大夫公孙朝谓平子曰："有都以卫国也，请我受师。"许之[12]。请纳质[13]，弗许，曰："信女足矣。"告于齐师曰："孟氏，鲁之敝室也[14]。用成已甚，弗能忍也，请息肩于齐[15]。”齐师围成。成人伐齐师之饮马于淄者，曰：“将以厌众[16]。”鲁成备而后告曰：“不胜众[17]。”师及齐师战于炊鼻[18]。齐子渊捷从洩声子[19]，射之，中楯瓦[20]，繇朐汏輈，匕入者三寸[21]。声子射其马，斩鞅，殪[22]。改驾，人以为鬷戾也而助之[23]。子车曰：“齐人也[24]。”将击子车。子车射之，殪。其御曰：“又之[25]。”子车曰：“众可惧也，而不可怒也。”子囊带从野洩，叱之[26]。洩曰：“军无私怒，报乃私也，将亢子[27]。”又叱之[28]，亦叱之[29]。冉竖射陈武子，中手[30]，失弓而骂[31]。以告平子，曰：“有君子白皙，鬒鬚眉，甚口。”平子曰：“必子彊也，无乃亢诸[32]？”对曰：“谓之君子，何敢亢之[33]？”林雍羞为颜鸣右，下[34]。苑何忌取其耳[35]。颜鸣去之[36]。苑子之御曰：“视下顾[37]。”苑子剕林雍，断其足，鑋而乘于他车以归[38]。颜鸣三入齐师，呼曰：“林雍乘[39]！”

① 入鲁竟，故书至。犹在外，故书地。【释文】竟，音境。 ② 丰、贾二人皆季氏家臣。【释文】女，音汝。 ③ 二丈为一端，二端为一两，所谓匹也。二两，二匹。 ④ 瑱，充耳。绖，卷也。急卷使如充耳，易怀藏。【释文】绖，直转切。瑱，他殿切。易，以豉切。 ⑤ 龁，子犹家臣。子犹，梁丘据。【释文】龁，鱼绮切。 ⑥ 言若能为我行货于子犹，当为请，使得为高氏后，又当致粟五千庾。庾，十六斗，凡八千斛。【释文】庾，羊主切。为，于伪切，下“当为”、下“为鲁”同。 ⑦ 言鲁人买此甚多，布陈之，以百两为数。 ⑧ 欲行其说，故先示欲尽力纳鲁君。【释文】说，如字，又始锐切。 ⑨ 异，犹怪也。 ⑩ 卜知可伐否。⑪ 鉏，齐大夫。【释文】鉏，仕居切。 ⑫ 以成邑御齐师。【释文】朝，如字。⑬ 恐见疑。【释文】质，音致。 ⑭ 敝，坏也。【释文】女，音汝。 ⑮ 公孙朝诈齐师言欲降，使来取成。【释文】降，户江切。 ⑯ 以厌众心，不欲使知已降也。淄水出泰山梁父县，西北入汶。【释文】饮，於鸩切。淄，则其切。厌，於冉切，又於叶切。汶，音问。 ⑰ 告齐言众不欲降，己不能胜。【释文】胜，音升，又始证切。 ⑱ 季氏师距公，非公命则不书。炊鼻，鲁地。 ⑲ 声子，鲁大夫。【释文】洩，息列切。 ⑳ 瓦，楯脊。【释文】射，食亦切，下同。中，丁仲切，下“中手”同。楯，常允切，又音允。脊，子亦切。 ㉑ 入楯瓦也。朐，车軛。輈，车

辕。繇，过也。汏，矢激。匕，矢镞也。【释文】繇，音由。朐，具俱切，本又作“軥”，同。汏，他达切。辀，陟留切。匕，必履切。軛，於革切。激，古狄切。镞，子木切，或七木切。 ㉒ 殪，死也。【释文】鞅，於丈切。殪，於计切。 ㉓ 人，鲁人也。鬷戾，叔孙氏司马。 ㉔ 子车，即渊捷。 ㉕ 又欲使射余人。 ㉖ 囊带，齐大夫。野泄，即声子。【释文】叱，昌实切。 ㉗ 欲以公战御之，不欲私报其叱。【释文】亢，苦浪切。 ㉘ 子囊复叱之。【释文】复，扶又切，下“复欲”同。 ㉙ 野泄亦叱也。言齐无战心，但相叱。 ㉚ 冉竖，季氏臣。 ㉛ 武子骂。【释文】骂，马嫁切。 ㉜ 子强，武子字。【释文】皙，星历切。鬒，子忍切，黑也。鬚，本又作“须”，修于切。 ㉝ 伪言不敢违季氏。 ㉞ 皆鲁人。羞为右，故下车战。 ㉟ 何忌，齐大夫。不欲杀雍，但截其耳以辱之。【释文】苑，於阮切。 ㊱ 其右见获，惧而去之。 ㊲ 复欲使苑子击其足。 ㊳ 鼙，一足行。【释文】刜，芳弗切，《说文》云：击也，又父勿切，又忿勿切。断，丁管切。鼙，遣政切，又音磬，又苦顶切，《字林》丘贞切。 ㊴ 言鲁人皆致力于季氏，不以私怨而相弃。【释文】呼，火故切。乘，绳证切。

四月，单子如晋告急。五月戊午，刘人败王城之师于尸氏①。戊辰，王城人、刘人战于施穀，刘师败绩②。

① 刘人，刘蚠之属。王城，子朝之徒。尸氏，在巩县西南偃师城。 ② 施穀，周地。

秋，盟于(钊)[郇]陵，谋纳公也①。

① 齐侯谋。

七月己巳，刘子以王出①。庚午，次于渠②。王城人焚刘③。丙子，王宿于褚氏④。丁丑，王次于萑穀。庚辰，王入于胥靡。辛巳，王次于滑⑤。晋知跞、赵鞅帅师纳王，使女宽守阙塞⑥。

① 师败，惧而出。 ② 渠，周地。 ③ 烧刘子邑。 ④ 洛阳县南有褚氏亭。【释文】褚，张吕切，又敕吕切。 ⑤ 萑穀、胥靡、滑，皆周地。胥靡、滑，本郑邑。【释文】萑，音丸，本又作“雚”，古乱切。 ⑥ 女宽，晋大夫。阙塞，洛阳西南伊阙口也。守之备子朝。【释文】知，音智。跞，音历。女，音汝。塞，素代切。

九月，楚平王卒，令尹子常欲立子西①，曰：“大子壬弱，其母非適也②,王子建实聘之。子西长而好善,立长则顺,建善则治。王顺国治,可不务乎?”子西怒曰:“是乱国而恶君王也③。国有外援,不可渎也④。王有適嗣,不可乱也。败亲速仇⑤,乱嗣不祥,我受其名⑥。赂吾以天下,吾滋不从也⑦,楚国何为?必杀令尹!”令尹惧,乃立昭王。

① 子西,平王之长庶。【释文】长,丁丈切。 ② 壬,昭王也。【释文】適,丁历切,下同。 ③ 言王子建聘之,是章君王之恶。【释文】好,呼报切。治,直吏切。 ④ 外援,秦也。渎,慢也。【释文】慢,武谏切。 ⑤ 不立壬,秦将来讨是速仇也。 ⑥ 受恶名。 ⑦ 滋,益也。【释文】赂,音路。

冬十月丙申,王起师于滑①。辛丑,在郊②,遂次于尸。十一月辛酉,晋师克巩③。召伯盈逐王子朝④。王子朝及召氏之族、毛伯得、尹氏固、南宫嚚奉周之典籍以奔楚⑤。阴忌奔莒以叛⑥。召伯逆王于尸,及刘子、单子盟⑦。遂军圉泽,次于隄上⑧。癸酉,王入于成周⑨。甲戌,盟于襄宫⑩。晋师使成公般戍周而还⑪。十二月癸未,王入于庄宫⑫。

① 起,发也。【释文】滑,于八切。 ② 郊,子朝邑。 ③ 知跞、赵鞅之师。 ④ 伯盈本党子朝,晋师克巩,知子朝不成,更逐之而逆敬王。 ⑤ 尹、召二族皆奔,故称氏。重见尹固名者,为后还见杀。【释文】重,直用切。见,贤遍切。为,于伪切,下“且为”同。 ⑥ 阴忌,子朝党。莒,周邑。 ⑦ 召伯新还,故盟。 ⑧ 圉泽、隄上,皆周地。【释文】圉,鱼吕切。隄,音低,或音啼。 ⑨ 成周,今洛阳。 ⑩ 襄王之庙。 ⑪ 般,晋大夫。【释文】般,音班。 ⑫ 庄宫,在王城。

王子朝使告于诸侯曰:“昔武王克殷,成王靖四方,康王息民,并建母弟,以蕃屏周。亦曰:‘吾无专享文、武之功①,且为后人之迷败倾覆,而溺入于难,则振救之。’至于夷王,王愆于厥身②。诸侯莫不并走其望,以祈王身。至于厉王,王心戾虐,万民弗忍,居王于彘③。诸侯释位,以间王政④。宣王有志,而后效官⑤。至于幽王,天不吊周,王昏不若,用愆厥位⑥。携王奸命,诸侯替之,而建王嗣,用迁郏鄏⑦。则是兄弟之能用力于王室也。至于惠王，天不靖周，生颓祸心，施于叔带，惠、襄辟难，越去王都⑧。则有晋、郑，咸黜不端⑨，以绥定王家。则是兄弟之能率先王之命也。在定王六年，秦人降妖⑩，曰：'周其有髭王，亦克能修其职。诸侯服享，二世共职⑪。王室其有间王位，诸侯不图，而受其乱灾⑫。'至于灵王，生而有髭⑬。王甚神圣，无恶于诸侯。灵王、景王，克终其世⑭。今王室乱，单旗、刘狄，剥乱天下，壹行不若⑮。谓先王何常之有⑯？唯余心所命，其谁敢讨之？帅群不吊之人⑰，以行乱于王室。侵欲无厌，规求无度，贯渎鬼神⑱，慢弃刑法，倍奸齐盟，傲很威仪，矫诬先王。晋为不道，是摄是赞⑲，思肆其罔极⑳。兹不穀震盪播越，窜在荆蛮㉑，未有攸底㉒。若我一二兄弟甥舅，奖顺天法，无助狡猾，以从先王之命，毋速天罚，赦图不穀㉓，则所愿也。敢尽布其腹心，及先王之经，而诸侯实深图之！昔先王之命曰：'王后无適，则择立长。年钧以德，德钧以卜㉔。'王不立爱，公卿无私，古之制也。穆后及大子寿早夭即世㉕，单、刘赞私立少，以间先王㉖，亦唯伯仲叔季图之㉗。"

① 不敢专，故建母弟。【释文】蕃，方元切，亦作"藩"。 ② 夷王，厉王父也。愆，恶疾也。【释文】覆，芳服切。溺，乃历切。难，乃旦切。愆，起虔切。 ③ 不忍害王也。厉王之末，周人流王于彘。【释文】彘，直例切。 ④ 间，犹与也。去其位，与治王之政事。【释文】间，间厕之间，又如字。与，音预。 ⑤ 宣王，厉王子。彘之乱，宣王尚少，召公虎取而长之。效，授也。【释文】效，户教切。少，诗照切。长，丁丈切。 ⑥ 幽王，宣王子。若，顺也。愆，失也。 ⑦ 携王，幽王少子伯服也。王嗣，宜臼也。幽王后申姜生大子宜臼，王幸褒姒，生伯服，欲立之而杀大子，大子奔申，申伯与鄫及西戎伐周，战于戏，幽王死，诸侯废伯服而立宜臼，是为平王，东迁郏鄏。【释文】携，户圭切。奸，音干。替，他计切。郏，古洽切。鄏，音辱。鄫，才陵切。戏，许宜切。 ⑧ 惠王，平王六世孙。颓，惠王庶叔也。庄十九年作乱，惠王适郑。襄王，惠王子。叔带，襄王弟。

僖二十四年，叔带作难，襄王处氾。【释文】颓，徒回切。施，以豉切。难，乃旦切。氾，音，凡。　⑨黜，去也。晋文杀叔带，郑厉杀子颓，为王室去不端直之人。【释文】去，起吕切。为，于伪切。　⑩定王，襄王孙。定王六年，鲁宣八年。【释文】妖，本又作“祅”，於骄切，《说文》云：衣服歌谣草木之怪谓之妖。⑪二世，谓灵、景。【释文】髭，子斯切。共，音恭。　⑫间王位，谓子朝也。今子朝以为王猛。受乱灾，谓楚也。今子朝以为晋。【释文】间，间厕之间，下“间先”同。　⑬灵王，定王孙。　⑭景王，灵王子。　⑮单旗，穆公也。刘狄，刘蚠也。壹，专也。【释文】剥，邦角切。　⑯言先王无常法。　⑰吊，至也。【释文】吊，如字，旧丁历切，至也。　⑱贯，习也。渎，易也。【释文】厌，本又作“猒”，於盐切。贯，古患切。易，以豉切。　⑲摄，持也。赞，佐也。先王，谓景王。【释文】倍，音佩。傲，五报切。很，户恳切。矫，七外切。　⑳肆，放也。㉑兹，此也。此不穀，子朝自谓。【释文】盪，本又作“荡”，徒党切。窜，七乱切，《字林》七外切。　㉒厎，至也。攸，所也。【释文】厎，音旨。　㉓赦其忧而图其难。【释文】奖，将丈切。狡，古卯切。猾，又作“滑”，于八切。毋，音无。难，乃旦切。　㉔此所谓先王之经。【释文】適，丁历切。　㉕在十五年。　㉖间错先王之制。　㉗伯仲叔季，总谓诸侯。

闵马父闻子朝之辞，曰：“文辞以行礼也。子朝干景之命，远晋之大，以专其志，无礼甚矣，文辞何为①？”

①传终王室乱。【释文】远，于万切。

齐有彗星①，齐侯使禳之②。晏子曰：“无益也，祇取诬焉③。天道不谄④，不贰其命，若之何禳之？且天之有彗也，以除秽也。君无秽德，又何禳焉？若德之秽，禳之何损？《诗》曰：‘惟此文王，小心翼翼。昭事上帝，聿怀多福。厥德不回，以受方国⑤。’君无违德，方国将至，何患于彗？《诗》曰：‘我无所监，夏后及商。用乱之故，民卒流亡⑥。’若德回乱，民将流亡，祝史之为，无能补也。”公说，乃止⑦。

①出齐之分野，不书，鲁不见。【释文】彗，似岁切，又息遂切。分，扶问切。②祭以禳除之。【释文】禳，如羊切。　③诬，欺也。【释文】祇，音支。④谄，疑也。【释文】谄，本又作“慆”，他刀切。　⑤《诗·大雅》。翼翼，共也。聿，惟也。回，违也。言文王德不违天人，故四方之国归往之。【释文】聿，户橘

切。 ⑥逸《诗》也。言追监夏、商之亡，皆以乱故。【释文】夏，户雅切。 ⑦【释文】说，音悦。

齐侯与晏子坐于路寝，公叹曰："美哉室，其谁有此乎①？"晏子曰："敢问何谓也？"公曰："吾以为在德。"对曰："如君之言，其陈氏乎！陈氏虽无大德，而有施于民。豆区釜钟之数，其取之公也薄②，其施之民也厚③。公厚敛焉，陈氏厚施焉，民归之矣。《诗》曰：'虽无德与女，式歌且舞④。'陈氏之施，民歌舞之矣。后世若少惰，陈氏而不亡，则国其国也已。"公曰："善哉，是可若何？"对曰："唯礼可以已之。在礼，家施不及国，民不迁，农不移，工贾不变⑤，士不滥⑥，官不滔⑦，大夫不收公利⑧。"公曰："善哉，我不能矣。吾今而后知礼之可以为国也。"对曰："礼之可以为国也久矣。与天地并⑨。君令臣共，父慈子孝，兄爱弟敬，夫和妻柔，姑慈妇听，礼也。君令而不违，臣共而不贰，父慈而教，子孝而箴⑩，兄爱而友，弟敬而顺，夫和而义，妻柔而正，姑慈而从⑪，妇听而婉⑫，礼之善物也。"公曰："善哉，寡人今而后闻此礼之上也。"对曰："先王所禀于天地，以为其民也，是以先王上之⑬。"

①景公自知德不能久有国，故叹也。 ②谓以公量收。【释文】施，式豉切，下同。区，乌侯切。量，音亮。 ③谓以私量贷。【释文】施，如字，又始豉切。 ④《诗·小雅》，义取虽无大德，要有喜说之心，欲歌舞之。式，用也。【释文】敛，力验切。女，音汝。 ⑤守常业。【释文】惰，徒卧切，本亦作"憜"，同。贾，音古，本亦作"商贾"。 ⑥不失职。 ⑦滔，慢也。【释文】滔，吐刀切。慢，武谏切，本又作"漫"，武半切。 ⑧不作福。 ⑨有天地则礼义兴。 ⑩箴，谏也。【释文】共，音恭。箴，之林切。 ⑪从，不自专。 ⑫婉，顺也。【释文】婉，於阮切。 ⑬禀，受也。

春秋经传集解昭公七第二十六

昭公二十七年

【经】

二十有七年春，公如齐[①]。

公至自齐，居于郓。

夏四月，吴弑其君僚[②]。

楚杀其大夫郤宛[③]。

秋，晋士鞅、宋乐祁犁、卫北宫喜、曹人、邾人、滕人会于扈[④]。

冬十月，曹伯午卒[⑤]。

邾快来奔[⑥]。

公如齐[⑦]。

公至自齐，居于郓[⑧]。

① 自郓行。【释文】郓，音运。　② 僚亟战民罢，又伐楚丧，故光乘间而动。称国以弑，罪在僚。【释文】弑，申志切。僚，力雕切。亟，欺冀切。罢，音皮。　③ 无极，楚之谗人，宛所明知而信近之，以取败亡，故书名罪宛。【释文】杀，始察切。郤，去逆切。宛，於阮切，又於元切。近，附近之近。　④【释文】犁，力兮切，又力之切。扈，音户。　⑤ 无传。未同盟而赴以名。【释文】午，音

五。 ⑥ 无传。快,郲命卿也,故书。【释文】快,苦怪切。 ⑦ 自郓行。 ⑧ 无传。

【传】

二十七年春,公如齐。公至自齐,处于郓,言在外也①。

① 在外邑,故书地。

吴子欲因楚丧而伐之①,使公子掩馀、公子烛庸帅师围潜②。使延州来季子聘于上国③,遂聘于晋,以观诸侯④。楚莠尹然、工尹麇帅师救潜⑤。左司马沈尹戌帅都君子与王马之属以济师⑥,与吴师遇于穷。令尹子常以舟师及沙汭而还⑦。左尹郤宛、工尹寿帅师至于潜,吴师不能退⑧。

① 前年楚平生卒。 ② 二子皆王僚母弟。潜,楚邑,在庐江六县西南。【释文】掩,於检切。 ③ 季子本封延陵,后复封州来,故曰延州来。【释文】复,扶又切。 ④ 观强弱。 ⑤ 二尹,楚官,然、麇其名。【释文】莠,由九切。麇,九伦切。 ⑥ 都君子,在都邑之士有复除者。王马之属,王之养马官属校人也。济,益也。【释文】戌,音恤。复,音福。校,胡孝切。 ⑦ 沙,水名。【释文】汭,如锐切。 ⑧ 楚师强,故吴不得退去。

吴公子光曰:"此时也,弗可失也①。"告鱄设诸曰:"上国有言曰:'不索,何获?'我,王嗣也,吾欲求之②。事若克,季子虽至,不吾废也③。"鱄设诸曰:"王可弑也。母老子弱,是无若我何④?"光曰:"我,尔身也⑤。"夏四月,光伏甲于堀室而享王⑥。王使甲坐于道,及其门⑦。门阶户席,皆王亲也,夹之以铍。羞者献体改服于门外⑧。执羞者坐行而入⑨,执铍者夹承之⑩,及体以相授也⑪。光伪足疾,入于堀室⑫。鱄设诸置剑于鱼中以进⑬。抽剑刺王,铍交于胸⑭,遂弑王。阖庐以其子为卿⑮。

① 欲因其师徒在外,国不堪役,以弑王。【释文】弑,申志切。 ② 光,吴王诸樊子也,故曰我王嗣。【释文】鱄,音专。上国,贾云:上国与中国同。服云:

上古国也。索，所白切。　③ 至谓聘还。　④ 犹言我无若是何，欲以老弱托光。　⑤ 言我身犹尔身。　⑥ 掘地为室。【释文】堀，本又作“窟”，同，苦忽切。掘，其勿切，又其月切　⑦ 坐道边至光门。　⑧ 羞，进食也。献体，解衣。【释文】夹，古洽切，又古协切。铍，普皮切，《说文》云：剑也。　⑨ 坐行，膝行。⑩ 承执羞者。　⑪ 铍及进羞者体，以所食授王。　⑫ 恐难作，王党杀己，素辟之。　⑬ 全鱼炙。【释文】炙，章夜切。　⑭ 交铍诸胸。【释文】刺，七亦切。⑮ 阖庐，光也。以铍诸子为卿。

季子至，曰：“苟先君无废祀，民人无废主，社稷有奉，国家无倾，乃吾君也。吾谁敢怨？哀死事生，以待天命。非我生乱，立者从之，先人之道也①。”复命哭墓②，复位而待③。吴公子掩馀奔徐，公子烛庸奔钟吾④。楚师闻吴乱而还⑤。

① 吴自诸樊以下兄弟相传，而不立適，是乱由先人起也。季子自知力不能讨光，故云尔。【释文】適，丁历切。　② 复使命于僚墓。　③ 复本位，待光命。④ 钟吾，小国。　⑤ 言闻吴乱，明郤宛不取赂而还。

郤宛直而和，国人说之①。鄢将师为右领②，与费无极比而恶之③。令尹子常贿而信谗。无极谮郤宛焉，谓子常曰：“子恶欲饮子酒④。”又谓子恶：“令尹欲饮酒于子氏。”子恶曰：“我，贱人也，不足以辱令尹。令尹将必来辱，为惠已甚，吾无以酬之，若何⑤？”无极曰：“令尹好甲兵，子出之，吾择焉⑥。”取五甲五兵，曰：“置诸门，令尹至，必观之，而从以酬之⑦。”及飨日，帷诸门左⑧。无极谓令尹曰：“吾几祸子。子恶将为子不利，甲在门矣，子必无往。且此役也⑨，吴可以得志，子恶取赂焉而还，又误群帅，使退其师，曰：‘乘乱不祥。’吴乘我丧，我乘其乱，不亦可乎？”令尹使视郤氏，则有甲焉，不往，召鄢将师而告之⑩。将师退，遂令攻郤氏，且爇之⑪。子恶闻之，遂自杀也。国人弗爇。令曰：“不爇郤氏，与之同罪。”或取一编菅焉，或取一秉秆焉⑫，国人投之，遂弗爇也。令尹炮之⑬，尽灭郤氏之族党，杀阳令终与其弟完及佗⑭，与晋陈及其子弟⑮。晋陈之族呼于国曰:“鄢氏、费氏自以为王,专祸楚国,弱寡王室,蒙王与令尹以自利也⑯。令尹尽信之矣,国将如何?”令尹病之⑰。

① 以直事君,以和接类。 ② 右领,官名。【释文】鄢,於晚切,又乌反切。 ③ 恶郤宛。【释文】比,毗志切。 ④ 子恶,郤宛。【释文】贿,呼罪切。饮,於鸩切。 ⑤ 酬,报献。 ⑥ 择取以进子常。【释文】好,呼报切。 ⑦ 曰,无极辞。 ⑧ 张帷,陈甲兵其中。 ⑨ 此春救潜之役。【释文】几,音祈。 ⑩ 告子恶门有甲兵,将害己。 ⑪ 爇,烧也。【释文】爇,如锐切。 ⑫ 编菅,苫也。秉,把也。秆,稿也。【释文】编,必然切,又必千切。菅,古颜切。秆,古但切,《说文》云:禾茎也,或古旦切。苫,式占切,李巡云:编菅茅以覆屋曰苫。把,必马切。稿,古老切。 ⑬ 炮,燔郤宛。【释文】炮,步交切,又彭交切。燔,音烦。 ⑭ 令终,阳匄子。【释文】佗,徒何切。匄,古害切。 ⑮ 晋陈,楚大夫,皆郤氏党。 ⑯ 蒙,欺也。【释文】呼,火故切。 ⑰ 为下杀无极张本。

秋,会于扈,令戍周,且谋纳公也。宋、卫皆利纳公,固请之。范献子取货于季孙,谓司城子梁与北宫贞子曰①:“季孙未知其罪,而君伐之,请囚,请亡,于是乎不获。君又弗克,而自出也。夫岂无备而能出君乎?季氏之复,天救之也②。休公徒之怒③,而启叔孙氏之心。不然,岂其伐人而说甲执冰以游?叔孙氏惧祸之滥,而自同于季氏,天之道也。鲁君守齐,三年而无成。季氏甚得其民,淮夷与之④,有十年之备,有齐、楚之援⑤,有天之赞,有民之助,有坚守之心,有列国之权,而弗敢宣也⑥,事君如在国⑦。故鞅以为难。二子皆图国者也,而欲纳鲁君,鞅之愿也。请从二子以围鲁,无成,死之。”二子惧,皆辞。乃辞小国,而以难复⑧。

① 子梁,宋乐祁也。贞子,卫北宫喜。 ② 复,犹安也。 ③ 休,息也。 ④ 淮夷,鲁东夷。【释文】说,他活切。 ⑤ 公虽在齐,言齐不致力。 ⑥ 宣,用也。【释文】守,手又切。 ⑦ 书公行,告公至,是也。 ⑧ 以难纳白晋君。

孟懿子、阳虎伐郓①。郓人将战。子家子曰:“天命不慆久矣[②]。使君亡者，必此众也[③]。天既祸之，而自福也，不亦难乎？犹有鬼神，此必败也。呜呼！为无望也夫，其死于此乎！”公使子家子如晋，公徒败于且知[④]。

① 阳虎，季氏家臣。伐郓，欲夺公。 ② 慆，疑也。言弃君不疑。【释文】慆，他刀切。 ③ 言君据郓众以与鲁战，必败亡。 ④ 且知，近郓地。【释文】夫，音扶。且，子余切。近，附近之近。

楚郤宛之难，国言未已，进胙者莫不谤令尹[①]。沈尹戌言于子常曰：“夫左尹与中厩尹莫知其罪，而子杀之，以兴谤讟，至于今不已[②]。戌也惑之。仁者杀人以掩谤，犹弗为也。今吾子杀人以兴谤，而弗图，不亦异乎？夫无极，楚之谗人也，民莫不知，去朝吴[③]，出蔡侯朱[④]，丧大子建，杀连尹奢[⑤]，屏王之耳目，使不聪明。不然，平王之温惠共俭，有过成、庄，无不及焉。所以不获诸侯，迩无极也[⑥]。今又杀三不辜，以兴大谤[⑦]，几及子矣。子而不图，将焉用之？夫鄢将师矫子之命，以灭三族，国之良也，而不愆位[⑧]。吴新有君[⑨]，疆埸日骇，楚国若有大事，子其危哉！知者除谗以自安也，今子爱谗以自危也，甚矣其惑也！”子常曰：“是瓦之罪，敢不良图。”九月己未，子常杀费无极与鄢将师，尽灭其族，以说于国，谤言乃止。

① 进胙，国中祭祀也。谤，诅也。【释文】难，乃旦切，年末同。胙，才故切。诅，侧虑切。 ② 左尹，郤宛也。中厩尹，阳令终。【释文】厩，九又切。讟，音独。 ③ 在十五年。【释文】去，起吕切。朝，如字，下“朝夕”同。 ④ 在二十一年。 ⑤ 在二十年。【释文】丧，息浪切。 ⑥ 迩，近也。【释文】近，附近之近。 ⑦ 三不辜：郤氏、阳氏、晋陈氏。 ⑧ 在位无愆过。【释文】几，音祈，又音机。焉，於虔切。矫，居表切。愆，起虔切。 ⑨ 光新立也。

冬，公如齐，齐侯请飨之[①]。子家子曰：“朝夕立于其朝，又何飨焉？其饮酒也。”乃饮酒，使宰献，而请安[②]。子仲之子曰重，为齐侯夫人，曰：“请使重见[③]。”子家子乃以君出[④]。

① 设飨礼。【释文】疆，居良切。埸，音亦。知，音智。 ② 比公于大夫也。礼：君不敌臣，宴大夫，使宰为主。献，献爵也。请安，齐侯请自安，不在坐也。【释文】坐，才卧切。 ③ 子仲，鲁公子慭也。十二年谋逐季氏不能而奔齐，今行饮酒礼，而欲使重见，从宴媟也。【释文】重，直勇切，又直恭切。见，贤遍切。慭，鱼觐切。媟，息列切。 ④ 辟齐夫人。

十二月，晋籍秦致诸侯之戍于周，鲁人辞以难[①]。

① 经所以不书戍周。籍秦，籍谈子。

昭公二十八年

【经】

二十有八年春，王三月，葬曹悼公[①]。

公如晋，次于乾侯[②]。

夏四月丙戌，郑伯宁卒[③]。

六月，葬郑定公[④]。

秋七月癸巳，滕子宁卒[⑤]。

冬，葬滕悼公[⑥]。

① 无传。六月而葬，缓。 ② 乾侯在魏郡斥丘县，晋境内邑。【释文】斥，音尺，一音昌夜切。竟，音境，传同。 ③ 无传。未同盟而赴以名。 ④ 无传。三月而葬，速。 ⑤ 无传。未同盟而赴以名。 ⑥ 无传。

【传】

二十八年春，公如晋，将如乾侯[①]。子家子曰："有求于人，而即其安，人孰矜之？其造于竟[②]。"弗听。使请逆于晋。晋人曰："天祸鲁国，君淹恤在外。君亦不使一个辱在寡人[③]，而即安于甥舅，其亦使逆君[④]？"使公复于竟而后逆之[⑤]。

① 齐侯卑公，故适晋。　② 欲使次于竟以待命。【释文】造，七报切。　③ 一个，单使。【释文】个，古贺切。单使，所吏切。　④ 言自使齐逆君。　⑤ 逆著乾侯也。言公不能用子家，所以见辱。【释文】著，中略切，又直略切。

晋祁胜与邬臧通室①。祁盈将执之②，访于司马叔游③。叔游曰："《郑书》有之：'恶直丑正，实蕃有徒④。'无道立矣，子惧不免⑤。《诗》曰：'民之多辟，无自立辟⑥。'姑已，若何⑦？"盈曰："祁氏私有讨，国何有焉⑧？"遂执之。祁胜赂荀跞，荀跞为之言于晋侯。晋侯执祁盈⑨。祁盈之臣曰："钧将皆死⑩，慭使吾君闻胜与臧之死也以为快⑪。"乃杀之。夏六月，晋杀祁盈及杨食我⑫。食我，祁盈之党也，而助乱，故杀之。遂灭祁氏、羊舌氏。

① 二子，祁盈家臣也。通室，易妻。【释文】祁，巨之切，《字林》云：太原县，上尸切。邬，旧乌户切，又音偃。案，地名在周者，乌户切，隐十一年，王取邬留是也。在郑者音偃，成十六年，战于鄢陵是也。在楚者音於建切，又音偃，昭十三年，王沿夏将入鄢是也。在晋者音於庶切，《字林》乙祛切，郭璞《三仓解诂》音瘀，於庶切，阚骃音厌饫之饫。重言之，太原有邬县，唯周地者从乌，余皆从焉。《字林》亦作"隝"，音同。传云：分祁氏之田以为七县，司马弥牟为邬大夫，即太原县也。邬臧宜以邑为氏，音於庶切，旧音误。　② 盈，祁午之子。　③ 叔游，司马叔侯之子。　④《郑书》，古书名也。言害正直者，实多徒众。【释文】恶，如字，又乌路切。蕃，音烦。　⑤ 言世乱谗胜。　⑥《诗·大雅》。【释文】多辟，本又作"僻"，区亦切。立辟，婢亦切。　⑦ 姑，且也。已，止也。　⑧ 言讨家臣，无与国事。【释文】与，音预。　⑨ 以其专戮。【释文】为，音于伪切。　⑩ 钧，同也。　⑪ 慭，发语之音。【释文】慭，鱼觐切。　⑫ 杨，叔向邑。食我，叔向子伯石也。【释文】食，音嗣。向，许丈切。

初，叔向欲娶于申公巫臣氏①，其母欲娶其党。叔向曰："吾母多而庶鲜，吾惩舅氏矣②。"其母曰："子灵之妻杀三夫③、一君④、一子⑤，而亡一国⑥、两卿矣⑦，可无惩乎？吾闻之，甚美必有甚恶。是郑穆少妃姚子之子，子貉之妹也⑧。子貉早死，无后，而天钟美于是⑨，将必以是大有败也。昔有仍氏生女，黰黑而甚美[10]，光可以鉴[11]，名曰玄妻[12]。乐正后夔取之[13]，生伯封，实有豕心，贪惏无餍，忿纇无期，谓之封豕[14]。有穷后羿灭之，夔是以不祀[15]。且三代之亡、共子之废，皆是物也[16]。女何以为哉？夫有尤物，足以移人。苟非德义，则必有祸[17]。”叔向惧，不敢取。平公强使取之，生伯石。伯石始生，子容之母走谒诸姑[18]，曰：“长叔姒生男[19]。”姑视之，及堂，闻其声而还，曰：“是豺狼之声也。狼子野心，非是，莫丧羊舌氏矣。”遂弗视。

① 夏姬女也。【释文】娶，七住切。夏，户雅切。 ② 言父多妾媵而庶子鲜少，嫌母氏性不旷。【释文】鲜，息浅切。惩，直升切。媵，绳证切，又时证切。 ③ 子灵，巫臣。妻，夏姬也。三夫，陈御叔、楚襄老及巫臣也。时巫臣已死。 ④ 陈灵公。 ⑤ 夏征舒。 ⑥ 陈也。 ⑦ 孔宁、仪行父。 ⑧ 子貉，郑灵公夷。【释文】少，诗照切。貉，亡白切。 ⑨ 是，夏姬也。钟，聚也。子貉死在宣四年。 ⑩ 有仍，古诸侯也。美发为黰。【释文】黰，之忍切，《说文》作“㐱”，又作“鬒”，云：稠发也。 ⑪ 发肤光色，可以照人。【释文】鉴，古暂切，镜也。 ⑫ 以发黑故。 ⑬ 夔，舜典乐之君长。【释文】夔，求龟切。取，如字，又古住切。 ⑭ 纇，戾也。封，大也。【释文】长，丁丈切。惏，力耽切，《方言》云：楚人谓贪为惏。餍，亦作“猒”，于盐切，纇，又作“类”，立对切，服作“类”。 ⑮ 羿，篡夏后者。【释文】羿，音诣。篡，初患切。 ⑯ 夏以末喜，殷以妲己，周以褒姒，三代所由亡也。共子，晋申生，以骊姬废。【释文】共，音恭，本亦作“恭”。末喜，本或作“嬉”，音同。《国语》云：桀伐有施，有施氏以末喜女焉。韦昭注《汉书》云：嬉，姓也。妲，丁达切。己，音几。《国语》云：有苏氏之女也。韦昭云：己，姓也。褒姒，音似，龙漦所生，褒人所养者也。《毛诗》云：姒，姓也。郑笺云：姒，字也。骊姬，本又作“丽”，同，力知切，献公伐骊戎所得，而以为夫人。《穀梁传》云灭虢所得，《庄子》云艾封人之子。 ⑰ 尤，异也。【释文】女，音汝。 ⑱ 子容母，叔向嫂，伯华妻也。姑，叔向母。【释文】取，七住切，又如字。强，其丈切。嫂，素早切，兄妻也，依字宜如此。 ⑲ 兄弟之妻相谓姒。【释文】长，丁丈切。

秋，晋韩宣子卒，魏献子为政[1]。分祁氏之田以为七县[2]，分羊舌氏之田以为三县[3]。司马弥牟为邬大夫[4]，贾辛为祁大夫⑤，司马乌为平陵大夫，魏戊为梗阳大夫⑥，知徐吾为涂水大夫⑦，韩固为马首大夫⑧，孟丙为盂大夫⑨，乐霄为铜鞮大夫⑩，赵朝为平阳大夫⑪，僚安为杨氏大夫⑫。谓贾辛、司马乌为有力于王室⑬，故举之。谓知徐吾、赵朝、韩固、魏戊，余子之不失职，能守业者也⑭。其四人者，皆受县而后见于魏子，以贤举也⑮。

① 献子，魏舒。【释文】豺，本又作"犲"，同，仕皆切。丧，息浪切。　② 七县，邬、祁、平陵、梗阳、涂水、马首、盂也。【释文】梗，古杏切。盂，音于，下文同。③ 铜鞮、平阳、杨氏。【释文】鞮，丁兮切。　④ 太原邬县。　⑤ 太原祁县。⑥ 戊，魏舒庶子。梗阳，在太原晋阳县南。【释文】戊，音茂。　⑦ 徐吾，知盈孙。涂水，太原榆次县。【释文】知，音智。次，资利切，又如字。　⑧ 固，韩起孙。　⑨ 太原盂县。　⑩ 上党铜鞮县。【释文】霄，音消。　⑪ 朝，赵胜曾孙。平阳，平阳县。【释文】朝，如字。　⑫ 平阳杨氏县。　⑬ 二十二年，辛、乌帅师纳敬王。【释文】僚，力雕切。　⑭ 卿之庶子为余子。　⑮ 四人，司马弥牟、孟丙、乐霄、僚安也。受县而后见，言采众而举，不以私也。【释文】见，贤遍切，下"见魏"同。

魏子谓成鱄①："吾与戊也县，人其以我为党乎？"对曰："何也？戊之为人也，远不忘君②，近不偪同③，居利思义④，在约思纯⑤，有守心而无淫行。虽与之县，不亦可乎？昔武王克商，光有天下⑥。其兄弟之国者十有五人，姬姓之国者四十人，皆举亲也。夫举无他，唯善所在，亲疏一也。《诗》曰：'唯此文王，帝度其心。莫其德音，其德克明。克明克类，克长克君。王此大国，克顺克比。比于文王，其德靡悔。既受帝祉，施于孙子⑦。'心能制义曰度⑧，德正应和曰莫⑨，照临四方曰明，勤施无私曰类⑩，教诲不倦曰长⑪，赏庆刑威曰君⑫，慈和徧服曰顺⑬，择善而从之曰比⑭，经纬天地曰文⑮。九德不愆，作事无悔⑯，故袭天禄，子孙赖之⑰。主之举也，近文德矣，所及其远哉⑱！"

① 鲋，晋大夫。【释文】鲋，音郇，又市转切，又音附。 ② 远，疏远也。 ③ 不偪同位。【释文】偪，彼力切。 ④ 不苟得。 ⑤ 无滥心。 ⑥ 光，大也。【释文】行，下孟切。 ⑦《诗·大雅》，美文王能王大国，受天福，施及子孙。"唯此文王"，《诗》作"唯此王季"。【释文】度，待洛切。莫，亡白切，又如字，《尔雅》云：貊，莫，安定也。长，丁丈切。王，于况切，注"能王"同。祉，音耻。施，以豉切。 ⑧ 帝度其心。 ⑨ 莫然清静。【释文】应，应对之应。和，如字，又胡卧切。 ⑩ 施而无私，物得其所，无失类也。【释文】施，式豉切，下及注同。 ⑪ 教诲长人之道。 ⑫ 作威作福，君之职也。 ⑬ 唯顺，故天下徧服。【释文】徧，音遍。 ⑭ 比方善事，使相从也。 ⑮ 经纬相错，故织成文。 ⑯ 九德，上九曰也。皆无愆过，则动无悔吝。【释文】吝，力刃切。 ⑰ 袭，受也。 ⑱ 举魏戊等，勤施无私也。其四人者，择善而从，故曰近文德，所及远也。【释文】近，附近之近。

贾辛将适其县，见于魏子。魏子曰："辛来，昔叔向适郑，鬷蔑恶[①]，欲观叔向，从使之收器者而往[②]，立于堂下，一言而善。叔向将饮酒，闻之，曰：'必鬷明也[③]。'下，执其手以上，曰：'昔贾大夫恶[④]，娶妻而美，三年不言不笑，御以如皋[⑤]，射雉，获之，其妻始笑而言。贾大夫曰："才之不可以已，我不能射，女遂不言不笑夫！"今子少不飏[⑥]，子若无言，吾几失子矣。言之不可以已也如是。'遂如故知。今女有力于王室，吾是以举女[⑦]。行乎，敬之哉，毋堕乃力[⑧]。"

仲尼闻魏子之举也，以为义，曰："近不失亲[⑨]，远不失举[⑩]，可谓义矣。"又闻其命贾辛也，以为忠[⑪]："《诗》曰：'永言配命，自求多福。'忠也[⑫]。魏子之举也义，其命也忠，其长有后于晋国乎！"

① 恶，貌丑。【释文】鬷，子工切。 ② 从，随也。随使人应敛俎豆者。 ③ 素闻其贤，故闻其言而知之。 ④ 贾国之大夫。恶，亦丑也。【释文】上，时掌切，下同。 ⑤ 为妻御之皋泽。【释文】娶，七住切。为，于伪切。 ⑥ 颜貌不扬显。【释文】射，食亦切。女，音汝，下同。夫，音扶。飏，音扬。 ⑦ 因贾辛有功而后举之，言人不可无能。【释文】几，音祈。 ⑧ 堕，损也。【释文】毋，

音无。堕，许规切。 ⑨ 谓举魏戊。 ⑩ 以贤举。 ⑪ 先赏王室之功，故为忠。 ⑫《诗·大雅》。永，长也。言能长配天命，致多福者，唯忠。

冬，梗阳人有狱，魏戊不能断，以狱上[①]。其大宗赂以女乐[②]，魏子将受之。魏戊谓阎没、女宽曰[③]："主以不贿闻于诸侯，若受梗阳人，贿莫甚焉。吾子必谏。"皆许诺。退朝，待于庭[④]。馈入，召之[⑤]。比置，三叹。既食，使坐[⑥]。魏子曰："吾闻诸伯叔，谚曰：'唯食忘忧。'吾子置食之间三叹，何也？"同辞而对曰："或赐二小人酒，不夕食[⑦]。馈之始至，恐其不足，是以叹。中置，自咎曰：'岂将军食之，而有不足？'是以再叹[⑧]。及馈之毕，愿以小人之腹为君子之心，属厌而已[⑨]。"献子辞梗阳人[⑩]。

① 上魏子。【释文】断，丁乱切。 ② 讼者之大宗。 ③ 二人，魏子之属大夫。【释文】阎，以占切。 ④ 魏子朝君退而待于魏子之庭。【释文】闻，如字，又音问。 ⑤ 召二大夫食。【释文】馈，求位切。 ⑥ 更命之令坐。【释文】比，必利切。令，力呈切。 ⑦ 或，他人也。言饥甚。 ⑧ 魏子，中军帅，故谓之将军。【释文】咎，其九切。食，音嗣。帅，所类切，本又作"率"，同。 ⑨ 属，足也。言小人之腹饱犹知厌足，君子之心亦有然。【释文】属，之玉切。厌，於盐切，又於艳切。 ⑩ 传言魏氏所以兴也。

昭公二十九年

【经】

二十有九年春，公至自乾侯，居于郓[①]。

齐侯使高张来唁公[②]。

公如晋，次于乾侯[③]。

夏四月庚子，叔诣卒[④]。

秋七月。

冬十月，郓溃⑤。

① 以乾侯至，不得见晋侯故。 ② 唁公至晋不见受。高张，高偃子。【释文】唁，音彦。 ③ 复不见受，往乾侯。【释文】复，扶又切。 ④ 无传。 ⑤ 无传。民逃其上曰溃，溃散叛公。【释文】溃，户对切。

【传】

二十九年春，公至自乾侯，处于郓。齐侯使高张来唁公，称主君①。子家子曰："齐卑君矣，君衹辱焉②。"公如乾侯③。

① 比公于大夫。 ② 言往事齐，适取辱。【释文】衹，音支。 ③ 为齐所卑，故复适晋，冀见恤。【释文】复，扶又切。

三月己卯，京师杀召伯盈、尹氏固及原伯鲁之子①。尹固之复也②，有妇人遇之周郊，尤之，曰："处则劝人为祸，行则数日而反，是夫也，其过三岁乎？"夏五月庚寅，王子赵车入于鄻以叛，阴不佞败之③。

① 皆子朝党也。称伯鲁子，终不说学。【释文】召，上照切。说，音悦。 ② 二十六年，尹固与子朝俱奔楚而道还。 ③ 赵车，子朝之余也。见王杀伯盈等，故叛。鄻，周邑。【释文】数，所主切。鄻，列勉切。

平子每岁贾马①，具从者之衣屦而归之于乾侯。公执归马者卖之②，乃不归马。卫侯来献其乘马曰启服③，堑而死④，公将为之椟⑤。子家子曰："从者病矣，请以食之。"乃以帏裹之⑥。

① 贾，买也。【释文】贾，古买切。 ② 卖其马。【释文】从，才用切，下同。屦，九具切。 ③ 启服，马名。【释文】乘，如字，又绳证切。 ④ 隋堑死也。【释文】堑，七艳切。 ⑤ 为作棺也。【释文】将为，如字，又于伪切。椟，徒木切。为，于伪切，下同。 ⑥ 礼曰：敝帏不弃，为埋马也。【释文】食，音似。裹，古火切。

公赐公衍羔裘，使献龙辅于齐侯①，遂入羔裘。齐侯喜，与之阳穀②。公衍、公为之生也，其母偕出③。公衍先生。

公为之母曰："相与偕出，请相与偕告[④]。"三日，公为生，其母先以告，公为为兄。公私喜于阳穀而思于鲁，曰："务人为此祸也[⑤]。且后生而为兄，其诬也久矣。"乃黜之，而以公衍为大子。

① 龙辅，玉名。　② 阳穀，齐邑。　③ 出之产舍。　④ 留公衍母，使待己，共白公。　⑤ 务人，公为也。始与公若谋逐季氏。

秋，龙见于绛郊[①]。魏献子问于蔡墨曰[②]："吾闻之，虫莫知于龙，以其不生得也。谓之知，信乎？"对曰："人实不知，非龙实知[③]。古者畜龙，故国有豢龙氏，有御龙氏[④]。"献子曰："是二氏者，吾亦闻之，而不知其故，是何谓也？"对曰："昔有飂叔安[⑤]，有裔子曰董父[⑥]，实甚好龙，能求其耆欲以饮食之，龙多归之。乃扰畜龙，以服事帝舜。帝赐之姓曰董[⑦]，氏曰豢龙[⑧]，封诸鬷川，鬷夷氏其后也[⑨]。故帝舜氏世有畜龙。及有夏孔甲，扰于有帝[⑩]。帝赐之乘龙，河、汉各二[⑪]，各有雌雄，孔甲不能食，而未获豢龙氏。有陶唐氏既衰，其后有刘累[⑫]，学扰龙于豢龙氏，以事孔甲，能饮食之。夏后嘉之，赐氏曰御龙[⑬]，以更豕韦之后[⑭]。龙一雌死，潜醢以食夏后[⑮]。夏后飨之，既而使求之[⑯]。惧而迁于鲁县[⑰]。范氏其后也[⑱]。"献子曰："今何故无之？"对曰："夫物，物有其官，官修其方[⑲]，朝夕思之。一日失职，则死及之[⑳]。失官不食[㉑]，官宿其业[㉒]，其物乃至[㉓]。若泯弃之，物乃坻伏[㉔]，郁湮不育[㉕]。故有五行之官，是为五官。实列受氏姓，封为上公[㉖]，祀为贵神。社稷五祀，是尊是奉[㉗]。木正曰句芒[㉘]，火正曰祝融[㉙]，金正曰蓐收[㉚]，水正曰玄冥[㉛]，土正曰后土[㉜]。龙，水物也。水官弃矣，故龙不生得[㉝]。不然，《周易》有之[㉞]，在《乾》䷀[㉟]之《姤》䷫[㊱]，曰：'潜龙勿用[㊲]。'其《同人》

䷌[38]曰：'见龙在田[39]。'其《大有》䷍[40]曰：'飞龙在天[41]。'其《夬》䷪[42]曰：'亢龙有悔[43]。'其《坤》䷁[44]曰：'见群龙无首，吉[45]。'《坤》之《剥》䷖[46]曰：'龙战于野[47]。'若不朝夕见，谁能物之[48]？"献子曰："社稷五祀，谁氏之五官也[49]？"对曰："少皞氏有四叔[50]，曰重，曰该，曰修，曰熙，实能金木及水[51]。使重为句芒[52]，该为蓐收[53]，修及熙为玄冥[54]，世不失职，遂济穷桑，此其三祀也[55]。颛顼氏有子曰犁，为祝融[56]，共工氏有子曰句龙，为后土[57]，此其二祀也。后土为社[58]，稷，田正也[59]。有烈山氏之子曰柱为稷[60]，自夏以上祀之[61]。周弃亦为稷[62]，自商以来祀之[63]。"

① 绛，晋国都。【释文】见，贤遍切，下"见龙"、"夕见"同。 ② 蔡墨，晋大史。 ③ 言龙无知，乃人不知之耳。【释文】知，音智，下"之知"、"实知"、注"无知"同。 ④ 豢、御，养也。【释文】豢，音患。 ⑤ 飂，古国也。叔安，其君名。【释文】飂，力谬切。 ⑥ 裔，远也。玄孙之后为裔。【释文】裔，以制切。 ⑦ 扰，顺也。【释文】好，呼报切。耆，时志切。饮，於鸩切。食，音嗣，下"不能食"、"饮食"、"食夏"同。扰，而小切。 ⑧ 豢龙，官名。官有世功，则以官氏。 ⑨ 鬷，水上夷，皆董姓。【释文】鬷，子工切。 ⑩ 孔甲，少康之后九世君也。其德能顺于天。【释文】夏，户雅切。少，诗照切。 ⑪ 合为四。【释文】乘，绳证切。河、汉各二，服云：河、汉各二乘。 ⑫ 陶唐，尧所治地。【释文】治，直吏切。 ⑬ 夏后，孔甲。 ⑭ 更，代也。以刘累代彭姓之豕韦。累寻迁鲁县。豕韦复国，至商而灭。累之后世，复承其国，为豕韦氏，在襄二十四年。【释文】更，音庚。复，扶又切。 ⑮ 潜，藏也。藏以为醢，明龙不知。【释文】醢，音海。知，音智。 ⑯ 求致龙也。 ⑰ 不能致龙，故惧，迁鲁县，自贬退也。鲁县，今鲁阳也。 ⑱ 晋范氏也。 ⑲ 方，法术。 ⑳ 失职有罪。【释文】朝，如字，下"朝夕"同。 ㉑ 不食禄。 ㉒ 宿，犹安也。 ㉓ 设水官修则龙至。 ㉔ 泯，灭也。坻，止也。【释文】泯，弥忍切。坻，音旨，又丁礼切。 ㉕ 郁，滞也。湮，塞也。育，生也。【释文】湮，音因。 ㉖ 爵上公。 ㉗ 五官之君长能修其业者，死皆配食于五行之神，为王者所尊奉。【释文】长，丁丈切，下同。 ㉘ 正，官长也。取木生句曲而有芒角也，其祀重焉。【释文】句，古侯切，下同。重，直龙切，下同。 ㉙ 祝融，明貌，其祀犁焉。【释文】犁，力兮切。 ㉚ 秋物摧蓐而

可收也，其祀该焉。【释文】蓐，音辱，本又作“辱”。摧，徂回切。 ㉛ 水阴而幽冥，其祀修及熙焉。【释文】冥，亡丁切。 ㉜ 土为群物主，故称后也，其祀句龙焉。在家则祀中霤，在野则为社。【释文】霤，力救切。 ㉝ 弃，废也。 ㉞ 言若不尔，《周易》无缘有龙。 ㉟《乾》下《乾》上，《乾》。【释文】乾，其连切，本亦作“𠃵”。㊱《乾》上《巽》下，《姤》。《乾》初九变。【释文】姤，古豆切。 ㊲《乾》初九爻辞。【释文】爻，户交切。 ㊳《离》下《乾》上，《同人》，《乾》九二变。 ㊴《乾》九二爻辞。㊵《乾》下《离》上，《大有》，《乾》九五变。 ㊶《乾》九五爻辞。 ㊷《乾》下《兑》上，《夬》，《乾》上九变。【释文】夬，古快切。兑，徒外切。 ㊸《乾》上九爻辞。【释文】亢，苦浪切。 ㊹《坤》下《坤》上，《坤》，《乾》六爻皆变。【释文】坤，本又作“巛”，空门切。 ㊺《乾》用九爻辞。 ㊻《坤》下《艮》上，《剥》，《坤》上六变。 ㊼《坤》上六爻辞。 ㊽ 物，谓上六卦所称龙各不同也。今说《易》者皆以龙喻阳气，如史墨之言，则为皆是真龙。 ㊾ 问五官之长皆是谁。 ㊿ 少皞，金天氏。 (51) 能治其官。【释文】该，古咳切。 (52) 木正。 (53) 金正。 (54) 二子相代为水正。(55) 穷桑，少皞之号也。四子能治其官，使不失职，济成少皞之功，死皆为民所祀。穷桑，地在鲁北。 (56) 犁为火正。【释文】颛，音专。顼，许玉切。 (57) 共工在大皞后，神农前，以水名官者。其子句龙，能平水土，故死而见祀。【释文】共，音恭。大，音泰。 (58) 方答社稷，故明言为社。 (59) 掌播殖也。 (60) 烈山氏，神农世诸侯。【释文】烈，如字，《礼记》作“厉山”。 (61) 祀柱。【释文】上，时掌切。(62) 弃，周之始祖，能播百谷。汤既胜夏，废柱而以弃代之。 (63) 传言蔡墨之博物。

冬，晋赵鞅、荀寅帅师城汝滨[①]，遂赋晋国一鼓铁，以铸刑鼎[②]，著范宣子所为刑书焉。仲尼曰：“晋其亡乎，失其度矣。夫晋国将守唐叔之所受法度，以经纬其民，卿大夫以序守之[③]。民是以能尊其贵，贵是以能守其业。贵贱不愆，所谓度也。文公是以作执秩之官，为被庐之法[④]，以为盟主。今弃是度也，而为刑鼎，民在鼎矣，何以尊贵[⑤]？贵何业之守[⑥]？贵贱无序，何以为国？且夫宣子之刑，夷之蒐也，晋国之乱制也[⑦]，若之何以为法？”蔡史墨曰：“范氏、中行氏其亡乎[⑧]！中行寅为下卿，而干上令，擅作刑器，以为国法，是法奸也。又加范氏焉，易之，亡也[⑨]。其及赵氏，赵孟与焉；然不得已，若德，可以免[10]。”

① 赵鞅，赵武孙也。荀寅，中行荀吴之子。汝滨，晋所取陆浑地。【释文】滨，音宾。行，户郎切。 ② 令晋国各出功力，共鼓石为铁，计令一鼓而足。因军役而为之，故言遂。【释文】铸，之树切。令，力呈切。 ③ 序，位次也。 ④ 僖二十七年，文公蒐被庐，修唐叔之法。【释文】被，皮义切。庐，力居切。蒐，本又作“搜”，所求切。 ⑤ 弃礼征书，故不尊贵。 ⑥ 民不奉上，则上失业。 ⑦ 范宣子所用刑乃夷蒐之法也。夷蒐在文六年，一蒐而三易中军帅，贾季、箕郑之徒遂作乱，故曰乱制。【释文】帅，所类切。 ⑧ 蔡史墨，即蔡墨。 ⑨ 范宣子刑书中既废矣，今复兴之，是成其咎。【释文】擅，市战切。复，扶又切。 ⑩ 铸刑鼎本非赵鞅意，不得已而从之，若能修德，可以免祸。为定十三年荀寅、士吉射入朝歌以叛。【释文】与，音预。

昭公三十年

【经】

三十年春，王正月，公在乾侯[1]。

夏六月庚辰，晋侯去疾卒[2]。

秋八月，葬晋顷公[3]。

冬十有二月，吴灭徐，徐子章羽奔楚[4]。

① 释不朝正于庙。 ② 未同盟而赴以名。【释文】去，起吕切。 ③ 三月而葬，速。【释文】顷，音倾。 ④ 徐子称名，以名告也。

【传】

三十年春，王正月，公在乾侯。不先书郓与乾侯，非公，且征过也[1]。

① 征，明也。二十七年、二十八年公在郓，二十九年公在乾侯，而经不释朝正之礼者，所以非责公之妄，且明过谬犹可掩，故不显书其所在，使若在国然。自是郓人溃叛，齐、晋卑公，子家忠谋终不能用，内外弃之，非复过误所当掩塞，

故每岁书公所在。【释文】征，直升切，或本作“惩”，误。复，扶又切。

夏六月，晋顷公卒。秋八月，葬。郑游吉吊，且送葬。魏献子使士景伯诘之，曰：“悼公之丧，子西吊，子蟜送葬①。今吾子无贰，何故②？”对曰：“诸侯所以归晋君，礼也。礼也者，小事大，大字小之谓。事大在共其时命③，字小在恤其所无。以敝邑居大国之间，共其职贡，与其备御不虞之患，岂忘共命④？先王之制，诸侯之丧，士吊，大夫送葬。唯嘉好、聘享、三军之事，于是乎使卿。晋之丧事，敝邑之间，先君有所助执绋矣⑤。若其不间，虽士大夫有所不获数矣⑥。大国之惠，亦庆其加⑦，而不讨其乏，明底其情⑧，取备而已，以为礼也。灵王之丧⑨，我先君简公在楚，我先大夫印段实往，敝邑之少卿也⑩。王吏不讨，恤所无也。今大夫曰：‘女盍从旧⑪？’旧有丰有省，不知所从。从其丰，则寡君幼弱，是以不共；从其省，则吉在此矣。唯大夫图之。”晋人不能诘⑫。

① 在襄十五年。【释文】诘，起吉切。蟜，居表切。　② （年）[吊]、葬共使。【释文】使，所吏切。　③ 随时共所求。【释文】共，音恭，下同。　④ 言不敢忘共命，以所备御者多，不及办之。【释文】御，鱼吕切。办，皮苋切。　⑤ 绋，輓索也。礼，送葬必执绋。【释文】好，呼报切。间，音闲，下同。绋，音弗。輓，本又作“挽”，音晚。索，悉各切。　⑥ 不得如先王礼数。　⑦ 庆，善也。谓善其君自行。　⑧ 底，致也。　⑨ 在襄二十九年。　⑩ 少，年少也。【释文】印，一刃切。少，诗照切。　⑪ 盍，何不也。【释文】女，音汝。盍，胡腊切。　⑫ 传言大叔之敏。【释文】省，所景切，下同。

吴子使徐人执掩馀，使钟吾人执烛庸①。二公子奔楚，楚子大封，而定其徙②。使监马尹大心逆吴公子，使居养③。莠尹然、左司马沈尹戌城之④，取于城父与胡田以与之⑤，将以害吴也。子西谏曰：“吴光新得国，而亲其民。视民如子，辛苦同之，将用之也。若好吴边疆，使柔服焉，犹惧其至⑥。吾又强其仇以重怒之，无乃不可乎⑦！吴，周之胄裔也，而弃在海滨，不与姬通。今而始大，比于诸华。光又甚文，将自同于先王[⑧]。不知天将以为虐乎，使翦丧吴国而封大异姓乎，其抑亦将卒以祚吴乎？其终不远矣[⑨]。我盍姑亿吾鬼神[⑩]，而宁吾族姓，以待其归[⑪]，将焉用自播扬焉[⑫]？"王弗听。吴子怒，冬十二月，吴子执钟吾子，遂伐徐，防山以水之[⑬]。己卯，灭徐。徐子章禹断其发[⑭]，携其夫人，以逆吴子。吴子唁而送之，使其迩臣从之，遂奔楚[⑮]。楚沈尹戌帅师救徐，弗及，遂城夷，使徐子处之[⑯]。

① 二十七年奔故。 ② 大封，与土田，定其所徙之居。 ③ 二子奔楚，楚使逆之于竟也。养，即所封之邑。【释文】监，古衔切。竟，音境。 ④ 城养。【释文】莠，音诱。 ⑤ 胡田，故胡子之地。 ⑥ 柔服，谓不与吴构怨。【释文】好，呼报切，一本作"吾好"。疆，居良切。 ⑦ 仇，谓二公子。【释文】重，直用切。 ⑧ 先王谓大王、王季，亦自西戎始比诸华。【释文】胄，直又切。大，音泰。 ⑨ 言其事行可知不久。【释文】丧，息浪切。祚，才故切。 ⑩ 亿，安也。【释文】亿，於力切。 ⑪ 善恶之归。 ⑫ 播扬，犹劳动也。【释文】焉，於虔切。播，彼我切，又波贺切。 ⑬ 防壅山水以灌徐。【释文】壅，於勇切。灌，古乱切。 ⑭ 断发自刑，示惧。【释文】断，丁缓切。 ⑮ 迩，近也。 ⑯ 夷，城父也。

吴子问于伍员曰："初而言伐楚[①]，余知其可也，而恐其使余往也，又恶人之有余之功也。今余将自有之矣，伐楚何如？"对曰："楚执政众而乖，莫适任患。若为三师以肄焉[②]，一师至，彼必皆出。彼出则归，彼归则出，楚必道敝[③]。亟肄以罢之[④]，多方以误之，既罢而后以三军继之，必大克之。"阖庐从之。楚于是乎始病[⑤]。

① 在二十年。【释文】员，音云。 ② 肄，犹劳也。【释文】恶，乌路切。适，丁历切。任，音壬。肄，又作"肆"，以制切。 ③ 罢敝于道。【释文】罢，音皮，下同。 ④ 亟，数也。【释文】亟，欺冀切。数，所角切。 ⑤ 为定四年吴入楚传。

昭公三十一年

【经】

三十有一年春，王正月，公在乾侯。

季孙意如会晋荀跞于適历[①]。

夏四月丁巳，薛伯穀卒[②]。

晋侯使荀跞唁公于乾侯[③]。

秋，葬薛献公[④]。

冬，黑肱以滥来奔[⑤]。

十有二月辛亥朔，日有食之。

① 適历，晋地。【释文】跞，力狄切。適，丁历切。 ② 襄二十五年盟重丘。【释文】重，直龙切。 ③ 将使意如迎公，故荀跞来唁。 ④ 无传。 ⑤ 黑肱，邾大夫。滥，东海昌虑县。不书邾，史阙文。【释文】滥，力甘切，又力暂切。虑，音闾，又如字。

【传】

三十一年春，王正月，公在乾侯，言不能外内也[①]。晋侯将以师纳公。范献子曰："若召季孙而不来，则信不臣矣，然后伐之，若何？"晋人召季孙，献子使私焉，曰："子必来，我受其无咎[②]。"季孙意如会晋荀跞于適历。荀跞曰："寡君使跞谓吾子，何故出君？有君不事，周有常刑，子其图之！"季孙练冠麻衣跣行[③]，伏而对曰："事君，臣之所不得也，敢逃刑命[④]？君若以臣为有罪，请囚于费，以待君之察也，亦唯君。若以先臣之故，不绝季氏，而赐之死[⑤]。若弗杀弗亡，君之惠也，死且不朽。若得从君而归，则固臣之愿也，敢有异心[⑥]？"

夏四月，季孙从知伯如乾侯[⑦]。子家子曰："君与之归，一惭之不忍，而终身惭乎？"公曰："诺。"众曰："在一言矣，君必逐之[⑧]。"荀跞以晋侯之命唁公，且曰："寡君使跞以君命讨于意如，意如不敢逃死，君其入也！"公曰："君惠顾先君之好，施及亡人，将使归粪除宗祧以事君，则不能见夫人。己所能见夫人者，有如河[⑨]！"荀跞掩耳而走[⑩]，曰："寡君其罪之恐，敢与知鲁国之难[⑪]？臣请复于寡君。"退而谓季孙："君怒未怠，子姑归祭[⑫]。"子家子曰："君以一乘入于鲁师，季孙必与君归。"公欲从之，众从者胁公，不得归[⑬]。

① 公内不容于臣子，外不容于齐、晋，所以久在乾侯。 ② 言我为子受无咎之任。【释文】咎，其九切。为，于伪切。 ③ 示忧戚。【释文】出，如字，又敕律切。跣，素典切。 ④ 言愿事君，君不肯还，不敢辟罪。 ⑤ 虽赐以死，不绝其后。【释文】费，音秘。 ⑥ 君皆谓鲁侯也。盖季孙探言罪己轻重，以答荀跞。【释文】探，他南切。 ⑦ 知伯，荀跞。【释文】知，音智。 ⑧ 言晋既忧君，君一言使晋，晋必逐之。 ⑨ 夫人，谓季孙也。言若见季孙，己当受祸，明如河以自誓。【释文】好，呼报切。施，以豉切。祧，他雕切。 ⑩ 怪公所言，示不忍听。 ⑪ 言恐获不纳君之罪，今纳而不入，何敢复知耶。【释文】与，音预。难，乃旦切。复，扶又切 。 ⑫ 归摄君事。 ⑬ 传言君弱不得复自在。【释文】乘，绳证切。众从，才用切。

薛伯縠卒，同盟，故书[①]。

① 谓书名也。入《春秋》来，薛始书名，故发传。经在荀跞唁公上，传在下者，欲鲁事相次。

秋，吴人侵楚，伐夷，侵潜、六[①]。楚沈尹戌帅师救潜，吴师还。楚师迁潜于南冈而还。吴师围弦。左司马戌、右司马稽帅师救弦，及豫章[②]。吴师还。始用子胥之谋也[③]。

① 皆楚邑。 ② 左司马沈尹戌。【释文】稽，音启，又古兮切。 ③ 谋在前年。

冬，邾黑肱以滥来奔，贱而书名，重地故也[①]。君子曰：

"名之不可不慎也如是②。夫有所有名,而不如其已③。以地叛,虽贱,必书地,以名其人,终为不义,弗可灭已。是故君子动则思礼,行则思义,不为利回④,不为义疚⑤。或求名而不得,或欲盖而名章,惩不义也。齐豹为卫司寇,守嗣大夫⑥,作而不义,其书为'盗⑦'。邾庶其⑧、莒牟夷⑨、邾黑肱以土地出,求食而已,不求其名,贱而必书⑩。此二物者,所以惩肆而去贪也⑪。若艰难其身⑫,以险危大人⑬,而有名章彻⑭,攻难之士,将奔走之⑮。若窃邑叛君,以徼大利而无名⑯,贪冒之民,将寘力焉⑰。是以《春秋》书齐豹曰'盗',三叛人名,以惩不义,数恶无礼,其善志也⑱。故曰,《春秋》之称微而显⑲,婉而辨⑳。上之人能使昭明㉑,善人劝焉,淫人惧焉,是以君子贵之。"

①黑肱非命卿,故曰贱。 ②是,黑肱也。 ③有所,谓有地也。言虽有名,不如无名。已,止也。 ④回正心也。【释文】为,于伪切,下亦同。 ⑤疚,病也。见义则为之。【释文】疚,久又切。 ⑥守先人嗣,言其尊。【释文】惩,直升切。 ⑦求名而不得也。二十年豹杀卫侯兄,欲求不畏强御之名。 ⑧在襄二十一年。 ⑨在五年。 ⑩春秋叛者多,唯取三人来适鲁者。三人皆小国大夫,故曰贱。⑪物,事也。肆,放也。齐豹书盗,惩肆也。三叛人名,去贪也。【释文】去,起吕切。 ⑫身为艰难。 ⑬大人,在位者。 ⑭谓得勇名。 ⑮攻,犹作也。奔走,犹赴趣也。【释文】难,乃旦切。 ⑯谓不书其人名。【释文】徼,古尧切。 ⑰尽力为之,不顾于见书。【释文】冒,亡北切,又亡报切。寘,之豉切。 ⑱无礼恶逆,皆数而不忘,记事之善者也。【释文】数,所主切。 ⑲文微而义著。【释文】称,尺证切。 ⑳辞婉而旨别。【释文】婉,於阮切。别,彼列切。 ㉑上之人,谓在位者。在位者能行其法,非贱人所能。

十二月辛亥朔,日有食之。是夜也,赵简子梦童子羸而转以歌①。旦占诸史墨,曰:"吾梦如是,今而日食,何也②?"对曰:"六年及此月也,吴其入郢乎!终亦弗克③。入郢,必以庚辰④。日月在辰尾⑤,庚午之日,日始有谪。火胜金,故弗克⑥。"

① 转，婉转也。【释文】羸，本又作"嬴"，力果切。　② 简子梦适与日食会，谓咎在己，故问之。　③ 史墨知梦非日食之应，故释日食之咎而不释其梦。【释文】郢，以井切，又羊政切。应，应对之应。　④ 庚日有变，日在辰尾，故曰以庚辰。定四年十一月庚辰，吴入郢。　⑤ 辰尾，龙尾也。周十二月，今之十月，日月合朔于辰尾而食。　⑥ 谪，变气也。庚午十月十九日，去辛亥朔四十一日，虽食在辛亥，更以始变为占也。午，南方，楚之位也。午火，庚金也。日以庚午有变，故灾在楚。楚之仇敌唯吴，故知入郢必吴。火胜金者，金为火妃，食在辛亥，亥，水也，水数六，故六年也。【释文】谪，直革切。

昭公三十二年

【经】

三十有二年春，王正月，公在乾侯，取阚①。

夏，吴伐越。

秋，七月。

冬，仲孙何忌会晋韩不信、齐高张、宋仲幾、卫世叔申、郑国参、曹人、莒人、薛人、杞人、小邾人，城成周②。

十有二月己未，公薨于乾侯③。

① 无传。公别居乾侯，遣人诱阚而取之，不用师徒。【释文】阚，口暂切。② 世叔申，世叔仪孙也。国参，子产之子。不书盟，时公在外，未及告公，公已薨。【释文】参，七南切。　③ 十五日。

【传】

三十二年春，王正月，公在乾侯，言不能外内，又不能用其人也①。

① 其人，谓子家羁也。言公不能用其人，故于今犹在乾侯。

夏，吴伐越，始用师于越也①。史墨曰："不及四十年，越其有吴乎[②]！越得岁而吴伐之，必受其凶[③]。”

① 自此之前，虽疆事小争，未尝用大兵。【释文】疆，居良切。争，争斗之争。 ② 存亡之数，不过三纪。岁星三周三十六岁，故曰不及四十年。哀二十二年，越灭吴，至此三十八岁。 ③ 此年岁在星纪。星纪，吴、越之分也。岁星所在，其国有福，吴先用兵，故反受其殃。【释文】分，扶问切。殃，於良切。

秋八月，王使富辛与石张如晋，请城成周[①]。天子曰："天降祸于周，俾我兄弟并有乱心，以为伯父忧[②]。我一二亲昵甥舅，不皇启处，于今十年[③]，勤戍五年[④]。余一人无日忘之[⑤]，闵闵焉如农夫之望岁，惧以待时[⑥]。伯父若肆大惠，复二文之业，弛周室之忧[⑦]，徼文、武之福，以固盟主，宣昭令名，则余一人有大愿矣。昔成王合诸侯，城成周，以为东都，崇文德焉[⑧]。今我欲徼福假灵于成王，修成周之城，俾戍人无勤，诸侯用宁，蝥贼远屏，晋之力也[⑨]。其委诸伯父，使伯父实重图之。俾我一人无征怨于百姓[⑩]，而伯父有荣施，先王庸之[⑪]。"范献子谓魏献子曰："与其戍周，不如城之，天子实云[⑫]，虽有后事，晋勿与知可也。从王命以纾诸侯，晋国无忧，是之不务，而又焉从事？"魏献子曰："善。"使伯音对曰[⑬]："天子有命，敢不奉承以奔告于诸侯？迟速衰序[⑭]，于是焉在[⑮]。"

① 子朝之乱，其余党多在王城，敬王畏之，徙都成周，成周狭小，故请城之。【释文】狭，音洽。 ② 俾，使也。兄弟，谓子朝也。伯父，谓晋侯。【释文】俾，本又作"卑"，同，必尔切。 ③ 谓二十三年，二师围郊至于今。【释文】昵，女乙切。 ④ 谓二十八年，晋籍秦致诸侯之戍至于今。 ⑤ 念诸侯劳。 ⑥ 闵闵，忧貌。王忧乱，常闵闵冀望安定，如农夫之忧饥，冀望来岁之将熟。⑦ 肆，展放也。二文，谓文侯仇、文公重耳。弛，犹解也。【释文】弛，式氏切。重，直龙切。 ⑧ 作成周，迁殷民，以为京师之东都，所以崇文王之德。【释文】徼，古尧切。 ⑨ 蝥贼，喻灾害。【释文】蝥，亡侯切。 ⑩ 征，召也。【释文】征，张升切。 ⑪庸，功也。先王之灵，以为大功。【释文】施，式豉切。 ⑫ 云

欲罢成而城。　⑬ 伯音，韩不信。【释文】与，音预。纾，音舒。焉，於虔切。　⑭ 衰，差也。序，次也。【释文】衰，初危切。　⑮ 在周所命。

冬十一月，晋魏舒、韩不信如京师，合诸侯之大夫于狄泉，寻盟，且令城成周①。魏子南面②。卫彪傒曰："魏子必有大咎，干位以令大事，非其任也③。《诗》曰：'敬天之怒，不敢戏豫。敬天之渝，不敢驰驱④。'况敢干位以作大事乎？"

己丑，士弥牟营成周，计丈数⑤，揣高卑⑥，度厚薄，仞沟洫⑦，物土方，议远迩⑧，量事期⑨，计徒庸⑩，虑材用⑪，书餱粮⑫，以令役于诸侯。属役赋丈⑬，书以授帅⑭，而效诸刘子⑮。韩简子临之，以为成命⑯。

① 寻平丘盟。　② 居君位。　③ 彪傒，卫大夫。【释文】彪，彼虯切。傒，音兮。咎，其九切。　④《诗·大雅》，戒王者言当敬畏天之谴怒，不可游戏逸豫，驱驰自恣。渝，变也。【释文】渝，羊朱切。谴，弃战切。　⑤ 计所当城之丈数也。　⑥ 度高曰揣。【释文】揣，丁累切，又初委切。度，待洛切，下同。　⑦ 度深曰仞。【释文】仞，本又作"刃"，而慎切。洫，况域切。　⑧ 物，相也。相取土之方面，远近之宜。【释文】相，息亮切。　⑨ 知事几时毕。【释文】几，居岂切，下同。　⑩ 知用几人功。　⑪ 知费几材用。【释文】费，芳贵切。　⑫ 知用几粮食。【释文】餱，音侯，本亦作"糇"。粮，音良。　⑬ 付所当城尺丈。【释文】属，之欲切。　⑭ 帅诸侯之大夫。【释文】帅，所类切。　⑮ 效，致也。【释文】效，户孝切。　⑯ 临履其事，以命诸侯。经所以不书魏舒。

十二月，公疾，偏赐大夫①，大夫不受。赐子家子双琥②，一环，一璧，轻服③，受之。大夫皆受其赐。己未，公薨。子家子反赐于府人，曰："吾不敢逆君命也。"大夫皆反其赐。书曰："公薨于乾侯。"言失其所也④。

① 从公者。【释文】偏，音遍。从，才用切。　② 琥，玉器。【释文】琥，音虎。　③ 细好之服。　④ 不薨路寝为失所。

赵简子问于史墨曰："季氏出其君，而民服焉，诸侯与之，君死于外，而莫之或罪也？"对曰："物生有两，有三，有五，有陪贰。故天有三辰①，地有五行②，体有左右③，各有妃耦④。

王有公，诸侯有卿，皆有贰也。天生季氏，以贰鲁侯，为日久矣，民之服焉，不亦宜乎？鲁君世从其失，季氏世修其勤，民忘君矣，虽死于外，其谁矜之？社稷无常奉[5]，君臣无常位，自古以然[6]。故《诗》曰：'高岸为谷，深谷为陵[7]。'三后之姓，于今为庶，主所知也[8]。在《易》卦，雷乘《乾》曰《大壮》䷡[9]，天之道也[10]。昔成季友，桓之季也，文姜之爱子也，始震而卜，卜人谒之，曰：'生有嘉闻[11]，其名曰友，为公室辅。'及生，如卜人之言，有文在其手曰'友'，遂以名之。既而有大功于鲁[12]，受费以为上卿。至于文子、武子[13]，世增其业，不废旧绩。鲁文公薨，而东门遂杀適立庶，鲁君于是乎失国[14]，政在季氏，于此君也，四公矣。民不知君，何以得国？是以为君，慎器与名，不可以假人[15]。"

① 谓有三。【释文】陪，蒲回切。 ② 谓有五。 ③ 谓有两。 ④ 谓陪贰。【释文】妃，音配。 ⑤ 奉之无常人，言唯德也。【释文】从，子用切，本亦作"纵"。 ⑥ 史墨迹古今以实言。 ⑦《诗·小雅》，言高下有变易。 ⑧ 三后：虞、夏、商。 ⑨《乾》下《震》上，《大壮》。《震》在《乾》上，故曰雷乘《乾》。 ⑩《乾》为天子，《震》为诸侯，而在《乾》上，君臣易位，犹臣大强壮，若天上有雷。 ⑪ 嘉名闻于世。【释文】震，如字，一音身。闻，音问。 ⑫ 立僖公。【释文】名，如字，又武政切。 ⑬ 文子，行父。武子，宿。【释文】费，音秘。 ⑭ 失国权。【释文】適，丁历切。 ⑮ 器，车服。名，爵号。

春秋经传集解定公上第二十七

【释文】定公名宋，襄公之子，昭公之弟。《谥法》：安民大虑曰定。

定 公 元 年

【经】

元年春，王①。

三月，晋人执宋仲幾于京师②。

夏六月癸亥，公之丧至自乾侯③。

戊辰，公即位④。

秋七月癸巳，葬我君昭公⑤。

九月，大雩⑥。

立炀宫⑦。

冬十月，陨霜杀菽⑧。

① 公之始年而不书正月，公即位在六月故。 ② 晋执人于天子之侧而不以归京师，故但书其执，不书所归。【释文】幾，音机。 ③ 告于庙，故书至。④ 定公不得以正月即位，失其时，故详而日之，记事之宜，无义例。 ⑤ 公在外薨，故八月乃葬。 ⑥ 无传。过也。【释文】雩，音于。 ⑦ 炀公，伯禽子也。其庙已毁，季氏祷之而立其宫，书以讥之。【释文】炀，羊让切。祷，丁老切。⑧ 无传。周十月，今八月，陨霜杀菽，非常之灾。【释文】陨，于敏切。菽，本又

作"叔"，音同。

【传】

元年春，王正月辛巳，晋魏舒合诸侯之大夫于狄泉，将以城成周。魏子莅政[①]。卫彪傒曰[②]："将建天子[③]，而易位以令，非义也。大事奸义，必有大咎。晋不失诸侯，魏子其不免乎！"是行也，魏献子属役于韩简子及原寿过[④]，而田于大陆，焚焉[⑤]。还，卒于宁[⑥]。范献子去其柏椁，以其未复命而田也[⑦]。

① 莅，临也。代天子大夫为政。【释文】莅，音利，又音类。 ② 卫大夫。 ③ 立天子之居。 ④ 简子，韩起孙不信也。原寿过，周大夫。【释文】奸，音干。咎，其九切。属，之欲切。过，古禾切。 ⑤《禹贡》，大陆在钜鹿北。嫌绝远，疑此田在汲郡吴泽荒芜之地。火田，并见烧也。《尔雅》：广平曰陆。【释文】芜，音无。 ⑥ 宁，今修武县，近吴泽。【释文】近，附近之近。 ⑦ 范献子代魏子为政，去其柏椁，示贬之。【释文】去，起吕切。椁，音郭。

孟懿子会城成周[①]。庚寅，栽[②]。宋仲幾不受功，曰："滕、薛、郳，吾役也[③]。"薛宰曰："宋为无道，绝我小国于周，以我适楚。故我常从宋。晋文公为践土之盟[④]，曰：'凡我同盟，各复旧职。'若从践土，若从宋，亦唯命。"仲幾曰："践土固然[⑤]。"薛宰曰："薛之皇祖奚仲，居薛以为夏车正[⑥]。奚仲迁于邳[⑦]，仲虺居薛，以为汤左相[⑧]。若复旧职，将承王官，何故以役诸侯[⑨]？"仲幾曰："三代各异物，薛焉得有旧[⑩]？为宋役，亦其职也。"士弥牟曰："晋之从政者新[⑪]，子姑受功。归，吾视诸故府[⑫]。"仲幾曰："纵子忘之，山川鬼神其忘诸乎[⑬]？"士伯怒，谓韩简子曰："薛征于人[⑭]，宋征于鬼[⑮]，宋罪大矣。且已无辞而抑我以神，诬我也。启宠纳侮，其此之谓矣[⑯]。必以仲幾为戮。"乃执仲幾以归。三月，归诸京师[⑰]。

① 不书，公未即位。 ② 栽，设板筑。【释文】栽，才代切，又音再。

③ 欲使三国代宋受功役也。郳，小邾。【释文】郳，五兮切。 ④ 在僖二十八年。 ⑤ 固曰从旧，薛旧为宋役。 ⑥ 皇，大也。奚仲为夏禹掌车服大夫。【释文】夏，户雅切。 ⑦ 邳，下邳县。【释文】邳，皮悲切。 ⑧ 仲虺，奚仲之后。【释文】虺，许鬼切。相，息亮切。 ⑨ 承，奉也。 ⑩ 言居周世，不得以夏殷为旧。【释文】焉，於虔切。 ⑪ 言范献子新为政，未习故事。 ⑫ 求故事。⑬ 山川鬼神，盟所告。 ⑭ 典籍故事，人所知也。 ⑮ 取证于鬼神。 ⑯ 开宠过分，则纳受侵侮。【释文】侮，亡甫切。分，扶问切。 ⑰ 知以归不可，故复归之京师。【释文】复，扶又切。

城三旬而毕，乃归诸侯之戍。

齐高张后，不从诸侯[①]。晋女叔宽曰："周苌弘、齐高张皆将不免[②]。苌叔违天，高子违人[③]。天之所坏，不可支也。众之所为，不可奸也[④]。"

① 后期，不及诸侯之役。 ② 叔宽，女宽也。【释文】苌，直良切。 ③ 天既厌周德，苌弘欲迁都以延其祚，故曰违天。诸侯相帅以崇天子，而高子后期，故曰违人。【释文】厌，於艳切。祚，才故切。 ④ 为哀三年周人杀苌弘、六年高张来奔起。

夏，叔孙成子逆公之丧于乾侯[①]。季孙曰："子家子亟言于我，未尝不中吾志也。吾欲与之从政，子必止之，且听命焉[②]。"子家子不见叔孙，易几而哭[③]。叔孙请见子家子，子家子辞，曰："羁未得见，而从君以出[④]。君不命而薨，羁不敢见[⑤]。"叔孙使告之曰："公衍、公为实使群臣不得事君[⑥]。若公子宋主社稷，则群臣之愿也[⑦]。凡从君出而可以入者，将唯子是听。子家氏未有后，季孙愿与子从政，此皆季孙之愿也，使不敢以告[⑧]。"对曰："若立君，则有卿士、大夫与守龟在，羁弗敢知。若从君者，则貌而出者，入可也[⑨]。寇而出者，行可也[⑩]。若羁也，则君知其出也[⑪]，而未知其入也，羁将逃也。"

① 成子，叔孙婼之子。 ② 众士皆谘问子家子。【释文】亟，起冀切。中，

丁仲切。 ③ 几,哭会也。不欲见叔孙,故朝夕哭不同会。【释文】朝,如字。 ④ 出时,成子未为卿。【释文】羁,居宜切,子家子名。见,贤遍切,下同。从,才用切,注"义从"同,又如字,下"从君"、"从公"放此。 ⑤ 言未受昭公之命,托辞以距叔孙。 ⑥ 二子始谋逐季氏。 ⑦ 宋,昭公弟定公。 ⑧ 不敢,叔孙成子名。 ⑨ 貌出,谓以义从公,与季氏无实怨。【释文】守,手又切。 ⑩ 与季氏为寇仇者,自可去。 ⑪ 君,昭公。

丧及坏隤,公子宋先入,从公者皆自坏隤反①。六月癸亥,公之丧至自乾侯。戊辰,公即位②。季孙使役如阚公氏,将沟焉③。荣驾鹅曰:"生不能事,死又离之,以自旌也④。纵子忍之,后必或耻之。"乃止。

① 出奔。【释文】坏,徐音怀,又户怪切。隤,徒回切。 ② 诸侯薨,五日而殡,殡则嗣子即位。癸亥,昭公丧至,五日殡于宫,定公乃即位。 ③ 阚,鲁群公墓所在也。季孙恶昭公,欲沟绝其兆域,不使与先君同。【释文】阚,口暂切。恶,乌路切,又如字。 ④ 驾鹅,鲁大夫荣成伯也。旌,章也。【释文】驾,音加。鹅,五何切。旌,音精。

季孙问于荣驾鹅曰:"吾欲为君谥,使子孙知之①。"对曰:"生弗能事,死又恶之,以自信也,将焉用之?"乃止。秋七月癸巳,葬昭公于墓道南。孔子之为司寇也,沟而合诸墓②。

① 为恶谥。 ② 明臣无贬君之义。【释文】恶,如字,又乌路切。焉,於虔切。

昭公出故,季平子祷于炀公。九月,立炀宫①。

① 平子逐君,惧而请祷于炀公,昭公死于外,自以为获福,故立其宫。

周巩简公弃其子弟,而好用远人①。

① 简公,周卿士。远人,异族也。为明年巩氏贼简公张本。【释文】巩,九勇切。好,呼报切。

定公二年

【经】

二年春，王正月。

夏五月壬辰，雉门及两观灾[①]。

秋，楚人伐吴[②]。

冬十月，新作雉门及两观[③]。

① 无传。雉门，公宫之南门。两观，阙也。天火曰灾。【释文】观，古乱切。② 囊瓦称人，见诱以败军。【释文】囊，乃郎切。 ③ 无传。

【传】

二年夏四月辛酉，巩氏之群子弟贼简公[①]。

① 传言弃亲用疏，所以败也。

桐叛楚[①]，吴子使舒鸠氏诱楚人[②]，曰："以师临我[③]，我伐桐，为我使之无忌[④]。"秋，楚囊瓦伐吴，师于豫章[⑤]。吴人见舟于豫章[⑥]，而潜师于巢[⑦]。冬十月，吴军楚师于豫章，败之[⑧]。遂围巢，克之，获楚公子繁[⑨]。

① 桐，小国，庐江舒县西南有桐乡。 ② 舒鸠，楚属国。 ③ 教舒鸠诱楚，使以师临吴。 ④ 吴伐桐也，伪若畏楚师之临己，而为伐其叛国以取媚者也。欲使楚不忌吴，所谓多方以误之。【释文】为，于伪切。 ⑤ 从舒鸠言。⑥ 伪将为楚伐桐。【释文】见，贤遍切。 ⑦ 实欲以击楚。 ⑧ 楚不忌故。⑨ 繁，守巢大夫。

邾庄公与夷射姑饮酒，私出[①]。阍乞肉焉，夺之杖以敲之[②]。

① 射姑，邾大夫。出，辟酒。【释文】射，音亦，一音夜。 ② 夺阍杖以敲阍头也。为明年邾子卒传。【释文】阍，音昏，守门人也。敲，苦孝切，又苦学

切,《说文》作“敂”,云:击头也;《字林》同。又一曰击声也,咬切,又口卓切,训此敲云:横擿也。又或作“茅”,或作“𠜶”,口交切。

定公三年

【经】

三年春,王正月,公如晋,至河乃复①。

二月辛卯,邾子穿卒②。

夏四月。

秋,葬邾庄公③。

冬,仲孙何忌及邾子盟于拔④。

① 无传。 ② 再同盟。【释文】穿,音川。 ③ 六月乃葬,缓。 ④ 拔,地阙。【释文】拔,皮八切。

【传】

三年春二月辛卯,邾子在门台①,临廷。阍以缾水沃廷。邾子望见之,怒。阍曰:“夷射姑旋焉②。”命执之③。弗得,滋怒,自投于床,废于炉炭,烂,遂卒④。先葬以车五乘,殉五人⑤。庄公卞急而好洁,故及是⑥。

① 门上有台。 ② 旋,小便。【释文】廷,音庭。缾,步丁切,本又作“瓶”。 ③ 见其不洁,执射姑。 ④ 废,隋也。【释文】炉,力具切。炭,他旦切。隋,徒火切。 ⑤ 欲藏中之洁,故先内车,及殉,别为便房,盖其遗命。【释文】先,悉荐切,又如字。乘,绳证切。殉,辞俊切。藏,才浪切。 ⑥ 卞,躁疾也。【释文】卞,皮彦切。好,呼报切。躁,早报切。

秋九月,鲜虞人败晋师于平中①,获晋观虎,恃其勇也②。

① 平中,晋地。 ② 为五年士鞅围鲜虞张本。

冬,盟于郯①,修邾好也②。

① 郯，即拔也。【释文】郯，音谈。 ② 公即位，故修好。

蔡昭侯为两佩与两裘[①]，以如楚，献一佩一裘于昭王。昭王服之，以享蔡侯。蔡侯亦服其一。子常欲之，弗与。三年止之。唐成公如楚，有两肃爽马，子常欲之[②]，弗与，亦三年止之。唐人或相与谋，请代先从者，许之。饮先从者酒，醉之，窃马而献之子常。子常归唐侯。自拘于司败[③]，曰："君以弄马之故，隐君身[④]，弃国家，群臣请相夫人以偿马，必如之[⑤]。"唐侯曰："寡人之过也，二三子无辱。"皆赏之。蔡人闻之，固请而献佩于子常。子常朝，见蔡侯之徒，命有司曰："蔡君之久也，官不共也[⑥]。明日，礼不毕，将死[⑦]。"蔡侯归，及汉，执玉而沈，曰："余所有济汉而南者，有若大川[⑧]！"蔡侯如晋，以其子元与其大夫之子为质焉，而请伐楚[⑨]。

① 佩，佩玉也。 ② 成公，唐惠侯之后。肃爽，骏马名。【释文】肃，如字，又所六切。爽，音霜。骏，音俊。 ③ 窃马者自拘。【释文】从，才用切。饮，於鸩切。拘，九于切。 ④ 隐，忧约也。【释文】弄，鲁贡切。 ⑤ 相，助也。夫人，谓养马者。【释文】相，息亮切。夫，音扶。偿，市亮切。 ⑥ 言楚所以礼遣蔡侯之物，不共备故。【释文】共，音恭。 ⑦ 遣蔡侯之礼。 ⑧ 自誓言若复渡汉，当受祸，明如大川。【释文】沈，音鸩。复，扶又切。 ⑨ 为明年会召陵张本。【释文】质，音致。

定公四年

【经】

四年春，王二月癸巳，陈侯吴卒[①]。

三月，公会刘子、晋侯、宋公、蔡侯、卫侯、陈子、郑伯、许男、曹伯、莒子、邾子、顿子、胡子、滕子、薛伯、杞伯、小邾子、齐国夏于召陵，侵楚[②]。

夏四月庚辰，蔡公孙姓帅师灭沈，以沈子嘉归，杀之③。

五月，公及诸侯盟于皋鼬④。

杞伯成卒于会⑤。

六月，葬陈惠公⑥。

许迁于容城⑦。

秋七月，公至自会⑧。

刘卷卒⑨。

葬杞悼公⑩。

楚人围蔡⑪。

晋士鞅、卫孔圉帅师伐鲜虞⑫。

葬刘文公⑬。

冬十有一月庚午，蔡侯以吴子及楚人战于柏举，楚师败绩⑭。

楚囊瓦出奔郑⑮。

庚辰，吴入郢⑯。

① 无传。未同盟而赴以名。癸巳，正月七日，书二月，从赴。 ② 于召陵先行会礼，入楚竟，故书侵。【释文】夏，户雅切。召，上照切。竟，音境。 ③【释文】姓，音生，又作“生”。 ④ 召陵会刘子诸侯，总言之也。繁昌县东南有城皋亭。复称公者，会盟异处故。【释文】鼬，由又切。复，扶又切。处，昌虑切。 ⑤ 无传。【释文】成，音城。 ⑥ 无传。 ⑦ 无传。 ⑧ 无传。 ⑨ 无传。即刘蚠也。刘子奉命出盟召陵，死则天王为告同盟，故不具爵。【释文】卷，音权，又眷免切。蚠，扶粉切。为，于伪切，下“为蔡”同。 ⑩ 无传。 ⑪ 不服故也。 ⑫ 无传。孔圉，孔羁孙。士鞅，即范鞅。【释文】圉，鱼吕切。 ⑬ 无传。 ⑭ 师能左右之曰以，皆陈曰战，大崩曰败绩。吴为蔡讨楚，从蔡计谋，故书蔡侯以吴子，言能左右之也。囊瓦称人，贪以致败，不能死难，罪贱之。柏举，楚地。昭三十一年传曰：六年十二月庚辰，吴其入郢。今以十一月者，并数闰。【释文】陈，直觐切。难，乃旦切。数，所主切。 ⑮ 书名，恶之。【释文】恶，乌路切。 ⑯ 弗地曰入。吴不称子，史略文。

【传】

四年春三月，刘文公合诸侯于召陵，谋伐楚也①。

① 文公，王官伯也。晋人假王命以讨楚之久留蔡侯，故曰文公合诸侯。

晋荀寅求货于蔡侯，弗得，言于范献子曰："国家方危，诸侯方贰，将以袭敌，不亦难乎？水潦方降，疾疟方起，中山不服①，弃盟取怨，无损于楚②，而失中山，不如辞蔡侯。吾自方城以来，楚未可以得志③，祇取勤焉。"乃辞蔡侯。

① 中山，鲜虞。【释文】潦，音老。疟，鱼略切。 ② 晋、楚同盟，伐之为取怨。 ③ 晋败楚侵方城，在襄十六年。

晋人假羽旄于郑，郑人与之①。明日，或旆以会②。晋于是乎失诸侯③。将会，卫子行敬子言于灵公曰④："会同难⑤，啧有烦言⑥，莫之治也。其使祝佗从⑦。"公曰："善。"乃使子鱼。子鱼辞，曰："臣展四体，以率旧职，犹惧不给而烦刑书，若又共二⑧，徼大罪也。且夫祝，社稷之常隶也⑨。社稷不动，祝不出竟，官之制也⑩。君以军行，袚社衅鼓⑪，祝奉以从⑫，于是乎出竟。若嘉好之事⑬，君行师从⑭，卿行旅从⑮，臣无事焉。"公曰："行也。"及皋鼬⑯，将长蔡于卫⑰。卫侯使祝佗私于苌弘曰："闻诸道路，不知信否，若闻蔡将先卫，信乎？"苌弘曰："信。蔡叔，康叔之兄也⑱，先卫，不亦可乎？"

① 析羽为旌，王者游车之所建，郑私有之，因谓之羽旄，借观之。【释文】祇，音支。旄，音毛。析，星历切。 ② 或，贱者也。继旐曰旆，令贱人施其旆，执以从会，示卑郑。【释文】旆，步贝切。旐，音兆。令，力呈切，下"令蔡"同。 ③ 传言晋无礼，所以遂弱。 ④ 子行敬子，卫大夫。 ⑤ 难得宜。 ⑥ 啧，至也。烦言，忿争。【释文】啧，仕责切，一音责。争，争斗之争。 ⑦ 祝佗，大祝子鱼。【释文】佗，徒河切。从，才用切，下"师从"、"旅从"同。大，音泰，下"大祝"、"大卜"、"大史"、"大原"同。 ⑧ 共二职。【释文】共，音恭。 ⑨ 隶，贱臣也。【释文】徼，古尧切。夫，音扶。 ⑩ 社稷动，谓国迁。【释文】竟，音境。⑪ 师出，先有事袚祷于社，谓之宜社。于是杀牲，以血涂鼓鼙，为衅鼓。【释文】

祓，音弗，徐音废。衅，许靳切。鞞，步西切，本又作“鞞”。　⑫ 奉社主也。【释文】从，如字，又才用切。　⑬ 谓朝会。【释文】好，呼报切。　⑭ 二千五百人。　⑮ 五百人。　⑯ 将盟。　⑰ 欲令蔡先卫歃。【释文】长，丁丈切。先，悉荐切，下“先卫”同。歃，所洽切，又所甲切。　⑱ 蔡叔，周公兄。康叔，周公弟。

子鱼曰：“以先王观之，则尚德也。昔武王克商，成王定之，选建明德，以藩屏周。故周公相王室，以尹天下①，于周为睦②。分鲁公以大路、大旂③，夏后氏之璜④，封父之繁弱⑤，殷民六族，条氏、徐氏、萧氏、索氏、长勺氏、尾勺氏，使帅其宗氏，辑其分族，将其类丑⑥，以法则周公，用即命于周⑦。是使之职事于鲁⑧，以昭周公之明德⑨。分之土田陪敦⑩，祝、宗、卜、史⑪，备物、典策⑫，官司、彝器⑬。因商奄之民⑭，命以《伯禽》⑮而封于少皞之虚⑯。分康叔⑰以大路、少帛、绮茷、旃旌⑱、大吕⑲，殷民七族，陶氏、施氏、繁氏、锜氏、樊氏、饥氏、终葵氏，封畛土略，自武父以南，及圃田之北竟⑳，取于有阎之土，以共王职㉑。取于相土之东都，以会王之东蒐㉒。聃季授土㉓，陶叔授民㉔，命以《康诰》，而封于殷虚㉕。皆启以商政，疆以周索㉖。分唐叔㉗以大路、密须之鼓㉘，阙巩㉙、沽洗㉚，怀姓九宗，职官五正㉛。命以《唐诰》，而封于夏虚㉜，启以夏政㉝，疆以戎索㉞。三者皆叔也，而有令德，故昭之以分物。不然，文、武、成、康之伯犹多，而不获是分也，唯不尚年也。管蔡启商，惎间王室㉟。王于是乎杀管叔而蔡蔡叔㊱，以车七乘，徒七十人㊲。其子蔡仲，改行帅德，周公举之，以为己卿士㊳，见诸王而命之以蔡㊴，其命书云：‘王曰：胡，无若尔考之违王命也㊵。’若之何其使蔡先卫也？武王之母弟八人，周公为大宰，康叔为司寇，聃季为司空，五叔无官，岂尚年哉㊶！曹，文之昭也㊷；晋，武之穆也㊸。曹为伯甸，非尚年也㊹。今将尚之，是反先王也。晋文公为践土之盟，卫成公不在，夷叔，其母弟也，犹先蔡㊺。其载书云：'王若曰：晋重㊻、鲁申㊼、卫武㊽、蔡甲午㊾、郑捷㊿、齐潘51、宋王臣52、莒期53。'藏在周府，可覆视也。吾子欲复文、武之略54，而不正其德，将如之何？"苌弘说，告刘子，与范献子谋之，乃长卫侯于盟。

① 尹，正也。【释文】藩，方元切。相，悉亮切。 ② 睦，亲厚也。以盛德见亲厚。 ③ 鲁公，伯禽也。此大路、金路，锡同姓诸侯车也。交龙为旂，周礼同姓以封。【释文】分，扶问切，下并同。路，本亦作"辂"，音路。旂，其依切。锡，星历切。 ④ 璜，美玉名。【释文】夏，户雅切。璜，音黄。 ⑤ 封父，古诸侯也。繁弱，大弓名。【释文】父，音甫，下"武父"同。封父，国名。繁，扶元切。⑥ 丑，众也。【释文】索，素洛切。勺，市灼切。辑，音集，又七入切。 ⑦ 即，就也。使六族就周，受周公之法制。 ⑧ 共鲁公之职事。【释文】共，音恭，下"共王"同。 ⑨ 昭，显也。 ⑩ 陪，增也。敦，厚也。【释文】陪，本亦作"培"，同，步回切。 ⑪ 大祝、宗人、大卜、大史，凡四官。 ⑫ 典策，春秋之制。【释文】策，本又作"册"，亦作"筴"，或作"箣"，皆初革切。 ⑬ 官司，百官也。彝器，常用器。【释文】彝，羊之切。 ⑭ 商奄，国名也。与四国流言，或迸散在鲁，皆令即属鲁怀柔之。【释文】迸，彼诤切。令，徐力呈切。 ⑮ 伯禽，周公世子。时周公唯遣伯禽之国，故皆以付伯禽。 ⑯ 少皞虚，曲阜也。在鲁城内。【释文】少，诗照切。皞，胡老切。虚，起居切。 ⑰ 康叔，卫之祖。 ⑱ 少帛，杂帛也。绪茷，大赤，取染草名也。通帛为旃，析羽为旌。【释文】绪，七见切。茷，步贝切，又音吠。旃，章然切。 ⑲ 钟名。 ⑳ 畛，涂所径也。略，界也。武父，卫北界。圃田，郑薮名。【释文】陶，徒刀切。繁，步河切。锜，鱼绮切。畛，之忍切，一音真。圃，布五切，本亦作"甫田"。涂，音徒。径，音经。薮，素口切。
㉑ 有阎，卫所受朝宿邑，盖近京畿。【释文】近，附近之近，下"近我"同。 ㉒ 为汤沐邑，王东巡守，以助祭泰山。【释文】相，息亮切。蒐，所求切。守，手又切。㉓ 聃季，周公弟，司空。【释文】聃，乃甘切。 ㉔ 陶叔，司徒。 ㉕《康诰》，《周书》。殷虚，朝歌也。 ㉖ 皆，鲁、卫也。启，开也。居殷故地，因其风俗，开用其政，疆理土地以周法。索，法也。【释文】疆，居良切，注及下同。 ㉗ 唐叔，晋之祖。 ㉘ 密须，国名。 ㉙ 甲名。【释文】巩，九勇切。 ㉚ 钟名。【释文】沽，音孤。洗，息典切。 ㉛ 怀姓，唐之余民。九宗，一姓为九族。职官五正，五官之长。【释文】长，丁丈切，下"长卫"同。 ㉜《唐诰》，诰命篇名也。

夏虚，大夏，今大原晋阳也。　㉝ 亦因夏风俗，开用其政。　㉞ 大原近戎而寒，不与中国同，故自以戎法。　㉟ 惎，毒也。周公摄政，管叔、蔡叔开道纣子禄父，以毒乱王室。【释文】惎，音忌。间，间厕之间。　㊱ 周公称王命以讨二叔。蔡，放也。【释文】上“蔡”，素达切。下“蔡”，如字。　㊲ 与蔡叔车徒而放之。【释文】乘，绳证切。　㊳ 为周公臣。【释文】行，下孟切。　㊴ 命为蔡侯。【释文】见，贤遍切。　㊵ 胡，蔡仲名。　㊶ 五叔，管叔鲜、蔡叔度、成叔武、霍叔处、毛叔聃也。　㊷ 文王子，与周公异母。【释文】昭，上饶切，《说文》作“绍”。　㊸ 武王子。　㊹ 以伯爵居甸服，言小。【释文】甸，徒练切。　㊺ 践土、召陵二会，经书蔡在卫上，霸主以国大小之序也。子鱼所言，盟猷之次。　㊻ 文公。【释文】重，直龙切。　㊼ 僖公。　㊽ 叔武。　㊾ 庄侯。　㊿ 文公。【释文】捷，在接切。　51 昭公。【释文】潘，普安切。　52成公。【释文】宋王臣，如字。“王”本或作“壬”，如林切。　53 兹丕公也。齐序郑下，周之宗盟，异姓为后。【释文】丕，普悲切。　54 略，道也。【释文】覆，芳服切。

反自召陵，郑子大叔未至而卒。晋赵简子为之临，甚哀，曰：“黄父之会[①]，夫子语我九言，曰：‘无始乱，无怙富，无恃宠，无违同，无敖礼，无骄能[②]，无复怒[③]，无谋非德[④]，无犯非义[⑤]。’”

① 在昭二十五年。【释文】说，音悦。为，于伪切，下“为沈”同。临，力鸩切。父，音甫。　② 以能骄人。【释文】语，鱼据切。怙，音户。敖，五报切。　③ 复，重也。【释文】复，扶又切。　④ 非所谋也。　⑤ 传言简子能用善言，所以遂兴。

沈人不会于召陵，晋人使蔡伐之。夏，蔡灭沈。

秋，楚为沈故，围蔡。伍员为吴行人以谋楚。

楚之杀郤宛也[①]，伯氏之族出[②]。伯州犁之孙嚭，为吴大宰以谋楚。楚自昭王即位，无岁不有吴师。蔡侯因之，以其子乾与其大夫之子为质于吴。

① 在昭二十七年。【释文】员，音云。　② 郤宛党。

冬，蔡侯、吴子、唐侯伐楚[①]。舍舟于淮汭[②]，自豫章与楚夹汉[③]。左司马戌谓子常曰：“子沿汉而与之上下[④]。我悉方城外以毁其舟[5]，还塞大隧、直辕、冥阨[6]，子济汉而伐之，我自后击之，必大败之。”既谋而行。武城黑谓子常曰[7]：“吴用木也，我用革也[8]，不可久也，不如速战。”史皇谓子常：“楚人恶子而好司马[9]，若司马毁吴舟于淮，塞城口而入[10]，是独克吴也。子必速战，不然不免。”及济汉而陈，自小别至于大别[11]，三战，子常知不可，欲奔[12]。史皇曰：“安求其事[13]，难而逃之，将何所入？子必死之，初罪必尽说[14]。”

① 唐侯不书，兵属于吴、蔡。【释文】犁，力兮切。嚭，普鄙切。乾，其连切。质，音致。 ② 吴乘舟从淮来，过蔡而舍之。【释文】舍，音赦，置也，又音捨，弃也。汭，人锐切。 ③ 豫章，汉东江北地名。【释文】夹，古洽切。 ④ 沿，缘也。缘汉上下，遮使勿渡。【释文】沿，悦全切。上，时掌切。遮，正奢切。 ⑤ 以方城外人毁吴所舍舟。 ⑥ 三者，汉东之隘道。【释文】隧，音遂。冥，亡丁切，本或作“寘”，之豉切。阨，於懈切，本或作“隘”，音同。 ⑦ 黑，楚武城大夫。 ⑧ 用，军器。 ⑨ 史皇，楚大夫。司马，沈尹戌。【释文】恶，乌路切。好，呼报切。 ⑩ 城口，三隘道之总名。 ⑪《禹贡》：汉水至大别南入江。然则此二别在江夏界。【释文】陈，直觐切，下同。夏，户雅切。 ⑫ 知吴不可胜。⑬ 求知政事。 ⑭ 言致死以克吴，可以免贪贿致寇之罪。【释文】难，乃旦切。

十一月庚午，二师陈于柏举[1]。阖庐之弟夫概王，晨请于阖庐曰：“楚瓦不仁[2]，其臣莫有死志，先伐之，其卒必奔。而后大师继之，必克。”弗许。夫概王曰：“所谓臣义而行，不待命者，其此之谓也。今日我死，楚可入也。”以其属五千，先击子常之卒。子常之卒奔，楚师乱，吴师大败之。子常奔郑。史皇以其乘广死[3]。

① 经所以书战。二师，吴、楚师。 ② 瓦，子常名。 ③ 以战死。【释文】卒，子忽切，下同。乘，绳证切。广，古旷切。

吴从楚师，及清发[1]，将击之。夫概王曰：“困兽犹斗，况人乎？若知不免而致死，必败我。若使先济者知免，后者慕之，蔑有斗心矣。半济而后可击也。”从之。又败之。楚人为食，吴人及之，奔，食而从之。败诸雍澨，五战及郢[②]。己卯，楚子取其妹季芈畀我以出，涉睢[③]。鍼尹固与王同舟，王使执燧象以奔吴师[④]。庚辰，吴入郢，以班处宫[⑤]。子山处令尹之宫[⑥]，夫概王欲攻之，惧而去之，夫概王入之[⑦]。

① 清发，水名。 ② 奔食，食者走不陈，故不在战数。【释文】澨，市制切。 ③ 睢水出新城昌魏县，东南至枝江县入江，是楚王西走。【释文】芈，面尔切，楚姓。畀，必利切。《世族谱》：季芈、畀我，皆平王女也。服云：畀我，季芈之字。睢，七余切。 ④ 烧火燧系象尾，使赴吴师，惊却之。【释文】鍼，之林切。燧，音遂。 ⑤ 以尊卑班次处楚王宫室。 ⑥ 子山，吴王子。 ⑦ 入令尹宫也。言吴无礼，所以不能遂克。

左司马戌及息而还[①]，败吴师于雍澨，伤[②]。初，司马臣阖庐，故耻为禽焉[③]。谓其臣曰："谁能免吾首？"吴句卑曰："臣贱，可乎？"司马曰："我实失子，可哉[④]。"三战皆伤，曰："吾不可用也已。"句卑布裳，刭而裹之[⑤]，藏其身而以其首免[⑥]。

① 息，汝南新息也。闻楚败，故还。 ② 司马先败吴师，而身被创。【释文】创，初良切。 ③ 司马尝在吴为阖庐臣，是以今耻于见禽。 ④ 失不知子贤。【释文】句，古侯切。 ⑤ 司马已死，刭取其首。【释文】刭，古顶切。裹，音果。 ⑥ 传言司马之忠壮。

楚子涉睢，济江，入于云中[①]。王寝，盗攻之，以戈击王。王孙由于以背受之，中肩。王奔郧，钟建负季芈以从[②]，由于徐苏而从[③]。郧公辛之弟怀将弑王，曰："平王杀吾父，我杀其子，不亦可乎[④]！"辛曰："君讨臣，谁敢仇之？君命，天也，若死天命，将谁仇？《诗》曰：'柔亦不茹，刚亦不吐。不侮矜寡，不畏强御。'唯仁者能之[⑤]。违强陵弱，非勇也。乘人之约，非仁也。灭宗废祀，非孝也[⑥]。动无令名，非知也。必犯是，余将杀女。"

① 入云梦泽中，所谓江南之梦。【释文】梦，如字，又音蒙。 ② 钟建，楚

大夫。【释文】中，丁仲切。郧，音云。从，才用切，下同，又如字。 ③ 以背受戈，故当时闷绝。 ④ 辛，蔓成然之子鬥辛也。昭十四年，楚平王杀成然。【释文】杀，或作“弑”，申志切，下“我杀”同。蔓，音万。 ⑤《诗・大雅》，言仲山甫不辟强陵弱。【释文】茹，音汝。矜，古顽切。 ⑥ 弑君，罪应灭宗。

鬥辛与其弟巢以王奔随。吴人从之，谓随人曰：“周之子孙在汉川者，楚实尽之。天诱其衷，致罚于楚，而君又窜之①。周室何罪？君若顾报周室，施及寡人，以奖天衷②，君之惠也。汉阳之田，君实有之。”楚子在公宫之北③，吴人在其南。子期似王④，逃王，而已为王，曰：“以我与之，王必免。”随人卜与之，不吉。乃辞吴曰：“以随之辟小而密迩于楚，楚实存之，世有盟誓，至于今未改。若难而弃之，何以事君？执事之患，不唯一人⑤。若鸠楚竟，敢不听命？”吴人乃退⑥。鑪金初宦于子期氏，实与随人要言⑦。王使见⑧，辞，曰：“不敢以约为利⑨。”王割子期之心，以与随人盟⑩。

① 窜，匿也。【释文】知，音智。女，音汝。衷，音忠。窜，七乱切。匿，女力切。 ② 奖，成也。【释文】施，以豉切。 ③ 随公宫也。 ④ 子期，昭王兄公子结也。 ⑤ 一人，楚王。【释文】辟，匹亦切。难，乃旦切。 ⑥ 鸠，安集也。【释文】竟，音境。 ⑦ 要言无以楚王与吴，并欲脱子期。【释文】鑪，本又作“鑢”，金名，音虑，氏也。 ⑧ 王喜其意，欲引见之，以比王臣，且欲使盟随人。【释文】见，贤遍切，下注“敢见”同。 ⑨ 此约谓要言也。此一时之事，非为德举，故辞不敢见，亦不肯为盟主。【释文】约，如字，又於妙切。 ⑩ 当心前割取血以盟，示其至心。

初，伍员与申包胥友①。其亡也，谓申包胥曰：“我必复楚国②。”申包胥曰：“勉之。子能复之，我必能兴之。”及昭王在随，申包胥如秦乞师，曰：“吴为封豕、长蛇，以荐食上国③，虐始于楚。寡君失守社稷，越在草莽，使下臣告急，曰：‘夷德无厌，若邻于君，疆埸之患也④。逮吴之未定，君其取分焉⑤。若楚之遂亡，君之土也。若以君灵抚之，世以事君[⑥]。'"秦伯使辞焉，曰："寡人闻命矣，子姑就馆，将图而告。"对曰："寡君越在草莽，未获所伏[⑦]，下臣何敢即安？"立，依于庭墙而哭，日夜不绝声，勺饮不入口七日。秦哀公为之赋《无衣》[⑧]，九顿首而坐[⑨]，秦师乃出[⑩]。

① 包胥，楚大夫。【释文】包，必交切。 ② 复，报也。 ③ 荐，数也。言吴贪害如蛇豕。【释文】荐，在薦切。数，所角切。 ④ 吴有楚则与秦邻。【释文】草莽，旧作"茅"，亡交切，今本多作"莽"，莫荡切，下同。厌，於盐切。疆，居良切。埸，音亦。 ⑤ 与吴共分楚地。【释文】逮，音代。分，扶问切。 ⑥ 抚，存恤也。 ⑦ 伏，犹处也。 ⑧《诗·秦风》，取其"王子兴师，修我戈矛，与子同仇"，"与子偕作"，"与子偕行"。【释文】勺，市灼切，又音灼。为，于伪切。仇，音求。 ⑨《无衣》三章，章三顿首。 ⑩ 为明年包胥以秦师至张本。

定公五年

【经】

五年春，王三月辛亥朔，日有食之[①]。

夏，归粟于蔡[②]。

於越入吴[③]。

六月丙申，季孙意如卒。

秋七月壬子，叔孙不敢卒[④]。

冬，晋士鞅帅师围鲜虞。

① 无传。 ② 蔡为楚所围，饥乏，故鲁归之粟。 ③ 於，发声也。 ④ 无传。

【传】

五年春，王人杀子朝于楚[①]。

① 因楚乱也。终闵马父之言。

夏，归粟于蔡，以周亟①，矜无资。

① 亟，急也。【释文】亟，纪力切。

越入吴，吴在楚也。

六月，季平子行东野①，还，未至，丙申，卒于房。阳虎将以玙璠敛②，仲梁怀弗与③，曰："改步改玉④。"阳虎欲逐之，告公山不狃。不狃曰："彼为君也，子何怨焉⑤？"既葬，桓子行东野⑥，及费。子洩为费宰，逆劳于郊，桓子敬之。劳仲梁怀，仲梁怀弗敬⑦。子洩怒，谓阳虎："子行之乎⑧！"

① 东野，季氏邑。【释文】行，下孟切，下"桓子行"同。 ② 玙璠，美玉，君所佩。【释文】玙，本又作"与"，音余。璠，音烦，又方烦切。敛，力验切。 ③ 怀亦季氏家臣。 ④ 昭公之出，季孙行君事，佩玙璠祭宗庙。今定公立，复臣位，改君步，则亦当去玙璠。【释文】去，起吕切。 ⑤ 不狃，季氏臣，费宰子洩也。为君，不欲使僭。【释文】狃，女九切。为，于伪切。洩，息列切。僭，子念切。 ⑥ 桓子，意如子季孙斯。 ⑦ 怀时从桓子行，轻慢子泄。【释文】劳，力报切。[从，才用切。]下"从父"、"从王"并同。 ⑧ 行，逐怀也。为下阳虎囚桓子起。

申包胥以秦师至，秦子蒲、子虎帅车五百乘以救楚①。子蒲曰："吾未知吴道②。"使楚人先与吴人战，而自稷会之，大败夫概王于沂③。吴人获薳射于柏举④，其子帅奔徒⑤以从子西，败吴师于军祥⑥。秋七月，子期、子蒲灭唐⑦。九月，夫概王归，自立也，以与王战而败⑧，奔楚，为堂谿氏⑨。

① 五百乘，三万七千五百人。【释文】乘，绳证切，注同。 ② 道，犹法术。③ 稷、沂，皆楚地。【释文】沂，鱼依切。 ④ 薳射，楚大夫。【释文】射，食亦切，又食夜切。 ⑤ 奔徒，楚散卒。【释文】卒，子忽切。 ⑥ 楚地。 ⑦ 从吴伐楚故。 ⑧ 自立为吴王，号夫概。 ⑨ 传终言之。【释文】谿，苦兮切。

吴师败楚师于雍澨，秦师又败吴师。吴师居麇①，子期将焚之，子西曰："父兄亲暴骨焉，不能收，又焚之，不可②。"子期曰："国亡矣！死者若有知也，可以歆旧祀③？岂惮焚之?”焚之，而又战，吴师败。又战于公婿之谿[4]，吴师大败，吴子乃归。囚闉舆罢。闉舆罢请先，遂逃归[5]。叶公诸梁之弟后臧从其母于吴，不待而归[6]。叶公终不正视[7]。

① 麇，地名。【释文】麇，九伦切。 ② 前年楚人与吴战，多死麇中，言不可并焚。【释文】暴，步卜切。 ③ 言焚吴复楚，则祭祀不废。【释文】歆，许金切。 ④ 楚地名。 ⑤ 舆罢，楚大夫。请先至吴而逃归。言吴唯得楚一大夫，复失之，所以不克。【释文】闉，音因。舆，音余，又作“与”，羊汝物。罢，音皮。复，扶又切。 ⑥ 诸梁，司马沈尹戌之子叶公子高也。吴入楚，获后臧之母，楚定，臧弃母而归。【释文】叶，舒涉切。从，如字，又才用切。 ⑦ 不义之。

乙亥，阳虎囚季桓子及公父文伯[1]，而逐仲梁怀。冬十月丁亥，杀公何藐[2]。己丑，盟桓子于稷门之内[3]。庚寅，大诅，逐公父歜及秦遄，皆奔齐[4]。

①文伯，季桓子从父昆弟也。阳虎欲为乱，恐二子不从，故囚之。【释文】父，音甫。 ② 藐，季氏族。【释文】藐，亡角切，又弥小切。 ③ 鲁南城门。④ 歜，即文伯也。秦遄，平子姑婿也。传言季氏之乱。【释文】诅，庄虑切。歜，昌欲切。遄，市专切。

楚子入于郢[1]。初，鬥辛闻吴人之争宫也，曰：“吾闻之，不让则不和，不和不可以远征。吴争于楚，必有乱。有乱则必归，焉能定楚?”王之奔随也，将涉于成臼[2]，蓝尹亹涉其帑[3]，不与王舟。及宁，王欲杀之[4]。子西曰：“子常唯思旧怨以败，君何效焉?”王曰：“善。使复其所，吾以志前恶[5]。”王赏鬥辛、王孙由于、王孙圉、钟建、鬥巢、申包胥、王孙贾、宋木、鬥怀[6]。子西曰：“请舍怀也[7]。”王曰：“大德灭小怨，道也[8]。”申包胥曰：“吾为君也，非为身也。君既定矣，又何求? 且吾尤子旗，其又为诸[9]?”遂逃赏。王将嫁季芈，季芈辞曰：“所以为女子，远丈夫也。钟建负我矣。”以妻钟建，以为乐尹[10]。

① 吴师已归。 ② 江夏竟陵县西有臼水，出聊屈山，西南入汉。【释文】

焉,於虔切。臼,其九切。屈,其勿切,又君勿切。 ③ 亹,楚大夫。【释文】蓝,力甘切。亹,亡匪切。帑,音奴。 ④ 宁,安定也。 ⑤ 恶,过也。 ⑥ 九子皆从王有大功者。 ⑦ 以初谋弑王也。【释文】舍,音捨,又音赦。弑,申志切。⑧ 终从其兄,免王大难,是大德。【释文】难,乃旦切。 ⑨ 子旗,蔓成然也。以有德于平王,求欲无厌,平王杀之,在昭十四年。【释文】为,于伪切。厌,於盐切。 ⑩ 司乐大夫。【释文】远,于万切。妻,七细切。

王之在随也,子西为王舆服以保路,国于脾泄[①]。闻王所在,而后从王。王使由于城麇[②],复命,子西问高厚焉,弗知。子西曰:"不能,如辞[③]。城不知高厚,小大何知?"对曰:"固辞不能,子使余也。人各有能有不能。王遇盗于云中,余受其戈,其所犹在。"袒而视之背,曰:"此余所能也,脾泄之事,余亦弗能也[④]。"

① 脾泄,楚邑也。失王,恐国人溃散,故伪为王车服,立国脾泄,以保安道路人。【释文】脾,婢支切。泄,息列切。 ② 于麇筑城。 ③ 言自知不能,当辞勿行。 ④ 传言昭王所以复国,有贤臣也。【释文】袒,音但。

晋士鞅围鲜虞,报观虎之役也[①]。

① 三年,鲜虞获晋观虎。

定公六年

【经】

六年春,王正月癸亥,郑游速帅师灭许,以许男斯归[①]。

二月,公侵郑。

公至自侵郑[②]。

夏,季孙斯、仲孙何忌如晋。

秋,晋人执宋行人乐祁犁[③]。

冬,城中城[④]。

季孙斯、仲孙忌帅师围郓⑤。

① 游速，大叔子。　② 无传。　③ 称行人，言非其罪。【释文】犁，力兮切，又力之切。　④ 无传。公为晋侵郑故，惧而城之。【释文】为，于伪切。⑤ 无传。何忌不言何，阙文。郓贰于齐，故围之。【释文】郓，音运。

【传】

六年春，郑灭许，因楚败也。

二月，公侵郑，取匡，为晋讨郑之伐胥靡也①。往不假道于卫；及还，阳虎使季、孟自南门入，出自东门②，舍于豚泽。卫侯怒，使弥子瑕追之③。公叔文子老矣④，辇而如公，曰："尤人而效之，非礼也。昭公之难，君将以文之舒鼎⑤，成之昭兆⑥，定之鞶鉴⑦，苟可以纳之，择用一焉。公子与二三臣之子，诸侯苟忧之，将以为之质⑧。此群臣之所闻也。今将以小忿蒙旧德⑨，无乃不可乎？大姒之子⑩，唯周公、康叔为相睦也。而效小人以弃之，不亦诬乎！天将多阳虎之罪以毙之，君姑待之，若何？"乃止⑪。

① 胥靡，周地也。周儋翩因郑人以作乱，郑为之伐胥靡，故晋使鲁讨之。匡，郑地。取匡不书，归之晋。【释文】为，于伪切。儋，丁甘切。翩，音篇。② 阳虎将逐三桓，欲使得罪于邻国。　③ 弥子瑕，卫嬖大夫。【释文】豚，杜孙切。嬖，必计切。　④ 文子，公叔发。　⑤ 卫文公之鼎。【释文】难，乃旦切。⑥ 宝龟。　⑦ 鞶带而以镜为饰也。今西方羌胡犹然，古之遗服。【释文】鞶，又作"盘"，步丹切，又蒲官切。鉴，古暂切。　⑧ 为质，求纳鲁昭公。【释文】质，音致。　⑨ 蒙，覆也。　⑩ 大姒，文王妃。【释文】大，音泰。姒，音似。　⑪ 止不伐鲁师。

夏，季桓子如晋，献郑俘也①。阳虎强使孟懿子往报夫人之币②。晋人兼享之③。孟孙立于房外，谓范献子曰："阳虎若不能居鲁，而息肩于晋，所不以为中军司马者，有如先君④！"献子曰："寡君有官，将使其人⑤，鞅何知焉？"献子谓简子曰："鲁人患阳虎矣，孟孙知其衅，以为必适晋，故强为之请，以取入焉⑥。"

① 献此春取匡之俘。【释文】俘，芳夫切。 ② 虎欲困辱三桓，并求媚于晋，故强使正卿报晋夫人之聘。【释文】强，其丈切，下同。 ③ 贱鲁，故不复两设礼，明经所以不备书。【释文】复，扶又切。 ④ 称先君以征其言，若欲使晋，必厚待之。 ⑤ 择得其人。 ⑥ 欲令晋人闻虎当逃走，故强设请托之辞，因此言以入晋，令晋素知之。【释文】衅，许靳切。为，于伪切。令，力呈切。

四月己丑，吴大子终累败楚舟师①，获潘子臣、小惟子②及大夫七人。楚国大惕，惧亡。子期又以陵师败于繁扬③。令尹子西喜曰："乃今可为矣④。"于是乎迁郢于鄀，而改纪其政，以定楚国⑤。

① 终累，阖庐子，夫差兄。舟师，水战。【释文】累，力追切，又力轨切。夫，音扶。差，初佳切。 ② 二子，楚舟师之帅。【释文】惟，位悲切，本又作"帷"，亦如字。 ③ 陵师，陆军。【释文】惕，他历切。 ④ 言知惧而后可治。 ⑤ 传言楚赖子西以安。【释文】鄀，音若。

周儋翩率王子朝之徒，因郑人将以作乱于周①。郑于是乎伐冯、滑、胥靡、负黍、狐人、阙外②。六月，晋阎没戍周，且城胥靡③。

① 儋翩，子朝余党。 ② 郑伐周六邑在鲁伐郑取匡前，于此见者，为戍周起也。阳起县西南有负黍亭。【释文】见，贤遍切，下"见溷"同。为，于伪切，下同。 ③ 为下天王出居姑莸起。

秋八月，宋乐祁言于景公曰："诸侯唯我事晋，今使不往，晋其憾矣。"乐祁告其宰陈寅①。陈寅曰："必使子往。"他日，公谓乐祁曰："唯寡人说子之言，子必往。"陈寅曰："子立后而行，吾室亦不亡②，唯君亦以我为知难而行也。"见溷而行③。赵简子逆，而饮之酒于绵上，献杨楯六十于简子④。陈寅曰："昔吾主范氏，今子主赵氏，又有纳焉。以杨楯贾祸，弗可为也已⑤。然子死晋国，子孙必得志于宋⑥。"范献子言于晋侯曰:“以君命越疆而使,未致使而私饮酒,不敬二君,不可不讨也。”乃执乐祁[⑦]。

① 以与公言告之。【释文】使,所之切。憾,户暗切。 ② 寅知晋政多门,往必有难,故使乐祁立后而行。【释文】说,音悦。难,乃旦切,下同。 ③ 溷,乐祁子也。见于君,立以为后。【释文】溷,侯温切,又侯困切。 ④ 杨,木名。【释文】楯,食允切,又音允。 ⑤ 知范氏必怨,将得祸。【释文】贾,音古。 ⑥ 以其为国死。【释文】为,于伪切,下同。 ⑦ 献子怒祁比赵氏,经所以称行人。【释文】疆,居良切。使,所吏切。比,毗志切。

阳虎又盟公及三桓于周社,盟国人于亳社,诅于五父之衢[①]。

① 传言三桓微,陪臣专政,为八年阳虎作乱起。【释文】亳,步各切。诅,侧虑切。父,音甫。衢,其俱切。

冬,十二月,天王处于姑莸[①],辟儋翩之乱也[②]。

① 姑莸,周地。【释文】莸,音由,又由旧切。 ② 为明年单、刘逆王起。【释文】单,音善。

定公七年

【经】

七年春,王正月。

夏四月。

秋,齐侯、郑伯盟于鹹[①]。

齐人执卫行人北宫结以侵卫[②]。

齐侯、卫侯盟于沙[③]。

大雩[④]。

齐国夏帅师伐我西鄙[⑤]。

九月,大雩[⑥]。

冬十月。

① 卫地。【释文】鹹,音咸。 ② 称行人,非使人之罪。【释文】使,所吏切。 ③ 结叛晋也。阳平元城县东南有沙亭。【释文】沙,如字,又星和切。 ④ 无传。过也。 ⑤ 夏,国佐孙。 ⑥ 无传。过也。

【传】

七年春二月,周儋翩入于仪栗以叛[①]。

① 仪栗,周邑。

齐人归郓、阳关,阳虎居之以为政[①]。

① 郓、阳关,皆鲁邑,中贰于齐,齐今归之。不书,虎专之。【释文】中,丁仲切。

夏四月,单武公[①]、刘桓公[②]败尹氏于穷谷[③]。

① 穆公子。 ② 文公子。 ③ 尹氏复党儋翩,共为乱也。【释文】复,扶又切。

秋,齐侯、郑伯盟于鹹,征会于卫[①]。卫侯欲叛晋[②],诸大夫不可。使北宫结如齐,而私于齐侯曰:“执结以侵我[③]。”齐侯从之,乃盟于琐[④]。

① 征,召也。 ② 属齐、郑也。 ③ 欲以齐师惧诸大夫。 ④ 琐即沙也。为明年涉佗捘卫侯手起。【释文】琐,素果切。佗,徒河切。捘,子对切。

齐国夏伐我[①]。阳虎御季桓子,公敛处父御孟懿子[②],将宵军齐师。齐师闻之,堕,伏而待之[③]。处父曰:“虎不图祸,而必死[④]。”苫夷曰:“虎陷二子于难[⑤],不待有司,余必杀女。”虎惧,乃还,不败[⑥]。

① 齐叛晋故。 ② 处父,孟氏家臣,成宰公敛阳。【释文】敛,力检切,又音廉,或音虑点切。 ③ 堕毁其军以诱敌而设伏兵。【释文】堕,许规切。 ④ 而,女也。【释文】女,音汝,下同。 ⑤ 苫夷,季氏家臣。二子:季、孟。【释文】苫,始占切。难,乃旦切。 ⑥ 传言陪臣强,能自相制,季、孟不敢有心。

冬十一月戊午,单子、刘子逆王于庆氏[①]。晋籍秦送王。

己巳，王入于王城[2]，馆于公族党氏[3]，而后朝于庄宫[4]。

① 庆氏，守姑莸大夫。　② 己巳，十二月五日，有日无月。　③ 党氏，周大夫。【释文】党，音掌。　④ 庄王庙也。

春秋经传集解定公下第二十八

定公八年

【经】

八年春，王正月，公侵齐[1]。

公至自侵齐[2]。

二月，公侵齐[3]。

三月，公至自侵齐[4]。

曹伯露卒[5]。

夏，齐国夏帅师伐我西鄙。

公会晋师于瓦[6]。

公至自瓦[7]。

秋七月戊辰，陈侯柳卒[8]。

晋士鞅帅师侵郑，遂侵卫[9]。

葬曹靖公[10]。

九月，葬陈怀公[11]。

季孙斯、仲孙何忌帅师侵卫。

冬，卫侯、郑伯盟于曲濮[12]。

从祀先公⑬。

盗窃宝玉、大弓⑭。

① 报前年伐我西鄙。 ② 无传。 ③ 未得志故。 ④ 无传。 ⑤ 无传。四年盟皋鼬。【释文】鼬,由又切。 ⑥ 瓦,卫地。将来救鲁,公逆会之。东郡燕县东北有瓦亭。【释文】夏,户雅切,年末注同。瓦,颜寡切。燕,音烟。⑦ 无传。 ⑧ 无传。四年盟皋鼬。【释文】柳,力久切,本或作"抑"。 ⑨ 两事,故曰遂。 ⑩ 无传。 ⑪ 无传。三月而葬,速。 ⑫ 无传。结叛晋。曲濮,卫地。【释文】濮,音卜。 ⑬ 从,顺也。先公,闵公、僖公也。将正二公之位次,所顺非一。亲尽,故通言先公。 ⑭ 盗,谓阳虎也。家臣贱,名氏不见,故曰盗。宝玉,夏后氏之璜。大弓,封父之繁弱。【释文】见,贤遍切。璜,音黄。父,音甫。

【传】

八年春,王正月,公侵齐,门于阳州①,士皆坐列②,曰:"颜高之弓六钧③。"皆取而传观之。阳州人出,颜高夺人弱弓,籍丘子钼击之,与一人俱毙④,偃,且射子钼,中颊,殪⑤。颜息射人中眉⑥,退曰:"我无勇,吾志其目也⑦。"师退,冉猛伪伤足而先⑧。其兄会乃呼曰:"猛也殿⑨。"

① 攻其门。 ② 言无斗志。 ③ 颜高,鲁人。三十斤为钧,六钧,百八十斤。古称重,故以为异强。【释文】钧,音均。称,尺证切。强,其丈切。 ④ 子钼,齐人。毙,仆也。【释文】传,直专切。钼,仕居切。与一人俱毙,婢世切,颜高与一人俱为子钼所击而仆。仆,音赴,又蒲北切,孙炎云:前覆曰仆。 ⑤ 子钼死。【释文】且,如字。射,食亦切,下同。中,丁仲切。颊,古协切。殪,於计切,死也。言颜高虽为子钼所击偃仆,且射子钼中颊而死,言其善射也。一读且音子余切,云偃且,人名也。检《世族谱》无此人,一读者非也。 ⑥ 颜息,鲁人。 ⑦ 以自矜。 ⑧ 猛,鲁人。欲先归。【释文】先,悉荐切。 ⑨ 会见师退,而猛不在列,乃大呼,诈言猛在后为殿。传言鲁无军政。【释文】呼,火故切。殿,丁电切,注同。

二月己丑,单子伐穀城,刘子伐仪栗①。辛卯,单子伐简城,刘子伐盂,以定王室②。

① 讨儋翩之党。穀城在河南县西。【释文】单,音善。儋,丁甘切。翩,音篇。 ② 传终王室之乱。【释文】盂,音于。

赵鞅言于晋侯曰[①]:"诸侯唯宋事晋,好逆其使,犹惧不至。今又执之,是绝诸侯也。"将归乐祁。士鞅曰:"三年止之,无故而归之,宋必叛晋[②]。"献子私谓子梁曰[③]:"寡君惧不得事宋君,是以止之。子姑使溷代子[④]。"子梁以告陈寅。陈寅曰:"宋将叛晋,是弃溷也,不如待之[⑤]。"乐祁归,卒于大行[⑥]。士鞅曰:"宋必叛,不如止其尸以求成焉。"乃止诸州[⑦]。

① 鞅,丁掌切。 ② 执乐祁在六年。【释文】好,呼报切。使,所吏切。 ③ 献子,范鞅。子梁,乐祁。 ④ 溷,乐祁子。【释文】溷,侯温切,又侯困切。 ⑤ 留待,勿以子自代。 ⑥ 大行,晋东南山。【释文】大,音泰。行,户郎切,一音衡。 ⑦ 州,晋地。为明年宋公使乐大心如晋张本。

公侵齐,攻廪丘之郛[①]。主人焚冲[②],或濡马褐以救之[③],遂毁之[④]。主人出,师奔[⑤]。阳虎伪不见冉猛者,曰:"猛在此,必败[⑥]。"猛逐之,顾而无继,伪颠[⑦]。虎曰:"尽客气也[⑧]。"

苫越生子,将待事而名之[⑨]。阳州之役获焉,名之曰阳州[⑩]。

① 郛,郭也。【释文】廪,力甚切。郛,芳夫切。 ② 冲,战车。【释文】冲,昌容切,《说文》作"幢",云:陷阵车也。 ③ 马褐,马衣。【释文】濡,人于切。褐,户葛切。 ④ 毁郛。 ⑤ 攻郭人少,故遣后师走往助之。 ⑥ 阳州之役猛先归。言若在此,必复败。【释文】复,扶又切。 ⑦ 逐廪丘人。 ⑧ 言皆客气,非勇。【释文】客,如字。 ⑨ 苫越,苫夷。【释文】苫,式占切,注同。 ⑩ 欲自比侨如。【释文】侨,其骄切。

夏,齐国夏、高张伐我西鄙[①]。晋士鞅、赵鞅、荀寅救我[②]。公会晋师于瓦。范献子执羔,赵简子、中行文子皆执雁。鲁于是始尚羔[③]。

① 报上二侵。　② 救不书，齐师已去，未入境。【释文】竟，音境。　③ 献子，士鞅也。简子，赵鞅也。中行文子，荀寅也。礼：卿执羔，大夫执雁。鲁则同之，今始知执羔之尊也。卿不书，礼不敌公，史略之。【释文】行，户郎切。

晋师将盟卫侯于鄟泽①。赵简子曰："群臣谁敢盟卫君者②？"涉佗、成何曰："我能盟之③。"卫人请执牛耳④。成何曰："卫，吾温、原也，焉得视诸侯⑤？"将歃，涉佗捘卫侯之手，及捥⑥，卫侯怒。王孙贾趋进⑦，曰："盟以信礼也⑧。有如卫君，其敢不唯礼是事，而受此盟也⑨？"

① 自瓦还，就卫地盟。【释文】鄟，音专，又市转切，本亦作"剸"，音同。② 前年卫叛晋属齐，简子意欲摧辱之。　③ 二子，晋大夫。【释文】佗，徒何切。④ 盟礼，尊者莅牛耳，主次盟者。卫侯与晋大夫盟，自以当莅牛耳，故请之。⑤ 言卫小，可比晋县，不得从诸侯礼。【释文】焉，於虔切。　⑥ 捘，挤也。血至捥。【释文】歃，所洽切。捘，子对切。捥，乌唤切。挤，子计切，又子礼切，《说文》云：排也。　⑦ 贾，卫大夫。　⑧ 信，犹明也。　⑨ 言晋无礼，不欲受其盟。

卫侯欲叛晋，而患诸大夫。王孙贾使次于郊，大夫问故①。公以晋诟语之②，且曰："寡人辱社稷，其改卜嗣，寡人从焉③。"大夫曰："是卫之祸，岂君之过也？"公曰："又有患焉，谓寡人必以而子与大夫之子为质④。"大夫曰："苟有益也，公子则往。群臣之子，敢不皆负羁绁以从？"将行，王孙贾曰："苟卫国有难，工商未尝不为患，使皆行而后可⑤。"公以告大夫，乃皆将行之。行有日⑥，公朝国人，使贾问焉，曰："若卫叛晋，晋五伐我，病何如矣？"皆曰："五伐我，犹可以能战。"贾曰："然则如叛之，病而后质焉，何迟之有？"乃叛晋。晋人请改盟，弗许。

① 问不入故。　② 诟，耻也。【释文】诟，呼豆切。语，鱼据切。　③ 使改卜他公子以嗣先君，我从大夫所立。　④ 为质于晋。【释文】质，音致，下同。⑤ 欲以激怒国人。【释文】绁，息列切。以，才用切，下注"从弟"、"下从者"同。

难，乃旦切。激，古狄切。 ⑥ 有期日。

秋，晋士鞅会成桓公，侵郑，围虫牢，报伊阙也①。遂侵卫②。

① 桓公，周卿士。不书，监帅不亲侵也。六年，郑伐周阙外，晋为周报之。【释文】监，古衔切。为，于伪切，下同。 ② 讨叛。

九月，师侵卫，晋故也①。

① 鲁为晋讨卫。

季寤①、公鉏极②、公山不狃③皆不得志于季氏，叔孙辄无宠于叔孙氏④，叔仲志不得志于鲁⑤。故五人因阳虎。阳虎欲去三桓，以季寤更季氏⑥，以叔孙辄更叔孙氏⑦，己更孟氏⑧。冬十月，顺祀先公而祈焉⑨。辛卯，禘于僖公⑩。壬辰，将享季氏于蒲圃而杀之，戒都车曰："癸巳至⑪。"成宰公敛处父告孟孙，曰："季氏戒都车，何故?"孟孙曰："吾弗闻。"处父曰："然则乱也，必及于子，先备诸。"与孟孙以壬辰为期⑫。

① 季桓子之弟。【释文】寤，五故切。 ② 公弥曾孙，桓子族子。 ③ 费宰。【释文】狃，女九切。 ④ 辄，叔孙氏之庶子。 ⑤ 志，叔孙带之孙。皆为国人所薄。 ⑥ 代桓子。【释文】去，起吕切。更，音庚，旧古孟切，下同。 ⑦ 代武叔。 ⑧ 阳虎自代懿子。 ⑨ 将作大事，欲以顺祀取媚。 ⑩ 辛卯，十月二日。不于大庙者，顺祀之义，当退僖公，惧于僖神，故于僖庙行顺祀。【释文】禘，大计切。 ⑪ 都邑之兵车也。阳虎欲以壬辰夜杀季孙，明日癸巳，以都车攻二家。【释文】圃，布五切。 ⑫ 处父期以兵救孟氏。壬辰，先癸巳一日。【释文】先，悉荐切。

阳虎前驱，林楚御桓子，虞人以铍盾夹之，阳越殿①，将如蒲圃。桓子咋谓林楚曰②："而先皆季氏之良也，尔以是继之③。"对曰："臣闻命后④。阳虎为政，鲁国服焉。违之，征死，死无益于主。"桓子曰："何后之有？而能以我适孟氏乎?"对曰："不敢爱死，惧不免主。"桓子曰："往也⑤。"孟氏选圉人之壮者三百人，以为公期筑室于门外⑥。林楚怒马及衢而骋⑦，阳越射之，不中，筑者阖门⑧。有自门前射阳越，杀之。阳虎劫公与武叔⑨，以伐孟氏。公敛处父帅成人，自上东门入⑩，与阳氏战于南门之内，弗胜。又战于棘下⑪，阳氏败。阳虎说甲如公宫，取宝玉、大弓以出，舍于五父之衢，寝而为食。其徒曰："追其将至。"虎曰："鲁人闻余出，喜于征死，何暇追余⑫？"从者曰："嘻！速驾，公敛阳在⑬。"公敛阳请追之，孟孙弗许⑭。阳欲杀桓子⑮，孟孙惧而归之⑯。子言辨舍爵于季氏之庙而出⑰。阳虎入于讙、阳关以叛⑱。

① 越，阳虎从弟。【释文】铍，普皮切。盾，食允切，又音允。夹，古洽切。殿，丁见切。　② 咋，暂也。【释文】咋，仕诈切。　③ 欲使林楚免己于难，以继其先人之良。【释文】难，乃旦切。　④ 后，犹晚也。　⑤ 言必往。　⑥ 实欲以备难，不欲使人知，故伪筑室于门外，因得聚众。公期，孟氏支子。【释文】圉，鱼吕切。为，于伪切。　⑦ 骋，驰也。【释文】骋，敕领切。　⑧ 季孙既得入，乃闭门。【释文】射，食亦切，下同。中，丁仲切。阖，户腊切。　⑨ 武叔，叔孙不敢之子州仇也。【释文】劫，居业切。仇，音求。　⑩ 鲁东城之北门。　⑪ 城内地名。　⑫ 征，召也。阳虎召季氏于蒲圃，将杀之，今得脱，必喜，故言喜于召死。【释文】说，本又作"税"，同，他活切。脱，徒活切，或他活切。　⑬ 嘻，惧声。【释文】嘻，许其切。　⑭ 畏阳虎。　⑮ 欲因乱讨季氏，以强孟氏。⑯ 不敢杀。　⑰ 子言，季寤。辨，犹周徧也。徧告庙饮酒，示无惧。【释文】言辨，上音遍，注"徧"同，下如字。　⑱ 叛不书，略家臣。【释文】讙，音欢。

郑驷歂嗣子大叔为政①。

① 歂，驷乞子子然也。为明年杀邓析张本。【释文】歂，市专切。析，星历切。

定公九年

【经】

九年春，王正月。

夏四月戊申，郑伯虿卒[①]。

得宝玉、大弓[②]。

六月，葬郑献公[③]。

秋，齐侯、卫侯次于五氏[④]。

秦伯卒[⑤]。

冬，葬秦哀公[⑥]。

① 无传。四年盟皋鼬。【释文】虿，敕迈切。 ② 弓、玉，国之分器，得之足以为荣，失之足以为辱，故重而书之。【释文】分，扶问切。 ③ 无传。三月而葬，速。 ④ 五氏，晋地。不书伐者，讳伐盟主，以次告。 ⑤ 无传。不书名，未同盟。 ⑥ 无传。

【传】

九年春，宋公使乐大心盟于晋，且逆乐祁之尸。辞，伪有疾。乃使向巢如晋盟，且逆子梁之尸[①]。子明谓桐门右师出[②]，曰："吾犹衰绖，而子击钟，何也[③]？"右师曰："丧不在此故也。"既而告人曰："已衰绖而生子，余何故舍钟[④]？"子明闻之，怒，言于公曰："右师将不利戴氏[⑤]，不肯适晋，将作乱也。不然无疾。"乃逐桐门右师[⑥]。

① 巢，向戌曾孙。【释文】向，舒亮切。 ② 子明，乐祁之子溷也。右师，乐大心，子明族父也。右师往到子明舍，子明逐使出门去。 ③ 忿其不逆父丧，因责其无同族之恩。【释文】衰，七雷切。绖，田结切。 ④ 已，子明也。【释文】舍，音捨。 ⑤ 乐氏，戴公族。 ⑥ 逐之在明年，终叔孙昭子之言。

郑驷歂杀邓析，而用其竹刑[①]。君子谓："子然于是不忠。苟有可以加于国家者，弃其邪可也[②]。《静女》之三章，取彤管焉[③]。《竿旄》'何以告之'，取其忠也[④]。故用其道，不弃其人。《诗》云：'蔽芾甘棠，勿翦勿伐，召伯所茇[⑤]。'思其人犹爱其树，况用其道而不恤其人乎？子然无以劝能矣[⑥]。"

① 邓析,郑大夫,欲改郑所铸旧制,不受君命而私造刑法,书之于竹简,故言竹刑。　② 加,犹益也。弃,不责其邪恶也。【释文】邪,似嗟切。　③《诗·邶风》也。言《静女》三章之诗,虽说美女,义在彤管。彤管,赤管笔,女史记事规诲之所执。【释文】彤,徒冬切。邶,音佩。说,音悦。　④《诗·鄘风》也。录《竿旄》诗者,取其中心愿告人以善道也。言此二诗皆以一善见采,而邓析不以一善存身。【释文】鄘,音容。　⑤《诗·召南》也。召伯决讼于蔽芾小棠之下,诗人思之,不伐其树。茇,草舍也。【释文】芾,方味切。召,音邵。茇,畔末切。⑥ 传言子然嗣大叔为政,郑所以衰弱。

夏,阳虎归宝玉、大弓①。书曰"得",器用也。凡获器用曰得②,得用焉曰获③。

① 无益近用,而祗为名,故归之。【释文】祗,音支。　② 器用者,谓物之成器可为人用者也。　③ 谓用器物以有获,若麟为田获,俘为战获。【释文】麟,本又作"驎",吕辛切。俘,芳夫切。

六月,伐阳关①。阳虎使焚莱门②。师惊,犯之而出,奔齐,请师以伐鲁,曰:"三加必取之③。"齐侯将许之。鲍文子谏曰:"臣尝为隶于施氏矣④,鲁未可取也。上下犹和,众庶犹睦,能事大国⑤,而无天菑,若之何取之?阳虎欲勤齐师也,齐师罢,大臣必多死亡,己于是乎奋其诈谋。夫阳虎有宠于季氏,而将杀季孙,以不利鲁国,而求容焉⑥。亲富不亲仁,君焉用之?君富于季氏,而大于鲁国,兹阳虎所欲倾覆也,鲁免其疾,而君又收之,无乃害乎?"

① 讨阳虎也。　② 阳关邑门。　③ 三加兵于鲁。　④ 施氏,鲁大夫。文子,鲍国也。成十七年,齐人召而立之,至今七十四岁,于是文子盖九十余矣。⑤ 大国,晋也。　⑥ 求自容。【释文】菑,音灾。罢,音皮。

齐侯执阳虎,将东之。阳虎愿东①,乃囚诸西鄙。尽借邑人之车,锲其轴,麻约而归之②。载葱灵,寝于其中而逃③。追而得之,囚于齐。又以葱灵逃,奔宋,遂奔晋,适赵氏。仲尼曰:"赵氏其世有乱乎④!"

① 阳虎欲西奔晋，知齐必反己，故诈以东为愿。【释文】焉，於虔切。倾，本又作"顷"，音倾。覆，芳服切。 ② 锲，刻也。欲绝追者。【释文】锲，若结切。轴，音逐。 ③ 葱灵，辎车名。【释文】葱，初江切，或音匆。辎，侧其切，《说文》云：衣车也。 ④ 受乱人故。

秋，齐侯伐晋夷仪①。敝无存之父将室之，辞，以与其弟②，曰："此役也不死，反，必娶于高、国③。"先登，求自门出，死于霤下④。东郭书让登⑤，犁弥从之，曰："子让而左，我让而右，使登者绝而后下⑥。"书左，弥先下⑦。书与王猛息⑧。猛曰："我先登。"书敛甲，曰："曩者之难，今又难焉⑨。"猛笑曰："吾从子如骖之靳⑩。"

① 为卫讨也。【释文】为，于伪切，下同。 ② 无存，齐人也。室之，为取妇。 ③ 高氏、国氏，齐贵族也。无存欲必有功还，取卿相之女。【释文】娶，七住切。相，息亮切。 ④ 既入城，夷仪人不服，故斗死于门屋霤下也。【释文】霤，力又切。 ⑤ 登城非人所乐，故让众使后而己先登。【释文】乐，如字，又五孝切。 ⑥ 恐书先下，故又谲以让之。下，入城也。【释文】犁，力兮切。谲，古穴切。 ⑦ 书从弥言左行，弥遂自先下，亦让也。⑧ 战讫，共止息。 ⑨ 敛甲起，欲击猛。【释文】曩，乃党切，向也。难，乃旦切。 ⑩ 靳，车中马也。猛不敢与书争，言已从书如骖马之随靳也。传言齐师和，所以能克。【释文】骖，七南切，騑马也。靳，居觐切，本或作"如骖之有靳"，非也。争，争斗之争，又如字。

晋车千乘在中牟①。卫侯将如五氏②，卜过之，龟焦③。卫侯曰："可也。卫车当其半，寡人当其半，敌矣④。"乃过中牟。中牟人欲伐之，卫褚师圃亡在中牟，曰："卫虽小，其君在焉，未可胜也。齐师克城而骄，其帅又贱⑤，遇，必败之，不如从齐。"乃伐齐师，败之⑥。齐侯致禚、媚、杏于卫⑦。齐侯赏犁弥，犁弥辞，曰："有先登者，臣从之。皙帻而衣狸製⑧。"公使视东郭书，曰："乃夫子也，吾贶子⑨。"公赏东郭书，辞，曰："彼，宾旅也⑩。"乃赏犁弥。

① 救夷仪也。今荥阳有中牟县，回远，疑非也。【释文】乘，绳证切。 ② 齐侯在五氏，将往助之。 ③ 卫至五氏，道过中牟，畏晋，故卜。龟焦，兆不

成，不可以行事也。 ④ 卫侯怒晋甚，不复顾卜，欲以身当五百乘。【释文】复，扶又切。 ⑤ 城，谓夷仪也。帅，谓东郭书。【释文】褚，中吕切。帅，所类切，注同。 ⑥ 获齐车五百乘，事见哀十五年。【释文】见，贤遍切。 ⑦ 三邑皆齐西界，以答谢卫意。【释文】禚，诸若切。媚，武冀切。杏，户猛切。 ⑧ 皙，白也。帻，齿上下相值。製，裘也。【释文】皙，星历切。帻，音策，又音责，《说文》作"齰"，音义同。衣，於既切。狸，力之切。製，音制。 ⑨ 贶，赐也。【释文】贶，音况。 ⑩ 言彼与我若宾主相让。旅，俱进退。

齐师之在夷仪也，齐侯谓夷仪人曰："得敝无存者，以五家免①。"乃得其尸。公三襚之②，与之犀轩与直盖③，而先归之。坐引者，以师哭之④，亲推之三⑤。

① 给其五家，令常不共役事。【释文】令，力呈切。共，音恭。 ② 襚，衣也。比殡，三加襚，深礼厚之。【释文】襚，音遂。比，必利切。 ③ 犀轩，卿车。直盖，高盖。 ④ 停丧车以尽哀也。君方为位而哭，故挽丧者不敢立。【释文】挽，音晚。 ⑤ 齐侯自推丧车轮三转。【释文】推，如字，又他回切。

定公十年

【经】

十年春，王三月，及齐平①。

夏，公会齐侯于夹谷②。

公至自夹谷③。

晋赵鞅帅师围卫。

齐人来归郓、讙、龟阴田④。

叔孙州仇、仲孙何忌帅师围郈⑤。

秋，叔孙州仇、仲孙何忌帅师围郈。

宋乐大心出奔曹⑥。

宋公子地出奔陈⑦。

冬，齐侯、卫侯、郑游速会于安甫[8]。

叔孙州仇如齐。

宋公之弟辰暨仲佗、石驱出奔陈[9]。

① 平前八年再侵齐之怨。 ② 平故。【释文】夹，古洽切，又古协切。二传作“颊”。谷，古木切。 ③ 无传。 ④ 三邑皆汶阳田也。泰山博县北有龟山，阴田在其北也。会夹谷，孔子相，齐人服义而归鲁田。【释文】郓，音运。讙，火官切。汶，音问。相，息亮切。 ⑤ 郈，叔孙氏邑。【释文】郈，音后，《字林》下遘切。 ⑥ 传在前年春，书名，罪其称疾不适晋。 ⑦ 贪弄马以距君命，书名，罪之也。【释文】弄，鲁贡切。 ⑧ 无传。安甫，地阙。 ⑨ 暨，与也。宋公宠向魋，不听辰请，辰忿而将大臣出奔，虚请自忿。称弟，示首恶也。仲佗、石驱皆为国卿，不能匡君静难，而为辰所牵帅出奔，称名，亦罪之也。【释文】暨，其器切。佗，徒何切。驱，苦侯切。魋，大回切。难，乃旦切。

【传】

十年春，及齐平。

夏，公会齐侯于祝其，实夹谷[1]。孔丘相[2]。犁弥言于齐侯曰：“孔丘知礼而无勇，若使莱人以兵劫鲁侯，必得志焉[3]。”齐侯从之。孔丘以公退，曰：“士兵之[4]！两君合好，而裔夷之俘，以兵乱之[5]，非齐君所以命诸侯也。裔不谋夏，夷不乱华，俘不干盟，兵不偪好，于神为不祥[6]，于德为愆义，于人为失礼，君必不然。”齐侯闻之，遽辟之[7]。

① 夹谷，即祝其也。 ② 相会仪也。【释文】相，息亮切，注同。 ③ 莱人，齐所灭莱夷也。【释文】犁，力兮切。 劫，居业切。 ④ 以兵击莱人。 ⑤ 裔，远也。【释文】好，呼报切，下“偪好”，同。裔，以制切。俘，芳夫切，下同。 ⑥ 盟将告神，犯之为不善。【释文】夏，户雅切。偪，彼力切。 ⑦ 辟去莱兵也。【释文】愆，去连切。遽，其据切。辟，婢亦切，又音避。去，起吕切。

将盟，齐人加于载书曰：“齐师出竟，而不以甲车三百乘从我者，有如此盟[1]！”孔丘使兹无还揖对[2]，曰：“而不反我汶阳之田，吾以共命者，亦如之[3]！”齐侯将享公，孔丘谓梁丘据曰："齐、鲁之故，吾子何不闻焉④？事既成矣⑤，而又享之，是勤执事也。且牺、象不出门，嘉乐不野合⑥。飨而既具，是弃礼也。若其不具，用秕稗也⑦。用秕稗，君辱，弃礼，名恶，子盍图之？夫享，所以昭德也。不昭，不如其已也。"乃不果享⑧。

① 如此盟诅之祸。【释文】竟，音境。乘，绳证切。诅，侧据切。 ② 无还，鲁大夫。【释文】还，音旋。 ③ 须齐归汶阳田，乃当共齐命。于是孔子以公退，贱者终其事。要盟不絜，故略不书。【释文】共，音恭。要，一遥切。 ④ 故，旧典。 ⑤ 会事成。 ⑥ 牺象，酒器，牺尊、象尊也。嘉乐，钟、磬也。【释文】牺，许宜切，又息河切。 ⑦ 秕，谷不成者，稗，草之似谷者。言享不具礼，秽薄若秕稗。【释文】秕，音鄙，《字林》音比，又必履切。稗，皮卖切。 ⑧ 孔子知齐侯怀诈，故以礼距之。【释文】盍，户腊切。

齐人来归郓、讙、龟阴之田①。

① 阳虎九年以此奔齐，经文倒者，次鲁事。

晋赵鞅围卫，报夷仪也①。初，卫侯伐邯郸午于寒氏②，城其西北而守之，宵熸③。及晋围卫，午以徒七十人门于卫西门，杀人于门中，曰："请报寒氏之役④。"涉佗曰："夫子则勇矣，然我往，必不敢启门。"亦以徒七十人，旦门焉，步左右，皆至而立，如植⑤。日中不启门，乃退。反役，晋人讨卫之叛故，曰："由涉佗、成何⑥。"于是执涉佗以求成于卫。卫人不许，晋人遂杀涉佗。成何奔燕。君子曰："此之谓弃礼，必不钧⑦。《诗》曰：'人而无礼，胡不遄死？'涉佗亦遄矣哉⑧！"

① 前年齐为卫伐晋夷仪，故伐卫以为报。【释文】为，于伪切。 ② 邯郸，广平县也。午，晋邯郸大夫。寒氏，即五氏也。前年卫人助齐伐五氏。【释文】邯，音寒。郸，音丹。 ③ 午众宵散。【释文】城其西北而守之，一本或作"城其西北隅"。熸，子潜切。 ④ 卫开门与午斗。 ⑤ 至其门下，步行门左右，然后立待，如立木不动，以示整。【释文】佗，徒何切。植，市力切，一音值。 ⑥ 挼

卫侯手故。 ⑦ 言必见杀，不得与人等。 ⑧《诗·鄘风》。遄，速也。【释文】遄，市专切。

初，叔孙成子欲立武叔，公若藐固谏曰："不可①。"成子立之而卒。公南使贼射之，不能杀②。公南为马正，使公若为郈宰。武叔既定，使郈马正侯犯杀公若，弗能。其圉人曰③："吾以剑过朝，公若必曰：'谁之剑也？'吾称子以告，必观之。吾伪固，而授之末，则可杀也④。"使如之。公若曰："尔欲吴王我乎？"遂杀公若。

① 藐，叔孙氏之族。【释文】藐，音邈，又亡小切。 ② 公南，叔孙家臣，武叔之党。【释文】射，食亦切，下同。 ③ 武叔之圉人。 ④ 伪为固陋不知礼者，以剑锋末授之。【释文】锋，芳逢切。 ⑤ 见剑向己，逆呵之。鱄诸杀吴王，亦用剑刺之。【释文】向，许亮切，亦作"嚮"。呵，呼多切。刺，七亦切。

侯犯以郈叛①。武叔、懿子围郈，弗克。秋，二子及齐师复围郈，弗克。叔孙谓郈工师驷赤曰②："郈非唯叔孙氏之忧，社稷之患也。将若之何？"对曰："臣之业，在《扬水》卒章之四言矣③。"叔孙稽首④。驷赤谓侯犯曰："居齐、鲁之际，而无事，必不可矣⑤。子盍求事于齐以临民？不然，将叛。"侯犯从之。齐使至，驷赤与郈人为之宣言于郈中曰⑥："侯犯将以郈易于齐，齐人将迁郈民⑦。"众兇惧⑧。驷赤谓侯犯曰："众言异矣⑨，子不如易于齐。与其死也，犹是郈也。而得纾焉，何必此⑩？齐人欲以此偪晋，必倍与子地⑪。且盍多舍甲于子之门，以备不虞？"侯犯曰："诺。"乃多舍甲焉。

① 犯以不能副武叔之命，故叛。叛而以围告庙，故书围。 ② 工师，掌工匠之官。【释文】复，扶又切。 ③《扬水》，《诗·唐风》，卒章四言曰"我闻有命"。【释文】在《扬水》卒章，本或作"《扬之水》卒章"。 ④ 谢其受己命。⑤ 无所服事。 ⑥ 诈为齐使言也。【释文】使，所吏切，注同。为，于伪切，下注"为齐"同。 ⑦ 谓易其民人。 ⑧ 不欲迁。【释文】兇，音凶，一音凶勇切。⑨ 不与始同。 ⑩ 言以郈民易取齐人，与郈无异，胜于守郈为叛人所杀。【释

文】纾，音舒。　⑪ 言非徒得民，又将得齐地。【释文】偪，彼力切。倍，步罪切。

侯犯请易于齐，齐有司观郈，将至，驷赤使周走呼曰："齐师至矣！"郈人大骇，介侯犯之门甲，以围侯犯。驷赤将射之①。侯犯止之，曰："谋免我。"侯犯请行，许之②。驷赤先如宿③，侯犯殿。每出一门，郈人闭之④。及郭门，止之，曰："子以叔孙氏之甲出，有司若诛之⑤，群臣惧死。"驷赤曰："叔孙氏之甲有物，吾未敢以出⑥。"犯谓驷赤曰："子止而与之数⑦。"驷赤止而纳鲁人。侯犯奔齐，齐人乃致郈⑧。

① 伪为侯犯射郈人。【释文】呼，火故切。介，音界。　② 郈人许之。　③ 宿，东平无盐县，故宿国。　④ 闭其后门。【释文】殿，丁见切。　⑤ 诛，责也。　⑥ 物，识也。赤还救侯犯也。【释文】识，申志切，又如字。　⑦ 数甲以相付。【释文】数，色主切。　⑧ 致其名簿也。为下武如齐传。【释文】簿，步古切。

宋公子地嬖蘧富猎①，十一分其室，而以其五与之②。公子地有白马四，公嬖向魋，魋欲之③，公取而朱其尾鬣以与之④。地怒，使其徒抶魋而夺之。魋惧，将走，公闭门而泣之，目尽肿。母弟辰曰："子分室以与猎也，而独卑魋，亦有颇焉。子为君礼⑤，不过出竟，君必止子。"公子地出奔陈，公弗止。辰为之请，弗听。辰曰："是我迋吾兄也⑥。吾以国人出，君谁与处？"冬，母弟辰暨仲佗、石彄出奔陈⑦。

①地，宋景公弟，辰之兄也。【释文】嬖，必计切。蘧，其居切。猎，力辄切。　② 与富猎也。　③ 向魋，司马桓魋也。　④ 与魋也。【释文】鬣，力辄切，《尔雅》舍人注云：马鬃也。鬃，子工切。　⑤ 礼，辟君也。【释文】抶，敕乙切。肿，章勇切。颇，普多切。　⑥ 迋，欺也。【释文】竟，音境。为，于伪切，注"犹为"同。迋，求往切，又古况切。　⑦ 佗，仲幾子。彄，褚师段子。皆宋卿，众之所望，故言国人。【释文】褚，张吕切。

武叔聘于齐①。齐侯享之，曰："子叔孙！若使郈在君之他竟，寡人何知焉？属与敝邑际，故敢助君忧之②。"对曰：

“非寡君之望也。所以事君,封疆社稷是以[3],敢以家隶勤君之执事?夫不令之臣,天下之所恶也,君岂以为寡君赐[4]?”

① 谢致郈也。经书辰奔在聘后者,从告。　② 以致郈德叔孙。【释文】属,音烛。　③ 以,犹为也。【释文】疆,居良切。　④ 言义在讨恶,非所以赐寡君。【释文】恶,乌路切,十一年传、注皆同,又如字。

定公十一年

【经】

十有一年春,宋公之弟辰及仲佗、石彄、公子地自陈入于萧以叛[1]。

夏四月。

秋,宋乐大心自曹入于萧[2]。

冬,及郑平[3]。

叔还如郑莅盟[4]。

① 萧,宋邑。称弟,例在前年。　② 入萧从叛人,叛可知,故不书叛。　③ 平六年侵郑取匡之怨。　④ 还,叔诣曾孙。【释文】还,音旋。还,叔诣曾孙。案《世族谱》,叔还是叔弓曾孙,此云叔诣,误也。

【传】

十一年春,宋公母弟辰暨仲佗、石彄、公子地入于萧以叛。秋,乐大心从之,大为宋患,宠向魋故也[1]。

① 恶宋公宠不义以致国患。

冬,及郑平,始叛晋也[1]。

① 鲁自僖公以来,世服于晋,至今而叛,故曰始。

定公十二年

【经】

十有二年春，薛伯定卒①。

夏，葬薛襄公②。

叔孙州仇帅师堕郈③。

卫公孟彄帅师伐曹④。

季孙斯、仲孙何忌帅师堕费⑤。

秋，大雩⑥。

冬十月癸亥，公会齐侯，盟于黄⑦。

十有一月丙寅朔，日有食之⑧。

公至自黄⑨。

十有二月，公围成。

公至自围成⑩。

① 无传。四年，盟皋鼬。　② 无传。　③ 堕，毁也。患其险固，故毁坏其城。【释文】堕，许规切，下传同。坏，音怪，又户怪切。　④ 彄，孟縶子。【释文】彄，苦侯切。縶，陟立切。　⑤【释文】费，音秘。　⑥ 无传。书过。【释文】雩，音于。　⑦ 无传。结叛晋。⑧ 无传。　⑨ 无传。　⑩ 无传。国内而书至者，成强若列国，兴动大众，故出入皆告庙。

【传】

十二年夏，卫公孟彄伐曹，克郊①。还，滑罗殿②。未出，不退于列③。其御曰："殿而在列，其为无勇乎？"罗曰："与其素厉，宁为无勇④。"

① 郊，曹邑。　② 罗，卫大夫。【释文】滑，于八切。殿，丁见切，下同。③ 未出曹竟，罗不退在行列之后。【释文】竟，音境。行，户郎切。　④ 素，空

也。厉，猛也。言伐小国，当如畏者，以诱致之。

仲由为季氏宰①，将堕三都②。于是叔孙氏堕郈。季氏将堕费，公山不狃、叔孙辄帅费人以袭鲁③。公与三子入于季氏之宫，登武子之台。费人攻之，弗克。入及公侧④。仲尼命申句须、乐颀下，伐之⑤，费人北。国人追之，败诸姑蔑。二子奔齐⑥。遂堕费。将堕成，公敛处父谓孟孙："堕成，齐人必至于北门⑦。且成，孟氏之保障也，无成，是无孟氏也。子伪不知⑧，我将不堕。"

冬十二月，公围成，弗克。

① 仲由，子路。 ② 三都，费、郈、成也。强盛将为国害，故仲由欲毁之。 ③ 不狃，费宰也。辄不得志于叔孙氏。 ④ 至台下。 ⑤ 二子，鲁大夫。仲尼时为司寇。【释文】句，音劬。颀，音祈。 ⑥ 二子：不狃、叔孙辄。 ⑦ 成在鲁北竟故。 ⑧ 佯不知。【释文】障，之尚切，又音章。子伪不知，并如字，一本"伪"作"为"。佯，本亦作"阳"，音同。

定公十三年

【经】

十有三年春，齐侯、卫侯次于垂葭①。

夏，筑蛇渊囿②。

大蒐于比蒲③。

卫公孟彄帅师伐曹④。

秋，晋赵鞅入于晋阳以叛⑤。

冬，晋荀寅、士吉射入于朝歌以叛⑥。

晋赵鞅归于晋⑦。

薛弑其君比⑧。

① 二君将使师伐晋，次垂葭以为之援。【释文】葭，音加。 ② 无传。书不时也。【释文】囿，音又。 ③ 无传。夏蒐非时。【释文】蒐，所求切。比，音毗。 ④ 无传。 ⑤ 书叛，恶可知。 ⑥ 吉射，士鞅子。【释文】射，食亦切，又食夜切。朝，如字。 ⑦ 韩、魏请而复之，故曰归。言韩、魏之强犹列国。 ⑧ 无传。称君，君无道。

【传】

十三年春，齐侯、卫侯次于垂葭，实郹氏[①]。使师伐晋，将济河。诸大夫皆曰："不可。"邴意兹曰："可[②]。锐师伐河内[③]，传必数日而后及绛[④]。绛不三月，不能出河，则我既济水矣。"乃伐河内。齐侯皆敛诸大夫之轩，唯邴意兹乘轩[⑤]。齐侯欲与卫侯乘[⑥]，与之宴，而驾乘广，载甲焉。使告曰："晋师至矣。"齐侯曰："比君之驾也，寡人请摄[⑦]。"乃介而与之乘，驱之。或告曰："无晋师。"乃止[⑧]。

① 垂葭改名郹氏，高平钜野县西南有郹亭。【释文】郹，古阒切。 ② 意兹，齐大夫。【释文】邴，彼命切，又音丙。 ③ 今河内汲郡。 ④ 传告晋。【释文】传，张恋切，又直专切。数，所主切。 ⑤ 以其言当。【释文】当，丁浪切。 ⑥ 共载。【释文】乘，绳证切，下同。 ⑦ 以己车摄代卫车。【释文】广，古旷切。比，必利切。 ⑧ 传言齐侯轻，所以不能成。【释文】介，音界。轻，遣政切。

晋赵鞅谓邯郸午曰："归我卫贡五百家，吾舍诸晋阳。"午许诺[①]。归，告其父兄，父兄皆曰："不可。卫是以为邯郸[②]，而寘诸晋阳，绝卫之道也。不如侵齐而谋之[③]。"乃如之，而归之于晋阳[④]。赵孟怒，召午，而囚诸晋阳[⑤]。使其从者说剑而入，涉宾不可[⑥]。乃使告邯郸人曰："吾私有讨于午也，二三子唯所欲立[⑦]。"遂杀午。赵稷、涉宾以邯郸叛[⑧]。夏六月，上军司马籍秦围邯郸。午，荀寅之甥也；荀寅，范吉射之姻也[⑨]，而相与睦，故不与围邯郸，将作乱[⑩]。董安于闻之[⑪]，告赵孟，曰："先备诸？"赵孟曰："晋国有命，始祸者死，为后可也。"安于曰："与其害于民，宁我独死⑫，请以我说。"赵孟不可⑬。

① 十年，赵鞅围卫，卫人惧，贡五百家，鞅置之邯郸，今欲徙著晋阳。晋阳，赵鞅邑。【释文】著，丁略切。 ② 言卫以五百家在邯郸，常为是故，与邯郸亲。【释文】为，于伪切，又如字。 ③ 侵齐则齐当来报，欲因惧齐而徙，则卫与邯郸好不绝。【释文】寘，之豉切。好，呼报切。 ④ 欲如是谋而后归卫贡。 ⑤ 赵鞅不察其谋，谓午不用命，故囚之。 ⑥ 涉宾，午家臣，不肯说剑入，欲谋叛。【释文】从，才用切。说，他活切。 ⑦ 午，赵鞅同族，别封邯郸，故使邯郸人更立午宗亲。 ⑧ 稷，赵午子。 ⑨ 婿父曰姻。荀寅子娶吉射女。 ⑩ 作乱，攻赵鞅。【释文】与，音预，又如字。 ⑪ 安于，赵氏臣。 ⑫ 惧见攻，必伤害民。 ⑬ 晋国若讨，可杀我以自解说。

秋七月，范氏、中行氏伐赵氏之宫，赵鞅奔晋阳。晋人围之。范皋夷无宠于范吉射，而欲为乱于范氏①。梁婴父嬖于知文子②，文子欲以为卿。韩简子与中行文子相恶③，魏襄子亦与范昭子相恶④。故五子谋⑤，将逐荀寅而以梁婴父代之，逐范吉射而以范皋夷代之。荀跞言于晋侯曰："君命大臣，始祸者死，载书在河⑥。今三臣始祸，而独逐鞅，刑已不钧矣。请皆逐之。"

① 皋夷，范氏侧室子。【释文】行，户郎切。 ② 文子，荀跞。【释文】知，音智。 ③ 简子，韩起孙不信也。中行文子，荀寅也。【释文】恶，如字，又乌路切，下同。 ④ 襄子，魏舒孙曼多也。昭子，士吉射。【释文】曼，音万。 ⑤ 五子：范皋夷、梁婴父、知文子、韩简子、魏襄子。 ⑥ 为盟书沈之河。【释文】跞，力狄切。沈，如字，又音鸩。

冬十一月，荀跞、韩不信、魏曼多奉公以伐范氏、中行氏，弗克。二子将伐公，齐高彊曰："三折肱知为良医①。唯伐君为不可，民弗与也，我以伐君在此矣。三家未睦②，可尽克也。克之，君将谁与？若先伐君，是使睦也。"弗听，遂伐公。国人助公，二子败，从而伐之。丁未，荀寅、士吉射奔朝歌。

韩、魏以赵氏为请③。十二月辛未，赵鞅入于绛，盟于公宫④。

① 高彊，齐子尾之子，昭十年奔鲁，遂适晋。【释文】三，如字，又息暂切。折，之设切。肱，古弘切。 ② 三家：知、韩、魏。 ③ 经所以书赵鞅归。 ④ 传录晋衰乱。

初，卫公叔文子朝而请享灵公①，退，见史鳍而告之②。史鳍曰："子必祸矣，子富而君贪，罪其及子乎！"文子曰："然。吾不先告子，是吾罪也。君既许我矣，其若之何?"史鳍曰："无害。子臣，可以免③。富而能臣，必免于难，上下同之④。戍也骄，其亡乎⑤！富而不骄者鲜，吾唯子之见。骄而不亡者，未之有也。戍必与焉⑥。"及文子卒，卫侯始恶于公叔戍，以其富也。公叔戍又将去夫人之党⑦，夫人诉之曰："戍将为乱⑧。"

① 欲令公临其家。【释文】令，力呈切。 ② 史鳍，史鱼。【释文】鳍，音秋。 ③ 言能执臣礼。 ④ 言尊卑皆然。【释文】难，乃旦切。 ⑤ 戍，文子之子。 ⑥ 与祸难。【释文】鲜，息浅切。与，音预。 ⑦ 灵公夫人南子党，宋朝之徒。【释文】恶，乌路切。去，起吕切。朝，如字。 ⑧ 为明年戍来奔传。【释文】诉，音素。

定公十四年

【经】

十有四年春，卫公叔戍来奔。

卫赵阳出奔宋①。

二月辛巳，楚公子结、陈公孙佗人帅师灭顿，以顿子牂归。

夏，卫北宫结来奔②。

五月，於越败吴于檇李[3]。

吴子光卒[4]。

公会齐侯、卫侯于牵[5]。

公至自会[6]。

秋，齐侯、宋公会于洮[7]。

天王使石尚来归脤[8]。

卫世子蒯聩出奔宋[9]。

卫公孟彄出奔郑[10]。

宋公之弟辰自萧来奔[11]。

大蒐于比蒲[12]。

邾子来会公[13]。

城莒父及霄[14]。

① 阳，赵黶孙，书名者，亲富不亲仁。【释文】黶，於减切。 ② 亦党公叔戌，皆恶之。【释文】佗，吐何切，又徒河切。牂，子郎切。恶，乌路切。 ③ 於越，越国也。使罪人诈吴乱陈，故从未陈之例书败也。檇李，吴郡嘉兴县南醉李城。【释文】檇，音醉，依《说文》从木。陈，直覲切。 ④ 未同盟而赴以名。 ⑤ 魏郡黎阳县东北有牵城。【释文】黎，力兮切。 ⑥ 无传。 ⑦ 洮，曹地。【释文】洮，吐刀切。 ⑧ 无传。石尚，天子之士。石，氏；尚，名。脤，祭社之肉，盛以脤器，以赐同姓诸侯，亲兄弟之国，与之共福。【释文】脤，市轸切。盛，音成。 ⑨【释文】蒯，苦怪切。聩，五怪切。 ⑩ 彄书名，与蒯聩党，罪之。 ⑪ 无传。称宋公之弟，例在十年。 ⑫【释文】比，音毗。 ⑬ 无传。会公于比蒲，来而不用朝礼，故曰会。 ⑭ 无传。公叛晋助范氏，故惧而城二邑也。此年无冬，史阙文。【释文】父，音甫。

【传】

十四年春，卫侯逐公叔戌与其党，故赵阳奔宋，戌来奔[1]。

① 终史鱼之言。

梁婴父恶董安于，谓知文子曰："不杀安于，使终为政于赵氏，赵氏必得晋国。盍以其先发难也，讨于赵氏？"文子使告于赵孟曰："范、中行氏虽信为乱，安于则发之，是安于与谋乱也。晋国有命，始祸者死。二子既伏其罪矣，敢以告①。"赵孟患之。安于曰："我死而晋国宁，赵氏定，将焉用生？人谁不死？吾死莫矣。"乃缢而死。赵孟尸诸市，而告于知氏曰："主命戮罪人，安于既伏其罪矣，敢以告。"知伯从赵孟盟②，而后赵氏定，祀安于于庙③。

① 告使讨安于。【释文】盍，户腊切。难，乃旦切。与，音预。 ② 知伯，荀跞。【释文】焉，於虔切。莫，音暮。缢，一四切。 ③ 赵氏庙。

顿子牂欲事晋，背楚而绝陈好。二月，楚灭顿①。

① 传言小不事大，所以亡。【释文】背，音佩。好，呼报切。

夏，卫北宫结来奔，公叔戌之故也。

吴伐越①，越子勾践御之，陈于槜李②。勾践患吴之整也，使死士再禽焉，不动③。使罪人三行，属剑于颈④，而辞曰："二君有治⑤，臣奸旗鼓⑥，不敏于君之行前，不敢逃刑，敢归死。"遂自刭也。师属之目，越子因而伐之，大败之。灵姑浮以戈击阖庐⑦，阖庐伤将指，取其一屦⑧。还，卒于陉，去槜李七里⑨。夫差使人立于庭⑩，苟出入，必谓己曰："夫差，而忘越王之杀而父乎？"则对曰："唯，不敢忘！"三年，乃报越⑪。

① 报五年越入吴。 ② 勾践，越王允常子。【释文】勾，古侯切。陈，直觐切。 ③ 使敢死之士往，辄为吴所禽。欲使吴师乱取之，而吴不动。 ④ 以剑注颈。【释文】行，户郎切，下同。属，之欲切，又之注切。 ⑤ 治军旅。 ⑥ 犯军令。 ⑦ 姑浮，越大夫。【释文】刭，古顶切，本又作"刎"。阖，户腊切。 ⑧ 其足大指见斩，遂失屦，姑浮取之。【释文】将，子匠切。屦，九具切。 ⑨ 释经所以不书灭。【释文】陉，音刑。 ⑩ 夫差，阖庐嗣子。【释文】夫，音扶。庭，音廷。 ⑪ 后三年，哀元年。【释文】唯，惟鬼切，旧以水切。

晋人围朝歌，公会齐侯、卫侯于脾、上梁之间①，谋救范、中行氏②。析成鲋、小王桃甲率狄师以袭晋③，战于绛中，不克而还，士鲋奔周，小王桃甲入于朝歌。秋，齐侯、宋公会于洮，范氏故也④。

① 脾、上梁间，即牵。【释文】脾，婢支切。 ② 齐、鲁叛晋，故助范、中行也。 ③ 二子，晋大夫，范、中行氏之党。【释文】析，星历切。鲋，音附。桃，如字，本又作“姚”。 ④ 谋救范氏。

卫侯为夫人南子召宋朝①，会于洮。大子蒯聩献盂于齐，过宋野②。野人歌之曰：“既定尔娄猪，盍归吾艾豭③。”大子羞之，谓戏阳速曰：“从我而朝少君④，少君见我，我顾，乃杀之。”速曰：“诺。”乃朝夫人。夫人见大子，大子三顾，速不进。夫人见其色，啼而走，曰：“蒯聩将杀余⑤。”公执其手以登台。大子奔宋，尽逐其党，故公孟彄出奔郑，自郑奔齐。大子告人曰：“戏阳速祸余。”戏阳速告人曰：“大子则祸余。大子无道，使余杀其母。余不许，将戕于余⑥。若杀夫人，将以余说。余是故许而弗为，以纾余死。谚曰：‘民保于信。’吾以信义也⑦。”

① 南子，宋女也。朝，宋公子，旧通于南子，在宋，呼之。【释文】为，于伪切。 ② 蒯聩，卫灵公大子。盂，邑名也。就会献之，故自卫行而过宋野。【释文】盂，音于。 ③ 娄猪，求子猪，以喻南子。艾豭，喻宋朝。艾，老也。【释文】娄，力侯切，《字林》作“𪖌”，力付切。猪，张鱼切。盍，户腊切。艾，五盖切，注同，《字林》作“豥”，音艾，三毛聚居者。豭，音加，牡豕也。 ④ 速，大子家臣。【释文】戏，许宜切。少，诗照切，本亦作“小”。 ⑤ 见大子色变，知其欲杀己。⑥ 戕，残杀也。【释文】戕，在良切。 ⑦ 使义可信，不必信言。【释文】纾，音舒。谚，音彦。

冬十二月，晋人败范、中行氏之师于潞，获籍秦、高彊①。又败郑师及范氏之师于百泉②。

① 二子，党范氏者。终景王言籍父无后。【释文】潞，音路。父，音甫。

② 郑助范氏，故并败。

定公十五年

【经】

十有五年春，王正月，邾子来朝。

鼷鼠食郊牛，牛死，改卜牛①。

二月辛丑，楚子灭胡，以胡子豹归。

夏五月辛亥，郊②。

壬申，公薨于高寝③。

郑罕达帅师伐宋。

齐侯、卫侯次于渠蒢④。

邾子来奔丧⑤。

秋七月壬申，姒氏卒⑥。

八月庚辰朔，日有食之⑦。

九月，滕子来会葬⑧。

丁巳，葬我君定公，雨，不克葬。戊午，日下昃，乃克葬。

辛巳，葬定姒⑨。

冬，城漆⑩。

① 无传。不言所食处，举死，重也。改卜，礼也。【释文】鼷，音兮。处，昌虑切。 ② 无传。书过。 ③ 高寝，宫名。不于路寝，失其所。 ④ 不果救，故书次。【释文】蒢，直居切。 ⑤ 无传。诸侯奔丧，非礼。 ⑥ 定公夫人。 ⑦ 无传。 ⑧ 无传。诸侯会葬，非礼也。 ⑨ 辛巳，十月三日。有日无月。【释文】昃，音侧。 ⑩ 邾庶其邑。【释文】漆，音七。

【传】

十五年春，邾隐公来朝①。子贡观焉。邾子执玉高，其容仰。公受玉卑，其容俯[②]。子贡曰："以礼观之，二君者，皆有死亡焉。夫礼，死生存亡之体也。将左右周旋，进退俯仰，于是乎取之。朝祀丧戎，于是乎观之。今正月相朝，而皆不度[③]，心已亡矣。嘉事不体，何以能久[④]？高仰，骄也；卑俯，替也。骄近乱，替近疾。君为主，其先亡乎[⑤]！"

① 邾子益。 ② 玉，朝者之贽。【释文】贽，音至。 ③ 不合法度。 ④ 嘉事，朝礼。 ⑤ 为此年公薨、哀七年以邾子益归传。【释文】替，他计切。近，附近之近。

吴之入楚也[①]，胡子尽俘楚邑之近胡者[②]。楚既定，胡子豹又不事楚，曰："存亡有命，事楚何为？多取费焉。"二月，楚灭胡[③]。

① 在四年。 ② 俘，取也。 ③ 传言小不事大，所以亡。【释文】费，芳味切。

夏五月壬申，公薨。仲尼曰："赐不幸言而中，是使赐多言者也[①]。"

① 以微知著，知之难者。子贡言语之士，今言而中，仲尼惧其易言，故抑之。【释文】中，丁仲切。微知著，知之难，并如字，又音智。易，以豉切。

郑罕达败宋师于老丘[①]。

① 罕达，子齹之子。老丘，宋地。宋公子地奔郑，郑人为之伐宋，欲取地以处之，事见哀十二年。【释文】齹，子何切。为，于伪切。见，贤遍切。

齐侯、卫侯次于蘧挐，谋救宋也[①]。

①【释文】蘧，音渠。挐，女居切，又女加切。

秋七月壬申，姒氏卒。不称夫人，不赴，且不祔也[①]。

① 赴同、祔姑，夫人之礼，二者皆阙，故不曰夫人。【释文】祔，音附。

葬定公。雨，不克襄事，礼也[①]。

① 襄，成也。雨而成事，若汲汲于欲葬。【释文】襄，息羊切。

葬定姒。不称小君，不成丧也[①]。

① 公未葬而夫人薨，烦于丧礼，不赴、不祔，故不称小君，臣子怠慢也。反

哭于寝,故书葬。

冬,城漆。书,不时告也①。

① 实以秋城,冬乃告庙,鲁知其不时,故缓告,从而书之以示讥。

春秋经传集解哀公上第二十九

【释文】哀公名蒋，定公之子，盖夫人定姒所生，敬王二十八年即位。《谥法》：恭仁短折曰哀。

哀公元年

【经】

元年春，王正月，公即位①。

楚子、陈侯、随侯、许男围蔡②。

鼷鼠食郊牛，改卜牛。夏四月辛巳，郊③。

秋，齐侯、卫侯伐晋。

冬，仲孙何忌帅师伐邾④。

① 无传。 ② 随世服于楚，不通中国。吴之入楚，昭王奔随，随人免之，卒复楚国，楚人德之，使列于诸侯，故得见经。定六年，郑灭许，此复见者，盖楚封之。【释文】见，贤遍切。复，扶又切。 ③ 无传。书过也。不言所食，所食非一处。【释文】处，昌虑切。 ④ 无传。

【传】

元年春，楚子围蔡，报柏举也①。里而栽②，广丈，高倍③。夫屯昼夜九日④，如子西之素⑤。蔡人男女以辨⑥，使疆于江、汝之间而还⑦。蔡于是乎请迁于吴⑧。

① 在定四年。 ② 栽,设板筑为围垒,周匝去蔡城一里。【释文】栽,才代切,又音再,注同,《说文》云:筑墙长版。垒,力轨切。匝,子合切。 ③ 垒厚一丈,高二丈。【释文】广,古旷切。高倍,并如字,高又古报切。厚,古豆切。 ④ 夫,犹兵也。垒未成,故令人在垒里屯守蔡。【释文】屯,徒门切,注同。屯,守也。令,力呈切。 ⑤ 子西本计,为垒当用九日而成。 ⑥ 辨,别也。男女各别,系累而出降。【释文】辨,扶免切,又方免切。别,彼列切。累,力维切。降,户江切。 ⑦ 楚欲使蔡徙国在江水之北,汝水之南,求田以自安也。蔡权听命,故楚师还。【释文】疆,居良切。 ⑧ 楚既还,蔡人更叛楚就吴。为明年蔡迁州来传。

吴王夫差败越于夫椒,报槜李也①。遂入越。越子以甲楯五千,保于会稽②。使大夫种因吴大宰嚭以行成,吴子将许之。伍员曰:"不可。臣闻之树德莫如滋,去疾莫如尽。昔有过浇杀斟灌以伐斟鄩③,灭夏后相④。后缗方娠,逃出自窦⑤,归于有仍⑥,生少康焉,为仍牧正⑦。惎浇,能戒之⑧。浇使椒求之⑨,逃奔有虞,为之庖正,以除其害⑩。虞思于是妻之以二姚⑪,而邑诸纶⑫。有田一成,有众一旅⑬,能布其德,而兆其谋⑭,以收夏众,抚其官职⑮。使女艾谍浇⑯,使季杼诱豷⑰,遂灭过、戈,复禹之绩⑱。祀夏配天,不失旧物⑲。今吴不如过,而越大于少康,或将丰之,不亦难乎⑳?勾践能亲而务施,施不失人㉑,亲不弃劳㉒,与我同壤而世为仇雠,于是乎克而弗取,将又存之,违天而长寇仇㉓,后虽悔之,不可食已㉔。姬之衰也,日可俟也㉕。介在蛮夷,而长寇仇,以是求伯,必不行矣。"弗听。退而告人曰:"越十年生聚,而十年教训㉖,二十年之外,吴其为沼乎㉗!"三月,越及吴平。吴入越,不书,吴不告庆,越不告败也㉘。

① 槜李在定十四年。夫椒,吴郡吴县西南大湖中椒山。【释文】夫,音扶。椒,又作"椒",子消切。槜,音醉。大,音泰。 ② 上会稽山也。会稽在山阴县

南。【释文】栖，食允切，又音允。会，古外切。稽，古兮切。上，时掌切。③浇，寒浞子，封于过者。二斟，夏同姓诸侯。襄四年传曰：浇用师灭斟灌。【释文】嚭，普鄙切。员，音云。去，起吕切，一本又作“去恶”。过，古禾切，国名。浇，五叫切，又五报切。斟，之林切。灌，古乱切。鄩，音寻。浞，仕捉切。夏，户雅切。④夏后相，启孙也。后相失国，依于二斟，复为浇所灭。【释文】相，息亮切。复，扶又切。⑤后缗，相妻。娠，怀身也。【释文】缗，亡巾切。娠，音震，又音身。窦，音豆。⑥后缗，有仍氏女。⑦牧官之长。【释文】少，诗照切。长，丁丈切。⑧惎，毒也。戒，备也。【释文】惎，音忌。⑨椒，浇臣。⑩虞舜后诸侯也。梁国有虞县。庖正，掌膳羞之官。赖此以得除己害。【释文】庖，步交切。⑪思，有虞君也。虞思自以二女妻少康。姚，虞姓。【释文】妻，七计切。姚，羊昭切。⑫纶，虞邑。【释文】纶，音伦。⑬方十里为成，五百人为旅。⑭兆，始。⑮襄四年传曰：靡自有鬲氏收二国之烬，以灭浞而立少康。【释文】鬲，音革。烬，徐刃切，又秦刃切。⑯女艾，少康臣。谍，候也。【释文】女，如字，又音汝。艾，五盖切。谍，音牒。⑰豷，浇弟也。季杼，少康子后杼也。【释文】杼，直吕切。豷，许器切。⑱过，浇国。戈，豷国。【释文】过，戈，并古禾切。绩，一本作“迹”。⑲物，事也。⑳言与越成，是使越丰大，必为吴难。【释文】难，乃旦切。㉑所加惠赐，皆得其人。【释文】施，始豉切。㉒推亲爱之诚，则不遗小劳。㉓犹言天与不取。【释文】长，丁丈切。㉔食，消也。已，止也。㉕姬，吴姓。言可计日而待。【释文】俟，本又作“竢”，音仕。㉖生民聚财，富而后教之。【释文】介，音界。伯，如字，又音霸。聚，才喻切，又如字。㉗谓吴宫室废坏，当为污池。为二十二年越入吴起本。【释文】沼，之兆切。污，音乌。㉘嫌夷狄不与华同，故复发传。【释文】复，扶又切。

夏四月，齐侯、卫侯救邯郸，围五鹿①。

①赵稷以邯郸叛，范、中行氏之党也。五鹿，晋邑。【释文】邯，音寒。郸，音丹。

吴之入楚也①，使召陈怀公。怀公朝国人而问焉，曰：“欲与楚者右，欲与吴者左。陈人从田，无田从党②。”逢滑当公而进③，曰：“臣闻国之兴也以福，其亡也以祸。今吴未有福，楚未有祸。楚未可弃，吴未可从。而晋，盟主也，若以晋辞吴，若何?”公曰：“国胜君亡，非祸而何[4]?”对曰：“国之有是多矣，何必不复？小国犹复，况大国乎？臣闻国之兴也，视民如伤，是其福也[5]。其亡也，以民为土芥，是其祸也[6]。楚虽无德，亦不艾杀其民。吴日敝于兵，暴骨如莽[7]，而未见德焉。天其或者正训楚也[8]，祸之适吴，其何日之有[9]?”陈侯从之。及夫差克越，乃修先君之怨。秋八月，吴侵陈，修旧怨也[10]。

① 在定四年。　② 都邑之人无田者，随党而立，不知所与，故直从所居。田在西者居右，在东者居左。　③ 当公，不左不右。【释文】滑，于八切。　④ 楚为吴所胜。　⑤ 如伤，恐惊动。　⑥ 芥，草也。【释文】芥，古迈切。　⑦ 草之生于广野莽莽然，故曰草莽。【释文】艾，鱼废切。暴，步卜切。莽，亡党切。　⑧ 使惧而改过。　⑨ 言今至。　⑩ 传言吴不修德而修怨，所以亡。

齐侯、卫侯会于乾侯，救范氏也。师及齐师、卫孔圉、鲜虞人伐晋，取棘蒲[1]。

① 鲁师不书，非公命也。孔圉，孔烝钼曾孙。鲜虞，狄帅贱，故不书。【释文】圉，鱼吕切。烝，之承切。钼，仕居切。

吴师在陈，楚大夫皆惧，曰：“阖庐惟能用其民，以败我于柏举。今闻其嗣又甚焉，将若之何?”子西曰：“二三子恤不相睦，无患吴矣。昔阖庐食不二味，居不重席，室不崇坛[1]，器不彤镂[2]，宫室不观[3]，舟车不饰，衣服财用，择不取费[4]。在国，天有菑疠[5]，亲巡孤寡，而共其乏困。在军，熟食者分，而后敢食[6]。其所尝者，卒乘与焉[7]。勤恤其民而与之劳逸，是以民不罢劳，死知不旷[8]。吾先大夫子常易之，所以败我也[9]。今闻夫差次有台榭陂池焉[10]，宿有妃嫱嫔御焉[11]。一日之行，所欲必成，玩好必从。珍异是聚，观乐是务，视民如仇，而用之日新。夫先自败也已，安能败我[12]?”

① 平地作室，不起坛也。【释文】重，直龙切。坛，徒丹切。　② 彤，丹也。

镂,刻也。【释文】彤,徒冬切。镂,鲁豆切。 ③ 观,台谢。【释文】观,古乱切。榭,音谢。 ④ 选取坚厚,不尚细靡。【释文】费,芳味切。 ⑤ 疠,疾疫也。【释文】菑,音灾,本或作"天無菑疠",非,注同。疫,音役。 ⑥ 必须军士皆分熟食,不敢先食。分,犹徧也。【释文】共,音恭。熟食者分,如字,一读以"分"字连下句。徧,音遍。 ⑦ 所尝甘珍,非常食。【释文】卒,子忽切。乘,绳证切。与,音预。 ⑧ 知身死不见旷弃。【释文】罢,音皮。 ⑨ 易,犹反也。⑩ 积土为高曰台,有木曰榭,过再宿曰次。【释文】陂,彼宜切。 ⑪ 妃嫱,贵者;嫔御,贱者,皆内宫。【释文】嫱,本又作"廧",或作"嬙",在羊切。嫔,毗人切。 ⑫ 为二十二年越灭吴起。【释文】好,呼报切。夫先自败也已,夫,音扶,本或作"夫差先自败"者,非。

冬十一月,晋赵鞅伐朝歌[①]。

① 讨范、中行氏。

哀公二年

【经】

二年春,王二月,季孙斯、叔孙州仇、仲孙何忌帅师伐邾,取漷东田及沂西田[①]。

癸巳,叔孙州仇、仲孙何忌及邾子盟于句绎[②]。

夏四月丙子,卫侯元卒[③]。

滕子来朝[④]。

晋赵鞅帅师纳卫世子蒯聩于戚。

秋八月甲戌,晋赵鞅帅师及郑罕达帅师战于铁,郑师败绩[⑤]。

冬十月,葬卫灵公[⑥]。

十有一月,蔡迁于州来[⑦]。

蔡杀其大夫公子驷[⑧]。

① 邾人以赂，取之易也。【释文】漷，火虢切，又音郭。沂，鱼依切。易，以豉切。 ② 句绎，邾地。取邑，盟以要之。【释文】句，古侯切。绎，音亦。要，以遥切。 ③ 定四年盟皋鼬。 ④ 无传。 ⑤ 皆陈曰战，大崩曰败绩。铁在戚城南。罕达，子皮孙。【释文】铁，天结切。陈，直觐切。 ⑥ 无传。七月而葬，缓。 ⑦ 畏楚而请迁，故以自迁为文。 ⑧ 怀土而欺大国，故罪而书名。

【传】

二年春，伐邾，将伐绞①。邾人爱其土，故赂以漷、沂之田而受盟。

① 绞，邾邑。【释文】绞，古卯切。

初，卫侯游于郊，子南仆①。公曰："余无子，将立女②。"不对。他日，又谓之。对曰："郢不足以辱社稷，君其改图。君夫人在堂，三揖在下③，君命祇辱④。"夏，卫灵公卒。夫人曰："命公子郢为大子，君命也。"对曰："郢异于他子⑤。且君没于吾手，若有之，郢必闻之⑥。且亡人之子辄在⑦。"乃立辄。六月乙酉，晋赵鞅纳卫大子于戚。宵迷，阳虎曰："右河而南，必至焉⑧。"使大子绕⑨，八人衰绖，伪自卫逆者⑩。告于门，哭而入，遂居之。

① 子南，灵公子郢也。仆，御也。【释文】郢，以井切。 ② 蒯聩奔，无大子。【释文】女，音汝。 ③ 三揖：卿、大夫、士。【释文】揖，一入切。 ④ 言立適当以礼，与外内同之。今君私命，事必不从，适为辱。【释文】祇，音支。適，丁历切，下"適孙"同。 ⑤ 言用意不同。 ⑥ 言当以临没为正。 ⑦ 辄，蒯聩之子出公也，灵公適孙。 ⑧ 是时河北流过元城界，戚在河外，晋军已渡河，故欲出河右而南。 ⑨ 绕者，始发丧之服。【释文】绕，音问。丧，音桑。 ⑩ 欲为卫人逆，故衰绖成服。【释文】衰，七雷切。绖，田结切。

秋八月，齐人输范氏粟，郑子姚、子般送之①。士吉射逆之，赵鞅御之，遇于戚。阳虎曰："吾车少，以兵车之旆，与罕、驷兵车先陈②。罕、驷自后随而从之，彼见吾貌，必有惧心[3]。于是乎会之[4]，必大败之。"从之。卜战，龟焦[5]。乐丁曰："《诗》曰：'爰始爰谋，爰契我龟[6]。'谋协，以故兆询可也[7]。"简子誓曰："范氏、中行氏，反易天明[8]，斩艾百姓，欲擅晋国而灭其君。寡君恃郑而保焉。今郑为不道，弃君助臣，二三子顺天明，从君命，经德义，除诟耻，在此行也。克敌者，上大夫受县，下大夫受郡[9]，士田十万[10]，庶人、工、商遂[11]，人臣、隶、圉免[12]。志父无罪，君实图之[13]。若其有罪，绞缢以戮[14]，桐棺三寸，不设属辟[15]，素车朴马[16]，无入于兆[17]，下卿之罚也[18]。"甲戌，将战，邮无恤御简子，卫大子为右[19]。登铁上[20]，望见郑师众，大子惧，自投于车下。子良授大子绥而乘之，曰："妇人也[21]。"简子巡列，曰："毕万，匹夫也，七战皆获，有马百乘，死于牖下[22]。群子勉之，死不在寇[23]。"繁羽御赵罗，宋勇为右[24]，罗无勇，麇之[25]。吏诘之，御对曰："痁作而伏[26]。"卫大子祷曰："曾孙蒯聩敢昭告皇祖文王[27]，烈祖康叔[28]，文祖襄公[29]：郑胜乱从[30]，晋午在难[31]，不能治乱，使鞅讨之[32]。蒯聩不敢自佚，备持矛焉[33]。敢告无绝筋，无折骨，无面伤，以集大事，无作三祖羞[34]。大命不敢请，佩玉不敢爱[35]。"郑人击简子中肩，毙于车中[36]，获其蜂旗[37]。大子救之以戈，郑师北，获温大夫赵罗[38]。大子复伐之，郑师大败，获齐粟千车。赵孟喜曰："可矣[39]。"傅傁曰："虽克郑，犹有知在，忧未艾也[40]。"

① 子姚，罕达。子般，驷弘。【释文】般，音班。 ② 旆，先驱车也。以先驱车益以兵车以示众。【释文】陈，直觐切。 ③ 晋人先陈，郑人随之，不知其虚实，见车多必惧。 ④ 会，合战。 ⑤ 兆不成。 ⑥ 乐丁，晋大夫。《诗·大雅》，言先人事，后卜筮。【释文】契，苦计切，又苦结切。 ⑦ 询，谘询也。故兆，始纳卫大子，卜得吉兆，言今既谋同，可不须更卜。【释文】谋协以故兆，绝句。询，思遵切。 ⑧ 不事君也。 ⑨《周书·作雒篇》。千里百县，县有四

郡。【释文】艾，鱼废切。檀，市战切。而灭其君，灭或作“戕”，音残。诟，呼豆切，又音苟。雒，音洛。千里百县，县方百里，县有四郡，郡方五十里。 ⑩ 十万亩也。 ⑪ 得遂进仕。 ⑫ 去厮役。【释文】厮役，如字，厮又作“斯”，音同。何休注《公羊》云：艾草为防者曰厮，汲水浆者曰役。苏林注《汉书》云：厮，取薪者。韦昭云：析薪曰厮。 ⑬ 志父，赵简子之一名也。言已事济，君当图其赏。【释文】父，音甫。服云：赵鞅入晋阳以畔，后得归，改名志父，《春秋》仍旧，犹书赵鞅。 ⑭ 绞，所以缢人物。【释文】缢，一赐切。戮，音六。 ⑮ 属辟，棺之重数。王棺四重，君再重，大夫一重。【释文】桐棺三寸，《礼记》云：夫子制于中都，四寸之棺，五寸之椁，以斯知不欲速朽也。郑康成注云：此庶人之制也。案礼，上大夫棺八寸，属六寸；下大夫棺六寸，属四寸。无三寸棺制也。棺用难朽之木，桐木易坏，不堪为棺，故以为罚。墨子尚俭，有桐棺三寸。不设属，音烛，注同，次大棺也。辟，步历切，注同，亲身棺也。礼，大夫无辟。重，直龙切，下同。王棺四重，《礼记》云：水兕革棺被之，其厚三寸。杝棺一，梓棺二。杝棺，辟也。梓棺二，属与大棺也。被水牛及兕之革为一重，辟为二重，属为三重，大棺为四重。君再重。君谓侯、伯、子、男，侯、伯已下无革棺，属与辟为一重，大棺为再重。上公则唯无水革耳。兕革与辟为一重，属为再重，大棺为三重。大夫一重，大夫唯属与大棺为一重。今云不设辟者，时僭耳，非正礼也。 ⑯ 以载柩。【释文】朴，普角切。柩，其又切。 ⑰ 兆，葬域。 ⑱ 为众设赏，自设罚，所以能克敌。【释文】为，于伪切。 ⑲ 邮无恤，王良也。【释文】邮，音尤。 ⑳ 铁，丘名。 ㉑ 言其怯。【释文】怯，去业切。 ㉒ 毕万，晋献公卿也。皆获，有功。死于牖下，言得寿终。【释文】乘，绳证切。牖，羊九切。 ㉓ 言有命。 ㉔ 三子，晋大夫。 ㉕ 麇，束缚也。【释文】麇，丘陨切。 ㉖ 痁，疟疾也。【释文】诘，起吉切。痁，诗占切。疟，鱼略切。 ㉗ 周文王。皇，大也。【释文】祷，丁老切，又丁报切。 ㉘ 烈，显也。 ㉙ 继业守文，故曰文祖。蒯聩，襄公之孙。㉚ 胜，郑声公名。释君助臣，为从于乱。 ㉛ 午，晋定公名。【释文】难，乃旦切，下注“为难”同。 ㉜ 鞅，简子名。 ㉝ 戎右持矛。【释文】佚，音逸。矛，亡侯切。 ㉞ 集，成也。【释文】筋，居银切。 ㉟ 不敢爱，故以祈祷。 ㊱ 毙，踣也。【释文】中，丁仲切。毙，婢世切，本亦作“獘”。踣，蒲北切。 ㊲ 蜂旗，旗名。【释文】蜂，芳恭切。 ㊳ 罗无勇，故郑师虽北，犹获罗。 ㊴ 赵孟，简子也。喜大子前怯，今更勇。【释文】复，扶又切。 ㊵ 傅傁，简子属也。言知氏将为难。后竟有晋阳之患。【释文】傁，素口切，又作“叟”。知，音智。艾，鱼废切，又五盖切。

初，周人与范氏田，公孙尨税焉[①]，赵氏得而献之[②]。吏请杀之，赵孟曰："为其主也，何罪？"止而与之田[③]。及铁之战，以徒五百人宵攻郑师，取蜂旗于子姚之幕下，献曰："请报主德。"

① 尨，范氏臣，为范氏收周人所与田之税。【释文】尨，武江切。税，始锐切。为，于伪切，下"为其主"同。 ② 得尨以献简子。 ③ 还其所税。

追郑师。姚、般、公孙林殿而射，前列多死[①]。赵孟曰："国无小[②]。"既战，简子曰："吾伏弢呕血[③]，鼓音不衰，今日我上也[④]。"大子曰："吾救主于车，退敌于下，我，右之上也。"邮良曰："我两靷将绝，吾能止之[⑤]，我，御之上也。"驾而乘材，两靷皆绝[⑥]。

① 晋前列。【释文】幕，音莫。姚、般，子姚、子般。殿，丁电切。射，食亦切。 ② 言虽小国，犹有善射者。 ③ 弢，弓衣。呕，吐也。【释文】弢，吐刀切。呕，本又作"嗀"，乌口切。吐，他路切。 ④ 功为上。 ⑤ 止，使不绝。【释文】靷，以刃切。 ⑥ 材，横木。明细小也。传言简子不让下自伐。

吴泄庸如蔡纳聘，而稍纳师。师毕入，众知之[①]，蔡侯告大夫，杀公子驷以说[②]，哭而迁墓[③]。冬，蔡迁于州来。

① 元年，蔡请迁于吴，中悔，故因聘袭之。【释文】泄，息列切，又息引切。中，丁仲切。 ② 杀驷以说吴，言不时迁，驷之为。 ③ 将迁，与先君辞，故哭。

哀 公 三 年

【经】

三年春，齐国夏、卫石曼姑帅师围戚[①]。

夏四月甲午，地震[②]。

五月辛卯，桓宫、僖宫灾[③]。

季孙斯、叔孙州仇帅师城启阳[④]。

宋乐髡帅师伐曹[5]。

秋七月丙子，季孙斯卒。

蔡人放其大夫公孙猎于吴[6]。

冬十月癸卯，秦伯卒[7]。

叔孙州仇、仲孙何忌帅师围邾[8]。

① 曼姑为子围父，知其不义，故推齐使为兵首。戚不称卫，非叛人。【释文】曼，音万。为，于伪切。　② 无传。　③ 天火曰灾。　④ 无传。鲁党范氏，故惧晋，比年四城。启阳，今琅邪开阳县。　⑤ 无传。【释文】髡，苦孙切。⑥ 无传。公子驷之党。　⑦ 无传。不书名，未同盟。　⑧ 无传。

【传】

三年春，齐、卫围戚，求援于中山[1]。

① 中山，鲜虞。

夏五月辛卯，司铎火[1]。火逾公宫，桓、僖灾[2]。救火者皆曰："顾府[3]。"南宫敬叔至，命周人出御书，俟于宫[4]，曰："庀女而不在，死[5]。"子服景伯至，命宰人出礼书[6]，以待命，命不共，有常刑[7]。校人乘马，巾车脂辖[8]。百官官备，府库慎守，官人肃给[9]。济濡帷幕，郁攸从之[10]，蒙葺公屋[11]。自大庙始，外内以悛[12]，助所不给。有不用命，则有常刑，无赦。公父文伯至，命校人驾乘车[13]。季桓子至，御公立于象魏之外[14]，命救火者伤人则止，财可为也。命藏《象魏》[15]，曰："旧章不可亡也。"富父槐至，曰："无备而官办者，犹拾沈也[16]。"于是乎去表之槁[17]，道还公宫[18]。孔子在陈，闻火，曰："其桓、僖乎[19]！"

①司铎，宫名。【释文】铎，待洛切。　② 桓公、僖公庙。　③ 言常人爱财。　④ 敬叔，孔子弟子南宫阅。周人，司周书典籍之官。御书，进于君者也。使待命于宫。【释文】阅，音悦。　⑤ 庀，具也。【释文】庀，匹婢切。女，音汝。⑥ 景伯，子服何也。宰人，冢宰之属。　⑦ 待求之命。【释文】共，音恭。

⑧ 校人，掌马。巾车，掌车。乘马，使四四相从，为驾之易。【释文】校，户教切。乘，绳证切，下同。辖，户瞎切，本又作“鎋”，同。为，于伪切。易，以豉切。⑨ 国有火灾，恐有变难，故慎为备。【释文】难，乃旦切。 ⑩ 郁攸，火气也。濡物于水，出用为济。【释文】济，子细切，又子礼切。帷，位悲切。幕，音莫。攸，音由。 ⑪ 以濡物冒覆公屋。【释文】葺，七入切，又子入切。 ⑫ 悛，次也。先尊后卑，以次救之。【释文】悛，七全切。 ⑬ 乘车，公车。 ⑭ 象魏，门阙。⑮《周礼》：正月县教令之法于象魏，使万民观之。故谓其书为《象魏》。【释文】县，音玄。 ⑯ 櫆，富父终生之后。沈，汁也。言不备而责办，不可得。【释文】父，音甫。櫆，音怀。办，办具之办。拾，音十。沈，尺审切，北土呼汁为沈。⑰ 表，表火道。风所向者，去其槁积。【释文】去，起吕切。槁，古老切。向，许亮切。积，子赐切。 ⑱ 开除道，周匝公宫，使火无相连。【释文】还，本又作“环”，户关切，又音患，同。 ⑲ 言桓、僖亲尽而庙不毁，宜为天所灾。

刘氏、范氏世为婚姻①，苌弘事刘文公②，故周与范氏。赵鞅以为讨③。六月癸卯，周人杀苌弘④。

① 刘氏，周卿士。范氏，晋大夫。 ② 为之属大夫。 ③ 责周与范氏。④ 终违天之祸。

秋，季孙有疾，命正常曰：“无死①。南孺子之子，男也，则以告而立之②。女也，则肥也可③。”季孙卒，康子即位。既葬，康子在朝④。南氏生男，正常载以如朝，告曰：“夫子有遗言，命其圉臣曰：‘南氏生男，则以告于君与大夫而立之。’今生矣，男也，敢告。”遂奔卫。康子请退⑤。公使共刘视之⑥，则或杀之矣，乃讨之⑦。召正常，正常不反⑧。

① 正常，桓子之宠臣，欲付以后事，故敕令勿从己死。【释文】令，力呈切。② 南孺子，季桓子之妻。言若生男，告公而立之。【释文】孺，如住切。 ③ 肥，康子也。 ④ 在公朝也。 ⑤ 退，辟位也。 ⑥ 共刘，鲁大夫。【释文】共，音恭。 ⑦ 讨杀者。 ⑧ 畏康子也。传备言季氏家事。

冬十月，晋赵鞅围朝歌，师于其南①。荀寅伐其郛②，使其徒自北门入，己犯师而出③。癸丑，奔邯郸。十一月，赵鞅杀士皋夷，恶范氏也④。

① 范、中行所在。　② 伐其北郭围。【释文】郛，芳夫切。　③ 荀寅使在外救己之徒击赵氏，围之北门，因外内攻得出。　④ 恶范氏而杀其族，言迁怒。【释文】恶，乌路切。

哀公四年

【经】

四年春，王二月庚戌，盗杀蔡侯申①。

蔡公孙辰出奔吴②。

葬秦惠公③。

宋人执小邾子④。

夏，蔡杀其大夫公孙姓、公孙霍⑤。

晋人执戎蛮子赤，归于楚⑥。

城西郛⑦。

六月辛丑，亳社灾⑧。

秋八月甲寅，滕子结卒⑨。

冬十有二月，葬蔡昭公⑩。

葬滕顷公⑪。

① 贱者故称盗。不言杀其君，贱盗也。【释文】杀，申志切。蔡侯申，今本皆如此。案，宣十七年，蔡侯申卒，是文侯也。今昭侯是其玄孙，不容与高祖同名，未详何者误也。　② 弑君贼之党，故书名。　③ 无传。　④ 无传。邾子无道于其民，故称人以执。　⑤ 皆弑君党。【释文】姓，音生，又作“生”，或音性。　⑥ 晋耻为楚执诸侯，故称人以告。若蛮子，不道于其民也。赤本属楚，故言归。【释文】耻为，于伪切。　⑦ 无传。鲁西郛，备晋也。　⑧ 无传。天火也。亳社，殷社，诸侯有之，所以戒亡国。【释文】亳，步各切。　⑨ 无传。同盟于皋鼬。　⑩ 无传。乱故，是以缓。　⑪ 无传。

【传】

四年春，蔡昭侯将如吴，诸大夫恐其又迁也，承①。公孙翩逐而射之，入于家人而卒②。以两矢门之。众莫敢进③。文之锴后至④，曰："如墙而进，多而杀二人⑤。"锴执弓而先，翩射之，中肘。锴遂杀之。故逐公孙辰，而杀公孙姓、公孙盱⑥。

① 承，音惩，盖楚言。【释文】惩，直升切。 ② 翩，蔡大夫。【释文】翩，音篇。射，食亦切，下同。 ③ 翩以矢自守其门。 ④ 锴，蔡大夫。【释文】锴，音楷，又音皆，又客骇切。 ⑤ 并行如墙俱进。【释文】并，步顶切。 ⑥ 盱，即霍也。【释文】中，丁仲切。肘，竹九切。盱，况于切。

夏，楚人既克夷虎①，乃谋北方。左司马眅、申公寿馀、叶公诸梁致蔡于负函②，致方城之外于缯关③，曰："吴将泝江入郢④，将奔命焉。"为一昔之期，袭梁及霍⑤。单浮馀围蛮氏，蛮氏溃⑥。蛮子赤奔晋阴地⑦。司马起丰、析与狄戎⑧，以临上雒。左师军于菟和⑨，右师军于仓野⑩，使谓阴地之命大夫士蔑曰⑪："晋、楚有盟，好恶同之。若将不废，寡君之愿也。不然，将通于少习以听命⑫。"士蔑请诸赵孟。赵孟曰："晋国未宁，安能恶于楚，必速与之⑬。"士蔑乃致九州之戎⑭。将裂田以与蛮子而城之⑮，且将为之卜⑯。蛮子听卜，遂执之，与其五大夫，以畀楚师于三户⑰。司马致邑立宗焉，以诱其遗民⑱，而尽俘以归。

① 夷虎，蛮夷叛楚者。 ② 三子，楚大夫也。此蔡之故地人民，楚因以为邑。致之者，会其众也。【释文】眅，普版切。《字林》匹奸切。叶，始涉切。函，音咸。 ③ 负函、缯关，皆楚地。【释文】缯，才陵切。 ④ 逆流曰泝。【释文】泝，音素。郢，以井切，又以政切。 ⑤ 伪辞当备吴，夜结期，明日便袭梁、霍，使不知之。梁，河南梁县西南故城也。梁南有霍阳山，皆蛮子之邑也。 ⑥ 浮馀，楚大夫。【释文】单，音善。溃，户内切。 ⑦ 阴地，河南山北自上雒以东至陆浑。【释文】浑，户门切。 ⑧ 楚司马眅也。析县属南乡郡，析南有丰乡，皆

楚邑。发此二邑人及戎狄。【释文】析，星历切。　⑨ 菟和山在上雒东也。【释文】菟，音徒。　⑩ 仓野，在上雒县。　⑪ 命大夫，别县监尹。【释文】监，古衔切。　⑫ 少习，商县武关也。将大开武关道以伐晋。【释文】少，诗照切，又如字。　⑬ 未宁，时有范、中行之难。【释文】难，乃旦切。　⑭ 九州戎，在晋阴地、陆浑者。　⑮ 以诈蛮子。　⑯ 卜城。【释文】为，于伪切。　⑰ 今丹水县北三户亭。【释文】畀，必利切。　⑱ 楚复诈为蛮子作邑，立其宗主。【释文】复，扶又切。

秋七月，齐陈乞、弦施、卫宁跪救范氏①。庚午，围五鹿②。九月，赵鞅围邯郸。冬十一月，邯郸降。荀寅奔鲜虞，赵稷奔临③。十二月，弦施逆之，遂堕临。国夏伐晋，取邢、任、栾、鄗、逆畤、阴人、盂、壶口④。会鲜虞，纳荀寅于柏人⑤。

① 陈乞，僖子。弦施，弦多。【释文】跪，其委切。　② 五鹿，晋地。　③ 临，晋邑。【释文】降，户江切。　④ 八邑，晋地。栾在赵国平棘县西北。鄗即高邑县也。路县东有壶口关。【释文】堕，许规切。邢，音刑。任，音壬。栾力官切。鄗，呼洛切，郭璞《三苍解诂》音膗，《字林》火沃切，韦昭呼告切，阚骃云：读硗确，同。畤，音止。盂，音于。　⑤ 晋邑也。今赵国柏人县也。弦施与鲜虞会也。

哀公五年

【经】

五年春，城毗①。

夏，齐侯伐宋②。

晋赵鞅帅师伐卫。

秋九月癸酉，齐侯杵臼卒③。

冬，叔还如齐。

闰月，葬齐景公④。

① 无传。备晋也。【释文】毗，频夷切。 ② 无传。 ③ 再同盟也。【释文】杵，昌吕切。臼，求又切。 ④ 无传。

【传】

五年春，晋围柏人，荀寅、士吉射奔齐。初，范氏之臣王生恶张柳朔，言诸昭子，使为柏人①。昭子曰："夫非而仇乎？"对曰："私仇不及公②，好不废过，恶不去善，义之经也。臣敢违之？"及范氏出③，张柳朔谓其子："尔从主，勉之。我将止死，王生授我矣④。吾不可以僭之。"遂死于柏人⑤。

① 为柏人宰也。昭子，范吉射也。【释文】恶，乌路切，下同。柳，良久切。 ② 公家之事也。【释文】夫，音扶。 ③ 出柏人奔齐。【释文】好，呼报切。去，起吕切。 ④ 授我死节。 ⑤ 为吉(则)[射]距晋战死。【释文】僭，子念切，后同。为，于伪切。

夏，赵鞅伐卫，范氏之故也，遂围中牟①。

① 卫助范氏故也。

齐燕姬生子，不成而死①，诸子鬻姒之子荼嬖②。诸大夫恐其为大子也，言于公曰："君之齿长矣，未有大子，若之何？"公曰："二三子閒于忧虞，则有疾疢。亦姑谋乐，何忧于无君③？"公疾，使国惠子、高昭子立荼④，置群公子于莱⑤。秋，齐景公卒。冬十月，公子嘉、公子驹、公子黔奔卫，公子鉏、公子阳生来奔⑥。莱人歌之曰："景公死乎不与埋，三军之事乎不与谋。师乎师乎，何党之乎⑦？"

① 燕姬，景公夫人。不成，未冠也。【释文】燕，於贤切。冠，古唤切。 ② 诸子，庶公子也。鬻姒，景公妾。荼，安孺子。【释文】鬻，音育。姒，音似。荼，音舒，又音徒，又丈加切。嬖，必计切。 ③ 景公意欲立荼而未发，故以此言塞大夫请。【释文】长，丁丈切。閒，音闲，又音间厕之间，又如字。疢，敕觐切，本或作"疹"，乃结切。乐，音洛。 ④ 惠子，国夏。昭子，高张。 ⑤ 莱，齐东鄙邑。【释文】置，之豉切。群，或作"诸"。莱，音来。 ⑥ 皆景公子在莱者。

【释文】黔，巨廉切，又音琴。鉏，仕居切。　⑦ 师，众也。党，所也。之，往也。称谥，盖葬后而为此歌，哀群公子失所。【释文】与，音预。埋，亡皆切。

郑驷秦富而侈，嬖大夫也，而常陈卿之车服于其庭。郑人恶而杀之。子思曰："《诗》曰：'不解于位，民之攸塈①。'不守其位，而能久者鲜矣。《商颂》曰：'不僭不滥，不敢怠皇，命以多福②。'"

① 子思，子产子国参也。《诗·大雅》。攸，所也。塈，息也。【释文】侈，昌氏切，又尺氏切。恶，乌路切。解，佳卖切。塈，许器切。　② 僭，差也。滥，溢也。皇，暇也。言驷秦违《诗·商颂》，故受祸。【释文】鲜，息浅切。滥，力暂切。溢，音逸。

哀公六年

【经】

六年春，城邾瑕①。

晋赵鞅帅师伐鲜虞。

吴伐陈。

夏，齐国夏及高张来奔②。

叔还会吴于柤③。

秋七月庚寅，楚子轸卒④。

齐阳生入于齐⑤。

齐陈乞弑其君荼⑥。

冬，仲孙何忌帅师伐邾⑦。

宋向巢帅师伐曹⑧。

① 无传。备晋也。任城亢父县北有邾娄城。【释文】瑕，音遐。任，音壬。亢，苦浪切，又音刚。父，音甫。　② 二子阿君，废长立少，既受命，又不能全，书名，罪之也。【释文】长，丁丈切。少，诗照切。　③ 无传。【释文】柤，庄加

切。 ④ 未同盟而赴以名。【释文】轸，之忍切，《史记》作“珍”。 ⑤ 为陈乞所逆，故书入。 ⑥ 弑荼者朱毛与阳生也，而书陈乞，所用明乞立阳生而荼见弑，则祸由乞始也。楚比劫立，陈乞流涕，子家惮老，皆疑于免罪，故《春秋》明而书之，以为弑主。【释文】弑，音试，下皆同。 ⑦ 无传。 ⑧ 无传。

【传】

六年春，晋伐鲜虞，治范氏之乱也[①]。

① 四年，鲜虞纳荀寅于柏人。

吴伐陈，复修旧怨也。楚子曰[①]：“吾先君与陈有盟，不可以不救。”乃救陈，师于城父[②]。

① 元年未得志故也。【释文】复，扶又切。 ② 陈盟在昭十三年。【释文】父，音甫。

齐陈乞伪事高、国者[①]，每朝必骖乘焉。所从必言诸大夫[②]，曰：“彼皆偃蹇，将弃子之命[③]。皆曰：‘高、国得君[④]，必偪我，盍去诸？’固将谋子，子早图之。图之，莫如尽灭之。需，事之下也[⑤]。”及朝，则曰：“彼虎狼也，见我在子之侧，杀我无日矣。请就之位[⑥]。”又谓诸大夫曰：“二子者祸矣！恃得君而欲谋二三子，曰：‘国之多难，贵宠之由，尽去之而后君定。’既成谋矣，盍及其未作也，先诸？作而后悔，亦无及也。”大夫从之。夏六月戊辰，陈乞、鲍牧[⑦]及诸大夫，以甲入于公宫。昭子闻之，与惠子乘如公，战于庄，败[⑧]。国人追之，国夏奔莒，遂及高张、晏圉、弦施来奔[⑨]。

① 高张、国夏受命立荼，陈乞欲害之，故先伪事焉。 ② 言其罪也。【释文】乘，绳证切。 ③ 偃蹇，骄敖。【释文】偃，约免切。蹇，纪晚切。敖，五报切。 ④ 得君宠也。 ⑤ 需，疑也。【释文】偪，音逼。盍，户腊切。去，起吕切，下同。需，音须，一音懦，持疑也。 ⑥ 欲与诸大夫谋高、国，故求就之。 ⑦ 牧，鲍国孙。【释文】难，乃旦切。牧，州牧之牧。 ⑧ 高、国败也。庄，六轨之道。【释文】乘，绳证切。 ⑨ 晏圉，婴之子。圉、施不书，非卿。【释文】圉，

鱼吕切。

秋七月，楚子在城父，将救陈，卜战不吉，卜退不吉。王曰："然则死也！再败楚师，不如死[①]。弃盟逃仇，亦不如死。死一也，其死仇乎！"命公子申为王，不可；则命公子结，亦不可；则命公子启[②]，五辭而后许。将战，王有疾。庚寅，昭王攻大冥，卒于城父[③]。子閭退，曰："君王舍其子而让，群臣敢忘君乎？从君之命，顺也[④]。立君之子，亦顺也。二顺不可失也。"与子西、子期谋，潜师闭涂，逆越女之子章，立之而后还[⑤]。

① 前已败于柏举，今若退还，亦是败。　② 申，子西；结，子期；启，子閭，皆昭王兄。　③ 大冥陈地，吴师所在。【释文】辭，本又作"辤"，《说文》云：辤，不受也，受辛，宜辤也。辝，籀文。冥，亡丁切。　④ 从命，可立。【释文】舍，音捨。　⑤ 潜师，密发也。闭涂，不通外使也。越女，昭王妾。章，惠王。

是岁也，有云如众赤鸟，夹日以飞，三日。楚子使问诸周大史。周大史曰："其当王身乎[①]。若禜之，可移于令尹、司马[②]。"王曰："除腹心之疾，而置诸股肱，何益？不穀不有大过，天其夭诸？有罪受罚，又焉移之？"遂弗禜。

① 日为人君，妖气守之，故以为当王身。云在楚上，唯楚见之，故祸不及他国。【释文】夹，古洽切。大，音泰。　② 禜，禳祭。【释文】禜，音咏。禳，如羊切。

初，昭王有疾，卜曰："河为祟。"王弗祭。大夫请祭诸郊。王曰："三代命祀，祭不越望[①]。江、汉、雎、漳，楚之望也[②]。祸福之至，不是过也。不穀虽不德，河非所获罪也。"遂弗祭。孔子曰："楚昭王知大道矣！其不失国也，宜哉！《夏书》曰：'惟彼陶唐，帅彼天常[③]，有此冀方。今失其行，乱其纪纲，乃灭而亡[④]。'又曰：'允出兹在兹。'由己率常，可矣[⑤]。"

① 诸侯望祀竟内山川星辰。【释文】祟，息遂切。　② 四水在楚界。【释

文】睢，七余切。 ③ 逸《书》，言尧循天之常道。【释文】楚昭王知大道矣，本或作“天道”，非。夏，户雅切。此语在《尚书·五子之歌》，《书》无“帅彼天常”一句，下亦微异。 ④ 灭亡，谓夏桀也。唐虞及夏同都冀州，不易地而亡，由于不知大道故。【释文】行，如字，又下孟切，《尚书》作“厥道”。乃灭而亡，《尚书》作“乃底灭亡”。 ⑤ 又逸《书》，言信出己则福亦在己。

八月，齐邴意兹来奔①。

① 高、国党。

陈僖子使召公子阳生①。阳生驾而见南郭且于②，曰：“尝献马于季孙，不入于上乘，故又献此，请与子乘之③。”出莱门而告之故④。阚止知之，先待诸外⑤。公子曰：“事未可知，反，与壬也处⑥。”戒之，遂行⑦。逮夜，至于齐，国人知之⑧。僖子使子士之母养之⑨，与馈者皆入⑩。冬十月丁卯，立之。将盟⑪，鲍子醉而往。其臣差车鲍点曰⑫：“此谁之命也？”陈子曰：“受命于鲍子。”遂诬鲍子曰：“子之命也⑬。”鲍子曰：“女忘君之为孺子牛而折其齿乎？而背之也⑭！”悼公稽首⑮，曰：“吾子奉义而行者也。若我可，不必亡一大夫⑯。若我不可，不必亡一公子⑰。义则进，否则退，敢不唯子是从？废兴无以乱，则所愿也。”鲍子曰：“谁非君之子？”乃受盟⑱。使胡姬以安孺子如赖⑲。去鬻姒⑳，杀王甲，拘江说，囚王豹于句窦之丘㉑。公使朱毛告于陈子㉒，曰：“微子则不及此。然君异于器，不可以二。器二不匮，君二多难，敢布诸大夫。”僖子不对而泣，曰：“君举不信群臣乎㉓？以齐国之困，困又有忧㉔。少君不可以访，是以求长君，庶亦能容群臣乎！不然，夫孺子何罪？”毛复命，公悔之㉕。毛曰：“君大访于陈子，而图其小可也㉖。”使毛迁孺子于骀，不至，杀诸野幕之下，葬诸殳冒淳㉗。

① 召在七月，今在八月下，记事之次。 ② 且于，齐公子钼，在鲁南郭。

【释文】且,子余切。 ③ 畏在家人闻其言,故欲二人共载,以试马为辞。【释文】上乘,绳证切。 ④ 鲁郭门也。 ⑤ 阚止,阳生家臣子我也。待外,欲俱走。【释文】阚,苦暂切。 ⑥壬,阳生子简公。 ⑦ 戒使无泄言。【释文】泄,息列切。 ⑧ 故以昏至,不欲令人知之。国人知而不言,言陈氏得众。 ⑨ 隐于僖子家内。子士母,僖子妾。 ⑩ 陈僖子又令阳生随馈食之人入处公宫。【释文】馈,其位切。 ⑪ 盟诸大夫。 ⑫ 点,鲍牧臣也。差车,主车之官。【释文】差,所宜切。点,之廉切,又如字。 ⑬ 见其醉,故诬之。 ⑭ 孺子,荼也。景公尝衔绳为牛,使荼牵之,荼顿地,故折其齿。【释文】女,音汝。折,之舌切,又市列切。背,音佩。 ⑮ 悼公,阳生。 ⑯ 言己可为君,必不怨鲍子。 ⑰ 公子,自谓也。恐鲍子杀己,故要之。 ⑱ 言阳生亦君之子,固可立。 ⑲ 胡姬,景公妾也。赖,齐邑。安,号也。 ⑳ 荼之母。【释文】去,起吕切。 ㉑ 三子,景公嬖臣,荼之党也。【释文】拘,音俱。说,音税。句,音钩。 ㉒ 朱毛,齐大夫。 ㉓ 举,皆也。 ㉔ 内有饥荒之困,又有兵革之忧。 ㉕ 悔失言。【释文】少,诗照切。长,丁丈切。夫,音扶。孺,或作"孺",同。 ㉖ 大谓国政,小谓杀荼。 ㉗ 恐骀人不从,故毛驻于野,张帐而杀之。骀,齐邑。殳冒淳,地名。实以冬杀,经书秋者,史书秋,记始事,遂连其死,通以冬告鲁。【释文】骀,他才切,又徒来切。幕,音莫。殳,音殊。冒,亡报切。淳,音纯。驻,中住切。

哀公七年

【经】

七年春,宋皇瑗帅师侵郑。

晋魏曼多帅师侵卫。

夏,公会吴于鄫①。

秋,公伐邾。

八月己酉,入邾,以邾子益来②。

宋人围曹。

冬,郑驷弘帅师救曹。

① 鄫,今琅玡鄫县。【释文】瑗,于眷切。鄫,本又作"缯",才陵切。

② 他国言归，于鲁言来，内外之辞。

【传】

七年春，宋师侵郑，郑叛晋故也①。

① 定八年，郑始叛。

晋师侵卫，卫不服也①。

① 五年晋伐卫，至今未服。

夏，公会吴于鄫①。吴来征百牢，子服景伯对曰："先王未之有也。"吴人曰："宋百牢我②，鲁不可以后宋。且鲁牢晋大夫过十③，吴王百牢，不亦可乎？"景伯曰："晋范鞅贪而弃礼，以大国惧敝邑，故敝邑十一牢之。君若以礼命于诸侯，则有数矣④。若亦弃礼，则有淫者矣⑤。周之王也，制礼，上物不过十二⑥，以为天之大数也⑦。今弃周礼，而曰必百牢，亦唯执事。"吴人弗听。景伯曰："吴将亡矣！弃天而背本⑧。不与，必弃疾于我⑨。"乃与之。

① 吴欲霸中国。 ② 是时吴过宋，得百牢。【释文】牢，力刀切。过，古禾切。 ③ 晋大夫，范鞅也。在昭二十一年。【释文】后，如字，又户豆切。 ④ 有常数。 ⑤ 淫，过也。 ⑥ 上物，天子之牢。【释文】上，如字，又时掌切。 ⑦ 天有十二次，故制礼象之。 ⑧ 违周为背本。 ⑨ 放弃凶疾，来伐击我。

大宰嚭召季康子①，康子使子贡辞。大宰嚭曰："国君道长②，而大夫不出门，此何礼也？"对曰："岂以为礼？畏大国也③。大国不以礼命于诸侯，苟不以礼，岂可量也？寡君既共命焉，其老岂敢弃其国？大伯端委以治周礼，仲雍嗣之，断发文身，赢以为饰，岂礼也哉？有由然也④。"反自鄫，以吴为无能为也⑤。

① 嚭，吴大夫。 ② 盖言君长大于道路。【释文】长，丁丈切。 ③ 畏大国，不敢虚国尽行。 ④ 大伯，周大王之长子，仲雍，大伯弟也。大伯、仲雍让其弟季历，俱适荆蛮，遂有民众。大伯卒，无子，仲雍嗣立，不能行礼致化，故效

吴俗。言其权时制宜，以辟灾害，非以为礼也。端委，礼衣也。【释文】共，音恭。大，音泰。断，丁管切。赢，本又作"倮"，力果切。效，户孝切。　⑤ 弃礼，知其不能霸也。

季康子欲伐邾，乃飨大夫以谋之。子服景伯曰："小所以事大，信也。大所以保小，仁也。背大国，不信①；伐小国，不仁。民保于城，城保于德，失二德者，危，将焉保②？"孟孙曰："二三子以为何如③？恶贤而逆之④？"对曰："禹合诸侯于涂山，执玉帛者万国⑤。今其存者，无数十焉。唯大不字小，小不事大也⑥。知必危，何故不言⑦？鲁德如邾，而以众加之，可乎⑧？"不乐而出⑨。

① 大国，吴也。　② 二德，信与仁也。【释文】焉，於虔切。　③ 怪诸大夫不言，故指问之。　④ 孟孙贤景伯，欲使大夫不逆其言。恶，犹安也。【释文】恶，音乌。　⑤ 诸大夫对也。诸侯执玉，附庸执帛。涂山，在寿春东北。　⑥ 言诸侯相伐，古来以然。【释文】数，所主切。　⑦ 知伐邾必危，自当言，今不言者，不危故也。大夫以答孟孙所怪，且阿附季孙。　⑧ 孟孙忿答大夫，今鲁德无以胜邾，但欲恃众可乎？言不可。　⑨ 季、孟意异，佞直不同，故罢飨。【释文】乐，音岳，又音洛。

秋，伐邾，及范门①，犹闻钟声②。大夫谏，不听，茅成子请告于吴③，不许，曰："鲁击柝闻于邾④，吴二千里，不三月不至，何及于我？且国内岂不足⑤？"成子以茅叛⑥。师遂入邾，处其公宫，众师昼掠⑦，邾众保于绎⑧。师宵掠，以邾子益来⑨，献于亳社⑩，囚诸负瑕。负瑕故有绎⑪。邾茅夷鸿以束帛乘韦，自请救于吴⑫，曰："鲁弱晋而远吴，冯恃其众⑬，而背君之盟，辟君之执事⑭，以陵我小国。邾非敢自爱也，惧君威之不立。君威之不立，小国之忧也。若夏盟于鄫衍⑮，秋而背之，成求而不违⑯，四方诸侯，其何以事君？且鲁赋八百乘，君之贰也⑰。邾赋六百乘，君之私也⑱。以私奉贰，唯君图之。"吴子从之⑲。

① 邾郭门也。 ② 邾不御寇。【释文】御,鱼吕切。 ③ 成子,邾大夫茅夷鸿。 ④ 言以近。【释文】柝,音托,以两木相击以行夜也。字又作“㯏”,同。闻,音问,又如字。 ⑤ 言足以距鲁。 ⑥ 高平西南有茅乡亭。 ⑦ 虏掠,取财物也。【释文】昼,中救切。掠,音亮。 ⑧ 绎,邾山也。在邹县北。【释文】绎,音亦。邹,侧留切。 ⑨益,邾隐公也。昼夜掠,传言康子无法。 ⑩ 以其亡国与殷同。 ⑪ 负瑕,鲁邑,高平南平阳县西北有瑕丘城。前者鲁得邾之绎民,使在负瑕,故使相就以辱之。 ⑫ 无君命,故言自。【释文】乘,绳证切。 ⑬ 冯,依。【释文】冯,皮冰切。 ⑭ 辟,陋。【释文】辟,匹亦切。 ⑮ 鄫衍,即鄫也。鄫盟不书,吴行夷礼,礼仪不典,非所以结信义,故不录。 ⑯ 言鲁成其所求,无违逆也。 ⑰ 贰,敌也。鲁以八百乘之赋贡于吴,言其国大。 ⑱ 为私属。 ⑲ 为明年吴伐我传。

宋人围曹。郑桓子思曰:“宋人有曹,郑之患也。不可以不救[①]。”冬,郑师救曹,侵宋。初,曹人或梦众君子立于社宫[②],而谋亡曹,曹叔振铎请待公孙彊,许之[③]。旦而求之曹,无之。戒其子曰:“我死,尔闻公孙彊为政,必去之。”及曹伯阳即位,好田弋。曹鄙人公孙彊好弋,获白雁,献之。且言田弋之说,说之。因访政事,大说之。有宠,使为司城以听政。梦者之子乃行。彊言霸说于曹伯,曹伯从之,乃背晋而奸宋。宋人伐之,晋人不救。筑五邑于其郊,曰黍丘、揖丘、大城、钟、邘[④]。

① 桓,谥。 ② 社宫,社也。 ③ 振铎,曹始祖。【释文】铎,待洛切。彊,其良切。 ④ 为明年入曹传也。梁国下邑县西南有黍丘亭。【释文】好,呼报切。弋,以职切,缴射也。上“说”如字,下“说”音悦,“大说”同。霸说,如字,又始锐切。奸,音干。揖,音集,又于入切。邘,音于。

哀公八年

【经】

八年春，王正月，宋公入曹，以曹伯阳归①。

吴伐我。

夏，齐人取讙及阐②。

归邾子益于邾。

秋，七月。

冬，十有二月癸亥，杞伯过卒③。

齐人归讙及阐④。

① 曹人背晋而奸宋，是以致讨。宋公既还，而不忍褚师之诟，怒而反兵，一举灭曹，灭非本志，故以入告。【释文】褚，中吕切。诟，呼豆切。 ② 不书伐，兵未加而鲁与之邑。阐在东平剻县北。【释文】讙，音欢。阐，尺善切。 ③ 无传。未同盟而赴以名。【释文】过，古禾切。 ④ 不言来，命归之，无旨使也。【释文】使，所吏切。

【传】

八年春，宋公伐曹，将还，褚师子肥殿①。曹人诟之，不行②，师待之。公闻之，怒，命反之，遂灭曹。执曹伯及司城彊以归，杀之③。

① 子肥，宋大夫。【释文】殿，丁练切。 ② 诟，辱詈也。不行，殿兵止也。【释文】诟，本又作"询"，呼豆切。詈，力智切。 ③ 终曹人之梦。

吴为邾故，将伐鲁，问于叔孙辄①。叔孙辄对曰："鲁有名而无情②，伐之，必得志焉。"退而告公山不狃③。公山不狃曰："非礼也。君子违，不适仇国④。未臣而有伐之，奔命焉，死之可也⑤。所托也则隐⑥。且夫人之行也，不以所恶废乡⑦。今子以小恶而欲覆宗国，不亦难乎⑧？若使子率，子必辞，王将使我。”子张病之⑨。王问于子洩⑩，对曰：“鲁虽无与立⑪，必有与毙⑫。诸侯将救之，未可以得志焉。晋与齐、楚辅之，是四仇也⑬。夫鲁，齐、晋之唇，唇亡齿寒，君所知也。不救何为？”三月，吴伐我，子洩率，故道险，从武城⑭。

① 问可伐不。辄，故鲁人。【释文】为，于伪切。 ② 有大国名，无情实。 ③ 不狃，亦故鲁人。【释文】狃，女九切。 ④ 违，奔亡也。 ⑤ 未臣所适之国，若有伐本国者，则可还奔命，死其难。【释文】难，乃旦切。 ⑥ 曾所因托，则为之隐恶。【释文】曾，在增切。 ⑦ 不以其私怨恶，废弃其乡党之好。【释文】夫，音扶。行，下孟切，又如字。恶，乌路切，又如字。好，呼报切，下“好焉”同。 ⑧ 辄，鲁公族，故谓之宗国。【释文】覆，芳服切。 ⑨ 子张，辄也。 ⑩ 子洩，不狃。【释文】洩，息列切，又作“泄”。 ⑪ 缓时若无能自立。 ⑫ 急则人人知惧，皆将同死战。【释文】毙，婢世切。 ⑬ 与鲁而四。 ⑭ 故由险道，欲使鲁成备。【释文】子洩率，绝句。故道险，绝句。

初，武城人或有因于吴竟田焉①，拘鄫人之沤菅者，曰：“何故使吾水滋②？”及吴师至，拘者道之，以伐武城，克之③。王犯尝为之宰，澹台子羽之父好焉。国人惧④，懿子谓景伯：“若之何？”对曰：“吴师来，斯与之战，何患焉？且召之而至，又何求焉⑤？”吴师克东阳而进，舍于五梧，明日，舍于蚕室⑥。公宾庚、公甲叔子与战于夷，获叔子与析朱钼⑦。献于王，王曰：“此同车，必使能，国未可望也⑧。”明日，舍于庚宗，遂次于泗上。微虎欲宵攻王舍⑨，私属徒七百人，三踊于幕庭⑩，卒三百人，有若与焉⑪，及稷门之内⑫，或谓季孙曰：“不足以害吴，而多杀国士，不如已也。”乃止之。吴子闻之，一夕三迁⑬。吴人行成⑭，将盟。景伯曰：“楚人围宋，易子而食，析骸而爨⑮，犹无城下之盟。我未及亏，而有城下之盟，是弃国也。吴轻而远，不能久，将归矣。请少待之。”弗从。景伯负载，造于莱门⑯，乃请释子服何于吴，吴人许之。以王子姑曹当之，而后止⑰。吴人盟而还⑱。

① 侨田吴界。【释文】竟，音境。侨，其骄切。　② 鄫人亦侨田吴。滋，浊也。【释文】拘，音俱。沤，乌豆切。菅，古颜切。滋，音玄，本亦作“兹”，子丝切，《字林》云：黑也。　③ 鄫人教吴必可克。【释文】道，音导。　④ 王犯，吴大夫。故尝奔鲁，为武城宰。澹台子羽，武城人，孔子弟子也。其父与王犯相善，国人惧其为内应。【释文】澹，待甘切。应，应对之应。　⑤ 言犯盟伐邾，所以召吴。⑥ 三邑，鲁地。　⑦ 公宾庚、公甲叔子并析朱鉏为三人，皆同车，传互言之。【释文】析，星历切。　⑧ 同车能俱死，是国能使人，故不可望得。　⑨ 微虎，鲁大夫。【释文】泗，音四。　⑩ 于帐前设格，令士试跃之。【释文】属，音烛。幕，亡博切。格，更百切。令，力呈切。跃，羊灼切。　⑪ 卒，终也。终得三百人任行。有若，孔子弟子，与在三百人中。【释文】与，音预。任，音壬。　⑫ 三百人行至稷门。　⑬ 畏微虎。【释文】三，息暂切。　⑭ 求与鲁成。　⑮ 在宣十五年。【释文】骸，户皆切，本又作“骨”。爨，七乱切。　⑯ 以言不见从，故负载书，将欲出盟。【释文】亏，去危切。轻，遣政切。载，如字，或音戴。造，七报切。莱，音来。　⑰ 释，舍也。鲁人不以盟为了，欲因留景伯为质于吴。既得吴之许，复求吴王之子以交质。吴人不欲留王子，故遂两止。【释文】质，音致。复，扶又切。　⑱ 不书盟，耻吴夷。

齐悼公之来也①，季康子以其妹妻之，即位而逆之，季鲂侯通焉②。女言其情，弗敢与也。齐侯怒，夏五月，齐鲍牧帅师伐我，取讙及阐。

① 在五年。　② 鲂侯，康子叔父。【释文】妻，七计切。鲂，音房。

或谮胡姬于齐侯①，曰：“安孺子之党也。”六月，齐侯杀胡姬②。

① 胡姬，景公妾。　② 传言齐侯无道，所以不终。

齐侯使如吴请师，将以伐我，乃归邾子①。邾子又无道，吴子使大宰子馀讨之②，囚诸楼台，栫之以棘③。使诸大夫奉大子革以为政④。

① 齐未得季姬，故请师也。吴前为邾讨鲁，惧二国同心，故归邾子。【释

文】为，于伪切。　② 子馀，大宰嚭。　③ 柣，雍也。【释文】柣，本又作“荐”，在芮切。雍，於勇切。　④ 革，邾大子桓公也。为十年邾子来奔传。

秋，及齐平。九月，臧宾如如齐莅盟①，齐闾丘明来莅盟②，且逆季姬以归，嬖③。

① 宾如，臧会子。　② 明，闾丘婴之子也。盟不书，讳略之。　③ 季姬，鲂侯所通者。

鲍牧又谓群公子曰：“使女有马千乘乎①？”公子诉之。公谓鲍子：“或谮子，子姑居于潞以察之②。若有之，则分室以行。若无之，则反子之所。”出门，使以三分之一行。半道，使以二乘。及潞，麇之以入，遂杀之③。

① 有马千乘，使为君也。鲍牧本不欲立阳生，故讽动群公子。【释文】女，音汝。乘，绳证切。讽，方凤切。　② 潞，齐邑。【释文】诉，音素。潞，音路。③ 麇，亦束缚。【释文】麇，丘陨切。

冬十二月，齐人归讙及阐，季姬嬖故也。

哀公九年

【经】

九年春，王二月，葬杞僖公①。

宋皇瑗帅师取郑师于雍丘②。

夏，楚人伐陈。

秋，宋公伐郑。

冬，十月。

① 无传。三月而葬，速。　② 书取，覆而败之。雍丘县属陈留。【释文】雍，於勇切。

【传】

九年春，齐侯使公孟绰辞师于吴①。吴子曰："昔岁寡人闻命。今又革之，不知所从，将进受命于君②。"

① 齐与鲁平，故辞吴师。【释文】绰，昌灼切，本又作"卓"，同。　② 为十年吴伐齐传。

郑武子賸之嬖许瑕求邑，无以与之①。请外取，许之②。故围宋雍丘。宋皇瑗围郑师③，每日迁舍④，垒合，郑师哭。子姚救之，大败⑤。二月甲戌，宋取郑师于雍丘，使有能者无死⑥，以郏张与郑罗归⑦。

① 賸，罕达也。瑕，武子之属。【释文】賸，以证切。　② 瑕请取于他国。③ 许瑕师。　④ 作垒堑成，辄徙舍合其围。【释文】垒，力轨切。堑，七艳切。⑤ 子姚，武子賸也。　⑥ 惜其能也。　⑦ 郑之有能者。【释文】郏，古洽切，又音甲。

夏，楚人伐陈，陈即吴故也。

宋公伐郑①。

① 报雍丘。

秋，吴城邗，沟通江、淮①。

① 于邗江筑城穿沟，东北通射阳湖，西北至(末)[宋]口入淮，通粮道也。今广陵韩江是。【释文】邗，音寒。射，食亦切，又音亦。

晋赵鞅卜救郑，遇水适火①，占诸史赵、史墨、史龟②。史龟曰："是谓沈阳③，可以兴兵④。利以伐姜，不利子商⑤。伐齐则可，敌宋不吉。"史墨曰："盈，水名也。子，水位也⑥。名位敌，不可干也⑦。炎帝为火师⑧，姜姓其后也。水胜火，伐姜则可。"史赵曰："是谓如川之满，不可游也⑨。郑方有罪，不可救也⑩。救郑则不吉，不知其他⑪。"阳虎以《周易》筮之，遇《泰》䷊⑫之《需》䷄⑬，曰："宋方吉，不可与也⑭。微子启，帝乙之元子也。宋、郑，甥舅也⑮。祉，禄也。若帝乙之元子归妹，而有吉禄，我安得吉焉？”乃止⑯。

① 水火之兆。 ② 皆晋史。 ③ 火阳，得水故沈。 ④ 兵，阴类也，故可以兴兵。 ⑤ 姜，齐姓。子商，谓宋。 ⑥ 赵鞅姓盈，宋姓子。水盈坎乃行，子姓又得北方水位。 ⑦ 二水俱盛，言不可干。 ⑧ 神农有火瑞，以火名官。 ⑨ 既盈而得水位，故为如川之满，不可冯游。言其波流盛。【释文】游，音由。冯，皮冰切。 ⑩ 郑以嬖宠伐人，故以为有罪。 ⑪ 救郑则当伐宋，故不吉也。 ⑫《乾》下《坤》上，《泰》。 ⑬《乾》下《坎》上，《需》，《泰》六五变。【释文】需，音须。 ⑭ 不可与战。《泰》六五曰：帝乙归妹，以祉元吉。帝乙，纣父。五为天子，故称帝乙。阴而得中，有似王者嫁妹，得如其愿，受福禄而大吉。【释文】祉，音耻。 ⑮ 宋、郑为昏姻甥舅之国，宋为微子之后。今卜得帝乙之卦，故以为宋吉。 ⑯ 吉在彼，则我伐之为不吉。

冬，吴子使来儆师伐齐①。

① 前年齐与吴谋伐鲁，齐既与鲁成而止，故吴恨之，反与鲁伐齐。【释文】儆，音景。

哀 公 十 年

【经】

十年春，王二月，邾子益来奔。

公会吴伐齐①。

三月戊戌，齐侯阳生卒②。

夏，宋人伐郑③。

晋赵鞅帅师侵齐。

五月，公至自伐齐④。

葬齐悼公⑤。

卫公孟彄自齐归于卫⑥。

薛伯夷卒⑦。

秋，葬薛惠公[⑧]。

冬，楚公子结帅师伐陈。

吴救陈[⑨]。

① 书会，从不与谋。【释文】与，音预。 ② 以疾赴，故不书弑。【释文】弑，申志切。 ③ 无传。 ④ 无传。 ⑤ 无传。 ⑥ 无传。书归，齐纳之。【释文】弧，苦侯切。 ⑦ 无传。赴以名，故书。 ⑧ 无传。 ⑨ 季子不书，陈人来告不以名。

【传】

十年春，邾隐公来奔。齐甥也，故遂奔齐[①]。

① 终子贡之言。

公会吴子、邾子、郯子伐齐南鄙，师于鄎[①]。齐人弑悼公，赴于师[②]。吴子三日哭于军门之外。徐承帅舟师，将自海入齐，齐人败之，吴师乃还[③]。

① 鄎，齐地。邾、郯不书，兵并属吴，不列于诸侯。【释文】郯，音谈。鄎，音息，注同。并，必政切。 ② 以说吴。【释文】弑，申志切。 ③ 承，吴大夫。

夏，赵鞅帅师伐齐[①]，大夫请卜之。赵孟曰："吾卜于此起兵[②]，事不再令[③]，卜不袭吉[④]，行也。"于是乎取犁及辕[⑤]，毁高唐之郭，侵及赖而还。

① 经书侵，以侵告。 ② 谓往岁卜伐宋不吉，利以伐姜，故今兴兵。 ③ 再令，渎也。 ④ 袭，重也。【释文】重，直龙切，又直用切。 ⑤ 犁，一名隰，济南有隰阴县。祝阿县西有辕城。【释文】犁，力兮切，又力之切。辕，音袁，又于眷切。隰，音习，本或作"湿"，音同。

秋，吴子使来复儆师[①]。

① 伐齐未得志故。为明年吴伐齐传。【释文】复，扶又切。

冬，楚子期伐陈[①]。吴延州来季子救陈，谓子期曰："二君不务德[②]，而力争诸侯，民何罪焉？我请退，以为子名，务德而安民。"乃还[③]。

① 陈即吴故。 ② 二君：吴、楚。 ③ 季子，吴王寿梦少子也。寿梦以襄十二年卒，至今七十七岁，寿梦卒，季子已能让国，年当十五六，至今盖九十余。【释文】梦，音蒙。少，诗照切。

哀公十一年

【经】

十有一年春，齐国书帅师伐我。

夏，陈辕颇出奔郑①。

五月，公会吴伐齐。

甲戌，齐国书帅师及吴战于艾陵，齐师败绩，获齐国书②。

秋七月辛酉，滕子虞母卒③。

冬十有一月，葬滕隐公④。

卫世叔齐出奔宋⑤。

① 书名，贪也。【释文】颇，破可切，又普河切。 ② 公与伐而不与战。艾陵，齐地。【释文】艾，五盖切。与，音预。 ③ 无传。赴以名，故书之。 ④ 无传。 ⑤ 书名，淫也。

【传】

十一年春，齐为鄎故①，国书、高无丕帅师伐我，及清②。季孙谓其宰冉求曰③："齐师在清，必鲁故也。若之何？"求曰："一子守，二子从公禦诸竟。"季孙曰："不能④。"求曰："居封疆之间⑤。"季孙告二子⑥，二子不可。求曰："若不可，则君无出。一子帅师，背城而战。不属者，非鲁人也⑦。鲁之群室，众于齐之兵车⑧。一室敌车，优矣。子何患焉？二子之不欲战也宜，政在季氏⑨。当子之身，齐人伐鲁而不能战，子之耻也，大不列于诸侯矣。"季孙使从于朝⑩，俟于党氏之沟⑪。武叔呼而问战焉⑫，对曰："君子有远虑，小人何知？"懿子强问之，对曰："小人虑材而言，量力而共者也⑬。"武叔曰："是谓我不成丈夫也⑭。"退而蒐乘⑮，孟孺子洩帅右师⑯，颜羽御，邴洩为右⑰。冉求帅左师，管周父御，樊迟为右⑱。季孙曰："须也弱。"有子曰："就用命焉⑲。"季氏之甲七千，冉有以武城人三百为己徒卒⑳。老幼守宫，次于雩门之外㉑。五日，右师从之㉒。公叔务人㉓见保者而泣㉔，曰："事充㉕政重㉖，上不能谋，士不能死，何以治民？吾既言之矣，敢不勉乎㉗！"

① 郎在前年。【释文】为，于伪切。　② 清，齐地，济北卢县东有清亭。【释文】丕，普悲切。　③ 冉求，鲁人，孔子弟子。　④ 自度力不能使二子御诸竟。【释文】守，手又切。从，才用切。禦，鱼吕切，亦作"御"。竟，音境。度，待洛切。　⑤ 封疆，竟内近郊之地。【释文】疆，居良切。　⑥ 二子，叔孙、孟孙也。　⑦ 属，臣属也。言不战为不臣。　⑧ 群室，都邑居家。　⑨ 言二子恨季氏专政，故不尽力。【释文】二子之不欲战也宜，绝句。　⑩ 使冉求随己之公朝。　⑪ 党氏沟，朝中地名。【释文】党，音掌。　⑫ 问冉求。　⑬ 言子所问非己材力所及，故不能言。【释文】强，其丈切。共，音恭。　⑭ 知冉求非己不欲战，故不对。【释文】不成丈夫也，本或作"大夫"，非。　⑮ 蒐，阅。【释文】蒐，所求切。乘，绳证切。阅，音悦。　⑯ 孺子，孟懿子之子武伯彘。【释文】孺，而住切。彘，直利切。　⑰ 二子，孟氏臣。【释文】邴，音丙，又彼命切。　⑱ 樊迟，鲁人，孔子弟子樊须。【释文】父，音甫。　⑲ 虽年少，能用命。有子，冉求也。【释文】少，诗照切。　⑳ 步卒，精兵。【释文】卒，子忽切。　㉑ 南城门也。【释文】雩，音于。　㉒ 五日乃从，言不欲战。　㉓ 务人，公为，昭公子。　㉔ 保，守城者。　㉕ 繇役烦。【释文】繇，本亦作"徭"，同，音遥。　㉖ 赋务多。　㉗ 既言人不能死，己不敢不死。

师及齐师战于郊，齐师自稷曲①，师不逾沟。樊迟曰："非不能也，不信子也。请三刻而逾之②。"如之，众从之③。师入齐军④，右师奔，齐人从之⑤，陈瓘、陈庄涉泗⑥。孟之侧后入以为殿⑦，抽矢策其马，曰："马不进也⑧。"林不狃之伍曰："走乎⑨？"不狃曰："谁不如⑩？"曰："然则止乎？"不狃曰："恶贤⑪？"徐步而死⑫。师获甲首八十⑬，齐人不能师⑭。宵，谍曰："齐人遁⑮。"冉有请从之三，季孙弗许。孟孺子语人曰："我不如颜羽，而贤于邴洩⑯。子羽锐敏⑰，我不欲战而能默⑱。洩曰：'驱之⑲。'"公为与其嬖僮汪锜乘，皆死，皆殡⑳。孔子曰："能执干戈以卫社稷，可无殇也㉑。"冉有用矛于齐师，故能入其军。孔子曰："义也㉒。"

① 稷曲，郊地名。 ② 与众三刻约信。 ③ 如樊迟言，乃逾沟。 ④ 冉求之师。 ⑤ 逐右师。 ⑥ 二陈，齐大夫。【释文】瓘，古唤切。泗，音四。 ⑦ 之侧，孟氏族也，(子)[字]反。【释文】殿，丁练切。 ⑧ 不欲伐善。【释文】抽，敕留切。策，初革切，本或作"筴"。 ⑨ 不狃，鲁士。五人为伍。败而欲走。 ⑩ 我不如谁而欲起。【释文】如，如字，又而庶切。 ⑪ 言止战恶足为贤，皆无战志。【释文】恶，音乌。 ⑫ 徐行而死，言鲁非无壮士，俱季孙不能使。 ⑬ 冉求所得。 ⑭ 不能整其师。 ⑮ 谍，间也。【释文】谍，音牒。遁，徒困切。间，间厕之间。 ⑯ (三)[二]子与孟孺子同车。【释文】语，鱼据切。 ⑰ 子羽，颜羽。锐，精也。敏，疾也。言欲战。 ⑱ 心虽不欲，口不言奔。【释文】默，本亦作"嘿"，亡北切。 ⑲ 言驱马欲奔。 ⑳ 皆，俱也。【释文】嬖，必计切。僮，本亦作"童"，音同。汪，乌黄切。锜，鱼绮切。乘，绳证切。 ㉑ 时人疑童子当殇。【释文】殇，音商，八岁至十九岁为殇。 ㉒ 言能以义勇。不书战，不皆陈也。不书败，胜负不殊。【释文】矛，亡侯切。陈，直觐切。

夏，陈辕颇出奔郑。初，辕颇为司徒，赋封田以嫁公女①。有余，以为己大器②。国人逐之，故出。道渴，其族辕咺进稻醴、粱糗、腶脯焉③。喜曰："何其给也？"对曰："器成而具④。"曰："何不吾谏？"对曰："惧先行⑤。"

① 封内之田悉赋税之。 ② 大器，钟鼎之属。 ③ 糗，干饭也。【释文】咺，况阮切。醴，音礼，以稻米为醴酒。糗，起九切，以粱米为之，又昌绍切。腶，丁乱切，字亦作"锻"。加姜桂曰脯也。 ④ 具此醴糗。 ⑤ 恐言不从，先见逐。

为郊战故，公会吴子伐齐①。五月克博，壬申，至于嬴②。中军从王③，胥门巢将上军，王子姑曹将下军，展如将右军④。齐国书将中军，高无丕将上军，宗楼将下军。陈僖子谓其弟书："尔死，我必得志⑤。"宗子阳与闾丘明相厉也⑥。桑掩胥御国子⑦，公孙夏曰："二子必死⑧。"将战，公孙夏命其徒歌《虞殡》⑨。陈子行命其徒具含玉⑩。公孙挥命其徒曰："人寻约，吴发短⑪。"东郭书曰："三战必死，于此三矣⑫。"使问弦多以琴⑬，曰："吾不复见子矣⑭。"陈书曰："此行也，吾闻鼓而已，不闻金矣⑮。"

① 欲以报也。【释文】为，于伪切。　② 博、嬴，齐邑也。二县皆属泰山。【释文】嬴，音盈。　③ 吴中军。　④ 三将，吴大夫。　⑤ 书，子占也。欲获死事之功。　⑥ 相劝厉至死。子阳，宗楼也。　⑦ 国子，国书。　⑧ 亦劝勉之。【释文】夏，户雅切。　⑨《虞殡》，送葬歌曲。示必死。【释文】殡，必刃切。⑩ 子行，陈逆也。具含玉，亦示必死。【释文】行，如字，含，又户郎切。含，户暗切，本又作"唅"。　⑪ 约，绳也。八尺为寻，吴发短，欲以绳贯其首。【释文】挥，许韦切。　⑫ 三战，夷仪、五氏与今。　⑬ 弦多，齐人也，六年奔鲁。问，遗也。【释文】遗，唯季切。　⑭ 言将死战。　⑮ 鼓以进军，金以退军。不闻金，言将死也。传言吴师强，齐人皆自知将败。

甲戌，战于艾陵，展如败高子①，国子败胥门巢②。王卒助之，大败齐师。获国书、公孙夏、闾丘明、陈书、东郭书，革车八百乘，甲首三千，以献于公③。将战，吴子呼叔孙④，曰："而事何也⑤？"对曰："从司马⑥。"王赐之甲、剑铍，曰："奉尔君事，敬无废命。"叔孙未能对，卫赐进⑦，曰："州仇奉甲从君而拜⑧。"公使大史固归国子之元⑨，寘之新箧，褽之以玄纁⑩，加组带焉。寘书于其上，曰："天若不识不衷，何以使下国⑪？"

① 齐上军败。　② 吴上军亦败。　③ 公以兵从，故以劳公。【释文】卒，子忽切。乘，绳证切。从，才用切，又如字。劳，力报切。　④ 叔孙，武叔州仇。

⑤ 问何职。 ⑥ 从吴司马所命。 ⑦ 赐，子贡，孔子弟子。【释文】铍，普悲切。 ⑧ 拜受之。 ⑨ 归于齐也。元，首也。吴以献鲁。 ⑩ 褽，荐也。【释文】寘，之豉切。箧，若协切。褽，音尉，或作"褽以玄纁"。纁，许云切，本亦作"勋"。 ⑪ 言天识不善，故杀国子。【释文】组，音祖。衷，音忠。

吴将伐齐，越子率其众以朝焉，王及列士，皆有馈赂。吴人皆喜，惟子胥惧，曰："是豢吴也夫①！"谏曰："越在我，心腹之疾也。壤地同，而有欲于我②。夫其柔服，求济其欲也，不如早从事焉③。得志于齐，犹获石田也，无所用之④。越不为沼，吴其泯矣，使医除疾，而曰'必遗类焉'者，未之有也。《盘庚》之诰曰：'其有颠越不共，则劓殄无遗育，无俾易种于兹邑⑤。'是商所以兴也。今君易之，将以求大，不亦难乎？"弗听，使于齐，属其子于鲍氏，为王孙氏⑥。反役，王闻之，使赐之属镂以死⑦，将死，曰："树吾墓槚，槚可材也，吴其亡乎！三年，其始弱矣。盈必毁，天之道也⑧。"

① 豢，养也。若人养牺牲，非爱之，将杀之。【释文】馈，其位切，或作"餽"。赂，音路。豢，音患。夫，音扶。 ② 欲得吴。 ③ 从事，击之。 ④ 石田不可耕。 ⑤《盘庚》，《商书》也。颠越不共，从横不承命者也。劓，割也。殄，绝也。育，长也。俾，使也。易种，转生种类。【释文】沼，之兆切。泯，亡轸切。盘，步干切。诰，古报切。共，音恭，注同。劓，鱼器切。殄，大典切。俾，必耳切。种，章勇切。从，子容切。长，丁丈切。 ⑥ 私使人至齐属其子，改姓为王孙，欲以辟吴祸。【释文】使，所吏切。属，音烛，下同。 ⑦ 艾陵役也。属镂，剑名。【释文】镂，力俱切，又力侯切。 ⑧ 越人朝之，伐齐胜之，盈之极也。为十三年越伐吴起。【释文】槚，古雅切，木名。

秋，季孙命修守备，曰："小胜大，祸也。齐至无日矣①。"

① 善有备。【释文】守，手又切。

冬，卫大叔疾出奔宋①。初，疾娶于宋子朝②，其娣嬖③。子朝出④，孔文子使疾出其妻而妻之。疾使侍人诱其初妻之娣，寘于犁⑤，而为之一宫，如二妻。文子怒，欲攻之。仲尼止之。遂夺其妻。或淫于外州，外州人夺之轩以献[6]。耻是二者，故出。卫人立遗，使室孔姞[7]。疾臣向魋[8]，纳美珠焉，与之城钼[9]。宋公求珠，魋不与，由是得罪。及桓氏出[10]，城钼人攻大叔疾，卫庄公复之[11]。使处巢，死焉。殡于郧，葬于少禘[12]。初，晋悼公子慭亡在卫，使其女仆而田[13]。大叔懿子止而饮之酒[14]，遂聘之，生悼子[15]。悼子即位，故夏戊为大夫[16]。悼子亡，卫人翦夏戊[17]。孔文子之将攻大叔也，访于仲尼。仲尼曰："胡簋之事，则尝学之矣[18]。甲兵之事，未之闻也。"退，命驾而行，曰："鸟则择木，木岂能择鸟[19]？"文子遽止之，曰："圉岂敢度其私，访卫国之难也[20]。"将止[21]。鲁人以币召之，乃归[22]。

① 疾即齐也。 ② 子朝，宋人，仕卫为大夫。【释文】朝，如字。 ③ 娣，所娶女之娣。 ④ 出奔。 ⑤ 犁，卫邑。【释文】妻，七计切。犁，力兮切。 ⑥ 外州，卫邑。轩，车也，以献于君。 ⑦ 遗，疾之弟。孔姞，孔文子之女，疾之妻。【释文】姞，其乙切，又其吉切。 ⑧ 为宋向魋臣。【释文】魋，徒回切。 ⑨ 城钼，宋邑。 ⑩ 出在十四年。 ⑪ 听使还。 ⑫ 终言疾之失所也。巢、郧、少禘，皆卫地。【释文】郧，音云。少，诗照切。禘，大计切。 ⑬ 仆，御。田，猎。【释文】慭，鱼觐切，一作"整"，征领切。 ⑭ 懿子，大叔仪之孙。【释文】饮，於鸩切。 ⑮ 悼子，大叔疾。【释文】聘，匹政切。 ⑯ 夏戊，悼子之甥。【释文】夏，户雅切。戊，音茂。 ⑰ 翦，削其爵邑。 ⑱ 胡簋，礼器名。夏曰胡，周曰簋。【释文】簋，音轨。 ⑲ 以鸟自喻。 ⑳ 圉，文子名。度，谋也。【释文】遽，其据切。度，待洛切，下同。难，乃旦切。 ㉑ 仲尼止。 ㉒ 于是自卫反鲁，乐正，雅颂各得其所。

季孙欲以田赋[1]，使冉有访诸仲尼。仲尼曰："丘不识也。"三发[2]，卒曰[3]："子为国老，待子而行，若之何子之不言也？"仲尼不对[4]，而私于冉有曰："君子之行也[5]，度于礼，施取其厚，事举其中，敛从其薄，如是则以丘亦足矣[6]。若不度于礼，而贪冒无厌，则虽以田赋，将又不足。且子季孙若欲行而法，则周公之典在。若欲苟而行，又何访焉？”弗听[7]。

① 丘赋之法，因其田财，通出马一匹、牛三头。今欲别其田及家财，各为一赋，故言田赋。【释文】别，如字，又彼列切。 ② 三发问。 ③ 卒，终也。 ④ 不公答。 ⑤ 行政事。 ⑥ 丘，十六井，出戎马一匹、牛三头，是赋之常法。【释文】施，尸豉切。敛，力艳切。 ⑦ 为明年用田赋传。【释文】冒，亡北切，又莫报切。厌，於盐切。

哀公十二年

【经】

十有二年春，用田赋[1]。

夏五月甲辰，孟子卒[2]。

公会吴于橐皋[3]。

秋，公会卫侯、宋皇瑗于郧[4]。

宋向巢帅师伐郑。

冬十有二月，螽[5]。

① 直书之者，以示改法重赋。 ② 鲁人讳娶同姓，谓之孟子，《春秋》不改，所以顺时。【释文】娶，本或作“取”，七喻切，又如字。 ③ 橐皋在淮南逡遒县东南。【释文】橐，章夜切，一音托。逡，音峻，又七伦切。遒，音囚，又音巡。④ 郧，发阳也，广陵海陵县东南有发繇口。【释文】繇，音遥。 ⑤ 周十二月，今十月，是岁置闰，而失不置。虽书十二月，实今之九月，司历误一月。九月之初尚温，故得有螽。【释文】螽，音终。

【传】

十二年春，王正月，用田赋[1]。

① 终前年事。

夏五月，昭夫人孟子卒。昭公娶于吴，故不书姓[1]。死不赴，故不称夫人[2]。不反哭，故不言葬小君[3]。孔子与吊，适季氏。季氏不绕，放绖而拜④。

① 讳娶同姓，故谓之孟子，若宋女。　② 不称夫人，故不言薨。　③ 反哭者，夫人礼也。以同姓故，不成其夫人丧。　④ 孔子始老，故与吊也。绕，丧冠也。孔子以小君礼往吊，季孙不服丧，故去绖，从主节制。【释文】与，音预。绕，音问。绖，大结切。去，起吕切。

公会吴于橐皋。吴子使大宰嚭请寻盟①。公不欲，使子贡对曰："盟所以周信也②，故心以制之③，玉帛以奉之④，言以结之⑤，明神以要之⑥。寡君以为苟有盟焉，弗可改也已。若犹可改，日盟何益？今吾子曰：'必寻盟。'若可寻也，亦可寒也⑦。"乃不寻盟。

① 寻鄫盟。　② 周，固。　③ 制其义。　④ 奉贽明神。【释文】贽，音至。　⑤ 结其信。　⑥ 要以祸福。【释文】要，一遥切。　⑦ 寻，重也。寒，歇也。【释文】重，直龙切。歇，许谒切。

吴征会于卫。初，卫人杀吴行人且姚而惧，谋于行人子羽①。子羽曰："吴方无道，无乃辱吾君，不如止也。"子木曰："吴方无道②，国无道，必弃疾于人。吴虽无道，犹足以患卫③。往也，长木之毙，无不摽也。国狗之瘈，无不噬也⑤。而况大国乎？"秋，卫侯会吴于郧。公及卫侯、宋皇瑗盟⑥，而卒辞吴盟。吴人藩卫侯之舍⑦。子服景伯谓子贡曰："夫诸侯之会，事既毕矣，侯伯致礼，地主归饩⑧，以相辞也⑨。今吴不行礼于卫，而藩其君舍以难之⑩，子盍见大宰？"乃请束锦以行⑪。语及卫故⑫，大宰嚭曰："寡君愿事卫君，卫君之来也缓，寡君惧，故将止之⑬。"子贡曰："卫君之来，必谋于其众。其众或欲或否，是以缓来。其欲来者，子之党也。其不欲来者，子之仇也。若执卫君，是堕党而崇仇也⑭。夫堕子者得其志矣！且合诸侯而执卫君，谁敢不惧？堕党崇仇，而惧诸侯，或者难以霸乎！"大宰嚭说，乃舍卫侯。卫侯归，效夷言。子之尚幼[15]，曰："君必不免，其死于夷乎！执焉，而又说其言，从之固矣[16]。"

① 子羽，卫大夫。【释文】且，子余切。 ② 子木，卫大夫。 ③ 为卫患也。 ④ 摽，击。【释文】䴙，婢世切。摽，敷箫切，又普交切。 ⑤ 瘈，狂也。噬，啮也。【释文】狗，音苟。瘈，吉世切。噬，市制切。啮，五结切，或作"啮"。⑥ 盟不书，畏吴窃盟。 ⑦ 藩，篱。【释文】藩，方元切。篱，力知切。 ⑧ 侯伯致礼，以礼宾也。地主，所会主人也。饩，生物。【释文】饩，许气切。 ⑨ 各以礼相辞让。 ⑩ 难，苦困也。【释文】难，乃旦切。 ⑪ 以赂吴。【释文】盍，户腊切。 ⑫ 若本不为卫请者。【释文】为，于伪切。 ⑬ 止，执。 ⑭ 堕，毁也。【释文】堕，许规切，下同。 ⑮ 子之，公孙弥牟。【释文】说，音悦，下同。舍，音捨，释也，又音赦。效，户教切。 ⑯ 出公辄后卒死于越。

冬十二月，螽。季孙问诸仲尼，仲尼曰："丘闻之，火伏而后蛰者毕[①]。今火犹西流，司历过也[②]。"

① 火，心星也。火伏在今十月。【释文】蛰，直立切。 ② 犹西流，言未尽没，知是九月，历官失一闰，《释例》论之备。

宋郑之间有隙地焉[①]，曰弥作、顷丘、玉畅、嵒、戈、钖[②]。子产与宋人为成，曰："勿有是[③]。"及宋平、元之族自萧奔郑[④]，郑人为之城嵒、戈、钖[⑤]。九月，宋向巢伐郑，取钖，杀元公之孙，遂围嵒。十二月，郑罕达救嵒。丙申，围宋师[⑥]。

① 隙地，閒田。【释文】隙，去逆切。閒，音闲，一本作"閒地"，又如字。② 凡六邑。【释文】弥，亡支切，又亡尔切。顷，苦颖切，又音倾。畅，敕亮切，一本作"王畅"。嵒，五咸切。戈，古禾切。钖，音羊，又星历切。 ③ 俱弃之。④ 在定十五年。 ⑤ 城以处平、元之族。【释文】为，于伪切。 ⑥ 此事经在十二月螽上，今倒在下，更具列其月以为别者，丘明本不以为义例，故不皆齐同。【释文】别，如字，又彼列切。

哀公十三年

【经】

十有三年春，郑罕达帅师取宋师于嵒①。

夏，许男成卒②。

公会晋侯及吴子于黄池③。

楚公子申帅师伐陈④。

於越入吴。

秋，公至自会⑤。

晋魏曼多帅师侵卫⑥。

葬许元公⑦。

九月，螽⑧。

冬十有一月，有星孛于东方⑨。

盗杀陈夏区夫⑩。

十有二月，螽⑪。

① 书取，覆而败之。　② 无传。　③ 陈留封丘县南有黄亭，近济水。夫差欲霸中国，尊天子，自去其僭号而称子，以告令诸侯，故吏承而书之。【释文】近，附近之近。去，起吕切。僭，子念切。　④ 无传。　⑤ 无传。　⑥ 无传。　⑦ 无传。　⑧ 无传。书灾。　⑨ 无传。平旦众星皆没，而孛乃见，故不言所在之次。【释文】孛，步内切。见，贤遍切。　⑩ 无传。称盗，非大夫。【释文】夏，户雅切。区，乌侯切。　⑪ 无传。前年季孙虽闻仲尼之言而不正历，失闰至此年，故复十二月螽，实十一月。【释文】复，扶又切。

【传】

十三年春，宋向魋救其师①。郑子賸使徇曰："得桓魋者有赏。"魋也逃归，遂取宋师于嵒，获成讙、郜延②。以六邑为虚[3]。

① 救前年围嵒师。 ② 二子，宋大夫。【释文】讙，火官切。郜，古报切，又古毒切。 ③ 空虚之，各不有。【释文】虚，如字，或音墟，非。

夏，公会单平公、晋定公、吴夫差于黄池[1]。

① 平公，周卿士也。不书，尊之，不与会。【释文】单，音善。与，音预。

六月丙子，越子伐吴，为二隧[1]。畴无馀、讴阳自南方[2]，先及郊。吴大子友、王子地、王孙弥庸、寿于姚自泓上观之[3]。弥庸见姑蔑之旗[4]，曰："吾父之旗也[5]。不可以见仇而弗杀也。"大子曰："战而不克，将亡国。请待之。"弥庸不可，属徒五千[6]，王子地助之。乙酉，战，弥庸获畴无馀，地获讴阳。越子至，王子地守。丙戌，复战，大败吴师。获大子友、王孙弥庸、寿於姚[7]。丁亥，入吴。吴人告败于王，王恶其闻也[8]，自刭七人于幕下[9]。

① 隧，道也。【释文】隧，音遂。 ② 二子，越大夫。【释文】讴，乌侯切。 ③ 观越师。泓，水名。【释文】泓，乌宏切。 ④ 姑蔑，越地，今东阳大末县。【释文】蔑，亡结切。旗，音其。大，音泰，孟康云：大，音闼。 ⑤ 弥庸父为越所获，故姑蔑人得其旌旗。 ⑥ 属，会也。【释文】属，音烛。 ⑦ 地守，故不获。【释文】守，手又切。复，扶又切。 ⑧ 恶诸侯闻之。【释文】恶，乌路切。 ⑨ 以绝口。【释文】刭，古顶切。

秋七月辛丑，盟，吴、晋争先[1]。吴人曰："于周室，我为长[2]。"晋人曰："于姬姓，我为伯[3]。"赵鞅呼司马寅[4]曰："日旰矣[5]，大事未成，二臣之罪也[6]。建鼓整列，二臣死之，长幼必可知也。"对曰："请姑视之。"反，曰："肉食者无墨[7]。今吴王有墨，国胜乎[8]？大子死乎？且夷德轻，不忍久，请少待之[9]。"乃先晋人[10]。吴人将以公见晋侯，子服景伯对使者曰："王合诸侯，则伯帅侯牧以见于王[11]。伯合诸侯，则侯帅子男以见于伯[12]。自王以下，朝聘玉帛不同。故敝邑之职贡于吴，有丰于晋，无不及焉，以为伯也。今诸侯会，而君将以寡君见晋君，则晋成为伯矣，敝邑将改职贡。鲁赋于吴八百乘，若为子男，则将半邾以属于吴⑬，而如邾以事晋⑭。且执事以伯召诸侯，而以侯终之，何利之有焉?”吴人乃止。既而悔之⑮，将囚景伯，景伯曰:“何也立后于鲁矣⑯。将以二乘与六人从，迟速唯命。”遂囚以还。及户[牖]⑰，谓大宰曰:“鲁将以十月上辛，有事于上帝先王，季辛而毕。何世有职焉⑱，自襄以来，未之改也⑲。若不会，祝宗将曰:‘吴实然⑳。’且谓鲁不共，而执其贱者七人，何损焉?”大宰嚭言于王曰:“无损于鲁，而祗为名㉑，不如归之。”乃归景伯。

① 争歃血先后。【释文】歃，所洽切，又所甲切。　② 吴为大伯后，故为长。【释文】长，丁丈切。大，音泰。　③ 为侯伯。　④ 寅，晋大夫。　⑤ 旰，晚矣。【释文】旰，古旦切。　⑥ 大事，盟也。二臣，鞅与寅。　⑦ 墨，气色下。⑧ 国为敌所胜。　⑨ 少待，无与争。【释文】轻，遣政切。　⑩ 盟不书，诸侯耻之，故不录。　⑪ 伯，王官伯。侯牧，方伯。【释文】上“见”，如字，又贤遍切。使，所吏切。下“见”，贤遍切。　⑫ 伯，诸侯长。　⑬ 半邾，三百乘。【释文】丰，芳中切。乘，绳证切，下同。　⑭ 如邾，六百乘。　⑮ 谓景伯欺之。　⑯ 何，景伯名。　⑰ 户牖，陈留外黄县西北东昏城是。【释文】从，才用切。牖，音由。⑱ 有职于祭事。　⑲ 鲁襄公。　⑳ 言鲁祝宗将告神云:景伯不会，坐为吴所囚。吴人信鬼，故以是恐之。【释文】坐，才卧切。恐，丘勇切。　㉑ 适为恶名。【释文】共，音恭。祗，音支。

吴申叔仪乞粮于公孙有山氏①，曰:“佩玉繠兮，余无所系之②。旨酒一盛兮，余与褐之父睨之③。”对曰:“粱则无矣，粗则有之。若登首山以呼曰‘庚癸乎!’则诺④。”王欲伐宋，杀其丈夫而囚其妇人⑤。大宰嚭曰:“可胜也，而弗能居也。”乃归。

① 申叔仪，吴大夫。公孙有山，鲁大夫，旧相识。　② 繠然，服饰备也，己独无以系佩。言吴王不恤下。【释文】繠，而捶切，又而水切。　③ 一盛，一器也。睨，视也。褐，寒贱之人。言但得视，不得饮。【释文】盛，音成，又市政切。褐，户葛切。父，如字，又音甫。睨，五计切。　④ 军中不得出粮，故为私隐。

庚，西方，主谷。癸，北方，主水。传言吴子不与士共饥渴，所以亡。【释文】粗，七奴切。呼，火故切。　⑤ 以宋不会黄池故。言吴人悖惑。【释文】丈，直两切，本或作“大夫”，误。悖，补内切。

冬，吴及越平[①]。

① 终伍员之言。

春秋经传集解哀公下第三十

哀公十四年

【经】

十有四年春，西狩获麟[1]。

小邾射以句绎来奔[2]。

夏四月，齐陈恒执其君，寘于舒州[3]。

庚戌，叔还卒[4]。

五月庚申朔，日有食之[5]。陈宗竖出奔楚[6]。

宋向魋入于曹以叛[7]。

莒子狂卒[8]。

六月，宋向魋自曹出奔卫。

宋向巢来奔。

齐人弑其君壬于舒州。

秋，晋赵鞅帅师伐卫[9]。

八月辛丑，仲孙何忌卒。

冬，陈宗竖自楚复入于陈，陈人杀之[10]。

陈辕买出奔楚[11]。

有星孛⑫。

饥⑬。

① 麟者，仁兽，圣王之嘉瑞也。时无明王，出而遇获，仲尼伤周道之不兴，感嘉瑞之无应，故因《鲁春秋》而修中兴之教，绝笔于“获麟”之一句，所感而作，固所以为终也。冬猎曰狩，盖虞人修常职，故不书狩者。大野在鲁西，故言西狩。得用曰获。【释文】狩，手又切。麟，吕辛切，又力珍切，瑞兽也。解见《诗音》。瑞，常恚切。应，应对之应。中，丁仲切。 ② 射，小邾大夫。句绎，地名。《春秋》止于“获麟”，故射不在三叛人之数。自此以下至十六年，皆鲁史记之文，弟子欲存孔子卒，故并录以续孔子所修之经。【释文】射，音亦。句，古侯切。绎，音亦。 ③【释文】寘，之豉切。 ④ 无传。 ⑤ 无传。 ⑥ 无传。【释文】竖，上主切。 ⑦ 曹，宋邑。【释文】向，舒亮切。魋，徒回切。 ⑧ 无传。【释文】狂，其廷切。 ⑨ 无传。【释文】鞅，於丈切。 ⑩ 无传。【释文】复，扶又切。 ⑪ 无传。 ⑫ 无传。不言所在，史失之。【释文】孛，步内切。⑬ 无传。

【传】

十四年春，西狩于大野，叔孙氏之车子钼商获麟①，以为不祥，以赐虞人②。仲尼观之，曰：“麟也。”然后取之③。

① 大野在高平钜野县东北，大泽是也。车子，微者。钼商，名。【释文】钼，仕居切。 ② 时所未尝见，故怪之。虞人，掌山泽之官。 ③ 言鲁史所以得书获麟。

小邾射以句绎来奔，曰：“使季路要我，吾无盟矣①。”使子路，子路辞。季康子使冉有谓之曰：“千乘之国，不信其盟，而信子之言，子何辱焉?”对曰：“鲁有事于小邾，不敢问故，死其城下可也。彼不臣而济其言，是义之也，由弗能②。”

① 子路信诚，故欲得与相要誓，而不须盟。孔子弟子既续书鲁策以系于经，丘明亦随而传之，终于哀公以卒前事。其异事则皆略而不传，故此经无传者多。【释文】要，於妙切，又一遥切。 ② 济，成也。【释文】乘，绳证切，年内同。

齐简公之在鲁也，阚止有宠焉①。及即位，使为政。陈成子惮之，骤顾诸朝②。诸御鞅言于公曰③：“陈、阚不可并也，君其择焉④。”弗听。子我夕⑤，陈逆杀人，逢之⑥，遂执以入⑦。陈氏方睦⑧，使疾，而遗之潘沐，备酒肉焉⑨，飨守囚者，醉而杀之，而逃。子我盟诸陈于陈宗⑩。

① 简公，悼公阳生子壬也。阚止，子我也。事在六年。【释文】阚，苦暂切。② 成子，陈常。心不安，故数顾之。【释文】惮，大旦切。骤，仕救切。数，所角切。　③ 鞅，齐大夫。　④ 择用一人。　⑤ 夕视事。　⑥ 陈逆，子行，陈氏宗也。子我逢之。　⑦ 执逆至朝。　⑧ 欲谋齐国，故宗族和。　⑨ 使诈病，因内潘沐，并得内酒肉。潘，米汁，可以沐头。【释文】遗，唯季切。潘，芳袁切。沐，音木。汁，之十切。　⑩ 失陈逆，惧其反为患，故盟之。

初，陈豹欲为子我臣①，使公孙言己②，已有丧而止。既，而言之③，曰：“有陈豹者，长而上偻④，望视⑤，事君子必得志⑥。欲为子臣，吾惮其为人也⑦，故缓以告。”子我曰：“何害？是其在我也。”使为臣。他日，与之言政，说，遂有宠。谓之曰：“我尽逐陈氏，而立女，若何？”对曰：“我远于陈氏矣⑧。且其违者，不过数人⑨，何尽逐焉？”遂告陈氏。子行曰：“彼得君，弗先，必祸子。”子行舍于公宫⑩。夏五月壬申，成子兄弟四乘如公⑪。子我在幄⑫，出，逆之。遂入，闭门⑬。侍人禦之⑭，子行杀侍人⑮。公与妇人饮酒于檀台，成子迁诸寝⑯。公执戈，将击之⑰。大史子馀曰：“非不利也，将除害也⑱。”

① 豹亦陈氏族。　② 言己，介达之。【释文】介，音界，媒介也，亦因也。③ 既，终丧也。　④ 肩背偻。【释文】长，如字，又丁丈切。偻，力主切。⑤ 目望阳。　⑥ 得君子意。　⑦ 恐多诈。　⑧ 言己疏远。【释文】说，音悦。女，音汝。远，如字，又于万切。　⑨ 违，不从也。【释文】数，所主切。　⑩ 子行逃而隐于陈氏，今又隐于公宫。　⑪ 成子之兄弟，昭子庄、简子齿、宣子夷、穆子安、廪丘子意兹、芒子盈、惠子得，凡八人，二人共一乘。【释文】廪，力甚切。芒，音亡。　⑫ 幄，帐也，听政之处。【释文】幄，於角切。处，昌虑切。　⑬ 成

子入，反闭门不纳子我。 ⑭ 子我侍人。【释文】禦，本亦作“御”，鱼吕切。 ⑮ 素在内，故得杀之。 ⑯ 徙公使居正寝。【释文】檀，大丹切。 ⑰ 疑其欲作乱。 ⑱ 言将为公除害。【释文】大，音泰。为，于伪切，下“逆为”，下注“为公”同。

成子出舍于库①，闻公犹怒，将出，曰：“何所无君？”子行抽剑，曰：“需，事之贼也②。谁非陈宗③？所不杀子者，有如陈宗④！”乃止。子我归，属徒，攻闱与大门⑤，皆不胜，乃出。陈氏追之，失道于弇中，适丰丘⑥。丰丘人执之，以告，杀诸郭关⑦。成子将杀大陆子方⑧，陈逆请而免之，以公命取车子道⑨。及耏，众知而东之⑩。出雍门⑪，陈豹与之车，弗受，曰：“逆为余请，豹与余车，余有私焉。事子我而有私于其仇，何以见鲁、卫之士？⑫？”东郭贾奔卫⑬。庚辰，陈恒执公于舒州。公曰：“吾早从鞅之言，不及此⑭。”

① 以公怒故。 ② 言需疑则害事。【释文】需，音须。 ③ 言陈氏宗族众多。 ④ 言子若欲出，我必杀子，明如陈宗。 ⑤ 闱，宫中小门。大门，公门也。【释文】属，之欲切。闱，音韦。 ⑥ 弇中，狭路。丰丘，陈氏邑。【释文】弇，於检切，又音淹。狭，音洽。 ⑦ 齐关名。 ⑧ 子方，子我臣。 ⑨ 子方取道中行人车。 ⑩ 知其矫命，夺车逐使东。【释文】耏，音而。矫，本又作“桥”，居表切。 ⑪ 齐城门也。【释文】雍，於用切。 ⑫ 传言陈氏务施。【释文】施，式氏切。 ⑬ 贾即子方。 ⑭ 悔不诛陈氏。

宋桓魋之宠害于公①。公使夫人骤请享焉，而将讨之②。未及，魋先谋公，请以鞌易薄③，公曰：“不可。薄，宗邑也④。”乃益鞌七邑，而请享公焉⑤。以日中为期，家备尽往⑥。公知之，告皇野曰：“余长魋也⑦。今将祸余，请即救。”司马子仲曰：“有臣不顺，神之所恶也，而况人乎？敢不承命？不得左师不可⑧，请以君命召之。”左师每食击钟。闻钟声，公曰：“夫子将食。”既食，又奏⑨。公曰：“可矣。”以乘车往，曰：“迹人来告曰⑩：‘逢泽有介麇焉⑪。’公曰：‘虽魋未来，得左师，吾与之田，若何[12]？’君惮告子[13]。野曰：‘尝私焉[14]。’君欲速，故以乘车逆子。”与之乘，至，公告之故，拜，不能起。司马曰：“君与之言[15]。”公曰：“所难子者，上有天，下有先君[16]。”对曰：“魋之不共，宋之祸也。敢不唯命是听？”司马请瑞焉[17]，以命其徒攻桓氏[18]。其父兄故臣曰：“不可[19]。”其新臣曰：“从吾君之命。”遂攻之。子颀聘而告桓司马[20]。司马欲入[21]，子车止之[22]，曰：“不能事君，而又伐国，民不与也，只取死焉。”向魋遂入于曹以叛[23]。

① 恃宠骄盈。 ② 夫人，景公母也。数请享饮，欲因请讨之。【释文】数，所角切。 ③ 鞌，向魋邑。薄，公邑。欲因易邑，为公享宴而作乱。【释文】鞌，音安。 ④ 宗庙所在。 ⑤ 伪喜于受赐。 ⑥ 甲兵之备。 ⑦ 少长育之。皇野，司马子仲。【释文】长，丁丈切。少，诗照切。 ⑧ 左师，向魋兄向巢也。【释文】恶，乌路切。 ⑨ 奏乐。 ⑩ 主迹禽兽也。【释文】迹，子亦切。 ⑪《地理志》言逢泽在荥阳开封县东北，远，疑非。介，大也。【释文】介，音界。麇，九伦切，獐也，本又作“麋”，亡悲切。 ⑫ 皇野称公命。 ⑬ 难以游戏烦大臣。【释文】难，乃旦切。 ⑭ 尝，试也。 ⑮ 使公与要誓。 ⑯ 言虽诛魋，要不负言，使祸难及子。 ⑰ 瑞，符节，以发兵。 ⑱ 桓氏，向魋。 ⑲ 司马故臣与桓魋无怨者。 ⑳ 子颀，桓魋弟。桓司马，即魋也。【释文】颀，音祈。骋，敕领切。 ㉑ 入攻君。 ㉒ 车，亦魋弟。 ㉓ 八年，宋灭曹以为邑。【释文】衹，音支。

六月，使左师巢伐之，欲质大夫以入焉[1]。不能，亦入于曹，取质[2]。魋曰：“不可。既不能事君，又得罪于民，将若之何？”乃舍之[3]。民遂叛之。向魋奔卫。向巢来奔，宋公使止之，曰：“寡人与子有言矣，不可以绝向氏之祀。”辞曰：“臣之罪大，尽灭桓氏可也。若以先臣之故，而使有后，君之惠也。若臣则不可以入矣。”司马牛致其邑与珪焉，而适齐[4]。向魋出于卫地，公文氏攻之[5]，求夏后氏之璜焉。与之他玉，而奔齐，陈成子使为次卿。司马牛又致其邑焉，而适吴[6]。吴人恶之，而反。赵简子召之，陈成子亦召之。卒于鲁郭门之外，阬氏葬诸丘舆[7]。

① 巢不能克魋，恐公怒，欲得国内大夫为质，还入国。【释文】质，音致，下同。 ② 不能得大夫，故入曹，劫曹人子弟而质之，欲以自固。 ③ 舍曹子弟。【释文】舍，音赦，又音捨。 ④ 牛，桓魋弟也。珪，守邑符信。 ⑤ 公文氏，卫大夫。 ⑥ 示不与魋同。【释文】夏，户雅切。璜，音黄。 ⑦ 阬氏，鲁人也。泰山南城县西北有舆城。录其卒葬所在，愍贤者失所。【释文】恶，乌路切。阬，苦庚切，或音刚。舆，音余。

甲午，齐陈恒弑其君壬于舒州[1]。孔丘三日齐，而请伐齐三。公曰："鲁为齐弱久矣，子之伐之，将若之何?"对曰："陈恒弑其君，民之不与者半。以鲁之众，加齐之半，可克也。"公曰："子告季孙。"孔子辞[2]，退而告人曰："吾以从大夫之后也，故不敢不言[3]。"

① 壬，简公也。 ② 辞不告。【释文】齐，侧皆切，一本又作"斋"。三，如字，又息暂切。 ③ 尝为大夫而去，故言后。

初，孟孺子泄将圉马于成[1]，成宰公孙宿不受，曰："孟孙为成之病，不圉马焉[2]。"孺子怒，袭成。从者不得入，乃反。成有司使，孺子鞭之[3]。秋八月辛丑，孟懿子卒。成人奔丧，弗内。袒免哭于衢，听共，弗许[4]。惧，不归[5]。

① 泄，孟懿子之子孟武伯也。圉，畜养也。成，孟氏邑。【释文】泄，息列切。圉，鱼吕切。 ② 病，谓民贫困。【释文】为，于伪切。 ③ 恨恚，故鞭成有司之使人。【释文】从，才用切。恚，一瑞切。 ④ 请听命共使。【释文】内，如字，又音纳。袒，音但。免，音问。衢，其俱切。共，音恭。 ⑤ 不敢归成。为明年成叛传。

哀公十五年

【经】

十有五年春，王正月，成叛。

夏五月，齐高无丕出奔北燕[①]。

郑伯伐宋[②]。

秋八月，大雩[③]。

晋赵鞅帅师伐卫[④]。

冬，晋侯伐郑[⑤]。

及齐平[⑥]。

卫公孟彄出奔齐[⑦]。

① 无传。【释文】丕，普悲切。 ② 无传。 ③ 无传。【释文】雩，音于。 ④ 无传。 ⑤ 无传。 ⑥ 鲁与齐平。 ⑦ 无传。【释文】彄，苦侯切。

【传】

十五年春，成叛于齐。武伯伐成，不克，遂城输[①]。

① 以偪成。

夏，楚子西、子期伐吴，及桐汭[①]。陈侯使公孙贞子吊焉[②]，及良而卒[③]，将以尸入[④]。吴子使大宰嚭劳，且辞曰："以水潦之不时，无乃廪然陨大夫之尸[⑤]，以重寡君之忧。寡君敢辞上介。"芋尹盖对曰[⑥]："寡君闻楚为不道，荐伐吴国[⑦]，灭厥民人。寡君使盖备使，吊君之下吏[⑧]。无禄，使人逢天之戚，大命陨队，绝世于良[⑨]，废日共积[⑩]，一日迁次[⑪]。今君命逆使人曰：'无以尸造于门。'是我寡君之命委于草莽也。且臣闻之曰：'事死如生，礼也。'于是乎有朝聘而终，以尸将事之礼[12]，又有朝聘而遭丧之礼[13]。若不以尸将命，是遭丧而还也，无乃不可乎！以礼防民，犹或逾之。今大夫曰'死而弃之'，是弃礼也，其何以为诸侯主[14]？先民有言曰：'无秽虐士[15]。'备使奉尸将命，苟我寡君之命达于君所，虽陨于深渊，则天命也，非君与涉人之过也。"吴人内之[16]。

① 宣城广德县西南有桐水，出白石山，西北入丹阳湖。【释文】汭，如锐切。 ② 吊为楚所伐。 ③ 良，吴地。 ④ 聘礼，若宾死未将命，则既敛于棺，造于朝，介将命。【释文】敛，力验切。造，七报切。介，音界。 ⑤ 廪然，倾动貌。【释文】劳，力报切，又音老。廪，力甚切。陨，于敏切。 ⑥ 盖，陈大夫。贞子，上介。【释文】重，直用切。寡君敢辞上介，绝句。芋，于付切。 ⑦ 荐，重也。【释文】荐，在遍切。 ⑧ 备，犹副也。【释文】使，所吏切。盖，芋尹盖，辞同。 ⑨ 绝世，犹言弃世。 ⑩ 废行道之日，以共具殡敛所积聚之用。【释文】共，音恭。积，子赐切，又如字。殡，必刃切。聚，才喻切，又如字。 ⑪ 一日便迁次，不敢留君命。 ⑫ 朝聘道死，以尸行事。【释文】莽，亡党切。 ⑬ 遭所聘之丧。 ⑭ 谓主盟也。 ⑮ 虐士，死者。 ⑯ 传言芋尹盖知礼。【释文】内，如字，又音纳。

秋，齐陈瓘如楚①。过卫，仲由见之②，曰："天或者以陈氏为斧斤，既斫丧公室，而他人有之，不可知也；其使终飨之，亦不可知也③。若善鲁以待时，不亦可乎？何必恶焉④？"子玉曰："然，吾受命矣，子使告我弟⑤。"

① 瓘，陈恒之兄子玉也。【释文】瓘，古唤切。 ② 仲由，子路。【释文】过，古禾切。 ③ 飨，受也。【释文】斫，陟角切。丧，息浪切，下同。 ④ 仲由事孔子，故为鲁言。【释文】为，于伪切，下"为卫"、"为请"同。 ⑤ 弟，成子也。

冬，及齐平。子服景伯如齐，子赣为介，见公孙成①，曰："人皆臣人，而有背人之心，况齐人虽为子役，其有不贰乎②？子，周公之孙也，多飨大利，犹思不义。利不可得，而丧宗国，将焉用之③？"成曰："善哉，吾不早闻命④。"陈成子馆客⑤，曰："寡君使恒告曰：'寡人愿事君如事卫君⑥。'"景伯揖子赣而进之，对曰："寡君之愿也。昔晋人伐卫⑦，齐为卫故，伐晋冠氏，丧车五百[⑧]，因与卫地，自济以西，禚、媚、杏以南，书社五百[⑨]。吴人加敝邑以乱[⑩]，齐因其病，取讙与阐[⑪]，寡君是以寒心。若得视卫君之事君也，则固所愿也。”成子病之，乃归成[⑫]。公孙宿以其兵甲入于嬴[⑬]。

① 公孙成，成宰公孙宿也。　② 言子叛鲁，齐人亦将叛子。【释文】背，音佩。　③ 丧宗国，谓以邑入齐，使鲁有危亡之祸。【释文】焉，於虔切。　④ 传言仲尼之徒，皆忠于鲁国。　⑤ 使景伯、子赣就馆。　⑥ 言卫与齐同好，而鲁未肯。【释文】好，呼报切。　⑦ 在定八年。　⑧ 在定九年。冠氏，阳平馆陶县。【释文】冠，如字，又古唤切。　⑨ 二十五家为一社，籍书而致之。【释文】济，子礼切。禚，诸若切。　⑩ 在八年。　⑪ 亦在八年。　⑫ 病其言也。　⑬ 嬴，齐邑。【释文】嬴，音盈。

卫孔圉取大子蒯聩之姊，生悝[①]。孔氏之竖浑良夫，长而美，孔文子卒，通于内[②]。大子在戚，孔姬使之焉[③]。大子与之言曰：“苟使我入获国，服冕乘轩，三死无与[④]。”与之盟。为请于伯姬[⑤]。闰月，良夫与大子入，舍于孔氏之外圃[⑥]。昏，二人蒙衣而乘[⑦]，寺人罗御，如孔氏。孔氏之老栾宁问之，称姻妾以告[⑧]。遂入，适伯姬氏。既食，孔伯姬杖戈而先，大子与五人介，舆豭从之[⑨]。迫孔悝于厕，强盟之[⑩]，遂劫以登台。栾宁将饮酒，炙未熟，闻乱，使告季子[⑪]；召获驾乘车[⑫]，行爵食炙，奉卫侯辄来奔。季子将入，遇子羔将出[⑬]，曰：“门已闭矣。”季子曰：“吾姑至焉[⑭]。”子羔曰：“弗及，不践其难[⑮]。”季子曰：“食焉，不辟其难[⑯]。”子羔遂出。子路入，及门，公孙敢门焉[⑰]，曰：“无入为也[⑱]。”季子曰：“是公孙也，求利焉而逃其难。由不然，利其禄，必救其患。”有使者出，乃入[⑲]。曰：“大子焉用孔悝？虽杀之，必或继之[⑳]。”且曰：“大子无勇，若燔台半，必舍孔叔。”大子闻之，惧，下。石乞、盂黡敌子路[㉑]，以戈击之，断缨。子路曰：“君子死，冠不免[22]。”结缨而死。孔子闻卫乱，曰：“柴也其来，由也死矣。”孔悝立庄公[23]。庄公害故政，欲尽去之[24]。先谓司徒瞒成曰：“寡人离病于外久矣，子请亦尝之。”归告褚师比，欲与之伐公，不果[25]。

① 孔圉，孔文子也。蒯聩姊，孔伯姬。【释文】圉，鱼吕切。蒯，苦怪切。聩，鱼怪切。悝，苦回切。 ② 通伯姬。【释文】浑，户门切。长，丁丈切，又如字。 ③ 使良夫诣大子所。【释文】使，所吏切，又如字。 ④ 冕，大夫服。轩，大夫车。三死，死罪三。【释文】与，音预。 ⑤ 良夫为大子请。 ⑥ 圃，园。【释文】圃，布五切。 ⑦ 二人，大子与良夫。蒙衣，为妇人服也。【释文】乘，绳证切，下同。 ⑧ 自称昏姻家妾。【释文】栾，力丸切。姻，音因。 ⑨ 介，被甲。舆豭豚，欲以盟。【释文】杖，直亮切，又音丈。豭，音加。被，皮寄切。 ⑩ 孔氏专政，故劫孔悝，欲令逐辄。【释文】孔悝，本又作“叔悝”。厕，初吏切。强，其丈切。劫，居业切。令，力呈切。 ⑪ 季子，子路也，为孔氏邑宰。【释文】炙，章夜切。 ⑫ 召获，卫大夫，驾乘车，言不欲战。【释文】召，上照切。 ⑬ 子羔，卫大夫高柴，孔子弟子，将出奔。 ⑭ 且欲至门。 ⑮ 言政不及己，可不须践其难。【释文】难，乃旦切，下皆同。 ⑯ 谓食孔氏禄。 ⑰ 守门。 ⑱ 言辄已出，无为复入。【释文】复，扶又切。 ⑲ 因门开而入。【释文】使，所吏切。 ⑳ 言己必继孔悝为难攻大子。【释文】焉，於虔切。 ㉑ 二子，蒯聩党。敌，当也。【释文】燔，音烦。舍，音捨，又如字。盂，音于。黡，於减切。 ㉒ 不使冠在地。 ㉓ 庄公，蒯聩也。 ㉔ 故政，辄之臣。【释文】去，起吕切。 ㉕ 比，褚师声子。为明年瞒成奔起。【释文】瞒，莫干切。褚，中吕切。

哀公十六年

【经】

十有六年春，王正月己卯，卫世子蒯聩自戚入于卫。

卫侯辄来奔[1]。

二月，卫子还成出奔宋[2]。

夏四月己丑，孔丘卒③。

① 书此春，皆从告。 ② 即瞒成。【释文】还，音旋。 ③ 仲尼既告老去位，犹书卒者，鲁之君臣，宗其圣德，殊而异之。鲁襄二十二年生，至今七十三也。四月十八日乙丑，无己丑；己丑，五月十二日，日月必有误。【释文】孔子卒，孔子作《春秋》，终于"获麟"之一句，《公羊》、《穀梁》经是也。弟子欲记圣师之卒，故采鲁史记，以续夫子之经，而终于此。丘明因随而作传，终于哀公。从此已下，无复经矣。鲁襄二十二年生，至今七十三也，本或作"鲁襄二十三年生，至今七十二"，则与《史记·孔子世家》异，此本非也。

【传】

十六年春，瞒成、褚师比出奔宋①。

① 欲伐庄公，不果而奔。

卫侯使鄢武子告于周①，曰："蒯聩得罪于君父君母，逋窜于晋。晋以王室之故，不弃兄弟，寘诸河上②。天诱其衷，获嗣守封焉。使下臣肸敢告执事。"王使单平公对曰："肸以嘉命来告余一人。往谓叔父，余嘉乃成世，复尔禄次，敬之哉③！方天之休④，弗敬弗休，悔其可追⑤？"

① 武子，卫大夫肸也。【释文】鄢，於虔切。肸，许乙切。 ② 河上，戚也。【释文】逋，布吴切。窜，七乱切。寘，之豉切。 ③ 继父之世，还居君之禄次。【释文】衷，音忠。单，音善。余嘉乃成世，绝句。 ④ 言天方受尔以休。【释文】休，许虬切，美也。 ⑤ 传终蒯聩之事。

夏四月己丑，孔丘卒。公诔之曰："旻天不吊，不憖遗一老。俾屏余一人以在位①，茕茕余在疚。呜呼哀哉！尼父，无自律②。"子赣曰："君其不没于鲁乎！夫子之言曰：'礼失则昏，名失则愆。'失志为昏，失所为愆。生不能用，死而诔之，非礼也。称一人，非名也③。君两失之。"

① 仁覆闵下，故称旻天。吊，至也。憖，且也。俾，使也。屏，蔽也。【释文】诔，力轨切，《说文》云：谥也。旻，亡巾切。吊，如字，又音的。憖，鱼觐切。俾，必尔切。屏，必领切。 ② 疚，病也。律，法也。言丧尼父，无以自为法。

【释文】茕，求营切。疚，久力切。父，音甫。丧，息浪切。 ③ 天子称一人，非诸侯之名。【释文】愆，起虔切。

六月，卫侯饮孔悝酒于平阳①，重酬之，大夫皆有纳焉②。醉而送之，夜半而遣之③。载伯姬于平阳而行④，及西门⑤，使贰车反祏于西圃⑥。子伯季子初为孔氏臣，新登于公⑦，请追之，遇载祏者，杀而乘其车⑧。许公为反祏⑨，遇之，曰："与不仁人争，明无不胜⑩。"必使先射，射三发，皆远许为。许为射之，殪⑪。或以其车从⑫，得祏于橐中。孔悝出奔宋⑬。

① 东郡燕县东北有平阳亭。【释文】饮，於鸩切。 ② 纳财贿也。 ③ 夜遣者，惭负孔悝，不欲令人见。【释文】令，力呈切。 ④ 载其母俱去。 ⑤ 平阳门。 ⑥ 使副车还取庙主。西圃，孔氏庙所在。祏，藏主石函。【释文】祏，音石。圃，布五切。函，音咸。 ⑦ 升为大夫。 ⑧ 子伯杀载祏者。 ⑨ 孔悝怪载祏者久不来，使公为反逆之。【释文】许公为，如字，人姓名。反，本亦作"返"，音同。 ⑩ 不仁人，谓子伯季子也。明无不胜，言必胜。【释文】争，争斗之争。 ⑪ 传言子伯不仁，所以死也。【释文】射，食亦切，下同。发，如字，一音废。远，于万切。殪，於计切。 ⑫ 从公为。【释文】从，才用切，又如字。 ⑬【释文】橐，音托。

楚大子建之遇谗也，自城父奔宋①。又辟华氏之乱于郑②，郑人甚善之。又适晋，与晋人谋袭郑，乃求复焉。郑人复之如初。晋人使谍于子木，请行而期焉③。子木暴虐于其私邑，邑人诉之。郑人省之，得晋谍焉，遂杀子木。其子曰胜，在吴。子西欲召之。叶公曰："吾闻胜也诈而乱，无乃害乎④？"子西曰："吾闻胜也信而勇，不为不利，舍诸边竟，使卫藩焉⑤。"叶公曰："周仁之谓信⑥，率义之谓勇⑦。吾闻胜也好复言⑧，而求死士，殆有私乎⑨？复言，非信也。期死，非勇也⑩。子必悔之。"弗从。召之使处吴竟，为白公⑪。请伐郑，子西曰："楚未节也⑫。不然，吾不忘也。"他日，又请，许之，未起师。晋人伐郑，楚救之，与之盟。胜怒，曰："郑人在此，仇不远矣[13]。"胜自厉剑，子期之子平见之，曰："王孙何自厉也？"曰："胜以直闻，不告女，庸为直乎？将以杀尔父。"平以告子西。子西曰："胜如卵，余翼而长之[14]。楚国，第[15]我死，令尹、司马，非胜而谁？"胜闻之，曰："令尹之狂也，得死，乃非我[16]。"子西不悛。胜谓石乞曰[17]："王与二卿士[18]，皆五百人当之，则可矣。"乞曰："不可得也[19]。"曰："市南有熊宜僚者，若得之，可以当五百人矣。"乃从白公而见之，与之言，说。告之故，辞[20]。承之以剑，不动[21]。胜曰："不为利谄，不为威惕，不泄人言以求媚者，去之。"

① 在昭十九年。【释文】父，音甫。 ② 在昭二十年。【释文】华，户化切。 ③ 请行袭郑之期。子木，即建也。【释文】谍，徒协切。 ④ 叶公子高，沈诸梁也。【释文】叶，始陟切。 ⑤ 使为藩屏之卫。【释文】竟，音境。藩，方元切。 ⑥ 周，亲也。 ⑦ 率，行也。 ⑧ 言之所许，必欲复行之，不顾道理。【释文】好，呼报切。 ⑨ 私谋复仇。 ⑩ 期，必也。 ⑪ 白，楚邑也，汝阴褒信县西南有白亭。 ⑫ 言楚国新复，政令犹未得节制。 ⑬ 比子西于郑人。 ⑭ 以鸟为喻。【释文】女，音汝。卵，来管切。长，丁丈切。 ⑮ 用士之次第。【释文】第，大细切，注同。 ⑯ 言我必杀之，若得自死，我乃不复成人。【释文】复，扶又切。 ⑰ 石乞，胜之徒。【释文】悛，七全切。 ⑱ 二卿士：子西、子期。 ⑲ 五百人不可得。 ⑳ 告欲作乱，宜僚辞距之。【释文】熊，音雄。宜僚者，本或作"熊相宜僚"，相，息亮切。说，音悦。 ㉑ 拔剑指其喉。【释文】喉，音喉。

吴人伐慎，白公败之[1]。请以战备献[2]，许之，遂作乱。秋七月，杀子西、子期于朝，而劫惠王。子西以袂掩面而死[3]。子期曰："昔者吾以力事君，不可以弗终。"抉豫章以杀人而后死[4]。石乞曰："焚库弑王，不然不济。"白公曰："不可。弑王不祥，焚库无聚，将何以守矣？"乞曰："有楚国而治其民，以敬事神，可以得祥，且有聚矣，何患？"弗从。叶公在蔡[5]，方城之外皆曰："可以入矣。"子高曰："吾闻之，以险侥幸者，其求无餍，偏重必离⑥。”闻其杀齐管修也而后入⑦。

① 汝阴慎县也。【释文】为，于伪切。谄，敕检切。惕，他历切。泄，息列切，又以制切。 ② 与吴战之所得铠杖兵器，皆备而献之，欲因以为乱。【释文】铠，苦代切。杖，直亮切。 ③ 惭于叶公。【释文】劫，居业切。袂，弥世切。④ 以效其多力。豫章，大木。【释文】抉，乌穴切。 ⑤ 蔡迁州来，楚并其地。【释文】聚，才住切。 ⑥ 险，犹恶也。所求无餍则不安，譬如物偏重则离败，欲须其毙而讨之。【释文】徼，古尧切。餍，於艳切。 ⑦ 管修，楚贤大夫，故齐管仲之后。闻其杀贤，知其可讨。

白公欲以子闾为王①，子闾不可，遂劫以兵。子闾曰：“王孙若安靖楚国，匡正王室，而后庇焉，启之愿也，敢不听从？若将专利以倾王室，不顾楚国，有死不能②。”遂杀之，而以王如高府③，石乞尹门④。圉公阳穴宫，负王以如昭夫人之宫⑤。叶公亦至，及北门，或遇之，曰：“君胡不胄？国人望君如望慈父母焉。盗贼之矢若伤君，是绝民望也。若之何不胄？”乃胄而进。又遇一人曰：“君胡胄？国人望君如望岁焉⑥，日日以几⑦。若见君面，是得艾也⑧。民知不死，其亦夫有奋心。犹将旌君以徇于国⑨，而又掩面以绝民望，不亦甚乎？”乃免胄而进⑩。遇箴尹固，帅其属将与白公⑪。子高曰：“微二子者，楚不国矣⑫。弃德从贼，其可保乎？”乃从叶公。使与国人以攻白公。白公奔山而缢，其徒微之⑬。生拘石乞而问白公之死焉，对曰：“余知其死所，而长者使余勿言⑭。”曰：“不言将烹。”乞曰：“此事克则为卿，不克则烹，固其所也，何害？”乃烹石乞。王孙燕奔頯黄氏⑮。沈诸梁兼二事⑯，国宁⑰，乃使宁为令尹⑱，使宽为司马⑲，而老于叶⑳。

① 子闾，平王子启，五辞王者。 ② 不能从。【释文】庇，必利切，又音秘。③ 高府，楚别府。 ④ 为门尹。 ⑤ 公阳，楚大夫。昭夫人，王母，越女。【释文】圉，鱼吕切。 ⑥ 岁，年谷也。【释文】胄，直又切。 ⑦ 冀君来。【释文】几，音冀，本或作“冀”。 ⑧ 艾，安也。【释文】艾，鱼废切，又五盖切。 ⑨ 旌，

表也。【释文】夫，方于切，或音扶。奋，方向切。旌，音精。徇，似俊切。⑩ 言叶公得民心。 ⑪ 欲与白公并。【释文】箴，之林切。 ⑫ 二子，子西、子期也。柏举之败，二子功多。 ⑬ 微，匿也。【释文】与，羊汝切。一本作"使兴国人"，如字，"兴"谓兴废也。缢，一赐切。微，如字，《尔雅》云：匿，微也。匿，女力切。 ⑭ 长者，谓白公也。【释文】拘，音俱。长，丁丈切，注同。 ⑮ 燕，胜弟。頯黄，吴地。【释文】烹，普庚切。燕，乌贤切，又乌练切。頯，求龟切。旧，求悲切。 ⑯ 二事：令尹、司马。 ⑰ 宁，安也。 ⑱ 子西之子子国也。 ⑲ 子期之子。 ⑳ 传终言之。【释文】叶，始涉切。

卫侯占梦，嬖人①求酒于大叔僖子②，不得，与卜人比而告公曰："君有大臣在西南隅，弗去，惧害③。"乃逐大叔遗，遗奔晋。卫侯谓浑良夫曰："吾继先君而不得其器，若之何④？"良夫代执火者而言⑤，曰："疾与亡君，皆君之子也。召之而择材焉可也⑥。若不材，器可得也⑦。"竖告大子⑧。大子使五人舆豭从己，劫公而强盟之⑨，且请杀良夫。公曰："其盟免三死⑩。"曰："请三之后，有罪杀之。"公曰："诺哉！"

① 以能占梦见爱。【释文】嬖，必计切。 ② 僖子，大叔遗。【释文】大，音泰。 ③ 托占卜梦而言。【释文】比，毗志切。去，起吕切。 ④ 国之宝器，辄皆将去。 ⑤ 将密谋，屏左右。 ⑥ 召辄。 ⑦ 辄若不材，可废其身，自得其器。 ⑧ 大子疾。 ⑨ 盟求必立己。【释文】豭，音加。强，其丈切。 ⑩ 盟在十五年。

哀公十七年

【传】

十七年春，卫侯为虎幄于藉圃①，成，求令名者，而与之始食焉。大子请使良夫②。良夫乘衷甸两牡③，紫衣狐裘④，至，袒裘，不释剑而食⑤。大子使牵以退，数之以三罪而杀之⑥。

① 于籍田之圃新造幄幕，皆以虎兽为饰。【释文】幄，於角切。幕，武博切。② 以良夫应为令名。【释文】成，绝句。求令名者，绝句。应，应对之应。③ 衷甸，一辕，卿车。【释文】甸，时证切，《说文》作“佃”，云：中也；《春秋》乘中佃，一辕车也。牡，茂后切。 ④ 紫衣，君服。 ⑤ 食而热，故偏袒，亦不敬。【释文】袒，音但。 ⑥ 三罪：紫衣、袒裘、带剑。

三月，越子伐吴。吴子御之笠泽，夹水而陈。越子为左右句卒①，使夜或左或右，鼓噪而进。吴师分以御之。越子以三军潜涉，当吴中军而鼓之，吴师大乱，遂败之②。

① 句卒，钩伍相著，别为左右屯。【释文】御，鱼吕切。笠，音立。夹，居洽切。陈，直觐切。句，古侯切。卒，子忽切。著，直略切。 ② 左右句卒为声势以分吴军，而三军精卒并力击其中军，故得胜也。【释文】噪，素报切。并，如字，又必政切。

晋赵鞅使告于卫曰：“君之在晋也，志父为主。请君若大子来，以免志父。不然，寡君其曰‘志父之为’也①。”卫侯辞以难。大子又使椓之②。夏六月，赵鞅围卫。齐国观、陈瓘救卫③，得晋人之致师者。子玉使服而见之④，曰：“国子实执齐柄，而命瓘曰：‘无辟晋师。’岂敢废命⑤？子又何辱⑥？”简子曰：“我卜伐卫，未卜与齐战。”乃还⑦。

① 恐晋君为志父教使不来。 ② 椓，诉父，欲速得其处。【释文】难，乃旦切。椓，中角切。处，昌虑切。 ③ 国观，国书之子。【释文】观，工唤切，下“陈瓘”音同。 ④ 释囚服，服其本服。 ⑤ 欲必敌晋。【释文】柄，彼命切。⑥ 言不须来致师，自将往战。 ⑦ 畏子玉。

楚白公之乱，陈人恃其聚而侵楚①。楚既宁，将取陈麦。楚子问帅于大师子穀与叶公诸梁。子穀曰：“右领差车与左史老，皆相令尹、司马以伐陈，其可使也②。”子高曰：“率贱，民慢之，惧不用命焉③。”子穀曰：“观丁父，鄀俘也，武王以为军率④，是以克州、蓼，服随、唐，大启群蛮。彭仲爽，申俘也，文王以为令尹，实县申、息⑤，朝陈、蔡，封畛于汝⑥。唯其任也，何贱之有？”子高曰：“天命不谄[7]。令尹有憾于陈[8]，天若亡之，其必令尹之子是与，君盍舍焉[9]？臣惧右领与左史有二俘之贱，而无其令德也。”王卜之，武城尹吉[10]。使帅师取陈麦。陈人御之，败。遂围陈。秋七月己卯，楚公孙朝帅师灭陈[11]。

① 聚，积聚也。【释文】聚，才住切，下注“邑聚”同。积，子赐切。 ② 言此二人皆尝辅相子西、子期伐陈，今复可使。【释文】帅，所类切。相，息亮切，下“而相”同。复，扶又切。 ③ 右领、左史，皆楚贱官。【释文】率，所类切，本又作“帅”，下同。 ④ 楚武王。【释文】鄀，音若。俘，芳夫切。 ⑤ 楚文王灭申、息以为县。【释文】蓼，本又作“鄝”，音了。 ⑥ 开封畛北至汝水。【释文】畛，之忍切，一音真。 ⑦ 谄，疑也。【释文】谄，本又作“滔”，佗刀切。 ⑧ 十五年，子西伐吴，陈使贞子吊吴，以此为恨。【释文】憾，本又作“感”，户暗切。 ⑨ 舍右领与左史。【释文】盍，户腊切。舍，音捨，又音赦。 ⑩ 武城尹，子西子公孙朝。【释文】朝，如字。 ⑪ 终郑裨灶言，五及鹑火，陈卒亡。【释文】鹑，音纯。

王与叶公枚卜子良以为令尹[1]。沈尹朱曰：“吉，过于其志[2]。”叶公曰：“王子而相国，过将何为[3]？”他日，改卜子国而使为令尹[4]。

① 枚卜，不斥言所卜以令龟。子良，惠王弟。【释文】枚，亡杯切。 ② 志，望也。 ③ 过相，将为王也。 ④ 子国，宁也。

卫侯梦于北宫，见人登昆吾之观[1]，被发北面而噪曰：“登此昆吾之虚，绵绵生之瓜[2]。余为浑良夫，叫天无辜[3]。”公亲筮之，胥弥赦占之[4]，曰：“不害。”与之邑，置之，而逃奔宋[5]。卫侯贞卜[6]，其繇曰：“如鱼竀尾[7]，衡流而方羊裔焉[8]。大国灭之，将亡。阖门塞窦，乃自后逾[9]。”

① 卫有观在古昆吾氏之虚，今濮阳城中。【释文】观，工唤切，注同。虚，去鱼切，下同。濮，音卜。 ② 绵绵，瓜初生也。良夫言己有以小成大之功，若瓜之初生，谓使卫侯得国。【释文】被，皮义切。瓜，古华切。 ③ 本盟当免三死，而并数一时之事为三罪杀之，故自谓无辜。【释文】并，必政切。数，所主切。

④ 赦，卫筮史。 ⑤ 言卫侯无道，卜人不敢以实对，惧难而逃。【释文】难，乃旦切，下“难作”同。 ⑥ 正卜梦之吉凶。 ⑦ 竀，赤色，鱼劳则尾赤。【释文】繇，直又切。竀，敕呈切。 ⑧ 横流方羊，不能自安。裔，水边。言卫侯将若此鱼。【释文】衡，华盲切，又如字。方，蒲郎切。裔，以制切。 ⑨ 此皆繇辞。【释文】阖，户腊切。窦，音豆。

冬十月，晋复伐卫①，入其郛。将入城，简子曰：“止。叔向有言曰：‘怙乱灭国者无后②。’”卫人出庄公而与晋平，晋立襄公之孙般师而还。十一月，卫侯自鄄入，般师出③。

① 春伐未得志故。【释文】复，扶又切。 ② 不欲乘人之衰。【释文】向，许丈切。怙，音户。 ③ 辟蒯聩也。【释文】般，音班。鄄，音绢。

初，公登城以望，见戎州①。问之，以告。公曰：“我姬姓也，何戎之有焉②？”翦之③。公使匠久④。公欲逐石圃⑤，未及而难作。辛巳，石圃因匠氏攻公，公阖门而请，弗许。逾于北方而队，折股⑥。戎州人攻之，大子疾、公子青逾从公⑦，戎州人杀之。公入于戎州己氏⑧。初，公自城上见己氏之妻发美，使髡之，以为吕姜髢⑨。既入焉，而示之璧，曰：“活我，吾与女璧。”己氏曰：“杀女，璧其焉往？”遂杀之而取其璧。卫人复公孙般师而立之。十二月，齐人伐卫，卫人请平。立公子起⑩，执般师以归，舍诸潞⑪。

① 戎州，戎邑。 ② 言姬姓国何故有戎邑。 ③ 削坏其邑聚。 ④ 久不休息。 ⑤ 石圃，卫卿，石恶从子。【释文】从，才用切。 ⑥ 终如卜言，乃自后逾。【释文】队，直类切。折，之设切。股，音古。 ⑦ 青，疾弟。 ⑧ 己氏，戎人姓。【释文】己，音纪，又音祀。 ⑨ 吕姜，庄公夫人。髢，髲也。【释文】髡，苦存切。髢，大计切，又庭计也。髲，皮义切。 ⑩ 起，灵公子。【释文】女，音汝，下同。焉，於虔切。 ⑪ 潞，齐邑。【释文】潞，音路。

公会齐侯，盟于蒙①，孟武伯相。齐侯稽首，公拜。齐人怒，武伯曰：“非天子，寡君无所稽首。”武伯问于高柴曰：“诸侯盟，谁执牛耳②？”季羔曰：“鄫衍之役，吴公子姑曹③；发阳之役，卫石魋[4]。”武伯曰：“然则彘也[5]。”

① 齐侯，简公弟平公敬也。蒙在东莞蒙阴县西，故蒙阴城也。【释文】敬，如字，一本作“骜”，五报切，又五刀切。莞，音官。　② 执牛耳尸盟者。【释文】相，息亮切。　③ 季羔，高柴也。鄫衍在七年。【释文】衍，以善切。　④ 发阳，郧也。在十二年。石魋，石曼姑之子。【释文】魋，徒回切。郧，音云。　⑤ 彘，武伯名也。鄫衍则大国执，发阳则小国执，据时执者无常，故武伯自以为可执。【释文】彘，直列切。

宋皇瑗之子麇[1]，有友曰田丙，而夺其兄酁般邑以与之。酁般愠而行，告桓司马之臣子仪克[2]。子仪克适宋，告夫人曰：“麇将纳桓氏。”公问诸子仲[3]。初，子仲将以杞姒之子非我为子[4]。麇曰：“必立伯也[5]，是良材。”子仲怒，弗从。故对曰：“右师则老矣，不识麇也[6]。”公执之[7]。皇瑗奔晋，召之[8]。

① 瑗，宋右师。【释文】瑗，于眷切。麇，九伦切。　② 克在下邑，不与魋乱，故在。【释文】酁，仕咸切。愠，纡问切，怒也。与，音预。　③ 子仲，皇野。　④ 为適子。杞姒，子仲妻。【释文】姒，音似。適，丁历切。　⑤ 伯，非我兄。　⑥ 言右师老，不能为乱，麇则不可知。　⑦ 执麇。　⑧ 召令还。【释文】令，力呈切。

哀公十八年

【传】

十八年春，宋杀皇瑗。公闻其情，复皇氏之族，使皇缓为右师[1]。

① 言宋景公无常也。缓，瑗从子。【释文】缓，户管切。从，才用切。

巴人伐楚，围鄾[1]。初，右司马子国之卜也，观瞻曰：“如志[2]。”故命之[3]。及巴师至，将卜帅。王曰：“宁如志，何卜焉④?”使帅师而行,请承⑤,王曰:“寝尹、工尹,勤先君者也⑥。”三月,楚公孙宁、吴由于、薳固败巴师于鄾,故封子国于析。君子曰:“惠王知志⑦。《夏书》曰:‘官占,唯能蔽志,昆命于元龟⑧。’其是之谓乎! 志曰:‘圣人不烦卜筮。’惠王其有焉⑨!”

① 鄾,楚邑。【释文】鄾,音忧。　② 子国未为令尹时,卜为右司马,得吉兆,如其志。观瞻,楚开卜大夫观从之后。　③ 命以为右司马。　④ 宁,子国也。【释文】帅,所类切。　⑤ 承,佐。　⑥ 柏举之役,寝尹吴由于以背受戈,工尹固执燧象奔吴师,皆为先君勤劳。【释文】燧,音遂。为,于伪切。　⑦ 知用其意。【释文】薳,于委切。析,星历切。　⑧ 逸《书》也。官占,卜筮之官。蔽,断也。昆,后也。言当先断意,后用龟也。【释文】蔽,必世切。《尚书》“能”作“克”,克亦能也。昆命于元龟,本依《尚书》。断,丁乱切。　⑨ 不疑,故不卜也。

夏,卫石圃逐其君起,起奔齐①。卫侯辄自齐复归,逐石圃,而复石魋与大叔遗②。

① 齐所立故。　② 皆蒯聩所逐。

哀公十九年

【传】

十九年春,越人侵楚,以误吴也①。夏,楚公子庆、公孙宽追越师,至冥,不及,乃还②。

① 误吴,使不为备。　② 冥,越地。【释文】冥,亡丁切。

秋,楚沈诸梁伐东夷①,三夷男女及楚师盟于敖②。

① 报越。　② 从越之夷三种。敖,东夷地。【释文】敖,五刀切。种,章勇切。

冬,叔青如京师,敬王崩故也①。

① 言敬王能终其世。终苌弘言东王必大克。叔青，叔还子。【释文】敬王崩故也，案传，敬王崩在此年，《世本》亦尔。《世族谱》云敬王四十二年崩。敬王子元王十年，《春秋》之传终矣。据此，则敬王崩当在哀公十七年。《史记·周本纪》及《十二诸侯年表》，敬王四十二年崩，子元王仁立。则敬王是鲁哀十八年崩也。《六国年表》起自元王，及《本纪》皆云元王八年崩，子定王介立。定王元年，是鲁哀公之二十七年，与杜预《世族谱》为异。又《世本》云鲁哀公二十年，是定王介崩，子元王赤立。则定王之崩年，是鲁哀公二十七年也。众说不同，未详其正也。

哀公二十年

【传】

二十年春，齐人来征会。夏，会于廪丘。为郑故，谋伐晋①。郑人辞诸侯，秋，师还②。

① 十五年，晋伐郑。【释文】廪，力甚切。为，于伪切，下“为降”同。
② 终叔向言晋公室卑。

吴公子庆忌骤谏吴子，曰：“不改，必亡。”弗听①。出居于艾②，遂适楚。闻越将伐吴，冬，请归平越，遂归。欲除不忠者以说于越。吴人杀之③。

① 吴子弗听。　② 艾，吴邑，豫章有艾县。【释文】艾，五盖切。　③ 言其不量力。【释文】说，如字，又音悦。

十一月，越围吴，赵孟降于丧食①。楚隆曰：“三年之丧，亲昵之极也。主又降之，无乃有故乎②？”赵孟曰：“黄池之役，先主与吴王有质③，曰：‘好恶同之。’今越围吴，嗣子不废旧业而敌之④，非晋之所能及也，吾是以为降。”楚隆曰：“若使吴王知之，若何？”赵孟曰：“可乎？”隆曰：“请尝之⑤。”乃往。先造于越军，曰：“吴犯间上国多矣，闻君亲讨焉，诸夏之人莫不欣喜，唯恐君志之不从。请入视之。"许之。告于吴王曰："寡君之老无恤，使陪臣隆敢展谢其不共[6]。黄池之役，君之先臣志父得承齐盟，曰：'好恶同之。'今君在难，无恤不敢惮劳，非晋国之所能及也，使陪臣敢展布之。"王拜稽首曰："寡人不佞，不能事越，以为大夫忧，拜命之辱。"与之一箪珠[7]，使问赵孟[8]，曰："句践将生忧寡人，寡人死之不得矣。"王曰："溺人必笑，吾将有问也[9]。史黯何以得为君子[10]？"对曰："黯也进不见恶[11]，退无谤言[12]。"王曰："宜哉！"

① 赵孟，襄子无恤，时有父简子之丧。　② 楚隆，襄子家臣。【释文】昵，女乙切。　③ 黄池在十三年。先主，简子。质，盟信也。【释文】质，如字。　④ 嗣子，襄子自谓，欲敌越救吴。　⑤ 尝，试也。　⑥ 展，陈也。【释文】造，七报切。间，间厕之间。夏，户雅切。共，音恭。　⑦ 箪，小笥。【释文】难，乃旦切。箪，音丹。笥，丝嗣切。　⑧ 问，遗也。【释文】遗，唯季切。　⑨ 以自喻所问不急，犹溺人不知所为而反笑。【释文】句，古侯切。溺，乃历切。　⑩ 晋史黯云，不及四十年吴当亡。吴王感问此也。【释文】黯，於减切。　⑪ 时行则行。　⑫ 时止则止。【释文】谤，博浪切。

哀公二十一年

【传】

二十一年夏五月，越人始来[1]。

① 越既胜吴，欲霸中国，始遣使适鲁。【释文】使，所吏切。

秋八月，公及齐侯、邾子盟于顾。齐人责稽首[1]，因歌之曰："鲁人之皋，数年不觉，使我高蹈[2]。唯其儒书，以为二国忧[3]。"是行也，公先至于阳穀[4]。齐闾丘息曰："君辱举玉趾，以在寡君之军[5]。群臣将传遽以告寡君，比其复也，君无乃勤。为仆人之未次[6]，请除馆于舟道[7]。"辞曰："敢勤仆人[8]?”

① 责十七年齐侯为公稽首,不见答。顾,齐地。【释文】为,于伪切,年末及注同。　② 皋,缓也。高蹈,犹远行也。言鲁人皋缓,数年不知答齐稽首,故使我高蹈来为此会。【释文】皋,古刀切。数,所主切。觉,音角,又古孝切。蹈,徒报切。　③ 二国,齐、邾也。言鲁据周礼,不肯答稽首,令齐、邾远至。【释文】令,力呈切。　④ 先期至也。【释文】先,悉荐切。　⑤ 息,闾丘明之后。⑥ 次,舍也。【释文】传,中恋切。遽,其据切。比,必利切。　⑦ 舟道,齐地。⑧ 不敢勤齐仆为鲁除馆。

哀公二十二年

【传】

二十二年夏四月,邾隐公自齐奔越,曰:“吴为无道,执父立子。”越人归之,大子革奔越[1]。

① 邾隐公八年为吴所囚,十年奔齐。

冬十一月丁卯,越灭吴,请使吴王居甬东[1]。辞曰:“孤老矣,焉能事君?”乃缢。越人以归[2]。

① 甬东,越地,会稽句章县东海中洲也。【释文】甬,音勇。会,古外切。稽,古兮切。句,九具切,如淳音拘,韦昭亦音拘。洲,音州,水中可居曰洲。② 以其尸归。终史墨、子胥之言也。【释文】焉,於虔切。缢,一赐切。

哀公二十三年

【传】

二十三年春,宋景曹卒[1]。季康子使冉有吊,且送葬,曰:“敝邑有社稷之事,使肥与有职竞焉[2],是以不得助执绋,使求从舆人[3],曰:‘以肥之得备弥甥也[4],有不腆先人之产马，使求荐诸夫人之宰⑤，其可以称旌繁乎⑥？’”

①景曹，宋元公夫人，小邾女，季桓子外祖母。 ②肥，康子名。竞，遽也。【释文】与，音预。 ③求，冉有名。舆，众也。【释文】绋，音弗。舆，音余。④弥，远也。康子父之舅氏，故称弥甥。⑤荐，进也。【释文】腆，他典切。⑥称，举也。繁，马饰，繁缨也。终乐祁之言，政在季氏。【释文】繁，步干切。

夏六月，晋荀瑶伐齐①。高无丕帅师御之。知伯视齐师，马骇，遂驱之，曰：“齐人知余旗，其谓余畏而反也。”及垒而还。将战，长武子请卜②。知伯曰：“君告于天子，而卜之以守龟于宗祧，吉矣，吾又何卜焉？且齐人取我英丘，君命瑶，非敢耀武也，治英丘也③。以辞伐罪足矣，何必卜？”壬辰，战于犁丘④。齐师败绩，知伯亲禽颜庚⑤。

①荀瑶，荀跞之孙，知伯襄子。【释文】知，音智。 ②武子，晋大夫。【释文】御，鱼吕切。垒，力轨切。 ③治齐取英丘。【释文】守，手又切。祧，他雕切。 ④犁丘，隰也。【释文】犁，力兮切。隰，音习，本亦作“濕”。 ⑤颜庚，齐大夫颜涿聚。【释文】涿，丁角切。

秋八月，叔青如越，始使越也。越诸鞅来聘，报叔青也①。

①【释文】使，所吏切。

哀公二十四年

【传】

二十四年夏四月，晋侯将伐齐，使来乞师，曰：“昔臧文仲以楚师伐齐，取穀①。宣叔以晋师伐齐，取汶阳②。寡君欲徼福于周公，愿乞灵于臧氏③。”臧石帅师会之，取廪丘④。军吏令缮，将进⑤。莱章曰：“君卑政暴⑥，往岁克敌⑦，今又胜都⑧。天奉多矣，又焉能进？是躗言也⑨。役将班矣！”晋师乃还，饩臧石牛⑩。大史谢之⑪，曰："以寡君之在行⑫，牢礼不度⑬，敢展谢之⑭。"

① 在僖二十六年。 ② 在成二年。【释文】汶，音问。 ③ 以臧氏世胜齐，故欲乞其威灵。【释文】徼，古尧切。 ④ 石，臧宾如之子。 ⑤ 晋军吏也。缮，治战备。【释文】缮，市战切。 ⑥ 莱章，齐大夫。【释文】莱，音来。 ⑦ 禽颜庚。 ⑧ 取廪丘。 ⑨ 躗，过也。【释文】奉，扶用切。焉，於虔切。躗，户快切，谓过谬之言；服云：伪不信言也；《字林》作"䜅"，云：梦言，意不慧也，音于例切。 ⑩ 生曰饩。【释文】饩，许器切。 ⑪ 晋大史。【释文】大，音泰。 ⑫ 在军行。 ⑬ 不如礼度。 ⑭ 终臧氏有后于鲁。

邾子又无道，越人执之以归①，而立公子何。何亦无道②。

① 终子赣之言。 ② 何，大子革弟。

公子荆之母嬖①，将以为夫人，使宗人衅夏献其礼②。对曰："无之。"公怒曰："女为宗司，立夫人，国之大礼也，何故无之？"对曰："周公及武公娶于薛③，孝、惠娶于商④，自桓以下娶于齐⑤，此礼也则有。若以妾为夫人，则固无其礼也。"公卒立之，而以荆为大子，国人始恶之⑥。

① 荆，哀公庶子。【释文】嬖，必计切。 ② 宗人，礼官也。【释文】衅，许靳切。夏，户雅切。 ③ 武公，敖也。【释文】女，音汝。娶，七住切。 ④ 孝公，称。惠公，弗皇。商，宋也。【释文】孝、惠娶于商，定公名宋，是哀公之父，故衅夏为讳而称商也。称，尺证切，又如字。 ⑤ 桓公始娶文姜。 ⑥ 恶公。【释文】恶，乌路切。

闰月，公如越，得大子适郢①，将妻公，而多与之地。公孙有山使告于季孙。季孙惧，使因大宰嚭而纳赂焉，乃止②。

① 适郢，越王大子。得，相亲说也。【释文】郢，以井切。适郢，越王句践之大子名。说，音悦。 ② 嚭，故吴臣也。季孙恐公因越讨己，故惧。【释文】妻，七计切。嚭，普美切。赂，音路。

哀公二十五年

【传】

二十五年夏五月庚辰，卫侯出奔宋①。卫侯为灵台于藉圃，与诸大夫饮酒焉。褚师声子袜而登席②。公怒。辞曰：“臣有疾，异于人③。若见之，君将㱿之④，是以不敢⑤。”公愈怒。大夫辞之，不可⑥。褚师出，公戟其手⑦，曰：“必断而足。”闻之，褚师与司寇亥乘，曰：“今日幸而后亡⑧。”公之入也，夺南氏邑⑨，而夺司寇亥政。公使侍人纳公文懿子之车于池⑩。

① 卫侯辄也。　② 古者见君解袜。【释文】圃，布五切。褚，张吕切。袜，亡伐切，足衣也。见，贤遍切。　③ 足有创疾。【释文】创，初羊切。　④ 㱿，呕吐也。【释文】㱿，许角切，又许各切。呕，於口切。吐，他故切。　⑤ 不敢解袜。　⑥ 共辞谢公，公不可解。　⑦ 抵徒手屈肘如戟形。【释文】抵，音纸。肘，竹九切。　⑧ 恐死，以得亡为幸。【释文】断，丁管切。乘，时证切。　⑨ 南氏，子南之子公孙弥牟。　⑩ 懿子，公文要。公有忿，使人投其车于池水中。【释文】要，一遥切。

初，卫人翦夏丁氏①，以其帑赐彭封弥子②。弥子饮公酒，纳夏戊之女，嬖，以为夫人。其弟期，大叔疾之从孙甥也③，少畜于公，以为司徒。夫人宠衰，期得罪。公使三匠久。公使优狡盟拳弥④，而甚近信之。故褚师比⑤、公孙弥牟⑥、公文要⑦、司寇亥⑧、司徒期因三匠与拳弥以作乱，皆执利兵，无者执斤⑨。使拳弥入于公宫⑩，而自大子疾之宫噪以攻公。鄄子士请御之⑪。弥援其手，曰：“子则勇矣，将若君何⑫？不见先君乎？君何所不逞欲⑬？且君尝在外矣，岂必不反？当今不可，众怒难犯，休而易间也。”乃出。将适蒲⑭，弥曰："晋无信，不可。"将适鄄⑮，弥曰："齐、晋争我，不可。"将适泠⑯，弥曰："鲁不足与，请适城钼⑰以钩越，越有君⑱。"乃适城钼。弥曰："卫盗不可知也，请速，自我始。"乃载宝以归⑲。

① 在十一年。【释文】夏，户雅切。　② 彭封弥子，弥子瑕。【释文】帑，音奴。　③ 期，夏戊之子。姊妹之孙为从孙，甥与孙同列。【释文】饮，於鸩切。大，音泰。从，如字，又才用切。　④ 优狡，俳优也。拳弥，卫大夫。使俳优盟之，欲耻辱也。【释文】少，诗照切。优，音优。狡，古卯切。拳，音权。俳，皮皆切。　⑤ 袜登席者。【释文】近，附近之近。　⑥ 丧邑者。【释文】丧，息浪切。⑦ 失车者。　⑧ 夺政者。　⑨ 斤，工匠所执。　⑩ 信近之，故得入。　⑪ 鄄子士，卫大夫。【释文】噪，素报切。鄄，音绢。御，鱼吕切。　⑫ 言不可救。【释文】援，音袁。　⑬ 先君，蒯聩也。乱不速奔，故为戎州所杀，欲令早去。【释文】令，力呈切。　⑭ 蒲，近晋邑。【释文】易，以豉切。间，间厕之间，下注"内间"、"君间"同。　⑮ 鄄，齐、晋界上邑。弥诈不知谋，故公信之。　⑯ 泠，近鲁邑。【释文】泠，力丁切。　⑰ 城钼，近宋邑。【释文】钼，仕居切。　⑱ 宋南近越，转相钩牵。【释文】钩，古侯切，本或作"拘"，同。　⑲ 欺卫君，言君以宝自随，将致卫盗，请速行，己为先发，而因载宝归卫也。

公为支离之卒①，因祝史挥以侵卫②。卫人病之。懿子知之③，见子之④，请逐挥。文子曰："无罪。"懿子曰："彼好专利而妄⑤。夫见君之入也，将先道焉⑥。若逐之，必出于南门而适君所⑦。夫越新得诸侯，将必请师焉。"挥在朝，使吏遣诸其室⑧。挥出，信，弗内⑨。五日，乃馆诸外里⑩，遂有宠，使如越请师⑪。

① 支离，陈名。【释文】卒，子忽切。陈，直觐切。　② 挥，卫祝史。【释文】挥，音晖。　③ 知挥为内间。　④ 子之，公孙弥牟文子也。　⑤ 妄，不法。【释文】好，呼报切。　⑥ 若见君有入势，必道助之。【释文】道，音导。　⑦ 虽知其为君间，不审察，私共评之。【释文】评，音平，又音病。　⑧ 难面逐之，先逐其家。【释文】难，乃旦切。　⑨ 再宿为信。【释文】内，如字，又音纳。　⑩ 外里，公所在。　⑪ 请师伐卫，求入。

六月，公至自越①。季康子、孟武伯逆于五梧②。郭重仆③，见二子，曰："恶言多矣，君请尽之④。"公宴于五梧。武伯为祝⑤，恶郭重，曰："何肥也⑥！"季孙曰："请饮彘也⑦。以鲁国之密迩仇雠，臣是以不获从君，克免于大行，又谓重也肥⑧？"公曰："是食言多矣，能无肥乎⑨？"饮酒不乐，公与大夫始有恶⑩。

① 前年行，今还。 ② 鲁南鄙也。【释文】梧，音吾。 ③ 为公仆。【释文】重，直龙切，又直用切。 ④ 二子不臣之言甚多，欲使公尽极以观之。 ⑤ 祝，上寿酒。【释文】祝，之力切，又之又切。上，时掌切。寿，音授，又音受。 ⑥ 訾毁其貌。【释文】恶，乌路切。訾，音紫。 ⑦ 饮，罚也。【释文】饮，於鸩切。 ⑧ 言重随君远行劬劳，不宜称肥。【释文】从，才用切，又如字。劬，其居切。 ⑨ 以激三桓之数食言。【释文】激，古历切。数，所角切。 ⑩ 为二十七年公孙邾起。【释文】乐，音洛。孙，音逊，本又作"逊"。

哀公二十六年

【传】

二十六年夏五月，叔孙舒帅师会越皋如、后庸、宋乐茷纳卫侯①，文子欲纳之。懿子曰："君愎而虐，少待之，必毒于民②，乃睦于子矣③。"师侵外州，大获④。出御之，大败⑤。掘褚师定子之墓，焚之于平庄之上⑥。文子使王孙齐私于皋如⑦，曰："子将大灭卫乎，抑纳君而已乎？"皋如曰："寡君之命无他，纳卫君而已。"文子致众而问焉，曰："君以蛮夷伐国，国几亡矣，请纳之。"众曰："勿纳。"曰："弥牟亡而有益，请自北门出⑧。"众曰："勿出。"重赂越人，申开守陴而纳公⑨，公不敢入。师还，立悼公⑩，南氏相之。以城钼与越人。公曰："期则为此⑪。"令苟有怨于夫人者，报之⑫。司徒期聘于越⑬，公攻而夺之币。期告王⑭，王命取之。期以众取之。公怒，杀期之甥之为大子者⑮。遂卒于越⑯。

① 舒，武叔之子文子也。皋如、后庸，越大夫。乐茷，宋司城子潞。卫侯，辄也。【释文】茷，扶废切。　② 愎，很也。【释文】愎，皮逼切。很，胡恳切。　③ 民睦。　④ 越纳辄之师。　⑤ 卫师败。　⑥ 定子，褚师比之父也。平庄，陵名也。【释文】掘，其勿切，又其月切，本或作"猾"，胡忽切。　⑦ 齐，卫大夫王孙贾之子昭子也。　⑧ 欲以观众心。【释文】几，音祈，又音机。　⑨ 申，重也。开重门而严设守备，欲以恐公，故不敢入。【释文】陴，毗支切。重，直龙切。守，手又切。恐，丘勇切。　⑩ 悼公，蒯聩庶弟公子黚也。【释文】黚，起廉切。　⑪ 司徒期也。【释文】相，息亮切。　⑫ 夫人，期姊也。怒期而不得加戮，故敕宫女令苦困期姊。【释文】令，力呈切。　⑬ 为悼公聘。【释文】为，于伪切。　⑭ 越王也。　⑮ 忿期而及其姊为夫人者，遂复及夫人之子。【释文】复，扶又切。　⑯ 终言之也。终效夷言，死于夷。

宋景公无子，取公孙周之子得与启，畜诸公宫①，未有立焉。于是皇缓为右师，皇非我为大司马，皇怀为司徒②，灵不缓为左师③，乐茷为司城④，乐朱钼为大司寇⑤。六卿三族降听政⑥，因大尹以达⑦。大尹常不告，而以其欲称君命以令⑧。国人恶之。司城欲去大尹，左师曰："纵之，使盈其罪⑨。重而无基，能无敝乎⑩？"

① 周，元公孙子高也。得，昭公也。启，得弟。畜，养也。　② 皇怀，非我从昆弟。【释文】从，才用切　③ 不缓，子灵围龟之后。　④ 茷，乐溷之子。【释文】溷，户门切，又户困切。　⑤ 朱钼，乐輓之子。【释文】钼，仕居切。輓，音晚。　⑥ 三族，皇、灵、乐也。降，和同也。　⑦ 大尹，近官有宠者，六卿因之以自通达于君。　⑧ 不告君也。　⑨ 盈，满也。【释文】恶，乌路切，下注"恶其"同。去，起吕切。　⑩ 言势重而无德以为基，必败也。

冬十月，公游于空泽①。辛巳，卒于连中②。大尹兴空泽之士千甲③，奉公自空桐入，如沃宫④。使召六子，曰："闻下有师，君请六子画⑤。"六子至，以甲劫之，曰："君有疾病，请二三子盟。"乃盟于少寝之庭，曰："无为公室不利。"大尹立启,奉丧殡于大宫。三日而后国人知之。司城茷使宣言于国曰:“大尹惑蛊其君而专其利,今君无疾而死,死又匿之,是无他矣,大尹之罪也⑥。”得梦启北首而寝于卢门之外⑦,己为乌而集于其上,咮加于南门,尾加于桐门。曰:“余梦美,必立⑧。”大尹谋曰:“我不在盟⑨,无乃逐我,复盟之乎!”使祝为载书。六子在唐盂⑩,将盟之。祝襄以载书告皇非我⑪,皇非我因子潞⑫、门尹得⑬、左师谋曰:“民与我,逐之乎?”皆归授甲,使徇于国曰:“大尹惑蛊其君,以陵虐公室。与我者,救君者也。”众曰:“与之。”大尹徇曰:“戴氏、皇氏将不利公室⑭,与我者,无忧不富。”众曰:“无别⑮。”戴氏、皇氏欲伐公⑯。乐得曰:“不可。彼以陵公有罪,我伐公,则甚焉。”使国人施于大尹⑰。大尹奉启以奔楚,乃立得。司城为上卿,盟曰:“三族共政,无相害也。”

① 空泽,宋邑。 ② 连中,馆名。【释文】连,如字,又音辇。 ③ 甲士千人。【释文】兴,如字。兴,发也,或作“与”,非。 ④ 奉公尸也。梁国虞县东南有地名空桐。沃宫,宋都内宫名。【释文】沃,乌毒切。 ⑤ 画,计策。【释文】画,音获。 ⑥ 言大尹所弑。【释文】劫,居业切。少,诗照切。大,音泰。蛊,音古。匿,女力切。弑,申志切。 ⑦ 卢门,宋东门。北首,死象。在门外,失国也。【释文】首,手又切。 ⑧ 桐门,北门。【释文】咮,张又切,鸟口。 ⑨ 少寝盟,但以君命盟六卿,大尹不盟。 ⑩ 地名。【释文】复,扶又切。盂,音于。 ⑪ 襄,祝名。 ⑫ 子潞,乐茷。【释文】潞,音路。 ⑬ 乐得。 ⑭ 戴氏,即乐氏。【释文】徇,似俊切。 ⑮ 恶其号令与君无别。【释文】别,彼列切。 ⑯ 公,谓启。 ⑰ 施罪于大尹。

卫出公自城钼使以弓问子赣,且曰:“吾其入乎?”子赣稽首受弓,对曰:“臣不识也。”私于使者曰:“昔成公孙于陈①,宁武子、孙庄子为宛濮之盟而君入②;献公孙于齐③,子鲜、子展为夷仪之盟而君入④。今君再在孙矣⑤,内不闻献之亲,外不闻成之卿,则赐不识所由入也。《诗》曰:‘无竞惟人，四方其顺之[⑥]。’若得其人，四方以为主[⑦]，而国于何有？”

① 僖二十八年，卫成公奔楚，遂适陈。【释文】使，所吏切。孙，音逊，本亦作“逊”，除“孙庄子”皆同。 ② 盟在僖二十八年。【释文】宁，乃定切。宛，於阮切。濮，音卜。 ③ 在襄十四年。 ④ 在襄二十六年。 ⑤ 谓十五年孙鲁，今又孙宋。 ⑥《诗·周颂》，言无强惟得人也。 ⑦ 为主，主四方。

哀公二十七年

【传】

二十七年春，越子使后庸来聘，且言邾田，封于骀上[①]。二月，盟于平阳[②]，三子皆从[③]。康子病之[④]，言及子赣[⑤]，曰：“若在此，吾不及此夫[⑥]。”武伯曰：“然。何不召？”曰：“固将召之。”文子曰：“他日请念[⑦]。”

① 欲使鲁还邾田，封竟至骀上。【释文】骀，他来切，又音台。竟，音境。 ② 西平阳。 ③ 季康子、叔孙文子、孟武伯皆从后庸盟。【释文】从，如字，或才用切，非也。 ④ 耻从蛮夷盟。 ⑤ 思子赣。 ⑥ 不及与越盟。【释文】夫，音扶。 ⑦ 言季孙不能用子赣，临难而思之。【释文】难，乃旦切。

夏四月己亥，季康子卒。公吊焉，降礼[①]。

① 礼不备也，言公之多妄。【释文】妄，亡亮切，本又作“忘”，下放此。

晋荀瑶帅师伐郑，次于桐丘。郑驷弘请救于齐[①]。齐师将兴，陈成子属孤子，三日朝[②]。设乘车两马，系五邑焉[③]。召颜涿聚之子晋，曰：“隰之役，而父死焉[④]。以国之多难，未女恤也。今君命女以是邑也，服车而朝，毋废前劳。”乃救郑。及留舒，违穀七里，穀人不知[⑤]。及濮，雨，不涉[⑥]。子思曰：“大国在敝邑之宇下，是以告急。今师不行，恐无及也[⑦]。”成子衣製，杖戈[⑧]，立于阪上，马不出者，助之鞭之。知伯闻之，乃还[⑨]，曰：“我卜伐郑，不卜敌齐。”使谓成子曰：

“大夫陈子，陈之自出。陈之不祀，郑之罪也⑩。故寡君使瑶察陈衷焉⑪，谓大夫其恤陈乎？若利本之颠，瑶何有焉⑫？”成子怒曰：“多陵人者皆不在，知伯其能久乎？”中行文子告成子曰⑬：“有自晋师告寅者，将为轻车千乘，以厌齐师之门，则可尽也。”成子曰：“寡君命恒曰：‘无及寡，无畏众。’虽过千乘，敢辟之乎？将以子之命告寡君⑭。”文子曰：“吾乃今知所以亡⑮。君子之谋也，始衷终皆举之，而后入焉⑯。今我三不知而入之，不亦难乎⑰？”

① 弘，驷歂子。【释文】歂，市专切。 ② 属会死事者之子，使朝三日以礼之。【释文】属，音烛。 ③ 乘车两马，大夫服，又加之五邑。【释文】乘，绳证切，下同。 ④ 隰役在二十三年。【释文】涿，中角切。隰，音习。 ⑤ 言其整也。留舒，齐地。违，去也。【释文】难，乃旦切。女，音汝，下同。毋，音无。⑥ 濮水，自陈留酸枣县傍河东北经济阴至高平入济。【释文】傍，蒲浪切。济，子礼切。 ⑦ 子思，国参。【释文】参，七南切。 ⑧ 製，雨衣也。【释文】衣，於既切。製，音制。杖，直亮切，又音丈。 ⑨ 畏其得众心。【释文】阪，音反，又扶版切。 ⑩ 十七年，楚独灭陈，非郑之罪。盖知伯诬陈子，故陈子怒，谓其多陵人。 ⑪ 衷，善也。【释文】衷，音忠。 ⑫ 言陈灭于己无伤。 ⑬ 文子，荀寅，此时奔在齐。【释文】行，户郎切。 ⑭ 成子疑其有为晋之心。【释文】轻，遣政切。厌，於甲切，又於辄切。为，于伪切，下“为郑”同。 ⑮ 自恨己无知。⑯ 谋一事则当虑此三变，然后入而行之，所谓君子三思。【释文】三，息暂切，又如字。 ⑰ 悔其言不可复。

公患三桓之侈也，欲以诸侯去之①。三桓亦患公之妄也，故君臣多间②。公游于陵阪，遇孟武伯于孟氏之衢，曰：“请有问于子，余及死乎③？”对曰：“臣无由知之。”三问，卒辞不对。公欲以越伐鲁，而去三桓。秋八月甲戌，公如公孙有陉氏④，因孙于邾，乃遂如越。国人施公孙有山氏⑤。

① 欲求诸侯师以逐三桓。【释文】侈，昌氏切，又尺氏切。去，起吕切，下“而去”同。 ② 间，隙也。 ③ 问己可得以寿死不。 ④ 有陉氏即有山氏。【释文】衢，其俱切。陉，音刑。 ⑤ 以公从其家出故也。终子赣之言，君不没

于鲁。【释文】因孙，音逊，下同。

悼之四年，晋荀瑶帅师围郑①。未至，郑驷弘曰："知伯愎而好胜，早下之，则可行也②。"乃先保南里以待之③。知伯入南里，门于桔柣之门。郑人俘酅魁垒④，赂之以知政⑤，闭其口而死。将门⑥，知伯谓赵孟："入之。"对曰："主在此⑦。"知伯曰："恶而无勇，何以为子⑧？"对曰："以能忍耻，庶无害赵宗乎！"知伯不悛，赵襄子由是惎知伯⑨，遂丧之。知伯贪而愎，故韩、魏反而丧之⑩。

① 悼公，哀公之子宁也。哀公出孙，鲁人立悼公。　② 行，去也。【释文】好，呼报切。早，一本作"卑"。下，户嫁切。　③ 保，守也。南里在城外。　④ 酅魁垒，晋士。【释文】桔，户结切。柣，大结切。俘，芳夫切。酅，户圭切。魁，苦回切。垒，力轨切。　⑤ 欲使反为郑。　⑥ 攻郑门。　⑦ 主，谓知伯也。言主在此，何不自入。　⑧ 恶，貌丑也。简子废嫡子伯鲁，而立襄子，故知伯言其丑且无勇，何故立以为子。【释文】嫡，丁历切。　⑨ 惎，毒也。【释文】悛，七全切。惎，其冀切。　⑩《史记》，晋懿公之四年，鲁悼公之十四年，知伯帅韩、魏围赵襄子于晋阳。韩、魏反与赵氏谋，杀知伯于晋阳之下。在春秋后二十七年。【释文】丧，息浪切。

后　序

太康元年三月，吴寇始平，余自江陵还襄阳，解甲休兵，乃申杼旧意，修成《春秋释例》及《经传集解》。始讫，会汲郡汲县有发其界内旧冢者，大得古书，皆简编科斗文字。发冢者不以为意，往往散乱。科斗书久废，推寻不能尽通。始者藏在秘府，余晚得见之，所记大凡七十五卷，多杂碎怪妄，不可训知。《周易》及《纪年》最为分了。《周易》上、下篇与今正同，别有阴阳说而无彖、象、文言、系辞，疑于时仲尼造之于鲁，尚未播之于远国也。其《纪年》篇起自夏、殷、周，皆三代王事，无诸国别也。唯特记晋国，起自殇叔，次文侯、昭侯，以至曲沃庄伯。庄伯之十一年十一月，鲁隐公之元年正月也，皆用夏正建寅之月为岁首，编年相次。晋国灭，独记魏事，下至魏哀王之二十年，盖魏国之史记也。推校哀王二十年大岁在壬戌，是周赧王之十六年，秦昭王之八年，韩襄王之十三年，赵武灵王之二十七年，楚怀王之三十年，燕昭王之十三年，齐愍王之二十五年也。上去孔丘卒百八十一岁，下去今大康三年五百八十一岁。哀王于《史记》，襄王之子，惠王之孙也。惠王三十六年卒而襄王立，立十六年卒而哀王立。古书《纪年》篇惠王三十六年改元，从一年始至十六年，而称惠成王卒，即惠王也。疑《史记》误分惠成之世以为后王年也。哀王二十三年乃卒，故特不称谥，谓之今王。其著书文意，大似《春秋经》，推此足见古者国史策书之常也。文称鲁隐公及邾庄公盟于姑蔑，即《春秋》所书"邾仪父未王命，故不书爵，曰仪父，贵之也"。又称晋献公会虞师伐虢，灭下阳，即《春秋》所书"虞师、晋师灭下阳，先书，虞贿故也"。又称周襄王会诸侯于河阳，即《春秋》所书“天王狩于河阳，以臣召君，不可以训也”。诸若此辈甚多，略举数条，以明国史皆承告据实而书时事，仲尼修《春秋》，以义而制异文也。又称卫懿公及赤翟战于洞泽，疑“洞”当为“泂”，即《左传》所谓荧泽也。齐国佐来献玉磬、纪公之甗，即《左传》所谓宾媚人也。诸所记多与《左传》符同，异于《公羊》、《穀梁》，知此二书近世穿凿，非《春秋》本意审矣。虽不皆与《史记》、《尚书》同，然参而求之，可以端正学者。又别有一卷纯集疏《左氏传》卜筮事，上下次第及其文义皆与《左传》同，名曰“师春”，师春似是抄集者人名也。《纪年》又称殷仲壬即位居亳，其卿士伊尹，仲壬崩，伊尹放大甲于桐，乃自立也。伊尹即位，放大甲；七年，大甲潜出自桐，杀伊尹，乃立其子伊陟、伊奋，命复其父之田宅而中分之。《左氏传》“伊尹放大甲而相之，卒无怨色”。然则大甲虽见放，还杀伊尹，而犹以其子为相也。此为大与《尚书》叙说大甲事乖异，不知老叟之伏生或致昏忘，将此古书亦当时杂记，未足以取审也。为其粗有益于《左氏》，故略记之，附集解之末焉。